2020

DEPEN

EDITORA
AlfaCon
Concursos Públicos

Diretor Presidente
Evandro Guedes

Diretor da Editora/Operações e Gestão
Javert Falco

Diretor de Marketing/TI
Jadson Siqueira

Coordenador Editorial
Wilza Castro

Supervisora de Editoração
Mariana Castro

Analista de Conteúdo
Mateus Ruhmke Vazzoller

Assistente Editorial
Tatiane Zmorzenski

Supervisor de Editoração
Alexandre Rossa

Capa
Alexandre Rossa

Projeto Gráfico e Diagramação
Alexandre Rossa
Nara Azevedo

Língua Portuguesa
Adriano Paciello
Giancarla Bombonato
Glaucia Cansian

Redação
Giancarla Bombonato

Ética no Serviço Público
Evandro Guedes
Gustavo Muzy
Isabel Rossoni

Raciocínio Lógico
Daniel Lustosa

Informática
João Paulo

Noções de Direito Constitucional
Daniel Sena

Noções de Direito Administrativo
Evandro Guedes
Gustavo Muzy

Noções de Direito Penal
Evandro Guedes
Eduardo Labruna

Noções de Direito Processual Penal
Robson Fachini
Wallace França

Noções de Direitos Humanos e Participação Social
Nilton Matos

Legislação Especial
André Adriano
Gustavo Muzy
Rafael Medeiros
Thállius Moraes

Execução Penal
André Adriano

Leis Relativas ao DEPEN
Planalto
Imprensa Nacional

C35dpen

CASTRO, Wilza (Org.) - **Departamento Penitenciário Nacional - DEPEN - Agente Federal de Execução Penal - Policial Penal.** Cascavel: Editora AlfaCon, 2020.

784 p 20,5 x 27,5

ISBN: 978-85-8339-511-9

DEPEN. Policia Penal. Agente de Execução Penal. Língua Portuguesa. Redação. Ética no Serviço Público. Raciocínio Lógico. Informática. Noções de. Direito Administrativo. Direito Constitucional. Direito Penal. Direito Processual Penal. Direitos Humanos e Participação Social. Legislação Especial. Execução Penal. Concurso Público. AlfaCon.

CDU: 349

Dúvidas?
Acesse: www.alfaconcursos.com.br/atendimento
Núcleo Editorial:
Rua: Paraná, nº 3193, Centro - Cascavel/PR
CEP: 85.810-010
Núcleo Comercial/Centro de Distribuição:
Rua: Dias Leme, nº 489, Mooca - São Paulo/SP
CEP: 03118-040
SAC: (45) 3037-8888

Data de fechamento 1ª impressão: 13/05/2020

EDITORA
AlfaCon
Concursos Públicos
www.alfaconcursos.com.br/apostilas

APRESENTAÇÃO

Fazer parte do serviço público é o objetivo de muitas pessoas. Por esse motivo, os processos seletivos relacionados a essa área de atuação costumam ser muito concorridos.

Nesse sentido, a obra para o cargo de Policial Penal (Agente Federal de Execução Penal), reúne todos os conteúdos cobrados no último edital do concurso. Na elaboração deste material, a Editora AlfaCon teve o cuidado de trazer as indicações mais importantes dos tópicos que fazem parte do conteúdo programático das disciplinas abordadas. Além disso, durante a explanação dos conteúdos, o estudante encontrará dicas essenciais à sua compreensão (no box "Fique Ligado"), e a cada capítulo constam exercícios gabaritados, provenientes de vários concursos anteriores. Toda essa disposição de assuntos foi pensada para auxiliar o concurseiro na melhor compreensão e fixação do conteúdo.

Vale lembrar que alguns conteúdos da disciplina de **Departamento Penitenciário Nacional** serão disponibilizadas on-line por meio de videoaulas e/ou PDFs: Departamento Penitenciário Nacional (1 Decreto nº 6.049/2007 (Regulamento Penitenciário Federal). 2 Portaria MSP nº 199/2018 (Regimento Interno do Departamento Penitenciário Nacional). 3 Lei nº 10.693/2003 e suas alterações. 4 Lei nº 11.907/2009 (Seção XXIII – Das Carreiras da Área Penitenciária Federal). 5 Lei n º 13.327/2006 (Capítulo VIII – Das Carreiras da Área Penitenciária Federal). 6 Lei nº 11.473/2007 (dispõe sobre cooperação federativa no âmbito da segurança pública). 7 Lei nº 11.671/2008 (dispõe sobre a transferência e inclusão de presos em estabelecimentos penais federais). 8 Decreto nº 6.877/2008 (Regulamenta a Lei nº 11.671/2008). 9 Portaria DISPF/DEPEN nº 11/2015 (Aprova o Manual das Assistências do Sistema Penitenciário Federal).

O material também se destaca por agregar ao seu estudo a tecnologia educacional AlfaCon Notes, ferramenta cuja funcionalidade consiste em registrar suas anotações por meio do QR Code. O objetivo é justamente o de deixar tudo organizado e acessível na área do aluno AlfaCon e em seu smartphone. Por isso, você tem em mãos um material que é um grande facilitador para seus estudos, pois a finalidade maior é auxiliar você a compreender os conteúdos de forma didática e eficaz.

Trata-se, então, de uma obra de excelência, resultado da experiência e da competência da Editora e dos Autores, que são especializados em suas respectivas disciplinas. Ressaltamos a importância e a necessidade de haver uma preparação direcionada e organizada, pois somente assim o candidato pode ter o desempenho que almeja nas provas. Tenha a certeza de que esta obra será o diferencial para a conquista de sua aprovação.

Bons estudos e rumo à sua aprovação!

EDITORA

AlfaCon Concursos Públicos

App Alfacon Notes

Neste livro você encontra o **AlfaCon Notes** que é um App perfeito para registrar suas **anotações de leitura**, mantendo tudo **organizado e acessível** em seu smartphone. Deixe **sua leitura mais prática** e armazene tudo que puder! Viva a experiência Alfacon Notes. É só seguir o passo a passo para instalação do App.

Se liga no **vídeo!**

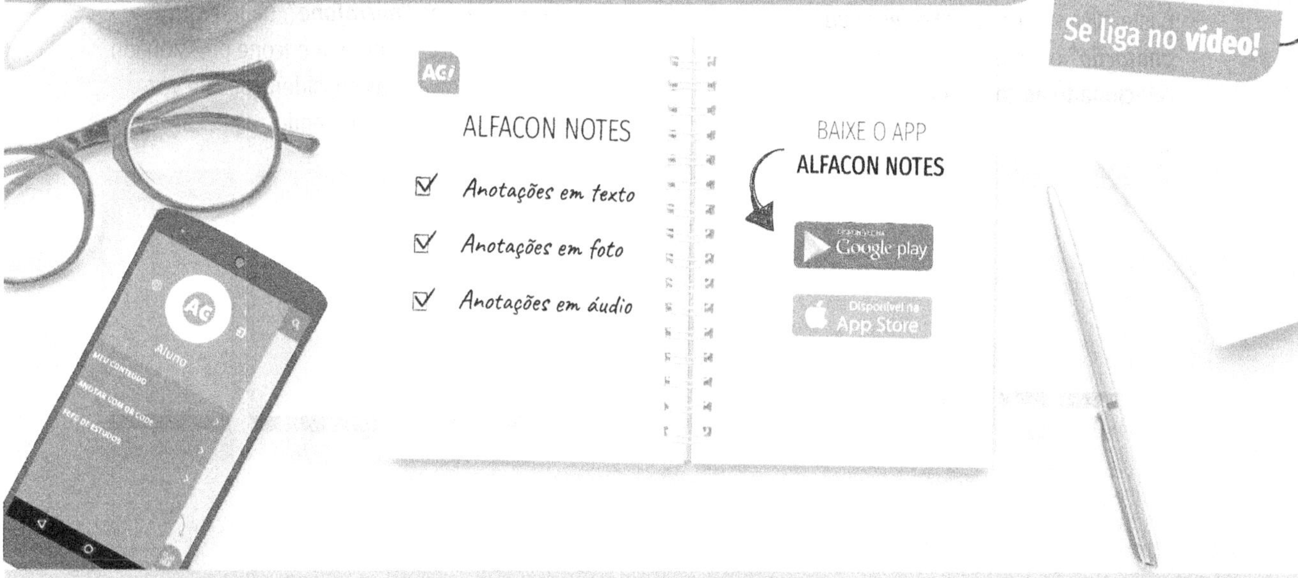

Passo 01:

Instale o **Aplicativo AlfaCon Notes** em seu smartphone.

Passo 02:

Faça o cadastro na plataforma **AlfaCon** ou entre com seu Facebook.

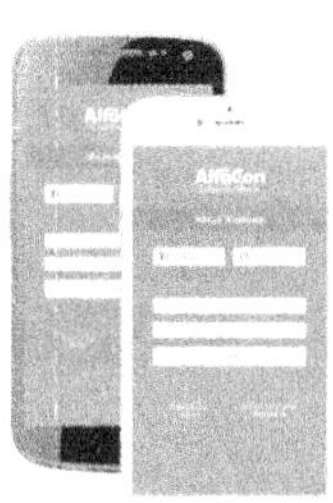

Passo 03:

Você terá acesso ao seu Feed de estudos, no qual poderá encontrar todas as suas anotações.

App AlfaCon Notes

Para criar uma nova anotação, clique no ícone localizado no canto inferior direito da tela.

Passo 04:

Cada tópico de seu livro contém **um Código QR** ao lado.

App AlfaCon Notes

Escolha o tópico e faça a leitura do Código QR utilizando o aplicativo AlfaCon Notes para registrar sua anotação.

AlfaCon

Passo 05:

Pronto! Agora você poderá escolher o formato de suas anotações:

Texto:
Basta clicar no campo ***"Escreva sua anotação"*** e digitar seu comentário, **relacionado ao conteúdo** escolhido.

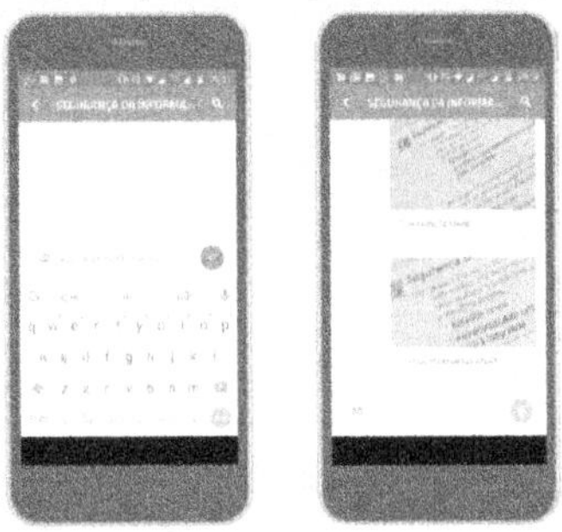

Áudio:
Clique no ícone ***"microfone"***, na lateral inferior direita, mantenha o ícone pressionado enquanto grava suas considerações de voz sobre o tópico que está lendo.

Foto:

1) Clique no ícone, na lateral **inferior esquerda**.

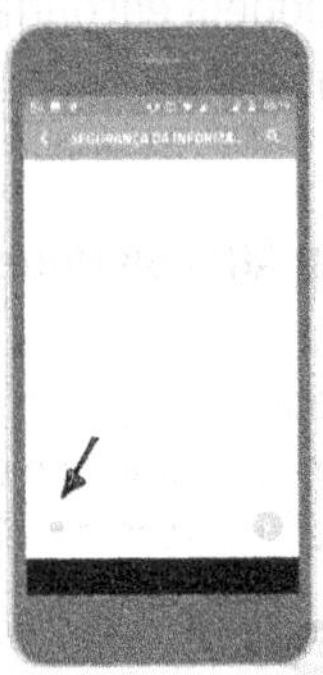

2) **Fotografe** as anotações realizadas durante sua leitura.

3) Envie no ícone na lateral **inferior direita**.

» Agora você tem suas **anotações organizadas** e sempre à mão. Elas ficarão **disponíveis** em seu smartphone.

» Pronto para essa **nova experiência?** Então, baixe o app **AlfaCon Notes** e crie suas anotações.

Disponível na App Store

DISPONÍVEL NA Google play

Mais que um livro. É uma experiência!

Utilize seu código de acesso e descubra mais sobre o seu material didático!

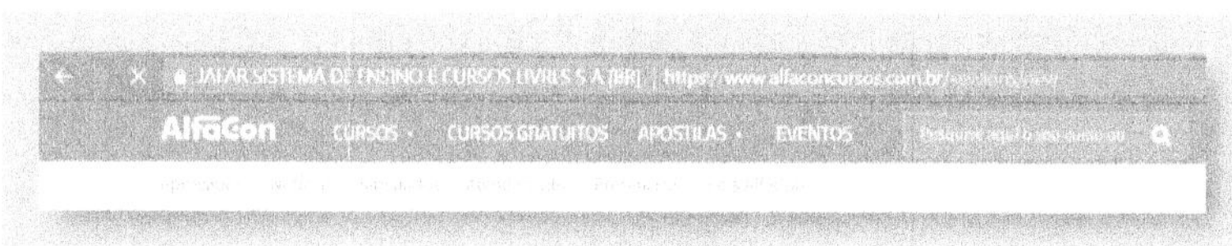

1

ACESSE O SITE:

www.alfaconcursos.com.br

CLIQUE **ENTRAR** PARA EFETUAR SEU **LOGIN**

2

DIGITE O CÓDIGO:

Insira o **código** que se encontra

Na **última página** do material.

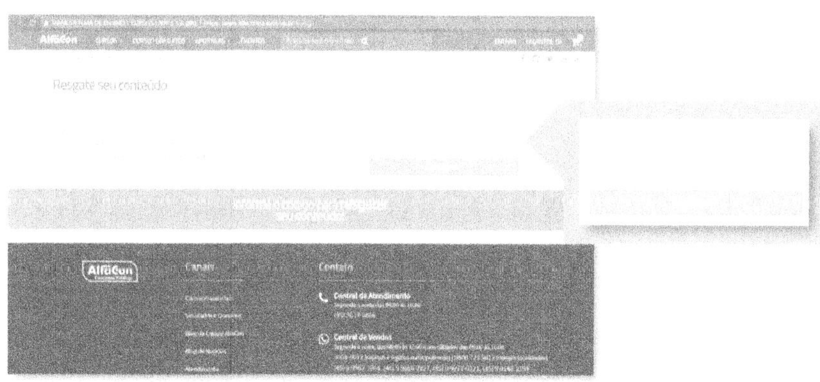

3

VISUALIZE SEUS MATERIAIS:

Você será redirecionado

para a página onde constam

os seus **materiais**

CLIQUE:

Nessa tela você terá acesso as erratas, atualizações, material complementar e o leia digital.

Navegue:

Nessa tela você também terá aesso ao conteúdo gratuito disponibilizado no material.

Pronto!

Agora é só aproveitar todo o conteúdo impresso e digital que SÓ o AlfaCon proporciona para você!

COMO ESTUDAR COM SEU MATERIAL DIDÁTICO!

AlfaCon Concursos Públicos

Com a profissionalização das formas de preparar-se para um concurso público, não basta simplesmente estudar o conteúdo. É preciso que sejam usadas ferramentas, como o plano de estudo, que ajudem o concurseiro na organização e manutenção do que foi visto. Por isso, organizamos esta seção, que traz indicações de como estudar para concursos. Vale destacar que as informações aqui disponibilizadas são o produto de muitos anos de experiência nessa area. Além disso, estudar de forma direcionada traz ótimos resultados para o aluno.

CURSO ON-LINE

Como montar caderno
Como estudar
Como e quando fazer simulados
O que fazer antes, durante e depois de uma prova!

Ou pelo link

alfaconcursos.com.br/cursos/material-didatico-como-estudar

ORGANIZAÇÃO

A organização é fundamental e começa pelo conhecimento do edital que regrará o concurso público. Geralmente, os concursos seguem uma tendência e as matérias são previsíveis. Por isso, conhecer o conteúdo programático é essencial para um estudo eficiente. Usar o edital anterior como base é uma boa maneira de nortear os estudos; afinal, há um núcleo de matérias comuns que englobam 85% dos editais. Dessa maneira, quem estuda com base em um núcleo comum precisa somente ajustar os estudos quando os editais são publicados. Eis o segredo de uma preparação eficiente e, sobretudo, eficaz.

O PLANO DE ESTUDO

Organizar um plano de estudo é fundamental para que se estude corretamente e se tenha um aprendizado uniforme, seguindo o conteúdo programático do edital.

Depois de conhecer as disciplinas, as regras determinadas para seu concurso e as características das bancas examinadoras, é preciso construir uma tabela de horários, em que todas as matérias e atividades desenvolvidas na fase preparatória estejam dispostas.

PASSO A PASSO

ABAIXO, VOCÊ CONFERE OS PASSOS FUNDAMENTAIS PARA SUA ORGANIZAÇÃO

PASSO 1	PASSO 2	PASSO 3	PASSO 4	PASSO 5
Selecionar as disciplinas que serão estudadas.	Organizar sua rotina diária: marcar pontualmente tudo o que é feito durante 24 horas, inclusive o tempo que é destinado para dormir, por exemplo.	Organizar a tabela semanal: dividir o horário para que você estude duas matérias por dia e também destine um tempo para a resolução de exercícios e/ou revisão de conteúdos.	Seguir rigorosamente o que está na tabela. Ou seja, destinar o mesmo tempo de estudo para cada matéria. Por exemplo: 2 horas diárias para cada disciplina.	Reservar um dia por semana para fazer exercícios, redação e também simulados.

Esta tabela é uma sugestão de como você pode organizar seu plano de estudo. Para cada dia, você deve reservar um tempo para duas disciplinas e também para a resolução de exercícios e/ou revisão de conteúdos. Fique atento ao fato de que o horário precisa ser determinado por você. Ou seja, a duração e o momento do dia em que será feito o estudo é você quem escolhe.

AlfaCon Concursos Públicos

TABELA SEMANAL

SEMANA	SEGUNDA	TERÇA	QUARTA	QUINTA	SEXTA	SÁBADO	DOMINGO
1							
2							
3							
4							

SUMÁRIO

LÍNGUA PORTUGUESA 15

1. MORFOLOGIA - SUBSTANTIVO E ADJETIVO 18
2. MORFOLOGIA - ARTIGO, INTERJEIÇÃO E NUMERAL 22
3. MORFOLOGIA - ADVÉRBIO, CONJUNÇÃO E PREPOSIÇÃO 24
4. MORFOLOGIA - PRONOME, PALAVRAS "QUE" E "SE" 26
5. MORFOLOGIA - VERBO 30
6. SINTAXE DA ORAÇÃO 35
7. SINTAXE DO PERÍODO 40
8. CONCORDÂNCIA VERBAL E NOMINAL 44
9. COLOCAÇÃO PRONOMINAL 48
10. REGÊNCIA VERBAL E NOMINAL 50
11. CRASE 53
12. PONTUAÇÃO 55
13. REESCRITURA DE FRASES E PARÁGRAFOS DO TEXTO 57
14. INTERPRETAÇÃO E COMPREENSÃO DE TEXTO 61
15. COERÊNCIA TEXTUAL 61
16. GÊNEROS TEXTUAIS 65
17. ORTOGRAFIA 72
18. ACORDO ORTOGRÁFICO DA LÍNGUA PORTUGUESA 76
19. ACENTUAÇÃO GRÁFICA 81
20. REDAÇÃO DE CORRESPONDÊNCIAS OFICIAIS 83

REDAÇÃO 101

1. REDAÇÃO PARA CONCURSOS PÚBLICOS 102
2. DISSERTAÇÃO EXPOSITIVA E ARGUMENTATIVA 108

ÉTICA NO SERVIÇO PÚBLICO 113

1. ÉTICA NO SERVIÇO PÚBLICO 114
2. PROCESSO ADMINISTRATIVO DISCIPLINAR 124
3. RESPONSABILIDADE CIVIL DO ESTADO 129

RACIOCÍNIO LÓGICO 133

1. PROPOSIÇÕES 135
2. ARGUMENTOS 141
3. PSICOTÉCNICOS 144
4. ANÁLISE COMBINATÓRIA 148
5. PROBABILIDADE 152
6. TEORIA DOS CONJUNTOS 155
7. CONJUNTOS NUMÉRICOS 158
8. SISTEMA LEGAL DE MEDIDAS 163
9. RAZÕES E PROPORÇÕES 165
10. PORCENTAGEM E JUROS 168
11. SEQUÊNCIAS NUMÉRICAS 170
12. MATRIZES, DETERMINANTES E SISTEMAS LINEARES 174
13. FUNÇÕES, FUNÇÃO AFIM E FUNÇÃO QUADRÁTICA 182

14. FUNÇÃO EXPONENCIAL E FUNÇÃO LOGARÍTMICA 186
15. TRIGONOMETRIA 189
16. GEOMETRIA PLANA 194
17. GEOMETRIA ESPACIAL 202

INFORMÁTICA 215

1. SOFTWARE 218
2. WINDOWS 225
3. SISTEMA WINDOWS 10 230
4. BROFFICE WRITER - EDITOR DE TEXTO 244
5. WORD 2016 256
6. REDES DE COMPUTADORES 273
7. ARQUITETURA DE REDES 279
8. SEGURANÇA DA INFORMAÇÃO 285
9. CLOUD COMPUTING 289
10. CONCEITOS DE BANCO DE DADOS 292
11. NORMALIZAÇÃO DE DADOS 293
12. BANCO DE DADOS SQL [LINGUAGEM SQL (SQL2008), LINGUAGEM HIVEQL (HIVE 2.2.0)] 295

NOÇÕES DE DIREITO CONSTITUCIONAL 309

1. DIREITOS FUNDAMENTAIS - REGRAS GERAIS 310
2. DIREITOS FUNDAMENTAIS - DIREITOS E DEVERES INDIVIDUAIS E COLETIVOS 315
3. DIREITOS FUNDAMENTAIS - DIREITOS E DEVERES INDIVIDUAIS E COLETIVOS 320
4. DIREITOS FUNDAMENTAIS - DIREITOS SOCIAIS E NACIONALIDADE 332
5. DIREITOS FUNDAMENTAIS - DIREITOS POLÍTICOS E PARTIDOS POLÍTICOS 338
6. ORGANIZAÇÃO DOS PODERES - PODER EXECUTIVO 343
7. DEFESA DO ESTADO E DAS INSTITUIÇÕES DEMOCRÁTICAS 350

NOÇÕES DE DIREITO ADMINISTRATIVO 359

1. INTRODUÇÃO AO DIREITO ADMINISTRATIVO 362
2. ADMINISTRAÇÃO PÚBLICA 365
3. ÓRGÃO PÚBLICO 372
4. AGENTES PÚBLICOS 376
5. ESTATUTO DO SERVIDOR PÚBLICO CIVIL FEDERAL 378
6. DIREITOS E VANTAGENS DO SERVIDOR PÚBLICO FEDERAL 385
7. REGIME DISCIPLINAR DO SERVIDOR PÚBLICO 393
8. SEGURIDADE SOCIAL DO SERVIDOR 399
9. LICITAÇÃO 405
10. IMPROBIDADE ADMINISTRATIVA 415
11. PROCESSO ADMINISTRATIVO FEDERAL 420
12. PODERES E DEVERES ADMINISTRATIVOS 426
13. CONTROLE DA ADMINISTRAÇÃO PÚBLICA 433

NOÇÕES DE DIREITO PENAL 439

1. INTRODUÇÃO AO DIREITO PENAL E APLICAÇÃO DA LEI PENAL 441
2. DO CRIME 452
3. DOS CRIMES CONTRA A PESSOA 464
4. DOS CRIMES CONTRA O PATRIMÔNIO 491

5. DOS CRIMES CONTRA A FÉ PÚBLICA 514
6. DOS CRIMES CONTRA ADMINISTRAÇÃO PÚBLICA 522

NOÇÕES DE DIREITO PROCESSUAL PENAL 555

1. INTRODUÇÃO AO DIREITO PROCESSUAL PENAL 557
2. INQUÉRITO POLICIAL 561
3. AÇÃO PENAL 571
4. DA PRISÃO, DAS MEDIDAS CAUTELARES E DA LIBERDADE PROVISÓRIA 578
5. PROCEDIMENTO DOS CRIMES DE RESPONSABILIDADE DO FUNCIONÁRIO PÚBLICO 588
6. ***HABEAS CORPUS*** E SEU PROCESSO 590
7. DISPOSIÇÕES CONSTITUCIONAIS APLICÁVEIS AO PROCESSO PENAL 595

NOÇÕES DE DIREITOS HUMANOS E PARTICIPAÇÃO SOCIAL 599

1. OS DIREITOS HUMANOS E A CONSTITUIÇÃO FEDERAL 600
2. DECLARAÇÃO UNIVERSAL DOS DIREITOS HUMANOS (DUDH) 603
3. PROGRAMA NACIONAL DE DIREITOS HUMANOS (PNDH-3) 606

LEGISLAÇÃO ESPECIAL 617

1. LEI DE ORGANIZAÇÃO CRIMINOSA - LEI Nº 12.850/2013 618
2. LAVAGEM DE CAPITAIS - LEI Nº 9.613/ DE 1998 628
3. LEI DE TORTURA - LEI Nº 9.455/1997 641
4. LEI DE ABUSO DE AUTORIDADE - LEI Nº 13.869/2019 646
5. ESTATUTO DO DESARMAMENTO - LEI Nº 10.826/2003 650
6. SISTEMA NACIONAL DE POLÍTICAS PÚBLICAS SOBRE DROGAS (SISNAD) - LEI Nº 11.343/2006 667

EXECUÇÃO PENAL 679

1. LEI Nº 7.210, DE 11 DE JULHO DE 1984 680
2. PORTARIA Nº 18, DE 20 DE MARÇO DE 2020 724
3. LEI Nº 13.675, DE 11 DE JUNHO DE 2018 724
4. PORTARIA Nº 65, DE 25 DE JANEIRO DE 2019 731
5. PORTARIA Nº 66, DE 25 DE JANEIRO DE 2019 732
6. PORTARIA Nº 67, DE 25 DE JANEIRO DE 2019 732
7. PORTARIA Nº 157, DE 12 DE FEVEREIRO DE 2019 732
8. CONSELHO NACIONAL DE POLÍTICA CRIMINAL E PENITENCIÁRIA 733

1. MORFOLOGIA - SUBSTANTIVO E ADJETIVO 18
1.1 Substantivo 18
1.2 Flexão do Substantivo 20
1.3 Adjetivo 21
1.4 Formação do Adjetivo 21
2. MORFOLOGIA - ARTIGO, INTERJEIÇÃO E NUMERAL 22
2.1 Artigo 22
2.2 Interjeição 22
2.3 Numeral 22
3. MORFOLOGIA - ADVÉRBIO, CONJUNÇÃO E PREPOSIÇÃO 24
3.1 Advérbio 24
3.2 Conjunção 24
3.3 Preposição 24
4. MORFOLOGIA - PRONOME, PALAVRAS "QUE" E "SE" 26
4.1 Pronome 26
4.2 Palavra QUE 28
4.3 Palavra SE 28
5. MORFOLOGIA - VERBO 30
5.1 Verbos 30
5.2 Conjugações do Verbo 30
5.3 Locução Verbal 30
5.4 Modo Indicativo 30
5.5 Modo Subjuntivo 31
5.6 Modo Imperativo 31
5.7 Correlação Verbal 32
5.8 Verbos Abundantes 32
5.9 Vozes Verbais 32
5.10 Verbos Impessoais 33
5.11 Transitividade Verbal 33
6. SINTAXE DA ORAÇÃO 35
6.1 Frase 35
6.2 Classificação da Frase 35
6.3 Oração 35
6.4 Termos Essenciais da Oração 35
6.5 Termos Integrantes da Oração 37
6.6 Termos Acessórios da Oração 37
7. SINTAXE DO PERÍODO 40
7.1 Período Composto por Coordenação 40
7.2 Período Composto por Subordinação 40
7.3 Orações Subordinadas Adverbiais 41
7.4 Orações Subordinadas Adjetivas 42

SUMÁRIO

Sumário

8. CONCORDÂNCIA VERBAL E NOMINAL 44
8.1 Concordância Verbal 44
8.2 Concordância Nominal 46
9. COLOCAÇÃO PRONOMINAL 48
9.1 Ênclise 48
9.2 Mesóclise 48
9.3 Próclise 48
10. REGÊNCIA VERBAL E NOMINAL 50
10.1 Regência Verbal 50
10.2 Regência Nominal 51
11. CRASE 53
11.1 Regras Obrigatórias 53
11.2 Regras Facultativas 53
11.3 Regras Proibitivas 53
11.4 Crase – Casos Especiais 53
12. PONTUAÇÃO 55
12.1 Principais Sinais e Usos 55
13. REESCRITURA DE FRASES E PARÁGRAFOS DO TEXTO 57
13.1 Substituição de Palavras ou de Trechos de Texto 57
13.2 Retextualização de Diferentes Gêneros e Níveis de Formalidade 58
14. INTERPRETAÇÃO E COMPREENSÃO DE TEXTO 61
14.1 O que é Interpretar Textos? 61
14.2 Ambiguidade 61
14.3 Coesão e Coerência 61
15. COERÊNCIA TEXTUAL 61
15.1 Coerência Externa 62
15.2 Coerência Interna 62
15.3 Coerência Argumentativa 62
15.4 Dissertação 62
15.5 Discurso 63
16. GÊNEROS TEXTUAIS 65
16.1 Tipologia Textual 65
16.2 Gêneros Textuais 65
17. ORTOGRAFIA 72
17.1 Regras Para o Emprego de Letras 72
17.2 Homônimos 73
17.3 Uso dos Porquês 74
17.4 Parônimos 74

18. ACORDO ORTOGRÁFICO DA LÍNGUA PORTUGUESA 76
18.1 Trema 76
18.2 Regras de Acentuação 76
18.3 Hífen com Compostos 77
18.4 Uso do Hífen com Palavras Formadas por Prefixos 77
18.5 Síntese das Principais Regras do Hífen 79
18.6 Quadro Resumo do Emprego do Hífen com Prefixos 79
19. ACENTUAÇÃO GRÁFICA 81
19.1 Proparoxítona 81
19.2 Monossílabos 81
19.3 Oxítonas 81
19.4 Paroxítonas 81
19.5 Ditongos Abertos 81
19.6 Hiato 81
19.7 Trema 81
19.8 Acentos Diferenciais 81
20. REDAÇÃO DE CORRESPONDÊNCIAS OFICIAIS 83
20.1 Aspectos Gerais da Redação Oficial 83
20.2 Redação das Comunicações Oficiais 85

1. MORFOLOGIA - SUBSTANTIVO E ADJETIVO

1.1 Substantivo

Todos os seres recebem nomes, e este nome é a classe gramatical chamada substantivo. Os substantivos nomeiam os seres: pessoas, objetos, fenômenos, sentimentos, qualidades, lugares ou ações. Observe os exemplos:

Exs.:

O ***carro*** está estacionado na ***rua***.
objeto lugar

Estava cansada da ***corrida***.
ação

A ***sinceridade*** é uma virtude desejável nos amigos.
qualidade

A ***chuva*** nos obrigou a cancelar, com ***tristeza***, a festa na piscina.
fenômeno estado

Os substantivos são classificados em:

Comum

São os substantivos que indicam nomes comuns, como os que aparecem no início deste capítulo: casa, criança, sol. Não indicam nada específico.

Próprio

São os substantivos que individualizam os seres. Nesta classe estão os nomes próprios:

Exs.: Maria Clara, Porto Alegre, Pernambuco, Japão

Classificam-se, aqui, os nomes próprios de:

> Pessoas
> Cidades
> Estados
> Países
> Rios
> Ruas

Os substantivos próprios se diferem dos comuns porque devem ser escritos com a inicial maiúscula.

Concreto

São os substantivos que indicam seres (reais ou imaginários) cuja existência é independente de outros seres.

Ex.: *Casa, Brasil, cama, fada.*

Abstrato

São os substantivos que indicam seres (reais ou imaginários) cuja existência depende de outros seres.

Exs.: *Banho*: **Alguém** toma banho.

Cansaço: **Alguém** fica cansado.

Felicidade: **Alguém** fica feliz.

Portanto, são abstratos os substantivos que indicam sentimentos, ações, estados e qualidades.

Tradicionalmente, estuda-se a noção de substantivo concreto ou abstrato considerando abstratos os substantivos que indicassem seres invisíveis, como os sentimentos. Porém, é preciso atentar-se ao fato de que os fenômenos da natureza, como vento e calor, embora não sejam palpáveis, tem existência independente e, por isso, são substantivos concretos.

Coletivo

São substantivos comuns que, apesar de estarem no singular, indicam mais de um ser da mesma espécie.

Exs.: ***Enxame***: grupo de insetos.

Manada: grupo de búfalos, elefantes ou cavalos.

Século: período de cem anos.

Relação de Alguns Substantivos Coletivos

> Acervo: bens patrimoniais, obras de arte;
> Alavão: ovelhas leiteiras;
> Álbum: fotografias, selos;
> Alcateia: lobos, feras;
> Antologia: reunião de textos literários;
> Armada: navios de guerra;
> Arquipélago: ilhas;
> Arsenal: armas;
> Assembleia: parlamentares, membros de associações;
> Atilho: espigas;
> Atlas: mapas reunidos em livros;
> Bagagem: objetos de viagem;
> Baixela: utensílios de mesa;
> Bandeira: garimpeiros, exploradores de minérios;
> Banca: examinadores, advogados;
> Banda: músicos;
> Bandeira: exploradores;
> Bando: aves, ciganos, crianças, salteadores;
> Batalhão: soldados;
> Bateria: peças de guerra ou de cozinha; instrumentos de percussão;
> Biblioteca: livros;
> Boiada: bois;
> Boana: peixes miúdos;
> Cabido: cônegos (conselheiros de bispo);
> Cacho: bananas, uvas, cabelos;
> Cáfila: camelos;
> Cainçalha: cães;
> Cambada: caranguejos, malandros, chaves;
> Cancioneiro: canções, de poesias líricas;

- Canzoada: cães;
- Caravana: viajantes, peregrinos, estudantes;
- Cardume: peixes;
- Casario: casas;
- Caterva: desordeiros, vadios;
- Choldra: assassinos, malfeitores, canalhas;
- Chusma: populares, marinheiros, criados;
- Cinemateca: filmes;
- Claque: pessoas pagas para aplaudir;
- Clero: a classe dos clérigos (padres, bispos, cardeais...);
- Clientela: clientes de médicos, de advogados;
- Código: leis;
- Conciliábulo: feiticeiros, conspiradores;
- Concílio: bispos em assembleia;
- Conclave cardeais para a eleição do Papa;
- Colmeia: cortiço de abelhas;
- Confraria: pessoas religiosas;
- Congregação: professores, religiosos;
- Conselho: vereadores, diretores, juízes, militares;
- Consistório: cardeais, sob a presidência do Papa;
- Constelação: estrelas;
- Corja: vadios, tratantes, velhacos, ladrões;
- Coro: anjos, cantores;
- Corpo: jurados, eleitores, alunos;
- Correição: formigas;
- Cortiço: abelhas, casas velhas;
- Elenco: atores, artistas;
- Enxame: abelhas, insetos;
- Enxoval: roupas e adornos;
- Esquadra: navios de guerra;
- Esquadrilha: aviões;
- Falange: soldados, anjos;
- Fato: cabras;
- Fauna: animais de uma região;
- Feixe: lenha, capim, varas;
- Filmoteca: filmes;
- Fornada: pães, tijolos;
- Frota: navios mercantes, ônibus;
- Galeria: quadros, estátuas;
- Girândola: foguetes, fogos de artifício;
- Grei: gado miúdo, paroquianos, políticos;
- Hemeroteca: jornais, revistas;
- Hostes: inimigos, soldados;
- Irmandade: membros de associações religiosas ou beneficentes;
- Junta: médicos, credores, examinadores;
- Júri: jurados;
- Legião: anjos, soldados, demônios;
- Magote: pessoas, coisas;
- Malta: desordeiros, ladrões, bandidos, capoeiras;
- Mapoteca: mapas;
- Matilha: cães de caça;
- Matula: desordeiros, vagabundos, vadios;
- Magote: pessoas, coisas;
- Manada: bois, búfalos, elefantes, porcos;
- Maquinaria: máquinas;
- Miríade: astros, insetos, anjos;
- Molho: chaves, verdura, capim;
- Multidão: pessoas;
- Ninhada: pintos;
- Nuvem: gafanhotos, mosquitos, poeira;
- Panapaná: borboletas em bando migratório;
- Pelotão: soldados;
- Penca: bananas, chaves, frutos;
- Pente: balas de arma automática;
- Pinacoteca: quadros, telas;
- Piquete: soldados montados, grevistas;
- Plantel: atletas, animais de raça;
- Plateia: espectadores;
- Plêiade: poetas, artistas;
- Pomar: árvores frutíferas;
- Prole: filhos de um casal;
- Quadrilha: ladrões, bandidos, assaltantes;
- Ramalhete: flores;
- Rancho: pessoas em passeio ou jornada, romeiros;
- Récua: cavalgaduras (bestas de carga);
- Rebanho: ovelhas, carneiros, cabras, reses;
- Renque: árvores, pessoas ou coisas enfileiradas;
- Repertório: peças teatrais ou musicais interpretadas por artistas;
- Resma: quinhentas folhas de papel;
- Réstia: cebolas, alhos;
- Revoada: aves voando;
- Ronda: grupo de soldados que percorre as ruas garantindo a ordem;
- Rol: lista, relação (de pessoas ou coisas);
- Ror: grande quantidade de coisas;

> Roda: pessoas, amigos;
> Romanceiro: conjunto de poesias narrativas;
> Súcia: pessoas desonestas, velhacos, patifes;
> Sínodo: párocos (sacerdotes, vigários);
> Tertúlia: amigos, intelectuais em reunião;
> Talha: lenha;
> Tríade: conjunto de três pessoas ou três coisas;
> Tríduo: período de três dias;
> Tripulação: aeroviários, marinheiros;
> Tropilha: cavalos;
> Tropa: muares;
> Trouxa: roupas;
> Turma: estudantes, trabalhadores;
> Vara: porcos;
> Vocabulário: palavras.

1.2 Flexão do Substantivo

O substantivo é uma classe variável. Ou seja: os nomes sofrem alterações (variações) para indicar gênero, número e grau.

Exs.:

gato (**substantivo masculino)**

gata (**mudança de gênero: feminino)**

gatinha (**mudança de grau: diminutivo)**

gatão (**mudança de grau: aumentativo)**

A alteração do substantivo para formar o feminino não ocorre em todos os casos e nem sempre da mesma maneira. Acontecerá nos substantivos biformes, que são os que apresentam uma forma para o masculino e outra para o feminino.

Formação do Feminino

Nos substantivos biformes, alguns casos, por indicarem nomes de seres vivos, geralmente indicam o sexo ao qual pertence o ser, apresentando uma forma para o masculino e outra para o feminino.

Exs.: menino - menina

leão - leoa

O feminino pode ser formado de diferentes formas:

Alterando a terminação o por a:

aluno - aluna.

Alterando a terminação e por a:

mestre - mestra.

Acrescentando a no final da palavra:

português - portuguesa.

Alterando a terminação ão por ã, oa ou ona:

Exs.: aldeão - aldeã;

varão - varoa;

comilão - comilona.

Acrescentando esa, essa, isa, ina ou triz:

Exs.: barão - baronesa;

ator - atriz.

Em alguns casos, o feminino é indicado com uma palavra diferente:

Exs.: homem - mulher;

carneiro - ovelha.

Substantivos Uniformes

Em alguns casos, há apenas um substantivo para indicar tanto o sexo feminino quanto o masculino. Esses substantivos classificam-se em:

Epicenos

São os substantivos uniformes que indicam nomes de animais e para especificar o sexo, utiliza-se macho ou fêmea.

Exs.: a girafa fêmea;

a girafa macho.

Sobrecomuns

São substantivos uniformes que indicam tanto masculino quanto feminino. A identificação do sexo correspondente se dará através do contexto.

o indivíduo (**homem ou mulher).**

Criança de oito anos comove público ao competir em triatlo carregando irmão deficiente.

Comovente a atitude de Noah Aldrich, de 8 anos, que não queria participar sozinho de uma competição de triatlo infantil nos Estados Unidos e resolveu levar o irmão caçula, Lucas, de 6 anos, com ele. Porém, Lucas sofre de deficiência cerebral, que o impede de andar ou falar. Noah se preparou durante três meses para as provas de natação, corrida e ciclismo e usou um carrinho, uma bicicleta e um pequeno bote adaptado para que Lucas pudesse acompanhá-lo.

Fonte: http://amazonrunners1.blogspot.com.br/2014/07/menino-de-oito-anos-comove-publico-ao.html (adaptado)

Comuns de dois gêneros

São substantivos que utilizam a mesma forma para indicar tanto o masculino quanto o feminino. A diferença, nesse caso, é o artigo, que será variável para indicar o sexo:

Exs.:

O colega;

A colega;

O chefe;

A chefe.

Mudança de gênero com mudança de sentido

Em alguns casos, a mudança de gênero implicará na mudança de sentido do substantivo.

Exs.:

O moral: ânimo;

A moral: caráter;

O capital: valores (bens ou dinheiro);

A capital: cidade;

O cabeça: líder;

A cabeça: parte do corpo;

O grama: unidade de medida de peso;

A grama: planta rasteira;

O rádio: aparelho sonoro;

A rádio: estação;

1.3 Adjetivo

A palavra que caracteriza o substantivo é chamada adjetivo estas características, denominadas qualidades, podem ser positivas ou negativas.

1.4 Formação do Adjetivo

O adjetivo, assim como o substantivo, pode ser formado de diversas maneiras. Ele pode ser:

Primitivo

Quando não é derivado de nenhuma outra palavra:

A menina era tão ***bonita***!

Derivado

Quando deriva de outras palavras, como verbos ou substantivos:

Ex.:

Rancorosa, a avó não quis atender o neto.

(derivado do substantivo rancor)

Simples

Assim como ocorre no substantivo, o adjetivo simples é aquele formado por apenas um radical:

Ex.: As ruas da cidade estão ***agitadas***.

Composto

Assim como ocorre no substantivo, o adjetivo composto é aquele formado por mais de um radical:

Ex.: A Literatura ***afro-brasileira*** vem ganhando destaque.

O adjetivo não aparece sozinho na oração, sem um substantivo que o complemente. Quando isso acontecer, ele assumirá a função de substantivo. Observe:

Exs.: O professor carioca se adaptou bem ao Norte.

O carioca se adaptou bem ao Norte.

No primeiro enunciado, o termo carioca expressa uma característica ao substantivo professor. No segundo caso, não há substantivo, e o termo carioca assume a função de substantivo, sendo precedido por um artigo.

Questões

01. (CESPE - 2017) Eu seria o último dos mortais a duvidar que os bons escritores foram abençoados com uma dose inata de fluência mais sintaxe e memória para as palavras.

A palavra "último" foi empregada com valor de substantivo.

Certo ( ) Errado ( )

02. (CESPE - 2014) No fragmento "Não lhe chamo a atenção para os padres e os sacristães, nem para o sermão", todos os substantivos terminados em ditongos nasais apresentam as mesmas possibilidades de formação de plural.

Certo ( ) Errado ( )

03. (CESPE - 2017) "Contudo, ele nem sempre é valorizado como deveria. Infelizmente, muitos diretores entendem que quem atua nessa função deve apenas controlar os espaços coletivos para impedir a ocorrência de agressões, depredações e furtos, vigiar grupos de alunos, observar comportamentos suspeitos e até mesmo revistar armários e mochilas."

O vocábulo "suspeitos" foi empregado, no texto, como substantivo, no sentido de aqueles sobre os quais recaem suspeitas.

Certo ( ) Errado ( )

04. (CESPE - 2015) "Com os avanços das tecnologias informáticas, atividades como ir ao banco, assistir a filmes, fazer compras, acompanhar processos judiciais, estudar a distância e solicitar serviços passaram a ser realizadas até mesmo a partir de um simples smartphone."

Na linha 2, a alteração na posição do adjetivo "simples" em relação a "smartphone" — escrevendo-se smartphone simples — não prejudica a correção gramatical nem altera o sentido do texto.

Certo ( ) Errado ( )

05. (CESPE - 2017) "Quando me lembro do meu pai me proibindo de mudar de escola, a voz que ouço dele é a de hoje, e me pergunto se algo parecido acontece com ele: se a lembrança que ele tem de mim aos treze anos se confunde com a visão que ele tem de mim agora, depois de tudo o que ficou sabendo a meu respeito nessas quase três décadas, um acúmulo de fatos que apagam os tropeços do caminho para chegar até aqui, e o que para mim foi um capítulo decisivo da vida, a briga que tivemos por causa da mudança de escola, para ele pode não ter sido mais que um fato banal, uma entre tantas coisas que aconteciam em casa e no trabalho e na vida dele com a minha mãe e as outras pessoas ao redor durante a adolescência do filho."

Seria mantida a correção gramatical do texto caso a expressão "mais que" (l.10) fosse substituída por mais do que.

Certo ( ) Errado ( )

Gabaritos

01	CERTO
02	ERRADO
03	ERRADO
04	ERRADO
05	CERTO

2. MORFOLOGIA - ARTIGO, INTERJEIÇÃO E NUMERAL

2.1 Artigo

Observe a oração a seguir:

Uma ligação mudou meu dia: era o médico de minha mãe, dizendo que eu podia buscá-la.

O artigo é um nome que acompanha o substantivo, definindo-o. Observe que no primeiro caso destacado, o artigo indefine o substantivo, mostrando que é uma ligação como qualquer outra, nada específico. Já no segundo caso temos um artigo definido, especificando a pessoa: não era um médico indeterminado, mas o médico específico.

Observa-se, portanto, que o artigo classifica-se em definido ou indefinido.

Artigo definido: utilizado para especificar o substantivo - *o, a, os, as.*

Ex.: ***A*** encomenda chegou.

Artigo indefinido: utilizado para apresentar o substantivo como algo não específico, como parte de um grupo, e não um ser determinado.

Encontrei ***uma*** vizinha na festa.

Combinações e Contrações dos Artigos

Preposições	Artigos			
	o, os	a, as	um, uns	uma, umas
a	ao, aos	à, às	-	-
de	do, dos	da, das	dum, duns	duma, dumas
em	no, nos	na, nas	num, nuns	numa, numas
por (per)	pelo, pelos	pela, pelas	-	-

2.2 Interjeição

Observe o exemplo a seguir:

Exs.: ***Cuidado!*** O piso está molhado.

Algumas palavras são utilizadas para expressar advertência, surpresa, alegria, etc. Essas palavras são classificadas como interjeições. Geralmente, aparecem sozinhas na frase, podendo ser seguidas ou não por ponto de exclamação:

Exs.: ***Parabéns!*** O trabalho ficou lindo!

Adeus, meninas, foi um prazer conhecê-las.

Aleluia! Meu projeto ficou pronto!

Puxa! A festa foi maravilhosa!

Locução Interjetiva

Em alguns casos, a interjeição poderá ser formada por mais de uma palavra:

Exs.: ***Meu Deus!*** Você viu essa notícia?

Que pena, não conseguirei chegar a tempo.

Advertência	Calma! Olha! Cuidado! Atenção!
Agradecimento	Obrigado!
Alegria	Oh! Oba! Viva!
Alívio	Ufa!
Animação	Força! Coragem! Firme!
Apelo	Psiu! Hei! Socorro!
Aplauso	Parabéns! Ótimo! Viva! Bis!
Concordância	Pois não! Claro! tá!
Desejo	Tomara! Oxalá!
Dor	Ai! Ui! Que pena!
Admiração	Opa! Puxa!
Pena	Coitado!
Satisfação	Boa! Oba! Opa! Upa!
Saudação	Olá! Salve! Adeus! Viva! Alô!
Silêncio	Calada! Silêncio! Psiu!
Susto	Valha-me, Deus! Nossa!
Medo	Credo! Cruzes! Ui!

2.3 Numeral

Outra classe de palavras que se relaciona com o substantivo é o numeral. Observe as orações a seguir:

Exs.: Comprei maçãs hoje cedo.

Comprei ***quatro*** maçãs hoje cedo.

O numeral especifica o substantivo dando a ideia de quantidade, ordem, multiplicação ou fração. Observe os exemplos:

Exs.: Encontrei ***dois*** amigos do tempo da faculdade. **(quantidade)**

Ele foi classificado em ***segundo*** lugar na prova.

(ordem)

O preço daqui é quase o ***dobro*** do que era no ano passado. **(multiplicação)**

Metade das contas foi paga com atraso. (fração)

De acordo com a ideia expressa pelo numeral é que se fará sua classificação. O numeral pode ser:

Cardinal

Quando expressa a ideia de quantidade: um, oito, trinta.

Ordinal

Quando expressa a ideia de ordem: primeiro, décimo, milésimo

Multiplicativo

Quando expressa a ideia de multiplicação: dobro, triplo, quádruplo.

Fracionário

Quando expressa a ideia de fração: terço, sexto, oitavo.

Questões

01. (CESPE - 2017) "O aspecto da implantação do português no Brasil explica por que tivemos, de início, uma língua literária pautada pela do Portugal contemporâneo."

O emprego do artigo definido imediatamente antes do topônimo "Portugal" torna-se obrigatório devido à presença do adjetivo "contemporâneo".

Certo ( ) Errado ( )

02. (CESPE - 2014) "A Mata Atlântica concentra cerca de 80% de todas as aves ameaçadas no país, fato que resulta de muitos anos de exploração e desmatamentos. Atualmente, restam apenas cerca de 10% da floresta original, não sendo homogênea essa proporção de floresta remanescente ao longo de toda a Mata Atlântica. A situação é mais séria na região Nordeste, especialmente nos estados de Alagoas e Pernambuco, onde a maior parte da floresta original foi substituída por plantações de cana-de-açúcar. É nessa região que ainda podem ser encontrados os últimos exemplares das aves mais raras em todo o país, como o criticamente ameaçado limpa-folha-do-nordeste (Philydor novaesi)."

Nas sequências "toda a Mata Atlântica" e "todo o país", os artigos definidos "a" e "o" são opcionais, podendo ser suprimidos sem que haja prejuízo à correção gramatical e à significação dos períodos de que fazem parte.

Certo ( ) Errado ( )

03. (CESPE - 2007) "O 29 de julho de 2007 será lembrado como o dia em que os iraquianos usaram suas armas para comemorar."

O emprego do artigo determinando a expressão "29 de julho de 2007" desrespeita as regras gramaticais da norma culta a ser usada em documentos oficiais; por isso, se a informação da primeira linha do texto for usada em um documento oficial, o artigo deve ser omitido.

Certo ( ) Errado ( )

04. (CESPE - 2012) "O Conselho Superior da Justiça do Trabalho, instância de supervisão administrativa dos tribunais trabalhistas, provocado pelo TCU, recalculou o montante devido desses passivos, reduzindo o valor de R$ 2,4 bilhões para R$ 1,2 bilhão, aproximadamente."

O emprego do plural em "bilhões" e do singular em "bilhão" deve-se à presença dos numerais "2,4" e "1,2", respectivamente.

Certo ( ) Errado ( )

05. (CESPE - 2017) "De acordo com a organização não governamental Transparência Internacional, o país ocupa a 73.ª"

Se o numeral ordinal "73.ª" fosse escrito por extenso, a forma correta seria: seteptuagésima terceira.

Certo ( ) Errado ( )

Gabaritos

01	CERTO
02	ERRADO
03	ERRADO
04	CERTO
05	ERRADO

3. MORFOLOGIA - ADVÉRBIO, CONJUNÇÃO E PREPOSIÇÃO

3.1 Advérbio

Observe os exemplos a seguir:

Pegamos nossas coisas ***rapidamente***.
Modo

Corremos muito ***naquele dia***.
Tempo

A menina caiu ***na escada***.
Lugar

O advérbio indica ou modifica a ação expressa pelo verbo. Pode indicar:

Tempo	Ontem, hoje, agora, já, sempre, etc.
Lugar	Aqui, lá, perto, longe, etc.
Modo	Rapidamente, tranquilamente (a maioria dos advérbios de modo terminará em –mente).
Intensidade	Muito, pouco, tão, tanto, etc.
Afirmação	Sim, certamente, etc.
Negação	Não, tampouco, etc.
Dúvida	Talvez, porventura, possivelmente, etc.

Locução Adverbial

Os netos foram almoçar ***apressadamente***.
Advérbio de modo

Os netos foram almoçar ***com pressa***.
Locução adverbial

Considera-se locução adverbial o conjunto de duas ou mais palavras que formam o advérbio, como no caso acima, em que "com pressa" é o advérbio de modo.

Exs.: O casal se animou com o passeio ***a cavalo***.

A entrevista foi feita ***ao vivo***.

Os filhos almoçam com ele **de vez em quando**.

Adjetivos Adverbializados

Observe a afirmação a seguir, que faz parte de uma crônica de Luis Fernando Veríssimo:

"A sintaxe é uma questão de uso, não de princípios. Escrever bem é escrever claro, não necessariamente certo. Por exemplo: dizer "escrever claro" não é certo mas é claro, certo?"

Escrever ***claro*** = escrever ***claramente***.

Escrever ***certo*** = escrever ***corretamente***.

Os adjetivos adverbializados são adjetivos empregados no lugar do advérbio. Normalmente isso ocorre na linguagem coloquial.

3.2 Conjunção

Conjunção é o elemento que liga duas orações ou dois termos em uma mesma oração.

Ela é uma menina doce, ***mas*** quando precisa, vira uma fera.

As aulas vão começar ***logo que*** o professor chegar.

Ela pode ser:

Coordenativa: Quando liga duas orações independentes:

Ex.: Vendeu tudo ***e*** mudou de cidade.

Subordinativa: Quando liga duas orações dependentes:

Ex.: Soube ***que*** a empresa vai fechar.

Classificação das Conjunções

Coordenativas

> Aditivas: e, nem, mas também, como também, bem como, mas ainda.

> Adversativas: mas, porém, todavia, contudo, pelo contrário, não obstante, apesar de.

> Alternativas: ou...ou, ora.... ora, quer.... quer.

> Explicativas: pois (antes do verbo), porque, que, porquanto.

> Conclusivas: pois (depois do verbo), logo, portanto, por conseguinte, por isso.

Subordinativas

> Temporais: quando, enquanto, logo que, desde que, assim que, até que.

» Mal será conjunção subordinativa temporal quando equivaler a logo que:

Mal cheguei e já me cobraram o projeto.

> Causais: porque, visto que, já que, uma vez que, como, desde que.

> Condicionais: Sse, caso, contanto que, desde que, salvo se.

> Proporcionais: à medida que, à proporção que, ao passo que.

> Finais: a fim de que, para que.

> Consecutivas: de modo que, de maneira que, de sorte que, que, para que.

> Concessivas: embora, conquanto, se bem que, ainda que, mesmo que.

> Comparativas: como, tal qual, assim como, tanto quanto.

> Conformativas: conforme, segundo, como.

> Integrantes: que, se.

» As conjunções integrantes introduzem orações substantivas (que equivalem a substantivos):

Ex.: Não sei se ele virá (não sei da sua ***vinda***).

3.3 Preposição

Observe o exemplo a seguir:

Exs.: Gosto muito das músicas ***de*** Chico Buarque;

Chegou da viagem ***com*** febre.

As palavras em destaque estabelecem uma relação entre outros termos. Elas são chamadas de preposição. São elas:

A, ante, após, até, com, contra, de, desde, em, entre, para, pelo, perante, por, sem, sobre, sob, trás.

Algumas palavras pertencentes a outras classes gramaticais podem, eventualmente, aparecer como preposição em alguns casos. Por exemplo: salvo, fora, durante, segundo, etc.

As preposições podem ser:
- Essenciais: quando são sempre preposição. São as palavras listadas acima;
- Acidentais: quando não são preposições essenciais mas em alguns casos exercem a função de preposição;
- Puras: quando não há junção com artigo;
- Contrações: quando aparecem junto com o artigo. Por exemplo: de+a, per+o, etc.

	Relação estabelecida pela preposição
Assunto	Conversamos **sobre** a viagem.
Autoria	Apaixonei-me por um quadro **de** Picasso.
Causa	Foi preso **por** roubar dinheiro público.
Companhia	Fui jantar com meu marido.
Conteúdo	Traga, por favor, um copo **de** (com) água.
Destino	Vou **para** casa mais cedo.
Distância	A casa fica **a** duas quadras da praça.
Finalidade	Eles vieram **para** a palestra.
Instrumento	Ele abriu a embalagem **com** uma faca.
Limite	As meninas correram **até** a casa da tia.
Lugar	Gostava de ficar **em** casa. As coisas estão **sobre** a mesa.
Matéria	Comprei um brinco **de** ouro.
Meio	Tivemos que fazer a viagem **de** ônibus.
Modo	As coisas foram resolvidas **com** tranquilidade.
Oposição	O movimento do bar aumenta nos dias de jogos do Brasil **contra** a Argentina.
Origem	Eles vieram **do** interior.
Posse	Gostei da camiseta **de** Raul.
Preço	Estava feliz com meu livro **de** dez reais. Vendia as tortas **por** vinte reais.
Tempo	Tivemos que sair **após** a discussão. Chegaremos **em** uma hora.

Questões

01. (CESPE - 2018) "Primeiro fazia uma cara de indecisão, depois um sorriso triste contrabalançado por um olhar heroicamente exultante, até que esse exame de consciência era cortado pela voz do interlocutor, que começava a falar chãmente em outras coisas, que, aliás, o Juca não estava ouvindo..."

Caso o advérbio "heroicamente" fosse deslocado para logo após "contrabalançado", haveria alteração de sentido do texto, embora fosse preservada sua correção gramatical.

Certo ( ) Errado ( )

02. (CESPE - 2017) "O homem que traficava — membro da classe lucrativa ou aquisitiva —, para se qualificar socialmente, embriagou-se, perdidamente, na imitação do estilo ou nos traços secundários da classe proprietária e do estamento. Elevava-se, se enriquecido — elevava-se é o termo certo — a uma categoria superior no desfrute ostentatório de rendas, transformando a natureza de seu patrimônio, ou ingressava na política e no governo, preocupado em amortecer a cintilação equívoca da origem."

Feitos os devidos ajustes de maiúsculas e minúsculas e de pontuação, o deslocamento dos advérbios "socialmente" e "perdidamente", para o início e para o fim do período em que eles ocorrem, respectivamente, manteria a correção e o sentido original do texto.

Certo ( ) Errado ( )

03. (CESPE - 2015) "Os diálogos antigos eram uma lástima. Em certos romances, os indivíduos emudeciam, em outros, falavam bonito demais, empregavam linguagem de discurso"

Os termos "escandalosamente" e "bonito" exercem, nas orações a que pertencem, a mesma função sintática..

Certo ( ) Errado ( )

04. (CESPE - 2012) "Oficialmente, o presidente Nazarbayev justificou a mudança alegando o risco permanente de terremoto em Almaty e a falta de espaço para crescimento."

Os vocábulos "Oficialmente" e "permanente" pertencem à mesma classe gramatical.

Certo ( ) Errado ( )

05. (CESPE - 2013) "Temos observado que os empregados dos postos de trabalho de pior remuneração são os que moram mais distantes dos locais de trabalho e cotidianamente saem de casa duas ou três horas antes da jornada, gastando o mesmo tempo para retornarem às suas casas."

A alteração do vocábulo "distantes" para distante manteria a correção e o sentido do texto.

Certo ( ) Errado ( )

Gabaritos

01	CERTO
02	ERRADO
03	CERTO
04	ERRADO
05	CERTO

4. MORFOLOGIA - PRONOME, PALAVRAS "QUE" E "SE"

4.1 Pronome

Observe o trecho a seguir:

O bebê de Daniela nasceu perfeito. O bebê de Daniela tem olhos azuis. As mãos do bebê de Daniela são fortes, e os cabelos do bebê de Daniela são claros.

Para que não haja esta repetição desagradável durante a comunicação, utilizamos os pronomes:

O bebê de Daniela nasceu perfeito. **Ele** tem olhos azuis, suas mãos são fortes e **seus** cabelos são claros.

Os pronomes são palavras que substituem ou acompanham os substantivos. Eles podem indicar qualquer uma das três pessoas do discurso:

1ª pessoa: quem fala;

2ª pessoa: com quem se fala;

3ª pessoa: de quem se fala.

Classificação dos Pronomes

Pronomes Pessoais

Pessoa do discurso	Retos	Oblíquos
1ª pessoa do singular	Eu	Me, mim, comigo
2ª pessoa do singular	Tu	Te, ti, contigo
3ª pessoa do singular	Ele/Ela	O, a, lhe, se, si, consigo
1ª pessoa do plural	Nós	Nos, conosco
2ª pessoa do plural	Vós	Vos, convosco
3ª pessoa do plural	Eles/Elas	Os, as, lhes, se, si, consigo

Os pronomes pessoais funcionam como **sujeito** da oração.

Ex.: ***Eu*** estava cansada ontem.

Os pronomes oblíquos funcionam como **complementos**.

Ex.: Eu ***lhe*** escrevi uma carta.

Observe que o verbo escrever é transitivo direto e indireto: quem escreve, escreve algo a alguém. O objeto direto, o que se escreveu, é "uma carta", e o objeto indireto, a quem se escreveu, é o pronome oblíquo lhe, que tem valor de objeto indireto porque possui a preposição a subentendida. Ou seja: lhe equivale a a ele/a ela.

As formas o, a, os, as sofrem modificações dependendo da terminação do verbo que acompanham. Observe:

> Quando o verbo terminar em **r, s** ou **z**, ficarão **lo, la, los, las**:

Exs.: Começa*r*: começá-***los***;

Celebramo*s*: celebramo-***lo***.

Fi*z*: fi-***lo***.

> Quando o verbo terminar em som nasal, ficarão **no, na, nos, nas**:

Exs.: Comemora***m***: comemora***m-no***;

Vira***m***: vira***m-no***.

O pronome oblíquo jamais inicia frase. Por isso, ele aparecerá, em início de frase, depois do verbo, ou utiliza-se algum termo para que ele possa aparecer antes do verbo:

Ex.: Eu te liguei.

Liguei-te.

Pronomes de Tratamento

São pronomes utilizados para dirigir-se ou referir-se a autoridades ou pessoas com quem se tem menos contato. Os mais utilizados são:

PRONOMES DE TRATAMENTO		USADOS PARA
Você		Um tratamento íntimo, familiar.
Senhor, Senhora	Sr., Sr.ª	Pessoas com as quais mantemos um certo distanciamento mais respeitoso.
Vossa Senhoria	V. S.ª	Pessoas com um grau de prestígio maior. Usualmente, os empregamos em textos escritos, como: correspondências, ofícios, requerimentos, etc.
Vossa Excelência	V. Ex.ª	Usados para pessoas com alta autoridade, como: Presidente da República, Senadores, Deputados, Embaixadores, etc.
Vossa Alteza	V. A.	Príncipes e duques.
Vossa Santidade	V.S.	Para o Papa.
Vossa Magnificência	V. Mag.ª	Reitores de Universidades.
Vossa Majestade	V. M.	Reis e Rainhas.

> O pronome de tratamento concorda com o verbo na 3ª pessoa:

Vossa Excelência me ***permite*** fazer uma observação?

> Quando o pronome for utilizado para referir-se à 3ª pessoa, o pronome **Vossa** será substituído por **Sua**:

Sua Alteza, o Príncipe William, casou-se com uma plebeia.

Pronomes Possessivos

São pronomes que indicam posse. Observe os exemplos:

Exs.:

Andei tanto que ***meus*** pés estão doendo.

Pegue ***tuas*** coisas e vamos embora.

Marina ficou feliz ao ver que ***sua*** mala não estava perdida.

Os pronomes destacados indicam quem é o possuidor dos itens das orações: pés, coisas e malas. Observe que pelo pronome é possível identificar a pessoa. Isso acontece porque há um pronome possessivo específico para cada pessoa:

Pessoa do discurso	Pronomes possessivos
1ª pessoa do singular	Meu, minha, meus, minhas
2ª pessoa do singular	Teu, tua, teus, tuas
3ª pessoa do singular	Seu, sua, seus, suas
1ª pessoa do plural	Nosso, nossa, nossos, nossas
2ª pessoa do plural	Vosso, vossa, vossos, vossas
3ª pessoa do plural	Seu, sua, seus, suas

O pronome possessivo concorda:

> Em pessoa, com o possuidor:

Ex.: ***Meu*** irmão chegou de viagem.

1ª pessoa do singular

> Em número, com o que se possui:

Ex.: ***Teus filhos*** são lindos!

Masculino plural

Pronomes Demonstrativos

São os pronomes que indicam a posição de algo em relação à pessoa do discurso. Observe os exemplos:

Exs.: ***Este*** mês está sendo ótimo para o comércio graças a Dia das Mães. (mês atual);

Na última semana tivemos quatro provas. ***Essa*** semana foi uma correria! (passado próximo);

Quando meus filhos eram pequenos, viajamos para a Europa. ***Aquela*** foi uma viagem inesquecível. (passado distante)

O mesmo ocorre com os mesmos pronomes em relação à localização no espaço. Observe:

Exs.:

Acho que ***esta*** camiseta ficou bem em mim. (próximo à pessoa que fala);

Esse chapéu ficou ótimo em você! (próximo à pessoa com que se fala);

Você sabe de quem é ***aquela*** pasta? (distante de quem fala e da pessoa com que se fala).

Pronomes Demonstrativos

Variáveis	Invariáveis
Este, estas, estes, estas	Isto
Esse, essa, esses, essas	Isso
Aquele, aquela, aqueles, aquelas	aquilo

Pronomes Indefinidos

São pronomes que se referem à 3ª pessoas mas sem a função de determinar ou definir. Pelo contrário: são pronomes que dão um sentido vago, impreciso sobre quem ou o que se fala.

Exs.: ***Muitos*** querem sucesso, mas ***poucos*** estão dispostos a pagar pelo seu preço.

Não se sabe sobre quem ou quantas pessoas se fala, por isso são utilizados pronomes que dão a ideia de quantidade indefinida.

Pronomes indefinidos

Variáveis	Invariáveis
algum, alguns, alguma, algumas;	Alguém
certo, certos, certa, certas;	Ninguém
nenhum, nenhuns, nenhuma, nenhumas;	Outrem
todo, todos, toda, todas;	Tudo
outro, outros, outra, outras;	Nada
muito, muitos, muita, muitas;	Cada
pouco, poucos, pouca, poucas;	Algo
vário, vários, vária, várias;	Mais
tanto, tantos, tanta, tantas;	Menos
quanto, quantos, quanta, quantas.	

Pronomes Interrogativos

São os pronomes utilizados nas perguntas diretas e indiretas. Observe o exemplo:

Exs.:

Quantas pessoas se matricularam no curso?

Quem estava aqui ontem?

Gostaria de saber ***que*** dia você viajará.

Pronomes interrogativos

Quem, quanto, quantos, quanta, quantas, qual, quais, que

Pronomes Relativos

São pronomes que se relacionam com termos já citados na oração, evitando a repetição.

Exs.:

Trouxe um livro.

O livro que eu trouxe é o livro que você me pediu.

O pronome relativo que indica e especifica o livro ao qual o interlocutor se refere:

Trouxe o livro ***que*** você pediu.

O pronome relativo concordará:

> Com o seu antecedente:

As ***ruas*** pelas quais passou traziam lembranças.

Exceção: pronome cujo (e variações), que concorda com o consequente:

Estou lendo um livro cuja ***capa*** foi feita pelo meu irmão.

> A regência do pronome relativo seguirá a regra da regência pedida pelo verbo:

Exs.:

É uma menina ***de*** quem todos ***gostam***.

Era uma pessoa ***a*** quem todos ***admiravam***.

Pronomes Substantivos

Em alguns casos, o pronome atuará como substantivo, substituindo-o. Observe:

Poucos conhecem o segredo de viver em paz.

Pronome indefinido – substitui o substantivo

Pronomes Adjetivos

Em alguns casos, o pronome atuará como adjetivo, atribuindo uma característica ao substantivo. Observe:

Este quadro é ***meu***.

Pronome possessivo adjetivo

4.2 Palavra QUE

A palavra "que" possui diversas funções e costuma gerar muitas dúvidas. Por isso, para entender cada função e identificá-las, observe os exemplos a seguir:

Substantivo

Senti um ***quê*** de falsidade naquela fala.

Neste caso, o que está precedido por um determinante - um artigo, e é acentuado, pois assume o papel de um substantivo. Poderia ser substituído por outro substantivo:

Senti um ***ar*** de falsidade naquela fala.

Quanto atua como substantivo, o quê será sempre acentuado e precedido por um artigo, pronome ou numeral.

Pronome

Exs.:

Que beleza de festa! **(pronome exclamativo)**

O livro ***que*** comprei estava em promoção. **(pronome relativo)**

Que dia é a prova? **(pronome interrogativo)**

Interjeição

Exs.: ***Quê***? Não entendi.

Quê! Ela sabe sim!

Preposição

Temos ***que*** chegar cedo.

Observe que a regência do verbo ter exige a preposição "de": *Temos de chegar cedo*. No entanto, na fala coloquial, já é aceito o uso do "que" como preposição.

Advérbio

Que bela está a casa!

Neste caso, antecede um adjetivo, modificando-o: **como** a casa está bela!

Que longe estava da cidade!

Neste caso, antecede um advérbio, intensificando-o: Estava **muito longe** da cidade.

Conjunção

Exs.:

Que gostem ou ***que*** não gostem, tomei minha decisão. **(conjunção alternativa)**

Pode entrar na fila ***que*** não será atendida. **(conjunção adversativa)**

Não falte à aula ***que*** o conteúdo é importante. **(conjunção explicativa)**

Conjunção Subordinativa

Exs.:

Estava tão cansada ***que*** não quis recebê-lo.
(conjunção subordinativa consecutiva)

Gostei da viagem, cara ***que*** tenha sido.
(conjunção subordinativa concessiva)

Não corra ***que*** o chão está molhado! **(conjunção subordinativa causal)**

Partícula Expletiva (de realce)

Que bonito ***que*** está o seu cabelo! **(não tem função na oração, apenas realça o que está sendo falado)**

4.3 Palavra SE

A palavra "se", assim como o "que", possui diversas funções e costuma gerar muitas dúvidas. Por isso, para entender cada função e identificá-las, observe os exemplos a seguir:

Partícula Apassivadora

Vendem-***se*** plantas. (**É possível passar a oração para a voz passiva analítica: Plantas são vendidas)**

Neste caso, o "se" nunca será seguido por preposição.

Pronome Reflexivo

Ex.: Penteou-***se*** com capricho.

Pronome Recíproco

Ex.: Amaram-***se*** durante anos.

Partícula Expletiva (de realce)

Ex.: Foi-***se*** o tempo em que confiávamos nos políticos. **(não possui função na oração, apenas realça o que foi dito)**

Pronome indeterminador do sujeito

Transforma o sujeito em indeterminado.

Exs.:

Precisa-***se*** de secretária. (**não se pode passar a oração para a voz passiva analítica)**

Nessa casa, come-***se*** muito.

Parte do verbo pronominal

Alguns verbos exigem a presença da partícula "se" para indicar que a ação é referente ao sujeito que a pratica:

Exs.: Arrependeu-***se*** de ter ligado.

Outros exemplos de verbos pronominais: Lembrar-***se***, queixar-***se***, enganar-***se***, suicidar-***se***.

Conjunção

Exs.:

Vou chegar no horário **se** não chover. (conjunção condicional)

Não sei **se** dormirei em casa hoje. (conjunção integrante)

Se vai ficar aqui, então fale comigo. (conjunção adverbial causal)

Se queria ser mãe, nunca demonstrou amor pelas crianças. (conjunção concessiva)

Questões

01. (CESPE - 2018) "Aqui, neste escritório onde a verdade não pode ser mais do que uma cara sobreposta às infinitas máscaras variantes, estão os costumados dicionários da língua e vocabulários, os Morais e Aurélios, os Morenos e Torrinhas, algumas gramáticas, o Manual do Perfeito Revisor, vademeco de ofício [...]."

O emprego de "neste" decorre da presença do vocábulo "Aqui", de modo que sua substituição por nesse resultaria em incorreção gramatical.

Certo ( ) Errado ( )

02. (CESPE - 2018) "A facilidade de comunicações acabou com esses tanques em que floresciam as diferentes culturas."

Caso o pronome "esses" (R.1) fosse substituído por estes, seriam mantidas a correção gramatical do período e as principais informações veiculadas pelo texto, mas haveria maior distanciamento do autor com relação aos "tanques em que floresciam as diferentes culturas"

Certo ( ) Errado ( )

03. (CESPE - 2007) "Quanta inútil retórica se tem desperdiçado para provar que todos os nossos males ficariam resolvidos de um momento para o outro se estivessem amplamente difundidas as escolas primárias e o conhecimento do abc."

O vocábulo "Quanta" classifica-se, na oração em que ocorre, como pronome interrogativo.

Certo ( ) Errado ( )

04. (CESPE - 2017) "A partir de Sócrates, o ser humano voltou-se para si mesmo."

O pronome na forma verbal "voltou-se" denota reciprocidade, aspecto enfatizado pela expressão "para si mesmo".

Certo ( ) Errado ( )

05. (CESPE - 2016) "Na parede da esquerda ficaria a grande e sonhada estante onde caberiam todos os meus livros."

Seria mantida a correção do texto caso o trecho "onde caberiam" fosse substituído por que caberia.

Certo ( ) Errado ( )

Gabaritos

01	CERTO
02	ERRADO
03	CERTO
04	ERRADO
05	ERRADO

5. MORFOLOGIA - VERBO

5.1 Verbos

O estudo dos verbos representa uma parte bastante importante da gramática da Língua Portuguesa. A maioria das circunstâncias comunicativas acontece em torno dessa classe gramatical. Em provas, não se costuma cobrar toda uma conjugação de determinado verbo. Todavia, pode-se solicitar a análise da mudança semântica a partir da modificação das conjugações, ou mesmo se alguma conjugação está correta. Muitas vezes, as conjugações verbais trazem uma significação completamente diferente, dependendo do contexto em que aparecem.

Exs.: Não matarás - (**verbo no futuro do presente, mas com conotação de proibição).**

Pudera eu ser milionário - (**verbo no pretérito-mais-que--perfeito, mas com conotação de hipótese).**

5.2 Conjugações do Verbo

Todos os verbos em Língua Portuguesa, quando no infinitivo, terminarão em ar, er ou ir. Essa classificação é chamada de conjugação:

1ª conjugação: Verbos terminados em AR

2ª conjugação: Verbos terminados em ER

3ª conjugação: Verbos terminados em IR

5.3 Locução Verbal

É formada por um ou mais verbos auxiliares e um principal na forma nominal (infinitivo, gerúndio ou particípio).

Exs.: Vou Querer/Pode ter ocorrido/Deve ter sido feito/ Estou estudando.

5.4 Modo Indicativo

Indica certeza. Conseguimos precisar quando algo realmente acontece, aconteceu ou acontecerá. Mas isso nem sempre é recorrente, muitas vezes, dependendo do tempo verbal, teremos noção hipótese também.

Presente

Indica algo que se faz neste exato momento, algo que se faça rotineiramente, algo que se fará no futuro ou, muitas vezes, pode adquirir até uma conotação de passado (presente histórico).

Reaver: defectivo, possui apenas algumas pessoas no presente do modo indicativo e **inexiste** no presente do modo subjuntivo.

Nós reavemos e vós reaveis.

Aderir: eu adiro, tu aderes, ele adere, nós aderimos, vós aderis, eles aderem. (Competir e repelir seguem a mesma conjugação.)

Intermediar: eu intermedeio, tu intermedeias, ele intermedeia, nós intermediamos, vós intermediais, eles intermedeiam (MEDIAR, ANSIAR, REMEDIAR, INCENDIAR e ODIAR seguem a mesma conjugação).

Aprazer: eu aprazo, tu aprazes, ele apraz, nós aprazemos, vós aprazeis, eles aprazem. (ter prazer)

Pretérito Perfeito

Indica uma ação terminada, concluída no passado. Atenção para as gírias, muitas vezes elas aparecem na linguagem do dia a dia, mas a normal culta condena o uso delas. É o caso do exemplo: "Festa hoje? Fui!". Perceba que o verbo FUI indica uma certeza de algo, porém, na linguagem tradicional, o normal seria VOU ou IREI, mantendo a ideia certa de presença no evento.

Reaver: eu reouve, tu reouveste, ele reouve, nós reouvemos, vós reouvestes, eles reouveram.

Ter: eu tive, tu tiveste, ele teve, nós tivemos, vós tivestes, eles tiveram (Derivados do Ter se conjugam igualmente, **reter, manter, obter, abster, entreter, deter, conter**).

Vir: eu vim, tu vieste, ele veio, nós viemos, vós viestes, eles vieram. (Derivados do VIR se conjugam igualmente, **intervir, advir, provir, convir**.)

Prover: eu provi, tu proveste, ele proveu, nós provemos, vós provestes, eles proveram.

Pretérito Imperfeito

Indica uma ação não concluída no passado. Noção de movimento, algo em andamento, mas no passado. Existe a tendência de usá-lo como ação não feita, tal qual o futuro do pretérito.

Pôr: eu punha, tu punhas, ele punha, nós púnhamos, vós púnheis, eles punham. (Derivados do PÔR se conjugam igualmente, **supor, predispor, propor, repor, transpor, justapor, depor, compor, decompor, opor** etc.)

Amar: eu amava, tu amavas, ele amava, nós amávamos, vós amáveis, eles amavam.

Reaver: eu reavia, tu reavias, ele reavia, nós reavíamos, vós reavíeis, eles reaviam.

Ter: eu tinha, tu tinhas, ele tinha, nós tínhamos, vós tínheis, eles tinham. (Derivados do Ter se conjugam igualmente, **reter, manter, obter, abster, entreter, deter, conter**).

Pretérito-Mais-Que-Perfeito

Indica uma ação anterior ao pretérito perfeito ou uma ação hipotética.

Ex.: Eu abri a garrafa que eu pegara (**PEGUEI** ou **TINHA PEGADO**).

Trazer: eu trouxera, tu trouxeras, ele trouxera, nós trouxéramos, vós trouxéreis, eles trouxeram.

Saber: eu soubera, tu souberas, ele soubera, nós soubéramos, vós soubéreis, eles souberam.

Fazer: eu fizera, tu fizeras, ele fizera, nós fizéramos, vós fizéreis, eles fizeram. (**SATISFAZER** conjuga-se da mesma maneira).

Futuro do Presente

Ação futura ou proibição. Muitas vezes esse tempo verbal pode ser trocado pelo Presente do Indicativo ou pelo Imperativo Negativo, tudo dependendo do contexto!

Querer: eu quererei, tu quererás, ele quererá, nós quereremos, vós querereis, eles quererão.

Aniversariar: eu aniversariarei, tu aniversariarás, ele aniversariará, nós aniversariaremos, vós aniversariareis, eles aniversariarão.

Muitas bancas podem colocar verbos na mesma conjugação na locução, mas com semântica diferente.

Ex.: QUERERE1 ≠ DEVEREI QUERER, não se equivalem. QUERERE1 indica certeza, DEVEREI QUERER, hipótese.

O correto é **VOU VIR,** e não **VOU VIM**, construção frequente na linguagem coloquial.

Futuro do Pretérito

Indica ação não feita, hipótese, expressão de desejo e ação no passado. Aqui temos o exemplo típico de hipótese. É o tempo verbal do indicativo com mais simbologias, portanto fique atento ao discurso.

Fazer: eu faria, tu farias, ele faria, nós faríamos, vós faríeis, eles fariam. (**SATISFAZER** se conjuga da mesma maneira).

Querer: eu quereria, tu quererias, ele quereria, nós quereríamos, vós quereríeis, eles quereriam.

Dizer: eu diria, tu dirias, ele diria, nós diríamos, vós diríeis, eles diriam. (**MALDIZER** se conjuga da mesma maneira).

5.5 Modo Subjuntivo

Hipótese: usa-se esse modo quando não se sabe a precisão dos fatos. Quando tal modo aparece, consegue-se imaginar certo tom de dúvida, de hipótese. Imaginemos determinado anfitrião perguntando a uma visita: "você quer que eu PEGUE um copo d'água?". O tempo usado é o correto, porque não se sabe qual resposta será dada.

Presente (que)

Vale lembrar que não só a conjunção QUE determina a flexão nesse tempo verbal, pode-se também usar AINDA, QUE, EMBORA etc.

Aderir	Caber	Intervir
adira	caiba	intervenha
adiras	caibas	intervenhas
adira	caiba	intervenha
adiramos	caibamos	intervenhamos
adirais	caibais	intervenhais
adiram	caibam	intervenham

Obs.: os verbos defectivos **INEXISTEM** nesta conjugação, tais como REAVER, EXTORQUIR, FALIR, COLORIR.

Pretérito Imperfeito (se)

Vale lembrar que não só a conjunção SE determina a flexão nesse tempo verbal, pode-se também usar CASO, AINDA QUE etc.

Reaver	Requerer	Intervir	Manter
reouvesse	requeresse	interviesse	mantivesse
reouvesses	requeresses	interviesses	mantivesses
reouvesse	requeresse	interviesse	mantivesse
reouvéssemos	requerêssemos	interviéssemos	mantivéssemos
reouvésseis	requerêsseis	interviésseis	mantivésseis
reouvessem	requeressem	interviessem	mantivessem

Futuro (quando)

Destaca-se que não só a conjunção QUANDO determina a flexão nesse tempo verbal, pode-se também usar SE, CASO etc.

Ver	Vir	Pôr	Manter
Vir	Vier	Puser	Mantiver
Vires	Vieres	Puseres	Mantiveres
Vir	Vier	Puser	Mantiver
Virmos	Viemos	Pusermos	Mantivemos
Virdes	vierdes	Puserdes	Mantiverdes
Virem	vierem	puserem	mantiverem

Muitos tempos verbais no futuro do subjuntivo são conjugados do mesmo modo que o infinitivo impessoal. É o caso do verbo AMAR.

Ex.: Ele falou para eu AMAR (infinitivo).

Quando eu AMAR (futuro do subjuntivo).

5.6 Modo Imperativo

Imperativo: pode indicar ordem ou proibição.

Afirmativo

Ordem. Em linguagem coloquial, nota-se que, muitas vezes, o imperativo afirmativo é usado de forma inadequada, sem que o próprio falante se dê conta. Deveríamos usar a conjugação em terceira pessoa, já que esta é bastante frequente nas situações comunicativas cotidianas. O tratamento de VOCÊ é muito mais comum que o de TU. Porém, quando se usa o imperativo, nota-se a constante opção pela conjugação em segunda pessoa: TU.

Presente do Indicativo		Imperativo Afirmativo	Presente do Subjuntivo
Eu compro		-	Que eu compre
Tu compras	sem o **s**	Compra tu	Que tu compres
Ele compra		Compre você	**Que ele compre**

Nós compramos	sem o **s**	Compremos nós	**Que nós compremos**
Vós comprais		Comprai vós	Que vós compreis
Eles compram		Comprem vocês	**Que eles comprem**

Obs.: Todos os verbos se conjugam assim, com exceção de SER. SÊ tu, SEJA você, SEJAMOS nós, SEDE vós, SEJAM vocês.

Negativo

Proibição. Existe uma equivalência com uma dos significados do futuro do indicativo.

Imperativo Negativo		**Presente do Subjuntivo**
Não sejas tu	←	Que tu sejas
Não seja você	←	Que ele seja
Não sejamos nós	←	Que nós sejamos
Não sejais vós	←	Que vós sejais

5.7 Correlação Verbal

As conjugações dos verbos, na maioria das bancas de concurso, não são cobradas de modo direto, senão pela correlação verbal. Ela consiste em situações cujas conjugações verbais aparecem de modo correlato, numa sintonia lógica ao que se queira dizer. Muitas vezes, ficar atento à conjunção ajuda bastante.

Exs.: Ainda que ela ***suponha*** a solução, nada ***mudará***.

Ainda que ela ***supusesse*** a solução, nada ***mudaria***.

Ainda que ela ***supuser*** a solução, nada ***mudará***.

Caso nós ***cheguemos*** cedo, ***iremos*** ao show.

* Caso nós ***chegássemos*** cedo, ***iríamos*** ao show.

Caso nós ***chegarmos*** cedo, ***iremos*** ao show.

*** Percebe-se que, pela conjugação verbal, tem-se a certeza de que ninguém foi ao show.**

Vale ressaltar que unir o conhecimento do idioma com a conjugação certa dos verbos é um estudo bastante eficaz para se entender a gramática e compreender como as bancas abordam tal recurso.

5.8 Verbos Abundantes

Geralmente, os verbos trazem apenas um particípio, que pode ser regular ou irregular. No caso dos verbos abundantes, os particípios podem aparecer de duas formas: regular (-**do**) e irregular.

Exs.: nascer: nasci***do*** → nato

benzer: benzi***do*** → bento

morrer: morri***do*** → morto

inserir: inseri***do*** → inserto

pagar: paga***do*** → pago

pegar: pega***do*** → pego

enxugar: enxuga***do*** → enxuto

Observações:

Usamos o particípio regular (-do), com os verbos auxiliares **TER** e **HAVER**.

Usamos o particípio irregular com os verbos auxiliares **SER** e **ESTAR**.

Ex.: Os boletos **FORAM PAGOS**.

A menina **TINHA PAGADO** os boletos.

Obs.: TINHA PAGO é aceito.

Os padres **HAVIAM BENZIDO** o bebê.

Os bebês **ESTÃO BENTOS**.

5.9 Vozes Verbais

Indicam a relação que o sujeito mantém com o verbo. A abordagem desse tema é muito comum em provas de concurso. Geralmente, nos enunciados das questões, as vozes verbais podem aparecer associadas a uma palavra que gera dúvidas aos candidatos: transposição.

As vozes verbais são divididas em três: analítica, reflexiva e sintética.

Voz Passiva Analítica

Formada por verbos auxiliares e particípios. Nela, o sujeito recebe a ação e é chamado de sujeito paciente.

Exs.: Eu ***corto*** o pão. (voz ativa)

O pão É CORTADO por mim. (voz passiva analítica)

Percebe-se que o tempo verbal na voz ativa determina o tempo do verbo auxiliar na voz passiva. Fique atento nas provas, muitas vezes a transposição da voz ativa para a passiva é possível, mas o verbo aparece em outro tempo e você pode se prejudicar. Exemplo: Ele CORTA a maçã/A maçã É CORTADA por ela. Veja que os verbos CORTA e É estão no mesmo tempo verbal.

Exs.: Pintei – **FOI** pintado.

Pintara – **FORA** pintado.

Pintava – **ERA** pintado.

Pintará – **SERÁ** pintado.

Pintaria – **SERIA** pintado.

Estou Pintando – **ESTÁ SENDO** pintado.

Estava Pintando – **ESTAVA SENDO** pintado.

Os verbos que aceitam transposição são os **transitivos diretos**, ou seja, aqueles que aceitam como complemento **algo** ou **alguém**.

Cortar, ver, pintar, amar, selecionar, ultrapassar, transpor, prejudicar etc.: percebemos que todos estes verbos pedem complemento **algo** ou **alguém**.

Não existe **voz passiva analítica** com verbos que exigem, no complemento, uma preposição.

Exs.: Eu gosto ***de*** você.

Eu assisti ***ao*** jogo.

Eu preciso ***de*** ajuda.

Como não existe sujeito preposicionado, não existe a possibilidade de haver **voz passiva analítica**.

Exceção: verbos OBEDECER e DESOBEDECER:

Exs.: Nós desobedecemos ***ao*** pai → ***O pai foi desobedecido por nós***.

Eu obedeço ***ao*** pai → O pai é obedecido por mim.

Existem transposições que fogem do comum, mas estão perfeitamente corretas.

Exs.: ***Vives rodeado*** de mulheres. (Mulheres te rodeiam - **voz ativa**)

Pareceis cercado de problemas. (Problemas vos cercam - **voz ativa**)

Reflexiva

Caracteriza-se pela presença de pronome reflexivo, ou seja, o sujeito faz e recebe a ação simultaneamente.

Eu ***me*** penteio - Ele ***se*** cortou.

Vejamos as formas reflexivas e seus respectivos pronomes.

eu **me** – tu **te** – ele(a)(s) **se** – nós **nos** – vós **vos**.

Sintética

Quando SE é um pronome apassivador ou partícula apassivadora, é possível transformar tal oração em voz passiva analítica. O verbo concorda com o sujeito. Assim, quando o sujeito estiver no plural, o verbo também estará.

Ex.: Vendem-**se** casas. - Casas **são vendidas**.

Pronome apassivador

Ex.: Fazem-**se** reparos. – Reparos **são feitos**.

Aqui **se** analisam as propostas.

Alugam-se salas.

Entender o conceito é o melhor caminho. Em provas, temos alguns exemplos que podem trazer confusão. Portanto, encontrar o sujeito sempre é uma saída. Descobre-se também a concordância correta quando passamos a oração para a voz passiva analítica.

Exs.: Não se ***contrapuseram*** nossos pontos de vista.

Nossos pontos de vista não **foram contrapostos**.

Aqui se **veem** problemas por toda parte.

Problemas **são vistos** por toda parte.

5.10 Verbos Impessoais

Não possibilitam a alguém exercer a ação. Só existem na 3ª pessoa do singular (em todos os tempos e modos). Aparecem em orações cujo sujeito é inexistente. São 4 os verbos impessoais:

Haver (no sentido de existir)

*Na sala, **há** alunos.*

Há = Existem

Exs.: ***Haverá*** problemas. (vai haver)

Existirão problemas. (vão existir)

Quando for utilizado o verbo EXISTIR, o sujeito se torna PROBLEMAS. Há diferença gramatical, mas não semântica, ou seja, o sentido continua o mesmo. Cuidado: muitas vezes, a locução verbal pode trazer mudança semântica. Desse modo, se a locução for DEVERÁ HAVER PROBLEMAS, existe a possibilidade de haver ou não problemas.

Fazer (indicando tempo decorrido)

Exs.: Hoje ***faz*** 15 anos que me formei.

Lá ***faz*** invernos rigorosos.

Verbos que Indicam Fenômenos da Natureza

Exs.: ***Chove*** sem parar.

Amanheceu muito tarde.

Na oração "**O dia** amanheceu tarde", a semântica é a mesma. Porém, há sujeito. Desse modo, o verbo, mesmo representando semanticamente um fenômeno da natureza, deixa de ser impessoal.

Ser

Sentido de tempo e quantidade: pode vir no plural, ainda assim será impessoal.

Ex.: É meia-noite.

É 01 de maio.

É meio-dia e meia.

SÃO 14 horas.

É (dia) / ***SÃO*** 25 de agosto.

100 reais É suficiente.

Vimos, neste capítulo, como os verbos são determinantes em uma prova. Saber a conjugação para entender a correlação e os sentidos que dão ao texto é fundamental. Conhecer as regras gramaticais ajuda, porém, entender cada forma como o verbo se mostra e as relações que possui é primordial ao entendimento de uma mensagem, de um texto. Verbo é essencial em Língua Portuguesa e sempre estará presente em qualquer assunto gramatical.

5.11 Transitividade Verbal

Os verbos dividem-se conforme a sua transitividade. São eles:

Intransitivo

Quando o sentido do verbo é completo e não exige complemento.

Ex.: Meu vizinho morreu.

Transitivo

Quando o sentido do verbo não é completo e é necessário um complemento para que faça sentido. Dentre os transitivos, pode ser:

Transitivo Direto

Quando exige um complemento que não é seguido por preposição (objeto direto):

Ex.: Comprei uma bolsa.

Transitivo Indireto

Quando exige um complemento que é seguido por preposição (objeto indireto):

Ex.: Gosto de cantar.

Transitivo Direto e Indireto (bitransitivo)

Quando exige dois complementos para fazer sentido:

Ex.: Entreguei uma carta ao porteiro.

Verbo de Ligação

Quando não exprime uma ação e sim uma característica do sujeito:

Ex.: Marina é bonita.

São verbos de ligação:

Ser
Estar
Continuar
Andar
Parecer
Permanecer
Ficar
Tornar-se
Virar

Questões

01. (CESPE - 2019) "Raras vezes na história humana, o trabalho, a riqueza, o poder e o saber mudaram simultaneamente."

A coerência e a correção gramatical do texto seriam preservadas se a forma verbal "mudaram" (R.2) fosse substituída por mudam.

Certo ( ) Errado ( )

02. (CESPE - 2018) "Nesse futuro não tão remoto, teremos conquistado a utopia de uma verdadeira justiça social."

A substituição de "teremos conquistado" por conquistaremos manteria os sentidos originais do texto.

Certo ( ) Errado ( )

03. (CESPE - 2018) "Não sou de choro fácil a não ser quando descubro qualquer coisa muito interessante sobre ácido desoxirribonucleico. Ou quando acho uma carta que fale sobre a descoberta de um novo modelo para a estrutura do ácido desoxirribonucleico, uma carta que termine com "Muito amor, papai". Francis Crick descobriu o desenho do DNA e escreveu a seu filho só para dizer que "nossa estrutura é muito bonita"."

A forma verbal "termine", que denota uma ação incerta ou irreal, foi empregada para indicar que a carta que Crick escreveu a seu filho, na realidade, não se encerra com as palavras 'Muito amor, papai`.

Certo ( ) Errado ( )

04. (CESPE - 2018) "O Zoológico de Sapucaia do Sul abrigou um dia um macaco chamado Alemão. Em um domingo de Sol, Alemão conseguiu abrir o cadeado de sua jaula e escapou. O largo horizonte do mundo estava à sua espera. As árvores do bosque estavam ao alcance de seus dedos. Ele passara a vida tentando abrir aquele cadeado. Quando conseguiu, em vez de mergulhar na liberdade, desconhecida e sem garantias, Alemão caminhou até o restaurante lotado de visitantes. Pegou uma cerveja e ficou bebericando no balcão."

A forma verbal "passara" denota um fato ocorrido antes de duas outras ações também já concluídas, as quais são descritas nos dois períodos imediatamente anteriores ao período em que ela se insere.

Certo ( ) Errado ( )

05. (CESPE - 2018) "O Juca era da categoria das chamadas pessoas sensíveis, dessas a que tudo lhes toca e tange. Se a gente lhe perguntasse: "Como vais, Juca?", ao que qualquer pessoa normal responderia "Bem, obrigado!" — com o Juca a coisa não era assim tão simples."

Caso a forma verbal "era" fosse substituída por seria, a respectiva afirmação sobre o comportamento de Juca seria mais categórica que a que se verifica no texto.

Certo ( ) Errado ( )

Gabaritos

01	CERTO
02	ERRADO
03	ERRADO
04	ERRADO
05	ERRADO

6. SINTAXE DA ORAÇÃO

6.1 Frase

Observe os exemplos:

Cuidado!

Estou cansada.

Passei no concurso!

Mentira!

Jura?

Anda logo!

Toda palavra ou conjunto de palavras organizada de maneira coerente e que transmita informações ou tenha sentido é considerada **frase**.

6.2 Classificação da Frase

De acordo com o seu **significado**, uma frase pode ser:

Declarativa ou afirmativa:

Eu gosto de você.

Interrogativa:

Você sabe que dia é a prova?

Exclamativa:

Mentira!

Imperativa:

Fique onde está.

Nominal

Quando não possui verbos:

Exs.:

Silêncio!

Bom dia!

Verbal

Quando possui verbos:

Exs.:

João ***gosta*** de Química.

As crianças ***brincavam*** no quintal.

Os meninos ***são*** muito agitados.

A frase verbal também é considerada *oração.*

6.3 Oração

Todo enunciado que faz sentido e que possui verbo é considerado oração.

Exs.:

Cansei *de esperar.*

Eles ***estão estudando*** muito para a prova.

As meninas ***passaram*** horas se ***arrumando*** para a festa.

É preciso observar que:

- Nem toda frase é oração

Somente será oração quando houver verbo. Portanto, alguns enunciados serão apenas frases, pois terão sentido completo mas sem a presença de verbos:

Ex.: Que calor!

- Nem toda oração é frase

Em alguns casos, a oração não fará sentido sem um complemento. Portanto, haverá a presença de verbo, mas não será considerada uma frase:

Ex.: Gostei | de você ter falado o que sentia.

Observe que o primeiro verbo não faz sentido sem o complemento, sendo, portanto, uma oração, e não uma frase.

Período

Toda oração é chamada também de período, que pode ser:

Simples

Quando possui apenas um verbo, ou seja, apenas uma oração:

Exs.:

Eles ***gostaram*** do bolo.

As roupas ***secaram*** no varal.

Composto

Quando possui mais de um verbo, ou seja, mais de uma oração:

Exs.: ***Queremos*** que as coisas ***sejam resolvidas*** logo.

1ª oração 2ª oração

Era tarde quando ***chegamos*** do trabalho.

1ª oração 2ª oração

Quando houver uma locução verbal, será contado apenas o verbo principal, ou seja, será apenas uma oração:

Vai ficar tarde para ***ligar*** para ela.

1ª oração 2ª oração

6.4 Termos Essenciais da Oração

Observe o trecho a seguir:

Os alunos gostam das aulas de Inglês.

A oração faz sentido porque possui dois elementos essenciais: sujeito e predicado.

Sujeito é o termo sobre o qual a oração fala.

Predicado é o que se fala sobre o sujeito.

Os ***alunos*** gostam das aulas de Inglês.

Sujeito Predicado

Sujeito

Núcleo do sujeito

É o termo essencial na identificação do sujeito:

Os alunos.

Artigo substantivo

Núcleo do sujeito: alunos

Tipos de sujeito

Determinado

Quando é possível identificar o sujeito, ele é chamado sujeito determinado. Ele pode ser:

Simples

Quando possui apenas um núcleo:

Meus filhos gostam de almoçar aqui.

Núcleo: *filhos.*

Composto

Quando possui mais de um núcleo:

Meus filhos e meus netos gostam de almoçar aqui.

Núcleo: filhos, netos.

Oculto

Quando o sujeito não aparece na oração, mas é possível identificá-lo através do verbo:

Gostei de almoçar aqui.

Sujeito: eu.

Fomos embora cedo.

Sujeito: nós.

Indeterminado

Pode ser representado de duas maneiras:

01. Verbo na 3ª pessoa do plural.

Chegaram atrasado.

Falaram sobre ele.

Reclamaram dos preços.

Disseram que a fila estava enorme.

Note que nos períodos acima não é possível identificar o agente das ações. Por isso, é chamado sujeito indeterminado.

Observação: Dependendo do contexto, o verbo na 3ª pessoa não significará sujeito indeterminado.

Exs.: Os meninos vieram do banco. Disseram que a fila estava enorme.

Sujeito: os meninos – implícito na oração e identificado graças ao contexto.

02. Verbo + partícula "se"

Confia-se muito em medicamentos.

Sujeito: ?

A partícula "se", nesse caso, atua como índice de indeterminação do sujeito. Essa construção ocorrerá com verbos transitivos indiretos, verbos intransitivos e verbos de ligação. Observe:

Ex.: Precisa-se de vendedores.

verbo transitivo indireto

Quem precisa?

Sujeito indeterminado.

Ex.: Vive-se melhor no campo.

verbo intransitivo

Quem vive?

Sujeito indeterminado.

Note que as orações anteriores não estão na voz passiva, pois não é possível convertê-las para a voz ativa:

Vive-se melhor no campo.

Precisa-se de vendedores.

Diferentemente dos exemplos acima, a construção de "verbo + se" também pode indicar voz passiva sintética. Veja o exemplo a seguir:

Vende-se terreno.

verbo transitivo direto

Nesse caso, a partícula "se" é pronome apassivador, e o sujeito é "terreno". A oração na voz ativa ficará: Terreno é vendido.

Oração sem Sujeito

Em alguns casos, a ação expressa pelo verbo não terá sujeito. São eles:

Haver

Quando significar existir, acontecer, realizar:

Exs.:

Há muita gente passando fome. (existe)

O que ***houve***? (aconteceu)

Houve uma cerimônia rápida em homenagem aos pais. (realizou-se)

Fazer, ser e estar

Quando significar tempo decorrido ou tempo decorrido de um fenômeno da natureza:

Exs.:

Faz dias que não a vejo.

Faz dias que chove.

Estava calor.

Verbos que expressam fenômenos da natureza

Amanheceu, embora ninguém tivesse dormido.

Choveu a noite inteira.

Faz anos que não ***neva*** aqui.

Predicado

Embora seja possível existir oração sem sujeito, não existe oração sem predicado.

Faz duas semanas que não a vejo.

Predicado

Predicado verbal

É o predicado cujo verbo indica uma ação:

Os ***meninos levantaram*** com pressa.

As águas ***correm*** depressa nessa parte do rio.

O núcleo do predicado verbal sempre será o verbo:

Os meninos ***levantaram*** cedo.

Sujeito Predicado

Núcleo do predicado: *levantaram*

Predicado nominal

É o predicado cujo verbo indica um estado do sujeito:

Os alunos ***parecem*** cansados.

Raul ***estava*** atrasado quando me encontrou.

Os verbos do predicado nominal são os **verbos de ligação**, que não indicam ação mas características do sujeito. Os principais verbos de ligação são:

Andar

Continuar

Estar

Ficar

Parecer

Permanecer

Ser

Assim como ocorre no predicado verbal, o núcleo do predicado nominal será o verbo de ligação:

Os alunos ***parecem*** cansados.

Sujeito Predicado

Núcleo do predicado: parecem

Predicado verbo-nominal

Em alguns casos, o predicado verbal e o predicado nominal aparecerão juntos, ou seja, o predicado indicará uma *ação* e um *estado* do sujeito:

Os meninos ***subiram*** as escadas apressados.

Sujeito Ação Estado

(Estavam apressados.)

O predicado verbo-nominal apresentará dois núcleos: os verbo de ação e o verbo de ligação.

No exemplo apresentado acima, o núcleo será: *subiram* e *apressados*.

6.5 Termos Integrantes da Oração

Em alguns casos, o verbo ou nome expresso na oração não apresenta sentido completo, exigindo um complemento para que a informação seja transmitira. Estes complementos, por não serem opcionais mas obrigatórios, são chamados de termos integrantes da oração. Eles são divididos em: objeto direto, objeto indireto, complemento nominal e agente da passiva.

Objeto Direto

É o termo que completa o sentido do verbo transitivo direto. Observe o exemplo a seguir:

Ex.: ***Compramos*** frutas na feira.

O verbo comprar não possui sentido completo. Ou seja: é um verbo transitivo e exige um complemento para que a oração fique clara.

Como este complemento é ligado a ele de maneira direta, sem o auxilio de uma preposição, é chamado objeto **direto**.

Objeto Indireto

É o termo que completa o sentido do verbo transitivo indireto. Observe o exemplo a seguir:

Eu ***gostei*** da viagem.

O verbo gostar não possui sentido completo. Ou seja: é um verbo transitivo e exige um complemento para que a oração fique clara.

Como este complemento é ligado a ele de maneira indireta, com o auxilio de uma preposição, é chamado objeto **indireto**.

Complemento Nominal

Em alguns casos, o termo que terá o sentido incompleto e exigirá um complemento será um nome (substantivo, adjetivo ou advérbio). Observe o exemplo a seguir:

Ex.:

A **saudade** **de casa** agitava a menina.

Substantivo *complemento nominal*

Agente da Passiva

Quando o verbo aparece na voz passiva, ou seja, com sujeito paciente, o termo que pratica a ação verbal será chamado **agente da passiva**:

Ex.: ***A festa*** foi paga ***pelos funcionários do banco***.

Sujeito paciente Agente da passiva

Se a oração for passava para voz ativa, o agente da passiva será sujeito:

Os funcionários do banco pagaram a festa.

sujeito

6.6 Termos Acessórios da Oração

Adjunto Adnominal

Assim como o complemento nominal, o adjunto adnominal completa o sentido de um nome, caracterizando-o.

As luzes ***de Natal*** enfeitavam ***a*** sala.

Adjunto adnominal

Os termos que completam o sentido de um nome podem ser artigos, adjetivos ou numerais:

Ex.: ***A*** *cidade inteira acordou com* ***uma*** *sensação* ***estranha***.

Artigo numeral adjetivo

Diferença entre adjunto adnominal e complemento nominal

Considerando que ambos completam o sentido de um nome, é comum ter dúvidas entre o adjunto adnominal e o complemento nominal. Para distingui-los, é importante observar os critérios abaixo:

Complemento nominal	Adjunto adnominal
Sempre com preposição	Nem sempre com preposição
Se relaciona com substantivos, adjetivos e	Se relaciona somente com substantivos, nunca com adjetivos ou advérbios
Nunca se relaciona com substantivos concretos	Se relaciona com substantivos concretos
	Transmite a ideia de **posse**

Adjunto Adverbial

Este é um dos termos da oração, muito abordado em provas de concurso. Tem-se observado que a nomenclatura dos adjuntos adverbiais não é visada pelas bancas; o que se aborda é a significação que tais palavras adquirem no contexto de um enunciado.

É importante frisar que o ADVÉRBIO está ligado ao verbo, e não o complementa. Sua função é modificar um verbo ou outro advérbio.

Exs.:

Eu moro longe. *(Modificando um verbo)*

Eu moro muito longe. *(Modificando outro advérbio)*

É possível perceber que as nomenclaturas representam realmente o que simbolizam.

De Tempo (quando?)

Termo que sempre vai designar ideia de tempo.

Ex.: Hoje, geralmente, amanhã, ontem, nunca, jamais etc.

De Lugar (onde?)

Termo que sempre vai designar ideia de lugar.

Ex.: Aqui, lá, acolá, ali etc.

De Afirmação

Termo que sempre vai designar ideia de afirmação.

Ex.: Sim, certamente, com certeza, sem dúvida, amém etc.

De Negação

Termo que sempre vai designar ideia de negação.

Ex.: Não, nunca, jamais etc.

De Dúvida

Termo que sempre vai designar ideia de dúvida.

Ex.: Talvez, quiçá, oxalá, provavelmente etc.

De Causa

Termo que sempre vai designar ideia de causa.

Exs.: Tremeu com a palavra.

Vibrou com a notícia.

De Instrumento

Termo que sempre vai designar ideia de instrumento.

Exs.: Feriu-se com o anzol.

Enforcou-se com a corda.

De Companhia

Termo que sempre vai designar ideia de companhia.

Exs.: Saí com minha tia.

Viajamos com a mãe.

De Modo

Termo que sempre vai designar ideia de modo.

Ex.: Erroneamente, facilmente, às claras, às escuras etc.

De Intensidade

Termo que sempre vai designar ideia de intensidade.

Ex.: Muito, pouco, menos, mais, bastante etc.

De Assunto

Termo que sempre vai designar ideia de assunto.

Ex.: Falei sobre gramática.

De Proporção

Termo que sempre vai designar ideia de proporção.

Ex.: À medida que, à proporção que, conforme, quanto mais, quanto menos etc.

De Finalidade

Termo que sempre vai designar ideia de finalidade.

Ex.: Para que, a fim de (que), para etc.

De Consequência

Termo que sempre vai designar ideia de consequência.

Ex.: Tanto que, tamanho que, tal que, tão que etc.

De Concessão

Termo que sempre vai designar ideia de concessão.

Ex.: Embora, ainda que, por mais, apesar de, conquanto etc.

De Condição

Termo que sempre vai designar ideia de condição.

Ex.: Se, caso, desde que, contanto que etc.

De Comparação

Termo que sempre vai designar ideia de comparação.

Ex.: Como, tal qual, (do) que, qual, quão etc.

De Conformidade

Termo que sempre vai designar ideia de conformidade.

Ex.: Como, conforme, segundo, consoante, de acordo etc.

De Meio

Termo que sempre vai designar ideia de meio.

Exs.: Fui de trem.

Mandei via correio.

Aposto

Observe o exemplo a seguir:

João, ***morador do térreo***, reclamou do barulho das crianças na garagem.

O termo destacado acrescenta uma informação sobre o sujeito, identificando-o ou caracterizando-o. Este termo é chamado *aposto.*

Exs.:

São Paulo, ***maior cidade do país***, luta contra a poluição.

Fascinadas com o parque, as meninas não queriam ir embora.

Geralmente, o aposto aparece entre vírgulas. Entretanto, quando aparece sem elas, é chamado aposto restritivo. Observe a diferença:

Os alunos da tarde que vão viajar devem entregar a autorização até amanhã.

Os alunos da tarde, que vão viajar, devem entregar a autorização até amanhã.

No 1o caso, entende-se que apenas os alunos da tarde que vão viajar precisam entregar a autorização. Trata-se, portanto, de aposto restritivo.

No 2o caso, entende-se que TODOS vão viajar e o aposto, portanto, é uma informação que cabe a todos os alunos da tarde. Trata-se, portanto, de aposto explicativo.

Vocativo

Observe os exemplos a seguir:

Exs.:

Marina, você viu o edital do concurso?

Crianças, já bateu o sinal!

Corram, ***meninas***, vocês vão se atrasar!

Observe que os termos assinalados não possuem relação sintática com os enunciados. Trata-se de uma **interlocução**, uma relação entre quem fala e quem ouve.

Questões

01. (CESPE - 2019) "Se prestarmos atenção à nossa volta, perceberemos que quase tudo que vemos existe em razão de atividades do trabalho humano."

A locução "em razão de" expressa uma ideia de causa.

Certo ( ) Errado ( )

02. (CESPE - 2019) "Se prestarmos atenção à nossa volta, perceberemos que quase tudo que vemos existe em razão de atividades do trabalho humano. Os processos de produção dos objetos que nos cercam movimentam relações diversas entre os indivíduos, assim como a organização do trabalho alterou-se bastante entre diferentes sociedades e momentos da história."

No trecho "Os processos de produção dos objetos que nos cercam movimentam relações diversas entre os indivíduos", o sujeito da forma verbal "cercam" é "Os processos de produção dos objetos".

Certo ( ) Errado ( )

03. (CESPE - 2019) "Com uma chave de fenda na mão direita, Adílson mantém, de joelhos, uma linha de produção repetitiva. Desparafusa as partes mais volumosas de uma CPU carcomida, crava sua ferramenta em fendas predeterminadas e, com os dedos da outra mão, faz vergar parte do alumínio do aparelho. Com um solavanco, arranca do corpo da máquina uma chapa fina e esverdeada conhecida como placa-mãe. Com zelo, deposita-a perto dos pés. O resto faz voar por cima de sua cabeça: com um ruído estridente, tudo se espatifa metros atrás."

Sem prejuízo dos sentidos e da correção gramatical do texto, o trecho "O resto faz voar por cima de sua cabeça" poderia ser reescrito da seguinte maneira: As outras partes arremessa por cima da própria cabeça.

Certo ( ) Errado ( )

04. (CESPE - 2019) "A cultura brasileira sempre se viu como uma cultura da mistura. Louva-se a tendência brasileira à assimilação do que é significativo e importante das outras culturas."

O sujeito da oração iniciada por "Louva-se" é indeterminado.

Certo ( ) Errado ( )

05. (CESPE - 2018) "No começo dos anos 40, os submarinos alemães estavam dizimando os cargueiros dos aliados no Atlântico Norte. O jogo virou apenas em 1943, quando Alan Turing desenvolveu a Bomba, um aparelho capaz de desvendar os segredos da máquina de criptografia nazista chamada de Enigma. A complexidade da Enigma — uma máquina eletromagnética que substituía letras por palavras aleatórias escolhidas de acordo com uma série de rotores — estava no fato de que seus elementos internos eram configurados em bilhões de combinações diferentes, sendo impossível decodificar o texto sem saber as configurações originais."

O termo "um aparelho capaz de desvendar os segredos da máquina de criptografia nazista chamada de Enigma" introduz uma explicação a respeito do aparelho "Bomba", tal como o faz o termo "uma máquina eletromagnética que substituía letras por palavras aleatórias escolhidas de acordo com uma série de rotores" em relação a "Enigma"

Certo ( ) Errado ( )

Gabaritos

01	CERTO
02	ERRADO
03	CERTO
04	ERRADO
05	CERTO

7. SINTAXE DO PERÍODO

Observe as orações a seguir:

Exs.:

***Fui** à fazenda.*

***Cheguei** à fazenda e **corri** para ver o lago.*

***Gostei** de **andar** pela fazenda.*

A primeira oração possui apenas um verbo e o sentido completo. Trata-se, portanto, de um **período simples**, ou uma oração absoluta.

No segundo caso, temos duas orações, ou seja, dois verbos, com sentidos completos e independentes uma da outra.

***Ex.: Cheguei** à fazenda. **Corri** para ver o lago.*

***Cheguei** à fazenda e **corri** para ver o lago.*

Por possuir mais de um verbo, trata-se de um **período composto.**

Por serem as orações independentes, trata-se de um período composto por coordenação. As orações são **coordenadas.**

No terceiro caso, as duas orações não possuem sentido completo e independente:

***Ex.: Gostei** de **andar** pela fazenda.*

As orações dependem uma da outra para ter sentido, não sendo, portanto, independentes. Neste caso, trata-se de um período composto por subordinação. Há uma oração principal e uma **oração subordinada.**

7.1 Período Composto por Coordenação

As orações coordenadas são aquelas que possuem sentido independente.

As orações coordenadas podem ser:

Sindéticas

Quando possuem elemento de ligação, normalmente representado pelas conjunções:

Ex.: *Cheguei tarde **e** logo dormi.*

Assindéticas

Quando não possuem elemento de ligação, normalmente representado pelas conjunções:

***Ex.:** Tentou, cansou, desistiu.*

1ª oração 2ª oração *3ª oração*

Aditivas

São as orações que dão a ideia de adição. Normalmente são ligadas por uma conjunção aditiva:

***Ex.:** <u>Chegou</u> cansada **e** logo <u>foi</u> dormir.*

Alternativas

São as orações que dão a ideia de alternância. Normalmente são ligadas por uma conjunção alternativa:

Ex.: ***Ou** <u>chega</u> atrasado **ou** <u>sai</u> mais cedo.*

Adversativas

São as orações que dão a ideia de oposição. Normalmente são ligadas por uma conjunção adversativa:

Ex.: <u>Chegou</u> cansada, **mas** <u>deu</u> atenção aos filhos.

Explicativas

São as orações que dão a ideia de explicação. Normalmente são ligadas por uma conjunção explicativa:

Ex.:** <u>Estava</u> chateado, **pois não *<u>conseguiu</u> o emprego que queria.*

Conclusivas

São as orações que dão a ideia de conclusão. Normalmente são ligadas por uma conjunção conclusiva:

Ex.: *<u>Choveu</u>* o dia inteiro, **portanto** não *<u>poderemos</u> <u>realizar</u>* a reunião no gramado.

7.2 Período Composto por Subordinação

O período composto por subordinação é caracterizado pela presença de uma oração principal e uma a ela subordinada.

A classificação das orações subordinadas é semelhante à classificação dos termos no período simples. A diferença é que o termo será representado por uma oração.

Oração Subordinada Substantiva

As orações subordinadas substantivas classificam-se em:

Oração subordinada substantiva:	Função:
Subjetiva	Sujeito da oração principal
Objetiva direta	Objeto direto da oração principal
Objetiva indireta	Objeto indireto da oração principal
Completiva nominal	Complemento nominal (de um termo) da oração principal
Apositiva	Aposto da oração principal
Predicativa	Predicativo do sujeito da oração principal

As orações subordinadas substantivas exercem a mesma função sintática que os substantivos exerceriam na oração. Observe:

Ex.: Mariana *gosta* <u>de doces.</u>

Gostar: VTI

De doces: OI

Ex.: Mariana *gosta* <u>de passear com o cachorro.</u>

Gostar: VTI

de <u>passear</u> com o cachorro: por possuir verbo, é uma oração subordinada com função de OI. Portanto, trata-se de uma oração subordinada substantiva objetiva indireta.

Subjetiva

A oração subordinada substantiva subjetiva tem a função de sujeito da oração principal:

Exs.: *Não **convém** falar mal dos outros.*

*Foi **avisado** que a reunião ia demorar.*

Objetiva Direta

A oração subordinada objetiva direta tem a função de objeto direto da oração principal:

Ex.: *As meninas **falaram** que você gostou do presente.*

VTD

Objetiva Indireta

A oração subordinada objetiva indireta tem a função de objeto indireto da oração principal:

Os alunos ***gostaram*** de falar sobre as férias

VTI

Completiva Nominal

A oração subordinada completiva nominal tem a função de complemento nominal de um nome da oração principal:

Ex.: Nós ficamos ***cansados*** por viajar tanto tempo.

nome incompleto

Apositiva

A oração subordinada apositiva tem a função de aposto da oração principal:

Ex.: *Uma coisa era certa: **nada seria como antes**.*

Predicativa

A oração subordinada predicativa tem a função de predicado da oração principal.

Acontece quando a oração principal apresenta um verbo de ligação:

Meu medo ***era*** que ***chovesse no dia da viagem***.

7.3 Orações Subordinadas Adverbiais

Têm valor de advérbio e formam um total de 9 tipos de orações. O mais comum em provas é cobrar o valor da conjunção. Atenção: **oração = verbo** - *subordinada = dependência* - adverbial = valor de advérbio.

Oração Subordinada Adverbial Temporal

Possui valor de tempo e traz conjunções como QUANDO, DESDE QUE, ENQUANTO, ASSIM QUE, LOGO QUE etc.

Desde que trabalho, meus sonhos acontecem.

Conj. temporal

Trabalho = modo indicativo (tempo)

Oração Subordinada Adverbial Condicional

Possui valor de condição e traz conjunções como SE, CASO, DESDE QUE, CONTANTO QUE etc.

Desde que trabalhe, meus sonhos acontecerão.

Conj. condicional

Trabalhe = subjuntivo (hipótese)

Oração Subordinada Adverbial Proporcional

Possui valor de proporção e traz conjunções como À MEDIDA QUE, À PROPORÇÃO QUE, CONFORME, QUANTO MAIS, ASSIM COMO etc.

Ex.: ***À medida que*** leio, mais inteligente fico.

Conj. proporcional

Existem muitas conjunções que podem aparecer com valores distintos. Portanto, decorar não é a solução. Dependendo de como elas apareçam na oração e de como se relacionam com verbos, o valor de tais conectivos muda.

Oração Subordinada Adverbial Consecutiva

Possui valor de consequência e traz conjunções como TANTO QUE, TÃO QUE, TAMANHO QUE etc.

Ex.: O tombo foi ***tão*** feio ***que*** desmaiou.

Conj. consecutiva

Oração Subordinada Adverbial Causal

Possui valor de causa e traz conjunções como PORQUE, COMO, JÁ QUE, UMA VEZ QUE etc.

Exs.: ***Como*** você não apareceu, fui ao cinema.

Conj. causal

Nosso produto vende mais, ***porque*** é fresquinho.

Conj. causal

É comum confundir conjunções causais com as explicativas. Para não cair em armadilhas, pergunte "O que acontece primeiro?". A causa sempre vem primeiro, se houver conjunção na causa, a conjunção terá valor de causa, se não, terá valor de explicativa.

Oração Subordinada Adverbial Conformativa

Possui valor de conformidade e traz conjunções como CONFORME, COMO, SEGUNDO, CONSOANTE, DESTA FORMA etc.

Ex.: Segui as instruções ***como*** nós havíamos combinado.

Conj. conformativa

Oração Subordinada Adverbial Comparativa

Possui valor de comparação e traz conjunções como QUE, TAL QUAL, QUAL, QUÃO, COMO etc.

Ex.: Ela me tratou ***como*** se eu não existisse.

Conj. comparativa

Oração Subordinada Adverbial Final

Possui valor de finalidade e traz conjunções como A FIM DE (QUE), PARA QUE, PARA etc.

Ex.: Rezei ***para que*** a prova fosse adiada.

Conj. final

Oração Subordinada Adverbial Concessiva

Possui valor de concessão (ceder) e traz conjunções como EMBORA, AINDA QUE, CONQUANTO, APESAR DE, POR MAIS QUE etc.

Ex.: **Embora** odeie minha sogra, dependo dela.

Conj. concessiva

7.4 Orações Subordinadas Adjetivas

Orações que têm valor de adjetivo. Se houver conectivos nessas orações, serão pronomes relativos QUE, O(A)(S) QUAL(IS), CUJO (A)(S) etc. Não é comum aparecerem nas provas com essa nomenclatura, porém é a vírgula quem dá toda a diferença delas. Fique atento à semântica, ao entendimento do contexto das orações.

O gelo ***FRIO*** – **adjetivo explicativo.**

Que é frio

A mulher ***GANANCIOSA*** – **adjetivo restritivo.**

Que é gananciosa

QUE é **um pronome relativo.**

Para transformar adjetivos em orações, colocamos verbos neles.

Adjetiva Explicativa

São aquelas orações que têm valor de adjetivo explicativo, ou seja, se retiradas não fazem diferença numa oração. Sempre são isoladas por vírgulas.

Ex.: A mãe, ***que tem filhos,*** detesta fraldas de pano.

Este menino, ***que rouba livros***, é analfabeto.

A menina, ***que nunca foi santa***, aprontou mais uma.

Perceba que aqui o entendimento da oração, do idioma, fica mais evidente que a nomenclatura gramatical. Perceba que todas as orações em destaque não fazem diferença na mensagem. Todo padre faz seminário. Já se sabe quem enforcou o rato e, se a menina aprontou MAIS UMA, significa que ela nunca foi santa.

Adjetiva Restritiva

São aquelas orações que têm valor de adjetivo restritivo, ou seja, são essenciais para pontuar uma mensagem. Literalmente restringem uma informação. A vírgula depois dela, uma só, é opcional.

O padre ***que é bêbado*** (,) sempre atrasa a missa.

O cão ***que latiu*** (,) estava bravo.

Perceba que não é qualquer padre ou qualquer cão, todos eles estão especificados, ou seja, restritos. Na terceira oração, o tempo verbal faz a diferença, veja que se falou do "cão que latiu", apenas dele.

Ex.: Almocei com meu irmão ***que se casou***. (restritiva)

Almocei com meu irmão, ***que se casou***. (explicativa)

A diferença entre as duas é gritante. Na primeira, o sujeito possui mais de um irmão, ele especifica com qual deles almoçou. Na segunda, ele possui apenas um irmão.

As nomenclaturas reforçam a tese. Repare que na segunda, sendo explicativa, já se sabe com qual irmão ele almoçou. Na primeira ele restringe com qual irmão almoçou.

Ex.: Vi o senador ***que é meu vizinho***. (restritiva)

Vi o senador, ***que é meu vizinho***. (explicativa)

Na primeira, sei de qual senador o sujeito se refere. Na segunda, pode-se falar que o sujeito esteja na Câmara do Senado, por especificar qual senador, entre muitos que lá trabalham, ele viu.

Vimos neste capítulo como o valor das conjunções pode e vai confundir você, caso sua mente não esteja atenta. Saber quais são as conjunções é válido, porém saber o valor que possuem é ainda mais útil e eficaz para êxito numa prova de concurso. Assim como na coordenadas, as subordinadas pedem uma atenção ainda maior. O lado positivo é que representam literalmente o nome que recebem. Já nas substantivas, não se esqueça de que a conjunção é sempre integrante e que você consegue substituir toda uma oração substantiva por ISSO. Nas adjetivas, as vírgulas diferenciam uma da outra, entretanto estar atento à mensagem é o essencial para ter êxito nas provas.

Questões

01. (CESPE - 2019) "Mas é difícil dizer se a maior turbulência depende de uma crise moral (de uma diminuição da crença em princípios fundamentais) ou de outras causas, econômicas, sociais, políticas, culturais ou até mesmo biológicas."

Todo o trecho subsequente ao termo "difícil" funciona como complemento desse termo.

Certo ( ) Errado ( )

02. (CESPE - 2018) "O revisor é a pessoa mais importante na vida de quem escreve. Ele tem o poder de vida ou de morte profissional sobre o autor. A inclusão ou a omissão de uma letra ou de uma vírgula no que sai impresso pode decidir se o autor vai ser entendido ou não, admirado ou ridicularizado, consagrado ou processado."

A palavra "se" classifica-se como conjunção e introduz uma oração completiva.

Certo ( ) Errado ( )

03. (CESPE - 2017) "É claro que a gramática do inglês não é a mesma gramática do português, mas o nosso ponto é que o plural só está em um lugar na oração do inglês e isso não recebe uma avaliação negativa."

A oração "que a gramática do inglês não é a mesma gramática do português" exerce a função de complemento do vocábulo "claro".

Certo ( ) Errado ( )

04. (CESPE - 2015) "Realizar mudanças permanentes na lei por conta de circunstâncias excepcionais e episódicas não parece recomendar o bom senso."

A oração "Realizar mudanças permanentes na lei por conta de circunstâncias excepcionais e episódicas" exerce a função de complemento da forma verbal "recomendar".

Certo ( ) Errado ( )

05. (CESPE - 2015) "Desligue as luzes nos ambientes onde é possível usar a iluminação natural."

A oração "usar a iluminação natural" exerce a função de complemento do adjetivo "possível"

Gabaritos

01	ERRADO
02	CERTO
03	ERRADO
04	CERTO
05	ERRADO

8. CONCORDÂNCIA VERBAL E NOMINAL

8.1 Concordância Verbal

A concordância verbal é dos assuntos mais cobrados em provas de concurso, justamente pela complexidade que envolve a detecção de certos erros. O assunto por si só gera problemas, e as bancas agravam a abordagem do conteúdo, conduzindo, muitas vezes, o candidato ao erro. Saber as regras é importante, mas seguir alguns passos para isso é ainda melhor. Uma dica: em primeiro lugar, deve-se encontrar o sujeito. Fazendo isso, o candidato perceberá a relação do verbo com o sujeito, de modo que fica mais fácil unir o conhecimento das regras à coerência da mensagem.

A concordância verbal ocorre quando o verbo concorda com o núcleo do sujeito. Porém, levar isso à risca é perigoso, pois nem todos os casos seguem tal teoria e definição. Por isso, atenção aos exemplos. Vale lembrar que todos os verbos seguem as mesmas regras, com exceção de SER, que possui uma regra específica.

1ª pessoa > 2ª pessoa > 3ª pessoa

eu, nós   tu, vós   ele(a)(s)

Eu e tu **fizemos.**

(nós)

Tu e ele **fizestes** – ou – Tu e ele **fizeram.**

(vós)   **(eles)**

Percebe-se que a ordem de aparição dos sujeitos pode mudar a concordância do verbo:

Eu, ela, Maria e Paula **fizemos**.

(nós)

VAIS

VÃO tu e ele.

IDES

Quando o sujeito vier posposto ao verbo, a concordância pode ser feita de duas formas: com os núcleos ou com o mais próximo.

Exs.: Fizemos eu, ela, Maria e Paula.

Fiz eu, ela, Maria e Paula.

Um(a) Dos(as) Que

Pode-se concordar com o mais próximo ou a quem que se quer dar ênfase:

Ela é uma **das** que **vieram** – ou – veio.

> Muitas vezes, a mudança de concordância dos verbos pode influenciar em prejuízo semântico. A ênfase pode mudar. Saber unir seu domínio do idioma com as regras gramaticais é essencial para ter êxito em uma prova.

Núcleos com Sinônimos

A concordância é feita de duas formas, com os núcleos ou no singular, como se fosse uma coisa apenas.

Dor e Sofrimento

Guiam – ou – guia minha vida.

(dor e sofrimento são sinônimos)

Sujeito Oracional

Verbo sempre no SINGULAR.

Ex.: Amar e agir não **denota** a mesma coisa.

OU como Inclusão no Plural

Ex.: Manga **ou** mexerica me **aprazem**.

(valor de E)

Aposto Resumitivo

Verbo concorda com ele. Único caso em que o verbo não concordará com o núcleo do sujeito.

Ex.: Cinema, música, arte, dança, **tudo** me **agrada**.

aposto

Preposição COM

Duas concordâncias, com um dos núcleos ou com os dois.

Exs.: José **com** o cão **passeou** – ou – **passearam**.

José passeou com o cão. – mesma semântica

Coletivo pelo Determinante

Duas concordâncias, com o coletivo e com os determinantes.

Exs.: A maioria **das pessoas** sofre – ou – sofrem.

Parte **dos alunos** vieram – ou – veio.

Mais De/ Menos De

Ex.: Mais de um cliente **surgiu** – Menos de dois clientes **surgiram**.

Mais de um caminhão ***se chocaram***.

Por causa do SE (pronome reflexivo), acredita-se que seja mais de um carro mesmo, ou seja, no mínimo dois.

Com Pronomes

Ex.: Nem eu nem ele ***vamos***.

Equivale a "eu e ele vamos".

(Nenhum) Nem um nem outro ***vai.***

Ninguém apareceu.

Ex.: Quem de nós ***foi***? – Qual de nós ***vai***?

Concordando sempre com o pronome no singular.

Ex.: Quantos de ***nós*** vão – ou – ***vamos***?

Pronomes no plural, tanto faz concordar com o coletivo ou com o determinante.

Sujeito Deslocado

Muitas vezes, achar o sujeito é o meio mais seguro de saber se a concordância está correta. Claro que saber a regra constitui um aliado. Em provas, o mais comum é a mescla dos dois.

Ex.: Não se ***contrapuseram*** o meu e o seu ponto de vista.

Sujeito

São dois os pontos de vista. Verifica-se que tudo fica no singular para induzir o candidato ao erro.

Couberam (**coube**) a mim, um ator jovem, num mundo de ambição, o papel de mordomo e o de vilão.

Sujeito: o papel de mordomo e o de vilão. São dois os papéis.

Verifica-se que o verbo, por anteceder o sujeito, poderia vir no singular. Mas, em um concurso, a banca tende a induzir o candidato ao erro. Nota-se que não existe uma palavra no plural, e isso pode confundir o candidato. A flexão no singular COUBE é aceita porque o verbo está anteposto, podendo concordar com o primeiro núcleo do sujeito, no caso, PAPEL.

Vejamos algumas orações que podem causar dúvida quanto à concordância verbal:

Exs.: ***Soaram10 horas*** no relógio.

Deu meio-dia nos relógios.

Deram 1 hora ***os relógios***.

QUE/QUEM

Fui eu ***QUE FIZ***

QUEM FIZ

QUEM FEZ.

Fomos nós ***QUE FIZEMOS***

QUEM FIZEMOS

QUEM FEZ.

Países/ Estados

Mesmo que o nome esteja no plural, o verbo ficará no singular, a menos que apareça um artigo, daí o verbo se flexiona no plural.

Exs.: Estados Unidos ***invade*** o Iraque – ***Os*** Estados Unidos ***invadem*** o Iraque.

Minas Gerais ***abraça*** o Brasil – ***As*** Minas Gerais ***abraçam*** o Brasil.

Os lusíadas **narra / narram** a saga portuguesa.

Pronomes de Tratamento

Sempre 3ª pessoa do singular.

Vossa Santidade está bem?

Locução Verbal

O verbo auxiliar concorda com o núcleo do sujeito.

Eles ***vão*** sair.

Exceção ao verbo auxiliar PARECER, que pode flexionar concordando com o núcleo ou ficar no singular.

Eles ***parecem*** dormir – Eles parece ***dormirem***.

Haja Vista

Pode concordar com o termo sucessor no plural ou ficar invariável.

Ex.: (...) ***HAJA*** VISTA ***o problema*** da saúde.

(...) ***HAJAM*** VISTA ***os problemas*** da saúde.

(haja vista)

Silepse de Pessoa

O verbo concorda com um termo implícito.

Os brasileiros ***estamos*** calmos. (***nós***, termo implícito)

(**estão**)

Concordância do Verbo Ser

As regras do verbo SER são diferentes. Ele concorda com o pronome do caso reto e/ou com pessoas, independente se estiverem no sujeito ou no predicado. Na ausência dessas duas possibilidades, o verbo SER concorda com quem estiver no plural.

Exs.: ***As crianças são*** o inferno.

Meu sonho ***são meus pais***.

O rei ***somos nós***.

Tudo ***são*** (é) ***flores***.

O verbo "ser", quando indica tempo ou distância, concordará com o predicativo:

Ex.: São seis quilômetros daqui até a cidade.

→ Se a oração estiver na voz passiva, com sujeito indeterminado, o verbo ficará na terceira pessoa do singular:

Ex.: Precisa-se de vendedores.

→ Se o verbo vier acompanhado do pronome apassivador "se", deverá concordar com o sujeito:

Ex.: Alugam-se barcos.

→ Quando o sujeito for composto, o verbo ficará no plural quando aparecer depois do sujeito:

Ex.: Filhos e netos aplaudiram o discurso do jardineiro.

→ Quando o verbo aparecer antes do sujeito composto, poderá aparecer no plural ou no singular concordando com o primeiro termo:

Exs.: Chegaram a filha, o genro e os netos.

Chegou a filha, o genro e os netos.

→ Verbos que indicam fenômenos da natureza, por não possuírem sujeito, ficarão sempre na terceira pessoa do singular:

Exs.: Ventou a semana toda.

Choveu por três dias.

→ O verbo "haver", quando apresentar o sentido de "existir", será impessoal e ficará sempre na terceira pessoa do singular:

Ex.: Há várias coisas para fazer aqui.

→ Os verbos "haver" e "fazer", quando indicarem tempo, também serão impessoais e ficarão sempre na terceira pessoa do singular:

Exs.: Faz duas semanas que não como doces.

Há meses que não vou até lá.

8.2 Concordância Nominal

Muitas vezes, a concordância nominal aparece junto à verbal. As bancas têm o hábito de colocar as duas num mesmo exercício. O grau de atenção que o tópico pede é o mesmo que o da concordância verbal. A concordância nominal ocorre quando existe a concordância com o nome em gênero (masculino e feminino) e número (singular e plural).

Quando houver os dois gêneros, na concordância, sempre prevalecerá o masculino.

Comprei toalha e tapete ***amarelos***.

(concorda com os dois)

Comprei toalha e tapete ***amarelo***.

(concorda apenas com TAPETE)

Comprei toalha ***amarela*** e tapete.

(concorda apenas com TOALHA e deve estar "colado" ao termo feminino)

Comprei ***amarela*** toalha e tapete.

(concorda com o mais próximo)

Comprei ***amarelos*** toalha e tapete.

(concorda com os dois)

Exs.: A cerveja que desce ***REDONDO***.

(advérbio, sem variação)

É ***PROIBIDO*** entrada de estranhos.

É ***PROIBIDA A*** entrada de estranhos.

(artigo muda o gênero)

Anexo

Ex.: Seguem ***ANEXAS*** as planilhas.

Seguem ***EM ANEXO*** as planilhas.

Bom / Boa

Exs.: Salada é **bom.**

A salada é **boa**.

Meio / Meia

Exs.: Ela ficou ***MEIO*** tensa. (advérbio)

Já é meio-dia e ***meia***. (numeral)

Menos

Ex.: Faça ***MENOS*** força.

Mesmo

Ex.: Joana ***MESMA*** fez o bolo.

Joana fez o bolo ***MESMO.***

Só

Exs.: ***Ele*** ficou SÓ com a menina. (**concorda com o sujeito)**

Eles ficaram ***SÓS*** com a menina. (**concorda com o sujeito)**

A Sós

Exs.: Ele ficou **A SÓS** com ela.

Eles ficaram **A SÓS** com ela.

(ambos são advérbios, portanto, não há variação)

Quite/Quites

Exs.: Eu estou ***QUITE***.

Nós estamos ***QUITES.***

Alerta

Ex.: As pessoas ficaram ***ALERTA***.

Muitas vezes, saber a quem o termo se refere ajuda, e muito, para entender o conceito de concordância. Em provas, é comum deslocar a concordância do termo com o qual ela se relaciona, e o candidato pode ser induzido ao erro.

Achei ***LINDA***, entre todos os presentes, homens de negócio, ambiciosos cujo poder suplanta qualquer caráter, ***a sua atitude***.

Adjetivos Compostos

Quando há dois adjetivos, em um mesmo termo, apenas o segundo se flexiona em concordância ao nome.

Reuniões afro-***brasileiras.***

Clínicas médico-***cirúrgicas.***

EXCEÇÃO: Crianças **SURDAS-MUDAS.**

Cores

Cores compostas, apenas **CLARO e ESCURO flexionam,** os demais termos não.

Exs.: ***Blusas*** verde-***claras***

Calças verde-***escuras***

Sutiãs verde abacate

Cuecas vermelho-sangue

Exs.: ***Saias*** laranja

Camisas vinho

Blusas violeta

Calcinhas creme

Sapatos cinza

> Quando a cor funcionar também como substantivo, apenas o substantivo flexionará o adjetivo, ou seja, a cor não. O plural de CINZA, como substantivo ficará CINZAS, a cor não.

Vimos, neste capítulo, como a atenção ao sujeito é primordial para que tanto a concordância nominal como a verbal fiquem claras para o aluno. Saber as regras é importante, porém entender os conceitos e, principalmente, dominar a semântica da Língua Portuguesa é ainda mais essencial. A leitura ajuda muito. Quem lê bastante acaba dominando as mensagens, mesmo as mais peculiares que os discursos trazem.

Questões

01. (CESPE - 2019) "A invenção das técnicas para controlar o fogo, o início da agricultura e do pastoreio na Mesopotâmia, a organização da democracia na Grécia, as grandes descobertas científicas e geográficas entre os séculos XII e XVI, o advento da sociedade industrial no século XIX, tudo isso representa saltos de época, que desorientaram gerações inteiras."

Seria mantida a correção gramatical do texto caso a forma verbal "representa" fosse substituída por representam.

Certo ( ) Errado ( )

02. (CESPE - 2018) "A primeira turma de oficiais da PM/MA com Curso de Formação de Oficiais formou-se em 1966, na Academia de Polícia Militar do Estado de Minas Gerais; daí em diante, aconteceram formações em outras academias de diferentes estados."

A correção gramatical e o sentido original do texto seriam mantidos caso a forma verbal "aconteceram" fosse substituída por ocorreu ou por ocorreram.

Certo ( ) Errado ( )

03. (CESPE - 2018) 'Trata-se de uma visão revolucionária, já que o convencional era fazer o elogio da harmonia e da unidade."

Se a expressão "uma visão revolucionária" fosse substituída por ideias revolucionárias, seria necessário alterar a forma verbal "Trata-se" para Tratam-se, para se manter a correção gramatical do texto.

Certo ( ) Errado ( )

04. (CESPE - 2018) Seria mantida a correção gramatical do texto caso o trecho "Nenhum daqueles filhos de operários, meus irmãos ou eu havia ido ao pediatra" fosse assim reescrito: Nenhum daqueles filhos de operários, nem meus irmãos nem eu tínhamos ido ao pediatra.

Certo ( ) Errado ( )

05. (CESPE - 2017) "Houve, em resumo, uma ampliação no grau de complexidade da sociedade."

Seriam mantidos a correção gramatical e os sentidos originais do texto, caso a forma verbal "Houve" fosse substituída por Ocorreram.

Certo ( ) Errado ( )

Gabaritos

01	ERRADO
02	ERRADO
03	ERRADO
04	CERTO
05	ERRADO

9. COLOCAÇÃO PRONOMINAL

A colocação pronominal caracteriza-se quando o pronome oblíquo aparece relacionado ao verbo. Existem 3 formas de o pronome oblíquo aparecer junto ao verbo: depois, no meio e antes dele. Apesar de a próclise ser a mais recorrente em concursos, a colocação pronominal é comum nas provas, independentemente da banca.

9.1 Ênclise

Caracteriza-se quando o pronome oblíquo aparece depois do verbo. É a forma natural de o pronome aparecer. Existe apenas uma regra. É comum chamar o pronome oblíquo numa ênclise de pronome **enclítico**.

> Não importa o pronome, importa que a ele seja dado o nome de enclítico quando vier depois do verbo.

Jamais se inicia oração com pronomes oblíquos.

Ex.: Dê-***me*** - Fale-***me*** - Compre-***o*** - Diga-***lhe***- Faça-***o***- Fizeram-***me***.

A ênclise só é obrigatória nessas situações, fora isso, a próclise, quando o pronome oblíquo aparece antes do verbo, também pode ser correta.

> Não é interessante decorar regras. Entender o conceito é muito mais seguro para uma prova. Observemos a oração a seguir.

Ex.: Aqui (se) trabalha(-***se***).

O pronome SE viria antes ou depois do verbo?

É aqui que a Língua Portuguesa traz mais uma vez suas particularidades. Se a resposta for "depende", haveria alguns ajustes a serem feitos.

Vejamos a sentença a seguir:

Ex.: Aqui ***se*** trabalha.

A posição do pronome não só é correta como também é obrigatória, porque o termo AQUI é um advérbio, uma palavra atrativa, ou seja, o pronome oblíquo se torna proclítico, obrigatoriamente.

Ex.: Aqui, trabalha-***se.***

Caso se opte pela ênclise, significa que a vírgula, opcional, deve aparecer na sentença. O início da oração traz um advérbio reduzido, com isso, o uso da vírgula é opcional.

Caso se opte por colocar a vírgula, a oração vai se iniciar depois dela, logo aplica-se a regra da ênclise de jamais se iniciar oração por pronome oblíquo. O pronome tem de ser enclítico, obrigatoriamente.

Exs.: Em janeiro, permite-***se*** tudo.

Lá, perseguem-***me***.

Vejamos a oração:

Ex.: As meninas, ontem, (me) ligaram(-me).

Percebe-se que, se a regra de colocação pronominal for meramente decorada, com certeza, o candidato seria induzido ao erro. Na oração citada, tanto faz colocar o pronome antes ou depois do verbo.

O termo ONTEM, isolado por vírgulas, está no meio da oração, é como "se ele não existisse", é possível retirá-lo, de modo que a oração não será modificada sintaticamente. Convém observar que a oração começa com AS MENINAS.

> A ênclise inexiste no particípio e nos futuros do presente e do pretérito do modo indicativo.
> **Ex.:** Comprado-me – Dito-lhe – Compraria-me – Darei-lhe.

Conforme já afirmamos no início da abordagem desse tema, a próclise é tradicional no Brasil. Portanto, **tanto faz** falar "me ligaram" ou "ligaram-me".

Como as vírgulas são opcionais, ao retirá-las, o termo ONTEM (uma palavra atrativa) fica em evidência. Dessa forma, a oração apenas ficará certa com a seguinte formação:

Ex.: As meninas ontem ***ME*** ligaram.

9.2 Mesóclise

Caracteriza-se quando o pronome oblíquo aparece no meio do verbo. Os verbos que aceitam a mesóclise são os conjugados nos tempos futuro do presente e futuro do pretérito do modo indicativo. A mesóclise só será obrigatória em início de oração, caso contrário, a próclise também estará certa.

> Percebe-se que, quando a mesóclise não aparecer no início, a próclise também estará certa. Tanto faz "O casamento REALIZAR-SE-Á à noite" ou "O casamento SE REALIZARÁ à noite".

Exs.: Dar-***LHE***-ei - Comprar-***TE***-íamos

Ligá-***LO***-ei -

Trá-***LA***-á.

Vejamos a mesóclise em exemplos apontados a seguir. Verifica-se que, obrigatoriamente, os verbos estão no início da oração. Por isso, o pronome mesoclítico é a única forma correta:

Exs.: Compararemos a ti (TE) o pão (O).

Comprar-**TO**-emos.

Darei a ela (LHE) a palavra (A).

Dar-**LHA**-ei.

9.3 Próclise

Ocorre quando o pronome oblíquo aparece **antes** do verbo. É a forma mais comum no Brasil. Por isso, são as mais cobradas pelas bancas. A próclise só estará errada se aparecer no início da oração. Para que ela seja OBRIGATÓRIA, existem as palavras atrativas.

Vejamos as regras:

Advérbio

Ex.: <u>Não</u> ***me*** desanime.

Pronome indefinido, demonstrativo

Exs.: <u>Isso</u> ***o*** desapontou.

<u>Tudo</u> ***me*** anima.

Pronome relativo

Ex.: Este é o homem <u>que</u> ***lhe*** desobedecerá.

Conjunção subordinativa

Ex.: Ela falou <u>que</u> ***me*** deve dinheiro.

Frases exclamativas e interrogativas

Exs.: Como ***te*** maltrataram!

Onde ***a*** deixaram?

Expressão de desejo / Imprecação (desejo ruim)

Ex.: Deus ***o*** ilumine. O diabo ***te*** carregue.

Verbo no gerúndio precedido, porém, de outra oração.

Ex.: <u>Em</u> ***se*** falando de política, cale-se.

Nas orações a seguir, é possível observar que ambas estão certas:

Ex.: Joana disse ***que*** a festa <u>se</u> realizará amanhã.

A conjunção subordinada atrai o pronome oblíquo, mas não de forma obrigatória, a ênclise também estaria certa aqui.

Ex.: Joana disse ***que*** vai chamar<u>-me</u>.

> Não existe ênclise com verbos no particípio. Assim como nem toda locução verbal exigirá o pronome oblíquo igual ao exemplo anterior. Ex.: O padre (ME) tinha (ME) chamado.

Mesmo que haja a palavra atrativa, existe uma locução verbal e o verbo principal no infinitivo, assim, mesmo se tivermos a oração abaixo, também estaria correta.

Exs.: Joana disse ***que*** vai <u>me</u> chamar. – Joana disse ***que*** <u>me</u> vai chamar.

Não irá convidar-<u>me</u>.

Não irá <u>me</u> convidar.

Não <u>me</u> irá convidar.

Vimos, neste capítulo, como a próclise predomina na colocação pronominal. Claro que saber as regras ajuda, e muito, a usar adequadamente os pronomes oblíquos em uma oração. Porém, perceber que tais termos em nada mudarão a semântica em uma mensagem é fundamental para que não se cometam erros ao se resolver uma questão.

Questões

01. (CESPE - 2019) "De acordo com Honneth, as demandas por direitos — como aqueles que se referem à igualdade de gênero ou relacionados à orientação sexual —, advindas de um reconhecimento anteriormente denegado, criam conflitos práticos indispensáveis para a mobilidade social."

A correção gramatical do texto seria comprometida se o termo "se" fosse posicionado após a forma verbal "referem", da seguinte forma: referem-se.

Certo ( ) Errado ( )

02. (CESPE - 2019) "Em razão disso, todos os países, lugares e pessoas passam a se comportar, isto é, a organizar sua ação, como se tal "crise" fosse a mesma para todos e como se a receita para a afastar devesse ser geralmente a mesma."

A correção gramatical do texto seria mantida caso, no trecho "passam a se comportar", o vocábulo "se" fosse deslocado para depois da forma verbal "comportar", da seguinte maneira: passam a comportar-se.

Certo ( ) Errado ( )

03. (CESPE - 2018) "Nós nos tornamos o único país com mais de 100 milhões de habitantes que ousou oferecer saúde para todos."

A correção gramatical do texto seria preservada caso se substituísse "nos tornamos" por tornamo-nos.

Certo ( ) Errado ( )

04. (CESPE - 2018) "Mas o senhor acha mesmo, sargento Gabriel, que ele poderia ter-me absolvido?"

Sem prejuízo para a correção gramatical e para o sentido do texto, o trecho "que ele poderia ter-me absolvido" poderia ser assim reescrito: que ele poderia ter absolvido-me.

Certo ( ) Errado ( )

05. (CESPE - 2018) "A abordagem desse tipo de comércio, inevitavelmente, passa pela concorrência, visto que é por meio da garantia e da possibilidade de entrar no mercado internacional, de estabelecer permanência ou de engendrar saída, que se consubstancia a plena expansão das atividades comerciais e se alcança o resultado último dessa interatuação: o preço eficiente dos bens e serviços."

A correção gramatical do texto seria mantida caso o trecho "que se consubstancia" fosse alterado para que consubstancia-se.

Certo ( ) Errado ( )

Gabaritos

01	CERTO
02	CERTO
03	CERTO
04	ERRADO
05	ERRADO

10. REGÊNCIA VERBAL E NOMINAL

10.1 Regência Verbal

A relação correta entre o verbo e seus complementos, ou seja, os termos regidos por ele.

Os verbos que exigem complemento, chamados transitivos, se relacionam de duas maneiras com seus complementos:

> Verbos transitivos diretos:

São os verbos que não exigem preposição antes de seus complementos:

Ex.: ***Comprei*** frutas hoje cedo.

> Verbos transitivos indiretos:

São os verbos que não exigem preposição antes de seus complementos:

Exs.: Os moradores ***gostaram da*** pintura do prédio.

Fui à cidade de ônibus.

> Verbos transitivos diretos e indiretos:

São verbos que exigem dois complementos, sendo um ligado por preposição:

Ex.: ***Entreguei*** a carta ***ao diretor***.

> Verbos intransitivos:

São verbos que não exigem complemento:

Ex.: O vizinho do apartamento ao lado ***morreu***.

Em alguns casos, o emprego ou não de preposição poderá alterar o sentido do verbo:

Assistir:

Verbo transitivo direto quando tiver o sentido de ajudar.

Verbo transitivo indireto quando tiver o sentido de ver.

Ex.: Assistimos ao filme na minha casa.

O médico assistiu os pacientes mesmo fora de seu horário.

Verbo	Sentido	Regência/Preposição	Pronomes	Exemplos
Chamar	convocar	TD (por)	o,a	O Diretor o chamou à sua presença. Chamei por você. (ODp)
	apelidar	TD TI > a	o,a lhe	Chamaram-no (de) charlatão. (PO) Chamaram-lhe (de) charlatão. (PO)
Chegar, vir, ir		VI > a	-	Chegou ao Rio ontem.
Custar	ser custoso/difícil	TDI > a	lhe	Custa ao homem o perdão.
Implicar	acarretar	TD		Isso implica punição.
Lembrar Esquecer		TD	o,a	Lembrou o fato Esqueceu a chave.
Lembrar-se Esquecer-se		TI > de	dele	Lembrou-se do fato. Esqueceu-se da chave.
Namorar		TD	o,a	Ele namora minha irmã.
Necessitar Precisar		TD TI > de	o, a dele	O País precisa (de) agrônomos. O País precisa deles. O País precisa-os.
(Des)obedecer		TI > a	lhe (pessoa)	Os filhos obedecem aos pais. Não devemos desobedecer-lhes.
Morar, residir		VI > em	-	Mora na Rua XV de Novembro.
Pagar Perdoar	coisa	TD	o, a	Deus perdoe nossos pecados.
	pessoa	TI > a	lhe	Perdoei aos meus devedores. Perdoei-lhes.
Preferir	algo a alguma coisa	TDI > a		Prefiro água a sucos.
Proceder	dar início, realizar	TI > a	a ele/ela	O professor procedeu-lhe.
Querer	desejar	TD	o,a	Ele não a quis para esposa.
	amar, ter afeto a	TI > a	lhe	Juro que lhe quero muito.
Referir-se		TI > a	a ele	Referiu-se à ajuda coletiva. (a ela)
Responder	dizer ou escrever em resposta	TI > a TDI	lhe	Respondeu ao telegrama. Respondeu-lhe que estava doente.

Visar	fazer pontaria pôr visto em	TD	o,a	Visou o alvo e atirou. O banco visou o cheque.
	pretender	TI > a	a ele	O vestiba visa a uma vaga na universidade. (a ela)
Agradar	causar agrado	TI > a	lhe	O vestibular agradou aos calouros.
Ajudar		TD	o,a	O filho ajudava o pai na roça.
Aludir	fazer, referência	TI > a TDI	a ele	Aludiu aos fatos acontecidos. (a eles) Aludiu os fatos aos ouvintes.
Ansiar	causar mal-estar, angustiar	TD	o,a	O cansaço ansiava-o.
	desejar ardentemente	TD TI > por	o, a por ele	Minha alfa anseia o infinito. Ansiava por me ver fora de casa.
	padecer ânsias	VI	-	Anseio em viagens.
Aspirar	sorver, respirar	TD	o, a	Aspirava o cheiro das rosas abertas.
	desejar, pretender	TI > a	a ele	O vestiba aspira a ser médio. (a isso)
Assistir	prestar assistência	TD	o, a	O médico assiste o doente. Os missionários são assistidos por Deus.
	presenciar, ver	TI > a	a ele	porque não assistes às aulas, vestiba? Tenho assistido a elas (às aulas)
	caber, ser de direito	TI > a	lhe	Não lhe assiste o direito de oprimir os vestibas.
	morar, residir	VI > em		Assistirei na capital enquanto estiver estudando.

10.2 Regência Nominal

Observe os exemplos a seguir:

Exs.: Temos muito ***admiração pelo*** seu trabalho.

A atitude dele durante a reunião foi ***contrária ao*** esperado.

Tenho certeza de que você tem ***capacidade para*** fazer um ótimo trabalho.

Observe que os nomes são acompanhados por preposições que lhes dão sentido. Estas preposições ligam os nomes ao termos de maneira coerente.

Cada nome possui um ou mais preposições específicas que devem acompanha-los. Esta colocação correta é chamada **regência nominal.**

Nomes e Respectivas Regências

Acessível : a	Contíguo: a	Imbuído: dc, cm	Preferível: a
Acostumado: a, com	Contrário: a	Imprópio: para	Prejudicial: a
Afável: com, para, a	Curioso: de	Imcompatível: com	Presente: a
Aflito: com, por	Descontente: com	Indeciso: em	Prestes: a
Agradável: a	Desejoso: de	Inepto: para	Propenso: a, para
Alheio: a. de	Devoto: a, de	Insensível: a	Propício: a
Alusão: a	Diferente: de	Liberal: com	Próximo: a, de
Ambicioso: de	Entendido: em	Medo: a, de	Relacionado: com, a
Análogo: a	Equivalente: a	Misericordioso: com, para, com	Residente, situado, sito, morador: em
Ansioso: de, para, por	Essencial: para	Natural: de	Respeito: a, com, para com
Apaixonado: de (entusiasmado), por (enamorado)	Fácil: de	Necessário: a	Satisfeito: com, de, em, por
Apto: a, para	Falho: de, em	Nocivo: a	Semelhante: a
Aversão: a, por	Fanático: por	Obediência: a	Sensível: a
Ávido: de, por	Favorável: a	Ódio: a, contra	Suspeito: de

Benéfico: a	Favorável: a	Ojeriza: a. por	União: a, com, de, entre
Capacidade: de, para	Generoso: com	Paralelo: a, com, entre	Único: a, em
Capaz: de, para	Grato: a	Parco: em, de	Útil: a, para
Compatível: com	Hábil: em	Parecido: a, com	Vazio: de
Conforme: a (semelhante), com (coerente), em (concorde)	Habituado: a	Passível: de	Versado: em
Constante: de, em	Horror: a	Possível: de	Vinculado: a
Conteporâneo: a, de	Idêntico: a	Possuído: de, por	

Questões

01. (CESPE - 2019) "Ninguém poderia ficar impassível diante de uma mudança dessa envergadura. Por isso a sensação mais difundida é a desorientação."

Seria mantida a correção gramatical do texto se o trecho "diante de uma mudança" fosse alterado para ante a uma mudança.

Certo ( ) Errado ( )

02. (CESPE - 2019) No trecho "poucos tentam compreender no que exatamente se inscreveram", a substituição de "no que" por o que comprometeria a correção gramatical do texto.

Certo ( ) Errado ( )

03. (CESPE - 2018) "Lançado, desde a infância, no torvelinho da sociedade, aprendi cedo, por experiência, que não era feito para viver nela, onde nunca conseguiria chegar ao estado de que meu coração precisava."

No trecho "estado de que meu coração precisava", a preposição "de" é regida pela formal verbal "precisava", não pela palavra "estado".

Certo ( ) Errado ( )

04. (CESPE - 2018) "Entramos na liça ao nascer; dela saímos ao morrer. De que vale aprender a conduzir melhor seu carro quando se está no fim do percurso? Só resta pensar então em como abandoná-lo. O estudo de um Velho, se ainda lhe resta a fazer, é unicamente o de aprender a morrer e é precisamente o que menos se faz na minha idade, pensa-se em tudo, menos nisso."

A regência do verbo restar é diferente nos trechos "resta pensar" e "resta a fazer": neste, o sentido do verbo altera-se em relação ao empregado naquele.

Certo ( ) Errado ( )

05. (CESPE - 2018) "O trabalho desenvolvido pela contrainteligência tem foco na defesa contra ameaças como a espionagem, a sabotagem, o vazamento de informações e o terrorismo, patrocinadas por instituições, grupos ou governos estrangeiros."

O sentido do texto seria prejudicado, embora sua correção gramatical fosse preservada, caso a preposição presente na expressão "contra ameaças" fosse substituída pela preposição de.

Certo ( ) Errado ( )

Gabaritos

01	ERRADO
02	CERTO
03	CERTO
04	ERRADO
05	CERTO

11. CRASE

Assunto mais do que recorrente em qualquer prova, banca e nível. Por ser tão complexa, a crase tronou-se a vilã de qualquer concurso público. O importante é entender o conceito e não apenas decorar regras. Lembre-se de que o acento indicativo da crase é o grave e que crase é o encontro vocálico entre a preposição A e o artigo A.

Existem as regras obrigatórias, as proibitivas e as facultativas. Porém, há que se ter uma base delas para entender como as bancas optam por cobrar esse assunto.

11.1 Regras Obrigatórias

Em Locuções Conjuntivas

Ex.: à medida que, **à** proporção que.

A medida que tomei foi a correta. - sem crase

Em Locuções Adverbiais

Ex.: à direita, à esquerda, à noite, às vezes, à vista, às 10h etc.

Quando o assunto se refere aos períodos de tempo, principalmente as horas, é importante saber diferenciar um período de uma hora exata. Observemos que "Ele ficou as 10h em jejum" não leva acento grave, por representar o tempo total do jejum. Deve-se atentar também para as preposições, com exceção do ATÉ - nunca haverá crase com elas: "Estou aqui desde as 9h".

Em Expressões À MODA DE

Bife à milanesa – Escrevo à Camões – Fiz um gol à Maradona.

Antes de Senhora, Senhorita e Dona

Eu obedeço à senhora – Ele se referiu à dona – Eu paguei à senhorita.

Antes de Casa, Terra e Distância, Quando tais Palavras Vierem Determinadas

Exs.: Cheguei à terra ***dos meus pais.***

Fomos à casa ***amarela.***

Fiquei à distância ***de 50 metros.***

11.2 Regras Facultativas

Antes de Nomes Próprios Femininos

Exs.: Ele se referiu (a) (à) Mariana.

Nós obedecemos (a) (à) Carla

Eles pagaram (a) (à) Maria.

Com a Preposição ATÉ

Exs.: Todos foram ***até (a) (à)*** mais bela fantasia.

Ficaremos abertos ***até (as) (às)*** 23h.

Pronomes Possessivos Femininos

Exs.: Fomos ***(a) (à) sua*** casa.

Ele se referiu ***(a) (à) minha*** mãe.

11.3 Regras Proibitivas

Antes de Palavras Masculinas

Ex.: Graças ***a Deus*** – Fomos ***a pé***.

Entre Palavras Repetidas

Ex.: gota ***a*** gota – uma ***a*** uma – cara ***a*** cara – face ***a*** face.

Antes de Verbos

Ex.: Voltamos a apresentar – Contas a pagar – A partir

Antes de Palavras no Plural sem que Haja Encontro Vocálico

Ex.: Ele se referiu ***a mulheres*** – Fomos ***a missas.***

Observação: verifica-se que só há preposição nos exemplos acima.

Antes de Numerais

Exs.: Matrículas de 15 ***a 30*** de abril.

De segunda ***a sexta.***

Ficamos ***a 10*** metros de distância.

Quando existir a contração da preposição DE com o artigo A, haverá uso do acento grave. Ex.: Da primeira à sexta fileiras - Escrevi DA página 1 à 40.

Antes de Pronomes

Exs.: Um beijo ***a todos.***

Graças ***a Sua Santidade.***

Dei um recado ***a ela.***

Este é o filme ***a que*** assisti.

11.4 Crase – Casos Especiais

Decorar regras de crase pode não ser tão eficiente. É importante atentar para algumas formas de o acento grave ser cobrado em provas. A probabilidade de aparecer isso nas questões é muito grande, principalmente quando a crase aparece com regras implícitas. Vejamos:

Ex.: Vivenciei uma situação análoga à que você contou.

Verifica-se que, pelas regras, antes de pronomes, não haveria acento grave. Mas, no exemplo, há uma palavra implícita: SITUAÇÃO.

A oração ficaria assim:

Ex.: Vivenciei uma situação análoga à ***(situação)*** que você contou.

Como a palavra não pode ser repetida, pois seria um eco, a crase dá a impressão de estar errada. É preciso ter cuidado com esse tipo de situação.

Ex.: O termo À QUE pode ser trocado por À QUAL (A+A QUAL).

> Muitas vezes, saber a regência do verbo ajudará, e muito, no entendimento do uso do acento grave. Além de assimilar o valor correto da mensagem, também trará ao leitor uma exatidão no uso da crase.

Outro Caso

Quando o aluno decora algo e toma aquilo como lei, pode sofrer consequências inesperadas. O acento grave pode aparecer em pronomes demonstrativos. Isso ocorre quando o verbo exigir a preposição A. Nesse caso, saber a regência do verbo é primordial ao entendimento.

> Muitas vezes, saber a regência do verbo ajudará, e muito, no entendimento do uso do acento grave. Além de assimilar o valor correto da mensagem, também trará ao leitor uma exatidão no uso da crase.

Exs.: Ele viu aquilo. **(quem vê vê algo)**

Obedeci ***àquele*** homem. **(Quem obedece obedece a alguém)**

A preposição ligada ao verbo, no caso o A, junta-se ao A do pronome aquele e tem-se tal formação. Mesmo sendo pronome masculino: a+aquele.

Ele se referiu ***àquilo.***

(quem se refere se refere a algo) a preposição ligada ao verbo, no caso o A, junta-se ao A do pronome AQUILO e tem-se tal formação: **a+aquilo**.

Crase com Termos Implícitos

Ainda no campo de palavras implícitas, percebamos, nos exemplos abaixo, como o ato de simplesmente decorar pode atrapalhar o aluno.

Ex.: Não só fez uma homenagem à filha do vizinho como também à dele.

Não só fez uma homenagem à filha do vizinho como também **(fez uma homenagem)** à **(filha)** dele.

Neste capítulo, vimos como a crase é importantíssima para uma comunicação perfeita. Procuramos salientar como as bancas costumam agir, elaborando questões que tendem a eliminar o candidato que se ocupa em exclusivamente decorar regras. Entender o conceito que o conteúdo traz e associar as regras ao uso correto do acento será primordial para que o assunto se torne corriqueiro e de domínio do aluno, auxiliando-o, inclusive, em suas redações.

Questões

01. (CESPE - 2018) "Embora a chamada plasticidade das embrionárias seja maior, os desafios éticos de pesquisas com esse tipo de células levaram a atenção de muitos cientistas às células-tronco adultas."

O emprego do acento indicativo de crase em "às células-tronco adultas" é facultativo, dada a presença de termo masculino na palavra composta "células-tronco".

Certo ( ) Errado ( )

02. (CESPE - 2018) "Um zoológico serve para muitas coisas, algumas delas edificantes."

Sem prejudicar a correção gramatical tampouco alterar o sentido do trecho, a expressão "serve para" poderia ser substituída por convém à.

Certo ( ) Errado ( )

03. (CESPE - 2018) "A vida de Florence Nightingale, a criadora da moderna enfermagem, daria um romance. Florence estava destinada a receber uma boa educação, a casar-se com um cavalheiro de fina estirpe, a ter filhos, a cuidar da casa e da família."

A correção gramatical do texto seria mantida se fosse inserido o acento indicativo de crase no vocábulo "a" no trecho "destinada a".

Certo ( ) Errado ( )

04. (CESPE - 2018) "Embora a perspectiva analítica de cada um desses autores divirja entre si, eles estão preocupados em desenvolver formas de promoção de situações de justiça social e têm hipóteses concretas para se chegar a esse estado de coisas."

A correção gramatical do texto seria mantida caso se empregasse o acento indicativo de crase no vocábulo "a" em "a esse estado de coisas"

Certo ( ) Errado ( )

05. (CESPE - 2018) "Para fazer frente a essas transformações, é necessário um novo tipo de planejamento urbano. Conceitos rígidos dão lugar à flexibilidade, à análise de cenários alternativos e à inclusão da sociedade na formulação das políticas."

No trecho "à análise de cenários alternativos e à inclusão da sociedade na formulação das políticas", o emprego do sinal indicativo de crase é obrigatório em ambas as ocorrências.

Certo ( ) Errado ( )

Gabaritos

01	ERRADO
02	ERRADO
03	ERRADO
04	ERRADO
05	CERTO

12. PONTUAÇÃO

A pontuação assinala a melodia de nossa fala, ou seja, as pausas, a ênfase etc.

12.1 Principais Sinais e Usos

Vírgula

É o sinal mais importante para concurso público.

Usa-se a vírgula para:

Separar termos que possuem mesma função sintática no período:

Ex.: ***José, Maria, Antônio*** e ***Joana*** foram ao mercado. (função de núcleo do sujeito)

Isolar o vocativo:

Ex.: Então, ***minha cara***, não há mais o que se dizer!

Isolar um aposto explicativo (cuidado com essa regra, veja que não há verbo no aposto explicativo):

Ex.: O João, ***ex-integrante da comissão***, veio fazer parte da reunião.

Isolar termos antecipados, como: complemento, adjunto ou predicativo:

Ex.: ***Na semana passada***, comemos camarão no restaurante português. (antecipação de adjunto adverbial)

Separar expressões explicativas, conjunções e conectivos:

Ex.: isto é, ou seja, por exemplo, além disso, pois, porém, mas, no entanto, assim etc.

Separar os nomes dos locais de datas:

Ex.: Cascavel, 02 de maio de 2012.

Isolar orações adjetivas explicativas (pronome relativo + verbo + vírgula):

Ex.:O Brasil, ***que é um belíssimo país***, possui ótimas praias.

Separar termos de uma enumeração:

Ex.: Vá ao mercado e traga ***cebola, alho, sal, pimenta e coentro***.

> A vírgula pode ser utilizada antes da conjunção aditiva "e" caso se queira enfatizar a oração por ela introduzida.

Separar orações coordenadas:

Exs.: Esforçou-se muito, ***mas não venceu o desafio***. (oração coordenada sindética adversativa)

Roubou todo o dinheiro, ***e ainda apareceu na casa***. (oração coordenada sindética aditiva).

Omitir um termo, elipse (no caso da elipse verbal, chamaremos "zeugma"):

Ex.: De dia era um anjo, de noite um ***demônio***. (omissão do verbo "ser")

Separar termos de natureza adverbial deslocado dentro da sentença:

Exs.: ***Na semana passada***, trinta alunos foram aprovados no concurso. (locução adverbial temporal)

Se estudar muito, você será aprovado no concurso. (oração subordinada adverbial condicional)

Ponto final

Usa-se o ponto final:

Ao final de frases para indicar uma pausa total; é o que marca o fim de um período:

Ex.: Depois de passar no concurso, comprarei um carro.

Em abreviaturas:

Ex.: Sr., a. C., Ltda., num., adj., obs., máx., *bat., brit. etc.*

Ponto e vírgula

Usam-se ponto e vírgula para:

Separar itens que aparecem enumerados:

Ex.: Uma boa dissertação apresenta:

Coesão;

Coerência;

Progressão lógica;

Riqueza lexical;

Concisão;

Objetividade;

Aprofundamento.

Separar um período que já se encontra dividido por vírgulas:

Ex.: Não gostava de trabalhar; queria, no entanto, muito dinheiro no bolso.

Separar partes do texto que se equilibram em importância:

Exs.: Os pobres dão pelo pão o trabalho; os ricos dão pelo pão a fazenda; os de espíritos generosos dão pelo pão a vida; os de nenhum espírito dão pelo pão a alma.(Vieira).

O capitalismo é a exploração do homem pelo homem; o socialismo é exatamente o contrário.

Dois Pontos

São usados dois pontos quando:

Se vai fazer uma citação ou introduzir uma fala:

Exs.: José respondeu:

- Não, muito obrigado!

Se quer indicar uma enumeração:

Ex.: Quero apenas uma coisa: que vocês sejam aprovados no concurso!

Aspas

São usadas aspas para indicar:

Citação presente no texto. Ex.:

Ex.: "Há distinção entre categorias do pensamento" - disse o filósofo.

Expressões estrangeiras, neologismos, gírias.

Exs.: Na parede, haviam pintado a palavra "love". (expressão estrangeira)

Ficava "bailarinando", como diria Guimarães. (neologismo)

"Velho", esconde o "cano" aí e "deixa baixo". (gíria)

Reticências

São usadas para indicar supressão de um trecho, interrupção na fala, ou dar ideia de continuidade ao que se estava falando.

Exs.: (...) Profundissimamente hipocondríaco Este ambiente me causa repugnância Sobe-me à boca uma ânsia análoga à ânsia Que se escapa pela boca de um cardíaco(...)

Eu estava andando pela rua quando...

Eu gostei da nova casa, mas da garagem...

Parênteses

São usados quando se quer explicar melhor algo que foi dito ou para fazer simples indicações.

Ex.: Foi o homem que cometeu o crime (o assassinato do irmão).

Travessão

Indica a fala de um personagem:

Exs.: Ademar falou.

- Amigo, preciso contar algo para você.

Isola um comentário no texto.

Ex.: O estudo bem realizado - ***diga-se de passagem, que quase ninguém faz*** - é o primeiro passo para a aprovação.

Isola um aposto na sentença.

Ex.: A Semântica – ***estudo sobre as relações de sentido*** - é importantíssima para o entendimento da Língua.

Reforçar a parte final de um enunciado.

Ex.: Para passar no concurso, é preciso estudar muito — ***muito mesmo.***

Trocas

A Banca, eventualmente, costuma perguntar sobre a possibilidade de troca de termos, portanto, atenção!

» Vírgulas, travessões e parênteses, quando isolarem um aposto, podem ser trocadas sem prejuízo para a sentença;

» Travessões podem ser trocados por dois pontos, a fim de enfatizar um enunciado.

Regra de ouro

Na ordem natural de uma sentença, é proibido:

→ Separar Sujeito e Predicado com vírgulas:

"Aqueles maravilhosos velhos ensinamentos de meu pai foram de grande utilidade. (certo) Aqueles maravilhosos velhos ensinamentos de meu pai, foram de grande utilidade. (errado)."

→ Separar Verbo de Objeto:

"O presidente do maravilhoso país chamado Brasil assinou uma lei importante. (certo) O presidente do maravilhoso país chamado Brasil assinou, uma lei importante. (errado)"

Questões

01. (CESPE - 2018) "No Brasil, tal fenômeno ganhou espaço a partir do processo de redemocratização, nos anos 80 do século XX, alimentado pela difusão de discursos que enfatizam uma ampla crise da administração pública, cujo equacionamento demandaria novos paradigmas de gestão, capazes de superar as estruturas centralizadas, as hierarquias formais e os sistemas de controle tayloristas prevalentes. Em outros termos, acentuou-se a necessidade de superação dos tradicionais modelos de gestão pública, burocráticos e autocráticos, por meio da difusão de novos sistemas, mais democráticos, participativos e meritocráticos."

O emprego das vírgulas apostas aos termos "No Brasil" e "Em outros termos" justifica-se com base na mesma regra de pontuação.

Certo ( ) Errado ( )

02. (CESPE - 2018) "Após espiões poloneses terem roubado uma cópia da máquina, Turing e o campeão de xadrez Gordon Welchman construíram uma réplica da Enigma na base militar de Bletchey Park."

A vírgula logo após o termo "máquina" poderia ser eliminada sem prejuízo para a correção gramatical do período no qual ela aparece.

Certo ( ) Errado ( )

03. (CESPE - 2018) "Hospitalizados eram só os pobres, e Florence preparou-se para cuidar deles, praticando com os indigentes que viviam próximos à sua casa."

A inserção de uma vírgula logo após o termo "Hospitalizados" manteria a correção gramatical do texto.

Certo ( ) Errado ( )

04. (CESPE - 2018) "Logo após a detecção de focos positivos do mosquito em São José do Rio Preto, realizaram-se as delimitações e a aplicação de controle, as quais não foram suficientes para eliminar o vetor."

A inserção de uma vírgula imediatamente após o vocábulo "Logo" alteraria os sentidos do texto, apesar de manter sua correção gramatical.

Certo ( ) Errado ( )

05. (CESPE - 2018) "O Brasil, durante a maior parte da sua história, manteve uma cultura familista e pró-natalista. Por cerca de 450 anos, o incentivo à fecundidade elevada era justificado em função da prevalência de altas taxas de mortalidade, dos interesses da colonização portuguesa, da expansão da ocupação territorial e do crescimento do mercado interno."

A substituição do ponto empregado logo após "pró-natalista" por vírgula, com a devida alteração da letra inicial maiúscula para minúscula, manteria a correção do texto.

Certo ( ) Errado ( )

Gabaritos

01	CERTO
02	ERRADO
03	ERRADO
04	CERTO
05	ERRADO

13. REESCRITURA DE FRASES E PARÁGRAFOS DO TEXTO

A reescrita ou reescritura de frases é uma paráfrase que visa à mudança da forma de um texto. Para que o novo período esteja correto, é preciso que sejam respeitadas a correção gramatical e o sentido do texto original. Desse modo, quando há qualquer inadequação do ponto de vista gramatical e/ou semântico, o trecho reescrito deve ser considerado incorreto.

Assim, para resolver uma questão que envolve reescritura de trechos ou períodos, é necessário verificar os aspectos gramaticais (principalmente, pontuação, elementos coesivos, ortografia, concordância, emprego de pronomes, colocação pronominal, regência, etc.) e aspectos semânticos (significação de palavras, alteração de sentido, etc.).

Existem diversas maneiras de se parafrasear uma frase, por isso cada Banca Examinadora pode formular questões a partir de muitas formas. Nesse sentido, é essencial conhecer e dominar as variadas estruturas que uma sentença pode assumir quando ela é reescrita.

13.1 Substituição de Palavras ou de Trechos de Texto

No processo de reescrita, pode haver a substituição de palavras ou trechos. Ao se comparar o texto original e o que foi reestruturado, é necessário verificar se essa substituição mantém ou altera o sentido e a coerência do primeiro texto.

Locuções x Palavras

Em muitos casos, há locuções (expressões formadas por mais de uma palavra) que podem ser substituídas por uma palavra, sem alterar o sentido e a correção gramatical. Isso é muito comum com verbos.

Exs.:

Os alunos **têm buscad**o formação profissional.

(locução: têm buscado)

Os alunos **buscam** formação profissional.

(uma palavra: buscam)

Ambas as frases têm sentido atemporal, ou seja, expressam ações constantes, que não têm fim.

Significação das Palavras

Ao avaliarmos a significação das palavras, devemos ficar atentos a alguns aspectos: sinônimos, antônimos, polissemia, homônimos e parônimos.

Sinônimos

Palavras que possuem significados próximos, mas não são totalmente equivalentes.

Exs.:

Casa: lar - moradia – residência

Carro: automóvel

Para verificar a validade da substituição, deve-se também ficar atento ao significado contextual. Por exemplo, na frase "As fronteiras entre o bem e o mal", não há menção a limites geográficos, pois a palavra "fronteira" está em sentido conotativo (figurado).

Além disso, nem toda substituição é coerente. Por exemplo, na frase "Eu comprei uma casa", fica incoerente reescrever "Eu comprei um lar".

Antônimos

Palavras que possuem significados diferentes, opostos, contrários.

Exs.: Mal / Bem

Ausência / Presença

Subir / Descer

Cheio / Vazio

Possível / Impossível

Polissemia

Ocorre quando uma palavra apresenta mais de um significado em diferentes contextos.

A polissemia está relacionada ao significado contextual, ou seja, uma palavra tem um sentido específico apenas no contexto em que está inserida. Por exemplo: A eleição foi marcada por debates explosivos (ou seja: debates acalorados, e não com sentido de explodir algo).

Exs.:

Banco (**instituição comercial financeira; assento)**

Manga (**parte da roupa; fruta)**

Homônimos

Palavras com a mesma pronúncia (algumas vezes, a mesma grafia), mas com significados diferentes.

Exs.:

A**c**ender: colocar fogo. A**sc**ender: subir.

Con**c**erto: sessão musical. Con**s**erto: reparo.

Homônimos Perfeitos

Palavras com a mesma grafia e o mesmo som.

Exs.:

Eu **cedo** este lugar você. (**cedo = verbo)**

Cheguei **cedo** para jantar. (**cedo = advérbio de tempo)**

Percebe-se que o significado depende do contexto em que a palavra aparece. Portanto, deve-se ficar atento à ortografia quando a questão é de reescrita.

Parônimos

Palavras que possuem significados diferentes, mas são muito parecidas na pronúncia e na escrita.

Exs.:

Abso**l**ver: perdoar, inocentar. Abso**r**ver: aspirar.

C**o**mprimento: extensão. C**u**mprimento: saudação.

Conectores de Mesmo Valor Semântico

Há palavras, principalmente as conjunções, que possuem valores semânticos específicos, os quais devem ser levados em conta no momento de fazer uma substituição.

Logo, pode-se reescrever um período, alterando-se a conjunção. Para tanto, é preciso que a outra conjunção tenha o mesmo valor semântico. Além disso, é importante verificar como ficam os tempos verbais após a substituição.

Exs.:

Embora fosse tarde, fomos visitá-lo. **(conjunção subordinativa concessiva)**

Apesar de ser tarde, fomos visitá-lo. **(conjunção subordinativa concessiva)**

No exemplo acima, o verbo também sofreu alteração.

Exs.:

Toque o sinal **para que** todos entrem na sala.
(conjunção subordinativa final)

Toque o sinal **a fim de que** todos entrem na sala.
(conjunção subordinativa final)

No exemplo acima, o verbo permaneceu da mesma maneira.

Paralelismo

Ocorre quando há uma sequência de expressões com estrutura idêntica.

Paralelismo Sintático

É possível quando a estrutura de termos coordenados entre si é idêntica. Nesse caso, entende-se que "termos coordenados entre si" são aqueles que desempenham a mesma função sintática em um período ou trecho.

João comprou ***balas*** e ***biscoitos***.

Perceba que "balas" e "biscoitos" têm a mesma função sintática (objeto direto). Além disso, ambas são expressões nominais. Assim, apresentam, na sentença, uma estrutura sintática idêntica.

Os formandos ***estão pensando na carreira, isto é, no futuro.***

Tanto "na carreira" quanto "no futuro" são complementos do verbo pensar. Ademais, as duas expressões são formadas por preposição e substantivo.

Paralelismo Semântico

Estrutura-se pela coerência entre as informações.

Lucélia ***gosta de maçã e de pera.***

Percebe-se que há uma relação semântica entre maçã e pera, pois ambas são frutas.

Lucélia ***gosta de livros de ação e de pizza.***

Observa-se que os termos "livros de ação" e "pizza" não possuem sentidos semelhantes que garantam a sequência lógica esperada no período.

13.2 Retextualização de Diferentes Gêneros e Níveis de Formalidade

Na retextualização, pode-se alterar o nível de linguagem do texto, dependendo de qual é a finalidade da transformação proposta. Nesse caso, são possíveis as seguintes alterações: linguagem informal para a formal; tipos de discurso; vozes verbais; oração reduzida para desenvolvida; inversão sintática; dupla regência.

Linguagem Formal x Linguagem Informal

Um texto pode estar escrito em linguagem coloquial (informal) ou formal (norma padrão). A proposta de reescrita pode mudar de uma linguagem para outra. Veja o exemplo:

Exs.:

Pra que serve a política?
(informalidade)

Para que serve a política?
(formalidade)

A oralidade geralmente é mais informal. Portanto, fique atento: a fala e a escrita são diferentes, ou seja, a escrita não reproduz a fala e vice-versa.

Tipos de Discurso

Discurso está relacionado à construção de textos, tanto orais quanto escritos, portanto, ele é considerado uma prática social.

Em um texto, podem ser encontrados três tipos de discurso: o discurso direto, o indireto e o indireto livre.

Discurso Direto

São as falas das personagens. Esse discurso pode aparecer em forma de diálogos e citações, e vêm marcadas com alguma pontuação (travessão, dois pontos, aspas, etc.). Ou seja, o discurso direto reproduz fielmente a fala de alguém.

O médico disse à paciente:

– Você precisa fazer exercícios físicos regularmente.

Discurso Indireto

É a reprodução da fala de alguém, a qual é feita pelo narrador. Normalmente, esse discurso é escrito em terceira pessoa.

Exs.: O médico disse à paciente que ela precisava fazer exercícios regulamente.

Discurso Indireto Livre

É a ocorrência do discurso direto e indireto ao mesmo tempo. Ou seja, o narrador conta a história, mas as personagens também têm voz própria.

No exemplo a seguir, há um discurso direto: "que raiva", que mostra a fala da personagem.

"*Retirou as asas e estraçalhou-a. Só tinham beleza. Entretanto, qualquer urubu... que raiva...*" (Ana Maria Machado)

No trecho a seguir, há uma fala da personagem, mesclada com a narração: "Para que estar catando defeitos no próximo?".

"*D. Aurora sacudiu a cabeça e afastou o juízo temerário. Para que estar catando defeitos no próximo? Eram todos irmãos. Irmãos.*" (Graciliano Ramos)

Exemplo de uma transposição de discurso direto para indireto:

Ana perguntou:

– Qual a resposta correta?

Ana perguntou qual era a resposta correta.

Nas questões de reescrita que tratam da transposição de discursos, é mais frequente a substituição do direto pelo indireto. Nesse caso, deve-se ficar atento aos tempos verbais.

Voz Verbal

Um verbo pode apresentar-se na voz ativa, passiva ou reflexiva.

Ativa

Ocorre quando o sujeito é agente, ou seja, pratica a ação expressa pelo verbo.

O aluno resolveu o exercício.

Passiva

Ocorre quando o sujeito é paciente, ou seja, recebe a ação expressa pelo verbo.

O exercício foi resolvido pelo aluno.

Reflexiva

Ocorre quando o sujeito é agente e paciente ao mesmo tempo, ou seja, pratica e recebe a ação.

Ex.: *A criança feriu-se com a faca.*

Não confunda o emprego reflexivo do verbo com a reciprocidade. Por exemplo:

Os lutadores de MMA feriram-se. (um ao outro)"

Formação da Voz Passiva

A voz passiva pode ocorrer de forma analítica ou sintética.

Voz Passiva Analítica

Verbo SER + particípio do verbo principal.

Exs.: A academia de polícia ***será pintada***.

O relatório é ***feito*** por ele.

A variação de tempo é determinada pelo verbo auxiliar (SER), pois o particípio é invariável.

Exs.: João ***fez*** a tarefa. (pretérito perfeito do indicativo)

A tarefa ***foi*** feita por João. (pretérito perfeito do indicativo)

João ***faz*** a tarefa. (presente do indicativo)

A tarefa ***é*** feita por João. (presente do indicativo)

João ***fará*** a tarefa. (futuro do presente)

A tarefa **será** feita por João. (futuro do presente)

Voz Passiva Sintética

Verbo na 3ª pessoa, seguido do pronome apassivador SE.

Abriram-se as inscrições para o concurso.

Transposição da Voz Ativa para a Voz Passiva

Pode-se mudar de uma voz para outra sem alterar o sentido da frase.

Exs.: Os médicos brasileiros ***lançaram*** um tratamento para o câncer.

Um tratamento para o câncer ***foi lançado*** pelos médicos brasileiros.

Nas questões de concursos, costuma-se cobrar a transposição da voz ativa para a passiva, e da voz passiva sintética para a analítica.

Exs.:

A fiscalização exige o passaporte.

O passaporte é exigido pela fiscalização.

Exige-se comprovante de pagamento.

É exigido comprovante de pagamento.

Oração Reduzida x Oração Desenvolvida

As orações subordinadas podem ser reduzidas ou desenvolvidas. Não há mudança de sentido se houver a substituição de uma pela outra.

Exs.: Ao terminar a aula, todos podem sair. **(reduzida de infinitivo)**

Quando terminarem a prova, todos podem sair.**(desenvolvida)**

Os vizinhos ouviram uma criança chorando na rua.(reduzida de gerúndio)

Os vizinhos ouviram uma criança que chorava na rua. **(desenvolvida)**

Terminada a reforma, a família mudou-se para a nova casa. **(reduzida de particípio)**

Assim que terminou a reforma, a família mudou-se para a nova casa.**(desenvolvida)**

Inversão Sintática

Um período pode ser escrito na ordem direta ou indireta. Nesse caso, quando ocorre a inversão sintática, a correção gramatical é mantida. Apenas é necessário ficar atento ao sentido do período.

Curiosidade: o Hino Nacional brasileiro é escrito em ordem indireta.

"Ouviram do Ipiranga as margens plácidas

De um povo heroico o brado retumbante."

As margens plácidas do Ipiranga ouviram o brado retumbante de um povo heroico.

Ordem direta: sujeito – verbo – complementos/ adjuntos adverbiais.

Exs.: Os documentos foram levados para o gerente.

(direta)

Foram levados os documentos para o gerente. **(indireta)**

Dupla Regência

Há verbos que exigem a presença da preposição e outros não. Deve-se ficar atento ao fato de que a regência pode influenciar no significado de um verbo.

Verbos Transitivos Diretos ou Indiretos

Sem alterar o sentido, alguns verbos admitem duas construções: uma transitiva direta e outra indireta. Portanto, a ocorrência ou não da preposição mantém um trecho com o mesmo sentido.

Almejar

Exs.: Almejamos ***a*** paz entre os países que estão em guerra. / Almejamos ***pela*** paz entre os países que estão em guerra.

Atender

Exs.: O gerente atendeu ***os*** meus pedidos. / O gerente atendeu ***aos*** meus pedidos.

Necessitar

Exs.: Necessitamos algumas horas para organizar o evento. / Necessitamos ***de*** algumas horas para organizar o evento.

Transitividade e Mudança de Significado

Existem alguns verbos que, conforme a mudança de transitividade, têm o sentido alterado.

Aspirar

Aspirar é transitivo direto no sentido de sorver, inspirar (o ar), inalar.

Aspirava o suave perfume. (Aspirava-o.)

Aspirar é transitivo indireto no sentido de desejar, ter como ambição.

Aspirávamos ao cargo de diretor.

Questões

01. (CESPE - 2019) "Se prestarmos atenção à nossa volta, perceberemos que quase tudo que vemos existe em razão de atividades do trabalho humano."

Seriam mantidos os sentidos do texto caso o primeiro período do segundo parágrafo fosse assim reescrito: Quando prestamos atenção a nossa volta, percebemos que quase tudo que vemos existe pelas atividades do trabalho humano.

Certo ( ) Errado ( )

02. (CESPE - 2019) "A luta dos trabalhadores, portanto, não é mais apenas por condições melhores de subsistência, mas pela própria dignidade do ser humano."

A correção gramatical e os sentidos originais do texto seriam mantidos caso o trecho "A luta (...) humano." fosse reescrito da seguinte forma: Logo, a luta dos trabalhadores apenas deixou de ser por mais condições de melhor subsistência para priorizar a própria dignidade do ser humano.

Certo ( ) Errado ( )

03. (CESPE - 2019) "Logo atrás de mim, uma senhora furiosa levantou-se."

O deslocamento do termo "furiosa" para imediatamente após a forma verbal "levantou-se" manteria a coerência do texto.

Certo ( ) Errado ( )

04. (CESPE - 2019) "Inversamente, se houver uma ideia desfavorável sobre alguém, tudo o que essa pessoa disser ou fizer pode ser rejeitado, mesmo que diga verdades ou se comporte corretamente."

A correção gramatical do texto seria mantida caso o trecho "tudo o que essa pessoa disser ou fizer pode ser rejeitado" fosse reescrito da seguinte forma: tudo o que essa pessoa dizer ou fazer pode ser rejeitado.

Certo ( ) Errado ( )

05. (CESPE - 2019) Seriam mantidos a correção gramatical e o sentido original do texto caso o trecho "Em geral, o preconceito positivo não é percebido pela sociedade" fosse assim reescrito: Não se percebe o preconceito positivo, em geral, pela sociedade.

Certo ( ) Errado ( )

Gabaritos

01	ERRADO
02	ERRADO
03	CERTO
04	ERRADO
05	ERRADO

14. INTERPRETAÇÃO E COMPREENSÃO DE TEXTO

14.1 O que é Interpretar Textos?

Interpretar textos é, antes de tudo, compreender o que se leu. Para que haja essa compreensão, é necessária uma leitura muito atenta e algumas técnicas que veremos no decorrer dos textos. Uma dica importante é fazer o resumo do texto por parágrafos.

14.2 Ambiguidade

Ambiguidade ou anfibologia é a falta de clareza em um enunciado que lhe permite mais de uma interpretação. É conhecida, também, como duplo sentido. Observe os exemplos a seguir:

Exs.: Maria disse à Ana que sua irmã chegou. (A irmã é de Maria ou Ana?)

A mãe falou com a filha caída no chão. (Quem estava caída no chão?)

Está em dúvida quanto à configuração da sua máquina? Então, acabe com ela agora mesmo! (Acabe com a dúvida, com a configuração ou com a máquina?)

Em alguns casos, especialmente na publicidade e nos textos literários, a ambiguidade é proposital; mas, para que ocorra a compreensão necessária, é preciso que o leitor tenha conhecimento de mundo suficiente para interpretar de maneira literal e não literal.

No entanto, ela se torna um problema nos textos quando causa dúvidas em relação à interpretação. Ela também pode gerar problemas e fazer com que o autor seja mal interpretado, como na frase "Sinto falta da galinha da minha mãe".

Ao escrever, para que não haja problemas relacionados à ambiguidade, é necessária atenção do autor e uma leitura cuidadosa.

> É importante observar que os textos não são estáticos e dificilmente apresentarão apenas uma tipologia. É comum que o texto seja, por exemplo, dissertativo-argumentativo, narrativo-descritivo ou descritivo-instrucional. É importante, portanto, identificar a tipologia que predomina.

14.3 Coesão e Coerência

Observe as orações a seguir:

Mariana estava cansada. Viajou a noite toda. Foi trabalhar no dia seguinte.

Perceba que a relação entre elas não está clara. Agora, veja o que acontece quando são inseridos **elementos de coesão**:

Mariana estava cansada porque viajou a noite toda. Mesmo assim, foi trabalhar no dia seguinte.

Os elementos de coesão são responsáveis por criar a relação correta entre os termos do texto, tornando-o coerente.

Os elementos de coesão são representados pelas conjunções. As principais relações estabelecidas entre eles são:

Concessão	embora – ainda que – se bem que – mesmo que – por mais que.
Adversidade	mas – contudo – no entanto – todavia – se bem que – porém – entretanto.
Conclusão	dessa forma – logo – portanto – assim sendo – por conseguinte
Causa	Porque – pois – já que – visto que – uma vez que
Tempo	quando – na hora em que – logo que – assim que

Leia o trecho a seguir, publicado no jornal Correio Popular:

"Durante a sua carreira de goleiro, iniciada no Comercial de Ribeirão Preto, sua terra natal, Leão, de 51 anos, sempre impôs seu estilo ao mesmo tempo arredio e disciplinado. Por outro lado, costumava ficar horas aprimorando seus defeitos após os treinos. Ao chegar à seleção brasileira em 1970, quando fez parte do grupo que conquistou o tricampeonato mundial, Leão não dava um passo em falso. Cada atitude e cada declaração eram pensados com um racionalismo típico de sua família, já que seus outros dois irmãos são médicos."

Correio Popular, Campinas, 20 out. 2000.

Observe que neste trecho há problemas de coerência.

"(...) costumava ficar horas aprimorando seus defeitos (...)"

Entende-se o que o redator do texto quis dizer, mas a construção é indevida, uma vez que a definição para aprimorar, segundo o dicionário, é *aperfeiçoar, melhorar a qualidade de.* Portanto, se interpretada seguindo esta definição, entender-se-ia que o jogador *melhorava seus defeitos.*

Além da escolha inadequada do vocábulo, há também um problema causado pelo uso indevido dos elementos de coesão. Observe o uso da expressão "Por outro lado", que deveria indicar algo contrário ao que foi dito anteriormente, mas neste caso precede uma afirmação que confirma o que foi dito no período anterior, deixando o texto confuso.

Perceba, portanto, que:

Coesão é a relação entre as afirmações do texto, de maneira a deixá-lo claro e fazer sentido:

*Ontem o dia foi bom **porque** vi Lucas.*

*Ontem o dia foi bom **apesar de** eu ter visto Lucas.*

A relação de sentido estabelecida pela conjunção fará o sentido do texto.

Coerência é o sentido do texto, é o fato de o texto fazer sentido e ser compreendido pelo leitor em uma primeira leitura. O que torna um texto coerente, entre outras coisas, é a escolha correta das conjunções. Por isso, a coesão e a coerência do texto andam juntas e muitas vezes se confundem.

15. COERÊNCIA TEXTUAL

Em provas de concurso, é muito comum as bancas abordarem os uso da coerência textual nas questões. Portanto, ficar atento ao texto é mais do que essencial, é vital para seu sucesso. Coerência é a união de ideias, é a harmonia entre as partes de um texto. Há um único sentido para o entendimento de um texto. O conteúdo da linguagem usada num texto deve ser compatível, não havendo oposição ou incoerência.

> Os nomes das coerências aparecem aqui apenas para divisar e ilustrar cada uma delas. As bancas não cobrarão tais nomenclaturas, porém a palavra COERÊNCIA é mais do que reincidente nos enunciados das questões.

15.1 Coerência Externa

Usemos a lógica: quando nos referimos à coerência externa, há que se ter o conhecimento geral de mundo, sobre política, esportes, cultura, atualidades; é necessário um conhecimento prévio do assunto. A coerência acaba sendo vital, não somente à prova de gramática, como também ao conteúdo referente a atualidades. Uma informação errada pode gerar outras mais, tornando a propagação deste erro algo tão grande e que se torna impossível ver quais proporções isso pode tomar e quais desastres pode causar. Seja numa prova, numa conversa, as consequências de um domínio falso de determinado assunto é constrangedor, especialmente em dias de globalização com o acesso tão rápido e fácil à informação.

Em uma questão da prova de Oficial de Promotoria/SP, houve uma questão sobre o seguinte *slogan*: "Nossa **guerra** é contra a fome". E o enunciado cobrava a quem ele pertencia? Sim, era do projeto FOME ZERO, do primeiro mandato do governo Lula.

Saber tais informações foi essencial para acertar a questão. Apenas a coerência externa bastaria. Isso em uma redação ajuda, e muito.

Podemos ver a coerência externa e seus benefícios nos exemplos a seguir:

"A ***fatídica curva de Ímola*** fez o Brasil chorar".

↓

Ayrton Senna, piloto brasileiro de Fórmula 1, morreu em 1º de maio de 1994 numa corrida no circuito de Ímola, Itália.

"O ***Boca do Inferno*** foi o primeiro escritor brasileiro". →

Gregório de Matos Guerra nasceu no século XVII, no Brasil. Sua obra não foi publicada em vida, mas ficou eternizada na memória do povo. Sua poesia trazia com ironia e sarcasmo situações cômicas da sociedade e do clero baiano.

Nos dois exemplos anteriores, vemos que a coerência externa é essencial para saber quais assuntos são tratados.

Já discutimos, neste estudo, a importância de se ter conhecimento do mundo, quando abordamos o assunto "Crônicas". Agora essa ideia vem reforçada pelo estudo da coerência externa. Verifica-se, inclusive, uma interdisciplinaridade entre gramática e Atualidades nesse caso.

15.2 Coerência Interna

Acabamos de conceituar a coerência externa, ou seja, aquela que vem fora do texto. A coerência interna acaba sendo o oposto: é aquela que aparece dentro do texto. Para que isso aconteça, há que se ver todo o ambiente que cerca determinado documento, narrativa ou dissertação. A maioria dos textos de concursos aborda tal coerência, principalmente no tocante ao cargo. O exemplo a seguir ilustrará melhor o assunto:

E você vai **rasgar meu papel**.
(...) Serei sempre seu confidente fiel.
E você vai molhar meu papel.
O que **está escrito em mim**
Comigo ficará guardado se quiser saber
A vida segue sempre em frente
O que há de se fazer
Só peço a você um favor se puder
Não me esqueça num canto qualquer.

(O CADERNO, Toquinho)

Se imaginarmos um caderno conversando com uma criança, perceberemos que nada de errado aparece nos versos. A coerência interna fica latente pela proposta do tema. É assim que deve ser feito nos textos. A coerência tem de estar ligada ao tema proposto.

15.3 Coerência Argumentativa

A argumentação deve concordar com o texto. Em concursos públicos, isso pode aparecer nos exercícios de maneira indireta para que o concursando seja induzido ao erro. Mas vejamos como a propaganda pode fazer isso:

"***Bombril*** tem mil e uma utilidades."
(slogan de uma propaganda de palha de aço)

↘ Pagando menos e com mais vantagens

"***Hollywood***, o sucesso"
(slogan de uma propaganda de cigarros)

↘ Mesmo prejudicial à saúde, o cigarro pode servir de status a alguém.

Numa prova de concurso, a coerência textual é o fator que mais aparece. A falta de habilidade de leitura dos mecanismos de coerência pode facilmente induzir o leitor ao erro. Vejamos essa característica em uma questão de prova:

15.4 Dissertação

A dissertação está presente em qualquer tipo de texto. Predomina em pensamentos, análises. Ela não poderia ficar de fora em concursos públicos, o que justifica sua maior aparição e predominância em tais provas. Este tipo de texto é mais complexo que a narração e a descrição, pois usa de um entendimento mais avançado para determinado assunto.

Dissertar é opinar sobre determinado assunto. Há que se ter, nesse caso, um conhecimento geral suficiente para que o texto possa ser mais lógico e coerente para o leitor. Uma dica: é sempre importante estar atento a noticiários, ler sobre o maior número possível de temas. E, junto a este texto, aparecem as linguagens, cada qual com um estilo, e muitas vezes o estilo do texto, o tema central pede tais linguagens, e estas vão ditar de um modo coerente o que se quer passar ao leitor.

Exemplo de dissertação:

Falar que o Brasil é um país repleto de problemas é como chover no molhado. Identificar os problemas quanto ao crescimento deixou de ser um recomeço. Talvez o lugar comum no Brasil seja mais do que promessas. A fé nunca esteve tão presente. Os sonhos se fortalecem e ficarão tão fortes que este texto acabou de dar mais um passo para o lado.

Uma dissertação está dividida em **três partes** que se interagem:

1ª parte: **introdução, apresentação do assunto**
2ª parte: **desenvolvimento, dados exatos informação nova**
EVITE: **clichês, ditados populares**.
3ª parte: **conclusão coerente com toda a redação**

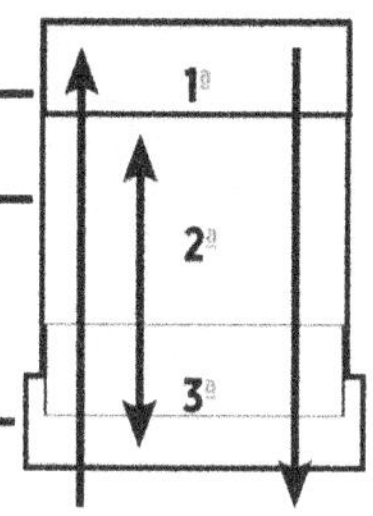

Introdução

Falar que o Brasil é um país repleto de problemas é como chover no molhado. Identificar os problemas quanto ao crescimento deixou de ser um recomeço.

Como no esquema citado encontramos um exemplo para textos dissertativos, aproveite-o para usar em suas redações, já que a dissertação é a forma textual mais frequente no que tange à elaboração de um texto em provas.

Desenvolvimento

Talvez o lugar comum no Brasil seja mais do que promessas. A fé nunca esteve tão presente.

Conclusão

Os sonhos se fortalecem e ficarão tão fortes que este texto acabou de dar mais um passo para o lado.

15.5 Discurso

Discurso é a forma de uma mensagem aparecer. Ele pode vir em forma direta e indireta. Há bancas que pedem principalmente a transposição de um para outro. Ficar atento aos verbos, pronomes e advérbios ajuda, e muito, nos exercícios que as bancas trazem.

Discurso Direto

Representa a fala de alguém. Aparece literalmente num diálogo.

Ex.: "Eu não vou à sua casa hoje".

Discurso Indireto

Representa a fala de outrem. Aparece indiretamente, por meio da voz de uma pessoa, o que outra acabou proferindo.

Ex.: "Ele disse que não vai à minha casa hoje".

Vimos, neste capítulo, como a coerência rege um texto para que ele tenha um perfil fiel ao que se propõe a fazer. Aliada à dissertação, estilo mais comum nos concursos, ela constitui a base geral de uma comunicação clara e sem ruídos.

Questões

"O direito tributário brasileiro depara-se com grandes desafios, principalmente em tempos de globalização e interdependência dos sistemas econômicos. Entre esses pontos de atenção, destacam-se três. O primeiro é a guerra fiscal ocasionada pelo ICMS. O principal tributo em vigor, atualmente, é estadual, o que faz contribuintes e advogados se debruçarem sobre vinte e sete diferentes legislações no país para entendê-lo. Isso se tornou um atentado contra o princípio de simplificação, contribuindo para o incremento de uma guerra fiscal entre os estados, que buscam alterar regras para conceder benefícios e isenções, a fim de atrair e facilitar a instalação de novas empresas. É, portanto, um dos instrumentos mais utilizados na disputa por investimentos, gerando, com isso, consequências negativas do ponto de vista tanto econômico quanto fiscal.

A competitividade gerada pela interdependência estadual é outro ponto. Na década de 60, a adoção do imposto sobre valor agregado (IVA) trouxe um avanço importante para a tributação indireta, permitindo a internacionalização das trocas de mercadorias com a facilitação da equivalência dos impostos sobre consumo e tributação, e diminuindo as diferenças entre países. O ICMS, adotado no país, é o único caso no mundo de imposto que, embora se pareça com o IVA, não é administrado pelo governo federal — o que dá aos estados total autonomia para administrar, cobrar e gastar os recursos dele originados. A competência estadual do ICMS gera ainda dificuldades na relação entre as vinte e sete unidades da Federação, dada a coexistência dos princípios de origem e destino nas transações comerciais interestaduais, que gera a já comentada guerra fiscal.

A harmonização com os outros sistemas tributários é outro desafio que deve ser enfrentado. É preciso integrar-se aos países do MERCOSUL, além de promover a aproximação aos padrões tributários de um mundo globalizado e desenvolvido, principalmente quando se trata de Europa. Só assim o país recuperará o poder da economia e poderá utilizar essa recuperação como condição para intensificar a integração com outros países e para participar mais ativamente da globalização.

André Pereira. Os desafios do direito tributário brasileiro. In: DCI – Diário Comércio, Indústria e Serviços. 2/mar./2017. Internet: <www.dci.com.br> (com adaptações).

Os três aspectos que representam desafios para o direito tributário brasileiro, na ordem em que aparecem no texto IAI-I, são

01. (CESPE - 2019) A alteração de regras para benefícios e isenções, a competitividade propiciada pela interdependência dos estados e a recuperação do poder econômico do país.

Certo ( ) Errado ( )

02. (CESPE - 2019) O conflito fiscal proporcionado pelo ICMS, a competitividade produzida pela interdependência dos estados e a recuperação do poder econômico do país.

Certo ( ) Errado ( )

03. (CESPE - 2019) A alteração de regras para benefícios e isenções, a competitividade gerada pela interdependência dos estados e a recuperação do poder econômico do país.

Certo ( ) Errado ( )

04. (CESPE - 2019) O afinamento com outros sistemas tributários, a adoção do IVA e o conflito fiscal favorecido pelo ICMS.

Certo ( ) Errado ( )

05. (CESPE - 2019) O conflito fiscal propiciado pelo ICMS, a competitividade gerada pela interdependência dos estados e o afinamento com outros sistemas tributários.

Certo ( ) Errado ( )

Entre os maiores poderes concedidos pela sociedade ao Estado, está o poder de tributar. A tributação está inserida no núcleo do contrato social estabelecido pelos cidadãos entre si para que se alcance o bem comum. Desse modo, o poder de tributar está na origem do Estado ou do ente político, a partir da qual foi possível que as pessoas deixassem de viver no que Hobbes definiu como o estado natural (ou a vida pré-política da humanidade) e passassem a constituir uma sociedade de fato, a geri-la mediante um governo, e a financiá-la, estabelecendo, assim, uma relação clara entre governante e governados.

A tributação, portanto, somente pode ser compreendida a partir da necessidade dos indivíduos de estabelecer convívio social organizado e de gerir a coisa pública mediante a concessão de poder a um soberano. Em decorrência disso, a condição necessária (mas não suficiente) para que o poder de tributar seja legítimo é que ele emane do Estado, pois qualquer imposição tributária privada seria comparável a usurpação ou roubo.

Internet: <www.receita.fazenda.gov.br> (com adaptações).

06. (CESPE - 2019) O referente da forma verbal "passassem" é o termo "as pessoas".

Certo ( ) Errado ( )

07. (CESPE - 2019) As formas pronominais presentes em "geri-la" e "financiá-la" possuem referentes distintos no texto.

Certo ( ) Errado ( )

08. (CESPE - 2019) O referente da forma pronominal "ele"é a expressão "o poder de tributar".

Certo ( ) Errado ( )

09. (CESPE - 2019) A inserção do sinal indicativo de crase em "a usurpação" não prejudicaria a correção gramatical do texto.

Certo ( ) Errado ( )

10. (CESPE - 2019) "As atividades pertinentes ao trabalho relacionam-se intrinsecamente com a satisfação das necessidades dos seres humanos — alimentar-se, proteger-se do frio e do calor, ter o que calçar etc. Estas colocam os homens em uma relação de dependência com a natureza, pois no mundo natural estão os elementos que serão utilizados para atendê-las."

As formas pronominais "Estas" e "las" referem-se a "necessidades dos seres humanos".

Certo ( ) Errado ( )

Gabaritos

01	ERRADO	06	CERTO
02	ERRADO	07	ERRADO
03	ERRADO	08	CERTO
04	ERRADO	09	ERRADO
05	CERTO	10	CERTO

16. GÊNEROS TEXTUAIS

Neste capítulo, são apresentados alguns gêneros textuais que circulam na sociedade (artigo, ata, atestado, apostila, carta, charge, certidão, circular, declaração, editorial, entrevista, edital, gênero literário, história em quadrinhos, notícia, ofício, parecer, propaganda, poema, reportagem, requerimento, relatório, portaria). Sobre esse assunto, é importante saber que esses gêneros estão relacionados à tipologia textual. Portanto, vale a pena fazer uma síntese dessas tipologias antes de tratarmos diretamente dos gêneros.

16.1 Tipologia Textual

Um texto pode ter várias características. Entre elas, estão a tipologia e o gênero textual. A relação é a seguinte: cada tipologia textual possui diversos gêneros textuais. Além disso, geralmente um texto não é escrito com base em apenas uma tipologia, ou seja, podem ser encontradas várias tipologias num texto, mas sempre há alguma que se torna predominante.

As tipologias mais importantes que devemos estudar são: narração, descrição, dissertação, injunção, predição, dialogal.

Narração

Modalidade textual que tem o objetivo de contar um fato, fictício ou não, que aconteceu num determinado tempo e lugar, e que envolve personagens. Geralmente, segue uma cronologia em relação à passagem de tempo. Nesse tipo de texto, predomina o emprego do pretérito.

Os gêneros textuais mais comuns são: conto, fábula, crônica, romance, novela, depoimento, piada, relato, etc.

Descrição

A descrição consiste em fazer um detalhamento, como se fosse um retrato por escrito de um lugar, uma pessoa, um animal ou um objeto. O adjetivo é muito usado nesse tipo de produção textual. As abordagens podem ser tanto físicas quanto psicológicas (que envolvem sentimentos, emoções). Esse tipo de texto geralmente está contido em textos diversos.

Os gêneros textuais mais comuns são: cardápio, folheto turístico, anúncio classificado, etc.

Dissertação

Dissertar significa falar sobre algo, explicar um assunto, discorrer sobre um fato, um tema. Nesse sentido, a dissertação pode ter caráter expositivo ou argumentativo.

Dissertação-Expositiva

O texto expositivo apresenta ideias sobre um determinado assunto. Há informações sobre diferentes temas, em que o autor expõe dados, conceitos de modo objetivo. O objetivo principal é informar, esclarecer.

Os gêneros mais comuns em que se encontra esse tipo de texto são: aula, resumo, textos científicos, enciclopédia, textos expositivos de revistas e jornais, etc.

Dissertação-Argumentativa

Um texto argumentativo defende ideias ou um ponto de vista do autor. Além de trazer explicações, esse tipo de texto busca persuadir, convencer o leitor de algo. O texto, além de explicar, também persuade o interlocutor, objetivando convencê-lo de algo. O mais importante é haver uma progressão lógica e coerente das ideias, sem ficar no que é vago, impreciso.

É comum encontrar essa tipologia textual em: sermão, ensaio, monografia, dissertação, tese, ensaio, manifesto, crítica, editorial de jornais e revistas.

Injunção/Instrucional

Com uma linguagem objetiva e concisa, esse tipo de texto orienta como realizar uma ação. Predominantemente, os verbos são empregados no modo imperativo, todavia há também o uso do infinitivo e do futuro do presente do modo indicativo.

Temos como gêneros textuais mais comuns: ordens; pedidos; súplica; desejo; manuais e instruções para montagem ou uso de aparelhos e instrumentos; textos com regras de comportamento; textos de orientação (ex: recomendações de trânsito); receitas, cartões com votos e desejos (de natal, aniversário, etc.).

Predição

A predição tem por características a informação e a probabilidade. O intuito é predizer algo ou levar o interlocutor a crer em alguma coisa que ainda irá ocorrer.

Os gêneros em que mais são encontrados essa tipologia são: previsões astrológicas, previsões meteorológicas, previsões escatológicas/apocalípticas.

Dialogal/Conversacional

A base para esta tipologia textual é o diálogo entre os interlocutores. Nesse tipo de texto, temos um locutor (quem fala), um assunto, um receptor (quem recebe o texto). Ou seja, temos um diálogo entre os interlocutores (locutor e receptor).

Os gêneros em que essa tipologia ocorre são: entrevista, conversa telefônica, chat, etc.

16.2 Gêneros Textuais

Os gêneros textuais podem ser textos orais ou escritos, formais ou informais. Eles possuem características em comum, como a intenção comunicativa, mas há algumas características que os distinguem uns dos outros.

Gêneros Textuais e Esferas de Circulação

Cada gênero textual está vinculado a uma esfera de circulação, ou seja, um lugar comum em que ele pode ser encontrado.

Cotidiana

Exemplos: Adivinhas, Diário, Álbum de Família Exposição Oral, Anedotas, Fotos, Bilhetes, Músicas, Cantigas de Roda, Parlendas, Carta Pessoal, Piadas, Cartão, Provérbios, Cartão Postal, Quadrinhas, Causos, Receitas, Comunicado, Relatos de Experiências Vividas, Convites, Trava-Línguas, ***Curriculum Vitae.***

Literária/Artística

Autobiografia, Letras de Músicas, Biografias, Narrativas de Aventura, Contos, Narrativas de Enigma, Contos de Fadas, Narrativas de Ficção, Contos de Fadas Contemporâneos, Narrativas de Humor, Crônicas de Ficção, Narrativas de Terror, Escultura, Narrativas Fantásticas, Fábulas, Narrativas Míticas, Fábulas Contemporâneas, Paródias, Haicai, Pinturas, Histórias em Quadrinhos, Poemas, Lendas, Romances, Literatura de Cordel, Tankas, Memórias, Textos Dramáticos.

Científica

Artigos, Relato Histórico, Conferência, Relatório, Debate, Palestra, Verbetes, Pesquisas.

Escolar

Ata, Relato Histórico, Cartazes, Relatório, Debate, Regrado, Relatos de Experiências, Diálogo/Discussão Argumentativa Científicas, Exposição Oral, Resenha, Júri Simulado, Resumo, Mapas, Seminário, Palestra, Texto Argumentativo, Pesquisas, Texto de Opinião, Verbetes de Enciclopédias.

Jornalística

Imprensa: Agenda Cultural, Fotos, Anúncio de Emprego, Horóscopo, Artigo de Opinião, Infográfico, Caricatura, Manchete, Carta ao Leitor, Mapas, Mesa Redonda, Cartum, Notícia, Charge, Reportagens, Classificados, Resenha Crítica, Crônica Jornalística, Sinopses de Filmes, Editorial, Tiras, Entrevista (oral e escrita).

Publicidade: Anúncio, Músicas, Caricatura, Paródia, Cartazes, Placas, Comercial para TV, Publicidade Comercial, E-mail, Publicidade Institucional, Folder, Publicidade Oficial, Fotos, Texto Político, Slogan.

Política

Abaixo-Assinado, Debate Regrado, Assembleia, Discurso Político, Carta de Emprego, Fórum, Carta de Reclamação, Manifesto, Carta de Solicitação, Mesa Redonda, Debate, Panfleto.

Jurídica

Boletim de Ocorrência, Estatutos, Constituição Brasileira, Leis, Contrato, Ofício, Declaração de Direitos, Procuração, Depoimentos, Regimentos, Discurso de Acusação, Regulamentos, Discurso de Defesa, Requerimentos.

Social

Bulas, Relato Histórico, Manual Técnico, Relatório, Placas, Relatos de Experiências Científicas, Resenha, Resumo, Seminário, Texto Argumentativo, Texto de Opinião, Verbetes de Enciclopédias.

Midiática

Blog, Reality Show, Chat, Talk Show, Desenho Animado, Telejornal, E-mail, Telenovelas, Entrevista, Torpedos, Filmes, Vídeo Clip, Fotoblog, Videoconferência, Home Page.

Exemplos de Gêneros Textuais

Artigo

O artigo de opinião é um gênero textual que faz parte da esfera jornalística e tem por finalidade a exposição do ponto de vista sobre um determinado assunto. Assim como a dissertação, ele também se compõe de um título, uma introdução, um desenvolvimento e uma conclusão.

Ata

A ata tem como finalidade registrar ocorrências, resoluções e decisões de reuniões, sessões realizadas por algum órgão, setor, entidade, etc.

Estrutura da ata:

> dia, mês, ano e hora (por extenso)
> local da reunião
> pessoas presente, devidamente qualificadas
> ordem do dia (pauta)
> fecho

Observações:

> não há disposição quanto à quantidade de pessoas que deve assinar a ata; pode ser assinada apenas pelo presidente e secretário.
> a ata deve ser redigida de modo que não sejam possíveis alterações posteriores à assinatura (há o emprego de expressões "digo" e "em tempo").
> não há parágrafos ou alíneas.
> a ata é o registro fiel.

Atestado

Atestado é o documento mediante o qual a autoridade comprova um fato ou situação de que tenha conhecimento em razão do cargo que ocupa ou da função que exerce. Destina-se à comprovação de fatos ou situações passíveis de modificações frequentes. É uma mera declaração, ao passo que a certidão é uma transcrição. Ato administrativo enunciativo, o atestado é, em síntese, afirmação oficial de fatos.

Partes:

> título ou epígrafe: denominação do ato (atestado).
> texto: exposição do objeto da atestação. Pode-se declarar, embora não seja obrigatório, a pedido de quem e com que finalidade o documento é emitido.
> local e data: cidade, dia, mês e ano da emissão do ato, podendo-se também citar, preferentemente sob forma de sigla, o nome do órgão em que a autoridade signatária do atestado exerce suas funções.
> assinatura: nome e cargo ou função da autoridade que atesta.

Apostila

Apostila é a averbação, feita abaixo dos textos ou no verso de decretos e portarias pessoais (nomeação, promoção, ascensão, transferência, readaptação, reversão, aproveitamento, reintegração, recondução, remoção, exoneração, demissão, dispensa, disponibilidade e aposentadoria), para que seja corrigida flagrante inexatidão material do texto original (erro na grafia de nomes próprios, lapso na especificação de datas, etc.), desde que essa correção não venha a alterar a substância do ato já publicado.

Tratando-se de erro material em decreto pessoal, a apostila deve ser feita pelo Ministro de Estado que o propôs. Se o lapso houver ocorrido em portaria pessoal, a correção por apostilamento estará a cargo do Ministro ou Secretário signatário da portaria. Nos dois casos, a apostila deve sempre ser publicada no Boletim de Serviço ou Boletim Interno correspondente e, quando se tratar de ato referente a Ministro de Estado, também no Diário Oficial da União.

A finalidade da correção de inexatidões materiais por meio de apostila é evitar que se sobrecarregue o Presidente da República com a assinatura de atos repetidos, e que se onere a Imprensa Nacional com a republicação de atos.

→ **Forma e Estrutura**

> título, em maiúsculas e centralizado sobre o texto:

APOSTILA;

> texto, no qual deve constar a correção que está sendo feita, a ser iniciada com a remissão ao decreto que autoriza esse procedimento;

> data, por extenso:

Brasília, em 12 de novembro de 1990;

> identificação do signatário, abaixo da assinatura:

NOME (em maiúsculas)

Secretário da Administração Federal

No original do ato normativo, próximo à apostila, deverá ser mencionada a data de publicação da apostila no Boletim de Serviço ou no Boletim Interno.

Carta

Pode ter caráter argumentativo quando se trata de uma carta aberta ou carta do leitor. Quando se trata de carta pessoa, há a presença de aspectos narrativos ou descritivos.

Charge

É um gênero textual em que é feita uma ilustração cômica, irônica, por meio de caricaturas, com o objetivo de satirizar, criticar ou fazer um comentário sobre algum acontecimento, que é atual, em sua grande maioria.

A charge é um dos generos textuais mais cobrados em questões de concurso. Deve dar atenção à crítica feita pelo autor, a qual pode ser percebida pela relação texto verbal e não verbal (palavras e imagens).

Certidão

Certidão é o ato pelo qual se procede à publicidade de algo relativo à atividade Cartorária, a fim de que, sobre isso, não haja dúvidas. Possui formato padrão próprio, termos essenciais que lhe dão suas características. Exige linguagem formal, objetiva e concisão.

Termos essenciais da certidão:

> afirmação: certidão e dou fé que.

> identificação do motivo de sua expedição: a pedido da parte interessada.

> ato a que se refere: revendo os assentamentos constantes deste cartório, não logrei encontrar ação movida contra (nome).

> data de sua expedição:

> assinatura: O Escrivão.

Circular

É utilizada para transmitir avisos, ordens, pedidos ou instruções, dar ciência de leis, decretos, portarias, etc.

> destina-se a uma ou mais de uma pessoa/órgão/empresa. No caso de mais de um destinatário, todas as vias distribuídas devem ser iguais.

> a paragrafação pode seguir o estilo americano (sem entradas de parágrafo), ou estilo tradicional. No caso de estilo americano, todo o texto, a data e a assinatura devem ser alinhados à margem esquerda. No estilo tradicional, devem ser centralizados.

Partes:

> TIMBRE: impresso no alto do papel.

> TÍTULO E NÚMERO: cerca de **três** linhas do timbre e no centro da folha. O número pode vir seguido do ano.

> DATA: a data deve estar próxima do título e número, ao lado ou abaixo, podendo se apresentar de várias formas:

CIRCULAR Nº 01, DE 2 MARÇO DE 2002

CIRCULAR Nº 01

De 2 de março de 2002

CIRCULAR Nº 01/02 Rio de Janeiro, 2 de março de 2002

> EMENTA (opcional): deve vir abaixo do título e data, cerca de três linhas.

Ementa: Material de consumo.

Ref.: Material de consumo

> INVOCAÇÃO: cerca de quatro linhas do título. Dependendo do assunto e destinatários, a invocação é dispensável.

Excelentíssimo Senhor:

Senhor Prefeito:

Senhores Pais:

→ **TEXTO: cerca de três linhas do título. Deve conter:**

> exposição do assunto, desenvolvida a partir dos objetivos;

> a sensibilização do receptor/destinatário;

> convite a agir;

> CUMPRIMENTO FINAL:

Respeitosamente,

Atenciosamente,

> ASSINATURA: cerca de quatro linhas do cumprimento final. É composta do nome do emissor (só as iniciais maiúsculas) e cargo ou função (todo em maiúscula):

Herivelto Nascimento

DIRETOR

> ANEXOS: quando houver documentos a anexar, escreve-se a palavra anexo à margem esquerda, seguida da relação do que está anexado:

Anexo: quadro de horários.

Anexa: cópia do documento.

Anexas: tabela de horários e cópia dos documentos.

> INICIAIS: na última linha útil do papel, à esquerda, devemos escrever as iniciais de quem elaborou o texto (redator), seguido das iniciais de quem a datilografou/digitou (em maiúscula ou minúscula, tanto faz). Quando o redator e o datilógrafo forem a mesma pessoa, basta colocar a barra seguida das iniciais:

PPS/AZ

Pps/az

/pps

/PPS

Declaração

A declaração deve ser fornecida por pessoa credenciada ou idônea que nele assume a responsabilidade sobre uma situação ou a concorrência de um fato. Portanto, é uma comprovação escrita com caráter de documento.

A declaração pode ser manuscrita em papel almaço simples ou digitada. Quanto ao aspecto formal, divide-se nas seguintes etapas:

- timbre: impresso com cabeçalho, contendo o nome do órgão ou empresa. Nas declarações particulares, usa-se papel sem timbre.
- título: no centro da folha, em caixa alta.
- texto:
    - identificação do emissor.
    - o verbo atestar ou declarar deve aparecer no presente do indicativo, terceira pessoal do singular ou do plural.
    - finalidade do documento: em geral, costuma-se usar o termo "para os devidos fins". Também se pode especificar: "para fins de trabalho", "para fins escolares", etc.
    - nome e dados de identificação do interessado.
    - citação do fato a ser atestado.
- local e data: deve-se escrevê-lo a cerca de três linhas do texto.

Editorial

É um gênero textual dissertativo-argumentativo que apresenta o posicionamento de uma empresa, revista, jornal sobre determinado assunto.

Entrevista

É um gênero textual em que aparece o diálogo entre o entrevistador e o(s) entrevistado(s), para obter informações sobre o entrevistado ou algum assunto. Podem aparecer elementos expositivos, argumentativos e narrativos.

Edital

É um documento em que são apresentados avisos, citações, determinações.

São diversos os tipos de editais, de acordo com o objetivo: pode comunicar uma citação, um proclame, um contrato, uma exoneração, uma licitação de obras, serviços, tomada de preço, etc.

Entre eles, os editais mais comuns são os de concursos públicos, que determinam as etapas dos processos seletivos e as competências necessárias para a sua execução.

Gêneros literários

Os gêneros literários costumam ser cobrados em algumas provas. É importante saber que há a presença tanto da linguagem denotativa quanto da conotativa. Geralmente, as provas trazem fragmentos de textos. Alguns gêneros mais cobrados são: novela, conto, fábula, crônica, ensaio.

Novela

É um texto narrativo longo, em que são narradas várias histórias. Sempre há uma história principal que caracteriza esse gênero. Exemplos: O Alienista, de Machado de Assis, e A Metamorfose, de Kafka.

Conto

É um texto narrativo curto, em que há, geralmente, um enredo (uma história) e poucos personagens.

Fábula

É um texto narrativo em que há uma história curta que termina com uma lição de moral. Geralmente, há a personificação, pois há personagens que não são humanos (animais, objetos) que adquirem características humanas.

Crônica

É uma narrativa breve, relacionada ao cotidiano. Pode ter um tom humorístico ou reflexivo (presença de críticas).

Ensaio

É um texto com caráter também didático, em que são expostas ideias, críticas e reflexões morais e filosóficas a respeito de certo tema. É caracterizado pela defesa de um ponto de vista pessoal e subjetivo sobre um tema (humanístico, filosófico, político, social, cultural, moral, comportamental, etc.), sem a necessidade de comprovação científica.

História em quadrinhos

É um gênero narrativo que consiste em contar algo por meio de pequenos quadros. Pode haver diálogos diretos entre personagens. É caracterizado pela linguagem verbal e não verbal.

Notícia

É um texto em que podem aparecer características narrativas e descritivas. Conta-se como ocorreu um determinado fato. Aparecem as seguintes informações: o que ocorreu, como, quando, onde e quem estava envolvido.

Ofício

O ofício tem o objetivo de informar, propor convênios, ajustes, acordos, encaminhar documentos, solicitar providências e/ou informações.

É uma correspondência que pode ser dirigida tanto ao Poder Público quanto a particulares.

Formatação:

- Papel timbrado;
- Número de ordem na margem superior esquerda;

> Local e data na mesma linha do número de ordem, ao lado direito;
> Vocativo (a forma de se dirigir à pessoa a que se destina a correspondência);
> O texto pode ser dividido em parágrafos;
> Fecho;
> Assinatura e cargo do remetente;
> Endereçamento.

Parecer

O parecer é o pronunciamento fundamentado, com caráter opinativo, de autoria de comissão ou de relator, snobre matéria sujeita a seu exame.

Partes de um parecer:

> designação: número do processo, no centro superior do papel. Não é um item obrigatório.
> título: denominação do ato, seguido de numeração (Parecer nº).
> ementa: resumo do assunto do parecer, de maneira concisa, a dois espaços do título.
> texto: introdução (histórico); esclarecimentos (análise do fato); conclusão do assunto.
> fecho: compreende: local e/ou denominação do órgão (sigla);
» data;
» assinatura (nome e cargo de quem emite o parecer).

Propaganda

Caracterizado como um texto expositivo, o objetivo é propagar informações sobre algo, para influenciar o leitor com mensagens que despertam as emoções e a sensibilidade.

Poema

É um texto estruturado em versos (linhas) e pode também ter estrofes (conjunto de linhas). É muito comum haver a descrição e a narração.

Reportagem

É um gênero textual que pertence à esfera jornalística e tem um caráter dissertativo-expositivo. A reportagem tem, por objetivo, informar e levar os fatos ao leitor de uma maneira concisa, clara, e direta.

Requerimento

O requerimento é o instrumento por meio do qual o signatário pede, a uma autoridade, algo que lhe pareça justo ou legal. Qualquer pessoa que tenha interesse no serviço público pode valer-se de um requerimento, que será dirigido a uma autoridade competente para conhecer, analisar e solucionar o caso, podendo ser escrito ou datilografado (digitado).

Os elementos constitutivos do requerimento são:

> vocativo: indica a autoridade a quem se dirige a comunicação (alinhado à esquerda, sem parágrafo, identificando a autoridade e não a pessoa em si;
> texto: nome do requerente (letras maiúsculas), qualificação, objeto do requerimento;
> fecho: pede deferimento, espera deferimento, aguarda deferimento;
> local e data;
> assinatura.

Relatório

Relatório é um documento em que se faz uma descrição de fatos, analisados com o objetivo de orientar o serviço interessado ou o superior imediato para possíveis ações a serem tomadas.

É, em última análise, a exposição circunstanciada de atividades levadas a termo por funcionário, no desempenho das funções do cargo que exerce, ou por ordem de autoridade superior.

É geralmente feito para expor:

> situações de serviço;
> resultados de exames;
> eventos ocorridos em relação a planejamento;
> prestação de contas ao término de um exercício etc.

Suas partes componentes são:

1) Título (a palavra RELATÓRIO), em letras maiúsculas.
2) Vocativo: a palavra Senhor(a), seguida do cargo do destinatário, e de vírgula.
3) Texto paragrafado, composto de introdução, desenvolvimento e conclusão.

Introdução: enuncia-se o propósito do relatório;

Desenvolvimento: corpo do relatório - a exposição dos fatos;

Conclusão: o resultado ou síntese do trabalho, bem como a recomendação de providências cabíveis.

4) Fecho, utilizando as fórmulas usuais de cortesia, como as do ofício.
5) Local e data, por extenso.
6) Assinatura, nome e cargo ou função do signatário.
7) Anexos, complementando o Relatório, com material ilustrativo e/ou ocumental.

Classificação de Relatórios

> Informativo: aborda um problema ou situação e oferece informações.
> Reativo: aborda um problema, examina as causas e as consequências e oferece sugestões.
> Conclusivo: aborda um problema ou situação e oferece conclusões.

Portaria

É um ato pelo qual as autoridades competentes determinam providências de caráter administrativo, dão instruções sobre a execução de leis e de serviços, definem situações funcionais e aplicam medidas de ordem disciplinar.

Partes:

> numeração (classificação): número do ato e data de expedição.
> título: denominação completa de autoridade que expede o ato.
> fundamentação: citação da legislação básica em que a autoridade apoia sua decisão, seguida do termo resolve.
> texto: desenvolvimento do assunto.
> assinatura: nome da autoridade que expede o ato.

Questões

É curioso notar que a ideia de porto está presente nas sociedades humanas desde o aparecimento das cidades. Isso porque uma das características das primeiras estruturas urbanas existentes na região do Oriente Próximo foi a presença do porto.

As primeiras cidades, no sentido moderno, surgiram no período compreendido entre 3.100 e 2.900 a.C., na Mesopotâmia, civilização situada às margens dos rios Tigre e Eufrates. A estrutura desses primeiros agrupamentos urbanos era tripartite: a cidade propriamente dita, cercada por muralhas, onde ficavam os principais locais de culto e as células dos futuros palácios reais; uma espécie de subúrbio, extramuros, local que agrupava residências e instalações para criação de animais e plantio; e o porto fluvial, espaço destinado à prática do comércio e que era utilizado como local de instalação dos estrangeiros, cuja admissão, em regra, era vedada nos muros da cidade.

Não se trata, portanto, de uma criação aleatória apenas vinculada à atividade comercial. O porto aparece como mais um elemento de uma forte mudança civilizacional que marcou o contexto do surgimento das cidades e da escrita. O comportamento fundamental dessa mudança localiza-se no aumento das possibilidades do agir humano, na diversificação dos papéis sociais e na abertura para o futuro. Houve, em resumo, uma ampliação no grau de complexidade da sociedade.

Cristiano Paixão e Ronaldo C Fleury Trabalho portuário — a modernização dos portos e as relações de trabalho no Brasil São Paulo: Método, 2008, p 17-8 (com adaptações)

01. (CESPE - 2018) O texto é predominantemente descritivo, na medida em que apresenta detalhadamente as características dos portos na Antiguidade.

Saiu a mais nova lista de coisas que devem ou não ser feitas, moda que parece ter contagiado o planeta. Desta vez, Arthur Frommer e Holly Hugues elencam os 500 locais que precisamos visitar antes que desapareçam (500 places to see before they disappear). O livro traz lugares naturais e históricos, de antigos centros de culto a paisagens em vias de extinção, assim como tesouros culturais únicos, como o Fenway Park, de Boston, inaugurado em 1912: um dos últimos estádios norte-americanos que mantêm sua construção original, diz o Atlanta Journal Constitution.

Revista da Semana, dez./2008 (com adaptações).

Certo ( ) Errado ( )

02. (CESPE - 2018) O texto é essencialmente informativo.

O Departamento de Atendimento a Grupos Vulneráveis (DAGV) da Polícia Civil de Sergipe atende a um público específico, que frequentemente se torna vítima de diversos tipos de violência. Idosos, homossexuais, mulheres, crianças e adolescentes têm recebido atenção constante no DAGV, onde o atendimento ganha força e se especializa diariamente.

A unidade surgiu como delegacia especializada em setembro de 2004. Agentes e delegados de atendimento a grupos vulneráveis realizam atendimento às vítimas, centralizam procedimentos relativos a crimes contra o público vulnerável registrados em outras delegacias, abrem inquéritos e termos circunstanciados e fazem investigações de queixas.

Internet: <www.ssp.se.gov.br> (com adaptações).

Certo ( ) Errado ( )

03. (CESPE - 2018) Predomina no texto a tipologia narrativa, a qual é adequada ao propósito comunicativo de apresentar ao leitor um relato linear e objetivo da história do DAGV desde o seu surgimento até os dias atuais.

Certo ( ) Errado ( )

As consequências da extinção de línguas são diversas e irreparáveis. O desaparecimento de línguas tem impacto imediato na perda de diversidade cultural.

O desconhecimento da diversidade linguística por grande parte da população brasileira é sustentado pela representação de uma suposta unidade da língua portuguesa, ou seja, pela ideia de que a língua portuguesa é a única língua falada no país. Essa falta de conhecimento e de valorização leva, por conseguinte, à marginalização e à discriminação de grupos falantes de outras línguas.

A construção de uma política específica para a diversidade linguística constitui uma iniciativa que busca a valorização da diversidade linguística do país. Atuar para a sustentabilidade da diversidade linguística, entretanto, exige a articulação de produção de conhecimento sobre as línguas existentes no território nacional e de valorização e promoção dessas línguas.

As línguas faladas por grupos sociais minoritários requerem atenção especial de uma política de salvaguarda da diversidade linguística, pois elas se encontram em posição de maior vulnerabilidade linguística. Tal situação decorre não só do fato de essas línguas serem faladas por grupos sociais pouco numerosos, mas também da falta de conhecimento sobre elas. Colocar no mapa as centenas de línguas ainda ocultadas pela representação majoritária de um país com uma única língua talvez seja o caminho mais significativo para o reconhecimento das línguas como patrimônio cultural.

Instituto do Patrimônio Histórico e Artístico Nacional. Guia de pesquisa e documentação para o INDL: patrimônio cultural e diversidade linguística. Brasília: IPHAN, 2016, p. 23-4 (com adaptações).

Com relação às ideias e à tipologia do texto CB3A1-I, julgue o item que segue.

04. (CESPE - 2018) O texto foi construído com o uso de elementos que caracterizam a tipologia argumentativa

Certo ( ) Errado ( )

O avião demorou a decolar, havia nevascas pela Europa, fui parar em Copenhague, perdi a conexão em Paris, me mandaram para Buenos Aires, mas gostei de chegar em casa quase à meia-noite. O menino já estaria dormindo, e mesmo a Vanda logo iria para a cama. Estaria bicando um vinho, ou fechando as cortinas, ou tomando um banho, ou em frente ao espelho, catando fios de cabelo branco, para mim era importante pegá-la desprevenida, queria ver com que gênero de surpresa me receberia. Girei a chave, na sala havia uma árvore de Natal, a Vanda estava no quarto, do corredor ouvi sua voz. Devo ter aberto a porta com muito ímpeto, pois a babá, que estava sentada na ponta da cama, se levantou num pulo. Mas o menino não se mexeu, continuou recostado na cabeceira com os olhos fitos na televisão.

Chico Buarque. Budapeste. São Paulo: Companhia das Letras, 2003 (com adaptações).

Julgue o item seguinte, relativo aos sentidos e a aspectos linguísticos do texto precedente.

05. (CESPE - 2018) O texto é predominantemente narrativo, haja vista, entre outras características, o emprego de verbos no passado.

Certo ( ) Errado ( )

Gabaritos

01	ERRADO
02	CERTO
03	ERRADO
04	CERTO
05	CERTO

17. ORTOGRAFIA

A ortografia em provas de concurso costuma ser cobrada com palavras homógrafas, homófonas e parônimas. Aborda-se também o uso de grafias similares em determinados níveis de comunicação. Nesse sentido, o hábito da leitura e o uso de dicionários ajudam muito na assimilação gradativa da grafia das palavras, bem como no processo de compreensão e de interpretação de uma mensagem.

Ortho= correto, *graphos* = escrita

A ortografia das palavras pode ser assimilada de várias formas. As mais eficazes, conforme acabamos de afirmar, consistem na leitura e na consulta ao dicionário. Todas as grafias têm sua lógica proveniente da etimologia (origem das palavras). Algumas, porém, possuem também regras que as determinam.

17.1 Regras Para o Emprego de Letras

Letras E e I

Emprega-se E

> Em sílabas finais dos verbos terminados em -oar, -uar

Exs.: magoar - magoe, magoes; continuar- continue, continues

> Em palavras formadas com o prefixo ante- (antes, anterior)

Exs.: antebraço, antecipar

> Em vocábulos como:

Exs.: cadeado, confete, disenteria, empecilho, irrequieto, mexerico, orquídea, etc.

Emprega-se I

> Em sílabas finais dos verbos terminados em -air, -oer, -uir

Exs.: cair- cai / doer- dói / influir- influi

> Em palavras formadas com o prefixo anti- (contra)

Exs.: Anticristo, antitetânico

> Nos seguintes vocábulos:

Exs.: aborígine, artimanha, chefiar, digladiar, penicilina, privilégio, etc.

Letras O e U

O emprego de o/u determina a diferença de significado de algumas palavras.

Exs.: comprimento (extensão) e cumprimento (saudação, realização) / soar (emitir som) e suar (transpirar).

Grafam-se com a letra O: bolacha, bússola, costume, moleque.

Grafam-se com a letra U: camundongo, jabuti, Manuel, tábua

Letra X e dígrafo Ch

Emprega-se X

> -Após um ditongo.

Exs.: caixa, frouxo, peixe

Exceção: recauchutar e seus derivados

> Após a sílaba inicial "en".

Exs.: enxame, enxada, enxaqueca

Exceção: palavras iniciadas por "ch" que recebem o prefixo "en-": encharcar (de charco), enchiqueirar (de chiqueiro), encher e seus derivados (enchente, enchimento, preencher...)

> Após a sílaba inicial "me-".

Exs.: mexer, mexerica, mexicano, mexilhão

Exceção: mecha

> Em vocábulos de origem indígena ou africana e nas palavras inglesas aportuguesadas.

Exs.: abacaxi, xavante, orixá, xará, xerife, xampu

> Outros casos.

Exs.: bexiga, bruxa, coaxar, faxina, graxa, lagartixa, lixa, lixo, puxar, rixa, oxalá, praxe, roxo, vexame, xadrez, xarope, xaxim, xícara, xale, xingar, etc.

Emprega-se Ch

> Em vocábulos como:

Exs.: bochecha, bucha, cachimbo, chalé, charque, chimarrão, chuchu, chute, cochilo, debochar, fachada, fantoche, ficha, flecha, mochila, pechincha, salsicha, tchau, etc.

Letra G

> Nos substantivos terminados em -agem, -igem, -ugem

Exs.: barragem, miragem, viagem, origem, ferrugem

Exceção: pajem

> Nas palavras terminadas em -ágio, -égio, -ígio, -ógio, -úgio

Exs.: estágio, privilégio, prestígio, relógio, refúgio

> Nas palavras derivadas de outras que se grafam com g

Exs.: engessar (de gesso), massagista (de massagem), vertiginoso (de vertigem)

> Outros casos.

Exs.: algema, auge, bege, estrangeiro, geada, gengiva, gibi, gilete, hegemonia, herege, megera, monge, rabugento, vagem.

Letra J

> Nas formas dos verbos terminados em -jar ou -jear

Exs.: arranjar: arranjo, arranje, arranjem / espejar:despejo, despeje, despejem / gorjear: gorjeie, gorjeiam, gorjeando / enferrujar: enferruje, enferrujem / viajar: viajo, viaje, viajem.

> Nas palavras de origem tupi, africana, árabe ou exótica

Exs.: biju, jiboia, canjica, pajé, jerico, manjericão, Moji.

> Nas palavras derivadas de outras que já apresentam j

Exs.: laranja - laranjeira / loja - lojista / cereja: cerejeira.

> Outros casos.

Exs.: berinjela, cafajeste, jeca, jegue, majestade, jeito, jejum, laje, traje, pegajento.

Letras S e Z

Emprega-se S

> - Nas palavras derivadas de outras que já apresentam s no radical

Exs.: análise – analisar / casa – casinha / catálise – catalisador.

> Nos sufixos -ês e -esa, ao indicarem nacionalidade, título ou origem

Exs.: burguês – burguesa / inglês – inglesa.

> Nos sufixos formadores de adjetivos -ense, -oso e -osa

Exs.: catarinense, gostoso, teimosa.

> Nos sufixos gregos -ese, -isa, -osa

Exs.: catequese, diocese, poetisa, profetisa, sacerdotisa, glicose, metamorfose, virose.

> Após ditongos

Exs.: coisa, pouso, lousa, náusea.

> Nas formas dos verbos pôr e querer, bem como em seus derivados

Exs.: pus, pôs, pusemos, puseram, pusera, pusesse, puséssemos / quis, quisemos, quiseram, quiser, quisera, quiséssemos / repus, repusera, repusesse, repuséssemos.

> Outros casos.

Exs.: abuso, asilo, através, aviso, besouro, brasa, cortesia, decisão, despesa, empresa, /freguesia, fusível, maisena, mesada, paisagem, paraíso, pêsames, presépio, presídio, querosene, raposa, surpresa, tesoura, usura, vaso, vigésimo, visita, etc.

Emprega-se Z

> Nas palavras derivadas de outras que já apresentam z no radical

Exs.: deslize – deslizar / razão – razoável.

> Nos sufixos -ez, -eza, ao formarem substantivos abstratos a partir de adjetivos

Exs.: inválido – invalidez / limpo – limpeza.

> Nos sufixos -izar, ao formar verbos e -ização, ao formar substantivos

Exs.: civilizar – civilizaçã

17.2 Homônimos

Os homônimos se diferenciam entre palavras **homógrafas** e as **homófonas**. São vocábulos que se pronunciam ou se escrevem da mesma forma e que diferem no sentido.

Homônimos Perfeitos

Possuem som e grafia idênticos, mas significado diferente.

Vela: substantivo e verbo (velar).

Saia: substantivo e verbo (sair).

Homógrafas

Mesma grafia; som, classe gramatical e significado diferentes.

Ex.: ***Almoço***: substantivo.

Almoço: verbo almoçar, 1ª pessoa do presente.

Colher: verbo.

Colher: substantivo, talher.

Conserto: substantivo.

Conserto: verbo consertar, 1º pessoa do presente.

Polissemia

Mesmo som e grafia, mesma classe gramatical, mas significado diferente.

Cabo: patente militar, acidente geográfico, fio, haste da panela (substantivos).

Palavras homônimas são aquelas que possuem som e grafia iguais, mas classes gramaticais diferentes. Palavras polissêmicas possuem som e grafia iguais; além disso, pertencem às mesmas classes gramaticais.

Homófonas

Mesmo som; grafia e significado diferentes.

Xá: título Persa.

Chá: bebida.

Xeque: título honorífico, posto em prova.

Cheque: ordem de pagamento, talonário.

Caçar: matar.

Cassar: tirar os direitos políticos de alguém.

Intenção: desejo.

Intensão: intensidade.

Cozer: cozinhar.

Coser: costurar.

Incerto: não certo.

Inserto: inserido.

Descente: que desce.

Decente: honesto.

Passo: verbo passar.

Paço: palácio.

Expectador: que tem expectativa.

Espectador: que assiste a algo, que vê.

Experto: perito.

Esperto: inteligente.

Incipiente: iniciante.

Insipiente: ignorante.

Seção ou **secção:** divisão, departamento.

Sessão: divisão de horário, reunião.

Cessão: ato de ceder.

Mau: adjetivo, contrário de bom.

Mal: advérbio, contrário de bem.

Extrato: aquilo que foi extraído.

Estrato: faixa, camada.

Taxar: determinar taxa.

Tachar: censurar, pôr defeito.

Com quanto: quantidade.

Conquanto: conjunção concessiva (embora).

Censo: recenseamento.

Senso: juízo, entendimento.

Calda: creme.

Cauda: rabo.

Porquanto: porque (justificativa).

Por quanto: quantidade.

Ainda com relação às palavras **homófonas**, temos particularidades que são bastante recorrentes em provas.

Senão / Se Não

Se não: caso (conjunção condicional) não (advérbio). Geralmente, essa expressão traz um verbo explícito ligado a ela.

Se não chover, haverá festa.

Nem sempre o verbo ligado a este termo aparecerá explícito.

Ex.: Ele fará da mesma forma, SE NÃO (fizer) melhor.

Respondam SE SIM ou SE NÃO.

Senão: caso contrário. Semanticamente, é igual ao SE NÃO, mas o verbo estará implícito.

Faça o certo, ***senão*** seus erros dormirão ao seu lado.

O verbo FIZER está implícito, logo depois do termo. Porém, se tornarmos o verbo explícito, o SE NÃO será escrito separado.

Ex.: FAÇA o certo, SE NÃO fizer, seus erros dormirão ao seu lado.

Senão: a não ser.

Ex.: Ele nada fez, ***senão*** (a não ser) dormir o dia todo.

Senão: mas sim. MAS é uma conjunção com valor de adversidade; o oposto de SIM é Não. Logo, esse termo, sempre que aparecer com essa intenção, implicará um NÃO, na oração.

Ex.: NÃO quis fugir, ***SENÃO*** (mas sim) buscar ajuda.

17.3 Uso dos Porquês

Por que: Como pronome interrogativo. (Nem sempre quando aparecer em frases interrogativas, o termo virá assim.)

Ex.: ***Por que*** eles odeiam gramática?

Por que: No meio da oração, pode ser substituído por O MOTIVO PELO QUAL, ou A RAZÃO PELA QUAL, ou somente por PELO(A) QUAL.

Exs.: Não sei ***por que*** ela se foi. (o motivo pelo qual)

Perguntamos ***por que*** a vida é injusta.(o motivo pelo qual)

A causa ***por que*** lutamos é digna. (pela qual)

Por quê:

Perto de pontuação. A pontuação deve vir logo após o termo.

Por quê?

Não responderam como nem ***POR QUÊ***.

Não se sabe ***POR QUÊ,*** mas a aula atrasou.

Porque: Justificativa. (Mas pode aparecer em frases interrogativas, conforme veremos adiante.)

Exs.: Eles odeiam gramática, ***porque*** preferem números.

Porque a mãe dele quis, ele se formou médico?

Obs.: pode-se perceber que a resposta será "sim", "não" ou "talvez". Esse termo virá escrito assim (PORQUE), mesmo que a frase seja interrogativa.

Porquê: *Substantivado, precedido por termos determinantes (adjetivos, artigos, pronomes, numerais).*

Exs.: O ***porquê*** não apareceu.

Dois ***porquês*** não apareceram na pauta.

17.4 Parônimos

A seguir, veremos alguns parônimos que são recorrentes em provas. Parônimos apresentam som e grafia parecidos.

Descriminar: *relatar, livrar do crime.*

Discriminar: *isolar, separar.*

Mandato: *período de cumprimento de um cargo, procuração.*

Mandado: *ordem judicial.*

Eminente: *sublime, elevado.*

Iminente: *inevitável.*

Deferimento: *aprovação.*

Diferimento: *adiamento.*

Flagrante: *pego no ato.*

Fragrante: *aroma.*

Inflação: *alta de valores, alta de preços.*

Infração: *ato proibido.*

Descrição: *ato de descrever.*

Discrição: *ato de ser discreto.*

Vultoso: volumoso, pomposo.

Vultuoso: *congestão facial.*

Delatar: *revelar.*

Dilatar: *aumentar.*

Em princípio: *em tese.*

A princípio: *no início.*

Retificar: *consertar.*

Ratificar: *confirmar.*

Tráfego: *andar, trafegar, movimento.*

Tráfico: *comércio ilegal.*

De encontro: *discordar.*

Ao encontro: *concordar.*

Ao invés de: *inverso.*

Em vez de: *no lugar de.*

Evasão: *sair.*

Invasão: *entrar.*

Vimos, neste capítulo, algumas observações de como a ortografia pode se apresentar em provas de concurso. É bastante importante atentar para os termos homônimos, envolvendo palavras homófonas e homógrafas. Tais conteúdos são determinantes para solucionar questões que podem induzir o candidato a erro. Vale lembrar que, nesse sentido, os parônimos também são recorrentes em concursos. Mais uma vez, ressalta-se a importância da leitura e do uso do dicionário para a assimilação desse conteúdo.

Questões

01. (CESPE - 2013) Julgue os fragmentos de texto apresentados no seguinte item com relação à grafia das palavras.

A excelência — definida como a qualidade do que é excelente, melhor — só pode ser alcançada por meio do aprimoramento contínuo.

Certo ( ) Errado ( )

02. (CESPE - 2013) Julgue os fragmentos de texto apresentados no seguinte item com relação à grafia das palavras.

Investir na formação dos educadores de forma contínua e permanente é uma premiça básica para melhorar a educação. Entretanto, há outros fatores envolvidos.

Certo ( ) Errado ( )

03. (CESPE - 2013) Julgue os fragmentos de texto apresentado no item com relação à grafia das palavras.

Uma pesquiza mostrou que a maioria dos educadores não relaciona o déficit de aprendizagem ao própio trabalho ou às condições da escola.

Certo ( ) Errado ( )

04. (CESPE - 2019) "A sociedade requer das organizações uma nova configuração da atividade econômica, pautada na ética e na responsabilidade para com a sociedade e o meio ambiente, a fim de minimizar problemas sociais como concentração de renda, precarização das relações de trabalho e falta de direitos básicos como educação, saúde e moradia, agravados, entre outros motivos, por propostas que concebem um Estado que seja parco em prestações sociais e no qual a própria sociedade se responsabilize pelos riscos de sua existência, só recorrendo ao Poder Público subsidiariamente, na impossibilidade de autossatisfação de suas necessidades."

A substituição de "no qual" por aonde prejudicaria a correção gramatical do texto.

Certo ( ) Errado ( )

05. (CESPE - 2016) "Muita gente se espanta com o procedimento desse amigo. Não sei por quê."

Sem prejuízo para a correção gramatical do período, a expressão "por quê" poderia ser substituída por o porquê.

Certo ( ) Errado ( )

Gabaritos

01	CERTO
02	ERRADO
03	ERRADO
04	CERTO
05	CERTO

18. ACORDO ORTOGRÁFICO DA LÍNGUA PORTUGUESA

O Novo Acordo Ortográfico busca simplificar as regras ortográficas da Língua Portuguesa e unificar a nossa escrita e a das demais nações de língua portuguesa: Portugal, Angola, Moçambique, Cabo Verde, Guiné-Bissau, São Tomé e Príncipe e Timor-Leste.

Sua implementação no Brasil passou por algumas etapas:

> 2009 – vigência ainda não obrigatória

> 2010 a 2015: adaptação completa às novas regras

> A partir de 1º de janeiro de 2016: emprego obrigatório, o novo acordo ortográfico passa a ser o único formato da língua reconhecido no Brasil.

Entre as mudanças na língua portuguesa decorrentes da reforma ortográfica, podemos citar o fim do trema, alterações da forma de acentuar palavras com ditongos abertos e que sejam hiatos, supressão dos acentos diferencias e dos acentos tônicos, novas regras para o emprego do hífen e inclusão das letras w, k e y ao idioma.

Entre a proposta (em 1990) e a entrada em vigor (2016) são 16 anos. Esse processo foi longo porque era necessário que fossem alcançadas as três decisões para que o acordo fosse cumprido. Em 2006, São Tomé e Príncipe e Cabo Verde se uniram ao Brasil e ratificaram o novo acordo. Em maio de 2008, Portugal também ratificou o acordo para unificar a ortografia em todas as nações de língua portuguesa.

18.1 Trema

Não se usa mais o trema (¨), sinal colocado sobre a letra u para indicar que ela deve ser pronunciada nos grupos gue, gui, que, qui.

Exs.: aguentar, bilíngue, cinquenta, delinquente, eloquente, ensanguentado, frequente, linguiça, quinquênio, sequência, sequestro, tranquilo.

Obs.: o trema permanece apenas nas palavras estrangeiras e em suas derivadas. Exemplos: Müller, mülleriano.

18.2 Regras de Acentuação

Ditongos abertos em paroxítonas

Não se usa mais o acento dos ditongos abertos éi e ói das palavras paroxítonas (palavras que têm acento tônico na penúltima sílaba).

Exs.: alcateia, androide, apoia, apoio (verbo), asteroide, boia, celuloide, claraboia, colmeia, Coreia, debiloide, epopeia, estoico, estreia, geleia, heroico, ideia, jiboia, joia, odisseia, paranoia, paranoico, plateia, tramoia.

Obs.: a regra é somente para palavras paroxítonas. Assim, continuam a ser acentuadas as palavras oxítonas e os monossílabos tônicos terminados em éi(s), ói(s). Exemplos: papéis, herói, heróis, dói (verbo doer), sóis etc.

A palavra ideia não leva mais acento, assim como heroico. Mas o termo herói é acentuado.

I e U tônicos depois de um ditongo

Nas palavras paroxítonas, não se usa mais o acento no i e no u tônicos quando vierem depois de um ditongo.

baiuca, bocaiuva (tipo de palmeira), cauila (avarento)

Obs.:

> *se a palavra for oxítona e o i ou o u estiverem em posição final (ou seguidos de s), o acento permanece. Exemplos: tuiuiú, tuiuiús, Piauí;*

> *se o i ou o u forem precedidos de ditongo crescente, o acento permanece. Exemplos: guaíba, Guaíra.*

Hiatos EE e OO

Não se usa mais acento em palavras terminadas em eem e oo(s).

Exs.: abençoo, creem, deem, doo, enjoo, leem, magoo, perdoo, povoo, veem, voos, zoo

Acento diferencial

Não se usa mais o acento que diferenciava os pares pára/para, péla(s)/pela(s), pêlo(s)/pelo(s), pólo(s)/polo(s) e pêra/pera.

Exs.:

Ele para o carro.

Ele foi ao polo Norte.

Ele gosta de jogar polo.

Esse gato tem pelos brancos.

Comi uma pera.

Obs.:

> *Permanece o acento diferencial em pôde/pode. Pôde é a forma do passado do verbo poder (pretérito perfeito do indicativo), na 3ª pessoa do singular. Pode é a forma do presente do indicativo, na 3ª pessoa do singular.*

Ex.: Ontem, ele não pôde sair mais cedo, mas hoje ele pode.

> Permanece o acento diferencial em pôr/por. Pôr é verbo. Por é preposição. Exemplo: Vou pôr o livro na estante que foi feita por mim.

> Permanecem os acentos que diferenciam o singular do plural dos verbos ter e vir, assim como de seus derivados (manter, deter, reter, conter, convir, intervir, advir etc.).

Exs.:

Ele tem dois carros. / Eles têm dois carros.

Ele vem de Sorocaba. / Eles vêm de Sorocaba.

Ele mantém a palavra. / Eles mantêm a palavra.

Ele convém aos estudantes. / Eles convêm aos estudantes.

Ele detém o poder. / Eles detêm o poder.

Ele intervém em todas as aulas. / Eles intervêm em todas as aulas.

> É facultativo o uso do acento circunflexo para diferenciar as palavras forma/fôrma. Em alguns casos, o uso do acento deixa a frase mais clara. Veja este exemplo: Qual é a forma da fôrma do bolo?

Acento agudo no u tônico

Não se usa mais o acento agudo no u tônico das formas (tu) arguis, (ele) argui, (eles) arguem, do presente do indicativo dos verbos arguir e redarguir.

18.3 Hífen com Compostos

Palavras compostas sem elementos de ligação

Usa-se o hífen nas palavras compostas que não apresentam elementos de ligação.

Exs.: guarda-chuva, arco-íris, boa-fé, segunda-feira, mesa-redonda, vaga-lume, joão-ninguém, porta-malas, porta-bandeira, pão-duro, bate-boca.

Exceções: Não se usa o hífen em certas palavras que perderam a noção de composição, como girassol, madressilva, manda-chuva, pontapé, paraquedas, paraquedista, paraquedismo.

Compostos com palavras iguais

Usa-se o hífen em compostos que têm palavras iguais ou quase iguais, sem elementos de ligação.

Exs.: reco-reco, blá-blá-blá, zum-zum, tico-tico, tique-taque, cri-cri, glu-glu, rom-rom, pingue-pongue, zigue-zague, esconde-esconde, pega-pega, corre-corre.

Compostos com elementos de ligação

Não se usa o hífen em compostos que apresentam elementos de ligação.

Exs.: pé de moleque, pé de vento, pai de todos, dia a dia, fim de semana, cor de vinho, ponto e vírgula, camisa de força, cara de pau, olho de sogra.

Obs.: Incluem-se nesse caso os compostos de base oracional. maria vai com as outras, leva e traz, diz que diz que, deus me livre, deus nos acuda, cor de burro quando foge, bicho de sete cabeças, faz de conta.

Exceções: água-de-colônia, arco-da-velha, cor-de-rosa, mais-que-perfeito, pé-de-meia, ao deus-dará, à queima-roupa.

Topônimos

Usa-se o hífen nas palavras compostas derivadas de topônimos (nomes próprios de lugares), com ou sem elementos de ligação.

Exs.:

Belo Horizonte: belo-horizontino
Porto Alegre: porto-alegrense
Mato Grosso do Sul: mato-grossense-do-sul
Rio Grande do Norte: rio-grandense-do-norte
África do Sul: sul-africano

18.4 Uso do Hífen com Palavras Formadas por Prefixos

Casos gerais

Antes de H

Usa-se o hífen diante de palavra iniciada por h.

Exs.:

anti-higiênico
anti-histórico
macro-história
mini-hotel
proto-história
sobre-humano
super-homem
ultra-humano

Letras iguais

Usa-se o hífen se o prefixo terminar com a mesma letra com que se inicia a outra palavra.

Exs.:

micro-ondas
anti-inflacionário
sub-bibliotecário
inter-regional

Letras diferentes

Não se usa o hífen se o prefixo terminar com letra diferente daquela com que se inicia a outra palavra.

Exs.:

autoescola
antiaéreo
intermunicipal
supersônico
superinteressante
agroindustrial
aeroespacial
semicírculo

Obs.: Se o prefixo terminar por vogal e a outra palavra começar por r ou s, dobram-se essas letras.

Exs.:

minissaia
antirracismo
ultrassom
semirreta

Casos particulares

Prefixos SUB e SOB

Com os prefixos sub e sob, usa-se o hífen também diante de palavra iniciada por r.

Exs.:

sub-região
sub-reitor
sub-regional
sob-roda

Prefixos CIRCUM e PAN

Com os prefixos circum e pan, usa-se o hífen diante de palavra iniciada por m, n e vogal.

Exs.:

circum-murado
circum-navegação
pan-americano

Outros prefixos

Usa-se o hífen com os prefixos ex, sem, além, aquém, recém, pós, pré, pró, vice.

Exs.:

além-mar
além-túmulo
aquém-mar
ex-aluno
ex-diretor
ex-hospedeiro
ex-prefeito
ex-presidente
pós-graduação
pré-história
pré-vestibular
pró-europeu
recém-casado
recém-nascido
sem-terra
vice-rei

Prefixo CO

O prefixo co junta-se com o segundo elemento, mesmo quando este se inicia por o ou h. Neste último caso, corta-se o h. Se a palavra seguinte começar com r ou s, dobram-se essas letras.

Exs.:

coobrigação
coedição
coeducar
cofundador
coabitação
coerdeiro
corréu
corresponsável
cosseno

Prefixos PRE e RE

Com os prefixos pre e re, não se usa o hífen, mesmo diante de palavras começadas por e.

Exs.:

preexistente
preelaborar
reescrever
reedição

Prefixos AB, OB e AD

Na formação de palavras com ab, ob e ad, usa-se o hífen diante de palavra começada por b, d ou r.

Exs.:

ad-digital
ad-renal
ob-rogar
ab-rogar

Outros casos do uso do hífen

NÃO e QUASE

Não se usa o hífen na formação de palavras com não e quase.

Exs.:

(acordo de) não agressão
(isto é um) quase delito

MAL

Com mal*, usa-se o hífen quando a palavra seguinte começar por vogal, h ou l.

Exs.:

mal-entendido
mal-estar
mal-humorado
mal-limpo

Obs.: Quando mal significa doença, usa-se o hífen se não houver elemento de ligação.

Exs.:

mal-francês.

Se houver elemento de ligação, escreve-se sem o hífen.

mal de lázaro, mal de sete dias.

Tupi-guarani

Usa-se o hífen com sufixos de origem tupi-guarani que representam formas adjetivas: açu, guaçu, mirim.*:*

Exs.:

capim-açu
amoré-guaçu
anajá-mirim

Combinação ocasional

Usa-se o hífen para ligar duas ou mais palavras que ocasionalmente se combinam, formando não propriamente vocábulos, mas encadeamentos vocabulares.

Exs.:

ponte Rio-Niterói
eixo Rio-São Paulo

Hífen e translineação

Para clareza gráfica, se no final da linha a partição de uma palavra ou combinação de palavras coincidir com o hífen, ele deve ser repetido na linha seguinte.

Exs.:

Na cidade, conta-
- se que ele foi viajar.
O diretor foi receber os ex-
-alunos.
guarda-
-chuva
Por favor, diga-
-nos logo o que aconteceu.

18.5 Síntese das Principais Regras do Hífen

Síntese do Hífen

Letras diferentes	Não use hífen	Infraestrutura, extraoficial, supermercado
Letras iguais	Use hífen	Anti-inflamatório, contra-argumento, inter-racial, hiper-realista
Vogal + r ou s	Não use hífen (duplique r ou s)	Corréu, cosseno, minissaia, autorretrato
Bem	Use hífen	Bem-vindo, bem-humorado

18.6 Quadro Resumo do Emprego do Hífen com Prefixos

Prefixos	**Letra que inicia a palavra seguinte**
Ante-, Anti-, Contra-, Entre-, Extra-, Infra-, Intra-, Sobre-, Supra-, Ultra-	H / VOGAL IDÊNTICA À QUE TERMINA O PREFIXO Exemplos com H: ante-hipófise, anti-higiênico, anti-herói, contra-hospitalar, entre-hostil, extra-humano, infra-hepático, sobre-humano, supra-hepático, ultra-hiperbólico. Exemplos com vogal idêntica: anti-inflamatório, contra-ataque, infra-axilar, sobre-estimar, supra-auricular, ultra-aquecido.
Ab-, Ad-, Ob-, Sob-	B - R - D (Apenas com o prefixo "Ad") Exemplos: ab-rogar (pôr em desuso), ad-rogar (adotar) ob-reptício (astucioso), sob-roda ad-digital
Circum-, Pan-	H / M / N / VOGAL Exemplos: circum-meridiano, circum-navegação, circum-oral, pan-americano, pan-mágico, pan-negritude.
Ex- (no sentido de estado anterior), Sota-, Soto-, Vice-, Vizo-	DIANTE DE QUALQUER PALAVRA Exemplos: ex-namorada, sota-soberania (não total), soto-mestre (substituto), vice-reitor, vizo-rei.
Hiper-, Inter-, Super-	H / R Exemplos: hiper-hidrose, hiper-raivoso, inter-humano, inter-racial, super-homem, super-resistente.
Pós-, Pré-, Pró- (tônicos e com significados próprios)	DIANTE DE QUALQUER PALAVRA Exemplos: pós-graduação, pré-escolar, pró-democracia. Obs.: se os prefixos não forem autônomos, não haverá hífen. Exemplos: predeterminado, pressupor, pospor, propor.
Sub-	B - H - R Exemplos: sub-bloco, sub-hepático, sub-humano, sub-região. Obs.: "subumano" e "subepático" também são aceitas.
Pseudoprefixos (diferem-se dos prefixos por apresentarem elevado grau de independência e possuírem uma significação mais ou menos delimitada, presente à consciência dos falantes.) Aero-, Agro-, Arqui-, Auto-, Bio-, Eletro-, Geo-, Hidro-, Macro-, Maxi-, Mega, Micro-, Mini-, Multi-, Neo-, Pluri-, Proto-, Pseudo-, Retro-, Semi-, Tele-	H / VOGAL IDÊNTICA À QUE TERMINA O PREFIXO Exemplos com H: geo-histórico, mini-hospital, neo-helênico, proto-história, semi-hospitalar. Exemplos com vogal idêntica: arqui-inimigo, auto-observação, eletro-ótica, micro-ondas, micro-ônibus, neo-ortodoxia, semi-interno, tele-educação.

1) Não se utilizará o hífen em palavras iniciadas pelo prefixo 'co-'.

Ex.: *coadministrar, coautor, coexistência, cooptar, coerdeiro corresponsável, cosseno.*

2) Prefixos *des-* e *in-* + segundo elemento sem o "h" inicial.

Ex.: *desarmonia, desumano, desumidificar,* inábil, inumano, etc.

3) Não se utilizará o hífen com a palavra não.

Ex.: não violência, não agressão, não comparecimento.

4) Não se utiliza o hífen em palavras que possuem os elementos "bi", "tri", "tetra", "penta", "hexa", etc.

Ex.: bicampeão, bimensal, bimestral, bienal, tridimensional, trimestral, triênio, tetracampeão, tetraplégico, pentacampeão, pentágono, etc.

5) Em relação ao prefixo "hidro", em alguns casos pode haver duas formas de grafia.

Ex.: hidroelétrica e hidrelétrica

6) No caso do elemento "socio", o hífen será utilizado apenas quando houver função de substantivo (= de associado).

Ex.: *sócio-gerente / socioeconômico*

Questões

01. (CESPE - 2005) É correta a forma variante de grafia do vocábulo "projeto de lei" com hífen.

Certo ( ) Errado ( )

02. (CESPE - 2014) Com base no que dispõe o novo Acordo Ortográfico da Língua Portuguesa, julgue o próximo item.

Está correta a grafia dos seguintes vocábulos: bilíngue, sagui, sequência, quinquênio, Müller, colmeia, joia, paranoico, papéis, feiúra, perdoo, pera, pôde (3.ª pessoa do sing. do pretérito), sobre-humano, co-herdeiro, subumano, coedição, capim-açu, semi-analfabeto, vice-almirante, contrarregra, infrassom, semi--interno, sub-bibliotecário, panamericano.

Certo ( ) Errado ( )

03. (CESPE - 2004) "Melhorar o mecanismo de solução de controvérsias é um dos requisitos para o fortalecimento do MERCOSUL, vide as últimas divergências entre Brasil e Argentina."

Mantém-se a obediência à norma culta escrita ao se substituir a palavra "vide" por haja visto, uma vez que as relações sintáticas permanecem sem alteração.

Certo ( ) Errado ( )

04. (CESPE - 2000) "O atual prefeito da cidade Hélio Queiroz (PSDB) recolheu centenas de notas fiscais que garante serem frias e que teriam permitido a seu antessessor Paulo Marinho (PFL) desviar mais de R$ 1 milhão do caixa municipal"

No terceiro período, há um erro gráfico na palavra "antessessor".

Certo ( ) Errado ( )

05. (CESPE - 2018) "Mas e antes dos sensores, como é que se fazia? Imagino que algum funcionário trepava na antena mais alta no topo do maior arranha-céu e, ao constatar a falência da luz solar, acionava um interruptor, e a cidade toda se iluminava."

A substituição da locução "a cidade toda" por toda cidade preservaria os sentidos e a correção gramatical do período.

Certo ( ) Errado ( )

Gabaritos

01	ERRADO
02	ERRADO
03	ERRADO
04	CERTO
05	ERRADO

19. ACENTUAÇÃO GRÁFICA

A acentuação gráfica, em provas de concurso, acaba aparecendo sempre de modo decisivo. Observa-se que, com o advento da informática e com a comodidade proveniente dos corretores automáticos de texto, muitas pessoas deixam de usar os acentos gráficos. Todavia, quando se trata de concurso, é essencial que se domine o uso da acentuação, independentemente da banca elaboradora.

O acento gráfico é usado, na maioria das vezes, para indicar o acento tônico das palavras. São considerados acentos gráficos:

> acento agudo (´);

> acento circunflexo (^);

> acento grave (`) (apenas para indicar a ocorrência de crase).

Ru**IM** - oxítona, quando a última sílaba é a tônica.

Exs.: co***lher***, cate***ter***, ure***ter*** etc.

Re**COR**de – **paroxítona**, quando a penúltima sílaba é a tônica

Exs.: ru***bri***ca, pu***di***co, a***va***ro etc.

ÍNterim – **proparoxítona**, quando a antepenúltima (limite de sílaba tônica) sílaba é a tônica.

19.1 Proparoxítona

Todas as **proparoxítonas recebem acento gráfico. Proparoxítonas são palavras que trazem a antepenúltima sílaba** como sendo a tônica

Exs.: ca***tás***trofe, bom***bás***tico, átomo etc.

19.2 Monossílabos

Acentuam-se os monossílabos tônicos terminados por **a, e, o(s)**.

Exs.: pá, fé, más, pés, dó, pós etc.

Obs.: monossílabos com "i" e "u" não recebem acento.

Ii, mi, cru, nu etc.

19.3 Oxítonas

Acentuam-se as oxítonas terminadas por **a, e, o(s)**.

Exs.: *maracu**já**, i**pê**, ca**fés**, ci**pó**, domi**nós**, vata**pás*** etc.

Acentuam-se as oxítonas terminadas por **em, ens**.

Exs.: *amém, re**fém**, con**têm**, inter**véns**, para**béns*** etc.

19.4 Paroxítonas

Acentuam-se as paroxítonas terminadas por **R, X, N, L**.

Exs.: ***hí**fen, **lá**tex, re**vól**ver, **mó**vel* etc.

Acentuam-se as paroxítonas terminadas por **i(s), u(s)**.

Exs.: *sa**fá**ri, **lá**pis, ô**nus**, **bô**nus, **ví**rus* etc.

> O plural de hífen pode ser dois: hifens (sem acento) e hífenes. Existem duas separações silábicas para paroxítonas terminadas por ditongo.
>
> Ex.: VO.CA.BU.LÁ.RIO – VO.CA.BU.LÁ.RI.O (chamada, neste caso, de proparoxítona eventual)

Acentuam-se as paroxítonas terminadas por **on, ons**.

Exs.: ***pró**ton, e**lé**trons, â**nion**, **í**ons* etc.

Acentuam-se as paroxítonas terminadas por **um, uns**.

Exs.: ***ál**bum, **mé**dium, **fó**rum, **quó**runs* etc.

Acentuam-se as paroxítonas terminadas por **ps**.

Exs.: ***bí**ce**ps**, **fór**ce**ps**, **trí**ce**ps*** etc.

Acentuam-se as paroxítonas terminadas por ão(s) ã(s).

Exs.: ***ór**gão, **ór**fãos, **í**mãs* etc.

Acentuam-se as paroxítonas terminadas por **ditongo(s)**.

Exs.: *vocabu**lá**rio, ân**sia**, **tê**nue, **ín**dios, secre**tá**rias* etc.

19.5 Ditongos Abertos

Acentuam-se os ditongos abertos **ÉI(s), ÉU(s), ÓI(s)**, somente os monossílabos e as oxítonas. As paroxítonas **não possuem** acento.

Exs.: pa**péis**, **sóis**, cha**péus**, he**rói** etc.

19.6 Hiato

Quando existe a junção de duas vogais, temos o hiato. As vogais se separam formando sílabas sozinhas.

Ex.: *po.**e**.ta*

Acentuam-se os **i(s), u(s) tônicos** formadores de hiato.

Exs.: *sa**ú**de, sa**í**da, mi**ú**do, ba**ú**s, sa**í**ste* etc.

Acentuam-se os hiatos precedidos por ditongos, somente nas proparoxítonas e nas oxítonas. As paroxítonas não possuem acento.

Exs.: *Piauí, tuiu**iú**, feiíssimo* etc.

> Ainda que exista hiato na vogal "i", se esta vier seguida de NH ou por outra vogal "i", o acento deixará de existir.
>
> Ex.: rainha, xiita etc.
>
> A exceção é a palavra iídiche, que recebe acento por ser uma proparoxítona.

19.7 Trema

Utiliza-se o trema (¨) em palavras de origem estrangeira.

Exs.: ***Mü**ller, **fü**hrer* etc.

19.8 Acentos Diferenciais

Os acentos diferenciais existem para literalmente diferenciar palavras, a fim de que não haja problemas na comunicação. Nos verbos TER, VIR e seus derivados, os acentos diferenciais também estão presentes.

PÔR (verbo) e POR (preposição) - PODE (presente) e PÔDE (pretérito) - TEM (singular) e TÊM (plural) etc.

Obs.: em **FORMA** e **FÔRMA** o acento é opcional.

Vimos, neste capítulo, como a acentuação se apresenta em provas de concurso. É importante dar atenção aos acentos nas paroxítonas e, principalmente, em diferentes classes de palavras. Vale lembrar que não há regras que priorizem classes de palavras, todas as palavras recebem um mesmo acento pela mesma regra que o justifica.

Questões

01. (Cespe) Muita gente se espanta com o procedimento desse amigo. Não sei por quê. Eu, por mim, acho que Amadeu Amaral Júnior andou muito bem. Todos os jornalistas necessitados deviam seguir o exemplo dele.

Sem prejuízo para a correção gramatical do período, a expressão "por quê" poderia ser substituída por o porquê.

Certo ( ) Errado ( )

02. (Cespe) Presentes no texto, os vocábulos "caráter", "intransferível" e "órgãos" são acentuados em decorrência da regra gramatical que classifica as palavras paroxítonas.

Certo ( ) Errado ( )

03. (Cespe) As palavras "indivíduos" e "precárias" recebem acento gráfico com base em justificativas gramaticais diferentes.

Certo ( ) Errado ( )

04. (Cespe) A palavra "cível" recebe acento gráfico em decorrência da mesma regra que determina o emprego de acento em amável e útil.

Certo ( ) Errado ( )

05. (Cespe) Justifica-se com base na mesma regra de acentuação gráfica o emprego do acento gráfico nos vocábulos "sabíamos" e "procurávamos".

Certo ( ) Errado ( )

06. (Cespe) Os acentos gráficos empregados em "Agência" e em "Saúde" têm a mesma justificativa.

Certo ( ) Errado ( )

07. (Cespe) Os vocábulos "assistência", "potável" e "elétrica" são acentuados de acordo com a mesma regra de acentuação gráfica.

Certo ( ) Errado ( )

08. (Cespe) As palavras "idiomática", "construída" e "língua" são acentuadas em razão da mesma regra ortográfica.

Certo ( ) Errado ( )

09. (Cespe) As palavras "meteorológica", "científico" e "contêineres" são acentuadas segundo diferentes regras de acentuação gráfica.

10. (Cespe) A palavra "prejuízos" recebe acento gráfico porque todas as proparoxítonas devem ser acentuadas.

Certo ( ) Errado ( )

Gabaritos

01	CERTO	06	CERTO
02	CERTO	07	ERRADO
03	ERRADO	08	ERRADO
04	CERTO	09	ERRADO
05	ERRADO	10	ERRADO

20. REDAÇÃO DE CORRESPONDÊNCIAS OFICIAIS

20.1 Aspectos Gerais da Redação Oficial

Panorama da comunicação oficial

A finalidade da língua é comunicar, quer pela fala, quer pela escrita. Para que haja comunicação, são necessários:

a) alguém que comunique;

b) algo a ser comunicado;

c) alguém que receba essa comunicação.

No caso da redação oficial, quem comunica é sempre o serviço público (este/esta ou aquele/aquela Ministério, Secretaria, Departamento, Divisão, Serviço, Seção); o que se comunica é sempre algum assunto relativo às atribuições do órgão que comunica; e o destinatário dessa comunicação é o público, uma instituição privada ou outro órgão ou entidade pública, do Poder Executivo ou dos outros Poderes. Além disso, deve-se considerar a intenção do emissor e a finalidade do documento, para que o texto esteja adequado à situação comunicativa.

A necessidade de empregar determinado nível de linguagem nos atos e nos expedientes oficiais decorre, de um lado, do próprio caráter público desses atos e comunicações; de outro, de sua finalidade. Os atos oficiais, aqui entendidos como atos de caráter normativo, ou estabelecem regras para a conduta dos cidadãos, ou regulam o funcionamento dos órgãos e entidades públicos, o que só é alcançado se, em sua elaboração, for empregada a linguagem adequada. O mesmo se dá com os expedientes oficiais, cuja finalidade precípua é a de informar com clareza e objetividade.

O que é redação oficial

Em uma frase, pode-se dizer que redação oficial é a maneira pela qual o Poder Público redige comunicações oficiais e atos normativos. Neste Manual, interessa-nos tratá-la do ponto de vista da administração pública federal.

A redação oficial não é necessariamente árida e contrária à evolução da língua. É que sua finalidade básica – comunicar com objetividade e máxima clareza – impõe certos parâmetros ao uso que se faz da língua, de maneira diversa daquele da literatura, do texto jornalístico, da correspondência particular etc.

Apresentadas essas características fundamentais da redação oficial, passemos à análise pormenorizada de cada um de seus atributos.

Atributos da redação oficial

→ A redação oficial deve caracterizar-se por:

> clareza e precisão;

> objetividade;

> concisão;

> coesão e coerência;

> impessoalidade;

> formalidade e padronização; e

> uso da norma padrão.

Fundamentalmente, esses atributos decorrem da Constituição, que dispõe, no art. 37: "A administração pública direta, indireta, de qualquer dos Poderes da União, dos Estados, do Distrito Federal e dos Municípios obedecerá aos princípios de legalidade, impessoalidade, moralidade, publicidade e eficiência (...)". Sendo a publicidade, a impessoalidade e a eficiência princípios fundamentais de toda a administração pública, devem igualmente nortear a elaboração dos atos e das comunicações oficiais.

Clareza e precisão

Clareza

A clareza deve ser a qualidade básica de todo texto oficial. Pode-se definir como claro aquele texto que possibilita imediata compreensão pelo leitor. Não se concebe que um documento oficial ou um ato normativo de qualquer natureza seja redigido de forma obscura, que dificulte ou impossibilite sua compreensão. A transparência é requisito do próprio Estado de Direito: é inaceitável que um texto oficial ou um ato normativo não seja entendido pelos cidadãos. O princípio constitucional da publicidade não se esgota na mera publicação do texto, estendendo-se, ainda, à necessidade de que o texto seja claro.

→ Para a obtenção de clareza, sugere-se:

> utilizar palavras e expressões simples, em seu sentido comum, salvo quando o texto versar sobre assunto técnico, hipótese em que se utilizará nomenclatura própria da área;

> usar frases curtas, bem estruturadas; apresentar as orações na ordem direta e evitar intercalações excessivas. Em certas ocasiões, para evitar ambiguidade, sugere-se a adoção da ordem inversa da oração;

> buscar a uniformidade do tempo verbal em todo o texto;

> não utilizar regionalismos e neologismos;

> pontuar adequadamente o texto;

> explicitar o significado da sigla na primeira referência a ela; e

> utilizar palavras e expressões em outro idioma apenas quando indispensáveis, em razão de serem designações ou expressões de uso já consagrado ou de não terem exata tradução. Nesse caso, grafe-as em itálico, conforme orientações do subitem 10.2 deste Manual.

Precisão

→ O atributo da precisão complementa a clareza e caracteriza-se por:

> articulação da linguagem comum ou técnica para a perfeita compreensão da ideia veiculada no texto;

> manifestação do pensamento ou da ideia com as mesmas palavras, evitando o emprego de sinonímia com propósito meramente estilístico; e

> escolha de expressão ou palavra que não confira duplo sentido ao texto.

É indispensável, também, a releitura de todo o texto redigido. A ocorrência, em textos oficiais, de trechos obscuros provém principalmente da falta da releitura, o que tornaria possível sua correção. Na revisão de um expediente, deve-se avaliar se ele será de fácil compreensão por seu destinatário. O que nos parece óbvio pode ser desconhecido por terceiros. O domínio que adquirimos sobre certos assuntos, em decorrência de nossa experiência profissional, muitas vezes, faz com que os tomemos como de conhecimento geral, o que nem sempre é verdade. Explicite, desenvolva, esclareça, precise os termos técnicos, o significado das siglas e das abreviações e os conceitos específicos que não possam ser dispensados.

A revisão atenta exige tempo. A pressa com que são elaboradas certas comunicações quase sempre compromete sua clareza. "Não há assuntos urgentes, há assuntos atrasados", diz a máxima. Evite-se, pois, o atraso, com sua indesejável repercussão no texto redigido.

A clareza e a precisão não são atributos que se atinjam por si sós: elas dependem estritamente das demais características da redação oficial, apresentadas a seguir.

Objetividade

Ser objetivo é ir diretamente ao assunto que se deseja abordar, sem voltas e sem redundâncias. Para conseguir isso, é fundamental que o redator saiba de antemão qual é a ideia principal e quais são as secundárias.

Procure perceber certa hierarquia de ideias que existe em todo texto de alguma complexidade: as fundamentais e as secundárias. Essas últimas podem esclarecer o sentido daquelas, detalhá-las, exemplificá-las; mas existem também ideias secundárias que não acrescentam informação alguma ao texto, nem têm maior relação com as fundamentais, podendo, por isso, ser dispensadas, o que também proporcionará mais objetividade ao texto.

A objetividade conduz o leitor ao contato mais direto com o assunto e com as informações, sem subterfúgios, sem excessos de palavras e de ideias. É errado supor que a objetividade suprime a delicadeza de expressão ou torna o texto rude e grosseiro.

Concisão

A concisão é antes uma qualidade do que uma característica do texto oficial. Conciso é o texto que consegue transmitir o máximo de informações com o mínimo de palavras. Não se deve de forma alguma entendê-la como economia de pensamento, isto é, não se deve eliminar passagens substanciais do texto com o único objetivo de reduzi-lo em tamanho. Trata-se, exclusivamente, de excluir palavras inúteis, redundâncias e passagens que nada acrescentem ao que já foi dito.

Detalhes irrelevantes são dispensáveis: o texto deve evitar caracterizações e comentários supérfluos, adjetivos e advérbios inúteis, subordinação excessiva. A seguir, um exemplo1 de período mal construído, prolixo:

Exemplo:

Apurado, com impressionante agilidade e precisão, naquela tarde de 2009, o resultado da consulta à população acriana, verificou-se que a esmagadora e ampla maioria da população daquele distante estado manifestou-se pela efusiva e indubitável rejeição da alteração realizada pela Lei nº 11.662/2008. Não satisfeita, inconformada e indignada, com a nova hora legal vinculada ao terceiro fuso, a maioria da população do Acre demonstrou que a ela seria melhor regressar ao quarto fuso, estando cinco horas a menos que em Greenwich.

Nesse texto, há vários detalhamentos desnecessários, abusou-se no emprego de adjetivos (impressionante, esmagadora, ampla, inconformada, indignada), o que lhe confere carga afetiva injustificável, sobretudo em texto oficial, que deve primar pela impessoalidade. Eliminados os excessos, o período ganha concisão, harmonia e unidade:

Exemplo:

Apurado o resultado da consulta à população acreana, verificou-se que a maioria da população manifestou-se pela rejeição da alteração realizada pela Lei no 11.662/2008. Não satisfeita com a nova hora legal vinculada ao terceiro fuso, a maioria da população do Acre demonstrou que a ela seria melhor regressar ao quarto fuso, estando cinco horas menos que em Greenwich.

Coesão e coerência

É indispensável que o texto tenha coesão e coerência. Tais atributos favorecem a conexão, a ligação, a harmonia entre os elementos de um texto. Percebe-se que o texto tem coesão e coerência quando se lê um texto e se verifica que as palavras, as frases e os parágrafos estão entrelaçados, dando continuidade uns aos outros.

Alguns mecanismos que estabelecem a coesão e a coerência de um texto são: referência, substituição, elipse e uso de conjunção.

A referência diz respeito aos termos que se relacionam a outros necessários à sua interpretação. Esse mecanismo pode dar-se por retomada de um termo, relação com o que é precedente no texto, ou por antecipação de um termo cuja interpretação dependa do que se segue.

Exemplos:

O Deputado evitou a instalação da CPI da corrupção. Ele aguardou a decisão do Plenário. O TCU apontou estas irregularidades: falta de assinatura e de identificação no documento.

A substituição é a colocação de um item lexical no lugar de outro(s) ou no lugar de uma oração.

Exemplos:

O Presidente assinou o acordo. O Chefe do Poder Executivo federal propôs reduzir as alíquotas.

O memorando está pronto. O documento trata da exoneração do servidor.

Os governadores decidiram acatar a decisão. Em seguida, os prefeitos fizeram o mesmo.

A elipse consiste na omissão de um termo recuperável pelo contexto.

Exemplo:

O decreto regulamenta os casos gerais; a portaria, os particulares. (Na segunda oração, houve a omissão do verbo "regulamenta").

Outra estratégia para proporcionar coesão e coerência ao texto é utilizar conjunção para estabelecer ligação entre orações, períodos ou parágrafos.

Exemplo:

O Embaixador compareceu à reunião, pois identificou o interesse de seu Governo pelo assunto.

Impessoalidade

A impessoalidade decorre de princípio constitucional (Constituição, art. 37), e seu significado remete a dois aspectos: o primeiro é a obrigatoriedade de que a administração pública proceda de modo a não privilegiar ou prejudicar ninguém, de que o seu norte seja, sempre, o interesse público; o segundo, a abstração da pessoalidade dos atos administrativos, pois, apesar de a ação administrativa ser exercida por intermédio de seus servidores, é resultado tão-somente da vontade estatal.

A redação oficial é elaborada sempre em nome do serviço público e sempre em atendimento ao interesse geral dos cidadãos. Sendo assim, os assuntos objetos dos expedientes oficiais não devem ser tratados de outra forma que não a estritamente impessoal.

Percebe-se, assim, que o tratamento impessoal que deve ser dado aos assuntos que constam das comunicações oficiais decorre:

> da ausência de impressões individuais de quem comunica: embora se trate, por exemplo, de um expediente assinado por Chefe de determinada Seção, a comunicação é sempre feita em nome do serviço público. Obtém-se, assim, uma desejável padronização, que permite que as comunicações elaboradas em diferentes setores da administração pública guardem entre si certa uniformidade;

> da impessoalidade de quem recebe a comunicação: ela pode ser dirigida a um cidadão, sempre concebido como público, ou a uma instituição privada, a outro órgão ou a outra entidade pública. Em todos os casos, temos um destinatário concebido de forma homogênea e impessoal; e

> do caráter impessoal do próprio assunto tratado: se o universo temático das comunicações oficiais se restringe a questões que dizem respeito ao interesse público, é natural não caber qualquer tom particular ou pessoal.

Não há lugar na redação oficial para impressões pessoais, como as que, por exemplo, constam de uma carta a um amigo, ou de um artigo assinado de jornal, ou mesmo de um texto literário. A redação oficial deve ser isenta da interferência da individualidade de quem a elabora. A concisão, a clareza, a objetividade e a formalidade de que nos valemos para elaborar os expedientes oficiais contribuem, ainda, para que seja alcançada a necessária impessoalidade.

Formalidade e padronização

As comunicações administrativas devem ser sempre formais, isto é, obedecer a certas regras de forma (BRASIL, 2015a). Isso é válido tanto para as comunicações feitas em meio eletrônico (por exemplo, o e-mail , o documento gerado no SEI!, o documento em html etc), quanto para os eventuais documentos impressos.

É imperativa, ainda, certa formalidade de tratamento. Não se trata somente do correto emprego deste ou daquele pronome de tratamento para uma autoridade de certo nível, mais do que isso: a formalidade diz respeito à civilidade no próprio enfoque dado ao assunto do qual cuida a comunicação.

A formalidade de tratamento vincula-se, também, à necessária uniformidade das comunicações. Ora, se a administração pública federal é una, é natural que as comunicações que expeça sigam o mesmo padrão. O estabelecimento desse padrão, uma das metas deste Manual, exige que se atente para todas as características da redação oficial e que se cuide, ainda, da apresentação dos textos.

A digitação sem erros, o uso de papéis uniformes para o texto definitivo, nas exceções em que se fizer necessária a impressão, e a correta diagramação do texto são indispensáveis para a padronização. Consulte o Capítulo II, "As comunicações oficiais", a respeito de normas específicas para cada tipo de expediente.

Em razão de seu caráter público e de sua finalidade, os atos normativos e os expedientes oficiais requerem o uso do padrão culto do idioma, que acata os preceitos da gramática formal e emprega um léxico compartilhado pelo conjunto dos usuários da língua. O uso do padrão culto é, portanto, imprescindível na redação oficial por estar acima das diferenças lexicais, morfológicas ou sintáticas, regionais; dos modismos vocabulares e das particularidades linguísticas.

→ Recomendações:

> a língua culta é contra a pobreza de expressão e não contra a sua simplicidade;

> o uso do padrão culto não significa empregar a língua de modo rebuscado ou utilizar figuras de linguagem próprias do estilo literário;

> a consulta ao dicionário e à gramática é imperativa na redação de um bom texto.

Pode-se concluir que não existe propriamente um padrão oficial de linguagem, o que há é o uso da norma padrão nos atos e nas comunicações oficiais. É claro que haverá preferência pelo uso de determinadas expressões, ou será obedecida certa tradição no emprego das formas sintáticas, mas isso não implica, necessariamente, que se consagre a utilização de uma forma de linguagem burocrática. O jargão burocrático, como todo jargão, deve ser evitado, pois terá sempre sua compreensão limitada.

20.2 Redação das Comunicações Oficiais

Introdução

A redação das comunicações oficiais deve, antes de tudo, seguir os preceitos explicitados no Capítulo I, "Aspectos gerais da redação oficial". Além disso, há características específicas de cada tipo de expediente, que serão tratadas em detalhe neste capítulo. Antes de passarmos à sua análise, vejamos outros aspectos comuns a quase todas as modalidades de comunicação oficial.

Pronomes de tratamento

Tradicionalmente, o emprego dos pronomes de tratamento adota a segunda pessoa do plural, de maneira indireta, para referenciar atributos da pessoa à qual se dirige. Na redação oficial, é necessário atenção para o uso dos pronomes de tratamento em três momentos distintos: no endereçamento, no vocativo e no corpo do texto. No vocativo, o autor dirige-se ao destinatário no início do documento. No corpo do texto, pode-se empregar os pronomes de tratamento em sua forma abreviada ou por extenso. O endereçamento é o texto utilizado no envelope que contém a correspondência oficial.

A seguir, alguns exemplos de utilização de pronomes de tratamento no texto oficial.

Autoridade	Endereçamento	Vocativo	Tratamento no corpo do texto	Abreviatura
Presidente da República	A Sua Excelência o Senhor	Excelentíssimo Senhor Presidente da República,	Vossa Excelência	Não se usa
Presidente do Congresso Nacional	A Sua Excelência o Senhor	Excelentíssimo Senhor Presidente do Congresso Nacional,	Vossa Excelência	Não se usa
Presidente doSupremo Tribunal Federal	A Sua Excelência o Senhor	Excelentíssimo Senhor Presidente do Supremo Tribunal Federal,	Vossa Excelência	Não se usa
Vice-Presidente da República	A Sua Excelência o Senhor	Senhor Vice-Presidente da República,	Vossa Excelência	V. Exa.
Ministro deEstado	A Sua Excelência o Senhor	Senhor Ministro,	Vossa Excelência	V. Exa.
Secretário- Executivo deMinistério edemais ocupantes de cargos denatureza especial	A Sua Excelência o Senhor	Senhor Secretário- Executivo,	Vossa Excelência	V. Exa.

Autoridade	Endereçamento	Vocativo	Tratamento no corpo do texto	Abreviatura
Embaixador	A Sua Excelência o Senhor	Senhor Embaixador,	Vossa Excelência	V. Exa.
Oficial-General das Forças Armadas	A Sua Excelência o Senhor	Senhor + Posto,	Vossa Excelência	V. Exa.
Outros postos militares	Ao Senhor	Senhor + Posto,	Vossa Senhoria	V. Sa.
Senador daRepública	A Sua Excelência o Senhor	Senhor Senador,	Vossa Excelência	V. Exa.
Deputado Federal	A Sua Excelência o Senhor	Senhor Deputado,	Vossa Excelência	V. Exa.
Ministro do Tribunal deContas da União	A Sua Excelência o Senhor	Senhor Ministro do Tribunal de Contas da União,	Vossa Excelência	V. Exa.
Ministro dos Tribunais Superiores	A Sua Excelência o Senhor	Senhor Ministro,	Vossa Excelência	V. Exa.

Os exemplos acima são meramente exemplificativos. A profusão de normas estabelecendo hipóteses de tratamento por meio do pronome "Vossa Excelência" para categorias específicas tornou inviável arrolar todas as hipóteses.

Concordância com os pronomes de tratamento

Exemplo:

Vossa Senhoria designará o assessor.

Os pronomes de tratamento apresentam certas peculiaridades quanto às concordâncias verbal, nominal e pronominal. Embora se refiram à segunda pessoa gramatical (à pessoa com quem se fala), levam a concordância para a terceira pessoa. Os pronomes Vossa Excelência ou Vossa Senhoria são utilizados para se comunicar diretamente com o receptor.

Da mesma forma, os pronomes possessivos referidos a pronomes de tratamento são sempre os da terceira pessoa.

Exemplo:

Vossa Senhoria designará seu substituto. (E não "Vossa Senhoria designará vosso substituto")

Já quanto aos adjetivos referidos a esses pronomes, o gênero gramatical deve coincidir com o sexo da pessoa a que se refere, e não com o substantivo que compõe a locução.

Exemplos:

Se o interlocutor for homem, o correto é: Vossa Excelência está atarefado.

Se o interlocutor for mulher: Vossa Excelência está atarefada.

O pronome Sua Excelência é utilizado para se fazer referência a alguma autoridade (indiretamente).

Exemplo:

A Sua Excelência o Ministro de Estado Chefe da Casa Civil (por exemplo, no endereçamento do expediente)

Signatário

Cargos interino e substituto

Na identificação do signatário, depois do nome do cargo, é possível utilizar os termos interino e substituto, conforme situações a seguir: interino é aquele nomeado para ocupar transitoriamente cargo público durante a vacância; substituto é aquele designado para exercer as atribuições de cargo público vago ou no caso de afastamento e impedimentos legais ou regulamentares do titular. Esses termos devem ser utilizados depois do nome do cargo, sem hífen, sem vírgula e em minúsculo.

Exemplos:

Diretor-Geral interino Secretário-Executivo substituto

Signatárias do sexo feminino

Na identificação do signatário, o cargo ocupado por pessoa do sexo feminino deve ser flexionado no gênero feminino.

Grafia de cargos compostos

Exemplos:

Ministra de Estado Secretária-Executiva interina Técnica Administrativa

Coordenadora Administrativa

→ Escrevem-se com hífen:

- cargos formados pelo adjetivo "geral": diretor-geral, relator-geral, ouvidor-geral;
- postos e gradações da diplomacia: primeiro-secretário, segundo-secretário;
- postos da hierarquia militar: tenente-coronel, capitão-tenente;

Atenção: nomes compostos com elemento de ligação preposicionado ficam sem hífen: general de exército, general de brigada, tenente-brigadeiro do ar, capitão de mar e guerra;

- cargos que denotam hierarquia dentro de uma empresa: diretor-presidente, diretor-adjunto, editor-chefe, editor-assistente, sócio-gerente, diretor-executivo;
- cargos formados por numerais: primeiro-ministro, primeira-dama;
- cargos formados com os prefixos "ex" ou "vice": ex-diretor, vice-coordenador.

O novo Acordo Ortográfico tornou opcional o uso de iniciais maiúsculas em palavras usadas reverencialmente, por exemplo para cargos e títulos (exemplo: o Presidente francês ou o presidente francês). Porém, em palavras com hífen, após se optar pelo uso da maiúscula ou da minúscula, deve-se manter a escolha para a grafia de todos os elementos hifenizados: pode-se escrever "Vice-Presidente" ou "vice-presidente", mas não "Vice-presidente".

Vocativo

O vocativo é uma invocação ao destinatário. Nas comunicações oficiais, o vocativo será sempre seguido de vírgula.

Em comunicações dirigidas aos Chefes de Poder, utiliza-se a expressão Excelentíssimo Senhor ou Excelentíssima Senhora e o cargo respectivo, seguidos de vírgula.

Exemplos:

Excelentíssimo Senhor Presidente da República,

Excelentíssimo Senhor Presidente do Congresso Nacional,

Excelentíssimo Senhor Presidente do Supremo Tribunal Federal,

As demais autoridades, mesmo aquelas tratadas por Vossa Excelência, receberão o vocativo Senhor ou Senhora seguido do cargo respectivo.

Exemplos:

Senhora Senadora, Senhor Juiz, Senhora Ministra,

Na hipótese de comunicação com particular, pode-se utilizar o vocativo Senhor ou Senhora e a forma utilizada pela instituição para referir-se ao interlocutor: beneficiário, usuário, contribuinte, eleitor etc.

Exemplos:

Senhora Beneficiária, Senhor Contribuinte,

Ainda, quando o destinatário for um particular, no vocativo, pode-se utilizar Senhor ou Senhora seguido do nome do particular ou pode-se utilizar o vocativo "Prezado Senhor" ou "Prezada Senhora".

Exemplos:

Senhora [Nome], Prezado Senhor,

Em comunicações oficiais, está abolido o uso de Digníssimo (DD) e de Ilustríssimo (Ilmo.).

Evite-se o uso de "doutor" indiscriminadamente. O tratamento por meio de Senhor confere a formalidade desejada.

O padrão ofício

Até a segunda edição deste Manual, havia três tipos de expedientes que se diferenciavam antes pela finalidade do que pela forma: o ofício, o aviso e o memorando. Com o objetivo de uniformizá-los, deve-se adotar nomenclatura e diagramação únicas, que sigam o que chamamos de padrão ofício.

→ A distinção básica anterior entre os três era:

- aviso: era expedido exclusivamente por Ministros de Estado, para autoridades de mesma hierarquia;
- ofício: era expedido para e pelas demais autoridades; e
- memorando: era expedido entre unidades administrativas de um mesmo órgão.

Atenção: Nesta nova edição ficou abolida aquela distinção e passou-se a utilizar o termo ofício nas três hipóteses.

A seguir, será apresentada a estrutura do padrão ofício, de acordo com a ordem com que cada elemento aparece no documento oficial.

Partes do documento no padrão ofício

Cabeçalho

O cabeçalho é utilizado apenas na primeira página do documento, centralizado na área determinada pela formatação (ver subitem "5.2 Formatação e apresentação").

→ No cabeçalho deverão constar os seguintes elementos:

- > brasão de Armas da República2: no topo da página. Não há necessidade de ser aplicado em cores. O uso de marca da instituição deve ser evitado na correspondência oficial para não se sobrepor ao Brasão de Armas da República.
- > nome do órgão principal;
- > nomes dos órgãos secundários, quando necessários, da maior para a menor hierarquia; e
- > espaçamento: entrelinhas simples (1,0).

Exemplo:

[Nome do órgão] [Secretaria/Diretoria]

[Departamento/Setor/Entidade]

Os dados do órgão, tais como endereço, telefone, endereço de correspondência eletrônica, sítio eletrônico oficial da instituição, podem ser informados no rodapé do documento, centralizados.

Identificação do expediente

Os documentos oficiais devem ser identificados da seguinte maneira:

- > nome do documento: tipo de expediente por extenso, com todas as letras maiúsculas;
- > indicação de numeração: abreviatura da palavra "número", padronizada como No;
- > informações do documento: número, ano (com quatro dígitos) e siglas usuais do setor que expede o documento, da menor para a maior hierarquia, separados por barra (/); e
- > alinhamento: à margem esquerda da página.

Exemplo:

OFÍCIO Nº 652/2018/SAA/SE/MT

Local e data do documento

Na grafia de datas em um documento, o conteúdo deve constar da seguinte forma:

- > composição: local e data do documento;
- > informação de local: nome da cidade onde foi expedido o documento, seguido de vírgula. Não se deve utilizar a sigla da unidade da federação depois do nome da cidade;
- > dia do mês: em numeração ordinal se for o primeiro dia do mês e em numeração cardinal para os demais dias do mês. Não se deve utilizar zero à esquerda do número que indica o dia do mês;
- > nome do mês: deve ser escrito com inicial minúscula;
- > pontuação: coloca-se ponto-final depois da data; e
- > alinhamento: o texto da data deve ser alinhado à margem direita da página.

Exemplo:

Brasília, 2 de fevereiro de 2018.

Endereçamento

O endereçamento é a parte do documento que informa quem receberá o expediente.

→ Nele deverão constar os seguintes elementos:

- > vocativo: na forma de tratamento adequada para quem receberá o expediente (ver subitem "4.1 Pronomes de tratamento");
- > nome: nome do destinatário do expediente;
- > cargo: cargo do destinatário do expediente;
- > endereço: endereço postal de quem receberá o expediente, dividido em duas linhas:

Primeira linha: informação de localidade/logradouro do destinatário ou, no caso de ofício ao mesmo órgão, informação do setor;

Segunda linha: CEP e cidade/unidade da federação, separados por espaço simples. Na separação entre cidade e unidade da federação pode ser substituída a barra pelo ponto ou pelo travessão. No caso de ofício ao mesmo órgão, não é obrigatória a informação do CEP, podendo ficar apenas a informação da cidade/unidade da federação; e

- > alinhamento: à margem esquerda da página.

O pronome de tratamento no endereçamento das comunicações dirigidas às autoridades tratadas por Vossa Excelência terá a seguinte forma: "A Sua Excelência o Senhor" ou "A Sua Excelência a Senhora".

Quando o tratamento destinado ao receptor for Vossa Senhoria, o endereçamento a ser empregado é "Ao Senhor" ou "À Senhora". Ressalte-se que não se utiliza a expressão "A Sua Senhoria o Senhor" ou "A Sua Senhoria a Senhora".

Exemplos:

A Sua Excelência o Senhor
[Nome]
Ministro de Estado da Justiça Esplanada dos Ministérios Bloco T 70064-900 Brasília/DF 70070-030 Brasília. DF Brasília — DF

À Senhora
[Nome]
Diretora de Gestão de Pessoas
SAUS Q. 3 Lote 5/6 Ed Sede I Diretoria de Material, Seção

Ao Senhor
[Nome]
Chefe da Seção de Compras I Diretoria de Material, Seção 70064-900 Brasília/DF

Assunto

O assunto deve dar uma ideia geral do que trata o documento, de forma sucinta. Ele deve ser grafado da seguinte maneira:

> título: a palavra Assunto deve anteceder a frase que define o conteúdo do documento, seguida de dois-pontos;

> descrição do assunto: a frase que descreve o conteúdo do documento deve ser escrita com inicial maiúscula, não se deve utilizar verbos e sugere-se utilizar de quatro a cinco palavras;

> destaque: todo o texto referente ao assunto, inclusive o título, deve ser destacado em negrito;

> pontuação: coloca-se ponto-final depois do assunto; e

> alinhamento: à margem esquerda da página.

Exemplos:

Assunto: Encaminhamento do Relatório de Gestão julho/2018.

Assunto: Aquisição de computadores.

Texto do documento

O texto do documento oficial deve seguir a seguinte padronização de estrutura:

→ nos casos em que não seja usado para encaminhamento de documentos, o expediente deve conter a seguinte estrutura:

> introdução: em que é apresentado o objetivo da comunicação. Evite o uso das formas: Tenho a honra de, Tenho o prazer de, Cumpre-me informar que. Prefira empregar a forma direta: Informo, Solicito, Comunico;

> desenvolvimento: em que o assunto é detalhado; se o texto contiver mais de uma ideia sobre o assunto, elas devem ser tratadas em parágrafos distintos, o que confere maior clareza à exposição; e

> conclusão: em que é afirmada a posição sobre o assunto.

→ quando forem usados para encaminhamento de documentos, a estrutura é modificada:

> introdução: deve iniciar com referência ao expediente que solicitou o encaminhamento. Se a remessa do documento não tiver sido solicitada, deve iniciar com a informação do motivo da comunicação, que é encaminhar, indicando a seguir os dados completos do documento encaminhado (tipo, data, origem ou signatário e assunto de que se trata) e a razão pela qual está sendo encaminhado; e

Exemplos:

Em resposta ao Ofício nº 12, de 1º de fevereiro de 2018, encaminho cópia do Ofício nº 34, de 3 de abril de 2018, da Coordenação-Geral de Gestão de Pessoas, que trata da requisição do servidor Fulano de Tal.

Encaminho, para exame e pronunciamento, cópia do Ofício nº 12, de 1º de fevereiro de 2018, do Presidente da Confederação Nacional da Indústria, a respeito de projeto de modernização de técnicas agrícolas na região Nordeste.

> desenvolvimento: se o autor da comunicação desejar fazer algum comentário a respeito do documento que encaminha, poderá acrescentar parágrafos de desenvolvimento. Caso contrário, não há parágrafos de desenvolvimento em expediente usado para encaminhamento de documentos.

→ tanto na estrutura I quanto na estrutura II, o texto do documento deve ser formatado da seguinte maneira:

> alinhamento: justificado;

> espaçamento entre linhas: simples;

> parágrafos:

i espaçamento entre parágrafos: de 6 pontos após cada parágrafo; ii recuo de parágrafo: 2,5 cm de distância da margem esquerda;

iii numeração dos parágrafos: apenas quando o documento tiver três ou mais parágrafos, desde o primeiro parágrafo. Não se numeram o vocativo e o fecho;

> fonte: Calibri ou Carlito;

corpo do texto: tamanho 12 pontos;

citações recuadas: tamanho 11 pontos; e iii notas de Rodapé: tamanho 10 pontos;

> símbolos: para símbolos não existentes nas fontes indicadas, pode-se utilizar as fontes

Symbol e Wingdings;

Fechos para comunicações

O fecho das comunicações oficiais objetiva, além da finalidade óbvia de arrematar o texto, saudar o destinatário. Os modelos para fecho anteriormente utilizados foram regulados pela Portaria nº 1, de 1937, do Ministério da Justiça, que estabelecia quinze padrões.

Com o objetivo de simplificá-los e uniformizá-los, este Manual estabelece o emprego de somente dois fechos diferentes para todas as modalidades de comunicação oficial:

> Para autoridades de hierarquia superior a do remetente, inclusive o Presidente da República:

Respeitosamente,

> Para autoridades de mesma hierarquia, de hierarquia inferior ou demais casos:

Atenciosamente,

Ficam excluídas dessa fórmula as comunicações dirigidas a autoridades estrangeiras, que atendem a rito e tradição próprios.

O fecho da comunicação deve ser formatado da seguinte maneira:

> alinhamento: alinhado à margem esquerda da página;
> recuo de parágrafo: 2,5 cm de distância da margem esquerda;
> espaçamento entre linhas: simples;
> espaçamento entre parágrafos: de 6 pontos após cada parágrafo; e
> não deve ser numerado.

Identificação do signatário

Excluídas as comunicações assinadas pelo Presidente da República, todas as demais comunicações oficiais devem informar o signatário segundo o padrão:

> nome: nome da autoridade que as expede, grafado em letras maiúsculas, sem negrito. Não se usa linha acima do nome do signatário;
> cargo: cargo da autoridade que expede o documento, redigido apenas com as iniciais maiúsculas. As preposições que liguem as palavras do cargo devem ser grafadas em minúsculas; e
> alinhamento: a identificação do signatário deve ser centralizada na página.

Para evitar equívocos, recomenda-se não deixar a assinatura em página isolada do expediente. Transfira para essa página ao menos a última frase anterior ao fecho.

Exemplo:

(espaço para assinatura)

NOME

Ministro de Estado Chefe da Casa Civil da Presidência da República

(espaço para assinatura)

NOME

Coordenador-Geral de Gestão de Pessoas

Numeração das páginas

A numeração das páginas é obrigatória apenas a partir da segunda página da comunicação.

Ela deve ser centralizada na página e obedecer à seguinte formatação:

> posição: no rodapé do documento, dentro da área de 2 cm da margem inferior; e
> fonte: Calibri ou Carlito.

Formatação e apresentação

Os documentos do padrão ofício devem obedecer à seguinte formatação:

> tamanho do papel: A4 (29,7 cm x 21,0 cm);
> margem lateral esquerda: no mínimo, 3 cm de largura;
> margem lateral direita: 1,5 cm;
> margens superior e inferior: 2 cm;
> área de cabeçalho: na primeira página, 5 cm a partir da borda superior do papel;
> área de rodapé: nos 2 cm da margem inferior do documento;
> impressão: na correspondência oficial, a impressão pode ocorrer em ambas as faces do papel. Nesse caso, as margens esquerda e direita terão as distâncias invertidas nas páginas pares (margem espelho);
> cores: os textos devem ser impressos na cor preta em papel branco, reservando-se, se necessário, a impressão colorida para gráficos e ilustrações;
> destaques: para destaques deve-se utilizar, sem abuso, o negrito. Deve-se evitar destaques com uso de itálico, sublinhado, letras maiúsculas, sombreado, sombra, relevo, bordas ou qualquer outra forma de formatação que afete a sobriedade e a padronização do documento;
> palavras estrangeiras: palavras estrangeiras devem ser grafadas em itálico;
> arquivamento: dentro do possível, todos os documentos elaborados devem ter o arquivo de texto preservado para consulta posterior ou aproveitamento de trechos para casos análogos. Deve ser utilizado, preferencialmente, formato de arquivo que possa ser lido e editado pela maioria dos editores de texto utilizados no serviço público, tais como DOCX, ODT ou RTF.
> nome do arquivo: para facilitar a localização, os nomes dos arquivos devem ser formados da seguinte maneira:
> tipo do documento + número do documento + ano do documento (com 4 dígitos) + palavras-chaves do conteúdo

Exemplo:

Ofício 123_2018_relatório produtividade anual

Seguem exemplos de Ofício:

2 cm

5 cm

Presidência da República Casa Civil
Subchefia para Assuntos Jurídicos

OFÍCIO Nº 197/2018/SAJ/CC

Brasília, 8 de agosto de 2018.

Ao Senhor
[Nome]
Chefe de Gabinete Ministério dos Transportes
Esplanada dos Ministérios, Bloco R
70044-902 Brasília. DF

Assunto: Apresentação de novas funcionalidades do Sidof – Módulo I.

Senhor Chefe de Gabinete,

3 cm 2,5 cm

1. A Subchefia para Assuntos Jurídicos da Casa Civil da

Presidência da República aprimorou o Sistema de Geração e Tramitação de Documentos Oficiais – Sidof, com a inserção de novas funcionalidades. Os novos recursos do sistema serão apresentados aos servidores em módulos organizados por esta Subchefia.

2. Convido os servidores do [nome do Ministério] para assistir à apresentação do primeiro módulo, a ser realizada em 10 de setembro de 2018, às 9h30, no Auditório desta Subchefia.

3. Para assegurar o credenciamento, solicito a esse órgão a indicação dos servidores que trabalham com o Sidof, até 28 de agosto de 2018, por meio do endereço eletrônico [endereço eletrônico]:

> nome completo do servidor;

> número de Cadastro de Pessoa Física;

> e-mail institucional, unidade/órgão em que atua; e

> login no Sidof (caso esteja cadastrado no Sistema).

(29,7 cm x 21,0 cm)

2 cm

1. Caso o servidor ainda não seja cadastrado no Sistema, será necessário o envio de autorização da chefia imediata. O envio das informações solicitadas acima é fundamental para garantir a inscrição do servidor no evento.

Atensiosamente,

espaço para assinatura)

[NOME DO SIGNATÁRIO]

[Cargo do Signatário]

[Endereço] – Telefone: (xx) xxxx-xxxx

CEP 00000-000 Cidade/UF – http://www.xxxxxxxxxxxxxxxxxxx.gov.br

---

2 cm

[Nome do Ministério]

[Secretaria/Diretoria]

3 cm

[Departamento/Setor/Entidade]

OFÍCIO Nº 10.457/2018/MDH

Brasília, 3 de março de 2018.

A Sua Excelência o Senhor [Nome]

Ministro de Estado

Esplanada dos Ministérios, Bloco X 70064-900 Brasília/DF

Assunto: Debates sobre o Plano Nacional da Pessoa com Deficiência.

Senhor Ministro,

Convido Vossa Excelência a participar do lançamento do Ciclo de Debates sobre a Execução do Plano Nacional da Pessoa com Deficiência, a ser realizado em 15 de março de 2018, às 9 horas, no Auditório da Escola Nacional de Administração Pública (Enap), no Setor de Áreas Isoladas Sul, em Brasília.

O debate inicial faz parte de uma sequência de cinco encontros, com o objetivo de acompanhar o desenvolvimento das diversas ações contidas no referido Plano.

Atenciosamente,

(espaço para assinatura)

[NOME DO SIGNATÁRIO]

[Ministro de Estado]

2 cm

5 cm

[Nome do órgão]
[Secretaria/Departamento]
[Setor/Entidade]

OFÍCIO Nº 257/2018/CODOC/CC

Brasília, 3 de março de 2018.

À Senhora
[Nome]
Diretora de Tecnologia da Presidência da República
Palácio do Planalto, Anexo II, Ala B, sala 100
Brasília/DF

3 cm 2,5 cm 1,5 cm

Senhora Diretora,

Solicito a criação de software para mensurar os índices de produtividade no âmbito desta Coordenação-Geral, de modo a disponibilizar informações gerenciais completas para todos os cadastros, tais como dados quantitativos de tempo de entrada e conclusão de tarefas, por usuário, por equipe, por tipo de ato, além de dados quantitativos e gráficos referentes às tarefas atribuídas e concluídas por usuário em determinado período de tempo e outras informações que possibilitem a produção de relatórios gerenciais, conforme especificação completa em anexo.

Respeitosamente,
(espaço para assinatura)

[NOME DO SIGNATÁRIO]
[Cargo do Signatário]

Tipos de documentos

Variações dos documentos oficiais

Os documentos oficiais podem ser identificados de acordo com algumas possíveis variações:

- [NOME DO EXPEDIENTE] + CIRCULAR: Quando um órgão envia o mesmo expediente para mais de um órgão receptor. A sigla na epígrafe será apenas do órgão remetente.
- [NOME DO EXPEDIENTE] + CONJUNTO: Quando mais de um órgão envia, conjuntamente, o mesmo expediente para um único órgão receptor. As siglas dos órgãos remetentes constarão na epígrafe.
- [NOME DO EXPEDIENTE] + CONJUNTO CIRCULAR: Quando mais de um órgão envia, conjuntamente, o mesmo expediente para mais de um órgão receptor. As siglas dos órgãos remetentes constarão na epígrafe.

Exemplos:

OFÍCIO CIRCULAR Nº 652/2018/MEC

OFÍCIO CONJUNTO Nº 368/2018/SECEX/SAJ

OFÍCIO CONJUNTO CIRCULAR Nº 795/2018/CC/MJ/MRE

Nos expedientes circulares, por haver mais de um receptor, o órgão remetente poderá inserir no rodapé as siglas ou nomes dos órgãos que receberão o expediente.

Exposição de Motivos

Definição e finalidade

Exposição de motivos (EM) é o expediente dirigido ao Presidente da República ou ao Vice- Presidente para:

> propor alguma medida;

> submeter projeto de ato normativo à sua consideração; ou

> informá-lo de determinado assunto.

A exposição de motivos é dirigida ao Presidente da República por um Ministro de Estado. Nos casos em que o assunto tratado envolva mais de um ministério, a exposição de motivos será assinada por todos os ministros envolvidos, sendo, por essa razão, chamada de interministerial.

Independentemente de ser uma EM com apenas um autor ou uma EM interministerial, a sequência numérica das exposições de motivos é única. A numeração começa e termina dentro de um mesmo ano civil.

Forma e estrutura

As exposições de motivos devem, obrigatoriamente:

> apontar, na introdução: o problema que demanda a adoção da medida ou do ato normativo proposto; ou informar ao Presidente da República algum assunto;

> indicar, no desenvolvimento: a razão de aquela medida ou de aquele ato normativo ser o ideal para se solucionar o problema e as eventuais alternativas existentes para equacioná-lo; ou fornecer mais detalhes sobre o assunto informado, quando for esse o caso; e

> na conclusão: novamente, propor a medida a ser tomada ou o ato normativo a ser editado para solucionar o problema; ou apresentar as considerações finais no caso de EMs apenas informativas.

As Exposições de Motivos que encaminham proposições normativas devem seguir o prescrito no Decreto nº 9.191, de 1º de novembro de 2017. Em síntese, elas devem ser instruídas com parecer jurídico e parecer de mérito que permitam a adequada avaliação da proposta.

O atendimento dos requisitos do Decreto nº 9.191, de 2017, nas exposições de motivos que proponham a edição de ato normativo, tem como propósito:

> permitir a adequada reflexão sobre o problema que se busca resolver;

> ensejar avaliação das diversas causas do problema e dos efeitos que podem ter a adoção da medida ou a edição do ato, em consonância com as questões que devem ser analisadas na elaboração de proposições normativas no âmbito do Poder Executivo;

> conferir transparência aos atos propostos;

> resumir os principais aspectos da proposta; e

> evitar a devolução a proposta de ato normativo para complementação ou reformulação da proposta.

A exposição de motivos é a principal modalidade de comunicação dirigida ao Presidente da República pelos ministros. Além disso, pode, em certos casos, ser encaminhada cópia ao Congresso Nacional ou ao Poder Judiciário.

Exemplo de exposição de motivos:

2 cm

5 cm

EM No 38/2018/MTB/MS

Brasília, 6 de novembro de 2018.

À Senhora
[Nome]
Diretora de Tecnologia da Presidência da República
Palácio do Planalto, Anexo II, Ala B, sala 100
Brasília/DF

3 cm 2,5 cm 1,5 cm

Excelentíssimo Senhor Presidente da República,

1. Submetemos à consideração de Vossa Excelência a proposta de Medida Provisória que tem por objetivo de efetivar as operações de financiamento destinadas a entidades hospitalares filantrópicas e sem fins lucrativos que participem de forma complementar do Sistema único de Saúde (SUS).

2. A Medida Provisória nº 848, de 16 de agosto de 2018, autorizou o Fundo de Garantia do Tempo de Serviço (FGTS) a realizar operações de crédito destinadas às entidades hospitalares filantrópicas e sem fins lucrativos que participem de forma complementar do SUS.

3. No entanto, em discussões no âmbito do Conselho Curador do FGTS foi observada a falta de previsão legal para determinar quem seria o órgão do Poder Executivo federal que deveria regulamentar, acompanhar a execução, subisidiar o Conselho Curador com estudos técnicos necessários ao seu aprimoramento operacional e definir as metas a serem alcançadas nas operações de crédito destinadas às entidades hospitalares filantrópicas e sem fins lucrativos que participem de forma complementar do SUS.

4. Com efeito, a disposição sobre a necessidade de autorização do órgão de educação responsável para o fechamento de escolas do campo, exigindo-se diagnóstico sobre o impacto da ação e manifestação da comunidade escolar, visa a assegurar o acesso da população rural à educação, sem ferir a autonomia dos entes federativos.

5. O presente Projeto de Lei representa medida importante para institucionalizar instrumentos de gestão voltados para a melhoria da qualidade da educação básica das populações do campo.

6. Essas, Excelentíssimo Senhor Presidente, sãoasrazõesquejustificam oencaminhamento da presente proposta de ato normativo à consideração de Vossa Excelência.

Respeitosamente,
(espaço para assinatura)

[NOME DO SIGNATÁRIO]
[Ministro de Estado]

Sistema de Geração e Tramitação de Documentos Oficiais (Sidof)

O Sistema de Geração e Tramitação de Documentos Oficiais (Sidof) é a ferramenta eletrônica utilizada para a elaboração, a redação, a alteração, o controle, a tramitação, a administração e a gerência das exposições de motivos com as propostas de atos a serem encaminhadas pelos Ministérios à Presidência da República.

Ao se utilizar o Sidof, a assinatura, o nome e o cargo do signatário, apresentados no exemplo do item 6.2.2, são substituídos pela assinatura eletrônica que informa o nome do ministro que assinou a exposição de motivos e do consultor jurídico que assinou o parecer jurídico da Pasta.

Mensagem

Definição e finalidade

A Mensagem é o instrumento de comunicação oficial entre os Chefes dos Poderes Públicos, notadamente as mensagens enviadas pelo Chefe do Poder Executivo ao Poder Legislativo para informar sobre fato da administração pública; para expor o plano de governo por ocasião da abertura de sessão legislativa; para submeter ao Congresso Nacional matérias que dependem de deliberação de suas Casas; para apresentar veto; enfim, fazer comunicações do que seja de interesse dos Poderes Públicos e da Nação.

Minuta de mensagem pode ser encaminhada pelos ministérios à Presidência da República, a cujas assessorias caberá a redação final.

As mensagens mais usuais do Poder Executivo ao Congresso Nacional têm as seguintes finalidades:

> Encaminhamento de proposta de emenda constitucional, de projeto de lei ordinária, de projeto de lei complementar e os que compreendem plano plurianual, diretrizes orçamentárias, orçamentos anuais e créditos adicionais:

Os projetos de lei ordinária ou complementar são enviados em regime normal (Constituição, art. 61) ou de urgência (Constituição, art. 64, §§ 1º a 4º). O projeto pode ser encaminhado sob o regime normal e, mais tarde, ser objeto de nova mensagem, com solicitação de urgência.

Em ambos os casos, a mensagem se dirige aos membros do Congresso Nacional, mas é encaminhada com ofício do Ministro de Estado Chefe da Casa Civil da Presidência da República ao Primeiro-Secretário da Câmara dos Deputados, para que tenha início sua tramitação (Constituição, art. 64, caput).

Quanto aos projetos de lei que compreendem plano plurianual, diretrizes orçamentárias, orçamentos anuais e créditos adicionais, as mensagens de encaminhamento dirigem-se aos membros do Congresso Nacional, e os respectivos ofícios são endereçados ao Primeiro-Secretário do Senado Federal. A razão é que o art. 166 da Constituição impõe a deliberação congressual em sessão conjunta, mais precisamente, "na forma do regimento comum". E, à frente da Mesa do Congresso Nacional, está o Presidente do Senado Federal (Constituição, art. 57, § 5º), que comanda as sessões conjuntas.

> Encaminhamento de medida provisória:

Para dar cumprimento ao disposto no art. 62 da Constituição, o Presidente da República encaminha Mensagem ao Congresso, dirigida a seus Membros, com ofício para o Primeiro- Secretário do Senado Federal, juntando cópia da medida provisória.

> Indicação de autoridades:

As mensagens que submetem ao Senado Federal a indicação de pessoas para ocuparem determinados cargos (magistrados dos tribunais superiores, ministros do Tribunal de Contas da União, presidentes e diretores do Banco Central, Procurador-Geral da República, chefes de missão diplomática, diretores e conselheiros de agências etc.) têm em vista que a Constituição, incisos III e IV do caput do art. 52, atribui àquela Casa do Congresso Nacional competência privativa para aprovar a indicação.

O curriculum vitae do indicado, assinado, com a informação do número de Cadastro de Pessoa Física, acompanha a mensagem.

> Pedido de autorização para o Presidente ou o Vice-Presidente da República se ausentarem do país por mais de 15 dias:

Trata-se de exigência constitucional (Constituição, art. 49, caput, inciso III e art. 83), e a autorização é da competência privativa do Congresso Nacional. O Presidente da República, tradicionalmente, por cortesia, quando a ausência é por prazo inferior a 15 dias, faz uma comunicação a cada Casa do Congresso, enviando-lhes mensagens idênticas.

> Encaminhamento de atos de concessão e de renovação de concessão de emissoras de rádio e TV:

A obrigação de submeter tais atos à apreciação do Congresso Nacional consta no inciso XII do caput do art. 49 da Constituição. Somente produzirão efeitos legais a outorga ou a renovação da concessão após deliberação do Congresso Nacional (Constituição, art. 223, § 3º). Descabe pedir na mensagem a urgência prevista na Constituição, art. 64, uma vez que o § 1º do art. 223 já define o prazo da tramitação. Além do ato de outorga ou renovação, acompanha a mensagem o correspondente processo administrativo.

> Encaminhamento das contas referentes ao exercício anterior:

O Presidente da República tem o prazo de 60 dias após a abertura da sessão legislativa para enviar ao Congresso Nacional as contas referentes ao exercício anterior (Constituição, art. 84, caput, inciso XXIV), para exame e parecer da Comissão Mista permanente (Constituição, art. 166,

> ***§ 1º**, sob pena de a Câmara dos Deputados realizar a tomada de contas (Constituição, art. 51,*
> *caput, inciso II) em procedimento disciplinado no art. 215 do seu Regimento Interno.*

> Mensagem de abertura da sessão legislativa:

Deve conter o plano de governo, exposição sobre a situação do País e a solicitação de providências que julgar necessárias (Constituição, art. 84, inciso XI). O portador da mensagem é o Chefe da Casa Civil da Presidência da República. Esta mensagem difere das demais, porque vai encadernada e é distribuída a todos os congressistas em forma de livro.

> Comunicação de sanção (com restituição de autógrafos):

Esta mensagem é dirigida aos Membros do Congresso Nacional, encaminhada por ofício ao Primeiro-Secretário da Casa onde se originaram os autógrafos. Nela se informa o número que tomou a lei e se restituem dois exemplares dos três autógrafos recebidos, nos quais o Presidente da República terá aposto o despacho de sanção.

> Comunicação de veto:

Dirigida ao Presidente do Senado Federal (Constituição, art. 66, § 1º), a mensagem informa sobre a decisão de vetar, se o veto é parcial, quais as disposições vetadas, e as razões do veto. Seu texto é publicado na íntegra no Diário Oficial da União, ao contrário das demais mensagens, cuja publicação se restringe à notícia do seu envio ao Poder Legislativo.

→ Outras mensagens remetidas ao Legislativo:

- Apreciação de intervenção federal (Constituição, art. 36, § 2º).
- Encaminhamento de atos internacionais que acarretam encargos ou compromissos gravosos (Constituição, art. 49, caput, inciso I);
- Pedido de estabelecimento de alíquotas aplicáveis às operações e prestações interestaduais e de exportação (Constituição, art. 155, § 2º, inciso IV);
- Proposta de fixação de limites globais para o montante da dívida consolidada (Constituição, art. 52, caput, inciso VI);
- Pedido de autorização para operações financeiras externas (Constituição, art. 52, caput, inciso V);
- Convocação extraordinária do Congresso Nacional (Constituição, art. 57, § 6º);
- Pedido de autorização para exonerar o Procurador-Geral da República (Constituição, art. 52, inciso XI, e art. 128, § 2º);
- Pedido de autorização para declarar guerra e decretar mobilização nacional (Constituição, art. 84, inciso XIX);
- Pedido de autorização ou referendo para celebrar a paz (Constituição, art. 84, inciso XX);
- Justificativa para decretação do estado de defesa ou de sua prorrogação (Constituição, art. 136, § 4º);
- Pedido de autorização para decretar o estado de sítio (Constituição, art. 137);
- Relato das medidas praticadas na vigência do estado de sítio ou de defesa (Constituição, art. 141, parágrafo único);
- Proposta de modificação de projetos de leis que compreendem plano plurianual, diretrizes orçamentárias, orçamentos anuais e créditos adicionais (Constituição, art. 166, § 5º);
- Pedido de autorização para utilizar recursos que ficarem sem despesas correspondentes, em decorrência de veto, emenda ou rejeição do projeto de lei orçamentária anual (Constituição, art. 166, § 8º);
- Pedido de autorização para alienar ou conceder terras públicas com área superior a 2.500 ha (Constituição, art. 188, § 1º).

Forma e estrutura

As mensagens contêm:

- brasão: timbre em relevo branco
- identificação do expediente: MENSAGEM No, alinhada à margem esquerda, no início do texto;
- vocativo: alinhado à margem esquerda, de acordo com o pronome de tratamento e o cargo do destinatário, com o recuo de parágrafo dado ao texto;
- texto: iniciado a 2 cm do vocativo; e
- local e data: posicionados a 2 cm do final do texto, alinhados à margem direita.

A mensagem, como os demais atos assinados pelo Presidente da República, não traz identificação de seu signatário.

Exemplo de mensagem:

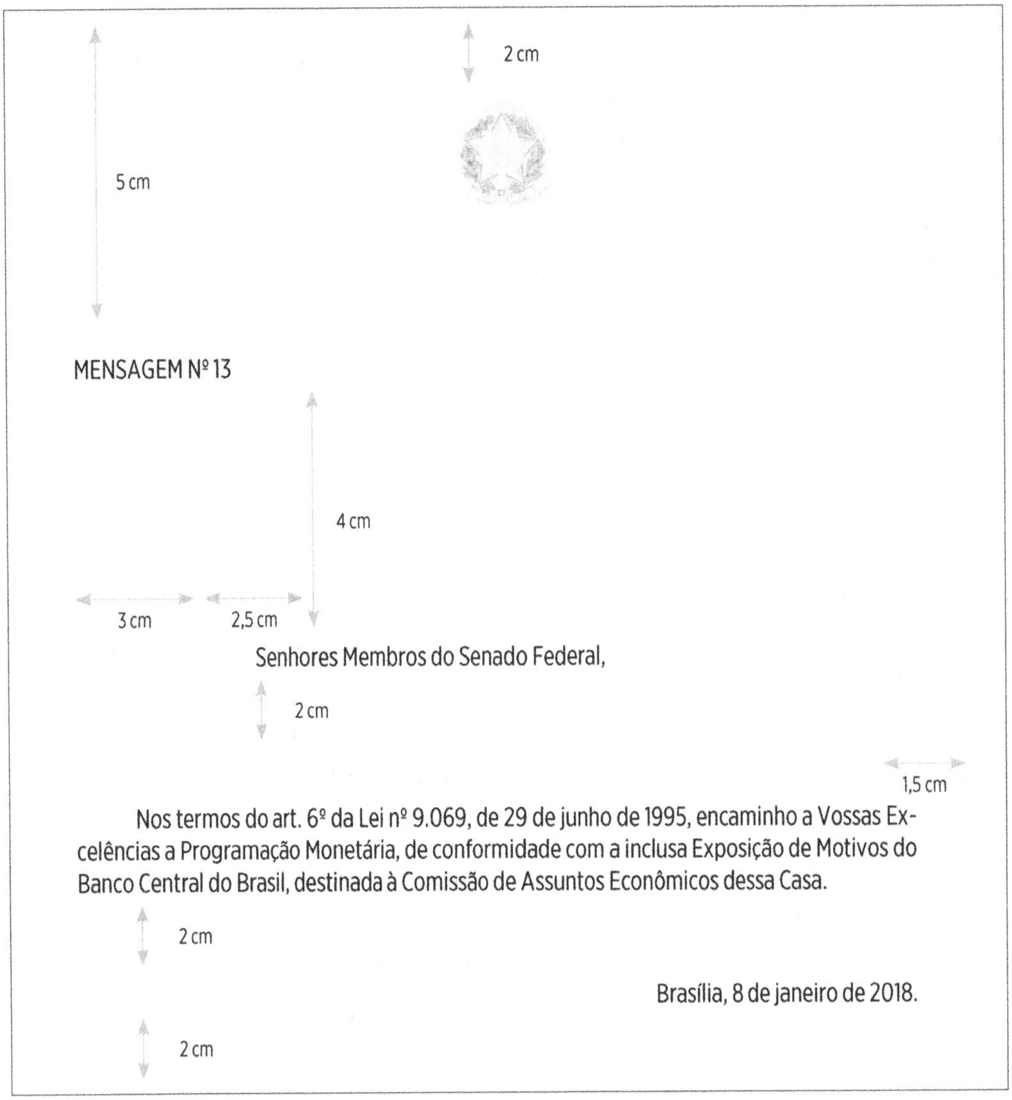

Correio eletrônico (e-mail)

Definição e finalidade

A utilização do e-mail para a comunicação tornou-se prática comum, não só em âmbito privado, mas também na administração pública. O termo e-mail pode ser empregado com três sentidos. Dependendo do contexto, pode significar gênero textual, endereço eletrônico ou sistema de transmissão de mensagem eletrônica.

Como gênero textual, o e-mail pode ser considerado um documento oficial, assim como o ofício e o memorando. Portanto, deve-se evitar o uso de linguagem incompatível com uma comunicação oficial.

Como endereço eletrônico utilizado pelos servidores públicos, o e-mail deve ser oficial, utilizando-se a extensão ".gov.br", por exemplo.

Como sistema de transmissão de mensagens eletrônicas, por seu baixo custo e celeridade, transformou-se na principal forma de envio e recebimento de documentos na administração pública.

Valor documental

Nos termos da Medida Provisória nº 2.200-2, de 24 de agosto de 2001, para que o e-mail tenha valor documental, isto é, para que possa ser aceito como documento original, é necessário existir certificação digital que ateste a identidade do remetente, segundo os parâmetros de integridade, autenticidade e validade jurídica da Infraestrutura de Chaves Públicas Brasileira – ICP- Brasil.

O destinatário poderá reconhecer como válido o e-mail sem certificação digital ou com certificação digital fora ICP-Brasil; contudo, caso haja questionamento, será obrigatório a repetição do ato por meio documento físico assinado ou por meio eletrônico reconhecido pela ICP-Brasil.

Salvo lei específica, não é dado ao ente público impor a aceitação de documento eletrônico que não atenda os parâmetros da ICP-Brasil.

Forma e estrutura

Um dos atrativos de comunicação por correio eletrônico é sua flexibilidade. Assim, não interessa definir padronização da mensagem comunicada. No entanto, devem-se observar algumas orientações quanto à sua estrutura.

Campo "Assunto"

O assunto deve ser o mais claro e específico possível, relacionado ao conteúdo global da mensagem. Assim, quem irá receber a mensagem identificará rapidamente do que se trata; quem a envia poderá, posteriormente, localizar a mensagem na caixa do correio eletrônico.

Deve-se assegurar que o assunto reflita claramente o conteúdo completo da mensagem para que não pareça, ao receptor, que se trata de mensagem não solicitada/lixo eletrônico. Em vez de "Reunião", um assunto mais preciso seria "Agendamento de reunião sobre a Reforma da Previdência".

Local e data

São desnecessários no corpo da mensagem, uma vez que o próprio sistema apresenta essa informação.

Saudação inicial/vocativo

Exemplos:

Senhor Coordenador, Prezada Senhora,

O texto dos correios eletrônicos deve ser iniciado por uma saudação. Quando endereçado para outras instituições, para receptores desconhecidos ou para particulares, deve-se utilizar o vocativo conforme os demais documentos oficiais, ou seja, "Senhor" ou "Senhora", seguido do cargo respectivo, ou "Prezado Senhor", "Prezada Senhora".

Fecho

Atenciosamente é o fecho padrão em comunicações oficiais. Com o uso do e-mail, popularizou-se o uso de abreviações como "Att.", e de outros fechos, como "Abraços", "Saudações", que, apesar de amplamente usados, não são fechos oficiais e, portanto, não devem ser utilizados em e-mails profissionais.

O correio eletrônico, em algumas situações, aceita uma saudação inicial e um fecho menos formais. No entanto, a linguagem do texto dos correios eletrônicos deve ser formal, como a que se usaria em qualquer outro documento oficial.

Bloco de texto da assinatura

Sugere-se que todas as instituições da administração pública adotem um padrão de texto de assinatura. A assinatura do e-mail deve conter o nome completo, o cargo, a unidade, o órgão e o telefone do remetente.

Exemplo:

Maria da Silva

Assessora

Subchefia para Assuntos Jurídicos da Casa Civil

(61)XXXX-XXXX

Anexos

A possibilidade de anexar documentos, planilhas e imagens de diversos formatos é uma das vantagens do e-mail. A mensagem que encaminha algum arquivo deve trazer informações mínimas sobre o conteúdo do anexo.

Antes de enviar um anexo, é preciso avaliar se ele é realmente indispensável e se seria possível colocá-lo no corpo do correio eletrônico.

Deve-se evitar o tamanho excessivo e o reencaminhamento de anexos nas mensagens de resposta.

Os arquivos anexados devem estar em formatos usuais e que apresentem poucos riscos de segurança. Quando se tratar de documento ainda em discussão, os arquivos devem, necessariamente, ser enviados, em formato que possa ser editado.

Recomendações

- Sempre que necessário, deve-se utilizar recurso de confirmação de leitura. Caso não esteja disponível, deve constar da mensagem pedido de confirmação de recebimento;
- Apesar da imensa lista de fontes disponíveis nos computadores, mantêm-se a recomendação de tipo de fonte, tamanho e cor dos documentos oficiais: Calibri ou Carlito, tamanho 12, cor preta;
- Fundo ou papéis de parede eletrônicos não devem ser utilizados, pois não são apropriados para mensagens profissionais, além de sobrecarregar o tamanho da mensagem eletrônica;
- A mensagem do correio eletrônico deve ser revisada com o mesmo cuidado com que se revisam outros documentos oficiais;
- O texto profissional dispensa manifestações emocionais. Por isso, ícones e emoticons não devem ser utilizados;
- Os textos das mensagens eletrônicas não podem ser redigidos com abreviações como "vc", "pq", usuais das conversas na internet, ou neologismos, como "naum", "eh", "aki";
- Não se deve utilizar texto em caixa alta para destaques de palavras ou trechos da mensagem pois denota agressividade de parte do emissor da comunicação.
- Evite-se o uso de imagens no corpo do e-mail, inclusive das Armas da República Federativa do Brasil e de logotipos do ente público junto ao texto da assinatura.
- Não devem ser remetidas mensagem com tamanho total que possa exceder a capacidade do servidor do destinatário.

1. REDAÇÃO PARA CONCURSOS PÚBLICOS 102
1.1 Posturas em Relação à Redação 102
1.2 Apresentação do Texto 102
1.3 O Texto Dissertativo 104
1.4 Critérios de Correção da Redação para Concursos Públicos 105
1.5 Critérios de Correção da Banca 106
1.6 Propostas de Redação 106
2. DISSERTAÇÃO EXPOSITIVA E ARGUMENTATIVA 108
2.1 Dissertação Expositiva 108
2.2 Dissertação Argumentativa 111

SUMÁRIO

1. REDAÇÃO PARA CONCURSOS PÚBLICOS

Os editais de concurso público disponibilizam o conteúdo programático das matérias que serão cobradas nas provas, mas nem sempre deixam explícito como se preparar para a prova discursiva, ou prova de redação – que, na grande maioria dos concursos, é uma etapa eliminatória.

Portanto, é necessário preparar-se com bastante antecedência, para que possa haver melhoras gradativas durante o processo de produção de um texto.

1.1 Posturas em Relação à Redação

Antes de começar a desenvolver a prática de escrita, é preciso que ter algumas posturas em relação ao processo de composição de um texto. Em posse dessas posturas, percebe-se que escrever não é tão complexo se você estiver orientado e fizer da escrita um ato constante.

Leitura

Apenas a leitura não garante uma boa escrita. Então, deve-se associar a leitura constante com a escrita constante, pois uma prática complementa a outra.

E o que ler?

Direcione sua prática de leitura da seguinte forma: fique atento às ATUALIDADES, que é um conteúdo geralmente previsto na prova de conhecimentos gerais. Ademais, conheça a instituição e o cargo a que você pretende candidatar-se, como as FUNÇÕES e RESPONSABILIDADES exigidas, as quais estão previstas no edital de abertura de um concurso. E, também, tenha uma visão crítica sobre os conhecimentos específicos, porque a tendência dos concursos é relacionar um tema ao contexto de trabalho.

Considere que, nas provas de redação, também podem ser abordados temas sobre algum assunto desafiante para o cargo ao qual o candidato está concorrendo. Uma dica é estar atento às informações veiculadas sobre o órgão público no qual pretende ingressar.

Produção do texto

A produção de um texto não depende de talento ou de um dom. No processo de elaboração de um texto, pode-se dizer que um por cento (1%) é inspiração e noventa e nove por cento (99%) é trabalho. Escrever um excelente texto é um processo que exige esforço, planejamento e organização.

Escrita

O ato de escrever é sempre desta maneira: basta começar. Escrever para ser avaliado por um corretor é colocar pensamentos organizados e articulados, num papel, a partir de um posicionamento sobre um tema estabelecido na proposta de redação.

Tema

O seu texto deve estar cem por cento (100%) adequado à proposta exigida na prova, ou seja, você não pode escrever o que quer, mas o que a proposta determina. Desse modo, antes de começar a escrever, é necessário entender o TEMA da prova.

O tema é o assunto proposto que deve ser desenvolvido. Portanto, cabe a você entendê-lo, problematizá-lo e delimitá-lo, com base no comando da proposta.

Objetividade

Seu texto deve ser objetivo, isto é, o enfoque do assunto deve ser direto, sem rodeios. Além disso, as bancas dão preferência a uma linguagem simples e objetiva. E não confunda linguagem simples com coloquialismos, pois é necessário sempre manter a sua escrita baseada na norma padrão da língua portuguesa.

Além disso, é fundamental o candidato colocar-se na posição do leitor. É um momento de estranhamento do próprio texto para indagar-se: o que escrevi é interessante e de fácil entendimento?

1.2 Apresentação do Texto

Para que se consiga escrever um bom texto, é preciso aliar duas posturas: ter o hábito da leitura e praticar a escrita de textos. Além disso, é importante conhecer as propostas das bancas e saber quais são os critérios de correção previstos em edital.

Letra - legibilidade

Escreva sempre com letra legível. Pode ser letra cursiva ou de imprensa. Tenha atenção para o espaçamento entre as letras/palavras e para a distinção entre maiúsculas e minúsculas.

Respeito às margens

As margens (tanto esquerda quanto direita) existem para serem respeitadas, portanto, não as ultrapasse no momento em que escreve a versão definitiva. Tampouco deixe "buracos" entre as palavras.

Indicação de parágrafos

É preciso deixar um espaço antes de iniciar um parágrafo (mais ou menos dois centímetros).

Título

Colocar título na redação vale mais pontos?

Se o título for solicitado, ele será obrigatório. Caso não seja colocado na redação, haverá alguma perda, mas não muito. Os editais, em geral, não informam pontuações exatas. No caso de o título não ser solicitado, ele se torna facultativo. Logo, se o candidato decidir inseri-lo, ele fará parte do texto, sendo analisado como tal, mas não terá um valor extra por isso.

O título era obrigatório, e não o coloquei... E agora?

Quando há a obrigatoriedade, a ausência do título não anula a questão, a menos que haja essa orientação nas instruções dadas na prova. Não há um desconto considerável em relação ao esquecimento do título, porque a maior pontuação, em uma redação para concurso, está relacionada ao conteúdo do texto.

É preciso pular linha após o título?

Em caso de obrigatoriedade do título, procure não pular linha entre o título e o início do texto, porque essa linha em branco não é contada durante a correção.

Quando se deve escrever o título?

O título é a síntese de sua redação, portanto, prefira escrevê-lo ao término da redação.

Erros na versão final

Quando você está escrevendo e, por distração, erra uma palavra, você deve passar um traço sobre a palavra e escrevê-la corretamente logo em seguida:

Ex.: exeção exceção

Translineação

Quando não dá para escrever uma palavra completa ao final da linha, deve-se escrever até o limite, sem ultrapassar a margem direita da linha, e o sinal de separação será sempre o hífen.

Sempre respeite as regras de separação silábica. Nunca uma palavra será separada de maneira a desrespeitar as sílabas:

> Não rasure seu texto.
>
> Não escreva a palavra entre parênteses, mesmo se estiver riscada: (exeção) (exeção).
>
> Não use a expressão "*digo*".

tran-

sformação

Caso a próxima sílaba não caiba no final da linha, embora ainda haja um espaço, deixe-a e continue na próxima linha.

trans-

formação

> Em relação ao posicionamento do hífen de separação, deixe-o ao lado da sílaba. Nunca acima.

Quando a palavra for escrita com hífen e a separação ocorrer justo nesse espaço, você deve usar duas marcações. Por exemplo: entende-se

entende-

-se

Se a palavra não tiver hífen em sua estrutura, use apenas uma marcação:

apresen-

tação

Impessoalidade

O texto dissertativo (expositivo-argumentativo) é impessoal. Portanto, pode-se escrever com verbos em:

- 3ª pessoa:

A qualidade no atendimento precisa ser prioridade.

Percebe-se que a qualidade no atendimento é essencial.

Notam-se várias mudanças no setor público.

- 1ª pessoa do plural:

Observamos muitas mudanças e melhorias no serviço público.

> NÃO escreva na 1ª pessoa do singular: Observo mudanças significativas.

Adequação vocabular

Adequação vocabular diz respeito ao desempenho linguístico de acordo com o nível de conhecimento exigido para o cargo/área/especialidade, e a adequação do nível de linguagem adotado à produção proposta.

Portanto, devem-se escolher palavras adequadas, evitando-se o uso de jargões, chavões, termos muito técnicos que possam dificultar a compreensão.

Domínio da norma padrão da língua

Deve-se ficar atento aos aspectos gramaticais, principalmente:

Estrutura sintática de orações e períodos

Elementos coesivos

Concordância verbal e nominal

Pontuação

Regência verbal e nominal

Emprego de pronomes

Flexão verbal e nominal

Uso de tempos e modos verbais

Grafia

Acentuação

Repetição

Prejudica a coesão textual, e ocorre quando se usa muitas vezes a mesma palavra ou ideia, as quais poderiam ser substituídas por sinônimos e conectivos.

Informações óbvias

Explicações que não precisam ser mencionadas, pois já se explicam por si próprias.

Generalização

É percebida quando se atribui um conceito que é específico de uma forma generalizada.

Os menores infratores saem dos centros de ressocialização e retornam ao o do crime. (isso ocorre com todos?)

É preciso que o governo tome medidas urgentes para resolver esse problema. (que medidas?)

Gerúndio

É muito comum usarmos o gerúndio na fala, mas não se usa com tanta recorrência na escrita.

1.3 O Texto Dissertativo

Dissertar é escrever sobre algum assunto e pressupõe ou defender uma ideia, analisá-la criticamente, discuti-la, opinar, ou apenas esclarecer conceitos, dar explicações, apresentar dados sobre um assunto, tudo de maneira organizada, quer dizer, com início, meio e fim bem claros e objetivos.

A dissertação pode ser classificada quanto à maneira como o assunto é abordado:

I - EXPOSITIVA: são expostos fatos (de conhecimento e domínio público, divulgados em diversos meios de comunicação), mas não é apresentada uma discussão, um ponto de vista.

II - ARGUMENTATIVA: há a exposição de pontos de vista pessoais, com juízos de valor sobre um fato ou assunto.

> A dissertação expositiva também é usada quando a proposta exige um texto técnico. Este tipo de texto pode ter duas abordagens: Estudo de Caso (em que é feito um parecer a partir de sua situação hipotética) e Questão Teórica (em que é preciso apresentar conceitos, normas, regras, diretrizes de um determinado conteúdo).

E qual a melhor maneira de abordar um assunto numa prova de redação para concursos públicos?

Para que seu texto seja MUITO BEM avaliado, o ideal é conseguir chegar a uma forma mista de abordagem, ou seja, escrever um texto dissertativo em que você expõe um assunto e, ao mesmo tempo, dá sua opinião sobre ele. Desse modo, os fatos que são conhecidos (domínio público) podem se transformar em exemplificação atualizada, a qual pode ser relacionada à sua argumentação de forma contextualiza e crítica.

Aspectos gerais da produção de textos

Em face da limitação de espaço, é muito difícil apresentar muitos enfoques relativos ao tema. Por essa razão, dependendo do limite em relação à quantidade de linhas, a dissertação deve conter de 4 a 5 parágrafos, sendo UM para Introdução, DOIS a TRÊS para Desenvolvimento e UM para Conclusão.

Além disso, cada parágrafo deve possuir, no mínimo, dois períodos. Cuidado com as frases fragmentadas, ambiguidades e os erros de paralelismo.

Procure elaborar uma introdução que contenha, de maneira clara e direta, o tema, o primeiro enfoque, o segundo enfoque, etc. E mantenha sempre o caráter dissertativo. Por isso, no desenvolvimento, dê um parágrafo para cada enfoque selecionado, e empregue os articuladores adequados. Por fim, fundamente sempre suas ideias.

Quanto aos exemplos, procure selecionar aqueles que sejam de domínio público, os que tenham saído na mídia: jornais, revistas, TV. E nunca analise temas por meio de emoções exageradas – especialmente política, futebol, religião, etc.

Estrutura de um texto dissertativo

> Nunca use frases feitas, chavões.
> Não repita palavras ou expressões. Use sinônimos.
> Jamais converse com o leitor: nunca use você ou tu. Não empregue verbos no imperativo.

Para escrever uma dissertação, é preciso que haja uma organização do texto a fim de que se obtenha um texto claro e bem articulado:

I- INTRODUÇÃO: consiste na apresentação do assunto a fim de deixar claro qual é o recorte temático e qual a ideia que será defendida e/ou esclarecida, ou seja, a TESE.

II- DESENVOLVIMENTO: é a parte em que são elaborados os parágrafos argumentativos e/ou informativos, nos quais você explica a sua TESE. É o momento mais importante do texto, por isso, É NECESSÁRIO que a TESE seja explicada, justificada, e isso pode ser feito por meio de exemplos e explicações.

III- CONCLUSÃO: esta parte do texto não traz informações novas, muito menos argumentos, porque consiste no fechamento das ideias apresentadas, ou seja, é feita uma reafirmação da TESE. Dependendo do comando da proposta de redação e do tema, pode ser apresentada uma hipótese de solução de um problema apresentado na TESE.

TESE		
	Introdução	- Assunto - Recorte temático - TESE
	Desenvolvimento	- Tópico/TESE + justificativa
	Conclusão	- Retomada da introdução - Reafirmação da TESE

Introdução

É o primeiro parágrafo e serve de apresentação da dissertação, por essa razão deve estar muito bem elaborada, ser breve e apresentar apenas informações sucintas. Deve apenas apresentar o TEMA e os ENFOQUES e ter em torno de cinco linhas.

Desenvolvimento

É a redação propriamente dita. Deve ser constituído de dois a três parágrafos (a depender do tema da proposta), um para cada enfoque apresentado na Introdução. É a parte da redação em que argumentos são apresentados para explicitar, em um parágrafo distinto, cada um dos enfoques. Cada parágrafo deve ter de 5 a 8 linhas. Pode-se desenvolver os argumentos por meio de relações que devem ser usadas para deixar seu texto coeso e coerente.

Conectores

As relações comentadas acima são estabelecidas com CONECTORES:

Prioridade, relevância: em primeiro lugar, antes de mais nada, antes de tudo, em princípio, primeiramente, acima de tudo, principalmente, primordialmente, sobretudo.

Tempo: atualmente, hoje, frequentemente, constantemente às vezes, eventualmente, por vezes, ocasionalmente, sempre, raramente, não raro, ao mesmo tempo, simultaneamente, nesse ínterim, enquanto, quando, antes que, depois que, logo que, sempre que, assim que, desde que, todas as vezes que, cada vez que, então, enfim, logo, logo depois, imediatamente, logo após, a princípio, no momento em que, pouco antes, pouco depois, anteriormente, posteriormente, em seguida, afinal, por fim, finalmente, agora.

Semelhança, comparação, conformidade: de acordo com, segundo, conforme, sob o mesmo ponto de vista, tal qual, tanto quanto, como, assim como, como se, bem como, igualmente, da mesma forma, assim também, do mesmo modo, semelhantemente, analogamente, por analogia, de maneira idêntica, de conformidade com.

Condição, hipótese: se, caso, eventualmente.

Adição, continuação: além disso, demais, ademais, outrossim, ainda mais, por outro lado, também, e, nem, não só ... mas também, não só... como também, não apenas ... como também, não só ... bem como, com, ou (quando não for excludente).

Dúvida: talvez, provavelmente, possivelmente, quiçá, quem sabe, é provável, não é certo, se é que.

Certeza, ênfase: certamente, decerto, por certo, inquestionavelmente, sem dúvida, inegavelmente, com toda a certeza.

Ilustração, esclarecimento: por exemplo, só para ilustrar, só para exemplificar, isto é, quer dizer, em outras palavras, ou por outra, a saber, ou seja, aliás.

Propósito, intenção, finalidade: com o fim de, a fim de, com o propósito de, com a finalidade de, com o intuito de, para que, a fim de que, para.

Resumo, recapitulação, conclusão: em suma, em síntese, em conclusão, enfim, em resumo, portanto, assim, dessa forma, dessa maneira, desse modo, logo, dessa forma, dessa maneira, assim sendo.

Explicação: por consequência, por conseguinte, como resultado, por isso, por causa de, em virtude de, assim, de fato, com efeito, tão (tanto, tamanho)... que, porque, porquanto, pois, já que, uma vez que, visto que, como (= porque), portanto, logo, que (= porque), de tal sorte que, de tal forma que, haja vista.

Contraste, oposição, restrição: pelo contrário, em contraste com, salvo, exceto, menos, mas, contudo, todavia, entretanto, no entanto, embora, apesar de, apesar de que, ainda que, mesmo que, posto que, conquanto, se bem que, por mais que, por menos que, só que, ao passo que, por outro lado, em contrapartida, ao contrário do que se pensa, em compensação.

Contraposição: É possível que... no entanto...

É certo que... entretanto...

É provável que ... porém...

Organização de ideias: Em primeiro lugar ..., em segundo ..., por último ...; por um lado ..., por outro ...; primeiramente, ...,em seguida, ..., finalmente, ...

Enumeração: É preciso considerar que ...; Também não devemos esquecer que ...; Não podemos deixar de lembrar que...

Reafirmação/Retomada: Compreende-se, então, que ...

É bom acrescentar ainda que ...

É interessante reiterar ...

Conclusão

É o último parágrafo. Deve ser breve, contendo em torno de cinco linhas. Na conclusão, deve-se retomar o tema e fazer o fechamento das ideias apresentadas em todo o texto e não somente em relação às ideias contidas no último parágrafo do desenvolvimento.

Pode-se concluir:

- Fazendo uma síntese das ideias expostas.

- Esclarecendo um posicionamento e/ou questionamento, desde que coerente, com o desenvolvimento.

- Estabelecendo uma dedução ou demonstrando uma consequência dos argumentos expostos.

- Levantando uma hipótese ou uma sugestão coerente com as afirmações feitas durante o texto.

- Apresentando possíveis soluções para os problemas expostos no desenvolvimento, buscando prováveis resultados.

Conectores

Pode-se iniciar o parágrafo da conclusão com:

Assim; Assim sendo; Portanto; Mediante os fatos expostos; Dessa forma; Diante do que foi dito; Resumindo; Em suma; Em vista disso, pode-se concluir que; Finalmente; Nesse sentido; Com esses dados, conclui-se que; Considerando as informações apresentadas, entende-se que; A partir do que foi discutido.

1.4 Critérios de Correção da Redação para Concursos Públicos

Conteúdo

Neste critério, observa-se se há apresentação marcada do recorte temático, o qual deve nortear o desenvolvimento do texto; se o recorte está contextualizado no texto, por exemplo, quando a proposta propuser uma situação hipotética, ela deve estar diluída em seu texto.

Lembre-se: a proposta não faz parte de seu texto, ou seja, sua produção não pode depender da proposta para ter sentido claro e objetivo.

> O único gênero textual que permite a referência ao texto motivador, bem como a cópia de alguns trechos, é o estudo de caso, pois é preciso fazer uma análise em relação a uma situação hipotética.

Em outras palavras: se há algum texto ou uma coletânea de textos, eles têm caráter apenas motivador. Portanto, não faça cópias de trechos dos textos, tampouco pense que o tema da redação é o assunto desses textos. É preciso verificar o recorte temático, o qual fica evidente no corpo da proposta.

Gênero

Neste critério, verifica-se se a produção textual está adequada à modalidade redacional, ou seja, se o texto expressa o domínio da linguagem do gênero: narrar, relatar, argumentar, expor, descrever ações, etc.

Os concursos públicos, quase em sua totalidade, têm como gênero textual a dissertação argumentativa ou o texto expositivo-argumentativo. Desse modo, a banca avalia a objetividade e o posicionamento frente ao tema, a articulação dos argumentos, a consistência e a coerência da argumentação.

Isso significa que há uma valorização quanto do conteúdo do texto: a opinião, a justificativa dessa opinião e a seletividade de informações sobre o tema.

Coerência

Neste critério, avalia-se se há atendimento total do comando, com informações novas que evidenciam conhecimento de mundo e que atestam excelente articulação entre os aspectos exigidos pela proposta, o recorte temático e o gênero textual requisitado. Ou seja, é preciso trazer informações ao texto que não estão disponíveis na proposta. Além disso, é essencial garantir a progressão textual, quer dizer, seu texto precisa ter uma evolução e não pode trazer a mesma informação em todos os parágrafos.

Coesão e gramática

Neste critério, percebe-se se há erros gramaticais; se os períodos estão bem organizados e articulados, com uso de vocabulário e conectivos adequados; e se os parágrafos estão divididos de modo consciente, a fim de garantir a progressão textual.

1.5 Critérios de Correção da Banca

Cada Banca Examinadora delimita, na publicação do edital de abertura de um concurso, que critérios serão utilizados para corrigir as redações. Por isso, é essencial que se conheça quais são esses critérios e como a Banca os organiza.

Banca cespe

Quando forem apresentados tópicos, deve-se escrever 1 parágrafo para cada tópico.

Aspectos Macroestruturais

1. Apresentação (legibilidade, respeito às margens e indicação de parágrafos) e estrutura textual (organização das ideais em texto estruturado).
2. Desenvolvimento do tema

Tópicos da proposta

Aspectos Microestruturais

Ortografia

Morfossintaxe

Propriedade vocabular

1.6 Propostas de Redação

Proposta 01

As vendas de automóveis de passeio e de veículos comerciais leves alcançaram 340 706 unidades em junho de 2012, alta de 18,75%, em relação a junho de 2011, e de 24,18%, em relação a maio de 2012, segundo informou, nesta terça-feira, a Federação Nacional de Distribuição de Veículos Automotores (Fenabrave). Segundo a entidade, este é o melhor mês de junho da história do setor automobilístico.

Disponível em: <http://br.financas.yahoo.com>. Acesso em: 3 jul. 2012 (adaptado).

Na capital paulista, o trânsito lento se estendeu por 295 km às 19 h e superou a marca de 293 km, registrada no dia 10 de junho de 2009. Na cidade de São Paulo, registrou-se, na tarde desta sexta-feira, o maior congestionamento da história, segundo a Companhia de Engenharia de Tráfego (CET). Às 19 h, eram 295 km de trânsito lento nas vias monitoradas pela empresa. O índice superou o registrado no dia 10 de junho de 2009, quando a CET anotou, às 19 h, 293 km de congestionamento.

Disponível em: <http://noticias.terra.com.br>. Acesso em: 03 jul. 2012 (adaptado).

O governo brasileiro, diante da crise econômica mundial, decidiu estimular a venda de automóveis e, para tal, reduziu o imposto sobre produtos industrializados (IPI). Há, no entanto, paralelamente a essa decisão, a preocupação constante com o desenvolvimento sustentável, por meio do qual se busca a promoção de crescimento econômico capaz de incorporar as dimensões socioambientais.

Considerando que os textos acima têm caráter unicamente motivador, redija um texto dissertativo sobre sistema de transporte urbano sustentável, contemplando os seguintes aspectos:

> Conceito de desenvolvimento sustentável; (valor: 3,0 pontos)

> Conflito entre o estímulo à compra de veículos automotores e a promoção da sustentabilidade; (valor: 4,0 pontos)

> Ações de fomento ao transporte urbano sustentável no Brasil. (valor: 3,0 pontos)

Proposta 02

I

Venham de onde venham, imigrantes, emigrantes e refugiados, cada vez mais unidos em redes sociais, estão aumentando sua capacidade de incidência política sobre uma reivindicação fundamental: serem tratados como cidadãos, em vez de apenas como mão de obra (barata ou de elite).

(Adaptado de: http://observatoriodadiversidade.org.br)

II

A intensificação dos fluxos migratórios internacionais das últimas décadas provocou o aumento do número de países orientados a regulamentar a imigração. Os argumentos alegados não são novos: o medo de uma "invasão migratória", os riscos de desemprego para os trabalhadores autóctones, a perda da identidade nacional.

III

Ainda não existe uma legislação internacional sólida sobre as migrações internacionais. Assim, enquanto que os direitos relativos ao investimento estrangeiro foram se reforçando cada vez mais nas regras estabelecidas para a economia global, pouca atenção vem sendo dada aos direitos dos trabalhadores.

(II e III adaptados de: http://www.migrante.org.br)

Considerando o que se afirma em I, II e III, desenvolva um texto dissertativo-argumentativo, posicionando-se a respeito do seguinte tema:

Mobilidade Humana e Cidadania na atualidade.

2. DISSERTAÇÃO EXPOSITIVA E ARGUMENTATIVA

2.1 Dissertação Expositiva

Na dissertação expositiva, o objetivo do texto é passar conhecimento para o leitor de maneira clara, imparcial e objetiva.

Nesse tipo textual, não se faz necessariamente a defesa de uma ideia, pois não há intenção de convencer o leitor, nem criar debate. Trabalha-se o assunto de maneira atemporal.

Distinção entre texto expositivo e descritivo

É bastante comum que se confunda o texto dissertativo-expositivo com o texto descritivo. Vamos à distinção:

O texto expositivo tem por objetivo principal informar com clareza e objetividade. Predomina a linguagem impessoal e objetiva. De forma geral, segue a estrutura da dissertação (introdução, desenvolvimento, conclusão). Como exemplo desse tipo de texto, temos aqueles encontrados em livros didáticos, enciclopédias, jornais, revistas (científicas, informativas, etc.).

> É bastante comum que um texto (um gênero textual) apresente diversos tipos textuais em sua estrutura, o que dificulta a diferenciação.

O tipo descritivo está relacionado à caracterização minuciosa de algo, sem, necessariamente, ter o objetivo de informar ao leitor. A linguagem utilizada na descrição nem sempre é objetiva ou impessoal, e sua estrutura não obedece necessariamente a regras.

Partes do texto dissertativo-expositivo

Tipos de Introdução

Introdução Simples

É uma introdução direta, na qual é exposta apenas a delimitação do tema.

Introdução com Paráfrase

A paráfrase é uma reescrita de frases sem que haja alteração de sentido. Para que essa reescrita seja coerente, é necessário que seja mantido o paralelismo semântico. Este tipo de introdução geralmente é usado quando o tema da redação é uma afirmação.

Introdução com Conceituação

Neste tipo de introdução, a autor do texto apresenta seu ponto de vista ou a ideia central por meio da definição de algum conceito que tenha relação com o núcleo do tema.

Introdução com Indicação do Desenvolvimento

São apresentados o tema e os tópicos que serão esclarecidos no desenvolvimento. Numa dissertação-expositiva enumeram-se os aspectos que serão relatadas ao longo do texto.

É muito importante ter atenção com a ordem dessa enumeração, pois é necessário que ela seja mantida no decorre do desenvolvimento para que se garanta conexão lógica e a progressividade textual. Além disso, todos os itens enumerados devem ser abordados no desenvolvimento.

É imprescindível, também, que se trate cada tópico em um parágrafo diferente, porque facilita, para o examinador, a identificação de que foi redigido tudo o que foi apresentado.

Tipos de Desenvolvimento

O desenvolvimento deve conter a exposição de cada um dos aspectos enumerados na introdução. Não há uma forma específica para se escrever esta parte da redação. A continuidade do texto será dada de acordo com a introdução. Ou seja, a sequência do desenvolvimento deve estar já delimitada no parágrafo introdutório.

> Procure escrever, em cada parágrafo, alguma palavra-chave sobre o tema e os fundamentos abordados na redação.

Nunca deixe mencionar tudo o que é solicitado na proposta. Se deixar em branco, será atribuída nota zero na correção da redação. Isso significa que você deve responder ao questionamento, sem se desviar do tema.

Tipos de Conclusão

Confirmação

É a forma mais simples. É feita uma síntese do que foi escrito na redação ou uma confirmação (reforço) da tese que orientou o texto e foi afirmado na introdução.

Solução

Este tipo é muito usado em pareceres e relatórios, pois há apresentação de solução ou soluções para a tese apresentada na introdução.

Expansão

Neste tipo de conclusão, usa-se o melhor argumento ou a melhor ideia exposta (no desenvolvimento) e é feita uma conexão com o desenvolvimento, de forma encerrar a discussão ou o assunto.

Finalização do Desenvolvimento

O parágrafo de conclusão também pode trazer algum aspecto relevante sobre o tema, em vez de expor uma "conclusão, síntese, expansão ou solução".

Para que a redação não fique sem fechamento, é recomendável que se use alguma expressão que indique conclusão, como: "por fim", "finalmente", "por último", "em último lugar", "em conclusão", etc.

Propostas de dissertação expositiva

Proposta 01

Convocada pela Defensoria Pública do Rio, a comunidade do Complexo do Alemão começou a chegar duas horas antes do combinado. Enfileiraram-se em busca, principalmente, de carteiras de identidade e de trabalho, ícones da entrada na sociedade formal. Houve duas dúzias de coleta de material genético para exames de comprovação de paternidade. Foram entrevistadas 180 moradoras sobre saúde, maternidade e violência doméstica. Uma cidadã transexual foi atrás de orientação para trocar de nome. Mães pediram tratamento psicológico para filhos com sintomas de síndrome do pânico. Segundo a presidenta da Associação de Defensores Públicos do Estado do Rio de Janeiro, "quando conversamos, percebemos que a violência permeia o discurso. Mas os moradores têm outras demandas. Denunciam a falta de alguma instituição que os defenda da vulnerabilidade". A agenda dos moradores do Alemão envolve cinco ações: moradia, saneamento, educação técnico-profissional, políticas para jovens e espaços de lazer, esporte e cultura.

Flávia Oliveira. Demanda cidadã. In: O Globo, 27/5/2015, p. 28 (com adaptações).

Considerando que o fragmento de texto acima tem caráter unicamente motivador, redija um texto dissertativo acerca do seguinte tema.

SEGURANÇA PÚBLICA: POLÍCIA E POLÍTICAS PÚBLICAS

Ao elaborar seu texto, faça o que se pede a seguir.

< Disserte a respeito da segurança como condição para o exercício da cidadania. [valor: 25,50 pontos]

< Dê exemplos de ação do Estado na luta pela segurança pública. [valor: 25,50 pontos]

< Discorra acerca da ausência do poder público e a presença do crime organizado. [valor: 25,00 pontos]

Padrão de Resposta da Banca

Espera-se que, relativamente ao primeiro aspecto proposto (a segurança como condição para o exercício da cidadania), o candidato afirme a impossibilidade real e concreta do pleno exercício da cidadania em um cenário de dramática insegurança. Tal como dicionarizado, o conceito de cidadania remete ao "indivíduo que, como membro de um Estado, usufrui de direitos civis e políticos garantidos pelo mesmo Estado e desempenha os deveres que lhe são atribuídos". Viver em paz, sem o contínuo temor de ser vítima de agressão — venha de onde vier — passa a ser entendido como direito essencial à vida em comunidade assentada nos princípios da cidadania.

Em relação ao segundo aspecto (exemplos de ação do Estado na luta pela segurança pública), espera-se que o candidato seja capaz de apontar alguns exemplos da necessária ação do poder público para a conquista e a manutenção do clima de segurança coletiva nas mais diversas comunidades, sobretudo as mais vulneráveis. Nesse sentido, basta que o candidato se reporte ao próprio texto motivador, tendo em vista que policiamento adequado e atendimento às demandas básicas da sociedade são faces de uma mesma moeda.

Por fim, no que concerne ao terceiro aspecto (ausência do poder público e a presença do crime organizado), convém que o candidato faça referência a uma preocupante realidade, por todos sabida: onde há omissão do Estado, a tendência é que esse vazio seja ocupado por grupos criminosos no atendimento às demandas das comunidades. Essa realidade está presente, inclusive, em instituições penitenciárias.

Proposta 02

Um relatório do Conselho de Segurança da Organização das Nações Unidas constatou que 15 mil pessoas viajaram à Síria e ao Iraque para combater pelo Estado Islâmico e por grupos extremistas semelhantes. De acordo com o relatório, essas pessoas saíram de mais de 80 países, o que inclui um grupo de países que não havia enfrentado desafios anteriores com relação à Al Qaeda. Os números reforçam recentes estimativas dos serviços de inteligência dos Estados Unidos da América sobre o escopo do problema dos combatentes estrangeiros, que, conforme o relatório, se agravou apesar das ações agressivas das forças antiterroristas e das redes mundiais de vigilância. Os números referentes ao período iniciado em 2010 são superiores aos números referentes ao total de combatentes estrangeiros nas fileiras terroristas entre 1990 e 2010 — e continuam crescendo.

Folha de S.Paulo, 1.º/11/2014, p. 10, caderno Mundo 2 (com adaptações).

Considerando que o fragmento de texto acima tem caráter unicamente motivador, redija um texto dissertativo acerca do tema a seguir.

A CIVILIZAÇÃO CONTEMPORÂNEA E O TERRORISMO

Ao elaborar seu texto, aborde, necessariamente, os seguintes aspectos:

< o 11 de Setembro de 2001 e a nova escalada terrorista; [valor: 4,00 pontos]

< o Estado Islâmico: intolerância e agressividade; [valor: 4,00 pontos]

< a reação mundial ao terrorismo. [valor: 4,00 pontos]

Padrão de Resposta da Banca

Espera-se que, relativamente ao primeiro aspecto (O 11 de setembro de 2001 e a nova escalada terrorista), o candidato mencione o impacto causado em todo o mundo pela ação do terror (Al Qaeda) em território norte-americano, atingindo o prédio do Pentágono, em Washington, e destruindo por completo as torres do World Trade Center, em Nova Iorque. A pronta e vigorosa reação dos EUA (governo Bush) alterou a legislação do país, com algum tipo de cerceamento das liberdades, e se estendeu por várias partes do mundo, a começar pela identificação de países considerados fontes permanentes de ações agressivas contra os EUA, definidos como "Eixo do Mal". Em verdade, o 11 de setembro de 2001 deu inédita visibilidade ao terrorismo impulsionado pelo fanatismo religioso, que se manifestou em outros locais, como, por exemplo, Londres e Madri.

Quanto ao segundo aspecto (Estado Islâmico: intolerância e agressividade), o candidato poderá destacar a intenção do grupo de instituir um califado muçulmano, com a conquista de territórios hoje integrantes da Síria e do Iraque, sua absoluta subordinação a uma visão estreita e radical do islã, além da chocante violência de seus atos, como a decapitação de prisioneiros, em cenas gravadas e divulgadas pelo mundo afora. Outro direcionamento para o segundo aspecto é o aliciamento de jovens para a luta armada por meio das redes sociais, por exemplo.

Por fim, o terceiro aspecto a ser focalizado (A reação mundial ao terrorismo) deverá levar o candidato a se referir às manifestações da opinião pública mundial, que tende a repudiar maciçamente atitudes dessa natureza, à ação de organismos internacionais (como a citada ONU) e à reação objetiva de muitos países (particularmente os ocidentais, à frente os EUA), agindo civil e militarmente para frear a ação terrorista. Além disso, ao abordar os aspectos citados no comando da prova, espera-se que o candidato mencione o interesse econômico subjante às atividades terroristas, o que decorre sobretudo do interesse por fontes naturais, tais como petróleo e gás natural.

Proposta 03

Em um lixão de Gana, carcaças de computadores espalhadas em meio a todo o tipo de dejetos chamam a atenção por etiquetas que identificam sua procedência: delegacias, conselhos públicos e até universidades britânicas. O mesmo acontece em lixões da China, com produtos oriundos da Europa ou dos Estados Unidos da América (EUA). Já na América Central, um navio saído dos EUA passa por países pobres tentando encontrar um terreno que aceite o depósito do que dizem ser fertilizante, mas que na verdade são cinzas de produtos eletrônicos. Parte do material, rico em arsênio, chumbo e outras substâncias tóxicas, é jogado em uma praia do Haiti, outra parte atirada no oceano. Não tão distante, 353 toneladas de resíduos de televisores são trazidos dos EUA em contêineres ao Porto de Navegantes, em Santa Catarina (carga devolvida à origem).

O Globo, 24/8/2015, p. 21 (com adaptações).

Considerando que o fragmento de texto acima tem caráter unicamente motivador, redija um texto dissertativo acerca do seguinte tema.

LIXO ELETRÔNICO: O PLANETA EM PERIGO

Ao elaborar seu texto, aborde os seguintes aspectos:

> lixo eletrônico: a outra face do desenvolvimento; [valor: 3,50 pontos]

> a globalização da rota do tráfico de resíduos eletrônicos; [valor: 3,00 pontos]

> os lucros gerados pelos resíduos e a ação do crime organizado. [valor: 3,00 pontos]

Padrão de Resposta da Banca

Espera-se que, em relação ao primeiro tópico proposto (lixo eletrônico: a outra face do desenvolvimento), o candidato identifique nesses resíduos eletrônicos a outra e danosa face do desenvolvimento trazido pelo processo de transformação do sistema produtivo conhecido como Revolução Industrial. O certo é que, em muitos países, ainda não há legislação plenamente ativa para controlar o descarte de eletrônicos. No Brasil, verifica-se reiterada tentativa de burlar a legislação a respeito. Esse descarte, feito de modo inadequado, agride violentamente o meio ambiente.

Quanto ao segundo aspecto (a globalização da rota do tráfico de resíduos eletrônicos), espera-se que o candidato aponte a relação existente entre a globalização da economia e a do tráfico desses resíduos. Em geral, como indicado no texto motivador, esse descarte criminoso é feito pelas economias mais desenvolvidas na direção de países periféricos e mais pobres.

Relativamente ao terceiro ponto (os lucros gerados pelos resíduos e a ação do crime organizado), espera-se que o candidato lembre que, devido à falta de monitoramento e à fragilidade da fiscalização, essa atividade ilegal torna-se por demais atraente em termos financeiros, sem maiores riscos para quem dela se ocupa. É onde entra o crime organizado global, que tem se diversificado e investido em resíduos. O próprio texto motivador deixa transparecer que o descarte do lixo eletrônico, tal como visto nos exemplos citados, acaba sendo mais um ramo do crime organizado global, integrando a extensa teia que envolve lavagem de dinheiro, comércio de armas, tráfico humano, fraudes na área esportiva, avanço ilegal sobre a biodiversidade, entre tantos outros.

Proposta 04

Considerando que o contexto que envolve as drogas ilícitas, redija um texto dissertativo que atenda, necessariamente, ao que se pede a seguir:

As drogas ilícitas na contemporaneidade

> O problema social das drogas ilícitas no mundo contemporâneo

> O fracasso da política antidrogas militarizada

> Alternativas à atual política antidrogas

Padrão de Resposta da Banca

Espera-se que, em relação ao primeiro item ("O problema social das drogas ilícitas no mundo contemporâneo"), o candidato aponte as drogas como um grave problema social da contemporaneidade. Sem distinção de classes sociais e presente em todas elas, o uso de drogas ilícitas instalou-se no interior das sociedades, e é, sob muitos aspectos, elemento fundamental para a desestruturação familiar e para a exacerbação da violência. Além disso, contribui decisivamente para o adensamento do crime organizado, cuja atuação, cada vez mais, ocorre em escala global.

No que concerne ao segundo item ("O fracasso da política antidrogas militarizada"), espera-se que o candidato pondere, por exemplo, que o custo do combate às drogas é elevado, seja no que se refere a vidas humanas, seja no que se refere ao dinheiro nele aplicado. Em suma, pode-se afirmar que, se determinados instrumentos utilizados por cinco décadas não apresentaram resultados, esses métodos são ineficazes, o que leva à reflexão sobre a conveniência de substituí-los.

Por fim, em relação ao terceiro item ("Alternativas à atual política antidrogas"), espera-se que o candidato alegue que estão em marcha atitudes que podem ser uma alternativa interessante à atual política antidrogas militarizada, por exemplo, a rejeição à pulverização pura e simples dos campos de cultivo de coca, planta da qual é feita a cocaína; a permissão para o cultivo de pequenas plantações de coca; a plantação de maconha para fins medicinais e, sobretudo, ação de lideranças políticas (no Brasil, com destaque para o ex-presidente Fernando Henrique Cardoso), que defendem a descriminalização do uso da maconha, a qual distingue claramente o usuário e o traficante.

Proposta 05

Considerando o contexto que envolve as drogas ilícitas, redija um texto dissertativo que atenda, necessariamente, ao que se pede a seguir:

A mobilidade humana na modernidade

> fatores que levam milhares de pessoas a enfrentar a perigosa travessia do Mediterrâneo

> o dilema moral vivido pela Europa entre receber ou rejeitar os imigrantes

> o papel da opinião pública internacional na sociedade contemporânea

Padrão de Resposta da Banca

Espera-se que, ao abordar o primeiro item proposto (fatores que levam milhares de pessoas a enfrentar a perigosa travessia do Mediterrâneo), o candidato enfatize, no mínimo, dois aspectos determinantes para as atuais levas de milhares de imigrantes que buscam, na Europa, as condições elementares de uma vida razoavelmente digna que não mais encontram em seus países de origem. De um lado, a fome e a miséria, quadro que tão bem representa a situação vivida, em larga medida, por habitantes da África subsaariana. De outro, a ação truculenta de governos despóticos e corruptos, além da multiplicação de guerras civis, às vezes, ensejando autênticos genocídios. Especificamente em relação ao Oriente Médio, destaca-se a caótica realidade experimentada pela Síria, na qual se associam um governo ditatorial, rivalidades religiosas levadas ao extremo e a ação implacável do terrorismo.

Em relação ao segundo tópico (o dilema moral vivido pela Europa entre receber ou rejeitar os imigrantes), espera-se que o candidato se reporte ao intenso debate travado no âmbito da União Europeia, quando alguns membros compreenderam a imperiosa necessidade de se encontrarem meios para a recepção de certo número de imigrantes, como é o caso, por exemplo, da Alemanha, enquanto outros, particularmente na Europa do Leste, ofereciam resistência explícita ao acolhimento desses imigrantes.

Por fim, quanto ao terceiro ponto (o papel da opinião pública internacional na sociedade contemporânea), espera-se que o candidato lembre ser este um elemento definidor da contemporaneidade: milhares de pessoas saem às ruas e se manifestam, por todos os meios, em face de determinados acontecimentos, como atos terroristas e o desespero desses milhares de imigrantes. Esse fenômeno de participação cidadã tem forçado os governos a tomarem certas atitudes que, muitas vezes, não se situavam em seu campo de alternativas.

2.2 Dissertação Argumentativa

A dissertação argumentativa consiste na exposição de ideias a respeito de um tema, de forma técnica e impessoal, com base em raciocínios e argumentações. Tem por objetivo a defesa ou a contestação de um ponto de vista por meio da persuasão. Por isso, a coerência entre as ideias e a clareza na forma de expressão são elementos fundamentais.

Estrutura

A estrutura lógica da dissertação consiste em: introdução (apresenta o tema a ser discutido); desenvolvimento (expõe os argumentos e ideias sobre o tema, com fundamento em fatos, exemplos, testemunhos e provas do que se pretende demonstrar); e conclusão (traz o desfecho da redação, com a finalidade de reforçar a ideia inicial).

Parágrafo

O parágrafo é uma unidade do todo que é o texto. Perceba que a redação trata de um único assunto, que é aquele apresentado no comando. Assim, dividimos o texto em parágrafos para que a leitura seja fluida, de acordo com a abordagem reservada a cada um dos parágrafos.

Elementos Contidos em um Parágrafo

Todo parágrafo possui uma ideia central, que é o tópico principal. Geralmente, ela se encontra na introdução do parágrafo. Em torno dessa ideia central, temos ideias secundárias que dão desenvolvimento ao parágrafo. Vale ressaltar que muitos parágrafos ainda possuem uma conclusão, a qual tem como função sintetizar o conteúdo dele.

Outro elemento não obrigatório, mas de suma importância, é o termo que faz a relação entre os parágrafos. Geralmente se encontra do segundo parágrafo em diante e objetiva fazer a conexão lógica das ideais presentes em cada parágrafo. Logo, podemos afirmar que um parágrafo adequado possui clareza, objetividade, coerência, coesão e conteúdo adequado.

Quanto ao tamanho dos parágrafos, é importante que haja uma harmonia entre eles. Dessa forma, deve-se redigir parágrafos de tamanhos semelhantes, não necessariamente iguais. Ademais, é importante não fazer parágrafos muito grandes.

> Cada assunto deve ser objeto de um parágrafo específico.

Como cada parágrafo possui uma ideia principal, não se recomenda escrever um parágrafo com apenas um período ou misturar ideias em um mesmo parágrafo. Dessa maneira, o ideal é reservar um parágrafo para cada ideia e(ou) argumentação abordada ou então daquelas contidas na enumeração feita na introdução.

Por fim, vamos novamente às regrinhas básicas: não faça parágrafos excessivamente longos e confusos, pois o examinador se cansará facilmente e não compreenderá seu texto. Por outro lado, também não faça parágrafos excessivamente curtos, que não contenham o devido desenvolvimento da ideia principal.

Exemplos

A seguir, há dois parágrafos que podem servir como introdução de um texto. Pode-se perceber que há uma organização interna que garante uma leitura rápida e eficaz. Além disso, há dois elementos básicos: a apresentação do assunto e o objetivo do texto.

01. Considera-se a humanização no ambiente de trabalho uma das principais características com a qual a empresa deve preocupar-se a fim de que alcance bons resultados, afinal, o capital humano é o bem mais precioso de uma instituição e o responsável por mantê-la ativa no mercado em geral. Além disso, a CF tem como um de seus fundamentos a dignidade da pessoa humana, a qual garante aos indivíduos um tratamento justo e igualitário para uma vida com qualidade. Logo, por ser um fundamento básico e irradiante, e alcançar todas as áreas do Direito, precisa ser garantido nas relações trabalhistas.

02. A fim de alcançar a cidadania, que de certa forma é um meio para a busca da ordem e do progresso social, o Estado tem o dever, como cita a Constituição Federal, de promover a segurança pública. Por esse motivo, é coerente afirmar que é preciso ofertar, de forma homogênea, a possibilidade de "execução" da cidadania por todos do povo.

Propostas de dissertação expositiva

Proposta 01

Elabore um texto dissertativo-argumentativo abordando o seguinte tema: É possível conciliar os interesses pessoais do trabalhador e os interesses da organização?

Proposta 02

A internet é uma mídia que ainda vai provocar muitas modificações entre as pessoas. Estamos apenas adentrando essa nova era, que, no Brasil, teve início em 1996. Capistrano de Abreu dizia que os colonizadores portugueses ficaram, durante vários séculos, como caranguejos, apenas arranhando as costas do Brasil, sem adentrar seu território, nem dominar as regiões desconhecidas. Em relação à internet, somos os novos caranguejos do início do século XXI, sem desvendar com segurança as possibilidades desse meio de comunicação revolucionário na produção e propagação de saberes. Não sabemos ainda o que acontecerá e como se dará; por isso, não podemos fazer previsões estanques.

SHEPERD, T.; SALIÉS, T. In: Linguística da internet. São Paulo: Contexto, 2012. p.91

Redija um texto dissertativo-argumentativo em que se discuta se o uso da internet trouxe mais benefícios ou mais malefícios ao indivíduo e à sociedade. Apresente argumentos que fundamentem sua posição.

Proposta 03

Apesar da presunção de veracidade que confere autoridade, interesse e sedução a todas as fotos, a obra que os fotógrafos produzem não constitui uma exceção genérica ao comércio usualmente nebuloso entre arte e verdade. Mesmo quando os fotógrafos estão muito mais preocupados em espelhar a realidade, ainda são assediados por imperativos de gosto e de consciência. [...] O problema não é que as pessoas se lembrem através das fotografias, mas que se lembrem apenas das fotografias.

(SONTAG, Susan. "Na caverna de Platão", em Sobre a Fotografia, São Paulo, Companhia das Letras, 2008)

A partir do trecho acima, escreva um texto dissertativo-argumentativo sobre o seguinte tema: A imagem como produtora de sentidos na modernidade

Proposta 04

Epicuro havia percebido que as leis não educam: que não eram feitas para serem propriamente obedecidas, mas para garantir, sobretudo, a possibilidade de punição. Ele se deu conta, por um lado, de que a educação e as necessidades básicas do ser humano deveriam ser gerenciadas pela pólis (Estado); por outro lado, viu que era preciso, de algum modo, isolar para educar, porém, sem reclusão, porque a virtude do caráter político não se reduz, afinal, a um modelo ou teoria, tampouco ao recinto de uma instituição ou de uma pólis.

(Adaptado de: SPINELLI, Miguel. Epicuro e as bases do epicurismo, São Paulo, Paulus, 2013, p. 8)

Com base no excerto acima, escreva uma dissertação justificando amplamente seu ponto de vista.

Proposta 05

I

Para além da fidelidade e integridade da informação, problema que se impunha com os veículos tradicionais da mídia, hoje, com a internet, o homem enfrenta um novo desafio: distinguir, de uma profusão de informações supérfluas, as que lhe importam na formação de um pensamento que garanta sua identidade e papel social.

II

Ponto de vista não é apenas a opinião que desenvolvemos sobre determinado assunto, mas também o lugar a partir de onde consideramos o mundo e que influencia de maneira cabal nossas percepções e ações.

III

Todos os homens voltam para casa.

Estão menos livres mas levam jornais

e soletram o mundo, sabendo que o perdem.

(ANDRADE, Carlos Drummond de. "A flor e a náusea")

Redija um texto dissertativo-argumentativo a partir do que se afirma em I, II e III.

Proposta 06

As Olimpíadas eram uma série de competições esportivas que, de quatro em quatro anos, reuniam atletas das cidades-estado que formavam a Grécia Antiga. Surgiram em 776 a.C. na cidade de Olímpia e se realizaram até 393 d.C. Tinham grande importância por seu caráter religioso, político e esportivo, e buscavam a harmonia entre cidades, com a trégua entre conflitos e guerras, além da valorização da saúde e do corpo saudável. Ressurgiram em 1896, com o objetivo de retomar os ideais olímpicos na interação entre os povos, e estiveram sujeitas a interferências políticas no decorrer do tempo. Os Jogos Panamericanos, mais recentes, também realizados de quatro em quatro anos, são evento multiesportivo, que tem por base os Jogos Olímpicos e, como indica o próprio nome, reúne atletas dos países do continente americano. Na atualidade, no entanto, parece haver confluência de interesses bastante diversos na realização desses eventos, de modo a acirrar o espírito competitivo e a expor o poder, até mesmo financeiro, de alguns países.

Diante do que se expôs acima, redija um texto dissertativo-argumentativo sobre o seguinte tema:

As competições esportivas internacionais como instrumento de manutenção da paz e da igualdade no mundo moderno.

1. ÉTICA NO SERVIÇO PÚBLICO 114
1.1 Ética e Moral 114
1.2 Ética: Princípios e Valores 115
1.3 Ética e Democracia: Exercício da Cidadania 116
1.4 Ética e Função Pública 117
1.5 Código de Ética Profissional do Serviço Público (Decreto nº 1.171/1994) 117
1.6 Decreto nº 6.029/2007 120
2. PROCESSO ADMINISTRATIVO DISCIPLINAR 124
2.1 Disposições Gerais 124
2.2 Afastamento Preventivo 124
2.3 Do Processo Disciplinar - PAD 124
2.4 Revisão do Processo 126
3. RESPONSABILIDADE CIVIL DO ESTADO 129
3.1 Teoria do Risco Administrativo 129
3.2 Teoria da Culpa Administrativa 129
3.3 Teoria do Risco Integral 129
3.4 Danos Decorrentes de Obras Públicas 129
3.5 Responsabilidade Civil Decorrente de Atos Legislativos 130
3.6 Responsabilidade Civil Decorrente de Atos Jurisdicionais 130
3.7 Ação de Reparação de Danos 130
3.8 Ação Regressiva 130

1. ÉTICA NO SERVIÇO PÚBLICO

Nesta unidade, trabalharemos o seguinte conteúdo: Ética e moral; Ética, princípios e valores; Ética e democracia: exercício da cidadania; Ética e função pública; Ética no setor público: Código de Ética Profissional do Serviço Público (Decreto nº 1.171/1994). Acrescentamos, ao final, o Decreto nº 6.029/2007, que revogou o Decreto nº 1.171/1994 em parte, e que, muito embora não seja mencionado no edital, tem sido cobrado.

O Código de Ética Profissional do Serviço Público (Decreto nº 1.171/1994) contempla essencialmente duas partes.

A primeira, dita de ordem substancial (fundamental), fala sobre os princípios morais e éticos a serem observados pelo servidor, e constitui o Capítulo I, que abrange as regras deontológicas (Seção I), os principais deveres do servidor público (Seção II), bem como as vedações (Seção III).

Já a segunda parte, de ordem formal, dispõe sobre a criação e funcionamento de Comissões de Ética, e constitui o Capítulo II, que trata das Comissões de Ética em todos os órgãos do Poder Executivo Federal (Exposição de Motivos nº 001/94-CE).

Este conteúdo, referente ao Código de Ética Profissional do Serviço Público, considerando os últimos conteúdos cobrados, é um dos mais relevantes e que mais deve ser estudado.

1.1 Ética e Moral

Ética

A palavra "ética" vem do grego *ethos*, que significa "modo de ser" ou "caráter" (índole).

Ética → do grego *ethos* → caráter

A ética é a parte da filosofia que estuda a moralidade das ações humanas, isto é, se são boas ou más. É uma reflexão crítica sobre a moralidade.

A ética faz parte do nosso dia a dia. Em todas as nossas ações e também relações, em algum grau, utilizamos nossos valores éticos. Isso não quer dizer que o homem já nasça com consciência plena do que é bom ou mau. Essa consciência existe, mas se desenvolve a partir do relacionamento com o meio e do autodescobrimento.

> A ética pode ser definida como a teoria ou a ciência do comportamento moral, que busca explicar, compreender, justificar e criticar a moral ou as morais de uma sociedade. Compete à ética chegar, por meio de investigações científicas, à explicação de determinadas realidades sociais, ou seja, ela investiga o sentido que o homem dá a suas ações para ser verdadeiramente feliz. A ética é, portanto, filosófica e científica.

De acordo com o autor espanhol, Adolfo Vázquez, a ética representa uma abordagem científica sobre as constantes morais, ou seja, refere-se àquele conjunto de valores e costumes mais ou menos permanente no tempo e no espaço. Em outras palavras, a ética é a ciência da moral, isto é, de uma esfera do comportamento humano.

Mas a Ética não é puramente teoria; é um conjunto de princípios e disposições voltados para a ação, historicamente produzidos, cujo objetivo é balizar (limitar) as ações humanas.

Todavia, segundo Vázquez, não cabe à ética formular juízos de valor sobre a prática moral de outras sociedades, ou de outras épocas, em nome de uma moral absoluta e universal, mas deve antes explicar a razão de ser desta pluralidade e das mudanças de moral; isto é, deve esclarecer o fato de os homens terem recorrido a práticas morais diferentes e até opostas.

Em um sentido mais amplo, a ética engloba um conjunto de regras e preceitos de ordem valorativa, que estão ligados à prática do bem e da justiça, aprovando ou desaprovando a ação dos homens de um grupo social ou de uma sociedade.

Em suma, a ética é um conjunto de normas que rege a boa conduta humana.

Para que uma conduta possa ser considerada ética, três elementos essenciais devem ser ponderados: a ação (ato moral), a intenção (finalidade), e as circunstâncias (consequências) do ato. Se um único desses três elementos não for bom, correto e certo, o comportamento não é ético.

A norma ética é aquela que prescreve como o homem deve agir. Possui, como uma de suas características, a possibilidade de ser violada, ao contrário da norma legal (lei).

A ética não deve ser confundida com a lei, embora, com certa frequência, a lei tenha como base princípios éticos. Ao contrário da lei, nenhum indivíduo pode ser compelido, pelo Estado ou por outros indivíduos, a cumprir as normas éticas, nem sofrer qualquer sanção pela desobediência a estas.

Para o autor Lázaro Lisboa, a ética tem por objeto o comportamento humano no interior de cada sociedade, e o estudo desse comportamento com o fim de estabelecer níveis aceitáveis que garantam a convivência pacífica dentro das sociedades e entre elas, constitui o objetivo da Ética. (LISBOA; MARTINS, 2011).

O estudo da ética demonstra que a consciência moral nos inclina para o caminho da virtude, que seria uma qualidade própria da natureza humana. Logo, um homem para ser ético precisa necessariamente ser virtuoso, ou seja, praticar o bem usando a liberdade com responsabilidade constantemente.

Segundo a classificação de Eduardo Garcia Maýnez, são quatro as formas de manifestação do pensamento ético ocidental:

- Ética empírica.
- Ética dos bens.
- Ética formal.
- Ética de valores.

A Ética empírica está dividida em:

Ética Anarquista: só tem valor o que não contraria as tendências naturais.

Ética Utilitarista: é bom o que é útil.

Ética Ceticista: não se pode dizer com certeza o que é certo ou errado, bom ou mau, pois ninguém jamais será capaz de desvendar os mistérios da natureza.

Ética Subjetivista: "o homem é a medida de todas as coisas existentes ou inexistentes" (Protágoras).

Já a Ética dos bens divide-se em:

Ética Socrática: para Sócrates (469 - 399 a.C.), o supremo bem, a virtude máxima é a sabedoria. As duas máximas de Sócrates são: "Só sei que nada sei" e "Conhece-te a ti mesmo".

Ética Platônica: para Platão (427 - 347 a.C), todos os fenômenos naturais são meros reflexos de formas eternas, imutáveis, sugerindo o "mundo das ideias".

Ética Aristotélica: para Aristóteles (384 - 322 a.C.), a felicidade só pode ser conseguida com a integração de suas três formas: prazer, virtude (cidadania responsável), sabedoria (filosofia/ciência).

Ética Epicurista: para Epicuro (341 - 270 a.C.), o bem supremo é a felicidade, a ser atingido por meio dos prazeres (eudaimonismo hedonista) e os do espírito são mais elevados que os do corpo. Seu objetivo maior era afastar a dor e os sofrimentos.

Ética Estóica: Zenão (300 a.C.) fundou esta filosofia que ensina a ética da virtude como fim: o estóico não aspira ser feliz, mas ser bom.

Para a ética formal, segundo Kant, uma ação é boa, tem valor, deve ser feita, se obedece o "princípio categórico", que está baseado na ideia do dever (vale sempre e é uma ordem).

Por fim, para a ética de valores, uma ação é boa (e consequentemente é um dever) se estiver fundamentada em um valor.

Moral

Os romanos traduziram o ethos grego para o latim mos, de onde vem a palavra "moral".

O termo "moral", portanto, deriva do latim "mos" ou "mores", que significa "costume" ou "costumes (VÁZQUEZ, 2011).

Moral → do latin *MOS* ou *MORES* →
Costume ou Costumes

A moral é definida como o conjunto de normas, princípios, preceitos, costumes, valores que norteiam o comportamento do indivíduo no seu grupo social. A moral é normativa.

Em outras palavras, a moral é um conjunto de regras de conduta adotadas pelos indivíduos de um grupo social e tem a finalidade de organizar as relações interpessoais segundo os valores do bem e do mal.

A moral é a "ferramenta" de trabalho da ética. Sem os juízos de valor aplicados pela moral seria impossível determinar se a ação do homem é boa ou má.

A moral ocupa-se basicamente de questões subjetivas, abstratas e de interesses particulares do indivíduo e da sociedade, relacionando-se com valores ou condutas sociais.

A moral possui, portanto, um caráter subjetivo, que faz com que ela seja influenciada por vários fatores, alterando, assim, os conceitos morais de um grupo para outro. Esses fatores podem ser sociais, históricos, geográficos etc. Observa-se, então, que a moral é dinâmica, ou seja, ela pode mudar seus juízos de valor de acordo com o contexto em que esteja inserida.

Sendo assim, para Vázquez a moral é mutável e varia historicamente, de acordo com o desenvolvimento de cada sociedade e, com ela, variam os seus princípios e as suas normas. Ela norteia os valores éticos na Administração Pública.

Aristóteles, em seu livro "A Política", assevera que "os pais sempre parecerão antiquados para os seus filhos". Essa afirmação demonstra que, na passagem de uma geração para outra, os valores morais mudam.

Para que um ato seja considerado moral, ou seja, bom, deve ser livre, consciente, intencional e solidário. O ato moral tem, em sua estrutura, dois importantes aspectos: o normativo e o factual. O normativo são as normas e imperativos que enunciam o "dever ser". Ex.: cumpra suas obrigações, não minta, não roube etc. O factual são os atos humanos que se realizam efetivamente, ou seja, é a aplicação da norma no dia a dia, no convívio social.

Apesar de se assemelharem, e mesmo por vezes se confundirem, ética e moral são termos aplicados diferentemente. Enquanto o primeiro trata o comportamento humano como objeto de estudo e normatização, procurando tomá-lo de forma mais abrangente possível, o segundo se ocupa de atribuir um valor à ação. Esse valor tem como referências as normas e conceitos do que vem a ser bom ou mau, baseados no senso comum.

No contexto da ação pública, ética e moral não são considerados termos sinônimos. Portanto, não devem ser confundidos.

Enquanto a ética é teórica e busca explicar e justificar os costumes de uma determinada sociedade, a moral é normativa. Enquanto a ética tem caráter científico, a moral tem caráter prático imediato, visto que é parte integrante da vida cotidiana das sociedades e dos indivíduos. A moral é a aplicação da ética no cotidiano, é a prática concreta. A moral, portanto, não é ciência, mas objeto da ciência; e, neste sentido, é por ela estudada e investigada.

1.2 Ética: Princípios e Valores

Princípios

Segundo o dicionário Houaiss, princípio pode ser considerado o primeiro momento da existência (de algo) ou de uma ação ou processo. Pode também ser definido como um conjunto de regras ou código de (boa) conduta, com base no qual se governa a própria vida e ações.

Dados esses conceitos, percebe-se que os princípios que regem a conduta em sociedade são aqueles conceitos ou regras que se aprendem por meio do convívio, passados de geração para geração.

Esses conhecimentos se originaram, em algum momento, no grupo social em que estão inseridos, convencionando-se que sua aplicação é boa, e assim aceita pelo grupo.

Quando uma pessoa afirma que determinada ação fere seus princípios, ela está se referindo a um conceito ou regra, que foi originado em algum momento em sua vida ou na vida do grupo social em que está inserida, e que foi aceito como ação moralmente boa.

Valores

O conceito de valor tem sido investigado e definido em diferentes áreas do conhecimento (filosofia, sociologia, ciências econômicas, "marketing" etc).

Os valores são as normas, princípios ou padrões sociais aceitos ou mantidos por indivíduos, classe ou sociedade. Dizem, portanto, respeito a princípios que merecem ser buscados.

O valor exprime uma relação entre as necessidades do indivíduo (respirar, comer, viver, posse, reproduzir, prazer, domínio, relacionar, comparar) e a capacidade das coisas, objetos ou serviços de satisfazê-las.

É na apreciação desta relação que se explica a existência de uma hierarquia de valores, segundo a urgência/prioridade das necessidades e a capacidade dos mesmos objetos para as satisfazerem, diferenciadas no espaço e no tempo.

Nas mais diversas sociedades, independentemente do nível cultural, econômico ou social em que estejam inseridas, os valores são fundamentais para se determinar quais são as pessoas que agem tendo por finalidade o bem.

O caráter dos seres, pelo qual são mais ou menos desejados ou estimados por uma pessoa ou grupo, é determinado pelo valor de suas ações.

Todos os termos que servem para qualificar uma ação ou o caráter de uma pessoa têm um peso bom e um peso ruim. Cite-se, como exemplo, os termos verdadeiro e falso, generoso e egoísta, honesto e desonesto, justo e injusto. Os valores dão "peso" à ação ou ao caráter de uma pessoa ou grupo.

Kant afirmava que toda ação considerada boa moralmente deveria ser universal, ou seja, ser boa em qualquer tempo e em qualquer lugar. Infelizmente o ideal kantiano de valor e moralidade está muito longe de ser alcançado, pois as diversidades culturais e sociais fazem com que o valor dado a determinadas ações mude de acordo com o contexto.

O complexo de normas éticas se alicerça em valores, normalmente designados valores do "bem".

"Valores éticos são indicadores da relevância ou do grau de atendimento aos princípios éticos". Por exemplo, a dignidade da pessoa sugere e exige que se valorize o respeito às pessoas.

Esses valores éticos só podem ser atribuídos a pessoas, pois elas são os únicos seres que agem com conhecimento de certo e errado, bem e mal, e com liberdade para agir. Algumas condutas podem ferir os valores éticos.

A prática constante de respeito aos valores éticos conduz as pessoas às virtudes morais." ALONSO, Felix Ruiz; LÓPEZ, Francisco Granizo; CASTRUCCI, Plínio de Laura – Curso de Ética em Administração. São Paulo: Atlas, 2008. (Adaptado).

1.3 Ética e Democracia: Exercício da Cidadania

Ética e Democracia

O Brasil ainda caminha a passos muito lentos no que diz respeito à ética, principalmente no cenário político.

Vários são os fatores que contribuíram para esta realidade, dentre eles, principalmente, os golpes de Estado, a saber, o Golpe de 30 e o Golpe de 64.

Durante o período em que o país vivenciou a ditadura militar e em que a democracia foi colocada de lado, tivemos a suspensão do ensino da filosofia e, consequentemente, da ética, nas escolas e universidades, e além disso, os direitos políticos do cidadão suspensos, a liberdade de expressão caçada e o medo da repressão.

Como consequência dessa série de medidas autoritárias e também arbitrárias, nossos valores morais e sociais foram perdendo espaço para os valores que o Estado queria impor, levando a sociedade a uma espécie de "apatia" social.

Nos dias atuais, estamos presenciando uma nova fase em nosso país, no que tange à aplicabilidade das leis e da ética no poder.

Os crimes de corrupção envolvendo desvio de dinheiro estão sendo mais investigados e a polícia tem trabalhado com mais liberdade de atuação em prol da moralidade e do interesse público, o que tem levado os agentes públicos a refletir mais sobre seus atos antes ainda de praticá-los.

Essa nova fase se deve principalmente à democracia, implantada como regime político com a Constituição de 1988.

Etimologicamente, o termo democracia vem do grego demokratía, em que kratía significa governo e demo, povo. Logo, a democracia, por definição, é o "governo do povo".

A democracia confere ao povo o poder de influenciar na administração do Estado. Por meio do voto, o povo é que determina quem vai ocupar os cargos de direção do Estado. Logo, insere-se nesse contexto a responsabilidade tanto do povo, que escolhe seus dirigentes, quanto dos escolhidos, que deverão prestar contas de seus atos no poder.

A ética exerce papel fundamental em todo esse processo, regulamentando e exigindo dos governantes comportamento adequado à função pública, que lhe foi confiada por meio do voto, e conferindo ao povo as noções e os valores necessários tanto para o exercício e cobrança dos seus direitos quanto para atendimento de seus deveres.

É por meio dos valores éticos e morais – determinados pela sociedade – que podemos perceber se os atos cometidos pelos ocupantes de cargos públicos estão visando ao bem comum e ao interesse público.

Exercício da Cidadania

Em se tratando do exercício da cidadania, podemos afirmar que todo cidadão tem direito a exercer a cidadania, isto é, seus direitos de cidadão; direitos esses garantidos constitucionalmente.

Direitos e deveres andam juntos no que tange ao exercício da cidadania. Não se pode conceber um direito que não seja precedido de um dever a ser cumprido; é uma via de mão dupla.

Os direitos garantidos constitucionalmente, individuais, coletivos, sociais ou políticos, são precedidos de responsabilidades que o cidadão deve ter perante a sociedade. Por exemplo, a Constituição garante o direito à propriedade privada, mas exige-se que o proprietário seja responsável pelos tributos que o exercício desse direito gera, como, por exemplo, o pagamento do Imposto Predial e Territorial Urbano (IPTU).

Exercer a cidadania, por consequência, é ser probo (íntegro, honrado, justo, reto), agir com ética assumindo a responsabilidade que advém de seus deveres enquanto cidadão inserto no convívio social.

1.4 Ética e Função Pública

Função pública é a competência, atribuição ou encargo para o exercício de determinada função. Ressalta-se que essa função não é livre, devendo, portanto, estar o seu exercício sujeito ao interesse público, ou seja, da coletividade.

No exercício das mais diversas funções públicas, os servidores devem respeitar, além das normatizações vigentes nos órgãos e entidades públicas que regulamentam e determinam a forma de agir dos agentes públicos, os valores éticos e morais que a sociedade impõe para o convívio em grupo. A não observação desses valores acarreta uma série de erros e problemas no atendimento ao público e aos usuários do serviço, o que contribui de forma significativa para uma imagem negativa do órgão ou entidade e também do serviço público.

O padrão ético dos servidores públicos, no exercício da função pública, advém de sua natureza, ou seja, do caráter público e de sua relação com o público.

O servidor deve estar atento a esse padrão não apenas no exercício de suas funções, mas também na vida particular. O caráter público do seu serviço deve se incorporar à sua vida privada, a fim de que os valores morais e a boa-fé, amparados constitucionalmente como princípios básicos e essenciais a uma vida equilibrada, sejam inseridos e se tornem uma constante em seu relacionamento com os usuários do serviço bem como com os colegas.

Os princípios constitucionais devem ser observados para que a função pública se integre de forma indissociável ao direito. Os princípios são:

Legalidade: todo ato administrativo deve seguir fielmente os meandros da lei.

Impessoalidade: aplicado como sinônimo de igualdade – todos devem ser tratados de forma igualitária e respeitando o que a lei prevê.

Moralidade: respeito ao padrão moral para não comprometer os bons costumes da sociedade.

Publicidade: refere-se à transparência de todo ato público, salvo os casos previstos em lei.

Eficiência: ser o mais eficiente possível na utilização dos meios que são postos a sua disposição para a execução do seu mister (cargo ou função).

Ética no Setor Público

As questões éticas estão cada vez mais em voga na cena pública brasileira, dada à multiplicação de casos de corrupção e, sobretudo, à reação da sociedade frente a um tal grau de desmoralização das relações políticas e sociais.

Com os escândalos e denúncias de corrupção expostas pela mídia, refletir sobre essas questões traz à tona os conceitos éticos que envolvem a busca por melhores ações tanto na vida pessoal como na vida pública.

A ética é pautada na conduta responsável das pessoas. Daí a importância da escolha de um político com esse caráter, a fim de diminuir o mau uso da máquina pública e evitar que se venha auferir ganhos e vantagens pessoais.

Porém, as normas morais apenas fornecem orientações, cabendo ao político determinar quais são as exigências e limitações e decidir pela melhor alternativa de ação, que detém a responsabilidade em atender as demandas, no papel de representantes democráticos, com integridade e eficiência.

Durante as últimas décadas, o setor público foi alvo, tanto por parte da mídia quanto do senso comum vigente, de um processo deliberado de formação de uma caricatura, que transformou sua imagem no estereótipo de um setor muito burocrático, que não funciona e custa caro à população.

O cidadão, mesmo bem atendido por um servidor público, não consegue sustentar uma boa imagem do servidor e também do serviço público, pois o que faz a imagem de um órgão ou entidade pública parecer boa diante da população é o atendimento de seus funcionários, e por mais que os servidores sérios e responsáveis se esforcem, existe uma minoria que consegue facilmente acabar com todos os esforços levados a cabo por aqueles bons funcionários.

Nesse ponto, a ética se insere de maneira determinante para contribuir e melhorar a qualidade do atendimento, inserindo no âmbito do poder público os princípios e regras necessários ao bom andamento do serviço e ao respeito aos usuários.

Os novos códigos de ética, além de regulamentar a qualidade e o trato dispensados aos usuários e ao serviço público e de trazer punições para os que descumprem as suas normas, também têm a função de proteger a imagem e a honra do servidor que trabalha seguindo fielmente as regras nele contidas, contribuindo, assim, para uma melhoria na imagem do servidor e do órgão ou entidade perante a população.

Em se tratando da ética no serviço público, destacamos o Código de Ética Profissional do Servidor Público do Poder Executivo Federal, aprovado pelo Decreto nº 1.171, de 22 de junho de 1994, que foi revogado em parte pelo Decreto nº 6.029, de 1º de fevereiro de 2007, que institui Sistema de Gestão da Ética do Poder Executivo Federal. Ambos os Decretos seguem na íntegra.

1.5 Código de Ética Profissional do Serviço Público (Decreto nº 1.171/1994)

DECRETO Nº 1.171, DE 22 DE JUNHO DE 1994. Aprova o Código de Ética Profissional do Servidor Público Civil do Poder Executivo Federal.

O PRESIDENTE DA REPÚBLICA, no uso das atribuições que lhe confere o art. 84, incisos IV e VI, e ainda tendo em vista o disposto no art. 37 da Constituição, bem como nos arts. 116 e 117 da Lei nº 8.112, de 11 de dezembro de 1990, e nos arts. 10, 11 e 12 da Lei nº 8.429, de 2 de junho de 1992,

Decreta

Art. 1º *Fica aprovado o Código de Ética Profissional do Servidor Público Civil do Poder Executivo Federal, que com este baixa.*

Art. 2º *Os órgãos e entidades da Administração Pública Federal direta e indireta implementarão, em sessenta dias, as providências necessárias à plena vigência do Código de Ética, inclusive mediante a Constituição da respectiva Comissão de Ética, integrada por três servidores ou empregados titulares de cargo efetivo ou emprego permanente.*

Parágrafo único. *A constituição da Comissão de Ética será comunicada à Secretaria da Administração Federal da Presidência da República, com a indicação dos respectivos membros titulares e suplentes.*

Art. 3º *Este decreto entra em vigor na data de sua publicação.*

Brasília, 22 de junho de 1994, 173º da Independência e 106º da República.

ITAMAR FRANCO

Romildo Canhim

Este texto não substitui o publicado no DOU de 23.6.1994.

Anexo

Código de Ética Profissional do Servidor Público Civil do Poder Executivo Federal

Capítulo I

Seção I

→ **Das Regras Deontológicas**

I. *A dignidade, o decoro, o zelo, a eficácia e a consciência dos princípios morais são primados maiores que devem nortear o servidor público, seja no exercício do cargo ou função, ou fora dele, já que refletirá o exercício da vocação do próprio poder estatal. Seus atos, comportamentos e atitudes serão direcionados para a preservação da honra e da tradição dos serviços públicos.*

II. *O servidor público não poderá jamais desprezar o elemento ético de sua conduta. Assim, não terá que decidir somente entre o legal e o ilegal, o justo e o injusto, o conveniente e o inconveniente, o oportuno e o inoportuno, mas principalmente entre o honesto e o desonesto, consoante as regras contidas no art. 37, caput, e § 4º, da Constituição Federal.*

III. *A moralidade da Administração Pública não se limita à distinção entre o bem e o mal, devendo ser acrescida da ideia de que o fim é sempre o bem comum. O equilíbrio entre a legalidade e a finalidade, na conduta do servidor público, é que poderá consolidar a moralidade do ato administrativo. (grifo da autora)*

IV. *A remuneração do servidor público é custeada pelos tributos pagos direta ou indiretamente por todos, até por ele próprio, e por isso se exige, como contrapartida, que a moralidade administrativa se integre no Direito, como elemento indissociável de sua aplicação e de sua finalidade, erigindo-se, como consequência, em fator de legalidade.*

V. *O trabalho desenvolvido pelo servidor público perante a comunidade deve ser entendido como acréscimo ao seu próprio bem-estar, já que, como cidadão, integrante da sociedade, o êxito desse trabalho pode ser considerado como seu maior patrimônio.*

VI. *A função pública deve ser tida como exercício profissional e, portanto, se integra na vida particular de cada servidor público. Assim, os fatos e atos verificados na conduta do dia a dia em sua vida privada poderão acrescer ou diminuir o seu bom conceito na vida funcional. (grifo da autora)*

VII. *Salvo os casos de segurança nacional, investigações policiais ou interesse superior do Estado e da Administração Pública, a serem preservados em processo previamente declarado sigiloso, nos termos da lei, a publicidade de qualquer ato administrativo constitui requisito de eficácia e moralidade, ensejando sua omissão comprometimento ético contra o bem comum, imputável a quem a negar. (grifo da autora)*

VIII. *Toda pessoa tem direito à verdade. O servidor não pode omiti-la ou falseá-la, ainda que contrária aos interesses da própria pessoa interessada ou da Administração Pública. Nenhum Estado pode crescer ou estabilizar-se sobre o poder corruptivo do hábito do erro, da opressão ou da mentira, que sempre aniquilam até mesmo a dignidade humana quanto mais a de uma Nação.*

IX. *A cortesia, a boa vontade, o cuidado e o tempo dedicados ao serviço público caracterizam o esforço pela disciplina. Tratar mal uma pessoa que paga seus tributos direta ou indiretamente significa causar-lhe dano moral. Da mesma forma, causar dano a qualquer bem pertencente ao patrimônio público, deteriorando-o, por descuido ou má vontade, não constitui apenas uma ofensa ao equipamento e às instalações ou ao Estado, mas a todos os homens de boa vontade que dedicaram sua inteligência, seu tempo, suas esperanças e seus esforços para construí-los.*

X. *Deixar o servidor público ou qualquer pessoa à espera de solução que compete ao setor em que exerça suas funções, permitindo a formação de longas filas, ou qualquer outra espécie de atraso na prestação do serviço, não caracteriza apenas atitude contra a ética ou ato de desumanidade, mas principalmente grave dano moral aos usuários dos serviços públicos. (grifo da autora)*

XI. *O servidor deve prestar toda a sua atenção às ordens legais de seus superiores, velando atentamente por seu cumprimento, e, assim, evitando a conduta negligente. Os repetidos erros, o descaso e o acúmulo de desvios tornam-se, às vezes, difíceis de corrigir e caracterizam até mesmo imprudência no desempenho da função pública. (grifo da autora)*

XII. *Toda ausência injustificada do servidor de seu local de trabalho é fator de desmoralização do serviço público, o que quase sempre conduz à desordem nas relações humanas.*

XIII. *O servidor que trabalha em harmonia com a estrutura organizacional, respeitando seus colegas e cada concidadão, colabora e de todos pode receber colaboração, pois sua atividade pública é a grande oportunidade para o crescimento e o engrandecimento da Nação.*

Seção II

→ **Dos Principais Deveres do Servidor Público**

XIV. *São deveres fundamentais do servidor público:*

a) *desempenhar, a tempo, as atribuições do cargo, função ou emprego público de que seja titular;*

b) *exercer suas atribuições com rapidez, perfeição e rendimento, pondo fim ou procurando prioritariamente resolver situações procrastinatórias, principalmente diante de filas ou de qualquer outra espécie de atraso na prestação dos serviços pelo setor em que exerça suas atribuições, com o fim de evitar dano moral ao usuário; (grifo da autora)*

c) *ser probo, reto, leal e justo, demonstrando toda a integridade do seu caráter, escolhendo sempre, quando estiver diante de duas opções, a melhor e a mais vantajosa para o bem comum; (grifo da autora)*

d) *jamais retardar qualquer prestação de contas, condição essencial da gestão dos bens, direitos e serviços da coletividade a seu cargo;*

e) tratar cuidadosamente os usuários dos serviços aperfeiçoando o processo de comunicação e contato com o público;

f) ter consciência de que seu trabalho é regido por princípios éticos que se materializam na adequada prestação dos serviços públicos;

g) ser cortês, ter urbanidade, disponibilidade e atenção, respeitando a capacidade e as limitações individuais de todos os usuários do serviço público, sem qualquer espécie de preconceito ou distinção de raça, sexo, nacionalidade, cor, idade, religião, cunho político e posição social, abstendo-se, dessa forma, de causar-lhes dano moral; (grifo da autora)

h) ter respeito à hierarquia, porém sem nenhum temor de representar contra qualquer comprometimento indevido da estrutura em que se funda o Poder Estatal; (grifo da autora)

i) resistir a todas as pressões de superiores hierárquicos, de contratantes, interessados e outros que visem obter quaisquer favores, benesses ou vantagens indevidas em decorrência de ações imorais, ilegais ou aéticas e denunciá-las; (grifo da autora)

j) zelar, no exercício do direito de greve, pelas exigências específicas da defesa da vida e da segurança coletiva;

l) ser assíduo e frequente ao serviço, na certeza de que sua ausência provoca danos ao trabalho ordenado, refletindo negativamente em todo o sistema;

m) comunicar imediatamente a seus superiores todo e qualquer ato ou fato contrário ao interesse público, exigindo as providências cabíveis;

n) manter limpo e em perfeita ordem o local de trabalho, seguindo os métodos mais adequados à sua organização e distribuição;

o) participar dos movimentos e estudos que se relacionem com a melhoria do exercício de suas funções, tendo por escopo a realização do bem comum;

p) apresentar-se ao trabalho com vestimentas adequadas ao exercício da função;

q) manter-se atualizado com as instruções, as normas de serviço e a legislação pertinentes ao órgão onde exerce suas funções;

r) cumprir, de acordo com as normas do serviço e as instruções superiores, as tarefas de seu cargo ou função, tanto quanto possível, com critério, segurança e rapidez, mantendo tudo sempre em boa ordem;

s) facilitar a fiscalização de todos atos ou serviços por quem de direito;

t) exercer com estrita moderação as prerrogativas funcionais que lhe sejam atribuídas, abstendo-se de fazê-lo contrariamente aos legítimos interesses dos usuários do serviço público e dos jurisdicionados administrativos;

u) abster-se, de forma absoluta, de exercer sua função, poder ou autoridade com finalidade estranha ao interesse público, mesmo que observando as formalidades legais e não cometendo qualquer violação expressa à lei;

v) divulgar e informar a todos os integrantes da sua classe sobre a existência deste Código de Ética, estimulando o seu integral cumprimento.

Seção III

→ Das Vedações ao Servidor Público

XV. *É vedado ao servidor público:*

a) o uso do cargo ou função, facilidades, amizades, tempo, posição e influências, para obter qualquer favorecimento, para si ou para outrem;

b) prejudicar deliberadamente a reputação de outros servidores ou de cidadãos que deles dependam;

c) ser, em função de seu espírito de solidariedade, conivente com erro ou infração a este Código de Ética ou ao Código de Ética de sua profissão;

d) usar de artifícios para procrastinar ou dificultar o exercício regular de direito por qualquer pessoa, causando-lhe dano moral ou material;

e) deixar de utilizar os avanços técnicos e científicos ao seu alcance ou do seu conhecimento para atendimento do seu mister; (grifo da autora)

f) permitir que perseguições, simpatias, antipatias, caprichos, paixões ou interesses de ordem pessoal interfiram no trato com o público, com os jurisdicionados administrativos ou com colegas hierarquicamente superiores ou inferiores;

g) pleitear, solicitar, provocar, sugerir ou receber qualquer tipo de ajuda financeira, gratificação, prêmio, comissão, doação ou vantagem de qualquer espécie, para si, familiares ou qualquer pessoa, para o cumprimento da sua missão ou para influenciar outro servidor para o mesmo fim;

h) alterar ou deturpar o teor de documentos que deva encaminhar para providências; (grifo da autora)

i) iludir ou tentar iludir qualquer pessoa que necessite do atendimento em serviços públicos;

j) desviar servidor público para atendimento a interesse particular;

l) retirar da repartição pública, sem estar legalmente autorizado, qualquer documento, livro ou bem pertencente ao patrimônio público;

m) fazer uso de informações privilegiadas obtidas no âmbito interno de seu serviço, em benefício próprio, de parentes, de amigos ou de terceiros;

n) apresentar-se embriagado no serviço ou fora dele habitualmente;

o) dar o seu concurso a qualquer instituição que atente contra a moral, a honestidade ou a dignidade da pessoa humana;

p) exercer atividade profissional aética ou ligar o seu nome a empreendimentos de cunho duvidoso.

Capítulo II

→ Das Comissões de Ética

XVI. *Em todos os órgãos e entidades da Administração Pública Federal direta, indireta autárquica e fundacional, ou em qualquer órgão ou entidade que exerça atribuições delegadas pelo poder público, deverá ser criada uma Comissão de Ética, encarregada de orientar e aconselhar sobre a ética profissional do servidor, no tratamento com as pessoas e com o patrimônio público, competindo-lhe conhecer concretamente de imputação ou de procedimento susceptível de censura.*

XVII. *(Revogado pelo Decreto nº 6.029, de 2007)*

XVIII. *À Comissão de Ética incumbe fornecer, aos organismos encarregados da execução do quadro de carreira dos servidores, os registros sobre sua conduta ética, para o efeito de instruir e fundamentar promoções e para todos os demais procedimentos próprios da carreira do servidor público.*

XIX. *(Revogado pelo Decreto nº 6.029, de 2007)*

XX. *(Revogado pelo Decreto nº 6.029, de 2007)*

XXI. *(Revogado pelo Decreto nº 6.029, de 2007)*

XXII. *A pena aplicável ao servidor público pela Comissão de Ética é a de censura e sua fundamentação constará do respectivo parecer, assinado por todos os seus integrantes, com ciência do faltoso.*

XXIII. *(Revogado pelo Decreto nº 6.029, de 2007)*

XXIV. *Para fins de apuração do comprometimento ético, entende-se por servidor público todo aquele que, por força de lei, contrato ou de qualquer ato jurídico, preste serviços de natureza permanente, temporária ou excepcional, ainda que sem retribuição financeira, desde que ligado direta ou indiretamente a qualquer órgão do poder estatal, como as autarquias, as fundações públicas, as entidades paraestatais, as empresas públicas e as sociedades de economia mista, ou em qualquer setor onde prevaleça o interesse do Estado*

XXV. *(Revogado pelo Decreto nº 6.029, de 2007)*

1.6 Decreto nº 6.029/2007

Considerando que os incisos XVII, XIX, XX, XXI, XXIII e XXV, do Decreto nº 1.171/1994 foram revogados pelo Decreto nº 6.029/2007, e que, muito embora este último não tenha sido mencionado expressamente no edital, seu conteúdo tem sido cobrado, transcrevemo-lo na íntegra a seguir.

Decreto Nº 6.029, De 1º de Fevereiro de 2007

Institui Sistema de Gestão da Ética do Poder Executivo Federal, e dá outras providências.

O PRESIDENTE DA REPÚBLICA, no uso da atribuição que lhe confere o art. 84, inciso VI, alínea "a", da Constituição,

Decreta

Art. 1º *Fica instituído o Sistema de Gestão da Ética do Poder Executivo Federal com a finalidade de promover atividades que dispõem sobre a conduta ética no âmbito do Executivo Federal, competindo-lhe:*

I. *integrar os órgãos, programas e ações relacionadas com a ética pública;*

II. *contribuir para a implementação de políticas públicas tendo a transparência e o acesso à informação como instrumentos fundamentais para o exercício de gestão da ética pública;*

III. *promover, com apoio dos segmentos pertinentes, a compatibilização e interação de normas, procedimentos técnicos e de gestão relativos à ética pública;*

IV. *articular ações com vistas a estabelecer e efetivar procedimentos de incentivo e incremento ao desempenho institucional na gestão da ética pública do Estado brasileiro.*

Art. 2º *Integram o Sistema de Gestão da Ética do Poder Executivo Federal:*

I. *a Comissão de Ética Pública - CEP, instituída pelo Decreto de 26 de maio de 1999;*

II. *as Comissões de Ética de que trata o Decreto no 1.171, de 22 de junho de 1994;*

III. *as demais Comissões de Ética e equivalentes nas entidades e órgãos do Poder Executivo Federal.*

Art. 3º *A CEP será integrada por sete brasileiros que preencham os requisitos de idoneidade moral, reputação ilibada e notória experiência em administração pública, designados pelo Presidente da República, para mandatos de três anos, não coincidentes, permitida uma única recondução.*

§ 1º *A atuação no âmbito da CEP não enseja qualquer remuneração para seus membros e os trabalhos nela desenvolvidos são considerados prestação de relevante serviço público.*

§ 2º *O Presidente terá o voto de qualidade nas deliberações da Comissão.*

§ 3º *Os mandatos dos primeiros membros serão de um, dois e três anos, estabelecidos no decreto de designação.*

Art. 4º *À CEP compete:*

I. *atuar como instância consultiva do Presidente da República e Ministros de Estado em matéria de ética pública;*

II. *administrar a aplicação do Código de Conduta da Alta Administração Federal, devendo:*

a) *submeter ao Presidente da República medidas para seu aprimoramento;*

b) *dirimir dúvidas a respeito de interpretação de suas normas, deliberando sobre casos omissos;*

c) *apurar, mediante denúncia, ou de ofício, condutas em desacordo com as normas nele previstas, quando praticadas pelas autoridades a ele submetidas;*

III. *dirimir dúvidas de interpretação sobre as normas do Código de Ética Profissional do Servidor Público Civil do Poder Executivo Federal de que trata o Decreto nº 1.171, de 1994;*

IV. *coordenar, avaliar e supervisionar o Sistema de Gestão da Ética Pública do Poder Executivo Federal;*

V. *aprovar o seu regimento interno; e*

VI. *escolher o seu Presidente.*

Parágrafo único. *A CEP contará com uma Secretaria-Executiva, vinculada à Casa Civil da Presidência da República, à qual competirá prestar o apoio técnico e administrativo aos trabalhos da Comissão.*

Art. 5º *Cada Comissão de Ética de que trata o Decreto nº 1171, de 1994, será integrada por três membros titulares e três suplentes, escolhidos entre servidores e empregados do seu quadro permanente, e designados pelo dirigente máximo da respectiva entidade ou órgão, para mandatos não coincidentes de três anos.*

Art. 6º *É dever do titular de entidade ou órgão da Administração Pública Federal, direta e indireta:*

I. *assegurar as condições de trabalho para que as Comissões de Ética cumpram suas funções, inclusive para que o exercício das atribuições de seus integrantes não lhes resulte qualquer prejuízo ou dano;*

II. *conduzir em seu âmbito a avaliação da gestão da ética conforme processo coordenado pela Comissão de Ética Pública.*

Art. 7º *Compete às Comissões de Ética de que tratam os incisos II e III do art. 2º:*

I. *atuar como instância consultiva de dirigentes e servidores no âmbito de seu respectivo órgão ou entidade;*

II. *aplicar o Código de Ética Profissional do Servidor Público Civil do Poder Executivo Federal, aprovado pelo Decreto 1.171, de 1994, devendo:*

a) *submeter à Comissão de Ética Pública propostas para seu aperfeiçoamento;*

b) *dirimir dúvidas a respeito da interpretação de suas normas e deliberar sobre casos omissos;*

c) *apurar, mediante denúncia ou de ofício, conduta em desacordo com as normas éticas pertinentes;*

d) *recomendar, acompanhar e avaliar, no âmbito do órgão ou entidade a que estiver vinculada, o desenvolvimento de ações objetivando a disseminação, capacitação e treinamento sobre as normas de ética e disciplina;*

III. *representar a respectiva entidade ou órgão na Rede de Ética do Poder Executivo Federal a que se refere o art. 9º; e*

IV. *supervisionar a observância do Código de Conduta da Alta Administração Federal e comunicar à CEP situações que possam configurar descumprimento de suas normas.*

§ 1º *Cada Comissão de Ética contará com uma Secretaria-Executiva, vinculada administrativamente à instância máxima* *da entidade ou órgão, para cumprir plano de trabalho por ela aprovado e prover o apoio técnico e material necessário ao cumprimento das suas atribuições.*

§ 2º *As Secretarias-Executivas das Comissões de Ética serão chefiadas por servidor ou empregado do quadro permanente da entidade ou órgão, ocupante de cargo de direção compatível com sua estrutura, alocado sem aumento de despesas.*

Art. 8º *Compete às instâncias superiores dos órgãos e entidades do Poder Executivo Federal, abrangendo a administração direta e indireta:*

I. *observar e fazer observar as normas de ética e disciplina;*

II. *constituir Comissão de Ética;*

III. *garantir os recursos humanos, materiais e financeiros para que a Comissão cumpra com suas atribuições; e*

IV. *atender com prioridade às solicitações da CEP.*

Art. 9º *Fica constituída a Rede de Ética do Poder Executivo Federal, integrada pelos representantes das Comissões de Ética de que tratam os incisos I, II e III do art. 2º, com o objetivo de promover a cooperação técnica e a avaliação em gestão da ética.*

Parágrafo único. *Os integrantes da Rede de Ética se reunirão sob a coordenação da Comissão de Ética Pública, pelo menos uma vez por ano, em fórum específico, para avaliar o programa e as ações para a promoção da ética na administração pública.*

Art. 10. *Os trabalhos da CEP e das demais Comissões de Ética devem ser desenvolvidos com celeridade e observância dos seguintes princípios:*

I. *proteção à honra e à imagem da pessoa investigada;*

II. *proteção à identidade do denunciante, que deverá ser mantida sob reserva, se este assim o desejar; e*

III. *independência e imparcialidade dos seus membros na apuração dos fatos, com as garantias asseguradas neste Decreto.*

Art. 11. *Qualquer cidadão, agente público, pessoa jurídica de direito privado, associação ou entidade de classe poderá provocar a atuação da CEP ou de Comissão de Ética, visando à apuração de infração ética imputada a agente público, órgão ou setor específico de ente estatal.*

Parágrafo único. *Entende-se por agente público, para os fins deste Decreto, todo aquele que, por força de lei, contrato ou qualquer ato jurídico, preste serviços de natureza permanente, temporária, excepcional ou eventual, ainda que sem retribuição financeira, a órgão ou entidade da administração pública federal, direta e indireta. (grifo da autora)*

Art. 12. *O processo de apuração de prática de ato em desrespeito ao preceituado no Código de Conduta da Alta Administração Federal e no Código de Ética Profissional do Servidor Público Civil do Poder Executivo Federal será instaurado, de ofício ou em razão de denúncia fundamentada, respeitando-se, sempre, as garantias do contraditório e da ampla defesa, pela Comissão de Ética Pública ou Comissões de Ética de que tratam os incisos II e III do art. 2º, conforme o caso, que notificará o investigado para manifestar-se, por escrito, no prazo de dez dias.*

§ 1º *O investigado poderá produzir prova documental necessária à sua defesa.*

§ 2º *As Comissões de Ética poderão requisitar os documentos que entenderem necessários à instrução probatória e, também, promover diligências e solicitar parecer de especialista.*

§ 3º *Na hipótese de serem juntados aos autos da investigação, após a manifestação referida no caput deste artigo, novos elementos de prova, o investigado será notificado para nova manifestação, no prazo de dez dias.*

§ 4º *Concluída a instrução processual, as Comissões de Ética proferirão decisão conclusiva e fundamentada.*

§ 5º *Se a conclusão for pela existência de falta ética, além das providências previstas no Código de Conduta da Alta Administração Federal e no Código de Ética Profissional do Servidor Público Civil do Poder Executivo Federal, as Comissões de Ética tomarão as seguintes providências, no que couber:*

I. *encaminhamento de sugestão de exoneração de cargo ou função de confiança à autoridade hierarquicamente superior ou devolução ao órgão de origem, conforme o caso;*

II. *encaminhamento, conforme o caso, para a Controladoria-Geral da União ou unidade específica do Sistema de Correição do Poder Executivo Federal de que trata o Decreto nº 5.480, de 30 de junho de 2005, para exame de eventuais transgressões disciplinares; e*

III. *recomendação de abertura de procedimento administrativo, se a gravidade da conduta assim o exigir.*

Art. 13. *Será mantido com a chancela de "reservado", até que esteja concluído, qualquer procedimento instaurado para apuração de prática em desrespeito às normas éticas.*

§ 1º *Concluída a investigação e após a deliberação da CEP ou da Comissão de Ética do órgão ou entidade, os autos do procedimento deixarão de ser reservados.*

§ 2º *Na hipótese de os autos estarem instruídos com documento acobertado por sigilo legal, o acesso a esse tipo de documento somente será permitido a quem detiver igual direito perante o órgão ou entidade originariamente encarregado da sua guarda.*

§ 3º *Para resguardar o sigilo de documentos que assim devam ser mantidos, as Comissões de Ética, depois de concluído o processo de investigação, providenciarão para que tais documentos sejam desentranhados dos autos, lacrados e acautelados.*

Art. 14. *A qualquer pessoa que esteja sendo investigada é assegurado o direito de saber o que lhe está sendo imputado, de conhecer o teor da acusação e de ter vista dos autos, no recinto das Comissões de Ética, mesmo que ainda não tenha sido notificada da existência do procedimento investigatório.*

Parágrafo único. *O direito assegurado neste artigo inclui o de obter cópia dos autos e de certidão do seu teor.*

Art. 15. *Todo ato de posse, investidura em função pública ou celebração de contrato de trabalho, dos agentes públicos referidos no parágrafo único do art. 11, deverá ser acompanhado da prestação de compromisso solene de acatamento e observância das regras estabelecidas pelo Código de Conduta da Alta Administração Federal, pelo Código de Ética Profissional do Servidor Público Civil do Poder Executivo Federal e pelo Código de Ética do órgão ou entidade, conforme o caso.*

Parágrafo único. *A posse em cargo ou função pública que submeta a autoridade às normas do Código de Conduta da Alta Administração Federal deve ser precedida de consulta da autoridade à Comissão de Ética Pública, acerca de situação que possa suscitar conflito de interesses.*

Art. 16. *As Comissões de Ética não poderão escusar-se de proferir decisão sobre matéria de sua competência alegando omissão do Código de Conduta da Alta Administração Federal, do Código de Ética Profissional do Servidor Público Civil do Poder Executivo Federal ou do Código de Ética do órgão ou entidade, que, se existente, será suprida pela analogia e invocação aos princípios da legalidade, impessoalidade, moralidade, publicidade e eficiência.*

§ 1º *Havendo dúvida quanto à legalidade, a Comissão de Ética competente deverá ouvir previamente a área jurídica do órgão ou entidade.*

§ 2º *Cumpre à CEP responder a consultas sobre aspectos éticos que lhe forem dirigidas pelas demais Comissões de Ética e pelos órgãos e entidades que integram o Executivo Federal, bem como pelos cidadãos e servidores que venham a ser indicados para ocupar cargo ou função abrangida pelo Código de Conduta da Alta Administração Federal.*

Art. 17. *As Comissões de Ética, sempre que constatarem a possível ocorrência de ilícitos penais, civis, de improbidade administrativa ou de infração disciplinar, encaminharão cópia dos autos às autoridades competentes para apuração de tais fatos, sem prejuízo das medidas de sua competência.*

Art. 18. *As decisões das Comissões de Ética, na análise de qualquer fato ou ato submetido à sua apreciação ou por ela levantado, serão resumidas em ementa e, com a omissão dos nomes dos investigados, divulgadas no sítio do próprio órgão, bem como remetidas à Comissão de Ética Pública.*

Art. 19. *Os trabalhos nas Comissões de Ética de que tratam os incisos II e III do art. 2º são considerados relevantes e têm prioridade sobre as atribuições próprias dos cargos dos seus membros, quando estes não atuarem com exclusividade na Comissão.*

Art. 20. *Os órgãos e entidades da Administração Pública Federal darão tratamento prioritário às solicitações de documentos necessários à instrução dos procedimentos de investigação instaurados pelas Comissões de Ética.*

§ 1º *Na hipótese de haver inobservância do dever funcional previsto no caput, a Comissão de Ética adotará as providências previstas no inciso III do § 5º do art. 12.*

§ 2º *As autoridades competentes não poderão alegar sigilo para deixar de prestar informação solicitada pelas Comissões de Ética.*

Art. 21. *A infração de natureza ética cometida por membro de Comissão de Ética de que tratam os incisos II e III do art. 2º será apurada pela Comissão de Ética Pública.*

Art. 22. *A Comissão de Ética Pública manterá banco de dados de sanções aplicadas pelas Comissões de Ética de que tratam os incisos II e III do art. 2º e de suas próprias sanções, para fins de consulta pelos órgãos ou entidades da administração pública federal, em casos de nomeação para cargo em comissão ou de alta relevância pública.*

Parágrafo único. *O banco de dados referido neste artigo engloba as sanções aplicadas a qualquer dos agentes públicos mencionados no parágrafo único do art. 11 deste Decreto.*

Art. 23. *Os representantes das Comissões de Ética de que tratam os incisos II e III do art. 2º atuarão como elementos de ligação com a CEP, que disporá em Resolução própria sobre as atividades que deverão desenvolver para o cumprimento desse mister.*

Art. 24. *As normas do Código de Conduta da Alta Administração Federal, do Código de Ética Profissional do Servidor Público Civil do Poder Executivo Federal e do Código de Ética do órgão ou entidade aplicam-se, no que couber, às autoridades e agentes públicos neles referidos, mesmo quando em gozo de licença.*

Art. 25. *Ficam revogados os incisos XVII, XIX, XX, XXI, XXIII e XXV do Código de Ética Profissional do Servidor Público Civil do Poder Executivo Federal, aprovado pelo Decreto nº 1.171, de 22 de junho de 1994, os arts. 2º e 3º do Decreto de 26 de maio de 1999, que cria a Comissão de Ética Pública, e os Decretos de 30 de agosto de 2000 e de 18 de maio de 2001, que dispõem sobre a Comissão de Ética Pública.*

Art. 26. *Este Decreto entra em vigor na data da sua publicação.*

Brasília, 1º de fevereiro de 2007; 186º da Independência e 119º da República.

LUIZ INÁCIO LULA DA SILVA

Dilma Rousseff

Este texto não substitui o publicado no DOU de 2.2.2007

Questões

Com relação à ética no serviço público, julgue o item a seguir.

01. CESPE – Devido à impossibilidade de relativização do direito constitucional à privacidade, considera-se que os atos praticados pelo servidor público no âmbito privado são dissociados de sua conduta pública, não influenciando, portanto, seu conceito funcional nem a prestação de serviços ao público.

Certo ( ) Errado ( )

02. CESPE – No contexto da ação pública, ética e moral são considerados termos sinônimos, visto que ambos dizem respeito a um conjunto de normas, princípios, preceitos e valores que norteiam o comportamento de indivíduos e grupos, na distinção entre o bem e o mal, o legal e o ilegal.

Certo ( ) Errado ( )

03. CESPE – O servidor público que age contra a injustiça, ainda que em prejuízo próprio, demonstra um comportamento ético.

Certo ( ) Errado ( )

04. CESPE – Considera-se agente público o cidadão ou cidadã que exerça qualquer atividade pública remunerada, excluindo-se, portanto, dessa classificação, os que desempenham funções voluntárias e transitórias.

Certo ( ) Errado ( )

05. CESPE – A garantia de direitos fundamentais, estabelecida na CF, é uma forma de promover a conduta ética do Estado e de seu povo.

Certo ( ) Errado ( )

06. CESPE – Adota conduta ética, no exercício de seu cargo, o servidor público que preserva seus valores pessoais bem como os da organização onde atua.

Certo ( ) Errado ( )

07. CESPE – A alteração do teor de documentos sob avaliação ou validação para providências deve ocorrer somente em situações em que a qualidade e a clareza das informações neles contidas estejam comprometidas.

Certo ( ) Errado ( )

08. CESPE – De acordo com a ética individualista, as ações são consideradas morais quando promovem os interesses individuais ao longo do tempo.

Certo ( ) Errado ( )

09. CESPE – De acordo com a abordagem utilitária, ética diz respeito ao cuidado do servidor público com a sua conduta, de modo a considerar sempre os efeitos desta na realização dos próprios interesses.

Certo ( ) Errado ( )

10. CESPE – O servidor público que escolhe agir de acordo com os interesses coletivos e procura orientar seus esforços para a otimização da satisfação do maior número de pessoas manifesta conduta ética baseada na moral e nos direitos.

Certo ( ) Errado ( )

11. CESPE – Os dirigentes de organizações públicas que estabelecem regras claramente explicitadas, consistentes e que sejam imparcialmente executadas manifestam conduta ética baseada nos princípios de justiça, equidade e imparcialidade.

Certo ( ) Errado ( )

Considerando o estabelecido no Código de Ética Profissional do Servidor Público Civil do Poder Executivo Federal, julgue os itens a seguir.

12. CESPE - O estabelecimento de um código de ética para o exercício das funções públicas busca garantir que as diferenças individuais não sejam tratadas de modo particular, arbitrário, ou seja, com base na vontade do agente público que presta determinado serviço.
Certo ( ) Errado ( )

13. CESPE - A moralidade dos atos do servidor público é consolidada quando ele, ao agir, considera a legalidade e a finalidade desses atos, tendo em vista o bem comum.
Certo ( ) Errado ( )

14. CESPE - A honra e a tradição dos serviços públicos devem ser preservadas pela conduta ética dos servidores públicos, a qual fundamenta a confiança da sociedade nos serviços prestados pela administração pública.
Certo ( ) Errado ( )

15. CESPE - Em toda e qualquer situação, o ato administrativo, para ser eficaz e moral, deve ser público.
Certo ( ) Errado ( )

Acerca da atuação do servidor público no que se refere à sua conduta, julgue os itens que se seguem.

16. CESPE - Em casos de solicitações aéticas e amorais de sua chefia, o servidor público deve procrastinar o atendimento a esses pedidos, como uma forma efetiva de não cometer qualquer ação que atente contra o código de ética.
Certo ( ) Errado ( )

17. CESPE - Na escolha entre duas opções, o servidor público que decide pela opção mais vantajosa para o bem comum demonstra conduta ética.
Certo ( ) Errado ( )

18. CESPE - O servidor público deve atentar para as ordens de seus superiores, cumprindo-as sempre, sem hesitação e contestação, pois é o que recomenda um dos princípios éticos referentes à função pública.
Certo ( ) Errado ( )

19. CESPE - Novos conhecimentos e habilidades ao seu alcance só devem ser utilizados pelo servidor público em situações complexas, que exijam raciocínio mais elaborado e soluções específicas.
Certo ( ) Errado ( )

20. CESPE - A urbanidade e a cortesia são características exigidas do servidor público no exercício de suas atribuições funcionais.
Certo ( ) Errado ( )

Gabaritos

01	ERRADO	11	CERTO
02	ERRADO	12	CERTO
03	CERTO	13	CERTO
04	ERRADO	14	CERTO
05	CERTO	15	ERRADO
06	CERTO	16	ERRADO
07	ERRADO	17	CERTO
08	CERTO	18	ERRADO
09	ERRADO	19	ERRADO
10	ERRADO	20	CERTO

2. PROCESSO ADMINISTRATIVO DISCIPLINAR

O processo administrativo disciplinar consiste em uma série de atos que visam apurar a prática de infrações por parte de servidores e aplicar as penalidades cabíveis.

No caso do servidor público civil federal, o processo administrativo disciplinar também é regulado pela Lei 8.112/90.

2.1 Disposições Gerais

Apuração

O Art. 143 da Lei 8.112/90 estipula que a autoridade que tiver ciência de irregularidade no serviço público é obrigada a promover a sua apuração imediata, mediante sindicância ou processo administrativo disciplinar, assegurada ao acusado ampla defesa.

Também se permite que a apuração seja feita por autoridade de órgão ou entidade diverso daquele em que tenha ocorrido a irregularidade, mediante competência específica para tal finalidade, delegada em caráter permanente ou temporário pelo Presidente da República, pelos presidentes das Casas do Poder Legislativo e dos Tribunais Federais e pelo Procurador-Geral da República, no âmbito do respectivo Poder, órgão ou entidade, preservadas as competências para o julgamento que se seguir à apuração.

Denúncias

As denúncias sobre irregularidades serão objeto de apuração, desde que contenham a identificação e o endereço do denunciante e sejam formuladas por escrito, confirmada a autenticidade.

Quando o fato narrado não configurar evidente infração disciplinar ou ilícito penal, a denúncia será arquivada, por falta de objeto.

Sindicância

Existem dois procedimentos de apuração de infrações: o processo administrativo disciplinar propriamente dito (mais formal e complexo) e a sindicância (menos formal e mais célere).

A doutrina costuma dividir a sindicância administrativa em dois tipos: sindicância investigativa e sindicância acusatória.

A sindicância investigativa é instaurada quando os fatos trazidos ao conhecimento da Administração não são suficientes a indicar sua autoria e materialidade, não bastando para justificar a instauração de uma sindicância acusatória, tampouco de um processo administrativo disciplinar.

Na sindicância investigativa, não existe ainda um investigado, e, por conseguinte, não existe direito ao contraditório e à ampla defesa.

Já na sindicância acusatória, existem elementos suficientes para a identificação de um acusado, podendo culminar na aplicação de penalidade ou na abertura de um processo administrativo disciplinar.

O Art. 145 da Lei 8.112/90 afirma que da sindicância podem resultar:

> O arquivamento do processo;
> A aplicação de penalidade de advertência ou suspensão de até 30 (trinta) dias;
> A instauração de processo disciplinar.

O prazo para conclusão da sindicância não excederá 30 (trinta) dias, podendo, no entanto, ser prorrogado por igual período, a critério da autoridade superior, quantas vezes forem necessárias.

Por sua vez, o Art. 146 afirma que, sempre que o ilícito praticado pelo servidor ensejar a imposição de penalidade de suspensão por mais de 30 (trinta) dias, demissão, cassação de aposentadoria ou disponibilidade, ou destituição de cargo em comissão, o fato não poderá ser apurado por meio de sindicância, sendo obrigatória a instauração de processo disciplinar.

2.2 Afastamento Preventivo

O Art. 147 da Lei 8.112/90 afirma que, como medida cautelar e a fim de que o servidor não venha a influir na apuração da irregularidade, a autoridade instauradora do processo disciplinar poderá determinar o seu afastamento do exercício do cargo, pelo prazo de até 60 (sessenta) dias, sem prejuízo da remuneração.

O afastamento poderá ser prorrogado por igual prazo, findo o qual cessarão os seus efeitos, ainda que não concluído o processo.

É importante observar que o afastamento preventivo não constitui uma penalidade, mas sim uma medida cautelar.

2.3 Do Processo Disciplinar - PAD

O Art. 148 da Lei 8.112 define o processo disciplinar como o instrumento destinado a apurar responsabilidade de servidor por infração praticada no exercício de suas atribuições, ou que tenha relação com as atribuições do cargo em que se ele encontre investido.

Comissão

De acordo com o Art. 149, o processo disciplinar será conduzido por comissão composta de três servidores estáveis designados pela autoridade competente, que indicará, dentre eles, o seu presidente, que deverá ser ocupante de cargo efetivo superior ou de mesmo nível, ou ter nível de escolaridade igual ou superior ao do indiciado.

A comissão terá como secretário servidor designado pelo seu presidente, podendo a indicação recair em um de seus membros.

Não poderá participar de comissão de sindicância ou de inquérito, cônjuge, companheiro ou parente do acusado, consanguíneo ou afim, em linha reta ou colateral, até o terceiro grau.

A comissão exercerá suas atividades com independência e imparcialidade, assegurado o sigilo necessário à elucidação do fato ou exigido pelo interesse da Administração.

As reuniões e as audiências das comissões terão caráter reservado.

Sempre que necessário, a comissão dedicará tempo integral aos seus trabalhos, ficando seus membros dispensados do ponto, até a entrega do relatório final.

As reuniões da comissão serão registradas em atas que deverão detalhar as deliberações adotadas.

Fases do Processo Disciplinar

De acordo com o Art. 151, o processo disciplinar se desenvolve nas seguintes fases:

I. Instauração, com a publicação do ato que constituir a comissão;

II. Inquérito administrativo, que compreende instrução, defesa e relatório;

III. Julgamento.

Prazo para Conclusão do Processo Disciplinar

O Art. 152 estipula que o prazo para a conclusão do processo disciplinar não excederá 60 (sessenta) dias, contados da data de publicação do ato que constituir a comissão, admitida a sua prorrogação por igual prazo, quando as circunstâncias o exigirem.

Do Inquérito

O Art. 153 da Lei 8.112 determina que o inquérito administrativo, que corresponde à apuração propriamente dita, obedecerá ao princípio do contraditório, assegurada ao acusado ampla defesa, com a utilização dos meios e recursos admitidos em direito.

Se tiver sido realizada sindicância prévia, os autos da mesma integrarão o processo disciplinar, como peça informativa da instrução.

Na hipótese de o relatório da sindicância concluir que a infração está capitulada como ilícito penal, a autoridade competente encaminhará cópia dos autos ao Ministério Público, independentemente da imediata instauração do processo disciplinar.

Na fase do inquérito, a comissão deverá promover a tomada de depoimentos, acareações, investigações e diligências cabíveis, objetivando a coleta de prova, recorrendo, quando necessário, a técnicos e peritos, de modo a permitir a completa elucidação dos fatos.

É assegurado ao servidor o direito de acompanhar o processo pessoalmente ou por intermédio de procurador, bem como arrolar e reinquirir testemunhas, produzir provas e contraprovas e formular quesitos, quando se tratar de prova pericial.

No entanto, o presidente da comissão poderá denegar pedidos considerados impertinentes, meramente protelatórios, ou de nenhum interesse para o esclarecimento dos fatos. Além disso, deverá ser indeferido o pedido de prova pericial, quando a comprovação do fato independer de conhecimento especial de perito.

Testemunhas

As testemunhas serão intimadas a depor mediante mandado expedido pelo presidente da comissão, devendo a segunda via, com o ciente do interessado, ser anexada aos autos.

Se a testemunha for servidor público, a expedição do mandado será imediatamente comunicada ao chefe da repartição onde serve, com a indicação do dia e hora marcados para inquirição.

O depoimento será prestado oralmente e reduzido a termo, não sendo lícito à testemunha trazê-lo por escrito, sendo que as testemunhas deverão ser inquiridas separadamente.

Na hipótese de depoimentos contraditórios ou que se infirmem, proceder-se-á à acareação entre os depoentes.

Interrogatório do Acusado

Concluída a inquirição das testemunhas, a comissão promoverá o interrogatório do acusado.

No caso de existir mais de um acusado, cada um deles será ouvido separadamente, e sempre que divergirem em suas declarações sobre fatos ou circunstâncias, será promovida a acareação entre eles.

O procurador do acusado poderá assistir ao interrogatório, bem como à inquirição das testemunhas, sendo-lhe vedado interferir nas perguntas e respostas, podendo, porém, reinquiri-las, por intermédio do presidente da comissão.

Quando houver dúvida sobre a sanidade mental do acusado, a comissão proporá à autoridade competente que ele seja submetido a exame por junta médica oficial, da qual participe pelo menos um médico psiquiatra.

Citação do Servidor e Apresentação de Defesa

O Art. 161 da Lei 8.112 estipula que, tipificada a infração disciplinar, será formulada a indiciação do servidor, com a especificação dos fatos a ele imputados e das respectivas provas.

O indiciado será citado por mandado expedido pelo presidente da comissão para apresentar defesa escrita, no prazo de 10 (dez) dias, sendo-lhe assegurada vista do processo na repartição.

Se, porém, houver mais de um indiciado, o prazo será comum e de 20 (vinte) dias.

Em qualquer hipótese, o prazo de defesa poderá ser prorrogado pelo dobro, para diligências reputadas indispensáveis.

No caso de recusa do indiciado em apor o ciente na cópia da citação, o prazo para defesa será contado da data declarada, em termo próprio, pelo membro da comissão que fez a citação, com a assinatura de (2) duas testemunhas.

O indiciado que mudar de residência é obrigado a comunicar à comissão o lugar onde poderá ser encontrado.

Se o indiciado estiver em lugar incerto e não sabido, será citado por edital, publicado no Diário Oficial da União e em jornal de grande circulação na localidade do último domicílio conhecido, para apresentar defesa.

Nesse caso, o prazo para defesa será de 15 (quinze) dias a partir da última publicação do edital.

Será considerado revel o indiciado que, regularmente citado, não apresentar defesa no prazo legal.

A revelia deve ser declarada, por termo, nos autos do processo e devolverá o prazo para a defesa, ou seja, o acusado terá mais 10 (dez) dias.

Para defender o indiciado revel, a autoridade instauradora do processo designará um servidor como defensor dativo, que deverá ser ocupante de cargo efetivo superior ou de mesmo nível, ou ter nível de escolaridade igual ou superior ao do indiciado.

Relatório

Apreciada a defesa apresentada pelo acusado, a comissão elaborará relatório minucioso, no qual resumirá as peças principais dos autos e mencionará as provas em que se baseou para formar a sua convicção.

O relatório será sempre conclusivo quanto à inocência ou à responsabilidade do servidor.

Reconhecida a responsabilidade do servidor, a comissão indicará o dispositivo legal ou regulamentar transgredido, bem como as circunstâncias agravantes ou atenuantes.

O processo disciplinar, com o relatório da comissão, será remetido à autoridade que determinou a sua instauração, para julgamento.

Do Julgamento

O Art. 167 determina que, no prazo de 20 (vinte) dias, contados do recebimento do processo, a autoridade julgadora proferirá a sua decisão.

Se a penalidade a ser aplicada exceder a alçada da autoridade instauradora do processo, este será encaminhado à autoridade competente, que decidirá em igual prazo.

Se houver mais de um indiciado e diversidade de penalidades, o julgamento caberá à autoridade competente para a imposição da pena mais grave.

Se for reconhecida pela comissão a inocência do servidor, a autoridade instauradora do processo determinará o seu arquivamento, salvo se flagrantemente contrária à prova dos autos.

O Art. 168 afirma que o julgamento acatará o relatório da comissão, salvo quando contrário às provas dos autos.

Nesse caso (relatório contrariando as provas dos autos), a autoridade julgadora poderá, motivadamente, agravar a penalidade proposta, abrandá-la ou isentar o servidor de responsabilidade.

Se for verificada a ocorrência de vício insanável, a autoridade que determinou a instauração do processo ou outra de hierarquia superior declarará a sua nulidade, total ou parcial, e ordenará, no mesmo ato, a constituição de outra comissão para instauração de novo processo. No entanto, o julgamento fora do prazo legal não implica nulidade do processo.

A autoridade julgadora que der causa à prescrição será responsabilizada.

Efeitos e Procedimentos Finais

Se a infração administrativa também estiver capitulada como crime, o processo disciplinar será remetido ao Ministério Público para instauração da ação penal, ficando trasladado (cópia) na repartição.

O Art. 172 determina que o servidor que responder a processo disciplinar só poderá ser exonerado a pedido, ou aposentado voluntariamente, após a conclusão do processo e o cumprimento da penalidade, acaso aplicada.

Em se tratando de servidor que houver sido exonerado pela não aprovação em estágio probatório, sua exoneração será convertida em demissão, se for o caso, em função da infração cometida.

Pagamento de Transporte e Diárias

O Art. 173 estipula que são assegurados transporte e diárias:

> Ao servidor convocado para prestar depoimento fora da sede de sua repartição, na condição de testemunha, denunciado ou indiciado;
> Aos membros da comissão e ao secretário, quando obrigados a se deslocarem da sede dos trabalhos para a realização de missão essencial ao esclarecimento dos fatos.

2.4 Revisão do Processo

O Art. 174 determina que o processo disciplinar poderá ser revisto, a qualquer tempo, a pedido ou de ofício, quando se aduzirem fatos novos ou circunstâncias suscetíveis de justificar a inocência do punido ou a inadequação da penalidade aplicada.

Em caso de falecimento, ausência ou desaparecimento do servidor, qualquer pessoa da família poderá requerer a revisão do processo.

Já no caso de incapacidade mental do servidor, a revisão será requerida pelo respectivo curador.

O Art. 175 determina que, no processo revisional, o ônus da prova cabe ao requerente. Ou seja, cabe ao solicitante demonstrar sua inocência ou inadequação da penalidade aplicada, diferentemente do que ocorre no processo administrativo disciplinar, em que cabe à acusação demonstrar o que alega.

E, nesse sentido, o Art. 176 acrescenta que a simples alegação de injustiça da penalidade não constitui fundamento para a revisão, que requer elementos novos, ainda não apreciados no processo originário.

O requerimento de revisão do processo deverá ser dirigido ao Ministro de Estado ou autoridade equivalente, que, se autorizar a revisão, encaminhará o pedido ao dirigente do órgão ou entidade onde se originou o processo disciplinar.

Na petição inicial, o requerente pedirá dia e hora para a produção de provas e inquirição das testemunhas que arrolar.

Se for deferida a petição de revisão, a autoridade competente providenciará a constituição de comissão revisora.

A comissão revisora terá 60 (sessenta) dias para a conclusão dos trabalhos.

O Art. 180 estipula que se aplicam aos trabalhos da comissão revisora, naquilo que couber, as normas e procedimentos próprios da comissão do processo disciplinar.

O julgamento da revisão caberá à autoridade que aplicou a penalidade, sendo que o prazo para tal julgamento é de 20 (vinte) dias, contados do recebimento do processo, no curso do qual a autoridade julgadora poderá determinar diligências.

Se a revisão for julgada procedente, será declarada sem efeito a penalidade aplicada, restabelecendo-se todos os direitos do servidor, exceto em relação à destituição do cargo em comissão, que será convertida em exoneração.

Da revisão do processo não poderá resultar agravamento de penalidade.

Questões

01. (Esaf) Quanto ao Processo Administrativo Disciplinar, é incorreto afirmar que:

a) a autoridade que tiver ciência de irregularidade no serviço público é obrigada a promover a sua apuração imediata, mediante sindicância ou processo administrativo disciplinar, assegurada ao acusado ampla defesa.

b) as denúncias sobre irregularidades serão objeto de apuração, desde que contenham a identificação e o endereço do denunciante e sejam formuladas por escrito, confirmada a autenticidade.

c) da sindicância poderá resultar: arquivamento do processo; aplicação de penalidade de advertência, suspensão ou demissão; ou instauração de processo disciplinar.

d) o processo disciplinar é o instrumento destinado a apurar responsabilidade de servidor por infração praticada no exercício de suas atribuições, ou que tenha relação com as atribuições do cargo em que ele se encontre investido.

e) o processo disciplinar será conduzido por comissão composta de três servidores estáveis designados pela autoridade competente.

02. (Esaf) A respeito do Processo Administrativo Disciplinar, de que trata a Lei n. 8.112/90, é incorreto afirmar que:

a) os processos disciplinares não exigem a intimação do indiciado para o oferecimento de alegações finais após a conclusão do relatório final.

b) o fato de encontrar-se o servidor em gozo de licença médica para tratamento de saúde não constitui óbice à demissão.

c) antes da decisão final a ser proferida em Processo Administrativo Disciplinar, cabe a juntada de documentos que noticiam fatos novos que poderiam influenciar no julgamento, em observância ao princípio da ampla defesa.

d) quando o relatório da comissão contrariar as provas dos autos, a autoridade julgadora poderá, motivadamente, abrandá-la ou isentar o servidor de responsabilidade, sendo-lhe vedado agravar a penalidade proposta.

e) a circunstância de encontrar-se o servidor em vias de aposentar-se por invalidez não constitui óbice à demissão, como não constituiria a própria aposentadoria que, para tanto, estaria sujeita à cassação, na forma do Art. 134 da Lei n. 8.112/90.

03. (Esaf) A respeito das regras de composição e de atuação da Comissão que conduz o Processo Administrativo Disciplinar, é correto afirmar que:

a) sua composição não pode conter servidores de órgão distinto do órgão de lotação do acusado.

b) a participação de servidor na composição da comissão é facultativa.

c) trata-se de órgão colegiado com funções deliberativas, gerenciais e consultivas da autoridade instauradora.

d) se entender por não indiciar o acusado, estará dispensada de citá-lo para apresentar defesa escrita.

e) deve adotar postura firme e rígida para evitar demonstração de fragilidade e leniência.

04. (Esaf) Acerca do processo administrativo disciplinar, nos moldes da Lei n. 8.112/90, assinale a opção incorreta:

a) O processo administrativo disciplinar é dividido em três fases: instauração, inquérito administrativo e julgamento.

b) O inquérito administrativo compreende instrução, defesa e relatório.

c) Tipificada a infração disciplinar, será formulada a indiciação do servidor, com a especificação dos fatos a ele imputados e das respectivas provas, e, em seguida, deve ser procedida a sua citação para apresentar defesa escrita, no prazo de 10 (dez) dias.

d) Apreciada a defesa do indiciado, a comissão elaborará relatório minucioso, no qual resumirá as peças principais dos autos, mencionará as provas em que se baseou para formar a sua convicção e concluirá quanto à inocência ou à responsabilidade do indiciado. O relatório será encaminhado para apreciação da autoridade competente para o julgamento.

e) O julgamento não está adstrito às conclusões do relatório da comissão de processo administrativo disciplinar, podendo a autoridade julgadora, em qualquer caso, desde que motivadamente, agravar a penalidade proposta, abrandá-la ou isentar o servidor de responsabilidade.

05. (Esaf) No processo administrativo disciplinar, conforme expressa previsão contida na Lei nº 8.112/90, a indiciação do servidor será formulada,

a) no ato de constituição da comissão.

b) depois de tipificada a infração, para citação do indiciado.

c) no relatório final, para julgamento.

d) após inquisição das testemunhas para orientar o interrogatório do acusado.

e) na ata de instalação da comissão.

06. (Esaf) Considerando as espécies de procedimentos disciplinares, assinale a opção correta que corresponde ao conceito abaixo:

Conceito: Procedimento preliminar sumário, instaurado com o fim de investigação de irregularidades funcionais, que precede ao Processo Administrativo Disciplinar, sendo prescindível de observância dos princípios constitucionais do contraditório e da ampla defesa.

a) Sindicância investigativa.

b) Sindicância acusatória.

c) Sindicância patrimonial.

d) Inquérito policial.

e) Inquérito administrativo.

07. (FCC) A revisão do processo disciplinar,

a) será dirigida ao Ministro de Estado, exclusivamente, que, se autorizar a revisão, encaminhará o pedido ao dirigente do órgão onde se originou o processo administrativo.

b) na hipótese de falecimento do servidor, somente poderá ser requerida pela pessoa da família titular da qualidade de inventariante.

c) em sendo julgada procedente, será declarada sem efeito a penalidade aplicada, restabelecendo-se todos os direitos do servidor, exceto em relação à destituição do cargo em comissão, que será convertida em exoneração.

d) ao ser julgada, não poderá resultar agravamento de penalidade, valendo destacar que ao longo do processo revisional, o ônus da prova cabe à Administração Pública.

e) também é admissível, quando seu fundamento constituir-se na simples alegação de injustiça da penalidade.

08. (FCC) Instaurado o processo administrativo disciplinar, o servidor:

a) fica suspenso automaticamente pelo prazo de 30 dias, prorrogável por igual prazo.

b) não pode ser afastado do cargo, devendo permanecer em exercício em funções internas, conforme dispuser seu chefe imediato.

c) fica suspenso automaticamente pelo prazo de 60 dias, prorrogável por mais 30 dias.

d) pode ser afastado do exercício, por até 30 dias, improrrogáveis.

e) pode ser afastado do exercício, por até 60 dias, sendo o afastamento prorrogável por igual prazo.

09. (FCC) Com base no processo disciplinar, previsto na Lei nº 8.112/90,

a) o processo disciplinar será conduzido por comissão presidida pela autoridade hierarquicamente superior ao servidor indiciado, que melhor conhece a conduta do mesmo, podendo avaliar a penalidade mais adequada a ser aplicada em razão da infração.

b) havendo diversidade de sanções a serem aplicadas, o julgamento será proferido por todas as autoridades competentes para aplicá-las.

c) quando a infração também configurar ilícito penal, o processo administrativo ficará suspenso, aguardando a conclusão do processo criminal.

d) é assegurado ao servidor o direito de acompanhar o processo pessoalmente ou por intermédio de procurador, sendo-lhe permitido arrolar testemunhas, vedada, contudo, a apresentação de quesitos a prova pericial.

e) o servidor que responder a processo disciplinar só poderá ser exonerado a pedido, ou aposentado voluntariamente, após a conclusão do processo e o cumprimento da penalidade, acaso aplicada.

10. (FCC) Em relação ao processo administrativo disciplinar e suas fases, é INCORRETO afirmar:

a) O indiciado será notificado por carta expedida pela comissão processante para apresentar defesa no prazo de 05 (cinco) dias e, havendo mais indiciados, o prazo será comum e de 10 (dez) dias.

b) O prazo para conclusão da sindicância não excederá 30 (trinta) dias, podendo ser prorrogado por igual período, a critério da autoridade superior.

c) Os autos da sindicância integrarão o processo disciplinar, como peça informativa da instrução.

d) A autoridade que tiver ciência de irregularidade no serviço público é obrigada a promover a sua apuração imediata, mediante sindicância ou processo administrativo disciplinar, assegurada ao acusado ampla defesa.

e) O prazo para a conclusão do processo disciplinar não excederá 60 (sessenta) dias, contados da data de publicação do ato que constituir a comissão, admitida a sua prorrogação por igual prazo, quando as circunstâncias assim exigirem.

Gabaritos

01	C	06	A
02	D	07	C
03	D	08	E
04	E	09	E
05	B	10	A

3. RESPONSABILIDADE CIVIL DO ESTADO

A responsabilidade civil consubstancia-se na obrigação de indenizar um dano patrimonial decorrente de um fato lesivo voluntário. É modalidade de obrigação extracontratual e, para que ocorra, são necessários alguns elementos previstos no Art. 37, § 6º, da Constituição Federal:

> ***§6º** - As pessoas jurídicas de direito público e as pessoas jurídicas de direito privado prestadoras de serviço público responderão pelos danos seus agentes, nessa qualidade, causarem a terceiros, assegurado o direito de regresso contra o responsável nos casos de dolo ou culpa.*

3.1 Teoria do Risco Administrativo

É a responsabilidade objetiva do Estado, que paga o terceiro lesado, desde que ocorra o dano por ação praticada pelo agente público, mesmo o agente não agindo com dolo ou culpa.

Enquanto para a Administração a responsabilidade independe da culpa, para o servidor, ela depende: aquela é objetiva, esta é subjetiva e se apura pelos critérios gerais do Código Civil.

Requisitos

O fato lesivo causado pelo agente em decorrência de culpa em sentido amplo, a qual abrange o dolo (intenção), e a culpa em sentido estrito, que engloba a negligência, a imprudência e a imperícia.

A ocorrência de um dano patrimonial ou moral.

O nexo de causalidade entre o dano havido e o comportamento do agente, o que significa ser necessário que o dano efetivamente haja decorrido diretamente, da ação ou omissão indevida do agente.

> As Pessoas Jurídicas de Direito Privado prestadoras de serviço público estão também sob a responsabilidade na modalidade risco administrativo.

Situações de quebra do nexo causal da Administração Pública (Rompimento do Nexo Causal).

Caso I

Culpa exclusiva de terceiros ou da vítima.

Ex.: Marco, Agente Federal, dirigindo regularmente viatura oficial em escolta, atropela Sérgio, um suicida. Nessa situação, a Administração Pública não está obrigada a indenizar, pois o prejuízo foi causado exclusivamente pela vítima.

Caso II

Caso fortuito, evento da natureza imprevisível e inevitável.

Ex.: A PRF apreende um veículo em depósito. No local, cai um raio e destrói por completo o veículo apreendido. Nessa situação, a Administração não estará obrigada a indenizar o prejuízo sofrido, uma vez que não ocorreu culpa.

Caso III

Motivo de força maior, evento humano imprevisível e inevitável.

Ex.: A PRF apreende um veículo em depósito. Uma manifestação popular intensa invade-o e depreda todo o veículo, inutilizando-o. Nessa situação, a Administração não estará obrigada a indenizar o prejuízo sofrido, uma vez que não ocorreu culpa.

> Estão incluídas todas as pessoas jurídicas de Direito Público, ou seja, a Administração Direta, as autarquias e as fundações públicas de direito público, independentemente de suas atividades.

3.2 Teoria da Culpa Administrativa

Segundo a Teoria da Culpa Administrativa, também conhecida como Teoria da Culpa Anônima ou Falta de Serviço, o dever do Estado de indenizar o dano sofrido pelo particular somente existe caso seja comprovada a existência de falta de serviço. É possível ainda ocorrer a responsabilização do Estado aos danos causados por fenômenos da natureza quando ficar comprovado que o Estado concorreu de alguma maneira para que se produzisse o evento danoso, seja por dolo ou culpa. Nessa situação, vigora a responsabilidade subjetiva, pois temos a condição de ter ocorrido com dolo ou culpa. A culpa administrativa pode decorrer de uma das três formas possíveis de falta do serviço:

- Inexistência do serviço.
- Mau funcionamento do serviço.
- Retardamento do serviço.

Cabe sempre ao particular prejudicado pela falta comprovar sua ocorrência para fazer justa indenização.

Para os casos de omissão, a regra geral é a responsabilidade subjetiva. No entanto, há casos em que mesmo na omissão a responsabilidade do Estado será objetiva como, por exemplo, no caso de atendimento hospitalar deficiente e de pessoas sob a custódia do Estado, ou seja, o preso, pois, nesse caso, o Estado tem o dever de assegurar integridade física e mental do custodiado.

3.3 Teoria do Risco Integral

A Teoria do Risco Integral representa uma exacerbação da responsabilidade civil da Administração. Segundo essa teoria, basta a existência de evento danoso e do nexo causal para que surja a obrigação de indenizar para a administração, mesmo que o dano decorra de culpa exclusiva do particular.

Alguns autores consideram essa teoria para o caso de acidente nuclear.

3.4 Danos Decorrentes de Obras Públicas

Só fato da obra: sem qualquer irregularidade na sua execução.

Responsabilidade Civil **Objetiva** da Administração Pública ou particular (tanto faz quem execute a obra).

Má Execução da Obra

- **Administração Pública:** responsabilidade civil objetiva, com direito de ação regressiva.
- **Particular:** responsabilidade civil subjetiva.

3.5 Responsabilidade Civil Decorrente de Atos Legislativos

Regra: irresponsabilidade do Estado.

Exceção 1: leis inconstitucionais:

> Depende de declaração de inconstitucionalidade do STF;

> Depende de ajuizamento de ação de reparação de danos.

Exceção 2: leis de efeitos concretos

3.6 Responsabilidade Civil Decorrente de Atos Jurisdicionais

Regra: irresponsabilidade do Estado.

Exceção: erro judiciário – esfera penal, ou seja, erro do judiciário que acarretou na prisão de um inocente ou na manutenção do preso no cárcere por tempo superior ao prolatado na sentença, Art. 5º, LXXV, da CF. Segundo o STF, essa responsabilidade não alcança outras esferas.

Caso seja aplicada uma prisão cautelar a um acusado criminal e ele venha a ser absolvido, o Estado não responderá pelo erro judiciário, pois se entende que a aplicação da medida não constitui erro do judiciário, mas sim, uma medida cautelar pertinente ao processo.

3.7 Ação de Reparação de Danos

Administração Pública X particular:

Pode ser amigável ou judicial.

Não pode ser intentada contra o agente público cuja ação acarretou o dano.

Ônus da prova:

Particular: nexo de causalidade direto e imediato entre o fato lesivo e o dano.

Administração Pública:

> Culpa exclusiva da vítima.

> Força Maior.

> Culpa concorrente da vítima.

Valor da indenização destina-se à cobertura das seguintes despesas:

> O que a vítima perdeu;

> O que a vítima gastou (advogados);

> O que a vítima deixou de ganhar.

Em caso de morte:

> Sepultamento;

> Pensão alimentícia para os dependentes com base na expectativa de vida da vítima.

Prescrição:

***Art. 1º** da Lei nº 9.494/97: 5 anos.*

Tal prazo aplica-se inclusive às delegatárias de serviço público.

3.8 Ação Regressiva

Administração Pública X agente público:

O Art. 37, § 6º, da CF permite à Administração Pública ou delegatária (Concessionárias, Autorizatárias e Permissionárias) de serviço público a ingressar com uma ação regressiva contra o agente cuja atuação acarretou o dano, desde que comprovado dolo ou culpa.

Requisitos:

> Trânsito em julgado da sentença que condenou a Administração ou Delegatária a indenizar.

> Culpa ou dolo do agente público (responsábilidade civil subjetiva).

Regras especiais:

> O dever de reparação se estende aos sucessores até o limite da herança recebida.

> Pode acontecer após a quebra do vínculo entre o agente público e a Administração Pública.

> A ação de ressarcimento ao erário é imprescritível.

O agente ainda pode ser responsabilizado nas esferas administrativa e criminal se a conduta que gerou o prejuízo ainda incorrer em crime ou em falta administrativa, conforme o caso, podendo as penalidades serem aplicadas de forma cumulativa.

Questões

01. (Cespe) De acordo com a CF, as pessoas jurídicas de direito privado, prestadoras de serviços públicos, não respondem objetivamente pelos danos que seus agentes, nessa qualidade, causarem a terceiros.

Certo ( ) Errado ( )

02. (Cespe) No caso de conduta omissiva, a responsabilidade extracontratual do Estado é subjetiva.

Certo ( ) Errado ( )

03. (Cespe) O fato de um detento morrer em estabelecimento prisional devido à negligência de agentes penitenciários configurará hipótese de responsabilização objetiva do Estado.

Certo ( ) Errado ( )

04. (Cespe) As entidades de direito privado prestadoras de serviço público respondem objetivamente pelos prejuízos que seus agentes, nessa qualidade, causarem a terceiros.

Certo ( ) Errado ( )

05. (Cespe) A regra da responsabilidade civil objetiva do Estado se aplica tanto às entidades de direito privado que prestam serviço público como às entidades da administração indireta que executem atividade econômica de natureza privada.

Certo ( ) Errado ( )

06. (Cespe) A responsabilidade do Estado por danos causados por fenômenos da natureza é do tipo subjetiva.

Certo ( ) Errado ( )

07. (Cespe) Incidirá a responsabilidade civil objetiva do Estado quando, em processo judicial, o juiz, dolosamente, retardar providência requerida pela parte.

Certo ( ) Errado ( )

08. (Cespe) A responsabilidade civil do Estado exige três requisitos para a sua configuração: ação atribuível ao Estado, dano causado a terceiros e nexo de causalidade.

Certo ( ) Errado ( )

09. (Cespe) Suponha-se que Maria estivesse conduzindo o seu veículo quando sofreu um acidente de trânsito causado por um ônibus da concessionária do serviço público municipal de transporte público, o qual lhe causou danos materiais. Nessa situação hipotética, eventual direito à indenização pelos danos suportados por Maria somente ocorrerá se ficar provado que o condutor do referido coletivo atuou com culpa ou dolo, já que não haverá responsabilidade objetiva na espécie, pois, na oportunidade, Maria não era usuária do serviço público de transporte público coletivo.

Certo ( ) Errado ( )

10. (Cespe) Para se caracterizar a responsabilidade civil do Estado no caso de conduta omissiva, não basta a simples relação entre a omissão estatal e o dano sofrido, pois a responsabilidade só estará configurada quando estiverem presentes os elementos que caracterizem a culpa.

Certo ( ) Errado ( )

Gabaritos

01	ERRADO	06	CERTO
02	CERTO	07	ERRADO
03	CERTO	08	CERTO
04	CERTO	09	ERRADO
05	ERRADO	10	CERTO

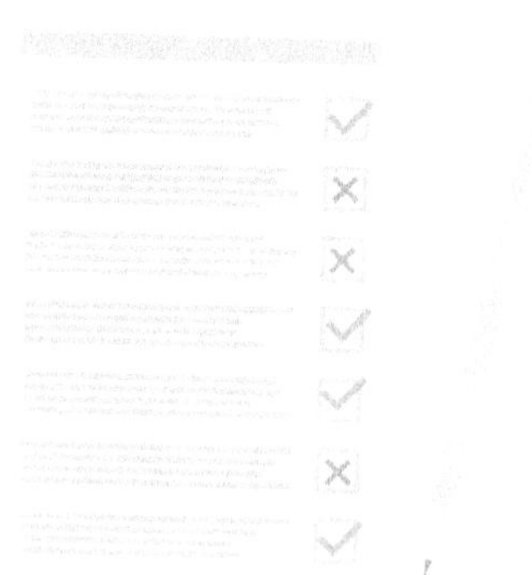

PDF

1. PROPOSIÇÕES 135
1.1 Definições 135
1.2 Tabela Verdade e Conectivos Lógicos 136
1.3 Equivalências Lógicas 137
1.4 Tautologias, Contradições e Contingências 139
1.5 Relação entre Todo, Algum e Nenhum 139
2. ARGUMENTOS 141
2.1 Definições 141
2.2 Métodos para Classificar os Argumentos 142
3. PSICOTÉCNICOS 144
4. ANÁLISE COMBINATÓRIA 148
4.1 Definição 148
4.2 Fatorial 148
4.3 Princípio Fundamental da Contagem (PFC) 148
4.4 Arranjo e Combinação 149
4.5 Permutação 149
5. PROBABILIDADE 152
5.1 Definições 152
5.2 Fórmula da Probabilidade 152
5.3 Eventos Complementares 152
5.4 Casos Especiais de Probabilidade 153
6. TEORIA DOS CONJUNTOS 155
6.1 O que é Conjunto? 155
6.2 Definições 155
6.3 Subconjuntos 155
6.4 Operações com Conjuntos 156
7. CONJUNTOS NUMÉRICOS 158
7.1 Números Naturais 158
7.2 Números Inteiros 158
7.3 Números Racionais 158
7.4 Números Irracionais 160
7.5 Números Reais 160
7.6 Intervalos 160
7.7 Múltiplos e Divisores 160
7.8 Números Primos 161
7.9 MMC e MDC 161
7.10 Divisibilidade 161
7.11 Expressões Numéricas 161
8. SISTEMA LEGAL DE MEDIDAS 163
8.1 Medidas de Tempo 163
8.2 Sistema Métrico Decimal 163
9. RAZÕES E PROPORÇÕES 165
9.1 Grandeza 165
9.2 Razão 165
9.3 Proporção 165
9.4 Divisão em Partes Proporcionais 165
9.5 Regra das Torneiras 166
9.6 Regra de Três 166

SUMÁRIO

10. PORCENTAGEM E JUROS 168
10.1 Porcentagem 168
10.2 Lucro e Prejuízo 168
10.3 Juros Simples 168
10.4 Juros Compostos 168
10.5 Capitalização 168
11. SEQUÊNCIAS NUMÉRICAS 170
11.1 Conceitos 170
11.2 Lei de Formação de uma Sequência 170
11.3 Progressão Aritmética (PA) 170
11.4 Progressão Geométrica (P.G.) 171
12. MATRIZES, DETERMINANTES E SISTEMAS LINEARES 174
12.1 Matrizes 174
12.2 Determinantes 176
12.3 Sistemas Lineares 179
13. FUNÇÕES, FUNÇÃO AFIM E FUNÇÃO QUADRÁTICA 182
13.1 Definições, Domínio, Contradomínio e Imagem 182
13.2 Plano Cartesiano 182
13.3 Funções Injetoras, Sobrejetoras e Bijetoras 182
13.4 Funções Crescentes, Decrescentes e Constantes 183
13.5 Funções Inversas e Compostas 183
13.6 Função Afim 183
14. FUNÇÃO EXPONENCIAL E FUNÇÃO LOGARÍTMICA 186
14.1 Equação e Função Exponencial 186
14.2 Equação e Função Logarítmica 186
15. TRIGONOMETRIA 189
15.1 Triângulos 189
15.2 Trigonometria no Triângulo Retângulo 189
15.3 Trigonometria em um Triângulo Qualquer 189
15.4 Medidas dos Ângulos 189
15.5 Ciclo Trigonométrico 190
15.6 Funções Trigonométricas 191
15.7 Identidades e Operações Trigonométricas 192
15.8 Bissecção de Arcos ou Arco Metade 192
16. GEOMETRIA PLANA 194
16.1 Semelhanças de Figuras 194
16.2 Relações Métricas nos Triângulos 194
16.3 Quadriláteros 195
16.4 Polígonos Regulares 196
16.5 Círculos e Circunferências 197
16.6 Polígonos Regulares Inscritos e Circunscritos 198
16.7 Perímetros e Áreas dos Polígonos e Círculos 199
17. GEOMETRIA ESPACIAL 202
17.1 Retas e Planos 202
17.2 Prismas 204
17.3 Cilindro 207
17.4 Cone Circular 208
17.5 Pirâmides 209
17.6 Esfera 211

1. PROPOSIÇÕES

O estudo da Lógica é o estudo dos métodos e dos princípios utilizados para distinguir o raciocínio correto do incorreto. Isso não significa que só é possível argumentar corretamente com uma pessoa que estudou Lógica. No entanto, um indivíduo que tem conhecimento de Lógica tem mais possibilidade de raciocinar corretamente do que aquele que não estudou esse assunto. Nem sempre é muito claro para o concurseiro o quanto esse assunto é relevante para o aprendizado das outras disciplinas e o quanto ele pode oferecer. O objetivo fundamental do estudo da Lógica é a elaboração de critérios que permitam analisar argumentos para mostrar ou não sua validade.

1.1 Definições

Proposição é uma **declaração** (sentença declarativa, com sujeito "definido", verbo e sentido completo) que pode ser **classificada** em valores como verdadeiro e falso.

São exemplos de proposições:

p: Daniel é enfermeiro.

Q: Leo foi à Argentina.

a: Luiza adora brincar.

B: Rosário comprou um carro.

Essas letras "p", "Q", "a", "B", servem para representar (simbolizar) as proposições.

Valores Lógicos das Proposições

Uma proposição só pode ser classificada em dois valores lógicos, que são o **Verdadeiro (V)** ou o **Falso (F)**, não admitindo outro valor.

As proposições têm três princípios básicos, sendo um deles o princípio fundamental que é:

Princípio da não contradição: diz que uma proposição não pode ser verdadeira e falsa ao mesmo tempo.

Os outros dois são:

Princípio da identidade: diz que uma proposição verdadeira sempre será verdadeira e uma falsa sempre será falsa.

Princípio do terceiro excluído: diz que uma proposição só pode ter dois valores lógicos, ou o de verdadeiro ou o de falso, **não existindo** um terceiro valor.

Interrogações, exclamações e ordens não são proposições.

Exs.:

"Que dia é hoje?"

"Que maravilha!"

"Estudem muito."

Sentenças Abertas e Quantificadores Lógicos

Existem algumas "sentenças abertas" que aparecem com incógnitas (termo desconhecido), como por exemplo: "$x + 2 = 5$", não sendo consideradas proposições, já que não se pode classificá-las sem saber o valor de "x", porém, com o uso dos **quantificadores lógicos**, elas tornam-se proposições, uma vez que esses quantificadores passam a dar valor ao "x".

Os quantificadores lógicos são:

$\forall$: para todo; qualquer que seja; todo;

$\exists$: existe; existe pelo menos um; algum;

$\nexists$: não existe; nenhum.

Ex.:

$x + 2 = 5$ (sentença aberta - não é proposição)

p: $\exists$ x, $x + 2 = 5$ (lê-se: existe x tal que, $x + 2 = 5$). Agora é proposição, uma vez que agora é possível classificar a proposição como verdadeira, já que sabemos que tem um valor de "x" que somado a dois é igual a cinco.

Negação de Proposição (Modificador Lógico)

Negar uma proposição significa modificar o seu valor lógico, ou seja, se uma proposição é verdadeira, a sua negação será falsa, e se uma proposição for falsa, a sua negação será verdadeira.

Os símbolos da negação são (~) ou (¬) antes da letra que representa a proposição.

Ex.: p: 3 é ímpar;

~p: 3 **não** é ímpar;

¬p: 3 é **par** (outra forma de negar a proposição).

Lei da dupla negação:

~(~p) = p, negar uma proposição duas vezes significa voltar para própria proposição:

q: 2 é par;

~q: 2 não é par;

~(~q): 2 **não** é **ímpar**; portanto;

q: 2 é par.

Tipos de Proposição

Simples ou Atômica: são representadas por letras minúsculas (p, q, r...). Ao separar a proposição em sujeito lógico e predicado lógico, não é possível encontrar um valor lógico para estes.

Ex.: Na proposição "João é professor" tem-se como sujeito lógico "João", e predicado lógico "é professor". Verifica-se que, quanto ao sujeito, não é possível dizer se é verdadeiro ou falso, e o mesmo ocorre com o predicado.

Composta ou Molecular: são representadas por letras maiúsculas (P, Q, R...). Ao separar a proposição, encontram-se outras proposições, chamadas de componente ou subproposição.

Ex.: "Pedro é advogado e João é professor". É possível separar em duas proposições simples: "Pedro é advogado" e "João é professor".

Simples (atômicas)	Compostas (moleculares)
Não têm conectivo lógico	Têm conectivo lógico
Não podem ser divididas	Podem ser divididas
1 verbo	+ de 1 verbo

Conectivo Lógico

Serve para unir as proposições simples, formando proposições compostas. São eles:

e: conjunção (^)

ou: disjunção (∨)

ou..., ou: disjunção exclusiva ($\underline{\vee}$)

se..., então: condicional ($\rightarrow$)

se..., e somente se: bicondicional ($\leftrightarrow$)

Alguns autores consideram a negação (~) como um conectivo, porém aqui não faremos isso, pois os conectivos servem para formar proposição composta, e a negação faz apenas a mudança do valor das proposições.

O "e" possui alguns sinônimos, que são: "mas", "porém", "nem" (nem = e não) e a própria vírgula. O condicional também tem alguns sinônimos que são: "portanto", "quando", "como" e "pois" (pois = condicional invertido. Ex.: A, pois B = B $\rightarrow$ A).

Ex.:

a: Danilo foi à praia (simples).

b: Giovanna está brincando (simples).

p: Danilo foi a praia **se, e somente se** Giovanna estava brincando (composta).

q: se 2 é par, **então** 3 é ímpar (composta).

1.2 Tabela Verdade e Conectivos Lógicos

A tabela verdade nada mais é do que um mecanismo usado para dar valor às proposições compostas (que também serão ou verdadeiras ou falsas), por meio de seus respectivos conectivos.

A primeira coisa que precisamos saber numa tabela verdade é o seu número de linhas, e que esse depende do número de proposições simples que compõem a proposição composta.

Número de linhas = 2^n, em que "**n**" é o número de proposições simples que compõem a proposição composta. Portanto se houver 3 proposições simples formando a proposição composta então a tabela dessa proposição terá 8 linhas ($2^3 = 8$). Esse número de linhas da tabela serve para que tenhamos todas as relações possíveis entre "V" e "F" das proposições simples. Veja:

P	Q	R
V	V	V
V	V	F
V	F	V
V	F	F
F	V	V
F	V	F
F	F	V
F	F	F

Observe que temos todas as relações entre os valores lógicos das proposições, que sejam: as 3 verdadeiras (1ª linha), as 3 falsas (última linha), duas verdadeiras e uma falsa (2ª, 3ª e 5ª linhas), e duas falsas e uma verdadeira (4ª, 6ª e 7ª linhas). Nessa demonstração, temos uma forma prática de como se pode organizar a tabela, sem se preocupar se foram feitas todas relações entres as proposições.

Para o correto preenchimento da tabela, devemos seguir algumas regras:

> Comece sempre pelas proposições simples e suas negações, se houver;

> Resolva os parênteses, colchetes e chaves, respectivamente (igual à expressão numérica), se houver;

> Faça primeiro as conjunções e disjunções, depois os condicionais e por último os bicondicionais;

> A última coluna da tabela deverá ser sempre a da proposição toda, conforme as demonstrações adiante.

O valor lógico de uma proposição composta depende dos valores lógicos das proposições simples que a compõem assim como do conectivo utilizado, e é o que veremos a partir de agora.

Valor lógico de uma proposição composta por conjunção (e) = tabela verdade da conjunção ($\wedge$).

Conjunção ("e"): Sejam p e q proposições, a conjunção das proposições p e q, denotada por p $\wedge$ q, que é uma nova proposição que assume o valor lógico verdadeiro somente quando p e q forem verdadeiras simultaneamente.

Ex.: P $\wedge$ Q

P	Q	P$\wedge$Q
V	V	V
V	F	F
F	V	F
F	F	F

Representando por meio de conjuntos, temos: P $\wedge$ Q

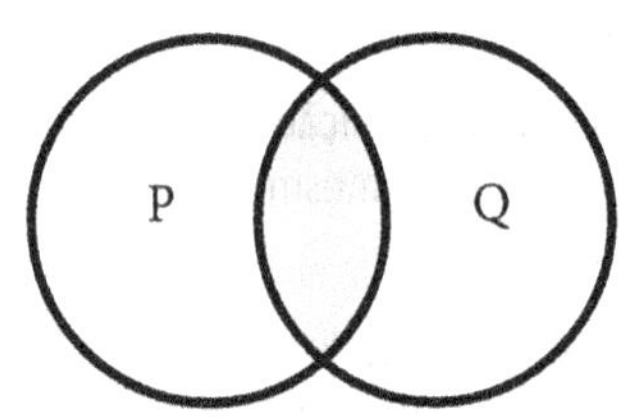

Valor lógico de uma proposição composta por disjunção (ou) = tabela verdade da disjunção ($\vee$).

Disjunção ("ou"): Sejam p e q proposições, a disjunção das proposições p e q denotada por p $\vee$ q, é uma nova proposição que assume o valor lógico verdadeiro quando p ou q forem verdadeiras (não necessariamente simultâneas), ou ainda, será falsa somente quando ambas as proposições forem falsas.

Ex.: P $\vee$ Q

P	Q	P$\vee$Q
V	V	V
V	F	V
F	V	V
F	F	F

Representando por meio de conjuntos, temos: P $\vee$ Q

Valor lógico de uma proposição composta por disjunção exclusiva (ou, ou) = tabela verdade da disjunção exclusiva ($\veebar$).

Disjunção Exclusiva ("ou ..., ou ..."): Sejam p e q proposições, a disjunção exclusivas das proposições p e q denotada por p $\veebar$ q, é uma nova proposição que assume o valor lógico verdadeiro quando ou p for verdadeira e q falsa, ou quando p for falsa e q for verdadeira, ou seja, valores lógicos contrários. Caso contrário, quando elas tiverem mesmo valor lógico, a disjunção exclusiva será falsa.

Ex.: P $\veebar$ Q

P	Q	P$\veebar$Q
V	V	F
V	F	V
F	V	V
F	F	F

Representando por meio de conjuntos, temos: P $\veebar$ Q

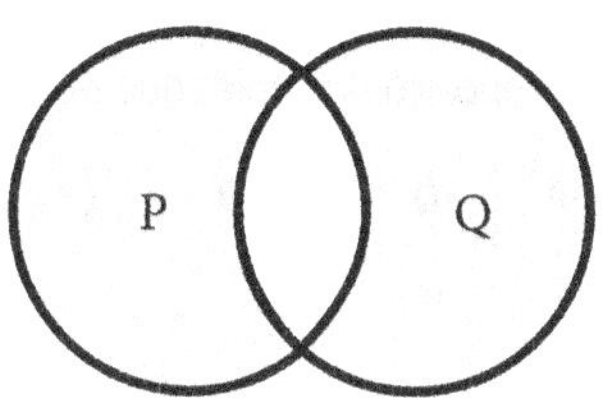

Valor lógico de uma proposição composta por condicional (se, então) = tabela verdade do condicional (→).

Condicional ("Se p,então q"): Sejam p e q proposições, a condicional de p e q, denotada por p → q onde se lê "p condiciona q" ou "se p, então q", é a proposição que assume o valor falso somente quando p for verdadeira e q for falsa. A tabela para a condicional de p e q é a seguinte:

Atente-se bem para esse tipo de proposição, pois é um dos mais cobrados em concursos.

Dicas:

P é antecedente e Q é consequente = P → Q

P é consequente e Q é antecedente = Q →P

P é suficiente e Q é necessário = P → Q

P é necessário e Q é suficiente = Q → P

Ex.: P → Q

P	Q	P→Q
V	V	V
V	F	F
F	V	V
F	F	V

Representando por meio de conjuntos, temos: P → Q

Valor lógico de uma proposição composta por bicondicional (se e somente se) = tabela verdade do bicondicional (↔).

Bicondicional ("se, e somente se"): Sejam p e q proposições, a bicondicional de p e q, denotada por p ↔ q , onde se lê "p bicondiciona q", é a proposição que assume o valor lógico verdadeiro somente quando p e q forem verdadeiras ou p e q forem falsas.

No bicondicional, "P" e "Q" são ambos suficientes e necessários ao mesmo tempo.

Ex.: P ↔ Q

P	Q	P↔Q
V	V	V
V	F	F
F	V	F
F	F	V

Representando por meio de conjuntos, temos: P ↔ Q

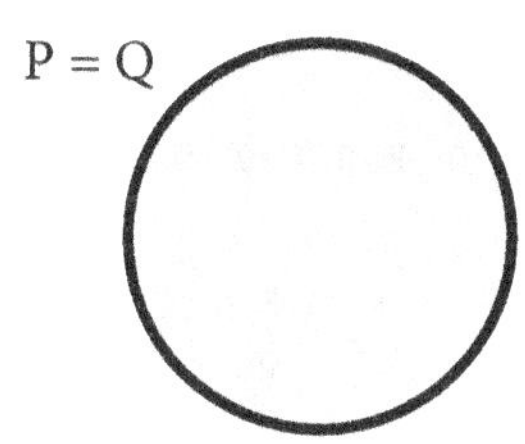

Proposição composta	Verdadeira quando...	Falsa quando...
P ∧ Q	P e Q são verdadeiras	Pelo menos uma falsa
P ∨ Q	Pelo menos uma verdadeira	P e Q são falsas
P $\veebar$ Q	P e Q têm valores diferentes	P e Q têm valores iguais
P → Q	P = verdadeiro, q = verdadeiro ou P = falso	P = verdadeiro e Q = falso
P ↔ Q	P e Q têm valores iguais	P e Q têm valores diferentes

1.3 Equivalências Lógicas

Atente-se para o princípio da equivalência. A tabela verdade está aí só para demonstrar a igualdade.

Duas ou mais proposições compostas são ditas equivalentes quando são formadas pelas mesmas proposições simples e suas tabelas verdades (resultado) são iguais.

Seguem algumas demonstrações das mais importantes:

P ∧ Q = Q ∧ P: basta trocar as proposições simples de lugar – também chamada de **recíproca**.

P	Q	P∧Q	Q∧P
V	V	V	V
V	F	F	F
F	V	F	F
F	F	F	F

P ∨ Q = Q ∨ P: basta trocar as proposições simples de lugar – também chamada de **recíproca**.

P	Q	PvQ	QvP
V	V	V	V
V	F	V	V
F	V	V	V
F	F	F	F

P ⊻ Q = Q ⊻ P: basta trocar as proposições simples de lugar - também chamada de **recíproca**.

P ⊻ Q = ~P ⊻ ~Q: basta negar as proposições simples – também chamada de **contrária**.

P ⊻ Q = ~Q ⊻ ~P: troca as proposições simples de lugar e negam-se – também chamada de **contra-positiva**.

P ⊻ Q = (P ∧ ~Q) ∨ (~P ∧ Q): observe aqui a exclusividade dessa disjunção.

P	Q	~P	~Q	P∧~Q	~P∧Q	P⊻Q	Q⊻P	~P⊻~Q	~Q⊻~P	(P∧~Q)∨(~P∧Q)
V	V	F	F	F	F	F	F	F	F	F
V	F	F	V	V	F	V	V	V	V	V
F	V	V	F	F	V	V	V	V	V	V
F	F	V	V	F	F	F	F	F	F	F

P ↔ Q = Q ↔ P: basta trocar as proposições simples de lugar - também chamada de recíproca.

P ↔ Q = ~P ↔ ~Q: basta negar as proposições simples – também chamada de contrária.

P ↔ Q = ~Q ↔ ~P: troca as proposições simples de lugar e negam-se – também chamada de contra- positiva.

P ↔ Q = (P → Q) ∧ (Q → P): observe que é condicional para os dois lados, por isso bicondicional.

P	Q	~P	~Q	P→Q	Q→P	P↔Q	Q↔P	~P↔~Q	~Q↔~P	(P→Q)∧(Q→P)
V	V	F	F	V	V	V	V	V	V	V
V	F	F	V	F	V	F	F	F	F	F
F	V	V	F	V	F	F	F	F	F	F
F	F	V	V	V	V	V	V	V	V	V

P → Q = ~Q → ~P: troca as proposições simples de lugar e nega-se – também chamada de **contra-positiva**.

A disjunção exclusiva e o bicondicional são as proposições com o maior número de equivalências.

P → Q = ~P ∨ Q: negam-se o antecedente ou mantém o consequente.

P	Q	~P	~Q	P → Q	~Q → ~P	~P∨Q
V	V	F	F	V	V	V
V	F	F	V	F	F	F
F	V	V	F	V	V	V
F	F	V	V	V	V	V

Equivalências mais importantes e mais cobradas em concursos.

Negação de Proposição Composta

São também equivalências lógicas; vejamos algumas delas:

~(P ∧ Q) = ~P ∨ ~Q (Leis De Morgan)

Para negar a conjunção, troca-se o conectivo e (∧) por ou (∨) e negam-se as proposições simples que a compõem.

P	Q	~P	~Q	P∧Q	~(P∧Q)	~P∨~Q
V	V	F	F	V	F	F
V	F	F	V	F	V	V
F	V	V	F	F	V	V
F	F	V	V	F	V	V

~(P ∨ Q) = ~P ∧ ~Q (Leis De Morgan)

Para negar a disjunção, troca-se o conectivo **ou (∨)** por **e (∧)** e negam-se as proposições simples que a compõem.

P	Q	~P	~Q	P∨Q	~(P⊻Q)	~P∧~Q
V	V	F	F	V	F	F
V	F	F	V	V	F	F
F	V	V	F	V	F	F
F	F	V	V	F	V	V

~(P → Q) = P ∧ ~Q (Leis De Morgan)

Para negar o condicional, mantém-se o antecedente e nega-se o consequente.

P	Q	~P	~Q	P∨Q	~(P∨Q)	~P∧~Q
V	V	F	F	V	F	F
V	F	F	V	V	F	F
F	V	V	F	V	F	F
F	F	V	V	F	V	V

~(P ⊻ Q) = P ↔ Q

Para negar a disjunção exclusiva, faz-se o bicondicional.

P	Q	P⊻Q	~(P⊻Q)	P↔Q
V	V	F	V	V
V	F	V	F	F
F	V	V	F	F
F	F	F	V	V

~(P ↔ Q) = (P ⊻ Q).

Para negar a bicondicional, faz-se a disjunção exclusiva.

P	Q	$P \leftrightarrow Q$	$\sim(P \leftrightarrow Q)$	$P \veebar Q$
V	V	V	F	F
V	F	F	V	V
F	V	F	V	V
F	F	V	F	F

Essas são as duas relações de equivalência mais comuns, porém há uma em que utilizamos o ALGUM.
"Todo A é B" equivale a "algum B é A".
"todo professor é aluno = algum aluno é professor."

1.4 Tautologias, Contradições e Contingências

Tautologia: proposição composta que é sempre verdadeira independente dos valores lógicos das proposições simples que a compõem.

$(P \wedge Q) \rightarrow (P \vee Q)$

P	Q	$P \wedge Q$	$P \vee Q$	$(P \wedge Q) \rightarrow (P \vee Q)$
V	V	V	V	V
V	F	F	V	V
F	V	F	V	V
F	F	F	F	V

Contradição: proposição composta que é sempre falsa, independente dos valores lógicos das proposições simples que a compõem.

$\sim(P \vee Q) \wedge P$

P	Q	$P \vee Q$	$\sim(P \vee Q)$	$\sim(P \vee Q) \wedge P$
V	V	V	F	F
V	F	V	F	F
F	V	V	F	F
F	F	F	V	F

Contingência: ocorre quando não é tautologia nem contradição. $\sim(P \vee Q) \leftrightarrow P$

P	Q	$P \vee Q$	$\sim(P \vee Q)$	$\sim(P \vee Q) \leftrightarrow P$
V	V	F	V	V
V	F	V	F	F
F	V	V	F	V
F	F	F	V	F

1.5 Relação entre Todo, Algum e Nenhum

Também conhecidos como quantificadores universais (**quantificadores lógicos**), eles têm entre si algumas relações que devemos saber, são elas:

"Todo A é B" equivale a **"nenhum A não é B"**, e vice-versa.

"todo amigo é bom = nenhum amigo não é bom."

"Nenhum A é B" equivale a **"todo A não é B"**, e vice-versa.

"nenhum aluno é burro = todo aluno não é burro."

"Todo A é B" tem como negação **"algum A não é B"** e vice-versa.

Ex.: ~(todo estudante tem insônia) = algum estudante não tem insônia.

"Algum A é B" tem como negação **"nenhum A é B"** e vice-versa.

Ex.: ~(algum sonho é impossível) = nenhum sonho é impossível.

Temos também a representação em forma de conjuntos, que é:

TODO A é B:

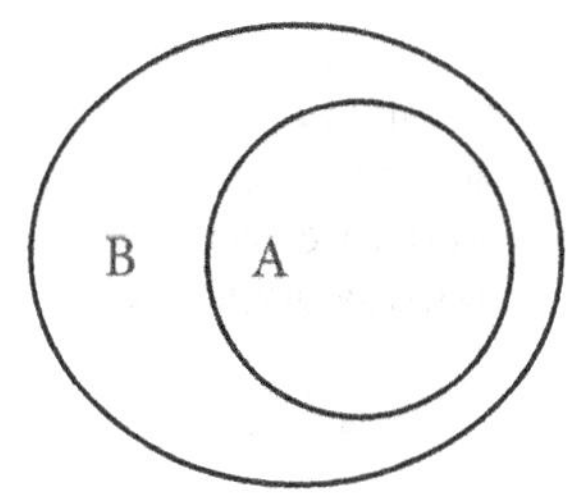

ALGUM A é B:

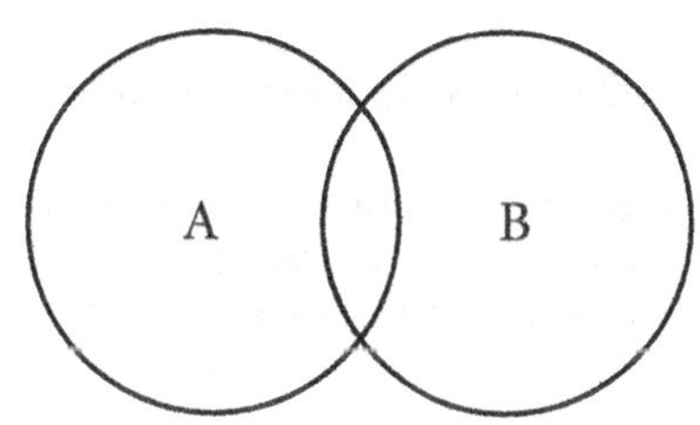

NENHUM A é B:

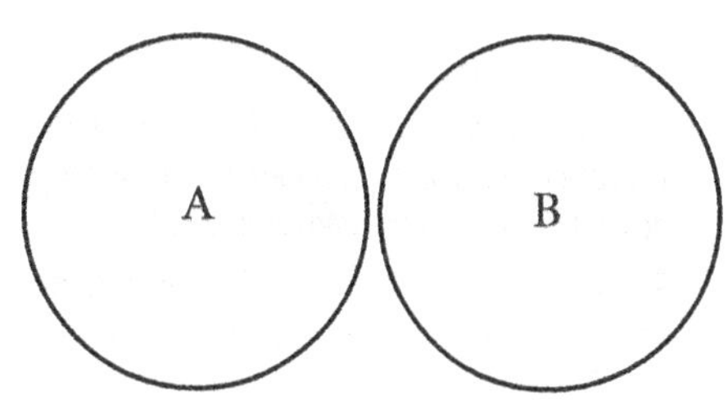

Relação de Equivalência:	**Relação de Negação:**
> Todo A é B = Nenhum A não é B. *Ex.: Todo diretor é bom ator. = Nenhum diretor é mau ator.*	> Todo A é B = Algum A não é B. *Ex.: Todo policial é honesto. = Algum policial não é honesto.*
> Nenhum A é B = Todo A não é B. *Ex.: Nenhuma mulher é legal. = Toda mulher não é legal.*	> Algum A é B = Nenhum A é B. *Ex.: Alguma ave é mamífera. = Nenhuma ave é mamífera.*

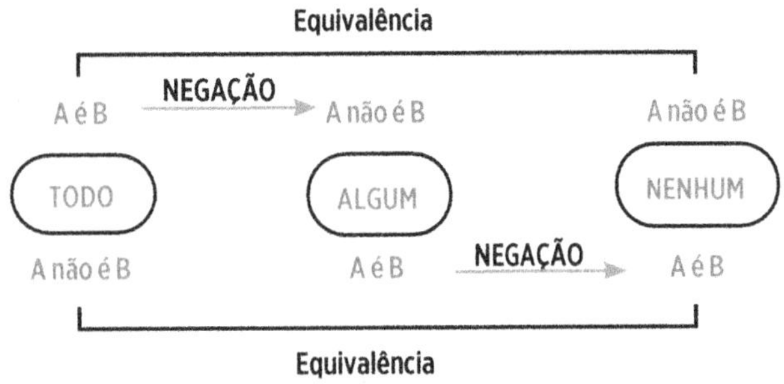

Questões

01. (CESPE) – 2019. Acerca da lógica sentencial, julgue o item que se segue.

A lógica bivalente não obedece ao princípio da não contradição, segundo o qual uma proposição não assume simultaneamente valores lógicos distintos.

Certo ( ) Errado ( )

02. (CESPE) – 2019. No exercício de suas atribuições profissionais, auditores fiscais sempre fazem afirmações verdadeiras, ao passo que sonegadores sempre fazem proposições falsas.

Saulo, sonegador de impostos, fez a seguinte afirmação durante uma audiência para tratar de sua eventual autuação: "como sou um pequeno comerciante, se vendo mais a cada mês, pago meus impostos em dia".

Nessa situação hipotética, considerando as afirmações estabelecidas no texto acima, é correto afirmar que Saulo não vende mais a cada mês.

Certo ( ) Errado ( )

03. (CESPE) – 2019 Acerca da lógica sentencial, julgue o item que se segue.

Se as proposições "A afirmação foi feita pelo político." e "A população acredita na afirmação feita pelo político." forem falsas, então a proposição "Se a afirmação foi feita pelo político, a população não acredita na afirmação feita pelo político." também será falsa.

Certo ( ) Errado ( )

04. (CESPE) – 2019. No argumento seguinte, as proposições P1, P2 e P3 são as premissas, e C é a conclusão.

- P1: Se os recursos foram aplicados em finalidade diversa da prevista ou se a obra foi superfaturada, então a prestação de contas da prefeitura não foi aprovada.
- P2: Se a prestação de contas da prefeitura não foi aprovada, então a prefeitura ficou impedida de celebrar novos convênios ou a prefeitura devolveu o dinheiro ao governo estadual.
- 3: A obra não foi superfaturada, e a prefeitura não devolveu o dinheiro ao governo estadual.
- C: A prefeitura ficou impedida de celebrar novos convênios.

Com relação ao argumento acima, a sentença os recursos foram aplicados em finalidade diversa da prevista ou a obra foi superfaturada, mas a prestação de contas da prefeitura foi aprovada corresponde à uma proposição equivalente à negação da proposição P1.

Certo ( ) Errado ( )

05. (CESPE) – 2019. Acerca da lógica sentencial, julgue o item que se segue.

Se uma proposição na estrutura condicional — isto é, na forma $P \rightarrow Q$, em que P e Q são proposições simples — for falsa, então o precedente será, necessariamente, falso.

Certo ( ) Errado ( )

Gabaritos

01	ERRADO
02	CERTO
03	ERRADO
04	CERTO
05	ERRADO

2. ARGUMENTOS

Os argumentos são uma extensão das proposições, mas com algumas características e regras próprias. Vejamos isso a partir de agora.

2.1 Definições

Argumento é um conjunto de proposições, divididas em premissas (proposições iniciais - hipóteses) e conclusões (proposições finais - teses).

Ex.:

p_1: Toda mulher é bonita.

p_2: Toda bonita é charmosa.

p_3: Maria é bonita.

c: Portanto, Maria é charmosa.

p_1: Se é homem, então gosta de futebol.

p_2: Mano gosta de futebol.

c: Logo, Mano é homem.

p_1, p_2, p_3, p_n, correspondem às premissas, e "c" à conclusão.

Representação dos Argumentos

Os argumentos podem ser representados das seguintes formas:

$$\begin{array}{c} P_1 \\ P_2 \\ P_3 \\ \dots \\ \underline{P_n} \\ C \end{array}$$

ou

$$P_1 \wedge P_2 \wedge P_3 \wedge \cdots \wedge P_n \rightarrow C$$

ou

$$P_1, P_2, P_3, \cdots, Pn \vdash C$$

Tipos de Argumentos

Existem vários tipos de argumento. Vejamos alguns:

Dedução

O argumento dedutivo parte de situações gerais para chegar a conclusões particulares. Esta forma de argumento é válida quando suas premissas, sendo verdadeiras, fornecem uma conclusão também verdadeira.

Ex.:

p_1: Todo professor é aluno.

p_2: Daniel é professor.

c: Logo, Daniel é aluno.

Indução

O argumento indutivo é o contrário do argumento dedutivo, pois parte de informações particulares para chegar a uma conclusão geral. Quanto mais informações nas premissas, maiores as chances da conclusão estar correta.

Ex.:

p_1: Cerveja embriaga.

p_2: Uísque embriaga.

p_3: Vodca embriaga.

c: Portanto, toda bebida alcoólica embriaga.

Analogia

As analogias são comparações (nem sempre verdadeiras). Neste caso, partindo de uma situação já conhecida verificamos outras desconhecidas, mas semelhantes. Nas analogias, não temos certeza.

Ex.:

p_1: No Piauí faz calor.

p_2: No Ceará faz calor.

p_3: No Paraná faz calor.

c: Sendo assim, no Brasil faz calor.

Falácia

As falácias são falsos argumentos, logicamente inconsistentes, inválidos ou que não provam o que dizem.

Ex.:

p_1: Eu passei num concurso público.

p_2: Você passou num concurso público.

c: Logo, todos vão passar num concurso público.

Silogismos

Tipo de argumento formado por três proposições, sendo duas premissas e uma conclusão. São em sua maioria dedutivos.

Ex.:

p_1: Todo estudioso passará no concurso.

p_2: Beatriz é estudiosa.

c: Portanto, Beatriz passará no concurso.

Classificação dos Argumentos

Os argumentos só podem ser classificados em, ou válidos, ou inválidos:

Válidos ou Bem Construídos

Os argumentos são válidos sempre que as premissas garantirem a conclusão, ou seja, sempre que a conclusão for uma consequência obrigatória do seu conjunto de premissas.

Ex.:

p_1: Toda mulher é bonita.

p_2: Toda bonita é charmosa.

p_3: Maria é mulher.

c: Portanto, Maria é bonita e charmosa.

Veja que, se Maria é mulher, e toda mulher é bonita, e toda bonita é charmosa, então Maria só pode ser bonita e charmosa.

Inválidos ou Mal Construídos

Os argumentos são inválidos sempre que as premissas **não** garantirem a conclusão, ou seja, sempre que a conclusão **não** for uma consequência obrigatória do seu conjunto de premissas.

Ex.:

p_1: Todo professor é aluno.
p_2: Daniel é aluno.
c: Logo, Daniel é professor.

Note que, se Daniel é aluno, nada garante que ele seja professor, pois o que sabemos é que todo professor é aluno, não o contrário.

Alguns argumentos serão classificados apenas por meio desse conceito. Fique atento para não perder tempo.

2.2 Métodos para Classificar os Argumentos

Os argumentos nem sempre podem ser classificados da mesma forma, por isso existem os métodos para sua classificação, uma vez que dependendo do argumento, um método ou outro, sempre será mais fácil e principalmente mais rápido.

Falaremos dos métodos por ordem de facilidade:

1º método: diagramas lógicos (ou método dos conjuntos).

Utilizado sempre que no argumento houver as expressões: **todo**, **algum** ou **nenhum**, e seus respectivos sinônimos.

Representaremos o que for dito em forma de conjuntos e verificaremos se está correto ou não.

Esse método é muito utilizado por diversas bancas de concursos e tende a confundir o concurseiro, principalmente nas questões em que temos mais de uma opção de diagrama para o mesmo enunciado. Lembrando que quando isso ocorrer (mais de um diagrama para o mesmo argumento), a questão só estará certa se todos os diagramas corresponderem à mesma condição.

As representações genéricas são:

TODO A é B:

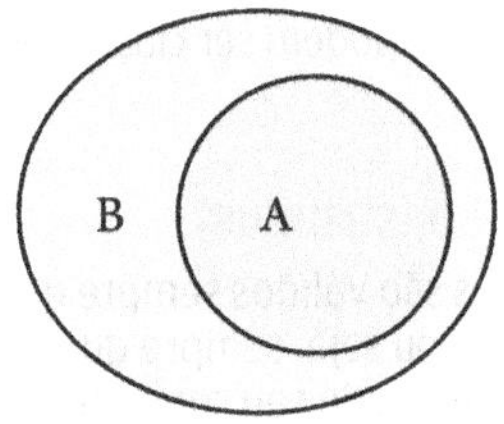

ALGUM A é B:

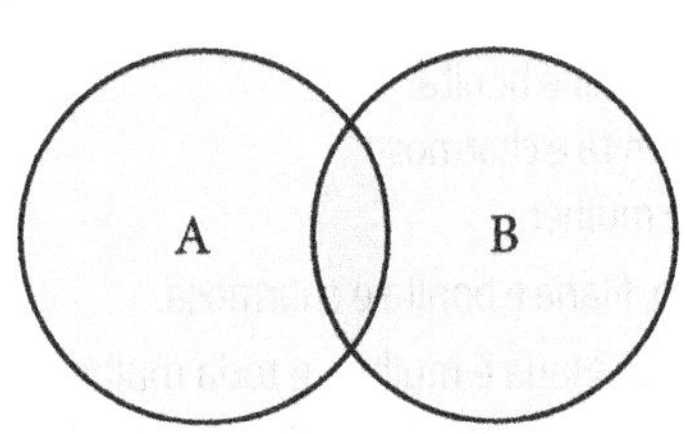

NENHUM A é B:

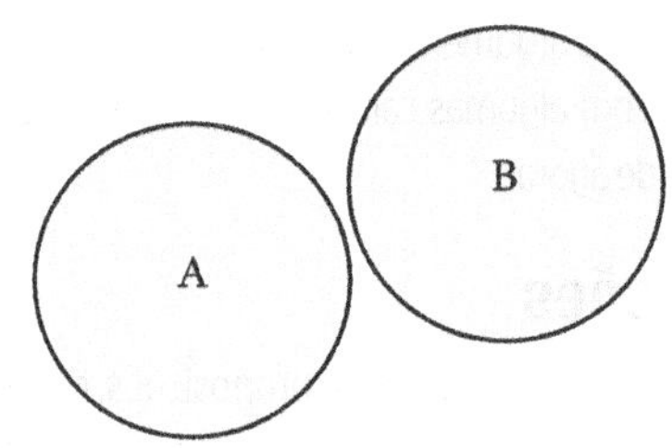

2º método: premissas verdadeiras (proposição simples ou conjunção).

Utilizado sempre que não for possível os diagramas lógicos e quando nas premissas houver uma proposição simples ou uma conjunção.

A proposição simples ou a conjunção serão os pontos de partida da resolução, já que teremos que considerar todas as premissas verdadeiras e elas – proposição simples ou conjunção – só admitem um jeito de serem verdadeiras.

O método consiste em, considerar todas as premissas como verdadeiras, dar valores às proposições simples que a compõem e no final avaliar a conclusão; se a conclusão também for verdadeira o argumento é válido, porém se a conclusão for falsa o argumento é inválido.

Premissas verdadeiras e conclusão verdadeiras = argumento válido.

Premissas verdadeiras e conclusão falsa = argumento inválido.

Esses dois métodos (1º e 2º) são os mais utilizados para a resolução das questões de argumento. Cerca de 70% a 80% das questões serão resolvidas por um desses dois métodos.

3º método: conclusão falsa (proposição simples, disjunção ou condicional).

Utilizado sempre que não for possível um dos "dois" métodos citados anteriormente e quando na conclusão houver uma proposição simples, uma disjunção ou um condicional.

Pelo mesmo motivo do método anterior, a proposição simples, a disjunção ou o condicional serão os pontos de partida da resolução, já que teremos que considerar a conclusão como sendo falsa e elas – proposição simples, disjunção e condicional – só admitem um jeito de serem falsas.

O método consiste em: considerar a conclusão como falsa, dar valores às proposições simples, que a compõem, e supor as premissas como verdadeiras, a partir dos valores das proposições simples da conclusão. No final, se assim ficar – a conclusão falsa e as premissas verdadeiras – o argumento será inválido; porém se uma das premissas mudar de valor, então o argumento passa a ser válido.

Conclusão falsa e premissas verdadeiras = argumento inválido.

Conclusão falsa e pelo menos 1 (uma) premissa falsa = argumento válido.

Para esses dois métodos (2º método e 3º método), podemos definir a validade dos argumentos da seguinte forma:

PREMISSAS	CONCLUSÃO	ARGUMENTO
Verdadeiras	Verdadeira	Válido
Verdadeiras	Falsa	Inválido
Pelo menos 1 (uma) falsa	Falsa	Válido

4º método: tabela verdade.

Método utilizado em último caso, quando não for possível usar qualquer um dos anteriores.

Dependendo da quantidade de proposições simples que tiver o argumento, esse método fica inviável, pois temos que desenhar a tabela verdade. No entanto, esse método é um dos mais garantidos nas resoluções das questões de argumentos.

Consiste em desenhar a tabela verdade do argumento em questão e avaliar se as linhas em que as premissas forem todas verdadeiras – ao mesmo tempo – a conclusão também será toda verdadeira. Caso isso ocorra, o argumento será válido, porém se em uma das linhas em que as premissas forem todas verdadeiras e a conclusão for falsa, o argumento será inválido.

Linhas da tabela – verdade em que as premissas são todas verdadeiras e conclusão, nessas linhas, também todas verdadeiras = argumento válido.

Linhas da tabela – verdade em que as premissas são todas verdadeiras e pelo menos uma conclusão falsa, nessas linhas = argumento inválido.

Algumas questões de argumento não poderão ser feitas por nenhum desses métodos apresentados anteriormente, porém a questão não ficará sem resposta uma vez que conhecemos os princípios das proposições. Atribuiremos valor para as proposições simples contidas nas premissas (considerando todas as premissas como verdadeiras).

Questões

01. (CESPE) – 2019. No exercício de suas atribuições profissionais, auditores fiscais sempre fazem afirmações verdadeiras, ao passo que sonegadores sempre fazem proposições falsas.

Durante uma audiência para tratar da autuação da empresa X, um auditor fiscal fez as seguintes afirmações sobre essa empresa:

- A1: "Se identifiquei erro ou inconsistência na declaração de imposto da empresa X, eu a notifiquei".
- A2: "Se o erro não foi sanado, eu a autuei".
- A3: "Se a empresa não recorreu da autuação, eu a multei".

Nessa situação hipotética, à luz da premissa estabelecida no texto acima, a sentença a empresa X errou em sua declaração de imposto representa uma proposição necessariamente verdadeira.

Certo ( ) Errado ( )

02. (CESPE) – 2019. Considere as seguintes proposições.

- P1: Se a empresa privada causar prejuízos à sociedade e se o governo interferir na sua gestão, então o governo dará sinalização indesejada para o mercado.
- P2: Se o governo der sinalização indesejada para o mercado, a popularidade do governo cairá.
- Q1: Se a empresa privada causar prejuízos à sociedade e se o governo não interferir na sua gestão, o governo será visto como fraco.
- Q2: Se o governo for visto como fraco, a popularidade do governo cairá.

Tendo como referência essas proposições, julgue o item seguinte, a respeito da lógica de argumentação.

O argumento em que as proposições Q1 e Q2 são as premissas e a conclusão é a proposição "Se a empresa privada causar prejuízos à sociedade e se o governo não interferir na sua gestão, a popularidade do governo cairá." é um argumento válido.

Certo ( ) Errado ( )

03. (CESPE) – 2019. No argumento seguinte, as proposições P1, P2 e P3 são as premissas, e C é a conclusão.

- P1: Se os recursos foram aplicados em finalidade diversa da prevista ou se a obra foi superfaturada, então a prestação de contas da prefeitura não foi aprovada.
- P2: Se a prestação de contas da prefeitura não foi aprovada, então a prefeitura ficou impedida de celebrar novos convênios ou a prefeitura devolveu o dinheiro ao governo estadual.
- 3: A obra não foi superfaturada, e a prefeitura não devolveu o dinheiro ao governo estadual.
- C: A prefeitura ficou impedida de celebrar novos convênios.

As proposições P1, P2, P3 e C, que integram o argumento CB1A-5-II, são compostas por diversas proposições simples, e o argumento CB1A5-II pode ser escrito, na forma simbólica, como $P1 \wedge P2 \wedge P3 \rightarrow C$. Dessa forma, na tabela- verdade do argumento CB1A5-II, a quantidade mínima de linhas que precisam ser preenchidas para se determinar a validade ou invalidade do argumento é igual a 32.

Certo ( ) Errado ( )

04. (CESPE) – 2019. As seguintes proposições lógicas formam um conjunto de premissas de um argumento:

- Se Pedro não é músico, então André é servidor da ABIN.
- Se André é servidor da ABIN, então Carlos não é um espião.
- Carlos é um espião.

A partir dessas premissas, julgue o item a seguir, acerca de lógica de argumentação.

Se a proposição lógica "Pedro é músico." for a conclusão desse argumento, então, as premissas juntamente com essa conclusão constituem um argumento válido.

Certo ( ) Errado ( )

05. (CESPE) – 2019. Considere que as seguintes proposições sejam verdadeiras.

- "Se José pagou o IPVA ou o IPTU, então ele comprou o apartamento e vendeu a casa".
- "José não comprou o apartamento".

Nessa situação, é correto inferir que José não pagou o IPVA nem o IPTU.

Certo ( ) Errado ( )

Gabaritos

01	ERRADO
02	CERTO
03	ERRADO
04	CERTO
05	CERTO

3. PSICOTÉCNICOS

Questões psicotécnicas são todas as questões em que não precisamos de conhecimento adicional para resolvê-las. As questões podem ser de associações lógicas, verdades e mentiras, sequências lógicas, problemas com datas – calendários, sudoku, entre outras.

Neste capítulo, abordaremos inicialmente as questões mais simples do raciocínio lógico para uma melhor familiarização com a matéria.

Não existe teoria, somente prática e é com ela que vamos trabalhar e aprender.

01. (FCC) Considere que os dois primeiros pares de palavras foram escritos segundo determinado critério.

Temperamento → totem

Traficante → tetra

Massificar → ?

De acordo com esse mesmo critério, uma palavra que substituiria o ponto de interrogação é:

a) ramas.
b) maras.
c) armas.
d) samar.
e) asmar.

RESPOSTA: C.

Analisando os dois primeiros pares de palavras, vemos que a segunda palavra de cada par é formada pela última sílaba + a primeira sílaba da primeira palavra do par, logo, seguindo esse raciocínio, teremos AR + MAS = armas.

02. (FCC) Observe atentamente a disposição das cartas em cada linha do esquema seguinte. A carta que está oculta é:

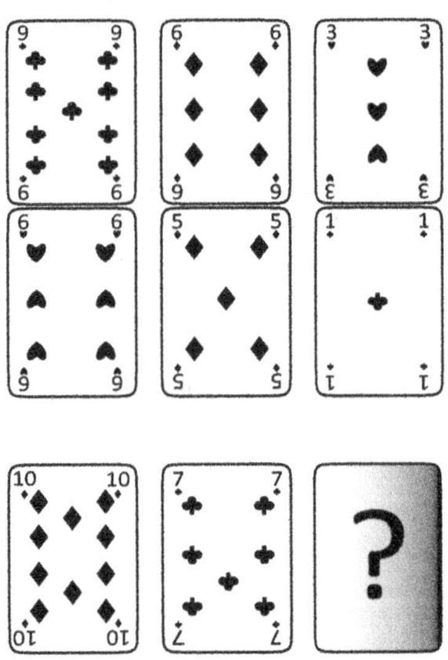

a) 

b) 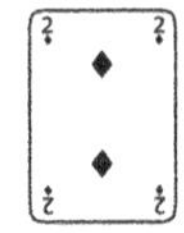

c) 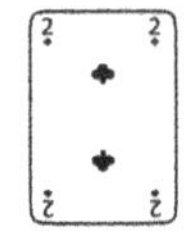

d) 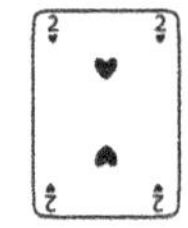

e) 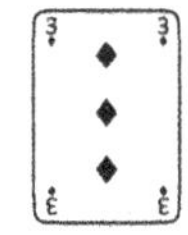

RESPOSTA: A.

Observando cada linha (horizontal), temos nas duas primeiras os três mesmos naipes (copas, paus e ouros, só mudando a ordem) e a terceira carta é o resultado da subtração da primeira pela segunda; portanto, a carta que está oculta tem que ser o "3 de copas", pois 10 – 7 = 3 e o naipe que não apareceu na terceira linha foi o de copas.

03. (FCC) Considere a sequência de figuras abaixo. A figura que substitui corretamente a interrogação é:

a) 

b) 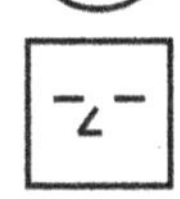

c) 

d) 

e) 

RESPOSTA: A.

Veja que em cada fila (linha ou coluna) temos sempre um círculo, um triângulo e um quadrado fazendo o contorno da careta; os olhos são círculos, quadrados ou tiras; o nariz é reto, para direita ou para esquerda; sendo assim, no ponto de interrogação o que está faltando é a careta redonda com o olhos em tiras e o nariz para a esquerda.

04. (Esaf - Adaptada) Mauro, José e Lauro são três irmãos. Cada um deles nasceu em um estado diferente: um é mineiro, outro é carioca, e outro é paulista (não necessariamente nessa ordem). Os três têm, também, profissões diferentes: um é engenheiro, outro é veterinário, e outro é psicólogo (não necessariamente nessa ordem). Sabendo que José é mineiro, que o engenheiro é paulista, e que Lauro é veterinário, conclui-se corretamente que:

a) Lauro é paulista e José é psicólogo.
b) Mauro é carioca e José é psicólogo.

c) Lauro é carioca e Mauro é psicólogo.

d) Mauro é paulista e José é psicólogo.

e) Lauro é carioca e Mauro não é engenheiro.

RESPOSTA: D.

É a única resposta possível após o preenchimento da tabela e análise das alternativas.

Vamos construir uma tabela para facilitar a resolução da questão:

Nome	Estado	Profissão
José	Mineiro	Psicólogo
Mauro	Paulista	Engenheiro
Lauro	Carioca	Veterinário

De acordo com as informações:

José é mineiro;

O engenheiro é paulista;

Lauro é veterinário, note que Lauro não pode ser paulista, pois o paulista é engenheiro.

05. (FGV) Certo dia, três amigos fizeram, cada um deles, uma afirmação:

Aluísio: Hoje não é terça-feira.

Benedito: Ontem foi domingo.

Camilo: Amanhã será quarta-feira.

Sabe-se que um deles mentiu e que os outros dois falaram a verdade. Assinale a alternativa que indique corretamente o dia em que eles fizeram essas afirmações.

a) Sábado.

b) Domingo.

c) Segunda-feira.

d) Terça-feira.

e) Quarta-feira.

RESPOSTA: C.

Baseado no que foi dito na questão, Benedito e Camilo não podem, os dois, estarem falando a verdade, pois teríamos dois dias diferentes. Então, conclui-se que Aluísio falou a verdade; com isso, o que Camilo esta dizendo é mentira e, portanto Benedito também está falando a verdade. Logo, o dia em que foi feita a afirmação é uma segunda-feira.

06. (Fumarc) Heloísa, Bernardo e Antônio são três crianças. Uma delas tem 12 anos a outra tem 10 anos e a outra 8 anos. Sabe-se que apenas uma das seguintes afirmações é verdadeira:

Bernardo tem 10 anos.

Heloísa não tem 10 anos.

Antônio não tem 12 anos.

Considerando estas informações é correto afirmar que:

a) Heloísa tem 12 anos, Bernardo tem 10 anos e Antônio tem 8 anos.

b) Heloísa tem 12 anos, Bernardo tem 8 anos e Antônio tem 10 anos.

c) Heloísa tem 10 anos, Bernardo tem 8 anos e Antônio tem 12 anos.

d) Heloísa tem 10 anos, Bernardo tem 12 anos e Antônio tem 8 anos.

RESPOSTA: D.

Como a questão informa que só uma afirmação é verdadeira, vejamos qual pode ser esta afirmação: se "I" for a verdadeira, teremos Bernardo e Heloísa, os dois, com 10 anos, o que pelo enunciado da questão não é possível; se "II" for a verdadeira, teremos, mais uma vez, Bernardo e Heloísa, agora ambos com 8 anos, o que também não é possível; se "III" for a verdadeira, teremos Heloísa com 10 anos, Bernardo com 12 anos e Antônio com 8 anos.

07. (FCC) Na sentença seguinte falta a última palavra. Você deve escolher a alternativa que apresenta a palavra que MELHOR completa a sentença.

Devemos saber empregar nosso tempo vago; podemos, assim, desenvolver hábitos agradáveis e evitar os perigos da;

a) Desdita.

b) Pobreza.

c) Ociosidade.

d) Bebida.

e) Doença.

RESPOSTA: C.

Qual dessas alternativas tem a palavra que mais se relaciona com tempo vago? Agora ficou claro! Assim a palavra é OCIOSIDADE.

08. (Esaf) Três meninos, Zezé, Zozó e Zuzu, todos vizinhos, moram na mesma rua em três casas contíguas. Todos os três meninos possuem animais de estimação de raças diferentes e de cores também diferentes. Sabe-se que o cão mora em uma casa contígua à casa de Zozó; a calopsita é amarela; Zezé tem um animal de duas cores - branco e laranja; a cobra vive na casa do meio. Assim, os animais de estimação de Zezé, Zozó e Zuzu são respectivamente:

a) Cão, cobra, calopsita.

b) Cão, calopsita, cobra.

c) Calopsita, cão, cobra.

d) Calopsita, cobra, cão.

e) Cobra, cão, calopsita.

RESPOSTA: A.

De acordo com as informações:

A cobra vive na casa do meio;

O cão mora em uma casa contígua à casa de Zozó; contígua quer dizer vizinha, e para isso Zozó só pode morar na casa do meio;

A calopsita é amarela e Zezé tem um animal de duas cores - branco e laranja; com isso o cão só pode ser de Zezé;

Vamos construir uma tabela para ficar melhor a resolução da questão:

	Casa	Casa	Casa
Nome	Zezé	Zozó	Zuzu
Animal	Cão	Cobra	Calopsita

No livro Alice no País dos Enigmas, o professor de matemática e lógica Raymond Smullyan apresenta vários desafios ao raciocínio lógico que têm como objetivo distinguir-se entre verdadeiro e falso. Considere o seguinte desafio inspirado nos enigmas de Smullyan.

Duas pessoas carregam fichas nas cores branca e preta. Quando a primeira pessoa carrega a ficha branca, ela fala somente a verdade, mas, quando carrega a ficha preta, ela fala somente mentiras. Por outro lado, quando a segunda pessoa carrega a ficha branca, ela fala somente mentira, mas, quando carrega a ficha preta, fala somente verdades.

Com base no texto acima, julgue o item a seguir.

09. (Cespe) Se a primeira pessoa diz "Nossas fichas não são da mesma cor" e a segunda pessoa diz "Nossas fichas são da mesma cor", então, pode-se concluir que a segunda pessoa está dizendo a verdade.

RESULTADO: CERTO.

Analisando linha por linha da tabela, encontramos contradições nas três primeiras linhas, ficando somente a quarta linha como certa, o que garante que a segunda pessoa está falando a verdade.

1ª pessoa: "Nossas fichas não são da mesma cor"	2ª pessoa: "Nossas fichas são da mesma cor"
Ficha branca (verdade)	Ficha branca (mentira)
Ficha branca (verdade)	Ficha preta (verdade)
Ficha preta (mentira)	Ficha branca (mentira)
Ficha preta (mentira)	Ficha preta (verdade)

10. (Cespe) O quadro abaixo pode ser completamente preenchido com algarismos de 1 a 6, de modo que cada linha e cada coluna tenham sempre algarismos diferentes.

1				3	2
		5	6		1
	1	6		5	
5	4			2	
	3	2	4		
4			2		3

RESULTADO: CERTO.

Vamos preencher o quadro, de acordo com o que foi pedido:

1	6	4	5	3	2
3	2	5	6	4	1
2	1	6	3	5	4
5	4	3	1	2	6
6	3	2	4	1	5
4	5	1	2	6	3

Questões

01. (CESPE) – 2019. Em determinada cidade, foram fiscalizadas 20 empresas, classificadas quanto ao porte e quanto ao setor de atividade econômica em que atuam. Quanto ao porte, cada empresa recebe uma única classificação: microempresa (ME), pequena (P), média (M) ou grande (G). Quanto ao setor, cada empresa também recebe uma única classificação: 1, 2, 3, 4 ou 5. Não há empresa que receba, simultaneamente, a mesma classificação de porte e de setor que outra empresa já recebe. Para a realização dessa fiscalização, tais empresas foram distribuídas igualmente e designadas a quatro auditores fiscais, Aldo, Bruno, Carlos e Dário. Cada empresa foi fiscalizada por apenas um desses auditores. Após a conclusão do trabalho, os auditores fizeram as seguintes afirmações:

I Aldo: "Fiscalizei cinco empresas de porte médio".

II Bruno: "Fiscalizei quatro empresas de um mesmo setor".

III Carlos: "Fiscalizei cinco empresas cujo porte recebe uma classificação que começa com a letra M".

IV Dário: "Fiscalizei três empresas de um setor e duas empresas de outro setor".

Considerando que, nessa situação hipotética, somente uma das afirmações feitas pelos auditores seja falsa, o maior número de empresas de porte G que podem ser fiscalizadas por um mesmo auditor corresponde a 4.

Certo ( ) Errado ( )

02. (CESPE) – 2018. Os indivíduos S1, S2, S3 e S4, suspeitos da prática de um ilícito penal, foram interrogados, isoladamente, nessa mesma ordem. No depoimento, com relação à responsabilização pela prática do ilícito, S1 disse que S2 mentiria; S2 disse que S3 mentiria; S3 disse que S4 mentiria.

A partir dessa situação, julgue o item a seguir.

Se S4 disser que S1, S2 e S3 mentiram, então, na verdade, apenas ele e S2 mentiram.

Certo ( ) Errado ( )

03. (CESPE) – 2018. Os indivíduos S1, S2, S3 e S4, suspeitos da prática de um ilícito penal, foram interrogados, isoladamente, nessa mesma ordem. No depoimento, com relação à responsabilização pela prática do ilícito, S1 disse que S2 mentiria; S2 disse que S3 mentiria; S3 disse que S4 mentiria.

A partir dessa situação, julgue o item a seguir.

Se S4 disser que "pelo menos um dos 3 anteriores mentiu", então, nessa situação, S3 falou a verdade.

Certo ( ) Errado ( )

04. (CESPE) – 2018. Os indivíduos S1, S2, S3 e S4, suspeitos da prática de um ilícito penal, foram interrogados, isoladamente, nessa mesma ordem. No depoimento, com relação à responsabilização pela prática do ilícito, S1 disse que S2 mentiria; S2 disse que S3 mentiria; S3 disse que S4 mentiria.

A partir dessa situação, julgue o item a seguir.

Considerando que, ao final do interrogatório, sem se chegar a uma conclusão, os suspeitos tenham sido novamente interrogados, na mesma ordem, e apenas S3 tenha mudado seu depoimento, dizendo que "S1 mentiu e que S4 mentiria", com base nesses novos depoimentos, conclui-se que apenas S4 falou a verdade.

Certo ( ) Errado ( )

05. (CESPE) – 2019. No exercício de suas atribuições profissionais, auditores fiscais sempre fazem afirmações verdadeiras, ao passo que sonegadores sempre fazem proposições falsas.

Em uma audiência para tratar de autuações, formou-se uma fila de 200 pessoas, constituída apenas de auditores fiscais e sonegadores. A primeira pessoa da fila afirma que todos os que estão atrás dela são sonegadores. Todas as demais pessoas da fila afirmam que a pessoa que está imediatamente à sua frente é sonegadora.

Nessa situação hipotética, de acordo com o texto acima, a quantidade de sonegadores que estão nessa fila é igual a 100.

Certo ( ) Errado ( )

Gabaritos

01	CERTO
02	CERTO
03	ERRADO
04	ERRADO
05	CERTO

4. ANÁLISE COMBINATÓRIA

As primeiras atividades matemáticas da humanidade estavam ligadas à contagem de objetos de um conjunto, enumerando seus elementos.

Vamos estudar, aqui, algumas técnicas para a descrição e contagem de todos os casos possíveis de um acontecimento.

4.1 Definição

A análise combinatória é utilizada para descobrir o **número de maneiras possíveis** de realizar determinado evento, sem que seja necessário demonstrar todas essas maneiras.

Ex.: Quantos são os pares formados pelo lançamento de dois **"dados"** simultaneamente?

No primeiro dado, temos 6 possibilidades - do 1 ao 6 - e, no segundo dado, também temos 6 possibilidades - do 1 ao 6. Juntando todos os pares formados, temos 36 pares (6 . 6 = 36).

(1,1), (1,2), (1,3), (1,4), (1,5), (1,6),
(2,1), (2,2), (2,3), (2,4), (2,5), (2,6),
(3,1), (3,2), (3,3), (3,4), (3,5), (3,6),
(4,1), (4,2), (4,3), (4,4), (4,5), (4,6),
(5,1), (5,2), (5,3), (5,4), (5,5), (5,6),
(6,1), (6,2), (6,3), (6,4), (6,5), (6,6);

Logo, temos **36 pares**.

Não há necessidade de expor todos os pares formados, basta que saibamos quantos pares são.

Imagine se fossem 4 dados e quiséssemos saber todas as quadras possíveis, o resultado seria 1296 quadras. Um número inviável de ser representado. Por isso utilizamos a Análise Combinatória.

Para resolver as questões de Análise Combinatória, utilizamos algumas técnicas, que veremos a partir de agora.

4.2 Fatorial

É comum, nos problemas de contagem, calcularmos o produto de uma multiplicação cujos fatores são números naturais consecutivos. Para facilitar esse trabalho, vamos adotar um símbolo chamado fatorial. Sendo n um número inteiro maior que 1, define-se fatorial de n como o produto dos n números naturais consecutivos de n a 1. Indica-se n!.

$n! = n(n-1)(n-2)\ldots3.2.1$, *sendo* $n \in \mathbb{N}$ e $n > 1$.

Por definição, temos:

→ $0! = 1$

→ $1! = 1$

Ex.: $4! = 4.3.2.1 = 24$

$6! = 6.5.4.3.2.1 = 720$

$8! = 8.7.6.5.4.3.2.1 = 40320$

Observe que:

$6! = 6.5.4!$

$8! = 8.7.6!$

Para n = 0, teremos: 0! = 1.

Para n = 1, teremos: 1! = 1.

Ex.: *Qual deve ser o valor numérico de n para que a equação $(n+2)! = 20.n!$ seja verdadeira?*

O primeiro passo na resolução deste problema consiste em escrevermos **(n + 2)!** em função de **n!**, em busca de uma equação que não mais contenha fatoriais:

$(n+2)(n+1)n! = 20n!$, dividindo por n!,temos:

$(n+2)(n+1) = 20$, fazendo a distributiva

$n^2 + 3n + 2 = 20 \Rightarrow n^2 + 3n - 18 = 0$

Rapidamente concluímos que as raízes procuradas são **-6** e **3**, mas como não existe fatorial de números negativos, já que eles não pertencem ao conjunto dos números naturais, ficamos apenas com a raiz igual a **3**.

Portanto:

O valor numérico de n, para que a equação seja verdadeira, é igual a 3.

4.3 Princípio Fundamental da Contagem (PFC)

É uma das técnicas mais importantes e uma das mais utilizadas nas questões de Análise Combinatória.

O PFC é utilizado nas questões em que os elementos podem ser repetidos **ou** quando a ordem dos elementos fizer diferença no resultado.

Esses "elementos" são os dados das questões, os valores envolvidos.

Consiste de dois princípios: o **multiplicativo** e o **aditivo**. A diferença dos dois consiste nos termos utilizados durante a resolução das questões.

Multiplicativo: usado sempre que na resolução das questões utilizarmos o termo "**e**". Como o próprio nome já diz, faremos multiplicações.

Aditivo: usado quando utilizarmos o termo "**ou**". Aqui realizaremos somas.

Ex.: *Quantas senhas são possíveis com os algarismos 1, 3, 5 e 7?*

Como nas senhas os algarismos podem ser repetidos, para formar senhas de 3 algarismos temos a seguinte possibilidade:

SENHA = Algarismo E Algarismo E Algarismo

Nº de SENHAS = 4 . 4 . 4 (já que são 4 os algarismos que temos na questão, e observe o princípio multiplicativo no uso do "e").

Nº de SENHAS = 64.

Quantos são os números naturais de dois algarismos que são múltiplos de 5?

Como o zero à esquerda de um número não é significativo, para que tenhamos um número natural com dois algarismos, ele deve começar com um dígito de 1 a 9. Temos, portanto, 9 possibilidades.

Para que o número seja um múltiplo de 5, ele deve terminar em 0 ou 5, portanto temos apenas 2 possibilidades. A multiplicação de 9 por 2 nos dará o resultado desejado. Logo: São 18 os números naturais de dois algarismos que são múltiplos de 5.

4.4 Arranjo e Combinação

Duas outras técnicas usadas para resolução de problemas de análise combinatória, sendo importante saber quando usa cada uma delas.

Arranjo: usado quando os elementos (envolvidos no cálculo) não podem ser repetidos e quando a ordem dos elementos faz diferença no resultado

A fórmula do arranjo é:

$$A_{n,p} = \frac{n!}{(n-p)!}$$

$$A_{n,n} = \frac{n!}{(n-n)!}$$

$$A_{n,n} = \frac{n!}{(0)!}$$

$$A_{n,n} = \frac{n!}{1}$$

$$A_{n,n} = n!$$

$$A_{n,p} = \frac{n!}{(n-p)!}$$

Sendo:

n = a todos os elementos do conjunto;

p = os elementos utilizados.

Ex.: pódio de competição.

Combinação: usado quando os elementos (envolvidos no cálculo) não podem ser repetidos e quando a ordem dos elementos não faz diferença no resultado.

A fórmula da combinação é:

$$C_{n,p} = \frac{n!}{p! \cdot (n-p)!}$$

Sendo:

n = a todos os elementos do conjunto;

p = os elementos utilizados.

Ex.: salada de fruta.

4.5 Permutação

Permutação Simples

Seja E um conjunto com n elementos. Chama-se permutação simples dos n elementos, qualquer agrupamento (sequência) de n elementos distintos de E.

Podemos, também, interpretar cada permutação de **n** elementos como um arranjo simples de **n** elementos tomados **n** a **n**, ou seja, p = n.

Nada mais é do que um caso particular de arranjo cujo p = n.

Logo:

Assim, a fórmula da permutação é:

$$P_n = n!$$

As permutações são muito usadas nas questões de anagramas. Anagramas: todas as palavras formadas com todas as letras de uma palavra, quer essas novas palavras tenham sentido ou não na linguagem comum.

Ex.: Quantos anagramas têm a palavra prova?

A palavra **prova** tem 5 letras, e nenhuma repetida, sendo assim **n** = 5, e:

$P_5 = 5!$

$P_5 = 5 \cdot 4 \cdot 3 \cdot 2 \cdot 1$

$P_5 = 120$ anagramas

Permutação com Elementos Repetidos

Na permutação com elementos repetidos, usa-se a seguinte fórmula:

$$P_n^{k,y,\cdots,w} = \frac{n!}{k! \cdot y! \cdot \ldots \cdot w!}$$

Sendo:

n = o número total de elementos do conjunto;

k, y, w = as quantidades de elementos repetidos.

Ex.: Quantos anagramas têm a palavra concurso?

Observe que na palavra **CONCURSO** existem duas letras repetidas, o "C" e o "O", e cada uma duas vezes, portanto n = 8, k = 2 e y = 2, agora:

$$P_8^{2,2} = \frac{8!}{2! \cdot 2!}$$

$$P_8^{2,2} = \frac{8 \cdot 7 \cdot 6 \cdot 5 \cdot 4 \cdot 3 \cdot 2!}{2 \cdot 1 \cdot 2!} \text{ (Simplificando o 2!)}$$

$$P_8^{2,2} = \frac{20.160}{2}$$

$$P_8^{2,2} = 10.080 \text{ anagramas}$$

Resumo:

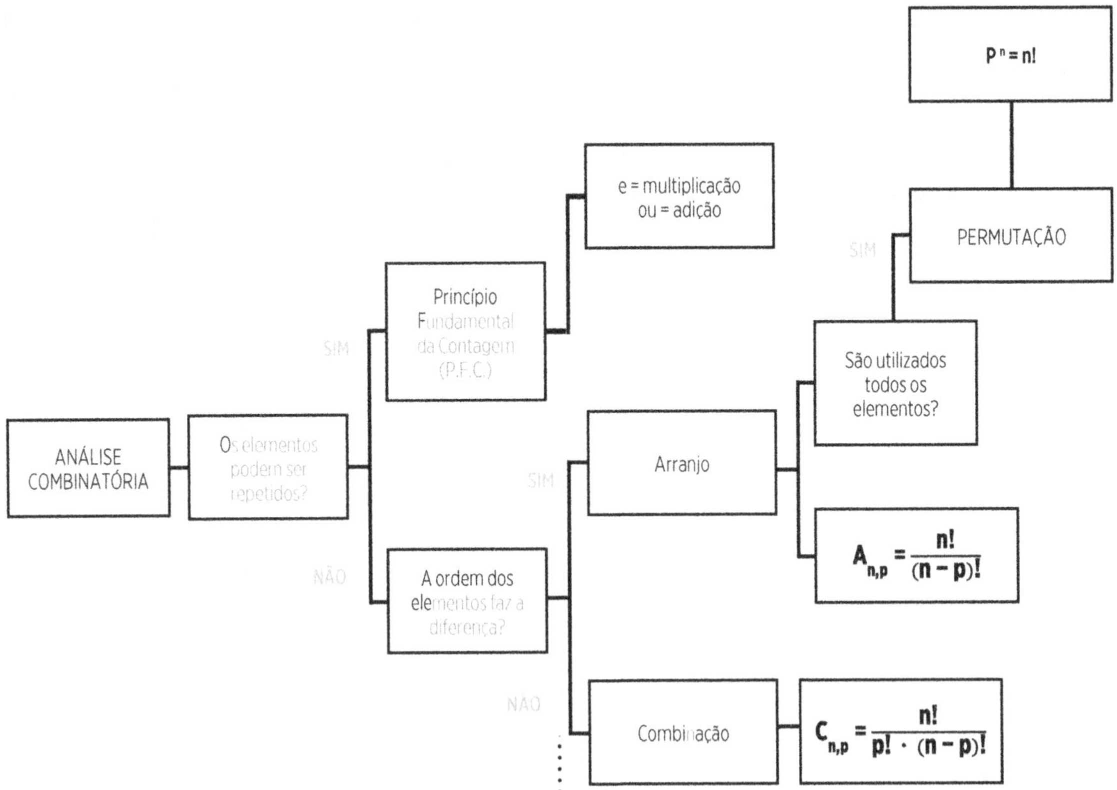

Para saber qual das técnicas utilizar basta fazer duas, no máximo, três perguntas para a questão, veja:

Os elementos podem ser repetidos?

Se a resposta for sim, deve-se trabalhar com o PFC; se a resposta for não, passe para a próxima pergunta;

A ordem dos elementos faz diferença no resultado da questão?

Se a resposta for sim, trabalha-se com arranjo; se a resposta for não, trabalha-se com as combinações (todas as questões de arranjo podem ser feitas por PFC).

(Opcional): vou utilizar todos os elementos para resolver a questão?

Para fazer a 3ª pergunta, depende, se a resposta da 1ª for não e a 2ª for sim; se a resposta da 3ª for sim, trabalha-se com as permutações.

Permutações Circulares e Combinações com Repetição

Casos Especiais Dentro da Análise Combinatória

Permutação Circular: usada quando houver giro horário ou anti-horário.

$$Pc(n) = (n-1)!$$

Sendo:

n = o número total de elementos do conjunto;

Pc = permutação circular.

Combinação com Repetição: usada quando p > n ou quando a questão informar que pode haver repetição.

$$C_{r(n,p)} = C_{(n+p-1,p)} = \frac{(n+p-1)!}{p! \cdot (n-1)!}$$

Sendo:

n = o número total de elementos do conjunto;

p = o número de elementos utilizados;

Cr = combinação com repetição.

Questões

01. (CESPE) – 2019. Considere as proposições P e Q a seguir.

P: Todo processo que tramita no tribunal A ou é enviado para tramitar no tribunal B ou no tribunal C.

Q: Todo processo que tramita no tribunal C é enviado para tramitar no tribunal B.

A partir dessas proposições, julgue o item seguinte.

Se 10 processos que chegarem ao tribunal A em determinado dia forem separados de forma aleatória em dois grupos de 5 processos cada, um para ser encaminhado ao tribunal B, e outro, para o tribunal C, então essa separação poderá ser feita de, no máximo, 240 formas diferentes.

Certo ( ) Errado ( )

02. (CESPE) – 2019. No Porto de Itaqui, 16 contêineres serão embarcados em 2 navios: cada navio deverá levar exatamente 8 desses contêineres. Do total de contêineres, 8 estão carregados com frango congelado, 3, com carne bovina congelada e 5, com soja.

A partir dessas informações, julgue o item que se segue.

A quantidade de maneiras distintas de se embarcarem os 8 contêineres no primeiro navio, de forma que exatamente 7 deles estejam carregados com frango congelado, é inferior a 100.

Certo ( ) Errado ( )

03. (CESPE) – 2019. Os indivíduos S1, S2, S3 e S4, suspeitos da prática de um ilícito penal, foram interrogados, isoladamente, nessa mesma ordem. No depoimento, com relação à responsabilização pela prática do ilícito, S1 disse que S2 mentiria; S2 disse que S3 mentiria; S3 disse que S4 mentiria.

A partir dessa situação, julgue o item a seguir.

Se os quatro suspeitos tiverem nascido nos estados da Bahia, de Pernambuco, do Rio de Janeiro e de São Paulo, cada um em um estado diferente, e atualmente residirem nesses mesmos estados, ainda que alguns deles possam ter se mudado de um estado para outro, a quantidade de possibilidades de naturalidade e residência dos acusados é inferior a 100.

Certo ( ) Errado ( )

04. (CESPE) – 2019. Em um aeroporto, 30 passageiros que desembarcaram de determinado voo e que estiveram nos países A, B ou C, nos quais ocorre uma epidemia infecciosa, foram selecionados para ser examinados. Constatou-se que exatamente 25 dos passageiros selecionados estiveram em A ou em B, nenhum desses 25 passageiros esteve em C e 6 desses 25 passageiros estiveram em A e em B.

Com referência a essa situação hipotética, julgue o item que se segue.

A quantidade de maneiras distintas de se escolher 2 dos 30 passageiros selecionados de modo que pelo menos um deles tenha estado em C é superior a 100.

Certo ( ) Errado ( )

05. (CESPE) – 2019. Para cumprimento de um mandado de busca e apreensão serão designados um delegado, 3 agentes (para a segurança da equipe na operação) e um escrivão. O efetivo do órgão que fará a operação conta com 4 delegados, entre eles o delegado Fonseca; 12 agentes, entre eles o agente Paulo; e 6 escrivães, entre eles o escrivão Estêvão.

Em relação a essa situação hipotética, julgue o item a seguir.

A quantidade de maneiras distintas de se escolher os três agentes para a operação de forma que um deles seja o agente Paulo é inferior a 80.

Certo ( ) Errado ( )

Gabaritos

01	ERRADO
02	CERTO
03	ERRADO
04	CERTO
05	CERTO

5. PROBABILIDADE

A que temperatura a água entra em ebulição? Se largarmos uma bola, com que velocidade ela atinge o chão? Conhecidas certas condições, é perfeitamente possível responder a essas duas perguntas, antes mesmo da realização desses experimentos.

Esses experimentos são denominados determinísticos, pois neles os resultados podem ser previstos.

Considere agora os seguintes experimentos:

> No lançamento de uma moeda, qual a face voltada para cima?

> No lançamento de um dado, que número saiu?

> Uma carta foi retirada de um baralho completo. Que carta é essa?

Mesmo se esses experimentos forem repetidos várias vezes, nas mesmas condições, não poderemos prever o resultado.

Um experimento cujo resultado, mesmo que único, é imprevisível, é denominado experimento aleatório. E é justamente ele que nos interessa neste estudo. Um experimento ou fenômeno aleatório apresenta as seguintes características:

> Pode se repetir várias vezes nas mesmas condições;

> É conhecido o conjunto de todos os resultados possíveis;

> Não se pode prever o resultado.

A teoria da probabilidade surgiu para nos ajudar a medir a "chance" de ocorrer determinado resultado em um experimento aleatório.

5.1 Definições

Para o cálculo das probabilidades, temos que saber primeiro 3 (três) conceitos básicos acerca do tema:

Maneiras possíveis de se realizar determinado evento (análise combinatória)

≠ (diferente)

Chance de determinado evento ocorrer (probabilidade).

Experimento Aleatório: é o experimento em que não é possível garantir o resultado, mesmo que esse seja feito diversas vezes nas mesmas condições.

Ex.: Lançamento de uma moeda: ao lançarmos uma moeda os resultados possíveis são o de cara e o de coroa, mas não tem como garantir qual será o resultado desse lançamento.

Ex.: Lançamento de um dado: da mesma forma que a moeda, não temos como garantir qual o resultado (1, 2, 3, 4, 5 e 6) desse lançamento.

Espaço Amostral - (Ω) ou (U): é o conjunto de todos os resultados possíveis para um experimento aleatório.

Ex.: Na moeda: o espaço amostral na moeda é $\Omega = 2$, pois só temos dois resultados possíveis para esse experimento, que é ou CARA ou COROA.

Ex.: No "dado": o espaço amostral no "dado" é $U = 6$, pois temos do 1 (um) ao 6 (seis), como resultados possíveis para esse experimento.

Evento: Qualquer subconjunto do espaço amostral é chamado evento. No lançamento de um dado, por exemplo, em relação à face voltada para cima, podemos ter os eventos:

> O número par: {2, 4, 6}.

> O número ímpar: {1, 3, 5}.

> Múltiplo de 8: { }.

5.2 Fórmula da Probabilidade

Considere um experimento aleatório em que para cada um dos n eventos simples, do espaço amostral U, a chance de ocorrência é a mesma. Nesse caso, dizemos que o espaço amostral é um espaço equiprovável e que a probabilidade de cada evento simples é $\frac{1}{n}$.

Para um evento simples A, indicamos: $\mathbf{P(A) = \frac{1}{n(U)}}$

Podemos ampliar essas definições de probabilidade de um evento simples para a probabilidade de um evento qualquer.

$$P(A) = \frac{n(A)}{n(U)}$$

Na expressão acima, **n (U)** é o número de elementos do espaço amostral **U** e **n (A)**, o número de elementos do evento **A**.

$$P = \frac{\text{evento}}{\text{espaço amostral}}$$

Os valores da probabilidade variam de 0 (0%) a 1 (100%).

Quando a probabilidade é de 0 (0%), diz-se que o evento é impossível.

Ex.: Chance de você não passar num concurso.

Quando a probabilidade é de 1 (100%), diz-se que o evento é certo.

Ex.: Chance de você passar num concurso.

Qualquer outro valor entre 0 e 1, caracteriza-se como a probabilidade de um evento.

Na probabilidade também se usa o PFC, ou seja sempre que houver duas ou mais probabilidades ligadas pelo conectivo "e" elas serão multiplicadas, e quando for pelo "ou", elas serão somadas.

5.3 Eventos Complementares

Dois eventos são ditos **complementares** quando a chance do evento ocorrer somado à chance de ele não ocorrer sempre dá 1 (um).

$$P(A) + P(\bar{A}) = 1$$

Sendo:

P(A) = a probabilidade do evento ocorrer;

P(Ā) = a probabilidade do evento não ocorrer.

5.4 Casos Especiais de Probabilidade

A partir de agora veremos algumas situações típicas da probabilidade, que servem para não perdermos tempo na resolução das questões.

Eventos Independentes

Dois ou mais eventos são independentes quando não dependem uns dos outros para acontecer, porém ocorrem simultaneamente. Para calcular a probabilidade de dois ou mais eventos independentes, basta multiplicar a probabilidade de cada um deles.

Ex.: Uma urna tem 30 bolas, sendo 10 vermelhas e 20 azuis. Se sortearmos 2 bolas, 1 de cada vez e repondo a sorteada na urna, qual será a probabilidade de a primeira ser vermelha e a segunda ser azul?

Sortear uma bola vermelha da urna não depende de uma bola azul ser sorteada e vice-versa, então a probabilidade da bola ser vermelha é $\frac{10}{30}$, e para a bola ser azul a probabilidade é $\frac{20}{30}$. Dessa forma, a probabilidade de a primeira bola ser vermelha e a segunda azul é:

$$P = \frac{20}{30} \cdot \frac{10}{30}$$

$$P = \frac{200}{900}$$

$$P = \frac{2}{9}$$

Probabilidade Condicional

É a probabilidade de um evento ocorrer sabendo que já ocorreu outro, relacionado a esse.

A fórmula para o cálculo dessa probabilidade é:

$$P_{\frac{A}{B}} = \frac{P_{(A \cap B)}}{P_B}$$

$$P = \frac{\textbf{probabilidade dos eventos simultâneos}}{\textbf{probabilidade do evento condicional}}$$

Probabilidade da União de Dois Eventos

Assim como na teoria de conjuntos, faremos a relação com a fórmula do número de elementos da união de dois conjuntos. É importante lembrar que "ou" significa união.

A fórmula para o cálculo dessa probabilidade é:

$$P(A \cup B) = P(A) + P(B) - P(A \cap B)$$

Ex.: Ao lançarmos um dado, qual é a probabilidade de obtermos um número primo ou um número ímpar?

Os números primos no dado são 2, 3 e 5, já os números ímpares no dado são 1, 3 e 5, então os números primos e ímpares são 3 e 5. Aplicando a fórmula para o cálculo da probabilidade fica:

$$P_{(A \cup B)} = \frac{3}{6} + \frac{3}{6} - \frac{2}{6}$$

$$P_{(A \cup B)} = \frac{4}{6}$$

$$P_{(A \cup B)} = \frac{2}{3}$$

Probabilidade Binomial

Essa probabilidade será tratada aqui de forma direta e com o uso da fórmula.

A fórmula para o cálculo dessa probabilidade é:

$$P = C_{n,s} \cdot P^{s}_{sucesso} \cdot P^{f}_{fracasso}$$

Sendo:

C = o combinação;

n = o número de repetições do evento;

s = o números de "sucessos" desejados;

f = o número de "fracassos".

Questões

01. (CESPE) – 2018. Os indivíduos S1, S2, S3 e S4, suspeitos da prática de um ilícito penal, foram interrogados, isoladamente, nessa mesma ordem. No depoimento, com relação à responsabilização pela prática do ilícito, S1 disse que S2 mentiria; S2 disse que S3 mentiria; S3 disse que S4 mentiria.

A partir dessa situação, julgue o item a seguir.

Considerando que a conclusão ao final do interrogatório tenha sido a de que apenas dois deles mentiram, mas que não fora possível identificá-los, escolhendo-se ao acaso dois entre os quatro para novos depoimentos, a probabilidade de apenas um deles ter mentido no primeiro interrogatório é superior a 0,5.

Certo ( ) Errado ( )

02. (CESPE) – 2018. Um tabuleiro quadrado e quadriculado, semelhante a um tabuleiro de xadrez, com 12 linhas e 12 colunas, e, portanto, com 12 × 12 = 144 quadradinhos pintados: 54, na cor azul; 30, na cor marrom; 40, na cor amarela; e 20, na cor verde. A cada quadradinho é associado um cartão com dois números, que indicam a posição do quadradinho no tabuleiro; o primeiro número corresponde ao número da linha, e o segundo corresponde ao número da coluna. Por exemplo, o cartão com os números 5,10 corresponde ao quadradinho posicionado na linha 5 e na coluna 10. Esses cartões estão em uma urna, da qual podem ser retirados aleatoriamente.

A respeito desse tabuleiro e desses cartões, julgue o item a seguir.

A probabilidade de retirar dessa caixa, de maneira aleatória, um cartão correspondente a um quadrado que não tenha sido pintado na cor marrom é inferior a 0,72.

Certo ( ) Errado ( )

03. (CESPE) – 2018. O resultado de uma pesquisa acerca da satisfação de 200 papiloscopistas, no que diz respeito às tarefas por eles executadas de identificação de vítimas e de descobertas de crimes de falsificação, foi o seguinte:

- 30 papiloscopistas sentem-se igualmente satisfeitos ao executar qualquer uma dessas tarefas;
- 180 papiloscopistas sentem-se satisfeitos ao executar pelo menos uma dessas tarefas.

Considerando que todos os 200 papiloscopistas responderam à pesquisa, julgue o item seguinte.

A probabilidade de que um papiloscopista, escolhido ao acaso, tenha se dito igualmente satisfeito ao executar qualquer uma entre as duas tarefas mencionadas, dado que se sente satisfeito ao executar pelo menos uma das duas tarefas, é inferior a 0,15.

Certo ( ) Errado ( )

04. (CESPE) – 2019. Em um aeroporto, 30 passageiros que desembarcaram de determinado voo e que estiveram nos países A, B ou C, nos quais ocorre uma epidemia infecciosa, foram selecionados para ser examinados. Constatou-se que exatamente 25 dos passageiros selecionados estiveram em A ou em B, nenhum desses 25 passageiros esteve em C e 6 desses 25 passageiros estiveram em A e em B.

Com referência a essa situação hipotética, julgue o item que se segue.

Se 2 dos 30 passageiros selecionados forem escolhidos ao acaso, então a probabilidade de esses 2 passageiros terem estado em 2 desses países é inferior a 1/30.

Certo ( ) Errado ( )

05. (CESPE) – 2019. Uma operação policial será realizada com uma equipe de seis agentes, que têm prenomes distintos, entre eles André, Bruno e Caio. Um agente será o coordenador da operação e outro, o assistente deste; ambos ficarão na base móvel de operações nas proximidades do local de realização da operação. Nessa operação, um agente se infiltrará, disfarçado, entre os suspeitos, em reunião por estes marcada em uma casa noturna, e outros três agentes, também disfarçados, entrarão na casa noturna para prestar apoio ao infiltrado, caso seja necessário.

A respeito dessa situação hipotética, julgue o item seguinte.

Se os dois agentes que ficarão na base móvel forem escolhidos aleatoriamente, a probabilidade de André e Bruno serem os escolhidos será superior a 30%.

Certo ( ) Errado ( )

Gabaritos

01	CERTO
02	ERRADO
03	ERRADO
04	ERRADO
05	ERRADO

6. TEORIA DOS CONJUNTOS

6.1 O que é Conjunto?

Frequentemente, usa-se a noção de conjunto. O principal exemplo de conjunto são os conjuntos numéricos, que, advindos da necessidade de contar ou quantificar as coisas ou objetos, foram adquirindo características próprias que os diferem. Os componentes de um conjunto são chamados de elementos. Costuma-se representar um conjunto nomeando os elementos um a um, colocando-os entre chaves e separando-os por vírgula; é o que chamamos de representação por extensão. Para nomear um conjunto, usa-se geralmente uma letra maiúscula. Exemplos:

A = {1,2,3,4,5} → conjunto finito

B = {1,2,3,4,5,...} → conjunto infinito

6.2 Definições

Ex.: Se quisermos montar o conjunto das vogais do alfabeto, os ***elementos*** serão a, e, i, o, u.

A nomenclatura dos conjuntos é formada pelas letras maiúsculas do alfabeto.

Ex.: Conjunto dos estados da região sul do Brasil: A = {Paraná, Santa Catarina, Rio Grande do Sul}.

Representação dos Conjuntos

Os conjuntos podem ser representados tanto em **chaves** como em **diagramas**.

ATENÇÃO! Quando é dada uma propriedade característica dos elementos de um conjunto, diz-se que ele está representado por compreensão. Vejamos:

A = {x |x é um múltiplo de dois maior que zero}

Representação em Chaves

Conjuntos dos estados brasileiros que fazem fronteira com o Paraguai:

B = {Paraná, Mato Grosso do Sul}.

Representação em Diagramas

Ex.: Conjuntos das cores da bandeira do Brasil:

D

Verde

Amarelo

Azul

Branco

Elementos e Relação de Pertinência

Quando um elemento está em um conjunto, dizemos que ele pertence a esse conjunto. A relação de pertinência é representada pelo símbolo ∈ (pertence).

Ex.: Conjunto dos algarismos pares: **G** = {2, 4, 6, 8, 0}.

Observe que:

4 ∈ G

7 ∉ G

Conjunto Unitário, Conjunto Vazio e Conjunto Universo

Conjunto unitário: possui um só elemento.

Ex.: Conjunto da capital do Brasil: K = {Brasília}

Conjunto vazio: simbolizado por Ø ou {}, é o conjunto que não possui elemento.

Ex.: Conjunto dos estados brasileiros que fazem fronteira com o Chile: M = Ø.

Conjunto universo: Em inúmeras situações é importante estabelecer o conjunto U ao qual pertencem os elementos de todos os conjuntos considerados. Esse conjunto é chamado de conjunto universo. Assim:

- Quando se estuda a geometria plana, o conjunto universo é formado por todos os pontos de um dado plano.
- Quando se estuda a população humana, o conjunto universo é constituído de todos os seres humanos.

Para descrever um conjunto A por meio de uma propriedade característica p de seus elementos, deve-se mencionar, de modo explícito ou não, o conjunto universo U no qual se está trabalhando:

Ex.: A = {x ∈ R | x>2}, onde U = R → forma explícita

A = {x | x > 2} → forma implícita.

6.3 Subconjuntos

Diz-se que B é um subconjunto de A se, e somente se, todos os elementos de B pertencem a A.

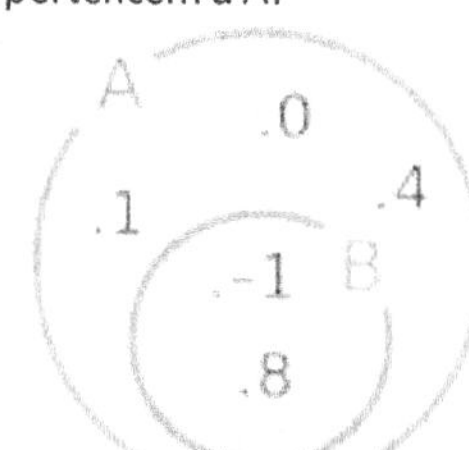

Deve-se notar que A = {-1,0,1,4,8} e B = {-1,8}, ou seja, todos os elementos de B também são elementos do conjunto A.

Nesse caso, diz-se que B está contido em A ou B é subconjunto de A. (B ⊂ A). Pode-se dizer também que A contém B. (A ⊃ B).

OBSERVAÇÕES:

- Se A ⊂ B e B ⊂ A, então A = B.
- Os símbolos ⊂ (contido), ⊃ (contém), ⊄ (não está contido) e ⊅ (não contém) são utilizados para relacionar conjuntos.
- Para todo conjunto A, tem-se A ⊂ A.
- Para todo conjunto A, tem-se Ø ⊂ A, onde Ø representa o conjunto vazio.
- Todo conjunto é subconjunto de si próprio (D ⊂ D);
- O conjunto vazio é subconjunto de qualquer conjunto (Ø ⊂ D);

> Se um conjunto A possui "p" elementos, então ele possui 2p subconjuntos;

> O conjunto formado por todos os subconjuntos de um conjunto A, é denominado conjunto das partes de A. Assim, se A = {4, 7}, o conjunto das partes de A, é dado por {∅, {4}, {7}, {4, 7}}.

6.4 Operações com Conjuntos

União de conjuntos: a união de dois conjuntos quaisquer será representada por "A ∪ B" e terá os elementos que pertencem a A "ou" a B, ou seja, todos os elementos.

A U B

Interseção de conjuntos: a interseção de dois conjuntos quaisquer será representada por "A ∩ B". Os elementos que fazem parte do conjunto interseção são os elementos comuns aos dois conjuntos.

A ∩ B

Conjuntos disjuntos: Se dois conjuntos não possuem elementos em comum, diz-se que eles são disjuntos. Simbolicamente, escreve-se A ∩ B = ∅. Nesse caso, a união dos conjuntos A e B é denominada união disjunta. O número de elementos A ∩ B nesse caso é igual a zero.

n (A ∩ B) = 0.

Ex.:

Seja A = {1, 2, 3, 4, 5}, B = {1, 5, 6, 3}, C = {2, 4, 7, 8, 9} e D = {10, 20}. Tem-se:

A ∪ B = {1,2,3,4,5,6}

B ∪ A = {1,2,3,4,5,6}

A ∩ B = {1,3,5}

B ∩ A = {1,3,5}

A ∪ B ∪ C = {1,2,3,4,5,6,7,8,9} e

A ∩ D = ∅.

É possível notar que A, B e C são todos disjuntos com D, mas A, B e C não são dois a dois disjuntos.

Diferença de conjuntos: a diferença de dois conjuntos quaisquer será representada por "A – B" e terá os elementos que pertencem somente a A, mas não pertencem a B, ou seja, que são exclusivos de A.

A - B

Complementar de um conjunto: se A está contido no conjunto universo U, o complementar de A é a diferença entre o conjunto universo e o conjunto A, será representado por "$C_U^{(A)}$ = U - A" e terá todos os elementos que pertencem ao conjunto universo, menos os que pertencem ao conjunto A.

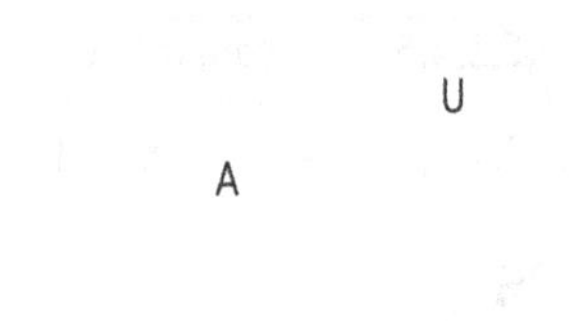

$C_p(A)$

Questões

01. (CESPE) – 2018 Para um conjunto qualquer X, n(X) representa a quantidade de elementos de X.

Nesse sentido, considere que os conjuntos A, B e C tenham as seguintes propriedades:

- n(A) = n(B) = n(C) = 50;
- n(A∩B) = n(A∩C) = n(B∩C) = 10;
- n(A∩B∩C) = 0.

Nessa situação, n(A∪B∪C) é igual a 110.

Certo ( ) Errado ( )

02. (CESPE) – 2018. Determinado porto recebeu um grande carregamento de frango congelado, carne suína congelada e carne bovina congelada, para exportação.

Esses produtos foram distribuídos em 800 contêineres, da seguinte forma: nenhum contêiner foi carregado com os três produtos; 300 contêineres foram carregados com carne bovina; 450, com carne suína; 100, com frango e carne bovina; 150, com carne suína e carne bovina; 100, com frango e carne suína.

Nessa situação hipotética, 250 contêineres foram carregados somente com carne suína.

Certo ( ) Errado ( )

03. (CESPE) – 2018. Em um aeroporto, 30 passageiros que desembarcaram de determinado voo e que estiveram nos países A, B ou C, nos quais ocorre uma epidemia infecciosa, foram selecionados para ser examinados. Constatou-se que exatamente 25 dos passageiros selecionados estiveram em A ou em B, nenhum desses 25 passageiros esteve em C e 6 desses 25 passageiros estiveram em A e em B.

Com referência a essa situação hipotética, julgue o item que se segue.

Se 11 passageiros estiveram em B, então mais de 15 estiveram em A.

Certo ( ) Errado ( )

04. (CESPE) – 2018. Em um aeroporto, 30 passageiros que desembarcaram de determinado voo e que estiveram nos países A, B ou C, nos quais ocorre uma epidemia infecciosa, foram selecionados para ser examinados. Constatou-se que exatamente 25 dos passageiros selecionados estiveram em A ou em B, nenhum desses 25 passageiros esteve em C e 6 desses 25 passageiros estiveram em A e em B.

Com referência a essa situação hipotética, julgue o item que se segue.

Considere que, separando-se o grupo de passageiros selecionados que visitou o país A, o grupo que visitou o país B e o grupo que visitou o país C, seja verificado, em cada um desses grupos, que pelo menos a metade dos seus componentes era do sexo masculino. Nessa situação, conclui-se que o grupo de 30 passageiros selecionados tem, no máximo, 14 mulheres.

Certo ( ) Errado ( )

05. (CESPE) – 2018. O resultado de uma pesquisa acerca da satisfação de 200 papiloscopistas, no que diz respeito às tarefas por eles executadas de identificação de vítimas e de descobertas de crimes de falsificação, foi o seguinte:

- 30 papiloscopistas sentem-se igualmente satisfeitos ao executar qualquer uma dessas tarefas;
- 180 papiloscopistas sentem-se satisfeitos ao executar pelo menos uma dessas tarefas.

Considerando que todos os 200 papiloscopistas responderam à pesquisa, julgue o item seguinte.

Menos de 30 papiloscopistas não se sentem satisfeitos ao executar alguma das duas tarefas mencionadas.

Certo ( ) Errado ( )

Gabaritos

01	ERRADO
02	ERRADO
03	CERTO
04	ERRADO
05	CERTO

7. CONJUNTOS NUMÉRICOS

Os números surgiram da necessidade de contar ou quantificar coisas ou objetos. Com o passar do tempo, foram adquirindo características próprias.

7.1 Números Naturais

É o primeiro dos conjuntos numéricos. Representado pelo símbolo $\mathbb{N}$. É formado pelos seguintes elementos:

$\mathbb{N} = \{0, 1, 2, 3, 4, 5, 6, 7, 8, 9, 10, 11, 12, 13, \ldots + \infty\}$

O símbolo ∞ significa infinito, o + quer dizer positivo, então $+\infty$ quer dizer infinito positivo.

7.2 Números Inteiros

Esse conjunto surgiu da necessidade de alguns cálculos não possuírem resultados, pois esses resultados eram negativos.

Representado pelo símbolo $\mathbb{Z}$, é formado pelos seguintes elementos:

$\mathbb{Z} = \{-\infty, \ldots, -3, -2, -1, 0, 1, 2, 3, \ldots, +\infty\}$

Operações e Propriedades dos Números Naturais e Inteiros

As principais operações com os números naturais e inteiros são: adição, subtração, multiplicação, divisão, potenciação e radiciação (as quatro primeiras são também chamadas operações fundamentais).

Adição

Na adição, a soma dos termos ou parcelas resulta naquilo que se chama **total**.

Ex.: $2 + 2 = 4$

As propriedades da adição são:

Elemento Neutro: qualquer número somado ao zero tem como total o próprio número.

Ex.: $+ 0 = 2$

Comutativa: a ordem dos termos não altera o total.

Ex.: $2 + 3 = 3 + 2 = 5$

Associativa: o ajuntamento de parcelas não altera o total.

Ex.: $2 + 0 = 2$

Subtração

Operação contrária à adição, também conhecida como diferença.

Os termos ou parcelas da subtração, assim como o total, têm nomes próprios:

$M - N = P$; em que M = minuendo, N = subtraendo e P = diferença ou resto.

Ex.: $7 - 2 = 5$

Quando o subtraendo for maior que o minuendo, a diferença será negativa.

Multiplicação

Nada mais é do que a soma de uma quantidade de parcelas fixas. Ao resultado da multiplicação chama-se produto. Os símbolos que indicam a multiplicação são o **"x"** (sinal de vezes) ou o **"."** (ponto).

Exs.: $4 \times 7 = 7 + 7 + 7 + 7 = 28$

$7 . 4 = 4 + 4 + 4 + 4 + 4 + 4 + 4 = 28$

As propriedades da multiplicação são:

Elemento Neutro: qualquer número multiplicado por 1 terá como produto o próprio número.

Ex.: $5 . 1 = 5$

Comutativa: ordem dos fatores não altera o produto.

Ex.: $3 \cdot 4 = 4 \cdot 3 = 12$

Associativa: o ajuntamento dos fatores não altera o resultado.

Ex.: $2 . (3 . 4) = (2 . 3) . 4 = 24$

Distributiva: um fator em evidência multiplica todas as parcelas dentro dos parênteses.

Ex.: $2 \cdot (3 + 4) = (2 \cdot 3) + (2 \cdot 4) = 6 + 8 = 14$

Na multiplicação existe "jogo de sinais", que fica assim:

Parcela	Parcela	Produto
+	+	+
+	-	-
-	+	-
-	-	+

Exs.: $2 . -3 = -6$

$-3 . -7 = 21$

Divisão

Por ser o inverso da multiplicação, a divisão também possui o "jogo de sinal".

É o inverso da multiplicação. Os sinais que a representam são: "÷", ":", "/" ou a fração.

Exs.: $14 \div 7 = 2$

$25 : 5 = 5$

$36/12 = 3$

7.3 Números Racionais

Com o passar do tempo alguns cálculos não possuíam resultados inteiros, a partir daí surgiram os números racionais, que são representados pela letra $\mathbb{Q}$ e são os números que podem ser escritos sob forma de frações.

$\mathbb{Q} = \frac{a}{b}$ (com "b" diferente de zero $\rightarrow b \neq 0$); em que "a" é o numerador e "b" é o denominador.

Fazem parte desse conjunto também as dízimas periódicas (números que apresentam uma série infinita de algarismos decimais, após a vírgula) e os números decimais (aqueles que são escritos com a vírgula e cujo denominador são as potências de 10).

Toda fração cujo numerador é menor que o denominador é chamada de fração própria.

Operações com os Números Racionais

Adição e Subtração

Para somar frações deve-se estar atento se os denominadores das frações são os mesmos. Caso sejam iguais, basta repetir o denominador e somar (ou subtrair) os numeradores, porém se os denominadores forem diferentes é preciso fazer o M.M.C. (assunto que será visto adiante) dos denominadores, constituir novas frações equivalentes às frações originais e, assim, proceder com o cálculo.

$$\frac{2}{7}+\frac{4}{7}=\frac{6}{7}$$

$$\frac{2}{3}+\frac{4}{5}=\frac{10}{15}+\frac{12}{15}=\frac{22}{15}$$

Multiplicação

Para multiplicar frações basta multiplicar numerador com numerador e denominador com denominador.

$$\frac{3}{4}\cdot\frac{5}{7}=\frac{15}{28}$$

Divisão

Para dividir frações basta fazer uma multiplicação da primeira fração com o inverso da segunda fração.

$$\frac{2}{3}\div\frac{4}{5}=\frac{2}{3}\cdot\frac{5}{4}=\frac{10}{12}=\frac{5}{6}\text{(Simplificando por 2)}$$

Toda vez que for possível deve-se simplificar a fração até sua fração irredutível (aquela que não pode mais ser simplificada).

Potenciação

Se a multiplicação é soma de uma quantidade de parcelas fixas, a potenciação é a multiplicação de uma quantidade de fatores fixos, tal quantidade indicada no expoente que acompanha a base da potência.

A potenciação é expressa por: **a**n, cujo "a" é a base da potência e o "n" é o expoente.

Ex.: $4^3 = 4 . 4 . 4 = 64$

As propriedades das potências são:

$a^0 = 1$

$3^0 = 1$

$a^1 = a$

$5^1 = 5$

$a^{-n} = 1/a^n$

$2^{-3} = \frac{1}{2^3} = 1/8$

$a^m \cdot a^n = a^{(m+n)}$

$3^2 \cdot 3^3 = 3^{(2+3)} = 3^5 = 243$

$a^m : a^n = a^{(m-n)}$

$4^5 : 4^3 = 4^{(5-3)} = 4^2 = 16$

$(a^m)^n = a^{m \cdot n}$

$(2^2)^4 = 2^{2 \cdot 4} = 2^8 = 256$

$a^{m/n} = \sqrt[n]{a^m}$

$7^{2/3} = \sqrt[3]{7^2} = \sqrt[3]{49}$

Não confunda: (am)n ≠ am n

Não confunda também: (-a)n ≠ -an.

Radiciação

É a expressão da potenciação com expoente fracionário.

A representação genérica da radiciação é: $\sqrt[n]{a}$; cujo "n" é o índice da raiz, o "a" é o radicando e "$\sqrt{\ }$" é o radical.

Quando o índice da raiz for o 2 ele não precisa aparecer e essa raiz será uma raiz quadrada.

As propriedades das "raízes" são:

→ $\sqrt[n]{a^m} = (\sqrt[n]{a})^m = a^{m/n}$

→ $\sqrt[m]{\sqrt[n]{a}} = \sqrt[m \cdot n]{a}$

→ $\sqrt[m]{a^m} = a = am/m = a1 = a$

Racionalização: se uma fração tem em seu denominador um radical, faz-se o seguinte:

$$\frac{1}{\sqrt{a}}=\frac{1}{\sqrt{a}}\cdot\frac{\sqrt{a}}{\sqrt{a}}=\frac{\sqrt{a}}{\sqrt{a^2}}=\frac{\sqrt{a}}{a}$$

Transformando Dízima Periódica em Fração

Para transformar dízimas periódicas em fração, é preciso atentar-se para algumas situações:

> Verifique se depois da vírgula só há a parte periódica, ou se há uma parte não periódica e uma periódica.

> Observe quantas são as "casas" periódicas e, caso haja, as não periódicas. Lembrado sempre que essa observação só será para os números que estão depois da vírgula.

> Em relação à fração, o denominador será tantos "9" quantos forem as casas do período, seguido de tantos "0" quantos forem as casas não periódicas (caso haja e depois da vírgula). Já o numerador será o número sem a vírgula até o primeiro período "menos" toda a parte não periódica (caso haja).

Exs.: $0,6666... = \frac{6}{9}$

$0,36363636... = \frac{36}{99}$

$0,123333... = \frac{123-12}{900} = \frac{111}{900}$

$2,8888... = \frac{28-2}{9} = \frac{26}{9}$

$3,754545454... = \frac{3754-37}{990} = \frac{3717}{990}$

Transformando Número Decimal em Fração

Para transformar número decimal em fração, basta contar quantas "casas" existem depois da vírgula; então o denominador da fração será o número 1 acompanhado de tantos zeros quantos forem o número de "casas", já o numerador será o número sem a "vírgula".

Exs.: $0,3 = \frac{3}{10}$

$2,45 = \frac{245}{100}$

$49,586 = \frac{49586}{1000}$

7.4 Números Irracionais

São os números que não podem ser escritos na forma de fração.

O conjunto é representado pela letra $\mathbb{I}$ e tem como elementos as dízimas não periódicas e as raízes não exatas.

7.5 Números Reais

Simbolizado pela letra $\mathbb{R}$, é a união do conjunto dos números racionais com o conjunto dos números irracionais.

Representado, tem-se:

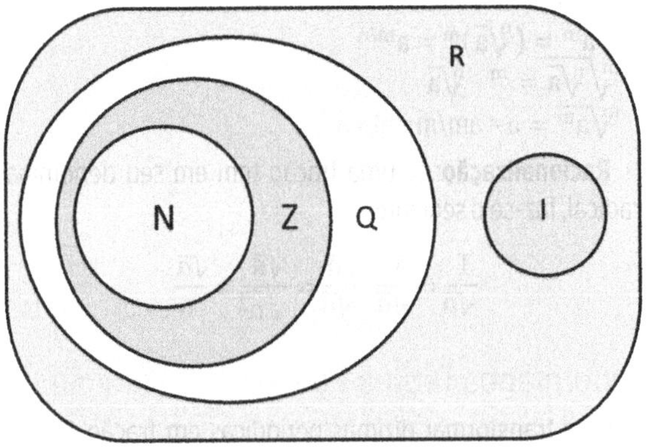

Colocando todos os números em uma reta, tem-se:

As desigualdades ocorrem em razão de os números serem maiores ou menores uns dos outros.

Os símbolos das desigualdades são:

$\geq$ maior ou igual a;

$\leq$ menor ou igual a;

$>$ maior que;

$<$ menor que.

Dessas desigualdades surgem os intervalos, que nada mais são do que um espaço dessa reta, entre dois números.

Os intervalos podem ser abertos ou fechados, depende dos símbolos de desigualdade utilizados.

Intervalo aberto ocorre quando os números não fazem parte do intervalo e os sinais de desigualdade são:

$>$ maior que;

$<$ menor que.

Intervalo fechado ocorre quando os números fazem parte do intervalo e os sinais de desigualdade são:

$\geq$ maior ou igual a;

$\leq$ menor ou igual a.

7.6 Intervalos

Os intervalos numéricos podem ser representados das seguintes formas:

Com os Símbolos $<$, $>$, $\leq$, $\geq$

Quando forem usados os símbolos $<$ ou $>$, os números que os acompanham não fazem parte do intervalo real. Já quando forem usados os símbolos $\leq$ ou $\geq$ os números farão parte do intervalo real.

Exs.:

$2 < x < 5$: o 2 e o 5 não fazem parte do intervalo.

$2 \leq x < 5$: o 2 faz parte do intervalo, mas o 5 não.

$2 \leq x \leq 5$: o 2 e o 5 fazem parte do intervalo.

Com os Colchetes

Quando os colchetes estiverem voltados para os números, significa que farão parte do intervalo. Porém, quando os colchetes estiverem invertidos, significa que os números não farão parte do intervalo.

Exs.:

]2;5[: o 2 e o 5 não fazem parte do intervalo.

[2;5[: o 2 faz parte do intervalo, mas o 5 não faz.

[2;5]: o 2 e o 5 fazem parte do intervalo.

Sobre uma Reta Numérica

Intervalo aberto $2<x<5$:

Em que 2 e 5 não fazem parte do intervalo numérico, representado pela marcação aberta (sem preenchimento - O).

Intervalo fechado e aberto $2 \leq x < 5$:

Em que 2 faz parte do intervalo, representado pela marcação fechada (preenchida - ●) em que 5 não faz parte do intervalo, representado pela marcação aberta (O).

Intervalo fechado $2 \leq x \leq 5$:

Em que 2 e 5 fazem parte do intervalo numérico, representado pela marcação fechada (●).

7.7 Múltiplos e Divisores

> Números quadrados perfeitos são aqueles que resultam da multiplicação de um número por ele mesmo.
> Ex.: $4 = 2 . 2$
> $25 = 5 . 5$

Os múltiplos são resultados de uma multiplicação de dois números naturais.

Ex.: Os múltiplos de 3 são: 0, 3, 6, 9, 12, 15, 18, 21, 24, 27, 30... (os múltiplos são infinitos).

Os divisores de um "número" são os números cuja divisão desse "número" por eles será exata.

Ex.: Os divisores de 12 são: 1, 2, 3, 4, 6, 12.

7.8 Números Primos

São os números que têm apenas dois divisores, o 1 e ele mesmo (alguns autores consideram os números primos aqueles que tem 4 divisores, sendo o 1, o -1, ele mesmo e o seu oposto – simétrico).

Veja alguns números primos:

2 (único primo par), 3, 5, 7, 11, 13, 17, 19, 23, 29, 31, 37, 41, 43, 47, 53, 59, ...

Os números primos servem para decompor outros números.

A decomposição de um número em fatores primos serve para fazer o MMC (mínimo múltiplo comum) e o MDC (máximo divisor comum).

7.9 MMC e MDC

O MMC de um, dois ou mais números é o menor número que, ao mesmo tempo, é múltiplo de todos esses números.

O MDC de dois ou mais números é o maior número que pode dividir todos esses números ao mesmo tempo.

Para calcular, após decompor os números, o MMC de dois ou mais números será o produto de todos os fatores primos, comuns e não comuns, elevados aos maiores expoentes. Já o MDC será apenas os fatores comuns a todos os números elevados aos menores expoentes.

Exs.: $6 = 2 \cdot 3$

$18 = 2 \cdot 3 \cdot 3 = 2 \cdot 3^2$

$35 = 5 \cdot 7$

$144 = 2 \cdot 2 \cdot 2 \cdot 2 \cdot 3 \cdot 3 = 2^4 \cdot 3^2$

$225 = 3 \cdot 3 \cdot 5 \cdot 5 = 3^2 \cdot 5^2$

$490 = 2 \cdot 5 \cdot 7 \cdot 7 = 2 \cdot 5 \cdot 7^2$

$640 = 2 \cdot 2 \cdot 2 \cdot 2 \cdot 2 \cdot 2 \cdot 2 \cdot 5 = 2^7 \cdot 5$

MMC de 18 e 225 = $2 \cdot 3^2 \cdot 5^2 = 2 \cdot 9 \cdot 25 = 450$

MDC de 225 e 490 = 5

Para saber a quantidade de divisores de um número basta, depois da decomposição do número, pegar os expoentes dos fatores primos, somar "+1" e multiplicar os valores obtidos.

Exs.: $225 = 3^2 \cdot 5^2 = 3^{2+1} \cdot 5^{2+1} = 3 \cdot 3 = 9$

Nº de divisores = $(2 + 1) \cdot (2 + 1) = 3 \cdot 3 = 9$ divisores. Que são: 1, 3, 5, 9, 15, 25, 45, 75, 225.

7.10 Divisibilidade

As regras de divisibilidade servem para facilitar a resolução de contas, para ajudar a descobrir se um número é ou não divisível por outro. Veja algumas dessas regras.

Divisibilidade por 2: para um número ser divisível por 2 basta que o mesmo seja par.

Exs.: 14 é divisível por 2.

17 não é divisível por 2.

Divisibilidade por 3: para um número ser divisível por 3, a soma dos seus algarismos tem que ser divisível por 3.

Exs.: 174 é divisível por 3, pois 1 + 7 + 4 = 12

188 não é divisível por 3, pois 1 + 8 + 8 = 17

Divisibilidade por 4: para um número ser divisível por 4, ele tem que terminar em 00 ou os seus dois últimos números devem ser múltiplos de 4.

Exs.: 300 é divisível por 4.

532 é divisível por 4.

766 não é divisível por 4.

Divisibilidade por 5: para um número ser divisível por 5, ele deve terminar em 0 ou em 5.

Exs.: 35 é divisível por 5.

370 é divisível por 5.

548 não é divisível por 5.

Divisibilidade por 6: para um número ser divisível por 6, ele deve ser divisível por 2 e por 3 ao mesmo tempo.

Exs.: 78 é divisível por 6.

576 é divisível por 6.

652 não é divisível por 6.

Divisibilidade por 9: para um número ser divisível por 9, a soma dos seus algarismos deve ser divisível por 9.

Exs.: 75 é não divisível por 9.

684 é divisível por 9.

Divisibilidade por 10: para um número ser divisível por 10, basta que ele termine em 0.

Exs.: 90 é divisível por 10.

364 não é divisível por 10.

7.11 Expressões Numéricas

Para resolver expressões numéricas, deve-se sempre seguir a ordem:

- Resolva os (parênteses), depois os [colchetes], depois as {chaves}, nessa ordem;
- Dentre as operações resolva primeiro as potenciações e raízes (o que vier primeiro), depois as multiplicações e divisões (o que vier primeiro) e por último as somas e subtrações (o que vier primeiro).

Calcule o valor da expressão:

Ex.: $8 - \{5 - [10 - (7 - 3 . 2)] \div 3\}$

Resolução:

$8 - \{5 - [10 - (7 - 6)] \div 3\}$

$8 - \{5 - [10 - (1)] \div 3\}$

$8 - \{5 - [9] \div 3\}$

$8 - \{5 - 3\}$

$8 - \{2\}$

6

Questões

01. (CESPE) – 2018. Uma companhia aérea fixou rodízio entre duas cidades para seus comissários de bordo de determinado voo diário. A escala estabelece que o comissário A trabalhe nesse voo a cada 8 dias; o comissário B, a cada 10 dias; e o comissário C, a cada 12 dias.

Nesse caso, se os três tiverem trabalhado juntos no voo do dia de hoje, então a próxima vez em que eles trabalharão novamente juntos nesse voo ocorrerá daqui a 120.

Certo ( )   Errado ( )

02. (CESPE) – 2018. Uma assistente administrativa rasgou em n pedaços uma folha de papel que continha informação considerada sigilosa. Como ainda era possível ler alguma informação em um desses pedaços, ela rasgou-o também em n pedaços. Receosa de que a informação sigilosa pudesse ser recuperada de um desses últimos pedaços, rasgou-o também em n pedaços.

Uma quantidade possível de pedaços em que a folha foi rasgada é de 28.

Certo ( )   Errado ( )

03. (CESPE) – 2018. A respeito de números reais e de funções de variáveis reais, julgue o item que se segue.

Situação hipotética: Carlos possui uma quantidade de revistas que é maior que 500 e menor que 700. Separando as revistas em conjuntos de 8 revistas, Carlos verificou que sobrou um grupo com 3 revistas. O mesmo acontecia quando ele separava as revistas em conjuntos de 14 ou em conjuntos de 20 revistas: sempre sobrava um conjunto com 3 revistas.

Assertiva: Nesse caso, é correto afirmar que Carlos possui 563 revistas.

Certo ( )   Errado ( )

04. (CESPE) – 2018. A respeito de números reais e de funções de variáveis reais, julgue o item que se segue.

Situação hipotética: Sandra selecionou questões de concursos públicos passados para resolver e, assim, se preparar para o concurso em que pretende concorrer. Ela selecionou 98 questões de matemática, 70 questões de português, 56 questões de informática e 42 questões de direito, que deverão ser resolvidas em determinada quantidade de dias. Ela estabeleceu as seguintes regras de estudo:

- em todos os dias, ela deve resolver questões de todas essas disciplinas;
- de cada uma dessas disciplinas, ela deve resolver, diariamente, sempre a mesma quantidade de questões;
- essas quantidades de questões a serem resolvidas diariamente de cada disciplina devem ser as máximas possíveis para que, no período determinado, ela consiga resolver todas as questões de todas as disciplinas.

Assertiva: Nessa situação, de todas as disciplinas, Sandra deverá resolver 19 questões por dia durante 14 dias.

Certo ( )   Errado ( )

05. (CESPE) – 2018. Paulo, Maria e João, servidores lotados em uma biblioteca pública, trabalham na catalogação dos livros recém-adquiridos. Independentemente da quantidade de livros a serem catalogados em cada dia, Paulo cataloga 1/4, Maria cataloga 1/3 e João, 5/12.

A respeito da catalogação de livros por esses servidores, julgue o item a seguir.

Sempre que trabalharem de segunda-feira a sexta-feira, os três servidores catalogarão uma quantidade de livros que será um número múltiplo de 12.

Certo ( )   Errado ( )

Gabaritos

01	CERTO
02	CERTO
03	CERTO
04	ERRADO
05	CERTO

8. SISTEMA LEGAL DE MEDIDAS

8.1 Medidas de Tempo

A unidade padrão do tempo é o segundo (s), mas devemos saber as seguintes relações:

1 min = 60 s

1h = 60 min = 3600 s

1 dia = 24 h = 1440 min = 86400 s

30 dias = 1 mês

2 meses = 1 bimestre

6 meses = 1 semestre

12 meses = 1ano

10 anos = 1 década

100 anos = 1 século

Ex.: 5h47min18seg + 11h39min59s = 26h86min77s = 26h87min17s = 27h27min17s= 1dia3h27mim17s;

Ex.: 8h23min – 3h49min51seg = 7h83min – 3h49min51seg = 7h82min60seg – 3h49min51seg = 4h33min9seg.

Cuidado com as transformações de tempo, pois elas não seguem o mesmo padrão das outras medidas.

8.2 Sistema Métrico Decimal

Serve para medir comprimentos, distâncias, áreas e volumes. Tem como unidade padrão o metro (m). Veremos agora seus múltiplos, variações e algumas transformações.

Metro (m):

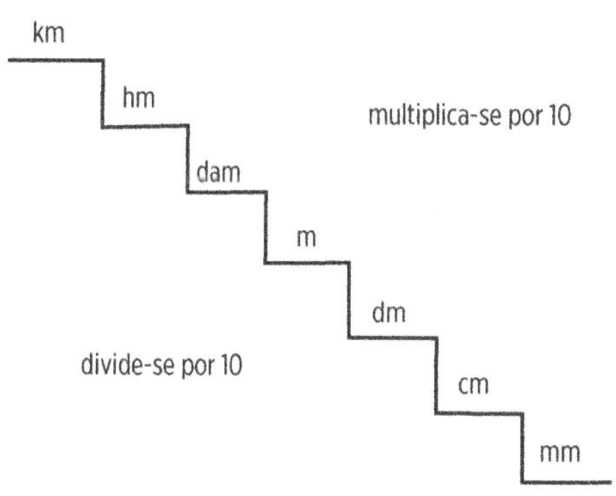

Para cada degrau descido da escada, multiplica-se por 10, e para cada degrau subido, divide-se por 10.

Ex.: Transformar 2,98km em cm = 2,98 · 100.000 = 298.000cm (na multiplicação por 10 ou suas potências, basta deslocar a "vírgula" para a direita);

Ex.: Transformar 74m em km = 74 ÷ 1000 = 0,074km (na divisão por 10 ou suas potências, basta deslocar a "vírgula" para a esquerda).

O grama (g) e o litro (l) seguem o mesmo padrão do metro (m).

Metro quadrado (m^2):

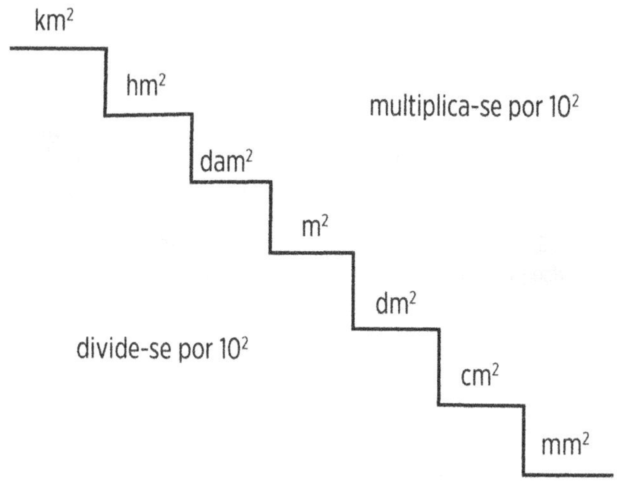

Para cada degrau descido da escada multiplica por 10^2 ou 100, e para cada degrau subido divide por 10^2 ou 100.

Ex.: Transformar 79,11m^2 em cm^2 = 79,11 · 10.000 = 791.100cm^2;

Ex.: Transformar 135m^2 em km^2 = 135 ÷ 1.000.000 = 0,000135km^2.

Metro cúbico (m^3):

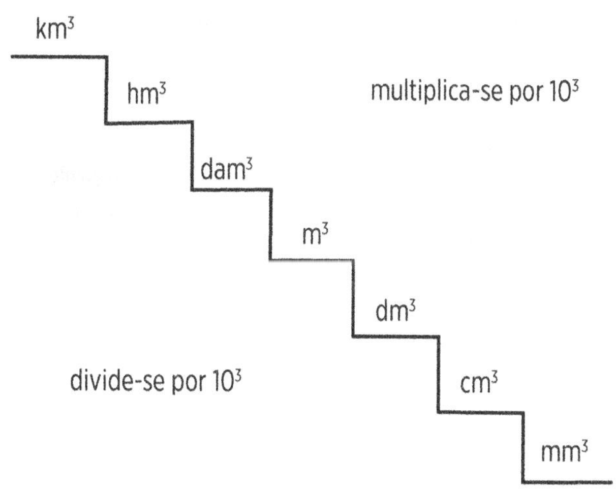

Para cada degrau descido da escada, multiplica-se por 10^3 ou 1000, e para cada degrau subido, divide-se por 10^3 ou 1000.

Ex.: Transformar 269dm^3 em cm^3 = 269 · 1.000 = 269.000cm^3

Ex.: Transformar 4.831cm^3 em m^3 = 4.831 ÷ 1.000.000 = 0,004831m^3

O metro cúbico, por ser uma medida de volume, tem relação com o litro (l), e essa relação é:

1m^3 = 1000 litros

1dm^3 = 1 litro

1cm^3 = 1 mililitro

Questões

01. (CESPE) – 2018. O preço do litro de determinado produto de limpeza é igual a R$ 0,32. Se um recipiente tem a forma de um paralelepípedo retângulo reto, medindo internamente 1,2 dam × 125 cm × 0,08 hm, então o preço que se pagará para encher esse recipiente com o referido produto de limpeza será igual a R$3.840,00.

Certo ( ) Errado ( )

02. (CESPE) – 2016. A represa X, que abastece de água determinada cidade, tem capacidade para 480 milhões de metros cúbicos de água.

A capacidade da represa X é de 4,8 km3

Certo ( ) Errado ( )

03. (CESPE) – 2014. Lúcio, Breno, Cláudia e Denise abriram a loja virtual Lik, para a qual, no ato de abertura, Lúcio contribuiu com R$ 10.000,00; Breno, com R$ 15.000,00; Cláudia, com R$ 12.000,00; e Denise, com R$ 13.000,00. Os lucros obtidos por essa loja serão distribuídos de forma diretamente proporcional à participação financeira de cada um dos sócios no ato de abertura da loja.

A partir dessas informações, julgue o item a seguir.

Caso o volume de cada unidade de determinado produto vendido pela loja Lik seja de 1.800 cm3, então, se 200 unidades desse produto forem acondicionadas em uma única embalagem, o volume dessa embalagem será inferior a 0,3 m3.

Certo ( ) Errado ( )

04. (CESPE) – 2014. Nas armas de fogo, calibre é o diâmetro do projétil ou do cano da arma. Nos sistemas americano e inglês, o calibre é expresso em polegadas — por exemplo, para uma pistola calibre .38, o diâmetro do projétil mede 0,38 polegada. Já no sistema europeu, essa medição é feita em milímetros: o calibre de uma pistola .38 — nos sistemas americano e inglês — é igual a 9,65 mm. Superinteressante. Julho/2008 (com adaptações).

Tendo como referência o texto acima, julgue o item seguinte.

Se o comprimento de um objeto for igual a 40% de uma polegada, então esse objeto medirá menos de 1 cm de comprimento.

Certo ( ) Errado ( )

05. (CESPE) – 2013. Considere que a empresa X tenha disponibilizado um aparelho celular a um empregado que viajou em missão de 30 dias corridos. O custo do minuto de cada ligação, para qualquer telefone, é de R$ 0,15. Nessa situação, considerando que a empresa tenha estabelecido limite de R$ 200,00 e que, após ultrapassado esse limite, o empregado arcará com as despesas, julgue o item a seguir.

Se, ao final da missão, o tempo total de suas ligações for de 20 h, o empregado não pagará excedente.

Certo ( ) Errado ( )

Gabaritos

01	ERRADO
02	ERRADO
03	CERTO
04	ERRADO
05	CERTO

9. RAZÕES E PROPORÇÕES

Neste capítulo, estão presentes alguns assuntos muito incidentes em provas: razões e proporções. É preciso que haja atenção no estudo desse conteúdo.

9.1 Grandeza

É tudo aquilo que pode ser contado, medido ou enumerado.

Ex.: Comprimento (distância), tempo, quantidade de pessoas e/ou coisas, etc.

Grandezas Diretamente Proporcionais: são aquelas em que o aumento de uma implica o aumento da outra.

Ex.: Quantidade e preço.

Grandezas Inversamente Proporcionais: são aquelas em que o aumento de uma implica a diminuição da outra.

Ex.: Velocidade e tempo.

9.2 Razão

É a comparação de duas grandezas. Essas grandezas podem ser de mesma espécie (com a mesma unidade) ou de espécies diferentes (unidades diferentes). Nada mais é do que uma fração do tipo $\frac{a}{b}$, com $b \neq 0$.

Nas razões, os numeradores são também chamados de antecedentes e os denominadores de consequentes.

Exs.:

Escala: comprimento no desenho comparado ao tamanho real.

Velocidade: distância comparada ao tempo.

9.3 Proporção

Pode ser definida como a igualdade de razões.

$$\frac{a}{b} = \frac{c}{d}$$

Dessa igualdade, tiramos a propriedade fundamental das proporções: "o produto dos meios igual ao produto dos extremos" (a chamada "multiplicação cruzada").

$$b \cdot c = a \cdot d$$

É basicamente essa propriedade que ajuda resolver a maioria das questões desse assunto.

Dados três números racionais a, b e c, não nulos, denomina-se quarta proporcional desses números um número x tal que:

$$\frac{a}{b} = \frac{c}{x}$$

Proporção contínua é toda proporção que apresenta os meios iguais.

De um modo geral, uma proporção contínua pode ser representada por:

$$\frac{a}{b} = \frac{b}{c}$$

As outras propriedades das proporções são:

Numa proporção, a soma dos dois primeiros termos está para o 2º (ou 1º) termo, assim como a soma dos dois últimos está para o 4º (ou 3º).

$$\frac{a+b}{b} = \frac{c+d}{d} \text{ ou } \frac{a+b}{a} = \frac{c+d}{c}$$

Numa proporção, a diferença dos dois primeiros termos está para o 2º (ou 1º) termo, assim como a diferença dos dois últimos está para o 4º (ou 3º).

$$\frac{a-b}{b} = \frac{c-d}{d} \text{ ou } \frac{a-b}{a} = \frac{c-d}{c}$$

Numa proporção, a soma dos antecedentes está para a soma dos consequentes, assim como cada antecedente está para o seu consequente.

$$\frac{a+c}{b+d} = \frac{c}{d} = \frac{a}{b}$$

Numa proporção, a diferença dos antecedentes está para a diferença dos consequentes, assim como cada antecedente está para o seu consequente.

$$\frac{a-c}{b-d} = \frac{c}{d} = \frac{a}{b}$$

Numa proporção, o produto dos antecedentes está para o produto dos consequentes, assim como o quadrado de cada antecedente está para quadrado do seu consequente.

$$\frac{a \cdot c}{b \cdot d} = \frac{a^2}{b^2} = \frac{c^2}{d^2}$$

A última propriedade pode ser estendida para qualquer número de razões.

$$\frac{a \cdot c \cdot e}{b \cdot d \cdot f} = \frac{a^3}{b^3} = \frac{c^3}{d^3} = \frac{e^3}{f^3}$$

9.4 Divisão em Partes Proporcionais

Para dividir um número em partes direta ou inversamente proporcionais, basta seguir algumas regras:

Divisão em Partes Diretamente Proporcionais

Divida o número 50 em partes diretamente proporcionais a 4 e a 6.

$4x + 6x = 50$

$10x = 50$

$x = \frac{50}{10}$

$x = 5$

x = constante proporcional

Então, $4x = 4 . 5 = 20$ e $6x = 6 . 5 = 30$

Logo, a parte proporcional a 4 é o 20 e a parte proporcional ao 6 é o 30.

Divisão em Partes Inversamente Proporcionais

Divida o número 60 em partes inversamente proporcionais a 2 e a 3.

$$\frac{x}{2}+\frac{x}{3}=60$$

$$\frac{3x}{6}+\frac{2x}{6}=$$

$$60$$

$$5x = 60 \cdot 6$$

$$5x = 360$$

$$x=\frac{360}{5}$$

$$x = 72$$

x = constante proporcional

Então, $\frac{x}{2}=\frac{72}{2}=36$ e $\frac{x}{3}=\frac{72}{3}=24$

Logo, a parte proporcional a 2 é o 36 e a parte proporcional ao 3 é o 24.

Perceba que, na divisão diretamente proporcional, quem tiver a maior parte ficará com o maior valor. Já na divisão inversamente proporcional, quem tiver a maior parte ficará com o menor valor.

9.5 Regra das Torneiras

Sempre que uma questão envolver uma "situação" que pode ser feita de um jeito em determinado tempo (ou por uma pessoa) e, em outro tempo, de outro jeito (ou por outra pessoa), e quiser saber em quanto tempo seria se fosse feito tudo ao mesmo tempo, usa-se a regra da torneira, que consiste na aplicação da seguinte fórmula:

$$t_T=\frac{t_1 \cdot t_2}{t_1+t_2}$$

Em que "t" é o tempo.

Quando houver mais de duas "situações", é melhor usar a fórmula:

$$\frac{1}{t_T}=\frac{1}{t_1}+\frac{1}{t_2}+\ldots+\frac{1}{t_n}$$

Em que "n" é a quantidade de situações.

Uma torneira enche um tanque em 6h. Uma segunda torneira enche o mesmo tanque em 8h. Se as duas torneiras forem abertas juntas quanto tempo vão levar para encher o mesmo tanque?

$$t_T=\frac{t_1 \cdot t_2}{t_1+t_2}$$

$$t_T=\frac{6 \cdot 8}{6+8}=\frac{48}{14}=3h\ 25min\ e\ \ 43s$$

9.6 Regra de Três

Mecanismo prático e/ou método utilizado para resolver questões que envolvem razão e proporção (grandezas).

Regra de Três Simples

Aquela que só envolve duas grandezas.

Ex.: Durante uma viagem um carro consome 20 litros de combustível para percorrer 240km, quantos litros são necessários para percorrer 450km?

Primeiro, verifique se as grandezas envolvidas na questão são direta ou inversamente proporcionais, e monte uma estrutura para visualizar melhor a questão.

Distância	Litro
240	20
450	x

Ao aumentar a distância, a quantidade de litros de combustível necessária para percorrer essa distância também vai aumentar, então, as grandezas são diretamente proporcionais.

$$\frac{20}{x}=\frac{240}{450}$$

Aplicando a propriedade fundamental das proporções:

240x = 9000

$$x=\frac{9000}{240}=37{,}5\ litros$$

Regra de Três Composta

Aquela que envolve mais de duas grandezas.

Ex.: Dois pedreiros levam nove dias para construir um muro com 2m de altura. Trabalhando três pedreiros e aumentando a altura para 4m, qual será o tempo necessário para completar esse muro?

Neste caso, deve-se comparar uma grandeza de cada vez com a variável.

Dias	Pedreiros	Altura
9	2	2
x	3	4

Note que, ao aumentar a quantidade de pedreiros, o número de dias necessários para construir um muro diminui, então as grandezas pedreiros e dias são inversamente proporcionais. No entanto, se aumentar a altura do muro, será necessário mais dias para construí-lo. Dessa forma as grandezas muro e dias são diretamente proporcionais. Para finalizar, basta montar a proporção e resolver, lembrando que quando uma grandeza for inversamente proporcional à variável sua fração será invertida.

$$\frac{9}{x}=\frac{3}{2}\cdot\frac{2}{4}$$

$$\frac{9}{x}=\frac{6}{8}$$

Ex.: Aplicando a propriedade fundamental das proporções:

$$6x = 72$$

$$X = \frac{72}{6} = 12\ dias$$

Questões

01. (CESPE) – 2018. O preço do litro de determinado produto de limpeza é igual a R$ 0,32. Se um recipiente tem a forma de um paralelepípedo retângulo reto, medindo internamente 1,2 dam × 125 cm × 0,08 hm, então o preço que se pagará para encher esse recipiente com o referido produto de limpeza será igual a R$3.840,00.

Certo ( ) Errado ( )

02. (CESPE) – 2016. A represa X, que abastece de água determinada cidade, tem capacidade para 480 milhões de metros cúbicos de água.

A capacidade da represa X é de 4,8 km3

Certo ( ) Errado ( )

03. (CESPE) – 2014. Lúcio, Breno, Cláudia e Denise abriram a loja virtual Lik, para a qual, no ato de abertura, Lúcio contribuiu com R$ 10.000,00; Breno, com R$ 15.000,00; Cláudia, com R$ 12.000,00; e Denise, com R$ 13.000,00. Os lucros obtidos por essa loja serão distribuídos de forma diretamente proporcional à participação financeira de cada um dos sócios no ato de abertura da loja.

A partir dessas informações, julgue o item a seguir.

Caso o volume de cada unidade de determinado produto vendido pela loja Lik seja de 1.800 cm3, então, se 200 unidades desse produto forem acondicionadas em uma única embalagem, o volume dessa embalagem será inferior a 0,3 m3.

Certo ( ) Errado ( )

04. (CESPE) – 2014. Nas armas de fogo, calibre é o diâmetro do projétil ou do cano da arma. Nos sistemas americano e inglês, o calibre e expresso em polegadas — por exemplo, para uma pistola calibre .38, o diâmetro do projétil mede 0,38 polegada. Já no sistema europeu, essa medição é feita em milímetros: o calibre de uma pistola .38 — nos sistemas americano e inglês — é igual a 9,65 mm. Superinteressante. Julho/2008 (com adaptações).

Tendo como referência o texto acima, julgue o item seguinte.

Se o comprimento de um objeto for igual a 40% de uma polegada, então esse objeto medirá menos de 1 cm de comprimento.

Certo ( ) Errado ( )

05. (CESPE) – 2013. Considere que a empresa X tenha disponibilizado um aparelho celular a um empregado que viajou em missão de 30 dias corridos. O custo do minuto de cada ligação, para qualquer telefone, é de R$ 0,15. Nessa situação, considerando que a empresa tenha estabelecido limite de R$ 200,00 e que, após ultrapassado esse limite, o empregado arcará com as despesas, julgue o item a seguir.

Se, ao final da missão, o tempo total de suas ligações for de 20 h, o empregado não pagará excedente.

Certo ( ) Errado ( )

Gabaritos

01	ERRADO
02	ERRADO
03	CERTO
04	ERRADO
05	CERTO

10. PORCENTAGEM E JUROS

O presente capítulo trata de uma pequena parte da matemática financeira, e também do uso das porcentagens, assuntos presentes no dia a dia de todos.

10.1 Porcentagem

É a aplicação da taxa percentual a determinado valor.

Taxa Percentual: é o valor que vem acompanhado do símbolo %.

Para fins de cálculo, usa-se a taxa percentual em forma de fração ou em números decimais.

Ex.: 3% = 3/100 = 0,03

15% = 15/100 = 0,15

34% de 1200 = 34/100 . 1200 = 40800/100 = 408

65% de 140 = 0,65 . 140 = 91

10.2 Lucro e Prejuízo

Lucro e prejuízo são resultados de movimentações financeiras.

Custo (C): "Gasto".

Venda (V): "Ganho".

Lucro (L): Quando se ganha mais do que se gasta.

$$L = V - C$$

Prejuízo (P): Quando se gasta mais do que se ganha.

$$P = C - V$$

Basta substituir no lucro ou no prejuízo o valor da porcentagem, no custo ou na venda.

Ex.: Um computador foi comprado por R$ 3.000,00 e revendido com lucro de 25% sobre a venda. Qual o preço de venda?

Como o lucro foi na venda, então L = 0,25V:

L = V – C

0,25V = V – 3.000

0,25V – V = -3.000

-0.75V = -3.000 (-1)

0,75V = 3.000

$$V = \frac{3000}{0,75} = \frac{300000}{75} = 4.000$$

Logo, a venda se deu por R$ 4.000,00 reais.

10.3 Juros Simples

Juros: atributos (ganhos) de uma operação financeira.

Juros Simples: os valores são somados ao capital apenas no final da aplicação. Somente o capital rende juros.

Para o cálculo de juros simples, usa-se a seguinte fórmula:

$$J = C \cdot i \cdot t$$

Nas questões de juros, as taxas de juros e os tempos devem estar expressos pela mesma unidade.

- J = juros;
- C = capital;
- i = taxa de juros;
- t = tempo da aplicação.

Ex.: Um capital de R$ 2.500,00 foi aplicado a juros de 2% ao trimestre durante um ano. Quais os juros produzidos?

Em 1 ano há exatamente 4 trimestres, como a taxa está em trimestre, agora é só calcular:

J = C . i . t

J = 2.500 . 0,02 . 4

J = 200

10.4 Juros Compostos

Juros Compostos: os valores são somados ao capital no final de cada período de aplicação, formando um novo capital, para incidência dos juros novamente. É o famoso caso de juros sobre juros.

Para o cálculo de juros compostos, usa-se a seguinte fórmula:

$$M = C \cdot (1 + i)^t$$

- M = montante;
- C = capital;
- i = taxa de juros;
- t = tempo da aplicação.

Um investidor aplicou a quantia de R$ 10.000,00 à taxa de juros de 2% a.m. durante 4 meses. Qual o montante desse investimento?

Aplicando a fórmula, já que a taxa e o tempo estão na mesma unidade:

Ex.: M = C . (1 + i)t

M = 10.000 . (1 + 0,02)4

M = 10.000 . (1,02)4

M = 10.000 . 1,08243216

M = 10.824,32

10.5 Capitalização

Capitalização: acúmulo de capitais (capital + juros).

Nos juros simples, calcula-se por: M = C + J.

Nos juros compostos, calcula-se por: J = M – C.

Em algumas questões terão que ser calculados os montantes do juro simples ou os juros do juro composto.

Questões

01. (CESPE) – 2018. No item a seguir, é apresentada uma situação hipotética seguida de uma assertiva a ser julgada, a respeito de juros, divisão proporcional e regra de três.

Em uma loja, um produto que custa R$ 450,00 é vendido com desconto de 4% para pagamento à vista. Uma loja concorrente vende o mesmo produto por R$ 480,00. Nessa situação, para que a loja concorrente possa vender o produto à vista pelo mesmo preço à vista da primeira loja, ela deve dar um desconto superior a 9%.

Certo ( ) Errado ( )

02. (CESPE) – 2017. Em um tanque A, há uma mistura homogênea de 240 L de gasolina e 60 L de álcool; em outro tanque B, 150 L de gasolina estão misturados homogeneamente com 50 L de álcool.A respeito dessas misturas, julgue o item subsequente.

Para que a proporção álcool/gasolina no tanque A fique igual à do tanque B é suficiente acrescentar no tanque A uma quantidade de álcool que é inferior a 25 L.

Certo ( ) Errado ( )

03. (CESPE) – 2017 Iniciado em 2007, o processo gradativo de substituição do sinal de TV analógico pelo digital no Brasil começou a concretizar-se em 2016.

Nesse período, intensificou-se o uso da TV por assinatura, segundo dados do IBGE. A tabela a seguir mostra o percentual aproximado de domicílios brasileiros que dispunham de diferentes modalidades de acesso à TV em 2014.

zona	sinal digital de TV aberta	TV por assinatura	antena parabólica
urbana	44%	36%	32%
rural	10%	5%	79%

Considerando essas informações e o fato de que, em 2014, 86% dos domicílios brasileiros situavam-se na zona urbana, julgue o item subsequente.

Em 2014, a quantidade de domicílios brasileiros com antena parabólica localizados na zona urbana era superior ao dobro da quantidade de domicílios com antena parabólica situados na zona rural.

Certo ( ) Errado ( )

04. (CESPE) – 2018. Paulo, Maria e João, servidores lotados em uma biblioteca pública, trabalham na catalogação dos livros recém-adquiridos. Independentemente da quantidade de livros a serem catalogados em cada dia, Paulo cataloga 1/4, Maria cataloga 1/3 e João, 5/12.

A respeito da catalogação de livros por esses servidores, julgue o item a seguir.

Em cada dia, Maria e João catalogam mais de 75% dos livros a serem catalogados nesse dia.

Certo ( ) Errado ( )

05. (CESPE) – 2018. A tabela seguinte, com alguns valores não- identificados, mostra os resultados de uma inspeção visual no campo, relativos ao estado de conservação de 200 centros históricos de determinada região.

categoria	frequência	percentual (%)
ruim	50	C
regular	A	10
bom	100	D
excelente	B	E

Acerca dessa tabela, julgue o item subsequente.

A letra B, na tabela, representa 25 centros.

Certo ( ) Errado ( )

Gabaritos

01	CERTO
02	CERTO
03	CERTO
04	ERRADO
05	ERRADO

11. SEQUÊNCIAS NUMÉRICAS

Neste capítulo, será possível **verificar a formação de uma sequência** e também do que trata a P.A. (Progressão Aritmética) e a P.G. (Progressão Geométrica).

11.1 Conceitos

Sequências: conjuntos de elementos organizados de acordo com certo padrão, ou seguindo determinada regra. O conhecimento das sequências é fundamental para a compreensão das progressões.

Progressões: as progressões são sequências numéricas com algumas características exclusivas.

Cada elemento das sequências e/ou progressões são denominados termos.

Sequência dos números quadrados perfeitos: (1, 4, 9, 16, 25, 36, 49, 64, 81, 100...);

Sequência dos números primos: (2, 3, 5, 7, 11, 13, 17, 19, 23, 29, 31, 37, 41, 43, 47, 53...).

Veja que na sequência dos números quadrados perfeitos a lei que determina sua formação é: $a_n = n^2$.

11.2 Lei de Formação de uma Sequência

Para determinarmos uma sequência numérica, precisamos de uma lei de formação. A lei que define a sequência pode ser a mais variada possível.

Ex.: A sequência definida pela lei $a_n = n^2 + 1$, com "n" $\in$ N, cujo a_n é o termo que ocupa a n-ésima posição na sequência é: 0, 2, 5, 10, 17, 26... Por esse motivo, a_n é chamado de termo geral da sequência.

11.3 Progressão Aritmética (PA)

Progressão aritmética é uma sequência numérica em que cada termo, a partir do segundo, é igual ao anterior adicionado a um número fixo, chamado razão da progressão (r).

Quando r > 0, a progressão aritmética é crescente; quando r < 0, decrescente e quando r = 0, constante ou estacionária.

- (2, 5, 8, 11, ...), temos r = 3. Logo, a PA é crescente.
- (20, 18, 16, 14, ...), temos r = -2. Logo, a PA é decrescente.
- (5, 5, 5, 5, ...), temos r = 0. Logo, a PA é constante.

A representação matemática de uma progressão aritmética é:

$(a_1, a_2, a_3, ..., a_n, a_{n+1}, ...)$ na qual: $\begin{cases} a_2 = a_1 + r \\ a_3 = a_2 + r \\ a_4 = a_3 + r \\ \vdots \end{cases}$

Se a razão de uma PA é a quantidade que acrescentamos a cada termo para obter o seguinte, podemos dizer que ela é igual à diferença entre qualquer termo, a partir do segundo, e o anterior. Assim, de modo geral, temos:

$$r = a_2 - a_1 = a_3 - a_2 = \cdots = a_{n+1} - a_n$$

Para encontrar um termo específico, a quantidade de termos ou até mesmo a razão de uma PA, dispomos de uma relação chamada termo geral de uma PA: an = a1 + (n-1) r, onde:

- a_n é o termo geral;
- a_1 é o primeiro termo;
- n é o número de termos;
- r é a razão da PA.

Propriedades:

P_1. Em toda PA finita, a soma de dois termos equidistantes dos extremos é igual à soma dos extremos.

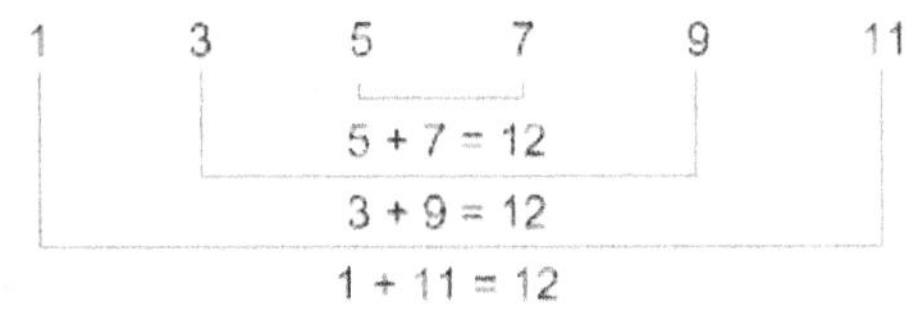

P_2. Uma sequência de três termos é PA se, e somente se, o termo médio é igual à média aritmética entre os outros dois, isto é: (a,b,c) é PA $\Leftrightarrow b = \frac{(a+c)}{2}$

Ex.: seja a PA (2, 4, 6), então, $4 = \frac{2+6}{2}$

P_3. Em uma PA com número ímpar de termos, o termo médio é a média aritmética entre os extremos.

Ex.: (3, 6, 9, 12, 15, 18, 21, 24, 27, 30, 33, 36, 39), $21 = \frac{3+39}{2}$

P_4. A soma S_n dos n primeiros termos da PA $(a_1, a_2, a_3, ...an)$ é dada por:

Ex.: $S_n = \frac{(a_1 + a_n)}{2} . n$

Dois termos são equidistantes quando a distância entre um deles para o primeiro termo da P.A. é igual a distância do outro para o último termo da P.A.

Interpolação Aritmética

Interpolar significa inserir termos, ou seja, interpolação aritmética é a colocação de termos entre os extremos de uma P.A. Consiste basicamente em descobrir o valor da razão da P.A. e, com, isso inserir esses termos.

Utiliza-se a fórmula do termo geral para a resolução das questões, em que "**n**" será igual a "$\mathbf{k + 2}$", cujo "**k**" é a quantidade de termos que se quer interpolar.

Ex.: Insira 5 termos em uma P.A. que começa com 3 e termina com 15.

Resolução:

$a_1 = 3; a_n = 15; k = 5$ e $n = 5 + 2 = 7$

$a_n = a_1 + (n - 1) \cdot r$

$15 = 3 + (7 - 1) \cdot r$

$15 = 3 + 6r$

$6r = 15 - 3$

$6r = 12$

$r = \frac{12}{6}$

$r = 2$

Então, P.A (3, 5, 7, 9, 11, 13, 15)

Calcule a soma dos temos da P.A. (1, 4, 7, 10, 13, 16, 19, 22, 25).

Resolução:

$a_1 = 1; a_n = 25; n = 9$

$$S_n = \frac{(a_1 + a^n) \cdot n}{2}$$

$$S_n = \frac{(1 + 25) \cdot 9}{2}$$

$$S_n = \frac{(26) \cdot 9}{2}$$

$$S_n = \frac{234}{2}$$

$$S_n = 117$$

11.4 Progressão Geométrica (P.G.)

Progressão geométrica é uma sequência de números não nulos em que cada termo, a partir do segundo, é igual ao anterior multiplicado por um número fixo, chamado razão da progressão (q).

A representação matemática de uma progressão geométrica é $(a_1, a_2, a_3, \ldots, a_{n-1}, an)$, na qual $a_2 = a_1 . q$, $a_3 = a_2 . q$,... etc. De modo geral, escrevemos: $a_{n+1} = a_n . q, \forall\, n \in N^*$ e $q \in R$.

Em uma PG, a razão q é igual ao quociente entre qualquer termo, a partir do segundo, e o anterior. Exemplo:

→ (4, 8, 16, 32, 64)

$q = \frac{8}{4} = \frac{16}{8} = \frac{32}{16} = \frac{64}{32} = 2$

→ (6,-18,54,-162)

$q = \frac{186}{6} = \frac{54}{-18} = \frac{-162}{54} = -3$

Assim, podemos escrever:

$\frac{a_2}{a_1} = \frac{a_3}{a_2} = \cdots = \frac{a_{n+1}}{a_n} = q$, sendo q a razão da PG.

Podemos classificar uma PG como:

→ Crescente:

> Quando $a_1 > 0$ e $q > 1$

(2,6,18,54,...) é uma PG crescente com $a_1 = 2$ e $q = 3$

> Quando $a_1 < 0$ e $0 < q < 1$

(-40, -20, -10,...) é uma PG crescente com $a_1 = -40$ e $q = 1/2$

→ Decrescente:

> Quando $a_1 > 0$ e $0 < q < 1$

(256, 64, 16,...) é uma PG decrescente,com $a_1 = 256$ e $q = 1/4$

> Quando $a_1 < 0$ e $q > 1$

(-2, -10, -50,...) é uma PG decrescente,com $a_1 = -2$ e $q = 5$

→ Constante:

> Quando q=1

(3, 3, 3, 3, 3,...) é uma PG constante,com $a_1 = 3$ e $q = 1$

→ Alternada:

> Quando $q < 0$

(2,-6,18,-54) é uma PG alternada,com $a_1 = 2$ e $q = -3$

A fórmula do termo geral de uma PG nos permite encontrar qualquer termo da progressão.

$$a_n = a_1 . q^{n-1}$$

Propriedades:

P1. Em toda PG finita, o produto de dois termos equidistantes dos extremos é igual ao produto dos extremos.

1   3   9   27   81   243

9 . 27 = 243

3 . 81 = 243

1 . 243 = 243

P2. Uma sequência de três termos, em que o primeiro é diferente de zero, é uma PG se, e somente, sem o quadrado do termo médio é igual ao produto dos outros dois, isto é, sendo $a \neq 0$.

Ex.: (a, b, c) é PG $\Leftrightarrow b^2 = ac$

$(2, 4, 8) \Leftrightarrow 4^2 = 2 . 8 = 16$

P3. Em uma PG com número ímpar de termos, o quadrado do termo médio é igual ao produto dos extremos.

Ex.: (2, 4, 8, 16, 32, 64, 128, 256, 512), temos que $32^2 = 2 . 512 = 1024$.

P4. Soma dos n primeiros termos de uma PG $S_n = \frac{a_1(1-qn)}{1-q}$.

P5. Produto dos n primeiros termos de uma PG $P_n = (a_1)^n . q\frac{(n-1)n}{2}$.

P6. Soma dos infinitos termos de uma PG:

Ex.: $S_\infty = \frac{a_1}{1-q}$, se $-1 < q < 1$

$S_\infty = +\infty$, se $q > 1$ e $a_1 > 0$

$S_\infty = -\infty$, se $q > 1$ e $a_1 < 0$

Dois termos são equidistantes quando a distância de um deles para o primeiro termo P.G. é igual a distância do outro para o último termo da P.G.

Interpolação Geométrica

Interpolar significa inserir termos, ou seja, interpolação geométrica é a colocação de termos entre os extremos de uma P.G. Consiste basicamente em descobrir o valor da razão da P.G. e, com isso, inserir esses termos.

Utiliza-se a fórmula do termo geral para a resolução das questões, em que "**n**" será igual a "**p + 2**", cujo "**p**" é a quantidade de termos que se quer interpolar.

Ex.: Insira 4 termos em uma P.G que começa com 2 e termina com 2048.

Resolução:

$a_1 = 2; a_n = 2048; p = 4$ e $n = 4 + 2 = 6$

$a_n = a_1 \cdot q^{(n-1)}$

$2048 = 2 \cdot q^{(6-1)}$

$2048 = 2 \cdot q^5$

$q^5 = \frac{2048}{2}$

$q^5 = 1024 \quad (1024 = 4^5)$

$q^5 = 4^5$

$q = 4$

P.G. (2, **8**, **32**, **128**, **512**, 2048).

Produto dos Termos de uma P.G.

Para o cálculo do produto dos termos de uma P.G., basta usar a seguinte fórmula:

$$P_n = \sqrt{(a_1 \cdot an)^n}$$

Qual o produto dos termos da P.G. (5, 10, 20, 40, 80, 160).

Resolução:

$a_1 = 5$; $a_n = 160$; $n = 6$

$$P_n = \sqrt{(a_1 \cdot a_n)^n}$$

$$P_n = \sqrt{(5 \cdot 160)^6}$$

$$P_n = (5 \cdot 160)^3$$

$$P_n = (800)^3$$

$$P_n = 512000000$$

Questões

01. (CESPE) – 2018. Se, em uma progressão aritmética, o segundo termo for igual a –1 e o quinto termo for igual a 11, então o décimo termo será igual a 31.

Certo ( ) Errado ( )

02. (CESPE) – 2018. A tabela seguinte mostra as quantidades de livros de uma biblioteca que foram emprestados em cada um dos seis primeiros meses de 2017.

	mês					
	1	2	3	4	5	6
quantidade	50	150	250	250	300	200

A partir dessa tabela, julgue o próximo item.

Situação hipotética: Os livros emprestados no referido semestre foram devolvidos somente a partir de julho de 2017 e os números correspondentes às quantidades de livros devolvidos a cada mês formavam uma progressão aritmética em que o primeiro termo era 90 e razão, 30.

Assertiva: Nessa situação, mais de 320 livros foram devolvidos somente a partir de 2018.

Certo ( ) Errado ( )

03. (CESPE) – 2017 No item a seguir é apresentada uma situação hipotética, seguida de uma assertiva a ser julgada, a respeito de modelos lineares, modelos periódicos e geometria dos sólidos.

Manoel, candidato ao cargo de soldado combatente, considerado apto na avaliação médica das condições de saúde física e mental, foi convocado para o teste de aptidão física, em que uma das provas consiste em uma corrida de 2.000 metros em até 11 minutos. Como Manoel não é atleta profissional, ele planeja completar o percurso no tempo máximo exato, aumentando de uma quantidade constante, a cada minuto, a distância percorrida no minuto anterior. Nesse caso, se Manoel, seguindo seu plano, correr 125 metros no primeiro minuto e aumentar de 11 metros a distância percorrida em cada minuto anterior, ele completará o percurso no tempo regulamentar.

Certo ( ) Errado ( )

04. (CESPE) – 2017. Em determinado colégio, todos os 215 alunos estiveram presentes no primeiro dia de aula; no segundo dia letivo, 2 alunos faltaram; no terceiro dia, 4 alunos faltaram; no quarto dia, 6 alunos faltaram, e assim sucessivamente.

Com base nessas informações, julgue o próximo item, sabendo que o número de alunos presentes às aulas não pode ser negativo.

Se houver um número de aulas suficientes e se a regra que define o número de faltosos for mantida, então haverá um dia letivo em que todos os alunos faltarão.

Certo ( ) Errado ( )

05. (CESPE) – 2014. Onze secretarias integram a administração pública de determinada cidade, entre as quais, a Secretaria de Agronegócios (SEAGR) e a Secretaria de Controle e Transparência (SCT). Em 2009, a SCT instituiu um programa de acompanhamento sistemático das secretarias de forma que, a cada ano, 3 secretarias seriam escolhidas aleatoriamente para que seus trabalhos fossem acompanhados ao longo do ano seguinte. Com esse programa, considerado um sucesso, observou-se uma redução anual de 10% no montante de recursos desperdiçados dos cofres municipais desde 2010. De acordo com os dados obtidos em 100 auditorias realizadas pela SCT, os motivos desses desperdícios incluíam: amadorismo nas tomadas de decisão (o gestor não era formado na área de atuação) – 28 auditorias; incompetência nas tomadas de decisão (o gestor não possui conhecimento técnico no assunto) – 35 auditorias; má-fé nas tomadas de decisão (o gestor decide em detrimento do interesse coletivo) – 40 auditorias. Ao se defender da acusação de que teria causado desperdício de recursos municipais em razão de má-fé nas tomadas de decisão, o gestor da SEAGR apresentou o seguinte argumento, composto das premissas P1 e P2 e da conclusão C.

P1: Se tivesse havido má-fé em minhas decisões, teria havido desperdício de recursos municipais em minha gestão e eu teria sido beneficiado com isso.

P2: Se eu tivesse sido beneficiado com isso, teria ficado mais rico.

C: Não houve má-fé em minhas decisões.

Considere que o percentual de redução anual no montante de recursos desperdiçados dos cofres municipais se mantenha constante ao longo dos anos e que em 2010 tenham sido desperdiçados R$ 10 milhões. Nesse caso, considerando 0,2 como valor aproximado para $0,9^{15}$, é correto afirmar que de 2010 a 2024 — 15 anos — foram desperdiçados mais de R$ 70 milhões.

Gabaritos

01	CERTO
02	ERRADO
03	ERRADO
04	ERRADO
05	CERTO

12. MATRIZES, DETERMINANTES E SISTEMAS LINEARES

12.1 Matrizes

Matriz: é uma tabela que serve para organizar dados numéricos em linhas e colunas.

Nas matrizes, cada número é chamado de elemento da matriz, as filas horizontais são chamadas **linhas** e as filas verticais são chamadas **colunas**.

$$\begin{bmatrix} 1 & 4 & 7 \\ 13 & -1 & 18 \end{bmatrix} \rightarrow \text{Linha}$$

Coluna

No exemplo, a matriz apresenta 2 linhas e 3 colunas. Dizemos que essa matriz é do tipo 2x3 (2 linhas e 3 colunas). Lê-se dois por três.

Representação de uma Matriz

Uma matriz pode ser representada por parênteses ( ) ou colchetes [ ], com seus dados numéricos inseridos dentro desses símbolos matemáticos. Cada um desses dados, ocupam uma posição definida por uma linha e coluna.

A nomenclatura da matriz se dá por uma letra maiúscula. De modo geral, uma matriz A de m linhas e n colunas (m x n) pode ser representada da seguinte forma:

$$A = \begin{bmatrix} a_{11} & a_{12} & a_{13} & \dots & a_{1n} \\ a_{21} & a_{22} & a_{23} & \dots & a_{2n} \\ a_{31} & a_{32} & a_{33} & \dots & a_{3n} \\ \dots & \dots & \dots & \dots & \dots \\ a_{m1} & a_{m2} & a_{m3} & & a_{mn} \end{bmatrix}_{m \times n} \quad \text{com m, n e } N^*$$

Abreviadamente:

$$A_{m \times n} = [a_{ij}]_{m \times n}$$

Com:

"i" $\in \{1, 2, 3, ..., m\}$ e "j" $\in \{1, 2, 3, ..., n\}$

No qual, "a_{ij}" é o elemento da "i" linha com a "j" coluna.

$$B_{3 \times 2} = \begin{pmatrix} 4 & 7 \\ 6 & 8 \\ 18 & 10 \end{pmatrix} \text{ matriz de ordem 3x2}$$

$$C_{2 \times 2} = \begin{pmatrix} 2 & 13 \\ 18 & 28 \end{pmatrix} \text{ matriz quadrada de ordem 2x2, ou somente 2}$$

Lei de Formação de uma Matriz

As matrizes possuem uma lei de formação que define seus elementos a partir da posição (linha e coluna) de cada um deles na matriz, e podemos assim representar:

$D = (d_{ij})_{3x3}$ em que $d_{ij} = 2_i - j$

$$D = \begin{pmatrix} d_{11} = 2 \cdot (1) - 1 = 1 & d_{12} = 2 \cdot (1) - 2 = 0 & d_{13} = 2 \cdot (1) - 3 = -1 \\ d_{21} = 2 \cdot (2) - 1 = 3 & d_{22} = 2 \cdot (2) - 2 = 2 & d_{23} = 2 \cdot (2) - 3 = 1 \\ d_{31} = 2 \cdot (3) - 1 = 5 & d_{32} = 2 \cdot (3) - 2 = 4 & d_{33} = 2 \cdot (3) - 3 = 3 \end{pmatrix}$$

$$= \begin{pmatrix} 1 & 0 & -1 \\ 3 & 2 & 1 \\ 5 & 4 & 3 \end{pmatrix}$$

Logo:

$$D = \begin{pmatrix} 1 & 0 & -1 \\ 3 & 2 & 1 \\ 5 & 4 & 3 \end{pmatrix}$$

Tipos de Matrizes

Existem alguns tipos de matrizes mais comuns e usados nas questões de concursos:

Matriz Linha

É aquela que possui somente uma linha.

$$A_{1 \times 3} = [4 \quad 7 \quad 10]$$

Matriz Coluna

É aquela que possui somente uma coluna.

$$B_{3 \times 1} = \begin{bmatrix} 6 \\ 13 \\ 22 \end{bmatrix}$$

Matriz Nula

É aquela que possui todos os elementos nulos, ou zero.

$$C_{2 \times 3} = \begin{bmatrix} 0 & 0 & 0 \\ 0 & 0 & 0 \end{bmatrix}$$

Matriz Quadrada

É aquela que possui o número de linhas **igual** ao número de colunas.

$$D_{3 \times 3} = \begin{bmatrix} 1 & 4 & 7 \\ 13 & 10 & 18 \\ 32 & 29 & 1 \end{bmatrix}$$

Características das Matrizes Quadradas:

Possuem diagonal principal e secundária.

$$A_{3x3} = \begin{bmatrix} 1 & 2 & 3 \\ 2 & 4 & 6 \\ 3 & 6 & 9 \end{bmatrix} \text{ diagonal principal}$$

$$A_{3x3} = \begin{bmatrix} 1 & 2 & 3 \\ 2 & 4 & 6 \\ 3 & 6 & 9 \end{bmatrix} \text{ diagonal secundária}$$

Matriz Identidade

É toda a matriz quadrada que os elementos da diagonal principal são iguais a um e os demais são zeros:

$$A_{3 \times 3} = \begin{bmatrix} 1 & 0 & 0 \\ 0 & 1 & 0 \\ 0 & 0 & 1 \end{bmatrix}$$

Matriz Diagonal

É toda a matriz quadrada que os elementos da diagonal principal são diferentes de zero e os de mais são zeros:

$$A_{3 \times 3} = \begin{bmatrix} 1 & 0 & 0 \\ 0 & 4 & 0 \\ 0 & 0 & 7 \end{bmatrix}$$

Matriz Triangular

Aquela cujos elementos de um dos triângulos formados pela diagonal principal são zeros.

$$A_{3 \times 3} = \begin{bmatrix} 2 & 5 & 8 \\ 0 & 6 & 3 \\ 0 & 0 & 9 \end{bmatrix}$$

Matriz Transposta (A^t)

É aquela em que ocorre a troca ordenada das linhas por colunas.

$$A = [a_{ij}]_{m \times n} = A^t = [a^t_{ji}]_{n \times m}$$

$$A_{2 \times 3} = \begin{bmatrix} 1 & 4 & 7 \\ 6 & 8 & 9 \end{bmatrix} \rightarrow A^t_{3 \times 2} = \begin{bmatrix} 1 & 6 \\ 4 & 8 \\ 7 & 9 \end{bmatrix}$$

Perceba que a linha 1 de A corresponde à coluna 1 de A^t e a coluna 2 de A corresponde à coluna 2 de A^t.

Matriz Oposta

É toda matriz obtida trocando o sinal de cada um dos elementos de uma matriz dada.

$$A_{2 \times 2} = \begin{bmatrix} 4 & -1 \\ -6 & 7 \end{bmatrix} \rightarrow -A_{2 \times 2} = \begin{bmatrix} -4 & 1 \\ 6 & -7 \end{bmatrix}$$

Matriz simétrica: é toda a matriz quadrada que a $A^t = A$:

$$\left.\begin{matrix} A \begin{bmatrix} 1 & 3 \\ 3 & 2 \end{bmatrix} \\ A_t \begin{bmatrix} 11 & 3 \\ 33 & 2 \end{bmatrix} \end{matrix}\right\} A = A^t$$

Operações com Matrizes

Vamos ver agora as principais operações com as matrizes; fique atento para a multiplicação de duas matrizes.

Igualdade de Matrizes

Duas matrizes são iguais quando possuem o mesmo número de linhas e colunas (mesma ordem), e os elementos correspondentes são iguais.

$$X = Y \rightarrow X_{2 \times 2} = \begin{pmatrix} 1 & 0 \\ 3 & 2 \end{pmatrix} \text{ e } Y_{2 \times 2} = \begin{pmatrix} 1 & 0 \\ 3 & 2 \end{pmatrix}$$

Soma de Matrizes

Só é possível somar matrizes de mesma ordem. Para fazer o cálculo, basta somar os elementos correspondentes.

Ex.: S = X + Y (S = matriz soma de X e Y)

$$X_{2 \times 3} = \begin{bmatrix} 6 & 8 & 9 \\ 10 & 13 & 4 \end{bmatrix} \text{ e } Y_{2 \times 3} = \begin{bmatrix} 18 & 22 & 30 \\ 9 & 14 & 28 \end{bmatrix}$$

$$S = \begin{bmatrix} 6 + 18 & 8 + 22 & 9 + 30 \\ 10 + 9 & 13 + 14 & 4 + 28 \end{bmatrix}$$

$$S_{2 \times 3} = \begin{bmatrix} 24 & 30 & 39 \\ 19 & 27 & 32 \end{bmatrix}$$

Produto de uma Constante por uma Matriz

Basta multiplicar a constante por todos os elementos da matriz.

Ex.: P = 2Y

$$Y_{2 \times 2} = \begin{pmatrix} 7 & 4 \\ 13 & 25 \end{pmatrix}$$

$$P = \begin{pmatrix} 2 \cdot 7 & 2 \cdot 4 \\ 2 \cdot 13 & 2 \cdot 25 \end{pmatrix}$$

$$P_{2 \times 2} = \begin{pmatrix} 14 & 8 \\ 26 & 50 \end{pmatrix}$$

Para multiplicar matrizes, devemos "multiplicar linhas por colunas", ou seja, multiplica o 1º número da linha pelo 1º número da coluna, o 2º número da linha pelo 2º número da coluna e assim sucessivamente para todos os elementos das linhas e colunas.

Esse procedimento de cálculo só poderá ser feito se o número de colunas da 1ª matriz for igual ao número de linhas da 2ª matriz.

$$(A_{mxn}) \cdot (B_{nxp}) = C_{mxp}$$

Ex.: M = A2 x 3 . B3 x 2

$$A_{2 \times 3} = \begin{bmatrix} 1 & 2 & 4 \\ 5 & 7 & 6 \end{bmatrix} \text{ e } B_{3 \times 2} = \begin{bmatrix} 2 & 3 \\ 8 & 1 \\ 4 & 9 \end{bmatrix}$$

$$M_{2 \times 2} = \begin{bmatrix} m_{11} & m_{12} \\ m_{21} & m_{22} \end{bmatrix}$$

$$M_{2 \times 2} = \begin{bmatrix} m_{11} = (1 \cdot 2 + 2 \cdot 8 + 4 \cdot 4) & m_{12} = (1 \cdot 3 + 2 \cdot 1 + 4 \cdot 9) \\ m_{21} = (5 \cdot 2 + 7 \cdot 8 + 6 \cdot 4) & m_{22} = (5 \cdot 3 + 7 \cdot 1 + 6 \cdot 9) \end{bmatrix}$$

$$M_{2 \times 2} = \begin{bmatrix} m_{11} = 34 & m_{12} = 41 \\ m_{21} = 90 & m_{22} = 76 \end{bmatrix}$$

$$M_{2 \times 2} = \begin{bmatrix} 34 & 41 \\ 90 & 76 \end{bmatrix}$$

Matriz Inversa (A^{-1})

Se existe uma matriz B, quadrada de ordem n, tal que $A \cdot B = B \cdot A = I_n$, dizemos que a matriz B é a inversa de A. Costumamos indicar a matriz inversa por A^{-1}. Assim $B = A^{-1}$.

Logo: $A \cdot A^{-1} = A^{-1} \cdot A = I_n$

Para melhor compreender essa definição, observe o exemplo:

Ex.: $A \cdot A^{-1} = In$

$$A_{2\,x\,2} = \begin{pmatrix} 1 & -2 \\ 3 & 1 \end{pmatrix} \; e \; A^{-1}{}_{2\,x\,2} = \begin{pmatrix} a & b \\ c & d \end{pmatrix}$$

Logo:

$$\begin{pmatrix} 1 & -2 \\ 3 & 1 \end{pmatrix} \cdot \begin{pmatrix} a & b \\ c & d \end{pmatrix} = \begin{pmatrix} 1 & 0 \\ 0 & 1 \end{pmatrix}$$

$$\begin{pmatrix} 1a - 2c & 1b - 2d \\ 3a + 1c & 3b + 1d \end{pmatrix} = \begin{pmatrix} 1 & 0 \\ 0 & 1 \end{pmatrix}$$

$$\begin{cases} 1a - 2c = 1 \\ 1b - 2d = 0 \\ 3a + 1c = 0 \\ 3b + 1d = 1 \end{cases} \rightarrow \begin{cases} I \begin{cases} 1a - 2c = 1 \\ 3a + 1c = 0 \end{cases} \\ II \begin{cases} 1b - 2d = 0 \\ 3b + 1d = 1 \end{cases} \end{cases}$$

Resolvendo o sistema I:

$$I \begin{cases} 1a - 2c = 1 \\ 3a + 1c = 0 \; (\cdot 2) \end{cases}$$

$$I \begin{cases} 1a - 2c = 1 \\ 6a + 2c = 0 \end{cases} + (somando\ as\ equações)$$

$$7a = 1$$

$$a = \frac{1}{7}$$

Substituindo-se "a" em uma das duas equações, temos:

$$3\left(\frac{1}{7}\right) + 1c = 0$$

$$\frac{3}{7} + 1c = 0$$

$$c = \frac{-3}{7}$$

Resolvendo o sistema II:

$$II \begin{cases} 1b - 2d = 0 \; (\cdot -3) \\ 3b + 1d = 1 \end{cases}$$

$$II \begin{cases} -3b + 6d = 0 \\ 3b + 1d = 1 \end{cases} + (somando\ as\ equações)$$

$$7d = 1$$

$$d = \frac{1}{7}$$

Substituindo-se "d" em uma das duas equações, temos:

$$1b - 2\left(\frac{1}{7}\right) = 0$$

$$b - \frac{2}{7} = 0$$

$$b = \frac{2}{7}$$

a = 1/7; b = 2/7; c = -3/7; d = 1/7

Logo:

$$A^{-1}{}_{2\,x\,2} = \begin{pmatrix} 1/7 & 2/7 \\ -3/7 & 1/7 \end{pmatrix}$$

12.2 Determinantes

Determinante é um número real associado à matriz.

Só há determinante de matriz quadrada. Cada matriz apresenta um único determinante.

Cálculo dos Determinantes

Determinante de uma Matriz de Ordem 1 ou de 1ª ordem

Se a matriz é de 1ª ordem, significa que ela tem apenas uma linha e uma coluna, portanto, só um elemento, que é o próprio determinante da matriz.

A_{1x1} = [13]

Det A = 13

B_{1x1} = [-7]

Det B = -7

Determinante de uma Matriz de Ordem 2 ou de 2ª Ordem

Será calculado pela **subtração** do produto dos elementos da diagonal principal pelo produto dos elementos da diagonal secundária.

$$A_{2\,x\,2} = \begin{bmatrix} 2 & 4 \\ 3 & 7 \end{bmatrix}$$

Det A = (2 . 7) - (4 . 3)

Det A = (14) - (12)

Det A = 2

$$B_{2\,x\,2} = \begin{bmatrix} 6 & -1 \\ 8 & 9 \end{bmatrix}$$

Ex.: Det B = (6 . 9) - (-1 . 8)

Det B = (54) - (-8)

Det B = 54 + 8

Det B = 62

Determinante de uma Matriz de Ordem 3 ou de 3ª Ordem

Será calculado pela **Regra de Sarrus**, que consiste em:

1º passo: repetir as duas primeiras colunas ao lado da matriz.

2º passo: multiplicar os elementos da diagonal principal e das outras duas diagonais que seguem a mesma direção, e somá-los.

3º passo: multiplicar os elementos da diagonal secundária e das outras duas diagonais que seguem a mesma direção, e somá-los.

4º passo: o valor do determinante será dado pela subtração do resultado do 2º com o 3º passo.

$$A_{3x3}=\begin{pmatrix}2&4&7\\3&5&8\\1&9&6\end{pmatrix}\begin{matrix}2&4\\3&5\\1&9\end{matrix}$$

$$A_{3x3}=\begin{pmatrix}2&4&7\\3&5&8\\1&9&6\end{pmatrix}\begin{matrix}2&4\\3&5\\1&9\end{matrix}$$

Det A = (2.5.6 + 4.8.1 + 7.3.9) - (7.5.1 + 2.8.9 + 4.3.6)

Det A = (60 + 32 + 189) – (35 + 144 + 72)

Det A = (281) – (251)

Det A = 30

Se estivermos diante de uma matriz triangular ou matriz diagonal, o seu determinante será calculado, pelo produto dos elementos da diagonal principal, somente.

Matriz triangular

$$A_{3x3}=\begin{pmatrix}2&4&7\\0&5&8\\0&0&6\end{pmatrix}\begin{matrix}2&4\\0&5\\0&0\end{matrix}$$

$$A_{3x3}=\begin{pmatrix}2&4&7\\0&5&8\\0&0&6\end{pmatrix}\begin{matrix}2&4\\0&5\\0&0\end{matrix}$$

Det A = (2·5·6 + 4·8·0 + 7·0·0) - (7·5·0 + 2·8·0 + 4·0·6)

Det A = (60 + 0 + 0) - (0 + 0 + 0)

Det A = 60 (produto da diagonal principal = 2 x 5 x 6)

Matriz diagonal

$$B_{3x3}=\begin{pmatrix}2&0&0\\0&5&0\\0&0&6\end{pmatrix}\begin{matrix}2&0\\0&5\\0&0\end{matrix}$$

$$B_{3x3}=\begin{pmatrix}2&0&0\\0&5&0\\0&0&6\end{pmatrix}\begin{matrix}2&0\\0&5\\0&0\end{matrix}$$

Det B = (2·5·6 + 0·0·0 + 0·0·0) - (0·5·0 + 2·0·0 + 0·0·6)

Det B = (60 + 0 + 0) - (0 + 0 + 0)

Det B = 60 (produto da diagonal principal = 2 · 5 · 6)

Determinante de uma Matriz de Ordem Superior a 3

Será calculado pela **Regra de Chió** ou **Teorema de Laplace**.

Regra de Chió

Escolha um elemento $a_{ij} = 1$.

Retirando a linha (i) e a coluna (j) do elemento $a_{ij} = 1$, obtenha o menor complementar (D_{ij}) do referido elemento – uma nova matriz com uma ordem a menos.

Subtraia de cada elemento dessa nova matriz menor complementar (D_{ij}) o produto dos elementos que pertenciam a sua linha e coluna e que foram retirados, formado outra matriz.

Calcule o determinante dessa última matriz e multiplique por $(-1)^{i+j}$, sendo que i e j pertencem ao elemento $a_{ij} = 1$.

$$A_{3x3}=\begin{pmatrix}2&4&7\\3&5&8\\1&9&6\end{pmatrix}(I)$$

$$Det.\ A_{3x3}=\begin{pmatrix}2&4&7\\3&5&8\\1&9&6\end{pmatrix}=\begin{pmatrix}4&7\\5&8\end{pmatrix}(II)$$

$$Det.\ A_{3x3}=\begin{pmatrix}2&4&7\\3&5&8\\1&9&6\end{pmatrix}=\begin{pmatrix}4-(2\cdot 9)&7-(2\cdot 6)\\5-(3\cdot 9)&8-(3\cdot 6)\end{pmatrix}(III)$$

$$Det.\ A_{3x3}=(-1)^{3+1}\cdot\begin{pmatrix}-14&-5\\-22&-10\end{pmatrix}(IV)$$

$$Det.\ A_{3x3}=(1)\cdot(140-110)$$

$$Det.\ A=30$$

O Teorema de Laplace

Primeiramente, precisamos saber o que é um cofator. O cofator de um elemento aij de uma matriz é: $A_{ij} = (-1)^{i+j} . D_{ij}$.

Agora, vamos ao teorema:

Escolha uma linha ou coluna qualquer do determinante:

$$A_{3x3}=\begin{pmatrix}2&4&7\\3&5&8\\1&9&6\end{pmatrix}$$

Calcule o cofator de cada elemento dessa fila:

$$a_{11}=A_{11}=(-1)^{1+1}\cdot\begin{pmatrix}5&8\\9&6\end{pmatrix}=(1)\cdot(-42)$$

$$a_{21}=A_{21}=(-1)^{2+1}\cdot\begin{pmatrix}4&7\\9&6\end{pmatrix}=(-1)\cdot(-39)$$

$$a_{31}=A_{31}=(-1)^{3+1}\cdot\begin{pmatrix}4&7\\5&8\end{pmatrix}=(1)\cdot(-3)$$

Multiplique cada elemento da fila selecionada pelo seu respectivo cofator. O determinante da matriz será a soma desses produtos.

$Det.\ A_{3x3} = a_{11}\cdot A_{11} + a_{21}\cdot A_{21} + a_{31}\cdot A_{31}$

$Det.\ A_{3x3} = 2\cdot(-42) + 3\cdot 39 + 1\cdot(-3)$

$Det.\ A_{3x3} = (-84) + 117 + (-3)$

$Det.\ A_{3x3} = 117 - 87$

Det A = 30

Propriedade dos Determinantes

As propriedades dos determinantes servem para facilitar o cálculo do determinante, uma vez que, com elas, diminuímos nosso trabalho nas resoluções das questões de concursos.

Determinante de Matriz Transposta

Se **A** é uma matriz de ordem "**n**" e $\mathbf{A}^t$ sua transposta, então:

Det. At = Det. A

$$A_{2\,x\,2} = \begin{bmatrix} 2 & 3 \\ 1 & 4 \end{bmatrix}$$

$$Det.\ A = 2 \cdot 4 - 3 \cdot 1$$

$$Det.\ A = 8 - 3$$

$$Det.\ A = 5$$

$$A^t{}_{2\,x\,2} = \begin{bmatrix} 2 & 1 \\ 3 & 4 \end{bmatrix}$$

$$Det.\ A^t = 2\,x\,4 - 1 \cdot 3$$

$$Det.\ A^t = 8 - 3$$

$$Det.\ A^t = 5$$

Determinante de uma Matriz com Fila Nula

Se uma das filas (linha ou coluna) da matriz A for toda nula, então: Det. A = 0

Ex.: $A_{2\,x\,2} = \begin{bmatrix} 2 & 3 \\ 0 & 0 \end{bmatrix}$

Det. A = 2 . 0 – 3 . 0

Det. A = 0 - 0

Det. A = 0

Determinante de uma Matriz cuja Fila foi Multiplicada por uma Constante

Se multiplicarmos uma fila (linha ou coluna) qualquer da matriz A por um número k, o determinante da nova matriz será k vezes o determinante de A.

Det. A' (k vezes uma fila de A) = k · Det. A

Ex.: $A_{2\,x\,2} = \begin{bmatrix} 2 & 1 \\ 3 & 2 \end{bmatrix}$

Det. A = 2 . 2 - 1 . 3

Det. A = 4 - 3

Det. A = 1

$A'_{2\,x\,2} = \begin{bmatrix} 4 & 2 \\ 3 & 2 \end{bmatrix} \cdot 2\ (k = 2)$

Det. A' = 4 . 2 - 2 . 3

Det. A' = 8 - 6

Det. A' = 2

Det. A' = k . Det. A

Det. A' = 2 . 1

Det. A' = 2

Determinante de uma Matriz Multiplicada por uma Constante

Se multiplicarmos toda uma matriz A de ordem "n" por um número k, o determinante da nova matriz será o produto (multiplicação) de k^n pelo determinante de A.

Det (k · A) = k^n · Det. A

Ex.: $A_{2\,x\,2} = \begin{bmatrix} 2 & 1 \\ 4 & 3 \end{bmatrix}$

Det. A = 2 . 3 - = 1 . 4

Det. A = 6 - 4

Det. A = 2

$3 \cdot A_{2\,x\,2} = \begin{bmatrix} 6 & 3 \\ 12 & 9 \end{bmatrix}$

Det. 3A = 6 . 9 - 3 . 12

Det. 3A = 54 - 36

Det. 3A = 18

Det (k . A) = k^n . Det. A

Det (3 . A) = 3^2 . 2

Det (3 . A) = 9 . 2

Det (3 . A) = 18

Determinante de uma Matriz com Filas Paralelas Iguais

Se uma matriz A de ordem n ≥ 2 tem duas filas paralelas com os elementos respectivamente iguais, então: Det. A = 0

Ex.: $A_{2\,x\,2} = \begin{bmatrix} 2 & 3 \\ 2 & 3 \end{bmatrix}$

Det. A = 2 . 3 - 3 . 2

Det. A = 6 - 6

Det. A = 0

Determinante de uma Matriz com Filas Paralelas Proporcionais

Se uma matriz A de ordem n ≥ 2 tem duas filas paralelas com os elementos respectivamente proporcionais, então: Det. A = 0.

Ex.: $A_{2\,x\,2} = \begin{bmatrix} 3 & 6 \\ 4 & 8 \end{bmatrix}$

Det. A = 3 . 8 - 6 . 4

Det. A = 24 - 24

Det. A = 0

Determinante de uma Matriz com Troca de Filas Paralelas

Se em uma matriz A de ordem n ≥ 2 trocarmos de posição duas filas paralelas, obteremos uma nova matriz B, tal que:

Det. A = - Det. B

Ex.: $A_{2\,x\,2} = \begin{bmatrix} 5 & 4 \\ 2 & 3 \end{bmatrix}$

Det. A = 5 . 3 - 2 . 4

Det. A = 15 - 8

Det. A = 7

Ex.: $B_{2x2} = \begin{bmatrix} 4 & 5 \\ 3 & 2 \end{bmatrix}$

Det. B = 4 . 2 - 5 . 3

Det. B = 8 - 15

Det. B = -7

Det. A = - Det. B

Det. A = - (-7)

Det. A = 7

Determinante do Produto de Matrizes

Se A e B são matrizes quadradas de ordem n, então:

Det. (A · B) = Det. A · Det. B

Ex.: $A_{2x2} = \begin{bmatrix} 1 & 2 \\ 2 & 3 \end{bmatrix}$

Det. A = 1 . 3 - 2 . 2

Det. A = 3 - 4

Det. A = -1

$B_{2x2} = \begin{bmatrix} 2 & 5 \\ 3 & 4 \end{bmatrix}$

Det. B = 2 . 4 - 5 . 3

Det. B = 8 - 15

Det. B = -7

$A \cdot B_{2x2} = \begin{bmatrix} 8 & 13 \\ 13 & 22 \end{bmatrix}$

Det. (A . B) = 8 . 22 - 13 . 13

Det. (A . B) = 176 - 169

Det. (A . B) = 7

Det. (A . B) = Det. A . Det. B

Det. (A . B) = (-1) . (-7)

Det. (A . B) = 7

Determinante de uma Matriz Triangular

O determinante é igual ao produto dos elementos da diagonal principal.

Determinante de uma Matriz Inversa

Seja B a matriz inversa de A, então, a relação entre os determinantes de B e A é dado por:

$$\textbf{Det (B)} = \frac{\textbf{1}}{\textbf{Det (A)}}$$

Ex.: $A_{2x2} = \begin{pmatrix} 1 & -2 \\ 3 & 1 \end{pmatrix}$

Det. A = 1 . 1 - (-2 . 3)

Det. A = 1 + 6

Det. A = 7

Ex.: $B = A^{-1}{}_{2x2} = \begin{pmatrix} 1/7 & 2/7 \\ -3/7 & 1/7 \end{pmatrix}$

Det. B = (1/7 . 1/7) - (2/7 . -3/7)

Det. B = 1/49 + 6/49

Det. B = 7/49

Det. B = 1/7

$$Det.\ B = \frac{1}{Det\,(A)}$$

$$Det.\ B = \frac{1}{7}$$

$$Det.\ B = \frac{1}{7}$$

12.3 Sistemas Lineares

Equações Lineares: é toda equação do 1º grau com uma ou mais incógnitas.

Sistemas Lineares: é o conjunto de equações lineares.

Equação: 2x + 3y = 7

Sistema: $\begin{cases} 2x + 3y = 7 \\ 4x - 5y = 3 \end{cases}$

Equação: x + 2y + z = 8

Sistema: $\begin{cases} x + y - z = 4 \\ 2x - y + z = 5 \\ x + 2y + z = 8 \end{cases}$

Representação de um Sistema Linear em Forma de Matriz

Todo sistema linear pode ser escrito na forma de uma matriz.

Esse conteúdo será importante mais adiante para a resolução dos sistemas.

$$\begin{cases} 2x + 3y = 7 \\ 4x - 5y = 3 \end{cases}$$

Forma de Matriz

$$\underbrace{\begin{bmatrix} 2 \text{ (coeficiente de x)} & 3 \text{ (coeficiente de y)} \\ 4 \text{ (coeficiente de x)} & -5 \text{ (coeficiente de y)} \end{bmatrix} \cdot \begin{bmatrix} x \\ y \end{bmatrix} = \begin{bmatrix} 7 \\ 3 \end{bmatrix}}_{\text{termos independentes}}$$

Matriz Incompleta

$$\begin{bmatrix} 2 & 3 \\ 4 & -5 \end{bmatrix}$$

Matriz de X

$$\begin{bmatrix} 7 & 3 \\ 3 & -5 \end{bmatrix}$$

Substituem-se os coeficientes de x pelos termos independentes.

Matriz de Y

$$\begin{bmatrix} 2 & 7 \\ 4 & 3 \end{bmatrix}$$

Substituem-se os coeficientes de y pelos termos independentes.

Resolução de um Sistema Linear

> A Regra de Cramer só é possível quando o número de variáveis for igual ao número de equações.

Resolvem-se os sistemas pelo método dos determinantes, também conhecido como **Regra de Cramer.**

A regra consiste em: o valor das variáveis será calculado dividindo-se o **determinante da matriz da variável** pelo **determinante da matriz incompleta**, do sistema.

Então:

O valor de x é dado por:

$$x = \frac{\text{deteminante da matriz de X}}{\text{determinante da matriz incompleta}}$$

O valor de y é dado por:

$$y = \frac{\text{deteminante da matriz de Y}}{\text{determinante da matriz incompleta}}$$

O valor de z é dado por:

$$z = \frac{\text{deteminante da matriz de Z}}{\text{determinante da matriz incompleta}}$$

Se o determinante da matriz incompleta for diferente de zero (Det. In. $\neq$ 0), teremos sempre um sistema possível e determinado;

Se o determinante da matriz incompleta for igual a zero (Det. In. = 0), temos duas situações:

1ª: Se os determinantes de todas as matrizes das variáveis também forem iguais a zero (Det. X = 0 e Det. Y = 0 e Det. Z = 0), teremos um sistema possível e indeterminado;

2ª: Se o determinante de, pelo menos, uma das matrizes das variáveis for diferente de zero (Det. · $\neq$ 0 ou Det. Y $\neq$ 0 ou Det. Z $\neq$ 0), teremos um sistema impossível.

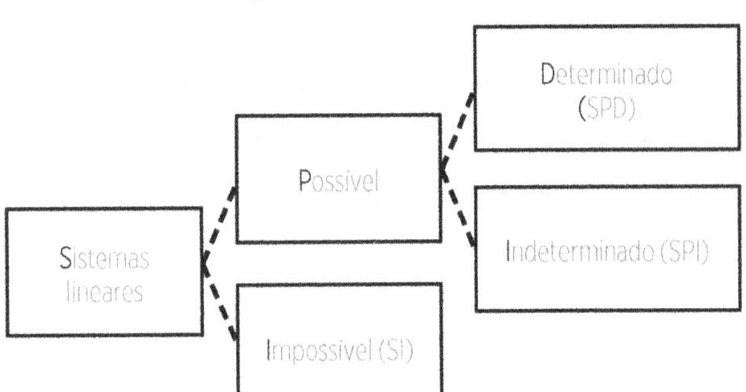

SPD: sistema possível e determinado (quando Det. In. $\neq$ 0).

SPI: sistema possível e indeterminado (quando Det. In. = 0, e Det. . = 0 e Det. Y = 0 e Det. Z = 0).

SI: sistema impossível (quando Det. In. = 0, e Det. . $\neq$ 0 ou Det. Y $\neq$ 0 ou Det. Z $\neq$ 0).

Ex.: $\begin{cases} x + y - z = 4 \\ 2x - y + z = 5 \\ x + 2y + z = 8 \end{cases}$

Matriz incompleta: $\begin{bmatrix} 1 & 1 & -1 \\ 2 & -1 & 1 \\ 1 & 2 & 1 \end{bmatrix}$ det. In. = -9

Matriz de X: $\begin{bmatrix} 4 & 1 & -1 \\ 5 & -1 & 1 \\ 8 & 2 & 1 \end{bmatrix}$ det. X = -27

Matriz de Y: $\begin{bmatrix} 1 & 4 & -1 \\ 2 & 5 & 1 \\ 1 & 8 & 1 \end{bmatrix}$ det. Y = -18

Matriz de Z: $\begin{bmatrix} 1 & 1 & 4 \\ 2 & -1 & 5 \\ 1 & 2 & 8 \end{bmatrix}$ det. Z = -9

Valor de x é: $x = \frac{-27}{-9} = 3 = 3$

Valor de y é: $y = \frac{-18}{-9} = 2 = 2$

Valor de z é: $z = \frac{-9}{-9} = 1 = 1$

Solução: x= 3, y = 2 e z = 1

Questões

01. (CESPE) – 2017. Considerando a matriz $A = \begin{pmatrix} 2 & 0 & 10 \\ 4 & 10 & 20 \\ 0 & 2 & 40 \end{pmatrix}$, julgue o próximo item.

Se $B = \begin{pmatrix} 0 & x & -7 \\ 1 & 0 & z \\ y & 10 & 0 \end{pmatrix}$, e a matriz A + B for simétrica, então x + y + z = 0.

Certo ( ) Errado ( )

02. (CESPE) – 2013 Julgue o item subsequente, relacionado a problemas aritméticos, geométricos e matriciais.

Considere que A e B sejam matrizes distintas, de ordem 2×2, com entradas reais e, em cada matriz, três das quatro entradas sejam iguais a zero. Além disso, considere também que A×A=B×B=A×B=0, em que 0 é a matriz nula, isto é, a matriz em que todas as entradas são iguais a zero. Nesse caso, necessariamente, A=0 ou B=0.

Certo ( ) Errado ( )

03. (CESPE) – 2018. Considere que a empresa X tenha disponibilizado um aparelho celular a um empregado que viajou em missão de 30 dias corridos. O custo do minuto de cada ligação, para qualquer telefone, é de R$ 0,15. Nessa situação, considerando que a empresa tenha estabelecido limite de R$ 200,00 e que, após ultrapassado esse limite, o empregado arcará com as despesas, julgue o item a seguir.

Considere que, em uma nova missão, o preço das ligações tenha passado a depender da localidade, mesma cidade ou cidade distinta da de origem da ligação, e do tipo de telefone para o qual a ligação tenha sido feita, celular, fixo ou rádio. As tabelas abaixo mostram quantas ligações de cada tipo foram feitas e o valor de cada uma:

	celular	**fixo**	**rádio**
mesma cidade	6	3	1
cidade distinta	7	1	3

Tabela I: número de ligações realizadas por tipo de telefone

	mesma cidade	**cidade distinta**
celular	0,20	0,50
fixo	0,15	0,30
rádio	0,20	0,20

Tabela II: preço de cada ligação, em reais

Nessas condições, se $\begin{pmatrix} 6 & 3 & 1 \\ 7 & 1 & 3 \end{pmatrix}$ for a matriz formada pelos dados da tabela I, e $B = \begin{pmatrix} 0{,}20 & 0{,}50 \\ 0{,}15 & 0{,}30 \\ 0{,}20 & 0{,}20 \end{pmatrix}$ for a matriz formada pelos dados da tabela II, então a soma de todas as entradas da matriz A × B será igual ao valor total das ligações efetuadas.

Certo ( ) Errado ( )

04. (CESPE) – 2011. Um importante algoritmo para a resolução de problemas que envolvem matrizes (por exemplo, resolução de sistemas lineares, cálculo da matriz inversa, determinantes etc.) consiste em efetuar operações elementares sobre as linhas da matriz. Essas operações incluem multiplicação de uma linha da matriz por um número não nulo; adição a uma linha de um múltiplo de outra linha; permutação de linhas. Com relação a essas operações, considere a matriz B obtida da matriz $A = \begin{pmatrix} 1 & 0 & -2 \\ 2 & -1 & -2 \\ 2 & 1 & 1 \end{pmatrix}$ depois de efetuada a seguinte sequência de operações elementares: substituição da linha 3 pela linha 3 menos a linha 2; substituição da linha 2 pela linha 2 menos duas vezes a linha 1. Com base nessas informações, julgue o item que se segue, acerca da matriz B.

Na linha 3 da matriz B, há apenas um elemento nulo.

Certo ( ) Errado ( )

05. (CESPE) – CEBRASPE (CESPE) – 2011. Um importante algoritmo para a resolução de problemas que envolvem matrizes (por exemplo, resolução de sistemas lineares, cálculo da matriz inversa, determinantes etc.) consiste em efetuar operações elementares sobre as linhas da matriz. Essas operações incluem multiplicação de uma linha da matriz por um número não nulo; adição a uma linha de um múltiplo de outra linha; permutação de linhas. Com relação a essas operações, considere a matriz B obtida da matriz $A = \begin{pmatrix} 1 & 0 & 2 \\ 2 & -1 & -2 \\ 2 & 1 & 1 \end{pmatrix}$ depois de efetuada a seguinte sequência de operações elementares: substituição da linha 3 pela linha 3 menos a linha 2; substituição da linha 2 pela linha 2 menos duas vezes a linha 1. Com base nessas informações, julgue o item que se segue, acerca da matriz B.

A soma dos elementos da linha 2 da matriz B é igual a 1.

Certo ( ) Errado ( )

Gabaritos

01	CERTO
02	ERRADO
03	ERRADO
04	ERRADO
05	CERTO

13. FUNÇÕES, FUNÇÃO AFIM E FUNÇÃO QUADRÁTICA

Neste capítulo será abordado um assunto de grande importância para a matemática: as funções.

13.1 Definições, Domínio, Contradomínio e Imagem

A função é uma relação estabelecida entre dois conjuntos A e B, em que exista uma associação entre cada elemento de A com um único de B por meio de uma lei de formação.

Matematicamente, podemos dizer que função é uma relação de dois valores, por exemplo: $f(x) = y$, sendo que x e y são valores, nos quais x é o domínio da função (a função está dependendo dele) e y é um valor que depende do valor de x, sendo a imagem da função.

As funções possuem um conjunto chamado domínio e outro chamado de imagem da função, além do contradomínio. No plano cartesiano, que o eixo x representa o domínio da função, enquanto no eixo y apresentam-se os valores obtidos em função de x, constituindo a imagem da função (o eixo y seria o contradomínio da função).

Demonstração:

Com os conjuntos A = {1, 4, 7} e B = {1, 4, 6, 7, 8, 9, 12} cria-se a função f: A → B definida por $f(x) = x + 5$, que também pode ser representada por $y = x + 5$. A representação, utilizando conjuntos, desta função é:

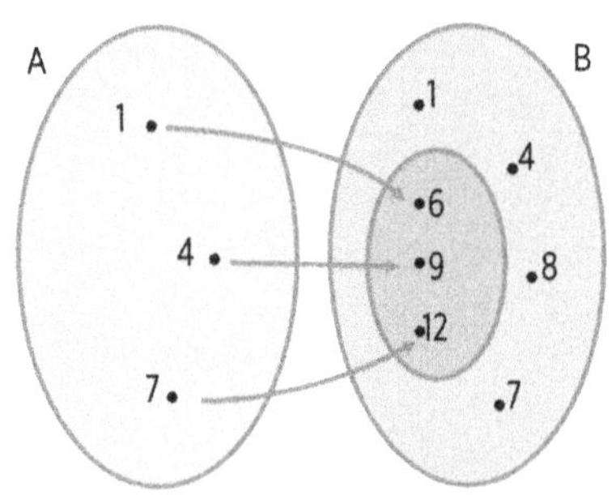

O conjunto A é o conjunto de saída e o B é o conjunto de chegada.

Domínio é um sinônimo para conjunto de saída, ou seja, para esta função o domínio é o próprio conjunto A = {1, 4, 7}.

Como, em uma função, o conjunto de saída (domínio) deve ter todos os seus elementos relacionados, não precisa ter subdivisões para o domínio.

O domínio de uma função também é chamado de campo de definição ou campo de existência da função, e é representado pela letra "D".

O conjunto de chegada "B", também possui um sinônimo, é chamado de contradomínio, representado por "CD".

Note que se pode fazer uma subdivisão dentro do contradomínio. Podemos ter elementos do contradomínio que não são relacionados com algum elemento do Domínio e outros que são. Por isso, deve-se levar em consideração esta subdivisão.

Este subconjunto é chamado de conjunto imagem, e é composto por todos os elementos em que as flechas de relacionamento chegam.

O conjunto Imagem é representado por "Im", e cada ponto que a flecha chega é chamado de imagem.

13.2 Plano Cartesiano

Criado por René Descartes, o plano cartesiano consiste em dois eixos perpendiculares, sendo o horizontal chamado de eixo das abscissas e o vertical de eixo das ordenadas. O plano cartesiano foi desenvolvido por Descartes no intuito de localizar pontos num determinado espaço.

As disposições dos eixos no plano formam quatro quadrantes, mostrados na figura a seguir:

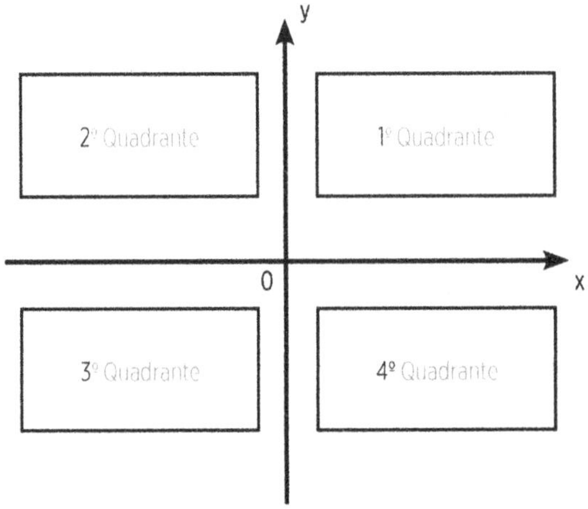

O encontro dos eixos é chamado de origem. Cada ponto do plano cartesiano é formado por um par ordenado (x, y), em que x: abscissa e y: ordenada.

Raízes

Em matemática, uma raiz ou "zero" da função consiste em determinar os pontos de interseção da função com o eixo das abscissas no plano cartesiano. A função f é um elemento no domínio de f tal que $f(x) = 0$.

Ex.: Considere a função:

$f(x) = x^2 - 6x + 9$

3 é uma raiz de f, porque:

$f(3) = 3^2 - 6 \cdot 3 + 9 = 0$

13.3 Funções Injetoras, Sobrejetoras e Bijetoras

Função Injetora

É toda a função em que cada x encontra um único y, ou seja, os elementos distintos têm imagens distintas.

Função Sobrejetora

Toda a função em que o conjunto imagem é exatamente igual ao contradomínio (y).

Função Bijetora

Toda a função que for Injetora e Sobrejetora ao mesmo tempo.

13.4 Funções Crescentes, Decrescentes e Constantes

Função Crescente

À medida que x "aumenta", as imagens vão "aumentando".

Com $x_1 > x_2$ a função é crescente para $f(x_1) > f(x_2)$, isto é, aumentando valor de x, aumenta o valor de y.

Função Decrescente

À medida que x "aumenta", as imagens vão "diminuindo" (decrescendo).

Com $x_1 > x_2$ a função é crescente para $f(x_1) < f(x_2)$, isto é, aumentando x, diminui o valor de y.

Função Constante

Em uma função constante qualquer que seja o elemento do domínio, eles sempre terão a mesma imagem, ao variar x encontra-se sempre o mesmo valor y.

13.5 Funções Inversas e Compostas

Função Inversa

Dada uma função $f: A \rightarrow B$, se f é bijetora, se define a função inversa f^{-1} como sendo a função de B em A, tal que $f^{-1}(y) = x$.

Ex.: Determine a **inversa** da função definida por:

$y = 2x + 3$

Trocando as variáveis x e y:

$x = 2y + 3$

Colocando y em função de x:

$2y = x - 3$

$y = \frac{x-3}{2}$, que define a função inversa da função dada.

Função Composta

Chama-se função composta (ou função de função) a função obtida substituindo-se a variável independente x por uma função.

Simbolicamente fica:

$fog(x) = f(g(x))$ ou $gof(x) = g(f(x))$

Ex.: Dadas as funções $f(x) = 2x + 3$ e $g(x) = 5x$, determine $g_of(x)$ e $f_og(x)$.

$g_of(x) = g[f(x)] = g(2x + 3) = 5(2x + 3) = 10x + 15$

$f_og(x) = f[g(x)] = f(5x) = 2(5x) + 3 = 10x + 3$

13.6 Função Afim

Chama-se função polinomial do 1º grau, ou função afim, a qualquer função f dada por uma lei da forma $f(x) = ax + b$, cujo a e b são números reais dados e $a \neq 0$.

Na função $f(x) = ax + b$, o número a é chamado de coeficiente de x e o número b é chamado termo constante.

Gráfico

O gráfico de uma função polinomial do 1º grau, $y = ax + b$, com $a \neq 0$, é uma reta oblíqua aos eixos x e y.

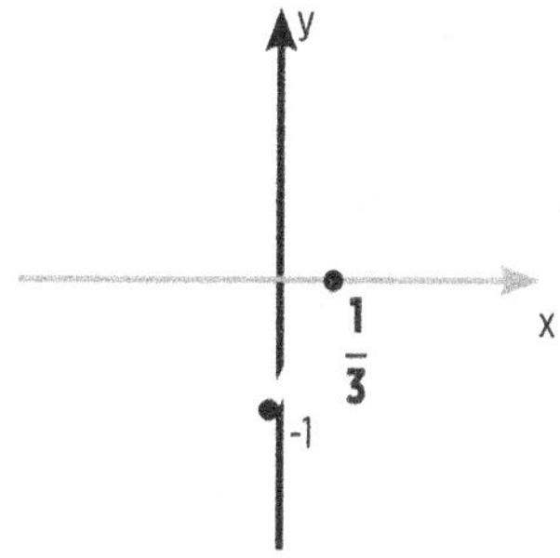

Zero e Equação do 1º Grau

Chama-se zero ou raiz da função polinomial do 1º grau $f(x) = ax + b$, $a \neq 0$, o número real x tal que $f(x) = 0$.

Assim: $f(x) = 0 \Rightarrow ax + b = 0 \Rightarrow x = \frac{-b}{a}$

Crescimento e Decrescimento

A função do 1º grau $f(x) = ax + b$ é crescente quando o coeficiente de x é positivo ($a > 0$).

A função do 1º grau $f(x) = ax + b$ é decrescente quando o coeficiente de x é negativo ($a < 0$).

Sinal

Estudar o sinal de qualquer $y = f(x)$ é determinar os valor de x para os quais y é positivo, os valores de x para os quais y é zero e os valores de x para os quais y é negativo.

Considere uma função afim $y = f(x) = ax + b$, essa função se anula para a raiz $x = \frac{-b}{a}$.

Há então, dois casos possíveis:

a > 0 (a função é crescente)

$$y > 0 \Rightarrow ax + b > 0 \Rightarrow x > \frac{-b}{a}$$

$$Y < 0 \Rightarrow ax + b < 0 \Rightarrow x < \frac{-b}{a}$$

Logo, y é positivo para valores de x maiores que a raiz; y é negativo para valores de x menores que a raiz.

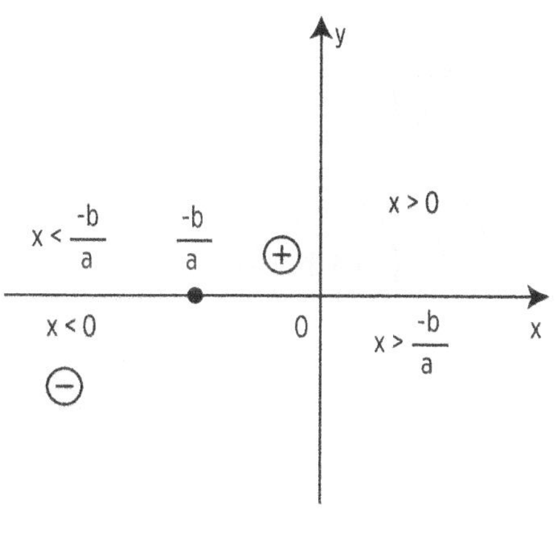

a < 0 (a função é decrescente)

$$y > 0 \Rightarrow ax + b > 0 \Longrightarrow x < \frac{-b}{a}$$

$$y > 0 \Rightarrow ax + b > 0 \Longrightarrow x < \frac{-b}{a}$$

Portanto, y é positivo para valores de x menores que a raiz; y é negativo para valores de x maiores que a raiz.

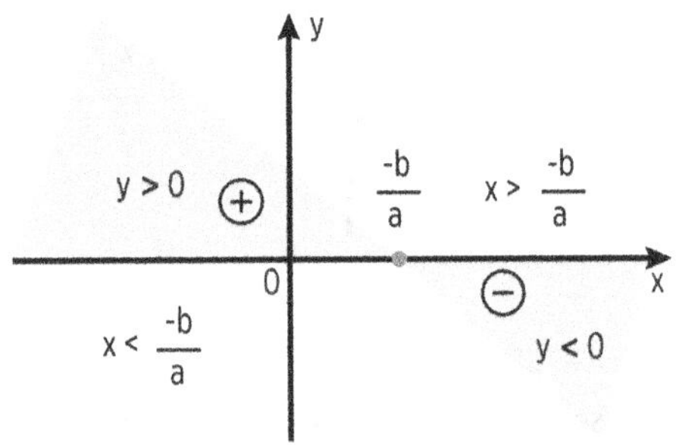

Equações e Inequações do 1º Grau

Equação

Uma equação do 1º grau na incógnita x é qualquer expressão do 1º grau que pode ser escrita numa das seguintes formas:

$$ax + b = 0$$

Para resolver uma equação, basta achar o valor de "x".

Sistema de Equação

Um sistema de equação de 1º grau com duas incógnitas é formado por: duas equações de 1º grau com duas incógnitas diferentes em cada equação.

Ex.:

$$\begin{cases} x + y = 20 \\ 3x + 4y = 72 \end{cases}$$

Para encontramos o par ordenado solução desse sistema, é preciso utilizar dois métodos para a sua solução. Esses dois métodos são: Substituição e Adição.

Método da Substituição

Esse método consiste em escolher uma das duas equações, isolar uma das incógnitas e substituir na outra equação.

Dado o sistema $\begin{cases} x + y = 20 \\ 3x + 4y = 72 \end{cases}$ enumeramos as equações.

$$\begin{cases} x + y = 20 & (1) \\ 3x + 4y = 72 & (2) \end{cases}$$

Escolhemos a equação 1 e isolamos o x:

x + y = 20

x = 20 - y

Equação 2 substituímos o valor de x = 20 - y.

3x + 4 y = 72

3 (20 - y) + 4y = 72

60 - 3y + 4y = 72

- 3y + 4y = 72 - 60

y = 12

Para descobrir o valor de x, basta substituir y por 12 na equação:

x = 20 - y.

x = 20 - y

x = 20 - 12

x = 8

Portanto, a solução do sistema é S = (8, 12)

Método da Adição

Este método consiste em adicionar as duas equações de tal forma que a soma de uma das incógnitas seja zero. Para que isso aconteça, será preciso que multipliquemos algumas vezes as duas equações ou apenas uma equação por números inteiros para que a soma de uma das incógnitas seja zero.

Dado o sistema:

$$\begin{cases} x + y = 20 \\ 3x + 4y = 72 \end{cases}$$

Para adicionarmos as duas equações e a soma de uma das incógnitas de zero, teremos que multiplicar a primeira equação por - 3.

$$\begin{cases} x + y = 20 \ (-3) \\ 3x + 4y = 72 \end{cases}$$

Agora, o sistema fica assim:

$$\begin{cases} -3x - 3y = -60 \\ 3x + 4y = 72 \end{cases}$$

Adicionando as duas equações:

- 3x - 3y = - 60

+ 3x + 4y = 72

y = 12

Para descobrir o valor de x, basta escolher uma das duas equações e substituir o valor de y encontrado:

x + y = 20

x + 12 = 20

x = 20 - 12

x = 8

Portanto, a solução desse sistema é: S = (8, 12)

Inequação

Uma inequação do 1º grau na incógnita x é qualquer expressão do 1º grau que pode ser escrita numa das seguintes formas:

$ax + b > 0$

$ax + b < 0$

$ax + b \geq 0$

$ax + b \leq 0$

Cujo a, b são números reais com $a \neq 0$.

Ex.: $-2x + 7 > 0$

$x - 10 \leq 0$

$2x + 5 \leq 0$

$12 - x < 0$

Resolvendo uma Inequação de 1º Grau

Uma maneira simples de resolver uma equação do 1º grau é isolarmos a incógnita x em um dos membros da igualdade. Observe dois exemplos:

Ex.: Resolva a inequação $-2x + 7 > 0$:

$-2x > -7 \cdot (-1)$

$2x < 7$

$x < 7/2$

Logo, a solução da inequação é $x < 7/2$

Resolva a inequação $2x - 6 < 0$

$2x < 6$

$x < 6/2$

$x < 3$

Portanto, a solução da inequação é $x < 3$.

Pode-se resolver qualquer inequação do 1º grau por meio do estudo do sinal de uma função do 1º grau, com o seguinte procedimento:

Iguala-se a expressão ax + b a zero;

Localiza-se a raiz no eixo x;

Estuda-se o sinal conforme o caso.

Ex.: $-2x + 7 > 0$

$-2x + 7 = 0$

$x = 7/2$

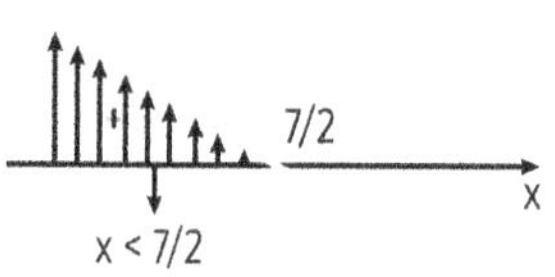

Ex.: $2x - 6 < 0$

$2x - 6 = 0$

$x = 3$

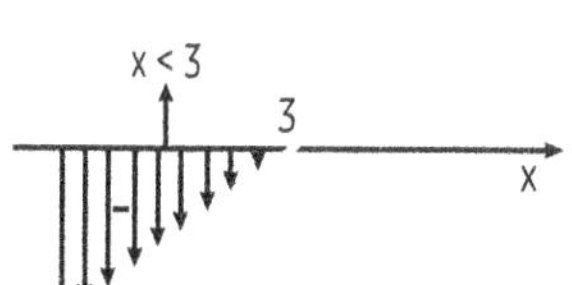

Questões

01. (CESPE) – 2016. Quando o reservatório de água de determinado município atingiu sua capacidade máxima, iniciou-se um período de seca, sem nenhuma chuva. As autoridades municipais, temendo desabastecimento, estabeleceram que seria iniciado um racionamento quando o nível do reservatório atingisse 20% de sua altura máxima. Decorridos x dias sem chuva, a altura do nível da água no reservatório foi estimada pela função $y = -0{,}1x + 16$, em metros.

Nesse caso, não havendo chuva por um longo período, o racionamento será iniciado em mais de 128 dias.

Certo ( ) Errado ( )

02. (CESPE) – 2018. Em uma tecelagem, o custo de produção e o custo de venda de x metros de tecido são expressos, respectivamente, por C p(x) = 2bx e C v(x) = c + dx, em que b, c e d são constantes reais e d é o valor da comissão a ser recebida pelo vendedor para cada metro de tecido vendido. Na produção e venda de 50 m de tecido, tem-se que C p(50) + C v(50) = 420 e a comissão do vendedor é igual a 100. No caso de produção e venda de 100 m de tecido, C p(100) + C v(100) = 620.

Nesse caso, c, b e d são, respectivamente, iguais a 220, 1 e 2.

Certo ( ) Errado ( )

03. (CESPE) – 2018. Julgue o item subsequente, relativo a funções e

O valor de máximo para a função $f(x) = -2x^2 + 96x + 440$ ocorre em x = 28.

Certo ( ) Errado ( )

04. (CESPE) – 2016. Considerando-se os 365 dias de um ano, numerados sequencialmente de 1 a 365, a função y = -0,1x2 + 40x, em que x = 1, 2, ..., 365, estima-se a quantidade de litros de água desperdiçados no dia x em vazamentos na rede de distribuição de determinada cidade. Nesse caso, o desperdício equivalente a 3 m3 ocorreu em um dia do mês de abril e em um dia do mês de outubro.

Certo ( ) Errado ( )

05. (CESPE) – 2018. Em determinado dia, a quantidade Q de serviços administrativos demandados por usuários de determinado departamento da UnB, às t horas, pôde ser modelada pela função quadrática $Q(t) = at^2 + bt + c$, em que a, b e c são constantes reais e $a \neq 0$. Nesse departamento, o expediente inicia-se às 8 horas da manhã e, nesse dia, a demanda máxima ocorreu às 11 horas da manhã, com o atendimento de Qmáx = 54 usuários.

Com referência a esse modelo, julgue o próximo item.

Segundo o modelo apresentado, se, nesse dia, no início do expediente, havia a demanda de usuários por quatro serviços administrativos, então $Q(t) = \frac{50}{9}(t - 11)^2 + 54.$.

Certo ( ) Errado ( )

Gabaritos

01	ERRADO
02	CERTO
03	ERRADO
04	CERTO
05	ERRADO

14. FUNÇÃO EXPONENCIAL E FUNÇÃO LOGARÍTMICA

14.1 Equação e Função Exponencial

Chama-se de equação exponencial toda equação na qual a incógnita aparece em expoente.

Para resolver equações exponenciais, devem-se realizar dois passos importantes:

Redução dos dois membros da equação a potências de mesma base;

Aplicação da propriedade:

$$a^m = a^n \Rightarrow m = n \ (a \neq 1 \text{ e } a >)$$

Função Exponencial

Chamam-se de funções exponenciais aquelas nas quais temos a variável aparecendo em expoente.

A função $f: IR \rightarrow IR_+$, definida por $f(x) = a^x$, com $a \in IR+$ e $a \neq 1$, é chamada função exponencial de base a. O domínio dessa função é o conjunto IR (reais) e o contradomínio é IR_+ (reais positivos, maiores que zero).

Gráfico Cartesiano da Função Exponencial

Há 2 casos a considerar:

Quando a>1;

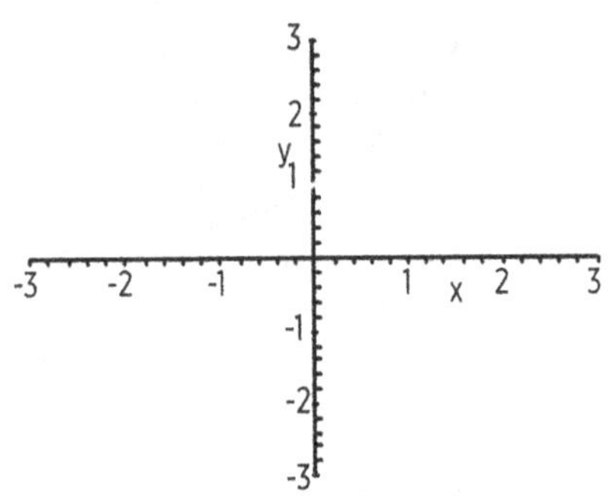

$f(x)$ é crescente e $Im = IR_+$

Para quaisquer x_1 e x_2 do domínio: $x_2 > x_1 \Rightarrow y_2 > y_1$ (as desigualdades têm mesmo sentido).

Quando 0 < a < 1.

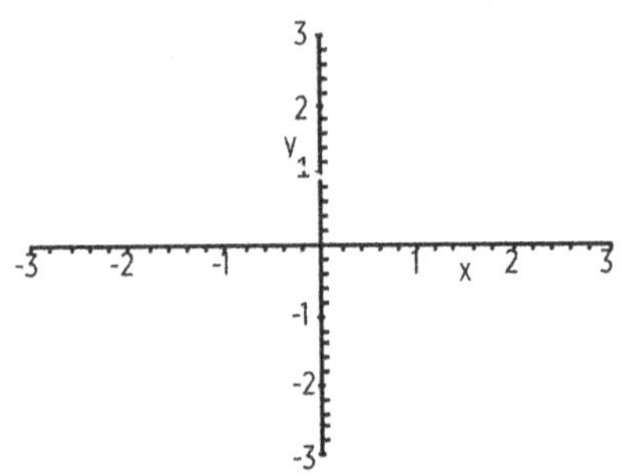

$f(x)$ é decrescente e $Im = IR_+$

Para quaisquer x_1 e x_2 do domínio: $x_2 > x_1 \Rightarrow y_2 < y_1$ (as desigualdades têm sentidos diferentes).

Nas duas situações, pode-se observar que:

- O gráfico nunca intercepta o eixo horizontal;
- A função não tem raízes; o gráfico corta o eixo vertical no ponto (0,1);
- Os valores de y são sempre positivos (potência de base positiva é positiva), portanto, o conjunto imagem é $Im = IR_+$.

Inequações Exponenciais

Chama-se de inequação exponencial toda inequação na qual a incógnita aparece em expoente.

Para resolver inequações exponenciais, deve-se realizar dois passos:

Redução dos dois membros da inequação a potências de mesma base;

Aplicação da propriedade:

$a > 1$

$a^m > a^n \Rightarrow m > n$

(as desigualdades têm mesmo sentido)

$0 < a < 1$

$a^m > a^n \Rightarrow m < n$

(as desigualdades têm sentidos diferentes)

14.2 Equação e Função Logarítmica

Logaritmo

$$a^x = b \Leftrightarrow \log_a b = x$$

Sendo $b > 0$, $a > 0$ e $a \neq 1$

Na igualdade $x = \log_a b$ tem:

a= base do logaritmo

b= logaritmando ou antilogaritmo

x= logaritmo

Consequências da Definição

Sendo $b > 0$, $a > 0$ e $a \neq 1$ e m um número real qualquer, há, a seguir, algumas consequências da definição de logaritmo:

$\log_a 1 = 0$

$\log_a a = 1$

$\log_a a^m = m$

$a^{\log_a b} = b$

$\log_a b = \log_a c \Leftrightarrow b = c$

Propriedades Operatórias dos Logaritmos

$$\log_a (x.y) = \log_a x + \log_a y$$

$$\log_a \left(\frac{x}{y}\right) = \log_a x - \log_a y$$

$$\log_a x^m = m.\log_a x$$

$$\log_a \sqrt[n]{x^m} = \log_a x^{\frac{m}{n}} = \frac{m}{n}.\log_a x$$

Cologaritmo

$$\text{colog}_a b = \log_a \frac{1}{b}$$

$$\text{colog}_a b = -\log_a b$$

Mudança de Base

$$\log_a x = \frac{\log_b x}{\log_b a}$$

Função Logarítmica

A função f: IR + → IR, definida por $f(x) = \log_a x$, com $a \neq 1$ e $a > 0$, é chamada função logarítmica de base a. O domínio dessa função é o conjunto IR_+ (reais positivos, maiores que zero) e o contradomínio é IR (reais).

Gráfico Cartesiano da Função Logarítmica

Há dois casos a se considerar:

Quando a>1;

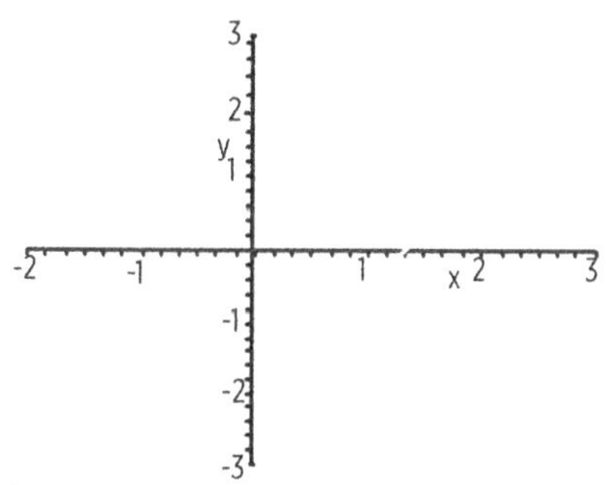

f (x) é crescente e Im = IR

Para quaisquer x_1 e x_2 do domínio: $x_2 > x_1 \Rightarrow y_2 > y_1$ (as desigualdades têm mesmo sentido)

Quando 0<a<1.

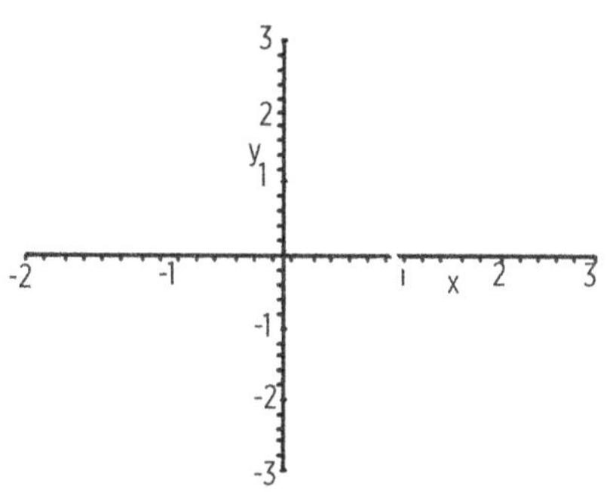

f (x) é decrescente e Im = IR

Para quaisquer x_1 e x_2 do domínio : $x_2 > x_1 \Rightarrow y_2 < y_1$ (as desigualdades têm sentidos diferentes).

Nas duas situações, pode-se observar que:

> O gráfico nunca intercepta o eixo vertical;

> O gráfico corta o eixo horizontal no ponto (1,0);

> A raiz da função é x = 1;

> Y assume todos os valores reais, portanto, o conjunto imagem é Im = IR.

Equações Logarítmicas

Chama-se de equações logarítmicas toda equação que envolve logaritmos com a incógnita aparecendo no logaritmando, na base ou em ambos.

Inequações Logarítmicas

Chama-se de inequações logarítmicas toda inequação que envolve logaritmos com a incógnita aparecendo no logaritmando, na base ou em ambos.

Para resolver inequações logarítmicas, deve-se realizar dois passos:

Redução dos dois membros da inequação a logaritmos de mesma base;

Aplicação da propriedade:

$a > 1$

$\log_a m > \log_a n \Rightarrow m > n > 0$

(as desigualdades têm mesmo sentido)

$0 < a < 1$

$\log_a m > \log_a n \Rightarrow 0 < m < n$

(as desigualdades têm sentidos diferentes)

Questões

01. (CESPE-2019) Para avaliar a resposta dos motoristas a uma campanha educativa promovida pela PRF, foi proposta a função $f(x)=350+150*e^{-x}$, que modela a quantidade de acidentes de trânsito com vítimas fatais ocorridos em cada ano. Nessa função, $x \geq 0$ indica o número de anos decorridos após o início da campanha.

Com referência a essa situação hipotética, julgue o item que se segue.

Segundo o modelo apresentado, após dez anos de campanha educativa, haverá, em cada um dos anos seguintes, menos de 300 acidentes de trânsito com vítimas fatais.

Certo ( ) Errado ( )

02. (CESPE-2019) Para avaliar a resposta dos motoristas a uma campanha educativa promovida pela PRF, foi proposta a função $f(x)=350+150*e^{-x}$, que modela a quantidade de acidentes de trânsito com vítimas fatais ocorridos em cada ano. Nessa função, $x \geq 0$ indica o número de anos decorridos após o início da campanha.

Com referência a essa situação hipotética, julgue o item que se segue.

De acordo com o modelo, no final do primeiro ano da campanha, apesar do decréscimo com relação ao ano anterior, ainda ocorreram mais de 400 acidentes de trânsito com vítimas fatais.

Certo ( ) Errado ( )

03. (CESPE-2018) Julgue o item subsequente, relativo às funções $f(x) = 30 - log_2(x)$ e $g(x) = 7x - 2xcos(\pi x)$..

O domínio da função f(x) é o conjunto dos números reais positivos e f(8) = 27.

Certo ( ) Errado ( )

04. (CESPE-2012) Às 19 horas de 22/2/2012, um cidadão telefonou para a central de atendimento da polícia da cidade comunicando que sua esposa se encontrava caída no chão da sala, aparentemente morta. Constatada a morte da vítima, os peritos iniciaram, às 20 horas do mesmo dia, os trabalhos de investigação, registrando que, nesse instante, a temperatura ambiente era de 20 ºC e a do cadáver, de 30 ºC.

De acordo com a Lei do Resfriamento de Newton, a temperatura $\theta(t)$ de um corpo, em graus Celsius, no instante t, em horas, em situações como a descrita acima, é expressa por $\theta(t)= 20 + 10*2^{-t}$, $t \in R$, em que t = 0 corresponde ao instante em que a temperatura do corpo é registrada pela primeira vez.

De acordo com as informações do texto, é correto inferir que a temperatura do referido corpo, uma hora após o primeiro registro da temperatura, era igual a 15oC.

Certo ( ) Errado ( )

Gabaritos

01	ERRADO
02	CERTO
03	CERTO
04	CERTO

15. TRIGONOMETRIA

Neste capítulo estudaremos sobre os triângulos e as relações que os envolvem.

15.1 Triângulos

O triângulo é uma das figuras mais simples e também uma das mais importantes da Geometria. O triângulo possui propriedades e definições de acordo com o tamanho de seus lados e medida dos ângulos internos.

Quanto aos lados, o triângulo pode ser classificado da seguinte forma:

Equilátero: possui os lados com medidas iguais.

Isósceles: possui dois lados com medidas iguais.

Escaleno: possui todos os lados com medidas diferentes.

Quanto aos ângulos, os triângulos podem ser denominados:

Acutângulo: possui os ângulos internos com medidas menores que 90°.

Obtusângulo: possui um dos ângulos com medida maior que 90°.

Retângulo: possui um ângulo com medida de 90°, chamado ângulo reto.

No triângulo retângulo existem importantes relações, uma delas é o **Teorema de Pitágoras**, que diz o seguinte: "A soma dos quadrados dos catetos é igual ao quadrado da hipotenusa".

$$a^2 = b^2 + c^2$$

A condição de existência de um triângulo é: um lado do triângulo seja sempre menor do que a soma dos outros dois lados e seja sempre maior do que a diferença desses dois lados.

15.2 Trigonometria no Triângulo Retângulo

As razões trigonométricas básicas são relações entre as medidas dos lados do triângulo retângulo e seus ângulos. As três funções básicas mais importantes da trigonometria são: seno, cosseno e tangente. O ângulo é indicado pela **letra x**.

Função	Notação	Definição
seno	sen(x)	$\dfrac{\text{medida do cateto oposto a x}}{\text{medida da hipotenusa}}$
cosseno	cos(x)	$\dfrac{\text{medida do cateto adjacente a x}}{\text{medida da hipotenusa}}$
tangente	tan(x)	$\dfrac{\text{medida do cateto oposto a x}}{\text{medida do cateto adjacente a x}}$

Relação fundamental: para todo ângulo x (medido em radianos), vale a importante relação:

$$\cos^2(x) + \text{sen}^2(x) = 1$$

15.3 Trigonometria em um Triângulo Qualquer

Os problemas envolvendo trigonometria são resolvidos em sua maioria por meio da comparação com triângulos retângulos. Mas no cotidiano algumas situações envolvem triângulos acutângulos ou triângulos obtusângulos. Nesses casos, necessitamos do auxílio da Lei dos Senos ou dos Cossenos.

Lei dos Senos

A Lei dos Senos estabelece relações entre as medidas dos lados com os senos dos ângulos opostos aos lados. Observe:

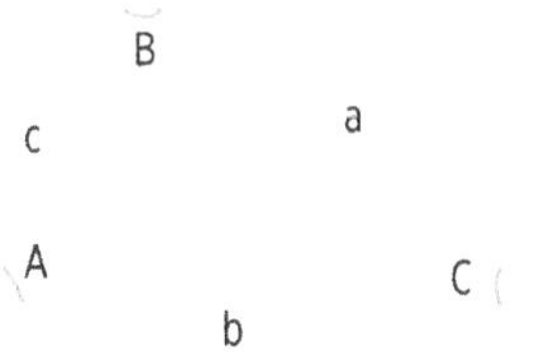

$$\frac{a}{\text{sen}A} = \frac{b}{\text{sen}B} = \frac{c}{\text{sen}C}$$

Lei dos Cossenos

Nos casos em que não pode aplicar a Lei dos Senos, existe o recurso da Lei dos Cossenos. Ela permite trabalhar com a medida de dois segmentos e a medida de um ângulo. Dessa forma, se dado um triângulo ABC de lados medindo a, b e c, temos:

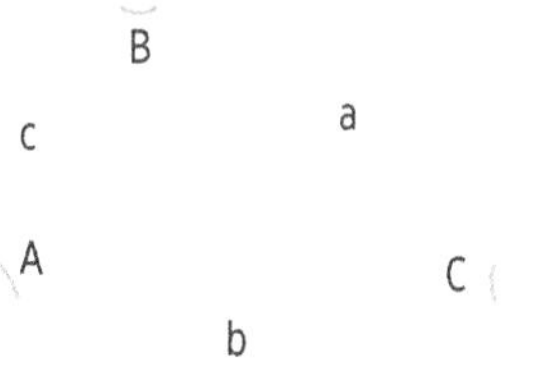

$$a^2 = b^2 + c^2 - 2.b.c.\cos A$$
$$b^2 = a^2 + c^2 - 2.a.c.\cos B$$
$$c^2 = a^2 + b^2 - 2.a.b.\cos C$$

15.4 Medidas dos Ângulos

Medidas em Grau

Sabe-se que uma volta completa na circunferência corresponde a 360°; se dividir em 360 arcos, haverá arcos unitários medindo 1° grau. Dessa forma, diz-se que a circunferência é simplesmente um arco de 360° com o ângulo central medindo uma volta completa ou 360°.

Também se pode dividir o arco de 1° grau em 60 arcos de medidas unitárias iguais a 1' (arco de um minuto). Da mesma forma podemos dividir o arco de 1' em 60 arcos de medidas unitárias iguais a 1" (arco de um segundo).

Medidas em Radianos

Dada uma circunferência de centro O e raio R, com um arco de comprimento s e α o ângulo central do arco, vamos determinar a medida do arco em radianos de acordo com a figura a seguir:

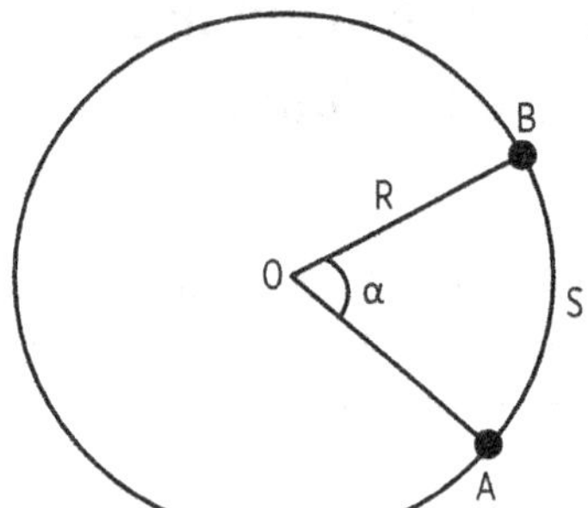

Diz-se que o arco mede um radiano se o comprimento do arco for igual à medida do raio da circunferência. Assim, para saber a medida de um arco em radianos, deve-se calcular quantos raios da circunferência são precisos para se ter o comprimento do arco. Portanto:

$$\alpha = \frac{S}{R}$$

Com base nessa fórmula, podemos expressar outra expressão para determinar o comprimento de um arco de circunferência:

$$s = \alpha \cdot R$$

De acordo com as relações entre as medidas em grau e radiano de arcos, vamos destacar uma regra de três capaz de converter as medidas dos arcos.

360° → 2π radianos (aproximadamente 6,28)

180° → π radiano (aproximadamente 3,14)

90° → π/2 radiano (aproximadamente 1,57)

45° → π/4 radiano (aproximadamente 0,785)

Medida em graus	Medida em radianos
180	π
x	a

15.5 Ciclo Trigonométrico

Considerando um plano cartesiano, representados nele um círculo com centro na origem dos eixos e raios.

Divide-se o ciclo trigonométrico em quatro arcos, obtendo quatro quadrantes.

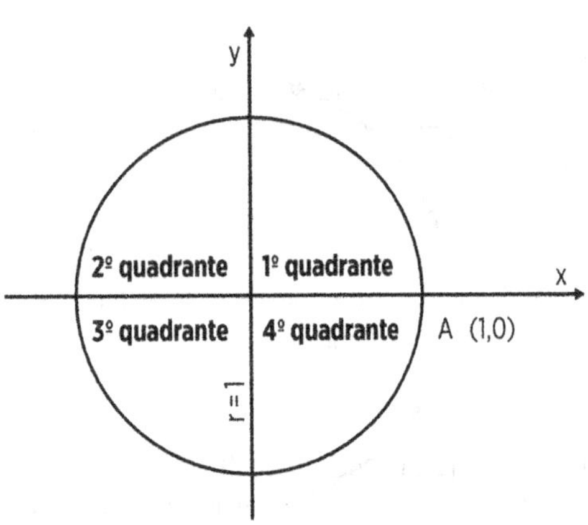

Dessa forma, obtêm-se as relações:

Em graus : Em radianos :

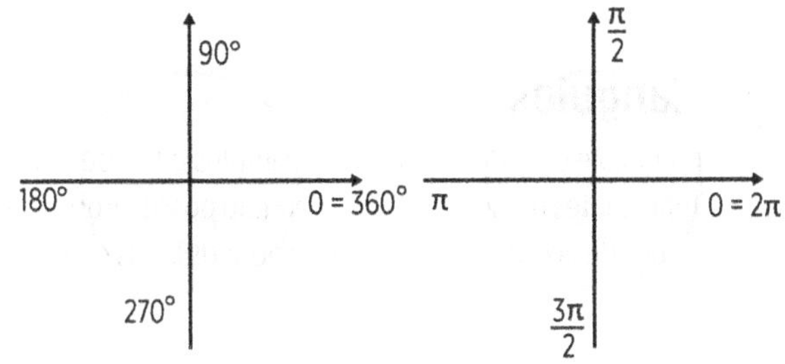

Razões Trigonométricas

As principais razões trigonométricas são:

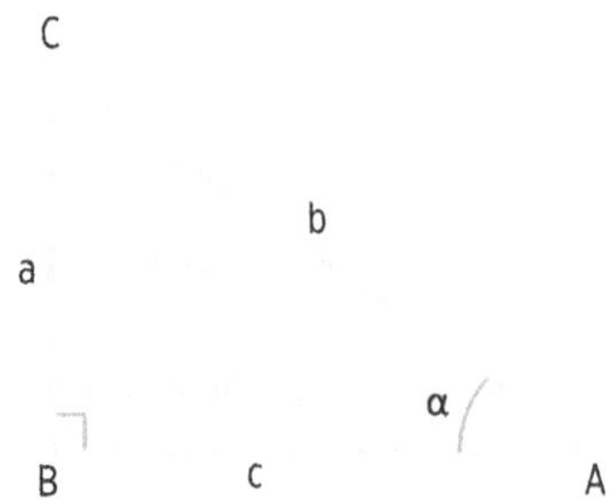

$$\text{sen } \alpha = \frac{\text{comprimento do cateto oposto}}{\text{comprimento da hipotenusa}} = \frac{a}{b}$$

$$\cos \alpha = \frac{\text{comprimento do cateto adjacente}}{\text{comprimento da hipotenusa}} = \frac{c}{b}$$

$$\text{tg } \alpha = \frac{\text{comprimento do cateto oposto}}{\text{comprimento do cateto adjacente}} = \frac{a}{c}$$

Outras razões decorrentes dessas são:

$$\text{tg } x = \frac{\text{sen } x}{\cos x}$$

$$\text{cotg } x = \frac{1}{\text{tg } x} = \frac{\cos x}{\text{sen } x}$$

$$\sec x = \frac{1}{\cos x}$$

$$\text{cossec } x = \frac{1}{\text{sen } x}$$

A partir da relação fundamental, encontram-se ainda as seguintes relações:

$(\text{sen } x)^2 + (\cos x)^2 = 1$ = [relação fundamental da trigonometria]

$1 + (\text{cotg } x)^2 = (\text{cossec } x)^2$

$1 + (\text{tg } x)^2 = (\sec x)^2$

Redução ao 1° Quadrante

$\text{sen}(90° - \alpha) = \cos \alpha$

$\cos(90° - \alpha) = \text{sen } \alpha$

$\text{sen}(90° + \alpha) = \cos \alpha$

$\cos(90° + \alpha) = -\text{sen } \alpha$

$\text{sen}(180° - \alpha) = \text{sen } \alpha$

$\cos(180° - \alpha) = -\cos \alpha$

$\text{tg}(180° - \alpha) = -\text{tg } \alpha$

sen(180° + α) = -sen α

cos(180° + α) = -cos α

sen(270° - α) = -cos α

cos(270° - α) = -sen α

sen(270° + α) = -cos α

cos(270° + α) = sen α

sen(-α) = -sen α

cos(-α) = cos α

tg(-α) = -tg α

15.6 Funções Trigonométricas

Função Seno

Chama-se função seno a função **f(x) = sen x.**

O domínio dessa função é R e a imagem é Im [-1,1]; visto que, na circunferência trigonométrica, o raio é unitário.

Então:

Domínio de $f(x)$ = sen x; D(sen x) = R.

Imagem de $f(x)$ = sen x; Im(sen x) = [-1,1] .

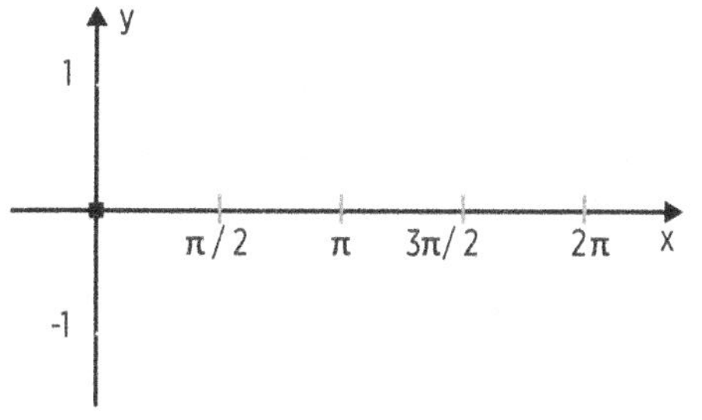

Sinal da Função

$f(x)$ = sen x é positiva no 1° e 2° quadrantes (ordenada positiva);

$f(x)$ = sen x é negativa no 3° e 4° quadrantes (ordenada negativa).

Quando $x \in \left[0, \frac{\pi}{2}\right]$, 1° quadrante, o valor de sen x cresce de 0 a 1.

Quando $x \in \left[\frac{\pi}{2}, \pi\right]$, 2° quadrante, o valor de sen x decresce de 1 a 0.

Quando $x \in \left[\pi, \frac{3\pi}{2}\right]$, 3° quadrante, o valor de sen x decresce de 0 a -1.

Quando $x \in \left[\frac{3\pi}{2}, 2\pi\right]$, 4° quadrante, o valor de sen x cresce de -1 a 0.

Função Cosseno

Chama-se função cosseno a função **f(x) = cos x.**

O domínio dessa função também é R e a imagem é Im [-1,1]; visto que, na circunferência trigonométrica, o raio é unitário.

Então:

Domínio de $f(x)$ = cos x; D(cos x) = R.

Imagem de $f(x)$ = cos x; Im(cos x) = [-1,1].

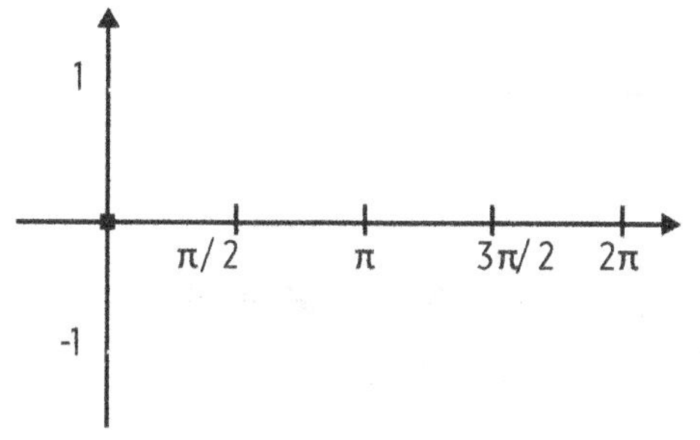

Sinal da Função

$f(x)$ = cos x é positiva no 1º e 4º quadrantes (abscissa positiva);

$f(x)$ = cos x é negativa no 2º e 3º quadrantes (abscissa negativa).

Quando $x \in \left[0, \frac{\pi}{2}\right]$, 1º quadrante, o valor do cos x decresce de 1 a 0.

Quando $x \in \left[\frac{\pi}{2}, \pi\right]$, 2º quadrante, o valor do cos x decresce de 0 a -1.

Quando $x \in \left[\pi, \frac{3\pi}{2}\right]$, 3º quadrante, o valor do cos x cresce de -1 a 0.

Quando, $x \in \left[\frac{3\pi}{2}, 2\pi\right]$ 4º quadrante, o valor do cos x cresce de 0 a 1.

Função Tangente

Chama-se função tangente a função **f(x) = tg x.**

Então:

Domínio de $f(x)$: o domínio dessa função são todos os números reais, exceto os que zeram o cosseno, pois não existe cos x = 0

Imagem de $f(x)$ = Im =] -∞, ∞[

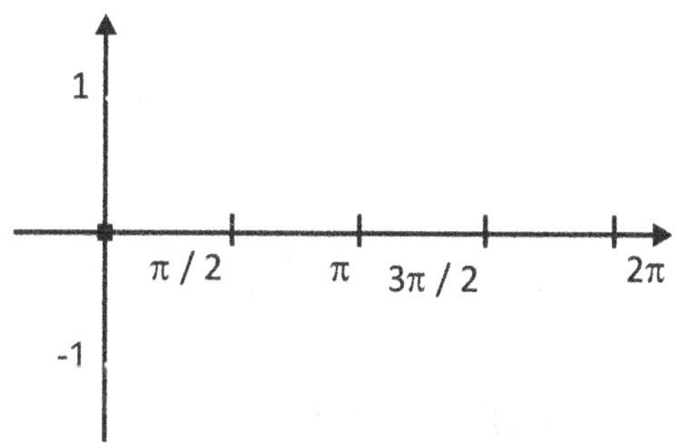

Sinal da Função

$f(x)$ = tg x é positiva no 1º e 3º quadrantes (produto da ordenada pela abscissa positiva);

$f(x)$ = tg x é negativa no 2º e 4º quadrantes (produto da ordenada pela abscissa negativa).

Outras Funções

Função Secante

Denomina-se função secante a função:

$$f(x) = \frac{1}{\cos x}$$

Função Cossecante

Denomina-se função cossecante a função:

$$f(x) = \frac{1}{\operatorname{sen} x}$$

Função Cotangente

Denomina-se função cossecante a função:

$$f(x) = \frac{1}{\text{tg } x}$$

15.7 Identidades e Operações Trigonométricas

As mais comuns são as seguintes:

sen(a + b) = sen a · cos b + sen b · cos a

sen(a - b) = sen a · cos b - sen b · cos a

cos(a + b) = cos a · cos b - sen a · cos b

cos(a - b) = cos a · cos b + sen a · cos b

$$\text{tg}\,(a+b) = \frac{\text{tga} + \text{tgb}}{1 - \text{tga} \cdot \text{tgb}}$$

$$\text{tg}\,(a-b) = \frac{\text{tga} - \text{tgb}}{1 + \text{tga} \cdot \text{tgb}}$$

sen(2x) = 2 · sen(x) · cos(x)

cos(2x) = $\cos^2(x) - \text{sen}^2(x)$

$$\text{tg}(2x) = \left(\frac{2 \cdot \text{tg}(x)}{1 - \text{tg}^2(x)}\right)$$

$$\text{sen}(x) + \text{sen}(y) = 2 \cdot \text{sen}\left(\frac{x+y}{2}\right) \cdot \cos\left(\frac{x-y}{2}\right)$$

$$\text{sen}(x) - \text{sen}(y) = 2 \cdot \text{sen}\left(\frac{x-y}{2}\right) \cdot \cos\left(\frac{x+y}{2}\right)$$

$$\cos(x) + \cos(y) = 2 \cdot \cos\left(\frac{x+y}{2}\right) \cdot \cos\left(\frac{x-y}{2}\right)$$

$$\cos(x) - \cos(y) = -2 \cdot \text{sen}\left(\frac{x+y}{2}\right) \cdot \text{sen}\left(\frac{x-y}{2}\right)$$

15.8 Bissecção de Arcos ou Arco Metade

Também temos a fórmula do arco metade para senos, cossenos e tangentes:

1. $\sin\left(\frac{a}{2}\right) = \pm\sqrt{\frac{1-\cos(a)}{2}}$

2. $\cos\left(\frac{a}{2}\right) = \pm\sqrt{\frac{1+\cos(a)}{2}}$

3. $\tan\left(\frac{a}{2}\right) = \pm\sqrt{\frac{1-\cos(a)}{1+\cos(a)}}$

Questões

01. (CESPE) – 2018. Na preparação de uma ação policial, um agente fez algumas medições em uma casa noturna, mostradas na figura a seguir. O agente, em pé no ponto A, de frente para a casa noturna, estava a 10 m de distância do ponto C, correspondente à porta de entrada da casa noturna. Do ponto B, posição dos olhos do agente, ele visualizava uma câmera de segurança no ponto D, no prédio da casa noturna, segundo um ângulo de visão de 30º com a horizontal. Perpendicularmente a AC, e a 24 m de A, ficava localizada uma base móvel para apoio à operação, no ponto E.

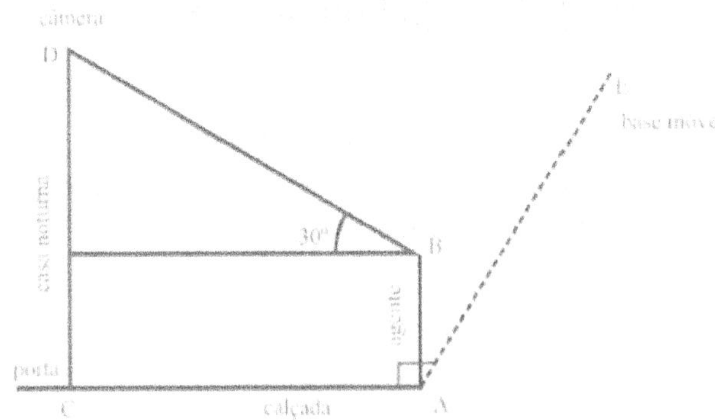

Com referência às informações contidas na situação hipotética e na figura anteriormente apresentadas, julgue o item.

Considerando que AB seja igual a 1,70 m, que essa seja a altura dos olhos do agente e que 0,58 seja o valor aproximado para tg30º, então a câmera estava a uma altura inferior a 7 m.

Certo ( ) Errado ( )

02. (CESPE) – 2018. Julgue o item subsequente, relativo às funções $f(x)=30-\log2(x)$ e $g(x)=7x-2x\cos(\pi x)$.

A função g(x) é crescente e g(3) < 25.

Certo ( ) Errado ( )

03. (CESPE) – 2018. A largura da faixa de areia de uma praia varia com o tempo devido ao movimento das marés. Em metros, a largura C da faixa de areia, em função do tempo t, em horas, é expressa por

$$C = 30 + 20sen\frac{\pi t}{12}, em\ que\ t > 0.$$

Nessa situação, o período de C e a largura máxima da faixa de areia são, respectivamente, iguais a 24 horas e 50 metros.

Certo ( ) Errado ( )

04. (CESPE) – 2011. Considerando a função $f(x) = senx - \sqrt{3}cosx$ em que o ângulo x é medido em graus, julgue o item seguinte.

O valor máximo dessa função é igual a 2.

Certo ( ) Errado ( )

05. (CESPE) – 2007. Julgue o seguinte item com relação a geometria do plano cartesiano, modelos periódicos e modelos lineares.

Considerando-se que Fmin e Fmax sejam os valores mínimo e máximo, respectivamente, da função $f(x) = 53 - \frac{3sen^4x}{2}$, é correto afirmar que $F^2_{mim} + F^2_{max} > 3$..

Certo ( ) Errado ( )

Gabaritos

01	ERRADO
02	ERRADO
03	CERTO
04	CERTO
05	ERRADO

16. GEOMETRIA PLANA

Conceitos Importantes:

Ceviana: as cevianas são segmentos de reta que partem do vértice do triângulo para o lado oposto. Alguns

Mediana: é o segmento de reta que liga um vértice deste triângulo ao ponto médio do lado oposto a este vértice. As medianas se encontram em um ponto chamado de baricentro.

Altura: altura de um triângulo é um segmento de reta perpendicular a um lado do triângulo ou ao seu prolongamento, traçado pelo vértice oposto. As alturas se encontram em um ponto chamado ortocentro.

Bissetriz: é o lugar geométrico dos pontos que equidistam de duas retas concorrentes e, por consequência, divide um ângulo em dois ângulos congruentes. As bissetrizes se encontram em um ponto chamado incentro.

Mediatrizes: são retas perpendiculares a cada um dos lados de um triângulo. As mediatrizes se encontram em um ponto chamado circuncentro.

16.1 Semelhanças de Figuras

Duas figuras (formas geométricas) são semelhantes quando satisfazem a duas condições: os seus ângulos têm o mesmo tamanho e os lados correspondentes são proporcionais.

Nos triângulos existem alguns casos de semelhanças bem conhecidos;

1º caso: LAL (lado, ângulo, lado): dois lados congruentes e o ângulo entre esses lados também congruentes.

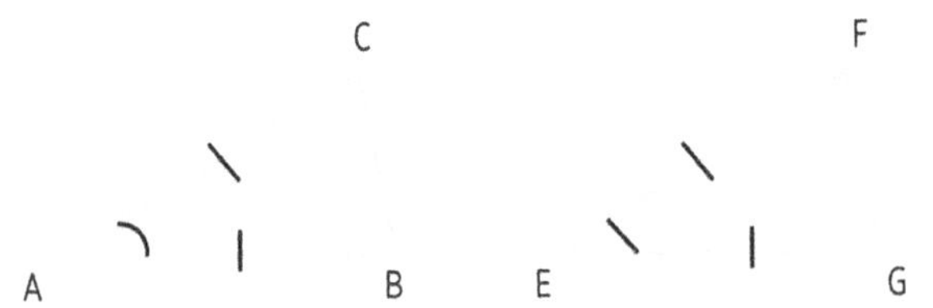

2º caso: LLL (lado, lado, lado): os três lados congruentes.

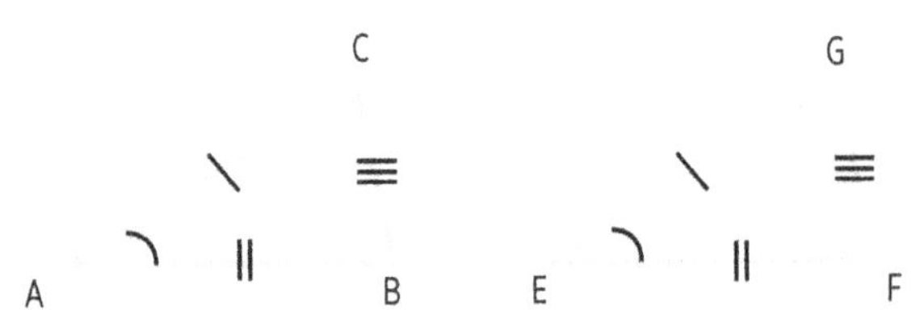

3º caso: ALA (ângulo, lado, ângulo): dois ângulos congruentes e o lado entre esses ângulos também congruente.

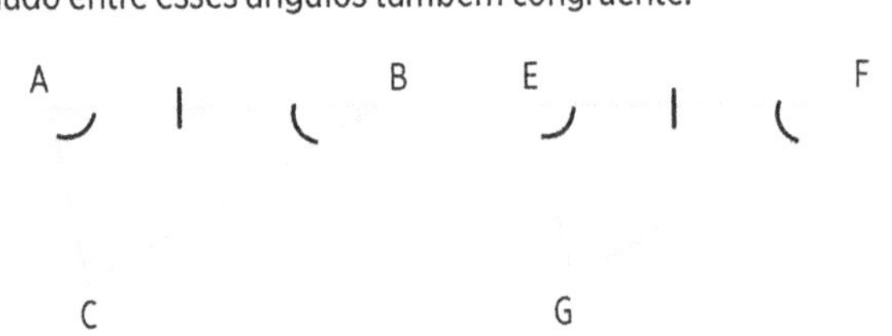

4º caso: LAA_0 (lado, ângulo, ângulo oposto): congruência do ângulo adjacente ao lado, e congruência do ângulo oposto ao lado.

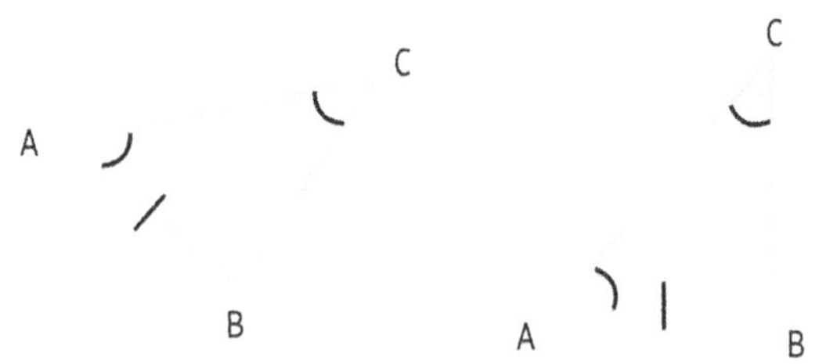

16.2 Relações Métricas nos Triângulos

O Triângulo Retângulo e suas Relações Métricas

Denomina-se triângulo retângulo o triângulo que tem um de seus ângulos retos, ou seja, um de seus ângulos mede 90°. O triângulo retângulo é formado por uma hipotenusa e dois catetos, a hipotenusa é o lado maior, o lado aposto ao ângulo de 90°, e os outros dois lados são os catetos.

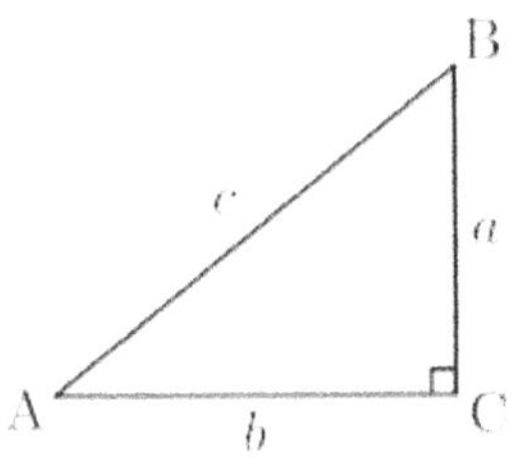

Na figura, podemos observar o triângulo retângulo de vértices A,B e C, e lados a,b e c. Como o ângulo de 90° está no vértice C, então a hipotenusa do triângulo é o lado c, e os catetos são os lados a e b.

Assim, podemos separar um triângulo em dois triângulos semelhantes:

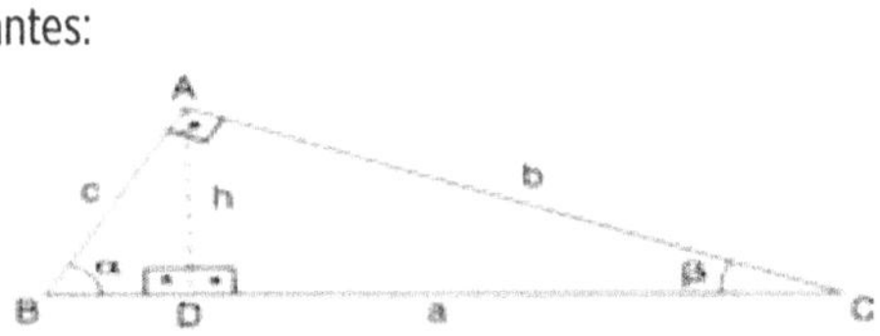

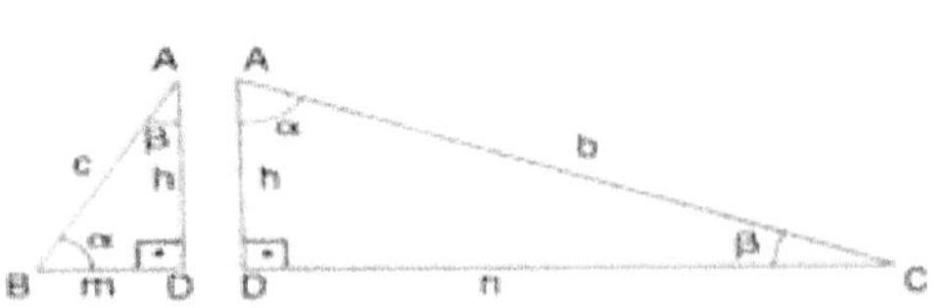

Neste segundo triângulo, podemos observar uma perpendicular à hipotenusa até o vértice A; essa é a altura h do triângulo, separando assim a hipotenusa em dois segmentos, o segmento m e o segmento n, separando esses dois triângulos obtemos dois triângulos retângulos, o triângulo ΔABD e ΔADC. Como os ângulos dos três triângulos são congruentes, então podemos dizer que os triângulos são semelhantes.

Com essa semelhança, ganhamos algumas relações métricas entre os triângulos:

$\frac{c}{a} = \frac{m}{c} \Longrightarrow c^2 = am$

$\frac{c}{a} = \frac{h}{b} \Longrightarrow cb = ah$

$\frac{b}{a} = \frac{n}{b} \Longrightarrow b^2 = an$

$\frac{h}{m} = \frac{n}{h} \Longrightarrow h^2 = mn$

Da primeira e da terceira equação, obtemos:

$c^2 + b^2 = am + an = a(m + n)$.

Como vimos na figura que m+n=a, então temos:

$c^2 + b^2 = aa = a^2$,

ou seja, trata-se do Teorema de Pitágoras.

Lei dos Cossenos

Para um triângulo qualquer demonstra-se que:

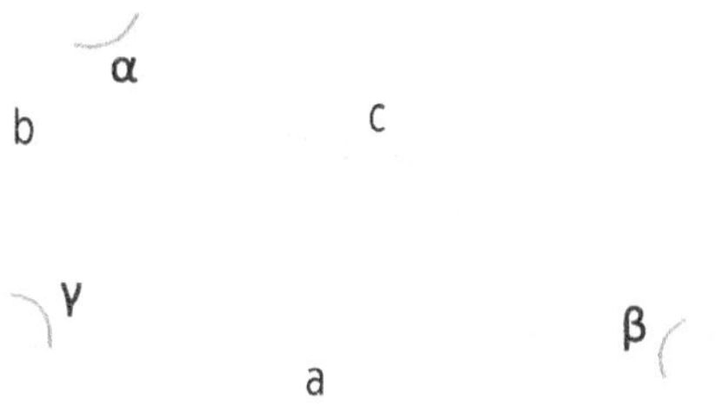

$$a^2 = b^2 + c^2 - 2 \cdot b \cdot c \cdot \cos\alpha$$

Note que o lado "a" do triângulo é oposto ao cosseno do ângulo α.

Lei dos Senos

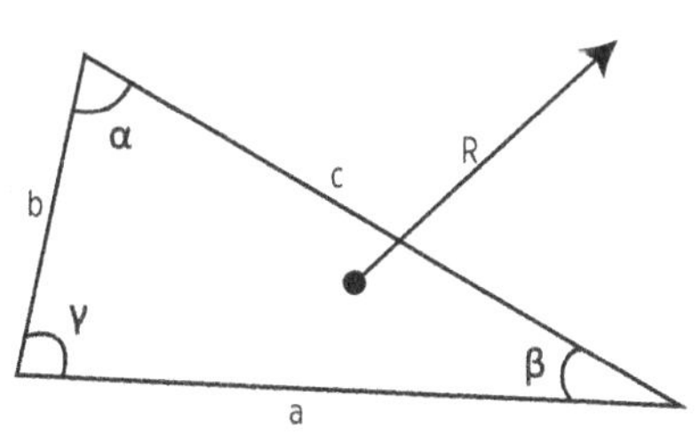

R é o raio da circunferência circunscrita a esse triângulo.

Neste caso, valem as seguintes relações, conforme a lei dos senos:

$$\frac{a}{\text{sen}\alpha} = \frac{b}{\text{sen}\beta} = \frac{c}{\text{sen}\gamma} = 2R$$

16.3 Quadriláteros

Quadrilátero é um polígono de quatro lados. Eles possuem os seguintes elementos:

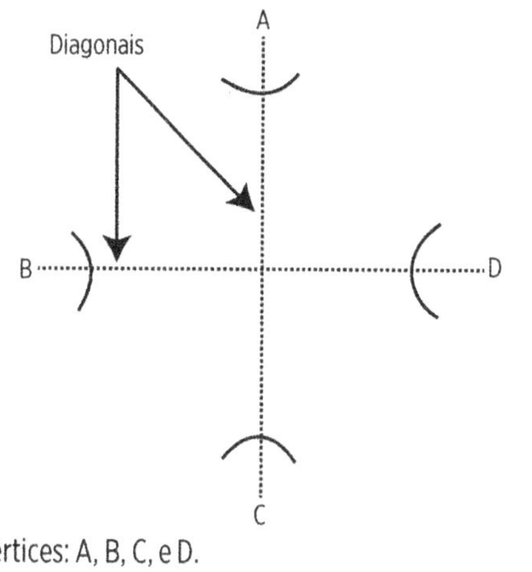

Vértices: A, B, C, e D.

Lados: AB, BC, CD, DA.

Diagonais: AC e BD.

Ângulos internos ou ângulos do quadrilátero ABCD: **Â, B̂, Ĉ e D̂**.

Todo quadrilátero tem duas diagonais.

O perímetro de um quadrilátero ABCD é a soma das medidas de seus lados, ou seja: AB + BC + CD + DA.

Quadriláteros Importantes

Paralelogramo

Paralelogramo é o quadrilátero que tem os lados opostos paralelos.

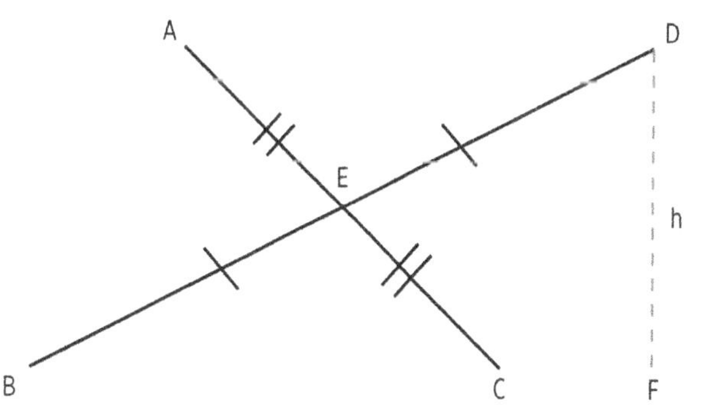

h é a altura do paralelogramo.

Num paralelogramo:

Os lados opostos são congruentes;

Cada diagonal o divide em dois triângulos congruentes;

Os ângulos opostos são congruentes;

As diagonais interceptam-se em seu ponto médio.

Retângulo

Retângulo é o paralelogramo em que os quatro ângulos são congruentes (retos).

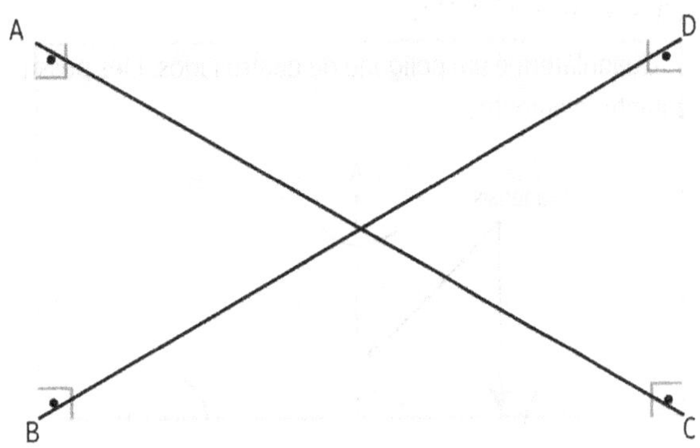

Losango

Losango é o paralelogramo em que os quatro lados são congruentes.

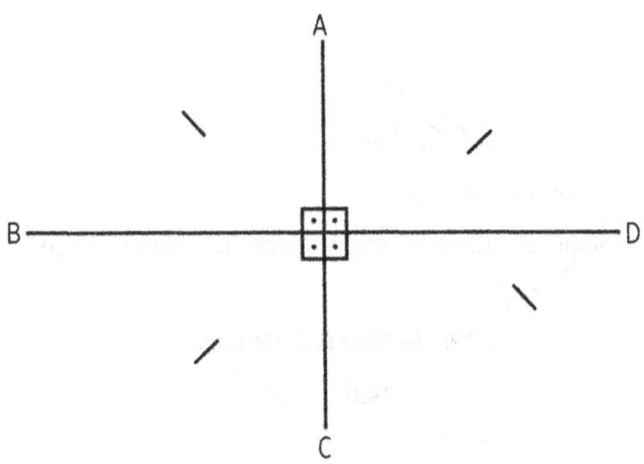

Quadrado

Quadrado é o paralelogramo em que os quatro lados e os quatro ângulos são congruentes.

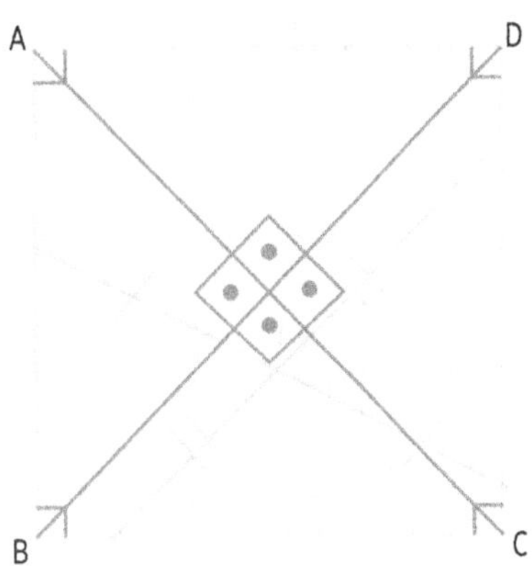

Trapézios

É o quadrilátero que apresenta somente dois lados paralelos chamados bases.

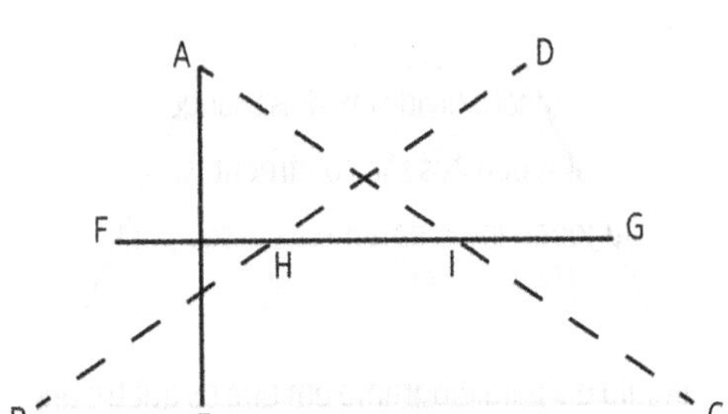

Trapézio Retângulo

É aquele que apresenta dois ângulos retos.

Trapézio Isósceles

É aquele em que os lados não paralelos são congruentes.

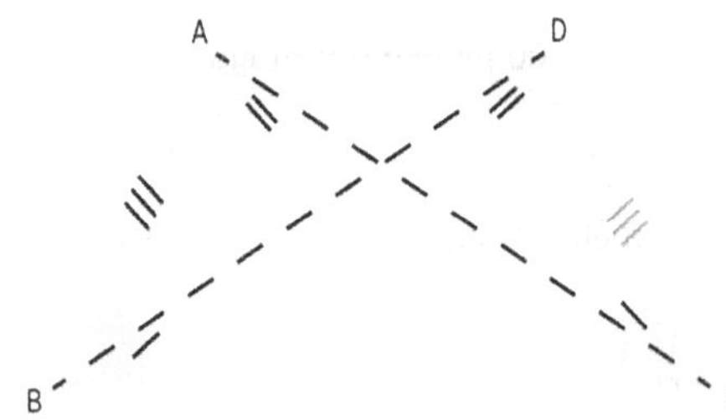

16.4 Polígonos Regulares

Um polígono é regular se todos os seus lados e todos os seus ângulos forem congruentes.

Os nomes dos polígonos dependem do critério que se utiliza para classificá-los. Usando **o número de ângulos** ou o **número de lados**, tem-se a seguinte nomenclatura:

Número de lados (ou ângulos)	Nome do Polígono	
	Em função do número de ângulos	Em função do número de lados
3	triângulo	trilátero
4	quadrângulo	quadrilátero
5	pentágono	pentalátero
6	hexágono	hexalátero
7	heptágono	heptalátero
8	octógono	octolátero
9	eneágono	enealátero
10	decágono	decalátero
11	undecágono	undecalátero
12	dodecágono	dodecalátero
15	pentadecágono	pentadecalátero
20	icoságono	icosalátero

Nos polígonos regulares cada ângulo externo é dado por:

$$\mathbf{e = \frac{360^\circ}{n}}$$

A soma dos ângulos internos é dada por:

$$S_i = 180 \cdot (n - 2)$$

E cada ângulo interno é dado por:

$$i = \frac{180(n-2)}{n}$$

Diagonais de um Polígono

O segmento que liga dois vértices não consecutivos de polígono é chamado de diagonal.

O número de diagonais de um polígono é dado pela fórmula:

$$d = \frac{n \cdot (n-3)}{2}$$

16.5 Círculos e Circunferências

Círculo

É a área interna a uma circunferência.

Circunferência

É o contorno do círculo. Por definição, é o lugar geométrico dos pontos equidistantes ao centro.

A distância entre o centro e o lado é o raio.

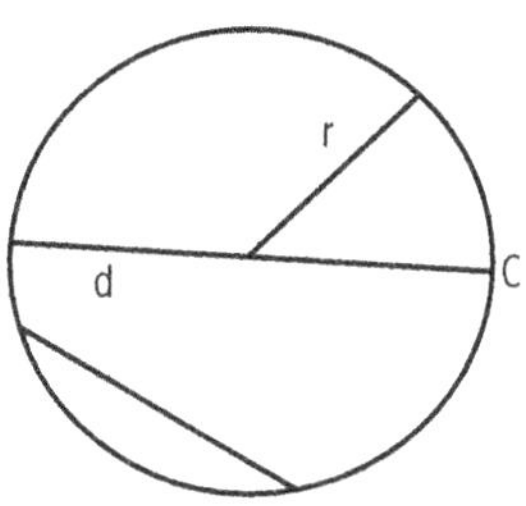

Corda

É o seguimento que liga dois pontos da circunferência.

A maior corda, ou corda maior de uma circunferência, é o diâmetro. Também dizemos que a corda que passa pelo centro é o diâmetro.

Posição Relativa entre Reta e Circunferência

Secante　　Tangente　　Exterior

Uma reta é:

> **Secante**: distância entre a reta e o centro da circunferência é menor que o raio.

> **Tangente**: a distância entre a reta e o centro da circunferência é igual ao raio.

> **Externa**: a distância entre a reta e o centro da circunferência é maior que o raio.

Posição Relativa entre Circunferência

As posições relativas entre circunferência são basicamente 5.

Circunferência Secante

Característica: a distância entre os centros é menor que a soma dos raios das duas, porém, é maior que o raio de cada uma.

Externo

Característica: a distância entre os centros é maior que a soma do raio.

Tangente

Característica: distância entre centro é igual à soma dos raios.

Interna

Característica: distância entre os centros mais o raio da menor é igual ao raio da maior.

Interior

Característica: distância entre os centros menos o raio da menor é menor que o raio da maior.

Ângulo Central e Ângulo Inscrito

Central Inscrito

Um ângulo central sempre é o dobro do ângulo inscrito de um mesmo arco.

As áreas de círculos e partes do círculo são:

$$\text{Área do círculo} = \pi \cdot r^2 = \frac{1}{4} \cdot \pi \cdot D^2$$

$$\text{Área do setor círcular} = \pi \cdot r^2 \cdot \frac{\alpha}{360^\circ} = \frac{1}{2} \cdot \alpha \cdot r^2$$

Área da coroa = área do círculo maior – área do círculo menor

> Os ângulos podem ser expressos em graus (360° = 1 volta) ou em radianos (2π = 1 volta)

16.6 Polígonos Regulares Inscritos e Circunscritos

As principais relações entre a circunferência e os polígonos são:

Qualquer polígono regular é inscritível em uma circunferência.

Qualquer polígono regular e circunscritível a uma circunferência.

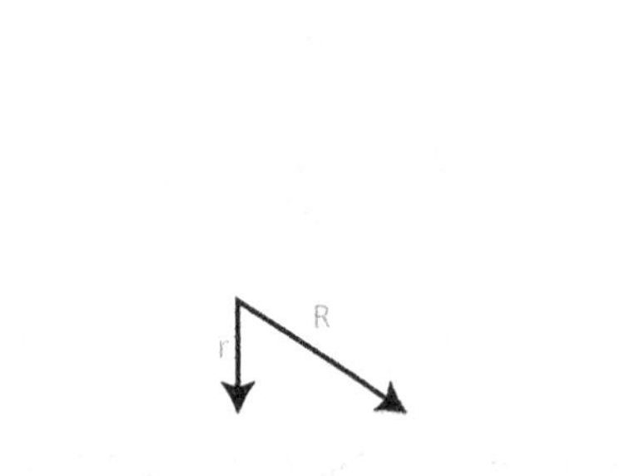

Polígono circunscrito a uma circunferência é o que possui seus lados tangentes à circunferência. Ao mesmo tempo, dizemos que esta circunferência está inscrita no polígono.

Já um polígono é inscrito em uma circunferência se cada vértice do polígono for um ponto da circunferência, e neste caso dizemos que a circunferência é circunscrita ao polígono.

Da inscrição e circunscrição dos polígonos nas circunferências podem-se ter as seguintes relações:

Apótema de um polígono regular é a distância do centro a qualquer lado. Ele é sempre perpendicular ao lado.

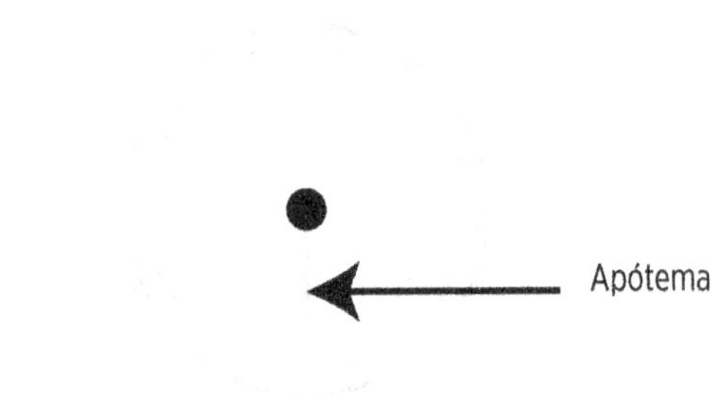

Nos polígonos inscritos:

No Quadrado

Cálculo da medida do lado (L):

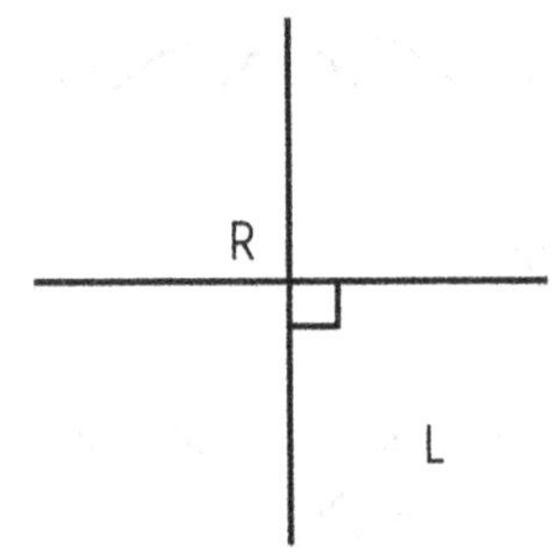

$$L = R\sqrt{2}$$

Cálculo da medida do apótema (a):

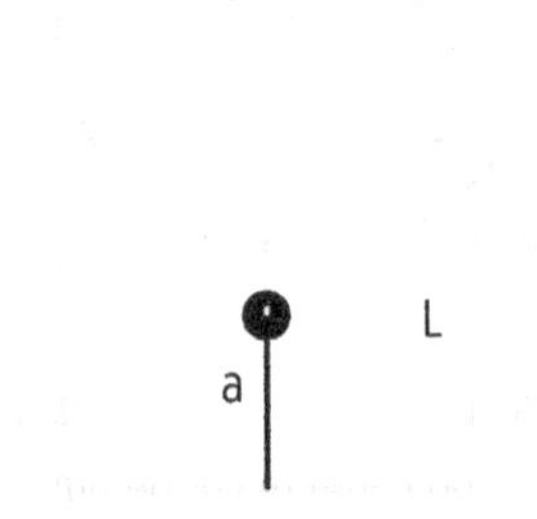

$$a = \frac{R\sqrt{2}}{2}$$

No Hexágono

Cálculo da medida do lado (L):

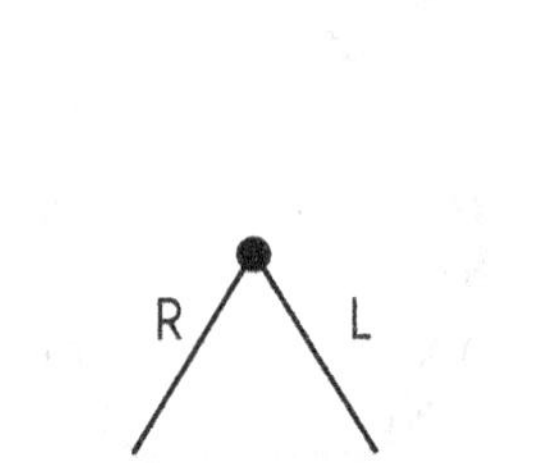

$$L = R$$

Cálculo da medida do apótema (a):

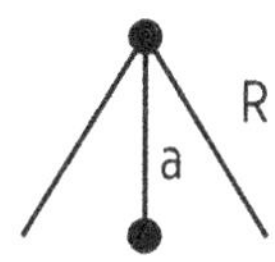

$$a = \frac{R\sqrt{3}}{2}$$

No Triângulo Equilátero

Cálculo da medida do lado (L):

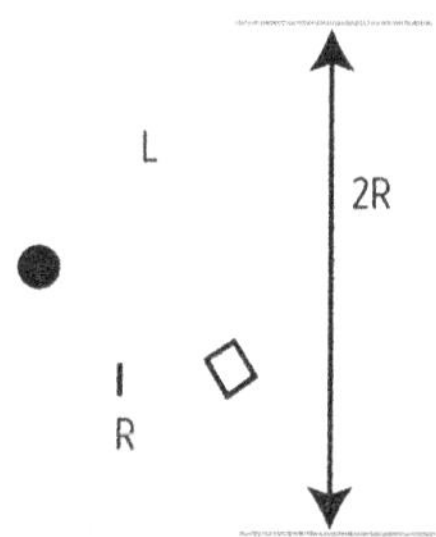

$$L = R\sqrt{3}$$

Cálculo da medida do apótema (a):

$$a = \frac{R}{2}$$

Nos polígonos circunscritos:

No Quadrado

Cálculo da medida do lado (L):

$$L = 2R$$

Cálculo da medida do apótema (a):

$$a = R$$

No Hexágono

Cálculo da medida do lado (L):

$$L = \frac{2R\sqrt{3}}{3}$$

Cálculo da medida do apótema (a):

$$a = R$$

No Triângulo Equilátero

Cálculo da medida do lado (L):

$$L = 2R\sqrt{3}$$

Cálculo da medida do apótema (a):

$$a = R$$

16.7 Perímetros e Áreas dos Polígonos e Círculos

Perímetro

Perímetro: É o contorno da figura ou seja, a soma dos lados da figura.

Para calcular o perímetro do círculo utilize: $P = 2\pi \cdot r$

Área

É o espaço interno, ou seja, a extensão que ela ocupa dentro do perímetro.

As principais áreas (S) de polígonos são:

Retângulo

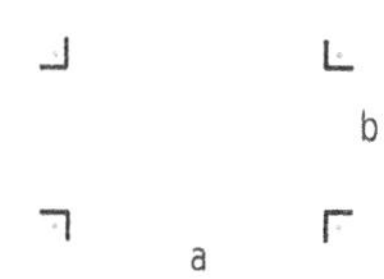

$S = a \cdot b$

Quadrado

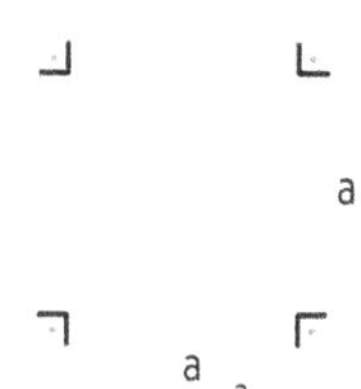

$S = a^2$

Paralelogramo

$S = a \cdot h$

Losango

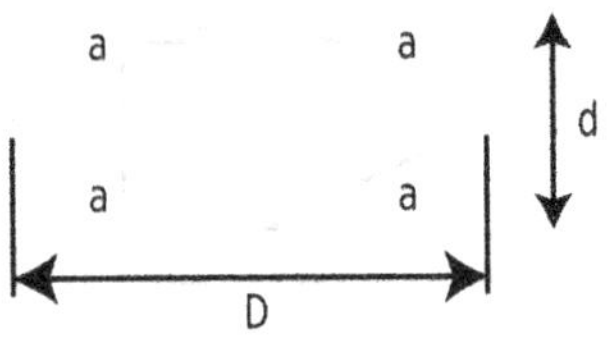

$$S = \frac{D \cdot d}{2}$$

Trapézio

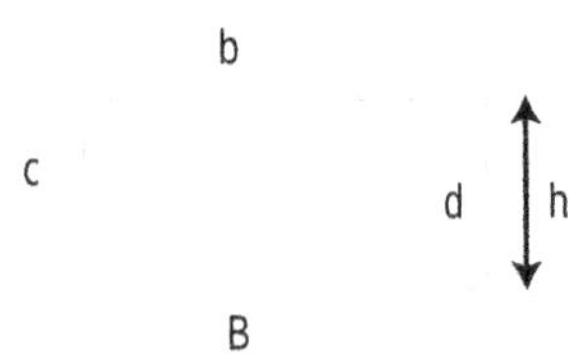

$$S = \frac{(B + b) \cdot h}{2}$$

Triângulo

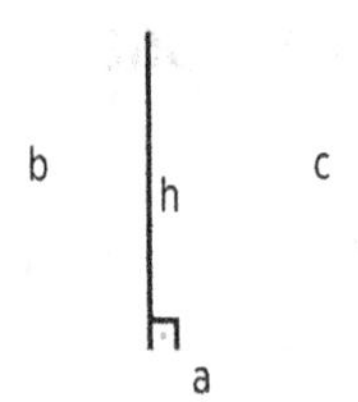

$$S = \frac{a \cdot h}{2}$$

Triângulo Equilátero

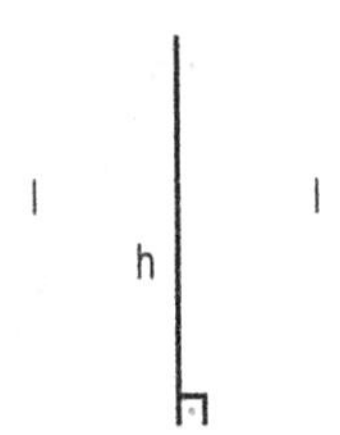

$$S = \frac{l^2\sqrt{3}}{4}$$

Círculo

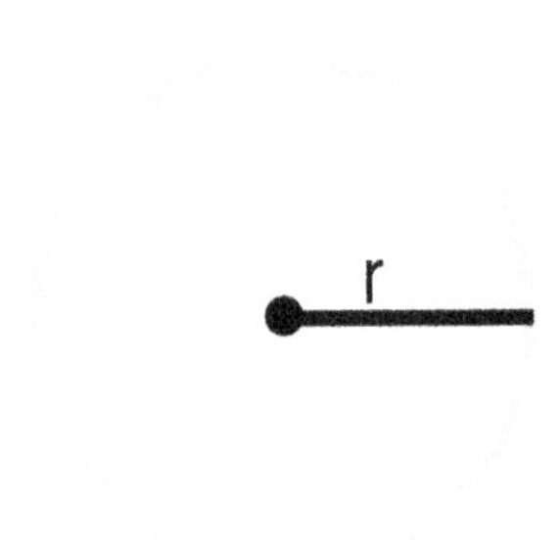

$$S = \pi \cdot r^2$$

Questões

01. (CESPE) – 2018. O triângulo ABC mostrado a seguir está inscrito no retângulo incompleto, de lados pontilhados. As medidas dos lados do retângulo podem ser observadas na figura seguinte.

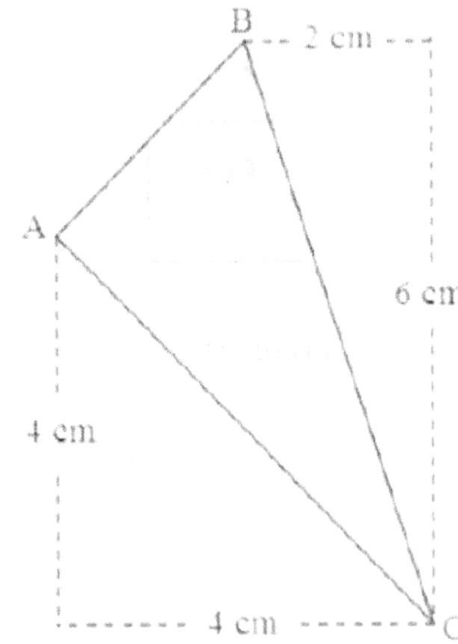

O valor da área do triangulo ABC apresentado anteriormente é igual a 12 cm2.

Certo ( ) Errado ( )

02. (CESPE) – 2018. A figura seguinte mostra a planta baixa de um condomínio. O terreno ocupado pelo condomínio é um quadrado de lados que mede 60 m. Nesse condomínio, as áreas indicadas por E1, E2 e E3 correspondem aos locais onde estão construídos os prédios residenciais, e as regiões em branco correspondem às vias de livre circulação para pedestres e veículos.

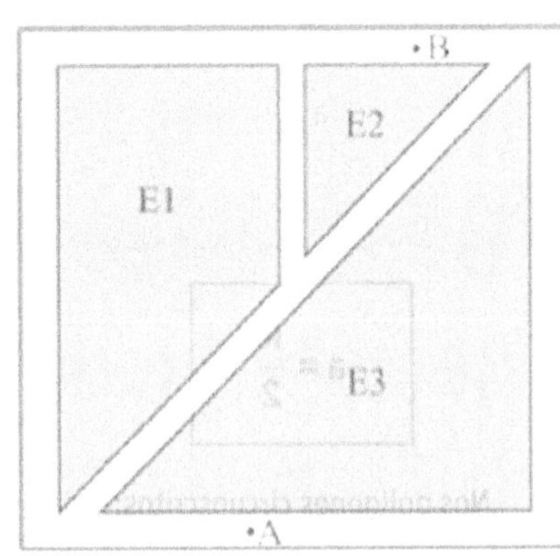

A partir da figura e das informações precedentes, julgue o item a seguir, considerando que a área de E2 seja igual a 200 m2.

Se a área de E3 for igual à área da região ocupada pelas vias de livre circulação e se a área de E1 for igual a 900 m2, então a área de E3 será igual a 1.250 m2.

Certo ( ) Errado ( )

03. (CESPE) – 2018. A figura seguinte ilustra um terreno pentagonal no qual será semeado um cultivar que, para desenvolver-se livre de parasitas, receberá a aplicação, para cada hectare, de 0,5 L de um herbicida especial cujo litro custa R$ 60.

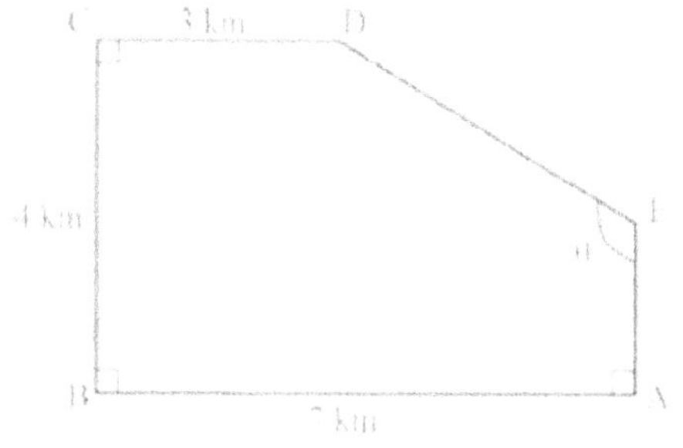

Os cinco lados do terreno são retos e formam o pentágono ABCDE antecedente, em que os ângulos nos vértices A, B e C são retos, AB = 7 km, BC = 4 km e CD = 3 km. Sabe-se também que o ângulo no vértice E é θ, em que $\tan\theta = -2$ e $\tan(\pi - \theta) = 2$.

Na situação apresentada, o custo do herbicida a ser aplicado no terreno será de R$ 7.200.

Certo ( ) Errado ( )

04. (CESPE) – 2018. Em um triângulo retângulo, a hipotenusa mede 13 centímetros e um dos catetos mede 5 centímetros. Nesse triângulo, considere o retângulo inscrito, em que o comprimento do lado maior é igual ao dobro do comprimento do lado menor, e um dos lados maiores está sobre o cateto maior do triângulo.

Com base nessas informações, é correto afirmar que a área desse retângulo é igual a 1800/121.

Certo ( ) Errado ( )

05. (CESPE) – 2018. A figura a seguir mostra uma mesa em que o tampo é um hexágono regular cujo lado mede 80 cm.

Julgue o item que se segue, a respeito da geometria do tampo dessa mesa.

A distância entre dois lados paralelos do tampo da mesa é superior a 1,3 m.

Certo ( ) Errado ( )

Gabaritos

01	CERTO
02	CERTO
03	ERRADO
04	CERTO
05	CERTO

17. GEOMETRIA ESPACIAL

Neste capítulo, serão abordados os principais conceitos de geometria espacial e suas aplicações.

17.1 Retas e Planos

Veja alguns conceitos:

A reta é infinita, ou seja, contém infinitos pontos.

Por um ponto, podem ser traçadas infinitas retas.

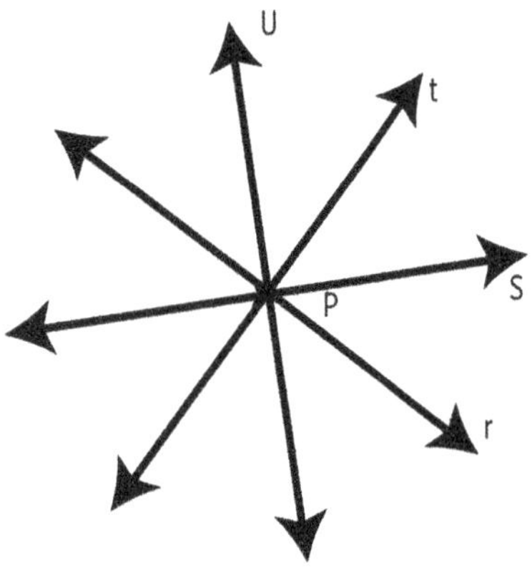

Por dois pontos distintos, passa uma única reta.

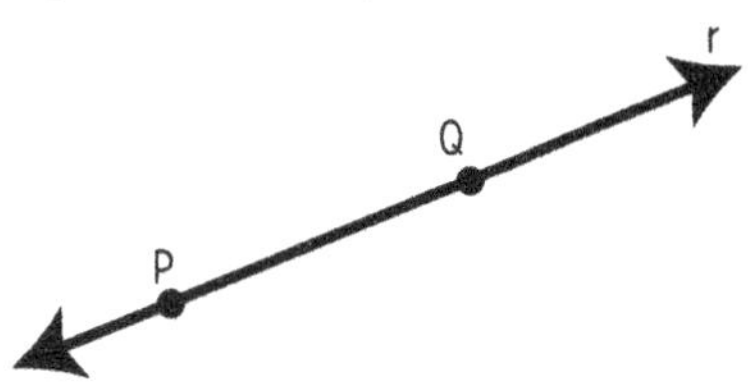

Um ponto qualquer de uma reta divide-a em duas semirretas.

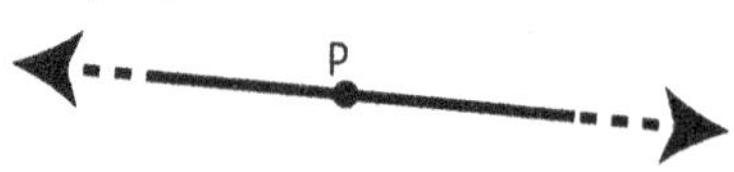

Por três pontos não colineares, passa um único plano.

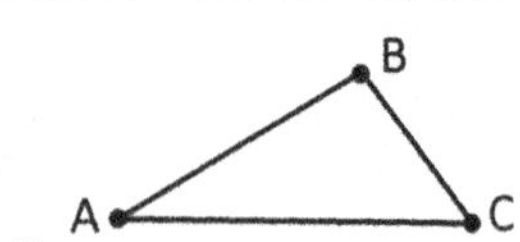

Por uma reta, pode ser traçada uma infinidade de planos.

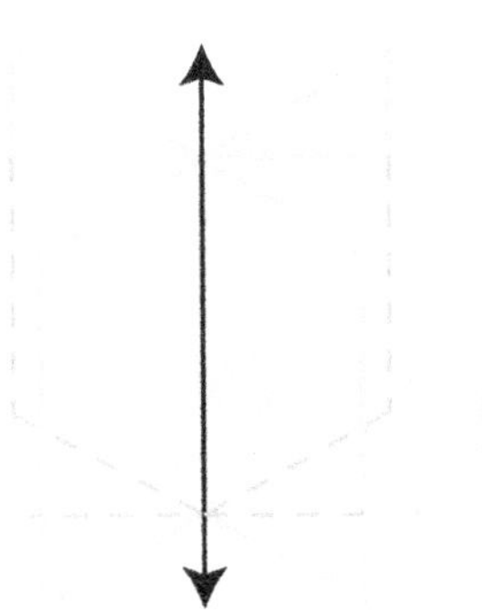

Posições Relativas de Duas Retas

No espaço, duas retas distintas podem ser concorrentes, paralelas ou reversas:

Concorrentes

$r \cap s = \{P\}$

$r \subset \alpha$

$s \subset \alpha$

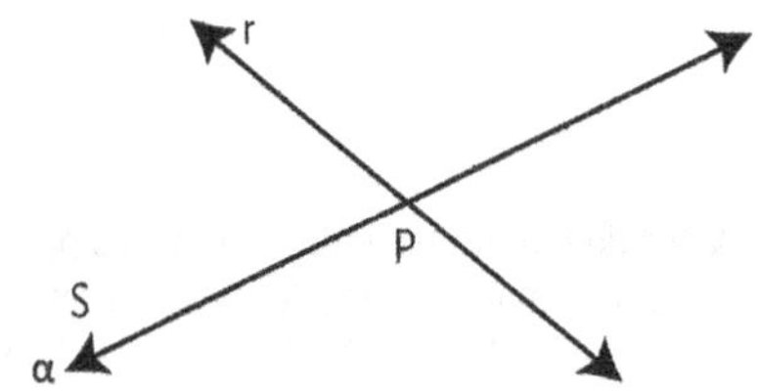

Paralelas

$r \cap s = \{\ \}$

$r \subset \alpha$

$s \subset \alpha$

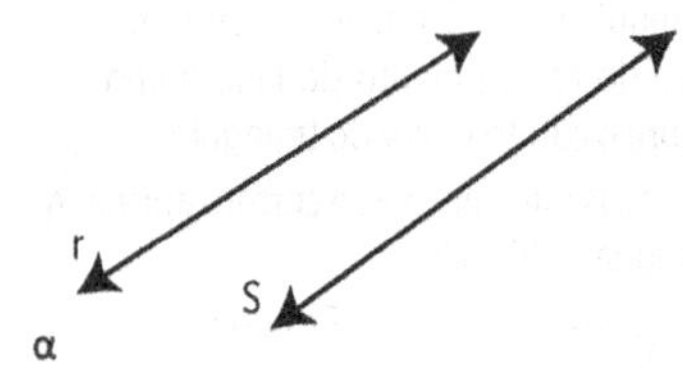

Concorrentes

$r \cap s = \{\ \}$

Não existe plano que contenha

r e s simultaneamente

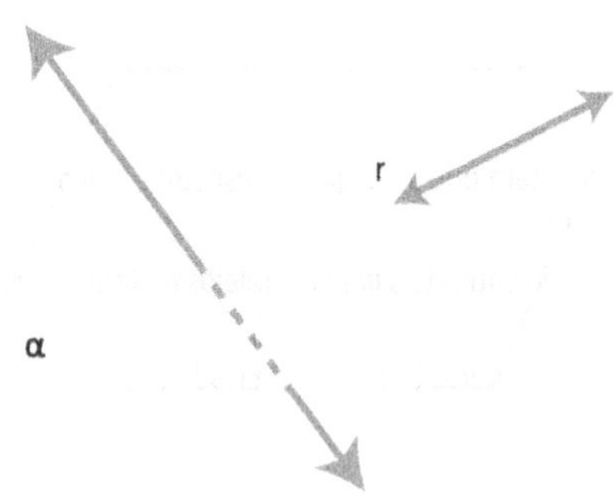

Em particular nas retas concorrentes, há aquelas que são perpendiculares.

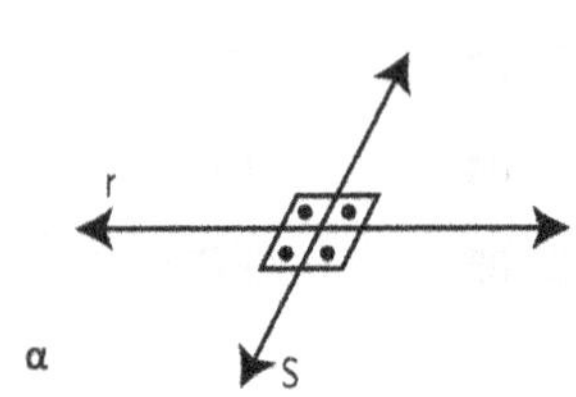

$r \perp s$

Posições Relativas entre Reta e Plano

Reta Contida no Plano

Se uma reta r tem dois pontos distintos num plano α, então, r está contida nesse plano:

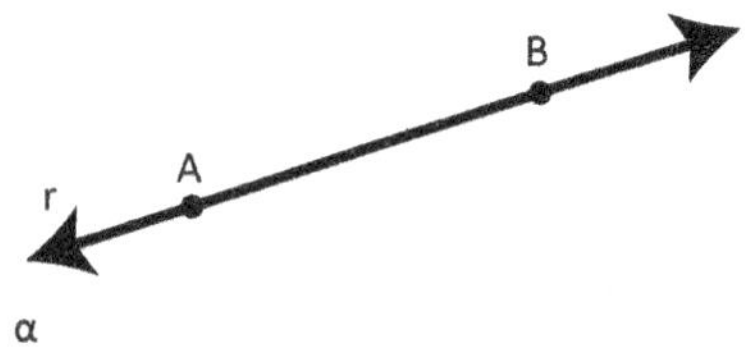

$$\left.\begin{array}{l} A\in\alpha \text{ e } B\in\alpha \\ A\in r \text{ e } B\in r \end{array}\right. \Rightarrow r\subset\alpha$$

Reta Concorrente ou Incidente ao Plano

Dizemos que a reta r "fura" o plano α ou que r e α são concorrentes em P quando $r \cap \alpha = \{P\}$.

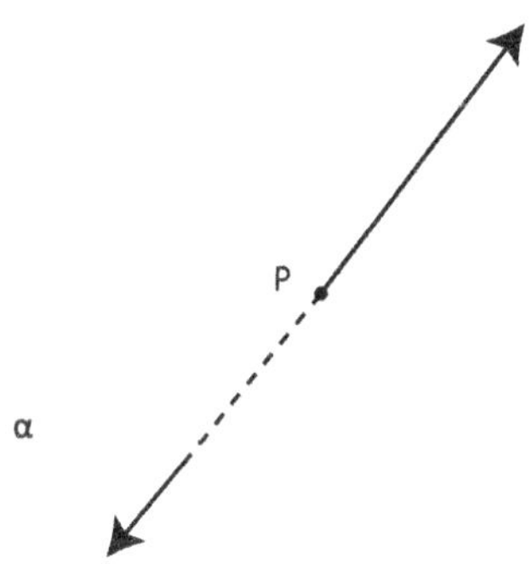

Reta Paralela ao Plano

Se uma reta r e um plano α não tem ponto em comum, então, a reta r é paralela a uma reta t contida no plano α; portanto,

$r \parallel \alpha,\ r \parallel t \text{ e } t \subset \alpha \Rightarrow r \parallel \alpha$

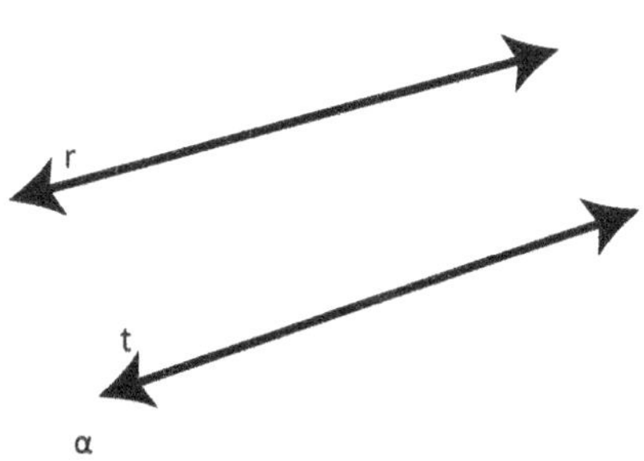

Se dois planos distintos têm um ponto em comum, então, a sua interseção é dada por uma única reta que passa por esse ponto.

Perpendicularismo entre Reta e Plano

Uma reta r é perpendicular a um plano α se, e somente se, r for perpendicular a todas as retas de α que passam pelo ponto de interseção de r e α.

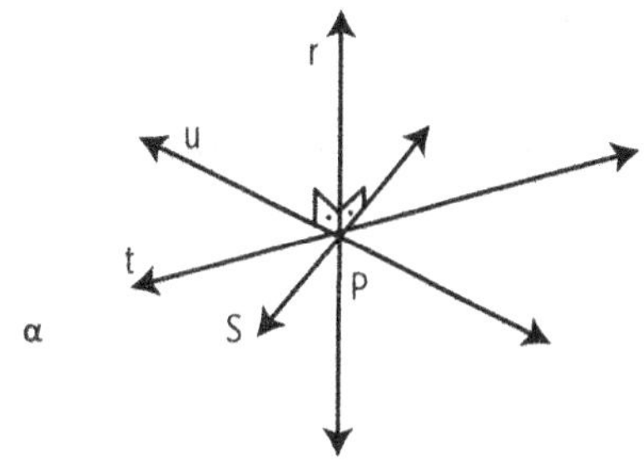

Posições Relativas de Dois Planos

Planos Coincidentes ou Iguais

$\alpha \equiv \beta$

Planos Concorrentes ou Secantes

Dois planos, α e β, são concorrentes quando sua interseção é uma única reta:

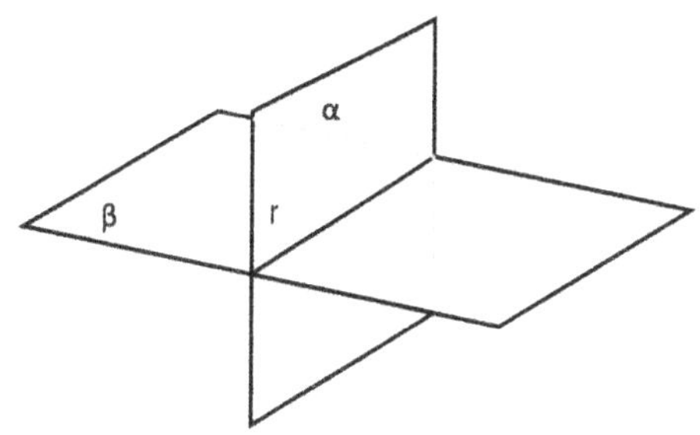

Planos Paralelos

Dois planos, α e β, são paralelos quando sua interseção é vazia:

α

β

Perpendicularismo entre planos

Dois planos, α e β, são perpendiculares se, e somente se, exista uma reta de um deles que seja perpendicular ao outro:

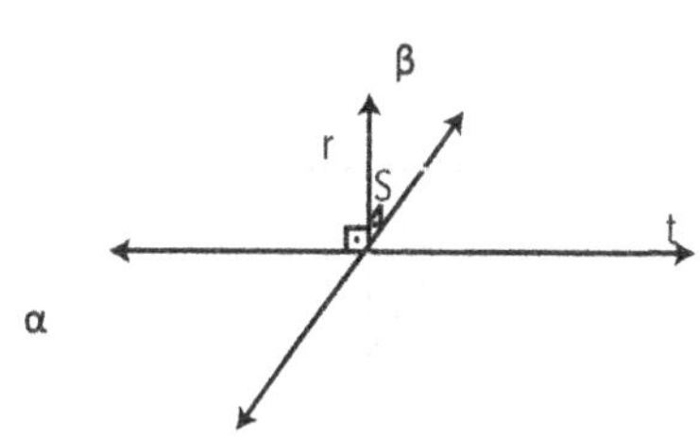

17.2 Prismas

Na figura abaixo, temos dois planos paralelos e distintos, α e β, um polígono convexo R contido em a e uma reta r que intercepta a e β, mas não R:

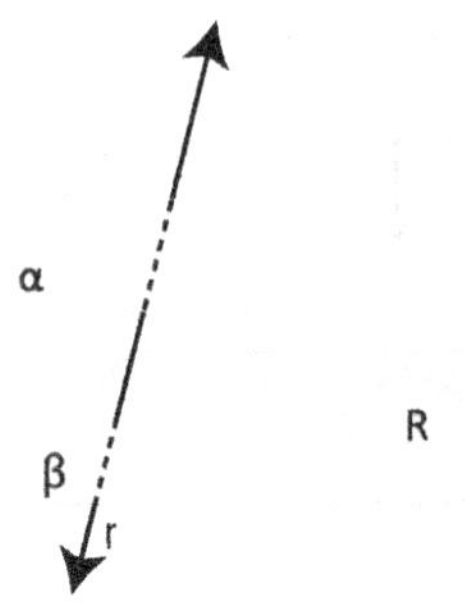

Para cada ponto P da região R, vamos considerar o segmento $\overline{PP}$, paralelo à reta r (P linha, pertence a Beta.)

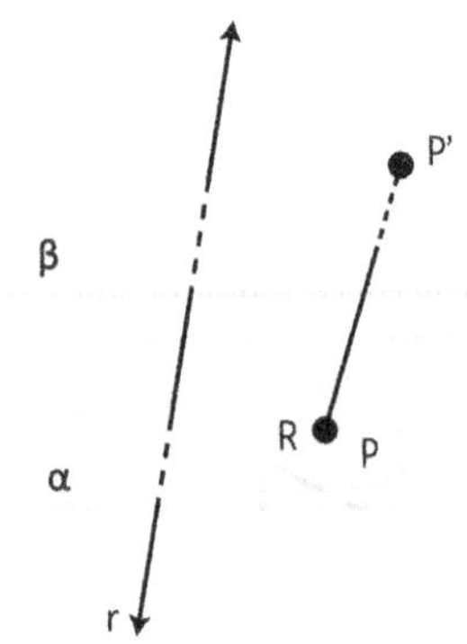

Assim, temos:

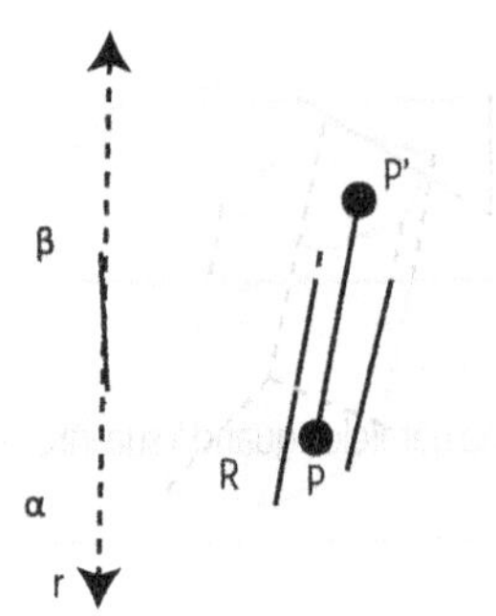

Chama-se de prisma ou prisma limitado o conjunto de todos os segmentos congruentes $\overline{PP}$ paralelos a r.

Elementos do Prisma

Dado o prisma a seguir, considere os seguintes elementos:

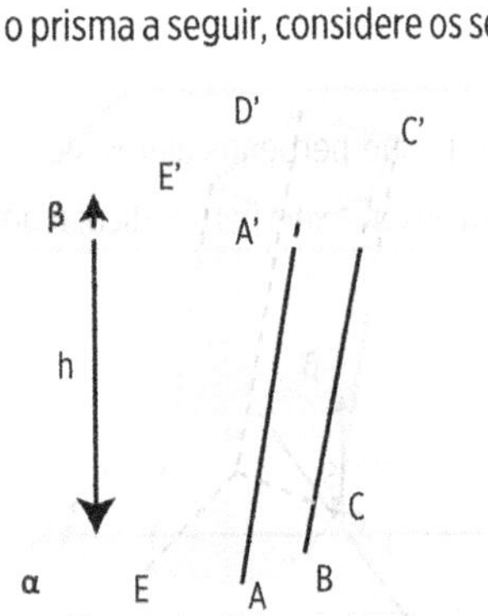

Bases: as regiões poligonais R e S

Altura: a distância h entre os planos α e β

Arestas das bases:

Lados AB, BC, CD, DE, EA, A'B', B'C', D'E', E'A' (dos polígonos)

Arestas laterais:

Os segmentos AA', BB', CC', DD', EE'

Faces laterais: os paralelogramos AA'BB', BB'C'C, CC'D'D, DD'E'E, EE'A'A

Classificação

Um prisma pode ser:

Reto: quando as arestas laterais são perpendiculares aos planos das bases;

Oblíquo: quando as arestas laterais são oblíquas aos planos das bases.

Prisma Reto

Prisma Oblíquo

Prisma Regular Triangular

Chama-se de prisma regular todo prisma reto cujas bases são polígonos regulares:

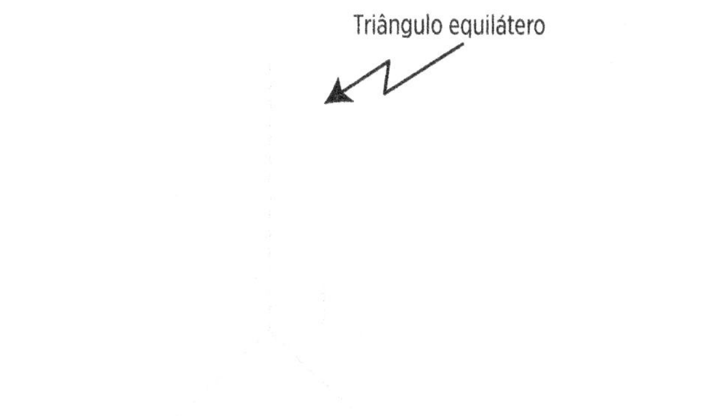

Prisma Regular Hexagonal

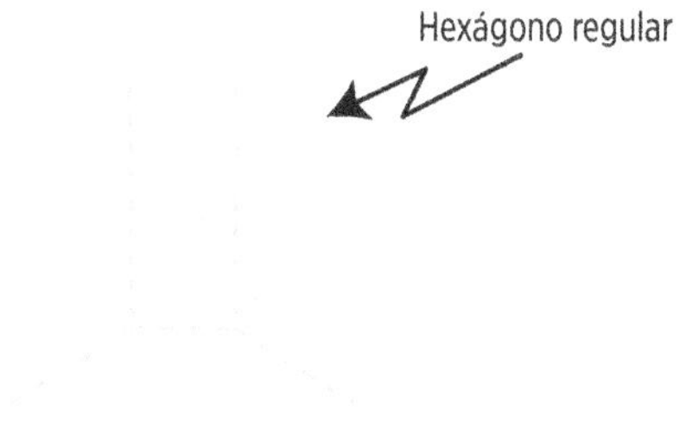

> As faces de um prisma regular são retângulos congruentes.

Áreas

Num prisma, distinguimos dois tipos de superfície: as faces e as bases. Assim, temos de considerar as seguintes áreas:

No prisma regular, temos:

AL = n . AF (n = número de lados do polígono da base).

Área de uma face (A_F): área de um dos paralelogramos que constituem as faces.

Área lateral (A_L): soma das áreas dos paralelogramos que formam as faces do prisma.

Área da base (A_B): área de um dos polígonos das bases.

Área total (A_T): soma da área lateral com a área das bases:

$$A_T = A_L + 2A_B$$

Paralelepípedo

Todo prisma cujas bases são paralelogramos recebe o nome de paralelepípedo. Assim, podemos ter:

Paralelepípedo Oblíquo

Paralelepípedo Reto

Se o paralelepípedo reto tem bases retangulares, ele é chamado de paralelepípedo reto-retângulo, ortoedro ou paralelepípedo retângulo.

Paralelepípedo Retângulo

Diagonais da base e do paralelepípedo:

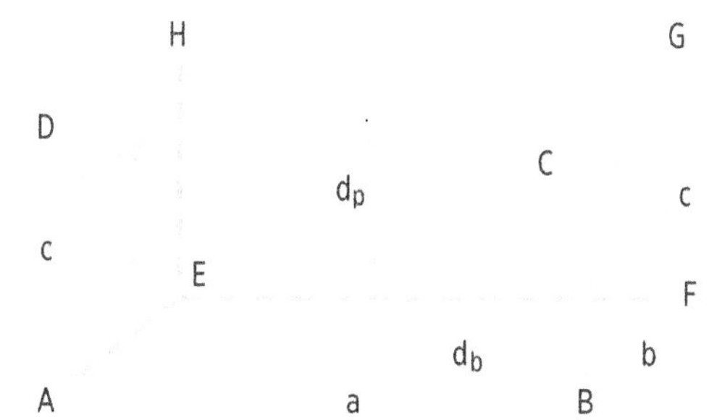

d_b = diagonal da base

d_p = diagonal do paralelepípedo

Na base, ABFE, tem-se:

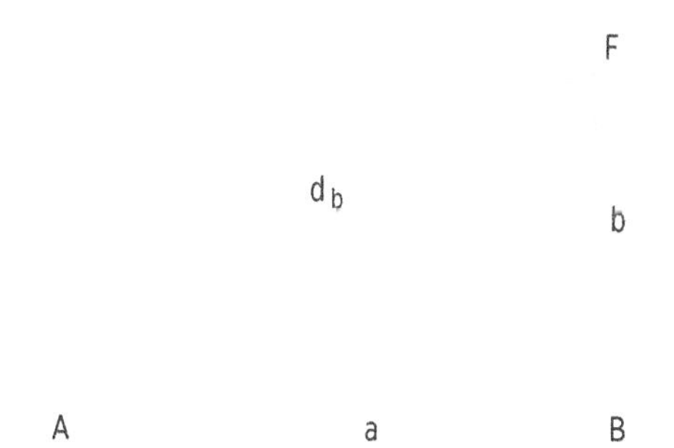

$$d_b^2 = a^2 + b^2 \Longrightarrow d_b = \sqrt{a^2 + b^2}$$

No triângulo AFD, tem-se:

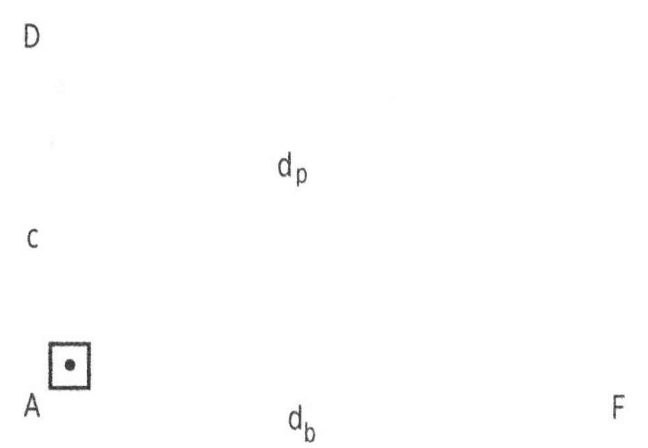

$$d_p^2 = d_b^2 + c^2 = a^2 + b^2 + c^2 \Rightarrow d_p = \sqrt{a^2 + b^2 + c^2}$$

Área Lateral

Sendo A_L a área lateral de um paralelepípedo retângulo, tem-se:

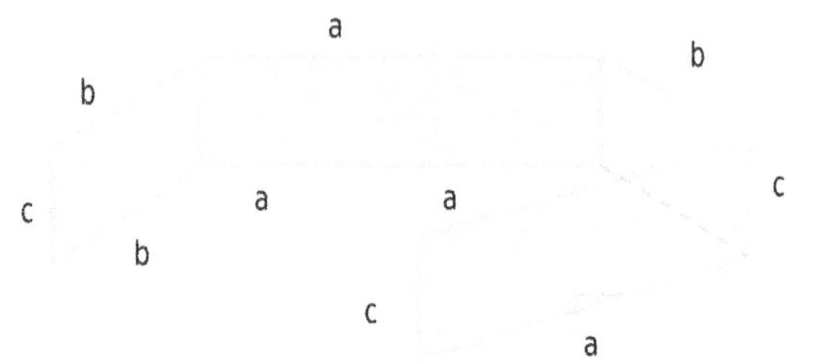

$$A_L = ac + bc + ac + bc = 2ac + 2bc = A_L = 2(ac + bc)$$

Área Total

Planificando o paralelepípedo, verificamos que a área total é a soma das áreas de cada par de faces opostas:

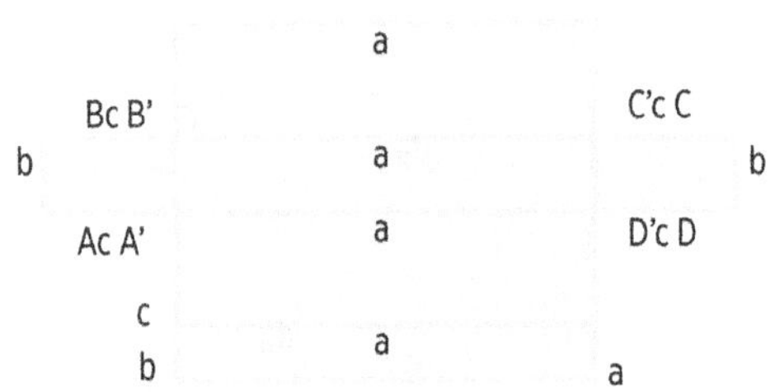

$$A_T = 2(ab + ac + bc)$$

Volume

O volume de um paralelepípedo retângulo de dimensões a, b e c é dado por:

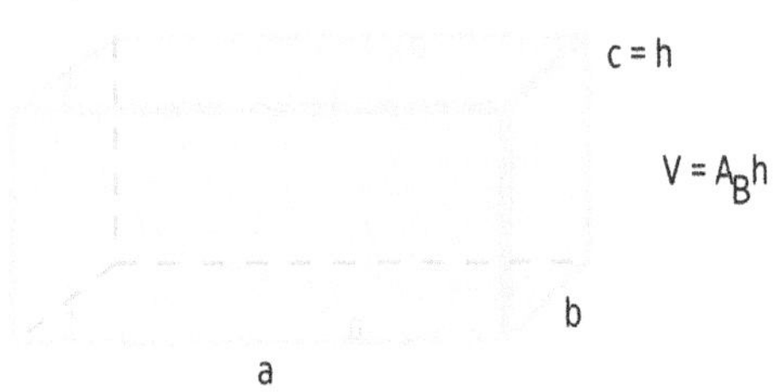

$$V = a.b.c$$

Cubo

Um paralelepípedo retângulo com todas as arestas congruentes (a = b = c) recebe o nome de cubo. Dessa forma, cada face é um quadrado.

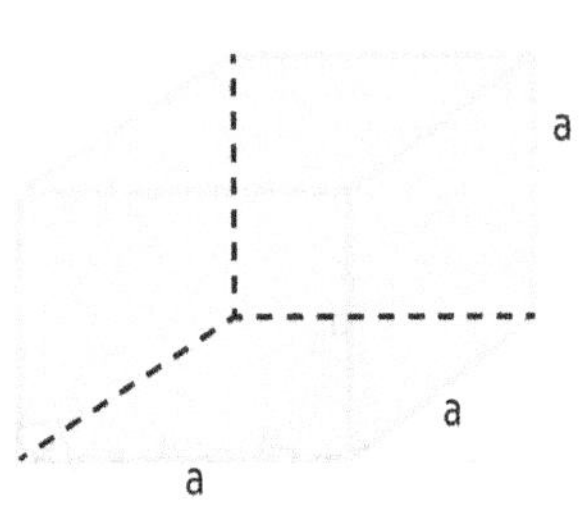

Diagonais da base e do cubo

Considere a figura a seguir:

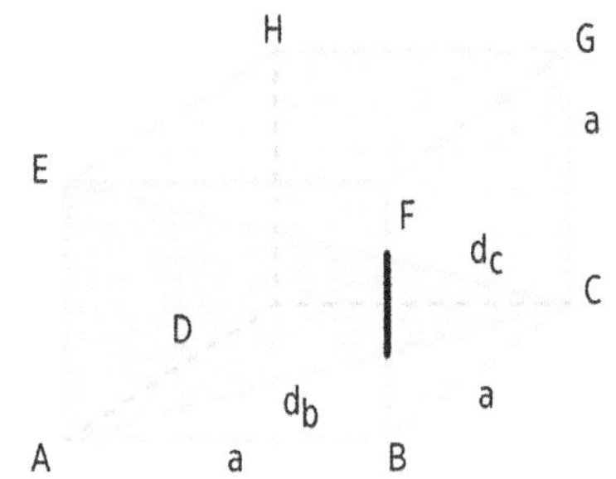

d_c = diagonal do cubo

d_b = diagonal da base

Na base ABCD, tem-se:

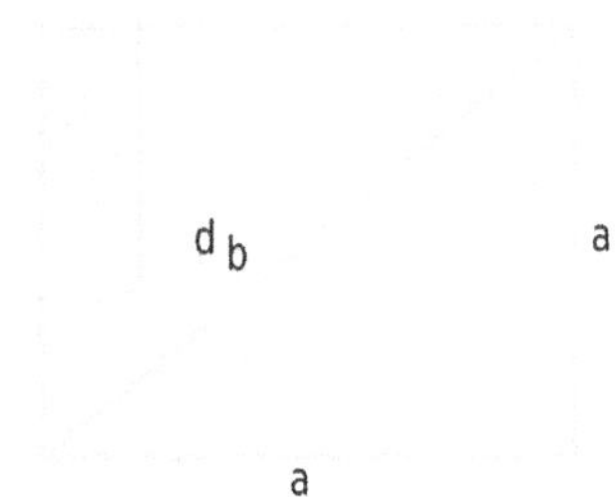

$$d_c^2 = a^2 + a^2 = 2a^2 \Longrightarrow d_b = a\sqrt{2}$$

No triângulo ACE, tem-se:

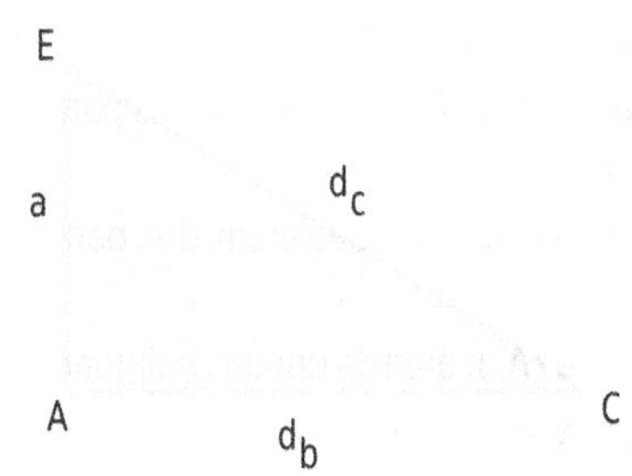

$$d_c^2 = a^2 + d_b^2 = a^2 + 2a^2 = 3a^2 \Longrightarrow d_c = a\sqrt{3}$$

Área Lateral

A área lateral A_L é dada pela área dos quadrados de lado a:

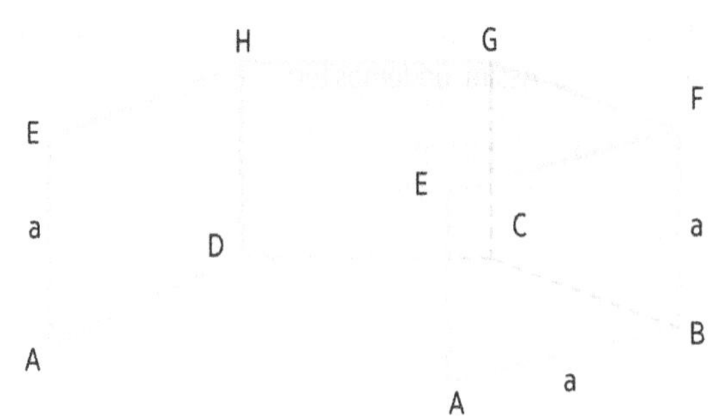

$$A_L = 4a^2$$

Área Total

A área total A_T é dada pela área dos seis quadrados de lado a:

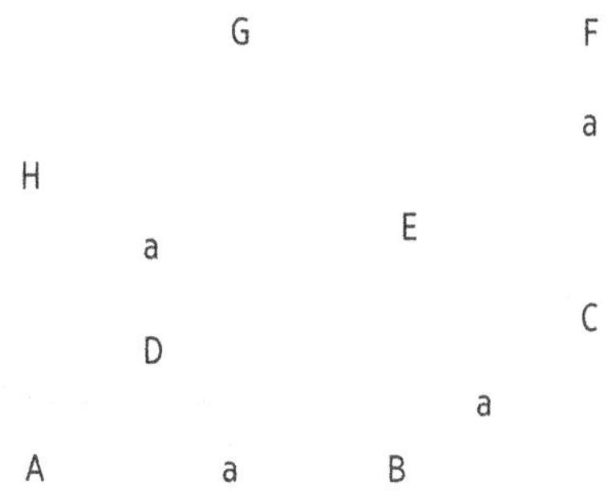

$$A_t = 6a^2$$

Volume

De forma semelhante ao paralelepípedo retângulo, o volume de um cubo de aresta a é dado por:

$$V = a . a . a = a^3$$

Generalização do volume de um prisma:

$V_{prisma} = A_B . h$

17.3 Cilindro

Elementos do Cilindro

Dado o cilindro a seguir, considere os seguintes elementos:

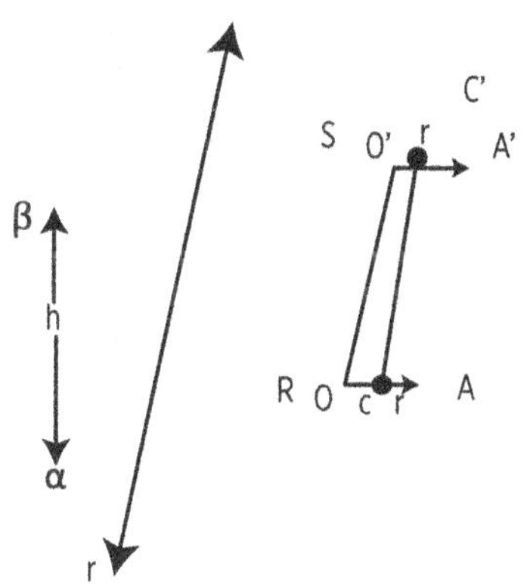

Bases: os círculos de centro O e O' e raios r.

Altura: a distância h entre os planos α e β.

Geratriz: qualquer segmento de extremidades nos pontos das circunferências das bases (por exemplo, $\overline{AA'}$) e paralelo à reta r.

Classificação do Cilindro

Um cilindro pode ser:

> **Circular oblíquo:** quando as geratrizes são oblíquas às bases;

> **Circular reto:** quando as geratrizes são perpendiculares às bases.

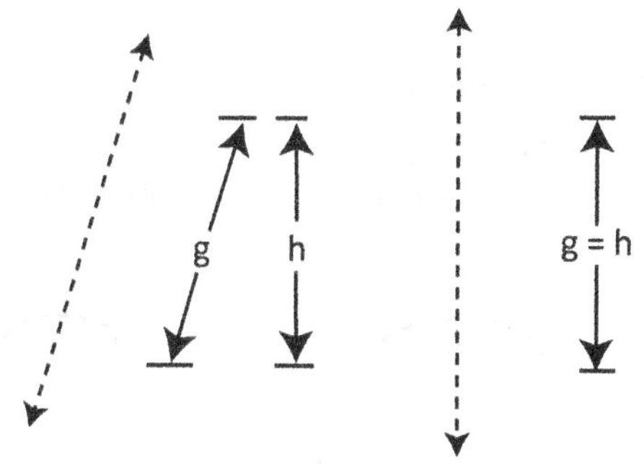

O cilindro circular reto é também chamado de cilindro de revolução, por ser gerado pela rotação completa de um retângulo por um de seus lados. Assim, a rotação do retângulo ABCD pelo lado $\overline{BC}$ gera o cilindro a seguir:

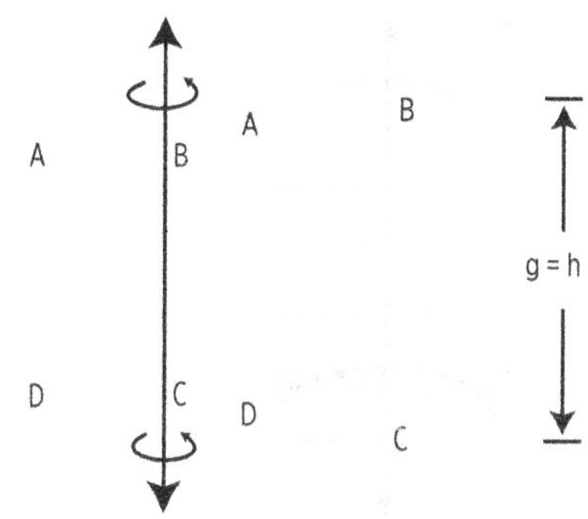

A reta $\overline{BC}$ contém os centros das bases e é o eixo do cilindro.

Seção

Seção transversal é a região determinada pela interseção do cilindro com um plano paralelo às bases. Todas as seções transversais são congruentes.

Seção meridiana é a região determinada pela interseção do cilindro com um plano que contém o eixo.

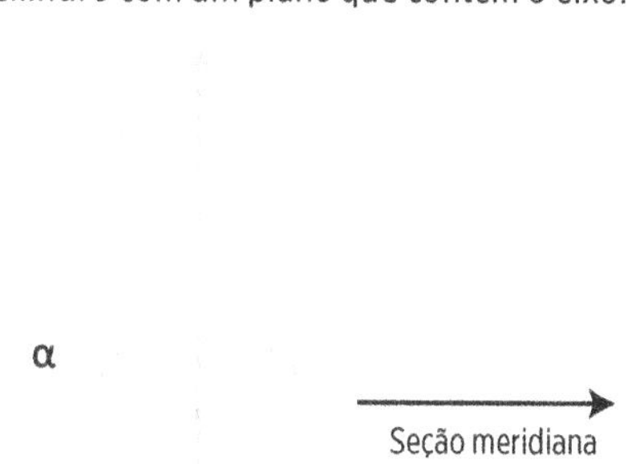

Áreas

Num cilindro, consideramos as seguintes áreas:

Área Lateral (A_L)

Pode-se observar a área lateral de um cilindro fazendo a sua planificação:

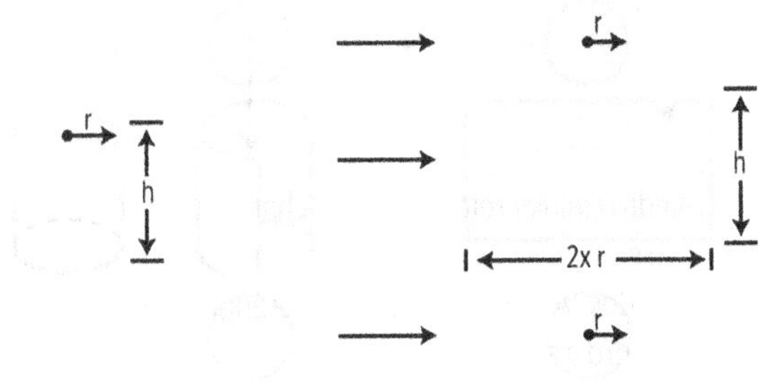

Assim, a área lateral do cilindro reto cuja altura é h e cujos raios dos círculos das bases são r é um retângulo de dimensões $2\pi r$ e h:

$$A_L = 2\pi r h$$

Área da base (A_B): área do círculo de raio r

$$A_B = 2\pi r^2$$

Área total (A_T): soma da área lateral com as áreas das bases

$$A_T = A_L + 2_{AB} = 2\pi r h + 2\pi r^2 = 2\pi r(h + r)$$

Volume

O volume de todo paralelepípedo retângulo e de todo cilindro é o produto da área da base pela medida de sua altura:

$$V_{cilindro} = A_B \cdot h$$

No caso do cilindro circular reto, a área da base é a área do círculo de raio r, $A_B = \varpi r^1 h$; portanto, seu volume é:

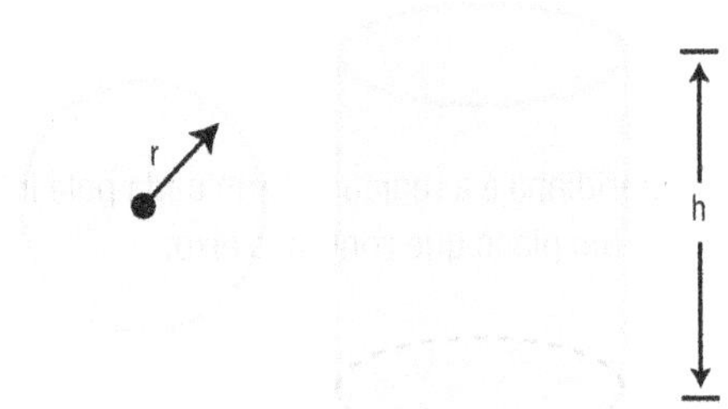

$$V = r^2 h$$

Cilindro Equilátero

Todo cilindro cuja seção meridiana é um quadrado (altura igual ao diâmetro da base) é chamado cilindro equilátero.

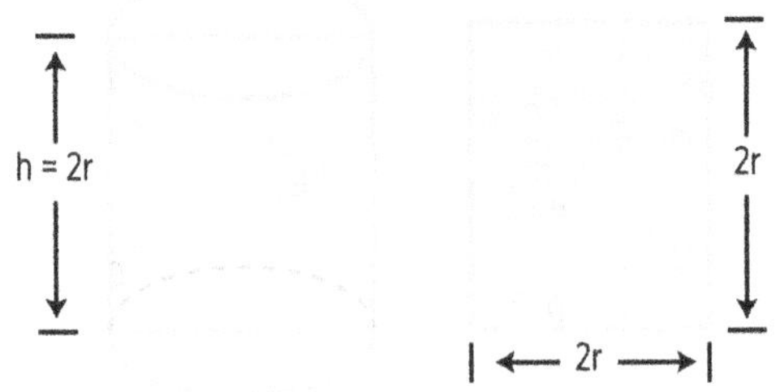

$$A_L = 2r \cdot 2\pi r = 4\pi r^2$$

$$A_T = A_L + A_B = 4\pi r^2 + 2\pi r^2 = 6\pi r^2$$

17.4 Cone Circular

Dado um círculo C, contido num plano α, e um ponto V (vértice) fora de α, chamamos de cone circular o conjunto de todos os segmentos $\overline{VP}$, $P \in C$.

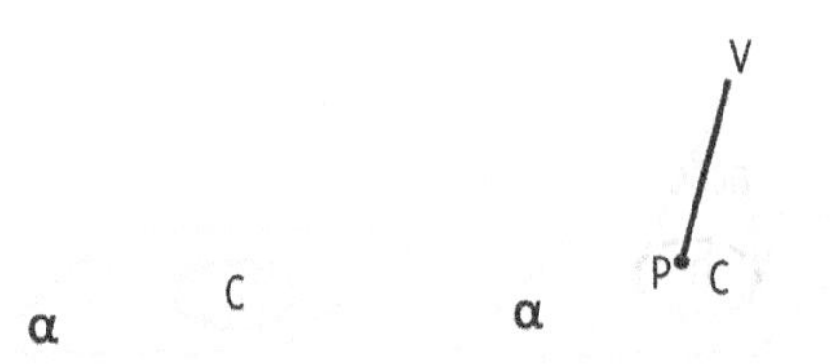

Elementos do cone Circular

Dado o cone a seguir, consideramos os seguintes elementos:

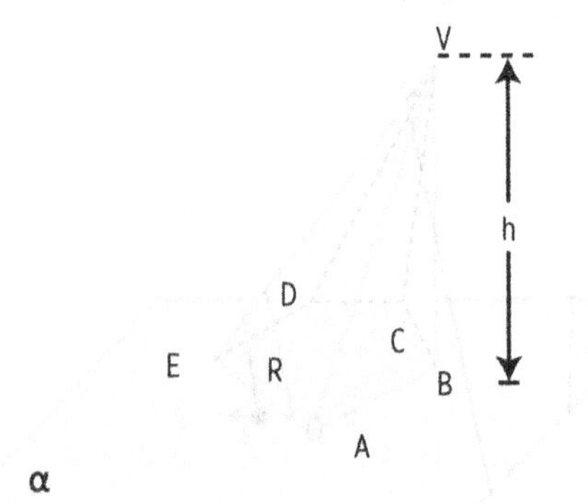

Altura: distância h do vértice V ao plano α.

Geratriz (g): segmento com uma extremidade no ponto V e outra num ponto da circunferência.

Raio da base: raio R do círculo.

Eixo de rotação: reta $\overline{VO}$ determinada pelo centro do círculo e pelo vértice do cone.

Cone Reto

Todo cone cujo eixo de rotação é perpendicular à base é chamado cone reto, também denominado cone de revolução. Ele pode ser gerado pela rotação completa de um triângulo retângulo em torno de um de seus catetos.

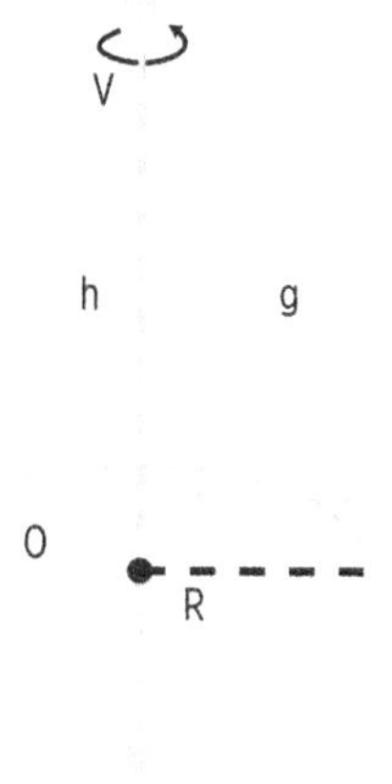

Da figura, e pelo Teorema de Pitágoras, temos a seguinte relação:

$$g^2 = h^2 + R^2$$

Seção Meridiana

A seção determinada, num cone de revolução, por um plano que contém o eixo de rotação é chamada seção meridiana.

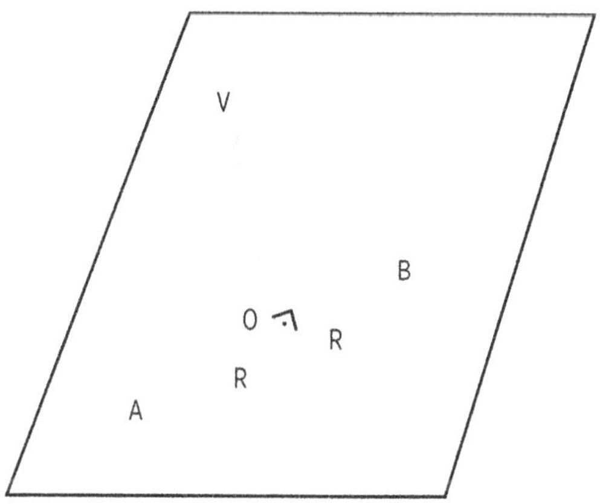

Se o triângulo AVB for equilátero, o cone também será equilátero:

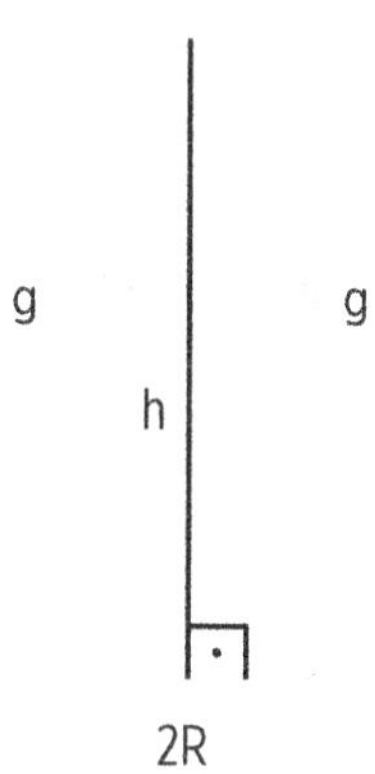

$$g = 2R$$
$$h = R\sqrt{3}$$

Áreas

Desenvolvendo a superfície lateral de um cone circular reto, obtemos um setor circular de raio g e comprimento $L = 2\pi R$

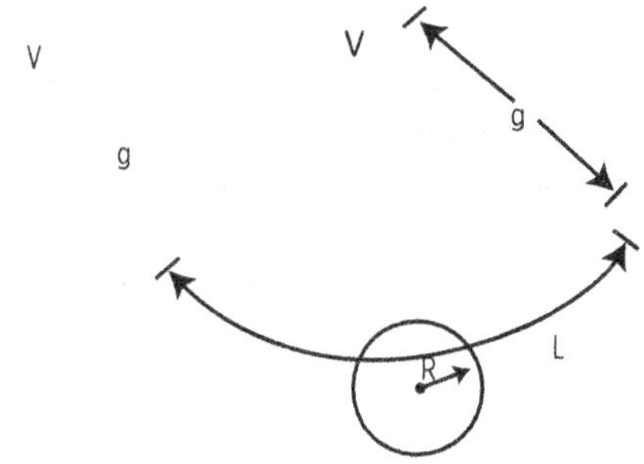

Assim, há de se considerar as seguintes áreas:

Área lateral (AL): área do setor circular

$$A_L = \frac{gl}{2} = \frac{g \cdot 2\pi R}{2} \Rightarrow A_L = \pi Rg$$

Área da base (AB): área do círculo do raio R

$$A_B = \pi R^2$$

Área total (AT): soma da área lateral com a área da base

$$A_T = A_L + A_B = \pi Rg + \pi R^2 \rightarrow A_T \pi R\,(g+R)$$

Volume

$$V_{cone} = 2\pi dS = 2\pi \cdot \frac{r}{3} \cdot \frac{rh}{2} \Rightarrow V_{cone} = \frac{1}{3} \cdot \pi r^2 h$$

17.5 Pirâmides

Dado um polígono convexo R, contido em um plano α, e um ponto V (vértice) fora de α, chamamos de pirâmide o conjunto de todos os segmentos $\overline{VP}$, $P \in R$.

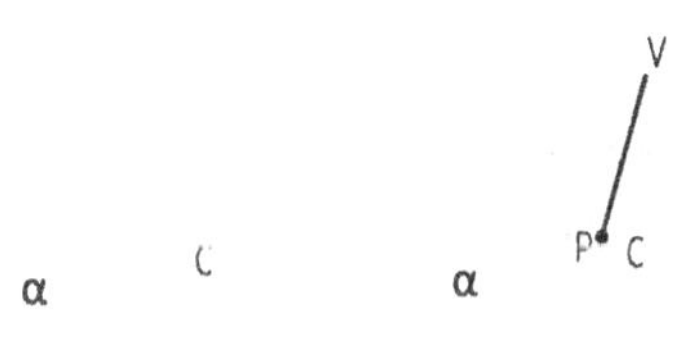

Elementos da Pirâmide

Dada a pirâmide a seguir, tem-se os seguintes elementos:

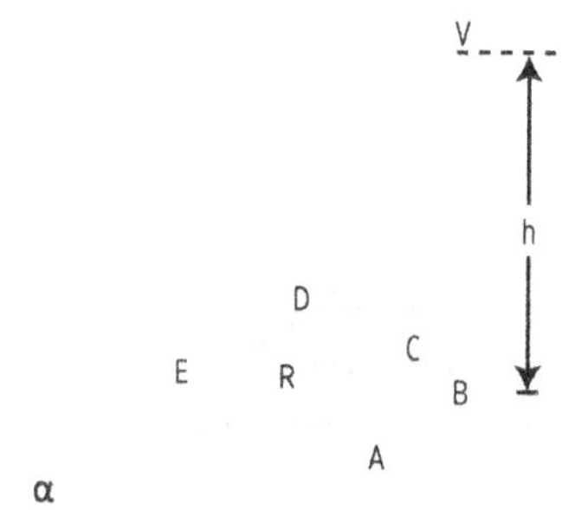

Base: o polígono convexo R.

Arestas da base: os lados AB, BC, CD, DE, EA do polígono.

Arestas laterais: os segmentos VA, VB, VC, VD, VE. .

Faces laterais: os triângulos VAB, VBC, VCD, VDE, VEA.

Altura: distância h do ponto V ao plano.

Classificação

Uma pirâmide é reta quando a projeção ortogonal do vértice coincide com o centro do polígono da base.

Toda pirâmide reta, cujo polígono da base é regular, recebe o nome de pirâmide regular. Ela pode ser triangular, quadrangular, pentagonal, etc., conforme sua base, seja, respectivamente, um triângulo, um quadrilátero, um pentágono, etc.

V

Pirâmide regular quadrangular

V

Pirâmide regular hexagonal

Áreas

Numa pirâmide, temos as seguintes áreas:

Área lateral (A_L): reunião das áreas das faces laterais.

Área da base (A_B): área do polígono convexo (base da pirâmide).

Área total (A_T): união da área lateral com a área da base.

$$A_T = A_L + A_B$$

Para uma pirâmide regular, temos:

$$A_L = n \cdot \frac{bg}{2} \qquad A_B = pa$$

Em que:

b é a aresta;

g é o apótema;

n é o número de arestas laterais;

p é o semiperímetro da base;

a é o apótema do polígono da base.

Volume

$$V_{cone} = \frac{1}{3} \cdot \underbrace{\pi \cdot R^2 h}_{\text{Área da base}} \rightarrow V_{pirâmide} = \frac{1}{3} \cdot ABh$$

Troncos

Se um plano interceptar todas as arestas de uma pirâmide ou de um cone, paralelamente às suas bases, o plano dividirá cada um desses sólidos em dois outros: uma nova pirâmide e um tronco de pirâmide; e um novo cone e um tronco de cone.

Tronco da Pirâmide

Dado o tronco de pirâmide regular a seguir, tem-se:

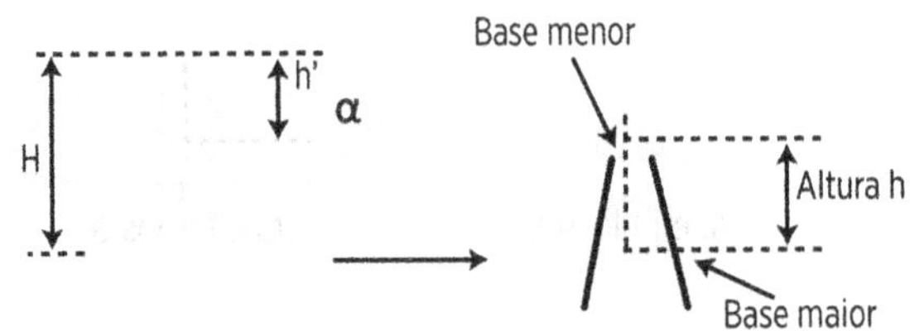

Pirâmide Tronco da pirâmide

As bases são polígonos regulares paralelos e semelhantes;

As faces laterais são trapézios isósceles congruentes.

Áreas

Área lateral (A_L): soma das áreas dos trapézios isósceles congruentes que formam as faces laterais.

Área total (A_T): soma da área lateral com a soma das áreas da base menor (A_b) e maior (A_B).

$$A_T = A_L + A_B + A_b$$

Volume

O volume de um tronco de pirâmide regular é dado por:

$$V_T = \frac{h}{3}\left(A_B + A_b + \sqrt{A_B A_b}\right)$$

Sendo V o volume da pirâmide e V' o volume da pirâmide obtido pela seção, é válida a relação:

$$\frac{V'}{V} = \left(\frac{h'}{H}\right)^3$$

Tronco do Cone

Sendo o tronco do cone circular regular a seguir, tem-se:

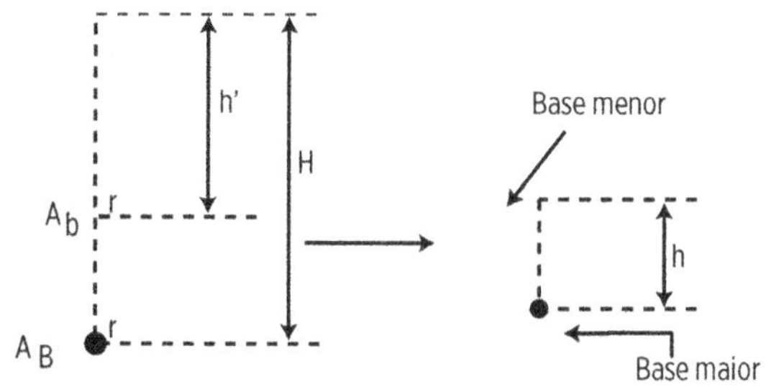

Cone Tronco do cone

As bases maior e menor são paralelas;

A altura do tronco é dada pela distância entre os planos que contém as bases.

Áreas

Tem-se: área lateral

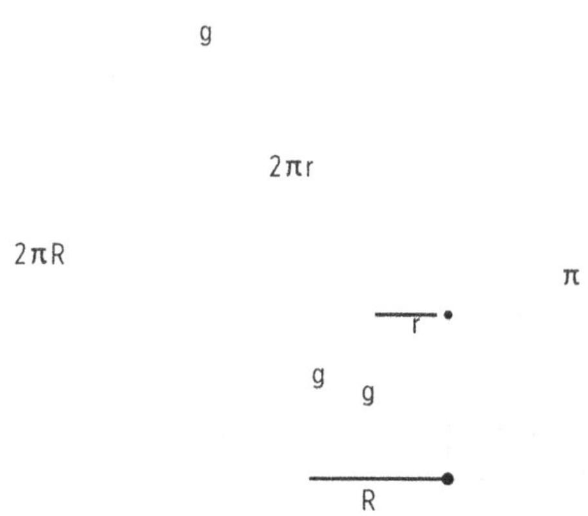

$$A_L = \pi(R + r)g$$

Área total

$$A_T = A_L + A_B + A_b = \pi(R + r)g + \pi R^2 + \pi r^2$$

$$\Downarrow$$

$$A_T = \pi[(R + r)g + R^2 + r^2]$$

Volume

$$V = \frac{h}{3}\left(A_B + A_b + \sqrt{A_B A_b}\right) = \frac{h}{3}\left(\pi R^2 + \pi r^2 + \sqrt{\pi R^2 \cdot \pi r^2}\right)$$

$$\Downarrow$$

$$V = \frac{\pi h}{3}(R^2 + r^2 + Rr)$$

Sendo V o volume do cone e V' o volume do cone obtido pela seção, são válidas as relações:

$$\frac{r}{r'} = \frac{H}{h'}$$

$$\frac{A_B}{A_b} = \left(\frac{H}{h'}\right)^2$$

$$\frac{V}{V'} = \left(\frac{H}{h'}\right)^3$$

17.6 Esfera

Chama-se de esfera de centro O e raio R o conjunto de pontos do espaço cuja distância ao centro é menor ou igual ao raio R.

Considerando a rotação completa de um semicírculo em torno de um eixo e, a esfera é o sólido gerado por essa rotação. Assim, ela é limitada por uma superfície esférica e formada por todos os pontos pertencentes a essa superfície e ao seu interior.

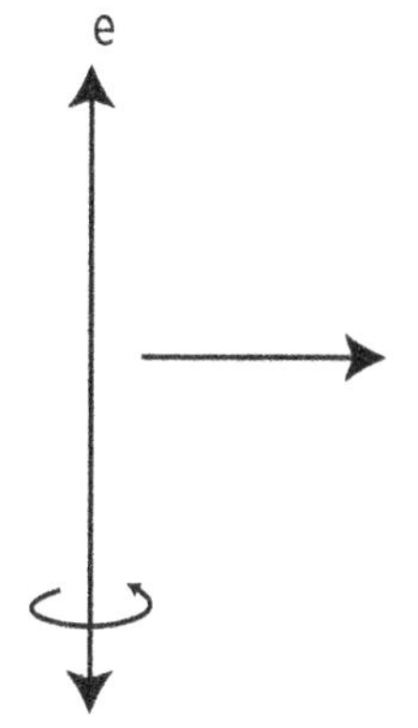

Volume

O volume da esfera de raio R é dado por:

$$V_e = \frac{4}{3} \cdot \pi R^3$$

Partes da Esfera

Superfície Esférica

A superfície esférica de centro O e raio R é o conjunto de pontos do espaço cuja distância ao ponto O é igual ao raio R.

Se considerar a rotação completa de uma semicircunferência em torno de seu diâmetro, a superfície esférica é o resultado dessa rotação.

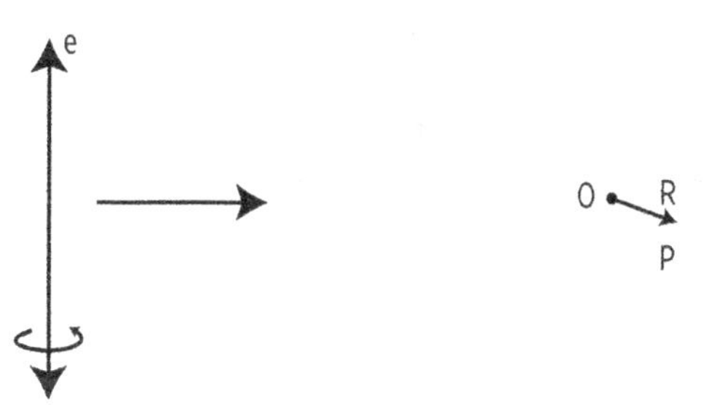

A área da superfície esférica é dada por:

$$A_s = 4\pi R^2$$

Zona Esférica

É a parte da esfera gerada do seguinte modo:

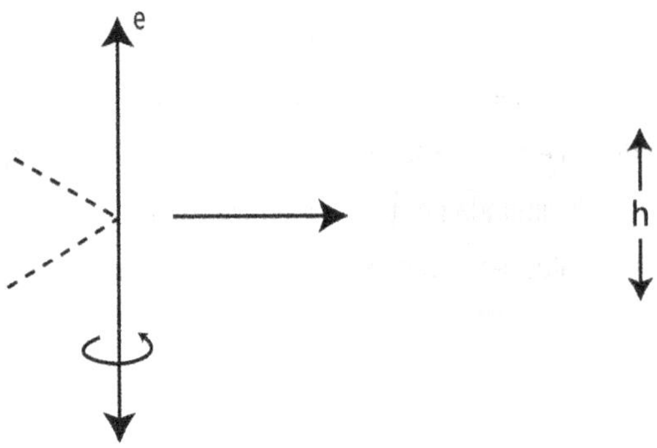

A área da zona esférica é dada por:

$$S = 2\pi Rh$$

Calota Esférica

É a parte da esfera gerada do seguinte modo:

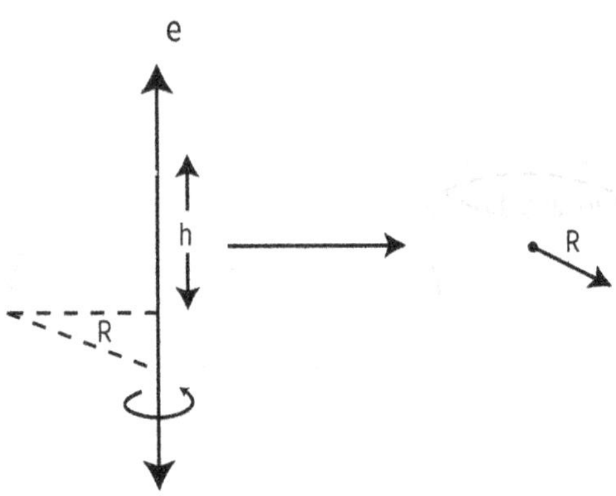

A área da calota esférica é dada por:

$$S = 2\pi Rh$$

Fuso Esférico

O fuso esférico é uma parte da superfície esférica que se obtém ao girar uma semicircunferência de um ângulo $\alpha(0< \alpha<2\pi)$ em torno de seu eixo:

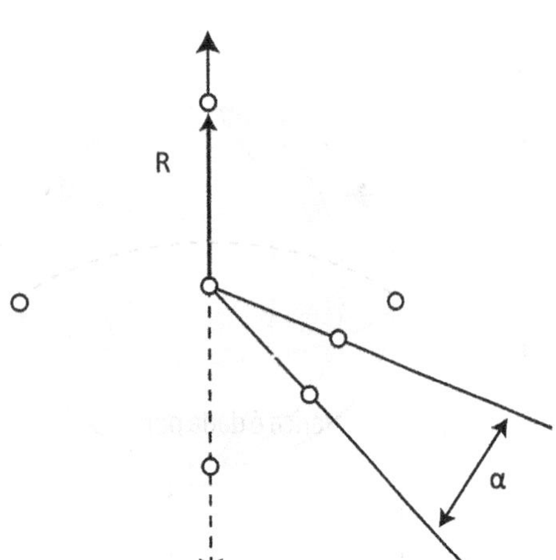

A área do fuso esférico pode ser obtida por uma regra de três simples:

$$A_S - 2\pi \quad A_F = \frac{4\pi R^2\alpha}{2\pi} \Rightarrow A_F = 2R^2\alpha \text{ (}\alpha\text{ em radianos)}$$
$$A_F - \alpha$$

$$A_S = 360^\circ \quad A_F = \frac{4\pi R^2\alpha}{360^\circ} \Rightarrow A_F = \frac{\pi R^2\alpha}{90^\circ} \text{ (}\alpha\text{ em graus)}$$
$$A_F - \alpha$$

Cunha Esférica

Parte da esfera que se obtém ao girar um semicírculo em torno de seu eixo de um ângulo $\alpha(0< \alpha< 2\pi)$:

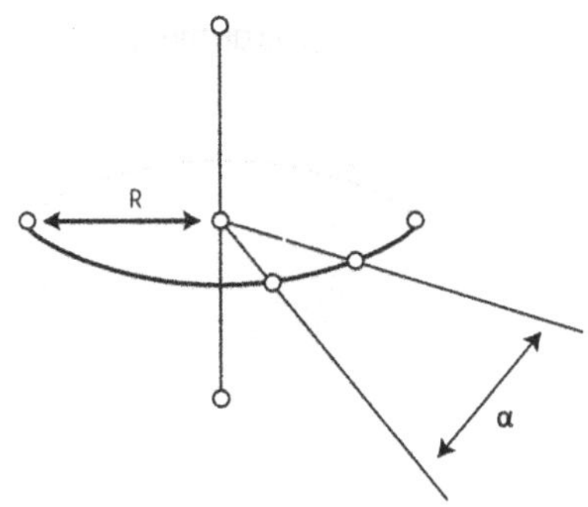

O volume da cunha pode ser obtido por uma regra de três simples:

$$\left.\begin{matrix} V_e - 2\pi \\ V_c - \alpha \end{matrix}\right\} \Rightarrow V_c = \frac{\frac{4}{3}\pi R^3\alpha}{2\pi} \Rightarrow V_c = \frac{2}{3} \cdot R^3\alpha \text{ (}\alpha\text{ em radianos)}$$

$$\left.\begin{matrix} V_e - 360^\circ \\ V_c - \alpha \end{matrix}\right\} \Rightarrow V_c = \frac{\frac{4}{3}\pi R^3\alpha}{360^\circ} \Rightarrow V_c = \frac{\pi R^3\alpha}{270^\circ} \text{ (}\alpha\text{ em graus)}$$

Questões

01. (CESPE) – 2018. O volume de um cubo que tem seus vértices sobre uma superfície esférica de raio igual $5\sqrt{3}$ a centímetros é menor que 1.000 cm3.

Certo ( ) Errado ( )

02. (CESPE) – 2018. A figura seguinte mostra a planta baixa de um condomínio. O terreno ocupado pelo condomínio é um quadrado de lados que mede 60 m. Nesse condomínio, as áreas indicadas por E1, E2 e E3 correspondem aos locais onde estão construídos os prédios residenciais, e as regiões em branco correspondem às vias de livre circulação para pedestres e veículos.

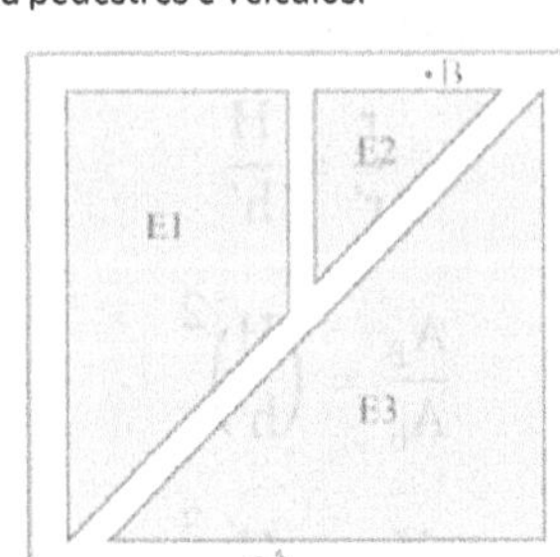

A partir da figura e das informações precedentes, julgue o item a seguir, considerando que a área de E2 seja igual a 200 m2.

Considere que um edifício residencial de 8 andares a partir do térreo ocupe toda a área E2. Nesse caso, se a altura de cada andar desse edifício for de 3 m, então o edifício forma um sólido de volume inferior a 5.000 m3.

Certo ( ) Errado ( )

03. (CESPE) – 2018 Os biscoitos de sal de determinada marca têm a forma de um paralelepípedo retângulo: a base é um quadrado de lados medindo 6 cm; a altura mede 0,25 cm. Os biscoitos são acondicionados em caixas com capacidade para 5.184 cm 3.

Nesse caso, a quantidade de biscoitos que podem ser acondicionados em uma dessas caixas é 576.

Certo ( ) Errado ( )

04. (CESPE) – 2018. Em um almoxarifado há, em estoque, 100 caixas na forma de paralelepípedos retângulos. Na tabela a seguir são mostrados alguns valores da frequência absoluta, da frequência relativa e da porcentagem da variável volume interno da caixa, em litros (L).

volume da caixa (L)	frequência absoluta	frequência relativa	porcentagem (%)
10	10	*	*
20	*	*	*
45	*	0,2	*
60	*	*	40
Total	100	1	100

Considerando essas informações, julgue o seguinte item.

Se a área interna da base do paralelepípedo de uma caixa de 60 L for igual a 2.000 cm^2, então a altura interna dessa caixa medirá menos de 35 cm.

Certo ( ) Errado ( )

05. (CESPE) – 2018. A figura a seguir mostra uma mesa em que o tampo é um hexágono regular cujo lado mede 80 cm.

Julgue o item que se segue, a respeito da geometria do tampo dessa mesa.

Se esse tampo tiver espessura de 2 cm, então o seu volume será superior a 0,04 m3.

Certo ( ) Errado ( )

Gabaritos

01	ERRADO
02	CERTO
03	CERTO
04	CERTO
05	ERRADO

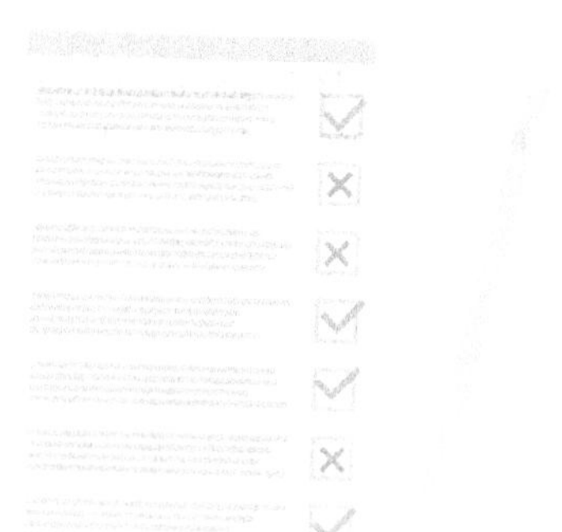

PDF

1. SOFTWARE ... 218
1.1 Licenças de Software ... 218
1.2 Tipos de Software ... 218
2. WINDOWS ... 225
2.1 Componentes ... 225
3. SISTEMA WINDOWS 10 ... 230
3.1 Requisitos Mínimos ... 230
3.2 Novidades ... 230
4. BROFFICE WRITER – EDITOR DE TEXTO ... 244
4.1 Formatos de Arquivos ... 244
4.2 Formatação de Texto ... 244
4.3 Ferramentas ... 247
4.4 Barra de Menus ... 248
5. WORD 2016 ... 256
5.1 Tela de Abertura ... 256
5.2 Janela do programa ... 256
5.3 Menu Arquivo ... 257
5.4 Aba Página Inicial ... 259
5.5 Aba Inserir ... 264
5.6 Aba Design ... 266
5.7 Aba Layout ... 266
5.8 Aba Referências ... 267
5.9 Aba Correspondências ... 268
5.10 Aba Revisão ... 268
5.11 Aba Exibir ... 269
6. REDES DE COMPUTADORES ... 273
6.1 Paradigma de Comunicação ... 273
6.2 Dispositivos de Rede ... 273
6.3 Topologia de Rede ... 273
6.4 Firewall ... 274
6.5 Tipos de Redes ... 274
6.6 Padrões de Infraestrutura ... 275
6.7 Correio Eletrônico ... 275
6.8 URL (Uniform Resource Locator) ... 276
6.9 Navegadores ... 276
6.10 Conceitos Relacionados à Internet ... 277

SUMÁRIO

7. ARQUITETURA DE REDES 279
7.1 Modelo OSI 279
7.2 Modelo TCP/IP 280
7.3 Endereços 281
7.4 Endereçamento IPv4 281
8. SEGURANÇA DA INFORMAÇÃO 285
8.1 Princípios Básicos da Segurança da Informação 285
8.2 Criptografia 285
8.3 Ataques 286
9. CLOUD COMPUTING 289
9.1 Características 289
10. CONCEITOS DE BANCO DE DADOS 292
10.1 CONCEITO 292
10.2 SISTEMA GERENCIADOR DE BANCO DE DADOS - SGBD 292
10.3 ARQUITETURA DE SISTEMA DE BANCO DE DADOS 292
10.4 O CONCEITO DE CHAVE NO MODELO RELACIONAL 293
11. NORMALIZAÇÃO DE DADOS 293
11.1 CONCEITO 293
11.2 Formas Normais 294
12. BANCO DE DADOS SQL [LINGUAGEM SQL (SQL2008), LINGUAGEM HIVEQL (HIVE 2.2.0)] 295
12.1 SQL 295
12.2 Classificação das declarações SQL 295
12.3 Principais instruções em SQL 295
12.4 Funções 296
12.5 Hive 296
12.6 Lista encadeada, pilha, fila, noções sobre árvore binária 297
12.7 Noções de algoritmos de aprendizado supervisionado e não supervisionados 298
12.8 Busca sequencial e busca binária sobre arrays 299
12.9 Busca sequencial 299
12.10 Busca binária 299
12.11 Ordenação - métodos da bolha, ordenação por seleção, ordenação por inserção 299
12.12 Ordenação Bolha - Bubble Sort 299
12.13 Ordenação - métodos da bolha, ordenação por seleção, ordenação por inserção 300
12.14 Lista encadeada, pilha, fila, noções sobre árvore binária 300

12.15 JavaScript 301
12.16 Linguagem R 3.4.2 e R Studio 5.1, OLAP 302
12.17 MapReduce 304
12.18 YARN 2.7.4, Ferramentas de ingestão de dados (Sqoop 1.4.6, Flume 1.7.0, NiFi 1.3.0 e Kafka 0.11.0). 305

1. SOFTWARE

Cerca de 90% das questões de Informática abordam conceitos relacionados aos softwares, na forma de definições e de modos de operação, tanto em provas de nível médio como de nível superior. Por esse motivo, ele será abordado em nosso primeiro tópico.

O software é a parte **abstrata** de um computador, também conhecido como a parte **lógica**. É um programa instalado em um dispositivo, que pode ser um computador ou mesmo um celular.

Os Programas são a aplicação de regras de maneira digital, para que, dada uma situação, ocorra uma reação pré-programada. Assim, temos que um programa é uma representação de tarefas manuais; com eles podemos automatizar processos, o que torna as tarefas mais dinâmicas.

1.1 Licenças de Software

Uma licença de software define o que um usuário pode ou não fazer com ele, ela se baseia essencialmente no direito autoral. Existem vários tipos de licenças de software, mas, no que tange ao concurso público, apenas duas são de valor significativo: a licença de software livre e a licença de software proprietário.

Software Proprietário

A licença de software proprietário procura reservar o direito de autor do programa.

Um software proprietário é também conhecido como software não livre, pois uma de suas principais características é manter o **Código Fonte[1] fechado.**

Há vários softwares proprietários gratuitos. Por outro lado, existem aqueles que, para o usuário adquirir o direito de uso, exigem a compra de uma licença de uso, a qual não lhe dá direito de propriedade sobre o programa, apenas concede a ele o direito de utilizá-lo, além de impor algumas regras quanto ao seu uso.

São exemplos de softwares proprietários: Windows, Microsoft Office, Mac OS, aplicativos da Adobe, Corel Draw, WinRAR, WinZip, MSN entre outros tantos.

Software Livre

Em contrapartida ao software proprietário, um grupo criou o software livre. Como princípio atribuem-se às leis que regem a definição de **liberdades** como forma de protesto em relação ao software proprietário.

O software livre tem como primordial característica o **Código Fonte Aberto.**

A principal organização que mantém e promove o software livre é a Free Software Foundation (FSF).

Para que um software seja classificado como Software Livre, ele deve obedecer a quatro **liberdades de software** do projeto **GNU** - *General Public License* (Licença Pública Geral) - idealizado por Richard Matthew Stallman, ativista e fundador do movimento software livre:

Liberdade 0: a liberdade para executar o programa, para qualquer propósito;

Liberdade 1: a liberdade de estudar como o programa funciona e adaptá-lo às suas necessidades;

Liberdade 2: a liberdade de redistribuir cópias do programa de modo que você possa ajudar ao seu próximo;

Liberdade 3: a liberdade de modificar o programa e distribuir essas modificações, de modo que toda a comunidade se beneficie.

A GPL (*CopyLeft*) é um reforço a essas quatro liberdades, garantindo que o código fonte de um programa software livre não possa ser apropriado por outra pessoa ou empresa, principalmente para que não seja transformado em software proprietário.

A GPL só possui versão em inglês devido a possíveis erros de tradução que possam vir a ser inseridos em sua descrição.

São exemplos de softwares livres: Apache, Linux, BrOffice, LibreOffice, Mozilla Firefox, Mozilla Thunderbird, entre outros.

O Linux é um dos principais projetos desenvolvidos sob a licença de software livre, assim como o BrOffice, mas o principal responsável por alavancar o software livre, assim como o próprio Linux, foi o projeto Apache[2] que no início só rodava em servidores Linux e hoje é multiplataforma.

Shareware

A Licença do tipo Shareware é comumente usada quando se deseja permitir ao usuário uma degustação do programa, é uma licença que oferece funcionalidades reduzidas ou mesmo em sua totalidade, porém, com um prazo para esse uso que, depois de encerrado, o programa limita as funcionalidades ou pode deixar de funcionar.

Um exemplo de software popular que utiliza essa licença é o WinRAR, que, após os 40 dias, começa a exibir uma mensagem toda vez que é aberto, contudo, continua funcionando mesmo que o usuário não adquira a licença.

Esta permite a cópia e redistribuição do software, porém, não permite a alteração, pois o código fonte não é público.

1.2 Tipos de Software

Existem diversos tipos de software, mas somente alguns nos interessam durante a prova. Dessa forma, iremos focar o estudo no que nos é pertinente.

Podemos classificar os softwares de acordo com os itens a seguir:

> **Firmwares;**

> **Sistemas Operacionais;**

> **Escritório;**

> **Utilitários;**

> **Entretenimento;**

> **Malwares.**

1 Código Fonte: conjunto de instruções feitas em uma linguagem de programação, que definem o funcionamento e o comportamento do programa.

2 Apache: servidor responsável pelo processamento da maior parte das páginas disponibilizadas atualmente na Internet, cerca de 51%..

Firmwares

Um Firmware é normalmente um software embarcado, ou seja, ele é um software desenvolvido para operar sobre um hardware específico. De forma geral, um Firmware é incorporado ao hardware já no momento de sua fabricação, mas, dependendo do tipo de memória em que é armazenado, ele pode ser atualizado ou não. O software do tipo Firmware que interessa ao nosso estudo é o BIOS.

BIOS (Basic Input/Output System)

O Sistema Básico de Entrada e Saída é um software embarcado em uma **memória do tipo ROM**, nos computadores atuais é mais comum em memórias do tipo **Flash ROM.**

O BIOS é o primeiro programa que roda quando ligamos o computador. Ele é composto pelo **SETUP,** que são suas configurações, e pelo **POST,** responsável por realizar os testes de hardware.

Durante o processo de boot[3], o BIOS aciona a memória CMOS[4], onde ficam armazenadas as últimas informações sobre o hardware do computador e sobre a posição de início do sistema operacional no disco. Em posse dessas informações, o BIOS executa o POST, a etapa que verifica se todos os dispositivos necessários estão conectados e operantes.

Após as verificações de compatibilidade, o BIOS inicia o processo de leitura do disco indicado como primário a partir do ponto onde se encontra o sistema operacional, que é carregado para a memória principal do computador.

Em um mesmo computador podem ser instalados dois ou mais sistemas operacionais diferentes, ou mesmo versões diferentes do mesmo sistema.

Quando há apenas um sistema operacional instalado no computador, este é iniciado diretamente pelo BIOS, porém, se houver dois ou mais se faz necessário optar por qual dos sistemas se deseja utilizar.

Em uma situação em que existem dois sistemas operacionais atribui-se a caracterização de Dual boot.

Um computador que possua uma distribuição Linux instalada e uma versão Windows, por exemplo, ao ser concluído o processo do BIOS, inicia um gerenciador de boot. Em geral é citado nas provas ou o **GRUB** ou o **LILO**, que são associados ao Linux.

Sistemas Operacionais (SO)

O conteúdo de sistemas operacionais é cobrado de duas formas nas provas: prática e conceitual. Questões de caráter conceitual são colocadas de forma comparativa entre os sistemas, enquanto que as práticas estão associadas às ferramentas e modos de operação de cada sistema. O conteúdo referente à parte prática é abordado em específico nos tópicos Windows e Linux.

O sistema operacional é o **principal programa do computador**. Ele é o responsável por facilitar a interação do usuário com a máquina, além de ter sido criado para realizar as tarefas de controle do hardware, livrando assim os aplicativos de conhecer o funcionamento de cada peça existente no mundo.

3 boot: processo de inicialização do sistema operacional.

4 CMOS: uma pequena memória RAM alimentada por uma pilha de 9V.

As tarefas de responsabilidade do SO são, principalmente, de níveis gerenciais. O sistema operacional é o responsável por administrar a Entrada e a Saída de dados de forma que, quando um usuário seleciona uma janela, ele está trazendo-a para o primeiro plano de execução. Assim, sempre que o usuário digita um texto, por exemplo, o SO tem de gerenciar qual a janela, ou seja, qual aplicativo irá receber as informações entradas pelo teclado, mas ao mesmo tempo o SO irá receber uma solicitação do aplicativo para que exiba na tela as informações recebidas.

É de responsabilidade do SO gerenciar o uso da memória RAM e do processador. O controle estabelecido pelo sistema operacional dita que programa será executado naquele instante e quais espaços de memória estão sendo usados por ele e pelos demais aplicativos em execução.

Para que o sistema operacional consiga se comunicar com cada dispositivo, aquele precisa saber antes como estes funcionam, para tanto, é necessário instalar o **driver**[5] do dispositivo. Atualmente, a maioria dos drivers são identificados automaticamente pelo SO, mas o sistema nem sempre possui as informações sobre hardwares recém-lançados. Nesse caso, o sistema, ao não conseguir o driver específico, solicita ao usuário que informe o local onde ele possa encontrar o driver necessário.

Aplicativos

Gerenciamento de Entrada/Saída

Gerenciamento de Drivers de dispositivos

Hardware

Gerenciamento de Memória

Gerenciamento de CPU

Hardware

Dentre os sistemas operacionais modernos, o Windows ainda é o que mais se destaca em termos de número de usuários em computadores pessoais. Por outro lado, quando se questiona em relação ao universo de servidores na Internet, nos deparamos com o Linux como mais utilizado; o principal motivo relaciona-se à segurança mais robusta oferecida pelo Linux.

Os exemplos de SO para computadores pessoais (PC) que podem ser citados em provas são:

> Windows;
> Linux;
> Mac OS;
> Chrome OS;
> Solaris.

Porém, esses sistemas derivaram de duas vertentes principais o **DOS** e o **UNIX**. É de interesse da prova saber que o DOS foi o precursor do Windows e que a plataforma UNIX foi a base do Linux e também do Mac OS.

Contudo, não encontramos SO apenas em PCs. Celulares, smartphones e tablets também utilizam sistemas operacionais. Atualmente, fala-se muito no sistema do Google para esses dispositivos, o Google Android, no entanto, a Microsoft lançou em 2012 o Windows 8, inclusive para o mercado de dispositivos móveis.

5 Driver: Conjunto de informações sobre como funciona um dispositivo de hardware.

Os Sistemas Operacionais podem ser divididos em duas partes principais: Núcleo e Interface.

O Kernel é a principal parte do Sistema Operacional.

O **Núcleo de um Sistema Operacional** é chamado de **Kernel**. Ele é a parte responsável pelo gerenciamento do hardware, como já explanado, enquanto que a **interface** é parte de interação com o usuário, seja ela uma interface apenas textual ou uma interface com recursos gráficos.

A interface com recursos gráficos é comumente chamada de **GUI (Graphic User Interface)**, Interface Gráfica do Usuário, também citada como gerenciador de interface gráfica. O nome Windows foi baseado, justamente, nessa característica de trabalhar com janelas gráficas como forma de comunicação com o usuário.

Sistema Operacional	Kernel
Windows XP	NT 5.2
Windows Vista	NT 6.0
Windows 7	NT 6.1
Windows 8	NT 6.2
Linux	Linux 3.10

Em relação às **GUIs**, cada versão do Windows utiliza e trabalha com apenas uma única interface gráfica, que só passou a ter um nome específico a partir do Windows Vista.

Windows	GUI
XP	Sem nomenclatura
Vista	Aero
7	Aero
8	Metro

Ao contrário do Windows, o Linux tem suporte a várias Interfaces Gráficas.

Por outro lado, existem diversas GUIs para o Linux, algumas Distribuições Linux[6] trabalham com apenas um gerenciador de interface gráfica, enquanto que outras trabalham com múltiplas. As principais GUIs do Linux são:

> Gnome;
> KDE;
> Unity;
> XFCE;
> FluxBox;
> BlackBox;
> Mate;
> Cinnamon.

Características de um Sistema Operacional

Os Sistemas Operacionais podem ser classificados de acordo com suas características comportamentais.

Multitarefa

Um Sistema Operacional é dito multitarefa quando consegue executar mais de uma tarefa simultânea, como: tocar uma música enquanto o usuário navega na Internet e escreve um texto no Word.

Contudo, há duas formas de multitarefa empregadas pelos SO modernos: Multitarefa Preemptiva e Multitarefa Real.

Windows, Linux e Mac OS.

Monotarefa

Sistema Monotarefa é o sistema que, para executar uma tarefa, deve aguardar a que está em execução terminar ou mesmo forçar o seu término para que possa executar. Trabalha com um item de cada vez.

DOS e algumas versões UNIX.

Multiusuário

É quando o Sistema Operacional permite mais de uma **sessão** de usuário ativa simultaneamente.

Se dois ou mais usuários estiverem com sessões iniciadas, elas são de certa maneira tratadas independentemente, ou seja, um usuário não vê o que o outro estava fazendo, como também, em um uso normal, não interfere nas atividades que estavam sendo executadas pelo outro usuário.

O sistema multiusuário geralmente possui a opção trocar de usuário, que permite bloquear a sessão ativa e iniciar outra sessão simultânea.

Monousuário

Em um Sistema Monousuário, para que outro usuário inicie sessão, é necessário finalizar a do usuário ativo, também conhecido como efetuar *Logoff*.

Softwares de Escritório

São aplicativos com utilização mais genérica, de forma a possibilitarem as diversas demandas de um escritório como também suprirem muitas necessidades acadêmicas em relação à criação de trabalhos.

Nesta seção apenas é apresentado um comparativo entre as suítes de escritório que são cobradas na prova.

Editor	Microsoft Office	BrOffice
Texto	Word	Writer
Planilha	Excel	Calc
Apresentação de Slides	PowerPoint	Impress
Desenho	Publisher	Draw
Banco de Dados	Access	Base
Fórmula	Equation	Math

Os editores de Texto, Planilha e Apresentação são os mais cobrados em provas de concursos. Sobre esses programas podem aparecer perguntas a respeito do seu funcionamento, ainda que sobre editores de apresentação sejam bem menos frequentes.

6 Distribuição Linux: uma cópia do Linux desenvolvida, geralmente, com base em outra cópia, mas com algumas adaptações.

Outro ponto importante a se ressaltar é que o **Microsoft Outlook** é componente da suíte de aplicativos Microsoft Office. Não foi destacado na tabela acima por não existir programa equivalente no BrOffice.

Por vezes o concursando pode se deparar na prova com o nome **LibreOffice**, o que está correto, pois o BrOffice é utilizado no Brasil apenas, mas ele é baseado no Libre Office. Até a versão 3.2, o BrOffice era fundamentado no OpenOffice e, após a compra da Sun pela Oracle a comunidade decidiu mudar para o Libre por questões burocráticas.

Softwares Utilitários

Alguns programas ganharam tamanho espaço no dia a dia do usuário que, sem eles, podemos por vezes ficar sem acesso às informações contidas em arquivo, por exemplo.

São classificados como utilitários os programas compactadores de arquivos e leitores de PDF. Esses programas assumiram tal patamar por consolidarem seus formatos de arquivos. Entre os compactadores temos os responsáveis pelo formato de arquivos ZIP, apesar de que, desde sua versão XP, o Windows já dispunha de recurso nativo para compactar e descompactar arquivos nesse formato, muitos aplicativos se destacavam por oferecer o serviço de forma mais eficiente ou prática. Os compactadores mais conhecidos são: WinZip, BraZip e 7-Zip. Outro compactador que ganhou espaço no mercado foi o WinRar com o formato .RAR, que permite uma maior compactação do que o ZIP.

Softwares de Entretenimento

Nesta categoria, entram os aplicativos multimídias como players de áudio e vídeo, como o Windows Media Player, o Winamp, o iTunes, VLC player e BS player, dentre inúmeros outros, assim como também os jogos como Campo Minado, Paciência, Pinball e outros tantos de mais alto nível.

Malwares (Malicious Softwares)

Os Malwares sao programas que têm finalidade mal intencionada, na maioria das vezes ilícita. Grande parte das bancas cita-os como pragas cibernéticas que infectam o computador do usuário e trazem algum prejuízo; por outro lado, há bancas que especulam sobre os diferentes tipos de malwares. A seguir são destacados os principais tipos de malwares.

> Para ser um malware tem que ser um software, do contrário pode ser uma prática maliciosa, mas não um malware.

Vírus

O Vírus é apenas um dos tipos de malware, ou seja, ao contrário do que a maioria das pessoas fala, nem tudo que ataca o computador é um vírus. As questões que tangem ao que é um vírus, em geral, são cobradas em prova como forma de saber se o concursando conhece as diferenças entre os malwares.

Um vírus tem por características:

- **Infectar** os arquivos do computador do usuário, principalmente arquivos do sistema.
- **Depender de ação do usuário,** como executar o arquivo ou programa que está contaminado com o vírus.
- Ter finalidades diversas, dentre as quais **danificar** tanto arquivos e o sistema operacional, como também as peças.

Vírus mutante

É um vírus mais evoluído, que tem a capacidade de alterar algumas de suas características a fim de burlar o antivírus.

Vírus de Macro

O Vírus de Macro explora falhas de segurança das suítes de escritório, principalmente da Microsoft. Uma macro, ao ser criada de certa forma, anexa ao documento uma programação (comandos geralmente em Visual Basic[7]), ele pode inserir seu código dentro deste código em VB.

O Vírus de Macro geralmente danifica a suíte de escritório, inutilizando-a, além de poder apagar documentos do computador.

Para que seja executado esse vírus, é necessário que o usuário execute o arquivo contaminado.

Worm

O Worm é por vezes citado nas provas em português, verme, como forma de confundir o concursando. Ao contrário do vírus, ele **não depende de ação do usuário** para executar; ele executa automaticamente: no momento em que um pendrive é conectado a um computador, ele é contaminado ou contamina este.

Um Worm tem como finalidade se replicar, porém, não infecta outros arquivos, apenas **cria cópias de si** em vários locais, o que pode encher o HD do usuário. Outra forma utilizada de se replicar é através da exploração de falhas dos programas, principalmente os clientes de e-mail, enviando por correio eletrônico cópias de si para os contatos do usuário armazenados no cliente de e-mail.

Um Worm, muitas vezes, instala no computador do usuário um bot, transformando aquele em um robô controlado à distância. Os indivíduos que criam um Worm fazem-no com a finalidade de infectar o maior número possível de computadores, para que possam utilizá-los em um ataque de DDoS[8], ou como forma de elevar a estatística de acessos a determinados sites. Também pode ser utilizado para realizar um ataque a algum computador ou servidor na Internet a partir do computador infectado.

Trojan Horse (Cavalo de Troia)

O Cavalo de Troia foi batizado com esse nome, pois suas características se assemelham muito às da guerra da Grécia com Troia. Na História, os gregos deram aos troianos um grande cavalo feito de madeira e coberto de palha para disfarçar que era oco, dentro do cavalo foram colocados vários soldados gregos que deveriam abrir os gigantes e fortes portões da cidade de Troia para que o exército grego pudesse invadir a fortaleza.

Um Cavalo de Troia é recebido pelo usuário como um **presente**, presente de grego, de forma a levar o usuário a abri-lo, ou seja, ele **depende de ação do usuário**. Os presentes geralmente podem parecer um cartão virtual, uma mensagem, álbuns de

7 Visual Basic (VB): é uma linguagem de programação criada pela Microsoft.
8 DDoS: Ataque de negação de serviço distribuído, veja mais no tópico segurança desse material.

fotos, e-mails com indicações de prêmios, falsas respostas de orçamentos, folhas de pagamento, sempre alguma forma de chamar a atenção do usuário para que ele abra o Trojan.

Podemos tratá-lo em essência como um **meio** para que outro malware seja instalado no computador. Da mesma forma como o cavalo da história serviu como meio para infiltrar soldados e como os soldados abriram os portões da cidade, o malware também pode abrir as portas do computador para que outros malwares o infectem, o que acontece na maioria dos casos, portanto, pode trazer em seu interior qualquer tipo de malware.

Esse malware executa as ações para as quais, aparentemente, fora criado; como exibir uma mensagem, ou crackear[9] um programa. Essa tarefa é realizada com o intuito de distrair o usuário enquanto que os malwares são instalados.

Spyware

Também conhecido como **software espião,** o Spyware tem por finalidade capturar dados do usuário e enviá-los para terceiros: nº de cartões de crédito, CPF, RG, nomes, data de nascimento e tudo mais que for pertinente para que transações eletrônicas possam ser feitas utilizando seus dados.

Existem dois tipos de spywares: os **KeyLoggers** e os **ScreenLoggers**.

KeyLogger

Key = chave, Log = registro de ações.

O KeyLogger é um spyware cuja característica é capturar os dados digitados pelo usuário. Na maioria das situações o KeyLogger não captura o que é digitado a todo instante, mas o que é teclado após alguma ação prévia do usuário, como por exemplo abrir uma página de um banco ou de uma mídia social - alguns keyloggers são desenvolvidos para capturar conversas em programas de *messenger*.

ScreenLogger

Screen = Tela

O ScreenLogger é uma evolução do KeyLogger na tentativa de capturar, principalmente, as senhas de bancos, pois o ScreenLogger captura fotos avançadas da tela do computador a cada clique do mouse. Essa foto avançada, na verdade, é uma foto de uma pequena área que circunda o mouse, mas grande o suficiente para que seja possível ver em que número o usuário clicou.

Muitos serviços de Internet Banking[10] utilizam um **teclado virtual,** no qual o usuário clica nos dígitos de sua senha ao invés de digitar. Assim, ao forçar que o usuário não utilize o teclado, essa ferramenta de segurança ajuda a evitar roubos de senhas por KeyLoggers. Por outro lado, foi criado o ScreenLogger, que captura imagens; então, como forma de oferecer segurança maior, alguns bancos utilizam um dispositivo chamado de **Token**.

O Token é um dispositivo que gera uma chave de segurança aleatória, a qual uma vez utilizada para acessar a conta, se torna inválida para novos acessos. Assim, mesmo sendo capturada, ela se torna inútil ao invasor.

9 Crackear: é uma quebra de licença de um software para que não seja necessário adquirir a licença de uso, caracterizando pirataria.

10 Internet Banking: acesso à conta bancária pela Internet, para realizar algumas movimentações e consultas.

Cuidado para não confundir: Teclado Virtual em uma página de Internet Banking é um recurso de segurança, enquanto o teclado virtual que faz parte do Windows é um recurso de acessibilidade.

Hijacker

O Hijacker é um malware que tem por finalidade **capturar** o **navegador** do usuário, principalmente o Internet Explorer. Esse programa **fixa uma página inicial** no navegador, que pode ser uma página de propaganda ou um site de venda de produtos, ou mesmo um site de pornografia, como os mais perigosos que fixam páginas falsas de bancos (veja mais na seção Segurança no tópico ataques).

As alterações realizadas por ele no navegador dificilmente são reversíveis. Na maioria dos casos, é necessário reinstalar o navegador várias vezes até formatar o computador. Existem, no mercado, alguns programas que tentam restaurar as configurações padrões dos navegadores, são conhecidos por Hijacker This, porém, esses programas não são ferramentas de segurança, mas apenas uma tentativa de consertar o estrago feito.

Adware

Adware (Advertising Software) é um software especializado em apresentar propagandas.

O Adware é tratado como malware, quando apresenta algumas características de spywares, além de, na maioria dos casos, se instalar no computador explorando falhas do usuário, por exemplo, durante a instalação de um programa em que o indivíduo não nota que em uma das etapas estava instalando outro programa diferente do desejado.

Um exemplo clássico é o Nero gratuito, que é patrocinado pelo ASK[11]. Durante a instalação, uma das telas apresenta algumas opções: deseja instalar a barra de ferramenta do ASK; deseja tornar o motor de busca do ASK como seu buscador padrão; deseja tornar a página do ASK como sua página inicial, que, por padrão, aparecem marcadas esperando que o usuário clique indiscriminadamente na opção "avançar".

Muitos Adwares monitoram o comportamento do usuário durante a navegação na Internet e vendem essas informações para as empresas interessadas.

Backdoors

Backdoor, basicamente, é uma **porta dos fundos** para um ataque futuro ao computador do usuário.

Um Backdoor pode ser inserido no computador por meio de Trojan Horse, como também pode ser um programa adulterado recebido de fonte pouco confiável. Por exemplo, um usuário baixa em um site qualquer, diferente do oficial, o BrOffice, nada impede que o programa tenha sido ligeiramente alterado com a inserção de brechas para ataques futuros.

Rootkits

RootKit vem de Root = administrador do ambiente Linux. Kit = conjunto de ferramentas e ações.

Um Rootkit altera aplicativos do Sistema, como gerenciadores de arquivos, com o intuito de **esconder arquivos maliciosos** que

11 Ask: Motor de buscas na Internet.

estejam presentes no computador. Por meio dele também o invasor pode criar Backdoors no computador, para que possa voltar a atacar o micro sem se preocupar em ter de contaminá-lo novamente.

Questões

Com relação à instalação, à configuração e ao suporte de aplicativos, julgue o item a seguir.

01. (Cespe) O BrOffice.org possui código fechado, assim como o Microsoft Office, embora seja considerado software livre.

Certo ( ) Errado ( )

02. (FCC) De acordo com a Free Software Foundation, um programa de computador que se qualifica como software livre NÃO fornece a liberdade para:

a) revogar ou adicionar restrições retroativas às regras de uso do programa.

b) executar o programa para qualquer propósito.

c) estudar como o programa funciona e adaptá-lo às suas necessidades.

d) redistribuir cópias do programa.

e) distribuir cópias de versões modificadas do programa.

03. (FCC) Para que um programa de computador seja considerado software livre, esse programa:

a) pode ser utilizado para fins lucrativos, mas não pode ser, ele próprio, comercializado.

b) deve ter seu código fonte colocado em domínio público.

c) não pode ser utilizado para fins lucrativos.

d) deve ter seu código fonte disponível para seus usuários.

e) não pode ter seu código fonte modificado.

04. (FGV) A respeito das características do software livre, analise as afirmativas a seguir.

I. É disponibilizado com a permissão para qualquer um usá-lo, copiá-lo e distribuí-lo, seja na sua forma original ou com modificações, seja gratuitamente ou com custo.

II. É gratuito com a permissão para qualquer um usá-lo ou copiá-lo, exclusivamente na sua forma original, não podendo ser modificado.

III. É freeware disponível com a permissão para qualquer pessoa usá-lo e modificá-lo, não podendo ser copiado ou distribuído.

Assinale:

a) se somente a afirmativa I estiver correta.

b) se somente as afirmativas I e II estiverem corretas.

c) se somente as afirmativas I e III estiverem corretas.

d) se somente as afirmativas II e III estiverem corretas.

e) se todas as afirmativas estiverem corretas.

05. (Cesgranrio) O Math é um aplicativo que pode ser usado como um(a):

a) apresentador de objetos multimídia em 3D.

b) digital reader de textos e imagens gráficas.

c) editor de equações para documentos de texto.

d) manipulador de bancos de dados descomplicados.

e) ferramenta de comunicação por meio de gráficos e diagramas.

06. (FCC) O Sistema Operacional:

a) é o software responsável pelo gerenciamento, funcionamento e execução de todos os programas.

b) é um software da categoria dos aplicativos, utilizado para a criação de textos, planilhas de cálculo, desenhos, etc.

c) apesar de gerenciar a leitura e a gravação de arquivos, delega a função de localização de programas nas unidades de discos a softwares utilitários de terceiros.

d) Linux é um software proprietário, já o Windows é o software livre mais utilizado nos computadores pessoais atualmente.

e) não está relacionado à evolução das CPUs, pois independem de componentes de hardware, já que são executados em um computador virtual (virtual machine).

07. (FCC) O sistema operacional de um computador consiste em um:

a) conjunto de procedimentos programados, armazenados na CMOS, que é ativado tão logo o computador seja ligado.

b) conjunto de procedimentos programados, armazenados na BIOS, que é ativado tão logo o computador seja ligado.

c) conjunto de dispositivos de hardware para prover gerenciamento e controle de uso dos componentes de hardware, software e firmware.

d) hardware de gerenciamento que serve de interface entre os recursos disponíveis para uso do computador e o usuário, sem que este tenha que se preocupar com aspectos técnicos do software.

e) software de gerenciamento, que serve de interface entre os recursos disponíveis para uso do computador e o usuário, sem que este tenha que se preocupar com aspectos técnicos do hardware.

08. (Inst. cidades) Com relação aos Vírus de computadores, é correto afirmar que:

a) é um programa ou parte de um programa de computador, normalmente malicioso, que se propaga infectando, isto é, inserindo cópias de si mesmo e se tornando parte de outros programas e arquivos de um computador.

b) é um tipo de software especificamente projetado para apresentar propagandas através do browser ou algum outro programa instalado em um computador.

c) é o termo utilizado para se referir a uma grande categoria de software que tem o objetivo de monitorar atividades de um sistema e enviar as informações coletadas para terceiros.

d) são programas que permitem o retorno de um invasor a um computador comprometido, utilizando serviços criados ou modificados para esse fim.

e) normalmente, consistem em um único arquivo que precisa ser explicitamente executado, não infectam outros arquivos, nem propagam cópias de si mesmo automaticamente.

09. (FCC) Existem vários tipos de vírus de computadores, dentre eles, um dos mais comuns são vírus de macros, que:

a) são programas binários executáveis que são baixados de sites infectados na Internet.

b) podem infectar qualquer programa executável do computador, permitindo que eles possam apagar arquivos e outras ações nocivas.

c) são programas interpretados embutidos em documentos do MS Office que podem infectar outros documentos, apagar arquivos e outras ações nocivas.

d) são propagados apenas pela Internet, normalmente em sites com software pirata.

e) podem ser evitados pelo uso exclusivo de software legal, em um computador com acesso apenas a sites da Internet com boa reputação.

10. (Cespe) A fim de se proteger do ataque de um spyware — um tipo de vírus (malware) que se multiplica de forma independente nos programas instalados em um computador infectado e recolhe informações pessoais dos usuários —, o usuário deve instalar softwares antivírus e antispywares mais eficientes que os firewalls no combate a esse tipo de ataque.

Certo ( ) Errado ( )

Gabaritos

01	ERRADO	06	A
02	A	07	E
03	D	08	A
04	A	09	C
05	C	10	ERRADO

2. WINDOWS

O Windows é o sistema operacional mais cobrado sobre ações e tarefas executadas pelo usuário. Nesta seção, serão abordadas algumas de suas ferramentas e características.

2.1 Componentes

Neste tópico, são apresentadas as principais opções do Windows que são cobradas nas provas dos concursos.

Área de Trabalho

A Área de Trabalho do Windows é composta pela Barra de Tarefas, Menu ou Botão Iniciar, ícones e papel de parede. A figura acima ilustra a área de trabalho do Windows 7.

Meu Computador

Na janela Computador são disponibilizadas informações sobre as unidades de disco e armazenamento que estão conectadas ao computador. Por meio dessa janela podemos obter a informação do tamanho das unidades e o quanto estão ocupadas.

A cada novo dispositivo que conectamos, observamos que uma nova letra é usada, por exemplo, a figura a seguir ilustrando a janela Computador do Windows 7. Ela indica a presença do HD primário C: e de uma unidade de CD no D:; se um pendrive for conectado a esse computador, então será atribuída a ele a letra E:.

A opção Computador ou Meu Computador usa a janela do Windows Explorer.

Mapear Unidade de Rede

O recurso Mapear Unidade de Rede auxilia o acesso a uma pasta compartilhada na rede, criando uma espécie de atalho para ela na janela Computador, como se fosse mais uma unidade.

Para realizar esse procedimento, basta clicar com o botão direito do mouse sobre a opção Computador ou sobre a opção Rede e escolher a opção Mapear Unidade de Rede, como ilustra a figura a seguir:

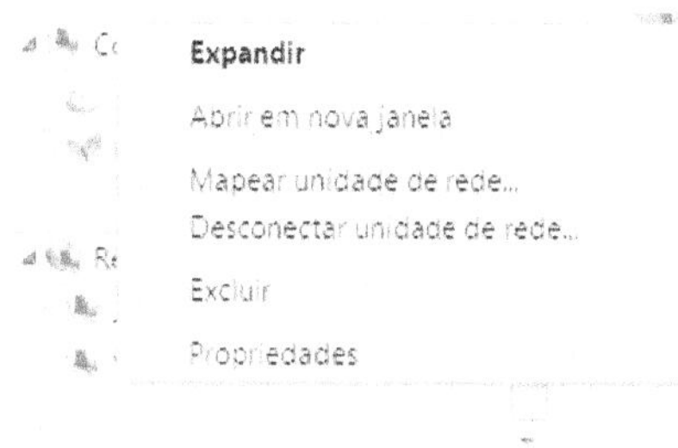

Após realizado esse passo, uma janela será aberta como a ilustrada a seguir, na qual o usuário pode navegar pela rede e escolher a pasta que deseja mapear e a letra que quer atribuir a esta unidade que será criada. Letras em uso não podem ser usadas, como o C:.

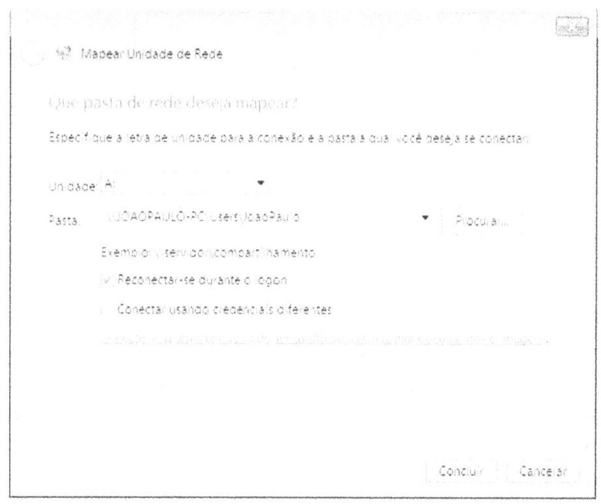

Findos esses passos, na janela Computador encontrar-se-á a pasta da rede mapeada para um acesso mais rápido a ela.

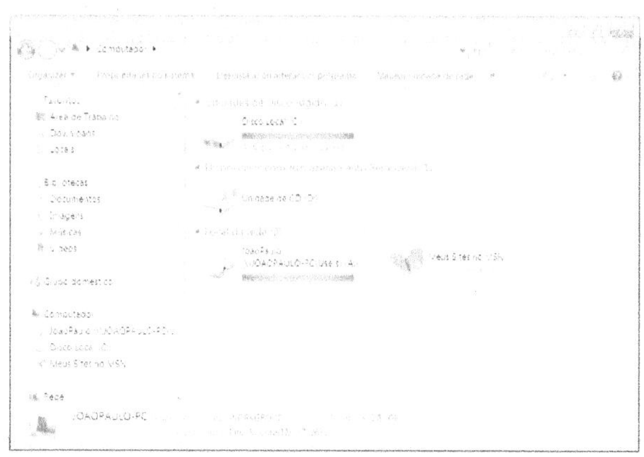

Windows Explorer

O Windows Explorer é um programa responsável por possibilitar a navegação entre as pastas e arquivos armazenados no computador. Por definição, ele é um Gerenciador de arquivos, mas por meio dele é possível acessar páginas na Internet, basta digitar o endereço desejado na barra de endereços do programa. Ao detectar que é o endereço de um site, ele abre o navegador com o site digitado.

Para abrir a janela Windows Explorer, podemos ir por meio do botão iniciar - Todos os Programas - Acessórios - e, por fim, Windows Explorer, ou podemos lançar mão do conjunto de teclas de atalho Windows + E.

Operação com Arquivos e Pastas

Quando estamos em um gerenciador de arquivos, tanto no Windows quanto no Linux, podemos realizar algumas ações com os arquivos e pastas, como Copiar, Colar e Recortar. Contudo, esses procedimentos podem ser feitos com maior agilidade, utilizando o mouse combinado com o teclado.

Vamos tratar das situações em que o usuário clica, mantém clicado e arrasta um arquivo ou pasta.

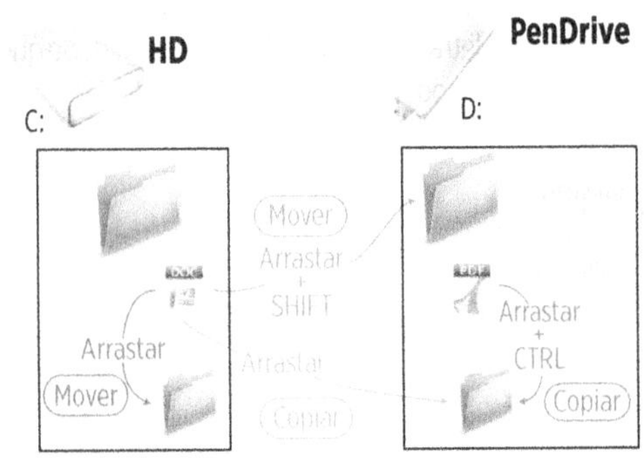

Na figura anterior temos duas unidades: **C: (HD) e D: (pendrive)**. Quando tratamos de clicar e arrastar, a regra é de acordo com as unidades. Se for clicado e arrastado um arquivo ou pasta de uma pasta para outra da mesma unidade, os arquivos ou pastas selecionados serão movidos. Porém, se a ação tivesse como destino outra unidade de armazenamento, então a ação padrão seria criar uma cópia dos arquivos ou pastas selecionados na pasta de destino.

Por outro lado, podemos inverter essas ações com o uso simultâneo de teclas de atalho. Quando formos arrastar um arquivo ou pasta dentro da mesma unidade com o intuito de criar apenas uma cópia, em vez de mover, devemos segurar pressionada a tecla CTRL. Já ao arrastarmos para uma pasta de unidade diferente sem que seja criada uma cópia, mas seja movido para a pasta de destino, devemos realizar o procedimento com a tecla SHIFT pressionada.

Outra situação é quando arrastamos com a tecla ALT pressionada. Neste caso, independentemente se for para uma pasta da mesma unidade ou de unidade diferente, o resultado será o mesmo: será criado um atalho.

Modos de Exibição

Por meio da janela do Windows Explorer também podemos optar entre alguns modos de exibição diferentes para visualizar os arquivos e pastas dispostos em uma pasta.

Para alterar entre os modos de exibição, podemos usar a tecla CTRL pressionada enquanto rolamos o Scrool do mouse (rodinha); e a barra à esquerda da figura abaixo é alterada de acordo com o zoom.

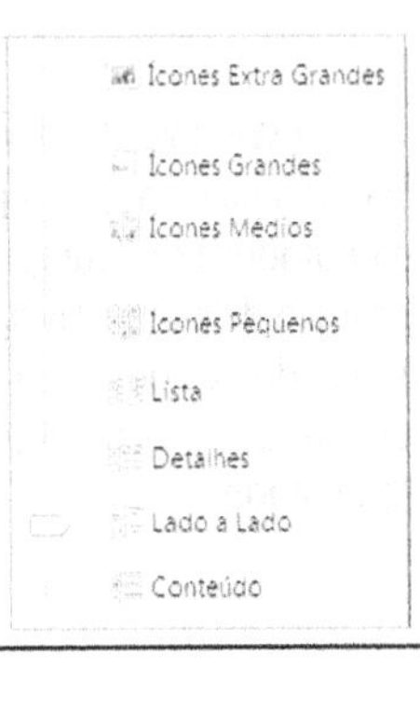

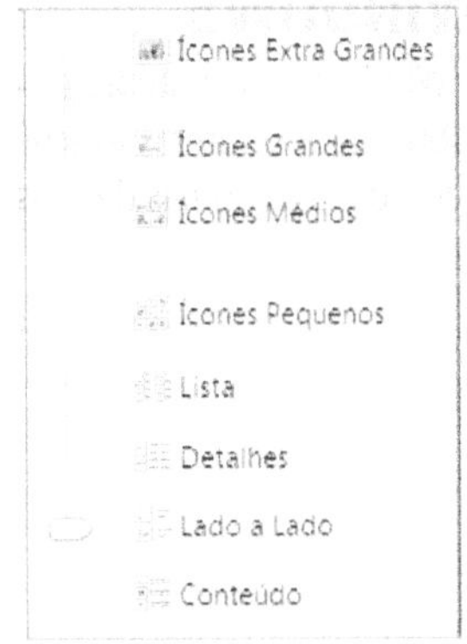

Ou podemos clicar no botão Modos de Exibição, que pode assumir a forma de qualquer um dos botões ilustrados nesta seção de acordo com o modo que estiver em exibição.

No Windows 7, está disponível o modo de exibição Conteúdo, que não existia no Windows XP.

O modo de exibição mais importante é o modo Detalhes, pois, por meio dele, podemos visualizar diversas informações sobre um arquivo sem abri-lo, além de permitir a organização dos dados por diversos critérios.

Lixeira

Por padrão, a Lixeira no Windows pode ocupar até 10% da capacidade da unidade, mas é possível alterar esse tamanho por meio das propriedades dela.

Nem todo arquivo que é deletado é enviado para a lixeira. Por exemplo, um arquivo apagado de um disquete ou pendrive não são enviados para a lixeira do computador, no caso dos pendrives é criado uma espécie de lixeira dentro do próprio pendrive, mas isto depende do driver do dispositivo.

Por outro lado, toda forma de remoção de um arquivo, quando combinada com a tecla SHIFT pressionada, remove o arquivo ou pasta sem enviar para a lixeira, ou seja, é uma remoção permanente.

Painel de Controle

O Painel de Controle é o local onde são concentradas as opções de configuração do sistema Windows.

Acessórios

O Windows conta com um conjunto de acessórios que são programas de uso geral que auxiliam tarefas do usuário. São os acessórios do Windows:

Ferramentas de Sistema

As Ferramentas de Sistema do Windows 7 têm sido muito cobradas nas últimas provas de concursos, por fornecerem um conjunto de opções e conceitos diferentes.

Nesta seção, faremos breves comentários sobre essas ferramentas e suas finalidades.

Monitor de Recursos

O Monitor de Recursos é uma ferramenta que nos permite verificar o desempenho do computador, visualizando o uso da memória e do processador, a banda de rede e o espaço em disco. A figura a seguir ilustra a visão do consumo do processador do meu computador no momento em que estava escrevendo este material. Na imagem são ilustrados até o CPU7, porque se trata de um processador i7 com 8 núcleos.

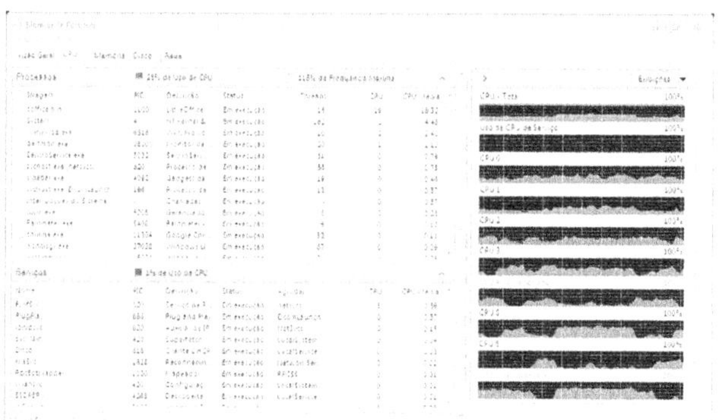

Limpeza de Disco

A Limpeza de Disco é uma ferramenta que permite limpar (apagar) os arquivos temporários do computador como forma de obter mais espaço livre. A figura a seguir ilustra a janela da Limpeza de Disco.

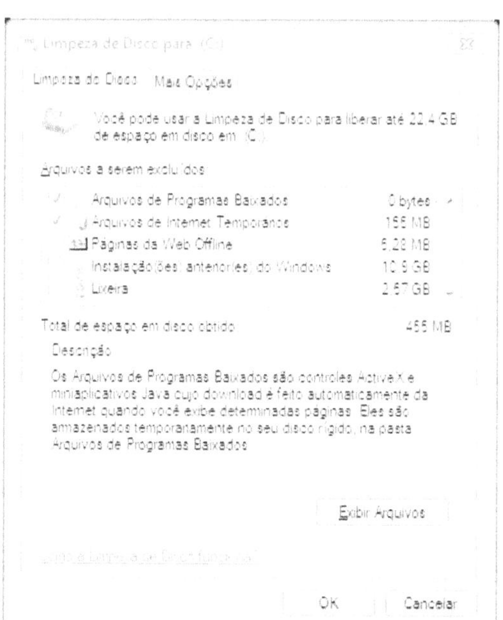

No Windows 7, além de se poder esvaziar a lixeira e apagar os arquivos temporários de navegação da Internet, existe a opção de apagar as miniaturas criadas quando arquivos de imagem são visualizados no Windows Explorer no modo de miniaturas (ícones grandes).

Desfragmentador

O Desfragmentador de Disco é a ferramenta de Sistema responsável por organizar os arquivos no disco, pois, com o tempo, usando o computador, copiamos, colamos, recortamos e movemos muitos arquivos criando fragmentos no HD. Um HD muito fragmentado se torna mais lento para ser lido.

O processo de Desfragmentação, por realizar uma leitura e escrita intensa no disco, torna-se um processo lento, portanto não se recomenda seu uso muito frequentemente. Deve-se obedecer a uma regularidade, mas nada exagerado.

Para que o desfragmentador seja executado, é necessário possuir espaço em disco. Caso não haja, será sugerido ao usuário que realize uma Limpeza de Disco a fim de liberar mais espaço.

> O Desfragmentador não corrige falhas de disco muito menos a Limpeza de Disco, essa tarefa é responsabilidade do ScanDisk.

Ao final do processo, os dados estarão organizados, a maioria, de maneira contígua para serem acessados mais rapidamente, bem como será organizado o espaço livre em disco de forma que fique contínuo também para minimizar futuras fragmentações.

Informações do Sistema

O recurso Informações do Sistema também pode ser acessado por meio das teclas de atalho (Windows) + Pause.

A janela de Informações do Sistema exibe dados sobre o usuário e sobre a chave de ativação do Windows. No caso do Windows 7, também é exibida uma avaliação do hardware por parte do sistema, além de informação do tamanho da memória RAM e do nome do processador. A figura a seguir mostra a janela das Informações sobre o Sistema.

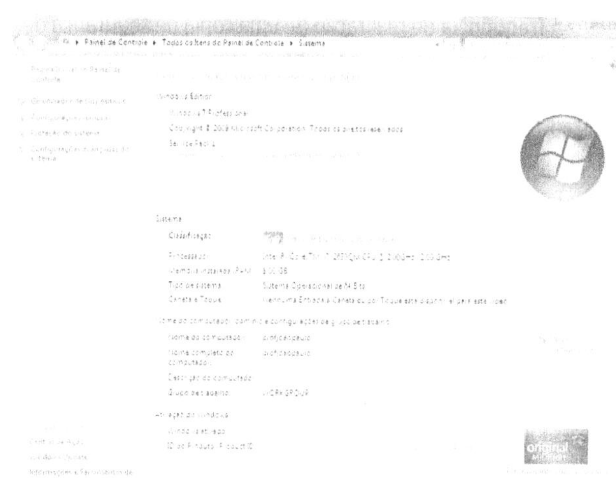

Agendador de Tarefas

O Agendador de Tarefas permite que você agende tarefas automatizadas para que realizem ações em um horário específico ou quando um determinado evento ocorrer.

Transferência Fácil do Windows

O recurso de Transferência Fácil do Windows é uma ferramenta criada para copiar as configurações e preferências de um usuário em um computador e passá-las para outro, não necessitando ao usuário reconfigurar todas suas preferências novamente quando trocar de computador.

Restauração do Sistema

A Restauração do Sistema permite retornar o estado do sistema a um ponto anterior no tempo, chamado de ponto de restauração, que é criado automaticamente pelo Windows quando um novo programa é instalado no sistema. Ele também pode ser criado manualmente pelo usuário.

A ferramenta restaura somente o sistema e a instalação dos programas. Os arquivos criados, alterados ou excluídos entre os pontos de restauração não são afetados, ou seja, a restauração do Sistema não recupera arquivos.

Tipos de Backup

Um backup, algumas vezes descrito como becape, nada mais é do que uma **cópia de segurança** dos dados. Essa cópia tem por finalidade manter os dados mais atuais salvos, de maneira que se porventura os dados originais sejam perdidos por falha ou exclusão, a perda não tenha um grande impacto, pois é possível restaurar a partir das versões salvas, minimizando assim a perda. Um backup não impede que os dados sejam acessados por terceiros.

Em um backup devem ser salvos os **dados do usuário**, ou seja, não é necessário, muito menos indicado, salvar os arquivos dos sistemas, como os que ficam na pasta Arquivos de Programas. Os dados devem ser salvos, preferencialmente, em outras unidades de armazenamento, diferentes de onde estão os dados originais como CD, DVD, BluRay, Pendrive, outro HD, disquetes e até mesmo fitas magnéticas.

A **frequência** de realização de uma cópia de segurança depende da importância dos dados, bem como da sua alteração, ou melhor, se os dados sofrem constante alteração, o backup deve ser realizado com maior regularidade. Já, se raramente sofrem alteração, a frequência de backup também cai.

Existem diversos tipos de backup, dos quais podemos destacar o **Backup Completo, o Backup Incremental e o Backup Diferencial.**

Backup Completo

Também chamado de Backup Total, é aquele em que todos os dados são salvos em uma única cópia de segurança. Ele é indicado para ser feito com menor frequência, pois é o mais demorado para ser processado como também para ser recuperado. Contudo, localizar um arquivo fica mais fácil, já que se tem apenas uma cópia dos dados.

Backup Incremental

Neste tipo de backup, são salvos apenas os dados que foram alterados após a última cópia de segurança realizada. Esse procedimento é mais rápido de ser processado, porém, leva mais tempo para ser restaurado, pois envolve restaurar todos os backups anteriores. Os arquivos criados são menores do que os gerados pelo backup diferencial.

Backup Diferencial

Este procedimento de backup grava os dados alterados desde o último backup completo; assim, no próximo backup diferencial, somente são salvos os dados modificados desde o último backup completo. No entanto, esse becape é mais lento de ser processado do que o incremental, porém é mais rápido de ser restaurado, pois é necessário apenas restaurar o último backup completo e o último backup diferencial.

Questões

Julgue o item a seguir, a respeito de gerenciamento de informações, arquivos, pastas e programas.

01. (Cespe) A ferramenta Scandisk permite a formatação do disco rígido, por meio da leitura dos dados de setores defeituosos, transferindo-os para setores bons e marcando os defeituosos, de modo que o sistema operacional não os use mais.

Certo ( ) Errado ( )

02. (FCC) Considere:

I. Windows é software proprietário e Linux é software livre.

II. Windows é alvo de milhares de vírus e parasitas virtuais, enquanto que Linux é praticamente imune a vírus.

III. Apenas o Windows possui interface gráfica intuitiva.

Está correto o que consta em:

a) I, apenas.

b) II, apenas.

c) I e II, apenas.

d) II e III, apenas.

e) I, II e III.

Acerca dos conceitos do Windows 7 e das tecnologias aplicadas à Internet, julgue o item a seguir.

03. (Cespe) A restauração do sistema é uma forma de desfazer alterações do sistema do computador para um ponto anterior no tempo. A restauração do sistema, entretanto, não pode ser usada para recuperação de arquivos pessoais.

Certo ( ) Errado ( )

Acerca de conceitos básicos de Informática e sistemas operacionais, julgue o item a seguir.

04. (Cespe) No ambiente Windows, a opção de Mapear unidade de rede permite associar um atalho a uma unidade remota.

Certo ( ) Errado ( )

A respeito dos ambientes Windows XP e Linux, julgue os itens a seguir.

05. (Cespe) O Windows 7 possui, por padrão, uma interface gráfica, enquanto o Linux tem disponíveis várias interfaces gráficas, que podem ser instaladas e customizadas segundo a necessidade do usuário.

Certo ( ) Errado ( )

06. (Cespe) Os sistemas Windows 7 e Linux têm kernel comum, aberto, que pode ser facilmente customizado pelo usuário.

Certo ( ) Errado ( )

Acerca de conceitos de informática e de segurança da informação, julgue o item a seguir.

07. (Cespe) Diferentemente do que ocorre no sistema Windows 7, no Linux, para se obter maior velocidade de acesso, os dados são armazenados diretamente em pastas, e não em subpastas.

Certo ( ) Errado ( )

Com relação aos ambientes Windows, Internet e Intranet, julgue o item a seguir.

08. (Cespe) O Windows Explorer é utilizado tanto para acesso aos diretórios e arquivos armazenados na máquina do usuário como para acesso a áreas de armazenamento na rede, caso o computador esteja conectado a um ambiente de rede ou à Internet.

Certo ( ) Errado ( )

Gabaritos

01	ERRADO	**05**	CERTO
02	C	**06**	ERRADO
03	CERTO	**07**	ERRADO
04	CERTO	**08**	CERTO

3. SISTEMA WINDOWS 10

O Windows 10 é um sistema operacional da Microsoft lançado em 29 de julho de 2015. Essa versão trouxe inúmeras novidades, principalmente, por conta da sua portabilidade para celulares e também tablets.

3.1 Requisitos Mínimos

Para instalar o Windows 10, o computador deve possuir no mínimo 1 GB de memória RAM para computadores com processador 32 bits de 1GHz, e 2GB de RAM para processadores de 32bits de 1GHz. Todavia, recomenda-se um mínimo de 4GB.

A versão 32 bits do Windows necessita, inicialmente, de 16GB de espaço livre em disco, enquanto o Windows 64 bits utiliza 20GB. A resolução mínima recomendada para o monitor é de 1024 x 768.

3.2 Novidades

O Windows 10 nasce com a promessa de ser o último Windows lançado pela Microsoft. Isso não significa que não será atualizado. A proposta da Microsoft é não lançar mais versões, a fim de tornar as atualizações mais constantes, sem a necessidade de aguardar para atualizar junto de uma versão enumerada. Com isso, ao passar dos anos, a empresa espera não usar mais a referência Windows 10, mas apenas Windows.

O novo sistema trouxe inúmeras novidades como também alguns retrocessos.

O objetivo do projeto do novo Windows foi baseado na interoperabilidade entre os diversos dispositivos como tablets, smartphones e computadores, de modo que a integração seja transparente, sem que o usuário precise, a cada momento, indicar o que deseja sincronizar.

A barra Charms, presente no Windows 8 e 8.1, foi removida, e a tela inicial foi fundida ao botão (menu) Iniciar.

Algumas outras novidades apresentadas pela Microsoft são:

> Xbox Live e o novo Xbox app que proporcionam novas experiências de jogo no Windows 10. O Xbox, no Windows 10, permite que jogadores e desenvolvedores acessem à rede de jogos do Xbox Live, tanto nos computadores Windows 10 quanto no Xbox One. Os jogadores podem capturar, editar e compartilhar seus melhores momentos no jogo com Game DVR, e disputar novos jogos com os amigos nos dispositivos, conectando a outros usuários do mundo todo. Os jogadores também podem disputar jogos no seu computador, transmitidos por stream diretamente do console Xbox One para o tablet ou computador Windows 10, dentro de casa.

> Sequential Mode: em dispositivos 2 em 1, o Windows 10 alterna facilmente entre teclado, mouse, toque e tablet. À medida que detecta a transição, muda convenientemente para o novo modo.

> Novos apps universais: o Windows 10 oferece novos aplicativos de experiência, consistentes na sequência de dispositivos, para fotos, vídeos, música, mapas, pessoas e mensagens, correspondência e calendário. Esses apps integrados têm design atualizado e uniformidade de app para app e de dispositivo para dispositivo. O conteúdo é armazenado e sincronizado por meio do OneDrive, e isso permite iniciar uma tarefa em um dispositivo e continuá-la em outro.

Área de Trabalho

A barra de tarefas do Windows 10 apresenta como novidade a busca integrada.

Cortana

Tal recurso opera junto ao campo de pesquisa localizado na barra de tarefas do Windows.

Está é uma ferramenta de execução de comandos por voz. Porém, ainda não conta com versão para o Português do Brasil. Outro ponto importante é a privacidade, pois tal ferramenta guarda os dados.

Continue de onde Parou

Tal característica, presente no Windows 10, permite uma troca entre computador – tablet – celular, sem que o usuário tenha de salvar os arquivos e os enviar para os aparelhos; o próprio Windows se encarrega da sincronização.

Ao abrir um arquivo, por exemplo, em um computador e editá-lo, basta abri-lo em outro dispositivo, de modo que as alterações já estarão acessíveis (a velocidade e disponibilidade dependem da velocidade da conexão à Internet).

Desbloqueio Imediato de Usuário

Trata-se de um recurso disponível, após a atualização do Windows, que permite ao usuário que possua *webcam*, devidamente instalada, usar uma forma de reconhecimento facial para *logar* no sistema, sem a necessidade de digitar senha.

Múltiplas Áreas de Trabalho

Uma das novidades do Windows 10 é a possibilidade de manipular "múltiplas Áreas de Trabalho", uma característica que já estava há tempos presente no Linux e no MacOS. Ao usar o atalho Windows + Tab, é possível criar uma nova Área de Trabalho e arrastar as janelas desejadas para ela.

Botão Iniciar

Com essa opção em exibição, ao arrastar o mouse ligeiramente para baixo, são listados os programas abertos pela tela inicial. Programas abertos dentro do desktop não aparecem na lista, conforme ilustrado a seguir:

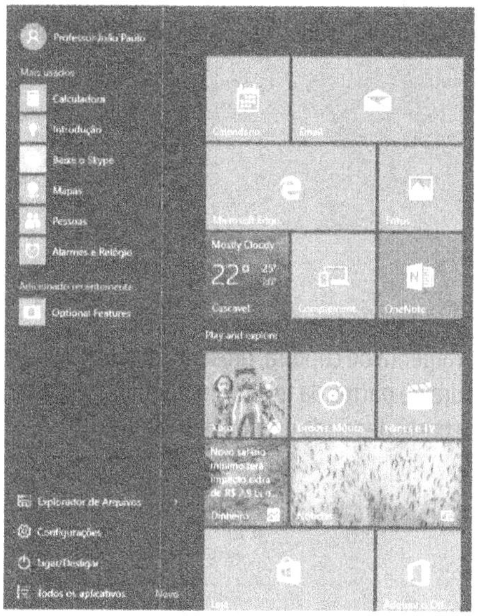

Aplicativos

Os aplicativos podem ser listados clicando-se no botão presente na parte inferior do Botão Iniciar, mais à esquerda.

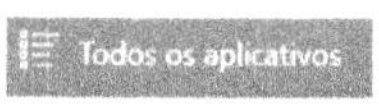

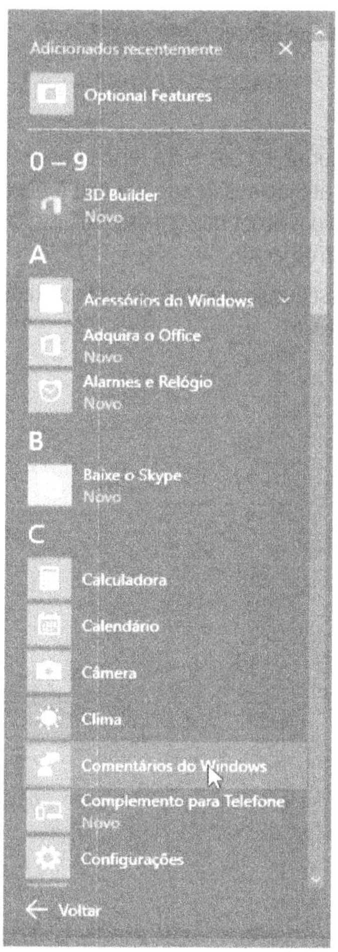

Acessórios

O Windows 10 reorganizou seus acessórios ao remover algumas aplicações para outro grupo (sistema do Windows).

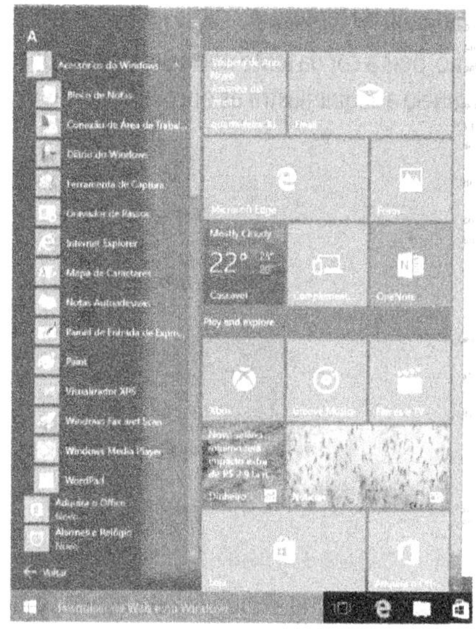

Os aplicativos listados como acessórios são, efetivamente:

> Bloco de Notas
> Conexão de Área de Trabalho Remota
> Diário do Windows
> Ferramenta de Captura
> Gravador de Passos
> Internet Explorer
> Mapa de Caracteres
> Notas Autoadesivas
> Painel de Entrada de Expressões Matemática
> Paint
> Visualizador XPS
> Windows Fax and Scan
> Windows Media Player
> Wordpad

Bloco de Notas

O Bloco de Notas é um editor de texto simples, e apenas texto, ou seja, não aceita imagens ou formatações muito avançadas. A imagem a seguir ilustra a janela do programa.

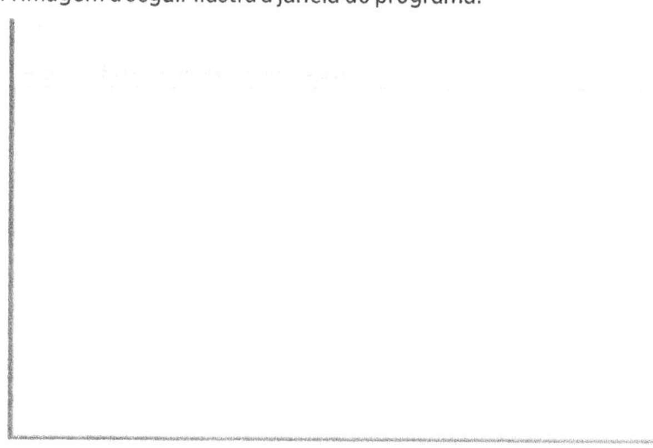

Contudo, são possíveis algumas formatações de fonte:

> Tipo/nome da fonte;
> Estilo de fonte (Negrito Itálico);
> Tamanho da fonte.

Atenção, pois a cor da fonte não é uma opção de formatação presente. A janela a seguir ilustra as opções.

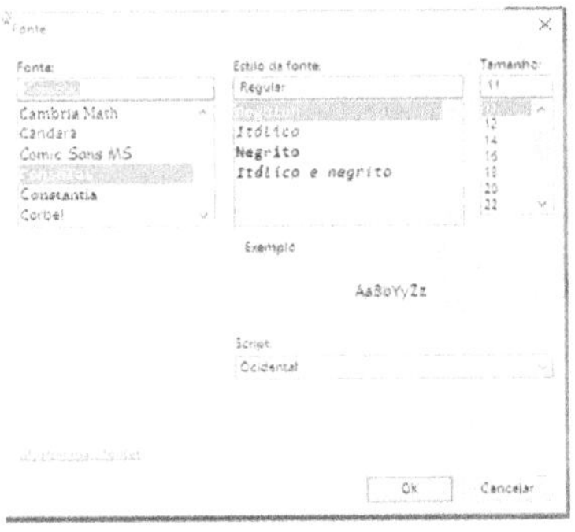

Conexão de Área de Trabalho Remota

A conexão remota do Windows não fica ativa por padrão, por questões de segurança.

Para habilitar a conexão, é necessário abrir a janela de configuração das Propriedades do Sistema, ilustrada a seguir. Tal opção é acessível pela janela Sistema do Windows.

A conexão pode ser limitada à rede por restrição de autenticação em nível de rede, ou pela Internet usando contas de e-mail da Microsoft.

A figura a seguir ilustra a janela da Conexão de Área de Trabalho Remota.

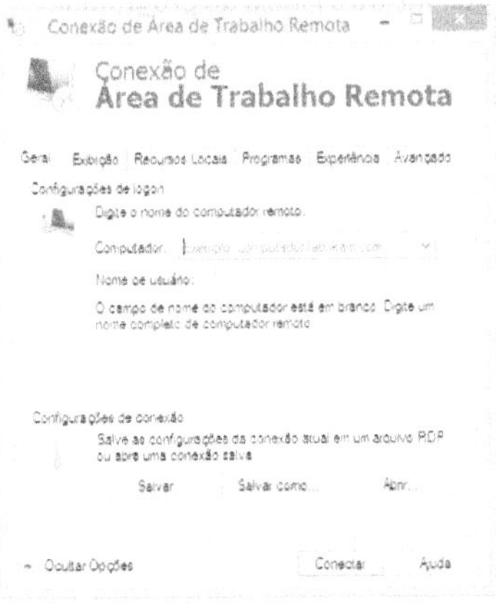

Diário do Windows

A ferramenta Diário do Windows é uma novidade no Windows 8. Ela permite que o usuário realize anotações como em um caderno.

Os recursos de formatação são limitados, de modo que o usuário pode escrever manuscritamente ou por meio de caixas de texto.

Ferramenta de Captura

A ferramenta de captura, presente desde o Windows 7, permite a captura de partes da tela do computador. Para tanto, basta selecionar a parte desejada usando o aplicativo.

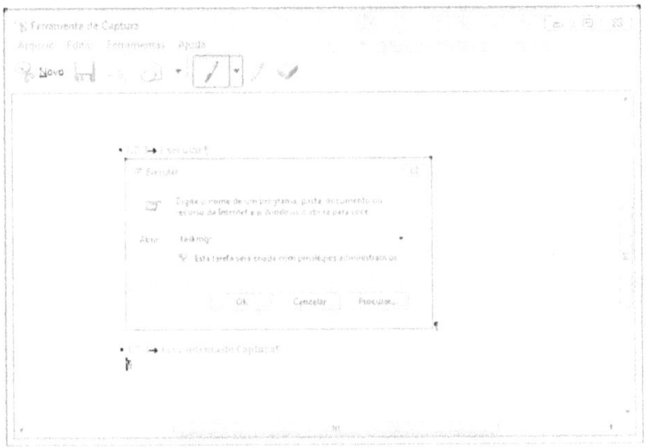

Gravador de Passos

O Gravador de Passos é um recurso novo do Windows 8, muito útil para atendentes de suporte que precisam apresentar o passo a passo das ações que um usuário precisa executar para obter o resultado esperado.

A figura a seguir ilustra a ferramenta com um passo gravado para exemplificação.

Mapa de Caracteres

Frequentemente, faz-se necessário utilizar alguns símbolos diferenciados. Esses símbolos são chamados de caracteres especiais. O Mapa de Caracteres permite listar os caracteres não presentes no teclado para cada fonte instalada no computador e copiá-los para a área de transferência do Windows.

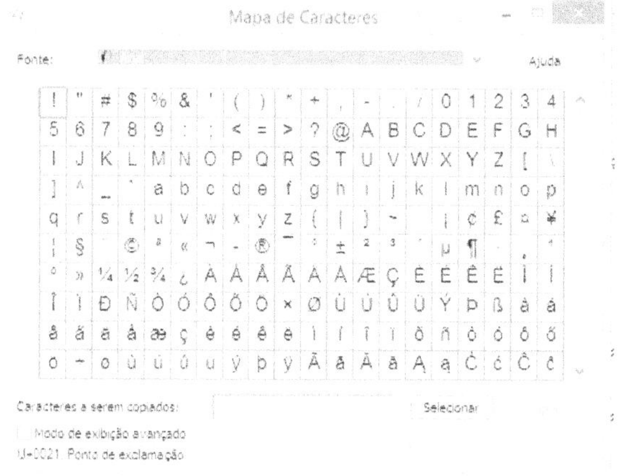

Notas Autoadesivas

Por padrão, as notas autoadesivas são visíveis na Área de Trabalho, elas se parecem com Post its.

Painel de Entrada de Expressões Matemáticas

Esta ferramenta possibilita o usuário de desenhar, utilizando o mouse ou outro dispositivo de inserção como *tablet canetas*, fórmulas matemáticas como integrais e somatórios, e ainda colar o resultado produzido em documentos.

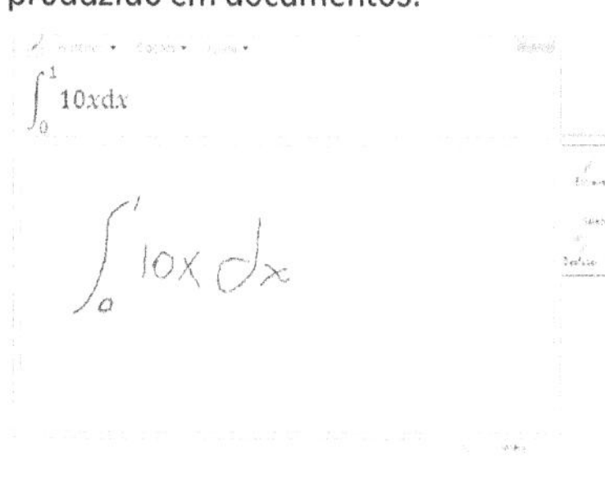

Paint

O tradicional editor de desenho do Windows, que salva seus arquivos no formato PNG, JPEG, JPG, GIF, TIFF e BMP (Bitmap), não sofreu mudanças em comparação com a versão presente no Windows 7.

WordPad

É um editor de texto que faz parte do Windows, ao contrário do MS Word, com mais recursos que o Bloco de Notas.

Facilidade de Acesso

Anteriormente conhecida como ferramentas de acessibilidade, são recursos que têm por finalidade auxiliar pessoas com dificuldades para utilizar os métodos tradicionais de interação com o computador.

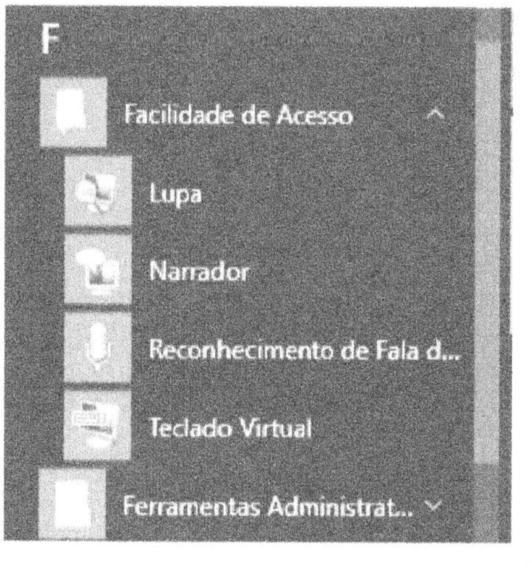

Lupa

Ao utilizar a lupa, pode-se ampliar a tela ao redor do ponteiro do mouse, como também é possível usar metade da tela do computador exibindo a imagem ampliada da área próxima ao ponteiro.

Narrador

O narrador é uma forma de leitor de tela que lê o texto das áreas selecionadas com o mouse.

Teclado Virtual

É preciso ter muito cuidado para não confundir o teclado virtual do Windows com o teclado virtual usado nas páginas de Internet Banking.

Outras Ferramentas

O Windows 10 separou algumas ferramentas a mais que o Windows 8, tais como a calculadora e o calendário.

Calculadora

A calculadora do Windows 10 deixa de ser associada aos acessórios. Outra grande mudança é o fato de que sua janela pode ser redimensionada, bem como perde um modo de exibição, sendo eles:

- Padrão;
- Científica;
- Programador;

A calculadora do Windows 10 apresenta inúmeras opções de conversões de medidas, conforme ilustrado respectivamente ilustradas a seguir.

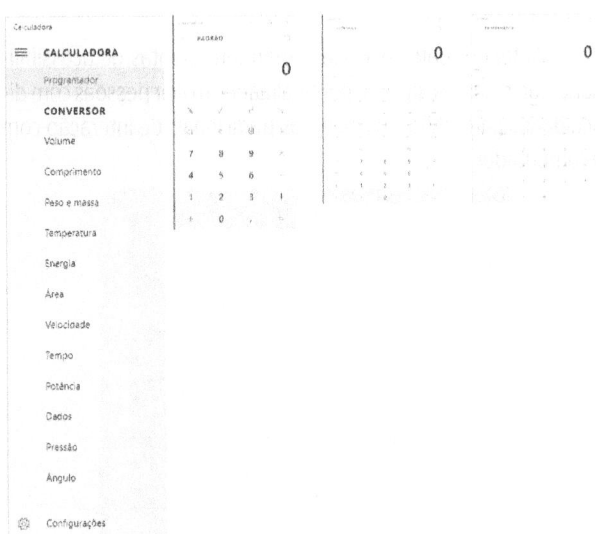

Painel de Controle

O Painel de Controle do Windows é o local onde se encontram as configurações do sistema operacional Windows.

Ele pode ser visualizado em dois modos: ícones ou categorias. As imagens a seguir representam, respectivamente, o modo ícones e o modo categorias.

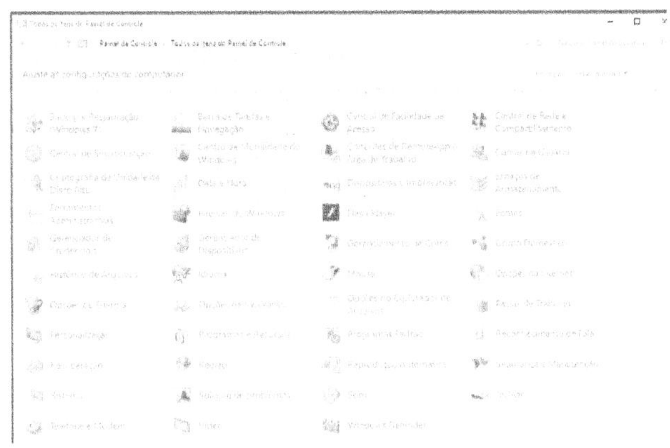

No modo Categorias, as ferramentas são agrupadas de acordo com sua similaridade, como na categoria Sistema e Segurança, que envolve o Histórico de Arquivos e a opção Corrigir Problemas.

A opção para remover um programa possui uma categoria exclusiva chamada de Programas.

Na categoria Relógio, Idioma e Região, temos acesso às opções de configuração do idioma padrão do sistema. Por consequência, é possível também o acesso às unidades métricas e monetárias, como também alterar o layout do teclado ou botões do mouse.

Algumas das configurações também podem ser realizadas pela janela de configurações acessível pelo botão Iniciar.

Segurança e Manutenção

Dispositivos e Impressoras

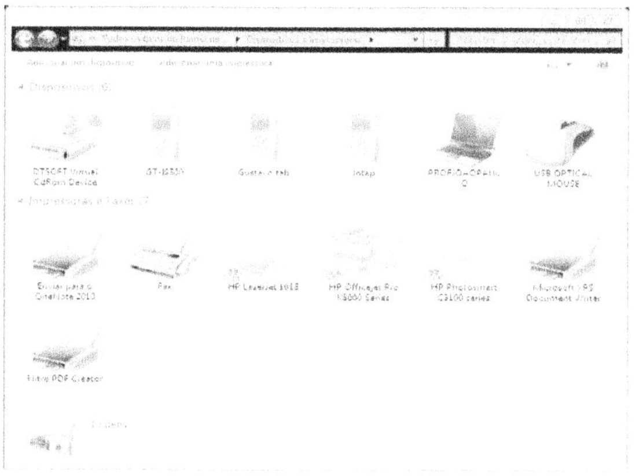

Firewall do Windows

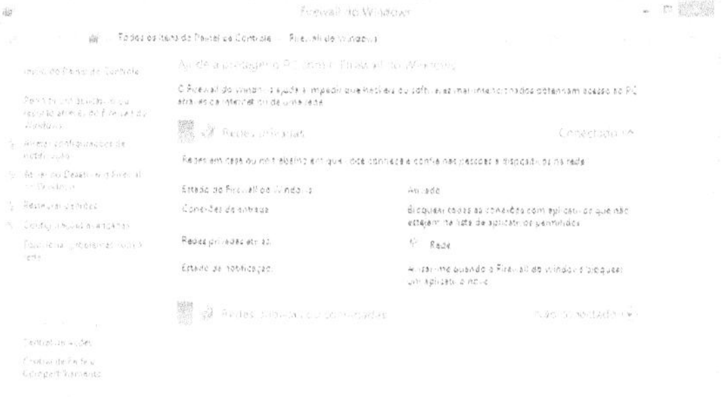

Data e Hora

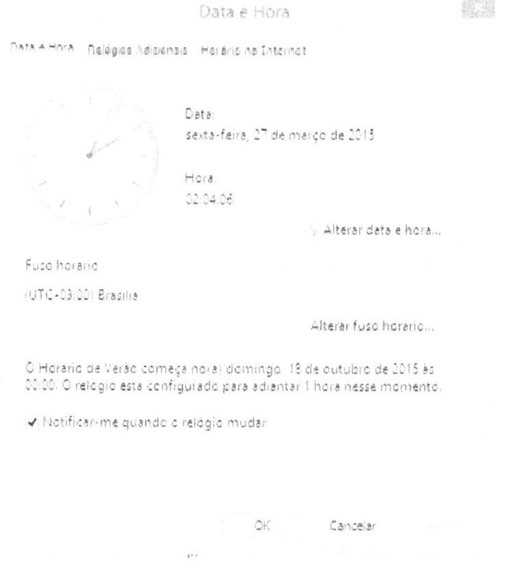

Contas de Usuário

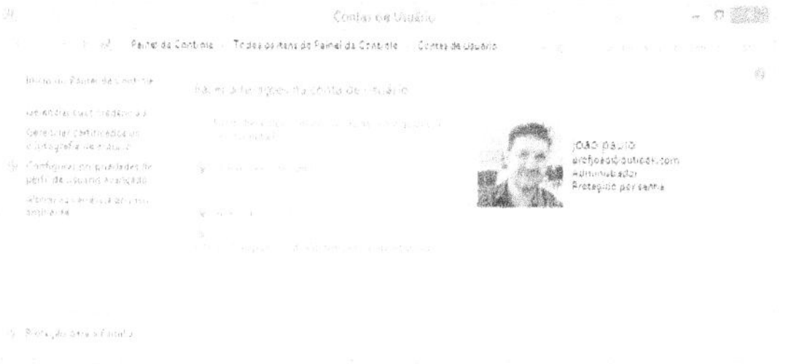

Opções de Energia

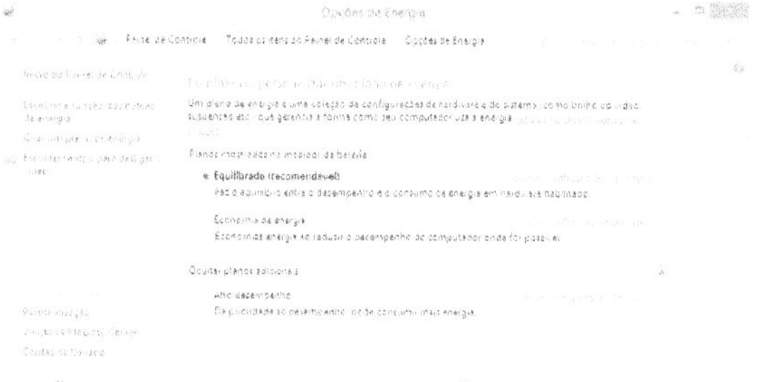

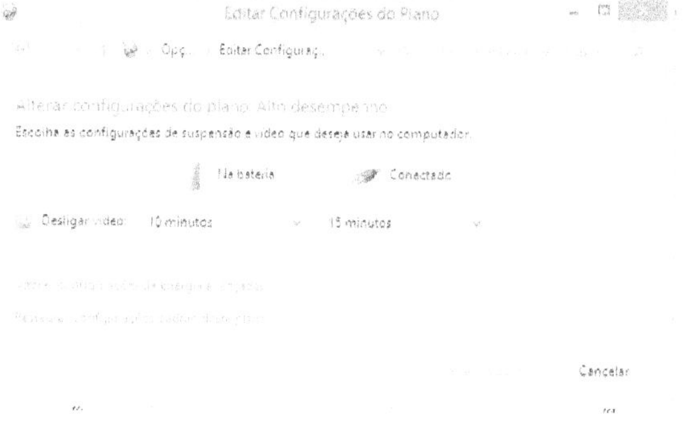

Opções do Explorador de Arquivos

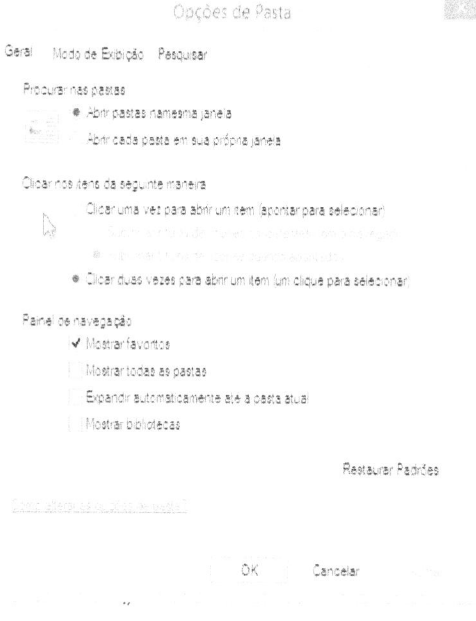

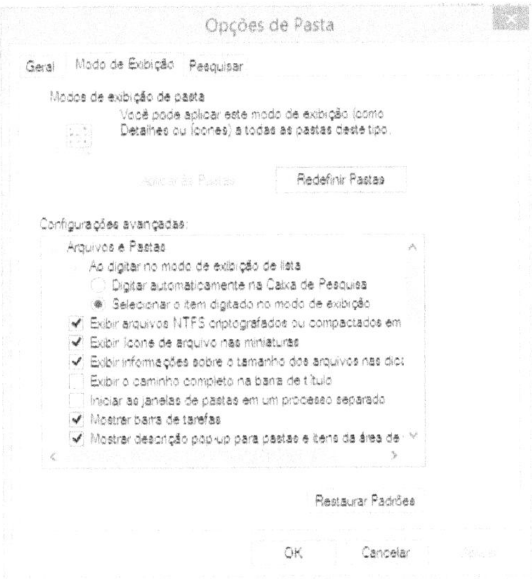

Programas e Recursos

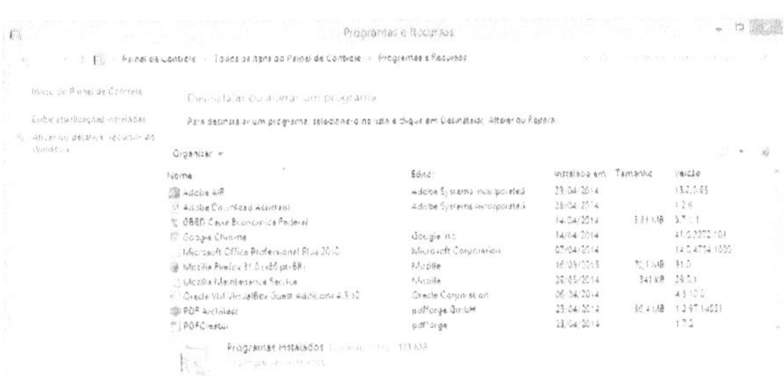

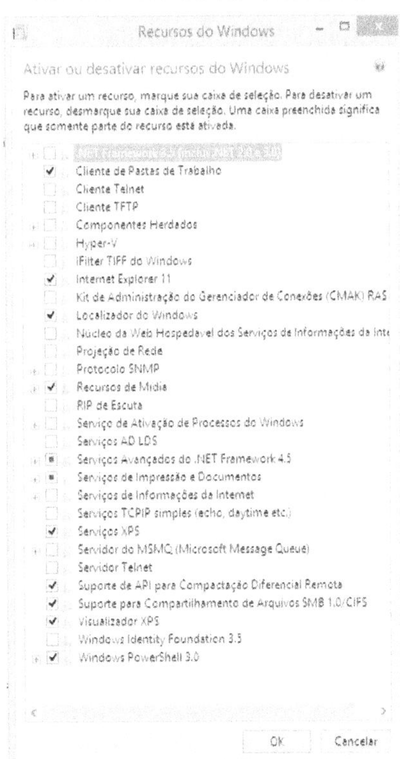

Programas Padrão

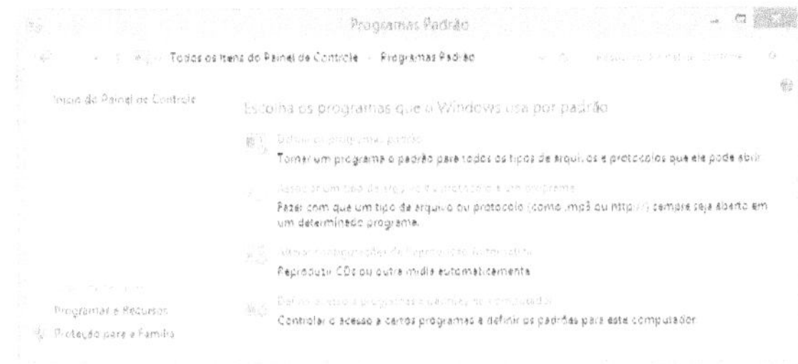

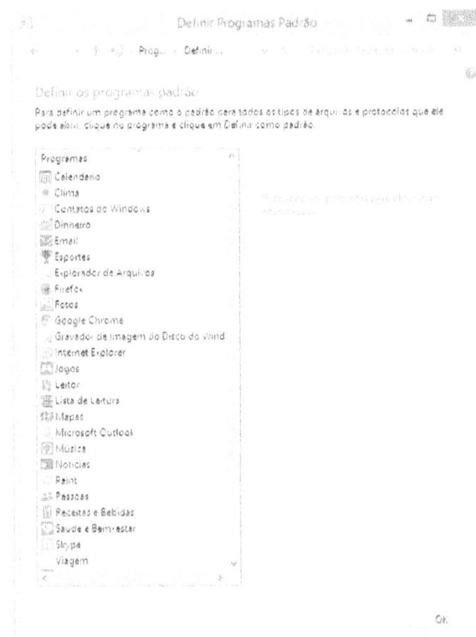

Sistema

Windows Defender

No Windows 10, o Windows Defender passou a ser também antivírus além de ser antispyware.

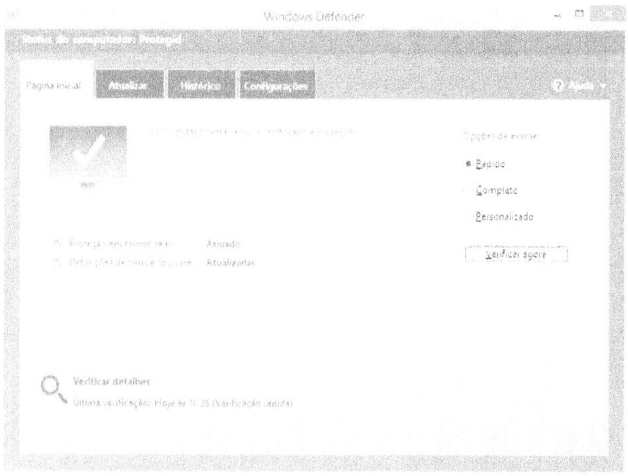

Estrutura de Diretórios

Uma estrutura de diretórios é como o Sistema Operacional organiza os arquivos, separando-os de acordo com sua finalidade.

O termo diretório é um sinônimo para pasta, que se diferencia apenas por ser utilizado, em geral, quando se cita alguma pasta Raiz de um dispositivo de armazenamento ou partição.

Quando citamos o termo Raiz, estamos fazendo uma alusão a uma estrutura que se parece com uma árvore que parte de uma raiz e cria vários ganhos, que são as pastas, e as folhas dessa árvore são os arquivos.

Dessa maneira, observamos que o **diretório Raiz do Windows** é o diretório **C:** ou **C:** enquanto que o **diretório Raiz do Linux** é o **/**.

Podemos ser questionados com relação à equivalência dos diretórios do Windows em relação ao Linux.

Principais Diretórios Windows

C:\windows — **Armazena os arquivos do Sistema Operacional Windows.**

C:\Arquivos de Programas — **Armazena os arquivos dos programas instalados no Computador.**

C:\Usuários — **Armazena as configurações, arquivos e pastas de cada usuário do sistema.**

Ferramentas Administrativas

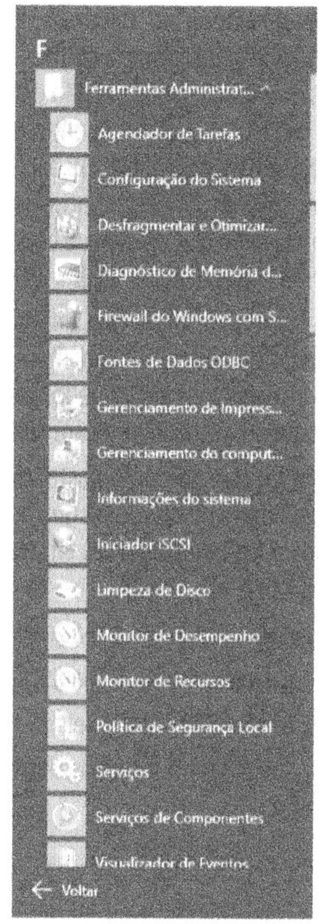

Limpeza de Disco

Apaga os arquivos temporários, como, por exemplo, arquivos da Lixeira, da pasta Temporários da Internet e, no caso do Windows, a partir da versão Vista, as miniaturas.

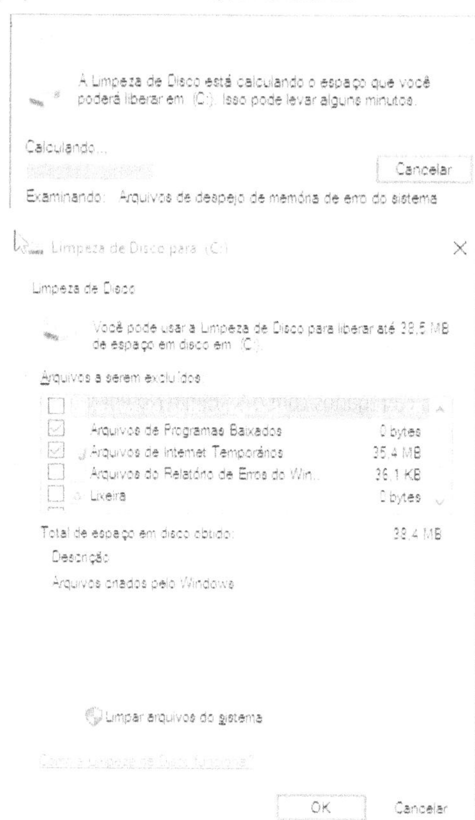

Lixeira

A capacidade da Lixeira do Windows é calculada. Assim, para HDs de até 40GB, a capacidade é de 10%. Todavia, para discos rígidos maiores que 40GB, o cálculo não é tão direto. Vamos a um exemplo: caso um HD possua o tamanho de 200GB, então é necessário descontar 40GB, pois até 40GB a lixeira possui capacidade de 10%; assim, sobram 160GB. A partir desse valor, deve-se calcular mais 5%, ou seja, 8GB. Com isso, a capacidade total da lixeira do HD de 200GB fica com 4GB + 8GB = 12GB.

É importante, ainda, destacar que a capacidade da lixeira é calculada para cada unidade de armazenamento. Desse modo, se um HD físico de 500GB estiver particionado, é necessário calcular separadamente a capacidade da lixeira para cada unidade.

A Lixeira é um local, e não uma pasta. Ela lista os arquivos que foram excluídos, porém nem todos arquivos excluídos vão para a Lixeira. Vejamos a lista de situações em que um arquivo não será movido para a lixeira:

- Arquivos maiores do que a capacidade da Lixeira;
- Arquivos que estão compartilhados na rede;
- Arquivos de unidades removíveis;
- Arquivos que foram removidos de forma permanente pelo usuário.

Desfragmentar e Otimizar Unidades

É responsabilidade do Desfragmentador organizar os dados dentro do HD de forma contínua/contígua para que o acesso às informações em disco seja realizado mais rapidamente.

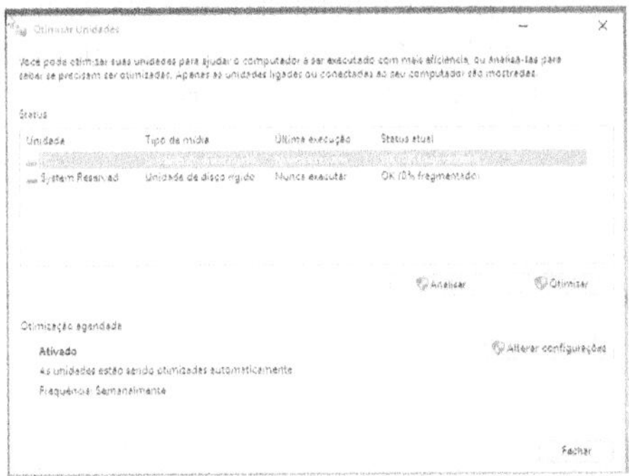

Configuração do Sistema

A Configuração do Sistema é também acessível ao ser digitado o comando msconfig na janela Executar. Permite configurar quais serviços serão carregados com o Sistema. No entanto, para configurar quais programas serão carregados junto com o sistema operacional, deve-se proceder ao acesso pelo Gerenciador de Tarefas.

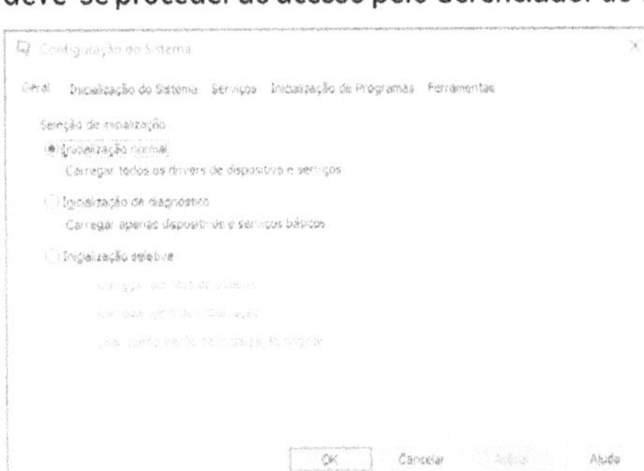

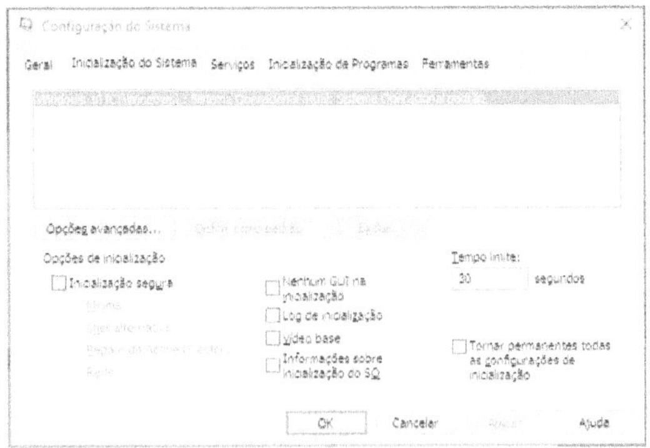

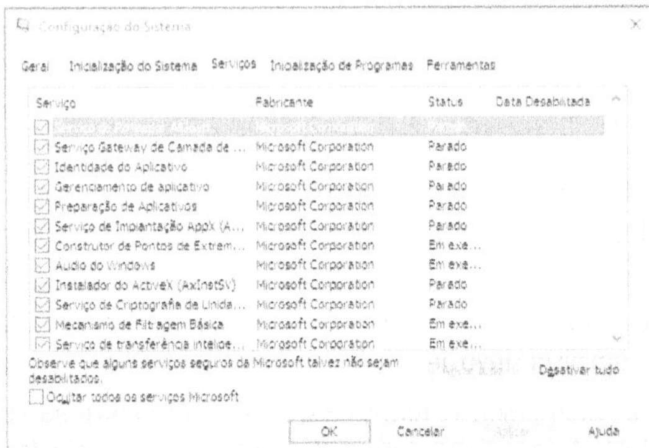

Monitor de Recursos

Permite monitorar os recursos do computador e qual o uso que está sendo realizado.

ScanDisk

O ScankDisk é o responsável por verificar o HD em busca de falhas de disco. Às vezes, ele consegue corrigi-las.

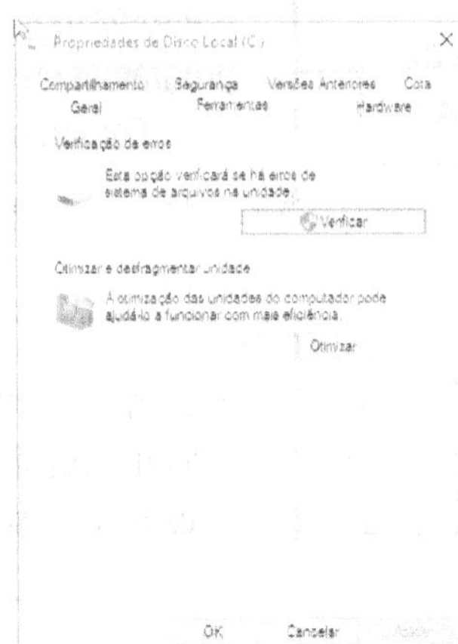

Configurações

Uma novidade do Windows 10 é a opção Configurações, presente no Botão Iniciar, que apresenta uma estrutura similar ao Painel de Controle, inclusive realizando a separação por categorias de ferramentas, conforme ilustra a figura a seguir.

Opção Sistema

Nesta opção, são apresentadas as ferramentas de configuração de resolução de tela, definição de monitor principal (caso possua mais de um), modos de gestão de energia (mais utilizados em notebooks).

Também é possível encontrar a opção Mapas Offline, que permite o download de mapas para a pesquisa e o uso por GPS, principalmente usado em dispositivos móveis ou dotados de GPS.

Opção Dispositivos

A opção Dispositivos lista os dispositivos que foram instalados em algum momento no sistema, como as impressoras.

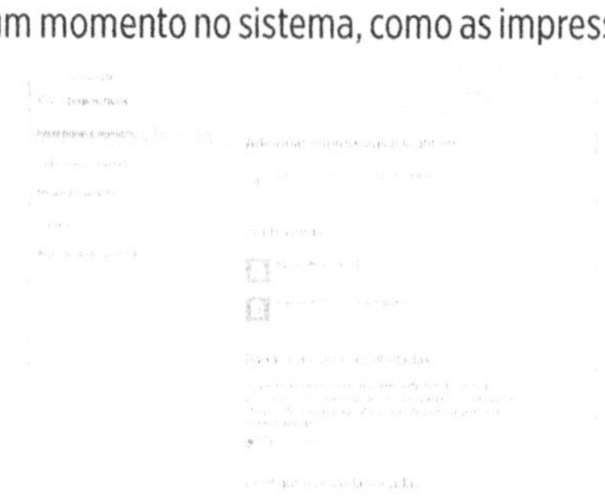

Opção Rede e Internet

Para configurar rapidamente o proxy de uma rede, ou ativar/desativar a wi-fi, a opção Rede e Internet oferece tais opções com facilidade, inclusive a opção para configurar uma VPN.

Opção Personalização

Para personalizar os temas de cores da Área de Trabalho do Windows e os papéis de parede, a opção de personalização pode ser acessada pelas Configurações. Também é possível clicar com o botão direito do mouse sobre uma área vazia da Área de Trabalho e selecionar a opção Personalizar.

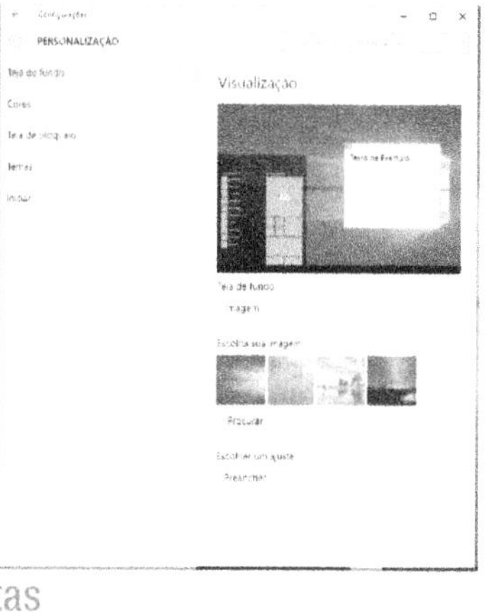

Opção Contas

Opção Hora e Idioma

Opção Facilidade de Acesso

Além de contar com as ferramentas para acessibilidade, é possível configurar algumas características com Alto Contraste para melhorar o acesso ao uso do computador.

Opção Privacidade

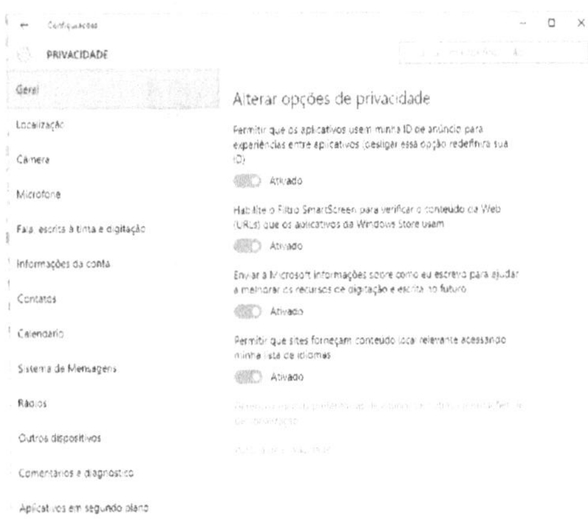

Opção Atualização e Segurança

A opção Atualização e Segurança talvez seja uma das principais opções da janela de configurações, pois, como necessidade mínima para a segurança, o Sistema Operacional deve estar sempre atualizado, assim como precisa possuir um programa antivírus que também esteja atualizado.

Vale lembrar que a realização periódica de backups também é considerada como um procedimento de segurança.

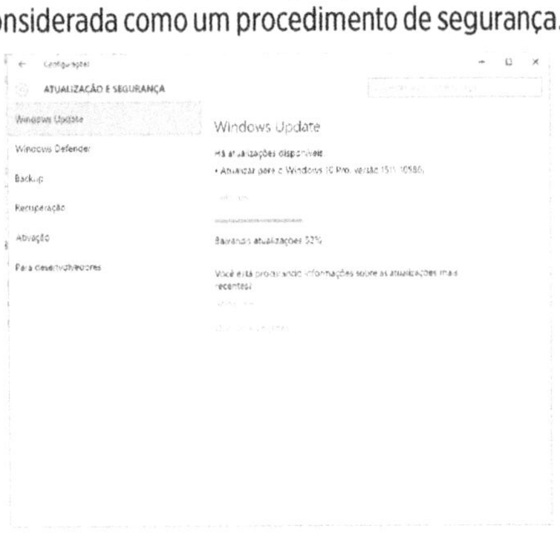

O Windows 10 realiza o backup dos arquivos usando a ferramenta Histórico de Arquivos (conforme ilustra a figura a seguir), embora ainda permita realizar backups como no Windows 7.

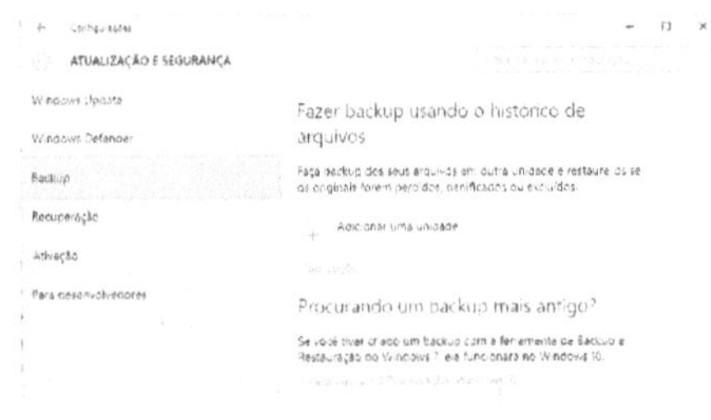

A opção Para desenvolvedores é uma novidade do Windows que assusta alguns usuários desavisados, pois, ao tentarem instalar algum aplicativo que não seja originário da Loja da Microsoft, não logram êxito. Esse impedimento ocorre por segurança. De qualquer forma, para poder instalar aplicativos "externos", basta selecionar a opção Sideload ou Modo Desenvolvedor.

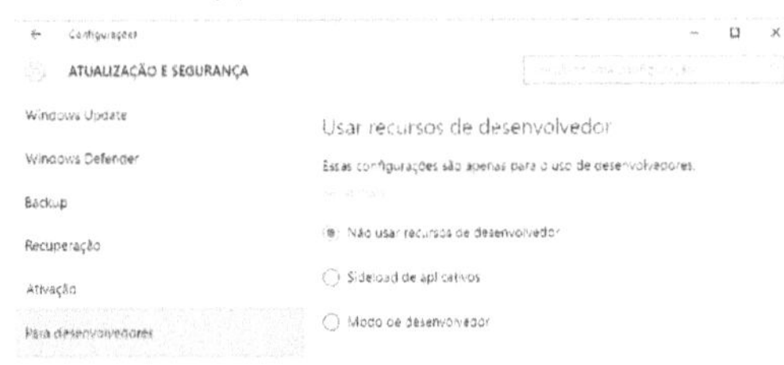

Backup no Windows 10

Um backup consiste em uma cópia de segurança dos Arquivos, que deve ser feita periodicamente, preferencialmente em uma unidade de armazenamento separada do computador.

Apesar do nome cópia de segurança, um backup não impede que os dados sejam acessados por outros usuários. Ele é apenas uma salvaguarda dos dados para amenizar os danos de uma perda.

No Windows 8 e Windows 10, o backup é gerenciado pelo Histórico de Arquivos, ilustrado a seguir.

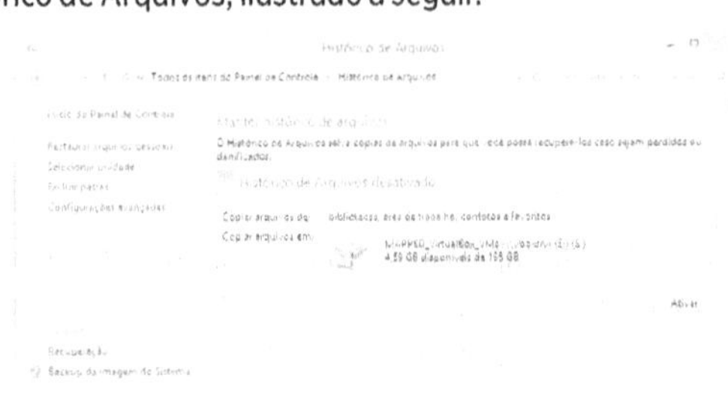

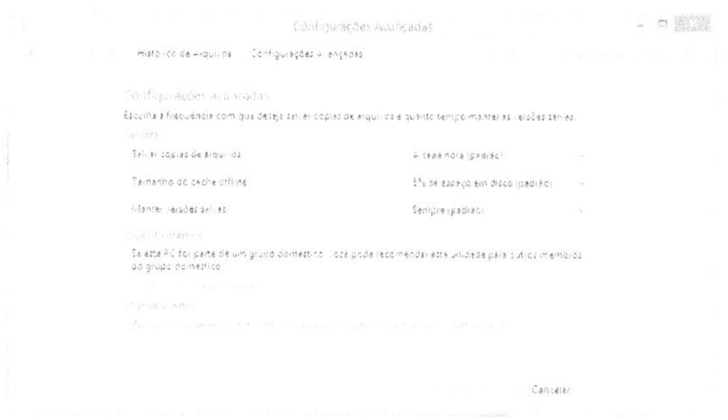

Backup e Restauração (Windows 7)

Esta ferramenta existe para manter a compatibilidade com a versão anterior de backup do Windows.

Na sequência, são citados os tipos de backup e ferramentas de backup.

Backup da Imagem do Sistema

O Backup do Windows oferece a capacidade de criar uma imagem do sistema, que é uma imagem exata de uma unidade. Uma imagem do sistema inclui o Windows e as configurações do sistema, os programas e os arquivos. É possível usar uma imagem do sistema para restaurar o conteúdo do computador, se em algum momento o disco rígido ou o computador pararem de funcionar. Quando se restaura o computador a partir de uma imagem do sistema, trata-se de uma restauração completa; não é possível escolher itens individuais para a restauração, e todos os atuais programas, as configurações do sistema e os arquivos serão substituídos. Embora esse tipo de backup inclua arquivos pessoais, é recomendável fazer backup dos arquivos regularmente, usando o Backup do Windows, a fim de que seja possível restaurar arquivos e pastas individuais conforme a necessidade. Quando for configurado um backup de arquivos agendado, o usuário poderá escolher se deseja incluir uma imagem do sistema. Essa imagem do sistema inclui apenas as unidades necessárias à execução do Windows. É possível criar manualmente uma imagem do sistema, caso o usuário queira incluir unidades de dados adicionais.

Disco de Restauração

O disco de restauração armazena os dados mais importantes do sistema operacional Windows, em geral, o que é essencial para seu funcionamento. Esse disco pode ser utilizado quando o sistema vier a apresentar problemas, por vezes decorrentes de atualizações.

Tipos de Backup

Completo/Normal

Também chamado de Backup Total, é aquele em que todos os dados são salvos em uma única cópia de segurança. Ele é indicado para ser feito com menor frequência, pois é o mais demorado para ser processado, como também para ser recuperado. Contudo, localizar um arquivo fica mais fácil, pois se tem apenas uma cópia dos dados.

Diferencial

Este procedimento de backup grava os dados alterados desde o último backup completo. Assim, no próximo backup diferencial, somente serão salvos os dados modificados desde o último backup completo. No entanto, esse backup é mais lento de ser processado do que o backup incremental, porém é mais rápido de ser restaurado do que o incremental, pois é necessário apenas restaurar o último backup completo e o último backup diferencial.

Incremental

Neste tipo de backup, são salvos apenas os dados que foram alterados após a última cópia de segurança realizada. Este procedimento é mais rápido de ser processado, porém leva mais tempo para ser restaurado, pois envolve restaurar todos os backups anteriores. Os arquivos gerados são menores do que os gerados pelo backup diferencial.

Backup Diário

Um backup diário copia todos os arquivos selecionados que foram modificados no dia de execução do backup diário. Os arquivos não são marcados como arquivos que passaram por backup (o atributo de arquivo não é desmarcado).

Backup de Cópia

Um backup de cópia copia todos os arquivos selecionados, mas não os marca como arquivos que passaram por backup (ou seja, o atributo de arquivo não é desmarcado). A cópia é útil caso o usuário queira fazer backup de arquivos entre os backups normal e incremental, pois ela não afeta essas outras operações de backup.

Explorador de Arquivos

Conhecido até o Windows 7 como Windows Explorer, o gerenciador de arquivos do Windows usa a chamada Interface Ribbon (por faixas) no Windows 8 e 10. Com isso, torna mais acessíveis algumas ferramentas como a opção para exibir as pastas e os arquivos ocultos.

A figura a seguir ilustra a janela Este Computador que apresenta os dispositivos e unidades de armazenamento locais como HDs e Drives de mídias ópticas, bem como as mídias removíveis.

Um detalhe interessante sobre o Windows 10 é que as bibliotecas, ilustradas na figura, não estão visíveis por padrão; o usuário precisa ativar sua exibição.

Na figura a seguir, é ilustrada a guia Exibir da janela Este Computador.

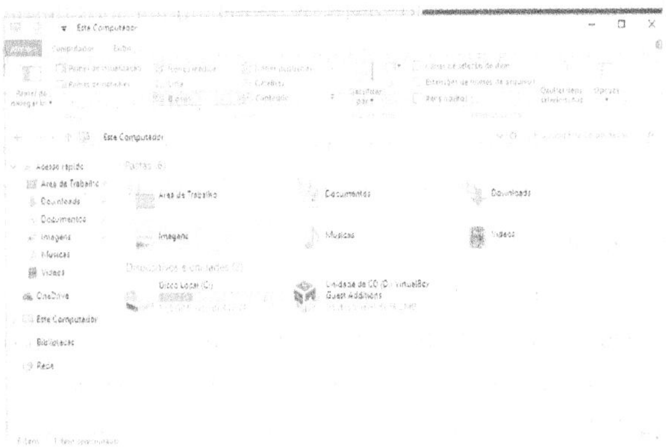

Ao selecionar arquivos ou pastas de determinados tipos, como imagens, algumas guias são exibidas como ilustra a série de figuras a seguir.

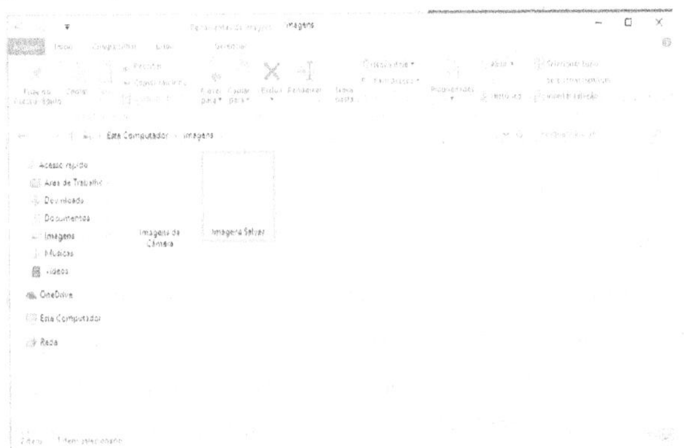

É possível notar que há opções específicas para facilitar o compartilhamento dos arquivos e pastas.

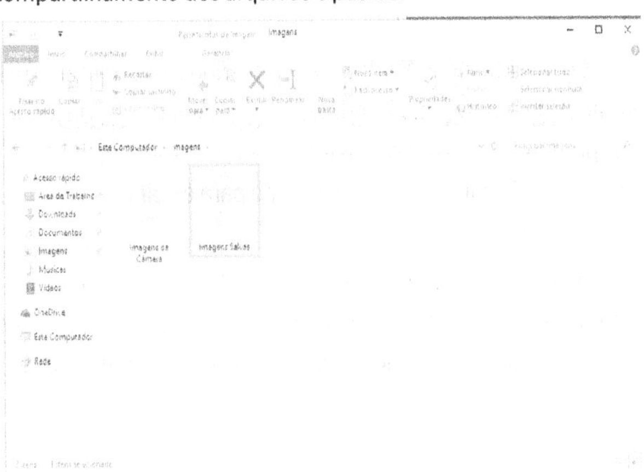

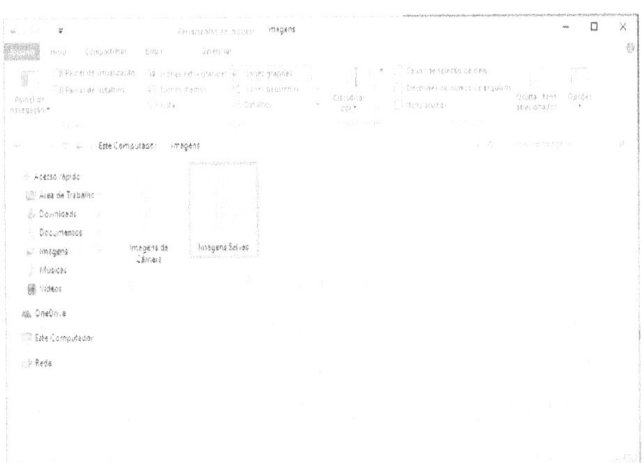

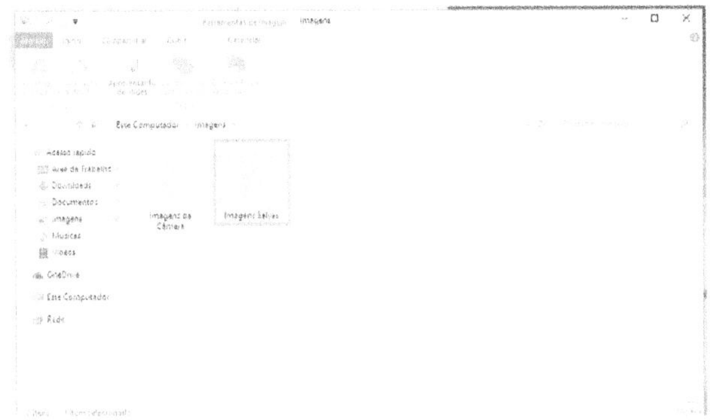

Questões

Com relação aos conceitos de redes de computadores, julgue os próximos itens.

01. (Cespe) O armazenamento do arquivo de dados no computador e na nuvem é considerado um procedimento de backup.

Certo ( ) Errado ( )

02. (Cespe) Procedimentos de becape são essenciais para a recuperação dos dados no caso de ocorrência de problemas técnicos no computador.

Certo ( ) Errado ( )

03. (Ieses) Assinale a alternativa que diz respeito à seguinte definição:

Este tipo de backup fornece um backup dos arquivos modificados desde que foi realizado um backup completo. Normalmente, salva somente os arquivos que são diferentes ou novos, desde o último backup completo, mas isso pode variar em diferentes programas de backup. Juntos, um backup completo e um backup desse tipo incluem todos os arquivos no computador, alterados e inalterados.

a) Backup incremental.
b) Backup de referência.
c) Backup normal.
d) Backup diferencial.

04. (AlfaCon) O Windows 10 trouxe inúmeras novidades, bem como deixou de possuir outras. Assinale a alternativa que corresponda a recursos que não estão presentes no Windows 10.

a) Bibliotecas.
b) Botão Iniciar.
c) Calculadora.
d) Barra Charms.
e) Gerenciador de Arquivos.

05. (FMP/RS) O Sistema Operacional Windows possui um painel de controle que permite que se controlem dispositivos que ajudam na segurança do sistema, especialmente no acesso pela Internet. Entre esses dispositivos, estão o Firewall, atualizações automáticas e proteção contra vírus. Tal painel de controle é:

a) Ferramentas administrativas.
b) Opções de Internet.
c) Central de Ações.
d) Conexões de rede.
e) Opções de acessibilidade.

06. (TJ/SC) O Windows Defender é:

a) um software que verifica se a cópia do Windows instalada no computador é legítima.

b) uma versão do Windows.

c) um dispositivo de hardware que, instalado no computador, evita seu uso por pessoas não autorizadas.

d) um software antispyware incluído no Windows.

e) uma campanha de marketing da Microsoft incentivando os usuários a adquirirem cópias legítimas do Windows.

07. (FCC) Em uma repartição pública os funcionários necessitam conhecer as ferramentas disponíveis para realizar tarefas e ajustes em seus computadores pessoais.

Dentre estes trabalhos, tarefas e ajustes estão:

I. Utilizar ferramentas de colaboração on-line para melhoria do clima interno da repartição e disseminação do conhecimento.

II. Aplicar os conceitos de organização e de gerenciamento de informações, arquivos, pastas e programas a fim de possibilitar a rápida e precisa obtenção das informações, quando necessário.

III. Conhecer e realizar operações de inserção de elementos nos slides do PowerPoint, dentre outras.

IV. Conhecer as formas utilizadas pelo Excel para realizar cálculos e também operações de arrastar valores de uma célula para a outra.

V. Realizar pesquisas na Internet usando os sites de busca mais conhecidos.

Para atender ao item II, uma recomendação prática e geralmente aceita, é organizar as pastas de arquivos por tipo. Isso significa que os arquivos comuns dentro de uma mesma pasta possuirão

a) a mesma extensão.

b) a mesma data.

c) o mesmo tamanho.

d) o mesmo título.

e) o mesmo autor.

08. (Fafipa) Browser é um programa de computador que habilita seus usuários a interagirem com documentos virtuais da Internet. Assinale a alternativa que NÃO apresenta um browser.

a) Windows Explorer

b) Mozilla Firefox

c) Safari

d) Flock

e) GoogleChrome

09. (Fafipa) Sobre atalhos no Windows Explorer, assinale a alternativa INCORRETA.

a) A tecla F2 renomeia um arquivo selecionado.

b) A tecla F5 atualiza exibição.

c) A tecla Delete move um arquivo selecionado para a Lixeira.

d) As teclas Ctrl+T selecionam todo conteúdo do diretório atual.

e) As teclas Shift+Delete exclui permanentemente um arquivo selecionado.

10. (FAURGS) Assinale a alternativa correta a respeito da ferramenta de sistema identificada como Restauração do Sistema no Windows 10.

a) Não é possível desfazer as alterações que a restauração do sistema faz no Registro do sistema.

b) A operação padrão de restauração não atua sobre arquivos pessoais, não servindo para recuperar a última versão de um arquivo pessoal excluído.

c) A operação de restauração sempre retorna à configuração da primeira instalação do Windows 7.

d) Na instalação padrão do Windows 10, os pontos de restauração são criados apenas quando novos dispositivos, como impressoras e discos, são instalados no sistema.

e) Os pontos de restauração são sempre criados automaticamente pelo sistema, não sendo possível criar um ponto de restauração manualmente.

Gabaritos

01	CERTO	**06**	D
02	CERTO	**07**	A
03	D	**08**	A
04	D	**09**	D
05	C	**10**	B

4. BROFFICE WRITER – EDITOR DE TEXTO

4.1 Formatos de Arquivos

Quando se fala nos editores do BrOffice (Libre Office), devemos conhecer seus formatos de arquivos padrões, ou seja, o formato com o qual será salvo um arquivo ao acionar a opção **Salvar Como.**

A suíte de aplicativos como um todo possui um formato genérico ODF (Open Document File – Formato de Documento Aberto). Assim, é, possível no editor de texto, salvar neste formato, bem como no Calc e Impress.

No entanto, o formato específico do Writer é o ODT (Open Document Text). As provas costumam relacionar os formatos com as versões dos editores. Então, vale lembrar que o Word2003 não consegue trabalhar com esse formato de arquivo. Mas, pelo Writer, é possível salvar um documento de modo que ele possa ser aberto pelo Word 2003, ou seja, é possível salvar nos formatos DOC e DOCX. Em relação ao Word 2007 e 2010, por padrão, esses programas conseguem abrir e salvar arquivos no formato ODT.

4.2 Formatação de Texto

A principal finalidade do Writer é editar textos. Portanto, suas principais ferramentas são para a formatação de documentos. Podemos encontrar essas opções de formatação por meio de quatro caminhos:

Barra de Ferramentas de Formatação

Menu Formatar

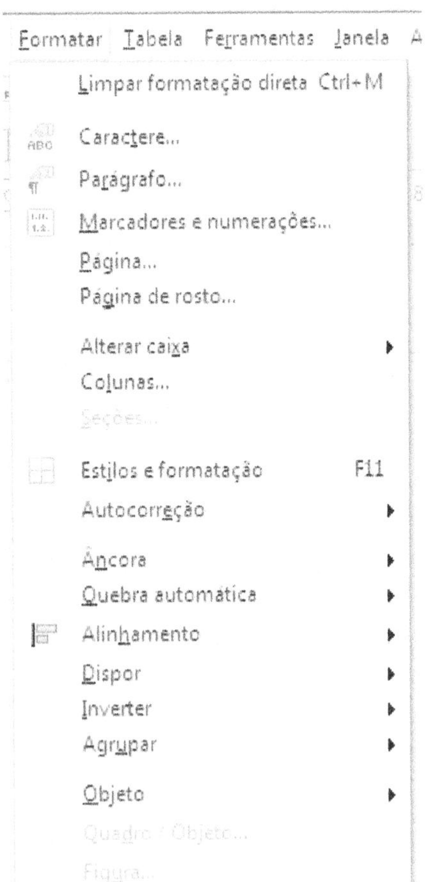

Atalhos

Botão Direito do Mouse

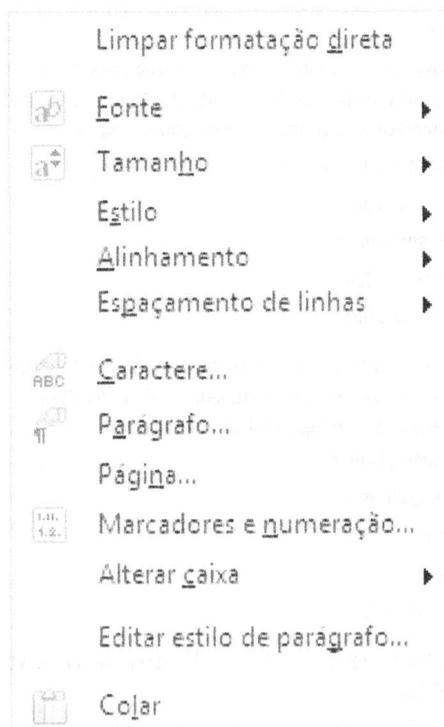

Menu Formatar

Caractere

Ao acionar esta opção, será aberta a janela ilustrada a seguir, por meio da qual podemos formatar as propriedades de fonte, como tipo/nome, estilo e tamanho e, pela aba Efeitos de Fonte, alterar a cor da fonte.

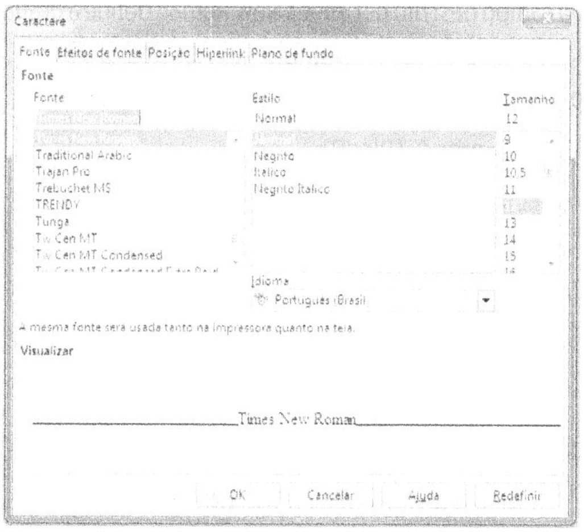

Parágrafo

As propriedades de Parágrafo englobam opções como recuos, espaçamento e alinhamentos, conforme ilustrado nas figuras na sequência:

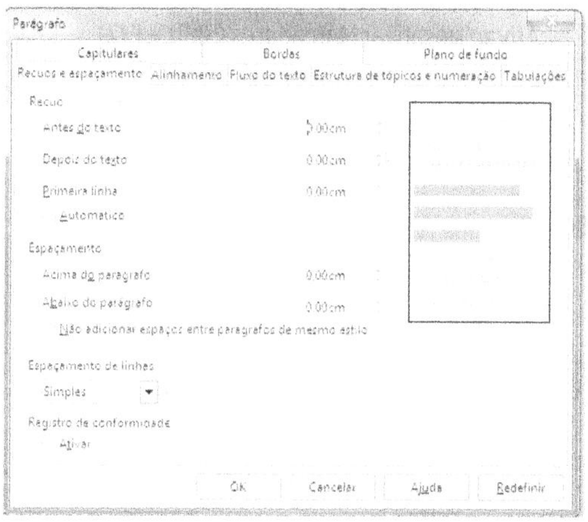

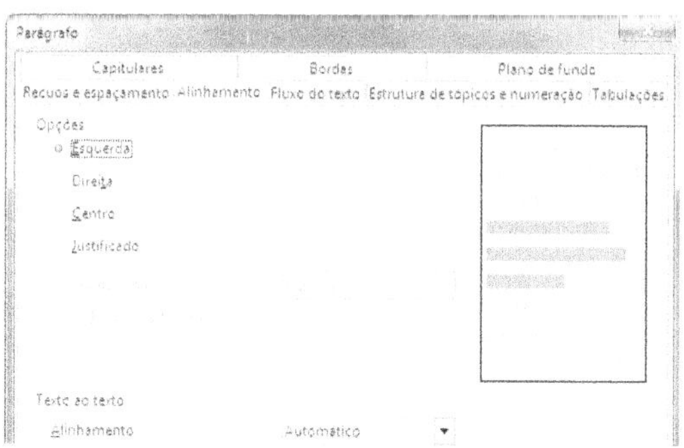

Marcadores e Numeração

Fique atento à identificação de uso deste recurso, pois, pelo menu Formatar, elas estão descritas em conjunto. Porém, na barra de Ferramentas padrão elas são apresentadas em dois botões separados.

Ao acionar a opção pelo menu Formatar, a janela aberta apresenta os Marcadores em uma guia e a numeração em outra, conforme ilustram as duas figuras da sequência:

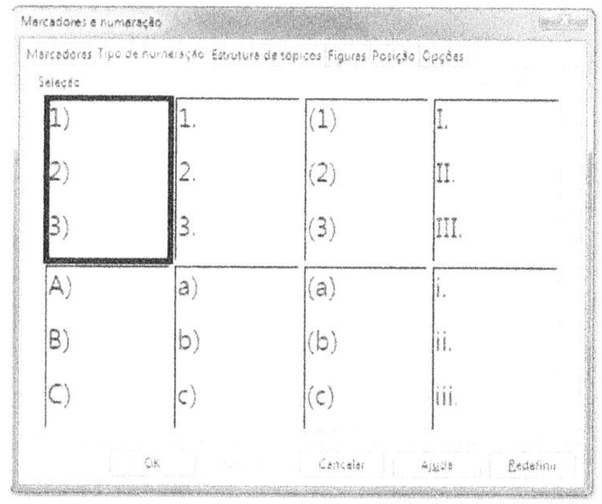

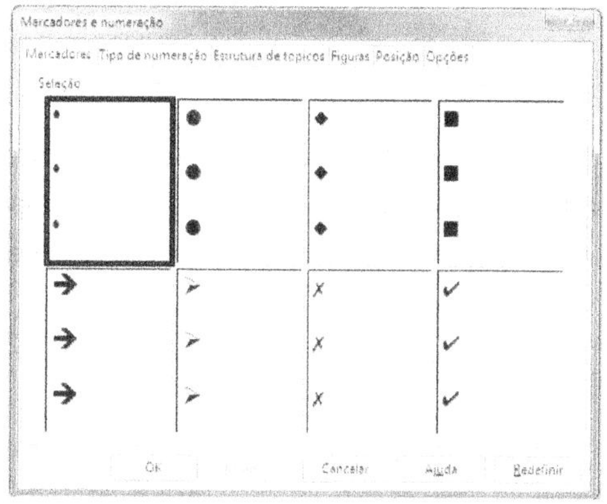

Página

Nesta opção, encontramos os recursos equivalentes aos encontrados na opção Configurar Página do Word, como dimensões das margens, dimensões de cabeçalho e rodapé, tamanho do papel e orientação da página. A imagem a seguir ilustra parte dessa janela:

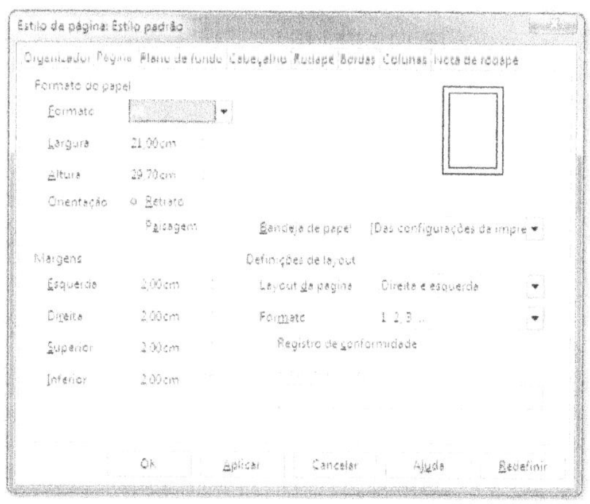

Página de Rosto

Por meio deste recurso, é possível inserir páginas em uma seção separada, para que, de uma forma mais simples, sejam trabalhadas com cabeçalhos e rodapés diferentes em um mesmo documento, mais especificamente, no que tange à numeração de páginas.

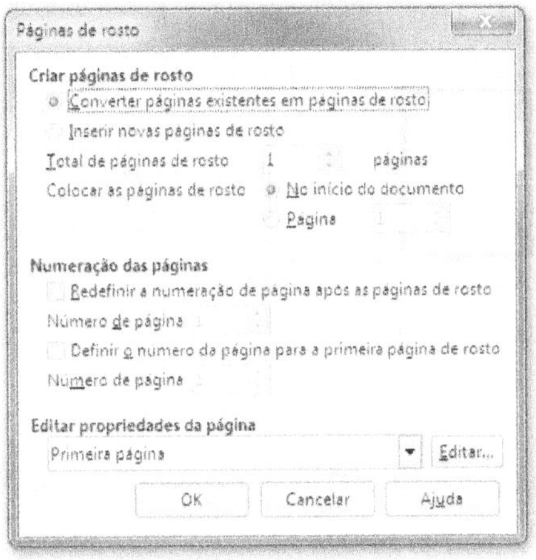

Alterar Caixa ►

Equivalente à opção Maiúsculas e Minúsculas do Word, essa opção permite alterar a forma do caractere de texto. É importante conhecer as cinco opções desse recurso, conforme ilustrado a seguir:

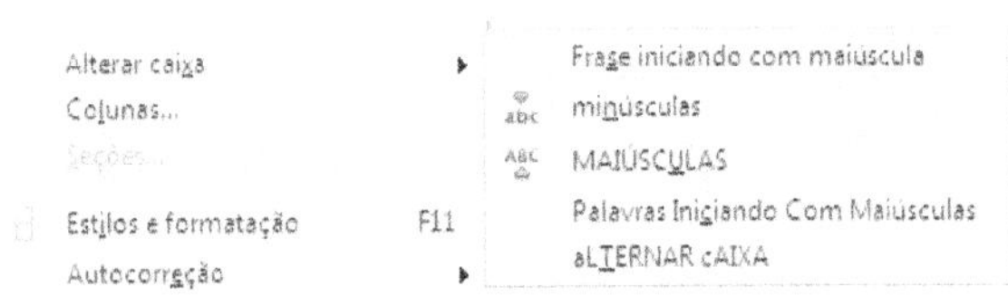

Estilos de Formatação (F11)

Por essa opção, podemos definir estilos de formatação para o texto selecionado, como título 1, título 2, título 3, entre outros, para que a edição do documento seja mais prática, além de favorecer a padronização.

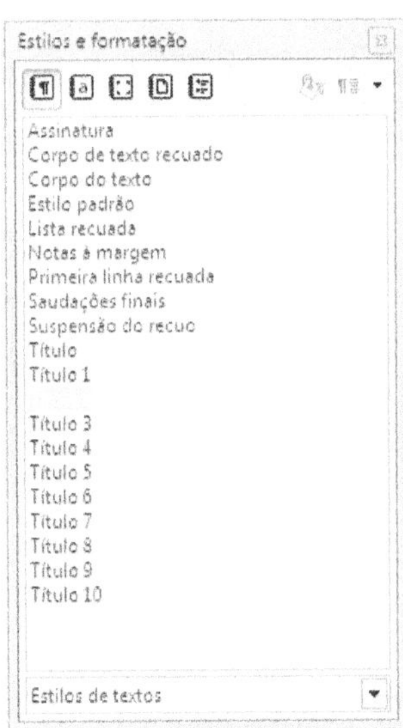

Ferramentas de Formatação

Caractere

O campo descrito por Times New Roman define a grafia com que o texto será escrito, a exemplo: ARIAL, TIMES, Vivaldi . Este campo também é conhecido como Tipo/Nome da Fonte.

Negrito (CTRL + B)

Itálico (CTRL + I)

Sublinhado (CTRL + U)

Cor da Fonte

Realçar (exemplo do efeito)

Parágrafo

Alinhamento à Esquerda (CTRL + L)

Alinhamento Centralizado (CTRL + E)

Alinhamento à Direita (CTRL + R)

Alinhamento Justificado (CTRL + J)

Ativar/Desativar Numeração (F12)

Ativar/Desativar Marcadores (Shift + F12)

Diminuir o Recuo

Aumentar o Recuo

Tabulações

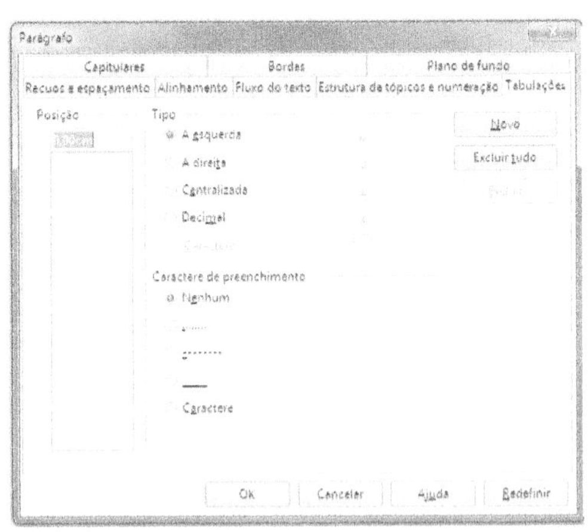

Caracteres não imprimíveis (CTRL + F10)

Exibe as marcas de edição, que, como o próprio nome já informa, não aparecem na impressão. Essas marcações são úteis para um maior controle do documento em edição, como ilustrado a seguir. Os pontos à meia altura da linha representam um espaço e o mesmo símbolo do botão indica o final de um parágrafo. Assim, no exemplo a seguir, existem dois parágrafos.

Cor do Plano de Fundo

Atenção para não confundir a cor do fundo do parágrafo com a ferramenta Realçar, pois a função Realçar aplica uma cor ao fundo do texto selecionado, enquanto que a opção do Plano de Fundo aplica ao parágrafo, mesmo que tenha sido selecionada apenas uma palavra.

Estilos e Formatação (F11)

Por meio deste botão ou pela tecla de atalho, é exibido o painel de estilos que oferece diversos estilos para a formatação do texto, por exemplo: Título 1, título 2, título 3, entre outros. A imagem a seguir ilustra o painel:

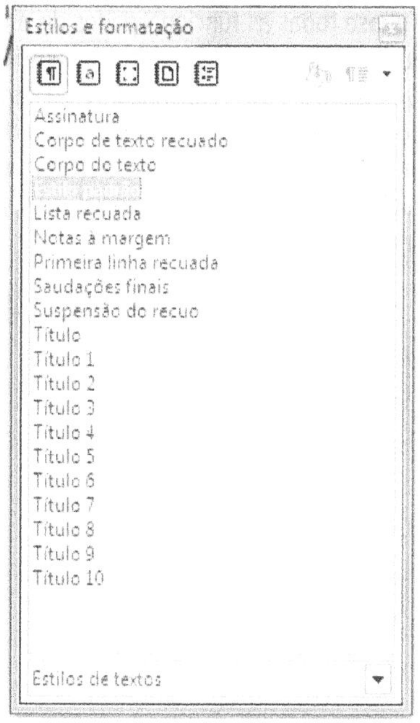

Além desse painel, também é possível escolher e aplicar um estilo por meio do Campo Estilos, ilustrado a seguir, presente na barra de ferramentas de formatação logo à esquerda do campo do tipo da fonte.

Os estilos de formatação são importantes estruturas na edição de um texto, principalmente se for necessário trabalhar com sumário, pois para utilizar o recurso de sumário, de forma que ele seja automático, é necessário utilizar os estilos de título.

Pincel de Estilo

A ferramenta de Pincel de Estilo serve para copiar apenas a formatação. Ela não copia textos, apenas as suas características, como cor da fonte, tamanho, tipo de fonte entre outras, com o intuito de aplicar em outro trecho de texto.

O funcionamento da ferramenta parte de uma seleção prévia do trecho de texto que possui a formatação desejada, clicar no botão pincel de estilo, na sequência selecionar o trecho de texto ao qual se deseja aplicar as mesmas formatações, como que pintando a formatação. Ao terminar a seleção o texto selecionado já estará formatado tal qual o selecionado inicialmente, e o mouse volta ao normal para a edição.

4.3 Ferramentas

Exportar Diretamente como PDF

O BrOffice como um todo possui este recurso que permite gerar um arquivo PDF a partir do documento em edição. A janela aberta por este botão é muito similar à janela de Salvar Como, em que se deve apontar o local onde o arquivo será salvo e com qual nome se deseja salvá-lo.

Imprimir Arquivo Diretamente

Este é um recurso diferente da impressão habitual pelo atalho CTRL+P. Essa ferramenta de impressão direta manda o arquivo diretamente para a impressora que estiver definida, pelo painel de controle, como padrão, usando as propriedades padrão de impressão.

Visualizar Página

Este é simplesmente o recurso de visualizar o que será impresso, útil para ter uma maior noção de como ficarão distribuídas as informações no papel.

Ortografia e Gramática (F7)

Essa ferramenta exibe uma janela, ilustrada a seguir, por meio da qual é possível corrigir as palavras "erradas" no texto. Erradas porque na verdade, são indicadas as palavras não conhecidas pelo dicionário do programa. Uma vez que ela esteja correta, é possível acrescentá-la ao dicionário.

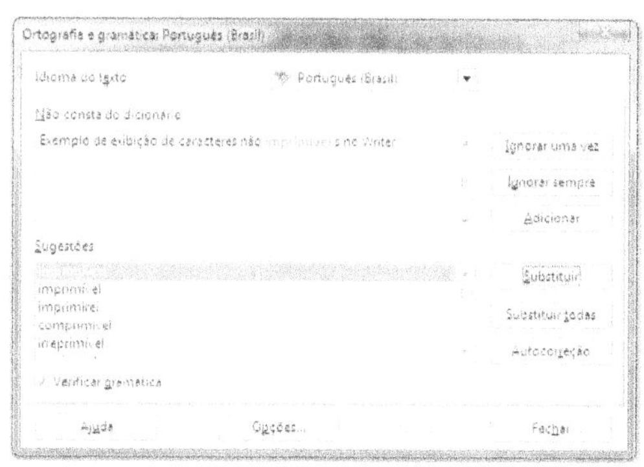

Autoverificação Ortográfica

A Autoverificação é uma ferramenta presente apenas no BrOffice, cuja finalidade é apenas habilitar ou desabilitar a exibição do sublinhado vermelho das palavras desconhecidas.

Navegador (F5)

O Navegador tem aparecido nas provas apenas a título de conhecimento de seu nome, associado ao símbolo e atalho. Essa ferramenta é um recurso para navegar no texto, a partir das suas estruturas, como títulos, tabelas, figuras e outros itens que podem ser visualizados na figura a seguir:

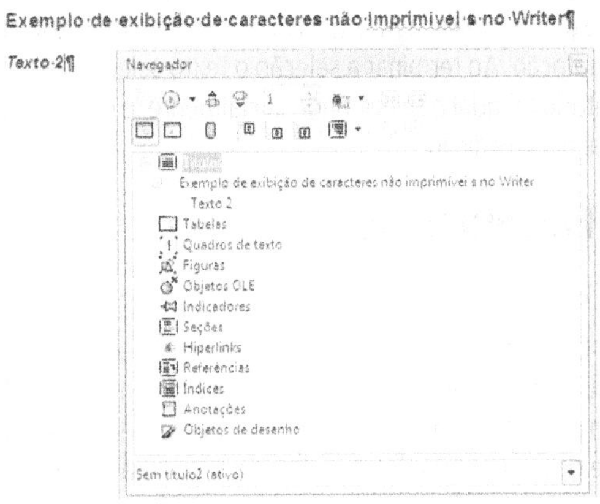

Galeria

O recurso Galeria tem peso similar ao Navegador nas provas. Acionar essa ferramenta resulta na exibição do painel ilustrado a seguir, por meio do qual é possível inserir, em meio ao documento, estruturas de navegação Web, como botões, sons e outros itens.

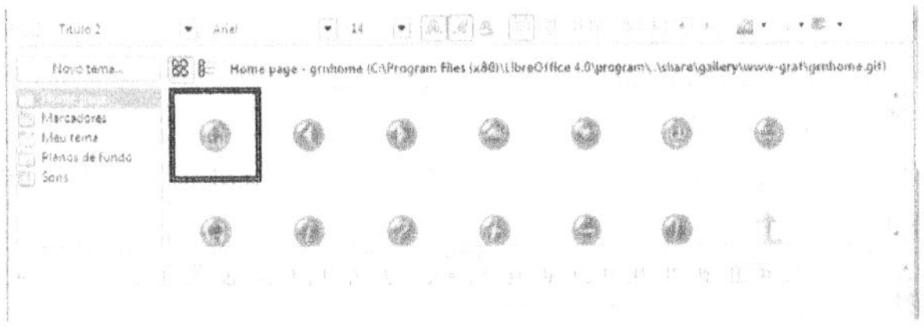

Tabela (CTRL + F12)

O botão Tabela pode ser usado de duas maneiras. Clicando no desenho da tabela, é aberta a janela ilustrada a seguir. Caso seja clicado na flecha, é exibido um reticulado, pelo qual é possível selecionar a quantidade de células que se deseja criar numa tabela.

Formatar → Página

Aba Página

A aba Página é a principal da janela de formatação de página. A figura a seguir ilustra essa aba. Observe que as margens estão definidas por padrão em 2cm, e que o tamanho do papel padrão é o A4.

Também é possível determinar a orientação da página. Vale lembrar que, em um mesmo documento, é possível intercalar páginas com orientações diferentes. Para isso, devem ser utilizadas seções.

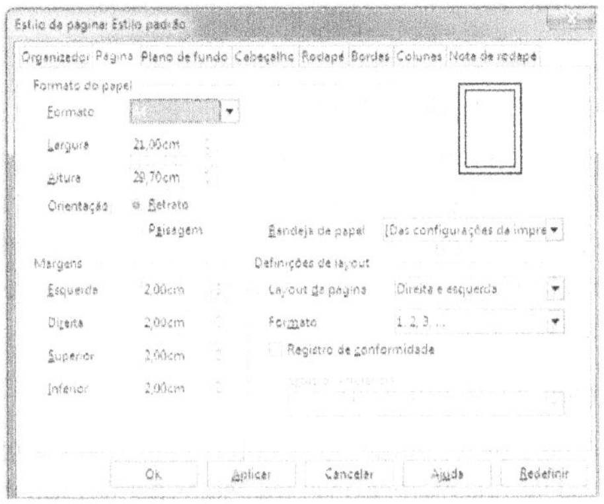

4.4 Barra de Menus

A seguir, é ilustrada a Barra de Menus e, por meio dela, temos acesso a quase todas as funcionalidades do programa. Observe que cada menu possui uma letra sublinhada. Por exemplo, o menu Arquivo possui a letra A sublinhada, essa letra sublinhada é a letra que pode ser utilizada após pressionar a tecla ALT, com o intuito de abrir o devido menu. Não é uma combinação necessariamente simultânea. Ela pode ser sequencial, ou seja, teclar ALT soltar e então pressionar a letra.

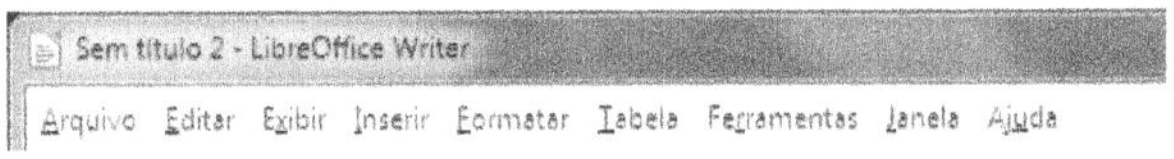

Menu Arquivo

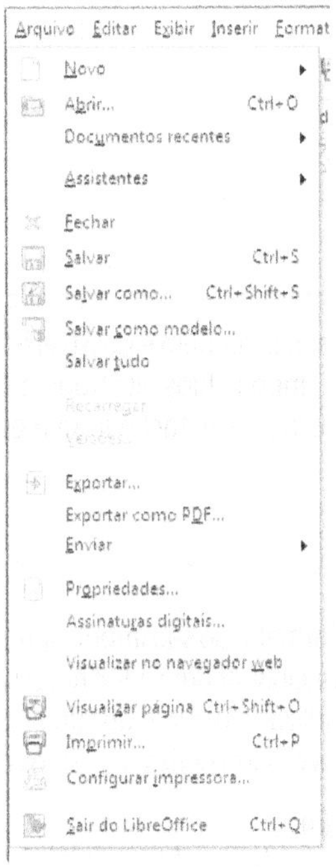

Novo ►

Dentre as opções do menu Arquivo, damos destaque para a opção **Novo. Ela aponta a característica do BrOffice de ser uma suíte de aplicativos integrada, pois, mesmo estando no Writer, é possível criar uma planilha do Calc. No entanto, ao escolher na**

opção Novo, uma planilha será criada no Calc. Porém, ao realizar o acesso por meio deste caminho, o Calc é carregado mais rapidamente do que se o BrOffice estivesse fechado.

Para criar um Novo Documento em Branco podemos também utilizar a opção do atalho CTRL + N.

Abrir (Ctrl + O)

Permite abrir um arquivo existente em uma unidade de armazenamento, navegando entre os arquivos e pastas.

Documentos Recentes ▶

Exibe a lista com os últimos documentos abertos, como também aqueles salvos, no Writer, com o intuito de fornecer um acesso mais rápido a eles.

Assistentes ▶

Conforme ilustrado a seguir, existem vários assistentes no BrOffice. Eles são nada mais do que procedimentos realizados em etapas, a fim de auxiliar na criação ou estruturação de informações.

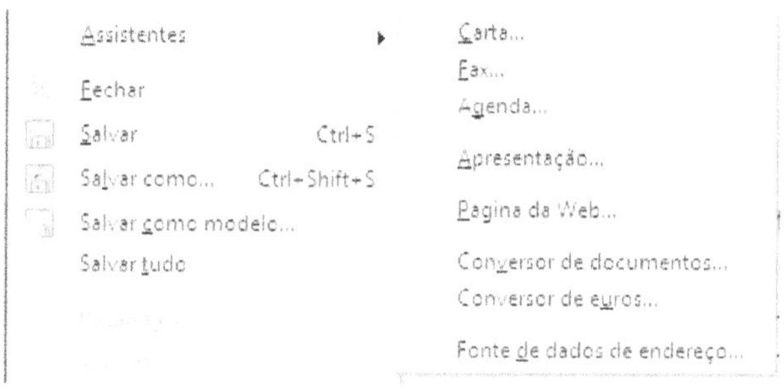

Fechar

A opção Fechar serve para fechar apenas o documento em edição, mantendo o programa aberto. Tem como teclas de atalho CTRL+W ou CTRL + F4.

Salvar

A opção Salvar apenas se preocupa em salvar as últimas alterações realizadas em um documento em edição. Seu atalho é CTRL + S no Writer. Mas essa opção possui uma situação de exceção, quando o arquivo em edição é novo, ou seja, que nunca tenha sido salvo. Essa opção salvar corresponde à opção Salvar Como.

Salvar Como

Esse recurso tem como princípio gerar um novo arquivo. Assim, se um arquivo for aberto e sejam realizadas várias alterações, sem salvar, e utilizar o comando Salvar Como, será aberta uma janela em que se solicita o local desejado e o nome do arquivo. Também é possível alterar o tipo de documento, após salvá-lo. O documento que fica em edição é o que acabou de ser salvo. O arquivo aberto inicialmente é apenas fechado, sem nenhuma alteração.

Salvar como Modelo

Podemos criar um documento-base para outros documentos, utilizando formatações específicas. Assim, essa opção é a utilizada para salvar este arquivo, de modo que possa ser utilizado para esse fim.

Salvar Tudo

Essa ferramenta aplica o comando salvar todos os documentos em edição no BrOffice, até mesmo os que estiverem em edição no Calc.

Recarregar

Ao acionar essa opção, a última versão salva do documento é restaurada. Com isso, as alterações não salvas serão perdidas.

Exportar

É possível pelo BrOffice exportar o documento de texto para outros formatos utilizados por outros programas como: XML, HTML, HTM, ou mesmo o PDF.

Exportar como PDF

A opção Exportar como PDF é basicamente um caminho mais curto e explícito para gerar um arquivo PDF, a partir do documento em edição.

Assinaturas Digitais

Assim como o Microsoft Office no BrOffice, é possível assinar um documento digitalmente. Claro que, para utilizar a funcionalidade por completo, é necessário possuir um certificado digital. Contudo, mesmo não possuindo um, é possível utilizar esse recurso para assinar um documento. Porém, apenas será garantida a integridade do mesmo e apenas no próprio computador do usuário.

Visualizar no Navegador Web

Já que podemos criar páginas da Internet, é interessante que, no mínimo, possamos visualizar como ela ficaria no navegador. Diante disso, ao acionar essa ferramenta, será aberto o navegador de Internet (Browser) padrão exibindo como página o documento em edição.

Sair

Em comparação com a opção Fechar, a opção Sair fecha o programa inteiro, podendo utilizar, para isso, os atalhos ALT+F4 ou CTRL + Q.

Menu Editar

Do menu Editar anteriormente ilustrado, podemos destacar duas opções principais:

Colar Especial

Esse recurso permite colar um determinado dado de acordo com a necessidade de formatação, ou seja, é possível manter a formatação igual à do local de onde foi copiado ou não utilizar formatação.

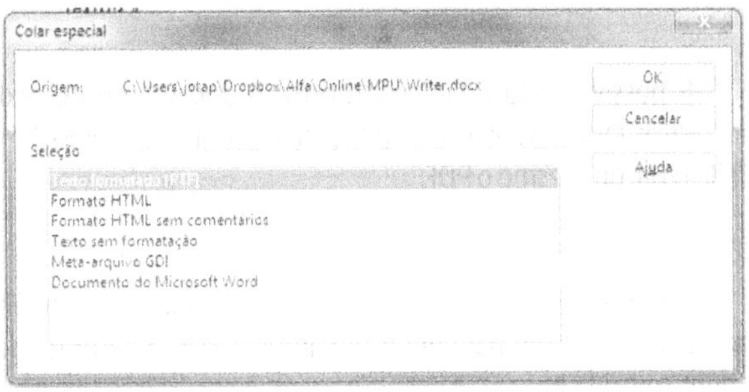

Selecionar Tudo

A opção Selecionar Tudo tem como observação a sua tecla de atalho CTRL + A, que é a mesma utilizada para selecionar todos os arquivos e pastas de um diretório por meio dos gerenciadores de arquivos.

Menu Exibir

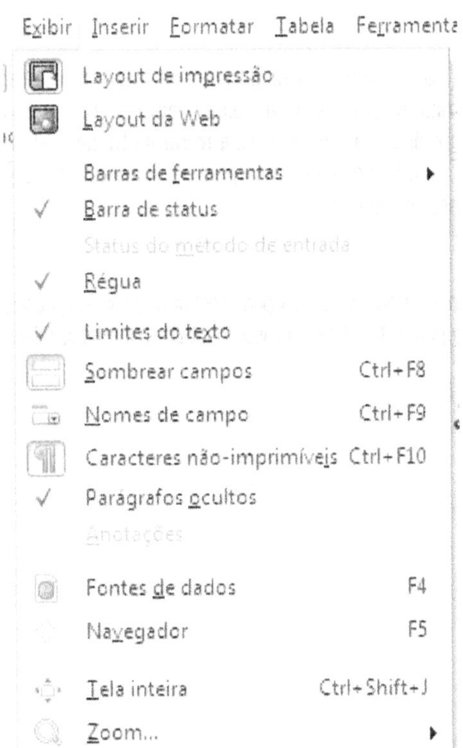

Do menu Exibir devemos conhecer os modos de exibição, bem como alguns itens importantes, listados a seguir. Mas, de modo geral, podemos pensar que as opções que normalmente encontramos nesse menu são coisas que não vemos e gostaríamos de ver, ou que estamos vendo, mas não desejamos mais ver.

Modos de Exibição

São dois os Modos de Exibição: Layout de Impressão (Padrão) e Layout da Web. Contudo, poderíamos até considerar, dependendo da situação, a opção Tela Inteira como um modo de exibição.

Barra de Ferramentas

A principal Barra de Ferramentas questionada nas provas é a barra de Desenho, que existe também no Writer e Calc, mas que é exibida por padrão apenas no Impress. A figura a seguir ilustra as barras disponíveis:

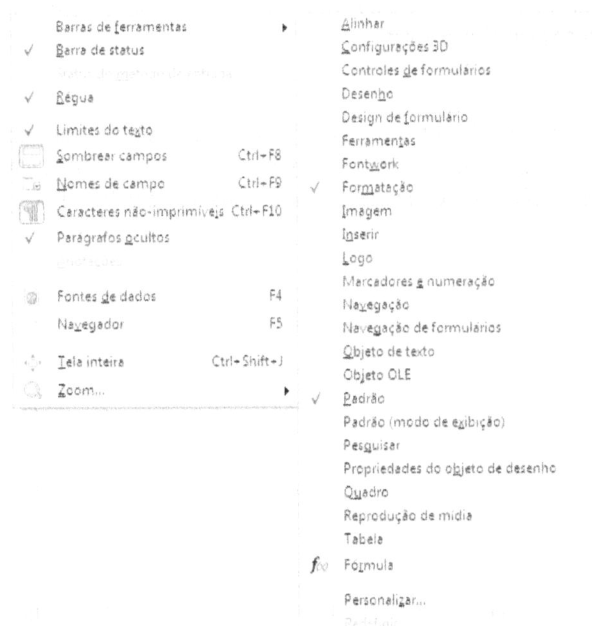

Barra de *Status*

Essa é a barra que aparece por padrão nos editores. Ela fica localizada no fim da janela, ou seja, é a última barra dentro do programa. Nela encontramos informações como número da página atual e total de páginas do documento, idioma em uso e a ferramenta de zoom à direita.

Régua

Para ocultar a régua, basta desabilitar essa opção.

Limites de Texto

Os Limites de Texto que são exibidos por padrão são, na verdade, as linhas que indicam as margens da página, ou seja, a área útil do documento.

Caracteres Não Imprimíveis (CTRL + F10)

Os caracteres não imprimíveis também podem ser ativados pelo menu Exibir, como pelas teclas de atalho.

Navegador (F5)

O Navegador, anteriormente citado, também é encontrado no menu Exibir.

Tela Inteira (CTRL + SHIFT + J)

Modo de exibição que oculta as barras e ferramentas, objetivando a leitura do documento.

Zoom

Também podemos alterar o zoom utilizando o scroll do mouse, combinado com a tecla CTRL.

Menu Inserir

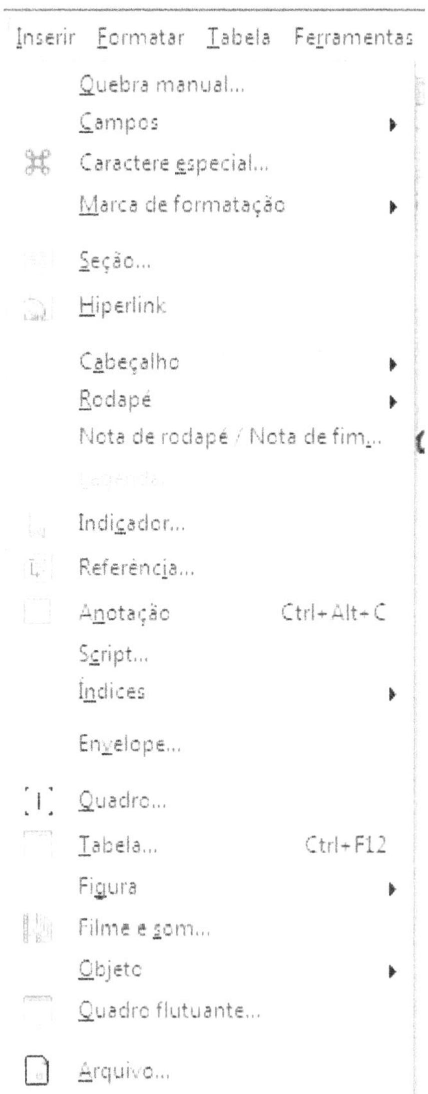

Quebra Manual

Este recurso permite utilizar estruturas que sejam auto-organizadas, como as quebras de página. Existem três quebras de texto possíveis, além das quebras de seção.

Quebra de Linha (SHIFT + ENTER)

Faz com que o conteúdo, após a quebra, seja iniciado na próxima linha.

Quebra de Coluna (CTRL + SHIFT + ENTER)

Faz com que o conteúdo, após a quebra, seja iniciado na próxima coluna.

Quebra de Página (CTRL + ENTER)

Faz com que o conteúdo, após a quebra, seja iniciado na próxima página.

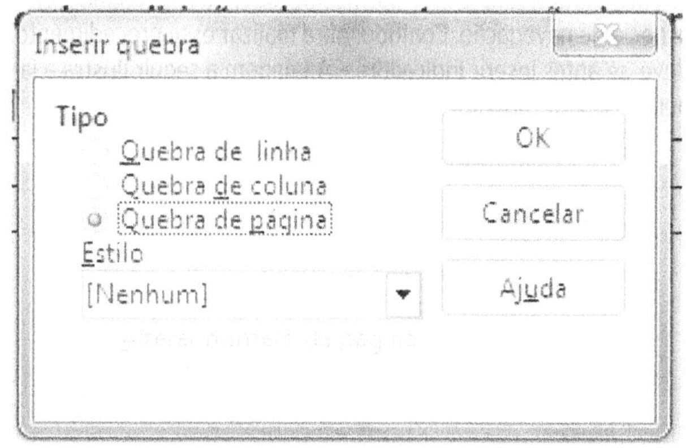

Campos ►

Os Campos são estruturas de dados que utilizam propriedades do arquivo como nome do autor, título, dentre outras como Data e Hora do sistema.

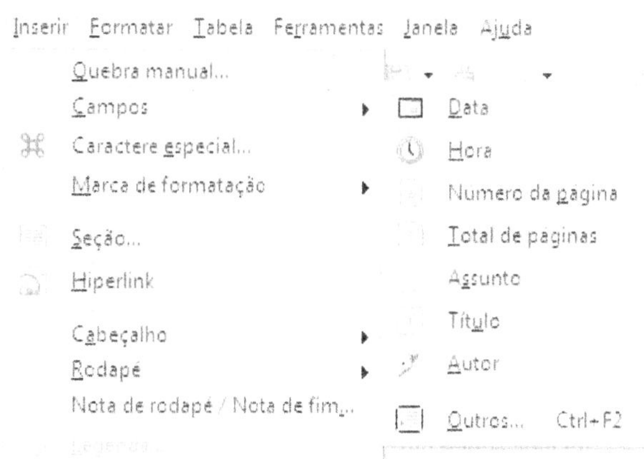

Caractere Especial

A opção Caractere Especial pode ser utilizada para inserir símbolos como este ► entre inúmeros outros possíveis.

Seção

Uma Seção é o recurso-base para poder, em um mesmo documento, trabalhar com páginas com cabeçalhos e rodapés distintos, ou mesmo configurações de páginas distintas, como intercalar páginas em retrato e paisagem.

Cabeçalho ►

Rodapé ►

As estruturas de cabeçalhos e rodapés têm por princípio poupar trabalho durante a edição, de modo que o que for inserido nestas estruturas se repete nas demais páginas, não necessariamente do documento como um todo, mas em todas as páginas da mesma Seção.

Hiperlink

Um link nada mais é do que um caminho, um atalho para algum lugar. Esse lugar pode ser uma página na Internet, ou computador, como um arquivo que esteja na Internet ou mesmo no computador local. Também é possível fazer com que um link aponte para algum ponto do mesmo documento, criando uma espécie de navegação. Contudo, para realizar esse procedimento, deve-se antes inserir Indicadores. A imagem a seguir ilustra a janela de inserir Hiperlink:

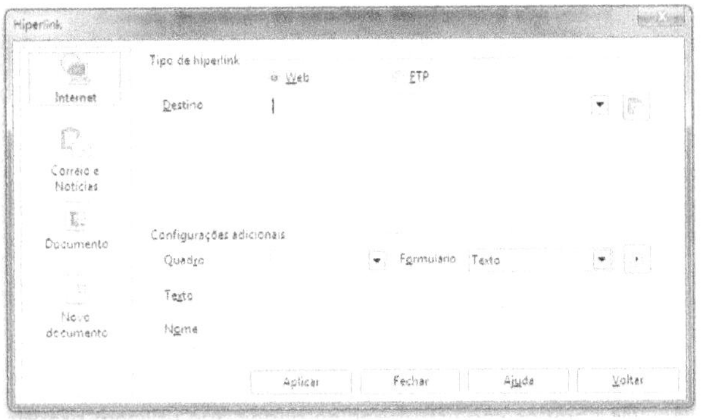

Nota de Rodapé/Nota de Fim

Notas de Rodapé e Notas de Fim são observações que, por vezes, utilizamos para explicar algo que fugiria ao contexto de uma frase[1]. A identificação ao lado da palavra/frase serve para que, no rodapé da mesma página ou ao final do documento, o leitor busque a devida explicação para a observação.

Legenda

Uma Legenda é um recurso que poderia ser utilizado neste documento para identificar as figuras e referenciá-las em meio ao texto, mas como a estrutura de apresentação do conteúdo é linear e procura ser direta, não utilizamos esse recurso.

Indicador

Um Indicador é um ponto de referência para ser apontado por um hiperlink.

Referência

Uma Referência é uma citação pela qual utilizamos a ideia de informar algo do tipo, "conforme **Figura 1". Em vez de escrever a palavra figura 1, estaria utilizando uma referência a ela, para que caso seja inserida uma nova figura antes da 1 no documento, os locais em que havia sido citado como figura 1 sejam refatorados para 2.**

Anotação

É o recurso de comentário que pode ser inserido em um documento como uma anotação do que deve ser feito.

Índices ▶

Os Índices são os sumários e listas automáticas que podem ser inseridas em um documento, desde que se tenha utilizado os estilos de título e o recurso de legenda.

Quadro

Um quadro, basicamente, é uma caixa de texto para que seja inserido em seu interior uma estrutura qualquer.

1 Por exemplo, aqui falaria sobre o que é uma frase.

Tabela

É mais um caminho possível para inserir uma tabela dentro do editor, dentre as quatro formas possíveis, como o atalho CTRL + F12.

Figura ▶

O recurso Figura permite inserir imagens de diferentes formatos (PNG, GIF, JPG) em um documento.

Filme e Som

É possível inserir uma música ou um vídeo em meio a um documento de texto.

Objeto ▶

Destaque para a opção Objeto OLE (Object Linked Embeded) pela qual podemos inserir uma Planilha do Calc dentro de um documento de texto e ainda utilizá-la com suas características de planilha.

Menu Tabela

O menu Tabela apresenta as opções próprias de trabalho com uma tabela, como inicialmente inserir uma tabela no documento em edição. Várias opções aparecem desabilitadas, isso ocorre porque uma tabela não foi selecionada.

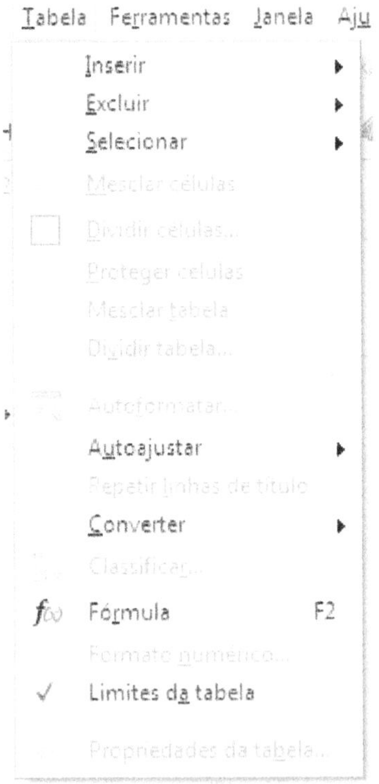

Outro caminho para se inserir uma tabela, além do menu Inserir e do atalho, dá-se por meio do menu Tabela opção Inserir e somente depois a opção Tabela.

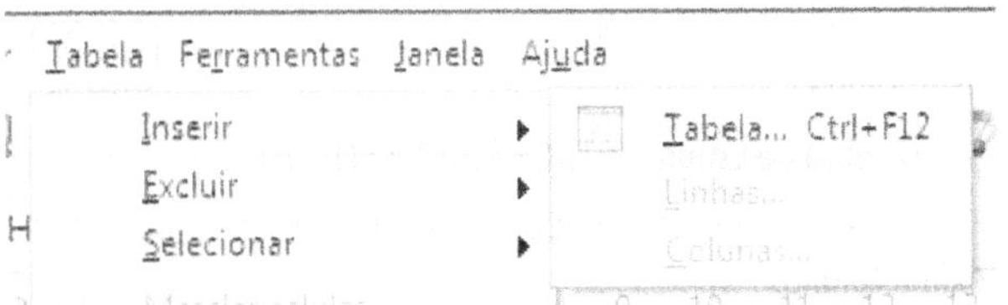

Mesclar Células

Essa ferramenta só fica habilitada quando duas ou mais células de uma tabela estão selecionadas. Ao acioná-las, as células se tornam uma, ou seja, são mescladas.

Dividir Células

Atente-se para esse recurso, pois somente em uma tabela é possível dividir células, ou seja, esse recurso não existe para planilhas.

Proteger Células

É um recurso que pode ser utilizado para bloquear as alterações em uma determinada célula e em uma tabela.

Dividir Tabela

Assim como é possível dividir uma célula, também podemos dividir uma tabela em duas ou mais, mas apenas tabelas.

Repetir Linhas de Título

Quando se trabalha com tabelas muito extensas, que se distribuem em várias páginas, é difícil manter a relação do que se tem em cada coluna e linha. Para não ter que copiar manualmente os títulos, podemos utilizar o recurso repetir linhas de título.

Converter ►

É possível converter tanto um texto em tabela como uma tabela em texto, utilizando, para isso, alguns critérios como espaços entre palavras ou tabulações, entre outros.

Menu Ferramentas

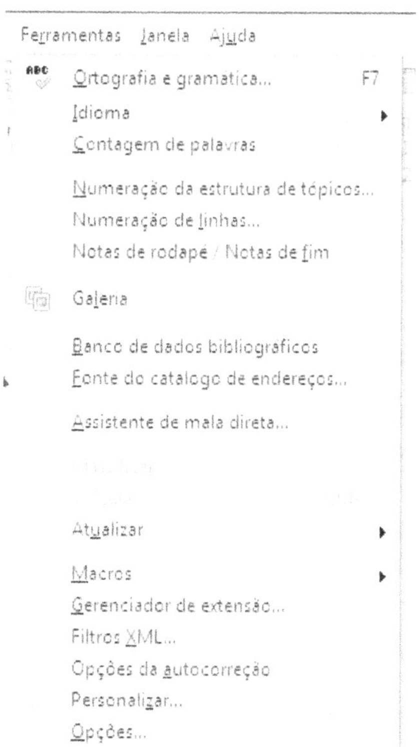

Ortografia e Gramática (F7)

Abre uma janela para verificar o documento em busca de palavras desconhecidas ao dicionário do programa.

Idioma ►

No BrOffice Writer, podemos definir o idioma que está sendo trabalhado no texto selecionado, como no parágrafo e até para o documento de modo geral.

Contagem de Palavras

O Writer também possui recurso de contabilização de total de palavras que compõem o texto.

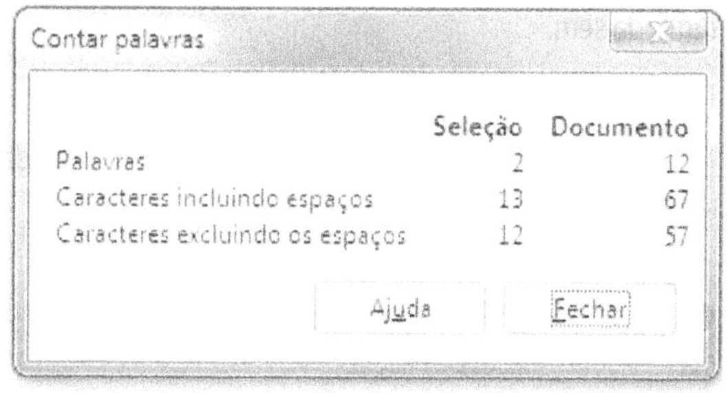

Numeração de Linhas

Este recurso é bastante utilizado nas provas de Língua Portuguesa, em que ao lado das linhas, nos textos apresentados, aparece uma numeração, que não necessita ser exibida em todas as linhas. Atenção às questões que o comparam com o recurso Numeração, usado para numerar parágrafos.

Uma forma de identificar a diferença é pela presença dos indicadores de fim de parágrafo, visíveis quando a ferramenta "caracteres não imprimíveis" está ativa.

Notas de Rodapé/Notas de Fim

Já vimos esse nome no menu Inserir. No entanto, são ferramentas distintas, mas relacionadas, pois esse recurso do menu Ferramentas abre a janela de configuração das notas, conforme ilustrado a seguir:

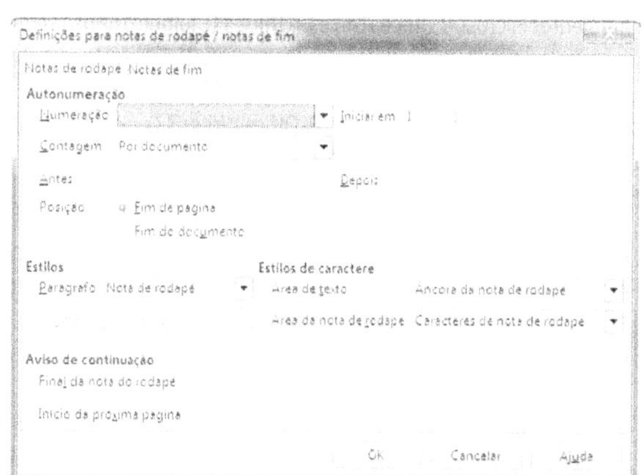

Galeria

A ferramenta que exibe a galeria também é encontrada no menu Ferramentas, além da barra de ferramentas padrão.

Assistente de Mala Direta

Uma ferramenta interessante para quem quer começar a entender o recurso de mala direta. Por meio dela, é possível criar uma mala direta passo a passo.

Macros ▶

De uma forma geral, as Macros são regras criadas para automatizar tarefas repetitivas. Por meio dessa ferramenta é possível executar as macros existentes.

Opções de Autocorreção

O recurso de Autocorreção é o responsável por corrigir palavras logo após a sua inserção, como colocar acento na palavra, caso digitada sem.

Opções

Esse recurso concentra as opções do programa como dados do usuário e recursos.

Questões

01. (FCC) Dentre três opções do BrOffice.org Writer 2.4, uma tabela pode ser inserida em um documento por meio da opção:

a) Tabela do menu Inserir ou Inserir do menu Tabela, apenas.

b) Inserir do menu Tabela, Tabela do menu Inserir ou Colunas do menu Formatar.

c) Inserir do menu Tabela, apenas.

d) Inserir do menu Tabela ou Colunas do menu Formatar, apenas.

e) Tabela do menu Inserir ou Colunas do menu Formatar, apenas.

02. (FCC) A barra de fórmulas permite criar e inserir cálculos em um documento de texto do BrOffice.org Writer 3.0. A barra Fórmula pode ser ativada:

a) selecionando-a apenas pelo menu Exibir;

b) selecionando-a apenas pelo menu Inserir;

c) pressionando-se a tecla F2;

d) pressionando-se a tecla F3;

e) pressionando-se a tecla F5.

03. (Cespe) Acerca de edição de textos, planilhas e apresentações nos ambientes Microsoft Office 2010 e BrOffice 3.0, julgue o item a seguir:

As caixas de seleção [Times New Roman ▾] [12 ▾], presentes na barra de ferramentas do BrOffice Writer 3.0, exibem e permitem alterar, respectivamente, o tipo e o tamanho da fonte.

Certo ( ) Errado ( )

04. (UEG) No LibreOffice Writer, versão 3.6.3.2, configuração padrão em português, o usuário pode adicionar com rapidez marcadores ou números às linhas de texto existentes, ou o editor pode, automaticamente, criar listas à medida que o usuário digita. Sobre esse recurso, nota-se o seguinte:

a) Em listas com vários níveis de indentação, deve-se respeitar o padrão adotado para o maior nível, ou seja, os subitens de um item numerado também deverão ser do tipo numérico.

b) Para ativar ou desativar o recurso de marcadores, o usuário pode fazer uso do ícone disponível na barra de ferramentas ou mesmo utilizar a tecla de atalho F11.

c) Para se criar mais de uma lista enumerada em um mesmo documento e reiniciar a numeração automaticamente, é necessário inserir uma quebra de seção.

d) Para ativar ou desativar o recurso de numeração automática, o usuário pode fazer uso do ícone disponível na barra de ferramentas ou mesmo utilizar a tecla de atalho F12.

05. (PC-RJ) Um usuário do processador de textos BROffice.org 2.3.1 Writer digitou um trabalho no software e, ao final, realizou os ajustes de rotina e salvou-o na pasta Meus Documentos, existente no disco rígido C: do microcomputador. Para isso, ele dispõe de duas alternativas: Salvar e Salvar Como..., atividades executadas por meio do uso de dois atalhos de teclado.

Esses atalhos são, respectivamente:

a) Ctrl + B e Ctrl + Shift + B.

b) Ctrl + S e Ctrl + Alt + S.

c) Ctrl + S e Ctrl + Shift + B.

d) Ctrl + B e Ctrl + Alt + B.

e) Ctrl + S e Ctrl + Shift + S.

06. (FCC) No BrOffice.org Writer, versão 3.2, o botão que mostra ou oculta os caracteres não imprimíveis no texto é exibido normalmente na barra de ferramentas

a) padrão;

b) de formatação;

c) de objeto de texto;

d) de controles de formulários;

e) de marcadores e numeração.

Julgue o próximo item, referente aos aplicativos dos ambientes Microsoft Office e BrOffice.

07. (Cespe) No BrOffice Writer 3, é possível aplicar estilos de texto no documento em edição, como, por exemplo, título 1 e título 2, e, com esses estilos, criar sumários, por meio da opção Índices do menu Inserir ou, ainda, criar referências cruzadas, por meio da opção Referência, no mesmo menu.

Certo ( ) Errado ( )

08. (Ceperj) O Writer do pacote BROffice.org 3 oferece o recurso Formatar – Página que, ao ser acionado, abre uma janela. Nessa janela é possível definir o formato do papel na página, dimensões de altura e largura, além da orientação. Se largura = 21,00 cm e altura = 29,70 cm, pode-se concluir que o formato e a orientação do papel são, respectivamente:

a) A1 e vertical.

b) A4 e vertical.

c) A0 e retrato.

d) A4 e retrato.

e) A1 e retrato.

09. (Cespe) Por meio do botão , é possível exportar o documento em edição para um arquivo no formato PDF (portable document format). O pincel de estilo, acessado pelo botão , possibilita copiar a formatação de um objeto ou de uma seleção de texto e aplicá-la em outro objeto ou em outra seleção de texto.

Certo ( ) Errado ( )

10. (AlfaCon) Julgue o próximo item, referente aos aplicativos Microsoft Office e BrOffice.org.

    No Br Office Writer, a ferramenta "assistentes" pode ser encontrada no menu:

    a) Arquivo.
    b) Editar.
    c) Exibir.
    d) Inserir.
    e) Ferramentas.

Gabaritos

01	A	**06**	A
02	C	**07**	CERTO
03	CERTO	**08**	D
04	D	**09**	CERTO
05	E	**10**	A

5. WORD 2016

5.1 Tela de Abertura

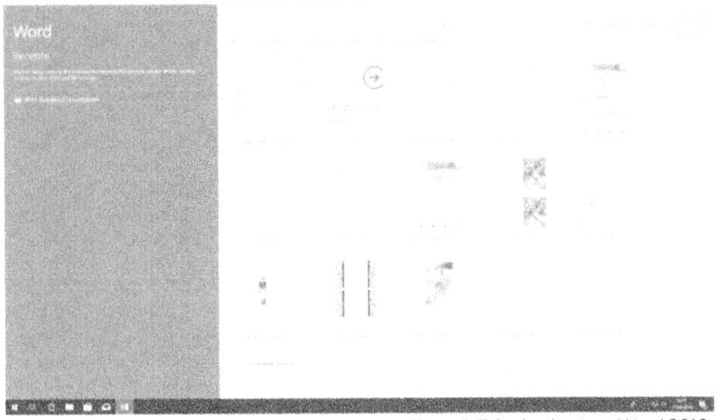

Figura 1: Tela de abertura Word 2016.

Assim como o MS Office 2013, o MS Office 2016 exibe uma tela de abertura ao iniciar algum programa da suíte, em vez de iniciar diretamente com um documento em branco. Vejamos a Figura 1.

Nessa janela, o usuário tem acesso à lista dos documentos abertos recentemente no programa, bem como pode criar um novo documento: ou um documento em branco, ou a partir de um modelo a ser baixado da Internet.

Os modelos disponíveis são atualizados, em sua maioria, pelos próprios usuários. Para facilitar a localização de um modelo que seja mais adequado à necessidade do usuário, há opção para pesquisa, assim como sugestões de categorias.

5.2 Janela do programa

A Figura 2 ilustra a janela do Microsoft Word 2016 com um documento em branco em edição.

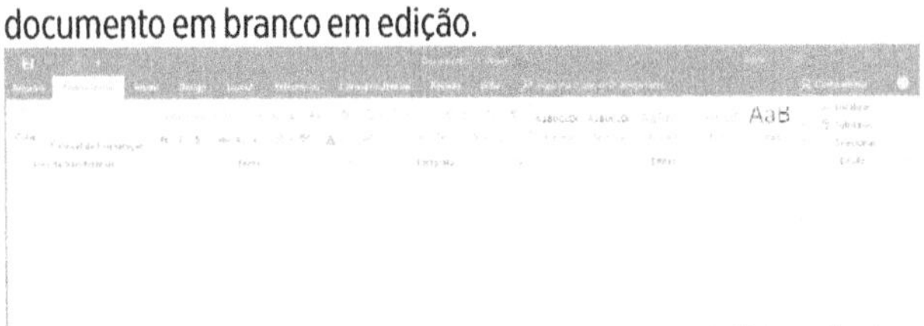

Figura 2: Janela Word 2016, aba Página Inicial.

A janela do Word 2016 apresenta pequenas mudanças nas opções da janela de edição em comparação com a versão anterior:

> **Cor das guias inativas: agora a cor segue o padrão de cores escolhido. Existem 3 temas que podem ser usados: Colorido; Cinza-Escuro e Branco. Na Figura 2 é ilustrado o padrão (Colorido), a seguir os demais.**

Figura 3: Janela do Word 2016, tema Cinza Escuro.

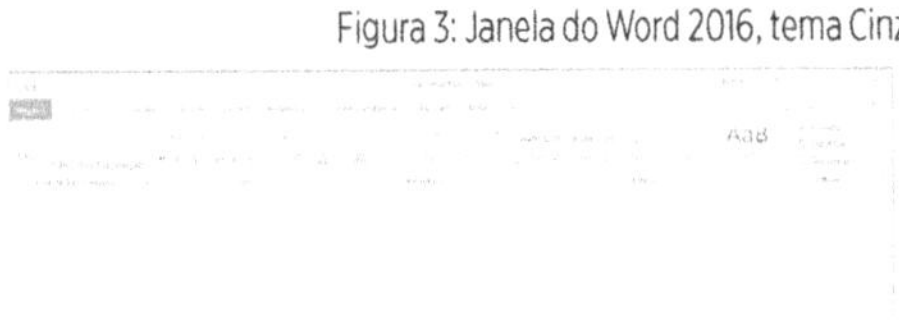

Figura 4: Janela Word 2016, tema Branco.

> Diga-me o que você deseja fazer: note que ao lado da guia Exibir existe um espaço para digitar, que não existia no 2016. Ele serve para acessar as ferramentas e opções; sua finalidade é facilitar a localização de ferramentas que o usuário não lembra em que aba estão. Conforme o usuário digita, vão sendo sugeridas opções relacionadas aos caracteres inseridos.

> Opção Entrar: foi movida para a barra de títulos; antes ficava onde aparece a carinha feliz (smile). Esse smile é o feedback ou também chamado de comentários, porém para a Microsoft, serve para o usuário contar sobre sua experiência em usar o MF Office 2016.

> Guias: no 2013 os títulos eram todos em caixa alta (maiúsculas) e a guia Layout era Layout de Página.

Assim como no 2013, o usuário pode logar com sua conta da Microsoft (Hotmail ou Outlook). Uma vez logado, o nome do usuário é imediatamente associado às propriedades do documento como seu autor. Observe a parte mais à direta da barra de títulos da janela ilustrada na Figura 2. Ao efetuar o login, o nome do usuário é representado no lugar da expressão "Entrar".

Observe e faça as anotações das partes da janela indicadas na figura acompanhando a aula.

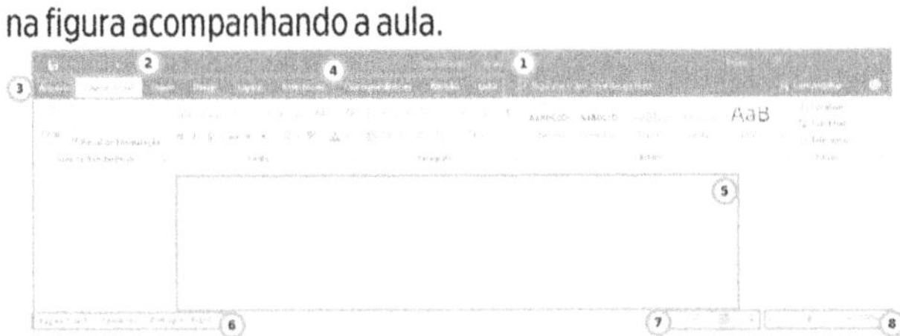

Figura 5: Janela do Word 2016, itens enumerados.

01. Barra de título: nesta barra são apresentadas as informações sobre o nome do documento em edição e seu formato, bem como o nome do programa que no caso da figura indica Microsoft Word. Também se observa na figura que não há a indicação do formato do arquivo. Isso significa que o documento em questão ainda não foi salvo em disco.

02. Barra de Ferramentas de Acesso Rápido: apresenta as opções mais frequentemente usadas, principalmente por meio das teclas de atalho. Por padrão mostra as opções Salvar, Desfazer e a opção que se alterna entre Repetir e Refazer. A opção (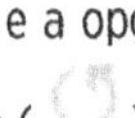) Repetir repete a última ação executada; corresponde a utilizar a tecla de atalho: F4, como também CTRL + R quando esta opção está exibida na barra. Já a opção Refazer (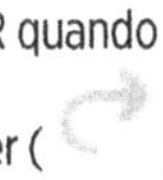) é como um desfazer para a ação Desfazer.

03. Menu Arquivo: a versão 2016 utiliza a mesma forma do menu Arquivo que a versão 2013, ou seja, mantém a interface Backstage view que exibe as opções do menu Arquivo, de modo que ocupem toda a tela da janela do programa.

04. Faixa de Opções: é possível aumentar a área útil da tela, fazendo com que as opções só sejam exibidas quando clicado na opção na Faixa de opções; basta utilizar o clique duplo do mouse sobre uma das Guias. O Word 2013 acrescentou ainda duas opções (botões) para poder alterar entre

os modos de exibição das guias, um ao lado esquerdo do botão Minimizar, conforme ilustra a Figura 7, e outro logo acima da barra de rolagem vertical (dentro da faixa de opções). Este último é uma seta para cima, que lembra o sinal gráfico ^ (acento circunflexo). Essas características se mantêm no 2016.

Figura 6: Modos de Exibição da Faixa de Opções em destaque.

05. Página do Documento em edição.
06. Barra de Status: nela são apresentadas algumas informações como número da página atual e total, total de palavras selecionadas e no documento inteiro.
07. Modos de Exibição: apenas três dos modos de exibição que o Word oferece estão dispostos nesse espaço para acesso rápido.
08. Zoom: o zoom também pode ser alterado utilizando-se a combinação da roda do mouse (scroll), enquanto se mantém pressionada a tecla CTRL.

Barra de Ferramentas de Acesso Rápido

A Figura 8 destaca a Barra de Ferramentas de acesso Rápido, na qual se encontram por padrão os botões Salvar, Desfazer e Repetir/Refazer.

Figura 7: Barra de Ferramentas de Acesso Rápido.

O Botão Desfazer : permite voltar uma ou mais ações realizadas no programa, cuja tecla de atalho é a famosa combinação CTRL + Z. Note que há uma seta à sua direita, é possível desfazer um conjunto de ações de uma única vez.

O botão Repetir : esta opção repete a última ação realizada, como aplicar negrito a um texto, ou mudar a cor de uma fonte. A combinação de teclas de atalho para esta opção é CTRL + R no Word 2013.

O Botão Refazer : este botão só é exibido quando o Desfazer é acionado, permitindo retroceder uma ação desfeita. As teclas de atalho são as mesmas do botão Repetir, até porque aparece no lugar dele.

5.3 Menu Arquivo

O menu Arquivo do Office 2016 utiliza a interface BackStage, que ocupa toda a tela do programa e oferece vários recursos integrados.

Por padrão, ao abrir o menu Arquivo, ele apresenta selecionada a opção Informações, a qual oferece dois conjuntos de opções: ferramentas de geração de documento e as propriedades do documento em edição.

Opção Informações

A Figura 9 apresenta a opção Informações do menu Arquivo do Office 2016 e suas opções.

Figura 8: o menu Arquivo.

Na janela de informações, temos acesso a um dos conjuntos de opções mais importantes (em termos de concurso) do menu Arquivo. Também se deve observar o painel de propriedades à direta da janela.

Opção Proteger Documento

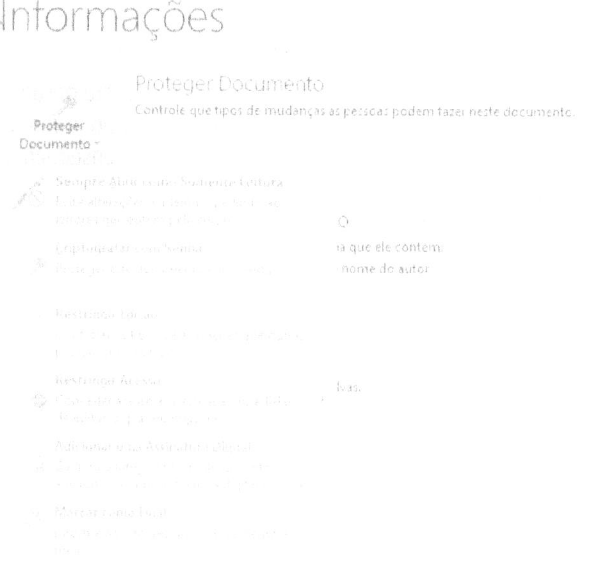

Figura 9: Opção Proteger Documento, a partir do menu Arquivo.

Marcar Como Final: a opção serve para salvar o arquivo como Somente leitura, assim ajuda a evitar que sejam feitas alterações no arquivo, ou seja, desabilita ou desativa a inserção de texto, a edição e as marcas de controle. Além disso, define o "Status" do documento como Final. Contudo, o comando Marcar como Final não é um recurso de segurança, pois basta que o usuário remova o Status Marcar como Final para que possa editar novamente o arquivo.

O Recurso Marcar como Final só tem efeito se o documento for aberto pela mesma versão do Ms Office; se for aberto por versões anteriores, como no 2003, irá abrir normalmente, permitindo ao usuário alterar o arquivo.

Criptografar com Senha: por meio desta opção, é possível definir uma senha para que o documento possa ser acessado. Contudo, vale ressaltar que a criptografia realizada pela opção Criptografar com Senha não tem relação com Certificação Digital.

Restringir Edição: por intermédio da opção Restringir Edição, é possível escolher dentre três opções de ação:

> Restrições de Formatação: pela qual é possível limitar as opções de formatação, permitindo apenas que seja escolhido dentre um conjunto de estilos selecionados no momento da ativação do recurso.

> Restrições de edição: esta opção está relacionada às ferramentas de controle de edição, como controle de alterações e comentários, até mesmo preenchimento de formulários. Com ela o usuário pode limitar que opções outro usuário que acessar o documento pode realizar. Ainda é possível determinar apenas partes do documento para que possam ser editadas, protegendo assim o resto das alterações.

> Aplicar proteção: depois de configuradas as opções de um ou ambos os itens acima, a opção Sim, Aplicar Proteção fica habilitada. Com isso, será aberta uma janela para determinar uma senha ou para que seja utilizado um ID (e-mail) de usuários.

Restringir Permissão por Pessoas: esta opção permite limitar o acesso ao documento utilizando como critério contas do Windows Live ID ou uma conta do Microsoft Windows.

Adicionar uma Assinatura Digital: por meio desta opção, é possível assinar digitalmente o documento em edição, a fim de garantir a Integridade e a Autenticidade dele, por consequência também o Não Repúdio. Contudo, é necessário possuir Certificado Digital para realizar este procedimento.

Opção Verificando Problemas

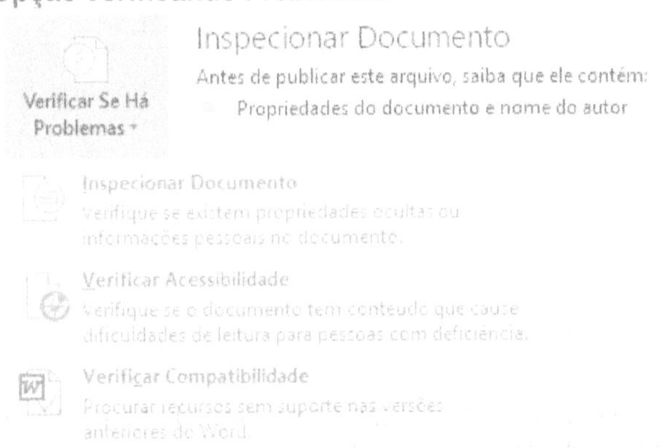

Figura 10: Opção Verificando Se Há Problemas.

Inspecionar Documento: esta opção também pode ser citada como Inspetor do documento, que possibilita diversas opções, com a finalidade de buscar no documento por dados pessoais, informações ocultas, marcas, comentários, estruturas de controle, dentre outras, para que possam ser facilmente removidas, com o auxílio desta opção.

Verificar Acessibilidade: permite verificar se a estrutura do elemento possui recursos ou formatações que dificultem a leitura por pessoas com deficiência, por exemplo, documentos que serão lidos por leitores de telas, utilizados por pessoas com baixa visão ou ausência dela.

Verificar Compatibilidade: esta opção permite verificar se o documento possui estruturas que não existem nas versões anteriores do Word. Assim, quando o documento for salvo em .DOC, não apresentará problemas de compatibilidade.

Opção Novo

Já a opção Novo abre no próprio menu Arquivo as opções de criação de um novo documento, conforme Figura 12.

Note que, além de criar um simples documento em branco, podemos criar um arquivo com base em um modelo da Internet.

Figura 11: Opção Novo, menu Arquivo.

Opção Imprimir

O Word 2016 apresenta diretamente no menu Arquivo →Imprimir as propriedades da Impressão, que também podem ser acessadas por meio da combinação de teclas CTRL+P. Com isso, uma etapa é reduzida no procedimento para impressão, o que torna a ação mais simples e direta. Nesta mesma opção, é ilustrada a pré-visualização do documento a ser impresso.

Vale observar que desde o Word 2013 a opção Configurar Página também é encontrada no menu Arquivo, exatamente na opção imprimir. A Figura 13 representa estas observações.

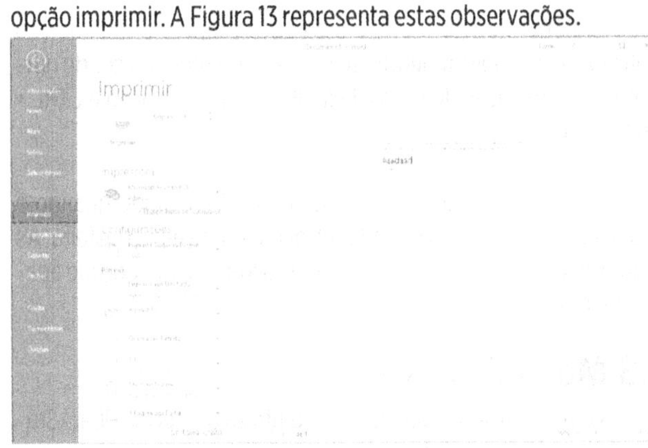

Figura 12: Opção Imprimir.

Outro fato importante é a pré-visualização, que também é ilustrada junto à opção imprimir.

Opção Salvar e Enviar

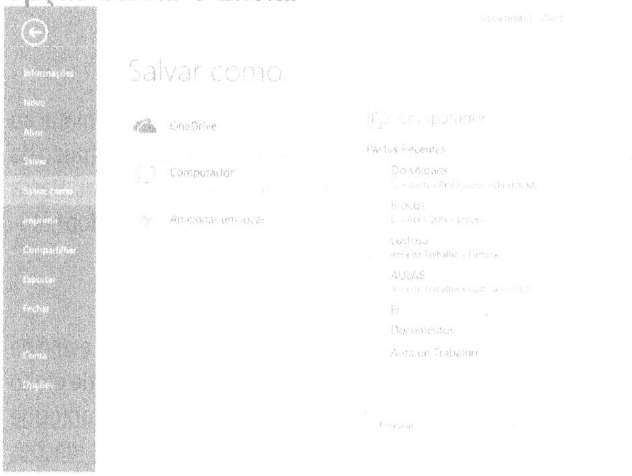

Figura 13: Opção Salvar Como.

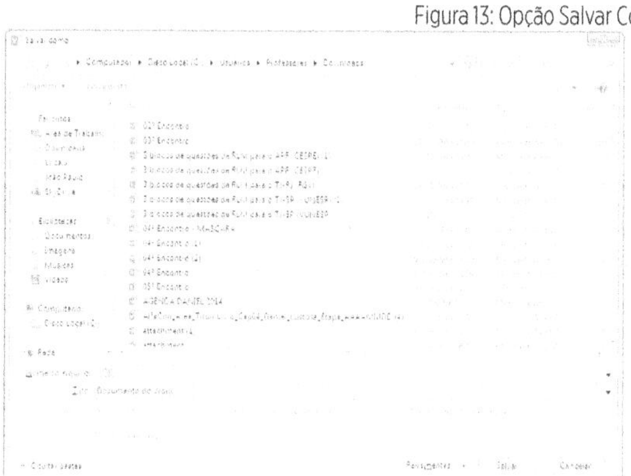

Figura 14: Janela para Salvar Documento.

Devemos dar ênfase no que diz respeito à integração com o Microsoft OneDrive. Uma vez logado na contra do MS Office, consequentemente o usuário estará logado com sua conta do OneDrive, assim possibilitando salvar o arquivo diretamente em sua conta na Nuvem.

5.4 Aba Página Inicial

Na Aba Página Inicial do Word 2013, encontramos as opções divididas nos blocos: Área de Transferência; Fonte; Parágrafo; Estilo; Edição, conforme ilustra a figura a seguir.

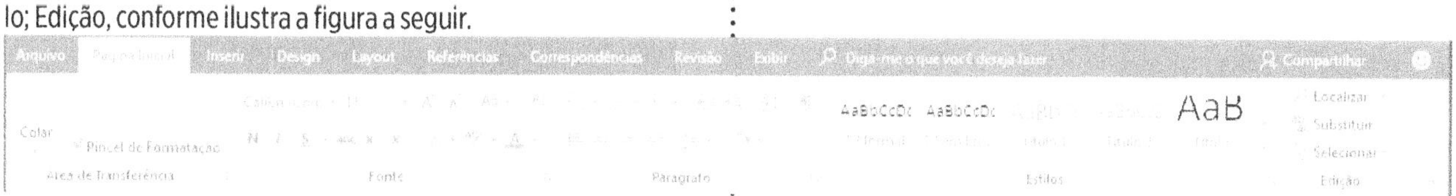

Bloco Área de Transferência

A Área de Transferência é uma área temporária, onde são colocadas as estruturas (textos, imagens, etc.) que são copiadas de algum lugar, seja um documento, página da Internet, ou mesmo do Sistema Operacional, para que possam ser coladas.

A Área de Transferência do Word possui 24 posições, conforme figura a seguir, de forma que armazena não apenas a última informação copiada, mas sim as 24 últimas. Com isso, é possível colar trechos copiados ou recortados em momentos anteriores. Vale lembrar que a área de transferência fica em memória RAM, portanto quando o computador é desligado, ela é esvaziada.

Opção Colar

No bloco Transferência, encontra-se a opção Colar. Deve-se atentar ao detalhe do botão que, quando sobreposto pelo mouse, apresenta uma divisão, como ilustrado na sequência, ou seja, executa duas ações diferentes: ao clicar na parte superior, é colado o dado que foi colocado por último na área de transferência de forma equivalente a utilizar as teclas de atalho CTRL + V; já ao clicar na parte inferior, o Word exibe uma lista de opções de colagem, bem como dá acesso à opção Colar Especial.

Pincel de Formatação

O Pincel de Formatação, ilustrado a seguir, permite realizar a cópia de formatação de um trecho de texto previamente selecionado e aplicar em outro trecho de texto a ser selecionado a posteriori, clique no botão Pincel.

Bloco Fonte

Neste bloco, são encontradas as ferramentas mais usadas durante a edição de um documento, as opções relacionadas à formatação de Fonte. A figura a seguir ilustra as opções existentes neste bloco, que analisaremos na sequência.

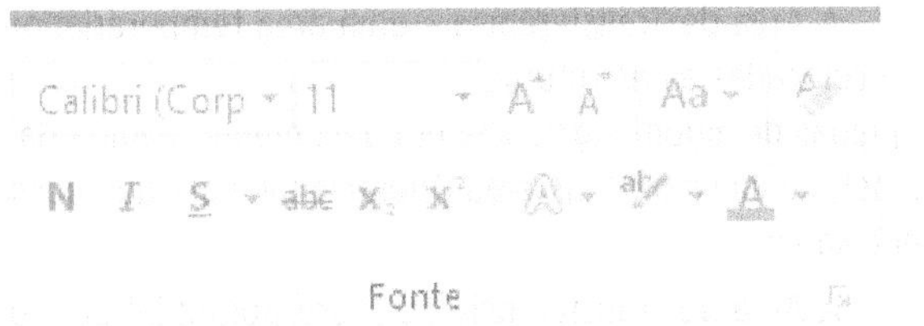

Tipo/Nome da Fonte

Esta opção permite alterar a grafia da fonte, ou seja, o seu traço. Ao alterar o tipo da fonte, ela pode sofrer alteração no seu tamanho, no entanto mantendo o mesmo valor numérico de tamanho de fonte. A figura a seguir destaca o campo; por padrão, no estilo normal do Word 2013, a fonte predefinida é a Calibri.

Tamanho da Fonte

A opção de tamanho de fonte oferece um campo, ilustrado na sequência, para definir o tamanho das letras de um texto selecionado. É possível também selecionar o tamanho pela alça.

Aumentar e Diminuir Fonte

Também é possível controlar o tamanho das fontes pelos botões Aumentar Fonte, à esquerda da figura a seguir, e Diminuir Fonte, à direita da figura a seguir, que alteram o tamanho da fonte de um texto previamente selecionado, de acordo com os valores da lista disponibilizada na alça Tamanho da Fonte. Também se podem acionar estas opções por meio das teclas de atalho CTRL + SHIFT + > para aumentar o tamanho da fonte como CTRL + SHIFT + < para diminuir o tamanho da fonte.

Maiúsculas e Minúsculas

A opção, ilustrada acima, permite alterar o trecho selecionado entre letras maiúsculas e minúsculas, de acordo com as opções ilustradas a seguir.

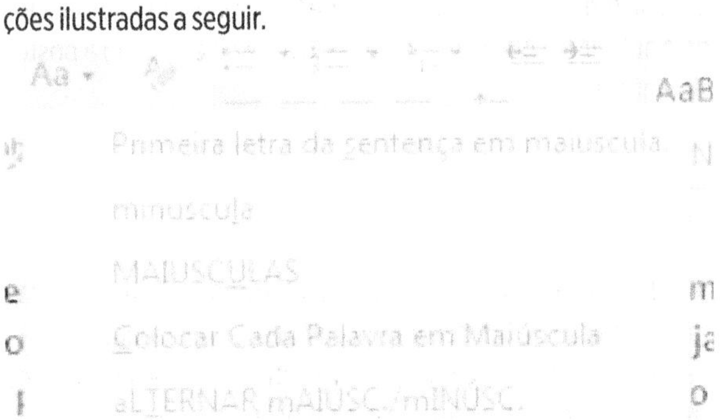

Limpar Formatação

A opção acima é útil quando se deseja limpar a formatação de um texto de forma rápida e prática, como um texto extraído da Internet, que possui fontes grandes, fundo e letras coloridas. Basta que o usuário selecione o trecho no qual deseja limpar a formatação e, em seguida, clique no botão.

Estilos de Fonte

Cuidado para não confundir o efeito de texto com o estilo de fonte, ou ainda com os estilos de formatação. As opções de efeito de fonte são a opção de **Negrito,** *Itálico* e Sublinhado, conforme ilustrado na figura a seguir. As teclas de atalho para estas funções são, respectivamente, CTRL + N, CTRL + I, CTRL + S.

Observe que o sublinhado no Word 2013 apresenta uma seta para baixo, indicando mais opções de formatação do traço do sublinhado, permitindo escolher entre o traço simples (padrão) e outros como: duplo, espesso, pontilhado, tracejado, traço/ponto, traço/ponto/ponto, dentre outros. A figura a seguir ilustra o resultado de se acionar a alça do sublinhado. Também é possível se alterar a cor do traço do sublinhado.

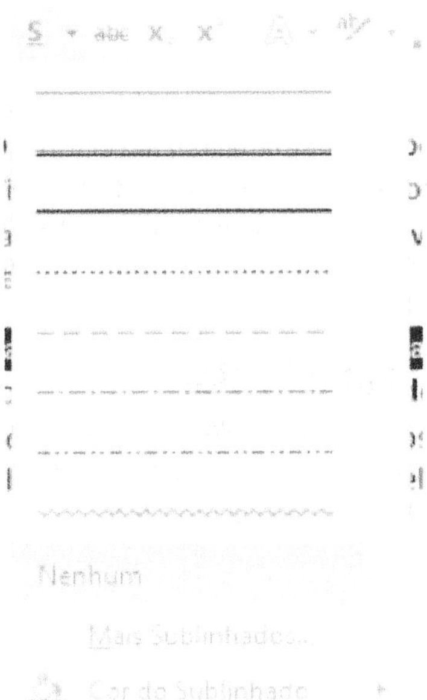

Tachado

A propriedade Tachado é comumente utilizada em textos de lei e resoluções, sobre itens que foram revogados e que, contudo, permanecem no corpo da lei. Para acionar esta opção, basta selecionar o texto desejado e clicar no botão Tachado, ilustrado a seguir.

O efeito proporcionado por esta opção é o de um traço à meia altura da linha, sobrepondo às palavras, como o ~~exemplo. Também é possível utilizar o tachado duplo por meio da janela Propriedades de Fonte, como exemplo.~~

Subscrito e Sobrescrito

Por vezes, desejamos escrever um texto com estruturas diferenciadas, ou mesmo indicar numerais de forma reduzida, como primeiros = 1os. Para colocar as letras "os" com fonte reduzida na parte superior da linha, basta clicar no botão Sobrescrito, que o cursor de texto será posicionado no topo, digitar o texto desejado, e clicar novamente no Sobrescrito. O botão Sobrescrito fica à direita do botão Subscrito, conforme figura a seguir, que permite escrever um texto com fonte reduzida na parte inferior da linha, como utilizado em algumas equações químicas, por exemplo: texto normal texto subscrito.

Efeitos de Texto

O Office 2007 inovou nos recursos de efeitos de texto. Essas propriedades e ferramentas foram mantidas e melhoradas no Office 2013; para o 2016 não houve mudanças na ferramenta. Os efeitos de texto permitem formatar os caracteres de texto de maneira mais chamativa visualmente, a fim empregar destaque a um texto, como exemplo.

Para utilizar este recurso, basta selecionar o texto desejado e clicar no botão Efeitos de Texto no bloco Fonte, indicado por um A com efeito de brilho azul ao redor, ilustrado no canto superior esquerdo da figura a seguir.

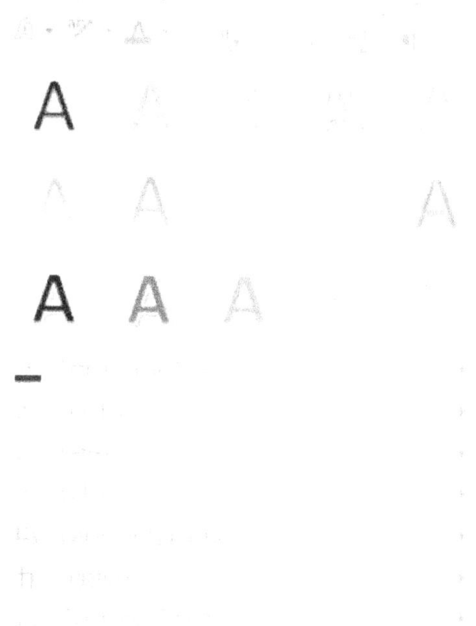

Este recurso ainda permite trabalhar as características de formatação de maneira separada, como a sombra, o reflexo e o brilho do caractere dado à cor escolhida.

Realce

A ferramenta Realce é uma opção que aplica um resultado similar ao obtido por uma caneta marca-texto. Inclusive, o conjunto de cores disponibilizado é bem limitado; apenas algumas cores estão disponíveis, como ilustra a figura a seguir.

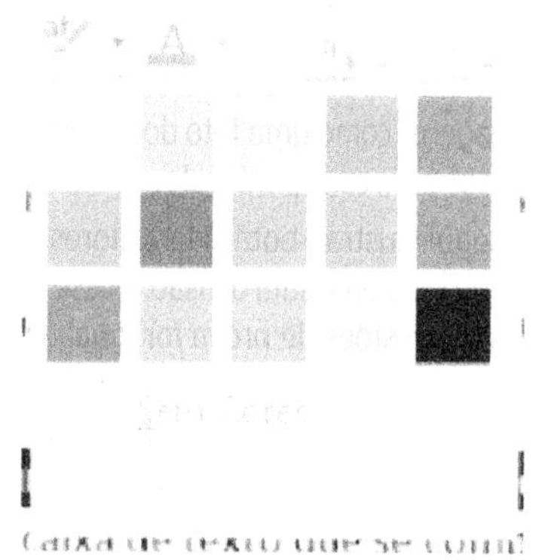

Cor da Fonte

Já quando falamos nas cores que podem ser aplicadas ao caractere (fonte), por exemplo, estas abrangem um conjunto maior, também citado nas provas como Paleta de Cores do MS Office.

O botão que corresponde a esta opção é a letra A com uma barra abaixo, que indica a última cor utilizada, como ilustrado no canto superior esquerdo da figura a seguir.

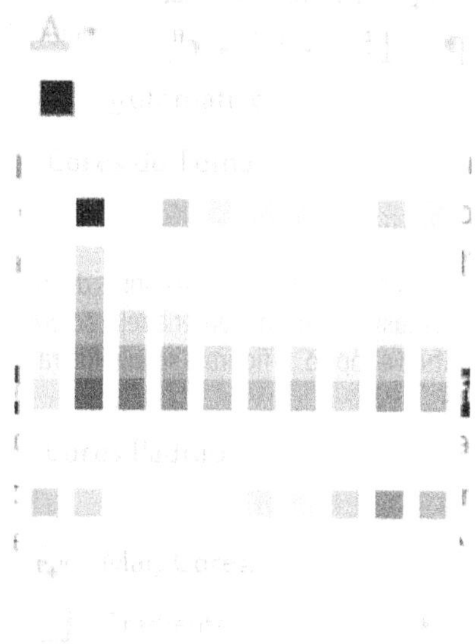

Observe que o botão Cor da Fonte apresenta uma ligeira divisão da seta à sua direita. Isso deve ser levado em conta na resolução das questões, pois se apenas o A for indicado como clicado, significa que será aplicada diretamente sobre o texto selecionado a última cor utilizada; enquanto que se for indicada a seta para baixo também, significa que foi clicado sobre ela, assim a alça exibe mais opções de cores e gradientes.

1.1. Bloco Parágrafo

Na aba Página Inicial encontram-se também as opções de formatação de parágrafo mais utilizadas, como ilustrado a seguir. Algumas opções menos frequentemente usadas estão no bloco Parágrafo da aba Layout de Página.

Marcadores

A opção Marcadores permite acrescentar símbolos, caracteres ou mesmo imagens, como uma foto do usuário, como itens de marcação de tópicos para cada parágrafo.

A figura a seguir ilustra o botão Marcadores, que como pode ser observado apresenta uma sutil divisão. Desse modo, se a figura apresentada nas questões de prova for igual à figura a seguir, significa que o clique foi dado na seta à direta do botão, o que remete a mais opções, como escolher o símbolo que se deseja utilizar. Mas caso seja apresentado sem a seta, o resultado é a inserção do último marcador utilizado.

Numeração

Cuidado com a diferença entre os marcadores e a numeração. A finalidade de ambos é similar, porém a Numeração segue uma sequência que pode ser numérica, utilizando-se números romanos maiúsculos ou minúsculos, letras maiúsculas ou minúsculas ou ainda números arábicos. A figura a seguir ilustra o botão Numeração que, de forma equivalente ao botão Marcadores, apresenta seta à direta apontando para baixo.

Lista de Vários Níveis

Permite gerenciar e atribuir marcadores diferentes para níveis diferentes, mas de forma a manter a relação entre eles como de título, subtítulo e tópico. A figura a seguir ilustra o botão Lista de Vários Níveis.

Quando clicado na seta à direita, um menu Dropdown é aberto, como ilustrado a seguir.

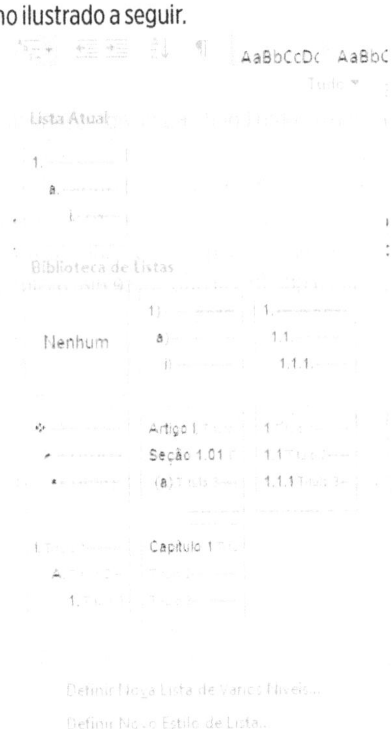

Além dos formatos de listas sugeridos pelo Word, é possível que o usuário crie a sua própria configuração de lista. Esta configuração pode ser criada para ser utilizada apenas no documento em edição, como também pode ser atribuída ao programa de forma que fique disponível para a criação e edição de outros documentos.

Diminuir e Aumentar Recuo

As opções de Diminuir e Aumentar o Recuo estão relacionadas ao recuo esquerdo do parágrafo selecionado. Ao aumentar o recuo, com o botão da direita na figura a seguir, é aumentado inclusive o recuo da primeira linha na mesma proporção. O espaço acrescido é o mesmo de uma tabulação, ou seja, o mesmo de quando pressionada a tecla TAB (1,25 cm por padrão).

Classificar

Esta opção pode parecer estanha ao pensá-la no grupo de opções do bloco Parágrafo. Contudo, com isso, demonstra-se que é possível ordenar os textos de parágrafos, e não apenas dados em tabelas.

Uma vez clicado no botão classificar ilustrado acima, é aberta uma janela ilustrada a seguir, pela qual é possível parametrizar as regras de classificação, que pode ser por colunas em caso de tabelas. Os tipos de dados que podem ser selecionados, de maneira que o programa possa classificá-los em ordem crescente ou decrescente, são: Texto, Número e Data.

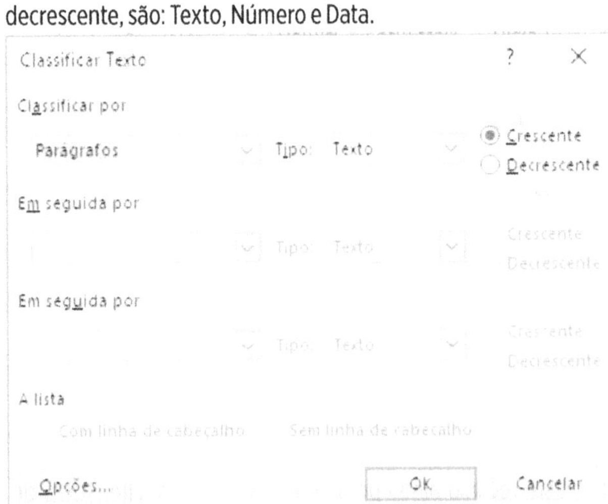

Mostrar Tudo

A opção Mostrar Tudo, ilustrada a seguir, é responsável por exibir os caracteres não imprimíveis, que auxiliam na edição de um documento ao exibir marcas de edição, espaços e marcações de parágrafos. Esta opção é muito importante para que se possa definir onde inicia e onde termina um parágrafo no texto.

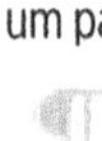

O trecho a seguir ilustra o que é apresentado quando tal opção é selecionada.

Exemplo·de·texto·para·a·vídeo·aula·do·professor·João·Paulo·de·Informática·com·o·botão·Mostrar·Tudo·habilitado.¶

Segundo·parágrafo...¶

Muitas pessoas entram em pânico quando, sem querer, ativam esta opção e cometem o equívoco de utilizar o Desfazer com a esperança de remover tais símbolos e acabam perdendo informações ou formatações executadas. No entanto, para remover tais marcas, basta desabilitar a opção, clicando-se novamente no botão. Alinhamentos de Parágrafo

Muito cuidado com as opções de alinhamento, pois existe também o alinhamento de Tabulação, que oferece opções diferentes das do alinhamento de parágrafo, porém com fins similares.

A figura anterior ilustra os quatro únicos alinhamentos de parágrafo: Esquerdo, Centralizado, Direito e Justificado. Também é possível acionar tais opções por meio das respectivas teclas de atalho: CTRL+Q, CTRL+E, CTRL+G, CTRL+J.

Espaçamento Entre Linhas

A opção Espaçamento entre Linhas, disponível no bloco Parágrafo, apresenta alguns valores que não são ilustrados diretamente na janela Propriedades de Parágrafo, como 1,15. Contudo é possível chegar a ela de maneira manual, como selecionar a opção Múltiplos e, em seguida, digitar o valor 1,15.

A figura anterior ilustra o botão Espaçamento entre Linhas aberto. Ele é apresentado no canto superior esquerdo da figura. Convém perceber que, por meio dele, é possível também alterar o espaçamento antes e depois do parágrafo.

Sombreamento

A opção Sombreamento permite atribuir uma cor ao plano de fundo de um parágrafo, como no exemplo:

> Exemplo: mesmo o parágrafo sendo menor que a linha, toda ela - espaço de margem a margem - é preenchida com a cor selecionada.

A figura a seguir ilustra o botão Sombreamento - balde de yinta - selecionado pela alça, assim ilustrando a paleta de cores do Word para que seja determinada a cor desejada.

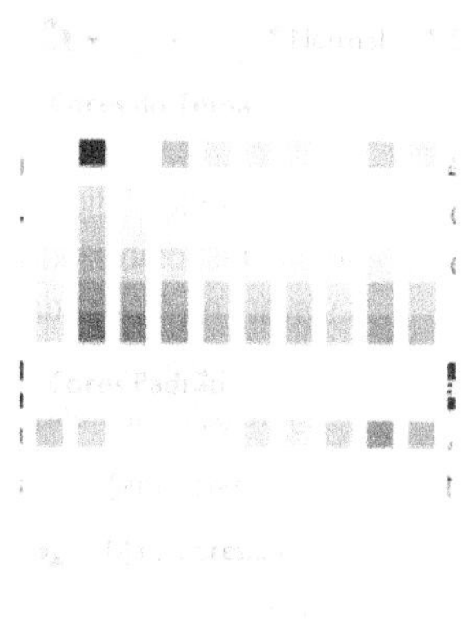

Bordas

Também é possível se atribuir uma borda a um parágrafo, como também à página do documento. A opção Bordas, apresentada a seguir, pode ser utilizada tanto para aplicar uma borda a um parágrafo como a uma tabela, caso esteja selecionada.

Bloco Estilos

Os estilos de formatação são uma importante ferramenta que auxiliam e otimizam o processo de edição de documentos que devam obedecer a padrões de formatação, além de serem necessários para a inserção de sumário automático.

O Office 2007 inovou muitos estilos, como também melhorou alguns, estes foram mantidos no Office 2013. O estilo padrão apresentado é o estilo Normal, que define, por exemplo, a fonte como Calibri, tamanho 11, espaçamento entre linhas múltiplo de 1,15 e espaço após o parágrafo de 10pt.

A figura a seguir ilustra o bloco Estilo com vários dos estilos de formatação. Para sumário, devem-se utilizar os estilos de título.

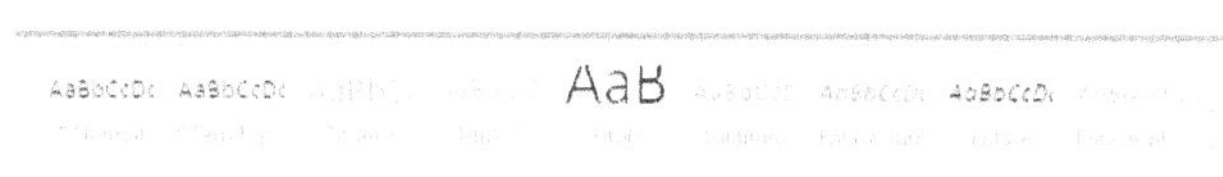

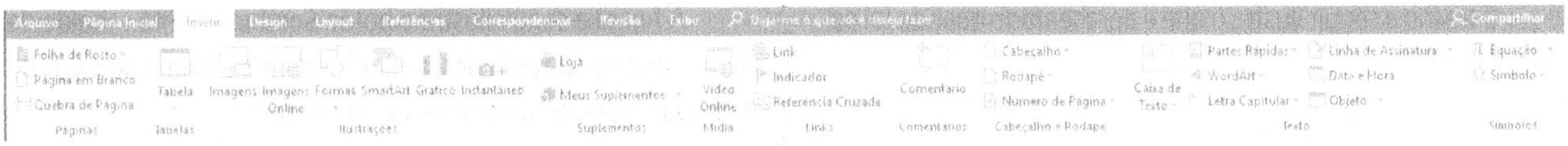

Bloco Edição

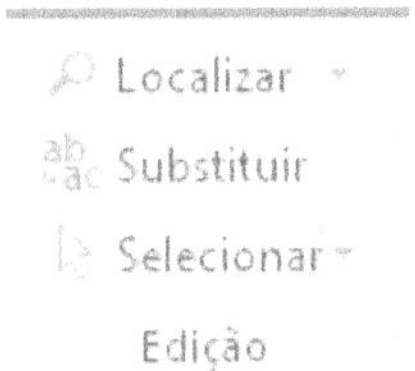

O bloco Edição é o bloco no qual foram disponibilizadas as opções que estavam no menu Editar do Office 2003, e ficaram perdidas, pode-se assim dizer. A figura a seguir ilustra o bloco com suas opções.

Localizar

A opção Localizar oferece três opções quando se clica na seta: Localizar, Localização Avançada... e Ir Para....

Clicar direto no botão Localizar é o mesmo que clicar na opção que ele oferece como Localizar. O Word abre um painel à esquerda da janela do programa, ilustrada na sequência. O mesmo painel pode ser acionado por opção encontrada na aba Exibir.

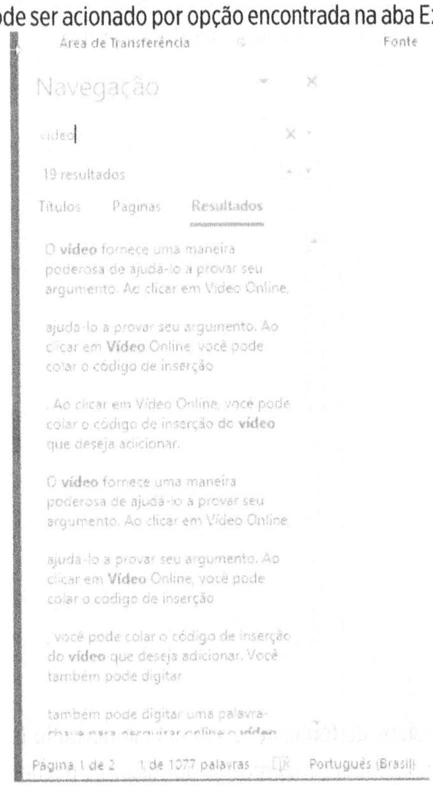

Por meio deste painel, é possível realizar uma busca rápida de forma incremental, ou seja, à medida que o usuário insere o texto no campo de busca, o Word vai filtrando no texto as ocorrências.

As opções Localização Avançada..., Ir Para... e Substituir, ao serem acionadas, abrem a mesma janela, porém com as respectivas abas selecionadas. Vale lembrar que a combinação de teclas de atalho CTRL + U no Word abre a opção Substituir.

5.5 Aba Inserir

A aba Inserir é alvo de várias questões capciosas, então é preciso ter muita atenção com relação às suas opções. A figura a seguir ilustra as opções da Guia.

Bloco Páginas

No Bloco Páginas, ilustrado a seguir, é onde se encontra uma das Quebras possíveis de se inserir em um documento, e justamente a que pode ser alvo de questões que visem confundir o candidato, pois na Aba Inserir é encontrada apenas a opção Quebra de Página; as demais ficam na aba Layout de Página.

Figura 15: Bloco Páginas, Aba Inserir (à direita com forma reduzida).

A opção Folha de Rosto é uma opção para inserir uma página no documento em edição com mais recursos gráficos com o intuito de dar uma ênfase ao documento.

A opção Página em Branco permite inserir uma página em branco no documento a partir da posição do cursor de texto.

Bloco Tabelas

No bloco Tabelas é disponibilizada apenas a opção Tabela, ilustrada a seguir, por meio da qual podemos tanto inserir uma Tabela no documento em edição como uma Planilha.

Opção Tabela

Ao clicar na opção Tabela, é aberto o menu Dropdown, ilustrado a seguir, no qual se pode observar a opção Planilha, que permite inserir uma planilha no documento. Mas, cuidado: a estrutura de planilhas é diferente de uma tabela.

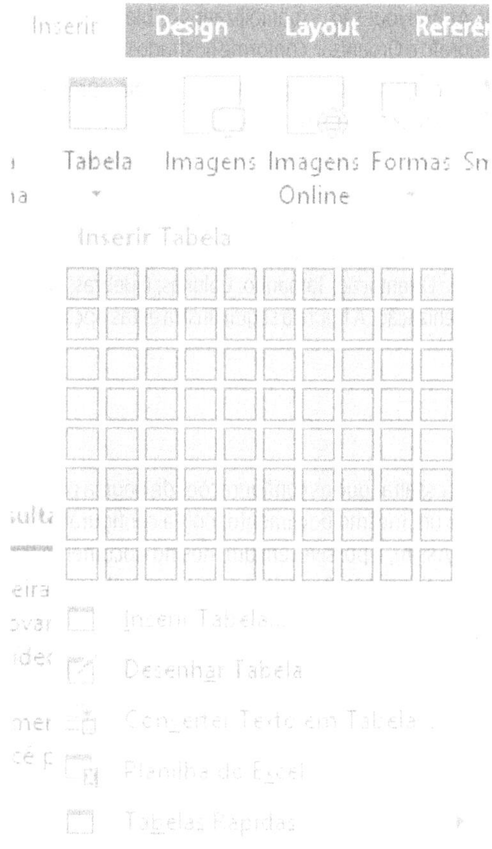

Bloco Ilustrações

A figura abaixo ilustra o bloco Ilustrações. Esta figura, como as demais deste material, foi obtida por meio da ferramenta Instantâneo.

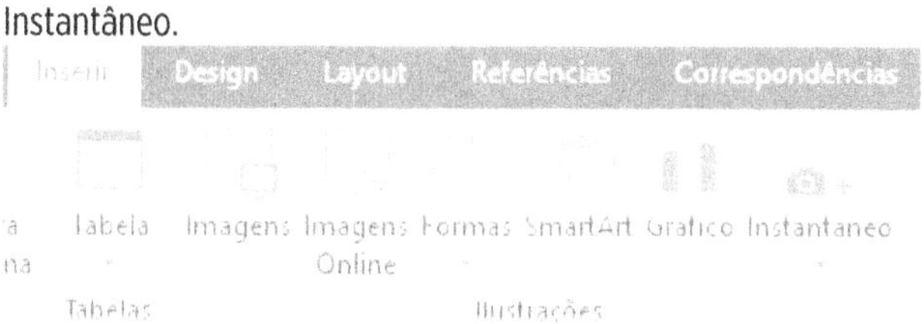

Outra funcionalidade apresentada no MS Office 2013 e mantida no 2016 é a possibilidade de incorporar recursos de aplicativos disponíveis na Windows Store, como também a opção Vídeo Online.

Mas devemos tomar cuidado com a opção Comentário, que, além de existir na aba Revisão, também é apresentada na aba Inserir.

Bloco Links

No bloco Links, são disponibilizadas três opções: Hiperlink, Indicador e Referência Cruzada. A opção Hiperlink tem como tecla de atalho a combinação CTRL+K.

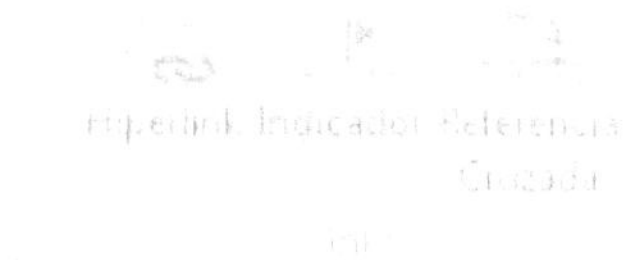

Hiperlink

A respeito da opção Hiperlink, é importante ressaltar que é possível linkar um site da Internet como arquivos da Internet, bem como arquivos do computador do usuário.

Indicador

A opção Indicador serve para criar um link para um ponto do documento em edição. Assim, é possível criar um link por meio da opção Hiperlink para este ponto.

Referência Cruzada

Esta opção permite criar referências para citações, como figuras, tabelas, quadros, entre outros.

Bloco Cabeçalho e Rodapé

A estrutura de cabeçalho e rodapé é utilizada principalmente quando se deseja inserir uma informação em várias páginas de um documento, como numeração de páginas ou uma figura. Mas, cuidado: em um mesmo documento é possível utilizar cabeçalhos e rodapés diferentes, pois essas estruturas são as mesmas para todas as páginas da mesma seção.

Bloco Texto

No bloco Texto devemos destacar a opção WordArt e Linha de Assinatura.

A opção WordArt , desde o Office 2010, mudou sua forma de formatação e estrutura; ela gera agora resultado similar ao obtido pela opção Efeitos de Texto da Aba Página Inicial.

Já a opção Linha de Assinatura  permite inserir uma assinatura digital no documento em edição. Contudo, para isso, é necessário possuir um Certificado Digital. Esta opção também pode ser utilizada para inserir as linhas normalmente usadas para posterior assinatura manual.

Observe a diferença sutil entre o botão Caixa de Texto 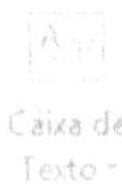 e o botão Letra Capitular .

Bloco Símbolos

O bloco Símbolos oferece as opções Equação e Símbolo, conforme figura a seguir. A opção Equação auxilia a escrever, em um documento de texto, funções complexas. Entretanto, ela não resolve as equações, apenas desenha; por exemplo, inserir um somatório

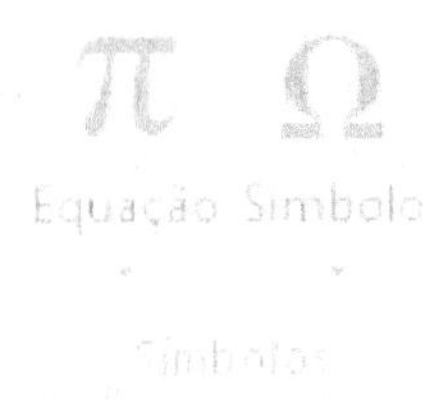

Já a opção Símbolo permite que sejam inseridos símbolos, como caracteres especiais, em meio ao texto.

5.6 Aba Design

A Aba Design surge no Word 2013 como uma forma de liberar espaço para as opções que, no 2010, estavam na guia Layout da Página.

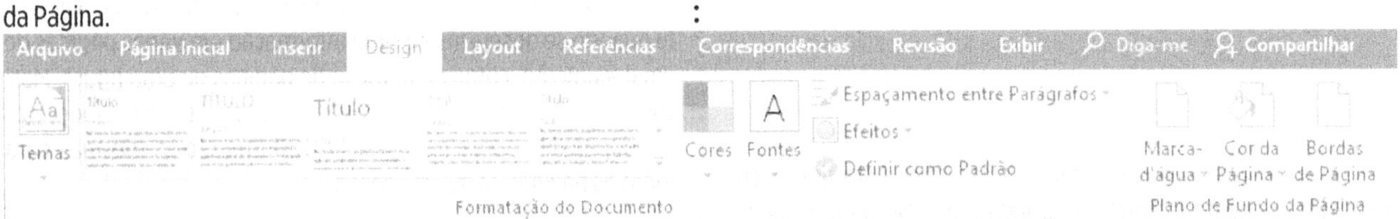

Além de possibilitar a escolha do tema de cores e estilo de formatação que será utilizado no documento, o bloco Plano de Fundo da Página merece ser destacado dentre as opções da guia, pois são comuns as questões capciosas a respeito de suas opções.

Quanto a este tema, a opção que mais tem gerado confusão em provas é a Marca d'Água, pois para "inserir" uma marca d'água, a opção específica encontra-se na guia Design, diferentemente do que a ideia de ação produz.

5.7 Aba Layout

A aba Layout é muito importante durante a edição de um documento, pois concentra as ferramentas de formatação de páginas.

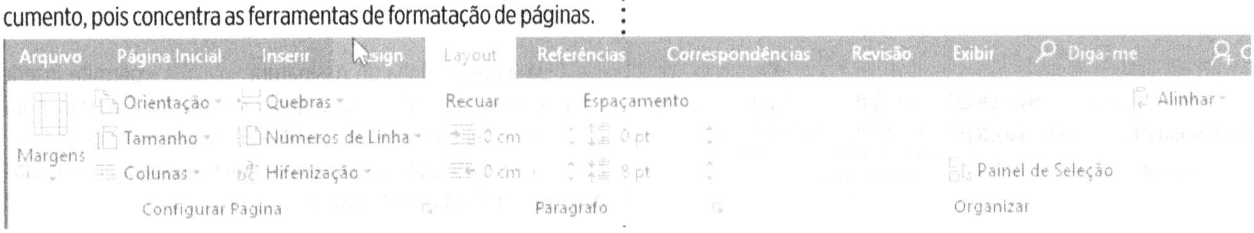

Na Aba Layout são disponibilizados os blocos: Configurar Página; Parágrafo e Organizar, conforme ilustrado na figura a seguir.

Muito cuidado com as provas que podem apresentar o termo Leiaute, o qual não está errado.

Bloco Configurar Página

O bloco Configurar Página é um dos principais blocos da Aba Layout de Página. Por meio dele, podemos alterar as configurações de: Margens; Orientação; Tamanho; Colunas; Quebras; Números de Linhas e Hifenização. A figura a seguir ilustra estas opções.

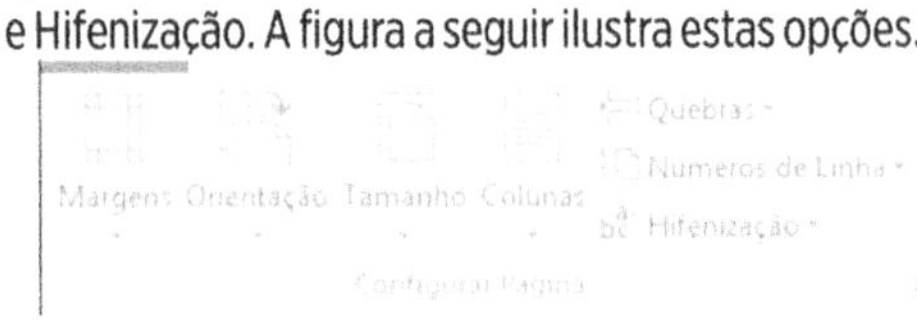

Vale ressaltar que as configurações de página podem ser diferentes em um mesmo documento, pois a configuração é aplicada à seção. Assim, é possível em um mesmo documento trabalhar com páginas na orientação retrato e paisagem intercaladas.

Quebras

As quebras permitem empurrar para a próxima estrutura os dados, como também criar divisões dentro de um documento para que se possam utilizar formatações de página distintas no mesmo arquivo.

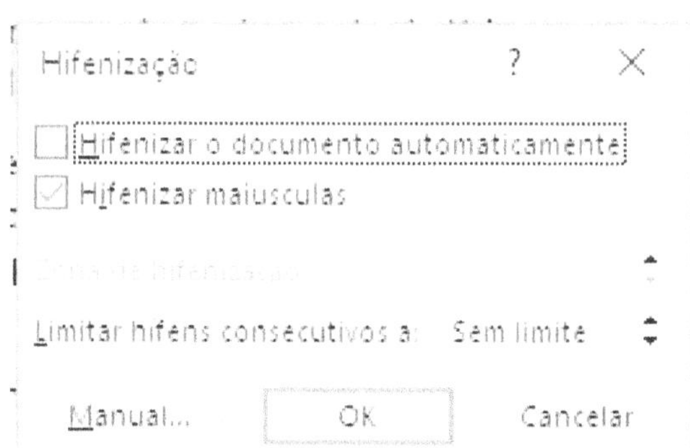

5.8 Aba Referências

A guia Referências dispõe os blocos: Sumário; Notas de Rodapé; Citações e Bibliografia; Legendas; Índice e Índice de Autoridades, conforme ilustrado a seguir.

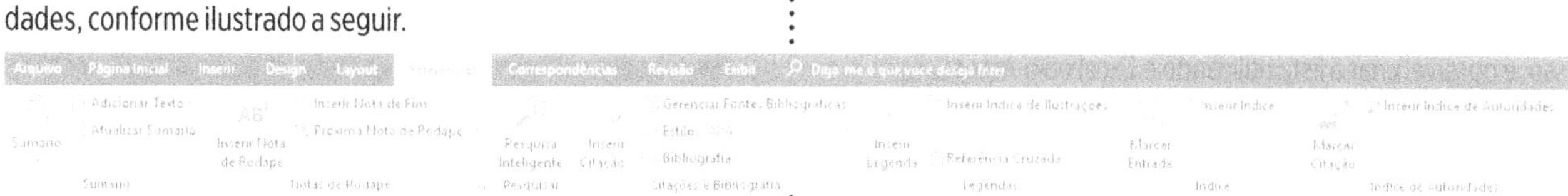

Bloco Sumário

Por meio do Bloco Sumário, pode-se ter acesso à opção Sumário para a inserção do Sumário Automático no documento em edição. Lembrando que o sumário depende da utilização dos estilos de formatação de título ao longo do documento para poder listar tais títulos e as referidas páginas em que aparecem.

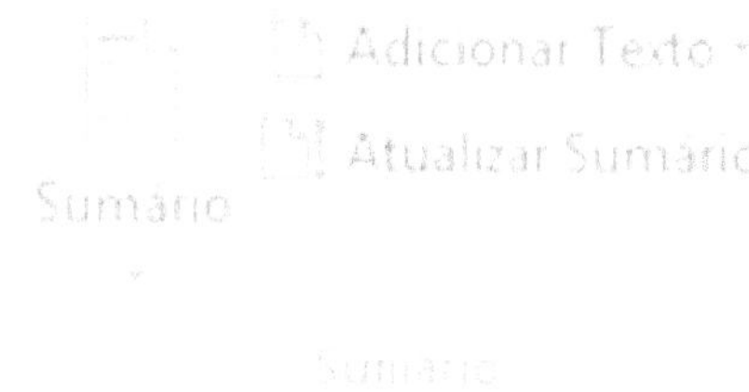

Se novos títulos forem adicionados no documento após a inserção do sumário, o sumário deverá ser atualizado por inteiro; caso apenas sejam mudadas as páginas em que os títulos estavam, pode-se atualizar o sumário por meio da opção Atualizar Apenas Números de Páginas.

Bloco Notas de Rodapé

Por meio do bloco Notas de Rodapé, é possível inserir tanto notas de rodapé como notas de fim. A diferença é que as notas de rodapé são exibidas no rodapé das páginas em que são citadas, já as notas de fim podem ser configuradas para aparecerem no fim da seção ou no fim do documento.

Bloco Citações e Bibliografia

O Word oferece opções de criar um cadastro de fontes bibliográficas para uso facilitado. Assim, quando desejar citar alguma referência, basta utilizar a opção Inserir Citação, disponível no Bloco Citações e Bibliografia, ilustrado a seguir.

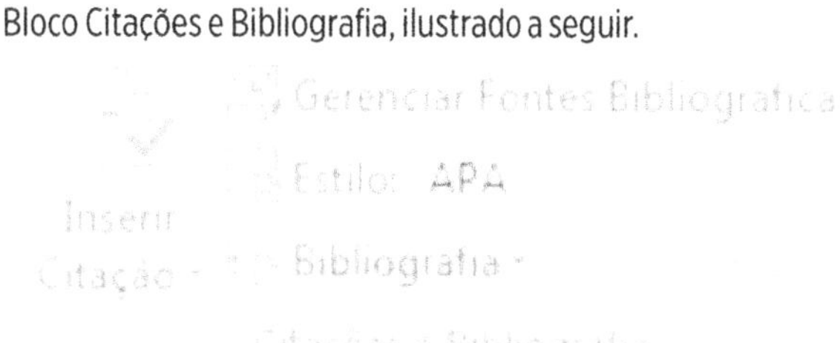

Bloco Legendas

O bloco Legenda permite inserir legendas acima ou abaixo das figuras, tabelas, quadros e outras estruturas inseridas no documento em edição, de maneira que, quando necessário, é possível inserir um índice automático que indique cada figura e a página em que é citada.

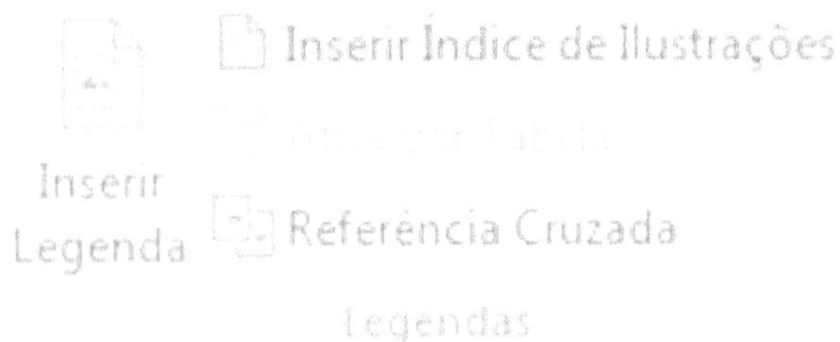

Bloco Índice

O Bloco Índice oferece a opção Marcar Entrada e Inserir Índice, que funciona de forma similar ao sumário, mas com a finalidade de criar um índice remissivo.

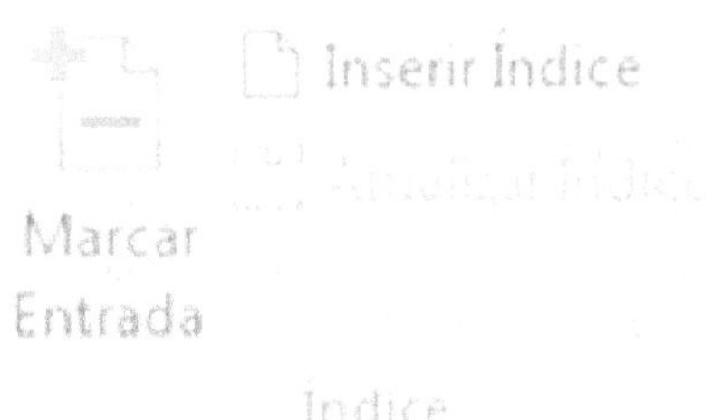

Bloco Índice de Autoridades

Os Índices de Autoridades são novidade no Word 2013. Por meio destas opções, podem-se criar listas de leis, artigos, resoluções, dentre outras estruturas da legislação que sejam citadas em meio ao documento.

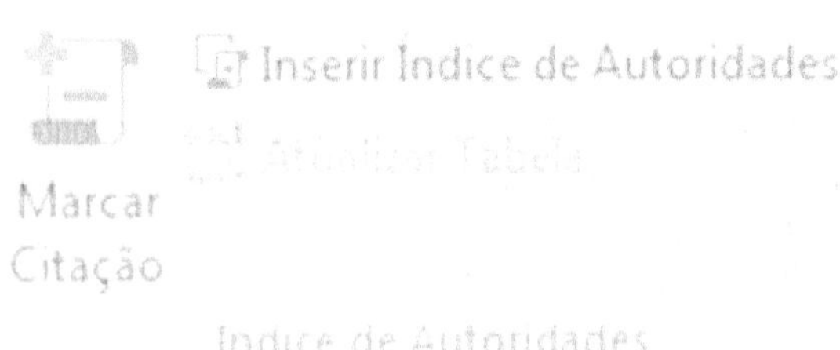

5.9 Aba Correspondências

A aba Correspondências é bastante utilizada por escritórios, pois é nela que encontramos as opções de trabalhar com Mala Direta para a geração de envelopes e etiquetas, de forma facilitada e dinâmica. Mas, atenção: é comum se questionar sobre como montar a lista de "contatos" para se trabalhar com a mala direta; para isso, é possível criar a lista utilizando o Excel ou o Access.

5.10 Aba Revisão

A aba Revisão oferece opções de correção e controle do conteúdo do documento, por meio dos blocos: Revisão de Texto; Idioma; Comentários; Controle; Alterações; Comparar e Proteger, conforme ilustrado a seguir.

Bloco Revisão de Texto

Neste Bloco é que se encontra a ferramenta Ortografia e Gramática, que pode ser acionada por meio da tecla de atalho F7. Há também a ferramenta Pesquisar. Mas, cuidado: esta ferramenta serve para pesquisar na Internet, e não no documento em edição.

Outra opção interessante é o Dicionário de Sinônimos, que se torna muito útil quando é preciso encontrar uma palavra diferente para se referenciar a algo de forma a fugir de ter de repetir algum termo.

A ferramenta Contar Palavras, ao ser acionada, abre a janela ilustrada a seguir, na qual é informada a quantidade de palavras em várias situações. O que conta mais para a prova é saber que, se um trecho do texto foi selecionado previamente à seleção da opção, os dados apresentados serão apenas referentes à seleção; porém, se nada estiver selecionado, os dados serão referentes ao documento inteiro.

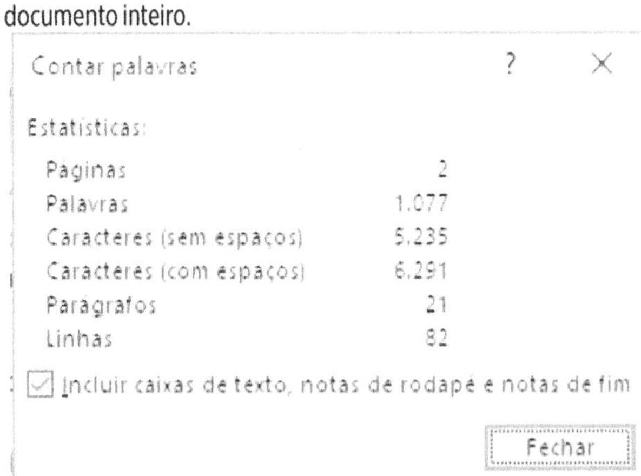

Bloco Idioma

Uma novidade também no Word 2013 é a opção Traduzir, disponível no bloco Idioma, que permite traduzir um texto selecionado utilizando a ferramenta de tradução online da Microsoft. Obviamente observa-se a necessidade de estar conectado à Internet.

Muitas vezes, precisamos digitar trecho ou textos inteiros em outro idioma e ficamos em dúvida se as palavras estão corretas, pois aparecem sublinhadas em vermelho indicando erro. Porém, o MS Word é mais inteligente, uma vez que busca detectar o idioma automaticamente, de forma a se autoajustar. Contudo, às vezes precisamos definir manualmente o idioma de algumas palavras, para isso podemos utilizar a opção Idioma do Bloco Idioma.

Bloco Comentários

É possível inserir comentários no documento em edição, principalmente com a finalidade de explicar alguma alteração realizada.

Cuidado: embora a aba Inserir apresente a opção Comentários, as demais ferramentas e opções relacionadas aos comentários e à correção de texto se encontram na aba Revisão.

Bloco Controle

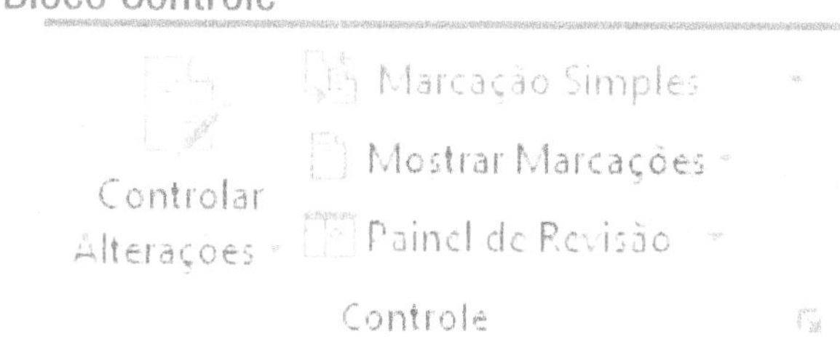

O bloco Controle é uma excelente ferramenta para a correção de documentos, de forma que o escritor, ao terminar sua parte, ativa a opção Controlar Alterações e salva o documento, e envia-o para um corretor, que simplesmente apaga trechos do texto, insere novas estruturas, porém estas ações apenas são marcadas no documento, como ilustrado na sequência, de forma que o corretor, ao terminar, salva novamente o documento e o envia ao escritor para que aceite ou não as alterações realizadas.

Bloco Alterações

Ao receber o documento com as sugestões de alteração, o escritor apenas tem o trabalho de aceitar ou rejeitar as sugestões realizadas.

Bloco Comparar

O bloco Comparar oferece a opção Comparar pela qual é possível escolher dentre as opções: Comparar... ou Combinar...

A opção Comparar... permite comparar versões diferentes de um mesmo documento, a fim de destacar as diferenças. Já a opção Combinar... serve para combinar as diferentes sugestões de alteração que várias pessoas fizeram com base no mesmo documento.

Bloco Proteger

A opção Restringir Edição, disponível no Bloco Proteger, é a mesma apresentada no menu Arquivo.

5.11 Aba Exibir

Note que no Word 2013 o nome da aba era Exibição; na versão 2016 ficou mais sucinta. As opções encontradas nesta Guia estão relacionadas a itens que se remetem à forma de apresentação da janela, do zoom, entre outras visões. A figura a seguir ilustra a aba que é composta pelos blocos: Modos de Exibição de Documento; Mostrar; Zoom; Janela e Macros.

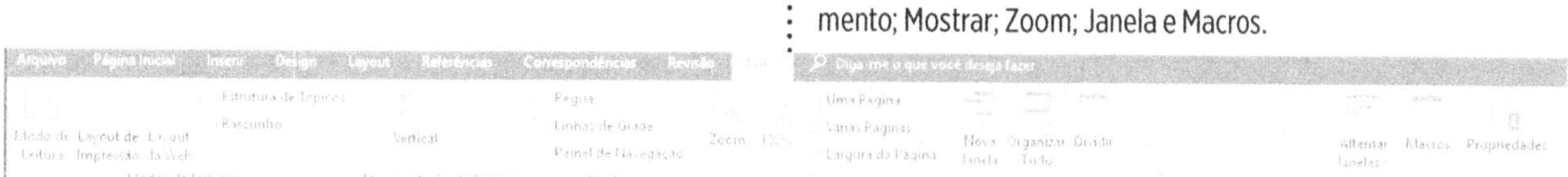

Bloco Modos de Exibição

Trata-se de um dos principais blocos da aba Exibição, em relação à cobrança nas provas, pois neste bloco são disponibilizados os cinco modos de exibição da janela do Word: Layout de Impressão; Leitura em Tela Inteira; Layout da Web; Estrutura de Tópicos e Rascunho, conforme ilustra a figura a seguir.

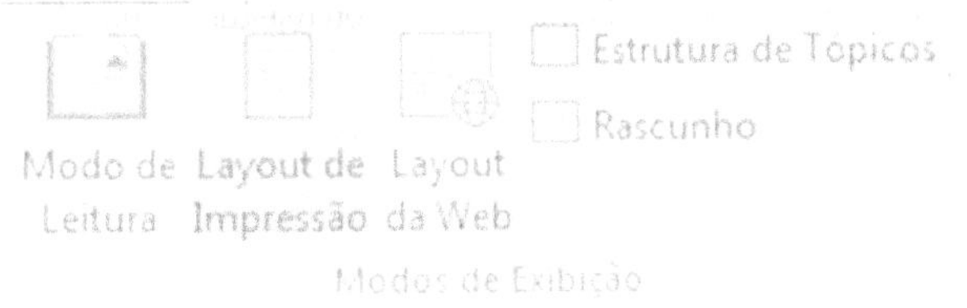

O modo Layout de impressão é o padrão. Quando ele esta ativado, é possível se visualizar os limites das páginas, e as réguas são exibidas tanto da horizontal como da vertical.

O modo Leitura em Tela Inteira oferece uma visualização na qual o tamanho da fonte é aumentado, bem como os espaçamentos, proporcionando assim uma melhor visualização do texto.

No Layout da Web não há a divisão em páginas, e apenas aparece a régua da horizontal.

A Estrutura de Tópicos exibe o texto com um marcador para cada parágrafo, como ilustrado a seguir.

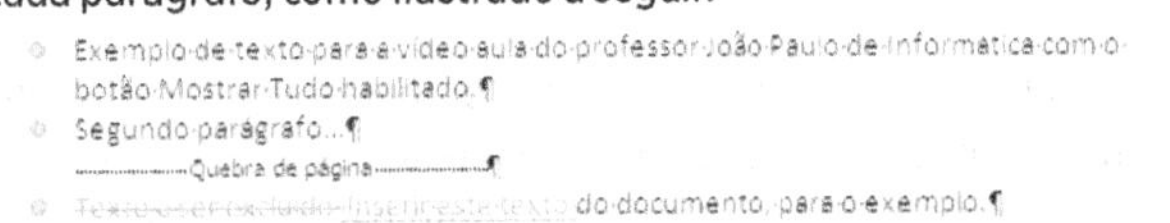

O modo Rascunho é o mais simples, as figuras são omitidas, e apenas o texto é exibido.

Bloco Mostrar

Por meio deste bloco é possível se exibir ou ocultar algumas estruturas do Word, como: a Régua, as Linhas de Grade e o Painel de Navegação, conforme a figura a seguir.

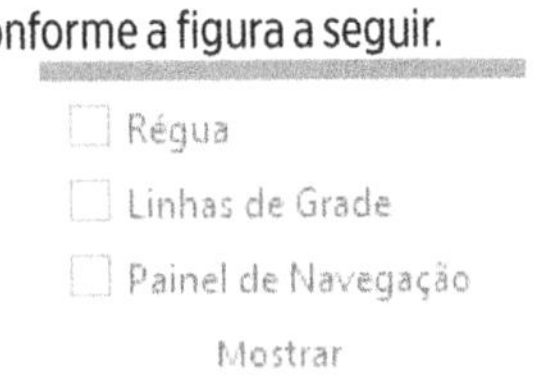

A opção Régua, por padrão, é habilitada; mas, ao desativá-la, apenas são ocultadas as réguas da janela.

Já a opção Linhas de Grade exibe o reticulado, a fim de auxiliar na edição do documento como ilustrado a seguir.

A opção Painel de Navegação habilita a exibição ao lado esquerdo da janela do Word, um painel no qual são exibidos os títulos do documento, como ilustrado a seguir. Ao se clicar em um título, o cursor de texto é disposto na posição do título clicado, também é possível se reorganizar o documento clicando e mantendo clicado, arrastar o arquivo para o local desejado.

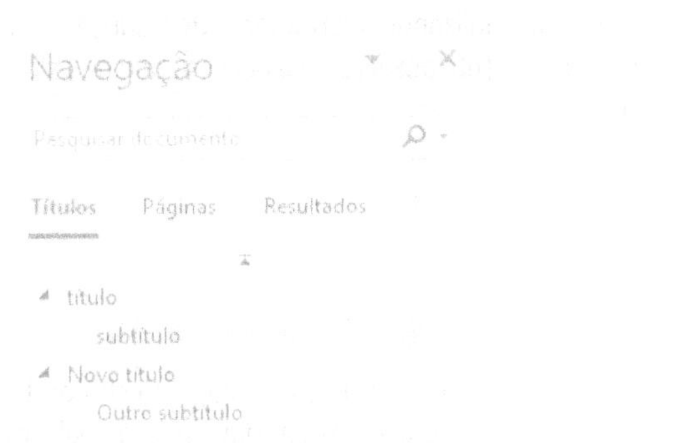

Bloco Zoom

Por meio deste bloco, ilustrado a seguir, é possível se alternar entre os diversos níveis de zoom do documento.

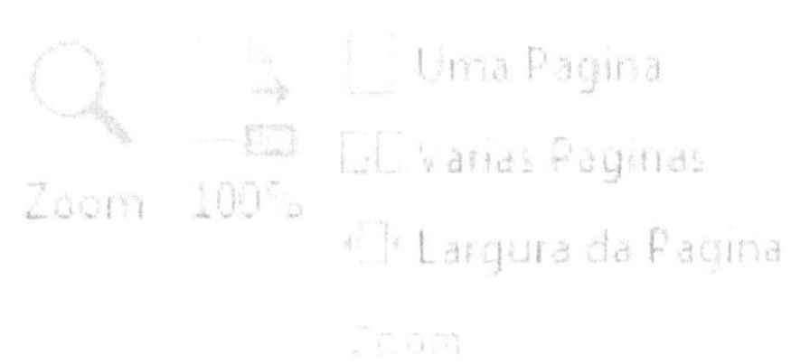

Bloco Janela

As opções deste bloco estão associadas à visualização da janela do programa.

A opção mais usual é a opção Dividir, que permite dividir a tela em duas, de forma a possibilitar a visualização de duas partes distantes de um mesmo documento simultaneamente, como ver a primeira e a última página de um documento com várias páginas.

Questões

01. Com referência aos ícones da interface de edição do MS Word disponíveis na guia Página Inicial, assinale a opção que apresenta, na respectiva ordem, os ícones que devem ser acionados para se realizarem as seguintes ações: aumentar em um ponto o tamanho da fonte; ativar estrutura de tópicos; alinhar texto à direita; alterar o espaçamento entre linhas de texto.

a) 

b) 

c) 

d) 

e) 

Questões

02. No Word 2013, ao se clicar, com o botão esquerdo do mouse, a seta

no botão , localizado na guia Página Inicial, grupo Fonte, serão mostradas opções para sublinhar um texto, tais como sublinhado duplo e sublinhado tracejado.

Certo ( ) Errado ( )

Julgue o próximo item, relativo aos aplicativos para edição de textos, planilhas e apresentações do ambiente Microsoft Office 2013.

03. Uma forma de realçar uma palavra, em um documento no Word 2013, é adicionar um sombreamento a ela; no entanto, esse recurso não está disponível para aplicação a um parágrafo selecionado.

Certo ( ) Errado ( )

Julgue o próximo item, relativo aos aplicativos para edição de textos, planilhas e apresentações do ambiente Microsoft Office 2013.

04. No canto esquerdo superior da janela inicial do Excel 2013, consta a informação acerca do último arquivo acessado bem como do local onde ele está armazenado.

Certo ( ) Errado ( )

Com relação ao sistema operacional Windows e ao ambiente Microsoft Office, julgue o item que se segue.

05. No MS Office, o uso da ferramenta Pincel de Formatação permite copiar a formatação de um parágrafo do documento em edição e aplicá-la a outro parágrafo.

Certo ( ) Errado ( )

Com relação ao sistema operacional Windows e ao ambiente Microsoft Office, julgue o item que se segue.

06. No MS Word, a atribuição de estilos a títulos de seções do documento em edição permite a geração automática e padronizada de numeração e formatação.

Certo ( ) Errado ( )

Julgue o próximo item, relativo ao sistema operacional Windows 8 e à edição de textos no ambiente Microsoft Office 2013.

07. No Word 2013, entre as opções de colagem disponibilizadas no botão Colar, localizado na guia Página Inicial, encontra-se a opção Mesclar Formatação.

Certo ( ) Errado ( )

Julgue o próximo item, relativo ao sistema operacional Windows 8 e à edição de textos no ambiente Microsoft Office 2013.

08. No Word 2013, é possível definir uma fonte padrão para ser utilizada somente no documento em edição.

Certo ( ) Errado ( )

Com relação ao sistema operacional Linux, ao editor de texto Microsoft Office Word 2013 e ao programa de navegação Microsoft Internet Explorer 11, julgue o próximo item.

09. Para a rápida inserção de uma tabela em documento do Word 2013, é suficiente clicar com o botão direito do mouse sobre a área na qual a tabela será inserida; na lista disponibilizada, escolher a opção Inserir e, em seguida, clicar em Tabela.

Certo ( ) Errado ( )

Com relação ao sistema operacional Linux, ao editor de texto Microsoft Office Word 2013 e ao programa de navegação Microsoft Internet Explorer 11, julgue o próximo item.

10. No leiaute de um mesmo documento do Word 2013, as páginas podem ter orientações diferentes.

Certo ( ) Errado ( )

Acerca da inserção de seções em planilhas e textos criados no Microsoft Office, julgue.

11. Em um documento Word, as seções podem ser utilizadas para que, em uma mesma página, parte do texto esteja em uma coluna e outra parte, em duas colunas.

Certo ( ) Errado ( )

Acerca da inserção de seções em planilhas e textos criados no Microsoft Office, julgue.

12. No Word, as seções são utilizadas como meio padrão para se inserir rodapé e cabeçalho no documento.

Certo ( ) Errado ( )

Acerca da inserção de seções em planilhas e textos criados no Microsoft Office, julgue.

13. No Excel, as seções são utilizadas para separar figuras de um texto que estejam em quadros.

Certo ( ) Errado ( )

Acerca da inserção de seções em planilhas e textos criados no Microsoft Office, julgue.

14. A inserção de índices analíticos no Word não implica a inserção de seções entre as páginas, em todo o documento.

Certo ( ) Errado ( )

Acerca da inserção de seções em planilhas e textos criados no Microsoft Office, julgue.

15. No Excel, as seções são utilizadas para separar gráficos e valores em uma mesma planilha.

Certo ( ) Errado ( )

Acerca do pacote Microsoft Office, julgue o item a seguir.

16. No Word, para que as orientações das páginas do documento se alternem entre retrato e paisagem, é necessário haver quebras de seções entre cada mudança de orientação.

Certo ( ) Errado ( )

17. Assinale a opção que apresenta corretamente os passos que devem ser executados no BrOffice Writer para que os parágrafos de um texto selecionado sejam formatados com avanço de 2 cm na primeira linha e espaçamento 12 entre eles.

a) Acessar o menu Editar, selecionar a opção Texto e inserir os valores desejados no campo Recuos e Espaçamento.

b) Acessar o menu Formatar, selecionar a opção Parágrafo e inserir os valores desejados no campo Recuos e Espaçamento.

c) Acessar o menu Formatar, selecionar a opção Texto e inserir os valores desejados no campo Espaçamento.

d) Acessar o menu Editar, selecionar a opção Recuos e inserir os valores desejados no campo Recuos e Espaçamento.

e) Pressionar, no início da primeira linha, a tecla Tab e, em seguida, a tecla Enter duas vezes após o primeiro parágrafo do texto selecionado. Assim, o Writer repetirá essa ação para os demais parágrafos selecionados.

Acerca de aplicativos para edição de textos e planilhas e do Windows 10, julgue o próximo item.

18. Situação hipotética: Elisa recebeu a tarefa de redigir uma minuta de texto a ser enviada para sua chefia superior, com a condição de que todos os servidores do setor pudessem colaborar com a redação da minuta, ficando Elisa encarregada de consolidar o documento final. Após digitar a primeira versão do documento, Elisa compartilhou o respectivo arquivo, a partir de sua estação de trabalho. Todos realizaram a edição do texto no mesmo arquivo por meio do LibreOffice Writer com a função Gravar Alterações ativada.

Assertiva: Nessa situação, quando da revisão final do texto, Elisa terá acesso a diversas informações, tais como: tipo de alteração, data e hora da alteração e autor da alteração.

Certo ( ) Errado ( )

Com relação à informática, julgue o item que se segue.

19. Para se editar o cabeçalho de um documento no Writer, deve-se clicar o topo da página para abrir o espaço para edição. Por limitações técnicas desse editor de textos, não é possível colar textos ou imagens nesse espaço.

Certo ( ) Errado ( )

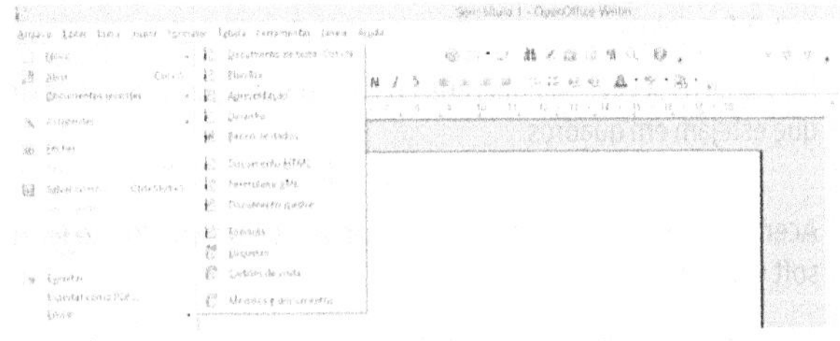

20. Tendo como referência a figura apresentada, julgue os próximos itens acerca do BrOffice Writer.

a) É possível salvar um arquivo em formato PDF por meio da opção  Salvar como....

b) Selecionando-se, sequencialmente, o menu Arquivo, a opção Novo e a sub opção  Planilha pode-se criar uma planilha, que será aberta dentro do Writer.

c) Clicando-se uma vez o botão , é possível inserir, em arquivos editados no Writer, links para outros arquivos ou páginas da Internet.

d) Textos que forem digitados no campo representado pelo ícone  serão buscados na Internet mediante o sítio de buscas Google.

e) É possível alterar a cor da fonte utilizada em um documento ao se selecionar o texto e, em seguida, clicar o botão .

Gabaritos

01	A	11	CERTO
02	CERTO	12	ERRADO
03	ERRADO	13	ERRADO
04	CERTO	14	CERTO
05	CERTO	15	ERRADO
06	CERTO	16	CERTO
07	CERTO	17	B.
08	CERTO	18	CERTO
09	ERRADO	19	ERRADO
10	CERTO	20	C.

6. REDES DE COMPUTADORES

Dois computadores conectados entre si já caracterizam uma rede. Contudo, ela normalmente é composta por diversificados dispositivos como: celulares, smartphones, tablets, computadores, servidores, impressoras, roteadores, switches, hubs, modens, etc. Devido a essa grande variedade de dispositivos, o nome genérico HOST é atribuído aos dispositivos conectados na rede.

Todo Host possui um endereço que o identifica na rede, o qual é o endereço IP. Mas também cada peça possui um número único de fábrica que o identifica, o MAC Address.

6.1 Paradigma de Comunicação

Paradigma é um padrão a ser seguido e, no caso das redes, é o modelo Cliente/Servidor. Nesse modelo, o usuário é o cliente que envia uma solicitação ao servidor; ao receber a solicitação, o servidor a analisa e, se é de sua competência, provê a informação/dado.

6.2 Dispositivos de Rede

Os Dispositivos de Rede são citados até mesmo em provas cujo conteúdo programático não cita a matéria de Hardware. E na maioria das vezes em que aparecem questões sobre o assunto, se questiona em relação à finalidade de cada dispositivo na rede, portanto, nesta seção são descritos alguns dos principais dispositivos de rede:

Modem	Modulador/Demulador Responsável por converter o sinal analógico da linha telefônica em um sinal digital para o computador e vice-versa.
Hub	Conecta vários dispositivos em rede, mas não oferece muita segurança, pois envia as informações para todos na rede.
Switch	É um dispositivo que permite interligar vários dispositivos de forma mais inteligente que o Hub, pois no switch os dados são direcionados aos destinos corretos.
Roteador	Um roteador já trabalha no nível de rede; em um mesmo roteador podemos definir várias redes diferentes. Ele também cria uma rota para os dados.
Access Point	Um Ponto de Acesso opera de forma similar a um Switch, só que em redes sem fio.
Backbone	É a estrutura principal dentro de uma rede, na Internet é a espinha dorsal que a suporta, ou seja, as principais ligações internacionais.

6.3 Topologia de Rede

Topologia diz respeito à estrutura de organização dos dispositivos em uma rede.

Barramento

Na Topologia de Barramento, todos os dispositivos estão conectados no mesmo canal de comunicação, o que torna o tráfego de dados mais lento e, se o barramento se rompe, pode isolar parte da rede.

Anel

A estrutura em Anel conecta um dispositivo no outro; para que todos os computadores estejam conectados, é necessário que estejam ligados. Se o anel for simples, ou seja, de única via de dados, um computador desligado já é suficiente para tornar a rede inoperante para algum outro computador; o problema pode ser resolvido em partes, utilizando o anel duplo, trafegando dados em duas direções da rede, porém, se dois pontos forem desconectados, pode-se chegar à situação de duas redes isoladas.

Estrela

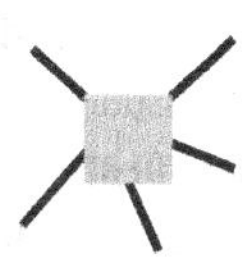

Uma rede organizada em forma de estrela possui um nó centralizador. Esse modelo é um dos mais utilizados, pois um nó pode estar desconectado sem interferir no resto da rede, porém, o centro é o ponto crítico.

Estrela Estendida

A Estrela Estendida é utilizada em situações como, por exemplo, em uma universidade multicampi, em que um nó central é a conexão principal, a partir da qual se conecta com a Internet, enquanto que os outros campi possuem centrais secundárias como conexão entre seus computadores. A estrutura entre o nó principal e as centrais secundárias é o que chamamos de Backbone dessa rede.

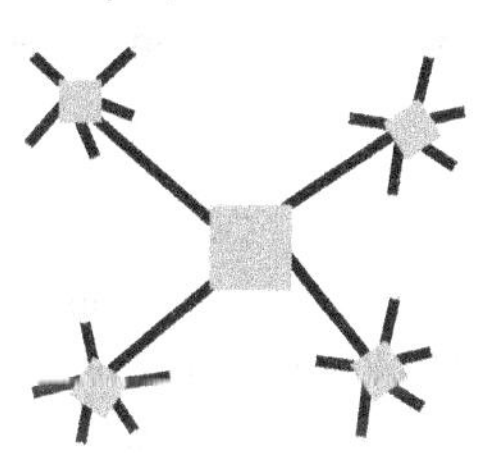

Malha

A conexão em malha é o modelo da Internet, em que encontramos vários nós principais, mas também várias ligações entre diversos nós.

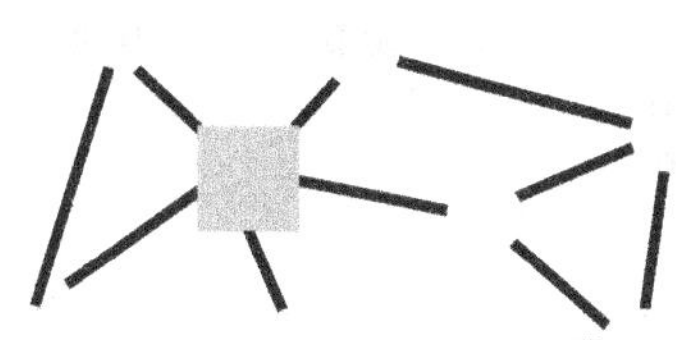

Pilhas de Protocolos

Também colocadas pelas bancas examinadoras como modelos, as pilhas de protocolos definem um conjunto de protocolos e em quais camadas de rede devem operar.

Neste tópico temos dois tipos de questões que podem ser associados na prova. Questões que fazem relação com os tipos de redes e questões que tratam da finalidade dos principais protocolos utilizados em uma navegação na Internet.

As pilhas de protocolos são:

TCP/IP	OSI

O modelo TCP/IP é o **padrão utilizado nas redes.** Mas, em redes privadas, mesmo o TCP/IP sendo padrão, pode ser implantado o modelo OSI.

Como o modelo TCP/IP é o padrão na seção seguinte são destacados os principais protocolos de navegação.

Principais Protocolos

Um protocolo é uma regra de comunicação em redes, portanto, a transferência de arquivos, mesmo entre computadores de uma mesma rede, utiliza um protocolo como forma de padronizar o entendimento entre os dois.

HTTP

HTTP (Hyper Text Transport Protocol) é o protocolo de transferência de hipertexto. É o mais utilizado pelo usuário em uma navegação pela Internet. Hipertexto **consiste em um arquivo no formato HTML** (HyperText Markup Language) - Linguagem de Marcação de Hipertexto.

HTML é um arquivo que pode ser gerado por qualquer editor de texto, pois, quando é aberto no bloco de notas ou wordpad, ele apresenta apenas informações de texto. No entanto, quando é aberto pelo navegador, este interpreta o código em HTML e monta o conteúdo **Multimídia** na página. Entende-se por conteúdo multimídia: textos, áudio, vídeos e imagens.

HTTPS

HTTPS (Hyper Text Transport Protocol Secure), também conhecido como HTTP Seguro, é um protocolo que tem como diferença entre o HTTP apenas a segurança que oferece, pois, assim como o HTTP, serve para visualizar o conteúdo multimídia.

O que se questiona em relação a sua segurança é como ela é feita. O protocolo HTTPS utiliza o processo de **Criptografia** para manter sigilo sobre os dados transferidos entre o usuário e o servidor, para isso, são utilizados os protocolos **TLS** ou **SSL**.

Um detalhe muito importante é o de saber identificar se a navegação está sendo realizada por meio do protocolo HTTP ou pelo protocolo HTTPS. A forma mais confiável é observar a barra de endereços do navegador:

Firefox 10.02

IE 9

Google Chrome

Logo no início da barra, observamos a indicação do protocolo HTTPS, que, sempre que estiver em uso, deverá aparecer. Porém, deve-se ter muita atenção, pois, quando é utilizado o HTTP, alguns navegadores atuais têm omitido a informação no começo da barra de endereços.

Outra informação que nos ajuda a verificar se o acesso é por meio de uma conexão segura é o símbolo do cadeado fechado.

FTP

FTP (File Transport Protocol) é o protocolo de transferência de arquivos utilizado quando um usuário realiza download ou upload de um arquivo na rede.

O protocolo FTP tem como diferencial o fato de operar sobre duas portas: uma para tráfego dos dados e outra para autenticação e controle.

6.4 Firewall

O Firewall pode ser Software, Hardware, ou ambos. Ele é o responsável por **monitorar as portas da rede/computador,** permitindo ou negando a passagem dos dados na rede, seja na entrada ou saída.

O Firewall é o monitor que fica na porta olhando para uma lista na qual contém as regras que um dado tem de cumprir para passar por ela. Essa lista são os protocolos, por exemplo, o Firewall monitorando a porta 80, relativa ao protocolo HTTP, o qual só trabalha com conteúdo multimídia. Então, se um arquivo .EXE tentar passar pela porta 80, ele deve ser barrado; essa é a função do Firewall.

6.5 Tipos de Redes

Podemos classificar as redes de acordo com sua finalidade; neste tópico expõe-se a diferença entre as redes: Internet vs Intranet vs Extranet.

Internet

É a rede das redes, também conhecida como rede mundial de computadores.

Muitas provas citam o sinônimo WWW (World Wide Web) para internet, ou por vezes apenas Web. Ela é definida como uma rede **Pública** a qual todos com computador e servidor de acesso podem conectar-se.

Intranet

É uma rede empresarial, também chamada de rede corporativa. Tem como principal característica ser uma rede **Privada**, portanto, possui controle de acesso, o qual é restrito somente a pessoas autorizadas.

Uma Intranet geralmente é constituída com o intuito de compartilhar recursos entre os funcionários de uma empresa, de maneira que pessoas externas não tenham acesso a eles. Os recursos compartilhados podem ser: impressoras, arquivos, sistemas, entre outros.

Extranet

É quando parte de uma Intranet é disponibilizada por meio da Internet.

Também dizemos que Extranet é quando duas empresas com suas distintas Intranets possuem um sistema comum que acessam apenas parte de cada uma das Intranets.

VPN

VPN é uma forma de criar uma Intranet entre localizações geograficamente distantes, com um custo mais baixo do que ligar cabos entre os pontos. Para isso, emprega-se o processo de criptografia nos dados antes de enviá-los por meio da Internet e, quando o dado chega na outra sede, passa pelo processo de descriptografia. Dessa maneira, quem está navegando na Internet não tem acesso às informações da empresa, que continuam restritas; esse processo também é chamado de tunelamento.

6.6 Padrões de Infraestrutura

São padrões que definem como deve ser organizada e quais critérios precisam ser seguidos para montar uma estrutura de rede de acordo com os padrões estabelecidos pelo IEEE (Instituto de Engenheiros Eletricistas e Eletrônicos).

O padrão Ethernet define as regras para uma infraestrutura cabeada, como tipos de cabos que devem ser utilizados, distância máxima, tipos e quantidade de dispositivos, entre outras. Já o padrão 802.11 define as regras para uma estrutura Wi-Fi, ou seja, para a rede sem fio.

6.7 Correio Eletrônico

O serviço de e-mail é outro ponto bastante cobrado nos concursos públicos. Em essência, o que se pede é se o concursando sabe sobre as diferentes formas de se trabalhar com ele.

O e-mail é uma forma de comunicação assíncrona, ou seja, no momento do envio apenas o emissor precisa estar conectado.

Formas de Acesso

Podemos ler e escrever e-mail utilizando duas formas diferentes. Na última década, o webmail ganhou mais espaço no mercado e se tornou majoritário no ramo de e-mails, mas muitas empresas utilizam ainda os clientes de e-mail:

Webmail

O Webmail é uma interface de acesso para o e-mail via Browser (navegador de Internet), ou seja, uma forma de visualizar o e-mail via uma página de web. Diante disso, é possível destacar que usamos os protocolos HTTP ou HTTPS para visualizar páginas da Internet. Dessa forma, ao acessar sites de e-mail como gmail.com, hotmail.com, yahoo.com.br e outlook.com, fazemos uso desses protocolos, sendo o HTTPS o mais usado atualmente pelos grandes serviços de e-mail, pois confere ao usuário maior segurança no acesso.

Dizemos que o webmail é uma forma de ler e escrever e-mails, dificilmente citado como forma de enviar e receber, uma vez que quem realmente envia é o servidor e não o computador do usuário.

Quando um e-mail é enviado, ele parte diretamente do servidor no qual o remetente possui conta para o servidor do serviço de e-mail do destinatário.

Cliente de E-mail

Um Cliente de E-mail é um programa específico para enviar e receber mensagens de e-mail e que é, necessariamente, instalado no computador do usuário.

Exs.:

Outlook;

Mozilla Thunderbird;

Eudora;

IncredMail;

Outlook Express;

Windows Live Mail.

Os programas clientes de e-mail usam protocolos específicos para envio e recebimento das mensagens de e-mail.

Protocolos utilizados pelos Clientes de E-mail

Para o envio, um cliente de e-mail utiliza o protocolo SMTP (Simple Mail Transport Protocol – Protocolo de transporte de mensagens simples). Como todo protocolo, o SMTP também opera sobre uma porta específica, que pode ser citada como sendo a porta 25, correspondente ao padrão, mas atualmente ela foi bloqueada para uso dos usuários, vindo a ser substituída pela 587.

Com isso, em questões de Certo e Errado, apenas a 587 é a correta, quando abordado sobre o usuário, pois entre servidores a 25 ainda é utilizada. Já nas questões de múltipla escolha, vale o princípio da menos errada, ou seja, se não tiver a 587, a 25 responde a questão.

Mesmo que a mensagem de e-mail possua arquivos anexos a ela, envia-se por SMTP; assim o protocolo FTP não é utilizado.

Já para o recebimento, o usuário pode optar em utilizar o protocolo POP ou o protocolo IMAP, contudo, deve ser observada a diferença entre os dois, pois essa diferença é ponto para muitas questões.

O protocolo POP tem por característica baixar as mensagens de e-mail para o computador do usuário, mas por padrão, ao baixá-las, elas são apagadas do servidor. Portanto, as mensagens que um usuário está lendo estão, necessariamente, em seu computador.

Por outro lado, se o usuário desejar, ele pode configurar o protocolo de forma que sejam mantidas cópias das mensagens no servidor, no entanto, a que o usuário está lendo, efetivamente, está em seu computador. Sobre essa característica são citadas questões relacionando à configuração a uma espécie de backup das mensagens de e-mail.

Atualmente o protocolo POP encontra-se na versão 3; dessa forma ele pode aparecer nos textos de questão como POP3, não afetando a compreensão da mesma. Uma vez que o usuário necessita conectar na internet apenas para baixar as mensagens, é possível que ele desconecte-se da internet e mesmo assim leia seus e-mails. E, uma vez configurado o SMTP, também é possível redigir as respostas off-line, sendo necessário, no entanto, conectar-se novamente para que as mensagens possam ser enviadas.

Ao invés de utilizar o POP, o usuário pode optar em fazer uso do protocolo IMAP, que é para acesso a mensagens de e-mail, as quais, por sua vez, residem no servidor de e-mails. Portanto, se faz necessário estar conectado à internet para poder ler o e-mail por meio do protocolo IMAP.

Spam

Spam é uma prática que tem como finalidade divulgar propagandas por e-mail, ou mesmo utilizar-se de e-mails que chamem a atenção do usuário e o incentivem a encaminhar para inúmeros outros contatos, para que, com isso, levantem uma lista de contatos que pode ser vendida na Internet ou mesmo utilizada para encaminhar mais propagandas.

Geralmente um spammer utiliza-se de e-mail com temas como: filantropia, hoax (boatos), lendas urbanas, ou mesmo assuntos polêmicos.

6.8 URL (Uniform Resource Locator)

É um endereço que identifica um site, um serviço, ou mesmo um endereço de e-mail. Abaixo temos um exemplo de URL; observe que podemos dividi-la em várias partes.

Domínio

É o nome registrado de um site para que possa ser acessado por meio da Internet. Assim como a URL, um Domínio também pode ser dividido em três partes, como ilustra a figura abaixo.

O .br indica que esse site está registrado no conjunto de domínios do Brasil, que é administrado e regulamentado pelo Registro.Br, componente do CGI (Comitê Gestor de Internet no Brasil).

O Registro.Br define várias normas em relação à criação de um domínio, como por exemplo o tamanho máximo de 26 caracteres, a limitação para apenas letras e números e recentemente a opção de criar domínios com letras acentuadas e o caractere **ç**.

Também compete ao Registro.Br a normatização da segunda parte do domínio, representado na figura pelo **.com**. Essa informação diz respeito ao ramo de atividade a que se destina o domínio, mas não nos garante qual a real finalidade do site. A última parte, por fim, é o próprio nome do site que se deseja registrar.

Protocolo IP

Cada equipamento na rede ganha o nome genérico de Host, o qual deve possuir um endereço para que seja localizado na rede. Esse é o endereço IP.

O protocolo IP é o responsável por trabalhar com essa informação, para tanto, um endereço IP possui versões: IPv4 e IPv6.

Um IP também é um endereço, portanto, pode ser inserido diretamente na barra de endereços de um navegador.

O IPv4 é composto por até quatro grupos de três dígitos que atingem valor máximo de 255 cada grupo, suportando, no máximo, cerca de 4 bilhões (4.294.967.296) de endereços.

200.201.88.30 endereço IP da Unioeste[1].

O IPv6 é uma proposta que está gradativamente substituindo o IPv4, justamente pela pouca quantidade de endereço que ele oferece. O IPv6 é organizado em 8 grupos de 4 dígitos hexadecimais, suportando cerca de 3,4 x 1038, aproximadamente 3,6 undecilhões de endereços IP.

0123:4567:89AB:CDEF:1011:1314:5B6C:88CC2

DNS (Domain Name System)

O Sistema de Nomes de Domínios é o responsável por traduzir (resolver por meio de consultas aos servidores Raiz da Internet) um Domínio para o endereço IP do servidor que hospeda (armazena) o site desejado. Esse processo ocorre em questão de segundos e obedece uma estrutura hierárquica.

6.9 Navegadores

Navegadores são programas que permitem acesso às páginas da Internet, são muitas vezes citados em provas pelo termo em inglês Browser.

Internet Explorer

Mozilla Firefox

Opera

Google Chrome

Safari

Também são cobrados os conceitos dos tipos de dados de navegação que estão relacionados aos navegadores.

Cache

É um armazenamento temporário. No caso dos navegadores, trata-se de uma pasta onde são armazenados os conteúdos multimídias como imagens, vídeos, áudio e inclusive textos, para que, no segundo momento em que o mesmo conteúdo for acessado, ele possa ser mostrado ao usuário mais rapidamente.

Cookies

São pequenas informações que alguns sites armazenam no computador do usuário. Exemplos de informações armazenadas nos Cookies: Senhas, obviamente que são armazenadas criptografadas; também são muito utilizados em sites de compras, para armazenar o carrinho de compras.

Dados de Formulários

Quando preenchemos um formulário, os navegadores oferecem opção para armazenar os dados digitados em cada campo, assim, quando necessário preencher o mesmo formulário ou ainda outro formulário com campos de mesmo nome, o navegador sugere os dados já usados a fim de autocompletar o preenchimento do campo.

1 Universidade Estadual do Oeste do Paraná
2 IP fictício.

6.10 Conceitos Relacionados à Internet

Nesta seção são apresentados alguns conceitos, tecnologias e ferramentas relacionadas à Internet que são cobrados nas provas dos concursos.

Motores de Busca

Os Motores de Busca são normalmente conhecidos por buscadores e têm como representante mor o Google. Dentre os principais estão:

> Google;
> Yahoo;
> Cadê? - O primeiro buscador nacional (comprado pelo Yahoo), pode ser chamado de Yahoo! Cadê?;
> Aonde;
> Altavista;
> MSN transformado em Bing.

É importante observar que, nos navegadores atuais, os motores de busca são integrados, com isso podemos definir qual se deseja utilizar, por exemplo: o Google Chrome e o Mozilla Firefox utilizam como motor de busca padrão o Google, já o Internet Explorer utiliza o Bing. Essa informação é relevante, pois é possível nesses navegadores digitar os termos buscados diretamente na barra de endereços, ao invés de acessar previamente o site do motor de busca.

Busca Avançada

Os motores de busca oferecem alguns recursos para otimizar a busca, como operadores lógicos, também conhecidos como operadores booleanos[3]. Dentre eles podemos destacar a negação (-). Ao realizar uma busca na qual se deseja encontrar resultados que sejam relacionados a determinado assunto, porém os termos usados são comuns a outro, podemos utilizar o sinal de menos precedendo o termo do assunto irrelevante, como o exemplo de uma questão que já caiu em prova: realizar a busca por leite e cão, contudo, se for inserido apenas estes termos na busca, muitos resultados serão relacionados a gatos e leite. Para que as páginas que contenham a palavra gato não sejam exibidas na lista de páginas encontradas, basta digitar o sinal de menos (-) antes da palavra gato (sem espaço entre o sinal e a palavra), assim a pesquisa a ser inserida no buscador fica **Cão Leite -Gato**.

Também é possível realizar a busca por uma frase exata, assim, somente serão listados os sites que contenham exatamente a mesma expressão. Para isso, basta digitar a frase desejada entre aspas duplas.

Busca por/em Domínio Específico: para buscar sites que possuam determinado termo em seu nome de domínio, basta inserir o texto site: seguido da palavra desejada, lembrando que não deve haver espaço entre site: e o termo desejado. De forma similar, também pode-se utilizar **inurl: termo** para buscar sites que possuam o termo na URL.

Quando o domínio já é conhecido, é possível realizar a busca por determinado termo apenas nas páginas do domínio. Para tanto, deve-se digitar **site:Dominiodosite termo.**

3 Em referência à lógica de Boole, ou seja, a lógica que você estuda para o concurso.

Calculadora: é possível, ainda, utilizar o Google como uma calculadora, bastando digitar a expressão algébrica que se deseja resolver como 2+2 e, como resultado da "pesquisa", é apresentado o resultado da operação.

Operador: quando não se sabe exatamente qual é a palavra para completar uma expressão, pode-se completar a lacuna com um asterisco, assim o motor de busca irá entender que naquele espaço pode ser qualquer palavra.

Busca por tipo de arquivo: podemos refinar as buscas a resultados que consistam apenas em determinado formato de arquivo. Para tanto, podemos utilizar o operador filetype: assim, para buscar determinado tema, mas que seja em PDF, por exemplo, pode-se digitar **filetype: pdf tema.**

Tipos de Busca

Os principais motores de busca permitem realizar as buscas de forma orientada a conteúdos gerais da web, como refinar a busca para exibir apenas imagens, vídeos ou mapas relacionados aos termos digitados.

Chat

Um chat é normalmente citado como um bate-papo em tempo real; é a forma de comunicação em que ambos os interlocutores estão conectados (on-line) simultaneamente. Muitos chats operam com salas de bate-papo. Um chat pode ser em um site específico como o chat do Uol. Conversas pelo MSN ou Facebook podem ser consideradas como Chat, desde que ambos interlocutores estejam conectados.

Fórum

Também conhecidos como Listas de Discussão, os fóruns funcionam como debates sobre determinados assuntos. Em um fórum não é necessário que os envolvidos estejam conectados para receberem os comentários, pois estes ficam disponíveis para acesso futuro pelo usuário ou mesmo por pessoas que não estejam cadastradas no fórum, contudo, existem muitos fóruns fechados, nos quais só se entra por convite ou mediante aquisição. A maioria deles vincula o e-mail dos envolvidos a uma discussão, alertando-os assim, caso um novo comentário seja acrescentado.

Moodle

O Moodle é uma ferramenta fortemente utilizada pelo setor público, e também privado, para dar suporte ao Ensino a Distância (EAD).

Questões

01. (Cespe) Existem diversos dispositivos que protegem tanto o acesso a um computador quanto a toda uma rede. Caso um usuário pretenda impedir que o tráfego com origem na Internet faça conexão com seu computador pessoal, a tecnologia adequada a ser utilizada nessa situação será o

a) multicast.
b) instant message.
c) miniDim.
d) firewall.
e) IPv6.

02. (Cesgranrio) O objetivo do firewall é:

a) possibilitar a conexão com a Internet.

b) configurar uma rede privada.

c) visualizar diversos tipos de arquivos.

d) permitir a edição de imagens.

e) realizar a segurança de redes privadas.

03. (Cespe) Considerando o acesso a uma intranet por meio de uma estação Windows 7 para navegação e uso de correio eletrônico do tipo webmail, julgue os itens que seguem.

Na utilização de uma interface webmail para envio e recebimento de correio eletrônico, é boa prática de segurança por parte do usuário verificar o certificado digital para conexão https do webmail em questão.

Certo ( ) Errado ( )

04. (Cespe) Por meio do software Microsoft Outlook pode-se acessar o serviço de correio eletrônico, mediante o uso de certificado digital, para abrir a caixa postal do usuário de um servidor remoto.

Certo ( ) Errado ( )

05. (FCC) É oferecida a um usuário de correio eletrônico a opção de acessar as suas mensagens por meio e um servidor POP3 ou um servidor IMAP. Ele deve configurar o seu programa leitor de correio para usar o servidor:

a) POP3, se precisar buscar mensagens de acordo com um critério de busca.

b) IMAP, caso esse programa suporte apenas o post office protocol.

c) POP3, se quiser acessar suas mensagens em vários servidores sem risco de perder ou duplicar mensagens.

d) POP3, se precisar criar e manter pastas de mensagens no servidor.

e) IMAP, se precisar criar e manter pastas de mensagens no servidor.

A respeito de navegadores de Internet e aplicativos de correio eletrônico, julgue o próximo item.

06. (Cespe) O programa Thunderbird não permite o envio de arquivos anexados às mensagens de e-mail.

Certo ( ) Errado ( )

07. (Cespe) Com relação a conceitos, tecnologias e serviços associados à Internet, assinale a opção correta.

a) O Mozilla Firefox é um navegador web que permite o acesso a conteúdo disponibilizado em páginas e sítios da Internet.

b) O Microsoft Office Access é um tipo de firewall que impede que redes de computadores que façam parte da Internet sejam invadidas.

c) Serviços de webmail consistem no uso compartilhado de software de grupo de discussão instalado em computador pertencente a uma rede local (LAN) para uso exclusivo, e em segurança, dos computadores pertencentes a essa LAN.

d) Na conexão denominada banda larga, para que usuários residenciais tenham acesso a recursos da Internet, exige-se o uso de cabos ópticos entre as residências dos usuários e seus provedores de Internet.

e) O protocolo TCP/IP é utilizado na Internet para operações de transferência de arquivos quando se deseja garantir segurança sem o uso de software antivírus.

08. (FCC) A disponibilização de arquivos para a Intranet ou Internet é possível por meio de servidores especiais que implementam protocolos desenvolvidos para essa finalidade. Tais servidores possibilitam tanto o download (recebimento) quanto o upload (envio) de arquivos, que podem ser efetuados de forma anônima ou controlados por senha, que determinam, por exemplo, quais os diretórios o usuário pode acessar. Esses servidores, nomeados de forma homônima ao protocolo utilizado, são chamados de servidores

a) DNS

b) TCP/IP

c) FTP

d) Web Service

e) Proxy

Julgue os itens subsequentes, a respeito de segurança para acesso à Internet e a intranets.

09. (Cespe) No acesso a uma página na Internet com o protocolo HTTP, esse protocolo protege o endereço IP de origem e de destino na comunicação, garantindo ao usuário privacidade no acesso.

Certo ( ) Errado ( )

10. (Cespe) Quando se usa o protocolo HTTPS para acessar página em uma intranet, o certificado apresentado é, normalmente, do tipo autoassinado com prazo de expiração ilimitado.

Certo ( ) Errado ( )

Gabaritos

01	D	**06**	ERRADO
02	E	**07**	A
03	CERTO	**08**	C
04	CERTO	**09**	ERRADO
05	E	**10**	ERRADO

7. ARQUITETURA DE REDES

Uma rede consiste em uma forma de ligação e comunicação de dispositivos que utilizam regras, denominadas de protocolos, para estabelecer a organização e padronização da comunicação.

Existem vários protocolos em diferentes níveis de organização de comunicação. Estes protocolos são organizados em grupos denominados suítes de protocolos. Embora existam duas principais suítes de protocolos, foi preciso eleger uma como padrão para a comunicação de dados entre os dispositivos em rede.

Apesar de usarmos apenas uma suíte na prática, faz-se necessário conhecer as duas, pois cada uma das coleções organiza os protocolos em quantidades de camadas diferentes. As suítes são: TCP/IP, proposto pela empresa RAND Co, em 1964, e OSI (*Open Systems Interconnection*), proposto pela ISO (*Iternational Organization for Standarization*), em 1984. O modelo TCP/IP, também conhecido como Pilha TCP/IP, é o adotado como padrão atualmente, após padronização e implementação pela ARPAnet entre 1980 e 1985, enquanto o OSI é utilizado como modelo de referência para a criação de novos protocolos.

Antes de abordar as estruturas, é necessário entender alguns conceitos:

> Camada: é a forma encontrada para dividir os problemas de comunicação em redes, segmentando em níveis distintos de responsabilidade. Assim, os dados trafegam entre os equipamentos de rede sem que, necessariamente, tenham de acessar os dados transmitidos. Uma camada presta serviços para a camada superior a ela e usa serviços da camada inferior a ela; não é possível pular camadas.

> Interface: é parte que realiza a comunicação direta entre duas máquinas; dentre os níveis de camada, é uma das mais inferiores.

7.1 Modelo OSI

O modelo OSI foi proposto como um sistema aberto de regras. Para atender a objetivos como: Portabilidade da aplicação; Interoperabilidade; Interconectividade e Estabilidade. Assim, diferentes equipamentos, com sistemas operacionais distintos, podem se comunicar.

A organização do modelo OSI se divide entre 7 camadas:

Nº	Camada	Finalidade
7	Aplicação	Manipulação de conteúdo específico (conteúdo multimídia, acesso remoto, e-mail, transferência de Arquivos).
6	Apresentação	Formatar os dados e converter códigos e caracteres.
5	Sessão	Estabelecer uma sessão de comunicação com outros dispositivos, ou seja, gerencia a *conversa* entre os equipamentos.
4	Transporte	Estabelecer conectividade fim a fim entre as aplicações, além de oferecer métodos de entrega de dados com ou sem controle de entrega.
3	Rede	Realizar o endereçamento dos dados e roteamento das informações na rede.
2	Enlace de dados	Verificar se os dados trafegados estão livres de erros de comunicação antes de entregá-los à camada de rede.
1	Física	Especificação das interfaces físicas; responsável pela transmissão dos bits através do meio físico.

As três camadas de nível mais alto, 7, 6 e 5, representadas na tabela 1, não se preocupam em como os dados serão transmitidos pela rede, pois seu objetivo é manipular a informação para atender às necessidades do usuário e dos aplicativos. Além dos conceitos gerais apresentados na tabela 1, as provas de concursos costumam cobrar alguns conceitos mais específicos das principais camadas.

A **camada de Aplicação** é a de nível mais alto na organização de camadas, pois é a camada que, em níveis de abstração, mais se aproxima do usuário. Nesta camada encontram-se os protocolos que manipulam diretamente os dados das aplicações (programas). Pode-se dizer que ela usa os serviços prestados pela camada de Apresentação.

Os principais protocolos da camanda de aplicação são: HTTP, RTP, SMTP, FTP, SSH, Telnet, IRC, SNMP, NNTP, POP3, IMAP, BitTorrent, DNS, Ping. O detalhamento dos protocolos é apresentado em outra seção deste material.

Na camada de transporte, podem-se destacar dentre os protocolos desta camada o **TCP** e o **UDP**, enquanto na **camada de Rede** destacam-se IP, IPsec, ICMP, NAT e ARP. A **camada de Enlace**, presente entre a camada de rede e física, é responsável, também, pela preparação dos dados para que sejam enviados para o meio físico. Para tanto, utiliza protocolos como: Ethernet, IEEE 802.1Q, Token Ring, PPP, Frame ralay.

Já a **camada Física** é a de mais baixo nível por estar mais próxima ao *hardware*, sendo em alguns casos o próprio *hardware* de transmissão de dados. Ela é conhecida como camada 1, conforme classificado na tabela anterior.

Pode-se dizer que uma camada encapsula outra. Deste modo, a camada de nível inferior conterá os dados da superior a ela e ainda acrescentará alguns dados de cabeçalho, conforme ilustra o quadro a seguir.

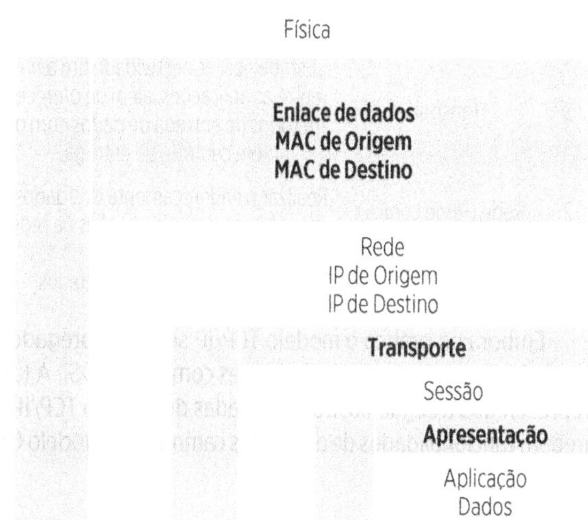

Os protocolos são divididos em camadas para que cada uma seja responsável por ações isoladas, que são utilizadas por vários protocolos da camada superior. Assim, a tabela a seguir, representa quais recursos conseguem acessar as camadas.

Camada	Usada por
Aplicação	Programas e aplicativos em nível do usuário
Apresentação	
Sessão	
Transporte	Sistema Operacional de Rede
Rede	
Enlace de dados	Hardware
Física	

7.2 Modelo TCP/IP

A arquitetura TCP/IP surge com os primórdios da Internet, ainda quando estava no ventre acadêmico, para interligar os centros de computação das universidades dos Estados Unidos. Seu nome origina-se dos principais protocolos usados na comunicação de redes o TCP (Transport Control Protocol – Protocolo de Controle de Transporte) e o IP (Internet Protocol – Protocolo de Internet).

Este modelo permite a interconexão de redes e sistemas heterogêneos, ou seja, redes em que existam diferentes tecnologias, equipamentos e softwares desenvolvidos por fabricantes diferentes.

Embora tenha uma origem comercial, a suíte TCP/IP pode ser (e é) utilizada livremente, tanto que é o atual modelo de organização de protocolos aplicados nas redes. Mesmo uma rede isolada da Internet utiliza por padrão o conjunto TCP/IP.

> Para conectar duas ou mais redes, é necessário utilizar um equipamento específico, denominado Roteador.

A arquitetura TCP/IP se divide em 4 camadas:

Nº	Camada	Finalidade
4	Aplicação	Manipulação de conteúdo específico (conteúdo multimídia, acesso remoto, e-mail, transferência de Arquivos)
3	Transporte	Estabelecer conectividade fim a fim entre as aplicações, além de oferecer métodos de entrega de dados com ou sem controle de entrega.
2	Rede (Rede Lógica)	Realizar o endereçamento dos dados e roteamento das informações na rede.
1	Interface de Rede (Rede Física)	Preparar e transmitir os dados.

Embora na prática o modelo TCP/IP seja o empregado, ele possui algumas relações e similaridades com a suíte OSI. A tabela 4 representada a seguir ilustra as camadas do modelo TCP/IP que agregam funcionalidades de diferentes camadas do modelo OSI.

Modelo OSI		Modelo TCP/IP	
Nº	Camada	Camada	Nº
7	Aplicação	Aplicação	4
6	Apresentação		
5	Sessão		
4	Transporte	Transporte	3
3	Rede	Rede	2
2	Enlace de dados	Interface de Rede	1
1	Física		

O modelo TCP/IP proposto inicialmente apresenta 4 camadas, conforme ilustra a tabela 3. Entretanto, na prática e nas provas, ele é considerado com 5 camadas (também conhecido como TCP/IP híbrido), conforme ilustrado na tabela anterior.

Nº	Camada
5	Aplicação
4	Transporte
3	Rede (Rede Lógica)
2	Enlace
1	Física

Para memorizar as camadas, podemos usar a mnemônica **OFERTA**:

O TCP/IP é dividido nas camadas:

F ísica

E nlace

R ede

T ransporte

A plicação

Convém notar que no modelo TCP/IP de 5 camadas, a camada de Interface de Rede se divide em camadas Física e de Enlace, como no modelo de referência OSI. Para o TCP/IP a camada física consiste no meio físico por onde são trafegados os dados.

Os principais protocolos do conjunto TCP/IP que devem ser estudados são listados a seguir.

Camada de Aplicação: DHCP, DNS, FTP, HTTP, HTTPS, IMAP, Ping, POP, SMTP, SNMP, SSH, Telnet, BitTorrent e TLS/SSL.

- Camada de Transporte: TCP e UDP.
- Camada de Rede: ARP, ICMP, NAT, IPv4 e IPv6.
- Camada de Enlace: MAC, Ethernet.
- Camada Física: Modem, Bluetooth, Cabos, Wi-fi.

Encapsulamento

Como já visto, o protocolo da camada de aplicação é que manipula os dados diretamente. Contudo, muitas vezes, os dados são grandes e é necessário segmentá-los para transmiti-los pela rede. Assim, as camadas dividem os dados em outros tipos de informação, além de acrescentar um pedaço, chamado de cabeçalho.

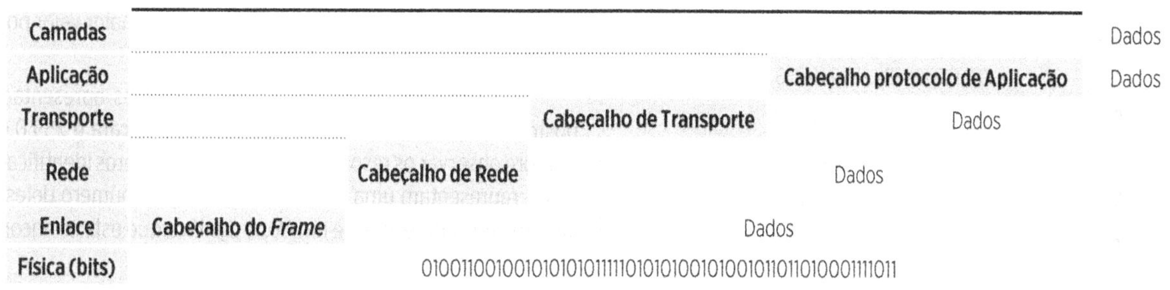

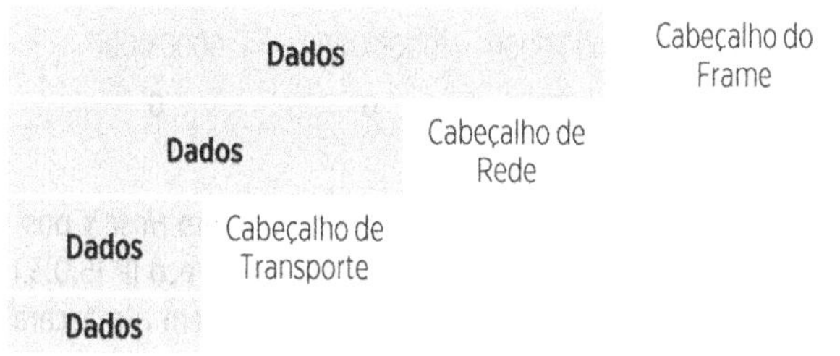

TCP

O protocolo TCP é um dos protocolos da família de protocolos do TCP/IP. Ele oferece um serviço **orientando a Conexão**, além de ser um serviço confiável que **garante a entrega** dos dados ao cliente.

Durante a fase de transferência, o TCP está equipado com vários mecanismos que asseguram confiabilidade e robustez:

- números de sequência que garantem a **entrega ordenada**;
- código detector de erros (***checksum***) para detecção de falhas em segmentos específicos;
- confirmação de recepção e temporizadores que permitem o ajuste e contorno de eventuais atrasos e perdas de segmentos.

UDP (*User Datagram Protocol* – Protocolo de Datagrama de Usuário)

É um protocolo simples da camada de transporte. Ele permite que a aplicação escreva um datagrama encapsulado em um pacote IPv4 ou IPv6, e então enviado ao destino. Mas não garante se o segmento irá chegar ou não. Este protocolo também não oferece segurança na comunicação, portanto não é um serviço confiável. Também dizemos que o UDP é um serviço sem conexão.

Este protocolo é utilizado pelos serviços de Stream e pelo DNS.

ARP (*Address Resolution Protocol*)

É um protocolo usado para mapear um endereço da camada de enlace (Ethernet, por exemplo) a partir do endereço da camada de rede (como um endereço IP).

A tabela ARP é a estrutura utilizada para mapear os endereços MAC dos dispositivos aos seus respectivos endereços IP.

Tabela NAT (*Network Address Translation*)

A tabela NAT é utilizada apenas no IPv4 nas conexões de borda de rede, ou seja, para mapear endereços de sub-redes, ou mesmo da rede "fria" (Intranet) para endereços da rede "quente" (Internet).

Em IPv6 a tabela NAT não se faz necessária.

7.3 Endereços

Em uma rede de computadores trabalhamos com endereços para os dispositivos. Estes dispositivos recebem endereços lógicos e endereços Físicos.

Endereço Físico

Um endereço Físico é um endereço original de fábrica, que é único no mundo. Tal endereço é controlado pela IANA, que distribui (vende) as faixas de endereços para as empresas fabricantes. Cada endereço é armazenado em uma memória do tipo ROM, ou seja, não alterável.

O MAC é o endereço Físico de uma rede. Ele identifica o equipamento, mas não a rede; assim, ele não é roteável; é descrito com 48 bits.

Endereço Lógico

Endereço lógico é o endereço IP, que pode ser definido por *software*. Ele é utilizado para identificar tanto a rede como também o Host. Este endereço é roteável.

7.4 Endereçamento IPv4

Um endereço IPv4 possui tamanho de 32 bits, o que viabiliza um total de 4.294.967.296 combinações possíveis, ou seja, pouco mais de 4 bilhões. Considerando que todo dispositivo em rede recebe um endereço IP que deve ser único para identificá-lo, rapidamente nota-se que não há endereços para todos os dispositivos conectados à rede, ainda mais se considerarmos um dispositivo para cada pessoa no mundo.

Inicialmente, o IPv4 foi organizado em classes de endereços (*Classful*) para que as redes locais não utilizassem endereços IPs reais nos seus dispositivos internos. Deste modo, se uma empresa possui uma rede com 100 computadores, para a Internet é como se todos eles fossem apenas um. Neste cenário a tabela NAT se torna necessária.

Porém, com o tempo, até mesmo essa proposta se mostrou ineficiente para atender à alta demanda de endereços. Logo, novas versões de protocolo IP foram apresentadas, mas até que estivessem aptas para uso no mercado outra solução provisória foi tomada: a criação do Classless para o gerenciamento de endereços de redes e sub-redes.

Classful

Na divisão classful foram apresentadas cinco classes distintas, sendo as mais usadas as classes A, B e C, pois D e E são classes de endereços reservados. Assim, na primeira concepção as classes eram tomadas pelo endereço IP, conforme ilustra a tabela a seguir.

Classe	Gama de Endereços
A	0.0.0.0 até 127.255.255.255
B	128.0.0.0 até 191.255.255.255
C	192.0.0.0 até 223.255.255.255
D	224.0.0.0 até 239.255.255.255
E	240.0.0.0 até 255.255.255.254

Classe	Nº de Endereços por Rede
A	16.777.216
B	65.536
C	256

Como identificado anteriormente, tal proposta logo se tornou obsoleta, e o emprego de máscaras foi utilizado para identificar as classes de rede. Na anterior são identificados quantos endereços cada classe (*classful*) suporta por rede. Contudo, destas quantias é necessário reduzir dois endereços (de rede e de *broadcast*) para saber quantos endereços poderão ser usados por dispositivos de rede. Desse modo, uma rede classe C suporta 256 endereços por rede dos quais 254 podem ser usados por *Hosts*, uma vez que dois são reservados.

Uma máscara é um número de estrutura similar ao endereço IP. Porém, relaciona-se a este por cálculos lógicos bit a bit para identificar o endereço que representa a rede e o endereço de *broadcast*.

Portanto, como o IP, cada grupo pode ter o valor máximo 255. Porém, no caso das máscaras, o mais comum é usar estes valores máximos, como identifica a tabela a seguir.

Classe	Máscara de Rede	CIDR
A	255.0.0.0	/8
B	255.225.0.0	/16
C	255.255.255.0	/24

Máscaras

O número que expressa uma máscara normalmente é alto, pois ele representa os bits mais à esquerda de um octeto marcados como 1 e os demais zeros. Com isso, as máscaras podem sumir apenas valores, como apresenta a tabela a seguir.

Octeto (8 bits)	Decimal
1000 0000	128
1100 0000	192
1110 0000	224
1111 0000	240
1111 1000	248
1111 1100	252
1111 1110	254
1111 1111	255

É importante lembrar que o IPv4 é composto por 4 grupos, chamados octetos quando trabalhados em binário. Por isso, cada grupo pode assumir valor máximo 255, pois é o maior valor possível de ser representado com 8 bits.

Uma máscara assumirá apenas os valores apresentados, postos à esquerda. No exemplo a seguir, a máscara é 255.0.0.0. Cumpre observar os respectivos octetos: os números identificados com 1 representam uma rede. Assim, se algum número deles for alterado no endereço IP de um *Host*, significa que este se encontra em uma rede diferente.

1111 1111	0000 0000	0000 0000	0000 0000
255	0	0	0

Caso 1:

Se um *Host* X possui endereço IP 10.0.0.0, um *Host* Y possui endereço IP 10.12.14.0 e um *Host* Z possui endereço IP 15.0.3.1 e os três pertençam ao classful A, ou seja, possuem a máscara 255.0.0.0, anteriormente representada, pode-se concluir que X e Y pertencem à mesma rede, uma vez que o primeiro grupo não tem seu valor alterado. Já o *Host* Z apresenta um número diferente para o primeiro grupo, indicando não pertencer à mesma rede que X e Y. Na prática, o computador realiza um AND bit a bit com o IP binário e a máscara para verificar se pertencem à mesma rede.

255	0	0	0	Máscara
1111 1111	0000 0000	0000 0000	0000 0000	Classe A
0000 1010	0000 0000	0000 0000	0000 0000	IP X
10	0	0	0	
0000 1010	0000 0000	0000 0000	0000 0000	Endereço Rede

255	0	0	0	Máscara
1111 1111	0000 0000	0000 0000	0000 0000	Classe A
0000 1010	0000 1100	0000 1110	0000 0000	IP Y
10	12	14	0	
0000 1010	0000 0000	0000 0000	0000 0000	Endereço Rede

255	0	0	0	Máscara
1111 1111	0000 0000	0000 0000	0000 0000	Classe A
0000 1111	0000 0000	0000 0011	0000 0001	IP Z
15	0	3	1	
0000 1111	0000 0000	0000 0000	0000 0000	Endereço Rede

Caso 2: Um exemplo Classful C

Se um *Host* X possui endereço IP 192.168.0.100, um *Host* Y possui endereço IP 192.168.0.250 e um Host Z possui endereço IP 192.168.5.120, sendo classful C possuem a máscara 255.255.255.0, pode-se concluir que X e Y pertencem à mesma rede, uma vez que o primeiro, o segundo e o terceiro octetos não têm seus valores alterados. Já o *Host* Z apresenta um número diferente para o terceiro grupo, assim o *Host* Z não pertence à mesma rede que X e Y.

255	255	255	0	Máscara
1111 1111	1111 1111	1111 1111	0000 0000	Classe C
1100 0000	1010 1000	0000 0000	0110 0100	IP X
192	168	0	100	
1100 0000	1010 1000	0000 0000	0000 0000	Endereço Rede

255	255	255	0	Máscara
1111 1111	1111 1111	1111 1111	0000 0000	Classe C
1100 0000	1010 1000	0000 0000	1111 1010	IP Y
192	168	0	250	
1100 0000	1010 1000	0000 0000	0000 0000	Endereço Rede

255	255	255	0	Máscara
1111 1111	1111 1111	1111 1111	0000 0000	Classe C
1100 0000	1010 1000	0000 0101	0111 1000	IP Z
192	168	5	120	
1100 0000	1010 1000	0000 0101	0000 0000	Endereço Rede

Observa-se que o endereço de rede obtido para X e Y é o mesmo, mas para Z é outro.

Para saber quantos são os endereços por rede, a máscara é de fundamental ajuda, principalmente se for dada pela questão na forma CIDR, como apresenta a tabela 8. Este é um dos tópicos mais cobrados nas provas.

Sabe-se que o endereço IPv4 possui 32 bits e que uma máscara identifica os bits à esquerda que serão usados para identificar a rede. Assim, os bits que sobram à direita (zerados) são usados para identificar endereços por rede. Um CIDR representa exatamente o total de bits da máscara que são marcados como 1, ou seja, o total de bits que representam redes.

Portanto, ao calcular pelo complemento, temos:

32 (tamanho do IPv4, portanto sempre será 32) – CIDR (normalmente informado pela questão) = X

Para calcular quantos são os endereços por rede, deve-se elevar 2 por X, ou seja, 2X=Y.

Já para identificar a quantidade de Host utilizáveis, basta calcular Y-2.

Deste modo, dado o exemplo:

Em uma rede classe C, quantos endereços IPs podem ser usados por *Hosts*?

Classe C = 255.255.255.0, ou seja, CIDR /24.

32-24=8

28=256 endereços por rede.

256-2 = 254 endereços para Hosts.

Classless

Como a proposta de divisão em *classful* também se mostrou limitada, surge a proposta classless, agora permitindo uma maior subdivisão, além de apresentar melhor aproveitamento das faixas de endereços IPs.

A lógica de trabalho e cálculo é similar ao *classful*, com a diferença de que agora parte de um octeto pode ser usada como máscara. Assim, os valores apresentados na tabela a seguir são mais presentes.

No exemplo a seguir, dado o endereço IP 192.168.1.0 e a máscara 255.255.255.240, quantos são os endereços por rede?

1100 0000	1010 1000	0000 0001	0000 0000	**IP**
192	168	1	0	
1111 1111	1111 1111	1111 1111	**1111** 0000	**Máscara**
255	255	255	240	

A forma mais simples vista até aqui é utilizar o CIDR. Mas é possível notar que nem sempre a questão o irá informar. Se o candidato possuir habilidades em converter decimais para binários ou mesmo se tiver decorado a tabela 9, então só resta contar os números 1, ou neste caso, usar o menor esforço e contar os zeros da máscara, que afinal é o que se deseja. Portanto, a máscara apresentada corresponde ao CIDR /28, ou seja, os 4 últimos dígitos são os endereços por rede. Calculando, temos:

256 – 240 = 16 endereços por rede

Ou

32 – 28 = 4

24=16 endereços por rede

Para a quantidade de Hosts utilizáveis, é importante lembrar-se de subtrair destes 16 os 2 endereços reservados.

Nota-se que as máscaras 255.255.255.254 e 255.255.255.255 não fazem muito sentido: a primeira por não existirem endereços para Hosts; e a segunda, além de não possuir endereços por rede, é um endereço reservado, utilizado para *broadcast*.

Vejamos, a seguir, as diferentes redes que podem ser criadas com o endereço 192.168.1.0/27, lembrando que o /27 é o CIDR, ou seja, os 27 bits à esquerda serão para rede, e os 5 bits que sobram são para cada rede. Verifica-se que ao mudar um dos três bits à esquerda do último octeto (em destaque) se tem uma rede distinta. À direita os valores indicam o primeiro endereço IP de cada rede, que é o endereço que a identifica.

0 23		27 31	
1100 0000 1010 1000 0000 0001	000	0 0000	192.168.1.0/27
1100 0000 1010 1000 0000 0001	001	0 0000	192.168.1.32/27
1100 0000 1010 1000 0000 0001	010	0 0000	192.168.1.64/27
1100 0000 1010 1000 0000 0001	011	0 0000	192.168.1.94/27
1100 0000 1010 1000 0000 0001	100	0 0000	192.168.1.128/27
1100 0000 1010 1000 0000 0001	101	0 0000	192.168.1.160/27
1100 0000 1010 1000 0000 0001	110	0 0000	192.168.1.192/27
1100 0000 1010 1000 0000 0001	111	0 0000	192.168.1.224/27

Assim, podemos concluir que a primeira rede/sub-rede que pode ser composta vai de 192.168.1.0/27 até 192.168.1.31/27, o endereço 192.168.1.32/27 marca o início da segunda rede/sub-rede. A tabela a seguir, destaca os intervalos de endereços e os respectivos endereços reservados.

Endereço de rede	Faixa de endereços utilizáveis por *Hosts*		Endereço de *broadcast*	Sub-rede
192.168.1.0	192.168.1.1	192.168.1.30	192.168.1.31	0
192.168.1.32	192.168.1.33	192.168.1.62	192.168.1.63	1
192.168.1.64	192.168.1.65	192.168.1.92	192.168.1.93	2
192.168.1.94	192.168.1.95	192.168.1.126	192.168.1.127	3
192.168.1.128	192.168.1.129	192.168.1.158	192.168.1.159	4
192.168.1.160	192.168.1.161	192.168.1.190	192.168.1.191	5
192.168.1.192	192.168.1.193	192.168.1.222	192.168.1.223	6
192.168.1.224	192.168.1.225	192.168.1.254	192.168.1.255	7

Conversão Binário → Decimal

A conversão de número binários para decimais é obtida somando-se potências de base 2, conforme ilustra a figura a seguir.

1001

$$1 \times 2^3 + 0 \times 2^2 + 0 \times 2^1 + 1 \times 2^0 = 9$$

Conversão Decimal → Binário

Para converter um número decimal para um número binário, devemos realizar divisões inteiras sucessivas por 2, ou seja, mantendo o resto. Ao final deve-se pegar do último resto ao primeiro. Vejamos o exemplo.

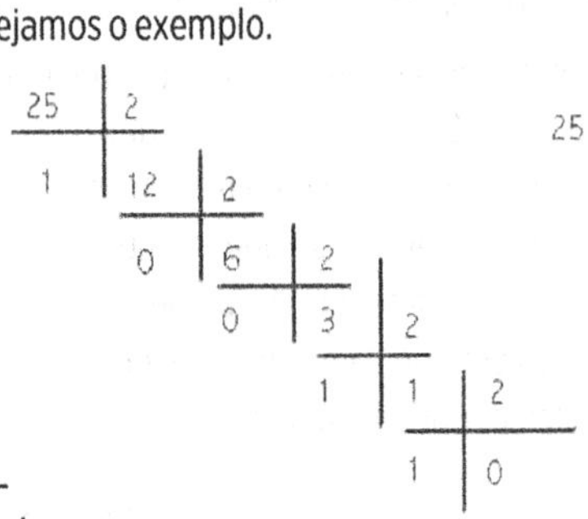

25 = 11001

8. SEGURANÇA DA INFORMAÇÃO

A Segurança da Informação é um ponto crucial para o concurso público para muitas bancas examinadoras e também de interesse da instituição que irá receber os aprovados. Afinal, ao ser aprovado, o candidato estará compondo o quadro de uma instituição pública que possui uma Intranet e sistemas sobre os quais há necessidade de se manter uma boa política de segurança.

Segundo o CGI[1], para um sistema ser classificado como seguro, ele deve atentar a três requisitos básicos: confidencialidade, integridade e disponibilidade. Esses conceitos são abordados neste material no tópico de princípios básicos da segurança da informação.

Faz-se necessário que sejam atendidos alguns requisitos mínimos para uma segurança do microcomputador, que dependem tanto de recursos tecnológicos como de bom senso e discernimento por parte dos usuários.

Para manter um computador com o mínimo de segurança deve-se:

> Manter o **Sistema Operacional sempre atualizado**, pois a maioria dos malwares exploram as vulnerabilidades do SO.
> Possuir um sistema **Antivírus** e manter tanto o aplicativo quanto as assinaturas[2] de vírus atualizadas.
> Manter o Firewall sempre ativo.
> Para se proteger contra os spywares também é indicada a instalação de um antispyware. Atualmente a maioria dos antivírus já possuem esse recurso integrado a eles.

8.1 Princípios Básicos da Segurança da Informação

Os Princípios Básicos de Segurança em TI[3] incluem os processos que devem ser garantidos para manter um sistema de informações seguro. Podemos destacar quatro conceitos como principais:

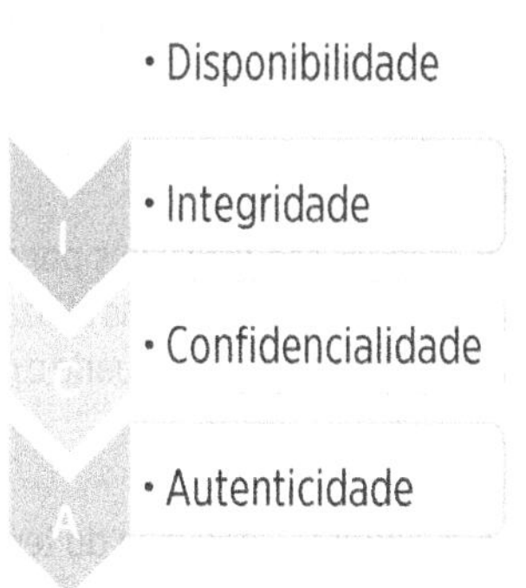

Disponibilidade

O Princípio da Disponibilidade deve garantir que os serviços ou recursos que forem necessários para uma tarefa, principalmente relacionados ao próprio processo de segurança, estejam sempre disponíveis.

Podemos estreitar esse princípio sobre a garantia de que as chaves públicas do processo de Certificação Digital (estes conceitos são abordados na seção sobre Certificados Digitais) estejam sempre disponíveis para quem precisar delas.

Também é aplicado, por exemplo, na situação de entrega da declaração de imposto de renda, em que o serviço deve suportar a alta demanda que possa surgir sem afetar o usuário.

Integridade

A Integridade garante a **não alteração** de uma informação/dado tanto no armazenamento quanto durante a troca dessas informações por algum meio. Por meio da integridade, verificamos se, durante o tráfego de uma informação, ela não foi alterada por alguém ou mesmo por falhas do processo de transmissão. No armazenamento ela garante que o dado não foi corrompido.

O processo que protege a integridade consiste na geração de um código de cerca de 20 caracteres, o **código HASH,** também conhecido como **resumo** de um dado; um exemplo é o MD5. O processo é realizado em uma via única, em que, a partir de um dado, gera-se o resumo dele. Porém, a partir do resumo, não é possível gerar o dado novamente. Para verificar se houve alteração em um arquivo, deve-se comparar dois códigos HASH, um gerado por quem disponibiliza o dado e outro por quem o recebe. Se uma vírgula for diferente, os códigos gerados ficam completamente diferentes, é possível que dois dados diferentes gerem o mesmo HASH, mas é uma possibilidade ínfima.

Confidencialidade

O Princípio da Confidencialidade é a garantia de que há sigilo sobre uma informação, de forma que o processo deve garantir que um dado não seja acessado por pessoas diferentes daquelas às quais ele se destina.

Para garantir a confidencialidade, utilizamos algum processo de criptografia de informações.

Autenticidade

A Autenticidade garante o autor de uma informação, ou seja, por meio dela podemos confirmar se uma mensagem é de autoria de quem diz.

Assim como a confidencialidade, a autenticidade é garantida por meio de criptografia.

8.2 Criptografia

A Criptografia é a arte ou ciência de escrever em códigos, quer dizer, transformar um texto em algo ilegível de forma que este possa ser armazenado ou enviado por um canal de comunicação; sendo assim, se alguém interceptá-lo, não conseguirá entender o que está escrito e o destinatário, ao receber a informação, deve fazer o processo inverso: decifrar o dado, para que consiga lê-lo.

Temos dois principais métodos de criptografia: a de chave simétrica e a de chaves assimétricas.

1 Comitê Gestor de Internet no Brasil.
2 Assinatura de vírus: é uma sequência de caracteres que identifica a presença do vírus em um arquivo.
3 TI: Tecnologia da Informação.

Criptografia de Chave Simétrica

Uma chave de criptografia é uma informação a partir da qual seja possível transcrever uma mensagem criptografada.

A de chave simétrica é também conhecida como criptografia de chave única, em que a mesma chave é usada tanto para codificar uma mensagem quanto para decifrá-la. Um bom exemplo desse modelo é a criptografia maçônica.

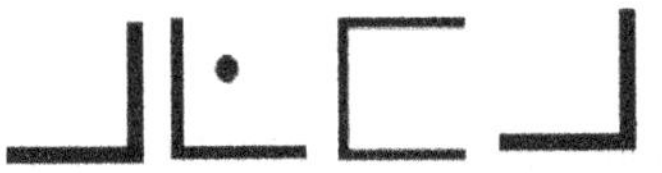

A informação acima está criptografada. Para decifrar o que ela diz, precisamos da chave de criptografia que, na simétrica, é a mesma usada para gerar a mensagem. A seguir temos a chave que abre a mensagem.

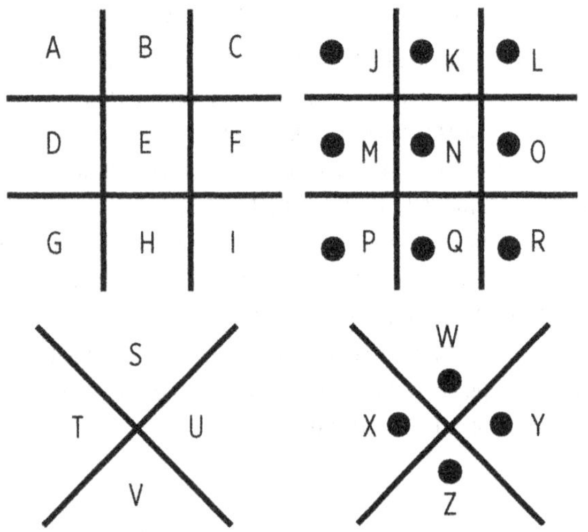

Ao substituirmos os símbolos pelas letras correspondentes, obtemos a palavra ALFA.

Criptografia de Chaves Assimétricas

Na Criptografia de Chaves Assimétricas, em vez de uma chave como na simétrica, são usadas duas chaves que são diferentes entre si. Elas são chamadas de **Chave Pública** e a outra de **Chave Privada,** por conta da característica de cada uma.

A Chave Pública é uma informação (código) que fica disponível em um servidor de Chaves Públicas na Internet, para quem precisar dela; enquanto que a Chave Privada é um código que somente o dono deve conhecer.

O par de Chaves é único e correspondente, ou seja, uma mensagem/dado cifrada pela chave pública de um usuário só pode ser aberta pela chave privada do mesmo usuário. E o inverso também, uma mensagem cifrada com a chave privada de um usuário só pode ser descriptografada pela chave pública dele próprio.

Certificado Digital

Um Certificado Digital é um documento eletrônico assinado digitalmente e cumpre o papel de associar um usuário a uma chave pública, pode ser comparado ao CPF ou CNPJ para empresas.

Ele também apresenta junto com a chave pública algumas informações essenciais como:

> Nome do dono da chave pública;
> Prazo de validade do certificado, que varia de 1 a 3 anos dependendo da classe contratada;
> Um número de série, critério de correspondência para identificar o usuário;
> E, juntamente, o certificado possui a assinatura da entidade de certificação, para comprovar sua validade.

Para adquirir um certificado digital, o usuário ou entidade deve procurar uma Autoridade Certificadora (AC) ou uma Autoridade de Registro (AR). Aquela é a responsável por criar o par de Chaves de um usuário, enquanto que esta é um intermediário entre o usuário e uma AC. Cabe a AR a responsabilidade de verificar os dados do usuário e encaminhar o pedido do certificado para a AC, entretanto, o usuário também pode se dirigir direto à AC. A Caixa Econômica Federal é a única instituição financeira que é uma AC.

Assinatura Digital

Uma Assinatura Digital é um procedimento similar a uma assinatura de um documento impresso. Quando assinamos um contrato, normalmente ele possui mais de uma página, rubricamos[4] todas elas exceto a última, pois a assinatura precisa ser completa. Mas qual o intuito de rubricar todas as páginas? A rubrica não prova que o documento foi lido, mas sim para que aquela folha não seja substituída. Além disso, é preciso recorrer a um cartório para reconhecer e certificar a assinatura na última página.

Esse procedimento realizado no papel, juntamente com as garantias, foi adaptado para o mundo digital, afinal, papel ocupa espaço.

> Na Assinatura Digital somente o resumo é criptografado; a mensagem enviada é a original, que não é cifrada.

Quando falamos sobre a rubrica garantir a não alteração de um documento, citamos o princípio da Integridade. Portanto, uma assinatura digital deve garantir também esse princípio, enquanto que a certificação de quem assinou é o princípio da Autenticidade, que também deve ser garantido pela assinatura digital.

Assim temos que a assinatura digital garante os princípios da Autenticidade e da Integridade.

8.3 Ataques

Nem todos os ataques são realizados por malwares, atualmente existem duas práticas muito comuns utilizadas pelos criminosos cibernéticos para obter dados do usuário e realizar invasões.

Phishing

Phishing é uma expressão derivada do termo "pescar" em inglês, pois o que esse tipo de ataque faz é induzir o usuário a informar seus dados pessoais por meio de páginas da Internet ou e-mails falsos.

Podemos identificar a página do tipo Phishing pelo endereço do site na barra de endereços do navegador, porque a página de phishing possui um endereço parecido, mas diferente do que o endereço desejado. Por exemplo, você certamente já deve ter

4 Rubrica: assinatura abreviada.

visto ou ouvido falar de alguém que teve sua conta do facebook[5] hackeada[6]; esse ataque procede a partir de um recado que o usuário recebe em sua conta.

Imagine o seguinte cenário: um usuário está navegando no site www.facebook.com.br, conectado em sua conta e clica no recado que normalmente traz um anúncio chamativo como "veja as fotos/vídeos do fim de semana passado", "cara, olha o que vc aprontou no fds", entre outros tantos. Quando clicado, uma nova aba ou janela é carregada no navegador, apenas como uma distração para o usuário, pois, enquanto ele fica vendo a nova aba carregar, a anterior muda, ligeiramente, para um endereço do gênero www.facebooks.com.br ou www.facebooki.com.br e mostra uma página idêntica à página de login de usuário do Facebook. Sem perceber, pensa que, ao clicar no recado, acabou saindo de sua conta e redigita seu usuário e senha novamente e é redirecionado novamente para sua conta, porém, o usuário em nenhum momento havia saído. A página de login que lhe foi mostrada era uma página falsa que capturou o seu usuário e senha; cerca de dois dias depois o perfil dele começa a enviar propagandas para os amigos e o mesmo recado e logo mais, em uma ou duas semanas, o usuário já não consegue mais entrar em sua conta.

Pharming

O Pharming é uma evolução do Phishing, uma forma de deixar este mais difícil de ser identificado. O Pharming, na maioria das questões, é cobrado com relação ao seus sinônimos: DNS Poisoning, Cache Poisoning, sequestro de DNS, sequestro de Cache, Envenenamento de DNS e Envenenamento de Cache.

Negação de Serviço (DoS e DDoS)

Um ataque de negação de serviço se dá quando um servidor ou serviço recebe mais solicitações do que é capaz de suprir.

DoS (Denial of Service) é um ataque individual, geralmente com o intuito de tornar um serviço inoperante para o usuário.

DDoS (Distributed Denial of Service) é um ataque realizado em massa; utiliza-se de vários computadores contaminados com um malware que dispara solicitações de acesso a determinados serviços ou sites, derrubando o serviço. Muitas vezes, enquanto o servidor tenta suprir a demanda, ele se torna vulnerável a inserções de códigos maliciosos. Um grupo intitulado Anonymous realizou vários ataques de DDoS em sites de governos em protesto às suas ações como, por exemplo, em retaliação à censura do portal WikiLeaks e também do WikiLeaks[7] e The Pirate Bay[8].

5 facebook: Mídia Social, definida erroneamente como rede social, assim como as demais.
6 Hackear: termo utilizado como sinônimo para invasão ou roubo.
7 WikiLeaks: portal com postagens de fontes anônimas com documentos, fotos e informações confidenciais, vazadas de governos ou empresas, sobre assuntos sensíveis.
8 The Pirate Bay: um dos maiores portais de compartilhamento Peer to peer.

Questões

Julgue os itens subsequentes, acerca de segurança da informação.

01. (Cespe) As senhas, para serem seguras ou fortes, devem ser compostas de, pelo menos, oito caracteres e conter letras maiúsculas, minúsculas, números e sinais de pontuação. Além disso, recomenda-se não utilizar como senha nomes, sobrenomes, números de documentos, placas de carros, números de telefones e datas especiais.

Certo ( ) Errado ( )

02. (FCC) Evitar a abertura de mensagens eletrônicas não solicitadas, provenientes de instituições bancárias ou empresas, que possam induzir o acesso a páginas fraudulentas na Internet, com vistas a roubar senhas e outras informações pessoais valiosas registradas no computador.

A recomendação acima é para evitar um tipo de fraude conhecida por:

a) chat.
b) cracker.
c) spam.
d) hacker.
e) phishing scan.

03. (FCC - Adaptada) Ao enviar informações sigilosas via mensagem eletrônica, deve-se utilizar um sistema que faça a codificação (chave, cifra), de modo que somente as máquinas que conhecem o código consigam decifrá-lo.

O cuidado solicitado aplica o conceito de:

a) criptografia.
b) assinatura digital.
c) digitalização.
d) desfragmentação.
e) modulação/demodulação.

04. (TJ-SC) Assinale a alternativa que contém somente recursos de segurança que são verificados pela Central de Segurança do Windows XP:

a) E-mail, internet e processadores de texto.
b) Planilhas eletrônicas, firewall e bloqueador de pop-ups.
c) Antivírus, internet e Google.
d) Firewall, antivírus e atualizações automáticas.
e) Phishing scan, cookies e backup.

05. (Cespe) A assinatura digital consiste na criação de um código, de modo que a pessoa ou entidade que receber uma mensagem contendo esse código possa verificar se o remetente é mesmo quem diz ser e identificar qualquer mensagem que possa ter sido modificada.

Certo ( ) Errado ( )

06. (FCC) Mensagem não solicitada e mascarada sob comunicação de alguma instituição conhecida e que pode induzir o internauta ao acesso a páginas fraudulentas, projetadas para o furto de dados pessoais ou financeiros do usuário. Trata-se especificamente de:

a) keylogger.
b) scanning.
c) botnet.
d) phishing.
e) rootkit.

07. (Cespe) Julgue o item abaixo, a respeito de mecanismos de segurança da informação, considerando que uma mensagem tenha sido criptografada com a chave pública de determinado destino e enviada por meio de um canal de comunicação.

A mensagem criptografada com a chave pública do destinatário garante que somente quem gerou a informação criptografada e o destinatário sejam capazes de abri-la.

Certo ( ) Errado ( )

08. (Cespe) O conceito de confidencialidade refere-se a disponibilizar informações em ambientes digitais apenas a pessoas para as quais elas foram destinadas, garantindo-se, assim, o sigilo da comunicação ou a exclusividade de sua divulgação apenas aos usuários autorizados.

Certo ( ) Errado ( )

09. (Cespe) De acordo com o princípio da disponibilidade, a informação só pode estar disponível para os usuários aos quais ela é destinada, ou seja, não pode haver acesso ou alteração dos dados por parte de outros usuários que não sejam os destinatários da informação.

Certo ( ) Errado ( )

10. (Cespe) Por princípio, considera-se que qualquer documento assinado digitalmente está criptografado.

Certo ( ) Errado ( )

Gabaritos

01	CERTO	**06**	D
02	E	**07**	ERRADO
03	A	**08**	CERTO
04	D	**09**	ERRADO
05	CERTO	**10**	ERRADO

9. CLOUD COMPUTING

Em português, Computação na Nuvem é o nome usual para identificar o paradigma de computação em que as infraestruturas, serviços e aplicações ficam nas redes, principalmente na Internet. No entanto, também pode ser empregado para distinguir serviços de processamento dos serviços de armazenamento.

Pode-se dizer que a computação na nuvem é uma forma de evolução do conceito de Mainframes.

Os Mainframes são supercomputadores normalmente usados em redes privadas (intranets), os quais são responsáveis pelo trabalho pesado de processamento de informações. De forma geral, quando se emprega o uso de mainframes, associa-se o uso de thin clients pelos usuários, ou seja, terminais burros, apenas pontas para interação do usuário, pois os dados coletados e apresentados a ele são processados e armazenados nos mainframes.

A computação na nuvem é uma ideia similar a ser feito uso de computadores (servidores) localizados na Internet, otimizando assim seu uso, em vez de manter supercomputadores internamente na empresa.

A Figura 1 ilustra um serviço em que os dados são processados na nuvem e os resultados são exibidos no computador do usuário.

Figura 1: Cloud Computing

9.1 Características

Estuda-se, nesta seção, as características comuns tanto ao armazenamento quanto ao processamento de dados em nuvem.

Ao utilizar os serviços da nuvem não é preciso instalar aplicativos, porém, é possível. Ou seja, a instalação de aplicações relacionadas aos serviços da nuvem é apenas de caráter opcional.

Com isso, os serviços da nuvem se tornam uma prática alternativa, pois o usuário precisa do básico em seu computador para acessar aos serviços. Assim, basta ter um computador conectado à Internet e que seja dotado de um browser para utilizar os serviços da nuvem.

Contudo, uma característica negativa do serviço é a dependência frente aos servidores e provedores de serviço, pois, uma vez que não se tenha acesso à Internet ou o serviço esteja fora do ar, o usuário não tem condições de utilizar os serviços da nuvem, salvo exceção do modelo on premise.

É importante observar que, dentre os pré-requisitos básicos, o sistema operacional não foi citado, porque os serviços da nuvem independem do sistema instalado, pois normalmente são serviços que utilizam protocolos de navegação como HTTP e HTTPS, dentre outros.

Assim, como também não dependem de hardware específico para funcionar, podem inclusive ser citadas como multiplataforma, tanto no sentido de diferentes hardwares como no de diferentes sistemas operacionais. É comum usar serviços da nuvem também em tablets e smartphones, além dos computadores pessoais.

Outra característica dos serviços em nuvem diz respeito à segurança dos dados, em que o usuário não precisa se preocupar em fazer backups, controlar a segurança ou ter que realizar manutenção, pois essas são atribuições do fornecedor do serviço contratado.

A computação em nuvem também oferece praticidade no compartilhamento de informações, além de eximir o usuário de ter conhecimento sobre como funciona o serviço, possibilitando utilizá-lo sem preocupações.

Com todos esses detalhes, pode-se ainda destacar que a nuvem possibilita iniciar um trabalho em um computador e dar continuidade a ele por meio de outro computador.

Processamento na Nuvem

É o processamento realmente dito nos termos de Cloud Computing, em que os dados são processados na nuvem.

É bastante comum hoje nos aparelhos celulares, smartphones e tablets, em aplicações como o talk to text (fale para escrever). Lembre-se de que a instalação não é obrigatória, mas pode ser feita. Nos aparelhos em que o usuário pode simplesmente pronunciar próximo a eles o texto que deseja escrever, o recurso usado precisa que o aparelho esteja conectado à Internet para poder funcionar.

Isso ocorre porque os aparelhos atuais, por mais que possuam alta tecnologia e capacidade de processamento, ainda não são suficientes para processar dados como identificação de texto em falas. Com isso, a alternativa é usar servidores localizados na Internet (nuvem) que recebem o áudio que os aparelhos gravam e processam a informação, oferecendo ao usuário o resultado na forma de texto.

Outro exemplo são os serviços do Google e da Microsoft, conhecidos respectivamente como Google Docs e Microsoft WebApps. Mas atenção às nomeclaturas, pois Google Drive/Disco ou Skydrive/OneDrive são serviços de outra natureza.

No Google Docs WebApps, o usuário encontra recursos como editores de texto, planilhas, apresentação, formulários e desenhos on-line usando a computação em nuvem. Ao utilizar esses serviços, o usuário não precisa possuir em seu computador editores similares, uma vez que basta executar o navegador de internet e nele acessar o site do serviço; ao logar, terá acesso aos recursos.

Armazenamento na Nuvem

Já o armazenamento na nuvem, em inglês Cloud Storage, identifica os serviços que têm por característica armazenar os dados do usuário, de modo que, para acessá-los, seja necessário apenas um dispositivo (computador, smartphone ou tablet) conectado à Internet e que possua um browser. Com a ascensão desse tipo de serviço, pode-se apostar na queda da venda de dispositivos para transporte de dados como os Pendrives.

São exemplos citados nas provas o Google Drive/Disco, o Microsoft Skydrive, atualmente chamado de OneDrive, o Dropbox, Mega, Minus e Copy. A maioria deles oferece contas gratuitas com limite de armazenamento, a fim de demonstrar seus serviços. Mas, caso o usuário deseje e/ou precise, ele pode adquirir mais espaço de armazenamento.

A grande maioria dos serviços de Storage possui uma aplicação (opcional) que o usuário pode instalar em vários dispositivos, com o intuito de manter seus dados sincronizados. Ao instalar o aplicativo, ele criará uma pasta no dispositivo que estará em sincronia com a pasta on-line do usuário. Desse modo, todo arquivo salvo na referida pasta automaticamente (quando conectado à Internet) será enviado para a pasta on-line.

> Pode-se então afirmar que possuir a pasta com os arquivos locais (no dispositivo) e on-line, simultaneamente, é uma forma de backup dos dados.

O Google Drive oferece gratuitamente aos usuários 15GB de espaço, no entanto, ele é compartilhado com a caixa de entrada de e-mails.

O One Drive também oferece 15GB, mas inicialmente são 7GB; para ganhar mais, o usuário deve enviar convites.

O Dropbox inicialmente oferece 2GB gratuitos, mas, por meio de convites, o usuário pode ter até 18GB; recebendo um convite, o usuário ganha 500MB.

Já o Copy oferece inicialmente 20GB gratuitos e, a cada convite enviado e recebido, o usuário ganha mais 5GB de espaço.

Questões

01. (Cespe) O conceito de cloud storage está associado diretamente ao modelo de implantação de nuvem privada, na qual a infraestrutura é direcionada exclusivamente para uma empresa e são implantadas políticas de acesso aos serviços; já nas nuvens públicas isso não ocorre, visto que não há necessidade de autenticação nem autorização de acessos, sendo, portanto, impossível o armazenamento de arquivos em nuvens públicas.

Certo ( ) Errado ( )

02. (Cespe) O Microsoft Office Sky Driver é uma suíte de ferramentas de produtividade e colaboração fornecida e acessada por meio de computação em nuvem (cloud computing).

Certo ( ) Errado ( )

A respeito da Internet, julgue os itens que se seguem, relativos a ferramentas de acesso e serviços disponibilizados nessa rede.

03. (Cespe) Em cloud computing, cabe ao usuário do serviço se responsabilizar pelas tarefas de armazenamento, atualização e backup da aplicação disponibilizada na nuvem.

Certo ( ) Errado ( )

04. (Cespe) O Cloud Storage, um serviço pago como o Google Drive e o Microsoft SkyDrive, possibilita ao usuário armazenar seus arquivos em nuvens, tornando esses arquivos acessíveis em sistemas operacionais diferentes. Por meio desse serviço, o usuário pode fazer backups de seus arquivos salvos no desktop, transferindo-os para nuvens, podendo, ainda, acessá-los mediante a utilização de um computador com plataforma diferente ou um celular, desde que estejam conectados à Internet.

Certo ( ) Errado ( )

05. (Cespe) Determinado técnico instalou um pequeno servidor capaz de compartilhar arquivos e conexão ADSL, utilizando um proxy transparente, em um computador com processador Pentium 133 com 32 MB de memória RAM, sem nobreak. Para um segundo servidor, Linux, o mesmo técnico utilizou um computador com processador Athlon 64 com 1 GB de RAM, com nobreak, e nele instalou o sítio de determinada empresa, <www.empresa.com.br>. Após sua instalação, esse sítio passou a receber a média de 300.000 visitas diárias e cerca de 700.000 visualizações de página (pageviews). Além disso, tal sítio possui fórum com 1,7 milhão de mensagens e 55.000 usuários registrados e sistemas de becape e indexação de conteúdo e correio eletrônico (e-mail).

Com base na situação hipotética acima apresentada, julgue o item que segue.

Devido ao grande volume de tráfego no sítio do servidor Linux, seus administradores poderão optar por armazenar os dados em local do tipo nuvem (cloud storage). Esse recurso proporciona melhora no compartilhamento de arquivos entre sistemas operacionais diferentes e possibilita a recuperação de arquivos, caso ocorram problemas inesperados no equipamento físico onde estiver instalado o servidor.

Certo ( ) Errado ( )

Com relação aos sistemas operacionais Linux e Windows e aos programas de navegação na Internet, julgue os itens a seguir.

06. (Cespe) Uma página web inserida nativamente em Favoritos, no Google Chrome 21, será inserida automaticamente, e sem a necessidade de configurações adicionais, na nuvem do Google (Google Cloud), o que possibilita que o usuário tenha acesso a essa página em outro computador.

Certo ( ) Errado ( )

07. (Cespe) A versão Microsoft Office 365, disponível na forma de serviço na nuvem (cloud), inclui o Word, o PowerPoint, o Excel, o Outlook e o OneNote, e permite criar, editar e compartilhar documentos e mensagens instantâneas online.

Certo ( ) Errado ( )

08. (Cespe) Cloud computing (computação em nuvem), um termo amplamente utilizado na área de tecnologia da informação, consiste em uma tecnologia de armazenamento e processamento de informações. A respeito dessa tecnologia, assinale a opção correta.

a) O armazenamento de dados em nuvem possibilita que um usuário acesse os dados armazenados de qualquer lugar, desde que seu computador esteja conectado à Internet, não havendo necessidade de os dados serem salvos no computador local.

b) Na computação em nuvem, a comunicação entre os pares é possível somente se os sistemas operacionais instalados e os softwares em uso em cada um dos computadores forem os mesmos.

c) Em virtude de a computação em nuvem não ser escalável, a administração do sistema, na perspectiva do usuário, é simples e eficiente.

d) Entre os exemplos de aplicações em nuvem, incluem-se os serviços de e-mail e compartilhamento de arquivos, que, mediante essa aplicação, são totalmente protegidos contra possíveis acessos indevidos.

e) Um arquivo armazenado em nuvem poderá ser acessado a partir de um único computador, previamente configurado para esse fim. Essa restrição deve-se à impossibilidade de se criar itens duplicados de usuários na nuvem.

09. (Esaf) É função da computação em nuvem:

a) cortar custos operacionais.

b) permitir que departamentos de TI se concentrem em projetos operacionais em vez de manter provedores funcionando.

c) cortar custos situacionais, associados a instabilidades.

d) desvincular a TI de esforços estratégicos de interesse da cúpula da organização.

e) otimizar acessos indexados

10. (Cespe) É possível criar e editar documentos de texto e planilhas em uma nuvem (cloudcomputing) utilizando serviços oferecidos pelo Google Docs. Para isso, é obrigatório que tenham sido instalados, no computador em uso, um browser e o Microsoft Office ou o BrOffice, bem como que esse computador possua uma conexão à Internet ativa.

Certo ( ) Errado ( )

Gabaritos

01	ERRADO	**06**	ERRADO
02	ERRADO	**07**	CERTO
03	ERRADO	**08**	A
04	ERRADO	**09**	A
05	CERTO	**10**	ERRADO

10. CONCEITOS DE BANCO DE DADOS

Sistemas gerenciadores de bancos de dados (SGBD), modelagem conceitual de dados (a abordagem entidade relacionamento), modelo relacional de dados

10.1 Conceito

Um banco de dados é uma coleção de dados inter-relacionados, representando informações sobre um domínio específico, ou seja, sempre que for possível agrupar informações que se relacionam e tratam de um mesmo assunto, pode-se dizer que há um banco de dados.

É possível exemplificar situações clássicas como:

- uma lista telefônica;
- um catálogo de CDs; ou
- um sistema de controle de RH de uma empresa.

Porém, possui algumas características comuns:

- é projetado, construído e povoado com dados para algum objetivo específico;
- pode ser gerado e mantido manualmente ou informatizado.

10.2 Sistema Gerenciador de Banco de Dados - SGBD

Uma vez que estabelecemos que um banco de dados é tão somente um conjunto de arquivos, que contém os dados referentes a um sistema qualquer, podemos nos fazer as seguintes perguntas:

- Mas como esses dados são administrados?
- Como definimos a estrutura de cada registro?
- Como definir regras de acesso aos dados?

Todas as tarefas acima, e ainda outras, são realizadas por meio do uso de um conjunto de softwares conhecidos por **Sistema Gerenciador de Banco de Dados**.

Definindo um SGBD

Coleção de programas que possibilita a definição, construção e manutenção de um banco de dados:

- Definir: especificar os tipos de dados, estruturas e restrições para os dados do banco;
- Construir: armazenar os dados em um meio de armazenamento controlado pelo SGBD;
- Manipular: funções para consultas e atualizações nos dados armazenados.

Muitas outras funções são disponibilizadas pelos SGBDs atuais, como, por exemplo, ferramentas para backup e restore, extração e importação de dados, gerenciamento de transações e acesso concorrente, geração de relatórios, análise de dados etc.

Há vários produtos disponíveis no mercado. Cada um deles com suas próprias características e disponibilizando diferentes funcionalidades, dependendo da versão escolhida. Nos últimos anos, praticamente todas as empresas disponibilizam alguma versão sem necessidade de pagamento de licença dos seus SGBDs. Algumas dessas versões possuem limitações em relação às versões pagas; outros produtos somente existem em versões livres. Os mais conhecidos no mercado são ORACLE, IBM DB2, MS-SQL Server, MYSQL, PostGreSQl, FireBird, DB4 e SYBASE.

10.3 Arquitetura de Sistema de Banco de Dados

Os SGBD possuem algumas características operacionais elementares, listadas a seguir:

01. Controle de Redundâncias - A redundância consiste no armazenamento de uma mesma informação em locais diferentes, provocando inconsistências. Em um Banco de Dados, as informações só se encontram armazenadas em um único local, não existindo duplicação descontrolada dos dados. Quando existem replicações dos dados, estas são decorrentes do processo de armazenagem típica do ambiente Cliente-Servidor, totalmente sob controle do Banco de Dados.

02. Compartilhamento dos Dados - O SGBD deve incluir software de controle de concorrência ao acesso dos dados, garantindo em qualquer tipo de situação a escrita/leitura de dados sem erros.

03. Controle de Acesso - O SGDB deve dispor de recursos que possibilitem selecionar a autoridade de cada usuário. Assim, um usuário poderá realizar qualquer tipo de acesso, outros poderão ler alguns dados e atualizar outros, e outros ainda poderão somente acessar um conjunto restrito de dados para escrita e leitura.

04. Interfaceamento - Um Banco de Dados deverá disponibilizar formas de acesso gráfico, em linguagem natural, em SQL ou ainda via menus de acesso, não sendo uma "caixa-preta" somente sendo passível de ser acessada por aplicações.

05. Esquematização - Um Banco de Dados deverá fornecer mecanismos que possibilitem a compreensão do relacionamento existente entre as tabelas e de sua eventual manutenção.

06. Controle de Integridade - Um Banco de Dados deverá impedir que aplicações ou acessos pelas interfaces possam comprometer a integridade dos dados.

07. Backups - O SGBD deverá apresentar facilidade para recuperar falhas de hardware e software, por meio da existência de arquivos de "pré-imagem" ou de outros recursos automáticos, exigindo minimamente a intervenção de pessoal técnico.

Para garantir que essas características sejam satisfeitas, os sistemas de banco de dados são implementados em diferentes camadas. Cada uma representa um nível de abstração e possui diferentes responsabilidades.

A modelagem de dados está dividida em:

Modelo conceitual: a modelagem conceitual baseia-se no mais alto nível e deve ser usada para envolver o cliente, pois o foco aqui é discutir os aspectos do negócio do cliente, e não da tecnologia. Os exemplos de modelagem de dados vistos pelo modelo conceitual são mais fáceis de compreender, já que não há limitações ou aplicação de tecnologia específica. O diagrama de dados que deve ser construído aqui é o Diagrama de Entidade e Relacionamento, no qual deverão ser identificadas todas as entidades e os relacionamentos entre elas. Este diagrama é a chave para a compreensão do modelo conceitual de dados.

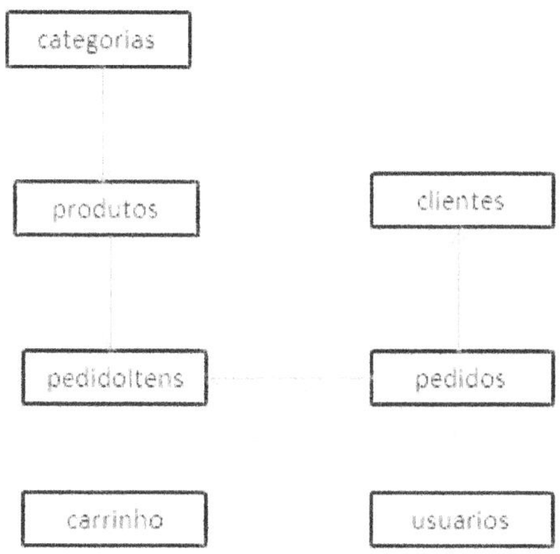

Exemplo simples de Diagrama de Entidade e Relacionamento

Modelo lógico: o modelo lógico já leva em conta algumas limitações e implementa recursos, como adequação de padrão e nomenclatura; define as chaves primárias e estrangeiras, normalização, integridade referencial, entre outras. O modelo lógico deve ser criado levando em conta os exemplos de modelagem de dados criados no modelo conceitual.

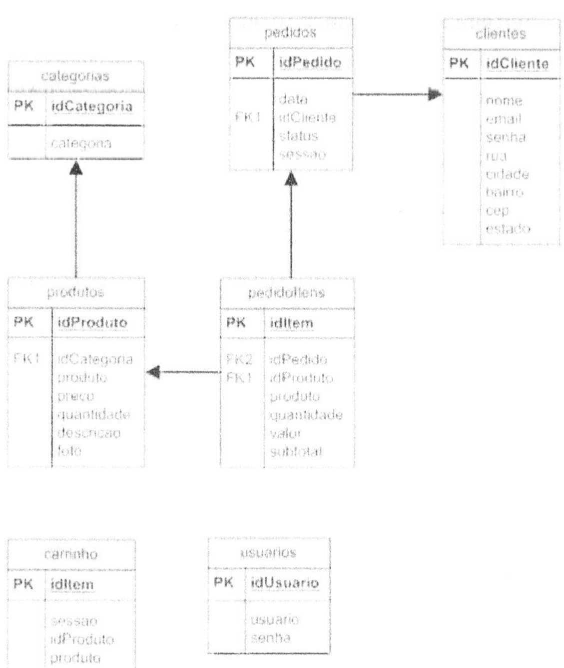

Exemplo do diagrama de banco de dados.

10.4 O Conceito de Chave no Modelo Relacional

Chave Primária (Primary Key): em uma tabela, existe uma coluna ou conjunto de colunas concatenados, cujo valor é único na tabela, ou seja, nunca se repete aquele valor em nenhuma outra linha da tabela, e que identifica uma e somente uma única linha da tabela.

Então, dizemos que esta coluna ou conjunto de colunas formam a chave primária da tabela.

Chave Estrangeira (Foreign Key): quando dizemos que duas tabelas estão relacionadas por intermédio de atributos (colunas) comuns, devemos observar que esta coluna é a chave primária em uma das tabelas. Na outra tabela, este atributo irá caracterizar o que chamamos de "chave estrangeira", propiciando, assim, uma ligação lógica (relacionamento) entre as tabelas.

Cód_Depto	Departamento
1	TI-Análise
2	TI-Programação
3	TI-Operações
4	RH
5	TI-Gerência

Nome	Sexo	Matrícula	Depto
João Carlos	M	373	3
Carlos Brito	M	872	2
Silvia Moraes	F	963	1
Cláudia Tereza	F	161	5
Pedro Júlio	M	292	4
Pedro Júlio	M	574	1

Chave primária — Chave estrangeira

Chave Candidata: uma tabela relacional pode assumir alternativas de identificador único, ou seja, várias colunas ou concatenações delas podem ter essa propriedade. Esses identificadores são candidatos à chave primária.

Como somente um poderá ser o escolhido (uma tabela só pode ter uma chave primária – que pode ser composta pela concatenação de mais de uma coluna), o restante passa a ser considerado como chave alternativa (secundária).

Chave Secundária (Secundary Key): serve para definir uma "segunda chave primária", por meio da criação de índices únicos de pesquisa. As chaves secundárias mantêm a integridade das tabelas que possuem mais de uma chave candidata.

11. NORMALIZAÇÃO DE DADOS

11.1 Conceito

Normalização é o processo de modelar o banco de dados, projetando a forma como as informações serão armazenadas, a fim de eliminar, ou pelo menos minimizar, a redundância no banco. Tal procedimento é feito a partir da identificação de uma anomalia em uma relação, decompondo-as em relações mais bem estruturadas.

Normalmente, precisamos remover uma ou mais colunas da tabela, dependendo da anomalia identificada, e criar uma segunda tabela, obviamente com suas próprias chaves primárias, e relacionarmos a primeira com a segunda para assim tentarmos evitar a redundância de informações.

O processo de normalização compreende o uso de um conjunto de regras, chamado de "formas normais". Ao analisarmos o banco de dados e verificarmos que ele respeita as regras da primeira forma normal, então podemos dizer que o banco está na "primeira forma normal". Caso o banco respeite as primeiras três regras, então ele está na "terceira forma normal". Mesmo existindo mais conjuntos de regras para outros níveis de normalização, a terceira forma normal é considerada o nível mínimo necessário para grande parte das aplicações.

[Microsoft 2007]

11.2 Formas Normais

Primeira Forma Normal: uma relação está na primeira forma normal quando todos os atributos contêm apenas um valor correspondente, singular, e não existem grupos de atributos repetidos — ou seja, não se admitem repetições ou campos que tenham mais que um valor.

O procedimento inicial é identificar a chave primária da tabela. Após, devemos reconhecer o grupo repetitivo e removê-lo da entidade. Em seguida, criamos uma nova tabela com a chave primária da tabela anterior e o grupo repetitivo.

Código	Nome	Endereço	Telefone
1001	Diego Machado	Rua Tal 321 Porto	5312345678 5398765432
1002	Fulano de Tal	Avenida Tal 71 Centro	5187654321 5143215678

Tabela 1: A tabela não está na primeira forma normal.

Analisando o exemplo acima, podemos observar dois problemas: temos uma pessoa com dois números de telefone e um endereço com diferentes valores, a rua e o bairro. A fim de normalizar, teremos que colocar cada informação em uma coluna diferente e criar uma nova tabela, relacionando a pessoa a seus números de contato.

Código	Nome	Endereço	Bairro
1001	Diego Machado	Rua Tal 321	Porto
1002	Fulano de Tal	Avenida Tal 71	Centro

Tabela 2: A tabela está na primeira forma normal.

Dessa forma, como mostrado na tabela acima, temos uma tabela na primeira forma normal, evitando assim repetições e campos com múltiplos valores, conforme observamos na tabela abaixo:

Código	Telefone
1001	5312345678
1001	5398765432
1002	5112345678
1002	5187654321

Tabela 3: Nova tabela criada para evitar campos com mais de um valor.

Segunda Forma Normal: diz-se que uma tabela está na segunda forma normal se ela atende a todos os requisitos da primeira forma normal e se os registros na tabela, que não são chaves, dependam da chave primária em sua totalidade, e não apenas de parte dela. A segunda forma normal trabalha com essas irregularidades e previne que haja redundância no banco de dados.

Para isso, devemos localizar os valores que dependem parcialmente da chave primária e criar tabelas separadas para conjuntos de valores que se aplicam a vários registros e relacionar estas tabelas com uma chave estrangeira.

cd_locacao	cd_filme	titulo_filme	devolucao	cd_cliente
1010	201	The Matrix	2011-10-12	743
1011	302	O Grito	2011-12-10	549
1012	201	The Matrix	2011-12-30	362

Tabela 4: A tabela não está na segunda forma normal.

Podemos observar que a tabela acima apresenta uma coluna responsável por armazenar o título do filme, onde este foi alugado e está associa-se a um número de locação. Porém, ele também está associado a um código, tornando-o então um valor que não é totalmente dependente da chave primária da tabela.

cd_filme	titulo_filme
201	The Matrix
302	O Grito

Tabela 5: Tabela criada para armazenar os filmes.

Se, em algum momento, tivermos que alterar o título de um filme, teríamos que procurar e alterar os valores em cada tupla (linha) da tabela. Isso demandaria trabalho e tempo desnecessários. Porém, ao criarmos uma tabela e as vincularmos com o recurso da chave estrangeira, tornamos o nosso banco mais organizado e ágil para as futuras consultas e manutenções que podem vir a ser necessárias.

cd_locacao	cd_filme	devolucao	cd_cliente
1010	201	2011-10-12	743
1011	302	2011-12-10	549
1012	201	2011-12-30	362

Tabela 6: Tabela na segunda forma normal.

Terceira Forma Normal: se analisarmos uma tupla e não encontrarmos um atributo não chave dependente de outro atributo não chave, podemos dizer que a entidade em questão está na terceira forma normal - contanto que esta não vá de encontro às especificações da primeira e da segunda forma normal.

Como procedimento principal para configurar uma entidade que atenda às regras da terceira forma normal, identificamos os campos que não dependem da chave primária e dependem de outro campo não chave. Depois, separamo-los para criar outra tabela distinta, se necessário.

placa	modelo	qtd_kmetro	cod_fab	nome_fab
qwe1234	Modelo1	867	3004	fabricante1
asd456	Modelo2	928	3005	fabricante2

Tabela 7: A tabela não está na terceira forma normal .

No exemplo acima, temos uma entidade que lista os carros cadastrados, bem como o modelo, a quantidade de quilômetros rodados, o código do fabricante e o nome do fabricante. Observamos que "nome_fab" se dá em função de "cod_fab". Para adequarmos esta tabela de acordo com os padrões da terceira forma normal, devemos remover a coluna do nome do fabricante.

placa	modelo	qtd_kmetro	cod_fab
qwe1234	Modelo1	867	3004
asd456	Modelo2	928	3005

Tabela 8: Tabela na terceira forma normal.

A coluna que removemos deve ser colocada em uma nova tabela, relacionando corretamente o nome do fabricante com o seu código. Abaixo, podemos observar como ficaria esta nova entidade.

cod_fab	nome_fab
3004	fabricante1
3005	fabricante2

Tabela 9: Tabela criada para armazenar o nome do fabricante.

12. BANCO DE DADOS SQL [LINGUAGEM SQL (SQL2008), LINGUAGEM HIVEQL (HIVE 2.2.0)]

12.1 SQL

É a linguagem padrão para a manipulação de bancos de dados relacionais. Por corresponder a um padrão aceito pela indústria, é suportada por todos os SGBDs relacionais - o que inclui produtos como Oracle, Microsoft SQL Server, MySQL, PostgreSQL, SQLite e IBM DB2.

Embora seja uma linguagem muito poderosa, o escopo da SQL é claro e direto, oferecendo instruções para a recuperação e manipulação de dados em tabelas, controle de transações, definição de objetos e controle de acesso. A tabela abaixo apresenta as principais instruções SQL e suas respectivas funções.

Instruções SQL

INSTRUÇÃO	FUNÇÃO
SELECT	Recuperação de dados.
INSERT UPDATE DELETE	Manipulação de dados.
CREATE ALTER DROP RENAME TRUNCATE	Definição de objetos.
COMMIT ROLLBACK SAVEPOINT	Controle de transações.
GRANT REVOKE	Controle de acesso.

A SQL possui a limitação de ser uma linguagem declarativa. Isto significa que não é possível criar um programa inteiro em SQL, pois a linguagem não possui comandos para tomada de decisão (ex.: IF-ELSE) e nem para execução de laços (ex.: WHILE e FOR).

12.2 Classificação das declarações SQL

Existem cinco categorias do SQL, que são comumente usadas em todos os bancos de dados.

Data Definition language (DDL) - Linguagem de Definição de Dados: usada para a estrutura ou o esquema do banco de dados.

> A declaração CREATE cria objetos.

> A declaração ALTER altera a estrutura dos objetos no banco de dados.

> A declaração DROP apaga os objetos do banco de dados.

Data Control Language (DCL) Linguagem de controle de dados: usada para controlar o acesso aos dados e garantir a segurança. A seguir, constam algumas declarações importantes:

> GRANT - usada para atribuir privilégios de acesso aos objetos do banco para um usuário.

> REVOKE - usada para retirar privilégios de acesso usando a declaração GRANT.

> DENY - usada para proibir determinados usuários de desempenhar certas tarefas.

Data Manipulation Language (DML): usada para gerenciar os dados no esquema de objetos. A seguir, constam algumas importantes declarações:

> INSERT - Para inserir dados na tabela.

> UPDATE - para modificar um dado já existente na tabela.

> DELETE - para deletar o que foi gravado na tabela.

> SELECT - para selecionar o que está gravado na tabela.

Data Transaction Language (DTL): utilizado pelos desenvolvedores em transações. Os principais comandos são:

> COMMIT - Finaliza a transação tornando as alterações permanentes.

> ROLLBACK [TO SAVEPOINT nome].

> ROLLBACK - Finaliza a transação descartando as alterações pendentes. Com a opção TO SAVEPOINT descarta as alterações subsequentes ao savepoint escolhido.

> SAVEPOINT - Marca um ponto de gravação dentro da transação atual

Data Query Language (DQL): o mais importante dentre estes, pois consultas são realizadas a todo instante. O comando que é utilizado pelo DQL é o:

> SELECT - para selecionar o que está gravado na tabela.

12.3 Principais instruções em SQL

SELECT: esta instrução seleciona registros e campos específicos de uma tabela. A sintaxe geral da instrução SELECT é a seguinte:

SELECT <Campos> FROM <Tabelas> WHERE <Critérios>

Vamos dar um exemplo e selecionar apenas um determinado produto da tabela Animais, mostrando todos os campos da tabela:

SELECT * FROM Produtos WHERE CódigoDoProduto=1234

Sobre a instrução acima, temos que:

SELECT Campos: instrução SQL que seleciona para apresentar os campos determinados. O sinal de * (asterisco) indica que TODOS os campos da entidade (tabela) serão mostrados. Se for necessário especificar os nomes dos campos a serem mostrados, eles devem ser separados por , (vírgula).

FROM Tabelas: indica de que tabelas os campos serão selecionados, para informar mais de uma tabela, separe seus nomes por, (vírgula).

WHERE Critérios: indica a condição que deverá ser respeitada (avaliada) para a seleção dos registros da tabela.

INSERT: permite inserir dados nas tabelas do BD. A Sintaxe geral é assim:

INSERT INTO <Tabela (campo1, campo2, campo3)> VALUES <(valor1, valor2, valor3>)

Por exemplo, caso o usuário deseja inserir um novo Produto de código 1235, Nome Impressora HP 380sx, preço 120,80 pode fazer o seguinte:

INSERT INTO Produtos (CodigoDoProduto, NomedoProduto, PreçoUnitário) VALUES (1235, "Impressora HP 380sx", 120,80).

A instrução INSERT INTO não retorna uma listagem de registros, como a instrução SELECT, mas modifica os dados de uma tabela, inserindo um registro novo no fim da tabela.

UPDATE: a Instrução UPDATE da linguagem SQL permite que o usuário altere os valores contidos em um ou vários registros específicos da tabela. Esta instrução se escreve assim:

UPDATE <Tabela> SET <Campo=Valor> WHERE <Critérios>

Vamos dar um exemplo: se todos os Produtos cujos códigos sejam maiores que 1000, receberam um reajuste de 15% no seu valor, pode-se fazer o seguinte:

UPDATE Produtos SET PreçoUnitário=PreçoUnitário*1,15 WHERE CódigoDoProduto>1000

DELETE: como o nome já mostra, esta instrução exclui um ou mais registros de acordo com um critério. A sintaxe desta instrução é:

DELETE * FROM <Tabela> WHERE <Critérios>

Um exemplo pode ser o seguinte: vamos excluir o Produto 1234 da tabela Produtos do nosso Banco de Dados. DELETE * FROM Produtos WHERE CódigoDoProduto=1234

Lembre-se: a instrução DELETE não apaga apenas um campo do registro (como, por exemplo, apagar apenas os nomes dos produtos). Esta instrução exclui o registro inteiro da tabela.

12.4 Funções

MAX(exp) – Máximo da expressão.

MIN(exp) – Mínimo da expressão.

AVG(n) – Valor médio de n ignorando valores nulos.

SUM(n) – Soma os valores de n ignorando valores nulos.

COUNT(*) – Conta todas as linhas selecionadas, incluindo as repetidas e que contenham valores nulos.

12.5 Hive

O projeto Apache Hive é uma solução de data warehousing de software livre construída pela Equipe de Infraestrutura de

Dados do Facebook no ambiente Hadoop. O principal objetivo do projeto é levar conceitos de bancos de dados relacionais (por exemplo, tabelas, colunas, partições) e um subconjunto de SQL ao mundo desestruturado do Hadoop, ao mesmo tempo em que mantém a extensibilidade e a flexibilidade desfrutada no Hadoop. Assim, ele oferece suporte a todos os principais tipos primitivos (por exemplo, números inteiros, flutuações, sequências) e tipos complexos (por exemplo, mapas, listas, estruturas). O Hive oferece suporte às consultas expressas em HiveQL (Hive Query Language), uma linguagem declarativa similar à SQL e, portanto, pode ser entendido facilmente por qualquer pessoa familiarizada com a SQL. Essas consultas são compiladas automaticamente nas tarefas do MapReduce que são executadas usando Hadoop. Além disso, a HiveQL permite que os usuários realizem o plug in de scripts customizados de MapReduce nas consultas.

A HiveQL oferece suporte às instruções de Linguagem de Definição de Dados (DDL), que podem ser usadas para criar, eliminar e alterar as tabelas de um banco de dados. Ela permite que os usuários carreguem dados de fontes externas e insiram os resultados das consultas em tabelas do Hive por meio do carregamento e inserção de instruções de Linguagem de Manipulação de Dados (DML), respectivamente.

No entanto, atualmente a HiveQL não oferece suporte à atualização e exclusão de linhas das tabelas existentes (em particular, as instruções INSERT, UPDATE e DELETE INTO), o que permite o uso de mecanismos bastante simples para lidar com operações simultâneas de leitura e gravação sem precisar implementar protocolos de bloqueio complexos. O componente de metaloja é o catálogo do sistema Hive, que armazena metadados sobre a tabela subjacente. Esses metadados são especificados durante a criação da tabela e são reutilizados sempre que é feita referência à tabela na HiveQL. A metaloja distingue o Hive como uma solução tradicional de warehousing em comparação aos sistemas similares de processamento de dados que são construídos em arquiteturas similares ao MapReduce, como a Pig Latin.

Abaixo, constam exemplos das instruções de HiveQL que descrevem as operações para criar uma tabela, carregar dados e consultar o conteúdo das tabelas.

CREATE TABLE employee (empID INT, name STRING, salary BIGINT)

ROW FORMAT DELIMITED

FIELDS TERMINATED BY '\t'

STORED AS TEXTFILE;

LOAD DATA INPATH "employee_data" INTO TABLE employee;

SELECT * FROM employee WHERE salary > 100000 SORT BY salary DESC;

O Hive também oferece suporte à manipulação de dados por meio de funções criadas pelos usuários.

INSERT OVERWRITE TABLE employee

SELECT

TRANSFORM (empID, name, salary, address, department)

USING 'python employee_mapper.py'

AS (empID, name, salary, city)

FROM employee_data;

Em geral, o Hive é uma ótima interface para qualquer pessoa envolvida no mundo de bancos de dados relacionais, embora os detalhes da implementação subjacente não sejam completamente ocultos. Ainda, é preciso se preocupar com algumas diferenças em termos da melhor maneira para especificar as junções para o melhor desempenho e alguns recursos ausentes de linguagem. O Hive oferece a capacidade de fazer *plug in* de códigos customizados para situações que não se ajustam à SQL, bem como muitas ferramentas para manipular as entradas e saídas. Ele sofre algumas limitações, como a falta de suporte às instruções UPDATE ou DELETE ,INSERT em linhas únicas, e tipos de dados de data ou horário, já que elas são tratadas como sequências.

12.6 Lista encadeada, pilha, fila, noções sobre árvore binária

Árvore binária

Até o momento, estudamos a organização dos dados de uma maneira linear, em que a propriedade básica é a relação sequencial mantida entre seus elementos.

Agora, vamos tratar de outra forma de organizar os dados, chamada genericamente de "não linear". Essa forma permite que outros tipos de relação entre dados possam ser representados, como, por exemplo, hierarquia e composição. Um dos exemplos mais significativos de estruturas não lineares é a árvore.

Em uma árvore binária, encontramos alguns nomes específicos para classificar alguns tipos características e informações. Veremos algumas das principais delas:

Nó = é um dado armazenado em uma árvore binária, é de um tipo específico ao qual a árvore está preparada para armazenar, uma árvore é um container para N nós semelhantes em sua estrutura.

Raiz = é o primeiro item de uma árvore binária, ele começa uma estrutura que se repete da seguinte forma: cada item tem 0, 1 ou 2 itens relacionados à eles, dessa forma a raiz é denominada pai e os itens relacionados são os seus filhos. Cada filho pode ter outros filhos, até o final da árvore.

Subárvores = são partes da árvore principal que usam como raiz qualquer nó que não seja a raiz inicial e criam outras árvores menores; são árvores sempre menores que a árvore principal e que têm as mesmas características estruturais dessa árvore. Dessa forma, é fácil entender que uma árvore binária é a soma de todos os nós da subárvore com a raiz sendo o seu filho esquerdo e a subárvore com a raiz sendo o seu filho direito.

Folha = é um nó que não possui filhos.

Altura de um nó = a quantidade de pais que é necessária para se chegar até a raiz é a altura desse nó. Por exemplo, se tivermos uma árvore com uma configuração dessa forma: A tem B e C como filhos, B tem X e Y como filhos, teríamos o seguinte: A tem altura 0, B e C, 1 e X e Y, com altura 2.

Grau de um nó = é semelhante à altura, mas sendo que é a contagem inversa. Ao invés de a quantidade de pais até a raiz, a contagem se baseia pela quantidade de filhos até a folha mais longe. No exemplo acima, teríamos: A com grau 2, B e C com grau 1 e X e Y com grau 0.

Uma árvore binária é uma estrutura de dados de árvore binária baseada em nós, em que todos os nós da subárvore esquerda possuem um valor numérico inferior ao nó raiz e todos os nós da subárvore direita possuem um valor superior ao nó raiz.

PERCURSO

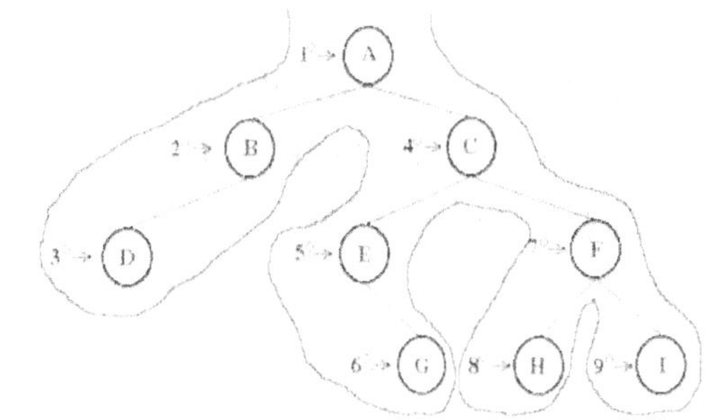

Percorrer uma árvore visitando cada nó uma única vez gera uma sequência linear de nós, e então passa a ter sentido falar em sucessor e predecessor de um nó segundo um determinado percurso. Há três maneiras recursivas de percorrer árvores binárias.

Travessia em Pre-Ordem

01. se árvore vazia, fim;
02. visitar o nó raiz;
03. percorrer em pré-ordem a subárvore esquerda;
04. percorrer em pré-ordem a subárvore direita.

ABDCEGFHI

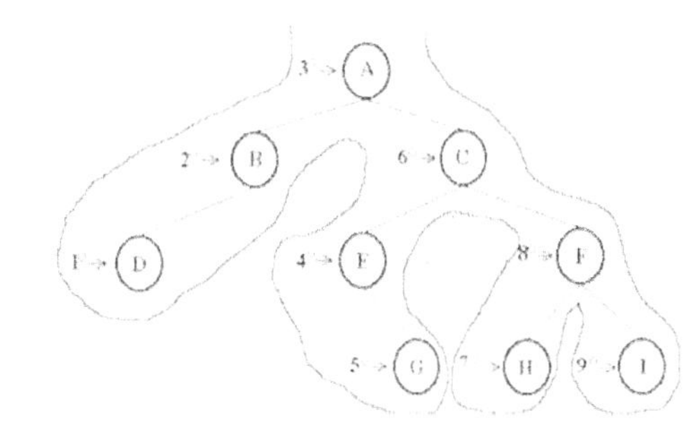

Travessia em In-Ordem

01. se árvore vazia, fim;
02. percorrer em in-ordem a subárvore esquerda;
03. visitar o nó raiz;
04. percorrer em in-ordem a subárvore direita.

DBAEGCHFI

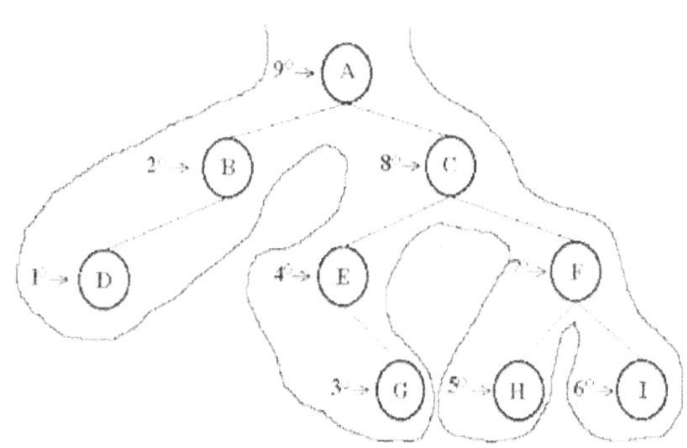

Travessia em Pós-Ordem

01. se árvore vazia, fim;
02. percorrer em pós-ordem a subárvore esquerda;
03. percorrer em pós-ordem a subárvore direita;
04. visitar o nó raiz.

12.7 Noções de algoritmos de aprendizado supervisionado e não supervisionados

O uso aprendizagem de máquina abrange desde jogos passando pela detecção de fraudes até a análise estatísticas da bolsa de valores. É utilizada para construir sistemas como Netflix e Spotify, que recomendam músicas e/ou vídeos aos usuários com base no seu histórico de acesso, seus favoritos e outros dados, ou sistemas que encontram todos os artigos de notícias similares em um determinado dia.

Usando algoritmos que aprendem interativamente a partir de dados, o aprendizado de máquinas permite que os computadores encontrem insights ocultos sem serem explicitamente programados para procurar algo específico.

O aspecto interativo do aprendizado de máquinas é importante porque, conforme os modelos são expostos a novos dados, eles são capazes de se adaptar de forma independente. Eles aprendem com os cálculos anteriores para produzir decisões e resultados confiáveis e reproduzíveis.

Aqui, estão alguns exemplos amplamente divulgados de aplicações do machine learning com os quais você pode já estar familiarizado:

> Os carros autônomos do Google que dirigem sozinhos? A essência do aprendizado de máquina.

> Ofertas de recomendações on-line como as da Amazon e Netflix? Aplicações de aprendizado de máquina na vida cotidiana.

> Saber o que os clientes estão dizendo sobre você no Twitter? Aprendizado de máquina combinado com a criação de regra linguística.

> Detecção de fraudes? Um dos usos mais óbvios e importantes em nosso mundo atual.

Dois dos métodos de aprendizado de máquina mais adotados são o aprendizado supervisionado e o aprendizado não supervisionado. A maior parte do aprendizado de máquina – cerca de 70% – é de aprendizado supervisionado. O aprendizado não supervisionado é responsável por 10% a 20%. O aprendizado semissupervisionado e por reforço são duas outras tecnologias que são por vezes utilizadas.

> Aprendizagem Supervisionada (Supervised Learning): é o termo usado sempre que o programa é "treinado" sobre um conjunto predefinido de dados. Baseado no treinamento com os dados predefinidos, o programa pode tomar decisões precisas quando recebe novos dados. Exemplo: pode-se usar um conjunto de dados de recursos humanos para treinamento da Machine Learning, que tenha tweets marcados como positivos, negativos e neutros e assim treinar um classificador de análise de sentimento. Problemas de aprendizagem supervisionados são classificados em problemas de "regressão" e "classificação". Em um problema de regressão, estamos tentando prever os resultados em uma saída contínua, o que significa que estamos a tentando mapear variáveis de entrada para alguma função contínua. Em um problema de classificação, estamos tentando prever os resultados em uma saída discreta. Em outras palavras, estamos tentando mapear variáveis de entrada em categorias distintas.

» Classificação (Classification): a classificação é uma subcategoria de aprendizagem supervisionada. Classificação é o processo de tomar algum tipo de entrada e atribuir um rótulo a ela. Sistemas de classificação são usados geralmente quando as previsões são de natureza distinta, ou seja, um simples "sim ou não". Exemplo: dada uma imagem de homem/mulher, temos de prever sua idade com base em dados da imagem.

» Regressão (Regression): outra subcategoria de aprendizagem supervisionada usada quando o valor que está sendo previsto difere de um "sim ou não" e que siga um espectro contínuo. Sistemas de regressão poderiam ser usados, por exemplo, para responder às perguntas: "Quanto custa?" ou "Quantos existem?". Exemplo: Dada um exemplo de tumor cancerígeno, temos de prever se ele é benigno ou maligno por meio do seu tamanho e idade do paciente.

> Aprendizagem Não Supervisionada (Unsupervised Learning): termo usado quando um programa pode automaticamente encontrar padrões e relações em um conjunto de dados. Exemplo: análise de um conjunto de dados de e-mails e agrupamento automático de e-mails relacionados ao tema, sem que o programa possua qualquer conhecimento prévio sobre os dados.

Com aprendizagem não supervisionada não há feedback com base nos resultados da previsão, ou seja, não há professor para corrigi-la.

» Clustering é o processo de agrupar itens, com base em similaridades entre os itens de um grupo. Pode ser utilizado para a compressão de dados, data mining, reconhecimento de padrões e aprendizado de máquina (campo da inteligência artificial dedicado ao desenvolvimento de algoritmos e técnicas que permitam ao computador aprender, isto é, que permitam ao computador aperfeiçoar seu desempenho em alguma tarefa).

Exemplos de aplicações incluem agrupamento de consumidores em segmentos de mercado, classificação de unidades manufaturadas por seus padrões de falhas, identificar pontos sujeitos a crimes e identificar regiões com características geográficas similares. Uma vez que os agrupamentos (clusters) são definidos, o próximo passo deve ser construir um modelo preditivo.

12.8 Busca sequencial e busca binária sobre arrays

Quando trabalhamos com listas, existem ocasiões em que necessitamos ordená-las para facilitar uma busca de um de seus elementos. Esta ordenação dos valores de uma lista pode ser tanto em ordem crescente como decrescente, mas sem esse tipo de ordenação pesquisa em uma lista seria muito difícil e demorada.

Basicamente, teríamos que posicionar o "ponteiro" no topo da lista e ir comparando cada um dos elementos com o valor procurado. Para uma lista pequena, esse "método" não é assim algo tão complexo e talvez seja o mais utilizado. Mas para matrizes um pouco maiores, esse método consome muito tempo de processamento, tempo este de que muitas vezes o sistema não dispõe. Nesses casos, o melhor é ordenar a matriz para somente então começar as pesquisas. As modalidades de buscas descritas acima são chamadas de *sequencial* e *binária*, respectivamente.

12.9 Busca sequencial

Compara o elemento desejado com cada item na array ou lista, até encontrar um item cujo valor é igual ao valor do elemento desejado.

Lista = [Márcio, Dayana, Thales, Eduarda, Dexter, Emanoella, Rafael, Kellen]

Márcio	Dayana	Thales	Eduarda	Dexter	Emanoella	Rafael	Kellen
0	1	2	3	4	5	6	7

Algoritmo de busca sequencial em um array Lista, com 8 posições (0 até N-1), sendo Dexter o elemento procurado for (i=0; i<8; i++) {

```
if (Lista[i]=="Dexter"){ return(i); /*elemento encontrado*/
   }
}
return("Não consta na lista"); /*elemento não encontrado*/
```

12.10 Busca binária

Estando o array ou a lista ordenados, podemos tirar vantagens dessa ordenação usando a busca binária. Neste caso, o elemento procurado é comparado ao elemento do meio do arranjo e:

> se igual, busca bem-sucedida;

> se menor, busca-se na metade inferior do array;

> se maior, busca-se na metade superior do array.

Compara o elemento desejado com cada item na array ou lista, até encontrar um item cujo valor é igual ao valor do elemento desejado.

Lista = [Dayana, Dexter, Eduarda, Emanoella, Kellen, Márcio, Rafael, Thales]

Lista[4] = "Dexter" (Falso, Dexter é menor)

Dayana	Dexter	Eduarda	Emanoella	Kellen	Márcio	Rafael	Thales
0	1	2	3	4	5	6	7

Procura na metade inferior do array

Lista[2] = "Dexter" (Verdadeiro, busca bem-sucedida)

Dayana	Dexter	Eduarda	Emanoella
0	1	2	3

12.11 Ordenação - métodos da bolha, ordenação por seleção, ordenação por inserção

Em Ciência da Computação, usamos um algoritmo de ordenação para colocarmos os elementos de uma dada sequência em uma certa ordem. Em outras palavras, efetua sua ordenação completa ou parcial. O objetivo da ordenação é facilitar a recuperação dos dados de uma lista.

Neste material, vamos tratar de alguns dos principais métodos de ordenação:

> Bolha;

> Seleção;

> Inserção.

12.12 Ordenação Bolha - Bubble Sort

Bubble sort é o algoritmo mais simples, mas o menos eficiente. Neste algoritmo, cada elemento da posição i será comparado com o elemento da posição i + 1, ou seja, um elemento da posição 2 será comparado com o elemento da posição 3. Se o elemento da posição 2 for maior que o da posição 3, eles trocam de lugar, e assim sucessivamente. Por causa dessa forma de execução, o vetor terá que ser percorrido quantas vezes forem necessárias, tornando o algoritmo ineficiente para listas muito grandes.

Funcionamento do Buble Sort

> É verificado se o 3 é maior que 5; por essa condição ser falsa, não há troca.

> É verificado se o 5 é maior que 1; por essa condição ser verdadeira, há uma troca.

> É verificado se o 5 é maior que 2; por essa condição ser verdadeira, há uma troca.

> É verificado se o 5 é maior que 4; por essa condição ser verdadeira, há uma troca.

> O método retorna ao início do vetor realizando os mesmos processos de comparações, isso é feito até que o vetor esteja ordenado.

12.13 Ordenação - métodos da bolha, ordenação por seleção, ordenação por inserção

Ordenação por Seleção - Selection Sort

Este algoritmo é baseado em se passar sempre o menor valor do vetor para a primeira posição (ou o maior dependendo da ordem requerida), depois o segundo menor valor para a segunda posição, e assim sucessivamente, até os últimos dois elementos.

Neste algoritmo de ordenação, é escolhido um número a partir do primeiro. Este número escolhido é comparado com os números a partir da sua direita. Quando encontrado um número menor, o número escolhido ocupa a posição do menor número encontrado. Este número encontrado será o próximo número escolhido. Caso não for encontrado nenhum número menor que este escolhido, ele é colocado na posição do primeiro número escolhido, e o próximo número à sua direita vai ser o escolhido para fazer as comparações. É repetido esse processo até que a lista esteja ordenada.

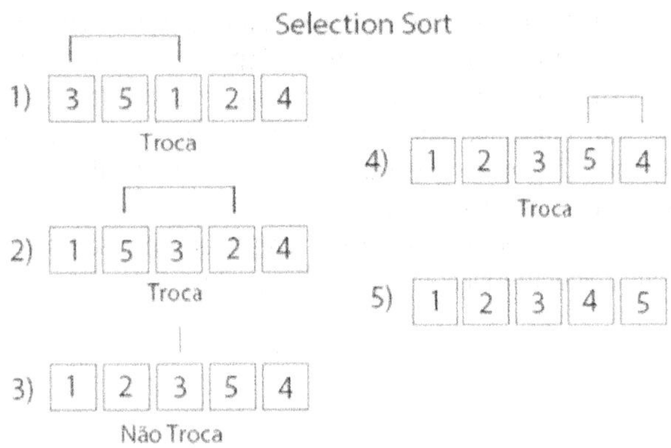

Funcionamento do Selection Sort

> Neste passo, o primeiro número escolhido foi o 3; ele foi comparado com todos os números à sua direita, e o menor número encontrado foi o 1, então os dois trocam de lugar.

> O mesmo processo do passo 1 acontece; o número escolhido foi o 5, e o menor número encontrado foi o 2.

> Não foi encontrado nenhum número menor que 3, então ele fica na mesma posição.

> O número 5 foi escolhido novamente, e o único número menor que ele à sua direita é o 4, então eles trocam.

> Vetor já ordenado.

Ordenação por Inserção - Insertion sort

O Insertion sort é um algoritmo simples e eficiente quando aplicado em pequenas listas. Neste algoritmo, a lista é percorrida da esquerda para a direita. À medida que avança, vai deixando os elementos mais à esquerda ordenados.

O algoritmo funciona da mesma forma como as pessoas usam para ordenar cartas em um jogo de baralho como o pôquer.

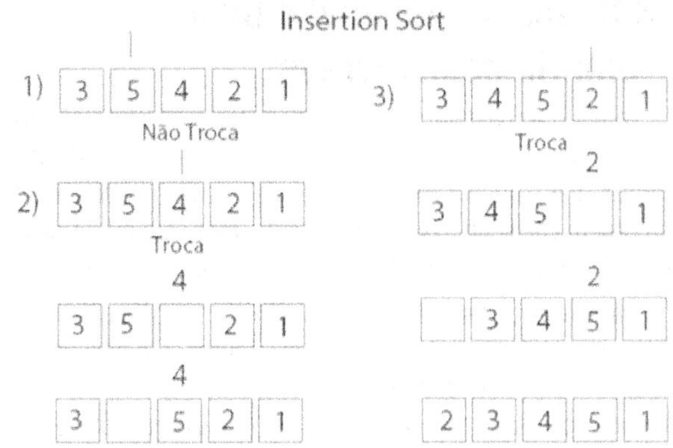

Funcionamento do Insertion Sort

> Neste passo, é verificado se o 5 é menor que o 3; como essa condição é falsa, então não há troca.

> É verificado se o 4 é menor que o 5 e o 3; ele só é menor que o 5, então os dois trocam de posição.

> É verificado se o 2 é menor que o 5, 4 e o 3; como ele é menor que 3, então o 5 passa a ocupar a posição do 2, o 4 ocupa a posição do 5, e o 3 ocupa a posição do 4; assim a posição do 3 fica vazia, e o 2 passa para essa posição.

> O mesmo processo de comparação acontece com o número 1; após esse processo o vetor fica ordenado.

12.14 Lista encadeada, pilha, fila, noções sobre árvore binária

Lista encadeada

Uma lista é uma sequência finita de elementos ligados entre si, em que cada elemento (ou nó) da lista tem a seguinte estrutura:

> um atributo com o valor do elemento; e

> um atributo com uma referência para o próximo elemento da lista (será nula se for o último elemento).

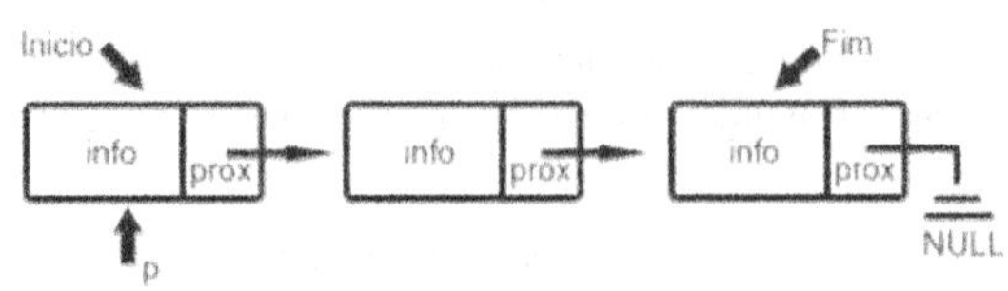

Observações:

> a ordem dos elementos na lista é relevante;

> os elementos de uma lista são todos do mesmo tipo;

> o armazenamento de uma lista não requer uma área contígua de memória. ,

Pilha

Pilhas são listas em que a inserção de um novo item ou a remoção de um item já existente se dá em uma única extremidade, no topo.

Em uma estrutura de pilha (stack), estabelecemos uma política LIFO - last in, first out.

Uma estrutura de pilha também oferece basicamente duas operações de

manipulação, PUSH, para inserção no topo da pilha, e POP, para retirada do topo da pilha.

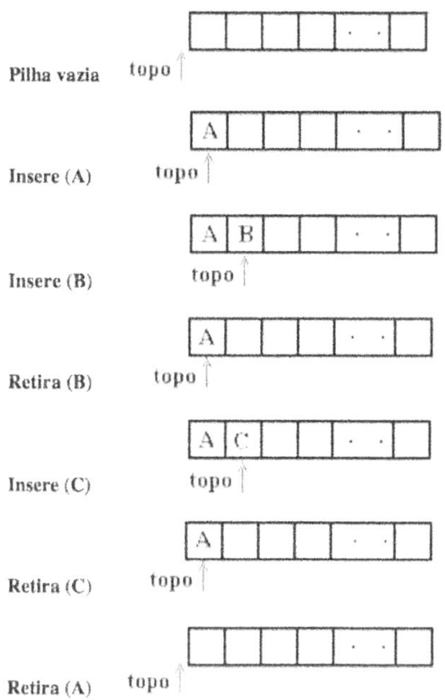

Fila

Uma fila (queue) tipicamente estabelece uma política FIFO - first in, first out - de acesso aos dados. Em outras palavras, a ordem estabelecida na lista é a ordem de inserção. No momento de retirar um nó da lista, o nó mais antigo (o primeiro que entrou) é o primeiro a ser retirado.

```
( a1, a2 , ... , an )
eliminações      inserções
no início        no final
```

Python 3.6

Python é uma linguagem de programação interpretada, de código-fonte aberto e disponível para vários sistemas operacionais. Diz-se que uma linguagem é interpretada se esta não precisar compilada (traduzida para uma linguagem da máquina), mas sim "lida" por um outro programa (chamado de interpretador) que traduzir para a máquina o que seu programa quer dizer.

Variáveis:

Em Python, os tipos de dados básicos são: tipo **inteiro** (armazena números inteiros), tipo **float** (armazena números em formato decimal), e tipo **string** (armazena um conjunto de caracteres). Cada variável pode armazenar apenas um tipo de dado a cada instante.

Python é uma linguagem dinamicamente tipada. Diferentemente de outras linguagens de programação, não é preciso declarar de que tipo será cada variável no início do programa. Quando se faz uma atribuição de valor, automaticamente a variável se torna do tipo do valor armazenado, como apresentado nos exemplos a seguir:

Exemplos:

>>> a = 10 >>> a 10

A variável *a* se torna uma variável do tipo inteiro.

Listas, Tuplas e Dicionários:

> **Lista** é um conjunto sequencial de valores, em que cada valor é identificado por meio de um índice. O primeiro valor tem índice 0. Uma lista em Python é declarada da seguinte forma:

12.15 JavaScript

JavaScript é uma linguagem de programação interpretada, ou seja, não depende de compilação para ser executada. Foi originalmente implementada como parte dos navegadores web, sendo responsável por praticamente qualquer tipo de dinamismo que queiramos em nossas páginas.

Os códigos JavaScript podem ser inseridos na página HTML de duas formas:

> Interno no documento: para inserir o código direto na estrutura do HTML, utilizamos as tags <script> e </script>, conforme mostrado abaixo.

```
<!DOCTYPE html>
<html>
  <head>
    <script type="text/javascript">
      //código JavaScript
    </script>
  </head>
  <body>
  </body>
</html>
```

Externo ao documento: o código JavaScript também pode ser mantido em um arquivo separado do HTML. Para isso, deve-se referenciar tal arquivo na página, como podemos ver abaixo.

```
<!DOCTYPE html>
<html>
  <head>
    <script type="text/javascript" src="meuArquivo.js"></script>
  </head>
  <body>
  </body>
</html>
```

Observações:

01. O arquivo deve ser salvo com a extensão .JS e sua estrutura é a mesma utilizada quando o código é posto internamente no documento.
02. A tag <script> requer a tag de fechamento separada, não podendo ser fechada em si própria como <script type=./>.

Declaração de variáveis

Na maioria das linguagens de programação, o escopo das variáveis locais é vinculado ao bloco no qual elas são declaradas.

Sendo assim, elas "morrem" ao final da instrução em que estão sendo executadas.

Em JavaScript, toda variável é "elevada" (hoisting) até o topo do seu contexto de execução. Esse mecanismo move as variáveis para o topo do seu escopo antes da execução do código.

É por esse mesmo motivo que é possível usar uma variável antes de ela ter sido declarada: em tempo de execução, a variável será elevada (hoisting) e automaticamente inicializada com o valor undefined (caso não seja atribuído nenhum outro valor) e tudo funcionará corretamente.

12.16 Linguagem R 3.4.2 e R Studio 5.1, OLAP

R 3.4.2 e R Studio 5.1

A linguagem R é utilizada por cientistas, estatísticos e, mais recentemente, cientistas de dados como um meio conveniente para a análise exploratória de dados interativos. Ao contrário do que se imagina sobre a linguagem R, ela não é limitada a apenas sessões iterativas, pois devido ao fato de ser uma linguagem de programação, os scripts podem ser criados e empacotados como bibliotecas. As soluções com base em scripts fornecem resultados mais consistentes e confiáveis do que os fluxos de trabalho tradicionais, que requerem uma grande quantidade de interações manuais com uma interface gráfica de usuário.

Essa linguagem, muitas vezes, não é considerada como uma linguagem de programação, sendo mais comparada a um produto estatístico especializado, como é o caso do SAS. Este é um tema amplamente discutido quando se considera a manipulação de dados usando planilhas do Excel ou um banco de dados relacional como o servidor SQL. A linguagem R é mais usada para manipulação de conjuntos de dados de tamanho médio, análises estatísticas e produção de documentos e apresentações centradas em dados. Além disso, fornece-nos uma ampla variedade de modelagens lineares e não lineares, testes estatísticos clássicos, análise de séries temporais, clustering, além de ser altamente extensível.

Um dos pontos fortes do R é a facilidade que podemos ter com uma melhor qualidade em relação a plotagens bem desenhadas, inclusão de símbolos matemáticos e de fórmulas, quando estas passam a ser necessárias, já que o R é um conjunto integrado de facilidades de software voltado para manipulação de dados e exibição gráfica. Duas das maiores empresas presentes no mercado, Facebook e FourSquare, utilizam a linguagem R tanto para recomendações quanto para modelagem de comportamentos dos usuários.

Conceitos de MapReduce, HDFS/Hadoop

Com a evolução das aplicações e a dependência do ser humano pelas informações, mais e mais aplicações vêm surgindo, deixando o homem cada vez mais refém da informação. Para isso, basta pensar na evolução da relação homem/computador em que num passado existiam muitas pessoas para uma máquina (como o mainframe), em seguida uma pessoa por máquina (o caso do computador pessoal) e, nos tempos atuais, cada pessoa possui várias máquinas (notebook, ultrabook, PC, tablet, smartphone, etc.). Com tantos aplicativos surgindo, as informações são geradas exponencialmente, com isso a capacidade de gerenciar tantas informações se torna primordial para as aplicações atuais. Esse mesmo crescimento de dados acontece nos aplicativos empresariais com crescimento anual de 60%. Estima-se que uma empresa com mil funcionários gera anualmente 1000 terabytes, sem falar que essa quantidade tende a aumentar cinquenta vezes até 2020.

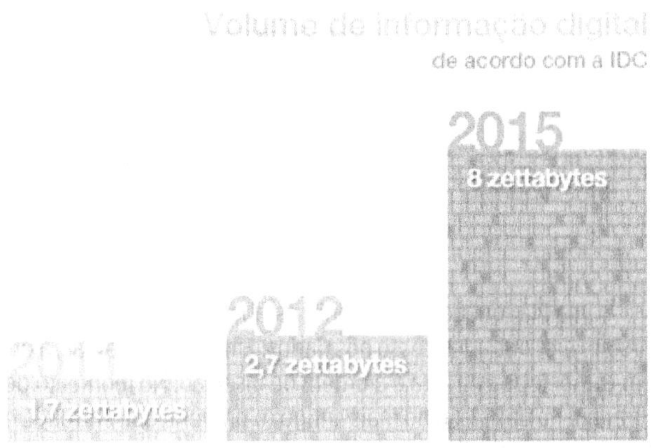

Quando pensamos em Big Data, é comum fazermos uma tradução literal da expressão e imaginarmos o termo "Grandes Dados", relacionado à grande quantidade de dados a ser analisada. Mas a significação é um pouco mais abrangente, levando como base os 3 Vs do Big Data.

> Volume, que está relacionado à grande quantidade de dados que possuímos dentro e fora da empresa.

> Velocidade, pois a cada segundo muitos dados novos são criados na internet, e alguns destes dados podem ser interessantes para sua empresa.

> Variedade, sendo que o dado pode ser um compartilhamento de um texto em uma rede social, um post no blog, um review em um e-commerce.

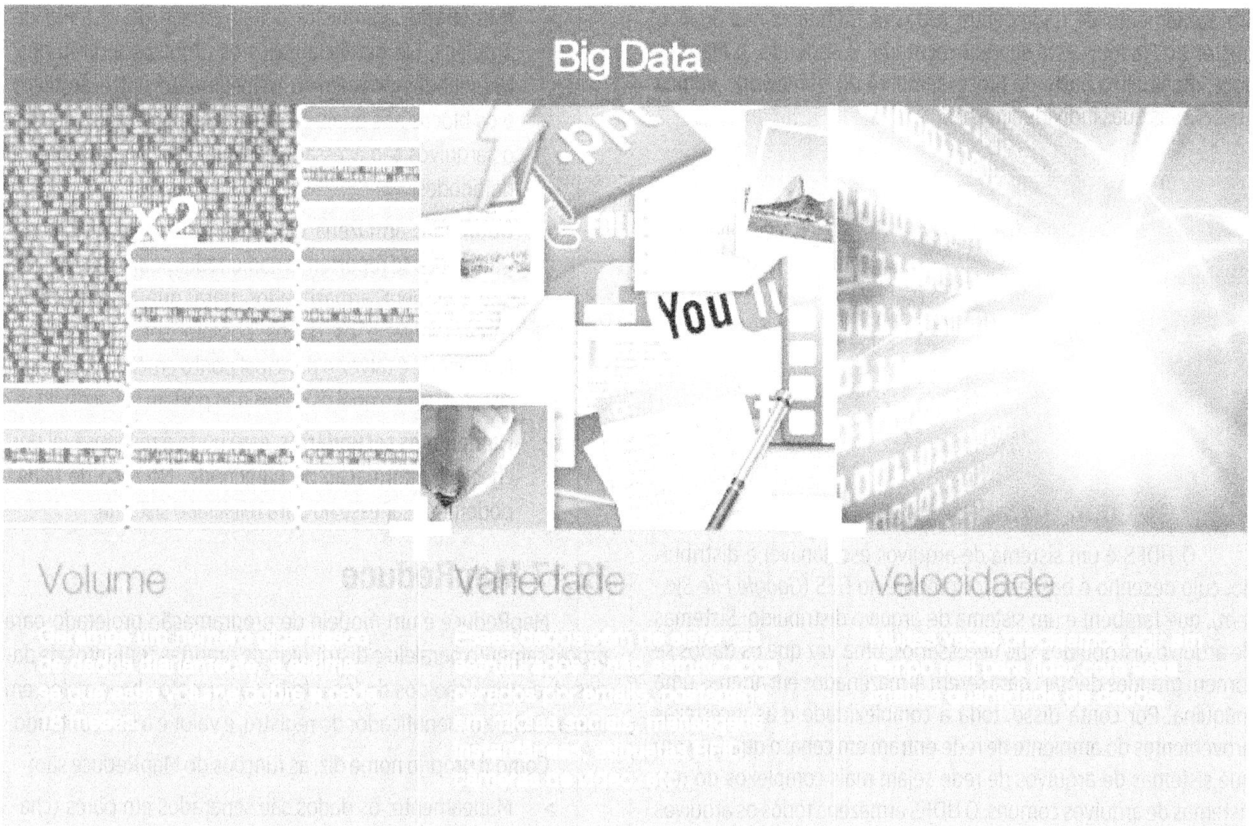

Juntando estes três pilares, é possível analisar praticamente tudo o que está público, envolvendo dados estruturados, no caso de nós conhecermos a estrutura de armazenamento daquele contexto, e também os dados não estruturados, como imagens, vídeos, áudios e documentos.

Na organização de dados visando à análise, podemos classificar como:

> Estruturados (bancos de dados corporativos relacionais).

> Semiestruturados (arquivos de logs de servidores, por exemplo).

> Não estruturados (não relacionais, fora do ambiente corporativo e de inúmeras fontes e de várias formas e meios diferentes).

Trabalhar com tantos dados assim exige que a indústria se adapte a novas formas de avaliar e compreender esses dados. Novas ferramentas e soluções surgem a todo o momento, e uma delas é o framework de código aberto Hadoop, criado pela Fundação Apache.

O que o Hadoop faz é organizar melhor esse volume exaustivo de dados para encontrar informações específicas sobre eles, de maneira mais rápida e eficiente. Trata-se de conjuntos de clusters que trabalham para executar um grande número de tarefas simultâneas sem comprometer a infraestrutura de processamento da rede.

Hadoop

O Apache Hadoop é considerado atualmente uma das melhores ferramentas para processamento de alta demanda de dados. Entre os benefícios de utilizá-lo, podem-se destacar:

> Código aberto: todo projeto de software livre de sucesso tem por trás uma comunidade ativa. No projeto Apache Hadoop, essa comunidade é composta por diversas empresas e programadores independentes partilhando seus conhecimentos no desenvolvimento de melhorias, funcionalidades e documentação.

> Economia: um dos grandes benefícios para quem faz uso do Hadoop é a possibilidade realizar o processamento da sua massa de dados utilizando máquinas e redes convencionais.

> Robustez: outro diferencial do Hadoop é que como ele foi projetado para ser executado em hardware comum, já considera a possibilidade de falhas frequentes nesses equipamentos e oferece estratégias de recuperação automática para essas situações.

> Escalabilidade: o aumento no volume de dados só fica limitado aos recursos, espaço em disco e capacidade de processamento, disponíveis nos equipamentos do aglomerado, sem a necessidade de alteração da codificação.

> Simplicidade: o Hadoop retira do desenvolvedor a responsabilidade de gerenciar questões relativas à computação paralela, tais como tolerância a falhas, escalonamento e balanceamento de carga, ficando estas a cargo da própria ferramenta.

Podemos afirmar que o framework do Hadoop é formado por diversos componentes, entre eles encontramos dois principais que tratam do armazenamento e processamento. O primeiro é o HDFS (*Hadoop Distributed File System*), que manipula o armazenamento de dados entre todas as máquinas nas quais o cluster do Hadoop está sendo executado. O segundo, o MapReduce, manipula a parte do processamento do framework. Vamos observar as duas individualmente.

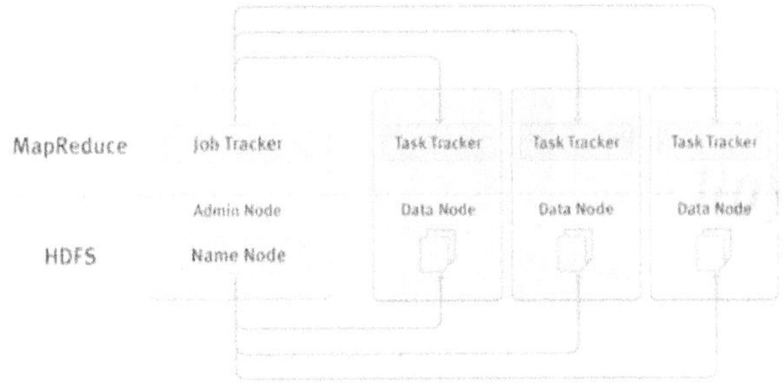

HDFS (Hadoop Distributed File System)

O HDFS é um sistema de arquivos escalonável e distribuído, cujo desenho é baseado fortemente no GFS (*Google File System*), que também é um sistema de arquivo distribuído. Sistemas de arquivo distribuídos são necessários, uma vez que os dados se tornem grandes demais para serem armazenados em apenas uma máquina. Por conta disso, toda a complexidade e as incertezas provenientes do ambiente de rede entram em cena, o que faz com que sistemas de arquivos de rede sejam mais complexos do que sistemas de arquivos comuns. O HDFS armazena todos os arquivos em blocos. O tamanho do bloco padrão é 64Mb. Todos os arquivos no HDFS possuem múltiplas réplicas, o que auxilia o processamento em paralelo.

Em termos de funcionamento, o HDFS necessita de dois tipos de nós de armazenamento: um namenode (mestre) e um ou mais datanodes (trabalhadores). O mestre comanda todo o sistema de arquivos, mantendo metadados para todos os arquivos e diretórios da árvore de diretórios e arquivos do sistema. Ele também sabe quais datanodes possuem os blocos de determinado arquivo. Já os datanodes guardam e recuperam blocos, quando mandados pelo nó mestre (os datanodes não fazem nada por conta própria), e enviam relatórios ao namenode periodicamente, com as listas dos blocos que eles estão armazenando.

Como o namenode é fundamental para o uso do sistema de arquivos, por comandá-lo, ele deve ser altamente resistente a falhas. Pensando nisso, o Hadoop fornece dois mecanismos. O primeiro deles é a realização de um backup dos arquivos essenciais do sistema de arquivos. Isto faz com que, em caso de problemas, seja possível retornar ao estado imediatamente anterior ao erro, de acordo com o backup, evitando perdas de dados muito significativas. A outra opção é utilizar um namenode secundário, que, apesar do nome, não atua como mestre, inicialmente. Este nó é utilizado apenas em caso de erro no namenode. O papel principal do "mestre secundário" é realizar uma junção, periodicamente, da imagem do sistema de arquivos com o log de edição, evitando que o log fique muito grande. Assim, como o estado desse namenode secundário é praticamente o mesmo do primário, em caso de falha do nó primário, é muito mais simples a recuperação do sistema. Basta copiar os arquivos de metadados do mestre para o secundário e rodar este como o novo primário.

- **Namenode**: administra o namespace do sistema de arquivos. Ele gerencia todos os arquivos e diretórios. Namenodes possuem o mapeamento entre arquivos e os blocos nos quais estes estão armazenados. Todos os arquivos são acessados usando esses namenodes e datanodes.
- **Datanode**: armazena os dados em forma de blocos. Datanodes se reportam a namenodes sobre os arquivos que possuem armazenados para que o namenode esteja ciente e os dados possam ser processados. Namenode é talvez o principal ponto crucial de falha do sistema, sem o qual os dados não podem ser acessados.
- **Namenodes secundários**: esse node é responsável por checar a informação do namenode. No caso de falha, podemos usar esse nó para reiniciar o sistema.

12.17 MapReduce

MapReduce é um modelo de programação projetado para processamento paralelo e distribuído de grandes conjuntos de dados. A distribuição dos dados é feita no formato chave-valor, em que a chave é o identificador do registro, e valor é o seu conteúdo.

Como o próprio nome diz, as funções do MapReduce são:

- Mapeamento: os dados são separados em pares (chave-valor) e assim distribuídos para os nodes e então processados.
- Redução: os dados são agregados em conjuntos de dados (datasets) menores.
- O processo do MapReduce se inicia com a requisição feita pelo usuário e assim os dados são distribuídos pelos nodes do cluster no formato chave-valor e divididos em fragmentos.

A etapa de redução processa cada fragmento e produz um output (saída de dados) que são distribuídos pelos diferentes nodes do cluster.

Ao final do processo, um output é gravado.

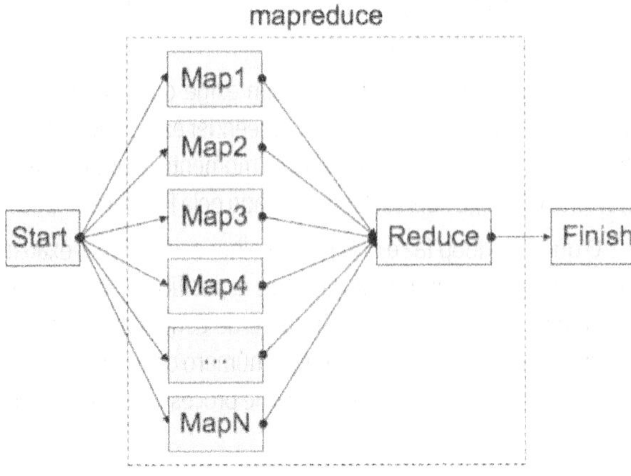

Ambas as tarefas rodam paralelamente no cluster. O armazenamento necessário para essa funcionalidade é fornecido pelo HDFS. A seguir estão os principais componentes do MapReduce.

> **Job Tracker**: tarefas de MapReduce são submetidas ao Job Tracker. Ele precisa falar com o Namenode para conseguir os dados. O Job Tracker submete a tarefa para os nós task trackers. Esses task tracker precisam se reportar ao Job Tracker em intervalos regulares, especificando que estão "vivos" e efetuando suas tarefas. Se o task tracker não se reportar a eles, então o nó é considerado "morto" e seu trabalho é redesignado para outro task tracker. O Job tracker é novamente um ponto crucial de falha. Se o Job Tracker falhar, não poderemos rastrear as tarefas.

> **Task Tracker**: o Task Tracker aceita as tarefas to Job Tracker. Essas tarefas são tanto de map, reduce ou ambas (shuffle). O Task Tracker cria um processo JVM separado para cada tarefa a fim de se certificar de que uma falha no processo não resulte em uma falha de Task Tracker. Task trackers também se reportam ao Job Tracker continuamente para que este possa manter o registro de tarefas bem ou mal sucedidas.

12.18 YARN 2.7.4, Ferramentas de ingestão de dados (Sqoop 1.4.6, Flume 1.7.0, NiFi 1.3.0 e Kafka 0.11.0).

Linguagens orientadas a objetos são, atualmente, dominantes na maioria dos sistemas corporativos em funcionamento. Com diversos benefícios como o baixo acoplamento e a divisão de responsabilidades, a criação e manutenção de aplicações projetadas a partir desse conceito se torna uma tarefa extremamente produtiva e, devido a isso, altamente atrativa para a indústria.

Essa produtividade se deve, principalmente, à capacidade de reúso de componentes criados seguindo os conceitos da orientação a objeto. Explicando um pouco mais, linguagens que seguem esse tipo de paradigma (orientado a objetos) tendem a permitir que o desenvolvedor crie módulos totalmente desacoplados, ou seja, sem nenhuma dependência entre si. Portanto, a solução de um problema maior pode ser dividida em diversas soluções menores que, em conjunto, resolvem o objetivo principal.

A vantagem disso é que, caso surja um novo projeto que seja semelhante a um já resolvido, essas pequenas soluções podem ser reaproveitadas, evitando duplicação de código e outros problemas.

No entanto, para projetos de grande porte, a configuração manual dessas bibliotecas se torna extremamente complexa e custosa, especialmente do ponto de vista de manutenção da aplicação, o que pode gerar um oneroso trabalho na busca e inclusão de todos os arquivos necessários para o funcionamento de uma biblioteca.

Visando resolver esse problema, foram criadas algumas ferramentas chamadas de Gerenciadores de dependências, que têm como objetivo gerenciar essas bibliotecas externas ao projeto.

Ferramentas para gerenciar suas dependências

Os chamados gerenciadores de dependências servem para que seja possível, ao desenvolvedor, facilmente definir as bibliotecas que devem ser incluídas, bem como a versão de cada uma.

Além disso, uma das grandes vantagens desse tipo de ferramenta é a capacidade de realizar o download das bibliotecas automaticamente, por meio do uso de certos sites que fornecem o chamado "repositório de dependências".

Esses repositórios servem como uma espécie de arquivo público com diversos pacotes, que por sua vez podem ser baixados por meio dos gerenciadores de dependências.

A maioria das principais linguagens do mercado possui algum gerenciador de dependências, vamos a alguns exemplos:

> PHP tem o Composer (https://getcomposer.org/);

> Ruby tem o RubyGems (https://rubygems.org/);

> C# (e todo o ecossistema .NET) tem o Nuget (https://www.nuget.org/);

> Java tem o Maven que, dentre várias coisas, também consegue desempenhar essa função.

> (https://maven.apache.org/)

YARN 2.7.4

No dia 11 de outubro de 2016, o Facebook anunciou o seu novo gerenciador de pacotes para Javascript: o Yarn, que vem com a proposta de ser mais rápido, seguro e confiável que o NPM. O Yarn é open source, e nasceu com a colaboração, também, das empresas Exponent, Google, e Tilde.

O Yarn funciona exatamente como o NPM e o Bower, abrangendo, inclusive, as bibliotecas que estão presentes nestes gerenciadores. Uma das coisas mais interessantes, além da rapidez, é a possibilidade de instalação de pacotes off-line. Quando você instala um pacote, ele cria um cache em sua máquina que possibilita a futura instalação deste sem precisar estar conectado à internet.

O Yarn por padrão realiza o download de dependências de um pacote de forma paralela. O que em alguns casos faz com que ele seja até 10x mais rápido que o NPM que realiza a mesma tarefa de forma sequencial.

SQOOP 1.4.6

O Apache Sqoop – abreviação de "SQL para Hadoop" – tem como objetivo executar a transferência eficiente e bidirecional de dados entre o Hadoop e diversos serviços de armazenamento externo de dados estruturados.

Apache Hadoop é um framework projetado para o processamento massivo de dados de diversos tipos (estruturados, semiestruturados e não estruturados), no qual esses são armazenados no HDFS (*Hadoop Distributed File System*) e manipulados por tarefas MapReduce. As tarefas MapReduce são responsáveis por fazer o processamento, a combinação entre dados e, por fim, a produção de algum resultado a partir desse processamento.

Apesar de o Hadoop ser amplamente conhecido por sua capacidade de armazenamento e processamento de grandes quantidades de dados, muita informação ainda hoje está armazenada em bancos de dados relacionais. Assim, surgiu o Apache Sqoop, cujo objetivo é executar a transferência eficiente e bidirecional de dados entre o Hadoop e diversos serviços de armazenamento externo de dados estruturados.

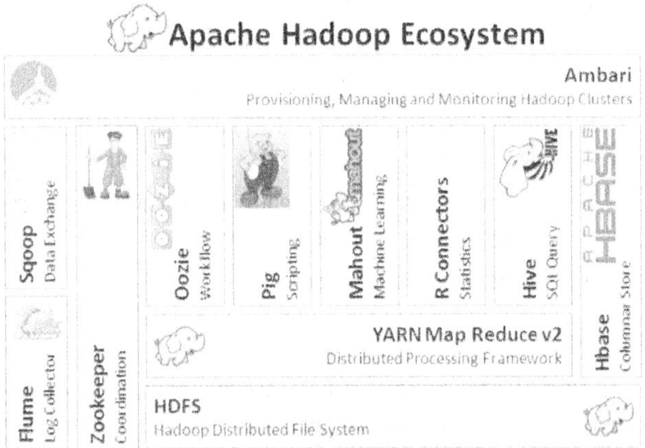

O Apache Sqoop pode ser útil quando se deseja utilizar ferramentas de Big Data para o processamento de bases relacionais, para a integração de bases relacionais e mainframes com dados já presentes no Hadoop ou, ainda, para o arquivamento dos dados no Hadoop.

O Sqoop atualmente possui duas frentes de desenvolvimento. Uma delas, chamada de Sqoop 1, é a evolução natural do projeto inicial. Encontra-se na versão 1.4.6, responsável em realizar o processo de importação de um banco relacional para o HDFS. Esse processo será apoiado pelo Sqoop.

Uma das facilidades oferecidas pelo Sqoop é a capacidade de importação dos dados direto para o Hive. Hive é um dos projetos mais famosos do ecossistema Hadoop e foi iniciado pelo Facebook em 2007, mas atualmente é um projeto toplevel da Apache Software Foundation, assim como o Sqoop, e recebe contribuição de outras grandes empresas.

O data warehouse do Facebook havia sido construído inicialmente com soluções comerciais de bancos de dados relacionais. Contudo, devido à necessidade de processamento e armazenamento de grandes volumes de dados exigida pelo Facebook, foi decidido utilizar o Hadoop, por permitir aumentar a capacidade de armazenamento com baixo custo e sem tempo de inatividade e por possuir um framework de processamento distribuído que reduziu consideravelmente o tempo de execução das consultas.

Bancos de dados suportados

Por padrão, o Sqoop utiliza JDBC (*Java Database Connectivity*) para se conectar aos bancos e, por esse motivo, acredita-se que ele é compatível com uma grande quantidade de bancos de dados, uma vez que os fornecedores implementam essa API. No entanto, o Sqoop não garante a compatibilidade e a performance com todos os bancos que possuem conectores JDBC, devido às formas de implementação dessa API e a ligeiras diferenças que possam existir na sintaxe SQL de cada banco.

A Tabela a seguir contém uma relação completa dos bancos e suas respectivas versões que foram testadas com o Sqoop. Pode ser necessário instalar os drivers de conexão, mesmo com o banco de dados estando presente na lista.

Banco de dados	Versão	String de conexão
HSQLDB	1.8.0+	jdbc:hsqldb:*//
MySQL	5.0+	jdbc:mysql://
Oracle	10.2.0+	jdbc:oracle:*//
PostgreSQL	8.3+	jdbc:postgresql://
CUBRID	9.2+	jdbc:cubrid:*

FLUME 1.7.0

Logs são uma fonte básica de informação e ajudam a monitorar a "saúde" de sistemas, detectando falhas em hardwares e serviços. Podem ajudar também na solução de problemas. Embora, de uma forma geral, um log represente registro de eventos, esta é uma ferramenta importante na administração de sistemas.

Com o surgimento de tecnologias e ferramentas para Big Data, a geração ea utilização dos logs se tornaram cada vez mais importantes, uma vez que agora é possível "prever" quando um equipamento precisa de manutenção, o comportamento de um indivíduo em um e-commerce e a geração de recomendações, entre outras coisas.

Administrar o volume de logs que é gerado por diversos sistemas/ dispositivos não é uma tarefa fácil. Em 2011, a Cloudera criou o Flume, um sistema distribuído, confiável e disponível para coletar, agregar e mover grandes quantidades de dados de muitas fontes diferentes para um armazenamento de dados centralizado. Em 2012, esse passou a ser um projeto top level na Apache Software Foundation.

O Apache Flume não se restringe apenas à coleta de logs, e pode ser usado para transportar grandes quantidades de dados, como os gerados em *social media*, e-mails e qualquer fonte de dados possível.

O objetivo principal do Flume é ingerir dados de eventos no HDFS (*Hadoop Distributed File System*) de forma simples e automatizada. Porém, seu uso não se limita apenas ao HDFS; é possível enviar também dados para um arquivo ou banco de dados, entre outros.

NiFi 1.3.0

Com o Apache NiFi, podemos fazer desde uma análise de tráfego de redes até conversões de um banco de dados para outro (quem já converteu ou tentou converter sabe o quanto é difícil); podemos analisar e transformar mensagens do twitter e outras redes sociais e, principalmente, usá-lo para IoT.

No caso da Internet das Coisas, ao contrário de outros sensores que só enviam dados para "fora", o software precisará receber esses dados e se comunicar com o dispositivo novamente, e o NiFi se encaixa muito bem neste processo.

O Apache NiFi é um projeto de software da Apache Software Foundation, que permite a automação do fluxo de dados entre sistemas.

KAFKA 0.11.0

Apache Kafka é uma plataforma distribuída de mensagens e streaming.

> O usuário produz uma mensagem.
> Essa mensagem é anexada em um tópico.
> O usuário então consome essa mensagem.

No mundo atual, dados em tempo real estão sendo continuamente gerados por todos os tipos de aplicativos (ERP, CRM, Web Sites, Mídias Sociais, Vídeos, Logs, Sensores e muito mais) e estes dados precisam estar disponíveis de forma confiável e rápida para diferentes tipos de receptores. Na maioria das vezes, as aplicações que produzem os dados e as aplicações que precisam receber estes dados não "conversam" umas com as outras. Estas aplicações heterogêneas, requerem algum tipo de desenvolvimento para que exista uma integração entre elas. Com o aumento do volume de dados, isso se torna um ponto ainda mais crítico.

Com a explosão do Big Data, o primeiro desafio é coletar a imensa quantidade de dados e o segundo desafio, analisar tudo isso. Analytics é frequentemente apontando como um dos maiores desafios associados com Big Data, mas antes de a análise acontecer, os dados devem ser ingeridos e disponibilizados para os usuários. É onde entra o Apache Kafka.

O Apache Kafka foi originalmente desenvolvido pelo LinkedIn e posteriormente liberado como um projeto open-source, em 2011. O Apache Kafka é um sistema para gerenciamento de fluxos de dados em tempo real, gerados a partir de web sites, aplicações e sensores. Algumas das empresas que usam Kafka: LinkedIn, Netflix, PayPal, Spotify, Uber, AirBnB, Cisco, Goldman Sachs e SalesForce. Recentemente a IBM anunciou a criação de dois projetos envolvendo o Apache Kafka. O LinkedIn possui o maior ambiente Kafka do qual se tem notícia, com 1.1 trilhões de mensagens por dia.

Essencialmente, o Kafka age como uma espécie de "sistema nervoso central", que coleta dados de alto volume, como, por exemplo, a atividade de usuários (clicks em um web site), logs, cotações de ações etc. e torna estes dados disponíveis como um fluxo em tempo real para o consumo por outras aplicações. O Kafka vem ganhando cada vez mais popularidade em Big Data, pois além de ser um projeto open-source de alta qualidade, possui a capacidade de lidar com fluxos de alta velocidade de dados, característica cada vez mais procurada para uso em Internet das Coisas, por exemplo.

1. DIREITOS FUNDAMENTAIS - REGRAS GERAIS 310
1.1 Conceito 310
1.2 Amplitude Horizontal e Vertical 310
1.3 Classificação 310
1.4 Características 310
1.5 Dimensões dos Direitos Fundamentais 311
1.6 Titulares dos Direitos Fundamentais 311
1.7 Cláusulas Pétreas e os Direitos Fundamentais 312
1.8 Eficácia dos Direitos Fundamentais 312
1.9 Força Normativa dos Tratados Internacionais 313
1.10 Tribunal Penal Internacional - TPI 313
1.11 Direitos X Garantias 314
2. DIREITOS FUNDAMENTAIS - DIREITOS E DEVERES INDIVIDUAIS E COLETIVOS 315
2.1 Direito à Vida 315
2.2 Direito à Igualdade 315
2.3 Direito à Liberdade 316
3. DIREITOS FUNDAMENTAIS - DIREITOS E DEVERES INDIVIDUAIS E COLETIVOS 320
3.1 Direito à Propriedade 320
3.2 Direito à Segurança 321
3.3 Remédios Constitucionais 328
4. DIREITOS FUNDAMENTAIS - DIREITOS SOCIAIS E NACIONALIDADE 332
4.1 Direitos Sociais 332
4.2 Direitos de Nacionalidade 334
5. DIREITOS FUNDAMENTAIS – DIREITOS POLÍTICOS E PARTIDOS POLÍTICOS 338
5.1 Direitos Políticos 338
5.2 Partidos Políticos 341
6. ORGANIZAÇÃO DOS PODERES – PODER EXECUTIVO 343
6.1 Princípios 343
7. DEFESA DO ESTADO E DAS INSTITUIÇÕES DEMOCRÁTICAS 350
7.1 Sistema Constitucional de Crises 350
7.2 Forças Armadas 352
7.3 Segurança Pública 354

SUMÁRIO

1. DIREITOS FUNDAMENTAIS - REGRAS GERAIS

Os direitos e garantias fundamentais estão entre os temas mais cobrados em provas. Além de questões envolvendo a literalidade do texto constitucional, encontramos aqui muitas discussões doutrinárias e jurisprudências que tornam essa matéria uma fonte inesgotável de questões.

Procura-se nas próximas páginas apresentar as principais questões levantadas na doutrina e nos tribunais, sempre privilegiando as posições adotadas pelas bancas organizadoras de concurso público.

Inicia-se o estudo pelas Regras Gerais aplicáveis aos direitos fundamentais, tema que tem sido priorizado pelas maiores organizadoras de concursos do país.

1.1 Conceito

Os direitos e garantias fundamentais são institutos jurídicos que foram criados no decorrer do desenvolvimento da humanidade e se constituem de normas protetivas que formam um núcleo mínimo de prerrogativas inerentes à condição humana.

1.2 Amplitude Horizontal e Vertical

Possuem como objetivo principal a proteção do indivíduo diante do poder do Estado. Mas não só do Estado. Os direitos e garantias fundamentais também constituem normas de proteção do indivíduo em relação aos outros indivíduos da sociedade.

E é exatamente nesse ponto que surgem os conceitos de **Amplitude Horizontal e Amplitude Vertical.** Amplitude vertical é o efeito protetor que as normas definidoras de direitos e garantias fundamentais produzem para um indivíduo diante do Estado. Já a amplitude horizontal é o efeito protetor que as normas definidoras de direitos e garantias fundamentais produzem para um indivíduo diante dos outros indivíduos.

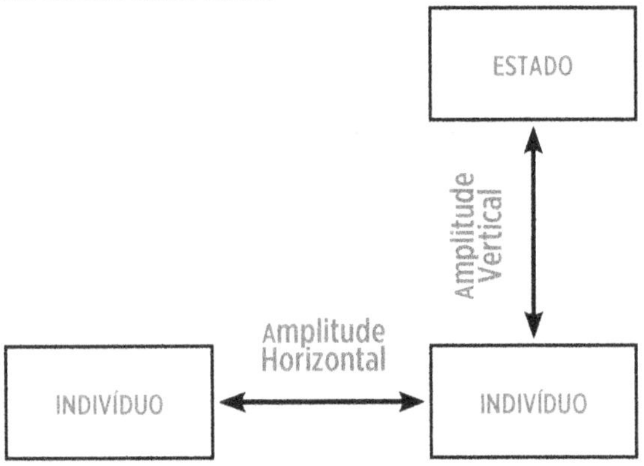

1.3 Classificação

A Constituição Federal, quando se refere aos direitos fundamentais, classifica-os em cinco grupos:

> Direitos e Deveres Individuais e Coletivos;
> Direitos Sociais;
> Direitos de Nacionalidade;
> Direitos Políticos;
> Partidos Políticos.

Essa classificação encontra-se distribuída entre os Arts. 5º e 17 do texto constitucional e é normalmente chamada pela doutrina de Conceito Formal dos Direitos Fundamentais. O Conceito Formal é o que a Constituição Federal resolveu classificar como sendo Direito Fundamental. É o rol de direitos fundamentais previstos expressamente no texto constitucional.

Costuma-se perguntar nas provas: "O rol de direitos fundamentais é um rol exaustivo? Ou melhor, taxativo?" O que se quer saber é se o rol de direitos fundamentais é só aquele que está expresso na Constituição ou não.

Responde-se a essa questão com o § 2º do Art. 5º, que diz:

> ***§ 2º** - Os direitos e garantias expressos nesta Constituição não excluem outros decorrentes do regime e dos princípios por ela adotados, ou dos tratados internacionais em que a República Federativa do Brasil seja parte.*

Isso significa que o rol não é taxativo, mas exemplificativo. A doutrina costuma chamar esse parágrafo de Cláusula de Abertura Material, que é exatamente a possibilidade de existirem outros direitos fundamentais, ainda que fora do texto constitucional. Esse seria o Conceito Material dos direitos fundamentais, ou seja, todos os direitos fundamentais que possuem a essência fundamental, ainda que não estejam expressos no texto constitucional.

1.4 Características

O elemento jurídico acima abordado, além de explicar a possibilidade de se inserirem novos direitos fundamentais no rol dos que já existem expressamente na Constituição Federal, também constitui uma das características que serão abordadas a seguir:

Historicidade

Essa característica revela que os Direitos Fundamentais são frutos da evolução histórica da humanidade. Significa que eles evoluem com o passar do tempo.

Inalienabilidade

Os direitos fundamentais não podem ser alienados, não podem ser negociados, não podem ser transigidos.

Irrenunciabilidade

Os direitos fundamentais não podem ser renunciados.

Imprescritibilidade

Os direitos fundamentais não se sujeitam aos prazos prescricionais. Não se perde um direito fundamental pelo decorrer do tempo.

Universalidade

Os direitos fundamentais pertencem a todas as pessoas, independentemente da sua condição.

Máxima Efetividade

Essa característica é mais uma imposição ao Estado, que está coagido a garantir a máxima efetividade dos direitos fundamentais. Esses direitos não podem ser ofertados de qualquer forma. É necessário que eles sejam garantidos da melhor forma possível.

Concorrência

Os direitos fundamentais podem ser utilizados em conjunto com outros direitos. Não é necessário abandonar um para usufruir outro direito.

Complementariedade

Um direito fundamental não pode ser interpretado sozinho. Cada direito deve ser analisado juntamente com outros direitos fundamentais, bem como com outros institutos jurídicos.

Proibição do Retrocesso

Essa característica proíbe que os direitos já conquistados sejam perdidos.

Limitabilidade

Não existe direito fundamental absoluto. São direitos relativos.

Não Taxatividade

Essa característica, já tratada anteriormente, diz que o rol de direitos fundamentais é apenas exemplificativo, tendo em vista a possibilidade de inserção de novos direitos.

Veja como esse tema costuma ser abordado em prova:

1.5 Dimensões dos Direitos Fundamentais

As dimensões, também conhecidas por Gerações de direitos fundamentais, são uma classificação adotada pela doutrina que leva em conta a ordem cronológica de reconhecimento desses direitos. São cinco as dimensões atualmente reconhecidas:

1ª Dimensão – foram os primeiros direitos conquistados pela humanidade. São direitos relacionados à liberdade, em todas as suas formas. Possuem um caráter negativo diante do Estado, tendo em vista ser utilizado como uma verdadeira limitação ao poder estatal, ou seja, o Estado, diante dos direitos de primeira dimensão, fica impedido de agir ou interferir na sociedade. São verdadeiros direitos de defesa com caráter individual. Estão entre estes direitos as liberdades públicas, civis e políticas.

2ª Dimensão – estes direitos surgem na tentativa de reduzirem as desigualdades sociais provocadas pela primeira dimensão. Por isso, são conhecidos como direitos de igualdade. Para reduzir as diferenças sociais, o Estado precisa interferir na sociedade: essa interferência reflete a conduta positiva adotada por meio de prestações sociais. São exemplos de direitos de segunda dimensão: os direitos sociais, econômicos e culturais.

3ª Dimensão – aqui estão os conhecidos direitos de fraternidade. São direitos que refletem um sentimento de solidariedade entre os povos na tentativa de preservarem os direitos de toda a coletividade. São de terceira geração o direito ao meio ambiente saudável, o direito ao progresso da humanidade, ao patrimônio comum, entre outros.

4ª Dimensão – esses direitos ainda não possuem um posicionamento pacífico na doutrina, mas costuma-se dizer que nesta dimensão ocorre a chamada globalização dos direitos fundamentais. São direitos que rompem com as fronteiras entre os Estados. São direitos de todos os seres humanos, independentemente de sua condição, como o direito à democracia, ao pluralismo político. São também considerados direitos de 4ª geração os direitos mais novos, que estão em construção, como o direito genético ou espacial.

5ª Dimensão – essa é a mais nova dimensão defendida por alguns doutrinadores. É formado basicamente pelo direito à paz. Esse seria o direito mais almejado pelo homem e que consubstancia a reunião de todos os outros direitos.

Deve-se ressaltar que esses direitos, à medida que foram sendo conquistados, complementavam os direitos anteriores, de forma que não se pode falar em substituição ou superação de uma geração sobre a outra, mas em cumulação, de forma que hoje podemos usufruir de todos os direitos pertencentes a todas as dimensões.

Para não se esquecer das três primeiras dimensões é só lembrar-se do Lema da Revolução Francesa: Liberdade, Igualdade e Fraternidade.

1ª DIMENSÃO	2ª DIMENSÃO	3ª DIMENSÃO
LIBERDADE	IGUALDADE	FRATERNIDADE

1.6 Titulares dos Direitos Fundamentais

Quem são os Titulares dos Direitos Fundamentais?

A própria Constituição Federal responde a essa pergunta quando diz no *caput* do Art. 5º que são titulares "os brasileiros e estrangeiros residentes no país". Mas será que é necessário residir no país para que o estrangeiro tenha direitos fundamentais?

Imaginemos um avião cheio de alemães que está fazendo uma escala no Aeroporto Municipal de Cascavel-PR.

Nenhum dos alemães reside no país. Seria possível entrar no avião e matar todas aquelas pessoas, haja vista não serem titulares de direitos fundamentais por não residirem no país? É claro que não. Para melhor se compreender o termo "residente", o STF o tem interpretado de forma mais ampla no sentido de abarcar todos aqueles que estão no país. Ou seja, todos os que estão no território brasileiro, independentemente de residirem no país, são titulares de direitos fundamentais.

Mas será que, para ser titular de direitos fundamentais, é necessário ter a condição humana? Ao contrário do que parece, não é necessário. Tem-se reconhecido como titulares de direitos fundamentais as pessoas jurídicas. Ressalta-se que não só as pessoas jurídicas de direito privado, mas também as pessoas jurídicas de direito público.

> O STF já se pronunciou sobre a "briga de galo" e a "farra do boi", declarando-as inconstitucionais. Quanto à "vaquejada", o Supremo se manifestou acerca da admissibilidade parcial, desde que não figure flagelação do animal. Por fim, o tema de "rodeios" ainda não foi pleiteado.

Os animais não são considerados titulares de direitos fundamentais, mas isso não significa que seja possível maltratá-los. Na prática, a CF/88 protege-os contra situações de maus-tratos. De outro lado, mortos podem ser titulares de direitos fundamentais, desde que o direito seja compatível (ex.: honra).

1.7 Cláusulas Pétreas e os Direitos Fundamentais

O Art. 60, § 4º da Constituição Federal, traz o rol das chamadas **Cláusulas Pétreas:**

> ***§ 4º** - Não será objeto de deliberação a proposta de emenda tendente a abolir:*
>
> ***I.** A forma federativa de Estado;*
>
> ***II.** O voto direto, secreto, universal e periódico;*
>
> ***III.** A separação dos Poderes;*
>
> ***IV.** Os direitos e garantias individuais.*

As Cláusulas Pétreas são núcleos temáticos formados por institutos jurídicos de grande importância, os quais não podem ser retirados da Constituição. Observe-se que o texto proíbe a abolição desses princípios, mas não impede que os mesmos sejam modificados, no caso, para melhor. Isso já foi cobrado em prova. É importante notar que o texto constitucional prevê no inciso IV como sendo Cláusulas Pétreas apenas os direitos e garantias individuais. Pela literalidade da Constituição, não são todos os direitos fundamentais que são protegidos por esse instituto, mas apenas os de caráter individual. Parte da doutrina e da jurisprudência entende que essa proteção deve ser ampliada, abrangendo os demais direitos fundamentais. Deve-se ter atenção com esse tema em prova, pois já foram cobrados os dois posicionamentos.

1.8 Eficácia dos Direitos Fundamentais

O § 1º do Art. 5º da Constituição Federal prevê que:

> ***§ 1º** - As normas definidoras dos direitos e garantias fundamentais têm aplicação imediata.*

Quando a Constituição Federal se refere à aplicação de uma norma, na verdade está falando da sua eficácia.

Esse tema é sempre cobrado em provas de concurso. Com o intuito de obter uma melhor compreensão, é necessário conceituar, classificar e diferenciar os vários níveis de eficácia das normas constitucionais.

Para que uma norma constitucional seja aplicada é indispensável que a ela possua eficácia, a qual é *a capacidade que uma norma jurídica tem de produzir efeitos.*

Se os efeitos produzidos se restringem ao âmbito normativo, tem-se a chamada **eficácia jurídica**, ao passo que, se os efeitos são concretos, reais, tem-se a chamada **eficácia social.** Eficácia jurídica, portanto, é a capacidade que uma norma constitucional tem de revogar todas as outras normas que com ela apresentem divergência. Já a eficácia social, também conhecida como efetividade, é a aplicabilidade na prática, concreta, da norma. Todas as normas constitucionais possuem eficácia jurídica, mas nem todas possuem eficácia social. Logo, é possível afirmar que todas as normas constitucionais possuem eficácia. O problema surge quando uma norma constitucional não pode ser aplicada na prática, ou seja, não possui eficácia social.

Para explicar esse fenômeno, foram desenvolvidas várias classificações acerca do grau de eficácia de uma norma constitucional. A classificação mais adotada pela doutrina e mais cobrada em prova é a adotada pelo professor José Afonso da Silva[1]. Para esse estudioso, a eficácia social se classifica em:

1 Silva, José Afonso da. "Curso de Direito Constitucional Positivo". 27ª edição. São Paulo: Malheiros, 2005.

- **Eficácia Plena;**
- **Eficácia Contida;**
- **Eficácia Limitada.**

As normas de **eficácia plena** são aquelas **autoaplicáveis.** São normas que possuem aplicabilidade direta, imediata e integral. Seus efeitos práticos são plenos. É uma norma que não depende de complementação legislativa para produzir efeitos. Veja os exemplos:

> Art. 1º; Art. 5º, caput e incisos XXXV e XXXVI; Art. 19; Art. 21; Art. 53; Art. 60, § 1º e 4º; Art. 69; Art. 128, § 5º, I e II; Art. 145, § 2º; entre outros.

As normas de **eficácia contida** também são **autoaplicáveis.** Assim como as normas de eficácia plena, elas possuem **aplicabilidade direta e imediata**. Contudo, sua aplicação não é integral. É neste ponto que a eficácia contida se diferencia da eficácia plena. A norma de eficácia contida nasce plena, mas pode ser restringida por outra norma.

Daí a doutrina chamá-la de norma contível, restringível ou redutível. Essas espécies permitem que outra norma reduza a sua aplicabilidade. São normas que produzem efeitos imediatos, mas esses efeitos podem ser restringidos. Ex:

> Art. 5º, VII, XII, XIII, XV, XXVII, XXXIII; Art. 9º; Art. 37, I; Art. 170, parágrafo único; entre outros.

Já as normas de **eficácia limitada** são desprovidas de eficácia social. Diz-se que as normas de eficácia limitada não são autoaplicáveis, possuem aplicabilidade indireta, mediata e reduzida ou diferida.

São normas que dependem de outra para produzirem efeitos. O que as difere das normas de eficácia contida é a dependência de outra norma para que produza efeitos sociais. Enquanto as de eficácia contida produzem efeitos imediatos, os quais poderão ser restringidos posteriormente, as de eficácia limitada dependem de outra norma para produzirem efeitos. Deve-se ter cuidado para não pensar que essas espécies normativas não possuem eficácia. Como se afirmou anteriormente, elas possuem eficácia jurídica, mas não possuem eficácia social. As normas de eficácia limitada são classificadas, ainda, em:

- Normas de eficácia limitada de princípio institutivo (organizativo ou organizatório);
- Normas de eficácia limitada de princípio programático.

As normas de eficácia limitada de **princípio institutivo** são aquelas que dependem de outra norma para organizar ou instituir estruturas, entidades ou órgãos.

> Art. 18, § 2º; Art. 22, Parágrafo único; Art. 25, § 3º; Art. 33; Art. 88; Art. 90, §2º; Art. 102, §1º; Art. 107, §1º; Art. 113; Art. 121; Art. 125, §3º; 128, §5º; Art. 131; entre outros.

As normas de eficácia limitada de **princípio programático** são aquelas que apresentam verdadeiros objetivos a serem perseguidos pelo Estado, programas a serem implementados. Em regra, possuem fins sociais.

> Art. 7º, XI, XX, XXVII; Art. 173, §4º; Art. 196; Art. 205; Art. 215; Art. 218; Art. 227; entre outros.

O Supremo Tribunal Federal (STF) possui algumas decisões que conferiram o grau de eficácia limitada aos seguintes dispositivos:

Art. 5º, LI; Art. 37, I; Art. 37, VII; Art. 40, § 4º; Art. 18, §4º.

Feitas as considerações iniciais sobre esse tema, resta saber o que o § 1º do Art. 5º da CF quis dizer com "aplicação imediata". Para traduzir essa expressão, basta analisar a explicação apresentada anteriormente. Segundo a doutrina, as normas que possuem aplicação imediata ou são de eficácia plena ou contida. Ao que parece, o texto constitucional quis restringir a eficácia dos direitos fundamentais em plena ou contida, não existindo, em regra, normas definidoras de direitos fundamentais com eficácia limitada. Entretanto, pelos próprios exemplos aqui apresentados, não é essa a realidade do texto constitucional. Certamente, existem normas de eficácia limitada entre os direitos fundamentais (7º, XI, XX, XXVII). A dúvida que surge então é: como responder na prova?

A doutrina e o STF têm entendido que, apesar do texto expresso na Constituição Federal, existem normas definidoras de direitos fundamentais que não possuem aplicabilidade imediata, as quais são de eficácia limitada. Diante dessa contradição, a doutrina tem orientado no sentido de se conferir a maior eficácia possível aos direitos fundamentais. Em prova, pode ser cobrada tanto uma questão abordando o texto puro da Constituição Federal quanto o posicionamento da doutrina. Deve-se responder conforme for perguntado.

A Constituição previu dois instrumentos para garantir a efetividade das normas de eficácia limitada: **Ação Direta de Inconstitucionalidade** por omissão e o **Mandado de Injunção.**

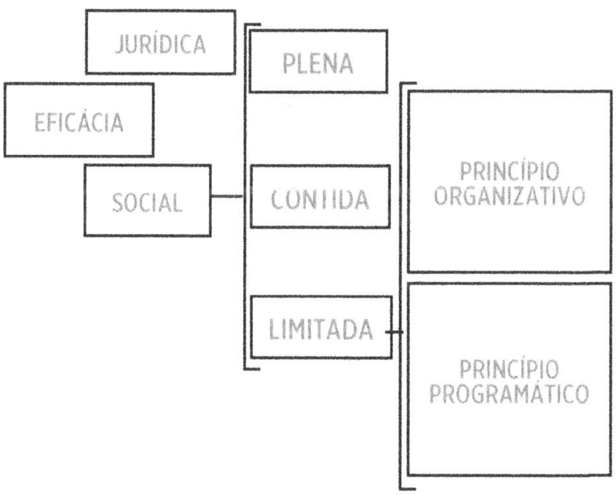

1.9 Força Normativa dos Tratados Internacionais

Uma regra muito importante para a prova é a que está prevista no § 3º do Art. 5º:

> ***§3º*** *- Os tratados e convenções internacionais sobre direitos humanos que forem aprovados, em cada Casa do Congresso Nacional, em dois turnos, por três quintos dos votos dos respectivos membros, serão equivalentes às emendas constitucionais.*

Esse dispositivo constitucional apresenta a chamada Força Normativa dos Tratados Internacionais.

Segundo o texto constitucional, é possível que um tratado internacional possua força normativa de emenda constitucional, desde que preencha os seguintes requisitos:

> Tem que falar de direitos humanos;

> Tem que ser aprovado nas duas casas legislativas do Congresso Nacional, ou seja, na Câmara dos Deputados e no Senado Federal;

> Tem que ser aprovado em dois turnos em cada casa;

> Tem que ser aprovado por 3/5 dos membros em cada turno de votação, em cada casa.

Preenchidos esses requisitos, o Tratado Internacional terá força normativa de **Emenda à Constituição.**

Mas surge a seguinte questão: e se o Tratado Internacional for de Direitos Humanos e não preencher os requisitos constitucionais previstos no § 3º do Art. 5º da Constituição? Qual será sua força normativa? Segundo o STF, caso o Tratado Internacional fale de direitos humanos, mas não preencha os requisitos do § 3º do Art. 5º da CF, ele terá força normativa de **Norma Supralegal.**

Ainda há os tratados internacionais que não falam de direitos humanos. São tratados que falam de outros temas, por exemplo, o comércio. Esses tratados possuem força normativa de **Lei Ordinária.** Em suma, são três as forças normativas dos Tratados Internacionais:

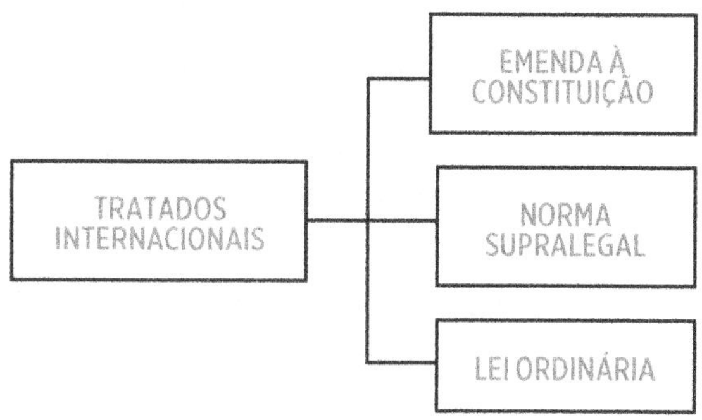

1.10 Tribunal Penal Internacional - TPI

Há outra regra muito interessante prevista no § 4º do Art. 5º da Constituição:

> ***§ 4º*** *- O Brasil se submete à jurisdição de Tribunal Penal Internacional a cuja criação tenha manifestado adesão.*

É o chamado **Tribunal Penal Internacional.** Mas o que é o Tribunal Penal Internacional? É uma corte permanente, localizada em Haia, na Holanda, com competência de julgamento dos crimes contra a humanidade.

É um Tribunal, pois tem função jurisdicional; é Penal porque só julga crimes; é Internacional, haja vista sua competência não estar restrita à fronteira de um só Estado.

Mas uma coisa deve ser esclarecida. O TPI não julga qualquer tipo de crime. Só os crimes que tenham repercussão para toda a humanidade. Geralmente, são crimes de guerra, agressão estrangeira, genocídio, dentre outros.

Apesar de ser um tribunal com atribuições jurisdicionais, o TPI não faz parte do Poder Judiciário brasileiro. Sua competência é complementar à jurisdição nacional, não ofendendo, portanto, a soberania do Estado brasileiro. Isso significa que o TPI só age quando a Justiça Brasileira se omite ou é ineficaz.

1.11 Direitos X Garantias

Muitos questionam se direitos e garantias são a mesma coisa, mas a melhor doutrina tem diferenciado esses dois institutos.

Os direitos são os próprios direitos previstos na Constituição Federal. São os bens jurídicos tutelados pela Constituição. Eles representam por si só esses bens.

As garantias são instrumentos de proteção dos direitos. São ferramentas disponibilizadas pela Constituição para a fruição dos direitos.

Apesar da diferença entre os dois institutos é possível afirmar que **toda garantia é um direito.**

Questões

01. (FCC) São direitos fundamentais classificados como de segunda geração:

a) Os direitos econômicos e culturais.

b) Os direitos de solidariedade e os direitos difusos.

c) As liberdades públicas.

d) Os direitos e garantias individuais clássicos.

e) O direito do consumidor e o direito ao meio ambiente equilibrado.

02. (FCC) Em conformidade com o art. 113 da Constituição Federal: A lei disporá sobre a constituição, investidura, jurisdição, competência, garantias e condições de exercício dos órgãos da Justiça do Trabalho. A presente hipótese trata de uma norma constitucional de eficácia:

a) Limitada, definidora de princípio institutivo ou organizativo.

b) Limitada, definidora de princípios programáticos.

c) Plena, mas de natureza facultativa ou permissiva.

d) Contida, em razão de restrições impostas por outras normas constitucionais.

e) Plena, mas de natureza obrigatória, de programas ou diretrizes.

03. (FCC) Nos termos da Constituição Federal, serão equivalentes às emendas constitucionais, os tratados e convenções internacionais sobre direitos humanos que forem aprovados,

a) Pelo Senado Federal, em único turno, por três quartos dos votos dos respectivos membros.

b) Pelo Congresso Nacional, em dois turnos, por dois terços dos votos dos respectivos membros.

c) Em cada Casa do Congresso Nacional, em dois turnos, por três quintos dos votos dos respectivos membros.

d) Pela Câmara dos Deputados, em único turno, por dois terços dos votos dos presentes à sessão.

e) Pelo Congresso Nacional, em único turno, por maioria absoluta dos presentes à sessão.

Certo ( ) Errado ( )

04. (Cespe) Os direitos e garantias fundamentais estão previstos de forma taxativa na CF.

Certo ( ) Errado ( )

05. (Cespe) As normas constitucionais de eficácia contida ou relativa restringível têm aplicabilidade plena e imediata, mas podem ter eficácia reduzida ou restringida nos casos e na forma que a lei estabelecer.

Certo ( ) Errado ( )

Gabaritos

01	A	04	ERRADO
02	A	05	CERTO
03	C		

2. DIREITOS FUNDAMENTAIS - DIREITOS E DEVERES INDIVIDUAIS E COLETIVOS

A Constituição Federal, ao disciplinar os direitos individuais, os coloca basicamente no Art. 5º. Logo no *caput* desse artigo, já aparece uma classificação didática dos direitos ali previstos:

> ***Art. 5º.*** *Todos são iguais perante a lei, sem distinção de qualquer natureza, garantindo-se aos brasileiros e aos estrangeiros residentes no País a inviolabilidade do direito à vida, à liberdade, à igualdade, à segurança e à propriedade, nos termos seguintes:*

Para estudarmos os direitos individuais, utilizaremos os cinco grupos de direitos previstos no *caput* do Art. 5º:

- **Direito à vida;**
- **Direito à igualdade;**
- **Direito à liberdade;**
- **Direito à propriedade;**
- **Direito à segurança.**

Percebe-se que os 78 incisos do Art. 5º, de certa forma, decorrem de um desses direitos que podem ser chamados de **"direitos raízes"**. Utilizando essa divisão, a seguir serão abordados os incisos mais importantes desse artigo, tendo em vista a preparação para a prova. Logicamente, não conseguiremos abordar todos os incisos, o que não tira a responsabilidade de lê-los.

2.1 Direito à Vida

Ao falar desse direito, que é considerado pela doutrina como o **direito mais fundamental de todos**, por ser um pressuposto para o exercício dos demais direitos, enfrenta-se um primeiro dEsafio: esse direito é absoluto?

Assim como os demais direitos, o direito à vida não é absoluto. São várias as justificativas existentes para considerá-lo um direito passível de flexibilização:

Pena de Morte

Uma que já apareceu em prova: existe pena de morte no Brasil?

A sua resposta tem que ser "SIM". A alínea "a" do inciso XLVII do Art. 5º traz essa previsão expressamente:

> ***XLVII.*** *Não haverá penas:*
>
> ***a)*** *de morte, salvo em caso de guerra declarada, nos termos do Art. 84, XIX;*

Todas as vezes que a Constituição traz uma negação acompanhada de uma exceção, estamos diante de uma possibilidade.

Aborto

A prática de aborto no Brasil é permitida? O Art. 128 do Código Penal Brasileiro apresenta duas possibilidades de prática de aborto que são verdadeiras excludentes de ilicitude:

> ***Art. 128.*** *Não se pune o aborto praticado por médico:*

Aborto necessário

> ***I.*** *Se não há outro meio de salvar a vida da gestante;*

Aborto sentimental

> ***II.*** *Se a gravidez resulta de estupro e o aborto é precedido de consentimento da gestante ou, quando incapaz, de seu representante legal.*

São os **abortos necessário** e **sentimental**. Aborto necessário é aquele praticado para salvar a vida da gestante e o aborto sentimental é utilizado nos casos de estupro. Essas duas exceções à prática do crime de aborto são hipóteses em que se permite a sua prática no direito brasileiro. Além dessas duas hipóteses previstas expressamente na legislação brasileira, o STF também reconhece a possibilidade da prática de aborto do feto anencéfalo (feto sem cérebro)[1]. Mais uma vez, o direito à vida encontra-se flexibilizado.

Legítima Defesa e Estado de Necessidade

Esses dois institutos, também excludentes de ilicitude do crime, são outras possibilidades de limitação do direito a vida, conforme disposto no Art. 23 do Código Penal Brasileiro:

> ***Art. 23.*** *Não há crime quando o agente pratica o fato:*
>
> ***I.*** *Em estado de necessidade;*
>
> ***II.*** *Em legítima defesa;*

Em linhas gerais e de forma exemplificativa, o estado de necessidade permite que, diante de uma situação de perigo, uma pessoa possa, para salvar uma vida, tirar a vida de outra pessoa. Na legítima defesa, caso sua vida seja ameaçada por alguém, existe legitimidade em retirar a vida de quem o ameaçou.

Outro ponto que deve ser ressaltado é que o direito à vida não está adstrito apenas ao fato de se estar vivo. Quando a constituição protege o direito à vida, a faz em suas diversas acepções. Existem dispositivos constitucionais que protegem o direito à vida no que tange a sua preservação da integridade física e moral (Art. 5º, III, V, XLVII, XLIX; Art. 199, §4º. A Constituição também protege o direito à vida no que tange à garantia de uma vida com qualidade (Arts. 6º; 7º, IV; 196; 205; 215).

2.2 Direito à Igualdade

Igualdade Formal X Igualdade Material

Possui como sinônimo o termo Isonomia. A doutrina classifica esse direito em:

Igualdade Formal

Traduz-se no termo "todos são iguais perante a lei, sem distinção de qualquer natureza". É o previsto no *caput* do Art. 5º. É uma igualdade jurídica, que não se preocupa com a realidade, mas apenas evita que alguém seja tratado de forma discriminatória.

Igualdade Material

Também chamada de igualdade efetiva ou substancial. É a igualdade que se preocupa com a realidade. Traduz-se na seguinte expressão: "tratar os iguais com igualdade e os desiguais com

1 O Tribunal, por maioria e nos termos do voto do Relator, julgou procedente a ação para declarar a inconstitucionalidade da interpretação segundo a qual a interrupção da gravidez de feto anencéfalo é conduta tipificada nos artigos 124, 126, 128, incisos I e II, todos do Código Penal, contra os votos dos Senhores Ministros Gilmar Mendes e Celso de Mello que, julgando-a procedente, acrescentavam condições de diagnóstico de anencefalia especificadas pelo Ministro Celso de Mello; e contra os votos dos Senhores Ministros Ricardo Lewandowski e Cezar Peluso (Presidente), que a julgavam improcedente. Impedido o Senhor Ministro Dias Toffoli. Plenário, 12.04.2012. ADPF 54 – Relator Min. Marco Aurélio.

desigualdade, na medida das suas desigualdades". Esse tipo de igualdade confere um tratamento com justiça para aqueles que não a possuem.

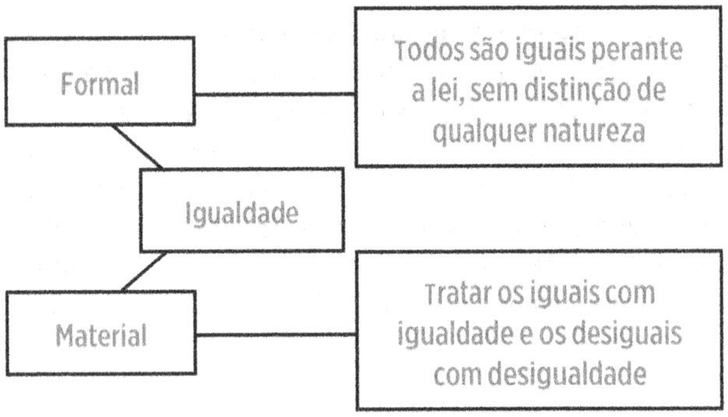

A igualdade formal é a regra utilizada pelo Estado para conferir um tratamento isonômico entre as pessoas. Contudo, por diversas vezes, um tratamento igualitário não consegue atender a todas as necessidades práticas. Faz-se necessária a utilização da igualdade em seu aspecto material para que se consiga produzir um verdadeiro tratamento isonômico.

Imaginemos as relações entre homens e mulheres. A regra é que homem e mulher são tratados da mesma forma conforme previsto no inciso I do Art. 5º:

> ***I.*** *Homens e mulheres são iguais em direitos e obrigações, nos termos desta Constituição;*

Contudo, em diversas situações, homens e mulheres serão tratados de forma diferente:

Licença-maternidade

Tem duração de 120 dias para a mulher. Para o homem, apenas 5 dias de licença-paternidade;

Aposentadoria

A mulher se aposenta 5 anos mais cedo que o homem;

Serviço Militar Obrigatório

Só o homem está obrigado.

Essas são algumas das situações em que são permitidos tratamentos desiguais entre as pessoas. As razões que justificam essa discriminação são as diferenças efetivas que existem entre os homens e as mulheres em cada uma das hipóteses. Exemplificando, a mulher tem mais tempo para se recuperar em razão da nítida distinção do desgaste feminino para o masculino no que tange ao parto. É indiscutível que, por mais desgastante que seja o nascimento de um filho para o pai, nada se compara ao sofrimento suportado pela mãe. Por essa razão, a licença-maternidade é maior que a licença-paternidade.

Igualdade nos Concursos Públicos

O tema diz respeito à igualdade nos concursos públicos. Seria possível restringir o acesso a um cargo público em razão do sexo de uma pessoa? Ou por causa de sua altura? Ou ainda, pela idade que possui?

Essas questões encontram a mesma resposta: sim! É possível, desde que os critérios discriminatórios preencham alguns requisitos:

Deve ser Fixado em Lei

Não basta que os critérios estejam previstos no edital, precisam estar previstos em lei, no seu sentido formal.

Deve ser Necessário ao Exercício do Cargo

O critério discriminatório deve ser necessário ao exercício do cargo. A título de exemplo: seria razoável exigir para um cargo de policial militar, altura mínima ou mesmo, idade máxima, que representam vigor físico, tendo em vista a natureza do cargo que exige tal condição. As mesmas condições não poderiam ser exigidas para um cargo de técnico judiciário, por não serem necessárias ao exercício do cargo.

Em suma, podem ser exigidos critérios discriminatórios desde que previstos em lei e que sejam necessários ao exercício do cargo, observados os critérios de proporcionalidade e razoabilidade.

Esse tema sempre tem sido alvo de questões em prova, principalmente sob o aspecto jurisprudencial. Veja este exemplo de questão:

Ações Afirmativas

Como formas de concretização da igualdade material foram desenvolvidas políticas públicas de compensação dirigidas às minorias sociais chamadas de **Ações Afirmativas ou Discriminações Positivas**. São verdadeiras ações de cunho social que visam a compensar possíveis perdas que determinados grupos sociais tiveram ao longo da história de suas vidas. Quem nunca ouviu falar nas "quotas para os pobres nas Universidades" ou ainda, "reserva de vagas para deficientes em concursos públicos"? Essas são algumas das espécies de ações afirmativas desenvolvidas no Brasil.

Mas por que reservar vagas para deficientes em concursos públicos? Ora, é óbvio que o deficiente, qualquer que seja sua deficiência, quando se prepara para um concurso público possui muito mais dificuldade que uma pessoa que tem a plenitude de seu vigor físico. Em razão dessa diferença, o Estado, na tentativa de reduzir a desigualdade existente entre os concorrentes, resolveu compensar a limitação de um portador de necessidades especiais reservando-lhe vagas especiais.

Perceba que, ao contrário do que parece, quando se reservam vagas num concurso público para deficientes estamos diante de um nítido tratamento discriminatório, que nesse caso é justificável pelas diferenças naturais entre o concorrente sadio e o concorrente deficiente. Lembre-se de que igualdade material é tratar iguais com igualdade e desiguais com desigualdade. O que se faz por meio dessas políticas de compensação é tratar os desiguais com desigualdade, na medida de suas desigualdades. Só dessa forma é possível alcançar um verdadeiro tratamento isonômico entre os candidatos.

Por fim, destaca-se o fato de o STF ter declarado constitucional a política de cotas étnico-raciais para seleção de estudantes em universidades públicas pacificando uma discussão antiga sobre esse tipo de ação afirmativa.

2.3 Direito à Liberdade

O direito à liberdade pertence à primeira geração de direitos fundamentais por expressarem os direitos mais ansiados pelos indivíduos como forma de defesa diante do Estado. O que se verá a seguir são algumas das acepções desse direito que podem ser cobradas em prova.

Liberdade de Ação

O inciso II do Art. 5º apresenta aquilo que a doutrina chama de liberdade de ação:

> ***II.*** *Ninguém será obrigado a fazer ou deixar de fazer alguma coisa senão em virtude de lei;*

Essa é a liberdade por excelência. Segundo o texto constitucional, a liberdade só pode ser restringida por lei. Por isso, dizemos que esse inciso também apresenta o **Princípio da Legalidade.**

A liberdade pode ser entendida de duas formas, a depender do destinatário da mensagem:

Para o particular

Para o particular, liberdade significa "fazer tudo que não for proibido".

Para o agente público

Para o agente público, liberdade significa "poder fazer tudo o que for determinado ou permitido pela lei".

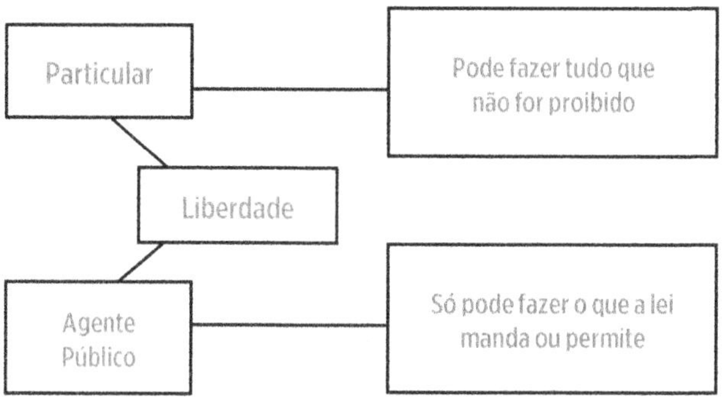

Liberdade de Locomoção

Uma das liberdades mais almejadas pelos indivíduos durante as lutas sociais é o grande carro-chefe na limitação dos poderes do Estado. O inciso XV do Art. 5º já diz:

> ***XV.*** *É livre a locomoção no território nacional em tempo de paz, podendo qualquer pessoa, nos termos da lei, nele entrar, permanecer ou dele sair com seus bens;*

Perceba-se que o direito explanado nesse inciso não possui caráter absoluto, haja vista ter sido garantido em tempo de paz. Isso significa que em momentos sem paz seriam possíveis restrições às liberdades de locomoção. Destaca-se o Estado de Sítio que pode ser decretado nos casos previstos no Art. 137 da Constituição Federal. Nessas circunstâncias, seriam possíveis maiores restrições à chamada liberdade de locomoção por meio de medidas autorizadas pela própria Constituição Federal:

> ***Art. 137.*** *O Presidente da República pode, ouvidos o Conselho da República e o Conselho de Defesa Nacional, solicitar ao Congresso Nacional autorização para decretar o estado de sítio nos casos de:*
>
> ***I.*** *Comoção grave de repercussão nacional ou ocorrência de fatos que comprovem a ineficácia de medida tomada durante o estado de defesa;*
>
> ***II.*** *Declaração de estado de guerra ou resposta a agressão armada estrangeira.*
>
> ***Art. 139.*** *Na vigência do estado de sítio decretado com fundamento no Art. 137, I, só poderão ser tomadas contra as pessoas as seguintes medidas:*
>
> ***I.*** *Obrigação de permanência em localidade determinada;*
>
> ***II.*** *Detenção em edifício não destinado a acusados ou condenados por crimes comuns;*

Outro ponto interessante refere-se à possibilidade de qualquer pessoa entrar, permanecer ou sair do país com seus bens. Esse direito também não pode ser encarado de forma absoluta, haja vista a possibilidade de se exigir declaração de bens ou pagamento de imposto quando da entrada no país com bens. Nesse caso, liberdade de locomoção não se confunde com imunidade tributária.

Caso a liberdade de locomoção seja restringida por ilegalidade ou abuso de poder, a Constituição reservou um poderoso instrumento garantidor, o chamado ***Habeas Corpus.***

> ***Art. 5º****, LXVIII. conceder-se-á "Habeas Corpus" sempre que alguém sofrer ou se achar ameaçado de sofrer violência ou coação em sua liberdade de locomoção, por ilegalidade ou abuso de poder;*

Liberdade de Pensamento

Essa liberdade serve de amparo para uma série de possibilidades no que tange ao pensamento. Assim como os demais direitos fundamentais, a manifestação do pensamento não possui caráter absoluto, sendo restringido pela própria Constituição Federal, que proíbe seu exercício de forma anônima:

> ***Art. 5º****, IV. É livre a manifestação do pensamento, sendo vedado o anonimato;*

A vedação ao anonimato, além de ser uma garantia ao exercício da manifestação do pensamento, possibilita o exercício do direito de resposta caso alguém seja ofendido.

Sobre Denúncia Anônima, é importante fazer uma observação. Diante da vedação constitucional ao anonimato, poder-se-ia imaginar que essa ferramenta de combate ao crime fosse considerada inconstitucional. Contudo, não tem sido esse o entendimento do STF. A denúncia anônima pode até ser utilizada como ferramenta de comunicação do crime, mas não pode servir como amparo para a instauração do Inquérito Policial, muito menos como fundamento para condenação de quem quer que seja.

Liberdade de Consciência e Crença Religiosa

Uma primeira pergunta deve ser feita acerca da liberdade religiosa em nosso país: qual a religião oficial do Brasil? A única resposta possível: é nenhuma. A liberdade religiosa do Estado brasileiro é incompatível com a existência de uma religião oficial. É o que apresenta o inciso VI do Art. 5º:

> ***VI.*** *É inviolável a liberdade de consciência e de crença, sendo assegurado o livre exercício dos cultos religiosos e garantida, na forma da lei, a proteção aos locais de culto e a suas liturgias;*

Esse inciso marca a liberdade religiosa existente no Brasil. Por esse motivo, dizemos que o Brasil é um Estado laico, leigo ou não confessional. Isso significa, basicamente, que no Brasil existe uma relação de separação entre Estado e Igreja. Essa relação entre o Estado e a Igreja encontra, inclusive, vedação expressa no texto constitucional:

> ***Art. 19.*** *É vedado à União, aos Estados, ao Distrito Federal e aos Municípios:*
>
> ***I.*** *Estabelecer cultos religiosos ou igrejas, subvencioná-los, embaraçar-lhes o funcionamento ou manter com eles ou seus representantes relações de dependência ou aliança, ressalvada, na forma da lei, a colaboração de interesse público;*

Por causa da liberdade religiosa, é possível exercer qualquer tipo de crença no país. É possível ser católico, protestante, mulçumano, ateu ou satanista. Isso é liberdade de crença ou consciência.

Liberdade de crer ou não crer. Perceba que o inciso VI, além de proteger as crenças e cultos, também protege as suas liturgias. Apesar do amparo constitucional, não se pode utilizar esse direito para praticar atos contrários às demais normas do direito brasileiro como, por exemplo, sacrificar seres humanos como forma de prestar culto a determinada divindade. Isso a liberdade religiosa não ampara.

Outro dispositivo importante é o previsto no inciso VII:

> ***VII.*** *É assegurada, nos termos da lei, a prestação de assistência religiosa nas entidades civis e militares de internação coletiva;*

Nese inciso, a Constituição Federal garantiu a assistência religiosa nas entidades de internação coletivas, sejam elas civis ou militares. Entidades de internação coletivas são quartéis, hospitais ou hospícios. Em razão dessa garantia constitucional, é comum encontrarmos nesses estabelecimentos capelas para que o direito seja exercido.

Apesar da importância dos dispositivos analisados anteriormente, nenhum é mais cobrado em prova que o inciso VIII:

> ***VIII.*** *Ninguém será privado de direitos por motivo de crença religiosa ou de convicção filosófica ou política, salvo se as invocar para eximir-se de obrigação legal a todos imposta e recusar-se a cumprir prestação alternativa, fixada em lei;*

Estamos diante do instituto da ***Escusa de Consciência.*** Esse direito permite a qualquer pessoa que, em razão de sua crença ou consciência, deixe de cumprir uma obrigação imposta sem que com isso sofra alguma consequência em seus direitos. Tal permissivo constitucional encontra uma limitação prevista expressamente no texto em análise. No caso de uma obrigação imposta a todos, se o indivíduo recusar-se ao seu cumprimento, ser-lhe-á oferecida uma prestação alternativa. Não a cumprindo também, a Constituição permite que direitos sejam restringidos. O Art. 15 prescreve que os direitos restringidos serão os direitos políticos:

> ***Art. 15.*** *É vedada a cassação de direitos políticos, cuja perda ou suspensão só se dará nos casos de:*
>
> ***IV.*** *Recusa de cumprir obrigação a todos imposta ou prestação alternativa, nos termos do Art. 5º, VIII;*

Liberdade de Reunião

Acerca dessa liberdade, é importante ressaltar as condições estabelecidas pelo texto constitucional:

> ***XVI.*** *Todos podem reunir-se pacificamente, sem armas, em locais abertos ao público, independentemente de autorização, desde que não frustrem outra reunião anteriormente convocada para o mesmo local, sendo apenas exigido prévio aviso à autoridade competente;*

Enumerando-as, de forma a facilitar o estudo, tem-se que as condições estabelecidas para o exercício do direito à reunião são:

Reunião Pacífica

Não se legitima uma reunião que tenha fins não pacíficos;

Sem Armas

Para evitar a violência ou coação por meio de armas;

Locais Abertos ao Público

Encontra-se subentendida a reunião em local fechado;

Independente de Autorização

Não precisa de autorização;

Necessidade de Prévio Aviso

Precisa de prévio aviso;

Não Frustrar outra Reunião convocada Anteriormente para o Mesmo Local

Garantia de isonomia no exercício do direito prevalecendo o de quem exerceu primeiro.

Sobre o exercício da liberdade de reunião é importante saber que ele não depende de autorização, mas necessita de prévio aviso.

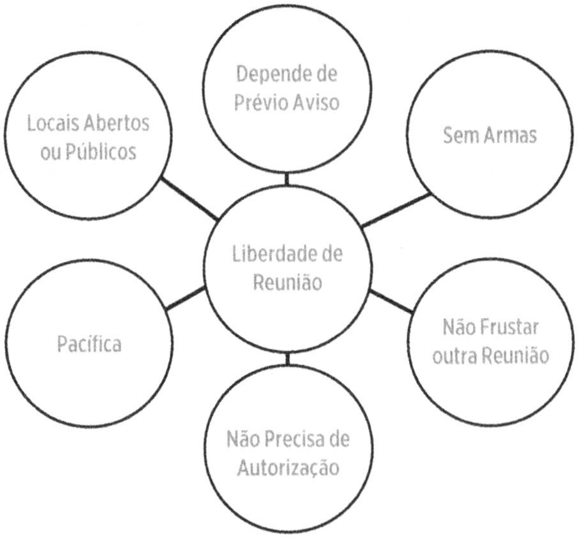

Outro ponto que já foi alvo de questão de prova é a possibilidade de restrição desse direito no Estado de Sítio e no Estado de Defesa. O problema está na distinção entre as limitações que podem ser adotadas em cada uma das medidas:

> ***Art. 136,*** *§ 1º - O decreto que instituir o estado de defesa determinará o tempo de sua duração, especificará as áreas a serem abrangidas e indicará, nos termos e limites da lei, as medidas coercitivas a vigorarem, dentre as seguintes:*
>
> ***I.*** *Restrições aos direitos de:*
>
> ***a)*** *reunião, ainda que exercida no seio das associações;*
>
> ***Art. 139.*** *Na vigência do estado de sítio decretado com fundamento no Art. 137, I, só poderão ser tomadas contra as pessoas as seguintes medidas:*
>
> ***IV.*** *Suspensão da liberdade de reunião;*

Ao passo que no Estado de Defesa ocorrerão restrições ao direito de reunião, no Estado de Sítio ocorrerá a suspensão desse direito.

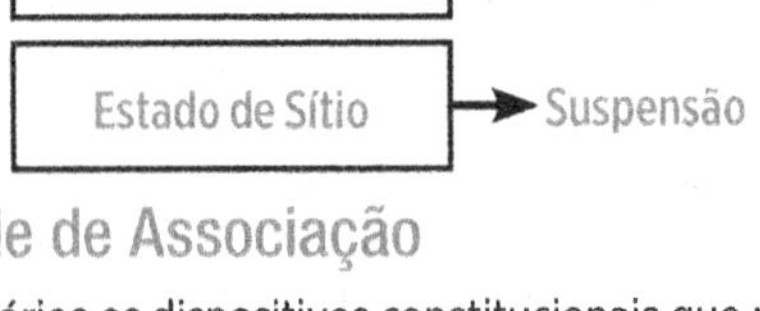

Liberdade de Associação

São vários os dispositivos constitucionais que regulam a liberdade de associação:

> ***XVII.*** *É plena a liberdade de associação para fins lícitos, vedada a de caráter paramilitar;*
>
> ***XVIII.*** *A criação de associações e, na forma da lei, a de cooperativas independem de autorização, sendo vedada a interferência estatal em seu funcionamento;*
>
> ***XIX.*** *As associações só poderão ser compulsoriamente dissolvidas ou ter suas atividades suspensas por decisão judicial, exigindo-se, no primeiro caso, o trânsito em julgado;*

XX. Ninguém poderá ser compelido a associar-se ou a permanecer associado;

XXI. As entidades associativas, quando expressamente autorizadas, têm legitimidade para representar seus filiados judicial ou extrajudicialmente;

O primeiro ponto que dever ser lembrado é que a liberdade de associação só poderá ser usufruída para fins lícitos sendo proibida a criação de associação paramilitar.

Entende-se como associação de caráter paramilitar toda organização paralela ao Estado, sem legitimidade, com estrutura e organização tipicamente militar. São as facções criminosas, milícias ou qualquer outra organização que possua fins ilícitos e alheios aos do Estado.

Destaca-se, com a mesma importância para sua prova, a dispensa de autorização e interferência estatal no funcionamento e criação das associações.

Maior destaque deve ser dado ao inciso XIX, que condiciona qualquer limitação às atividades associativas a uma decisão judicial. As associações podem ter suas atividades suspensas ou dissolvidas. Em qualquer um dos casos deve haver decisão judicial. No caso da dissolução, por ser uma medida mais grave, não basta qualquer decisão judicial, tem que ser transitada em julgado. Isso significa uma decisão definitiva, à qual não caiba mais recurso.

O inciso XX tutela a chamada Liberdade Associativa, pela qual ninguém será obrigado a se associar ou mesmo a permanecer associado a qualquer entidade associativa.

Por fim, temos o inciso XXI, que permite às associações que representem seus associados tanto na esfera judicial quanto na administrativa desde que possuam expressa autorização. Expressa autorização significa por escrito, por meio de instrumento legal que comprove a autorização.

Vale destacar que, para suspender as atividades de uma associação, basta qualquer decisão judicial; para dissolver, tem que haver decisão judicial transitada em julgado.

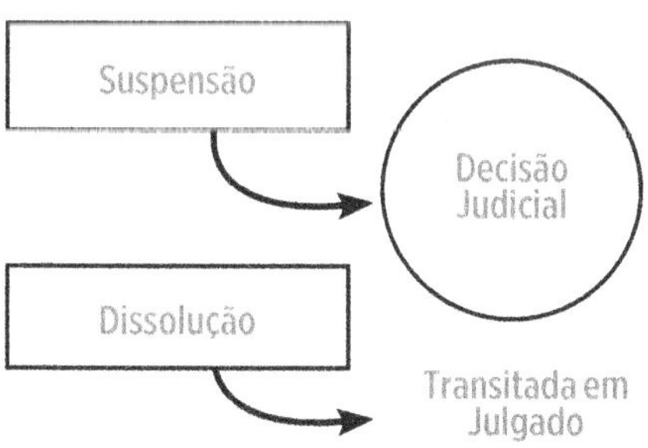

Questões

01. (FCC) No tocante aos Direitos e Deveres Individuais e Coletivos, é correto afirmar que:

a) É livre a expressão da atividade intelectual, artística, científica e de comunicação, independentemente de censura ou licença.

b) Constitui crime afiançável e prescritível a ação de grupos armados, civis ou militares, contra a ordem constitucional e o Estado Democrático.

c) A prisão de qualquer pessoa e o local onde se encontre serão comunicados ao juiz competente após cinco dias de sua prisão.

d) É proibida a prestação de assistência religiosa nas entidades militares de internação coletiva.

e) Ninguém será privado de direitos por motivo de crença religiosa ou de convicção filosófica ou política, sendo lícito invocá-las para eximir-se de obrigação legal a todos imposta.

02. (FCC) Dentre outros, a Constituição Federal estabelece como direito e dever individual e coletivo que:

a) A prática do racismo constitui crime afiançável e prescritível, sujeito à pena de detenção, nos termos da lei.

b) A expressão da atividade intelectual, científica e de comunicação depende, em qualquer hipótese, de censura ou licença da autoridade competente.

c) A criação de cooperativas depende de lei específica e o seu funcionamento, de autorização do poder executivo estadual.

d) As entidades associativas, quando expressamente autorizadas, têm legitimidade para representar seus filiados judicial ou extrajudicialmente.

e) É plena a liberdade de associação, inclusive de caráter religioso e paramilitar de segurança.

03. (FCC) No tocante aos Direitos e Deveres Individuais e Coletivos, considere as seguintes assertivas:

I. É plena a liberdade de associação para fins lícitos, permitida a de caráter paramilitar.

II. A criação de associações e, na forma da lei, a de cooperativas dependem de autorização.

III. As associações só poderão ser compulsoriamente dissolvidas por decisão administrativa.

IV. No caso de iminente perigo público, a autoridade competente poderá usar de propriedade particular, assegurada ao proprietário indenização ulterior, se houver dano.

V. São assegurados, nos termos da lei, a proteção às participações individuais em obras coletivas e à reprodução da imagem e voz humanas, inclusive nas atividades desportivas.

Está correto o que se afirma apenas em:

a) I e II.
b) I, II e III.
c) I, IV e V.
d) II, III e IV.
e) IV e V.

04. (Cespe) A CF assegura a todos o direito de reunião pacífica em locais abertos ao público, desde que mediante autorização prévia da autoridade competente e que não se frustre outra reunião prevista para o mesmo local.

Certo ( ) Errado ( )

05. (Cespe) Uma associação já constituída somente poderá ser compulsoriamente dissolvida mediante decisão judicial transitada em julgado, na hipótese de ter finalidade ilícita.

Certo ( ) Errado ( )

Gabaritos

01	A	**04**	ERRADO
02	D	**05**	CERTO
03	E		

3. DIREITOS FUNDAMENTAIS - DIREITOS E DEVERES INDIVIDUAIS E COLETIVOS

3.1 Direito à Propriedade

Quando se fala em direito à propriedade, alguns atributos que lhe são inerentes aparecem imediatamente. Propriedade é a faculdade que uma pessoa tem de usar, gozar dispor de um bem. O texto constitucional garante esse direito de forma expressa:

> ***Art. 5º**, XXII. É garantido o direito de propriedade.*

Apesar de esse direito aparentar possuir um caráter absoluto, quando se investiga mais a fundo esse tema, percebe-se que ele possui vários limitadores no próprio texto constitucional. E é isso que se passa a analisar agora.

Limitações

Dentre as limitações existentes na Constituição, estão:

Função Social

A Constituição exige em seu Art. 5º que a propriedade atenda a sua função social:

> ***XXIII.** A propriedade atenderá a sua função social;*

Isso significa que a propriedade não é tão individual quanto pensamos. A necessidade de observância da função social demonstra que a propriedade é muito mais que uma titularidade privada. Esse direito possui reflexos em toda a sociedade. É só imaginar uma propriedade imóvel, um terreno urbano, que, apesar de possuir um proprietário, fica abandonado. Cresce o mato, as pessoas começam a jogar lixo naquele lugar, alguns criminosos começam a utilizar aquele ambiente para prática de atividades ilícitas. Veja quantas coisas podem acontecer numa propriedade e que importarão em consequências gravosas para o meio social mais próximo. É por isso que a propriedade tem que atender a sua função social.

Requisição Administrativa

Consta no inciso XXV do Art. 5º:

> ***XXV.** No caso de iminente perigo público, a autoridade competente poderá usar de propriedade particular, assegurada ao proprietário indenização ulterior, se houver dano;*

Essa é a chamada Requisição Administrativa. Esse instituto permite que a propriedade seja limitada pela necessidade de se solucionar situação de perigo público. Não se trata de uma forma de desapropriação, pois o dono da propriedade requisitada não a perde, apenas a empresta para uso público, sendo garantido, posteriormente, havendo dano, direito a indenização. Esse instituto limita o caráter absoluto da propriedade.

Desapropriação

É a perda da propriedade. Esse é o limitador por excelência do direito, restringindo o caráter perpétuo da propriedade. A seguir, estão exemplificadas as três modalidades de desapropriação:

Desapropriação pelo Mero Interesse Público

Essa modalidade é utilizada pelo Estado quando o interesse social ou a utilidade pública prevalecem sobre o direito individual. Nesse tipo de desapropriação, destaca-se que o proprietário nada fez para merecê-la, contudo, o interesse público exige que determinada área seja desapropriada. É o caso de construção de uma rodovia que exige a desapropriação de várias propriedades para o asfaltamento da via. Conforme o texto da Constituição:

> ***XXIV.** A lei estabelecerá o procedimento para desapropriação por necessidade ou utilidade pública, ou por interesse social, mediante justa e prévia indenização em dinheiro, ressalvados os casos previstos nesta Constituição;*

Deve ser destacado que essa modalidade de desapropriação gera direito à indenização, que deve ser paga em dinheiro, previamente e com valor justo.

Desapropriação-sanção

Nesta modalidade, o proprietário, por algum motivo, não observou a função social da propriedade. Por esse motivo, é chamada de Desapropriação-sanção, haja vista ser uma verdadeira punição. Segundo a CF, essa desapropriação gera direito à indenização, que deverá ser paga em títulos da dívida pública ou agrária. Segundo os Art. 182, § 4º, III e 184 da Constituição:

> ***Art. 182**, § 4º - É facultado ao Poder Público municipal, mediante lei específica para área incluída no plano diretor, exigir, nos termos da lei federal, do proprietário do solo urbano não edificado, subutilizado ou não utilizado, que promova seu adequado aproveitamento, sob pena, sucessivamente, de:*
>
> ***I.** Parcelamento ou edificação compulsórios;*
>
> ***II.** Imposto sobre a propriedade predial e territorial urbana progressivo no tempo;*
>
> ***III.** Desapropriação com pagamento mediante títulos da dívida pública de emissão previamente aprovada pelo Senado Federal, com prazo de resgate de até dez anos, em parcelas anuais, iguais e sucessivas, assegurados o valor real da indenização e os juros legais.*
>
> ***Art. 184.** Compete à União desapropriar por interesse social, para fins de reforma agrária, o imóvel rural que não esteja cumprindo sua função social, mediante prévia e justa indenização em títulos da dívida agrária, com cláusula de preservação do valor real, resgatáveis no prazo de até vinte anos, a partir do segundo ano de sua emissão, e cuja utilização será definida em lei.*

Desapropriação Confiscatória

Por último, tem-se essa modalidade prevista no Art. 243 da Constituição:

> ***Art. 243.** As propriedades rurais e urbanas de qualquer região do País onde forem localizadas culturas ilegais de plantas psicotrópicas ou a exploração de trabalho escravo na forma da lei serão expropriadas e destinadas à reforma agrária e a programas de habitação popular, sem qualquer indenização ao proprietário e sem prejuízo de outras sanções previstas em lei, observado, no que couber, o disposto no Art. 5º. (Redação dada pela Emenda Constitucional nº 81, de 2014)*
>
> ***Parágrafo único.** Todo e qualquer bem de valor econômico apreendido em decorrência do tráfico ilícito de entorpecentes e drogas afins e da exploração de trabalho escravo será confiscado e reverterá a fundo especial com destinação específica, na forma da lei. (Redação dada pela Emenda Constitucional nº 81, de 2014)*

É a desapropriação que ocorre com a propriedade utilizada para cultivo de plantas psicotrópicas. Nesse caso, não haverá indenização, mas o proprietário poderá ser processado pela prática de ilícito penal.

Bem de Família

A Constituição consagra uma forma de proteção às pequenas propriedades rurais chamada de Bem de Família:

> ***XXVI.*** *A pequena propriedade rural, assim definida em lei, desde que trabalhada pela família, não será objeto de penhora para pagamento de débitos decorrentes de sua atividade produtiva, dispondo a lei sobre os meios de financiar o seu desenvolvimento;*

O mais importante para prova é atentar para os requisitos estabelecidos no inciso, quais sejam:

Pequena Propriedade Rural

Não se trata de qualquer propriedade.

Definida em Lei

Não em outra espécie normativa.

Trabalhada pela Família

Não por qualquer pessoa.

Débitos Decorrentes da Atividade Produtiva

Não por qualquer débito.

Propriedade Imaterial

Além das propriedades sobre bens materiais, a Constituição também consagra normas de proteção sobre a propriedade de bens imateriais. São duas as propriedades consagradas: autoral e industrial.

A propriedade autoral encontra-se protegida nos incisos XXVII e XXVIII do Art. 5º:

> ***XXVII.*** *Aos autores pertence o direito exclusivo de utilização, publicação ou reprodução de suas obras, transmissível aos herdeiros pelo tempo que a lei fixar;*
>
> ***XXVIII.*** *São assegurados, nos termos da lei:*
>
> ***a)*** *a proteção às participações individuais em obras coletivas e à reprodução da imagem e voz humanas, inclusive nas atividades desportivas;*
>
> ***b)*** *o direito de fiscalização do aproveitamento econômico das obras que criarem ou de que participarem aos criadores, aos intérpretes e às respectivas representações sindicais e associativas;*

Já a propriedade industrial encontra-se protegida no inciso XXIX:

> ***XXIX.*** *A lei assegurará aos autores de inventos industriais privilégio temporário para sua utilização, bem como proteção às criações industriais, à propriedade das marcas, aos nomes de empresas e a outros signos distintivos, tendo em vista o interesse social e o desenvolvimento tecnológico e econômico do País;*

Uma relação muito interessante entre a propriedade autoral e a industrial está no tempo de proteção previsto na Constituição. Observe-se que na propriedade autoral o direito do autor é vitalício, tendo em vista a previsão de possibilidade de transmissão desses direitos aos herdeiros. Contudo, quando nas mãos dos sucessores, a proteção será pelo tempo que a lei fixar, ou seja, temporário.

Já na propriedade industrial, a proteção do próprio autor já possui caráter temporário.

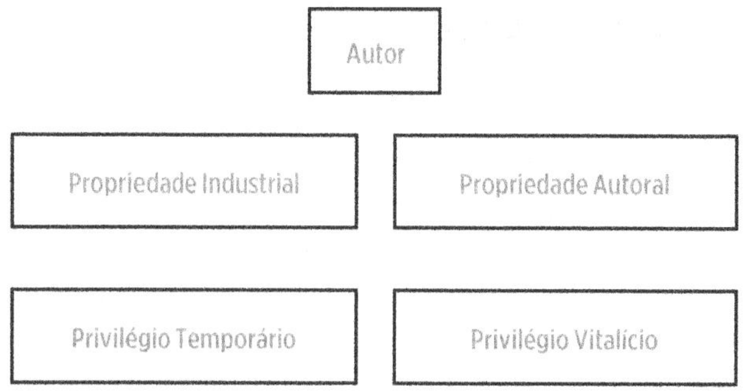

Direito à Herança

De nada adiantaria tanta proteção à propriedade se esse bem jurídico não pudesse ser transmitido por meio da sucessão de bens aos herdeiros após a morte. O direito à herança, consagrado expressamente na Constituição, traduz-se no coroamento do direito de propriedade. É a grande força motriz desse direito. Só faz sentido ter direito à propriedade se esse direito possa ser transferido aos herdeiros.

> ***XXX.*** *É garantido o direito de herança;*
>
> ***XXXI.*** *A sucessão de bens de estrangeiros situados no País será regulada pela lei brasileira em benefício do cônjuge ou dos filhos brasileiros, sempre que não lhes seja mais favorável a lei pessoal do de cujus;*

Destaque especial deve ser dado ao inciso XXXI, que prevê a possibilidade de aplicação de lei estrangeira no país em casos de sucessão de bens de pessoa estrangeira desde que esses bens estejam situados no Brasil. A Constituição Federal permite que seja aplicada a legislação mais favorável aos herdeiros, quer seja a lei brasileira, quer seja a lei estrangeira.

3.2 Direito à Segurança

Ao se referir à segurança como direito individual, o Art. 5º pretende significar "segurança jurídica"que trata de normas de pacificação social e que produzem uma maior segurança nas relações sociais. Esse é o ponto alto dos direitos individuais. Sem dúvida, aqui está a maior quantidade de questões cobradas em prova.

Princípio da Segurança nas Relações Jurídicas

Este princípio tem como objetivo garantir a estabilidade das relações jurídicas. Veja o que diz a Constituição:

> ***XXXVI.*** *A lei não prejudicará o direito adquirido, o ato jurídico perfeito e a coisa julgada;*

Os três institutos aqui protegidos encontram seu conceito formalizado na ***Lei de Introdução às normas do Direito Brasileiro.***

> ***Art. 6º***, *§ 1º - Reputa-se ato jurídico perfeito o já consumado segundo a lei vigente ao tempo em que se efetuou.*

> ***§ 2º*** *- Consideram-se adquiridos assim os direitos que o seu titular, ou alguém por ele, possa exercer, como aqueles cujo começo do exercício tenha termo pré-fixo, ou condição pré-estabelecida inalterável, a arbítrio de outrem.*
>
> ***§ 3º*** *- Chama-se coisa julgada ou caso julgado a decisão judicial de que já não caiba recurso.*

Em linhas gerais, pode-se assim conceituá-los:

Direito Adquirido

Direito já incorporado ao patrimônio do titular;

Ato Jurídico Perfeito

Ato jurídico que já atingiu seu fim. Ato jurídico acabado, aperfeiçoado, consumado;

Coisa Julgada

Sentença judicial transitada em julgado. Aquela sentença em relação à qual não cabe mais recurso.

De uma coisa não se pode esquecer: a proibição de retroatividade da lei nos casos aqui estudados não se aplica às leis mais benéficas, ou seja, uma lei mais benéfica poderá produzir efeitos em relação ao direito adquirido, ao ato jurídico perfeito e à coisa julgada.

Devido Processo Legal

O devido processo legal possui como objetivo principal limitar o poder do Estado. Esse princípio condiciona a restrição da liberdade ou dos bens de um indivíduo à existência de um procedimento estatal que respeite todos os direitos e garantias processuais previstos na lei. É o que diz o inciso LIV do Art. 5º:

> ***LIV.*** *Ninguém será privado da liberdade ou de seus bens sem o devido processo legal;*

A exigência constitucional de existência de processo aplica-se tanto aos processos judiciais quanto aos procedimentos administrativos.

Desse princípio, surge a garantia constitucional à **proporcionalidade** e **razoabilidade.** Da mesma forma, é durante o devido processo legal que poderão ser exercidos os direitos ao contraditório e à ampla defesa, que serão analisados a seguir.

Contraditório e Ampla Defesa

Essas garantias constitucionais, conforme já salientado, decorrem do Devido Processo Legal. São utilizadas como ferramenta de defesa diante das acusações impostas pelo Estado ou por um particular nos processos judiciais e administrativos:

> ***LV.*** *Aos litigantes, em processo judicial ou administrativo, e aos acusados em geral são assegurados o contraditório e ampla defesa, com os meios e recursos a ela inerentes;*

Mas o que significam o contraditório e a ampla defesa?

Contraditório é o direito de contradizer, contrariar, contraditar. Se alguém diz que você é ou fez alguma coisa, o contraditório lhe permite dizer que não é e que não fez o que lhe foi imputado. É simplesmente o direito de contrariar. Já a ampla defesa é a possibilidade de utilização de todos os meios admitidos em direito para se defender de uma acusação.

Em regra, o contraditório e a ampla defesa são garantidos em todos os processos judiciais ou administrativos, contudo, a legislação brasileira previu alguns procedimentos administrativos incompatíveis com o exercício desse direito:

- Inquérito Policial;
- Sindicância Investigativa;
- Inquérito Civil.

Em suma, nos procedimentos investigatórios que não possuem o condão de punir o investigado não serão garantidos o contraditório e a ampla defesa.

Observem-se as Súmulas Vinculantes do Supremo Tribunal Federal que versam sobre esse tema:

> ***SV 3.*** *Nos processos perante o Tribunal de Contas da União asseguram-se o contraditório e a ampla defesa quando da decisão puder resultar anulação ou revogação de ato administrativo que beneficie o interessado, excetuada a apreciação da legalidade do ato de concessão inicial de aposentadoria, reforma e pensão.*
>
> ***SV 5.*** *A falta de defesa técnica por advogado no processo administrativo disciplinar não ofende a Constituição.*
>
> ***SV 14.*** *É direito do defensor, no interesse do representado, ter acesso amplo aos elementos de prova que, já documentados em procedimento investigatório realizado por órgão com competência de polícia judiciária, digam respeito ao exercício do direito de defesa.*
>
> ***SV 21.*** *É inconstitucional a exigência de depósito ou arrolamento prévios de dinheiro ou bens para admissibilidade de recurso administrativo.*

Proporcionalidade e Razoabilidade

Eis uma garantia fundamental que não está expressa no texto constitucional apesar de ser um dos institutos mais utilizados pelo Supremo em suas decisões atuais. Trata-se de um princípio implícito, cuja fonte é o Princípio do Devido Processo Legal. Esses dois institutos jurídicos são utilizados como parâmetro de ponderação quando adotadas medidas pelo Estado, principalmente no que tange à restrição de bens e direitos dos indivíduos. Duas palavras esclarecem o sentido dessas garantias: necessidade e adequação.

Para saber se um ato administrativo observou os critérios de proporcionalidade e razoabilidade, deve-se questionar se o ato foi necessário e se foi adequado à situação.

Para exemplificar, imaginemos que um determinado fiscal sanitário, ao inspecionar um supermercado, depara-se com um pote de iogurte com a data de validade vencida há um dia. Imediatamente, ele prende o dono do mercado, dá dois tiros para cima, realiza revista manual em todos os clientes e funcionários do mercado e aplica uma multa de dois bilhões de reais. Pergunta-se: será que a medida adotada pelo fiscal foi necessária? Foi adequada? Certamente que não. Logo, a medida não observou os princípios da razoabilidade e proporcionalidade.

É importante deixar claro que os princípios da proporcionalidade e da razoabilidade estão implícitos no texto constitucional, ou seja, não estão previstos expressamente.

Inadmissibilidade das Provas Ilícitas

Uma das garantias mais importantes do direito brasileiro é a inadmissibilidade das provas ilícitas. Encontra-se previsto expressamente no inciso LVI do Art. 5º:

> ***LVI.*** *São inadmissíveis, no processo, as provas obtidas por meios ilícitos.*

Em razão dessa garantia, é proibida a produção de provas ilícitas num processo sob pena de nulidade processual. Em regra, a prova ilícita produz nulidade de tudo o que a ela estiver relacionado. Esse efeito decorre da chamada Teoria dos Frutos da Árvore Envenenada. Segundo a teoria, se a árvore está envenenada, os frutos também o serão. Se uma prova foi produzida de forma ilícita, as demais provas dela decorrentes também serão ilícitas (ilicitude por derivação). Contudo, deve-se ressaltar que essa teoria é aplicada de forma restrita no direito brasileiro, ou seja, encontrada uma prova ilícita num processo, não significa que todo o processo será anulado, mas apenas os atos e demais provas que decorreram direta ou indiretamente daquela produzida de forma ilícita.

Caso existam provas autônomas produzidas em conformidade com a lei, o processo deve prosseguir ainda que tenham sido encontradas e retiradas as provas ilícitas. Logo, é possível afirmar que a existência de uma prova ilícita no processo não anula de pronto todo o processo.

Deve-se destacar, ainda, a única possibilidade já admitida de prova ilícita nos tribunais brasileiros: a produzida em legítima defesa.

Inviolabilidade Domiciliar

Essa garantia protege o indivíduo em seu recinto mais íntimo: a casa. A Constituição diz:

> ***XI.*** *A casa é asilo inviolável do indivíduo, ninguém nela podendo penetrar sem consentimento do morador, salvo em caso de flagrante delito ou desastre, ou para prestar socorro, ou, durante o dia, por determinação judicial.*

Como regra, só se pode entrar na casa de uma pessoa com o seu consentimento. Excepcionalmente, a Constituição Federal admite a entrada sem consentimento do morador nos casos de:

- Flagrante delito;
- Desastre;
- Prestar socorro ;
- Determinação Judicial – só durante o dia.

No caso de determinação judicial, a entrada se dará apenas durante o dia. Nos demais casos, a entrada será permitida a qualquer hora.

Alguns conceitos importantes: o que é casa? O que pode ser entendido como casa para efeito de inviolabilidade? A jurisprudência tem interpretado o conceito de casa de forma ampla, em consonância com o disposto nos Arts. 245 e 246 do Código de Processo Penal:

> ***Art. 245.*** *As buscas domiciliares serão executadas de dia, salvo se o morador consentir que se realizem à noite, e, antes de penetrarem na casa, os executores mostrarão e lerão o mandado ao morador, ou a quem o represente, intimando-o, em seguida, a abrir a porta.*
>
> ***Art. 246.*** *Aplicar-se-á também o disposto no artigo anterior, quando se tiver de proceder a busca em compartimento habitado ou em aposento ocupado de habitação coletiva ou em compartimento não aberto ao público, onde alguém exercer profissão ou atividade.*

O STF já considerou como casa, para efeitos de inviolabilidade, oficina mecânica, quarto de hotel ou escritório profissional.

Outra questão relevante é saber o que é dia? Dois são os posicionamentos adotados na doutrina:

Das 6h às 18h;

Da aurora ao crepúsculo.

Segundo a jurisprudência, isso deve ser resolvido no caso concreto, tendo em vista variação de fusos horários existentes em nosso país, bem como a ocorrência do "Horário de Verão". Na prática, é possível entrar na casa independentemente do horário, desde que seja durante o dia.

Veja esta questão da FCC sobre o tema:

Casa – Asilo Inviolável

Princípio da Inafastabilidade da Jurisdição

Esse princípio, também conhecido como Princípio do Livre Acesso ao Poder Judiciário ou Direito de Ação, garante, nos casos de necessidade, o acesso direto ao poder judiciário. Também, decorre desse princípio a ideia de que não é necessário o esgotamento das vias administrativas para ingressar com uma demanda no Poder Judiciário. Assim prevê a Constituição Federal:

> ***XXXV.*** *A lei não excluirá da apreciação do Poder Judiciário lesão ou ameaça a direito;*

Perceba que a proteção possui sentido duplo: lesão ou ameaça à lesão. Significa dizer que a garantia pode ser utilizada tanto de forma preventiva como de forma repressiva. Tanto para prevenir a ofensa a direito como para reprimir a ofensa já cometida.

Quanto ao acesso ao Judiciário independentemente do esgotamento das vias administrativas, há algumas peculiaridades previstas na legislação brasileira:

Justiça Desportiva

A Constituição Federal prevê no Art. 217:

> ***Art. 217****, § 1º - O Poder Judiciário só admitirá ações relativas à disciplina e às competições desportivas após esgotarem-se as instâncias da justiça desportiva, regulada em lei.*

Ou seja, o acesso ao Poder Judiciário está condicionado ao esgotamento das vias administrativas.

Compromisso Arbitral

A Lei 9.307/96 prevê que as partes, quando em discussão patrimonial, poderão optar pela arbitragem como forma de resolução de conflito.

Não se trata de uma instância administrativa de curso forçado, mas de uma opção facultada às partes.

Habeas Data

O Art. 8º da Lei 9.507/97 exige, para impetração do Habeas Data, a comprovação da recusa ao acesso a informação. Parte da doutrina não considera isso como exigência de prévio esgotamento da via administrativa, mas condição da ação. Veja-se a súmula nº 2 do STJ:

> ***Súm. 2.*** *Não cabe "Habeas Data" se não houve recusa de informações por parte da autoridade administrativa.*

Reclamação Constitucional

O Art. 7º, § 1º da Lei 11.417/2006, que regula a edição de Súmulas Vinculantes, prevê que só será possível a Reclamação Constitucional nos casos de omissão ou ato da administração pública que contrarie ou negue vigência à Súmula Vinculante, após o esgotamento das vias administrativas.

Gratuidade das Certidões de Nascimento e de Óbito

A Constituição traz expressamente que:

> ***LXXVI.*** *São gratuitos para os reconhecidamente pobres, na forma da lei:*
>
> ***a)*** *o registro civil de nascimento;*
>
> ***b)*** *a certidão de óbito;*

Observe-se que o texto Constitucional condiciona o benefício da gratuidade do registro de nascimento e da certidão de óbito apenas para os reconhecidamente pobres. Entretanto, a Lei nº 6.015/73 prevê que:

> ***Art. 30.*** *Não serão cobrados emolumentos pelo registro civil de nascimento e pelo assento de óbito, bem como pela primeira certidão respectiva.*
>
> ***§ 1º*** *- Os reconhecidamente pobres estão isentos de pagamento de emolumentos pelas demais certidões extraídas pelo cartório de registro civil.*

Perceba que essa lei amplia o benefício garantido na Constituição para todas as pessoas no que tange ao registro e à aquisição da primeira certidão de nascimento e de óbito. Quanto às demais vias, só serão garantidas aos reconhecidamente pobres. Deve-se ter cuidado com essa questão em prova, pois deve ser levado em conta se a pergunta tem como referência a Constituição ou não.

Celeridade Processual

Traz o texto constitucional:

> ***LXXVIII.*** *A todos, no âmbito judicial e administrativo, são assegurados a razoável duração do processo e os meios que garantam a celeridade de sua tramitação.*

Essa é a garantia da celeridade processual. Decorre do Princípio da Eficiência que obriga o Estado a prestar assistência em tempo razoável. Celeridade quer dizer rapidez, mas uma rapidez com qualidade. Esse princípio é aplicável nos processos judiciais e administrativos, visa dar maior efetividade a prestação estatal. Deve-se garantir o direito antes que o seu beneficiário deixe de precisar. Após a inclusão desse dispositivo entre os direitos fundamentais, várias medidas para acelerar a prestação jurisdicional foram adotadas, dentre as quais destacam-se:

- Juizados Especiais;
- Súmula Vinculante;
- Realização de Inventários e Partilhas por Vias Administrativas;
- Informatização do Processo.

Essas são algumas das medidas que foram adotadas para trazer mais celeridade ao processo.

Erro Judiciário

Dispositivo de grande utilidade social que funciona como limitador da arbitrariedade estatal. O Estado, no que tange à liberdade do indivíduo, não pode cometer erros sob pena de ter que indenizar o injustiçado. Isso é o que prevê o inciso LXXV do Art. 5º:

> ***LXXV.*** *O Estado indenizará o condenado por erro judiciário, assim como o que ficar preso além do tempo fixado na sentença;*

Publicidade dos Atos Processuais

Em regra, os atos processuais são públicos. Essa publicidade visa a garantir maior transparência aos atos administrativos bem como permite a fiscalização popular. Além disso, atos públicos possibilitam um exercício efetivo do contraditório e da ampla defesa. Entretanto, essa publicidade comporta algumas exceções:

> ***LX.*** *A lei só poderá restringir a publicidade dos atos processuais quando a defesa da intimidade ou o interesse social o exigirem;*

Nos casos em que a intimidade ou o interesse social exigirem, a publicidade poderá ser restringida apenas aos interessados. Imaginemos uma audiência em que estejam envolvidas crianças; nesse caso, como forma de preservação da intimidade, o juiz poderá restringir a participação na audiência apenas aos membros da família e demais interessados.

Sigilo das Comunicações

Uma das normas mais importantes da Constituição Federal que versa sobre segurança jurídica é esta:

> ***XII.*** *É inviolável o sigilo da correspondência e das comunicações telegráficas, de dados e das comunicações telefônicas, salvo, no último caso, por ordem judicial, nas hipóteses e na forma que a lei estabelecer para fins de investigação criminal ou instrução processual penal;*

Esse dispositivo prevê quatro formas de comunicação que possuem proteção constitucional:

- Sigilo da Correspondência;
- Comunicação Telegráfica;
- Comunicação de Dados;
- Comunicações Telefônicas.

Dessas quatro formas de comunicação, apenas uma obteve autorização de violação do sigilo pelo texto constitucional: as comunicações telefônicas. Deve-se tomar cuidado com esse tema em prova. Segundo o texto expresso, só as comunicações telefônicas poderão ter o seu sigilo violado. E mais, só o juiz poderá fazê-lo, com fins definidos também pela Constituição, os quais são para investigação criminal e instrução processual penal.

Entretanto, considerando a inexistência de direito fundamental absoluto, a jurisprudência tem considerado a possibilidade de quebra dos demais sigilos, desde que seja determinada por ordem judicial.

No que tange ao sigilo dos dados bancários, fiscais, informáticos e telefônicos, a jurisprudência tem permitido sua quebra por determinação judicial, determinação de Comissão Parlamentar de Inquérito, requisição do Ministério Público, solicitação da autoridade fazendária.

Tribunal do Júri

O Tribunal do Júri é uma instituição pertencente ao poder judiciário, que possui competência específica para julgar determinados tipos de crime. O Júri é formado pelo Conselho de Sentença, que é presidido por um Juiz Togado e por sete jurados que efetivamente farão o julgamento do acusado. A ideia do Tribunal do Júri é que o acusado seja julgado por seus pares.

A Constituição Federal apresenta alguns princípios que regem esse tribunal:

> ***Art. 5º**, XXXVIII. É reconhecida a instituição do júri, com a organização que lhe der a lei, assegurados:*
> ***a)** a plenitude de defesa;*
> ***b)** o sigilo das votações;*
> ***c)** a soberania dos veredictos;*
> ***d)** a competência para o julgamento dos crimes dolosos contra a vida.*

Segundo esse texto, o Tribunal do Júri é regido pelos seguintes princípios:

Plenitude de Defesa

Esse princípio permite que no júri sejam utilizadas todas as provas permitidas em direito. Aqui, o momento probatório é bastante explorado haja vista a necessidade de se convencer os jurados que são pessoas comuns da sociedade.

Sigilo das Votações

O voto é sigiloso. Durante o julgamento não é permitido que um jurado converse com o outro sobre o julgamento sob pena de nulidade;

Soberania dos Veredictos

O que for decidido pelos jurados será considerado soberano. Nem o Juiz presidente poderá modificar o julgamento. Aqui quem decide são os jurados;

Competência para Julgar os Crimes Dolosos Contra a Vida

O júri não julga qualquer tipo de crime, mas apenas os dolosos contra a vida. Crimes dolosos, em simples palavras, são aqueles praticados com intenção, com vontade. São diferentes dos crimes culposos, os quais são praticados sem intenção.

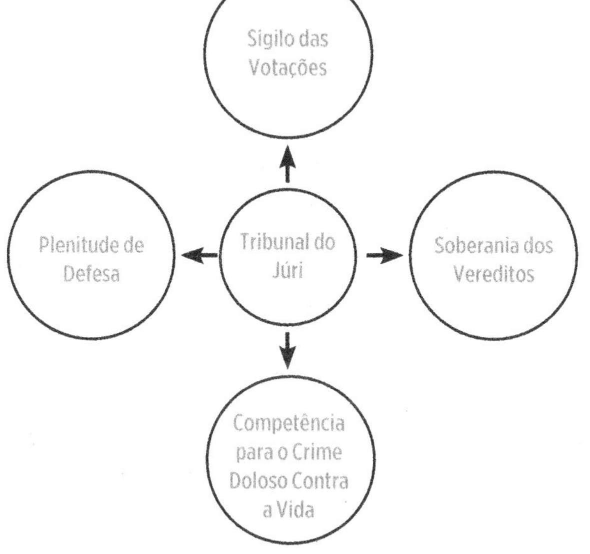

Princípio da Anterioridade

O inciso XXXIX do Art. 5º da CF apresenta o chamado Princípio da Anterioridade Penal:

> ***XXXIX.** Não há crime sem lei anterior que o defina, nem pena sem prévia cominação legal.*

Esse princípio decorre na necessidade de se prever antes da aplicação da pena, a conduta que é considerada como crime e a pena que deverá ser cominada. Mais uma regra de segurança jurídica.

Princípio da Irretroatividade

Esse princípio também possui sua importância ao prever que a lei penal não poderá retroagir, salvo se for para beneficiar o réu.

> ***Art. 5º**, XL. A lei penal não retroagirá, salvo para beneficiar o réu.*

Crimes Imprescritíveis, Inafiançáveis e Insuscetíveis de Graça e Anistia

Os dispositivos a seguir estão entre os mais cobrados em prova. O ideal é que sejam memorizados na ordem proposta no quadro abaixo:

> ***Art. 5º**, XLII. A prática do racismo constitui crime inafiançável e imprescritível, sujeito à pena de reclusão, nos termos da lei;*
> ***Art. 5º**, XLIII. A lei considerará crimes inafiançáveis e insuscetíveis de graça ou anistia a prática da tortura, o tráfico ilícito de entorpecentes e drogas afins, o terrorismo e os definidos como crimes hediondos, por eles respondendo os mandantes, os executores e os que, podendo evitá-los, se omitirem;*
> ***Art. 5º**, XLIV. Constitui crime inafiançável e imprescritível a ação de grupos armados, civis ou militares, contra a ordem constitucional e o Estado Democrático.*

Crimes Imprescritíveis	Crimes Inafiançáveis	Crimes Insuscetíveis de Graça e Anistia
Racismo	Racismo	Tráfico
	Ação de Grupos Armados	Terrorismo
	Tráfico	Tortura
Ação de Grupos Armados	Terrorismo	
	Tortura	Crimes Hediondos
	Crimes Hediondos	

Os crimes inafiançáveis englobam todos os crimes previstos nos incisos XLII, XLIII e XLIV.

Os crimes que são insuscetíveis de graça e anistia não são imprescritíveis, e vice e versa. Dessa forma, nunca pode existir, na prova, uma questão que trabalhe com as duas classificações ao mesmo tempo.

Nunca, na prova, pode haver uma questão em que se apresentem as três classificações ao mesmo tempo.

Princípio da Personalidade da Pena

Assim diz o inciso XLV, do Art. 5º da CF:

> ***XLV.** Nenhuma pena passará da pessoa do condenado, podendo a obrigação de reparar o dano e a decretação do perdimento de bens ser, nos termos da lei, estendidas aos sucessores e contra eles executadas, até o limite do valor do patrimônio transferido.*

Esse inciso diz que a pena é pessoal, quem comete o crime responde pelo crime, de forma que não é possível que uma pessoa cometa um crime e outra responda pelo crime em seu lugar; pode até ocorrer, mas seria algum erro, não como regra, porque a pena é pessoal.

É necessário prestar atenção ao tema, pois já apareceu em prova tanto na forma de um problema quanto com a modificação do próprio texto constitucional. Esse princípio da personalidade da pena diz que a pena é pessoal, isto é, a pena não pode passar para outra pessoa, mas permite que a responsabilidade pelos danos civis possa passar para seus herdeiros. Para exemplificar, imaginemos que uma determinada pessoa assalta uma padaria e consegue roubar uns R$ 50.000,00.

Em seguida, a polícia prende o ladrão por ter roubado a padaria. Em regra, todo crime cometido gera uma responsabilidade penal prevista no Código Penal brasileiro. Ainda, deve-se ressarcir os danos causados à vítima. Se ele roubou R$50.000,00, tem que devolver, no mínimo, esse valor à vítima.

É muito difícil conseguir o montante voluntariamente, por isso, é necessário entrar com uma ação civil ex delicto para reaver o dinheiro referente ao crime cometido. O dono da padaria entra com a ação contra o bandido pedindo os R$50.000,00 acrescidos juros e danos morais. Enquanto ele cumpre a pena, a ação está tramitando. Ocorre que o preso se envolve numa confusão dentro da penitenciária e acaba morrendo.

O preso possui alguns filhos, os quais são seus herdeiros. Quando os bens passam aos herdeiros, chamamos isso de sucessão. Quando foram contabilizar os bens que o bandido tinha, perceberam que sobraram apenas R$30.000,00, valor que deve ser divido entre os herdeiros. Pergunta:

01. O homem que cometeu o crime estava cumprindo pena, mas ele morreu. Qual filho assume o lugar dele? O mais velho ou o mais novo?

    Nenhum dos dois, porque a pena é personalíssima. Só cumpre a pena quem praticou o crime.

02. É possível que a responsabilidade de reparar os danos materiais exigidos pelo dono da padaria recaia sobre seus herdeiros?

    Sim. A Constituição diz que os herdeiros respondem com o valor do montante recebido, até o limite da herança recebida.

03. O dono da padaria pediu R$50.000,00, mas só sobraram R$30.000,00. Os filhos terão que inteirar esse valor até completar os R$50.000,00?

    Não, pois a Constituição diz que os sucessores respondem até o limite do patrimônio transferido. Ou seja, se só são transferidos R$30.000,00, então os herdeiros só vão responder pela indenização com esses R$30.000,00. E o os outros R$20.000,00, quem vai pagar? Ninguém. O dono da padaria fica com esse prejuízo.

Penas Proibidas e Permitidas

Vejamos agora dois incisos do Art. 5º da CF, que sempre caem em prova juntos: incisos XLVI e XLVII. Há no inciso XLVI as penas permitidas e no XLVII as penas proibidas. Mas como isso cai em prova? O examinador pega uma pena permitida e diz que é proibida ou pega uma proibida e diz que é permitida. Conforme os incisos:

> ***XLVI.*** *A lei regulará a individualização da pena e adotará, entre outras, as seguintes:*
>
> ***a)*** *privação ou restrição da liberdade;*
>
> ***b)*** *perda de bens;*
>
> ***c)*** *multa;*
>
> ***d)*** *prestação social alternativa;*
>
> ***e)*** *suspensão ou interdição de direitos.*

Aqui há o rol de penas permitidas. Memorize essa lista para lembrar quais são as penas permitidas. Atenção para uma pena que é pouco comum e que geralmente em prova é colocada como pena proibida, que é a pena de perda de bens.

Veja o próximo inciso com o rol de penas proibidas:

> ***XLVII.*** *Não haverá penas:*
>
> ***a)*** *de morte, salvo em caso de guerra declarada, nos termos do Art. 84, XIX;*
>
> ***b)*** *de caráter perpétuo;*
>
> ***c)*** *de trabalhos forçados;*
>
> ***d)*** *de banimento;*
>
> ***e)*** *cruéis.*

Essas são as penas que não podem ser aplicadas no Brasil. E, na prova, é cobrado da seguinte forma: existe pena de morte no Brasil? Deve-se ter muita atenção com esse tema, pois apesar de a Constituição ter dito que é proibida, existe uma exceção no caso de guerra declarada. Essa exceção é uma verdadeira possibilidade, de forma que deve-se afirmar que existe pena de morte no Brasil. Apesar de a regra ser a proibição, existe a possibilidade de sua aplicação. Só como curiosidade, a pena de morte no Brasil é regulada pelo Código Penal Militar, a qual será executada por meio de fuzilamento.

A próxima pena proibida é a de caráter perpétuo. Não existe esse tipo de pena no Brasil, pois as penas aqui são temporárias. No Brasil, uma pessoa só fica presa até, no máximo, 30 anos.

A outra pena é a de trabalhos forçados. É aquela pena em que o sujeito é obrigado a trabalhar de forma a denegrir a sua condição como ser humano. Esse tipo de pena não é permitida no Brasil.

Há ainda a pena de banimento, que é a expulsão do brasileiro, tanto nato como naturalizado.

Por fim, a Constituição veda a aplicação de penas cruéis. Pena cruel é aquela que denigre a condição humana, expõe o indivíduo a situações desumanas, vexatórias, que provoquem intenso sofrimento.

Princípio da Individualização da Pena

Nos termos do Art. 5º, inciso XLVIII, da CF:

> ***XLVIII.*** *A pena será cumprida em estabelecimentos distintos, de acordo com a natureza do delito, a idade e o sexo do apenado;*

Esse dispositivo traz uma regra muito interessante, o princípio da individualização da pena. Significa que a pessoa quando cumprir sua pena deve cumpri-la em estabelecimento e condições compatíveis com a sua situação. Se mulher, deve cumprir com mulheres; se homem, cumprirá com homens; se reincidente, com reincidentes; se réu primário, com réus primários; e assim por diante. O ideal é que cada situação possua um cumprimento de pena adequado que propicie um melhor acompanhamento do poder público e melhores condições para a ressocialização.

Regras sobre Prisões

São vários os dispositivos constitucionais previstos no Art. 5º, da CF, que se referem às prisões:

> ***LXI.*** *Ninguém será preso senão em flagrante delito ou por ordem escrita e fundamentada de autoridade judiciária competente, salvo nos casos de transgressão militar ou crime propriamente militar, definidos em lei;*
>
> ***LXII.*** *A prisão de qualquer pessoa e o local onde se encontre serão comunicados imediatamente ao juiz competente e à família do preso ou à pessoa por ele indicada;*
>
> ***LXIII.*** *O preso será informado de seus direitos, entre os quais o de permanecer calado, sendo-lhe assegurada a assistência da família e de advogado;*
>
> ***LXIV.*** *O preso tem direito à identificação dos responsáveis por sua prisão ou por seu interrogatório policial;*
>
> ***LXV.*** *A prisão ilegal será imediatamente relaxada pela autoridade judiciária;*
>
> ***LXVI.*** *Ninguém será levado à prisão ou nela mantido, quando a lei admitir a liberdade provisória, com ou sem fiança;*
>
> ***LXVII.*** *Não haverá prisão civil por dívida, salvo a do responsável pelo inadimplemento voluntário e inescusável de obrigação alimentícia e a do depositário infiel.*

Como destaque para prova, é importante enfatizar o disposto no inciso LXVII, o qual prevê duas formas de prisão civil por dívida:

Devedor de Pensão Alimentícia;

Depositário Infiel.

Apesar de a Constituição Federal apresentar essas duas possibilidades de prisão civil por dívida, o STF tem entendido que só existe uma: a prisão do devedor de pensão alimentícia. Isso significa que o depositário infiel não poderá ser preso. Essa é a inteligência da Súmula Vinculante nº 25:

> *Súmula Vinculante 25. É ilícita a prisão civil de depositário infiel, qualquer que seja a modalidade do depósito.*

Em relação a esse assunto, deve-se ter muita atenção ao resolver a questão. Se a Banca perguntar conforme a Constituição Federal, responde-se segundo a Constituição Federal. Mas se perguntar à luz da jurisprudência, responde-se conforme o entendi mento do STF. Vejamos como o Cespe abordou o tema utilizando o posicionamento jurisprudencial:

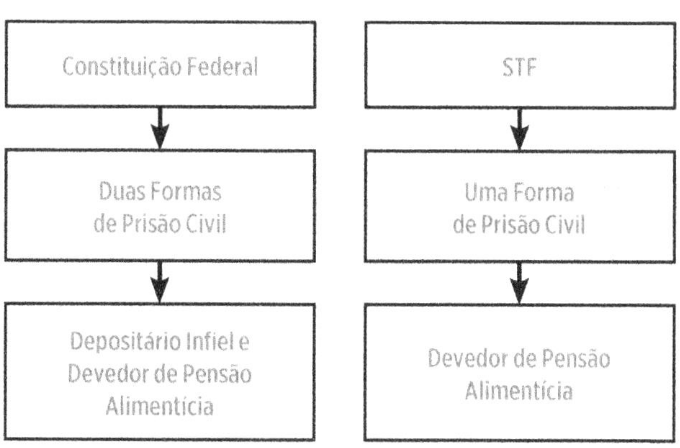

Extradição

Fruto de acordo internacional de cooperação, a extradição permite que determinada pessoa seja entregue a outro país para que seja responsabilizada pelo cometimento de algum crime. Existem duas formas de extradição:

Extradição Ativa

Quando o Brasil pede para outro país a extradição de alguém.

Extradição Passiva

Quando algum país pede para o Brasil a extradição de alguém.

A Constituição Federal preocupou-se em regular apenas a extradição passiva por meios dos incisos LI e LII do Art. 5º:

> ***LI.*** *Nenhum brasileiro será extraditado, salvo o naturalizado, em caso de crime comum, praticado antes da naturalização, ou de comprovado envolvimento em tráfico ilícito de entorpecentes e drogas afins, na forma da lei;*
>
> ***LII.*** *Não será concedida extradição de estrangeiro por crime político ou de opinião.*

De acordo com a inteligência desses dispositivos, três regras podem ser adotadas em relação à extradição passiva:

Brasileiro Nato

Nunca será extraditado.

Brasileiro Naturalizado

Será extraditado em duas hipóteses: crime comum cometido antes da naturalização comprovado envolvimento com o tráfico ilícito de drogas, antes ou depois da naturalização.

Estrangeiro

Poderá ser extraditado salvo em dois casos:

> **Crime Político;**

> **Crime de Opinião.**

E na extradição ativa, quem poderá ser extraditado?

Qualquer pessoa pode ser extraditada na extradição ativa, inclusive o brasileiro nato. Deve-se ter muito cuidado com essa questão em prova. Lembre-se que a extradição ativa ocorre quando o Brasil pede a extradição de um criminoso para outro país. Isso pode ser feito pedindo a extradição de qualquer pessoa que o Brasil queira punir.

Princípios que Regem a Extradição no País

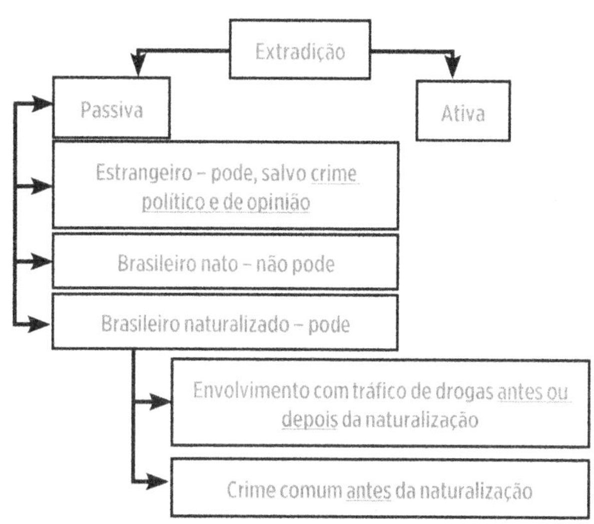

Princípio da Reciprocidade

O Brasil só extradita ao país que extradita para o Brasil. Deve haver acordo ou tratado de extradição entre os país requerente e o Brasil.

Princípio da Especialidade

O extraditando só poderá ser processado e julgado pelo crime informado no pedido de extradição.

Comutação da Pena

O país requerente deverá firmar um compromisso de comutar a pena prevista em seu país quando a pena a ser aplicada for proibida no Brasil.

Dupla Tipicidade ou Dupla Incriminação

Só se extradita se a conduta praticada for considerada crime no Brasil e no país requerente.

Deve-se ter muito cuidado para não confundir extradição com entrega, deportação, expulsão ou banimento. A extradição, como se viu, é instituto de cooperação internacional entre países soberanos para a punição de criminosos.

Pela extradição, um país entrega o criminoso a outro país para que ele seja punido pelo crime praticado.

A entrega é o ato por meio do qual o país entrega uma pessoa para ser julgada no Tribunal Penal Internacional.

Deportação é a retirada do estrangeiro que tenha entrado de forma irregular no território nacional.

Expulsão é a retirada do estrangeiro que tenha praticado um ato ofensivo ao interesse nacional conforme as regras estabelecidas no Estatuto do Estrangeiro (Art. 65, Lei 6.815/80).

Banimento é uma das penas proibidas no direito brasileiro que consiste na expulsão de brasileiros para fora do território nacional.

Princípio da Presunção da Inocência

Também conhecido como princípio da não culpabilidade, essa regra de segurança jurídica garante que ninguém poderá ser condenado sem antes haver uma sentença penal condenatória transitada em julgado. Ou seja, uma sentença judicial condenatória definitiva:

> ***Art. 5º**, LVII. Ninguém será considerado culpado até o trânsito em julgado de sentença penal condenatória.*

Identificação Criminal

> ***Art. 5º**, LVIII. O civilmente identificado não será submetido a identificação criminal, salvo nas hipóteses previstas em lei.*

A Constituição garante que não será identificado criminalmente quem possuir identificação pública capaz de identificá-lo. Contudo, a Lei 12.037/2009 prevê hipóteses nas quais será possível a identificação criminal mesmo de quem apresentar outra identificação:

> ***Art. 3º**. Embora apresentado documento de identificação, poderá ocorrer identificação criminal quando:*
>
> ***I.** O documento apresentar rasura ou tiver indício de falsificação;*
>
> ***II.** O documento apresentado for insuficiente para identificar cabalmente o indiciado;*
>
> ***III.** O indiciado portar documentos de identidade distintos, com informações conflitantes entre si;*
>
> ***IV.** A identificação criminal for essencial às investigações policiais, segundo despacho da autoridade judiciária competente, que decidirá de ofício ou mediante representação da autoridade policial, do Ministério Público ou da defesa;*
>
> ***V.** Constar de registros policiais o uso de outros nomes ou diferentes qualificações;*
>
> ***VI.** O estado de conservação ou a distância temporal ou da localidade da expedição do documento apresentado impossibilite a completa identificação dos caracteres essenciais.*

Ação Penal Privada Subsidiária da pública

> ***Art. 5º** LIX. Será admitida ação privada nos crimes de ação pública, se esta não for intentada no prazo legal.*

Em regra, nos crimes de ação penal pública, o titular da ação penal é o Ministério Público. Contudo, havendo omissão ou mesmo desídia por parte do órgão ministerial, o ofendido poderá promover a chamada Ação Penal Privada Subsidiária da Pública. Esse tema encontra-se disciplinado no Art. 29 do Código de Processo Penal:

> ***Art. 29.** Será admitida ação privada nos crimes de ação pública, se esta não for intentada no prazo legal, cabendo ao Ministério Público aditar a queixa, repudiá-la e oferecer denúncia substitutiva, intervir em todos os termos do processo, fornecer elementos de prova, interpor recurso e, a todo tempo, no caso de negligência do querelante, retomar a ação como parte principal.*

3.3 Remédios Constitucionais

Inicia-se agora o estudo dos chamados Remédios Constitucionais, tema muito cobrado em prova de concurso. Os remédios constitucionais são espécies de garantias constitucionais que visam a proteger determinados direitos e até outras garantias fundamentais. São poderosas ações constitucionais que estão disciplinadas no texto da Constituição.

Habeas Corpus

Sem dúvida, esse remédio constitucional é o mais importante para prova, haja vista a sua utilização para proteger um dos direitos mais ameaçados do indivíduo: a liberdade de locomoção. Vejamos o que diz o texto constitucional:

> ***Art. 5º LXVIII.** Conceder-se-á "Habeas Corpus" sempre que alguém sofrer ou se achar ameaçado de sofrer violência ou coação em sua liberdade de locomoção, por ilegalidade ou abuso de poder.*

É essencial, conhecer os elementos necessários para a utilização dessa ferramenta.

Deve-se compreender que o *Habeas Corpus* é utilizado para proteger a liberdade de locomoção. Em relação a isso, é preciso estar atento, pois ele não tutela qualquer liberdade, mas apenas a liberdade de locomoção.

Outro ponto fundamental é que ele poderá ser utilizado tanto de forma preventiva quanto de forma repressiva. *Habeas Corpus* preventivo é aquele utilizado para prevenir a violência ou coação à liberdade de locomoção. *Habeas Corpus* repressivo é utilizado para reprimir à violência ou coação a liberdade de locomoção, ou seja, é utilizado quando a restrição da liberdade de locomoção já ocorreu.

Percebe-se que não é a qualquer tipo de restrição à liberdade de locomoção que caberá o remédio, mas apenas àquelas cometidas com ilegalidade ou abuso de poder.

Nas relações processuais que envolvem a utilização do *Habeas Corpus*, é possível identificar a participação de três figurantes:

Impetrante

O impetrante é a pessoa que impetra a ação. Quem entra com a ação. A titularidade dessa ferramenta é Universal, pois qualquer pessoa pode impetrar o HC. Não precisa sequer de advogado. Sua possibilidade é tão ampla que não precisa possuir capacidade civil ou mesmo qualquer formalidade. Esse remédio é desprovido de condições que impeçam sua utilização da forma mais ampla possível. Poderá impetrar essa ação tanto uma pessoa física quanto jurídica.

Paciente

O paciente é quem teve a liberdade de locomoção restringida. Ele será o beneficiário do *Habeas Corpus*. Pessoa jurídica não pode ser paciente de Habeas Corpus, pois a liberdade de locomoção é um direito incompatível com sua natureza jurídica.

Autoridade Coatora

É quem restringiu a liberdade de locomoção com ilegalidade ou abuso de poder. Poderá ser tanto uma autoridade privada quanto uma autoridade pública.

Outra questão interessante que está prevista na Constituição é a gratuidade dessa ação:

> ***Art. 5º** LXXVII. São gratuitas as ações de Habeas Corpus e Habeas Data, e, na forma da lei, os atos necessários ao exercício da cidadania.*

A Constituição proíbe a utilização desse remédio constitucional em relação às punições disciplinares militares. É o que prevê o Art. 142, § 2º:

> ***§ 2º** - Não caberá "Habeas Corpus" em relação a punições disciplinares militares.*

Contudo, o STF tem admitido o remédio quando impetrado por razões de ilegalidade da prisão militar. Quanto ao mérito da prisão, deve-se aceitar a vedação Constitucional, mas em relação às legalidade da prisão, prevalece o entendimento de que o remédio seria possível.

Também não cabe *Habeas Corpus* em relação às penas pecuniárias, multas, advertências ou, ainda, nos processos administrativos disciplinares e no processo de *Impeachment*. Nesses casos, o não cabimento deve-se ao fato de que as medidas não visam restringir a liberdade de locomoção.

Por outro lado, a jurisprudência tem admitido o cabimento para impugnar inserção de provas ilícitas no processo ou quando houver excesso de prazo na instrução processual penal.

Por último, cabe ressaltar que o magistrado poderá concedê-lo de ofício.

Habeas Data

O *Habeas Data* cuja previsão está no inciso LXXII do Art. 5º tem como objetivo proteger a liberdade de informação:

> ***LXXII.** conceder-se-á "Habeas Data":*
>
> ***a)** para assegurar o conhecimento de informações relativas à pessoa do impetrante, constantes de registros ou bancos de dados de entidades governamentais ou de caráter público;*
>
> ***b)** para a retificação de dados, quando não se prefira fazê-lo por processo sigiloso, judicial ou administrativo.*

Duas são as formas previstas na Constituição para utilização desse remédio:

> **Para Conhecer a Informação.**

> **Para Retificar a Informação.**

É importante ressaltar que só caberá o remédio em relação às informações do próprio impetrante.

As informações precisam estar em um banco de dados governamental ou de caráter público, o que significa que seria possível entrar com um *Habeas Data* contra um banco de dados privado desde que tenha caráter público.

Da mesma forma que o *Habeas Corpus*, o *Habeas Data* também é gratuito:

> ***Art. 5º**, LXXVII. São gratuitas as ações de "Habeas Corpus" e "Habeas Data", e, na forma da lei, os atos necessários ao exercício da cidadania.*

Mandado de Segurança

O mandado de segurança é um remédio muito cobrado em prova em razão dos seus requisitos:

> ***Art. 5º**, LXIX. Conceder-se-á mandado de segurança para proteger direito líquido e certo, não amparado por "Habeas Corpus" ou "Habeas Data", quando o responsável pela ilegalidade ou abuso de poder for autoridade pública ou agente de pessoa jurídica no exercício de atribuições do Poder Público.*

Como se pode ver, o mandado de segurança será cabível proteger direito líquido e certo desde que não amparado por Habeas Corpus ou Habeas Data. O que significa dizer que será cabível desde que não seja para proteger a liberdade de locomoção e a liberdade de informação. Esse é o chamado caráter subsidiário do mandado de segurança.

O texto constitucional exigiu também para a utilização dessa ferramenta a ilegalidade e o abuso de poder praticado por autoridade pública ou privada, desde que esteja no exercício de atribuições do poder público.

O mandado de segurança possui prazo decadencial para ser utilizado: 120 dias.

Existe também o mandado de segurança coletivo:

> ***Art. 5º**, LXX. O mandado de segurança coletivo pode ser impetrado por:*
>
> ***a)** partido político com representação no Congresso Nacional;*
>
> ***b)** organização sindical, entidade de classe ou associação legalmente constituída e em funcionamento há pelo menos um ano, em defesa dos interesses de seus membros ou associados.*

Observadas as regras do mandado de segurança individual, o mandado de segurança coletivo possui alguns requisitos que lhe são peculiares: os legitimados para propositura.

São legitimados para propor o mandado de segurança coletivo:

> **Partidos políticos com representação no Congresso Nacional.**

Para se ter representação no Congresso Nacional, basta um membro em qualquer uma das casas.

> **Organização Sindical.**

> **Entidade de Classe.**

> **Associação.**

Desde que legalmente constituída e em funcionamento há, pelo menos, um ano. Segundo o STF, a necessidade de estar constituída e em funcionamento há pelo menos um ano só se aplica às associações. A Banca FCC entende que esse requisito se aplica a todas as entidades.

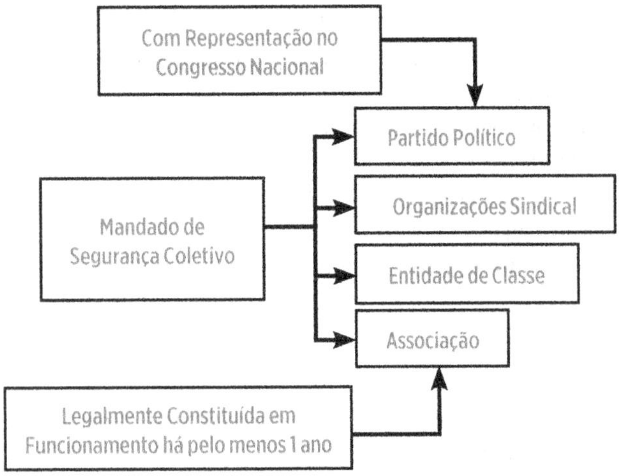

Mandado de Injunção

O mandado de injunção é uma ferramenta mais complexa para se entender. Vejamos o que diz a Constituição:

> ***Art. 5º***, *LXXI. Conceder-se-á mandado de injunção sempre que a falta de norma regulamentadora torne inviável o exercício dos direitos e liberdades constitucionais e das prerrogativas inerentes à nacionalidade, à soberania e à cidadania.*

O seu objetivo é suprir a omissão legislativa que impede o exercício de direitos fundamentais. Algumas normas constitucionais para que produzam efeitos dependem da edição de outras normas infraconstitucionais. Essas normas são conhecidas por sua eficácia como normas de eficácia limitada. O mandado de injunção visa a corrigir a ineficácia das normas com eficácia limitada.

Todas as vezes que um direito deixar de ser exercido pela ausência de norma regulamentadora, será cabível esse remédio.

No que tange à efetividade da decisão, deve-se esclarecer a possibilidade de adoção por parte do STF de duas correntes doutrinárias:

Teoria Concretista Geral

O Poder Judiciário concretiza o direito no caso concreto aplicando seu dispositivo com efeito *erga omnes*, para todos os casos iguais;

Teoria Concretista Individual

O Poder Judiciário concretiza o direito no caso concreto aplicando seu dispositivo com efeito inter partes, ou seja, apenas com efeito entre as partes.

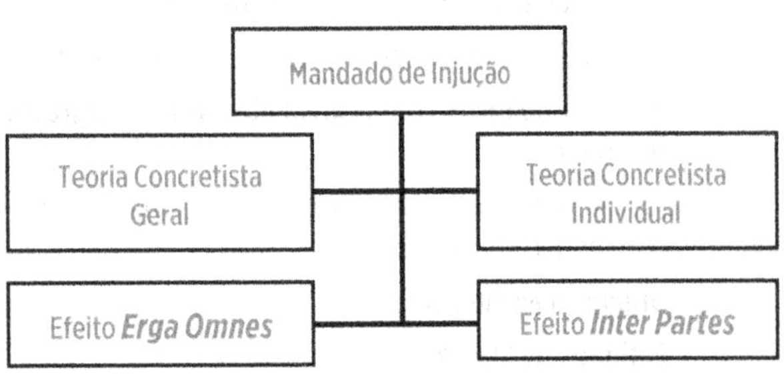

Ação Popular

A ação popular é uma ferramenta fiscalizadora utilizada como espécie de exercício direto dos direitos políticos. Por isso, só poderá ser utilizada por cidadãos. Segundo o inciso LXXIII do Art. 5º:

> ***LXXIII.*** *Qualquer cidadão é parte legítima para propor ação popular que vise a anular ato lesivo ao patrimônio público ou de entidade de que o Estado participe, à moralidade administrativa, ao meio ambiente e ao patrimônio histórico e cultural, ficando o autor, salvo comprovada má-fé, isento de custas judiciais e do ônus da sucumbência.*

Além da previsão constitucional, essa ação encontra-se regulamentada pela Lei nº 4.717/65. Percebe-se que seu objetivo consiste em proteger o patrimônio público, a moralidade administrativa, o meio ambiente e o patrimônio histórico e cultural.

O autor não precisa pagar custas judiciais ou ônus da sucumbência, salvo se houver má-fé.

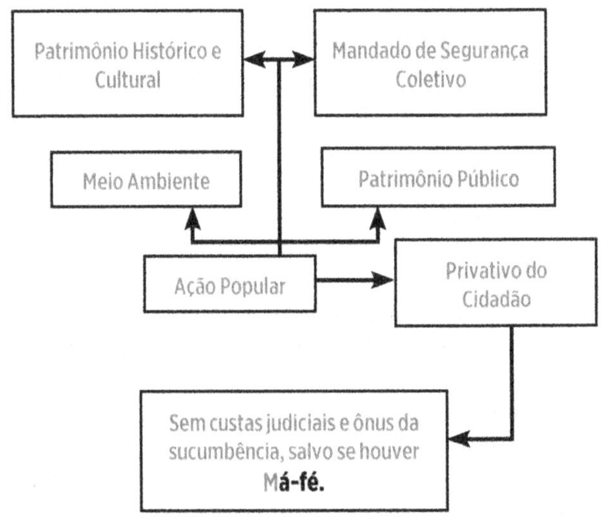

Questões

01. (FCC) No que diz respeito ao direito à inviolabilidade de domicílio, é correto afirmar que:

a) Ninguém pode violar a casa, à noite, mesmo que munido de autorização judicial.

b) A casa é asilo inviolável e em nenhuma hipótese se pode nela ingressar sem o consentimento do morador.

c) O conceito de casa é restrito e abrange, apenas, a residência com ânimo definitivo.

d) A casa, à noite, torna-se violável nas hipóteses de flagrante, desastre e prestação de socorro, porém é necessária autorização judicial.

e) A casa é violável no caso de flagrante, desastre ou para prestar socorro.

02. (FCC) De acordo com a Constituição Federal, é assegurado, nos processos de competência do Tribunal do Júri:

a) O processamento dos crimes patrimoniais dolosos.

b) O sigilo das votações.

c) A divulgação das votações, para garantia da plenitude de defesa.

d) A soberania da sentença sobre as votações.

e) O processamento dos crimes dolosos e culposos contra a vida.

03. (Cespe) O direito à duração razoável do processo, tanto no âmbito judicial quanto no âmbito administrativo, é um direito fundamental previsto expressamente na CF.

Certo ( ) Errado ( )

04. (Cespe) O ordenamento constitucional veda o envio compulsório de brasileiros ao exterior, que caracterizaria a pena de banimento, assim como proíbe a retirada coativa de estrangeiros do território nacional, que caracterizaria a pena de expulsão.

Certo ( ) Errado ( )

05. (Cespe - Adaptada) Inexiste pena de morte, no Brasil, em qualquer hipótese.

Certo ( ) Errado ( )

Gabaritos

01	E	**04**	ERRADO
02	B	**05**	ERRADO
03	CERTO		

4. DIREITOS FUNDAMENTAIS - DIREITOS SOCIAIS E NACIONALIDADE

4.1 Direitos Sociais

Prestações Positivas

Os direitos sociais encontram-se previstos a partir do Art. 6º até o Art. 11 da Constituição Federal. São normas que se concretizam por meio de prestações positivas por parte do Estado, haja vista objetivarem reduzir as desigualdades sociais.

Deve-se dar destaque para o Art. 6º, que foi alterado pela EC 64/2010 e que possivelmente será objeto de questionamento em concurso público:

> ***Art. 6º.*** *São direitos sociais a educação, a saúde, a alimentação, o trabalho, a moradia, o transporte, o lazer, a segurança, a previdência social, a proteção à maternidade e à infância, a assistência aos desamparados, na forma desta Constituição. (Redação dada pela Emenda Constitucional nº 90, de 2015)*

Boa parte dos direitos aqui previstos necessita de recursos financeiros para serem implementados, o que acaba por dificultar sua plena eficácia.

Mas, antes de avançar nessa parte do conteúdo, faz-se necessário dizer que costumam ser cobradas questões de provas que abordam apenas o texto puro da Constituição Federal. A principal orientação, portanto, é que se dedique tempo à leitura da Constituição Federal, mais precisamente, do Art. 7º, que possui vários dispositivos que podem ser trabalhados em prova.

Reserva do Possível

Seria possível exigir do Estado a concessão de um direito social quando tal direito não fosse assegurado de forma condizente com sua previsão constitucional? A título de exemplo, veremos um dispositivo dos direitos sociais dos trabalhadores:

> ***IV.*** *Salário-mínimo, fixado em lei, nacionalmente unificado, capaz de atender a suas necessidades vitais básicas e às de sua família com moradia, alimentação, educação, saúde, lazer, vestuário, higiene, transporte e previdência social, com reajustes periódicos que lhe preservem o poder aquisitivo, sendo vedada sua vinculação para qualquer fim.*

Observe-se que a Constituição garante que o salário-mínimo deve atender às necessidades vitais básicas do trabalhador e de sua família com moradia, alimentação, educação, saúde, lazer, vestuário, higiene, transporte e previdência social. Entendendo que os direitos sociais são espécies de direitos fundamentais e, analisando-os sob o dispositivo previsto no § 1º do Art. 5º, segundo o qual "as normas definidoras de direitos e garantias fundamentais têm aplicação imediata", pergunta-se: seria possível entrar com uma ação visando a garantir o disposto no inciso IV, que está sendo analisado?

Certamente não. Para se garantir tudo o que está previsto no referido inciso, seria necessário que o salário-mínimo valesse, em média, por volta de R$ 3.000,00. Agora, imagine se algum trabalhador conseguisse esse benefício por meio de uma decisão judicial, o que não fariam todos os demais trabalhadores do país.

Se o Estado fosse obrigado a pagar esse valor para todos os trabalhadores, os cofres públicos rapidamente quebrariam. Para se garantir essa estabilidade, foi desenvolvida a teoria da **Reserva do Possível**, por meio da qual o Estado pode alegar essa impossibilidade financeira para atender algumas demandas, como o aumento do salário-mínimo. Quando o poder público for demandado para garantir algum benefício de ordem social, poderá ser alegada, previamente, a impossibilidade financeira para concretização do direito sob o argumento da reserva do possível.

Mínimo Existencial

Por causa da Reserva do Possível, o Estado passou a se esconder atrás dessa teoria, eximindo-se da sua obrigação social de garantia dos direitos tutelados na Constituição Federal. Tudo o que era pedido para o Estado era negado sob o argumento de que "não era possível". Para trazer um pouco de equilíbrio a essa relação, foi desenvolvida outra teoria chamada de Mínimo Existencial. Essa teoria permite que os poderes públicos deixem de atender algumas demandas em razão da reserva do possível, mas exige que seja garantido o Mínimo Existencial.

Princípio da Proibição ou Retrocesso ou Efeito Cliquet

Uma regra que funciona com caráter de segurança jurídica é a Proibição do Retrocesso. Esse dispositivo proíbe que os direitos sociais já conquistados sejam esvaziados ou perdidos sob pena de desestruturação social do País.

Salário-Mínimo

Feitas algumas considerações iniciais sobre a doutrina social, segue-se à análise de alguns dispositivos constitucionais que se encontram no Art. 7º:

> ***IV.*** *Salário-mínimo, fixado em lei, nacionalmente unificado, capaz de atender a suas necessidades vitais básicas e às de sua família com moradia, alimentação, educação, saúde, lazer, vestuário, higiene, transporte e previdência social, com reajustes periódicos que lhe preservem o poder aquisitivo, sendo vedada sua vinculação para qualquer fim.*

Vários pontos são relevantes nesse inciso. Primeiramente, é importante comentar o trecho "fixado em lei". Segundo o texto constitucional, o salário-mínimo só poderá ser fixado em Lei; entretanto, no dia 25 de fevereiro de 2011 foi publicada a Lei nº 12.382, que prevê a possibilidade de fixação do salário-mínimo por meio de Decreto do Poder Executivo. Questionado no STF[1], o guardião da Constituição considerou constitucional a fixação de salário-mínimo por meio de Decreto Presidencial.

Outro ponto interessante diz respeito ao salário-mínimo ser nacionalmente unificado. Muitos acham que alguns estados da federação fixam valores referentes ao salário-mínimo maiores do que o fixado nacionalmente. O STF já afirmou que os Estados não podem fixar salário-mínimo diferente do nacionalmente unificado. O que cada Estado pode fixar é o piso salarial da categoria de trabalhadores com valor maior que o salário-mínimo.

1 Ver no STF, ADI 4.568, Rel. Min. Cármen Lúcia, julgamento em 3-11-2011, Plenário, Informativo 646.

Temos ainda a proibição de vinculação do salário-mínimo para qualquer fim. Em fevereiro de 2011, esse tema foi enfrentado pelo STF, que determinou a desvinculação do salários dos técnicos em radiologia do salário-mínimo, como estava previsto na Lei 7.394/85.

Algumas Súmulas Vinculantes do STF são importantes, pois se referem ao salário-mínimo:

> **Súmula Vinculante 4:** *Salvo nos casos previstos na Constituição, o salário-mínimo não pode ser usado como indexador de base de cálculo de vantagem de servidor público ou de empregado, nem ser substituído por decisão judicial.*
>
> **Súmula Vinculante 6:** *Não viola a Constituição o estabelecimento de remuneração inferior ao salário-mínimo para as praças prestadoras de serviço militar inicial.*
>
> **Súmula Vinculante 15:** *O cálculo de gratificações e outras vantagens do servidor público não incide sobre o abono utilizado para se atingir o salário-mínimo.*
>
> **Súmula Vinculante 16:** *Os Arts. 7º, IV, e 39, § 3º (redação da EC 19/98) da Constituição referem-se ao total da remuneração percebida pelo servidor público.*

Prescrição Trabalhista

Um dos dispositivos previstos no Art. 7º mais cobrados em prova é o inciso XXIX:

> ***XXIX.*** *Ação, quanto aos créditos resultantes das relações de trabalho, com prazo prescricional de cinco anos para os trabalhadores urbanos e rurais, até o limite de dois anos após a extinção do contrato de trabalho.*

Imaginemos, por exemplo, uma pessoa que tenha exercido sua função no período noturno, em uma empresa, durante 20 anos. Contudo, em todos esses anos de trabalho, ela não recebeu nenhum adicional noturno. Ora, ao ter seu contrato de trabalho rescindido, ela poderá ingressar em juízo pleiteando as verbas trabalhistas não pagas. Tendo em vista a existência de prazo prescricional para reaver seus direitos, o trabalhador terá o prazo de 2 anos para entrar com a ação, e só terá direito aos últimos 5 anos de adicional noturno.

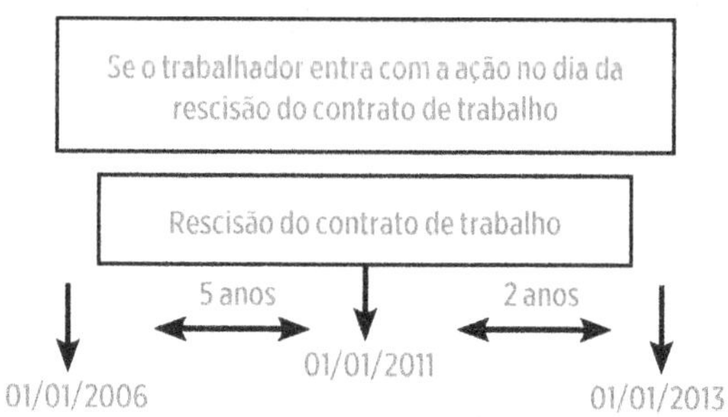

Ressalta-se que esses 5 anos contam-se a partir do dia em que entrou com a ação. Se ele entrar com a ação no último dia do prazo de 2 anos, só terá direito a 3 anos de adicional noturno.

Nesse exemplo, se o trabalhador entrar com a ação no dia 01/01/2011, receberá os últimos 5 anos de adicional noturno, ou seja, até o dia 01/01/2006. Mas se o trabalhador entrar com a ação no dia 01/01/2013, último dia do prazo prescricional de 2 anos, ele terá direito aos últimos 5 anos de adicional noturno a contar do dia em que entrou com a ação. Isso significa que se depare o adicional noturno até o dia 01/01/2008. Perceba que, se o trabalhador demorar a entrar com a ação, ele perde os direitos trabalhistas anteriores ao prazo dos últimos 5 anos.

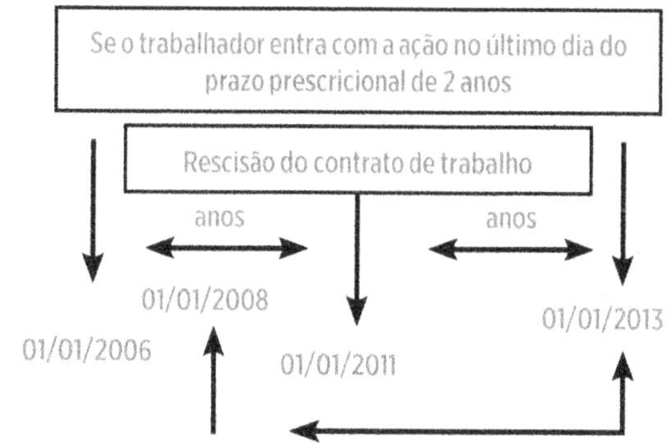

Proibição do Trabalho Noturno, Perigoso e Insalubre

Este inciso também é muito cotado para ser cobrado em prova. É importante lê-lo para que, em seguida, se possa responder a uma pergunta que fará entender o motivo de ele ser tão abordado em testes:

> ***Art. 7º****, XXXIII. Proibição de trabalho noturno, perigoso ou insalubre a menores de dezoito e de qualquer trabalho a menores de dezesseis anos, salvo na condição de aprendiz, a partir de quatorze anos.*

A pergunta é muito simples: a partir de qual idade pode se trabalhar no Brasil? Você deve estar em dúvida: entre 16 e 14 anos. Isso é o que acontece com a maioria dos candidatos. Por isso, nunca esqueça: se temos uma regra e essa regra está acompanhada de uma exceção; temos, então, uma possibilidade.

Ora, se a Constituição diz que é proibido o trabalho para os menores de 16 e, em seguida, excepciona essa regra dizendo que é possível a partir dos 14, na condição de aprendiz, ela quis dizer que o trabalho no Brasil se inicia aos 14 anos. Esse entendimento se fortalece à luz do Art. 227, § 3º, I:

> ***Art. 227****, § 3º - O direito a proteção especial abrangerá os seguintes aspectos:*
>
> ***I.*** *Idade mínima de quatorze anos para admissão ao trabalho, observado o disposto no Art. 7º, XXXIII.*

Direitos dos Empregados Domésticos

O parágrafo único, do Art. 7º, da CF assegurava ao trabalhador doméstico um número reduzido de direitos, se comparado com os demais empregados, urbanos ou rurais.

Nos termos daquele dispositivo, seriam garantidos à categoria dos trabalhadores domésticos apenas os direitos previstos nos incisos IV, VI, VIII, XV, XVII, XVIII, XIX, XXI e XXIV, do Art. 7º, bem como a sua integração à previdência social.

Com a promulgação da EC nº 72, de 2 de abril de 2013, aquele parágrafo foi alterado para estender aos empregados domésticos praticamente todos os demais direitos constantes nos incisos, do Art. 7º, da CF.

A nova redação do parágrafo único, do Art. 7º, da CF dispõe:

> ***Art. 7º****, Parágrafo único. São assegurados à categoria dos trabalhadores domésticos os direitos previstos nos incisos IV, VI, VII, VIII, X, XIII, XV, XVI, XVII, XVIII, XIX, XXI, XXII, XXIV, XXVI, XXX, XXXI e XXXIII e, atendidas as condições estabelecidas em lei e observada a simplificação do cumprimento das obrigações tributárias, principais e acessórias, decorrentes da relação de trabalho e suas peculiaridades, os previstos nos incisos I, II, III, IX, XII, XXV e XXVIII, bem como a sua integração à previdência social.*

Direitos Coletivos dos Trabalhadores

São basicamente os direitos relacionados à criação e organização das associações e sindicatos que estão previstos no Art. 8º.

Princípio da Unicidade Sindical

O primeiro direito coletivo refere-se ao princípio da unicidade sindical. Esse dispositivo proíbe a criação de mais de uma organização sindical, representativa de categoria profissional ou econômica, em uma mesma base territorial:

> ***II.*** *É vedada a criação de mais de uma organização sindical, em qualquer grau, representativa de categoria profissional ou econômica, na mesma base territorial, que será definida pelos trabalhadores ou empregadores interessados, não podendo ser inferior à área de um Município.*

Em cada base territorial (federal, estadual, municipal ou distrital) só pode existir um sindicato representante da mesma categoria, lembrando que a base territorial mínima refere-se à área de um município.

Exemplificando: só pode existir **um** sindicato municipal de pescadores no município de Cascavel. Só pode existir **um** sindicato estadual de pescadores no estado do Paraná. Só pode existir **um** sindicato federal de pescadores no Brasil. Contudo, é possível existirem vários sindicatos municipais de pescadores no Estado do Paraná.

Contribuição Confederativa e Sindical

Essa questão costuma enganar até mesmo os mais preparados. Vejamos o que diz a Constituição Federal no Art. 8º, IV:

> ***IV.*** *A assembleia geral fixará a contribuição que, em se tratando de categoria profissional, será descontada em folha, para custeio do sistema confederativo da representação sindical respectiva, independentemente da contribuição prevista em lei.*

A primeira coisa que se deve perceber é a existência de duas contribuições nesse inciso. Uma chamada de Contribuição Confederativa a outra de Contribuição Sindical.

A Contribuição Confederativa é a prevista nesse inciso, fixada pela assembleia geral, descontada em folha para custear o sistema confederativo. Essa contribuição é aquela paga às organizações sindicais e que só é obrigada aos filiados e aos sindicatos. Não possui natureza tributária, por isso obriga apenas as pessoas que voluntariamente se filiam a uma entidade sindical.

A Contribuição Sindical, que é a contribuição prevista em lei, mais precisamente na Consolidação das Leis Trabalhistas (Decreto-Lei 5.452/43), deve ser paga por todos os trabalhadores ainda que profissionais liberais. Sua natureza é tributária, não possuindo caráter facultativo.

Contribuição	
Confederativa	Sindical
Fixada pela Assembleia	Fixada pela CLT
Natureza não tributária	Natureza tributária
Obrigada apenas aos filiados a sindicatos	Obrigada a todos os trabalhadores

Liberdade de Associação

Esse inciso costuma ser cobrado em prova devido às inúmeras possibilidades de se modificar o seu texto:

> ***V.*** *Ninguém será obrigado a filiar-se ou a manter-se filiado a sindicato.*

É a liberdade de associação que permite aos trabalhadores escolherem se desejam ou não se filiar a um determinado sindicato. Ninguém será obrigado a filiar-se ou a manter-se filiado.

Participação do Aposentado no Sindicato

Esse inciso também possui aplicação semelhante ao anterior, portanto deve haver uma leitura atenta aos detalhes que podem ser modificados em prova:

> ***VII.*** *O aposentado filiado tem direito a votar e ser votado nas organizações sindicais.*

Estabilidade Sindical

A estabilidade sindical constitui norma de proteção aos dirigentes sindicais que possui grande utilidade ao evitar o cometimento de arbitrariedades por partes das empresas em retaliação aos representantes dos empregados:

> ***VIII.*** *É vedada a dispensa do empregado sindicalizado a partir do registro da candidatura a cargo de direção ou representação sindical e, se eleito, ainda que suplente, até um ano após o final do mandato, salvo se cometer falta grave nos termos da lei.*

O importante aqui é entender o período de proteção que a Constituição garantiu aos dirigentes sindicais. A estabilidade se inicia com o registro da candidatura e permanece, com o candidato eleito, até um ano após o término do seu mandato. Ressalte-se que essa proteção contra despedida arbitrária não prospera diante do cometimento de falta grave.

4.2 Direitos de Nacionalidade

A nacionalidade é um vínculo jurídico existente entre um indivíduo e um Estado. Esse vínculo jurídico é a ligação existente capaz de gerar direitos e obrigações entre a pessoa e o Estado.

A aquisição da nacionalidade decorre do nascimento ou da manifestação de vontade. Quando a nacionalidade é adquirida pelo nascimento, estamos diante da chamada **Nacionalidade Originária.** Mas, se for adquirida por meio da manifestação de vontade, estamos diante de uma **Nacionalidade Secundária.**

A Nacionalidade Originária, também chamada de aquisição de nacionalidade primária, é aquela involuntária. Decorre do nascimento desde que preenchidos os requisitos previstos na legislação. Um brasileiro que adquire nacionalidade originária é chamado de nato.

Dois critérios foram utilizados em nossa Constituição para se conferir a nacionalidade originária:

Jus Solis

Esse é critério do solo, critério territorial. Serão considerados brasileiros natos as pessoas que nascerem no território nacional. Esse é o critério adotado como regra no texto constitucional.

Jus Sanguinis

Esse é o critério do sangue. Serão considerados brasileiros natos os descendentes de brasileiros, ou seja, aqueles que possuem o sangue brasileiro.

A nacionalidade secundária ou adquirida é a aquisição que depende de uma manifestação de vontade. É voluntária e, quem a adquire, possui a qualificação de naturalizado.

Conflito de Nacionalidade

Alguns países adotavam apenas o critério *jus sanguinis*, outros somente o critério *jus solis*, e isso gerou alguns problemas que a doutrina nominou de Conflito de Nacionalidade. O Conflito de Nacionalidade pode ser de duas formas:

Conflito Positivo

Ocorre quando o indivíduo adquire várias nacionalidades. Ele será chamado de polipátrida.

Conflito Negativo

Ocorre quando o indivíduo não adquire qualquer nacionalidade. Esse será chamado de apátrida (*heimatlos*).

Para evitar a ocorrência desses tipos de conflito, os países têm adotado critérios mistos de aquisição de nacionalidade originária, a exemplo do próprio Brasil.

A seguir, serão analisadas várias hipóteses previstas no Art. 12 da Constituição Federal de aquisição de nacionalidade tanto originária quanto secundária.

Nacionalidade Originária

As hipóteses de aquisição da nacionalidade originária estão previstas no Art. 12, I da Constituição Federal, e são:

> ***Art. 12.*** *São brasileiros:*
>
> ***I.*** *Natos:*
>
> ***a)*** *os nascidos na República Federativa do Brasil, ainda que de pais estrangeiros, desde que estes não estejam a serviço de seu país;*
>
> ***b)*** *os nascidos no estrangeiro, de pai brasileiro ou mãe brasileira, desde que qualquer deles esteja a serviço da República Federativa do Brasil;*
>
> ***c)*** *os nascidos no estrangeiro de pai brasileiro ou de mãe brasileira, desde que sejam registrados em repartição brasileira competente ou venham a residir na República Federativa do Brasil e optem, em qualquer tempo, depois de atingida a maioridade, pela nacionalidade brasileira.*

A primeira hipótese, prevista na alínea "a", adotou para aquisição o critério *jus solis*, ou seja, serão considerados brasileiros natos aqueles que nascerem no país ainda que de pais estrangeiros, desde que, os pais não estejam a serviço do seu país. Para que os filhos de pais estrangeiros fiquem impedidos de adquirirem a nacionalidade brasileira, é preciso que ambos os pais sejam estrangeiros, mas basta que apenas um deles esteja a serviço do seu país. Se os pais estrangeiros estiverem a serviço de outro país, a doutrina tem entendido que não se aplicará a vedação.

Já a segunda hipótese, adotada na alínea "b", utilizou o critério *jus sanguinis* para fixação da nacionalidade originária. Serão brasileiros natos os nascidos fora do país, filho de pai ou mãe brasileira, desde que qualquer deles esteja a serviço da República Federativa do Brasil. Estar a serviço do país significa estar a serviço de qualquer ente federativo (União, Estados, Distrito Federal ou Município) incluídos os órgãos e entidades da administração indireta (fundações, autarquias, empresas públicas e sociedades de economia mista).

A terceira hipótese, prevista na alínea "c", apresenta, na verdade, duas possibilidades: uma depende do registro a outra depende da opção confirmativa.

Primeiro, temos a regra aplicada aos nascidos no estrangeiro, filho de pai brasileiro ou mãe brasileira, condicionada à aquisição da nacionalidade ao registro em repartição brasileira competente. Nessa hipótese, adota-se o critério *jus sanguinis* acompanhado do registro em repartição brasileira.

Em seguida, temos a segunda possibilidade destinada aos nascidos no estrangeiro de pai brasileiro ou de mãe brasileira, que venham a residir na República Federativa do Brasil e optem (opção confirmativa), em qualquer tempo, depois de atingida a maioridade, pela nacionalidade brasileira.

Essa é a chamada nacionalidade protestativa, pois depende da manifestação de vontade por parte do interessado. Deve-se ter cuidado com a condição para a manifestação da vontade que só poder ser exercida depois de atingida a maioridade, apesar de não existir tempo limite para o exercício desse direito.

Nacionalidade Secundária

A seguir, serão apresentadas as hipóteses de aquisição de nacionalidade secundária:

> ***Art. 12,*** *II. Naturalizados:*
>
> ***a)*** *Os que, na forma da lei, adquiram a nacionalidade brasileira, exigidas aos originários de países de língua portuguesa apenas residência por um ano ininterrupto e idoneidade moral;*
>
> ***b)*** *os estrangeiros de qualquer nacionalidade, residentes na República Federativa do Brasil há mais de quinze anos ininterruptos e sem condenação penal, desde que requeiram a nacionalidade brasileira.*

A primeira hipótese de naturalização, prevista na alínea "a" do inciso II, é a chamada naturalização ordinária. Essa naturalização apresenta uma forma de aquisição prevista em lei. Esta Lei é a 6.815/80, que traz algumas regras para aquisição de nacionalidade, as quais não serão estudadas neste momento. O que interessa agora para a prova é a segunda parte da alínea, que confere um tratamento diferenciado para os originários de países de língua portuguesa, para quem será exigida apenas residência por um ano ininterrupto e idoneidade moral. Entende-se país de língua portuguesa qualquer país que possua a língua portuguesa como língua oficial (Angola, Portugal, Timor Leste, entre outros). Essa forma de naturalização não gera direito subjetivo ao estrangeiro, o que significa que ele poderá pleitear sua naturalização e essa poderá ser indeferida pelo Chefe do Poder Executivo, haja vista se tratar de um ato discricionário.

A alínea "b" do inciso II apresenta a chamada naturalização extraordinária ou quinzenária. Essa hipótese é destinada a qualquer estrangeiro e será exigida residência ininterrupta pelo prazo de 15 anos e não existência de condenação penal. Nessa espécie, não há discricionariedade em conceder a naturalização, pois ela gera direito subjetivo ao estrangeiro que tenha preenchido os requisitos.

O melhor é não esquecer que a ausência temporária da residência não quebra o vínculo ininterrupto exigido para a naturalização no país. Também deve ser ressaltado que não existe naturalização tácita ou automática, sendo exigido requerimento de quem desejar se naturalizar no Brasil.

Português Equiparado

> ***Art. 12.** § 1º. Aos portugueses com residência permanente no País, se houver reciprocidade em favor de brasileiros, serão atribuídos os direitos inerentes ao brasileiro, salvo os casos previstos nesta Constituição.*

Trata-se do chamado português equiparado ou quase nacional. Segundo o dispositivo, a Constituição assegura aos portugueses tratamento diferenciado, como se fossem brasileiros. Não se trata de uma hipótese de naturalização, nesse caso são atribuídos os mesmos direitos inerentes ao brasileiro.

Essa condição depende de reciprocidade por parte de Portugal. O Brasil possui um acordo internacional com Portugal por meio do Decreto nº 3.927/2001 que promulgou o Tratado de Cooperação, Amizade e Consulta Brasil/Portugal. Havendo o mesmo tratamento a um brasileiro quando estiver no país português, serão garantidos tratamentos diferenciados aos portugueses que aqui estiverem desde que manifestem interesse no recebimento desse tratamento diferenciado. Ressalta-se que para requerer esse tipo de tratamento será necessária, além do requerimento, a constituição de residência permanente no Brasil.

Por fim, não se pode esquecer de que o tratamento dado aos portugueses os equipara aos brasileiros naturalizados.

Tratamento Diferenciado entre Brasileiros

O § 2º do Art. 12 proíbe o tratamento diferençado entre brasileiros natos e naturalizados:

> ***§ 2º** - A lei não poderá estabelecer distinção entre brasileiros natos e naturalizados, salvo nos casos previstos nesta Constituição.*

O próprio dispositivo excepciona a regra permitindo que a Constituição Federal estabeleça tratamento diferenciado entre brasileiros natos e naturalizados. São quatro os tratamentos diferenciados estabelecidos pelo texto constitucional:

- **Cargos privativos de brasileiros natos;**
- **Funções privativas de brasileiros natos;**
- **Regras de extradição;**
- **Propriedade de empresas de jornalística ou de radiodifusão.**

O § 3º apresenta a primeira hipótese de distinção dentre brasileiros natos e naturalizados:

> ***§ 3º** - São privativos de brasileiro nato os cargos:*
> ***I.** De Presidente e Vice-Presidente da República;*
> ***II.** De Presidente da Câmara dos Deputados;*
> ***III.** De Presidente do Senado Federal;*
> ***IV.** De Ministro do Supremo Tribunal Federal;*
> ***V.** Da carreira diplomática;*
> ***VI.** de oficial das Forças Armadas;*
> ***VII.** De Ministro de Estado da Defesa.*

Os cargos privativos aos brasileiros natos são muito incidentes em provas. Por esse motivo, sugere-se que sejam memorizados. Dois critérios foram utilizados para escolha desses cargos. O primeiro está relacionado com os cargos que sucedem o Presidente da República (Presidente e Vice-Presidente da República, Presidente da Câmara dos Deputados, Presidente do Senado Federal e Ministro do Supremo Tribunal Federal). O segundo critério diz respeito à segurança nacional (carreira diplomática, oficial das forças armadas e Ministro do Estado da Defesa).

As funções privativas de brasileiros natos estão prevista no Art. 89, VII da Constituição:

> ***Art. 89.** O Conselho da República é órgão superior de consulta do Presidente da República, e dele participam:*
> ***I.** O Vice-Presidente da República;*
> ***II.** O Presidente da Câmara dos Deputados;*
> ***III.** O Presidente do Senado Federal;*
> ***IV.** Os líderes da maioria e da minoria na Câmara dos Deputados;*
> ***V.** Os líderes da maioria e da minoria no Senado Federal;*
> ***VI.** O Ministro da Justiça;*
> ***VII.** Seis cidadãos brasileiros natos, com mais de trinta e cinco anos de idade, sendo dois nomeados pelo Presidente da República, dois eleitos pelo Senado Federal e dois eleitos pela Câmara dos Deputados, todos com mandato de três anos, vedada a recondução.*

A terceira possibilidade de tratamento diferenciado diz respeito às regras de extradição previstas no inciso LI do Art. 5º:

> ***LI.** Nenhum brasileiro será extraditado, salvo o naturalizado, em caso de crime comum, praticado antes da naturalização, ou de comprovado envolvimento em tráfico ilícito de entorpecentes e drogas afins, na forma da lei.*

A quarta previsão está no Art. 222 da Constituição:

> ***Art. 222.** A propriedade de empresa jornalística e de radiodifusão sonora e de sons e imagens é privativa de brasileiros natos ou naturalizados há mais de dez anos, ou de pessoas jurídicas constituídas sob as leis brasileiras e que tenham sede no País.*

Perda da Nacionalidade

A seguir serão trabalhadas as hipóteses de perda da nacionalidade. Uma pergunta: brasileiro nato pode perder a nacionalidade?

Vejamos o que diz a Constituição Federal:

> ***§ 4º** - Será declarada a perda da nacionalidade do brasileiro que:*
> ***I.** Tiver cancelada sua naturalização, por sentença judicial, em virtude de atividade nociva ao interesse nacional;*
> ***II.** Adquirir outra nacionalidade, salvo no casos:*
> ***a)** de reconhecimento de nacionalidade originária pela lei estrangeira;*
> ***b)** de imposição de naturalização, pela norma estrangeira, ao brasileiro residente em estado estrangeiro, como condição para permanência em seu território ou para o exercício de direitos civis.*

Ao se analisar o dispositivo do caput desse parágrafo, é possível concluir que as regras são para os brasileiros natos ou naturalizados.

Mas vale a pena verificar cada hipótese:

O inciso I deixa claro que é uma hipótese aplicada apenas aos brasileiros naturalizados (cancelamento de naturalização). Se o indivíduo tem seu vínculo com o Estado cancelado por decisão judicial, não há que se falar em permanência da nacionalidade brasileira;

O inciso II já não permite a mesma conclusão, haja vista ter considerado qualquer brasileiro. Logo, ao brasileiro, seja ele nato ou naturalizado, que adquirir outra nacionalidade, será declarada a perda da nacionalidade, pelo menos em regra. Essa regra possui duas exceções: nos casos de reconhecimento de nacionalidade originária estrangeira ou de imposição de naturalização, não será declarada a perda da nacionalidade brasileira. É nestas hipóteses que se encontram permitidas as situações de dupla nacionalidade que conhecemos.

Uma questão interessante surge: seria possível a reaquisição da nacionalidade brasileira?

Uma vez perdida a nacionalidade, tem-se entendido que é possível a sua reaquisição dependo da forma que foi perdida.

Se o indivíduo perde a nacionalidade com fundamento no inciso I, por cancelamento de naturalização, só seria possível a reaquisição por meio de ação rescisória.

Caso o indivíduo perca a nacionalidade por ter adquirido outra, que revela a hipótese do inciso II, também será possível a reaquisição por decreto presidencial (Art. 36, Lei 818/49).

Apesar da divergência doutrinária, prevalece o entendimento de que o brasileiro, após a reaquisição, volta à condição anterior, ou seja, se era brasileiro nato, volta a ser nato, se era naturalizado, volta como naturalizado.

Questões

01. (FCC) A Constituição Federal estabelece a proibição de trabalho noturno, perigoso ou insalubre a menores de:

a) Dezoito anos e de qualquer trabalho a menores de dezesseis anos, salvo na condição de aprendiz a partir de quatorze anos.

b) Vinte e um anos e de qualquer trabalho a menores de dezoito anos, salvo na condição de aprendiz a partir de dezesseis anos.

c) Dezessete anos e de qualquer trabalho a menores de quinze anos, salvo na condição de aprendiz a partir de treze anos.

d) Dezenove anos e de qualquer trabalho a menores de dezesseis anos, salvo na condição de aprendiz a partir de quinze anos.

e) Vinte anos e de qualquer trabalho a menores de dezenove anos, salvo na condição de aprendiz a partir de quinze anos.

02. (FCC) O filho nascido no Brasil de um casal de alemães que tenha vindo morar no Estado do Ceará em razão da aquisição de um estabelecimento hoteleiro (pousada), tem nacionalidade, nos termos da Constituição Federal Brasileira:

a) Alemã.

b) Brasileira.

c) Alemã, considerado naturalizado brasileiro.

d) Brasileira, considerado naturalizado.

e) Brasileira, considerado naturalizado alemão.

03. (FCC) É privativo de brasileiro nato o cargo de:

a) Presidente do Superior Tribunal de Justiça.

b) Presidente do Tribunal de Justiça.

c) Defensor Geral do Estado.

d) Presidente da Câmara dos Deputados.

e) Presidente do Tribunal de Contas da União.

04. (Cespe - Adaptada) A CF assegura ao trabalhador assistência gratuita aos seus filhos e dependentes desde o nascimento até seis anos de idade em creches e pré-escolas.

Certo ( ) Errado ( )

05. (Cespe) Um cidadão alemão que resida no Brasil há dez anos pode candidatar-se ao cargo de vereador do município onde reside.

Certo ( ) Errado ( )

Gabaritos

01	A	**04**	ERRADO
02	B	**05**	ERRADO
03	D		

5. DIREITOS FUNDAMENTAIS – DIREITOS POLÍTICOS E PARTIDOS POLÍTICOS

5.1 Direitos Políticos

Os direitos políticos são um conjunto de direitos fundamentais que permitem ao indivíduo participar da vontade política do Estado. Para se falar de direitos políticos, alguns conceitos são indispensáveis.

Cidadania, Democracia e Soberania Popular

A Cidadania é a condição conferida ao indivíduo que possui direito político. É o exercício desse direito. Essa condição só é possível em nosso país por causa do regime de governo adotado, a Democracia. A democracia parte do pressuposto de que o poder do Estado decorre da vontade popular, da Soberania Popular. Conforme o parágrafo único do Art. 1º da Constituição:

> ***Art. 1º**, Parágrafo único. Todo o poder emana do povo, que o exerce por meio de representantes eleitos ou diretamente, nos termos desta Constituição.*

A democracia brasileira é classificada como semidireta ou participativa, haja vista poder ser exercida tanto de forma direta como de forma indireta. Como forma de exercício direto temos o previsto no Art. 14 da CF:

> ***Art. 14.** A soberania popular será exercida pelo sufrágio universal e pelo voto direto e secreto, com valor igual para todos, e, nos termos da lei, mediante:*
>
> ***I.** Plebiscito;*
>
> ***II.** Referendo;*
>
> ***III.** Iniciativa popular.*

Mas ainda há a ação popular que também é forma de exercício direto dos direitos políticos:

> ***Art. 5º**, LXXIII. Qualquer cidadão é parte legítima para propor ação popular que vise a anular ato lesivo ao patrimônio público ou de entidade de que o Estado participe, à moralidade administrativa, ao meio ambiente e ao patrimônio histórico e cultural, ficando o autor, salvo comprovada má-fé, isento de custas judiciais e do ônus da sucumbência.*

Entendamos o que significa cada uma das formas de exercício direto dos direitos políticos:

Plebiscito

Consulta popular realizada antes da tomada de decisão. O representante do poder público quer tomar uma decisão, mas, antes de tomá-la, ele pergunta para os cidadãos quem concorda. O que os cidadãos decidirem será feito.

Referendo

Consulta popular realizada depois da tomada de decisão. O representante do poder público toma uma decisão e depois pergunta o que os cidadãos acharam.

Iniciativa Popular

Essa é uma das formas de se iniciar o processo legislativo no Brasil. A legitimidade para propor criação de lei pelo eleitorado encontra amparo no Art. 61, § 2º da CF:

> ***Art. 61, § 2º** - A iniciativa popular pode ser exercida pela apresentação à Câmara dos Deputados de projeto de lei subscrito por, no mínimo, um por cento do eleitorado nacional, distribuído pelo menos por cinco Estados, com não menos de três décimos por cento dos eleitores de cada um deles.*

Ação Popular

Remédio constitucional previsto no inciso LXXIII que funciona como instrumento de fiscalização dos poderes públicos nos termos do inciso citado.

Quando se fala em exercício indireto, significa exercício por meio dos representantes eleitos que representarão a vontade popular.

Todas essas ferramentas disponibilizadas acima constituem formas de exercício dos direitos políticos no Brasil.

A doutrina costuma classificar os direitos políticos em:

> **Direitos políticos positivos.**

> **Direitos políticos negativos.**

Direitos Políticos Positivos

Os direitos políticos positivos se mostram pela possibilidade de participação na vontade política do Estado. Esses direitos políticos se materializam por meio da Capacidade Eleitoral Ativa e da Capacidade Eleitoral Passiva. O primeiro é a possibilidade de votar. O segundo, de ser votado.

Para que se possa exercer a capacidade eleitoral ativa, faz-se necessário o chamado alistamento eleitoral. É, simplesmente, inscrever-se como eleitor, o que acontece quando obtemos o título de eleitor. A Constituição apresenta três regras para o alistamento e o voto:

Voto Obrigatório

Maiores de 18 anos;

Voto Facultativo

Maiores de 16 e menores de 18; analfabetos e maiores de 70 anos;

Voto Proibido

Estrangeiros e conscritos.

Vejamos estas regras previstas no texto constitucional:

> ***Art. 14**, § 1º. O alistamento eleitoral e o voto são:*
>
> ***I.** Obrigatórios para os maiores de dezoito anos;*
>
> ***II.** Facultativos para:*
>
> ***a)** os analfabetos;*
>
> ***b)** os maiores de setenta anos;*
>
> ***c)** os maiores de dezesseis e menores de dezoito anos.*
>
> ***§ 2º** - Não podem alistar-se como eleitores os estrangeiros e, durante o período do serviço militar obrigatório, os conscritos.*

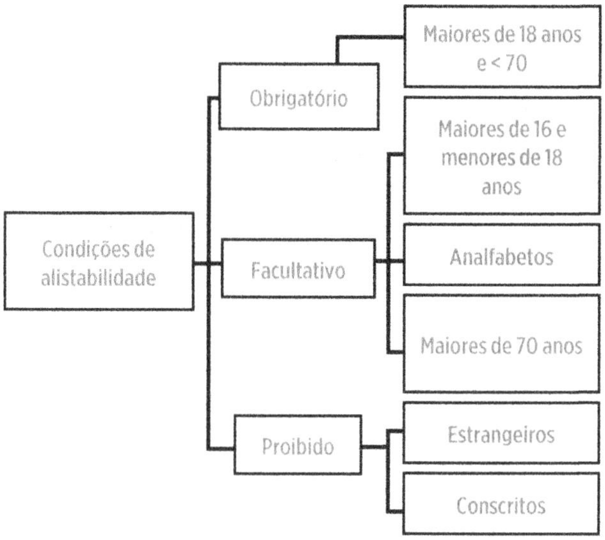

A **capacidade eleitoral passiva** é a capacidade de ser eleito. É uma das formas de participação política em que o cidadão aceita a incumbência de representar os interesses dos seus eleitores. Para que alguém possa ser eleito se faz necessário o preenchimento das Condições de Elegibilidade. São condições de elegibilidade as previstas no Art. 14, § 3º da Constituição:

> ***Art. 14, § 3º*** *- São condições de elegibilidade, na forma da lei:*
> ***I.*** *a nacionalidade brasileira;*
> ***II.*** *o pleno exercício dos direitos políticos;*
> ***III.*** *o alistamento eleitoral;*
> ***IV.*** *o domicílio eleitoral na circunscrição;*
> ***V.*** *a filiação partidária;*
> ***VI.*** *a idade mínima de:*
> ***a)*** *trinta e cinco anos para Presidente e Vice-Presidente da República e Senador;*
> ***b)*** *trinta anos para Governador e Vice-Governador de Estado e do Distrito Federal;*
> ***c)*** *vinte e um anos para Deputado Federal, Deputado Estadual ou Distrital, Prefeito, Vice-Prefeito e juiz de paz;*
> ***d)*** *dezoito anos para Vereador.*

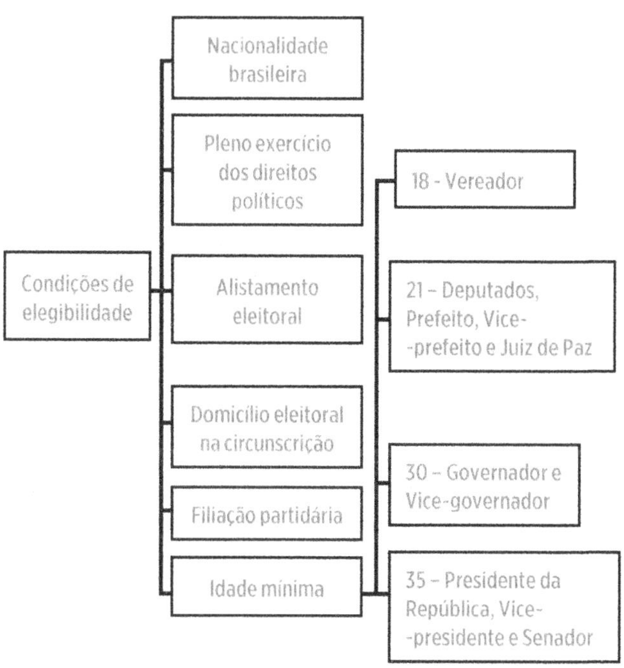

Direitos Políticos Negativos

Os direitos políticos negativos são verdadeiras vedações ao exercício da cidadania. São inelegibilidades, hipóteses de perda ou suspensão dos direitos políticos que se encontram previstos expressamente no texto constitucional. Só não se pode esquecer a possibilidade prevista no § 9º do Art. 14 da Constituição, que admite que sejam criadas outras inelegibilidades por Lei Complementar, desde possuam caráter relativo. Inelegibilidade absoluta, segundo a doutrina, só na Constituição Federal.

A primeira inelegibilidade está prevista no Art. 14, § 4º:

> ***Art. 14, § 4º*** *- São inelegíveis os inalistáveis e os analfabetos.*

Trata-se de uma inelegibilidade absoluta que impede os inalistáveis e analfabetos a concorrerem a qualquer cargo eletivo. Nota-se primeiramente que a Constituição se refere aos inalistáveis como "inelegíveis". Todas as vezes que se encontrar o termo inalistável, deve-se pensar automaticamente em estrangeiros e conscritos. Logo, são inelegíveis os estrangeiros, conscritos e analfabetos.

Quanto aos analfabetos, uma questão merece atenção: os analfabetos podem votar, mas não podem receber votos.

Em seguida, tem-se o § 5º, que traz a chamada regra da Reeleição. Trata-se de uma espécie de inelegibilidade relativa por meio do qual alguns titulares de cargos políticos ficam impedidos de se reelegerem por mais de duas eleições consecutivas, ou seja, é permitida apenas uma reeleição:

> ***Art. 14, § 5º*** *- O Presidente da República, os Governadores de Estado e do Distrito Federal, os Prefeitos e quem os houver sucedido, ou substituído no curso dos mandatos poderão ser reeleitos para um único período subsequente.*

O primeiro ponto interessante desse parágrafo está na restrição que só ocorre para os membros do poder executivo (Presidente, Governador e Prefeito). Logo, um membro do Poder Legislativo poderá se reeleger quantas vezes ele quiser, enquanto o membro do Poder Executivo só poderá se reeleger uma única vez. Ressalte-se que o impedimento se aplica também a quem suceder ou substituir o titular dos cargos supracitados.

Mais uma regra de inelegibilidade relativa encontra-se no § 6º:

> ***Art. 14, § 6º*** *- Para concorrerem a outros cargos, o Presidente da República, os Governadores de Estado e do Distrito Federal e os Prefeitos devem renunciar aos respectivos mandatos até seis meses antes do pleito.*

Estamos diante da chamada regra de **Desincompatibilização**. Da mesma forma que o dispositivo anterior só se aplica aos membros do Poder Executivo, e essa norma exige que os representantes desse Poder, para que possam concorrer a outro cargo, devem renunciar os respectivos mandatos até seis meses antes do pleito.

Ainda há a chamada Inelegibilidade Reflexa, ou em razão do parentesco. Essa hipótese gera um impedimento, não ao titular do cargo político, mas aos seus parentes até segundo grau. Também se aplica apenas aos membros do Poder Executivo:

> ***Art. 14, § 7º*** *- São inelegíveis, no território de jurisdição do titular, o cônjuge e os parentes consanguíneos ou afins, até o segundo grau ou por adoção, do Presidente da República, de Governador de Estado ou Território, do Distrito Federal, de Prefeito ou de quem os haja substituído dentro dos seis meses anteriores ao pleito, salvo se já titular de mandato eletivo e candidato à reeleição.*

O impedimento gerado está relacionado ao território de jurisdição do titular da seguinte forma:

- O Prefeito gera inelegibilidade aos cargos de Prefeito e Vereador do mesmo município;
- O Governador gera inelegibilidade aos cargos de Prefeito, Vereador, Deputado Estadual, Deputado Federal, Senador da República e Governador do mesmo Estado Federativo;
- O Presidente gera inelegibilidade a todos os cargos eletivos do país.

São parentes de 1º grau: pai, mãe, filho, sogro. São parentes de 2º grau: avô, irmão, neto, cunhado.

O STF editou a Súmula Vinculante nº 18, que diz:

> ***Súmula Vinculante nº 18.*** *A dissolução da sociedade ou do vínculo conjugal, no curso do mandato, não afasta a inelegibilidade prevista no § 7º do Art. 14 da Constituição Federal.*

Lei complementar pode estabelecer novas hipóteses de inelegibilidade relativa. É o que dispõe o § 9º do Art. 14:

> ***Art. 14, § 9º*** *- Lei complementar estabelecerá outros casos de inelegibilidade e os prazos de sua cessação, a fim de proteger a probidade administrativa, a moralidade para exercício de mandato considerada vida pregressa do candidato, e a normalidade e legitimidade das eleições contra a influência do poder econômico ou o abuso do exercício de função, cargo ou emprego na administração direta ou indireta.*

Com base no texto, é possível concluir que o rol de inelegibilidades relativas previstas na Constituição Federal é meramente exemplificativo. Há ainda a Lei Complementar nº 64/90 que traz várias hipóteses de inelegibilidade.

Condições para Eleição do Militar

O militar pode se candidatar a cargo político eletivo desde que observadas as regras estabelecidas no § 8º do Art. 14:

> ***Art. 14, § 8º*** *- O militar alistável é elegível, atendidas as seguintes condições:*
>
> ***I.*** *se contar menos de dez anos de serviço, deverá afastar-se da atividade;*
>
> ***II.*** *se contar mais de dez anos de serviço, será agregado pela autoridade superior e, se eleito, passará automaticamente, no ato da diplomação, para a inatividade.*

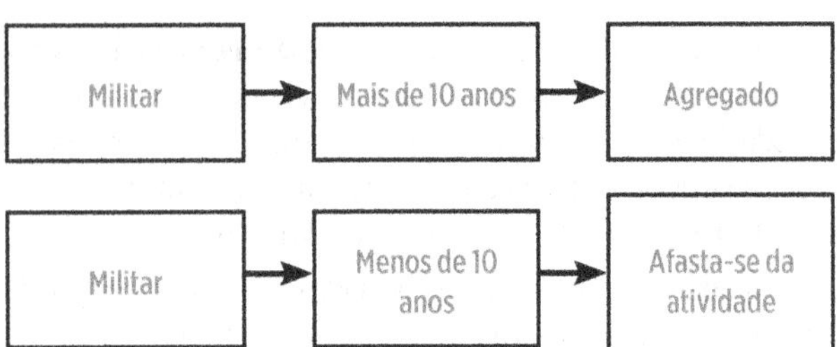

Primeiramente, deve-se ressaltar que a Constituição veda a filiação partidária aos militares:

> ***Art. 142, § 3º, V.*** *O militar, enquanto em serviço ativo, não pode estar filiado a partidos políticos.*

Recordando as condições de elegibilidade, tem-se que é necessária a filiação partidária para ser elegível, contudo, no caso do militar, o TSE tem entendido que o registro da candidatura supre a falta de prévia filiação partidária.

Um segundo ponto interessante decorre da própria interpretação do § 8º, que prevê duas regras para eleição dos militares em razão do tempo de serviço:

Militar com menos de dez anos: deve se afastar da atividade;

Militar com mais de dez anos: deve ficar agregado pela autoridade superior e se eleito, passado para inatividade.

Esse prazo de dez anos escolhido pela Constituição decorre da garantia de estabilidade para os militares.

Impugnação de Mandato Eletivo

Estes parágrafos dispensam explicação e, quando aparecem em prova, costumam cobrar o próprio texto constitucional. Deve-se ter cuidado com o prazo de 15 dias para impugnação:

> ***Art. 14, § 10*** *- O mandato eletivo poderá ser impugnado ante a Justiça Eleitoral no prazo de quinze dias contados da diplomação, instruída a ação com provas de abuso do poder econômico, corrupção ou fraude.*
>
> ***§ 11*** *- A ação de impugnação de mandato tramitará em segredo de justiça, respondendo o autor, na forma da lei, se temerária ou de manifesta má-fé.*

Cassação, Suspensão e Perda dos Direitos Políticos

Uma coisa é certa: não existe cassação de direitos políticos no Brasil. Isso não pode ser esquecido, pois sempre é cobrado em prova. Apesar dessa norma protetiva, são permitidas a perda e a suspensão desses direitos, conforme disposto no Art. 15 da Constituição:

> ***Art. 15.*** *É vedada a cassação de direitos políticos, cuja perda ou suspensão só se dará nos casos de:*
>
> ***I.*** *Cancelamento da naturalização por sentença transitada em julgado;*
>
> ***II.*** *Incapacidade civil absoluta;*
>
> ***III.*** *Condenação criminal transitada em julgado, enquanto durarem seus efeitos;*
>
> ***IV.*** *Recusa de cumprir obrigação a todos imposta ou prestação alternativa, nos termos do Art. 5º, VIII;*
>
> ***V.*** *Improbidade administrativa, nos termos do Art. 37, § 4º.*

Observe-se que o texto constitucional não esclareceu muito bem quais são as hipóteses de perda ou suspensão, trabalho esse que ficou a cargo da doutrina fazer. Seguem abaixo as hipóteses de perda ou suspensão:

Cancelamento da naturalização por sentença transitada em julgado – trata-se de perda dos direitos políticos. Ora, se o indivíduo teve cancelado seu vínculo com o Estado Brasileiro, não há sentido em lhe garantir os direitos políticos;

Incapacidade civil absoluta – apesar de ser absoluta, essa incapacidade civil pode cessar dependendo da situação. Logo, é hipótese de suspensão dos direitos políticos;

Condenação criminal transitada em julgado, enquanto durarem seus efeitos – condenação criminal é suspensão, pois dura enquanto durar a pena. Deve-se ter cuidado com essa questão em prova. O efeito da suspensão sobre os direitos políticos independe do tipo de pena aplicada ao cidadão.

Recusa de cumprir obrigação a todos imposta ou prestação alternativa, nos termos do Art. 5º, VIII - essa é a famosa hipótese da escusa de consciência. Em relação a esse tema, existe divergência na doutrina. Parte da doutrina Constitucional entende que é hipótese de perda, outra parte da doutrina, principalmente eleitoral, entende que seja hipótese de suspensão.

Improbidade administrativa, nos termos do Art. 37, § 4º - essa é mais uma hipótese de suspensão dos direitos políticos.

Princípio da Anterioridade Eleitoral

Este princípio exige o prazo de um ano para aplicação de lei que altere processo eleitoral. Isso visa a evitar que os candidatos sejam pegos de surpresa com as regras eleitorais. O Art. 16 diz:

> ***Art. 16.*** *A lei que alterar o processo eleitoral entrará em vigor na data de sua publicação, não se aplicando à eleição que ocorra até um ano da data de sua vigência.*

O STF decidiu que essa lei não se aplica às eleições de 2010 por não ter respeitado esse princípio que requer o prazo de 1 ano para aplicação da lei que alterar o processo eleitoral.

A lei havia sido publicada em junho de 2010 e queriam que valesse para as eleições do mesmo ano. O STF disse que sua aplicação para 2010 era inconstitucional.

5.2 Partidos Políticos

Natureza Jurídica dos Partidos Políticos

Os partidos políticos, segundo previsão expressa da Constituição, possuem natureza jurídica de direito privado. Segundo o disposto no Art. 17, § 2º:

> ***§ 2º*** *- Os partidos políticos, após adquirirem personalidade jurídica, na forma da lei civil, registrarão seus estatutos no Tribunal Superior Eleitoral.*

Quando a Constituição determina que os partidos devem adquirir sua personalidade jurídica na forma da lei civil, praticamente, afirma que é uma pessoa jurídica de direito privado apesar de ser exigido seu registro no TSE.

Direitos dos Partidos

Os partidos possuem vários direitos previstos expressamente na Constituição, dentre os quais destacam-se:

Recursos do fundo partidário;

Acesso gratuito ao rádio e à televisão (Lei 9.096/95).

Limitações aos Partidos

Apesar da liberdade estampada no *caput* do Art. 17, é possível perceber que a criação dos partidos políticos possui algumas limitações:

> ***Art. 17.*** *É livre a criação, fusão, incorporação e extinção de partidos políticos, resguardados a soberania nacional, o regime democrático, o pluripartidarismo, os direitos fundamentais da pessoa humana e observados os seguintes preceitos:*
>
> ***I.*** *Caráter nacional;*
>
> ***II.*** *Proibição de recebimento de recursos financeiros de entidade ou governo estrangeiros ou de subordinação a estes;*
>
> ***III.*** *Prestação de contas à Justiça Eleitoral;*
>
> ***IV.*** *Funcionamento parlamentar de acordo com a lei.*
>
> ***§ 4º*** *- É vedada a utilização pelos partidos políticos de organização paramilitar.*

Verticalização

Antes da Emenda Constitucional nº 52/2006, era utilizada a chamada Verticalização, que significava a necessidade de vinculação das candidaturas do nível nacional, estadual, distrital ou municipal. Vejamos como está escrito agora:

> ***§ 1º*** *- É assegurada aos partidos políticos autonomia para definir sua estrutura interna, organização e funcionamento e para adotar os critérios de escolha e o regime de suas coligações eleitorais, sem obrigatoriedade de vinculação entre as candidaturas em âmbito nacional, estadual, distrital ou municipal, devendo seus estatutos estabelecer normas de disciplina e fidelidade partidária.*

Significa dizer que não é mais preciso haver vinculação das candidaturas nos diversos níveis federativos (União, Estados, Distrito Federal e Municípios).

Questões

01. (FCC) Um jovem com vinte anos completos que deseja concorrer a cargo eletivo junto ao Executivo ou ao Legislativo, poderá ser eleito:

a) Vice-prefeito.

b) Juiz de paz.

c) Vereador.

d) Prefeito.

e) Deputado distrital.

02. (FCC) Sobre os Direitos Políticos, considere as seguintes assertivas:

I. Se contar menos de dez anos de serviço, o militar alistável é elegível, mas deverá afastar-se da atividade.

II. Para concorrer a outro cargo o Prefeito deve renunciar ao respectivo mandato até sete meses antes do pleito.

III. O mandato eletivo poderá ser impugnado ante a Justiça Eleitoral no prazo de trinta dias contados da diplomação, instruída a ação com provas de abuso do poder econômico, corrupção ou fraude.

IV. A ação de impugnação de mandato tramitará em segredo de justiça, respondendo o autor, na forma da lei, se temerária ou de manifesta má-fé.

Está correto o que se afirma apenas em:

a) I e III.

b) I e IV.

c) II e III.

d) II e IV.

03. (Cespe) O alistamento eleitoral e a candidatura a cargos eletivos são vedados aos analfabetos.

Certo ( ) Errado ( )

04. (Cespe) A soberania popular é exercida, em regra, por meio da democracia representativa. A Constituição Federal brasileira consagra, também, a democracia participativa ao prever instrumentos de participação intensa e efetiva do cidadão nas decisões governamentais.

Certo ( ) Errado ( )

05. (Cespe - Adaptada) Ao governador de determinado estado da Federação que pretenda candidatar-se a deputado federal nas próximas eleições não se exigirá a desincompatibilização do cargo, visto que se trata de eleição para outro cargo público.

Certo ( ) Errado ( )

Gabaritos

01	C	**04**	CERTO
02	B	**05**	ERRADO
03	ERRADO		

6. ORGANIZAÇÃO DOS PODERES – PODER EXECUTIVO

O Poder Executivo, tem como função principal administrar o Estado. Para entender como o Poder Executivo Brasileiro está organizado, a seguir serão analisados alguns princípios constitucionais que o influenciam.

6.1 Princípios

Princípio Republicano

O primeiro princípio que será estudo é o Republicano que representa a Forma de Governo adotada no Brasil. A forma de governo reflete o modo de aquisição e exercício do poder político, além de medir a relação existente entre o governante e o governado.

A melhor forma de entender esse instituto é conhecendo suas características. A primeira característica decorre da análise etimológica da expressão res publica. Essa expressão, que dá origem ao princípio ora estudado, significa coisa pública, ou seja, em um Estado republicano o governante governa a coisa pública, governa para o povo.

Na república, o governante é escolhido pelo povo. Essa é a chamada eletividade. O poder político é adquirido pelas eleições, cuja vontade popular se concretiza nas urnas.

Outra característica importante é a Temporariedade. Esse atributo revela o caráter temporário do exercício do poder político. Por causa desse princípio, em nosso Estado, o governante permanece por quatro anos no poder, sendo permitida apenas uma reeleição.

Por fim, num Estado Republicano o governante pode ser responsabilizado por seus atos.

Quando se fala dessas características da forma de governo republicana, remete-se imediatamente ao regime político adotado no Brasil, que permite a participação popular nas decisões estatais: **democracia.**

Princípio Democrático

Esse princípio revela o **Regime de Governo** adotado no Brasil, também chamado de **Regime Político**. Caracteriza-se por um governo do povo, pelo povo e para o povo.

Presidencialismo

O Presidencialismo é o **Sistema de Governo** adotado no Brasil. O sistema de governo rege a relação entre o Poder Executivo e o Legislativo, medindo o grau de dependência entre eles. No Presidencialismo, prevalece a separação entre os Poderes Executivo e Legislativo os quais são independentes e harmônicos entre si.

A Constituição declara que o Poder Executivo da União é exercido pelo Presidente da República, auxiliado por seus Ministros de Estado:

> ***Art. 76.*** *O Poder Executivo é exercido pelo Presidente da República, auxiliado pelos Ministros de Estado.*

O Presidencialismo possui uma característica muito importante para prova: o presidente, que é eleito pelo povo, exerce ao mesmo tempo três funções: Chefe de Estado, Chefe de Governo e Chefe da Administração Pública.

A função de Chefe de Estado diz respeito a todas as atribuições do Presidente nas relações externas do País. Como Chefe de Governo, o Presidente possui inúmeras atribuições internas, no que tange à governabilidade do país. Já como Chefe da Administração Pública, o Presidente exercerá as funções relacionadas com a chefia da Administração Pública Federal, ou seja, apenas da União.

Esses princípios que regem o Poder Executivo costumam ser cobrados em prova. Vejamos esta questão sobre o princípio republicano:

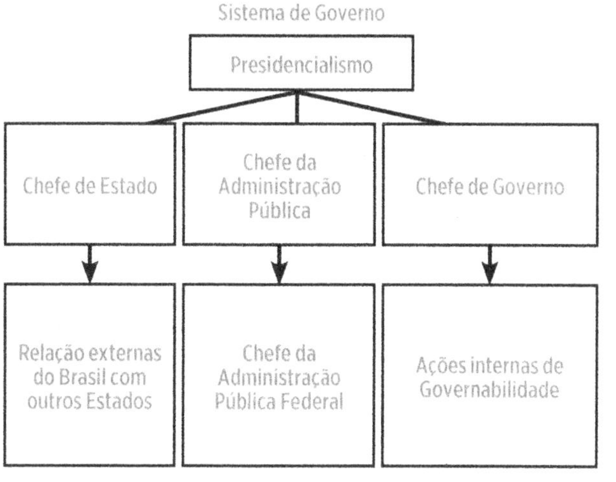

Partindo de discussões sobre o presidencialismo, que caracteriza as funções exercidas pelo Presidente da República, a seguir serão estudados suas atribuições, que aparecem praticamente em todos os editais que contêm Poder Executivo.

Atribuições do Presidente

As atribuições do Presidente da República encontram-se arroladas no Art. 84 da Constituição Federal:

> ***Art. 84.*** *Compete privativamente ao Presidente da República:*
>
> ***I.*** *Nomear e exonerar os Ministros de Estado;*
>
> ***II.*** *Exercer, com o auxílio dos Ministros de Estado, a direção superior da administração federal;*
>
> ***III.*** *Iniciar o processo legislativo, na forma e nos casos previstos nesta Constituição;*
>
> ***IV.*** *Sancionar, promulgar e fazer publicar as leis, bem como expedir decretos e regulamentos para sua fiel execução;*
>
> ***V.*** *Vetar projetos de lei, total ou parcialmente;*
>
> ***VI.*** *Dispor, mediante decreto, sobre:*
>
> ***a)*** *Organização e funcionamento da administração federal, quando não implicar aumento de despesa nem criação ou extinção de órgãos públicos;*
>
> ***b)*** *Extinção de funções ou cargos públicos, quando vagos;*
>
> ***VII.*** *Manter relações com Estados estrangeiros e acreditar seus representantes diplomáticos;*
>
> ***VIII.*** *Celebrar tratados, convenções e atos internacionais, sujeitos a referendo do Congresso Nacional;*
>
> ***IX.*** *Decretar o estado de defesa e o estado de sítio;*
>
> ***X.*** *Decretar e executar a intervenção federal;*

> ***XI.*** *Remeter mensagem e plano de governo ao Congresso Nacional por ocasião da abertura da sessão legislativa, expondo a situação do País e solicitando as providências que julgar necessárias;*
>
> ***XII.*** *Conceder indulto e comutar penas, com audiência, se necessário, dos órgãos instituídos em lei;*
>
> ***XIII.*** *Exercer o comando supremo das Forças Armadas, nomear os Comandantes da Marinha, do Exército e da Aeronáutica, promover seus oficiais-generais e nomeá-los para os cargos que lhes são privativos;*
>
> ***XIV.*** *Nomear, após aprovação pelo Senado Federal, os Ministros do Supremo Tribunal Federal e dos Tribunais Superiores, os Governadores de Territórios, o Procurador-Geral da República, o presidente e os diretores do banco central e outros servidores, quando determinado em lei;*
>
> ***XV.*** *Nomear, observado o disposto no Art. 73, os Ministros do Tribunal de Contas da União;*
>
> ***XVI.*** *Nomear os magistrados, nos casos previstos nesta Constituição, e o Advogado-Geral da União;*
>
> ***XVII.*** *Nomear membros do Conselho da República, nos termos do Art. 89, VII;*
>
> ***XVIII.*** *Convocar e presidir o Conselho da República e o Conselho de Defesa Nacional;*
>
> ***XIX.*** *Declarar guerra, no caso de agressão estrangeira, autorizado pelo Congresso Nacional ou referendado por ele, quando ocorrida no intervalo das sessões legislativas, e, nas mesmas condições, decretar, total ou parcialmente, a mobilização nacional;*
>
> ***XX.*** *Celebrar a paz, autorizado ou com o referendo do Congresso Nacional;*
>
> ***XXI.*** *Conferir condecorações e distinções honoríficas;*
>
> ***XXII.*** *Permitir, nos casos previstos em lei complementar, que forças estrangeiras transitem pelo território nacional ou nele permaneçam temporariamente;*
>
> ***XXIII.*** *Enviar ao Congresso Nacional o plano plurianual, o projeto de lei de diretrizes orçamentárias e as propostas de orçamento previstos nesta Constituição;*
>
> ***XXIV.*** *Prestar, anualmente, ao Congresso Nacional, dentro de sessenta dias após a abertura da sessão legislativa, as contas referentes ao exercício anterior;*
>
> ***XXV.*** *Prover e extinguir os cargos públicos federais, na forma da lei;*
>
> ***XXVI.*** *Editar medidas provisórias com força de lei, nos termos do Art. 62;*
>
> ***XXVII.*** *Exercer outras atribuições previstas nesta Constituição.*
>
> *Parágrafo único: O Presidente da República poderá delegar as atribuições mencionadas nos incisos VI, XII e XXV, primeira parte, aos Ministros de Estado, ao Procurador-Geral da República ou ao Advogado-Geral da União, que observarão os limites traçados nas respectivas delegações.*

Esse tema, quando cobrado em prova, costuma trabalhar com a memorização do texto constitucional. A dica é memorizar o Art. 84 da Constituição. Ele sempre está contemplado em prova.

Como já se falou na análise do Presidencialismo, as atribuições do Presidente são de Chefe de Estado, Chefe de Governo ou Chefe da Administração Pública. Procurou-se, abaixo, adequar, conforme a melhor doutrina, as atribuições do Art. 84 às funções desenvolvidas pelo Presidente no exercício de seu mandato:

Como **Chefe de Estado:**

O Presidente representa o Estado nas suas relações internacionais. São funções de Chefe de Estado as previstas nos incisos VII, VIII, XIX, XX, XXII e XXVII do Art. 84;

Como **Chefe de Governo:**

O Presidente exerce sua liderança política representando e gerindo os negócios internos nacionais. São funções de Chefe de Governo as previstas nos incisos I, III, IV, V, IX, X, XI, XII, XIII, XIV, XV, XVI, XVII, XVIII, XXI, XXIII, XXIV, XXVI e XXVII;

Como **Chefe da Administração Pública:**

O Presidente gerencia os negócios internos administrativos da administração pública federal. São funções de Chefe da Administração Pública as previstas nos incisos II, VI, XXV e XXVII.

Uma característica interessante é que esse rol de competências é meramente exemplificativo, por força do inciso XXVII, que abre a possibilidade de o Presidente exercer outras atribuições além das previstas expressamente no texto constitucional.

Outra questão amplamente trabalhada em prova é a possibilidade de delegação de algumas de suas atribuições, conforme prescrição do parágrafo único do Art. 84. Nem todas as atribuições do Presidente são delegáveis, apenas as previstas nos incisos **VI, XII e XXV, primeira parte:**

> ***VI.*** *Dispor, mediante decreto, sobre:*
>
> ***a)*** *Organização e funcionamento da administração federal, quando não implicar aumento de despesa nem criação ou extinção de órgãos públicos;*
>
> ***b)*** *Extinção de funções ou cargos públicos, quando vagos;*
>
> ***XII.*** *Conceder indulto e comutar penas, com audiência, se necessário, dos órgãos instituídos em lei;*
>
> ***XXV.*** *Prover os cargos públicos federais, na forma da lei.*

São três competências que podem ser delegadas para três pessoas: Ministro de Estado, Procurador-Geral da República e Advogado-Geral da União.

Ministro de Estado é qualquer ministro que auxilie o Presidente da República na administração do Estado. São exemplos: Ministro da Justiça, Ministro da Fazenda e Ministro da Agricultura.

Processo Eleitoral

O processo de eleição do Presidente da República também encontra regulação expressa no texto constitucional:

> ***Art. 77.*** *A eleição do Presidente e do Vice-Presidente da República realizar-se-á, simultaneamente, no primeiro domingo de outubro, em primeiro turno, e no último domingo de outubro, em segundo turno, se houver, do ano anterior ao do término do mandato presidencial vigente.*
>
> ***§ 1º*** *- A eleição do Presidente da República importará a do Vice-Presidente com ele registrado.*
>
> ***§ 2º*** *- Será considerado eleito Presidente o candidato que, registrado por partido político, obtiver a maioria absoluta de votos, não computados os em branco e os nulos.*
>
> ***§ 3º*** *- Se nenhum candidato alcançar maioria absoluta na primeira votação, far-se-á nova eleição em até vinte dias após a proclamação do resultado, concorrendo os dois candidatos mais votados e considerando-se eleito aquele que obtiver a maioria dos votos válidos.*
>
> ***§ 4º*** *- Se, antes de realizado o segundo turno, ocorrer morte, desistência ou impedimento legal de candidato, convocar-se-á, dentre os remanescentes, o de maior votação.*
>
> ***§ 5º*** *- Se, na hipótese dos parágrafos anteriores, remanescer, em segundo lugar, mais de um candidato com a mesma votação, qualificar-se-á o mais idoso.*

Algumas considerações são importantes acerca desse tema. Primeiramente, deve-se registrar que a Constituição regulou até o dia em que deve ocorrer a eleição:

Primeiro Turno:

Primeiro Domingo de Outubro;

Segundo Turno:

Último Domingo de Outubro.

Uma coisa chama a atenção no *caput* do Art. 77. É que a Constituição diz que as eleições ocorrem no ano anterior ao do término do mandato presidencial vigente. Pergunta-se: será que essa regra é aplicável no direito brasileiro?

É claro que esse dispositivo é aplicado nos dias de hoje. A eleição ocorre no ano anterior ao do término do mandato presidencial vigente, pois o mandato acaba no dia 1º de janeiro, conforme dispõe o Art. 82:

> ***Art. 82.*** *O mandato do Presidente da República é de quatro anos e terá início em primeiro de janeiro do ano seguinte ao da sua eleição.*

Ora, se o novo mandato tem início em primeiro de janeiro, significa que o mandato antigo acaba no dia primeiro de janeiro. Logo, está corretíssimo afirmar que as eleições ocorrem no ano anterior ao do término do mandato presidencial vigente.

Quando votamos para Presidente, só votamos no Presidente. O Vice é eleito como consequência da eleição do Presidente. Esse será eleito se tiver a maioria absoluta dos votos, não computados os votos brancos e nulos, ou seja, será eleito aquele que possuir a maioria absoluta dos votos válidos. Maioria absoluta dos votos significa dizer que o eleito obteve o primeiro número inteiro após a metade dos votos válidos. Se ninguém obtiver maioria absoluta, deve-se convocar nova eleição – segundo turno. Para o segundo turno, são chamados os dois candidatos mais votados. Se, porventura, ocorrer empate no segundo lugar, a Constituição determina que seja convocado o mais idoso.

O critério de idade é para a situação de desempate. Ocorrendo morte, desistência ou impedimento de algum candidato do segundo turno, deverá ser convocado o próximo mais votado.

Finalizada a eleição, o Presidente e o Vice terão prazo de dez dias a contar da posse, para assumir o cargo. Caso não seja assumido, o cargo será declarado vago. Se o Presidente assume e o Vice não, o cargo do Vice é declarado vago, ficando o Presidente sem Vice até o fim do mandato. Caso o Vice assuma e o Presidente não, o cargo de Presidente será declarado vago, assumindo o Vice a função de Presidente e permanecendo durante o seu mandato sem Vice.

> ***Art. 78.*** *O Presidente e o Vice-Presidente da República tomarão posse em sessão do Congresso Nacional, prestando o compromisso de manter, defender e cumprir a Constituição, observar as leis, promover o bem geral do povo brasileiro, sustentar a união, a integridade e a independência do Brasil.*
>
> ***Parágrafo único.*** *Se, decorridos dez dias da data fixada para a posse, o Presidente ou o Vice-Presidente, salvo motivo de força maior, não tiver assumido o cargo, este será declarado vago.*

Impedimento e Vacância

O Impedimento e a Vacância são espécies de ausência do Presidente da República. São circunstâncias em que o Presidente não está no exercício de sua função. A diferença entre os dois institutos está no fato de que, na vacância a ausência é definitiva, enquanto no impedimento a ausência é temporária. São exemplos de vacância: morte, perda do cargo, renúncia. São exemplos de impedimento: doença, viagem, férias. Na vacância, ocorre sucessão; no impedimento, ocorre substituição. Tanto no caso de impedimento como no de vacância, a Constituição Federal determina que o Vice-Presidente ficará no lugar do Presidente, pois essa é a sua função precípua:

> ***Art. 79.*** *Substituirá o Presidente, no caso de impedimento, e suceder-lhe-á, no de vaga, o Vice-Presidente.*
>
> ***Parágrafo único.*** *O Vice-Presidente da República, além de outras atribuições que lhe forem conferidas por lei complementar, auxiliará o Presidente, sempre que por ele convocado para missões especiais.*

O problema maior surge quando o Presidente e o Vice se ausentam ao mesmo tempo. Nesse caso, a Constituição determina que se convoquem outros sucessores: Presidente da Câmara dos Deputados, Presidente do Senado Federal e Presidente do Supremo Tribunal Federal. Esses são os legitimados a sucederem o Presidente da República e o Vice-Presidente de forma sucessiva e temporária quando ocorrer a ausência dos dois ao mesmo tempo:

> ***Art. 80.*** *Em caso de impedimento do Presidente e do Vice-Presidente, ou vacância dos respectivos cargos, serão sucessivamente chamados ao exercício da Presidência o Presidente da Câmara dos Deputados, o do Senado Federal e o do Supremo Tribunal Federal.*

Uma coisa deve ser observada: o Vice-Presidente é o único legitimado a suceder o Presidente de forma definitiva. O Presidente da Câmara, do Senado e do STF só substituem o Presidente em caráter temporário. Isso significa que, se o Presidente morrer, quem assume o cargo é o Vice.

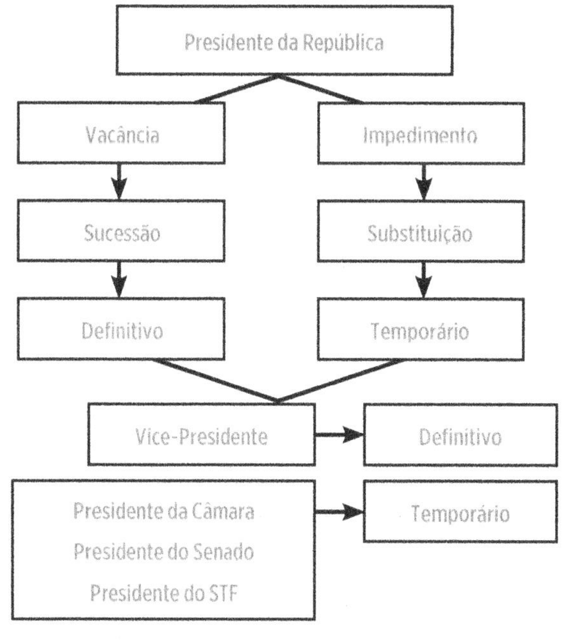

Agora, se ocorrer vacância dos cargos de Presidente e de Vice ao mesmo tempo, a Constituição determina que sejam realizadas novas eleições:

> ***Art. 81.*** *Vagando os cargos de Presidente e Vice-Presidente da República, far-se-á eleição noventa dias depois de aberta a última vaga.*

§ 1º - Ocorrendo a vacância nos últimos dois anos do período presidencial, a eleição para ambos os cargos será feita trinta dias depois da última vaga, pelo Congresso Nacional, na forma da lei.

§ 2º - Em qualquer dos casos, os eleitos deverão completar o período de seus antecessores.

Caso a vacância se dê nos dois primeiros anos de mandato, a eleição será direta, ou seja, com a participação do povo e deverá ocorrer no prazo de 90 dias a contar da última vacância. Mas, se a vacância se der nos dois últimos anos do mandato, a eleição será indireta (realizada pelo Congresso Nacional) no prazo de 30 dias a contar da última vacância. Quem for eleito permanecerá no cargo até o fim do mandato de quem ele sucedeu. Não se inicia um novo mandato. Esse mandato é chamado pela doutrina de Mandato-Tampão.

Em qualquer uma das duas situações, enquanto não forem eleitos os novos Presidente e Vice-Presidente, quem permanece no cargo é um dos sucessores temporários: Presidente da Câmara, do Senado ou do STF.

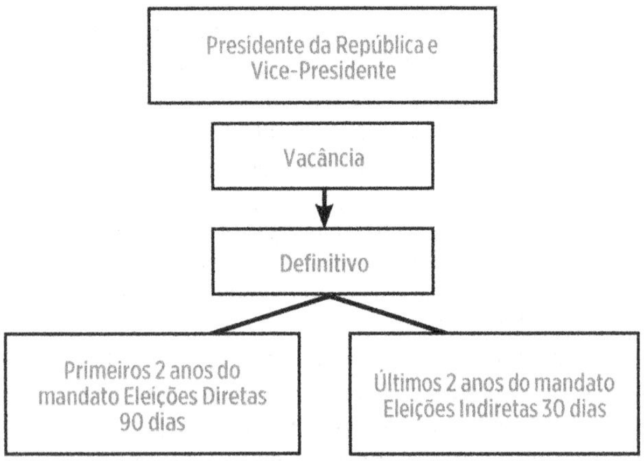

Perda do Cargo no Caso de Saída do País sem Autorização do Congresso Nacional

Esse artigo prevê a possibilidade de perda do cargo do Presidente e Vice-Presidente nos casos de ausência do País por período superior a 15 dias sem licença do Congresso Nacional:

Art. 83. *O Presidente e o Vice-Presidente da República não poderão, sem licença do Congresso Nacional, ausentar-se do País por período superior a quinze dias, sob pena de perda do cargo.*

Vejamos que a Constituição não proíbe que o Presidente ou o Vice se ausentem do país sem licença do Congresso Nacional. Mas se a ausência se der por mais de 15 dias, nesse caso será indispensável a autorização da Casa Legislativa.

Órgãos Auxiliares do Presidente da República

A Constituição nos apresenta três órgãos auxiliares do Presidente da República: Ministros de Estado, Conselho da República e Conselho de Defesa Nacional. Os Ministros de Estados são os auxiliares diretos do Presidente da República. Os Arts. 87 e 88 trazem várias regras que podem ser trabalhadas em prova:

Art. 87. *Os Ministros de Estado serão escolhidos dentre brasileiros maiores de vinte e um anos e no exercício dos direitos políticos.*

Parágrafo único. *Compete ao Ministro de Estado, além de outras atribuições estabelecidas nesta Constituição e na lei:*

I. *Exercer a orientação, coordenação e supervisão dos órgãos e entidades da administração federal na área de sua competência e referendar os atos e decretos assinados pelo Presidente da República;*

II. *Expedir instruções para a execução das leis, decretos e regulamentos;*

III. *Apresentar ao Presidente da República relatório anual de sua gestão no Ministério;*

IV. *Praticar os atos pertinentes às atribuições que lhe forem outorgadas ou delegadas pelo Presidente da República.*

Art. 88. *A lei disporá sobre a criação e extinção de Ministérios e órgãos da administração pública.*

O Conselho da República e o Conselho de Defesa Nacional também são órgãos auxiliares do Presidente da República, mas que possuem atribuição consultiva. Em situações determinadas pela Constituição, o Presidente, antes de tomar alguma decisão, precisa consultar esses dois órgãos.

Abaixo, seguem os Arts. 89, 90 e 91, cujas regras também podem ser cobradas em prova. Destacam-se as composições e as competências desses órgãos:

Art. 89. *O Conselho da República é órgão superior de consulta do Presidente da República, e dele participam:*

I. *O Vice-Presidente da República;*

II. *O Presidente da Câmara dos Deputados;*

III. *O Presidente do Senado Federal;*

IV. *Os líderes da maioria e da minoria na Câmara dos Deputados;*

V. *Os líderes da maioria e da minoria no Senado Federal;*

VI. *O Ministro da Justiça;*

VII. *Seis cidadãos brasileiros natos, com mais de trinta e cinco anos de idade, sendo dois nomeados pelo Presidente da República, dois eleitos pelo Senado Federal e dois eleitos pela Câmara dos Deputados, todos com mandato de três anos, vedada a recondução.*

Art. 90. *Compete ao Conselho da República pronunciar-se sobre:*

I. *Intervenção federal, estado de defesa e estado de sítio;*

II. *As questões relevantes para a estabilidade das instituições democráticas.*

§ 1º - O Presidente da República poderá convocar Ministro de Estado para participar da reunião do Conselho, quando constar da pauta questão relacionada com o respectivo Ministério.

§ 2º - A lei regulará a organização e o funcionamento do Conselho da República.

Art. 91. *O Conselho de Defesa Nacional é órgão de consulta do Presidente da República nos assuntos relacionados com a soberania nacional e a defesa do Estado democrático, e dele participam como membros natos:*

I. *O Vice-Presidente da República;*

II. *O Presidente da Câmara dos Deputados;*

III. *O Presidente do Senado Federal;*

IV. *Ministro da Justiça;*

V. *O Ministro de Estado da Defesa;*

VI. *O Ministro das Relações Exteriores;*

VII. *O Ministro do Planejamento;*

VIII. *Os Comandantes da Marinha, do Exército e da Aeronáutica.*

§ 1º - Compete ao Conselho de Defesa Nacional:

I. *Opinar nas hipóteses de declaração de guerra e de celebração da paz, nos termos desta Constituição;*

II. *Opinar sobre a decretação do estado de defesa, do estado de sítio e da intervenção federal;*

III. *Propor os critérios e condições de utilização de áreas indispensáveis à segurança do território nacional e opinar sobre seu efetivo uso, especialmente na faixa de fronteira e nas relacionadas com a preservação e a exploração dos recursos naturais de qualquer tipo;*

IV. *Estudar, propor e acompanhar o desenvolvimento de iniciativas necessárias a garantir a independência nacional e a defesa do Estado democrático.*

§ 2º *- A lei regulará a organização e o funcionamento do Conselho de Defesa Nacional.*

Responsabilidades

A forma de governo adotada no País é a República e, por essa razão, é possível responsabilizar o Presidente da República por seus atos. A Constituição tratou de regular a responsabilização por Crime de Responsabilidade e por Infrações Penais Comuns.

Antes de trabalhar com cada uma das responsabilidades, serão analisadas as chamadas Imunidades.

Imunidades são prerrogativas inerentes aos cargos mais importantes do Estado. Cargos que são estratégicos e essenciais à manutenção da ordem constitucional. Entre vários, se destaca o de Presidente da República.

A imunidade pode ser:

Material

É a conhecida irresponsabilidade penal absoluta. Essa imunidade protege o titular contra a responsabilização penal.

Formal

São Prerrogativas de Cunho Processual

Um primeiro ponto essencial que precisa ser estabelecido: o Presidente não possui imunidade material, contudo, em razão da importância do seu cargo, possui imunidades formais. Apesar de o Presidente não possuir imunidade material, outros cargos a possuem, por exemplo, os Parlamentares.

Ao todo, pode-se elencar **quatro prerrogativas processuais** garantidas pela Constituição Federal ao Chefe do Executivo da União:

Processo

A Constituição exige juízo de admissibilidade emitido pela Câmara para que o Presidente possa ser processado durante o seu mandato. Isso significa que o Presidente da República só poderá ser processado se a Câmara dos Deputados autorizar pelo voto de 2/3 dos membros:

> ***Art. 86.*** *Admitida a acusação contra o Presidente da República, por dois terços da Câmara dos Deputados, será ele submetido a julgamento perante o Supremo Tribunal Federal, nas infrações penais comuns, ou perante o Senado Federal, nos crimes de responsabilidade.*

Prerrogativa de Foro

O Presidente não pode ser julgado por qualquer juiz, haja vista a importância da função que exerce no Estado.

Diante disso, a Constituição estabeleceu dois foros competentes para julgar o Presidente:

Supremo Tribunal Federal

Será julgado pelas infrações penais comuns;

Senado Federal

Será julgado pelos Crimes de Responsabilidade.

Analisando essas duas primeiras prerrogativas, não se pode esquecer o previsto no Art. 86, § 1º:

> ***§ 1º*** *- O Presidente ficará suspenso de suas funções:*
>
> ***I.*** *Nas infrações penais comuns, se recebida a denúncia ou queixa-crime pelo Supremo Tribunal Federal;*
>
> ***II.*** *Nos crimes de responsabilidade, após a instauração do processo pelo Senado Federal.*
>
> ***§ 2º*** *- Se, decorrido o prazo de cento e oitenta dias, o julgamento não estiver concluído, cessará o afastamento do Presidente, sem prejuízo do regular prosseguimento do processo.*

A Constituição determina que, após iniciado o processo, tanto por infração penal comum quanto por crime de responsabilidade, o Presidente fique suspenso de suas funções pelo prazo de 180 dias, tempo necessário para que se finalize o processo. Caso o Presidente não seja julgado nesse período, ele poderá retornar ao exercício de suas funções sem prejuízo de continuidade do processo. Deve-se ter muito cuidado em prova com o início do prazo de suspensão:

Infração Penal Comum

O prazo de suspensão inicia-se **a partir do recebimento da denúncia ou queixa**;

Crime de Responsabilidade

O prazo de suspensão inicia-se **a partir da instauração do processo**.

Caso a Câmara autorize o processo do Presidente por crime de responsabilidade, o Senado deverá processá-lo, pois não assiste discricionariedade ao Senado em processar ou não. Sua decisão é vinculada à decisão da Câmara, pelo fato de as duas Casas serem políticas. Contudo, nos casos de infração penal comum, o STF não está obrigado a processar o Presidente em respeito à Separação dos Poderes.

Vamos aproveitar o momento para entender o que são infração penal comum e crime de responsabilidade.

Infração Penal Comum:

É qualquer crime ou contravenção penal cometida pelo Presidente da República na função ou em razão da sua função de Presidente. Seu processamento se dará no Supremo Tribunal Federal.

Crime de Responsabilidade:

A primeira coisa que se precisa saber sobre o crime de responsabilidade é que ele não é um crime. O crime de responsabilidade é uma infração de natureza **político-administrativa.** O nome crime é impróprio para esse instituto. O processo que visa a esse tipo de responsabilização é o ***Impeachment.***

O Presidente responderá por esse tipo de infração caso sua conduta se amolde ao previsto no Art. 85 da Constituição Federal:

> ***Art. 85.*** *São crimes de responsabilidade os atos do Presidente da República que atentem contra a Constituição Federal e, especialmente, contra:*
>
> ***I.*** *A existência da União;*
>
> ***II.*** *O livre exercício do Poder Legislativo, do Poder Judiciário, do Ministério Público e dos Poderes constitucionais das unidades da Federação;*
>
> ***III.*** *O exercício dos direitos políticos, individuais e sociais;*
>
> ***IV.*** *A segurança interna do País;*

> ***V.*** *A probidade na administração;*
>
> ***VI.*** *A lei orçamentária;*
>
> ***VII.*** *O cumprimento das leis e das decisões judiciais.*
>
> ***Parágrafo único.*** *Esses crimes serão definidos em lei especial, que estabelecerá as normas de processo e julgamento.*

Esse rol de condutas, consideradas como Crime de Responsabilidade estabelecido na Constituição, é meramente exemplificativo, já que é a Lei 1.079/50 o dispositivo regulador do Crime de Resposabilidade. Deve-se destacar sua relevância na fixação de outras autoridades que respondem por esse crime, novos crimes além dos procedimentos adotados nesse processo, principalmente na competência exclusiva do cidadão para denunciar o Presidente. Destaca-se ainda que, para haver condenação, o Senado deve proferi-la pelo voto de 2/3 dos seus membros.

Considerando que não se trata de um crime, essa infração não pode resultar numa pena privativa de liberdade. Quem pratica crime de responsabilidade não pode ser preso. A consequência estabelecida no Art. 52, parágrafo único, é a perda do cargo e a inabilitação para o exercício de qualquer função pública pelo prazo de oito anos:

> ***Art. 52****, Parágrafo único. Nos casos previstos nos incisos I e II, funcionará como Presidente o do Supremo Tribunal Federal, limitando-se a condenação, que somente será proferida por dois terços dos votos do Senado Federal, à perda do cargo, com inabilitação, por oito anos, para o exercício de função pública, sem prejuízo das demais sanções judiciais cabíveis.*

Prisão

O Presidente só pode ser preso pela prática de infração penal comum e somente se sobrevier sentença condenatória:

> ***Art. 86****, § 3º - Enquanto não sobrevier sentença condenatória, nas infrações comuns, o Presidente da República não estará sujeito a prisão.*

Irresponsabilidade Penal Relativa

Também conhecida na doutrina como Imunidade Formal Temporária, essa prerrogativa afirma que o Presidente não poderá ser responsabilizado por atos alheios aos exercícios de suas funções:

> ***§ 4º*** *- O Presidente da República, na vigência de seu mandato, não pode ser responsabilizado por atos estranhos ao exercício de suas funções.*

Para melhor compreender as imunidades conferidas ao Presidente da República, analisemos as seguintes situações hipotéticas:

01. Suponhamos que o Presidente da República seja flagrado após ter cometido o assassinado de duas pessoas por motivos particulares.

    a) Poderia ele, no momento em que é flagrado, ser preso pelo crime?

Não. O Presidente só pode ser preso se tiver uma sentença condenatória.

Poderia o Presidente ser processado pelo crime de duplo homicídio durante o se mandato?

O Presidente não pode ser responsabilizado por atos alheios aos exercícios de suas funções. Ao matar duas pessoas, ele não comete o crime na condição de Presidente, ou seja, esse crime não possui relação com sua função de Presidente. Por esse motivo, ele não pode ser processado durante o seu mandato. Não significa que ficará impune pelo crime cometido, apenas será responsabilizado normalmente após o mandato, nesse caso, sem nenhuma prerrogativa. Apesar de não haver previsão legal, a jurisprudência entende que o prazo prescricional, nesse caso, ficará suspenso, não prejudicando a responsabilização do Presidente.

02. Suponhamos agora que, em reunião com os Ministros, o Presidente tenha discutido com um deles. Em meio à confusão, o Presidente mata o Ministro.

    a) Poderia ele ser preso por esse crime?

O Presidente não pode ser preso enquanto não sobrevier sentença condenatória. É a imunidade em relação às prisões.

    b) O Presidente poderá ser processado por esse crime enquanto estiver no seu mandato?

Nesse caso sim. Perceba que o crime cometido foi em razão da função de Presidente, visto que não estaria na reunião com Ministros se não fosse o Presidente da República. Dessa forma, ele será processado por essa infração penal comum no Supremo Tribunal Federal, caso a Câmara dos Deputados autorize o processo. Havendo sentença condenatória, ele poderá ser preso. A possibilidade de responsabilização do Presidente da República por infração penal comum só ocorre se o crime cometido estiver ligado à sua função de Presidente.

Já em relação a outras esferas do direito, como cíveis, administrativas, trabalhistas ou qualquer outra área, o presidente não possui prerrogativa. Isso significa que o Presidente responderá normalmente, sem nenhum privilégio, nas outras esferas do Direito. O tema das Responsabilidades do Presidente tem sido alvo de inúmeras questões de prova. As questões podem ser trabalhadas a partir da literalidade do texto constitucional ou mesmo invocando caso concreto para verificação das regras e prerrogativas do Presidente.

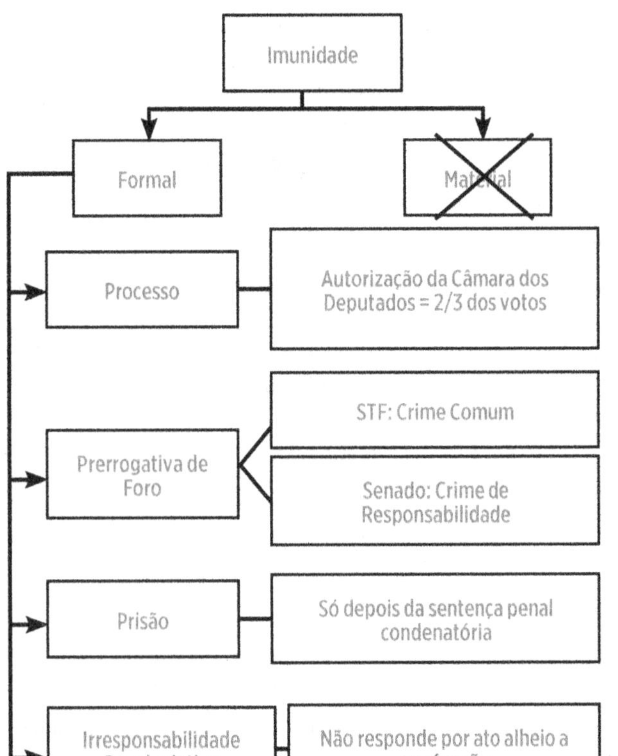

Questões

01. (Cespe) O presidente da República pode dispor, mediante decreto, sobre a organização e o funcionamento da administração federal, promovendo a extinção de funções ou cargos públicos que julgar desnecessários e inconvenientes para o serviço público.

Certo ( ) Errado ( )

02. (Cespe) O presidente da República pode delegar a atribuição de concessão de indultos ao ministro da Justiça.

Certo ( ) Errado ( )

03. (Cespe) Nos crimes de responsabilidade, o presidente da República é suspenso de suas funções após a instauração do processo pela Câmara dos Deputados.

Certo ( ) Errado ( )

04. (FCC) No que diz respeito à eleição do Presidente e do Vice-Presidente da República, é correto afirmar:

a) Se, antes de realizado o segundo turno, ocorrer morte, desistência ou impedimento legal do candidato, convocar-se-á, dentre os remanescentes, o de maior votação.

b) Será considerado eleito Presidente o candidato que, registrado por partido político, obtiver a maioria absoluta de votos, computados os em branco e os nulos.

c) Se, decorridos trinta dias da data fixada para a posse, o Presidente ou o Vice-Presidente, salvo força maior, não tiver assumido o cargo, esse será declarado vago.

d) Ocorrendo a vacância nos últimos dois anos do período presidencial, a eleição para ambos os cargos será feita dez dias depois da última vaga, pelo Congresso Nacional, nos termos da lei.

e) Em caso de impedimento ou vacância do Presidente e de seu Vice, serão chamados sucessivamente o Presidente do Senado, da Câmara dos Deputados e do Supremo Tribunal Federal.

05. (FCC) No que tange ao Poder Executivo, é correto afirmar que compete ao Ministro de Estado:

a) Decretar e executar a intervenção federal.

b) Decretar o estado de defesa e o estado de sítio.

c) Expedir instruções para a execução das leis, decretos e regulamentos.

d) Conferir condecorações e distinções honoríficas.

e) Nomear o Advogado-Geral da União.

Gabaritos

01	ERRADO	**04**	A
02	CERTO	**05**	C
03	ERRADO		

7. DEFESA DO ESTADO E DAS INSTITUIÇÕES DEMOCRÁTICAS

No título V, Arts. 136 a 144, a Constituição Federal apresenta instrumentos eficazes na proteção do Estado e de toda estrutura democrática. Os instrumentos disponibilizados são o Sistema Constitucional de Crises que compreende o Estado de Defesa e o Estado de Sítio, Forças Armadas e Segurança Pública, os quais serão analisados a partir de agora.

7.1 Sistema Constitucional de Crises

O Sistema Constitucional de Crises é um conjunto de medidas criadas pela Constituição Federal para restabelecer a ordem constitucional em momentos de crises político-institucionais. Antes de tratar das espécies em si, deve-se ressaltar algumas características essenciais desses institutos.

É necessário partir do pressuposto de que o **Estado de sítio é mais grave que o estado de defesa.** Essa compreensão permite entender que as medidas adotadas no Estado de Sítio serão mais gravosas que no Estado de Defesa.

Outro ponto interessante são os princípios que regem o Sistema Constitucional de Crises. As duas medidas devem observar os seguintes princípios:

Necessidade

Só podem ser decretadas em último caso.

Proporcionalidade

As medidas adotadas devem ser proporcionais aos problemas existentes.

Temporariedade

As medidas do Sistema Constitucional de Crises devem ser temporárias. Devem durar apenas o tempo necessário para resolver a crise.

Legalidade

As medidas devem guardar respeito à lei. E aqui é possível vislumbrar duas perspectivas acerca da legalidade:

Stricto sensu: As medidas devem respeitar os limites estabelecidos nos Decretos Presidenciais que autorizam a execução. É uma perspectiva mais restrita da legalidade;

Lato sensu: As medidas precisam respeitar a lei em sentido amplo, ou seja, toda a legislação brasileira, incluindo a Constituição Federal.

Trabalhados esses conceitos iniciais, agora será abordado cada um dos institutos do Sistema Constitucional de Crises em espécie. Inicia-se pelo Estado de Defesa.

Estado de Defesa

O Estado de Defesa está regulamentado no Art. 136 da Constituição e o seu *caput* apresenta algumas informações importantíssimas:

> ***Art. 136.*** *O Presidente da República pode, ouvidos o Conselho da República e o Conselho de Defesa Nacional, decretar estado de defesa para preservar ou prontamente restabelecer, em locais restritos e determinados, a ordem pública ou a paz social ameaçadas por grave e iminente instabilidade institucional ou atingidas por calamidades de grandes proporções na natureza.*

Esse dispositivo enumera as **hipóteses de cabimento da medida ou quais são os seus objetivos**: preservar ou prontamente restabelecer a ordem pública ou a paz social ameaçadas por grave e iminente instabilidade institucional ou atingidas por calamidades de grandes proporções na natureza. Qualquer circunstância dessas autoriza a decretação de Estado de Defesa. Lembre-se de que esse rol é taxativo. Só essas situações podem autorizar a medida.

Um detalhe interessante e que pode funcionar como ponto de distinção entre o Estado de Sítio e de Defesa é a área abrangida. O texto constitucional apresentado determina que as áreas abrangidas pela medida sejam locais restritos e determinados.

Outro ponto importante e que é frequente cobrado em prova diz respeito ao tempo de duração do Estado de Defesa. Segundo Art. 136, § 2º, essa medida de contenção de crises poderá durar 30 dias, podendo prorrogar mais uma vez por igual período:

> ***§ 2º.*** *O tempo de duração do estado de defesa não será superior a trinta dias, podendo ser prorrogado uma vez, por igual período, se persistirem as razões que justificaram a sua decretação.*

Não se esqueça de que o prazo só poderá ser prorrogado uma única vez.

Como característica principal da execução do Estado de Defesa está a possibilidade de se restringirem alguns direitos, os quais estão previamente definidos nos §§ 1º a 3º do Art. 136:

> ***§ 1º.*** *O decreto que instituir o estado de defesa determinará o tempo de sua duração, especificará as áreas a serem abrangidas e indicará, nos termos e limites da lei, as medidas coercitivas a vigorarem, dentre as seguintes:*
>
> ***I.*** *restrições aos direitos de:*
>
> ***a)*** *reunião, ainda que exercida no seio das associações;*
>
> ***b)*** *sigilo de correspondência;*
>
> ***c)*** *sigilo de comunicação telegráfica e telefônica;*
>
> ***II.*** *ocupação e uso temporário de bens e serviços públicos, na hipótese de calamidade pública, respondendo a União pelos danos e custos decorrentes.*
>
> ***§ 3º.*** *Na vigência do estado de defesa:*
>
> ***I.*** *a prisão por crime contra o Estado, determinada pelo executor da medida, será por este comunicada imediatamente ao juiz competente, que a relaxará, se não for legal, facultado ao preso requerer exame de corpo de delito à autoridade policial;*
>
> ***II.*** *a comunicação será acompanhada de declaração, pela autoridade, do estado físico e mental do detido no momento de sua autuação;*
>
> ***III.*** *a prisão ou detenção de qualquer pessoa não poderá ser superior a dez dias, salvo quando autorizada pelo Poder Judiciário;*
>
> ***IV.*** *é vedada a incomunicabilidade do preso.*

Alguns pontos merecem um destaque especial. Devido à gravidade da situação e à excepcionalidade das medidas, a Constituição autoriza a restrição de vários direitos fundamentais, por exemplo, o direito de reunião, o sigilo das correspondências, das comunicações telegráficas e telefônicas.

Essas medidas restritivas dispensam autorização judicial, inclusive a decretação de prisão que será determinada pela própria autoridade executora do Estado de Defesa e poderá durar até dez dias. A prisão deverá ser comunicada imediatamente ao juiz o qual poderá prorrogá-la por período superior.

Não se deve esquecer que, mesmo em um momento de crise, como esse em que muitos direitos constitucionais são flexibilizados, é vedada pela Constituição Federal a incomunicabilidade do preso. A ele deverá ser garantido o direito de falar com seu familiar ou advogado, além do direito de ter preservada sua integridade.

Para que seja decretado o Estado de Defesa, a Constituição previu alguns procedimentos. Primeiramente, deve-se lembrar que a decretação é competência do Presidente da República. Antes de executar a medida, ele deverá consultar o Conselho de Defesa Nacional e o Conselho da República os quais emitirão um parecer acerca da situação. Apesar da obrigatoriedade em ouvir os Conselhos, o Presidente não está vinculado ao seus pareceres. Significa dizer que os pareceres emitidos pelos conselhos são meramente opinativos.

Ouvidos os Conselhos, o Presidente decreta a medida e imediatamente submete o decreto ao Congresso Nacional para aprovação. A decisão do Congresso Nacional é definitiva. Caso o decreto seja rejeitado, o Estado de Defesa cessa imediatamente.

> ***§ 4º.*** *Decretado o estado de defesa ou sua prorrogação, o Presidente da República, dentro de vinte e quatro horas, submeterá o ato com a respectiva justificação ao Congresso Nacional, que decidirá por maioria absoluta.*
>
> ***§ 5º.*** *Se o Congresso Nacional estiver em recesso, será convocado, extraordinariamente, no prazo de cinco dias.*
>
> ***§ 6º.*** *O Congresso Nacional apreciará o decreto dentro de dez dias contados de seu recebimento, devendo continuar funcionando enquanto vigorar o estado de defesa.*
>
> ***§ 7º.*** *Rejeitado o decreto, cessa imediatamente o estado de defesa.*

Apesar de ser caracterizado por medidas excepcionais, que restringem sobremaneira os direitos e garantias fundamentais, o Controle Constitucional de Crises não está imune à fiscalização por parte dos poderes públicos. Havendo excessos nas medidas adotadas, a Constituição prevê a possibilidade de responsabilização dos agentes por seus atos. A doutrina constitucional prevê duas formas de controle: Controle Político e Controle Jurisdicional.

O Controle Político é realizado basicamente pelo Congresso Nacional, que o efetuará de três formas:

Imediato: ocorre logo após a decretação da medida conforme o § 4º do Art. 136.

Concomitante: ocorre durante a execução do Estado de Defesa conforme § 6º do Art. 136 e Art. 140.

> ***Art. 140.*** *A Mesa do Congresso Nacional, ouvidos os líderes partidários, designará Comissão composta de cinco de seus membros para acompanhar e fiscalizar a execução das medidas referentes ao estado de defesa e ao estado de sítio.*

Sucessivo (posterior): ocorre após a execução da medida nos termos do Art. 141:

> ***Art. 141.*** *Cessado o estado de defesa ou o estado de sítio, cessarão também seus efeitos, sem prejuízo da responsabilidade pelos ilícitos cometidos por seus executores ou agentes.*
>
> ***Parágrafo único.*** *Logo que cesse o estado de defesa ou o estado de sítio, as medidas aplicadas em sua vigência serão relatadas pelo Presidente da República, em mensagem ao Congresso Nacional, com especificação e justificação das providências adotadas, com relação nominal dos atingidos e indicação das restrições aplicadas.*

O Controle Jurisdicional é o realizado pelo Poder Judiciário, e ocorrerá de duas formas:

Concomitante: durante a execução da medida. Veja-se o disposto no Art. 136, § 3º;

Sucessivo (Posterior): após a execução da medida nos termos do Art. 141.

Estado de Sítio

O Estado de Sítio é mais gravoso que o Estado de Defesa. Por consequência, as medidas adotadas nesse caso terão maior efeito restritivo aos direitos fundamentais.

Primeiramente são abordadas às hipóteses de cabimento do Estado de Sítio, que estão previstas no Art. 137, I e II:

> ***I.*** *comoção grave de repercussão nacional ou ocorrência de fatos que comprovem a ineficácia de medida tomada durante o estado de defesa;*
>
> ***II.*** *declaração de estado de guerra ou resposta a agressão armada estrangeira.*

A doutrina faz uma distinção interessante entre os dois incisos, classificando-os em Repressivo e Defensivo. O Estado de Sítio Repressivo está previsto no inciso I, haja vista ser necessária a atuação dos poderes públicos para conter a situação de crise. Já o inciso II, é chamado de Estado de Sítio Defensivo, pois o poder público utiliza a medida como forma de se defender de agressões externas.

Um ponto distintivo entre o Estado de Defesa e o Estado de Sítio, muito cobrado em prova, refere-se à área abrangida. Segundo o inciso I do Art. 137, será decretada a medida quando a crise tiver repercussão nacional. Quando o candidato encontrar na prova o termo "repercussão nacional", deve associar com o Estado de Sítio. Diferentemente, se estiver escrito "local restrito e determinado", relacionar o dispositivo com Estado de Defesa.

Um tema muito cobrado em prova é o tempo de duração do Estado de Sítio. Vejamos o que diz o §1º do Art. 137:

> ***§ 1º.*** *O estado de sítio, no caso do Art. 137, I, não poderá ser decretado por mais de trinta dias, nem prorrogado, de cada vez, por prazo superior; no do inciso II, poderá ser decretado por todo o tempo que perdurar a guerra ou a agressão armada estrangeira.*

Qual o prazo de duração do Estado de Sítio? Depende da hipótese de cabimento.

Segundo o § 1º, se a hipótese for a do inciso I do Art. 137, o prazo será de 30 dias prorrogáveis por mais 30 dias enquanto for necessário para conter a situação. Cuidado com este prazo, pois a Constituição deixou transparecer que ele não pode ser prorrogado, contudo, o que ela quis dizer é que não pode ser prorrogado por mais de 30 dias todas as vezes que for prorrogado. Dessa forma, ele poderá ser prorrogado indefinidamente, enquanto for necessário.

Já no caso do inciso II, a Constituição regula o Estado de Sítio em caso de guerra ou agressão estrangeira e prevê que a medida durará enquanto for necessária para repelir a agressão estrangeira ou acabar com a guerra. Logo, o Estado de Sítio nestes casos não possuem prazo certo para terminar.

No que tange às medidas coercitivas que podem ser adotadas no Estado de Sítio, a Constituição prevê no Art. 139:

> ***Art. 139.*** *Na vigência do estado de sítio decretado com fundamento no Art. 137, I, só poderão ser tomadas contra as pessoas as seguintes medidas:*
>
> ***I.*** *obrigação de permanência em localidade determinada;*

> ***II.*** *detenção em edifício não destinado a acusados ou condenados por crimes comuns;*
>
> ***III.*** *restrições relativas à inviolabilidade da correspondência, ao sigilo das comunicações, à prestação de informações e à liberdade de imprensa, radiodifusão e televisão, na forma da lei;*
>
> ***IV.*** *suspensão da liberdade de reunião;*
>
> ***V.*** *busca e apreensão em domicílio;*
>
> ***VI.*** *intervenção nas empresas de serviços públicos;*
>
> ***VII.*** *requisição de bens.*
>
> ***Parágrafo único.*** *Não se inclui nas restrições do inciso III a difusão de pronunciamentos de parlamentares efetuados em suas Casas Legislativas, desde que liberada pela respectiva Mesa.*

O dispositivo só regulamentou as restrições adotadas na hipótese do inciso I do Art. 137, qual seja: comoção grave de repercussão nacional ou ocorrência de fatos que comprovem a ineficácia de medida tomada durante o Estado de Defesa. Esse rol de medidas é taxativo, restringindo a atuação do poder público durante sua aplicação. No caso do Art. 137, II, a Constituição nada disse, o que levou a doutrina a concluir a possibilidade de adoção de qualquer medida necessária para conter a situação, desde que compatíveis com a Ordem Constitucional e com as leis brasileiras.

Como se pode perceber, as medidas aqui são mais gravosas que as adotadas no Estado de Defesa, e isso pode ser muito bem notado pela distinção feita entre o Estado de Defesa e de Sítio no que se refere à liberdade de reunião. Enquanto no Estado de Defesa a liberdade de reunião sofre restrições, aqui ela será suspensa.

Outro dispositivo importante é o previsto no parágrafo único, que isenta os pronunciamentos dos parlamentares efetuados em suas Casas das restrições impostas no inciso III do artigo em análise, desde que liberadas pelas respectivas Mesas. As demais restrições devem ser lidas e memorizadas, pois podem ser cobradas em prova.

Vejamos agora como é o procedimento de decretação do Estado de Sítio:

> ***Art. 137.*** *O Presidente da República pode, ouvidos o Conselho da República e o Conselho de Defesa Nacional, solicitar ao Congresso Nacional autorização para decretar o estado de sítio nos casos de:*
>
> ***Parágrafo único.*** *O Presidente da República, ao solicitar autorização para decretar o estado de sítio ou sua prorrogação, relatará os motivos determinantes do pedido, devendo o Congresso Nacional decidir por maioria absoluta.*
>
> ***Art. 138.*** *O decreto do estado de sítio indicará sua duração, as normas necessárias a sua execução e as garantias constitucionais que ficarão suspensas, e, depois de publicado, o Presidente da República designará o executor das medidas específicas e as áreas abrangidas.*
>
> ***§ 2º.*** *Solicitada autorização para decretar o estado de sítio durante o recesso parlamentar, o Presidente do Senado Federal, de imediato, convocará extraordinariamente o Congresso Nacional para se reunir dentro de cinco dias, a fim de apreciar o ato.*
>
> ***§ 3º.*** *O Congresso Nacional permanecerá em funcionamento até o término das medidas coercitivas.*

Conforme estudado no Estado de Defesa, a decretação do Estado de Sítio fica a cargo do Presidente da República após ouvir o Conselho da República e o Conselho de Defesa Nacional. A consulta é obrigatória, mas os pareceres dos Conselhos não vinculam o Presidente. Apesar da similaridade de procedimentos, aqui o Presidente tem que solicitar autorização do Congresso Nacional antes de decretar o Estado de Sítio. Essa diferença é bastante cobrada em prova.

Ao passo que no Estado de Defesa o Presidente Decreta a medida e depois apresenta para o Congresso avaliar. No Estado de Sítio, antes de decretar, o Presidente deve sujeitar a medida à apreciação do Congresso Nacional.

Essa característica demonstra que, assim como no Estado de Defesa, a medida está sujeita a controle dos outros Poderes. Sendo assim, verifica-se que a fiscalização será feita tanto pelos órgãos políticos quanto pelos órgãos jurisdicionais.

Tem-se controle político quando realizado pelo Congresso Nacional, o qual se dará de forma:

Prévio: ocorre quando o Congresso Nacional autoriza a execução da medida;

Concomitante: ocorre durante a execução da medida;

> ***Art. 140.*** *A Mesa do Congresso Nacional, ouvidos os líderes partidários, designará Comissão composta de cinco de seus membros para acompanhar e fiscalizar a execução das medidas referentes ao estado de defesa e ao estado de sítio.*

Sucessivo (posterior): ocorre após a execução da medida;

> ***Art. 141.*** *Cessado o estado de defesa ou o estado de sítio, cessarão também seus efeitos, sem prejuízo da responsabilidade pelos ilícitos cometidos por seus executores ou agentes.*
>
> ***Parágrafo único.*** *Logo que cesse o estado de defesa ou o estado de sítio, as medidas aplicadas em sua vigência serão relatadas pelo Presidente da República, em mensagem ao Congresso Nacional, com especificação e justificação das providências adotadas, com relação nominal dos atingidos e indicação das restrições aplicadas.*

Também existe o controle Jurisdicional executado pelos órgãos do Poder Judiciário, o qual se dará de forma:

Concomitante: durante a execução da medida. Apesar de não haver previsão constitucional expressa, qualquer lesão ou ameaça a direito poderá ser apreciada pelo Poder Judiciário;

Sucessivo (Posterior): após a execução da medida nos termos do Art. 141.

7.2 Forças Armadas

Instituições

As Forças Armadas são formadas por instituições que compõem a estrutura de defesa do Estado, a Marinha, o Exército e a Aeronáutica. Possuem como funções principais a defesa da pátria, a garantia dos poderes constitucionais, da lei e da ordem. Apesar de sua vinculação à União, suas atribuições têm caráter nacional e podem ser exercidas em todo o território brasileiro:

> ***Art. 142.*** *As Forças Armadas, constituídas pela Marinha, pelo Exército e pela Aeronáutica, são instituições nacionais permanentes e regulares, organizadas com base na hierarquia e na disciplina, sob a autoridade suprema do Presidente da República, e destinam-se à defesa da Pátria, à garantia dos poderes constitucionais e, por iniciativa de qualquer destes, da lei e da ordem.*

Segundo o *caput* do Art. 142, são classificadas como instituições permanentes e regulares. Estão sempre prontas para agir. São regulares, pois desempenham funções sistemáticas e dependem de um efetivo de servidores para realizá-las.

Ainda, destaca-se a base de sua organização na hierarquia e na disciplina. Esses atributos típicos da Administração Pública são ressaltados nessas instituições devido ao caráter militar que possuem. As Forças Armadas valorizam demasiadamente essa estrutura hierárquica, com regulamentos que garantem uma distribuição do efetivo em diversos níveis de escalonamento, cujo comando supremo está nas mãos do Presidente da República.

Em linhas gerais, a Constituição previu algumas regras para o funcionamento das instituições militares:

> ***§ 1º***. *Lei complementar estabelecerá as normas gerais a serem adotadas na organização, no preparo e no emprego das Forças Armadas.*
>
> ***§ 3º***. *Os membros das Forças Armadas são denominados militares, aplicando-se-lhes, além das que vierem a ser fixadas em lei, as seguintes disposições:*
>
> ***I.*** *as patentes, com prerrogativas, direitos e deveres a elas inerentes, são conferidas pelo Presidente da República e asseguradas em plenitude aos oficiais da ativa, da reserva ou reformados, sendo-lhes privativos os títulos e postos militares e, juntamente com os demais membros, o uso dos uniformes das Forças Armadas;*
>
> ***II.*** *o militar em atividade que tomar posse em cargo ou emprego público civil permanente, ressalvada a hipótese prevista no Art. 37, inciso XVI, alínea "c", será transferido para a reserva, nos termos da lei; (Redação dada pela Emenda Constitucional nº 77, de 2014)*
>
> ***III.*** *o militar da ativa que, de acordo com a lei, tomar posse em cargo, emprego ou função pública civil temporária, não eletiva, ainda que da administração indireta, ressalvada a hipótese prevista no art. 37, inciso XVI, alínea "c", ficará agregado ao respectivo quadro e somente poderá, enquanto permanecer nessa situação, ser promovido por antiguidade, contando-se-lhe o tempo de serviço apenas para aquela promoção e transferência para a reserva, sendo depois de dois anos de afastamento, contínuos ou não, transferido para a reserva, nos termos da lei; (Redação dada pela Emenda Constitucional nº 77, de 2014);*
>
> ***IV.*** *ao militar são proibidas a sindicalização e a greve;*
>
> ***V.*** *o militar, enquanto em serviço ativo, não pode estar filiado a partidos políticos;*
>
> ***VI.*** *o oficial só perderá o posto e a patente se for julgado indigno do oficialato ou com ele incompatível, por decisão de tribunal militar de caráter permanente, em tempo de paz, ou de tribunal especial, em tempo de guerra;*
>
> ***VII.*** *o oficial condenado na justiça comum ou militar a pena privativa de liberdade superior a dois anos, por sentença transitada em julgado, será submetido ao julgamento previsto no inciso anterior;*
>
> ***VIII.*** *aplica-se aos militares o disposto no art. 7º, incisos VIII, XII, XVII, XVIII, XIX e XXV, e no Art. 37, incisos XI, XIII, XIV e XV, bem como, na forma da lei e com prevalência da atividade militar, no Art. 37, inciso XVI, alínea "c"; (Redação dada pela Emenda Constitucional nº 77, de 2014)*
>
> ***IX.*** *(Revogado pela Emenda Constitucional nº 41, de 19.12.2003).*
>
> ***X.*** *a lei disporá sobre o ingresso nas Forças Armadas, os limites de idade, a estabilidade e outras condições de transferência do militar para a inatividade, os direitos, os deveres, a remuneração, as prerrogativas e outras situações especiais dos militares, consideradas as peculiaridades de suas atividades, inclusive aquelas cumpridas por força de compromissos internacionais e de guerra.*

Habeas Corpus

A Constituição declarou expressamente o não cabimento de *Habeas Corpus* nas punições disciplinares militares:

> ***§ 2º***. *Não caberá Habeas Corpus em relação a punições disciplinares militares.*

Essa vedação decorre do regime constritivo rigoroso existente nas instituições castrenses, o qual permite como sanção administrativa a prisão. Deve-se ter muito cuidado com isso em prova. Segundo o STF, se o *Habeas Corpus* versar sobre a ilegalidade da prisão, ele será admitido, ficando a vedação adstrita apenas ao seu mérito.

Vedações

Como foi dito anteriormente, o regime militar é bem rigoroso e a Constituição apresentou algumas vedações que sempre caem em prova:

> ***IV.*** *ao militar são proibidas a sindicalização e a greve;*
>
> ***V.*** *o militar, enquanto em serviço ativo, não pode estar filiado a partidos políticos;*

A sindicalização e a greve são medidas que dificultam o trabalho do militar, pois o influencia a questionar as ordens recebidas de seus superiores. As atribuições dos militares dependem de uma obediência irrestrita, por essa razão a Constituição os impediu de se organizarem em sindicatos e de realizarem movimentos paredistas.

Quanto à vedação de filiação a partido político, deve-se destacar que o militar, para que desenvolva suas atividades com eficiência, não pode se sujeitar às correntes político-partidárias. O militar deve obedecer apenas à Constituição Federal e executar suas atividades com determinação. Essa vedação não o impede de se candidatar a cargo eletivo, desde que não seja conscrito. Aqui cabe citar o Art. 14, § 8º da CF:

> ***§ 8º***. *O militar alistável é elegível, atendidas as seguintes condições:*
>
> ***I.*** *se contar menos de dez anos de serviço, deverá afastar-se da atividade;*
>
> ***II.*** *se contar mais de dez anos de serviço, será agregado pela autoridade superior e, se eleito, passará automaticamente, no ato da diplomação, para a inatividade.*

Serviço Militar Obrigatório

Outro tema importante acerca das Forças Armadas é a existência do serviço militar obrigatório, previsto no Art. 143:

> ***Art. 143.*** *O serviço militar é obrigatório nos termos da lei.*
>
> ***§ 1º***. *Às Forças Armadas compete, na forma da lei, atribuir serviço alternativo aos que, em tempo de paz, após alistados, alegarem imperativo de consciência, entendendo-se como tal o decorrente de crença religiosa e de convicção filosófica ou política, para se eximirem de atividades de caráter essencialmente militar.*
>
> ***§ 2º***. *as mulheres e os eclesiásticos ficam isentos do serviço militar obrigatório em tempo de paz, sujeitos, porém, a outros encargos que a lei lhes atribuir.*

A Lei que regula o serviço militar obrigatório é a 4.375/64, a qual obriga todos os brasileiros a se alistarem. Destaca-se que essa obrigatoriedade não se aplica aos eclesiásticos (líderes religiosos) e às mulheres, em tempos de paz, o que nos conduz à conclusão de que eles poderiam ser convocados em momentos de guerra ou mobilização nacional.

O § 1º apresenta um tema que já foi cobrado em prova: a dispensa do serviço obrigatório pela escusa de consciência. Isso ocorre quando o indivíduo se recusa a cumprir a obrigação essencialmente militar que é imposta pela Constituição Federal em razão da sua convicção filosófica, religiosa ou política. O referido parágrafo, em consonância com o inciso VIII do Art. 5º, permite que nesses casos o interessado tenha respeitado o seu direito de escolha e de livre consciência desde que cumpra a prestação alternativa regulamentada na Lei 8.239/91, a qual consiste no desempenho de atribuições de caráter administrativo, assistencial, filantrópico ou produtivo, em substituição às atividades de caráter essencialmente militar. Não havendo o cumprimento da atividade obrigatória ou da prestação alternativa fixada em lei, o Art. 15 prevê como consequência a restrição dos direitos políticos:

> ***Art. 15.*** *É vedada a cassação de direitos políticos, cuja perda ou suspensão só se dará nos casos de:*
>
> ***IV.*** *recusa de cumprir obrigação a todos imposta ou prestação alternativa, nos termos do Art. 5º, VIII.*

Acerca desse tema, um problema surge na doutrina. A Constituição não estabelece de forma clara qual consequência deverá ser aplicada ao indivíduo que se recusa a cumprir a obrigação ou a prestação alternativa. A Lei 8.239/91, que regula a prestação alternativa ao serviço militar obrigatório, prevê que será declarada a suspensão dos direitos políticos de quem se recusar a cumprir a obrigação e a prestação alternativa. A doutrina tem se dividido entre as duas possibilidades: perda ou suspensão dos direitos políticos.

Em tese, esse tema não deveria ser cobrado em prova de concurso, considerando sua divergência doutrinária; entretanto, recentemente, para o concurso de juiz do TRF da 5ª região, a banca CESPE trouxe essa questão e sustentou em seu gabarito definitivo a posição de perda dos direitos políticos. Diante desse último posicionamento da CESPE, caso o candidato faça alguma prova desta banca, em que seja cobrada esse conteúdo, deve-se responder perda. O mesmo se aplica para FCC, que também entende que ocorre perda dos direitos políticos.

7.3 Segurança Pública

Órgãos

Conforme prescrito no *caput* do Art. 144, a Segurança Pública é dever do Estado e tem como objetivo a preservação da ordem pública e da incolumidade das pessoas e do patrimônio. Esse tema é certo em concursos públicos da área de Segurança Pública e deve ser estudado com o foco na memorização de todo o artigo. Um dos pontos mais importantes está na definição de quais órgãos compõem a chamada segurança pública, os quais estão listados de forma taxativa no Art. 144:

> ***Art. 144.*** *A segurança pública, dever do Estado, direito e responsabilidade de todos, é exercida para a preservação da ordem pública e da incolumidade das pessoas e do patrimônio, através dos seguintes órgãos:*
>
> ***I.*** *polícia federal;*
>
> ***II.*** *polícia rodoviária federal;*
>
> ***III.*** *polícia ferroviária federal;*
>
> ***IV.*** *polícias civis;*
>
> ***V.*** *polícias militares e corpos de bombeiros militares.*
>
> ***VI.*** *polícias penais federal, estaduais e distrital.*

O STF já decidiu que esse rol é taxativo e que os demais entes federativos estão vinculados à classificação proposta pela Constituição. Diante disso, conclui-se que os Estados, Distrito Federal e Municípios estão proibidos de criar outros órgãos de segurança pública diferentes dos estabelecidos na Constituição Federal. Vejamos esta questão de prova:

Ainda, como fruto dessa taxatividade, deve-se afirmar que nenhum outro órgão além dos estabelecidos nesse artigo poderá ser considerado como sendo de Segurança Pública. Isso se aplica às Guardas Municipais, aos Agentes Penitenciários, aos Agentes de Trânsito e aos Seguranças Privados.

Há ainda a chamada Força Nacional de Segurança, instituição criada como fruto de um acordo de cooperação entre os Estados e o Distrito Federal que possui o objetivo de apoiar ações de segurança pública nesses locais. Apesar de ser formado por membros dos órgãos de segurança pública de todo o país, não se pode afirmar, principalmente numa prova de concurso, que essa instituição faça parte dos Órgãos de Segurança Pública.

Não se pode esquecer das Polícias Legislativas criadas no âmbito da Câmara dos Deputados e do Senado Federal, previstas nos Arts. 51, IV e 52, XIII. Também não entram na classificação de Órgãos de Segurança Pública para a prova, pois não estão no rol do Art. 144:

> ***Art. 51.*** *Compete privativamente à Câmara dos Deputados:*
>
> ***IV.*** *dispor sobre sua organização, funcionamento, polícia, criação, transformação ou extinção dos cargos, empregos e funções de seus serviços, e a iniciativa de lei para fixação da respectiva remuneração, observados os parâmetros estabelecidos na lei de diretrizes orçamentárias.*
>
> ***Art. 52.*** *Compete privativamente ao Senado Federal:*
>
> ***XIII.*** *dispor sobre sua organização, funcionamento, polícia, criação, transformação ou extinção dos cargos, empregos e funções de seus serviços, e a iniciativa de lei para fixação da respectiva remuneração, observados os parâmetros estabelecidos na lei de diretrizes orçamentárias.*

Cada um dos órgãos será organizado em estatuto próprio, conforme preleciona o § 7º do Art. 144:

> ***§ 7º.*** *A lei disciplinará a organização e o funcionamento dos órgãos responsáveis pela segurança pública, de maneira a garantir a eficiência de suas atividades.*

Polícia Administrativa X Polícia Judiciária

Antes de iniciar uma análise mais detida do artigo em questão, uma importante distinção doutrinária deve ser feita em relação às polícias de segurança pública: Polícia Administrativa e Polícia Judiciária.

Polícia Administrativa é a polícia preventiva. Sua atividade ocorre antes do cometimento da infração penal com o intuito de impedir a sua ocorrência. Sua atuação é ostensiva, ou seja, visível pelos membros da sociedade. É aquela polícia a que recorremos quando temos um problema. Uma característica marcante das polícias ostensivas é o seu uniforme. É a vestimenta que identifica um policial ostensivo. O maior exemplo de polícia administrativa é a Polícia Militar. Também são consideradas como polícia preventiva: Polícia Federal (em situações específicas), Polícia Rodoviária Federal, Polícia Ferroviária Federal e Corpo de Bombeiros Militar.

Polícia Judiciária é a polícia repressiva. Sua atividade ocorre após o cometimento da infração penal, quando a atuação da polícia preventiva não surtiu efeito. Sua atividade é investigativa com o fim de encontrar os elementos comprobatórios do ilícito penal cometido. O resultado do trabalho das polícias judiciárias é utilizado posteriormente pelo Ministério Público para subsidiar sua atuação junto ao Poder Judiciário. Daí a razão do nome ser Polícia Judiciária. O resultado de seu trabalho é utilizado pelo Poder Judiciário em seus julgamentos. Atente-se para a seguinte diferença, pois já caiu em prova de concurso: a Polícia Judiciária não faz parte do Poder Judiciário, mas do Poder Executivo. São consideradas como Polícia Judiciária a Polícia Civil e a Polícia Federal. A Polícia Militar também possui atribuições repressivas quando atua na investigação de crimes cometidos por policiais militares.

Além dessa classificação, pode-se distinguir os órgãos do Art. 144 em federais e estaduais, a depender da sua vinculação federativa:

Federais

Polícia Federal, Polícia Rodoviária Federal e Polícia Ferroviária Federal;

Estaduais

Polícia Civil, Polícia Militar e Corpo de Bombeiro Militar.

Feitas essas considerações iniciais, prossegue-se agora com a análise de cada um dos órgãos de segurança pública do Art. 144.

Polícia Federal

A Polícia Federal é o órgão de segurança pública com maior quantidade de atribuições previstas na Constituição Federal, razão pela qual é a mais cobrada em prova:

> ***§ 1º.*** *A polícia federal, instituída por lei como órgão permanente, organizado e mantido pela União e estruturado em carreira, destina-se a:*
>
> ***I.*** *apurar infrações penais contra a ordem política e social ou em detrimento de bens, serviços e interesses da União ou de suas entidades autárquicas e empresas públicas, assim como outras infrações cuja prática tenha repercussão interestadual ou internacional e exija repressão uniforme, segundo se dispuser em lei;*
>
> ***II.*** *prevenir e reprimir o tráfico ilícito de entorpecentes e drogas afins, o contrabando e o descaminho, sem prejuízo da ação fazendária e de outros órgãos públicos nas respectivas áreas de competência;*
>
> ***III.*** *exercer as funções de polícia marítima, aeroportuária e de fronteiras;*
>
> ***IV.*** *exercer, com exclusividade, as funções de polícia judiciária da União.*

Deve-se destacar, como característica principal, a sua atuação como Polícia Judiciária exclusiva da União. É ela quem atuará na repressão dos crimes cometidos contra a União e suas entidades autárquicas e empresas públicas. Apesar de mencionar algumas entidades da administração indireta, não se mencionou as Sociedades de Economia Mista. Isso força uma conclusão de que a Polícia Federal não tem atribuição nos crimes que envolvam interesses de Sociedades de Economia Mista.

As demais atribuições serão exercidas concomitantemente com outros órgãos, limitando a exclusividade de sua atuação apenas à função investigativa no âmbito da União.

Polícia Rodoviária Federal

A Polícia Rodoviária Federal é órgão da União responsável pelo patrulhamento das rodovias federais:

> ***§ 2º.*** *A polícia rodoviária federal, órgão permanente, organizado e mantido pela União e estruturado em carreira, destina-se, na forma da lei, ao patrulhamento ostensivo das rodovias federais.*

Eventualmente, sua atuação se estenderá às rodovias estaduais ou distritais mediante convênio firmado entre os entes federativos. Não havendo esse convênio, o patrulhamento das rodovias estaduais e distritais fica a cargo das Polícias Militares. É comum no âmbito das Polícias Militares a criação de batalhões ou companhias com essa atribuição específica, as chamadas Polícias Rodoviárias.

Polícia Ferroviária Federal

A Polícia Ferroviária Federal é o órgão da União responsável pelo patrulhamento das ferrovias federais:

> ***§ 3º.*** *A polícia ferroviária federal, órgão permanente, organizado e mantido pela União e estruturado em carreira, destina-se, na forma da lei, ao patrulhamento ostensivo das ferrovias federais.*

Diante da pouca relevância das ferrovias no Brasil, esse órgão ficou no esquecimento durante vários anos. No dia 5 agosto de 2011, a Presidente Dilma sancionou a Lei 12.462, que cria no âmbito do Ministério da Justiça a Polícia Ferroviária Federal. O efetivo que comporá essa nova estrutura se originará das instituições que anteriormente cuidavam das ferrovias:

> ***Art. 48.*** *A Lei nº 10.683, de 28 de maio de 2003, passa a vigorar com as seguintes alterações:*
>
> ***Art. 29***, *XIV. Do Ministério da Justiça: o Conselho Nacional de Política Criminal e Penitenciária, o Conselho Nacional de Segurança Pública, o Conselho Federal Gestor do Fundo de Defesa dos Direitos Difusos, o Conselho Nacional de Combate à Pirataria e Delitos contra a Propriedade Intelectual, o Conselho Nacional de Arquivos, o Conselho Nacional de Políticas sobre Drogas, o Departamento de Polícia Federal, o Departamento de Polícia Rodoviária Federal, o Departamento de Polícia Ferroviária Federal, a Defensoria Pública da União, o Arquivo Nacional e até 6 (seis) Secretarias;*
>
> ***§ 8º.*** *Os profissionais da Segurança Pública Ferroviária oriundos do grupo Rede, Rede Ferroviária Federal (RFFSA), da Companhia Brasileira de Trens Urbanos (CBTU) e da Empresa de Trens Urbanos de Porto Alegre (Trensurb) que estavam em exercício em 11 de dezembro de 1990, passam a integrar o Departamento de Polícia Ferroviária Federal do Ministério da Justiça (NR).*

Polícia Civil

Essa é a Polícia Judiciária no âmbito dos Estados e do Distrito Federal. É dirigida por delegados de polícia de carreira e possui atribuição subsidiária à da Polícia Federal e à da Polícia Militar. Significa dizer que o que não for atribuição da Polícia Federal ou da Polícia Militar será da Polícia Civil:

> ***§ 4º*** *- às polícias civis, dirigidas por delegados de polícia de carreira, incumbem, ressalvada a competência da União, as funções de polícia judiciária e a apuração de infrações penais, exceto as militares.*

Polícia Militar e Corpo de Bombeiros Militar

Essas duas instituições possuem caráter essencialmente ostensivo dentro das atribuições próprias. A Polícia Militar é responsável pelo policiamento ostensivo e preservação da ordem pública.

É a PM quem exerce a função principal de prevenção do crime. Quando se pensa em polícia, certamente é a primeira que vem à mente, pois é vista pela sociedade. Já o Corpo de Bombeiros Militar, apesar de não ser órgão policial, possui atribuição de segurança pública à medida que executa atividades de defesa civil. São responsáveis por uma atuação voltada para a proteção da sociedade, prestação de socorro, atuação em incêndios e acidentes. Destaca-se pela agilidade no atendimento, o que muitas vezes acaba por coibir maiores tragédias:

> ***§ 5º.*** *às polícias militares cabem a polícia ostensiva e a preservação da ordem pública; aos corpos de bombeiros militares, além das atribuições definidas em lei, incumbe a execução de atividades de defesa civil.*
>
> ***§ 6º.*** *As polícias militares e corpos de bombeiros militares, forças auxiliares e reserva do Exército, subordinam-se, juntamente com as polícias civis, aos Governadores dos Estados, do Distrito Federal e dos Territórios.*

Por serem corporações militares, a eles se aplicam as mesmas regras que são aplicadas às Forças Armadas, como a proibição de greve, filiação partidária e sindicalização.

São ainda consideradas forças auxiliares e reserva do Exército. Significa que num momento de necessidade de efetivo seria possível a convocação de Policiais e Bombeiros Militares como força reserva e de apoio.

Estão subordinados aos Governadores dos Estados, a Distrito Federal e dos Territórios a quem compete a gestão da Segurança Pública em cada ente federativo.

No que tange à Polícia Militar, ao Corpo de Bombeiros Militares e à Polícia Civil do Distrito Federal, há um detalhe que não pode ser esquecido, pois já foi cobrado em prova. Apesar da subordinação destas forças ao Governador do Distrito Federal, a competência para legislar e manter estas corporações é da União.

Aqui há uma exceção na autonomia federativa do Distrito Federal, que está prevista expressamente na Constituição no Art. 21, XIV:

> ***Art. 21.*** *Compete à União:*
>
> ***XIV.*** *organizar e manter a polícia civil, a polícia militar e o corpo de bombeiros militar do Distrito Federal, bem como prestar assistência financeira ao Distrito Federal para a execução de serviços públicos, por meio de fundo próprio.*

Polícias Penais

A Emenda Constitucional 104/2019 introduziu no rol de entidades de segurança pública as chamadas penais.

De acordo com o art. 144, §5º-A da Constituição, cabe às polícias penais, vinculadas ao órgão administrador do sistema penal da unidade federativa a que pertencem, a segurança dos estabelecimentos penais.

Questões

01. (Cespe) Segundo o STF, não há subordinação dos organismos policiais civis, que integram a estrutura do Estado, ao chefe do Poder Executivo, razão pela qual considera constitucional lei estadual que estabeleça autonomia administrativa, funcional e financeira à polícia civil.

Certo ( ) Errado ( )

02. (Cespe) Sendo a segurança um dever estatal, direito e responsabilidade de todos, os municípios, em momentos de instabilidade social podem constituir guardas municipais destinadas a policiamento ostensivo e à preservação da ordem pública.

Certo ( ) Errado ( )

03. (PCDF) Quanto à defesa do Estado e das instituições democráticas, assinale a alternativa correta.

a) Aos policiais civis e militares são vedadas a sindicalização e a greve.

b) Compõem a Polícia da União a Polícia Federal e a Polícia Rodoviária Federal.

c) Os policiais civis, militares e do corpo de bombeiros do Distrito Federal têm sua remuneração sob a forma de subsídio, e é da União a competência para editá-la.

d) O porte de arma é vedado, sem exceções, às guardas municipais.

e) Para a decretação do estado de defesa, faz-se necessário que o presidente da República realize prévia solicitação ao Congresso Nacional, que se manifestará por maioria absoluta de seus membros.

04. (Cespe) As corporações consideradas forças auxiliares e reserva do Exército subordinam-se aos governadores dos estados, do Distrito Federal e dos territórios.

Certo ( ) Errado ( )

05. (Cespe) Segundo entendimento do Supremo Tribunal Federal, os aspectos relativos à legalidade da imposição de punição constritiva da liberdade, em procedimento administrativo castrense, podem ser discutidos por meio de habeas corpus.

Certo ( ) Errado ( )

06. (Cespe) É permitido a um estado da Federação criar instituto geral de perícias estadual e inseri-lo no rol constitucional dos órgãos encarregados do exercício da segurança pública.

Certo ( ) Errado ( )

07. (Cespe) O oficial condenado, na justiça comum ou militar, por sentença transitada em julgado, a pena privativa de liberdade superior a dois anos deve ser submetido a julgamento para que seja decidido se é indigno do oficialato ou com ele incompatível, podendo perder o posto e a patente.

Certo ( ) Errado ( )

08. (Cespe) A ABIN destina-se a exercer as funções de polícia judiciária da União.

Certo ( ) Errado ( )

09. (Cespe) Em caso de roubo a agência do Banco do Brasil, o inquérito policial deve ser aberto por delegado da Polícia Civil, e não, da Polícia Federal.

Certo ( ) Errado ( )

10. (Acafe) Sobre Segurança Pública é correto afirmar, exceto:

a) Aos corpos de bombeiros militares incumbe a execução de atividades de defesa civil.

b) As polícias militares cabem a polícia ostensiva e a preservação da ordem pública.

c) A polícia incumbe a função de polícia judiciária e a apuração de infrações penais.

d) A polícia rodoviária federal destina-se, na forma da lei, ao patrulhamento ostensivo das rodovias federais.

11. (Cespe) A Polícia Federal tem competência constitucional para prevenir e reprimir, com exclusividade, o tráfico ilícito de entorpecentes e drogas afins, o contrabando e o descaminho.

Certo ( ) Errado ( )

12. (NCUFPR) De acordo com o disposto no artigo 144 da Constituição da República Federativa do Brasil de 1988, a segurança pública, dever do Estado, direito e responsabilidade de todos, é exercida para a preservação da ordem pública e da incolumidade das pessoas e do patrimônio, através dos seguintes órgãos:

a) Secretaria de Estado da Segurança Pública, Polícia Federal, Polícia Civil, Polícia Militar e Guarda Municipal.

b) Polícias Federais, Polícias Civis, Corpo de Bombeiros, Guarda Municipal, Polícia de Trânsito e Exército.

c) Secretaria de Estado da Segurança Pública, Ministério Público Estadual e Federal, Polícia Federal e Polícia Civil.

d) Polícia Federal, Polícia Rodoviária Federal, Polícia Ferroviária Federal, Polícias Civis, Polícias Militares e Corpos de Bombeiros Militares.

e) Secretaria de Estado da Segurança Pública, Ministério Público Estadual e Federal, Polícia Federal, Polícia Militar e Polícia Civil.

13. (FUNRIO) Com relação ao estado de defesa, no que se refere às medidas coercitivas, pode-se afirmar:

I. Restrições aos direitos de reunião, ainda que exercida no seio das associações;

II. O tempo de duração do estado de defesa não será superior a trinta dias, podendo ser prorrogado duas vezes, por igual período;

III. Na vigência do estado de defesa a prisão ou detenção de qualquer pessoa não poderá ser superior a vinte dias, salvo quando autorizada pelo Poder Judiciário;

IV. Na vigência do estado de defesa a prisão por crime contra o Estado, determinada pelo executor da medida, será por este comunicada imediatamente ao juiz competente, que a relaxará, se não for legal, facultado ao preso requerer exame de corpo de delito à autoridade policial;

V. Na vigência do estado de defesa poderá ser o preso mantido sob incomunicabilidade por um período de 180 (cento e oitenta) dias.

Estão corretas apenas as opções:

a) II e V.

b) III e IV.

c) I e IV.

d) I e II.

e) III e V.

14. (UEG) São atribuições da Polícia Federal:

a) Apurar infrações penais contra a ordem pública e social ou em detrimento de bens, serviços e interesses da União ou de suas entidades autárquicas e empresas públicas, assim como outras infrações cuja prática tenha repercussão regional ou interestadual e exija repressão uniforme, segundo se dispuser em lei.

b) Prevenir e reprimir o tráfico ilícito de entorpecentes e drogas afins, o contrabando e o descaminho, sem prejuízo da ação fazendária e de outros órgãos públicos nas respectivas áreas de competência.

c) Exercer, concorrentemente com as polícias civis e militares, as funções de polícia judiciária da União.

d) Exercer as funções de polícia marítima, fluvial, aeroportuária e de fronteiras.

15. (UEG) Sobre a vigência do estado de defesa, é correto afirmar:

a) É permitida a incomunicabilidade do preso.

b) A prisão ou detenção de qualquer pessoa não poderá ser superior a quinze dias, salvo quando autorizada pelo Poder Judiciário.

c) A comunicação da prisão será acompanhada de declaração, pela autoridade, do estado físico e mental do detido no momento de sua autuação.

d) A prisão por crime contra o Estado, determinada pelo executor da medida, será por este comunicada imediatamente ao juiz competente, que a relaxará, se não for legal, facultado ao preso requerer exame de corpo de delito à autoridade judiciária.

16. (FCC) Face a comoção grave de repercussão nacional, sendo decretado o estado de sítio, Alberto, brasileiro maior e capaz e domiciliado no Estado de Roraima, resolveu se mudar para o Estado do Rio Grande do Sul, porém ao chegar no aeroporto, Otávio, agente da Polícia Federal, legalmente e no exercício de atribuições do Poder Público, proibiu a sua locomoção para outro Estado, mantendo-o contra sua vontade no Estado de Roraima. Segundo a Constituição Federal, Alberto, na vigência do estado de sítio:

a) Poderá viajar desde que impetre habeas corpus ao Superior Tribunal de Justiça, cuja competência é originária.

b) Tem direito líquido e certo e, assim, impetrará habeas corpus ao Presidente do Tribunal de Justiça do Estado de Roraima, que permitirá sua viagem.

c) Não terá que se sujeitar a ordem da autoridade desde que impetre habeas corpus ao Supremo Tribunal Federal, cuja competência é originária.

d) Não terá que se sujeitar a ordem da autoridade desde que impetre habeas corpus ao Juiz do Tribunal Militar, que requisitará informações à Policia Federal.

e) Em regra, terá que se sujeitar a ordem da autoridade e deverá permanecer no Estado de Roraima.

17. (FCC) Gustavo, Presidente da República, após ouvidos o Conselho da República e o Conselho de Defesa Nacional, decretou estado de defesa para preservar, em local restrito e determinado, a ordem pública ameaçada por grave e iminente instabilidade institucional, indicando no decreto, segundo a Constituição Federal, nos termos e limites da lei, as medidas coercitivas a vigorarem, podendo restringir os direitos de:

a) Ir e vir, sujeito à pena de banimento, apenas.

b) Ir e vir, sujeito à prisão perpetua e multa.

c) Imagem e de propriedade intelectual.

d) Reunião, ainda que exercida no seio das associações, sigilo de correspondência e sigilo de comunicação telegráfica e telefônica.

e) Livre manifestação do pensamento e de propriedade imóvel.

18. (FCC) No caso de pedido de autorização para a decretação de estado de sítio, a convocação extraordinária do Congresso Nacional far-se-á pelo:

a) Ministro das Forças Armadas.

b) Presidente da Câmara dos Deputados.

c) Presidente do Senado Federal.

d) Ministro Chefe da Casa Civil.

e) Ministro da Justiça.

19. (Cespe) Assinale a opção correta quanto à defesa do Estado e das instituições democráticas.

a) A natureza discricionária do ato do presidente da República que decreta o estado de sítio não viabiliza o controle judicial, razão pela qual há, sobre tal ato, a incidência do controle exclusivamente político, exercido pelo Congresso Nacional.

b) Não se admite, no estado de defesa e no estado de sítio, a suspensão das denominadas imunidades parlamentares.

c) Os estados-membros podem, a seu critério, inserir os seus respectivos departamentos de trânsito entre os órgãos incumbidos do exercício da segurança pública.

d) A punição disciplinar militar imposta sem que haja previsão legal é passível de impugnação via habeas corpus.

e) Para a prorrogação do prazo de duração do estado de defesa é dispensável a aprovação do Congresso Nacional.

Gabaritos

01	ERRADO	11	ERRADO
02	ERRADO	12	D
03	C	13	C
04	CERTO	14	B
05	CERTO	15	C
06	ERRADO	16	E
07	CERTO	17	D
08	ERRADO	18	C
09	CERTO	19	D
10	C		

1. INTRODUÇÃO AO DIREITO ADMINISTRATIVO 362
1.1 Ramos do Direito 362
1.2 Conceito de Direito Administrativo 362
1.3 Objeto do Direito Administrativo 362
1.4 Fontes do Direito Administrativo 362
1.5 Sistemas Administrativos 363
1.6 Regime Jurídico Administrativo 363
1.7 Noções de Estado 364
1.8 Noções de Governo 364
2. ADMINISTRAÇÃO PÚBLICA 365
2.1 Classificação de Administração Pública 365
2.2 Organização da Administração 365
2.3 Administração Direta 366
2.4 Noção de Centralização, Descentralização e Desconcentração 366
2.5 Administração Indireta 367
3. ÓRGÃO PÚBLICO 372
3.1 Teorias 372
3.2 Características 372
3.3 Classificação 372
3.4 AS PARAESTATAIS 373
4. AGENTES PÚBLICOS 376
4.1 Conceito 376
4.2 Classificação 376
5. ESTATUTO DO SERVIDOR PÚBLICO CIVIL FEDERAL 378
5.1 Cargos Públicos 378
5.2 Provimento 378
5.3 Formas de Provimento 379
5.4 Vacância 382
5.5 Remoção 382
5.6 Redistribuição 382
5.7 Substituição 383
6. DIREITOS E VANTAGENS DO SERVIDOR PÚBLICO FEDERAL 385
6.1 Do Vencimento e da Remuneração 385
6.2 Das Vantagens 385
6.3 Das Férias 388
6.4 Licenças, Afastamentos e Concessões 388

SUMÁRIO

7. REGIME DISCIPLINAR DO SERVIDOR PÚBLICO ... 393
7.1 Deveres ... 393
7.2 Proibições ... 393
7.3 Penalidades Disciplinares ... 395
8. SEGURIDADE SOCIAL DO SERVIDOR ... 399
8.1 Disposições Gerais ... 399
8.2 Benefícios ... 399
8.3 Assistência à Saúde ... 402
9. LICITAÇÃO ... 405
9.1 Conceito de Licitação ... 405
9.2 Princípios Explícitos ... 405
9.3 Princípios Implícitos ... 407
9.4 Modalidades de Licitação ... 407
9.5 Obrigatoriedade de Licitação e Casos de Exceções ... 410
10. IMPROBIDADE ADMINISTRATIVA ... 415
10.1 Sujeitos ... 415
10.2 Regras Gerais ... 415
10.3 Modalidades ... 415
10.4 Efeitos da Lei ... 417
10.5 Das Sanções ... 417
10.6 Declaração de Bens ... 418
10.7 Prescrição ... 418
11. PROCESSO ADMINISTRATIVO FEDERAL ... 420
11.1 Abrangência da Lei ... 420
11.2 Princípios ... 420
11.3 Direitos e Deveres dos Administrados ... 421
11.4 Início do Processo e Legitimação Ativa ... 421
11.5 Dos Interessados e da Competência ... 421
11.6 Impedimento e Suspeição ... 422
11.7 Da Forma, Tempo e Lugar dos Atos do Processo ... 422
11.8 Do Recurso Administrativo e da Revisão ... 422
11.9 Prazos da Lei nº 9.784/99 ... 422
12. PODERES E DEVERES ADMINISTRATIVOS ... 426
12.1 Deveres ... 426
12.2 Poderes Administrativos ... 426
12.3 Abuso de Poder ... 431

13. CONTROLE DA ADMINISTRAÇÃO PÚBLICA 433
13.1 Classificação 433
13.2 Controle Administrativo 435
13.3 Controle Legislativo 435
13.4 Controle Judiciário 438

1. INTRODUÇÃO AO DIREITO ADMINISTRATIVO

Neste capítulo, vamos conhecer algumas características do Direito Administrativo, seu conceito, sua finalidade, seu regime jurídico peculiar que orienta toda a sua atividade administrativa, seja ela exercida pelo próprio Estado-administrador, ou por particular. Para entendermos melhor tudo isso, é preciso dar início ao nosso estudo pela compreensão adequada do papel do Direito na vida social.

O Direito é um conjunto de normas (regras e princípios) impostas coativamente pelo Estado que regularão a vida em sociedade, possibilitando a coexistência pacífica das pessoas.

1.1 Ramos do Direito

O Direito é historicamente dividido em dois grandes ramos: o Direito Público e o Direito Privado. Em relação ao Direito Privado, vale o princípio da igualdade (isonomia) entre as partes; aqui não há que se falar em superioridade de uma parte sobre a outra. Por esse motivo, dizemos que estamos em uma relação jurídica horizontal ou uma horizontalidade nas relações jurídicas.

O Direito Privado é regulado pelo princípio da autonomia da vontade, o que traduz a regra a qual diz que o particular pode fazer tudo que não é proibido (Art. 5º, II, da Constituição Federal).

No Direito Público, temos o Estado em um dos polos, representando os interesses da coletividade, e um particular desempenhando seus próprios interesses. Sendo assim, o Estado é tratado com superioridade ante ao particular, pois o Estado é o procurador da vontade da coletividade e, representada pelo próprio Estado, deve ser tratada de forma prevalente ante a vontade do particular.

O fundamento dessa relação jurídica vertical é encontrado no Princípio da Supremacia do Interesse Público, que estudaremos com mais detalhes no tópico referente aos princípios. Mas já podemos adiantar que, como o próprio nome o interesse público é supremo. Desse modo, são disponibilizadas ao Estado prerrogativas especiais para que possa atingir os seus objetivos. Essas prerrogativas são os poderes da administração pública.

Esquema da Divisão do Direito

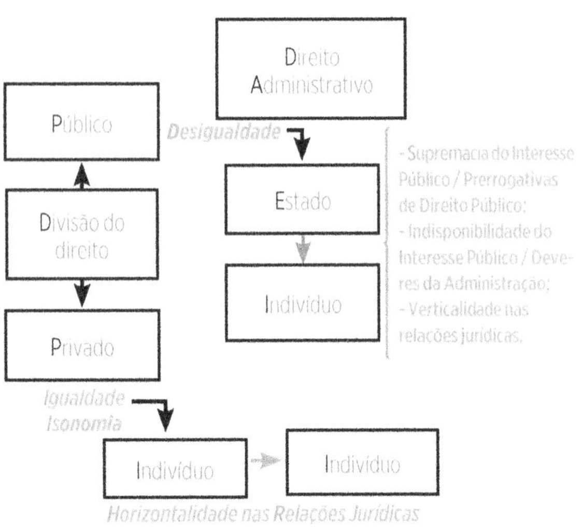

Os dois princípios norteadores do Direito Administrativo são: Supremacia do Interesse Público (gera os poderes) e Indisponibilidade do Interesse Público (gera os deveres da administração).

1.2 Conceito de Direito Administrativo

Vários são os conceitos que podem ser encontrados na doutrina para o Direito Administrativo. Descreveremos dois deles trazidos pela doutrina contemporânea e citados a seguir:

O Direito Administrativo é o ramo do direito público que tem por objeto órgãos, agentes e pessoas jurídicas administrativas que integram a Administração Pública. A atividade jurídica não contenciosa que exerce e os bens que se utiliza para a consecução de seus fins de natureza pública[1].

O Direito Administrativo é o conjunto harmônico de princípios jurídicos que regem órgãos, agentes e atividades públicas que tendem a realizar concreta, direta e imediatamente os fins desejados pelo Estado[2].

1.3 Objeto do Direito Administrativo

Os conceitos de Direito Administrativo foram desenvolvidos de forma que se desdobram em uma sequência natural de tópicos que devem ser estudados ponto a ponto para que a matéria seja corretamente entendida.

Por meio desses conceitos, podemos constatar que o objeto do Direito Administrativo são as relações da administração pública, sejam elas de natureza interna entre as entidades que a compõe, seus órgãos e agentes, ou de natureza externa entre a administração e os administrados.

Além de ter por objeto a atuação da administração pública, também é foco do Direito Administrativo o desempenho das atividades públicas quando exercidas por algum particular, como no caso das concessões, permissões e autorizações de serviços públicos.

Resumidamente, podemos dizer que o Direito Administrativo tem por objeto a administração pública e também as atividades administrativas, independentemente de quem as exerçam.

1.4 Fontes do Direito Administrativo

É o lugar de onde provém algo, no nosso caso, no qual emanam as regras do Direito Administrativo. Esse não está codificado em um único livro. Dessa forma, para o estudarmos de maneira completa, temos que recorrer às fontes, ou seja, a institutos esparsos. Por esse motivo, dizemos que o Direito Administrativo está tipificado (escrito), mas não está codificado em um único instituto.

Lei: fonte principal do Direito Administrativo. A lei deve ser compreendida em seu sentido amplo, o que inclui a Constituição Federal, as normas supra legais, as leis e também os atos normativos da própria administração pública. Temos como exemplo os Arts. 37 ao 41 da Constituição Federal, a Lei nº 8.666/93, a Lei nº 8.112/90, a Lei de Improbidade Administrativa (Lei nº 8.429/92), Processo Administrativo Federal (Lei nº 9.784/99), etc.

Jurisprudência: gênero que se divide entre jurisprudência e doutrina. Jurisprudência são decisões quais são editadas pelos tribunais e não possuem efeito vinculante; são resumos numerados

1 Direito Administrativo, Maria Sylvia Zanella di Pietro, 23ª edição.
2 Conceito de Direito Administrativo do professor Hely Lopes Meirelles.

que servem de fonte de pesquisa do direito materializados em livros, artigos e pareceres.

Doutrina tem a finalidade de tentar sistematizar e melhor explicar o conteúdo das normas de Direito Administrativo; doutrina pode ser utilizada como critério de interpretação de normas, bem como auxiliar a produção normativa.

Costumes: conjunto de regras não escritas, porém, observadas de maneira uniforme, as quais suprem a omissão legislativa acerca de regras internas da Administração Pública.

Segundo o doutrinador do Direito Administrativo, Hely Lopes Meirelles, em razão da deficiência da legislação, a prática administrativa vem suprindo o texto escrito e, sedimentada na consciência dos administradores e administrados, a praxe burocrática passa a saciar a lei e atuar como elemento informativo da doutrina.

Lei e Súmulas Vinculantes são consideradas fontes principais do Direito Administrativo. Jurisprudência, súmulas, doutrina e costumes são considerados fontes secundárias.

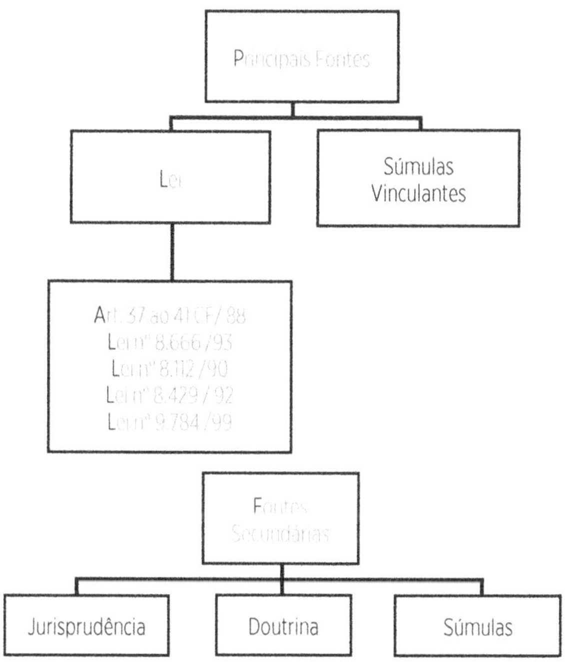

1.5 Sistemas Administrativos

É o regime que o Estado adota para o controle dos atos administrativos ilegais praticados pelo poder público nas diversas esferas e em todos os poderes. Existem dois sistemas que são globalmente utilizados.

O sistema francês (do contencioso administrativo), não utilizado no Brasil, determina que as lides administrativas podem transitar em julgado, ou seja, as decisões administrativas têm força de definibilidade. Nesse sentido, falamos em dualidade de jurisdição, já que existem tribunais administrativos e judiciais, cada qual com suas competências.

O sistema inglês, também chamado de jurisdicional único ou unicidade da jurisdição, é o sistema que atribui somente ao poder judiciário a capacidade de tomar decisões sobre a legalidade administrativa com caráter de coisa julgada ou definitividade.

O Direito Administrativo, no nosso sistema, não pode fazer coisa julgada e todas as decisões administrativas podem ser revistas pelo poder judiciário, pois somente ele pode dar resolução em caráter definitivo. Ou seja, não cabem mais recursos, por isso, falamos em trânsito em julgado das decisões judiciais e nunca das decisões administrativas.

> A Constituição Federal de 1988 adotou o sistema Inglês ou, o do não contencioso administrativo.

Via administrativa de curso forçado

São situações em que o particular é obrigado a seguir todas as vias administrativas até o fim, antes de socorrer ao poder judiciário. Isso é exceção, pois a regra é que, ao particular, é facultado socorrer ao poder judiciário, por força do Art. 5º, XXXV, da Constituição Federal.

> ***XXXV.*** *A lei não excluirá da apreciação do Poder Judiciário lesão ou ameaça a direito.*

Exemplos de via administrativa de curso forçado:

Aqui, o indivíduo deve esgotar as esferas administrativas obrigatoriamente antes de ingressar com ação no poder judiciário.

Justiça desportiva: só são admitidas pelo poder judiciário ações relativas à disciplina e as competições desportivas depois de esgotadas as instâncias da Justiça Desportiva. Art. 217, § 1º, CF.

Ato administrativo ou a omissão da administração pública que contrarie súmula vinculante: só pode ser alvo de reclamação ao STF depois de esgotadas as vias administrativas. Lei nº 11.417/2006, Art. 7º, §1º.

***Habeas data*:** é indispensável para caracterizar o interesse de agir no *Habeas Data* a prova anterior do indeferimento do pedido de informação de dados pessoais ou da omissão em atendê-lo sem que se confirme situação prévia de pretensão. *STF, HD, 22-DF Min. Celso de Mello.*

1.6 Regime Jurídico Administrativo

É o conjunto de normas e princípios de direito público que regulam a atuação da administração pública. Tais regras se fundamentam nos princípios da Supremacia e da Indisponibilidade do Interesse Público, conforme estudaremos adiante.

O Princípio da Supremacia do Interesse Público é o fundamento dos poderes da Administração Pública, afinal de contas, qualquer pessoa que tenha como fim máximo da sua atuação o interesse da coletividade, somente conseguirá atingir esses objetivos se dotadas de poderes especiais.

O Princípio da Indisponibilidade do Interesse Público é o fundamento dos deveres da Administração Pública, pois essa tem o dever de nunca abandonar o interesse público e de usar os seus poderes com a finalidade de satisfazê-lo.

Desses dois princípios decorrem todos os outros princípios e regras que se desdobram no regime jurídico administrativo.

1.7 Noções de Estado

Conceito de Estado

Estado é a pessoa jurídica territorial soberana.

Pessoa: capacidade para contrair direitos e obrigações.

Jurídica: é constituída por meio de uma formalidade documental e não por uma mulher, tal como a pessoa física.

Territorial soberana: quer dizer que, dentro do território do Estado, esse detém a soberania, ou seja, sua vontade prevalece ante a das demais pessoas (sejam elas físicas ou jurídicas). Podemos definir soberania da seguinte forma: soberania é a independência na ordem internacional (lá fora ninguém manda no Estado) e supremacia na ordem interna (aqui dentro quem manda é o Estado).

Elementos do Estado

Território: é a base fixa do Estado (solo, subsolo, mar, espaço aéreo).

Povo: é o componente humano do Estado.

Governo soberano: é o responsável pela condução do Estado. Por ser tal governo soberano, ele não se submete a nenhuma vontade externa, pois, relembrando, lá fora o Estado é independente e aqui dentro sua vontade é suprema, afinal, a vontade do Estado é a vontade do povo.

Formas de Estado

Temos duas formas de Estado:

Estado Unitário: é caracterizado pela centralização política; não existe divisão em estados membros ou municípios, há somente uma esfera política central que emana sua vontade para todo o país. É o caso do Uruguai.

Estado Federado: caracteriza-se pela descentralização política; existem diferentes entidades políticas autônomas que são distribuídas regionalmente e cada uma exerce o poder político dentro de sua área de competência. É o caso do Brasil.

Poderes do Estado

Os poderes do Estado estão previstos no texto Constitucional.

> ***Art. 2º.*** *São Poderes da União, independentes e harmônicos entre si, o Legislativo, o Executivo e o Judiciário.*

Os poderes podem exercer as funções para que foram investidos pela Constituição Federal (funções típicas) ou executar cargos diversas das suas competências constitucionais (funções atípicas). Por esse motivo, não há uma divisão absoluta entre os poderes, e sim relativa, pois o poder Executivo pode executar suas funções típicas (administrar) e pode também iniciar o processo legislativo em alguns casos (pedido de vagas para novos cargos). Além disso, é possível até mesmo legislar no caso de medidas provisórias com força de lei.

Poderes	Funções Típicas	Funções Atípicas
Legislativo	Criar Leis Fiscalizar (Tribunal de Contas)	Administrar Julgar Conflitos
Executivo	Administrar	Criar Leis Julgar Conflitos
Judiciário	Julgar Conflitos	Administrar Criar Leis

É importante notar que a atividade administrativa está presente nos três poderes, por isso, o Direito Administrativo, por ser um dos ramos do Direito Público, disciplina não somente a atividade administrativa do Poder Executivo, mas também a do Poder Legislativo e do Judiciário.

1.8 Noções de Governo

O governo é atividade política e discricionária, tendo conduta independente. Governar está relacionado com a função política do Estado, a de comandar, de coordenar, de direcionar e de fixar planos e diretrizes de atuação do Estado. O governo é o conjunto de Poderes e órgãos constitucionais responsáveis pela função política do Estado.

O governo está diretamente ligado com as decisões tomadas pelo Estado. Exerce a direção suprema e geral, ao fazer uma analogia, podemos dizer que o governo é o cérebro do Estado.

Função de governo e função administrativa

É comum aparecer em provas de concursos públicos questões que confundem as ideias de governo e de administração pública. Para evitar esse erro, analisaremos as diferenças entre as expressões:

Segundo o jurista brasileiro, Hely Lopes Meirelles, o governo é uma atividade política e discricionária e tem conduta independente.

De acordo com ele, a administração é uma atividade neutra, normalmente vinculada à lei ou à norma técnica, e exercida mediante conduta hierarquizada.

Não podemos confundir Governo com Administração Pública, pois governo se encarrega de definir os objetivos do Estado e definir as políticas para o alcance desses objetivos; a Administração Pública se encarrega simplesmente em atingir os objetivos traçados pelo governo.

O governo atua mediante atos de soberania ou, pelo menos, de autonomia política na condução dos negócios públicos. A Administração é atividade neutra, normalmente vinculada à lei ou à norma técnica. Governo é conduta independente, enquanto a Administração é hierarquizada.

O Governo deve comandar com responsabilidade constitucional e política, mas sem responsabilidade técnica e legal pela execução. A administração age sem responsabilidade política, mas com responsabilidade técnica e legal pela execução dos serviços públicos.

Sistemas de governo

Sistema de governo se refere ao grau de dependência entre o poder legislativo e executivo.

Parlamentarismo

É caracterizado por uma grande relação de dependência entre o poder legislativo e o executivo.

A chefia do Estado e a do Governo são desempenhadas por pessoas distintas.

Chefe de Estado: responsável pelas relações internacionais.

Chefe de Governo: responsável pelas relações internas, o chefe de governo é o da Administração pública.

Presidencialismo

É caracterizado por não existir dependência, ou quase nenhuma, entre o Poder Legislativo e o Executivo.

A chefia do Estado e a do Governo são representadas pela mesma pessoa.

O Brasil adota o presidencialismo.

Formas de governo

Conforme Hely Meirelles, a forma de governo se refere à relação entre governantes e governados.

Monarquia

Hereditariedade: o poder é passado de pai para filho.

Vitaliciedade: o detentor do poder fica no cargo até a morte.

Ausência de prestação de contas.

República

Eletividade: o governante precisa ser eleito para chegar ao poder.

Temporalidade: ao chegar ao poder, o governante ficará no cargo por tempo determinado.

Dever de prestar contas.

O Brasil adota a república como forma de governo.

2. ADMINISTRAÇÃO PÚBLICA

Antes de fazermos qualquer conceituação doutrinária sobre Administração Pública, podemos entendê-la como a ferramenta utilizada pelo Estado para atingir os seus objetivos. O Estado possui objetivos, e quem escolhe quais são eles é o seu governo, pois a esse é que cabe a função política (atividade eminentemente discricionária) do Estado e que determina as suas vontades, ou seja, o Governo é o cérebro do Estado. Para poder atingir esses objetivos, o Estado precisa fazer algo, e o faz por meio de sua Administração Pública. Sendo assim, essa é a responsável pelo exercício das atividades públicas do Estado.

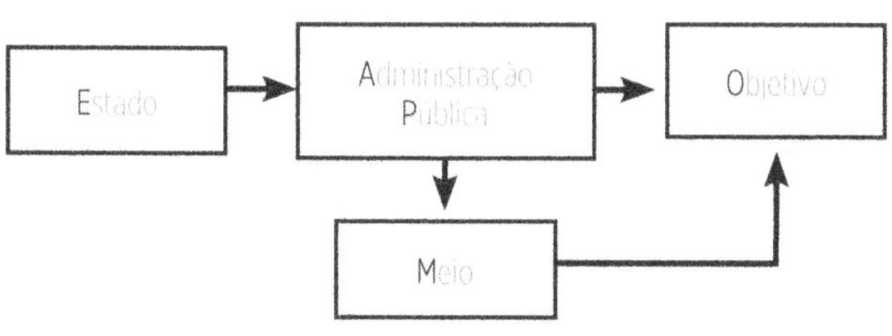

2.1 Classificação de Administração Pública

Sentido material/objetivo

Em sentido material ou objetivo, a Administração Pública compreende o exercício de atividades pelas quais se manifesta a função administrativa do Estado.

Compõe a Administração Pública material qualquer pessoa jurídica, seus órgãos e agentes que exercem as **atividades** administrativas do Estado. Como exemplo de tais atividades, há a prestação de serviços públicos, o exercício do poder de polícia, o fomento, a intervenção e as atividades da Administração Pública.

Essas são as chamadas atividades típicas do Estado e, pelo critério formal, qualquer pessoa que exerce alguma dessas é Administração Pública, não importa quem seja. Por esse critério, teríamos, por exemplo, as seguintes pessoas na Administração Pública:

> União, Estados, Municípios, DF, Autarquias, Fundações Públicas prestadoras de serviços públicos, Empresa Pública prestadora de serviço público, Sociedade de Economia Mista prestadora de serviços públicos e, ainda, as concessionárias, autorizatárias e permissionárias de serviço público.

Esse critério não é o adotado pelo Brasil. Assim sendo, a classificação feita acima não descreve a Administração Pública Brasileira, que, conforme veremos a seguir, adota o modelo formal de classificação.

Sentido formal/subjetivo

Em sentido formal ou subjetivo, a Administração Pública compreende o conjunto de órgãos e pessoas jurídicas encarregadas, por determinação legal, do exercício da função administrativa do Estado.

Pelo modelo formal, segundo Meirelles, a Administração Pública é o conjunto de entidades (pessoas jurídicas, seus órgãos e agentes) que o nosso ordenamento jurídico identifica como Administração Pública, pouco interessa a sua área de atuação, ou seja, pouco importa a atividade mas, sim, quem a desempenha. A Administração Pública Brasileira que adota o modelo formal é classificada em Administração Direta e Indireta.

2.2 Organização da Administração

A Administração Pública foi definida pela Constituição Federal no Art. 37.

> ***Art. 37.*** *A Administração Pública direta e indireta de qualquer dos Poderes da União, dos Estados, do Distrito Federal e dos Municípios obedecerá aos princípios de legalidade, impessoalidade, moralidade, publicidade e eficiência e, também, ao seguinte:*

O Decreto-Lei nº 200/67 determina quem é Administração Pública Direta e Indireta.

> ***Art. 4º.*** *A Administração Federal compreende:*
>
> ***I.*** *A Administração Direta, que se constitui dos serviços integrados na estrutura administrativa da Presidência da República e dos Ministérios.*
>
> ***II.*** *A Administração Indireta, que compreende as seguintes categorias de entidades, dotadas de personalidade jurídica própria:*
>
> ***a)*** *Autarquias;*
>
> ***b)*** *Empresas Públicas;*
>
> ***c)*** *Sociedades de Economia Mista.*
>
> ***d)*** *Fundações públicas.*

Dessa forma, temos somente quatro pessoas que representam a Administração Direta e nenhuma outra. São consideradas pessoas jurídicas de direito público e possuem várias características. As pessoas da Administração Direta recebem o nome de pessoas políticas do estado.

A Administração Indireta também representa um rol taxativo e não cabe ampliação. Existem quatro pessoas da Administração Indireta e nenhuma outra; elas possuem características marcantes. Contudo, não possuem a mais importante e que diferencia das pessoas políticas do Estado, ou seja, a capacidade de legislar (capacidade política).

2.3 Administração Direta

A Administração Direta é representada pelas entidades políticas. São elas: União, Estados, DF e os Municípios.

A definição no Brasil foi feita pelo Decreto-Lei nº 200/67, que dispõe sobre a organização da Administração Federal e estabelece diretrizes para a Reforma Administrativa.

É importante observar que esse decreto dispõe somente sobre a Administração Pública Federal, todavia, pela aplicação do princípio da simetria, tal regra é aplicada uniformemente por todo o território nacional. Assim sendo, tal classificação utilizada nesse decreto define expressamente a Administração Pública Federal e também, implicitamente, a Administração Pública dos demais entes da federação.

Os entes políticos possuem autonomia política (capacidade de legislar), administrativa (capacidade de auto-organizar-se) e capacidade financeira (capacidade de julgar as próprias contas). Não podemos falar aqui em hierarquia entre os entes, mas sim em cooperação, pois um não dá ordens aos outros, visto que eles são autônomos.

Características

São pessoas jurídicas de direito público interno – tem autonomia.

- Unidas formam a República Federativa do Brasil: pessoa jurídica de direito público externo –tem soberania (independência na ordem externa e supremacia na interna).
- Regime jurídico de direito público.
- Autonomia Política: Administrativa e Financeira.
- Sem subordinação: atuam por cooperação.
- Competências: hauridas da CF.
- Responsabilidade civil - regra - objetiva.
- Bens: públicos, não pode ser objeto de sequestro, arresto, penhora etc.
- Débitos judiciais: são pagos por precatórios.
- Regime de pessoal: regime jurídico único.
- Competência para julgamento de ações judiciais.
  - União = Justiça Federal.
  - Demais Entes Políticos = Justiça Estadual.

2.4 Noção de Centralização, Descentralização e Desconcentração

Centralização administrativa: órgãos e agentes trabalhando para a Administração Direta.

Descentralização administrativa: técnica administrativa em que a Administração direta passa a atividade administrativa, serviço ou obra pública para outras pessoas jurídicas ou físicas (para pessoa física somente por delegação por colaboração). A descentralização pode ser feita por outorga legal (titularidade + execução) ou diante delegação por colaboração (somente execução). A outorga legal cria as pessoas da Administração Indireta. A Delegação por colaboração gera os concessionários, permissionários e Autorizatários de serviços públicos:

- **Descentralização por outorga legal** (também chamada de descentralização técnica, por serviços, ou funcional): é feita por lei e transfere a titularidade e a execução da atividade administrativa por prazo indeterminado para uma pessoa jurídica integrante da administração indireta.
- **Descentralização por delegação** (também chamada de descentralização por colaboração): é feita em regra por um contrato administrativo e, nesses casos, depende de licitação; também pode acontecer descentralização por delegação por meio de um ato administrativo. Transfere somente a execução da atividade administrativa, e não a sua titularidade, por prazo determinado para um particular, pessoa física ou jurídica.

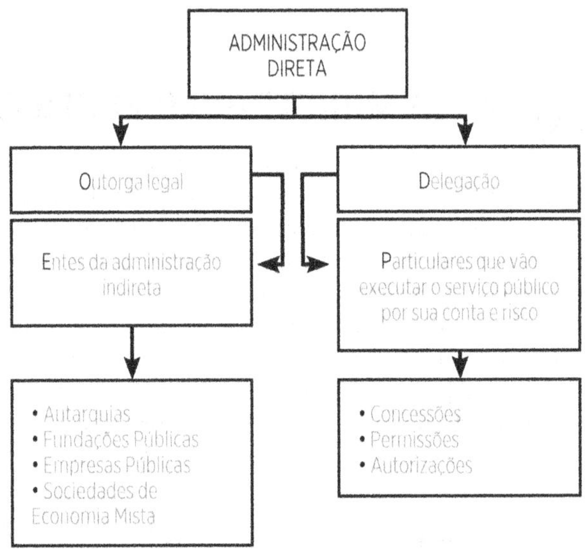

Outorga Legal

- Feita por lei;
- Transfere a titularidade e a execução do serviço público;
- Não tem prazo.

Delegação

- Feita por contrato, exceto as autorizações;
- Os contratos dependem de licitação;
- Transfere somente a execução do serviço público e não a titularidade;
- Há fiscalização do Poder Público. Tal fiscalização decorre do exercício do poder disciplinar;
- Tem prazo.

- > **Desconcentração administrativa**: técnica de subdivisão de órgãos públicos para que melhor desempenhem o serviço público ou atividade administrativa. Em outras palavras, na desconcentração, a Pessoa Jurídica distribui competências no âmbito de sua própria estrutura. É a distribuição de competências entre os diversos órgãos integrantes da estrutura de uma pessoa jurídica da Administração Pública. Somente ocorre na Administração Direta ou Indireta, jamais para particulares, uma vez que não existem órgãos públicos entre particulares.

2.5 Administração Indireta

Pessoas / Entes / Entidades Administrativas

- > **F**undações Públicas;
- > **A**utarquias;
- > **S**ociedades de Economia Mista;
- > **E**mpresas Públicas.

Características

- > Tem personalidade jurídica própria;
- > Tem patrimônio e receita próprios;
- > Tem autonomia:
  - » Administrativa;
  - » Técnica;
  - » Financeira.

Obs.:

- > Não tem autonomia política;.
- > Finalidade definida em lei;
- > Controle do Estado.

Não há subordinação nem hierarquia entre os entes da administração direta e indireta, mas sim, vinculação que se manifesta por meio da **supervisão ministerial** realizada pelo ministério ou secretaria da pessoa política responsável pela área de atuação da entidade administrativa. Tal supervisão tem por finalidade o exercício do denominado **controle finalístico** ou **poder de tutela**.

Em alguns casos, a entidade administrativa pode estar diretamente vinculada à chefia do poder executivo e, nesse contexto, caberá a essa chefia o exercício do controle finalístico de tal entidade.

- > São frutos da descentralização por outorga legal.
- > Nomeação de Dirigentes.

Os dirigentes das entidades administrativas são nomeados pelo chefe do poder a que está vinculada a respectiva entidade, ou seja, as entidades administrativas ligadas ao poder executivo federal têm seus dirigentes nomeados pelo chefe de tal poder, que, nesse caso, é o(a) Presidente(a) da República.

É válido lembrar que, em todos os poderes, existe a função administrativa no executivo, de forma típica, e nos demais poderes, de forma atípica. Além disso, a função administrativa de todos os poderes é exercida pela sua Administração Pública (Administração Direta e Indireta), assim sendo, existe Administração Pública Direta e Indireta nos três poderes e, caso uma entidade administrativa seja vinculada ao Poder Legislativo ou Judiciário, caberá ao chefe do respectivo poder a nomeação de tal dirigente.

Excepcionalmente, a nomeação de um dirigente pode depender ainda de aprovação do Poder Legislativo. Na esfera federal, temos como exemplo a nomeação dos dirigentes das agências reguladoras. Tais nomeações são feitas pelo Presidente da República e, para terem efeito, dependem de aprovação do Senado Federal.

Via de regra, lembraremos que a nomeação do dirigente de uma entidade administrativa é feita pelo chefe do Poder Executivo, sendo que, em alguns casos, é necessária a prévia aprovação de outro poder. Excepcionalmente, o Judiciário e o Legislativo poderão nomear dirigentes para essas entidades, desde que vinculadas ao respectivo poder.

Criação dos entes da administração indireta

A instituição das entidades administrativas depende sempre de uma lei ordinária específica. Essa lei pode criar a entidade administrativa. Nesse caso, nasce uma pessoa jurídica de direito público, as autarquias. A lei também pode autorizar a criação das entidades administrativas. Nessa circunstância, nascem as demais entidades da administração indireta: fundações públicas, empresas públicas e sociedades de economia mista. Pelo fato dessas entidades serem autorizadas por lei, elas são pessoas jurídicas de Direito Privado.

A lei que cria ou que autoriza a criação de uma entidade administrativa é uma **lei ordinária específica.**

Quando a lei autoriza a criação de uma entidade da Administração Indireta, a sua construção será consumada após o registro na serventia registral pertinente (cartório ou junta comercial, conforme o caso).

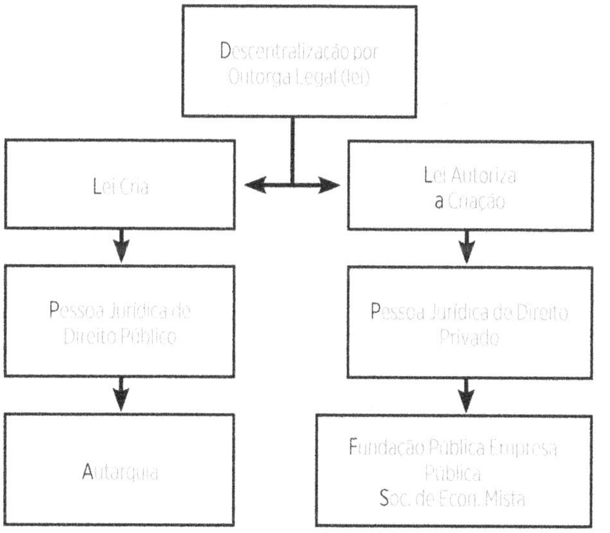

Extinção dos entes da administração indireta:

- > Só lei revoga lei.
- > Se a lei cria, a lei extingue.
- > Se a lei autoriza a criação, autoriza também a extinção.

Relação da administração pública direta com a indireta

As entidades compreendidas na Administração Indireta vinculam-se ao Ministério em cuja área de competência estiver enquadrada sua principal atividade. Dessa forma, não há que se falar em hierarquia ou subordinação, mas, sim vinculação.

A vinculação entre a Administração Direta e a Administração Indireta gera o chamado controle finalístico ou supervisão ministerial. Assim, a Administração Direta não pode intervir nas decisões da Indireta, salvo se ocorrer a chamada fuga de finalidade.

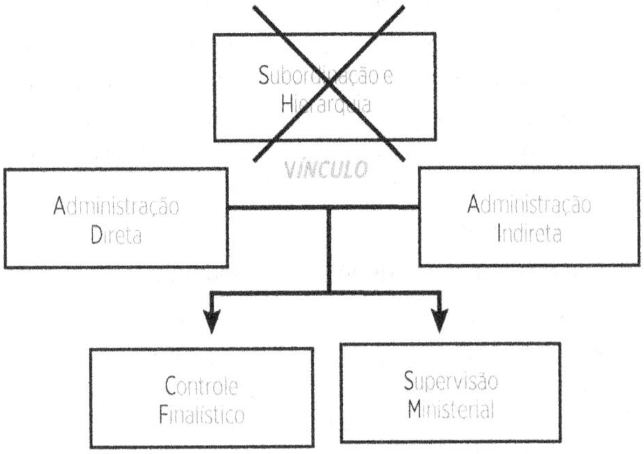

Autarquias

Autarquia é a pessoa jurídica de direito público, criada por lei, com capacidade de autoadministração, para o desempenho de serviço público descentralizado (atividade típica do Estado). É o próprio serviço público personificado.

Vejamos a seguir as suas características:

Personalidade Jurídica: Direito Público.

> Recebem todas as prerrogativas do Direito Público.

Finalidade: atividade típica do Estado.

Regime Jurídico: público.

Responsabilidade Civil: objetiva.

Bens: públicos (não podem ser objeto de penhora, arresto, sequestro).

> Ao serem constituídas, recebem patrimônio do Ente Instituidor e, a partir desse momento, seguem com sua autonomia.

Débitos Judiciais: pagamento por precatórios.

Regime de Pessoal: regime jurídico único.

Competência para o julgamento de suas ações judiciais:

> Autarquia Federal = Justiça Federal.

> Outras Esferas = Justiça Estadual.

Ex.: INSS, Banco Central do Brasil.

Espécies de autarquias

Comum ou Ordinária (de Acordo com Decreto-Lei nº 200/67)

São as autarquias que recebem as características principais, ou seja, criadas diretamente por lei, pessoas jurídicas de direito público e que desempenham um serviço público especializado; seu ato constitutivo é a própria lei.

Sob Regime Especial

As autarquias em regime especial são submetidas a um regime jurídico peculiar, diferente do jurídico relativo às autarquias comuns.

Por autarquia comum deve-se entender as ordinárias, aquelas que se submetem a regime jurídico comum das autarquias. Na esfera federal, o regime jurídico comum das autarquias é o Decreto-Lei nº 200/67.

Se a autarquia além das regras do regime jurídico comum ainda é alcançada por alguma regra especial, peculiar às suas atividades, será considerada uma autarquia em regime especial.

Agências Reguladoras

São responsáveis por regular, normatizar e fiscalizar determinados serviços públicos que foram delegados ao particular. Em razão dessa característica, elas têm mais liberdade e maior autonomia, se comparadas com as Autarquias comuns.

Ex.: ANCINE, ANA, ANAC, ANTAQ, ANATEL, ANEEL, ANP, ANTT.

Autarquia Territorial

É classificado como Autarquia Territorial, o espaço que faça parte do território da União, mas que não se enquadre na definição de Estado membro, DF ou município. No Brasil atual, não existem exemplos de Autarquias Territoriais, mas elas podem vir a ser criadas. Nesse caso, esses Territórios fazem parte da Administração Direta e são Autarquias Territoriais, pois são criados por lei e assumem personalidade jurídica de direito público.

Associações Públicas (Autarquias Interfederativas ou Multifederativas)

Também chamada de consórcio público de Direito Público.

O consórcio público é a pessoa jurídica formada exclusivamente por entes da Federação, na forma da Lei nº 11.107, de 2005, para estabelecer relações de cooperação federativa, inclusive a realização de objetivos de interesse comum, constituída como associação pública, com personalidade jurídica de direito público e natureza autárquica, ou como pessoa jurídica de direito privado, sem fins econômicos.

Sendo assim, não é todo consórcio público que representa uma Autarquia Interfederativa, mas somente os públicos de Direito Público.

Autarquia Fundacional ou Fundação Autárquica

As Fundações Públicas de Direito Público (exceção) são consideradas, na verdade, uma espécie de autarquia.

Agências Executivas

As agências executivas não se configuram como pessoas jurídicas, menos ainda outra classificação qualquer. Representam, na prática, um título que é dado às autarquias e fundações públicas que assinam contrato de gestão com a Administração Pública. Art. 37, §8º.

Conselhos fiscalizadores de profissões são considerados autarquias. Contudo, comportam uma exceção muito importante:

ADI 3.026-DF Min. Eros Graus. 08/06/2006. OAB: Considerada entidade sui generis, um serviço independente não sujeita ao controle finalístico da Administração Direta.

Fundação pública

A Fundação Pública é a entidade dotada de personalidade jurídica de Direito Privado, sem fins lucrativos, criada em virtude de autorização legislativa, para o desenvolvimento de atividades que não exijam execução por órgãos ou entidades de direito público, com autonomia administrativa, patrimônio próprio gerido pelos respectivos órgãos de direção e funcionamento custeado por recursos da União e de outras fontes.

Regra

- > Autorizada por lei;
- > Pessoa jurídica de Direito Privado;
- > Depende de registro dos atos constitutivos na junta comercial;
- > Depende de lei complementar que especifique o campo de atuação.

Exceção

- > Criada diretamente por lei;
- > Pessoa jurídica de direito público;
- > Possui um capital personalizado (diferença meramente conceitual);
- > Considerada pela doutrina como autarquia fundacional.

As fundações públicas de Direito Público, são espécie de autarquia, sendo chamadas pela doutrina como autarquias fundacionais.

Características

- > **Personalidade Jurídica:** Direito Privado.
- > **Finalidade:** lei complementar definirá – Sem fins lucrativos.
- > **Regime Jurídico:** Híbrido (regras de Direito Público + Direito Privado) incontroverso.
- > **Responsabilidade Civil:** se for prestadora de serviço público é objetiva, caso contrário é subjetiva.
- > **Bens Privados, com exceção:** bens diretamente ligados à prestação de serviço público são bens públicos.
- > **Débitos Judiciais:** são pagos por meio do seu patrimônio, com exceção dos bens diretamente ligados à prestação de serviços públicos, que são bens públicos e não se submetem a pagamento de débitos judiciais.
- > **Regime de Pessoal:** Regime Jurídico **Único.**

Competência para o julgamento de suas ações judiciais:

- » Justiça Federal.
- » Outras esferas = Justiça Estadual.
- » IBGE, Biblioteca Nacional, FUNAI.

Empresas públicas e sociedades de economia mista

São pessoas jurídicas de Direito Privado, criadas pela Administração Direta por meio de autorização da lei, com o respectivo registro, para a prestação de serviços públicos ou a exploração da atividade econômica.

A Lei 13.303/16 dispõe sobre o estatuto jurídico da empresa pública, da sociedade de economia mista e de suas subsidiárias, no âmbito da União, dos Estados, do Distrito Federal e dos Municípios.

A referida lei apresenta os seguintes conceitos:

> ***Art. 3º** Empresa pública é a entidade dotada de personalidade jurídica de direito privado, com criação autorizada por lei e com patrimônio próprio, cujo capital social é integralmente detido pela União, pelos Estados, pelo Distrito Federal ou pelos Municípios.*
>
> ***Art. 4º** Sociedade de economia mista é a entidade dotada de personalidade jurídica de direito privado, com criação autorizada por lei, sob a forma de sociedade anônima, cujas ações com direito a voto pertençam em sua maioria à União, aos Estados, ao Distrito Federal, aos Municípios ou a entidade da administração indireta.*

Empresas públicas e sociedades de economia mista exploradoras da atividade econômica

Segundo o Art. 173 da Constituição Federal:

> ***Art. 173.** Ressalvados os casos previstos nesta Constituição, a exploração direta de atividade econômica pelo Estado só será permitida quando necessária aos imperativos da segurança nacional ou a relevante interesse coletivo, conforme definidos em lei.*
>
> ***§ 1º** - A lei estabelecerá o estatuto jurídico da Empresa Pública, da sociedade de economia mista e de suas subsidiárias que explorem atividade econômica de produção ou comercialização de bens ou de prestação de serviços, dispondo sobre:*
>
> ***I.** Sua função social e formas de fiscalização pelo Estado e pela sociedade;*
>
> ***II.** A sujeição ao regime jurídico próprio das empresas privadas, inclusive quanto aos direitos e obrigações civis, comerciais, trabalhistas e tributários;*
>
> ***III.** Licitação e contratação de obras, serviços, compras e alienações, observados os princípios da Administração Pública;*
>
> ***IV.** A constituição e o funcionamento dos conselhos de administração e fiscal, com a participação de acionistas minoritários;*
>
> ***V.** Os mandatos, a avaliação de desempenho e a responsabilidade dos administradores.*
>
> ***§ 2º** - As empresas públicas e as sociedades de economia mista não poderão gozar de privilégios fiscais não extensivos às do setor privado.*
>
> ***§ 3º** - A lei regulamentará as relações da Empresa Pública com o Estado e a sociedade.*
>
> ***§ 4º** - A lei reprimirá o abuso do poder econômico que vise à dominação dos mercados, à eliminação da concorrência e ao aumento arbitrário dos lucros.*
>
> ***§ 5º** - A lei, sem prejuízo da responsabilidade individual dos dirigentes da pessoa jurídica, estabelecerá a responsabilidade desta, sujeitando-a as punições compatíveis com sua natureza, nos atos praticados contra a ordem econômica e financeira e contra a economia popular.*

Empresas públicas e sociedades de economia mista prestadoras de serviço público

Essas entidades são criadas para a exploração da atividade econômica em sentido amplo, o que inclui o exercício delas em sentido estrito e também a prestação de serviços públicos que podem ser explorados com o intuito de lucro.

Segundo o Art. 175 da Constituição Federal:

> ***Art. 175.** Incumbe ao Poder Público, na forma da lei, diretamente ou sob regime de concessão ou permissão, sempre através de licitação, a prestação de serviços públicos.*
>
> ***Parágrafo único.** A lei disporá sobre:*
>
> ***I.** O regime das empresas concessionárias e permissionárias de serviços públicos, o caráter especial de seu contrato e de sua prorrogação, bem como as condições de caducidade, fiscalização e rescisão da concessão ou permissão;*
>
> ***II.** Os direitos dos usuários;*

III. Política tarifária;

IV. A obrigação de manter serviço adequado.

Não se inclui nessa categoria os serviços públicos relativos aos direitos sociais, pois esses não podem ser prestados com o intuito de lucro pelo Estado e, também, não são de titularidade exclusiva do Estado, podendo ser livremente explorados por particulares.

Características comuns das empresas públicas e sociedades de economia mista

Personalidade Jurídica: Direito Privado.

Finalidade: prestação de serviço público ou a exploração da atividade econômica.

Regime Jurídico Híbrido: se for prestadora de serviço público, o regime jurídico é mais público; se for exploradora da atividade econômica, o regime jurídico é mais privado.

Responsabilidade Civil: se for prestadora de serviço público, a responsabilidade civil é objetiva, se for exploradora da atividade econômica, a civil é subjetiva.

Bens Privados, com exceção: bens diretamente ligados à prestação de serviço público são bens públicos.

Débitos Judiciais: são pagos por meio do seu patrimônio, com exceção dos bens diretamente ligados à prestação de serviços públicos, que são bens públicos e não se submetem a pagamento de débitos judiciais.

Regime de Pessoal: CLT – Emprego Público.

Exemplo de Empresa Pública: Caixa Econômica Federal, Correios.

Exemplo de Sociedade de Economia Mista: Banco do Brasil e Petrobras.

Sociedade de economia mista

A Sociedade de Economia Mista é uma entidade dotada de personalidade jurídica de Direito Privado, autorizada por lei para a exploração de atividade econômica, sob a forma de sociedade anônima, cujas ações com direito a voto pertençam em sua maioria à União ou a entidade da Administração Indireta:

> Autorizada por lei;

> Pessoa jurídica de Direito Privado;

> Capital 50% + 1 ação no controle da Administração Pública;

> Constituição obrigatória por Sociedade Anônima (S.A.);

> Competência da Justiça Estadual.

Empresa pública

Entidade dotada de personalidade jurídica de Direito Privado, com patrimônio próprio e capital exclusivo da União, autorizado por lei para a exploração de atividade econômica que o Governo seja levado a exercer por força de contingência ou de conveniência administrativa, podendo revestir-se de qualquer das formas admitidas em direito.

> Autorizado por lei;

> Pessoa jurídica de Direito Privado;

> 100% na constituição de capital público;

> Constituído de qualquer forma admitido em direito;

> Competência da Justiça Federal.

Esse quadro foi desenvolvido para memorização das características mais importantes das pessoas da Administração Pública indireta.

Tabela Comparativa das Características dos Entes da Administração Pública

CARACTERÍSTICA	ENTIDADES POLÍTICAS	AUTARQUIA	FUNDAÇÃO PÚBLICA	EMPRESA PÚBLICA	SOCIEDADE DE ECONOMIA MISTA
PERSONALIDADE JURÍDICA	Direito Público	Direito Público	Direito Privado	Direito Privado	Direito Privado
FINALIDADE	Competências constitucionais	Atividade típica do Estado	Lei Complementar definirá	Exploração da atividade econômica OU prestação de serviço público	Exploração da atividade econômica OU prestação de serviço público
REGIME JURÍDICO	Direito Público	Direito Público	Híbrido: se PSP + público. Caso desenvolva outra atividade, mais privado.	Híbrido: se EAE + privado; se PSP + público	Híbrido: se EAE + privado; se PSP + público
RESPONSABILIDADE CIVIL	Objetiva: ação Subjetiva: omissão	Objetiva: ação Subjetiva: omissão	PSP = Objetiva, nos demais casos, subjetiva	PSP = Objetiva, EAE = Subjetiva	PSP = Objetiva, EAE = Subjetiva
BENS	Públicos	Públicos	Privados, exceção: bens diretamente ligados à prestação de serviços públicos são bens públicos.	Privados, exceção: bens diretamente ligados à prestação de serviços públicos são bens públicos.	Privados, exceção: bens diretamente ligados à prestação de serviços públicos são bens públicos.
DÉBITOS JUDICIAIS	Precatórios	Precatórios	Patrimônio	Patrimônio	Patrimônio
REGIME DE PESSOAL	Regime Jurídico Único	Regime Jurídico Único	Regime Jurídico Único	CLT	CLT
COMPETÊNCIA PARA JULGAMENTO	União: Justiça Federal; Demais: Justiça Estadual.	Federal: Justiça Federal; Demais: Justiça Estadual.	Federal: Justiça Federal; Demais: justiça Estadual.	Federal: Justiça Federal; Demais: justiça Estadual.	Todas: Justiça Estadual.

* EAE: Exploração da Atividade Econômica.

* PSP: Prestação de Serviço Público.

Questões

01. (Cespe) Em sentido subjetivo, a administração pública compreende o conjunto de órgãos e de pessoas jurídicas ao qual a lei confere o exercício da função administrativa do Estado.

Certo ( ) Errado ( )

02. (Cespe) A administração direta compreende os órgãos e as pessoas jurídicas de direito público que prestam serviços típicos do Estado; no âmbito federal, integram a administração direta os ministérios e as autarquias.

Certo ( ) Errado ( )

03. (Cespe) A desconcentração administrativa consiste na distribuição interna de competências, no âmbito de uma mesma pessoa jurídica; a descentralização administrativa pressupõe a distribuição de competência para outra pessoa, física ou jurídica.

Certo ( ) Errado ( )

04. (Cespe) A delegação ocorre quando a entidade da administração, encarregada de executar um ou mais serviços, distribui competências no âmbito da própria estrutura, a fim de tornar mais ágil e eficiente a prestação dos serviços.

Certo ( ) Errado ( )

05. (Cespe) A administração direta é o conjunto de órgãos que integram a União e exercem seus poderes e competências de modo centralizado, ao passo que a administração indireta é formada pelo conjunto de pessoas administrativas, como autarquias e empresas públicas, que exercem suas atividades de forma descentralizada.

Certo ( ) Errado ( )

06. (Cespe) As entidades compreendidas na administração indireta subordinam-se ao ministério em cuja área de competência estiver enquadrada sua principal atividade, mantendo com esse uma relação hierárquica de índole político-administrativa, mas não funcional.

Certo ( ) Errado ( )

07. (Cespe) As pessoas integrantes da administração indireta podem ser autorizadas e instituídas somente por lei, cujo teor deverá abordar a atividade descentralizada a ser exercida, e serão submetidas ao controle da administração direta da pessoa política a que são vinculadas.

Certo ( ) Errado ( )

08. (Cespe) A autarquia é uma pessoa jurídica criada somente por lei específica para executar funções descentralizadas típicas do Estado.

Certo ( ) Errado ( )

09. (Cespe) Como pessoas jurídicas de direito público, as autarquias têm personalidade jurídica, patrimônio e receita próprios e são criadas com a finalidade de desempenhar atividades próprias e típicas da administração pública.

Certo ( ) Errado ( )

10. (Cespe) A autarquia age por delegação.

Certo ( ) Errado ( )

Gabaritos

01	CERTO	**06**	ERRADO
02	ERRADO	**07**	CERTO
03	CERTO	**08**	CERTO
04	ERRADO	**09**	CERTO
05	CERTO	**10**	ERRADO

3. ÓRGÃO PÚBLICO

Neste capítulo, aprenderemos a respeito dos órgãos públicos, sua finalidade, seu papel na estrutura da Administração Pública, bem como as diversas teorias e classificações relativas ao tema. Começaremos a partir das teorias que buscam explicar o que é o órgão público.

3.1 Teorias

São três as teorias criadas para caracterizar e conceituar a ideia de órgão público: a Teoria do Mandato, Teoria da Representação e Teoria Geral do Órgão.

Teoria do mandato

Essa teoria preceitua que o agente, pessoa física, funcionaria como o mandatário da pessoa jurídica, agindo sob seu nome e com a responsabilidade dela, em razão de outorga específica de poderes (não adotado).

Teoria da representação

O agente funcionaria como um tutor ou curador do Estado, que representaria nos atos que necessita participar (não adotado).

Teoria geral do órgão

Tem-se presunção de que a pessoa jurídica exteriora sua vontade por meio dos órgãos, os quais são parte integrante da própria estrutura da pessoa jurídica, de tal modo que, quando os agentes que atuam nesses órgãos manifestam sua vontade, considera-se que essa foi manifestada pelo próprio Estado. Falamos em imputação da atuação do agente, pessoa natural, à pessoa jurídica (adotado pela CF/88).

Alguns órgãos possuem uma pequena capacidade, que é impetrar mandado de segurança para garantir prerrogativas próprias. Contudo, somente os órgãos independentes e autônomos têm essa capacidade.

Segundo o doutrinador Hely Lopes Meirelles, os órgãos não possuem personalidade jurídica, tampouco vontade própria, agem em nome da entidade a que pertencem, mantendo relações entre si e com terceiros, e não possuem patrimônio próprio. Os órgãos manifestam a vontade da Pessoa Jurídica à qual pertencem; os agentes, quando atuam para o Estado, dizemos que estão em imputação à pessoa jurídica a qual estão efetivamente ligados. Assim, falamos em imputação à pessoa jurídica.

Constatamos que órgãos são meros centros de competência, e os agentes que trabalham nesses órgãos estão em imputação à pessoa jurídica a que estão ligados; suas ações são imputadas ao ente federativo. Assim, quando um servidor público federal atua, suas ações são imputadas (como se o próprio Estado estivesse agindo) à União, pois o agente é ligado a um órgão que pertence a esse ente.

Ex.: Quando um Policial Federal está trabalhando, ele é um agente público que atua dentro de um órgão (Departamento de Polícia Federal) e suas ações, quando feitas, são consideradas como se a União estivesse agindo. Por esse motivo, os atos que gerem prejuízo a terceiros são imputados a União, ou seja, é a União que paga o prejuízo e, depois, entra com ação regressiva contra o agente público.

3.2 Características

Não possui personalidade jurídica

Muitas pessoas se assustam com essa regra devido ao fato de o órgão público ter CNPJ, realizar licitações e também por celebrar contratos públicos. Todavia, essas situações não devem ser levadas em consideração nesse momento.

O CNPJ não é suficiente para conferir personalidade jurídica para o órgão público, a sua instituição está ligada ao direito tributário, e realmente o órgão faz licitação, celebra contratos, mas ele não possui direitos, não é responsável pela conduta dos seus agentes e tudo isso por que ele não possui personalidade jurídica, órgão público não é pessoa.

Integram a estrutura da pessoa jurídica que pertencem

O órgão público é simplesmente o integrante da estrutura corporal (orgânica) da pessoa jurídica a que está ligado. O órgão público é para a pessoa jurídica a que está ligado, o que o coração, os rins, o fígado, o estômago e o pulmão, dentre tantos outros órgãos do corpo humano são para nós, essenciais.

> Não possui capacidade processual, salvo os órgãos independentes e autônomos que podem impetrar Mandado de Segurança em defesa de suas prerrogativas constitucionais, quando violadas por outro órgão.

> Não possui patrimônio próprio.

> São hierarquizados.

> São frutos da desconcentração.

> Estão presentes na Administração Direta e Indireta.

> Criação e extinção: por meio de Lei.

> Estruturação: pode ser feita por meio de decreto autônomo, desde que não impliquem em aumento de despesas.

> Os agentes que trabalham nos órgãos estão em imputação à pessoa jurídica que estão ligados.

3.3 Classificação

Dentre as diversas classificações pertinentes ao tema, a partir de agora, abordaremos as classificações quanto à posição estatal que leva em consideração a relação de subordinação e hierarquia, a estrutura que se relaciona com a desconcentração e a composição ou atuação funcional que se relaciona com a quantidade de agentes que agem e manifestam vontade em nome do órgão.

Posição estatal

Quanto à posição estatal, os órgãos são classificados em independentes, autônomos, superiores e subalternos:

Órgãos independentes

> São considerados o mais alto escalão do Governo.

> Não exercem subordinação.

> Seus agentes são inseridos por eleição.

- Têm suas competências determinadas pelo texto constitucional.
- Possuem alguma capacidade processual.

Órgãos autônomos

- São classificados como órgãos diretivos.
- Possuem capacidade administrativa, financeira e técnica.
- São exemplos os Ministérios e as Secretarias.
- Possuem alguma capacidade processual.

Órgãos superiores

- São órgãos de direção, controle e decisão.
- Não possuem autonomia administrativa ou financeira.
- Exemplos são as coordenadorias, gabinetes, etc.

Subalternos

- Exercem atribuições de mera execução.
- Exercem reduzido poder decisório.
- São exemplos as seções de expediente ou de materiais.

Estrutura

A classificação quanto à estrutura leva em consideração, a partir do órgão analisado, se existe ou não um processo de desconcentração, se há ramificações que levam a órgãos subordinados ao órgão analisado.

Simples: são aqueles que representam um só centro de competências, sem ramificações, independentemente do número de cargos.

Composto: são aqueles que reúnem em sua estrutura diversos órgãos, ou seja, existem ramificações.

A Presidência da República é um órgão composto, pois dela se origina outros órgãos de menor hierarquia, dentre esses o Ministério da Justiça, por exemplo, que também é órgão composto, pois, a partir dele, tem-se novas ramificações, tais como o Departamento Penitenciário Nacional, o Departamento de Polícia Federal, entre outros .

A partir da Presidência da República, tem-se também um órgão chamado de gabinete, e esse é considerado simples, pois a partir dele não há novos órgãos, ou seja, não nasce nenhuma ramificação a partir do gabinete da Presidência da República.

Atuação funcional/composição

Os órgãos públicos podem ser classificados em singulares ou colegiados:

Órgãos singulares ou unipessoais: a sua atuação ou decisões são atribuições de um único agente.

Ex.: Presidência da República.

Órgão colegiado ou pluripessoal: a atuação e as decisões dos órgãos colegiados acontecem mediante obrigatória manifestação conjunta de seus membros.

Ex.: Congresso Nacional, Tribunais de Justiça.

3.4 As Paraestatais

A expressão "paraestatais" gera divergência em nosso ordenamento jurídico, sendo que podemos mencionar três posicionamentos:

As paraestatais são as autarquias - posição de José Cretella Júnior – entendimento ultrapassado.

As paraestatais são: as fundações públicas, empresas públicas, sociedades de economia mista e os serviços sociais autônomos – posição de Hely Lopes Meirelles - corrente minoritária.

As paraestatais são os serviços sociais autônomos, as fundações de apoio, as organizações sociais – OS, as organizações da sociedade civil de interesse público – OSCIP'S e as organizações da sociedade civil – OSCs – posição de Maria Silvia Zanella di Pietro, entre outros - é o entendimento majoritário.

Obs.: nesse terceiro sentido, as paraestatais equivalem ao chamado terceiro setor. O primeiro setor é o Estado e o segundo setor é o mercado (iniciativa privada que visa ao lucro).

Serviços sociais autônomos – são pessoas jurídicas de direito privado sem fins lucrativos, instituídas por lei e vinculadas a categorias profissionais, sendo mantidas por dotações orçamentárias ou contribuições parafiscais. É o chamado sistema "S".

Ex.: SESI, SESC, SENAI, SENAC, SEBRAE etc. Não integram a Administração Pública nem direta e nem indireta.

Fundações de Apoio - segundo a professora Odete Medauar, são pessoas jurídicas de direito privado que se destinam a colaborar com instituições de ensino e pesquisa, sendo instituídas por professores, pesquisadores ou universitários (ver Lei 8.958/94). Exemplos: FUVEST, FIPE, CNPQ etc.

Organizações Sociais e Organizações da Sociedade Civil de Interesse Público – são pessoas jurídicas de direito privado sem fins lucrativos, instituídas por particulares que desempenham serviços não exclusivos de Estado, como a saúde, cultura, preservação do meio ambiente, etc.

→ **Características comuns entre as Organizações Sociais (Lei 9.637/98) e as Organizações da Sociedade Civil de Interesse Público (Lei 9.790/99).**

- São pessoas jurídicas de direito privado.
- Sem fins lucrativos.
- Instituídas por particulares.
- Desempenham serviços não exclusivos de Estado.
- Não integram a Administração Pública (seja direta ou indireta).
- Ambas integram o chamado terceiro setor.
- Sujeitam-se ao controle da Administração Pública e do Tribunal de Contas.
- Gozam de imunidade tributária, desde que atendidos os requisitos legais, conforme prevê o Art. 150, VI, "c", da CF/88.

Principais diferenças entre OS e OSCIPs

Organizações Sociais	Organizações da Sociedade Civil de Interesse Público
- o vínculo com o Estado se dá por Contrato de Gestão;	- o vínculo com o Estado se dá por Termo de Parceria;
- o ato de qualificação é discricionário, dado pelo Ministro da pasta competente;	- o ato de qualificação é vinculado, dado pelo Ministro da Justiça;
- pode ser contratada pela Administração com dispensa de licitação (hipótese de licitação dispensável);	- não há essa previsão;
- o Conselho deve ser formado por representantes do Poder Público;	- não há essa exigência;
- regulada pela Lei n.º 9.637/98 ;	- regulada pela Lei n.º 9.790/99 ;
- Ex.: Associação Roquette Pinto, IMPA (Instituto Nacional de Matemática Pura e Aplicada).	- Ex.: AMI (Amigo do Índio), AMAR (Associação de Amparo às Mães de Alto Risco).

→ **Observações sobre as Organizações Sociais:**

> O poder público pode destinar para as OSs recursos orçamentários e bens necessários ao cumprimento do contrato de gestão, mediante permissão de uso.

> O poder público pode ceder servidores públicos para as OSs com ônus para a origem.

> A Administração poderá dispensar a licitação nos contratos de prestação de serviços celebrados com as OSs (Art. 24, XXIV da Lei 8.666/93).

Organizações da Sociedade Civil – OSC - As Organizações da Sociedade Civil (OSCs) são entidades do terceiro setor criadas com a finalidade de atuar junto ao Poder Público, em regime de mútua cooperação, na execução de serviços públicos e tem o seu regime jurídico regulado pela Lei n. 13.019/2014.

Essas entidades atuam na prestação de serviço público não exclusivo do Estado e têm vínculo com a Administração Pública, de modo que essa conexão se dá mediante celebração de Termo de Fomento, Termo de Colaboração e Acordo de Cooperação. Vejamos tais conceitos:

Termo de Colaboração (Art. 2º, VII e Art. 16): instrumento por meio do qual são formalizadas as parcerias estabelecidas pela Administração Pública com organizações da sociedade civil para a consecução de finalidades de interesse público e recíproco propostas pela Administração Pública que envolvam a transferência de recursos financeiros. Assim, o Termo de Colaboração é utilizado para a execução de políticas públicas nas mais diversas áreas, para consecução de **planos de trabalho de iniciativa da própria Administração**, nos casos em que esta já tem parâmetros consolidados, com indicadores e formas de avaliação conhecidos, abarcando, reitere-se, o **repasse de valores por parte do erário**;

Termo de Fomento (Art. 2º, VIII e Art. 17): instrumento por meio do qual são formalizadas as parcerias estabelecidas pela Administração Pública com organizações da sociedade civil para a consecução de finalidades de interesse público e recíproco propostas pelas organizações da sociedade civil, que envolvam a transferência de recursos financeiros. Note-se, portanto, que o Termo de Fomento, ao contrário do Termo de Colaboração, tem como objetivo **incentivar iniciativas das próprias OSCs, para consecução de planos de trabalho por elas propostos**, buscando albergar nas políticas públicas tecnologias sociais inovadoras, promover projetos e eventos nas mais diversas áreas e expandir o alcance das ações desenvolvidas pelas organizações. Assim como no Termo de Colaboração, o Termo de Fomento também enseja a transferência de recursos financeiros por parte da Administração Pública;

Acordo de Cooperação (Art. 2º, VIII-A): instrumento por meio do qual são formalizadas as parcerias estabelecidas pela Administração Pública com organizações da sociedade civil para a consecução de finalidades de interesse público e recíproco que não envolvam a transferência de recursos financeiros. Portanto, o grande diferencial do Acordo de Cooperação com os demais é justamente a **ausência de repasse de valores financeiros**. O Acordo, como regra, também não exige prévia realização de chamamento público como ocorre no caso do Termo de Fomento e do Termo de Colaboração, o que será abordado mais adiante, salvo quando envolver alguma forma de compartilhamento de recurso patrimonial (comodato, doação de bens etc.).

Para facilitar, segue tabela comparativa:

	Iniciativa de plano de trabalho	Transferência de recursos públicos	Previsão na Lei 13.019/14
Termo de Colaboração	Administração	Sim	Art. 2º, VII e Art. 16
Termo de fomento	OSC	Sim	Art. 2º, VIII e Art. 17
Acordo de cooperação	Administração ou OSC	Não	Art. 2º, VIII-A

Chamamento público: trata-se do procedimento que o poder público deverá realizar obrigatoriamente na prospecção de organizações. É a partir desse chamamento que serão avaliadas diferentes propostas para escolher a OSC mais adequada à parceria, ou ainda um grupo de OSCs trabalhando em rede, a fim de tornar mais eficaz a execução do objeto. Tal procedimento deverá adotar procedimentos claros, objetivos e simplificados que orientem os interessados e facilitem o acesso direto aos órgãos e às instâncias decisórias.

Obs.: não se aplicará a Lei 8.666/93 às relações de parceria com as OSCs (Art. 84, Lei 13.019/14), uma vez que agora há lei própria.

Organizações não governamentais (ONGs)

A ONG é uma entidade civil sem fins lucrativos, formada por pessoas interessadas em determinado tema, o qual se constitui em seu objetivo e interesse principal. (Ex.: IDEC – Instituto Brasileiro de Defesa do Consumidor).

Normalmente são iniciativas de pessoas ou grupos que visam colaborar na solução de problemas da comunidade, como mobilizações, educação, conscientização e organização de serviços ou programas para o atendimento de suas necessidades.

Do ponto de vista jurídico, o termo ONG não se aplica. Nosso Código Civil prevê apenas dois formatos institucionais para entidades civis sem fins lucrativos, sendo a Associação Civil (Art. 44, I e Art. 53 ambos do Código Civil) e a Fundação Privada (Art. 44, III e 62, ambos do Código Civil).

Questões

01. (Cespe) Os órgãos são centros de competência com personalidade jurídica própria, cuja atuação é imputada aos agentes públicos que os representam.

Certo ( ) Errado ( )

02. (Cespe) Em regra, os órgãos, por não terem personalidade jurídica, não têm capacidade processual, salvo nas hipóteses em que eles são titulares de direitos subjetivos, o que lhes confere capacidade processual para a defesa de suas prerrogativas e competências.

Certo ( ) Errado ( )

03. (Cespe) Tanto a criação quanto a extinção de órgãos públicos depende da edição de lei específica; contudo, a estruturação e o estabelecimento das atribuições desses órgãos, desde que não impliquem aumento de despesa, podem ser processados por decreto do chefe do Poder Executivo.

Certo ( ) Errado ( )

04. (Cespe) Na Teoria da Representação, o agente funcionaria como um tutor ou curador do Estado, porém não representaria nos atos que necessita participar.

Certo ( ) Errado ( )

05. (Cespe) Segundo classificação doutrinária, quanto ao critério relacionado à posição estatal, os órgãos autônomos são aqueles originários da Constituição e que representam os três poderes do Estado, cujas funções são exercidas por agentes políticos.

Certo ( ) Errado ( )

06. (Cespe) Quanto à posição estatal, as secretarias estaduais e as municipais são consideradas órgãos públicos subalternos.

Certo ( ) Errado ( )

07. (Cespe) Embora, em regra, os órgãos públicos não tenham personalidade jurídica, a alguns órgãos é conferida a denominada capacidade processual, estando eles autorizados por lei a defender em juízo, em nome próprio, determinados interesses ou prerrogativas.

Certo ( ) Errado ( )

08. (Cespe) De acordo com a teoria do órgão da pessoa jurídica aplicada ao direito administrativo, as pessoas jurídicas estatais expressam suas vontades por meio dos seus órgãos, os quais, por sua vez, são representados por seus agentes, que atuam como mandatários da pessoa jurídica estatal.

Certo ( ) Errado ( )

09. (Cespe) As ações dos entes políticos - como União, estados, municípios e DF - concretizam-se por intermédio de pessoas físicas, e, segundo a teoria do órgão, os atos praticados por meio desses agentes públicos devem ser imputados à pessoa jurídica de direito público a que pertencem.

Certo ( ) Errado ( )

10. (Cespe) Órgão público pode ser definido como pessoa jurídica de natureza pública, dotada de personalidade jurídica própria e com atribuições para atuar em prol do interesse público.

Certo ( ) Errado ( )

Gabaritos

01	ERRADO	06	ERRADO
02	CERTO	07	CERTO
03	CERTO	08	ERRADO
04	ERRADO	09	CERTO
05	ERRADO	10	ERRADO

4. AGENTES PÚBLICOS

Neste capítulo estudaremos a respeito dos agentes públicos, sua finalidade, seu papel na estrutura da administração pública, bem como as diversas classificações relativas ao tema.

4.1 Conceito

Considera-se agente público toda pessoa física que exerça, ainda que transitoriamente ou sem remuneração, por eleição, nomeação, designação, contratação ou qualquer outra forma de investidura ou vínculo, mandato, cargo, emprego ou função pública.

4.2 Classificação

- Agentes políticos.
- Agentes administrativos.
- Particulares em colaboração com o poder público.

Agentes políticos

Estão nos mais altos escalões do Poder Público. São responsáveis pela elaboração das diretrizes governamentais e pelas funções de direção, orientação e supervisão geral da Administração Pública.

Características

- Sua competência é haurida da Constituição Federal.
- Não se sujeitam às regras comuns aplicáveis aos servidores públicos em geral.
- Normalmente são investidos em seus cargos por meio de eleição, nomeação ou designação.
- Não são hierarquizados, subordinando-se tão somente à Constituição Federal.

Exceção: auxiliares imediatos dos chefes do Executivo são, hierarquizados, pois se subordinam ao líder desse poder.

Ex.: Ministros de Estado; Secretários estaduais e municipais.

Poder	Federal	Estadual	Municipal
Executivo	Presidente da República; Ministros de Estados.	Governadores; Secretários Estaduais.	Prefeitos; Secretários Municipais.
Legislativo	Deputados Federais; Senadores.	Deputados Estaduais.	Vereadores
Judiciário	Membros do Poder Judiciário Federal.	Membros do Poder Judiciário Estadual.	Não há
Ministério Público	Membros do Ministério Público Federal.	Membros do Ministério Público Estadual.	Não há

Agentes administrativos

São as pessoas que exercem atividade pública de natureza profissional, permanente e remunerada, estão sujeitos à hierarquia funcional e ao regime jurídico estabelecido pelo ente ao qual pertencem. O vínculo entre esses agentes e o ente ao qual estão ligados é um vínculo de natureza permanente.

Servidores públicos (estrito): são os titulares de cargos públicos[1] (efetivos e comissionados), são vinculados ao seu cargo por meio de um estatuto estabelecido pelo ente contratante.

Empregados públicos: são os ocupantes de Emprego Público2; são vinculados ao seu emprego por meio da CLT (Consolidação das Leis do Trabalho).

Temporários: são contratados por tempo determinado para atender necessidade temporária de excepcional interesse público. Exercem função pública temporária e remunerada, estão vinculados à administração pública por meio de um contrato de direito público e não de natureza trabalhista. O meio utilizado pelo Estado para selecionar os temporários é o processo seletivo simplificado e não o concurso público.

Algumas doutrinas dividem a classificação dos servidores públicos em sentido amplo e em estrito. Nesse último caso, servidor público é o que consta acima, ou seja, somente os titulares de cargos públicos; já em sentido amplo, adota-se a seguinte regra: servidor público é um gênero que comporta três espécies: os servidores estatutários, os empregados públicos e os servidores temporários. Então, caso se adote o conceito de servidor público em sentido amplo, este será sinônimo de agente administrativo.

Servidor Público (Amplo):

- Servidor Estatutário = servidor público (estrito)
- Empregado Público = empregado público
- Servidor Temporário = temporário

Particulares em colaboração com o poder público

Agentes honoríficos: são cidadãos que transitoriamente são requisitados ou designados para prestar certos serviços públicos específicos em razão da sua honra, da sua conduta cívica ou de sua notória capacidade profissional. Geralmente atuam sem remuneração. São os mesários, jurados, entre outros.

Agentes delegados: são particulares que recebem a incumbência de exercer determinada atividade, obra ou serviço, por sua conta e risco e em nome próprio, sob permanente fiscalização do poder contratante, ou seja, são aquelas pessoas que recebem a incumbência de prestar certas atividades do Estado por meio da descentralização por delegação. São elas:

- Autorizatárias de serviços públicos;
- Concessionárias de serviços públicos;
- Permissionárias de serviços públicos.

Agentes credenciados: são os particulares que recebem a incumbência de representar a administração em determinado ato ou praticar certa atividade específica, mediante remuneração do Poder Público credenciante.

1 Os cargos públicos estão presentes na Administração Direta da União, dos Estados, do DF e dos Municípios, e também nas suas autarquias e fundações públicas.
2 Os empregos públicos estão presentes nas empresas públicas e sociedades de economia mista.

Questões

01. (Cespe) Todos aqueles que exercem função pública, independentemente de sua natureza, ainda que por período determinado, são considerados agentes públicos.

Certo ( ) Errado ( )

02. (Cespe) Os agentes políticos constituem categoria especial, pois gozam de prerrogativas diferenciadas e têm grandes responsabilidades com a sociedade, como é o caso dos prefeitos.

Certo ( ) Errado ( )

03. (Cespe) Os ocupantes de cargo público ou de emprego público têm vínculo estatutário e institucional regido por estatuto funcional próprio, que, no caso da União, é a Lei nº 8.112/1990.

Certo ( ) Errado ( )

04. (Cespe) O Direito Administrativo é o conjunto harmônico de princípios jurídicos que regem órgãos, agentes e atividades públicas que tendem a realizar concreta, direta e imediatamente os fins desejados pelo Estado.

Certo ( ) Errado ( )

05. (Cespe) A categoria denominada servidores públicos celetistas está prevista na CF e caracteriza-se por abranger todos aqueles servidores contratados por prazo determinado para atender necessidade temporária de excepcional interesse público.

Certo ( ) Errado ( )

06. (Cespe) Os agentes de polícia federal ocupam cargos públicos e exercem funções definidas em lei. Contudo, ao contrário dos ministros de Estado, juízes e promotores de justiça, eles são agentes públicos, e não agentes políticos.

Certo ( ) Errado ( )

07. (Cespe - Adaptada) Os particulares em colaboração com o poder público são considerados agentes públicos, mesmo que prestem serviços ao Estado sem vínculo empregatício e sem remuneração.

Certo ( ) Errado ( )

08. (FCC) No âmbito da estrutura administrativa brasileira:

a) os agentes políticos exercem funções governamentais, judiciais e quase judiciais, com elaboração de normas legais, condução dos negócios públicos, decisão e atuação com independência nos assuntos de sua competência.

b) os Poderes de Estado compreendem o Legislativo, o Executivo, o Judiciário e o Ministério Público, e a cada um deles correspondendo funções reciprocamente delegáveis, sendo vinculados e harmônicos entre si.

c) as entidades estatais são unicamente a União, os Estados-membros, os Municípios, os Territórios e o Distrito Federal.

d) os cargos são os encargos administrativos atribuídos e delimitados por lei às funções lotadas nos órgãos públicos. As funções são providas por agentes públicos ou políticos, de forma efetiva e apenas mediante concurso de provas e títulos.

e) a investidura do agente público comissionado para cargos ou funções de confiança, dada a precariedade de sua nomeação, goza da presunção de definitividade, tornando o agente estável após o estágio probatório.

09. (FCC - Adaptada) De acordo com a doutrina, agente público é toda a pessoa física que presta serviços ao Estado e às pessoas jurídicas da Administração Indireta,

a) não se incluindo na categoria os agentes políticos, detentores de mandato eletivo.

b) inclusive os particulares que atuam em colaboração com o poder público, mediante delegação, requisição, nomeação ou designação.

c) não se incluindo na categoria os militares.

d) somente se incluindo na categoria aqueles que possuem vínculo estatutário ou celetista com a Administração.

e) incluindo-se os servidores públicos, estatutários e celetistas, bem como os agentes políticos, estes últimos desde que investidos mediante nomeação e não detentores de mandato eletivo.

10. (FCC) O cidadão que é convocado ou designado para prestar, transitoriamente, determinado serviço ao Poder Público em razão da sua condição cívica ou de sua notória capacidade profissional, mas sem vínculo empregatício, é denominado agente

a) administrativo.

b) político.

c) delegado.

d) credenciado.

e) honorífico.

Gabaritos

01	CERTO	**06**	ERRADO
02	CERTO	**07**	CERTO
03	ERRADO	**08**	A
04	CERTO	**09**	B
05	ERRADO	**10**	E

5. ESTATUTO DO SERVIDOR PÚBLICO CIVIL FEDERAL

Neste capítulo, trataremos do Estatuto do Servidor Público Civil Federal, dos cargos públicos, do provimento, da vacância, da remoção, da redistribuição e da substituição.

Diferentemente do trabalhador da iniciativa privada e dos empregados públicos, cuja relação funcional é regida pela Consolidação das Leis do Trabalho, o servidor público está vinculado à Administração Pública por um vínculo legal específico, chamado normalmente de estatuto, que define o seu regime jurídico, ou seja, quais os seus direitos, deveres e proibições.

A Lei 8.112/90 apresenta o Estatuto dos Servidores Públicos Civis da União.

Servidor público da União é o integrante dos quadros funcionais da Administração Direta Federal, autarquias federais e fundações federais de direito público. Ou seja, é aquele que trabalha, através de um vínculo permanente, em entidades de direito público da União.

O Art. 2º da referida Lei, define o servidor como a pessoa legalmente investida em cargo público.

Deve ser observado que os militares federais não se sujeitam à Lei 8.112/90, mas sim à lei própria (Lei 6.880/80).

5.1 Cargos Públicos

Cargo público é definido pelo Art. 3º da Lei 8.112/90:

> ***Art. 3º.*** *Cargo público é o conjunto de atribuições e responsabilidades previstas na estrutura organizacional que devem ser cometidas a um servidor.*

Em outras palavras, cargo público é a vaga ocupada pelo servidor público no quadro funcional da Administração Pública, e em relação à qual a lei define suas atribuições e responsabilidade.

Essa vaga pode estar já ocupada por um servidor, caso em que se diz o cargo está ocupado ou provido, ou pode estar sem ocupação, caso em que se diz que o cargo está vago.

A designação de alguém para ocupar um cargo público é chamada de provimento. Sua retirada produz a chamada vacância do cargo público.

A criação de cargos públicos somente pode ser feita por meio de lei. A extinção de cargos vagos, no entanto, pode ser feita por meio de decreto, conforme dispõe o Art. 84, VI,"b", da Constituição Federal.

De acordo com o parágrafo único do Art. 3º, os cargos públicos, acessíveis a todos os brasileiros, são criados por lei, com denominação própria e vencimento pago pelos cofres públicos, para provimento em caráter efetivo ou em comissão.

Embora tal dispositivo discorra somente de brasileiros, o § 3º do Art. 5º admite a que as universidades e instituições de pesquisa científica e tecnológica federais completem seus cargos com professores, técnicos e cientistas estrangeiros, de acordo com as normas e os procedimentos estabelecidos na Lei 8.112/90.

Já quanto aos brasileiros, o acesso é pleno, desde que preencham os requisitos da Lei.

E, em princípio, a Lei não fará distinção entre brasileiros natos e naturalizados, exceto para aqueles cargos que a Constituição Federal, em seu Art. 12º, § 3º, exige que sejam preenchidos por brasileiros natos.

O Art. 4º da Lei 8.112/90 proíbe expressamente a prestação de serviços gratuitos na Administração Pública, salvo os casos previstos em lei. Atualmente, o diploma legal que rege os serviços voluntários para o Poder Público é a Lei 9.608/98.

5.2 Provimento

Provimento de um cargo é o seu preenchimento, ou seja, é o ato administrativo através do qual a Administração Pública, por meio da autoridade competente para isso, atribui a um servidor a ocupação de um cargo público.

O provimento pode ser originário ou derivado.

Provimento Originário

Nesse caso, o cargo é preenchido por alguém que não era servidor público ou que, mesmo sendo servidor, prestou concurso público para ocupá-lo ou foi nomeado para um cargo em comissão.

Ou seja, no provimento originário, não há necessidade de que o novo ocupante do cargo já seja servidor público, embora possa sê-lo.

A única forma de provimento originário prevista na Lei 8.112/90 é a nomeação.

Provimento Derivado

No provimento derivado, o cargo necessariamente é preenchido por alguém que já ocupava outro cargo público anteriormente. Por conta disso, tal forma de provimento não depende de concurso público.

Existem seis formas de provimento derivado: promoção, readaptação, reversão, aproveitamento, reintegração e recondução, as quais serão estudadas adiante.

Requisitos para ser Servidor Público

O Art. 5º da Lei 8.112/90 traz os seguintes requisitos mínimos para que alguém ocupe um cargo público:

> ***I.*** *Nacionalidade brasileira*

Exceção: contratação de professores e cientistas estrangeiros por universidades e instituições de pesquisas federais;

> ***II.*** *Gozo dos direitos políticos;*
>
> ***III.*** *Quitação com as obrigações militares e eleitorais;*
>
> ***IV.*** *Nível de escolaridade exigido para o exercício do cargo;*
>
> ***V.*** *Idade mínima de dezoito anos;*
>
> ***VI.*** *Aptidão física e mental.*

Além desses requisitos genéricos, a Lei poderá prever requisitos específicos para cada cargo, como formação específica, inscrição junto ao órgão de regulamentação da profissão, comprovação de experiência anterior, entre outros.

Em regra, tais requisitos deverão estar preenchidos no momento da posse, e não da inscrição ou da data do concurso.

Assim, por exemplo, quem tem dezessete anos pode prestar um concurso público, desde que complete dezoito até a data da posse.

Nesse sentido, veja-se a Súmula 266 do Superior Tribunal de Justiça:

O diploma ou habilitação legal para o exercício do cargo deve ser exigido na posse e não na inscrição para o concurso público.

Portadores de Deficiência

Os portadores de deficiência, tanto física como mental, têm garantido um porcentual das vagas disponibilizadas em cada concurso.

A Lei 8.112/90, em seu Art. 5º, § 2º, determina que devem ser reservadas até 20% das vagas para deficientes, sendo que o Dec. 3.298/99, que dispõe sobre a "Política Nacional para a Integração da Pessoa Portadora de Deficiência", em seu Art. 37, define o percentual mínimo, que é de 5% (cinco por cento).

Havendo necessidade de arredondamento no número de vagas reservadas aos deficientes no concurso, este deverá ser feito para o número inteiro imediatamente superior, desde que não se ultrapasse o limite de 20%.

Assim, por exemplo, se o concurso tiver 50 vagas, deverão ser reservadas pelo menos 3 vagas para deficientes (arredondando 5%, que corresponde a 2.5, para cima). No entanto, se o concurso tiver somente 4 vagas em disputa, não será reservada vaga para deficientes, uma vez que, nesse caso, o número mínimo que poderia ser destinado (uma vaga) ultrapassaria o percentual máximo de 20%.

Nesse sentido, confira-se a decisão do STJ proferida no RMS 38.595/MG, Segunda Turma, Rel. Min. Mauro Campbell Marques, DJ 12/11/2013:

ADMINISTRATIVO. RECURSO EM MANDADO DE SEGURANÇA. CONCURSO PÚBLICO. CANDIDATO PORTADOR DE NECESSIDADES ESPECIAIS. RESERVA DA ÚNICA VAGA. LIMITES ESTABELECIDOS NO ART. 37, §§1º E 2º, DO DECRETO 3.298/99 E NO ART. 5º, §2º, DA LEI 8.112/90. PERCENTUAL MÍNIMO DE 5% DAS VAGAS. NÚMERO FRACIONADO. ARREDONDAMENTO PARA O PRIMEIRO NÚMERO INTEIRO SUBSEQUENTE. OBSERVÂNCIA DO LIMITE MÁXIMO DE 20% DAS VAGAS OFERECIDAS.

É claro que as atribuições de cargo devem ser compatíveis com as limitações impostas pela deficiência. Assim, por exemplo, por razões óbvias, não seria possível que alguém com paraplegia fosse nomeado para o cargo de salva-vidas municipal de uma cidade litorânea.

Na prática, a comprovação da deficiência e sua compatibilidade com as atribuições do cargo são feitas por laudo médico oficial, exigido normalmente antes da posse, confirmando a informação dada na inscrição de que a pessoa é deficiente.

É importante observar que o fato de a pessoa ser deficiente não a obriga a concorrer às vagas de deficientes, podendo, se assim o desejar, disputar as vagas de ampla concorrência.

Posse

Posse é a investidura de alguém nomeado para um cargo público. Ou seja, é através da posse que determinada pessoa torna-se um servidor público.

A posse do servidor não é um ato administrativo, mas um ato que deve ser praticado pelo candidato nomeado.

Antes dela, ele ainda não é servidor, mesmo que já tenha sido nomeado.

Prazos para posse e efetivo exercício

Após a nomeação, a pessoa tem o prazo de 30 (trinta) dias para tomar posse, assinando livro próprio. Se não o fizer, torna-se sem efeito o ato de nomeação (não se trata de exoneração porque o nomeado sequer chegou a tornar-se servidor).

A posse pode ser feita por procuração específica e depende de perícia médica oficial.

Na ocasião, deverão também ser apresentadas declarações de bens e valores, e quanto ao exercício ou não de outro cargo, emprego ou função pública, a fim de se verificar eventual hipótese de incompatibilidade.

Após tomar posse, começa a correr o prazo de 15 (quinze) dias para que o servidor entre em exercício, ou seja, para que ele comece a trabalhar efetivamente.

Se não entrar em exercício nesse prazo, o servidor será exonerado.

O início, a suspensão, a interrupção e o reinício do exercício serão registrados no assentamento individual do servidor.

Os prazos são todos em dias corridos.

5.3 Formas de Provimento

De acordo com a Lei 8.112/90, são formas de provimento de cargo público:

> Nomeação;
> Promoção;
> Readaptação;
> Reversão;
> Recondução;
> Aproveitamento;
> Reintegração.

Vejamos cada uma delas:

Nomeação

A nomeação é a única forma de provimento originário. Ou seja, a única forma através da qual alguém que não é servidor público pode ocupar um determinado cargo é por nomeação.

Ela pode ser feita:

> **Em caráter efetivo:** nesse caso, o servidor tem direito à estabilidade, após o estágio probatório, e somente pode ser feita após concurso público.
> **Em comissão:** livre nomeação e exoneração pela autoridade competente (contratação e exoneração ad nutum – sem estabilidade e sem concurso público).

A lei que regula o cargo é a que estabelecerá se ele será efetivo ou em comissão (cargo de confiança).

De acordo com a Constituição Federal, os cargos de livre nomeação e exoneração somente serão destinados às atividades de chefia, assessoramento e direção.

A ideia de conceder estabilidade ao servidor concursado consiste em garantir a sua independência em relação a forças políticas que ocupam temporariamente o poder. Além disso, objetiva-se permitir a continuidade do serviço público, pois, se assim não fosse, a cada nova eleição presidencial, todos os servidores poderiam ser trocados, prejudicando o bom andamento da máquina pública.

Estágio Probatório

Ao entrar em exercício, o servidor público efetivo estará sujeito à avaliação, fase denominada de estágio probatório, em que se verificará, na prática, se ele pode de fato desempenhar a contento as atividades do cargo.

De acordo com o Art. 20 da Lei 8112/90, durante o estágio probatório, a aptidão e a capacidade do servidor serão objeto de avaliação para o desempenho do cargo, observados os seguintes fatores:

> Assiduidade;
> Disciplina;
> Capacidade de iniciativa;
> Produtividade;
> Responsabilidade.

O prazo do estágio probatório é de 24 meses, sendo que o mesmo será interrompido em caso de interrupção do exercício (por exemplo, no caso de o servidor sair férias ou de licença médica).

O parágrafo 1º do mesmo dispositivo estabelece que, 4 (quatro) meses antes de findo o período do estágio probatório, será submetida à homologação da autoridade competente a avaliação do desempenho do servidor, realizada por comissão constituída para essa finalidade.

O estágio probatório aplica-se a todas as formas de provimento: nomeação, promoção, aproveitamento etc.

Cada vez que o servidor ocupar um cargo diferente na Administração Pública, estará sujeito a um novo estágio probatório, para que se verifique se ele tem condições de ocupar aquele novo cargo.

Assim, por exemplo, se ele ocupar cinco cargos públicos diferentes em sua carreira profissional, terá que passar por cinco estágios probatórios.

E se o servidor não for aprovado no estágio probatório?

Nesse caso, de acordo com o parágrafo 2º do Art. 20 do Estatuto, o servidor será exonerado (no caso de não ocupar nenhum outro cargo público antes da nomeação para o cargo para o qual foi reprovado ou ainda no caso de não ser estável) ou reconduzido ao cargo anteriormente ocupado na Administração Pública (em se tratando de servidor estável).

O servidor em estágio probatório poderá exercer quaisquer cargos de provimento em comissão ou funções de direção, chefia ou assessoramento no órgão ou entidade de lotação, e somente poderá ser cedido a outro órgão ou entidade para ocupar cargos de Natureza Especial, cargos de provimento em comissão do Grupo-Direção e Assessoramento Superiores - DAS, de níveis 6, 5 e 4, ou equivalentes.

De acordo com o parágrafo 4º do Art. 20, ao servidor em estágio probatório somente poderão ser concedidas as seguintes licenças e afastamentos:

> Licença por motivo de doença em pessoa da família;
> Licença por motivo de afastamento do cônjuge ou companheiro;
> Licença para o serviço militar;
> Licença para atividade política;
> Afastamento para exercício de mandato eletivo;
> Afastamento para estudo ou missão no Exterior;
> Afastamento para participação em programa de pós-graduação stricto sensu no País.
> Afastamento para participar de curso de formação decorrente de aprovação em concurso para outro cargo na Administração Pública Federal.

Estabilidade

O servidor habilitado em concurso público e empossado em cargo de provimento efetivo adquirirá estabilidade no serviço público ao completar 3 (três) anos de efetivo exercício (Art. 41 da Constituição Federal, com a redação dada pela EC 19/98).

A estabilidade visa dar continuidade à atividade estatal, evitando-se que, a cada nova eleição, todos os ocupantes de cargos públicos sejam trocados por pessoas alinhadas ideologicamente com o candidato eleito.

De acordo com a Constituição Federal (Arts. 41, § 1º e 169, §§ 3º e 4º), o servidor estável somente poderá perder o cargo nos casos de:

> Sentença judicial transitada em julgado;
> Processo administrativo disciplinar no qual lhe seja assegurada ampla defesa;
> Desempenho insuficiente, apurado mediante procedimento de avaliação periódica, na forma de lei complementar, assegurada ampla defesa.
> Descumprimentos dos limites de gastos com pessoal estabelecidos pela Lei de Responsabilidade Fiscal, desde que:
  » Tenha ocorrido a exoneração de pelo menos 20% dos cargos em comissão; e
  » Tenham sido exonerados todos os servidores não estáveis.

Assim, nesse caso do item "d)", somente após a efetivação dessas duas medidas citadas, e persistindo o excesso de gastos, é que se poderão exonerar os servidores estáveis, que terão direito à indenização de um salário por cada ano trabalhado.

Promoção

A Lei 8.112 define promoção como "a forma de provimento onde ocorre aumento do nível de complexidade das atribuições e, consequentemente, dos vencimentos".

Ou seja, é uma forma de provimento derivado na qual o servidor passa de um determinado cargo para outro, com uma remuneração maior e atribuições distintas (mais complexas).

A doutrina normalmente considera que, para que um cargo possa receber servidores por promoção de forma a não ferir a exigência constitucional de realização de concurso público, devem estar presentes dois requisitos:

> Provimento do cargo somente por servidores públicos (não se deve admitir a realização de concurso para aquele cargo, pois, se assim fosse, todos aqueles cargos deveriam ser providos por concurso);

> Necessidade de experiência anterior em cargo público que justifique o afastamento do concurso público.

Exemplo hipotético de caso em que isso seria aplicado: o cargo de Contador Sênior somente pode ser ocupado por Contadores Júniores.

Readaptação

A readaptação é a investidura do servidor em cargo de atribuições e responsabilidades compatíveis com a limitação que tenha sofrido em sua capacidade física ou mental verificada em inspeção médica.

Aplica-se no caso do servidor que, em função de acidente ou doença, acaba por adquirir uma deficiência física e mental que, embora não o torne incapaz de trabalhar, o torne inapto para continuar a exercer sua função.

Nesse caso, ele será colocado em outro cargo compatível com suas limitações, recebendo o salário que recebia antes, ou seja, não pode haver redução da remuneração.

Se, em razão da limitação adquirida, o servidor for considerado incapaz para o serviço público, será ele aposentado por invalidez.

Reversão

Reversão é o retorno à atividade do servidor aposentado.

De acordo com o Art. 25 da Lei 8.112/90, a reversão pode se dar em duas situações:

__I.__ No caso do aposentado por invalidez, quando junta médica oficial declarar insubsistentes os motivos da aposentadoria; ou

__II.__ No interesse da Administração, desde que sejam preenchidos os seguintes requisitos:

__a)__ o servidor tenha solicitado a reversão;

__b)__ a aposentadoria tenha sido voluntária;

__c)__ o servidor seja estável quando em atividade;

__d)__ a aposentadoria tenha ocorrido nos cinco anos anteriores à solicitação;

__e)__ haja cargo vago;

__f)__ o servidor aposentado não tenha mais de 70 anos.

Reintegração

Reintegração é a reinvestidura do servidor estável no cargo anteriormente ocupado, ou no cargo resultante de sua transformação, quando invalidada sua demissão por decisão administrativa ou judicial, com ressarcimento de todas as vantagens.

A reintegração ocorre quando o servidor é demitido injustamente. Havendo a anulação da demissão, ele será reintegrado ao cargo que ocupava anteriormente ou, se este foi extinto, ao cargo resultante de sua transformação.

Se o cargo for extinto, ele será colocado em disponibilidade, até o seu posterior aproveitamento em outro cargo.

De acordo com a Lei 8.112/90, encontrando-se provido o cargo no qual ocorrerá a reintegração, o seu eventual ocupante será:

> Reconduzido ao cargo de origem, sem direito à indenização; ou

> Aproveitado em outro cargo; ou ainda,

> Posto em disponibilidade.

Recondução

Recondução é o retorno do servidor estável ao cargo anteriormente ocupado e poderá decorrer de duas situações:

> Inabilitação em estágio probatório relativo a outro cargo;

> Reintegração do anterior ocupante.

Somente tem direito à recondução o servidor estável.

Encontrando-se provido o cargo de origem, o servidor será aproveitado em outro ou colocado em disponibilidade para posterior aproveitamento.

Aproveitamento

Aproveitamento é a realocação do servidor no mesmo ou em outro cargo, de atribuições e vencimentos compatíveis com o anteriormente ocupado.

Em regra, o aproveitamento aplica-se quando o servidor se encontrava em disponibilidade, e surge alguma vaga em algum cargo de atribuições e vencimentos semelhantes ao que antes ele ocupava.

Será tornado sem efeito o aproveitamento, e cassada a disponibilidade, se o servidor não entrar em exercício no prazo legal, salvo doença comprovada por junta médica oficial.

Disponibilidade

O servidor em disponibilidade é um caso bastante atípico. Trata-se de um servidor sem cargo público. Nesse caso, ele não trabalha e recebe proporcionalmente ao tempo de contribuição, calculado sobre a remuneração que recebia no último cargo.

É uma situação provisória, que cessa com o aproveitamento do servidor.

O servidor estável ficará em disponibilidade se ocorrer uma das seguintes situações:

> Extinção do cargo;

> Reintegração do servidor, não havendo cargo vago;

> Retirada do servidor do cargo por reintegração de outro servidor que anteriormente o ocupava, se não foi possível a recondução ou aproveitamento, (essa hipótese aplicar-se-ia também aos não estáveis, mas há controvérsias);

> Necessidade de cortes de servidores, por ter sido ultrapassado o limite de gastos permitido com pessoal, desde que tenham sido cortados, ao menos, 20% dos cargos em comissão e tenham sido exonerados os servidores não estáveis.

5.4 Vacância

Vacância é o fenômeno através do qual determinado cargo torna-se vago.

Através da vacância, o servidor deixa de ocupar certo cargo. Ou seja, a vacância produz o efeito oposto ao da nomeação.

A Lei 8.112/90 prevê 7 hipóteses de vacância:

I. Exoneração;

II. Demissão;

III. Promoção;

IV. Readaptação;

V. Aposentadoria;

VI. Posse em outro cargo inacumulável;

VII. Falecimento.

Exoneração

Exoneração é o desligamento do servidor de determinado cargo e dos quadros da Administração. No entanto, ela não é uma punição. Se o servidor for retirado do cargo como punição por algum ilícito praticado, trata-se de demissão, que veremos a seguir.

De acordo com a Lei 8.112/90, a exoneração pode se dar nos seguintes casos:

I. A pedido do servidor; ou

II. De ofício:

a) a juízo da autoridade competente, no caso de cargo em comissão;

b) no caso de não satisfação das exigências do estágio probatório - cargo efetivo; ou

c) no caso de o servidor ter tomado posse e não entrar em exercício no prazo legal.

Demissão

Demissão é a retirada do servidor de determinado cargo e dos quadros da Administração, como punição por uma infração cometida.

Assemelha-se à exoneração, mas difere dela pelo fato de ser uma penalidade, ou seja, não existe demissão "a pedido".

A doutrina costuma dividir a demissão em duas classes:

> Demissão simples: punição reservada a faltas graves, mas que permite ao servidor voltar a ocupar cargos públicos;

> Demissão a bem do serviço público: punição reservada para faltas gravíssimas, que impossibilita o ex-servidor de integrar novamente os quadros da Administração.

Posse em outro Cargo Inacumulável

Em regra, o servidor público somente pode ter um cargo público.

A Constituição Federal autoriza, porém, a cumulação de dois cargos públicos (três ou mais, nunca) nas seguintes hipóteses, desde que haja compatibilidade de horários:

> Dois cargos de professor;

> Um cargo de professor com outro técnico ou científico;

> Dois cargos ou empregos privativos de profissionais de saúde, com profissões regulamentadas.

Assim, não sendo o caso de acumulação permitida pela Constituição, o servidor que tomar posse em outro cargo deixará o anterior, ocorrendo a vacância.

No momento em que toma posse, o servidor deve apresentar declaração de que não ocupa outro cargo inacumulável.

5.5 Remoção

Remoção é o deslocamento do servidor, a pedido ou de ofício, no âmbito do mesmo quadro, com ou sem mudança de sede.

Na remoção, o servidor não muda de cargo nem de órgão de trabalho, mas somente de local de lotação.

Modalidades de Remoção

De acordo com o Art. 36, § único, da Lei 8.112/90, a remoção pode se dar:

I. De ofício, no interesse da Administração, sem a necessidade de concordância do servidor;

II. A pedido, a critério da Administração: nesse caso, há uma solicitação do servidor e a Administração o defere se achar conveniente e oportuno;

III. A pedido, independentemente do interesse da Administração (a Administração é obrigada a deferir o pedido do servidor), nas seguintes hipóteses:

a) para acompanhar cônjuge ou companheiro, também servidor público civil ou militar, de qualquer dos Poderes da União, dos Estados, do Distrito Federal e dos Municípios, que foi deslocado no interesse da Administração;

b) por motivo de saúde do servidor, cônjuge, companheiro ou dependente que viva às suas expensas e conste do seu assentamento funcional, condicionada à comprovação por junta médica oficial;

c) em virtude de processo seletivo promovido, na hipótese em que o número de interessados for superior ao número de vagas, de acordo com normas preestabelecidas pelo órgão ou entidade em que aqueles estejam lotados.

5.6 Redistribuição

Redistribuição é o deslocamento de cargo de provimento efetivo, ocupado ou vago, para outro órgão ou entidade do mesmo Poder. Assim, diferentemente do que ocorre na remoção, há uma transferência do cargo de um órgão para outro.

Na redistribuição, ocorre a transferência do cargo e não necessariamente de servidor (o servidor só será redistribuído se estiver ocupando o cargo trasladado).

A Lei 8.112/90 permite também a redistribuição entre cargos distintos, desde que semelhantes quanto à remuneração, atribuições, grau de responsabilidade e escolaridade. Porém, esse tipo de redistribuição não é bem aceito pelos Tribunais e TCU, bem como a redistribuição entre cargo ocupado e um vago.

5.7 Substituição

De acordo com o Art. 38 da Lei 8.112/90, os servidores investidos em cargo ou função de direção ou chefia e os ocupantes de cargo de Natureza Especial terão substitutos indicados no regimento interno ou, no caso de omissão, previamente designados pelo dirigente máximo do órgão ou entidade.

O substituto assumirá automática e cumulativamente, sem prejuízo do cargo que ocupa, o exercício do cargo ou função de direção ou chefia nos afastamentos, impedimentos legais ou regulamentares do titular e na vacância do cargo, hipóteses em que deverá optar pela remuneração de um deles durante o respectivo período.

Questões

01. (Esaf) Abaixo, encontram-se relacionadas algumas hipóteses de vacância do cargo público. Analise cada uma das hipóteses e assinale (1) caso ela implique simultaneamente o provimento de novo cargo pelo servidor e (2) para aquelas que não se relacionem a provimento de novo cargo.

Após a análise, assinale a opção que contenha a sequência correta:

( ) Demissão
( ) Exoneração
( ) Promoção
( ) Aposentadoria
( ) Posse em outro cargo inacumulável
( ) Readaptação

a) 2/2/2/1/1/1
b) 2/2/1/2/1/1
c) 1/2/1/2/1/1
d) 2/1/1/2/1/2
e) 2/2/1/2/2/1

02. (Esaf) O regime jurídico da Lei n. 8.112/90 é aplicável aos servidores:

a) de autarquia federal.
b) de órgão integrante da Administração Pública direta estadual.
c) de empresa pública.
d) de sociedade de economia mista.
e) de entidade da Administração Pública indireta que desenvolva atividade econômica.

03. (Esaf) Conforme a Lei n. 8.112/90, não poderá ser concedido(a) ao servidor em estágio probatório:

a) licença para atividade política.
b) licença para participar de curso de formação decorrente de aprovação em concurso para outro cargo na Administração Pública Federal.
c) afastamento para servir em organismo internacional de que o Brasil participe.
d) licença para desempenho de mandato classista.
e) afastamento para exercício de mandato eletivo.

04. (Esaf) Para fins do Regime Jurídico Único estabelecido pela Lei n. 8.112, de 1990, considera-se servidor público:

a) apenas a pessoa legalmente investida em cargo público efetivo.
b) apenas a pessoa legalmente investida em cargo público sujeito a estágio probatório.
c) apenas a pessoa legalmente investida em cargo público efetivo ou em comissão.
d) todo aquele que exerce, ainda que transitoriamente ou sem remuneração, por eleição, nomeação, designação, contratação ou qualquer outra forma de investidura ou vínculo, mandato, cargo, emprego ou função.
e) quem, embora transitoriamente ou sem remuneração, exerce cargo, emprego ou função pública.

05. (FCC) Sandro, servidor público, ocupa cargo efetivo de engenheiro, integrante do quadro de autarquia federal responsável pelos sistemas de transporte rodoviário. Tendo em vista a sua classificação no concurso público de ingresso, Sandro teve a oportunidade de ocupar cargo lotado em unidade regional da autarquia, localizada próxima à cidade onde reside. Ocorre que, no decorrer do tempo, diversos cargos do quadro de engenheiros da autarquia ficaram vagos em função de aposentadorias e desligamentos, prejudicando o atendimento em determinadas localidades. Considerando as disposições da Lei federal no 8.112/1990, Sandro:

a) poderá sofrer remoção, de ofício, no interesse da Administração, ainda que com mudança de sede.
b) caso removido de ofício pela Administração para outra localidade, terá prioridade para recondução à lotação de origem na hipótese de abertura de novo concurso público para provimento de cargos vagos.
c) poderá ter a sua lotação alterada para outra sede, no interesse da Administração, desde que instaurado processo seletivo de remoção.
d) somente poderá ser removido a pedido, salvo se ainda não tiver completado o período de estágio probatório.
e) somente estará obrigado a exercer suas atribuições em localidade diversa de sua lotação original na hipótese de redistribuição do seu cargo.

06. (FCC) O provimento de cargo público confere àquele que tomou posse o status de servidor público. A propósito do provimento de cargos públicos, com base no que dispõe a Lei nº 8.112/1990, o

a) ingresso de estrangeiro em cargo público chama-se reintegração, desde que tenha se submetido a regular concurso público de provas e títulos.
b) provimento de cargos de professores, técnicos e cientistas pode se dar com estrangeiros, no âmbito das universidades e instituições de pesquisa científica e tecnológica federais.
c) provimento de cargo por pessoa portadora de deficiência, regularmente aprovada em concurso público, chama-se recondução.
d) provimento de cargo por pessoa portadora de deficiência, regularmente aprovada em concurso público, chama-se reintegração.
e) retorno ao cargo por servidor público aposentado, que se submeteu a outro concurso público de provas e títulos, chama-se readaptação.

07. (FCC) Poliana, após tomar posse em determinado cargo público, não entrou em exercício no prazo estabelecido. Nos termos da Lei nº 8.112/90, a conduta de Poliana acarretará sua

a) demissão.
b) exoneração de ofício.
c) cassação de disponibilidade.

d) suspensão por noventa dias, até que regularize a falta cometida.

e) advertência, compelindo-a a regularizar a falta cometida.

08. (FCC) No tocante à disciplina da remoção dos servidores públicos, nos termos da Lei Federal nº 8.112/1990, é INCORRETO afirmar:

a) Remoção é o deslocamento do servidor, a pedido ou de ofício, no âmbito do mesmo quadro, com ou sem mudança de sede.

b) A remoção a pedido, para acompanhar cônjuge ou companheiro, também servidor público civil ou militar, de qualquer dos Poderes da União, dos Estados, do Distrito Federal e dos Municípios, que foi deslocado de ofício, é concedida independentemente do interesse da Administração.

c) A remoção a pedido, por motivo de saúde do servidor, cônjuge, companheiro ou dependente que viva às suas expensas e conste do seu assentamento funcional, pode ser concedida mediante declaração firmada por médico de confiança do interessado.

d) Na hipótese em que o número de interessados for superior ao número de vagas, a remoção a pedido se dará mediante processo seletivo, de acordo com normas preestabelecidas pelo órgão ou entidade em que aqueles estejam lotados.

e) A remoção a pedido não gera direito à percepção de ajuda de custo pelo servidor removido.

09. (FCC) Claudio, servidor público federal ocupante de cargo efetivo, foi colocado em disponibilidade em face da extinção do órgão no qual estava lotado. Posteriormente, o Órgão Central do Sistema de Pessoal Civil determinou o imediato provimento, por Cláudio, de vaga aberta junto a outro órgão da Administração pública federal. De acordo com as disposições da Lei no 8.112/90, referida situação caracteriza:

a) aproveitamento, cabível desde que se trate de cargo com vencimentos e atribuições compatíveis com o anteriormente ocupado pelo servidor.

b) recondução, obrigatória apenas se o servidor estiver em disponibilidade há menos de 5 (cinco) anos.

c) reintegração, somente obrigatória em se tratando de órgão sucessor do extinto nas respectivas atribuições.

d) reversão, facultativa para o servidor, que poderá optar por permanecer em disponibilidade, recebendo 50% (cinquenta por cento) de seus vencimentos.

e) redistribuição, obrigatória para o servidor, independentemente dos vencimentos do novo cargo.

10. (FCC) Em relação ao exercício do cargo pelo servidor público, é hipótese de reversão quando:

a) por força de decisão judicial ou administrativa, é invalidada a demissão e a ocupação pelo servidor público estável do cargo anterior.

b) decorrente de inabilitação do servidor em estágio probatório relativo a cargo outro, há o retorno ao cargo antes ocupado.

c) a requerimento do interessado e no interesse da Administração, o servidor público estável, ocupante de determinado cargo volta a ocupar cargo outro, para o qual já tenha sido aprovado em certame público.

d) por força de decisão judicial ou administrativa, é invalidada a demissão e a ocupação pelo servidor público estável do cargo resultante da transformação daquele ocupado no momento da demissão.

e) no interesse da Administração, o servidor público estável, voluntariamente aposentado nos últimos 5 anos, voltar ocupar o mesmo cargo.

Gabaritos

01	B	06	B
02	A	07	B
03	D	08	C
04	C	09	A
05	A	10	E

6. DIREITOS E VANTAGENS DO SERVIDOR PÚBLICO FEDERAL

6.1 Do Vencimento e da Remuneração

Vencimento

De acordo com o Art. 40 da Lei nº 8.112/90, vencimento é a retribuição pecuniária pelo exercício de cargo público, com valor fixado em lei.

Ou seja, vencimento é o valor que o servidor receberá pelo exercício do cargo, sem considerar adicionais.

Remuneração

Já a remuneração, de acordo com o Art. 41, é o vencimento do cargo efetivo, acrescido das vantagens pecuniárias permanentes estabelecidas em lei.

A remuneração do servidor é irredutível, sendo que não pode ser inferior ao salário mínimo.

Isonomia de Vencimentos

O § 4º do Art. 41 estabelece que é assegurada a isonomia de vencimentos para cargos de atribuições iguais ou assemelhadas do mesmo Poder, ou entre servidores dos três Poderes, ressalvadas as vantagens de caráter individual e as relativas à natureza ou ao local de trabalho.

Descontos na Remuneração

O Art. 44 da Lei nº 8.112/90 afirma que o servidor perderá:

> A remuneração do dia em que faltar ao serviço;

> A parcela de remuneração diária, proporcional aos atrasos, ausências justificadas, ressalvadas as concessões de que trata o Art. 97, e saídas antecipadas, salvo na hipótese de compensação de horário, até o mês subsequente ao da ocorrência, a ser estabelecida pela chefia imediata.

As faltas justificadas decorrentes de caso fortuito ou de força maior poderão ser compensadas a critério da chefia imediata, sendo assim consideradas como efetivo exercício.

De acordo com o Art. 45, salvo por imposição legal, ou mandado judicial, nenhum desconto incidirá sobre a remuneração ou provento.

No entanto, o parágrafo único do mesmo dispositivo estabelece que, mediante autorização do servidor, poderá haver consignação em folha de pagamento em favor de terceiros, a critério da Administração e com reposição de custos, na forma definida em regulamento.

O total dessas consignações não pode exceder 35% da remuneração mensal, sendo cinco por cento reservados exclusivamente para a amortização de despesas contraídas por meio de cartão de crédito.

Reposições e Indenizações ao Erário

De acordo com o Art. 46, as reposições e indenizações ao erário devem ser previamente comunicadas ao servidor ativo, aposentado ou ao pensionista, para pagamento, no prazo máximo de trinta dias, podendo ser parceladas, a pedido do interessado.

O valor de cada parcela não poderá ser inferior ao correspondente a dez por cento da remuneração, provento ou pensão.

Quando se tratar de reposição por pagamento indevido no mês anterior ao do processamento da folha, a reposição será feita imediatamente, em uma única parcela.

Na hipótese de reposição de valores recebidos em decorrência de cumprimento a decisão liminar, a tutela antecipada ou a sentença que venha a ser revogada ou rescindida, serão eles atualizados até a data da reposição.

O Art. 47 estabelece que o servidor em débito com o erário que for demitido, exonerado, ou que tiver sua aposentadoria ou disponibilidade cassada, terá o prazo de sessenta dias para quitar o débito.

A não quitação do débito no prazo previsto implicará sua inscrição em dívida ativa.

6.2 Das Vantagens

O Art. 49 estabelece que, além do vencimento, poderão ser pagas ao servidor as seguintes vantagens:

> Indenizações;

> Gratificações;

> Adicionais.

As indenizações não se incorporam ao vencimento ou provento para qualquer efeito.

Já as gratificações e os adicionais incorporam-se ao vencimento ou provento, nos casos e condições indicados em lei.

As vantagens pecuniárias não serão computadas, nem acumuladas, para efeito de concessão de quaisquer outros acréscimos pecuniários ulteriores, sob o mesmo título ou idêntico fundamento.

Das Indenizações

O Art. 51 da Lei nº 8.112/90 estabelece que constituem indenizações ao servidor:

I. Ajuda de custo;

II. Diárias;

III. Transporte;

IV. Auxílio-moradia.

Ajuda de Custo

De acordo com o Art. 53, a ajuda de custo destina-se a compensar as despesas de instalação do servidor que, no interesse do serviço, passar a ter exercício em nova sede, com mudança de domicílio em caráter permanente.

É vedado o duplo pagamento de indenização, a qualquer tempo, no caso de o cônjuge ou companheiro que detenha também a condição de servidor, vier a ter exercício na mesma sede. Ou seja, a ajuda de custo será paga somente para um dos cônjuges.

O § 1º do Art. 53 afirma que correm por conta da Administração as despesas de transporte do servidor e de sua família, compreendendo passagem, bagagem e bens pessoais.

A lei assegura à família do servidor que falecer na nova sede ajuda de custo e transporte para a localidade de origem, dentro do prazo de 1 (um) ano, contado do óbito.

Não será concedida ajuda de custo no caso das remoções a pedido.

A ajuda de custo é calculada sobre a remuneração do servidor, conforme se dispuser em regulamento, não podendo exceder a importância correspondente a 3 (três) meses.

Não será concedida ajuda de custo ao servidor que se afastar do cargo, ou reassumi-lo, em virtude de mandato eletivo.

O servidor ficará obrigado a restituir a ajuda de custo quando, injustificadamente, não se apresentar na nova sede no prazo de 30 (trinta) dias.

Diárias

O Art. 58 afirma que o servidor que, a serviço, afastar-se da sede em caráter eventual ou transitório para outro ponto do território nacional ou para o exterior, fará jus a passagens e a diárias destinadas a indenizar as parcelas de despesas extraordinárias com pousada, alimentação e locomoção urbana, conforme dispuser em regulamento.

A diária será concedida por dia de afastamento, sendo devida pela metade quando o deslocamento não exigir pernoite fora da sede, ou quando a União custear, por meio diverso, as despesas extraordinárias cobertas por diárias.

Nos casos em que o deslocamento da sede constituir exigência permanente do cargo, o servidor não fará jus a diárias.

Também não fará jus a diárias o servidor que se deslocar dentro da mesma região metropolitana, aglomeração urbana ou microrregião, constituídas por municípios limítrofes e regularmente instituídas, ou em áreas de controle integrado mantidas com países limítrofes, em que a jurisdição e a competência dos órgãos, entidades e servidores brasileiros consideram-se estendidas, salvo se houver pernoite fora da sede, hipóteses em que as diárias pagas serão sempre as fixadas para os afastamentos dentro do território nacional.

O servidor que receber diárias e não se afastar da sede, por qualquer motivo, é obrigado a restituí-las integralmente, no prazo de 5 (cinco) dias.

Além disso, na hipótese de o servidor retornar à sede em prazo menor do que o previsto para o seu afastamento, restituirá as diárias recebidas em excesso, no prazo previsto no caput.

Indenização de Transporte

O Art. 60 da Lei nº 8.112/90 estabelece que será concedida indenização de transporte ao servidor que realizar despesas com a utilização de meio próprio de locomoção para a execução de serviços externos, por força das atribuições próprias do cargo, conforme se dispuser em regulamento.

Auxílio-Moradia

De acordo com o Art. 60-A, o auxílio-moradia consiste no ressarcimento das despesas comprovadamente realizadas pelo servidor com aluguel de moradia ou com meio de hospedagem administrado por empresa hoteleira, no prazo de um mês após a comprovação da despesa pelo servidor.

No entanto, o auxílio-moradia não é garantido a todos os servidores, mas, pelo contrário, para que o servidor tenha direito ao auxílio-moradia, devem ser atendidos os seguintes requisitos:

- Não exista imóvel funcional disponível para uso pelo servidor;
- O cônjuge ou companheiro do servidor não ocupe imóvel funcional;
- O servidor ou seu cônjuge ou companheiro não seja ou tenha sido proprietário, promitente comprador, cessionário ou promitente cessionário de imóvel no Município aonde for exercer o cargo, incluída a hipótese de lote edificado sem averbação de construção, nos doze meses que antecederem a sua nomeação;
- Nenhuma outra pessoa que resida com o servidor receba auxílio-moradia;
- O servidor tenha se mudado do local de residência para ocupar cargo em comissão ou função de confiança do Grupo-Direção e Assessoramento Superiores - DAS, níveis 4, 5 e 6, de Natureza Especial, de Ministro de Estado ou equivalentes;
- O Município no qual assuma o cargo em comissão ou função de confiança não se enquadre nas hipóteses do Art. 58, § 3º, em relação ao local de residência ou domicílio do servidor;

  ***Art. 58**, §3º, Também não fará jus a diárias o servidor que se deslocar dentro da mesma região metropolitana, aglomeração urbana ou microrregião, constituídas por municípios limítrofes e regularmente instituídas, ou em áreas de controle integrado mantidas com países limítrofes, cuja jurisdição e competência dos órgãos, entidades e servidores brasileiros consideram-se estendidas, salvo se houver pernoite fora da sede, hipóteses em que as diárias pagas serão sempre as fixadas para os afastamentos dentro do território nacional.*
- O servidor não tenha sido domiciliado ou tenha residido no Município, nos últimos doze meses, aonde for exercer o cargo em comissão ou função de confiança, desconsiderando-se prazo inferior a sessenta dias dentro desse período;
- O deslocamento não tenha sido por força de alteração de lotação ou nomeação para cargo efetivo; e
- O deslocamento tenha ocorrido após 30 de junho de 2006.

O Art. 60-D limita o valor mensal do auxílio-moradia a 25% do valor do cargo em comissão, função comissionada ou cargo de Ministro de Estado ocupado, não podendo, de qualquer forma, superar 25% da remuneração de Ministro de Estado.

Por outro lado, o § 2º do mesmo dispositivo afirma que, independentemente do valor do cargo em comissão ou função comissionada, fica garantido a todos que preencherem os requisitos o ressarcimento até o valor de R$ 1.800,00 (mil e oitocentos reais).

No caso de falecimento, exoneração, colocação de imóvel funcional à disposição do servidor ou aquisição de imóvel, o auxílio-moradia continuará sendo pago por um mês.

Das Gratificações e Adicionais

O Art. 61 da Lei nº 8.112/90 estabelece que, além do vencimento e das vantagens previstas na própria Lei, serão deferidos aos servidores as seguintes retribuições, gratificações e adicionais:

- Retribuição pelo exercício de função de direção, chefia e assessoramento;
- Gratificação natalina;
- Adicional pelo exercício de atividades insalubres, perigosas ou penosas;
- Adicional pela prestação de serviço extraordinário;
- Adicional noturno;
- Adicional de férias;
- Outros, relativos ao local ou à natureza do trabalho;
- Gratificação por encargo de curso ou concurso.

Retribuição pelo Exercício de Função de Direção, Chefia e Assessoramento

O Art. 62 da Lei nº 8.112 prevê que, ao servidor ocupante de cargo efetivo investido em função de direção, chefia ou assessoramento, cargo de provimento em comissão ou de Natureza Especial é devida a retribuição pelo seu exercício.

O valor de tal gratificação é estabelecido por lei.

Gratificação Natalina

A gratificação natalina é o chamado "décimo-terceiro salário".

O Art. 63 estabelece que a gratificação natalina corresponde a 1/12 (um doze avos) da remuneração a que o servidor fizer jus no mês de dezembro, por mês de exercício no respectivo ano.

Ou seja, no cálculo do décimo-terceiro, divide-se a remuneração do mês de dezembro por doze e multiplica-se pelo número de meses em que o servidor esteve em exercício.

Assim, se o servidor trabalhou seis meses, terá direito à metade de um salário, se trabalhou o ano todo, ao valor integral, que corresponderá a um salário (com base nos valores recebidos pelo servidor em dezembro).

O parágrafo único determina que a fração igual ou superior a 15 (quinze) dias será considerada como mês integral.

A gratificação natalina deve ser paga até o dia 20 (vinte) do mês de dezembro de cada ano.

O servidor que for exonerado receberá sua gratificação natalina, proporcionalmente aos meses de exercício, calculada sobre a remuneração do mês da exoneração.

O Art. 66 estabelece que a gratificação natalina não será considerada para cálculo de qualquer vantagem pecuniária.

Adicionais de Insalubridade, Periculosidade ou Atividades Penosas

O Art. 68 estabelece que os servidores que trabalhem com habitualidade em locais insalubres ou em contato permanente com substâncias tóxicas, radioativas ou com risco de vida, fazem jus a um adicional sobre o vencimento do cargo efetivo.

O adicional por insalubridade será calculado conforme o grau de exposição. Já o adicional de periculosidade é fixo.

O servidor que fizer jus aos adicionais de insalubridade e de periculosidade deverá optar por um deles.

O direito ao adicional de insalubridade ou periculosidade cessa com a eliminação das condições ou dos riscos que deram causa a sua concessão.

O Art. 69 afirma que deverá haver permanente controle da atividade de servidores em operações ou locais considerados penosos, insalubres ou perigosos.

A servidora gestante ou lactante deverá ser afastada, enquanto durar a gestação e a lactação, das operações e locais insalubres ou perigosos, exercendo suas atividades em local salubre e em serviço não penoso e não perigoso.

O adicional de atividade penosa será devido aos servidores em exercício em zonas de fronteira ou em localidades cujas condições de vida o justifiquem, nos termos, condições e limites fixados em regulamento.

Os servidores que operam com Raios X ou substâncias radioativas deverão ser submetidos a exames médicos a cada 6 (seis) meses.

Adicional por Serviço Extraordinário

O adicional por serviço extraordinário é a conhecida "hora extra".

O Art. 73 estabelece que o serviço extraordinário será remunerado com acréscimo de 50% (cinquenta por cento) em relação à hora normal de trabalho.

Somente será permitido serviço extraordinário para atender a situações excepcionais e temporárias, respeitado o limite máximo de 2 (duas) horas por jornada.

Adicional Noturno

O Art. 75 da Lei nº 8.112/90 determina que o serviço noturno, prestado em horário compreendido entre 22 (vinte e duas) horas de um dia e 5 (cinco) horas do dia seguinte, terá o valor-hora acrescido de 25% (vinte e cinco por cento), computando-se cada hora como cinquenta e dois minutos e trinta segundos.

Em se tratando de serviço extraordinário, o adicional noturno será calculado sobre a remuneração acrescida do valor das horas-extras.

Adicional de Férias

O Art. 76 diz que, independentemente de solicitação, será pago ao servidor, por ocasião das férias, um adicional correspondente a 1/3 (um terço) da remuneração do período das férias.

No caso de o servidor exercer função de direção, chefia ou assessoramento, ou ocupar cargo em comissão, a respectiva vantagem será considerada no cálculo do adicional de férias.

Da Gratificação por Encargo de Curso ou Concurso

O Art. 76-A da Lei nº 8.112 trata da gratificação por encargo de curso ou concurso, paga ao servidor que participar da ministração ou organização de curso, concurso público ou vestibular.

De acordo com tal artigo, a vantagem é devida ao servidor que, em caráter eventual:

> ***I.*** *Atuar como instrutor em curso de formação, de desenvolvimento ou de treinamento regularmente instituído no âmbito da Administração Pública Federal;*
>
> ***II.*** *Participar de banca examinadora ou de comissão para exames orais, para análise curricular, para correção de provas discursivas, para elaboração de questões de provas ou para julgamento de recursos intentados por candidatos;*
>
> ***III.*** *Participar da logística de preparação e de realização de concurso público envolvendo atividades de planejamento, coordenação, supervisão, execução e avaliação de resultado, quando tais atividades não estiverem incluídas entre as suas atribuições permanentes;*
>
> ***IV.*** *Participar da aplicação, fiscalizar ou avaliar provas de exame vestibular ou de concurso público ou supervisionar essas atividades.*

Os critérios de concessão e os limites da gratificação de que trata este artigo devem ser fixados em regulamento, observados os seguintes parâmetros:

- O valor da gratificação será calculado em horas, observadas a natureza e a complexidade da atividade exercida;
- A retribuição não poderá ser superior ao equivalente a 120 (cento e vinte) horas de trabalho anuais, ressalvada situação de excepcionalidade, devidamente justificada e previamente aprovada pela autoridade máxima do órgão ou entidade, que poderá autorizar o acréscimo de até 120 (cento e vinte) horas de trabalho anuais;
- O valor máximo da hora trabalhada corresponderá aos seguintes percentuais, incidentes sobre o maior vencimento básico da Administração Pública federal:
- 2,2% (dois inteiros e dois décimos por cento), em se tratando de atividades previstas nos incisos I e II do caput deste artigo;
- 1,2% (um inteiro e dois décimos por cento), em se tratando de atividade prevista nos incisos III e IV do caput deste artigo.

A gratificação somente será paga se as atividades referidas acima forem exercidas sem prejuízo das atribuições do cargo de que o servidor for titular, devendo ser objeto de compensação de carga horária quando desempenhadas durante a jornada de trabalho.

O valor não se incorpora ao vencimento ou salário do servidor para qualquer efeito e não poderá ser utilizado como base de cálculo para quaisquer outras vantagens, inclusive para fins de cálculo dos proventos da aposentadoria e das pensões.

6.3 Das Férias

O Art. 77 da Lei nº 8.112/90 estabelece que o servidor fará jus a 30 (trinta) dias de férias, que podem ser acumuladas, até o máximo de dois períodos, no caso de necessidade do serviço, ressalvadas as hipóteses em que haja legislação específica.

Para o primeiro período aquisitivo de férias exigem-se 12 (doze) meses de exercício.

O parágrafo 2º define que é vedado levar à conta de férias qualquer falta ao serviço. Isso quer dizer que as faltas ao serviço não podem ser compensadas com dias de férias.

As férias poderão ser parceladas em até 3 (três) etapas, desde que assim requeridas pelo servidor, e no interesse da Administração Pública. Em caso de parcelamento, o servidor receberá o valor do adicional de férias integral quando da utilização do primeiro período.

O Art. 78 diz que o pagamento da remuneração das férias será efetuado até 2 (dois) dias antes do início do respectivo período.

O servidor exonerado do cargo efetivo, ou em comissão, perceberá indenização relativa ao período das férias a que tiver direito e ao incompleto, na proporção de um doze avos (1/12) por mês de efetivo exercício, ou fração superior a 14 (quatorze) dias, sendo que a indenização será calculada com base na remuneração do mês em que for publicado o ato exoneratório.

De acordo com o Art. 79, o servidor que opera direta e permanentemente com Raios X ou substâncias radioativas gozará 20 (vinte) dias consecutivos de férias, por semestre de atividade profissional, proibida em qualquer hipótese a acumulação.

O Art. 80 permite que a interrupção das férias, desde que seja por motivo de calamidade pública, comoção interna, convocação para júri, serviço militar ou eleitoral, ou por necessidade do serviço declarada pela autoridade máxima do órgão ou entidade.

Ocorrido tal ato, o restante do período interrompido será gozado de uma só vez.

6.4 Licenças, Afastamentos e Concessões

As licenças e afastamentos são situações em que é reconhecido ao servidor o direito de ausentar-se do serviço, com ou sem remuneração (dependendo da situação), tendo em vista previsão legal expressa a respeito.

Licenças

A Lei nº 8.112/90 expõe que serão concedidas as seguintes licenças ao servidor:

> ***I.*** *Por doença do próprio servidor (licença-saúde);*
>
> ***II.*** *Por motivo de doença em pessoa da família;*
>
> ***III.*** *Por motivo de afastamento do cônjuge ou companheiro;*
>
> ***IV.*** *Para o serviço militar;*
>
> ***V.*** *Para atividade política;*
>
> ***VI.*** *Para capacitação;*
>
> ***VII.*** *Para tratar de interesses particulares;*
>
> ***VIII.*** *Para desempenho de mandato classista.*

Licença-Saúde

É uma licença remunerada (ou seja, o servidor recebe como se estivesse trabalhando), reservada aos casos em que o servidor necessite se afastar do serviço para tratamento de doença que o tenha acometido.

Pode ser concedida a pedido ou de ofício, com base em perícia médica oficial.

A licença para tratamento de saúde inferior a 15 (quinze) dias, dentro de 1 (um) ano, poderá ser dispensada de perícia oficial, na forma definida em regulamento.

Licença por Doença em Pessoa da Família

Licença concedida ao servidor por motivo de doença do cônjuge ou companheiro, pais, filhos, padrasto ou madrasta e enteado, ou dependente que conste de seu assentamento funcional, mediante comprovação por perícia médica oficial.

Somente será deferida se a assistência direta do servidor for indispensável e não puder ser prestada simultaneamente com o exercício do cargo ou mediante compensação de horário.

Poderá ser concedida, sem prejuízo da remuneração, por até 60 dias, consecutivos ou não, num prazo de 12 meses (contados do deferimento da primeira licença). Excedidos esses 60 dias, no prazo de 12 meses, poderá ser concedida por mais 90 dias, consecutivos ou não. Porém, nesse caso, sem remuneração.

Não existe a possibilidade de que a licença seja concedida por mais de 120 dias (60 mais 90), dentro do período de 12 meses.

> **Ex.:** Um servidor pede licença para acompanhar tratamento da mãe, deferida por 30 dias em 05/03/2015 (início contagem dos 12 meses), mas a recuperação da mãe foi mais lenta do que o esperado, e ele pede a prorrogação por mais 30 dias.
>
> Até aí, a licença é remunerada.
>
> Após o fim da licença, volta ao trabalho, mas a solicita novamente por 20 dias em 12/11/2015 para acompanhar tratamento do filho, sendo deferida. Agora, a licença será sem remuneração, pois já ultrapassado o limite de 60 dias remunerados.
>
> Além disso, o servidor agora somente poderá solicitar mais 70 dias, até 05/03/2016, sem remuneração.

Licença por Afastamento do Cônjuge

Poderá ser concedida licença ao servidor para acompanhar cônjuge ou companheiro que foi deslocado para outro ponto do território nacional, para o exterior ou para o exercício de mandato eletivo dos Poderes Executivo e Legislativo.

A licença será por prazo indeterminado e sem remuneração.

Se o cônjuge ou companheiro também for servidor público, civil ou militar, de qualquer dos Poderes da União, dos Estados, do DF e dos Municípios, poderá haver exercício provisório do servidor que pede a licença em órgão ou entidade da Administração Federal direta, autárquica ou fundacional, desde que para exercício de atividade compatível com seu cargo.

> A licença por afastamento do cônjuge se aplica inclusive no caso em que o cônjuge ou companheiro não é servidor público.

Licença para o Serviço Militar

Ao servidor convocado para o serviço militar será concedida licença, na forma e condições previstas na legislação específica.

Concluído o serviço militar, o servidor terá até 30 (trinta) dias sem remuneração para reassumir o exercício do cargo.

Obviamente, aqui não se trata do serviço militar obrigatório, uma vez que, para tomar posse, o servidor precisa comprovar que já o prestou. Trata-se de convocação para participação em campanhas militares, no caso de guerras.

A Lei nº 8.112/90 não diz se se trata de licença remunerada ou não, deixando o assunto para a legislação específica.

Licença para Atividade Política

O servidor terá direito à licença, sem remuneração, durante o período que mediar a sua escolha em convenção partidária, como candidato a cargo eletivo, e à véspera do registro de sua candidatura perante a Justiça Eleitoral.

Durante esse período, a licença será não remunerada. Porém, a partir do registro da candidatura e até o décimo dia seguinte ao da eleição, o servidor fará jus à licença, dessa vez remunerada, mas somente pelo período de três meses.

> **Ex.:** Um servidor é escolhido como candidato a vereador pelo partido em 01/06/2014. Nesse caso, já poderá sair de licença, que será sem remuneração até a data do registro da candidatura.
>
> Digamos que a candidatura seja registrada no TSE dia 01/07/2014. A partir daí, se quiser, poderá continuar em licença até dez dias após a eleição (ou começar a tirá-la imediatamente, se não a pediu antes). Neste caso, ela será remunerada, mas a remuneração ocorrerá somente por três meses.
>
> Assim, se a eleição for dia 05/10/2014, ele receberá somente até 01/10/2014, sendo que a partir daí a licença voltará a ser não remunerada.

Licença para Capacitação

Após cada quinquênio (cinco anos) de efetivo exercício, o servidor poderá, no interesse da Administração, afastar-se do exercício do cargo efetivo, por até três meses, para participar de curso de capacitação profissional.

É uma licença remunerada.

Os períodos de licença não são acumuláveis. Ou seja, se, vencidos os primeiros cinco anos, o servidor não pediu a licença, quando vencerem os próximos cinco anos ele perderá o direito à licença relativa aos primeiros cinco anos, não podendo, assim, tirar seis meses de licença.

Licença para Tratar de Assuntos Particulares

A critério da Administração, poderão ser concedidas ao servidor ocupante de cargo efetivo, desde que não esteja em estágio probatório, licenças para o trato de assuntos particulares pelo prazo de até três anos consecutivos.

Trata-se de licença não remunerada.

A licença poderá ser interrompida, a qualquer tempo, a pedido do servidor ou no interesse do serviço.

Licença para Desempenho de Mandato Classista

É uma licença assegurada ao servidor para o desempenho de mandato em entidade sindical, associação de classe de âmbito nacional ou entidade fiscalizadora da profissão ou, ainda, para participar de gerência ou administração em sociedade cooperativa constituída por servidores públicos para prestar serviços a seus membros.

Ela é não remunerada e terá a mesma duração do mandato, podendo ser prorrogada indefinidamente, no caso de reeleição.

Na concessão da licença, serão observados os seguintes limites:

> Para entidades com até 5.000 associados, 2 (dois) servidores;

> Para entidades com 5.001 a 30.000 associados, 4 (quatro) servidores;

> Para entidades com mais de 30.000 associados, 8 (oito) servidores.

A entidade na qual o servidor irá exercer o mandato deverá estar devidamente cadastrada junto ao órgão responsável.

O servidor beneficiado por essa licença não poderá ser removido ou redistribuído de ofício para localidade diversa de onde exerce o mandato.

Afastamentos

A Lei nº8.112/90 prevê que os seguintes afastamentos ao servidor:

> ***I.*** *Para servir a outro órgão ou entidade;*
>
> ***II.*** *Para exercício de mandato eletivo;*
>
> ***III.*** *Para estudo ou missão no exterior;*
>
> ***IV.*** *Para participação em programa de pós-graduação Stricto Sensu no País.*

Afastamento para Servir a outro Órgão ou Entidade

É previsto no Art. 93 da Lei nº 8.112/90:

> ***Art. 93.*** *O servidor poderá ser cedido para ter exercício em outro órgão ou entidade dos Poderes da União, dos Estados, ou do Distrito Federal e dos Municípios, nas seguintes hipóteses:*
>
> ***I.*** *Para exercício de cargo em comissão ou função de confiança;*
>
> ***II.*** *Em casos previstos em leis específicas.*

Nesse afastamento, o servidor continua vinculado (lotado) à sua unidade de origem (a unidade cedente), mas presta serviços em outra unidade (unidade cessionária). A cessão pode se dar tanto para unidades da Administração Direta como Indireta.

Afastamento para Exercício de Mandato Eletivo

O afastamento para exercício de mandato eletivo aplica-se ao servidor que foi investido em cargo eletivo (Prefeito, Vereador, Deputado etc.).

Ele não se confunde com a licença para atividades políticas, a qual se aplica ao candidato.

No caso de mandato federal, estadual ou distrital, ficará afastado, sem direito à remuneração do cargo efetivo (do qual foi afastado), ou seja, receberá a remuneração do cargo eletivo.

No caso de Prefeito, será afastado do cargo, mas poderá escolher entre a remuneração do cargo efetivo e a de Prefeito.

No caso de vereador:

> Havendo compatibilidade de horário, perceberá as vantagens de seu cargo, sem prejuízo da remuneração do cargo eletivo;

> Não havendo compatibilidade de horário, será afastado do cargo, sendo-lhe facultado optar pela sua remuneração.

Durante o período de afastamento do cargo, o servidor contribuirá para a seguridade social como se em exercício estivesse.

O servidor investido em mandato eletivo ou licenciado para desempenho de mandato classista não poderá ser removido ou redistribuído de ofício para localidade diversa de onde exerce o mandato.

Afastamento para Estudo ou Missão no Exterior

Trata-se do afastamento reservado para o servidor que precisar ausentar-se do País para estudo ou para missão oficial no exterior:

> Estudo: o servidor deixa o País para participar de algum curso (pós-graduação, por exemplo);

> Missão oficial: o servidor deixa o País na condição de servidor, representando a Nação em alguma tarefa específica. Não se aplica aos servidores da carreira diplomática.

É um afastamento discricionário.

De acordo com a Lei nº 8.112/90, o afastamento será concedido pelo Chefe do Poder respectivo.

A ausência não excederá a 4 (quatro) anos, e finda a missão ou estudo, somente decorrido igual período da concessão, será permitida nova ausência.

Ao beneficiado por essa licença não será concedida exoneração ou licença para tratar de interesse particular antes de decorrido período igual ao do afastamento, ressalvada a hipótese de ressarcimento da despesa havida com seu afastamento.

As hipóteses, condições e formas para a autorização da licença, inclusive no que se refere à remuneração do servidor, deverão disciplinadas em regulamento.

O afastamento de servidor para servir em organismo internacional de que o Brasil participe ou com o qual coopere dar-se-á com perda total da remuneração.

Afastamento para Participação em Programa de Pós-Sraduação Stricto Sensu no País

Pós-graduação stricto sensu refere-se somente a mestrado, a doutorado ou a pós-doutorado.

O servidor poderá, no interesse da Administração, e desde que a participação não possa ocorrer simultaneamente com o exercício do cargo ou mediante compensação de horário, afastar-se do exercício do cargo efetivo, com a respectiva remuneração, para participar em programa de pós-graduação stricto sensu em instituição de ensino superior no País.

Requisitos:

> Mestrado e doutorado: o servidor tem que ocupar cargo efetivo no respectivo órgão ou entidade há pelo menos 3 anos para mestrado, e 4 anos para doutorado, incluído o período de estágio probatório, e não pode ter se afastado, nos 2 anos anteriores ao pedido:
>
> » Por licença para tratar de assuntos particulares;
>
> » Por licença para gozo de licença capacitação;

   » Por esse mesmo afastamento (pós-graduação stricto sensu).

> Pós-doutorado: o servidor tem que ocupar cargo efetivo no respectivo órgão ou entidade há pelo menos 4 anos, incluído o período de estágio probatório, e não pode ter se afastado, nos 4 anos anteriores ao pedido:

   » Por licença para tratar de assuntos particulares;

   » Por esse mesmo afastamento (pós-graduação stricto sensu).

O servidor beneficiado por esse afastamento terá que permanecer no exercício de suas funções, após o seu retorno, por um período igual ao do afastamento concedido.

Caso venha a solicitar exoneração do cargo ou aposentadoria, antes de cumprido esse período, deverá ressarcir o órgão ou entidade. Também terá que ressarcir o órgão ou entidade caso não obtenha o título ou grau que justificou seu afastamento, salvo na hipótese comprovada de força maior ou de caso fortuito.

Concessões

O Art. 97 da Lei nº 8.112/90 traz diversas concessões ao servidor público:

> ***Art. 97.*** *Sem qualquer prejuízo, poderá o servidor ausentar-se do serviço:*
>
> ***I.*** *Por 1 (um) dia, para doação de sangue;*
>
> ***II.*** *pelo período comprovadamente necessário para alistamento ou recadastramento eleitoral, limitado, em qualquer caso, a 2 (dois) dias;*
>
> ***III.*** *por 8 (oito) dias consecutivos em razão de :*
>
> ***a)*** *casamento;*
>
> ***b)*** *falecimento do cônjuge, companheiro, pais, madrasta ou padrasto, filhos, enteados, menor sob guarda ou tutela e irmãos."*

Por sua vez, o Art. 98 estabelece que será concedido horário especial ao servidor estudante, quando comprovada a incompatibilidade entre o horário escolar e o da repartição, sem prejuízo do exercício do cargo.

Nesse caso, será exigida a compensação de horário no órgão ou entidade que tiver exercício, respeitada a duração semanal do trabalho.

Também será concedido horário especial ao servidor portador de deficiência, quando comprovada a necessidade por junta médica oficial, somente que, nesse caso, não haverá necessidade de compensação de horário.

Questões

01. (Esaf) A Lei n. 8.112/1990, além de vencimento e vantagens, também defere aos servidores públicos federais alguns adicionais, retribuições e gratificações. Neste conjunto, não se inclui:

a) A gratificação natalina.

b) O adicional por tempo de serviço.

c) A gratificação por encargo de curso ou concurso.

d) O adicional pela prestação de serviço extraordinário.

e) A retribuição pelo exercício de função de direção, chefia e assessoramento.

02. (Esaf) Quanto ao sistema remuneratório do servidor público, assinale a opção incorreta.

a) Vencimento é a retribuição pecuniária pelo exercício de cargo público, com valor fixado em lei.

b) Remuneração é o vencimento do cargo efetivo, acrescido das vantagens pecuniárias permanentes estabelecidas em lei.

c) O vencimento do cargo efetivo, acrescido das vantagens de caráter permanente, é irredutível.

d) Nenhum servidor receberá remuneração inferior ao salário mínimo.

e) Em nenhuma hipótese poderá haver consignação em folha de pagamento a favor de terceiros, sendo o vencimento, a remuneração e os proventos do servidor público impenhoráveis.

03. (Esaf) Sobre os afastamentos previstos no Regime Jurídico dos Servidores Públicos Civis da União, é correto afirmar:

a) o servidor investido no mandato de prefeito perceberá as vantagens de ambos os cargos, independente de haver compatibilidade de horário.

b) apenas quando o curso for realizado no exterior será permitido o afastamento para participação em programa de pós-graduação stricto sensu.

c) o servidor investido no mandato de vereador perceberá as vantagens de ambos os cargos, independente de haver compatibilidade de horário.

d) apenas a outro órgão ou entidade dos Poderes da União o servidor poderá ser cedido para exercício de cargo em comissão.

e) o servidor investido no mandato de Deputado Estadual ficará afastado do cargo.

04. (FCC) Um servidor público de autarquia federal foi investido no cargo de Vereador da cidade de Vento Forte. Como a Câmara Municipal se reúne apenas 2 (duas) vezes por semana, no período da noite, o servidor passou a exercer ambos os cargos, uma vez que havia compatibilidade de horários. Em virtude desse fato,

a) apenas receberá as vantagens do cargo eletivo.

b) terá que optar por uma das duas remunerações.

c) perceberá as vantagens correspondentes aos dois cargos.

d) somente receberá as vantagens inerentes ao cargo ocupado na autarquia.

e) perceberá 50% (cinquenta por cento) de cada remuneração.

05. (FCC) A Lei prevê, além do vencimento que poderão ser pagos ao servidor, indenizações, gratificações e adicionais. É regra atinente a essas vantagens o:

a) pagamento de auxílio-moradia ser uma espécie de gratificação.

b) cabimento de ajuda de custo a servidor afastado em virtude de mandato eletivo.

c) não cabimento de diárias se o deslocamento da sede constituir exigência permanente do cargo.

d) cabimento de auxílio-moradia se o deslocamento do servidor ocorrer por força de nomeação para cargo efetivo.

e) cálculo da ajuda de custo feito sobre a remuneração do servidor, não podendo exceder a importância correspondente a 2 meses.

06. (FCC) Sobre as vantagens que podem ser pagas ao servidor, previstas na Lei nº 8.112/90, é correto que:

a) os adicionais, por serem devidos a todos os servidores, não são considerados vantagens.

b) as gratificações e os adicionais incorporam-se ao vencimento ou provento, em quaisquer hipóteses e condições.

c) as indenizações incorporam-se ao vencimento ou provento para qualquer efeito.

d) as vantagens pecuniárias não serão computadas, nem acumuladas, para efeito de concessão de quaisquer outros acréscimos pecuniários ulteriores, sob o mesmo título ou idêntico fundamento.

e) a ajuda de custo é calculada sobre a remuneração do servidor, conforme se dispuser em regulamento, não podendo exceder a importância correspondente a 6 (seis) meses.

07. (Cespe) A licença para capacitação, a licença para tratar de interesses particulares e a licença para o desempenho de mandato classista, no regime da Lei nº 8.112/90, dão-se, respectivamente,

a) com remuneração, sem remuneração e com remuneração.

b) sem remuneração, sem remuneração e sem remuneração.

c) com remuneração, sem remuneração e sem remuneração.

d) com remuneração, com remuneração e com remuneração.

e) sem remuneração, com remuneração e com remuneração.

08. (Cespe) É assegurada a isonomia de vencimentos para cargos de atribuições iguais ou assemelhadas do mesmo Poder, ou entre servidores dos três Poderes, ressalvadas as vantagens de caráter individual e as relativas à natureza ou ao local de trabalho.

Certo ( ) Errado ( )

09. (Cespe) O vencimento do cargo efetivo, acrescido das vantagens de caráter permanente, é irredutível, salvo nos casos de calamidade pública ou guerra externa.

Certo ( ) Errado ( )

10. (Cespe) As vantagens pecuniárias não serão computadas, nem acumuladas, para efeito de concessão de quaisquer outros acréscimos pecuniários ulteriores, sob o mesmo título ou idêntico fundamento.

Certo ( ) Errado ( )

Gabaritos

01	B	06	D
02	E	07	C
03	E	08	CERTO
04	C	09	ERRADO
05	C	10	CERTO

7. REGIME DISCIPLINAR DO SERVIDOR PÚBLICO

Regime disciplinar é o conjunto de deveres, proibições e punições aplicáveis ao servidor público.

No caso do servidor federal, tal regime disciplinar é previsto na Lei nº 8.112/90.

7.1 Deveres

Os deveres do servidor público estão elencados no Art. 116 da Lei nº 8.112.

Seguem os incisos comentados do referido artigo:

> ***Art. 116.*** *São deveres do servidor:*
>
> ***I.*** *Exercer com zelo e dedicação as atribuições do cargo.*

O servidor deve cumprir suas obrigações com o máximo de cuidado.

> ***II.*** *Ser leal às instituições a que servir.*

Ser leal significa que o servidor não deve agir contra a instituição que serve, prejudicando seus interesses. Assim, por exemplo, não se permite que um Auditor Fiscal da Receita Federal forneça Informações sobre procedimentos fiscais sigilosos a contribuinte.

> ***III.*** *Observar as normas legais e regulamentares;*
>
> ***IV.*** *Cumprir as ordens superiores, exceto quando manifestamente ilegais.*

O servidor deve obedecer às disposições normativas e às ordens de seus superiores, sendo essa é uma das consequências dos Poderes Normativo e Hierárquico.

No entanto, em relação às ordens (que diferem das normas pelo fato de serem dadas pelo chefe especificamente para que o subordinado faça algo, sendo normalmente verbais), o servidor não deve obedecê-las se forem manifestamente ilegais, ou seja, se forem claramente ilegais. Exemplo de ordem ilegal seria a ordem do chefe para que o subordinado agrida um contribuinte, ou desvie recursos públicos.

Se o servidor obedecer a uma ordem manifestamente ilegal, responderá pelo ato, juntamente com o mandante. Se a ordem for ilegal, mas não manifestamente, somente responde o mandante.

> ***V.*** *Atender com presteza:*
>
> ***a)*** *ao público em geral, prestando as informações requeridas, ressalvadas as protegidas por sigilo;*
>
> ***b)*** *à expedição de certidões requeridas para defesa de direito ou esclarecimento de situações de interesse pessoal;*
>
> ***c)*** *às requisições para a defesa da Fazenda Pública.*

Essas solicitações são consideradas como prioritárias em relação a outras atividades, devendo ser atendidas com urgência.

> ***VI.*** *Levar as irregularidades de que tiver ciência em razão do cargo ao conhecimento da autoridade superior ou, quando houver suspeita de envolvimento desta, ao conhecimento de outra autoridade competente para apuração.*

Irregularidade, nesse caso, tem o sentido de algo que não está regular, que não funciona bem, mas não se trata de dolo ou má-fé (essa hipótese é tratada no inciso XII).

Se o servidor vier a saber de alguma irregularidade, deverá comunicar imediatamente ao seu chefe, para que este tome as providências cabíveis para saná-la.

> ***VII.*** *Zelar pela economia do material e a conservação do patrimônio público.*

O material e os bens de que o servidor se utiliza em serviço são adquiridos com recursos de toda a coletividade e, portanto, devem ser conservados e utilizados com parcimônia.

> ***VIII.*** *Guardar sigilo sobre assunto da repartição.*

O servidor não deve levar para fora da repartição os assuntos profissionais e as informações a que tiver acesso em função do cargo. Em relação à comunicação com a imprensa, o servidor não deve falar sobre assuntos profissionais, exceto quando autorizado pelo órgão.

> ***IX.*** *Manter conduta compatível com a moralidade administrativa.*

Essa exigência aplica-se, inclusive, quando o servidor não estiver em serviço. Não se pode admitir, por exemplo, que um servidor explore uma banca de aposta de "jogo do bicho" nas horas vagas.

> ***X.*** *Ser assíduo e pontual ao serviço.*

Ser assíduo é ir trabalhar todos os dias. Ser pontual é entrar e sair no horário estabelecido.

> ***XI.*** *Tratar com urbanidade as pessoas.*

Urbanidade significa respeito, boa educação. O servidor deve tratar a todos com respeito, tanto os colegas de trabalho como os contribuintes em geral.

> ***XII.*** *Representar contra ilegalidade, omissão ou abuso de poder.*

Esse caso trata de ato ou omissão dolosos, que atentem contra a lei.

Deparando-se com uma situação dessas, o servidor deverá representar. A Lei nº 8.112/90 prevê que a representação deverá ser encaminhada pela via hierárquica e apreciada pela autoridade superior àquela contra a qual é formulada, assegurando-se ao representando ampla defesa.

7.2 Proibições

O Art. 117 da Lei nº 8.112/90 afirma ser proibido ao servidor:

> ***I.*** *Ausentar-se do serviço durante o expediente, sem prévia autorização do chefe imediato.*

Toda ausência do servidor deve ser comunicada ao seu chefe.

> ***II.*** *Retirar, sem prévia anuência da autoridade competente, qualquer documento ou objeto da repartição.*

Os documentos e objetos da repartição, em princípio, devem ser manipulados na repartição, local onde se pode garantir sua segurança e confidencialidade. Se o servidor sair com algum objeto ou documento da repartição, sem autorização, responderá pelos danos ocorridos a eles. No caso dos objetos, se o servidor utilizá-los para fins particulares, poderá responder por improbidade administrativa.

> ***III.*** *Recusar fé a documentos públicos.*

É inconcebível que a Administração duvide de si mesma, mesmo que se trate de documento expedido por esfera de governo distinta. Assim, o servidor não pode dizer, por exemplo, que não aceita uma certidão expedida por determinado órgão público.

> ***IV.*** *Opor resistência injustificada ao andamento de documento e processo ou execução de serviço.*

O servidor não pode impetrar subterfúgios para não exercer alguma atividade de sua atribuição, mas deve, como já vimos, exercê-la com zelo e dedicação. A resistência ao andamento de documento ou processo somente pode ser feita de forma justificada e deve ser expressa pelo servidor (falta de capacitação dos serviços, não observância de normas legais etc.).

> ***V.*** *Promover manifestação de apreço ou desapreço no recinto da repartição.*

O servidor deve ser profissional, e a repartição não é local de manifestações de opiniões pessoais, principalmente as que possam causar conflitos.

> ***VI.*** *Cometer a pessoa estranha à repartição, fora dos casos previstos em lei, o desempenho de atribuição que seja de sua responsabilidade ou de seu subordinado.*

O servidor não pode "delegar" suas atribuições a terceiro, a não ser que seja um caso em que a lei permita a delegação. Assim, um oficial de justiça, por exemplo, não pode pedir ao motorista que entregue uma determinada intimação a alguém enquanto ele cumpre outro mandado.

> ***VII.*** *Coagir ou aliciar subordinados no sentido de filiarem-se a associação profissional ou sindical, ou a partido político.*

A repartição é local de trabalho e não de atividades sindicais ou partidárias. O servidor pode até aconselhar a alguém que se filie ao sindicato, por exemplo, mas isso deve ser feito sem coação e sem que isso prejudique o andamento do serviço.

> ***VIII.*** *Manter sob sua chefia imediata, em cargo ou função de confiança, cônjuge, companheiro ou parente até o segundo grau civil.*

O servidor não pode ter sob sua chefia imediata, tratando-se de cargo de confiança, cônjuge ou parentes até 2º grau (parentes de até segundo grau incluem: filho, pai, avô, neto, irmão, cunhado, enteado, sogro, genro).

> ***IX.*** *Valer-se do cargo para lograr proveito pessoal ou de outrem, em detrimento da dignidade da função pública.*

O servidor, em respeito ao princípio da impessoalidade, não pode se utilizar do cargo público para fins pessoais.

Inclusive, em regra, quando o ele o fizer, estará praticando não só um ilícito administrativo, como também crime, como o de concussão ou corrupção ou ativa, por exemplo.

> ***X.*** *Participar de gerência ou administração de sociedade privada, personificada ou não personificada, exercer o comércio, exceto na qualidade de acionista, cotista ou comanditário.*

O servidor pode ser sócio de empresa, mas não pode exercer sua administração (ser diretor ou sócio-gerente).

Essa restrição não se aplica nos seguintes casos, de acordo com a Lei nº 8.112/90:

- Participação em conselhos de administração e fiscal de empresas em que a União detenha participação no capital social ou em cooperativa constituída para prestar serviços a seus membros;
- Quando o servidor estiver em licença para trato de assuntos particulares, observada a legislação sobre conflito de interesses.

> ***XI.*** *Atuar, como procurador ou intermediário, junto a repartições públicas, salvo quando se tratar de benefícios previdenciários ou assistenciais de parentes até o segundo grau, e de cônjuge ou companheiro.*

Essa proibição visa evitar o chamado "tráfico de influência", e afirma que o servidor não pode intervir junto ao Poder Público defendendo interesse de outras pessoas.

O dispositivo somente admite uma exceção: quando se tratar de benefícios previdenciários ou assistenciais de cônjuge ou parente de até segundo grau.

> ***XII.*** *Receber propina, comissão, presente ou vantagem de qualquer espécie, em razão de suas atribuições.*

Restrição que visa evitar parcialidade do servidor no exercício de suas atribuições. Além, obviamente, objetiva proibir a propina (recebimento de valor para fazer algo indevido ou deixar de fazer algo que deveria ser feito). Também proíbe o recebimento das chamadas "caixinhas" (valores que muitas vezes eram pagos por particulares aos servidores pelo desempenho de suas obrigações, como forma de "gratidão" ou "reconhecimento").

> ***XIII.*** *Aceitar comissão, emprego ou pensão de Estado estrangeiro.*

Visa à proteção aos interesses nacionais, lembrando que os servidores federais são, na verdade, aqueles que movimentam e representam o próprio Estado brasileiro.

> ***XIV.*** *Praticar usura sob qualquer de suas formas.*

Praticar usura é emprestar mediante juros. Servidor não é banco.

Nesse caso, não há nenhuma preocupação com questões religiosas (semelhantemente, por exemplo, com o que ocorria na Idade Média, em que a Igreja Católica proibia que seus fiéis emprestassem dinheiro a juros), mas sim combater uma prática que era relativamente comum no serviço público, e que fazia com que o servidor deixasse de se dedicar ao seu trabalho para desempenhar essa função "bancária".

> ***XV.*** *Proceder de forma desidiosa.*

Desídia é desleixo, indolência, negligência. Já vimos que o servidor deve ser zeloso e dedicado.

> ***XVI.*** *Utilizar pessoal ou recursos materiais da repartição em serviços ou atividades particulares.*

O servidor não deve misturar nem interesses nem recursos particulares com os profissionais, que, no caso dele, são bancados pela coletividade. Assim, não se pode, por exemplo, utilizar-se de máquinas e tratores da Prefeitura para fazer terraplenagem em um terreno particular do servidor, sob pena de condenação por ato de improbidade.

> ***XVII.*** *Cometer a outro servidor atribuições estranhas ao cargo que ocupa, exceto em situações de emergência e transitórias.*

Nesse caso, trata-se do servidor em cargo de chefia que ordena ou permite que subordinado pratique atividade que não consta das atribuições do cargo. A lei, porém, permite que isso seja feito em situações de emergência e transitórias.

Titular da repartição autoriza servidor que não é motorista a dirigir viatura por necessidade.

> ***XVIII.*** *Exercer quaisquer atividades que sejam incompatíveis com o exercício do cargo ou função e com o horário de trabalho.*

Esse inciso visa impedir:

- Conflito de interesses entre o exercício do cargo e de outra atividade (ex.: Auditor-Fiscal da Receita Federal que presta serviços de planejamento tributário);
- O prejuízo ao serviço público pelo exercício de outra atividade no horário de trabalho.

__XIX.__ Recusar-se a atualizar seus dados cadastrais quando solicitado.

Essa proibição se justifica pelo fato de que a Administração deve ter controle sobre os dados funcionais de seus servidores.

7.3 Penalidades Disciplinares

De acordo com o Art. 127 da Lei nº 8.112/90, são penalidades disciplinares aplicáveis ao servidor:

__I.__ Advertência;

__II.__ Suspensão;

__III.__ Demissão;

__IV.__ Cassação de aposentadoria ou disponibilidade;

__V.__ Destituição de cargo em comissão;

__VI.__ Destituição de função comissionada.

Advertência

A advertência é a penalidade disciplinar mais branda.

É sempre aplicada por escrito, nos casos de o servidor:

- Ausentar-se do serviço sem prévia autorização;
- Retirar documento ou objeto da repartição sem autorização;
- Recusar fé a documentos públicos;
- Dificultar o andamento de processo ou serviço;
- Promover manifestação de apreço/desapreço na repartição;
- Cometer a pessoa estranha o desempenho de atribuição de sua responsabilidade ou de subalterno;
- Coagir ou aliciar subordinados para filiarem-se à associação profissional ou sindical, ou partido;
- Manter sob sua chefia imediata, em cargo ou função de confiança, cônjuge, companheiro ou parente até o segundo grau civil;
- Recusar-se a atualizar seus dados cadastrais, quando solicitado.

A advertência também é aplicada no caso de inobservância de dever funcional previsto em lei ou norma interna, que não justifique imposição de penalidade mais grave.

Competência para Aplicação da Advertência

A advertência será aplicada pelo chefe da repartição e outras autoridades, na forma dos respectivos regimentos ou regulamentos.

Cancelamento do Registro da Advertência

O registro da advertência será cancelado após 3 (três) anos, se não for cometida outra infração no período.

Prescrição

Praticada a infração, a Administração tem o prazo de 180 dias, a partir do momento em que tomou conhecimento do fato, para aplicar a advertência.

A abertura de sindicância ou instauração de processo disciplinar interrompe a prescrição, até decisão final.

Suspensão

A suspensão é aplicada em caso de reincidência das faltas punidas com advertência e de violação das demais proibições que não tipifiquem infração sujeita a penalidade de demissão, não podendo exceder a 90 (noventa) dias.

Ou seja, não sendo caso de advertência ou demissão, o servidor será suspenso.

Também será punido com suspensão de até 15 (quinze) dias o servidor que, injustificadamente, recusar-se a ser submetido à inspeção médica determinada pela autoridade competente.

Conversão em Multa

Quando houver conveniência para o serviço, a penalidade de suspensão poderá ser convertida em multa, na base de 50% por dia de vencimento ou remuneração, ficando o servidor obrigado a permanecer em serviço.

Assim, por exemplo, se o servidor foi punido com 15 dias de suspensão, sua pena poderá ser convertida em multa, caso em que ele sofrerá desconto de 50% durante 15 dias.

Competência para Aplicação da Suspensão

- Suspensão de até 30 dias: chefe da repartição ou outra autoridade, na forma dos respectivos regimentos ou regulamentos (idêntico à advertência);
- Suspensão superior a 30 dias: autoridade administrativa de hierarquia imediatamente inferior às competentes para aplicar a demissão (são competentes para aplicar demissão o Presidente da República, Presidente da Câmara, Presidente do Senado, Presidente de Tribunal Federal e Procurador-Geral da República, de acordo com o Poder, órgão ou entidade a que pertence o servidor).

Cancelamento do Registro da Suspensão

O registro da advertência será cancelado após 5 (cinco) anos, se não for cometida outra infração no período.

Prescrição

Praticada a infração, a Administração tem o prazo de 2 anos, a partir do momento em que tomou conhecimento do fato, para aplicar a advertência.

A abertura de sindicância (desde que não seja meramente investigativa) ou instauração de processo disciplinar interrompe a prescrição, até decisão final.

A sindicância investigativa é instaurada quando os fatos trazidos ao conhecimento da Administração não são suficientes a indicar sua autoria e materialidade, não bastando para justificar a instauração de uma sindicância acusatória, tampouco de um Processo Administrativo Disciplinar.

Os prazos de prescrição previstos na lei penal aplicam-se às infrações disciplinares capituladas também como crime.

Demissão

A demissão é reservada para faltas graves, sendo aplicada nos seguintes casos:

> Crime contra a Administração Pública;

Observação: é causa de demissão a bem do serviço público, ou seja, se for demitido por essa razão, o servidor não poderá retornar ao serviço público.

> Abandono de cargo;

Abandono de cargo é a ausência injustificada do servidor ao serviço por mais de 30 (trinta) dias seguidos.

> Inassiduidade habitual;

Entende-se por inassiduidade habitual a falta do servidor ao serviço, sem justificativa, por 60 dias, interpoladamente, durante o período de 12 meses.

> Improbidade administrativa;

Observação: é causa de demissão a bem do serviço público, ou seja, se for demitido por essa razão, o servidor não poderá retornar ao serviço público.

> Incontinência pública e conduta escandalosa, na repartição;

A incontinência pública refere-se ao comportamento do servidor fora do horário de serviço (exemplo: vício em jogos de azar ou embriaguez habitual). Já a conduta escandalosa na repartição refere-se a comportamento no ambiente de trabalho.

> Insubordinação grave em serviço;

Insubordinação é o descumprimento de determinações superiores. Será grave quando causar prejuízo para a repartição ou a terceiros.

> Ofensa física, em serviço, a servidor ou a particular, salvo em legítima defesa própria ou de outrem;

> Aplicação irregular de dinheiros públicos;

Observação: é causa de demissão a bem do serviço público, ou seja, se for demitido por essa razão, o servidor não poderá retornar ao serviço público.

> Revelação de segredo do qual se apropriou em razão do cargo;

> Lesão aos cofres públicos e dilapidação do patrimônio nacional;

Observação: é causa de demissão a bem do serviço público, ou seja, se for demitido por essa razão, o servidor não poderá retornar ao serviço público.

> Corrupção;

Observação: é causa de demissão a bem do serviço público, ou seja, se for demitido por essa razão, o servidor não poderá retornar ao serviço público.

> Acumulação ilegal de cargos, empregos ou funções públicas;

Em regra, o servidor somente pode possui um cargo público. A Constituição Federal somente admite três hipóteses em que o servidor poderá acumular dois cargos públicos: dois cargos de professor; um cargo de professor com outro técnico ou científico; e dois cargos ou empregos privativos de profissionais de saúde, com profissões regulamentadas.

Fora essas hipóteses, se o servidor acumular dois cargos públicos, será notificado, por meio de sua chefia imediata, a apresentar opção por um dos cargos no prazo improrrogável de dez dias. Se não optar por um deles, será demitido.

> Valer-se do cargo para lograr proveito pessoal ou de outrem, em detrimento da dignidade da função pública;

Observação: Se for demitido por essa razão, o servidor não poderá retornar ao serviço público por 5 (cinco) anos.

> Participar de gerência ou administração de empresa privada, de sociedade civil, ou exercer o comércio, exceto nas hipóteses permitidas;

> Atuar, como procurador ou intermediário, junto a repartições públicas, salvo quando se tratar de benefícios previdenciários ou assistenciais de parentes até o segundo grau, e de cônjuge ou companheiro;

Observação: Se for demitido por essa razão, o servidor não poderá retornar ao serviço público por 5 (cinco) anos.

> Receber propina, comissão, presente ou vantagem de qualquer espécie, em razão de suas atribuições;

> Aceitar comissão, emprego ou pensão de estado estrangeiro;

> Praticar usura sob qualquer de suas formas;

> Proceder de forma desidiosa.

Competência para Aplicação da Demissão

São competentes para aplicar demissão o Presidente da República, o Presidente da Câmara, o Presidente do Senado, Presidente de Tribunal Federal e Procurador-Geral da República, de acordo com o Poder, órgão ou entidade a que pertence o servidor.

Prescrição

Praticada a infração, a Administração tem o prazo de 5 (cinco) anos, a partir do momento em que tomou conhecimento do fato, para aplicar a advertência.

A abertura de sindicância (desde que não seja meramente investigativa) ou instauração de processo disciplinar interrompe a prescrição, até decisão final.

A sindicância investigativa é instaurada quando os fatos trazidos ao conhecimento da Administração não são suficientes a indicar sua autoria e materialidade, não bastando para justificar a instauração de uma sindicância acusatória, tampouco de um Processo Administrativo Disciplinar.

Os prazos de prescrição previstos na lei penal aplicam-se às infrações disciplinares capituladas também como crime.

Cassação da Aposentadoria ou Disponibilidade

A Lei nº 8.112/90 afirma que será cassada a aposentadoria ou a disponibilidade do inativo que houver praticado, na atividade, falta punível com a demissão.

É aplicada pela autoridade competente para aplicar a pena de demissão.

Destituição de Cargo em Comissão

Essa pena será aplicada nos casos de infração sujeita às penalidades de suspensão e de demissão.

É aplicada pela autoridade que fez a nomeação.

Destituição de Função Comissionada

Aplica-se somente em relação ao servidor efetivo que ocupar função comissionada, pois somente servidores efetivos podem assumir essas funções.

A Lei nº 8.112/90 não traz as hipóteses em que deve ser aplicada, mas se entende que seria aplicada nos casos de infração apenada com demissão. Nesse caso, a demissão do servidor do cargo efetivo acarretará necessariamente sua destituição da função comissionada.

Questões

01. (Esaf) São penalidades disciplinares, exceto:

a) A destituição de cargo em comissão.
b) A cassação de aposentadoria.
c) A suspensão.
d) O afastamento preventivo.
e) A advertência.

02. (Esaf) Quanto à infração disciplinar e à prescrição da ação disciplinar, é incorreto afirmar que:

a) é de 5 (cinco) anos o prazo prescricional para as infrações puníveis com demissão, cassação de aposentadoria ou disponibilidade e destituição de cargo em comissão.
b) o marco inicial para o cômputo do prazo de prescrição é a data em que o fato ocorreu, independente de ter-se tornado conhecido.
c) a contagem do prazo prescricional é interrompida pela abertura de sindicância ou instauração de processo disciplinar até a decisão final proferida por autoridade competente.
d) interrompido o curso da prescrição, o prazo começará a correr a partir do dia em que cessar a interrupção.
e) os prazos de prescrição previstos na lei penal aplicam- se às infrações disciplinares capituladas também como crime.

03. (Esaf) Segundo a Lei n. 8112/1990, caracterizam deveres do servidor, exceto:

a) representar contra ilegalidade, omissão ou abuso de poder.
b) guardar sigilo sobre assunto da repartição.
c) cumprir as ordens superiores, exceto quando manifestamente informais.
d) levar ao conhecimento da autoridade superior as irregularidades de que tiver ciência em razão do cargo.
e) manter conduta compatível com a moralidade administrativa.

04. (Esaf) São proibições ao servidor público:

I. aceitar pensão de estado estrangeiro.
II. promover manifestação de apreço ou desapreço no recinto da repartição.
III. participar de gerência de sociedade privada enquanto no gozo de licença para o trato de interesses particulares e observada a legislação sobre conflito de interesses.
IV. exercer o comércio na qualidade de cotista.
V. retirar qualquer documento da repartição sem prévia anuência da autoridade competente.

a) I, III e IV estão corretas.
b) I, II e V estão corretas.
c) II, IV e V estão corretas.
d) III, IV e V estão corretas.
e) I, II e III estão corretas.

05. (FCC) Dentre outras proibições previstas ao servidor público federal, consta a de:

a) aceitar pensão, emprego ou comissão da União Federal, seja na Administração direta ou indireta.
b) utilizar recursos materiais da repartição ou pessoal no serviço público.
c) recusar-se a atualizar os seus dados cadastrais quando solicitado por terceiros, que não a Administração.
d) atuar, como procurador, junto a repartições públicas, salvo quando se tratar de benefícios previdenciários ou assistenciais de parentes até segundo grau.
e) manter sob sua chefia imediata, em função de confiança, primos.

06. (FCC) Observa-se que, dentre outras proibições o servidor público federal NÃO poderá:

a) cometer, de regra, a outro servidor atribuições estranhas ao cargo que ocupa.
b) descumprir qualquer ordem de superior hierárquico.
c) ministrar aulas de nível superior ou universitário.
d) candidatar-se a mandato eletivo municipal.
e) recusar comissão ou pensão de Estado estrangeiro.

07. (FCC) Dentre outras proibições impostas ao servidor público, observa-se que também não poderá:

a) recusar-se a atualizar seus dados cadastrais quando solicitado.
b) manter sob sua chefia imediata, em cargo efetivo, parente até o terceiro grau.
c) recusar fé a documento público ou particular.
d) retirar, em nenhuma hipótese, qualquer documento ou objeto da repartição.
e) ausentar-se do serviço durante o expediente, em nenhum caso.

08. (FCC) A Lei nº 8.112/90 estabelece uma série de deveres e proibições aos servidores públicos. Também estabelece o rol de penalidades aplicáveis, para cuja aplicação.

a) são consideradas a natureza e gravidade da infração, mas também são sopesados os danos advindos para o serviço público.

b) são considerados os antecedentes funcionais, como avaliação de desempenho, análise crítica de desempenho e relatórios correcionais.

c) são considerados apenas elementos objetivos, não sofrendo influência de circunstâncias atenuantes ou agravantes.

d) devem ser considerados todos os elementos subjetivos e objetivos, tais como tempo de serviço, histórico de apostilamento e avaliação de desempenho.

e) podem ser considerados outros elementos, além dos critérios de tipificação legais, tais como avaliação de desempenho, pontualidade e assiduidade.

09. (FCC) Márcia, servidora do Tribunal Regional do Trabalho da 3ª Região, foi chamada pelo setor competente do referido Tribunal para atualizar seus dados cadastrais, recusando-se a assim o fazer. Nos termos da Lei nº 8.112/1990, a ação disciplinar para a penalidade a que está sujeita Márcia prescreverá em:

a) 180 dias.

b) 2 anos.

c) 5 anos.

d) 3 anos.

e) 120 dias.

10. (FCC) Cibele, servidora pública federal, recebeu vantagem econômica para intermediar a liberação de verba pública e, em razão de sua conduta, sofreu a pena de demissão do serviço público. A demissão narrada

a) não inviabiliza a ex-servidora a retornar de imediato ao serviço público federal, desde que seja regularmente aprovada em novo concurso público, seguindo todos os trâmites legais.

b) incompatibiliza a ex-servidora para nova investidura em cargo público federal, pelo prazo de cinco anos.

c) proíbe, definitivamente, o retorno de Cibele ao serviço público federal.

d) incompatibiliza a ex-servidora para nova investidura em cargo público federal, pelo prazo de três anos.

e) incompatibiliza a ex-servidora para nova investidura em cargo público federal, pelo prazo de dez anos.

Gabaritos

01	D	**06**	A
02	B	**07**	A
03	C	**08**	A
04	B	**09**	A
05	D	**10**	C

8. SEGURIDADE SOCIAL DO SERVIDOR

O Título VI da Lei nº 8.112/90 trata da seguridade social do servidor público civil federal.

De acordo com o Art. 194 da Constituição Federal, a seguridade social no Brasil abrange os direitos relacionados à saúde, à previdência e à assistência social.

Trataremos a seguir dos dispositivos mais importantes da Lei, referentes à seguridade do servidor.

As regras relativas à aposentadoria do servidor público foram sensivelmente alteradas por Emendas Constitucionais, que tornaram inconstitucionais diversas disposições da Lei nº 8.112/90.

8.1 Disposições Gerais

O Art. 183 da Lei nº 8.112 estipula que a União deverá manter Plano de Seguridade Social para o servidor e sua família, o qual, de acordo com o Art. 184, deverá cobrir os riscos a que estão sujeitos o servidor e sua família, e compreendendo um conjunto de benefícios e ações que atendam às seguintes finalidades:

> ***I.*** *Garantir meios de subsistência nos eventos de doença, invalidez, velhice, acidente em serviço, inatividade, falecimento e reclusão;*
>
> ***II.*** *Proteção à maternidade, à adoção e à paternidade;*
>
> ***III.*** *Assistência à saúde.*

Detalhando ainda mais, o Art. 185 estabelece que os benefícios do Plano de Seguridade Social do servidor compreendem:

> ***I.*** *Quanto ao servidor:*
>
> ***a)*** *aposentadoria;*
>
> ***b)*** *auxílio-natalidade;*
>
> ***c)*** *salário-família;*
>
> ***d)*** *licença para tratamento de saúde;*
>
> ***e)*** *licença à gestante, à adotante e licença-paternidade;*
>
> ***f)*** *licença por acidente em serviço;*
>
> ***g)*** *assistência à saúde;*
>
> ***h)*** *garantia de condições individuais e ambientais de trabalho satisfatórias;*
>
> ***II.*** *quanto ao dependente:*
>
> ***a)*** *pensão vitalícia e temporária;*
>
> ***b)*** *auxílio-funeral;*
>
> ***c)*** *auxílio-reclusão;*
>
> ***d)*** *assistência à saúde.*

No entanto, o servidor ocupante de cargo em comissão que não seja, simultaneamente, ocupante de cargo ou emprego efetivo na Administração Pública direta, autárquica e fundacional não terá direito aos benefícios do Plano de Seguridade Social, com exceção da assistência à saúde. Nesse caso, ele será atendido pelas regras gerais da Seguridade Social, aplicáveis aos trabalhadores da iniciativa privada.

O servidor afastado ou licenciado do cargo efetivo, sem direito à remuneração, inclusive para servir em organismo oficial internacional do qual o Brasil seja membro efetivo ou com o qual coopere, ainda que contribua para regime de previdência social no exterior, terá suspenso o seu vínculo com o regime do Plano de Seguridade Social do Servidor Público enquanto durar o afastamento ou a licença, não lhes assistindo, neste período, os benefícios do mencionado regime de previdência.

Por outro lado, será assegurada ao servidor licenciado ou afastado sem remuneração a manutenção da vinculação ao regime do Plano de Seguridade Social do Servidor Público, desde que o servidor efetue o recolhimento mensal da respectiva contribuição, no mesmo percentual devido pelos servidores em atividade.

O recebimento indevido de benefícios, havidos por fraude, dolo ou má-fé, implicará devolução ao erário do total auferido, sem prejuízo da ação penal cabível.

8.2 Benefícios

Aposentadoria

Sobre a aposentadoria do servidor público, ocorreram muitas modificações por alteração direta da Constituição Federal, no que se refere aos requisitos para fruição do benefício.

Atualmente, o Art. 40 da Constituição Federal estipula que a aposentadoria do servidor público poderá se dar:

> ***I.*** *por incapacidade permanente para o trabalho, no cargo em que estiver investido, quando insuscetível de readaptação, hipótese em que será obrigatória a realização de avaliações periódicas para verificação da continuidade das condições que ensejaram a concessão da aposentadoria, na forma de lei do respectivo ente federativo;*
>
> ***II.*** *compulsoriamente, com proventos proporcionais ao tempo de contribuição, aos 70 (setenta) anos de idade, ou aos 75 (setenta e cinco) anos de idade, na forma de lei complementar;*
>
> ***III.*** *no âmbito da União, aos 62 (sessenta e dois) anos de idade, se mulher, e aos 65 (sessenta e cinco) anos de idade, se homem, e, no âmbito dos Estados, do Distrito Federal e dos Municípios, na idade mínima estabelecida mediante emenda às respectivas Constituições e Leis Orgânicas, observados o tempo de contribuição e os demais requisitos estabelecidos em lei complementar do respectivo ente federativo.*

Os requisitos de tempo de idade de contribuição são reduzidos em cinco anos para o professor que comprove o tempo mínimo previsto em lei complementar do ente da federação de efetivo exercício das funções de magistério na educação infantil e no ensino fundamental e médio.

O valor dos proventos dependerá da data de ingresso do servidor no serviço público, pois para alguns eles serão integrais; para outros, serão a média das 80% maiores contribuições, calculadas sobre o salário integral; e, para outros, serão a média das 80% maiores contribuições, calculadas sobre o teto do INSS.

Auxílio-Natalidade

O auxílio-natalidade é devido à servidora por motivo de nascimento de filho, em quantia equivalente ao menor vencimento do serviço público, inclusive no caso de natimorto (bebê nascido sem vida).

Na hipótese de parto múltiplo (gêmeos), o valor será acrescido de 50% (cinquenta por cento), por nascituro.

O auxílio será pago ao cônjuge ou companheiro servidor público, quando a parturiente não for servidora.

Salário-Família

De acordo com o Art. 197 da Lei nº 8.112/90, o salário-família é devido ao servidor ativo ou ao inativo, por dependente econômico.

Consideram-se dependentes econômicos para efeito de percepção do salário-família:

> O cônjuge ou companheiro e os filhos, inclusive os enteados até 21 (vinte e um) anos de idade ou, se estudante, até 24 (vinte e quatro) anos ou, se inválido, de qualquer idade;

> O menor de 21 (vinte e um) anos que, mediante autorização judicial, viver na companhia e a expensas do servidor, ou do inativo;

> A mãe e o pai sem economia própria.

No entanto, não se configura a dependência econômica quando o beneficiário do salário-família perceber rendimento do trabalho ou de qualquer outra fonte, inclusive pensão ou provento da aposentadoria, em valor igual ou superior ao salário-mínimo.

Quando o pai e mãe forem servidores públicos e viverem em comum, o salário-família será pago a um deles, somente. Quando forem separados, será pago a um e outro, de acordo com a distribuição dos dependentes.

Equiparam-se ao pai e à mãe o padrasto, a madrasta e, na falta destes, os representantes legais dos incapazes.

O salário-família não está sujeito a qualquer tributo, nem serve de base para qualquer contribuição, inclusive para a Previdência Social.

O afastamento do cargo efetivo, sem remuneração, não acarreta a suspensão do pagamento do salário-família.

Licença para Tratamento de Saúde

O Art. 202 da Lei nº 8.112 determina que será concedida ao servidor licença para tratamento de saúde, a pedido ou de ofício, com base em perícia médica, sem prejuízo da remuneração a que fizer jus.

Em regra, a licença será concedida com base em perícia oficial. No entanto, se o prazo for inferior a 15 (quinze) dias, dentro de 1 (um) ano, poderá ser dispensada a perícia oficial, na forma definida em regulamento.

Sempre que necessário, a inspeção médica será realizada na residência do servidor ou no estabelecimento hospitalar onde se encontrar internado.

A perícia oficial será efetuada por cirurgiões-dentistas, nas hipóteses em que abranger o campo de atuação da odontologia.

Inexistindo médico no órgão ou entidade no local onde se encontra ou tenha exercício em caráter permanente o servidor, e não havendo convênio com o Sistema Único de Saúde, será aceito atestado proveniente de médico particular.

A licença que exceder o prazo de 120 (cento e vinte) dias no período de 12 (doze) meses, a contar do primeiro dia de afastamento será concedida mediante avaliação por junta médica oficial. Ou seja, nesse caso, não bastará a inspeção feita por um médico público, devendo ser feita por uma junta médica.

O Art. 205 determina que o atestado e o laudo da junta médica não se referirão ao nome ou à natureza da doença, salvo quando se tratar de lesões produzidas por acidente em serviço, doença profissional ou doenças que deem ensejo à aposentadoria por invalidez.

O Art. 206 estipula que o servidor que apresentar indícios de lesões orgânicas ou funcionais será submetido à inspeção médica, mesmo sem sua solicitação.

Todo servidor será submetido a exames médicos periódicos, nos termos e condições definidos em regulamento.

Licença à Gestante, à Adotante e Licença-Paternidade

Licença à Gestante

O Art. 207 da Lei nº 8.112/90 determina que será concedida licença à servidora gestante por 120 (cento e vinte) dias consecutivos, sem prejuízo da remuneração.

A licença poderá ter início no primeiro dia do nono mês de gestação, salvo antecipação por prescrição médica.

No caso de nascimento prematuro, a licença terá início a partir do parto.

No caso de natimorto, decorridos 30 (trinta) dias do evento, a servidora será submetida a exame médico, e se julgada apta, reassumirá o exercício.

No caso de aborto atestado por médico oficial, a servidora terá direito a 30 (trinta) dias de repouso remunerado.

Além da licença à gestante, o Art. 209 da Lei nº 8.112/90 estipula que, para amamentar o próprio filho, até a idade de seis meses, a servidora lactante terá direito, durante a jornada de trabalho, a uma hora de descanso, que poderá ser parcelada em dois períodos de meia hora.

Licença à Adotante

O Art. 210 estabelece que à servidora que adotar ou obtiver guarda judicial de criança até 1 (um) ano de idade, serão concedidos 90 (noventa) dias de licença remunerada.

No caso de adoção ou guarda judicial de criança com mais de 1 (um) ano de idade, o prazo será de 30 (trinta) dias.

Licença-Paternidade

O Art. 208 afirma que, pelo nascimento ou adoção de filhos, o servidor terá direito à licença-paternidade de 5 (cinco) dias consecutivos.

Licença por Acidente em Serviço

O servidor acidentado em serviço será licenciado, com direito à remuneração integral.

É considerado acidente em serviço o dano físico ou mental sofrido pelo servidor, que se relacione, mediata ou imediatamente, com as atribuições do cargo exercido.

Equipara-se também ao acidente em serviço o dano:

> Decorrente de agressão sofrida e não provocada pelo servidor no exercício do cargo;

> Sofrido no percurso da residência para o trabalho e vice-versa.

O servidor acidentado em serviço que necessite de tratamento especializado poderá ser tratado em instituição privada, à conta de recursos públicos.

No entanto, tal tratamento deverá ser recomendado por junta médica oficial, constituindo medida de exceção e somente será admissível quando inexistirem meios e recursos adequados em instituição pública.

A prova do acidente deverá ser feita no prazo de 10 (dez) dias, prorrogável quando as circunstâncias o exigirem.

Pensão

O Art. 215 da Lei nº 8.112/90 estabelece que, por morte do servidor, os dependentes, nas hipóteses legais, fazem jus à pensão a partir da data de óbito.

De acordo com a redação atual do Art. 217, são beneficiários da pensão:

> o cônjuge ou companheiro(a);

> o cônjuge divorciado ou separado de fato que receba pensão alimentícia determinada judicialmente;

> o filho de qualquer condição que se enquadre em uma das seguintes hipóteses:
 - » menor de 21 anos;
 - » inválido;
 - » tenha deficiência intelectual ou mental;

> a mãe e o pai que comprovem dependência econômica do servidor; e

> o irmão de qualquer condição que comprove dependência econômica do servidor e que também se enquadre em uma das seguintes hipóteses:
 - » menor de 21 anos;
 - » inválido;
 - » tenha deficiência intelectual ou mental.

A concessão de pensão a cônjuge (convivente, divorciado ou separado) ou a filho exclui a concessão a pais ou irmãos.

A concessão de pensão a pais exclui a concessão a irmãos.

O enteado e o menor tutelado equiparam-se a filho, mediante declaração do servidor e desde que comprovada dependência econômica, na forma estabelecida em regulamento.

O Art. 218 estipula que, ocorrendo habilitação de vários titulares à pensão, o seu valor será distribuído em partes iguais entre os beneficiários habilitados. Assim, por exemplo, se o servidor falecido deixar cônjuge e filho habilitado ao recebimento da pensão, ambos receberão metade do valor do benefício. Em caso de morte ou perda da qualidade de beneficiário, a respectiva cota reverterá para os cobeneficiários.

A pensão poderá ser requerida a qualquer tempo. No entanto, somente poderão ser reclamados os últimos 5 (cinco) anos.

O Art. 220 da Lei estipula que não terá direito à pensão por morte:

> após o trânsito em julgado, o beneficiário condenado pela prática de crime de que tenha dolosamente resultado a morte do servidor;

> o cônjuge, o companheiro ou a companheira se comprovada, a qualquer tempo, simulação ou fraude no casamento ou na união estável, ou a formalização desses com o fim exclusivo de constituir benefício previdenciário, apuradas em processo judicial no qual será assegurado o direito ao contraditório e à ampla defesa.

Pensão por Morte Presumida

O Art. 221 da Lei nº 8.112/90 determina que será concedida pensão provisória por morte presumida do servidor, nos seguintes casos:

> Declaração de ausência, pela autoridade judiciária competente;

> Desaparecimento em desabamento, inundação, incêndio ou acidente não caracterizado como em serviço;

> Desaparecimento no desempenho das atribuições do cargo ou em missão de segurança.

A pensão provisória será transformada em vitalícia ou temporária, conforme o caso, decorridos 5 (cinco) anos de sua vigência, ressalvado o eventual reaparecimento do servidor, hipótese em que o benefício será automaticamente cancelado.

A critério da administração, o beneficiário de pensão cuja preservação seja motivada por invalidez, por incapacidade ou por deficiência poderá ser convocado a qualquer momento para avaliação das referidas condições, sendo que o não atendimento à convocação ocasionará a suspensão do benefício.

Perda da Qualidade de Beneficiário de Pensão

O Art. 222 da Lei nº 8.112 aponta as hipóteses de perda do direito à pensão:

> ***Art. 222.*** *Acarreta perda da qualidade de beneficiário:*
>
> ***I.*** *O seu falecimento;*
>
> ***II.*** *A anulação do casamento, quando a decisão ocorrer após a concessão da pensão ao cônjuge;*
>
> ***III.*** *A cessação da invalidez, em se tratando de beneficiário inválido, o afastamento da deficiência, em se tratando de beneficiário com deficiência, ou o levantamento da interdição, em se tratando de beneficiário com deficiência intelectual ou mental que o torne absoluta ou relativamente incapaz, respeitados os períodos mínimos decorrentes da aplicação das alíneas 'a' e 'b' do inciso VII;*
>
> ***IV.*** *O implemento da idade de 21 (vinte e um) anos, pelo filho ou irmão;*
>
> ***V.*** *A acumulação de pensão (mais de uma pensão);*
>
> ***VI.*** *A renúncia expressa; e*
>
> ***VII.*** *Em relação aos cônjuges ou companheiros:*
>
> ***a)*** *o decurso de 4 (quatro) meses, se o óbito ocorrer sem que o servidor tenha vertido 18 (dezoito) contribuições mensais ou se o casamento ou a união estável tiverem sido iniciados em menos de 2 (dois) anos antes do óbito do servidor;*
>
> ***b)*** *o decurso dos seguintes períodos, estabelecidos de acordo com a idade do pensionista na data de óbito do servidor, depois de vertidas 18 (dezoito) contribuições mensais e pelo menos 2 (dois) anos após o início do casamento ou da união estável:*
>
> *1) 3 (três) anos, com menos de 21 (vinte e um) anos de idade;*
>
> *2) 6 (seis) anos, entre 21 (vinte e um) e 26 (vinte e seis) anos de idade;*
>
> *3) 10 (dez) anos, entre 27 (vinte e sete) e 29 (vinte e nove) anos de idade;*

4) 15 (quinze) anos, entre 30 (trinta) e 40 (quarenta) anos de idade;

5) 20 (vinte) anos, entre 41 (quarenta e um) e 43 (quarenta e três) anos de idade;

6) vitalícia, com 44 (quarenta e quatro) ou mais anos de idade.

Auxílio-Funeral

O auxílio-funeral é devido à família do servidor falecido na atividade ou aposentado, em valor equivalente a um mês da remuneração ou provento.

No caso de acumulação legal de cargos, o auxílio será pago somente em razão do cargo de maior remuneração.

O auxílio deverá ser pago no prazo de 48 (quarenta e oito) horas, por meio de procedimento sumaríssimo, à pessoa da família que houver custeado o funeral.

Se o funeral for custeado por terceiro, este será indenizado, também no prazo de 48 horas.

Em caso de falecimento de servidor em serviço fora do local de trabalho, inclusive no exterior, as despesas de transporte do corpo correrão à conta de recursos da União, autarquia ou fundação pública.

Auxílio-Reclusão

O Art. 229 da Lei nº 8.112/90 garante à família do servidor ativo o direito ao auxílio-reclusão, nos seguintes valores:

> Dois terços da remuneração, quando afastado por motivo de prisão, em flagrante ou preventiva, determinada pela autoridade competente, enquanto perdurar a prisão;

> Metade da remuneração, durante o afastamento, em virtude de condenação, por sentença definitiva, a pena que não determine a perda de cargo.

> No caso de prisão em flagrante ou preventiva, o servidor terá direito à integralização da remuneração, se for posteriormente absolvido.

O pagamento do auxílio-reclusão cessa a partir do dia seguinte ao que o servidor for posto em liberdade, ainda que condicional.

8.3 Assistência à Saúde

De acordo com o Art. 230 da Lei nº 8.112:

A assistência à saúde do servidor, ativo ou inativo, e de sua família compreende assistência médica, hospitalar, odontológica, psicológica e farmacêutica, terá como diretriz básica o implemento de ações preventivas voltadas para a promoção da saúde e será prestada pelo Sistema Único de Saúde - SUS, diretamente pelo órgão ou entidade ao qual estiver vinculado o servidor, ou mediante convênio ou contrato, ou ainda na forma de auxílio, mediante ressarcimento parcial do valor despendido pelo servidor, ativo ou inativo, e seus dependentes ou pensionistas com planos ou seguros privados de assistência à saúde, na forma estabelecida em regulamento.

No caso de ressarcimento do valor despendido pelo servidor, o valor fica limitado ao total despendido pelo servidor ou pensionista civil com plano ou seguro privado de assistência à saúde.

Além disso, o mesmo artigo permite que a União e suas entidades autárquicas e fundacionais:

> Celebrem convênios exclusivamente para a prestação de serviços de assistência à saúde para os seus servidores ou empregados ativos, aposentados, pensionistas, bem como para seus respectivos grupos familiares definidos, com entidades de autogestão por elas patrocinadas;

> Contratem, mediante licitação, na forma da Lei nº 8.666, de 21 de junho de 1993, operadoras de planos e seguros privados de assistência à saúde que possuam autorização de funcionamento do órgão regulador;

Questões

01. (Esaf) No âmbito das normas de seguridade social do servidor público, previstas na Lei n. 8.112/90, assinale a hipótese não prevista para concessão de pensão provisória por morte presumida de servidor.

a) Desaparecimento em desabamento, inundação, incêndio ou acidente não caracterizado como em serviço.

b) Declaração de ausência, prestada pela autoridade judiciária ou policial competente.

c) Desaparecimento no desempenho das atribuições do cargo.

d) Declaração de ausência, prestada pela autoridade judiciária competente.

e) Desaparecimento no desempenho de missão de segurança.

02. (UFES) Os benefícios do Plano de Seguridade Social do servidor público federal favorecem ao servidor e seus dependentes. Assinale a alternativa que NÃO menciona benefício em favor dos dependentes:

a) Pensão vitalícia por morte.

b) Auxílio-funeral.

c) Pensão temporária por morte.

d) Aposentadoria.

e) Auxílio-reclusão.

03. (FCC) De acordo com a Lei estadual nº 5.247/91 (Regime Jurídico Único dos Servidores Públicos Civis do Estado de Alagoas), o dependente de servidor terá como benefício do Plano de Seguridade Social:

a) assistência financeira.

b) assistência habitacional.

c) assistência psicológica.

d) auxílio natalidade.

e) auxílio-reclusão.

04. (FCC) Nos termos da Lei nº 8.112/1990, o servidor afastado ou licenciado do cargo efetivo, sem direito à remuneração, inclusive para servir em organismo oficial internacional do qual o Brasil seja membro efetivo ou com o qual coopere, ainda que contribua para regime de previdência social no exterior, terá:

a) interrompido o seu vínculo com o regime do Plano de Seguridade Social do Servidor Público enquanto durar o afastamento ou a licença, assistindo-lhes, neste período, os benefícios do mencionado regime de previdência.

b) mantido normalmente seu vínculo com o regime do Plano de Seguridade Social do Servidor Público enquanto durar o afastamento ou a licença, não lhes assistindo, porém, neste período, os benefícios do mencionado regime de previdência.

c) suspenso o seu vínculo com o regime do Plano de Seguridade Social do Servidor Público enquanto durar o afastamento ou a licença, não lhes assistindo, neste período, os benefícios do mencionado regime de previdência.

d) mantido normalmente seu vínculo com o regime do Plano de Seguridade Social do Servidor Público enquanto durar o afastamento ou a licença, assistindo-lhes, neste período, os benefícios do mencionado regime de previdência.

e) interrompido, com efeitos retroativos, seu vínculo com o regime do Plano de Seguridade Social do Servidor Público, não lhes assistindo, porém, neste período, os benefícios do mencionado regime de previdência.

05. (FCC) Acerca da seguridade social do servidor, prevista na Lei nº 8.112/1990, seguem-se três afirmações:

I. O auxílio-funeral é devido à família do servidor falecido na atividade ou aposentado, em valor equivalente a um mês da menor remuneração do serviço público;

II. O auxílio-natalidade é devido à servidora por motivo de nascimento de filho, em quantia equivalente ao menor vencimento do serviço público, e será pago ao cônjuge ou companheiro servidor público, quando a parturiente não for servidora;

III. A servidora que obtiver a guarda judicial de criança até um ano de idade terá direito a sessenta dias de licença remunerada.

Está correto apenas o que se afirma em

a) I

b) II

c) III

d) II e III.

e) I e II.

06. (Vunesp) A propósito das regras de aposentadoria previstas na Constituição Federal, é correto afirmar que o servidor público será aposentado:

a) pelo Regime Geral da Previdência Social, independentemente do cargo ocupado.

b) compulsoriamente, aos sessenta e cinco anos de idade.

c) voluntariamente, desde que cumprido tempo mínimo de vinte anos de exercício no serviço público e dez anos no respectivo cargo.

d) voluntariamente, quando atingir sessenta anos de idade e trinta de contribuição, se homem, e cinquenta anos de idade e vinte de contribuição, se mulher.

e) por invalidez permanente, com proventos integrais, se, entre outros casos, for decorrente de doença grave, na forma da lei.

07. (Iades) No Regime Jurídico Único dos Servidores do Distrito Federal, entre os direitos nele arrolados, consta previsão para o momento da ocorrência de morte. Acerca desse tema, assinale a alternativa correta.

a) É devido o auxílio-funeral à família do servidor efetivo ou ocupante de cargo em comissão falecido em atividade ou aposentado, em valor equivalente a um mês da remuneração, subsídio ou provento; caso já tenha ocorrido a aposentadoria, o auxílio- funeral é pago pelo regime próprio de previdência social, mediante ressarcimento dos valores pelo Tesouro do Distrito Federal, assegurada, em qualquer caso, a terceiro (se este houver custeado) indenização limitada ao valor de um mês da remuneração, subsídio ou provento.

b) É devida indenização à família do servidor efetivo falecido em atividade ou aposentado, ou a terceiro que houver custeado o funeral, devendo ser paga no prazo de 48 horas, limitada ao valor de um mês da remuneração, subsídio ou provento; no caso de servidor aposentado, será paga pelo regime próprio de previdência social, mediante ressarcimento dos valores pelo Tesouro do Distrito Federal.

c) É devido auxílio-funeral à família do servidor efetivo falecido em atividade ou aposentado, ou a terceiro que houver custeado o funeral, em valor equivalente a um mês da remuneração, subsídio ou provento; no caso de servidor aposentado, o auxílio-funeral é pago pelo regime próprio de previdência social, mediante ressarcimento dos valores pelo Tesouro do Distrito Federal.

d) É devido auxílio-funeral à família do servidor efetivo falecido em atividade ou aposentado, em valor equivalente a um mês da remuneração, subsídio ou provento, pago diretamente pelo Tesouro do Distrito Federal, devendo ser pago no prazo de 48 horas à pessoa da família que houver custeado o funeral, assegurada a terceiro (se este houver custeado) indenização limitada ao valor de um mês da remuneração, subsídio ou provento.

e) É devido o auxílio-funeral à família do servidor efetivo falecido em atividade ou aposentado, em valor equivalente a um mês da remuneração, subsídio ou provento; no caso de servidor aposentado, o auxílio-funeral é pago pelo regime próprio de previdência social, mediante ressarcimento dos valores pelo Tesouro do Distrito Federal.

08. (IF-SE) Conforme dispõe a Lei nº 8.112/90 sobre salário-família, está incorreto afirmar:

a) O salário-família não está sujeito a qualquer tributo, nem servirá de base para qualquer contribuição, inclusive para a Previdência Social;

b) salário-família é devido ao servidor ativo ou ao inativo, por dependente econômico;

c) Não se configura a dependência econômica quando o beneficiário do salário-família perceber rendimento do trabalho ou de qualquer outra fonte, inclusive pensão ou provento da aposentadoria, em valor igual ou superior ao salário-mínimo;

d) Consideram-se dependentes econômicos para efeito de percepção do salário-família a mãe e o pai sem economia própria;

e) O afastamento do cargo efetivo, sem remuneração, acarreta a suspensão do pagamento do salário-família.

09. (PR-4) Roberta é servidora da UFRJ investida no cargo de Técnico em Tecnologia da Informação. Recentemente, Roberta deu à luz uma criança e dirigiu-se à Seção de Pessoal da UFRJ para solicitar os benefícios garantidos pelo Plano de Seguridade Social do servidor. Os benefícios que Roberta terá direito a receber, em virtude do nascimento do seu filho são:

a) licença à gestante e auxílio-natalidade.

b) licença à gestante e assistência à saúde.

c) auxílio-natalidade e assistência à saúde.

d) auxílio-natalidade e salário-família.

e) licença à gestante e salário-família.

10. (PR-4) Alvo permanente de setores que defendem a privatização de serviços essenciais prestados pelo Estado, a seguridade social é um direito fundamental e uma conquista dos trabalhadores. Assinale, adiante, a alternativa com afirmação correta sobre o que estabelece a Lei Federal nº 8.112/1990 a respeito da Seguridade Social do Servidor.

a) O servidor ocupante de cargo em comissão que não seja, simultaneamente, ocupante de cargo ou emprego efetivo na Administração Pública terá direito aos benefícios do Plano de Seguridade Social, com exceção da assistência à saúde.

b) Não será assegurada ao servidor licenciado ou afastado sem remuneração a manutenção da vinculação ao regime do Plano de Seguridade Social do Servidor Público.

c) As aposentadorias e pensões serão concedidas e mantidas pelos órgãos ou entidades aos quais se encontram vinculados os servidores.

d) O Plano de Seguridade Social assegura cobertura aos riscos a que estão sujeitos o servidor e sua família, exclusivamente nos casos do exercício de funções consideradas insalubres ou perigosas.

e) Os benefícios do Plano de Seguridade Social do servidor não compreendem, quanto ao servidor, o salário-família.

Gabaritos

01	B	**06**	E
02	D	**07**	E
03	E	**08**	E
04	B	**09**	A
05	B	**10**	C

9. LICITAÇÃO

9.1 Conceito de Licitação

Art. 37, XXI. *Ressalvados os casos especificados na legislação, as obras, serviços, compras e alienações serão contratados mediante processo de licitação pública que assegure igualdade de condições a todos os concorrentes, com cláusulas que estabeleçam obrigações de pagamento, mantidas as condições efetivas da proposta, nos termos da lei, o qual somente permitirá as exigências de qualificação técnica e econômica indispensáveis à garantia do cumprimento das obrigações.*

Procedimento administrativo, de observância obrigatória pelas entidades governamentais, em que, observada a igualdade entre os participantes, deve ser selecionada a melhor proposta entre as apresentadas pelos interessados e com elas travar determinadas relações de conteúdo patrimonial, uma vez preenchidos os requisitos mínimos necessários ao bom cumprimento das obrigações a que eles se propõem (preceito da Lei 8.666/93).

Regras gerais sobre licitações

As regras gerais de licitação são de suma importância para quem fará um concurso público, pois, de forma objetiva, conseguimos entender as questões propostas, dessa maneira, iniciaremos com indagações frequentes:

O que é licitação?

Licitação é o procedimento administrativo que autoriza a execução de obras, a prestação de serviços e o fornecimento de bens para atendimento de necessidades públicas; as alienações e locações devem ser contratadas mediante licitações públicas.

Por que licitar?

A Constituição Federal, Art. 37, XXI, prevê, para a Administração Pública, a obrigatoriedade de licitar.

O procedimento de licitação objetiva permite que a administração contrate aqueles que reúnem as condições necessárias para o atendimento do interesse público, levando em consideração aspectos relacionados à capacidade técnica e econômico-financeira do licitante, à qualidade do produto e ao valor do objeto, sempre procurando atender ao princípio da isonomia (igualdade) e objetivando a proposta mais vantajosa.

Quem deve licitar?

Estão sujeitos à regra de licitar, prevista na Lei nº 8.666, de 1993, além dos órgãos integrantes da administração direta, os fundos especiais, as autarquias, as fundações públicas, as empresas públicas, as sociedades da economia mista e demais entidades controladas direta e indiretamente pela União, Estados, Distrito Federal e Municípios.

As concessionárias e permissionárias de serviços públicos sempre devem licitar, isso por força do Art. 175 da Constituição Federal.

Art. 175. *Incumbe ao Poder Público, na forma da lei, diretamente ou sob regime de concessão ou permissão, sempre por meio de licitação, a prestação de serviços públicos.*

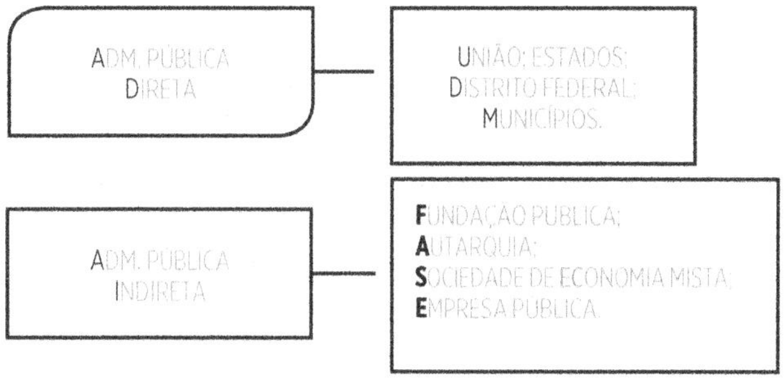

Como licitar?

Em primeiro lugar, deve ser definido o objeto que se quer contratar. Depois disso, é necessário estimar o valor total da obra, do serviço ou do bem a ser licitado, mediante realização de pesquisa de mercado. É importante, ainda, verificar se há previsão de recursos orçamentários para o pagamento da despesa e se essa se encontrará em conformidade com a Lei de Responsabilidade Fiscal.

Assim, após apuração da estimativa, deve ser adotada a modalidade de licitação adequada, com prioridade especial para o pregão, quando o objeto pretendido referir-se a bens e serviços comuns listados no Decreto nº 3.555, de 8 de agosto de 2002, que regulamenta essa modalidade. Lembrando que a modalidade pregão não está expressamente prevista na Lei nº 8.666/93.

9.2 Princípios Explícitos

> Legalidade;
> Impessoalidade;
> Moralidade e Probidade Administrativa;
> Igualdade;
> Publicidade;
> Vinculação ao Instrumento Convocatório;
> Julgamento Objetivo.

Estão previstos no Art. 3º da Lei nº 8.666/93:

Art. 3º. *A licitação destina-se a garantir a observância do princípio constitucional da isonomia, a seleção da proposta* ***mais vantajosa*** *para a Administração e a promoção do desenvolvimento nacional sustentável e será processada e julgada em estrita conformidade com* ***os princípios básicos da legalidade, da impessoalidade, da moralidade, da igualdade, da publicidade, da probidade administrativa, da vinculação ao instrumento convocatório, do julgamento objetivo e dos que lhes são correlatos.***

O Art. 3º, que trata dos princípios da licitação, determina a estrita obediência a vários princípios básicos expressos. Contudo, dá relevância a um deles, ou seja, **o princípio da isonomia tem um tratamento diferenciado.**

A licitação, por si só, traz uma ideia de disputa isonômica e a finalidade é a de conseguir a proposta mais vantajosa para a Administração a fim da celebração do contrato administrativo. O propósito específico é a realização de obras, serviços, concessão, permissões, compras, alienações ou locações.

Devemos nos atentar, pois a competência para legislar acerca de licitação é privativa da União, sempre sobre normas gerais, e está prevista no Art. 22, XXVII, da Constituição Federal:

> ***Art. 22.*** *Compete privativamente à União legislar sobre:*
>
> ***XXVII.*** *Normas gerais de licitação e contratação, em todas as modalidades, para as administrações públicas diretas, autárquicas e fundacionais da União, Estados, Distrito Federal e Municípios, obedecido o disposto no Art. 37, XXI, e para as empresas públicas e sociedades de economia mista, nos termos do Art. 173, § 1º, III;*

É de se notar que os Estados, Distrito Federal e municípios podem legislar sobre normas específicas acerca de licitação pública e contratos administrativos, mesmo sem autorização da União, desde que as leis promulgadas não ofendam a Constituição Federal e também não contrariem as normas gerais.

Dessa forma, é importante frisar que a Lei nº 8.666/93 é aplicável a toda Administração Pública, de acordo com os Arts. 1º e 2º da lei:

> ***Art. 1º.*** *Esta Lei estabelece normas gerais sobre licitações e contratos administrativos pertinentes a obras, serviços, inclusive de publicidade, compras, alienações e locações no âmbito dos Poderes da União, dos Estados, do Distrito Federal e dos Municípios.*
>
> ***Parágrafo único.*** *Subordinam-se ao regime desta Lei, além dos órgãos da administração direta, os fundos especiais, as autarquias, as fundações públicas, as empresas públicas, as sociedades de economia mista e demais entidades controladas direta ou indiretamente pela União, Estados, Distrito Federal e Municípios.*
>
> ***Art. 2º.*** *As obras, serviços, inclusive de publicidade, compras, alienações, concessões, permissões e locações da Administração Pública, quando contratadas com terceiros, serão necessariamente precedidas de licitação, ressalvadas as hipóteses previstas nesta Lei.*
>
> ***Parágrafo único.*** *Para os fins desta Lei, considera-se contrato todo e qualquer ajuste entre órgãos ou entidades da Administração Pública e particulares, em que haja um acordo de vontades para a formação de vínculo e a estipulação de obrigações recíprocas, seja qual for a denominação utilizada.*

Princípios explícitos em espécie

Legalidade

Nos procedimentos de licitação, esse princípio vincula os licitantes e a Administração Pública às regras estabelecidas, nas normas e princípios em vigor, ou seja, o administrador fica vinculado aos ditames na lei, tendo alguma liberdade (discricionariedade) somente quando a própria lei assim autorizar ou determinar, como é o caso da licitação dispensável e licitação dispensada.

Todos os atos de licitação devem estar estritamente na lei. Sendo assim, o administrador público não pode exigir do licitante condições de habilitação econômica com certa margem acima do necessário ao cumprimento das obrigações a serem contratadas. Assim, somente permitirá as exigências de qualificação técnica e econômicas indispensáveis à garantia do cumprimento das obrigações.

Impessoalidade

Esse princípio obriga a Administração a observar, nas suas decisões, critérios objetivos previamente estabelecidos, afastando a discricionariedade e o subjetivismo na condução dos procedimentos da licitação. Aqui, o princípio obedece aos ditames da Constituição Federal e tem por finalidade a obediência estrita aos fins coletivos, impedindo, de qualquer modo, a promoção pessoal do administrador e as chamadas "facilidades" para qualquer particular envolvido no procedimento.

Moralidade e probidade administrativa

Aqui devemos nos atentar, pois, de acordo com a Constituição Federal, a moralidade administrativa é tida como princípio e a probidade como dever. Contudo, o texto da Lei nº 8.666/93 traz insculpido os dois como sendo princípios norteadores da licitação, em que a conduta dos licitantes e dos agentes públicos tem que ser, além de lícita, compatível com a moral, ética, bons costumes e com as regras da boa administração.

Igualdade

É o mais relevante princípio da lei de licitação e significa dar tratamento igual a todos os interessados. É condição essencial para garantir em todas as fases da licitação. Também chamado de princípio da isonomia entre os licitantes. A igualdade aqui tem dois sentidos: primeiro, a administração deve dispensar tratamento isonômico entre os licitantes; segundo, deve a igualdade garantir que a concorrência seja viável entre os particulares.

O Art. 3º, § 2º, da Lei, reza que em igualdade de condições será assegurado à preferência sucessivamente a bens e serviços em caso de empate, seguindo o seguinte critério de desempate:

- Produzidos no país;
- Produzidos ou prestados por empresas brasileiras;
- Produzidos ou prestados por empresas que invistam em pesquisa e no desenvolvimento de tecnologia no país.
- Produzidos ou prestados por empresas que comprovem cumprimento de reserva de cargos prevista em lei para pessoa com deficiência ou para reabilitado da Previdência Social e que atendam às regras de acessibilidade previstas na legislação.

Publicidade

O Princípio da Publicidade reza que qualquer interessado deve ter acesso às licitações públicas e seu controle, mediante divulgação dos atos praticados pelos administradores em todas as fases da licitação. No entanto, o conteúdo dos propostos são sigilosos, conforme prevê o Art. 3º, § 3º, Lei nº 8.666/93.

> ***§ 3º.*** *A licitação não será sigilosa, sendo públicos e acessíveis ao público os atos de seu procedimento, salvo quanto ao conteúdo das propostas, até a respectiva abertura.*

Dessa forma, quanto maior o valor do contrato, maior será a publicidade de seus atos. Assim, no convite, a divulgação será mínima, devido ao reduzido valor do contrato, e, na concorrência, a divulgação será a maior possível.

Os avisos contendo os resumos dos editais das concorrências, das tomadas de preço, dos concursos e dos leilões, embora realizados no local da repartição interessada, deverão ser publicados com antecedência, como dispõe o Art. 21 da Lei de Licitação:

> ***Art. 21.*** *Os avisos contendo os resumos dos editais das concorrências, das tomadas de preços, dos concursos e dos leilões, embora realizados no local da repartição interessada, deverão ser publicados com antecedência, no mínimo, por uma vez:*
>
> ***I.*** *No Diário Oficial da União, quando se tratar de licitação feita por órgão ou entidade da Administração Pública Federal e, ainda, quando se tratar de obras financiadas parcial ou totalmente com recursos federais ou garantidas por instituições federais;*

II. No Diário Oficial do Estado, ou do Distrito Federal quando se tratar, respectivamente, de licitação feita por órgão ou entidade da Administração Pública Estadual ou Municipal, ou do Distrito Federal;

III. em sítio eletrônico oficial do respectivo ente federativo, facultado aos Estados, ao Distrito Federal e aos Municípios, alternativamente, a utilização de sítio eletrônico oficial da União, conforme regulamento do Poder Executivo federal. (Redação dada pela Medida Provisória nº 896, de 2019)

Dessa forma, os prazos do Art. 21 são os seguintes:

Prazo do edital	Modalidades
45 dias para	> Concurso. > Concorrência, quando o contrato a ser celebrado contemplar o regime de empreitada integral ou quando a licitação for do tipo "melhor técnica" ou "técnica e preço".
30 dias para	> Concorrência, nos casos não especificados na alínea "b" do inciso anterior. > Tomada de preços, quando a licitação for do tipo "melhor técnica" ou "técnica e preço".
15 dias para	> Quinze dias para a tomada de preços, nos casos não especificados na alínea "b" do inciso anterior, ou leilão.
5 dias úteis para	> Convite.
8 dias úteis (no mínimo para)	> Pregão.

Esses prazos começam a ser contados a partir:
- da última publicação do edital;
- da expedição do convite;
- da efetiva disponibilidade do edital ou do convite.

Prevalece a data que ocorrer mais tarde.

Vinculação ao instrumento convocatório

O instrumento convocatório, que pode ser edital ou carta convite, obriga a administração e o licitante a observarem as normas e condições estabelecidas no ato convocatório. Dessa forma, nada poderá ser criado ou feito sem que haja previsão em relação a esse ato.

Julgamento objetivo

O princípio, em tela, determina que o administrador deve observar critérios objetivos definidos no ato convocatório para o julgamento das propostas. Afasta a possibilidade de o julgador utilizar-se de fatores subjetivos ou de critérios não previstos no ato referido, mesmo que em benefício da própria administração.

9.3 Princípios Implícitos

Competitividade

A lei e a própria Constituição Federal estabelecem a obrigatoriedade do caráter competitivo no procedimento licitatório. Isso se dá, pois na competição entre os licitantes não pode haver manipulações de preços. Dessa forma, a administração deve ser capaz de assegurar a obtenção da proposta mais vantajosa a execução dos fins públicos.

Nessa perspectiva, a lei veda a realização de licitação cujo objeto inclua bens e serviços sem similaridade ou de marcas, caraterísticas e especificações exclusivas, salvo nos casos em que for tecnicamente justificável (Art. 7º, § 5º).

Sigilo das propostas

Decorrência lógica do Art. 3º da Lei de Licitações, uma vez que o princípio explícito é o da publicidades dos atos. Sigilo, somente na apresentação das propostas e, ainda assim, até a abertura das mesmas, que devem ser liberadas ao público após regular escolha do vencedor.

Adjudicação compulsória

Esse princípio diz que a administração só poderá atribuir o objeto da licitação ao vencedor. Não pode tal objeto ser concedido a outro licitante. O vendedor, uma vez que preencheu todos os requisitos formais, tem prevalência na assinatura do contrato. Essa não garante direito adquirido, uma vez que o ato licitatório pode ser revogado pela administração antes da assinatura do contrato. O licitante também pode desistir do contrato caso consiga provar justo motivo.

9.4 Modalidades de Licitação

As licitações, segundo a Lei nº 8.666/93, serão efetuadas no local onde se situar a repartição interessada, salvo por motivo de interesse público devidamente justificado. Essa regra, no entanto, não impede a habilitação de interessados que sejam residentes ou sediados em outros locais.

Modalidade de licitação é a forma específica de conduzir o procedimento licitatório, a partir de critérios definidos em lei. O valor estimado para contratação é o principal fator para escolha da modalidade de licitação, exceto quando se trata de pregão, que não está limitado a valores. Dessa forma, além do leilão e do concurso, as demais modalidades de licitação admitidas são exclusivamente as seguintes:

Concorrência

> Concorrência;
> Tomada de Preço;
> Convite;
> Concurso;
> Leilão;
> Pregão;
> Consulta.

Modalidade da qual podem participar quaisquer interessados que, na fase de habilitação preliminar, comprovem possuir requisitos mínimos de qualificação exigidos no edital para execução do objeto da licitação. Todas as licitações para bens imóveis devem ser feitas nessa modalidade, também as concessões de direito real de uso, para alienações internacionais e para as parcerias público privadas. Seja qual for o valor da licitação, em tese, a concorrência pode ser utilizada.

A concorrência está prevista no **Art. 22, § 1º, da Lei nº 8.666/93:**

> ***Art. 22, §1º*** *- Concorrência é a modalidade de licitação entre quaisquer interessados que, na fase inicial de habilitação preliminar, comprovem possuir os requisitos mínimos de qualificação exigidos no edital para execução de seu objeto.*

→ **Características:**

> Possui fase preliminar;
> É considerada mais complexa;
> Admite qualquer valor;
> É a mais competitiva;
> Contratações de maior valor;

→ **A Concorrência é utilizada obrigatoriamente para:**

> Compra ou alienação de imóveis;
> Concessão de direito real de uso;
> Licitações internacionais;
> Concessão de serviços públicos;
> Contrato de parcerias público privada.

Tomada de preços

Modalidade realizada entre interessados devidamente cadastrados ou que atenderem a todas as condições exigidas para cadastramento até o terceiro dia anterior à data do recebimento das propostas, observada a necessária qualificação.

A tomada de preço está prevista no Art. 22, § 2º, da Lei nº 8.666/93:

> ***Art. 22, § 2º.*** *Tomada de preços é a modalidade de licitação entre interessados devidamente cadastrados ou que atenderem a todas as condições exigidas para cadastramento até o terceiro dia anterior à data do recebimento das propostas, observada a necessária qualificação.*

→ **Características:**

Interessados têm que estar devidamente cadastrados, contudo, pelo princípio da competitividade, podem inscrever-se até o terceiro dia anterior à data do recebimento das propostas.

Contratação de valores intermediários.

A modalidade "tomada de preços" não se confunde com o "registro de preços". O chamado "Sistema de Registro de Preços - SRP" não é modalidade de licitação, mas sim um cadastramento formal de prestadores de serviços e fornecedores de bens e seus respectivos preços para as **contratações futuras e habituais**.

O SRP é válido por 12 meses, e para fazer parte dele é necessário participar de licitação na modalidade concorrência ou pregão do tipo menor preço. O SRP é regulado pelo Decreto 7.892/13 e não confere ao licitante o direito adquirido à contratação, entretanto, se a Administração necessitar do bem ou serviço durante a validade do SRP, em igualdade de condições, o cadastrado terá prioridade na contratação.

Obs.: os órgãos e entidades que não participaram do registro de preços, quando desejarem fazer uso da ata de registro de preços, deverão consultar o órgão gerenciador da ata para manifestação sobre a possibilidade de adesão (é a chamada "licitação carona" prevista no Art. 22, §1º do Dec. 7.892/13).

Convite

A modalidade convite está prevista no Art. 22, § 3º, da Lei nº 8.666/93:

> ***Art. 22, §3º.*** *Convite é a modalidade de licitação entre interessados do ramo pertinente ao seu objeto, cadastrados ou não, escolhidos e convidados em número mínimo de 3 (três) pela unidade administrativa, a qual afixará, em local apropriado, cópia do instrumento convocatório e o estenderá aos demais cadastrados na correspondente especialidade que manifestarem seu interesse com antecedência de até 24 (vinte e quatro) horas da apresentação das propostas.*

Modalidade realizada entre interessados do ramo de que trata o objeto da licitação, escolhidos e convidados em número mínimo de três pela administração.

O convite é a modalidade de licitação mais simples. A administração escolhe quem quer convidar, entre os possíveis interessados, cadastrados ou não. A divulgação deve ser feita mediante afixação de cópia do convite em quadro de avisos do órgão ou entidade, localizado em lugar de ampla divulgação, dispensando a publicação em Diário Oficial.

No convite, é possível a participação de interessados que não tenham sido formalmente convidados, mas que sejam do ramo do objeto licitado, desde que cadastrados no órgão ou entidade licitadora ou no Sistema de Cadastramento Unificado de Fornecedores – SICAF. Esses interessados devem solicitar o convite com antecedência de até 24 horas da apresentação das propostas.

Para que a contratação seja possível no convite, são necessárias pelo menos três propostas válidas, isto é, que atendam a todas as exigências do ato convocatório. Não é suficiente a obtenção de três propostas, é preciso que elas sejam válidas. Caso isso não ocorra, a administração deve repetir o convite e chamar mais um interessado, enquanto existirem cadastrados não convidados nas últimas licitações, ressalvadas as hipóteses de limitação de mercado ou manifesto desinteresse dos incitados, circunstâncias essas que devem ser justificadas no processo de licitação.

A publicação na imprensa e em jornal de grande circulação confere ao convite divulgação idêntica à da concorrência e à tomada de preços, afastando a discricionariedade do agente público.

Quando for impossível a obtenção de três propostas válidas, por limitações do mercado ou manifesto desinteresse dos convidados, essas circunstâncias deverão ser devidamente motivadas e justificadas no processo, sob pena de repetição de convite.

Limitações de mercado ou manifesto desinteresse das empresas convidadas não se caracterizam nem podem ser justificados quando são inseridas, na licitação, condições que só uma ou outra empresa pode atender.

→ **Características:**

> É a modalidade de licitação entre interessados do ramo pertinente ao seu objeto, cadastrados ou não, escolhidos e convidados em número mínimo de três pela unidade administrativa;
> Contratação de menor valor;
> O procedimento é simples, permitindo, excepcionalmente, nas pequenas unidades administrativas, a substituição da comissão por servidor formalmente designado pela autoridade competente.

Concurso

O Art. 22, § 4º, da Lei nº 8.666/93 define a modalidade concurso como sendo a licitação entre quaisquer interessados para a escolha de trabalho técnico, científico ou artístico, mediante à instituição de prêmios ou remuneração aos vencedores do procedimento, sempre conforme previsto em edital publicado na imprensa oficial com antecedência mínima de 45 dias.

O julgamento da modalidade concurso é feita por uma comissão especial. Pode participar da comissão servidor ou não, de acordo com o Art. 51, § 5º.

A modalidade concurso está prevista no **Art. 22, § 4º, da Lei** nº **8.666/93:**

> ***Art. 22, §4º.*** *Concurso é a modalidade de licitação entre quaisquer interessados para escolha de trabalho técnico, científico ou artístico, mediante à instituição de prêmios ou remuneração aos vencedores, conforme critérios constantes de edital publicado na imprensa oficial com antecedência mínima de 45 (quarenta e cinco) dias.*

→ **Características:**

- Trabalho técnico;
- Científico;
- Artístico;
- Edital tem que ser publicado com antecedência mínima de 45 dias;
- O que determina a necessidade da realização da **licitação é a natureza do seu objeto,** não o valor do contrato;
- O procedimento é um tanto diverso, pois o julgamento será feito por uma comissão especial integrada por pessoas de **reputação ilibada e reconhecido conhecimento da matéria em exame,** servidor público ou não.

Leilão

É a modalidade de licitação, entre quaisquer interessados, para venda, a quem oferecer o maior lance, igual ou superior ao valor da avaliação, dos seguintes bens:

- Bens móveis inservíveis para a Administração.
- Produtos legalmente apreendidos ou penhorados.
- Bens imóveis da Administração Pública, cuja aquisição haja derivado de procedimentos judiciais ou de dação em pagamento (Art. 19, III).

O leilão, além dessas disposições, está previsto em dois lugares:

Primeiro, no Art. 22, § 5º, da Lei nº 8.666/93:

> ***Art. 22, §5º.*** *Leilão é a modalidade de licitação entre quaisquer interessados para a venda de bens móveis inservíveis para a Administração ou de produtos legalmente apreendidos ou penhorados, ou para a alienação de bens imóveis prevista no Art. 19, a quem oferecer o maior lance, igual ou superior ao valor da avaliação.*

Segundo, no Art. 53, da Lei nº **8.666/93:**

> ***Art. 53.*** *O leilão pode ser cometido a leiloeiro oficial ou a servidor designado pela administração, procedendo-se na forma da legislação pertinente.*
>
> ***§ 1º -*** *Todo bem a ser leiloado será previamente avaliado pela administração para fixação do preço mínimo de arrematação.*
>
> ***§ 2º -*** *Os bens arrematados serão pagos à vista ou no percentual estabelecido no edital, não inferior a 5% (cinco por cento) e, após a assinatura da respectiva ata lavrada no local do leilão, imediatamente entregues ao arrematante, o qual se obrigará ao pagamento do restante no prazo estipulado no edital de convocação, sob pena de perder em favor da administração o valor já recolhido.*

Limitado a bens avaliados, isolada ou globalmente, em quantia não superior a R$ 650.000,00. Acima disso e para bens imóveis, deve ser utilizada a modalidade concorrência.

> ***§ 3º -*** *Nos leilões internacionais, o pagamento da parcela à vista poderá ser feito em até vinte e quatro horas.*
>
> ***§ 4º -*** *O edital de leilão deve ser amplamente divulgado, principalmente no município em que se realizará.*

Consulta

A modalidade consulta não está prevista na Lei nº 8.666/93. Está prevista na Lei nº 9.472/97 (a mesma que criou a Anatel); é uma modalidade prevista **apenas para as agências reguladoras.**

A lei diz que a consulta é a modalidade de licitação adequada à contratação de bens e serviços não classificados como comuns e que não sejam obras e serviços de engenharia civil.

A consulta é modalidade de licitação exclusiva de agências reguladoras, para aquisição de bens e serviços não comuns, excetuados obras e serviços de engenharia civil, na qual as propostas são julgadas por um júri, segundo critério que leve em consideração, ponderadamente, custo e benefício.

Os valores utilizados para configurar grande, médio ou pequeno vulto constam do Art. 23, I e II da Lei 8.666/93. Tais valores foram atualizados pelo Decreto 9.412/18. Para facilitar a assimilação, apresentamos a tabela abaixo:

	Serviços de Engenharia	**Outros serviços ou aquisição de bens**
Concorrência	Acima de R$ 3.300.000,00	Acima de R$ 1.430.000,00
Tomada de Preços	Até 3.300.000,00	Até R$ 1.430.000,00
Convite	Até R$ 330.000,00	Até R$ 176.000,00

*O valor de R$ 650.000,00 que consta na pág. 47 deve ser alterado para R$ 1.430.000,00 (Com base no Decreto 9.412/18).

O valor de R$ 4.000,00 que consta na pág. 54 deve ser alterado para R$ 8.800,00 (Com base no Decreto 9.412/18).

*O valor de R$ 80.000,00 que consta na pág. 58 deve ser alterado para R$ 176.000,00 (Com base no Decreto 9.412/18).

*O Decreto 9.507/18, em seu Art. 17, revoga o antigo Decreto 2.271/97 que tratava de terceirização. Sendo assim, o texto da pág. 64 está desatualizado e deve ser retirado. Segue abaixo sugestão de novo texto com base no Decreto 9.507/18.

Modalidade (Art. 22)	Valor (Art. 23)	Nº de Licitantes	Participação	Objeto	Forma de Divulgação (Art. 21)
Concorrência	Grandes valores	Independente	Sem restrição	Sem restrição	Edital publicado com 30 dias de antecedência em relação ao recebimento das propostas (ver Art. 21, § 2º, 45 dias).
Tomada de Preço	Valores médios	Independente	Cadastrado ou que atendam todos os requisitos até 3 dias antes do recebimento da proposta.	Sem restrição	Edital publicado com 15 dias de antecedência.
Convite	Valores pequenos	Pelo menos 3 licitantes	Cadastrado ou não (edital estendendo aos demais cadastrados - manifestação antes de 24 horas do recebimento da proposta).	Sem restrição	Carta-convite remetidas aos interessados com 5 dias de antecedência (fixação no mural).
Concurso	Não interessa o valor	Independente	Sem restrição	Trabalho técnico, científico ou artístico.	Edital publicado com 45 dias de antecedência.
Leilão	Não interessa o valor	Independente	Sem restrição	Alienação de bens inservíveis, produtos apreendidos ou bens imóveis.	Edital com ênfase na localidade em que se realizará o leilão.

Pregão

O pregão constitui a sexta modalidade de licitação e está previsto na Lei nº 10.520/2002, que expressamente o estendeu a todas as esferas da Federação.

É a modalidade de licitação para aquisição de bens e serviços comuns pela União, Estados, Distrito Federal e Municípios, conforme disposto em regulamento, qualquer que seja o valor estimado da contratação, na qual a disputa pelo fornecimento é feita por meio de propostas e lances em sessão pública.

Os licitantes apresentam suas propostas de preço por escrito e por lances verbais, independentemente do valor estimado da contratação.

Ao contrário do que ocorre em outras modalidades, no pregão, a escolha da proposta é feita antes da análise da documentação, razão maior de sua celeridade.

O pregão é a modalidade alternativa ao convite, à tomada de preços e à concorrência para contratação de bens e serviços comuns. Não é obrigatória, mas deve ser prioritária e é aplicável a qualquer valor estimado de contratação.

→ **Características:**

> O pregão é a sexta modalidade de licitação;

> O pregão pode ser utilizado para qualquer valor de contrato;

> É considerado pouco complexo;

> Permite lances verbais;

> Não se leva em consideração o vulto do contrato (valor da contratação), mas sim a característica dos bens ou serviços, que devem ser comuns, simples e rotineiros;

> O tipo da licitação é sempre o de menor preço;

> Não se exige capacitação técnica especializada.

9.5 Obrigatoriedade de Licitação e Casos de Exceções

Licitação obrigatória

A regra constitucional é, pela obrigatoriedade para toda a Administração Pública no que tange a licitar para compras e alienações de bens e serviços, mas a própria Constituição Federal informa que a lei pode prever algumas hipóteses de exceção à realização da licitação.

Todavia, a Constituição Federal informa que, quando o objeto da contração é uma concessão ou permissão de serviço público, a realização da licitação é obrigatória.

Exceções à Obrigatoriedade das Licitações

Apesar de a regra geral instituir a obrigatoriedade das licitações, a própria lei de licitação faz ressalvas acerca dela, ou seja, por determinação legal, pode haver a celebração do contrato administrativo sem a prevalência da obrigação de licitar, e isso ocorre nos casos de Dispensa de Licitação (Licitação Dispensada e Licitação Dispensável) e Inexigibilidade de Litação.

A principal diferença entre dispensa e inexigibilidade é que, na dispensa de licitação, a competição é possível, mas a lei dispensa ou permite que a licitação seja dispensada e na licitação inexigível, a competição é impossível devido à falta de possíveis competidores.

Art. 17. *Licitação dispensada* (a lei declarou-a como tal; não se faz licitação).

Art. 24. *Licitação dispensável* (a administração pode dispensar se assim lhe convier).

Art. 25. *Licitação inexigível* (quando houver inviabilidade de competição).

Inexigibilidade de licitação

Conforme o Art. 25 da Lei nº 8.666/93, a inexigibilidade de licitação se faz quando há inviabilidade de competição, em razão do bem ou serviço possuir singularidade de fornecimento; desde que devidamente comprovada sua exclusividade, a contratação direta poderá ser efetivada.

Devemos notar que o Art. 25 é um rol exemplificativo, ou seja, a administração no caso concreto pode prever outras situações em que ocorra impossibilidade jurídica de competição e que o serviço possua singularidade.

> ***Art. 25.*** *É inexigível a licitação quando houver inviabilidade de competição, em especial:*
>
> ***I.*** *Para aquisição de materiais, equipamentos, ou gêneros que só possam ser fornecidos por produtor, empresa ou representante comercial exclusivo, vedada a preferência de marca, devendo a comprovação de exclusividade ser feita por meio de atestado fornecido pelo órgão de registro do comércio do local em que se realizaria a licitação ou a obra ou o serviço, pelo Sindicato, Federação ou Confederação Patronal, ou, ainda, pelas entidades equivalentes;*
>
> ***II.*** *Para a contratação de serviços técnicos enumerados no Art. 13 desta Lei, de natureza singular, com profissionais ou empresas de notória especialização, vedada a inexigibilidade para serviços de publicidade e divulgação;*
>
> ***III.*** *Para contratação de profissional de qualquer setor artístico, diretamente ou por meio de empresário exclusivo, desde que consagrado pela crítica especializada ou pela opinião pública.*
>
> ***§ 1º*** *- Considera-se de notória especialização o profissional ou empresa cujo conceito no campo de sua especialidade, decorrente de desempenho anterior, estudos, experiências, publicações, organização, aparelhamento, equipe técnica, ou de outros requisitos relacionados com suas atividades, permita inferir que o seu trabalho é essencial e indiscutivelmente o mais adequado à plena satisfação do objeto do contrato.*
>
> ***§ 2º*** *- Na hipótese deste artigo e em qualquer dos casos de dispensa, se comprovado superfaturamento, respondem solidariamente pelo dano causado à Fazenda Pública o fornecedor ou o prestador de serviços e o agente público responsável, sem prejuízo de outras sanções legais cabíveis.*

Os serviços técnicos profissionais especializados possibilitam a inexigibilidade, mas é fundamental atentar que não é o simples fato de um serviço enquadrar-se como técnico profissional especializante que acarreta a inexigibilidade. É necessário que o serviço tenha natureza singular, ou seja, não pode ser usual e corriqueiro, por essa razão, justifique, a fim de garantir a sua satisfatória prestação, a contratação de um profissional ou de uma empresa de notória especialidade.

A regra geral é que a contratação de serviços técnicos profissionais especializados seja precedida de licitação na modalidade concurso (Art. 13, § 1º). Somente quando for serviço singular, prestado por profissional ou empresa de notória especialização, é que a licitação será inexigível.

Dispensa de licitação

A dispensa de licitação é um gênero que engloba duas espécies, são elas: a licitação dispensada e a licitação dispensável.

Licitação dispensada

A licitação dispensada diferencia-se da dispensável, pois, nessa, o administrador pode fazer ou não o procedimento, já na dispensada, ele fica impedido de fazer pela própria lei. São os casos descritos no Art. 17.

As alíneas do inciso I do Art. 17 trazem a lista de hipóteses de dispensa de licitação em operações relativas a bens imóveis da Administração, enquanto as alíneas do inciso II do Art. 17 enumeram os casos de licitação dispensada para a alienação de bens móveis.

> ***Art. 17.*** *A alienação de bens da Administração Pública, subordinada à existência de interesse público devidamente justificado, será precedida de avaliação e obedecerá às seguintes normas:*

Dispensa de licitação de bens imóveis

> ***I.*** *Quando imóveis, dependerá de autorização legislativa para órgãos da administração direta e entidades autárquicas e fundacionais, e, para todos, inclusive as entidades paraestatais, dependerá de avaliação prévia e de licitação na modalidade de concorrência, dispensada está nos seguintes casos:*
>
> ***a)*** *Dação em pagamento;*
>
> ***b)*** *Doação, permitida exclusivamente para outro órgão ou entidade da Administração Pública, de qualquer esfera de governo, ressalvado o disposto nas alíneas f, h, e i;*
>
> ***c)*** *Permuta, por outro imóvel que atenda aos requisitos constantes do inciso X do Art. 24 dessa Lei;*
>
> ***d)*** *Investidura;*
>
> ***e)*** *Venda a outro órgão ou entidade da Administração Pública, de qualquer esfera de governo;*
>
> ***f)*** *Alienação gratuita ou onerosa, aforamento, concessão de direito real de uso, locação ou permissão de uso de bens imóveis residenciais construídos, destinados ou efetivamente utilizados no âmbito de programas habitacionais ou de regularização fundiária de interesse social desenvolvidos por órgãos ou entidades da Administração Pública;*
>
> ***g)*** *Procedimentos de legitimação de posse de que trata o art. 29 da Lei nº 6.383, de 7 de dezembro de 1976, mediante iniciativa e deliberação dos órgãos da Administração Pública em cuja competência legal inclua-se tal atribuição;*
>
> ***h)*** *Alienação gratuita ou onerosa, aforamento, concessão de direito real de uso, locação ou permissão de manuseio de bens imóveis de uso comercial de âmbito local com área de até 250 m^2 (duzentos e cinquenta metros quadrados) e inseridos no âmbito de programas de regularização fundiária de interesse social desenvolvidos por órgãos ou entidades da Administração Pública;*
>
> ***i)*** *Alienação e concessão de direito real de uso, gratuita ou onerosa, de terras públicas rurais da União e do Incra, onde incidam ocupações até o limite de que trata o § 1º do art. 6º da Lei nº 11.952, de 25 de junho de 2009, para fins de regularização fundiária, atendidos os requisitos legais; e (Redação dada pela Lei nº 13.465, 2017).*

Dispensa de licitação de bens móveis

> ***II.*** *Quando móveis, dependerá de avaliação prévia e de licitação, dispensada esta nos seguintes casos:*
>
> ***a)*** *Doação, permitida exclusivamente para fins e uso de interesse social, após avaliação de sua oportunidade e conveniência socioeconômica, relativamente à escolha de outra forma de alienação;*
>
> ***b)*** *Permuta, permitida exclusivamente entre órgãos ou entidades da Administração Pública;*
>
> ***c)*** *Venda de ações, que poderão ser negociadas em bolsa, observada a legislação específica;*
>
> ***d)*** *Venda de títulos, na forma da legislação pertinente;*
>
> ***e)*** *Venda de bens produzidos ou comercializados por órgãos ou entidades da Administração Pública, em virtude de suas finalidades;*
>
> ***f)*** *Venda de materiais e equipamentos para outros órgãos ou entidades da Administração Pública, sem utilização previsível por quem deles dispõe.*

Licitação dispensável

Na licitação dispensável, a Administração tem a faculdade de não realizar o procedimento licitatório para algumas hipóteses determinadas na própria Lei nº 8.666/93.

As situações nas quais a licitação poderá ser dispensável se encontram indicadas no Art. 24, I, "a", XXVIII da Lei Federal nº 8.666/93.

Dessa forma, veremos cada uma das hipóteses de licitação dispensável, salientando que essa listagem também possui caráter taxativo, não cabendo ao administrador à criação de outras situações. Devemos nos atentar, pois as questões de concursos nesse tópico costumam ser texto de lei. Assim, ler e fazer a diferenciação entre licitação dispensável (Art. 24) e inexigibilidade de licitação (Art. 25) é de suma importância.

> ***Art. 24.*** *É dispensável a licitação:*
>
> ***I.*** *Para obras e serviços de engenharia de valor até 10% (dez por cento) do limite previsto na alínea "a", do inciso I do artigo anterior, desde que não se refiram a parcelas de uma mesma obra ou serviço ou ainda para obras e serviços da mesma natureza e no mesmo local que possam ser realizadas conjunta e concomitantemente;*
>
> ***II.*** *Para outros serviços e compras de valor até 10% (dez por cento) do limite previsto na alínea "a", do inciso II do artigo anterior e para alienações, nos casos previstos nesta Lei, desde que não se refiram a parcelas de um mesmo serviço, compra ou alienação de maior vulto que possa ser realizada de uma só vez;*
>
> ***III.*** *Nos casos de guerra ou grave perturbação da ordem;*
>
> ***IV.*** *Nos casos de emergência ou de calamidade pública, quando caracterizada urgência de atendimento de situação que possa ocasionar prejuízo ou comprometer a segurança de pessoas, obras, serviços, equipamentos e outros bens, públicos ou particulares, e somente para os bens necessários ao atendimento da situação emergencial ou calamitosa e para as parcelas de obras e serviços que possam ser concluídas no prazo máximo de 180 (cento e oitenta) dias consecutivos e ininterruptos, contados da ocorrência da emergência ou calamidade, vedada a prorrogação dos respectivos contratos;*
>
> ***V.*** *Quando não acudirem interessados à licitação anterior e esta, justificadamente, não puder ser repetida sem prejuízo para a Administração, mantidas, neste caso, todas as condições pré-estabelecidas;*

Vale ressaltar que temos a chamada licitação deserta, ou seja, quando essa é convocada e não aparece nenhum interessado. Nesse caso, torna-se inviável a licitação, e a administração pode contratar diretamente, contanto que, motivadamente, demonstre que não ocorrerá prejuízo para a administração.

Não existe limite de valor para esse tipo de licitação, e a única exigência é que as cláusulas do contrato original sejam respeitadas.

Faz-se necessário diferenciar licitação deserta de licitação fracassada. Temos essa quando aparecem interessados, mas nenhum é selecionado, em decorrência de inabilitação ou desclassificação das propostas.

> ***§ 3º -*** *Quando todos os licitantes forem inabilitados ou todas as propostas forem desclassificadas, a administração poderá fixar aos licitantes o prazo de oito dias úteis para a apresentação de nova documentação ou de outras propostas escoimadas das causas referidas neste artigo, facultada, no caso de convite, a redução deste prazo para três dias úteis.*

Devemos nos atentar que, em regra, a licitação fracassada não representa uma forma de licitação dispensável. Assim, devemos aplicar o disposto no Art. 48, § 3º, da Lei nº 8.666/93.

> ***VI.*** *Quando a União tiver que intervir no domínio econômico para regular preços ou normalizar o abastecimento;*
>
> ***VII.*** *Quando as propostas apresentadas consignarem preços manifestamente superiores aos praticados no mercado nacional, ou forem incompatíveis com os fixados pelos órgãos oficiais competentes, casos em que, observado o parágrafo único do Art. 48 desta Lei e, persistindo a situação, será admitida a adjudicação direta dos bens ou serviços, por valor não superior ao constante do registro de preços, ou dos serviços;*
>
> ***VIII.*** *Para a aquisição, por pessoa jurídica de direito público interno, de bens produzidos ou serviços prestados por órgão ou entidade que integre a Administração Pública e que tenha sido criado para esse fim específico em data anterior à vigência desta Lei, desde que o preço contratado seja compatível com o praticado no mercado;*
>
> ***IX.*** *Quando houver possibilidade de comprometimento da segurança nacional, nos casos estabelecidos em decreto do Presidente da República, ouvido o Conselho de Defesa Nacional;*
>
> ***X.*** *Para a compra ou locação de imóvel destinado ao atendimento das finalidades precípuas da administração, cujas necessidades de instalação e localização condicionem a sua escolha, desde que o preço seja compatível com o valor de mercado, segundo avaliação prévia;*
>
> ***XI.*** *Na contratação de remanescente de obra, serviço ou fornecimento, em consequência de rescisão contratual, desde que atendida a ordem de classificação da licitação anterior e aceitas as mesmas condições oferecidas pelo licitante vencedor, inclusive quanto ao preço, devidamente corrigido;*
>
> ***XII.*** *Nas compras de hortifrutigranjeiros, pão e outros gêneros perecíveis, no tempo necessário para a realização dos processos licitatórios correspondentes, realizadas diretamente com base no preço do dia;*
>
> ***XIII.*** *Na contratação de instituição brasileira incumbida regimental ou estatutariamente da pesquisa, do ensino ou do desenvolvimento institucional, ou de instituição dedicada à recuperação social do preso, desde que a contratada detenha inquestionável reputação ético-profissional e não tenha fins lucrativos;*
>
> ***XIV.*** *Para a aquisição de bens ou serviços nos termos de acordo internacional específico aprovado pelo Congresso Nacional, quando as condições ofertadas forem manifestamente vantajosas para o Poder Público;*
>
> ***XV.*** *Para a aquisição ou restauração de obras de arte e objetos históricos, de autenticidade certificada, desde que compatíveis ou inerentes às finalidades do órgão ou entidade.*
>
> ***XVI.*** *Para a impressão dos diários oficiais, de formulários padronizados de uso da administração, e de edições técnicas oficiais, bem como para prestação de serviços de informática a pessoa jurídica de direito público interno, por órgãos ou entidades que integrem a Administração Pública, criados para esse fim específico;*
>
> ***XVII.*** *Para a aquisição de componentes ou peças de origem nacional ou estrangeira, necessários à manutenção de equipamentos durante o período de garantia técnica, junto ao fornecedor original desses equipamentos, quando tal condição de exclusividade for indispensável para a vigência da garantia;*
>
> ***XVIII.*** *Nas compras ou contratações de serviços para o abastecimento de navios, embarcações, unidades aéreas ou tropas e seus meios de deslocamento quando em estada eventual de curta duração em portos, aeroportos ou localidades diferentes de suas sedes, por motivo de movimentação operacional ou de adestramento, quando a exiguidade dos prazos legais puder comprometer a normalidade e os propósitos das operações e desde que seu valor não exceda ao limite previsto na alínea "a" do inciso II do Art. 23 desta Lei:*

XIX. *Para as compras de material de uso pelas Forças Armadas, com exceção de materiais de uso pessoal e administrativo, quando houver necessidade de manter a padronização requerida pela estrutura de apoio logístico dos meios navais, aéreos e terrestres, mediante parecer de comissão instituída por decreto;*

XX. *Na contratação de associação de portadores de deficiência física, sem fins lucrativos e de comprovada idoneidade, por órgãos ou entidades da Administração Pública, para a prestação de serviços ou fornecimento de mão de obra, desde que o preço contratado seja compatível com o praticado no mercado.*

XXI. *Para a aquisição ou contratação de produto para pesquisa e desenvolvimento, limitada, no caso de obras e serviços de engenharia, a 20% (vinte por cento) do valor de que trata a alínea "b" do inciso I do caput do art. 23; (Incluído pela Lei nº 13.243, de 2016);*

XXII. *Na contratação de fornecimento ou suprimento de energia elétrica e gás natural com concessionário, permissionário ou autorizado, segundo as normas da legislação específica;*

XXIII. *Na contratação realizada por empresa pública ou sociedade de economia mista com suas subsidiárias e controladas, para a aquisição ou alienação de bens, prestação ou obtenção de serviços, desde que o preço contratado seja compatível com o praticado no mercado.*

XXIV. *Para a celebração de contratos de prestação de serviços com as organizações sociais, qualificadas no âmbito das respectivas esferas de governo, para atividades contempladas no contrato de gestão.*

XXV. *Na contratação realizada por Instituição Científica e Tecnológica - ICT ou por agência de fomento para a transferência de tecnologia e para o licenciamento de direito de uso ou de exploração de criação protegida.*

XXVI. *Na celebração de contrato de programa com ente da Federação ou com entidade de sua administração indireta, para a prestação de serviços públicos de forma associada nos termos do autorizado em contrato de consórcio público ou em convênio de cooperação.*

XXVII. *Na contratação da coleta, processamento e comercialização de resíduos sólidos urbanos recicláveis ou reutilizáveis, em áreas com sistema de coleta seletiva de lixo, efetuados por associações ou cooperativas formadas exclusivamente por pessoas físicas de baixa renda reconhecidas pelo poder público como catadores de materiais recicláveis, com o uso de equipamentos compatíveis com as normas técnicas, ambientais e de saúde pública.*

XXVIII. *Para o fornecimento de bens e serviços, produzidos ou prestados no País, que envolvam, cumulativamente, alta complexidade tecnológica e defesa nacional, mediante parecer de comissão especialmente designada pela autoridade máxima do órgão.*

XXIX. *Na aquisição de bens e contratação de serviços para atender aos contingentes militares das Forças Singulares brasileiras empregadas em operações de paz no exterior, necessariamente justificadas quanto ao preço e à escolha do fornecedor ou executante e ratificadas pelo Comandante da Força.*

XXX. *Na contratação de instituição ou organização, pública ou privada, com ou sem fins lucrativos, para a prestação de serviços de assistência técnica e extensão rural no âmbito do Programa Nacional de Assistência Técnica e Extensão Rural na Agricultura Familiar e na Reforma Agrária, instituído por lei federal.*

XXXI. *Nas contratações visando ao cumprimento do disposto nos Arts. 3º, 4º, 5º e 20 da Lei nº 10.973, de 2 de dezembro de 2004, observados os princípios gerais de contratação dela constantes.*

XXXII. *Na contratação em que houver transferência de tecnologia de produtos estratégicos para o Sistema Único de Saúde - SUS, no âmbito da Lei nº 8.080, de 19 de setembro de 1990, conforme elencados em ato da direção nacional do SUS, inclusive por ocasião da aquisição destes produtos durante as etapas de absorção tecnológica.*

XXXIII. *Na contratação de entidades privadas sem fins lucrativos, para a implementação de cisternas ou outras tecnologias sociais de acesso à água para consumo humano e produção de alimentos, para beneficiar as famílias rurais de baixa renda atingidas pela seca ou falta regular de água.*

XXXIV. *Para a aquisição por pessoa jurídica de direito público interno de insumos estratégicos para a saúde produzidos ou distribuídos por fundação que, regimental ou estatutariamente, tenha por finalidade apoiar órgão da administração pública direta, sua autarquia ou fundação em projetos de ensino, pesquisa, extensão, desenvolvimento institucional, científico e tecnológico e estímulo à inovação, inclusive na gestão administrativa e financeira necessária à execução desses projetos, ou em parcerias que envolvam transferência de tecnologia de produtos estratégicos para o Sistema Único de Saúde – SUS, nos termos do inciso XXXII deste artigo, e que tenha sido criada para esse fim específico em data anterior à vigência desta Lei, desde que o preço contratado seja compatível com o praticado no mercado. (Incluído pela Lei nº 13.204, de 2015)*

XXXV. *Para a construção, a ampliação, a reforma e o aprimoramento de estabelecimentos penais, desde que configurada situação de grave e iminente risco à segurança pública. (Incluído pela Lei nº 13.500, de 2017)*

§ 1º - *Os percentuais referidos nos incisos I e II do caput deste Art. serão 20% (vinte por cento) para compras, obras e serviços contratados por consórcios públicos, sociedade de economia mista, empresa pública e por autarquia ou fundação qualificadas, na forma da lei, como Agências Executivas.*

§ 2º - *O limite temporal de criação do órgão ou entidade que integre a Administração Pública estabelecido no inciso VIII do caput deste artigo não se aplica aos órgãos ou entidades que produzem produtos estratégicos para o SUS, no âmbito da Lei nº 8.080, de 19 de setembro de 1990, conforme elencados em ato da direção nacional do SUS.*

§ 3º *- A hipótese de dispensa prevista no inciso XXI do caput, quando aplicada a obras e serviços de engenharia, seguirá procedimentos especiais instituídos em regulamentação específica. (Incluído pela Lei nº 13.243, de 2016)*

§ 4º *- Não se aplica a vedação prevista no inciso I do caput do art. 9º à hipótese prevista no inciso XXI do caput. (Incluído pela Lei nº 13.243, de 2016)*

Licitação Deserta Art. 24 - V	Licitação Fracassada Art. 24 - VII
Não aparecem concorrentes	Aparecem interessados, mas nenhum é selecionado devido ao fato das propostas apresentadas consignarem preços manifestamente superiores aos praticados no mercado nacional, ou forem incompatíveis com os fixados pelos órgãos oficiais competentes.
Licitação dispensável	Abertura de prazo para a apresentação de novas propostas: - 8 dias (regra); - 3 dias (convite). Se os preços apresentados forem superiores aos de mercado, podem levar à licitação dispensável.

Formalidades da dispensa e da inexigibilidade

Os atos de dispensa e de inexigibilidade de licitação devem ser obrigatoriamente motivados, e deverão ser comunicados, dentro de 3 dias, à autoridade superior, para ratificação e publicação na imprensa oficial, no prazo de 5 (cinco) dias, como condição para a eficácia dos atos.

Em casos de dispensa ou inexigibilidade de licitação, se houver superfaturamento da obra, haverá responsabilidade solidária do agente público responsável e também do fornecedor ou prestador de serviços.

Questões

01. (Cespe) É dispensável a licitação para a contratação de artista consagrado pela crítica especializada.

Certo ( ) Errado ( )

02. (Cespe) É constitucional dispositivo de lei que determine a inclusão, na análise da proposta mais vantajosa, dos valores de impostos já pagos pela participante do certame à fazenda pública que realiza a licitação.

Certo ( ) Errado ( )

03. (Cespe) O adjudicatário que se recusar, injustificadamente, a assinar contrato administrativo está sujeito às penalidades pelo descumprimento total da obrigação assumida.

Certo ( ) Errado ( )

04. (Cespe) Em razão de o INSS ser autarquia especial de intervenção no domínio econômico, nos aspectos de ingerência no setor privado, ele não se submeterá a procedimentos licitatórios.

Certo ( ) Errado ( )

05. (Cespe) Suponha que a União pretenda contratar organização social para o desenvolvimento de atividades contempladas em contrato de gestão. Nesse caso, haverá inexigibilidade de licitação.

Certo ( ) Errado ( )

06. (Cespe) Considere que a administração tenha anulado licitação durante a execução do respectivo contrato administrativo. Nessa situação, há dever de indenizar o contratado na parte do contrato que este já houver executado.

Certo ( ) Errado ( )

07. (Cespe) As empresas estatais exploradoras de atividade econômica ou de produção ou comercialização de bens ou de prestação de serviços estão dispensadas de observar os princípios da licitação.

Certo ( ) Errado ( )

08. (Cespe) A contratação de parceria público-privada deve ser precedida de licitação na modalidade convite, estando a abertura do processo licitatório condicionada a autorização, fundamentada em estudo técnico, da autoridade competente.

Certo ( ) Errado ( )

09. (Cespe) É dispensável a licitação para a aquisição ou restauração de obras de arte e objetos históricos, de autenticidade certificada, desde que sejam compatíveis ou inerentes às finalidades do órgão ou entidade adquirente.

Certo ( ) Errado ( )

10. (Cespe) Considere que órgão da Administração Pública abra processo licitatório na modalidade tomada de preços entre interessados do ramo pertinente ao seu objeto devidamente cadastrados ou não. Nessa situação, a unidade administrativa poderá escolher o número mínimo de três interessados, desde que atendam a todas as condições exigidas para cadastramento, até o quinto dia anterior à data do recebimento das propostas, e à necessária qualificação.

Certo ( ) Errado ( )

Gabaritos

01	ERRADO	06	CERTO
02	ERRADO	07	ERRADO
03	CERTO	08	ERRADO
04	ERRADO	09	CERTO
05	ERRADO	10	ERRADO

10. IMPROBIDADE ADMINISTRATIVA

A improbidade administrativa está prevista no texto constitucional em seu Art. 37, § 4º, que prevê:

> ***Art. 37, § 4º*** *- Os atos de improbidade administrativa importarão a suspensão dos direitos políticos, a perda da função pública, a indisponibilidade dos bens e o ressarcimento ao erário, na forma e gradação previstas em lei, sem prejuízo da ação penal cabível.*

A norma constitucional determinou que os atos de improbidade administrativa deveriam ser regulamentados para a sua execução, o que ocorreu com a edição da Lei nº 8.429/92, que dispõe sobre as sanções aplicáveis aos agentes públicos nos casos de enriquecimento ilícito no exercício de mandato, cargo, emprego ou função na administração pública direta, indireta ou fundacional e dá outras providências.

10.1 Sujeitos

Sujeito passivo (vítima)

A administração direta, indireta ou fundacional de qualquer dos Poderes da União, dos Estados, do Distrito Federal, dos Municípios, de Território, de empresa incorporada ao patrimônio público ou de entidade para cuja criação ou custeio o erário haja concorrido ou concorra com mais de 50% do patrimônio ou da receita anual.

Entidade que receba subvenção, benefício ou incentivo, fiscal ou creditício, de órgão público, bem como daquelas para cuja criação ou custeio o erário haja concorrido ou concorra com menos de cinquenta por cento do patrimônio ou da receita anual, limitando-se, nesses casos, a sanção patrimonial à repercussão do ilícito sobre a contribuição dos cofres públicos.

Sujeito ativo (pessoa que pratica o ato de improbidade administrativa)

Agente público (exceção agente político sujeito a crime de responsabilidade STF), servidores ou não, com algum tipo de vínculo nas entidades que podem ser vítimas de improbidade administrativa.

Conceito de agente público para aplicação da lei

Reputa-se agente público, para os efeitos dessa lei, todo aquele que exerce, ainda que transitoriamente ou sem remuneração, por eleição, nomeação, designação, contratação ou qualquer outra forma de investidura ou vínculo, mandato, cargo, emprego ou função nas entidades mencionadas no artigo anterior.

Qualquer pessoa que induza ou concorra com o agente público ou que se beneficie do ato.

As disposições dessa lei são aplicáveis, no que couber, àquele que, mesmo não sendo agente público, induza ou concorra para a prática do ato de improbidade ou dele se beneficie sob qualquer forma direta ou indireta.

10.2 Regras Gerais

Os agentes públicos de qualquer nível ou hierarquia são obrigados a velar pela estrita observância dos princípios de legalidade, impessoalidade, moralidade e publicidade no trato dos assuntos que lhe são afetos.

Ocorrendo lesão ao patrimônio público por ação ou omissão, dolosa ou culposa, do agente ou de terceiro, dar-se-á o integral ressarcimento do dano.

No caso de enriquecimento ilícito, perderá o agente público ou terceiro beneficiário os bens ou valores acrescidos ao seu patrimônio.

Quando o ato de improbidade causar lesão ao patrimônio público ou ensejar enriquecimento ilícito, caberá à autoridade administrativa responsável pelo inquérito representar ao Ministério Público, para a indisponibilidade dos bens do indiciado.

A indisponibilidade, a que se refere o *caput* desse artigo, recairá sobre bens que assegurem o integral ressarcimento do dano ou sobre o acréscimo patrimonial resultante do enriquecimento ilícito.

O sucessor daquele que causar lesão ao patrimônio público ou se enriquecer ilicitamente está sujeito às cominações dessa lei até o limite do valor da herança.

10.3 Modalidades

As modalidades estão previstas do Art. 9º ao 11, da Lei nº 8.429/92, e constituem um rol exemplificativo, ou seja, no caso concreto, podem existir outras situações capituladas como improbidade que não estão expressamente previstas no texto da lei.

Enriquecimento ilícito

> ***Art. 9º.*** *Constitui ato de improbidade administrativa, importando enriquecimento ilícito auferir qualquer tipo de vantagem patrimonial indevida em razão do exercício de cargo, mandato, função, emprego ou atividade nas entidades mencionadas no Art. 1º desta lei, e notadamente:*
>
> ***I.*** *Receber, para si ou para outrem, dinheiro, bem móvel ou imóvel, ou qualquer outra vantagem econômica, direta ou indireta, a título de comissão, percentagem, gratificação ou presente de quem tenha interesse, direto ou indireto, que possa ser atingido ou amparado por ação ou omissão decorrente das atribuições do agente público;*
>
> ***II.*** *Perceber vantagem econômica, direta ou indireta, para facilitar a aquisição, permuta ou locação de bem móvel ou imóvel, ou a contratação de serviços pelas entidades referidas no Art. 1º por preço superior ao valor de mercado;*
>
> ***III.*** *Perceber vantagem econômica, direta ou indireta, para facilitar a alienação, permuta ou locação de bem público ou o fornecimento de serviço por ente estatal por preço inferior ao valor de mercado;*
>
> ***IV.*** *Utilizar, em obra ou serviço particular, veículos, máquinas, equipamentos ou material de qualquer natureza, de propriedade ou à disposição de qualquer das entidades mencionadas no Art. 1º desta lei, bem como o trabalho de servidores públicos, empregados ou terceiros contratados por essas entidades;*
>
> ***V.*** *Receber vantagem econômica de qualquer natureza, direta ou indireta, para tolerar a exploração ou a prática de jogos de azar, de lenocínio, de narcotráfico, de contrabando, de usura ou de qualquer outra atividade ilícita, ou aceitar promessa de tal vantagem;*
>
> ***VI.*** *Receber vantagem econômica de qualquer natureza, direta ou indireta, para fazer declaração falsa sobre medição ou avaliação em obras públicas ou qualquer outro serviço, ou sobre quantidade, peso, medida, qualidade ou característica de mercadorias ou bens fornecidos a qualquer das entidades mencionadas no Art. 1º desta lei;*

VII. Adquirir, para si ou para outrem, no exercício de mandato, cargo, emprego ou função pública, bens de qualquer natureza cujo valor seja desproporcional à evolução do patrimônio ou à renda do agente público;

VIII. Aceitar emprego, comissão ou exercer atividade de consultoria ou assessoramento para pessoa física ou jurídica que tenha interesse suscetível de ser atingido ou amparado por ação ou omissão decorrente das atribuições do agente público, durante a atividade;

IX. Perceber vantagem econômica para intermediar a liberação ou aplicação de verba pública de qualquer natureza;

X. Receber vantagem econômica de qualquer natureza, direta ou indiretamente, para omitir ato de ofício, providência ou declaração a que esteja obrigado;

XI. Incorporar, por qualquer forma, ao seu patrimônio, bens, rendas, verbas ou valores integrantes do acervo patrimonial das entidades mencionadas no Art. 1º dessa lei;

XII. Usar, em proveito próprio, bens, rendas, verbas ou valores integrantes do acervo patrimonial das entidades mencionadas no Art. 1º dessa lei.

Prejuízo ao erário

Dos atos de improbidade administrativa que causam prejuízo ao erário:

Art. 10. *Constitui ato de improbidade administrativa que causa lesão ao erário qualquer ação ou omissão, dolosa ou culposa, que enseje perda patrimonial, desvio, apropriação, malbaratamento ou dilapidação dos bens ou haveres das entidades referidas no Art. 1º desta lei, e notadamente:*

I. Facilitar ou concorrer por qualquer forma para a incorporação ao patrimônio particular, de pessoa física ou jurídica, de bens, rendas, verbas ou valores integrantes do acervo patrimonial das entidades mencionadas no Art. 1º desta lei;

II. Permitir ou concorrer para que pessoa física ou jurídica privada utilize bens, rendas, verbas ou valores integrantes do acervo patrimonial das entidades mencionadas no Art. 1º desta lei, sem a observância das formalidades legais ou regulamentares aplicáveis à espécie;

III. Doar à pessoa física ou jurídica bem como ao ente despersonalizado, ainda que de fins educativos ou assistências, bens, rendas, verbas ou valores do patrimônio de qualquer das entidades mencionadas no Art. 1º desta lei, sem observância das formalidades legais e regulamentares aplicáveis à espécie;

IV. Permitir ou facilitar a alienação, permuta ou locação de bem integrante do patrimônio de qualquer das entidades referidas no Art. 1º desta lei, ou ainda a prestação de serviço por parte delas, por preço inferior ao de mercado;

V. Permitir ou facilitar a aquisição, permuta ou locação de bem ou serviço por preço superior ao de mercado;

VI. Realizar operação financeira sem observância das normas legais e regulamentares ou aceitar garantia insuficiente ou inidônea;

VII. Conceder benefício administrativo ou fiscal sem a observância das formalidades legais ou regulamentares aplicáveis à espécie;

VIII. Frustrar a licitude de processo licitatório ou de processo seletivo para celebração de parcerias com entidades sem fins lucrativos, ou dispensá-los indevidamente; (Redação dada pela Lei nº 13.019, de 2014)

IX. Ordenar ou permitir a realização de despesas não autorizadas em lei ou regulamento;

X. Agir negligentemente na arrecadação de tributo ou renda, bem como no que diz respeito à conservação do patrimônio público;

XI. Liberar verba pública sem a estrita observância das normas pertinentes ou influir de qualquer forma para a sua aplicação irregular;

XII. Permitir, facilitar ou concorrer para que terceiro se enriqueça ilicitamente;

XIII. Permitir que se utilize, em obra ou serviço particular, veículos, máquinas, equipamentos ou material de qualquer natureza, de propriedade ou à disposição de qualquer das entidades mencionadas no Art. 1º desta lei, bem como o trabalho de servidor público, empregados ou terceiros contratados por essas entidades.

XIV. Celebrar contrato ou outro instrumento que tenha por objeto a prestação de serviços públicos por meio da gestão associada sem observar as formalidades previstas na lei;

XV. Celebrar contrato de rateio de consórcio público sem suficiente e prévia dotação orçamentária, ou sem observar as formalidades previstas na lei.

XVI. Facilitar ou concorrer, por qualquer forma, para a incorporação, ao patrimônio particular de pessoa física ou jurídica, de bens, rendas, verbas ou valores públicos transferidos pela administração pública a entidades privadas mediante celebração de parcerias, sem a observância das formalidades legais ou regulamentares aplicáveis à espécie; (Incluído pela Lei nº 13.019, de 2014)

XVII. Permitir ou concorrer para que pessoa física ou jurídica privada utilize bens, rendas, verbas ou valores públicos transferidos pela administração pública a entidade privada mediante celebração de parcerias, sem a observância das formalidades legais ou regulamentares aplicáveis à espécie; (Incluído pela Lei nº 13.019, de 2014)

XVIII. Celebrar parcerias da administração pública com entidades privadas sem a observância das formalidades legais ou regulamentares aplicáveis à espécie; (Incluído pela Lei nº 13.019, de 2014)

XIX. Agir negligentemente na celebração, fiscalização e análise das prestações de contas de parcerias firmadas pela administração pública com entidades privadas; (Incluído pela Lei nº 13.019, de 2014, com a redação dada pela Lei nº 13.204, de 2015).

XX. Liberar recursos de parcerias firmadas pela administração pública com entidades privadas sem a estrita observância das normas pertinentes ou influir de qualquer forma para a sua aplicação irregular. (Incluído pela Lei nº 13.019, de 2014, com a redação dada pela Lei nº 13.204, de 2015).

XXI. Liberar recursos de parcerias firmadas pela administração pública com entidades privadas sem a estrita observância das normas pertinentes ou influir de qualquer forma para a sua aplicação irregular. (Incluído pela Lei nº 13.019, de 2014)

Dos atos de improbidade administrativa decorrentes de concessão ou aplicação indevida de benefício financeiro ou tributário

Art. 10-A. *Constitui ato de improbidade administrativa qualquer ação ou omissão para conceder, aplicar ou manter benefício financeiro ou tributário contrário ao que dispõem o caput e o § 1º do art. 8º-A da Lei Complementar nº 116, de 31 de julho de 2003. (Incluído pela Lei Complementar nº 157, de 2016) (Produção de efeito)*

A lei complementar a que o artigo acima se refere é a lei de ISS. Dessa forma, o agente público que conceder, aplicar ou mantiver benefício ligado ao ISS, contrário à lei, estará sujeito à condenação por improbidade administrativa.

Atos que atentem aos princípios da administração pública

> ***Art. 11.*** *Constitui ato de improbidade administrativa que atenta contra os princípios da Administração Pública qualquer ação ou omissão que viole os deveres de honestidade, imparcialidade, legalidade, e lealdade às instituições, e notadamente:*
>
> ***I.*** *Praticar ato visando ao fim proibido em lei ou regulamento ou diverso daquele previsto, na regra de competência;*
>
> ***II.*** *Retardar ou deixar de praticar, indevidamente, ato de ofício;*
>
> ***III.*** *Revelar fato ou circunstância de que tem ciência em razão das atribuições e que deva permanecer em segredo;*
>
> ***IV.*** *Negar publicidade aos atos oficiais;*
>
> ***V.*** *Frustrar a licitude de concurso público;*
>
> ***VI.*** *Deixar de prestar contas quando esteja obrigado a fazê-lo;*
>
> ***VII.*** *Revelar ou permitir que chegue ao conhecimento de terceiro, antes da respectiva divulgação oficial, teor de medida política ou econômica capaz de afetar o preço de mercadoria, bem ou serviço.*
>
> ***VIII.*** *Descumprir as normas relativas à celebração, fiscalização e aprovação de contas de parcerias firmadas pela administração pública com entidades privadas. (Redação dada pela Lei nº 13.019, de 2014)*
>
> ***IX.*** *Deixar de cumprir a exigência de requisitos de acessibilidade previstos na legislação. (Incluído pela Lei nº 13.146, de 2015)*
>
> ***X.*** *transferir recurso a entidade privada, em razão da prestação de serviços na área de saúde sem a prévia celebração de contrato, convênio ou instrumento congênere, nos termos do parágrafo único do art. 24 da Lei nº 8.080, de 19 de setembro de 1990. (Incluído pela Lei nº 13.650, de 2018)*

10.4 Efeitos da Lei

A lei de improbidade administrativa gera quatro efeitos. A suspensão dos direitos políticos e a perda da função pública somente se dão depois do trânsito em julgado da sentença condenatória. A indisponibilidade dos bens não constitui penalidade, mas, sim medida cautelar e pode se dar mesmo antes do início da ação.

O ressarcimento ao erário, por sua vez, constitui a responsabilidade civil do agente, ou seja, a obrigação de reparar o dano.

- Suspensão dos Direitos Políticos;
- Perda da Função Pública;
- Indisponibilidade dos Bens;
- Ressarcimento ao Erário.

10.5 Das Sanções

Natureza das sanções

→ **Administrativa**

- Perda da função pública;
- Proibição de contratar com o poder público;
- Proibição de receber benefícios ou incentivos fiscais do poder público.

→ **Civil**

- Ressarcimento ao erário;
- Perda dos bens;
- Multa.

» **Política:** suspensão dos direitos políticos.

» **Medida cautelar:** a indisponibilidade dos bens visa à garantia da aplicação das penalidades civis.

Não estabelece sanções penais, mas, se o fato também for tipificado como crime, haverá tal responsabilidade.

Penalidades

Enriquecimento ilícito: perda dos bens ou valores acrescidos ilicitamente ao patrimônio; ressarcimento integral do dano, quando houver; perda da função pública; suspensão dos direitos políticos de oito a dez anos; pagamento de multa civil de até três vezes o valor do acréscimo patrimonial; e proibição de contratar com o Poder Público ou receber benefícios ou incentivos fiscais ou creditícios, direta ou indiretamente, ainda que por intermédio de pessoa jurídica da qual seja sócio majoritário, pelo prazo de dez anos.

Prejuízo ao erário: ressarcimento integral do dano; perda dos bens ou valores acrescidos ilicitamente ao patrimônio, se concorrer essa circunstância; perda da função pública; suspensão dos direitos políticos de cinco a oito anos; pagamento de multa civil de até duas vezes o valor do dano; e proibição de contratar com o Poder Público ou receber benefícios ou incentivos fiscais ou creditícios, direta ou indiretamente, ainda que por intermédio de pessoa jurídica da qual seja sócio majoritário, pelo prazo de cinco anos.

Atos que atentem contra os princípios da administração pública: ressarcimento integral do dano, se houver; perda da função pública; suspensão dos direitos políticos de três a cinco anos; pagamento de multa civil de até cem vezes o valor da remuneração percebida pelo agente; e proibição de contratar com o Poder Público ou receber benefícios ou incentivos fiscais ou creditícios, direta ou indiretamente, ainda que por intermédio de pessoa jurídica da qual seja sócio majoritário, pelo prazo de três anos.

Punições

Art. 12 da Lei 8.429/92

Modalidades / Sanções	Enriquecimento Ilícito (Art. 9º)	Prejuízo ao Erário (Art. 10)	Concessão indevida de benefício tributário (Art. 10-A)	Afronta os Princípios (Art. 11)
Suspensão dos direitos políticos	De 8 a 10 anos	De 5 a 8 anos	De 5 a 8 anos	De 3 a 5 anos
Multa Civil	Até 3X o valor do acréscimo	Até 2X o valor do dano	Até 3X o valor do benefício	Até 100X o valor da remuneração
Proibição de contratar com a Administração	10 anos	5 anos	------------	3 anos

Aplicação das sanções

Na fixação das penas previstas, o juiz levará em conta a extensão do dano causado, assim como o proveito patrimonial obtido pelo agente.

Independe da efetiva ocorrência de dano ao patrimônio público, salvo quanto ao ressarcimento.

Independe de aprovação ou rejeição de contas pelos órgãos de controle.

Concessão ou aplicação indevida de benefício financeiro\ tributário: perda da função pública, suspensão dos direitos políticos de 5 (cinco) a 8 (oito) anos e multa civil de até 3 (três) vezes o valor do benefício financeiro ou tributário concedido. (Incluído pela Lei Complementar nº 157, de 2016)

→ **Características**

> Ocorrendo lesão ao patrimônio público por ação ou omissão, dolosa ou culposa, do agente ou de terceiro, dar-se-á o integral ressarcimento do dano.

> No caso de enriquecimento ilícito, perderá o agente público ou terceiro beneficiário os bens ou valores acrescidos ao seu patrimônio.

> Quando o ato de improbidade causar lesão ao patrimônio público ou ensejar enriquecimento ilícito, caberá à autoridade administrativa responsável pelo inquérito representar ao Ministério Público, para a indisponibilidade dos bens do indiciado.

> O sucessor daquele que causar lesão ao patrimônio público ou se enriquecer ilicitamente está sujeito às cominações dessa lei até o limite do valor da herança.

> Nas ações de improbidade administrativa, admite-se a celebração de acordo de não persecução cível, conforme Art. 17, §1º da Lei 8.429/92 com redação dada pela Lei 13.964/19).

> A aplicação das seguintes penalidades: perda da função pública e suspensão dos direitos políticos depende do trânsito em julgado da sentença condenatória.

> A autoridade judicial ou administrativa competente poderá determinar o afastamento do agente público do exercício do cargo, emprego ou função, sem prejuízo da remuneração, quando a medida se fizer necessária à instrução processual.

> Não existe foro por prerrogativa de função para processos que apuram atos de improbidade administrativa.

10.6 Declaração de Bens

A posse e o exercício de agente público ficam condicionados à apresentação de declaração dos bens e valores que compõem o seu patrimônio privado, a fim de que essa seja arquivada no serviço de pessoal competente.

A declaração compreenderá imóveis, móveis, semoventes, dinheiro, títulos, ações e qualquer outra espécie de bens e valores patrimoniais, localizados no país ou no exterior, e, quando for o caso, abrangerá os bens e valores patrimoniais do cônjuge ou companheiro, dos filhos e de outras pessoas que vivam sob a dependência econômica do declarante, excluídos apenas os objetos e utensílios de uso doméstico.

A declaração de bens será anualmente atualizada e na data em que o agente público deixar o exercício do mandato, cargo, emprego ou função.

Será punido com a pena de demissão, a bem do serviço público, sem prejuízo de outras sanções cabíveis, o agente público que se recusar a prestar declaração dos bens, dentro do prazo determinado, ou que a prestar falsa.

O declarante, a seu critério, poderá entregar cópia da declaração anual de bens apresentada à Delegacia da Receita Federal na conformidade da legislação do Imposto sobre a Renda e proventos de qualquer natureza, com as necessárias atualizações, para suprir a exigência contida na lei.

10.7 Prescrição

Os atos de improbidade administrativa prescrevem, segundo o Art. 23 da Lei nº 8.429/92:

> ***I.*** *Até cinco anos após o término do exercício de mandato, de cargo em comissão ou de função de confiança;*
>
> ***II.*** *Dentro do prazo prescricional previsto em lei específica para faltas disciplinares puníveis com demissão a bem do serviço público, nos casos de exercício de cargo efetivo ou emprego.*
>
> ***III.*** *Até cinco anos da data da apresentação à administração pública da prestação de contas final pelas entidades referidas no parágrafo único do Art. 1º desta Lei. (Incluído pela Lei nº 13.019, de 2014)*

As ações de ressarcimento ao erário são imprescritíveis.

Questões

01. (Cespe) As punições constantes da Lei de Improbidade Administrativa (Lei nº 8.429/1992) são aplicáveis a qualquer agente público, servidor ou não.

Certo ( ) Errado ( )

02. (Cespe) De acordo com a jurisprudência do STJ, estando presente o fumus boni iuris, no que concerne à configuração do ato de improbidade e à sua autoria, dispensa-se, para que seja decretada a indisponibilidade de bens, a demonstração do risco de dano.

Certo ( ) Errado ( )

03. (Cespe) Retardar ou deixar de praticar, indevidamente, ato de ofício configura ato de improbidade administrativa cuja configuração prescinde da presença de elemento doloso.

Certo ( ) Errado ( )

04. (Cespe) É necessária a comprovação de enriquecimento ilícito ou da efetiva ocorrência de dano ao patrimônio público para a tipificação de ato de improbidade administrativa que atente contra os princípios da administração pública.

Certo ( ) Errado ( )

05. (Cespe) Em caso de ato de improbidade, o ressarcimento do poder público só será cabível se causar prejuízo ao erário ou ao patrimônio público.

Certo ( ) Errado ( )

06. (Cespe) Se um agente público tiver percebido vantagem econômica para intermediar liberação de verba pública de qualquer natureza, ele terá praticado ato de improbidade administrativa que importará enriquecimento ilícito e, por essa razão, estará sujeito exclusivamente às sanções impostas na Lei de Improbidade Administrativa.

Certo ( ) Errado ( )

07. (Cespe) Se o suposto autor do ato alegar que não tinha conhecimento prévio da ilicitude, o ato de improbidade restará afastado, por ser o desconhecimento da norma motivo para afastá-lo.

Certo ( ) Errado ( )

08. (Cespe) Os atos de improbidade que importam enriquecimento ilícito sujeitam seus autores, entre outras sanções, à perda da função pública, à suspensão dos direitos políticos de oito a dez anos e à perda dos bens ou valores acrescidos ilicitamente ao patrimônio.

Certo ( ) Errado ( )

09. (Cespe) No sistema adotado pela referida lei; são sujeitos ativos do ato de improbidade os agentes públicos, assim como aqueles que, não se qualificando como tais, induzem ou concorrem para a prática do ato de improbidade ou dele se beneficiam direta ou indiretamente.

Certo ( ) Errado ( )

10. (Cespe) Durante a instrução processual, o agente público poderá ser afastado do seu cargo mediante determinação de autoridade administrativa competente.

Certo ( ) Errado ( )

Gabaritos

01	CERTO	**06**	ERRADO
02	CERTO	**07**	ERRADO
03	ERRADO	**08**	CERTO
04	ERRADO	**09**	CERTO
05	CERTO	**10**	CERTO

11. PROCESSO ADMINISTRATIVO FEDERAL

Passaremos a analisar o Processo Administrativo Federal, ou seja, a Lei nº 9.784/99 que estabelece as regras gerais de tal processo no âmbito federal. Essa lei tem, em primeiro plano, a função de regulamentar o processo administrativo federal. Contudo, ela contém as normas aplicáveis a todos os atos administrativos.

Aqui, complementaremos o conteúdo da lei voltado, especificamente, para a resolução de questões.

11.1 Abrangência da Lei

O Art. 1º da Lei nº 9.784/99 determina a abrangência e a aplicação da referida lei. Devemos lembrar que esta é uma lei administrativa Federal e não nacional, ou seja, vale para toda Administração Pública Direta e Indireta da União. Dessa forma, passaremos a analisá-la:

> ***Art. 1º.*** *Essa Lei estabelece normas básicas sobre o processo administrativo no âmbito da Administração Federal direta e indireta, visando, em especial, à proteção dos direitos dos administrados e ao melhor cumprimento dos fins da Administração.*
>
> ***§ 1º*** *- Os preceitos dessa Lei também se aplicam aos órgãos dos Poderes Legislativo e Judiciário da União, quando no desempenho de função administrativa.*
>
> ***§ 2º*** *- Para os fins dessa Lei, consideram-se:*
>
> ***I.*** *Órgão - a unidade de atuação integrante da estrutura da Administração direta e da estrutura da Administração indireta;*
>
> ***II.*** *Entidade - a unidade de atuação dotada de personalidade jurídica;*
>
> ***III.*** *Autoridade - o servidor ou agente público dotado de poder de decisão.*

Como mencionado acima, a lei tem natureza Federal, dessa forma, é aplicável à União, autarquias federais, fundações públicas federais, sociedade de economia mista federais e empresas públicas federais. Vale ressaltar que os poderes Executivo, Legislativo e Judiciário exercem funções típicas e atípicas.

Nas funções empregada dos poderes Legislativo e Judiciário, aplicam-se, no que couber, as normas determinadas na referida lei.

A Lei nº 9.784/99 será aplicada sempre de forma subsidiária, acessória, ou seja, a regra geral é que as leis específicas que já tratam dos processos administrativos continuarão em vigor. Dessa forma, a Lei nº 9.784/99 não revogou nenhuma outra que trate sobre o mesmo assunto:

> ***Art. 69.*** *Os processos administrativos específicos continuarão a reger-se por lei própria, aplicando-lhes apenas subsidiariamente os preceitos dessa Lei.*

Assim, por exemplo, se o servidor está respondendo a processo administrativo disciplinar, usam-se as normas da Lei nº 8.112/90, em falta de regulamentação dessa, em algum aspecto, usa-se a Lei nº 9.784/99.

11.2 Princípios

O Art. 2º da lei traz vários princípios expressos, alguns norteadores de forma geral dos atos administrativos, inclusive expressamente previstos no texto constitucional; outros, que na Constituição Federal são tidos como implícitos, aqui são tratados como expressos.

A maioria das questões de concursos pede somente se o candidato sabe que tais princípios são expressos na Lei nº 9.784/99, pois, por exemplo, as questões perguntam se a razoabilidade é princípio expresso da Lei nº 9.784/99. Essa questão está correta sob a perspectiva do texto do Art. 2º segundo da lei, pois a razoabilidade realmente está expressamente prevista como princípio. Já no texto constitucional, o mesmo princípio é tido como implícito.

Dessa forma, passamos a analisar o texto do Art. 2º:

> ***Art. 2º.*** *A Administração Pública obedecerá, dentre outros, aos princípios da legalidade, finalidade, motivação, razoabilidade, proporcionalidade, moralidade, ampla defesa, contraditório, segurança jurídica, interesse público e eficiência.*

Ao lado dos princípios transcritos acima, que são tidos como expressos, temos os chamados princípios implícitos, ou seja, não estão expressamente descritos no bojo do texto da Lei nº 9.784/99, mas são de observância obrigatória por parte de quem está sob a tutela da lei.

São considerados princípios implícitos:

Informalismo: somente existe forma determinada quando expressamente prescrita em lei.

Oficialidade: o chamado de impulso oficial, significa que depois de iniciado o processo, a Administração tem a obrigação de conduzi-lo até a decisão final.

Verdade material: deve-se permitir que sejam trazidos aos autos as provas determinantes para o processo, mesmo depois de transcorridos os prazos legais.

Gratuidade: em regra, não existe ônus no processo administrativo, o que é característico nos judiciais.

Outra forma de ser cobrado nas questões está relacionada a transcrever o conteúdo dos incisos do Art. 2º e perguntar a qual princípio está diretamente ligado. Para tanto, passaremos a determinar em cada inciso os princípios relacionados entre parênteses.

> ***Parágrafo único.*** *Nos processos administrativos serão observados, entre outros, os critérios de:*
>
> ***I.*** *Atuação conforme a lei e o Direito* (legalidade);
>
> ***II.*** *Atendimento a fins de interesse geral, vedada a renúncia total ou parcial de poderes ou competências, salvo autorização em lei* (impessoalidade/indisponibilidade do interesse público);
>
> ***III.*** *Objetividade no atendimento do interesse público, vedada a promoção pessoal de agentes ou autoridades* (impessoalidade);
>
> ***IV.*** *Atuação segundo padrões éticos de probidade, decoro e boa-fé* (moralidade);
>
> ***V.*** *Divulgação oficial dos atos administrativos, ressalvadas as hipóteses de sigilo previstas na Constituição* (publicidade);
>
> ***VI.*** *Adequação entre meios e fins, vedada a imposição de obrigações, restrições e sanções em medida superior àquelas estritamente necessárias ao atendimento do interesse público* (razoabilidade/proporcionalidade);
>
> ***VII.*** *Indicação dos pressupostos de fato e de direito que determinarem a decisão* (motivação);
>
> ***VIII.*** *Observância das formalidades essenciais à garantia dos direitos dos administrados* (segurança Jurídica);
>
> ***IX.*** *Adoção de formas simples, suficientes para propiciar adequado grau de certeza, segurança e respeito aos direitos dos administrados* (segurança jurídica e informalismo);

X. Garantia dos direitos à comunicação, à apresentação de alegações finais, à produção de provas e à interposição de recursos, nos processos de que possam resultar sanções e nas situações de litígio (ampla defesa e contraditório);

XI. Proibição de cobrança de despesas processuais, ressalvadas as previstas em lei (gratuidade nos processos administrativos);

XII. Impulsão, de ofício, do processo administrativo, sem prejuízo da atuação dos interessados (oficialidade);

XIII. Interpretação da norma administrativa da forma que melhor garanta o atendimento do fim público a que se dirige, vedada aplicação retroativa de nova interpretação (Segurança Jurídica).

11.3 Direitos e Deveres dos Administrados

O Art. 3º da Lei nº 9.784/99 trata de uma lista exemplificativa de direitos dos administrados para com a Administração Pública. É muito importante frisar o inciso IV que discorre sobre a presença do advogado no processo administrativo.

> ***Art. 3º.*** *O administrado tem os seguintes direitos perante à Administração, sem prejuízo de outros que lhe sejam assegurados:*
>
> ***I.*** *Ser tratado com respeito pelas autoridades e servidores, que deverão facilitar o exercício de seus direitos e o cumprimento de suas obrigações;*
>
> ***II.*** *Ser ciência da tramitação dos processos administrativos em que tenha a condição de interessado, ter vista dos autos, obter cópias de documentos neles contidos e conhecer as decisões proferidas;*
>
> ***III.*** *Formular alegações e apresentar documentos antes da decisão, os quais serão objeto de consideração pelo órgão competente;*
>
> ***IV.*** *Fazer-se assistir, facultativamente, por advogado, salvo quando obrigatória a representação, por força de lei.*

A faculdade de atuar com advogado no processo administrativo é decorrência direta do princípio do informalismo. Contudo, pode a lei expressamente exigir a presença do advogado no procedimento. Nesse caso, a inobservância acarretaria nulidade do processo.

É de extrema importância notar o teor da Súmula Vinculante 5, em que sua redação determina o seguinte:

> *Súm. Vinculante 5: A falta de defesa técnica por advogado no processo administrativo disciplinar não ofende a Constituição.*

O Art. 4º determina alguns deveres que devem ser observados no âmbito do processo administrativo.

> ***Art. 4º.*** *São deveres do administrado perante a Administração, sem prejuízo de outros previstos em ato normativo:*
>
> ***I.*** *Expor os fatos conforme a verdade;*
>
> ***II.*** *Proceder com lealdade, urbanidade e boa-fé;*
>
> ***III.*** *Não agir de modo temerário;*
>
> ***IV.*** *Prestar as informações que lhe forem solicitadas e colaborar para o esclarecimento dos fatos.*

11.4 Início do Processo e Legitimação Ativa

O Art. 5º da Lei nº 9.784/99 traz que o processo pode ser iniciado pela própria Administração Pública (de ofício) – decorrência do princípio da oficialidade, ou ainda mediante provocação do interessado por meio de representação aos órgãos públicos responsáveis (a pedido).

O Art. 6º determina que caso faltem elementos essenciais ao pedido, a Administração deverá orientar o interessado a supri-los, sendo vedada a simples recusa imotivada de receber o requerimento ou outros documentos. Segue o teor dos artigos:

> ***Art. 5º.*** *O processo administrativo pode iniciar-se de ofício ou a pedido de interessado.*
>
> ***Art. 6º.*** *O requerimento inicial do interessado, salvo casos em que for admitida solicitação oral, deve ser formulado por escrito e conter os seguintes dados:*
>
> ***I.*** *Órgão ou autoridade administrativa a que se dirige;*
>
> ***II.*** *Identificação do interessado ou de quem o represente;*
>
> ***III.*** *Domicílio do requerente ou local para recebimento de comunicações;*
>
> ***IV.*** *Formulação do pedido, com exposição dos fatos e de seus fundamentos;*
>
> ***V.*** *Data e assinatura do requerente ou de seu representante.*
>
> ***Parágrafo único.*** *É vedada à Administração a recusa imotivada de recebimento de documentos, devendo o servidor orientar o interessado quanto ao suprimento de eventuais falhas.*
>
> ***Art. 7º.*** *Os órgãos e entidades administrativas deverão elaborar modelos ou formulários padronizados para assuntos que importem pretensões equivalentes.*
>
> ***Art. 8º.*** *Quando os pedidos de uma pluralidade de interessados tiverem conteúdo e fundamentos idênticos, poderão ser formulados em um único requerimento, salvo preceito legal em contrário.*

11.5 Dos Interessados e da Competência

O Art. 9º trata dos interessados no processo administrativo. Na maioria das vezes, as questões cobradas em concursos são meramente texto de lei, em que uma simples leitura resolve o problema.

Dessa forma, passamos a transcrever o texto legal:

> ***Art. 9º.*** *São legitimados como interessados no processo administrativo:*
>
> ***I.*** *Pessoas físicas ou jurídicas que o iniciem como titulares de direitos ou interesses individuais ou no exercício do direito de representação;*
>
> ***II.*** *Aqueles que, sem terem iniciado o processo, têm direitos ou interesses que possam ser afetados pela decisão a ser adotada;*
>
> ***III.*** *As organizações e associações representativas, no tocante a direitos e interesses coletivos;*
>
> ***IV.*** *As pessoas ou as associações legalmente constituídas quanto a direitos ou interesses difusos.*
>
> ***Art. 10.*** *São capazes, para fins de processo administrativo, os maiores de dezoito anos, ressalvada previsão especial em ato normativo próprio.*

O Art. 11 trata da irrenunciabilidade da competência, ou seja, os órgãos da administração, por meio de seus agentes, não podem renunciar as competências determinadas por lei. Merece especial atenção, e por ser matéria certa em provas de concursos, o Art. 13 trata da impossibilidade legal de delegação, sendo um rol taxativo descrito na lei, que passamos a transcrever abaixo:

> ***Art. 13.*** *Não podem ser objeto de delegação:*
>
> ***I.*** *A edição de atos de caráter normativo;*
>
> ***II.*** *A decisão de recursos administrativos;*
>
> ***III.*** *As matérias de competência exclusiva do órgão ou autoridade.*

11.6 Impedimento e Suspeição

Os Arts. 18 e 20 cuidam do impedimento e suspeição no processo administrativo. Nessa situação, a lei visa a preservar a atuação imparcial do agente público, com vistas à moralidade administrativa.

Dessa forma, o Art. 18 prevê que é impedido de atuar no processo administrativo o servidor ou autoridade que:

> ***I.*** *Tenha interesse direto ou indireto na matéria;*
>
> ***II.*** *Tenha participado ou venha a participar como perito, testemunha ou representante, ou se tais situações ocorrem quanto ao cônjuge, companheiro ou parente e afins até o terceiro grau;*
>
> ***III.*** *Esteja litigando judicial ou administrativamente com o interessado ou respectivo cônjuge ou companheiro.*

O Art. 20 determina que pode ser arguida suspeição de autoridade ou servidor que tenha amizade ou inimizade notória com algum interessado ou com os respectivos cônjuges, companheiros, parentes e afins até o terceiro grau.

11.7 Da Forma, Tempo e Lugar dos Atos do Processo

O Art. 22 tem como fundamento o princípio do informalismo e prevê o seguinte:

> ***Art. 22.*** *Os atos do processo administrativo não dependem de forma determinada, senão, quando a lei expressamente a exigir.*
>
> ***§ 1º*** *- Os atos do processo devem ser produzidos por escrito, em vernáculo, com a data e o local de sua realização e a assinatura da autoridade responsável.*
>
> ***§ 2º*** *- Salvo imposição legal, o reconhecimento de firma somente será exigido quando houver dúvida de autenticidade.*
>
> ***§ 3º*** *- A autenticação de documentos exigidos em cópia poderá ser feita pelo órgão administrativo.*
>
> ***§ 4º*** *- O processo deverá ter suas páginas numeradas sequencialmente e rubricadas.*

O Art. 23 estabelece, como regra geral, a realização dos atos do processo em dias úteis, no horário normal de funcionamento da repartição na qual tramitar o processo. No entanto, poderão ser concluídos depois do horário normal os atos já iniciados, cujo adiamento prejudique o curso regular do procedimento ou cause dano ao interessado ou à administração (Art. 23, parágrafo único).

Estabelece o Art. 25 que os atos do processo devem realizar-se preferencialmente na sede do órgão, certificando-se o interessado se outro for o local de realização, ou seja, devem ser executados, de preferência, na sede do órgão, mas poderão ser realizados em outro local, após regular cientificação.

11.8 Do Recurso Administrativo e da Revisão

Um dos temas mais cobrados nas provas de concursos é o que tange ao recurso administrativo e à revisão do processo. O Art. 56 estabelece direito do administrado ao recurso das decisões administrativas, isso em razões de legalidade e mérito administrativo.

O § 3º prevê que o administrado, se entender que houve violação a enunciado de súmula vinculante, poderá ajuizar reclamação perante o Supremo Tribunal Federal, desde que, antes, tenha esgotado as vias administrativas.

O § 2º estabelece, como regra geral, a inexigibilidade de garantia de instância (caução) para a interposição de recurso administrativo. Nesse sentido, passamos a transcrever a Súmula Vinculante 21, que proíbe a exigência de depósito para admissibilidade de recurso.

> *Súm. Vinculante 21. É inconstitucional a exigência de depósito ou arrolamento prévios de dinheiro ou bens para admissibilidade de recurso administrativo.*
>
> ***Art. 56.*** *Das decisões administrativas cabe recurso, em face de razões de legalidade e de mérito.*
>
> ***§ 1º*** *- O recurso será dirigido à autoridade que proferiu a decisão, a qual, se não a reconsiderar no prazo de cinco dias, o encaminhará à autoridade superior.*
>
> ***§ 2º*** *- Salvo exigência legal, a interposição de recurso administrativo independe de caução.*
>
> ***§ 3º*** *- Se o recorrente alegar que a decisão administrativa contraria enunciado da súmula vinculante, caberá à autoridade prolatora da decisão impugnada, se não a reconsiderar, explicitar, antes de encaminhar o recurso à autoridade superior, as razões da aplicabilidade ou inaplicabilidade da súmula, conforme o caso.*

Legitimidade para interpor recurso

> ***Art. 58.*** *Têm legitimidade para interpor recurso administrativo:*
>
> ***I.*** *Os titulares de direitos e interesses que forem parte no processo;*
>
> ***II.*** *Aqueles cujos direitos ou interesses forem indiretamente afetados pela decisão recorrida;*
>
> ***III.*** *As organizações e associações representativas, no tocante a direitos e interesses coletivos;*
>
> ***IV.*** *Os cidadãos ou associações, quanto a direitos ou interesses difusos.*

Do não reconhecimento do recurso

> ***Art. 63.*** *O recurso não será conhecido quando interposto:*
>
> ***I.*** *Fora do prazo;*
>
> ***II.*** *Perante órgão incompetente;*
>
> ***III.*** *Por quem não seja legitimado;*
>
> ***IV.*** *Após exaurida a esfera administrativa.*

O Art. 64 confere amplos poderes aos órgãos incumbidos da decisão administrativa, em que o setor competente para decidir o recurso, poderá confirmar, modificar, anular ou revogar, total ou parcialmente, a decisão recorrida, se a matéria for de sua competência. Aqui é possível, inclusive, a reforma em prejuízo do recorrente, chamada *reformatio in pejus*.

O Art. 65 focaliza os processos administrativos de que resultem sanções, que poderão ser revistos, a qualquer tempo, a pedido ou de ofício, quando surgirem fatos novos ou circunstâncias relevantes suscetíveis de justificar a inadequação da sanção aplicada. Devemos nos atentar, pois o Parágrafo Único prevê que da revisão do processo não poderá resultar agravamento da sanção.

Assim, é fácil notar que o legislador determinou regra distinta para o recurso administrativo e a revisão do processo. Esse recurso, é possível o agravamento da penalidade pela autoridade julgadora (chamada *reformatio in pejus*), contudo, isso não acontece na revisão do processo.

11.9 Prazos da Lei nº 9.784/99

A lei possui muitos prazos, dessa forma, sintetizaremos, em um único tópico, todos eles para melhor entendimento e, consequentemente, para acertar as questões nas provas de concursos públicos:

Prática dos atos

Quantidade de dias: cinco dias.

> Se não existir uma disposição específica, prazo será de cinco dias.

> O prazo total pode ser até de 10 dias (dilatado até o dobro).

Artigo na lei que consta o prazo:

Art. 24. *Inexistindo disposição específica, os atos do órgão ou autoridade responsável pelo processo e dos administrados que dele participem devem ser praticados no prazo de cinco dias, salvo motivo de força maior.*

Parágrafo único. *O prazo previsto neste artigo pode ser dilatado até o dobro, mediante comprovada justificação.*

Intimação - da comunicação dos atos

Quantidade de dias: três dias úteis;

***Art. 26**, § 2º - A intimação observará a antecedência mínima de três dias úteis quanto à data de comparecimento.*

Intimação – da instrução

Quantidade de dias: três dias úteis;

Art. 41. *Os interessados serão intimados de prova ou diligência ordenada, com antecedência mínima de três dias úteis, mencionando-se data, hora e local de realização.*

Parecer

Quantidade de dias: 15 dias.

> Salvo norma especial ou comprovada necessidade de maior prazo.

Art. 42. *Quando deva ser obrigatoriamente ouvido um órgão consultivo, o parecer deverá ser emitido no prazo máximo de quinze dias, salvo norma especial ou comprovada necessidade de maior prazo.*

Direito de manifestação – da instrução

Quantidade de dias: 10 dias.

> Salvo se outro prazo for legalmente fixado.

Art. 44. *Encerrada a instrução, o interessado terá o direito de manifestar-se no prazo máximo de dez dias, salvo se outro prazo for legalmente fixado.*

Prazo de decidir

Quantidade de dias: 30 dias.

> Pode ser prorrogado por igual período se expressamente motivada.

> O prazo total pode ser até de 60 dias.

Art. 49. *Concluída a instrução de processo administrativo, a Administração tem o prazo de até trinta dias para decidir, salvo prorrogação por igual período expressamente motivada.*

Prazo para reconsiderar

Quantidade de dias: cinco dias.

***Art. 56**, § 1º - O recurso será dirigido à autoridade que proferiu a decisão, a qual, se não a reconsiderar no prazo de cinco dias, o encaminhará à autoridade superior.*

Recurso administrativo

Quantidade de dias: 10 dias.

> Se não existir disposição legal específica, o prazo será de 10 dias.

Art. 59. *Salvo disposição legal específica, é de dez dias o prazo para interposição de recurso administrativo, contado a partir da ciência ou divulgação oficial da decisão recorrida.*

Prazo de decidir recurso administrativo

» Quantidade de dias: 30 dias.

> Se a lei não fixar prazo diferente, o prazo será de 30 dias.

> O prazo total pode ser até de 60 dias, se houver justificativa explícita.

***Art. 59**, § 1º - Quando a lei não fixar prazo diferente, o recurso administrativo deverá ser decidido no prazo máximo de trinta dias, a partir do recebimento dos autos pelo órgão competente.*

***§ 2º** - O prazo mencionado no parágrafo anterior poderá ser prorrogado por igual período, ante justificativa explícita.*

Alegações finais

Quantidade de dias: 5 dias úteis.

Art. 62. *Interposto o recurso, o órgão competente para dele conhecer deverá intimar os demais interessados para que, no prazo de cinco dias úteis, apresentem alegações.*

Prazos da Lei nº 9.784/99

Tipo	Quantidade de Dias	Observações
Prática dos atos	5 dias	Se não existir disposição específica, o prazo será de 5 dias; O prazo total pode ser até de 10 dias (dilatado até o dobro).
Intimação de comunicação dos atos	3 dias úteis	
Intimação da Instrução	3 dias úteis	
Parecer	15 dias	Salvo norma especial ou comprovada necessidade de maior prazo.
Direito de manifestação da instrução	10 dias	Salvo se outro prazo for legalmente fixado.
Prazo de decidir	30 dias	Pode ser prorrogado por igual período se expressamente motivada; O prazo total pode ser até de 60 dias.
Prazo de reconsiderar	5 dias	
Recurso Administrativo	10 dias	Se não existir disposição legal específica, o prazo será de 10 dias.
Prazo de decidir RA	30 dias	Se a lei não fixar prazo diferente, o prazo será de 30 dias; O prazo total pode ser de até 60 dias, ante justificativa explícita.
Alegações Finais	5 dias úteis	

Art. 24. *Inexistindo disposição específica, os atos do órgão ou autoridade responsável pelo processo e dos administrados que dele participem devem ser praticados no prazo de cinco dias, salvo motivo de força maior.*

Parágrafo único. *O prazo previsto neste artigo pode ser dilatado até o dobro, mediante comprovada justificação.*

***Art. 26, § 2º** - A intimação observará a antecedência mínima de três dias úteis quanto à data de comparecimento.*

***Art. 41.** Os interessados serão intimados de prova ou diligência ordenada, com antecedência mínima de três dias úteis, mencionando-se data, hora e local de realização.*

***Art. 42.** Quando deva ser obrigatoriamente ouvido um órgão consultivo, o parecer deverá ser emitido no prazo máximo de quinze dias, salvo norma especial ou comprovada necessidade de maior prazo.*

***Art. 44.** Encerrada a instrução, o interessado terá o direito de manifestar-se no prazo máximo de dez dias, salvo se outro prazo for legalmente fixado.*

***Art. 49.** Concluída a instrução de processo administrativo, a Administração tem o prazo de até trinta dias para decidir, salvo prorrogação por igual período expressamente motivada.*

***Art. 56**, § 1º - O recurso será dirigido à autoridade que proferiu a decisão, a qual, se não a reconsiderar no prazo de cinco dias, o encaminhará à autoridade superior.*

***Art. 59**, § 1º - Quando a lei não fixar prazo diferente, o recurso administrativo deverá ser decidido no prazo máximo de trinta dias, a partir do recebimento dos autos pelo órgão competente.*

***§ 2º** - O prazo mencionado no parágrafo anterior poderá ser prorrogado por igual período, ante justificativa explícita.*

***Art. 62.** Interposto o recurso, o órgão competente para dele conhecer deverá intimar os demais interessados para que, no prazo de cinco dias úteis, apresentem alegações.*

Questões

01. (Cespe) O recurso contra o indeferimento da alegação de suspeição terá efeito suspensivo e devolutivo.

Certo ( ) Errado ( )

02. (Cespe) A decisão de recursos administrativos não poderá ser objeto de delegação.

Certo ( ) Errado ( )

03. (Cespe) O desatendimento de intimação para apresentação de defesa em processo administrativo não importa no reconhecimento da verdade dos fatos.

Certo ( ) Errado ( )

04. (FCC) Segundo a Lei nº 9.784/1999, que regula o processo administrativo no âmbito da Administração Pública Federal, é direito dos administrados:

a) Não agir de modo temerário.

b) Prestar as informações que lhe forem solicitadas e colaborar para o esclarecimento dos fatos.

c) Expor os fatos conforme a verdade.

d) Proceder com lealdade, urbanidade e boa-fé.

e) Fazer-se assistir, facultativamente, por advogado, salvo quando obrigatória a representação, por força de lei.

05. (Copeve - Ufal) Quanto ao processo administrativo, assinale a opção incorreta.

a) No processo administrativo disciplinar, apresentado o relatório final e conclusivo indicando a demissão do servidor, a autoridade julgadora, quando mencionado relatório contrariar às provas dos autos, poderá, motivadamente, agravar a penalidade proposta. Nesse caso, então, não se aplica a teoria da vedação à reformatio in pejus.

b) A falta de defesa técnica por advogado no processo administrativo disciplinar não ofende à Constituição.

c) Terão prioridade na tramitação, em qualquer órgão ou instância, os procedimentos administrativos em que figure como parte ou interessado pessoa com idade igual ou superior a 65 (sessenta e cinco) anos.

d) É inconstitucional a exigência de depósito ou arrolamento prévios de dinheiro ou bens para admissibilidade de recurso administrativo.

e) Não podem ser objeto de delegação a edição de atos de caráter normativo.

06. (Pontua - Adaptada) A Administração Pública obedecerá, dentre outros, aos princípios da legalidade, finalidade, motivação, razoabilidade, proporcionalidade, moralidade, ampla defesa, contraditório, segurança jurídica, interesse público e eficiência. Nos processos administrativos serão observados, entre outros, os critérios de:

I. Atuação conforme a lei e o Direito.

II. Objetividade no atendimento do interesse público, vedada a promoção pessoal de agentes ou autoridades.

III. Atuação segundo padrões éticos de probidade, decoro e boa-fé.

IV. Divulgação oficial dos atos administrativos, ressalvadas as hipóteses de sigilo previstas na Constituição.

V. Indicação dos pressupostos de fato e de direito que determinarem a decisão.

VI. Adequação entre meios e fins, vedada a imposição de obrigações, restrições e sanções em medida superior àquelas estritamente necessárias ao atendimento do interesse público.

Nesses casos, estão corretos:

a) I, II, III, V e VI;

b) I, III, IV e V;

c) II, IV, V e VI;

d) II, III, IV, V e VI;

e) Todos os critérios.

07. (Pontua - Adaptada) O administrado tem os seguintes direitos perante a Administração, sem prejuízo de outros que lhe sejam assegurados:

I. Ser tratado com respeito pelas autoridades e servidores, que deverão facilitar o exercício de seus direitos e o cumprimento de suas obrigações;

II. Ter ciência da tramitação dos processos administrativos em que tenha a condição de interessado, ter vista dos autos, obter cópias de documentos neles contidos e conhecer as decisões proferidas;

III. Fazer-se assistir, por advogado sempre, uma vez que obrigatória a representação;

IV. Formular alegações e apresentar documentos antes da decisão, os quais serão objeto de consideração pelo órgão competente.

Conforme a Lei, é incorreto o que consta em:

a) I, II e IV;

b) III;

c) II e III;

d) I e IV;

e) III e IV.

08. (FCC - Adaptada) Considere:

I. A cobrança de despesas processuais;

II. Divulgação oficial dos atos administrativos;

III. Fazer-se assistir obrigatoriamente por advogado.

No processo administrativo no âmbito da administração pública federal, a Lei nº 9784/99 vigora como regra o que consta apenas em:

a) I, II e III;

b) II;

c) I;

d) I e II;

e) III.

09. (Cespe) O prazo para a prática dos atos segundo a Lei 9.784/99 é de 3 dias úteis.

Certo ( ) Errado ( )

10. (Cespe) Concluída a instrução de processo administrativo, a administração tem o prazo de até trinta dias para decidir, salvo prorrogação por igual período expressamente motivada.

Certo ( ) Errado ( )

Gabaritos

01	ERRADO	**06**	E
02	CERTO	**07**	B
03	CERTO	**08**	B
04	E	**09**	ERRADO
05	C	**10**	CERTO

12. PODERES E DEVERES ADMINISTRATIVOS

Para um desempenho adequado do papel que compete à administração pública, o ordenamento jurídico confere a ela poderes e deveres especiais. Nesse capítulo, conheceremos seus deveres e poderes de modo a diferenciar a aplicabilidade de um ou de outro poder ou dever na análise de casos concretos, bem como apresentado nas questões de concurso público.

12.1 Deveres

Os deveres da administração pública são um conjunto de obrigações de direito público que a ordem jurídica confere aos agentes públicos com o objetivo de permitir que o Estado alcance seus fins.

O fundamento desses deveres é o Princípio da Indisponibilidade do Interesse Público, pois, como a administração pública é uma ferramenta do Estado para alcançar seus objetivos, não é permitido ao agente público usar dos seus poderes para satisfazer interesses pessoais ou de terceiros. Com base nessa regra, concluímos que esses agentes não podem dispor do interesse público, por não ser o seu proprietário, e sim o povo. A ele cabe a gestão da administração pública em prol da coletividade.

A doutrina, de um modo geral, enumera, como alguns dos principais deveres impostos aos agentes administrativos pelo ordenamento jurídico, quatro obrigações administrativas, a saber:

> Poder-Dever de Agir;
> Dever de Eficiência;
> Dever de Probidade;
> Dever de Prestar Contas.

Poder-dever de agir

O poder-dever de agir determina que toda a Administração Pública tem que agir em caso de determinação legal. Contudo, essa é temperada, uma vez que o administrador precisa ter possibilidade real de atuar.

> ***Art. 37**, § 6º, CF. Policiais em serviço que presenciam um cidadão ser assaltado e morto e nada fazem. Nessa situação, além do dever imposto por lei, havia a possibilidade de agir. Nesse caso concreto, gera-se a possibilidade de indenização por parte do Estado, com base na responsabilidade civil do Estado.*

Enquanto no direito privado agir é uma faculdade do administrador, no direito público, agir é um dever legal do agente público.

Em decorrência dessa regra temos que os **poderes** administrativos são **irrenunciáveis**, devendo ser **obrigatoriamente exercidos** por seus titulares nas situações cabíveis.

A inércia do agente público acarreta responsabilização a ela por abuso de poder na modalidade omissão. A Administração Pública também responderá pelos danos patrimoniais ou morais decorrentes da omissão na esfera cível.

Dever de eficiência

A Constituição implementou o dever de eficiência com a introdução da Emenda Constitucional nº 19 de 1998, a chamada reforma administrativa. Esse novo modelo instituiu a denominada "administração gerencial", tendo vários exemplos dispostos no corpo do texto constitucional, como:

> Possibilidade de perda do cargo de servidor estável em razão de insuficiência de desempenho (Art. 41, § 1º, III);
> O estabelecimento como condição para o ganho da estabilidade de avaliação de desempenho (Art. 41, § 4º);
> A possibilidade da celebração de contratos de gestão (Art. 37, § 8º);
> A exigência de participação do servidor público em cursos de aperfeiçoamento profissional como um dos requisitos para a promoção na carreira (Art. 39, § 2º).

Dever de probidade

O dever de probidade determina que todo administrador público, no desempenho de suas atividades, atue sempre com ética, honestidade e boa-fé, em consonância com o Princípio da Moralidade Administrativa.

> ***Art. 37, § 4º, CF.** Os atos de improbidade administrativa importarão a suspensão dos direitos políticos, a perda da função pública, a indisponibilidade dos bens e o ressarcimento ao erário, na forma e gradação previstas em lei, sem prejuízo da ação penal cabível.*

Efeitos:

> A suspensão dos direitos políticos;
> Perda da função pública;
> Ressarcimento ao erário;
> Indisponibilidade dos bens.

Dever de prestar contas

O dever de prestar contas decorre diretamente do Princípio da Indisponibilidade do Interesse Público, sendo pertinente à função do agente público, que é simples gestão da coisa pública.

> ***Art.70, Parágrafo único, CF.** Prestará contas qualquer pessoa física ou jurídica, pública ou privada, que utilize, arrecade, guarde, gerencie ou administre dinheiros, bens e valores públicos ou pelos quais a União responda, ou que, em nome dessa, assuma obrigações de natureza pecuniária.*

12.2 Poderes Administrativos

São mecanismos que, utilizados isoladamente ou em conjunto, permitem que a administração pública possa cumprir suas finalidades. Dessa forma, os poderes administrativos representam um conjunto de prerrogativas de direito Público que a ordem jurídica confere aos agentes administrativos para o fim de permitir que o Estado alcance os seus fins, assim leciona o professor José dos Santos Carvalho Filho.

O fundamento desses poderes é o princípio da supremacia do interesse público, pois, como a administração pública é uma ferramenta do Estado para alcançar seus objetivos, e tais objetivos são de interesse de toda coletividade, é necessário que o Estado possa ter prerrogativas especiais na busca de seus objetivos. Como exemplo, podemos citar a aplicação de uma multa de trânsito. Imagine que a lei fale que ultrapassar o sinal vermelho é errado, mas que o Estado não tenha o poder de aplicar a multa. De nada vale a previsão da infração na lei.

São Poderes Administrativos descritos pela doutrina pátria:

> Poder Vinculado;
> Poder Discricionário;
> Poder Hierárquico;
> Poder Disciplinar;
> Poder Regulamentar;
> Poder de Polícia.

Poder vinculado

O poder vinculado determina que o administrador somente pode fazer o que a lei determina; aqui não se gera poder de escolha, ou seja, está o administrador preso (vinculado) aos ditames da lei.

O agente público não pode fazer considerações de conveniência e oportunidade. Caso descumpra a única hipótese prevista na lei para orientar a sua conduta, praticará um ato ilegal, sendo assim, deve o ato ser anulado.

Poder discricionário

O poder discricionário gera a margem de escolha, que é a conveniência e a oportunidade, o mérito administrativo. Diz-se que o agente público pode agir com liberdade de escolha, mas sempre respeitando os parâmetros da lei.

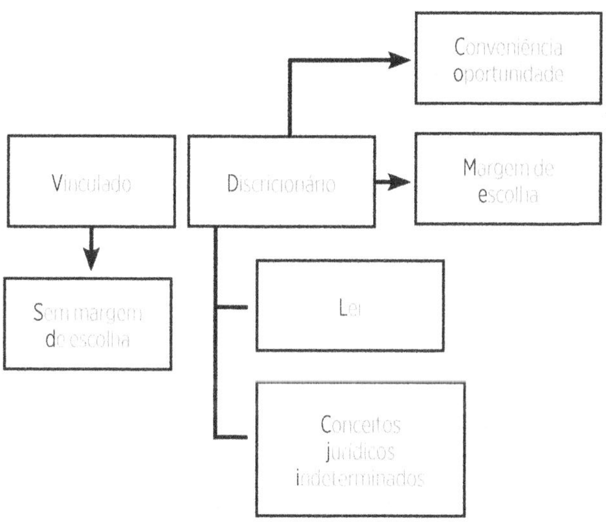

Duas são as vertentes que autorizam o poder discricionário: a lei e os conceitos jurídicos indeterminados. Esses últimos são determinações da própria lei, por exemplo: quando a Lei prevê a boa-fé, quem decide se o administrado está de boa ou má-fé é o agente público, sempre sendo razoável e proporcional.

Poder hierárquico

Manifesta a noção de um escalonamento vertical da Administração Pública, já que temos a subordinação entre órgãos e agentes, sempre no âmbito de uma mesma pessoa jurídica.

Observação

Não há subordinação nem hierarquia:

> Entre pessoas distintas;
> Entre os poderes da república;
> Entre a administração e o administrado.

Prerrogativas

Dar ordens: cabe ao subordinado o dever de obediência, salvo nos casos de ordens manifestamente ilegais.

Fiscalizar a atuação dos subordinados.

Revisar os atos dos subordinados e, nessa atribuição:

> Manter os atos vinculados legais e os atos discricionários legais convenientes e oportunos.
> Convalidar os atos com defeitos sanáveis.
> Anular os atos ilegais.
> Revogar os atos discricionários legais inconvenientes e inoportunos.

A caraterística marcante é o grau de subordinação entre órgãos e agentes, sempre dentro da estrutura da mesma pessoa jurídica. O controle hierárquico permite que o superior aprecie todos os aspectos dos atos de seus subordinados (quanto à legalidade e quanto ao mérito administrativo) e pode ocorrer de ofício ou a pedido, quando for interesse de terceiros, por meio de recurso hierárquico.

Aplicar sanções aos servidores que praticarem infrações funcionais.

Delegar competência

Delegação é o ato discricionário, revogável a qualquer tempo, mediante o qual o superior hierárquico confere o exercício temporário de algumas de suas atribuições, originariamente pertencentes ao seu cargo, a um subordinado.

É importante alertar que, excepcionalmente, a lei admite a delegação para outro órgão que não seja hierarquicamente subordinado ao delegante, conforme podemos constatar da redação do Art. 12 da Lei nº 9.784/99:

> ***Art. 12.*** *Um órgão administrativo e seu titular poderão, se não houver impedimento legal, delegar parte da sua competência a outros órgãos ou titulares, ainda que estes não lhe sejam hierarquicamente subordinados, quando for conveniente, em razão de circunstâncias de índole técnica, social, econômica, jurídica ou territorial.*

Características da delegação

Não podem ser delegados

> Edição de atos de caráter normativo;
> A decisão de recursos administrativos;
> As matérias de competência exclusiva do órgão ou autoridade.

Consequências

> Não acarreta renúncia de competências;
> Transfere o exercício da atribuição e não a titularidade, pois pode ser revogada a delegação a qualquer tempo pela autoridade delegante;
> O ato de delegação e sua revogação deverão ser publicados em meio oficial.

Avocação Competência

Avocar é o ato discricionário mediante o qual o superior hierárquico traz para si o exercício temporário de determinada competência, atribuída por lei a um subordinado.

Cabimento: é uma medida excepcional e deve ser fundamentada.

Restrições: não podem ser avocadas competências exclusivas do subordinado.

Consequências: desonera o agente de qualquer responsabilidade relativa ao ato praticado pelo superior hierárquico.

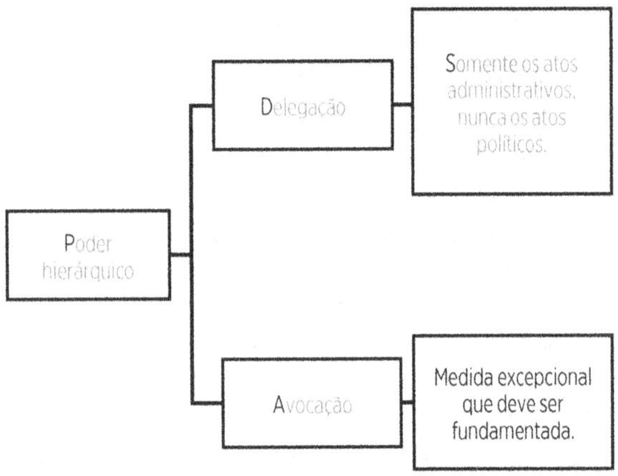

Segundo a Lei nº 9.784/99, que trata do processo administrativo federal:

Art. 13. Não podem ser objeto de delegação:

I. a edição de atos de caráter normativo;

II. a decisão de recursos administrativos;

III. as matérias de competência exclusiva do órgão ou autoridade.

Poder disciplinar

O poder disciplinar é uma espécie de poder-dever de agir da Administração Pública. Dessa forma, o administrador público atua de forma a punir internamente as infrações cometidas por seus agentes e, em exceção, atua de forma a, punir particulares que mantenham um vínculo jurídico específico com a Administração.

O poder disciplinar não pode ser confundido com o *jus puniendi* do Estado, ou seja, com o poder do Estado de aplicar a lei penal a quem comete uma infração penal.

Em regra, o poder disciplinar é discricionário, algumas vezes, é vinculado. Essa discricionariedade se encontra na escolha da quantidade de sanção a ser aplicada dentro das hipóteses previstas na lei, e não na faculdade de punir ou não o infrator, pois puni-lo é um dever, sendo assim, a punição não é discricionária, quantidade de punição que em regra é. Porém, é importante lembrar que, quando a lei apontar precisamente a penalidade ou a quantidade dela que deve ser aplicada para determinada infração, o poder disciplinar será vinculado.

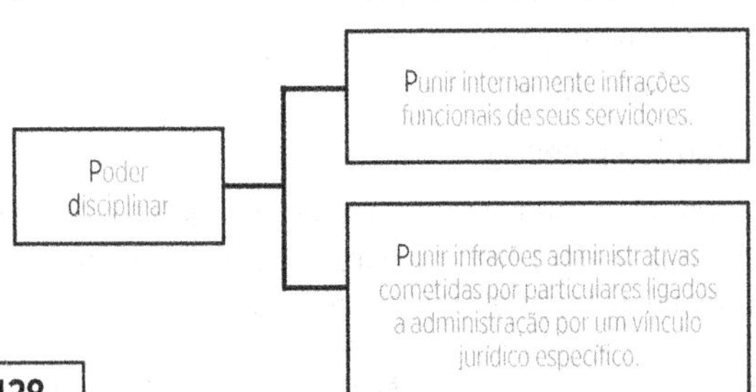

Poder regulamentar

Quando a Administração atua punindo particulares (comuns) que cometeram falta, ela está usando o poder de polícia. Contudo, quando atua penalizando particulares que mantenham um vínculo jurídico específico (plus), estará utilizando o poder disciplinar.

Existem duas formas de manifestação do poder regulamentar: o decreto regulamentar e o autônomo, sendo que o primeiro é a regra e o segundo é a exceção.

Decreto regulamentar

Também denominado decreto executivo ou regulamento executivo.

O decreto regulamentar é uma prerrogativa dos chefes do poder executivo de regulamentar a lei para garantir a sua fiel aplicação.

Restrições

> Não inova o ordenamento jurídico;

> Não pode alterar a lei;

> Não pode criar direitos e obrigações;

> Caso o decreto regulamentar extrapole os limites da lei, haverá quebra do princípio da legalidade. Nessa situação, se do decreto regulamentar for federal, caberá ao Congresso Nacional sustar os seus dispositivos violadores da lei.

Exercício

> Somente por decretos dos chefes do poder Executivo (Presidente da República, Governadores e Prefeitos), sendo uma competência exclusiva, indelegável a qualquer outra autoridade.

Natureza

> **Decreto:** natureza secundária ou derivada;

> **Lei:** natureza primária ou originária.

Prazo para regulamentação

> A lei a ser regulamentada deve apontar;

> A ausência do prazo é inconstitucional;

> Enquanto não regulamentada, a lei é inexequível (não pode ser executada);

> Se o chefe do executivo descumprir o prazo, a lei se torna exequível (pode ser executada);

> A competência para editar decreto regulamentar não pode ser objeto de delegação.

Decreto autônomo

A Emenda Constitucional nº 32, alterou o Art. 84 da Constituição Federal e deu ao seu inciso VI a seguinte redação:

Art. 84. *Compete privativamente ao Presidente da República:*

VI. *dispor, mediante decreto, sobre:*

a) *organização e funcionamento da administração federal, quando não implicar aumento de despesa nem criação ou extinção de órgãos públicos;*

b) *extinção de funções ou cargos públicos, quando vagos;*

Essa previsão se refere ao que a doutrina chama de decreto autônomo, pois se refere à predição para o presidente da república tratar mediante decreto de determinados assuntos, sem lei anterior, balizando a sua atuação, pois a baliza foi a própria Constituição Federal. O decreto é autônomo porque não depende de lei.

Características

> Inova o ordenamento jurídico.
> O decreto autônomo tem natureza primária ou originária.
> Somente pode tratar das matérias descritas no Art. 84, VI, da Constituição Federal.
> O Presidente da República poderá delegar as atribuições mencionadas para edição de decretos autônomos aos Ministros de Estado, ao Procurador-Geral da República ou ao Advogado-Geral da União, que observarão os limites traçados nas respectivas delegações, conforme prevê o inciso único do Art. 84.

As regras relativas às competências do Presidente da República no uso do decreto regulamentar e do autônomo são estendidas aos demais chefes do executivo nacional dentro das suas respectivas administrações públicas. Sendo assim, governadores e prefeitos podem tratar, mediante decreto autônomo, dos temas estaduais e municipais de suas respectivas administrações que o Presidente da República pode resolver, mediante decreto autônomo, na esfera da administração pública federal.

DECRETO DE EXECUÇÃO

É a regra.

Pode ser editado pelos chefes do Executivo.

Não inova o ordenamento jurídico e necessita de amparo de uma lei.

É de competência exclusiva, não pode ser delegável.

DECRETO AUTÔNOMO

É a exceção.

Somente pode ser editado pelo Presidente da República.

Inova lei nos casos do Art. 84, IV, a e b do texto constitucional.

É de competência privativa e pode ser delegável de acordo com o Art. 84, parágrafo único.

Poder de polícia

O Código Tributário Nacional, em seu Art. 78, ao tratar dos fatos geradores das taxas, assim conceitua poder de polícia:

> ***Art. 78.*** *Considera-se poder de polícia atividade da Administração Pública que, limitando ou disciplinando direito, interesse ou liberdade, regula a prática de ato ou abstenção de fato, em razão de interesse público concernente à segurança, à higiene, à ordem, aos costumes, à disciplina da produção e do mercado, ao exercício de atividades econômicas dependentes de concessão ou autorização do Poder Público, à tranquilidade pública ou ao respeito à propriedade e aos direitos individuais ou coletivos.*

Hely Lopes Meirelles conceitua poder de polícia como a faculdade que dispõe a Administração Pública para condicionar, restringir o uso, o gozo de bens, atividades e direitos individuais, em benefício da coletividade ou do próprio Estado.

É competente para exercer o poder de polícia administrativa sobre uma dada atividade o ente federado, ao qual a Constituição da República atribui competência para legislar sobre essa mesma atividade, para regular a prática dessa.

Assim, podemos dizer que o poder de polícia é discricionário em regra, podendo ser vinculado nos casos em que a lei determinar. Ele dispõe que toda a Administração Pública pode condicionar ou restringir os direitos dos administrados em caso de não cumprimento das determinações legais.

O poder de polícia **fundamenta-se** no de **império** do Estado (Poder **Extroverso**), que decorre do Princípio da Supremacia do Interesse Público, pois, por meio de imposições limitando ou restringindo a esfera jurídica dos administrados, visa à Administração Pública à defesa de um bem maior, que é proteção dos direitos da coletividade, pois o interesse público prevalece sobre os particulares.

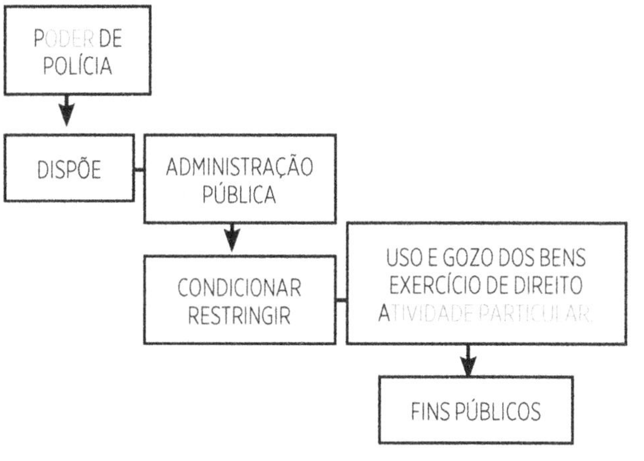

Atributos do poder de polícia

Discricionariedade: o poder de polícia, em regra, é discricionário, pois dá margem de liberdade dentro dos parâmetros legais ao administrador público para agir; contudo, se a lei exigir, tal poder pode ser vinculado.

O Estado escolhe as atividades que sofrerão as fiscalizações da polícia administrativa. Essa escolha é manifestação da discricionariedade do poder de polícia do Estado. Também é manifestação da discricionariedade do poder de polícia a majoração da quantidade de pena aplicada a quem cometer uma infração sujeita à disciplina do poder de polícia.

Nos casos em que a lei prever uma pena que tenha duração no tempo e não fixar exatamente a quantidade, dando uma margem de escolha de quantidade ao julgador, temos o exercício do poder discricionário na atuação de polícia e, como limite desse poder de punir, temos a própria lei que traz a ordem de polícia e ainda os princípios da razoabilidade e da proporcionalidade que vedam a aplicação da pena em proporção superior à gravidade do fato ilícito praticado.

Autoexecutoriedade: é a prerrogativa da Administração Pública de executar diretamente as decisões decorrentes do poder de polícia, por seus próprios meios, sem precisar recorrer ao judiciário.

Cabimento

- Autorização da Lei;
- Medida Urgente.

A **autoexecutoriedade** no uso do poder de polícia não é absoluta, tendo natureza relativa, ou seja, não são todos os atos decorrentes do poder de polícia que são autoexecutórios. Para que um ato assim ocorra, é necessário que ele seja exigível e executório ao mesmo tempo:

- **Exigibilidade**: exigível é aquela conduta prevista na norma que, caso seja infringida, pode ser aplicada uma **coerção indireta**, ou seja, caso a pessoa venha a sofrer uma penalidade e se recuse a aceitar a aplicação da sanção, a aplicação dessa somente poderá ser executada por decisão judicial. É o caso das multas, por exemplo, que podem ser lançadas a quem comete uma infração de trânsito, a administração não pode receber o valor devido por meio da coerção, caso a pessoa penalizada se recuse a pagar a multa, o seu recebimento dependerá de execução judicial pela Administração Pública. A exigibilidade é uma característica de todos os atos praticados no exercício do poder de polícia.
- **Executoriedade**: executória é a norma que, caso seja desrespeitada, permite a aplicação de uma **coerção direta**, ou seja, a administração pode utilizar da força coercitiva para garantir a aplicação da penalidade, sem precisar recorrer ao judiciário.

É o caso das sanções de interdição de estabelecimentos comerciais, suspensão de direitos, entre outras. Não são todas as medidas decorrentes do poder de polícia executórias.

O ato de polícia para ser autoexecutório precisa ser ao mesmo tempo exigível e executório, ou seja, nem todos os atos decorrentes do poder de polícia são autoexecutórios.

- **Coercibilidade**: esse atributo informa que as determinações da Administração podem ser impostas coercitivamente ao administrado, ou seja, o particular é obrigado a observar os ditames da administração. Caso ocorra resistência por parte desse, a administração pública estará autorizada a usar força, independentemente de autorização judicial, para fazer com que seja cumprida a regra de polícia. Todavia, os meios utilizados pela administração devem ser legítimos, humanos e compatíveis com a urgência e a necessidade da medida adotada.

Classificação

O poder de polícia pode ser originário, no caso da Administração Pública direta e derivada. Quando diz respeito as autarquias, a doutrina orienta que fundações públicas, sociedade de economia mista e empresas públicas não possuem o poder de polícia em suas ações. Classificação:

Poder de polícia originário:

- Dado à Administração Pública Direta.

Poder de polícia delegado:

- Dado às pessoas da Administração Pública Indireta que possuem personalidade jurídica de direito público. Esse poder somente é proporcionado para as autarquias ligadas à Administração Indireta.

O poder de polícia não pode ser exercido por particulares ou por pessoas jurídicas de direito privado da administração indireta, entretanto, o STJ em uma recente decisão entendeu que os atos de consentimento de polícia e de fiscalização dessa, que por si só não têm natureza coercitiva, podem ser delegados às pessoas jurídicas de direito privado da Administração Indireta.

Meios de atuação

O poder de polícia pode ser exercido tanto preventivamente quanto repressivamente.

Prevenção: manifesta-se por meio da edição de atos normativos de alcance geral, tais como leis, decretos, resoluções, entre outros, e também por meio de várias medidas administrativas, tais como a fiscalização, a vistoria, a notificação, a licença, a autorização, entre outros.

Repressão: manifesta-se por meio da aplicação de punições, tais como multas, interdição de direitos, destruição de mercadorias etc.

Ciclo de polícia

O ciclo de polícia se refere às fases de atuação desse poder, ordem de polícia, consentimento, fiscalização e sanção de polícia, sendo assim, esse ciclo, para se completar, pode passar por quatro fases distintas:

Ordem de polícia: é a Lei inovadora que tem trazido limites ou condições ao exercício de atividades privadas ou uso de bens.

Consentimento: é a autorização prévia fornecida pela Administração para a prática de determinada atividade privada ou para usar um bem.

Fiscalização: é a verificação, por parte da administração pública, para certificar-se de que o administrado está cumprindo as exigências contidas na ordem de polícia para a prática de determinada atividade privada ou uso de bem.

Sanção de polícia: é a coerção imposta pela administração ao particular que pratica alguma atividade regulada por ordem de polícia em descumprimento com as exigências contidas.

É importante destacar que o ciclo de polícia não precisa necessariamente comportar essas quatro fases, pois as de ordem e fiscalização devem sempre estar presentes em qualquer atuação de polícia administrativa, todavia, as fases de consentimento e de sanção não estarão presentes em todos os ciclos de polícia.

Prescrição

O prazo de prescrição das ações punitivas decorrentes do exercício do poder de polícia é de **5 anos** para a esfera federal, conforme constata-se na redação do Art. 1º da Lei nº 9.873/99:

> ***Art. 1º.*** *Prescreve em cinco anos a ação punitiva da Administração Pública Federal, direta e indireta, no exercício do poder de polícia, objetivando apurar infração a legislação em vigor, contados da data da prática do ato ou, no caso de infração permanente ou continuada, do dia em que tiver cessado.*

Polícia administrativa x polícia judiciária

Polícia administrativa: atua visando evitar a prática de infrações administrativas, tem natureza preventiva, entretanto, em alguns casos ela pode ser repressiva. A polícia administrativa atua sobre atividades privadas, bens ou direitos.

Polícia judiciária: atua com o objetivo de reprimir a infração criminal, tem natureza repressiva, mas, em alguns casos, pode ser preventiva. Ao contrário da polícia administrativa que atua sobre atividades privadas, bens ou direitos, a atuação da judiciária recai sobre as pessoas.

Poder de polícia x prestação de serviços públicos

Não podemos confundir toda atuação estatal com a prestação de serviços públicos, pois, dentre as diversas atividades desempenhadas pela Administração Pública, temos, além da prestação de serviços públicos, o exercício do poder de polícia, o fomento, a intervenção na propriedade privada, entre outras.

Distingue-se o poder de polícia da prestação de serviços públicos, pois essa é uma atividade positiva, que se manifesta numa obrigação de fazer.

Poder de polícia: atividade negativa, que traz a noção de não fazer, proibição, excepcionalmente pode trazer uma obrigação de fazer. Seu exercício sofre tributação mediante taxa e é indelegável a particulares.

Serviço público: atividade positiva, que traz a noção de fazer algo. A sua remuneração se dá por meio da tarifa, que não é um tributo, mas sim, uma espécie de preço público, e o serviço público, mesmo sendo de titularidade exclusiva do Estado, é delegável a particulares.

12.3 Abuso de Poder

O administrador público tem que agir obrigatoriamente em obediência aos princípios constitucionais, do contrário, sua ação pode ser arbitrária e, consequentemente, ilegal, o que gerará o chamado abuso de poder.

Excesso de poder: quando o agente público atua fora dos limites de sua esfera de competência.

Desvio de poder: quando a atuação do agente, embora dentro de sua órbita de competência, contraria a finalidade explícita ou implícita na lei que determinou ou autorizou a sua atuação, tanto é desvio de poder a conduta contrária à finalidade geral (ou mediata) do ato – o interesse público –, quanto a que discrepe de sua finalidade específica (ou imediata).

Omissão de poder: ocorre quando o agente público fica inerte diante de uma situação em que a lei impõe o uso do poder.

> *Todos os atos que forem praticados com abuso de poder são ilegais e devem ser anulados; essa anulação pode acontecer tanto pela via administrativa quanto pela via judicial.*
>
> *O remédio constitucional para combater o abuso de poder é o Mandado de Segurança.*

Questões

01. (Cespe) A invalidação da conduta abusiva de um agente público pode ocorrer tanto na esfera administrativa quanto por meio de ação judicial, e, em certas circunstâncias, o abuso de poder constitui ilícito penal.

Certo ( ) Errado ( )

02. (Cespe) O poder de polícia, vinculado à prática de ato ilícito de um particular, tem natureza sancionatória, devendo ser exercido apenas de maneira repressiva.

Certo ( ) Errado ( )

03. (Cespe) O ordenamento jurídico pode determinar que a competência de certo órgão ou de agente inferior na escala hierárquica seja exclusiva e, portanto, não possa ser avocada.

Certo ( ) Errado ( )

04. (Cespe) O poder regulamentar, regra geral, tem natureza primária e decorre diretamente da CF, sendo possível que os atos expedidos inovem o próprio ordenamento jurídico.

Certo ( ) Errado ( )

05. (Cespe) Com fundamento no poder disciplinar, a Administração Pública, ao ter conhecimento de prática de falta por servidor público, pode escolher entre a instauração ou não de procedimento destinado a promover a correspondente apuração da infração.

Certo ( ) Errado ( )

06. (Cespe) As prerrogativas do regime jurídico administrativo conferem poderes à Administração, colocada em posição de supremacia sobre o particular; já as sujeições servem de limites à atuação administrativa, como garantia do respeito às finalidades públicas e também dos direitos do cidadão.

Certo ( ) Errado ( )

07. (Cespe) De acordo com a lei, denomina-se ocupação temporária a situação em que um agente policial obriga o proprietário de um veículo particular em movimento a parar, a fim de utilizar esse na perseguição à terrorista internacional que porta bomba, para iminente detonação.

Certo ( ) Errado ( )

08. (Cespe) A sanção administrativa é consectário do poder de polícia regulado por normas administrativas.

Certo ( ) Errado ( )

09. (Cespe) A Administração Pública, no exercício do ius imperii, subsume-se ao regime de direito privado.

Certo ( ) Errado ( )

10. (Cespe) O prazo prescricional para que a Administração Pública federal, direta e indireta, no exercício do poder de polícia, inicie ação punitiva, cujo objetivo seja apurar infração à legislação em vigor, é de cinco anos, contados da data em que o ato se tornou conhecido pela Administração, salvo se tratar de infração dita permanente ou continuada, pois, nesse caso, o termo inicial ocorre no dia em que cessa a infração.

Certo ( ) Errado ( )

Gabaritos

01	CERTO	06	CERTO
02	ERRADO	07	ERRADO
03	CERTO	08	CERTO
04	ERRADO	09	ERRADO
05	ERRADO	10	ERRADO

13. CONTROLE DA ADMINISTRAÇÃO PÚBLICA

É um conjunto de instrumentos que o ordenamento jurídico estabelece a fim de que a própria administração Pública, os três poderes, e, ainda, o povo, diretamente ou por meio de órgãos especializados, possam exercer o poder de fiscalização, orientação e revisão da atuação de todos os órgãos, entidades e agentes públicos, em todas as esferas do poder.

13.1 Classificação

Quanto à origem

Controle interno

Acontece dentro do próprio poder, decorrente do princípio da autotutela.

Finalidade:

> ***Art. 74**, CF. Os Poderes Legislativo, Executivo e Judiciário manterão, de forma integrada, sistema de controle interno com a finalidade de:*
>
> ***I.** Avaliar o cumprimento das metas previstas no plano plurianual, a execução dos programas de governo e dos orçamentos da União;*
>
> ***II.** Comprovar a legalidade e avaliar os resultados, quanto à eficácia e eficiência, da gestão orçamentária, financeira e patrimonial nos órgãos e entidades da administração federal, bem como da aplicação de recursos públicos por entidades de direito privado;*
>
> ***III.** Exercer o controle das operações de crédito, avais e garantias, bem como dos direitos e haveres da União;*
>
> ***IV.** Apoiar o controle externo no exercício de sua missão institucional.*
>
> ***§ 1º** - Os responsáveis pelo controle interno, ao tomarem conhecimento de qualquer irregularidade ou ilegalidade, dela darão ciência ao Tribunal de Contas da União, sob pena de responsabilidade solidária.*

Exs.:

Pode ser exercido no âmbito hierárquico ou por órgãos especializados (sem hierarquia);

O controle finalístico (controvérsia doutrinária, alguns autores falam que é modalidade de controle externo);

A fiscalização realizada por um órgão da Administração Pública do Legislativo sobre a atuação dela própria;

O controle realizado pela Administração Pública do poder judiciário nos atos administrativos praticados pela própria Administração Pública desse poder.

Controle externo

É exercido por um poder sobre os atos administrativos de outro poder.

A exemplo, temos o controle judicial dos atos administrativos, que analisa aspectos de legalidade dos atos da Administração Pública dos demais poderes; ou o controle legislativo realizado pelo poder legislativo, nos atos da Administração Pública dos outros poderes.

Controle popular

É o controle exercido pelos administrados na atuação da Administração Pública dos três poderes, seja por meio da ação popular, do direito de petição ou de outros.

É importante lembrar que os atos administrativos devem ser publicados, salvo os sigilosos. Todavia, uma outra finalidade da publicidade dos atos administrativos é o desenvolvimento do controle social da Administração Pública[1].

Quanto ao momento de exercício

Controle prévio

É exercido antes da prática ou antes da conclusão do ato administrativo.

Finalidade:

É um requisito de validade do ato administrativo.

Ex.: A aprovação do Senado Federal da escolha de ministros do STF ou de dirigente de uma agência reguladora federal. Em tais situações, a referida aprovação antecede a nomeação de tais agentes.

Controle concomitante

É exercido durante a prática do ato.

Finalidade:

Possibilitar a aferição do cumprimento das formalidades exigidas para a formação do ato administrativo.

Ex.: Fiscalização da execução de um contrato administrativo; acompanhamento de uma licitação pelos órgãos de controle.

Controle subsequente/corretivo/posterior

É exercido após a conclusão do ato.

Finalidade:

- Correção dos defeitos sanáveis do ato;
- Declaração de nulidade do ato;
- Revogação do ato discricionário legal inconveniente e inoportuno.
- Cassação do ato pelo descumprimento dos requisitos que são exigidos para a sua manutenção.
- Conferir eficácia ao ato.

Ex.: Homologação de um concurso público.

Quanto ao aspecto controlado

Controle de legalidade

Sua finalidade é verificar se o ato foi praticado em conformidade com o ordenamento jurídico, e, por esse, entendemos que o

---

1 Lei de Acesso à Informação Pública - Lei 12.527-Art. 3º. Os procedimentos previstos nesta Lei destinam-se a assegurar o direito fundamental de acesso à informação e devem ser executados em conformidade com os princípios básicos da Administração Pública e com as seguintes diretrizes:
I. observância da publicidade como preceito geral e do sigilo como exceção;
II. divulgação de informações de interesse público, independentemente de solicitações;
III. utilização de meios de comunicação viabilizados pela tecnologia da informação;
IV. fomento ao desenvolvimento da cultura de transparência na Administração Pública;
V. desenvolvimento do controle social da Administração Pública.

ato tem que ser praticado de acordo com as leis e também com os princípios fundamentais da administração pública.

Lei deve ser entendida, nessa situação, em sentido amplo, ou seja, a Constituição Federal, as leis ordinárias, complementares, delegadas, medidas provisórias e as normas infralegais.

Exercício

Própria Administração Pública: pode realizar o controle de legalidade a pedido ou de ofício. Em decorrência do princípio da autotutela, é espécie de controle interno.

Poder Judiciário: no exercício da função jurisdicional, pode exercer o controle de legalidade somente por provocação. Nesse caso, é uma espécie de inspeção externo.

Poder Legislativo: somente pode exercer controle de legalidade nos casos previstos na Constituição Federal. É forma de controle externo.

Consequências

Confirmação da validade do ato.

Anulação do ato com vício de validade (ilegal).

Um ato administrativo pode ser anulado pela própria Administração2 que o praticou, por provocação ou de ofício (controle interno) ou pelo poder judiciário. Nesse caso, somente por provocação (controle externo). A anulação gera efeitos retroativos (*ex tunc*), desfazendo todas as relações do ato resultadas, salvo, entretanto, os efeitos produzidos para os terceiros de boa-fé.

Prazo para anulação na via administrativa: cinco anos, contados a partir da prática do ato, salvo comprovada má-fé .

Segundo o STF, quando o controle interno acarretar o desfazimento de um ato administrativo que implique em prejuízo à situação jurídica do administrado, a administração deve antes instaurar um procedimento que garanta a ele o contraditório e a ampla-defesa, para que, dessa forma, possa defender os seus interesses.

Convalidação do ato é a correção com efeitos retroativos do ato administrativo com defeito sanável. Considera-se problema reparável:

> **I.** Vício de competência relativo à pessoa.
> » **Exceção**: competência exclusiva (também não cabe convalidação).
> » O vício de competência relativo à matéria não é caracterizado como um defeito sanável.

> **II.** Vício de Forma
> » **Exceção**: lei determina que a forma seja elemento essencial de validade de determinado ato (também não cabe convalidação).

Sendo assim, somente os vícios nos elementos forma e competência podem ser convalidados. Em todos os demais casos, a administração somente pode anular o ato.

Mesmo quando o defeito admite convalidação, a administração pública tem a possibilidade de anular, pois a regra é a anulação e a convalidação uma faculdade disponível ao agente público em hipóteses excepcionais.

2 Súmula 473, STF. *A Administração pode anular seus próprios atos, quando eivados de vícios que os tornem ilegais, porque deles não se originam direitos; ou revogá-los, por motivo de conveniência ou oportunidade, respeitados os direitos adquiridos, e ressalvada, em todos os casos, a apreciação judicial.*

Convalidação tácita

O Art. 54 da Lei 9.784 prevê que a administração tem o direito de anular os atos administrativos de que decorram efeitos favoráveis; para os destinatários, decai em cinco anos, contados da data em que forem praticados, salvo comprovada má-fé. Transcorrido esse prazo, o ato foi convalidado, pois não pode ser mais anulado pela administração.

Convalidação expressa

> **Art. 55, Lei 9.784/99.** *Em decisão na qual se evidencie não acarretar lesão ao interesse público nem prejuízo a terceiros, os atos que apresentarem defeitos sanáveis poderão ser convalidados pela própria Administração.*

O prazo que a Administração Pública tem para convalidar um ato é o mesmo que ela tem para anular, ou seja, cinco anos contados a partir da data da prática do feito. Como analisamos, a convalidação, se trata de um controle de legalidade que verificou que o ato foi praticado com vício, todavia, na hipótese descrita no Art. 55 da Lei 9.784/99, a autoridade com competência para anular tal ato, pode optar pela sua convalidação.

Controle de mérito

Sua finalidade é verificar a conveniência e a oportunidade dos atos administrativos discricionários.

Exercício

Em regra, é exercido discricionariamente pelo próprio poder que praticou o feito.

Excepcionalmente, o poder legislativo tem competência para verificar o mérito de atos administrativos dos outros poderes, esse é um controle de mérito de natureza política.

Não pode ser exercido pelo poder judiciário na sua função típica, mas pode ser executado pela Administração Pública do poder judiciário nos atos dela própria.

Consequências

Manutenção do ato discricionário legal, conveniente e oportuno;

Revogação do ato discricionário legal, inconveniente e inoportuno.

Nas hipóteses em que o Poder Legislativo exerce controle de mérito da atuação administrativa dos outros poderes, não lhe é permitida a revogação de tais atos.

Quanto à amplitude

Controle hierárquico

Decorre da hierarquia presente na Administração Pública, que se manifesta na subordinação entre órgãos e agentes, sempre no âmbito de uma mesma pessoa jurídica. Acontece na Administração Pública dos três poderes.

Consequências

É um controle interno permanente (antes/durante/após a prática do ato) e irrestrito, pois verifica aspectos de legalidade e de mérito de um ato administrativo praticado pelos agentes e órgãos subordinados.

Esse controle está relacionado às atividades de supervisão, coordenação, orientação, fiscalização, aprovação, revisão, avocação e aplicação de meios corretivos dos desvios e irregularidades verificados.

Controle finalístico/tutela administrativa/ supervisão ministerial

É exercido pela administração direta sobre as pessoas jurídicas da administração indireta.

Efeitos

Depende de norma legal que o estabeleça, não se enquadrando como um controle específico, e sua finalidade é verificar se a entidade está atingindo as suas intenções estatutárias.

13.2 Controle Administrativo

É um controle interno, fundado no poder de autotutela, exercido pelo poder executivo e pelos órgãos administrativos dos poderes legislativo e judiciário sobre suas próprias condutas, tendo em vista aspectos de legalidade e de mérito administrativo3.

> *Súmula 473, STF: A Administração pode anular seus próprios atos, quando eivados de vícios que os tornam ilegais, porque deles não se originam direitos; ou revogá-los, por motivo de conveniência ou oportunidade, respeitados os direitos adquiridos, e ressalvada, em todos os casos, a apreciação judicial.*

O controle administrativo é sempre interno. Pode ser hierárquico, quando é feito entre órgãos verticalmente escalonados integrantes de uma mesma pessoa jurídica, seja da Administração Direta ou Indireta; ou não hierárquico, quando exercido entre órgãos que, embora integrem uma só pessoa jurídica, não estão na mesma linha de escalonamento vertical e também no controle finalístico exercido entre a Administração Direta e a Indireta.

O controle administrativo é um controle permanente, pois acontece antes, durante e depois da prática do ato; também é irrestrito, pois como já foi dito, analisa aspectos de legalidade e de mérito.

Ainda é importante apontar que o controle administrativo pode acontecer de ofício ou a pedido do administrado.

Quando interessado em provocar a atuação da Administração Pública, o administrado pode se valer da reclamação administrativa, que é uma expressão genérica para englobar um conjunto de instrumentos, tais como o direito de petição, a representação, a denúncia, o recurso, o pedido de reconsideração, a revisão, dentre outros meios.

O meio utilizado pela Administração Pública para processar o pedido do interessado é o processo administrativo, que, na esfera federal, é regulado pela Lei nº 9.784/99.

13.3 Controle Legislativo

É a fiscalização realizada pelo Poder Legislativo, na sua função típica de fiscalizar, na atuação da Administração Pública dos três poderes.

Quando exercido na atuação administrativa dos outros poderes, é espécie de controle externo; quando realizado na Administração Pública do próprio poder legislativo, é espécie de controle interno.

3 ALEXANDRINO, Marcelo & PAULO Vicente. Direito Administrativo Descomplicado. 19ª edição. São Paulo - 2011.

Hipóteses de controle

O controle legislativo na atuação da Administração Pública somente pode ocorrer nas hipóteses previstas na Constituição Federal, não sendo permitidas às Constituições Estaduais ou às leis orgânicas criarem novas modalidades de controle legislativo no respectivo território de sua competência. Caso se crie nova forma de controle legislativo por instrumento legal diverso da Constituição Federal, tal norma será inconstitucional.

Como as normas estaduais e municipais não podem criar novas modalidades de controle legislativo, nessas esferas, pelo princípio da simetria, são aplicadas as hipóteses de controle legislativo previstas na Constituição Federal para os estados e municípios. Todavia, vale ressaltar que como o sistema legislativo federal adota o bicameralismo, as hipóteses de controle do Congresso Nacional, do Senado, das comissões e do Tribunal de Contas da União são aplicadas às assembleias legislativas na esfera estadual e às câmaras de vereadores nas esferas municipais.

Modalidades

Controle de legalidade

Quando se analisa aspectos de legalidade da atuação da Administração Pública dos três poderes, tais como dos atos e contratos administrativos.

Controle de mérito (político)

É um controle de natureza política, que possibilita ao Poder Legislativo, nas hipóteses previstas na Constituição Federal, a intervir na atuação da Administração Pública do Poder Executivo, controlando aspectos de eficiência da atuação e também de conveniência da tomada de determinadas decisões do poder executivo.

> **Ex.:** Quando o Senado tem que aprovar o ato do Presidente da República, que nomeia um dirigente de uma agência reguladora.
>
> **Efeitos**:

Não acarreta revogação do ato, pois esse ainda não conclui o seu processo de formação enquanto não for aprovado pelo poder legislativo, ou seja, tal ato não gera efeitos até a aprovação, por isso, não há o que se falar em revogação.

Controle exercido pelo Congresso Nacional

A competência exclusiva do Congresso Nacional vem descrita no Art. 40 da Constituição Federal:

> ***V.*** *Sustar os atos normativos do Poder Executivo que exorbitem do poder regulamentar ou dos limites de delegação legislativa;*

Tal situação acontece quando, no exercício do poder regulamentar, o presidente da república edite um decreto para complementar determinada lei e, nesse decreto, ele venha a inovar o ordenamento jurídico, ultrapassando os limites da lei. Todavia, a sustação do ato normativo pelo Congresso Nacional não invalida todo o decreto mas somente o trecho dele que esteja exorbitando do exercício do poder regulamentar.

> ***IX.*** *Julgar anualmente as contas prestadas pelo Presidente da República e apreciar os relatórios sobre a execução dos planos de governo;*

X. Fiscalizar e controlar, diretamente, ou por qualquer de suas Casas, os atos do Poder Executivo, incluídos os da administração indireta;

Controle exercido privativamente pelo Senado Federal

As competências privativas do Senado Federal vêm descritas no Art. 52 da Constituição Federal, dentre essas, algumas se referem ao exercício de atividades de controle:

> ***I.** Processar e julgar o Presidente e o Vice-Presidente da República nos crimes de responsabilidade, bem como os Ministros de Estado e os Comandantes da Marinha, do Exército e da Aeronáutica nos crimes da mesma natureza conexos com aqueles;*
>
> ***II.** Processar e julgar os Ministros do Supremo Tribunal Federal, os membros do Conselho Nacional de Justiça e do Conselho Nacional do Ministério Público, o Procurador-Geral da República e o Advogado-Geral da União nos crimes de responsabilidade;*

Nesses dois primeiros casos, o julgamento será presidido pelo presidente do STF, limitando-se este à condenação, que somente será proferida por dois terços dos votos do Senado Federal.

> ***III.** Aprovar previamente, por voto secreto, após arguição pública, a escolha de:*
>
> ***a)** Magistrados, nos casos estabelecidos nesta Constituição;*
>
> ***b)** Ministros do Tribunal de Contas da União indicados pelo Presidente da República;*
>
> ***c)** Governador de Território;*
>
> ***d)** Presidente e diretores do Banco Central;*
>
> ***e)** Procurador-Geral da República;*
>
> ***f)** titulares de outros cargos que a lei determinar.*
>
> ***IV.** Aprovar previamente, por voto secreto, após arguição em sessão secreta, a escolha dos chefes de missão diplomática de caráter permanente;*
>
> ***V.** Autorizar operações externas de natureza financeira, de interesse da União, dos Estados, do Distrito Federal, dos Territórios e dos Municípios;*
>
> ***VI.** Fixar, por proposta do Presidente da República, limites globais para o montante da dívida consolidada da União, dos Estados, do Distrito Federal e dos Municípios;*
>
> ***VII.** Dispor sobre limites globais e condições para as operações de crédito externo e interno da União, dos Estados, do Distrito Federal e dos Municípios, de suas autarquias e demais entidades controladas pelo Poder Público Federal;*
>
> ***VIII.** dispor sobre limites e condições para a concessão de garantia da União em operações de crédito externo e interno;*
>
> ***IX.** Estabelecer limites globais e condições para o montante da dívida mobiliária dos Estados, do Distrito Federal e dos Municípios;*
>
> ***X.** Aprovar, por maioria absoluta e por voto secreto, a exoneração, de ofício, do Procurador-Geral da República antes do término de seu mandato;*
>
> ***XI.** Avaliar periodicamente a funcionalidade do Sistema Tributário Nacional, em sua estrutura e seus componentes, e o desempenho das administrações tributárias da União, dos Estados e do Distrito Federal e dos Municípios.*

Controle exercido pela Câmara dos Deputados

A competência da Câmara dos Deputados vem descrita no Art. 51 da Constituição Federal, e nesse momento analisaremos as competências relativas à área de controle da administração:

Compete privativamente à Câmara dos Deputados:

> ***I.** Autorizar, por dois terços de seus membros, a instauração de processo contra o Presidente e o Vice-Presidente da República e os Ministros de Estado;*
>
> ***II.** Proceder à tomada de contas do Presidente da República, quando não apresentadas ao Congresso Nacional dentro de sessenta dias após a abertura da sessão legislativa;*

Fiscalização contábil, financeira e orçamentária na Constituição Federal

Também chamado de controle financeiro, em sentido amplo, vem descrito no Art. 70 da CF, que traz as seguintes regras:

> ***Art. 70, CF.** A fiscalização contábil, financeira, orçamentária, operacional e patrimonial da União e das entidades da administração direta e indireta, quanto à legalidade, legitimidade, economicidade, aplicação das subvenções e renúncia de receitas, será exercida pelo Congresso Nacional, mediante controle externo, e pelo sistema de controle interno de cada Poder.*

Como podemos observar, segundo os ditames do Art. 70 da Constituição Federal, a fiscalização contábil, financeira e orçamentária é realizada tanto por meio de controle interno como de externo.

Áreas alcançadas pelo controle financeiro (amplo):

Contábil: controla o cumprimento das formalidades no registro de receitas e despesas.

Financeira: controla a entrada e a saída de capital, sua destinação.

Orçamentária: fiscaliza e acompanha a execução do orçamento anual, plurianual.

Operacional: controla a atuação administrativa, observando se estão sendo respeitadas as diretrizes legais que orientam a atuação da Administração Pública, bem como avaliando aspectos de eficiência e economicidade.

Patrimonial: controle do patrimônio público, seja ele móvel ou imóvel.

Aspectos Controlados: as áreas alcançadas pelo controle financeiro (sentido amplo) abrangem os seguintes aspectos:

Legalidade: atuação conforme a lei.

Legitimidade: atuação conforme os princípios orientadores da atuação da Administração Pública.

O controle financeiro realizado pelo Congresso Nacional não analisa aspectos de mérito.

Para que o controle financeiro seja eficiente, é necessária a prestação de contas por parte das pessoas físicas ou jurídicas que, de qualquer forma, administrem dinheiro ou direito patrimonial público; tal regra vem descrita no parágrafo único do Art. 70:

> ***Art. 70, Parágrafo único.** Prestará contas qualquer pessoa física ou jurídica, pública ou privada, que utilize, arrecade, guarde, gerencie ou administre dinheiros, bens e valores públicos ou pelos quais a União responda, ou que, em nome desta, assuma obrigações de natureza pecuniária.*

Controle exercido pelos tribunais de contas

Os Tribunais de Contas são órgãos de controle vinculados ao Poder Legislativo. A finalidade que possuem é auxiliar na função de exercer o controle externo da Administração Pública.

Apesar da expressão órgãos auxiliares, os tribunais de contas não se submetem ao poder legislativo, ou seja, não existe hierarquia nem subordinação entre os tribunais de contas e o poder legislativo.

A Constituição Federal, no Art. 71, estabelece as competências do Tribunal de Contas da União (TCU), e, pelo princípio da simetria, os tribunais de contas estaduais e municipais detêm as mesmas competências nas suas esferas de fiscalização, não sendo permitidas às Constituições Estaduais e às leis orgânicas municipais criar novas hipóteses de controle. Veja as competências dos Tribunais de Contas a seguir.

Hipóteses de controle

Art. 71. *O controle externo, a cargo do Congresso Nacional, será exercido com o auxílio do Tribunal de Contas da União, ao qual compete:*

I. *Apreciar as contas prestadas anualmente pelo Presidente da República, mediante parecer prévio que deverá ser elaborado em sessenta dias a contar de seu recebimento;*

II. *Julgar as contas dos administradores e demais responsáveis por dinheiros, bens e valores públicos da administração direta e indireta, incluídas as fundações e sociedades instituídas e mantidas pelo Poder Público federal, e as contas daqueles que derem causa a perda, extravio ou outra irregularidade de que resulte prejuízo ao erário público;*

III. *Apreciar, para fins de registro, a legalidade dos atos de admissão de pessoal, a qualquer título, na administração direta e indireta, incluídas as fundações instituídas e mantidas pelo Poder Público, excetuadas as nomeações para cargo de provimento em comissão, bem como a das concessões de aposentadorias, reformas e pensões, ressalvadas as melhorias posteriores que não alterem o fundamento legal do ato concessório;*

IV. *Realizar, por iniciativa própria, da Câmara dos Deputados, do Senado Federal, de Comissão técnica ou de inquérito, inspeções e auditorias de natureza contábil, financeira, orçamentária, operacional e patrimonial, nas unidades administrativas dos Poderes Legislativo, Executivo e Judiciário, e demais entidades referidas no inciso II;*

V. *Fiscalizar as contas nacionais das empresas supranacionais de cujo capital social a União participe, de forma direta ou indireta, nos termos do tratado constitutivo;*

VI. *Fiscalizar a aplicação de quaisquer recursos repassados pela União mediante convênio, acordo, ajuste ou outros instrumentos congêneres, a Estado, ao Distrito Federal ou a Município;*

VII. *Prestar as informações solicitadas pelo Congresso Nacional, por qualquer de suas Casas, ou por qualquer das respectivas Comissões, sobre a fiscalização contábil, financeira, orçamentária, operacional e patrimonial e sobre resultados de auditorias e inspeções realizadas;*

VIII. *Aplicar aos responsáveis, em caso de ilegalidade de despesa ou irregularidade de contas, as sanções previstas em lei, que estabelecerá, entre outras cominações, multa proporcional ao dano causado ao erário;*

IX. *Assinar prazo para que o órgão ou entidade adote as providências necessárias ao exato cumprimento da lei, se verificada ilegalidade;*

X. *Sustar, se não atendido, a execução do ato impugnado, comunicando a decisão à Câmara dos Deputados e ao Senado Federal;*

XI. *Representar ao Poder competente sobre irregularidades ou abusos apurados.*

§ 1º *- No caso de contrato, o ato de sustação será adotado diretamente pelo Congresso Nacional, que solicitará, de imediato, ao Poder Executivo as medidas cabíveis.*

§ 2º *- Se o Congresso Nacional ou o Poder Executivo, no prazo de noventa dias, não efetivar as medidas previstas no parágrafo anterior, o Tribunal decidirá a respeito.*

§ 3º *- As decisões do Tribunal de que resulte imputação de débito ou multa terão eficácia de título executivo.*

§ 4º *- O Tribunal encaminhará ao Congresso Nacional, trimestral e anualmente, relatório de suas atividades.*

Pontos relevantes

A partir dessas regras, analisaremos alguns aspectos relevantes referentes ao controle da Administração Pública quando feito pelos tribunais de contas, nas suas respectivas áreas de competências:

> Contas do Presidente da República são somente apreciadas mediante parecer prévio do tribunal de contas, a competência para julgá-las é do Congresso Nacional.

Apreciação e julgamento das contas públicas

O TCU tem a competência de apreciar e julgar as contas dos administradores públicos.

O julgamento das contas feito pelo TCU não depende de homologação ou parecer do Poder Legislativo, pois, lembrando, os Tribunais de Contas não são subordinados ao Poder Legislativo.

Julgamento das Contas do Próprio Tribunal de Contas

Como a Constituição Federal não se preocupou em estabelecer quem é que detém a competência para julgar as contas dos Tribunais de Contas, o STF entendeu que podem as Constituições Estaduais e Leis Orgânicas Municipais submeterem as contas dos Tribunais de Contas a julgamentos das suas respectivas casas legislativas.

Controle dos Atos Administrativos

O TCU tem o poder de sustar a execução do ato e, nesse caso, deve dar ciência dessa decisão à Câmara dos Deputados e ao Senado Federal.

Súmula Vinculante nº 3. *Nos processos perante ao Tribunal de Contas da União, asseguram-se o contraditório e a ampla defesa quando da decisão puder resultar anulação ou revogação de ato administrativo que beneficie o interessado, excetuada a apreciação da legalidade do ato de concessão inicial de aposentadoria, reforma e pensão.*

Controle dos Contratos Administrativos

Regra: o TCU não pode sustar os contratos administrativos, pois tal competência é do Congresso Nacional, que deve solicitar de imediato ao Poder Executivo a adoção das medidas cabíveis.

Exceção: caso o Congresso Nacional ou o Poder Executivo não tomem as medidas necessárias para a sustação do contrato em 90 dias, o TCU terá competência para efetuar a sua sustação.

Declaração de inconstitucionalidade das Leis

Segundo o STF, os tribunais de contas, no exercício de suas competências, podem declarar uma norma inconstitucional e afastar a sua aplicação nos processos de sua apreciação. Todavia, tal declaração de inconstitucionalidade deve ser feita pela maioria absoluta dos membros dos tribunais de contas.

> ***Súmula 347, STF.*** *O Tribunal de Contas, no exercício de suas atribuições, pode apreciar a constitucionalidade das leis e dos atos do poder público.*

13.4 Controle Judiciário

É um controle de legalidade (nunca de mérito) realizado pelo poder judiciário, na sua função típica de julgar, nos atos praticados pelas Administração Pública de qualquer poder.

Esse controle por abranger somente aspectos de legalidade, fica restrito à possibilidade de anulação dos atos administrativos ilegais, não podendo o poder judiciário realizar o controle de mérito dos atos administrativos e, em consequência, não podendo revogar os atos administrativos praticados pela Administração Pública.

O controle judiciário somente será exercido por meio da provocação do interessado, não podendo o poder judiciário apreciar um ato administrativo de ofício, em decorrência do atributo da presunção de legitimidade dos atos administrativos.

É importante lembrar que a própria Administração Pública faz o controle de legalidade da sua própria atuação, todavia as decisões administrativas não fazem coisa julgada. Assim sendo, a decisão administrativa pode ser reformada pelo poder judiciário, pois somente as decisões desse poder é que tem o efeito de coisa julgada.

Os meios para provocar a atuação do poder judiciário são vários, dentre eles, encontramos:

> Mandado de Segurança.

> Ação Popular.

> Ação Civil Pública.

> Dentre outros.

Questões

01. (Cespe) O Poder Judiciário pode revogar ato administrativo violador do princípio da legalidade administrativa.

Certo ( ) Errado ( )

02. (Cespe) Considera-se controle administrativo aquele exercido pela Administração Pública sobre sua própria atuação, sob os aspectos de legalidade e mérito. Normalmente denominado de autotutela, esse é um poder que se exerce apenas por iniciativa própria.

Certo ( ) Errado ( )

03. (Cespe) O Poder Judiciário pode examinar os atos da Administração Pública de qualquer natureza, mas sempre a posteriori , ou seja, depois que tais atos forem produzidos e ingressarem no mundo jurídico.

Certo ( ) Errado ( )

04. (Cespe) O controle interno da Administração Pública é realizado pelo Poder Judiciário, com o apoio do Poder Legislativo; o controle externo está a cargo da Controladoria Geral da República.

Certo ( ) Errado ( )

05. (Cespe) O controle sobre as atividades das fundações públicas é realizado pelo Ministério Público.

Certo ( ) Errado ( )

06. (Cespe) No Brasil, o controle judicial é exercido, com exclusividade, pelo Poder Judiciário.

Certo ( ) Errado ( )

07. (Cespe) O termo controle interno exterior pode ser utilizado para designar o controle efetuado pela Administração sobre as entidades da administração indireta.

Certo ( ) Errado ( )

08. (Cespe) O controle que o Poder Legislativo exerce sobre a Administração Pública limita-se às hipóteses previstas na Constituição Federal de 1988 (CF) e abrange aspectos de legalidade e de mérito do ato administrativo.

Certo ( ) Errado ( )

09. (Cespe) No exercício do controle externo, cabe ao Congresso Nacional julgar as contas dos administradores e demais responsáveis por dinheiros, bens e valores públicos da administração direta e indireta, incluídas as fundações e sociedades instituídas e mantidas pelo poder público federal.

Certo ( ) Errado ( )

10. (Cespe) No controle dos atos discricionários, os quais legitimam espaço de liberdade para o administrador, o Poder Judiciário deve, em regra, limitar-se ao exame da legalidade do ato, sendo vedada a análise dos critérios de conveniência e oportunidade adotados pela Administração.

Certo ( ) Errado ( )

Gabaritos

01	ERRADO	06	CERTO
02	ERRADO	07	CERTO
03	ERRADO	08	CERTO
04	ERRADO	09	ERRADO
05	ERRADO	10	CERTO

1. INTRODUÇÃO AO DIREITO PENAL E APLICAÇÃO DA LEI PENAL 441
1.1 Introdução ao Estudo do Direito Penal 441
1.2 Teoria do Crime 441
1.3 Princípio da Legalidade (Anterioridade - Reserva Legal) 442
1.4 Interpretação da Lei Penal 443
1.5 Conflito Aparente de Normas Penais 443
1.6 Lei Penal no Tempo 445
1.7 Crimes Permanentes ou Continuados 445
1.8 Lei Excepcional ou Temporária 446
1.9 Tempo do Crime 446
1.10 Lugar do Crime 446
1.11 Da Lei Penal no Espaço 447
1.12 Pena Cumprida no Estrangeiro 450
1.13 Eficácia de Sentença Estrangeira 450
1.14 Contagem de Prazo 450
1.15 Frações não Computáveis da Pena 450
1.16 Legislação Especial 450
2. DO CRIME 452
2.1 Relação de Causalidade 452
2.2 Da Consumação e Tentativa 453
2.3 Desistência Voluntária e Arrependimento Eficaz 454
2.4 Arrependimento Posterior 454
2.5 Crime Impossível - “Quase Crime” 455
2.6 Crime Doloso 455
2.7 Crime Culposo 455
2.8 Preterdolo 456
2.9 Erro sobre Elemento do Tipo 456
2.10 Erro sobre a Pessoa 457
2.11 Erro sobre a Ilicitude do Fato 457
2.12 Coação Irresistível e Obediência Hierárquica 458
2.13 Exclusão da Ilicitude 458
2.14 Da Imputabilidade Penal 460
2.15 Do Concurso de Pessoas 461
2.16 Circunstâncias Incomunicáveis 462
3. DOS CRIMES CONTRA A PESSOA 464
3.1 Dos Crimes Contra a Vida 464
3.2 Das Lesões Corporais 474

SUMÁRIO

3.3 Da Periclitação da Vida e da Saúde 479
3.4 Da Rixa 481
3.5 Dos Crimes Contra Honra 482
3.6 Dos Crimes contra Liberdade Individual 487

4. DOS CRIMES CONTRA O PATRIMÔNIO 491

4.1 Do Furto 491
4.2 Do Roubo e da Extorsão 494
4.3 Da Usurpação 500
4.4 Do Dano 500
4.5 Da Apropriação Indébita 502
4.6 Do Estelionato e outras Fraudes 506
4.7 Da Receptação 511
4.8 Disposições Gerais 512

5. DOS CRIMES CONTRA A FÉ PÚBLICA 514

5.1 Da Moeda Falsa 514
5.2 Petrechos para Falsificação de Moeda 514
5.3 Da Falsidade de Títulos e Outros Papéis Públicos 514
5.4 Da Falsidade Documental 515
5.5 De Outras Falsidades 519
5.6 Das Fraudes em Certames de Interesse Público 520

6. DOS CRIMES CONTRA ADMINISTRAÇÃO PÚBLICA 522

6.1 Dos Crimes Praticados por Funcionário Público Contra a Administração em Geral 522
6.2 Dos Crimes Praticados por Particular contra a Administração em Geral 534
6.3 Dos Crimes Praticados por Particular contra a Administração Pública Estrangeira 541
6.4 Dos Crimes contra a Administração da Justiça 541
6.5 Subtração ou Dano de Coisa Própria em Poder de Terceiro 546
6.6 Dos Crimes contra as Finanças Públicas 551

1. INTRODUÇÃO AO DIREITO PENAL E APLICAÇÃO DA LEI PENAL

1.1 Introdução ao Estudo do Direito Penal

A Infração Penal é gênero que se divide em duas espécies: **crimes** (conduta mais gravosa) e **contravenções penais** (conduta de menor gravidade). Essa divisão é chamada de dicotômica. A diferença básica incide sobre as penas aplicáveis aos infratores, enquanto o crime é punível com pena de reclusão e detenção, as contravenções penais implicam prisão simples e multa, podendo ser aplicada de forma cumulativa ou não.

O Direito Penal é chamado de Direito das Condutas Ilícitas.

Para que a conduta seja definida como crime, tem que estar tipificada (escrita) em alguma norma penal. Não somente o próprio Código Penal as descreve como também as Leis Complementares Penais ou Leis Especiais, por exemplo: Estatuto do Desarmamento (Lei nº 10.826/2003), Lei de Tortura (Lei nº 9.455/1997), entre outras. Por conseguinte, as Contravenções Penais estão previstas em Lei específica, Lei nº 3.688/41, esta também é conhecida como **Crime Anão**, visto seu reduzido potencial ofensivo. Como essa conduta não é o cerne do estudo não convém aprofundar o assunto, basta apenas ressaltar que as Contravenções Penais não admitem tentativas, enquanto o Crime é punível, mas, somente se existir previsão legal (Código Penal).

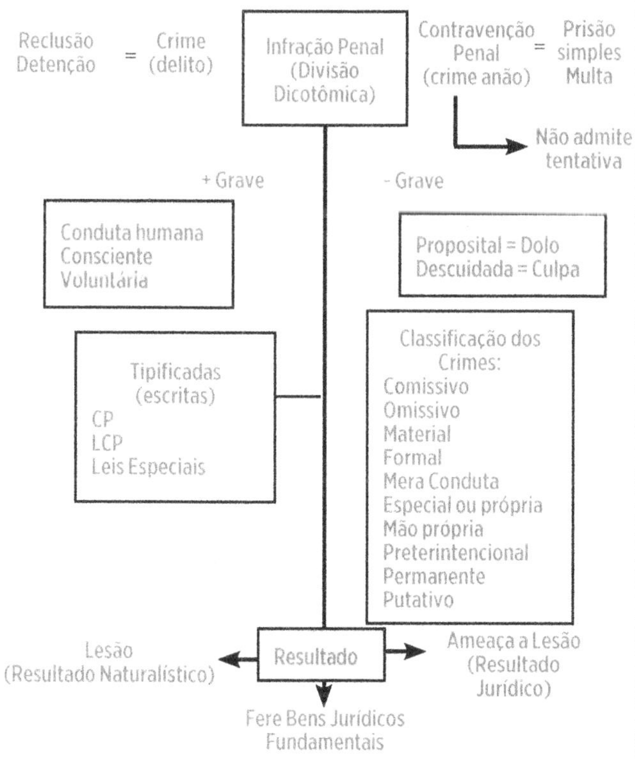

→ **Para configurar em infração penal, são necessários alguns pressupostos:**

Deve ser uma **conduta humana**, ou seja, o simples ataque de um animal não configura em crime, porém, caso ele seja instigado por outra pessoa, passa a ser um mero objeto utilizado na prática da conduta do agressor.

Deve ser uma **ação consciente**, possível de ser prevista pelo agente, quando esse é descuidado responderá de forma culposa, entretanto se realmente houver intenção, o desejo do indivíduo, sua conduta com um propósito específico será dolosa.

Necessita ser **voluntária**, por exemplo, caso o agente venha agredir alguém por conta de um espasmo muscular, essa conduta é tida como involuntária.

→ **A infração penal sempre gera um resultado que pode ser:**

Todo crime gera um resultado, porém, nem todo crime gera um resultado naturalístico (lesão).

Naturalístico: quando ocorre efetivamente a lesão de um bem jurídico tutelado - protegido - da vítima. Por exemplo, no crime de homicídio, quando a vida de alguém é interrompida, causa um resultado naturalístico, pois modificou o mundo exterior, não somente do de cujus (falecido) como de sua família.

Jurídico: quando a lesão não se consuma, utilizando o mesmo exemplo acima, caso o agressor não tivesse êxito na sua conduta, ele responderia pela tentativa de homicídio, desde que não cause lesão corporal. Convém ressaltar que, embora o agente não obteve êxito no resultado pretendido, o Código Penal sempre irá punir por aquilo que ele queria fazer (elemento subjetivo), contudo nesse caso gerou apenas um resultado jurídico.

1.2 Teoria do Crime

Sendo o crime (delito) espécie da infração penal, possui uma nova divisão. Nesse caso, existem diversas correntes doutrinárias para este conceito, entretanto, adotaremos a majoritária, a qual vigora no Direito Penal Brasileiro, classificada como Teoria Finalista Tripartida ou Tripartite.

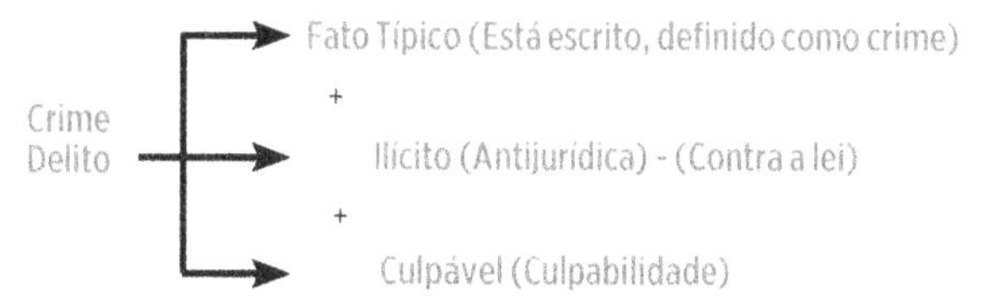

Conceito de Crime no Direito Penal Brasileiro

→ Fato Típico: para ser considerado fato típico, é fundamental que a conduta esteja tipificada, ou seja, escrita, em alguma norma penal. Não obstante, é necessário que exista:

> Conduta: é a ação do agente, seja ela culposa (descuidada) ou dolosa, intencional; comissiva (ação) ou omissiva (deixar de fazer).

> Resultado: que seja naturalístico (modificação provocada no mundo exterior pela conduta) ou jurídico (quando não houver resultado jurídico não existe crime).

> Nexo Causal: é o elo entre a ação e o resultado, ou seja, se o resultado foi provocado diretamente pela ação do agente, houve nexo causal.

> Tipicidade: tem que ser considerado crime, estar tipificado, escrito.

→ Ilícito (antijurídico): neste quesito a ação do agente tem que ser ilícita, pois, nosso ordenamento jurídico prevê legalidade em determinadas situações em que, mesmo sendo antijurídicas, serão permissivas. São as chamadas de excludentes de ilicitude ou de antijuridicidade, sendo: Legítima Defesa, Estado de Necessidade, Estrito Cumprimento do Dever Legal ou no Exercício Regular de um Direito.

Caso não existam alguns destes elementos na conduta, pode-se dizer que o fato é atípico.

→ Culpável (culpabilidade): é a capacidade de o agente receber pena. Em alguns casos, mesmo o agente cometendo um fato típico e ilícito, ele não poderá ser culpável, ou seja, não pode ser "preso", pois incidirá nas excludentes de culpabilidade. A mais conhecida é o menor em conflito com a lei, ele pode cometer uma infração penal (crime), mas não poderá ir preso. É quando, no momento da ação ou da omissão, o agente é totalmente incapaz de entender o caráter ilícito do fato, ou de determinar-se de acordo com esse entendimento. Ainda dentro dessa espécie, haverá três desdobramentos que são a imputabilidade, a potencial consciência da ilicitude e a exigibilidade de conduta diversa.

Para que o crime ocorra, é necessário preencher todos os requisitos, caso exclua alguns dos elementos do fato típico ou se não for ilícito/antijurídico, dizemos que **exclui** o crime; caso não possa ser culpável, o agente será **isento** de pena.

Pode ocorrer de o agente cometer um fato descrito como crime – Matar alguém – e esse fato não ser considerado crime.

Ex.: quem mata em legítima defesa comete um fato típico, ou seja, escrito e definido como crime. Contudo, esse fato não é ilícito, pois a própria lei autoriza o sujeito a matar em certos casos pré-definidos.

Pode ocorrer também, de o agente cometer um fato definido como crime, ou seja, fato típico – escrito e definido no CP – e ilícito, o ordenamento jurídico não autoriza aquela conduta, e mesmo assim ficar isento de PENA. Assim, pode o sujeito cometer um crime e não ter pena.

Ex.: quem é obrigado a cometer um crime. Uma pessoa encosta a arma carregada na cabeça de outra e diz que, se ela não cometer tal crime, irá morrer.

1.3 Princípio da Legalidade (Anterioridade - Reserva Legal)

***Art. 1º.** Não há crime sem lei anterior que o defina. Não há pena sem prévia cominação legal.*

Somente haverá crime quando existir perfeita correspondência entre a conduta praticada e a previsão legal (Reserva Legal), que não pode ser vaga, deve ser específica. Exige-se que a lei esteja em vigor no momento da prática da infração penal (Anterioridade). Fundamento Constitucional: Art. 5º, XXXIX.

→ Princípio: *Nullum crimem, nulla poena sine praevia lege.*

As normas penais incriminadoras não são proibitivas e sim descritivas. Por exemplo, o Art. 121 - Matar alguém, no Código Penal, ele não proíbe, ou seja, não matar. Ele descreve uma conduta, que, se cometida possuirá uma sanção (punição).

A Analogia no Direito Penal só é aceita para beneficiar o agente. Por exemplo, no antigo ordenamento jurídico, só era permitido realizar o aborto em decorrência do estupro (pênis x vagina), entretanto, a norma penal não abrangia o caso do violento atentado ao pudor (pênis x ânus). Caso a mulher viesse engravidar em decorrência disso, realizava-se a analogia in bonam partem, permitindo também neste caso, o aborto. Ressaltamos que não existe mais o crime de violento atentado ao pudor, atualmente no Código Penal é tido como estupro.

Medida Provisória não pode dispor sobre matéria penal, criar crimes e cominar penas. Art. 62, § 1º, I, b CF/88, somente Lei Ordinária.

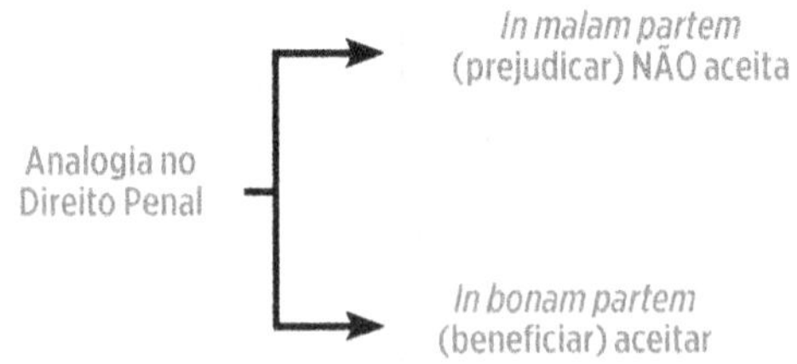

Normas Penais em branco são aquelas que precisam ser complementadas para que analisemos o caso concreto. Por exemplo, a vigente Lei de Drogas nº 11.343/06 dispõe sobre diversas condutas ilícitas, entretanto, o que é droga? Para analisar se determinada substância é droga ou não, o direito penal analisa uma portaria da Anvisa (Agência Nacional de Vigilância Sanitária) nº 344/98, em que todas as substâncias que estiverem descritas serão consideradas como droga.

O princípio da Reserva Legal admite o uso de Normas Penais em branco.

A Analogia Penal é diferente de Interpretação Analógica, nessa situação, a conduta do agente é analisada dentro da própria norma penal, ou seja, é observado a forma como a conduta foi praticada, quais os meios utilizados. Sendo assim, a Interpretação Analógica sempre será possível, ainda que mais gravosa para o agente.

> ***Art. 121.*** *Matar alguém:*
>
> ***Pena*** *- reclusão, de seis a vinte anos.*
>
> ***§ 2º.*** *Se o homicídio é cometido:*
>
> ***III.*** *Com emprego de veneno, fogo, explosivo, asfixia, tortura ou outro meio insidioso ou cruel, ou de que possa resultar perigo comum;*
>
> ***Pena*** *- reclusão, de doze a trinta anos.*

Nessa situação, caso o agente tenha cometido o homicídio utilizando-se de alguma das formas expostas no inciso III, ocorrerá a aplicação de uma pena mais gravosa, é o exemplo de Interpretação Analógica.

1.4 Interpretação da Lei Penal

A matéria **Interpretação da Lei Penal** passou a ser abordada com mais frequência pelos editais de concurso público. No entanto, quando cobrada, não costuma gerar muita dificuldade. Isso porque geralmente a banca examinadora traz na questão uma espécie de interpretação e questiona quanto ao seu significado.

A Interpretação da Lei Penal consiste em buscar o significado e a extensão da letra da lei em relação à realidade e à vontade do legislador.

Assim, a Interpretação da Lei Penal divide-se em:

Quanto ao sujeito

Autêntica ou legislativa

É aquela realizada pelo mesmo órgão da qual emana, podendo vir no próprio texto legislativo ou em lei posterior: Conceito de funcionário público previsto no Art. 327, CP.

Doutrina

É aquela realizada pelos doutrinadores – estudiosos do direito penal – normalmente encontrada em livros, artigos e documentos: Código Penal comentado.

Jurisprudencial ou judicial

É aquela realizada pelo Poder Judiciário na aplicação do caso concreto, na busca pela vontade da lei. É a análise das decisões reiteradas sobre determinado assunto legal: Súmulas do Tribunais Superiores e Súmula Vinculante.

Quanto ao modo

Literal ou gramatical

É aquela que busca o sentido literal das palavras.

Teleológica

É aquela que busca compreender a intenção ou vontade da lei.

Histórica

É aquela que busca compreender o sentido da lei por meio da análise do momento e contexto histórico em que foi editada.

Sistemática

É aquela que analisa o sentido da lei em conjunto com todo o ordenamento jurídico (as legislações em vigor, os Princípios Gerais de Direito, a Doutrina e a Jurisprudencial).

Progressiva

É aquela que busca adaptar a lei aos progressos obtidos pela sociedade.

Quanto ao resultado

Declarativa

É aquela em que se encontra a perfeita correspondência entre a letra da lei e a intenção do legislador.

Restritiva

É aquela em que se restringe o alcance da letra da lei para que corresponda à real intenção do legislador. A lei diz mais do que deveria dizer.

Extensiva

É aquela em que se amplia o alcance da letra da lei para que corresponda à real intenção do legislador. A lei diz menos do que deveria dizer.

Analógica

É aquela em que a Lei Penal permite a ampliação de seu conteúdo por meio da utilização de uma expressão genérica ou aberta pelo legislador: *Art. 121, § 2º, III, CP. Homicídio qualificado por emprego de veneno, fogo, explosivo, asfixia, tortura ou outro meio insidioso ou cruel, ou de que possa resultar perigo comum.*

1.5 Conflito Aparente de Normas Penais

Fala-se em conflito aparente de normas penais quando duas ou mais normas aparentemente parecem reger o mesmo tema. Na prática, uma conduta pode se enquadrar em mais de um tipo penal, mas isso é tão somente aparente, pois os princípios do direito penal resolvem esse fato. São eles os princípios:

a) Princípio da Especialidade;
b) Princípio da Subsidiariedade;
c) Princípio da Consunção;
d) Princípio da Alternatividade.

Princípio da especialidade

A regra, nesse caso, é que a norma especial prevalecerá sobre a norma geral. Dessa forma, a norma no tipo penal incriminador é mais completa que a prevista na norma geral.

Isso ocorre por exemplo no crime de homicídio e infanticídio. O crime de infanticídio possui em sua elementar dados complementares que o tornam mais especial – completo – que a norma geral.

Repare as elementares do Art. 123 do CP: 1) matar o próprio filho; 2) logo após o parto; 3) sob o estado puerperal. Esses são dados que, se presentes, tornam a conduta de matar alguém um crime específico, diferente do homicídio. Logo, o Art. 123 (infanticídio) é considerado especial em relação ao Art. 121 (homicídio), que pode ser entendido, nesse caso, como uma conduta genérica.

Princípio da subsidiariedade

Usa-se esse princípio sempre que a norma principal mais grave não puder ser utilizada. Nesse caso, usamos a norma menos grave subsidiária.

A subsidiariedade pode ser expressa ou tácita. Será expressa sempre que o próprio artigo de lei assim determinar. Um bom exemplo é o Art. 239 que trata da simulação de casamento. Ele prevê a pena de detenção, de um a três anos, se o fato não constitui elemento de crime mais grave. Assim, caso não tenha ocorrido crime mais grave será aplicada a pena expressa em lei. Por outro lado, se ocorrer crime mais grave, deve ser aplicado somente esse, ficando atípico o fato menos grave.

A subsidiariedade Tácita ocorre quando não há expressa referência na lei, mas, se um fato mais grave ocorrer, a norma subsidiária ficará afastada. Isso ocorre, por exemplo, no crime do Art. 311 do CTB. Existe, expressa nesse artigo, a proibição da conduta de trafegar em velocidade incompatível com a segurança nas proximidades de escolas, hospitais, estações de embarques e desembarques de passageiros, logradouros estreitos, ou onde houver grande movimentação ou concentração de pessoas, gerando perigo de dano.

Contudo, se o agente estiver conduzindo nessas condições e acabar por atropelar e matar alguém, responderá ele pelo crime do Art. 302 do CTB, que é homicídio culposo na direção de veículo automotor. Assim, esse crime – mais grave – afastará aquele crime de perigo.

Princípio da consunção

Esse princípio pode ocorrer quando um crime "meio" é necessário ou fase normal de preparação para outro crime. Como, por exemplo, o crime de lesão corporal fica absorvido pelo crime de homicídio, ou mesmo, o crime de invasão de domicílio que fica absorvido pelo crime de furto.

Não estamos falando em norma especial ou geral, mas sim do crime mais grave que absorveu o crime menos grave que simplesmente foi um meio necessário para a execução do crime mais grave.

Ocorre também o princípio da consunção quando, por exemplo, o agente falsifica um documento com o intuito de cometer o crime de estelionato. Como o crime de falso é meio necessário para o crime de estelionato, funcionando como a elementar fraude, fica por esse absorvido.

Nesse sentido o STJ editou a Súmula 17 que diz o seguinte:

> ***Súm. 17.*** *Quando o falso se exaure no estelionato, sem mais potencialidade lesiva, é por este absorvido.*

Outro ponto importante é quando falamos acerca do assunto crime progressivo e progressão criminosa. Podemos afirmar o seguinte:

No **crime progressivo** o agente tem um fim específico mais grave, contudo, necessariamente deve passar por fases anteriores menos graves. No final das contas, o crime progressivo é um meio para um fim. Isso ocorre no caso do dolo de matar, em que o agente obrigatoriamente tem que ferir a vítima antes – causando lesões corporais.

Aqui, temos o Princípio da Consunção Imperando. Por outro lado, a progressão criminosa acontece quando o dolo inicial é menos grave e no meio da conduta o agente muda sua intenção para uma mais grave (repare que temos dois dolos).

Temos o exemplo do agente que inicia uma ação com dolo de lesionar desferindo socos na vítima e no meio da ação muda de intenção, vindo a esfaqueá-la, causando sua morte.

Veja que, temos duas intenções, contudo, o código penal punirá o agente somente pelo crime mais grave. Aqui também usaremos o Princípio da Consunção no exemplo em tela.

No entanto, pode ocorrer progressão criminosa com efeito concurso material, ou seja, aplicação de mais de um crime. Isso ocorre, por exemplo, no crime de roubo em que o agente no meio da conduta resolve estuprar a vítima, ou seja, aqui temos uma progressão criminosa com dois dolos, em que o agente responderá por dois crimes diversos.

Princípio da Alternatividade

Temos esse princípio quando tivermos os chamados crimes de ação múltipla ou de conteúdo variado. Aqui, os tipos penais descrevem várias condutas para um único crime. Temos, como exemplo, o Art. 33 da Lei nº 11.343/2006:

> ***Art. 33.*** *Importar, exportar, remeter, preparar, produzir, fabricar, adquirir, vender, expor à venda, oferecer, ter em depósito, transportar, trazer consigo, guardar, prescrever, ministrar, entregar a consumo ou fornecer drogas, ainda que gratuitamente, sem autorização ou em desacordo com determinação legal ou regulamentar:*
>
> ***Pena*** *- reclusão de 5 (cinco) a 15 (quinze) anos e pagamento de 500 (quinhentos) a 1.500 (mil e quinhentos) dias-multa.*

Assim, podemos afirmar que, se o agente tiver em depósito e vender a droga não responderá ele por dois crimes, mas somente por um único. Isso se dá, pois qualquer ação nuclear do tipo representa o mesmo crime. Na prática, não há concurso material, respondendo o agente por uma pena somente.

→ **Costume NÃO revoga nem altera lei:**

Sendo assim, podemos dizer que temos três princípios intrínsecos no Art. 1º do Código Penal, quais sejam, da Legalidade, da Anterioridade e da Reserva Legal. É importante ressaltar que apenas a Lei Ordinária pode versar sobre matéria penal, tanto para criá-las quanto para extingui-las.

Não obstante, convém ressaltar os preceitos existentes nos tipos penais, por exemplo: Art. 121, CP, Matar alguém. Pena - 6 a 20 anos. O preceito primário seria a conduta do agente - matar alguém - e o preceito secundário seria a cominação da pena - 6 a 20 anos. Para ser considerado crime, é fundamental que existam os dois preceitos.

1.6 Lei Penal no Tempo

> ***Art. 2º.*** *Ninguém pode ser punido por fato que lei posterior deixa de considerar crime, cessando em virtude dela a execução e os efeitos penais da sentença condenatória.*
>
> ***Parágrafo único.*** *A Lei posterior, que de qualquer forma modo favorecer o agente, aplica-se aos fatos anteriores, ainda que decididos por sentença transitada em julgado.*

Conflito Temporal

Regra: Irretroatividade da Lei;

Exceção: Retroatividade para beneficiar o réu.

Retroatividade da Lei

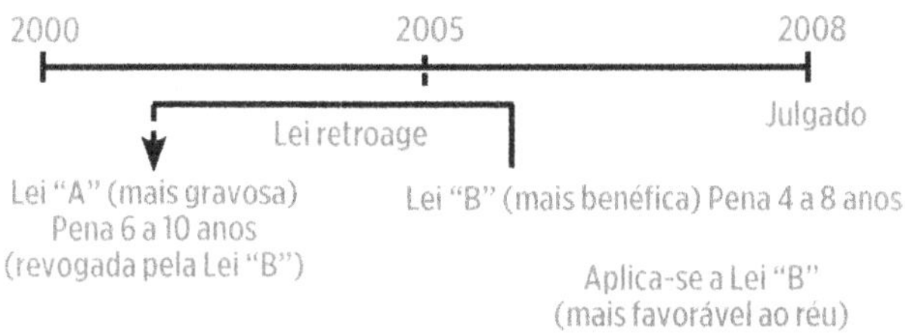

Em regra, o Código Penal sempre adota a Lei vigente, "A", no momento da ação ou omissão do agente, sendo assim, se nesta época é cometido um crime, aquele irá responder sobre o fato descrito no tipo penal. Contudo, por vezes, o processo se estende no tempo, e o julgamento do agente demora a acontecer, nesse lapso temporal, caso surgir uma nova Lei, "B", que torne mais branda a sanção aplicada sobre o agente, esta irá retroagir ao tempo do fato, beneficiando o réu.

Ultratividade da Lei

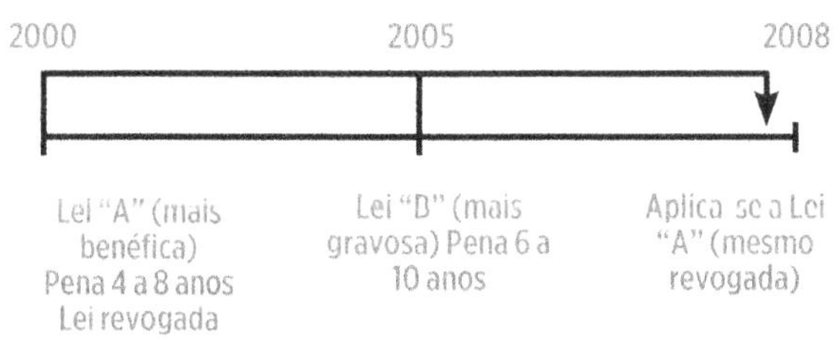

Não obstante, a regra da irretroatividade, pode ocorrer a chamada ultra-atividade de lei mais benéfica. Seria o caso em que, no momento da ação vigorava a Lei "A", entretanto, no decorrer do processo, entrou em vigência nova Lei "B", revogando a Lei "A", tornando mais gravosa a conduta anteriormente praticada pelo agente.

Sendo assim, no momento do julgamento, ocorrerá a ultra-atividade da lei, ou seja, a Lei "A", mesmo não estando mais em vigor, irá ultra-agir ao momento do julgamento para beneficiar o réu, por ser menos gravosa a punição que o agente irá receber.

Abolitio Criminis (Abolição do Crime)

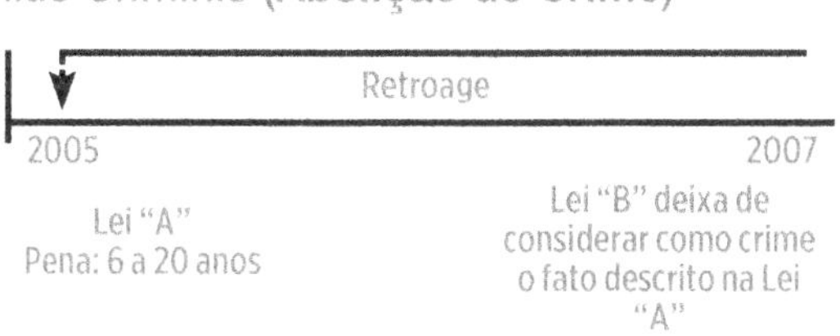

Consequências:

- Tranca e extingue o inquérito policial e a ação penal;
- Cassam imediatamente a execução de todos os efeitos penais.
- Não alcança os efeitos Civis da condenação.

Em relação ao Abolitio Criminis, ocorre o seguinte fato: quando uma conduta que antes era tipificada como crime pelo Código Penal, deixa de existir, ou seja, passa a não ser mais considerada crime, dizemos que ocorreu a abolição do crime. Diante disso, cessam imediatamente todos os efeitos penais que incidiam sobre o agente: tranca e extingue o inquérito policial, caso o acusado esteja preso deve ser posto em liberdade. Entretanto, não extingue os efeitos civis, ou seja, caso o agente tenha sido impelido em ressarcir a vítima da sua conduta mediante o pagamento de multa, essa, ainda assim, deverá ser paga.

Importante ressaltar que, a lei que beneficia o réu, não é uma faculdade do Juiz, é um dever, sempre adotada em benefício do acusado.

1.7 Crimes Permanentes ou Continuados

Nos crimes permanentes, ou seja, naqueles em que a consumação se prolonga enquanto não cessa a atividade, aplica-se ao fato a lei que estiver em vigência quando cessada a atividade, mesmo que mais grave (severa) que aquela em vigência quando da prática do primeiro ato executório. O crime se perpetua no tempo, enquanto não cessada a permanência. É o que ocorre, por exemplo, com o crime de sequestro e cárcere privado. Assim, será aplicada lei que estiver em vigência quando da soltura da vítima. Observa-se, então, o momento em que cessa a permanência para daí se determinar qual a norma a ser aplicada. É o que estabelece a Súmula 711 do STF.

> ***Súm. 711.*** *A lei penal mais grave aplica-se ao crime continuado ou ao crime permanente, se a sua vigência é anterior à cessação da continuidade ou da permanência.*

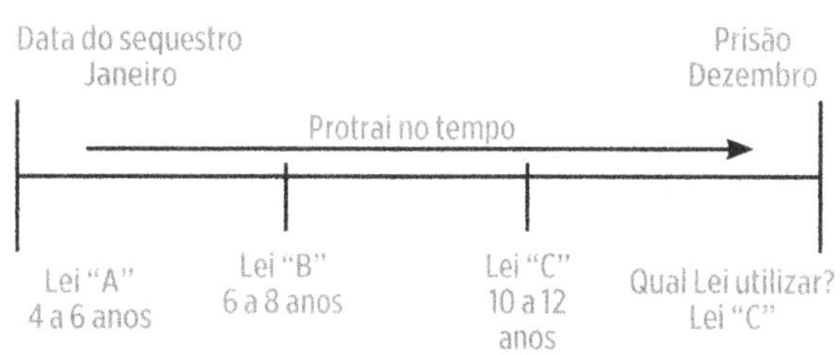

Ex.: O crime de sequestro é um crime que se protrai no tempo, ou seja, a todo instante ele está se consumando, qualquer que seja o momento da prisão ela estará em flagrante. Sendo assim, nos casos dos crimes permanentes ou continuados, aplica-se a pena no momento que cessar a conduta do agente, ainda que mais grave ou mais branda, independe nessa circunstância a quantificação da pena, o que será considerado, será a lei vigente no momento que cessou a conduta do agente ou a privação de liberdade da vítima, com a prisão dos acusados.

1.8 Lei Excepcional ou Temporária

Art. 3º *A Lei excepcional ou temporária, embora decorrido o período de sua duração ou cessada as circunstâncias que a determinaram, aplica-se ao fato praticado durante sua vigência.*

Lei Excepcional: utilizada em períodos de anormalidade social.

Ex.: Guerra, calamidades públicas, enchentes, grandes eventos, etc.

Lei Temporária: período de tempo previamente fixado pelo legislador.

Ex.: Lei que configura o crime de pescar em certa época do ano - piracema -, após lapso de tempo previamente determinado, a Lei deixa de considerar tal conduta como crime.

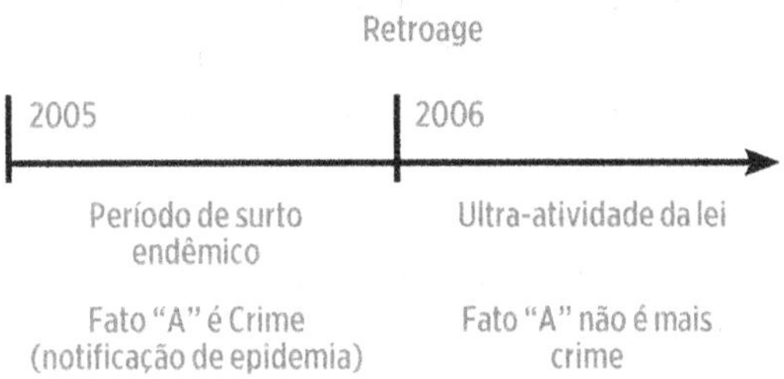

→ De 2005 a 2006, o fato "A" era considerado crime. Aqueles que infringiram a Lei responderam posteriormente, mesmo o fato não sendo considerado mais crime.

→ Só ocorre retroatividade se a Lei posterior expressamente determinar.

É importante ressaltar que são leis excepcionais e temporárias, ou seja, a lei irá vigorar por determinado tempo, após isso, tal conduta não mais será considerada crime. Entretanto, durante a sua vigência, todos aqueles que cometerem o fato tipificado em tais normas, mesmo encerrada sua vigência, serão punidos.

> Não existe "abolitio criminis" de Lei Temporária ou Excepcional.

1.9 Tempo do Crime

Art. 4º *Considera-se praticado o crime no momento da ação ou omissão, ainda que outro seja o momento do resultado.*

> A imputabilidade do agente deve ser aferida no momento em que o crime é praticado.

Teoria da Atividade: O crime reputa-se praticado no momento da conduta (momento da execução).

Este princípio traz o momento da ação do crime, ou seja, independente do resultado, para aplicação da lei penal, é considerado o momento exato da prática delituosa, seja ela comissiva - ação - ou omissiva - omissão.

Ex.: Caso um menor "A", cometa disparos de arma de fogo contra "B", vindo a feri-lo, entretanto, devido às lesões causadas pelos disparos, três meses depois do fato, "B" vem a falecer. Nessa época, mesmo "A" tendo completado sua maioridade penal - 18 anos - ainda assim não poderá ser punido, pois, no momento em que praticou a conduta (disparos contra "B"), era inimputável.

Devemos, contudo, ficar atentos aos crimes permanentes e continuados, no caso do sequestro, por exemplo, em que o crime se consuma a todo instante em que houver a privação de liberdade da vítima.

Nesta situação em questão, "A" não será mais inimputável, pois no momento de sua prisão já havia completado 18 anos, não considerado neste caso, o momento em que se iniciou a ação, mas sim, quando cessou.

1.10 Lugar do Crime

Art. 6º. *Considera-se praticado o crime no lugar em que ocorreu a ação ou omissão, no todo ou em parte, bem como onde se produziu ou deveria produzir-se o resultado.*

Teoria da Ubiquidade: utilizada no caso de um crime ser praticado em território nacional e o resultado ser produzido no estrangeiro. O foro competente será tanto o do lugar da ação ou omissão quanto o do local em que produziu ou deveria produzir-se o resultado.

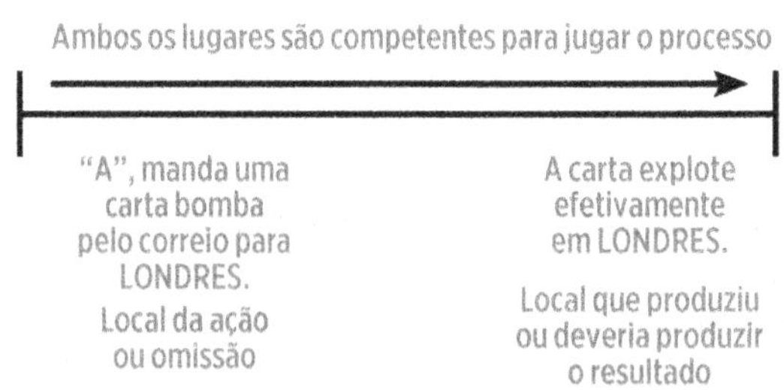

Ex.: Nesse caso "A", residente do Brasil, enviou uma carta bomba pelo correio para Londres, sendo assim, a carta efetivamente explode. Desse modo, tanto o Brasil, quanto a Inglaterra serão competentes para julgá-lo.

Não existe a teoria do "resultado".

São considerados para os crimes à distância, países diferentes.

Não confundir os artigos.

L ugar
U biquidade — Art. 6º
T empo
A tividade — Art. 4º

1.11 Da Lei Penal no Espaço

Da Territorialidade

Antes de iniciar o estudo do tópico, temos que ter em mente que iremos estudar a Lei Penal e não a Lei Processual Penal, que segue outra regra específica.

Aqui trataremos de como se comporta a Lei Penal Brasileira quando ocorrerem crimes no exterior, ou seja, Extraterritorialidade de lei. Portanto, quando falamos em extraterritorialidade estamos tratando somente da Lei Penal e não da Lei Processual Penal.

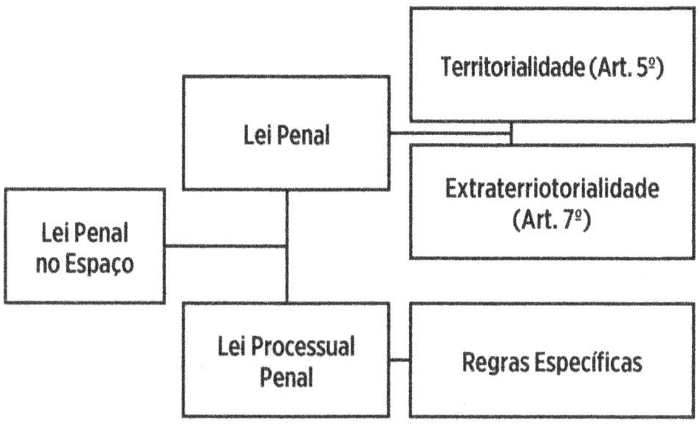

Falamos em Territorialidade quando se faz a aplicação da lei penal dentro do próprio Estado que a editou. Dessa forma, quando aplicamos a lei brasileira em nosso solo, estamos usando o conceito de Territorialidade.

A Territorialidade é tratada no Art. 5°, CP: *aplica-se a lei brasileira, sem prejuízo de convenções, tratados e regras de direito internacional, ao crime cometido no território nacional.*

Território Nacional Próprio

Art. 5º

> Lei Brasileira:
  » Sem prejuízo;
> Convenções, tratados e regras internacionais:
  » Imunidades.

***§1º** Território por extensão ou assimilação.*

Embarcação ou aeronave brasileira pública (em qualquer lugar).

Embarcação ou aeronave brasileira privada a serviço do Estado brasileiro (em qualquer lugar).

Embarcação ou aeronave brasileira mercante ou privada, desde que não esteja em território alheio.

A Extraterritorialidade é tratada no Art 7:

> ***Art. 7º.** Ficam sujeitos a Lei Brasileira, embora cometidos no estrangeiro:*
> ***I.** Os crimes:*
> ***a)** contra a vida ou a liberdade do Presidente de República;*
> ***b)** contra o patrimônio ou a fé pública da União, do Distrito Federal, de Estado, de Território, de Município, de empresa pública, sociedade de economia mista, autarquia ou fundação instituída pelo Poder Público;*
> ***c)** contra a administração pública, por quem está a seu serviço;*
> ***d)** de genocídio, quando o agente for brasileiro ou domiciliado no Brasil;*
> ***II.** Os crimes:*
> ***a)** que, por tratado ou convenção, o Brasil se obrigou a reprimir;*
> ***b)** praticados por brasileiros;*
> ***c)** praticados em aeronaves ou embarcações brasileiras, mercantes ou de propriedade privada, quando em território estrangeiro e aí não venham a ser julgados.*
> ***§ 1º** Nos casos do inciso I, o agente é punido segundo a lei brasileira, ainda que absolvido ou condenado no estrangeiro.*
> ***§ 2º** Nos casos do inciso II, a aplicação da lei brasileira depende do concurso das seguintes condições:*
> ***a)** entra o agente no território nacional;*
> ***b)** ser o fato punível também no país em que foi praticado;*
> ***c)** estar o crime incluído entre aqueles pelos quais a lei brasileira autoriza a extradição;*
> ***d)** não ter sido o agente absolvido no estrangeiro ou aí não ter cumprido pena;*
> ***e)** não ter sido o agente perdoado no estrangeiro, ou, por outro motivo não estar extinta a punibilidade, segundo a lei mais favorável.*
> ***§ 3º** A lei brasileira aplica-se também ao crime cometido por estrangeiro contra brasileiro fora do Brasil, se reunidas as condições previstas no parágrafo anterior:*
> ***a)** não pedida ou negada sua extradição;*
> ***b)** houve requisição do Ministro da Justiça.*

Território Nacional

Podemos conceituar território nacional como sendo o espaço onde certo Estado possui sua soberania.

Elementos que constituem um determinado Estado soberano:

> Território;
> Povo;
> Organização jurídica.

Consideramos como território nacional as limitações que temos no mapa do país e mais o mar territorial, que representa a extensão de 12 milhas do mar a contar da costa, e sempre na maré baixa. O código considera, também, território nacional o espaço aéreo respectivo e o espaço aéreo correspondente ao território nacional. Esse sempre devemos considerar como território próprio.

Temos que considerar, também, como território nacional, o chamado território por extensão, assimilação ou impróprio descrito no §1º do Art. 5º do Código Penal.

> ***§ 1º** Para os efeitos penais, consideram-se como extensão do território nacional as embarcações e aeronaves brasileiras, de natureza pública ou a serviço do governo brasileiro, onde quer que se encontrem, bem como as aeronaves e as embarcações brasileiras, mercantes ou de natureza privada, que se achem, respectivamente no espaço aéreo correspondente ou em alto mar.*
> ***§ 2º** É também aplicável a lei brasileira aos crimes praticados a bordo de aeronaves ou embarcações estrangeiras, de propriedade privada, achando-se aquelas em pouso no território nacional ou em voo no espaço aéreo correspondente, e estas em porto ou mar territorial do Brasil.*

Como mencionado, a Lei Penal aplica-se em todo o território nacional próprio ou por assimilação. Por esse princípio aplica-se aos nacionais ou estrangeiros (mesmo que irregular) a Lei Penal brasileira.

Contudo, em alguns casos, mesmo o fato sendo praticado no Brasil, não será aplicada a Lei Penal a esse fato, isso se deve quando ocorrer por meio de convenções, tratados e regras de direito internacional, aqui o Brasil abre mão de punir, ou seja, nesses casos não se aplicará a Lei Brasileira.

Dessa forma, o Princípio da Territorialidade da Lei Penal é mitigado, isto é, não é adotado de forma absoluta e sim temperada, por esse motivo falamos em Princípio da Territorialidade Temperada.

Podemos dar como exemplo as imunidades diplomáticas e consulares concedidas por meio de adesão do Brasil às convenções de Viena (1961 e 1963), aos diplomatas e aos cônsules que exercem suas atividades no Brasil.

Quando falamos em território nacional, obrigatoriamente temos que pensar em algumas regras: Todas as embarcações ou aeronaves brasileiras de natureza pública, onde quer que se encontrem são consideradas parte do território nacional.

Para as embarcações e aeronaves de natureza privada, serão estas consideradas extensão do território nacional quando se acharem, respectivamente, no mar territorial brasileiro ou no espaço aéreo correspondente. Preste bem atenção, as de natureza privada, sem estar a serviço do Brasil, somente responderão pela lei brasileira se estiverem dentro do Brasil.

Ex.: Um navio brasileiro privado pelo mar da Argentina deverá responder pelas Leis Penais Argentinas, ou seja, caso um brasileiro mate o outro, a lei a ser aplicada é a Lei Penal Argentina, pois o navio não estava a serviço do Brasil.

Por outro lado, se o navio estiver em alto mar (terra de ninguém - aplica-se o princípio do pavilhão ou da bandeira) e ostentar a bandeira brasileira e lá um marujo matar o outro, a competência é da lei brasileira.

A mesma regra utilizamos para aeronaves. Uma questão interessante é por exemplo, se uma aeronave pousar em um país distinto e o piloto cometer um crime e essa aeronave estiver a serviço do Brasil, aplica-se a lei brasileira. Caso a aeronave for particular aplica-se a lei do país em que a aeronave estiver pousada.

Questão interessante é se o piloto sair do aeroporto e lá fora cometer um crime. Nesse caso temos que perguntar se o piloto estava em serviço oficial ou não, se estiver em serviço oficial aplicamos a lei penal brasileira, do contrário, aplica-se a lei do país onde cometeu o crime.

Resumo dos Conceitos

> Território nacional: é o espaço onde determinado estado exerce com exclusividade sua soberania.
> Território próprio: toda a base territorial por nós conhecida (o mapa), acrescida do mar territorial, que é extensão de 12 milhas mar a dentro, a contar da baixa maré.
> Território por extensão: embarcações e aeronaves brasileiras: públicas ou a serviço do estado (qualquer lugar do globo) e privadas em águas ou terras de ninguém.
> Territorialidade: aplicação da lei penal no território nacional.
> Territorialidade absoluta: impossibilidade para aplicação de convenções, tratados e regras de direito internacional, ao crime cometido no território nacional.
> Territorialidade temperada: adota como regra a aplicação da lei penal brasileira no território nacional. Entretanto, com determinadas hipóteses, permite a aplicação de lei penal estrangeira a fatos cometidos no Brasil (Art. 5º do CP).
> Imunidade: exclusão da aplicação da lei penal.
> Imunidade diplomática e consular: são imunidades previstas em convenções internacionais chancelados pelo Brasil.
> Imunidade parlamentar: previstas na Constituição Federal aos membros do Poder Legislativo.

Princípios da Aplicação da Lei Penal no Espaço

> Próprio.
> Por assimilação ou extensão.

Embarcação e aeronaves brasileiras: públicas ou a serviço do Estado (em qualquer parte do planeta) e privadas ou marcantes em águas ou terras de ninguém.

Passaremos a tratar agora dos princípios que regulam a aplicação da Lei Penal no Espaço.

Princípio da Territorialidade

A lei penal de um país terá aplicação aos crimes cometidos dentro de seu território. Aqui, o Estado soberano tem o dever de exercer jurisdição sobre as pessoas que estejam sem seu território.

Princípio da Nacionalidade

Classificado também como Princípio da Personalidade. Aqui os cidadãos de um determinado país devem obediência às suas leis, onde quer que se encontrem. Podemos dividir esse princípio em:

Princípio da Nacionalidade Ativa

Aplica-se a lei nacional ao cidadão que comete crime no estrangeiro, independentemente da nacionalidade do sujeito passivo ou do bem jurídico lesado.

Princípio da Nacionalidade Passiva

O fato praticado pelo nacional deve atingir um bem jurídico de seu próprio estado ou de um concidadão.

Princípio da Defesa, Real ou de Proteção

Aqui se leva em consideração a nacionalidade do bem jurídico lesado (sujeito passivo), independentemente da nacionalidade do sujeito ativo ou do local da prática do crime.

Princípio da Justiça Penal Universal ou da Universalidade

Aqui, todo Estado tem o direito de punir todo e qualquer crime, independentemente da nacionalidade do criminoso ou do bem jurídico lesado, ou do local em que o crime foi praticado, bastando que o criminoso se encontre dentro do seu território. Assim, quem quer que seja que cometa crime dentro do território nacional será processado e julgado aqui.

Princípio da Representação

A Lei Penal brasileira também será aplicada aos delitos cometidos em aeronaves e embarcações privadas brasileiras quando se encontrarem no estrangeiro e aí não venham a ser julgadas.

> O Código Penal brasileiro adota o princípio da Territorialidade como regra e os outros como exceção. Assim, os outros princípios visam disciplinar a aplicação extraterritorial da Lei Penal brasileira.

Extraterritorialidade

***Art. 7º.** Ficam sujeitos à lei brasileira, embora cometidos no estrangeiro:*

***I.** Os crimes:*

***a)** contra a vida ou a liberdade do Presidente da República;*

***b)** contra o patrimônio ou a fé pública da União, do Distrito Federal, de Estado, de Território, de Município,de empresa pública, sociedade de economia mista, autarquia ou fundação instituída pelo Poder Público;*

***c)** contra a administração pública, por quem está a seu serviço;*

***d)** de genocídio, quando o agente for brasileiro ou domiciliado no Brasil;*

***II.** Os crimes:*

***a)** que, por tratado ou convenção, o Brasil se obrigou a reprimir;*

***b)** praticados por brasileiro;*

***c)** praticados em aeronaves ou embarcações brasileiras, mercantes ou de propriedade privada, quando em território estrangeiro e aí não sejam julgados.*

***§ 1º.** Nos casos do inciso I, o agente é punido segundo a lei brasileira, ainda que absolvido ou condenado no estrangeiro.*

***§ 2º.** Nos casos do inciso II, a aplicação da lei brasileira depende do concurso das seguintes condições:*

***a)** entrar o agente no território nacional;*

***b)** ser o fato punível também no país em que foi praticado;*

***c)** estar o crime incluído entre aqueles pelos quais a lei brasileira autoriza a extradição;*

***d)** não ter sido o agente absolvido no estrangeiro ou não ter aí cumprido a pena;*

***e)** não ter sido o agente perdoado no estrangeiro ou, por outro motivo, não estar extinta a punibilidade, segundo a lei mais favorável.*

***§ 3º.** A lei brasileira aplica-se também ao crime cometido por estrangeiro contra brasileiro fora do Brasil, se, reunidas as condições previstas no parágrafo anterior:*

***a)** não foi pedida ou foi negada a extradição;*

***b)** houve requisição do Ministro da Justiça.*

A regra é de que a lei penal brasileira apenas aplica-se aos crimes praticados no Brasil (conforme estudado no Art. 5º do Código Penal). No entanto, há situações que, por força do Art. 7º, permitem o Estado aplicar sua legislação penal no estrangeiro. Nesta norma, encontram-se diversos princípios, são eles:

Defesa (também chamado de Real): amplia a aplicação da lei penal em decorrência da gravidade da lesão. É o aplicável no Art. 7º nas alíneas do inciso I, são elas:

***a)** contra a vida ou a liberdade do Presidente da República.*

Caso seja a prática de latrocínio, não há a extensão da lei brasileira, visto que o latrocínio é considerado crime contra o patrimônio.

***b)** contra o patrimônio ou a fé pública da União, do Distrito Federal, de Estado, de Território, de Município, de empresa pública, sociedade de economia mista, autarquia ou fundação instituída pelo Poder Público;*

***c)** contra a administração pública, por quem está a seu serviço;*

***d)** de genocídio, quando o agente for brasileiro ou domiciliado no Brasil.*

Há discussão qual o princípio aplicável neste caso, havendo quem sustente ser da defesa, outros dizem ser da nacionalidade ativa e outra corrente, ainda, afirmando ser relacionado ao princípio da Justiça Penal Universal.

Justiça Penal Universal (também chamada de Justiça Cosmopolita): amplia a aplicação da legislação penal brasileira em decorrência da de tratado ou convenção que o Brasil é signatário. Vem normatizada pelo Art. 7º, II, "a":

***a)** Que, por tratado ou convenção, o Brasil se obrigou a reprimir.*

Nacionalidade Ativa: amplia a aplicação da legislação penal brasileiro ao exterior caso o crime seja praticado por brasileiro. Está prevista no Art. 7º, II, "b":

***b)** Praticados por brasileiro;*

Representação (também chamado de Pavilhão ou da Bandeira ou da Substituição): amplia a aplicação da legislação penal brasileira em decorrência do local em que o crime é praticado. Vem normatizada pelo Art. 7º, II, "c":

***c)** Praticados em aeronaves ou embarcações brasileiras, mercantes ou de propriedade privada, quando em território estrangeiro e aí não sejam julgados.*

Nacionalidade Passiva: amplia a aplicação da legislação penal brasileira em decorrência da nacionalidade da vítima do crime. Vem normatizada pelo Art. 7º, §3º:

***§3º.** A lei brasileira aplica-se também ao crime cometido por estrangeiro contra brasileiro fora do Brasil.*

Tais regras, de que a legislação penal brasileira será aplicada no exterior, valem apenas para os crimes e nunca para as contravenções penais. Apesar da lei prever, no Art. 7º, que a lei brasileira também será aplicada no anterior, há determinadas regras para esta aplicação, também normatizadas pelos parágrafos do artigo em questão, vejamos:

Incondicionada: é a prevista para os casos normatizados no Art. 7º, I, alíneas "a" até "d". Segundo o Código Penal, o agente será processado de acordo com a lei brasileira, mesmo que for absolvido ou condenado no exterior (conforme normatizado pelo §1º do Art. 7º). Não exige qualquer condição.

Condicionada: é a prevista para os casos normatizados no Art. 7º, §2º, alíneas "a" até "e": São as condições:

***a)** Entrar o agente no território nacional.*

***b)** Ser o fato punível também no país em que foi praticado.*

***c)** Estar o crime incluído entre aqueles pelos quais a lei brasileira autoriza a extradição.*

***d)** Não ter sido o agente absolvido no estrangeiro ou cumprido a pena.*

***e)** Não ter sido o agente perdoado no estrangeiro.*

Não estará extinta a punibilidade do agente, seja pela brasileira, seja pela lei estrangeira.

Hipercondicionada: é a prevista para os casos normatizados no Art. 7º, §3º. Chama-se pela doutrina de hipercondicionada porque exige, além das condições da condicionada, outras duas. São condições:

> Não ser pedida ou, se pleiteada, negada a extradição.
> Requisição do Ministro da Justiça.

1.12 Pena Cumprida no Estrangeiro

> ***Art. 8º.** A pena cumprida no estrangeiro atenua a pena imposta no Brasil pelo mesmo crime, quando diversas, ou nela é computada, quando idênticas.*

Caso o agente seja processado no exterior e lá, condenado e cumprido pena, estipula-se neste artigo que caso venha no Brasil a ser condenado pelo mesmo fato (no caso da extraterritorialidade incondicionada), deverá se verificar:

Se as penas são idênticas, ou seja, da mesma qualidade, deverá ser computada como cumprida no Brasil.

Ex.: As duas são privativas de liberdade.

Se as penas são diversas, ou seja, de qualidade diferente, deverá haver uma atenuação.

Ex.: no exterior o agente cumpriu pena restritiva de liberdade e, no Brasil, foi condenado e teve sua pena substituída pela prestação de serviços comunitários. Neste caso, deverá se atenuar a pena no Brasil.

1.13 Eficácia de Sentença Estrangeira

> ***Art. 9º.** A sentença estrangeira, quando a aplicação da lei brasileira produz na espécie as mesmas consequências, pode ser homologada no Brasil para:*
>
> ***I.** Obrigar o condenado à reparação do dano, a restituições e a outros efeitos civis;*
>
> ***II.** Sujeitá-lo a medida de segurança.*
>
> ***Parágrafo único.** A homologação depende:*
>
> ***a)** para os efeitos previstos no inciso I, de pedido da parte interessada;*
>
> ***b)** para os outros efeitos, da existência de tratado de extradição com o país de cuja autoridade judiciária emanou a sentença, ou, na falta de tratado, de requisição do Ministro da Justiça.*

A regra geral é de que a sentença penal estrangeira não precisa ser homologada para produzir efeitos no Brasil. No entanto, o Art. 9º traz duas situações que necessitam da homologação para que a sentença produza efeitos no Brasil, são elas:

Para a produção de efeitos civis (Ex.: Reparação de danos, restituições, entre outros). Neste caso, depende do pedido da parte interessada.

Para a aplicação de medida de segurança ao agente da Infração Penal: caso exista tratado de extradição, necessita de requisição do Procurador-Geral da República. Caso inexista tratado de extradição, necessita de requisição do Ministro da Justiça.

1.14 Contagem de Prazo

> ***Art. 10.** O dia do começo inclui-se no cômputo do prazo. Contam-se os dias, os meses e os anos pelo calendário comum.*

A regra, aqui, é diversa da processual, visto que o dia do começo do prazo penal inclui-se no cômputo do prazo. Por exemplo, determinado agente pratica uma infração penal em 10 de agosto de 2012. Supondo que esta infração penal possui um prazo prescricional de 08 (oito) anos, a pretensão punitiva irá prescrever em 09 de agosto de 2020.

1.15 Frações não Computáveis da Pena

> ***Art. 11.** Desprezam-se, nas penas privativas de liberdade e nas restritivas de direitos, as frações de dia, e, na pena de multa, as frações de cruzeiro.*

Ou seja, caso após o cálculo da pena, remanescer frações de dia (por exemplo: o agente é condenado a pena de 15 (quinze) meses de detenção, com uma causa de aumento de 1/2, a pena torna-se em 22,5 dias. Com a norma deste artigo, despreza-se a fração de metade e a pena final é de 22 dias.

Do mesmo modo, aplica-se a regra à pena de multa, não sendo condenado o agente a pagar os centavos.

1.16 Legislação Especial

> ***Art. 12.** As regras gerais deste Código aplicam-se aos fatos incriminados por lei especial, se esta não dispuser de modo diverso.*

As infrações penais não estão apenas descritas no Código Penal, mas também em outras leis, que se denominam de leis especiais. Nestes casos, aplica-se, desde que a lei especial não dispuser de modo diverso, as regras gerais do Código Penal.

Questões

01. (CESPE – 2018) Depois de adquirir um revólver calibre 38, que sabia ser produto de crime, José passou a portá-lo municiado, sem autorização e em desacordo com determinação legal. O comportamento suspeito de José levou-o a ser abordado em operação policial de rotina. Sem a autorização de porte de arma de fogo, José foi conduzido à delegacia, onde foi instaurado inquérito policial.

Tendo como referência essa situação hipotética, julgue os itens seguintes.

Se, durante o processo judicial a que José for submetido, for editada nova lei que diminua a pena para o crime de receptação, ele não poderá se beneficiar desse fato, pois o direito penal brasileiro norteia-se pelo princípio de aplicação da lei vigente à época do fato.

Certo ( ) Errado ( )

02. (CESPE – 2018) A aplicação do princípio da retroatividade benéfica da lei penal ocorre quando, ao tempo da conduta, o fato é típico e lei posterior suprime o tipo penal.

Certo ( ) Errado ( )

03. (CESPE – 2018) À luz do Código Penal, julgue o item que se segue. No caso de entrar em vigor lei penal que inove o ordenamento jurídico ao prever como crime conduta até então considerada atípica, será aplicada a retroatividade.

Certo ( ) Errado ( )

04. (CESPE – 2018) Tendo como referência a jurisprudência sumulada dos tribunais superiores, julgue o item a seguir, acerca de crimes, penas, imputabilidade penal, aplicação da lei penal e institutos. Tratando-se de crimes permanentes, aplica-se a lei penal mais grave se esta tiver vigência antes da cessação da permanência.

Certo ( ) Errado ( )

05. (CESPE – 2018) À luz do Código Penal, julgue o item que se segue. No caso de entrar em vigor lei penal que inove o ordenamento jurídico ao prever como crime conduta até então considerada atípica, será aplicada a retroatividade.

Certo ( ) Errado ( )

Gabaritos

01	ERRADO
02	CERTO
03	ERRADO
04	CERTO
05	ERRADO

2. DO CRIME

2.1 Relação de Causalidade

Teoria da Equivalência dos Antecedentes

A ação ou omissão tem que dar causa ao resultado:

Relação de Causalidade

> ***Art. 13.*** *O resultado, de que depende a existência do crime, somente é imputável a quem lhe deu causa. Considera-se causa a ação ou omissão sem a qual o resultado não teria ocorrido.*

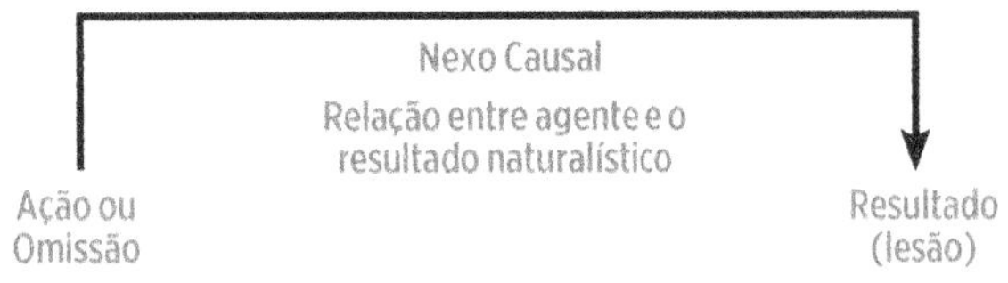

Neste caso, antes de tudo, é importante mencionar sobre a responsabilidade do agente. Para o Código Penal existem duas formas de responsabilidades: subjetiva e objetiva.

Subjetiva: nesta situação, o agente pode ser punido na modalidade culposa, quando não queria o resultado. É o imperito, imprudente ou negligente. Na modalidade dolosa, quando o agente quis ou assumiu o risco do resultado. O Código Penal sempre irá punir sobre aquilo que o agente queria causar, sobre a intenção no momento da conduta.

Objetiva: a responsabilidade objetiva não é mais adotada, visto que sempre haveria a punição por dolo, não se admitindo a forma culposa.

Ex.: "A" dispara dois tiros em "B". Os tiros efetivamente acertam "B" causando sua morte. Nessa situação, a ação de "A" deu causa ao resultado, que é morte de "B", mantendo uma relação de causa x efeito, com resultado naturalístico: morte.

Causa Relativamente Independente Superveniência de Causa Independente:

> ***§ 1º.*** *A superveniência de causa relativamente independente exclui a imputação quando, por si só, produziu o resultado; os fatos anteriores, entretanto, imputam-se a quem os praticou.*

Ex.: "A" atira em "B", contudo "B" morre devido a um veneno ingerido anteriormente. A causa efetiva da morte de "B" foi o envenenamento e não o disparo efetuado por "A". Nessa situação, "A" responderá apenas por tentativa de homicídio.

Nesta situação, a causa da morte não foi efetivamente o tiro disparado por "A", mas o veneno ingerido anteriormente.

Sendo assim, não foi efetivamente o disparo que causou o resultado naturalístico da morte de "B".

Ex.: "A" atira na cabeça de "B", esse é socorrido em ambulância, no trajeto para o hospital a ambulância capota causando a morte de "B". Mesmo "A" tendo concorrido diretamente para que "B" estivesse na ambulância, o código penal manda que "A" responda somente por tentativa de homicídio.

Fato que ocorre após a conduta do agente, entretanto, não ocorreria se a ação ou omissão não tivesse acontecido.

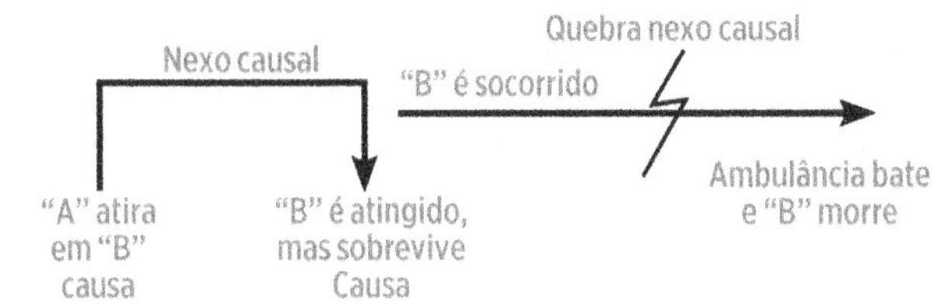

No exemplo citado, digamos que "B" seja socorrido com sucesso. Entretanto, devido ao ferimento na cabeça, tenha que ser submetido à intervenção cirúrgica imprescindível e, durante o procedimento, devido a complicações, vem a falecer. Nesta situação, "A" responderá por homicídio consumado, pois ninguém está obrigado a submeter-se a intervenções cirúrgicas. A mesma situação ocorre se, devido à internação, "B" contraia infecção hospitalar, vindo a falecer. Nessas duas hipóteses, "A" responderá pelo crime consumado, segundo entendimento do STJ - Superior Tribunal de Justiça. Cabe ressaltar que, mesmo "B", estando no hospital, porém, este falece devido a um desmoronamento provocado por um terremoto, haverá novamente a quebra do nexo causal, como no acidente com a ambulância, "A" responderá somente pela tentativa de homicídio.

Relevância da Omissão

O "dever" de agir é um dever Jurídico, é o poder do garantidor ou garantia, ou seja, imposto por Lei. Quando da omissão, o agente tem a possibilidade e o dever jurídico de agir e omite-se.

Ex.: Dois policiais observam uma pessoa sendo vítima de roubo e nada fazem, nesse caso, os agentes, tendo a possibilidade e o dever de agir, omitiram-se. Nesta situação ambos responderão pelo resultado, ou seja, por roubo.

> ***§ 2º.*** *A omissão é penalmente relevante quando o omitente devia e podia agir para evitar o resultado. O dever de agir incumbe a quem:*
>
> ***a)*** *Tenha por Lei obrigação de cuidado, proteção ou vigilância;* (**dever legal**).

Exs.: Pai que deixa de alimentar o filho, e este vem a morrer de inanição.

Carcereiro que observa o preso agonizando à beira da morte e nada faz.

> ***b)*** *De outra forma, assumiu a responsabilidade de impedir o resultado;* (**dever do garantidor**).

Ex.: Babá que descuida da criança e a deixa morrer.Salva-vidas que observa banhista se afogar e nada faz.

> ***c)*** *Com seu comportamento anterior, criou o risco da ocorrência do resultado.*

Ex.: Homem se propõe a ajudar um idoso a atravessar na faixa de pedestres. Porém, no meio do caminho, o homem abandona o idoso e este morre atropelado.

Esses crimes são chamados de crimes omissivos impróprios ou comissivos por omissão, ou ainda participação por omissão. Em todos esses casos, o omitente responderá pelo resultado, a não ser que este não lhe possa ser atribuído nem por dolo nem por culpa. O agente tem que ter consciência de que se encontra na função de agente garantidor.

2.2 Da Consumação e Tentativa

***Art. 14º.** Diz-se do Crime:*

***I.** Consumado, quando nele se reúnem todos os elementos de sua definição legal.*

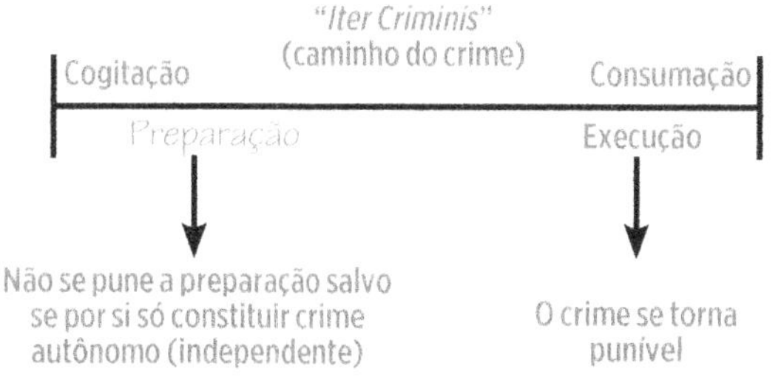

Para que o crime seja consumado, é necessário que ele percorra todas as fases do ***iter criminis***, quais sejam: cogitação, preparação, execução e consumação. O agente, com sua conduta, "caminha" por todas as fases até atingir o resultado.

Ex.: Fabrício, com "*animus necandi*"(vontade de matar) Pedro, pensa em uma forma de consumar seu desejo (***cogitação***). Para isso, compra um revólver e munições (***preparação***) e desloca-se até a casa da vítima. Ao avistá-lo, inicia os disparos (***execução***) contra Pedro, ferindo-o mortalmente (***consumação***).

O Código Penal não admite a punição nas fases de **cogitação** e **preparação**, salvo se constituírem **crimes autônomos**. No caso citado acima, se Fabrício fosse preso no momento em que estava com o revólver, deslocando-se à casa de Pedro para matá-lo, iria configurar apenas o crime de porte ilegal de arma de fogo, não poderia de forma alguma ser punido pela tentativa de matar Pedro. Só se pode punir a intenção do agente, a partir do momento que entra na esfera de **execução**.

Outra situação, seria a união de 3 ou mais pessoas que planejam assaltar um banco, para isso, compram ferramentas: picaretas, pás, marretas, conseguem a planta do banco, alugam uma casa nas proximidades, contudo, no momento que planejavam a forma como iriam realizar o assalto, são surpreendidos pela polícia com todos os materiais. Nesse caso, essas pessoas não responderão pelo crime de "roubo" (Art. 157 CP), na forma tentada, mas sim pelo crime de "associação criminosa" (Art. 288 CP). Mesmo com a posse de todos os materiais que seriam utilizados, eles não haviam entrado na esfera de execução do roubo.

Por conseguinte, o Código Penal sempre irá punir o agente por aquilo que ele queria cometer (**Elemento Subjetivo**), ou seja, qual era a intenção do agente, ainda que outro seja o resultado.

Ex.: "A", com intenção de matar "B", efetua vários disparos em sua direção, contudo, acerta apenas um tiro no dedo do pé de "B". Independente desse resultado, "A" vai responder por tentativa de homicídio, pois era sua intenção inicial.

É importante sempre atentar-se para a vontade do agente, pois o Código Penal irá puni-lo somente pelo resultado ao qual quis causar, ou seja, sempre pelo Elemento Subjetivo do agente.

Tentativa

Diz que o crime é tentado, quando, iniciada a execução, não se consuma por circunstâncias alheias à vontade do agente.

Não se admite Tentativa para:

> Crime culposo;

> Contravenções Penais (Art. 4º, L, CP);

> Mera conduta;

> Crime Preterdoloso.

Alguns tipos penais não aceitam a forma "tentada", sendo assim, o fato de iniciar a execução já o torna consumado, como por exemplo o crime de: Concussão (Art. 316, CP), nessas situações, a consumação é um mero exaurimento.

Os crimes "tentados" são aqueles que iniciam a fase de execução, mas não chegam à consumação por circunstâncias alheias à vontade do agente, ou seja, o autor quer praticar a conduta, mas é impedido de alguma forma.

Exs.: "A" com intenção de matar "B", compra um revólver; ao encontrar "B", no momento que iria iniciar os disparos, é flagrado por um policial que o impede.

"A" com intenção de matar "B", compra um revólver; ao encontrar "B" do outro lado da rua, no momento que começa a efetuar os disparos, atinge uma caçamba de entulhos que trafegava pela via.

As circunstâncias alheias à vontade do agente podem ser quaisquer fatos, que impeçam que o crime seja consumado.

Pena do Crime Tentado

É a mesma do crime consumado. Devendo ser reduzida de 1/3 a 2/3. Quanto mais próximo o crime chegar da consumação, maior deverá ser a pena.

Se, quando iniciada a execução, o crime não se consumar por circunstâncias alheias à vontade do agente, incidirá a pena do crime consumado, com redução no *quantum* da pena.

Homicídio: pena de 6 a 20 anos.

Ex.: João fez disparos contra José causando sua morte.

Pena - 12 anos

Tentativa de homicídio: pena de 6 a 20 anos reduzida de 1 a 2/3.

Ex.: João fez disparos contra José que ferido foi socorrido e sobreviveu.

Pena - 4 anos (melhor cenário) - 8 anos (pior cenário).

Ex.: João, armado de pistola, efetua 15 disparos contra José ficando este em coma por 40 dias, quase vindo a falecer, mas sobrevive.

Pena - mesmo nesse caso, haverá redução de pena, nesse caso, à mínima, 1/3 - 8 anos - mas deve ser aplicada.

Existem dois tipo de tentativas, perfeita e imperfeita, ambas podem ser cruentas e incruentas.

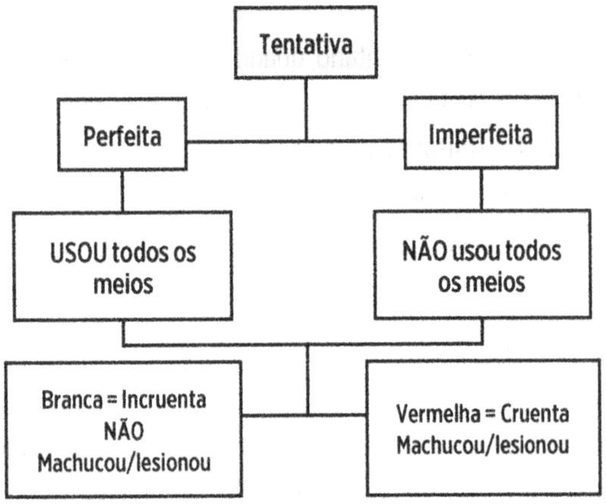

A tentativa será perfeita - crime falho - quando o agente esgotar todos os meios, vindo a acertar ou não a vítima. E imperfeita, quando **NÃO** esgotou todos os meios, mesmo que já tenha atingido a vítima ou ainda sem feri-la, por circunstâncias alheias à sua vontade.

A doutrina ainda classifica a tentativa em idônea ou inidônea (neste último caso, também apelidada de "crime impossível"), quanto à possibilidade de alcançar o resultado.

2.3 Desistência Voluntária e Arrependimento Eficaz

> ***Art. 15.*** *O agente que, voluntariamente, desiste de prosseguir na execução ou impede que o resultado se produza, só responde pelos atos já praticados.*

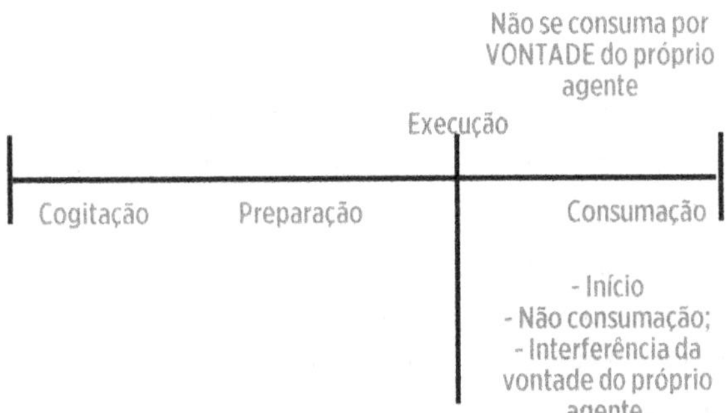

Desistência Voluntária: o agente interrompe voluntariamente a execução do crime impedindo a consumação.

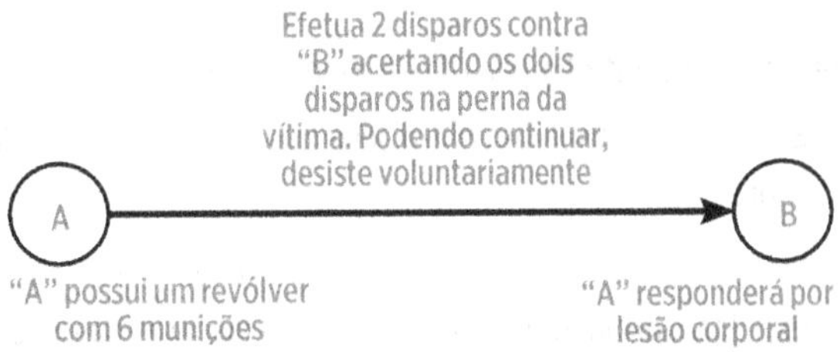

Nessa situação, o agente poderia efetuar mais disparos, porém desiste de continuar a efetuá-los e vai embora, é importante ressaltar que a desistência não teve influência de nenhuma outra circunstância, senão a vontade do próprio agente.

Arrependimento Eficaz: encerrada a execução do crime, o agente voluntariamente impede o resultado. Aqui, ele leva a execução até o fim. Contudo, com sua ação impede que o resultado seja produzido.

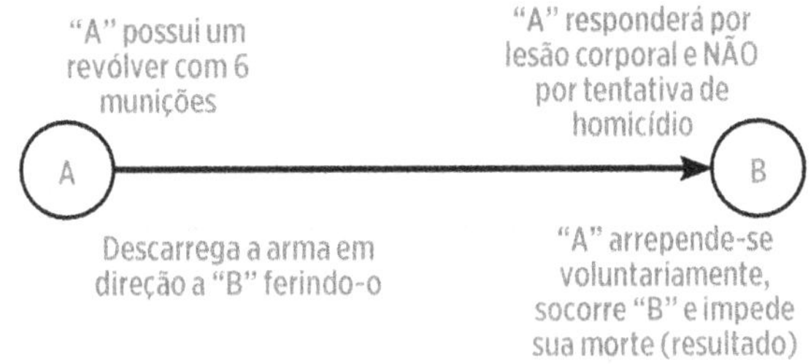

Nesta situação, o agente esgota os meios efetuando todos os disparos, contudo, após finalizá-los, arrepende-se do que fez, socorre "B" levando-o para um hospital, vindo a salvá-lo.

A "desistência voluntária" (ato negativo) e o "arrependimento eficaz" (ato positivo) têm como consequência a DESCLASSIFICAÇÃO DA FIGURA TÍPICA, ou seja, exclui a modalidade tentada. Dessa forma o agente responderá pelos atos até então praticados; nessas situações, considera-se lesão corporal.

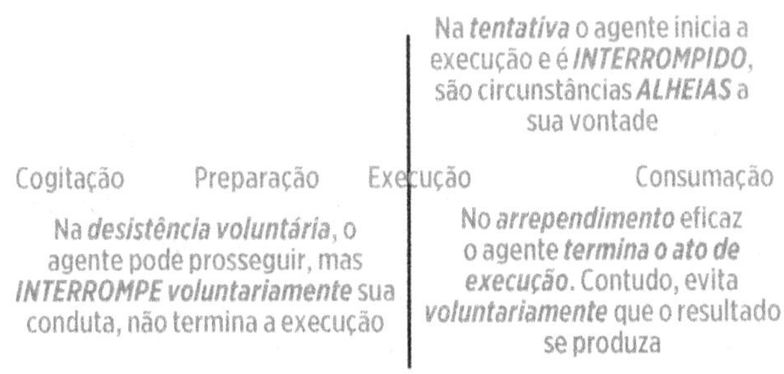

Tentativa: após o início da execução, o crime não se consuma por vontades alheias ao desejo do agente.

Desistência voluntária: mesmo podendo prosseguir, o agente desiste, interrompe por sua vontade própria.

Arrependimento eficaz: finalizados todos os atos de execução, o agente por vontade própria, socorre a vítima, impedindo que o resultado (morte) ocorra.

2.4 Arrependimento Posterior

> ***Art. 16.*** *Nos crimes cometidos sem violência ou grave ameaça à pessoa, reparado o dano ou restituída a coisa, até o recebimento da denúncia ou da queixa, por ato voluntário do agente, a pena será reduzida de um a dois terços.*

É requisito fundamental que não ocorra violência ou grave ameaça. Após a consumação do crime, antes que do recebimento da denúncia ou queixa - instauração no Poder Judiciário - o agente repara o dano causado anteriormente.

Ex.: Um rapaz é preso pelo furto (Art. 155, CP) de uma televisão de 14 polegadas, antes do recebimento da denúncia, seu advogado - ou representante legal - repara à vítima todos os danos que o agente causou quando subtraiu o bem, nessa hipótese, a pena do agente será reduzida.

Caso a reparação do dano ocorra após o recebimento da denúncia, a pena será atenuada, por exemplo, em vez de iniciar a pena no regime de reclusão, irá iniciar em regime semi-aberto.

2.5 Crime Impossível - "Quase Crime"

Art. 17. Não se pune a tentativa quando, por ineficácia absoluta do meio ou por absoluta impropriedade do objeto, é impossível consumar-se o crime.

Ineficácia absoluta do meio: o meio empregado ou o instrumento utilizado para a execução do crime jamais o levarão a consumação.

> Tentar matar alguém utilizando uma arma de brinquedo.

> Tentar envenenar alguém com sal.

"A" com intenção de envenenar "B", coloca sal - erro do tipo putativo - em sua comida, pensando ser arsênico.

Impropriedade absoluta do objeto material: Nessa hipótese, a pessoa ou a coisa sobre a qual recai a conduta é absolutamente inidônea para produção de algum resultado lesivo.

> Matar quem já está morto.

"A" com intenção de matar "B", enquanto este está dormindo, efetua vários disparos. Contudo, "B" já estava morto devido ao veneno administrado por "C" horas atrás.

Embora o elemento subjetivo do agente seja o dolo - homicídio - esses casos não serão puníveis, pois o meio empregado "sal" ou o objeto material "o morto" tornam o crime impossível de ser consumado.

Caso a ineficácia absoluta do meio seja relativa, será considerado crime, por exemplo, uma arma antiga de um colecionador, da segunda guerra mundial, seria quase impossível cometer um crime com um meio desses, entretanto, caso ela tenha potencial para causar lesão (esteja funcionando) o crime que o agente tentou praticar com esta arma, será considerado punível.

2.6 Crime Doloso

Art. 18. Diz-se o crime:

I. doloso, quando o agente quis o resultado ou assumiu o risco de produzi-lo.

> **Doloso direto**: quis resultado.

> **Doloso eventual ou indireto**: assumiu o risco de produzir o resultado.

Ex.: "A" atira em direção de "B" querendo que a morte desse aconteça.

"A", caçador, efetua vários disparos a fim de abater animal. Contudo, é advertido por "B" que naquela direção em que está atirando é local habitado. "A" não se importa e continua os disparos, mesmo consciente que poderia acertar alguém. Um de seus projéteis acerta "C", inocente morador das redondezas. Nessa situação, deverá "A" responder por homicídio doloso - eventual - pois assumiu o risco de produzir o resultado não observando a advertência que "B" lhe havia feito. O agente sabe o que pode vir a causar, mas não se importa com o resultado.

Ex.: "A" dirigindo em altíssima velocidade e disputando um racha com amigos perto de uma movimentada escola vem a atropelar "B", estudante, no momento que este atravessava a via. "A" nessa situação tinha consciência que sua conduta poderia matar alguém. Contudo, não se importou em continuar. Novamente, o agente sabe que pode acontecer, mas não se importa.

> **Dolo Direto** - Teoria da Vontade - Quer o resultado.

> **Dolo Eventual** - Teoria do Assentimento - Assume o risco do resultado.

2.7 Crime Culposo

Art. 18, II. Culposo, quando o agente deu causa ao resultado por imprudência, negligência ou imperícia.

Parágrafo único. Salvo os casos expressos em lei, ninguém pode ser punido por fato previsto como crime, senão quando o pratica dolosamente.

Culpa

Na conduta culposa, há uma ação voluntária dirigida a uma finalidade lícita, mas, pela quebra do dever de cuidado a todos exigidos, sobrevém um resultado ilícito não desejado, cujo risco nem sequer foi assumido.

Requisitos do crime culposo

Quebra do dever objetivo de cuidado

A culpa decorre da comparação que se faz entre o comportamento realizado pelo sujeito no plano concreto e aquele que uma pessoa de prudência normal, mediana, teria naquelas mesmas circunstâncias. Haverá a conduta culposa sempre que o evento decorrer de quebra do dever de cuidado por parte do agente mediante uma conduta imperita, negligente ou imprudente.

Previsibilidade

Não basta tão somente a quebra do dever de cuidado para que o agente responda pela modalidade culposa, pois é necessário que as consequências de sua ação descuidada sejam previsíveis.

Modalidades do crime culposo

Imprudência

É o fazer sem a obrigação de cuidado.

É a culpa de quem age, ou seja, aquela que surge durante a realização de um fato sem o cuidado necessário.

Ex.: Ultrapassagem em local proibido, excesso de velocidade, trafegar na contramão, manejar arma carregada, atravessar o sinal vermelho, etc.

Imperícia

É a falta de conhecimento técnico ou habilitação para o exercício de profissão ou atividade.

Ex.: Médico ao realizar uma cirurgia e esquece uma pinça dentro do abdômen do paciente. Atirador de elite que acerta a vítima, em vez do criminoso. Médico que faz lipoaspiração e causa a morte de paciente.

Negligência

É o não fazer sem a obrigação de cuidado.

É a culpa na sua forma omissiva. Consiste em deixar alguém de tomar o cuidado devido antes de começar a agir.

Ex.: Deixar de conferir os pneus antes de viajar, bem como de realizar a devida manutenção do veículo. Deixar substância tóxica ao alcance de crianças, etc.

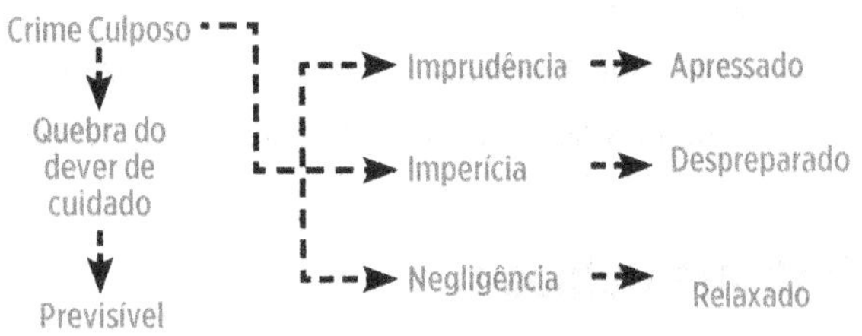

Culpa consciente

Na culpa consciente, o agente antevê o resultado, mas não o aceita, não se conforma com ele. O agente age na crença de que não causará o resultado danoso:

O atirador - não o substituto - de facas no circo. Ele atira a faca na crença de que, habilidoso que é, acertará a maça. Mas, ao contrário do que acreditava, ele acerta a moça.

2.8 Preterdolo

Art. 19. *Pelo resultado que agrava especialmente a pena, só responde o agente que o houver causado ao menos culposamente.*

Quando o resultado agravador for imputado a título de culpa, estaremos diante de um crime PRETERDOLOSO. Nele, o agente quer praticar um crime, mas acaba excedendo-se e produzindo culposamente um resultado mais gravoso do que o desejado.

Ex.: O agente desfere soco no rosto da vítima com intenção de lesioná-la, no entanto, ela perde o equilíbrio, bate a cabeça e morre.

Art. 157. *Subtrair coisa móvel alheia, para si ou para outrem, mediante grave ameaça ou violência à pessoa, ou depois de havê-la, por qualquer meio, reduzido a impossibilidade de resistência:*
Pena *- Reclusão, de quatro a dez anos, e multa.*
§ 3º. *Se da violência resulta lesão corporal grave, a pena é de reclusão, de sete a quinze anos, além da multa; se resulta morte, a reclusão é de vinte a trinta anos, sem prejuízo da multa.*
Art. 129. *Ofender a integridade corporal ou a saúde de outrem:*
§ 3º. *Se resulta morte e as circunstâncias evidenciam que o agente não quis o resultado, nem assumiu o risco de produzi-los;*
Pena *- Reclusão, de quatro a doze anos.*

2.9 Erro sobre Elemento do Tipo

Art. 20. *O erro sobre elemento constitutivo do tipo legal de crime exclui o dolo, mas permite a punição por crime culposo, se previsto em lei.*

Elementares: é a descrição típica do crime. Geralmente o próprio *caput*. Quando se extrai a elementar, o crime não existe.

Art. 155. *Subtrair coisa alheia móvel: Caso o indivíduo subtraia coisa própria por engano não haverá o crime, pouco importando sua intenção. Assim, se o agente subtrai sua própria bicicleta por "engano", pensando que está a subtrair bicicleta de seu vizinho não comete crime algum. Não há como punir uma pessoa que subtrai suas próprias coisas.*

Circunstâncias: são dados assessórios do crime, que suprimidos não impedem a punição do agente. Só servem para aumentar ou diminuir a pena.

Ladrão que furta um bem de pequeno valor pensando ser de grande valor. Responderá pelo furto simples sem redução de pena do privilégio.

Erro Essencial

Incide sobre situação, de tal importância, para o tipo que se o erro não existisse o agente não teria cometido o crime, ou pelo menos, não naquelas circunstâncias.

Erro inevitável (invencível ou escusável)

É aquele que não podia ter sido evitado, nem mesmo com o emprego de uma diligência mediana.

Nessas duas situações, exclui-se o dolo e a culpa do agente, sendo assim, exclui o crime.

Agente furta caneta pensando que é própria.

Ex.: Sujeito que mantém conjunção carnal com menor de 13 anos que aparenta ter 20 anos pela sua proporção física.

Ex.: Bêbado que sai de uma festa e liga carro alheio com sua chave normalmente, sendo o carro de mesma cor e modelo que o seu.

Erro evitável (vencível ou inescusável)

É aquele que poderia ser evitado pela prudência normal do homem médio. Exclui o dolo, mas permite a modalidade culposa se prevista em lei. Quando não prevista a modalidade culposa, não ocorre o crime.

Exs.: Caçador confunde vulto em uma moita com o animal que caçava e atira, vindo a causar a morte de um lavrador. Nessa situação, caso o fato pudesse ser previsível, deverá o caçador responder por homicídio culposo.

Bêbado sai de uma festa, ao observar carro idêntico ao seu, tenta desativá-lo com a chave do próprio carro, não obtendo êxito, quebra o vidro com uma pedra, força a ignição e vai para sua casa. Nesse caso, o agente será punido na modalidade culposa, embora não tendo a intenção, utilizou-se de uma conduta reprovável.

Erro do Tipo

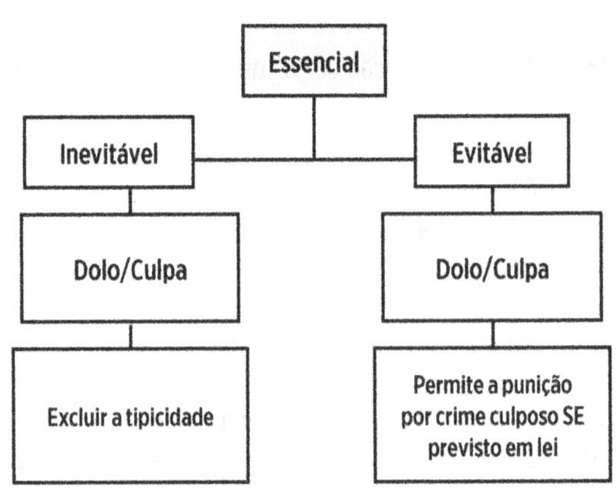

Erro do tipo acidental

Já o erro do tipo acidental **não exclui nada**, visto que o agente tem o elemento subjetivo do tipo e apenas erra na execução da ação criminosa.

- **Erro sobre o objeto**: o agente furta um quadro que acredita ser verdadeiro, mas no outro dia descobre que é falso. Aqui, ele responde como se tivesse furtado o quadro verdadeiro.
- **Erro sobre a pessoa** (error in persona): o agente tenta matar A, mas mata B, executando fielmente o que havia planejado. Neste caso, responde normalmente por homicídio.
- **Erro sobre a execução** (aberratio ictus): o agente tenta matar a sua namorada ao vê-la com outro, mas por não saber manusear a arma, quando atira, acerta em pessoa diversa. Nesse caso, ele responde como se tivesse matado a namorada.
- **Resultado diverso do esperado** (aberratio criminis): ocorrendo resultado diverso do pretendido, a consequência para o agente é responder pelo crime, a título de culpa (se houver), conforme Art. 74 do CP. Se ocorrer também o resultado pretendido, haverá concurso formal (1 ação = 2 crimes).
- **Erro sucessivo** (Dolo Geral ou aberratio causae): o agente, após acreditar ter matado a sogra por veneno, "desova" o corpo em um lago. Após a perícia analisar o caso, é constatado que não houve morte por envenenamento, mas por afogamento. Nessa situação, o agente responde como se tivesse envenenado a vítima.

2.10 Erro sobre a Pessoa

> ***Art. 20, § 3º.*** *O erro quanto à pessoa contra a qual o crime é praticado não isenta de pena. Não se consideram, neste caso, as condições ou qualidades da vítima, senão as da pessoa contra quem o agente queria praticar o crime.*

É o erro na representação do agente, que olha um desconhecido e o confunde com a pessoa que quer atingir. O erro é tão irrelevante, que o legislador determinou que o autor fosse punido pelo crime que efetivamente cometeu contra o terceiro inocente - vítima efetiva - como se tivesse atingido a pretendida - vítima virtual -, por exemplo:

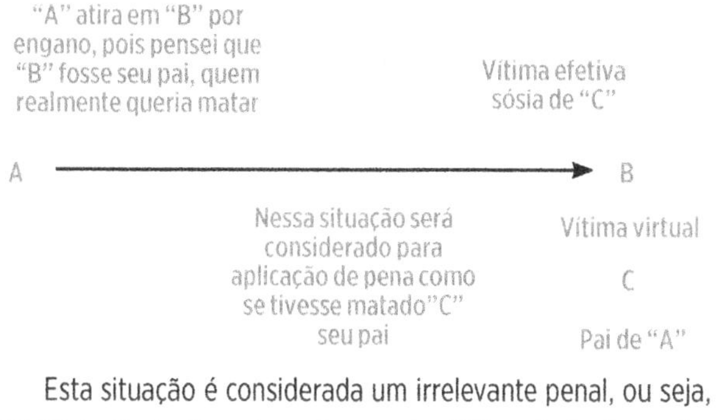

Esta situação é considerada um irrelevante penal, ou seja, o agente quer cometer uma coisa - matar "C" - entretanto, acaba matando "B", porém, independente do resultado, o Código Penal sempre adota o elemento subjetivo, ou seja, irá puni-lo pelo fato que ele realmente queria praticar, como na situação exposta era contra seu pai, incidirá ainda aumento de pena.

2.11 Erro sobre a Ilicitude do Fato

Erro de proibição

> ***Art. 21.*** *O desconhecimento da lei é inescusável. O erro sobre a ilicitude do fato, se inevitável, isenta de pena; se evitável, poderá diminuí-la de um sexto a um terço.*

É a errada compreensão de uma determinada regra legal. Pode levar o agente a supor que certa conduta seja lícita.

Ex.: Um rústico aldeão, que nasceu e passou toda a sua vida em um vilarejo afastado do sertão, agride levemente sua mulher, por suspeitar que ela o traísse. É de irrelevante importância se o aldeão sabia ou não que sua conduta era ilícita.

Nesse caso é crime, porém o CP determina que, devido às circunstâncias - por força do ambiente onde vive e as experiências acumuladas -, o sujeito não terá PENA, ou seja, exclui-se a culpabilidade.

Nesta situação, devido à origem do agente ser de lugar ermo, e o mesmo não possuiu conhecimento suficiente sobre fatos que não são permitidos, embora sua conduta seja criminosa, nesse caso fático o Juiz não aplicará pena sobre o agente.

Tipos de erro de proibição

Erro Inevitável ou Escusável = Isenta de Pena

Dona de casa de prostituição cujo funcionamento era de pleno conhecimento das autoridades fiscais, tendo, inclusive, licença de funcionamento fornecido pela Prefeitura Municipal, circunstância que sugeriam o desempenho de atividade lícita.

> ***Parágrafo único.*** *Considera-se evitável o erro se o agente atua ou se omite sem a consciência da ilicitude do fato, quando lhe era possível, nas circunstâncias, ter ou atingir essa consciência.*

Erro Evitável ou Inescusável = Não isenta de pena, mas terá direito a uma redução de pena 1/6 a 1/3.

Ex.: Atendente de farmácia que, apesar de ciente de que a venda de medicamentos com tarja preta configura transgressão administrativa, não tem consciência de que tal prática, com relação a alguns dos medicamentos controlados, caracteriza também o crime de tráfico de drogas.

Diferenças

Erro de Tipo	X	Erro de Proibição
Agente erra sobre dados do próprio crime. Isenta do dolo e culpa se inevitável e isenta de dolo mas permite a punição por culpa se evitável.		O agente acha que sua conduta é legal, quando na verdade é ilegal. Aqui o agente comete crime, mas não tem pena pois culpabilidade fica excluída.

É importante que diferenciemos bem a relação entre erro do tipo - exclui o crime - com o erro de proibição - isenta de pena . Naquele o agente sabe que sua conduta é ilícita, entretanto, erra sobre o próprio tipo penal, ou seja, sua intenção é realizar uma conduta, mas acaba cometendo outra. Contudo, nesse o agente desconhece o caráter ilícito do fato, imagina estar praticando uma conduta lícita, quando na verdade é ilícita - criminosa.

2.12 Coação Irresistível e Obediência Hierárquica

__Art. 22.__ Se o fato é cometido sob coação irresistível ou em estrita obediência a ordem, não manifestamente ilegal, de superior hierárquico, só é punível o autor da coação ou da ordem.

Para que se possa considerar alguém culpado do cometimento de uma infração penal, é necessário que esta tenha sido praticada em condições e circunstâncias normais, pois, do contrário, não será possível exigir do sujeito conduta diversa da que, efetivamente acabou praticando.

Nessa situação, o agente obriga uma terceira pessoa a cometer um crime ou ao cumprimento de uma ordem ilegal, a pessoa coagida não será punida, mas sim, quem o coagiu e o obrigou a realizar a conduta contra seu consentimento.

Coação Irresistível

É o emprego de força física ou de grave ameaça para que alguém faça ou deixe de fazer alguma coisa.

Coação Física - *vis absoluta* - o sujeito não comete crime.

Ex.: "A" imobiliza "B", depois, coloca uma arma em sua mão e força-o a apertar o gatilho. O disparo acerta "C", que morre. Nessa situação, devido à coação FÍSICA irresistível, "B" ***NÃO*** comete crime. "A" responderá por homicídio.

A coação física recai sobre a conduta do agente - elemento do fato típico - pois este foi forçado, nessa situação, exclui-se o crime.

Coação Moral - *vis relativa* - o sujeito comete crime, mas ocorre isenção de pena.

Ex.: "A" encosta uma arma carregada na cabeça "B" e ordena que ele atire em "C", caso contrário quem irá morrer é "B". "B" atira e "C" morre. Nessa situação, ambos cometem crime ("A" e "B"). Contudo, somente "A" terá PENA, "B" estará ***ISENTO*** de pena devido a coação MORAL irresistível.

Assim sendo, mesmo "B" tendo praticado o ato, sua conduta foi forçada mediante grave ameaça moral, em que este, temendo por sua própria vida, cometeu o crime. Nessa situação a conduta de "B" é típica e ilícita, contudo, não culpável, pois ficará isento de pena.

Obediência Hierárquica

É a obediência à ordem não manifestamente ilegal de superior hierárquico, tornando viciada a vontade do subordinado e afastando a exigência de conduta diversa. Também exclui a culpabilidade.

Ordem de superior hierárquico: é a manifestação de vontade do titular de uma função pública a um funcionário que lhe é subordinado.

Ex.: Um delegado de polícia manda seu subordinado, aspirante recém-chegado da corporação, que prenda um desafeto seu, para que esse aprenda uma lição.

Caso o aspirante cumpra esta ordem ilegal de seu superior, ambos estarão cometendo crime, abuso de autoridade; pois, embora ordem de superior, o aspirante no caso não é obrigado a cumpri-la.

Ordem manifestamente não ilegal: a ordem deve ser aparentemente legal. Se for manifestamente ilegal, deve o subordinado responder pelo crime.

Ex.: Delegado de polícia determina que agente prenda Antônio, indiciado por crime de latrocínio e alega que Antônio tem contra si um mandado de prisão expedido pela autoridade judiciária. O agente então prende Antônio e o conduz até a delegacia. Acontece que não existia mandado algum contra Antônio. Nessa situação, tanto o delegado quanto o agente cometeram crime de abuso de autoridade. Contudo, somente o delegado terá PENA, o agente ficará isento devido à "aparência" de ordem manifestamente NÃO ilegal.

Nessa conduta, o agente pensava estar praticando uma ação lícita, entretanto, este foi enganado por seu superior, sob alegação de posse de falso mandado de prisão.

2.13 Exclusão da Ilicitude

__Art. 23.__ Não há crime quando o agente pratica o fato:

__I.__ Em estado de necessidade;

__II.__ Em legítima defesa;

__III.__ Em estrito cumprimento de dever legal ou no exercício regular de direito.

Excesso Punível

__Parágrafo único.__ O agente, em qualquer das hipóteses deste artigo, responderá pelo excesso doloso ou culposo.

O agente que extrapolar os limites das excludentes deve responder pelo resultado produzido de forma dolosa ou culposa.

Ex.: João saca sua arma para matar Manoel, esse, prevendo o ocorrido, vale-se de sua arma e atira primeiro, ferindo João. Mesmo após a cessação da agressão por parte de João, Manoel efetua mais dois disparos para garantir o resultado.

Nessa situação, Manoel excedeu-se e deverá responder por homicídio na modalidade dolosa.

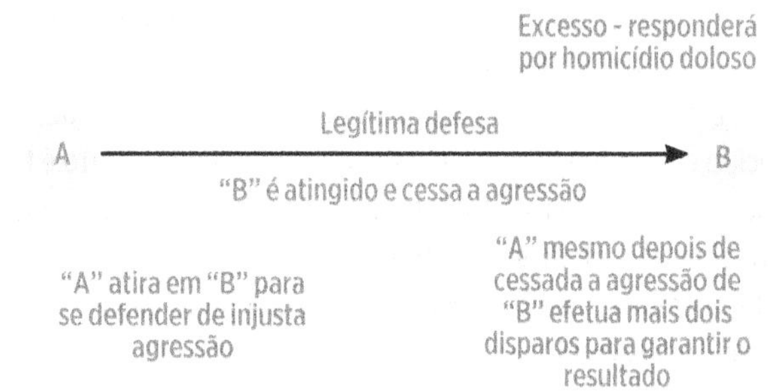

Não obstante, as excludentes de ilicitude, como o próprio nome já diz, excluem o caráter ilícito do fato, tornando a conduta lícita e jurídica.

Ocorrendo o fato diante de uma dessas excludentes, exclui-se também o crime.

São situações em que a norma penal permite que se cometa crime em determinadas situações, pois, apesar de serem condutas ilícitas, o agente não será punido.

Estado de Necessidade

> ***Art. 24.*** *Considera-se em estado de necessidade quem pratica o fato para salvar de perigo atual, que não provocou por sua vontade, nem podia de outro modo evitar, direito próprio ou alheio, cujo sacrifício, nas circunstâncias, não era razoável exigir-se.*

Ocorre quando um bem é lesado para se salvar outro bem em perigo de ser igualmente ofendido. Ambos possuidores desses bens têm direito de agir para proteger-se.

→ **Requisitos para configuração do estado de necessidade:**

> Perigo atual.

> Direito próprio ou alheio.

> Perigo não causado voluntariamente pelo agente.

> Inevitabilidade de comportamento.

> Razoabilidade do sacrifício.

> Requisito subjetivo.

Ex.: Em um cruzeiro marítimo, 10 passageiros estão a bordo de um navio. No entanto, só existem 9 salva-vidas e o navio está afundando em alto-mar. O único que ficou sem o apetrecho não sabe nadar e para salvar sua vida do perigo atual desfere facadas em outro passageiro a fim de conseguir se salvar.

Trabalhador desempregado e vendo os filhos passarem fome, entra em supermercado e furta dois pacotes de arroz e um pedaço de carne seca (furto famélico).

Cidadão não tem carteira de motorista e observa um motorista em avançado estado de infarto, nessa situação, toma a direção de veículo automotor e dirige perigosamente até o hospital, gerando perigo de dano.

Não irá incidir em estado de necessidade caso o agente dê causa ao acontecimento.

> ***§ 1º*** *Não pode alegar estado de necessidade quem tinha o dever legal de enfrentar o perigo.*

Um exemplo disso é o bombeiro. Poderá, no entanto, recusar-se a uma situação perigosa quando impossível o salvamento ou o risco for inútil.

Legítima Defesa

> ***Art. 25*** *- Entende-se em legítima defesa quem, usando moderadamente dos meios necessários, repele injusta agressão, atual ou iminente, a direito seu ou de outrem. (Redação dada pela Lei nº 7.209, de 11.7.1984)*
>
> ***Parágrafo único.*** *Observados os requisitos previstos no caput deste artigo, considera-se também em legítima defesa o agente de segurança pública que repele agressão ou risco de agressão a vítima mantida refém durante a prática de crimes. (Incluído pela Lei nº 13.964, de 2019) -* ***ANTICRIME***

Agora temos uma nova (mas não tão nova assim) previsão de legítima defesa para agentes de segurança pública que repelirem (ao meu ver já era assim) agressão ou risco de agressão (bom, até onde sei, já era assim também, a injusta agressão ATUAL ou IMINENTE) vítima mantida REFÉM (eis aí a injusta agressão acontecendo) durante a prática de crimes.

Bom, conclui-se que até aqui nada de novo, senão já preenchidos todos os requisitos da legítima defesa do caput do art. 25 do CP.

No entanto, novidade mesmo, encontra-se no novíssimo art. 14-A no Código de Processo Penal (introduzido também pelo pacote ANITICRIME), onde esses agentes terão um Inquérito PRIVILEGIADO, e com direito a contraditório (direito a serem CITADOS EM 48 HORAS e ampla defesa com direito a DEFENSOR).

Ocorre um efetivo ataque ilícito contra o agente ou terceiro, legitimando repulsa.

Requisitos para que subsista a legítima defesa:

> Agressão humana.

> Agressão injusta.

> Agressão atual ou iminente.

> Agressão a direito próprio ou de terceiro.

> Meios necessários.

> Requisito subjetivo.

Ex.: "A" desafeto de "B" arma-se com um machado e prestes a desferir um golpe é surpreendido pela reação de "B", que saca um revólver e efetua um disparo.

"A" munido de um cão, atiça o animal na direção de "B" que para repelir a injusta agressão atira no enfurecido animal.

"A", menor de idade, pega um fuzil e, prestes a atirar em "B", é surpreendido por esse que pega uma bazuca, único meio disponível no momento, vindo a "explodir" "A".

Os meios necessários para conter a injusta agressão podem ser quaisquer que estejam disponíveis, inexiste equiparação dos meios utilizados.

É necessário que seja atual e iminente. Caso "B" ferido por "A" desloque-se até sua casa, depois de sofrida agressão, para apanhar revólver com intuito de se defender, não será mais válido, caso venha efetuar disparos contra "A".

Não Configura Legítima Defesa

Ex.: "A" marido traído chega a casa e surpreende "C" sua esposa em conjunção carnal com "B". Enfurecido, pega sua arma e dispara contra a esposa traidora.

"A" surpreendido por cão feroz, dispara para que não seja atacado.

"A" desafeto de "B" vai a sua procura e efetua disparo. Mais tarde provou-se que "B" também estava armado e queria igualmente executar "A".

Estrito Cumprimento do Dever Legal

Em síntese, é a ação praticada por um dever imposto por lei. É necessário que o cumprimento seja nos exatos ditames da lei. Do contrário, o agente incorrerá em excesso, podendo responder criminalmente.

Exs.: Policial que prende foragido da justiça vindo a causar-lhe lesões devido sua resistência.

Soldado que, em tempos de guerra, executa inimigo.

A execução efetuada pelo carrasco, quando o ordenamento jurídico admite.

Exercício Regular de Direito

É o desempenho de uma atividade ou a prática de uma conduta autorizada em lei.

> Tratamento médico ou intervenção cirúrgica, comete lesão corporal para realizar o ato cirúrgico.

> Ofendículos - (exercício regular do direito de defesa da propriedade), cerca elétrica, cacos de vidro, arame farpado, etc.

A lei não permite o emprego da violência física como meio para repelir injúrias ou palavras caluniosas, visto que não existe legítima defesa da honra. Somente a vida ou a integridade física são abrangidas pelo instituto da legítima defesa.

Admite-se a excludente de legítima defesa real contra quem pratica o fato acobertado por causa de exclusão da culpabilidade, como o inimputável.

Nos termos do Código Penal e na descrição da excludente de ilicitude, haverá legítima defesa sucessiva na hipótese de excesso, que permite a defesa legítima do agressor inicial.

É possível legítima defesa de provocações por meio de injúrias verbais, segundo a sua intensidade e conforme as circunstâncias, pode ou não ser agressão.

Agressão de inimputável constitui legítima defesa.

Agressão decorrente de desafio, duelo, convite para briga não constitui legítima defesa.

Agressão passada constitui vingança e não legítima defesa.

Agressão futura não autoriza legítima defesa (mal futuro).

Não existe legítima defesa da honra.

O agente tem que saber que está na legítima defesa.

Legítima defesa e porte ilegal de arma de fogo: Se portar anteriormente, responde pelo crime do Art. 14 ou Art. 16, caput do estatuto do desarmamento. Se for contemporâneo, não responde pelo crime dos artigos mencionados.

2.14 Da Imputabilidade Penal

Inimputáveis

Art. 26. *É isento de pena o agente que, por doença mental ou desenvolvimento mental incompleto ou retardado, era, ao tempo da ação ou da omissão, inteiramente incapaz de entender o caráter ilícito do fato ou de determinar-se de acordo com esse entendimento.*

Redução de Pena

Parágrafo único. *A pena pode ser reduzida de um a dois terços, se o agente, em virtude de perturbação de saúde mental ou por desenvolvimento mental incompleto ou retardado não era inteiramente capaz de entender o caráter ilícito do fato ou de determinar-se de acordo com esse entendimento.*

Imputabilidade: é a capacidade de entender o caráter ilícito do fato e de determinar-se de acordo com esse entendimento. É a capacidade de entendimento e a faculdade de controlar e comandar suas próprias ações.

→ Imputável (regra): Pode-se imputar (aplicar) pena ao sujeito.

→ **IN**Imputável (exceção): Não pode sofrer pena. Ou seja, é a capacidade de compreensão do agente de que sua conduta é ilícita, inapropriada, é uma das espécies da culpabilidade que compõem o fato típico, ou seja, a capacidade de punir, ou não, o agente da conduta.

Exclusão da Imputabilidade

Doença Mental

É a doença mental de qualquer ordem. Compreende a infindável gama de moléstias mentais.

Ex.: Alcoolismo patológico.

Desenvolvimento Mental Incompleto ou Retardado

Ex.: Silvícola inadaptado - índio - menor de 18 anos.

Sistema Adotado pela Legislação Brasileira

Regra: BIOpsicológico

Não basta ter a enfermidade. No momento da ação ou omissão, o sujeito tem que ser inteiramente incapaz de entender e compreender o caráter ilícito do fato e determinar-se de acordo com esse entendimento.

Exceção: Biológico

Basta tão somente a menoridade - menos de 18 anos - para configurar a inimputabilidade.

Embriaguez

Art. 28, II. *A embriaguez, voluntária ou culposa, pelo álcool ou substância de efeitos análogos.*

§ 1º *É isento de pena o agente que, por embriaguez completa, proveniente de caso fortuito ou força maior, era, ao tempo da ação ou da omissão, inteiramente incapaz de entender o caráter ilícito do fato ou de determinar-se de acordo com esse entendimento.*

NÃO Exclui a Imputabilidade	Exclui a Imputabilidade
Voluntária	Caso Fortuito
Culposa	Força Maior
Preordenada	

A embriaguez não exclui a imputabilidade, quais sejam: a voluntária - toma por conta própria -, a culposa - toma além da conta - e a preordenada - toma para criar coragem - sendo que a última, é causa de aumento de pena, actio libera in causa.

§ 2º *A pena pode ser reduzida de um a dois terços, se o agente, por embriaguez, proveniente de caso fortuito ou força maior, não possuía, ao tempo da ação ou da omissão, a plena capacidade de entender o caráter ilícito do fato ou de determinar-se de acordo com esse entendimento.*

No caso da embriaguez por caso fortuito, caso ela seja completa, será causa de isenção de pena, caso seja semicompleta (semi-imputabilidade), incidirá em diminuição de pena - redução de culpabilidade - de 1/3 a 2/3.

Emoção e Paixão

> ***Art. 28.*** *Não excluem a imputabilidade penal:*
> ***I.*** *A emoção ou a paixão;*

A emoção pode, em alguns casos, servir como diminuição de pena - privilégio -, como no caso do homicídio e lesão corporal privilegiado. Os requisitos são: a emoção deve ser intensa; o agente deve estar sob o domínio dessa emoção; deve ter sido provocado por ato injusto da vítima; a reação do agente deve ser logo após a essa provocação.

A injusta provocação pode ser de forma indireta, por exemplo, alguém que maltrata um animal, com intenção de provocar o agente, utilizando desse objeto - cachorro - para obter seu desejo.

Menores de Dezoito Anos

> ***Art. 27.*** *Os menores de 18 (dezoito) anos são penalmente inimputáveis, ficando sujeitos às normas estabelecidas na legislação especial.*

Fundamento Constitucional

O Art. 228 da CF prevê que ***são penalmente inimputáveis os menores de dezoito anos, sujeitos às normas de legislação especial.***

Critério adotado pelo Código Penal: Sistema Biológico

→ **Crime + contravenção penal maior de 18 anos.**

→ **Ato infracional menor de 18 anos.**

Não sofrem sanção penal pela prática do ilícito, em decorrência da ausência de culpabilidade. Estão sujeitos ao procedimento e as medidas socioeducativas previstas no ECA em virtude das condutas descritas como crime e contravenção penal ser consideradas ato infracional.

Para auxiliar, convém esquematizar as Excludentes de Imputabilidade:

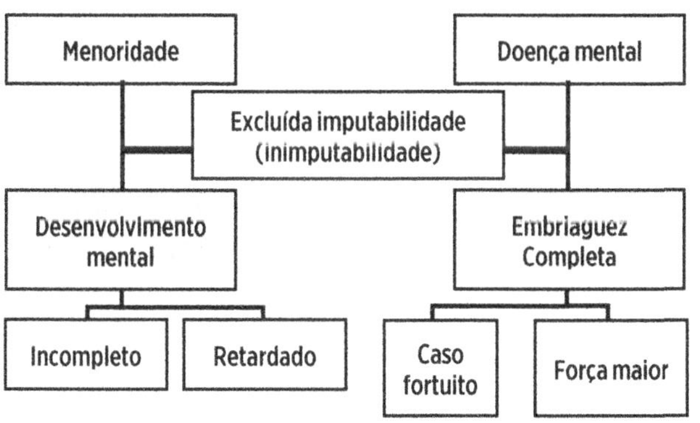

De acordo com entendimento, essas são as causas justificantes para a exclusão da imputabilidade, podemos dizer que são subespécies da culpabilidade, e a espécie que compõem os elementos do crime, juntamente com fato típico e a antijuridicidade.

2.15 Do Concurso de Pessoas

> ***Art. 29.*** *Quem, de qualquer modo, concorre para o crime incide nas penas a este cominadas, na medida de sua culpabilidade.*

Sujeitos da infração penal:

> Sujeito Ativo (quem comete a ação).

> Sujeito Passivo (quem sofre a ação).

Foco do estudo = Sujeito Ativo do Crime.

Quem pode ser sujeito ativo da infração penal:

> Maiores de dezoito anos:

Menor comete ato infracional (tudo que representa crime, para o menor é ato infracional, que, na verdade, constitui um tipo específica, tratado no ECA).

> Pessoas Jurídicas em atos lesivos ao **meio ambiente.**

As pessoas jurídicas podem ser responsabilizadas penalmente.

O Concurso de Pessoas também conhecido como concurso de agentes, ocorre quando duas ou mais pessoas concorrem para o mesmo crime. Colaborar ou concorrer para o crime é praticar o ato (moral ou material) que tenha relevância para a perpetração do ilícito.

Requisitos para Concursos de Pessoas

Pluralidade de agentes

Quem participa na execução do crime é coautor. Quem não executa o verbo do tipo é **partícipe.**

Ex.: "A" segura "B" enquanto "C" o esfaqueia até a morte. "A" e "C" são coautores do crime de homicídio. (divisão de tarefas no crime, ambos participam da execução)

"A" empresta arma para "B". "B" usa-se da arma para executar "C". "B" é autor (executou) e "A" é partícipe (auxiliou de forma material).

O código penal adotou a **Teoria Monista** de agentes, ou seja, todos responderão pelo mesmo crime, independente, de qual seja sua participação.

Relevância causal

A conduta deverá ser relevante. Do contrário, não ocorrerá o concurso de pessoas.

Ex.: "A" empresta arma para "B", que para matar "C" usa um pedaço de pau. Nessa situação, o auxilio de "A" foi irrelevante para que o crime existisse. Somente "B" responde por homicídio. Contudo, se ao emprestar a arma, "A" de qualquer forma incentivou moralmente a atitude de "B", esse será partícipe do crime de homicídio.

Não houve nexo entre o homicídio e o empréstimo da arma, nessa situação, a conduta de "A" é atípica.

Liame subjetivo

É a vontade de participar do crime. Pelo menos um agente tem que querer participar do crime do outro.

Ex.: "A", desafeto de "B", posiciona-se para matá-lo. "C", também inimigo mortal de "B", sabendo da vontade de "A", adere à vontade dele e juntos disparam a arma. Ambos responderão por homicídio como coautores.

Identidade de infração

O Código Penal adotou a teoria Unitária ou Monista, em que todos que concorrem para o crime, responderão pelo mesmo crime, na medida de sua culpabilidade (responsabilidade).

Teorias do Concurso de Pessoas

Teoria do Caput

- Regra: Monista/ Igualitária / Unitária.
- Exceção: Pluralista (não tem concurso de pessoas).

Ex.: Corrupção passiva e ativa.

Teoria do Autor

- Regra: Restritiva (Código Penal); Quem pratica o núcleo do tipo (verbo).
- Exceção: Domínio do Fato (Doutrina e Jurispridência); Teoria do Partícipe.
- Acessoriedade Limitada

Não pratica o verbo; contudo, auxilia de qualquer forma.

  - Moral: instigado ou induzido.
  - Material: qualquer auxílio.

- Não Ocorre Concurso de Pessoas.
  - Autor Mediato (homem por trás).
  - Autoria Colateral.
  - Participação Inócua (ineficaz).
  - Crimes de concurso necessário.

Autoria Sucessiva ou Participação Sucessiva TEM Concurso de Pessoas!

Ex.: Associação criminosa - Art. 288

A exceção é a teoria pluralista:

Corrupção passiva e ativa.

Autor (Teoria Restrita):

- Quem pratica o núcleo do tipo (verbo).

Partícipe:

- **Não** pratica o verbo; contudo, auxilia de qualquer forma.
  - **Moral**: instigado ou induzido.
  - **Material:** qualquer auxílio.

Mandante = Partícipe.

Autor Mediato (não ocorre concurso):

- São usados como instrumentos do crime:
  - Inimputável.
  - Doente mental.
  - Coação irresistível.
  - Obediência hierárquica.

Exceção: Teoria Pluralista.

Participação em crime diverso

§ 1º Se a participação for de menor importância, a pena pode ser diminuída de um sexto a um terço

§ 2º Se algum dos concorrentes quis participar de crime menos grave, ser-lhe-á aplicada a pena deste; essa pena será aumentada até metade, na hipótese de ter sido previsível o resultado mais grave.

Há hipóteses, todavia, em que o partícipe colabora com um crime e o autor, no momento da prática do ilícito vai além do imaginado pelo partícipe.

Ex.: É o caso em que dois indivíduos combinam um furto. Sendo que, um deles fica esperando no carro da fuga e o outro entra na residência. No interior da casa, o autor além de furtar, encontra a moradora e contra ela dispara vários tiros. Nessa situação, por força do Art. 29, § 2º, do CP, os agentes deverão responder por crimes diferentes. O que ficou no carro por furto (pois era esse que queria praticar) e o autor, por latrocínio.

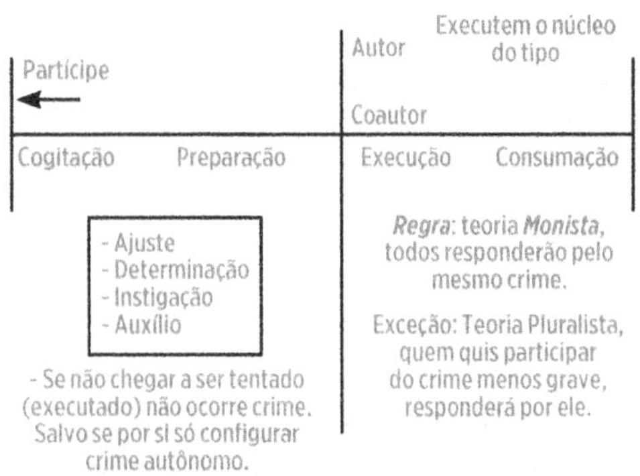

2.16 Circunstâncias Incomunicáveis

Art. 30. *Não se comunicam as circunstâncias e as condições de caráter pessoal, salvo quando elementares do crime.*

Ex.: "A", funcionário público, convida "B" para furtar repartição pública em que trabalha. "B", desconhecendo a função de "A", acaba aceitando. Nesse caso, "A" responderá por peculato (Art. 312 CP) e "B" por furto (Art. 155 CP). Porém, caso "B" soubesse da função pública de "A", ambos responderiam por peculato.

Art. 31. *O ajuste, a determinação ou instigação e o auxílio, salvo disposição expressa em contrário, não são puníveis, se o crime não chega, pelo menos, a ser tentado.*

No crime culposo admite-se coautoria, mas NÃO participação.
Não existe tentativa em crime Preterdoloso.

Ex.: "A" é induzido por "B" a cometer suicídio em momento depressivo por qual passava, entretanto, "A" nada faz. Nessa situação, a conduta de "B" é atípica.

Questões

01. (CESPE - 2018) Crime doloso é aquele em que o sujeito passivo age com imprudência, negligência ou imperícia.

Certo ( ) Errado ( )

02. (CESPE - 2018) Pune-se a tentativa no crime de lesão corporal leve dolosa.

Certo ( ) Errado ( )

03. (CESPE - 2018) Determinado policial, ao cumprir um mandado de prisão, teve de usar a força física para conter o acusado. Após a concretização do ato, o policial continuou a ser fisicamente agressivo, mesmo não havendo a necessidade. Nessa situação hipotética, o policial abusou do exercício regular de direito.

Certo ( ) Errado ( )

04. (CESPE – 2018) Durante o cumprimento de um mandado de prisão a determinado indivíduo, este atirou em um investigador policial, o qual, revidando, atingiu fatalmente o agressor. Nessa situação hipotética, a conduta do investigador configura legítima defesa própria.

Certo ( ) Errado ( )

05. (CESPE – 2017) A respeito da aplicação da lei penal, do crime e da imputabilidade penal, julgue o item a seguir. Um crime é classificado como crime culposo quando o agente quis o resultado ou assumiu o risco de produzi-lo.

Certo ( ) Errado ( )

Gabaritos

01	ERRADO
02	CERTO
03	ERRADO
04	CERTO
05	ERRADO

3. DOS CRIMES CONTRA A PESSOA

Os direitos e garantias individuais não têm caráter absoluto, por esse motivo, o direito à vida é relativo.

Ex.: Pena de morte em caso de guerra externa. (Art. 5º, XLVII, "a", CF/88). O crime de homicídio, capitulado nos crimes contra a vida, está descrito no Art. 121 do Código Penal, e versa sobre a eliminação da vida humana extrauterina.

Vejamos no quadro abaixo quais são os crimes dolosos contra a vida, e suas principais peculiaridades:

Crimes Contra a Vida	
Homicídio (Art. 121, CP)	São todos crimes de Ação penal incondicionada.
Participação em Suicídio (Art. 122, CP)	São Julgados pelo tribunal do Júri.
Infanticídio (Art. 123, CP)	**Obs.:** O homicídio culposo é julgado pelo Juiz.
Aborto (Arts. 124 a 126, CP)	

Dos crimes culposos contra a vida, só temos o homicídio. Os demais não comportam a modalidade culposa, o aborto culposo pode ser resultado qualificado, mas crime autônomo ele não é. Não temos infanticídio culposo também. Só o homicídio admite a forma culposa.

3.1 Dos Crimes Contra a Vida

Homicídio

Art. 121. *Matar alguém:*

Pena *- reclusão, de seis a vinte anos*

Caso de diminuição de pena

§ 1º *Se o agente comete o crime impelido por motivo de relevante valor social ou moral, ou sob o domínio de violenta emoção, logo em seguida a injusta provocação da vítima, o juiz pode reduzir a pena de um sexto a um terço.*

Homicídio qualificado

§ 2° *Se o homicídio é cometido:*

I. *mediante paga ou promessa de recompensa, ou por outro motivo torpe;*

II. *por motivo futil;*

III. *com emprego de veneno, fogo, explosivo, asfixia, tortura ou outro meio insidioso ou cruel, ou de que possa resultar perigo comum;*

IV. *à traição, de emboscada, ou mediante dissimulação ou outro recurso que dificulte ou torne impossivel a defesa do ofendido;*

V. *para assegurar a execução, a ocultação, a impunidade ou vantagem de outro crime:*

Pena *- reclusão, de doze a trinta anos.*

Feminicídio (Incluído pela Lei nº 13.104, de 2015)

VI. *contra a mulher por razões da condição de sexo feminino: (Incluído pela Lei nº 13.104, de 2015)*

VII. *contra autoridade ou agente descrito nos arts. 142 e 144 da Constituição Federal, integrantes do sistema prisional e da Força Nacional de Segurança Pública, no exercício da função ou em decorrência dela, ou contra seu cônjuge, companheiro ou parente consanguíneo até terceiro grau, em razão dessa condição: (Incluído pela Lei nº 13.142, de 2015)*

VIII. *(VETADO): (Incluído pela Lei nº 13.964, de 2019)*

Pena *- reclusão, de doze a trinta anos.*

§ 2º-A *Considera-se que há razões de condição de sexo feminino quando o crime envolve: (Incluído pela Lei nº 13.104, de 2015)*

I. *violência doméstica e familiar; (Incluído pela Lei nº 13.104, de 2015)*

II. *menosprezo ou discriminação à condição de mulher. (Incluído pela Lei nº 13.104, de 2015)*

Homicídio culposo

§ 3º *Se o homicídio é culposo: (Vide Lei nº 4.611, de 1965)*

Pena *- detenção, de um a três anos.*

Aumento de pena

§ 4º *No homicídio culposo, a pena é aumentada de 1/3 (um terço), se o crime resulta de inobservância de regra técnica de profissão, arte ou ofício, ou se o agente deixa de prestar imediato socorro à vítima, não procura diminuir as conseqüências do seu ato, ou foge para evitar prisão em flagrante. Sendo doloso o homicídio, a pena é aumentada de 1/3 (um terço) se o crime é praticado contra pessoa menor de 14 (quatorze) ou maior de 60 (sessenta) anos. (Redação dada pela Lei nº 10.741, de 2003)*

§ 5º *Na hipótese de homicídio culposo, o juiz poderá deixar de aplicar a pena, se as conseqüências da infração atingirem o próprio agente de forma tão grave que a sanção penal se torne desnecessária. (Incluído pela Lei nº 6.416, de 24.5.1977)*

§ 6º *A pena é aumentada de 1/3 (um terço) até a metade se o crime for praticado por milícia privada, sob o pretexto de prestação de serviço de segurança, ou por grupo de extermínio. (Incluído pela Lei nº 12.720, de 2012)*

§ 7º *A pena do feminicídio é aumentada de 1/3 (um terço) até a metade se o crime for praticado: (Incluído pela Lei nº 13.104, de 2015)*

I. *durante a gestação ou nos 3 (três) meses posteriores ao parto; (Incluído pela Lei nº 13.104, de 2015)*

II. *contra pessoa menor de 14 (catorze) anos, maior de 60 (sessenta) anos, com deficiência ou portadora de doenças degenerativas que acarretem condição limitante ou de vulnerabilidade física ou mental; (Redação dada pela Lei nº 13.771, de 2018)*

III. *na presença física ou virtual de descendente ou de ascendente da vítima; (Redação dada pela Lei nº 13.771, de 2018)*

IV. *em descumprimento das medidas protetivas de urgência previstas nos incisos I, II e III do caput do art. 22 da Lei nº 11.340, de 7 de agosto de 2006. (Incluído pela Lei nº 13.771, de 2018)*

Homicídio Simples

Art. 121. *Matar alguém:*

Pena *- reclusão, de seis a vinte anos.*

Caso de Diminuição de Pena

§ 1º *Se o agente comete o crime impelido por motivo de relevante valor social ou moral, ou sob o domínio de violenta emoção, logo em seguida a injusta provocação da vítima, ou juiz pode reduzir a pena de um sexto a um terço.*

Homicídio Qualificado

§ 2º *Se o homicídio é cometido:*

I. *Mediante paga ou promessa de recompensa, ou por outro motivo torpe;*

II. *Por motivo fútil;*

III. *Com emprego de veneno, fogo, explosivo, asfixia, tortura ou outro meio insidioso ou cruel, ou de que possa resultar perigo comum;*

IV. *À traição, de emboscada, ou mediante dissimulação ou outro recurso que dificulte ou torne impossível a defesa do ofendido;*

V. *Para assegurar a execução, a ocultação, a impunidade ou vantagem de outro crime:*

***Pena** - reclusão, de doze a trinta anos.*

Homicídio Culposo

***§ 3º**. Se o homicídio é culposo:*

***Pena** - detenção, de um a três anos.*

Aumento de pena

***§ 4º**. No homicídio culposo, a pena é aumentada de 1/3 (um terço), se o crime resulta de inobservância de regra técnica de profissão, arte ou ofício, ou se o agente deixa de prestar imediato socorro à vítima, não procura diminuir as consequências do seu ato, ou foge para evitar prisão em flagrante. Sendo doloso o homicídio, a pena é aumentada de 1/3 (um terço) se o crime é praticado contra pessoa menor de 14 (quatorze) ou maior de 60 (sessenta) anos.*

***§ 5º**. Na hipótese de homicídio culposo, o juiz poderá deixar de aplicar a pena, se as consequências da infração atingirem o próprio agente de forma tão grave que a sanção penal se torne desnecessária.*

O homicídio é morte injusta de uma pessoa praticada por outrem. De acordo com Nelson Hungria É o Crime por excelência.

No Art. 121, caput tem-se o chamado Homicídio Doloso Simples. No Art. 121, §1º, tem-se o chamado Homicídio Doloso Privilegiado. O Art. 121, §2º, traz o Homicídio Doloso qualificado. O Art.121, §3º, traz o Homicídio Culposo. O Art. 121, §4º, do CP traz as Majorantes de Pena, o §5º traz o Perdão Judicial.

E o homicídio preterdoloso? Está previsto no Art. 129, §3º do CP: é a lesão corporal seguida de morte.

Homicídio não é genocídio, são dois crimes distintos. Nem todo homicídio em massa vai ser genocídio. Para ser genocídio tem que se enquadrar na lei, o propósito tem que ser de exterminar total ou parcialmente um grupo étnico, social ou religioso. Se o objetivo não for esse, não temos o genocídio. Pode ser genocídio segregando membros de um grupo, impedindo o nascimento no seio de um grupo. Foi o que Saddam Hussein fez com os Curdos no Iraque.

Homicídio Simples

***Art. 121.** Matar alguém:*

Sujeito Ativo: é crime comum, pode ser praticado por qualquer pessoa.

Sujeito Passivo: da mesma forma, pode ser praticado por qualquer pessoa. Noronha entende que o Estado também figura como vítima do homicídio, justificando existir um interesse do ente político na conservação da vida humana, sua condição de existência.

Alguns autores dizem ainda que, quando a vítima for Presidente da República, do Senado Federal ou da Câmara dos Deputados, o crime pode ser contra a Segurança Nacional. Pode estar enquadrado no Art. 121 do CP ou do Art. 29 da Lei nº 7.170/83, que é matar alguém com motivação política. Caso isso ocorra, se está diante do Princípio da Especialidade.

Conduta Punida

A conduta punível nesse tipo penal nada mais é que tirar a vida de alguém. Atente-se para a diferença:

> **Vida intrauterina**: abortamento – aborto.

> **Vida extrauterina**: homicídio ou infanticídio.

Quanto ao início do parto, existem três correntes:

> 1ª Corrente: dá-se com o completo e total desprendimento do feto das entranhas maternas;

> 2ª Corrente: ocorre desde as dores do parto;

> 3ª Corrente: ocorre com a dilatação do colo do útero.

Forma de execução: trata-se de delito de execução livre, podendo ser praticado por ação ou omissão, meios de execução diretos ou indiretos.

Tipo Subjetivo: o Art. 121, caput é punido a título de dolo direto ou dolo eventual.

Verifica-se o dolo eventual quando o agente assumiu o risco de praticar a conduta delituosa. Atualmente os tribunais vêm entendendo que quando o agente, embriagado, pratica homicídio de trânsito, pode ser condenado pelo homicídio do Art. 121 do CP, tendo em vista que, ao ingerir bebida alcoólica e tomar a direção de um veículo, assumiu o risco de produzir o evento danoso.

A finalidade do agente pode servir como privilégio ou como qualificadora.

Consumação e Tentativa

Trata-se de delito material ou de resultado, ou seja, o delito consuma-se com a morte. A morte dá-se com a cessação da atividade encefálica. Cessando a atividade encefálica, o agente será considerado morto, conforme se extrai da Lei nº 9.434/97 – Lei de Transplantes. A tentativa é possível, considerando que o homicídio se trata de crime plurissubsistente, permitindo a execução fracionamento.

O homicídio simples pode ser considerado crime hediondo quando praticado em atividade típica de grupo de extermínio. É o chamado homicídio condicionado. O homicídio pode ser praticado através de relações sexuais ou atos libidinosos.

Ex.: "A", portador do vírus HIV (AIDS) e sabedor desta condição, com a intenção de matar, tem relação sexual com "B", com o fim de transmitir voluntária e dolosamente o vírus a este último. Nesta situação, após a transmissão, enquanto "B" não morrer, "A" responderá por tentativa de homicídio, após a morte de "B", "A" responderá por homicídio consumado.

Homicídio Privilegiado

***Art. 121**, § 1º. Se o agente comete o crime impelido por motivo de relevante valor social ou moral, ou sob o domínio de violenta emoção, logo em seguida a injusta provocação da vítima, ou juiz pode reduzir a pena de um sexto a um terço.*

O Homicídio Privilegiado é caso de diminuição de pena, havendo diminuição de pena de 1/6 a 1/3. Essa diminuição de pena é direito subjetivo do réu, sendo que, presentes os requisitos, o juiz deve reduzir a pena.

Hipóteses Privilegiadoras

Se o agente comete o crime por motivo de relevante valor social

No valor social, o agente mata para atender os interesses de toda coletividade.

Ex.: Matar estuprador do bairro; matar um assassino que aterroriza a cidade.

Se o agente comete o crime por relevante valor moral: o agente mata para atender interesses particulares, diferente do valor social

Esses interesses morais são ligados aos sentimentos de compaixão, misericórdia ou piedade.

Ex.: Eutanásia; A mata B porque matou o filho.

Alguns autores salientam que há uma doutrina cada vez mais recente de que a ortotanásia não seja crime, mas essa questão, indagada em concurso do MP de SC, foi considerada tão crime como a eutanásia.

Se o agente comete o crime sob o domínio de violenta emoção, logo em seguida a injusta provocação da vítima - Homicídio Emocional

Atente-se que domínio não se confunde com mera influência. A mera influência é uma atenuante de pena prevista no Art. 65 do CP.

É necessário observar que o homicídio deve ocorrer logo após a injusta provocação da vítima, ou seja, deve haver imediatidade da reação (reação sem intervalo temporal). Entende a jurisprudência que, enquanto perdurar o domínio da violenta emoção, a reação será considerada imediata.

Observa-se ainda que a provocação da vítima deve ser injusta, e isso não traduz, necessariamente, um fato típico. Pode haver injusta provocação sem configurar fato típico, mas serve para configurar o homicídio emocional.

Ex.: Adultério.

Se for injusta a agressão da vítima, será caso de legitima defesa.

O privilégio é sempre circunstância do crime. Sendo que as circunstâncias subjetivas são incomunicáveis, nos termos do Art. 30 do CP. Já as circunstâncias objetivas são comunicáveis, nos termos do Art. 30, in fine.

Circunstâncias Subjetivas	Circunstâncias Objetivas
Não se comunicam.	Comunicam-se.
Ligam-se ao motivo ou estado anímico do agente	Ligam-se ao meio / modo de execução
Como as privilegiadoras aqui citadas são subjetivas, não haverá comunicabilidade em relação aos demais autores do crime, logo não se aplica ao **coautor** se não restarem comprovados os mesmos requisitos.	

Homicídio qualificado

Posição Majoritária – 6ª Turma do STJ (HC 78.643/PR), Nelson Hungria, Raúl Eugênio Zaffaroni e Alexandre Araripe Marinho – As qualificadoras não são, a rigor, circunstâncias, mas sim elementares do Tipo Derivado, porque dão pena abstrata nova, ou seja, podem ser identificadas antes mesmo da fixação da pena-base. Então sempre se comunicam.

O homicídio qualificado é sempre crime hediondo.

Homicídio Qualificado

***§ 2º.** Se o homicídio é cometido:*

***I.** Mediante paga ou promessa de recompensa, ou por outro motivo torpe;*

***II.** Por motivo fútil;*

***III.** Com emprego de veneno, fogo, explosivo, asfixia, tortura ou outro meio insidioso ou cruel, ou de que possa resultar perigo comum;*

***IV.** À traição, de emboscada, ou mediante dissimulação ou outro recurso que dificulte ou torne impossível a defesa do ofendido;*

***V.** Para assegurar a execução, a ocultação, a impunidade ou vantagem de outro crime:*

***Pena** - reclusão, de doze a trinta anos.*

Motivo torpe

É o motivo abjeto, ignóbil, vil, espelhando ganância.

É indagado se a qualificadora da torpeza se aplica também ao mandante, ou apenas para o executor.

Alguns autores dizem que a resposta depende se se entende que essa qualificadora é uma elementar ou se é circunstância. Entendendo que se trata de circunstância, somente o executor responde pelo homicídio qualificado já que a circunstância subjetiva não se comunica. Por outro lado, entendendo-se que se trata de elementar subjetiva do crime, haverá comunicabilidade, estendendo-se a qualificadora ao mandante (ambos respondem pela qualificadora – mandante e executor).

Atualmente, prevalece a segunda hipótese, ou seja, que se trata de elementar subjetiva do crime, e mandante e executor respondem pelo crime qualificado.

Mediante paga ou promessa de recompensa

No caso de o agente matar mediante paga ou promessa de recompensa de natureza diversa da econômica, por exemplo, sexual, continua se tratando de motivo torpe, pois não deixa de se ajustar ao encerramento genérico, somente não configurando o exemplo dado no início do inciso. É o chamado homicídio mercenário.

Esse homicídio mercenário que nada mais é que um exemplo de torpeza. O executor é chamado de matador de aluguel.

O crime, mediante paga ou promessa, é crime de concurso necessário (plurisubsistente – plurilateral – plurisubjetivo), exigindo-se pelo menos duas pessoas (mandante e executor).

Neste caso, necessariamente a natureza é econômica, logo se a vantagem era promessa sexual, entre outras, não incidirá a qualificadora.

Nesse inciso I o legislador aqui encerrou de forma genérica, o que permite a interpretação analógica, ou seja, permite ao juiz a análise de outras situações que aqui podem se enquadrar.

CIÚME não é considerado motivo torpe.
AUSÊNCIA de motivo não é considerado motivo fútil.
Um motivo não pode ser FÚTIL e TORPE ao mesmo tempo, pois um exclui o outro.

Por motivo fútil

Segundo alguns autores é aquele que ocorre quando o móvel apresenta real desproporção entre o delito e a sua causa moral. Tem-se a pequeneza do motivo (matar por pouca coisa).

Ex.: Briga de trânsito.

Tem caráter SUBJETIVO, pois se refere à motivação do agente para cometer o crime.

É um motivo insignificante, de pouca importância, completamente desproporcional à natureza do crime praticado.

Atente-se que, motivo fútil não se confunde com motivo injusto, uma vez que a injustiça é característica de todo e qualquer crime - injusto penal.

Se não há motivo comprovado nos autos, poderá ser denunciado por homicídio qualificado pelo motivo fútil? Aqui há duas correntes:

1ª Corrente: a ausência de motivos equipara-se ao motivo fútil, pois seria um contrassenso conceber que o legislador punisse com pena mais grave quem mata por futilidade, permitindo que o que age sem qualquer motivo receba sanção mais branda. (MAJORITÁRIA)

2ª Corrente: a ausência de motivos não pode ser equiparada ao motivo fútil, sob pena de se ofender o princípio da reserva legal. É o que entende Cezar Roberto Bitencourt – para ele o legislador que deve incluir a ausência de motivo no rol das qualificadoras.

Com emprego de veneno, fogo, explosivo, asfixia, tortura ou outro meio insidioso ou cruel, ou de que possa resultar perigo comum

Neste inciso, novamente se permite a interpretação analógica, trazendo alguns exemplos o inciso.

Tem caráter objetivo, pois se refere aos meios empregados pelo agente para o cometimento do homicídio.

Esse inciso permite igualmente a interpretação analógica, trazendo como exemplos o emprego de veneno, fogo, explosivo, asfixia ou tortura.

No caso do emprego de veneno, é imprescindível que a vítima desconheça estar ingerindo a substância letal.

No caso de tortura, o sofrimento é aquele desnecessário da vítima antes da sua morte.

Homicídio qualificado pela tortura (Art. 121, § 2º, III, CP)	Tortura com resultado morte (Art. 1º, § 3º, Lei nº 9.455/97)
Morte DOLOSA.	Morte PRETERDOLOSA.
O agente utiliza a tortura para provocar a morte da vítima.	O agente tem o dolo de torturar a vítima, e da tortura resulta culposamente sua morte.
Competência do tribunal do júri.	Competência do juiz.
A tortura foi o meio utilizado para a morte.	A tortura foi o fim desejado, mas a morte foi culposa.

A traição, de emboscada, ou mediante dissimulação ou outro recurso que dificulte ou torne impossível a defesa do ofendido

O legislador cita como exemplos a traição, emboscada ou dissimulação, finalizando de maneira genérica o que também permite a interpretação analógica.

Tem caráter objetivo (modo de execução do crime).

Traição: ataque desleal, quebra de confiança.

Emboscada: aquele que ataca a vítima com surpresa. Ele se oculta para surpreender a vítima.

Dissimulação: significa fingimento, disfarçando o agente a sua intenção hostil.

Ex.: Aquele que convida para ir à casa de outrem e, lá chegando, mata o convidado.

Para assegurar a execução, ocultação, a impunidade ou vantagem de outro crime

Tem caráter subjetivo (refere-se aos motivos do crime). Trata das hipóteses de conexão teleológica e consequencial.

→ Quando se comete o crime para assegurar a execução, classifica-se o homicídio como qualificado teleológico.

Ex.: "A" pretendendo cometer um crime de extorsão mediante sequestro contra uma pessoa muito importante e para assegurar a execução mata o segurança do empresário.

→ Já no homicídio consequencial são as seguintes hipóteses:

Conexão Consequencial	
Ocultação	Quer evitar a descoberta do crime cometido pelo agente. **Ex.:** Ocultar o cadáver após o homicídio.
Impunidade	O criminoso procura evitar que se descubra que ele foi o autor do crime. **Ex.:** Matar a testemunha ocultar de um crime.
Vantagem	O agente que usufruir a vantagem decorrente da prática de outro crime. **Ex.:** Um ladrão mata o outro para ficar com todo o dinheiro do roubo praticado por ambos.

O STF tem admitido a coexistência do privilégio (caráter subjetivo) com as qualificadoras de caráter objetivo (chamado homicídio privilegiado-qualificado).

Ex.: "A" matou "B" envenenado porque este último estuprou a filha de "A".

O homicídio privilegiado-qualificado não é considerado hediondo (pois a existência do privilégio afasta a hediondez do homicídio qualificado).

Matar por ocasião de outro crime, sem vínculo finalístico, não qualifica o crime.

O crime futuro deve ocorrer para gerar a conexão teleológica? O crime futuro não precisa ocorrer para gerar esta qualificadora, bastando matar para essa finalidade.

> Matar para assegurar uma contravenção penal não qualifica o crime nesta modalidade, mas pode qualificá-lo pelo motivo fútil.

Há possibilidades do homicídio qualificado ser privilegiado? Sim. Há essa possibilidade, quando as qualificadoras são objetivas.

Ou seja, uma da privilegiadoras, e uma das qualificadoras do meio cruel ou da torpeza (objetivas).

Para a maioria da doutrina, o homicídio qualificado quando também privilegiado não será hediondo, uma vez que o privilégio é preponderante.

Feminicídio

VI. *Contra a mulher por razões da condição de sexo feminino:*

VII. *Contra autoridade ou agente descrito nos Arts. 142 e 144 da Constituição Federal, integrantes do sistema prisional e da Força Nacional de Segurança Pública, no exercício da função ou em decorrência dela, ou contra seu cônjuge, companheiro ou parente consanguíneo até terceiro grau, em razão dessa condição: (Incluído pela Lei nº 13.142, de 2015).*

Pena *- reclusão, de doze a trinta anos.*

§ 2º-A. Considera-se que há razões de condição de sexo feminino quando o crime envolve:

I. Violência doméstica e familiar;

II. Menosprezo ou discriminação à condição de mulher.

§ 7º A Pena do feminicídio é aumentada de 1/3 (um terço) até a metade se o crime for praticado:

I. Durante a gestação ou nos 3 (três) meses posteriores ao parto;

II. Contra pessoa menor de 14 (catorze) anos, maior de 60 (sessenta) anos ou com deficiência;

III. Na presença de descendente ou de ascendente da vítima.

***Pena** - reclusão, de doze a trinta anos.*

A Lei nº 13.104/2015 introduziu no Código penal uma nova figura típica: o feminicídio. A pena para homicídio qualificado é de 12 a 30 anos de prisão, e será aumentada em um terço se o crime acontecer durante a gestação ou nos três meses posteriores ao parto; se for contra adolescente menor de 14 anos ou adulto acima de 60 anos ou ainda pessoa com deficiência. Também se o assassinato for cometido na presença de descendente ou ascendente da vítima.

Podemos definir como uma qualificadora do crime de homicídio motivada pelo ódio contra as mulheres, tendo como ente motivador por circunstâncias específicas em que o pertencimento da mulher ao sexo feminino é central na prática do delito. Entre essas circunstâncias estão incluídos: os assassinatos em contexto de violência doméstica ou familiar e o menosprezo ou discriminação à condição de mulher.

Temos essa qualificadora conhecida como crime fétido.

Razões de Gênero

A qualificadora do feminicídio não poderá ser provada por um laudo pericial ou exame cadavérico, porque nem sempre um assassinado de uma mulher será considerado "feminicídio". Assim, para ser configurada a qualificadora do feminicídio, a acusação tem que provar que o crime foi cometido contra a mulher por razões da condição de sexo feminino.

O feminicídio foi acrescentado no § 2º-A. Essa conduta tomou a forma de uma norma explicativa do termo razões da condição de sexo feminino, podendo ocorrer em duas situações:

> Violência doméstica e familiar;

> Menosprezo ou discriminação à condição de mulher;

O § 7º do Art. 121 do CP estabelece causas de aumento de pena para o crime de feminicídio.

A pena será aumentada de 1/3 até a metade se for praticado:

> Durante a gravidez ou nos 3 meses posteriores ao parto;

> Contra pessoa menor de 14 anos, maior de 60 anos ou com deficiência;

> Na presença de ascendente ou descendente da vítima.

***Art. 1º.** São considerados hediondos os seguintes crimes, todos tipificados no Decreto-Lei nº 2.848, de 7 de dezembro de 1940 - Código Penal, consumados ou tentados:*

I. homicídio (Art. 121), quando praticado em atividade típica de grupo de extermínio, ainda que cometido por um só agente, e homicídio qualificado (Art. 121, § 2º, incisos I, II, III, IV, V, VI e VII);

Como todo homicídio qualificado, o feminicídio também é considerado hediondo de acordo com o Art. 1º da Lei nº 8.072/90 (Lei de Crimes Hediondos).

Homicídio Funcional

Essa qualificadora foi inserida pela Lei nº 13.142/2015, que acrescentou objetivamente essa ação no rol dos crimes hediondos no Art. 1º inciso I-A e também aumentou a pena de 1/3 a 2/3 no Art. 129 (lesão corporal).

VII. Contra autoridade ou agente descrito nos Arts. 142 e 144 da Constituição Federal, integrantes do sistema prisional e da Força Nacional de Segurança Pública, no exercício da função ou em decorrência dela, ou contra seu cônjuge, companheiro ou parente consanguíneo até terceiro grau, em razão dessa condição:

São autoridades previstas no Art. 142 da CF/88

***Art. 142.** As Forças Armadas, constituídas pela Marinha, pelo Exército e pela Aeronáutica, são instituições nacionais permanentes e regulares, organizadas com base na hierarquia e na disciplina, sob a autoridade suprema do Presidente da República, e destinam-se à defesa da Pátria, à garantia dos poderes constitucionais e, por iniciativa de qualquer destes, da lei e da ordem.*

São autoridades do Art. 144 da CF/88:

***Art. 144.** A segurança pública, dever do Estado, direito e responsabilidade de todos, é exercida para a preservação da ordem pública e da incolumidade das pessoas e do patrimônio, através dos seguintes órgãos:*

I. Polícia federal;

II. Polícia rodoviária federal;

III. Polícia ferroviária federal;

IV. Polícias civis;

V. Polícias militares e corpos de bombeiros militares.

Homicídio Culposo

§ 3º. Se o homicídio é culposo:

***Pena** - detenção, de um a três anos.*

Ocorre o homicídio culposo quando o agente realiza uma conduta voluntária, com violação de dever objetivo de cuidado a todos imposto, por negligência, imprudência ou imperícia, produzindo, por consequência, um resultado (morte) involuntário, não previsto e nem querido, mas objetivamente previsível, que podia ter sido evitado caso observasse a devida atenção.

NÃO incide aumento quando o agente foge em razão de sérias ameaças de linchamento.

Modalidades de Culpa	
Negligência	Culpa negativa. O agente deixa de fazer aquilo que a cautela manda. **Ex.:** Viajar de carro com os freios danificados.
Imprudência	Culpa positiva. O agente pratica um ato perigoso. **Ex.:** Trafegar com veículo no centro da cidade a 180 km/h.
Imperícia	Culpa profissional. É a falta de aptidão para o exercício de arte, profissão ou ofício para a qual o agente, apesar de autorizado a exercê-la, não possui conhecimentos teóricos ou práticos para tanto. **Ex.:** Médico ginecologista que começa a realizar cirurgias plásticas sem especialização para tanto.

Por se tratar de infração de médio potencial ofensivo (já que a pena mínima é de um ano) há possibilidade de suspensão condicional do processo.

Já quando ocorre o delito previsto no Art. 302 do CTB – homicídio culposo na condução de veículo automotor – a pena é detenção de dois a quatro anos + a suspensão ou proibição da permissão de conduzir veículo.

Art. 121, §3º, CP	Art. 302, CTB
Norma geral	Norma especial: na direção de veículo automotor.
Pena varia de 01 a 03 anos à infração penal de médio potencial ofensivo.	A pena é de 02 a quatro anos à infração penal de grande potencial ofensivo.
Admite a suspensão do processo.	Não admite suspensão condicional do processo.

Aumento de Pena

§ 4º. No homicídio culposo, a pena é aumentada de 1/3 (um terço), se o crime resulta de inobservância de regra técnica de profissão, arte ou ofício, ou se o agente deixa de prestar imediato socorro à vítima, não procura diminuir as consequências do seu ato, ou foge para evitar prisão em flagrante. Sendo doloso o homicídio, a pena é aumentada de 1/3 (um terço) se o crime é praticado contra pessoa menor de 14 (quatorze) ou maior de 60 (sessenta) anos.

Aqui se tem o rol das majorantes do homicídio doloso e o rol das majorantes do homicídio culposo.

Aumento de pena de 1/3

Se o crime resulta de inobservância de regra técnica de profissão, arte ou ofício: neste caso, apesar do agente dominar a técnica, não observa o caso concreto. É diferente da imperícia, pois nessa hipótese, o agente não domina a técnica.

Se o agente deixa de prestar imediato socorro à vítima: neste caso, é necessário para a incidência da majorante que o socorro seja possível, e que o agente não tenha risco pessoal na conduta.

Não incide aumento quando terceiros prestarem socorro ou morte instantânea incontestável.

Neste caso, não incide também o Art. 135 do CP (omissão de socorro), para evitar o bis in idem.

De acordo com o STF, se o autor do crime, apesar de reunir condições de socorrer a vítima não o faz, concluindo pela inutilidade da ajuda em face da gravidade da lesão, sofre a majorante do Art. 121, §4º, do CP:

Se não procura diminuir as consequências do seu ato;

Se foge para evitar prisão em flagrante: para a maioria da doutrina esta majorante é aplicável, pois o agente demonstra, ao fugir do flagrante, ausência de escrúpulo e diminuta responsabilidade moral, lembrando que prejudica as investigações.

Para a doutrina moderna, essa majorante não deveria incidir, pois a pessoa estaria obrigada, nessa hipótese, a produzir prova contra si mesma, o que vai de encontro ao instituto de liberdade, e já que a fuga sem violência não é crime e daí que não poderia também incidir essa majorante. (Defensoria Pública).

No homicídio doloso a pena é aumentada de 1/3 se o crime é praticado contra:

> Menor de 14 anos;

> Maior de 60 anos (não abrange aquele que tem idade igual a 60 anos).

A idade da vítima deve ser conhecida pelo agente.

E se, quando do disparo de arma de fogo, a vítima tenha menos de 14 anos, e quando falece já é maior de 14, incide a majorante? SIM, neste caso analisa-se se na ocasião da ação a vítima era menor de 14 anos.

Perdão Judicial

§ 5º. Na hipótese de homicídio culposo, o juiz poderá deixar de aplicar a pena, se as consequências da infração atingirem o próprio agente de forma tão grave que a sanção penal se torne desnecessária.

Conceito: Segundo alguns autores, perdão judicial é o instituto pelo qual o Juiz, não obstante a prática de um fato típico e ilícito, por um agente comprovadamente culpado, deixa de lhe aplicar, nas hipóteses taxativamente previstas em lei, o preceito sancionador cabível, levando em consideração determinadas circunstâncias que concorrem para o evento.

O perdão judicial somente é concedido após a sentença.

O perdão judicial é uma causa extintiva da punibilidade. E caso seja indagado pelo examinador acerca da diferença do perdão judicial para o perdão do ofendido, é necessário observar que:

Perdão Judicial	Perdão do Ofendido
É ato unilateral (não precisa ser aceito pelo agente).	É ato bilateral (precisa ser aceito pelo agente).
Homicídio culposo ou lesão corporal culposa.	Somente na ação penal privada.

O perdão judicial somente ocorre no homicídio culposo, se as circunstâncias da infração atingirem o agente de forma tão grave que a sanção penal se torne desnecessária.

Ex.: Pai culposamente atropela filho na garagem de casa.

Natureza jurídica da sentença concessiva de perdão judicial: De acordo com a Súmula 18 do STJ: A sentença concessiva do perdão judicial é declaratória da extinção da punibilidade, não subsistindo qualquer efeito condenatório.

Perdão Judicial e Código de Trânsito Brasileiro: O perdão judicial no CTB estava previsto no Art. 300, mas este foi vetado.

Causa Específica de Aumento de Pena

§ 6º. A pena é aumentada de 1/3 (um terço) até a metade se o crime for praticado por milícia privada, sob o pretexto de prestação de serviço de segurança, ou por grupo de extermínio.

> O CP afirma que a sentença é condenatória, considerando que há previsão no Art. 120 que a sentença não é considerada para fins de reincidente.

Esse parágrafo foi introduzido no Código Penal pela Lei nº 12.720 de 27 de setembro de 2012, juntamente com a mudança no §7º do crime de lesão corporal (Art. 129 do CP) e o novo crime de constituição de milícia privada (Art. 288-A do CP).

É uma majorante de concurso necessário, visto que um grupo não pode ser constituído por uma ou duas pessoas.

O legislador omitiu qual o número mínimo exigido para a configuração desses grupos de extermínio ou milícias, mas a interpretação que predomina é de no mínimo 03 pessoas.

Para que ocorra essa causa especial de aumento de pena, se faz necessário um especial fim de agir do grupo de milícia privada (pretexto de prestação de serviço de segurança). Essa majorante também é aplicada se for cometida por somente um integrante do grupo, somente se o referido homicídio já teria sido planejado pela milícia anteriormente.

Ex.: O que ocorre nas favelas do Rio de Janeiro.

Induzimento, Instigação ou Auxílio ao Suicídio

> *Induzimento, instigação ou auxílio a suicídio ou a automutilação*
>
> ***Art. 122.*** *Induzir ou instigar alguém a suicidar-se ou a praticar automutilação ou prestar-lhe auxílio material para que o faça: (Redação dada pela Lei nº 13.968, de 2019)*
>
> ***Pena*** *- reclusão, de 6 (seis) meses a 2 (dois) anos. (Redação dada pela Lei nº 13.968, de 2019)*
>
> ***§ 1º*** *Se da automutilação ou da tentativa de suicídio resulta lesão corporal de natureza grave ou gravíssima, nos termos dos §§ 1º e 2º do art. 129 deste Código: (Incluído pela Lei nº 13.968, de 2019)*
>
> ***Pena*** *- reclusão, de 1 (um) a 3 (três) anos. (Incluído pela Lei nº 13.968, de 2019)*
>
> ***§ 2º*** *Se o suicídio se consuma ou se da automutilação resulta morte: (Incluído pela Lei nº 13.968, de 2019)*
>
> ***Pena*** *- reclusão, de 2 (dois) a 6 (seis) anos. (Incluído pela Lei nº 13.968, de 2019)*
>
> ***§ 3º*** *A pena é duplicada: (Incluído pela Lei nº 13.968, de 2019)*
>
> ***I.*** *se o crime é praticado por motivo egoístico, torpe ou fútil; (Incluído pela Lei nº 13.968, de 2019)*
>
> ***II.*** *se a vítima é menor ou tem diminuída, por qualquer causa, a capacidade de resistência. (Incluído pela Lei nº 13.968, de 2019)*
>
> ***§ 4º*** *A pena é aumentada até o dobro se a conduta é realizada por meio da rede de computadores, de rede social ou transmitida em tempo real. (Incluído pela Lei nº 13.968, de 2019)*
>
> ***§ 5º*** *Aumenta-se a pena em metade se o agente é líder ou coordenador de grupo ou de rede virtual. (Incluído pela Lei nº 13.968, de 2019)*
>
> ***§ 6º*** *Se o crime de que trata o § 1º deste artigo resulta em lesão corporal de natureza gravíssima e é cometido contra menor de 14 (quatorze) anos ou contra quem, por enfermidade ou deficiência mental, não tem o necessário discernimento para a prática do ato, ou que, por qualquer outra causa, não pode oferecer resistência, responde o agente pelo crime descrito no § 2º do art. 129 deste Código. (Incluído pela Lei nº 13.968, de 2019)*
>
> ***§ 7º*** *Se o crime de que trata o § 2º deste artigo é cometido contra menor de 14 (quatorze) anos ou contra quem não tem o necessário discernimento para a prática do ato, ou que, por qualquer outra causa, não pode oferecer resistência, responde o agente pelo crime de homicídio, nos termos do art. 121 deste Código. (Incluído pela Lei nº 13.968, de 2019)*

Para o Direito Penal Brasileiro, não é passível de punição a conduta do agente que tem como objetivo o extermínio da sua própria vida, ou seja, aquele que comete o suicídio (autocídio/autoquíria), bem como a possível lesão que o sujeito venha a sofrer caso sua tentativa não obtenha sucesso, devido à falta de previsão legal para tal conduta.

Contudo, o objetivo da norma penal ao tipificar essa conduta é punir o agente que participa na ocorrência do crime, auxiliando, induzindo ou instigando alguém a cometer o suicídio.

Classificação

É crime simples, comum, e material, pois sua consumação exige resultado. É crime de forma livre. Pode ser praticado por ação ou por omissão IMPRÓPRIA, quando presente o dever de agir. (Art. 13, § 2º, CP)

Condutas acessórias à prática do suicídio:

- Induzir: Implantar a ideia.
- Instigar: Reforçar a ideia preexistente.
- Auxiliar: Intromissão no processo físico de causação.

Sujeitos

Sujeito Ativo: crime comum, pode ser praticado por qualquer um.

Sujeito Passivo: alguém que tenha capacidade para agir, pois caso contrário será crime de homicídio. Se ela tiver relativa capacidade (de 14 até fazer 18 anos – Art. 224, "a" e 217-A, CP), incorrerá na pena do Art. 122, parágrafo único, II, CP.

Natureza Jurídica do Art. 122, CP: Nelson Hungria, Luiz Regis Prado, Aníbal Bruno e Rogério Greco – Condição Objetiva de Punibilidade, porque o crime se perfaz quando se instiga, induz ou auxilia. Mas a lei condiciona a punibilidade dessa conduta à ocorrência do suicídio, ou pelo menos da lesão grave. São resultados que se encontram fora do Tipo e, por isso, são condições que a Lei coloca para que o Estado possa exercer o *ius puniendi*.

> O crime previsto no Art. 122, CP é um crime condicionado ao resultado (morte ou lesão), pois se não se consumar, não terá relevância penal alguma e, portanto, não admite tentativa.

> ***Art. 13****, § 2º, CP. A omissão é penalmente relevante quando o omitente devia e podia agir para evitar o resultado. O dever de agir incumbe a quem:*
>
> ***a)*** *Tenha por lei obrigação de cuidado, proteção ou vigilância;*
>
> ***b)*** *De outra forma, assumiu a responsabilidade de impedir o resultado;*
>
> ***c)*** *Com seu comportamento anterior, criou o risco da ocorrência do resultado.*

A conduta só é punida na forma dolosa (o agente que participa), NÃO existindo previsão para modalidade culposa.

Descrição do crime: é conhecido também como o crime de participação em suicídio. Ademais, a participação deve dirigir-se a pessoa(as) determinada (as), pois NÃO é punível a participação genérica (um filme, livro, que estimule o pensamento suicida).

Sendo a conduta criminosa composta de vários verbos (induzir, instigar, auxiliar), ainda que o agente realize as três condutas, o crime será único, respondendo desta forma, apenas pelo Art. 122 do CP.

Na participação material, o auxílio deve ser acessório, pois, caso seja direto e imediato, o crime será o de homicídio, visto que o sujeito não pode, em hipótese alguma, realizar uma conduta apta a eliminar a vida da vítima.

Ex.: "A" empresta sua arma de fogo para "B", contudo, "B" solicita para que esse ("A") efetue o disparo em sua cabeça.

O auxílio deve ser eficaz, ou seja, precisa contribuir efetivamente para o suicídio. Desse modo, se "A" empresta uma arma de fogo para "B" se matar, mas este acabe utilizando uma corda (enforcamento), nesse caso, a conduta de "A" será atípica.

Exige-se que o agente imprima seriedade em sua conduta, querendo que a vítima efetivamente se suicide (dolo).

Não há crime se o agente fala, por brincadeira, para a vítima se matar e esta realmente se mata.

Não caracteriza constrangimento ilegal a coação (força) exercida para impedir o suicídio (Art. 146, §3º, II, CP).

Ex.: "A" induz "B" a suicidar-se e "C" empresta a arma de fogo. "B" se mata. "A" e "C" responderão como autores do crime previsto no Art. 122, CP.

Pacto de Morte ou Suicídio a Dois

Duas pessoas resolvem se suicidar conjuntamente. Ex.: câmara de gás. Podem ocorrer as seguintes situações:		
"A" e "B" sobreviveram e não ocorreu lesão corporal grave (ou gravíssima).	Os dois abriram a torneira de gás.	Os dois responderão por tentativa de homicídio.
"A" e "B" sobreviveram e não ocorreu lesão corporal grave (ou gravíssima).	"A" abriu a torneira.	"A" responderá por tentativa de homicídio e "B" não responderá por nada (Fato Atípico).
"A" e "B" sobreviveram, mas "B" ficou com lesão corporal grave (ou gravíssima).	"A" abriu a torneira	"A" responderá por tentativa de homicídio e "B" responderá por participação em suicídio (Art. 122).
"A" morreu e "B" sobreviveu.	"A" abriu a torneira.	"B" responderá por participação em suicídio (Art. 122).
"A" morreu e "B" sobreviveu.	"B" abriu a torneira.	"B" responderá por homicídio.

Roleta-Russa e Duelo Americano

Os Sobreviventes Responderão pelo Crime:	
Roleta-russa	A arma de fogo (revólver) é municiada com um único projétil, sendo o gatilho acionado por ambos os participantes – conforme sua ordem – girando o "tambor" da arma a cada nova tentativa. "A" gira o tambor, mira em sua cabeça, e aciona o gatilho.
Duelo-Americano	Existem duas armas, sendo que apenas uma está municiada, cada um escolhe a sua e efetiva o disparo contra si mesmo, desconhecendo qual efetivamente está carregada.

Formas Qualificadas

Portanto verificar o aluno que com as modificações introduzidas no referido crime, temos agora as qualificadoras de lesão gravíssima ou grave (que antes tornava atípico o crime) e morte, em que ambas eram apenas consideradas como condição para a tipificação do crime:

a) Se da automutilação ou da tentativa de suicídio resulta lesão corporal de natureza grave ou gravíssima, nos termos dos §§ 1º e 2º do art. 129 deste Código – pena de 1 a 3 anos

b) Se o suicídio se consuma ou se da automutilação resulta morte – pena de 2 a 6 anos

Formas majoradas

a) A pena é duplicada (aqui o aumento será aplicado em dobro, o que não é até o dobro, mas sim em dobro)

> se o crime é praticado por motivo egoístico, torpe ou fútil;

> se a vítima é menor ou tem diminuída, por qualquer causa, a capacidade de resistência.

b) A pena é aumentada até o dobro se a conduta é realizada por meio da rede de computadores, de rede social ou transmitida em tempo real.

Portanto perceba que não havia essa previsão na redação anterior. Através da evolução comportamental da sociedade, uma maior punição agora se impõe aos que, através dos novos meios de comunicação em massa – internet e redes sociais.

c) Aumenta-se a pena em metade se o agente é líder ou coordenador de grupo ou de rede virtual

O que antes também não era previsto, agora se tem uma maior punição dos líderes/administradores/fundadores de grupos de comunicação, devido ao seu imenso poder de persuasão sobre seus "seguidores".

Infanticídio

Art. 123. *Matar, sob a influência do estado puerperal, o próprio filho, durante o parto ou logo após:*

Pena *- detenção, de dois a seis anos.*

O Art. 123 do CP é um homicídio especial, dotado de especializastes, possuindo pena menor, o que implica o fato de ser considerado Homicídio Privilegiado.

Requisitos

> Praticado pela própria mãe contra seu filho;

> Durante ou logo após o parto;

> Contra recém-nascido (neonato);

> Sob influência de estado puerpério (lapso temporal até que a mulher volte ao ciclo menstrual normal).

Trata-se de um crime próprio (praticado pela própria mãe).

É um crime comissivo (ação) ou omissivo (omissão imprópria), sendo também um crime material, consuma-se, efetivamente, com a morte da vítima.

Sujeitos

Sujeito Ativo: o sujeito ativo aqui é a mãe, sob influência do estado puerperal.

Indaga-se se o crime em questão admite concurso de pessoas (coautoria e participação)?

Sobre essa pergunta existem duas correntes:

1ª Corrente: o estado puerperal é condição personalíssima incomunicável, logo, não admite concurso de pessoas. Mas atente-se que o CP não reconhece essa condição personalíssima – não tem previsão do Art. 30 do CP.

2ª Corrente: o estado puerperal é condição pessoal comunicável, pelo que é admitido o concurso de agentes. (Majoritária)

→ Alguns autores dividem dessa forma:

1ª Situação: parturiente e médico matam o nascente ou neonato. Parturiente responde pelo Art. 123 e o médico também responde pelo Art. 123 em coautoria.

2ª Situação: parturiente, auxiliada pelo médico, mata nascente ou neonato. A parturiente responde pelo Art. 123 e o médico também, como partícipe.

3ª Situação: médico, auxiliado pela parturiente, mata nascente ou neonato. O médico responderá pelo crime de homicídio e a parturiente, também responderia pelo Art. 121 do CP na qualidade de partícipe. Mas aqui surgem duas correntes em face da injustiça existente:

Corrente Majoritária: o médico responde pelo Art. 121 do CP e a parturiente responde pelo Art. 123 para sanar a injustiça existente.

Sujeito Passivo: é próprio, ou seja, somente aquele que é o nascente (durante o parto) ou neonato (logo após o parto).

Diante da especialidade, tanto do sujeito ativo como do sujeito passivo, o crime é considerado bipróprio.

Supondo que a mãe mate aquele que supõe ser seu filho, mas na verdade é filho de outrem. Nesse caso continuará respondendo pelo crime de infanticídio, diante da aplicação do Art. 20 do CP, que determina a consideração das qualidades da vítima virtual.

Conduta

A conduta punível é tirar a vida extrauterina do próprio filho, durante ou logo após o parto.

→ Tem-se o matar + as seguintes especializantes:

Elemento temporal constitutivo do tipo: durante ou logo após o parto. Se for antes do parto, o crime é de aborto. Se, após o parto, o crime é de homicídio.

Influência do estado puerperal: a doutrina afirma que, o logo após perdura enquanto presente a influência do estado puerperal. Enquanto a gestante estiver sob a influência do estado puerperal, o elemento temporal constitutivo estará presente. Estado puerperal é um desequilíbrio fisio-psíquico.

Estado puerperal: Conforme Sanches, é o estado que envolve a parturiente durante a expulsão da criança do ventre materno, produzindo profundas alterações psíquicas e físicas.

Puerpério é o período que se estende do início do parto até a volta da mulher às condições pré-gravidez.

É preciso, também, que haja uma relação de causa e efeito entre o estado puerperal e o crime, pois nem sempre ele produz perturbações psíquicas na parturiente. Esse alerta se encontra na exposição de motivos do CP.

Dependendo do grau do estado puerperal é possível que a parturiente seja tratada como inimputável ou semi-imputável? Sim. Dependendo do grau de desequilíbrio fisio-psíquico, a parturiente pode sofrer o mesmo tratamento do inimputável ou semi-imputável. Essa é a posição de Mirabete.

Tipo subjetivo

O crime descrito no Art. 123 é punido a título de dolo, não havendo possibilidade de punição na modalidade culposa.

Consumação e tentativa:

O crime se consuma com a morte, sendo perfeitamente possível a tentativa.

Aborto provocado pela gestante ou com seu consentimento

> ***Art. 124.*** *Provocar aborto em si mesma ou consentir que outrem lhe provoque:*
>
> ***Pena*** *- detenção, de um a três anos.*

O crime de aborto ocorre quando há a interrupção da gravidez, ocasionando a morte do produto da geração, procriação, concepção, ou seja, é a eliminação da vida intrauterina.

Sob o aspecto jurídico, a gravidez tem início com a nidação (implantação do óvulo fecundado no útero – parede uterina).

Portanto, não há crime de aborto quando da utilização de meios que inibem a fixação do ovo na parede uterina. É o que ocorre com o DIU (diafragma intrauterino).

Espécies de Aborto

Criminoso	Interrupção dolosa da gravidez (Arts. 124 a 127, CP).
Legal ou Permitido	Não há crime por expressa previsão legal. Art. 128, CP: I) Quando não há outro meio para salvar a vida da gestante (aborto necessário ou terapêutico); II) Quando a gravidez resulta de estupro (aborto sentimental ou humanitário).
Natural	Interrupção espontânea da gravidez. Não há crime.
Acidental	A gestante sofre um acidente qualquer e perde o bebê. Não é crime, por ausência de dolo.
Eugênico ou Eugenésico	Interrupção da gravidez quando há anomalia ou algum defeito genético. É crime, exceto o aborto de anencéfalo.
Econômico ou Social	Interrupção da gravidez para não agravar a situação de miséria enfrentada pela mãe ou por sua família. É crime.

Objetividade jurídica

Vida humana. No aborto provocado por terceiro SEM o consentimento da gestante (Art. 125), protege-se também a integridade física e psíquica da gestante.

Objeto material

O produto da concepção (óvulo fecundado, embrião ou feto).

Deve haver prova da gravidez, pois se a mulher não está grávida, ou se o feto já havia morrido por outro motivo qualquer será crime impossível por absoluta impropriedade do objeto (Art. 17, CP).

O feto deve estar alojado no útero materno. Desse modo, se ocorrer a destruição de um tubo de ensaio que contém um óvulo fertilizado in vitro não haverá aborto.

O feto não necessita ter viabilidade. Basta que esteja vivo antes do crime.

Sujeitos do crime

Sujeito Ativo: Os crimes do Art. 124, CP são de mão própria, pois somente a gestante pode provocar aborto em si mesma ou consentir que um terceiro lhe provoque. Não admitem coautoria, mas admite participação. É crime comum nos demais casos.

Sujeito Passivo: é o feto. No aborto provocado por terceiro SEM o consentimento da gestante (Art. 125) as vítimas são o feto e a gestante.

É crime de forma livre. Pode ser praticado de forma comissiva ou omissiva (Ex.: deixar dolosamente de ingerir medicamentos necessários para a preservação da gravidez). Se, contudo, o meio de execução for absolutamente ineficaz será crime impossível (Ex.: despachos, rezas e simpatias).

Elemento subjetivo

É o dolo, direto ou eventual.

Não existe o crime de aborto culposo

Se a própria gestante agir culposamente e ensejar o aborto, o fato será atípico. Já o terceiro que provoca aborto por culpa responde por lesão corporal culposa contra a gestante.

Consumação e tentativa

Ocorre com a morte do feto. É dispensável a expulsão do produto da concepção.

É admitida a tentativa.

Ex.: Realizou manobras abortivas e o feto foi expulso com vida: tentativa de aborto.

O agente quer ferir a gestante e realiza manobras abortivas e o feto é expulso com vida: lesão corporal grave (aceleração de parto – Art. 129, § 1º, IV, CP).

Realizou manobras abortivas e o feto foi expulso com vida. Logo em seguida o agente mata o feto: tentativa de aborto e homicídio em concurso material.

Realizou manobras abortivas e o feto foi expulso com vida, mas morreu alguns dias depois em razão da manobra realizada: aborto consumado.

Classificação doutrinária

O aborto é crime: material, próprio e de mão própria ou comum, instantâneo, comissivo ou omissivo, de dano, unissubjetivo, unilateral ou de concurso eventual, plurissubjetivo ou de concurso necessário, plurissubsistente, de forma livre, progressivo.

O Art. 20 da LCP diz que constitui contravenção penal a conduta de anunciar processo, substância ou objeto destinado a provocar aborto.

Análise do tipo penal

1ª parte: provocar aborto em si.

É o autoaborto, um crime próprio e de mão própria.

Admite participação:

Ex.: Mulher gestante ingere medicamento abortivo que lhe foi dado por seu namorado e provoca o aborto. Nesta situação a gestante é autora de autoaborto e seu namorado é partícipe (induzir, instigar ou auxiliar) deste crime. Todavia, se o namorado tivesse executado qualquer ato de provocação do aborto seria autor do crime previsto no Art. 126, CP (aborto com o consentimento da gestante).

O partícipe do autoaborto, além de responder por este crime, pratica ainda homicídio culposo ou lesão corporal culposa se ocorrer morte ou lesão corporal grave em relação à gestante, pois o disposto no Art. 127 não se aplica ao crime do Art. 124.

Quanto à gestante que provoca aborto em si mesma, o aborto legal ou permitido, duas situações podem ocorrer:

- Se for aborto necessário ou terapêutico: não há crime (estado de necessidade);
- Se for aborto sentimental ou humanitário: há crime, pois nesta modalidade somente é autorizado no aborto praticado pelo médico.

2ª parte: consentir para que 3º lhe provoque o aborto.

O legislador criou uma exceção à teoria monista ou unitária no concurso de pessoas (Art. 29, Caput, CP) e criou crimes distintos: a gestante responde pelo Art. 124, 2ª parte, CP e o terceiro que provoca o aborto responde pelo Art. 126, CP.

Esse crime é de mão própria, pois somente a gestante pode prestar o consentimento. Não admite coautoria, mas admite participação.

A gestante dever ter capacidade e discernimento para consentir (ser maior de 14 anos e ter integridade mental). E o consentimento deve ser válido (isento de fraude e não tenha sido obtido por meio de violência ou grave ameaça).

Aborto Provocado por Terceiro

> ***Art. 125.*** *Provocar aborto, sem o consentimento da gestante:*
> ***Pena*** *- reclusão, de três a dez anos.*

Sujeito ativo: qualquer pessoa

Sujeito passivo: produto da concepção e a gestante.

> ***Art. 126.*** *Provocar aborto com o consentimento da gestante:*
> ***Pena*** *- reclusão, de um a quatro anos.*
> ***Parágrafo único.*** *Aplica-se a pena do artigo anterior, se a gestante não é maior de quatorze anos, ou é alienada ou débil mental, ou se o consentimento é obtido mediante fraude, grave ameaça ou violência.*

Considerações

É crime de concurso necessário.

O legislador criou uma exceção à teoria monista ou unitária no concurso de pessoas (Art. 29, Caput, CP) e criou crimes distintos: a gestante responde pelo Art. 124, 2ª parte, CP e o terceiro que provoca o aborto responde pelo Art. 126, CP.

O consentimento da gestante (expresso ou tácito) deve subsistir até a consumação do aborto. Se durante a prática do crime ela se arrepender e solicitar ao terceiro a paralisação das manobras letais, mas não for obedecida, para ela o fato será atípico, e o terceiro responderá pelo crime do Art. 125, CP.

Se três ou mais pessoas associarem-se para o fim de praticarem abortos, responderão pelo crime de Associação Criminosa (Art. 288, CP) em concurso material com os abortos efetivamente realizados.

Se não tiver o consentimento da gestante responde pelo Art. 125 do CP.

Caso a gestante consentir, mas seu consentimento não seja válido, por se enquadrar em alguma das hipóteses do parágrafo único do Art. 126 (gestante não maior de 14 anos ou alienada mental ou consentimento obtido através de fraude, grave ameaça ou violência), os agentes responderão pelo crime do Art. 125 do CP.

Forma Qualificada

Art. 127. *As penas cominadas nos dois artigos anteriores são aumentadas de um terço, se, em consequência do aborto ou dos meios empregados para provocá-lo, a gestante sofre lesão corporal de natureza grave; e são duplicadas, se, por qualquer dessas causas, lhe sobrevém a morte.*

Esses resultados são preterdolosos advindos da prática abortiva, ou seja, são resultados que só poderão ser imputados a título de culpa. Se houver dolo em relação a esses resultados haverá concurso.

> O aborto de feto anencefálico é uma espécie de aborto eugênico.

Aborto Necessário

Art. 128. *Não se pune o aborto praticado por médico:*

Se não há outro meio de salvar a vida da gestante;

Depende de dois requisitos:

- Que a vida da gestante corra perigo em razão da gravidez;
- Que não exista outro meio de salvar sua vida. (Desse modo, há crime de aborto quando interrompida a gravidez para preservar a saúde da gestante).

O risco para a vida da gestante não precisa ser atual. Basta que exista, isto é, que no futuro possa colocar em perigo a vida da mulher.

Não necessita do consentimento da gestante e não haverá crime quando a gestante se recusa a fazê-lo e o médico provoca o aborto necessário.

Se o aborto necessário for realizado por ENFERMEIRA, ou por qualquer pessoa que não o médico, duas situações podem ocorrer:

- Há perigo atual para a gestante: estado de necessidade (Art. 24, CP);
- Não há perigo atual: há crime de aborto.

Aborto no Caso de Gravidez Resultante de Estupro

II. *Se a gravidez resulta de estupro e o aborto é precedido de consentimento da gestante ou quando incapaz, de seu representante legal.*

Necessita de três requisitos:

- Ser praticado por médico;
- Consentimento válido da gestante ou de seu representante legal (se for incapaz);
- Gravidez resultante de estupro.

Nesta hipótese, como não há perigo atual para a vida da gestante, haverá o crime de aborto se praticado por qualquer pessoa que não seja o médico.

O aborto será permitido mesmo que a gravidez resulte de ato libidinoso diverso da conjunção carnal (Ex.: Sexo anal, estupro de vulnerável) em razão da mobilidade dos espermatozoides. É considerada uma hipótese de analogia in bonam partem.

Não se exige autorização judicial para a realização desta espécie de aborto permitido.

São causas especiais de exclusão da ilicitude. Embora o aborto praticado em tais situações seja fato típico, não há crime pelo fato de serem hipóteses admitidas pelo ordenamento jurídico.

Ambos devem ser praticados por médico (este não precisa de autorização judicial para realizar estas espécies de aborto).

Aborto sentimental também é autorizado quando a gravidez decorrer de estupro de vulnerável (analogia in bonam partem).

Aborto Econômico: não está previsto no ordenamento jurídico. Se praticado será crime de aborto.

De acordo com o Código Penal, existem apenas duas modalidades permissivas de aborto previstas no Art. 128 do CP (aborto necessário e aborto sentimental).

No entanto, em abril de 2012, o STF no julgamento da ADPF 54 passou a admitir uma terceira modalidade: o aborto de feto anencefálico (malformação fetal que leva à ausência de cérebro e à impossibilidade de vida).

Para tanto, não há necessidade de autorização judicial. Basta um laudo formal do médico atestando a anencefalia e a inviabilidade de vida.

3.2 Das Lesões Corporais

Art. 129. *Ofender a integridade corporal ou a saúde de outrem:*

Pena *- detenção, de três meses a um ano.*

Lesão Corporal de Natureza Grave

§ 1º. *Se resulta:*

I. *Incapacidade para as ocupações habituais, por mais de trinta dias;*

II. *Perigo de vida;*

III. *Debilidade permanente de membro, sentido ou função;*

IV. *Aceleração de parto:*

Pena *- reclusão, de um a cinco anos.*

§ 2º. *Se resulta:*

I. *Incapacidade permanente para o trabalho;*

II. *Enfermidade incurável;*

III. *Perda ou inutilização do membro, sentido ou função;*

IV. *Deformidade permanente;*

V. *Aborto:*

Pena - reclusão, de dois a oito anos.

Lesão Corporal Seguida de Morte

***§ 3º**. Se resulta morte e as circunstâncias evidenciam que o agente não quis o resultado, nem assumiu o risco de produzi-lo:*

***Pena** - reclusão, de quatro a doze anos.*

Diminuição de Pena:

***§ 4º**. Se o agente comete o crime impelido por motivo de relevante valor social ou moral ou sob o domínio de violenta emoção, logo em seguida a injusta provocação da vítima, o juiz pode reduzir a pena de um sexto a um terço.*

Substituição da Pena:

***§ 5º**. O juiz, não sendo graves as lesões, pode ainda substituir a pena de detenção pela de multa, de duzentos mil réis a dois contos de réis:*

***I.** Se ocorre qualquer das hipóteses do parágrafo anterior;*

***II.** Se as lesões são recíprocas.*

Lesão Corporal Culposa

***§ 6º**. Se a lesão é culposa:*

***Pena** - detenção, de dois meses a um ano.*

Aumento de Pena

***§ 7º**. Aumenta-se a pena de 1/3 (um terço) se ocorrer qualquer das hipóteses dos §§ 4º e 6º do Art. 121 deste Código.*

***§ 8º**. Aplica-se à lesão culposa o disposto no § 5º do Art. 121.*

Violência Doméstica

***§ 9º**. Se a lesão for praticada contra ascendente, descendente, irmão, cônjuge ou companheiro, ou com quem conviva ou tenha convivido, ou, ainda, prevalecendo-se o agente das relações domésticas, de coabitação ou de hospitalidade.*

***Pena** - detenção, de 3 (três) meses a 3 (três) anos.*

***§ 10**. Nos casos previstos nos §§ 1º a 3º deste artigo, se as circunstâncias são as indicadas no § 9º deste artigo, aumenta-se a pena em 1/3 (um terço).*

***§ 11**. Na hipótese do § 9º deste artigo, a pena será aumentada de um terço se o crime for cometido contra pessoa portadora de deficiência.*

***§ 12**. Se a lesão for praticada contra autoridade ou agente descrito nos Arts. 142 e 144 da Constituição Federal, integrantes do sistema prisional e da Força Nacional de Segurança Pública, no exercício da função ou em decorrência dela, ou contra seu cônjuge, companheiro ou parente consanguíneo até terceiro grau, em razão dessa condição, a pena é aumentada de um a dois terços.*

Essa qualificadora foi inserida pela Lei nº 13.142/2015.

São autoridades previstas no Art. 142 da CF/88:

***Art. 142.** As Forças Armadas, constituídas pela Marinha, pelo Exército e pela Aeronáutica, são instituições nacionais permanentes e regulares, organizadas com base na hierarquia e na disciplina, sob a autoridade suprema do Presidente da República, e destinam-se à defesa da Pátria, à garantia dos poderes constitucionais e, por iniciativa de qualquer destes, da lei e da ordem.*

São autoridades do Art. 144 da CF/88:

***Art. 144.** A segurança pública, dever do Estado, direito e responsabilidade de todos, é exercida para a preservação da ordem pública e da incolumidade das pessoas e do patrimônio, através dos seguintes órgãos:*

***I.** Polícia federal;*

***II.** Polícia rodoviária federal;*

***III.** Polícia ferroviária federal;*

***IV.** Polícias civis;*

***V.** Polícias militares e corpos de bombeiros militares.*

***§8º**. Guardas municipais*

Lesão corporal é a ofensa humana direcionada à integridade corporal ou à saúde de outra pessoa, quer do ponto de vista anatômico, quer do ponto de vista fisiológico ou mental. A dor, por si só, não caracteriza lesão corporal.

No crime de lesão corporal, protege-se a incolumidade física em sentido amplo: Saúde física ou corporal; Saúde fisiológica (correto funcionamento do organismo) e Saúde mental (psicológica).

Topografia do Art. 129	
Art. 129, *caput*	Lesão dolosa leve.
Art. 129, §1º	Lesão dolosa grave - Atenção! O § 1º não traz somente a lesão dolosa grave. Ele também tem lesão preterdolosa grave.
Art. 129, §2º	Lesão dolosa gravíssima - também no § 2º tem preterdolo.
Art. 129, §3º	Lesão seguida de morte (está genuinamente preterdolosa).
Art. 129, §4º	Lesão dolosa privilegiada.
Art. 129, §5º	Lesão culposa.
Art. 129, §6º	Majorantes.
Art. 129, §7º	Perdão judicial.
Art. 129, §§ 9, 10 e 11	Violência doméstica e familiar (aqui não é só contra mulher).
Art. 129, § 12	Praticada contra autoridade policial.

Classificação

Pode ser praticado por ação ou omissão, quando presente o dever de agir para evitar o resultado, Art. 13, §2º, CP.

Ex.: A mãe que deixa o filho pequeno sozinho na cama, desejando que ele caísse e se machucasse.

É crime de forma livre. Pode ser praticado por ação ou omissão. Pratica lesão quem cria ferimento ou quem agrava o ferimento que já existe.

Elemento subjetivo é o dolo (direto ou eventual) conhecido como animus laedendi, mas há também a culpa no §6º (lesão corporal culposa) e o preterdolo no §3º (lesão corporal seguida de morte).

> Qual crime é praticado pelo policial militar que agride uma pessoa? Abuso de autoridade e lesão corporal.

Sujeitos do crime

Sujeito Ativo: é crime comum, podendo ser praticado por qualquer pessoa.

Sujeito Passivo: em regra, qualquer pessoa.

Exceções: Art. 129, §1º, IV (aceleração de parto) e Art. 129, §2º, V (lesão que resulta aborto). Nestas duas hipóteses as vítimas são, necessariamente, gestantes. Também na lesão qualificada pela violência doméstica a vítima precisa ser ascendente, descendente, irmã, cônjuge ou companheira do agressor.

Exceções:

- Art. 129, §1º, IV (aceleração de parto).
- Art. 129, §2º, V (lesão que resulta aborto).

Nestas duas hipóteses as vitimas são, necessariamente, gestantes.

> Contra ascendente, descendente, irmã, cônjuge ou companheira do agressor.

> Agentes de Segurança descritos no Art. 129, §12º, assim com parente consanguíneo até terceiro grau.

Consumação e tentativa

Por ser crime material se consuma com a efetiva lesão da vítima. A pluralidade de lesões contra a mesma vítima e no mesmo contexto temporal caracteriza crime único, mas deve influenciar na dosimetria da pena-base (Art. 59, CP).

A tentativa só é cabível nas modalidades dolosas. Não cabe tentativa na lesão culposa e na lesão corporal seguida de morte.

Lesão corporal (Art. 29, CP)	Contravenção penal de vias de fato (Art. 21, LCP)
Lesionar a vítima.	Agredir a vítima, sem lesioná-la Ex.: empurrão, puxão de cabelo.

Lesão corporal leve

A ação penal é pública condicionada à representação da vítima, de competência dos Juizados Especiais Criminais.

O conceito de Lesão Leve é considerado por exclusão: será de natureza leve se não for a lesão de natureza grave ou gravíssima.

Há jurisprudência admitindo o princípio da insignificância na lesão corporal, quanto às lesões levíssimas. Na doutrina, esse posicionamento é Pierangeri.

Lesão corporal de natureza grave

> ***§ 1º****. Se resulta*
>
> ***I.*** *Incapacidade para as ocupações habituais, por mais de trinta dias;*
>
> ***II.*** *Perigo de vida;*
>
> ***III.*** *Debilidade permanente de membro, sentido ou função;*
>
> ***IV.*** *Aceleração de parto:*
>
> ***Pena*** *- reclusão, de um a cinco anos.*

Trata-se de infração de médio potencial ofensivo, considerando que a pena mínima é de um ano.

A ação penal é pública incondicionada.

Incapacidade para as ocupações habituais por mais de trinta dias.

As ocupações habituais são aquelas rotineiras, física ou mental, do cotidiano do ofendido e não apenas seu trabalho. É suficiente tratar-se de ocupação concreta, pouco importando se lucrativa ou não.

A atividade deve ser lícita, sendo indiferente se moral ou imoral.

Prostituta pode. Ladrão não pode.

Um bebê de tenra idade pode ser vítima dessa lesão? A resposta é afirmativa e há jurisprudência nesse sentido, trazendo como exemplo a hipótese em que o bebê, em razão da agressão não pode ser alimentado, pelo prazo de 30 dias.

É irrelevante a idade da vítima (pode ser idosa ou criança).

São exigidos dois exames periciais: um inicial realizado logo após o crime; e um exame complementar realizado logo que decorra o prazo de 30 dias da data do crime.

Supondo que a vítima sofra uma lesão ficando com um hematoma no olho, e, por vergonha não saiu de casa pelo prazo superior a trinta dias, nessa hipótese, restou configurado o delito de lesões corporais graves? Ensina a doutrina, seguida pela jurisprudência, que a relutância por vergonha de praticar as ocupações habituais não agrava o crime. É a lesão que deve incapacitar o agente e não a vergonha da lesão.

Perigo de vida

Perigo de vida é a possibilidade grave, concreta e imediata de a vítima morrer em consequência das lesões sofridas. Trata-se de perigo concreto, comprovado por perícia médica, que deve indicar, de modo preciso e fundamentado, no que consistiu o perigo de vida proporcionado à vítima.

Nesta hipótese, é crime tipicamente PRETERDOLOSO, pois o resultado agravador deve resultar de culpa do agente.

Se o agente, ao praticar a lesão, quis o resultado ou assumiu o risco de produzi-lo, responderá por tentativa de homicídio.

O crime preterdoloso não está apenas na lesão corporal seguida de morte. O perigo de vida é um resultado necessariamente preterdoloso. O inciso II ora discutido nada mais é que um crime preterdoloso, isto é, dolo na lesão e culpa no perigo de vida. Está-se, pois, diante de um crime necessariamente preterdoloso.

Debilidade permanente de membro, sentido ou função.

Debilidade é a diminuição ou o enfraquecimento da capacidade funcional. Há de ser permanente, isto é, duradoura e de recuperação incerta. Não se exige perpetuidade.

Ex.: O agente não fica cego, mas tem reduzida a capacidade visual.

Membros	São os braços, pernas, mãos e pés.
Sentidos	São os mecanismos sensoriais por meio dos quais percebemos o mundo externo: visão, audição, tato, olfato e paladar.
Função	É a atividade inerente a um órgão ou aparelho do corpo humano: respiratória, circulatória, digestiva etc.

A perda ou inutilização de membro sentido ou função é lesão corporal gravíssima (Art. 129, §2º, III, CP).

Órgãos duplos: (Ex.: Rins, olhos, pulmões) a perda de um deles caracteriza lesão grave pela debilidade permanente. Já a perda de ambos configura lesão corporal gravíssima pela perda ou inutilização.

A recuperação do membro, sentido ou função por meio cirúrgico ou ortopédico não exclui a qualificadora, pois a vítima não é obrigada a submeter-se a tais procedimentos.

Aceleração de parto

É a antecipação do parto, o parto prematuro. A criança nasce com vida e continua a viver.

Para incidir essa qualificadora do inciso IV, é imprescindível que o agente saiba ou pudesse saber que a vítima da lesão era gestante, sob pena de restar caracterizada a responsabilidade penal objetiva, vedada pelo ordenamento jurídico. É necessário observar ainda que, em nenhuma dessas hipóteses o agente aceita ou quer o abortamento.

Se em consequência da lesão o feto for expulso morto do ventre materno, o crime será de lesão corporal gravíssima em razão do aborto (Art. 129, §2º, V, CP).

Lesão Corporal dolosa gravíssima

§ 2º. Se resulta

I. Incapacidade permanente para o trabalho;

II. Enfermidade incurável;

III. Perda ou inutilização do membro, sentido ou função;

IV. Deformidade permanente;

V. Aborto:

Pena *- reclusão, de dois a oito anos.*

Em concurso, restou indagado se a expressão gravíssima era criação da lei, doutrina ou jurisprudência. Referida expressão é criação da doutrina que foi seguida pela jurisprudência.

A Lei nº 9.455/97, que é a lei de tortura, adotou a expressão doutrinária gravíssima. Na lei de tortura, no Art. 1º, §3º, há expressa menção à lesão grave ou gravíssima.

Incapacidade permanente para o trabalho

Deve tratar-se de incapacidade genérica para o trabalho, ou seja, a vítima fica impossibilitada de exercer qualquer tipo de atividade laborativa remunerada.

A incapacidade não significa perpetuidade, basta que seja uma incapacidade duradoura, dilatada no tempo.

Enfermidade incurável.

É a alteração prejudicial da saúde por processo patológico, físico ou psíquico, que não pode ser eficazmente combatida com os recursos da medicina à época do crime. Deve ser provada por exame pericial.

Também é considerada incurável a enfermidade que somente pode ser enfrentada por procedimento cirúrgico complexo ou mediante tratamentos experimentais ou penosos, pois a vítima não pode ser obrigada a enfrentar tais situações.

A transmissão intencional do vírus da AIDS no Brasil é tida como de natureza letal, pelo que é considerada tentativa de homicídio. O certo seria a criação de tipo penal específico sobre a transmissão intencional do vírus da AIDS.

Em recente julgado o STF afastou essa ideia. Entendeu o STF, recentemente, que não se trata de tentativa de homicídio a transmissão intencional do vírus da AIDS.

Perda ou inutilização de membro, sentido ou função

Perda: é a ablação, a destruição ou privação de membro (Ex.: arrancar um braço), sentido (Ex.: perda da audição), função (Ex.: ablação do pênis que extingue a função reprodutora). Pode concretizar-se por meio de mutilação (o membro, sentido ou função é eliminado diretamente pela conduta do agressor) ou amputação (resulta da intervenção médico-cirúrgica realizada para salvar a vida do ofendido).

Inutilização: falta de aptidão do órgão para desempenhar sua função específica. O membro ou órgão continua ligado ao corpo da vítima, mas incapacitado para desempenhar as atividades que lhe são próprias.

Ex.: A vítima ficou paraplégica.

A correção corporal da vítima por meios ortopédicos ou próteses não afasta a qualificadora, ao contrário do reimplante realizado com êxito.

A perda de parte do movimento de um membro (braço, perna, mão ou pé) configura lesão grave pela debilidade permanente. Todavia, a perda de todo o movimento caracteriza lesão corporal gravíssima pela inutilização.

Deformidade permanente

Segundo doutrina e jurisprudências majoritárias, esta qualificadora está intimamente relacionada a questões estéticas. Desse modo, precisa ser visível, mas não necessariamente na face, e capaz de causar impressão vexatória em quem olha a vítima.

A vítima não é obrigada a se submeter a intervenção cirúrgica para a reparação da deformidade. Caso, no entanto, se submeta, e a deformidade for corrigida, desaparecerá a qualificadora, sendo cabível, inclusive, a revisão criminal. A correção da deformidade com o uso de prótese (Ex.: olho de vidro, orelha de borracha ou aparelho ortopédico) não exclui a qualificadora.

Aborto.

Essa qualificadora é necessariamente preterdolosa. Há dolo na lesão e culpa no aborto. Se o agente quer, ou assume o risco do aborto haverá concurso de crimes.

A interrupção da gravidez, com a consequente morte do produto da concepção, deve ter sido provocada culposamente, pois se trata de crime preterdoloso.

Se a morte do feto foi proposital, o sujeito responderá por dois crimes: lesão corporal em concurso formal impróprio com aborto sem o consentimento da gestante (Art. 125). É obrigatório o conhecimento da gravidez por parte do agressor.

Lesão Corporal Seguida de Morte

§ 3º. Se resulta morte e as circunstâncias evidenciam que o agente não quis o resultado, nem assumiu o risco de produzi-lo.

Pena *- reclusão, de quatro a doze anos.*

É crime exclusivamente preterdoloso (dolo no antecedente - lesão - e culpa no consequente - morte). Esse crime não vai a júri, considerando que não há dolo na morte.

A morte foi ocasionada a título culposo - temos o típico caso de crime preterdoloso (dolo na conduta antecedente e culpa na posterior).

Se presente o dolo direto ou dolo eventual quanto ao resultado morte, o sujeito responderá por homicídio doloso.

Essa modalidade de lesão corporal não admite tentativa.

Lesão Corporal Privilegiada

Diminuição de Pena

***§ 4º**. Se o agente comete o crime impelido por motivo de relevante valor social ou moral ou sob o domínio de violenta emoção, logo em seguida a injusta provocação da vítima, o juiz pode reduzir a pena de um sexto a um terço.*

Esse privilégio se aplica a todos os tipos de lesão dolosa, contudo, é incabível nas lesões culposas.

Mesmas características do homicídio privilegiado (Art. 121, §1º, do CP).

Substituição da Pena

***§ 5º**. O juiz, não sendo graves as lesões, pode ainda substituir a pena de detenção pela de multa:*

***I.** Se ocorre qualquer das hipóteses do parágrafo anterior;*

***II.** Se as lesões são recíprocas.*

A situação da substituição de penas somente se aplica ao caput, considerando que exige que as lesões corporais não sejam graves. A possibilidade de substituição, assim, somente se dá com a hipótese de lesões leves.

Quando a Lesão Corporal Leve for Privilegiada

Desse modo, caso as lesões sejam leves, o juiz terá duas opções: reduzir a pena de 1/6 a 1/3 (§4º) ou substituí-la por multa (§5º).

Se as Lesões Leves Forem Recíprocas

Uma pessoa agride outra e, cessada essa primeira agressão, ocorrer uma outra lesão pela primeira vítima.

Lesão Corporal Culposa

***§ 6º**. Se a lesão é culposa:*

***Pena** - detenção, de dois meses a um ano.*

Ocorre lesão corporal culposa quando o agente faltou com seu dever de cuidado objetivo por meio de imprudência, negligência ou imperícia. Desse modo, as consequências, embora previsíveis, não foram previstas pelo agente, ou se foram, ele não assumiu o risco de produzir o resultado.

Essa espécie de lesão depende de representação da vítima ou de seu representante legal (Art. 88, Lei nº 9.099/95), pois é crime de ação penal pública condicionada a representação e infração penal de menor potencial ofensivo (pena máxima menor que dois anos).

Diferentemente do que ocorre com as lesões dolosas (que podem ser leves, graves ou gravíssimas) o CP não fez distinção com relação às lesões culposas. Desse modo, qualquer que seja a intensidade da lesão, o agente responderá por lesão corporal CULPOSA. A gravidade da lesão será levada em consideração na fixação da pena-base (Art. 59).

Aumento de Pena

***§ 7º**. Aumenta-se a pena de um terço, se ocorrer qualquer das hipóteses do Art. 121, §§ 4º e 6º.*

> ***Art. 121**, §4º, CP. No homicídio culposo, a pena é aumentada de 1/3 (um terço), se o crime resulta de inobservância de regra técnica de profissão, arte ou ofício, ou se o agente deixa de prestar imediato socorro à vítima, não procura diminuir as consequências do seu ato, ou foge para evitar prisão em flagrante. Sendo DOLOSO o homicídio, a pena é aumentada de 1/3 (um terço) se o crime é praticado contra pessoa menor de 14 (quatorze) ou maior de 60 (sessenta) anos.*
>
> ***Art. 121**, §4º, CP. A pena é aumentada de 1/3 (um terço) até a metade se o crime for praticado por milícia privada, sob o pretexto de prestação de serviço de segurança, ou por grupo de extermínio.*

***§ 8º**. Aplica-se à lesão culposa o disposto no § 5º do Art. 121.*

***Art. 121**, § 5º, CP. Na hipótese de homicídio CULPOSO, o juiz poderá deixar de aplicar a pena, se as consequências da infração atingirem o próprio agente de forma tão grave que a sanção penal se torne desnecessária.*

Violência Doméstica

***§ 9º**. Se a lesão for praticada contra ascendente, descendente, irmão, cônjuge ou companheiro, ou com quem conviva ou tenha convivido, ou, ainda, prevalecendo-se o agente das relações domésticas, de coabitação ou de hospitalidade:*

***Pena** - detenção, de 3 (três) meses a 3 (três) anos.*

***§ 10**. Nos casos previstos nos §§ 1º a 3º deste artigo, se as circunstâncias são as indicadas no § 9º deste artigo, aumenta-se a pena em 1/3 (um terço).*

***§ 11**. Na hipótese do § 9º deste artigo, a pena será aumentada de um terço se o crime for cometido contra pessoa portadora de deficiência.*

A forma qualificada do §9º só se aplica à lesão corporal LEVE.

Pode ser causa supralegal de exclusão da ilicitude (somente na lesão corporal leve), desde que presentes os seguintes requisitos, cumulativos:

- Deve ser expresso;
- Livre (não pode ter sido concedido em razão de coação ou ameaça);
- Ser moral e respeitar os bons costumes;
- Deve ser prévio à consumação da lesão;
- O ofendido deve ser capaz para consentir (maior de 18 anos e mentalmente capaz).

Durante a relação sexual, a mulher pede ao seu parceiro que a bata com força.

É irrelevante o consentimento do ofendido nos crimes de lesão corporal grave, gravíssima e seguida de morte, pois o bem jurídico protegido nestas hipóteses é indisponível.

Autolesão: em razão do princípio da alteridade, não se pune a autolesão. Todavia, pode caracterizar o crime descrito no Art. 171, §2º, V, CP.

Ex.: Jogador de golfe quebra o próprio braço para receber o valor do seguro.

Lesões em atividades esportivas: há a exclusão da ilicitude em razão do exercício regular do direito.

Cirurgias emergenciais: se há risco de morte de paciente, o médico que atua sem o consentimento do operado estará amparado pelo estado de necessidade de terceiro. Se não há risco de morte, a cirurgia depende de consentimento da vítima ou de seu representante legal para afastar o crime pelo exercício regular do direito.

Cirurgia de mudança de sexo: não há crime de lesão corporal gravíssima por ausência de dolo de lesionar a integridade corporal ou a saúde do paciente. Atualmente é permitida a realização dessa cirurgia – redesignação sexual – inclusive na rede pública de saúde (Portaria do Ministério da Saúde nº 1.707 de 19/08/08). Desse modo, o médico que realiza esta cirurgia não comete crime por estar acobertado pelo exercício regular de direito.

Cirurgia de esterilização sexual: não há crime na conduta do médico que realiza esta cirurgia (vasectomia, ligadura de trompas etc.) com a autorização do paciente, apesar da eliminação da função reprodutora. Exercício regular de direito.

3.3 Da Periclitação da Vida e da Saúde

Perigo de Contágio Venéreo

> ***Art. 130.*** *Expor alguém, por meio de relações sexuais ou qualquer ato libidinoso, a contágio de moléstia venérea, de que sabe ou deve saber que está contaminado:*
>
> ***Pena*** *- detenção, de três meses a um ano, ou multa.*
>
> ***§ 1º.*** *Se é intenção do agente transmitir a moléstia:*
>
> ***Pena*** *- reclusão, de um a quatro anos, e multa.*
>
> ***§ 2º.*** *Somente se procede mediante representação.*

Esse crime configura-se quando o agente transmite ou expõe a perigo de contágio de uma doença venérea (sífilis, gonorreia etc.), bem como, caso ele a desconheça, venha a infectar uma possível vítima.

A forma de transmitir a doença pode ser por meio de relações sexuais (pênis x vagina), ou por qualquer outro ato libidinoso (ação que satisfaça a libido do agente, beijo lascivo, sexo oral, sexo anal, masturbação, etc.).

> A AIDS não é considerada uma moléstia venérea, visto que pode ser contraída ou transmitida de formas diversas, além do contato sexual.

Se a intenção é transmitir, por tratar-se de crime formal, não é necessária a transmissão.

O §1º traz a forma qualificada do crime, ou seja, quando o agente tem intenção de transmitir a doença.

Perigo de Contágio de Moléstia Grave

> ***Art. 131.*** *Praticar, com o fim de transmitir a outrem moléstia grave de que está contaminado, ato capaz de produzir o contágio:*
>
> ***Pena*** *- reclusão, de um a quatro anos, e multa.*

É crime de Dano (caso exponha a perigo sem querer ou assumir o risco será hipótese do Art. 132, CP), Formal (não precisa transmitir) e de Forma Livre.

Nesse delito, o agente tem o fim especial de agir, ou seja, pratica um ato (diverso do contato sexual) com a intenção de transmitir uma moléstia grave (qualquer doença que acarrete em prejuízo a saúde da vítima – não sendo venérea), por exemplo, sarampo, tuberculose etc.

Ademais, em relação à AIDS, visto seu grau letal, é considerado como tentativa de homicídio (Art. 121 do CP), não há possibilidade alguma de enquadrá-la como moléstia grave.

Perigo para Vida ou Saúde de Outrem

> ***Art. 132.*** *Expor a vida ou a saúde de outrem a perigo direto e iminente:*
>
> ***Pena*** *- detenção, de três meses a um ano, se o fato não constitui crime mais grave.*
>
> ***Parágrafo único.*** *A pena é aumentada de um sexto a um terço se a exposição da vida ou da saúde de outrem a perigo decorre do transporte de pessoas para a prestação de serviços em estabelecimentos de qualquer natureza, em desacordo com as normas legais.*

Estará configurado o crime quando o agente, de qualquer forma, expor em perigo a vida de uma pessoa determinada. Tal ação pode ser praticada de forma livre, ou seja, não exige uma conduta específica.

Soltar uma pedra do alto de um viaduto em um carro que passa pela rodovia com intenção de causar um acidente.

Caso a conduta do agente não seja contra uma pessoa determinada, será configurado um crime diverso que será avaliado de acordo com a situação (Arts. 250 a 259 do CP).

O incapaz não precisa ser necessariamente uma criança. Por exemplo, uma instrutora de escola de natação que deixa os alunos sozinhos na piscina enquanto vai ao banheiro.

Se o abandono se dá em uma situação em que não há risco, não haverá crime.

Para esse crime deve haver o dolo de perigo.

Abandono de Incapaz

> ***Art. 133.*** *Abandonar pessoa que está sob seu cuidado, guarda, vigilância ou autoridade, e, por qualquer motivo, incapaz de defender-se dos riscos resultantes do abandono:*
>
> ***Pena*** *- detenção, de seis meses a três anos.*
>
> ***§ 1º.*** *Se do abandono resulta lesão corporal de natureza grave:*
>
> ***Pena*** *- reclusão, de um a cinco anos.*
>
> ***§ 2º.*** *Se resulta a morte:*
>
> ***Pena*** *- reclusão, de quatro a doze anos.*
>
> *Aumento de Pena*
>
> ***§ 3º.*** *As penas cominadas neste artigo aumentam-se de um terço:*
>
> ***I.*** *Se o abandono ocorre em lugar ermo;*
>
> ***II.*** *Se o agente é ascendente ou descendente, cônjuge, irmão, tutor ou curador da vítima.*
>
> ***III.*** *Se a vítima é maior de 60 (sessenta) anos.*

Essa figura típica incrimina a conduta do agente, que tendo o dever de cuidado, guarda, vigilância ou autoridade abandona, desampara, deixa de prestar o devido cuidado para quem seja incapaz.

> **Ex.:** A mãe deixa o filho em um parque central enquanto percorre lojas realizando compras, ou então, deixa-o dentro do veículo enquanto está no interior de um supermercado. Uma babá, que deixa a criança sozinha dentro de casa enquanto vai à feira.

Ademais, existem as figuras qualificadas caso, do abandono, resulte em lesão corporal de natureza grave, ou a morte do incapaz. Por conseguinte, ocorre também o aumento de pena nas hipóteses descritas nos incisos do § 3º deste artigo.

Exposição ou Abandono de Recém-Nascido

> ***Art. 134.*** *Expor ou abandonar recém-nascido, para ocultar desonra própria:*
>
> ***Pena*** *- detenção, de seis meses a dois anos.*
>
> ***§ 1º.*** *Se do fato resulta lesão corporal de natureza grave:*
>
> ***Pena*** *- detenção, de um a três anos.*
>
> ***§ 2º.*** *Se resulta a morte:*
>
> ***Pena*** *- detenção, de dois a seis anos.*

Esse delito é considerado uma forma privilegiada do crime de abandono de incapaz, artigo anterior, no entanto, nesse caso, a vítima é determinada – o recém-nascido – ademais, tal conduta visa proteção da honra do agente.

Uma jovem de 18 anos, mãe solteira, que abandona seu filho recém-nascido para preservar sua imagem perante a família.

Por conseguinte, também existe a forma qualificada do crime, expressa nos parágrafos primeiro e segundo, no caso de a ação resultar em lesão corporal de natureza grave ou a morte do recém-nascido.

Omissão de Socorro

> ***Art. 135.*** *Deixar de prestar assistência, quando possível fazê-lo sem risco pessoal, à criança abandonada ou extraviada, ou à pessoa inválida ou ferida, ao desamparo ou em grave e iminente perigo; ou não pedir, nesses casos, o socorro da autoridade pública:*
>
> ***Pena*** *- detenção, de um a seis meses, ou multa.*
>
> ***Parágrafo único.*** *A pena é aumentada de metade, se da omissão resulta lesão corporal de natureza grave, e triplicada, se resulta a morte.*

Essa norma penal tipifica a conduta omissa do agente que não presta auxílio – desde que tal prestação não incorra em risco pessoal – ou, quando não puder fazê-lo, deixa de pedir socorro para autoridade pública.

Classificação

É considerado um crime COMUM, visto que pode ser praticado por qualquer pessoa.

É um crime OMISSIVO PRÓPRIO ou PURO, pois a conduta omissiva está prevista no artigo em tela do Código Penal que ocorre quando o agente deixa de fazer o que lhe é imposto por lei – prestar socorro.

Comumente é praticado apenas por uma pessoa, sendo que é perfeitamente possível que haja o concurso de agentes, Art. 29 do CP.

Sujeitos do Crime

Sendo um crime comum, o sujeito ativo pode ser qualquer pessoa, enquanto o sujeito passivo são as pessoas elencadas no caput do próprio artigo: Criança abandonada ou extraviada (Perigo Abstrato). Pessoa ferida ou inválida com sérias dificuldades de movimentação (Perigo Abstrato). Ao desamparo ou em grave e eminente perigo (Perigo Concreto).

Consumação e Tentativa

O crime se consuma no momento da omissão, ademais, não será configurado o crime quando a vítima ofereça resistência que torne impossível a prestação de auxílio, ou então, caso ela esteja manifestamente em óbito.

Não admite tentativa.

Descrição do Crime

O crime pode ser cometido de duas formas distintas:

Falta de assistência imediata: o agente pode prestar socorro, sem risco pessoal, mas deliberadamente não o faz.

Falta de assistência mediata: o agente não pode prestar pessoalmente o socorro, mas também não solicita o auxílio da autoridade pública.

A simples condição de médico não o coloca como garantidor.

Pessoa inválida e pessoa ferida: é imprescindível que se encontrem ao desamparo no momento da omissão.

Se apenas uma pessoa presta o socorro, quando diversas poderiam tê-lo feito sem risco pessoal, não há crime para ninguém.

Omissão de socorro a pessoa idosa (igual ou superior a 60 anos), responde conforme o Art. 97, Lei nº 10.741/03 – Estatuto do Idoso.

> ***Parágrafo único.*** *A pena é aumentada de metade, se da omissão resulta lesão corporal de natureza grave, e triplicada, se resulta a morte.*

A causa de aumento de pena é exclusivamente preterdolosa, o agente tem o dolo de se omitir (não presta o socorro) e disto, acaba resultando uma consequência não deseja pelo omitente.

Condicionamento de Atendimento Médico-Hospitalar Emergencial

> ***Art. 135-A.*** *Exigir cheque-caução, nota promissória ou qualquer garantia, bem como o preenchimento prévio de formulários administrativos, como condição para o atendimento médico-hospitalar emergencial:*
>
> ***Pena*** *- detenção, de 3 (três) meses a 1 (um) ano, e multa.*
>
> ***Parágrafo único.*** *A pena é aumentada até o dobro se da negativa de atendimento resulta lesão corporal de natureza grave, e até o triplo se resulta a morte.*

Esse delito tipifica a conduta do estabelecimento que presta atendimento médico-hospitalar emergencial e venha a exigir cheque, nota promissória ou qualquer garantia, como também, que sejam preenchidos formulários como condição necessária para que o socorro possa ser prestado.

Existe ainda o aumento de pena, tratado no parágrafo único, que é quando resulta em lesão corporal grave ou ainda a morte.

Inserido no Código Penal pela Lei nº 12.653/12 coibindo uma prática que era comum em estabelecimentos médico-hospitalares particulares.

Maus-Tratos

> ***Art. 136.*** *Expor a perigo a vida ou a saúde de pessoa sob sua autoridade, guarda ou vigilância, para fim de educação, ensino, tratamento ou custódia, quer privando-a de alimentação ou cuidados indispensáveis, quer sujeitando-a a trabalho excessivo ou inadequado, quer abusando de meios de correção ou disciplina:*
>
> ***Pena*** *- detenção, de dois meses a um ano, ou multa.*
>
> ***§ 1º.*** *Se do fato resulta lesão corporal de natureza grave:*
>
> ***Pena*** *- reclusão, de um a quatro anos.*
>
> ***§ 2º.*** *Se resulta a morte:*
>
> ***Pena*** *- reclusão, de quatro a doze anos.*
>
> ***§ 3º.*** *Aumenta-se a pena de um terço, se o crime é praticado contra pessoa menor de 14 (catorze) anos.*

Esse artigo tipifica a conduta do agente que pratique, sob a pessoa que esteja subordinada à sua autoridade, guarda ou vigilância, atos não condizentes como forma ou a pretexto de educá-la, ensiná-la, tratá-la ou reprimi-la.

Classificação

Trata-se de um crime PRÓPRIO, ou seja, o sujeito ativo deve ser superior hierárquico do sujeito passivo.

É um crime comissivo ou omissivo, porém suas condutas são vinculadas, ou seja, o artigo traz, expressamente, a forma como a conduta do agente deve ocorrer.

Haverá crime único desde que as condutas sejam praticadas contra a mesma vítima e no mesmo contexto fático.

Sujeitos do Crime

Sujeito Ativo: é um crime próprio, ou seja, somente aquele que tem o sujeito passivo sob sua autoridade, guarda ou vigilância, para fins de educação, ensino, tratamento ou custódia.

Sujeito Passivo: é aquele que se encontra sob a autoridade, guarda ou vigilância de outra pessoa, para fins de educação, ensino, tratamento ou custódia.

Consumação e Tentativa

O crime consuma-se com a exposição da vítima ao perigo. Não se exige o dano efetivo.

A conduta de privação de alimentos ou cuidados indispensáveis (modalidade omissiva) não admite tentativa. Contudo, as demais condutas admitem a tentativa.

Descrição do Crime

Apenas pode ser executado pelos meios/condutas indicados no tipo penal, sendo as seguintes:

> Privar a vítima de alimentos ou cuidados indispensáveis: caso a intenção do agente, ao privar a vitima de alimentos, seja matá-la, responderá pelo crime de homicídio (tentado ou consumado);

> Sujeitar a vítima a trabalhos excessivos ou inadequados;

> Abusar dos meios de disciplina ou correção.

As formas qualificadas do crime de maus-tratos (lesão corporal de natureza grave e morte) são exclusivamente preterdolosas – conduta dolosa no antecedente e culpa no consequente.

Aumenta-se a pena de 1/3 se o crime é praticado contra pessoa menor de 14 anos.

A esposa não pode ser vítima de maus-tratos pelo marido, visto que não se encontra sob sua autoridade, guarda ou vigilância. Desse modo, o marido poderá responder pelo crime de lesão corporal (Art. 129 do CP).

Tratando-se de criança ou adolescente sujeita à autoridade, guarda ou vigilância de alguém e submetida a vexame ou constrangimento, aplica-se o Art. 232 da Lei nº 8.069/90 (ECA): submeter criança ou adolescente sob sua autoridade, guarda ou vigilância a vexame ou a constrangimento: pena: detenção de seis meses a dois anos.

A diferença entre o crime de maus-tratos e o crime de Tortura (Lei nº 9.455/97), reside no fato de que nesta a vítima é submetida a intenso sofrimento físico ou mental como forma de aplicar castigo pessoal ou medida de caráter preventivo (Art. 1º, II, Lei nº 9.455/97).

Caso a vítima seja idosa, incide o crime previsto no Art. 99 da Lei nº 10.741/2003 - Estatuto do Idoso.

3.4 Da Rixa

> ***Art. 137.*** *Participar de rixa, salvo para separar os contendores:*
> ***Pena*** *- detenção, de quinze dias a dois meses, ou multa.*
> ***Parágrafo único.*** *Se ocorre morte ou lesão corporal de natureza grave, aplica-se, pelo fato da participação na rixa, a pena de detenção, de seis meses a dois anos.*

A rixa é um conflito tumultuoso que ocorre entre três ou mais pessoas, acompanhada de vias de fato (luta, briga), em que os participantes desferem violências recíprocas, não sendo possível identificar dois grupos distintos.

É um crime comum, pois pode ser praticado por qualquer pessoa.

Ainda, enquadra-se em um delito plurissubjetivo, plurilateral ou de concurso necessário, visto que, para configurar o crime, devem existir no mínimo três pessoas. Por conseguinte, basta que apenas um dos participantes seja imputável (dois menores e um maior de 18 anos).

Também é considerado um crime de condutas contrapostas, ou seja, todos os participantes estão trocando agressões entre si, ora apanha, ora bate.

Sujeitos do Crime

No crime de rixa, ao mesmo tempo em que o agente é sujeito ativo, ele também é um sujeito passivo, pois assim como ele agride também está sofrendo uma agressão - reciprocidade.

Consumação e Tentativa

A consumação ocorre no momento em que os participantes iniciam as vias de fato ou ainda as violências recíprocas.

Admite a tentativa, quando ocorre, por exemplo, a intervenção policial no momento em que iriam se iniciar as agressões.

Descrição do Crime

Os três ou mais rixosos devem combater entre si, pois participa da rixa quem nela pratica, agressivamente, atos de violência material.

Não há rixa quando lutam entre si dois ou mais grupos contrários, perfeitamente definidos. Nesse caso, os membros de cada grupo devem ser responsabilizados pelos ferimentos produzidos nos membros do grupo contrário.

O crime pode ser praticado de forma comissiva (o agente que participa efetivamente da rixa), ou omissiva (quando o omitente podia e devia agir para evitar o resultado).

Ex.: O policial que assiste a três pessoas brigando entre si e nada faz para impedir o resultado.

Não há crime na conduta de quem ingressou no tumulto somente para separar os contendores.

Sendo considerado um crime de perigo abstrato, para que se configure o crime não há necessidade de que os participantes sofram lesões, o simples fato de participar da rixa já acarreta em crime.

O contato físico é dispensável, sendo perfeitamente possível a rixa a distância com o arremesso de objetos, tiros, etc.

Na possibilidade em que ocorre lesão corporal de natureza leve em algum dos participantes e o agente que a causou possa ser identificado, nessa hipótese, ele responderá pelo crime de rixa em concurso material com o crime de rixa, se resulta em lesão corporal grave/gravíssima ou a morte, estará configurado o crime de rixa qualificada.

Quando houver briga entre torcidas, não configura rixa, mas sim o tipo penal descrito no Art. 41-B da Lei nº 10.671/2003 – Estatuto do Torcedor - tem-se um tipo penal específico incluído pela Lei nº 12.299/2010.

Rixa qualificada: também é conhecida como rixa complexa, sendo:

> ***Parágrafo único.*** *Se ocorre morte ou lesão corporal de natureza grave, aplica-se, pelo fato da participação na rixa, a pena de detenção, de seis meses a dois anos.*

A rixa qualificada é um dos últimos resíduos da responsabilidade penal objetiva - antigamente adotada pelo ordenamento jurídico brasileiro - pois, nesta hipótese, independe qual dos rixosos foi o responsável pela produção do resultado agravador – lesão corporal grave ou morte - todos aqueles que participaram responderão na modalidade qualificada.

Ainda, não importa se a morte ou a lesão corporal grave seja produzida em um dos rixosos ou então em uma terceira pessoa, alheia à rixa (apaziguador ou mero transeunte).

Há aqui três sistemas de punição:

Sistema da solidariedade absoluta: se da rixa resultar lesão grave ou morte, todos os participantes respondem pelo evento (lesão grave ou homicídio), independentemente de se apurar quem foi o seu real autor.

Sistema da cumplicidade correspectiva: havendo lesão grave ou morte, e não sendo apurado seu autor, todos os participantes respondem por esse resultado, sofrendo, entretanto, sanção intermediária à de um autor e de um partícipe.

Sistema da autonomia: a rixa é punida por si mesma, independentemente do resultado morte ou lesão grave, o qual, se ocorrer, somente qualificará o delito. Apenas o causador da lesão grave ou morte, se identificado, é que responderá também pelos delitos dos Arts. 121 e 129 do CP.

O CP adotou o princípio ou sistema da autonomia, nos termos do Art. 137, parágrafo único:

> ***Parágrafo único.*** *Se ocorre morte ou lesão corporal de natureza grave, aplica-se, pelo fato da participação na rixa, a pena de detenção, de seis meses a dois anos.*

Até mesmo o rixoso que sofreu lesão corporal grave responde pela rixa qualificada (todos os que se envolvem no tumulto, daí sobrevindo lesão corporal grave ou morte respondem pela rixa qualificada).

O resultado agravador (lesão corporal grave ou a morte) pode ser doloso ou culposo, não se tratando de crime essencialmente preterdoloso.

Caso o resultado seja lesões leves ou ocorra uma tentativa de homicídio, não é capaz de qualificar a rixa.

Ex.: "A" participou da rixa, mas abandonou ANTES da produção do resultado agravador (lesão corporal grave ou morte): "A" responde por rixa qualificada, pois concorreu com o seu comportamento anterior para a produção do resultado.

"A" ingressou na rixa DEPOIS da produção do resultado agravador (lesão corporal grave ou morte): "A" responde por rixa simples.

RIXA versus LEGÍTIMA DEFESA – Durante uma rixa um dos participantes, "A", empunha uma arma para matar "B", este, em sua defesa, consegue defender-se, toma a arma de "A" e o mata. Nessa situação, caso "A" conseguisse matar "B", deveria responder pelo crime de rixa qualificada (resultando morte de um dos participantes) em concurso material com o crime de homicídio. Contudo, como "B" conseguiu reagir, em relação ao crime de homicídio que "A" tentara contra ele, caberá à exclusão de ilicitude – legítima defesa – em relação ao crime de homicídio (morte de "A"), porém, ainda assim, "B" e "C" responderão por rixa qualificada, pois a legítima defesa não é relevante para excluir a qualificação do crime de rixa.

3.5 Dos Crimes Contra Honra

Crime	Conduta	Honra ofendida
Calúnia: Art. 138, CP	Imputar fato criminoso sabidamente falso.	Há ofensa da honra objetiva. Ofende-se a reputação, diz respeito ao conceito perante terceiros.
Difamação: Art. 139, CP	Imputar fato desonroso, em regra não importando se verdadeiro ou falso.	Ofende-se a honra objetiva.
Injúria: Art. 140, CP	É a atribuição de qualidade negativa.	Ofende-se a honra subjetiva, a autoestima, ou seja, o que a vítima pensa dela mesma.

Calúnia

> ***Art. 138.*** *Caluniar alguém, imputando-lhe falsamente fato definido como crime:*
>
> ***Pena*** *- detenção, de seis meses a dois anos, e multa.*
>
> ***§ 1º.*** *Na mesma pena incorre quem, sabendo falsa a imputação, a propala ou divulga.*
>
> ***§ 2º.*** *É punível a calúnia contra os mortos.*
>
> *Exceção da Verdade*
>
> ***§ 3º.*** *Admite-se a prova da verdade, salvo:*
>
> ***I.*** *Se, constituindo o fato imputado crime de ação privada, o ofendido não foi condenado por sentença irrecorrível;*
>
> ***II.*** *Se o fato é imputado a qualquer das pessoas indicadas no nº I do Art. 141;*
>
> ***III.*** *Se do crime imputado, embora de ação pública, o ofendido foi absolvido por sentença irrecorrível.*

Honra objetiva (o que os outros pensam de mim).

Sujeitos do Crime

Sujeito Ativo/Passivo: qualquer pessoa (crime comum).

Os mortos também podem ser caluniados, mas seus parentes é que serão os sujeitos passivos do crime. Não há regra semelhante no tocante aos demais crimes contra a honra.

Podem, ainda, serem vítimas os menores e os loucos.

A pessoa jurídica também pode ser sujeito passivo do crime de calúnia, pois pode cometer crimes ambientais (Lei nº 9.605/98).

Mas, observe-se que não podem praticar tal crime pessoas que desfrutam de inviolabilidade.

Ex.: Parlamentares.

Aqui se indaga se advogados são imunes à prática do crime de calúnia. Os advogados não têm imunidade profissional na calúnia, possuindo a imunidade somente no que tange à difamação e à injúria.

Objeto Material

É a pessoa que tem sua honra objetiva ofendida.

Núcleo do Tipo

A conduta típica consiste em caluniar alguém (imputar falsamente um fato definido como crime).

A imputação de fato definido como Contravenção Penal (Decreto-Lei nº 3.688/41) não constitui calúnia, pois não é crime, mas poderá caracterizar difamação.

Atribuir falsamente a alguém a prática de um fato atípico não constitui crime de calúnia, mas poderá configurar outro crime contra a honra.

Ex.: dano culposo.

Fato Determinado

É imprescindível a imputação da prática de um fato determinado, ou seja, de uma situação concreta, contendo autor, objeto e suas circunstâncias.

Pessoa Certa e Determinada

A ofensa deve se dirigir a pessoa certa e determinada.

Ex.: Dizer que no dia 25 de dezembro, por volta de 20h00min, Roberto se fantasiou de papai noel e praticou um furto na casa de Pedro, o qual reside no centro da cidade de Cascavel/PR.

Falsidade da Imputação

Deve ser falsa a imputação do fato definido como crime. Essa falsidade pode recair sobre o fato (o crime imputado à vitima não ocorreu) ou sobre o envolvimento no fato (o crime ocorreu, mas a vítima não praticou tal delito).

Quando o ofensor, agindo de boa-fé, supõe erroneamente ser verdadeira a afirmação, incidirá em Erro de Tipo. Desse modo, o fato será atípico, pois excluirá o dolo do fato típico.

Consumação

O crime de calúnia se consuma quando 3ª pessoa toma conhecimento do fato imputado. Não é necessário que a vítima tome conhecimento da ofensa.

Calúnia X Denunciação Caluniosa

Calúnia (Art. 138, CP)	Denunciação Caluniosa (Art. 339, CP)
Caluniar alguém, imputando-lhe falsamente fato definido como crime.	Dar causa à instauração de investigação policial, de processo judicial, instauração de investigação administrativa, inquérito civil ou ação de improbidade administrativa contra alguém, imputando-lhe crime de que o sabe inocente.
É crime contra honra.	É crime contra a Administração da Justiça.
Regra: Ação Penal Privada.	Ação Penal Pública Incondicionada.
Não admite a imputação falsa de contravenção.	Admite (é circunstância que importa na diminuição da pena pela metade (Art. 339 §2º, CP).

> ***§ 1º**. Na mesma pena incorre quem, sabendo falsa a imputação, a propala ou divulga.*

- Propalar: relatar verbalmente.
- Divulgar: relatar por qualquer outro meio (panfletos, outdoors, gestos etc).

Observa-se que também é punível a conduta daquele que propaga, divulga a calúnia criada por outrem.

Responde pelo caput quem cria a falsidade e responde pelo §1º do CP a pessoa que divulga (diversa da pessoa que criou – se for a mesma pessoa, o §1º configura pos facto impunível).

Exclui-se o crime quando o agente age:

- Com animus jocandi: intenção de brincar.
- Com animus consulendi: intenção de aconselhar.
- Com animus narrandi: intenção de narrar (é o animus da testemunha).
- Com animus corrigendi: intenção de corrigir.
- Com animus defendendi: intenção de defender direito

Exceção da Verdade

> ***§ 3º**. Admite-se a prova da verdade, salvo:*
>
> ***I.** Se, constituindo o fato imputado crime de ação privada, o ofendido não foi condenado por sentença irrecorrível;*
>
> ***II.** Se o fato é imputado a qualquer das pessoas indicadas no nº I do Art. 141;*
>
> ***III.** Se do crime imputado, embora de ação pública, o ofendido foi absolvido por sentença irrecorrível.*

Trata-se de incidente processual, forma de defesa indireta, por meio da qual o acusado de ter praticado calúnia pretende provar a veracidade do que alegou.

Somente haverá o crime de calúnia quando o fato for falso. Desse modo, se a imputação é verdadeira o fato é atípico.

A exceção da verdade é o instrumento adequado para se provar a veracidade do fato imputado a outrem.

A regra é a admissibilidade da exceção da verdade. Todavia, em três situações previstas pelo CP não será admitida a sua utilização:

> ***I.** Se, constituindo o fato imputado crime de ação privada, o ofendido não foi condenado por sentença irrecorrível;*
>
> ***II.** Se o fato é imputado a qualquer das pessoas indicadas no inciso I do Art. 141;*
>
> *(Presidente da República ou chefe de governo estrangeiro).*
>
> ***III.** Se do crime imputado, embora de ação pública, o ofendido foi absolvido por sentença irrecorrível.*

Difamação

> ***Art. 139.** Difamar alguém, imputando-lhe fato ofensivo à sua reputação:*
>
> ***Pena** - detenção, de três meses a um ano, e multa.*

Difamar é imputar a alguém um fato ofensivo à sua reputação.

Subsiste o crime de difamação ainda que seja verdadeira a imputação (salvo quando o ofendido é funcionário público e a ofensa é relativa ao exercício de suas funções), desde que dirigida a ofender a honra alheia.

Objetividade Jurídica

Honra objetiva (o que os outros pensam de mim).

O fato pode ser: Verdadeiro ou Falso / Criminoso ou não criminoso / Contravenção penal;

O fato deve ser Determinado.

Objeto Material

É a pessoa que tem sua honra objetiva ofendida.

Espécie de Honra Ofendida

A difamação ofende a honra objetiva.

Consumação e Tentativa

Se consuma no momento em que um terceiro toma conhecimento da ofensa.

Morto não pode ser vítima de difamação.

Tendo em vista que pessoa jurídica tem reputação, então pode ser vítima de difamação.

O crime é punido a título de dolo, sendo imprescindível a vontade de ofender a reputação, a intenção de ofender a honra.

Em regra, admite tentativa. No caso de difamação verbal, não se admite a tentativa.

Exceção da Verdade

> ***Parágrafo único.*** *A exceção da verdade somente se admite se o ofendido é funcionário público e a ofensa é relativa ao exercício de suas funções.*

Na difamação, a exceção da verdade somente é admitida se o ofendido é funcionário público e a ofensa é relativa ao exercício de suas funções. É indispensável a relação de causalidade entre a imputação e o exercício da função pública.

Na difamação, a consequência da exceção da verdade, ao contrário da calúnia, atinge a ilicitude, e não a atipicidade da conduta, pois é uma hipótese especial de exercício regular do direito.

A procedência da exceção da verdade na difamação gera a absolvição, sendo uma forma especial de exercício regular de direito.

Art. 138	Art. 139
Admite prova da verdade.	A regra é não admitir a prova da verdade.
Exceções: Art. 138, § 3º I, II e III.	Exceção: Art. 139, Parágrafo único. Ofendido funcionário público mais ofensa funcional.
Procedência gera a absolvição sob o fundamento da atipicidade.	Procedência gera a absolvição, pois se trata de hipótese de exercício regular de direito. Descriminante especial.
Admite exceção de notoriedade.	Também.

Injúria

> ***Art. 140.*** *Injuriar alguém, ofendendo-lhe a dignidade ou o decoro:*
> ***Pena*** *- detenção, de um a seis meses, ou multa.*
> ***§ 1º.*** *O juiz pode deixar de aplicar a pena:*
> ***I.*** *Quando o ofendido, de forma reprovável, provocou diretamente a injúria;*
> ***II.*** *No caso de retorsão imediata, que consista em outra injúria.*
> ***§ 2º.*** *Se a injúria consiste em violência ou vias de fato, que, por sua natureza ou pelo meio empregado, se considerem aviltantes:*
> ***Pena*** *- detenção, de três meses a um ano, e multa, além da pena correspondente à violência.*
> ***§ 3º.*** *Se a injúria consiste na utilização de elementos referentes a raça, cor, etnia, religião, origem ou a condição de pessoa idosa ou portadora de deficiência:*
> ***Pena*** *- reclusão de um a três anos e multa.*

Injuriar é atribuir qualidade negativa à alguém.

Espécie de Honra Ofendida

Ofende a honra subjetiva da pessoa (o que a pessoa acha de si própria). A consumação ocorre quando a ofensa chega ao conhecimento da vítima.

Ofende a dignidade ou o decoro da vítima:

Na injúria, é irrelevante o fato de a qualidade negativa atribuída à vítima ser ou não verdadeira. Desse modo, se o agente chama uma pessoa de gorda, com a intenção de injuriar, estará configurado o crime de injúria, mesmo que a vítima seja mesmo gorda ou obesa.

> Dignidade: ofende as qualidades morais da pessoa.

Ex.: Chamar alguém de vagabundo.

> Decoro: ofende as qualidades físicas.

Exs.: Chamar alguém de monstro) ou intelectuais

Chamar alguém de retardado, idiota.

Queixa-Crime ou Denúncia

A queixa-crime ou denúncia ajuizada pelo crime de injúria deve descrever, minuciosamente sob pena de inépcia, quais foram as ofensas proferidas contra a vítima, por mais baixas e repudiáveis que possam ser.

Formas de Execução

Pode ser praticado por ação ou omissão.

Ex.: "A" estende a mão para cumprimentar "B" e este recusa o cumprimento.

Consumação e Tentativa

É crime de execução livre: pode ser praticado por meio de palavras, gestos, escritos etc. Aliás, pode ser praticado por ação ou omissão (o único exemplo dado pela doutrina de injúria por omissão é ignorar ou não retribuir um cumprimento, como forma de humilhar a pessoa na frente de outras).

Como a injúria protege a honra subjetiva, o crime se consuma quando a vítima toma conhecimento da injúria, dispensando-se o efetivo dano à sua honra (é crime formal). Consuma no momento em que o fato chega ao conhecimento da vítima, dispensando efetivo dano a sua dignidade ou decoro.

A tentativa é possível somente na forma escrita. A injúria realizada verbalmente não admite tentativa.

Exceção da verdade: a injúria não admite exceção da verdade, pois o ofensor atribui uma qualidade negativa à vítima e não um fato.

Elemento Subjetivo

É o dolo (direto ou eventual). Não admite a modalidade culposa de injúria.

Injúria Contra Funcionário Público X Desacato

Injúria contra funcionário público	Desacato (Art. 331, CP)
Atribuir qualidade negativa ao funcionário público durante sua ausência.	A ofensa é realizada na presença do funcionário público no exercício da função ou em razão dela.
É crime contra a honra.	É crime contra a Administração Pública.
Ação Penal Privada (Regra).	Ação Penal Pública Incondicionada.
Ex.: "A" Fala a seus vizinhos que o Promotor da cidade é bandido.	Ex.: "A" Durante uma audiência judicial chama o Juiz de corrupto.

Atenção às imunidades! Quem detém imunidade por palavras, opiniões e votos não pratica calúnia, injúria ou difamação. São eles: senadores, deputados federais, deputados estaduais/distritais, vereadores no limite da vereança, advogado (que tem imunidade profissional na injúria - Art. 7º, §2º, do EOAB - a calúnia foi afastada pelo STF).

Pessoa jurídica pode ser vítima de injúria? Não, pois ela não tem honra subjetiva, não tem dignidade, decoro. Quanto a isso não há divergência.

Mirabete entende que pessoa jurídica não pode ser vítima de nenhum crime contra a honra, pois esse capítulo se aplicaria apenas às pessoas físicas.

Perdão Judicial

> ***§ 1º**. O juiz pode deixar de aplicar a pena:*
>
> ***I.** Quando o ofendido, de forma reprovável, provocou diretamente a injúria;*
>
> ***II.** No caso de retorsão imediata, que consista em outra injúria.*

O perdão judicial é causa de extinção da punibilidade (Art. 107, IX, CP). A sentença que concede o perdão judicial é declaratória da extinção da punibilidade (Súmula 18, STJ).

Só o perdão do ofendido tem que ser aceito, o perdão do juiz não é oferecido, mas sim imposto.

Trata-se de um direito subjetivo do acusado, e não uma faculdade do juiz. Preenchidos os requisitos, o juiz deve perdoar.

> Quando o ofendido, de forma reprovável, provocou diretamente a injúria;

A provocação tem que ser reprovável e direta.

> No caso de retorsão imediata, que consista em outra injúria.

Retorsão é o revide. Deve ser imediata. É modalidade anômala de legítima defesa. Não há retorsão contra ofensa passada. Existe apenas retorsão imediata no crime de injúria.

Injúria Real

> ***§ 2º**. Se a injúria consiste em violência ou vias de fato, que, por sua natureza ou pelo meio empregado, se considerem aviltantes:*
>
> ***Pena** - detenção, de três meses a um ano, e multa, além da pena correspondente à violência.*

É a injúria praticada com um meio de execução especial: mediante violência ou vias de fato. Aqui a violência ou as vias de fato são o meio e a injúria é o fim. O agente usa da violência para injuriar.

Jogar ovos em um cantor, cuspir na cara, dar tapa no rosto.

Aviltantes: humilhantes.

O meio de execução é a violência ou então as vias de fato. Se a injúria real for praticada com vias de fato, a vias de fato fica absorvida.

A lei impõe o concurso material obrigatório entre as penas de injúria real e do resultante da violência (homicídio, lesão corporal etc.).

Não podemos confundir a injúria preconceito (Art. 140, §3º, CP) com o crime de racismo (Lei nº 7.716/89). Na injúria, ocorre a atribuição de qualidade negativa. Já no racismo, ocorre a segregação da vítima do convívio social.

Injúria Qualificada

> ***§ 3º**. Se a injúria consiste na utilização de elementos referentes a raça, cor, etnia, religião, origem ou a condição de pessoa idosa ou portadora de deficiência:*
>
> ***Pena** - reclusão de um a três anos e multa.*

Assim como nos demais crimes contra a honra, a ofensa deve ser dirigida a pessoa ou pessoas determinadas.

Injúria Qualificada X Crime de Racismo

Injúria Qualificada (Art. 140, § 3º, CP)	Crime de Racismo (Lei nº 7.716/89)
É crime afiançável.	É crime inafiançável.
Ação Penal Pública Condicionada a Representação.	Ação Pública Incondicionada.
Prescritível.	Imprescritível.
Atribuir a alguém qualidade negativa.	Manifestações preconceituosas generalizadas ou segregação racial.
Ex.: Chamar uma pessoa negra de macaco.	Ex.: Hotel que proíbe a hospedagem de pessoas negras. Ex.: Empresa que não contrata pessoas da religião evangélica.

Prevalece na doutrina, que a injúria preconceito não admite o perdão judicial do Art. 140, § 1º, tratando-se de violação mais séria à honra da vítima, ferindo uma das metas fundamentais do Estado Democrático de Direito, qual seja, dignidade da pessoa humana.

Disposições Comuns

> ***Art. 141** - As penas cominadas neste Capítulo aumentam-se de um terço, se qualquer dos crimes é cometido:*
>
> ***I.** contra o Presidente da República, ou contra chefe de governo estrangeiro;*
>
> ***II.** contra funcionário público, em razão de suas funções;*
>
> ***III.** na presença de várias pessoas, ou por meio que facilite a divulgação da calúnia, da difamação ou da injúria.*

IV – contra pessoa maior de 60 (sessenta) anos ou portadora de deficiência, exceto no caso de injúria. (Incluído pela Lei nº 10.741, de 2003)

***§ 1º** - Se o crime é cometido mediante paga ou promessa de recompensa, aplica-se a pena em dobro. (Redação dada pela Lei nº 13.964, de 2019)*

***§ 2º** - (VETADO). (Incluído pela Lei nº 13.964, de 2019)*

Este artigo não traz qualificadoras, mas sim causas de aumento de pena, majorantes (a serem consideradas pelo juiz na terceira fase de aplicação da pena).

É uma majorante aplicada a todos os crimes do capítulo – injúria, difamação e calúnia. Nenhum desses crimes escapa do aumento quando preenchidos os requisitos.

Aumentam-se de um terço, se qualquer dos crimes é cometido:

***I.** Contra o Presidente da República, ou contra chefe de governo estrangeiro;*

A pena é aumentada de 1/3, em razão da importância das funções desempenhadas pelo Presidente da República e pelo chefe de governo estrangeiro. A conduta criminosa, além de atentar contra a honra de uma pessoa, ofende também os interesses de toda a nação que ela representa.

***II.** Contra funcionário público, em razão de suas funções.*

Esse aumento de pena não se aplica quando a conduta se refere à vida privada do funcionário público.

É necessário o nexo de causalidade entre a ofensa e o exercício da função pública.

***III.** Na presença de várias pessoas, ou por meio que facilite a divulgação da calúnia, da difamação ou da injúria.*

A expressão "várias pessoas" se refere a no mínimo três pessoas. Não se incluindo neste número o ofensor, a vítima e eventuais coautores e partícipes.

O STF, após o julgamento da ADPF nº 130-7/DF decidiu que a Lei de Imprensa (Lei nº 5.250/67) não foi recepcionada pela CF/88. Desse modo, aos crimes contra a honra praticados por meio da imprensa (oral ou escrita) serão aplicadas as disposições do Código Penal (Arts. 138 a 145).

***IV.** Contra pessoa maior de 60 (sessenta) anos ou portadora de deficiência, exceto no caso de injúria.*

Esse inciso foi inserido no CP pela Lei nº 10.741/03 (Estatuto do Idoso). O ofensor tem que ter conhecimento da idade da vítima no momento do crime.

Não se aplica este inciso no caso de injúria, pois neste crime já existe a figura da injúria qualificada (Art. 140, §3º, CP) razão pela qual evita-se o bis in idem desta forma.

***Parágrafo único.** Se o crime é cometido mediante paga ou promessa de recompensa, aplica-se a pena em dobro.*

Hipótese de crime plurissubjetivo ou de concurso necessário. O pagamento, em ambos os casos, pode ser em dinheiro ou qualquer outro bem e a vantagem não precisa ser necessariamente econômica.

Ex.: Promessa de emprego, de casamento, de favores sexuais.

Essa majorante não se aplica ao mandante, apenas ao executor.

Exclusão do Crime

***Art. 142.** Não constituem injúria ou difamação punível:*

***I.** A ofensa irrogada em juízo, na discussão da causa, pela parte ou por seu procurador;*

***II.** A opinião desfavorável da crítica literária, artística ou científica, salvo quando inequívoca a intenção de injuriar ou difamar;*

***III.** O conceito desfavorável emitido por funcionário público, em apreciação ou informação que preste no cumprimento de dever do ofício.*

***Parágrafo único.** Nos casos dos ns. I e III, responde pela injúria ou pela difamação quem lhe dá publicidade.*

Esse dispositivo não se aplica ao crime de calúnia, pois há neste crime o interesse do Estado e da sociedade em realizar a sua apuração advogado diz que o promotor foi subornado pelo réu para pedir sua absolvição.

A imunidade é relativa: para a maioria, a ressalva exarada pela expressão salvo quando se tem intenção de injuriar ou difamar se aplica não apenas ao inciso II, como também aos incisos I e III. Esse é o entendimento da maioria.

Nas hipóteses dos incisos I e III responde pela injúria ou difamação aquele que dá publicidade ao fato. É imprescindível, para tanto, o animus ofendendi.

***I.** A ofensa irrogada em juízo, na discussão da causa, pela parte ou por seu procurador;*

Esta excludente de ilicitude não se aplica quando a ofensa é dirigida ao juiz (magistrado), pois este não é parte na causa.

Para o advogado, de acordo com o Art. 7º, §2º, da Lei nº 8.906/94 (Estatuto da OAB): O advogado tem imunidade profissional, não constituindo injúria, difamação ou desacato puníveis em qualquer manifestação de sua parte, no exercício de sua atividade, em juízo ou fora dele, sem prejuízo das sanções disciplinares perante a OAB, pelos excessos que cometer.

A expressão ou desacato foi declarada inconstitucional pelo STF, nos autos da ADIN 1.127-8. Desse modo, o advogado pode praticar o crime de desacato.

***II.** A opinião desfavorável da crítica literária, artística ou científica, salvo quando inequívoca a intenção de injuriar ou difamar;*

***III.** O conceito desfavorável emitido por funcionário público, em apreciação ou informação que preste no cumprimento de dever do ofício.*

Cuida-se de modalidade especial de estrito cumprimento do dever legal.

Ex.: Delegado de Polícia que, ao relatar o inquérito policial, refere-se ao indiciado como pessoa de alta periculosidade, covarde e impiedoso.

Retratação

***Art. 143.** O querelado que, antes da sentença, se retrata cabalmente da calúnia ou da difamação, fica isento de pena.*

***Parágrafo único.** Nos casos em que o querelado tenha praticado a calúnia ou a difamação utilizando-se de meios de comunicação, a retratação dar-se-á, se assim desejar o ofendido, pelos mesmos meios em que se praticou a ofensa.*

É necessário observar que, retratação não se confunde com confissão da calúnia ou da difamação. Retratar-se é escusar-se, retirar o que disse, trazer a verdade novamente à tona. Trata-se de causa extintiva da punibilidade.

Se o querelado se retrata, há exclusão do crime, mas isso não importa em exclusão de indenização na seara cível.

Atente-se que, somente em relação a calúnia e a difamação há possibilidade de retratação, não abrangendo a injúria. Atente-se que, na lei de imprensa, havia previsão relativa a injúria, mas esta não foi recepcionada pela CF, nos termos de decisão proferida pelo STF.

> É possível retratação extintiva da punibilidade no crime contra a honra de funcionário público no exercício da função? Em regra, não, pois não haverá querelado (a ação penal é pública).

Na retratação não se exige a concordância do ofendido.

A retratação deve ser total e incondicional. Deve ainda, abranger tudo o que foi dito pelo ofensor.

Pedido de Explicações

__Art. 144.__ Se, de referências, alusões ou frases, se infere calúnia, difamação ou injúria, quem se julga ofendido pode pedir explicações em juízo. Aquele que se recusa a dá-las ou, a critério do juiz, não as dá satisfatórias, responde pela ofensa.

Possui as seguintes características:

- É medida facultativa, pois a vítima não precisa dele se valer para o oferecimento da ação penal.
- Somente pode ser utilizado antes do ajuizamento da ação penal.
- Não possui procedimento específico.
- Não interrompe ou suspende o prazo decadencial.

O requerido não pode ser compelido a prestar as informações solicitadas. Desse modo, caso se omita, não poderá sofrer qualquer espécie de sanção.

Ação Penal

__Art. 145.__ Nos crimes previstos neste Capítulo somente se procede mediante queixa, salvo quando, no caso do Art. 140, § 2º, da violência resulta lesão corporal.

__Parágrafo único.__ Procede-se mediante requisição do Ministro da Justiça, no caso do inciso I do caput do Art. 141 deste Código, e mediante representação do ofendido, no caso do inciso II do mesmo artigo, bem como no caso do § 3º do Art. 140 deste Código. (Redação dada pela Lei nº 12.033. de 2009).

Espécies de Ação Penal

A regra geral é que os crimes contra a honra (Calúnia/Difamação/Injúria) são de Ação Penal privada.

→ Todavia, há três exceções:

- Pública Condicionada a requisição do Ministro da Justiça (crime contra o Presidente da República ou chefe de governo estrangeiro);
- Pública Condicionada a representação do ofendido (crime contra funcionário público em razão de suas funções ou crime de injúria qualificada – discriminação);
- Pública incondicionada: injúria real se resulta lesão corporal.

Crime contra a honra de funcionário público: Tratando-se de ofensa em razão da função, a ação penal é pública condicionada a representação.

Tratando-se de ofensa sem vínculo com a função pública, a ação penal é privada.

Súm. 714, STF. É concorrente a legitimidade do ofendido mediante queixa e do MP condicionada a representação do ofendido, para a ação penal por crime contra a honra de servidor público em razão do exercício de suas funções.

Caso a injúria preconceito tenha sido praticada antes da Lei nº 12.033/09 quando tal crime dependia de queixa e ao ingressar com a inicial já está em vigor tal lei. Será cabível queixa ou deverá ser oferecida representação para que o MP denuncie? Essa é uma alteração irretroativa pela qual a ação penal continuará sendo privada, nessa hipótese.

3.6 Dos Crimes contra Liberdade Individual

Dos Crimes contra a Liberdade Pessoal

Constrangimento ilegal

__Art. 146.__ Constranger alguém, mediante violência ou grave ameaça, ou depois de lhe haver reduzido, por qualquer outro meio, a capacidade de resistência, a não fazer o que a lei permite, ou a fazer o que ela não manda:

__Pena__ - detenção, de três meses a um ano, ou multa.

Aumento de Pena

__§ 1º.__ As penas aplicam-se cumulativamente e em dobro, quando, para a execução do crime, se reúnem mais de três pessoas, ou há emprego de armas.

__§ 2º.__ Além das penas cominadas, aplicam-se as correspondentes à violência.

__§ 3º.__ Não se compreendem na disposição deste artigo:

__I.__ A intervenção médica ou cirúrgica, sem o consentimento do paciente ou de seu representante legal, se justificada por iminente perigo de vida;

__II.__ A coação exercida para impedir suicídio.

Ameaça

__Art. 147.__ Ameaçar alguém, por palavra, escrito ou gesto, ou qualquer outro meio simbólico, de causar-lhe mal injusto e grave:

__Pena__ - detenção, de um a seis meses, ou multa.

__Parágrafo único.__ Somente se procede mediante representação.

Sequestro e Cárcere Privado

__Art. 148.__ Privar alguém de sua liberdade, mediante sequestro ou cárcere privado:

__Pena__ - reclusão, de um a três anos.

__§ 1º.__ A pena é de reclusão, de dois a cinco anos:

__I.__ Se a vítima é ascendente, descendente, cônjuge ou companheiro do agente ou maior de 60 (sessenta) anos;

__II.__ Se o crime é praticado mediante internação da vítima em casa de saúde ou hospital;

__III.__ Se a privação da liberdade dura mais de quinze dias.

__IV.__ Se o crime é praticado contra menor de 18 (dezoito) anos;

__V.__ Se o crime é praticado com fins libidinosos.

__§ 2º.__ Se resulta à vítima, em razão de maus-tratos ou da natureza da detenção, grave sofrimento físico ou moral:

__Pena__ - reclusão, de dois a oito anos.

Trata-se de infração de médio potencial ofensivo, admitindo-se a suspensão condicional do processo.

As pessoas que são impossibilitadas de se locomover podem ser vítimas do delito? A liberdade de movimento não deixa de existir quando se exerce à custa de aparelhos ou com o auxílio de outrem.

Essa é a posição que prevalece no Brasil. Há doutrinadores estrangeiros que afirmam que não seria esse o delito, mas sim o de constrangimento ilegal em se tratando de pessoas que não podem se locomover.

Caso a vítima seja Presidente da República, do SF, CD e STF, e, havendo motivação política, o delito pode ser considerado crime contra a Segurança Nacional (Art. 28 da Lei nº 7.170/83).

→ Conduta: é a privação da liberdade. Pode ser executada mediante:

> Sequestro: é privação da liberdade sem confinamento.

Ex.: Sítio, casa.

> Cárcere Privado: é a privação da liberdade com confinamento.

Ex.: Porão.

Quando o crime for praticado mediante cárcere privado, deve fixar esse meio mais gravoso na fixação da pena.

O crime pode ser praticado por ação ou omissão.

Médico que não concede alta para paciente já curado.

→ Tipo subjetivo: O dolo é a finalidade especial do crime.

Se a finalidade for obter vantagem econômica, o delito será o previsto no Art. 159 do CP. Se o fim for satisfazer pretensão, deixa de ser o delito do Art. 148 e passa a ser o delito previsto no Art. 345 (exercício arbitrário das próprias razões). Ex.: médico que não concede alta para paciente com a finalidade de satisfazer pretensão tida como legítima – pagamento do tratamento – o delito será de exercício arbitrário das próprias razões.

Na hipótese em que a finalidade é causar sofrimento físico ou mental, o delito será o de tortura.

→ Consumação e tentativa: Trata-se de delito permanente, e sua consumação se protrai no tempo. Consuma-se com a efetiva privação da liberdade ou locomoção da vítima.

A tentativa é perfeitamente difícil já que a privação da liberdade pode ser antecedida de violência e se o agente age de forma violenta, mas não consegue privar sua liberdade por circunstâncias alheias a sua vontade, terá havido tentativa.

→ Qualificadoras: Art. 148, §1º:

__I.__ Ascendente, descendente, cônjuge ou companheiro do agente ou maior de 60 anos.

Neste caso, para qualificar não abrange o parentesco colateral, por afinidade, padrasto, ou madrasta do agente.

O idoso deve ter MAIS de 60 anos quando de sua libertação, não importando se quando da privação da liberdade tinha menos de 60 anos.

__II.__ Se o crime é praticado mediante internação da vítima em casa de saúde ou hospital: Neste caso, tem que ser internação simulada ou fraudulenta.

__III.__ Se a privação da liberdade dura mais de quinze dias: Este prazo inicia-se no momento da privação da vítima, até sua libertação.

__IV.__ Crime praticado contra menor de 18 anos: neste inciso basta que a vítima seja maior de 18 anos ao final do sequestro, pouco importando se tinha menos que 18 anos no inicio do cárcere.

__V.__ Se praticado com fins libidinosos: trata-se de ação penal pública incondicionada (e não ação privada, como era anterior a 2005).

Redução a Condição Análoga à de Escravo

__Art. 149.__ Reduzir alguém a condição análoga à de escravo, quer submetendo-o a trabalhos forçados ou a jornada exaustiva, quer sujeitando-o a condições degradantes de trabalho, quer restringindo, por qualquer meio, sua locomoção em razão de dívida contraída com o empregador ou preposto:

__Pena__ - reclusão, de dois a oito anos, e multa, além da pena correspondente à violência.

__§ 1º.__ Nas mesmas penas incorre quem:

__I.__ Cerceia o uso de qualquer meio de transporte por parte do trabalhador, com o fim de retê-lo no local de trabalho;

__II.__ Mantém vigilância ostensiva no local de trabalho ou se apodera de documentos ou objetos pessoais do trabalhador, com o fim de retê-lo no local de trabalho.

__§ 2º.__ A pena é aumentada de metade, se o crime é cometido:

__I.__ Contra criança ou adolescente;

__II.__ Por motivo de preconceito de raça, cor, etnia, religião ou origem.

Tráfico de Pessoas

__Art. 149-A.__ Agenciar, aliciar, recrutar, transportar, transferir, comprar, alojar ou acolher pessoa, mediante grave ameaça, violência, coação, fraude ou abuso, com a finalidade de: (Incluído pela Lei nº 13.344, de 2016)

__I.__ remover-lhe órgãos, tecidos ou partes do corpo; (Incluído pela Lei nº 13.344, de 2016)

__II.__ submetê-la a trabalho em condições análogas à de escravo; (Incluído pela Lei nº 13.344, de 2016)

__III.__ submetê-la a qualquer tipo de servidão; (Incluído pela Lei nº 13.344, de 2016)

__IV.__ adoção ilegal; ou (Incluído pela Lei nº 13.344, de 2016)

__V.__ exploração sexual. (Incluído pela Lei nº 13.344, de 2016)

Pena. reclusão, de 4 (quatro) a 8 (oito) anos, e multa. (Incluído pela Lei nº 13.344, de 2016)

__§ 1º.__ A pena é aumentada de um terço até a metade se: (Incluído pela Lei nº 13.344, de 2016)

__I.__ o crime for cometido por funcionário público no exercício de suas funções ou a pretexto de exercê-las; (Incluído pela Lei nº 13.344, de 2016)

__II.__ o crime for cometido contra criança, adolescente ou pessoa idosa ou com deficiência; (Incluído pela Lei nº 13.344, de 2016)

__III.__ o agente se prevalecer de relações de parentesco, domésticas, de coabitação, de hospitalidade, de dependência econômica, de autoridade ou de superioridade hierárquica inerente ao exercício de emprego, cargo ou função; ou (Incluído pela Lei nº 13.344, de 2016)

__IV.__ a vítima do tráfico de pessoas for retirada do território nacional. (Incluído pela Lei nº 13.344, de 2016)

§ 2º. A pena é reduzida de um a dois terços se o agente for primário e não integrar organização criminosa. (Incluído pela Lei nº 13.344, de 2016)

Dos Crimes contra a Inviolabilidade do Domicílio

Violação de Domicílio

Art. 150 *- Entrar ou permanecer, clandestina ou astuciosamente, ou contra a vontade expressa ou tácita de quem de direito, em casa alheia ou em suas dependências:*

Pena *- detenção, de um a três meses, ou multa.*

§ 1º *- Se o crime é cometido durante a noite, ou em lugar ermo, ou com o emprego de violência ou de arma, ou por duas ou mais pessoas:*

Pena *- detenção, de seis meses a dois anos, além da pena correspondente à violência.*

§ 2º *- (Revogado pela Lei nº 13.869, de 2019)*

§ 3º *- Não constitui crime a entrada ou permanência em casa alheia ou em suas dependências:*

I. *durante o dia, com observância das formalidades legais, para efetuar prisão ou outra diligência;*

II. *a qualquer hora do dia ou da noite, quando algum crime está sendo ali praticado ou na iminência de o ser.*

§ 4º *- A expressão "casa" compreende:*

I. *qualquer compartimento habitado;*

II. *aposento ocupado de habitação coletiva;*

III. *compartimento não aberto ao público, onde alguém exerce profissão ou atividade.*

§ 5º *- Não se compreendem na expressão "casa":*

I. *hospedaria, estalagem ou qualquer outra habitação coletiva, enquanto aberta, salvo a restrição do n.º II do parágrafo anterior;*

II. *taverna, casa de jogo e outras do mesmo gênero*

Dos Crimes contra a Inviolabilidade de Correspondência

Violação de Correspondência

Art. 151. *Devassar indevidamente o conteúdo de correspondência fechada, dirigida a outrem:*

Pena *- detenção, de um a seis meses, ou multa.*

Sonegação ou Destruição de Correspondência

§ 1º. *Na mesma pena incorre:*

I. *Quem se apossa indevidamente de correspondência alheia, embora não fechada e, no todo ou em parte, a sonega ou destrói;*

Violação de Comunicação Telegráfica, Radioelétrica ou Telefônica

II. *Quem indevidamente divulga, transmite a outrem ou utiliza abusivamente comunicação telegráfica ou radioelétrica dirigida a terceiro, ou conversação telefônica entre outras pessoas;*

III. *Quem impede a comunicação ou a conversação referidas no número anterior;*

IV. *Quem instala ou utiliza estação ou aparelho radioelétrico, sem observância de disposição legal.*

§ 2º. *As penas aumentam-se de metade, se há dano para outrem.*

§ 3º. *Se o agente comete o crime, com abuso de função em serviço postal, telegráfico, radioelétrico ou telefônico:*

Pena *- detenção, de um a três anos.*

§ 4º. *Somente se procede mediante representação, salvo nos casos do § 1º, IV, e do § 3º.*

Correspondência Comercial

Art. 152. *Abusar da condição de sócio ou empregado de estabelecimento comercial ou industrial para, no todo ou em parte, desviar, sonegar, subtrair ou suprimir correspondência, ou revelar a estranho seu conteúdo:*

Pena *- detenção, de três meses a dois anos.*

Parágrafo único. *Somente se procede mediante representação.*

Dos Crimes contra a Inviolabilidade dos Segredos

Divulgação de Segredo

Art. 153. *Divulgar alguém, sem justa causa, conteúdo de documento particular ou de correspondência confidencial, de que é destinatário ou detentor, e cuja divulgação possa produzir dano a outrem:*

Pena *- detenção, de um a seis meses, ou multa.*

§ 1º. *Somente se procede mediante representação.*

§ 1º-A. *Divulgar, sem justa causa, informações sigilosas ou reservadas, assim definidas em lei, contidas ou não nos sistemas de informações ou banco de dados da Administração Pública:*

Pena *- detenção, de 1 (um) a 4 (quatro) anos, e multa.*

§ 2º. *Quando resultar prejuízo para a Administração Pública, a ação penal será incondicionada.*

Violação do Segredo Profissional

Art. 154. *Revelar alguém, sem justa causa, segredo, de que tem ciência em razão de função, ministério, ofício ou profissão, e cuja revelação possa produzir dano a outrem:*

Pena *- detenção, de três meses a um ano, ou multa.*

Parágrafo único. *Somente se procede mediante representação.*

Art. 154-A. *Invadir dispositivo informático alheio, conectado ou não à rede de computadores, mediante violação indevida de mecanismo de segurança e com o fim de obter, adulterar ou destruir dados ou informações sem autorização expressa ou tácita do titular do dispositivo ou instalar vulnerabilidades para obter vantagem ilícita: (Incluído pela Lei nº 12.737, de 2012)*

Pena *- detenção, de 3 (três) meses a 1 (um) ano, e multa. (Incluído pela Lei nº 12.737, de 2012)*

§ 1º *Na mesma pena incorre quem produz, oferece, distribui, vende ou difunde dispositivo ou programa de computador com o intuito de permitir a prática da conduta definida no caput. (Incluído pela Lei nº 12.737, de 2012)*

§ 2º *Aumenta-se a pena de um sexto a um terço se da invasão resulta prejuízo econômico. (Incluído pela Lei nº 12.737, de 2012)*

§ 3º *Se da invasão resultar a obtenção de conteúdo de comunicações eletrônicas privadas, segredos comerciais ou industriais, informações sigilosas, assim definidas em lei, ou o controle remoto não autorizado do dispositivo invadido: (Incluído pela Lei nº 12.737, de 2012)*

Pena *- reclusão, de 6 (seis) meses a 2 (dois) anos, e multa, se a conduta não constitui crime mais grave. (Incluído pela Lei nº 12.737, de 2012)*

§ 4º *Na hipótese do § 3o, aumenta-se a pena de um a dois terços se houver divulgação, comercialização ou transmissão a terceiro, a qualquer título, dos dados ou informações obtidos. (Incluído pela Lei nº 12.737, de 2012)*

§ 5º *Aumenta-se a pena de um terço à metade se o crime for praticado contra: (Incluído pela Lei nº 12.737, de 2012)*

I. *Presidente da República, governadores e prefeitos; (Incluído pela Lei nº 12.737, de 2012)*

II. *Presidente do Supremo Tribunal Federal; (Incluído pela Lei nº 12.737, de 2012)*

III. *Presidente da Câmara dos Deputados, do Senado Federal, de Assembleia Legislativa de Estado, da Câmara Legislativa do Distrito Federal ou de Câmara Municipal; ou (Incluído pela Lei nº 12.737, de 2012)*

IV. *dirigente máximo da administração direta e indireta federal, estadual, municipal ou do Distrito Federal. (Incluído pela Lei nº 12.737, de 2012)*

Ação penal

(Incluído pela Lei nº 12.737, de 2012)

Art. 154-B. *Nos crimes definidos no art. 154-A, somente se procede mediante representação, salvo se o crime é cometido contra a administração pública direta ou indireta de qualquer dos Poderes da União, Estados, Distrito Federal ou Municípios ou contra empresas concessionárias de serviços públicos. (Incluído pela Lei nº 12.737, de 2012)*

Questões

01. (Cespe) O homicídio praticado mediante paga ou promessa de recompensa classifica-se doutrinariamente como crime bilateral.

Certo ( ) Errado ( )

02. (Cespe) A natureza jurídica do homicídio privilegiado é de circunstância atenuante especial.

Certo ( ) Errado ( )

03. (Cespe) Um médico praticou aborto de gravidez decorrente de estupro, sem autorização judicial, mas com consentimento da gestante. Nessa situação, o médico deverá responder por crime, já que provocar aborto sem autorização judicial é sempre punível, segundo o CP.

Certo ( ) Errado ( )

04. (Cespe) Acerca do homicídio privilegiado, estando o agente em uma das situações que ensejem o seu reconhecimento, o juiz é obrigado a reduzir a pena, mas a lei não determina o patamar de redução.

Certo ( ) Errado ( )

05. (Cespe) Acerca do homicídio privilegiado, a violenta emoção, para ensejar o privilégio, deve ser dominante da conduta do agente e ocorrer logo após injusta provocação da vítima.

Certo ( ) Errado ( )

06. (Cespe) É inadmissível a ocorrência de homicídio privilegiado-qualificado, ainda que a qualificadora seja de natureza objetiva.

Certo ( ) Errado ( )

07. (Cespe) No delito de infanticídio incide a agravante prevista na parte geral do CP consistente no fato de a vítima ser descendente da parturiente.

Certo ( ) Errado ( )

08. (Cespe) A premeditação, apesar de não ser considerada qualificadora do delito de homicídio, pode ser levada em consideração para agravar a pena, funcionando como circunstância judicial.

Certo ( ) Errado ( )

09. (Cespe) Independentemente das consequências do crime de rixa, a punição aos contendores é sempre aplicável.

Certo ( ) Errado ( )

10. (Cespe) A lesão corporal grave, da qual resulta incapacidade por mais de trinta dias, somente pode ser reconhecida com base nas declarações da vítima ou na confissão do réu, sem que haja necessidade de exame pericial complementar.

Certo ( ) Errado ( )

Gabaritos

01	CERTO	**06**	ERRADO
02	ERRADO	**07**	ERRADO
03	ERRADO	**08**	CERTO
04	ERRADO	**09**	CERTO-
05	CERTO	**10**	ERRADO

4. DOS CRIMES CONTRA O PATRIMÔNIO

4.1 Do Furto

Art. 155 *- Subtrair, para si ou para outrem, coisa alheia móvel:*

Pena *- reclusão, de um a quatro anos, e multa.*

§ 1º *- A pena aumenta-se de um terço, se o crime é praticado durante o repouso noturno.*

§ 2º *- Se o criminoso é primário, e é de pequeno valor a coisa furtada, o juiz pode substituir a pena de reclusão pela de detenção, diminuí-la de um a dois terços, ou aplicar somente a pena de multa.*

§ 3º *- Equipara-se à coisa móvel a energia elétrica ou qualquer outra que tenha valor econômico.*

Furto qualificado

§ 4º *- A pena é de reclusão de dois a oito anos, e multa, se o crime é cometido:*

I. *com destruição ou rompimento de obstáculo à subtração da coisa;*

II. *com abuso de confiança, ou mediante fraude, escalada ou destreza;*

III. *com emprego de chave falsa;*

IV. *mediante concurso de duas ou mais pessoas.*

§ 4º-A *A pena é de reclusão de 4 (quatro) a 10 (dez) anos e multa, se houver emprego de explosivo ou de artefato análogo que cause perigo comum. (Incluído pela Lei nº 13.654, de 2018)*

§ 5º *- A pena é de reclusão de três a oito anos, se a subtração for de veículo automotor que venha a ser transportado para outro Estado ou para o exterior. (Incluído pela Lei nº 9.426, de 1996)*

§ 6º *A pena é de reclusão de 2 (dois) a 5 (cinco) anos se a subtração for de semovente domesticável de produção, ainda que abatido ou dividido em partes no local da subtração. (Incluído pela Lei nº 13.330, de 2016)*

§ 7º *A pena é de reclusão de 4 (quatro) a 10 (dez) anos e multa, se a subtração for de substâncias explosivas ou de acessórios que, conjunta ou isoladamente, possibilitem sua fabricação, montagem ou emprego. (Incluído pela Lei nº 13.654, de 2018)*

O crime de furto está descrito no rol dos crimes contra o patrimônio, mais precisamente, no Título II do Código Penal. Furto é se apropriar de algo alheio para si ou para outra pessoa.

Existem várias modalidades de furto, dentre as quais se destacam: o furto de coisa comum, furto privilegiado e o furto qualificado. Há que se distinguir furto de roubo: a principal diferença entre os dois é que no roubo há emprego de violência e no furto não há.

Bem Jurídico Tutelado

Tutela-se a propriedade, a posse e a detenção, desde que legítimas.

Classificação

É considerado um crime COMUM (praticado por qualquer pessoa) e MATERIAL (para sua consumação exige um resultado).

É um crime doloso (ânimo de assenhoramento definitivo da coisa. Vontade de se tornar dono / proprietário do bem).

Sujeitos do Crime

Sujeito Ativo: qualquer pessoa (exceto o proprietário).

Sujeito Passivo: qualquer pessoa (proprietário, possuidor ou detentor do bem). Pode ser pessoa física ou jurídica.

Consumação e Tentativa

De acordo com a teoria da inversão da posse, ocorre a consumação do furto no momento em que o bem sai da esfera de disponibilidade da vítima e passa para a do autor do delito.

E de acordo com o STJ não se exige a posse mansa e pacífica do bem para a sua consumação, bastando que o agente obtenha a simples posse do bem, ainda que por um curto período de tempo.

Precedentes do STJ e STF considera-se consumado o crime de furto com a simples posse, ainda que breve, do bem subtraído, não sendo necessária que a mesma se dê de forma mansa e pacífica, bastando que cesse a clandestinidade, ainda que por curto espaço de tempo.

01. Pungista (vulgarmente conhecido como batedor de carteira) coloca a mão no bolso da vítima, mas a carteira está no outro bolso: tentativa de furto.

02. Pungista coloca a mão no bolso da vítima, mas a carteira está em casa: crime impossível (Art. 17, CP).

Furto Consumado

Há perda dos bens subtraídos;

APF (Auto de Prisão em Flagrante) de apenas um dos agentes e fuga dos comparsas;

Subtração e posse de apenas parte dos bens;

APF (Auto de Prisão em Flagrante) no caso de flagrante presumido.

Por circunstâncias alheias à vontade do agente, este não consegue consumar o furto. É admitida a tentativa, pois se trata de crime material (exige resultado).

Tipo Subjetivo

O delito é punido a título de dolo. Mas, atente-se que é necessária a vontade de apoderamento definitivo, ou seja, a intenção de não mais devolver a coisa à vítima.

O furto de uso é fato atípico. Mas para ser caracterizado o furto de uso são necessários três requisitos: a internação desde o início de uso momentâneo da coisa, ser coisa não consumível (infungível) e a restituição seja imediata e integral à vítima.

Qual crime pratica o proprietário que subtrai coisa sua na legítima posse de terceiro? Há prática do delito de exercício arbitrário das próprias razões. E, aqui, pode se enquadrar no Art. 345 ou 346 do CP, a depender da qualidade da posse do agente.

E a coisa pública de uso comum, pode ser objeto material de furto?

A coisa pública, de uso comum, a todos pertence, não podendo ser subtraída e configurar furto. Sucede que, dependendo da situação, há possibilidade da prática de crime ambiental, do delito de usurpação de águas e do crime de dano.

Ex.: Furto de parte de estátua.

A vigilância física ou eletrônica em estabelecimentos comerciais torna o crime impossível? Primeiramente, deve-se analisar a natureza do equipamento. Se, por exemplo, se tem um equipamento que impede por si só a saída do estabelecimento com o bem seria configurado o crime impossível. O fato de haver câmeras ou seguranças apenas dificulta a consumação.

Furto Noturno

> ***Art. 155, § 1º, CP.*** *A pena aumenta-se de um terço, se o crime é praticado durante o repouso noturno.*

O repouso noturno só era aplicado ao furto simples (caput). Porém a jurisprudência hoje admite a previsão do aumento de pena tanto para o furto simples (caput) quanto para o furto qualificado (§§ 4º, 5º)

Aplica-se esta causa de aumento de pena, desde que o fato seja praticado durante o repouso noturno.

Não importa se a casa estava ou não habitada, ou o seu morador estava ou não dormindo (divergência).

Aplica-se esta majorante, também, aos furtos cometidos durante o repouso noturno em veículos estacionados em vias públicas, bem como em estabelecimentos comerciais (Divergência jurisprudencial).

Repouso Noturno	Noite
Período em que as pessoas se recolhem em suas casas para descansarem (dormirem). Varia conforme a região: grandes metrópoles ou pequenas cidades do interior.	Ausência de luz solar. Período que vai da aurora ou crepúsculo.

Furto Privilegiado

> ***§ 2º.*** *Se o criminoso é primário, e é de pequeno valor a coisa furtada, o juiz pode substituir a pena de reclusão pela de detenção, diminuí-la de um a dois terços, ou aplicar somente a pena de multa.*

Aplica-se apenas ao furto simples (*caput*) e ao furto noturno. Não se aplica ao furto qualificado (§§ 4º e 5º).

Criminoso primário: aquele que não é reincidente. Não precisa ser portador de bons antecedentes. Se já transcorrido o prazo de 5 anos entre a data de cumprimento ou extinção da pena e a infração penal posterior, o agente readquire a sua condição de primário (Art. 64, I, CP).

Coisa subtraída de pequeno valor: bem cujo valor seja de até um salário mínimo na data do fato.

"Coisa de pequeno valor" não se confunde com "coisa de valor insignificante". A primeira, se também presente a primariedade do agente, enseja a incidência do privilégio; a segunda conduz à atipicidade do fato, em decorrência do princípio da insignificância (criminalidade de bagatela).

Presentes estes dois requisitos legais, o juiz é obrigado a aplicar o privilégio ao criminoso (direito subjetivo do acusado).

Furto Qualificado-Privilegiado

O STF aceita a possibilidade de se aplicar o privilégio (Art. 155, §2º, CP) às figuras qualificadas (Art. 155, §§ 4º e 5º, CP) desde que não haja imposição isolada de pena de multa em decorrência do privilégio.

STF entendeu que no furto qualificado pelo concurso de agentes, não há óbice ao reconhecimento do privilégio, desde que estejam presentes os requisitos ensejadores de sua aplicação, quais sejam, a primariedade do agente e o pequeno valor da coisa furtada.

> ***§ 3º.*** *Equipara-se à coisa móvel a energia elétrica ou qualquer outra que tenha valor econômico.*

Trata-se de normal penal interpretativa. Entende por qualquer outra energia térmica, mecânica, radioatividade e genética (sêmen de animal).

Furto de Sinal de TV a Cabo

1ª Corrente: não é crime. A energia se consome, se esgota e pode, inclusive, terminar, ao passo que sinal de TV não se gasta, não diminui. É adotada por Bittencourt.

2ª Corrente: o furto de sinal de TV se encaixa no §3º do Art. 155, pois é uma forma de energia. É uma corrente adotada pelo STJ.

Furto de Energia X estelionato no Consumo de Energia

Furto de Energia Elétrica	Estelionato no Consumo de Energia
No furto de energia elétrica, o agente **não está autorizado via contrato, a gastar energia**.	Nesse caso o agente está autorizado, via contrato, a gastar energia.
O agente, mediante artifício, por exemplo, ligação clandestina, subtrai a energia.	O agente, mediante fraude, altera o medidor de consumo da energia, indicando valor menor que o efetivamente consumido.

Furto Qualificado

> ***§ 4º.*** *A pena é de reclusão de dois a oito anos, e multa, se o crime é cometido:*
>
> ***I.*** *Com destruição ou rompimento de obstáculo à subtração da coisa;*

Ex.: Arrombamento de fechaduras, janelas, portas, cadeados, cofres, trincos.

Se o obstáculo destruído for inerente à própria coisa não incidirá esta forma qualificada.

Ex.: Quebrar o vidro da porta de um carro com o objetivo de furtar o veículo (furto simples).

Todavia, caso o agente quebre o vidro apenas para viabilizar o furto do CD-Player, ou de qualquer outro objeto que se encontra em seu interior, responderá por furto qualificado.

Se o agente, apenas desliga o alarme não incidirá a qualificadora, pois não houve destruição ou rompimento de obstáculo.

Caso a violência seja empregada após a consumação do furto, o agente responderá por furto em concurso com o crime de dano (Art. 163).

De acordo com Fernando Capez, o furto da bolsa para obter o que está em seu interior não qualifica o delito, pois a bolsa não é obstáculo e sim forma de transportar as coisas. O obstáculo seria um cadeado.

Há decisões que entendem pela aplicabilidade da qualificadora quando há ligação direta no veículo.

II. Com abuso de confiança, ou mediante fraude, escalada ou destreza;

> Confiança é circunstância subjetiva incomunicável o concurso de pessoas (Art. 30, CP).

Ex.: Famulato (furto praticado por empregado doméstico contra o patrão).

Essa qualificadora pressupõe dois requisitos:

> A vítima tem que depositar, por qualquer motivo (amizade, parentesco, relações profissionais etc.), uma especial confiança no agente;

> O agente deve se aproveitar de alguma facilidade decorrente da confiança nele depositada para cometer o crime.

A vítima tem que depositar, por qualquer motivo (amizade, parentesco, relações profissionais etc.), uma especial confiança no agente;

O agente deve se aproveitar de alguma facilidade decorrente da confiança nele depositada para cometer o crime.

Furto Mediante Abuso de Confiança	Apropriação Indébita
O agente tem mero contato com a coisa. O agente pode até ter posse, mas essa é uma posse precária vigiada.	O agente exerce a posse em nome de outrem. O agente tem posse desvigiada
O dolo está presente desde o início da posse.	O dolo é superveniente à posse.

Fraude é o artifício (emprego de algum objeto, instrumento ou vestimenta para enganar o titular do bem) ou ardil (conversa enganosa), isto é, o meio enganoso empregado pelo agente para diminuir a vigilância da vítima ou de terceiro sobre um bem móvel, permitindo ou facilitando sua subtração.

> A fraude como qualificadora há de ser empregada antes ou durante a subtração da coisa, ou seja, antecede a consumação do crime.

> Um ponto muito relevante é a diferenciação entre furto mediante fraude e estelionato.

Destreza: trata-se de peculiar habilidade física ou manual permitindo ao agente despojar a vítima sem que esta perceba.

Ex.: Batedores de carteira ou punguistas.

FRAUDE	Furto Mediante Fraude	Estelionato (Art. 171, CP)
	É qualificadora do crime.	É elementar do crime.
	Deve ser empregada antes ou durante a subtração do bem.	Antecede o apossamento da coisa.
	É utilizada para **diminuir a vigilância** da vítima sobre o bem, permitindo ou facilitando a substrução.	É utilizada para induzir a vítima em erro, mediante uma falsa percepção da realidade.
	Há a subtração do bem sem que a vítima perceba.	Ocorre a entrega espontânea (embora viciada) do bem pela vítima ao agente.
	Ex.: "A" e "B", banidos, se disfarçam de técnicos de TV a cabo e pedem para consertar a TV de "C". Enquanto "C" permanece em seu quarto "A" e "B" aproveitam sua distração para furtar objetos na sala de estar.	**Ex.:** "A" se disfarça de manobrista e fica parado em frente a um restaurante. "B" entrega seu veículo para que o falso manobrista o estacione. "A" desaparece com o carro.

III. Com emprego de chave falsa;

Segundo alguns autores, chave falsa é todo o instrumento, com ou sem forma de chave, destinado a abrir fechaduras

Ex.: Grampos, arames, estiletes, micha etc.

A chave verdadeira, obtida fraudulentamente, não gera a qualificadora do inciso III.

IV. Mediante concurso de duas ou mais pessoas.

Responderá por furto qualificado mesmo se um dos integrantes for menor de 18 anos.

§ 4º-A A pena é de reclusão de 4 (quatro) a 10 (dez) anos e multa, se houver emprego de explosivo ou de artefato análogo que cause perigo comum.

A Lei 13.645, de 2018, inseriu uma nova qualificadora ao crime do furto, com o intuito de criminalizar mais gravemente a conduta relacionada à subtração com o emprego de explosivo ou artefato análogo, como o que acontece com os caixas de banco.

§ 5º. A pena é de reclusão de 3 (três) a 8 (oito) anos, se a subtração for de veículo automotor que venha a ser transportado para outro Estado ou para o exterior.

§ 6º A pena é de reclusão de 2 (dois) a 5 (cinco) anos se a subtração for de semovente domesticável de produção, ainda que abatido ou dividido em partes no local da subtração.

§ 7º A pena é de reclusão de 4 (quatro) a 10 (dez) anos e multa, se a subtração for de substâncias explosivas ou de acessórios que, conjunta ou isoladamente, possibilitem sua fabricação, montagem ou emprego.

Outra modificação feita pela Lei 13.654 de 2018 foi a inserção do § 7º no Art. 155 do CP. Essa alteração pune mais gravemente a subtração de explosivos ou acessórios para a fabricação, montagem ou emprego.

Bens Imóveis e Energia Elétrica

Os bens considerados imóveis pela legislação civil e que puderem ser deslocados de um local para outro podem ser objeto de furto.

Ex.: Navios, prédios, terrenos, carro, moto, animal de estimação, celular.

A energia elétrica ou qualquer outra que possua valor econômico é equiparada a coisa móvel (Art. 155, §3º, CP).

Ex.: Energia genética, energia nuclear, energia mecânica. Desse modo, a ligação clandestina de energia elétrica "gato" é crime de furto.

Modalidades de Furto

Abigeato: furto de gado.

Famulato: furto praticado pelo empregado doméstico contra o patrão. Não precisa ser realizado na residência do patrão, pode ser em qualquer lugar.

Furto famélico: hipótese em que o agente subtrai alimentos para saciar sua fome ou de sua família, pois se encontra em situação de extrema miséria e pobreza.

O furto famélico configura estado de necessidade, preenchidos os seguintes requisitos:

> Fato praticado para mitigar a fome;

> Que haja subtração de coisa capaz de contornar imediatamente e diretamente a emergência (fome).

> Inevitabilidade do comportamento lesivo.

> Impossibilidade de trabalho ou insuficiência dos recursos auferidos.

Somente pode ser aplicado o furto famélico àquele que está desempregado? Não. Caso os recursos obtidos sejam insuficientes, pode ser reconhecido o furto famélico.

O consentimento do ofendido, antes ou durante a subtração, torna o fato atípico (bem disponível), mas após a subtração, o fato será típico.

Não existe furto culposo.

É possível o furto privilegiado + repouso noturno.

É possível o furto privilegiado + furto qualificado desde que não haja imposição isolada da pena de multa em decorrência do privilégio.

Princípio da Insignificância no Furto

O princípio da insignificância é causa supralegal de exclusão da tipicidade (o fato não será crime).

Exige a Presença dos Seguintes Requisitos

Requisitos objetivos: mínima ofensividade da conduta; ausência de periculosidade social; reduzido grau de reprovabilidade do comportamento; e inexpressividade da lesão jurídica.

Requisitos subjetivos: importância do objeto material para a vítima (situação econômica + valor sentimental do bem); e circunstâncias e resultado do crime.

O princípio da insignificância, desde que presentes seus requisitos objetivos e subjetivos, é em tese aplicável tanto ao furto simples como ao furto qualificado.

Ex.: Duas pessoas, em concurso de agentes, furtam uma penca de bananas.

Subtração de cartão bancário ou de crédito: não há crime de furto (princípio da insignificância). Eventual utilização do cartão, para saques em dinheiro ou compras em geral, caracteriza o crime de estelionato (Art. 171, CP).

Furtos X Outros Crimes Semelhantes

Principais diferenças entre os crimes que mais são confundidos em provas de concurso:

Furto X Apropriação Indébita

O furto é diferente da apropriação indébita (Art. 168, CP), pois no primeiro a posse é vigiada e a subtração reside exatamente na retirada do bem desta esfera de vigilância. Já no segundo, a vítima entrega ao agente a posse desvigiada de um bem.

Furto X Peculato

O funcionário público que subtrai ou concorre para que seja subtraído bem público ou particular, que se encontra sob a guarda ou custódia da Administração Pública, valendo-se da facilidade que seu cargo lhe proporciona, pratica o crime de peculato furto (Art. 312, §1º, CP), também conhecido como peculato impróprio.

Furto X Exercício Arbitrário das Próprias Razões

Se um credor subtrai bens do devedor para se ressarcir de dívida não paga, o crime não será de furto, mas de exercício arbitrário das próprias razões (Art. 345, CP).

É pacífico o entendimento de que a coisa abandonada (*res derelicta*), a coisa de ninguém (*res nullius*) não podem ser objeto do crime de furto, como também a coisa perdida (*res desperdita*), porém a coisa perdida constitui o crime de apropriação de coisa achada, Art.169, II, do CP.

O ser humano não pode ser objeto de furto, salvo se forem partes definidas e com valor econômico.

Ex.: Cabelo.

Cadáver pode ser objeto de furto, desde que possua dono.

Ex.: Cadáver de faculdade de medicina.

> ***§ 5º.*** *A pena é de reclusão de três a oito anos, se a subtração for de VEÍCULO AUTOMOTOR que venha a ser transportado para outro Estado ou para o exterior. (Incluído pela Lei nº 9.426, de 1996)*

Esta majorante só incide quando o furto for de veículo automotor, não abrangendo embarcação nem aeronave, além disso, o veículo automotor deve ser levado para outro Estado ou país. Esqueceu-se de colocar o DF na qualificadora, porém a doutrina penal entende que o DF está abrangido também, pois o legislador ao utilizar a expressão Estado considerou os entes da federação, dentre eles o DF.

Não basta a intenção de ultrapassar os limites do Estado ou do país, sendo necessário que este ato seja consumado.

Furto de Coisa Comum

> ***Art. 156.*** *Subtrair o condômino, coerdeiro ou sócio, para si ou para outrem, a quem legitimamente a detém, a coisa comum:*
>
> ***Pena*** *- detenção, de seis meses a dois anos, ou multa.*
>
> ***§ 1º.*** *Somente se procede mediante representação.*
>
> ***§ 2º.*** *Não é punível a subtração de coisa comum fungível, cujo valor não excede a quota a que tem direito o agente.*

4.2 Do Roubo e da Extorsão

Roubo

> ***Art. 157*** *- Subtrair coisa móvel alheia, para si ou para outrem, mediante grave ameaça ou violência a pessoa, ou depois de havê-la, por qualquer meio, reduzido à impossibilidade de resistência:*
>
> ***Pena*** *- reclusão, de quatro a dez anos, e multa.*
>
> ***§ 1º*** *- Na mesma pena incorre quem, logo depois de subtraída a coisa, emprega violência contra pessoa ou grave ameaça, a fim de assegurar a impunidade do crime ou a detenção da coisa para si ou para terceiro.*
>
> ***§ 2º*** *A pena aumenta-se de 1/3 (um terço) até metade: (Redação dada pela Lei nº 13.654, de 2018)*
>
> ***I.*** *(revogado); (Redação dada pela Lei nº 13.654, de 2018)*
>
> ***II.*** *se há o concurso de duas ou mais pessoas;*
>
> ***III.*** *se a vítima está em serviço de transporte de valores e o agente conhece tal circunstância.*
>
> ***IV.*** *se a subtração for de veículo automotor que venha a ser transportado para outro Estado ou para o exterior; (Incluído pela Lei nº 9.426, de 1996)*
>
> ***V.*** *se o agente mantém a vítima em seu poder, restringindo sua liberdade. (Incluído pela Lei nº 9.426, de 1996)*

> ***VI.*** *se a subtração for de substâncias explosivas ou de acessórios que, conjunta ou isoladamente, possibilitem sua fabricação, montagem ou emprego. (Incluído pela Lei nº 13.654, de 2018)*
>
> ***VII.*** *se a violência ou grave ameaça é exercida com emprego de arma branca; (Incluído pela Lei* nº 13.964, de 2019) - ***ANTICRIME***
>
> ***§ 2º-A*** *A pena aumenta-se de 2/3 (dois terços): (Incluído pela Lei nº 13.654, de 2018)*
>
> ***I.*** *se a violência ou ameaça é exercida com emprego de arma de fogo; (Incluído pela Lei nº 13.654, de 2018)*
>
> ***II.*** *se há destruição ou rompimento de obstáculo mediante o emprego de explosivo ou de artefato análogo que cause perigo comum. (Incluído pela Lei nº 13.654, de 2018)*
>
> ***§ 2º-B.*** *Se a violência ou grave ameaça é exercida com emprego de arma de fogo de uso restrito ou proibido, aplica-se em dobro a pena prevista no caput deste artigo. (Incluído pela Lei nº 13.964, de 2019) -* ***ANTICRIME***
>
> ***§ 3º*** *Se da violência resulta: (Redação dada pela Lei nº 13.654, de 2018)*
>
> ***I.*** *lesão corporal grave, a pena é de reclusão de 7 (sete) a 18 (dezoito) anos, e multa; (Incluído pela Lei nº 13.654, de 2018)*
>
> ***II.*** *morte, a pena é de reclusão de 20 (vinte) a 30 (trinta) anos, e multa. (Incluído pela Lei nº 13.654, de 2018)*

O crime de roubo está tipificado no rol dos crimes contra o patrimônio. Esse crime assemelha-se muito ao crime de furto, contudo possui elementos que, agregados à conduta "subtrair", formam um novo crime.

No roubo há a subtração de coisa móvel alheia, porém com o emprego de violência ou grave ameaça contra a pessoa, elementos esses que empregados, fazem com que a vítima entregue a coisa móvel, funcionando como circunstâncias especiais que relevam a distinção para o crime furto.

Classificação

É crime comum / Formal (STJ e STF) / instantâneo / plurissubsistente / de dano / de concurso eventual.

Ofende o patrimônio, integridade física e liberdade individual do indivíduo (Crime COMPLEXO).

É crime de forma livre: admite qualquer meio de execução.

Emprego de Grave Ameaça

Também denominada de violência moral ou vis compulsiva (consiste na promessa de mal grave, iminente e passível de realização).

Emprego de Violência

Também denominada de violência própria, violência física ou vis absoluta (consiste no emprego de força física sobre a vítima, mediante lesão corporal ou vias de fato, para facilitar a subtração do bem.

Qualquer Outro Meio que Reduza a Vítima à Impossibilidade de Resistência

Também conhecida como **violência imprópria ou violência indireta**. Abrange todos os outros meios (diferentes da violência ou grave ameaça) que impossibilitam a resistência da vítima no momento da execução do roubo.

Ex.: Drogar ou embriagar a vítima, usar soníferos (o famoso "Boa noite Cinderela") ou hipnose etc.

Não admite o princípio da insignificância, pois o desvalor da conduta é elevado, o que justifica a rigorosa atuação do direito penal.

O elemento subjetivo é o dolo e exige-se o fim de assenhoramento definitivo da coisa (*animus rem sibi habendi*). Não é admitida a modalidade culposa.

O crime de roubo admite arrependimento posterior? Para a maioria da doutrina o roubo próprio admite arrependimento posterior quando praticado mediante violência imprópria (Ex.: uso de psicotrópicos). Para a minoria, violência imprópria não admite arrependimento posterior, pois não deixa de ser espécie de violência.

Sujeitos do Crime

Sujeito Ativo: qualquer pessoa (crime comum), exceto o proprietário da coisa alheia móvel.

Sujeito Passivo: o proprietário, possuidor ou detentor da coisa alheia móvel, assim como qualquer outra pessoa que seja atingida pela violência ou grave ameaça. Pessoa Jurídica também pode ser sujeito passivo.

Consumação e Tentativa

Consuma-se o crime de roubo, no momento em que o agente se torna possuidor do bem subtraído mediante grave ameaça ou violência. Para que o agente se torne possuidor, é desnecessário que a coisa saia da esfera de vigilância da vítima, bastando que cesse a clandestinidade ou a violência. (Para esta corrente, o crime de Roubo é Formal).

A tentativa é plenamente admitida, haja vista o caráter plurissubsistente do crime de roubo.

Situações nas quais o roubo é considerado consumado:

> Destruição ou perda do bem subtraído;

> Prisão em flagrante de um dos ladrões e fuga do(s) comparsa(s) com o bem subtraído.

Roubo Impróprio

> ***§ 1º.*** *Na mesma pena incorre quem, logo depois de subtraída a coisa, emprega violência contra pessoa ou grave ameaça, a fim de assegurar a impunidade do crime ou a detenção da coisa para si ou para terceiro.*

	Roubo Próprio (caput)	Roubo Impróprio (§ 1º)
Meios de Execução	Violência ou Grave ameaça ou qualquer outro meio que reduza a vítima à impossibilidade de resistência (violência imprópria).	Violência ou Grave Ameaça.
Momento de Emprego do meio de execução	Antes ou Durante a subtração do bem.	Logo depois de subtrair a coisa, mas antes da consumação do furto.
Finalidade do meio de execução	Permitir a subtração do bem.	Assegurar a impunidade do crime ou a detenção da coisa (o bem já foi subtraído).

O roubo impróprio não admite a violência imprópria (qualquer outro meio que reduza a vítima à impossibilidade de resistência).

Para falarmos em roubo impróprio é imprescindível o prévio apoderamento da coisa.

O roubo impróprio consuma-se no momento em que o sujeito utiliza a violência à pessoa ou grave ameaça, ainda que não tenha êxito em sua finalidade de assegurar a impunidade do crime ou a detenção da coisa subtraída para si ou para terceiro (**é Crime Formal**).

Causas de Aumento de Pena

> *§ 2º. A pena aumenta-se de um terço até metade:*
>
> ***I.** (Revogado)*
>
> ***II.** Se há o concurso de duas ou mais pessoas;*
>
> ***III.** Se a vítima está em serviço de transporte de valores e o agente conhece tal circunstância.*
>
> ***IV.** Se a subtração for de veículo automotor que venha a ser transportado para outro Estado ou para o exterior;*
>
> ***V.** Se o agente mantém a vítima em seu poder, restringindo sua liberdade.*

Se o crime é cometido em concurso de agentes e somente um deles utiliza a arma, a causa de aumento de pena se estende a todos os envolvidos no roubo, independentemente de serem coautores ou partícipes.

Arma de fogo	Efetivo uso: incide a causa de aumento. Porte ostensivo: Incide a causa de aumento. Porte simulado de arma: não incide a causa de aumento, mas caracteriza o roubo simples (grave ameaça).
Arma com defeito	Absoluta ineficácia de arma: não incide a causa de aumento, mas caracteriza o roubo simples (grave ameaça). Relativa ineficácia de arma: incide a causa do aumento.
Arma desmuniciada	Não incide a causa de aumento, mas caracteriza o roubo simples (grave ameaça). Conforme o STF, arma desmuniciada ou sem possibilidade de pronto municiamento não configura o crime tipificado no Art. 14 da Lei 10.826/03 (Estatuto do Desarmamento).
Arma de brinquedo	Não incide a causa de aumento, mas caracteriza o roubo simples (grave ameaça).

Se há o concurso de duas ou mais pessoas

Incide esta qualificadora ainda que um dos envolvidos seja inimputável (Ex.: Menor de 18 anos) ou não possa ser identificado.

Essa qualificadora incide ainda que apenas um dos envolvidos no roubo pratique atos executórios ou esteja presente no local do crime. Desse modo, aplica-se tanto aos coautores quanto aos partícipes.

Se a vítima está em serviço de transporte de valores e o agente conhece tal circunstância

Tem por finalidade conceder maior proteção às pessoas que prestam serviços relacionados ao transporte de valores, exclui-se o proprietário dos bens.

Ex.: Carros-fortes, office-boys, estagiários, funcionários de bancos etc.

Exige-se que o agente tenha conhecimento desta circunstância.

Se a subtração for de veículo automotor que venha a ser transportado para outro Estado ou para o exterior

Fundamenta-se na maior dificuldade de recuperação do bem pela vítima, quando ocorre a ultrapassagem das fronteiras estaduais ou internacionais.

Não incide esta causa de aumento de pena na hipótese de transporte de componentes isolados (peças) do veículo automotor para outro Estado ou para o exterior.

Esta majorante só incide quando o roubo for de veiculo automotor, não abrangendo embarcação nem aeronave. Além disso a causa de aumento de pena somente terá incidência quando o veículo automotor efetivamente for transportado para outro Estado ou para o Exterior.

De acordo com Cleber Masson, a majorante é compatível com a forma tentada em uma única hipótese: quando o agente é perseguido logo após a subtração e foge em direção a fronteira de outro País ou Estado, mas acaba sendo preso antes que transponha a fronteira. Nesse caso basta a intenção do agente de transpor a fronteira para a aplicação do aumento de pena.

Ex.: Um veículo foi roubado e desmanchado em Cascavel/PR e suas peças foram encaminhadas para São Paulo ou para o Paraguai.

Esta majorante só incide quando o roubo for de veículo automotor, não abrangendo embarcação nem aeronave, além disso, o veículo automotor deve ser levado para outro Estado ou país.

Se o agente mantém a vítima em seu poder, restringindo sua liberdade

Na hipótese desta qualificadora, a vítima deve ter restringida sua liberdade por tempo juridicamente relevante.

Ex.: Pedro, mediante grave ameaça, subtrai o carro de Rafael, e com ele permanece até abandoná-lo em um local distante, evitando, dessa forma, o pedido de socorro às autoridades.

Se a subtração for de substâncias explosivas ou de acessórios que, conjunta ou isoladamente, possibilitem sua fabricação, montagem ou emprego

> Em se tratando de simulacro, permanece o entendimento de que ainda é roubo (pois tem capacidade de constranger), mas é descaracterizado do aumento de pena!

Trata-se de mais uma alteração marcada pela Lei 13.654/2018. Nesse caso, vale a pena destacar o objeto material do roubo. Em se tratando de explosivos ou acessórios para fabricação, montagem ou emprego, haverá aumento de pena.

Se a violência ou ameaça é exercida com emprego de arma de fogo

Aqui incide o aumento apenas com o uso da arma de fogo (arma PRÓPRIA) e desde que não seja de uso restrito ou proibido (já que com a alteração do pacote **ANITCRIME**, agora há a previsão do §2º-B com aumento de pena até o DOBRO).

E uma outra inovação do mesmo pacote legislativo, foi a "ressurreição" do uso de arma branca (ou arma IMPRÓPRIA) no §2º em seu novel inciso VII (aumento de 1/3 a ½).

> ***§ 2º-A*** *A pena aumenta-se de 2/3 (DOIS TERÇOS):*
>
> ***I.*** *se a violência ou ameaça é exercida com emprego de arma de fogo.*

A Lei 13.654 de 2018 inseriu o parágrafo 2º A, restringindo o aumento de pena no crime de furto. Agora, será considerado aumento de pena apenas em se tratando de arma própria (fogo), não abrangendo mais a arma imprópria. Além disso, entende o STF que é desnecessária a perícia na arma e a apreensão (desde que haja outros meios de prova) para o enquadramento do aumento. Cabe à parte comprovar a ineficácia do meio.

> ***II.*** *se há **destruição ou rompimento de obstáculo** mediante o emprego de **EXPLOSIVO** ou de **ARTEFATO** análogo que cause **PERIGO COMUM**. (grifo nosso)*

Perceba aqui a única diferença com furto (art. 155), já que lá, no furto, há a previsão de qualificadora para rompimento ou destruição de obstáculo em qualquer modalidade de ruptura ou destruição. Ao contrário aqui, no roubo (art. 157), não se trata de qualificadora, mas sim de majorante (ou causa de aumento) onde apenas incidirá tal majoração caso de rompimento ou destruição com explosivos ou artefato análogo.

Se a violência ou grave ameaça é exercida com emprego de arma de fogo de uso restrito ou proibido

A inovação do pacote ANTICRIME, tivemos um aumento em dobro para tal utilização de arma de uso proibido como fruto da violência ou ameaça empregada pelo agente, além de também ter inserido tal previsão no rol dos crimes HEDIONDOS.

Roubo Qualificado

> ***§ 3º*** *Se da violência resulta: (Redação dada pela Lei nº 13.654, de 2018)*
>
> ***I.*** *lesão corporal grave, a pena é de reclusão de 7 (sete) a 18 (dezoito) anos, e multa; (Incluído pela Lei nº 13.654, de 2018)*
>
> ***II.*** *morte, a pena é de reclusão de 20 (vinte) a 30 (trinta) anos, e multa. (Incluído pela Lei nº 13.654, de 2018)*

Assim, existem duas qualificadoras do crime de roubo: a qualificação por lesão grave e ou pela morte, fato conhecido como latrocínio.

De acordo com o texto legal, somente é possível a incidência das qualificadoras quando o resultado agravador resultar de violência. Desse modo, se resultar de grave ameaça não incidirá esta qualificadora.

Imagine a seguinte situação hipotética: "A" apontou uma arma de fogo para "B", senhora de 80 anos, e anunciou o assalto. "B", com o susto da situação, sofreu um infarto fulminante e morreu em razão da grave ameaça empregada, momento em que "A" subtrai a bolsa da vítima. Nesta situação, "A" responderá por roubo consumado em concurso formal com homicídio culposo.

Segundo o Art. 1º da Lei nº 8.072/90, O latrocínio, consumado ou tentado, **é crime hediondo**.

De acordo com a **Súmula 603 do STF** a competência para o processo e julgamento do latrocínio é do **Juiz Singular** e não do Tribunal do Júri. Isso ocorre porque o latrocínio é crime contra o patrimônio e o Tribunal do Júri só julga os crimes dolosos contra a vida.

O resultado agravador (morte) pode ter sido causado de forma **dolosa ou culposa**. Percebe-se, então, que o latrocínio não é crime exclusivamente preterdoloso (dolo no antecedente e culpa no consequente). Admite-se a tentativa se o resultado agravador, morte, ocorrer de forma dolosa.

Qual crime pratica o assaltante que, duas semanas após o assalto, mata gerente que o reconheceu como um dos criminosos? Não pode ser o Art. 157, § 3º, uma vez que exige o fator tempo e o fator nexo. O crime será de roubo em concurso material com homicídio qualificado pela conexão consequencial.

De acordo com a Súmula 610 do STF: Há crime de latrocínio, quando o homicídio se consuma, ainda que não realize o agente a subtração de bens da vítima. Atenção para as seguintes situações:

Subtração do Bem	Morte da Vítima	Latrocínio
Consumado	Consumado	Consumado
Tentada	Consumado	Consumado
Tentada	Tentada	Tentada
Consumado	Tentada	Tentada

Extorsão

> ***Art. 158.*** *Constranger alguém, mediante violência ou grave ameaça, e com o intuito de obter para si ou para outrem indevida vantagem econômica, a fazer, tolerar que se faça ou deixar fazer alguma coisa:*
>
> ***Pena*** *- reclusão, de quatro a dez anos, e multa.*
>
> ***§ 1º.*** *Se o crime é cometido por duas ou mais pessoas, ou com emprego de arma, aumenta-se a pena de um terço até metade.*
>
> ***§ 2º.*** *Aplica-se à extorsão praticada mediante violência o disposto no § 3º do artigo anterior.*
>
> ***§ 3º.*** *Se o crime é cometido mediante a restrição da liberdade da vítima, e essa condição é necessária para a obtenção da vantagem econômica, a pena é de reclusão, de 6 (seis) a 12 (doze) anos, além da multa; se resulta lesão corporal grave ou morte, aplicam-se as penas previstas no Art. 159, §§ 2º e 3º, respectivamente.*

A extorsão, ao contrário do roubo, não pode ser praticada mediante violência imprópria (Qualquer outro meio que reduza a vítima à impossibilidade de resistência).

Segundo Nelson Hungria, uma das formas mais frequentes de extorsão é a famosa "Chantagem" (praticada mediante ameaça de revelação de fatos escandalosos ou difamatórios, para coagir o ameaçado a "comprar" o silêncio do ameaçador). É um crime de ação penal pública incondicionada.

Classificação

Extorsão é crime comum / de forma livre / formal / instantâneo / plurissubsistente / de dano / doloso (não admite a modalidade culposa) / de concurso eventual.

É considerado um crime complexo, pois protege vários bens jurídicos. (patrimônio, integridade física e liberdade individual).

É crime formal / de consumação antecipada. A obtenção da indevida vantagem econômica pelo agente é exaurimento do crime que será levado em consideração na dosimetria da pena-base (Art. 59, CP).

Sujeitos do Crime

Por ser um crime comum, não se exige uma qualidade especial do sujeito ativo ou passivo, portanto pode ser cometido/sofrido por qualquer pessoa.

Consumação e Tentativa

Súm. 96, STJ. *O crime de extorsão consuma-se independentemente da obtenção da vantagem indevida.*

A tentativa é admitida.

Causa de Aumento de Pena

> Se o crime é COMETIDO por duas ou mais pessoas;
> Se o crime é cometido com emprego de arma;

Extorsão (Art. 158, §1º, primeira parte, CP)	Roubo (Art. 157, §2º, II, CP)
Crime COMETIDO por duas ou mais pessoas.	Se há o CONCURSO de duas ou mais pessoas.
Admite coautoria, mas não admite participação.	Admite coautoria e participação.

Extorsão Qualificada

Art. 158, § 2º, CP. *Aplica-se à extorsão praticada mediante violência o disposto no § 3º do artigo anterior.*

Se, da **violência** resulta lesão corporal grave (7 a 15 anos), se resulta morte (20 a 30 anos).

Se, o resultado agravador (lesão corporal grave ou morte) ocorrer em razão da grave ameaça empregada, o agente responderá pelo crime de Extorsão simples (*caput*).

A extorsão qualificada pela morte, consumada ou tentada é **crime hediondo** (Art. 1º, IV, Lei nº 8.072/90).

Extorsão mediante restrição da liberdade da vítima

§ 3º. *Se o crime é cometido mediante a restrição da liberdade da vítima, e essa condição é necessária para a obtenção da vantagem econômica, a pena é de reclusão, de 6 (seis) a 12 (doze) anos, além da multa; se resulta lesão corporal grave ou morte, aplicam-se as penas previstas no Art. 159, §§ 2º e 3º, respectivamente.*

Popularmente conhecido como o crime de "Sequestro relâmpago".

Este crime, além de atentar contra o patrimônio da vítima, viola também sua liberdade de locomoção.

Ex.: "A", mediante uso de arma de fogo, ameaça de morte "B", o qual estava saindo de sua residência, e o constrange a dirigir seu veículo até um caixa eletrônico para que "B" saque dinheiro para entregar a "A".

Diferencia-se do Roubo (Art. 157, §2º, V, CP), pois é imprescindível um comportamento de "B" (digitar a senha do cartão do banco) para a consumação do crime de extorsão.

Diferenças entre o "sequestro relâmpago" com a extorsão mediante sequestro

Sequestro Relâmpago (Art. 158, §3º, CP)	Extorsão Mediante Sequestro (Art. 159, CP)
Restrição da liberdade.	Privação da liberdade.
Não há encarceramento da vítima.	A vítima é colocada no cárcere.
Finalidade de se obter indevida vantagem econômica.	Finalidade de se obter qualquer vantagem, como condição ou preço do resgate.

Se a vantagem é devida (legítima), verdadeira ou supostamente, o agente responderá pelo crime de exercício arbitrário das próprias razões (Art. 345, CP).

A vantagem indevida deve ser econômica, pois se não o for, estará afastado o crime de extorsão.

Ex.: "A", mediante violência ou grave ameaça, coage "B" a assumir a autoria de um crime de difamação praticado contra "C".

Diferenças entre o crime de extorsão e roubo:

Roubo	Extorsão
O ladrão subtrai.	O extorsionário faz com que a vítima lhe entregue.
O agente busca vantagem imediata.	O agente busca vantagem mediata (futura).
Não admite bens imóveis.	Admite bens imóveis também.
Admite violência imprópria.	Não admite violência imprópria.
A colaboração da vítima é dispensável.	A colaboração da vítima é indispensável.

Diferenças entre o crime de Extorsão e Constrangimento ilegal

A **extorsão** se distingue do crime de constrangimento ilegal (Art. 146, CP), pois, no primeiro há a presença de um elemento subjetivo do tipo (especial fim de agir do agente) representado pela vontade de **obter indevida vantagem econômica, para si ou para outrem**.

Diferenças entre o crime de Extorsão e Concussão

Extorsão (Art. 158)	Concussão (Art. 316)
Crime Contra o Patrimônio.	Crime contra a Administração Pública.
Há emprego de violência ou grave ameaça.	Não há emprego de violência ou grave ameaça.
Em regra é praticado por particular, mas funcionário público pode praticar caso empregue violência ou grave ameaça.	Em regra é praticado por funcionário público, mas particular pode ser coautor ou partícipe.

É possível concurso de crimes de roubo e extorsão, por exemplo o agente, após roubar o carro da vítima, a obriga a entregar o cartão 24h com a senha, conforme STJ.

Extorsão Mediante Sequestro

> ***Art. 159.*** *Sequestrar pessoa com o fim de obter, para si ou para outrem, qualquer vantagem, como condição ou preço do resgate:*
>
> ***Pena*** *- reclusão, de oito a quinze anos.*
>
> ***§ 1º.*** *Se o sequestro dura mais de 24 (vinte e quatro) horas, se o sequestrado é menor de 18 (dezoito) ou maior de 60 (sessenta) anos, ou se o crime é cometido por bando ou quadrilha:*
>
> ***Pena*** *- reclusão, de doze a vinte anos.*
>
> ***§ 2º.*** *Se do fato resulta lesão corporal de natureza grave:*
>
> ***Pena*** *- reclusão, de dezesseis a vinte e quatro anos.*
>
> ***§ 3º.*** *Se resulta a morte:*
>
> ***Pena*** *- reclusão, de vinte e quatro a trinta anos.*
>
> ***§ 4º.*** *Se o crime é cometido em concurso, o concorrente que o denunciar à autoridade, facilitando a libertação do sequestrado, terá sua pena reduzida de um a dois terços.*

Objetividade Jurídica

Patrimônio e liberdade individual. Integridade física e vida humana (§2º e §3º).

→ **É crime complexo.**

Resulta da fusão da extorsão (Art. 158) e sequestro (Art. 148).

Objeto Material

A pessoa privada de sua liberdade e também aquela lesada em seu patrimônio.

É crime hediondo em todas as suas modalidades (tentados ou consumados). (Art. 1º, IV, Lei nº 8.072/90).

Núcleo do Tipo

"Sequestrar": privar uma pessoa de sua liberdade de locomoção por tempo juridicamente relevante.

Sujeitos do Crime

Sujeito Ativo: qualquer pessoa (crime comum). Se o sujeito ativo for funcionário público e cometer o crime no exercício de suas funções, responderá também pelo crime de abuso de autoridade (Arts. 3º, "a" e 4º, "a", Lei nº 4.898/65).

Pessoa que simula o próprio sequestro para extorquir seus pais, mediante o auxílio de terceiros, responde por extorsão (Art. 158).

Sujeito Passivo: pessoa que sofre a lesão patrimonial e pessoa privada de sua liberdade.

A vítima deve ser necessariamente uma pessoa humana. Desse modo, a privação da liberdade de um animal (de extinção ou raça) configura o crime de extorsão (Art. 158, CP).

Se a vítima for menor de 18 anos ou maior de 60 anos o crime será qualificado (§1º).

Supondo que haja subtração de animal de outrem e informa que somente será devolvido caso seja pago resgate. Há prática do crime de extorsão mediante sequestro? Não haverá tal crime já que o tipo penal se remete à pessoa. Nessa hipótese, será configurado o delito de extorsão.

Elemento Subjetivo

Dolo + (especial fim de agir) com o fim de obter, para si ou para outrem, qualquer vantagem, como condição ou preço do resgate. Não se admite a modalidade culposa.

Espécie da Vantagem

A maioria da doutrina entende que a vantagem deve ser econômica e indevida.

Se a vantagem for devida, o agente responderá pelos crimes de sequestro (Art. 148) e exercício arbitrário das próprias razões (Art. 345) em concurso formal.

Consumação e Tentativa

Consuma-se com a privação da liberdade da vítima, independente da obtenção da vantagem pelo agente. É crime formal. A tentativa é possível.

Juízo Competente

O Juízo Competente para julgamento é o do local em que ocorreu o sequestro da vítima, e não o da entrega do eventual resgate.

Se os parentes da vítima realizarem o pagamento do resgate, ocorrerá o exaurimento do crime.

Crime Permanente

É Crime Permanente (a consumação se prolonga no tempo e dura todo o período em que a vítima estiver privada de sua liberdade).

Por ser crime permanente, é cabível a prisão em flagrante a qualquer tempo, enquanto durar a permanência.

A privação da liberdade do sequestrado há de ser mantida por tempo juridicamente relevante.

Classificação Doutrinária

Crime comum / de forma livre/ FORMAL / PERMANENTE / plurissubsistente / de dano / de concurso eventual.

Ação Penal

A Ação Penal é pública incondicionada em todas as espécies do crime.

Figuras Qualificadas

> ***§ 1º.*** *Se o sequestro dura mais de 24 (vinte e quatro) horas, se o sequestrado é menor de 18 (dezoito) ou maior de 60 (sessenta) anos, ou se o crime é cometido por bando ou quadrilha. Pena - reclusão de 12 a 20 anos.*

Incide a qualificadora quando na data do sequestro a vítima possuía, por exemplo, 59 anos e 11 meses e na data da libertação possuía mais de 60 anos, pois o crime de extorsão mediante sequestro é crime permanente (a consumação prolonga-se no tempo por vontade do agente).

E se o crime se deu em exatas 24 horas, incide a qualificadora? Não. Tem que ser mais de 24 horas.

Se o crime é cometido por associação criminosa e esta for usada para qualificar o delito, não pode haver a punição pelo Art. 288 do CP, sob pena de ocorrência do *bis in idem*.

> ***§ 2º.*** *Se do fato resulta lesão corporal de natureza grave:*
>
> *Pena - reclusão de 16 a 24 anos.*
>
> ***§ 3º.*** *Se resulta a morte:*
>
> *Pena - reclusão de 24 a 30 anos.*

No roubo e na extorsão só existe a qualificadora quando a lesão corporal de natureza grave ou a morte resultam da "violência", ao passo que nesta hipótese o crime será qualificado quando do FATO resultar lesão corporal de natureza grave ou morte. Portanto o resultado agravador pode ser provocado por violência própria, violência imprópria ou GRAVE AMEAÇA.

Não incidirá esta qualificadora se o resultado agravador for produzido por força maior, caso fortuito ou culpa de terceiro.

Ex.: cai um raio no barraco onde a vítima era mantida em cativeiro e esta morre.

A morte ou lesão corporal grave podem ter sido provocadas dolosa ou culposamente. Não é crime exclusivamente preterdoloso (dolo no antecedente e culpa no consequente).

A pena da extorsão mediante sequestro qualificada pela morte (24 a 30 anos) é a maior do Código Penal.

Delação Premiada

*§ 4º. Se o crime é cometido em concurso, o concorrente que o denunciar à autoridade, **facilitando a libertação do sequestrado**, terá sua pena reduzida de um a dois terços.*

É causa especial de diminuição da pena que somente pode ser aplicada pelo Juiz (Delegados e Promotores não podem).

Requisitos para a incidência deste parágrafo:

> Prática do crime em concurso de pessoas: não é exigível Associação Criminosa, basta o concurso de pessoas;

> Esclarecimento por parte de um dos criminosos a autoridade sobre o crime;

> Facilitação da libertação do sequestrado, ou seja, que a delação seja eficaz.

De acordo com a jurisprudência, deve ser aplicada a delação premiada quando a vítima é libertada diretamente por um dos sequestradores.

A redução de pena é proporcional conforme a maior ou menor colaboração do agente. Quanto mais auxiliar, maior a redução.

A delação deve ser EFICAZ, ou seja, deve ter contribuído decisivamente para a libertação da vítima. Desse modo, a pena não será diminuída se o refém foi solto por outro motivo qualquer, diverso da informação prestada pelo sequestrador.

Presentes os requisitos legais, o juiz é obrigado a reduzir a pena do criminoso (é direito subjetivo do réu).

A redução da pena da delação premiada não se comunica aos demais coautores ou partícipes que não denunciaram o fato à autoridade (circunstância pessoal), pois não facilitaram a libertação do refém.

Extorsão Indireta

***Art. 160.** Exigir ou receber, como garantia de dívida, abusando da situação de alguém, documento que pode dar causa a procedimento criminal contra a vítima ou contra terceiro:*

***Pena** - reclusão, de um a três anos, e multa.*

O crime de extorsão se consuma no momento em que é realizada a conduta de constrangimento mediante o uso de violência ou grave ameaça, portanto considerado crime formal. A obtenção da vantagem indevida configura mero exaurimento do crime.

4.3 Da Usurpação

Alteração de Limites

***Art. 161.** Suprimir ou deslocar tapume, marco, ou qualquer outro sinal indicativo de linha divisória, para apropriar-se, no todo ou em parte, de coisa imóvel alheia:*

***Pena** - detenção, de um a seis meses, e multa.*

***§ 1º.** Na mesma pena incorre quem:*

Usurpação de Águas

***I.** Desvia ou represa, em proveito próprio ou de outrem, águas alheias;*

Esbulho Possessório

***II.** Invade, com violência a pessoa ou grave ameaça, ou mediante concurso de mais de duas pessoas, terreno ou edifício alheio, para o fim de esbulho possessório.*

***§ 2º.** Se o agente usa de violência, incorre também na pena a esta cominada.*

***§ 3º.** Se a propriedade é particular, e não há emprego de violência, somente se procede mediante queixa.*

Supressão ou Alteração de Marca em Animais

***Art. 162.** Suprimir ou alterar, indevidamente, em gado ou rebanho alheio, marca ou sinal indicativo de propriedade:*

***Pena** - detenção, de seis meses a três anos, e multa.*

4.4 Do Dano

***Art. 163.** Destruir, inutilizar ou deteriorar coisa alheia:*

***Pena** - detenção, de um a seis meses, ou multa.*

Dano Qualificado

***Parágrafo único.** Se o crime é cometido:*

***I.** Com violência à pessoa ou grave ameaça;*

***II.** Com emprego de substância inflamável ou explosiva, se o fato não constitui crime mais grave;*

***III.** contra o patrimônio da União, de Estado, do Distrito Federal, de Município ou de autarquia, fundação pública, empresa pública, sociedade de economia mista ou empresa concessionária de serviços públicos; (Redação dada pela Lei nº 13.531, de 2017)*

***IV.** Por motivo egoístico ou com prejuízo considerável para a vítima:*

***Pena** - detenção, de seis meses a três anos, e multa, além da pena correspondente à violência.*

Objetividade Jurídica

Patrimônio das pessoas físicas ou jurídicas.

Não há crime de dano quando a conduta do agente recair sobre *res derelicta* (coisa abandonada) ou *res nullius* (coisa de ninguém). Todavia se a conduta recair sobre *res despedita* (coisa perdida) haverá crime, pois se trata de coisa alheia.

Objeto Material

Coisa alheia, móvel ou imóvel, sobre a qual incide a conduta do agente.

Dano em Documentos (Públicos ou Privados)

Se o agente danificou para impedir utilização do documento como prova de algum fato juridicamente relevante, responderá pelo crime de supressão de documento (Art. 305, CP). Todavia, se a conduta foi praticada unicamente com o objetivo de prejudicar o patrimônio da vítima, responderá o agente pelo crime de dano (Art. 163, CP).

Tipo Misto Alternativo, Crime de Ação Múltipla ou de Conteúdo Variado

Haverá crime único na prática de várias condutas com objeto material no mesmo contexto fático.

É Crime de Forma Livre = Admite qualquer meio de execução.

Pode ser praticado por omissão, desde que presente o dever jurídico de agir (Art. 13, §2º, CP).

Empregada doméstica deixa, dolosamente, de fechar as janelas da casa da patroa durante uma chuva para que sejam danificados os objetos eletrônicos da casa.

O agente que pratica a conduta de pichar, grafitar ou por qualquer outro meio conspurcar (poluir) edificação ou monumento urbano responderá pelo crime previsto no Art. 65 da Lei nº 9.605/98 (Lei dos Crimes Ambientais).

Núcleos do Tipo

Destruir: extinguir a coisa (dano físico total).

Ex.: Quebrar totalmente um espelho; queimar um telefone celular.

Inutilizar: tornar uma coisa imprestável aos fins a que se destina.

Retirar a bateria de um carro.

Deteriorar: estragar parcialmente um bem, diminuindo-lhe o valor ou a utilidade (dano físico parcial).

Ex.: Riscar a lataria de um veículo.

Conduta de fazer DESAPARECER coisa alheia não é crime de dano.

Exs.: Pedro faz sumir o celular de Rafael, seu desafeto. Nesta situação Pedro responderá civilmente por sua conduta. Não responderá pelo crime de dano (Art. 163, CP).

"A" abre a porteira da fazenda de "B", seu desafeto, para que desapareça o cavalo de propriedade deste último. "A" responderá civilmente por sua conduta.

Sujeitos do Crime

Sujeito Ativo: é crime comum, pode ser praticado por qualquer pessoa, exceto o proprietário da coisa.

Se o proprietário danificar coisa própria, que se acha em poder de terceiro por determinação judicial ou convenção, responderá pelo previsto no Art. 346, CP.

Sujeito Passivo: qualquer pessoa (proprietário ou possuidor legítimo da coisa).

Elemento Subjetivo

É o Dolo. A finalidade do agente deve ser unicamente destruir, inutilizar ou deteriorar coisa alheia.

Importante: não existe o crime de dano culposo.

Se o dano constituir-se em meio para a prática de outro crime, ou então como qualificadora de outro crime, será por este absorvido. Ex.: Furto qualificado pela destruição ou rompimento de obstáculo (Art. 155, §4º, I, CP): o dano, crime-meio, será absorvido pelo furto, crime-fim.

Consumação e Tentativa

É crime material. Desse modo, ele se consuma quando o agente efetivamente destrói, inutiliza ou deteriora a coisa alheia. A tentativa é plenamente possível.

Dano Simples

O crime de dano simples (*caput*) é IMPO, Infração de Menor Potencial Ofensivo, de competência do Juizado Especial e de ação penal privada (Art. 167, CP).

Classificação Doutrinária

Crime comum / material / doloso / de forma livre / instantâneo / plurissubjetivo / de concurso eventual e não transeunte (deixa vestígios materiais).

Dano Qualificado

> ***Parágrafo único.*** *Se o crime é cometido:*
>
> ***I.*** *Com violência à pessoa ou grave ameaça;*
>
> ***II.*** *Com emprego de substância inflamável ou explosiva, se o fato não constitui crime mais grave;*
>
> ***III.*** *contra o patrimônio da União, de Estado, do Distrito Federal, de Município ou de autarquia, fundação pública, empresa pública, sociedade de economia mista ou empresa concessionária de serviços públicos; (Redação dada pela Lei nº 13.531, de 2017)*
>
> ***IV.*** *Por motivo egoístico ou com prejuízo considerável para a vítima:*
>
> ***Pena -*** *detenção, de seis meses a três anos, e multa, além da pena correspondente à violência.*

Com Violência à Pessoa ou Grave Ameaça

A vítima da violência ou grave ameaça pode ser pessoa diversa da vítima do dano.

Ex.: Ameaçar a empregada doméstica de seu vizinho para quebrar a vidraça de sua janela.

A violência ou grave ameaça deve ocorrer antes ou durante a prática do crime de dano, pois, se ocorrer depois, o agente responderá pelo crime de dano simples em concurso material com o crime de lesão corporal (Art. 129) ou ameaça (Art. 147).

De acordo com o Art. 167, CP, nesta hipótese de dano a ação penal será pública incondicionada.

Com Emprego de Substância Inflamável ou Explosiva, se o Fato não Constitui Crime Mais Grave

A expressão "**se o fato não constitui crime mais grave**" informa que esta qualificadora é expressamente subsidiária, ou seja, somente incidirá o dano qualificado quando a lesão ao patrimônio alheio não caracterizar um crime mais grave, nem funcionar como meio de execução de um delito mais grave.

Ex.: "A" explode o carro de "B" que estava no estacionamento: "A" responderá pelo crime de dano qualificado. Todavia se "A" explodiu o carro de "B" com a intenção de matá-lo, e efetivamente alcançou este resultado responderá pelo crime de homicídio qualificado (Art. 121, §2º, III, CP).

De acordo com o Art. 167 do CP, nesta hipótese de dano, **a ação penal será pública incondicionada**.

Contra o patrimônio da União, de Estado, do Distrito Federal, de Município ou de autarquia, fundação pública, empresa pública, sociedade de economia mista ou empresa concessionária de serviços públicos;

A Lei 13.531, de 2017, adicionou ao crime de dano qualificado todos os entes da Administração direta mais os concessionários de serviços públicos, o que de fato foi bem aplicado ao que acontece no dia a dia.

De acordo com o entendimento do STJ, o preso que danifica (destrói, deteriora ou inutiliza) as paredes e grades da cela dos presídios ou delegacias, com o objetivo de fuga não responde pelo crime de dano. Vejamos uma jurisprudência sobre o tema:

> *Conforme entendimento, há muito fixado nesta Corte Superior (STF), para a configuração do crime de dano, previsto no Art. 163 do CPB, é necessário que a vontade seja voltada para causar prejuízo patrimonial ao dono da coisa (animus nocendi).* **Dessa forma, o preso que destrói ou inutiliza as grades da cela onde se encontra, com o intuito exclusivo de empreender fuga, não comete crime de dano**. *2. Parecer do MPF pela concessão da ordem. 3. Ordem concedida, para absolver o paciente do crime de dano contra o patrimônio público (Art. 163, Parágrafo Único, III, do CPB).*

De acordo com o Art. 167 do CP, nesta hipótese de dano **a ação penal será pública incondicionada**.

Por Motivo Egoístico ou com Prejuízo Considerável para a Vítima

Motivo egoístico é aquele ligado à obtenção de um futuro benefício, de ordem moral ou econômica. Ex.: "A" e "B" foram aprovados na segunda fase do concurso de Delegado de Polícia Civil de um Estado qualquer. Então, no dia da prova oral, "A" sabota o carro de "B" para que este não consiga chegar a tempo para realizar o exame e seja eliminado do concurso.

> Aquele que destrói cadáver ou parte dele responde pelo crime previsto no Art. 211 do CP.

De acordo com o Art. 167 do CP, nesta hipótese de dano **a ação penal é privada**.

Introdução ou Abandono de Animais em Propriedade Alheia

> ***Art. 164.*** *Introduzir ou deixar animais em propriedade alheia, sem consentimento de quem de direito, desde que o fato resulte prejuízo:*
>
> ***Pena*** *- detenção, de quinze dias a seis meses, ou multa.*

Dano em Coisa de Valor Artístico, Arqueológico ou Histórico

> ***Art. 165.*** *Destruir, inutilizar ou deteriorar coisa tombada pela autoridade competente em virtude de valor artístico, arqueológico ou histórico:*
>
> ***Pena*** *- detenção, de seis meses a dois anos, e multa.*

Alteração de Local Especialmente Protegido

> ***Art. 166.*** *Alterar, sem licença da autoridade competente, o aspecto de local especialmente protegido por lei:*
>
> ***Pena*** *- detenção, de um mês a um ano, ou multa.*

Ação Penal

> ***Art. 167.*** *Nos casos do art. 163, do inciso IV do seu parágrafo e do Art. 164, somente se procede mediante queixa.*

4.5 Da Apropriação Indébita

> *Apropriação indébita*
>
> ***Art. 168.*** *Apropriar-se de coisa alheia móvel, de que tem a posse ou a detenção:*
>
> ***Pena*** *- reclusão, de um a quatro anos, e multa.*
>
> ***Aumento de Pena***
>
> ***§ 1º.*** *A pena é aumentada de um terço, quando o agente recebeu a coisa:*
>
> ***I.*** *Em depósito necessário;*
>
> ***II.*** *Na qualidade de tutor, curador, síndico, liquidatário, inventariante, testamenteiro ou depositário judicial;*
>
> ***III.*** *Em razão de ofício, emprego ou profissão.*

A principal característica do crime de apropriação indébita é a existência de uma situação de **quebra de confiança**, pois a vítima entrega, voluntariamente, uma coisa móvel ao agente, e este, logo após, inverte seu ânimo no tocante ao bem, passando a comportar-se como seu dono.

Objetividade Jurídica

Patrimônio.

Objeto Material

Coisa alheia móvel sobre a qual recai a conduta criminosa (imóveis não).

Para o STJ é possível a prática do crime de apropriação indébita de coisas fungíveis (móveis que podem substituir-se por outros da mesma espécie, qualidade e quantidade).

Ex.: Dinheiro.

Núcleo do Tipo

É o verbo "apropriar" que significa tomar para si, fazer sua coisa alheia.

Posse/Detenção Legítima e Desvigiada

A posse ou a detenção do bem deve ser LEGÍTIMA e também desvigiada. Desse modo, o crime de apropriação indébita deve preencher os seguintes requisitos:

A vítima entrega o bem voluntariamente: se houver fraude para a entrega o crime será de estelionato, se houver violência ou grave ameaça à pessoa o crime será de roubo ou de extorsão.

O agente tem a posse ou detenção desvigiada do bem: se a posse ou detenção for vigiada e o bem for retirado da vítima sem sua autorização o crime será de furto.

O agente recebe o bem de boa-fé: se ao receber o bem o agente já tinha a intenção de apropriar-se dele, o crime será de estelionato. Obs.: a boa-fé é presumida.

Modificação posterior no comportamento do agente: após entrar licitamente (de boa-fé) na posse ou detenção da coisa, o agente passa a se comportar como se fosse dono. Momento em que apresenta seu ânimo de assenhoramento definitivo (*animus rem sibi habendi*). Essa alteração no comportamento do agente ocorre de duas formas:

a) **Prática de algum ato de disposição** (venda, doação, locação, troca etc.). Também conhecida como apropriação indébita própria.

b) **Recusa na restituição** (a vítima solicita a devolução do bem e o agente expressamente se recusa a devolver). Também denominada **negativa de restituição**.

Sujeitos do Crime

Ex.: Se o agente é funcionário público e apropria-se de dinheiro, valor ou qualquer outro bem móvel, público ou particular (sob a guarda ou custódia da Administração Pública), de que tem a posse em razão do cargo, responderá pelo crime de peculato-apropriação (Art. 312, caput, 1ª parte, CP). Em regra, a prova desse delito depende da prática de algum ato incompatível com a vontade de restituir.

Sujeito Ativo: qualquer pessoa, desde que tenha a posse ou detenção lícita da coisa alheia móvel. Sempre pessoa diversa do proprietário.

Sujeito Passivo: proprietário ou possuidor (pessoa física ou jurídica) do bem.

Elemento Subjetivo

Dolo. Doutrina e jurisprudência defendem a necessidade do ânimo de assenhoramento definitivo da coisa. Desse modo, não responderá por este crime aquele que simplesmente se esquece de devolver o bem na data previamente combinada. Não se admite a modalidade culposa.

Apropriação Indébita "De Uso"

Não se pune a apropriação indébita "de uso": situação em que a pessoa usa momentaneamente a coisa alheia, para em seguida restituí-la integralmente ao seu proprietário.

Apropriação Indébita X Estelionato

Apropriação indébita (Art. 168, CP)	Estelionato (Art. 171, CP)
O dolo é posterior ou subsequente.	O dolo é anterior ou antecedente.
A pessoa recebe a posse ou detenção de coisa de maneira legítima, surgindo a vontade de se apropriar posteriormente.	O agente já possuía a intenção de se apropriar do bem antes de alcançar a sua posse ou detenção.
Ex.: Pessoa vai a uma locadora de veículos, aluga um veículo, gosta dele e decide não devolver.	**Ex.:** Pessoa vai a uma locadora de veículos, já com a intenção de alugar o veículo e não devolvê-lo.

Consumação

Ocorre no momento em que o agente inverte seu ânimo em relação a coisa alheia móvel, ou seja, ele passa a se comportar como dono do bem. Pode se dar de duas maneiras:

Apropriação indébita própria	Se consuma com a prática de algum ato de disposição do bem, incompatível com a condição de possuidor ou detentor. **Ex.:** Vender, doar, permutar, emprestar o bem.
Negativa de restituição	Se consuma no momento em que o agente se recusar expressamente a devolver o bem ao seu proprietário.

Tentativa

A apropriação indébita própria admite tentativa.

Ex.: "A" é preso em flagrante no momento em que doava os DVDs de "B", do qual tinha a posse legítima e desvigiada.

A apropriação indébita negativa de restituição não admite tentativa (conatus), pois é crime unissubsistente: ou o sujeito recusa a devolver o bem, e o crime estará consumado, ou o devolve ao dono, e o fato será atípico.

Ação Penal

A Ação Penal é pública incondicionada.

Competência

Local em que o agente se apropria da coisa alheia móvel, dela dispondo ou negando-se a restituí-la ao seu titular. (Art. 70, *caput*, CPP).

Quando o crime de apropriação indébita for praticado por algum representante (comercial ou não) da vítima, a competência será do local em que o agente deveria ter prestado contas dos valores recebidos.

Classificação Doutrinária

Crime comum / material / de forma livre / de concurso eventual / doloso / em regra plurissubsistente, ou unissubsistente (negativa de restituição) / instantâneo.

Ex.:

01. O Art. 102 do Estatuto do Idoso (Lei nº 10.741/2003) prevê uma modalidade especial de apropriação indébita, quando praticada contra idoso:

> ***Art. 102.*** *Apropriar-se de ou desviar bens, proventos, pensão ou qualquer outro rendimento do idoso, dando-lhes aplicação diversa da de sua finalidade:*
> ***Pena*** *- reclusão de 1 a 4 anos.*

02. O Art. 5º, "caput", da Lei dos Crimes Contra o Sistema Financeiro Nacional (Lei nº 7.492/86) também contém uma modalidade especial de apropriação indébita:

> ***Art. 5º.*** *Apropriar-se, quaisquer das pessoas mencionadas no Art. 25 desta lei, de dinheiro, título, valor ou qualquer outro bem móvel de que tem a posse, ou desviá-lo em proveito próprio ou alheio:*
> ***Pena*** *- reclusão de 2 a 6 anos e multa.*

Trata-se de crime próprio, pois somente pode ser praticado pelo controlador e pelos administradores de instituição financeira (diretores e gerentes).

Aumento de Pena

§ 1º. A pena é aumentada de um terço, quando o agente recebeu a coisa:

I. Em depósito necessário;

II. Na qualidade de tutor, curador, síndico, liquidatário, inventariante, testamenteiro ou depositário judicial;

III. Em razão de ofício, emprego ou profissão.

A pena será aumentada de um terço quando o agente recebeu a coisa:

Em Depósito Necessário

De acordo com a doutrina majoritária, esta causa de aumento de pena incide apenas no **depósito necessário miserável, previsto no Art. 647, II, CC** (é o que se efetua por ocasião de alguma calamidade, como inundação, incêndio, saque ou naufrágio).

> A palavra "síndico" deve ser substituída pela expressão "administrador judicial", em razão da alteração ocorrida pela Lei nº 11.101/2005 (Lei de Falência e Recuperação Judicial do Empresário e da Sociedade Empresária).

Na Qualidade de Tutor, Curador, Síndico, Liquidatário, Inventariante, Testamenteiro ou Depositário Judicial

O fundamento do tratamento penal mais rigoroso repousa na relevância das funções exercidas pelas pessoas indicadas neste inciso, as quais recebem coisas alheias para guardar consigo, necessariamente, até o momento da devolução.

Em Razão de Ofício, Emprego ou Profissão

Não necessita de relação de confiança entre o agente e a vítima.

Emprego	Prestação de serviço em subordinação e dependência. **Ex.:** Dono de um supermercado e seus funcionários.
Ofício	Ocupação mecânica ou manual, que necessita de um determinado grau de habilidade, e que seja útil ou necessário às pessoas em geral. **Ex.:** Mecânico, sapateiro etc.
Profissão	Atividade em que não há hierarquia e necessita de conhecimentos específicos (técnico e intelectual). **Ex.:** Advogado, dentista, médico, arquiteto, contador etc.

Apropriação Indébita Privilegiada

O Art. 170 do Código Penal dispõe o seguinte:

Nos crimes previstos neste Capítulo, aplica-se o disposto no Art. 155, § 2º.

***Art. 155**, §2º, CP. Se o criminoso é primário, e é de pequeno valor a coisa furtada, o juiz pode substituir a pena de reclusão pela de detenção, diminuí-la de um a dois terços, ou aplicar somente a pena de multa.*

Portanto, é possível a caracterização da apropriação indébita privilegiada, em qualquer de suas espécies.

Apropriação Indébita Previdenciária

***Art. 168-A.** Deixar de repassar à previdência social as contribuições recolhidas dos contribuintes, no prazo e forma legal ou convencional:*

***Pena** - reclusão, de 2 (dois) a 5 (cinco) anos, e multa.*

§ 1º. Nas mesmas penas incorre quem deixar de:

I. Recolher, no prazo legal, contribuição ou outra importância destinada à previdência social que tenha sido descontada de pagamento efetuado a segurados, a terceiros ou arrecadada do público;

II. Recolher contribuições devidas à previdência social que tenham integrado despesas contábeis ou custos relativos à venda de produtos ou à prestação de serviços;

III. Pagar benefício devido a segurado, quando as respectivas cotas ou valores já tiverem sido reembolsados à empresa pela previdência social.

§ 2º. É extinta a punibilidade se o agente, espontaneamente, declara, confessa e efetua o pagamento das contribuições, importâncias ou valores e presta as informações devidas à previdência social, na forma definida em lei ou regulamento, antes do início da ação fiscal.

§ 3º. É facultado ao juiz deixar de aplicar a pena ou aplicar somente a de multa se o agente for primário e de bons antecedentes, desde que:

I. Tenha promovido, após o início da ação fiscal e antes de oferecida a denúncia, o pagamento da contribuição social previdenciária, inclusive acessórios; ou

II. O valor das contribuições devidas, inclusive acessórios, seja igual ou inferior àquele estabelecido pela previdência social, administrativamente, como sendo o mínimo para o ajuizamento de suas execuções fiscais.

§ 4º A faculdade prevista no § 3º deste artigo não se aplica aos casos de parcelamento de contribuições cujo valor, inclusive dos acessórios, seja superior àquele estabelecido, administrativamente, como sendo o mínimo para o ajuizamento de suas execuções fiscais.

Objetividade Jurídica

Seguridade social (saúde, previdência e assistência social - Art. 194, CF/88). Não se trata de crime contra o patrimônio.

Objeto Material

Contribuição previdenciária arrecadada e não recolhida.

Núcleo do Tipo

Deixar de repassar, significa **deixar de recolher**. (Recolher é depositar a quantia recebida - descontada ou cobrada).

É crime omissivo próprio ou puro (não admite tentativa).

Lei Penal em Branco Homogênea

Deve ser complementada pela legislação previdenciária em relação aos prazos de recolhimento.

Sujeitos do Crime

Sujeito Ativo: qualquer pessoa, crime comum (admite coautoria e participação).

Sujeito Passivo: União Federal.

> Pessoa Jurídica não pode ser sujeito ativo.

Competência

Sendo o sujeito ativo União Federal, a competência será da Justiça Federal (crime praticado em detrimento dos interesses da União).

Elemento Subjetivo

É o dolo.

É dispensável (prescindível) o fim de assenhoramento definitivo (animus rem sibi habendi), pois o núcleo do tipo é "deixar de repassar", e não "apropriar-se" como no crime de apropriação indébita.

Não se admite a forma culposa.

Consumação

Para a maioria da doutrina é crime formal. Para o STF é crime material, pois deve haver a efetiva lesão aos cofres da União.

Se a conduta for praticada mediante fraude, o crime será de sonegação de contribuição previdenciária, previsto no Art. 337-A, CP.

É Crime Unissubsistente

A conduta se exterioriza em um único ato, suficiente para a consumação.

Ação Penal

Ação penal pública incondicionada.

Hipótese de Dificuldades Financeiras

Firmou-se o entendimento de que há inexigibilidade de conduta diversa (causa supralegal de exclusão da culpabilidade).

O STJ já decidiu que o fato é atípico em face da ausência de dolo.

> Para o Cespe o fato se enquadra em estado de necessidade (excludente de ilicitude). Veja a questão:
>
> (Cespe) Em razão de sérias dificuldades de ordem financeira, causadas pelos desajustes da economia nacional, o proprietário de determinada empresa se viu obrigado a não recolher aos cofres previdenciários os recursos relativos às contribuições arrecadadas de seus empregados. Nessa situação, comprovadas as dificuldades insuperáveis que motivaram a conduta do empresário e, em consequência, o estado de necessidade, não terá havido qualquer ilicitude a legitimar a persecução penal.
>
> A questão está correta.

Extinção da Punibilidade

§ 2º. *É extinta a punibilidade se o agente, espontaneamente, declara, confessa e efetua o pagamento das contribuições, importâncias ou valores e presta as informações devidas à previdência social, na forma definida em lei ou regulamento, antes do início da ação fiscal.*

A ação fiscal tem início com a lavratura do Termo de Início da Ação Fiscal (TIAF).

Para que ocorra a extinção da punibilidade, devem-se preencher, cumulativamente, três requisitos:

- Espontânea declaração e confissão do débito;
- Prestação de informações à Previdência Social;
- Pagamento integral do débito previdenciário ANTES do início da Ação Fiscal.

Perdão Judicial e Aplicação Isolada de Pena de Multa

§ 3º. *É facultado ao juiz deixar de aplicar a pena ou aplicar somente a de multa se o agente for primário e de bons antecedentes, desde que:*

I. *Tenha promovido, após o início da ação fiscal e antes de oferecida a denúncia, o pagamento da contribuição social previdenciária, inclusive acessórios; ou*

A hipótese do inciso I não se aplica mais, em razão regra contida no Art. 9, §2º, Lei nº 10.684/03 e do entendimento do STJ sobre o assunto.

> Para o STJ o pagamento integral do débito previdenciário, ANTES ou DEPOIS do recebimento da denúncia, é causa de extinção da punibilidade (Art. 9º, §2º, Lei nº 10.684/03). HC 63.168/SC.

II. *O valor das contribuições devidas, inclusive acessórios, seja igual ou inferior àquele estabelecido pela previdência social, administrativamente, como sendo o mínimo para o ajuizamento de suas execuções fiscais.*

Perdão Judicial e Parcelamento

§ 4º A faculdade prevista no § 3º deste artigo não se aplica aos casos de parcelamento de contribuições cujo valor, inclusive dos acessórios, seja superior àquele estabelecido, administrativamente, como sendo o mínimo para o ajuizamento de suas execuções fiscais.

Justa Causa e Prévio Esgotamento da Via Administrativa

Lei nº 9.430/96. Dispõe sobre a legislação tributária federal, as contribuições para a seguridade social, o processo administrativo de consulta; e dá outras providências:

Art. 83. *A representação fiscal para fins penais relativa aos crimes contra a ordem tributária previstos nos Arts. 1º e 2º da Lei no 8.137, de 27 de dezembro de 1990, e aos crimes contra a Previdência Social, previstos nos Arts. 168-A e 337-A do Decreto-Lei no 2.848, de 7 de dezembro de 1940 (Código Penal), será encaminhada ao Ministério Público depois de proferida a decisão final, na esfera administrativa, sobre a exigência fiscal do crédito tributário correspondente. (Redação dada pela Lei nº 12.350, de 2010).*

§ 1º. Na hipótese de concessão de parcelamento do crédito tributário, a representação fiscal para fins penais somente será encaminhada ao Ministério Público após a exclusão da pessoa física ou jurídica do parcelamento. (Incluído pela Lei nº 12.382, de 2011).

§ 2º. É suspensa a pretensão punitiva do Estado referente aos crimes previstos no caput, durante o período em que a pessoa física ou a pessoa jurídica relacionada com o agente dos aludidos crimes estiver incluída no parcelamento, desde que o pedido de parcelamento tenha sido formalizado antes do recebimento da denúncia criminal. (Incluído pela Lei nº 12.382, de 2011).

§ 3º. A prescrição criminal não corre durante o período de suspensão da pretensão punitiva. (Incluído pela Lei nº 12.382, de 2011).

§ 4º. Extingue-se a punibilidade dos crimes referidos no caput quando a pessoa física ou a pessoa jurídica relacionada com o agente efetuar o pagamento integral dos débitos oriundos de tributos, inclusive acessórios, que tiverem sido objeto de concessão de parcelamento. (Incluído pela Lei nº 12.382, de 2011).

Princípio da Insignificância

Para o STF, é possível a aplicação do princípio da insignificância (causa supralegal de exclusão da tipicidade - o fato não será crime) quando o valor do débito previdenciário não ultrapassar R$10.000,00 (dez mil reais). O fundamento está no Art. 20 da Lei nº 10.522/02, que determina o arquivamento das execuções fiscais, sem cancelamento na distribuição, quando os débitos inscritos como dívida ativa da União não excedam este valor.

Forma Privilegiada

Nos termos do Art. 170 do CP aplica-se o Art. 155, §2º, para este crime (forma privilegiada).

Apropriação de Coisa Havida por Erro, Caso Fortuito ou Força da Natureza

***Art. 169.** Apropriar-se alguém de coisa alheia vinda ao seu poder por erro, caso fortuito ou força da natureza:*

***Pena** - detenção, de um mês a um ano, ou multa.*

***Parágrafo único.** Na mesma pena incorre:*

Apropriação de Tesouro

***I.** Quem acha tesouro em prédio alheio e se apropria, no todo ou em parte, da quota a que tem direito o proprietário do prédio;*

Apropriação de Coisa Achada

***II.** Quem acha coisa alheia perdida e dela se apropria, total ou parcialmente, deixando de restituí-la ao dono ou legítimo possuidor ou de entregá-la à autoridade competente, dentro no prazo de quinze dias.*

***Art. 170.** Nos crimes previstos neste Capítulo, aplica-se o disposto no Art. 155, § 2º.*

4.6 Do Estelionato e outras Fraudes

Estelionato

***Art. 171** - Obter, para si ou para outrem, vantagem ilícita, em prejuízo alheio, induzindo ou mantendo alguém em erro, mediante artifício, ardil, ou qualquer outro meio fraudulento:*

***Pena** - reclusão, de um a cinco anos, e multa, de quinhentos mil réis a dez contos de réis. (Vide Lei nº 7.209, de 1984)*

***§ 1º** - Se o criminoso é primário, e é de pequeno valor o prejuízo, o juiz pode aplicar a pena conforme o disposto no art. 155, § 2º.*

***§ 2º** - Nas mesmas penas incorre quem:*

Disposição de coisa alheia como própria

***I.** vende, permuta, dá em pagamento, em locação ou em garantia coisa alheia como própria;*

Alienação ou oneração fraudulenta de coisa própria

***II.** vende, permuta, dá em pagamento ou em garantia coisa própria inalienável, gravada de ônus ou litigiosa, ou imóvel que prometeu vender a terceiro, mediante pagamento em prestações, silenciando sobre qualquer dessas circunstâncias;*

Defraudação de penhor

***III.** defrauda, mediante alienação não consentida pelo credor ou por outro modo, a garantia pignoratícia, quando tem a posse do objeto empenhado;*

Fraude na entrega de coisa

***IV.** defrauda substância, qualidade ou quantidade de coisa que deve entregar a alguém;*

Fraude para recebimento de indenização ou valor de seguro

***V.** destrói, total ou parcialmente, ou oculta coisa própria, ou lesa o próprio corpo ou a saúde, ou agrava as conseqüências da lesão ou doença, com o intuito de haver indenização ou valor de seguro;*

Fraude no pagamento por meio de cheque

***VI.** emite cheque, sem suficiente provisão de fundos em poder do sacado, ou lhe frustra o pagamento.*

***§ 3º** - A pena aumenta-se de um terço, se o crime é cometido em detrimento de entidade de direito público ou de instituto de economia popular, assistência social ou beneficência.*

Estelionato contra idoso

***§ 4º** Aplica-se a pena em dobro se o crime for cometido contra idoso. (Incluído pela Lei nº 13.228, de 2015)*

***§ 5º** Somente se procede mediante representação, salvo se a vítima for: (Incluído pela Lei nº 13.964, de 2019)*

I.** a Administração Pública, direta ou indireta; (Incluído pela Lei nº 13.964, de 2019) **ANTICRIME

***II.** criança ou adolescente; (Incluído pela Lei nº 13.964, de 2019)*

III.** pessoa com deficiência mental; ou (Incluído pela Lei nº 13.964, de 2019) **ANTICRIME

IV.** maior de 70 (setenta) anos de idade ou incapaz. (Incluído pela Lei nº 13.964, de 2019) **ANTICRIME

Esse crime tem o objetivo de punir a conduta do agente que, utilizando-se de uma **fraude**, induz ou mantém alguém em erro, no intuito de obter uma vantagem ilícita sobre essa vítima.

Classificação

É um crime COMUM, ou seja, pode ser praticado por qualquer pessoa.

É um crime instantâneo - consuma-se no momento da prática do ato - com efeitos permanentes.

Admite a modalidade comissiva (pratica a conduta do estelionato) ou omissiva (mantém a vítima em erro).

Sujeitos do Crime

Sujeito Ativo: sendo um crime comum, admite qualquer pessoa.

Sujeito Passivo: qualquer pessoa - física ou jurídica - que seja mantida em erro, desde que seja determinada, NÃO se admite uma vítima incerta.

O crime de estelionato **exige** VÍTIMA CERTA E DETERMINADA, logo, se a vítima for incerta ou indeterminada, trata-se de crime contra a economia popular - Art. 2º, XI, Lei nº 1.521/51.

Ex.: Adulteração de balança, de bomba de combustível, de taxímetro.

Se a vítima for incapaz ou alienada, o crime será o do Art. 173 do CP: abuso de incapazes - Abusar, em proveito próprio ou alheio, de necessidade, paixão ou inexperiência de menor, ou da alienação ou debilidade mental de outrem, induzindo qualquer deles à prática de ato suscetível de produzir efeito jurídico, em prejuízo próprio ou de terceiro.

Consumação e Tentativa

ADMITE tentativa, ademais a fraude deve ser idônea a ludibriar a vítima, pois, do contrário, será **crime impossível** em face da ineficácia absoluta do meio de execução (Art. 17 do CP).

Consuma-se com a obtenção da vantagem ilícita causando o prejuízo à vitima, passando pelos momentos de:

> Emprego de fraude pelo agente;

> Situação de erro na qual a vítima é colocada ou mantida;

> Obtenção de vantagem ilícita pelo agente;

> Prejuízo sofrido pela vítima.

Descrição

A vantagem **ilícita** deve ser de natureza econômica (patrimonial): se a vantagem for **lícita**, estará configurado o crime de exercício arbitrário das próprias razões, Art. 345 do CP: fazer justiça pelas próprias mãos, para satisfazer pretensão, **embora legítima**, salvo quando a lei o permite.

> Daí que o STF entendeu que o ponto eletrônico, ou a cola eletrônica são fatos atípicos em face da inexistência de vantagem econômica. Esse foi o entendimento prevalecente, apesar de haver minoria do STF que afirma tratar-se de fato típico.

> O silêncio pode ser usado como meio fraudulento para a prática de estelionato, bem como a mentira (tem que ser fraudulenta).

> A fraude bilateral não exclui o crime.

Formas de Execução

Ardil - caracteriza-se pela fraude de forma intelectual, fraude moral, representada pela conversa enganosa. É a lábia.

Ex.: "A", alegando ser especialista em conserto de computadores, convence "B" a entregar-lhe seu notebook para conserto.

Artifício - caracteriza-se pela fraude de forma material. O agente utiliza algum instrumento ou objeto para enganar a vítima.

Ex.: "A" se disfarça de manobrista e fica parado na porta de um restaurante para que "B" voluntariamente lhe entregue seu carro. Ou ainda, aquele que utiliza o bilhete premiado ou um documento falso.

Qualquer Outro Meio Fraudulento - é uma situação de interpretação analógica.

O silêncio. "A" comerciante entrega a "B", cliente, troco além do devido, mas este nada fala e nada faz, ficando com o dinheiro para si.

Estelionato e Crime Impossível - Qualquer que seja o meio de execução (artifício, ardil ou outro meio fraudulento) empregado na prática da conduta, somente haverá a tentativa quando apresentar idoneidade para enganar a vítima. A idoneidade leva em conta as condições pessoais do ofendido.

Se o meio fraudulento for capaz de enganar a vítima, estará caracterizado o conatus. Caso não tenha intenção de iludir a vítima ou apresente-se grosseiro será crime impossível, pois há impropriedade absoluta do meio de execução. (Art. 17 do CP).

Estelionato e Reparação do Dano: a reparação do dano não apaga o crime de estelionato, porém, dependendo do momento que ocorrer a indenização à vítima, podem ocorrer as seguintes situações:

> Se ANTERIOR ao RECEBIMENTO da DENÚNCIA ou QUEIXA, é possível o reconhecimento do arrependimento posterior, isso irá diminuir a pena de um a dois terços, nos termos do Art. 16 CP.

> Se ANTES da SENTENÇA, pode ser aplicada a atenuante genérica de acordo com o Art. 65, III, c, parte final, do CP.

> Se POSTERIOR à SENTENÇA, não surte efeito algum.

Pratica estelionato em sua modalidade fundamental (Art. 171, caput, do CP):

Exs.: "A" portando folha de cheque de "B" chega ao comércio e, se passando por "B", emite a cártula e obtém vantagem em prejuízo alheio.

"A" se apodera (furto, roubo...) de folha de cheque de "B" e a preenche indevidamente utilizando-a como meio fraudulento para induzir ou manter alguém em erro, e, por consequência, obtém vantagem ilícita em prejuízo alheio.

"A" está com sua conta bancária encerrada, mas continua comprando objetos e pagando com as folhas de cheques que ainda possui;

"A" cria uma conta bancária com documentos falsos e, posteriormente, emite cheques sem suficiente provisão de fundos para comprar objetos.

Regra contida no Art. 9, §2º, Lei nº 10.684/03 e do entendimento do STJ sobre o assunto.

Estelionato Privilegiado

__§1º.__ Se o criminoso é primário, e é de __pequeno valor o prejuízo__, o juiz pode aplicar a pena conforme o disposto no Art. 155, § 2º.

O prejuízo de "pequeno valor" deve ser dano igual ou inferior a um salário mínimo vigente à época do fato.

Absorção do Crimes de Falso

__Súm. 17, STJ.__ Quando o falso se exaure no estelionato, sem mais potencialidade lesiva, é por este absorvido.

Empregando a fraude, sem a intenção de se enriquecer e só com a intenção de prejudicar alguém, não se trata de estelionato. É necessário buscar a obtenção de indevida vantagem econômica.

Quando o agente, mediante fraude, consegue obter da vítima um título de crédito, o delito está consumado? Não, enquanto o título não é convertido em valor material, não há efetivo proveito do agente, podendo ser impedido de realizar a conversão por circunstâncias alheias a sua vontade. Assim, o crime ainda está na fase de execução. (**MAJORITÁRIA**).

Figuras Equiparadas

§ 2º. Nas mesmas penas incorre quem:

Disposição de Coisa Alheia como Própria

***I.** Vende, permuta, dá em pagamento, em locação ou em garantia coisa alheia como própria;*

Nessa situação, admite-se que o bem seja móvel ou imóvel. É quando o agente, na posse do bem de um terceiro, utiliza-o como se fosse próprio.

Ex.: O inquilino de um imóvel, que aluga para uma terceira pessoa por um valor superior, na intenção de obter lucro, sem o consentimento ou ciência do proprietário real do imóvel.

Alienação ou Oneração Fraudulenta de Coisa Própria

***II.** Vende, permuta, dá em pagamento ou em garantia coisa própria inalienável, gravada de ônus ou litigiosa, ou imóvel que prometeu vender a terceiro, mediante pagamento em prestações, silenciando sobre qualquer dessas circunstâncias;*

Nessa situação, o bem é da própria pessoa, podendo também ser imóvel ou móvel.

Ex.: O agente vende veículo para três pessoas ao mesmo tempo, no entanto, tal bem se encontra em busca e apreensão por falta de pagamento, existe um ônus judicial sobre o patrimônio.

Trata-se de crime de duplo resultado: vantagem + prejuízo, punindo-se aquele que pratica um dos núcleos do tipo, silenciando sobre a circunstância.

Defraudação de Penhor

***III.** Defrauda, mediante alienação não consentida pelo credor ou por outro modo, a garantia pignoratícia, quando tem a posse do objeto empenhado;*

Seria a hipótese em que, um devedor, recebendo algo como penhor (garantia) de um credor, pratica ato de posse do bem, sem o consentimento dele (credor).

Ex.: Um empresário resolve penhorar seu veículo para levantar fundos para o investimento na sua empresa, entretanto a empresa que penhorou o veículo decide alugá-lo para que possa obter lucro.

Fraude na Entrega de Coisa

***IV.** Defrauda substância, qualidade ou quantidade de coisa que deve entregar a alguém;*

Pode ocorrer tanto em bens móveis quanto imóveis.

Ex.: Uma construtora vende imóveis na planta com dimensão de 200m^2, contudo, ao cabo das obras, na entrega da chave aos proprietários, esses constatam que os imóveis só possuem 170m^2.

Caso a qualidade, quantidade do objeto seja superior, não existe o crime (se o imóvel tivesse 230m^2, por exemplo).

Deve-se ter em mente que, na hipótese de RELAÇÃO COMERCIAL, pode-se estar diante do Art. 175 do CP.

Fraude para Recebimento de Indenização ou Valor de Seguro

***V.** Destrói, total ou parcialmente, ou oculta coisa própria, ou lesa o próprio corpo ou a saúde, ou agrava as consequências da lesão ou doença, com o intuito de haver indenização ou valor de seguro;*

É pressuposto fundamental deste crime, a prévia existência de um contrato de seguro em vigor. Caso não exista seguro, será crime impossível, diante da impropriedade absoluta do objeto material (Art. 17 do CP). Nessa situação o sujeito passivo deste crime será necessariamente a seguradora, sendo também admissível a hipótese de tentativa.

Por conseguinte, é um crime FORMAL, ou seja, consuma-se com a prática da conduta típica (destruir, ocultar, autolesionar e agravar), ainda que o sujeito NÃO consiga alcançar a indevida vantagem econômica pretendida.

Cuidado para não confundir esta hipótese de estelionato com o crime de incêndio doloso qualificado (Art. 250, §1º, I, CP).

Ex.: Pedro ateou fogo em sua loja de tecidos, com a finalidade de obter o respectivo seguro, colocando em risco os imóveis vizinhos. Em razão dessa conduta, Pedro responderá por crime de incêndio doloso qualificado pelo intuito de obter vantagem econômica em proveito próprio.

Na hipótese em que a fraude é perpetrada por terceiro, sem o conhecimento do segurado, sabendo que esse será o beneficiário do valor da apólice, o delito será o previsto no Art. 171, *caput*, do CP.

> Somente existe o crime, quando provado que, desde o início, EXISTE a má-fé do agente, ou seja, desde o momento em que colocou o cheque em circulação ele já não tinha intenção de honrar seu pagamento; seja pela ausência de suficiência de provisão de fundos, seja pela frustração de seu pagamento. Sendo assim, deve haver a finalidade específica que é a intenção de fraudar / enganar a vítima.

Fraude no Pagamento por meio de Cheque

***VI.** Emite cheque, sem suficiente provisão de fundos em poder do sacado, ou lhe frustra o pagamento.*

Sujeito Ativo: é um crime próprio (o titular da conta bancária), ademais, ADMITE coautoria e participação.

Sujeito Passivo: a pessoa física ou jurídica que suporta prejuízo patrimonial.

***Súm. 246, STF.** Comprovado NÃO ter havido fraude, não se configura crime de emissão de cheque sem fundos.*

"A" compra um produto na loja de "B", no momento da compra não possui dinheiro na conta. Ocorre que pretendia realizar o depósito na conta antes que "B" apresentasse a folha de cheque ao banco. Todavia acaba se esquecendo de realizar o depósito. Desse modo o cheque é devolvido por falta de fundos. NÃO É CRIME, pois o inciso VI do Art. 171 do CP, NÃO admite a forma culposa.

Esse crime se consuma no instante em que o banco se nega a efetuar o pagamento do cheque, quer pela ausência de fundos, quer pelo recebimento de contraordem (sustação) expedida pelo correntista, daí resulta o prejuízo patrimonial do ofendido. É crime material.

A falsidade ideológica é *ante factum* impunível, pois quem assina o cheque é o responsável pela fraude e não outra pessoa.

O crime do inciso VI do Art. 171, pode ser praticado de DUAS formas:

> O agente coloca o cheque em circulação sem ter dinheiro suficiente na conta;

> O agente possui fundos quando da emissão do cheque, no entanto, antes do beneficiário apresentar o título, o agente retira todo o numerário depositado ou apresenta uma contraordem de pagamento (sustação).

Fraude do cheque ocorre pelo agente que tem a conta encerrada, não é este estelionato do inciso VI, é estelionato simples do *caput*.

Competência até o Recebimento da Denúncia

Súm. 521, STF. *O foro competente para o processo e julgamento dos crimes de estelionato, sob a modalidade da emissão dolosa de cheque sem provisão de fundos, é o do local onde se deu a recusa do pagamento pelo sacado.*

Súm. 244, STJ. *Compete ao foro do local da recusa processar e julgar o crime de estelionato mediante cheque sem provisão de fundos.*

O Art. 70, caput, 1ª parte, CPP diz que a competência é, em regra, do local da consumação do delito.

Súm. 554, STF. *O pagamento de cheque emitido sem provisão de fundos, APÓS o recebimento da denúncia, não obsta ao prosseguimento da ação penal.*

Desse modo, entende-se que o pagamento de cheque sem previsão de fundos, ATÉ o RECEBIMENTO da DENÚNCIA, impede o prosseguimento da ação penal, ou seja, é causa extintiva de punibilidade.

Na hipótese do inciso VI do Art. 171, a tentativa é possível, por exemplo: o correntista dolosamente emite um cheque sem suficiente provisão de fundos, mas seu pai, agindo sem seu conhecimento, deposita montante superior em sua conta corrente antes da apresentação da folha de cheque.

Segundo STJ, a emissão de cheques como garantia de dívida (pós-datado), e não como ordem de pagamento à vista, não constitui crime de estelionato, na modalidade prevista no Art. 171, §2º, VI, CP. Entretanto, é possível a responsabilização do agente pelo estelionato na modalidade fundamental, se demonstrado seu dolo em obter vantagem ilícita em prejuízo alheio no momento da emissão fraudulenta do cheque.

Mas atente-se que, se o agente pós-datar o cheque sabendo da inexistência de fundos, há má-fé e configurará o Art. 171, *caput*, do CP. Assim, se emissão do cheque é fraudulenta - presente a má-fé - caracteriza o Art. 171, *caput*.

NÃO é crime de estelionato a emissão de cheque sem fundos para pagamento de:

A. Dívida anteriormente existente;

Nessa hipótese a razão do prejuízo da vítima é diferente da fraude no pagamento por meio de cheque.

Ex.: "A" compra algumas roupas fiado na loja de "B" e não efetua o pagamento na data combinada. Seis meses após a compra, após insistentes cobranças de "B", "A" emite um cheque sem fundos para quitar a dívida.

B. Dívidas de jogos ilícitos.

Ex.: Apostas ilegais ou jogo do bicho.

C. Programas sexuais com prostitutas ou garotos de programa.

Cheque

> Emitir cheque, encerrando, logo após, a conta: tem-se o Art. 171, §2º, VI, aplicando-se as Súmulas 521 do STF e 224 do STJ.

> Emitir cheque de conta encerrada: aplica-se o Art. 171, ***caput***, sem aplicação das súmulas.

> Frustrar pagamento de cheque para não pagamento de dívida de jogo é crime? Nos termos do Art. 814 do CC, as dívidas de jogo não obrigam a pagamento, mas não se pode recobrar dívida dessa natureza então paga.

Causa de Aumento de Pena

Art. 171, § 3º, CP. *A pena aumenta-se de um terço, se o crime é cometido em detrimento de entidade de direito público ou de instituto de economia popular, assistência social ou beneficência.*

Fundamenta-se na maior extensão dos danos produzidos, pois com a lesão ao patrimônio público e ao interesse social toda coletividade é prejudicada.

Súm. 24, STJ. *Aplica-se ao crime de estelionato, em que figure como vítima entidade autárquica da Previdência Social, a qualificadora do § 3º do Art. 171, CP.*

Não se aplica o §3º no caso de estelionato contra o Banco do Brasil, considerando que esta não é entidade de Direito Público.

Súm. 73, STJ.
A utilização de papel-moeda GROSSEIRAMENTE falsificado configura, em tese, o crime de estelionato, de competência da Justiça Estadual.

Jogos de Azar: há o crime de estelionato caso seja empregado meio fraudulento visando eliminar totalmente a possibilidade de vitória por parte dos jogadores.

Adulteração de máquina de caça-níquel para que os apostadores nunca vençam.

Falsidade Documental: o sujeito que falsifica documento (público ou particular) e, posteriormente, dele se vale para enganar alguém, obtendo vantagem ilícita em prejuízo alheio responderia, EM TESE, por dois crimes: estelionato e falsidade documental (Art. 171, *caput*, e Art. 297 - documento público ou 298 - documento particular), contudo, nessa situação, o crime de estelionato absorve o crime de falsidade documental. É esse o teor da súmula do STJ:

Súm. 17, STJ. *Quando o falso se exaure no estelionato, sem mais potencialidade lesiva, é por este absorvido.*

Ocorre o "Princípio da Consumação", que é quando o crime-fim (estelionato) absorve o crime-meio (falsidade documental).

Isso desde que a fé pública, o patrimônio ou outro bem jurídico qualquer não possam mais ser atacados pelo documento falsificado e utilizado por alguém como meio fraudulento para obtenção de vantagem ilícita em prejuízo alheio.

Competência

O Art. 70 do CPP prevê que a competência será, em regra, determinada pelo **lugar em que se consumar a infração**. Verifica-se nesta regra que no estelionato o juízo competente será o do local em que o sujeito obteve a vantagem ilícita em prejuízo alheio.

> ***Súm. 107, STJ.*** *Compete à justiça comum estadual processar e julgar crime de estelionato praticado mediante falsificação das guias de recolhimento das contribuições previdenciárias,* ***quando não ocorre lesão à autarquia federal.***

É crime de competência da Justiça Estadual. No entanto, será de competência da Justiça Federal quando for praticado em detrimento de bens, serviços ou interesses da União ou suas entidades autárquicas ou empresas públicas. (Art. 109, inciso IV, CF).

> ***Súm. 48, STJ.*** *Compete ao juízo do local da obtenção da vantagem ilícita processar e julgar crime de estelionato cometido mediante falsificação de cheque. Esta súmula está relacionada ao crime definido pelo estelionato em sua modalidade fundamental (caput).*
>
> ***Súm. 521, STF.*** *O foro competente para o processo e julgamento dos crimes de estelionato, sob a modalidade da emissão dolosa de cheque sem provisão de fundos, é o do local onde se deu a recusa do pagamento pelo sacado. (Ou seja, local da agência bancária)*

Ação Penal

Perceba mais uma alteração do pacote ANtiCRIME, revelando agora expressamente que a ação penal será CONDICIONADA à representação da vítima, salvo quando:

> a Administração Pública, direta ou indireta
> criança ou adolescente
> pessoa com deficiência mental
> maior de 70 (setenta) anos de idade ou incapaz.

Duplicata Simulada

> ***Art. 172.*** *Emitir fatura, duplicata ou nota de venda que não corresponda à mercadoria vendida, em quantidade ou qualidade, ou ao serviço prestado.*
>
> ***Pena*** *- detenção, de 2 (dois) a 4 (quatro) anos, e multa.*
>
> ***Parágrafo único.*** *Nas mesmas penas incorrerá aquele que falsificar ou adulterar a escrituração do Livro de Registro de Duplicatas.*

Abuso de Incapazes

> ***Art. 173.*** *Abusar, em proveito próprio ou alheio, de necessidade, paixão ou inexperiência de menor, ou da alienação ou debilidade mental de outrem, induzindo qualquer deles à prática de ato suscetível de produzir efeito jurídico, em prejuízo próprio ou de terceiro:*
>
> ***Pena*** *- reclusão, de dois a seis anos, e multa.*

Induzimento à Especulação

> ***Art. 174.*** *Abusar, em proveito próprio ou alheio, da inexperiência ou da simplicidade ou inferioridade mental de outrem, induzindo-o à prática de jogo ou aposta, ou à especulação com títulos ou mercadorias, sabendo ou devendo saber que a operação é ruinosa:*
>
> ***Pena*** *- reclusão, de um a três anos, e multa.*

Fraude no Comércio

> ***Art. 175.*** *Enganar, no exercício de atividade comercial, o adquirente ou consumidor:*
>
> ***I.*** *Vendendo, como verdadeira ou perfeita, mercadoria falsificada ou deteriorada;*
>
> ***II.*** *Entregando uma mercadoria por outra:*
>
> ***Pena*** *- detenção, de seis meses a dois anos, ou multa.*
>
> ***§ 1º.*** *Alterar em obra que lhe é encomendada a qualidade ou o peso de metal ou substituir, no mesmo caso, pedra verdadeira por falsa ou por outra de menor valor; vender pedra falsa por verdadeira; vender, como precioso, metal de outra qualidade:*
>
> ***Pena*** *- reclusão, de um a cinco anos, e multa.*
>
> ***§ 2º.*** *É aplicável o disposto no Art. 155, § 2º.*

Outras Fraudes

> ***Art. 176.*** *Tomar refeição em restaurante, alojar-se em hotel ou utilizar-se de meio de transporte sem dispor de recursos para efetuar o pagamento:*
>
> ***Pena*** *- detenção, de quinze dias a dois meses, ou multa.*
>
> ***Parágrafo único.*** *Somente se procede mediante representação, e o juiz pode, conforme as circunstâncias, deixar de aplicar a pena.*

Fraudes e Abusos na Fundação ou Administração de Sociedade por Ações

> ***Art. 177.*** *Promover a fundação de sociedade por ações, fazendo, em prospecto ou em comunicação ao público ou à assembleia, afirmação falsa sobre a constituição da sociedade, ou ocultando fraudulentamente fato a ela relativo:*
>
> ***Pena*** *- reclusão, de um a quatro anos, e multa, se o fato não constitui crime contra a economia popular.*
>
> ***§ 1º.*** *Incorrem na mesma pena, se o fato não constitui crime contra a economia popular:*
>
> ***I.*** *O diretor, o gerente ou o fiscal de sociedade por ações, que, em prospecto, relatório, parecer, balanço ou comunicação ao público ou à assembleia, faz afirmação falsa sobre as condições econômicas da sociedade, ou oculta fraudulentamente, no todo ou em parte, fato a elas relativo;*
>
> ***II.*** *O diretor, o gerente ou o fiscal que promove, por qualquer artifício, falsa cotação das ações ou de outros títulos da sociedade;*
>
> ***III.*** *O diretor ou o gerente que toma empréstimo à sociedade ou usa, em proveito próprio ou de terceiro, dos bens ou haveres sociais, sem prévia autorização da assembleia geral;*
>
> ***IV.*** *O diretor ou o gerente que compra ou vende, por conta da sociedade, ações por ela emitidas, salvo quando a lei o permite;*
>
> ***V.*** *O diretor ou o gerente que, como garantia de crédito social, aceita em penhor ou em caução ações da própria sociedade;*
>
> ***VI.*** *O diretor ou o gerente que, na falta de balanço, em desacordo com este, ou mediante balanço falso, distribui lucros ou dividendos fictícios;*
>
> ***VII.*** *O diretor, o gerente ou o fiscal que, por interposta pessoa, ou conluiado com acionista, consegue a aprovação de conta ou parecer;*
>
> ***VIII.*** *O liquidante, nos casos dos nºs I, II, III, IV, V e VII;*
>
> ***IX.*** *O representante da sociedade anônima estrangeira, autorizada a funcionar no País, que pratica os atos mencionados nos nºs I e II, ou dá falsa informação ao Governo.*
>
> ***§ 2º.*** *Incorre na pena de detenção, de seis meses a dois anos, e multa, o acionista que, a fim de obter vantagem para si ou para outrem, negocia o voto nas deliberações de assembleia geral.*

Emissão Irregular de Conhecimento de Depósito ou "Warrant"

Art. 178. Emitir conhecimento de depósito ou warrant, em desacordo com disposição legal:

Pena - reclusão, de um a quatro anos, e multa.

Fraude à Execução

Art. 179. Fraudar execução, alienando, desviando, destruindo ou danificando bens, ou simulando dívidas:

Pena - detenção, de seis meses a dois anos, ou multa.

Parágrafo único. Somente se procede mediante queixa.

4.7 Da Receptação

Art. 180. Adquirir, receber, transportar, conduzir ou ocultar, em proveito próprio ou alheio, coisa que sabe ser produto de crime, ou influir para que terceiro, de boa-fé, a adquira, receba ou oculte:

Pena - reclusão, de um a quatro anos, e multa.

Receptação Qualificada

§ 1º. Adquirir, receber, transportar, conduzir, ocultar, ter em depósito, desmontar, montar, remontar, vender, expor à venda, ou de qualquer forma utilizar, em proveito próprio ou alheio, no exercício de atividade comercial ou industrial, coisa que deve saber ser produto de crime:

Pena - reclusão, de três a oito anos, e multa.

§ 2º. Equipara-se à atividade comercial, para efeito do parágrafo anterior, qualquer forma de comércio irregular ou clandestino, inclusive o exercício em residência.

§ 3º. Adquirir ou receber coisa que, por sua natureza ou pela desproporção entre o valor e o preço, ou pela condição de quem a oferece, deve presumir-se obtida por meio criminoso:

Pena - detenção, de um mês a um ano, ou multa, ou ambas as penas.

§ 4º. A receptação é punível, ainda que desconhecido ou isento de pena o autor do crime de que proveio a coisa.

§ 5º. Na hipótese do § 3º, se o criminoso é primário, pode o juiz, tendo em consideração as circunstâncias, deixar de aplicar a pena. Na receptação dolosa aplica-se o disposto no § 2º do Art. 155.

§ 6º. Tratando-se de bens e instalações do patrimônio da União, Estado, Município, empresa concessionária de serviços públicos ou sociedade de economia mista, a pena prevista no caput deste artigo aplica-se em dobro.

Art. 180-A. Adquirir, receber, transportar, conduzir, ocultar, ter em depósito ou vender, com a finalidade de produção ou de comercialização, semovente domesticável de produção, ainda que abatido ou dividido em partes, que deve saber ser produto de crime: (Incluído pela Lei nº 13.330, de 2016)

Pena - reclusão, de 2 (dois) a 5 (cinco) anos, e multa. (Incluído pela Lei nº 13.330, de 2016)

Esse artigo tipifica a conduta do agente que adquire, recebe, transporta, conduz, dentre outras condutas, com intuito de obter vantagem, produto de crime (furto, roubo, extorsão, estelionato etc.). É considerado como delito, a conduta de adquirir (receptação própria), como a de influenciar para que uma terceira pessoa adquira esses produtos (receptação imprópria).

Classificação

A conduta do *caput* é considera como um crime comum, pois pode ser praticada por qualquer agente. Ademais, no § 1º, considera-se um crime PRÓPRIO, pois exige uma qualidade específica do agente, devendo ele ser comerciante ou industrial, mesmo que ele exerça de forma clandestina ou ilegal.

Ex.: Um ferro velho que vende peças de veículos furtados.

A receptação é crime acessório, pois depende da existência do crime anterior. Não é necessário que o crime anterior seja contra o patrimônio.

Ex.: Receptar bem oriundo do crime de corrupção passiva.

É um crime de ação múltipla e conteúdo variado, ou seja, a prática de várias condutas contra o mesmo bem, caracteriza crime único (adquire e vende).

O bem imóvel não pode ser objeto material do crime de receptação, somente bens móveis.

Sujeitos do Crime

Sujeito Ativo (*caput*): pode ser qualquer pessoa, exceto quem seja autor ou coautor do crime antecedente (furto, extorsão, roubo).

Sujeito Ativo (da receptação qualificada §1º): é um crime próprio, somente aquela pessoa que desempenha atividade comercial ou industrial.

Dono de ferro velho de carros e peças usadas.

- Admite a participação.
- A atividade deve ser habitual ou contínua.

Sujeito Passivo: é a vítima do crime anterior, ou seja, donde veio o produto do furto.

Consumação e Tentativa

Receptação Própria (*caput*): Adquirir, receber - crime material/instantâneo - transportar, conduzir ou ocultar - crime permanente - ambos **admitem** a tentativa.

Receptação Imprópria (2ª parte do *caput*): INFLUIR - crime FORMAL e UNISSUBSISTENTE - **NÃO** admite tentativa.

Receptação Própria X Imprópria

Própria: adquirir, receber, transportar, conduzir ou ocultar, em proveito próprio ou alheio, coisa que SABE ser produto de crime.

Imprópria: ou **Influir** para que terceiro, de boa-fé, a adquira, receba ou oculte:

Na receptação **imprópria**, caso o agente influenciador seja o autor do crime antecedente, responderá **APENAS** por este delito, e não pela receptação. Trata-se de *post factum impunível* (Ex.: "A" coautor do furto de um computador, influi para que "B", de boa-fé, o compre).

A expressão "coisa que sabe" é indicativa de dolo direto e implicitamente abrange o dolo eventual? Prevalece que, a expressão coisa que sabe indica apenas dolo direto. Assim, o *caput* do artigo não pune o dolo eventual.

Imaginando que Rogério venda um carro à Vânia. Após uma semana que vendeu o carro, Vânia fica sabendo que o carro é produto de crime, mas permanece com ele. Houve prática de receptação? Nesse caso, não se pode esquecer que se trata de dolo superveniente, e esse não configura o crime. Assim, o dolo superveniente não configura o crime. A má-fé deve ser contemporânea a qualquer das condutas previstas no tipo.

Receptação Culposa

***§ 3º.** Adquirir ou receber coisa que, por sua natureza ou pela desproporção entre o valor e o preço, ou pela condição de quem a oferece, deve presumir-se obtida por meio criminoso: (Alterado pela Lei nº 9.426, de 1996):*

***Pena** - detenção, de 1 (um) mês a 1 (um) ano, ou multa, ou ambas as penas.*

É necessário observar três circunstâncias que indicam ser o bem produto de crime:

> Sua natureza;

> Desproporção entre valor e preço;

> Condição de quem a oferece.

No crime de receptação simples (caput) é necessário que o agente tenha certeza de que o bem é produto de crime, pois, em caso de dúvida (culpa ou dolo eventual), o agente responderá pelo crime de receptação culposa (§3º).

Norma Penal Explicativa

***§ 4º.** A receptação é punível, ainda que desconhecido ou isento de pena o autor do crime de que proveio a coisa.*

Ainda que ocorra a extinção da punibilidade do crime antecedente, haverá o crime de receptação (Art. 180 do CP).

Ex.: A morte do agente do crime anterior, prescrição etc.

Esse parágrafo dá certa autonomia ao crime de receptação em relação ao crime antecedente.

Ex.: Ricardo, menor de idade, subtrai o DVD de um veículo e o vende a Pedro, o qual conhece a origem criminosa do bem. Nesta situação, mesmo sendo Ricardo inimputável, Pedro responderá pelo crime de receptação.

Segundo alguns autores, a receptação é crime acessório e pressupõe outro crime para que exista. Sucede que não há submissão à punição do crime principal para que seja punido, ou seja, sua punição é independente.

Se o crime pressuposto está prescrito ou teve extinta a punibilidade, não desaparece a receptação.

Receptação Privilegiada

***§ 5º.** Na hipótese do § 3º. Receptação CULPOSA. se o criminoso é primário, pode o juiz, tendo em consideração as circunstâncias, deixar de aplicar a pena.*

Na receptação dolosa aplica-se o disposto no § 2º do Art. 155:

***Art. 155, § 2º.** Se o criminoso é primário, e é de pequeno valor a coisa furtada, o juiz pode substituir a pena de reclusão pela de detenção, diminuí-la de um a dois terços, ou aplicar somente a pena de multa.*

A receptação privilegiada (2ª parte do §5º) somente se aplica à receptação dolosa (própria ou imprópria); culposa e qualificada NÃO!

Receptação <u>Culposa</u> (§3º)	Receptação <u>dolosa</u> (*caput*)
+	+
Criminoso primário	Criminoso primário
+	+
Tendo em consideração as circunstâncias	Coisa de pequeno valor
=	=
<u>Perdão Judicial</u> (Juiz deixa de aplicar a pena)	<u>Art. 155, §2º, CP:</u> Substituir a pena de reclusão pena de detenção; Diminuí-la de um a dois terços ou aplicar somente a pena de multa.

Causa de Aumento de Pena

***§6º.** Tratando-se de bens e instalações do patrimônio da União, Estado, Município, empresa concessionária de serviços públicos ou sociedade de economia mista, a pena prevista no caput deste artigo APLICA-SE EM DOBRO.*

> Caso o bem seja produto de contravenção penal, NÃO existirá o crime de receptação. O fato será atípico, pois este delito somente existe em caso de bem produto de CRIME.

Aplicável somente para a receptação **SIMPLES** (*caput*). Não se aplica à receptação qualificada nem à culposa.

É possível a **receptação da receptação**, por exemplo, "A" adquire um relógio produto de furto e o vende a "B", este vende o mesmo bem a "C" ciente de sua origem criminosa.

***Art. 180-A.** Adquirir, receber, transportar, conduzir, ocultar, ter em depósito ou vender, com a finalidade de produção ou de comercialização, semovente domesticável de produção, ainda que abatido ou dividido em partes, que deve saber ser produto de crime:*

***Pena** - reclusão, de 2 (dois) a 5 (cinco) anos, e multa.*

4.8 Disposições Gerais

Imunidades Penais Absolutas ou Escusas Absolutórias

***Art. 181.** É isento de pena quem comete qualquer dos crimes previstos neste título, em prejuízo:*

***I.** Do cônjuge, na constância da sociedade conjugal;*

***II.** De ascendente ou descendente, seja o parentesco legítimo ou ilegítimo, seja civil ou natural.*

Trata-se de causa de extinção da punibilidade.

No caso do inciso I, abrange-se também a união estável, os separados de fato e ainda as uniões homoafetivas.

Não importa o Regime de comunhão de bens do casamento.

Ex.: Separação total de bens.

No caso do inciso II, não se aplica esta escusa na hipótese de parentesco por afinidade (sogra, genro, cunhado...). Outrossim, verifica-se que não há abrangência aos colaterais e afins.

Imunidade Patrimonial Relativa

***Art. 182.** Somente se procede mediante representação, se o crime previsto neste título é cometido em prejuízo:*

***I.** Do cônjuge desquitado ou judicialmente separado;*

***II.** De irmão, legítimo ou ilegítimo;*

***III.** De tio ou sobrinho, com quem o agente coabita.*

Após a entrada em vigor da Lei nº 6.515/77, o desquite não existe mais no ordenamento jurídico brasileiro.

Aos ex-cônjuges divorciados não se aplica essa imunidade.

No caso dos incisos II e III, é necessária efetiva coabitação, para incidência desta imunidade.

Este é um dos artigos do Código Penal que mais caem em concurso. Portanto, é muito importante decorá-lo!

Inaplicabilidade das Imunidades

Art. 183. *Não se aplica o disposto nos dois artigos anteriores:*

I. *Se o crime é de roubo ou de extorsão, ou, em geral, quando haja emprego de grave ameaça ou violência à pessoa;*

II. *Ao estranho que participa do crime;*

III. *Se o crime é praticado contra pessoa com idade igual ou superior a 60 (sessenta) anos.*

Este inciso foi incluído pelo Estatuto do Idoso (Lei nº 10.741/03). **Preste muita atenção,** pois este é um dos dispositivos deste assunto que mais cai em concurso público.

É aplicada a imunidade na violência doméstica e familiar contra a mulher no ambiente familiar?

1ª Corrente: para Maria Berenice Dias, jurista brasileira, não se admite imunidade patrimonial na violência doméstica e familiar contra a mulher, benefício afastado pelo Art. 7º, IV, da Lei nº 11.340/06.

2ª Corrente: diz que a Lei Maria da Penha não vedou, expressamente, qualquer imunidade, diferente do Estatuto do Idoso que vedou a imunidade para o idoso.

Tem prevalecido a 2ª Corrente.

Questões

01. (Cespe) De acordo com o STJ, é possível aplicar ao delito de furto qualificado pelo concurso de agente aumento idêntico ao previsto para o roubo majorado pelo concurso de agentes, visto que mais benéfico.
Certo ( ) Errado ( )

02. (Cespe) A presença de sistema eletrônico de vigilância em estabelecimento comercial, torna crime impossível a tentativa de furto de um produto desse estabelecimento, por absoluta ineficácia do meio, conforme entendimento consolidado no STJ.
Certo ( ) Errado ( )

03. (Cespe) Para que o crime de extorsão seja consumado é necessário que o autor do delito obtenha a vantagem indevida.
Certo ( ) Errado ( )

04. (Cespe) O indivíduo que fizer uso de violência, após subtrair o veículo de outro, cometerá o denominado roubo próprio.
Certo ( ) Errado ( )

05. (Cespe) O crime de dano não admite a tentativa.
Certo ( ) Errado ( )

06. (Cespe) Diferenciam-se os crimes de extorsão e estelionato, entre outros aspectos, porque, no estelionato, a vítima quer entregar o objeto, pois foi induzida ou mantida em erro pelo agente mediante o emprego de fraude; enquanto, na extorsão, a vítima despoja-se de seu patrimônio contra a sua vontade, fazendo-o por ter sofrido violência ou grave ameaça.
Certo ( ) Errado ( )

07. (Cespe) O crime de apropriação indébita de contribuição previdenciária é delito material, exigindo-se, para a consumação, o fim específico de apropriar-se da coisa para si (*animus rem sibi habendi*).
Certo ( ) Errado ( )

08. (Cespe) O furto de coisa comum submete-se à ação penal pública incondicionada.
Certo ( ) Errado ( )

09. (Cespe) No crime de extorsão, mediante sequestro, praticado em concurso de agentes, o concorrente que o denunciar à autoridade terá sua pena reduzida, ainda que a delação não facilite a libertação do sequestrado.
Certo ( ) Errado ( )

10. (Cespe) A fraude eletrônica para transferir valores de conta Bancária por meio do *Internet banking* constitui crime de estelionato.
Certo ( ) Errado ( )

Gabaritos

01	ERRADO	**06**	ERRADO
02	ERRADO	**07**	ERRADO
03	ERRADO	**08**	ERRADO
04	ERRADO	**09**	ERRADO
05	ERRADO	**10**	ERRADO

5. DOS CRIMES CONTRA A FÉ PÚBLICA

5.1 Da Moeda Falsa

Art. 289. *Falsificar, fabricando-a ou alterando-a, moeda metálica ou papel-moeda de curso legal no país ou no estrangeiro:*

Pena *- reclusão, de três a doze anos, e multa.*

§ 1º. *Nas mesmas penas incorre quem, por conta própria ou alheia, importa ou exporta, adquire, vende, troca, cede, empresta, guarda ou introduz na circulação moeda falsa.*

§ 2º. *Quem, tendo recebido de boa-fé, como verdadeira, moeda falsa ou alterada, a restitui à circulação, depois de conhecer a falsidade, é punido com detenção, de seis meses a dois anos, e multa.*

§ 3º. *É punido com reclusão, de três a quinze anos, e multa, o funcionário público ou diretor, gerente, ou fiscal de banco de emissão que fabrica, emite ou autoriza a fabricação ou emissão:*

I. *De moeda com título ou peso inferior ao determinado em lei;*

II. *De papel-moeda em quantidade superior à autorizada.*

§ 4º. *Nas mesmas penas incorre quem desvia e faz circular moeda, cuja circulação não estava ainda autorizada.*

Modos de Falsificar

Fabricando a moeda (manufaturando, fazendo a cunhagem): o próprio agente produz (cria) a moeda.

Alterando (modificando, adulterando): utilizando moeda verdadeira (autêntica), a altera (transforma cédula de dois reais em cem reais).

Objeto Material

O objeto material também pode ser a moeda estrangeira, desde que tenha curso legal no Brasil, ou no país de origem, ou seja, quando circulada não pode ser recusada como meio de pagamento.

Fragoso, ensina que inexistirá o crime quando houver adulteração para que o valor nominal seja diminuído em relação ao verdadeiro.

É imprescindível, além das características apontadas, que a falsificação seja convincente, isto é, capaz de iludir os destinatários da moeda.

Nem sempre a falsificação grosseira constituirá fato atípico, já que este ocorrerá somente quando não haja qualquer possibilidade de iludir alguém. Do contrário, poderá se configurar o crime de estelionato. Este, aliás, é o entendimento do Superior Tribunal de Justiça:

Súm. *73. A utilização de papel-moeda grosseiramente falsificado configura, em tese, o crime de estelionato, de competência da Justiça Estadual.*

Crimes Assimilados ao de Moeda Falsa

Art. 290. *Formar cédula, nota ou bilhete representativo de moeda com fragmentos de cédulas, notas ou bilhetes verdadeiros; suprimir, em nota, cédula ou bilhete recolhidos, para o fim de restituí-los à circulação, sinal indicativo de sua inutilização; restituir à circulação cédula, nota ou bilhete em tais condições, ou já recolhidos para o fim de inutilização:*

Pena *- reclusão, de dois a oito anos, e multa.*

Parágrafo único. *O máximo da reclusão é elevado a doze anos e multa, se o crime é cometido por funcionário que trabalha na repartição onde o dinheiro se achava recolhido, ou nela tem fácil ingresso, em razão do cargo.(Vide Lei nº 7.209, de 11.7.1984)*

Consumação

Neste delito, da mesma forma, é necessário que a formação da moeda com fragmentos e a supressão do sinal indicativo sejam capazes de iludir.

Não é necessário o dano para consumar-se o delito, basta a mera formação da cédula a partir dos fragmentos, com a supressão do sinal identificador de recolhimento.

Há autores que ditam que, ao contrário do que ocorre com o crime de moeda falsa (298, CP), a aquisição e o recebimento da moeda nas condições descritas no Art. 290, *caput*, não foram elevados à categoria de crime principal, subsistindo o delito de receptação.

5.2 Petrechos para Falsificação de Moeda

Art. 291. *Fabricar, adquirir, fornecer, a título oneroso ou gratuito, possuir ou guardar maquinismo, aparelho, instrumento ou qualquer objeto especialmente destinado à falsificação de moeda:*

Pena *- reclusão, de dois a seis anos, e multa.*

Emissão de Título ao Portador sem Permissão Legal

Art. 292. *Emitir, sem permissão legal, nota, bilhete, ficha, vale ou título que contenha promessa de pagamento em dinheiro ao portador ou a que falte indicação do nome da pessoa a quem deva ser pago:*

Pena *- detenção, de um a seis meses, ou multa.*

Parágrafo único. *Quem recebe ou utiliza como dinheiro qualquer dos documentos referidos neste artigo incorre na pena de detenção, de quinze dias a três meses, ou multa.*

5.3 Da Falsidade de Títulos e Outros Papéis Públicos

Falsificação de Papéis Públicos

Art. 293. *Falsificar, fabricando-os ou alterando-os:*

I. *Selo destinado a controle tributário, papel selado ou qualquer papel de emissão legal destinado à arrecadação de tributo;*

II. *Papel de crédito público que não seja moeda de curso legal;*

III. *Vale postal;*

IV. *Cautela de penhor, caderneta de depósito de caixa econômica ou de outro estabelecimento mantido por entidade de direito público;*

V. *Talão, recibo, guia, alvará ou qualquer outro documento relativo a arrecadação de rendas públicas ou a depósito ou caução por que o poder público seja responsável;*

VI. *Bilhete, passe ou conhecimento de empresa de transporte administrada pela União, por Estado ou por Município:*

Pena *- reclusão, de dois a oito anos, e multa.*

§1º. *Incorre na mesma pena quem:*

I. *Usa, guarda, possui ou detém qualquer dos papéis falsificados a que se refere este artigo;*

II. *Importa, exporta, adquire, vende, troca, cede, empresta, guarda, fornece ou restitui à circulação selo falsificado destinado a controle tributário;*

III. Importa, exporta, adquire, vende, expõe à venda, mantém em depósito, guarda, troca, cede, empresta, fornece, porta ou, de qualquer forma, utiliza em proveito próprio ou alheio, no exercício de atividade comercial ou industrial, produto ou mercadoria:

a) em que tenha sido aplicado selo que se destine a controle tributário, falsificado;

b) sem selo oficial, nos casos em que a legislação tributária determina a obrigatoriedade de sua aplicação.

§2º. Suprimir, em qualquer desses papéis, quando legítimos, com o fim de torná-los novamente utilizáveis, carimbo ou sinal indicativo de sua inutilização:

Pena - reclusão, de um a quatro anos, e multa.

§3º. Incorre na mesma pena quem usa, depois de alterado, qualquer dos papéis a que se refere o parágrafo anterior.

§4º. Quem usa ou restitui à circulação, embora recebido de boa-fé, qualquer dos papéis falsificados ou alterados, a que se referem este artigo e o seu § 2º, depois de conhecer a falsidade ou alteração, incorre na pena de detenção, de seis meses a dois anos, ou multa.

§5º. Equipara-se a atividade comercial, para os fins do inciso III do § 1º, qualquer forma de comércio irregular ou clandestino, inclusive o exercido em vias, praças ou outros logradouros públicos e em residências.

O inciso III - vale postal - foi revogado pelo Art. 36 da Lei 6.538/76. Sendo assim, só é passível de cobrança em concursos que cobrem especificamente essa lei.

Esse artigo do Código Penal traz a tipificação da conduta daquele agente que pratica atos de falsificação de papéis públicos, ou seja, aqueles que são chancelados pelo Estado como sendo verdadeiros. Dessa forma, o crime possui diversas condutas típicas, mas a principal está no **caput**, pois pune quem: **falsifica** ou **adultera O documento**.

De acordo com o §1º, pune-se com a mesma pena do *caput* - reclusão de dois a oito anos - quem **guarda, possui ou detém** quaisquer dos papéis que constam no inciso I ao VI do *caput*. Ademais, a falsificação engloba nos incisos II e III deste parágrafo, aplica punição às outras condutas ligadas, especificamente, à falsificação de selo destinado ao controle tributário, ou então, de produtos ou mercadorias sobre os quais incide o controle tributário.

Se a falsificação for usada como meio para a fraude, estará configurado o crime de estelionato (Art. 171 do CP), o qual absorve o crime de falsificação, de acordo com o princípio da consunção.

Em relação ao §2º, pune-se quem efetuou a supressão do sinal indicativo de inutilização com intenção de tornar novamente utilizável.

O §3º diz que é punido quem **USA**, desde que esse não seja o mesmo autor que suprimiu o documento, pois senão, responderá pela *caput*.

O §4º é a figura **privilegiada** do Art. 293, pois pune quem recebe de **boa-fé** e repassa o documento falsificado após reconhecer a sua falsidade.

Por fim, o §5º trata da equiparação das condutas reconhecidas como atividade comercial expressa no Art. 1º, inciso III, exercidas em locais irregulares e clandestinos, em locais públicos ou até mesmo se praticada dentro da própria residência do agente.

Petrechos de Falsificação

Art. 294. Fabricar, adquirir, fornecer, possuir ou guardar ***objeto especialmente destinado à falsificação*** *de qualquer dos papéis referidos no artigo anterior:*

Pena - reclusão, de um a três anos, e multa.

Art. 295. Se o ***agente é funcionário público****, e comete o crime* ***prevalecendo-se do cargo****, aumenta-se a pena de sexta parte.*

Caso o agente seja FUNCIONÁRIO PÚBLICO, e pratique quaisquer das condutas descritas no Art. 293, utilizando-se de privilégios que seu cargo ofereça, responderá com AUMENTO DE PENA - conforme Art. 295 do CP.

A figura típica do Art. 294, prevê a conduta do agente que possua objetos que tenham como fim específico a falsificação de quaisquer papéis públicos mencionados no Art. 293 do Código Penal.

Caso esse objeto possua a capacidade de falsificar, mas sua função principal não é esta, a sua posse não será considerada como objeto (petrecho).

Ex.: Uma impressora de alta capacidade que tenha condições de imprimir cédulas falsas. Contudo, depende - logicamente - do contexto fático em que se apresente.

O Art. 295 do Código Penal trata especificamente da hipótese em que o agente é FUNCIONÁRIO PÚBLICO, o qual responderá com aumento de pena de SEXTA PARTE caso tenha utilizado de atributos da sua função pública para a prática do crime.

5.4 Da Falsidade Documental

Falsificação do Selo ou Sinal Público

Art. 296. Falsificar, fabricando-os ou alterando-os:

I. Selo público destinado a autenticar atos oficiais da União, de Estado ou de Município;

II. Selo ou sinal atribuído por lei à entidade de direito público, ou a autoridade, ou sinal público de tabelião:

Pena - reclusão, de dois a seis anos, e multa.

§1º. Incorre nas mesmas penas:

I. Quem faz uso do selo ou sinal falsificado;

II. Quem utiliza indevidamente o selo ou sinal verdadeiro em prejuízo de outrem ou em proveito próprio ou alheio.

Na situação em que o agente é FUNCIONÁRIO PÚBLICO, responderá com aumento de pena de SEXTA PARTE (conforme Art. 327 do CP).

III. Quem altera, falsifica ou faz uso indevido de marcas, logotipos, siglas ou quaisquer outros símbolos utilizados ou identificadores de órgãos ou entidades da Administração Pública.

§2º. *Se o agente é funcionário público, e comete o crime prevalecendo-se do cargo, aumenta-se a pena de sexta parte.*

Esse delito visa incriminar o agente que **falsifica SELOS ou SINAIS públicos** - objetos que atestam um documento como verdadeiro - por meio da **fabricação** (contrafação - próprio agente fabrica um selo ou sinal falso), ou pela **alteração** (modificação de selo ou sinal verdadeiro).

Tais itens - selo ou sinal - **não** são considerados documentos públicos, e sim, objetos que o criminoso utiliza para falsificação.

Ex.: Carimbo, selo de identificação etc.

A falsidade tipificada nesse artigo é **MATERIAL**, ou seja, a forma do documento é modificada (alteração), ou fabricada (contrafação).

Falsificação de Documento Público

Art. 297. *Falsificar, no todo ou em parte, documento público, ou alterar documento público verdadeiro:*

Pena *- reclusão, de dois a seis anos, e multa.*

§1º. *Se o agente é funcionário público, e comete o crime prevalecendo-se do cargo, aumenta-se a pena de sexta parte.*

§2º. *Para os efeitos penais, equiparam-se a documento público o emanado de entidade paraestatal, o título ao portador ou transmissível por endosso, as ações de sociedade comercial, os livros mercantis e o testamento particular.*

§3º. *Nas mesmas penas incorre quem insere ou faz inserir:*

I. *Na folha de pagamento ou em documento de informações que seja destinado a fazer prova perante a previdência social, pessoa que não possua a qualidade de segurado obrigatório;*

II. *Na Carteira de Trabalho e Previdência Social do empregado ou em documento que deva produzir efeito perante a previdência social, declaração falsa ou diversa da que deveria ter sido escrita;*

III. *Em documento contábil ou em qualquer outro documento relacionado com as obrigações da empresa perante a previdência social, declaração falsa ou diversa da que deveria ter constado.*

§4º. *Nas mesmas penas incorre quem omite, nos documentos mencionados no § 3º, nome do segurado e seus dados pessoais, a remuneração, a vigência do contrato de trabalho ou de prestação de serviços.*

> Para provar a materialidade do crime, é INDISPENSÁVEL a realização de exame de corpo de delito, direto ou indireto, no documento, NÃO podendo supri-lo pela confissão do acusado (Art. 158 do CPP), ou seja, pela perícia no documento.

Este título do Código Penal tem por objetivo tipificar a conduta do agente que **falsifica, total ou parcialmente, documento público**, bem como aquele que **altera** documentos públicos **verdadeiros** com intenção de obter **vantagem ilícita**.

A falsidade tipificada nesse artigo é material, ou seja, a forma do documento é modificada (alteração), ou falsificada (contrafação), total ou parcialmente.

Documento para o Direito Penal deve possuir as seguintes características:

- Forma escrita;
- Elaborado por pessoa determinada;
- Conteúdo revestido de relevância jurídica;
- Possuir eficácia probatória.
- Portanto, **documento público** é aquele confeccionado pelo funcionário público, nacional ou estrangeiro, **no desempenho de suas atividades**, em conformidade com as formalidades legais.

Caso a agente seja funcionário público, responde com aumento de pena de sexta parte, conforme preceitua o §1º desse artigo.

A fotocópia (xerox/traslado), sem autenticação, não tem eficácia probatória. Desse modo, não é classificado como documento público para fins penais.

§ 2º. *Para os efeitos penais, equiparam-se a documento público o emanado de entidade paraestatal, o título ao portador ou transmissível por endosso, as ações de sociedade comercial, os livros mercantis e o testamento particular.*

Entidades paraestatais, integrantes do terceiro setor, são as pessoas jurídicas de direito privado, sem fins lucrativos, que atuam ao lado e em colaboração com o Estado. (Exemplo: SESC, SENAI, SESI, SENAC e ONGs).

Título ao portador: cheque ao portador (nominal).

Título transmissível por endosso: cheque, duplicata, nota promissória, letra de câmbio.

Ações de sociedade comercial: sociedades anônimas, sociedades em comandita por ações.

Livros mercantis: destinados a registrar as atividades empresariais.

Testamento **particular**.

Na hipótese em que o agente que faz **uso** do documento falsificado ou modificado seja o mesmo que falsificou - os papéis públicos - esse delito (Art. 297) será absorvido pelo (Art. 171), estelionato, do Código Penal, visto que, a conduta visa obter **vantagem indevida** mediante o **uso de fraude**. Sendo assim, a falsificação é "**meio**" (uso da fraude) para o fim (a vantagem), que é o crime de estelionato. Por conseguinte, de acordo com o **princípio da consunção**, o crime mais grave absorve o menos grave.

Súm. 17, STJ. *Quando o falso se exaure no estelionato, sem mais potencialidade lesiva, é por ele absorvido.*

> Documento escrito a lápis é documento público? É necessário observar que documento escrito a lápis ainda que feito por servidor público não é documento, considerando a insegurança na manutenção de seu conteúdo.
> Substituir fotografia em documento de identidade, prevalece que é o delito do Art. 297 do CP. (Atualmente a jurisprudência dispensa a perícia nesses casos).

Falsificação de Documento Particular

Art. 298. *Falsificar, no todo ou em parte, documento particular ou alterar documento particular verdadeiro:*

Pena *- reclusão, de um a cinco anos, e multa.*

Este artigo do Código Penal tem por objetivo tipificar a conduta do agente que falsifica, total ou parcialmente, documento **particular**, bem como aquele que altera documentos particulares verdadeiros com intenção de obter vantagem ilícita.

Para configurar o crime de falsificação, faz-se necessário que esse tenha capacidade de ludibriar terceiros, pois a falsificação ou modificação **grosseira** ou sem potencialidade lesiva **não** configura o crime, ou seja, de acordo com o Art. 17 do CP é um crime impossível por absoluta impropriedade do objeto, podendo configurar estelionato.

Nessa situação, o documento em si é falso, porém os dados podem ser verdadeiros, pois o agente que emite/falsifica o documento, não tem competência para fazê-lo.

Para provar a materialidade do crime, é INDISPENSÁVEL a realização de exame de corpo de delito, direto ou indireto, no documento, não podendo supri-lo a confissão do acusado (Art. 158 do CPP).

Considerações

Se a falsidade do documento é material, o agente responde pelo Art. 298 do CP, falsificação de documento particular, caso seja **ideológica**, o agente responderá pelo Art. 299 do CP, falsidade ideológica.

Caso o agente que utilize o documento falsificado ou modificado seja o mesmo que o falsificou, responderá pelo crime do Art. 304 do CP, uso de documento particular falsificado.

Documento público nulo, se torna documento particular. Atos públicos nulos, feitos por oficiais incompetentes, são documentos particulares.

Na hipótese de documento particular, com firma reconhecida em cartório, temos um documento público? Falsificando os escritos do documento, o delito será o do Art. 298 do CP. Porém, se a conduta for para falsificar o selo do tabelião, o delito é o do Art. 297.

Na hipótese em que um indivíduo falsifica um documento particular com o objetivo de praticar o CRIME DE SONEGAÇÃO FISCAL, responderá pelo crime previsto no Art. 1º, III e IV, da Lei 8.137/90.

Falsidade Ideológica

> ***Art. 299**. Omitir, em documento público ou particular, declaração que dele devia constar, ou nele inserir ou fazer inserir declaração falsa ou diversa da que devia ser escrita, com o fim de prejudicar direito, criar obrigação ou alterar a verdade sobre fato juridicamente relevante:*
>
> ***Pena** - reclusão, de um a cinco anos, e multa, se o documento é público, e reclusão de um a três anos, e multa, se o documento é particular.*
>
> ***Parágrafo único.** Se o agente é funcionário público, e comete o crime prevalecendo-se do cargo, ou se a falsificação ou alteração é de assentamento de registro civil, aumenta-se a pena de sexta parte.*

Diferentemente dos Art. 297 e 298, que tratam da falsidade material, em que o conteúdo pode ser verdadeiro, mas o documento em si é falso, esse artigo aborda a falsidade ideológica, em que o documento é verdadeiro, mas o conteúdo, a ideia é falsa. A falsidade ideológica também é conhecida como falso ideal, falso intelectual ou falso moral.

Falsidade Material	Falsidade Ideológica
A forma do documento é falsa, porém os dados podem ser verdadeiros.	A forma do documento é verdadeira, mas a ideia contida é falsa.

Núcleos do Tipo

Omitir: o funcionário público no momento da elaboração de um documento, **deixa de inserir** (omissão) informação que nesse deveria constar. É a falsidade imediata.

Inserir: aquele que **insere** no documento público ou particular informação falsa ou diversa que deveria ser escrita. É a falsidade **imediata**.

Fazer inserir: é o particular que fornece a informação falsa ao funcionário público competente, que **por erro** a insere no documento verdadeiro. É chamada falsidade **mediata**.

Caso o agente que utilizar o documento falsificado ou modificado seja o mesmo, esse delito (Art. 299) será absorvido pelo Art. 171, estelionato, do Código Penal, visto que a conduta busca obter vantagem indevida mediante o uso de fraude.

Para que seja configurado o crime de falsidade ideológica, o agente deve ter um especial fim de agir, ou seja, um **dolo específico**, de prejudicar um direito, criar uma obrigação ou alterar a verdade sobre um fato.

Falso Reconhecimento de Firma ou Letra

> ***Art. 300**. Reconhecer, como verdadeira, no exercício de função pública, firma ou letra que o não seja:*
>
> ***Pena** - reclusão, de um a cinco anos, e multa, se o documento é público; e de um a três anos, e multa, se o documento é particular.*

Esse crime é classificado como **próprio**, pois somente pode ser cometido por funcionário público no exercício da função, ou seja, aquele que tem a competência para o reconhecimento.

O delito configura-se quando o funcionário público reconhece (atesta, afirma), como verdadeiro a firma ou letra que **sabe ser falsa**.

Não admite a modalidade culposa, porém o agente poderá vir a responder na esfera administrativa e civil. (**STJ. RMS 26.548/PR - 2010**)

Certidão ou Atestado Ideologicamente Falso

> ***Art. 301**. Atestar ou certificar falsamente, em razão de função pública, fato ou circunstância que habilite alguém a obter cargo público, isenção de ônus ou de serviço de caráter público, ou qualquer outra vantagem:*
>
> ***Pena** - detenção, de dois meses a um ano.*

Esse delito tipifica a conduta do funcionário público que, devido às qualidades que seu cargo **propicia, atesta ou certifica** aquilo que sabe ser falso, em benefício de terceiros, para que obtenham vantagem, isenção ou ônus de obrigações junto à Administração Pública (*caput*).

A **certidão ou atestado** são verdadeiros, porém **os dados** informados para que tal pessoa obtenha vantagem sobre a Administração são falsos.

Falsidade Material de Atestado ou Certidão

§1º. Falsificar, no todo ou em parte, atestado ou certidão, ou alterar o teor de certidão ou de atestado verdadeiro, para prova de fato ou circunstância que habilite alguém a obter cargo público, isenção de ônus ou de serviço de caráter público, ou qualquer outra vantagem:

***Pena** - detenção, de três meses a dois anos.*

§2º. Se o crime é praticado com o fim de lucro, aplica-se, além da pena privativa de liberdade, a de multa.

Se o agente é funcionário público, e comete o crime prevalecendo-se do cargo, ou se a falsificação ou alteração é de assentamento de registro civil, aumenta-se a pena de sexta parte.

A falsidade ideológica é crime que não pode ser comprovado pericialmente, pois o documento é verdadeiro em seu aspecto formal, sendo falso apenas o seu conteúdo. Assim, não se exige o exame pericial (corpo de delito). O juiz é quem deve avaliar no caso concreto se o conteúdo é verdadeiro ou falso.

Configura também a conduta do agente que, ao contrário de atestar ou certificar, **falsifica** atestado, certidões ou **altera** o seu conteúdo em benefício de terceiros que desejam obter as mesmas vantagens já mencionadas no *caput* (§ 1º).

De acordo com o § 2º, caso a conduta tenha o fim de obtenção de lucro, além da pena de restrição de liberdade, o agente será apenado também com o pagamento de multa.

Falsidade de Atestado Médico

***Art. 302.** Dar o médico, no exercício da sua profissão, atestado falso:*

***Pena** - detenção, de um mês a um ano.*

***Parágrafo único.** Se o crime é cometido com o fim de lucro, aplica-se também multa.*

O artigo visa punir o médico que, no exercício da sua profissão, fornece atestado falso independente de ele ser especialista ou não na área, imputando diagnóstico falso ao paciente que o solicita.

NÃO é necessário que o médico seja especialista da área a qual ele tenha fornecido o atestado falso.

Ex.: Um médico cirurgião plástico, atesta um distúrbio psiquiátrico para que a pessoa consiga obter licença ou qualquer alguma outra vantagem. Embora ele não seja neurologista, responderá pelo crime de falso atestado.

Caso o médico seja funcionário público, responderá pelo crime do Art. 301, *caput* do Código Penal.

Sendo a conduta realizada com o objetivo de obter lucros, além da pena de detenção, será aplicada também uma multa (parágrafo único).

Reprodução ou Adulteração de Selo ou Peça Filatélica

***Art. 303.** Reproduzir ou alterar selo ou peça filatélica que tenha valor para coleção, salvo quando a reprodução ou a alteração está visivelmente anotada na face ou no verso do selo ou peça:*

***Pena** - detenção, de um a três anos, e multa.*

***Parágrafo único.** Na mesma pena incorre quem, para fins de comércio, faz uso do selo ou peça filatélica.*

Uso de Documento Falso

***Art. 304.** Fazer uso de qualquer dos papéis falsificados ou alterados, a que se referem os Arts. 297 a 302:*

***Pena** - a cominada à falsificação ou à alteração.*

Artigo revogado pelo Art. 39 da Lei 6.538/78 que trata do mesmo crime.

O crime de documento falso é um crime classificado doutrinariamente como remetido e acessório.

Crime remetido: pois tem a conduta típica descrita em artigos diferentes: **Arts. 297 a 302**, ou seja, é quando o agente efetivamente faz o uso dos documentos mencionados nesses artigos.

Crime acessório: pois necessita da prática de crime anterior - **Art. 297 a 302** - para caracterizar-se crime. Antes de ocorrer efetivamente o uso do documento falso, já houve um crime anterior, consumado no momento em que esse foi fabricado, alterado, modificado etc.

Apontamentos

A consumação ocorre no momento da utilização de quaisquer dos documentos falsificados dos Arts. 297 a 302 do Código Penal.

É necessário que haja o uso, não sendo suficiente a simples alusão ao documento falso.

Para configurar o instituto da tentativa, irá depender de que maneira que o crime de uso de documento falso seja praticado.

No caso do comento ser mal feito e a falsidade seja evidente (GROSSEIRA), afasta a falsidade do documento.

Apesar de haver corrente sustentando que, para a caracterização do crime basta que o escrito saia da esfera de disponibilidade do agente, ainda que empregado em finalidade diversa daquela a que se destinava, de acordo com a maioria, é imprescindível que o documento falso seja utilizado em sua específica destinação probatória.

Quando o agente utiliza o documento falso para cometer o crime de estelionato, responderá apenas por este último, e o outro restará absorvido.

Ex.: "A" usa o documento falso para enganar "B", com o fim de obter vantagem.

Agente deve apresentar de forma espontânea o documento a terceiros. A doutrina vem aceitando que, se o agente for solicitado a entregar por agente policial, o crime persiste.

Ex.: Em uma blitz de trânsito, quando o condutor apresenta uma Carteira Nacional de Habilitação ao ser essa solicitada pelo agente público.

Caso o agente que utilize o documento falsificado ou modificado seja o mesmo que praticou a falsificação, responderá apenas pelo crime da falsificação do documento.

Independente da forma que será realizada a apresentação do documento, se voluntária ou por solicitação de autoridade pública, o agente responderá pelo crime do Art. 304 do CP.

Supressão de Documento

> ***Art. 305****. Destruir, suprimir ou ocultar, em benefício próprio ou de outrem, ou em prejuízo alheio, documento público ou particular verdadeiro, de que não podia dispor:*
>
> ***Pena*** *- reclusão, de dois a seis anos, e multa, se o documento é público, e reclusão, de um a cinco anos, e multa, se o documento é particular.*

O crime desse artigo, tem por objetivo tipificar a conduta do agente que dispõe de documento público ou particular verdadeiro, quando não o podia, com intuito de destruir, suprimir ou ocultar informações na intenção de causar prejuízo para outrem ou vantagem para si ou para terceiros.

É necessário que o documento suprimido, o alterado ou ocultado tenha seu valor probatório insubstituível, ou seja, caso seja cópia do documento original, NÃO estará configurado o crime.

O autor deve agir com finalidade específica, qual seja, executar o crime em benefício próprio ou de outrem, ou em prejuízo alheio (ausente esse elemento, outro poderá ser o delito).

5.5 De Outras Falsidades

Falsificação do Sinal Empregado no Contraste de Metal Precioso ou na Fiscalização Alfandegária, ou para Outros Fins

> ***Art. 306****. Falsificar, fabricando-o ou alterando-o, marca ou sinal empregado pelo poder público no contraste de metal precioso ou na fiscalização alfandegária, ou usar marca ou sinal dessa natureza, falsificado por outrem:*
>
> ***Pena*** *- reclusão, de 2 (dois) a 6 (seis) anos, e multa.*

Falsa Identidade

> ***Art. 307****. Atribuir-se ou atribuir a terceiro falsa identidade para obter vantagem, em proveito próprio ou alheio, ou para causar dano a outrem:*
>
> ***Pena*** *- detenção, de três meses a um ano, ou multa, se o fato não constitui elemento de crime mais grave.*

Esse delito torna típica a conduta de atribuir, para si próprio ou parar terceira pessoa, falsa identidade para obtenção de vantagem ou causar dano a terceiro, na tentativa de incriminá-lo, por exemplo:

Da leitura do verbo nuclear "atribuir" conclui-se que o crime é comissivo (praticado por ação), não ocorrendo a hipótese em que o agente silencia acerca da identidade equivocada que lhe atribuem.

Não ocorre o uso de documento falso (Art. 304 do CP), quando o agente somente atribui - verbalmente - ser outra pessoa, deve ser capaz de iludir.

O crime de falsa identidade é um CRIME SUBSIDIÁRIO, ou seja, caso venha a ser utilizado para prática de um crime mais grave, será atribuída a pena desse. Seria o caso do estelionato (Art. 171 do CP), por exemplo, pois o agente utiliza-se da fraude da falsa identidade para obtenção de vantagem. Ocorre o chamado princípio da consunção, em que o crime fim (estelionato) absorve o crime meio (falsa identidade).

Uso de Documento de Identidade Alheia

> ***Art. 308****. Usar, como próprio, passaporte, título de eleitor, caderneta de reservista ou qualquer documento de identidade alheia ou ceder a outrem, para que dele se utilize, documento dessa natureza, próprio ou de terceiro:*
>
> ***Pena*** *- detenção, de quatro meses a dois anos, e multa, se o fato não constitui elemento de crime mais grave.*

Esse crime descreve a conduta do agente que **utiliza de documento - verdadeiro** - de uma terceira pessoa para se passar por ela, sendo conhecido como o "Uso de documento de identidade alheia". Se utilizar documento falso é o Art. 304 CP.

O agente efetivamente **utiliza** o documento alheio como se fosse próprio, sendo que a simples posse de documentos de terceiro não caracteriza o crime.

É punido tanto o agente que fez o uso do documento alheio, quanto a pessoa que o emprestou - cedeu - para que aquele o utiliza-se.

O crime de falsa identidade é subsidiário, ou seja, caso constituir crime mais grave será atribuído ao autor o crime mais grave. Desse modo, se o agente USAR documento falso, embora em nome de 3ª pessoa, (Ex.: colar sua fotografia em um documento de identidade alheio) responderá pelo crime de uso de documento falso (Art. 304, CP), haja vista que a substituição de fotografia em documento público caracteriza o crime de falsificação de documento público (Art. 297, CP).

Fraude de Lei Sobre Estrangeiro

> ***Art. 309****. Usar o estrangeiro, para entrar ou permanecer no território nacional, nome que não é o seu:*
>
> ***Pena*** *- detenção, de 1 (um) a 3 (três) anos, e multa.*
>
> ***Parágrafo único****. Atribuir a estrangeiro falsa qualidade para promover-lhe a entrada em território nacional: (Acrescentado pela L-009.426-1996)*
>
> ***Pena*** *- reclusão, de 1 (um) a 4 (quatro) anos, e multa.*

De acordo com Mirabete, a expressão território nacional deve ser tomada no seu sentido jurídico, incluindo, portanto, o mar territorial e o espaço aéreo correspondente à coluna atmosférica.

O parágrafo único, traz um crime comum, cuja conduta típica consiste em atribuir a estrangeiro falsa qualidade para promover-lhe a entrada em território nacional.

> ***Art. 310****. Prestar-se a figurar como proprietário ou possuidor de ação, título ou valor pertencente a estrangeiro, nos casos em que seja vedada por lei a propriedade ou a posse de tais bens: (Alterado pela L-009.426-1996).*
>
> ***Pena*** *- detenção, de 6 (seis) meses a 3 (três) anos, e multa.*

Adulteração de Sinal Identificador de Veículo Automotor

> ***Art. 311.*** *Adulterar ou remarcar número de chassi ou qualquer sinal identificador de veículo automotor, de seu componente ou equipamento:*
>
> ***Pena*** *- reclusão, de três a seis anos, e multa.*
>
> ***§1º****. Se o agente comete o crime no exercício da função pública ou em razão dela, a pena é aumentada de um terço.*
>
> ***§2º****. Incorre nas mesmas penas o funcionário público que contribui para o licenciamento ou registro do veículo remarcado ou adulterado, fornecendo indevidamente material ou informação oficial.*

O sinal de identificação é a placa do veículo, numeração do motor, marcação dos vidros etc.

A pessoa que recebe o veículo já adulterado, sabendo dessa circunstância, não pratica o crime do Art. 311, mas sim o do Art. 180 (receptação).

O §1º é uma causa especial de aumento de pena, se o funcionário público comete o crime prevalecendo-se do cargo. Exige-se, para incidir o aumento de pena, uma qualidade especial do agente, ser funcionário público, ou seja, um crime PRÓPRIO.

O §2º é uma figura equiparada. Esse parágrafo versa uma forma **própria** de crime, podendo ser cometido somente por funcionário público que tenha competência legítima para tais condutas.

Fita Adesiva

A alteração de placa com utilização de fita adesiva é objeto de controvérsia. Para alguns autores, não se apresentando adulteração concreta e definitiva com objetivo de fraudar a propriedade, o licenciamento ou o registro do veículo, trata-se de simples infração administrativa. Para outros doutrinadores, há o crime do Art. 311 do CP.

Guilherme Nucci, ensina que a falsificação grosseira não constitui o delito, mas mera infração administrativa

Ex.: O agente modifica a placa do carro utilizando uma fita isolante preta.

5.6 Das Fraudes em Certames de Interesse Público

Fraudes em Certame de Interesse Público

Art. 311-A. *Utilizar ou divulgar, indevidamente, com o fim de beneficiar a si ou a outrem, ou de comprometer a credibilidade do certame, conteúdo sigiloso de:*

I. *Concurso público;*

II. *Avaliação ou exame público;*

III. *Processo seletivo para ingresso no ensino superior;*

IV. *Exame ou processo seletivo previstos em lei:*

Pena *- reclusão, de 1 (um) a 4 (quatro) anos, e multa.*

§1º. *Nas mesmas penas incorre quem permite ou facilita, por qualquer meio, o acesso de pessoas não autorizadas às informações mencionadas no caput.*

§2º. *Se da ação ou omissão resulta dano à administração pública:*

Pena *- reclusão, de 2 (dois) a 6 (seis) anos, e multa.*

§3º. *Aumenta-se a pena de 1/3 (um terço) se o fato é cometido por funcionário público.*

Introduzido no Código Penal em 2011 pela Lei 12.550, visa evitar as fraudes cometidas em provas de concursos públicos, devido às precárias condições de fiscalização do Estado. Protege o sigilo da boa administração pública, vestibulares, processos seletivos, concursos públicos etc.

Por ser um crime comum, pode ser praticado por qualquer pessoa e, se praticado por funcionário público, a **pena aumenta-se de um terço** (Art. 311-A, §3º do CP).

Figura equiparada (Art. 311 - A, §1º): em análise ao tipo referido, a conduta é autenticamente um concurso de pessoas na modalidade participação, ou seja, um agente auxilia o outro na prática do crime.

Qualificadora (Art. 311 - A, §2º): o dano que afeta a Administração Pública é analisado em sentido amplo, e não somente o dano material. Por ser um crime contra a fé pública, afeta principalmente a moral da Administração e abala a credibilidade depositada pelas pessoas no Estado.

Consumação: Consuma-se com a simples prática dos núcleos, dispensando a obtenção da vantagem particular buscada pelo agente ou mesmo eventual dano à credibilidade do certame.

Princípio da Especialidade

Aplicando-se o princípio da especialidade, a violação de sigilo funcional envolvendo certames de interesse público, não caracteriza o crime do Art. 325, mas sim o do Art. 311-A do CP.

Entendeu o STF que o uso de cola eletrônica não é crime. Entretanto, se o candidato teve acesso privilegiado ao gabarito da prova, pratica o crime junto com a pessoa que lhe forneceu.

Questões

01. (Cespe) A utilização de papel moeda grosseiramente falsificado configura, em tese, o crime de moeda falsa, de competência da justiça federal.

Certo ( ) Errado ( )

02. (Cespe) A substituição de fotografia no documento de identidade verdadeiro caracteriza, em tese, o delito de falsa identidade.

Certo ( ) Errado ( )

03. (Cespe) Aquele que, por solicitação de um policial, apresenta carteira de habilitação falsa, não comete o crime de uso de documento falso, uma vez que a conduta não foi espontânea.

Certo ( ) Errado ( )

04. (Cespe) No delito de falsidade ideológica, o documento é formalmente perfeito, sendo, no entanto, falsa a ideia nele contida.

Certo ( ) Errado ( )

05. (Cespe) No crime de falsificação de documento público, o fato de ser o agente funcionário público, é um indiferente penal, ainda que esse agente cometa o crime prevalecendo-se do cargo, tendo em vista que tal delito é contra a fé e não contra a administração pública.

Certo ( ) Errado ( )

06. (Cespe) É atípica a conduta do agente que restitui à circulação, mesmo tendo recebido de boa-fé, papel falsificado pela supressão de sinal indicativo de sua inutilização, da qual tomou posterior conhecimento.

Certo ( ) Errado ( )

07. (Cespe) O crime de uso de documento falso é de mão própria, vez que somente o falsificador pode praticá-lo.

Certo ( ) Errado ( )

08. (Cespe) O objeto jurídico dos crimes contra a fé pública é a administração pública, levando-se em conta seu interesse patrimonial e moral em relação aos papéis públicos.

Certo ( ) Errado ( )

09. (AOCP) Omitir, em documento público ou particular, declaração que dele devia constar, ou nele inserir ou fazer inserir declaração falsa ou diversa da que devia ser escrita, com o fim de prejudicar direito, criar obrigação ou alterar a verdade sobre fato juridicamente relevante, configura o crime de:

a) Supressão de documento.

b) Falsidade ideológica.

c) Falso reconhecimento.

d) Falsificação de documento particular.

e) Falsificação de sinal público.

10. (TRT 15R) O médico do trabalho da empresa que omite ou faz inserir declaração falsa ou diversa da que deveria ser escrita no documento Perfil Profissiográfico Previdenciário, com o fim de preservar a empresa contra eventual demanda judicial, comete crime de:

a) Falsificação de documento público;

b) Falsificação de documento particular;

c) Falsidade ideológica;

d) Falsidade de atestado médico;

e) Falsidade material de atestado ou certidão.

Gabaritos

01	ERRADO	**06**	ERRADO
02	ERRADO	**07**	ERRADO
03	ERRADO	**08**	ERRADO
04	CERTO	**09**	B
05	ERRADO	**10**	C

6. DOS CRIMES CONTRA ADMINISTRAÇÃO PÚBLICA

6.1 Dos Crimes Praticados por Funcionário Público Contra a Administração em Geral

Peculato

> ***Art. 312**. Apropriar-se o funcionário público de dinheiro, valor ou qualquer outro bem móvel, público ou particular, de que tem a posse em razão do cargo, ou desviá-lo, em proveito próprio ou alheio:*
>
> ***Pena** - reclusão, de dois a doze anos, e multa.*
>
> ***§ 1º**. Aplica-se a mesma pena, se o funcionário público, embora não tendo a posse do dinheiro, valor ou bem, o subtrai, ou concorre para que seja subtraído, em proveito próprio ou alheio, valendo-se de facilidade que lhe proporciona a qualidade de funcionário.*
>
> ***Peculato Culposo***
>
> ***§ 2º**. Se o funcionário concorre culposamente para o crime de outrem:*
>
> ***Pena** - detenção, de três meses a um ano.*
>
> ***§ 3º**. No caso do parágrafo anterior, a reparação do dano, se precede à sentença irrecorrível, extingue a punibilidade; se lhe é posterior, reduz de metade a pena imposta.*

Esse artigo tem por objetivo tipificar a conduta do funcionário público que, aproveitando do cargo que ocupa, apropria-se de bem público ou particular. É necessário que o agente utilize das facilidades do seu cargo, pois, se não o fizer, responderá normalmente, a depender do caso concreto, nos crimes elencados no Titulo II. Dos Crimes Contra O Patrimônio, do Código Penal, por exemplo, o furto. (Art. 155 do CP).

Peculato Apropriação

> ***Art. 312. apropriar-se** o funcionário público de dinheiro, valor ou qualquer outro bem **móvel, público ou particular**, de que tem a posse em razão do cargo.(...)*

Nessa situação o funcionário público já possui a posse ou detenção lícita do bem (em razão do cargo que ocupa), porém passa a se comportar como se fosse o dono (pratica atos de disposição da coisa, venda, troca, doação etc.), não mais devolvendo ou restituindo o bem à Administração Pública.

Peculato-Desvio

> ***Art. 312.** (...) ou desviá-lo, em proveito próprio ou alheio.*

Também chamado de **peculato próprio**, valendo-se do cargo, o agente desvia, em proveito próprio ou de outrem; dinheiro, valor ou qualquer outro bem móvel, público ou particular.

Peculato Furto

Também chamado de **peculato impróprio**. Só haverá este crime se o funcionário público valer-se dessa qualidade para subtrair o bem. Caso contrário, o crime será o de furto (Art. 155 do CP). Caso o particular não tenha conhecimento da qualidade de funcionário público, responderá por furto, enquanto esse último, responderá por peculato.

Exs.: "A" funcionário público, valendo-se do cargo, subtrai bem móvel da administração com auxílio de "B", o qual conhecia sua função. Ambos respondem por peculato, Art. 312 do CP.

"A" funcionário público, valendo-se do cargo, subtrai bem móvel da administração com auxílio de "B", o qual desconhecia a função de "A". "A" responderá por peculato (Art. 312 do CP), e "B" por furto (Art. 155 do CP).

"A" funcionário público, sem aproveitar do cargo que ocupa, com auxilio de "B", subtrai bem móvel da repartição em que "A" trabalha. Ambos respondem por furto (Art. 155 do CP).

São considerados crimes próprios, pois exigem a qualidade de funcionário público para sua classificação.

A conduta é sempre dolosa (apropriar-se, desviar, subtrair). Existe, no entanto, previsão para modalidade culposa (vide § 2º, peculato culposo).

É um crime comissivo, por conseguinte, pode incorrer em omissão imprópria, quando o agente, como garantidor, podendo evitar, nada faz para que o crime não seja consumado (Art. 13, §2°, do CP).

Sujeitos do Crime

Sujeito Ativo: o funcionário público (crime próprio), mas admite-se coautoria e participação de particulares, desde que tenham conhecimento da qualidade de funcionário público do agente.

Se, comprovado que o particular desconhecia a qualidade funcional do agente, responde por apropriação indébita.

Sujeito Passivo: o Estado e secundariamente o particular, pessoa física ou jurídica, diretamente lesada em seu patrimônio.

Consumação e Tentativa

Admite tentativa.

Tratando-se do peculato apropriação, peculato furto e peculato culposo, são crimes materiais, pois estarão consumados com a efetiva posse do bem móvel. No caso do peculato desvio, é um crime formal, pois se consuma no momento em que ocorre o desvio do destino da verba.

Figura Culposa

> ***§ 2º**. Se o funcionário concorre culposamente para o crime de outrem:*

Essa situação é quando o funcionário público, por imprudência, imperícia ou negligência, diante de sua conduta, permite que um terceiro pratique um crime contra a Administração Pública.

Caso o agente não seja funcionário público, ou sendo, não se utilize das facilidades que o cargo lhe proporciona para a subtração, incorrerá no crime de furto.

É importante considerar que:

> É o único crime culposo da espécie dos delitos funcionais.

> É o único crime de menor potencial ofensivo entre os delitos funcionais.

O funcionário público só responderá por este crime se o crime doloso de outrem (terceiro) chegar a se consumar.

Qual crime de outrem? Qualquer crime de outrem? Ou apenas algumas modalidades de crime?

O § 2º merece uma interpretação topográfica. Então, esse crime de outrem só pode ser o do §1º. Só pode ser o do caput. Desse modo, só existe o crime de peculato culposo quando o funcionário público concorre culposamente para um peculato-furto ou peculato próprio (apropriação ou desvio), de outrem. Prevalece essa corrente, que é a restritiva.

No que tange ao diretor de sindicato que se apropria de quantia, ele não irá praticar peculato, pois não é funcionário público, sequer por equiparação. Não é o diretor de sindicato funcionário público típico ou atípico.

> ***§ 3º.** No caso do parágrafo anterior, a reparação do dano, se precede à sentença irrecorrível, extingue a punibilidade; se lhe é posterior, reduz de metade a pena imposta.*

No crime de peculato culposo, a reparação do DANO, se precede (é anterior) à sentença irrecorrível, extingue a punibilidade; se lhe é posterior, reduz de metade a pena imposta. Somente para o peculato culposo. No Peculato Doloso não é possível aplicação do § 3º.

Sentença Irrecorrível

Antes da sentença irrecorrível, extingue a punibilidade.

A reparação do dano após a sentença irrecorrível, há redução de metade da pena imposta. E, isso é feito pelo juiz da execução penal.

Peculato X Roubo

Se a posse do bem (peculato apropriação ou desvio) decorre de violência ou grave ameaça, há crime de roubo (Art. 157) ou extorsão (Art. 158 do CP).

	Peculato
Peculato Doloso	Peculato apropriação (caput 1ª parte); Peculato desvio (peculato próprio) (caput 2ª parte); Peculato mediante erro de outrem (peculato estelionato) (Art. 313).
Peculato Culposo	(§2)

O Peculato de Uso não é crime, mas pode caracterizar ato de improbidade administrativa (Art. 9º, Lei nº 8.429/92). É o fato em que, por exemplo, um funcionário público apropria-se temporariamente de veículo público, no intuito de realizar diligências de caráter pessoal, restituindo o veículo ao pátio da repartição logo após o uso.

Se há desvio da verba em proveito da própria Administração, com utilização diversa da prevista em sua destinação, temos configurado o crime do Art. 315 do CP.

Princípio da Insignificância

O princípio da insignificância é causa supralegal de exclusão da tipicidade, ou seja, o fato não será considerado crime. Sendo assim, há duas posições sobre o assunto:

- STJ: **não** admite a incidência do princípio da insignificância nos crimes contra a Administração Pública, pois a norma penal busca resguardar não somente o aspecto patrimonial, mas a moral administrativa.
- STF: **admite** a aplicação do princípio da insignificância nos crimes contra a administração pública. (HC 107370/SP, rel. Min. Gilmar Mendes, 26.4.2011).

Peculato Mediante Erro de Outrem

> ***Art. 313.** Apropriar-se de dinheiro ou qualquer utilidade que, no exercício do cargo, recebeu por erro de outrem:*
>
> ***Pena** - reclusão, de um a quatro anos, e multa.*

Conduta

Pune-se a conduta do agente que inverter, no exercício do seu cargo, a posse de valores recebidos por erro de terceiro. O bem apoderado, ao contrário do que ocorre no peculato apropriação, não está naturalmente na posse do agente, derivando de erro alheio.

O erro do ofendido deve ser espontâneo, pois, se provocado pelo funcionário, poderá configurar o crime de estelionato.

Classificação

São considerados crimes próprios, pois exigem a qualidade de funcionário público para sua Classificação.

A conduta é sempre dolosa (apropriar-se). Não existe, no entanto, a forma culposa.

É um crime comissivo, por conseguinte, pode incorrer em omissão imprópria, quando o agente, como garantidor, podendo evitar, nada faz para que o crime não seja consumado (Art. 13, §2º do CP).

Sujeitos do Crime

Sujeito Ativo: o funcionário público (crime próprio), mas admite-se coautoria e participação de particulares, desde que tenham conhecimento da qualidade de funcionário público do agente.

Sujeito Passivo: o Estado e secundariamente o particular, pessoa física ou jurídica, diretamente lesada em seu patrimônio.

Consumação e Tentativa

ADMITE Tentativa

Sendo esse um crime material, consuma-se com a efetiva apropriação. Neste caso há divergência, alguns autores sustentam que a consumação se dará somente no momento em que o agente percebe o erro de terceiro e não o desfaz, ou seja, a consumação não se dá no momento do recebimento da coisa, mas sim no instante em que o agente se apropria da coisa recebida por erro, agindo como se dono fosse.

Descrição

O funcionário público que, no exercício do cargo, recebeu de terceiro, o qual estava em erro, dinheiro ou qualquer outra utilidade, e não prossegue com a efetiva destinação correta do recurso.

Apropriação Coisa Havida por Erro

Se o funcionário público se apropriou de dinheiro ou qualquer utilidade que recebeu fora do exercício do cargo, responderá pelo crime de: Apropriação de coisa havida por erro, caso fortuito ou força da natureza.

> ***Art. 169**, CP. Apropriar-se alguém de coisa alheia vinda ao seu poder por erro, caso fortuito ou força da natureza.*

Se o particular, por engano quanto à pessoa, coisa ou obrigação, entrega objeto a funcionário público, em razão do cargo deste, e se ele se apropria do bem, há crime de peculato mediante erro de outrem (Art. 313, CP).

Inserção de Dados Falsos em Sistema de Informações

> ***Art. 313-A.*** *Inserir ou facilitar, o funcionário autorizado, a inserção de dados falsos, alterar ou excluir indevidamente dados corretos nos sistemas informatizados ou bancos de dados da Administração Pública com o fim de obter vantagem indevida para si ou para outrem ou para causar dano:*
>
> ***Pena*** *- reclusão, de 2 (dois) a 12 (doze) anos, e multa.*

Pune-se a conduta do funcionário público autorizado que insere ou facilita inserção de dados falsos, altera ou exclui indevidamente dados nos sistema de informação da Administração Pública com o objetivo de receber vantagem indevida, tal crime é também conhecido como **peculato eletrônico**.

Classificação

Trata-se de crime de mão própria, pois exige a qualidade de funcionário público autorizado para sua Classificação, ou seja, não é qualquer funcionário público, mas sim aquele autorizado a inserir, alterar ou excluir dados nos sistemas informatizados ou banco de dados.

A conduta é sempre dolosa (inserir, alterar ou excluir). Não existe, no entanto, a possibilidade da forma culposa.

É um crime comissivo, por conseguinte, pode incorrer em omissão imprópria, quando o agente, como garantidor, podendo evitar, nada faz para que o crime não seja consumado (Art. 13, §2º, CP).

Sujeitos do Crime

Sujeito Ativo: o funcionário público autorizado (crime de mão própria), sendo possível a coautoria e participação do particular que tenha consciência da função pública do agente.

Sujeito Passivo: o Estado e secundariamente o particular, pessoa física ou jurídica, diretamente lesada em seu patrimônio.

Consumação e Tentativa

ADMITE Tentativa

Sendo um crime formal, consuma-se com a devida inserção, alteração ou exclusão, não sendo necessário o efetivo recebimento da vantagem indevida, considerada apenas mero exaurimento do crime.

Descrição

Visa punir o funcionário autorizado, o qual detém acesso aos sistemas de informação da Administração Pública, e, aproveitando-se dessa situação, realiza condutas indevidas causando prejuízo para Administração, bem como, aos particulares.

Erro de Tipo

É possível a ocorrência do erro do tipo, escusável ou inescusável, do agente que acredita estar agindo corretamente e acaba inserindo, excluindo ou alterando de forma equivocada, dados verdadeiros.

Mesmo sendo um crime de mão própria, é possível a figura da participação e coautoria, seja ela material ou moral.

Modificação ou Alteração Não Autorizada de Sistema de Informações

> ***Art. 313-B.*** *Modificar ou alterar, o funcionário, sistema de informações ou programa de informática sem autorização ou solicitação de autoridade competente:*
>
> ***Pena*** *- detenção, de 3 (três) meses a 2 (dois) anos, e multa.*
>
> ***Parágrafo único.*** *As penas são aumentadas de um terço até a metade se da modificação ou alteração resulta dano para a Administração Pública ou para o administrado.*

Consiste em punir a conduta do funcionário público que modifica ou altera, sem autorização, os sistemas de informações da Administração Pública.

Classificação

São considerados crimes próprios, pois exigem a qualidade de funcionário público para sua Classificação.

A conduta é sempre dolosa (modificar, alterar). NÃO existe, no entanto, a possibilidade da forma culposa.

É um crime comissivo, por conseguinte pode incorrer em omissão imprópria, quando o agente, como garantidor, podendo evitar, nada faz para que o crime não seja consumado (Art. 13, §2º, CP).

Sujeitos do Crime

Sujeito Ativo: o funcionário público (crime próprio), não exige a qualidade de ser funcionário autorizado, ademais é possível a coautoria e participação do particular que tenha consciência da função pública do agente.

Sujeito Passivo: o Estado e secundariamente o particular, pessoa física ou jurídica, diretamente prejudicada.

Consumação e Tentativa

ADMITE Tentativa

O crime se consuma no momento da efetiva modificação ou alteração do sistema de informação, sendo que, se resultar em dano, é causa de aumento de pena conforme parágrafo único desse artigo.

Descrição

Para configuração do crime em tela é necessário que a modificação ou alteração ocorra sem autorização, pois tal conduta resume-se ao dolo do agente, à vontade livre de provocar as modificações.

Os crimes previstos nos Arts. 313-A e 313-B, ambos do CP, são conhecidos como peculato eletrônico.

Extravio, Sonegação ou Inutilização de Livro ou Documento

> ***Art. 314.*** *Extraviar livro oficial ou qualquer documento, de que tem a guarda em razão do cargo; sonegá-lo ou inutilizá-lo, total ou parcialmente:*

__Pena__ - reclusão, de um a quatro anos, se o fato não constitui crime mais grave.

Para configuração deste crime, é indispensável que o funcionário público tenha a posse do livro ou documento em razão do cargo que ocupa. É considerado como sendo um **crime subsidiário**, pois comumente sendo aplicado, caso o resultado não constitua crime mais grave.

Classificação

É considerado crime próprio, pois exige a qualidade de funcionário público para sua Classificação.

A conduta é sempre dolosa (extravio, inutilização, sonegação). Não existe, no entanto, a possibilidade da forma culposa.

É um crime comissivo, por conseguinte, pode incorrer em omissão imprópria, quando o agente, como garantidor, podendo evitar, nada faz para que o crime não seja consumado (Art. 13, §2º, CP).

Sujeitos do Crime

Sujeito Ativo: somente funcionário público (crime próprio), ademais é possível a coautoria e participação do particular que tenha consciência da função pública do agente.

Sendo o sujeito ativo servidor em exercício junto a repartição fiscal ou tributária, o extravio de livre oficial, processo fiscal, ou qualquer documento por ele causado, configura crime especial previsto no Art. 3°, I, da Lei nº 8.137/90.

Sujeito Passivo: o Estado e, por conseguinte, o particular, pessoa física ou jurídica prejudicada.

Consumação e Tentativa

ADMITE Tentativa

O crime se consuma no momento do efetivo extravio ou inutilização, mesmo que seja de forma parcial, bem como, com a sonegação.

Descrição

Por ser um crime subsidiário, há depender do resultado naturalístico que ocasionar, o crime será absorvido de acordo com sua especificidade (princípio da consunção), conforme em alguns dos casos exposto abaixo.

- Quando há o dolo específico de agir, responde pelo Art. 305 do CP.
- Caso o funcionário não seja o responsável pela guarda do livro ou do documento, responderá pelo Art. 337 do CP.
- Se praticado por advogado ou procurador, responderá pelo Art. 356 do CP.

O crime tipificado no Art. 314, além de ser próprio, é subsidiário em relação ao delito previsto no Art. 305, que exige dolo específico. Veja as diferenças:

	Art. 305. Supressão de documento público.	Art. 314. Extravio, sonegação ou inutilização de livro ou documento.
Objetividade Jurídica	Crime contra a fé pública.	Crime contra a administração pública.
Sujeito Ativo	Qualquer pessoa (crime comum).	Funcionário público (crime próprio).
Conduta	Destruir, suprimir ou ocultar documento público ou particular verdadeiro.	Extraviar, sonegar ou inutilizar livro oficial ou qualquer documento de que tem guarda em razão do cargo.
Tipo Subjetivo	Há finalidade específica de tirar proveito próprio ou de outrem, ou visando causar prejuízo alheio.	Não se exige qualquer finalidade específica.
Pena	Reclusão, de 2 a 6 anos, e multa, se o documento é público, e reclusão, de 1 a 5 anos, e multa, se o documento é particular.	Reclusão de 1 a 4 anos, se o fato não constitui crime mais grave.

Emprego Irregular de Verbas ou Rendas Públicas

***Art. 315**. Dar às verbas ou rendas públicas aplicação diversa da estabelecida em lei:*

__Pena__ - detenção, de um a três meses, ou multa.

Este tipo penal visa penalizar o administrador público que destina a verba pública para projetos, despesas ou gastos que não foram previstos no Orçamento Público, ou então, que não foram autorizados pela Lei Orçamentária Anual.

Classificação

São considerados crimes próprios, pois exigem a qualidade específica do funcionário público dotado de competência para utilizar e destinar as verbas públicas.

A conduta é sempre dolosa (destinar a verba para outra situação a qual não era prevista). Não existe possibilidade para modalidade culposa.

É um crime comissivo, por conseguinte, pode incorrer em omissão imprópria, quando o agente, como garantidor, podendo evitar, nada faz para que o crime não seja consumado (Art. 13, §2°, CP).

Sujeitos do Crime

Sujeito Ativo: é crime próprio, pois o sujeito ativo será somente aquele funcionário público que tenha o poder de administração de verbas ou rendas pública (Ex.: Presidente da República, Ministros, Governadores etc.), ademais, é possível a coautoria e participação do particular que tenha consciência da função pública do agente.

Tratando-se de Prefeito Municipal, há crime próprio, prevalecendo pelo principio da especialidade o disposto no Art. 1º, III, do Decreto-Lei nº 201/67.

Sujeito Passivo: o Estado e secundariamente o particular, pessoa física ou jurídica, diretamente prejudicada.

Consumação e Tentativa

ADMITE Tentativa

O crime se consuma no momento da efetiva destinação ou aplicação das verbas ou rendas públicas.

A simples destinação, sem posterior aplicação, constitui tentativa, gerando perigo para a regularidade administrativa.

Descrição

Caso o agente público seja o Presidente da República, ele responderá pela lei de improbidade administrativa, Art. 11, Lei nº 1.079/50. Por conseguinte, sendo prefeito, responderá pelo Art. 1º, III, do Decreto-Lei nº 201/67.

Entendimento STF

Segundo o STF

RT 617/396. Se o orçamento for aprovado por decreto do próprio Poder Executivo, e não por lei, não há o que se falar neste crime.

RT 883/462. Para que caracterize esse crime, é necessário que a lei que destina as verbas ou rendas públicas, seja em sentido formal e material.

Concussão

Art. 316. *Exigir, para si ou para outrem, direta ou indiretamente, ainda que fora da função ou antes de assumi-la, mas em razão dela, vantagem indevida:*

Pena *- reclusão, de 2 (dois) a 12 (doze) anos, e multa. (Redação dada pela Lei nº 13.964, de 2019) -* ***ANTICRIME***

§ 1º. *Se o funcionário exige tributo ou contribuição social que sabe ou deveria saber indevido, ou, quando devido, emprega na cobrança meio vexatório ou gravoso, que a lei não autoriza:*

Pena *- reclusão, de três a oito anos, e multa.*

§ 2º. *Se o funcionário desvia, em proveito próprio ou de outrem, o que recebeu indevidamente para recolher aos cofres públicos:*

Pena *- reclusão, de dois a doze anos, e multa.*

No crime de concussão, o funcionário público exige uma vantagem indevida e a vítima, temendo represálias, cede a essa exigência.

Trata-se de uma forma especial de extorsão, executada por funcionário público.

Classificação

São considerados crimes próprios, pois exigem uma qualidade específica, ser funcionário público.

A conduta é sempre dolosa (**exigir**). Não existe possibilidade para modalidade culposa.

É um crime comissivo, por conseguinte pode incorrer em omissão imprópria, quando o agente, como garantidor, podendo evitar, nada faz para que o crime não seja consumado (Art. 13, §2º, do CP).

Sujeitos do Crime

Sujeito ativo: somente funcionário público (crime próprio), ademais, é possível a coautoria e participação do particular que tenha consciência da função pública do agente.

Sujeito passivo: o Estado e, por conseguinte, o particular, pessoa física ou jurídica prejudicada.

Consumação e Tentativa

ADMITE Tentativa

O crime é formal, sendo assim, está consumado no momento da exigência.

Descrição

> É atípica a conduta do particular (vítima) que efetivamente entregou o dinheiro exigido pelo funcionário público, pois ele agiu assim por medo de represálias.

Sendo um crime formal, e a consumação ocorrendo com a mera exigência da vantagem indevida. Pouco importa se o funcionário público recebe ou não. Porém, caso receba, haverá o exaurimento do crime.

Vantagem Devida

Se a vantagem for devida, o agente funcionário público responderá pelo crime de abuso de autoridade, Lei nº 4.898/65.

Caso a vantagem seja **para a própria Administração Pública**, poderá haver o crime de excesso de exação (Art. 316, §1º, CP).

> O particular que se disfarça de policial e exige dinheiro (vantagem indevida) para não efetuar a prisão de alguém, responderá pelo crime de extorsão (Art. 158, CP).

Mesmo que seja funcionário público, mas que não tenha a competência para a prática do mal prometido, não responde por este crime, mas por extorsão.

No crime de concussão, o agente exige a vantagem indevida. Ademais, no crime de corrupção passiva, Art. 317 do CP, O agente solicita, recebe ou aceita promessa de vantagem indevida.

Excesso de Exação

Art. 316, §1º. *Se o funcionário exige tributo ou contribuição social que sabe ou deveria saber indevido, ou, quando devido, emprega na cobrança meio vexatório ou gravoso, que a lei não autoriza:*

Pena *- reclusão, de três a oito anos, e multa.*

Art. 316, §2º. *Se o funcionário desvia, em proveito próprio ou de outrem, o que recebeu indevidamente para recolher aos cofres públicos:*

Pena *- reclusão, de dois a doze anos, e multa.*

Trata-se da cobrança integral e pontual de tributos, em que o funcionário público exige ilegalmente tributo ou contribuição social em benefício da Administração Pública.

Classificação

São considerados crimes próprios, pois exige uma qualidade específica, ser funcionário público.

A conduta é sempre dolosa (**exigir tributo ou contribuição social ou desviar o recebimento indevido**). NÃO existe possibilidade para modalidade culposa.

É um crime comissivo, por conseguinte, pode incorrer em omissão imprópria, quando o agente, como garantidor, podendo evitar, nada faz para que o crime não seja consumado (Art. 13, §2º, CP).

Sujeitos do Crime

Sujeito Ativo: somente funcionário público (crime próprio), ademais, é possível a coautoria e participação do particular que tenha consciência da função pública do agente.

Sujeito Passivo: o Estado e, por conseguinte, o particular, pessoa física ou jurídica prejudicada.

Consumação e Tentativa

ADMITE Tentativa

O §1º diz que o crime é formal, sendo assim, está consumado no momento da exigência do tributo ou contribuição social por meio vexatório e gravoso, mesmo que a vítima não realize o pagamento.

O § 2º refere-se ao crime material, sendo consumado no momento que ocorre o desvio em proveito próprio ou de outrem, tendo recebido indevidamente.

Descrição

§ 1º do Excesso de Exação

Exigir um tributo ou contribuição social que **sabe ou deveria saber indevido**.

Ex.: Tributo que já foi pago pelo contribuinte; ou a quantia cobrada é superior à fixada em lei.

Exigir um tributo ou contribuição social devido, porém **empregando meio vexatório ou gravoso, que a lei não autoriza**.

Ex.: Meio vexatório: humilhar, causar vergonha ou constrangimento na vítima. Meio gravoso: causar maiores despesas ao contribuinte.

§ 2º da Qualificadora

O **desvio** do tributo ou contribuição social **indevido** ocorre antes de sua incorporação aos cofres públicos, pois, caso ocorra depois, o funcionário público responderá pelo crime de peculato desvio (Art. 312, *caput*, 2ª parte do CP).

Tributos

De acordo com o STF, existem cinco espécies de tributos: **impostos, taxas, contribuições de melhoria, empréstimos compulsórios e contribuições sociais.**

Segundo o STJ, **a custa e emolumentos concernentes aos serviços notariais e registrais possuem natureza tributária**, qualificando-se como taxas remuneratórias de serviços públicos. Desse modo, comete o crime de excesso de exação aquele que exige custas ou emolumentos que sabe ou deveria saber indevido.

Prevalece que a expressão deveria saber configura dolo eventual, entretanto há doutrina no sentido de que se trata de modalidade culposa do tipo.

Corrupção Passiva

> ***Art. 317.*** *Solicitar ou receber, para si ou para outrem, direta ou indiretamente, ainda que fora da função ou antes de assumi-la, mas em razão dela, vantagem indevida, ou aceitar promessa de tal vantagem:*
>
> ***Pena*** *- reclusão, de 2 (dois) a 12 (doze) anos, e multa.*
>
> ***§ 1º.*** *A pena é aumentada de um terço, se, em consequência da vantagem ou promessa, o funcionário retarda ou deixa de praticar qualquer ato de ofício ou o pratica infringindo dever funcional.*
>
> ***§ 2º.*** *Se o funcionário pratica, deixa de praticar ou retarda ato de ofício, com infração de dever funcional, cedendo a pedido ou influência de outrem:*
>
> ***Pena*** *- detenção, de três meses a um ano, ou multa.*

Apesar de possuir certas semelhanças com o delito de concussão, nesse delito podemos dizer que é menos constrangedor para a vítima, pois não há a coação moral da exigência, a honra da imagem do emprego vexatório, ocorre simplesmente a solicitação, o recebimento ou a simples promessa de recebimento.

Classificação

São considerados crimes próprios, pois exigem uma qualidade específica, ser funcionário público.

A conduta é sempre dolosa (**solicita, recebe ou aceita promessa**). Não existe possibilidade para modalidade culposa.

É um crime comissivo, por conseguinte, pode incorrer em omissão imprópria, quando o agente, como garantidor, podendo evitar, nada faz para que o crime não seja consumado (Art. 13, §2º, do CP).

Sujeitos do Crime

Sujeito Ativo: é o funcionário público no exercício da função, aquele fora da função, mas em razão dela, ou o particular que está na iminência de assumir, e atue criminosamente em razão dela. Pode ter a participação do particular que tenha consciência da função pública do agente.

Sujeito Passivo: o Estado e, por conseguinte, o particular, pessoa física ou jurídica prejudicada.

O particular só será vítima se a corrupção partir do funcionário corrupto.

Consumação e Tentativa

Admite tentativa somente na modalidade solicitar, quando formulada por meio escrito (carta interceptada).

O crime é formal, sendo assim, nesse delito, existem três momentos em que o crime pode se consumar. No momento da **solicitação**, no momento do **recebimento**, ou então no instante em que o agente aceita a **promessa** de **recebimento**, independe do efetivo pagamento ou recebimento para o crime estar consumado, caso ocorra, será mero exaurimento do crime.

Descrição

Solicitar: a conduta parte do funcionário público que pede a vantagem indevida. Nesta situação, o funcionário público responde por corrupção passiva e **o particular, caso entregue a vantagem indevida, não responderá por crime algum (fato atípico).**

Receber: a conduta parte do particular que oferece a vantagem indevida e o funcionário público recebe. Nesta situação, o funcionário público responde por corrupção passiva e o particular por corrupção ativa.

Aceitar promessa de tal vantagem: a conduta parte do particular que promete vantagem indevida ao funcionário público e este aceita a promessa. Nesta situação, o funcionário público responde por corrupção passiva e o particular por corrupção ativa. OBS.: não é necessário que o funcionário público efetivamente receba a vantagem prometida, pois o crime estará consumado com a mera aceitação de promessa.

Espécies de Corrupção Passiva

Corrupção Passiva Própria	Corrupção Passiva Imprópria
O funcionário público negocia um ato ILÍCITO. **Ex.:** PRF solicita R$ 100,00 para não multar motorista sem carteira de habilitação.	O funcionário público negocia um ato LÍCITO. **Ex.:** Juiz de Direito recebe dinheiro de autor de ação judicial para agilizar os trâmites do processo.

Mesmo que a propina seja para a prática de ato LEGAL, ocorrerá o crime em estudo.

Ex.: Comerciantes dão dinheiro para que policiais militares realizem rondas diárias no bairro onde os comerciantes trabalham. É crime, pois os servidores públicos já são remunerados pelo Estado para realizarem estas atividades.

Promessa Vantagem Indevida

Particular que oferece ou promete vantagem indevida: O particular que oferece ou promete vantagem indevida ao funcionário público, responde pelo crime de corrupção ativa, Art. 333, do CP.

Exceção à teoria unitária ou monista no concurso de pessoas:

> ***Art. 29**, CP. Quem, de qualquer modo, concorre para o crime incide nas penas a este cominadas, na medida de sua culpabilidade.*

Portanto, a regra é que todos aqueles que concorrem para a prática de um crime responderão pelo mesmo crime. Como se trata de **exceção**, o funcionário público que recebe ou aceita promessa de vantagem indevida responde por corrupção passiva, Art. 317, enquanto o particular que oferece ou promete vantagem indevida responde por corrupção ativa, Art. 333.

Não configura o crime de corrupção passiva o recebimento, pelo funcionário público, de gratificações usuais de pequeno valor por serviços extraordinários (desde que não se trate de ato contrário à lei), ou pequenas doações ocasionais, geralmente no Natal ou no Ano Novo.

Caso a vantagem recebida seja revertida em favor da própria Administração Pública não haverá o crime de corrupção passiva. Todavia, o funcionário público estará sujeito à prática de ato de improbidade administrativa (Lei nº 8.429/92).

Causa de Aumento de Pena

> ***§ 1º.** A pena é aumentada de um terço, se, em consequência da vantagem ou promessa, o funcionário retarda ou deixa de praticar qualquer ato de ofício ou o pratica infringindo dever funcional.*

O que seria o exaurimento do crime funciona como causa de aumento de pena para o funcionário público. A pena será aumentada em 1/3.

Se a violação praticada pelo agente público constitui, por si só, um novo crime, haverá concurso formal ou material entre a corrupção e a infração dela resultante. Todavia, nessa hipótese, a corrupção deixa de ser qualificada, pois do contrário incidirá no *bis in idem*, considerando-se o mesmo fato duas vezes em prejuízo do funcionário réu.

Corrupção Passiva Privilegiada

> ***§ 2º.** Se o funcionário pratica, deixa de praticar ou retarda ato de ofício, com infração de dever funcional, cedendo a pedido ou influência de outrem:*
>
> ***Pena** - detenção, de três meses a um ano, ou multa.*

Punem-se, nesse dispositivo, os famigerados favores administrativos.

Nesta hipótese, o particular não oferece ou promete vantagem indevida ao funcionário público. Ele apenas **pede** para que esse DÊ UM JEITINHO de praticar, deixar de praticar ou retardar ato de ofício, com infração de dever funcional.

Ex.: Pedro é abordado numa Blitz e seu veículo está com o IPVA atrasado. Diante disso, ele pede ao policial rodoviário que não aplique a devida multa ou apreenda o veículo. O policial atende ao pedido. Nesta situação, o policial praticou o crime de corrupção passiva privilegiada e Pedro é partícipe deste crime.

O § 2º tem grande incidência em concursos. É o famoso Dar um jeitinho.

Diferenças Importantes

Corrupção Passiva Privilegiada (Art. 317, §2º, CP)	Prevaricação (Art. 319, CP)
Se o funcionário pratica, deixa de praticar ou retarda ato de ofício, com infração de dever funcional, CEDENDO A PEDIDO OU INFLUÊNCIA DE OUTREM.	Retardar ou deixar de praticar, indevidamente, ato de ofício, ou praticá-lo contra disposição expressa de lei, PARA SATISFAZER INTERESSE OU SENTIMENTO PESSOAL. **Obs.:** Não há intervenção alheia nesse crime.

Facilitação de Contrabando ou Descaminho

> ***Art. 318.** Facilitar, com infração de dever funcional, a prática de contrabando ou descaminho (Art. 334):*
>
> ***Pena** - reclusão, de 3 (três) a 8 (oito) anos, e multa.*

Conduta: a conduta criminosa consiste em facilitar, por ação ou omissão, o contrabando ou o descaminho.

Sujeitos do Crime

Sujeito Ativo: é crime próprio, somente o funcionário público incumbido de impedir a prática do contrabando ou descaminho poderá intentá-lo. Caso não ostente essa atribuição funcional, responderá pelo delito de contrabando ou descaminho, na condição de partícipe.

Sujeito Passivo: O Estado.

Exceção à teoria unitária ou monista no concurso de pessoas (Art. 29, CP)

O funcionário público que facilita, com infração de dever funcional, a prática de contrabando ou descaminho, responde pelo crime do Art. 318. Já o particular que realiza o contrabando ou descaminho responde pelo crime do elo crime do Art. 334 ou Art. 334 - A.

Conceito

Contrabando: é a importação ou exportação de mercadoria cuja entrada ou saída é proibida no Brasil. Ex.: máquinas caça-níquel, cigarros, quando em desacordo com autorização legal.

Descaminho: a importação ou exportação é permitida, porém o agente frauda o pagamento do tributo devido.

> Se a mercadoria importada ou exportada for arma de fogo, acessório ou munição, sem autorização da autoridade competente, o agente responderá pelo crime previsto no Art. 18 da Lei nº 10.826/03 (Estatuto do Desarmamento). Tráfico internacional de arma de fogo.

Consumação

Ocorre no momento em que o funcionário público efetivamente facilita o contrabando ou descaminho. **É crime formal ou de consumação antecipada**.

Não é necessário que a outra pessoa (autor do crime de contrabando ou descaminho - Art. 334) tenha sucesso em sua empreitada criminosa. Desse modo, mesmo que esta outra pessoa não obtenha êxito na realização do crime do Art. 334, o crime de contrabando e descaminho estará consumado, pois é crime formal.

Tentativa

Admitida somente na forma comissiva (ação). **A forma omissiva não admite o *conatus***.

Elemento Subjetivo

Dolo. Não se admite a modalidade culposa.

> Súm. 151. STJ. A competência para o processo e julgamento por crime de contrabando e descaminho define-se pela prevenção do Juízo Federal do lugar da apreensão dos bens.

Competência

Os crimes de contrabando e descaminho é da competência da **Justiça Federal**, pois ofende interesse da União (Art. 109, IV, CF/88).

Prevenir e reprimir o contrabando e o descaminho são atribuições da Polícia Federal (Art. 144, §1º, II, CF/88).

Prevaricação

Art. 319. *Retardar ou deixar de praticar, indevidamente, ato de ofício, ou praticá-lo contra disposição expressa de lei, para satisfazer interesse ou sentimento pessoal:*

Pena *- detenção, de três meses a um ano, e multa.*

Para que configure o delito de prevaricação, faz-se necessário que a ação ou omissão seja praticada de forma indevida, infrinja o dever funcional do agente público.

Classificação

É considerado crime de mão própria, pois exige uma qualidade específica, ser funcionário público e possuir determinado dever funcional.

Assim, é imprescindível que o funcionário tenha a atribuição para a prática do ato, pois, do contrário, não se pode considerar violação ao dever funcional.

A conduta é sempre dolosa, a qual se divide em três tipos: 1) Retardar indevidamente ato de ofício; 2) Deixar de praticar ato de ofício; 3) Praticar contra disposição expressa em lei.

NÃO admite a forma culposa.

Sujeitos do Crime

Sujeito Ativo: somente funcionário público (crime próprio).

Sujeito Passivo: o Estado e, por conseguinte, o particular, pessoa física ou jurídica prejudicada.

Consumação e Tentativa

Consuma-se o crime com o retardamento, a omissão ou a prática do ato, sendo dispensável a satisfação do interesse visado pelo servidor.

A tentativa não é admitida nas condutas retardar deixar de praticar, pois é crime omissivo próprio ou puro. Já a conduta praticá-lo contra disposição expressa de lei admite a tentativa por ser crime comissivo, ou seja, que exige uma ação.

É um crime formal. Para a consumação basta a intenção do funcionário público de satisfazer interesse ou sentimento pessoal, mesmo que não consiga êxito na concretização deste resultado.

Descrição

Crime de ação múltipla ou de conteúdo variado: Retardar, deixar de praticar ou praticá-lo. A realização de mais de um destes verbos, no mesmo contexto fático, caracteriza crime único. Todavia, tal fato será levado em conta pelo juiz no momento de fixação da pena-base (Art. 59 do CP).

Considerações

Retardar (atrasar / adiar): o funcionário público não realiza o ato de ofício dentro do prazo legal. Deixar de praticar (abster-se de praticar): não praticar o ato de ofício.

+

Indevidamente: (injustificavelmente / ilegalmente)

=

Prevaricação

Nessas duas hipóteses a prevaricação é crime omissivo próprio ou puro (condutas omissivas). Não admite tentativa (*conatus*).

NÃO há crime quando o funcionário público deixa de agir em razão de caso fortuito ou força maior.

Ex.: A falta de efetivo (pessoal) na repartição, incêndio, inundação etc.

Praticar (realizar um ato)

+

Contra Disposição Expressa de Lei

=

Prevaricação

Nesta hipótese a prevaricação é crime comissivo. Admite tentativa (*conatus*).

No caso concreto, se ausente o interesse de satisfazer interesse ou sentimento pessoal e o funcionário público receber uma ordem que deveria cumprir e não cumpri-la, não estará configurado o crime de prevaricação. Todavia, poderá caracterizar ato de improbidade administrativa (Art. 11, II, Lei nº 8.429/92).

Pessoalidade

Interesse Pessoal: é qualquer vantagem ou proveito de caráter moral ou patrimonial. Caso o funcionário público exija ou receba uma vantagem indevida a pretexto de praticar, retardar ou omitir a prática de um ato de ofício, o crime será de concussão (Art. 316 do CP) ou corrupção passiva (Art. 317 do CP).

Sentimento Pessoal: vingança, ódio, amizade, inimizade, inveja, amor.

Ex.: Promotor de Justiça solicita o arquivamento de inquérito policial o qual investiga crime que supostamente foi praticado por seu amigo de infância.

A desídia (preguiça), negligência ou comodismo (sem o fim de satisfazer interesse ou sentimento pessoal): não há crime de prevaricação. Todavia, o funcionário público poderá incorrer em ato de improbidade administrativa.

Diferenças Importantes

Prevaricação (Art. 319, CP)	Condescendência Criminosa (Art. 320, CP)
Retardar ou DEIXAR de PRATICAR, indevidamente, ATO DE OFÍCIO, ou praticá-lo contra disposição expressa de lei, para SATISFAZER INTERESSE OU SENTIMENTO PESSOA.	DEIXAR o funcionário, POR INDULGÊNCIA, DE RESPONSABILIDADE subordinado que cometeu infração no exercício do cargo ou, quando lhe falte competência, não levar o fato ao conhecimento da autoridade competente.

Prevaricação Imprópria

> ***Art. 319-A.** Deixar o Diretor de Penitenciária e/ou agente público de cumprir seu dever de vedar ao preso o acesso a aparelho telefônico, de rádio ou similar, que permita a comunicação com outros presos ou com o ambiente externo:*
>
> ***Pena** - detenção, de 3 (três) meses a 1 (um) ano.*

Esse crime foi introduzido pela Lei nº 11.466/07 e recebe várias denominações por parte da doutrina, prevaricação imprópria, prevaricação em presídios, omissão do dever de vedar ao preso o acesso a aparelhos de comunicação. Todas essas classificações são aceitáveis, haja vista o legislador não conferir, na elaboração do tipo, o *nomem iuris* da conduta, deixando para que a doutrina o fizesse.

Classificação

É um crime doloso, não exigindo qualquer fim específico da conduta. Não é admitida a culpa.

É um crime simples, pois ofende um único bem jurídico e é um crime próprio, ou seja, podendo ser cometido somente por agente público que tenha o dever funcional de impedir a entrada de aparelhos de comunicação ou Diretor de Penitenciária.

Sujeitos do Crime

Sujeito Ativo: por ser um crime próprio, pode ser cometido por agente público que deve ser interpretado de forma restrita, pois o agente deve ser incumbido de evitar a conduta descrita no tipo, para exemplificar podemos citar os agentes penitenciários, carcereiros e até mesmo pelos policiais responsáveis pela escolta.

O preso que for encontrado na posse de aparelho de comunicação não comete este crime, contudo incide em falta grave. Já o particular que fornece o aparelho para o preso comete o crime do Art. 349-A do CP.

Consumação e Tentativa

Por ser um crime formal, dá-se a consumação no momento em que o agente público ou Diretor de Penitenciária não faz nada para impedir a entrada de aparelho de comunicação ao preso, contudo devendo saber que tal situação é ilícita. É dispensável o efetivo acesso do preso ao aparelho de comunicação.

Não é possível a tentativa, haja vista ser este um crime omissivo próprio.

Descrição do Crime

A finalidade deste crime é impedir que o preso tenha acesso a qualquer tipo de aparelho de comunicação que possa se comunicar com qualquer pessoa (familiares, advogados, outros presos).

Os aparelhos eletrônicos podem ser, telefones (fixos ou móveis) *walkie-talkies* ou até mesmo uma *webcam*.

O fato é atípico quando o aparelho não tem nenhuma capacidade de comunicação ou, de qualquer forma, impossibilitado de funcionar. O mesmo acontece para cópias falsas de aparelhos.

Telefones celulares sem crédito tipificam a conduta, pois se verifica a possibilidade da obtenção de créditos de formas ilícitas, por exemplo, extorsões baseadas em falsos sequestros. Caracteriza-se a conduta, até mesmo quando o aparelho não tiver bateria, visto que existem meios alternativos para a sua ativação.

Condescendência Criminosa

> ***Art. 320.** Deixar o funcionário, por indulgência, de responsabilizar subordinado que cometeu infração no exercício do cargo ou, quando lhe falte competência, não levar o fato ao conhecimento da autoridade competente:*
>
> ***Pena** - detenção, de quinze dias a um mês, ou multa.*

Esse tipo penal tem por objetivo punir o superior hierárquico que por indulgência (clemência) deixa de punir seu subordinado, bem como aquele que, sem competência para responsabilização, tendo conhecimento de alguma infração, não leva a informação aquém de competência para punir o agente público.

Tem como base o poder disciplinar da Administração Pública.

Classificação

É considerado um crime próprio: omissivo próprio: sendo que ato está na inação (deixar de agir).

O dolo está na conduta de se OMITIR, sendo assim, não admite a forma culposa.

Sujeitos do Crime

Sujeito Ativo: somente funcionário público hierarquicamente superior ao servidor infrator.

Sujeito Passivo: o Estado e, por conseguinte, o particular, pessoa física ou jurídica prejudicada.

Consumação e Tentativa

NÃO Admite Tentativa

É um crime formal e omissivo próprio ou PURO. Consuma-se no momento em que o funcionário superior, depois de tomar conhecimento da infração, suplanta prazo legalmente previsto para a tomada de providências contra o subordinado infrator.

Descrição do Crime

O **crime** ocorre com a mera omissão do funcionário público que, ao tomar conhecimento da infração (administrativa ou penal) cometida pelo subordinado no exercício do cargo, deixa de tomar qualquer providência para responsabilizá-lo, ou, quando lhe faltar competência para tanto, não levar o fato ao conhecimento da autoridade competente. Não necessita da efetiva impunidade do infrator.

O fato será atípico quando o superior hierárquico, por negligência, não tomar conhecimento da infração cometida pelo funcionário público subalterno no exercício do cargo.

> Se o funcionário público superior hierárquico se omite para atender sentimento ou interesse pessoal, responderá pelo crime de prevaricação.
>
> Se o superior hierárquico se omite com o objetivo de receber alguma vantagem indevida do funcionário público infrator, responderá pelo crime de corrupção passiva (Art. 317 do CP).
>
> Não configura o crime em tela, eventuais irregularidades praticadas pelo subordinado "extra officio" (fora do cargo) e toleradas pelo superior hierárquico.

Nexo Funcional

Deve haver o nexo funcional, ou seja, a infração deve ter sido praticada no exercício do cargo público ocupado pelo funcionário público.

Ex.: Policial civil pratica peculato e o Delegado, após tomar conhecimento do caso, por indulgência (tolerância) nada faz.

Indulgência: é sinônimo de tolerância, perdão, clemência.

Advocacia Administrativa

Art. 321. *Patrocinar, direta ou indiretamente, interesse privado perante a administração pública, valendo-se da qualidade de funcionário:*

Pena *- detenção, de um a três meses, ou multa.*

Parágrafo único. *Se o interesse é ilegítimo:*

Pena *- detenção, de três meses a um ano, além da multa.*

Esse delito visa tipificar a conduta do agente que tem por objetivo defender, apadrinhar, advogar, interesse alheio perante a Administração Pública.

Classificação

É considerado crime próprio, pois exige uma qualidade específica, ser funcionário público.

A conduta é sempre dolosa. que pode ser praticada pela ação ou omissão. Não existe possibilidade para modalidade culposa.

É um crime comissivo, por conseguinte pode incorrer em omissão imprópria, quando o agente, como garantidor, podendo evitar, nada faz para que o crime não seja consumado (Art. 13, §2º, CP).

Sujeitos do Crime

Sujeito Ativo: somente funcionário público (crime próprio). Não necessariamente advogado, como diversas questões afirmam.

Admite-se o concurso de terceiro não qualificado, na modalidade de coautoria ou participação, desde que conhecedor da condição funcional do agente público.

Sujeito Passivo: o Estado e, por conseguinte, o particular, pessoa física ou jurídica prejudicada.

Consumação e Tentativa

ADMITE Tentativa

Consuma-se com a prática de ato revelador do patrocínio, que ofenda a moralidade administrativa, independente de obtenção de vantagem.

Descrição do Crime

Utilizando da qualidade de funcionário, o agente público defende interesse alheio de forma direta: pelo próprio funcionário, ou então, de forma indireta: participação de uma terceira pessoa.

Necessidade de Patrocínio

A advocacia administrativa exige mais do que um mero ato de encaminhamento ou protocolado de papéis. É necessário que se verifique o efetivo patrocínio de uma causa, complexa ou não, perante a administração.

Figura Qualificadora

Parágrafo único. *Se o interesse é ilegítimo:*

Para ensejar na qualificadora, o agente que pratica o ato de patrocínio deve ter conhecimento de que o pleito é ilegítimo.

Responsabilidade

Caso o patrocínio seja referente à instauração de processo licitatório ou a celebração de contrato junto à Administração Pública, cuja invalidação seja decretada pelo Judiciário, o agente responderá pelo Art. 91 da Lei nº 8.666/90.

Violência Arbitrária

Art. 322. *Praticar violência, no exercício de função ou a pretexto de exercê-la:*

> ***Pena** - detenção, de seis meses a três anos, além da pena correspondente à violência.*

Esse delito tem por objetivo tipificar a conduta do agente público que atua com violência no exercício da sua função ou a pretexto dela.

Grande parte da doutrina entende que o presente artigo foi revogado tacitamente pela Lei nº 4.898/65 (Lei de abuso de autoridade). Entretanto, há decisões de Tribunais Superiores reconhecendo a vigência do artigo em comento.

Classificação

A conduta é sempre dolosa: que pode ser praticada pela ação ou omissão. Não existe possibilidade para modalidade culposa.

É um crime comissivo, por conseguinte, pode incorrer em omissão imprópria, quando o agente, como garantidor, podendo evitar, nada faz para que o crime não seja consumado (Art. 13, §2º, CP).

Sujeitos do Crime

Sujeito Ativo: somente funcionário público (crime próprio), não exige a qualidade específica de ser um policial, ademais, é possível a coautoria e participação do particular que tenha consciência da função pública do agente.

Sujeito Passivo: o Estado e, por conseguinte, o particular, pessoa física ou jurídica prejudicada.

Consumação e Tentativa

ADMITE Tentativa

Consuma-se no momento da prática do ato de violência (ação), com a lesão provocada.

Descrição do Crime

Conforme já mencionado, não é condição necessária que para incidir em violência arbitrária ou abuso de autoridade a condição específica de policial.

> **Ex.:** Um fiscal sanitário que, no gozo de suas atribuições, ao encontrar uma bandeja de iogurte vencida, decide por lacrar o estabelecimento pelo prazo de noventa dias, além da aplicação da multa de R$ 100.000,00. Nessa hipótese, é claro observar que o agente abusou da atribuição do seu cargo prejudicando um particular. Pois, sua decisão, não foi proporcional ao agravo.

Figura Qualificadora Especial

Caso o agente seja ocupante de cargo em comissão, função de direção ou assessoramento, Art. 327,§2º, CP.

O simples emprego de intimidação moral, formada por ameaças, não é suficiente para caracterizar o crime desse artigo.

A pena do crime de violência arbitrária será somada à pena correspondente à violência.

Abandono de Função

> ***Art. 323**. Abandonar cargo público, fora dos casos permitidos em lei:*
>
> ***Pena** - detenção, de quinze dias a um mês, ou multa.*
>
> ***§ 1º.** Se do fato resulta prejuízo público:*
>
> ***Pena** - detenção, de três meses a um ano, e multa.*
>
> ***§ 2º.** Se o fato ocorre em lugar compreendido na faixa de fronteira:*
>
> ***Pena** - detenção, de um a três anos, e multa.*

Tutela-se o regular desenvolvimento das atividades administrativas, punindo-se a interrupção do trabalho do servidor público que abandona suas atividades, fora dos casos permitidos em lei.

Classificação

Trata-se de um crime de mão própria, ou seja, que só pode ser cometido pelo próprio agente.

É um crime omissivo próprio, cometido por um funcionário específico, no momento em que não cumpre com suas funções.

Pune-se somente na modalidade dolosa.

Sujeitos do Crime

Sujeito Ativo: embora o dispositivo diga abandono de função, entende a doutrina que somente o funcionário ocupante de cargo público pode cometer o crime, logo não prevalece a regra do Art. 327, CP.

Sujeito Passivo: A Administração Pública.

Consumação e Tentativa

NÃO Admite Tentativa

É consumado após um tempo relevante, sendo previsto uma probabilidade de dano à Administração, porém sem necessidade que esse realmente ocorra para a efetiva consumação do crime.

Há doutrinadores que dizem que só haverá o crime de abandono após 31 dias ou mais de ausência injustificada no trabalho.

Descrição do Crime

Forma Qualificada pelo Prejuízo

> ***§ 1º.** Se do fato resulta prejuízo público:*
>
> ***Pena** - detenção, de três meses a um ano, e multa.*

Nessa hipótese, compreende duas espécies de prejuízo, sendo o prejuízo social ou coleto, bem como aquele que afeta os serviços públicos e o interesse da coletividade.

Forma Qualificada Pelo Lugar de Fronteira

> ***§ 2º.** Se o fato ocorre em lugar compreendido na faixa de fronteira:*
>
> ***Pena** - detenção, de um a três anos, e multa.*

Considera-se fronteira a faixa situada até 150 Km de largura, ao longo das fronteiras terrestres.

Exercício Funcional Ilegalmente Antecipado ou Prolongado

> ***Art. 324.** Entrar, no exercício de função pública antes de satisfeitas as exigências legais, ou continuar a exercê-la, sem autorização, depois de saber oficialmente que foi exonerado, removido, substituído ou suspenso:*
>
> ***Pena** - detenção, de quinze dias a um mês, ou multa.*

O exercício ilegal de função pública afeta toda uma estrutura organizacional da Administração Pública, influindo diretamente na prestação de serviço público e no seu normal funcionamento. O referido crime tem por finalidade punir quem entra, exerce ou continua no serviço público de forma ilegal. É um crime de ação penal pública incondicionada.

Classificação

É um crime simples, de mão própria e formal.

É um crime doloso, não existindo a modalidade culposa.

Sujeitos do Crime

Sujeito Ativo: é o funcionário público já nomeado que ainda não cumpriu todas as exigências para entrar no cargo ou que deixou de ser funcionário por ter sido exonerado, suspenso, removido etc.

Se for pessoa inteiramente alheia à função pública, o crime é o previsto no Art. 328 do CP.

Sujeito Passivo: é o Estado.

Consumação e Tentativa

Por ser um crime formal, o delito se consuma com o primeiro ato realizado pelo funcionário público em alguma das condições do tipo penal, não necessitando que a Administração Pública sofra um efetivo dano ou prejuízo. A tentativa é possível, haja vista o caráter plurissubsistente do crime.

Descrição do Crime

A primeira parte do *caput* versa uma norma penal em branco homogênea, pois necessita de complementação por legislação específica para saber quais são as exigências legais.

A segunda parte do *caput* descreve um elemento normativo específico, sendo necessário que o agente tenha o efetivo conhecimento de sua situação perante a Administração Pública.

Aquele que ingressa no exercício da função pública, antes de apresentar sua declaração de bens, incide no crime em tela se praticar algum ato inerente ao cargo.

Violação de Sigilo Funcional

> ***Art. 325.*** *Revelar fato de que tem ciência em razão do cargo e que deva permanecer em segredo, ou facilitar-lhe a revelação:*
>
> ***Pena*** *- detenção de seis meses a dois anos, ou multa, se o fato não constitui crime mais grave.*
>
> ***§1º.*** *Nas mesmas penas deste artigo incorre quem:*
>
> ***I.*** *Permite ou facilita, mediante atribuição, fornecimento e empréstimo de senha ou qualquer outra forma, o acesso de pessoas não autorizadas a sistemas de informações ou banco de dados da Administração Pública;*
>
> ***II.*** *Se utiliza, indevidamente, do acesso restrito.*
>
> ***§2º.*** *Se da ação ou omissão resulta dano á Administração Pública ou a outrem:*
>
> ***Pena*** *- reclusão, de dois a seis anos, e multa.*

Certos assuntos da Administração Pública possuem caráter sigiloso e são imprescindíveis à segurança da sociedade e do Estado. Esse artigo tem por finalidade preservar os interesses públicos, privados e coletivos do sigilo das informações necessárias ao normal funcionamento da máquina pública. É um crime de ação penal pública incondicionada.

Classificação

É um crime simples, de mão própria (somente pode ser cometido por funcionário público que tenha o dever de assegurar o sigilo) e formal.

É considerado um crime doloso não tendo especificado em seu tipo penal um especial fim de agir. Não admite a modalidade culposa.

Sujeitos do Crime

Sujeito Ativo: por ser um crime de mão própria, exige-se uma qualidade especial do sujeito ativo do crime, podendo ser tanto o funcionário público em efetivo exercício, quanto o aposentado, afastado ou em disponibilidade, podendo o particular ser partícipe do crime (Art. 325 do CP) se concorreu de qualquer modo com a revelação da informação.

Sujeito Passivo: é o ente público que teve o seu segredo revelado e, eventualmente, o particular lesado pela revelação do segredo.

Consumação e Tentativa

O delito passa a ser consumado no momento em que a informação sigilosa é revelada a terceira pessoa, não exigindo que tal informação seja de conhecimento geral do público.

A tentativa somente é aceita se for uma conduta por escrito e, por circunstâncias alheias à vontade do agente, a carta não chega ao destino.

Descrição do Crime

Figuras Equiparadas do §1º

Inciso I, exemplo: "A", um analista da Receita Federal, revela a senha do banco de dados do cadastro dos contribuintes, para que sua amiga encontre o endereço de seu ex-namorado.

Inciso II, exemplo: "A", analista da Receita Federal, utiliza a senha restrita do banco de dados dos servidores para descobrir informações fiscais de seus colegas de repartição.

Qualificadora §2º

Nessa figura, existe a lesão à Administração Pública ou a algum particular, ou seja, é considerado um crime de dano.

Aplicando-se o princípio da especialidade, a violação de sigilo funcional envolvendo certames de interesse público não caracteriza o crime do Art. 325, mas sim o do Art. 311-A do CP.

Violação de Sigilo de Proposta de Concorrência

> ***Art. 326.*** *Devassar o sigilo de proposta de concorrência pública, ou proporcionar a terceiro o ensejo de devassá-lo:*
>
> ***Pena*** *- detenção, de três meses a um ano, e multa.*

Revogado tacitamente pelo Art. 94 da Lei nº 8.666/93 (Lei das Licitações).

Funcionário Público

> ***Art. 327.*** *Considera-se funcionário público, para os efeitos penais, quem, embora transitoriamente ou sem remuneração, exerce cargo, emprego ou função pública.*
>
> ***§ 1º.*** *Equipara-se a funcionário público: quem exerce cargo, emprego ou função em entidade paraestatal, e quem trabalha para empresa prestadora de serviço contratada ou conveniada para a execução de atividade típica da Administração Pública.*

***§ 2º.** A pena será aumentada da terça parte quando os autores dos crimes previstos neste Capítulo forem ocupantes de cargos em comissão ou de função de direção ou assessoramento de órgão da administração direta, sociedade de economia mista, empresa pública ou fundação instituída pelo poder público.*

Para fins penais, considera-se funcionário público aquele que trabalha para uma empresa particular que mantém convênio com o Poder Público, e para este presta serviço.

São funcionários públicos não só aqueles que desempenham cargos criados por lei, regularmente investidos e nomeados, remunerados pelo cofres públicos, como também os que exercem emprego público (contratados, mensalistas, diaristas, tarefeiros, nomeados a título precário) e, ainda, todos que, de qualquer forma, exercem função pública.

6.2 Dos Crimes Praticados por Particular contra a Administração em Geral

Usurpação de Função Pública

***Art. 328.** Usurpar o exercício de função pública:*
***Pena** - detenção, de três meses a dois anos, e multa.*
***Parágrafo único**. se do fato o agente aufere vantagem:*
***Pena** - reclusão, de dois a cinco anos, e multa.*

Introdução

Esse crime foi criado com o intuito de punir aquele que exerce função pública sem possuir legitimidade para tanto, pois o Estado tem interesse em preservação da função das pessoas realmente investidas ao exercício das funções públicas. É um crime de ação penal pública incondicionada.

Classificação

É um crime simples, comum e formal.

É considerado um crime doloso, não dependendo de nenhuma finalidade. Não é admitida a culpa.

Sujeitos do Crime

Sujeito Ativo: Por ser um crime comum, pode ser praticado por qualquer pessoa, inclusive por funcionário público. **Ex.:** um escrivão que atue exercendo tarefas exclusivas de um Delegado de Polícia.

Sujeito Passivo: Imediatamente é a Administração Pública e secundariamente a pessoa física ou jurídica à qual recaiu a conduta criminosa.

Consumação e Tentativa

Trata-se de crime formal. Consuma-se o delito com a prática de ato exclusivo, que só pode ser praticado por pessoa legalmente investida no ofício usurpado.

A tentativa é plenamente possível. No caso do agente ser impedido de executar ato de ofício por circunstâncias alheias a sua vontade.

Descrição do Crime

A figura qualificada (Art. 328, parágrafo único) se refere a um crime material, visto que o agente aufere vantagem do delito, sendo a vantagem de qualquer natureza.

Resistência

***Art. 329.** Opor-se à execução de ato legal, mediante violência ou ameaça a funcionário competente para executá-lo ou a quem lhe esteja prestando auxílio:*
***Pena** - detenção, de dois meses a dois anos.*
***§ 1º.** Se o ato, em razão da resistência, não se executa:*
***Pena** - reclusão, de um a três anos.*
***§ 2º.** As penas deste artigo são aplicáveis sem prejuízo das correspondentes à violência.*

Introdução

Esse crime visa proteger a Administração Pública e, também, a atuação do funcionário público na realização de atos legais e a integridade física e moral do particular que lhe presta auxílio. É um crime de ação penal pública incondicionada.

Classificação

É um crime **pluriofensivo** (atinge mais de um bem jurídico), comum e formal.

É um crime doloso e mais a intenção de impedir a execução de ato legal (especial fim de agir). Não se admite a modalidade culposa.

Sujeitos do Crime

Sujeito Ativo: pode ser praticado por qualquer pessoa (crime comum).

O funcionário público pode ser sujeito ativo deste crime nas situações em que age como particular.

O sujeito ativo (autor) pode ser pessoa alheia à execução do ato legal. Ex.: Filho que procura resistir à prisão legítima do pai mediante violência ou grave ameaça.

É indispensável que o particular esteja efetivamente acompanhado do funcionário público competente para a execução do ato para que se caracterize o crime de resistência, pois caso o particular esteja sozinho o agente responderá por outro crime (lesão corporal, ameaça, tentativa de homicídio etc.).

Sujeito Passivo: primariamente o Estado e, secundariamente, o funcionário público agredido ou ameaçado pela resistência.

Consumação e Tentativa

É crime formal. Não importa se o agente consegue ou não impedir a execução do ato legal, o crime estará consumado.

Em regra admite tentativa, com exceção de ameaça verbal.

Descrição do Crime

Opor-se: impedir a execução do ato legal. O ato legal deve ser específico e concreto, isto é, apto a gerar efeitos imediatos e dirigido a pessoa(s) determinada(s).

Espécies de Resistência

Resistência ATIVA: é o crime de resistência do Art. 329, *caput*, do Código Penal.

Resistência PASSIVA: o agente, sem o emprego de violência ou ameaça a funcionário público competente ou a quem lhe presta auxilio, se opõe à execução de ato legal.

Ex.: "A", policial civil, vai cumprir um mandado de prisão preventiva expedido em face de "B", este se agarra a um poste para não ser preso.

Nesta hipótese, (Resistência Passiva) não se configura o crime de Resistência. Todavia, o agente responderá pelo crime de Desobediência (Art. 330, CP).

Violência:

A violência deve ser dirigida contra pessoa, pois se for dirigida contra coisa o agente responderá pelo crime de dano qualificado (Art. 163, parágrafo único, III, CP).

A violência deve ser empregada durante a execução do ato legal, pois se for empregada antes ou depois o agente responderá pelo crime de ameaça (Art. 147, CP) ou lesão corporal (Art. 129, CP).

A violência deve ser empregada para impedir o cumprimento da ordem, se for outra a causa, o crime será outro.

Figura qualificada (Art. 329, §1º, CP): O que seria o exaurimento do crime funciona como uma qualificadora. Nesta hipótese o crime é material.

Legalidade do Ato

Legalidade do Ato: o ato deve ser legal, mesmo que injusto.

Ex.: O juiz decretou a prisão preventiva de "A" pois ele é o principal suspeito de ter estuprado oito mulheres numa pequena cidade do interior. No momento da realização da prisão, "A" agrediu os policiais militares, pois jurava que era inocente. Uma semana após a prisão, "B" o verdadeiro estuprador fez duas novas vítimas e foi preso em flagrante. O juiz mandou soltar "A", mas este responderá pelo crime de resistência, pois o ato, apesar de injusto, era legal.

Desobediência

> ***Art. 330.*** *Desobedecer a ordem legal de funcionário público:*
> ***Pena*** *- detenção, de quinze dias a seis meses, e multa.*

O crime de desobediência, também conhecido como "resistência passiva", apresenta pontos em comum com o crime de resistência (Art. 329 do CP), porém se diferencia pela ausência de violência ou grave ameaça ao funcionário público ou a pessoa que está auxiliando o funcionário. É um crime de ação penal pública incondicionada.

Classificação

É um crime simples, comum e formal.

Dolo. O agente deve ter consciência da legalidade da ordem e da competência do funcionário público, sob pena de atipicidade do fato (o fato não será crime). Não se admite a modalidade culposa.

Pode ser praticado por ação ou por omissão.

Sujeitos do Crime

Sujeito Ativo: qualquer pessoa, desde que vinculada ao cumprimento da ordem legal imposta pela autoridade pública.

Se o agente devia cumprir a ordem, por dever de ofício, tipifica-se, em tese, o delito de prevaricação.

Sujeito Passivo: é o Estado de forma imediata e mediatamente é o funcionário público o qual teve a ordem descumprida injustificadamente.

Consumação e Tentativa

→ **A consumação depende do tipo de ordem:**

Se for uma **omissão** do agente: no momento em que o agente atuar, violando, assim, a ordem de abster-se;

Se for uma **ação** do agente: no momento em que transcorrer o prazo para que o agente realize determinado ato e este não cumpra a ordem dada.

Admite-se a tentativa na modalidade comissiva (ação). Não é cabível na modalidade omissiva.

Conduta

Desobedecer (Recusar cumprimento / Desatender / Descumprir) ordem legal de funcionário público competente para emiti-la. Necessita da presença de dois requisitos:

Existência de uma ordem legal: não se trata de uma mera solicitação ou pedido.

Ordem emanada de funcionário público competente: o funcionário deve possuir competência funcional para emitir a ordem.

Legalidade

Segundo a Jurisprudência, pratica o crime de desobediência o indivíduo que se recusa a identificar-se criminalmente nos casos previstos em lei. Assim, como o indiciado que se recusa a identificar-se civilmente.

Pratica o crime previsto no Art. 307 da Lei nº 9.503/97 (Código de Trânsito Brasileiro), o indivíduo que viola a suspensão ou proibição de se obter a permissão ou a habilitação para dirigir veículo automotor.

Desobediência X Resistência

Desobediência (Art. 330, CP)	Resistência (Art. 329, CP)
Não há emprego de violência ou ameaça.	Há emprego de violência ou ameaça.

Apontamentos

→ Não é crime de desobediência a conduta do agente que se recusa a realizar:

> Teste de bafômetro;
> Exame de sangue (hematológico);
> Exame de DNA;
> Dosagem alcoólica;
> Exame grafotécnico.

Lembre-se de que ninguém é obrigado a produzir prova contra si mesmo, pois trata-se de desdobramento lógico da garantia constitucional ao silêncio.

Desacato

Art. 331. *Desacatar funcionário público no exercício da função ou em razão dela:*

Pena *- detenção, de seis meses a dois anos, ou multa.*

Todo funcionário público representa o Estado e age em seu nome a todo o momento em que exerce sua função. O crime de desacato (Art. 332 do CP) foi criado com o intuito de proteger o agente público e o prestígio da função exercida pelo funcionário público. É um crime de ação penal pública incondicionada.

Classificação

Crime de forma livre, admitindo qualquer meio de execução.

Dolo. Vontade livre e consciente de agir com a finalidade de desprestigiar a função pública do ofendido. Não se admite a modalidade culposa.

É um crime formal. Independe, para sua consumação, de um resultado naturalístico.

Sujeitos do Crime

Sujeito Ativo: crime comum (pode ser praticado por qualquer pessoa).

É possível que o funcionário público seja autor do crime de desacato, pois, ao cometer este delito, ele se despe de sua qualidade de funcionário público e passa a atuar como um particular. Nesta situação não importa se o agente é ou não superior hierárquico do funcionário público ofendido.

> Não há crime de desacato na hipótese em que o ofendido, no momento da conduta, não possui mais a condição de funcionário público (Ex.: aposentado, demitido etc). Todavia, poderá haver crime contra a honra (calúnia/difamação/injúria), pois neste caso há lesão contra um particular e não contra a Administração Pública.

O advogado pode praticar (ser sujeito ativo) o crime de desacato caso ofenda funcionário público no exercício da função ou em razão dela.

Sujeito Passivo: o Estado, primariamente, e o funcionário público ofendido, secundariamente.

Será vítima somente o funcionário público assim definido no caput do Art. 327 do CP, não abrangendo o equiparado.

Consumação e Tentativa

É crime Formal. Ocorre no momento em que o funcionário público é ofendido. Não importa se sente ou não ofendido com os atos praticados. Não é necessário que outras pessoas presenciem a ofensa proferida.

Admite-se a tentativa, salvo quando a ofensa é praticada verbalmente.

Descrição do Crime

O autor deste crime deve ter ciência de que o ofendido é funcionário público e se encontra no exercício da função pública ou que a ofensa é proferida em razão dela. Deve ter ainda o propósito de desprestigiar a função pública do funcionário público (especial fim de agir).

Não é necessário que o funcionário público se encontre no interior da repartição pública. Basta que esteja no exercício da função pública.

Ex.: Pedro encontra o Juiz de Direito no supermercado e o chama de corrupto.

Haverá crime único de desacato caso o agente ofenda vários funcionários públicos no mesmo contexto fático, pois o sujeito passivo é a Administração Pública.

Considerações

Não haverá o crime de desacato caso a ofensa diga respeito à vida particular do funcionário público. Todavia, poderá caracterizar crime contra a honra.

Ex.: Afirmar que o Promotor de Justiça foi visto saindo de um prostíbulo.

Vejamos as diferenças entre os crimes de injúria (Art. 140 do CP) e desacato (Art. 331 do CP).

Desacato (Art. 331, CP)	Injúria (Art. 140, CP)
A ofensa é proferida na PRESENÇA do funcionário público.	A ofensa é proferida na AUSÊNCIA do funcionário público.
Crime contra a Administração Pública.	Crime contra a honra.
Ação Penal Pública Incondicionada.	Regra: Ação Penal iniciativa privada.

Tráfico de Influência

Art. 332. *Solicitar, exigir, cobrar ou obter, para si ou para outrem, vantagem ou promessa de vantagem, a pretexto de influir em ato praticado por funcionário público no exercício da função:*

Pena *- reclusão, de 2 (dois) a 5 (cinco) anos, e multa*

Parágrafo único. *a pena é aumentada da metade, se o agente alega ou insinua que a vantagem é também destinada ao funcionário.*

O crime de tráfico de influência foi criado pela Lei nº 9.127/95, porém antes de sua criação, o delito era chamado de exploração de prestígio (Art. 357 do CP), sendo esse um crime contra a Administração da justiça e o tráfico de influência (Art. 332 do CP) contra a Administração Pública. O crime em apreço é de ação penal pública incondicionada.

Classificação

É classificado como crime simples, comum e FORMAL.

É um crime doloso e com um especial fim de agir (vantagem para si ou para outrem). Não é admitida a modalidade culposa.

Sujeitos do Crime

Sujeito Ativo: por ser um crime comum, pode ser praticado por qualquer pessoa.

Sujeito Passivo: de maneira imediata é o Estado e mediatamente, o comprador da influência (pessoa que paga ou promete vantagem), com o fim de obter benefício do funcionário público.

Consumação e Tentativa

É um crime de consumação antecipada ou formal, caracterizando-se pela realização da conduta descrita no tipo penal, independentemente da obtenção da vantagem. Observação: com o núcleo do tipo "obter", o crime é material, consumando o delito no momento da obtenção da vantagem.

Tentativa é possível em determinados casos, do contrário não será admitida, pois se a conduta for realizada verbalmente não há que se falar em tentativa.

Descrição do Crime

Por haver vários núcleos do tipo (exigir, solicitar, obter, cobrar), o crime de tráfico de influência é classificado como crime de ação múltipla ou de conteúdo variado, respondendo o agente se praticado no mesmo contexto fático, por crime único, mesmo se realizar mais de um núcleo do tipo.

Segundo STJ é dispensável para a caracterização do delito que o agente efetivamente influa em ato praticado por funcionário público, basta que o mesmo alegue ter condições para tanto.

> **Ex.:** "A", dizendo ser amigo de um Delegado de Polícia, sem realmente sê-lo, solicita a "B" que entregue certo valor a pretexto de convencer (influir) o Delegado a não instaurar uma investigação contra o filho de "A".

Influência

Caso a aludida influência seja real, poderá haver outro crime (corrupção).

Causa de Aumento de Pena, Parágrafo Único

Caso o agente, além de toda a fraude empregada, alega que a vantagem também se destina ao funcionário público, será aquele merecedor de pena majorada, visto que o bem jurídico tutelado no tipo é mais gravemente afetado, qual seja, o prestígio da Administração Pública.

Corrupção Ativa

> ***Art. 333.*** *Oferecer ou prometer vantagem indevida a funcionário público, para determiná-lo a praticar, omitir ou retardar ato de ofício:*
>
> ***Pena*** *- reclusão, de 2 (dois) a 12 (doze) anos, e multa.*
>
> ***Parágrafo único.*** *A pena é aumentada de um terço, se, em razão da vantagem ou promessa, o funcionário retarda ou omite ato de ofício, ou o pratica infringindo dever funcional.*

O crime de corrupção ativa está tipificado no Art. 333 do Código Penal e faz parte dos crimes cometidos por particular contra a Administração Pública. Isso não quer dizer que não possa ser cometido por funcionário público que, se praticá-lo, estará se despindo de sua função pública e agindo como um particular.

É um crime de ação penal pública incondicionada.

Classificação

É considerado um crime formal, que para sua consumação não se exige um resultado.

Classificado como plurissubsistente, podendo sua conduta ser fracionada em diversos atos.

É um crime doloso, acrescido de um especial fim de agir (determinar o funcionário público a praticar, omitir ou retardar ato de ofício).

Sujeitos do Crime

Sujeito Ativo: crime comum (qualquer pessoa).

Funcionário público também pode ser sujeito ativo deste crime, desde que realize a conduta sem aproveitar-se das facilidades inerentes à sua condição funcional.

> **Ex.:** Pedro, analista judiciário do TRF, oferece dinheiro a um Delegado de Polícia para que este não o prenda em flagrante pela prática do crime de porte ilegal de arma de fogo.

O particular só responderá por corrupção ativa se este oferecer ou prometer vantagem indevida. A simples entrega de vantagem ilícita solicitada por funcionário público não configura crime nestes casos, o particular será vítima secundária de corrupção passiva (Art. 317 do CP).

Sujeito Passivo: o Estado e, secundariamente, a pessoa física ou jurídica prejudicada pela conduta criminosa.

Consumação e Tentativa

É crime formal. Ocorre a consumação com a oferta ou promessa de vantagem indevida ao funcionário público, independentemente da sua aceitação. Ofereceu ou prometeu, o crime já está consumado.

Também não é necessária a prática, omissão ou retardamento do ato de ofício. Desse modo, se o agente oferece ou promete a vantagem indevida ao funcionário público, o crime estará consumado.

A tentativa é possível, salvo quando o crime é praticado verbalmente.

Descrição do Crime

Vantagem Indevida: não precisa ser necessariamente patrimonial/econômica. Pode ter qualquer natureza: patrimonial, sexual, moral etc.

Meios de Execução: o delito de corrupção ativa pode ser praticado de duas formas:

Oferecer vantagem indevida: nesta hipótese, a conduta parte do particular que põe à disposição a vantagem indevida ao funcionário público e este a recebe. Desse modo, o particular praticou o crime de corrupção ativa (Art. 333 do CP) e o funcionário público o crime de corrupção passiva (Art. 317 do CP).

PROMETE vantagem indevida: nesta hipótese, a conduta parte do particular que promete a vantagem indevida ao funcionário público e este a aceita. Desse modo, o particular praticou o crime de corrupção ativa (Art. 333 do CP) e o funcionário público o crime de corrupção passiva (Art. 317 do CP). Não é necessário que o particular efetivamente cumpra sua promessa para que ocorra a consumação do delito, basta a simples promessa.

Não se configura a infração penal quando a oferta ou promessa tem o fim de impedir ou retardar ato ilegal.

Causa de Aumento de Pena

> ***Parágrafo único.*** *A pena é aumentada de um terço, se, em razão da vantagem ou promessa, o funcionário retarda ou omite ato de ofício, ou o pratica infringindo dever funcional.*

A corrupção ativa é um crime formal. Desse modo, o que seria o exaurimento do crime (retardar ou omitir ato de ofício, ou o praticar infringindo dever funcional) funciona como uma causa de aumento de pena.

Considerações

O crime de corrupção ativa é uma exceção à Teoria Unitária ou Monista do concurso de pessoas (Art. 29 do CP), pois o particular que oferece ou promete vantagem indevida responde pelo crime de corrupção ativa (Art. 333 do CP), já o funcionário público que recebe ou aceita promessa de vantagem indevida responde pelo crime de corrupção passiva (Art. 317 do CP).

Corrupção Ativa (Art. 333, CP)	Corrupção Passiva (Art. 317, CP)
Sujeito Ativo: Particular	Sujeito Ativo: Funcionário Público
Fato Atípico ←	Solicitar
Oferecer →	Receber
Prometer →	Aceitar Promessa

É possível que ocorra o crime de corrupção ativa sem que ocorra corrupção passiva.

Ex.: Pedro oferece ou promete dinheiro, vantagem indevida, para que João (Delegado de Polícia) não o prenda em flagrante, mas João não recebe ou aceita a promessa.

Também é possível que ocorra o crime de corrupção passiva sem que ocorra corrupção ativa.

Ex.: Ronaldo (auditor fiscal) solicita vantagem indevida a André (empresário) para não aplicar uma multa milionária na empresa deste último.

Duas situações podem ocorrer: André realiza a entrega da vantagem indevida, ou não. Nas duas hipóteses, apenas Ronaldo praticou crime, pois a conduta de André é atípica.

Apontamentos

Na hipótese em que o particular pede para o funcionário público dar um jeitinho não responderá pelo crime de corrupção ativa, pois o agente não ofereceu nem prometeu vantagem indevida. Nessa hipótese, duas situações podem ocorrer:

> O funcionário público Dá o jeitinho. Responderá por corrupção passiva privilegiada (Art. 317, §2º, CP) e o particular será partícipe deste crime;

> O funcionário público Não dá o jeitinho. O fato é atípico para ambos.

Contrabando e Descaminho

Descaminho - Art. 334

Antes da publicação da Lei nº 13.008/14, o Art. 334 do Código Penal tipificava a prática dos crimes de contrabando e descaminho como crime único, atribuindo pena de reclusão de um a quatro anos. Com a nova redação ocorre a separação dos crimes de contrabando e descaminho, tornando-os crimes autônomos.

Art. 334. *Iludir, no todo ou em parte, o pagamento de direito ou imposto devido pela entrada, pela saída ou pelo consumo de mercadoria*

Pena *- reclusão, de 1 (um) a 4 (quatro) anos.*

§ 1º. *Incorre na mesma pena quem:*

I. *pratica navegação de cabotagem, fora dos casos permitidos em lei;*

II. *pratica fato assimilado, em lei especial, a descaminho;*

III. *vende, expõe à venda, mantém em depósito ou, de qualquer forma, utiliza em proveito próprio ou alheio, no exercício de atividade comercial ou industrial, mercadoria de procedência estrangeira que introduziu clandestinamente no País ou importou fraudulentamente ou que sabe ser produto de introdução clandestina no território nacional ou de importação fraudulenta por parte de outrem;*

IV. *adquire, recebe ou oculta, em proveito próprio ou alheio, no exercício de atividade comercial ou industrial, mercadoria de procedência estrangeira, desacompanhada de documentação legal ou acompanhada de documentos que sabe serem falsos.*

§ 2º. *Equipara-se às atividades comerciais, para os efeitos deste artigo, qualquer forma de comércio irregular ou clandestino de mercadorias estrangeiras, inclusive o exercido em residências.*

§ 3º. *A pena aplica-se em dobro se o crime de descaminho é praticado em transporte aéreo, marítimo ou fluvial.*

No Descaminho, as mercadorias apreendidas são legais no território brasileiro, porém não há o devido pagamento de tributos pela entrada e saída de mercadorias.

Descrição do Crime

> Objeto Material: tributos não recolhidos.

> Núcleo do Tipo: iludir, ou seja, ludibriar, frustrar o pagamento do tributo.

> Sujeito Ativo: crime comum (qualquer pessoa) por ser um crime comum, pode ser praticado por qualquer pessoa, até mesmo um funcionário público, desde que o funcionário não tenha o dever funcional de impedir a prática do crime de contrabando e descaminho.

Apesar de existir divergência entre o STF e o STJ é cabível o princípio da insignificância no crime de Descaminho. Para a aplicação desse princípio o STJ estipula o valor de R$ 10.000,00, enquanto o STF entende que o valor é de R$ 20.000,00. Diante disso é de suma importância atentar-se para o comando da questão e observar qual dos posicionamentos a banca irá abordar.

> Sujeito Passivo: o Estado

Ex.: Tício, policial civil, auxilia Caio a contrabandear caixas de cigarro para o outro lado da fronteira. Tício não tem um especial dever funcional de evitar tal conduta, portanto responderá pelo crime de descaminho ou contrabando capitulados, respectivamente, nos Art. 334 e 334-A do CP, como partícipe ou coautor, a depender do contexto fático.

Contrabando - Art. 334-A

Art. 334-A. *Importar ou exportar mercadoria proibida:*

Pena *- reclusão, de 2 (dois) a 5 (cinco) anos.*

§ 1º. *Incorre na mesma pena quem:*

I. *pratica fato assimilado, em lei especial, a contrabando;*

II. *importa ou exporta clandestinamente mercadoria que dependa de registro, análise ou autorização de órgão público competente;*

> ***III.*** *reinsere no território nacional mercadoria brasileira destinada à exportação;*
>
> ***IV.*** *vende, expõe à venda, mantém em depósito ou, de qualquer forma, utiliza em proveito próprio ou alheio, no exercício de atividade comercial ou industrial, mercadoria proibida pela lei brasileira;*
>
> ***V.*** *adquire, recebe ou oculta, em proveito próprio ou alheio, no exercício de atividade comercial ou industrial, mercadoria proibida pela lei brasileira.*
>
> ***§ 2º.*** *Equipara-se às atividades comerciais, para os efeitos deste artigo, qualquer forma de comércio irregular ou clandestino de mercadorias estrangeiras, inclusive o exercido em residências.*
>
> ***§ 3º.*** *A pena aplica-se em dobro se o crime de contrabando é praticado em transporte aéreo, marítimo ou fluvial.*

Diferentemente do que ocorre no Descaminho, no crime de Contrabando as mercadorias são proibidas no território brasileiro. Dessa forma, NÃO é possível a aplicação do princípio da insignificância.

Descrição do Crime:

- Objeto Material: mercadoria contrabandeada.
- Núcleos do Tipo: importar, exportar mercadoria contrabandeada.
- Sujeito Ativo: crime comum (qualquer pessoa).
- Sujeito Passivo: o Estado.

Importante

A importação de bebidas é legal, porém a legislação traz uma restrição quanto à quantidade. Caso ocorra o excesso da quantidade permitida incidirá o Contrabando, Art. 334-A. Diferentemente ocorre no caso do crime de Descaminho, Art. 334, no qual ocorre a sonegação do tributo devido.

> A redação anterior do Código Penal considerava que a pena seria aplicada em dobro mediante transporte aéreo. De acordo com o §3º dos Arts. 334 e 334-A, a nova redação passou a considerar esta previsão também para os transportes marítimos e fluviais

É mais uma exceção à teoria monista ou unitária no concurso de pessoas (Art. 29, *caput*, CP). Haja vista ser a conduta do funcionário público que facilita o contrabando ou descaminho (Art. 318 do CP) ser mais reprovável em razão de sua natureza funcional perante a administração pública, as condutas foram separadas e com penas distintas, porém, ambos os crimes tipificam o mesmo resultado, qual seja, o descaminho ou o contrabando.

O funcionário público que:

Não possui o dever funcional de impedir o contrabando ou descaminho. Será coautor ou partícipe do crime de contrabando ou descaminho (Art. 334, CP).

Possui o dever funcional de impedir a prática do contrabando ou descaminho e concorre para a realização de qualquer destes crimes. Responderá pelo crime de facilitação de contrabando ou descaminho (Art. 318, CP).

- Trata-se de mais uma exceção à Teoria Unitária ou Monista do concurso de pessoas (Art. 29, CP).

	São crimes materiais (consumam-se com a produção de um resultado)
Contrabando	O agente importa ou exporta a mercadoria proibida pelas vias ordinárias (caminhos normais), ou seja, pela fiscalização alfandegária: o crime estará consumado no instante em que a mercadoria é liberada pela autoridade alfandegária.
	O agente se vale dos meios clandestinos para importar ou exportar a mercadoria proibida. O crime estará consumado no momento da entrada ou saída da mercadoria do território nacional.
Descaminho	Se consuma com a liberação da mercadoria (permitida) sem o pagamento de tributo devido pela sua entrada ou saída do Brasil.

No crime de contrabando a mercadoria não precisa ser necessariamente estrangeira (produzida no exterior). Desse modo é possível a fabricação da mercadoria em território nacional desde que seja destinada exclusivamente à exportação.

Ex.: Empresa fabrica explosivos no Brasil e os exporta para a Coreia do Norte. Posteriormente, um norte coreano ingressa com estes explosivos em território brasileiro.

Crimes específicos: por ter natureza genérica ou residual, o crime de contrabando e descaminho somente será aplicado quando a conduta de descaminho ou contrabando de mercadoria não configurar algum crime específico.

Ex.: O indivíduo que importar ou exportar drogas, sem autorização ou em desacordo com determinação legal, responderá pelo crime de tráfico internacional de drogas (Art. 33, Lei nº 11.343/06. Lei de Drogas).

O indivíduo que importar ou exportar arma de fogo, acessório ou munição, sem autorização da autoridade competente, responderá pelo crime de tráfico internacional de arma de fogo (Art. 18, Lei nº 10.826/03. Estatuto do Desarmamento).

> Súm. 151, STJ: A competência para o processo e julgamento por crime de contrabando ou descaminho define-se pela prevenção do Juízo Federal do lugar da apreensão dos bens.

Competência para julgamento: Justiça federal, pois ofendem interesses da União (Art. 109, IV, CF/88).

Impedimento, Perturbação ou Fraude de Concorrência

> ***Art. 335.*** *Impedir, perturbar ou fraudar concorrência pública ou venda em hasta pública, promovida pela administração federal, estadual ou municipal, ou por entidade paraestatal; afastar ou procurar afastar concorrente ou licitante, por meio de violência, grave ameaça, fraude ou oferecimento de vantagem:*
>
> ***Pena*** *- detenção, de seis meses a dois anos, ou multa, além da pena correspondente à violência.*
>
> ***Parágrafo único.*** *Incorre na mesma pena quem se abstém de concorrer ou licitar, em razão da vantagem oferecida.*

Revogado tacitamente pelos Art. 93 e 95 da Lei nº 8.666/93 (Lei das Licitações)

Inutilização de Edital ou de Sinal

> ***Art. 336.*** *Rasgar ou, de qualquer forma, inutilizar ou conspurcar edital afixado por ordem de funcionário público; violar ou inutilizar selo ou sinal, empregado por determinação legal ou por ordem de funcionário público, para identificar ou cerrar qualquer objeto:*
>
> ***Pena*** *- detenção, de um mês a um ano, ou multa.*

O que é protegido nesse crime é a Administração Pública, pois acarreta complicação ao interesse público e o normal desenvolvimento de suas atividades.

Classificação

É considerado um crime simples, pois ofende um único bem jurídico e também material, pois para sua consumação gera um resultado naturalístico.

É um crime doloso, não possuindo um especial fim de agir. Não é admitida a modalidade culposa.

Sujeitos do Crime

Sujeito Ativo: por ser um crime comum, pode ser praticado por qualquer pessoa, até mesmo funcionário público.

Sujeito Passivo: o Estado.

Consumação e Tentativa

É exigido para sua consumação um resultado naturalístico, não sendo suficiente para a consumação a conduta descrita no tipo.

É possível que haja o fracionamento do *iter criminis*, portanto é admitida a tentativa.

Descrição do Crime

Edital: tem natureza administrativa (licitação) ou judicial (citação).

Selo ou sinal: qualquer tipo de marca feita por determinação legal (lacre de interdição da vigilância sanitária).

Núcleos do tipo: rasgar, inutilizar, conspurcar (sujar) e violar.

Não haverá o crime se os objetos materiais referidos no tipo perderam utilidade, como na hipótese do edital com prazo vencido.

Não pratica o crime aquele que reage, moderadamente, contra ato abusivo (ilegal) de funcionário público, rasgando, por exemplo, tira de papel afixada por oficial de justiça na porta de sua moradia, anunciando seu despejo.

Subtração ou Inutilização de Livro ou Documento

> ***Art.337***. *Subtrair, ou inutilizar, total ou parcialmente, livro oficial, processo ou documento confiado à custódia de funcionário, em razão de ofício, ou de particular em serviço público:*
>
> ***Pena*** *- reclusão, de dois a cinco anos, se o fato não constitui crime mais grave.*

Essa conduta de subtração, inutilização de livro oficial, processo ou documento é prevista em vários tipos do Código Penal. As leituras dos Arts. 305, 314, 337 e 356 são relativamente semelhantes, porém cada crime possui uma especificação diferente que os caracteriza. Esse crime é de ação penal pública incondicionada.

Classificação

Considerado um crime simples, pois ofende um único bem jurídico e comum, podendo ser praticado por qualquer pessoa.

É um crime doloso, e não depende de nenhuma finalidade específica. Não admite a modalidade culposa.

Sujeitos do Crime

Sujeito Ativo: por ser um crime comum, pode ser cometido por qualquer pessoa, desde que não seja pelo funcionário público responsável pela custódia dos documentos.

Caso o agente seja funcionário público, incumbido ratione officci da guarda dos objetos materiais, a conduta será enquadrada no Art. 314 do CP. Se o agente for advogado ou procurador que, nessa qualidade, tiver retirado o processo ou documentos, o crime será o do Art. 356 do CP.

Sujeito Passivo: primeiramente é o Estado, e secundariamente a pessoa jurídica ou física que foi prejudicada pela ação criminosa.

Consumação e Tentativa

Consuma-se o crime no momento da subtração de livro oficial, processo ou documento, mediante apoderamento do agente ou no momento da inutilização total ou parcial da coisa.

A tentativa é possível devido o crime ser de caráter plurissubsistente.

Descrição do Crime

Subtrair e inutilizar são os núcleos do tipo. Subtrair é retirar um dos elementos do tipo (livro oficial, processo ou documento) da custódia do funcionário público, se apoderando do item.

Sonegação de Contribuição Previdenciária

> ***Art. 337-A.*** *Suprimir ou reduzir contribuição social previdenciária e qualquer acessório, mediante as seguintes condutas:*
>
> ***I.*** *Omitir de folha de pagamento da empresa ou de documento de informações previsto pela legislação previdenciária segurados, empregado, empresário, trabalhador avulso ou trabalhador autônomo ou a este equiparado que lhe prestem serviços;*
>
> ***II.*** *Deixar de lançar mensalmente nos títulos próprios da contabilidade da empresa as quantias descontadas dos segurados ou as devidas pelo empregador ou pelo tomador de serviços;*
>
> ***III.*** *Omitir, total ou parcialmente, receitas ou lucros auferidos, remunerações pagas ou creditadas e demais fatos geradores de contribuições sociais previdenciárias:*
>
> ***Pena*** *- reclusão, de 2 (dois) a 5 (cinco) anos, e multa.*
>
> ***§ 1º.*** *É extinta a punibilidade se o agente, espontaneamente, declara e confessa as contribuições, importâncias ou valores e presta as informações devidas à previdência social, na forma definida em lei ou regulamento, antes do início da ação fiscal.*
>
> ***§ 2º.*** *É facultado ao juiz deixar de aplicar a pena ou aplicar somente a de multa se o agente for primário e de bons antecedentes, desde que:*
>
> ***II.*** *O valor das contribuições devidas, inclusive acessórios, seja igual ou inferior àquele estabelecido pela previdência social, administrativamente, como sendo o mínimo para o ajuizamento de suas execuções fiscais.*

§ 3º. Se o empregador não é pessoa jurídica e sua folha de pagamento mensal não ultrapassa R$ 1.510,00 (um mil, quinhentos e dez reais), o juiz poderá reduzir a pena de um terço até a metade ou aplicar apenas a de multa.

§ 4º. O valor a que se refere o parágrafo anterior será reajustado nas mesmas datas e nos mesmos índices do reajuste dos benefícios da previdência social.

> No caso do §1º, preenchidos os requisitos para a concessão, é dever do juiz conceder o perdão ou aplicar a pena de multa. Trata-se de direito público subjetivo do réu.

6.3 Dos Crimes Praticados por Particular contra a Administração Pública Estrangeira

Corrupção Ativa em Transação Comercial Internacional

Art. 337-B. *Prometer, oferecer ou dar, direta ou indiretamente, vantagem indevida a funcionário público estrangeiro, ou a terceira pessoa, para determiná-lo a praticar, omitir ou retardar ato de ofício relacionado à transação comercial internacional:*

Pena *- reclusão, de 1 (um) a 8 (oito) anos, e multa.*

Parágrafo único. *A pena é aumentada de 1/3 (um terço), se, em razão da vantagem ou promessa, o funcionário público estrangeiro retarda ou omite o ato de ofício, ou o pratica infringindo dever funcional.*

Tráfico de Influência em Transação Comercial Internacional

Art. 337-C. *Solicitar, exigir, cobrar ou obter, para si ou para outrem, direta ou indiretamente, vantagem ou promessa de vantagem a pretexto de influir em ato praticado por funcionário público estrangeiro no exercício de suas funções, relacionado a transação comercial internacional:)*

Pena *- reclusão, de 2 (dois) a 5 (cinco) anos, e multa.*

Parágrafo único. *A pena é aumentada da metade, se o agente alega ou insinua que a vantagem é também destinada a funcionário estrangeiro.*

Funcionário Público Estrangeiro

Art. 337-D. *Considera-se funcionário público estrangeiro, para os efeitos penais, quem, ainda que transitoriamente ou sem remuneração, exerce cargo, emprego ou função pública em entidades estatais ou em representações diplomáticas de país estrangeiro.*

Parágrafo único. *Equipara-se a funcionário público estrangeiro quem exerce cargo, emprego ou função em empresas controladas, diretamente ou indiretamente, pelo Poder Público de país estrangeiro ou em organizações públicas internacionais.*

6.4 Dos Crimes contra a Administração da Justiça

Reingresso de Estrangeiro Expulso

Art. 338. *Reingressar no território nacional o estrangeiro que dele foi expulso:*

Pena *- reclusão, de um a quatro anos, sem prejuízo de nova expulsão após o cumprimento da pena.*

A expulsão do estrangeiro está regulada na Lei nº 6.815/80. Estatuto do Estrangeiro. Ocorrendo qualquer das hipóteses elencadas no Art. 65 desta lei, caberá ao Presidente da República, por meio de decreto, analisar o cabimento e conveniência da expulsão (ato discricionário administrativo).

Para tipificar a conduta, é indispensável, após a edição do decreto de expulsão, que o agente tenha efetivamente saído do país, retornando em seguida. Desta forma, não configura o crime a recusa do estrangeiro expulso em deixar o país.

Denunciação Caluniosa

Art. 339. *Dar causa à instauração de investigação policial, de processo judicial, instauração de investigação administrativa, inquérito civil ou ação de improbidade administrativa contra alguém, imputando-lhe crime de que o sabe inocente:*

Pena *- reclusão, de dois a oito anos, e multa.*

§ 1º. *A pena é aumentada de sexta parte, se o agente se serve de anonimato ou de nome suposto.*

§ 2º. *A pena é diminuída de metade, se a imputação é de prática de contravenção.*

O crime de denunciação caluniosa está capitulado no Art. 339 do Código Penal e versa sobre dar causa à instauração de algum procedimento de investigação contra alguém, imputando-lhe falsamente crime, sabendo que esse não o cometeu. O crime de denunciação caluniosa é de ação penal pública incondicionada.

Tal crime é também chamado calúnia qualificada.

Classificação

É considerado um crime pluriofensivo, ou seja, ofende mais de um bem jurídico como estudaremos no tópico **Sujeitos do Crime**, desse mesmo artigo.

É um crime comum, podendo ser praticado por qualquer pessoa e unissubjetivo, praticado por um só agente, mas admite concurso de pessoas.

O elemento subjetivo é o dolo direto, pois é indispensável que o agente tenha o conhecimento da inocência da pessoa a quem imputou falsamente o crime, segundo STJ.

Sujeitos do Crime

Sujeito Ativo: qualquer pessoa (crime comum).

Sujeito Passivo: o Estado e a pessoa acusada falsamente de crime.

Consumação e Tentativa

Por ser um crime material, consuma-se no momento em que se tem a efetiva instauração da investigação policial, de processo judicial, instauração de investigação administrativa, inquérito civil ou ação de improbidade administrativa contra alguém que o sabe ser inocente.

É admitida a tentativa.

Ex.: "A" vai à Delegacia e de forma dolosa, imputa "B" a prática de um crime de roubo, de que o sabia não ter cometido, com o fim de instaurar inquérito policial contra "B". O Delegado, contudo, já havia encerrado o referido caso e prendido o verdadeiro responsável pelo crime. Constatando a manobra de "A", o Delegado o prendeu em flagrante.

É necessário observar que não se faz necessário que seja a informação formalizada no inquérito policial. Basta que a conduta criminosa desencadeie atos preliminares de investigação. Aqui já se encontra consumado o crime e esse é o entendimento que prevalece.

Descrição do Crime

A falsa imputação deve estar relacionada com crime, se for contravenção, estará caracterizada a forma privilegiada de denunciação caluniosa (Art. 339, §2º, do CP).

A expressão "contra alguém" versa que deve ser dada a falsa imputação de pessoa determinada, indicando nome e atributos pessoais.

Considerações

Diferença entre o crime de calúnia e denunciação caluniosa.

CALÚNIA (Art. 138, CP)	DENUNCIAÇÃO CALUNIOSA (Art. 339, CP)
Caluniar alguém, imputando-lhe falsamente fato definido como crime.	Dar causa à instauração de investigação policial, de processo judicial, instauração de investigação administrativa, inquérito civil ou ação de improbidade administrativa contra alguém, imputando-lhe crime de que o sabe inocente.
É crime contra a honra.	É crime contra a Administração da Justiça.
Regra: Ação Penal Privada.	Ação Penal Pública Incondicionada.
Não admite a imputação falsa de Contravenção Penal.	Admite (é circunstância que importa na diminuição da pena pela metade (Art. 339, §22, CP).

Ex.: José assaltou o Banco do Brasil → Calúnia.

José assaltou o Banco do Brasil: eu afirmo isso para o Delegado, querendo a instauração de procedimento inútil e criminoso → denunciação caluniosa.

O advogado não tem imunidade penal na calúnia e, nem tampouco, na denunciação caluniosa.

> Pode ser praticado o crime de denunciação caluniosa até mesmo pelo Promotor de Justiça que denuncia alguém sabendo ser inocente. Essa denúncia criminosa do Promotor de Justiça é denominada denúncia temerária ou abusiva.

Denunciação Caluniosa Privilegiada

***§2º. A** pena é diminuída de metade, se a imputação é de prática de contravenção.*

A pena é reduzida de metade se a imputação é de contravenção penal. Passa-se a ter infração de menor potencial ofensivo, admitindo-se a suspensão condicional do processo.

Comunicação Falsa de Crime ou Contravenção

***Art. 340**. Provocar a ação de autoridade, comunicando-lhe a ocorrência de crime ou contravenção que sabe não se ter verificado:*

***Pena** - detenção, de um a seis meses, ou multa.*

Introdução

Em que pese ser muito semelhante o *caput* ao crime de denunciação caluniosa, veremos que suas diferenças são facilmente perceptíveis.

Classificação

É considerado um crime SIMPLES por ofender um único bem jurídico e COMUM, podendo ser cometido por qualquer pessoa.

É um crime CAUSAL ou MATERIAL, sendo que a consumação depende de alguma medida tomada pela autoridade.

O elemento subjetivo do agente é o DOLO direto, portanto se a pessoa tem DÚVIDA sobre a existência da infração o fato é atípico.

Ex.: "A" não tem certeza se seu relógio foi furtado ou se foi perdido, e mesmo assim comunica à autoridade), não tendo previsão da modalidade culposa.

Sujeitos do Crime

Sujeito Ativo: por ser um crime comum ou geral, pode ser cometido por qualquer pessoa.

Sujeito Passivo: o Estado.

Consumação e Tentativa

Por ser um crime material, a mera comunicação falsa não é suficiente para a consumação do delito, exigindo a provocação da ação da autoridade para fazer algo (conduta positiva). Consuma-se no momento em que a autoridade toma providência para apurar a ocorrência do crime, ou contravenção, comunicado falsamente.

A tentativa é possível. Vejamos como exemplo um indivíduo que comunica à autoridade um crime ou contravenção que sabe inexistente e, por circunstâncias alheias a sua vontade, a autoridade não toma nenhuma providência, tem-se o crime tentado.

Descrição do Crime

O delito é comunicação falsa de crime ou contravenção (Art. 340 do CP). O agente não acusa nenhuma pessoa, mas a ocorrência de um crime inexistente. Se o agente vier a individualizar o autor, o STF já decidiu: responde por denunciação caluniosa (Art. 339 do CP).

O núcleo do tipo provocar significa dar causa à ação da autoridade, podendo ocorrer de várias formas, uma delas é que o crime ou contravenção penal comunicado não existiu ou houve o fato, mas foi absolutamente diverso do comunicado para a autoridade. Por isso é considerado um crime de forma livre.

Considerações

Caracteriza uma figura equiparada de estelionato (Art. 171, §2º, V, do CP) quando a comunicação falsa de crime ou contravenção é um meio fraudulento para que o agente obtenha o valor do seguro. O delito (Art. 340 do CP) se torna um antefactum impunível. Aplica-se o princípio da consunção.

Ex.: "A" esconde seu automóvel que é amparado por contrato de seguro e comunica à autoridade que sofreu um furto, já com a intenção de receber o dinheiro do seguro.

Atentem-se às diferenças:

Na denunciada caluniosa, o agente imputa a infração penal imaginária a pessoa certa e determinada.

Na comunicação falsa de crime, apenas comunica a fantasiosa infração, não a imputando a ninguém ou, imputando, aponta personagem fictício.

Autoacusação Falsa

> ***Art. 341.*** *Acusar-se, perante a autoridade, de crime inexistente ou praticado por outrem:*
>
> ***Pena*** *- detenção, de três meses a dois anos, ou multa.*

O que leva uma pessoa a se autoacusar falsamente tem fundamento em vários motivos, por exemplo, alguém que recebe certa vantagem para assumir um crime praticado por outra pessoa ou o próprio pai diz ter sido o autor de um delito para que o filho não seja preso.

Para evitar esse comportamento, o crime de autoacusação falsa está tipificado no Art. 341 do Código Penal. Crime de ação penal pública incondicionada.

Classificação

Considerado um crime simples por ofender um único bem jurídico que é a Administração da justiça. Comum, podendo ser cometido por qualquer pessoa.

É um crime doloso, não tendo previsão para crime culposo.

Crime formal, não exigindo para sua consumação um resultado naturalístico, sendo possível então a tentativa.

Sujeitos do Crime

Sujeito Ativo: por ser um crime comum, pode ser praticado por qualquer pessoa, porém se ocorreu realmente o crime, não pode ser sujeito ativo o próprio autor, coautor ou partícipe do crime ocorrido.

Sujeito Passivo: é o Estado.

Consumação e Tentativa

É um crime formal, consumando-se no momento em que o sujeito efetua a autoacusação perante a autoridade, independentemente se a autoridade tomou alguma providência.

A tentativa só é possível quando a autoacusação é cometida por meio escrito, não se admitindo quando praticado verbalmente.

Descrição do Crime

Não há que se falar em autoacusação falsa quando essa conduta for de CONTRAVENÇÃO PENAL.

O agente que se autoacusa não pode ser autor, coautor ou partícipe do delito anterior.

A autoridade que recebe essa notícia de crime legalmente deve ter poderes de investigar a prática de delitos.

Não configura o crime quando o réu chama para si a exclusiva responsabilidade de ilícito penal de que deve ser considerado concorrente (RT 371/160).

Considerações

Para facilitar o entendimento do crime, exemplos:

Vantagem Pecuniária:

Ex.: "A" recebe dinheiro do verdadeiro autor do crime para autoacusar-se.

Sacrifício:

Ex.: Mãe se autoacusa para livrar o filho que cometeu um crime.

Exibicionismo:

Ex.: Criminoso se autoacusa para que tenha reputação entre a bandidagem de sua comunidade.

Álibi:

Ex.: "A" imputa a si próprio crime menos grave para se livrar de crime mais grave, alegando ser no mesmo horário, porém em lugar diferente.

Supondo que João assuma autoria de crime praticado por outrem, e não só assume a autoria, mas também imputa a coautoria a outrem, que não o autor do delito.

Nessa situação, Fernando Capez[1] diz que o agente irá responder pelos Art. 341 e 339, em concurso formal imperfeito, soma das penas.

Falso Testemunho ou Falsa Perícia

> ***Art. 342.*** *Fazer afirmação falsa, ou negar ou calar a verdade como testemunha, perito, contador, tradutor ou intérprete em processo judicial, ou administrativo, inquérito policial, ou em juízo arbitral:*
>
> ***Pena*** *- reclusão, de um a três anos, e multa.*
>
> ***§ 1º.*** *As penas aumentam-se de um sexto a um terço se o crime é praticado mediante suborno ou se cometido com o fim de obter prova destinada a produzir efeito em processo penal, ou em processo civil em que for parte entidade da administração pública direta ou indireta.*
>
> ***§ 2º.*** *O fato deixa de ser punível se, antes da sentença no processo em que ocorreu o ilícito, o agente se retrata ou declara a verdade.*

Muitas vezes o testemunho é o único meio probatório para a autoridade competente louvar-se da decisão. A testemunha que mente, nega ou cala a verdade não sacrifica apenas interesses individuais, mas atinge o Estado, responsável por assegurar a eficácia da justiça.

O Código Penal, visando preservar a busca pela verdade, versa em seu Art. 342 o crime de falso testemunho ou falsa perícia, sendo esse um crime de ação penal pública incondicionada.

Classificação

É um crime de ação múltipla ou de conteúdo variado, pois a prática de várias condutas típicas no tocante ao mesmo objeto material acarreta crime único.

Trata-se de crime de médio potencial ofensivo, admitindo-se a suspensão condicional do processo.

É um crime doloso, não exigindo qualquer finalidade específica.

Crime de mão própria, comissivo ou omissivo e instantâneo.

1 - Fernando Capez é um professor, jurista e político brasileiro.

Sujeitos do Crime

Sujeito Ativo: crime de mão própria, somente podendo ser praticado pela testemunha, perito, contador, tradutor ou intérprete.

Crime de mão própria. Em que pese o STF já ter admitido a coautoria quando o advogado instrui a testemunha, são frequentes as decisões de nossos Tribunais afirmando a incompatibilidade do instituto com o delito de falso testemunho, face a sua característica de mão própria. Desta forma, deve se tratar de mera participação.

Toda testemunha pratica o delito, ou apenas aquela que presta compromisso? A corrente majoritária entende que se a lei não submete a testemunha informante ao compromisso de dizer a verdade, não pode cometer o ilícito do Art. 342 do CP. Entretanto, já teve julgados no STF dizendo ser crime.

A vítima, por não ser testemunha (sequer equiparada), não pratica o crime do Art. 322, podendo ser autora de outro delito, como por exemplo, denunciação caluniosa. Art. 339 do CP.

Sujeito Passivo: é o Estado e, secundariamente, a pessoa prejudicada pelo falso testemunho ou pela falsa perícia.

Consumação e Tentativa

Consumação ocorre no momento em que o depoimento é encerrado ou que o laudo pericial, os cálculos, a tradução ou interpretação são entregues concluídos. Sendo admitida a tentativa.

É fato atípico a conduta de mentir para evitar sua própria incriminação, pois ninguém é obrigado a produzir prova contra si mesmo.

Descrição do Crime

Testemunha: aquela pessoa chamada para depor no processo, sob o compromisso de dizer a verdade fática. Perito: quem fornece laudos técnicos de conhecimentos específicos, que escapam da ciência do Juiz. Contador: especialista em assuntos contábeis. Pessoa que apresenta os cálculos a serem eventualmente efetuados. Tradutor: tem a função de adaptar textos em língua estrangeira para o vernáculo (idioma pátrio). Intérprete: responsável pela comunicação daquele que não conhece o idioma nacional.

O crime em tela possui três núcleos:

→ **Fazer Afirmação Falsa:**

> Falsidade positiva;

> Mentir para a autoridade.

Pedro mente para o juiz, dizendo que na data do crime estava viajando com Ronaldo (acusado) para Florianópolis.

→ **Negar a Verdade:**

> Falsidade negativa;

> Recusar-se a confirmar a veracidade de um fato.

Ex.: "A" nega que presenciou o latrocínio praticado por "B" contra "C".

→ **Calar a Verdade:**

> Reticência;

> Permanecer em silêncio sobre a verdade de determinado fato.

O juiz, durante a oitiva da testemunha formula várias perguntas a esta, mas ela nada responde.

O agente deve saber que falta com a verdade. Não há crime quando a testemunha ou perito é acometido por erro indesejado, pelo esquecimento dos fatos ou mesmo pela deformação inconsciente da lembrança em razão da passagem do tempo.

É imprescindível que a falsidade verse sobre fato juridicamente relevante (apto a influir de algum modo na decisão final da causa). Desse modo, exige-se que a falsidade tenha potencialidade lesiva, de modo a influir no futuro julgamento da causa.

Considerações

Falso Testemunho e Carta Precatória: na hipótese de falso testemunho prestado através de carta precatória, o foro competente para processar e julgar este crime é do juízo deprecado (comarca onde o falso testemunho foi prestado e onde o delito se consumou).

Falso Testemunho em CPI: responde pelo crime previsto no Art. 4º, II da Lei nº 1.579/52 a pessoa que presta falso testemunho perante CPI (Comissão Parlamentar de Inquérito).

O depoimento falso, prestado perante autoridade incompetente, não exclui o crime.
O depoimento falso, prestado em processo nulo, exclui o crime.
O compromisso de dizer a verdade (Art. 203, CPP) representa mera formalidade relacionada ao procedimento para a oitiva do juiz. Desse modo, tal ato é dispensável para a caracterização do crime.

Apontamentos

Teoria Subjetiva: O crime em estudo adotou a teoria subjetiva: só há crime quando o depoente (testemunha) tem consciência da divergência entre sua versão e o fato presenciado. Desse modo, é possível que haja o crime de falso testemunho ainda que o fato seja verdadeiro. Nesta hipótese, é necessário que a testemunha narre um fato que realmente ocorreu, mas não foi presenciado por ela.

Se o falso testemunho ou falsa perícia se der perante a justiça do trabalho, o seu processo e julgamento estarão afetos ao juízo criminal federal, por ser atingido interesse da União.

É perfeitamente possível o falso testemunho sobre fato verdadeiro, como no caso do agente que detalha minuciosamente episódios verdadeiros/ocorridos, que jamais presenciou.

Aumento de Pena

§1º. As penas aumentam-se de um sexto a um terço, se o crime é praticado mediante suborno ou se cometido com o fim de obter prova destinada a produzir efeito em processo penal, ou em processo civil em que for parte entidade da administração pública direta ou indireta.

→ **São três as causas de aumento de pena:**

> Mediante suborno;

> Com o fim de obter prova destinada a produzir efeito em processo penal;

> Com o fim de obter prova destinada a produzir efeito em processo civil em que for parte entidade da administração pública direta ou indireta.

> Se o perito, contador, tradutor ou intérprete solicitar, receber ou aceitar promessa de vantagem indevida a fim de fazer afirmação falsa, negar ou calar a verdade, mas não o faz, incorrerá no crime de corrupção ativa, pois o crime em estudo depende da efetiva afirmação falsa, negação ou omissão da verdade.

Retratação: Art. 342, §2º. O fato deixa de ser punível se, antes da sentença, no processo em que ocorreu o ilícito, o agente se retrata ou declara a verdade. Trata-se de causa de extinção da punibilidade (Art. 107, VI, do CP).

A retratação formulada pelo autor deve comunicar-se aos partícipes do delito.

Em processo de competência do Tribunal do Júri, é possível a retratação extintiva da punibilidade, mesmo após a decisão de pronúncia, desde que anterior à sentença de mérito.

Corrupção Ativa de Testemunha ou Perito

Art. 343. *Dar, oferecer ou prometer dinheiro ou qualquer outra vantagem a testemunha, perito, contador, tradutor ou intérprete, para fazer afirmação falsa, negar ou calar a verdade em depoimento, perícia, cálculos, tradução ou interpretação: (Redação dada pela Lei nº 10.268, de 28.8.2001)*

Pena *- reclusão, de três a quatro anos, e multa. (Redação dada pela Lei nº 10.268, de 28.8.2001)*

Parágrafo único. *As penas aumentam-se de um sexto a um terço, se o crime é cometido com o fim de obter prova destinada a produzir efeito em processo penal ou em processo civil em que for parte entidade da administração pública direta ou indireta.*

> O tipo pode ser executado de forma livre (palavras, escritos, gestos etc). Entretanto, se o agente se utilizar de violência ou grave ameaça, o crime será o de coação no curso do processo. Art. 344 CP.

Conduta: trata-se de modalidade especial de corrupção ativa, abrangendo o mesmo comportamento criminoso, acrescido do núcleo dar.

Para configurar o delito em tela é necessário que haja algum procedimento oficial em andamento.

Consumação: trata-se de crime formal, logo se consuma com a simples realização de uma das condutas previstas no caput, sendo desnecessária a prática de qualquer ato pelos possíveis corrompidos.

Coação no Curso do Processo

Art. 344. *Usar de violência ou grave ameaça, com o fim de favorecer interesse próprio ou alheio, contra autoridade, parte, ou qualquer outra pessoa que funciona ou é chamada a intervir em processo judicial, policial ou administrativo, ou em juízo arbitral:*

Pena *- reclusão, de um a quatro anos, e multa, além da pena correspondente à violência.*

A razão pela qual existe esse crime é para impedir que frustrem a eficiência da Administração da justiça com violência ou ameaças e para garantir o regular andamento dos processos ou em juízo arbitral. Crime esse de ação penal pública incondicionada.

Classificação

É um crime **pluriofensivo**, pois atinge mais de um bem jurídico, primeiramente a Administração da justiça, e secundariamente a integridade física ou a liberdade individual.

Doloso e com um especial fim de agir, apresentado no tipo com o fim de favorecer interesse próprio ou alheio. Não admite a modalidade culposa.

Considerado um crime comum, instantâneo, de concurso eventual, e em regra comissivo.

Sujeitos do Crime

Sujeito Ativo: por ser um crime comum, pode ser cometido por qualquer pessoa, não sendo necessário que o agente tenha interesse no próprio processo.

Sujeito Passivo: é o Estado e de forma mediata, e secundariamente, figurará no polo passivo o indivíduo que sofreu a coação.

Magistrado, delegado, réu, testemunha, jurado etc.

Consumação e Tentativa

Ocorre a consumação no momento do emprego da violência ou grave ameaça do agente.

A tentativa é possível, visto que o crime tem caráter plurissubsistente.

Ex.: "A" manda uma carta ameaçadora para uma testemunha de um processo judicial, mas por circunstâncias alheias a sua vontade, a carta se extravia nos Correios.

Segundo STJ, o crime de coação no curso do processo, por ser um crime formal, se consuma tão só com o emprego da grave ameaça ou violência contra qualquer das pessoas referidas no Art. 344 do CP, independentemente do efetivo resultado pretendido ou de a vítima ter ficado intimidada. (STJ. REsp 819.763/PR)

Descrição do Crime

Se a conduta descrita no tipo penal for realizada no curso de processo de uma CPI, o agente incidirá no crime previsto no Art. 4º, I, da Lei nº 1.579/52 que versa sobre as Comissões Parlamentares de Inquérito.

Não basta para a configuração do delito que a violência ou grave ameaça seja proferida às pessoas do Art. 344. É necessário que se faça tal injusto com o interesse de favorecimento próprio ou alheio.

Ex.: "A" amigo do réu, ameaça a testemunha a depor em favor do amigo. / "B" réu em processo judicial, intimida o perito a não revelar o verdadeiro resultado do laudo pericial.

Considerações

Se da conduta criminosa resulta violência, restarão caracterizados dois crimes, incidindo em concurso material obrigatório, somando as penas da coação no curso do processo mais o crime de violência (lesão corporal ou homicídio).

Exercício Arbitrário das Próprias Razões

> ***Art. 345.*** *Fazer justiça pelas próprias mãos, para satisfazer pretensão, embora legítima, salvo quando a lei o permite:*
>
> ***Pena*** *- detenção, de quinze dias a um mês, ou multa, além da pena correspondente à violência.*
>
> ***Parágrafo único.*** *Se não há emprego de violência, somente se procede mediante queixa.*

Como disposto no Art. 345 do Código Penal, não é aceita a justiça entre particulares e a ninguém é dado o direito de versar sobre a justiça privada se não o próprio poder judiciário, que tem a competência para resolver as divergências existentes entre os indivíduos. Em regra, esse crime é de ação penal privada, contudo será de ação penal pública incondicionada se estiver presente a violência.

Classificação

Crime simples, pois atinge um único bem jurídico. Comum, cometido por qualquer pessoa.

É um crime doloso, acompanhado com um elemento subjetivo específico "para satisfazer pretensão, embora legítima". Não sendo admitida a modalidade culposa.

Em regra é comissivo e instantâneo, consumando-se em um momento determinado.

A ação penal será pública incondicionada quando o crime é praticado em detrimento do patrimônio ou interesse da União, Estado ou Município.

Sujeitos do Crime

Sujeito Ativo: pode ser cometido por qualquer pessoa, mas se o agente for funcionário público e comete o delito prevalecendo-se de sua condição, serão imputados dois crimes: exercício arbitrário das próprias razões + abuso de autoridade (Lei nº 4.898/65).

Ex.: "A" policial, proprietário de uma casa, encosta a viatura na frente de seu imóvel, entra na residência e, de arma em punho, expulsa "B", que não pagara o aluguel do mês anterior.

Sujeito Passivo: primeiramente é o Estado, e secundariamente a pessoa física ou jurídica prejudicada pela conduta criminosa.

> Não é regra que, sendo funcionário responda por abuso de autoridade, somente se ele se prevalecer das condições de seu cargo.

Consumação e Tentativa

Existe divergência entre os doutrinadores, mas majoritariamente foi classificado como um crime formal, consumando-se mesmo que a pretensão não seja atingida.

É plenamente aceitável a tentativa, visto o caráter plurissubsistente (ação composta por vários atos) do crime.

Descrição do Crime

O núcleo do tipo fazer justiça pelas próprias mãos, tem sentido de satisfazer pretensão pessoal. Essa pretensão pode ser de qualquer natureza, ligada ou não à propriedade, mas exigindo-se ao menos uma aparência de direito legítimo.

Ex.: Marido indignado com a traição da esposa, a expulsa da casa que construíram juntos.

A pretensão deve ser legítima, pois do contrário, a conduta acarretará na incidência de outros crimes, tais como o furto, roubo, estelionato, apropriação indébita, entre outros.

Ex.: "A", indignado com a traição de sua esposa, vai até a casa de "B" que é o homem que se deitou com ela e, para fazer justiça com as próprias mãos, obriga a mulher de "B" a manter relações sexuais com "A".

6.5 Subtração ou Dano de Coisa Própria em Poder de Terceiro

> ***Art. 346.*** *Tirar, suprimir, destruir ou danificar coisa própria, que se acha em poder de terceiro por determinação judicial ou convenção:*
>
> ***Pena*** *- detenção, de seis meses a dois anos, e multa.*

Sujeitos do Crime

Sujeito Ativo: somente pode ser executado pelo proprietário da coisa (crime próprio). Sendo que o concurso de pessoas é plenamente possível.

Sujeito Passivo: será o estado, e secundariamente o indivíduo possuidor da coisa ou aquele contra quem foi empregada violência.

Fraude Processual

> ***Art. 347.*** *Inovar artificiosamente, na pendência de processo civil ou administrativo, o estado de lugar, de coisa ou de pessoa, com o fim de induzir a erro o juiz ou o perito:*
>
> ***Pena*** *- detenção, de três meses a dois anos, e multa.*
>
> ***Parágrafo único.*** *Se a inovação se destina a produzir efeito em processo penal, ainda que não iniciado, as penas aplicam-se em dobro.*

O crime de fraude processual é um crime tacitamente subsidiário, somente sendo aplicável quando o fato não constituir crime mais grave. Delito esse de ação penal pública incondicionada.

Classificação

Considera-se um crime **simples**, pois ofende um único bem jurídico que é a Administração da justiça.

O crime de fraude processual também é considerado um crime **formal** ou de consumação antecipada, pois independe do resultado naturalístico.

Em regra é comissivo, considerado também um crime de dano, pois causa lesão à Administração da justiça.

Crime de concurso eventual, normalmente praticado por um só agente, mas o concurso é plenamente possível.

Sujeitos do Crime

Sujeito Ativo: considerado um crime comum, logo, é passível de ser cometido por qualquer pessoa. (vítima, acusado ou mesmo advogado)

Foge do alcance do tipo o perito, uma vez que, se inovar o estado de coisa, pessoa ou lugar no decorrer dos exames periciais, incorrerá no crime previsto no Art. 342 do CPI.

Sujeito Passivo: de forma imediata é o Estado, e de forma mediata é a pessoa prejudicada no processo administrativo, penal ou civil.

Consumação e Tentativa

Consuma-se no momento em que o agente utiliza o meio fraudulento para a inovação na pendência do processo.

A tentativa, entretanto, deve apresentar potencialidade real para enganar o juiz ou o perito. Se o artifício (fraude) for grosseiro ou perceptível é crime impossível (Art. 17 do CP) por ineficácia absoluta do meio.

Para o STJ não é exigido para a consumação do crime de fraude processual que o Juiz ou o perito sejam realmente induzidos a erro, basta que a inovação seja apta para produzir o resultado, mesmo que a pessoa não tenha interesse no processo. (STJ. HC 137.206/SP).

> Para o STJ não é exigido para a consumação do crime de fraude processual que o Juiz ou o perito sejam realmente induzidos a erro, basta que a inovação seja apta para produzir o resultado, mesmo que a pessoa não tenha interesse no processo. (STJ. HC 137.206/SP).

Descrição do Crime

É um crime doloso e também necessita de um elemento subjetivo específico que é a intenção de induzir a erro o juiz ou perito, não sendo admitida a modalidade culposa.

Estado de lugar, de coisa ou de pessoa é onde deve recair a conduta artificiosa, para enganar o juiz ou perito.

Ex.: Limpar as manchas de sangue onde ocorreu o crime / Colocar uma arma de fogo na mão de uma pessoa assassinada para simular um suicídio.

Nem toda a inovação caracteriza o surgimento do crime de fraude processual, pois esse elemento normativo do tipo deve ser empregado de forma artificiosa (ardil, fraude).

O parágrafo único aparentemente versa **uma causa especial de aumento de pena** sendo um tipo penal autônomo, pois a conduta de inovar artificiosamente foi cometida em processo penal que ainda não foi iniciado.

- Trata-se de infração subsidiária, logo absorvida quando a finalidade constituir crime mais grave.

> STJ pronunciou que o direito à não autoincriminação (nemo tenetur se detegere), não abrange a possibilidade dos acusados de mudarem a cena do crime de forma artificiosa, com o fim de induzir a erro Juiz ou perito. (STJ. HC 137.206/SP)

Conduta: os objetos materiais do crime são taxativos, e desta forma, descabida qualquer integração analógica em relação às inovações que poderão ser praticadas pelo agente.

Pressupõe-se a existência de processo - civil ou administrativo - em andamento.

Em atenção ao princípio da inexigibilidade de conduta diversa, já se entendeu que não ocorre o ilícito quando o autor de um crime de homicídio nega a autoria e dá sumiço à arma, atuando no direito natural de autodefesa (RT 258/356).

Favorecimento Pessoal

> ***Art. 348.** Auxiliar a subtrair-se à ação de autoridade pública autor de crime a que é cominada pena de reclusão:*
> ***Pena** - detenção, de um a seis meses, e multa.*
> ***§ 1º.** Se ao crime não é cominada pena de reclusão:*
> ***Pena** - detenção, de quinze dias a três meses, e multa.*
> ***§ 2º.** Se quem presta o auxílio é ascendente, descendente, cônjuge ou irmão do criminoso, fica isento de pena.*

O crime de favorecimento pessoal basicamente consiste em prestar auxílio ao agente condenado com pena de reclusão para que escape da ação da autoridade pública. É um crime de ação penal pública incondicionada.

Classificação

Em análise ao Art. 348 do CP pode ser verificado que se trata de um crime acessório, pois depende da prática anterior de um crime com pena de reclusão (contravenção não).

Somente pode ser praticado de forma comissiva (ação), não havendo possibilidade de auxílio à subtração de autor de crime mediante uma conduta omissiva.

Sujeitos do Crime

Sujeito Ativo: não é exigida qualquer qualidade específica do agente.

A vítima do crime anterior pode ser sujeito ativo do crime de favorecimento pessoal (Art. 348 do CP). Ex.: uma vítima de roubo (Art. 157 do CP), logo após a ocorrência do crime, engana os policiais, prestando-lhes falsas informações do paradeiro do criminoso para que tenha êxito em sua fuga.

Consumação e Tentativa

Por ser um crime material, o crime se consuma com o efetivo auxílio, ainda que seja por curto período de tempo. Caso o criminoso tenha sido pego, o agente responderá pelo crime da mesma forma, já que a conduta de auxiliar o criminoso teve êxito, mesmo que breve.

É plenamente possível a tentativa.

O agente que deixa de comunicar à autoridade pública o local onde está escondido o autor do crime, mesmo que esta circunstância seja de conhecimento do agente, não comete crime algum.

Descrição do Crime

Não é necessário que o autor do crime esteja em perseguição, fuga ou esteja sendo procurado pela autoridade pública no momento em que recebe o auxílio. Basta que, de forma idônea, o agente auxilie o criminoso a escapar da ação da autoridade pública.

Não esqueça, se quem presta o auxílio é cônjuge, ascendente, descendente ou irmão do criminoso, fica isento de pena. É a chamada escusa absolutória, presente no §2º do Art. 348 do CP.

Não existe o crime de favorecimento pessoal (Art. 348 do CP) quando a conduta de auxiliar a subtrair-se à ação de autoridade pública for referente a um crime cometido por um agente menor de idade ou qualquer outro inimputável, já que estes inimputáveis não cometem crimes, mas atos infracionais que acabarão sofrendo medidas de proteção ou medidas socioeducativas no caso dos menores de idade ou medidas de segurança quando forem doentes mentais ou tiverem desenvolvimento mental incompleto ou retardado.

Não há crime quando o agente estiver em escusa absolutória (cônjuge, ascendente, descendente ou irmão), quando o agente que cometeu o crime anterior estiver acobertado por uma excludente de ilicitude ou causa excludente de culpabilidade. E se o agente for absolvido pelo crime anterior, estará excluído o crime de favorecimento pessoal.

O favorecimento deve ocorrer APÓS o cometimento do crime e nunca para o cometimento do crime. Se o favorecimento for ajustado previamente, antes da consumação do crime, incidirá o agente como partícipe segundo o Art. 29 do Código Penal: *Quem de qualquer modo concorre para o crime, incide nas penas a este cominadas, na medida de sua culpabilidade*.

O agente que presta o auxílio deve ter ciência da atual situação do criminoso, se não, tem-se excluído o dolo.

Ex.: Tício de forma voluntária, empresta seu carro a Mévio para que este faça uma viajem de negócios, quando na verdade, Mévio, que acabara de cometer um crime, pretendia fugir da polícia. Desta forma Tício não responde pelo crime.

Favorecimento Real

> ***Art. 349.*** *Prestar a criminoso, fora dos casos de coautoria ou de receptação, auxílio destinado a tornar seguro o proveito do crime:*
>
> ***Pena*** *- detenção, de um a seis meses, e multa.*

O Código Penal prevê mais uma espécie de favorecimento, demonstrando ser este um crime acessório, pois necessita de algum crime já praticado anteriormente não alcançando as contravenções penais.

Classificação

É um crime de forma livre, ou seja, o favorecimento pode acontecer de diversas formas, como esconder o bem subtraído, aplicar no banco os valores provenientes de um estelionato, deixar um cofre aberto para que o agente que cometeu o crime guarde os documentos roubados no assalto.

É um crime doloso com um elemento subjetivo específico, no qual a finalidade do agente é tornar seguro o proveito do crime, porquanto o agente deve ter a ciência de que seu comportamento será efetivo para auxiliar o criminoso, não se admitindo portanto a modalidade culposa.

Sujeitos do Crime

Sujeito Ativo: o crime de favorecimento real é comum, podendo ser praticado por qualquer pessoa, salvo coautor ou partícipe do crime que antecede o favorecimento.

Ex.: Tício, conhecido de Mévio, se dispõe a auxiliar Mévio a esconder o dinheiro que será roubado de uma casa lotérica. Se efetivamente vier a ocorrer o roubo, Tício será partícipe do crime, por auxiliar Mévio. O intuito de auxiliar deve vir de forma posterior ao cometimento do crime.

Sujeito Passivo: é o Estado e secundariamente, a vítima do delito anterior.

Consumação e Tentativa

É considerado um crime formal ou de consumação antecipada, ou seja, o crime se consuma no instante em que o agente presta devido auxílio ao criminoso no intuito de tornar seguro o proveito do crime, mesmo que não venha a ocorrer efetivamente essa finalidade. A tentativa é plenamente aceitável em face do caráter plurissubsistente do delito.

Descrição do Crime

O auxílio deve ser destinado a tornar seguro o proveito do crime.

Favorecimento Pessoal. Art. 348 CP:

- **Objeto material:** autor de crime anterior; Se busca a fuga do criminoso.
- **Quanto ao resultado:** crime material (prevalece).
- **Escusa absolutória:** possui hipótese de escusa absolutória, se quem presta o auxílio é cônjuge, ascendente, descendente ou irmão do criminoso, fica isento de pena. É a chamada escusa absolutória, presente no §2º do Art. 348 do CP.

Favorecimento Real. Art. 349 CP:

- **Objeto material:** proveito de crime anterior; Presta-se auxílio não ao criminoso em si, mas indiretamente, assegurando para ele a ocultação da coisa, proveito do crime (real).
- **Quanto ao resultado:** crime formal.
- **Escusa absolutória:** não tem previsão de escusa absolutória.

Para que possa ocorrer o crime do Art. 349, é necessário que o crime anterior tenha alcançado a consumação e se no crime não houve qualquer tipo de proveito, também não haverá o crime de favorecimento real.

Considerações

Quem estuda de maneira superficial o crime de favorecimento real, certamente poderia interpretar de forma errônea as diferenças entre os crimes de receptação própria (CP, Art. 180, caput, 1ª parte) na modalidade "ocultar" e favorecimento real (CP, Art. 349). Vamos observar as diferenças:

Receptação própria "ocultar" (Art. 180, caput, 1ª parte, CP)	Favorecimento real (Art. 349, CP)
Crime Contra o Patrimônio.	Crime contra a Administração da Justiça.
Quem se beneficia é qualquer outra pessoa que não seja o autor do crime anteriormente praticado.	O próprio autor do crime anteriormente cometido é o beneficiado pela conduta.
Exige-se que o proveito seja econômico.	O proveito pode ser tanto econômico quando de outra natureza.

Favorecimento Real Impróprio

Art. 349-A. *Ingressar, promover, intermediar, auxiliar ou facilitar a entrada de aparelho telefônico de comunicação móvel, de rádio ou similar, sem autorização legal, em estabelecimento prisional.*

Pena *- detenção, de 3 (três) meses a 1 (um) ano.*

Esse crime foi introduzido pela Lei nº 12.012/2009 e o legislador não atribuiu denominação alguma para esse crime, transferindo essa tarefa à jurisprudência e à doutrina.

Classificação

É um crime de ação múltipla ou de conteúdo variado, ou seja, se o agente vier a cometer mais de um núcleo do tipo no mesmo contexto fático, configurará crime único.

É um crime de forma livre, admitindo qualquer meio de execução.

Ex.: A esposa de um detento que oculta um aparelho celular em suas partes íntimas e leva ao interno no dia de visita ou joga o aparelho por cima dos muros da cadeia e até mesmo coloca os aparelhos no interior de alimentos (bolo, torta).

Sujeitos do Crime

Sujeito Ativo: é um crime comum, podendo ser praticado por qualquer pessoa, vale ressaltar que até mesmo um preso pode ser sujeito ativo do crime tipificado no Art. 349-A, somente se este estiver em alguma permissão de saída ou saída temporária e também pode ser partícipe, por exemplo, o preso que induz sua esposa a levar a ele o aparelho de comunicação.

Sujeito Passivo: é o Estado.

Consumação e Tentativa

É considerado crime de mera conduta, ou seja, a lei sequer prevê qualquer resultado naturalístico. Consuma-se o crime quando é praticada qualquer das condutas descritas no tipo (ingressar, promover, intermediar, auxiliar ou facilitar a entrada de aparelho de comunicação ou similar em estabelecimento prisional).

A tentativa é plenamente possível.

Ex.: Tício, em horário de visita, ao tentar ingressar no presídio onde seu primo está preso, esconde em sua blusa um aparelho celular e acaba sendo preso em flagrante durante a revista pessoal.

Descrição do Crime

O objeto material do crime pode ser qualquer instrumento que tenha potencial de comunicação. (aparelho telefônico, *walkie-talkie*, *webcam*).

Não é exigido qualquer fim específico, basta o dolo, por parte do agente, de levar ao poder do preso o aparelho de comunicação.

Exercício Arbitrário ou Abuso de Poder

Art. 350. *Ordenar ou executar medida privativa de liberdade individual, sem as formalidades legais ou com abuso de poder:*

Pena *- detenção, de um mês a um ano.*

Parágrafo único. Na mesma pena incorre o funcionário que:

I. *Ilegalmente recebe e recolhe alguém a prisão, ou a estabelecimento destinado a execução de pena privativa de liberdade ou de medida de segurança;*

II. *Prolonga e execução de pena ou de medida de segurança, deixando de expedir em tempo oportuno ou de executar imediatamente a ordem de liberdade;*

III. *Submete pessoa que está sob sua guarda ou custódia a vexame ou a constrangimento não autorizado em lei;*

IV. *Efetua, com abuso de poder, qualquer diligência.*

Os crimes de exercício arbitrário e abuso de poder, tanto o caput como as figuras equiparadas do parágrafo único foram revogados pela Lei nº 4.898/65.

Fuga de Pessoa Presa ou Submetida a Medida de Segurança

Art. 351. *Promover ou facilitar a fuga de pessoa legalmente presa ou submetida a medida de segurança detentiva:*

Pena *- detenção, de seis meses a dois anos.*

§ 1º. *Se o crime é praticado à mão armada, ou por mais de uma pessoa, ou mediante arrombamento, a pena é de reclusão, de dois a seis anos.*

§ 2º. *Se há emprego de violência contra pessoa, aplica-se também a pena correspondente à violência.*

§ 3º. *A pena é de reclusão, de um a quatro anos, se o crime é praticado por pessoa sob cuja custódia ou guarda está o preso ou o internado.*

§ 4º. *No caso de culpa do funcionário incumbido da custódia ou guarda, aplica-se a pena de detenção, de três meses a um ano, ou multa.*

> Súmula 75 do STJ. Compete à justiça comum estadual processar e julgar o policial militar por crime de promover ou facilitar a fuga de preso de estabelecimento penal.

Evasão Mediante Violência contra a Pessoa

Art. 352. *Evadir-se ou tentar evadir-se o preso ou o indivíduo submetido a medida de segurança detentiva, usando de violência contra a pessoa:*

Pena *- detenção, de três meses a um ano, além da pena correspondente à violência*

Arrebatamento de Preso

Art. 353. *Arrebatar preso, a fim de maltratá-lo, do poder de quem o tenha sob custódia ou guarda:*

Pena *- reclusão, de um a quatro anos, além da pena correspondente à violência.*

Conduta

Somente uma conduta é prevista para a prática do crime, consubstanciada no núcleo arrebatar preso, com o fim de maltratá-lo (linchamento). Arrebatar significa arrancar, levar, retirar com violência.

Se não tiver o fim de maltratá-lo, não configurará este crime, mas poderá incorrer no Art. 351 do CP. promover ou facilitar fuga de pessoa presa.

O arrebatamento de pessoa submetida à medida de segurança (ou adolescente apreendido) com a finalidade de maltratá-la não configurará o crime do Art. 353 do CP. Nesses casos a retirada do internado da custódia da autoridade será atípica, respondendo o agente somente por eventual conduta posterior praticada contra o arrebatado (morte, lesões corporais etc).

Motim de Presos

> ***Art. 354.*** *Amotinarem-se presos, perturbando a ordem ou disciplina da prisão:*
>
> ***Pena*** *- detenção, de seis meses a dois anos, além da pena correspondente à violência.*

Considerações

No tipo penal não há descrição de quantos presos são necessários para configurar o motim. Para alguns autores, três presos são suficientes. Já Mirabete exige no mínimo quatro. Todavia, nenhum entendimento está consolidado, sendo essencial que constitua um ajuntamento tumultuário de aprisionados.

Patrocínio Infiel

> ***Art. 355.*** *Trair, na qualidade de advogado ou procurador, o dever profissional, prejudicando interesse, cujo patrocínio, em juízo, lhe é confiado:*
>
> ***Pena*** *- detenção, de seis meses a três anos, e multa.*

Patrocínio Simultâneo ou Tergiversação

> *Parágrafo único. Incorre na pena deste artigo o advogado ou procurador judicial que defende na mesma causa, simultânea ou sucessivamente, partes contrárias.*

Sujeitos

Sujeito Ativo: o crime em tela somente poderá ser praticado por advogado ou procurador judicial devidamente inscrito nos quadros da OAB. Não estão incluídos no dispositivo os promotores e procuradores de justiça.

Sujeito Passivo: é o Estado e, possivelmente, o outorgante do mandato que foi prejudicado.

Conduta

Pode se dar por ação (Ex.: Manifesta-se no processo de forma contrária aos interesses da parte defendida), ou por omissão (Ex.: Deixa de recorrer).

Conforme alguns autores, o patrocínio infiel deve ser empreendido em causa judicial, pouco importando a natureza ou espécie. Desta forma, a atuação extrajudicial do profissional, como em inquérito policial, sindicância etc. não caracteriza o crime em estudo, sendo o agente passível, apenas, de punição disciplinar.

Consumação e Tentativa

Consuma-se com a ocorrência do efetivo prejuízo ao patrocinado, ainda que a situação possa ser revertida.

> Não é necessário que o patrocínio se dê no mesmo processo, bastando ser a mesma causa.

A tentativa é possível apenas na forma comissiva.

O dispositivo traz duas formas de infidelidade profissional:

Patrocínio simultâneo: consiste na conduta do advogado ou procurador que, concomitantemente, zela (ainda que por interposta pessoa) os interesses de partes contrárias.

Patrocínio sucessivo ou tergiversação: consiste na conduta do advogado que renuncia ao mandato de uma parte (ou por ela é dispensado) e passa, em seguida, a representar a outra.

No parágrafo único é dispensável a comprovação de efetivo prejuízo ao patrocinado traído - delito formal.

Sonegação de Papel ou Objeto de Valor Probatório

> ***Art. 356.*** *Inutilizar, total ou parcialmente, ou deixar de restituir autos, documento ou objeto de valor probatório, que recebeu na qualidade de advogado ou procurador:*
>
> ***Pena*** *- detenção, de seis meses a três anos, e multa.*

Exploração de Prestígio

> ***Art. 357.*** *Solicitar ou receber dinheiro ou qualquer outra utilidade, a pretexto de INFLUIR em juiz, jurado, órgão do Ministério Público, funcionário de justiça, perito, tradutor, intérprete ou testemunha:*
>
> ***Pena*** *- reclusão, de um a cinco anos, e multa.*
>
> ***Parágrafo único.*** *As penas aumentam-se de um terço, se o agente alega ou insinua que o dinheiro ou utilidade também se destina a qualquer das pessoas referidas neste artigo.*

Introdução

Versa de forma similar ao crime de tráfico de influência Art. 332 do CP. Com a edição da Lei nº 9.127/95, esses dois crimes foram diferenciados e o Art. 332 passou a ser o crime de tráfico de influência. Esse delito é de ação penal pública incondicionada.

Classificação

É um crime simples, pois ofende um único bem jurídico que é a administração da justiça.

Considerado um crime comum, podendo ser praticado por qualquer pessoa.

É um crime formal quando o agente (SOLICITAR) ou material (RECEBER).

É conhecido como um crime de ação múltipla ou de conteúdo variado, mesmo o agente praticando mais de um verbo do tipo no mesmo contexto, responderá por um único crime.

Sujeitos do Crime

Sujeito Ativo: por ser considerado um crime comum, pode ser cometido por qualquer pessoa, pois a própria Descrição do Crime não exige qualquer qualidade do agente.

Sujeito Passivo: o Estado, e também o servidor utilizado na fraude, bem como a pessoa ludibriada pelo agente.

Consumação e Tentativa

A consumação dependerá da conduta praticada:

Se a conduta do agente for solicitar, o crime se consuma com o simples pedido, independentemente do aceite da vítima enganada (crime formal).

A TENTATIVA é possível, porém dependerá de como será praticado o delito.

Ex.: "A", alegando conhecer um jurado, sem realmente conhecê-lo, solicita a "B" uma determinada vantagem para supostamente convencer o jurado a absolver seu irmão, réu em determinada ação penal.

> STF diz que, para a configuração do delito de exploração de prestígio, não é necessário que o agente influa na atuação das pessoas do tipo (juiz, jurado, perito etc.), bastando que o pedido da vantagem seja a PRETEXTO de influir. (STF RHC 75.128/RJ)

Descrição do Crime

Exige-se um especial fim de agir por parte do agente, portanto só caracteriza o crime na forma dolosa, não admitindo a forma culposa.

Causa de Aumento de Pena

Parágrafo único. *As penas aumentam-se de um terço, se o agente alega ou insinua que o dinheiro ou utilidade também se destina a qualquer das pessoas referidas no artigo.*

Não é exigida a afirmação explícita de qualquer das pessoas indicadas no caput desse artigo, basta a insinuação.

Se restar provado que o destinatário da vantagem é uma das pessoas indicadas no tipo penal, restará a este a corrupção passiva (Art. 317 do CP) e ao particular e ao intermediador o crime de corrupção ativa (Art. 333 do CP).

Considerações

Exploração de prestígio (Art. 357 do CP)	Tráfico de influência (Art. 332 do CP)
Solicitar ou receber.	Solicitar, exigir, cobrar ou obter.
Ato de disposição específica relativa aos órgão ou funcionários da administração da justiça.	Ato praticado por funcionário público no exercício da função.

Violência ou Fraude em Arrematação Judicial

Art. 358. *Impedir, perturbar ou fraudar arrematação judicial; afastar ou procurar afastar concorrente ou licitante, por meio de violência, grave ameaça, fraude ou oferecimento de vantagem:*

Pena *- detenção, de dois meses a um ano, ou multa, além da pena correspondente à violência.*

Desobediência a Decisão Judicial Sobre Perda ou Suspensão de Direito

Art. 359. *Exercer função, atividade, direito, autoridade ou múnus, de que foi suspenso ou privado por decisão judicial:*

Pena *- detenção, de três meses a dois anos, ou multa.*

6.6 Dos Crimes contra as Finanças Públicas

Contração de Operação de Crédito

Art. 359-A. *Ordenar, autorizar ou realizar operação de crédito, interno ou externo, sem prévia autorização legislativa:*

Pena *- reclusão, de 1 (um) a 2 (dois) anos.*

Parágrafo único. *Incide na mesma pena quem ordena, autoriza ou realiza operação de crédito, interno ou externo:*

I. *Com inobservância de limite, condição ou montante estabelecido em lei ou em resolução do Senado Federal;*

II. *Quando o montante da dívida consolidada ultrapassa o limite máximo autorizado por lei.*

Inscrição de Despesas não Empenhadas em Restos a Pagar

Art. 359-B. *Ordenar ou autorizar a inscrição em restos a pagar, de despesa que não tenha sido previamente empenhada ou que exceda limite estabelecido em lei:*

Pena *- detenção, de 6 (seis) meses a 2 (dois) anos.*

Assunção de Obrigação no Último Ano do Mandato ou Legislatura

Art. 359-C. *Ordenar ou autorizar a assunção de obrigação, nos dois últimos quadrimestres do último ano do mandato ou legislatura, cuja despesa não possa ser paga no mesmo exercício financeiro ou, caso reste parcela a ser paga no exercício seguinte, que não tenha contrapartida suficiente de disponibilidade de caixa:*

Pena *- reclusão, de 1 (um) a 4 (quatro) anos.*

Ordenação de Despesa não Autorizada

Art. 359-D. *Ordenar despesa não autorizada por lei:*

Pena *- reclusão, de 1 (um) a 4 (quatro) anos.*

Prestação de Garantia Graciosa

Art. 359-E. *Prestar garantia em operação de crédito sem que tenha sido constituída contragarantia em valor igual ou superior ao valor da garantia prestada, na forma da lei:*

Pena *- detenção, de 3 (três) meses a 1 (um) ano.*

Não Cancelamento de Restos a Pagar

Art. 359-F. *Deixar de ordenar, de autorizar ou de promover o cancelamento do montante de restos a pagar inscrito em valor superior ao permitido em lei:*

Pena *- detenção, de 6 (seis) meses a 2 (dois) anos.*

Aumento de Despesa Total com Pessoal no Último Ano do Mandato ou Legislatura

Art. 359-G. *Ordenar, autorizar ou executar ato que acarrete aumento de despesa total com pessoal, nos cento e oitenta dias anteriores ao final do mandato ou da legislatura:*

Pena *- reclusão, de 1 (um) a 4 (quatro) anos.*

Oferta Pública ou Colocação de Títulos no Mercado

Art. 359-H. *Ordenar, autorizar ou promover a oferta pública ou a colocação no mercado financeiro de títulos da dívida pública sem que tenham sido criados por lei ou sem que estejam registrados em sistema centralizado de liquidação e de custódia:*

Pena *- reclusão, de 1 (um) a 4 (quatro) anos.*

Questões

01. (Cespe) Um servidor da administração direta da União, violando dever funcional, apropriou-se de bens públicos de que tinha posse em razão do cargo e vendeu-os a terceiros, auferindo assim proveito financeiro. Nessa hipótese, o agente deverá responder pelo delito de peculato, sem prejuízo das sanções administrativas correspondentes.

Certo ( ) Errado ( )

02. (Cespe) Não haverá o crime de condescendência criminosa, quando faltar ao funcionário público competência para responsabilizar o subordinado que cometeu a infração no exercício do cargo.

Certo ( ) Errado ( )

03. (Cespe) No crime de prevaricação, a satisfação de interesse ou sentimento pessoal é mero exaurimento do crime, não sendo obrigatória a sua presença para a configuração do delito.

Certo ( ) Errado ( )

04. (Cespe) A ocorrência de prejuízo público como resultado do fato, não influencia a pena do crime de abandono de função.

Certo ( ) Errado ( )

05. (Cespe) O agente público que, mediante ameaças e lesão corporal, exige vantagem pecuniária indevida comete o crime de concussão.

Certo ( ) Errado ( )

06. (Cespe) É inadmissível a aplicação do princípio da insignificância aos delitos praticados contra a administração pública.

Certo ( ) Errado ( )

07. (Cespe) A autoridade administrativa que se nega a cumprir ordem judicial para satisfazer sentimento pessoal pratica o delito de desobediência.

Certo ( ) Errado ( )

08. (Cespe) Policial civil que ingressa no depósito de veículos e subtrai uma motocicleta apreendida, comete o crime de peculato desvio.

Certo ( ) Errado ( )

09. (Cespe) Se um gerente do Banco do Brasil, entidade paraestatal, apropriar-se de dinheiro particular de que tem a posse em razão do cargo, o crime por ele cometido será o de apropriação indébita, uma vez que ele não pode ser considerado funcionário público para fins penais.

Certo ( ) Errado ( )

10. (CESPE - 2019) Segundo o STJ, a previsão legal do crime de desacato a funcionário público no exercício da função não viola o direito à liberdade de expressão e de pensamento previstos no Pacto de São José da Costa Rica.

Certo ( ) Errado ( )

11. (CESPE - 2019) José, de sessenta e nove anos de idade, fiscal de vigilância sanitária municipal, viúvo e único responsável pelos cuidados de seu filho, de onze anos de idade, foi denunciado à polícia por comerciantes que alegavam que o referido fiscal lhes solicitava dinheiro para que não fossem por ele autuados por infração à legislação sanitária. Durante investigação conduzida por autoridade policial em razão dessa denúncia, foi deferida judicialmente interceptação da comunicação telefônica de José. Nesse ato, evidenciou-se, em uma degravação, que José havia solicitado certa quantia em dinheiro a um comerciante, Pedro, para não interditar seu estabelecimento comercial, e que José havia combinado encontrar-se com Pedro para realizarem essa transação financeira. Na interceptação, foram captadas, ainda, conversas em que José e outros quatro fiscais não identificados discutiam a forma de solicitar dinheiro a comerciantes, em troca de não autuá-los, e a repartição do dinheiro que seria obtido com isso. No dia combinado, Pedro encontrou-se com José, e, pouco antes de entregar-lhe o dinheiro que carregava consigo, policiais que haviam instalado escuta ambiental na sala do fiscal mediante autorização judicial prévia deram voz de prisão em flagrante a José, conduzindo-o, em seguida, à presença da autoridade policial. Em revista pessoal, foi constatado que José portava três cigarros de maconha. Questionado, o fiscal afirmou ter comprado os cigarros de um estrangeiro que trazia os entorpecentes de seu país para o Brasil e os revendia perto da residência de José. A autoridade policial deu andamento aos procedimentos, redigiu o relatório final do inquérito policial e o encaminhou à autoridade competente. Considerando essa situação hipotética, julgue o item subsequente. A autoridade policial não poderá arbitrar fiança para a soltura de José, pois o crime de corrupção passiva é equiparado a crime hediondo.

Certo ( ) Errado ( )

12. (CESPE - 2019) Se o falso se exaurir no estelionato, sem outras potencialidades lesivas, será por este absorvido.

Certo ( ) Errado ( )

13. (CESPE - 2019) Milton, valendo-se de sua condição de servidor público e cedendo a pedido de amigo íntimo, deixou de cumprir seu dever funcional ao não ter promovido ação para apurar infração de determinada empresa vinculada à administração pública. Nessa situação hipotética, apurada a conduta de Milton, ele deverá responder pelo crime de concussão.

Certo ( ) Errado ( )

14. (CESPE - 2019) Joaquim, fiscal de vigilância sanitária de determinado município brasileiro, estava licenciado do seu cargo público quando exigiu de Paulo determinada vantagem econômica indevida para si, em função do seu cargo público, a fim de evitar a ação da fiscalização no estabelecimento comercial de Paulo. Nessa situação hipotética, Joaquim praticou o delito de corrupção passiva.

Certo ( ) Errado ( )

Gabaritos

01	CERTO	08	ERRADO
02	ERRADO	09	ERRADO
03	ERRADO	10	CERTO
04	ERRADO	11	ERRADO
05	ERRADO	12	CERTO
06	ERRADO	13	ERRADO
07	ERRADO	14	ERRADO

1. INTRODUÇÃO AO DIREITO PROCESSUAL PENAL.....557
1.1 Lei Processual Penal no Espaço.....557
1.2 Lei Processual Penal no Tempo.....557
1.3 Interpretação da Lei Processual Penal.....558
1.4 Juiz das Garantias.....558
2. INQUÉRITO POLICIAL.....561
2.1 Polícia Administrativa X Polícia Judiciária.....561
2.2 Conceito de Inquérito Policial.....561
2.3 Atribuição.....561
2.4 Características do Inquérito Policial.....562
2.5 Valor Probatório do Inquérito Policial.....564
2.6 Vícios.....564
2.7 Incomunicabilidade.....564
2.8 Notícia Crime.....565
2.9 Procedimentos do Inquérito Policial.....566
2.10 Arquivamento do Inquérito.....567
2.11 Termo Circunstanciado de Ocorrência (TCO).....568
3. AÇÃO PENAL.....571
3.1 Condições Gerais da Ação Penal.....571
3.2 Acordo de não persecução penal.....571
3.3 Classificação das Ações (Titular do Direito).....572
3.4 Ação Penal Pública.....572
3.5 Ação Penal Privada.....574
3.6 Ação Penal em Alguns Casos Especiais.....576
4. DA PRISÃO, DAS MEDIDAS CAUTELARES E DA LIBERDADE PROVISÓRIA.578
4.1 O que é Prisão?.....578
4.2 Prisões processuais.....578
4.3 Prisão Preventiva.....581
4.4 Prisão Temporária (Lei 7.960/89).....583
4.5 Uso de Algemas.....583
4.6 Liberdade Provisória.....584
5. PROCEDIMENTO DOS CRIMES DE RESPONSABILIDADE DO FUNCIONÁRIO PÚBLICO.....588
5.1 Ação Penal Instruída por Inquérito Policial.....588
6. HABEAS CORPUS E SEU PROCESSO.....590

6.1 Surgimento 590
6.2 Natureza Jurídica 590
6.3 Pedidos do *Habeas Corpus*...590
6.4 Espécies de *Habeas Corpus*...590
6.5 Legitimidade 590
6.6 Coação Ilegal...591
6.7 Formalidade do Pedido de *Habeas Corpus* 591
6.8 Competência para Conhecimento do *Habeas Corpus* 591

7. DISPOSIÇÕES CONSTITUCIONAIS APLICÁVEIS AO PROCESSO PENAL 595

1. INTRODUÇÃO AO DIREITO PROCESSUAL PENAL

Após a prática de um crime, cabe ao Estado a sua apuração para fins da aplicação da pena prevista no Direito Penal. Ele é o único titular do *jus puniendi*, que é o direito de aplicar uma sanção a quem comete um delito.

Como vivemos em um Estado Democrático de Direito, o Estado sofre limitações quanto ao uso de determinadas modalidades de penas, quanto aos meios utilizados para apurar um crime, às medidas adotadas e ao andamento processual, visando a respeitar a dignidade da pessoa humana, harmonizando-a com as medidas legais pertinentes à elucidação de um delito, bem como com a consequente aplicação posterior da pena.

Dessa forma, definimos o processo penal como um conjunto de normas jurídicas tendentes a direcionar a atuação da polícia judiciária, assim como de todo o poder judiciário criminal, objetivando a uma investigação, um processo e uma sentença justa, que se fundamentem na verdade dos fatos, a fim de respeitar todos os direitos constitucionais do homem, a ampla defesa, a presunção de inocência, dentre outros.

A manifestação da aplicação das normas de processo penal é o que chamamos de persecução penal, sendo esta o objeto do nosso estudo.

Ela comporta duas fases distintas: uma preliminar, de natureza administrativa, em que ocorrem as investigações presididas pela autoridade policial; e outra fase de natureza judicial, em que se desenrola o processo propriamente dito e é presidida por um juiz de direito.

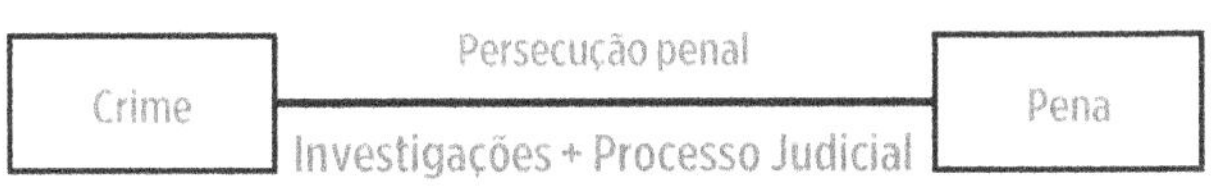

Os princípios do Direito Processual Penal serão trabalhados ao longo do material, para que assim você veja a aplicação dele nas diversas fases da persecução penal.

1.1 Lei Processual Penal no Espaço

O Código de Processo Penal, no Art. 1º, estabelece o Princípio da Territorialidade da Lei Processual Penal (Locus Regit Actum ou Lex Fori) de forma que se aplicam em território brasileiro as normas de cunho processual penal a todas as infrações penais relacionadas com o Estado brasileiro, de maneira a não haver hipóteses de extraterritorialidade de lei processual penal (princípio da absolutoriedade da lei processual penal).

> A doutrina atual entende que não existe hipótese de incidência de lei processual penal fora do Brasil. Por isso a aplicação da lei processual penal tem como característica a absoluta territorialidade.

E o que vem a ser território brasileiro? O Art. 5º do Código Penal facilita o entendimento do que é território brasileiro.

> ***Art. 5º**, CP - Aplica-se a lei brasileira, sem prejuízo de convenções, tratados e regras de direito internacional, ao crime cometido no território nacional.*
>
> ***§ 1º** - Para os efeitos penais, consideram-se como extensão do território nacional as embarcações e aeronaves brasileiras, de natureza pública ou a serviço do governo brasileiro onde quer que se encontrem, bem como as aeronaves e as embarcações brasileiras, mercantes ou de propriedade privada, que se achem, respectivamente, no espaço aéreo correspondente ou em alto-mar.*
>
> ***§ 2º** - É também aplicável a lei brasileira aos crimes praticados a bordo de aeronaves ou embarcações estrangeiras de propriedade privada, achando-se aquelas em pouso no território nacional ou em voo no espaço aéreo correspondente, e estas em porto ou mar territorial do Brasil.*

O Art. 1º do CPP estabelece cinco exceções em relação à aplicação do Código de Processo Penal:

> ***I.** Os tratados, as convenções e regras de direito internacional;*

Quando o Brasil homologa a sua participação em um tratado ou convenção internacional que disciplina regras processuais próprias, o Código de Processo Penal Brasileiro não é adotado, ou seja, determinados crimes, mesmo que cometidos no território brasileiro, podem ser julgados por tribunal estrangeiro. **Ex.:** a Convenção de Viena sobre Relações Diplomáticas estabelece que os diplomatas, quando cometerem crimes no território de outro país, serão julgados pelas leis de sua nação de origem.

> ***II.** As prerrogativas constitucionais do Presidente da República, dos ministros de Estado, nos crimes conexos com os do Presidente da República, e dos ministros do Supremo Tribunal Federal, nos crimes de responsabilidade (Constituição, Arts. 86, 89, § 2º, e 100);*

Aqui tratamos das infrações político-administrativas, definidas na Lei 1.079/50, os chamados de crimes de responsabilidade que, na verdade, não se referem à matéria criminal e são julgados pelo Senado Federal, adotando o procedimento específico da referida lei para o seu processo e julgamento.

> ***III.** Os processos da competência da Justiça Militar;*

A Justiça Militar tem a competência constitucional para a deliberação das infrações penais militares, descritas nos Arts. 9º e 10 do Código Penal Militar. No julgamento desses casos, a justiça militar adota os procedimentos previstos no Código Processual Penal Militar (Decreto-Lei 1.002).

> ***IV.** Os processos da competência do tribunal especial;*
>
> ***V.** Os processos por crimes de imprensa.*

Quanto às duas últimas exceções referentes à aplicação do CPP na apuração e julgamento dos crimes, o parágrafo único do Art. 1º prevê que, na falta de norma, sejam aplicada as regras previstas no Código de Processo Penal de forma subsidiária. Um exemplo de tribunal especial seria o próprio tribunal militar que adota procedimentos próprios. Nos casos de crimes de imprensa, vale o CPP, pois a referida Lei teve os seus efeitos suspensos temporariamente pelo STF, enquanto aguarda decisão do plenário quanto à constitucionalidade da Lei.

A regra então é a aplicação do CPP nos delitos cometidos no território nacional, somente não sendo aplicadas suas normas, nas hipóteses acima descritas.

1.2 Lei Processual Penal no Tempo

A lei processual penal é aplicada no tempo da sua vigência, ou seja, a partir do momento em que ela entra em vigor, começa a regular todos os atos processuais penais que serão praticados daquele dia em diante, até a revogação da Lei.

É importante analisarmos que, se um processo estiver em andamento, sendo regulado pelas normas vigentes do CPP, e tivermos uma alteração nas normas, os atos praticados na vigência da lei anterior continuarão válidos, pois o que importa é o tempo da vigência da lei. A legislação nova será aplicada aos processos futuros e não aos passados.

1.3 Interpretação da Lei Processual Penal

A aplicação da lei processual penal segue as mesmas regras de hermenêutica que disciplinam a interpretação da legislação em geral. Interpretar significa definir o sentido e alcance de determinado conceito.

Em função da impossibilidade de se poder escrever na lei todo o seu significado ou ainda se prever todas as situações possíveis de ocorrer na vida real, o Art. 3º do Código de Processo Penal prevê que a lei processual penal admitirá:

→ Interpretação extensiva.

→ Aplicação analógica.

→ Suplemento dos princípios gerais de direito.

1.4 Juiz das Garantias

A Lei 13.964/2019 (conhecida como "pacote anticrime") introduziu ao processo penal brasileiro o juiz das garantias. Antes mesmo de regular o instituto, o Código de Processo Penal, no art. 3-A, adota textualmente que o processo penal terá estrutura acusatória, sendo proibida a iniciativa do juiz na fase de investigação e a substituição da atuação probatória do órgão de acusação. Passa o Código Processual Penal, portanto, a obedecer com mais precisão o já determinado pela Constituição Federal, que no art. 129, inciso I, atribui privativamente ao Ministério Público a titularidade da ação penal.

A ideia do instituto é permitir que uma autoridade judiciária, diferente daquela que vai julgar o mérito da ação, atue na fase investigativa. Sua função não é a de presidir o inquérito ou interferir nos atos de investigação, mas, em verdade, atuar como instancia de controle da legalidade da investigação, visando salvaguardar, isto é, proteger os direitos individuais que dependam de prévia decisão judicial para serem limitados. Nesse sentido, são atribuições do juiz de garantias:

> ***I.*** *receber a comunicação imediata da prisão;*
>
> ***II.*** *receber o auto da prisão em flagrante para o controle da legalidade da prisão;*
>
> ***III.*** *zelar pela observância dos direitos do preso, podendo determinar que este seja conduzido à sua presença, a qualquer tempo;*
>
> ***IV.*** *ser informado sobre a instauração de qualquer investigação criminal;*
>
> ***V.*** *decidir sobre o requerimento de prisão provisória ou outra medida cautelar;*
>
> ***VI.*** *prorrogar a prisão provisória ou outra medida cautelar, bem como substituí-las ou revogá-las, assegurado, no primeiro caso, o exercício do contraditório em audiência pública e oral;*
>
> ***VII.*** *decidir sobre o requerimento de produção antecipada de provas consideradas urgentes e não repetíveis, assegurados o contraditório e a ampla defesa em audiência pública e oral;*
>
> ***VIII.*** *prorrogar o prazo de duração do inquérito, estando o investigado preso, em vista das razões apresentadas pela autoridade policial;*
>
> ***IX.*** *determinar o trancamento do inquérito policial quando não houver fundamento razoável para sua instauração ou prosseguimento;*
>
> ***X.*** *requisitar documentos, laudos e informações ao delegado de polícia sobre o andamento da investigação;*
>
> ***XI.*** *decidir sobre os pedidos de:*
>
> ***a)*** *interceptação telefônica, do fluxo de comunicações em sistemas de informática e telemática ou de outras formas de comunicação;*
>
> ***b)*** *afastamento dos sigilos fiscal, bancário, de dados e telefônico;*
>
> ***c)*** *busca e apreensão domiciliar;*
>
> ***d)*** *acesso a informações sigilosas;*
>
> ***e)*** *outros meios de obtenção da prova que restrinjam direitos fundamentais do investigado;*
>
> ***XII.*** *julgar o habeas corpus impetrado antes do oferecimento da denúncia;*
>
> ***XIII.*** *determinar a instauração de incidente de insanidade mental;*
>
> ***XIV.*** *decidir sobre o recebimento da denúncia ou queixa;*
>
> ***XV.*** *assegurar prontamente, quando se fizer necessário, o direito outorgado ao investigado e ao seu defensor de acesso a todos os elementos informativos e provas produzidos no âmbito da investigação criminal, salvo no que concerne, estritamente, às diligências em andamento;*
>
> ***XVI.*** *analisar pedido de admissão de assistente técnico para acompanhar a produção da perícia;*
>
> ***XVII.*** *decidir sobre a homologação de acordo de não persecução penal ou os de colaboração premiada, quando formalizados durante a investigação;*
>
> ***XVIII.*** *outras matérias inerentes às suas atribuições.*

Caso o investigado esteja preso, o juiz das garantias poderá, mediante representação da autoridade policial e ouvido o Ministério Público, prorrogar, **uma única vez**, a duração do inquérito **por até 15 dias**, após o que, se ainda assim a investigação não for concluída, a prisão será imediatamente relaxada.

A competência do juiz das garantias abrange todas as infrações penais, exceto as de menor potencial ofensivo (mantidas sob a competência dos Juizados Especiais Criminais – Lei 9.099/1995), e **termina** com o recebimento da denúncia ou queixa. A partir desse recebimento, as questões pendentes serão decididas pelo juiz da instrução e julgamento.

Importante anotar que as decisões proferidas pelo juiz das garantias não vinculam, isto é, não limitam o juiz da instrução e julgamento, que, após o recebimento da denúncia ou queixa, **deverá reexaminar a necessidade das medidas cautelares** em curso, no prazo máximo de 10 dias.

Os autos que compõem as matérias de competência do juiz das garantias ficarão acautelados (guardados) na secretaria do juízo, à disposição do Ministério Público e da defesa, e não serão apensados aos autos do processo enviados ao juiz da instrução e julgamento, ressalvados os documentos relativos às provas irrepetíveis, medidas de obtenção de provas ou de antecipação de provas, que deverão ser remetidos para apensamento em apartado. Ademais, conforme determinado inclusive pela Súmula Vinculante 14 do Supremo Tribunal Federal, fica assegurado às partes o amplo acesso aos autos acautelados na secretaria do juízo das garantias.

O juiz que, na fase de investigação, praticar qualquer ato incluído nas atribuições do juiz das garantias ficará impedido de funcionar no processo. Naquelas comarcas em que funcionar apenas um juiz, os tribunais criarão um sistema de rodízio de magistrados, a fim de atender às disposições deste Capítulo. De todo modo, a regra é que o juiz das garantias será designado conforme as normas de organização judiciária da União, dos Estados e do Distrito Federal, observando critérios objetivos a serem periodicamente divulgados pelo respectivo tribunal.

Cabe, ainda, o registro de que o juiz das garantias deverá assegurar o cumprimento das regras para o tratamento dos presos, impedindo o acordo ou ajuste de qualquer autoridade com órgãos da imprensa para explorar a imagem da pessoa submetida à prisão, sob pena de responsabilidade civil, administrativa e penal. Por meio de regulamento, as autoridades deverão disciplinar, em 180 dias da vigência do pacote anticrime, o modo pelo qual as informações sobre a realização da prisão e a identidade do preso serão, de modo padronizado, transmitidas à imprensa, assegurados a efetividade da persecução penal, o direito à informação e a dignidade da pessoa submetida à prisão.

Preste atenção! A implantação do juiz das garantias (arts. 3º-A a 3º-F do CPP) foi suspensa um dia antes de entrar em vigência por medida liminar concedida pelo Supremo Tribunal Federal (ADIs 6.298, 6.299 e 6.300, rel. Min. Luiz Fux, j. 22.01.2020). Assim, embora o tema conste formalmente do Código de Processo Penal, sua eficácia encontra-se suspensa até julgamento final pelo STF.

Questões

01. (Cespe) O direito processual brasileiro adota o sistema do isolamento dos atos processuais, de maneira que, se uma lei processual penal passa a vigorar estando o processo em curso, ela será imediatamente aplicada, sem prejuízo dos atos já realizados sob a vigência da lei anterior.

Certo ( ) Errado ( )

02. (Cespe) Em caso de leis processuais penais híbridas, o juiz deve cindir o conteúdo das regras, aplicando, imediatamente, o conteúdo processual penal e fazendo retroagir o conteúdo de direito material, desde que mais benéfico ao acusado.

Certo ( ) Errado ( )

03. (Cespe) A lei processual penal

a) Admite interpretação extensiva e o suplemento dos princípios gerais de direito, por expressa disposição legal.

b) Tem aplicação imediata, devendo os atos praticados sob a vigência de lei anterior revogada serem renovados e praticados sob a égide na nova lei, sob pena de nulidade absoluta.

c) Não retroagirá, salvo para beneficiar o réu, não vigorando, no direito processual penal, o princípio *tempus regit actum*.

d) Não admite aplicação analógica, em obediência ao princípio da legalidade estrita ou tipicidade expressa.

04. (FCC) A nova lei processual penal

a) É de incidência imediata, pouco importando a fase em que esteja o processo.

b) Não é aplicável aos processos, ainda em curso, iniciados na vigência da lei processual anterior.

c) Não é aplicável aos processos de rito ordinário, ainda em andamento, quando de sua vigência.

d) É aplicável, inclusive, aos processos já findos.

e) É aplicável somente aos processos, ainda em curso, da competência do Tribunal do Júri.

05. (FGV) Com relação ao sistema processual penal brasileiro, analise as afirmativas a seguir:

I. O processo penal rege-se pelo Código de Processo Penal, em todo o território brasileiro, ressalvados, entre outros, os tratados, as convenções e regras de direito internacional.

II. A lei processual penal admitirá interpretação extensiva e aplicação analógica, bem como o suplemento dos princípios gerais de direito.

III. A lei processual penal aplica-se imediatamente, sem prejuízo da validade dos atos já realizados sob a vigência da lei anterior.

Assinale:

a) Se nenhuma afirmativa estiver correta.

b) Se somente as afirmativas I e II estiverem corretas.

c) Se somente as afirmativas I e III estiverem corretas.

d) Se somente as afirmativas II e III estiverem corretas.

e) Se todas as afirmativas estiverem corretas.

06. (FCC) Em relação à lei processual penal no tempo, em caso de lei nova, a regra geral consiste na sua aplicação:

a) Imediata, independentemente da fase em que o processo em andamento se encontre.

b) Imediata, somente em relação aos processos que se encontrem na fase instrutória.

c) Somente a processos futuros, ainda que por fatos anteriores.

d) Somente a processos futuros e sobre fatos posteriores.

e) Imediata ou a processos futuros conforme decisão fundamentada do juiz em cada caso.

07. (OAB) Sobre a lei processual penal, assinale a alternativa incorreta:

a) Possui aplicabilidade direta, invalidando os atos praticados sob a vigência da lei anterior.

b) Admitirá aplicação analógica e a interpretação extensiva.

c) Possui aplicabilidade direta, sem prejudicar a validade dos atos realizados sob a vigência da lei anterior.

d) Admitirá, quando for o caso, a aplicação dos princípios gerais de direito.

08. (Fumarc) Quanto à lei processual penal no tempo, o princípio adotado pelo Código de Processo Penal é:

a) Ultratividade.

b) Retroatividade.

c) Aplicação imediata.

d) Retroatividade e ultratividade benéficas.

09. (FCC) De acordo com o Código de Processo Penal, a lei processual penal:

a) Retroage para invalidar os atos praticados sob a vigência da lei anterior, se mais benéfica.

b) Não admite aplicação analógica.

c) Admite suplemento dos princípios vitais de direito.

d) Admite interpretação extensiva, mas não suplemento dos princípios gerais de direito.

e) Admite aplicação analógica, mas não interpretação extensiva.

10. A extraterritorialidade da lei processual penal brasileira ocorrerá apenas nos crimes perpetrados, ainda que no estrangeiro, contra a vida ou a liberdade do presidente da República e contra o patrimônio ou a fé pública da União, do Distrito Federal, de estado, de território e de município.

Certo ( ) Errado ( )

Gabaritos

01	CERTO	06	A
02	ERRADO	07	A
03	A	08	C
04	A	09	C
05	E	10	ERRADO

2. INQUÉRITO POLICIAL

Vamos partir da ideia de que a persecução penal é ferramenta utilizada pelo Estado para materializar a aplicação da pena ao autor de um crime. Ela se compõe de duas fases distintas: uma administrativa e outra judicial. Vamos agora estudar essa fase administrativa, chamada de inquérito policial.

2.1 Polícia Administrativa X Polícia Judiciária

Polícia Administrativa

É chamada também de polícia ostensiva, pois manifesta a sua atuação por meio do uso de fardas e viaturas caracterizadas, para que, dessa forma, mostre à sociedade que está presente. A polícia administrativa não é responsável pela produção do inquérito policial, pois ela atua visando prevenir o crime.

Ex.: Polícia Militar, Polícia Rodoviária Federal, Polícia Ferroviária Federal, Polícia Marítima (desempenhada pela PF).

Polícia Judiciária

É polícia de **Repressão**, que atua após a prática do crime, pois é utopia acreditar que a existência da polícia administrativa (PM, por exemplo) é suficiente para impedir a criminalidade. Sua atuação é marcada pela realização de diligências que objetivam descobrir a autoria e a existência de um crime.

Características da Polícia Judiciária:

Direção: delegado de polícia de carreira (bacharel em direito aprovado em concurso público).

Espécies: a polícia judiciária é dividida em Polícia Judiciária Estadual e Federal.

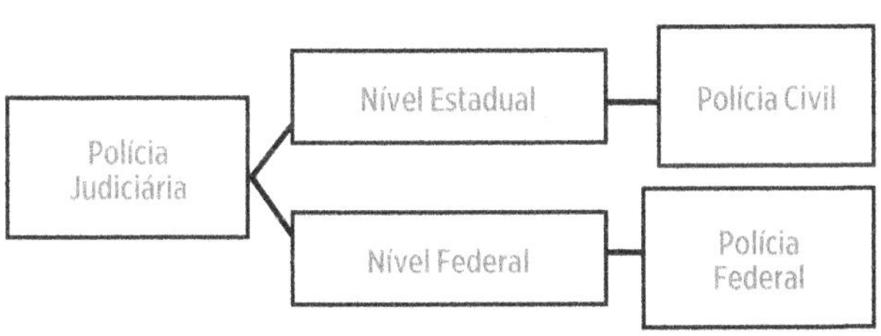

2.2 Conceito de Inquérito Policial

Inquérito policial é um procedimento administrativo inquisitivo, anterior ao processo, presidido pela autoridade policial (delegado de polícia) que conduz diligências, as quais objetivam apurar a autoria (responsável pelo crime) e a materialidade (existência) da infração penal. Essas informações colhidas no inquérito policial (indícios de autoria e materialidade do crime) serão disponibilizadas ao titular da ação penal para que este possa promover o processo judicial, que é a 2ª fase da persecução penal. Mas fiquemos ainda com o inquérito.

Finalidade

Informar o titular da ação penal sobre o resultado da investigação, colaborando na formação da sua opinião quanto à existência e à autoria de determinado crime.

Natureza Jurídica

Procedimento administrativo inquisitivo

Procedimento

Não pode ser confundido com processo, pois as regras são outras; é comum as provas de concursos falarem que o inquérito policial é um PROCESSO, o que está errado.

Administrativo

O inquérito policial é um procedimento administrativo, porque é realizado pela polícia judiciária, que é um órgão do poder executivo, a qual tem a função de administrar a coisa pública. Apesar do nome polícia judiciária, ela não é subordinada ao poder judiciário e sim ao poder executivo, haja vista o delegado de polícia ser subordinado ao secretário de segurança pública e este ser submisso ao governador do Estado, responsável pela administração pública.

DESTINATÁRIO DO IP

Como o principal fim do IP é subsidiar a opinio delicti, o destinatário imediato é o titular da ação penal, vale dizer, o MP (nos crimes de ação penal pública), ou o ofendido (nos casos de ação penal privada). Como de praxe, o procedimento de envio do relatório produzido como resultado da investigação criminal passa pelas mãos da autoridade judiciária, para que, em alguns casos, possa atender a alguma medida cautelar. No entanto, não é o juiz quem determina se haverá ou não oferecimento da denúncia, por isso tal autoridade funciona como destinatário mediato do IP.

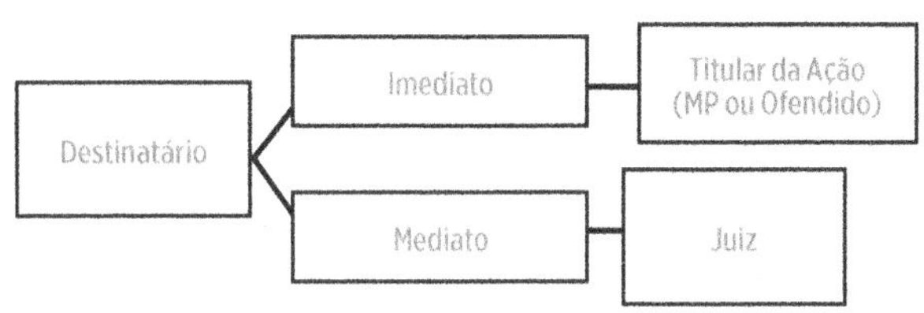

2.3 Atribuição

É a delimitação legal do poder conferido à autoridade policial para investigar crimes. Por essas regras, saberemos se a investigação é de competência da polícia federal ou estadual e de qual delegacia ou comarca. As regras são as seguintes:

Territorial

Regra Geral: teoria do resultado.

A atribuição é definida pela circunscrição (delimitação territorial da atuação daquela delegacia) da **Consumação** do crime.

Exceção: teoria da atividade.

A atribuição é definida pela circunscrição da Prática dos Atos Executórios.

Essa regra é aplicada nos seguintes casos:

> Crimes tentados

> Homicídio doloso e culposo (STJ)

Apesar de o homicídio doloso ser um crime que tem resultado, o STJ decidiu que as investigações referentes a tal fato devem ser realizadas pela polícia com circunscrição no local da prática dos atos executórios, pois assim se garante uma colheita de provas mais eficiente e também pode ser dada uma resposta mais satisfatória à sociedade lesada.

Ex.: Uma pessoa dispara uma arma de fogo com a intenção de matar outra em uma pequena cidade do interior do país e o disparo não mata imediatamente a vítima, que é levada para o pronto socorro de uma cidade vizinha maior e lá ocorre o óbito. Se fosse adotada a teoria do resultado, toda a investigação ficaria por conta da polícia do local onde a vítima morreu, mas adota-se a teoria da atividade e a investigação é realizada pela polícia do local da prática dos atos executórios.

Material

A atribuição é definida pela natureza do crime, com a atuação de uma delegacia especializada em determinado tipo de delito.

Essa regra é subsidiária à territorial, pois, em regra, temos que descobrir a atribuição territorial e, se no local do crime tiver uma delegacia especializada, ela assumirá a investigação.

Ex.: Delegacias especializadas: Delegacia Antissequestro, Delegacia de Repressão a Roubos e Assaltos, Delegacia da Mulher, Delegacia de Homicídios e Proteção à Pessoa, dentre outras.

Por meio da aplicação das normas de atribuição material, nós teremos a definição da investigação realizada pela polícia civil (âmbito estadual) e polícia federal (âmbito federal).

2.4 Características do Inquérito Policial

Inquisitivo

Assunto comum de ser cobrado em concurso público. No inquérito policial não há partes, acusação e defesa; temos somente o delegado de polícia investigando um crime e, consequentemente, um suspeito.Nele não há contraditório nem ampla-defesa.

Realmente, a investigação não observa o contraditório, pois a polícia não tem a obrigação de avisar um suspeito que o está investigando; e não há ampla-defesa, porque o inquérito não pode, em regra, fundamentar uma sentença condenatória, tendo o suspeito possibilidade de se defender durante o processo.

Atenção à redação do Art. 5º, LV da CF:

> *Aos litigantes, em processo judicial ou administrativo, e aos acusados em geral são assegurados o contraditório e ampla defesa, com os meios e recursos a ela inerentes.*

Como na fase da investigação não existe nenhuma acusação e nem partes, não há que se falar em contraditório e ampla defesa, pois o direito constitucional previsto no Art. 5º inciso LV da CF é válido para as partes de um processo. Além do inquérito policial não ter partes, é um procedimento e não um processo, conforme descrito na Constituição Federal.

Escrito

Todas as diligências realizadas no curso de um inquérito policial devem ser passadas a termo (escritas), para que seja facilitada a troca de informações entre os órgãos responsáveis pela persecução penal.

O delegado de polícia tem a faculdade de filmar ou gravar diligências realizadas, mas isso não afasta a obrigação de transcrever todas por escrito.

> ***Art. 405, § 1º, CPP.*** *Sempre que possível, o registro dos depoimentos do investigado, indiciado, ofendido e testemunhas será feito pelos meios ou recursos de gravação magnética, estenotipia, digital ou técnica similar, inclusive audiovisual, destinada a obter maior fidelidade das informações.*

Sendo assim, é possível que o delegado, havendo meios, documente os atos do IP através das formas de tecnologia existentes, inclusive captação de som e imagem.

Discricionário

Discricionariedade é a liberdade dentro da lei (esta determina ou autoriza a atuação do Estado). Assim sendo, o delegado tem liberdade na adoção e condução das diligências adotadas no curso de um inquérito policial.

O Art. 6º do CPP traz um rol de possíveis procedimentos que podem ser adotados pela polícia na condução de um inquérito; ele não é taxativo, pois a polícia pode adotar qualquer uma daquelas diligências na ordem que entender melhor, ou seja, o rol é exemplificativo.

Não podemos entender discricionariedade como uma faculdade do delegado de iniciar ou não uma investigação, porque, conforme veremos adiante, em alguns casos a investigação é obrigatória. A discricionariedade se refere ao fato de o delegado, sendo obrigado ou não a investigar, poder adotar as diligências que considere convenientes para a solução do crime, desde que esteja prevista tal diligência na lei.

Explica essa regra o fato de que cada crime é um acontecimento único no mundo e, sendo assim, a solução deles não tem uma receita certa, devendo a autoridade policial saber utilizar, dentre os meios disponíveis, aqueles adequados à solução do caso.

Sigiloso

Não aplicamos o princípio da publicidade ao inquérito policial, pois as investigações são sigilosas. Se a polícia anuncia em veículo de informação oficial, e ainda na mídia convencional, que tenciona iniciar uma investigação a determinado contrabandista (que deveria se preparar para isso), este poderia prejudicar todo o sucesso da averiguação.

Compete ao delegado zelar pelo sigilo do inquérito policial, pois ele é a autoridade responsável pela condução.

Finalidade do sigilo

O sigilo do inquérito policial tem a finalidade de preservar a imagem do suspeito e, ainda, garantir a eficiência das investigações.

Classificação do sigilo

Sigilo Externo: destinado aos terceiros desinteressados e a imprensa.

Sigilo Interno: destinado aos interessados no processo.

O sigilo do inquérito policial não atinge o **juiz**, o Ministério Público e o **advogado** do suspeito.

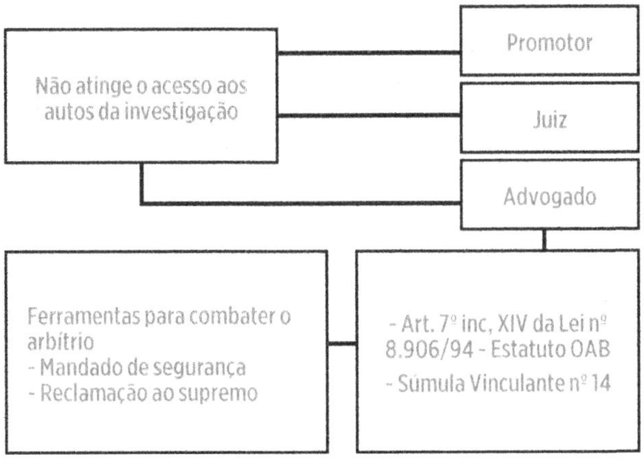

> ***Art. 7º, XIV, Estatuto da OAB.*** *São direitos do advogado: examinar em qualquer repartição policial, mesmo sem procuração, autos de flagrante e de inquérito, findos ou em andamento, ainda que conclusos à autoridade, podendo copiar peças e tomar apontamentos.*
>
> ***Súmula Vinculante 14.*** *É direito do defensor, no interesse do representado, ter acesso amplo aos elementos de prova que, já documentados em procedimento investigatório realizado por órgão com competência de polícia judiciária, digam respeito ao exercício do direito de defesa.*

É comum, em questões de concurso público, perguntar sobre esse tema, e as questões geralmente falam que o sigilo do inquérito se estende ao advogado, podendo o delegado negar a ele o acesso aos autos do inquérito policial. É evidente que se trata de questão errada, uma vez que ao advogado e, para acabar de vez com a dúvida, o STF editou a Súmula Vinculante 14. Sendo assim, o advogado pode se valer de duas ferramentas, caso algum delegado viole o seu direito de acesso aos autos de inquérito: um mandado de segurança ou uma reclamação ao supremo, que é a ferramenta eficaz para combater o desrespeito a uma súmula vinculante.

É importante saber que o advogado somente tem acesso aos autos do inquérito policial referente às investigações já concluídas e passadas a termo, ele não deve e não pode ter acesso às investigações em andamento, sendo tal acesso disponibilizado ao advogado após o término da diligência.

> **Ex.:** Se um advogado, ao ter acesso aos autos do inquérito policial, ficar sabendo que a polícia está fazendo uma interceptação telefônica das conversas de seu cliente e estiver mal intencionado, irá informar o seu cliente e prejudicar todo o sucesso das investigações.

Apesar do inquérito policial ser sigiloso, o delegado, quando achar conveniente, pode quebrar o sigilo, prestando informações à imprensa, tais como: diligências que serão realizadas, divulgar o retrato de um suspeito, etc.

> **Decretação do segredo de justiça (preservar a imagem da vítima)**

Como acabamos de ver, o delegado pode, em alguns casos, quando achar conveniente, divulgar informações à imprensa. Para evitar tal conduta, visando especificamente a proteger a imagem da **vítima ou do acusado**, o juiz pode decretar o segredo de justiça da investigação; então as informações não poderão vazar. Mas, nesse caso, é mantido o acesso aos autos pelo **juiz, MP e advogados.**

Indisponível

Toda investigação iniciada deve ser concluída e encaminhada ao juízo competente, ou seja, o delegado não pode desistir de uma investigação iniciada.

> **O delegado não pode arquivar o inquérito policial**

Questões de prova envolvendo esse tema também são frequentes e a dica é a seguinte: o delegado **nunca** pode arquivar o inquérito, independente do motivo trazido; essa regra é absoluta. Quanto ao arquivamento do inquérito, estudaremos logo adiante, mas é bom saber: "o delegado não pode, nunca, arquivar um inquérito policial". Vale a pena ser redundante aqui.

Dispensável

O inquérito visa coletar indícios de autoria e materialidade do crime para que o titular da ação penal possa ingressar em juízo. Assim sendo, se ele tiver esses indícios colhidos por outros meios, como por um inquérito não policial, o inquérito policial se torna dispensável.

Assim, pode ser promovido um processo sem que seja realizado um inquérito policial. Aproveitando o tópico, vamos falar de outras espécies de inquérito.

Inquéritos extra-policiais ou não policiais: são aqueles presididos por outras autoridades e não pelo do delegado de polícia (Art. 4º do CPP).

Inquéritos parlamentares (CPI): presidido por parlamentares.

Inquéritos policiais militares: presididos por oficiais de carreira, visa à apuração das infrações militares.

Inquéritos presididos pelo promotor (MP): não é possível a presidência do IP por membro do MP, haja vista este ter o poder de requisitar a abertura de inquérito, a realização de diligências, bem como fiscalizar a atuação da polícia judiciária.

O STF trouxe, em recente decisão, a possibilidade do promotor presidir investigação criminal, porém, esta não deve ser confundida com a realizada a cargo da polícia. A investigação realizada sob a presidência do membro do MP conviverá harmonicamente com a realizada pela polícia, assim como as demais formas de inquérito.

Devemos observar também o teor da Súmula 234 do STJ:

> *A participação de membro do Ministério Público na fase investigatória criminal não acarreta seu impedimento ou suspeição para o oferecimento da denúncia.*

Ressaltamos mais uma vez que o promotor não pode presidir um inquérito policial. É questão comum no mundo do concurso público e a resposta é negativa, pois somente o delegado de polícia, e mais ninguém, preside o inquérito policial. Além disso, aquele pode presidir a sua própria investigação, que não se confunde com a policial.

Oficialidade

A realização do inquérito policial é atribuição de um órgão **oficial** do Estado (Polícia Judiciária).

Oficiosidade

Na maioria dos casos (crimes de ação penal pública incondicionada), a polícia judiciária é obrigada a investigar, independente de provocação de terceiros. Para isso, basta que aconteça o crime e que, de alguma forma, a polícia tome conhecimento para que ela atue de **ofício**, ou seja, sem provocação.

Autoritariedade

O presidente do inquérito policial (delegado de polícia) é a **Autoridade** oficial do Estado.

2.5 Valor Probatório do Inquérito Policial

O Inquérito Policial tem valor probatório relativo, pois ele serve para embasar o início do processo, mas não tem a força de, sozinho, sustentar uma sentença condenatória, porque as provas colhidas durante o IP não se submeteram ao contraditório e à ampla defesa. Enfatizamos que o valor probatório é relativo, uma vez que não fundamenta uma decisão judicial, porém pode dar margem à abertura de um processo criminal contra alguém.

> ***Art. 155, CPP.*** *O juiz formará sua convicção pela livre apreciação da prova produzida em contraditório judicial, não podendo fundamentar sua decisão exclusivamente nos elementos informativos colhidos na investigação, ressalvadas as provas cautelares, não repetíveis e antecipadas.*

Provas Cautelares, não Repetíveis e Antecipadas

São as provas extraídas do IP e que têm a força de, eventualmente, sustentar uma sentença condenatória, conforme orienta o Art. 155 do CPP.

Provas Cautelares:

São aquelas em que existe um risco de desaparecimento do objeto pelo decurso do tempo. Justificam-se pela necessidade, pela urgência.

Interceptação telefônica, busca e apreensão.

Provas Não Renováveis ou Irrepetíveis:

São colhidas na fase investigatória, porque não podem ser produzidas novamente na fase processual devido ao seu fácil perecimento.

Perícia nos vestígios do crime.

Para que essas provas tenham valor probatório de justificar uma sentença na fase processual, é necessário que elas sejam submetidas à ampla defesa e ao contraditório diferido ou postergado, ou seja, durante a fase processual.

Prova Antecipada:

Aqui nos referimos às provas que, em regra, deveriam ser colhidas durante o curso do processo e não durante o inquérito policial. Em alguns casos, é possível que o juiz antecipe a oitiva de uma testemunha para a fase das investigações, quando houver receio de que ela morra (idade avançada ou doença grave), ou então que a vítima se mude definitivamente para outro lugar, inviabilizando a sua audição. Nesse caso, não tem o que se falar em contraditório e ampla defesa diferido, pois o exercício desses direitos acontecerá durante a realização da prova, que será antecipada para o inquérito policial. Esse é o contraditório real.

> **Art. 225, CPP.** Se qualquer testemunha houver de ausentar-se, ou, por enfermidade ou por velhice, inspirar receio de que ao tempo da instrução criminal já não exista, o juiz poderá, de ofício ou a requerimento de qualquer das partes, tomar-lhe antecipadamente o depoimento.

2.6 Vícios

Os vícios do inquérito policial são seus defeitos ou nulidades e a dúvida é se aqueles podem ou não causar nulidades ao processo futuro. A resposta é negativa, pois o inquérito policial não tem a força de condenar ninguém, sendo assim, os seus defeitos serão apurados pelos órgãos competentes (corregedoria, MP). Dessa forma, podemos concluir que o delegado não pode ser considerado impedido ou suspeito de presidir o IP pelas futuras partes.

Prazos para a Conclusão dos Inquéritos Policiais

Autoridade	Indiciado Preso	Indiciado Solto
Delegado Estadual Art. 10 do CPP	10 dias improrrogáveis	30 dias prorrogáveis pelo juiz por quantas vezes forem necessárias
Delegado Federal Art. 66 da Lei 5.010/66	15 dias prorrogáveis uma única vez por mais 15 dias	Mesma regra do delegado Estadual
Investigações relativas ao combate ao tráfico de drogas e ao crime organizado	30 dias prorrogáveis uma única vez por mais 30 dias	90 dias prorrogáveis uma única vez

Toda prorrogação de prazo para a conclusão de um inquérito policial deve ser feita somente pelo juiz, pois o delegado não tem essa competência.

No caso das prorrogações referentes às investigações sobre tóxicos (Lei 11.343), é condicionada a prévia oitiva do MP. Esta não vincula a decisão do juiz de prorrogar ou não o prazo do inquérito, mas é uma formalidade que deve ser respeitada.

2.7 Incomunicabilidade

A incomunicabilidade visava a impedir a comunicação do suspeito preso com terceiros, durante um prazo de tempo, para que assim não viesse a interferir nas investigações. Tal regra é considerada não recepcionada pela Constituição Federal, ou seja, ela não tem mais aplicação prática, pois a CF em seu Art. 136, que trata do Estado de Defesa, veda a adoção dessa medida em tal ocasião. Então, o entendimento é que se eu não posso utilizar da incomunicabilidade em uma situação de anormalidade, não posso fazer uso dela em caso de normalidade.

É importante saber que a incomunicabilidade não foi recepcionada pela CF e está tacitamente sem efeitos, mas suas regras são cobradas em questão de concurso público e vamos estudá-las, a fim de que possamos enfrentá-las com facilidade.

Regras

> **Cabimento:**
  » Interesse da sociedade.
  » Conveniência da investigação o exigir.

> **Prazo:**
    » 3 dias.

> **Forma:**
    » Decreto fundamentado do juiz a requerimento do delegado ou do MP.

A incomunicabilidade não atinge o juiz, o MP e os advogados.

2.8 Notícia Crime

Notícia crime *(notitia criminis)* é a forma como é denominado o conhecimento espontâneo ou provocado por parte da autoridade policial de um fato aparentemente criminoso. Por meio dela, a autoridade policial dará início às investigações.

Destinatários da Notícia Crime

Um fato aparentemente criminoso pode ser comunicado ao Juiz, ao MP ou ao Delegado.

Quando quem recebe a notícia crime é o juiz ou o MP, eles requisitarão ao delegado o início das investigações.

Classificação da Notícia Crime

Ela é classificada em direta ou indireta, conforme veremos a seguir:

Notícia crime direta (cognição imediata ou espontânea)

A autoridade policial toma conhecimento de um fato supostamente criminoso por meio da atuação da própria polícia, quando noticiado o crime pela imprensa ou comunicado anonimamente por um particular.

Quanto à anônima, também chamada de notícia crime apócrifa, é uma forma de comunicação válida do crime, haja vista a existência, em todos os Estados, do serviço de *disk*-denúncia, pelo qual as pessoas podem comunicar delitos sem se identificarem.

É comum encontrarmos questões de concursos falando que tal modalidade de notícia é inválida, pois a CF veda o anonimato. Tal afirmativa está errada, porque apesar da CF vedar o anonimato, a denúncia anônima, hoje, é estimulada pelos órgãos oficiais do Estado responsável pela persecução do crime. Antes que uma comunicação anônima leve a instauração do inquérito, a autoridade policial deverá realizar diligências preliminares a fim de constatar se existe possibilidade da declaração anônima ser verdadeira.

Notícia Crime Indireta (cognição mediata ou provocada)

A polícia judiciária toma conhecimento do crime por meio da comunicação de um terceiro identificado.

Espécies de Notícia Crime Indireta

> **Requerimento**

É a comunicação de um fato supostamente criminoso, realizado pela **vítima** ou por seu **representante legal** (para menores de 18 anos de idade ou loucos). Além de comunicar o crime, também serve como um pedido para que a polícia inicie as investigações.

Segundo o CPP, diante de um requerimento, o delegado pode se recusar a iniciar as investigações e, neste caso, é cabível recurso ao chefe de polícia (Art. 5º, §2º do CPP). O código usa a expressão chefe de polícia, entretanto, tal cargo hoje não existe mais, mas é a resposta certa para a sua prova. Pense assim: O delegado pode negar o requerimento? SIM. Cabe recurso ao Requerente? SIM. A quem é encaminhado o recurso? Ao Chefe de Polícia.

> **Requisição**

É a comunicação do crime feita à autoridade policial pelo **promotor** ou pelo **juiz** e também uma determinação para o início das investigações. O delegado não pode se recusar a cumprir uma requisição.

É importante falarmos que, apesar da requisição ser sinônimo de ordem, o delegado não é subordinado hierarquicamente ao MP ou ao Juiz, entretanto, a requisição é uma ordem lastreada na lei. O Art. 13, §2º do CPP, determina que aquele deve cumprir as requisições emanadas pelo juiz ou pelo membro do MP.

Caso o delegado se negue a cumprir uma requisição, ele será responsabilizado na esfera administrativa e, em tese, pode haver responsabilização criminal por prevaricação, e não por desobediência, pois não existe desobediência de um servidor público para outro.

> **Delação**

É a comunicação do crime realizada por um terceiro identificado, também visa a pedir que a polícia inicie as investigações. A delação só é cabível em crimes de ação penal pública incondicionada.

> **Representação**

É a comunicação do crime e também uma autorização para que o Estado atue, seja investigando, seja processando o possível autor. A representação é apresentada pela vítima ou por seu representante legal nos crimes de ação penal pública condicionada a ela.

É importante saber que a falta da representação, nos casos em que a investigação dependa dela, impede definitivamente a atuação do Estado, ou seja, a polícia não pode investigar o fato, não pode lavrar um auto de prisão em flagrante e não haverá processo.

> **Requisição do Ministro da Justiça**

É a **comunicação** do crime e também uma **autorização política** para que o delegado inicie as investigações. Será necessária especificamente em crimes de ação penal pública condicionada à requisição do Ministro da Justiça, a qual não tem caráter de ordem como a do juiz ou do promotor. O nome requisição foi adotado, porque o ato é praticado por uma autoridade da alta cúpula do Poder Executivo.

A falta da requisição do Ministro da Justiça nos casos em que a apuração do fato dependa dela tem os mesmos efeitos da falta da representação, pois impede a investigação pela polícia, a lavratura de auto de prisão em flagrante e ainda o início do processo.

Notícia Crime com Força Coercitiva ou Notícia Crime por Apresentação

É comunicação de um crime decorrente de uma prisão em flagrante, porque a notícia crime se manifesta com a simples apresentação do autor do delito à autoridade policial, pela pessoa que realizou a prisão. Essa modalidade de notícia crime pode ser classificada como direta ou indireta.

Direta: prisão em flagrante realizada por forças policiais.

Indireta: prisão em flagrante feita por qualquer pessoa do povo.

2.9 Procedimentos do Inquérito Policial

Após estudarmos as regras fundamentais sobre o inquérito policial, podemos ver os procedimentos adotados na sua confecção. São eles: o início, o desenvolvimento e o final do Inquérito Policial.

Início

Após o recebimento da notícia crime, o delegado dá início ao inquérito policial através de um documento chamado PORTARIA. Ela é a peça que inicia o inquérito policial e nela deve conter as seguintes informações:

- O fato a ser investigado.
- Envolvidos.
- Diligências a serem imediatamente realizadas.
- Determinação do início das investigações.

Desenvolvimento

O IP se desenvolve por meio da realização de diligências que objetivam apurar a autoria e a materialidade do crime. O Art. 6º do CPP traz um rol exemplificativo de algumas diligências que podem ser adotadas pela polícia judiciária no curso de um inquérito policial.

Esse rol é exemplificativo, pois o inquérito é um procedimento discricionário, ou seja, o delegado tem liberdade para escolher as diligências que achar conveniente para o sucesso da investigação. A seguir, veja a redação do Art. 6º do CPP.

> ***Art. 6º.*** *Logo que tiver conhecimento da prática da infração penal, a autoridade policial deverá:*
>
> ***I.*** *Dirigir-se ao local, providenciando para que não se alterem o estado e conservação das coisas, até a chegada dos peritos criminais;*
>
> ***II.*** *Apreender os objetos que tiverem relação com o fato, após liberados pelos peritos criminais;*
>
> ***III.*** *Colher todas as provas que servirem para o esclarecimento do fato e suas circunstâncias;*
>
> ***IV.*** *Ouvir o ofendido;*
>
> ***V.*** *Ouvir o indiciado, com observância, no que for aplicável, do disposto no Capítulo III do Título VII, deste Livro, devendo o respectivo termo ser assinado por duas testemunhas que lhe tenham ouvido a leitura;*
>
> ***VI.*** *Proceder a reconhecimento de pessoas e coisas e a acareações;*
>
> ***VII.*** *Determinar, se for caso, que se proceda a exame de corpo de delito e a quaisquer outras perícias;*
>
> ***VIII.*** *Ordenar a identificação do indiciado pelo processo datiloscópico, se possível, e fazer juntar aos autos sua folha de antecedentes;*
>
> ***IX.*** *Averiguar a vida pregressa do indiciado, sob o ponto de vista individual, familiar e social, sua condição econômica, sua atitude e estado de ânimo antes e depois do crime e durante ele, e quaisquer outros elementos que contribuírem para a apreciação do seu temperamento e caráter.*

Reprodução Simulada do Fato

Também chamada de reconstituição do crime, é uma diligência prevista no Art. 7º do CPP, cobrada em questões de concursos públicos com frequência.

A reprodução simulada do fato é a famosa reconstituição do crime; tem a finalidade de verificar se a infração foi praticada de determinado modo. Nesse caso, o suspeito não é obrigado a contribuir com a diligência, mas é obrigado a comparecer.

Não será admitida uma reprodução simulada do fato que contrarie a **moralidade** ou a **ordem pública**. Imagine uma reprodução simulada do fato que tentasse reproduzir um crime de estupro; não é possível, pois estaria contrariando a moralidade. Ou imagine uma reconstituição do delito que tentasse reproduzir um incêndio; também não é possível, porque estaria contrariando a ordem pública.

- Combate ao Crime Organizado

Além de todas as diligências necessárias à elucidação de crimes praticados por organizações criminosas, ainda é prevista, em lei própria, a infiltração por agentes de polícia ou de inteligência em tarefas de investigação, constituída pelos órgãos especializados pertinentes, mediante circunstanciada autorização judicial. Essa autorização judicial será estritamente sigilosa e permanecerá nessa condição enquanto perdurar a infiltração.

Indiciamento

É o ato da autoridade policial que comunica a uma pessoa que ela é a suspeita de ter praticado determinado crime e está sendo investigada em um inquérito policial. O indiciamento não é um ato discricionário, pois se fundamenta nas provas colhidas durante as diligências. Se as provas apontam um suspeito, ele DEVE ser indiciado; se não apontam, o delegado não pode indiciar ninguém.

Indiciado menor

O CPP, em seu Art. 15, fala da figura do indiciado menor que era a pessoa suspeita de ter praticado determinado crime e que tinha entre 18 e 21 anos na data do fato. Segundo o código, nesse caso, o acusado deveria ser acompanhado de um curador. Entretanto, esse artigo está tacitamente revogado pelo Código Civil, pois à época da edição do código de processo penal, a maioridade civil era atingida somente aos 21 anos, e tal regra foi alterada no ano de 2002. Sendo assim, a maioridade hoje é atingida aos 18 anos de idade, ou seja, não existe mais o indiciado menor, porque ninguém é menor de idade tendo entre 18 e 21 anos. Essa norma então está tacitamente revogada.

Nomeação de defensor para membros da segurança pública e das forças armadas

De acordo com o art. 14-A do CPP, inserido pela Lei 13.964/2019, nos casos em que servidores vinculados às instituições previstas no art. 144° da Constituição Federal (membros dos órgãos de segurança pública) figurarem como investigados em inquéritos policiais, inquéritos policiais militares e demais procedimentos extrajudiciais, que tenham como objeto a investigação de fatos relacionados ao uso da força letal praticados no exercício profissional, de forma consumada ou tentada, incluindo as situações previstas como excludentes de ilicitude (art. 23° do Código Penal), o indiciado poderá constituir defensor.

Nessas hipóteses, o investigado deverá ser citado da instauração do procedimento investigatório, podendo constituir defensor no prazo de até 48 horas a contar do recebimento da citação. Esgotado esse prazo, com ausência de nomeação de defensor pelo investigado, a autoridade responsável pela investigação deverá intimar a instituição a que estava vinculado o investigado à época da ocorrência dos fatos, para que essa, no prazo de 48 horas, indique defensor para a representação do investigado.

Essa previsão também se aplica aos **servidores militares** vinculados às instituições dispostas no art. 142° da Constituição Federal quando os fatos investigados digam respeito a missões para a Garantia da Lei e da Ordem.

Final do Inquérito Policial

Após a abertura do inquérito, realizada por meio da portaria, e o seu desenvolvimento, veremos o seu desfecho.

O inquérito policial é finalizado com a produção de um documento chamado **relatório**. Nele, o delegado vai relatar as diligências realizadas, dentre outras. Veja as suas características:

> É uma peça descritiva.

> Vai indicar as diligências realizadas durante o IP.

> Justifica as diligências que não foram realizadas por algum motivo.

> O delegado não deve emitir opinião.

Após a confecção desse relatório o inquérito policial estará concluído.

Destino do Relatório

Concluído o relatório, o delegado o encaminhará ao Juiz e este irá remetê-lo ao Ministério Público.

Classificação dos Destinatários

Os destinatários do relatório são classificados da seguinte forma:

» Destinatário IMEDIATO: **MP**

» Destinatário MEDIATO: **Juiz**

É pertinente reparar na inversão que temos aqui. O delegado encaminha o relatório ao juiz (destinatário mediato) que encaminha ao promotor (destinatário imediato). Essa classificação não leva em consideração a ordem de recebimento e sim a finalidade dada por essas autoridades ao inquérito. O juiz exerce um certo controle e, por isso, ele é destinatário também do inquérito, mas o inquérito policial é feito para que o titular da ação penal, em regra o MP, possa promover o processo.

De posse do inquérito policial, o promotor terá as seguintes opções:

> **Iniciar a Ação Penal**

Acontece através do **oferecimento da denúncia**. Resulta do êxito obtido pelo IP, ou seja, ele conseguiu provas da materialidade do crime e traz indícios de autoria.

> **Requisitar Novas Diligências ao Delegado**

Caso o inquérito policial não tenha conseguido colher os indícios necessários de autoria e materialidade do crime, mas as investigações estejam no caminho certo. É a hipótese que justifica a prorrogação de um inquérito policial.

> **Requerer o Arquivamento do IP ao Juiz**

Caso o MP entenda que o inquérito não obteve êxito algum, não prova nem quanto ao fato nem quanto a autoria.

2.10 Arquivamento do Inquérito

Quando o MP entender que o inquérito não obteve êxito algum, não prova nada quanto a fato ou quanto à autoria, nem existe, no momento, expectativa de que novas diligências vão mudar esse cenário, o promotor irá requerer ao juiz o arquivamento do inquérito policial e, caso este concorde com o pedido, ele irá homologá-lo, arquivando o IP. Se discordar do pedido, ele irá encaminhar ao Procurador Geral de República (Nível Federal), para que este decida sobre o arquivamento do IP.

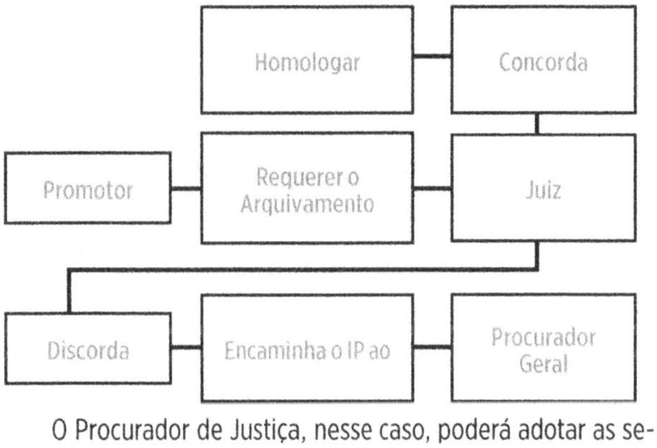

O Procurador de Justiça, nesse caso, poderá adotar as seguintes medidas:

> Caso concorde com o juiz:

» Oferecer a denúncia.

» Designar outro membro do MP para oferecer a denúncia.

Neste caso, o Procurador de Justiça somente pode designar outro promotor para oferecer a denúncia e não pode determinar que o mesmo que requereu o arquivamento apresente a acusação, pois os membros do MP tem independência funcional, e se o promotor entendeu que não há denúncia a oferecer, não é justo que este deva oferecê-la simplesmente por que o Procurador de Justiça determinou, pois assim não haveria empenho do promotor para conduzir o processo.

> Caso o Procurador de Justiça concorde com o Promotor:

» Determina o arquivamento do IP e, nesse caso, o juiz está obrigado a arquivar.

É importante notarmos o procedimento que leva ao arquivamento do inquérito policial. Quem arquiva é somente o juiz, mas desde que provocado pelo MP, ou seja, o juiz não pode arquivar o IP de ofício; o ato de arquivamento do inquérito policial é considerado complexo, pois depende da manifestação de vontade de dois órgãos, um que requere (MP) e outro que homologa (Judiciário).

Modificação do procedimento de arquivamento pelo Pacote Anticrime

Com a edição da Lei 13.964/2019 houve uma grande modificação do teor do art. 28° do Código de Processo Penal. A modificação legislativa determina que, uma vez ordenado o arquivamento do inquérito policial ou de quaisquer elementos informativos da mesma natureza, o órgão do Ministério Público comunicará à vítima, ao investigado e à autoridade policial e encaminhará os autos para a instância de revisão ministerial para fins de homologação, na forma da lei.

Assim, pelo teor do art. 28° modificado pela Lei 13.964/2019, caberá ao Ministério Público, e não mais ao Poder Judiciário, a promoção do arquivamento.

O art. 28° § 1º do CPP prevê, ainda, que se a vítima, ou seu representante legal, não concordar com o arquivamento do inquérito policial, poderá, no prazo de 30 dias do recebimento da comunicação, submeter a matéria à revisão da instância competente do órgão ministerial, conforme dispuser a respectiva lei orgânica.

Ademais, nas ações penais relativas a crimes praticados em detrimento da União, Estados e Municípios, a revisão do arquivamento do inquérito policial poderá ser provocada pela chefia do órgão a quem couber a sua representação judicial.

Contudo, em razão da liminar deferida pelo Supremo Tribunal Federal (ADI 6.305, rel. Min. Luiz Fux, j. 22.01.2020) essa modificação encontra-se, atualmente, suspensa, de modo que o procedimento em vigência continua sendo o exposto no item anterior.

Efeitos do Arquivamento do IP

Arquivado o inquérito policial, por despacho do juiz, a requerimento do promotor de justiça, não pode a ação penal ser iniciada sem novas provas (Súmula 524 do STF). Assim sendo, o arquivamento do IP veda o oferecimento da denúncia para a promoção da ação penal, mas tal vedação não é absoluta, pois, se surgirem novas provas, a acusação poderá ser oferecida e ser iniciada a ação penal.

> ***Art. 18, CPP.*** *Depois de ordenado o arquivamento do inquérito pela autoridade judiciária, por falta de base para a denúncia, a autoridade policial poderá proceder a novas pesquisas, se de outras provas tiver notícia.*

Essa regra também é importante, pois encontramos, com frequência, questões de concurso falando que, se surgirem novas provas, a autoridade policial poderá proceder a novas pesquisas, desde que autorizado pelo poder judiciário. Tal questão está errada, uma vez que não é necessária autorização alguma. O simples surgimento de novas provas autoriza a polícia a reiniciar as investigações, independente de autorização judicial, pois a lei já autorizou.

Conjugando o Art. 18 do CPP, acima estudado, com a Súmula 524 do STF, concluímos que o arquivamento do inquérito policial não tem caráter definitivo, porque, em regra, quando surgirem novos indícios, a investigação poderá ser reiniciada pela polícia judiciária independente de autorização judicial.

Arquivamento Definitivo

Antigamente, pairava sobre o MP o medo de solicitar o arquivamento, visto que isso trancafiava os fatos investigados. No entanto, com o artigo 18 e a súmula 524 do STF, a polícia poderá produzir novas provas, ainda que o inquérito seja arquivado. Com isso, caso surjam novas provas, é possível o desarquivamento. Devido à possibilidade de se discutir novamente o fato investigado, diz-se que o arquivamento do IP faz coisa julgada FORMAL, em regra, com efeitos endoprocessuais (apenas quanto ao fato investigado).

No entanto, vale ressaltar um posicionamento dos tribunais superiores e da doutrina. O inquérito não poderá ser desarquivado, nem mediante novas provas (pois faz coisa julgada MATERIAL), quando houver incidência de fato atípico (STF) ou extinção da punibilidade (doutrina); o mesmo NÃO vale para excludente de ilicitude (STF).

2.11 Termo Circunstanciado de Ocorrência (TCO)

Na apuração dos crimes de menor potencial ofensivo (crimes com pena máxima de até 2 anos e todas as contravenções comuns), o IP será substituído pelo Termo Circunstanciado de Ocorrência. Este será lavrado no momento da prática criminosa pela polícia civil ou militar e será diretamente encaminhado ao juizado especial criminal, para que se processe o julgamento.

Outros Arquivamentos

Por fim, cabe ressaltar algumas modalidades de arquivamento salientadas pela doutrina:

- Arquivamento ORIGINÁRIO é a solicitação de arquivamento feita diretamente pelo Procurador-Geral. Neste caso, não há discricionariedade ao juiz quanto à discordância do arquivamento, devendo este obrigatoriamente arquivar o IP.
- Arquivamento IMPLÍCITO é aquele realizado quando o houver oferecimento da denúncia de menos crimes (objetivo) ou menos autores (subjetivo) em relação ao indiciamento. É repudiado pela Jurisprudência do STF e do STJ.
- Arquivamento INDIRETO é aquele realizado quando houver investigação criminal acerca de um delito em que o membro do MP e o juiz são incompetentes para apreciar.

Não se arquiva investigação proveniente de crimes de ação penal privada!

Questões

Maria foi vítima de estupro praticado por um desconhecido em um parque. Ao comparecer à delegacia, ela comunicou formalmente o ocorrido e submeteu-se a exame de corpo de delito, que comprovou a violência sexual; em seguida, foi feito o retrato falado do estuprador. Apesar dos esforços da autoridade policial, o autor do crime somente foi identificado e reconhecido pela vítima sete meses após a ocorrência do fato.

Nessa situação hipotética, concluídas as investigações, o Ministério Público deve

01. oferecer a denúncia, visto que estão presentes as condições da ação penal.

Certo ( ) Errado ( )

02. manifestar-se pelo arquivamento do inquérito policial por falta de interesse de agir.

Certo ( ) Errado ( )

03. manifestar-se pelo arquivamento do inquérito policial por falta de possibilidade jurídica do pedido.

Certo ( ) Errado ( )

04. manifestar-se pelo arquivamento do inquérito policial por falta de justa causa.

Certo ( ) Errado ( )

05. oficiar à vítima para que ela informe se ainda tem interesse na propositura da ação penal.

Certo ( ) Errado ( )

De acordo com o Código de Processo Penal, é correto afirmar:

06. Nas contravenções penais será adotado o mesmo procedimento relativo à ação penal dos crimes comuns.

Certo ( ) Errado ( )

07. A autoridade policial não possui competência para dar início à ação penal para apuração de atos classificados como contravenção.

Certo ( ) Errado ( )

08. A ação penal, nas contravenções, poderá ser iniciada com o auto de prisão em flagrante.

Certo ( ) Errado ( )

09. Verificada a ocorrência de uma infração penal, a sua apuração terá início, obrigatoriamente, com a denúncia formulada pelo Ministério Público.

Certo ( ) Errado ( )

10. Quando o fato típico for considerado uma contravenção penal, não haverá ação penal para a sua apuração, bastando a instauração de inquérito policial.

Certo ( ) Errado ( )

Gabaritos

01	CERTO	**06**	ERRADO
02	ERRADO	**07**	CERTO
03	ERRADO	**08**	ERRADO
04	ERRADO	**09**	ERRADO
05	ERRADO	**10**	ERRADO

3. AÇÃO PENAL

Ação Penal é o direito público subjetivo, previsto na Constituição Federal, de exigir do Estado, por meio do seu poder jurisdicional, a aplicação da pena ao autor do crime. Assim sendo, ação não é o processo, mas o direito de exigir que seja processado o causador de um delito para que o Estado possa aplicar ao criminoso a pena prevista na lei.

Conceito de Processo

É a ferramenta que vai efetivar o direito de ação, com a aplicação da lei ao caso concreto.

3.1 Condições Gerais da Ação Penal

Condições para a elaboração da ação penal são requisitos que devem obrigatoriamente ser observados, sob sanção de extinção do processo sem julgamento de mérito. Ora, o indivíduo não pode se utilizar de qualquer forma o direito de ação, visto que tal instituto se reveste de importância única. O legislador processual penal não distinguiu quais são as condições na ação penal. Para isso, a jurisprudência e a doutrina se valem do Art. 3º do CPP, no que tange à utilização da interpretação extensiva, aplicação analógica e aplicação dos princípios gerais do Direito. Assim, utilizam-se do novo CPC para determinar quais são as condições para o exercício da ação, sendo elas:

01. **LEGITIMIDADE**: é a legitimidade que as partes devem ter ao lançar mão do direito de ação. Pode ser *ad causam* (quando a legitimidade paira sobre o aspecto subjetivo – Ex.: caso em que o MP oferece a denúncia em um crime de ação privada ou contra menor de 18 anos), ou *ad processum* (relativo à legitimidade processual – Ex.: um menor assinando uma queixa-crime ou queixa impetrada pelo querelante, o qual não tem atividade postulatória).
02. **INTERESSE DE AGIR**: materializa-se em uma tríade de NECESSIDADE, UTILIDADE E ADEQUAÇÃO. A necessidade é contrastada com a obrigatoriedade de se ter uma ação para que haja a aplicação de uma pena. No processo civil não há que se falar em necessidade, pois as partes podem simplesmente acordar em pagar custos, coisa impossível no processo penal. O acusado não pode negociar a sua liberdade por conta de um acordo. Já a utilidade nada mais é do que a esperança, ainda que mínima, da aplicação da pena. Por fim, a adequação, expressão autoexplicativa, é utilizar o meio adequado para pleitear o direito em jogo.
03. **JUSTA CAUSA**: com a reforma do CPP, é comum as bancas cobrarem um posicionamento advindo da reforma do Código, o qual salientou a necessidade da "Justa Causa" (Art. 395, III, CPP), ou seja, a apresentação de um lastro probatório mínimo (indícios de autoria e de materialidade) para a implementação da ação penal.

Em relação à **POSSIBILIDADE JURÍDICA DO PEDIDO**, o novo CPC (2015) excluiu à menção desse requisito (para Renato Brasileiro e Nestor Távora), o qual prediz que, para que haja ação penal, a lei deve proteger um direito que foi ferido. O motivo da exclusão, segundo a doutrina, é que tal dispositivo se tratava de categoria que necessitava de excessiva retórica para ser justificada no ordenamento jurídico. A exclusão da possibilidade jurídica do pedido foi cobrada em 2017 pela banca Cespe/UnB, de forma que são consideradas condições genéricas da ação penal apenas a legitimidade, o interesse de agir e a justa causa. No entanto, parte da doutrina e algumas bancas (FUNDATEC) afirmam que deve ainda existir a possibilidade jurídica do pedido, logo, não há pacifismo quanto ao tema.

04. **ORIGINALIDADE**: a doutrina minoritária considera ainda como condição genérica da ação a originalidade. Para Afrânio Jardim e André Nicolitt, a ação penal deve ser original, não se admitindo reprodução, em face da vedação da dupla persecução criminal (*bis in idem*).

São condições específicas de procedibilidade a REPRESENTAÇÃO da vítima e a REQUISIÇÃO do MJ!

3.2 Acordo de não persecução penal

De acordo com o art. 28-A do Código de Processo Penal, inserido pelo Pacote Anticrime (Lei 13.964/2019), não sendo caso de arquivamento e tendo o investigado confessado formal e circunstancialmente a prática de infração penal sem violência ou grave ameaça e com pena mínima inferior a quatro anos, o Ministério Público poderá propor acordo de não persecução penal, desde que necessário e suficiente para reprovação e prevenção do crime.

Para poder usufruir dos benefícios do acordo, deverá o suspeito cumprir as seguintes condições, que serão ajustadas cumulativa e alternativamente:

> ***I.*** *reparação do dano ou restituição da coisa à vítima, exceto na impossibilidade de fazê-lo;*
>
> ***II.*** *renúncia voluntária a bens e direitos indicados pelo Ministério Público como instrumentos, produto ou proveito do crime;*
>
> ***III.*** *prestação de serviço à comunidade ou a entidades públicas por período correspondente à pena mínima cominada ao delito diminuída de um a dois terços, em local a ser indicado pelo juízo da execução, na forma do 46 do Código Penal;*
>
> ***IV.*** *pagamento de prestação pecuniária, a ser estipulada nos termos do art. 45 do Código Penal, a entidade pública ou de interesse social, a ser indicada pelo juízo da execução, que tenha, preferencialmente, como função proteger bens jurídicos iguais ou semelhantes aos aparentemente lesados pelo delito; ou*
>
> ***V.*** *cumprimento, por prazo determinado, de outra condição indicada pelo Ministério Público, desde que proporcional e compatível com a infração penal imputada.*

Para aferição da pena mínima cominada ao delito, serão consideradas as causas de aumento e diminuição aplicáveis ao caso concreto.

Importante ponto a ser analisado são as hipóteses em que não se aplica o acordo de não persecução:

> ***I.*** *se for cabível transação penal de competência dos Juizados Especiais Criminais, nos termos da lei;*
>
> ***II.*** *se o investigado for reincidente ou se houver elementos probatórios que indiquem conduta criminal habitual, reiterada ou profissional, exceto se insignificantes as infrações penais pretéritas;*

III. ter sido o agente beneficiado nos cinco anos anteriores ao cometimento da infração, em acordo de não persecução penal, transação penal ou suspensão condicional do processo; e

IV. nos crimes praticados no âmbito de violência doméstica ou familiar, ou praticados contra a mulher por razões da condição de sexo feminino, em favor do agressor.

O acordo de não persecução penal necessariamente será formalizado por escrito, sendo firmado pelo membro do Ministério Público, pelo investigado e por seu defensor.

Para a homologação do acordo de não persecução penal, será realizada audiência na qual o juiz deverá verificar a sua voluntariedade, por meio da oitiva do investigado na presença do seu defensor, e sua legalidade.

Caso o juiz considere inadequadas, insuficientes ou abusivas as condições dispostas no acordo de não persecução penal, devolverá os autos ao Ministério Público para que seja reformulada a proposta de acordo, com concordância do investigado e seu defensor. O juiz ainda poderá recusar homologação à proposta que não atender aos requisitos legais ou quando não for realizada essa adequação. Uma vez recusada a homologação, o juiz devolverá os autos ao Ministério Público para a análise da necessidade de complementação das investigações ou o oferecimento da denúncia.

Uma vez homologado judicialmente o acordo de não persecução penal, o juiz devolverá os autos ao Ministério Público para que inicie sua execução perante o juízo de execução penal.

A vítima será intimada da homologação do acordo de não persecução penal e de seu descumprimento.

Caso haja o descumprimento de quaisquer das condições estipuladas no acordo de não persecução penal, o Ministério Público deverá comunicar ao juízo, para fins de sua rescisão e posterior oferecimento de denúncia. O descumprimento do acordo de não persecução penal pelo investigado também poderá ser utilizado pelo Ministério Público como justificativa para o eventual não oferecimento de suspensão condicional do processo.

A celebração e o cumprimento do acordo de não persecução penal não constarão de certidão de antecedentes criminais, exceto para impedir novo acordo no prazo de cinco anos.

Cumprido integralmente o acordo de não persecução penal, o juízo competente decretará a extinção de punibilidade.

No caso de recusa, por parte do Ministério Público, em propor o acordo de não persecução penal, o investigado poderá requerer a remessa dos autos a órgão superior.

3.3 Classificação das Ações (Titular do Direito)

Ação Penal Pública

É aquela cuja titularidade pertence privativamente ao Ministério Público, pois este é o órgão de acusação oficial do Estado (Art. 129, I da CF e Art. 257 do CPP).

Ação Penal Privada

É aquela titularizada pela própria vítima, ou o seu representante legal, que vai atuar na condição de substituição processual, pois aquela atua em nome próprio pedindo um direito alheio que pertence ao Estado, qual seja, o direito de punir (*jus puniendi*).

Processo Judicialiforme: Previsto no Art. 26 do CPP, era a possibilidade do delegado ou juiz, por meio de uma portaria, exercer a Ação Penal Pública. O instituto não foi recepcionado pela CF, estando tacitamente revogado, pois a esta declara expressamente que pertence ao MP privativamente o exercício desse direito.

3.4 Ação Penal Pública

Princípios / Características

Obrigatoriedade/Compulsoriedade: havendo provas suficientes e preenchidas as condições legais, a ação penal pública é obrigatória, em decorrência do dever funcional do promotor.

Indisponibilidade: o promotor não poderá desistir da ação iniciada. Ele pode requerer a absolvição do réu caso se convença da inocência deste. Mas, mesmo que o promotor requeira a absolvição, recorra em favor do réu, ou até mesmo ingresse com HC, não significa que ele está desistindo da ação, pois seria ficar inerte, deixando de agir.

Divisibilidade (STF/STJ): a ação penal pública pode ser desmembrada, tendo o seu início contra parte dos criminosos e depois a respectiva complementação via aditamento para o lançamento dos demais (posição adotada pelo Cespe).

A doutrina majoritária, entretanto, entende que a ação penal pública é **indivisível**, pois, já que todos precisam ser processados, o aditamento nada mais faz do que consolidar o polo passivo da ação (não é a posição adotada pelo Cespe).

Intranscendência / Pessoalidade: os efeitos da ação penal não ultrapassam a figura do réu.

Autoritariedade: o titular da ação pública é autoridade pública: Promotor de Justiça

Oficialidade: a titularidade da ação pública é conferida a um órgão oficial do Estado (MP).

Oficiosidade (*Ex officio*): o MP vai atuar, em regra, de ofício, ou seja, sem a necessidade de provocação ou autorização de terceiros.

Início da Ação Penal Pública

A ação penal é iniciada com o oferecimento da denúncia pelo MP.

Prazo	Indiciado preso	Indiciado solto
Oferecimento da Denúncia	5 dias	15 dias

O prazo para o oferecimento da queixa é de 5 dias, caso o indiciado esteja preso, e de 15 dias se estiver solto.

O prazo de 15 dias é impróprio, pois, estando o indiciado solto, o promotor pode oferecer a denúncia até que ocorra a prescrição do crime. Entretanto, se o promotor não cumprir esse prazo, é oportunizado à vítima, ou seu representante legal, o direito de queixa, para iniciar a ação penal privada subsidiária da pública.

Espécies / Modalidades

Ação Penal Pública Incondicionada

É aquela em que o MP pode atuar de ofício, sem necessidade de provocação (representação ou requisição do Ministro da Justiça). A maioria dos crimes são de ação penal pública incondicionada.

De acordo com o Art. 100 do CP, quando o texto de lei que disciplina um determinado delito é omisso, entendemos que este é de ação pública incondicionada.

Ação Penal Pública Condicionada

É aquela titularizada pelo MP, mas que tem o seu exercício subordinado a uma condição, a qual tanto pode ser a manifestação de vontade do ofendido ou de seu representante legal (representação), como também a requisição do Ministro da Justiça. Vejamos agora as características especiais da representação e da requisição.

Como condições de procedibilidade para a apuração do suposto evento criminoso, em alguns casos, a lei penal exige uma manifestação de vontade da vítima ou do seu representante legal, bem como, em outras hipóteses, a lei penal exige uma autorização expressa do Ministro da Justiça. Nesses casos, temos a representação e a requisição do Ministro Justiça. As características dessas duas condições representam o conteúdo mais cobrado do tema ação penal pública, sendo assim, vejamos as suas regras:

Representação

É o pedido e ao mesmo tempo a autorização necessária para que a persecução penal possa ser iniciada, ou seja, é uma condição subjetiva de procedibilidade. Assim sendo, sem a representação, não haverá ação, inquérito e nem mesmo a lavratura do auto de flagrante.

→ **Legitimidade Ativa** (quem pode representar):

» Vítima.

» Representante legal.

» Casos Especiais.

Caso a vítima represente ao MP ou ao Juiz, essas autoridades requisitarão ao delegado que instaure o inquérito, se necessário para a Ação.

O emancipado pela lei civil (por exemplo: menor que se casa) não tem legitimidade para representar, devendo o juiz nomear curador especial para que possa apresentar a representação em favor do emancipado, afinal de contas, a maioridade civil não tem efeitos na esfera penal.

Caso a vítima venha a falecer, ou seja, declarada ausente pelo juizado cível, o direito de representar vai ser transferido às seguintes pessoas: cônjuge, ascendentes, descendentes e irmãos. Esse rol é preferencial e taxativo.

» **C** = Cônjuge

» **A** = Ascendentes

» **D** = Descendentes

» **I** = Irmãos

As **pessoas jurídicas** também poderão representar, desde que o façam por intermédio da pessoa indicada no respectivo contrato ou estatuto social, ou, no silêncio desses, pelos seus diretores ou sócios-gerentes (Art. 37 do CPP).

→ **Destinatário (Legitimidade Passiva):**

» Delegado (IP).

» Ministério Público.

» Juiz.

→ **Prazo da representação:**

Seis meses contados do dia do conhecimento do autor do crime.

Natureza do prazo: Decadencial

Esse prazo é fatal, ou seja, não se interrompe, se suspende, e ou se prorroga, e a sua perda ocasiona a perda do direito de representar, havendo assim a preclusão. Para contarmos o período, usaremos a seguinte técnica: considera-se o dia do conhecimento do autor do crime pela vítima (1º dia) e exclui-se o último dia.

A vítima descobre quem é o autor do delito no dia 30 de março de 2011. Esse será o primeiro dia da contagem. Após seis meses, teríamos o dia 30 de setembro de 2011, porém, excluímos o último dia e temos então o dia 29 de setembro de 2011.

→ **Retratação da representação:**

Em consequência da representação, a vítima ou seu representante legal poderá se arrepender e retratar-se até antes do oferecimento da denúncia, que se caracteriza pelo ato do promotor de apresentá-la ao juiz para que ação seja iniciada.

> **Retratação da retratação da representação**

Caso a vítima, após se retratar de uma representação, se arrependa novamente, ela pode representar de novo até o esgotamento do prazo que ela tem para apresentar a representação, ou seja, 6 meses contados do momento em que a vítima descobriu quem é o autor do delito, ou seja, "cabe retratação da retratação da representação" (expressão da banca Cespe).

→ **Forma (STF/STJ):**

A representação não tem forma especial, ou seja, pode ser apresentada oralmente ou por escrito a qualquer dos destinatários.

→ **Efeitos da Representação:**

Caso a vítima, ao representar, cite parte dos infratores e o MP conclua que o crime foi praticado por outra pessoa ou por mais, ele está autorizado a oferecer denúncia contra todos os demais agentes, porque é o promotor o titular da ação penal e a vítima representa contra o fato e não contra as pessoas. Assim sendo, a representação não vincula o promotor, pois ele não é obrigado a oferecer a acusação contra os suspeitos citados na representação. Se o membro do MP acredita que, apesar da representação, o fato não constitui crime ou que houve delito, mas não foi encontrado o suspeito, ele não é obrigado a oferecer a denúncia, já que a representação autoriza a atuação do Estado, não o obriga a atuar diante de um fato que não seja criminoso.

→ **Requisição do Ministro da Justiça**

É o pedido e ao mesmo tempo a autorização de caráter eminentemente político que condiciona o início da persecução penal.

Sem ela não há inquérito policial, processo e lavratura do auto de flagrante. Assim sendo, a requisição do Ministro da Justiça é uma condição de procedibilidade; sem ela, nenhuma providência pode ser tomada contra o infrator.

→ **Legitimidade Ativa (quem pode representar)**

» Ministro da Justiça

→ **Destinatário (Legitimidade Passiva)**

» Procurador Geral da República

→ **Prazo**

Não há prazo para que o Ministro da Justiça apresente a requisição, podendo apresentá-la até que ocorra prescrição do crime.

→ **Retratação**

A doutrina moderna entende que a requisição é retratável, em analogia ao que ocorre com a representação da vítima.

Entretanto, consagrados autores, como Tourinho Filho, entendem que o ato é irretratável, não só por ausência de previsão legal, mas também porque a retratação caracterizaria imaturidade do Ministro, comprometendo a imagem política do país (posição prevalente para concursos).

Os tribunais superiores nunca julgaram a matéria, sendo absolutamente omissos em relação à possibilidade ou não da retratação do Ministro.

→ **Efeitos da Requisição do Ministro da Justiça**

Caso o Ministro da Justiça, na sua requisição, se manifeste apenas contra parte dos infratores, está o MP autorizado a oferecer denúncia contra todos os demais agentes, pois é o promotor o titular da ação penal. Assim sendo, a requisição não vincula este, pois ele não é obrigado a oferecer a denúncia contra os suspeitos citados na requisição, porque se o membro do MP acredita que, apesar da requisição, a situação não constitui crime ou que houve crime, mas não foi encontrado o suspeito, ele não é obrigado a oferecer a delação, pois a representação autoriza a atuação do Estado, mas não o obriga a atuar diante de um fato que não seja criminoso.

3.5 Ação Penal Privada

É aquela titularizada pela própria vítima, ou o seu representante legal, que vai atuar na condição de **substituição processual**, pois ela atua em nome próprio, pedindo um direito alheio que pertence ao Estado, qual seja, o direito de punir (*jus puniendi*).

Nomenclatura	
Vítima	Querelante
Réu	Querelado
Petição Inicial	Queixa-crime

Princípios / Características

Oportunidade

A vítima tem a faculdade de ingressar ou não com a ação, de acordo com a sua conveniência.

Institutos Derivados do Princípio da Oportunidade

> **Decadência**

É a perda do direito de agir, pelo decurso do prazo, que é, em regra, de 6 meses, contados do dia em que a vítima tem conhecimento do responsável pelo crime. Geralmente, as questões de concurso tentam confundir o candidato, falando que a contagem do prazo para a apresentação da queixa-crime inicia o a partir da prática do delito, o que está errado, pois o tempo para apresentar a denúncia começa a decair a partir do momento em que a vítima descobre quem é o autor do crime.

A consequência da decadência é a extinção da punibilidade.

Seu prazo é contado nos termos do Art. 10 do CP, ou seja, é a mesma regra da contagem realizada para a decadência da representação, estudado anteriormente.

> **Renúncia**

A renúncia ocorre pela declaração expressa da vítima de que não deseja exercer a ação, ou acontece quando ela pratica um ato incompatível com esta vontade (renúncia tácita). Exemplo: temos a vítima que mantém relação de amizade, intimidade com o criminoso mesmo após a ocorrência do crime; vítima que convida o criminoso para ir a uma festa durante o prazo para apresentação da queixa.

» A renúncia tácita admite qualquer meio de prova legal.

» A consequência da renúncia é a extinção da punibilidade.

Disponibilidade

A vítima poderá desistir da ação que ela tenha iniciado, assim sendo, tem a faculdade de decidir se continua ou desiste da causa iniciada.

Institutos Derivados do Princípio da Disponibilidade:

> **Perdão**

É o instituto que permite que a vítima desista da ação em curso. Pode ser expresso, quando ela declara que não deseja continuar com o processo, ou tácito, praticando um ato incompatível com essa vontade.

Como perdão tácito, ver o exemplo trazido na renúncia tácita.

O perdão pode ser ofertado até o trânsito em julgado da sentença.

Ele admite qualquer meio de prova legal.

» **Bilateralidade do Perdão**

Os efeitos do perdão (extinção da punibilidade) estão condicionados à aceitação dele pelo querelado.

» **Procurador**

Tanto o oferecimento do perdão quanto a sua aceitação podem ser apresentados por procurador, desde que este possua PODERES ESPECIAIS.

» **Aceitação Tácita**

Caso o querelante ofereça o perdão por meio de uma petição nos autos, o juiz estará incumbido em notificar o réu, que em 3 dias deverá se manifestar. Se este se calar, será entendido que houve aceitação tácita do perdão.

> **Perempção**

É a penalidade imposta ao querelante negligente ocasionada pelo descaso da vítima na condução da ação privada.

As hipóteses de perempção são apresentadas de forma exemplificativa no Art. 60 do CPP e que, por consequência, levam à extinção da punibilidade. Veja a redação desse artigo:

> ***Art. 60.*** *Nos casos em que somente se procede mediante queixa, considerar-se-á perempta a ação penal:*
>
> ***I.*** *Quando, iniciada esta, o querelante deixar de promover o andamento do processo durante 30 dias seguidos;*
>
> ***II.*** *Quando, falecendo o querelante, ou sobrevindo sua incapacidade, não comparecer em juízo, para prosseguir no processo, dentro do prazo de 60 (sessenta) dias, qualquer das pessoas a quem couber fazê-lo, ressalvado o disposto no Art. 36;*
>
> ***III.*** *Quando o querelante deixar de comparecer, sem motivo justificado, a qualquer ato do processo a que deva estar presente, ou deixar de formular o pedido de condenação nas alegações finais;*
>
> ***IV.*** *Quando, sendo o querelante pessoa jurídica, esta se extinguir sem deixar sucessor.*

Indivisibilidade

Caso a vítima opte por exercer a ação, deverá fazê-la contra todos aqueles que contribuíram para o delito e que ela tem conhecimento. Ou seja, ou processa todos, ou nenhum.

Cabe ao promotor, como fiscal da lei, zelar pelo respeito ao princípio da indivisibilidade.

Consequências do Descumprimento

Caso a vítima, sabendo quem são todos os infratores, processe apenas parte deles, estará renunciando ao direito em favor dos não processados, o que leva à extinção da punibilidade em favor de todos. Por sua vez, se deseja apresentar o perdão, caso ela faça em favor de parte dos infratores, o ato se estenderá a todos que desejem aceitar o perdão. Ou processa todos os envolvidos, ou nenhum. Ou perdoa todos os envolvidos, ou nenhum.

Intranscendência /Pessoalidade

Os efeitos da ação penal privada não ultrapassam a figura do réu.

Quadro Comparativo

Ação Penal Pública	Ação Penal Privada
Obrigatoriedade	Oportunidade
Indisponibilidade	Disponibilidade
Divisibilidade	Indivisibilidade
Intranscendência	Intranscendência
Oficialidade	
Oficiosidade	
Autoritariedade	

Espécies (Classificação)

Ação Penal Privada Exclusiva (Propriamente Dita)

É a ação exercida pela própria vítima ou por seu representante legal (vítima < 18 anos).

Sucessão por Morte ou Ausência

Caso a vítima venha a falecer, ou seja, declarada ausente pelo juizado cível, o direito de representar vai ser transferido às seguintes pessoas: cônjuge, ascendentes, descendentes e irmãos. Esse rol é preferencial e taxativo.

» **C** = Cônjuge

» **A** = Ascendentes

» **D** = Descendentes

» **I** = Irmãos

Ação Penal Privada Personalíssima

Essa modalidade de ação penal privada tem somente um titular, qual seja, a vítima. Não há representante legal e nem sucessão por morte ou ausência.

O único crime de ação personalíssima está no Art. 236 do CP: o crime de induzimento ou ocultação de impedimento ao casamento.

Ação Penal Privada Subsidiária da Pública

Tem seu fundamento no Art. 5º, LIX da CF, e na hipótese de o MP, nos casos de ação penal pública, não apresentar a denúncia nos prazos estabelecidos em lei (5 dias para o agente preso ou 15 dias para o agente solto), a vítima, ou seu representante legal, poderá ingressar com a ação penal privada subsidiária da pública. (Art. 29 do CPP)

» **Prazo**

Seis meses, contados do esgotamento do prazo que o promotor tinha para oferecer a denúncia, qual seja, 5 dias para o agente preso ou 15 dias se ele está solto.

» **Poderes do MP**

O promotor vai funcionar na ação penal privada subsidiária da pública como fiscal e ele tem amplos poderes para:

> ***I.*** *Propor prova;*
>
> ***II.*** *Apresentar recursos;*
>
> ***III.*** *Complementar a ação (inclusive lançando mais réus);*
>
> ***IV.*** *Caso a vítima desista da ação, ela será afastada e o promotor retoma a ação como parte principal (na ação privada subsidiária não há perdão nem perempção).*

Caso o promotor entenda que não houve inércia da sua parte, ele irá repudiar a petição apresentada pelo advogado da vítima (queixa-crime substitutiva) e, na sequência, oferecerá denúncia (substitutiva).

3.6 Ação Penal em Alguns Casos Especiais

Ação Penal nos Crimes Sexuais

Os crimes sexuais, com a reforma do Código Penal, são de ação penal pública condicionada à representação, ainda que resulte lesão grave, gravíssima ou até mesmo a morte.

A Súmula 608 do STF, declarando que o estupro praticado com agressão física seria em regra de ação pública incondicionada, não tem mais eficácia em razão da nova redação do Art. 225 do CP, já que a lei passa a ser a ação pública condicionada.

Exceções (casos de ação penal pública incondicionada):

» Vítima menor de 18 anos.

» Vítima não possui capacidade de resistir (Vulnerável).

Ação Penal nos Crimes contra a Honra

Nos crimes contra a honra (calúnia, injúria ou difamação), a regra é a ação penal privada. Entretanto, nos casos de injúria com conotação discriminatória, a modalidade de ação é pública condicionada à representação, fazendo de tal hipótese uma exceção à regra. Também desta forma é a ação penal nos crimes contra a honra do funcionário público, em que dispõe o funcionário da ação penal privada ou da ação penal pública condicionada à representação, podendo ele utilizar a que achar mais adequada.

Segundo o STF, na Súmula 714, o funcionário público, quando vítima de um crime contra a honra, terá duas possibilidades, podendo representar. Neste caso, a ação será pública condicionada ou poderá contratar advogado e a ação será privada. Isso é o que se chama de legitimidade concorrente.

> ***Súmula 714 do STF.*** *É concorrente a legitimidade do ofendido, mediante queixa, e do Ministério Público, condicionada à representação do ofendido, para a ação penal por crime contra a honra de servidor público em razão do exercício de suas funções.*

Questões

01. (Cespe) Estará impedido ou suspeito de oferecer denúncia o membro do Ministério Público que, na fase inquisitorial, efetuar diligências investigatórias.

Certo ( ) Errado ( )

02. (Cespe) Diversamente do que ocorre em relação ao processo civil, no processo penal não se admite que, em caso de morte da vítima, os familiares assumam o lugar dela, no polo ativo da ação penal privada, para efeito de apresentação de queixa.

Certo ( ) Errado ( )

03. (Cespe) A renúncia ao exercício do direito de queixa e o perdão do ofendido, em relação a um dos autores do crime, a todos se estenderá, sem que produza, todavia, efeito em relação ao que o recusar.

Certo ( ) Errado ( )

04. (Cespe) Com a reforma parcial do CPP, a ação penal pública incondicionada passou a se submeter ao princípio da indivisibilidade, de forma que não é possível aditar a denúncia, após o seu recebimento, para a inclusão de corréu.

Certo ( ) Errado ( )

05. (Cespe) Nas ações penais de natureza privada, não se admite o perdão do ofendido depois do trânsito em julgado da sentença condenatória.

Certo ( ) Errado ( )

06. (Cespe) Em crime de ação pública condicionada, a ausência de representação implica nulidade ab initio do processo.

Certo ( ) Errado ( )

07. (Cespe) O direito de representação somente pode ser exercido pela vítima, sendo extinto em caso de morte.

Certo ( ) Errado ( )

08. (Cespe) No sistema jurídico brasileiro, a legitimidade ativa para persecução penal em juízo, como condição da ação penal, encontra-se somente nas mãos do MP, por expresso dispositivo constitucional.

Certo ( ) Errado ( )

09. (Cespe) Nas ações penais privadas, admite-se a extinção da punibilidade do agente pela decadência e perempção.

Certo ( ) Errado ( )

10. (Cespe) A requisição do Ministro da Justiça, na ação penal pública condicionada, é condição de procedibilidade.

Certo ( ) Errado ( )

11. (Cespe) Uma vez ajuizada ação penal privada subsidiária da pública, fica vedada por completo a intervenção do MP em qualquer fase do processo.

Certo ( ) Errado ( )

12. (Cespe) O CPP estabelece que, em caso de morte do ofendido, o direito de oferecer queixa-crime ou prosseguir na ação penal passará ao cônjuge, ascendente, descendente ou irmão. Trata-se de hipótese de substituição processual.

Certo ( ) Errado ( )

13. (Cespe) No caso de arquivamento do inquérito policial requerido pelo promotor de justiça e dele discordando o ofendido, a lei autoriza, no prazo decadencial de seis meses, a propositura de ação penal de iniciativa privada subsidiária da pública.

Certo ( ) Errado ( )

14. (Cespe) Considerando os efeitos jurídicos do perdão do ofendido, não se admite perdão extraprocessual.

Certo ( ) Errado ( )

15. (Cespe) A renúncia, nas ações penais privadas, pode ser tácita e admite, para tanto, todos os meios de prova, conforme previsto no CPP.

Certo ( ) Errado ( )

16. (Cespe) Em se tratando de crime contra a honra praticado contra funcionário público em razão de suas funções, há legitimidade ativa concorrente entre a vítima e o MP.

Certo ( ) Errado ( )

17. (Cespe) O princípio da indisponibilidade impede o MP de opinar pela absolvição, em sede de alegações finais. Em tal hipótese, o juízo competente pode, ainda assim, condenar o acusado.

Certo ( ) Errado ( )

18. (FCC) A respeito do perdão, considere:

I. O perdão concedido a um dos querelados não aproveitará aos demais, por se tratar de liberalidade que deve ser interpretada restritivamente.

II. O perdão pode ser concedido até o trânsito em julgado da sentença condenatória.

III. O perdão poderá ser aceito por procurador com poderes especiais.

Está correto o que se afirma SOMENTE em:

a) II e III
b) I e II
c) I e III
d) I
e) II

19. (FCC) A ação penal ajuizada pelo ofendido ou por quem tenha condições de representá-lo, nos crimes de ação pública, quando não for intentada pelo Ministério Público no prazo legal, denomina-se ação penal:

a) Privada exclusiva.
b) Pública incondicionada.
c) Privada subsidiária da pública.
d) Pública condicionada.
e) Privada personalíssima.

20. (FCC) No tocante à ação penal, é correto afirmar que:

a) A representação será retratável, depois de recebida a denúncia.
b) Prazo para oferecimento da denúncia será de 8 (oito) dias estando o réu preso, e de 15 (quinze) dias, se o réu estiver solto ou afiançado.
c) As fundações, associações ou sociedades legalmente constituídas poderão exercer ação penal.
d) Não se admite renúncia tácita no caso de ação penal de iniciativa privada.
e) Considerar-se-á perempta a ação penal quando, após iniciada, o Ministério Público deixar de promover o andamento do processo ou dele desistir.

Gabaritos

01	ERRADO	**11**	ERRADO
02	ERRADO	**12**	ERRADO
03	ERRADO	**13**	ERRADO
04	ERRADO	**14**	ERRADO
05	CERTO	**15**	CERTO
06	CERTO	**16**	CERTO
07	ERRADO	**17**	ERRADO
08	ERRADO	**18**	A
09	CERTO	**19**	C
10	CERTO	**20**	C

4. DA PRISÃO, DAS MEDIDAS CAUTELARES E DA LIBERDADE PROVISÓRIA

4.1 O que é Prisão?

É uma restrição à liberdade de ir e vir (liberdade ambulatorial ou de locomoção), por meio do recolhimento ao cárcere.

Constitucionalidade das Prisões

> ***Art. 5º, LXI, CF.*** *Ninguém será preso senão em flagrante delito ou por ordem escrita e fundamentada de autoridade judiciária competente, salvo nos casos de transgressão militar ou crimes propriamente militares definidos em lei.*

Assim sendo, exceto nas transgressões militares, a prisão só ocorrerá, em regra, por ordem escrita e fundamentada do juiz competente e, excepcionalmente, nos casos de flagrante delito. Somente o juiz pode decretar a prisão de alguém e mais nenhuma outra autoridade.

Princípio da Presunção de Inocência Durante a Prisão Cautelar

> ***Art. 5º, LVII, CF.*** *Ninguém será considerado culpado até o trânsito em julgado de sentença penal condenatória.*

Com base nessa norma, o STF consagrou o entendimento de que o princípio da presunção de inocência se estende até a sentença condenatória transitar em julgado, e, antes desse marco, a prisão é exceção que só se justifica naquelas situações expressamente consagradas em lei.

Modalidades de Prisão

Prisão Pena: é aquela que decorre do trânsito em julgado de uma sentença condenatória.

Prisão sem pena (Processual / Provisória / Cautelar): é modalidade de prisão cabível à persecução penal, ou seja, durante o inquérito policial e também durante o processo penal, e antes do trânsito em julgado da sentença penal condenatória.

- Prisão em Flagrante.
- Prisão Preventiva.
- Prisão Temporária.

4.2 Prisões processuais

Prisão em Flagrante

É a prisão cautelar de natureza administrativa que funciona como ferramenta de preservação social, autorizando a captura daquele que é surpreendido no instante em que pratica ou termina de concluir a infração penal. Caracteriza-se pela imediatidade entre o crime e a prisão. Essa modalidade de prisão comporta várias delas, e, a seguir, exemplificaremos cada hipótese de flagrante, conforme o que vem sendo cobrado nos principais concursos do país.

Modalidades de Flagrante

Existem várias modalidades de flagrantes; elas são estabelecidas nas leis, nas doutrinas e também na jurisprudência. A seguir, veremos cada uma delas:

Flagrante Obrigatório ou Compulsório

É o flagrante imposto pela lei às forças policiais (polícia militar e civil), ou seja, é um dever funcional do policial a realização da prisão em flagrante sempre que necessário, e, caso o policial não cumpra com o seu dever, ele é responsabilizado tanto na esfera criminal quanto na administrativa.

> ***Art. 301*** *do CPP. Qualquer do povo poderá e as autoridades policiais e seus agentes deverão prender quem quer que seja encontrado em flagrante delito.*

Flagrante Facultativo

É a possibilidade da realização da prisão em flagrante por qualquer do povo, pois a lei nos traz que, enquanto as forças policiais têm a obrigação de prender em flagrante, aquele pode realizar a prisão em flagrante. Quando uma pessoa comum do povo a realiza, ela está amparada pelo excludente de ilicitude denominado exercício regular de direito.

> ***Art. 301*** *do CPP. Qualquer do povo poderá e as autoridades policiais e seus agentes deverão prender quem quer que seja encontrado em flagrante delito.*

Flagrante Próprio (Real / Perfeito / Propriamente dito)

Tem cabimento em duas hipóteses:

- Quando o agente está cometendo o delito, ou seja, está em plena prática dos atos executórios.

Ex.: O agente saca uma faca e parte na direção de outra pessoa na tentativa de produzir lesões corporais, entretanto, antes que consiga ter sucesso é surpreendido pela polícia ou por terceiro que lhe domina e lhe dá a voz de prisão.

- Acaba de cometer o delito, isto é, o agente terminou de concluir a prática da infração penal, ficando evidente que é o autor do crime. Apesar do delito já ter se consumado, o agente ainda continua no local do crime, e por isso pode ser preso. Caso o autor consiga sair do de lá, o flagrante não será mais próprio.

O agente saca uma faca e parte na direção de outra pessoa na tentativa de produzir um homicídio; consegue, então, desferir os golpes e provocar a morte da vítima. Imediatamente a isso e antes de conseguir empreender fuga, o assassino é surpreendido ainda no local do crime pela polícia ou por terceiros e é preso.

> ***Art. 302, I e II, CPP.*** *Considera-se em flagrante delito quem:*
> ***I.*** *Está cometendo a infração penal;*
> ***II.*** *Acaba de cometê-la;*

Flagrante Impróprio (Irreal / Imperfeito / Quase flagrante)

É a espécie de flagrante que ocorre quando o criminoso conclui o crime ou é interrompido pela chegada de terceiros e foge, sem ser preso no local, fazendo com que se inicie uma perseguição, seja pela polícia, pela vítima ou por terceiro.

Ex.: O agente dispara vários tiros de arma de fogo contra a vítima, sai da casa desta com a arma na mão e logo após é visto pela polícia que estava de patrulha na região. Inicia-se, então, uma perseguição que acaba resultando na prisão do agente.

Art. 301, III, CP. Considera-se em flagrante delito quem:

III. É perseguido, logo após, pela autoridade, pelo ofendido ou por qualquer pessoa, em situação que faça presumir ser autor da infração.

→ **Notas quanto à Perseguição:**

Tanto a polícia quanto qualquer pessoa do povo podem prender alguém em flagrante. Sendo assim, será caracterizada a perseguição quando o perseguidor, por informação própria ou de terceiro, logo após o crime, descobrir que o criminoso partiu em determinada direção e, a partir daí, seguir em seu encalço.

Não há prazo pré-fixado em lei. A perseguição se estende pelo tempo que for necessária, mesmo que não exista contato visual. Ela não pode ser interrompida; existe um mito quanto a um prazo para a perseguição, que seria de 24 horas.

Esse prazo não existe e a perseguição pode durar o tempo que for necessária, como exemplo, um mês, um ano. Ela só não pode ser interrompida.

Parte da doutrina entende que a invasão domiciliar só se justifica no flagrante próprio, sendo assim, em qualquer outra modalidade de flagrante, incluindo esta, não poderá haver invasão domiciliar para realizar a prisão. Também adota essa posição a Polícia Federal (instrução normativa 1/92 publicada no Diário Oficial da União, do Diretor do Departamento de Polícia Federal):

Art. 73. A autoridade policial somente procederá à busca domiciliar sem mandado judicial quando houver consentimento espontâneo do morador ou quando tiver certeza da situação de flagrância. (...) 73.2: Na segunda hipótese, é imprescindível ter-se certeza de que o delito está sendo praticado naquele momento.

Flagrante presumido (Ficto ou Assimilado)

O criminoso é encontrado, logo depois de praticar o crime, com objetos, armas ou papéis que faça presumir ser ele o autor do delito. Nesse caso, não há perseguição.

Ex.: É o que acontece com frequência nos crimes patrimoniais, quando a vítima comunica à polícia a ocorrência de um roubo e a viatura sai pelas ruas próximas do bairro à procura do objeto subtraído, por exemplo. Então, o criminoso é encontrado de posse do bem logo após e a polícia lhe dá voz de prisão.

Art. 301, IV, CPP. Considera-se em flagrante delito quem:

IV. É encontrado, logo depois, com instrumentos, armas, objetos ou papéis que façam presumir ser ele autor da infração.

Flagrante Forjado

É o flagrante realizado para incriminar um inocente. A prisão é ilegal e o forjador irá responder criminalmente por denunciação caluniosa (Art. 339 do CP). E, caso o forjador seja um funcionário público, além da denunciação caluniosa, responde também por Abuso de Autoridade.

Alguém coloca na mochila de outra pessoa certa quantidade de entorpecente, para, abordando-o depois, conseguir dar voz de prisão em flagrante por transportar ou portar a droga.

Flagrante Esperado

Ocorre quando a polícia toma conhecimento da possibilidade da ocorrência de um crime, então, fica em campana, aguardando que se iniciem os primeiros atos executórios, na expectativa de concretizar a captura. Devido à falta de previsão legal do flagrante esperado, quando a tomada se concretiza, ele se transforma em flagrante próprio, sendo assim, essa é uma modalidade viável para autorizar a prisão em flagrante.

No flagrante esperado, a polícia em nada contribui com a prática do delito, ela simplesmente toma conhecimento do crime que está por vir e aguarda o delito acontecer para realizar a prisão. Não confundir com o flagrante preparado.

Flagrante Preparado (Provocado / Delito Putativo por Obra do Agente Provocador)

Ocorre quando o agente provocador (em regra, a polícia, podendo também ser terceiro) induz ou instiga alguém a cometer um crime. Não é admitido no Brasil, a prisão é ilegal, e o fato praticado não constitui crime, pois o é atípico, sendo a consumação da ação impossível, haja vista que, durante os atos executórios, haverá a prisão.

Súmula 145, STF. Não há crime, quando a preparação do flagrante pela polícia torna impossível a sua consumação.

Flagrante Postergado (Diferido / Estratégico / Ação Controlada)

Caracteriza-se pela possibilidade que a polícia (e somente ela) tem de retardar a prisão em flagrante, na expectativa de realizá-lo num momento mais adequado para a colheita de provas, para a captura do maior número de infratores e também a fim de conseguir o enquadramento no delito principal da facção criminosa. Ele é possível:

No Art. 2º *caput* e inciso II da Lei nº 9.034/95 – Crime Organizado

Art. 2º. Em qualquer fase de persecução criminal, são permitidos, sem prejuízo dos já previstos em lei, os seguintes procedimentos de investigação e formação de provas:

II. A ação controlada, que consiste em retardar a interdição policial do que se supõe ação praticada por organizações criminosas ou a ela vinculado, desde que mantida sob observação e acompanhamento para que a medida legal se concretize no momento mais eficaz do ponto de vista da formação de provas e fornecimento de informações.

Art. 53, Lei 11.343/06. Tráfico de Drogas

Art. 53. Em qualquer fase da persecução criminal relativa aos crimes previstos nesta Lei, são permitidos, além dos previstos em lei, mediante autorização judicial e ouvido o Ministério Público, os seguintes procedimentos investigatórios:

I. A infiltração por agentes de polícia, em tarefas de investigação, constituída pelos órgãos especializados pertinentes;

II. A não atuação policial sobre os portadores de drogas, seus precursores químicos ou outros produtos utilizados em sua produção, que se encontrem no território brasileiro, com a finalidade de identificar e responsabilizar maior número de integrantes de operações de tráfico e distribuição, sem prejuízo da ação penal cabível.

Parágrafo único. Na hipótese do inciso II deste artigo, a autorização será concedida desde que sejam conhecidos o itinerário provável e a identificação dos agentes do delito ou de colaboradores.

Dentre as modalidades de flagrante aqui estudadas, é importante ressaltar que estão previstos, no Código de Processo Penal, somente os flagrantes facultativo, obrigatório, próprio, impróprio e presumido.

Os flagrantes esperado, preparado e forjado são construções doutrinárias que caem com frequência em concursos públicos, conforme você poderá ver nos exercícios no final do capítulo.

O postergado não vem no Código Penal, mas tem previsão legal na lei que trata do crime organizado e também na Lei de Tráfico de Drogas.

Procedimento

Captura: é a restrição ao direito de locomoção que ocorre imediatamente ao crime.

Condução Coercitiva: é a apresentação do capturado à autoridade policial.

Formalização da Prisão: ocorre por meio da lavratura do auto de prisão em flagrante.

Recolhimento à Prisão: lavratura do Auto de Prisão em Flagrante.

Formalização

Observação quanto aos sujeitos envolvidos na Formalização:

» **Condutor:** quem captura o criminoso e o leva à autoridade policial.

» **Conduzido:** é o capturado.

» **Delegado:** é a autoridade que vai presidir a lavratura do auto de prisão em flagrante.

A autoridade que vai presidir a lavratura do auto é o delegado do local da prisão, e, caso não tenha um, o auto de prisão em flagrante será lavrado no local mais próximo onde haja delegado.

> **Art. 308, CPP.** *Não havendo autoridade no lugar em que se tiver efetuada a prisão, o preso será logo apresentado à do lugar mais próximo.*

É possível que o juiz presida a lavratura do auto de prisão em flagrante caso:

> O crime seja praticado contra ele.

> O crime seja realizado na presença dele.

É imprescindível que o juiz esteja no seu exercício funcional.

> **Art. 307, CPP.** *Quando o fato for praticado em presença da autoridade, ou contra esta, no exercício de suas funções, constarão do auto a narração deste fato, a voz de prisão, as declarações que fizer o preso e os depoimentos das testemunhas, sendo tudo assinado pela autoridade, pelo preso e pelas testemunhas e remetido imediatamente ao juiz a quem couber tomar conhecimento do fato delituoso, se não o for a autoridade que houver presidido o auto.*

Sequência dos Atos

Oitiva do Condutor:

» Serão colhidas as declarações do condutor, e reduzidas a termo;

» Na sequência, é recolhida também a sua assinatura;

» E, por fim, ao condutor é entregue pelo delegado um recibo de entrega atestando que o preso lhe foi apresentado e também as condições físicas deste;

» É dispensado o condutor.

> **Art. 304, CPP, primeira parte.** *Apresentado o preso à autoridade competente, ouvirá esta o condutor e colherá, desde logo, sua assinatura, entregando a este cópia do termo e recibo de entrega do preso.*

Oitiva das Testemunhas

Devem ser ouvidas ao menos duas testemunhas, as quais são chamadas de numerárias, porque elas têm conhecimento do fato ocorrido:

» Serão colhidas suas declarações e reduzidas a termo;

» Na sequência, serão recolhidas suas assinaturas;

» As testemunhas serão dispensadas.

> ***Art. 304, CPP, segunda parte e parte final.*** *Em seguida, procederá à oitiva das testemunhas que o acompanharem colhendo, após cada oitiva, suas respectivas assinaturas.*

Caso tenhamos apenas uma testemunha, o condutor funcionará como a segunda testemunha.

Se não tivermos nenhuma testemunha numerária, o auto será lavrado com a utilização de duas testemunhas instrumentais, ou seja, elas nada sabem sobre o crime, declarando apenas que presenciaram a apresentação do preso ao delegado. São também chamadas de testemunhas de apresentação ou fedatárias.

> ***Art. 304, § 2º, CPP.*** *A falta de testemunhas da infração não impedirá o auto de prisão em flagrante; mas, nesse caso, com o condutor, deverão assiná-lo pelo menos duas pessoas que hajam testemunhado a apresentação do preso à autoridade.*

Qualquer um pode ser uma testemunha instrumental, inclusive o delegado de polícia, pois, segundo o STJ, quem escolhe aquela não é a autoridade, é o destino.

Oitiva do Conduzido

Ao preso será informado o direito ao silêncio e também o de assistência, ou seja, de comunicar alguém da sua escolha que ele está preso.

Fundamentação legal:

> ***Art. 5º, LXIII, CF.*** *O preso será informado de seus direitos, entre os quais o de permanecer calado, sendo-lhe assegurada a assistência da família e de advogado.*

As declarações prestadas serão reduzidas a termo, ou seja, a escrito e o conduzido irá assinar as suas declarações. Caso o preso não saiba assinar, não queira ou não possa, a falta da sua assinatura será sanada com a utilização de duas testemunhas.

> ***Art. 304, § 3º, CPP.*** *Quando o acusado se recusar a assinar, não souber ou não puder fazê-lo, o auto de prisão em flagrante será assinado por duas testemunhas, que tenham ouvido sua leitura na presença deste.*

A presença do advogado não é necessária, nem obrigatória para a lavratura do auto de prisão em flagrante, ela é um direito e não uma obrigação.

Desfecho

Caso o delegado entenda que:

» O crime existiu;

» Que a captura foi legal;

» O conduzido é o responsável pelo crime.

Lavrará o auto de prisão em flagrante e o conduzido será recolhido ao cárcere, caso contrário, o auto não será lavrado e a prisão será relaxada.

> ***Art. 304, § 1º, primeira parte.*** *Resultando das respostas fundada a suspeita contra o conduzido, a autoridade mandará recolhê-lo à prisão.*

Comunicação da prisão

A prisão de qualquer pessoa deve ser comunicada imediatamente ao:

- Juiz competente;
- MP;
- Família do preso à pessoa por ele indicada.

Art. 306, CPP. *A prisão de qualquer pessoa e o local onde se encontre serão comunicados imediatamente ao juiz competente, ao Ministério Público e à família do preso ou à pessoa por ele indicada.*

Em até 24 (vinte e quatro) horas após a realização da prisão, será encaminhado ao juiz competente o auto de prisão em flagrante e, caso o autuado não informe o nome de seu advogado, cópia integral para a Defensoria Pública.

Art. 306, § 1º, CPP. *Em até 24 (vinte e quatro) horas após a realização da prisão, será encaminhado ao juiz competente o auto de prisão em flagrante e, caso o autuado não informe o nome de seu advogado, cópia integral para a Defensoria Pública.*

Art. 306, § 2º, CPP. *No mesmo prazo, será entregue ao preso, mediante recibo, a nota de culpa, assinada pela autoridade que lavrou o auto, com o motivo da prisão, o nome do condutor e os das testemunhas, com o objeto de materializar a regra constitucional abaixo exposta.*

Art. 5º, LXIV, CF. *O preso tem direito à identificação dos responsáveis por sua prisão ou por seu interrogatório policial.*

Após receber o auto de prisão em flagrante, no prazo máximo de até 24 horas após a realização da prisão, o juiz deverá promover audiência de custódia com a presença do acusado, seu advogado constituído ou membro da Defensoria Pública e o membro do Ministério Público, e, nessa audiência, o **juiz deverá, fundamentadamente**:

- Relaxar a prisão ilegal.
- Converter a prisão em flagrante em preventiva, quando cabível.
- Quando a prisão for legal, mas não for cabível a sua conversão em prisão preventiva será, então, concedida a liberdade provisória, com ou sem fiança.

Caso o juiz verifique, pelo auto de prisão em flagrante, que o agente praticou o fato amparado por causa excludente da ilicitude (previstas no art. 23° do Código Penal), poderá, fundamentadamente, conceder ao acusado liberdade provisória, mediante termo de comparecimento obrigatório a todos os atos processuais, sob pena de revogação.

De outro lado, se o juiz verificar que o agente é reincidente ou que integra organização criminosa armada ou milícia, ou que porta arma de fogo de uso restrito, deverá denegar a liberdade provisória, com ou sem medidas cautelares.

A autoridade que der causa, sem motivação idônea, à não realização da audiência de custódia no prazo de 24 horas responderá administrativa, civil e penalmente pela omissão.

Transcorridas as 24 horas após o decurso do prazo para realização da audiência de custódia sem motivação idônea ensejará também a ilegalidade da prisão, a ser relaxada pela autoridade competente, sem prejuízo da possibilidade de imediata decretação de prisão preventiva. **Cuidado! Essa previsão**, constante do art. 310° § 4º, do CPP, acrescentada pela Lei 13.694/2019, contudo, teve a **eficácia suspensa** por decisão do Supremo Tribunal Federal (ADI 6.305, rel. Min. Luiz Fux, j. 22.01.2020)

Prazo

A lei não fala nada quanto ao prazo da prisão em flagrante, entretanto, com a alteração sofrida recentemente pelo CPP, subentende-se que agora ela tem a duração de 24 horas, pois esse é o prazo que o juiz tem para analisá-la e, conforme for o caso, relaxá-la, convertê-la em prisão preventiva ou conceder a liberdade provisória.

Se a prisão em flagrante se estender por mais de 24 horas, ela se tornará ilegal e deverá ser relaxada.

Caso um militar seja preso em flagrante, após a lavratura do auto de prisão em flagrante, ele deverá ser conduzido a uma prisão militar.

Art. 300*, parágro único, CPP. O militar preso em flagrante delito, após a lavratura dos procedimentos legais, será recolhido a quartel da instituição a que pertencer, onde ficará preso à disposição das autoridades competentes.*

Análise da Prisão em Flagrante em Alguns Casos Específicos

Em regra, a prisão em flagrante é possível para todos os crimes e contravenções. Destacaremos agora algumas situações especiais.

- **Crimes Permanentes**

Nessa hipótese, a prisão em flagrante pode ocorrer a qualquer tempo, enquanto perdurar a consumação, autorizando-se inclusive invasão domiciliar independente da hora do dia ou da noite.

- **Crimes de ação penal privada e de ação penal pública condicionada**

A lavratura do auto de prisão em flagrante depende de uma manifestação de vontade do legítimo interessado.

- **Infrações de menor potencial ofensivo (crimes com pena de até 2 anos e todas as contravenções comuns)**

Nessas hipóteses, o auto de prisão em flagrante é substituído pelo TCO (Termo Circunstanciado de Ocorrência), desde que o agente se comprometa a comparecer ao juizado, ou seja, imediatamente para lá encaminhado. Caso ele não aceite o compromisso, o APF será lavrado e o indivíduo recolhido ao cárcere.

- **Porte para uso de drogas e cultivo para uso próprio**

Nesse caso, o APF é substituído pelo TCO, mesmo que o capturado não assuma o compromisso de comparecer aos juizados, afinal, esses crimes não levam o criminoso à prisão.

- **Crimes Habituais**

É crime que exige reiteração de condutas para a sua consumação e pela dificuldade de constatarmos a habitualidade no momento da captura. O entendimento prevalente é de que não cabe flagrante.

4.3 Prisão Preventiva

É a medida cautelar de constrição da liberdade pessoal, cabível durante toda a persecução penal (IP + processo), decretada a requerimento do MP, do querelante, do assistente ou por representação da autoridade policial. Não tem prazo e se justifica na presença dos requisitos estabelecidos nos Art. 312° e 313° do CPP.

Preste atenção! Com a edição do Pacote Anticrime (Lei 13.964/2019) o juiz não tem mais o poder de decretar a prisão preventiva de ofício!

Requisitos

Fumus commissi delicti (fumaça da prática do crime): prova da materialidade e indícios de autoria.

Periculum libertatis *(perigo da liberdade): consiste na necessidade de demonstração do perigo gerado pelo estado de liberdade do imputado (terminologia acrescentada ao art. 312° do CPP pela Lei 13.964/2019), consistente na comprovação de ocorrência de uma das seguintes hipóteses para a decretação da prisão preventiva:*

Garantia da ordem pública: objetiva evitar que o agente continue a delinquir. Só pode ser aplicada quando, provavelmente, se possa concluir isso por meio dos seus antecedentes ou modo de vida.

Não justifica a decretação da prisão preventiva com base na garantia da ordem pública visando a proteger a integridade física do indiciado ou réu, tampouco com base no clamor social.

Garantia da ordem econômica: o objetivo é evitar a prática de novos delitos contra a ordem econômica.

Garantia da instrução criminal: é a prisão que tem por objetivo garantir a livre produção de provas.

Garantia da aplicação da lei penal: objetiva evitar a ocorrência de fugas. Caso o réu não compareça, injustificadamente, a um ato do processo, caberá condução coercitiva e não prisão preventiva.

Também é cabível a prisão preventiva quando houver descumprimento de qualquer das obrigações impostas por força das medidas cautelares previstas no Art. 319 do CPP.

> ***Art. 312°*** *§ 1º A prisão preventiva também poderá ser decretada em caso de descumprimento de qualquer das obrigações impostas por força de outras medidas cautelares (art. 282° § 4º). (Redação dada pela Lei nº 13.964, de 2019)*
>
> ***Art. 282°*** *§ 4º No caso de descumprimento de qualquer das obrigações impostas, o juiz, mediante requerimento do Ministério Público, de seu assistente ou do querelante, poderá substituir a medida, impor outra em cumulação, ou, em último caso, decretar a prisão preventiva, nos termos do parágrafo único do art. 312° deste Código. (Redação dada pela Lei nº 13.964, de 2019)*

Importante registrar que a decisão que decretar a prisão preventiva deve ser motivada e fundamentada em receio de perigo e existência concreta de fatos novos ou contemporâneos que justifiquem a aplicação da medida adotada.

Cabimento da Prisão Preventiva

> ***I.*** *Nos crimes dolosos punidos com pena privativa de liberdade máxima superior a 4 (quatro) anos.*
>
> ***II.*** *Se tiver sido condenado por outro crime doloso, em sentença transitada em julgado, ressalvado o disposto no inciso I do caput do art. 64 do Decreto-Lei nº 2.848, de 7 de dezembro de 1940 - Código Penal.*
>
> ***III.*** *Se o crime envolver violência doméstica e familiar contra a mulher, criança, adolescente, idoso, enfermo ou pessoa com deficiência, para garantir a execução das medidas protetivas de urgência.*

Também será admitida a prisão preventiva quando houver dúvida sobre a identidade civil da pessoa ou quando esta não fornecer elementos suficientes para esclarecê-la, devendo o preso ser colocado imediatamente em liberdade após a identificação, salvo se outra hipótese recomendar a manutenção da medida.

Importante registrar que **não será admitida a decretação da prisão preventiva com a finalidade de antecipação de cumprimento de pena ou como decorrência imediata de investigação criminal ou da apresentação ou recebimento de denúncia**.

Impossibilidade de Decretação da Prisão Preventiva

Havendo indícios nos autos da presença de uma excludente de ilicitude, o juiz estará impedido de decretar a prisão preventiva. Por analogia, a mesma regra é aplicada quando existirem, nos autos, indícios de excludente de culpabilidade.

Ademais, não será admitida a decretação da prisão preventiva com a finalidade de antecipação de cumprimento de pena ou como decorrência imediata de investigação criminal ou da apresentação ou recebimento de denúncia.

Fundamentação do Mandado

De acordo com o art. 93°, IX, da CF e com o art. 315° do CPP (modificado pela Lei 13.964/2019), a decisão que decretar, substituir ou denegar a prisão preventiva será sempre motivada e fundamentada. Na motivação da decretação da prisão preventiva ou de qualquer outra cautelar, o juiz deverá indicar concretamente a existência de fatos novos ou contemporâneos que justifiquem a aplicação da medida adotada.

Não se considera fundamentada qualquer decisão judicial, seja ela interlocutória, sentença ou acórdão, que:

> ***I.*** *limitar-se à indicação, à reprodução ou à paráfrase de ato normativo, sem explicar sua relação com a causa ou a questão decidida;*
>
> ***II.*** *empregar conceitos jurídicos indeterminados, sem explicar o motivo concreto de sua incidência no caso;*
>
> ***III.*** *invocar motivos que se prestariam a justificar qualquer outra decisão;*
>
> ***IV.*** *não enfrentar todos os argumentos deduzidos no processo capazes de, em tese, infirmar a conclusão adotada pelo julgador;*
>
> ***V.*** *limitar-se a invocar precedente ou enunciado de súmula, sem identificar seus fundamentos determinantes nem demonstrar que o caso sob julgamento se ajusta àqueles fundamentos;*
>
> ***VI.*** *deixar de seguir enunciado de súmula, jurisprudência ou precedente invocado pela parte, sem demonstrar a existência de distinção no caso em julgamento ou a superação do entendimento.*

Tempo da Prisão Preventiva

Não há prazo definido em lei acerca da duração da prisão preventiva, e se estende no tempo enquanto houver necessidade, que é dosada pela presença de seus requisitos legais. O juiz poderá, de ofício ou a pedido das partes, revogar a prisão preventiva se, no correr da investigação ou do processo, verificar a falta de motivo para que ela subsista, bem como novamente decretá-la, se sobrevierem razões que a justifiquem.

De todo modo, uma vez decretada a prisão preventiva, deverá o órgão emissor da decisão revisar a necessidade de sua manutenção a cada 90 dias, mediante decisão fundamentada, de ofício, sob pena de tornar a prisão ilegal.

4.4 Prisão Temporária (Lei 7.960/89)

É a prisão cautelar cabível apenas ao longo do IP, decretada pelo juiz a requerimento do MP ou por representação da autoridade policial (o juiz não pode decretar a medida de ofício e também não pode ser requerida pelo querelante nos casos de ação penal privada), com prazo pré-estabelecido em lei, uma vez presente os requisitos do Art. 1º da Lei 7.960/89.

→ **Prisão Temporária:**

> É a prisão cautelar.
> Cabível apenas ao longo do IP.
> Decretada pelo juiz.
> Requerida pelo MP ou pelo delegado.
> Com prazo pré-estabelecido em lei.
> Uma vez presente os seus requisitos.

Cabimento

Art. 1º da Lei 7.960/89. *Caberá prisão temporária:*

I. *quando imprescindível para as investigações do inquérito policial;*

II. *quando o indicado não tiver residência fixa ou não fornecer elementos necessários ao esclarecimento de sua identidade;*

III. *quando houver fundadas razões, de acordo com qualquer prova admitida na legislação penal, de autoria ou participação do indiciado nos seguintes crimes:*

a) *homicídio doloso (art. 121, caput, e seu § 2°);*

b) *sequestro ou cárcere privado (art. 148, caput, e seus §§ 1° e 2°);*

c) *roubo (art. 157, caput, e seus §§ 1°, 2° e 3°);*

d) *extorsão (art. 158, caput, e seus §§ 1° e 2°);*

e) *extorsão mediante sequestro (art. 159, caput, e seus §§ 1°, 2° e 3°);*

f) *estupro (art. 213, caput, e sua combinação com o art. 223, caput, e parágrafo único); (Vide Decreto-Lei nº 2.848, de 1940)*

g) *atentado violento ao pudor (art. 214, caput, e sua combinação com o art. 223, caput, e parágrafo único); (Vide Decreto-Lei nº 2.848, de 1940)*

h) *rapto violento (art. 219, e sua combinação com o art. 223 caput, e parágrafo único); (Vide Decreto-Lei nº 2.848, de 1940)*

i) *epidemia com resultado de morte (art. 267, § 1°);*

j) *envenenamento de água potável ou substância alimentícia ou medicinal qualificado pela morte (art. 270, caput, combinado com art. 285);*

l) *quadrilha ou bando (art. 288), todos do Código Penal;*

m) *genocídio (arts. 1°, 2° e 3° da Lei n° 2.889, de 1° de outubro de 1956), em qualquer de suas formas típicas;*

n) *tráfico de drogas (art. 12 da Lei n° 6.368, de 21 de outubro de 1976);*

o) *crimes contra o sistema financeiro (Lei n° 7.492, de 16 de junho de 1986).*

p) *crimes previstos na Lei de Terrorismo. (Incluído pela Lei nº 13.260, de 2016)*

O crime de quadrilha ou bando não existe mais com essa nomenclatura. Agora, o crime abarcado é o de "associação criminosa"!

Esse rol de crimes descrito acima é taxativo, o que significa que somente esses delitos comportam a medida e mais nenhum outro. Para facilitar a memorização, vai uma dica: o rol acima comporta todos os crimes hediondos e mais alguns.

→ **Interpretação dos Incisos**

Inc. III + (Inc. I e/ou Inc. II) = Prisão temporária.

Procedimento

Requerimento do MP ou representação feita pelo delegado e apresentadas ao juiz, que não pode decretar de ofício. Ele tem 24 horas para decidir e, antes de decidir, deve ouvir o MP.

O mandado prisional será expedido em duas vias, a 1ª via ficará nos autos e a 2ª será entregue ao preso, funcionando como nota de culpa, a qual tem por finalidade informá-lo sobre os motivos da prisão e os seus responsáveis.

Tanto a Lei 7.960/89, no seu Art. 3º, quanto o CPP, em seu Art. 300, estabelecem que o preso provisório (aquele que sofre prisão cautelar) deve ficar separado do definitivo, entretanto, segundo a doutrina, a separação dependerá da existência de estrutura prisional.

Prazo

> Crimes Comuns:

Em regra, o prazo máximo é de 5 dias, mas esse tempo pode ser prorrogado por + 5 dias, havendo necessidade e desde que autorizado pelo juiz.

> Crimes Hediondos e Equiparados:

Em regra, o prazo máximo é de 30 dias, mas pode ser prorrogado por + 30 dias, havendo necessidade e desde que autorizado pelo juiz.

Só o juiz pode decretar a prisão temporária e também autorizar a prorrogação do seu prazo.

Fiscalização da Prisão Temporária pelo Juiz

No curso da prisão temporária, como forma de fiscalizar se o preso não está sofrendo maus tratos, o juiz, a qualquer tempo, pode adotar as seguintes medidas:

> Determinar que o preso lhe seja apresentado.
> Submeter o preso a exame de corpo de delito.
> Requisitar informações ao delegado.

4.5 Uso de Algemas

Devido a uma ausência de Decreto Federal tratando da matéria, o STF publicou a Súmula Vinculante nº 11 para disciplinar o uso das algemas no Brasil.

Cabimento

> Risco de fuga;
> Possibilidade de resistência: caracteriza-se pelo emprego de violência ou de ameaça para que o ato não se concretize;
> Risco à integridade física dos envolvidos (tanto o capturado como os executores da prisão e também terceiros).

Formalidade

Fundamentação por escrito da autoridade que decretou a medida ou dos agentes executores, a qual será lançada nos autos (IP ou processo).

Consequências do Descumprimento das Regras

> A prisão é ilegal, cabendo relaxamento.

> Nulidade do ato processual ou do ato praticado com a utilização irregular das algemas.

> Responsabilização dos agentes responsáveis pela medida nas esferas:

» Cível.

» Administrativa.

» Criminal.

> Responsabilização do Estado na esfera:

» Cível (responsabilidade objetiva).

4.6 Liberdade Provisória

É o remédio destinado ao combate da prisão em flagrante legal, porém, desnecessária, porque não estão presentes os requisitos da prisão preventiva, permitindo que o agente enfrente a persecução penal em liberdade, evitando os prejuízos da prisão a ele.

Modalidades

> Liberdade provisória sem fiança.

> Liberdade provisória mediante fiança.

Liberdade Provisória sem Fiança

É o direito de permanecer em liberdade ao longo da persecução penal, quando não presente os requisitos que provocam a decretação da prisão preventiva, como forma de não enfrentar a persecução penal preso.

Cabimento

O juiz concederá a liberdade provisória, quando entender, pela leitura do auto de prisão em flagrante, que o capturado não se enquadra nos requisitos que justificariam a decretação da prisão preventiva (Art. 312, CPP).

Formalidades

> Obrigação de comparecimento a todos os atos do IP e do processo para os quais seja convocado.

> O juiz, antes de decidir pela concessão da liberdade provisória sem fiança, deve ouvir o MP.

Medidas cautelares alternativas

Nas hipóteses de liberdade provisória sem fiança, o art. 319° do Código de Processo Penal prevê a possibilidade de imposição de medidas cautelares alternativas, a saber:

> **comparecimento periódico em juízo**, no prazo e nas condições fixadas pelo juiz, para informar e justificar atividades;

> **proibição de acesso ou frequência a determinados lugares** quando, por circunstâncias relacionadas ao fato, deva o indiciado ou acusado permanecer distante desses locais para evitar o risco de novas infrações;

> **proibição de manter contato com pessoa determinada** quando, por circunstâncias relacionadas ao fato, deva o indiciado ou acusado dela permanecer distante;

> **proibição de ausentar-se da Comarca** quando a permanência seja conveniente ou necessária para a investigação ou instrução;

> **recolhimento domiciliar** no período noturno e nos dias de folga quando o investigado ou acusado tenha residência e trabalho fixos;

> **suspensão do exercício de função pública ou de atividade de natureza econômica ou financeira** quando houver justo receio de sua utilização para a prática de infrações penais;

> **internação provisória** do acusado nas hipóteses de crimes praticados com violência ou grave ameaça, quando os peritos concluírem ser inimputável ou semi-imputável (art. 26° do Código Penal) e houver risco de reiteração; e

> **monitoração eletrônica** (a famosa "tornozeleira").

Vale registrar que a proibição de se ausentar do País será comunicada pelo juiz às autoridades encarregadas de fiscalizar as saídas do território nacional, intimando-se o indiciado ou acusado para entregar o passaporte, no prazo de 24 horas.

Liberdade Provisória com Fiança

A fiança é uma garantia pecuniária paga pelo acusado preso em flagrante, até antes do trânsito em julgado da sentença, como meio para garantir que ele possa permanecer em liberdade durante o curso do processo penal.

Vedação da Fiança

A fiança não poderá ser concedida ao acusado nos seguintes casos:

> Nos crimes de racismo.

> Nos crimes de tortura, tráfico ilícito de entorpecentes e drogas afins, terrorismo e nos definidos como crimes hediondos.

> Nos crimes cometidos por grupos armados, civis ou militares, contra a ordem constitucional e o Estado Democrático.

> Aos que, no mesmo processo, tiverem quebrado fiança anteriormente concedida ou infringido, sem motivo justo, qualquer das seguintes obrigações:

> Deixar o afiançado de comparecer perante à autoridade todas as vezes que for intimado para atos do inquérito e da instrução criminal e para o julgamento.

> Quando o réu não comparecer, a fiança será considerada quebrada.

- Se o afiançado mudar de residência, sem prévia permissão da autoridade processante, ou ausentar-se por mais de 8 (oito) dias de sua residência, sem comunicar àquela autoridade o lugar onde será encontrado.
- Em caso de prisão civil ou militar.
- Quando presentes os motivos que autorizam a decretação da prisão preventiva (Art. 312).

Quem Pode Aplicar a Fiança

- Delegado: quando a pena máxima da infração penal não for superior a 4 anos.
- Juiz: qualquer pena.

Valor da Fiança

O valor da fiança será estabelecido pela autoridade que conceder a medida e obedecerá os seguintes critérios: a natureza da infração, as condições pessoais de fortuna e vida pregressa do acusado, as circunstâncias indicativas de sua periculosidade, bem como a importância provável das custas do processo, até final julgamento. Além dos seguintes padrões:

- De 1 (um) a 100 (cem) salários mínimos, quando se tratar de infração cuja pena privativa de liberdade, no grau máximo, não for superior a 4 (quatro) anos.
- De 10 (dez) a 200 (duzentos) salários mínimos quando o máximo da pena privativa de liberdade cominada for superior a 4 (quatro) anos.

O afiançado, após pagar a fiança, estará obrigado a comparecer a todos os atos processuais ou da investigação que for convocado e, caso descumpra com tal obrigação, a fiança será considerada quebrada e a liberdade provisória convertida em prisão preventiva.

Formas de Pagamento da Fiança

- Depósito de dinheiro.
- Pedras.
- Objetos ou metais preciosos.
- Títulos da dívida pública, federal, estadual ou municipal.
- Hipoteca inscrita em primeiro lugar.

Destino da Fiança

O dinheiro ou objetos dados como fiança servirão ao pagamento das custas, da indenização do dano, da prestação pecuniária e da multa, se o réu for condenado.

Restituição da Fiança

Se a fiança for declarada sem efeito ou passar em julgado sentença que houver absolvido o acusado ou declarada extinta a ação penal, o valor que a constituir, atualizado, será restituído sem desconto.

Cassação da Fiança

A fiança que se reconheça não ser cabível na espécie será cassada em qualquer fase do processo, quando reconhecida a existência de delito inafiançável, no caso de inovação na classificação do delito.

Reforço da Fiança

- Quando a autoridade tomar, por engano, fiança insuficiente.
- Quando houver depreciação material ou perecimento dos bens hipotecados ou caucionados, ou depreciação dos metais ou pedras preciosas.
- Quando for inovada a classificação do delito.

Caso seja exigido o reforço e o réu não atenda à exigência, a fiança se tornará sem efeito e o réu será levado à prisão.

Quebra da Fiança

- Regularmente intimado para ato do processo, deixar de comparecer sem motivo justo.
- Deliberadamente praticar ato de obstrução ao andamento do processo.
- Descumprir medida cautelar imposta cumulativamente com a fiança.
- Resistir, injustificadamente, à ordem judicial.
- Praticar nova infração penal dolosa.

Caso a fiança seja quebrada, o réu perderá a metade do seu valor, além do juiz poder impor outras medidas cautelares, bem como a decretação da prisão preventiva.

Se for condenado e não comparecer para dar cumprimento à pena, perderá a fiança em sua totalidade e, nesse caso, será deduzido de tal valor as custas judiciais e os demais encargos que o acusado estiver obrigado a pagar e o restante será recolhido ao fundo penitenciário. Caso o réu compareça para cumprir a pena, o valor da fiança será utilizado para o pagamento das custas judiciais também, além do pagamento de demais encargos que couber ao acusado e o restante será devolvido a quem houver prestado a fiança (terceiros podem pagar a fiança para o réu, se quiserem e, nesse caso, eles sofrerão as consequências pecuniárias advindas dos casos acima estudados. As demais medidas, é claro, somente serão aplicadas ao réu.).

A Liberdade Provisória e Alguns Casos Específicos

Crimes Hediondos (8.072/90)

Não se admite a liberdade provisória com fiança, mas a sem fiança.

Crimes Equiparados a Hediondos

- Tortura (9.455/97) e Terrorismo

Não se admite fiança, mas a liberdade provisória sem fiança.

- Tráfico de Drogas (Art. 44 da Lei 11.343/06)

Segundo a lei, não é admitida a liberdade provisória com ou sem fiança. Entretanto, os tribunais superiores já a concederam para traficantes. O assunto ainda não está concluso, devemos esperar o parecer final do STF. Mas, caso caia na sua prova alguma questão a respeito da liberdade provisória no crime de tráfico de drogas, pode dizer que cabe a sem fiança, pois já foi concedida; agora, caso a sua prova pergunte com base no texto da Lei 11.343/06, não caberá a liberdade provisória.

Crime Organizado (Lei 9.034/95)

Não é admitida a liberdade provisória com ou sem fiança para as pessoas que tiveram intensa participação na organização criminosa.

Lavagem de Dinheiro (Lei 9.613/98)

Não se admite liberdade provisória com ou sem fiança.

Estatuto do Desarmamento

> Comércio ilegal de arma.

> Tráfico internacional de arma.

> Porte ilegal de arma de uso proibido.

Esses três crimes são inafiançáveis, mas, de acordo com o STF, passaram a comportar liberdade provisória sem fiança.

Questões

01. (Cespe) Ocorre o chamado quase flagrante quando, tendo o agente concluído os atos de execução do crime e se posto em fuga, inicia-se ininterrupta perseguição, até que ocorra a prisão.

Certo ( ) Errado ( )

02. (Cespe) Não há crime e, portanto, o agente não pode ser preso, quando a preparação do flagrante pela polícia torna impossível a consumação desse delito.

Certo ( ) Errado ( )

03. (Cespe) Ocorre flagrante forjado quando o fato típico não foi praticado, sendo simulado pela autoridade policial com o objetivo direto de incriminar alguém. Nesse caso, há absoluta ilegalidade e o responsável pelo ato responderá penal e administrativamente pela própria conduta.

Certo ( ) Errado ( )

04. (Cespe) Flagrante retardado é aquele no qual a polícia tem a faculdade de retardar a prisão em flagrante, visando obter maiores informações a respeito da ação dos criminosos.

Certo ( ) Errado ( )

05. (Cespe) Não deve ser concedida liberdade provisória, com ou sem estipulação de fiança, aos agentes que tenham intensa e efetiva participação em organização criminosa.

Certo ( ) Errado ( )

06. (Cespe) A prisão preventiva, para que seja decretada, é necessário que haja indícios do fato e suspeita fundada acerca da autoria.

Certo ( ) Errado ( )

07. (Cespe) Para o juiz fundamentar a decisão que decreta a preventiva, basta a remissão genérica às hipóteses legais.

Certo ( ) Errado ( )

08. (Cespe) É imprescindível à decretação da prisão preventiva a sua adequada fundamentação, com a indicação precisa, lastreada em fatos concretos, da existência dos motivos ensejadores da constrição cautelar, sendo, em regra, inaceitável que a só gravidade do crime imputado à pessoa seja suficiente para justificar a sua segregação provisória.

Certo ( ) Errado ( )

09. (Cespe) Caberá prisão temporária quando imprescindível para as investigações policiais, ou durante o transcurso da ação penal, quando houver fundadas razões de autoria ou participação do indiciado em crime doloso.

Certo ( ) Errado ( )

10. (Cespe) A prisão preventiva somente pode ser decretada em caso de crimes punidos com reclusão.

Certo ( ) Errado ( )

11. (Cespe) Não há crime quando a preparação do flagrante pela polícia torna impossível a sua consumação.

Certo ( ) Errado ( )

12. (Cespe) Assemelham-se as prisões preventiva e temporária porque ambas podem ser decretadas em qualquer fase da investigação policial ou da ação penal. No entanto, aquela pressupõe requerimento das partes, ao passo que a esta pode ser decretada de ofício pelo juiz.

Certo ( ) Errado ( )

13. (Cespe) Por completa falta de amparo legal, não se admite o flagrante forjado, que constitui, em tese, crime de abuso de poder, podendo ser penalmente responsabilizado o agente que forjou o flagrante.

Certo ( ) Errado ( )

14. (Cespe) No que diz respeito à prisão e à liberdade provisória, a Constituição Federal elegeu alguns delitos como inafiançáveis. Quanto a algumas infrações penais, declarou, de forma expressa, a inafiançabilidade e, quanto a outras, subordinou a vedação da fiança aos termos da lei ordinária. Os tribunais superiores sedimentaram o entendimento de possibilidade da liberdade provisória, nos termos estabelecidos pelo CPP, mesmo para o caso de inafiançabilidade proclamada expressamente pela Lei Fundamental.

Certo ( ) Errado ( )

15. (Cespe) A prisão preventiva e a temporária possuem a mesma finalidade e momento para decretação. A primeira ocorre nas ações penais públicas e a segunda, nas privadas.

Certo ( ) Errado ( )

16. (Cespe) Considere que Paulo tenha sido denunciado pela prática de latrocínio e se encontre submetido à prisão cautelar. Nessa situação hipotética, caso Paulo tenha sido preso em flagrante preparado, a defesa poderá requerer a revogação da prisão ou a concessão de liberdade provisória.

Certo ( ) Errado ( )

17. (Cespe) Considere a seguinte situação hipotética.Após assaltarem uma loja comercial no centro de Sobradinho - DF, Lauro e Tadeu fugiram em direção a Formosa - GO. Alguns policiais militares do DF que passavam próximo ao local do assalto saíram em perseguição aos bandidos e efetuaram a prisão dos assaltantes nessa cidade goiana. Nessa situação, a prisão é ilegal, uma vez que os referidos policiais deveriam ter acionado as autoridades policiais de Formosa, pois não têm autorização legal para atuar em outra unidade da Federação.

Certo ( ) Errado ( )

18. (Cespe) Não é concedida fiança em caso de prisão por mandado do juiz do cível, de prisão disciplinar militar ou quando presentes os motivos que autorizam a decretação da prisão preventiva.

Certo ( ) Errado ( )

19. (FCC) A respeito da prisão em flagrante, é correto afirmar que:

a) Não pode ser feita por qualquer do povo, mas apenas pelas autoridades policiais e seus agentes.

b) Se considera em flagrante delito quem é encontrado, logo depois, com instrumentos, armas, objetos ou papéis que façam presumir ser ele o autor da infração.

c) Para a lavratura do respectivo auto, é necessária a existência de pelo menos duas testemunhas da infração.

d) Preso, por razões de segurança, não tem direito à identificação dos responsáveis por sua prisão.

e) A pessoa presa em tal situação não tem direito à liberdade provisória, por ter essa custódia cautelar natureza diversa da prisão preventiva.

20. (FCC) Em relação à prisão em flagrante, é INCORRETO afirmar:

a) Nas infrações permanentes, entende-se o agente em flagrante delito enquanto não cessar a permanência.

b) Dentro de 48 (quarenta e oito) horas depois da prisão, será dada ao preso nota de culpa assinada pela autoridade policial, com o motivo da prisão, o nome do condutor e os das testemunhas.

c) Quando o juiz verificar, pelo auto de prisão em flagrante, a inocorrência de qualquer das hipóteses que autorizam a prisão preventiva, poderá, depois de ouvir o Ministério Público, conceder liberdade provisória.

d) Não havendo autoridade no lugar em que se tiver efetuado a prisão, o preso será logo apresentado à do lugar mais próximo.

Gabaritos

01	CERTO	11	CERTO
02	CERTO	12	ERRADO
03	CERTO	13	CERTO
04	CERTO	14	CERTO
05	CERTO	15	ERRADO
06	ERRADO	16	ERRADO
07	ERRADO	17	ERRADO
08	CERTO	18	CERTO
09	ERRADO	19	B
10	ERRADO	20	B

5. PROCEDIMENTO DOS CRIMES DE RESPONSABILIDADE DO FUNCIONÁRIO PÚBLICO

São Crimes de Responsabilidade: peculato, concussão, corrupção passiva, prevaricação, condescendência criminosa.

Nos crimes comuns: procedimento comum.

Tal atuação não se aplica aos crimes **inafiançáveis.**

- Particular partícipe ou coautor: não se aplica.
- Procedimento de competência originária dos tribunais: aplica-se o procedimento da Lei 8.038/90.
- Crimes de menor potencial ofensivo: juizado especial, mesmo sendo de procedimento especial, salvo se enviado para o juízo comum.

Oferecimento: resposta preliminar (prazo de 15 dias)

- Recebimento.
- Citação.

5.1 Ação Penal Instruída por Inquérito Policial

Súmula 330, STJ. *É desnecessária a resposta preliminar de que trata o Art. 514 do Código de Processo Penal, na ação penal instruída por inquérito policial.*

Art. 514, CPP. *Nos crimes afiançáveis, estando a denúncia ou queixa em devida forma, o juiz mandará autuá-la e ordenará a notificação do acusado, para responder por escrito, dentro do prazo de quinze dias.*

Parágrafo único. *Se não for conhecida a residência do acusado, ou este se achar fora da jurisdição do juiz, ser-lhe-á nomeado defensor, a quem caberá apresentar a resposta preliminar.*

Defesa técnica por advogado: **PAD** é desnecessário.

Súmula Vinculante 5. *A sanção do projeto supre a falta de iniciativa do Poder Executivo.*

A denúncia ou queixa será instruída com documentos ou justificação que façam presumir a existência do delito ou declaração fundamentada da impossibilidade de apresentação de provas.

Nos crimes afiançáveis, denúncia ou queixa em devida forma, o juiz manda autuá-la e ordena a notificação do acusado, para responder no prazo de 15 dias.

Residência do acusado ou acusado fora da jurisdição.

- Nomeado defensor.

Durante o prazo:

- Autos em cartório para acusação de defesa.
- A resposta poderá ser instruída com documentos ou justificações.

Art. 515. *No caso previsto no artigo anterior, durante o prazo concedido para a resposta, os autos permanecerão em cartório, onde poderão ser examinados pelo acusado ou por seu defensor.*

Parágrafo único. *A resposta poderá ser instruída com documentos e justificações.*

Rejeição da denúncia ou queixa (RESE):

- Despacho fundamentado.
- Inexistência do crime ou improcedência da ação.

Recebida a Denúncia:

- Procedimento comum - 10 dias: nova resposta.
- Absolvição sumária.

Art. 516. *O juiz rejeitará a queixa ou denúncia, em despacho fundamentado, se convencido, pela resposta do acusado ou do seu defensor, da inexistência do crime ou da improcedência da ação.*

Questões

01. (Cespe) Conside que um servidor público tenha sido preso em flagrante pela prática de peculato cometido em desfavor da Caixa Econômica Federal, tendo sido o crime facilitado em razão da função exercida pelo referido servidor.

Por se tratar de crime afiançável, ao servidor é garantido o direito de apresentar resposta preliminar no prazo de quinze dias, logo após a notificação pelo juízo processante, quando, então, o juiz decidirá pelo recebimento ou rejeição da denúncia.

Certo ( ) Errado ( )

02. (Cespe) Considerando o que dispõe o CPP, assinale a opção correta acerca do processo dos crimes de responsabilidade dos servidores públicos.

a) O direito de apresentar resposta preliminar por escrito antes do recebimento de denúncia ou queixa é assegurado ao servidor público acusado de praticar crime afiançável.

b) Tratando-se de crime de responsabilidade, o direito a procedimento especial é assegurado ao coautor do crime ou partícipe que não seja servidor público, em razão do princípio da unidade de processo.

c) A queixa ou denúncia sem a apresentação de documentos e justificações ou sem a abertura de inquérito policial deve ser liminarmente rejeitada no procedimento especial.

d) O procedimento especial previsto no CPP deve ser adotado para todos os crimes praticados por servidor público.

e) Garante-se ao servidor público o procedimento especial, mesmo que, durante o oferecimento da denúncia ou no curso do processo, o servidor tenha deixado o cargo, a função ou o emprego público.

03. (Cespe) No processo e julgamento dos crimes de responsabilidade dos funcionários públicos, o juiz rejeitará a queixa ou denúncia, em despacho fundamentado, se convencido, pela resposta do acusado ou do seu defensor, da falta de provas do crime ou da improcedência da ação.

Certo ( ) Errado ( )

04. (FEC) De acordo com o Código de Processo Penal, nos crimes de responsabilidade de funcionários públicos, quando afiançáveis, o prazo de resposta do acusado, antes do recebimento da denúncia ou queixa, é de:

a) Trinta dias.

b) Cinco dias.

c) Dez dias.

d) Vinte dias.

e) Quinze dias.

05. Acerca do processamento e julgamento de crimes de responsabilidade, analise os itens a seguir:

I. Sendo instaurado processo administrativo, este não poderá ser sobrestado para o fim de aguardar a decisão da ação penal ou civil.

II. A ação penal será iniciada, independentemente de inquérito policial ou justificação, por denúncia do Ministério Público, instruída com a representação da vítima do abuso.

III. Se o órgão do Ministério Público, ao invés de apresentar a denúncia, requerer o arquivamento da representação, o Juiz, no caso de considerar improcedentes as razões invocadas, fará remessa da representação ao Procurador-Geral, e este oferecerá a denúncia, designará outro órgão do Ministério Público para oferecê-la, ou insistirá no arquivamento, ao qual só então deverá o Juiz atender.

Sobre os itens acima, pode-se afirmar que:

a) Somente I e II estão corretos.

b) Somente I e III estão corretos.

c) Somente II e III estão corretos.

d) Todos estão corretos.

e) Todos estão incorretos.

Acerca do processamento e julgamento de crimes de responsabilidade, analise os itens a seguir:

06. (Cespe) A ação penal será iniciada, dependendo do inquérito policial ou justificação, por denúncia do Ministério Público, instruída com a representação da vítima do abuso.

Certo ( ) Errado ( )

07. (Cespe) Ao julgar processos que discutam crimes de responsabilidade dos funcionários públicos, o juiz deverá rejeitar a denúncia, em despacho fundamentado, se estiver convencido, pela resposta do acusado ou do seu defensor, da inexistência do crime ou da improcedência da ação.

Certo ( ) Errado ( )

08. (Cespe) No que concerne ao processo e julgamento dos crimes de responsabilidade dos funcionários públicos, assinale a opção correta.

a) Na hipótese em que se fizer necessária, a apresentação de resposta preliminar escrita só será admissível se instruída com documentos e(ou) justificações.

b) Recebida a denúncia ou a queixa, dispensa-se a citação do acusado, na medida em que se trata de procedimento especial, em que a citação não é ato obrigatório.

c) Nos delitos afiançáveis, estando a denúncia ou a queixa em devida forma, dispensa-se a resposta preliminar na ação penal instruída por inquérito policial.

d) É vedado ao juiz rejeitar a denúncia, ainda que convencido da inexistência do crime ou da improcedência da ação, permitindo-se apenas a absolvição sumária.

e) A denúncia será necessariamente instruída com documentos ou justificação que façam presumir a existência do delito.

09. (FCC) O Código de Processo Penal prevê rito especial para o processo e o julgamento dos crimes de responsabilidade dos funcionários públicos. Esse rito especial

a) Impede que o acusado possa ser preso antes de recebida a denúncia, ainda que o crime seja inafiançável.

b) Permite ao acusado se defender antes de ser recebida a denúncia, se o crime for afiançável.

c) Permite ao acusado se defender antes de ser recebida a denúncia, se o crime for inafiançável.

d) Permite ao acusado a efetivação de acordo para evitar o recebimento da denúncia, se o crime for afiançável.

e) Permite ao acusado a efetivação de acordo para evitar o recebimento da denúncia, se o crime for inafiançável.

Em relação ao que estabelece o Código de Processo Penal (CPP), no que se refere aos crimes de responsabilidade dos funcionários públicos, julgue o item subsequente.

10. (Cespe) Caso o acusado esteja fora da jurisdição do juiz, a apresentação da resposta preliminar poderá ser feita por defensor nomeado, no prazo de 15 dias.

Certo ( ) Errado ( )

Gabaritos

01	CERTO	**06**	ERRADO
02	A	**07**	CERTO
03	ERRADO	**08**	C
04	E	**09**	C
05	D	**10**	CERTO

6. *HABEAS CORPUS* E SEU PROCESSO

Algumas doutrinas entendem que teria o *Habeas Corpus* nascido no Direito Romano, mas é com a Magna Carta de João Sem Terra (1215) que deu a forma mais expressiva ao *Habeas Corpus*, semelhante ao formato que possui hoje.

6.1 Surgimento

O *Habeas Corpus* também apareceu de forma expressa e foi evoluindo com o tempo em diversos documentos históricos, a saber:

→ ***Habeas Corpus*** ACT (1679 e 1816).

Aparecimento do Habeas Corpus no Brasil

→ No Brasil, apareceu expressamente no código criminal de 1832.

→ Lei 2.003 - estendeu o *Habeas Corpus* para os estrangeiros.

Habeas Corpus nas Constituições Federais Brasileiras

1891 - Habeas Corpus Brasileiro: nessa época o *Habeas Corpus* abrangia qualquer direito líquido e certo (o chamado *Habeas Corpus* brasileiro).

1926: a partir da CF de 1926, o *Habeas Corpus* passou a abranger tão somente a liberdade de locomoção.

1934: *Habeas Corpus* e mandado de segurança (criação deste).

6.2 Natureza Jurídica

O *Habeas Corpus* é um remédio constitucional. Também é uma ação de conhecimento de caráter fundamental. É uma ação autônoma de impugnação.

6.3 Pedidos do *Habeas Corpus*

O pedido pode se apresentar de diversas formas, a depender do momento em que é impetrado o *Habeas Corpus*, podendo ser:

> Meramente declaratório

Habeas corpus que busca a extinção da punibilidade.

> Constitutivo

Anulação da sentença.

> Condenatório

Pedido de condenação nas custas àquele que agiu de má-fé no cerceamento da liberdade.

Art. 653, parágrafo único, CPP. *Neste caso, será remetida ao Ministério Público cópia das peças necessárias para ser promovida a responsabilidade da autoridade.*

6.4 Espécies de *Habeas Corpus*

> Liberdade ou repressivo (efetivamente preso).

> Preventivo (ameaça de prisão ou detenção): se a ordem de ***Habeas Corpus*** for concedida para evitar ameaça de violência ou coação ilegal, dar-se-á ao paciente salvo-conduto assinado pelo juiz.

> ***Habeas Corpus*** para trancamento de ação ou inquérito.

6.5 Legitimidade

> Qualquer pessoa (não somente o cidadão como no caso da ação popular).

» Em seu favor ou de outrem.

Paciente	Autoridade Coatora	Impetrante
O paciente é o coagido da liberdade de locomoção e não pode ser pessoa jurídica.	Autoridade coatora é aquela que é responsável pela coação, pode ser ato de autoridade pública ou particular. É importante diferenciar a figura do coator, que é o responsável pela prisão, e o detentor, que é o agente responsável diretamente pela prisão. Este declarará à ordem de quem o paciente estiver preso.	Pode ser impetrante qualquer pessoa: - Pessoa maior ou menor. - Nacional ou estrangeiro. - Pessoa jurídica em favor de terceiro. - Analfabeto. - Ministério Público (muito importante). O próprio paciente. **Obs.:** o assistente de acusação não pode impetrar *Habeas Corpus*.

> ***Habeas Corpus*** de ofício pelo juiz: este não poderá impetrar ***Habeas Corpus*** em favor de um terceiro, mas poderá concedê-lo de ofício num processo o qual preside.

> ***Habeas Corpus*** coletivo:

» Não é possível por falta de previsão legal. O STF já se manifestou pela possibilidade do mandado de injunção coletivo.

> Capacidade postulatória:

» Não há necessidade de capacidade postulatória, que é aquela de "falar" em juízo, competência esta outorgada aos advogados em geral. Diferentemente da capacidade processual, pois a banca Cespe, em suas provas, entende que esta é necessária para poder impetrar *Habeas Corpus*.

> Punições disciplinares militares:

» Não é cabível para discutir o mérito da punição, mas para se discutir a legalidade.

> Pena de exclusão de militar ou de perda de patente:

» Não é cabível *Habeas Corpus*.

> ***Habeas Corpus*** após o trânsito em julgado:

» É cabível o *Habeas Corpus* após o trânsito em julgado para alegar alguma nulidade. Nesse momento, também será cabível a revisão criminal.

> ***Habeas corpus*** após a extinção da pena privativa de liberdade:

» Não é cabível *Habeas Corpus* após a extinção da pena privativa de liberdade.

Súmula 695, STF. *Não cabe Habeas Corpus quando já extinta a pena privativa de liberdade.*

> Decisão condenatória à pena de multa:

» Não é cabível *habeas corpus* em virtude de uma pena de multa, pois a liberdade de locomoção não estará sendo coagida.

__Súmula 693 do STF.__ Não cabe habeas corpus contra decisão condenatória à pena de multa, ou relativo a processo em curso por infração penal a que a pena pecuniária seja a única cominada.

> ***Habeas Corpus*** em favor de pessoa jurídica:

» Não é cabível, pois pessoa jurídica não sofre coação à liberdade de locomoção.

> ***Habeas Corpus*** por causa do Art. 28 da Lei 11.343/06 (usuário de drogas):

» Não há a possibilidade de pena privativa de liberdade, no de usuário, previsto no Art. 28 da Lei de Drogas, portanto não é cabível *Habeas Corpus* por causa do crime do usuário.

> Medida cautelar de recolhimento domiciliar.

» É cabível *Habeas Corpus*.

> ***Habeas Corpus*** contra prisão administrativa:

» Não cabe o *Habeas Corpus* contra a prisão administrativa, atual ou iminente, dos responsáveis por dinheiro ou valor pertencente à Fazenda Pública, alcançados ou omissos em fazer o seu recolhimento nos prazos legais, salvo se o pedido for acompanhado de prova de quitação ou de depósito do alcance verificado, ou se a prisão exceder o prazo legal.

> A concessão do ***Habeas Corpus*** não obstará, nem porá termo ao processo, desde que este não esteja em conflito com os fundamentos daquela.

> Muito importante: se o ***Habeas Corpus*** for concedido em virtude de nulidade do processo, este será renovado.

6.6 Coação Ilegal

O tópico coação ilegal trata das condutas que ensejam a impetração de *Habeas Corpus*. Essas condutas estão previstas no Art. 648 do Código de Processo Penal, mas é importante ressaltar que estão previstas em um rol exemplificativo, pois outras, mesmo que não previstas nesse rol, podem ensejar a impetração de *Habeas Corpus* (rol exemplificativo - *numerus apertus*).

→ **Não houver justa causa**

A ausência de justa causa se dá sempre que não existirem um mínimo de provas que sustentem a situação de prejuízo para o acusado.

→ **Possibilidade da Prisão:**

» Flagrante.

» Ordem escrita e fundamentada: salvo transgressões militares de crime propriamente militar.

Portanto, se a prisão se der fora desses casos, será ilegal.

> **Inquérito Policial:** abertura de inquérito policial sem um mínimo de materialidade.

» Nesse caso, cabe o *Habeas Corpus* para trancamento do inquérito policial.

→ **Quando alguém estiver preso por mais tempo que determina a lei**

> **Prisão temporária:**

» 05 dias + 05 dias.

» 30 dias + 30 dias, em caso de crime hediondo.

> **Prisão definitiva:**

» Pena já cumprida e réu ainda preso.

__Súmula 21, STJ.__ Pronunciado o réu, fica superada a alegação do constrangimento ilegal da prisão por excesso de prazo na instrução.

__Súmula 52, STJ.__ Encerrada a instrução criminal, fica superada a alegação de constrangimento por excesso de prazo.

Obs.: O excesso de prazo provocado pela defesa não enseja a aplicação de *Habeas Corpus*.

→ Quando quem ordenar a coação não tiver competência para fazê-lo.

→ Quando houver cessado o motivo que autorizou a coação.

→ Quando não for alguém admitido a prestar fiança nos casos em que a lei autoriza.

Obs.: Se a ilegalidade decorrer do fato de não ter sido o paciente admitido a prestar fiança, o juiz arbitrará o valor desta, que poderá ser prestada perante ele, remetendo, neste caso, à autoridade os respectivos autos, para serem anexados aos do inquérito policial ou aos do processo judicial.

→ Quando o processo foi manifestamente nulo.

→ Quando extinta a punibilidade.

__Art. 648.__ A coação considerar-se-á ilegal:

__I.__ Quando não houver justa causa.

__II.__ Quando alguém estiver preso por mais tempo do que determina a lei.

__III.__ Quando quem ordenar a coação não tiver competência para fazê-lo.

__IV.__ Quando houver cessado o motivo que autorizou a coação.

__V.__ Quando não for alguém admitido a prestar fiança, nos casos em que a lei a autoriza.

__VI.__ Quando o processo for manifestamente nulo.

__VII.__ Quando extinta a punibilidade.

6.7 Formalidade do Pedido de *Habeas Corpus*

O *Habeas Corpus*, em regra, não possui muitas formalidades para que haja a impetração. Como exemplo, os internos do presídio federal impetram *Habeas Corpus* em folhas simples denominadas requerimentos, que são usadas para o preso pedir alguma coisa aos agentes penitenciários. No entanto, exige-se que o *Habeas Corpus* possua um mínimo de requisitos, quais sejam:

> Nome do paciente e do coator;

> Espécie de constrangimento;

> Assinatura do impetrante.

Obs.: É possível o *habeas corpus* ser impetrado por telegrama, radiograma, telex ou até telefone.

6.8 Competência para Conhecimento do *Habeas Corpus*

A competência para conhecimento do *Habeas Corpus* será a autoridade jurisdicional hierarquicamente superior à autoridade coatora.

A assinatura do impetrante é um requisito mínimo para impetração de *Habeas Corpus*, portanto, não é possível a impetração de *Habeas Corpus* anônimo (*Habeas Corpus* apócrifo).

Exs.:

> *Se a autoridade coatora for Juiz de direito ou membro do MP, a competência será do Tribunal de Justiça.*

> *Se a autoridade coatora for juiz federal ou Procurador da República, a competência para julgamento será do Tribunal Regional Federal (TRF).*

> *Se a autoridade coatora for membro do Tribunal de Justiça ou do Tribunal Regional Federal, a competência para julgamento será do Superior Tribunal de Justiça (STJ).*

> *Se a autoridade coatora for promotor que atua perante o tribunal, a competência para julgamento é do Superior Tribunal de Justiça (STJ).*

> *Se a autoridade coatora for membro do Ministério Público do Distrito Federal e Territórios, a competência para julgamento será do Tribunal Regional Federal (TRF) e não do TJDFT.*

> *Decisão no âmbito dos Juizados Especiais Criminais:*

» *Se a decisão for de juiz do Juizado Especial, a competência será da Turma Recursal.*

» *Se a decisão for da Turma Recursal:*

Súmula 690, STF*. Compete originariamente ao Supremo Tribunal Federal o julgamento de habeas corpus contra decisão de turma recursal de juizados especiais criminais.*

A Súmula 690 está ultrapassada, pois entende o STF que o julgamento de habeas corpus contra ato de decisão de Turma Recursal deverá ser julgado pelo Tribunal de Justiça. Se for Juizado Especial Criminal Federal, o julgamento será de competência do TRF.

> *A competência do juiz cessará sempre que a violência ou coação provier de autoridade judiciária de igual ou superior jurisdição.*

Procedimento

Recebida a petição, a autoridade judiciária competente poderá intimar o Ministério Público?

Se for juiz de 1º grau: não intima (será intimado da decisão para que possa recorrer).

Se for Tribunal: intima-se o MP.

O assistente de acusação não participa do procedimento de *Habeas Corpus*, por esse motivo não precisa ser intimado.

Requisição de Informação da Autoridade Coatora

No Tribunal: há previsão para requisição de informações da autoridade coatora.

Nos casos de 1º grau: não há previsão para requisição, mas é usualmente feita.

O juiz, se julgar necessário e estiver preso o paciente, mandará que este lhe seja imediatamente apresentado em dia e hora que designar.

Em caso de desobediência, será expedido mandado de prisão contra o detentor, que será processado na forma da lei, e o juiz providenciará para que o paciente seja tirado da prisão e apresentado em juízo.

Se o paciente estiver preso, nenhum motivo escusará sua apresentação, salvo:

> Grave enfermidade do paciente (nesse caso, o juiz poderá ir ao local em que o enfermo se encontrar).

> Não estar ele sob a guarda da pessoa a quem se atribuiu a detenção.

> Comparecimento não tiver sido determinado pelo juiz ou tribunal.

Se o juiz ou o tribunal verificar que já cessou a violência ou coação ilegal, julgará prejudicado o pedido.

O carcereiro ou o diretor da prisão, o escrivão, o oficial de justiça ou a autoridade judiciária ou policial que embaraçar ou procrastinar a expedição de ordem de *Habeas Corpus*, as informações sobre a causa da prisão, a condução e apresentação do paciente, ou a sua soltura, serão multados, sem prejuízo das penas em que incorrer. As multas serão impostas pelo juiz do tribunal que julgar o *Habeas Corpus*, salvo quando se tratar de autoridade judiciária, caso em que caberá ao Supremo Tribunal Federal ou ao Tribunal de Apelação a imposição das multas.

Efetuadas as diligências e interrogado o paciente, o juiz decidirá, fundamentadamente, dentro de 24 (vinte e quatro) horas.

> Se a decisão for favorável ao paciente, será logo posto em liberdade, salvo se por outro motivo dever ser mantido na prisão.

> Se os documentos que instruírem a petição evidenciarem a ilegalidade da coação, o juiz ou o tribunal ordenará que cesse imediatamente o constrangimento.

Será imediatamente enviada cópia da decisão à autoridade que tiver ordenado a prisão ou tiver o paciente à sua disposição, a fim de juntar-se aos autos do processo.

Quando o paciente estiver preso em lugar que não seja o da sede do juízo ou do tribunal que conceder a ordem, o alvará de soltura será expedido pelo telégrafo, se houver, observadas as formalidades estabelecidas no Art. 289, parágrafo único, *in fine*, do Código de Processo Penal ou por via postal.

Em caso de competência originária dos Tribunais, a petição de *Habeas Corpus* será apresentada ao secretário, que a enviará imediatamente ao presidente do tribunal, da câmara criminal ou da turma que estiver reunida ou primeiro tiver de reunir-se.

Se a petição contiver os requisitos mínimos do *Habeas Corpus*, o presidente, se necessário, requisitará da autoridade indicada como coatora informações por escrito. Faltando, porém, qualquer daqueles requisitos, ele mandará preenchê-lo, logo que lhe for apresentada a petição.

As diligências ditas anteriormente não serão ordenadas, se o presidente entender que o *Habeas Corpus* deva ser indeferido liminarmente. Nesse caso, levará a petição ao tribunal, câmara ou turma, para que delibere a respeito.

Recebidas as informações, ou dispensadas, o *Habeas Corpus* será julgado na primeira sessão, podendo, entretanto, adiar-se o julgamento para a sessão seguinte.

A decisão será tomada por maioria de votos. Havendo empate, se o presidente não tiver tomado parte na votação, proferirá voto de desempate; caso contrário, prevalecerá a decisão mais favorável ao paciente.

O secretário do tribunal lavrará a ordem que, assinada pelo presidente do tribunal, câmara ou turma, será dirigida, por ofício ou telegrama, ao detentor, ao carcereiro ou autoridade que exercer ou ameaçar exercer o constrangimento.

A ordem transmitida por telegrama obedecerá ao disposto no Art. 289, parágrafo único, in fine.

Os regimentos dos Tribunais de Apelação estabelecerão as normas complementares para o processo e julgamento do pedido de *Habeas Corpus* de sua competência originária.

No processo e julgamento do *Habeas Corpus* de competência originária do Supremo Tribunal Federal, bem como nos de recurso das decisões de última ou única instância, denegatórias de *Habeas Corpus*, observar-se-á, no que lhes for aplicável, o disposto nos artigos anteriores, devendo o regimento interno do tribunal estabelecer as regras complementares.

Preferência e Prazo

A ação de *Habeas Corpus* terá preferência às demais e não possui prazo para que seja impetrada, desde que a coação à liberdade ainda exista.

Gratuidade: de acordo com a Constituição Federal, o *Habeas Corpus* será gratuito.

Questões

01. O *Habeas Corpus* somente deve ser impetrado por advogado, pois se trata de processo judicial.

Certo ( ) Errado ( )

02. Ordenada a soltura do preso em virtude de ordem de *habeas corpus*, será condenada nas custas a autoridade que, por má-fé ou evidente abuso de poder, tiver determinado a coação.

Certo ( ) Errado ( )

03. Não cabe *Habeas Corpus* nas hipóteses sujeitas à pena de multa, nos afastamentos dos cargos públicos por questões penais ou administrativas nem na preservação de direitos fundamentais que não a liberdade de locomoção de ir e vir, salvo manifesta teratologia a repercutir na liberdade de locomoção.

Certo ( ) Errado ( )

04. A ausência de justa causa tanto pode ser condição para sustentar o trancamento de ação penal como para promover a soltura do réu.

Certo ( ) Errado ( )

05. Assinale a alternativa incorreta.

a) Compete ao Tribunal de Justiça o julgamento de *Habeas Corpus* impetrado contra decisão proferida por juiz de direito oficiando no Juizado Especial Criminal.

b) O menor de 18 anos, o analfabeto e o estrangeiro podem impetrar *habeas corpus*.

c) Não cabe *habeas corpus* contra sentença condenatória a pena de multa.

d) Da decisão do juiz que concede ou denega *habeas corpus* cabe recurso em sentido estrito.

e) Da decisão do Tribunal de Justiça que concede *habeas corpus* não cabe recurso ordinário para o Superior Tribunal de Justiça.

06. O Promotor de Justiça Criminal da Comarca de Campos requisitou instauração de inquérito policial tendente à apuração de crime de desobediência, em tese praticado por Gilmar, diretor da penitenciária estadual de Campos, em virtude de alegado descumprimento de ordem judicial de interdição do presídio sob sua direção. Inconformado, ele impetra medida judicial objetivando controlar a legalidade da instauração do inquérito.

A medida judicial e o órgão jurisdicional competente para processamento e julgamento da pretensão de Gilmar são:

a) Mandado de segurança / Tribunal de Justiça do Estado do Rio de Janeiro.

b) Mandado de segurança / Juízo criminal de Campos.

c) *Habeas Corpus* / Juízo criminal federal de Campos.

d) *Habeas Corpus* / Tribunal de Justiça do Estado do Rio de Janeiro.

e) Recurso especial / Supremo Tribunal Federal.

07. Na apreciação do *Habeas Corpus*, o órgão jurisdicional não está vinculado à causa de pedir e ao pedido, podendo, assim, ser a ordem concedida, em sentido diverso ou mais amplo do que foi pleiteado ou mencionado pelo impetrante.

Certo ( ) Errado ( )

08. Um juiz de direito, por motivo fútil, praticou um homicídio doloso, restando devidamente apurada a sua responsabilidade pelo crime. Nessa situação, será competente para o processo e o julgamento do eventual *habeas corpus* o tribunal do júri do local onde ocorreu o delito, pois incide a norma constitucional quanto à competência do júri para o julgamento dos crimes dolosos contra a vida.

Certo ( ) Errado ( )

09. Compete ao TRT julgar *Habeas Corpus* quando o coator for juiz do trabalho.

Certo ( ) Errado ( )

10. Assinale a alternativa incorreta.

a) O *Habeas Corpus* não poderá ser interposto quando houver ameaça de violência ou coação à liberdade de locomoção, por abuso de poder ou ilegalidade.

b) O Promotor de Justiça poderá impetrar ordem de *Habeas Corpus*.

c) O Magistrado jamais poderá impetrar ordem de *Habeas Corpus* em favor de terceiro, mas poderá conceder de ofício a ordem no processo que preside.

d) Não caberá intervenção do Assistente do Ministério Público no processo de *Habeas Corpus*.

e) Não se pode conhecer de impetração de Habeas Corpus apócrifa.

11. Em relação ao *Habeas Corpus*, é correto afirmar que:

a) Sempre é possível a interposição de *Habeas Corpus* quando se tratar de punição disciplinar militar.

b) O *Habeas Corpus* liberatório é aquele interposto quando há uma ameaça de violência ou coação à liberdade de locomoção, por abuso de poder ou ilegalidade.

c) O promotor de justiça não pode figurar como autoridade coatora no pedido de *Habeas Corpus*.

d) Não é cabível o *Habeas Corpus* quando a coação emanar de ato de particular.
e) O impetrante do *Habeas Corpus* não precisa ser representado por advogado.

12. O *Habeas Corpus* não:
a) Poderá ser impetrado por uma pessoa em favor de outrem.
b) Poderá ser impetrado em defesa da sociedade, para rever decisão injusta.
c) Poderá ser impetrado pelo Ministério Público.
d) Comporta pedido de liminar.
e) Poderá ser impetrado preventivamente.

13. Compete, originariamente, ao STF o julgamento de *Habeas Corpus* contra decisão de turma recursal de juizados especiais criminais.

Certo ( ) Errado ( )

14. Não cabe *Habeas Corpus* quando já extinta a pena privativa de liberdade.

Certo ( ) Errado ( )

À luz dos conceitos e das normas aplicáveis à ação e ao processo penal, julgue o item subsequente.

15. Não é exigida capacidade processual para a impetração de *Habeas Corpus*, pois qualquer pessoa pode fazê-lo, em seu favor ou de outrem, conforme disposto no Código de Processo Penal.

Certo ( ) Errado ( )

16. Em qual das hipóteses mencionadas seria possível, em tese, a concessão de *Habeas corpus*, inclusive, se o caso, consoante jurisprudência sumulada dos Tribunais Superiores (STJ e STF)?
a) No caso de decisão condenatória à pena de multa.
b) No caso de processo em curso por infração penal a que a pena pecuniária seja a única cominada.
c) Para alegar nulidade de processo no qual foi extinta a pena privativa de liberdade.
d) Quando o réu não foi admitido a prestar fiança, nos casos em que a lei a autoriza.
e) No caso de punição disciplinar.

17. A ação penal constitucional não condenatória de *Habeas Corpus* tem por finalidade evitar ou interromper violência à liberdade de locomoção por ato ilegal ou com abuso de poder perpetrado por agente público ou particular.

Certo ( ) Errado ( )

No item seguinte, é apresentada uma situação hipotética a respeito da aplicação do direito processual penal, seguida de uma assertiva a ser julgada.

18. Áureo, acadêmico de direito, interpôs recurso ordinário em *Habeas Corpus* com o objetivo de pleitear, perante o STJ, o trancamento de ação penal promovida contra Ângelo. Nessa situação, independentemente da qualidade técnica da peça recursal em questão, deve-se reconhecer a ausência de capacidade postulatória de Áureo, mas tal circunstância não impossibilitará que o órgão julgador defira a ordem de ofício, diante da magnitude dos direitos envolvidos.

Certo ( ) Errado ( )

Considerando as disposições constitucionais e legais aplicáveis ao processo penal e, quando for o caso, a doutrina e a jurisprudência correlatas, julgue o item que se segue.

19. Embora, como regra geral, não se admita dilação probatória em sede de *Habeas Corpus*, é possível a concessão da ordem para o reconhecimento de excesso de prazo no processo penal, em especial para aquelas hipóteses excepcionais nas quais a mora processual não seja atribuível à defesa, bem como se trate de causa dotada de menor complexidade probatória.

Certo ( ) Errado ( )

20. Considere:

I. O *Habeas Corpus* poderá ser impetrado por qualquer pessoa, em seu favor ou de outrem, bem como pelo Ministério Público.

II. Dentre as hipóteses legais de cabimento do *Habeas Corpus* inclui-se a ausência de justa causa.

III. Se o *Habeas Corpus* for concedido em virtude de nulidade do processo, este não poderá ser renovado.

Está correto o que se afirma em:
a) I, apenas
b) I e II, apenas
c) I, II e III
d) II, apenas
e) II e III, apenas

Gabaritos

01	ERRADO	11	E
02	CERTO	12	B
03	CERTO	13	ERRADO
04	CERTO	14	CERTO
05	A	15	ERRADO
06	D	16	D
07	CERTO	17	CERTO
08	ERRADO	18	CERTO
09	CERTO	19	CERTO
10	A	20	B

7. DISPOSIÇÕES CONSTITUCIONAIS APLICÁVEIS AO PROCESSO PENAL

→ **Princípio da presunção de inocência ou do estado de inocência, da situação jurídica de inocência ou da não culpabilidade.**

CF: Art. 5º LVII: ninguém será considerado culpado até o trânsito em julgado de sentença penal condenatória.

Decorrente desse princípio é que o ônus da prova pertence à acusação, cabendo-lhes provar que o fato é típico e de circunstâncias qualificadoras ou causas de aumento de pena. Caberá ao réu, no entanto, provar as excludentes da ilicitude, culpabilidade e as causas extintivas da punibilidade. Vale ressaltar que a acusação deverá trazer um juízo de certeza para que se condene o réu e, ao contrário, caso o réu crie uma dúvida sobre a existência de uma excludente, deverá o juiz sentenciar em favor do acusado.

→ **Princípio da igualdade processual ou da paridade das armas - *par conditio***

CF: Art. 5º: Todos são iguais perante a lei, sem distinção de qualquer natureza, garantindo-se aos brasileiros e aos estrangeiros residentes no País a inviolabilidade do direito à vida, à liberdade, à igualdade, à segurança e à propriedade, nos termos seguintes:

Procede desse princípio a necessidade de um advogado para defesa do acusado, exceto quando ele mesmo o for. Esse princípio se materializa sempre que para uma das partes for deferida uma oportunidade de se pronunciar no processo, da mesma forma a outra parte terá esse direito.

→ **Princípio da ampla defesa**

CF: LV - aos litigantes, em processo judicial ou administrativo, e aos acusados em geral são assegurados o contraditório e ampla defesa, com os meios e recursos a ela inerentes.

A ampla defesa se subdivide em autodefesa e defesa técnica.

A segunda é aquela exercida pelo advogado, pois este sim tem capacidade postulatória, com exceção de o próprio acusado ser advogado. A defesa técnica é indisponível.

A primeira é exercida pelo próprio acusado de forma que pode influenciar o magistrado no seu interrogatório. Vale notar que a autodefesa é disponível, podendo o acusado ficar calado quando da audiência (direito ao silêncio). No entanto, o interrogatório é dividido em duas partes: a qualificação e as perguntas, não podendo o acusado mentir na 1ª, sob pena de estar cometendo a contravenção Penal prevista no artigo 68 da Lei de Contravenções penais; caso atribua outra identidade a si, restará configurado o crime do artigo 307 do CP (falsa identidade). Na segunda parte do interrogatório não pode o acusado imputar falsamente um crime a si, pois estaria cometendo o delito de autoacusação falsa (art. 341 CP).

→ **Princípio da plenitude da defesa**

CF: XXXVIII: é reconhecida a instituição do júri, com a organização que lhe der a lei, assegurados:
A plenitude de defesa.

A plenitude da defesa significa que, em se tratando de tribunal do júri, pode o acusado alegar quaisquer tipos de justificativas, mesmo não sendo técnicas. Pode, por exemplo, apelar para o sentimentalismo a fim de convencer o conselho de sentença. Pode até invocar uma excludente de ilicitude não existente, como, por exemplo, a legítima defesa da honra.

→ **Princípio do favor rei, favor *libertatis, in dubio* pro réu, favor inocente ou da prevalência do interesse do réu.**

CF: ART 5º LVII: ninguém será considerado culpado até o trânsito em julgado de sentença penal condenatória.

Esse princípio decorre diretamente do princípio da inocência, de forma que, havendo dúvida sobre a culpabilidade do réu, deve o juiz absolvê-lo. Importante notar que ele não tem aplicação na denúncia, pois na dúvida o promotor denuncia, e também não tem aplicação na pronúncia (1º fase do júri).

→ **Princípio do contraditório ou da bilateralidade da audiência.**

CF: ART. 5º LV: aos litigantes, em processo judicial ou administrativo, e aos acusados em geral são assegurados o contraditório e ampla defesa, com os meios e recursos a ela inerentes.

É o princípio pelo qual oportuniza a parte contraditar tudo o que é dito contra ela. Se a acusação alega algum fato, deverá o acusado ter a oportunidade de desconstituir a alegação da acusação. É com base nisso que o tempo de audiência é distribuído. Se no júri a acusação tem uma hora e meia para falar e mais uma hora de réplica, a defesa também terá uma hora e meia para falar mais uma hora para a tréplica.

→ **Princípio do juiz natural**

CF: ART. 5º LIII: ninguém será processado nem sentenciado senão pela autoridade competente.

Esse princípio garante ao acusado que ele seja julgado por um juiz imparcial e definido anteriormente à ocorrência do crime; veda-se, portanto, o juízo ou tribunal de exceção ou tribunais *ad hoc*. Vale ressaltar que não fere o princípio do juiz natural a convocação de juízes de primeiro grau feita pelos tribunais e a criação de novas varas para igualar os acervos do juízo.

→ **Princípio da publicidade**

CF: ART. 5ºXXXIII: todos têm direito a receber dos órgãos públicos informações de seu interesse particular, ou de interesse coletivo ou geral, que serão prestadas no prazo da lei, sob pena de responsabilidade, ressalvadas aquelas cujo sigilo seja imprescindível à segurança da sociedade e do Estado.

CF: ART. 5º LX: a lei só poderá restringir a publicidade dos atos processuais quando a defesa da intimidade ou o interesse social o exigirem.

CF: ART. 93 IX: todos os julgamentos dos órgãos do Poder Judiciário serão públicos, e fundamentadas todas as decisões, sob pena de nulidade, podendo a lei limitar a presença, em determinados atos, às próprias partes e a seus advogados, ou somente a estes, em casos nos quais a preservação do direito à intimidade do interessado no sigilo não prejudique o interesse público à informação.

É o princípio que traduz a transparência da atividade jurisdicional do Estado, de forma que, em regra, os atos serão públicos. Essa norma, porém, admite exceções, de forma que, se a defesa da intimidade ou o interesse social o exigir, o ato não será público. No inquérito policial vigora o sigilo.

→ **Princípio da vedação das provas ilícitas**

CF: ART. 5º LVI: são inadmissíveis, no processo, as provas obtidas por meios ilícitos.

Provas ilícitas são aquelas que violam dispositivos legais ou constitucionais, não acolhendo o CPP a posição doutrinária de que ela seria aquela que violasse direito material, e prova ilegítima a que violasse direito processual. Também são vedadas as provas derivadas das ilícitas pela teoria do fruto das árvores envenenadas ou do efeito à distância (*fruits of the poisonous tree*).

Como exceções à vedação das provas derivadas das ilícitas, temos a teoria da fonte independente, a da descoberta inevitável, a da mancha purgada ou tinta diluída e, por último, a teoria da proporcionalidade que aceita a utilização da prova ilícita em defesa do acusado inocente.

→ **Princípios da economia processual, celeridade processual e duração razoável do processo.**

CF: ART. 5º LXXVIII: a todos, no âmbito judicial e administrativo, são assegurados a razoável duração do processo e os meios que garantam a celeridade de sua tramitação.

O princípio em comento traduz a ideia de, que para que o processo penal seja justo, deverá ele também ser célere. São consequências desse princípio da duração razoável das prisões cautelares e a chamada carta precatória itinerante.

→ **Princípio do devido processo legal *(due process of law)***

CF: ART. 5º LIV: ninguém será privado da liberdade ou de seus bens sem o devido processo legal.

Esse princípio traduz a ideia da própria existência do processo penal, de forma que não se poderá culpar alguém sem um mínimo de produção de provas por meio de um processo e que possa ser garantido o seu direito de defesa.

Questões

01. Em relação aos princípios constitucionais do contraditório e da ampla defesa, previstos no artigo 5º, inciso LV, da Constituição da República, é INCORRETO afirmar que

a) O contraditório é a ciência bilateral dos atos e termos processuais e a possibilidade de contrariá-los.

b) A ampla defesa desdobra-se em autodefesa e defesa técnica, sendo a primeira exercida pessoalmente pelo acusado e a segunda por profissional habilitado, com capacidade postulatória e conhecimentos técnicos.

c) A defesa técnica é irrenunciável, por se tratar de garantia da própria jurisdição.

d) Estão intimamente relacionados, uma vez que a ampla defesa garante o contraditório e por ele se manifesta e é garantida.

e) Foram inovações trazidas pelo texto constitucional de 1988.

A respeito da prisão e da liberdade provisória, bem como das disposições constitucionais acerca do Direito Processual Penal e da ação de habeas corpus, julgue o item subsequente.

02. Aos litigantes, em processo judicial ou administrativo e aos acusados em geral são assegurados o contraditório e ampla defesa, com os meios e recursos a ela inerentes.

Certo ( ) Errado ( )

03. Marque a resposta correta.

a) O princípio da identidade física do juiz consiste na dimensão formal do princípio do juiz natural, enquanto a vedação de tribunais de exceção e escolha de juiz traduzem a dimensão substancial do juiz natural.

b) São incontestáveis, na doutrina e na jurisprudência, o poder de investigação direta do Ministério Público e a prerrogativa legal de tomar assento imediatamente à direita e no mesmo plano do Magistrado, sem que haja, com isso, ofensa ao sistema acusatório ou à paridade de armas.

c) O STF admite como prova a gravação ambiental de conversas entre particulares, mas não permite a gravação clandestina de conversa informal entre agentes policiais e o indiciado; este último, em razão do direito constitucional ao silêncio.

d) A constituição de 1988 consagrou expressamente, no processo penal brasileiro, o princípio da verdade real. Por isso o Juiz poderá, de ofício, produzir prova no curso do processo.

e) O Delegado de Polícia não pode ordenar buscas domiciliares. Esse poder, contudo, foi atribuído, excepcionalmente, às CPIs, que possuem poderes de investigação típicos da autoridade judiciária.

Acerca dos princípios aplicáveis ao direito processual penal e da aplicação da lei processual no tempo e no espaço, julgue os itens seguintes.

04. O princípio da presunção de inocência ou da não culpabilidade subsiste durante todo o processo e tem o objetivo de garantir o ônus da prova à acusação até declaração final de responsabilidade por sentença penal condenatória transitada em julgado.

Certo ( ) Errado ( )

05. É assegurado, de forma expressa, na norma fundamental, o direito de qualquer acusado à plenitude de defesa em toda e qualquer espécie de procedimento criminal.

Certo ( ) Errado ( )

06. Com relação aos dispositivos constitucionais aplicáveis ao processo penal, assinale a opção correta.

a) A Constituição Federal de 1988 (CF) não admite juízo ou tribunal de exceção, razão por que a atual estrutura do Poder Judiciário não prevê justiças especializadas em determinada matéria.

b) A prisão de qualquer pessoa e o local onde se encontre devem ser comunicados ao juiz competente e à família do preso ou pessoa por ele indicada no prazo máximo de setenta e duas horas contado a partir da prisão.

c) A garantia de que ninguém será considerado culpado até o trânsito em julgado da sentença penal condenatória significa que mesmo quem for preso em flagrante cometendo homicídio será possuidor da presunção de inocência.

d) Admitir-se-á ação penal privada, subsidiária da pública, no crime de roubo, quando o membro do Ministério Público (MP) manifestar-se pelo arquivamento do inquérito policial.

e) Ao assegurar o contraditório, a ampla defesa e a publicidade aos acusados em geral, a CF impôs a observância de tais garantias não só durante o processo penal, mas desde o inquérito policial.

07. Assinale a alternativa CORRETA. O princípio da publicidade garante:

a) A realização de determinado ato processual a portas fechadas, limitando-se o número de pessoas presentes.

b) O acesso de qualquer advogado aos elementos de prova já documentados e produzidos na fase investigatória.

c) A produção de provas numa só audiência, podendo ser indeferidas as irrelevantes ou protelatórias.

d) O uso do habeas corpus por qualquer pessoa, em seu favor ou de outrem, bem como pelo Ministério Público.

08. Decorrem do princípio do devido processo legal as garantias procedimentais não expressas, tais como as relativas à taxatividade de ritos e à integralidade do procedimento.

Certo ( ) Errado ( )

09. O princípio constitucional que assegura ao acusado o direito de ampla defesa, no processo em que seja assegurada a igualdade das partes, denomina-se princípio

a) Do juiz natural.

b) Do estado de inocência.

c) Da verdade real.

d) Da obrigatoriedade.

e) Do contraditório.

10. Segundo De Plácido e Silva, os "princípios jurídicos, sem dúvida, significam os pontos básicos, que servem de ponto de partida ou de elementos vitais do próprio Direito. Indicam o alicerce do Direito."

(Vocabulário Jurídico. 28 ed. Rio de Janeiro: Editora Forense, 2009. p. 1091).

Tendo em mira o trecho acima transcrito, mormente os seus conhecimentos sobre a matéria, julgue as proposições a seguir:

I. Decorre do princípio da presunção de inocência a imputação do ônus da prova à acusação.

II. Em razão do princípio da soberania dos veredictos, não pode o Tribunal reformar a decisão, apenas designar um novo júri.

III. O Juiz deve ser designado previamente por lei, sendo vedado o Tribunal de Exceção, conforme preleciona o princípio do Juiz Natural.

IV. De toda alegação fática ou de direito e das provas apresentadas tem o adverso o direito de se manifestar, tendo em vista o que preleciona o princípio do contraditório.

a) Todas as proposições estão corretas.

b) Todas as proposições estão incorretas.

c) As proposições II, III e IV estão corretas.

d) As proposições I, II e III estão corretas.

e) As proposições I, III e IV estão corretas.

11. Os princípios constitucionais aplicáveis ao processo penal incluem:

a) A publicidade.

b) A verdade real.

c) A identidade física do juiz.

d) O favor rei.

e) A indisponibilidade.

12. A regra que, no processo penal, atribui à acusação, que apresenta a imputação em juízo através de denúncia ou de queixa- crime, o ônus da prova é decorrência do princípio:

a) Do contraditório.

b) Do devido processo legal.

c) Do Promotor natural.

d) Da ampla defesa.

e) Da presunção de inocência.

Gabaritos

01	E	**07**	A
02	CERTO	**08**	CERTO
03	C	**09**	E
04	CERTO	**10**	D
05	ERRADO	**11**	A
06	C	**12**	E

1. OS DIREITOS HUMANOS E A CONSTITUIÇÃO FEDERAL 600
1.1 Título I - Dos Princípios Fundamentais 600
2. DECLARAÇÃO UNIVERSAL DOS DIREITOS HUMANOS (DUDH) 603
2.1 Em Alguns Artigos da Dudh, Podemos Ver (Grifos Nossos) os Principais Direitos Tutelados: 604
2.2 Breves Considerações Sobre A Declaração Universal Dos Direitos Humanos. 604
2.3 Direitos Humanos E Legislação Brasileira 605
3. PROGRAMA NACIONAL DE DIREITOS HUMANOS (PNDH-3) 606
3.1 Considerações gerais 606

Sumário

1. OS DIREITOS HUMANOS E A CONSTITUIÇÃO FEDERAL

A Constituição Brasileira de 1988 é esquematizada em dez títulos, sendo estes: Princípios Fundamentais, Direitos e Garantias Fundamentais, Organização do Estado, Organização dos Poderes, Defesa do Estado e das Instituições, Tributação e Orçamento, Ordem Econômica e Financeira, Ordem Social e Disposições Gerais, tudo em uma organização estabelecida de respeitabilidade exemplar.

O título I da Constituição brasileira de 1988, composto por quatro artigos, é dedicado aos princípios fundamentais do Estado brasileiro. O nosso constituinte utilizou essa expressão princípios fundamentais para expressar o pensamento de que em seus artigos já se estabelecem a forma de Estado e de governo, proclama-se o regime político democrático pautado na soberania popular e institui a garantia da separação de funções entre os poderes. Também neles se encontram os valores e os fins mais gerais orientadores de nosso ordenamento constitucional, funcionando como diretrizes para todos os órgãos mediante os quais atuam os poderes constituídos.

1.1 Título I - Dos Princípios Fundamentais

> ***Art. 1º** A República Federativa do Brasil, formada pela união indissolúvel dos Estados e Municípios e do Distrito Federal, constitui-se em Estado* **Democrático de Direito**[1] *e tem como fundamentos:*

01. Estado Democrático de Direito: O Estado democrático de direito é um conceito que designa qualquer Estado que se aplica a garantir o respeito das liberdades civis, ou seja, o respeito pelos direitos humanos e pelas garantias fundamentais, por meio do estabelecimento de uma proteção jurídica. Em um estado de direito, as próprias autoridades políticas estão sujeitas ao respeito das regras de direito.

> ***I.** a soberania;*
>
> ***II.** a cidadania*
>
> ***III. a dignidade da pessoa humana**[2]**;***
>
> ***IV.** os valores sociais do trabalho e da livre iniciativa;*
>
> ***V. o pluralismo político**[3]**.***
>
> ***Parágrafo único.* Todo o poder emana do povo**[4]*, que o exerce por meio de representantes eleitos ou diretamente, nos termos desta Constituição.*

02. Dignidade da pessoa humana: é um valor moral e espiritual inerente à pessoa, ou seja, todo ser humano é dotado desse preceito, o qual constitui o princípio máximo do estado democrático de direito. Abrange uma diversidade de valores existentes na sociedade. Trata-se de um conceito adequável à realidade e à modernização da sociedade, devendo estar em conluio com a evolução e as tendências modernas das necessidades do ser humano. É dever do Estado fornecer condições mínimas de vida aos indivíduos, a fim de preservar sua dignidade.

Temos a importância do reconhecimento da dignidade expressa também na Declaração Universal dos Direitos Humanos (DUDH) de 1948 em pelo menos cinco trechos, destacando-se:

- **A parte inicial do preâmbulo:** considerando que o reconhecimento da dignidade inerente a todos os membros da família humana e de seus direitos iguais e inalienáveis é o fundamento da liberdade, da justiça e da paz no mundo (...).
- **O Artigo I:** todos os seres humanos nascem livres e iguais em dignidade e direitos. São dotados de razão e consciência e devem agir em relação uns aos outros com espírito de fraternidade.

03. Pluralismo político: é a possibilidade de existência de várias opiniões e ideias com o respeito por cada uma delas. O pluralismo político, como base do Estado democrático de direito, aponta o reconhecimento de que a sociedade é formada por vários grupos, portanto composta pela multiplicidade de vários centros de poder e pensamento em diferentes setores.

Na DUDH encontramos também elementos que se referem à importância da proteção dos elementos que marcam o pluralismo, como podemos destacar:

- **Artigo 18:** todo ser humano tem direito à liberdade de pensamento, consciência e religião; esse direito inclui a liberdade de mudar de religião ou crença e a liberdade de manifestar essa religião ou crença pelo ensino, pela prática, pelo culto em público ou em particular.
- **Artigo 19:** todo ser humano tem direito à liberdade de opinião e expressão; esse direito inclui a liberdade de, sem interferência, ter opiniões e de procurar, receber e transmitir informações e ideais por quaisquer meios e independentemente de fronteiras.

04. Todo poder emana do povo: temos aqui a ideia da soberania popular como base da nossa democracia, permitindo a participação das pessoas na escolha de seus representantes, ou no poder de decisão social: plebiscito, referendo e iniciativa popular (CF/88, Art. 14, I, II e III). Nada mais é do que a compreensão da existência e aceitação da não existência, no plano interno de um Estado soberano, de qualquer poder superior ao da coletividade de seus cidadãos.

De acordo com a Constituição Federal, a sociedade pode apresentar um projeto de lei à Câmara dos Deputados desde que a proposta seja assinada por um número mínimo de cidadãos distribuídos por pelo menos cinco Estados brasileiros: "A iniciativa popular pode ser exercida pela apresentação à Câmara dos Deputados de projeto de lei subscrito por, no mínimo, um por cento do eleitorado nacional, distribuído pelo menos por cinco Estados, com não menos de três décimos por cento dos eleitores de cada um deles" (Art. 61, § 2º, CF). Atendida a exigência constitucional, o projeto deve ser protocolizado junto à Secretaria-Geral da Mesa, obedecendo ao disposto no Art. 252 do Regimento Interno da Câmara dos Deputados.

Fonte: http://www2.camara.leg.br/participacao/sugira-um-projeto

> ***Art. 2º** São* **Poderes** *da União,* **independentes e harmônicos**[5] *entre si, o Legislativo, o Executivo e o Judiciário.*

05. Poderes independentes e harmônicos: vemos aqui um dos elementos limitadores do poder estatal, a tripartição do poder, que consiste em um modelo político que visa à melhor governança de um Estado pela fragmentação do seu poder em órgãos distintos e independentes, cada qual especializado em um aspecto ou área de governo. Embora seja mencionada quase como sinônimo da tripartição de poderes proposta por Montesquieu, a separação de poderes é um princípio muito mais amplo e antigo do que o modelo do filósofo francês, sendo identificado na Grécia Antiga e aplicado em diversas ocasiões.

Observação: o princípio da separação de poderes é cláusula pétrea (de acordo com o Art. 60, §4º, III).

A Teoria dos Freios e Contrapesos ("Checks and Balances"), oriunda dos Estados Unidos da América, justifica a independência e a harmonia entre os três órgãos do Poder de Soberania do Estado, sendo estes o Legislativo, o Executivo e o Judiciário, cada qual com atribuições próprias e impróprias. A Constituição Federal consagra esse complexo mecanismo de controles recíprocos entre os "três poderes", de forma que, ao mesmo tempo, um poder controle os demais e por eles seja controlado.

> ***Art. 3º*** *Constituem objetivos fundamentais[6] da República Federativa do Brasil:*
>
> ***I.*** *construir uma sociedade livre, justa e solidária;*
>
> ***II.*** *garantir o desenvolvimento nacional;*
>
> ***III.*** *erradicar a pobreza e a marginalização e reduzir as desigualdades sociais e regionais;*
>
> ***IV.*** *promover o bem de todos, sem preconceitos de origem, raça, sexo, cor, idade e quaisquer outras formas de discriminação.*

06. Objetivos Fundamentais: a Constituição de 1988 destaca-se por ser programática (diretiva ou dirigente), ou seja, caracteriza-se por conter normas definidoras de tarefas e programas de ação a serem concretizados pelos poderes públicos. Os objetivos Fundamentais são verdadeiros programas de governo, estabelecidos em um rol exemplificativo a ser adotado, cujo conteúdo é de extrema importância. Os objetivos elencados como fundamentais consagram metas previstas na maioria dos tratados e convenções internacionais sobre direitos humanos.

> ***Art. 4º*** *A República Federativa do Brasil rege-se nas suas relações internacionais pelos seguintes princípios:*
>
> ***I.*** *independência nacional;*
>
> ***II.*** *prevalência dos direitos humanos[7];*
>
> ***III.*** *autodeterminação dos povos;*
>
> ***IV.*** *não-intervenção;*
>
> ***V.*** *igualdade entre os Estados;*
>
> ***VI.*** *defesa da paz;*
>
> ***VII.*** *solução pacífica dos conflitos;*
>
> ***VIII.*** *repúdio ao terrorismo e ao racismo;*
>
> ***IX.*** *cooperação entre os povos para o progresso da humanidade;*
>
> ***X.*** *concessão de asilo político.*
>
> ***Parágrafo único.*** *A República Federativa do Brasil buscará a integração econômica, política, social e cultural dos povos da América Latina, visando à formação de uma comunidade latino-americana de nações.*

07. Prevalência dos Direitos Humanos: a prevalência dos direitos humanos nas relações internacionais ganha maior relevância no momento histórico em que vivemos, no qual, em virtude do desenvolvimento tecnológico, as distâncias entre as nações tendem a se encurtar cada vez mais e todas as pessoas tendem a se tornar verdadeiras cidadãs do mundo. Um estado regido pelo princípio fundamental da dignidade da pessoa humana não pode desprezar as violações dos direitos humanos praticadas por ou em outros estados. Com a adoção desse princípio, o Brasil une-se à comunidade internacional, assumindo com ela e perante ela a responsabilidade pela dignidade de toda pessoa humana.

Questões

01. (CESPE - 2015 - DPE-PE - Defensor Público) Julgue o item subsecutivo, a respeito de aspectos gerais e históricos dos direitos humanos.

O principal fundamento dos direitos humanos no Brasil refere-se à dignidade da pessoa humana. Por essa razão, além de haver consenso acerca do conteúdo desse princípio, ele é válido somente para os direitos humanos consagrados explicitamente na CF.

Certo ( ) Errado ( )

02. (CESPE - 2015 - DPE-PE - Defensor Público) Julgue o item subsecutivo, a respeito de aspectos gerais e históricos dos direitos humanos.

No Brasil, os entes federativos protegem automática e integralmente os chamados direitos humanos de segunda geração, ou direitos sociais, por força de consagração constitucional nesse sentido.

Certo ( ) Errado ( )

03. (CESPE - 2013 - PRF - Policial Rodoviário Federal) Acerca dos direitos de cidadania e do pluralismo jurídico, julgue os itens que se seguem.

No Brasil, o pluralismo jurídico configura-se, por exemplo, quando da aplicação de regras criadas por membros de organizações criminosas, distintas das regras jurídicas estabelecidas pelo Estado.

Certo ( ) Errado ( )

04. (CESPE - 2013 - DPE-DF - Defensor Público) Considerando as disposições constitucionais relativas aos direitos humanos e aos tratados que versam sobre o tema, julgue os itens subsequentes.

O procurador-geral da República poderá, ouvido o Conselho Nacional do Ministério Público, suscitar, perante o STF, incidente de deslocamento de competência para a justiça federal quando julgar que o processo envolve grave violação de direitos humanos e exige o cumprimento de obrigações decorrentes de tratados internacionais de direitos humanos dos quais o Brasil seja parte.

Certo ( ) Errado ( )

05. (CESPE - 2013 - DPE-DF - Defensor Público)Considerando as disposições constitucionais relativas aos direitos humanos e aos tratados que versam sobre o tema, julgue os itens subsequentes.

Uma das condições para que os tratados e convenções internacionais sobre direitos humanos sejam considerados equivalentes às normas constitucionais é a sua aprovação, em cada casa do Congresso Nacional, pelo mesmo processo legislativo previsto para a aprovação de proposta de emenda constitucional.

Certo ( ) Errado ( )

Gabaritos

01	ERRADO	04	ERRADO
02	ERRADO	05	CERTO
03	CERTO		

2. DECLARAÇÃO UNIVERSAL DOS DIREITOS HUMANOS (DUDH)

O período que sucedeu a Segunda Guerra Mundial carregou consigo a memória viva das grandes atrocidades experimentadas em um conflito sangrento e de proporções alarmantes. A barbárie imposta pelos nazistas, consolidada sobre a lógica da "supremacia racial", fez com que o mundo se colocasse diante de situações de absoluta desumanidade em que os direitos mais básicos do ser humano eram negados, restando-lhe a fome, a falta de liberdade, o trabalho forçado, o sofrimento e a morte. Contudo, a consolidação das potências bélicas, vitoriosas da grande guerra, resultou no encabeçamento de um movimento que traria respeito e segurança aos direitos humanos, garantindo-lhes proteção em qualquer tempo e lugar.

A Organização das Nações Unidas (ONU), constituída por 58 Estados-membros em sua origem, entre eles o Brasil, em 10 de dezembro de 1948 instituiu, por meio da resolução 217 A (III), a Declaração Universal dos Direitos Humanos (DUDH). Quando foi editada a Resolução, ela era apenas uma recomendação, não possuía força vinculante. Este posicionamento não é mais adequado porque décadas após a Resolução que criou a DUDH, os Tribunais Internacionais consideram que essa Resolução pode ser vista como espelho do costume internacional de Proteção dos Direitos Humanos.

Constituída por 30 artigos, o documento traz a defesa dos direitos básicos para a promoção da dignidade humana. Sem distinção de cor, nacionalidade, orientação sexual, política ou religiosa, a resolução visa impedir as arbitrariedades dos indivíduos e dos Estados que firam os Direitos Humanos.

Considerando que o reconhecimento da dignidade inerente a todos os membros da família humana e de seus direitos iguais e inalienáveis é o fundamento da liberdade, da justiça e da paz no mundo,

Considerando que o desprezo e o desrespeito pelos direitos humanos resultam em atos bárbaros que ultrajam a consciência da humanidade e que o advento de um mundo em que os homens gozem de liberdade de palavra, descrença e da liberdade de viverem a salvo do temor e da necessidade foi proclamado como a mais alta aspiração do homem comum, (...)

Considerando que os povos das Nações Unidas reafirmaram, na Carta, sua fé nos direitos humanos fundamentais, na dignidade e no valor da pessoa humana e na igualdade de direitos dos homens e das mulheres, e que decidiram promover o progresso social e melhores condições de vida em uma liberdade mais ampla,

Considerando que uma compreensão comum desses direitos e liberdades é da mais alta importância para o pleno cumprimento desse compromisso.

Trechos retirados do Preâmbulo da DUDH, 1948.

Vejamos alguns trechos da DUDH:

A presente Declaração Universal dos Direitos Humanos como o ideal comum a ser atingido por todos os povos e todas as nações, com o objetivo de que cada indivíduo e cada órgão da sociedade, tendo sempre em mente esta Declaração, se esforce, através do ensino e da educação, por promover o respeito a esses direitos e liberdades, e, pela adoção de medidas progressivas de caráter nacional e internacional, por assegurar o seu reconhecimento e a sua observância universal e efetiva, tanto entre os povos dos próprios Estados-Membros, quanto entre os povos dos territórios sob sua jurisdição.	**OBJETIVO**

Medidas progressivas: não é intenção da Declaração Universal dos Direitos Humanos que suas medidas sejam compreendidas e estabelecidas de maneira absoluta.

Artigo 1

Todos os seres humanos nascem livres e iguais em dignidade e direitos. São dotados de razão e consciência e devem agir em relação uns aos outros com espírito de fraternidade.	**Declaração dos Direitos do Homem e do Cidadão, 1789.**

Artigo 2

Toda pessoa tem capacidade para gozar os direitos e as liberdades estabelecidas nesta Declaração, sem distinção de qualquer espécie, seja de raça, cor, sexo, língua, religião, opinião política ou de outra natureza, origem nacional ou social, riqueza, nascimento, ou qualquer outra condição. Não será tampouco feita qualquer distinção fundada na condição política, jurídica ou internacional do país ou território a que pertença uma pessoa, quer se trate de um território independente, sob tutela, sem governo próprio, quer sujeito a qualquer outra limitação de soberania.	**Nenhum pré-requisito é motivo de distinção entre cidadãos em relação ao direito.**

Artigo 3

Toda pessoa tem direito à vida, à liberdade e à segurança pessoal. Exceção: Em caso de Guerra Declarada.	**Não podemos encarar de forma absoluta.**

Artigo 4

Ninguém será mantido em escravidão ou servidão; a escravidão e o tráfico de escravos serão proibidos em todas as suas formas.	**Vedação à escravidão, para alguns autores temos um direito que se reveste de caráter absoluto.**

Artigo 8

Todo ser humano tem direito a receber dos tribunais nacionais competentes remédio efetivo para os atos que violem os direitos fundamentais que lhe sejam reconhecidos pela constituição ou pela lei.	**Base para os remédios constitucionais.**

Artigo 11.

1. Todo ser humano acusado de um ato delituoso tem o direito de ser presumido inocente até que a sua culpabilidade tenha sido provada de acordo com a lei, em julgamento público no qual lhe tenham sido asseguradas todas as garantias necessárias à sua defesa.	**Presunção de inocência.**
2. Ninguém poderá ser culpado por qualquer ação ou omissão que, no momento, não constituíam delito perante o direito nacional ou internacional. Também não será imposta pena mais forte do que aquela que, no momento da prática, era aplicável ao ato delituoso.	**Reserva Legal.**

2.1 Em Alguns Artigos da DUDH, Podemos Ver (Grifos Nossos) os Principais Direitos Tutelados

Artigo 5

__Ninguém será submetido__ à tortura nem a tratamento ou __castigo cruel, desumano__ ou __degradante__.

Artigo 6

Todo ser humano tem o direito de ser, em todos os lugares, reconhecido como pessoa perante a lei.

Artigo 7

__Todos são iguais perante a lei__ e têm direito, sem qualquer distinção, a igual proteção da lei. __Todos têm direito a igual proteção contra qualquer discriminação__ que viole a presente Declaração e contra qualquer incitamento a tal discriminação.

Artigo 13

1. Todo ser humano tem direito à __liberdade de locomoção__ e residência dentro das fronteiras de cada Estado.

2. Todo ser humano tem o direito de deixar qualquer país, inclusive o próprio, e a este regressar.

Artigo 14

1. Toda pessoa, vítima de perseguição, tem o direito de __procurar e de gozar asilo em outros países__.

2. Este direito __não pode ser invocado em caso de perseguição legitimamente motivada__ por crimes de direito comum ou por atos contrários aos objetivos e princípios das Nações Unidas.

Artigo 15

1. Todo ser humano tem __direito a uma nacionalidade__.

2. Ninguém será arbitrariamente privado de sua nacionalidade, nem do direito de mudar de nacionalidade.

Artigo 16

1. Os homens e mulheres de maior idade, sem qualquer restrição de raça, nacionalidade ou religião, têm o __direito de contrair matrimônio e fundar uma família__. Gozam de iguais direitos em relação ao casamento, sua duração e sua dissolução.

2. O casamento não será válido senão com o livre e pleno consentimento dos nubentes.

3. A __família__ é o núcleo natural e fundamental da sociedade e __tem direito à proteção da sociedade e do Estado__.

Artigo 17

1. Todo ser humano tem __direito à propriedade__, só ou em sociedade com outros.

2. Ninguém será arbitrariamente privado de sua propriedade.

Artigo 20

1. Todo ser humano tem direito à __liberdade de reunião e associação pacífica__.

2. Ninguém pode ser obrigado a fazer parte de uma associação.

Artigo 21

1. Todo ser humano tem o __direito de tomar parte no governo de seu__ país diretamente ou por intermédio de representantes livremente escolhidos.

2. Todo ser humano tem igual direito de __acesso ao serviço público__ do seu país.

3. A __vontade do povo__ será a base da autoridade do governo; esta vontade será expressa em __eleições periódicas e legítimas__, por __sufrágio universal__, por __voto secreto__ ou processo equivalente que assegure a liberdade de voto.

Artigo 26

1. Todo ser humano tem __direito à instrução__. A instrução será __gratuita, pelo menos nos graus elementares__ e __fundamentais__. A instrução elementar será __obrigatória__. A __instrução técnico-profissional será acessível a todos__, bem como a __instrução superior__, está __baseada no mérito__.

2. A instrução __será orientada no sentido do pleno desenvolvimento da personalidade humana e do fortalecimento do respeito pelos direitos humanos e pelas liberdades fundamentais__. A instrução promoverá a compreensão, a tolerância e a amizade entre todas as nações e grupos raciais ou religiosos, e coadjuvará as atividades das Nações Unidas em prol da manutenção da paz.

2.2 Breves Considerações Sobre A Declaração Universal Dos Direitos Humanos

> Quando a Declaração Universal dos Direitos Humanos começou a ser pensada, o mundo ainda sentia os efeitos da Segunda Guerra Mundial, encerrada em 1945.

> Outros documentos já haviam sido redigidos em reação a tratamentos desumanos e injustiças, como a Declaração de Direitos Inglesa (elaborada em 1689, após as Guerras Civis Inglesas, para pregar a democracia) e a Declaração dos Direitos do Homem e do Cidadão (redigida em 1789, após a Revolução Francesa, a fim de proclamar a igualdade para todos).

> Depois da Segunda Guerra e da criação da Organização das Nações Unidas (também em 1945), líderes mundiais decidiram complementar a promessa da comunidade internacional de nunca mais permitir atrocidades como as que haviam sido vistas na guerra. Assim, elaboraram um guia para garantir os direitos de todas as pessoas e em todos os lugares do globo.

> O documento foi apresentado na primeira Assembleia Geral da ONU em 1946 e repassado à Comissão de Direitos Humanos para que fosse usado na preparação de uma declaração internacional de direitos. Na primeira sessão da comissão em 1947, seus membros foram autorizados a elaborar o que foi chamado de "esboço preliminar da Declaração Internacional dos Direitos Humanos".

- Um comitê formado por membros de oito países recebeu a declaração e se reuniu pela primeira vez em 1947. Ele foi presidido por Eleanor Roosevelt, viúva do presidente americano Franklin D. Roosevelt. O responsável pelo primeiro esboço da declaração, o francês René Cassin, também participou.
- O primeiro rascunho da Declaração Universal dos Direitos Humanos, que contou com a participação de mais de 50 países na redação, foi apresentado em setembro de 1948 e teve seu texto final redigido em menos de dois anos.

2.3 Direitos Humanos e Legislação Brasileira

- Podemos afirmar uma clara violação dos direitos humanos durante 21 anos (1964 a 1985).
- Temos uma violação desigual atingindo a Sociedade em diferentes níveis.
- A Emenda Constitucional nº 1, de 1969, alterou o Texto Constitucional, formando na prática uma nova Constituição (referente a Constituição de 1967).
- Em 1984, como resposta à repressão imposta pela Constituição de 1967 aos Direitos Políticos, surgiu o movimento das "Diretas Já", que reivindicava a volta das eleições diretas no Brasil para eleger o Presidente da República. No primeiro momento, o movimento não logrou êxito plenamente, pois a primeira eleição após o regime militar foi indireta, realizada pelo Congresso. Entretanto, conseguiu um bom resultado quando, nestas eleições, conseguiu devolver o governo à sociedade civil.
- A Constituição de 1988, conhecida como "Constituição Cidadã", é a que melhor representa a harmonia do Brasil com os Direitos Humanos nos dias atuais, pelo menos em tese. Pela própria estrutura da Constituição, como ela é escrita e como seus artigos estão organizados, percebemos que há um maior destaque para os Direitos Humanos: estes aparecem logo nas primeiras linhas do texto constitucional, sendo uma forma de demonstrar que o constituinte quis garanti-los e fazer deles a base para a nova sociedade que nascia a partir daquele momento.
- Logo no primeiro artigo, encontramos como fundamento da República Federativa do Brasil a "dignidade da pessoa humana", os "valores sociais do trabalho e da livre iniciativa" e o "pluralismo político". Isto prova que a nova ordem social, acolhida e inaugurada pela nova Constituição, rompia com aquela criada em 1967, e valorizava os Direitos Sociais, Trabalhistas e Políticos. É, porém, no Art. 5º da Carta de 1988, que encontramos o maior leque de direitos garantidos; vão desde direitos individuais e coletivos, passando por direitos civis, até instrumentos de controle judiciário da vida social e de limitações ao direito estatal de punir. É um grande avanço comparado à constituição anterior.

Questões

01. (CESPE - 2018 - ABIN - Oficial de Inteligência - Área 1) Julgue o item seguinte, a respeito da Declaração Universal dos Direitos Humanos e do direito internacional dos refugiados.

De acordo com a legislação brasileira, não pode ser considerado refugiado o indivíduo que, devido a fundados temores de perseguição por motivos de opiniões políticas, se encontre fora de seu país de nacionalidade e não queira acolher-se à proteção de tal país.

Certo ( ) Errado ( )

02. (CESPE - 2018 - ABIN - Oficial de Inteligência - Área 1) Julgue o item seguinte, a respeito da Declaração Universal dos Direitos Humanos e do direito internacional dos refugiados.

Embora assegure todas as garantias de defesa, a Declaração Universal dos Direitos Humanos não garante de forma expressa a presunção de inocência até que a culpabilidade de alguém tenha sido provada.

Certo ( ) Errado ( )

03. (CESPE - 2015 - STJ - Analista Judiciário - Administrativa (Segurança)) No tocante à Declaração Universal dos Direitos Humanos, julgue o item a seguir.

A família é o núcleo natural e fundamental da sociedade e tem direito à proteção da sociedade e do Estado.

Certo ( ) Errado ( )

04. (CESPE - 2015 - STJ - Analista Judiciário - Administrativa (Segurança))No tocante à Declaração Universal dos Direitos Humanos, julgue o item a seguir.

A educação deve ser direcionada ao pleno desenvolvimento da personalidade humana e ao respeito pelos direitos do homem e pelas liberdades fundamentais, devendo o ensino ser gratuito nos graus elementares e fundamentais.

Certo ( ) Errado ( )

05. (CESPE - 2015 - STJ - Analista Judiciário - Administrativa (Segurança)) No tocante à Declaração Universal dos Direitos Humanos, julgue o item a seguir.

É garantido o asilo em outros países àquele que for vítima de perseguição, ainda que motivada por crimes de direito comum.

Certo ( ) Errado ( )

Gabaritos

01	ERRADO	04	CERTO
02	ERRADO	05	ERRADO
03	CERTO		

3. PROGRAMA NACIONAL DE DIREITOS HUMANOS (PNDH-3)

3.1 Considerações gerais

O PNDH3 tem como base uma estrutura sistemática e que tenta englobar o máximo possível, com eficácia e eficiência, os pontos discutidos em todos os momentos que anteciparam sua afirmação, que foram:

Os objetivos estratégicos e as ações programáticas constam no anexo ao decreto 7037/2009

Eixo orientador I: Interação democrática entre Estado e Sociedade Civil.

Diretriz 1: Interação democrática entre Estado e sociedade civil como instrumento de fortalecimento da democracia participativa.

Diretriz 2: Fortalecimento dos Direitos Humanos como instrumento transversal das políticas públicas e de interação democrática.

Diretriz 3: Interação e Ampliação dos sistemas de informação em Direitos Humanos e construção de mecanismos de avaliação e monitoramento de sua efetivação.

6 objetivos – 28 ações programáticas

Eixo orientador II: Desenvolvimento e Direitos Humanos.

Diretriz 4: Efetivação de modelo de desenvolvimento sustentável, com inclusão social e econômica, ambientalmente equilibrado e tecnologicamente responsável, cultural e regionalmente diverso, participativo e não discriminatório.

Diretriz 5: Valorização da pessoa humana como sujeito central do processo de desenvolvimento.

Diretriz 6: Promover e proteger os direitos ambientais como Direitos Humanos, incluindo as gerações futuras como sujeitos de direitos.

8 objetivos – 54 ações programáticas

Eixo orientador III: Universalizar direitos em um contexto de desigualdades.

Diretriz 7: Garantia dos Direitos Humanos de forma universal, indivisível e interdependente, assegurando a cidadania plena.

Diretriz 8: Promoção de direitos de crianças e adolescentes para o seu desenvolvimento integral, de forma não discriminatória assegurando seu direito de opinião e participação.

Diretriz 9: Combate às desigualdades estruturais.

Diretriz 10: Garantia da igualdade na diversidade.

25 objetivos – 213 ações programáticas

Eixo orientador IV: Segurança Pública, acesso à Justiça e Combate à violência.

Diretriz 11: Democratização e modernização do sistema de segurança pública.

Diretriz 12: Transparência e participação popular no sistema de segurança pública e justiça criminal.

Diretriz 13: Prevenção da violência e da criminalidade e profissionalização da investigação de atos criminosos.

Diretriz 14: Combate à violência institucional, com ênfase na erradicação da tortura e na redução da letalidade policial e carcerária.

Diretriz 15: Garantia dos direitos das vítimas de crimes e de proteção das pessoas ameaçadas.

Diretriz 16: Modernização da política de execução penal, priorizando a aplicação de penas e medidas alternativas à privação de liberdade e melhoria do sistema penitenciário.

Diretriz 17: Promoção de sistema de justiça mais acessível, ágil e efetivo, para o conhecimento, a garantia e a defesa dos direitos.

29 objetivos – 161 ações programáticas

Eixo orientador V: Educação e Cultura em Direitos Humanos

Diretriz 18: Efetivação das diretrizes e dos princípios da política nacional de educação em Direitos Humanos para fortalecer cultura de direitos.

Diretriz 19: Fortalecimento dos princípios de democracia e dos Direitos Humanos nos sistemas de educação básica, nas instituições de ensino superior e nas instituições formadoras.

Diretriz 20: Reconhecimento da educação não formal como espaço de defesa e promoção dos Direitos Humanos.

Diretriz 21: Promoção da educação em Direitos Humanos no serviço público.

Diretriz 22: Garantia do direito à comunicação democrática e o acesso à informação para a consolidação de uma cultura em Direitos Humanos.

11 objetivos – 59 ações

Eixo orientador VI: Direito à Memória e à Verdade.

Diretriz 23: Reconhecimento da memória e da verdade como Direito Humano da cidadania e dever do Estado.

Diretriz 24: Preservação da memória histórica e a construção pública da verdade.

Diretriz 25: Modernização da Legislação relacionada com a promoção do direito à memória e à verdade, fortalecendo a democracia.

3 objetivos – 11 ações

Eixo I	Eixo II	Eixo III
• Diálogo entre Estado e Sociedade Civil; • Pressuposição de que a participação social está no monitoramento das políticas públicas que garantem a realização dos Direitos Humanos e da legitimação da Democracia.	• Evidencia a inclusão social; • A ampliação do espaço da cidadania; • Levanta reflexões acerca das futuras gerações; • Além de atitudes que garantam os direitos dos cidadãos futuros.	• Evidencia a necessidade de reconhecimento das desigualdades; • A concretização da igualdade frente a uma sociedade desigual; • Iniciativas para diminuição ou erradicação de problemas sociais que impeçam o desenvolvimento dos Direitos Humanos.

Eixo IV	Eixo V	Eixo VI
• Metas a serem traçadas no combate à violência; • Aplicação de medidas que promovam mais acesso à justiça; • Transparência da justiça e dos indivíduos que a ela promovem.	• Atitudes com relação à ponte Educação – Direitos humanos; • Atitudes com relação à ponte Cultura – direitos Humanos.	• Valorização dos princípios históricos como valorização dos Direitos Humanos; • Reflexão acerca do processo histórico dos Direitos Humanos, evitando o retorno a momentos de violação desses direitos.

A seguir apresentaremos o texto do decreto 7037/09 na íntegra, porém com algumas contextualizações importantes para o entendimento de cada Eixo Orientador, retirados do anexo do próprio decreto.

Decreto nº 7.037, de 21 de dezembro de 2009.

Aprova o Programa Nacional de Direitos Humanos - PNDH-3 e dá outras providências.

O PRESIDENTE DA REPÚBLICA, no uso da atribuição que lhe confere o art. 84, inciso VI, alínea "a", da Constituição,

DECRETA:

> ***Art. 1º*** *Fica aprovado o Programa Nacional de Direitos Humanos – PNDH-3, em consonância com as diretrizes, objetivos estratégicos e ações programáticas estabelecidos, na forma do Anexo deste Decreto.*
>
> ***Art. 2º*** *O PNDH-3 será implementado de acordo com os seguintes eixos orientadores e suas respectivas diretrizes:*
>
> ***I.*** *Eixo Orientador I: Interação democrática entre Estado e sociedade civil:*

CONTEXTUALIZAÇÃO

A partir da metade dos anos 1970, começam a ressurgir no Brasil iniciativas de rearticulação dos movimentos sociais, a despeito da repressão política e da ausência de canais democráticos de participação. Fortes protestos e a luta pela democracia marcaram esse período. Paralelamente, surgiram iniciativas populares nos bairros reivindicando direitos básicos como saúde, transporte, moradia e controle do custo de vida. Em um primeiro momento, eram iniciativas atomizadas, buscando conquistas parciais, mas que ao longo dos anos foram se caracterizando como movimentos sociais organizados.

Com o avanço da democratização do País, os movimentos sociais se multiplicaram. Alguns deles se institucionalizaram e passaram a ter expressão política. Os movimentos populares e sindicatos foram, no caso brasileiro, os principais promotores da mudança e da ruptura política em diversas épocas e contextos históricos. Com efeito, durante a etapa de elaboração da Constituição Cidadã de 1988, esses segmentos atuaram de forma especialmente articulada, afirmando-se como um dos pilares da democracia e influenciando diretamente os rumos do País.

Nos anos que se seguiram, os movimentos passaram a se consolidar por meio de redes com abrangência regional ou nacional, firmando-se como sujeitos na formulação e no monitoramento das políticas públicas. Nos anos 1990, desempenharam papel fundamental na resistência a todas as orientações do neoliberalismo de flexibilização dos direitos sociais, privatizações, dogmatismo do mercado e enfraquecimento do Estado. Nesse mesmo período, multiplicaram-se pelo País experiências de gestão estadual e municipal em que lideranças desses movimentos, em larga escala, passaram a desempenhar funções de gestores públicos.

Com as eleições de 2002, alguns dos setores mais organizados da sociedade trouxeram reivindicações históricas acumuladas, passando a influenciar diretamente a atuação do governo e vivendo de perto suas contradições internas. Nesse novo cenário, o diálogo entre Estado e sociedade civil assumiu especial relevo, com a compreensão e a preservação do distinto papel de cada um dos segmentos no processo de gestão. A interação é desenhada por acordos e dissensos, debates de ideias e pela deliberação em torno de propostas. Esses requisitos são imprescindíveis ao pleno exercício da democracia, cabendo à sociedade civil exigir, pressionar, cobrar, criticar, propor e fiscalizar as ações do Estado.

Essa concepção de interação democrática construída entre os diversos órgãos do Estado e a sociedade civil trouxe consigo resultados práticos em termos de políticas públicas e avanços na interlocução de setores do poder público com toda a diversidade social, cultural, étnica e regional que caracteriza os movimentos sociais em nosso País. Avançou-se fundamentalmente na compreensão de que os Direitos Humanos constituem condição para a prevalência da dignidade humana, e que devem ser promovidos e protegidos por meio do esforço conjunto do Estado e da sociedade civil.

Uma das finalidades do PNDH-3 é dar continuidade à integração e ao aprimoramento dos mecanismos de participação existentes, bem como criar novos meios de construção e monitoramento das políticas públicas sobre Direitos Humanos no Brasil. No âmbito institucional o PNDH-3 amplia as conquistas na área de direitos e garantias fundamentais, pois internaliza a diretriz segundo a qual a primazia dos Direitos Humanos constitui princípio transversal a ser considerado em todas as políticas públicas.

a) Diretriz 1: Interação democrática entre Estado e sociedade civil como instrumento de fortalecimento da democracia participativa;

b) Diretriz 2: Fortalecimento dos Direitos Humanos como instrumento transversal das políticas públicas e de interação democrática; e

c) Diretriz 3: Integração e ampliação dos sistemas de informações em Direitos Humanos e construção de mecanismos de avaliação e monitoramento de sua efetivação;

As diretrizes deste capítulo discorrem sobre a importância de fortalecer a garantia e os instrumentos de participação social, o caráter transversal dos Direitos Humanos e a construção de mecanismos de avaliação e monitoramento de sua efetivação. Isso inclui a construção de sistema de indicadores de Direitos Humanos e a articulação de políticas e instrumentos de monitoramento existentes.

O Poder Executivo tem papel protagonista na coordenação e implementação do PNDH-3, mas faz-se necessária a definição de responsabilidades compartilhadas entre a União, Estados, Municípios e Distrito Federal na execução de políticas públicas, tanto quanto a criação de espaços de participação e controle social nos Poderes Judiciário e Legislativo, no Ministério Público e nas Defensorias, em ambiente de respeito, proteção e efetivação dos Direitos Humanos. O conjunto dos órgãos do Estado – não apenas no âmbito do Executivo Federal – deve estar comprometido com a implementação e o monitoramento do PNDH-3.

Aperfeiçoar a interlocução entre Estado e sociedade civil depende da implementação de medidas que garantam à sociedade maior participação no acompanhamento e monitoramento das políticas públicas em Direitos Humanos, num diálogo plural e transversal entre os vários atores sociais e deles com o Estado. Ampliar o controle externo dos órgãos públicos por meio de ouvidorias, monitorar os compromissos internacionais assumidos pelo Estado brasileiro, realizar conferências periódicas sobre a temática, fortalecer e apoiar a criação de conselhos nacional, distrital, estaduais e municipais de Direitos Humanos, garantindo-lhes eficiência, autonomia e independência são algumas das formas de assegurar o aperfeiçoamento das políticas públicas por meio de diálogo, de mecanismos de controle e das ações contínuas da sociedade civil.

Fortalecer as informações em Direitos Humanos com produção e seleção de indicadores para mensurar demandas, monitorar, avaliar, reformular e propor ações efetivas, garante e consolida o controle social e a transparência das ações governamentais. A adoção de tais medidas fortalecerá a democracia participativa, na qual o Estado atua como instância republicana da promoção e defesa dos Direitos Humanos e a sociedade civil como agente ativo – propositivo e reativo – de sua implementação.

***II.** Eixo Orientador II: Desenvolvimento e Direitos Humanos:*

CONTEXTUALIZAÇÃO

O tema "desenvolvimento" tem sido amplamente debatido por ser um conceito complexo e multidisciplinar. Não existe modelo único e preestabelecido de desenvolvimento, porém pressupõe-se que ele deva garantir a livre determinação dos povos, o reconhecimento de soberania sobre seus recursos e riquezas naturais, respeito pleno à sua identidade cultural e a busca de equidade na distribuição das riquezas.

Durante muitos anos, o crescimento econômico, medido pela variação anual do Produto Interno Bruto (PIB), foi usado como indicador relevante para medir o avanço de um país. Acreditava-se que, uma vez garantido o aumento de bens e serviços, sua distribuição ocorreria de forma a satisfazer as necessidades de todas as pessoas. Constatou-se, porém, que, embora importante, o crescimento do PIB não é suficiente para causar, automaticamente, melhoria do bem estar para todas as camadas sociais. Por isso, o conceito de desenvolvimento foi adotado por ser mais abrangente e refletir, de fato, melhorias nas condições de vida dos indivíduos.

A teoria predominante de desenvolvimento econômico o define como um processo que faz aumentar as possibilidades de acesso das pessoas a bens e serviços, propiciadas pela expansão da capacidade e do âmbito das atividades econômicas. O desenvolvimento seria a medida qualitativa do progresso da economia de um país, refletindo transições de estágios mais baixos para estágios mais altos, por meio da adoção de novas tecnologias que permitem e favorecem essa transição. Cresce nos últimos anos a assimilação das ideias desenvolvidas por *Amartya Sem*, que abordam o desenvolvimento como liberdade e seus resultados centrados no bem estar social e, por conseguinte, nos direitos do ser humano.

São essenciais para o desenvolvimento: as liberdades e os direitos básicos como alimentação, saúde e educação. As privações das liberdades não são apenas resultantes da escassez de recursos, mas sim das desigualdades inerentes aos mecanismos de distribuição, da ausência de serviços públicos e de assistência do Estado para a expansão das escolhas individuais. Este conceito de desenvolvimento reconhece seu caráter pluralista e a tese de que a expansão das liberdades não representa somente um fim, mas também o meio para seu alcance. Em consequência, a sociedade deve pactuar as políticas sociais e os direitos coletivos de acesso e uso dos recursos. A partir daí, a medição de um índice de desenvolvimento humano veio substituir a medição de aumento do PIB, uma vez que o Índice de Desenvolvimento Humano (IDH) combina a riqueza per capita indicada pelo PIB aos aspectos de educação e expectativa de vida, permitindo, pela primeira vez, uma avaliação de aspectos sociais não mensurados pelos padrões econométricos.

No caso do Brasil, por muitos anos o crescimento econômico não levou à distribuição justa de renda e riqueza, mantendo-se elevados índices de desigualdade. As ações de Estado voltadas para a conquista da igualdade socioeconômica requerem ainda políticas permanentes, de longa duração, para que se verifique a plena proteção e promoção dos Direitos Humanos. É necessário que o modelo de desenvolvimento econômico tenha a preocupação de aperfeiçoar os mecanismos de distribuição de renda e de oportunidades para todos os brasileiros, bem como incorpore os valores de preservação ambiental.

Os debates sobre as mudanças climáticas e o aquecimento global, gerados pela preocupação com a maneira com que os países vêm explorando os recursos naturais e direcionando o progresso civilizatório, está na agenda do dia. Esta discussão coloca em questão os investimentos em infraestrutura e modelos de desenvolvimento econômico na área rural, baseados, em grande parte, no agronegócio, sem a preocupação com a potencial violação dos direitos de pequenos e médios agricultores e das populações tradicionais.

O desenvolvimento pode ser garantido se as pessoas forem protagonistas do processo, pressupondo a garantia de acesso de todos os indivíduos aos direitos econômicos, sociais, culturais e ambientais, e incorporando a preocupação com a preservação e a sustentabilidade como eixos estruturantes de proposta renovada de progresso. Esses direitos têm como foco a distribuição da riqueza, dos bens e serviços.

Todo esse debate traz desafios para a conceituação sobre os Direitos Humanos no sentido de incorporar o desenvolvimento como exigência fundamental. A perspectiva dos Direitos Humanos contribui para redimensionar o desenvolvimento. Motiva a passar da consideração de problemas individuais a questões de interesse comum, de bem-estar coletivo, o que alude novamente o Estado e o chama à corresponsabilidade social e à solidariedade.

a) Diretriz 4: Efetivação de modelo de desenvolvimento sustentável, com inclusão social e econômica, ambientalmente equilibrado e tecnologicamente responsável, cultural e regionalmente diverso, participativo e não discriminatório;

b) Diretriz 5: Valorização da pessoa humana como sujeito central do processo de desenvolvimento; e

c) Diretriz 6: Promover e proteger os direitos ambientais como Direitos Humanos, incluindo as gerações futuras como sujeitos de direitos;

Ressaltamos que a noção de desenvolvimento está sendo amadurecida como parte de um debate em curso na sociedade e no governo, incorporando a relação entre os direitos econômicos, sociais, culturais e ambientais, buscando a garantia do acesso ao trabalho, à saúde, à educação, à alimentação, à vida cultural, à moradia adequada, à previdência, à assistência social e a um meio ambiente sustentável. A inclusão do tema Desenvolvimento e Direitos Humanos na 11ª Conferência Nacional reforçou as estratégias governamentais em sua proposta de desenvolvimento.

Assim, este capítulo do PNDH-3 propõe instrumentos de avanço e reforça propostas para políticas públicas de redução das desigualdades sociais concretizadas por meio de ações de transferência de renda, incentivo à economia solidária e ao cooperativismo, à expansão da reforma agrária, ao fomento da aquicultura, da pesca e do extrativismo e da promoção do turismo sustentável. O PNDH-3 inova ao incorporar o meio ambiente saudável e as cidades sustentáveis como Direitos Humanos, propõe a inclusão do item "direitos ambientais" nos relatórios de monitoramento sobre Direitos Humanos e do item "Direitos Humanos" nos relatórios ambientais, assim como fomenta pesquisas de tecnologias socialmente inclusivas.

Nos projetos e empreendimentos com grande impacto socioambiental, o PNDH-3 garante a participação efetiva das populações atingidas, assim como prevê ações mitigatórias e compensatórias. Considera fundamental fiscalizar o respeito aos Direitos Humanos nos projetos implementados pelas empresas transnacionais, bem como seus impactos na manipulação das políticas de desenvolvimento. Nesse sentido, avalia como importante mensurar o impacto da biotecnologia aplicada aos alimentos, da nanotecnologia, dos poluentes orgânicos persistentes, metais pesados e outros poluentes inorgânicos em relação aos Direitos Humanos.

Alcançar o desenvolvimento com Direitos Humanos é capacitar as pessoas e as comunidades a exercerem a cidadania, com direitos e responsabilidades. É incorporar, nos projetos, a própria população brasileira, por meio de participação ativa nas decisões que afetam diretamente suas vidas. É assegurar a transparência dos grandes projetos de desenvolvimento econômico e mecanismos de compensação para a garantia dos Direitos Humanos das populações diretamente atingidas. Por fim, este PNDH-3 reforça o papel da equidade no Plano Plurianual, como instrumento de garantia de priorização orçamentária de programas sociais.

***III.** Eixo Orientador III: Universalizar direitos em um contexto de desigualdades:*

CONTEXTUALIZAÇÃO

A Declaração Universal dos Direitos Humanos afirma em seu preâmbulo que o "reconhecimento da dignidade inerente a todos os membros da família humana e de seus direitos iguais e inalienáveis é o fundamento da liberdade, da justiça e da paz no mundo". No entanto, nas vicissitudes ocorridas no cumprimento da Declaração pelos Estados signatários, identificou-se a necessidade de reconhecer as diversidades e diferenças para concretização do princípio da igualdade.

No Brasil, ao longo das últimas décadas, os Direitos Humanos passaram a ocupar uma posição de destaque no ordenamento jurídico. O País avançou decisivamente na proteção e promoção do direito às diferenças. Porém o peso negativo do passado continua a projetar no presente uma situação de profunda iniquidade social. O acesso aos direitos fundamentais continua enfrentando barreiras estruturais, resquícios de um processo histórico, até secular, marcado pelo genocídio indígena, pela escravidão e por períodos ditatoriais, práticas que continuam a ecoar em comportamentos, leis e na realidade social.

O PNDH-3 assimila os grandes avanços conquistados ao longo dos últimos anos, tanto nas políticas de erradicação da miséria e da fome quanto na preocupação com a moradia e saúde, e aponta para a continuidade e ampliação do acesso a tais políticas, fundamentais para garantir o respeito à dignidade humana. Os objetivos estratégicos direcionados à promoção da cidadania plena preconizam a universalidade, indivisibilidade e interdependência dos Direitos Humanos, condições para sua efetivação integral e igualitária. O acesso aos direitos de registro civil, alimentação adequada, terra e moradia, trabalho decente, educação, participação política, cultura, lazer, esporte e saúde, deve considerar a pessoa humana em suas múltiplas dimensões de ator social e sujeito de cidadania.

À luz da história dos movimentos sociais e de programas de governo, o PNDH-3 orienta-se pela transversalidade, para que a implementação dos direitos civis e políticos transitem pelas diversas dimensões dos direitos econômicos, sociais, culturais e ambientais. Caso contrário, grupos sociais afetados pela pobreza, pelo racismo estrutural e pela discriminação dificilmente terão acesso a tais direitos.

As ações programáticas formuladas visam enfrentar o desafio de eliminar as desigualdades, levando em conta as dimensões de gênero e raça nas políticas públicas, desde o planejamento até a sua concretização e avaliação. Há, neste sentido, propostas de criação de indicadores que possam mensurar a efetivação progressiva dos direitos. Às desigualdades soma-se a persistência da discriminação, que muitas vezes se manifesta sob a forma de violência contra sujeitos que são histórica e estruturalmente vulnerabilizados.

O combate à discriminação mostra-se necessário, mas insuficiente enquanto medida isolada. Os pactos e as convenções que integram o sistema regional e internacional de proteção dos Direitos Humanos apontam para a necessidade de combinar essas medidas com políticas compensatórias que acelerem a construção da igualdade, como forma capaz de estimular a inclusão de grupos socialmente vulneráveis. Além disso, as ações afirmativas constituem medidas especiais e temporárias que buscam remediar um passado discriminatório. No rol de movimentos e grupos sociais que demandam políticas de inclusão social encontram-se crianças, adolescentes, mulheres, pessoas idosas, lésbicas, gays, bissexuais, travestis, transexuais, pessoas com deficiência, pessoas moradoras de rua, povos indígenas, populações negras e quilombolas, ciganos, ribeirinhos, varzanteiros e pescadores, dentre outros.

a) Diretriz 7: Garantia dos Direitos Humanos de forma universal, indivisível e interdependente, assegurando a cidadania plena;

b) Diretriz 8: Promoção dos direitos de crianças e adolescentes para o seu desenvolvimento integral, de forma não discriminatória, assegurando seu direito de opinião e participação;

c) Diretriz 9: Combate às desigualdades estruturais; e

d) Diretriz 10: Garantia da igualdade na diversidade;

Definem-se, neste capítulo, medidas e políticas que devem ser efetivadas para reconhecer e proteger os indivíduos como iguais na diferença, ou seja, para valorizar a diversidade presente na população brasileira para estabelecer acesso igualitário aos direitos fundamentais. Trata-se de reforçar os programas de governo e as resoluções pactuadas nas diversas conferências nacionais temáticas, sempre sob o foco dos Direitos Humanos, com a preocupação de assegurar o respeito às diferenças e o combate às desigualdades, para o efetivo acesso aos direitos.

Por fim, em respeito à primazia constitucional de proteção e promoção da infância, do adolescente e da juventude, o capítulo aponta suas diretrizes para o respeito e a garantia das gerações futuras. Como sujeitos de direitos, as crianças, os adolescentes e os jovens são frequentemente subestimados em sua participação política e em sua capacidade decisória. Preconiza-se o dever de assegurar-lhes, desde cedo, o direito de opinião e participação.

Marcadas pelas diferenças e por sua fragilidade temporal, as crianças, os adolescentes e os jovens estão sujeitos a discriminações e violências. As ações programáticas promovem a garantia de espaços e investimentos que assegurem proteção contra qualquer forma de violência e discriminação, bem como a promoção da articulação entre família, sociedade e Estado para fortalecer a rede social de proteção que garante a efetividade de seus direitos.

***IV.** Eixo Orientador IV: Segurança Pública, Acesso à Justiça e Combate à Violência:*

CONTEXTUALIZAÇÃO

Por muito tempo, alguns segmentos da militância em Direitos Humanos mantiveram-se distantes do debate sobre as políticas públicas de segurança no Brasil. No processo de consolidação da democracia, por diferentes razões, movimentos sociais e entidades manifestaram dificuldade no tratamento do tema. Na base dessa dificuldade, estavam a memória dos enfrentamentos com o aparato repressivo ao longo de duas décadas de regime ditatorial, a postura violenta vigente, muitas vezes, em órgãos de segurança pública, a percepção do crime e da violência como meros subprodutos de uma ordem social injusta a ser transformada em seus próprios fundamentos.

Distanciamento análogo ocorreu nas universidades, que, com poucas exceções, não se debruçaram sobre o modelo de polícia legado ou sobre os desafios da segurança pública. As polícias brasileiras, nos termos de sua tradição institucional, pouco aproveitaram da reflexão teórica e dos aportes oferecidos pela criminologia moderna e demais ciências sociais, já disponíveis há algumas décadas às polícias e aos gestores de países desenvolvidos. A cultura arraigada de rejeitar as evidências acumuladas pela pesquisa e pela experiência de reforma das polícias no mundo era a mesma que expressava nostalgia de um passado de ausência de garantias individuais e que identificava na ideia dos Direitos Humanos não a mais generosa entre as promessas construídas pela modernidade, mas uma verdadeira ameaça.

Estavam postas as condições históricas, políticas e culturais para que houvesse um fosso aparentemente intransponível entre os temas da segurança pública e os Direitos Humanos. Nos últimos anos, contudo, esse processo de estranhamento mútuo passou a ser questionado. De um lado, articulações na sociedade civil assumiram o desafio de repensar a segurança pública a partir de diálogos com especialistas na área, policiais e gestores. De outro, começaram a ser implantadas as primeiras políticas públicas buscando caminhos alternativos de redução do crime e da violência, a partir de projetos centrados na prevenção e influenciados pela cultura de paz.

A proposição do Sistema Único de Segurança Pública, a modernização de parte das nossas estruturas policiais e a aprovação de novos regimentos e leis orgânicas das polícias, a consciência crescente de que políticas de segurança pública são realidades mais amplas e complexas do que as iniciativas possíveis às chamadas "forças da segurança", o surgimento de nova geração de policiais, disposta a repensar práticas e dogmas e, sobretudo, a cobrança da opinião pública e a maior fiscalização sobre o Estado, resultante do processo de democratização, têm tornado possível a construção de agenda de reformas na área.

O Programa Nacional de Segurança Pública com Cidadania (Pronasci) e os investimentos já realizados pelo Governo Federal na montagem de rede nacional de altos estudos em segurança pública, que têm beneficiado milhares de policiais em cada Estado, simbolizam, ao lado do processo de debates da 1ª Conferência Nacional de Segurança Pública, acúmulos históricos significativos, que apontam para novas e mais importantes mudanças.

a) Diretriz 11: Democratização e modernização do sistema de segurança pública;

b) Diretriz 12: Transparência e participação popular no sistema de segurança pública e justiça criminal;

c) Diretriz 13: Prevenção da violência e da criminalidade e profissionalização da investigação de atos criminosos;

d) Diretriz 14: Combate à violência institucional, com ênfase na erradicação da tortura e na redução da letalidade policial e carcerária;

e) Diretriz 15: Garantia dos direitos das vítimas de crimes e de proteção das pessoas ameaçadas;

f) Diretriz 16: Modernização da política de execução penal, priorizando a aplicação de penas e medidas alternativas à privação de liberdade e melhoria do sistema penitenciário; e

g) Diretriz 17: Promoção de sistema de justiça mais acessível, ágil e efetivo, para o conhecimento, a garantia e a defesa de direitos;

As propostas elencadas neste eixo orientador do PNDH-3 articulam-se com tal processo histórico de transformação e exigem muito mais do que já foi alcançado. Para tanto, parte-se do pressuposto de que a realidade brasileira segue sendo gravemente marcada pela violência e por severos impasses estruturais na área da segurança pública.

Problemas antigos, como a ausência de diagnósticos, de planejamento e de definição formal de metas, a desvalorização profissional dos policiais e dos agentes penitenciários, o desperdício de recursos e a consagração de privilégios dentro das instituições, as práticas de abuso de autoridade e de violência policial contra grupos vulneráveis e a corrupção dos agentes de segurança pública demandam reformas tão urgentes quanto profundas.

As propostas sistematizadas no PNDH-3 agregam, nesse contexto, as contribuições oferecidas pelo processo da 11ª Conferência Nacional dos Direitos Humanos e avançam também sobre temas que não foram objeto de debate, trazendo para o PNDH-3 parte do acúmulo crítico que tem sido proposto ao País pelos especialistas e pesquisadores da área.

Em linhas gerais, o PNDH-3 aponta para a necessidade de ampla reforma no modelo de polícia e propõe o aprofundamento do debate sobre a implantação do ciclo completo de policiamento às corporações estaduais. Prioriza transparência e participação popular, instando ao aperfeiçoamento das estatísticas e à publicação de dados, assim como à reformulação do Conselho Nacional de Segurança Pública. Contempla a prevenção da violência e da criminalidade como diretriz, ampliando o controle sobre armas de fogo e indicando a necessidade de profissionalização da investigação criminal.

Com ênfase na erradicação da tortura e na redução da letalidade policial e carcerária, confere atenção especial ao estabelecimento de procedimentos operacionais padronizados, que previnam as ocorrências de abuso de autoridade e de violência institucional, e confiram maior segurança a policiais e agentes penitenciários. Reafirma a necessidade de criação de ouvidorias independentes em âmbito federal e, inspirado em tendências mais modernas de policiamento, estimula as iniciativas orientadas por resultados, o desenvolvimento do policiamento comunitário e voltado para a solução de problemas, elencando medidas que promovam a valorização dos trabalhadores em segurança pública. Contempla, ainda, a criação de sistema federal que integre os atuais sistemas de proteção a vítimas e testemunhas, defensores de Direitos Humanos e crianças e adolescentes ameaçados de morte.

Também como diretriz, o PNDH-3 propõe profunda reforma da Lei de Execução Penal que introduza garantias fundamentais e novos regramentos para superar as práticas abusivas, hoje comuns. E trata as penas privativas de liberdade como última alternativa, propondo a redução da demanda por encarceramento e estimulando novas formas de tratamento dos conflitos, como as sugeridas pelo mecanismo da Justiça Restaurativa.

Reafirma-se a centralidade do direito universal de acesso à Justiça, com a possibilidade de acesso aos tribunais por toda a população, com o fortalecimento das defensorias públicas e a modernização da gestão judicial, de modo a garantir respostas judiciais mais céleres e eficazes. Destacam-se, ainda, o direito de acesso à Justiça em matéria de conflitos agrários e urbanos e o necessário estímulo aos meios de soluções pacíficas de controvérsias.

O PNDH-3 apresenta neste eixo, fundamentalmente, propostas para que o Poder Público se aperfeiçoe no desenvolvimento de políticas públicas de prevenção ao crime e à violência, reforçando a noção de acesso universal à Justiça como direito fundamental, e sustentando que a democracia, os processos de participação e transparência, aliados ao uso de ferramentas científicas e à profissionalização de instituições e trabalhadores da segurança, assinalam os roteiros mais promissores para que o Brasil possa avançar no caminho da paz pública.

V. *Eixo Orientador V: Educação e Cultura em Direitos Humanos:*

CONTEXTUALIZAÇÃO

A educação e a cultura em Direitos Humanos visam à formação de nova mentalidade coletiva para o exercício da solidariedade, do respeito às diversidades e da tolerância. Como processo sistemático e multidimensional que orienta a formação do sujeito de direitos, seu objetivo é combater o preconceito, a discriminação e a violência, promovendo a adoção de novos valores de liberdade, justiça e igualdade.

A educação em Direitos Humanos, como canal estratégico capaz de produzir uma sociedade igualitária, extrapola o direito à educação permanente e de qualidade. Trata-se de mecanismo que articula, dentre outros elementos:

a) a apreensão de conhecimentos historicamente construídos sobre Direitos Humanos e a sua relação com os contextos internacional, regional, nacional e local;

b) a afirmação de valores, atitudes e práticas sociais que expressem a cultura dos Direitos Humanos em todos os espaços da sociedade;

c) a formação de consciência cidadã capaz de se fazer presente nos níveis cognitivo, social, ético e político;

d) o desenvolvimento de processos metodológicos participativos e de construção coletiva, utilizando linguagens e materiais didáticos contextualizados;

e) o fortalecimento de políticas que gerem ações e instrumentos em favor da promoção, da proteção e da defesa dos Direitos Humanos, bem como da reparação das violações.

O PNDH-3 dialoga com o Plano Nacional de Educação em Direitos Humanos (PNEDH) como referência para a política nacional de Educação e Cultura em Direitos Humanos, estabelecendo os alicerces a serem adotados nos âmbitos nacional, estadual, distrital e municipal. O Plano Nacional de Educação em Direitos Humanos (PNEDH), refletido neste programa, se desdobra em cinco grandes áreas:

• Na educação básica, a ênfase do PNDH-3 é possibilitar, desde a infância, a formação de sujeitos de direito, priorizando as populações historicamente vulnerabilizadas. A troca de experiências entre crianças de diferentes raças e etnias, imigrantes, com deficiência física ou mental, fortalece, desde cedo, sentimento de convivência pacífica. Conhecer o diferente, desde a mais tenra idade, é perder o medo do desconhecido, formar opinião respeitosa e combater o preconceito, às vezes arraigado na própria família.

• No PNDH-3, essa concepção se traduz em propostas de mudanças curriculares, incluindo a educação transversal e permanente nos temas ligados aos Direitos Humanos e, mais especificamente, o estudo da temática de gênero e orientação sexual, das culturas indígena e afro-brasileira entre as disciplinas do ensino fundamental e médio.

• No ensino superior, as metas previstas visam a incluir os Direitos Humanos, por meio de diferentes modalidades como disciplinas, linhas de pesquisa, áreas de concentração, transversalização incluída nos projetos acadêmicos dos diferentes cursos de graduação e pós-graduação, bem como em programas e projetos de extensão.

• A educação não formal em Direitos Humanos é orientada pelos princípios da emancipação e da autonomia, configurando-se como processo de sensibilização e formação da consciência crítica. Desta forma, o PNDH-3 propõe inclusão da temática de Educação em Direitos Humanos nos programas de capacitação de lideranças comunitárias e nos programas de qualificação profissional, alfabetização de jovens e adultos, dentre outros. Volta-se, especialmente, para o estabelecimento de diálogo e parcerias permanentes como o vasto leque brasileiro de movimentos populares, sindicatos, igrejas, ONGs, clubes, entidades empresariais e toda sorte de agrupamentos da sociedade civil que desenvolvem atividades formativas em seu cotidiano.

• A formação e a educação continuada em Direitos Humanos, com recortes de gênero, relações étnico-raciais e de orientação sexual, em todo o serviço público, especialmente entre os agentes do sistema de Justiça de segurança pública, são fundamentais para consolidar o Estado Democrático e a proteção do direito à vida e à dignidade, garantindo tratamento igual a todas as pessoas e o funcionamento de sistemas de Justiça que promovam os Direitos Humanos.

a) Diretriz 18: Efetivação das diretrizes e dos princípios da política nacional de educação em Direitos Humanos para fortalecer uma cultura de direitos;

b) Diretriz 19: Fortalecimento dos princípios da democracia e dos Direitos Humanos nos sistemas de educação básica, nas instituições de ensino superior e nas instituições formadoras;

c) Diretriz 20: Reconhecimento da educação não formal como espaço de defesa e promoção dos Direitos Humanos;

d) Diretriz 21: Promoção da Educação em Direitos Humanos no serviço público; e

e) Diretriz 22: Garantia do direito à comunicação democrática e ao acesso à informação para consolidação de uma cultura em Direitos Humanos; e

Aborda-se também o papel estratégico dos meios de comunicação de massa, no sentido de construir ou desconstruir ambiente nacional e cultura social de respeito e proteção aos Direitos Humanos. Daí a importância primordial de introduzir mudanças que assegurem ampla democratização desses meios, bem como de atuar permanentemente junto a todos os profissionais e as empresas do setor (seminários, debates, reportagens, pesquisas e conferências), buscando sensibilizar e conquistar seu compromisso ético com a afirmação histórica dos Direitos Humanos.

VI. *Eixo Orientador VI: Direito à Memória e à Verdade:*

CONTEXTUALIZAÇÃO

A investigação do passado é fundamental para a construção da cidadania. Estudar o passado, resgatar sua verdade e trazer à tona seus acontecimentos caracterizam forma de transmissão de experiência histórica, que é essencial para a constituição da memória individual e coletiva.

O Brasil ainda processa com dificuldades o resgate da memória e da verdade sobre o que ocorreu com as vítimas atingidas pela repressão política durante o regime de 1964. A impossibilidade de acesso a todas as informações oficiais impede que familiares de mortos e desaparecidos possam conhecer os fatos relacionados aos crimes praticados e não permite à sociedade elaborar seus próprios conceitos sobre aquele período.

A história que não é transmitida de geração a geração torna-se esquecida e silenciada. O silêncio e o esquecimento das barbáries geram graves lacunas na experiência coletiva de construção da identidade nacional. Resgatando a memória e a verdade, o País adquire consciência superior sobre sua própria identidade, a democracia se fortalece. As tentações totalitárias são neutralizadas e crescem as possibilidades de erradicação definitiva de alguns resquícios daquele período sombrio, como a tortura, por exemplo, ainda persistente no cotidiano brasileiro.

O trabalho de reconstituir a memória exige revisitar o passado e compartilhar experiências de dor, violência e mortes. Somente depois de lembrá-las e fazer seu luto, será possível superar o trauma histórico e seguir adiante. A vivência do sofrimento e das perdas não pode ser reduzida a conflito privado e subjetivo, uma vez que se inscreveu num contexto social, e não individual.

A compreensão do passado por intermédio da narrativa da herança histórica e pelo reconhecimento oficial dos acontecimentos possibilita aos cidadãos construírem os valores que indicarão sua atuação no presente. O acesso a todos os arquivos e documentos produzidos durante o regime militar é fundamental no âmbito das políticas de proteção dos Direitos Humanos.

As violações sistemáticas dos Direitos Humanos pelo Estado durante o regime ditatorial são desconhecidas pela maioria da população, em especial pelos jovens. A radiografia dos atingidos pela repressão política ainda está longe de ser concluída, mas calcula-se que pelo menos cinquenta mil pessoas foram presas somente nos primeiros meses de 1964; cerca de vinte mil brasileiros foram submetidos a torturas e cerca de quatrocentos cidadãos foram mortos ou estão desaparecidos. Ocorreram milhares de prisões políticas não registradas, cento e trinta banimentos, quatro mil, oitocentos e sessenta e duas cassações de mandatos políticos, uma cifra incalculável de exílios e refugiados políticos.

a) Diretriz 23: Reconhecimento da memória e da verdade como Direito Humano da cidadania e dever do Estado;

b) Diretriz 24: Preservação da memória histórica e construção pública da verdade; e

c) Diretriz 25: Modernização da legislação relacionada com promoção do direito à memória e à verdade, fortalecendo a democracia.

As ações programáticas deste eixo orientador têm como finalidade assegurar o processamento democrático e republicano de todo esse período da história brasileira, para que se viabilize o desejável sentimento de reconciliação nacional. E para se construir consenso amplo no sentido de que as violações sistemáticas de Direitos Humanos registradas entre 1964 e 1985, bem como no período do Estado Novo, não voltem a ocorrer em nosso País, nunca mais.

Parágrafo único. A implementação do PNDH-3, além dos responsáveis nele indicados, envolve parcerias com outros órgãos federais relacionados com os temas tratados nos eixos orientadores e suas diretrizes.

Art. 3º *As metas, prazos e recursos necessários para a implementação do PNDH-3 serão definidos e aprovados em Planos de Ação de Direitos Humanos bianuais.*

Art. 4º *(Revogado pelo Decreto nº 10.087, de 2019)*

Art. 5º *Os Estados, o Distrito Federal, os Municípios e os órgãos do Poder Legislativo, do Poder Judiciário e do Ministério Público, serão convidados a aderir ao PNDH-3.*

Art. 6º *Este Decreto entra em vigor na data de sua publicação.*

Art. 7º *Fica revogado o Decreto no 4.229, de 13 de maio de 2002.*

Questões

01. Acerca do Programa Nacional de Direitos Humanos III (PNDH-3), julgue os itens que se seguem.
A diretriz referente à garantia dos direitos humanos de forma universal, indivisível e interdependente, de modo a assegurar a cidadania plena, consta no eixo orientador denominado Desenvolvimento e Direitos Humanos do PNDH-3. (CESPE - 2013 - MTE - Auditor Fiscal do Trabalho - Prova 1)
Certo ( ) Errado ( )

02. Com base na desconstrução da heteronormatividade, o PNDH-3 recomenda que as configurações familiares constituídas por lésbicas, gays, bissexuais, travestis e transexuais (LGBT) sejam reconhecidas e incluídas nos sistemas de informação do serviço público. (CESPE - 2016 - DPU - Assistente Social)
Certo ( ) Errado ( )

03. Uma importante diretriz do PNDH-3 refere-se ao combate à violência institucional, com ênfase na erradicação da tortura e na redução da letalidade policial e carcerária. (CESPE - 2015 - DEPEN - Especialista - Todas as áreas - Conhecimentos Básicos)
Certo ( ) Errado ( )

04. Entre as diretrizes contidas no PNDH-3, estão a democratização e a modernização do sistema de segurança pública, o que requer transparência e efetiva participação da sociedade na abordagem do tema. (CESPE - 2015 - DEPEN - Especialista - Todas as áreas - Conhecimentos Básicos)
Certo ( ) Errado ( )

05. Ao propor um eixo orientador centrado na relação entre desenvolvimento e direitos humanos, o PNDH-3 defende, entre outros objetivos, um modelo de desenvolvimento sustentável, assinalado pela inclusão social e econômica, tecnologicamente responsável e ambientalmente equilibrado. (CESPE - 2015 - DEPEN - Especialista - Todas as áreas - Conhecimentos Básicos)
Certo ( ) Errado ( )

06. Entre as diretrizes do Programa Nacional de Direitos Humanos (PNDH-3), não estão inseridas, entre os direitos humanos, a promoção e a proteção dos direitos ambientais. (FUNIVERSA - 2015 - SEAP-DF - Agente de Atividades Penitenciárias)
Certo ( ) Errado ( )

07. A modernização da política de execução penal, que prioriza a aplicação de penas e medidas alternativas à privação de liberdade e a melhoria do sistema penitenciário, é uma das diretrizes do Programa Nacional de Direitos Humanos (PNDH-3). (FUNIVERSA - 2015 - SEAP-DF - Agente de Atividades Penitenciárias)
Certo ( ) Errado ( )

08. Entre as principais diretrizes do PNDH-3/2009, no eixo de segurança pública, acesso à justiça e combate à violência, incluem-se a democratização e modernização do sistema de segurança pública; a transparência e participação popular no sistema de segurança pública e justiça criminal; e o combate à violência institucional, com ênfase na erradicação da tortura e na redução da letalidade policial e carcerária. (CESPE - 2015 - STJ - Analista Judiciário - Serviço Social)
Certo ( ) Errado ( )

09. No eixo orientador do PNDH-3 que diz respeito à segurança pública, ao acesso à justiça e ao combate à violência, é disposta diretriz para a modernização da política de execução penal; a diretriz para a modernização do sistema de segurança pública não é, contudo, abrangida por esse eixo. (CESPE - 2013 - DEPEN - Especialista - Todas as áreas - Conhecimentos Básicos)
Certo ( ) Errado ( )

10. De acordo com o PNDH, toda pessoa tem direito à instrução, que deverá ser gratuita em todos os níveis de escolaridade. (CESPE - 2016 - TCE-PA - Auditor de Controle Externo - Área Administrativa - Serviço Social)
Certo ( ) Errado ( )

Gabaritos

01	ERRADO	06	ERRADO
02	CERTO	07	CERTO
03	CERTO	08	CERTO
04	CERTO	09	ERRADO
05	CERTO	10	ERRADO

1. LEI DE ORGANIZAÇÃO CRIMINOSA - LEI Nº 12.850/2013 618

1.1 Convenção de Palermo 618

1.2 O conceito de organização criminosa 618

1.3 Os crimes de associação criminosa do Código Penal (art. 288), da Lei de Drogas (art. 35 da Lei nº 11.343/2006), de organização criminosa para fins de terrorismo (art. 3º da Lei nº 13.260/2016) e de organização criminosa do art. 2º da Lei nº 12.850/2013 619

1.4 Os meios de obtenção de prova da Lei nº 12.850/2013 620

1.5 Da colaboração premiada 620

1.6 Da ação controlada 624

1.7 Da infiltração de agentes 624

1.8 Do acesso a registros, dados cadastrais, documentos e informações. Dos crimes ocorridos na investigação e na obtenção da prova. As disposições finais da lei 626

2. LAVAGEM DE CAPITAIS - LEI Nº 9.613/ DE 1998 628

3. LEI DE TORTURA - LEI Nº 9.455/1997 641

3.1 Lesão Corporal de Natureza Grave 643

3.2 Lesão Corporal de Natureza Gravíssima 643

4. LEI DE ABUSO DE AUTORIDADE - LEI Nº 13.869/2019 646

5. ESTATUTO DO DESARMAMENTO - LEI Nº 10.826/2003 650

5.1 Conceitos introdutórios 650

5.2 Dos crimes e das penas 656

6. SISTEMA NACIONAL DE POLÍTICAS PÚBLICAS SOBRE DROGAS (SISNAD) - LEI Nº 11.343/2006 667

6.1 Disposições Preliminares 667

6.2 Do Sistema Nacional de Políticas Públicas sobre Drogas 667

6.3 Das Atividades de Prevenção do Uso Indevido, Atenção e Reinserção Social de Usuários e Dependentes de Drogas 668

6.4 Da Repressão à Produção não Autorizada e ao Tráfico Ilícito de Drogas 669

6.5 Da Cooperação Internacional 674

6.6 Disposições Finais e Transitórias 675

1. LEI DE ORGANIZAÇÃO CRIMINOSA - LEI Nº 12.850/2013

Embora não seja um fenômeno recente, a criminalidade organizada apresenta um dos problemas centrais decorrentes da globalização. Antes, localizado em certas partes do mundo, como na Itália, por meio da mais famosa Máfia Italiana, que se construía sob a estrutura e a hierarquia de uma verdadeira família, ganhou notoriedade especialmente com a dramaturgia. Mas não só, outras organizações criminosas pelo mundo, com o processo de globalização, acabaram por se espalhar pelo globo, chegando, inclusive, a inspirar entre nós o estabelecimento de uma verdadeira criminalidade organizada.

Na legislação brasileira, embora desde a edição do Código Penal já fosse previsto o delito de quadrilha ou bando (art. 288), essa incriminação não se mostrava suficiente diante dos novos desafios que as organizações criminosas nacionais e transnacionais apresentavam. Nesse contexto, houve a edição da Lei nº 9.034/95, que dispunha sobre a utilização de meios operacionais para a prevenção e repressão de ações praticadas por organizações criminosas. Essa Lei, entretanto, não trazia os elementos necessários para um efetivo combate dessa criminalidade.

1.1 Convenção de Palermo

Importante documento internacional que trata sobre o tema, a chamada Convenção de Palermo ou, mais tecnicamente, Convenção das Nações Unidas contra o Crime Organizado Transnacional, foi incorporada ao sistema normativo brasileiro pelo Decreto nº 5.015, de 12 de março de 2004.

Já em seu artigo 1, a Convenção traz como objetivo "promover a cooperação para prevenir e combater mais eficazmente a criminalidade organizada transnacional.". Para tanto, estabelece uma série de mecanismos para a criminalização e o combate aos crimes relacionados a esse tipo de infração penal, definindo, para efeitos da Convenção, "Grupo criminoso organizado" como "grupo estruturado de três ou mais pessoas, existente há algum tempo e atuando concertadamente com o propósito de cometer uma ou mais infrações graves ou enunciadas na presente Convenção, com a intenção de obter, direta ou indiretamente, um benefício econômico ou outro benefício material".

Registre-se que, embora a Recomendação nº 3/2006 do Conselho Nacional de Justiça tenha proposto a adoção do conceito estabelecido na Convenção de Palermo, o que motivou, inclusive precedentes do Superior Tribunal de Justiça nesse sentido (veja-se, por ex., o HC 77.771, 5ª T., rel. Min. Laurita Vaz, j. 30.05.2008[1]), acabou não sendo considerada como uma definição legal válida de organização criminosa, sendo insuficiente para terminar sua punição criminal além dos casos de quadrilha ou bando (então prevista no art. 288 do Código Penal) ou associação para o tráfico (do art. 35 da Lei de Drogas. Nesse sentido, a conclusão do Supremo Tribunal Federal:

Em matéria penal, prevalece o dogma da reserva constitucional de lei em sentido formal, pois a Constituição da República somente admite a lei interna como única fonte formal e direta de regras de direito penal, a significar, portanto, que as cláusulas de tipificação e de cominação penais, para efeito de repressão estatal, subsumem-se ao âmbito das normas domésticas de direito penal incriminador, regendo-se, em consequência, pelo postulado da reserva de Parlamento. Doutrina. Precedentes (STF). **As convenções internacionais, como a Convenção de Palermo, não se qualificam, constitucionalmente, como fonte formal direta legitimadora da regulação normativa concernente à tipificação de crimes e à cominação de sanções penais.**[2]

1.2 O conceito de organização criminosa

A Lei nº 12.850/13 revogou a Lei nº 9.034/95 - que até o ano de 2013 tratava sobre o crime organizado, sem, contudo, definir organização criminosa. Atualmente, a Lei nº 12.850/13 **define organização criminosa** e cuida dos crimes cometidos por elas, afirmando, já em seu art. 1º, que o seu objetivo é definir organização criminosa e dispor sobre a investigação criminal, os meios de obtenção da prova, infrações penais correlatas e o procedimento criminal a ser aplicado.

A Lei nº 12.850/13 traz, no § 1º, do art. 1º, o **conceito de organização criminosa** com a seguinte redação:

Considera-se organização criminosa a **associação de 4 (quatro) ou mais pessoas** **estruturalmente ordenada** e caracterizada pela **divisão de tarefas**, ainda que informalmente, com **objetivo** de obter, direta ou indiretamente, **vantagem** de qualquer natureza, **mediante a prática de infrações penais** cujas **penas máximas sejam superiores a 4 (quatro) anos, ou que sejam de caráter transnacional**".

O § 2º, do art. 1º, ainda estende a aplicabilidade da Lei nº 12.850/13:

> *I. às infrações penais previstas em **tratado ou convenção internacional** quando, iniciada a execução no País, o resultado tenha ou devesse ter ocorrido no estrangeiro, ou reciprocamente;*
>
> *II. às **organizações terroristas**, entendidas como aquelas voltadas para a prática dos atos de terrorismo legalmente definidos.*

Podemos dizer que uma das mais importantes informações sobre o crime organizado se encontra no seu art. 1º, que é justamente a definição de organização criminosa.

O Código Penal, em ser art. 288, trata do crime de associação criminosa, que pode facilmente ser confundido com a organização, por isso a definição do que é e como se caracteriza a organização criminosa, trazida em lei específica, torna-se ainda mais importante, pois, além da tipificação de um novo crime, ainda nos traz as diferenças entre ela e um crime já existente na legislação comum.

A Lei nº 12.850/13 trouxe, ainda, modificações ao Código Penal, o crime de associação criminosa antes era conhecido como crime de quadrilha ou bando.

1 "O conceito jurídico da expressão organização criminosa ficou estabelecido em nosso ordenamento jurídico com o Decreto n. 5.015, de 12 de marco de 2004, que promulgou o Decreto Legislativo nº 231, de 29 de maio de 2003, que ratificou a Convenção das Nações Unidas contra o Crime Organizado Transnacional (Convenção de Palermo). Precedentes desta Corte e do Supremo Tribunal Federal." (trecho da ementa)

2 2ª T., AgR no RHC 121.835, rel. Min. Celso de Mello, j. 13.102015, DJe 20.11.2015.

Além do mais, a Lei do Crime Organizado se aplica também aos crimes previstos em tratados ou convenções internacionais, desde que tenha iniciado sua execução no Brasil e o resultado tenha ou devesse ocorrer no exterior, ou quando a execução se iniciar no exterior e o resultado tenha ou devesse ocorrer no Brasil. Aplica-se também às organizações terroristas internacionais, reconhecidas conforme as normas de direito internacional, por foro do qual o Brasil seja participante, desde que os atos de suporte, preparatórios ou mesmo os executórios ocorram ou possam ocorrer no Brasil.

	Associação criminosa	**Organização criminosa**
Previsão legal	art. 288 do Código Penal	art. 2º da Lei nº 12.850/13
Quantidade de integrantes	3 ou mais pessoas	4 ou mais pessoas
Características	• Finalidade específica de cometer crimes.	• Estrutura ordenada; • **Divisão de Tarefas**, mesmo que informalmente; • **Objetivo de obter**, direta ou indiretamente, **vantagem** de qualquer natureza- **Prática de infrações penais** cujas **penas máximas sejam superiores a 4 anos**, ou que tenham **caráter transnacional**.

1.3 Os crimes de associação criminosa do Código Penal (art. 288), da Lei de Drogas (art. 35 da Lei nº 11.343/2006), de organização criminosa para fins de terrorismo (art. 3º da Lei nº 13.260/2016) e de organização criminosa do art. 2º da Lei nº 12.850/2013

Na sequência, após definir, finalmente, o que é organização criminosa, a Lei estabelece o crime referente à promoção, à constituição (criação) ou ao financiamento de organização criminosa, equiparando a essa prática o fato de integrar organização ou mesmo de impedir ou, de qualquer forma, embaraçar a investigação de infração penal que a envolva:

> ***Art. 2º. Promover, constituir, financiar ou integrar**, pessoalmente ou por interposta pessoa, **organização criminosa**:*
>
> ***Pena** - reclusão, de 3 (três) a 8 (oito) anos, e multa, sem prejuízo das penas correspondentes às demais infrações penais praticadas.*
>
> ***§1º**. Nas **mesmas penas** incorre quem **impede** ou, de qualquer forma, **embaraça a investigação** de infração penal que envolva organização criminosa.*
>
> ***§2º**. As penas **aumentam-se até a metade** se na atuação da organização criminosa houver **emprego de arma de fogo**.*
>
> ***§3º**. A pena é **agravada** para quem **exerce o comando**, individual ou coletivo, da organização criminosa, ainda que não pratique pessoalmente atos de execução.*
>
> ***§4º. A pena é aumentada de 1/6 (um sexto) a 2/3 (dois terços)**:*
>
> ***I.** se há participação de criança ou adolescente;*
>
> ***II.** se há concurso de funcionário público, valendo-se a organização criminosa dessa condição para a prática de infração penal;*
>
> ***III.** se o produto ou proveito da infração penal destinar-se, no todo ou em parte, ao exterior;*
>
> ***IV.** se a organização criminosa mantém conexão com outras organizações criminosas independentes;*
>
> ***V.** se as circunstâncias do fato evidenciarem a transnacionalidade da organização.*
>
> ***§5º**. Se houver indícios suficientes de que o **funcionário público** integra organização criminosa, poderá o juiz determinar seu afastamento cautelar do cargo, emprego ou função, sem prejuízo da remuneração, quando a medida se fizer necessária à investigação ou instrução processual.*
>
> ***§6º**. A condenação com trânsito em julgado acarretará ao funcionário público a perda do cargo, função, emprego ou mandato eletivo e a interdição para o exercício de função ou cargo público pelo prazo de 8 (oito) anos subsequentes ao cumprimento da pena.*
>
> ***§7º**. Se houver indícios de **participação de policial** nos crimes de que trata esta Lei, a Corregedoria de Polícia instaurará inquérito policial e comunicará ao Ministério Público, que designará membro para acompanhar o feito até a sua conclusão.*
>
> ***§8º**. As lideranças de organizações criminosas armadas ou que tenham armas à disposição deverão iniciar o cumprimento da pena em estabelecimentos penais de segurança máxima.*
>
> ***§9º**. O condenado expressamente em sentença por integrar organização criminosa ou por crime praticado por meio de organização criminosa não poderá progredir de regime de cumprimento de pena ou obter livramento condicional ou outros benefícios prisionais se houver elementos probatórios que indiquem a manutenção do vínculo associativo.*

Ponto que merece destaque é o afastamento cautelar do funcionário público por determinação judicial para fins de investigação e instrução processual. Por se tratar de medida cautelar, sua remuneração é mantida durante o período de afastamento. Seria um meio de evitar que o servidor influencie, de alguma forma, nesses procedimentos.

Se condenado, o funcionário público pode perder o cargo, emprego ou função pública e ficar inabilitado para o exercício de função pública pelo prazo de 8 anos subsequentes ao cumprimento da pena, ou seja, após o cumprimento da pena se inicia a contagem do prazo de inabilitação.

Havendo indícios de participação de policial nos crimes trazidos por lei, será determinada a Corregedoria de Polícia para a instauração do inquérito e a comunicação do ocorrido ao Ministério Público, o qual determinará membro para acompanhar o feito até a sua conclusão.

Vale registrar, ademais, que a Lei nº 13.964/2019 (o famoso pacote "Anticrime") introduziu a determinação de que as lideranças de organizações criminosas – armadas ou que tenham armas à disposição – iniciarão o cumprimento da pena em estabelecimentos penais de segurança máxima (lembre-se que o regime fechado pressupõe o cumprimento em estabelecimento de segurança máxima ou média). De outro lado, os condenados por integrar organização criminosa ou por crime praticado por meio delas, não poderão progredir de regime ou obter livramento condicional ou outros benefícios prisionais se persistirem elementos probatórios que indiquem que eles mantêm o vínculo associativo com a organização.

Pena: reclusão, de 3 a 8 anos e multa	Promover, constituir, financiar ou integrar, pessoalmente ou por interposta pessoa, organização criminosa. Impedir ou, de qualquer forma, embaraçar a investigação de infração penal que envolva organização criminosa.

AUMENTO DE PENA	
Aumentam-se até a metade	Se na atuação da organização criminosa houver emprego de arma de fogo.
Aumentam-se de 1/6 (um sexto) a 2/3 (dois terços)	Se há participação de criança ou adolescente; Se há concurso de funcionário público, valendo-se a organização criminosa dessa condição para a prática de infração penal; Se o produto ou proveito da infração penal destinar-se, no todo ou em parte, ao exterior; Se a organização criminosa mantém conexão com outras organizações criminosas independentes; Se as circunstâncias do fato evidenciarem a transnacionalidade da organização.

A pena é agravada	Para quem exerce o comando, individual ou coletivo, da organização criminosa, ainda que não pratique pessoalmente atos de execução.

Importante, por fim, não confundir a organização criminosa da Lei nº 12.850/2013 com a já analisada associação criminosa do art. 288 do Código Penal, e nem com as demais formas de associação ou organização criminosa previstas em lei.

A Lei nº 11.343/2006, por exemplo, prevê a forma mais simples de caracterização do delito exigindo apenas duas pessoas associadas para o fim de praticar o tráfico, reiteradamente ou não, nos seguintes moldes:

> ***Art. 35.*** *Associarem-se duas ou mais pessoas para o fim de praticar, reiteradamente ou não, qualquer dos crimes previstos nos arts. 33, caput e § 1º, e 34 desta Lei:*
>
> *Pena - reclusão, de 3 (três) a 10 (dez) anos, e pagamento de 700 (setecentos) a 1.200 (mil e duzentos) dias-multa.*

Por sua vez, a Lei Antiterrorismo (Lei nº 13.360/2016) também estabelece sua própria incriminação relativa à organização terrorista, impondo a seguinte incriminação:

> ***Art. 3º.*** *Promover, constituir, integrar ou prestar auxílio, pessoalmente ou por interposta pessoa, a organização terrorista:*
>
> *Pena - reclusão, de cinco a oito anos, e multa.*

Há, ainda, a Lei nº 2.889/56, que estabelece a associação para a prática de genocídio, com a seguinte redação:

> ***Art. 2º*** *Associarem-se mais de 3 (três) pessoas para prática dos crimes mencionados no artigo anterior:*
>
> *Pena: Metade da cominada aos crimes ali previstos.*

Note que, diante desse quadro, o delito de organização criminosa, previsto no art. 2º da Lei nº 12.850/2013, apresenta-se como norma geral com relação ao crime de associação criminosa, ao crime de organização terrorista ou mesmo à associação para a prática de genocídio.

A Lei nº 13.964/2019 (Pacote Anticrime) inclui no dispositivo a previsão de que as lideranças de organizações criminosas armadas ou que tenham armas à disposição iniciarão o cumprimento da pena em estabelecimento de segurança armada, sendo que o condenado por integrar organizações criminosas não poderá progredir de regime ou mesmo obter livramento condicional ou outros benefícios enquanto mantiver o vínculo associativo.

1.4 Os meios de obtenção de prova da Lei nº 12.850/2013

Diferentemente dos meios de prova, os meios de **obtenção** de prova são indiretos, ou seja, buscam a obtenção de meios de prova (como a apreensão, um documento ou uma testemunha, por exemplo), sendo que, ademais, para sua *obtenção,* acabam por reduzir direitos constitucionalmente assegurados, como o caso da redução do sigilo das telecomunicações para a realização de uma interceptação telefônica. Por tudo isso, devem ser usados com moderação, desde que comprovada sua necessidade no caso concreto. Diz o art. 3º da Lei nº 12.850/2013 que em qualquer fase da persecução penal serão permitidos, sem prejuízo de outros já previstos em lei, os seguintes meios de obtenção da prova:

SÃO MEIOS DE OBTENÇÃO DA PROVA:
I. colaboração premiada;
II. captação ambiental de sinais eletromagnéticos, ópticos ou acústicos;
III. ação controlada;
IV. acesso a registros de ligações telefônicas e telemáticas, a dados cadastrais constantes de bancos de dados públicos ou privados e a informações eleitorais ou comerciais;
V. interceptação de comunicações telefônicas e telemáticas, nos termos da legislação específica;
VI. afastamento dos sigilos financeiro, bancário e fiscal, nos termos da legislação específica;
VII. infiltração, por policiais, em atividade de investigação, na forma do art. 11;
VIII. cooperação entre instituições e órgãos federais, distritais, estaduais e municipais na busca de provas e informações de interesse da investigação ou da instrução criminal.

Interessante mencionar que, havendo necessidade justificada de manter sigilo sobre a capacidade investigatória, poderá ser dispensada licitação para contratação de serviços técnicos especializados, aquisição ou locação de equipamentos destinados à polícia judiciária para o rastreamento e a obtenção de provas previstas nos incisos II e V do art. 3º, sendo que fica dispensada a publicação de que trata o parágrafo único do art. 61 da Lei nº 8.666/1993, devendo ser comunicado o órgão de controle interno da realização da contratação.

1.5 Da colaboração premiada

> ***Art. 3º-A.*** *O acordo de colaboração premiada é negócio jurídico processual e meio de obtenção de prova, que pressupõe utilidade e interesse públicos.*
>
> ***Art. 3º-B.*** *O recebimento da proposta para formalização de acordo de colaboração demarca o início das negociações e constitui também marco de confidencialidade, configurando*

violação de sigilo e quebra da confiança e da boa-fé a divulgação de tais tratativas iniciais ou de documento que as formalize, até o levantamento de sigilo por decisão judicial.

***§1º.** A proposta de acordo de colaboração premiada poderá ser sumariamente indeferida, com a devida justificativa, cientificando-se o interessado.*

***§2º.** Caso não haja indeferimento sumário, as partes deverão firmar Termo de Confidencialidade para prosseguimento das tratativas, o que vinculará os órgãos envolvidos na negociação e impedirá o indeferimento posterior sem justa causa.*

***§3º.** O recebimento de proposta de colaboração para análise ou o Termo de Confidencialidade não implica, por si só, a suspensão da investigação, ressalvado acordo em contrário quanto à propositura de medidas processuais penais cautelares e assecuratórias, bem como medidas processuais cíveis admitidas pela legislação processual civil em vigor.*

***§4º.** O acordo de colaboração premiada poderá ser precedido de instrução, quando houver necessidade de identificação ou complementação de seu objeto, dos fatos narrados, sua definição jurídica, relevância, utilidade e interesse público.*

***§5º.** Os termos de recebimento de proposta de colaboração e de confidencialidade serão elaborados pelo celebrante e assinados por ele, pelo colaborador e pelo advogado ou defensor público com poderes específicos.*

***§6º.** Na hipótese de não ser celebrado o acordo por iniciativa do celebrante, esse não poderá se valer de nenhuma das informações ou provas apresentadas pelo colaborador, de boa-fé, para qualquer outra finalidade.*

***Art. 3º-C.** A proposta de colaboração premiada deve estar instruída com procuração do interessado com poderes específicos para iniciar o procedimento de colaboração e suas tratativas, ou firmada pessoalmente pela parte que pretende a colaboração e seu advogado ou defensor público.*

***§1º.** Nenhuma tratativa sobre colaboração premiada deve ser realizada sem a presença de advogado constituído ou defensor público.*

***§2º.** Em caso de eventual conflito de interesses, ou de colaborador hipossuficiente, o celebrante deverá solicitar a presença de outro advogado ou a participação de defensor público.*

***§3º.** No acordo de colaboração premiada, o colaborador deve narrar todos os fatos ilícitos para os quais concorreu e que tenham relação direta com os fatos investigados.*

***§4º.** Incumbe à defesa instruir a proposta de colaboração e os anexos com os fatos adequadamente descritos, com todas as suas circunstâncias, indicando as provas e os elementos de corroboração.' Art. 4º O juiz poderá, a requerimento das partes, conceder o perdão judicial, reduzir em até 2/3 (dois terços) a pena privativa de liberdade ou substituí-la por restritiva de direitos daquele que tenha colaborado efetiva e voluntariamente com a investigação e com o processo criminal, desde que dessa colaboração advenha um ou mais dos seguintes resultados:*

***I.** a identificação dos demais coautores e partícipes da organização criminosa e das infrações penais por eles praticadas;*

***II.** a revelação da estrutura hierárquica e da divisão de tarefas da organização criminosa;*

***III.** a prevenção de infrações penais decorrentes das atividades da organização criminosa;*

***IV.** a recuperação total ou parcial do produto ou do proveito das infrações penais praticadas pela organização criminosa;*

***V.** a localização de eventual vítima com a sua integridade física preservada.*

***§1º.** Em qualquer caso, a concessão do benefício levará em conta a personalidade do colaborador, a natureza, as circunstâncias, a gravidade e a repercussão social do fato criminoso e a eficácia da colaboração.*

***§2º.** Considerando a relevância da colaboração prestada, o Ministério Público, a qualquer tempo, e o delegado de polícia, nos autos do inquérito policial, com a manifestação do Ministério Público, poderão requerer ou representar ao juiz pela concessão de perdão judicial ao colaborador, ainda que esse benefício não tenha sido previsto na proposta inicial, aplicando-se, no que couber, o art. 28 Código de Processo Penal.*

***§3º.** O prazo para oferecimento de denúncia ou o processo, relativos ao colaborador, poderá ser suspenso por até 6 (seis) meses, prorrogáveis por igual período, até que sejam cumpridas as medidas de colaboração, suspendendo-se o respectivo prazo prescricional.*

***§4º.** Nas mesmas hipóteses do caput, o Ministério Público poderá deixar de oferecer denúncia se o colaborador:*

***I.** não for o líder da organização criminosa;*

***II.** for o primeiro a prestar efetiva colaboração nos termos deste artigo.*

***§5º.** Se a colaboração for posterior à sentença, a pena poderá ser reduzida até a metade ou será admitida a progressão de regime ainda que ausentes os requisitos objetivos.*

***§6º.** O juiz não participará das negociações realizadas entre as partes para a formalização do acordo de colaboração, que ocorrerá entre o delegado de polícia, o investigado e o defensor, com a manifestação do Ministério Público, ou, conforme o caso, entre o Ministério Público e o investigado ou acusado e seu defensor.*

***§7º.** Realizado o acordo na forma do § 6o, o respectivo termo, acompanhado das declarações do colaborador e de cópia da investigação, será remetido ao juiz para homologação, o qual deverá verificar sua regularidade, legalidade e voluntariedade, podendo para este fim, sigilosamente, ouvir o colaborador, na presença de seu defensor.*

***§8º.** O juiz poderá recusar homologação à proposta que não atender aos requisitos legais, ou adequá-la ao caso concreto.*

***§9º.** Depois de homologado o acordo, o colaborador poderá, sempre acompanhado pelo seu defensor, ser ouvido pelo membro do Ministério Público ou pelo delegado de polícia responsável pelas investigações.*

***§10º.** As partes podem retratar-se da proposta, caso em que as provas autoincriminatórias produzidas pelo colaborador não poderão ser utilizadas exclusivamente em seu desfavor.*

***§11º.** A sentença apreciará os termos do acordo homologado e sua eficácia.*

***§12º.** Ainda que beneficiado por perdão judicial ou não denunciado, o colaborador poderá ser ouvido em juízo a requerimento das partes ou por iniciativa da autoridade judicial.*

***§13º.** Sempre que possível, o registro dos atos de colaboração será feito pelos meios ou recursos de gravação magnética, estenotipia, digital ou técnica similar, inclusive audiovisual, destinados a obter maior fidelidade das informações.*

***§14º.** Nos depoimentos que prestar, o colaborador renunciará, na presença de seu defensor, ao direito ao silêncio e estará sujeito ao compromisso legal de dizer a verdade.*

***§15º.** Em todos os atos de negociação, confirmação e execução da colaboração, o colaborador deverá estar assistido por defensor.*

***§16º.** Nenhuma sentença condenatória será proferida com fundamento apenas nas declarações de agente colaborador.*

***Art. 5º.** São direitos do colaborador:*

***I.** usufruir das medidas de proteção previstas na legislação específica;*

***II.** ter nome, qualificação, imagem e demais informações pessoais preservados;*

***III.** ser conduzido, em juízo, separadamente dos demais coautores e partícipes;*

IV. *participar das audiências sem contato visual com os outros acusados;*

V. *não ter sua identidade revelada pelos meios de comunicação, nem ser fotografado ou filmado, sem sua prévia autorização por escrito;*

VI. *cumprir pena em estabelecimento penal diverso dos demais corréus ou condenados.*

Art. 6º. *O termo de acordo da colaboração premiada deverá ser feito por escrito e conter:*

I. *o relato da colaboração e seus possíveis resultados;*

II. *as condições da proposta do Ministério Público ou do delegado de polícia;*

III. *a declaração de aceitação do colaborador e de seu defensor;*

IV. *as assinaturas do representante do Ministério Público ou do delegado de polícia, do colaborador e de seu defensor;*

V. *a especificação das medidas de proteção ao colaborador e à sua família, quando necessário.*

Art. 7º. *O pedido de homologação do acordo será sigilosamente distribuído, contendo apenas informações que não possam identificar o colaborador e o seu objeto.*

§1º. *As informações pormenorizadas da colaboração serão dirigidas diretamente ao juiz a que recair a distribuição, que decidirá no prazo de 48 (quarenta e oito) horas.*

§2º. *O acesso aos autos será restrito ao juiz, ao Ministério Público e ao delegado de polícia, como forma de garantir o êxito das investigações, assegurando-se ao defensor, no interesse do representado, amplo acesso aos elementos de prova que digam respeito ao exercício do direito de defesa, devidamente precedido de autorização judicial, ressalvados os referentes às diligências em andamento.*

§3º. *O acordo de colaboração premiada deixa de ser sigiloso assim que recebida a denúncia, observado o disposto no art. 5º.*

A colaboração premiada, também chamada de delação premiada, é um procedimento previsto na legislação penal de forma dispersa, com regras próprias a depender do caso, de acordo com a dicção legal pode-se definir a colaboração premiada como negócio jurídico processual e meio de obtenção de prova, que pressupõe utilidade e interesse públicos. Ela é um dos meios de provas, auxilia na investigação e no curso do processo criminal, porém somente ela não é suficiente para a condenação, é necessária a colaboração e mais o auxílio de outros meios de prova.

Esse meio de prova pode conceder ao colaborador três benefícios:

O perdão judicial;

Redução em até 2/3 (dois terços) da pena privativa;

Substituição da pena privativa de liberdade por restritiva de direitos.

Mas, para isso, o agente deve colaborar efetiva e voluntariamente com a investigação, de modo que sua vontade seja livre, cabendo somente a ele a escolha de colaborar.

Ainda para que o benefício seja concedido, não basta sua boa vontade em colaborar, dessa colaboração deve-se obter um dos seguintes resultados:

A identificação dos demais coautores e partícipes da organização criminosa e das infrações penais por eles praticadas;

A revelação da estrutura hierárquica e da divisão de tarefas da organização criminosa;

A prevenção de infrações penais decorrentes das atividades da organização criminosa;

A recuperação total ou parcial do produto ou do proveito das infrações penais praticadas pela organização criminosa;

A localização de eventual vítima com a sua integridade física preservada.

A concessão do benefício deve levar em conta a personalidade do colaborador, a natureza, as circunstâncias, a gravidade e a repercussão social do fato criminoso e a eficácia da colaboração. De modo que, quanto mais relevante for a colaboração, melhor é o benefício concedido, assim, o próprio MP ou o delegado de polícia, a qualquer tempo podem requerer a concessão do perdão judicial ao colaborador.

A colaboração suspende, ainda, o prazo para oferecimento da denúncia, ou do processo, por até 6 meses, prorrogável por igual período, de modo a suspender também o prazo prescricional. O termo "por igual período" não significa a prorrogação por mais 6 meses, mas sim pelo prazo estabelecido para a suspensão.

Ministério Público pode deixar de oferecer a denúncia se a proposta de acordo de colaboração referir-se à infração de cuja existência não tenha prévio conhecimento e o colaborador:

não for o líder da organização criminosa

for o primeiro a prestar efetiva colaboração

Vale registrar que se considera existente o conhecimento prévio da infração quando o Ministério Público ou a autoridade policial competente tenha instaurado inquérito ou procedimento investigatório para apuração dos fatos apresentados pelo colaborador.

Realizado o acordo, serão remetidos ao juiz, para análise, o respectivo termo, as declarações do colaborador e a cópia da investigação, devendo o juiz ouvir sigilosamente o colaborador, acompanhado de seu defensor, oportunidade em que analisará os seguintes aspectos na homologação:

I. regularidade e legalidade;

II. adequação dos benefícios pactuados, *sendo nulas as cláusulas que violem o critério de definição do regime inicial de cumprimento de pena e as regras de cada um dos regimes previstos no Código Penal e na Lei de Execução Penal e os requisitos de progressão de regime não abrangidos na Lei de Organização Criminosa;*

III. adequação dos resultados da colaboração *aos resultados mínimos exigidos pela lei;*

IV. voluntariedade da manifestação de vontade, *especialmente nos casos em que o colaborador está ou esteve sob efeito de medidas cautelares.*

O juiz ou o tribunal deve proceder à **análise fundamentada do mérito** da denúncia, do perdão judicial e das primeiras etapas de aplicação da pena, nos termos do Código Penal e do Código de Processo Penal), antes de conceder os benefícios pactuados, exceto quando o acordo prever o não oferecimento da denúncia ou já tiver sido proferida sentença.

Serão nulas de pleno direito as previsões de renúncia ao direito de impugnar a decisão homologatória.

O juiz poderá recusar a homologação da proposta que não atender aos requisitos legais, devolvendo-a às partes para as adequações necessárias.

A colaboração, **após a sentença**, pode reduzir a pena em até metade ou poderá admitir ao colaborador a progressão de regime, ainda que ausentes os pressupostos para sua concessão.

Outro ponto de extrema importância é a proibição do juiz na participação das negociações de colaboração, essa função é do Ministério Público ou do Delegado, em conjunto com o colaborador e seu defensor.

O termo de acordo deve conter, nos termos da própria lei:

O relato da colaboração e seus possíveis resultados;

As condições da proposta do Ministério Público ou do delegado de polícia;

A declaração de aceitação do colaborador e de seu defensor;

As assinaturas do representante do Ministério Público ou do delegado de polícia, do colaborador e de seu defensor;

A especificação das medidas de proteção ao colaborador e à sua família, quando necessário.

O recebimento da proposta para formalização de acordo de colaboração determina o início das negociações e caracteriza o marco de confidencialidade. Assim, a violação de sigilo e quebra da confiança e da boa-fé, a divulgação de tais tratativas iniciais ou de documento que as formalize, até o levantamento de sigilo por decisão judicial constitui quebra dessa confidencialidade. A proposta de acordo de colaboração premiada poderá ser sumariamente indeferida, com a devida justificativa, cientificando-se o interessado. Contudo, caso não haja indeferimento sumário, as partes deverão firmar Termo de Confidencialidade para prosseguimento das tratativas, o que vinculará os órgãos envolvidos na negociação e impedirá o indeferimento posterior sem justa causa.

O recebimento de proposta de colaboração para análise ou o Termo de Confidencialidade não implica, por si só, a suspensão da investigação, ressalvado acordo em contrário quanto à propositura de medidas processuais penais cautelares e assecuratórias, bem como medidas processuais cíveis admitidas pela legislação processual civil em vigor. O acordo de colaboração premiada poderá ser precedido de instrução, quando houver necessidade de identificação ou complementação de seu objeto, dos fatos narrados, sua definição jurídica, relevância, utilidade e interesse público.

Os termos de recebimento de proposta de colaboração e de confidencialidade serão elaborados pelo celebrante e assinados por ele, pelo colaborador e pelo advogado ou defensor público com poderes específicos.

Na hipótese de não ser celebrado o acordo por iniciativa do celebrante, esse não poderá se valer de nenhuma das informações ou provas apresentadas pelo colaborador, de boa-fé, para qualquer outra finalidade.

A proposta de colaboração premiada deve estar instruída com **procuração do interessado com poderes específicos** para iniciar o procedimento de colaboração e suas tratativas, ou firmada pessoalmente pela parte que pretende a colaboração e seu advogado ou defensor público. Importante registrar: **nenhuma tratativa sobre colaboração premiada deve ser realizada sem a presença de advogado constituído ou defensor público**. Em caso de eventual conflito de interesses, ou de colaborador hipossuficiente, o celebrante deverá solicitar a presença de outro advogado ou a participação de defensor público.

No acordo de colaboração premiada, o colaborador deve narrar todos os fatos ilícitos para os quais concorreu e que tenham relação direta com os fatos investigados.

Incumbe à defesa instruir a proposta de colaboração e os anexos com os fatos adequadamente descritos, com todas as suas circunstâncias, indicando as provas e os elementos de corroboração. O acordo será remetido ao juiz, o qual irá verificar sua regularidade, legalidade e voluntariedade, podendo, ainda, ouvir o colaborador sigilosamente na presença de seu defensor. Se não forem verificados os requisitos mencionados, o juiz poderá recusar a homologação da proposta ou adequá-la ao caso concreto.

O registro das tratativas e dos atos de colaboração deverá ser feito pelos meios ou recursos de gravação magnética, estenotipia, digital ou técnica similar, inclusive audiovisual, destinados a obter maior fidelidade das informações, garantindo-se a disponibilização de cópia do material ao colaborador.

Nos depoimentos que prestar, o colaborador renunciará, na presença de seu defensor, ao direito ao silêncio e estará sujeito ao compromisso legal de dizer a verdade. Em todos os atos de negociação, confirmação e execução da colaboração, o colaborador deverá estar assistido por defensor.

Vale registrar, ademais, que em todas as fases do processo, deve-se garantir ao réu delatado a oportunidade de manifestar-se após o decurso do prazo concedido ao réu que o delatou.

Nenhuma das seguintes medidas será decretada ou proferida com fundamento apenas nas declarações do colaborador:

I. medidas cautelares reais ou pessoais;

II. recebimento de denúncia ou queixa-crime;

III. sentença condenatória.

Nota-se que o colaborador passa a ser titular de uma série de direitos que visam garantir a sua segurança, de modo a assegurar que os demais membros da organização criminosa não saibam quem colaborou com as investigações.

O pedido de homologação do acordo será sigilosamente distribuído, contendo apenas informações que não possam identificar o colaborador e o seu objeto.

As informações pormenorizadas da colaboração serão dirigidas diretamente ao juiz a que recair a distribuição, que decidirá no prazo de 48 horas. O acesso aos autos será restrito ao juiz, ao Ministério Público e ao delegado de polícia, como forma de garantir o êxito das investigações, assegurando-se ao defensor, no interesse do representado, amplo acesso aos elementos de prova que digam respeito ao exercício do direito de defesa, devidamente precedido de autorização judicial, ressalvados os referentes às diligências em andamento.

O acordo de colaboração premiada e os depoimentos do colaborador serão **mantidos em sigilo até o recebimento da denúncia** ou da queixa-crime, sendo vedado ao magistrado decidir por sua publicidade em qualquer hipótese

COLABORAÇÃO PREMIADA	
BENEFÍCIOS QUE PODEM SER CONCEDIDOS	• Perdão judicial; • Redução da pena em até 2/3; • Substituição da pena privativa de liberdade em restritiva de direito.
COLABORAÇÃO	Deve ser efetiva e voluntária trazendo um dos seguintes resultados: • a identificação dos demais coautores e partícipes da organização criminosa e das infrações penais por eles praticadas; • a revelação da estrutura hierárquica e da divisão de tarefas da organização criminosa; • a prevenção de infrações penais decorrentes das atividades da organização criminosa; • a recuperação total ou parcial do produto ou do proveito das infrações penais praticadas pela organização criminosa; • a localização de eventual vítima com a sua integridade física preservada.
ACORDO	O acordo é apenas homologado pelo juiz, ele não participa das negociações, cabendo ao Ministério Público ou ao Delegado firmar o acordo com o colaborador e seu defensor.
DIREITOS DO COLABORADOR	• Usufruir das medidas de proteção previstas na legislação específica; • Ter nome, qualificação, imagem e demais informações pessoais preservados; • Ser conduzido, em juízo, separadamente dos demais coautores e partícipes; • Participar das audiências sem contato visual com os outros acusados; • Não ter sua identidade revelada pelos meios de comunicação, nem ser fotografado ou filmado, sem sua prévia autorização por escrito; • Cumprir pena ou prisão cautelar em estabelecimento penal diverso dos demais corréus ou condenados.

1.6 Da ação controlada

A ação controlada constitui na autorização legal concedida à autoridade policial para retardar a intervenção penal diante da prática da infração penal relativa à organização criminosa, de modo a esperar um momento mais adequado, garantindo a produção de uma prova mais consistente.

Nos termos do art. 8º da Lei nº 12.850/2013 "consiste a ação controlada em **retardar a intervenção policial ou administrativa relativa à ação praticada por organização criminosa ou a ela vinculada**, desde que **mantida sob observação e acompanhamento** para que a medida legal se concretize no **momento mais eficaz à formação de provas e obtenção de informações**".

Esse meio de obtenção da prova tem como finalidade, portanto, aguardar um momento mais propício para se produzir um efeito maior, de maneira a alcançar um resultado muito melhor do que se a ação tivesse sido feita de imediato. Por exemplo: o agente policial, verificando atividade de organização criminosa, vê apenas um integrante agindo; ele aguarda um pouco mais para efetuar o flagrante de delito com o intuito de prender mais integrantes e, assim, desestruturar toda a organização.

É por essa razão que essa modalidade também é conhecida como flagrante retardado. A ação controlada, contudo, **não pode ser confundida com o flagrante preparado** que torna o crime impossível.

Esse retardamento deve ser **previamente comunicado ao juiz**, que, se achar necessário, irá estabelecer seus limites e ainda fará a comunicação imediata ao Ministério Público.

Ainda toda a operação será **sigilosa** e enquanto não se encerrar as diligências os autos ficaram restritos ao acesso do Juiz, Ministério Público e ao delegado de polícia.

E se caso a ação controlada envolver travessia de fronteiras, apenas pode haver o retardamento com a cooperação das autoridades dos países que sejam considerados como provável itinerário ou destinatário do investigado, com o intuito de se evitar fugas e extravio do proveito do crime.

AÇÃO CONTROLADA	
O QUE É?	Retardamento de intervenção policial ou administrativa relativa à ação praticada por organização criminosa. Por isso pode ser chamada de flagrante retardado.
CARACTERÍSTICAS	Deve ser previamente comunicada ao juiz; O ministério público deverá ser comunicado; Os autos ficam sob sigilo até o encerramento das diligências; No caso da ação envolver transposição de fronteiras, somente há o retardamento se houver cooperação do país que figure como provável itinerário ou destino do investigado.

1.7 Da infiltração de agentes

Art. 10. *A infiltração de agentes de polícia em tarefas de investigação, representada pelo delegado de polícia ou requerida pelo Ministério Público, após manifestação técnica do delegado de polícia quando solicitada no curso de inquérito policial, será precedida de circunstanciada, motivada e sigilosa autorização judicial, que estabelecerá seus limites.*

§1º. *Na hipótese de representação do delegado de polícia, o juiz competente, antes de decidir, ouvirá o Ministério Público.*

§2º. *Será admitida a infiltração se houver indícios de infração penal de que trata o art. 1º e se a prova não puder ser produzida por outros meios disponíveis.*

§3º. *A infiltração será autorizada pelo prazo de até 6 (seis) meses, sem prejuízo de eventuais renovações, desde que comprovada sua necessidade.*

§4º. *Findo o prazo previsto no § 3º, o relatório circunstanciado será apresentado ao juiz competente, que imediatamente cientificará o Ministério Público.*

§5º. *No curso do inquérito policial, o delegado de polícia poderá determinar aos seus agentes, e o Ministério Público poderá requisitar, a qualquer tempo, relatório da atividade de infiltração.*

Art. 10-A. *Será admitida a ação de agentes de polícia infiltrados virtuais, obedecidos os requisitos do caput do art. 10, na internet, com o fim de investigar os crimes previstos nesta Lei e a eles conexos, praticados por organizações criminosas, desde que demonstrada sua necessidade e indicados o alcance das tarefas dos policiais, os nomes ou apelidos das pessoas investigadas e, quando possível, os dados de conexão ou cadastrais que permitam a identificação dessas pessoas.*

§1º. *Para efeitos do disposto nesta Lei, consideram-se:*

I. *dados de conexão: informações referentes a hora, data, início, término, duração, endereço de Protocolo de Internet (IP) utilizado e terminal de origem da conexão;*

II. dados cadastrais: informações referentes a nome e endereço de assinante ou de usuário registrado ou autenticado para a conexão a quem endereço de IP, identificação de usuário ou código de acesso tenha sido atribuído no momento da conexão.

***§2º**. Na hipótese de representação do delegado de polícia, o juiz competente, antes de decidir, ouvirá o Ministério Público.*

***§3º**. Será admitida a infiltração se houver indícios de infração penal de que trata o art. 1º desta Lei e se as provas não puderem ser produzidas por outros meios disponíveis.*

***§4º**. A infiltração será autorizada pelo prazo de até 6 meses, sem prejuízo de eventuais renovações, mediante ordem judicial fundamentada e desde que o total não exceda a 720 dias e seja comprovada sua necessidade.*

***§5º**. Findo o prazo previsto no § 4º deste artigo, o relatório circunstanciado, juntamente com todos os atos eletrônicos praticados durante a operação, deverão ser registrados, gravados, armazenados e apresentados ao juiz competente, que imediatamente cientificará o Ministério Público.*

***§6º**. No curso do inquérito policial, o delegado de polícia poderá determinar aos seus agentes, e o Ministério Público e o juiz competente poderão requisitar, a qualquer tempo, relatório da atividade de infiltração.*

***§7º**. É nula a prova obtida sem a observância do disposto neste artigo.*

***Art. 10-B.** As informações da operação de infiltração serão encaminhadas diretamente ao juiz responsável pela autorização da medida, que zelará por seu sigilo.*

***Parágrafo único.** Antes da conclusão da operação, o acesso aos autos será reservado ao juiz, ao Ministério Público e ao delegado de polícia responsável pela operação, com o objetivo de garantir o sigilo das investigações.*

***Art. 10-C.** Não comete crime o policial que oculta a sua identidade para, por meio da internet, colher indícios de autoria e materialidade dos crimes previstos no art. 1º desta Lei.*

***Parágrafo único.** O agente policial infiltrado que deixar de observar a estrita finalidade da investigação responderá pelos excessos praticados.*

***Art. 10-D.** Concluída a investigação, todos os atos eletrônicos praticados durante a operação deverão ser registrados, gravados, armazenados e encaminhados ao juiz e ao Ministério Público, juntamente com relatório circunstanciado.*

***Parágrafo único.** Os atos eletrônicos registrados citados no caput deste artigo serão reunidos em autos apartados e apensados ao processo criminal juntamente com o inquérito policial, assegurando-se a preservação da identidade do agente policial infiltrado e a intimidade dos envolvidos.*

***Art. 11.** O requerimento do Ministério Público ou a representação do delegado de polícia para a infiltração de agentes conterão a demonstração da necessidade da medida, o alcance das tarefas dos agentes e, quando possível, os nomes ou apelidos das pessoas investigadas e o local da infiltração.*

***Parágrafo único.** Os órgãos de registro e cadastro público poderão incluir nos bancos de dados próprios, mediante procedimento sigiloso e requisição da autoridade judicial, as informações necessárias à efetividade da identidade fictícia criada, nos casos de infiltração de agentes na internet.*

***Art. 12.** O pedido de infiltração será sigilosamente distribuído, de forma a não conter informações que possam indicar a operação a ser efetivada ou identificar o agente que será infiltrado.*

***§1º**. As informações quanto à necessidade da operação de infiltração serão dirigidas diretamente ao juiz competente, que decidirá no prazo de 24 (vinte e quatro) horas, após manifestação do Ministério Público na hipótese de representação do delegado de polícia, devendo-se adotar as medidas necessárias para o êxito das investigações e a segurança do agente infiltrado.*

***§2º**. Os autos contendo as informações da operação de infiltração acompanharão a denúncia do Ministério Público, quando serão disponibilizados à defesa, assegurando-se a preservação da identidade do agente.*

***§3º**. Havendo indícios seguros de que o agente infiltrado sofre risco iminente, a operação será sustada mediante requisição do Ministério Público ou pelo delegado de polícia, dando-se imediata ciência ao Ministério Público e à autoridade judicial.*

***Art. 13.** O agente que não guardar, em sua atuação, a devida proporcionalidade com a finalidade da investigação, responderá pelos excessos praticados.*

***Parágrafo único.** Não é punível, no âmbito da infiltração, a prática de crime pelo agente infiltrado no curso da investigação, quando inexigível conduta diversa.*

Esse meio de obtenção de prova possivelmente é um dos que trazem mais riscos ao agente policial, pois nesse caso o agente age como se fosse integrante da organização criminosa, com a finalidade de obter provas dos crimes por ela cometidos. E é por essa razão que a infiltração somente será admitida quando não houver outro meio de se obter as provas necessárias.

Por ser uma ação que envolve um grande risco, é necessária a autorização judicial, mediante requerimento do Ministério Público ou do delegado de polícia.

E ainda não basta a mera autorização judicial, ela deve preencher mais três requisitos:

A autorização judicial deve ser:	**Circunstanciada**: deve ser específica, trazendo os detalhes do procedimento;
	Motivada: deve conter as razões pelas quais a ação é necessária;
	Sigilosa: devendo proteger a operação a ser realizada de modo que garanta seu êxito.

A infiltração poderá ser autorizada pelo prazo de até 6 meses, podendo ser prorrogada desde que comprovada a necessidade.

Além disso, o pedido de infiltração deverá ser distribuído sigilosamente a fim de garantir a integridade do agente e a eficácia da operação. Os detalhes das informações serão remetidos ao juiz após a distribuição do pedido, devendo, em 24 horas, proferir sua decisão.

O art. 13 traz uma informação extremamente importante, o agente deve atuar dentro dos seus limites, agindo proporcionalmente com a finalidade da investigação, de modo a responder pelos excessos praticados. Porém a lei também protege o agente, garantindo que, se não houver outra forma, o crime por ele praticado não será punível.

E, por fim, temos os direitos do agente, que têm como única finalidade a sua proteção, por se tratar de operação de risco, deve tomar quantas medidas forem necessárias para garantir a sua segurança.

	INFILTRAÇÃO DE AGENTES
REQUISITOS	• Somente se a prova não puder ser obtida por outro meio; • Autorização judicial: circunstanciada, motivada e sigilosa. • Deve ser requerida pelo delegado de polícia ou pelo Ministério Público;

CARACTERÍSTICAS	• Vai ser autorizada por 6 meses, podendo ser prorrogado desde que comprovada a necessidade; • A distribuição do pedido será feita sigilosamente; • Após a distribuição, o pedido será remetido ao juiz, que deverá proferir a decisão em 24 horas; • O agente responde pelos excessos que praticar na infiltração; • Os crimes cometidos pelo agente no curso da infiltração, se não puderem ser evitados, não serão puníveis;
SÃO DIREITOS DO AGENTE	• Recusar ou fazer cessar a atuação infiltrada; • Ter sua identidade alterada, aplicando-se, no que couber, o disposto no art. 9º da Lei nº 9.807, de 13 de julho de 1999, bem como usufruir das medidas de proteção a testemunhas; • Ter seu nome, sua qualificação, sua imagem, sua voz e demais informações pessoais preservadas durante a investigação e o processo criminal, salvo se houver decisão judicial em contrário; • Não ter sua identidade revelada, nem ser fotografado ou filmado pelos meios de comunicação, sem sua prévia autorização por escrito.

1.8 Do acesso a registros, dados cadastrais, documentos e informações. Dos crimes ocorridos na investigação e na obtenção da prova. As disposições finais da lei

Do acesso a registros, dados cadastrais, documentos e informações

De acordo com o art. 15, da Lei nº 12.850/2013, o delegado de polícia e o Ministério Público terão acesso, **independentemente de autorização judicial**, **apenas** aos dados cadastrais do investigado que informem exclusivamente a qualificação pessoal, a filiação e o endereço mantidos pela Justiça Eleitoral, empresas telefônicas, instituições financeiras, provedores de internet e administradoras de cartão de crédito.

Em relação especificamente às **empresas de transporte**, a Lei determina que elas devem possibilitar, pelo prazo de 5 (cinco) anos, acesso direto e permanente do juiz, do Ministério Público ou do delegado de polícia aos bancos de dados de reservas e registro de viagens.

Já as concessionárias de **telefonia fixa ou móvel** devem manter, também pelo prazo de 5 (cinco) anos, à disposição das autoridades, registros de identificação dos números dos terminais de origem e de destino das ligações telefônicas internacionais, interurbanas e locais. Vale lembrar que os registros se referem unicamente à existência de ligações e não ao conteúdo delas, que dependerá, sempre, de interceptação telefônica.

Note que há uma limitação ao acesso do delegado de polícia e ao Ministério Público aos dados cadastrais do investigado, que se limitam somente às qualificações pessoais, filiação e endereço, não envolvendo qualquer quebra de sigilo bancário, fiscal ou de comunicações.

Note que a lei só permite o registro de números telefônicos e de viagens, não o acesso a conversas, ligações e afins, esses registros deverão ser mantidos por essas empresas pelo prazo de 5 anos.

Dos crimes ocorridos na investigação e na obtenção da prova

Com o objetivo de tutelar as investigações no âmbito das organizações criminosas, especialmente protegendo as pessoas envolvidas (como o agente infiltrado) e o conteúdo das investigações (a divulgação antecipada de uma colaboração, por exemplo), o legislador estabeleceu quatro tipos penais incriminadores na Lei nº 12.850/2013. São eles:

> ***Art. 18.*** *Revelar a identidade, fotografar ou filmar o colaborador, sem sua prévia autorização por escrito:*
>
> *Pena - reclusão, de 1 (um) a 3 (três) anos, e multa.*
>
> ***Art. 19.*** *Imputar falsamente, sob pretexto de colaboração com a Justiça, a prática de infração penal a pessoa que sabe ser inocente, ou revelar informações sobre a estrutura de organização criminosa que sabe inverídicas:*
>
> *Pena - reclusão, de 1 (um) a 4 (quatro) anos, e multa.*
>
> ***Art. 20.*** *Descumprir determinação de sigilo das investigações que envolvam a ação controlada e a infiltração de agentes:*
>
> *Pena - reclusão, de 1 (um) a 4 (quatro) anos, e multa.*
>
> ***Art. 21.*** *Recusar ou omitir dados cadastrais, registros, documentos e informações requisitadas pelo juiz, Ministério Público ou delegado de polícia, no curso de investigação ou do processo:*
>
> *Pena - reclusão, de 6 (seis) meses a 2 (dois) anos, e multa.*
>
> *Parágrafo único. Na mesma pena incorre quem, de forma indevida, se apossa, propala, divulga ou faz uso dos dados cadastrais de que trata esta Lei.*

Os crimes cometidos dentro da investigação e no meio de obtenção de prova serão punidos cada qual com uma pena específica, conforme a gravidade da conduta. Mas note que dois desses crimes (art. 18 e 20) têm a finalidade protetiva, pois tratam de ações que violam a segurança dos colaboradores e infiltrados.

Disposições finais

Os crimes previstos na lei e as infrações penais conexas devem ser apuradas mediante **procedimento comum ordinário** previsto no Código de Processo Penal, devendo a instrução ser encerrada num prazo razoável, sendo que, se o réu estiver preso, o prazo máximo será de **120 dias**, prorrogável por igual período, desde que por decisão fundamentada e devidamente motivada pela complexidade da causa ou por fato procrastinatório atribuído ao réu.

Importante registrar que, de acordo com o art. 23 da Lei, **o sigilo da investigação** poderá ser decretado pela autoridade judicial competente, para garantia da celeridade e da eficácia das diligências investigatórias, devendo, contudo, ser assegurado ao defensor, no interesse do representado, amplo acesso aos elementos de prova que digam respeito ao exercício do direito de defesa, devidamente precedido de autorização judicial, ressalvados os referentes às diligências em andamento.

Por fim, caso determinado o depoimento do investigado, seu defensor terá assegurada a prévia vista dos autos, ainda que classificados como sigilosos, no prazo mínimo de três dias que antecedem ao ato, podendo ser ampliado, a critério da autoridade responsável pela investigação.

Prevê o art. 24 da Lei que o art. 288, do Decreto-Lei no 2.848, de 7 de dezembro de 1940 (Código Penal), passa a vigorar com a seguinte redação:

ASSOCIAÇÃO CRIMINOSA

Art. 288 – Código Penal - Associarem-se 3 (três) ou mais pessoas, para o fim específico de cometer crimes:
Pena - reclusão, de 1 (um) a 3 (três) anos.
Parágrafo único. A pena aumenta-se até a metade se a associação é armada ou se houver a participação de criança ou adolescente.

Na sequência, determina o art. 25 da Lei de Organização Criminosa que o art. 342 do Decreto-Lei nº 2.848, de 7 de dezembro de 1940 (Código Penal), passa a vigorar com a seguinte redação:

"Art. 342. (...) Pena - reclusão, de 2 (dois) a 4 (quatro) anos, e multa."

FALSO TESTEMUNHO OU FALSA PERICIA

Art. 342. Fazer afirmação falsa, ou negar ou calar a verdade como testemunha, perito, contador, tradutor ou intérprete em processo judicial, ou administrativo, inquérito policial, ou em juízo arbitral:
Pena - reclusão, de 2 (dois) a 4 (quatro) anos, e multa.
§1º. As penas aumentam-se de um sexto a um terço, se o crime é praticado mediante suborno ou se cometido com o fim de obter prova destinada a produzir efeito em processo penal, ou em processo civil em que for parte entidade da administração pública direta ou indireta.
§2º. O fato deixa de ser punível se, antes da sentença no processo em que ocorreu o ilícito, o agente se retrata ou declara a verdade.

Em conclusão, a lei revoga expressa e totalmente a Lei nº 9.034, de 3 de maio de 1995, antiga Lei das Organizações Criminosas.

Questões

01. (CESPE-2018) No que se refere aos tipos penais, julgue o próximo item.

A associação de pessoas para a prática de determinada infração penal caracteriza organização criminosa se houver estrutura organizada, hierarquia e divisão de tarefas entre os agentes, independentemente do número de associados ou do crime praticado pelo grupo.

Certo ( ) Errado ( )

02. (CESPE-2018) João integra conhecida organização criminosa de âmbito nacional especializada em tráfico de drogas e lavagem de dinheiro. Com o objetivo de tornar legal o dinheiro obtido ilicitamente, ele convenceu Pedro e Jorge, conselheiros fiscais de uma cooperativa de mineradores que atuam na região Norte do país, a modificar valores obtidos em uma mina de ouro. Pedro, sem conhecer a fundo a origem dos valores, concordou em fazer a transação. Antes de concluí-la, entretanto, ele desistiu da ação, e tentou convencer Jorge a fazer o mesmo. Tendo Jorge decidido prosseguir no esquema, Pedro, então, fez uma denúncia sigilosa à polícia, que passou a investigar o fato e reuniu elementos necessários ao indiciamento dos envolvidos. Antes que concretizasse a ação final de registro de valores, Jorge foi impedido pela polícia, que o prendeu em flagrante. Acerca dessa situação hipotética, julgue o item subsequente. Caso contribua com as investigações delatando o esquema, Jorge poderá ser beneficiado pela ação retardada.

Certo ( ) Errado ( )

03. (CESPE-2018) Tendo como referência a legislação penal extravagante e a jurisprudência das súmulas dos tribunais superiores, julgue o item que se segue. O juiz poderá estabelecer os limites da ação controlada nos casos de investigação de crimes organizados.

Certo ( ) Errado ( )

Gabaritos

01	ERRADO
02	ERRADO
03	CERTO

2. LAVAGEM DE CAPITAIS - LEI Nº 9.613/ DE 1998

A lavagem de dinheiro consiste num processo em que se opera a transformação de recursos obtidos de forma ilícita em recursos com aparência de origem lícita, de modo a introduzir um grande volume de fundos em muitos setores da economia.

O termo "lavagem de dinheiro" foi utilizado pela primeira vez nos Estados Unidos, no ano de 1982, em um caso no qual se requeria a perda de dinheiro derivado de tráfico de entorpecentes. Esse termo se originou com a máfia, que se utiliza de lavanderias automáticas para investir seu dinheiro e assim encobrir o caráter ilícito de sua origem.

Em 1988, o Brasil se tornou signatário da Convenção de Viena, sendo esta a Convenção das Nações Unidas Contra o Trafico Ilícito de Entorpecentes e Substâncias Psicotrópicas, sendo ratificada pelo Decreto 154/91, no qual se prestava o compromisso de adotar uma postura repressiva ao que se refere à lavagem de dinheiro derivada do tráfico, entretanto somente no ano de 1998 foi que surgiu a Lei 9.613/98, um diploma normativo especifico ao combate à lavagem de dinheiro no âmbito nacional.

Outro marco importante foi a aprovação na Convenção das Nações Unidas contra a Delinquência Organizada Transnacional, o conceito de "grupo criminoso", já que grande parte dos recursos lavados, digamos assim, eram derivados de ações de organizações criminosas, nacionalmente temos a Lei 12.694/12, que em seu art. 2º que define o que é organização criminosa:

> ***Art.** 2° Para os efeitos desta Lei, considera-se organização criminosa a associação, de 3 (três) ou mais pessoas, estruturalmente ordenada e caracterizada pela divisão de tarefas, ainda que informalmente, com objetivo de obter, direta ou indiretamente, vantagem de qualquer natureza, mediante a prática de crimes cuja pena máxima seja igual ou superior a 4 (quatro) anos ou que sejam de caráter transnacional.*

Para que de forma efetiva se consiga encobrir a origem ilícita dos lucros, a lavagem se realiza por meio de um processo dinâmico. Segundo o Grupo de Ação Financeira sobre Lavagem de Dinheiro, o modelo ideal de lavagem de capital irá se desenvolver em três etapas independentes:

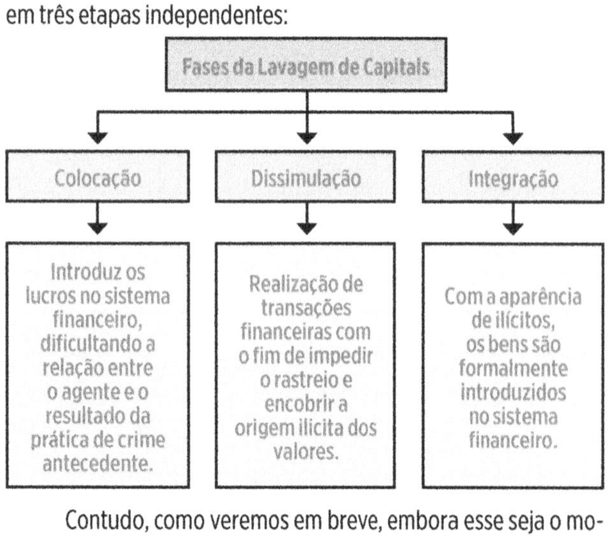

Contudo, como veremos em breve, embora esse seja o modelo tido como ideal, não é exigido a ocorrência das três fases para que o crime de lavagem se consume.

CAPÍTULO I - Dos Crimes de "Lavagem" ou Ocultação de Bens, Direitos e Valores

> ***Art. 1º.** Ocultar ou dissimular a natureza, origem, localização, disposição, movimentação ou propriedade de bens, direitos ou valores provenientes, direta ou indiretamente, de infração penal.*
>
> *Pena: reclusão, de 3 (três) a 10 (dez) anos, e multa.*

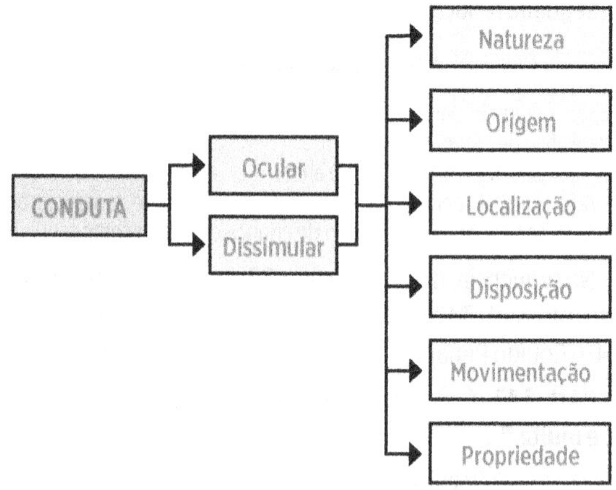

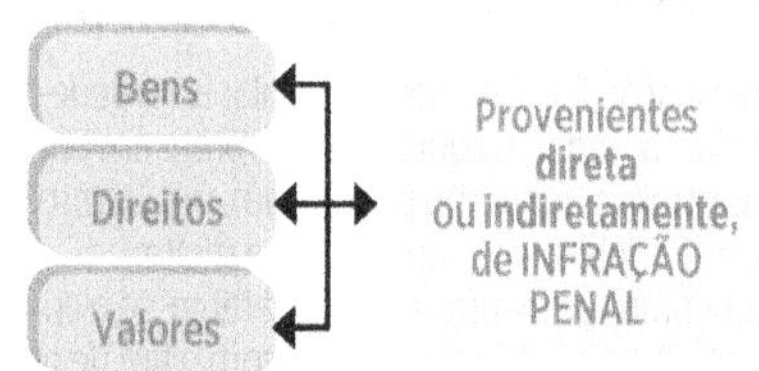

Este tipo penal tem como conduta a ocultação, que seria o mesmo que encobrir ou esconder, e a dissimulação, que seria o mesmo que disfarçar ou camuflar, no caso as informações de bens, direitos ou valores que decorram de infração penal.

Dentro desta lei não se fala nada em crimes culposos, sendo que todas as infrações aqui previstas serão consideradas como dolosas. Sendo assim, o agente que participa da lavagem de dinheiro tinha conhecimento do delito cometido anteriormente de modo que responderá por ambos os crimes, ou seja, terá o afastamento do princípio da consunção, no qual o agente responderá pela infração penal cometida anteriormente e também pelo crime de lavagem de capitais, na modalidade de concurso material de crimes, pois além das suas condutas serem praticadas em momentos diversos, elas também são diferentes.

Por se tratar de um crime formal não é necessário que os bens, direitos ou valores sejam introduzidos efetivamente dentro do sistema econômico ou financeiro, sendo necessário apenas a sua ocultação ou dissimulação.

> ***§1º.** Incorre na mesma pena quem, para ocultar ou dissimular a utilização de bens, direitos ou valores provenientes de infração penal:*
>
> ***I.** os converte em ativos lícitos;*
>
> ***II.** os adquire, recebe, troca, negocia, dá ou recebe em garantia, guarda, tem em depósito, movimenta ou transfere;*
>
> ***III.** importa ou exporta bens com valores não correspondentes aos verdadeiros.*

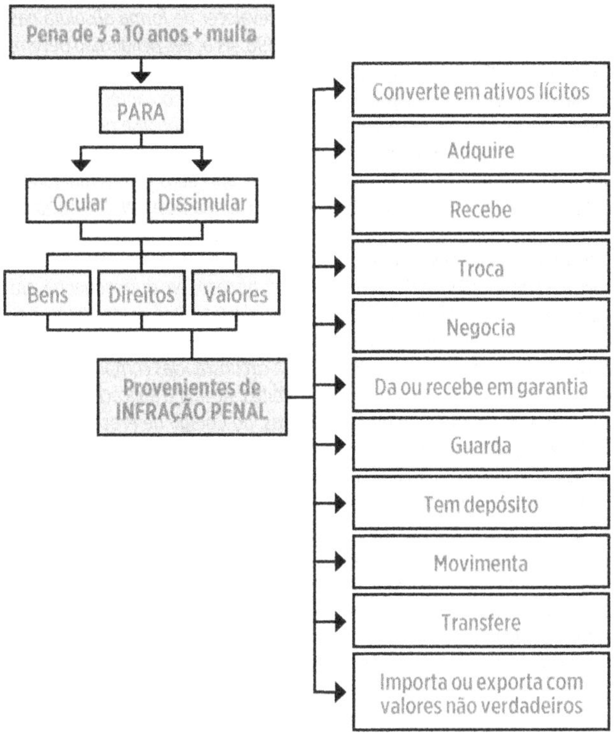

Neste parágrafo o que se pune é a **conduta que antecede a ocultação ou dissimulação**. É um **crime formal** que se consuma com a prática de um dos atos previstos, independentemente de o agente conseguir ocultar ou dissimular.

> ***§2º****. Incorre, ainda, na mesma pena quem:*
>
> ***I.*** *utiliza, na atividade econômica ou financeira, bens, direitos ou valores provenientes de infração penal;*
>
> ***II.*** *participa de grupo, associação ou escritório tendo conhecimento de que sua atividade principal ou secundária é dirigida à prática de crimes previstos nesta Lei.*

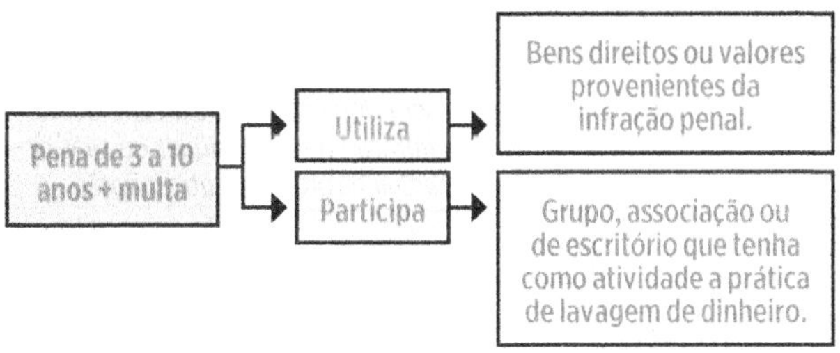

Neste parágrafo se pune a conduta posterior à dissimulação ou ocultação, a primeira infração, contida no inciso I, está relacionada à utilização dos bens, direitos ou valores em atividade econômica ou financeira, tendo ciência de que são provenientes de lavagem de dinheiro. Já a infração contida no inciso II pune aquele que participa do grupo, associação ou escritório que tenha ciência que de alguma forma desenvolve atividade relacionada à lavagem de dinheiro.

É admitida a modalidade tentada de todos os crimes de lavagem, mesmo que muitas vezes seja difícil a configuração.

Vale registrar que a pena dos crimes de lavagem será aumentada de um a dois terços, se os crimes forem cometidos de forma reiterada ou por intermédio de organização criminosa.

De outro lado, a pena poderá ser reduzida de um a dois terços e ser cumprida em regime aberto ou semiaberto, sendo facultado ao juiz deixar de aplicá-la ou substituí-la, a qualquer tempo, por pena restritiva de direitos, se o autor, coautor ou partícipe colaborar espontaneamente com as autoridades, prestando esclarecimentos que conduzam à apuração das infrações penais, à identificação dos autores, coautores e partícipes, ou à localização dos bens, direitos ou valores objeto do crime.

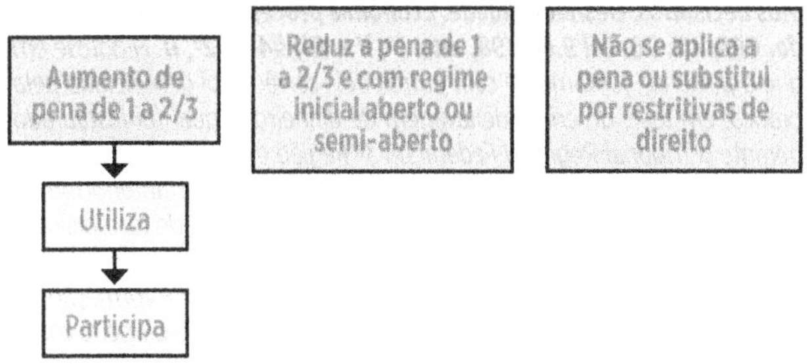

Note que é necessário a efetiva colaboração para que o agente efetivamente se beneficie na aplicação da pena, quanto maior o grau de colaboração maior o benefício concedido.

Por fim, um acréscimo da Lei nº 13.964/2019 foi a previsão de que para a apuração do crime de lavagem admite-se a utilização da ação controlada e da infiltração de agentes.

CAPÍTULO II - Disposições Processuais Especiais

> ***Art. 2º*** *O processo e julgamento dos crimes previstos nesta Lei:*
>
> ***I.*** *obedecem às disposições relativas ao procedimento comum dos crimes punidos com reclusão, da competência do juiz singular;*
>
> ***II.*** *independem do processo e julgamento das infrações penais antecedentes, ainda que praticados em outro país, cabendo ao juiz competente para os crimes previstos nesta Lei a decisão sobre a unidade de processo e julgamento;*
>
> ***III.*** *são da competência da Justiça Federal:*
>
> *a) quando praticados contra o sistema financeiro e a ordem econômico-financeira, ou em detrimento de bens, serviços ou interesses da União, ou de suas entidades autárquicas ou empresas públicas;*
>
> *b) quando a infração penal antecedente for de competência da Justiça Federal.*
>
> ***§1º****. A denúncia será instruída com indícios suficientes da existência da infração penal antecedente, sendo puníveis os fatos previstos nesta Lei, ainda que desconhecido ou isento de pena o autor, ou extinta a punibilidade da infração penal antecedente.*
>
> ***§2º****. No processo por crime previsto nesta Lei, não se aplica o disposto no art. 366 do Código de Processo Penal, devendo o acusado que não comparecer nem constituir advogado ser citado por edital, prosseguindo o feito até o julgamento, com a nomeação de defensor dativo.*

O crime de lavagem de capitais será submetido ao procedimento comum ordinário, e ao contrário do que determina o inciso I, o procedimento não tem relação com os crimes punidos com reclusão, mas sim por ser uma infração penal com sansão máxima comida de 4 anos (3 a 10 anos e multa).

O inciso II ressalta a **autonomia no processo do crime de lavagem**, ou seja, o processo de lavagem de capitais independe do processamento da infração antecedente. Um processo não precisa obrigatoriamente do outro para seguir, contudo o STJ entende que para decidir se há ou não essa necessidade de unificação dos feitos deverá ser analisado o caso concreto.

STJ. Competência. Conexão. Lavagem de dinheiro. Ação penal distribuída a relator de processo-crime referente** à **formação de quadrilha. Demonstração da materialidade dos crimes antecedentes. Fixação da competência. Reunião ou separação dos processos. Análise do caso concreto. Autonomia obrigatória dos feitos. Reunião irrestrita. Temperança das regras. Inexistência de conexão, na situação em tela. Anulação dos atos decisórios. Desnecessidade. Economia processual. Ordem concedida. CPP, art. 76. Lei 9.613/98, arts. 1º, V e VII, §4º. e 2º, II.** Hipótese em que o paciente, juntamente com outros dois corréus, foi denunciado pela prática, em tese, do crime de lavagem de dinheiro, o qual foi instaurado perante o Tribunal Regional Federal da 3ª Região e distribuído ao mesmo Desembargador Federal Relator de outro processo-crime anteriormente instaurado contra ele pelo suposto cometimento do delito de formação de quadrilha. Alegações da impetração orientadas à inexistência de conexão entre as ações penais referentes à lavagem de dinheiro e à formação de quadrilha. A Lei 9.613/1998 tipificou o delito de lavagem de dinheiro como crime autônomo, independente, embora tenha exigido, de outro lado, a demonstração da existência da materialidade de um crime antecedente. Presente a prova da materialidade do crime antecedente, o delito de lavagem de dinheiro é punível ainda que desconhecido ou isento de pena o autor do crime antecedente, até porque, se não verificados os elementos indicadores da autoria, de fato não se poderá instaurar a persecução penal quanto ao delito anterior. Não obstante se exija a existência da referida relação de acessoriedade material entre o crime de lavagem de dinheiro e o delito antecedente, há que se ter cautela quanto à fixação da competência para processo e julgamento da ação penal referente à lavagem de dinheiro, que deve ser pautada pela análise do caso concreto no tocante à necessidade de reunião ou de separação dos processos criminais concernentes à lavagem de dinheiro e ao crime antecedente. A Lei 9.613/1998 privilegiou a separação obrigatória das ações penais e a autonomia do feito referente à lavagem de dinheiro, sob o fundamento de que seria providência indispensável à eficácia da legislação, já que, primeiro, o procedimento relativo à infração antecedente pode estar sujeito à jurisdição de outro país e, segundo, há que se resguardar a persecução criminal, diante da gravidade e da reiteração de delitos que desafiam o Estado. A escolha legislativa por esse ponto de vista visa a garantir a pretensão punitiva estatal concernente à lavagem de dinheiro, entendendo que eventuais óbices do processo do delito antecedente não prejudicariam a apuração do crime da Lei 9.613/98, resguardando a possibilidade de punição dessa prática delitiva que de forma cada mais audaciosa e sofisticada assola o Estado Brasileiro. No campo acadêmico, há doutrina que entende que, em razão da relação de acessoriedade material configurada pela exigência da prova da materialidade do crime antecedente para a caracterização da lavagem de dinheiro, a competência seria determinada pelas regras da conexão. A hipótese da impetração revela que os crimes de formação de quadrilha e contra a administração pública seriam os delitos antecedentes. A relação de acessoriedade material é própria do crime de lavagem de dinheiro e de seu antecedente, não justificando, por si só, a reunião dos feitos. O fato de que as provas colhidas na ação penal referente ao crime de formação de quadrilha serviriam, de alguma forma, para a prova que se quer colher no tocante ao delito de lavagem de dinheiro, não reflete exatamente a situação dos autos. Histórico fático do caso em tela não caracteriza o inciso III do CPP, art. 76, pois as circunstâncias em que o delito de lavagem de dinheiro teria sido, em tese, praticado - emissão de cheques pela corré e entregues pelo paciente ao outro codenunciado, que os depositou em sua conta e recebeu valores que estavam bloqueados judicialmente -, não configuram a colheita de prova da suposta prática de formação de quadrilha hábil a influenciar na prova da lavagem de dinheiro. A prova indispensável à configuração dos indícios de autoria e da materialidade necessária a embasar a peça acusatória referente à formação de quadrilha é diversa, sendo outros os fatos. Os acontecimentos que caracterizariam, em tese, a lavagem de dinheiro não foram considerados pelo «Parquet» quando do oferecimento da denúncia pela formação de quadrilha, tampouco foram cogitados como prova da atuação da eventual quadrilha, até porque um dos corréus não foi denunciado, não se podendo falar que «a prova de uma infração [formação de quadrilha] ou de qualquer de suas circunstâncias elementares» influencia «na prova de outra infração» [lavagem de dinheiro]. Sequer a regra da total independência dos feitos, tampouco aquela relativa à obrigatória reunião das ações penais pela conexão, devem prevalecer de forma absoluta nas hipóteses de crimes previstos na Lei 9.613/98. As ações penais não devem, necessariamente, ficar separadas, tampouco devem, necessariamente, permanecer reunidas, cabendo destacar que se afirmou anteriormente: a competência do Juízo deve ser analisada a partir da análise de cada caso concreto, sempre com vistas a otimizar a pretensão punitiva estatal. As regras concernentes à competência devem ser aplicadas com temperança, sempre com o intuito de garantir, da melhor forma possível, a eficácia da persecução penal, objetivando à adequada apuração e, se for o caso, punição, dos crimes de lavagem de dinheiro. Não se pode rejeitar, de pronto, a aplicação da autonomia dos processos, pois há casos em que sequer haverá a possibilidade de instauração da ação penal pelo crime antecedente, por falta de elementos indicativos da autoria, bem como porque nas situações em que, pelo número de acusados ou pela circunstâncias complexas do caso, a melhor opção seja a separação dos feitos. Aceitar a aplicação irrestrita das regras da conexão, do art. 76 e incisos, do Código de Processo Penal, poderia causar o engessamento do processo relativo à lavagem de dinheiro, eis que a instrução do feito do crime antecedente pode ser demorada, ou até mesmo obstruída pelas dificuldades resultantes da comprovação da autoria delitiva. O exame deste caso concreto, com suas particularidades, autoriza a conclusão de que as ações penais relativas aos delitos de formação de quadrilha e de lavagem de dinheiro podem tramitar separadamente, sob a relatoria de Desembargadores Federais distintos, sem prejuízo ao bom andamento da persecução penal. Em não se tratando de incompetência absoluta, mas apenas de reconhecimento de inexistência de conexão, não há que se afirmar nulos os atos decisórios praticados nos autos da ação penal. Pode o Desembargador a quem for livremente distribuída a ação penal decidir a respeito da ratificação dos atos já efetivados, em observância ao princípio da economia processual. Deve ser determinada a livre distribuição da ação penal instaurada contra o paciente pela prática, em tese, do crime de lavagem de dinheiro, cabendo ao Relator decidir a respeito da ratificação dos atos decisórios já procedidos. **(STJ - HC 59.663/2007 - SP - Rel.: Min. Gilson Dipp - J. em 07/12/2006 - DJ 05/02/2007 - Doc. LEGJUR 103.1674.7485.6400)

Em alguns casos o ideal será reunir as ações penais, a fim de se evitar decisões contraditórias, reconhecendo a existência de conexão instrumental ou probatória, na medida em que cada prova do crime antecedente possa influir como prova no crime de lavagem de capitais, em conformidade com o que determina o art. 76, III do CP, tudo irá depender do caso concreto.

> ***Art. 76.** A competência será determinada pela conexão: III - quando a prova de uma infração ou de qualquer de suas circunstâncias elementares influir na prova de outra infração.*

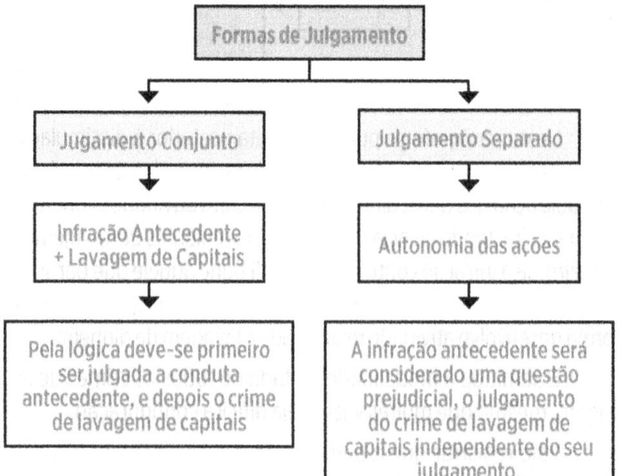

No julgamento separado existe a possibilidade de que o crime de lavagem seja julgado antes mesmo da infração antecedente e que as decisões sejam contraditórias, por exemplo: o agente é condenado pelo crime de lavagem e capitais, entretanto é absolvido no crime antecedente, nesse caso, por ser a infração antecedente um requisito para a prática do crime de lavagem, o condenado deverá ajuizar uma revisão criminal ou impetrar com habeas corpus, com a finalidade de destrancar o processo de lavagem de capitais e demostrar a atipicidade da conduta.

Quando transitado em julgado a sentença absolutória pelo crime antecedente, este impede o processo e julgamento pelo crime de lavagem quando:

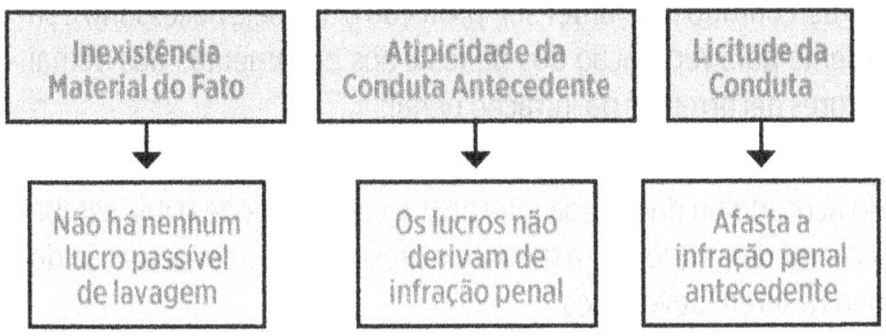

Se sujeita ainda à legislação brasileira o crime de lavagem de capitais praticado no estrangeiro, é uma hipótese de extraterritorialidade condicionada a infrações, que mediante tratado ou convenção, será reprimida pelo Brasil.

> ***Art.** 7º, CP - Ficam sujeitos à lei brasileira, embora cometidos no estrangeiro:*
>
> ***II.** os crimes:*
>
> *a) que, por tratado ou convenção, o Brasil se obrigou a reprimir;*
>
> *b) praticados por brasileiro;*
>
> *c) praticados em aeronaves ou embarcações brasileiras, mercantes ou de propriedade privada, quando em território estrangeiro e aí não sejam julgados*

Outra importante informação sobre processo e julgamento é que em regra, os crimes de lavagem de capitais serão de competência da Justiça Estadual. Entretanto há casos excepcionais em que o processo e o julgamento serão de competência da Justiça Federal:

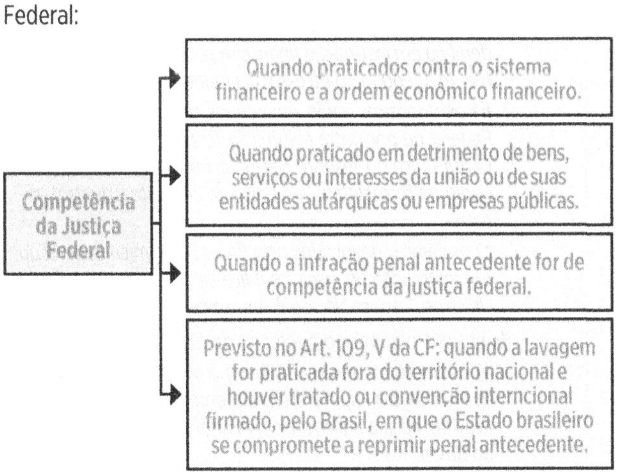

Outra peculiaridade trazida por esta lei é a chamada justa causa duplicada, ou seja, a denúncia deverá conter um lastro mínimo probatório quanto à lavagem de capital e quanto à infração antecedente. Mas preste atenção que a justa causa duplicada só exige para o oferecimento da denúncia a relação do crime de lavagem somente exige os indícios de infração antecedente, sendo dispensável qualquer outro elemento de informação, até mesmo sobre a autoria.

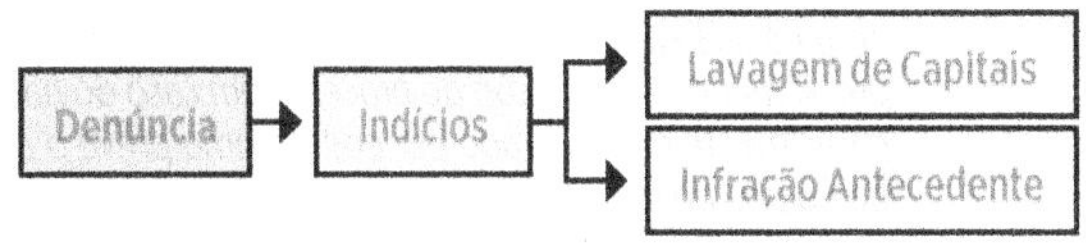

Não há necessidade de que a infração antecedente seja detalhada, somente é necessário um mínimo de evidência de sua ocorrência e sua descrição resumida. Nesse sentido é importante observar a jurisprudência do Superior Tribunal de Justiça:

> *1. Da leitura do artigo 1º da Lei 9.613/1998, depreende-se que para que o delito de lavagem de capitais reste configurado, é necessário que o dinheiro, bens ou valores ocultados ou dissimulados sejam provenientes de algum dos ilícitos nele arrolados, ou seja, no tipo penal há expressa vinculação entre a lavagem de dinheiro a determinados crimes a ela anteriores. 2. Contudo, o artigo 2º, inciso II e §1º., do mesmo diploma legal, dispõe que a apuração do delito em comento independe do "processo e julgamento dos crimes antecedentes", devendo a denúncia ser "instruída com indícios suficientes da existência do crime antecedente, sendo puníveis os fatos previstos nesta Lei, ainda que desconhecido ou isento de pena o autor daquele crime". 3. Desse modo, a simples existência de indícios da prática de algum dos crimes previstos no artigo 1º da Lei 9.613/1998 já autoriza a instauração de ação penal para apurar a ocorrência do delito de lavagem de dinheiro, não sendo necessária a prévia punição dos autores do ilícito antecedente. Doutrina. Precedentes. 4. No caso dos autos, na mesma denúncia imputou-se ao paciente e demais corréus tanto a prática dos delitos antecedentes à lavagem de capitais, quanto ela própria. 5. Contudo, o paciente teve extinta a sua punibilidade no que se refere aos crimes anteriores à lavagem, ante a prescrição da pretensão punitiva estatal, circunstância que, segundo os impetrantes, impediria o Ministério Público de provar que ele teria auferido recursos provenientes de atividades ilícitas. 6. Ocorre que os crimes contra o sistema financeiro nacional a partir dos quais teriam sido obtidos os bens, valores e direitos cuja origem e propriedade teria sido ocultada e dissimulada, não foram atribuídos apenas ao paciente, mas também aos demais sócios da offshore supostamente utilizada para a abertura e movimentação de diversas contas correntes no exterior. 7. Dessa forma, ainda que o órgão ministerial jamais possa provar que o paciente cometeu os delitos dispostos nos artigos 4º, 16, 21 e 22 da Lei 7.492/1986, o certo é que há indícios de que tais ilícitos teriam sido praticados pelos demais corréus, circunstância que evidencia a legalidade da manutenção da ação penal contra ele deflagrada para apurar o cometimento do crime de lavagem de capitais. 8. Aliás, se própria Lei 9.613/1998 permite a punição dos fatos nela previstos ainda que desconhecido ou isento de pena o autor do crime antecedente, é evidente que a extinção da punibilidade pela prescrição de um dos coautores dos delitos acessórios ao de lavagem não tem o condão de inviabilizar a persecução penal no tocante a este último ilícito penal. 9. É dispensável a participação do acusado da lavagem de dinheiro nos crimes a ela antecedentes, sendo suficiente que ele tenha conhecimento da ilicitude dos valores, bens ou direitos cuja origem, localização, disposição, movimentação ou propriedade tenha sido ocultada ou dissimulada. Precedentes. 10. Havendo indícios da prática de crimes contra o sistema financeiro nacional pelos corréus na ação penal em apreço, a partir dos quais teriam sido obtidos valores e bens cuja origem e propriedade teria sido ocultada e dissimulada pelo ora paciente, impossível reconhecer-se a atipicidade do delito de lavagem de dinheiro que lhe foi imputado e, por conseguinte, inviável o trancamento da ação penal contra ele deflagrada. 11. Ordem denegada. (**STJ**, 5ª T., HC 207.936, rel. **Min. Jorge Mussi**, j. 27-03-2012, DJe 12-04-2012)*

Outro ponto de destaque é que não se aplica a esta lei a regra trazida pelo art. 366 do CPP:

> ***Art. 366.** Se o acusado, citado por edital, não comparecer, nem constituir advogado, ficarão suspensos o processo e o curso do prazo prescricional, podendo o juiz determinar a produção antecipada das provas consideradas urgentes e, se for o caso, decretar prisão preventiva, nos termos do disposto no art. 312.*

O legislador, nas exposições dos motivos, fundamentou a não aplicação deste artigo como sendo um meio de não favorecer os criminosos que podem vir a se beneficiar com a suspensão do processo:

Item 63 da Exposição de Motivos 692/MJ: O projeto veda expressamente a suspensão do processo em caso do não comparecimento do réu citado por edital, como prevê o art. 366 do Código de Processo Penal com a redação dada pela Lei no 9.271, de 17 de abril de 1996 (art. 2º, § 2º). Trata-se de medida de Politica Criminal diante da incompatibilidade material existente entre os objetivos desse novo diploma e a macrocriminalidade representada pela lavagem de dinheiro ou ocultação de bens, direitos e valores oriundos de crimes de especial gravidade. A suspensão do processo constituiria um premio para os delinquentes astutos e afortunados e um obstáculo à descoberta de uma grande variedade de ilícitos que se desenvolvem em parceria com a lavagem ou a ocultação.

Art. 4º. *O juiz, de ofício, a requerimento do Ministério Público ou mediante representação do delegado de polícia, ouvido o Ministério Público em 24 (vinte e quatro) horas, havendo indícios suficientes de infração penal, poderá decretar medidas assecuratórias de bens, direitos ou valores do investigado ou acusado, ou existentes em nome de interpostas pessoas, que sejam instrumento, produto ou proveito dos crimes previstos nesta Lei ou das infrações penais antecedentes.*

§1º. *Proceder-se-á à alienação antecipada para preservação do valor dos bens sempre que estiverem sujeitos a qualquer grau de deterioração ou depreciação, ou quando houver dificuldade para sua manutenção.*

§2º. *O juiz determinará a liberação total ou parcial dos bens, direitos e valores quando comprovada a licitude de sua origem, mantendo-se a constrição dos bens, direitos e valores necessários e suficientes à reparação dos danos e ao pagamento de prestações pecuniárias, multas e custas decorrentes da infração penal.*

§3º. *Nenhum pedido de liberação será conhecido sem o comparecimento pessoal do acusado ou de interposta pessoa a que se refere o caput deste artigo, podendo o juiz determinar a prática de atos necessários à conservação de bens, direitos ou valores, sem prejuízo do disposto no § 1o.*

§4º. *Poderão ser decretadas medidas assecuratórias sobre bens, direitos ou valores para reparação do dano decorrente da infração penal antecedente ou da prevista nesta Lei ou para pagamento de prestação pecuniária, multa e custas.*

As **medidas assecuratórias** nada mais são que medidas que têm por finalidade garantir a responsabilização penal. Dentre os meios de repressão cabíveis em certas infrações penais está a recuperação de ativos ilícitos, que sem deixar de lado as penas aplicáveis ao caso, vale-se de medidas cautelares que atingem diretamente o patrimônio.

Nos crimes de lavagem de capitais temos as seguintes medidas cautelares de natureza patrimonial:

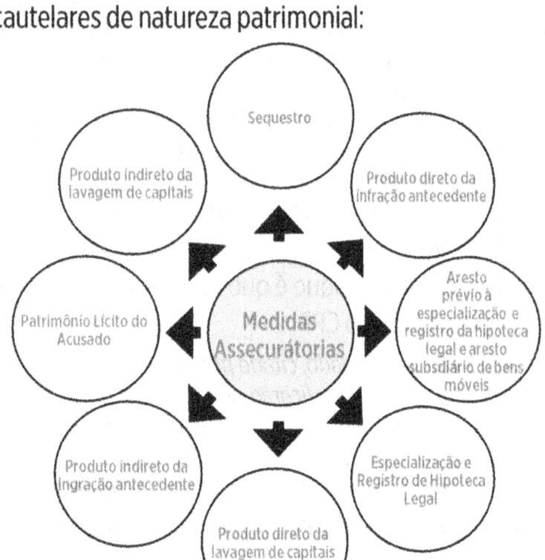

Embora a apreensão não seja entendida como medida assecuratória, esta funciona também como um importante instrumento a repressão ao crime de lavagem de capitais.

Sempre que esses bens estiverem se deteriorando ou sua manutenção for difícil, poderá ser procedido sua alienação, com a finalidade de preservar o seu valor. Além disso, o juiz pode determinar a liberação, do todo ou em parte dos bens, direitos ou valores, quando o agente comprovar que estes vieram de origens lícitas, contudo irá manter sob proteção o que seja necessário e suficiente para reparação dos danos e aos pagamentos dos demais valores decorrentes da infração penal.

E a liberação só será feita mediante apresentação pessoal do acusado ou da pessoa interposta, contudo pode o juiz estabelecer medidas que vise a garantir a preservação e conservação dos bens a serem devolvidos.

Art. 4º.-A. *A alienação antecipada para preservação de valor de bens sob constrição será decretada pelo juiz, de ofício, a requerimento do Ministério Público ou por solicitação da parte interessada, mediante petição autônoma, que será autuada em apartado e cujos autos terão tramitação em separado em relação ao processo principal.*

§1º. *O requerimento de alienação deverá conter a relação de todos os demais bens, com a descrição e a especificação de cada um deles, e informações sobre quem os detém e local onde se encontram.*

§2º. *O juiz determinará a avaliação dos bens, nos autos apartados, e intimará o Ministério Público.*

§3º. *Feita a avaliação e dirimidas eventuais divergências sobre o respectivo laudo, o juiz, por sentença, homologará o valor atribuído aos bens e determinará sejam alienados em leilão ou pregão, preferencialmente eletrônico, por valor não inferior a 75% (setenta e cinco por cento) da avaliação.*

§4º. *Realizado o leilão, a quantia apurada será depositada em conta judicial remunerada, adotando-se a seguinte disciplina:*

I. *nos processos de competência da Justiça Federal e da Justiça do Distrito Federal:*

a) *os depósitos serão efetuados na Caixa Econômica Federal ou em instituição financeira pública, mediante documento adequado para essa finalidade;*

b) *os depósitos serão repassados pela Caixa Econômica Federal ou por outra instituição financeira pública para a Conta Única do Tesouro Nacional, independentemente de qualquer formalidade, no prazo de 24 (vinte e quatro) horas; e*

c) *os valores devolvidos pela Caixa Econômica Federal ou por instituição financeira pública serão debitados à Conta Única do Tesouro Nacional, em subconta de restituição;*

II. *nos processos de competência da Justiça dos Estados:*

a) *os depósitos serão efetuados em instituição financeira designada em lei, preferencialmente pública, de cada Estado ou, na sua ausência, em instituição financeira pública da União;*

b) *os depósitos serão repassados para a conta única de cada Estado, na forma da respectiva legislação.*

§5º. *Mediante ordem da autoridade judicial, o valor do depósito, após o trânsito em julgado da sentença proferida na ação penal, será:*

I. *em caso de sentença condenatória, nos processos de competência da Justiça Federal e da Justiça do Distrito Federal, incorporado definitivamente ao patrimônio da União, e, nos processos de competência da Justiça Estadual, incorporado ao patrimônio do Estado respectivo;*

II. em caso de sentença absolutória extintiva de punibilidade, colocado à disposição do réu pela instituição financeira, acrescido da remuneração da conta judicial.

§6º. A instituição financeira depositária manterá controle dos valores depositados ou devolvidos.

§7º. Serão deduzidos da quantia apurada no leilão todos os tributos e multas incidentes sobre o bem alienado, sem prejuízo de iniciativas que, no âmbito da competência de cada ente da Federação, venham a desonerar bens sob constrição judicial daqueles ônus.

§8º. Feito o depósito a que se refere o § 4º deste artigo, os autos da alienação serão apensados aos do processo principal.

§9º. Terão apenas efeito devolutivo os recursos interpostos contra as decisões proferidas no curso do procedimento previsto neste artigo.

§ 10. Sobrevindo o trânsito em julgado de sentença penal condenatória, o juiz decretará, em favor, conforme o caso, da União ou do Estado:

I. a perda dos valores depositados na conta remunerada e da fiança;

II. a perda dos bens não alienados antecipadamente e daqueles aos quais não foi dada destinação prévia; e

III. a perda dos bens não reclamados no prazo de 90 (noventa) dias após o trânsito em julgado da sentença condenatória, ressalvado o direito de lesado ou terceiro de boa-fé.

§ 11. Os bens a que se referem os incisos II e III do § 10 deste artigo serão adjudicados ou levados a leilão, depositando-se o saldo na conta única do respectivo ente.

§ 12. O juiz determinará ao registro público competente que emita documento de habilitação à circulação e utilização dos bens colocados sob o uso e custódia das entidades a que se refere o caput deste artigo.

§ 13. Os recursos decorrentes da alienação antecipada de bens, direitos e valores oriundos do crime de tráfico ilícito de drogas e que tenham sido objeto de dissimulação e ocultação nos termos desta Lei permanecem submetidos à disciplina definida em lei específica.

A alienação antecipada nada mais é do que a venda antecipada dos bens, dos direitos ou dos valores constritos em decorrência da medida assecuratória patrimonial, essa alienação ocorre quando há risco de perda do seu valor econômico com o passar do tempo.

O art. 144-A do Código de Processo Penal autoriza a alienação antecipada em todo curso do processo:

***Art. 144-A.** O juiz determinará a alienação antecipada para preservação do valor dos bens sempre que estiverem sujeitos a qualquer grau de deterioração ou depreciação, ou quando houver dificuldade para sua manutenção.*

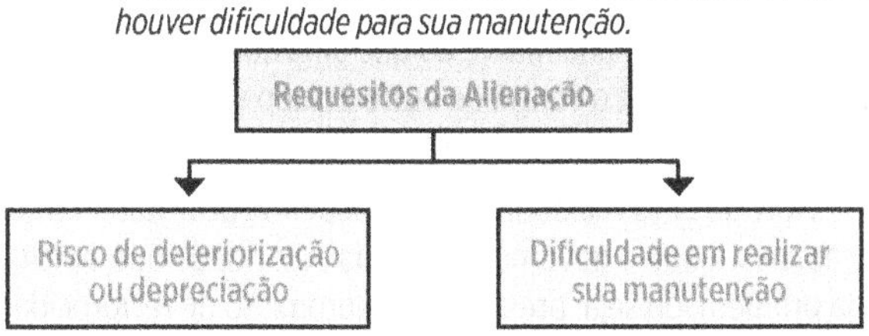

A alienação só irá ocorrer quando necessária para a preservação dos bens constritos, de modo que a alienação só vai poder ocorrer do momento da constrição até o trânsito em julgado da sentença penal condenatória. A lei é omissa quanto ao momento em que a alienação deva ser realizada, entretanto a doutrina entende que sendo essa uma situação excepcional ela não deve ocorrer antes da fase judicial, ou seja, quando ainda não há motivos relevantes para o oferecimento da peça acusatória.

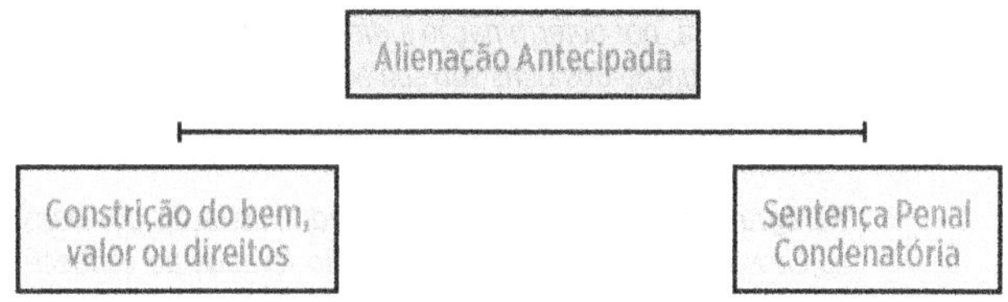

A alienação somente irá ocorrer por decretação do juiz, podendo ser proposta tanto de ofício quando por requerimento do MP ou de parte interessada, por meio de uma petição autônoma. Essa petição será autuada em apartado, sendo que a tramitação dos autos será feita separadamente do processo principal.

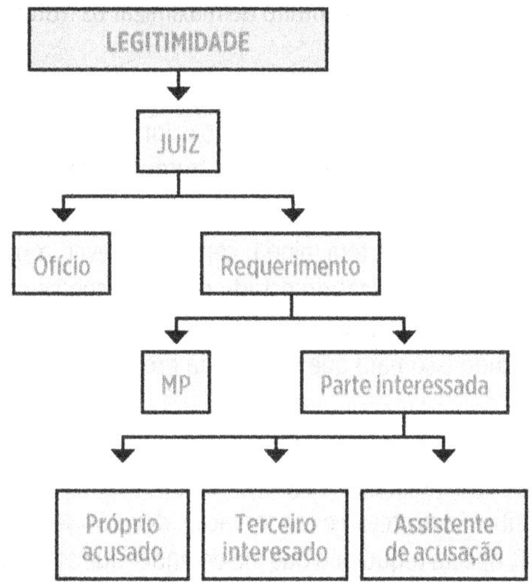

Normalmente o acusado é quem é o titular dos bens sob constrição e, por isso, pode ser que ele mesmo tenha interesse em sua alienação com receio da sua depreciação em virtude do tempo. Será possível, ainda, que um terceiro seja o titular do bem constrito e requeira por motivos que lhe sejam favoráveis a alienação.

***Art. 4º-B.** A ordem de prisão de pessoas ou as medidas assecuratórias de bens, direitos ou valores poderão ser suspensas pelo juiz, ouvido o Ministério Público, quando a sua execução imediata puder comprometer as investigações.*

Nesse dispositivo temos a chamada "ação controlada", que nada mais é do que uma técnica especial de investigação que tem por finalidade retardar a intervenção do mecanismo estatal.

Essa ação também está prevista na lei de drogas e na lei das organizações criminosas, e o que diferencia a lei de lavagem de capitais dessas outras duas leis é que a lei de lavagem foi omissa quanto ao adiamento da prisão em flagrante. E com isso trazendo uma divisão doutrinária, uma parte entende que a prisão em flagrante continua sendo obrigatória no crime de lavagem de capitais, seguindo a regra geral, contudo a outra parte da doutrina entende que, ainda que em caso de flagrante, o retardamento será possível.

***Art. 5º.** Quando as circunstâncias o aconselharem, o juiz, ouvido o Ministério Público, nomeará pessoa física ou jurídica qualificada para a administração dos bens, direitos ou valores sujeitos a medidas assecuratórias, mediante termo de compromisso.*

***Art. 6º.** A pessoa responsável pela administração dos bens:*

I. fará jus a uma remuneração, fixada pelo juiz, que será satisfeita com o produto dos bens objeto da administração;

II. *prestará, por determinação judicial, informações periódicas da situação dos bens sob sua administração, bem como explicações e detalhamentos sobre investimentos e reinvestimentos realizados.*

Parágrafo único. *Os atos relativos à administração dos bens sujeitos a medidas assecuratórias serão levados ao conhecimento do Ministério Público, que requererá o que entender cabível.*

Estamos diante das regras acerca da administração dos bens diretos ou valores constritos.

A administração não retira a propriedade dos bens do acusado, retira apenas a gestão dos bens que será transferida a uma pessoa responsável, com o intuito de maximizar os frutos e rendimentos que decorram deles.

O administrador receberá um valor como forma de ser remunerado pelo seu trabalho de cuidar, o valor será fixado pelo juiz. O pagamento será feito por meio dos frutos dos bens que estão sob seu cuidado.

O administrador terá, ainda, como seu dever, a prestação de informações periódicas do estado dos bens sob seu cuidado, devendo explicar e detalhar cada investimento e reinvestimentos realizado, tudo isso para que se garanta proteção ao bens constritos.

Outra regra é que todos os atos que envolvam os bens que estão sujeitos a medidas assecuratórias, ou seja, medidas que visam garantir sua proteção e conservação, deverão ser comunicados ao MP, que irá requerer o que ele entender que seja cabível ao caso concreto.

CAPÍTULO III - Dos Efeitos da Condenação

Art. 7º *São efeitos da condenação, além dos previstos no Código Penal:*

I. *a perda, em favor da União - e dos Estados, nos casos de competência da Justiça Estadual -, de todos os bens, direitos e valores relacionados, direta ou indiretamente, à prática dos crimes previstos nesta Lei, inclusive aqueles utilizados para prestar a fiança, ressalvado o direito do lesado ou de terceiro de boa-fé;*

II. *a interdição do exercício de cargo ou função pública de qualquer natureza e de diretor, de membro de conselho de administração ou de gerência das pessoas jurídicas referidas no art. 9º, pelo dobro do tempo da pena privativa de liberdade aplicada.*

§1º. *A União e os Estados, no âmbito de suas competências, regulamentarão a forma de destinação dos bens, direitos e valores cuja perda houver sido declarada, assegurada, quanto aos processos de competência da Justiça Federal, a sua utilização pelos órgãos federais encarregados da prevenção, do combate, da ação penal e do julgamento dos crimes previstos nesta Lei, e, quanto aos processos de competência da Justiça Estadual, a preferência dos órgãos locais com idêntica função.*

§2º. *Os instrumentos do crime sem valor econômico cuja perda em favor da União ou do Estado for decretada serão inutilizados ou doados a museu criminal ou a entidade pública, se houver interesse na sua conservação.*

Note que o caput do art. 7º já menciona a aplicabilidade subsidiária do Código Penal, expandindo os efeitos da condenação do acusado no crime de lavagem de capitais.

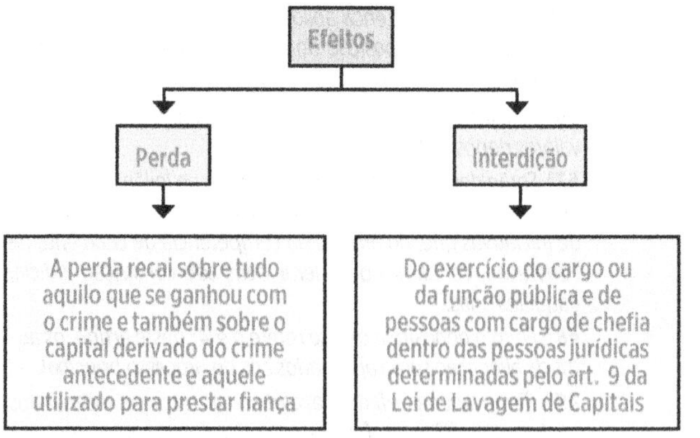

Vale ressaltar uma diferença entre a lei de lavagem de capitais e o código de processo penal. O CPP prevê a perda total do valor da fiança se o acusado for condenado e não se apresentar para cumprir a pena imposta, nos termos do art. 344 e a perda da metade do valor dado em fiança no caso de seu quebramento, nos moldes do art. 343.

Já a lei de lavagem de capitais prevê a perda do valor de fiança como um efeito da condenação, independentemente de o acusado ter ou não quebrado a fiança ou ter

CAPÍTULO IV - Dos Bens, Direitos ou Valores Oriundos de Crimes Praticados no Estrangeiro

Art. 8º. *O juiz determinará, na hipótese de existência de tratado ou convenção internacional e por solicitação de autoridade estrangeira competente, medidas assecuratórias sobre bens, direitos ou valores oriundos de crimes descritos no art. 1o praticados no estrangeiro.*

§1º. *Aplica-se o disposto neste artigo, independentemente de tratado ou convenção internacional, quando o governo do país da autoridade solicitante prometer reciprocidade ao Brasil.*

§2º. *Na falta de tratado ou convenção, os bens, direitos ou valores privados sujeitos a medidas assecuratórias por solicitação de autoridade estrangeira competente ou os recursos provenientes da sua alienação serão repartidos entre o Estado requerente e o Brasil, na proporção de metade, ressalvado o direito do lesado ou de terceiro de boa-fé.*

Estamos diante da colaboração internacional, o magistrado poderá colaborar com a autoridade estrangeira competente determinando as medidas assecuratórias. Nesse caso, impõe-se carta rogatória, que deverá ser cumprida pela Seção Judiciária na Justiça Federal onde estiver localizado o bem, depois de concedido o exequatur.

O exequatur nada mais é do que uma autorização dada por um Estado para que o cônsul de outro Estado seja aceito e venha a ser autorizado a exercer as atividades inerentes às suas funções.

Note que essa colaboração não depende de tratado ou convenção, basta que o governo do país da autoridade que solicita a ajuda prometa, ou seja, preste um compromisso de reciprocidade com o Brasil. Seria uma espécie de acordo entre os países.

E, por fim, não havendo nenhum diploma internacional legal, os bens, direitos ou valores constritos ou o que se obteve com sua alienação será divido em metade para o Brasil e metade para o país solicitante, respeitando o direito do lesado ou do terceiro de boa-fé.

CAPÍTULO V - DAS PESSOAS SUJEITAS AO MECANISMO DE CONTROLE

Art. 9º *Sujeitam-se às obrigações referidas nos arts. 10 e 11 as pessoas físicas e jurídicas que tenham, em caráter permanente ou eventual, como atividade principal ou acessória, cumulativamente ou não:*

I. *a captação, intermediação e aplicação de recursos financeiros de terceiros, em moeda nacional ou estrangeira;*

II. *a compra e venda de moeda estrangeira ou ouro como ativo financeiro ou instrumento cambial;*

III. *a custódia, emissão, distribuição, liquidação, negociação, intermediação ou administração de títulos ou valores mobiliários.*

Parágrafo único. *Sujeitam-se às mesmas obrigações:*

I. *as bolsas de valores, as bolsas de mercadorias ou futuros e os sistemas de negociação do mercado de balcão organizado;*

II. *as seguradoras, as corretoras de seguros e as entidades de previdência complementar ou de capitalização;*

III. *as administradoras de cartões de credenciamento ou cartões de crédito, bem como as administradoras de consórcios para aquisição de bens ou serviços;*

IV. *as administradoras ou empresas que se utilizem de cartão ou qualquer outro meio eletrônico, magnético ou equivalente, que permita a transferência de fundos;*

V. *as empresas de arrendamento mercantil (leasing) e as de fomento comercial (factoring) e as Empresas Simples de Crédito (ESC);*

VI. *as sociedades que efetuem distribuição de dinheiro ou quaisquer bens móveis, imóveis, mercadorias, serviços, ou, ainda, concedam descontos na sua aquisição, mediante sorteio ou método assemelhado;*

VII. *as filiais ou representações de entes estrangeiros que exerçam no Brasil qualquer das atividades listadas neste artigo, ainda que de forma eventual;*

VIII. *as demais entidades cujo funcionamento dependa de autorização de órgão regulador dos mercados financeiro, de câmbio, de capitais e de seguros;*

IX. *as pessoas físicas ou jurídicas, nacionais ou estrangeiras, que operem no Brasil como agentes, dirigentes, procuradores, comissionárias ou por qualquer forma representem interesses de ente estrangeiro que exerça qualquer das atividades referidas neste artigo;*

X. *as pessoas físicas ou jurídicas que exerçam atividades de promoção imobiliária ou compra e venda de imóveis;*

XI. *as pessoas físicas ou jurídicas que comercializem joias, pedras e metais preciosos, objetos de arte e antiguidades.*

XII. *as pessoas físicas ou jurídicas que comercializem bens de luxo ou de alto valor, intermedeiem a sua comercialização ou exerçam atividades que envolvam grande volume de recursos em espécie;*

XIII. *as juntas comerciais e os registros públicos;*

XIV. *as pessoas físicas ou jurídicas que prestem, mesmo que eventualmente, serviços de assessoria, consultoria, contadoria, auditoria, aconselhamento ou assistência, de qualquer natureza, em operações:*

a) *de compra e venda de imóveis, estabelecimentos comerciais ou industriais ou participações societárias de qualquer natureza;*

b) *de gestão de fundos, valores mobiliários ou outros ativos;*

c) *de abertura ou gestão de contas bancárias, de poupança, investimento ou de valores mobiliários;*

d) *de criação, exploração ou gestão de sociedades de qualquer natureza, fundações, fundos fiduciários ou estruturas análogas;*

e) *financeiras, societárias ou imobiliárias; e*

f) *de alienação ou aquisição de direitos sobre contratos relacionados a atividades desportivas ou artísticas profissionais;*

XV. *pessoas físicas ou jurídicas que atuem na promoção, intermediação, comercialização, agenciamento ou negociação de direitos de transferência de atletas, artistas ou feiras, exposições ou eventos similares;*

XVI. *as empresas de transporte e guarda de valores;*

XVII. *as pessoas físicas ou jurídicas que comercializem bens de alto valor de origem rural ou animal ou intermedeiem a sua comercialização; e*

XVIII. *as dependências no exterior das entidades mencionadas neste artigo, por meio de sua matriz no Brasil, relativamente a residentes no País.*

O artigo acima trouxe o rol de pessoas que se sujeitam às obrigações de identificação dos clientes e manutenção de registros e de comunicação de operações financeiras, ainda que pessoas físicas ou jurídicas.

As pessoas jurídicas mencionadas podem ser:

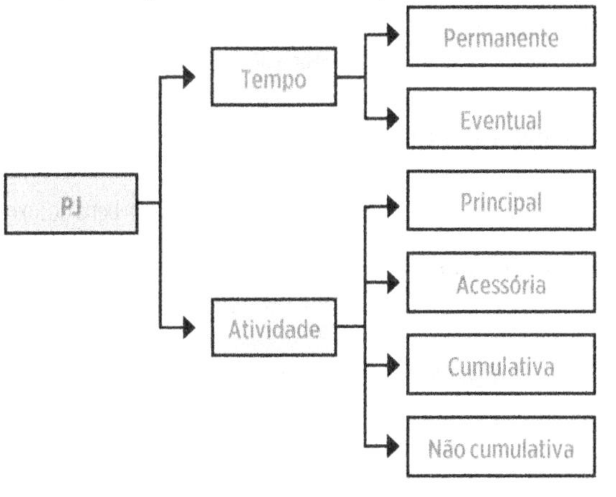

A captação, intermediação e aplicação	de recursos financeiros de terceiros, em moeda nacional ou estrangeira;
A compra e venda de moeda estrangeira ou ouro	como ativo financeiro ou instrumento cambial;
A custódia, emissão, distribuição, liquidação, negociação, intermediação ou administração	de títulos ou valores mobiliários;
As bolsas	de valores, de mercadorias ou futuros;
Sistemas de negociação	do mercado de balcão organizado;
As seguradoras e as corretoras	de seguros;
Entidades	de previdência complementar ou de capitalização;
As administradoras	de cartões de credenciamento ou cartões de crédito, consórcios para aquisição de bens ou serviços;

As administradoras ou empresas	que se utilizem de cartão ou qualquer outro meio eletrônico, magnético ou equivalente, que permita a transferência de fundos;
As empresas	de arrendamento mercantil (leasing) e as de fomento comercial (factoring) e as Empresas Simples de Crédito (ESC);
As sociedades	que efetuem distribuição de dinheiro ou quaisquer bens móveis, imóveis, mercadorias, serviços, ou, ainda, concedam descontos na sua aquisição, mediante sorteio ou método assemelhado;
As filiais ou representações	de entes estrangeiros que exerçam no Brasil qualquer das atividades listadas neste artigo, ainda que de forma eventual;
Demais entidades	cujo funcionamento dependa de autorização de órgão regulador dos mercados financeiro, de câmbio, de capitais e de seguros;
As pessoas físicas ou jurídicas, nacionais ou estrangeiras	que operem no Brasil como agentes, dirigentes, procuradoras, comissionárias ou por qualquer forma representem interesses de ente estrangeiro que exerça qualquer das atividades referidas neste artigo;
As pessoas físicas ou jurídicas	que exerçam atividades de promoção imobiliária ou compra e venda de imóveis;
As pessoas físicas ou	jurídicas que comercializem joias, pedras e metais preciosos, objetos de arte e antiguidades;
As pessoas físicas ou	jurídicas que comercializem bens de luxo ou de alto valor, intermedeiem a sua comercialização ou exerçam atividades que envolvam grande volume de recursos em espécie.
As juntas comerciais e os registros públicos;	
As pessoas físicas ou jurídicas	que prestem, mesmo que eventualmente, serviços de assessoria, consultoria, contadoria, auditoria, aconselhamento ou assistência, de qualquer natureza, em operações: a) de compra e venda de imóveis, estabelecimentos comerciais ou industriais ou participações societárias de qualquer natureza; b) de gestão de fundos, valores mobiliários ou outros ativos; c) de abertura ou gestão de contas bancárias, de poupança, investimento ou de valores mobiliários; d) de criação, exploração ou gestão de sociedades de qualquer natureza, fundações, fundos fiduciários ou estruturas análogas; e) financeiras, societárias ou imobiliárias; e f) de alienação ou aquisição de direitos sobre contratos relacionados a atividades desportivas ou artísticas profissionais;
Pessoas físicas ou jurídicas	que atuem na promoção, intermediação, comercialização, agenciamento ou negociação de direitos de transferência de atletas, artistas ou feiras, exposições ou eventos similares;
As empresas	de transporte e guarda de valores;
As pessoas físicas ou jurídicas	que comercializem bens de alto valor de origem rural ou animal ou intermedeiem a sua comercialização; e
As dependências no exterior das entidades mencionadas neste artigo	por meio de sua matriz no Brasil, relativamente a residentes no País.

CAPÍTULO VI - Da Identificação dos Clientes e Manutenção de Registros

Art. 10. *As pessoas referidas no art. 9º:*

I. *identificarão seus clientes e manterão cadastro atualizado, nos termos de instruções emanadas das autoridades competentes;*

II. *manterão registro de toda transação em moeda nacional ou estrangeira, títulos e valores mobiliários, títulos de crédito, metais, ou qualquer ativo passível de ser convertido em dinheiro, que ultrapassar limite fixado pela autoridade competente e nos termos de instruções por esta expedidas;*

III. *deverão adotar políticas, procedimentos e controles internos, compatíveis com seu porte e volume de operações, que lhes permitam atender ao disposto neste artigo e no art. 11, na forma disciplinada pelos órgãos competentes;*

IV. *deverão cadastrar-se e manter seu cadastro atualizado no órgão regulador ou fiscalizador e, na falta deste, no Conselho de Controle de Atividades Financeiras (Coaf), na forma e condições por eles estabelecidas;*

V. *deverão atender às requisições formuladas pelo Coaf na periodicidade, forma e condições por ele estabelecidas, cabendo-lhe preservar, nos termos da lei, o sigilo das informações prestadas.*

§1º. *Na hipótese de o cliente constituir-se em pessoa jurídica, a identificação referida no inciso I deste artigo deverá abranger as pessoas físicas autorizadas a representá-la, bem como seus proprietários.*

§2º. *Os cadastros e registros referidos nos incisos I e II deste artigo deverão ser conservados durante o período mínimo de cinco anos a partir do encerramento da conta ou da conclusão da transação, prazo este que poderá ser ampliado pela autoridade competente.*

§3º. *O registro referido no inciso II deste artigo será efetuado também quando a pessoa física ou jurídica, seus entes ligados, houver realizado, em um mesmo mês-calendário, operações com uma mesma pessoa, conglomerado ou grupo que, em seu conjunto, ultrapassem o limite fixado pela autoridade competente.*

Art. 10-A. *O Banco Central manterá registro centralizado formando o cadastro geral de correntistas e clientes de instituições financeiras, bem como de seus procuradores.*

No art. 9º foi estabelecido um rol de pessoas físicas e jurídicas que tem como obrigação cumprir o determinado no art. 10, para melhor visualizarmos vamos esquematizar essas obrigações:

identificarão seus clientes e manterão cadastro atualizado, nos termos de instruções emanadas das autoridades competentes;

manterão registro de toda transação em moeda nacional ou estrangeira, títulos e valores mobiliários, títulos de crédito, metais, ou qualquer ativo passível de ser convertido em dinheiro, que ultrapassar limite fixado pela autoridade competente e nos termos de instruções por esta expedidas;

deverão adotar políticas, procedimentos e controles internos, compatíveis com seu porte e volume de operações, que lhes permitam atender ao disposto neste artigo e no art. 11, na forma disciplinada pelos órgãos competentes;

deverão cadastrar-se e manter seu cadastro atualizado no órgão regulador ou fiscalizador e, na falta deste, no Conselho de Controle de Atividades Financeiras (Coaf), na forma e condições por eles estabelecidas;

deverão atender às requisições formuladas pelo Coaf na periodicidade, forma e condições por ele estabelecidas, cabendo-lhe preservar, nos termos da lei, o sigilo das informações prestadas.

No que diz respeito à identificação dos clientes, quando estes forem pessoas jurídicas, deverão ser identificadas todas as pessoas físicas autorizadas a representá-la, bem como identificados seus proprietários.

O cadastro atualizado de clientes e o de registro de transações financeiras, terão o prazo de no mínimo 5 anos para conversação, contados do encerramento da conta ou da conclusão da sua transação, sendo que este prazo poderá ser aumentado por requerimento da autoridade competente.

Vejamos, ainda, que o registro das transações será realizado quando a pessoa, seja ela física ou jurídica, ou seus entes ligados, tiverem realizado, dentro do mesmo período, operações com uma mesma pessoa, grupo ou conglomerado, que ao serem somados ultrapassem os limites fixados pela autoridade competente.

O registro centralizado, que formará o cadastro geral de correntistas e clientes, bem como dos seus procuradores será feito pelo Banco Central.

CAPÍTULO VII - Da Comunicação de Operações Financeiras

***Art. 11.** As pessoas referidas no art. 9º:*

***I.** dispensarão especial atenção às operações que, nos termos de instruções emanadas das autoridades competentes, possam constituir-se em sérios indícios dos crimes previstos nesta Lei, ou com eles relacionar-se;*

***II.** deverão comunicar ao Coaf, abstendo-se de dar ciência de tal ato a qualquer pessoa, inclusive àquela à qual se refira a informação, no prazo de 24 (vinte e quatro) horas, a proposta ou realização:*

a) de todas as transações referidas no inciso II do art. 10, acompanhadas da identificação de que trata o inciso I do mencionado artigo; e

b) das operações referidas no inciso I;

***III.** deverão comunicar ao órgão regulador ou fiscalizador da sua atividade ou, na sua falta, ao Coaf, na periodicidade, forma e condições por eles estabelecidas, a não ocorrência de propostas, transações ou operações passíveis de serem comunicadas nos termos do inciso II.*

***§1º.** As autoridades competentes, nas instruções referidas no inciso I deste artigo, elaborarão relação de operações que, por suas características, no que se refere às partes envolvidas, valores, forma de realização, instrumentos utilizados, ou pela falta de fundamento econômico ou legal, possam configurar a hipótese nele prevista.*

***§2º.** As comunicações de boa-fé, feitas na forma prevista neste artigo, não acarretarão responsabilidade civil ou administrativa.*

***§3º.** O Coaf disponibilizará as comunicações recebidas com base no inciso II do caput aos respectivos órgãos responsáveis pela regulação ou fiscalização das pessoas a que se refere o art. 9º.*

***Art. 11-A.** As transferências internacionais e os saques em espécie deverão ser previamente comunicados à instituição financeira, nos termos, limites, prazos e condições fixados pelo Banco Central do Brasil.*

Assim como o art. 10, este artigo visa estabelecer obrigações às pessoas contidas no art. 9. De forma a simplificar seu estudo vamos esquematizar essas obrigações:

dispensarão especial atenção às operações que, nos termos de instruções emanadas das autoridades competentes, possam constituir-se em sérios indícios dos crimes previstos nesta Lei, ou com eles relacionar-se;

deverão comunicar ao Coaf, abstendo-se de dar ciência de tal ato a qualquer pessoa, inclusive àquela à qual se refira a informação, no prazo de 24 (vinte e quatro) horas, a proposta ou realização:
a) de todas as transações referidas no inciso II do art. 10, acompanhadas da identificação de que trata o inciso I do mencionado artigo; e
b) das operações referidas no inciso I;

deverão comunicar ao órgão regulador ou fiscalizador da sua atividade ou, na sua falta, ao Coaf, na periodicidade, forma e condições por eles estabelecidas, a não ocorrência de propostas, transações ou operações passíveis de serem comunicadas nos termos do inciso II.

As autoridades competentes, dentro das obrigações impostas no art. I, deverão elaborar uma relação de operações, que por meio de suas peculiaridades possam configurar crime.

Quando a comunicação ocorrer de boa-fé e nos moldes do art. 11, não haverá o que se falar em responsabilidade civil ou administrativa.

O COAF disponibilizará as comunicações por ele recebidas, conforme determina o inciso II, aos órgãos responsáveis pela regulação ou fiscalização das pessoas determinadas no art. 9.

E para finalizar, havendo transferências internacionais ou saques em espécies, deverão estas ser previamente comunicadas à instituição financeira, em conformidade com as regras fixadas pelo Banco Central.

CAPÍTULO VIII - Da Responsabilidade Administrativa

***Art. 12.** Às pessoas referidas no art. 9º, bem como aos administradores das pessoas jurídicas, que deixem de cumprir as obrigações previstas nos arts. 10 e 11 serão aplicadas, cumulativamente ou não, pelas autoridades competentes, as seguintes sanções:*

***I.** advertência;*

***II.** multa pecuniária variável não superior:*

***a)** ao dobro do valor da operação;*

***b)** ao dobro do lucro real obtido ou que presumivelmente seria obtido pela realização da operação; ou*

***c)** ao valor de R$ 20.000.000,00 (vinte milhões de reais);*

***III.** inabilitação temporária, pelo prazo de até dez anos, para o exercício do cargo de administrador das pessoas jurídicas referidas no art. 9º;*

***IV.** cassação ou suspensão da autorização para o exercício de atividade, operação ou funcionamento.*

***§1º.** A pena de advertência será aplicada por irregularidade no cumprimento das instruções referidas nos incisos I e II do art. 10.*

***§2º.** A multa será aplicada sempre que as pessoas referidas no art. 9o, por culpa ou dolo:*

***I.** deixarem de sanar as irregularidades objeto de advertência, no prazo assinalado pela autoridade competente;*

***II.** não cumprirem o disposto nos incisos I a IV do art. 10;*

III. *deixarem de atender, no prazo estabelecido, a requisição formulada nos termos do inciso V do art. 10;*

IV. *descumprirem a vedação ou deixarem de fazer a comunicação a que se refere o art. 11.*

§3º. *A inabilitação temporária será aplicada quando forem verificadas infrações graves quanto ao cumprimento das obrigações constantes desta Lei ou quando ocorrer reincidência específica, devidamente caracterizada em transgressões anteriormente punidas com multa.*

§4º. *A cassação da autorização será aplicada nos casos de reincidência específica de infrações anteriormente punidas com a pena prevista no inciso III do caput deste artigo.*

Art. 13. *O procedimento para a aplicação das sanções previstas neste Capítulo será regulado por decreto, assegurados o contraditório e a ampla defesa.*

Quanto às pessoas jurídicas taxadas no art. 9, bem como aos administradores dessas pessoas, que não cumprirem com as obrigações de identificação dos clientes e manutenção de registros e de comunicação de operações financeiras.

As sanções podem ser aplicadas tanto de forma cumulativa, ou seja, pode ser aplicada mais de uma sanção, bem como pode ser aplicada de forma isolada, ou seja, apenas uma.

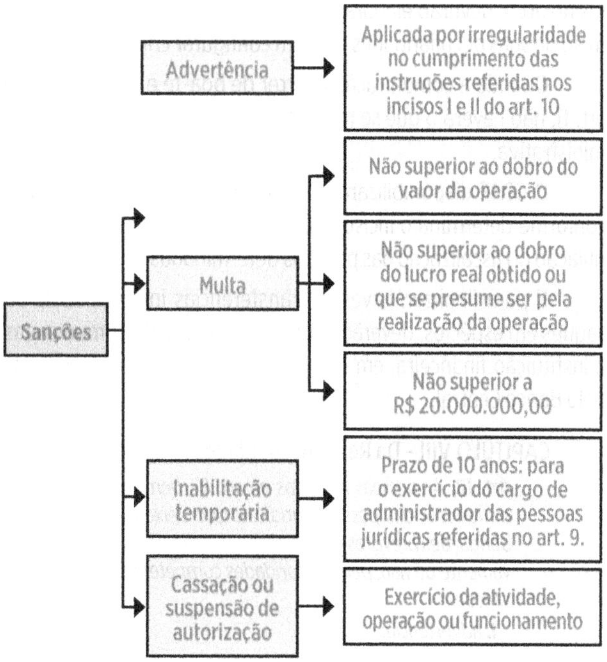

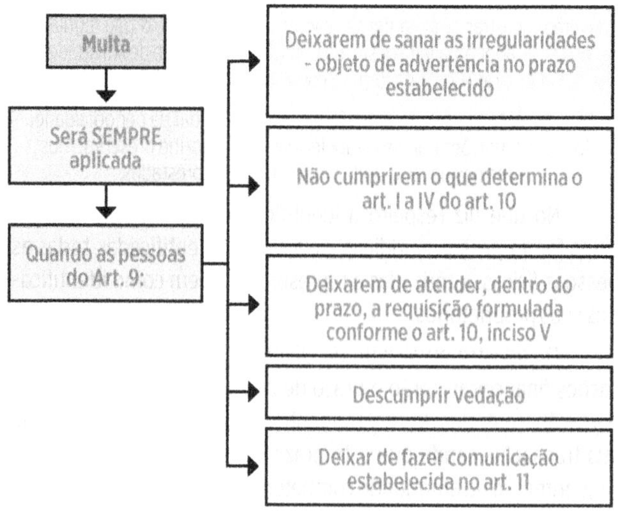

CAPÍTULO IX - Do Conselho de Controle de Atividades Financeiras

Art. 14. Fica criado, no âmbito do Ministério da Economia, o Conselho de Controle de Atividades Financeiras - Coaf, com a finalidade de disciplinar, aplicar penas administrativas, receber, examinar e identificar as ocorrências suspeitas de atividades ilícitas previstas nesta Lei, sem prejuízo das competências de outros órgãos e entidades.

§1º. *As instruções referidas no art. 10 destinadas às pessoas mencionadas no art. 9º, para as quais não exista órgão próprio fiscalizador ou regulador, serão expedidas pelo COAF, competindo-lhe, para esses casos, a definição das pessoas abrangidas e a aplicação das sanções enumeradas no art. 12.*

§2º. *O COAF deverá, ainda, coordenar e propor mecanismos de cooperação e de troca de informações que viabilizem ações rápidas e eficientes no combate à ocultação ou dissimulação de bens, direitos e valores.*

§3º. *O COAF poderá requerer aos órgãos da Administração Pública as informações cadastrais bancárias e financeiras de pessoas envolvidas em atividades suspeitas.*

Art. 15. *O COAF comunicará às autoridades competentes para a instauração dos procedimentos cabíveis, quando concluir pela existência de crimes previstos nesta Lei, de fundados indícios de sua prática, ou de qualquer outro ilícito.*

Art. 16. *O Coaf será composto por servidores públicos de reputação ilibada e reconhecida competência, designados em ato do Ministro de Estado da Fazenda, dentre os integrantes do quadro de pessoal efetivo do Banco Central do Brasil, da Comissão de Valores Mobiliários, da Superintendência de Seguros Privados, da Procuradoria-Geral da Fazenda Nacional, da Secretaria da Receita Federal do Brasil, da Agência Brasileira de Inteligência, do Ministério das Relações Exteriores, do Ministério da Justiça, do Departamento de Polícia Federal, do Ministério da Previdência Social e da Controladoria-Geral da União, atendendo à indicação dos respectivos Ministros de Estado.*

§1º. *O Presidente do Conselho será nomeado pelo Presidente da República, por indicação do Ministro de Estado da Fazenda.*

§2º. *Caberá recurso das decisões do Coaf relativas às aplicações de penas administrativas ao Conselho de Recursos do Sistema Financeiro Nacional.*

Art. 17. *O COAF terá organização e funcionamento definidos em estatuto aprovado por decreto do Poder Executivo.*

O Conselho de Controle de Atividades Financeiras é o órgão de inteligência financeira do governo federal que atua, principalmente, na prevenção e no combate ao crime de lavagem de capitais.

Este órgão foi criado dentro do âmbito do Ministério da Fazenda e da Segurança Pública e tem como atribuições a produção de inteligência financeira e a promoção de meios protetivos aos setores econômicos contra a lavagem de capitais e o financiamento do terrorismo.

Sua organização e funcionamento será definido por estatuto e aprovado por decreto do Poder Executivo.

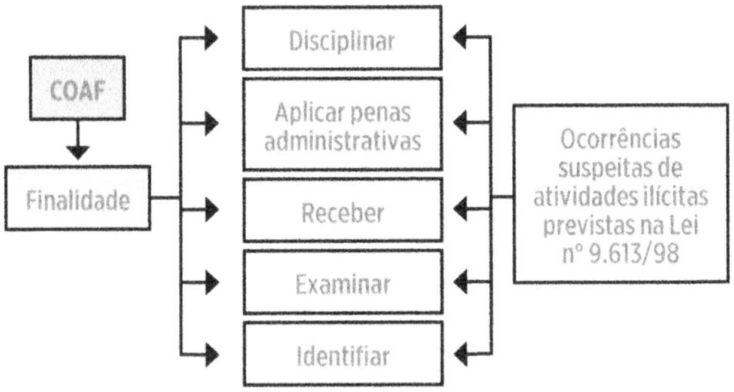

Nos casos mencionados no art. 10, quando a pessoa, seja física ou jurídica, não tiver órgão próprio de fiscalização ou regulamentação, será o COAF competente para realização de tais atos e, ainda, para a consequente aplicação de sanções, caso necessário.

Outra atribuição do COAF é a coordenação e a proposição de meios que auxiliem na troca de informações e cooperação no que for necessário, com o intuito de promover ações rápidas e eficientes ao combate dos crimes de ocultação ou dissimulação de bens, direitos e valores.

Será, ainda, permitido à COAF o requerimento aos órgãos da administração pública, seja ela direita ou indireta, as informações sobre cadastros bancários e financeiros de todas as pessoas que tenham envolvimento com as atividades consideradas suspeitas.

Se verificada a existência dos crimes aqui mencionados ou, ainda, indícios de sua prática ou de qualquer outro crime, caberá, a este órgão a comunicação às autoridades competentes, para que se instaure os procedimentos cabíveis.

Anote-se que o COAF é tratado atualmente também como UIF – Unidade de Inteligência Financeira, sendo responsável por receber, examinar e identificar quaisquer ocorrências suspeitas de atividades ilícitas no âmbito financeiro.

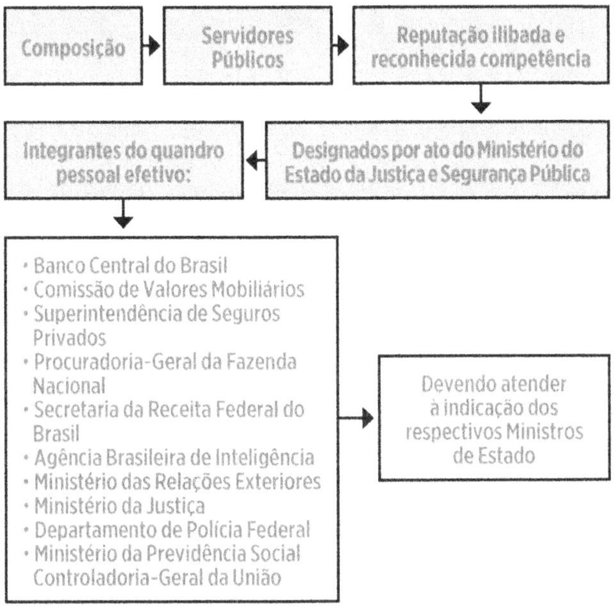

CAPÍTULO X - DISPOSIÇÕES GERAIS

Art. 17-A. *Aplicam-se, subsidiariamente, as disposições do Decreto-Lei nº 3.689, de 3 de outubro de 1941 (Código de Processo Penal), no que não forem incompatíveis com esta Lei.*

Por força do principio da subsidiariedade, nos casos em que a Lei nº 9.613/98 for omissa e havendo compatibilidade entre essa lei e o Código de Processo Penal, este poderá ser aplicado de forma subsidiária.

Art. 17-B. *A autoridade policial e o Ministério Público terão acesso, exclusivamente, aos dados cadastrais do investigado que informam qualificação pessoal, filiação e endereço, independentemente de autorização judicial, mantidos pela Justiça Eleitoral, pelas empresas telefônicas, pelas instituições financeiras, pelos provedores de internet e pelas administradoras de cartão de crédito.*

De forma exclusiva, ou seja, limitada, tanto o MP quanto a autoridade policial, sem ordem judicial, terão acesso a dados cadastrais das pessoas investigadas, desde que esses dados fornecidos tenham relação apenas sobre qualificação pessoal, filiação e seu endereço. Esses dados devem ser aqueles mantidos pela Justiça Eleitoral, empresas de telefonia, instituições financeiras, provedores de internet e ainda pelas administradoras de cartão de crédito.

Art. 17-C. *Os encaminhamentos das instituições financeiras e tributárias em resposta às ordens judiciais de quebra ou transferência de sigilo deverão ser, sempre que determinado, em meio informático, e apresentados em arquivos que possibilitem a migração de informações para os autos do processo sem redigitação.*

Nos casos das instituições financeiras e tributárias precisarem responder a ordens judiciais, dá-se preferência para que estas sejam feitas por meio informático, ou seja, arquivos eletrônicos, que possam ser transferidos para os autos do processo, sem a necessidade que seja ele redigitado, buscando a celeridade processual.

Art. 17-D. *Em caso de indiciamento de servidor público, este será afastado, sem prejuízo de remuneração e demais direitos previstos em lei, até que o juiz competente autorize, em decisão fundamentada, o seu retorno.*

O servidor público que for indiciado pela prática de um dos crimes aqui mencionados será afastado de seu cargo até que o juízo competente autorize seu retorno. Durante esse período, o servidor continuará a receber sua remuneração, bem como não sofrerá prejuízos aos demais direitos a ele atribuídos por lei.

Art. 17-E. *A Secretaria da Receita Federal do Brasil conservará os dados fiscais dos contribuintes pelo prazo mínimo de 5 (cinco) anos, contado a partir do início do exercício seguinte ao da declaração de renda respectiva ou ao do pagamento do tributo.*

Como já dissemos anteriormente, pelo menos por 5 anos, contados do início do exercício seguinte ao da declaração do imposto de renta ou ainda do pagamento da tributação, a Secretaria da Receita Federal devera conservar os dados fiscais dos contribuintes.

Questões

01. (CESPE-2018) João integra conhecida organização criminosa de âmbito nacional especializada em tráfico de drogas e lavagem de dinheiro. Com o objetivo de tornar legal o dinheiro obtido ilicitamente, ele convenceu Pedro e Jorge, conselheiros fiscais de uma cooperativa de mineradores que atuam na região Norte do país, a modificar valores obtidos em uma mina de ouro. Pedro, sem conhecer a fundo a origem dos valores, concordou em fazer a transação. Antes de concluí-la, entretanto, ele desistiu da ação, e tentou convencer Jorge a fazer o mesmo. Tendo Jorge decidido prosseguir no esquema, Pedro, então, fez uma denúncia sigilosa à polícia, que passou a investigar o fato e reuniu elementos necessários ao indiciamento dos envolvidos. Antes que concretizasse a ação final de registro de valores, Jorge foi impedido pela polícia, que o prendeu em flagrante.

Acerca dessa situação hipotética, julgue o item subsequente.

Em relação ao crime de lavagem de dinheiro, a pena de João poderá ser aumentada de um a dois terços, em razão de o crime ter sido cometido por intermédio de organização criminosa.

Certo ( ) Errado ( )

02. (CESPE-2018) Com referência à interceptação de comunicação telefônica, ao crime de tráfico ilícito de entorpecentes, ao crime de lavagem de capitais e a crimes cibernéticos, julgue o seguinte item.

Situação hipotética: Álvaro, servidor público federal, foi, por cinco anos, presidente da comissão de licitações de determinado órgão público federal. Em diversas ocasiões, Álvaro recebeu valores e bens para favorecer empresas nos certames licitatórios, e os transferiu para o patrimônio de Flávio, seu irmão, que os utilizava nos negócios da empresa da família, com vistas a ocultar o ingresso desses recursos e a sua origem ilícita. **Assertiva:** Nessa situação, Álvaro e Flávio responderão pelo crime de lavagem de capitais, e será da justiça federal a competência para processar e julgar a ação penal.

Certo ( ) Errado ( )

03. (CESPE-2018) Acerca de crédito tributário, legislação tributária e crime de lavagem de capitais ou ocultação de bens, direitos e valores, julgue o item que segue.

O crime de lavagem de capitais ou ocultação de bens, direitos e valores não é admitido na modalidade tentada.

Certo ( ) Errado ( )

Gabaritos

01	CERTO
02	CERTO
03	ERRADO

3. LEI DE TORTURA - LEI Nº 9.455/1997

A prática da tortura encontra proibição expressa no Art. 5º, inciso III, da Constituição Federal: ninguém será submetido a tortura nem a tratamento desumano ou degradante.

No mesmo sentido, a Convenção contra a Tortura e outros Tratamentos ou Penas Cruéis, Desumanos ou Degradantes (Decreto 40, de 15 de fevereiro de 1991) define que o termo 'tortura' designa qualquer ato pelo qual dores ou sofrimentos agudos, físicos ou mentais, são infligidos intencionalmente a uma pessoa a fim de obter, dela ou de uma terceira pessoa, informações ou confissões; de castigá-la por ato que ela ou uma terceira pessoa tenha cometido ou seja suspeita de ter cometido; de intimidar ou coagir esta pessoa ou outras pessoas; ou por qualquer motivo baseado em discriminação de qualquer natureza; quando tais dores ou sofrimentos são infligidos por um funcionário público ou outra pessoa no exercício de funções públicas, ou por sua instigação, ou com o seu consentimento ou aquiescência. Não se considerará como tortura as dores ou sofrimentos que sejam consequência unicamente de sanções legítimas, ou que sejam inerentes a tais sanções ou delas decorram(Art. 1º, 1).

Essa convenção determinou, ademais, em seu Art. 4º, que cada Estado-Parte assegurará que os atos de tortura sejam considerados crimes segundo a sua legislação penal.

> A Lei 12.847, de 2 de agosto de 2013, instituiu o Sistema Nacional de Prevenção e Combate à Tortura-SNPCT, com o objetivo de fortalecer a prevenção e o combate à tortura, por meio de articulação e atuação cooperativa de seus integrantes, dentre outras formas, permitindo as trocas de informações e o intercâmbio de boas práticas.

Com esse objetivo, o Brasil editou a Lei 9.455/97, para atender à Convenção assinada pelo Brasil, com a finalidade de proteção de todos os seres humanos contra a prática de tortura.

Antes de dar prosseguimento a este estudo, devemos definir o que efetivamente se entende por tortura, levando em consideração a Lei 9.455/1997. Isso porque essa Lei não seguiu integralmente o parâmetro legislativo que a fundamentou, permitindo a punição da tortura praticada não só por funcionário público, mas também por particulares. Nesse contexto, podemos entender a tortura como todo sofrimento físico ou mental que tenha como finalidade obter de informação, declaração ou confissão; provocar uma ação ou omissão criminosa; causar sofrimento em razão de discriminação pela raça ou religião; ou ainda como meio de aplicação de castigo ou medida preventiva contra alguém sob sua guarda, poder ou autoridade.

Todos os crimes previstos na Lei de Tortura visam tutelar de maneira imediata o **bem jurídico "dignidade humana"**. Sobre o tema, é relevante mencionar precedente do Supremo Tribunal Federal sobre a definição de dignidade humana: (...) ***a dignidade da pessoa humana precede a Constituição de 1988 e esta não poderia ter sido contrariada, em seu art. 1º, III, anteriormente a sua vigência.***

(...) Tem razão a arguente ao afirmar que a ***dignidade não tem preço. As coisas têm preço, as pessoas têm dignidade. A dignidade não tem preço, vale para todos quantos participam do humano. Estamos, todavia, em perigo quando alguém se arroga o direito de tomar o que pertence à dignidade da pessoa humana como um seu valor (valor de quem se arrogue a tanto)***. É que, então, o valor do humano assume forma na substância e medida de quem o afirme e o pretende impor na qualidade e quantidade em que o mensure. Então o valor da dignidade da pessoa humana já não será mais valor do humano, de todos quantos pertencem à humanidade, porém de quem o proclame conforme o seu critério particular. Estamos então em perigo, submissos à tirania dos valores.

(**STF**, Pleno, ADPF 153, voto do rel. **Min. Eros Grau**, j. 29.04.2010, DJe 06.08.2010).(grifo nosso)

De forma mediata, indireta, também se pretende tutelar a vida e a integralidade física da pessoa torturada.

Vale lembrar, ainda, que todos os crimes de tortura são dolosos, isto é, dependem da vontade consciente do agente que o realiza para sua caracterização. Em outras palavras, não há tortura culposa.

Em todos os casos, ademais, a ação penal será pública incondicionada, isto é, o Ministério Público não dependerá de representação da vítima para ingressar com a denúncia contra o suspeito.

Para facilitar o entendimento, vamos dividir a tortura em duas partes: inciso I e inciso II. Depois que tal assunto for compreendido,dividiremos cada uma conforme sua modalidade.

> ***Art. 1º.*** *Constitui crime de tortura:*
>
> ***I.*** *constranger alguém com* ***emprego de violência ou grave ameaça****, causando-lhe* ***sofrimento físico ou mental****:*
>
> ***a)*** *com o fim de* ***obter informação, declaração ou confissão*** *da vítima ou de terceira pessoa;*
>
> ***b)*** *para* ***provocar ação ou omissão de natureza criminosa****;*
>
> ***c)*** *em razão de* ***discriminação racial ou religiosa****;(grifo nosso)*

A tortura prevista no inciso I fica condicionada ao preenchimento cumulativo de três elementos: o meio utilizado + as consequências sofridas pela vítima + a finalidade pretendida ou as razões do crime.

Meio utilizado	Violência ou grave ameaça
Consequências sofridas	Físicas ou mentais
Finalidades ou razões	Fim de obter informação, Declaração ou confissão Provocar ação ou omissão de Natureza criminosa Discriminação racial ou religiosa

Nessas hipóteses, o sujeito ativo pode ser qualquer pessoa, não se exigindo qualidade especial, de modo que o inciso I irá tratar de um crime comum.

> ***II.*** *submeter alguém,* ***sob sua guarda, poder ou autoridade****, com emprego de violência ou grave ameaça, a* ***intenso sofrimento físico ou mental****, como forma de aplicar castigo pessoal ou medida de caráter preventivo.(grifo nosso)*

Este inciso apresenta uma importante diferença com relação ao inciso anterior, pois trata de uma hipótese de crime próprio de tortura. Assim, o sujeito ativo nesse caso tem uma qualidade definida no tipo penal, de modo que somente os indivíduos nele descritos é que podem praticá-lo. Então, o crime descrito no inciso II SOMENTE será praticado por aquele que tem a guarda, o poder ou a autoridade sobre a vítima.

Sujeito ativo	detentor	Guarda Poder Autoridade

E, ainda, devemos nos atentar à palavra "intenso". O legislador teve o cuidado de ressaltar que não será qualquer sofrimento a ser punido nesse tipo incriminador, apenas os que ensejam intenso sofrimento. A questão é que o intenso sofrimento é um tipo penal aberto, ou seja, dependerá do caso concreto para verificar sua aplicação, devendo o delegado de polícia apurar a intensidade do sofrimento recebido pela vítima, bem como ao Ministério Público comprovar a intensidade desse sofrimento e o juiz justificá-lo na sentença. Caso não seja verificado o "intenso sofrimento", o agente poderá responder pelo crime de maus-tratos.

Outro aspecto importante sobre esse inciso é que há dolo específico nele, ou seja, a vontade de aplicar o sofrimento como forma de castigo pessoal ou medida de caráter preventivo.

O castigo se refere a uma conduta já praticada pela vítima. Assim, o agente tem a intenção de puni-lapor algo já feito. Já a medida de caráter preventivo tem a finalidade de evitar que determinada conduta seja praticada, ela antecede a conduta, visando evitar sua ocorrência.

> ***STJ. Recurso ordinário em habeas corpus. Tortura. Lesão corporal e cárcere privado. Crimes praticados em contexto de violência doméstica. Prisão em temporária convertida em preventiva. Circunstâncias dos crimes. Gravidade excessiva. Periculosidade social. Garantia da ordem pública. Custódia fundamentada e necessária. Condições pessoais favoráveis. Irrelevância. Coação ilegal não demonstrada. Reclamo improvido.*** *1. Não há o que se falar em constrangimento ilegal quando a constrição está devidamente justificada na garantia da ordem pública, em razão da gravidade efetiva dos delitos em tese praticados e da periculosidade social do acusado, bem demonstradas pelas circunstâncias em que ocorreu o fato criminoso. 2. Caso em que o recorrente foi denunciado pelos crimes de tortura, lesão corporal e cárcere privado, acusado de haver submetido um bebê de pouco mais de 1 ano de idade, que estava sob a sua autoridade, a intenso sofrimento físico e mental, utilizando de violência como forma de castigo pessoal, ofendendo também a sua integridade corporal. Além disso, o agente teria privado a liberdade da mãe da vítima, sua companheira, mediante cárcere privado, tentando evitar que a mesma prestasse socorro a filha que, em razão das agressões sofridas, se encontrava desfalecida. 3. Condições pessoais favoráveis não têm, em princípio, o condão de, isoladamente, revogar a prisão cautelar, se há nos autos elementos suficientes a demonstrar a necessidade da custódia. 4. Recurso ordinário improvido. (STJ - (5ª T.) - Rec. em HC 83785 - SP - Rel.: Min. Jorge Mussi - J. em 22/08/2017 - DJ 30/08/2017 - Doc. LEGJUR 177.1642.4004.6200)*

Como já anunciamos anteriormente, depois de havermos nos dedicado à observação de cada inciso,analisaremos o que eles têm de semelhante e depois os dividiremos conforme sua modalidade.

Primeiramente,é pertinente compreender que, em todas as modalidades descritas anteriormente, o crime de tortura é material, isto é, para que o crime se configure, é necessário que ocorra o resultado naturalístico. Em ambos,admite-se a tentativa e ainda a desistência voluntária. E em todos os casos, a **ação será pública incondicionada.**

MODALIDADES DE TORTURA	
Tortura-prova	Art. 1º, inciso I, alínea a
Tortura-crime	Art. 1º, inciso I, alínea b
Tortura discriminatória	Art. 1º, inciso I, alínea c
Tortura-castigo	Art. 1º, inciso II

Pena - reclusão, de dois a oito anos.

> ***§ 1º.*** *Na mesma pena incorre quem submete* ***pessoa presa ou sujeita a medida de segurança a sofrimento físico ou mental,*** *por intermédio da prática de ato não previsto em lei ou não resultante de medida legal.(grifo nosso)*

Nesse parágrafo, é possível observar que a exigência é quanto ao sujeito passivo, de modo que apenas poderão ser vítimas nesse tipo incriminador as pessoas que estão presas ou sujeitas a medida de segurança.

> ***§ 2º.*** *Aquele que se omite* ***em face dessas condutas****, quando* ***tinha o dever de evitá-las ou apurá-las****, incorre na* ***pena de detenção de um a quatro anos****.(grifo nosso)*

Agora, falaremos da omissão diante da tortura. Neste caso, o agente tinha o dever de evitar o cometimento da tortura ou de efetuar sua apuração, mas não o fez. Esse tipo penal tem uma peculiaridade, primeiramente temos que dividir o § 2º em dois.

A primeira parte diz respeito ao trecho aquele que se omite em face dessas condutas, quando tinha o dever de evitá-las; estamos falando de um crime próprio, no qual somente podem ser sujeitos ativos as pessoas que tinham o **dever de agir**, as quais estão descritas no Art. 13, § 2º do CP:

> ***Art. 13****,§ 2º A omissão é penalmente relevante quando o omitente devia e podia agir para evitar o resultado. O dever de agir incumbe a quem:*
>
> ***a)*** *tenha por lei obrigação de cuidado, proteção ou vigilância;*
>
> ***b)*** *de outra forma, assumiu a responsabilidade de impedir o resultado;*
>
> ***c)*** *com seu comportamento anterior, criou o risco da ocorrência do resultado.*

E a segunda parte se relaciona ao trecho aquele que se omite em face dessas condutas, quando tinha o dever de apurá-las.Neste caso, estamos falando de um crime próprio em que o sujeito ativo só poderá ser a autoridade competente para a apuração do fato.

Então, podemos concluir que o crime de omissão diante da tortura se divide em conduta omissiva de evitação e conduta omissiva de apuração.

Quem COMETE a tortura	→	Pena: reclusão de 2 a 8 anos
Quem se OMITE a tortura	→	Pena: detenção de 1 a 4 anos

> ***§ 3º.*** *Se resulta lesão corporal de natureza grave ou gravíssima, a pena é de reclusão de quatro a dez anos; se resulta morte, a reclusão é de oito a dezesseis anos.(grifo nosso)*

A tortura será qualificada se dela houver como resultado lesão corporal de natureza grave, que são as hipóteses previstas no Art. 129, § 1º, do CP, ou gravíssima, hipóteses previstas no Art. 129, § 2º, do CP, ou se da tortura se resulta a morte.

3.1 Lesão Corporal de Natureza Grave

§ 1º. Se resulta:

I. Incapacidade para as ocupações habituais, por mais de trinta dias;

II. perigo de vida;

III. debilidade permanente de membro, sentido ou função;

IV. aceleração de parto.

3.2 Lesão Corporal de Natureza Gravíssima

§ 2º. Se resulta:

I. Incapacidade permanente para o trabalho;

II. enfermidade incurável;

III. perda ou inutilização do membro, sentido ou função;

IV. deformidade permanente;

V. aborto.

Tortura que resulta lesão corporal grave	→	Reclusão de 4 a 10 anos
Tortura que resulta lesão corporal gravíssima	→	Reclusão em 4 a 10 anos
Tortura que resulta morte	→	Reclusão de 8 a 16 anos

A tortura qualificada pelo resultado morte ocorre quando há dolo na conduta antecedente (tortura) e dolo ou culpa na consequente (lesão ou morte), exatamente o que ocorreu. A vítima era agredida consecutivamente pelo réu, culminando com sua morte, e condená-lo por CP, art. 121, § 2º, III, e Lei 9.455/1997, art. 1º, II, § 4º, II, incidiria no '*bis in idem*'.

(TJRJ, Apelação Criminal 7.584/2009, rel. **Des. Suely Lopes Magalhães**, j. em 25.11.2009)

§ 4º. Aumenta-se a pena de um sexto até um terço:

*I. se o crime é **cometido por** agente público;*

*II. se o crime é cometido **contra criança, gestante, portador de deficiência, adolescente ou maior de 60 (sessenta) anos**;*

*III. se o crime é cometido **mediante sequestro.***

Aumenta-se a pena de 1/6 a1/3	Se cometido por agente público	**Funcionário público:** de acordo com o Art. 327, do Código Penal, considera-se funcionário público, para os efeitos penais, quem, embora transitoriamente ou sem remuneração, exerce cargo, emprego ou função pública.
	Se cometido contra criança, gestante, portador de deficiência, adolescente ou maior de 60 anos	**Criança:** pessoa até doze anos de idade incompletos (Art. 2º da Lei 8.069/90) **Adolescente:** pessoa entre doze e dezoito anos de idade(Art. 2º da Lei 8.069/90). **Portador de deficiência:** considera-se pessoa com deficiência aquela que tem impedimento de longo prazo de natureza física, mental, intelectual ou sensorial, o qual, em interação com uma ou mais barreiras, pode obstruir sua participação plena e efetiva na sociedade em igualdade de condições com as demais pessoas (Art. 2º da Lei 13.146/2015) **Maior de 60 anos:** é a pessoa idosa conforme estabelece Art. 1º do Estatuto do Idoso (Lei 10.741/2003).
	Se cometido mediante sequestro	Sequestro: é a privação da liberdade da vítima por tempo juridicamente relevante.

As causas de aumento de pena se aplicam também ao crime de omissão à tortura e às hipóteses de tortura qualificada, não se limitando aos crimes previstos no Art. 1º.

§ 5º. A condenação acarretará a perda do cargo, função ou emprego público e a interdição para seu exercício pelo dobro do prazo da pena aplicada.(grifo nosso)

Como vimos, existem algumas pessoas que têm o dever de agir, ou seja, têm como obrigação o dever de proteger o indivíduo. Tanto no § 4º, inciso I, quanto no § 5º,o legislador visa garantir que o crime de tortura, quando praticado por agente público, tenha uma pena mais severa, uma vez que o agente público, dentro de suas funções, não age em nome próprio, mas sim em nome do Estado, sendo que é dever do Estado garantir a proteção aos indivíduos.

Assim, o crime de tortura, quando praticado por agente público, acarreta em causa de aumento de pena e ainda perda do cargo e interdição para seu exercício.

Suponhamos que Norberto, carcereiro de determinado presídio, torture Daniel, sendo este um dos presos sob sua responsabilidade; suponhamos que Norberto seja condenado pelo crime de tortura e o juiz o sentencie a uma pena de 6 anos. Além da perda do cargo automática, Norberto só poderá exercer qualquer outra função pública depois de transcorrido o prazo de 12 anos, por força o previsto neste § 5º.

Vale ressaltar que a perda do cargo é, segundo o Supremo Tribunal Federal, efeito automático da condenação: *A perda do cargo, função ou emprego público – que configura efeito extrapenal secundário – constitui consequência necessária que resulta, automaticamente, de pleno direito, da condenação penal imposta ao agente público pela prática do crime de tortura, ainda que se cuide de integrante da Polícia Militar, não se lhe aplicando, a despeito de tratar-se de Oficial da Corporação, a cláusula inscrita no art. 125, § 4.º, da Constituição da República. Doutrina. Precedentes(**STF**, 2ª T., AI 769.637, rel. **Min. Celso de Melo**, j. 25.06.2013, DJe 15.10.2013).*

No mesmo sentido:

A perda do cargo, função ou emprego público é efeito automático da condenação pela prática do crime de tortura, não sendo necessária fundamentação concreta para a sua aplicação (**STJ**, 6ª T., AgRg no Ag 1388953/SP, rel. **Min.Maria Thereza de Assis Moura**, j. 20.06.2013, DJe 28.06.2013)

§ 6º. O crime de tortura é inafiançável e insuscetível de graça ou anistia.(grifo nosso)

Temos aqui um aspecto muito importante que merece atenção: o § 6º segue estritamente o que dispõe a Constituição Federal:

> ***Art. 5º**, XLIII, CF:A lei considerará crimes inafiançáveis e insuscetíveis de graça ou anistia a prática da tortura, o tráfico ilícito de entorpecentes e drogas afins, o terrorismo e os definidos como crimes hediondos, por eles respondendo os mandantes, os executores e os que, podendo evitá-los, se omitirem.*

Mas o que devemos frisar é que, para fins de concurso, o crime de tortura é equiparado a crime hediondo. Então, além da regra constitucional e da Lei de Tortura, seguimos ainda a regra da Lei 8.072/90:

> ***Art. 2º** - Lei 8.072/90 - Os crimes hediondos, a prática da tortura, o tráfico ilícito de entorpecentes e drogas afins e o terrorismo são insuscetíveis de*
>
> ***I.** anistia, graça e indulto;*
>
> ***II.** fiança.*

Então não esqueça, para fins de concurso público, o crime de tortura é **INAFIANÇAVÉL, INSCUSCETÍVEL DE GRAÇA, ANISTIA E INDULTO**.

Embora haja discussão na doutrina, o Supremo Tribunal Federal decidiu que a Constituição Federal veda, implicitamente, o indulto àqueles que tenham praticado crimes hediondos e assemelhados (como é o caso da tortura), veja-se: "Crime hediondo: vedação de graça: inteligência. (...) é constitucional o art. 2º, I, da L. 8.072/90, porque, nele, a menção ao indulto é meramente expletiva da proibição de graça aos condenados por crimes hediondos ditada pelo art. 5º, XLIII, da Constituição. **Na Constituição, a graça individual e o indulto coletivo - que ambos, tanto podem ser totais ou parciais, substantivando, nessa última hipótese, a comutação de pena - são modalidades do poder de graça do Presidente da República (art. 84, XII) - que, no entanto, sofre a restrição do art. 5º, XLIII, para excluir a possibilidade de sua concessão, quando se trata de condenação por crime hediondo**. Proibida a comutação de pena, na hipótese do crime hediondo, pela Constituição, é irrelevante que a vedação tenha sido omitida no D. 3.226/99." (STF, 1ª T., HC 81.565, rel. Min. Sepúlveda Pertence, j. 19-02-2002, DJ 22-03-2002).

> Para a CESPE é correta a seguinte assertiva: "Não é possível a concessão de anistia, graça ou indulto àqueles que tenham praticado crimes hediondos" (CESPE – 2013 – TJDFT – Técnico).

> ***§ 7º**. O condenado por crime previsto nesta Lei, salvo a hipótese do § 2º, **iniciará** o cumprimento da pena em regime fechado. (grifo nosso)*

Com exceção do crime de omissão a tortura, todos **os crimes previstos nessa lei terão como regime inicial o fechado**, sendo possível assim a progressão de regimes.

> ***Súmula 698 - STF:** Não se estende aos demais crimes hediondos a admissibilidade de progressão no regime de execução da pena aplicada ao crime de tortura.*

Caso a questão pergunte sobre o início do cumprimento de pena de acordo com a **jurisprudência do Supremo Tribunal Federal**, a resposta será diferente do texto legal, pois a Corte Suprema entende inconstitucional qualquer determinação abstrata para o início do cumprimento de pena no regime fechado.

> *"Habeas corpus. Penal. Tráfico de entorpecentes. Crime praticado durante a vigência da Lei nº 11.464/07. Pena inferior a 8 anos de reclusão. Obrigatoriedade de imposição do regime inicial fechado. Declaração incidental de inconstitucionalidade do § 1º do art. 2º da Lei nº 8.072/90. Ofensa à garantia constitucional da individualização da pena (inciso XLVI do art. 5º da CF/88). Fundamentação necessária (CP, art. 33, § 3º, c/c o art. 59). Possibilidade de fixação, no caso em exame, do regime semiaberto para o início de cumprimento da pena privativa de liberdade. Ordem concedida. (...) Se a Constituição Federal menciona que a lei regulará a individualização da pena, é natural que ela exista. Do mesmo modo, os critérios para a fixação do regime prisional inicial devem-se harmonizar com as garantias constitucionais, sendo necessário exigir-se sempre a fundamentação do regime imposto, ainda que se trate de crime hediondo ou equiparado. (...) Ordem concedida tão somente para remover o óbice constante do § 1º do art. 2º da Lei nº 8.072/90, com a redação dada pela Lei nº 11.464/07, o qual determina que "[a] pena por crime previsto neste artigo será cumprida inicialmente em regime fechado". Declaração incidental de inconstitucionalidade, com efeito ex nunc, da obrigatoriedade de fixação do regime fechado para início do cumprimento de pena decorrente da condenação por crime hediondo ou equiparado." (STF, Pleno, HC 111.840, rel. Min. Dias Toffoli, j. 27-06-2012, DJe 16-12-2013)*
>
> ***Art. 2º**. O disposto nesta Lei aplica-se ainda quando o crime não tenha sido cometido em território nacional, sendo a vítima brasileira ou encontrando-se o agente em local sob jurisdição brasileira.*

Aplicação extra territorial da Lei 9.455	Caso o crime seja cometido **fora do território nacional** quando:	a vítima for brasileira ou o agente esteja em local sob jurisdição brasileira.

> ***Art. 3º**. Esta Lei entra em vigor na data de sua publicação.*
>
> ***Art. 4º**. Revoga-se o art. 233 da Lei nº 8.069, de 13 de julho de 1990 - Estatuto da Criança e do Adolescente.*

Questões

01. (Cespe-2018) No item que se segue, é apresentada uma situação hipotética seguida de uma assertiva a ser julgada com relação a crime de tortura, crime hediondo, crime previdenciário e crime contra o idoso. Cinco guardas municipais em serviço foram desacatados por dois menores. Após breve perseguição, um dos menores evadiu-se, mas o outro foi apreendido. Dois dos guardas conduziram o menor apreendido para um local isolado, imobilizaram-no, espancaram-no e ameaçaram-no, além de submetê-lo a choques elétricos. Os outros três guardas deram cobertura. Nessa situação, os cinco guardas municipais responderão pelo crime de tortura, incorrendo todos nas mesmas penas.

Certo ( ) Errado ( )

02. (Cespe-2018) Tendo como referência a legislação penal extravagante e a jurisprudência das súmulas dos tribunais superiores, julgue o item que se segue. A condenação pela prática de crime de tortura acarretará a perda do cargo, função ou emprego público e a interdição para o seu exercício por prazo igual ao da pena aplicada.

Certo ( ) Errado ( )

03. (Cespe-2018) Se, com o objetivo de obter confissão, determinado agente de polícia, por meio de grave ameaça, constranger pessoa presa, causando-lhe sofrimento psicológico,

a) e a vítima for adolescente, o crime será qualificado.

b) estará configurada uma causa de aumento de pena.

c) A critério do juiz, a condenação poderá acarretar a perda do cargo.

d) provado o fato, a pena será de detenção.

e) quem presenciar o crime e se omitir, incorrerá na mesma pena do agente.

04. (Cespe-2018) De acordo com a legislação penal especial, assinale a opção correta.

a) Comete o crime de tortura aquele que, tendo o dever de evitar a conduta, se mantém omisso ao tomar ciência ou presenciar pessoa presa ser submetida a sofrimento físico ou mental, por meio da prática de ato não previsto legalmente.

b) A autoridade policial pode praticar a ação controlada — que consiste no retardamento da intervenção policial para aguardar o momento mais eficaz à formação de provas e obtenção de informações — independentemente de prévia comunicação ao juiz competente.

c) Será interditado do exercício da atividade pública por igual período ao da pena privativa de liberdade prevista no Código Penal para o crime de lavagem de dinheiro o indivíduo que, exercendo cargo ou função pública de qualquer natureza, for condenado pela prática de tal crime.

d) Sendo o servidor público condenado por crime de abuso de autoridade, será decretada a perda do cargo e a sua inabilitação para o exercício de qualquer outra função pública pelo prazo de até cinco anos.

e) Em qualquer hipótese, configura-se o crime de disparo de arma de fogo disparar arma de fogo com a finalidade de praticar outro crime.

05. (Cespe-2017) No que concerne ao crime de tortura, assinale a opção correta.

a) O indivíduo que se omite ante a prática de tortura quando deveria evitá-la responde igualmente pela conduta realizada.

b) A legislação especial brasileira concernente à tortura aplica-se somente aos crimes ocorridos em território nacional.

c) No crime de tortura, a prática contra adolescente é causa de aumento de pena de um sexto até um terço.

d) A condenação de funcionário público por esse crime gera a perda do cargo, desde que a sentença assim determine e que a pena aplicada seja superior a quatro anos.

e) A submissão de pessoa presa a sofrimento físico ou mental por funcionário público que pratique atos não previstos em lei exige o dolo específico.

Gabaritos

01	CERTO	**04**	A
02	ERRADO	**05**	C
03	B		

4. LEI DE ABUSO DE AUTORIDADE - LEI Nº 13.869/2019

A lei de abuso de autoridade é o epíteto da Lei 13.869, de 5 de setembro de 2019, que possui sua base constitucional no art. 5º, inciso XXXIV, alínea "a" de nossa Magna Carta, dispositivo que trata do direito de petição em face dos Poderes Públicos em defesa de direitos contra a ilegalidade ou abuso de poder. Seu objetivo é buscar combater a arbitrariedade no exercício do poder pelos agentes públicos em geral, criminalizando uma série de condutas que anteriormente no máximo eram considerados ilícitos administrativos.

Deve-se ter em mente, no entanto, que o conceito de "abuso de autoridade" usado pela lei refere-se ao seu conceito legal - subordinado ao princípio da legalidade penal - , sendo mais estrito que o conceito visto em Direito Administrativo em geral.

Essa nova lei revogou expressamente a Lei 4.898/1965, que tratava do mesmo assunto.

Importante observar que o prazo de "vacatio legis" (prazo para a lei entrar em vigor) previsto no art. 45 da lei é de 120 dias, contados a partir de sua publicação oficial, a qual ocorreu no dia 5 de setembro de 2019.

A lei sofreu diversos vetos pelo Presidente da República, sendo que vários deles foram derrubados pelo Congresso Nacional.

De uma certa forma polêmica, é certo que muitos dispositivos da referida lei estão sendo e serão questionados quanto à sua constitucionalidade, devendo estar-se atento a eventuais pronunciamentos do Supremo Tribunal Federal sobre a lei.

Por ser uma lei que trata diretamente da conduta de agentes públicos, deve ser bastante cobrada em provas, especialmente em carreiras policiais e jurídicas.

Para melhor clareza, estudaremos os dispositivos da lei um a um, comentando-os, desprezando-se, porém, aqueles que foram vetados pelo Presidente da República e cujo veto não foi derrubado pelo Congresso Nacional.

Disposições gerais

> ***Art. 1º** Esta Lei define os crimes de abuso de autoridade, cometidos por agente público, servidor ou não, que, no exercício de suas funções ou a pretexto de exercê-las, abuse do poder que lhe tenha sido atribuído.*
>
> ***§ 1º** As condutas descritas nesta Lei constituem crime de abuso de autoridade quando praticadas pelo agente com a finalidade específica de prejudicar outrem ou beneficiar a si mesmo ou a terceiro, ou, ainda, por mero capricho ou satisfação pessoal.*
>
> ***§ 2º** A divergência na interpretação de lei ou na avaliação de fatos e provas não configura abuso de autoridade.*

O Art. 1º da Lei deixa claro que suas disposições se aplicam aos agentes públicos em geral, seja ou não servidor (vide no próximo tópico o conceito de agente público, para os efeitos dessa lei).

Por outro lado, também deixa claro que as condutas previstas na lei somente serão consideradas criminosas se forem praticadas com o dolo específico de prejudicar ou beneficiar alguém, ou quando o ato for praticado por mero capricho ou satisfação pessoal. Sendo assim, os crimes previstos na lei não admitem a modalidade culposa (que é quando o agente não tem a intenção de produzir o resultado, mas age com imprudência, imperícia ou negligência).

Por fim, especialmente visando tranquilizar o trabalho dos juízes e autoridades policiais, e até para evitar que sejam vítimas de perseguições políticas, o parágrafo 2º do art. 1º estipula que a divergência na interpretação da lei ou avaliação de fatos e provas não configura abuso de autoridade.

Sujeitos do crime

> ***Art. 2º** É sujeito ativo do crime de abuso de autoridade qualquer agente público, servidor ou não, da administração direta, indireta ou fundacional de qualquer dos Poderes da União, dos Estados, do Distrito Federal, dos Municípios e de Território, compreendendo, mas não se limitando a:*
>
> ***I.** servidores públicos e militares ou pessoas a eles equiparadas;*
>
> ***II.** membros do Poder Legislativo;*
>
> ***III.** membros do Poder Executivo;*
>
> ***IV.** membros do Poder Judiciário;*
>
> ***V.** membros do Ministério Público;*
>
> ***VI.** membros dos tribunais ou conselhos de contas.*
>
> ***Parágrafo único.** Reputa-se agente público, para os efeitos desta Lei, todo aquele que exerce, ainda que transitoriamente ou sem remuneração, por eleição, nomeação, designação, contratação ou qualquer outra forma de investidura ou vínculo, mandato, cargo, emprego ou função em órgão ou entidade abrangidos pelo caput deste art..*

Sujeito ativo de um crime é a pessoa que pode praticá-lo, ou seja, é aquele a quem pode ser imputada a prática do crime.

No caso dos crimes previstos na Lei de Abuso de Autoridade, todo agente público pode incorrer em suas penas, ainda que não seja servidor público, trazendo os incisos do art. 2º apenas exemplos, conforme o "caput" deixa claro, ao dizer *"compreendendo, mas não se limitando a"*.

Por sua vez, o conceito de agente público utilizado pela lei é bastante amplo, assemelhando-se àquele utilizado pela Lei de Improbidade Administrativa.

Assim, para a Lei de Abuso de Autoridade, basta que a pessoa exerça um cargo, mandato, emprego ou função em órgão da Administração Direta ou entidade da Administração Indireta, mesmo que de forma transitória ou sem remuneração, alcançando, desta forma, até mesmo trabalhadores terceirizados ou temporários.

Ação penal

Os crimes previstos na Lei de Abuso de Autoridade são de ação penal pública incondicionada.

Isso quer dizer que quem é o titular legitimado para propor a ação, processando o agente público, é o Ministério Público, não havendo sequer necessidade de representação por parte de algum ofendido. Assim, tomando o Ministério Público conhecimento da prática de ato que configure abuso de autoridade, deverá ele propor de ofício a ação penal respectiva, mesmo que ninguém o requeira.

No entanto, até em obediência à norma constitucional, a mesma lei estabelece que será admitida ação privada se a ação penal pública não for intentada no prazo legal, cabendo ao Ministério Público aditar a queixa, repudiá-la e oferecer denúncia substitutiva, intervir em todos os termos do processo, fornecer elementos de prova, interpor recurso e, a todo tempo, no caso de negligência do querelante, retomar a ação como parte principal.

Ou seja, se o Ministério Público não apresentar a ação no prazo legal, poderá o ofendido - na condição de querelante - propor ele mesmo a ação, desde que o faça, de acordo com o § 2º do Art. 3º, no prazo de 6 meses contados da data em que se esgotar o prazo para oferecimento da denúncia.

Porém, ainda que seja o particular que proponha a ação (ação privada subsidiária da pública), continua sendo o Ministério Público o seu titular, podendo ele intervir no processo, inclusive interpondo recursos e retomando a ação como parte principal, no caso de negligência do querelante.

O Art. 39 da Lei de Abuso de Autoridade estipula que, na condução da ação penal, devem ser aplicadas as normas do Código de Processo Penal e da Lei dos Juizados Especiais (Lei 9.099/95), o que, permite, por exemplo, desde que atendidos os requisitos desta última, considerar-se o crime como de pequeno potencial ofensivo e aplicar-se o "sursis" processual, suspendendo o processo respectivo.

Efeitos da condenação e penas restritivas de direitos

O Capítulo IV da Lei 13.869/19 trata dos efeitos da condenação e também das penas restritivas de direitos que poderão ser aplicadas no caso dos crimes de abuso de autoridade.

Efeitos da condenação

A lei determina em seu art. 4º que são efeitos da condenação:

a) tornar certa a obrigação de indenizar o dano causado pelo crime, devendo o juiz, a requerimento do ofendido, fixar na sentença o valor mínimo para reparação dos danos causados pela infração, considerando os prejuízos por ele sofridos;
b) a inabilitação para o exercício de cargo, mandato ou função pública, pelo período de 1 (um) a 5 (cinco) anos;
c) a perda do cargo, do mandato ou da função pública.

Os efeitos previstos nos itens b) e c), porém, somente ocorrerão se houver reincidência em crime de abuso de autoridade e não são automáticos, ou seja, para que ocorram, o juiz deve prevê-los expressamente e de forma justificada em sua decisão.

Deve-se observar que, além desses efeitos específicos, existem outros, previstos na Constituição Federal ou em outras leis, como a perda dos direitos políticos após o trânsito em julgado da condenação (art. 15, inciso III, da CF).

Penas restritivas de direitos

A Constituição Federal, em seu Art. 5º, inciso XLVI, prevê a aplicação de penas alternativas à prisão, nos casos e na forma previstos em lei.

No caso dos crimes de abuso de autoridade, o Art. 5º da Lei 13.869/19 prevê as seguintes:

a) prestação de serviços à comunidade ou a entidades públicas; e
b) suspensão do exercício do cargo, da função ou do mandato, pelo prazo de 1 (um) a 6 (seis) meses, com a perda dos vencimentos e das vantagens.

Essas penas podem ser aplicadas de forma autônoma ou cumulativamente. Além disso, cabe ao juiz, com base nos critérios previstos no Código Penal, decidir se substituição da pena de prisão por essas penas é adequado e suficiente em cada caso.

Sanções de natureza civil e administrativa

Além das imposições de caráter penal - prisão ou aplicação de penas restritivas de direitos -, a Lei de Abuso de Autoridade prevê que podem ser aplicadas concomitantemente as penalidades de natureza civil e administrativa cabíveis em cada caso.

Isso decorre do princípio da independência entre as instâncias penal, civil e administrativa.

As notícias de crimes previstos na Lei 13.869/19 que também configurarem falta funcional deverão serão informadas à autoridade competente para a abertura de eventual processo administrativo disciplinar.

Embora o Art. 7º da lei estipule que as responsabilidades civil e administrativa são independentes da criminal, deixa ele claro que não se pode questionar sobre a existência ou a autoria do fato quando essas questões tenham sido decididas no juízo criminal.

Ou seja, se o juiz criminal decidiu que não houve crime ou que ficou provado que quem praticou o crime não foi o acusado, ele não poderá ser responsabilizado nas esferas cível e administrativo. No entanto, se o acusado for absolvido no âmbito penal por falta de provas, poderá ser condenado civil e administrativamente.

O Art. 8º também traz disposição importante, ao determinar que faz coisa julgada em âmbito cível, assim como no administrativo-disciplinar, a sentença penal que reconhecer expressamente ter sido o ato praticado com alguma excludente de ilicitude (estado de necessidade, legítima defesa, estrito cumprimento de dever legal ou exercício regular de direito).

Dos crimes e das penas

Em seus Art. 9º a 38, traz a Lei 13.869/19 a descrição dos diversos crimes que configuram abuso de autoridade no âmbito criminal, lembrando que o princípio da legalidade do direito penal estipula que alguém só pode ser acusado de um crime se a conduta respectiva estiver prevista (tipificada) previamente em lei e a mesma lei também preveja as penas aplicáveis.

Reproduzimos abaixo os artigos da lei que tipificam os crimes de abuso de autoridade, cujo estudo pertence ao campo do direito penal, devendo ser lidos com atenção:

> ***Art. 9º*** *Decretar medida de privação da liberdade em manifesta desconformidade com as hipóteses legais:*
>
> ***Pena*** *- detenção, de 1 (um) a 4 (quatro) anos, e multa.*
>
> ***Parágrafo único.*** *Incorre na mesma pena a autoridade judiciária que, dentro de prazo razoável, deixar de:*
>
> ***I.*** *relaxar a prisão manifestamente ilegal;*
>
> ***II.*** *substituir a prisão preventiva por medida cautelar diversa ou de conceder liberdade provisória, quando manifestamente cabível;*
>
> ***III.*** *deferir liminar ou ordem de habeas corpus, quando manifestamente cabível.*

Art. 10. *Decretar a condução coercitiva de testemunha ou investigado manifestamente descabida ou sem prévia intimação de comparecimento ao juízo:*

Pena *- detenção, de 1 (um) a 4 (quatro) anos, e multa.*

Art. 11. *(VETADO).*

Art. 12. *Deixar injustificadamente de comunicar prisão em flagrante à autoridade judiciária no prazo legal:*

Pena *- detenção, de 6 (seis) meses a 2 (dois) anos, e multa.*

Parágrafo único. *Incorre na mesma pena quem:*

I. *deixa de comunicar, imediatamente, a execução de prisão temporária ou preventiva à autoridade judiciária que a decretou;*

II. *deixa de comunicar, imediatamente, a prisão de qualquer pessoa e o local onde se encontra à sua família ou à pessoa por ela indicada;*

III. *deixa de entregar ao preso, no prazo de 24 (vinte e quatro) horas, a nota de culpa, assinada pela autoridade, com o motivo da prisão e os nomes do condutor e das testemunhas;*

IV. *prolonga a execução de pena privativa de liberdade, de prisão temporária, de prisão preventiva, de medida de segurança ou de internação, deixando, sem motivo justo e excepcionalíssimo, de executar o alvará de soltura imediatamente após recebido ou de promover a soltura do preso quando esgotado o prazo judicial ou legal.*

Art. 13. *Constranger o preso ou o detento, mediante violência, grave ameaça ou redução de sua capacidade de resistência, a:*

I. *exibir-se ou ter seu corpo ou parte dele exibido à curiosidade pública;*

II. *submeter-se a situação vexatória ou a constrangimento não autorizado em lei;*

III. *produzir prova contra si mesmo ou contra terceiro:*

Pena *- detenção, de 1 (um) a 4 (quatro) anos, e multa, sem prejuízo da pena cominada à violência.*

Art. 14. *(VETADO).*

Art. 15. *Constranger a depor, sob ameaça de prisão, pessoa que, em razão de função, ministério, ofício ou profissão, deva guardar segredo ou resguardar sigilo:*

Pena *- detenção, de 1 (um) a 4 (quatro) anos, e multa.*

Parágrafo único. *Incorre na mesma pena quem prossegue com o interrogatório:*

I. *de pessoa que tenha decidido exercer o direito ao silêncio; ou*

II. *de pessoa que tenha optado por ser assistida por advogado ou defensor público, sem a presença de seu patrono.*

Art. 16. *Deixar de identificar-se ou identificar-se falsamente ao preso por ocasião de sua captura ou quando deva fazê-lo durante sua detenção ou prisão:*

Pena *- detenção, de 6 (seis) meses a 2 (dois) anos, e multa.*

Parágrafo único. *Incorre na mesma pena quem, como responsável por interrogatório em sede de procedimento investigatório de infração penal, deixa de identificar-se ao preso ou atribui a si mesmo falsa identidade, cargo ou função.*

Art. 17. *(VETADO).*

Art. 18. *Submeter o preso a interrogatório policial durante o período de repouso noturno, salvo se capturado em flagrante delito ou se ele, devidamente assistido, consentir em prestar declarações:*

Pena *- detenção, de 6 (seis) meses a 2 (dois) anos, e multa.*

Art. 19. *Impedir ou retardar, injustificadamente, o envio de pleito de preso à autoridade judiciária competente para a apreciação da legalidade de sua prisão ou das circunstâncias de sua custódia:*

Pena *- detenção, de 1 (um) a 4 (quatro) anos, e multa.*

Parágrafo único. *Incorre na mesma pena o magistrado que, ciente do impedimento ou da demora, deixa de tomar as providências tendentes a saná-lo ou, não sendo competente para decidir sobre a prisão, deixa de enviar o pedido à autoridade judiciária que o seja.*

Art. 20. *Impedir, sem justa causa, a entrevista pessoal e reservada do preso com seu advogado:*

Pena *- detenção, de 6 (seis) meses a 2 (dois) anos, e multa.*

Parágrafo único. *Incorre na mesma pena quem impede o preso, o réu solto ou o investigado de entrevistar-se pessoal e reservadamente com seu advogado ou defensor, por prazo razoável, antes de audiência judicial, e de sentar-se ao seu lado e com ele comunicar-se durante a audiência, salvo no curso de interrogatório ou no caso de audiência realizada por videoconferência.*

Art. 21. *Manter presos de ambos os sexos na mesma cela ou espaço de confinamento:*

Pena *- detenção, de 1 (um) a 4 (quatro) anos, e multa.*

Parágrafo único. *Incorre na mesma pena quem mantém, na mesma cela, criança ou adolescente na companhia de maior de idade ou em ambiente inadequado, observado o disposto na Lei nº 8.069, de 13 de julho de 1990 (Estatuto da Criança e do Adolescente).*

Art. 22. *Invadir ou adentrar, clandestina ou astuciosamente, ou à revelia da vontade do ocupante, imóvel alheio ou suas dependências, ou nele permanecer nas mesmas condições, sem determinação judicial ou fora das condições estabelecidas em lei:*

Pena *- detenção, de 1 (um) a 4 (quatro) anos, e multa.*

§ 1º *Incorre na mesma pena, na forma prevista no caput deste art., quem:*

I. *coage alguém, mediante violência ou grave ameaça, a franquear-lhe o acesso a imóvel ou suas dependências;*

II. *(VETADO);*

III. *cumpre mandado de busca e apreensão domiciliar após as 21h (vinte e uma horas) ou antes das 5h (cinco horas).*

§ 2º *Não haverá crime se o ingresso for para prestar socorro, ou quando houver fundados indícios que indiquem a necessidade do ingresso em razão de situação de flagrante delito ou de desastre.*

Art. 23. *Inovar artificiosamente, no curso de diligência, de investigação ou de processo, o estado de lugar, de coisa ou de pessoa, com o fim de eximir-se de responsabilidade ou de responsabilizar criminalmente alguém ou agravar-lhe a responsabilidade:*

Pena *- detenção, de 1 (um) a 4 (quatro) anos, e multa.*

Parágrafo único. *Incorre na mesma pena quem pratica a conduta com o intuito de:*

I. *eximir-se de responsabilidade civil ou administrativa por excesso praticado no curso de diligência;*

II. *omitir dados ou informações ou divulgar dados ou informações incompletos para desviar o curso da investigação, da diligência ou do processo.*

Art. 24. *Constranger, sob violência ou grave ameaça, funcionário ou empregado de instituição hospitalar pública ou privada a admitir para tratamento pessoa cujo óbito já tenha ocorrido, com o fim de alterar local ou momento de crime, prejudicando sua apuração:*

Pena *- detenção, de 1 (um) a 4 (quatro) anos, e multa, além da pena correspondente à violência.*

Art. 25. *Proceder à obtenção de prova, em procedimento de investigação ou fiscalização, por meio manifestamente ilícito:*

Pena *- detenção, de 1 (um) a 4 (quatro) anos, e multa.*

Parágrafo único. *Incorre na mesma pena quem faz uso de prova, em desfavor do investigado ou fiscalizado, com prévio conhecimento de sua ilicitude.*

Art. 26. (VETADO).

Art. 27. Requisitar instauração ou instaurar procedimento investigatório de infração penal ou administrativa, em desfavor de alguém, à falta de qualquer indício da prática de crime, de ilícito funcional ou de infração administrativa:

Pena - detenção, de 6 (seis) meses a 2 (dois) anos, e multa.

Parágrafo único. Não há crime quando se tratar de sindicância ou investigação preliminar sumária, devidamente justificada.

Art. 28. Divulgar gravação ou trecho de gravação sem relação com a prova que se pretenda produzir, expondo a intimidade ou a vida privada ou ferindo a honra ou a imagem do investigado ou acusado:

Pena - detenção, de 1 (um) a 4 (quatro) anos, e multa.

Art. 29. Prestar informação falsa sobre procedimento judicial, policial, fiscal ou administrativo com o fim de prejudicar interesse de investigado:

Pena - detenção, de 6 (seis) meses a 2 (dois) anos, e multa.

Parágrafo único. (VETADO).

Art. 30. Dar início ou proceder à persecução penal, civil ou administrativa sem justa causa fundamentada ou contra quem sabe inocente:

Pena - detenção, de 1 (um) a 4 (quatro) anos, e multa.

Art. 31. Estender injustificadamente a investigação, procrastinando-a em prejuízo do investigado ou fiscalizado:

Pena - detenção, de 6 (seis) meses a 2 (dois) anos, e multa.

Parágrafo único. Incorre na mesma pena quem, inexistindo prazo para execução ou conclusão de procedimento, o estende de forma imotivada, procrastinando-o em prejuízo do investigado ou do fiscalizado.

Art. 32. Negar ao interessado, seu defensor ou advogado acesso aos autos de investigação preliminar, ao termo circunstanciado, ao inquérito ou a qualquer outro procedimento investigatório de infração penal, civil ou administrativa, assim como impedir a obtenção de cópias, ressalvado o acesso a peças relativas a diligências em curso, ou que indiquem a realização de diligências futuras, cujo sigilo seja imprescindível:

Pena - detenção, de 6 (seis) meses a 2 (dois) anos, e multa.

Art. 33. Exigir informação ou cumprimento de obrigação, inclusive o dever de fazer ou de não fazer, sem expresso amparo legal:

Pena - detenção, de 6 (seis) meses a 2 (dois) anos, e multa.

Parágrafo único. Incorre na mesma pena quem se utiliza de cargo ou função pública ou invoca a condição de agente público para se eximir de obrigação legal ou para obter vantagem ou privilégio indevido.

Art. 34. (VETADO).

Art. 35. (VETADO).

Art. 36. Decretar, em processo judicial, a indisponibilidade de ativos financeiros em quantia que extrapole exacerbadamente o valor estimado para a satisfação da dívida da parte e, ante a demonstração, pela parte, da excessividade da medida, deixar de corrigi-la:

Pena - detenção, de 1 (um) a 4 (quatro) anos, e multa.

Art. 37. Demorar demasiada e injustificadamente no exame de processo de que tenha requerido vista em órgão colegiado, com o intuito de procrastinar seu andamento ou retardar o julgamento:

Pena - detenção, de 6 (seis) meses a 2 (dois) anos, e multa.

Art. 38. Antecipar o responsável pelas investigações, por meio de comunicação, inclusive rede social, atribuição de culpa, antes de concluídas as apurações e formalizada a acusação:

Pena - detenção, de 6 (seis) meses a 2 (dois) anos, e multa.

5. ESTATUTO DO DESARMAMENTO - LEI Nº 10.826/2003

5.1 Conceitos introdutórios

O Estatuto do Desarmamento é uma lei que possui normas de Direito Administrativo, Penal e Processual Penal, iremos focar o estudo acerca das infrações penais; contudo, para entender determinados pontos existentes na lei, será necessário o conhecimento básico de alguns conceitos iniciais.

Por exemplo, o órgão responsável pela autorização e pelo registro de arma de fogo, em regra, é o SINARM (Sistema Nacional de Armas) – alocado na Polícia Federal e instituído pelo Ministério da Justiça –, cujas competências são exauridas do art. 3º da referida lei.

Objetivo

→ Os objetivos estão expostos na ementa da lei, quais sejam:

> Dispõe sobre registro, posse, porte e comercialização de armas de fogo e munição;

> Dispõe sobre o Sistema Nacional de Armas - SINARM;

> Define crimes; e

> Dá outras providências.

O Estatuto tem incriminação apenas das armas de fogo, acessórios, munições e artefatos explosivos ou incendiários, não se aplicando às armas brancas (arts. 18º e 19º da LCP[1] ou art. 242º do ECA[2]).

Norma penal em branco

→ A Lei nº 10.826/2003 não definiu o conceito do que é:

> Arma de fogo, acessório e munição;

> De uso permitido, restrito e proibido; e

> Artefato explosivo ou incendiário.

Tais definições e outros complementos são regulados por diversos decretos, dentre eles: Decreto nº 9.607/2018 (Política Nacional de Exportação e Importação de Produtos de Defesa), Decreto nº 9.845/2019 (Regulamento acerca da posse de armas de fogo), Decreto nº 9.846/2019 (Regulamento para caçadores, colecionadores e atiradores), Decreto nº 9.847/2019 (Regulamento acerca do porte, da comercialização, do SINARM e do SIGMA), Decreto nº 10.030/2019 (Regulamento de Produtos Controlados pelo Comando do Exército), além de outros.

1 Art. 18, Decreto-Lei nº 3.688/1941: "Fabricar, importar, exportar, ter em depósito ou vender, sem permissão da autoridade, arma ou munição: Pena – prisão simples, de três meses a um ano, ou multa, ou ambas cumulativamente, se o fato não constitui crime contra a ordem política ou social.".
Art. 19, Decreto-Lei nº 3.688/1941: "Trazer consigo arma fora de casa ou de dependência desta, sem licença da autoridade: Pena – prisão simples, de quinze dias a seis meses, ou multa, ou ambas cumulativamente. §1º. A pena é aumentada de um terço até metade, se o agente já foi condenado, em sentença irrecorrível, por violência contra pessoa. §2º. Incorre na pena de prisão simples, de quinze dias a três meses, ou multa, quem, possuindo arma ou munição: a) deixa de fazer comunicação ou entrega à autoridade, quando a lei o determina; b) permite que alienado menor de 18 anos ou pessoa inexperiente no manejo de arma a tenha consigo; c) omite as cautelas necessárias para impedir que dela se apodere facilmente alienado, menor de 18 anos ou pessoa inexperiente em manejá-la.".

2 Art. 242, Lei nº 8.069/1990: "Vender, fornecer ainda que gratuitamente ou entregar, de qualquer forma, a criança ou adolescente arma, munição ou explosivo: Pena – reclusão, de 3 (três) a 6 (seis) anos.".

Definições dadas pelo Decreto nº 10.030/2019 (Anexo III)	
Acessório de arma de fogo	artefato que, acoplado a uma arma, possibilita a melhoria do desempenho do atirador, a modificação de um efeito secundário do tiro ou a modificação do aspecto visual da arma.
Acessório explosivo	engenho não muito sensível, de elevada energia de ativação, que tem por finalidade fornecer energia suficiente à continuidade wde um trem explosivo e que necessita de um acessório iniciador para ser ativado.
Arma de fogo	arma que arremessa projéteis empregando a força expansiva dos gases, gerados pela combustão de um propelente confinado em uma câmara, normalmente solidária a um cano, que tem a função de dar continuidade à combustão do propelente, além de direção e estabilidade ao projétil.
Explosivo	tipo de matéria que, quando iniciada, sofre decomposição muito rápida, com grande liberação de calor e desenvolvimento súbito de pressão.

Definições dadas pelo Decreto nº 9.847/2019	
Arma de fogo de uso permitido: (Art. 2º, I)	as armas de fogo semiautomáticas ou de repetição que sejam: a) de porte, cujo calibre nominal, com a utilização de munição comum, não atinja, na saída do cano de prova, energia cinética superior a mil e duzentas libras-pé ou mil seiscentos e vinte joules; b) portáteis de alma lisa; ou c) portáteis de alma raiada, cujo calibre nominal, com a utilização de munição comum, não atinja, na saída do cano de prova, energia cinética superior a mil e duzentas libras-pé ou mil seiscentos e vinte joules.
Arma de fogo de uso restrito (Art. 2º, II)	as armas de fogo automáticas e as semiautomáticas ou de repetição que sejam: a) não portáteis; b) de porte, cujo calibre nominal, com a utilização de munição comum, atinja, na saída do cano de prova, energia cinética superior a mil e duzentas libras-pé ou mil seiscentos e vinte joules; ou c) portáteis de alma raiada, cujo calibre nominal, com a utilização de munição comum, atinja, na saída do cano de prova, energia cinética superior a mil e duzentas libras-pé ou mil seiscentos e vinte joules.
Arma de fogo de uso proibido (Art. 2º, III)	a) as armas de fogo classificadas de uso proibido em acordos e tratados internacionais dos quais a República Federativa do Brasil seja signatária; ou b) as armas de fogo dissimuladas, com aparência de objetos inofensivos.
Munição de uso restrito (Art. 2º, IV)	as munições que: a) atinjam, na saída do cano de prova de armas de porte ou portáteis de alma raiada, energia cinética superior a mil e duzentas libras-pé ou mil seiscentos e vinte joules; b) sejam traçantes, perfurantes ou fumígenas; c) sejam granadas de obuseiro, de canhão, de morteiro, de mão ou de bocal; ou d) sejam rojões, foguetes, mísseis ou bombas de qualquer natureza.
Munição de uso proibido (Art. 2º, V)	as munições que sejam assim definidas em acordo ou tratado internacional de que a República Federativa do Brasil seja signatária e as munições incendiárias ou químicas.

Munição (Art. 2º, X)	cartucho completo ou seus componentes, incluídos o estojo, a espoleta, a carga propulsora, o projétil e a bucha utilizados em armas de fogo.
Arma de fogo de porte (Art. 2º, VII)	as armas de fogo de dimensões e peso reduzidos que podem ser disparadas pelo atirador com apenas uma de suas mãos, a exemplo de pistolas, revólveres e garruchas.
Arma de fogo portátil (Art. 2º, VIII)	as armas de fogo que, devido às suas dimensões ou ao seu peso, podem ser transportadas por uma pessoa, tais como fuzil, carabina e espingarda.
Arma de fogo não portátil (Art. 2º, IX)	as armas de fogo que, devido às suas dimensões ou ao seu peso, precisam ser transportadas por mais de uma pessoa, com a utilização de veículos, automotores ou não, ou sejam fixadas em estruturas permanentes.

Classificação e definição das armas de fogo: a classificação e definição das armas de fogo de uso permitido, restrito ou proibido, além das obsoletas e de valor histórico, serão disciplinadas por ato do chefe do Poder Executivo Federal, por meio de proposta do Comando do Exército, conforme expõe o caput do art. 23º do referido estatuto.

> ***Art. 23.*** *A classificação legal, técnica e geral bem como a definição das armas de fogo e demais produtos controlados, de usos proibidos, restritos, permitidos ou obsoletos e de valor histórico serão disciplinadas em ato do chefe do Poder Executivo Federal, mediante proposta do Comando do Exército. (Redação dada pela Lei nº 11.706, de 19/06/2008)*
>
> ***§1º.*** *Todas as munições comercializadas no País deverão estar acondicionadas em embalagens com sistema de código de barras, gravado na caixa, visando possibilitar a identificação do fabricante e do adquirente, entre outras informações definidas pelo regulamento desta Lei.*
>
> ***§2º.*** *Para os órgãos referidos no art. 6º, somente serão expedidas autorizações de compra de munição com identificação do lote e do adquirente no culote dos projéteis, na forma do regulamento desta Lei.*
>
> ***§3º.*** *As armas de fogo fabricadas a partir de 1 (um) ano da data de publicação desta Lei conterão dispositivo intrínseco de segurança e de identificação, gravado no corpo da arma, definido pelo regulamento desta Lei, exclusive para os órgãos previstos no art. 6º.*
>
> ***§4º.*** *As instituições de ensino policial e as guardas municipais referidas nos incisos III e IV do 'caput' do art. 6º desta Lei e no seu §7º poderão adquirir insumos e máquinas de recarga de munição para o fim exclusivo de suprimento de suas atividades, mediante autorização concedida nos termos definidos em regulamento. (Parágrafo acrescido pela Lei nº 11.706, de 19/06/2008)*

Em muitos lugares na referida lei, haverá expressões que determinam a necessidade de complemento normativo, tais como: na forma [...], nas condições [...], nos termos do regulamento desta Lei; sem autorização ou em desacordo com determinação legal ou regulamentar.

SINARM e registro

> ***Art. 1º.*** *O Sistema Nacional de Armas – SINARM, instituído no Ministério da Justiça, no âmbito da Polícia Federal, tem circunscrição em todo o território nacional.*

O SINARM é órgão vinculado à Polícia Federal e o responsável pelo cadastramento e registro das armas de fogo em território nacional, salvo as das Forças Armadas e Auxiliares, bem como as dos órgãos que constem em seus registros próprios (art. 2º, par. único) – estas serão cadastradas no SIGMA[3].

> ***Art. 2º.*** *Ao SINARM compete:*
>
> ***I.*** *identificar as características e a propriedade de armas de fogo, mediante cadastro;*
>
> ***II.*** *cadastrar as armas de fogo produzidas, importadas e vendidas no País;*
>
> ***III.*** *cadastrar as autorizações de porte de arma de fogo e as renovações expedidas pela Polícia Federal;*
>
> ***IV.*** *cadastrar as transferências de propriedade, extravio, furto, roubo e outras ocorrências suscetíveis de alterar os dados cadastrais, inclusive as decorrentes de fechamento de empresas de segurança privada e de transporte de valores;*
>
> ***V.*** *identificar as modificações que alterem as características ou o funcionamento de arma de fogo;*
>
> ***VI.*** *integrar no cadastro os acervos policiais já existentes;*
>
> ***VII.*** *cadastrar as apreensões de armas de fogo, inclusive as vinculadas a procedimentos policiais e judiciais;*
>
> ***VIII.*** *cadastrar os armeiros em atividade no País, bem como conceder licença para exercer a atividade;*
>
> ***IX.*** *cadastrar mediante registro os produtores, atacadistas, varejistas, exportadores e importadores autorizados de armas de fogo, acessórios e munições;*
>
> ***X.*** *cadastrar a identificação do cano da arma, as características das impressões de raiamento e de microestriamento de projétil disparado, conforme marcação e testes obrigatoriamente realizados pelo fabricante;*
>
> ***XI.*** *informar às Secretarias de Segurança Pública dos Estados e do Distrito Federal os registros e autorizações de porte de armas de fogo nos respectivos territórios, bem como manter o cadastro atualizado para consulta.*
>
> ***Parágrafo único.*** *As disposições deste artigo não alcançam as armas de fogo das Forças Armadas e Auxiliares, bem como as demais que constem dos seus registros próprios.*

Armas de fogo de uso restrito: compete ao Comando do Exército autorizar a aquisição e registrar as armas de fogo de uso restrito (art. 3º, par. único).

> ***Art. 3º.*** *É obrigatório o registro de arma de fogo no órgão competente.*
>
> ***Parágrafo único.*** *As armas de fogo de uso restrito serão registradas no Comando do Exército, na forma do regulamento desta Lei.*
>
> ***Art. 27.*** *Caberá ao Comando do Exército autorizar, excepcionalmente, a aquisição de armas de fogo de uso restrito.*
>
> ***Parágrafo único.*** *O disposto neste artigo não se aplica às aquisições dos Comandos Militares.*

Da posse de arma de fogo

A regra geral é que a população não tenha arma de fogo, daí o nome "Estatuto do Desarmamento". Contudo, um particular poderá obter a autorização para **posse de arma de fogo de uso permitido** (há diferença entre "posse" e "porte") caso preencha os requisitos necessários do art. 4º, que são, entre outros: curso técnico, avaliação psicológica, pagamento de taxas; bem como a idade mínima de 25 anos (art. 28).

3 Art. 4º, caput, Decreto nº 9.847/2019: "O SIGMA, instituído no âmbito do Comando do Exército do Ministério da Defesa, manterá cadastro nacional das armas de fogo importadas, produzidas e comercializadas no país que não estejam previstas no art. 3º.". (Sistema de Gerenciamento Militar de Armas)

Art. 4º. *Para adquirir arma de fogo de uso permitido o interessado deverá, além de declarar a efetiva necessidade, atender aos seguintes requisitos:*

I. *comprovação de idoneidade, com a apresentação de certidões negativas de antecedentes criminais fornecidas pela Justiça Federal, Estadual, Militar e Eleitoral e de não estar respondendo a inquérito policial ou a processo criminal, que poderão ser fornecidas por meios eletrônicos;*

II. *apresentação de documento comprobatório de ocupação lícita e de residência certa;*

III. *comprovação de capacidade técnica e de aptidão psicológica para o manuseio de arma de fogo, atestadas na forma disposta no regulamento desta Lei.*

§1º. *O SINARM expedirá autorização de compra de arma de fogo após atendidos os requisitos anteriormente estabelecidos, em nome do requerente e para a arma indicada, sendo intransferível esta autorização.*

§2º. *A aquisição de munição somente poderá ser feita no calibre correspondente à arma registrada e na quantidade estabelecida no regulamento desta Lei.*

§3º. *A empresa que comercializar arma de fogo em território nacional é obrigada a comunicar a venda à autoridade competente, como também a manter banco de dados com todas as características da arma e cópia dos documentos previstos neste artigo.*

§4º. *A empresa que comercializa armas de fogo, acessórios e munições responde legalmente por essas mercadorias, ficando registradas como de sua propriedade enquanto não forem vendidas.*

§5º. *A comercialização de armas de fogo, acessórios e munições entre pessoas físicas somente será efetivada mediante autorização do SINARM.*

§6º. *A expedição da autorização a que se refere o §1º será concedida, ou recusada com a devida fundamentação, no prazo de 30 (trinta) dias úteis, a contar da data do requerimento do interessado.*

§7º. *O registro precário a que se refere o §4º prescinde do cumprimento dos requisitos dos incisos I, II e III deste artigo.*

§8º. *Estará dispensado das exigências constantes do inciso III do 'caput' deste artigo, na forma do regulamento, o interessado em adquirir arma de fogo de uso permitido que comprove estar autorizado a portar arma com as mesmas características daquela a ser adquirida.*

Art. 28. *É vedado ao menor de 25 (vinte e cinco) anos adquirir arma de fogo, ressalvados os integrantes das entidades constantes dos incisos I, II, III, V, VI, VII e X do 'caput' do art. 6º desta Lei.*

Diferenciação entre posse e porte: a *posse* de arma de fogo restringe-se à circunscrição residencial ou empresarial – desde que seja o proprietário ou o responsável legal. Já o *porte* é a autorização de levar a arma de fogo consigo além desses locais.

Art. 5º. *O certificado de Registro de Arma de Fogo, com validade em todo o território nacional, autoriza o seu proprietário a manter a arma de fogo exclusivamente no interior de sua residência ou domicílio, ou dependência desses, ou, ainda, no seu local de trabalho, desde que seja ele o titular ou o responsável legal pelo estabelecimento ou empresa.*

§1º. *O certificado de registro de arma de fogo será expedido pela Polícia Federal e será precedido de autorização do SINARM. (Redação dada pela Lei nº 10.884, de 17/06/2004)*

§2º. *Os requisitos de que tratam os incisos I, II e III do art. 4º deverão ser comprovados periodicamente, em período não inferior a 3 (três) anos, na conformidade do estabelecido no regulamento desta Lei, para a renovação do Certificado de Registro de Arma de Fogo.*

§3º. *O proprietário de arma de fogo com certificados de registro de propriedade expedido por órgão estadual ou do Distrito Federal até a data da publicação desta Lei que não optar pela entrega espontânea prevista no art. 32 desta Lei deverá renová-lo mediante o pertinente registro federal, até o dia 31 de dezembro de 2008, ante a apresentação de documento de identificação pessoal e comprovante de residência fixa, ficando dispensado do pagamento de taxas e do cumprimento das demais exigências constantes dos incisos I a III do 'caput' do art. 4º desta Lei.[4] (Redação dada pela Lei nº 11.706, de 19/06/2008) (Prazo prorrogado até 31/12/2009, de acordo com o art. 20 da Lei nº 11.922, de 13/04/2009)*

§4º. *Para fins do cumprimento do disposto no §3º deste artigo, o proprietário de arma de fogo poderá obter, no Departamento de Polícia Federal, certificado de registro provisório, expedido na rede mundial de computadores — internet, na forma do regulamento e obedecidos os procedimentos a seguir:*

I. *emissão de certificado de registro provisório pela internet, com validade inicial de 90 (noventa) dias; e*

II. *revalidação pela unidade do Departamento de Polícia Federal do certificado de registro provisório pelo prazo que estimar como necessário para a emissão definitiva do certificado de registro de propriedade. (Parágrafo acrescido pela Lei nº 11.706, de 19/06/2008)*

§5º. *Aos residentes em área rural, para os fins do disposto no 'caput' deste artigo, considera-se residência ou domicílio toda a extensão do respectivo imóvel rural. (Incluído pela Lei nº 13.870, de 17/09/2019)*

Do porte de arma de fogo

Art. 6º. *É proibido o porte de arma de fogo em todo o território nacional, salvo para os casos previstos em legislação própria e para:*

I. *os integrantes das Forças Armadas;*

II. *os integrantes de órgãos referidos nos incisos I, II, III, IV e V do 'caput' do art. 144 da Constituição Federal e os da Força Nacional de Segurança Pública (FNSP); (Redação dada pela Lei nº 13.500, de 2017)*

III. *os integrantes das guardas municipais das capitais dos Estados e dos Municípios com mais de 500.000 (quinhentos mil) habitantes, nas condições estabelecidas no regulamento desta Lei;*

IV. *os integrantes das guardas municipais dos Municípios com mais de 50.000 (cinquenta mil) e menos de 500.000 (quinhentos mil) habitantes, quando em serviço; (Redação dada pela Lei nº 10.867, de 2004)*

V. *os agentes operacionais da Agência Brasileira de Inteligência e os agentes do Departamento de Segurança do Gabinete de Segurança Institucional da Presidência da República;*

VI. *os integrantes dos órgãos policiais referidos no art. 51, IV, e no art. 52, XIII, da Constituição Federal;*

VII. *os integrantes do quadro efetivo dos agentes e guardas prisionais, os integrantes das escoltas de presos e as guardas portuárias;*

VIII. *as empresas de segurança privada e de transporte de valores constituídas, nos termos desta Lei;*

IX. *para os integrantes das entidades de desporto legalmente constituídas, cujas atividades esportivas demandem o uso de armas de fogo, na forma do regulamento desta Lei, observando-se, no que couber, a legislação ambiental.*

X. *integrantes das Carreiras de Auditoria da Receita Federal do Brasil e de Auditoria-Fiscal do Trabalho, cargos de Auditor-Fiscal e Analista Tributário. (Redação dada pela Lei nº 11.501, de 2007)*

4 Art. 20, Lei nº 11.922/2009: "Ficam prorrogados para 31 de dezembro de 2009 os prazos de que tratam o §3º do art. 5º e o art. 30, ambos da Lei nº 10.826, de 22 de dezembro de 2003.".

XI. *os tribunais do Poder Judiciário descritos no art. 92 da Constituição Federal e os Ministérios Públicos da União e dos Estados, para uso exclusivo de servidores de seus quadros pessoais que efetivamente estejam no exercício de funções de segurança, na forma de regulamento a ser emitido pelo Conselho Nacional de Justiça – CNJ e pelo Conselho Nacional do Ministério Público – CNMP. (Incluído pela Lei nº 12.694, de 2012)*

§1º. *As pessoas previstas nos incisos I, II, III, V e VI do 'caput' deste artigo terão direito de portar arma de fogo de propriedade particular ou fornecida pela respectiva corporação ou instituição, mesmo fora de serviço, nos termos do regulamento desta Lei, com validade em âmbito nacional para aquelas constantes dos incisos I, II, V e VI. (Redação dada pela Lei nº 11.706, de 2008)*

§1º-A. *REVOGADO (Revogado pela Lei nº 11.706, de 2008)*

§1º-B. *Os integrantes do quadro efetivo de agentes e guardas prisionais poderão portar arma de fogo de propriedade particular ou fornecida pela respectiva corporação ou instituição, mesmo fora de serviço, desde que estejam: (Incluído pela Lei nº 12.993, de 2014)*

I. *submetidos a regime de dedicação exclusiva;*

II. *sujeitos à formação funcional, nos termos do regulamento; e*

III. *subordinados a mecanismos de fiscalização e de controle interno.*

§1º-C. *VETADO (Vetado na Lei nº 12.993, de 2014)*

§2º. *A autorização para o porte de arma de fogo aos integrantes das instituições descritas nos incisos V, VI, VII e X do 'caput' deste artigo está condicionada à comprovação do requisito a que se refere o inciso III do 'caput' do art. 4º desta Lei nas condições estabelecidas no regulamento desta Lei. (Redação dada pela Lei nº 11.706, de 2008)*

§3º. *A autorização para o porte de arma de fogo das guardas municipais está condicionada à formação funcional de seus integrantes em estabelecimentos de ensino de atividade policial, à existência de mecanismos de fiscalização e de controle interno, nas condições estabelecidas no regulamento desta Lei, observada a supervisão do Ministério da Justiça. (Redação dada pela Lei nº 10.884, de 2004)*

§4º. *Os integrantes das Forças Armadas, das polícias federais e estaduais e do Distrito Federal, bem como os militares dos Estados e do Distrito Federal, ao exercerem o direito descrito no art. 4º, ficam dispensados do cumprimento do disposto nos incisos I, II e III do mesmo artigo, na forma do regulamento desta Lei.*

§5º. *Aos residentes em áreas rurais, maiores de 25 (vinte e cinco) anos que comprovem depender do emprego de arma de fogo para prover sua subsistência alimentar familiar será concedido pela Polícia Federal o porte de arma de fogo, na categoria caçador para subsistência, de uma arma de uso permitido, de tiro simples, com 1 (um) ou 2 (dois) canos, de alma lisa e de calibre igual ou inferior a 16 (dezesseis), desde que o interessado comprove a efetiva necessidade em requerimento ao qual deverão ser anexados os seguintes documentos:*

I. *documento de identificação pessoal;*

II. *comprovante de residência em área rural; e*

III. *atestado de bons antecedentes. (Redação dada pela Lei nº 11.706, de 2008)*

§6º. *O caçador para subsistência que der outro uso à sua arma de fogo, independentemente de outras tipificações penais, responderá, conforme o caso, por porte ilegal ou por disparo de arma de fogo de uso permitido. (Redação dada pela Lei nº 11.706, de 2008)*

§7º. *Aos integrantes das guardas municipais dos Municípios que integram regiões metropolitanas será autorizado porte de arma de fogo, quando em serviço. (Incluído pela Lei nº 11.706, de 2008)*

Art. 7º. *As armas de fogo utilizadas pelos empregados das empresas de segurança privada e de transporte de valores, constituídas na forma da lei, serão de propriedade, responsabilidade e guarda das respectivas empresas, somente podendo ser utilizadas quando em serviço, devendo essas observar as condições de uso e de armazenagem estabelecidas pelo órgão competente, sendo o certificado de registro e a autorização de porte expedidos pela Polícia Federal em nome da empresa.*

§1º. *O proprietário ou diretor responsável de empresa de segurança privada e de transporte de valores responderá pelo crime previsto no parágrafo único do art. 13 desta Lei, sem prejuízo das demais sanções administrativas e civis, se deixar de registrar ocorrência policial e de comunicar à Polícia Federal perda, furto, roubo ou outras formas de extravio de armas de fogo, acessórios e munições que estejam sob sua guarda, nas primeiras 24 (vinte e quatro) horas depois de ocorrido o fato.*

§2º. *A empresa de segurança e de transporte de valores deverá apresentar documentação comprobatória do preenchimento dos requisitos constantes do art. 4º desta Lei quanto aos empregados que portarão arma de fogo.*

§3º. *A listagem dos empregados das empresas referidas neste artigo deverá ser atualizada semestralmente junto ao SINARM.*

Art. 7º-A. *As armas de fogo utilizadas pelos servidores das instituições descritas no inciso XI do art. 6º serão de propriedade, responsabilidade e guarda das respectivas instituições, somente podendo ser utilizadas quando em serviço, devendo estas observar as condições de uso e de armazenagem estabelecidas pelo órgão competente, sendo o certificado de registro e a autorização de porte expedidos pela Polícia Federal em nome da instituição.*

§1º. *A autorização para o porte de arma de fogo de que trata este artigo independe do pagamento de taxa.*

§2º. *O presidente do tribunal ou o chefe do Ministério Público designará os servidores de seus quadros pessoais no exercício de funções de segurança que poderão portar arma de fogo, respeitado o limite máximo de 50% (cinquenta por cento) do número de servidores que exerçam funções de segurança.*

§3º. *O porte de arma pelos servidores das instituições de que trata este artigo fica condicionado à apresentação de documentação comprobatória do preenchimento dos requisitos constantes do art. 4º desta Lei, bem como à formação funcional em estabelecimentos de ensino de atividade policial e à existência de mecanismos de fiscalização e de controle interno, nas condições estabelecidas no regulamento desta Lei.*

§4º. *A listagem dos servidores das instituições de que trata este artigo deverá ser atualizada semestralmente no SINARM.*

§5º. *As instituições de que trata este artigo são obrigadas a registrar ocorrência policial e a comunicar à Polícia Federal eventual perda, furto, roubo ou outras formas de extravio de armas de fogo, acessórios e munições que estejam sob sua guarda, nas primeiras 24 (vinte e quatro) horas depois de ocorrido o fato. (Artigo acrescido pela Lei nº 12.694, de 24/07/2012)*

Art. 8º. *As armas de fogo utilizadas em entidades desportivas legalmente constituídas devem obedecer às condições de uso e de armazenagem estabelecidas pelo órgão competente, respondendo o possuidor ou o autorizado a portar a arma pela sua guarda na forma do regulamento desta Lei.*

O porte de arma de fogo, via de regra, é proibido (principalmente aos particulares), porém, com regras específicas, os arts. 6º, 7º e 8º autorizam alguns agentes (a maioria se trata de órgãos públicos de segurança pública)[5]. Além de outros que possuem autorização emanada de outras leis específicas[6].

5 Art. 24, caput, Decreto nº 9.847/2019: "O porte de arma de fogo é deferido aos militares das Forças Armadas, aos policiais federais, estaduais e distritais, civis e militares, aos corpos de bombeiros militares e aos policiais da Câmara dos Deputados e do Senado Federal em razão do desempenho de suas funções institucionais.".

6 São exemplos de leis próprias que constam autorizações de porte de arma de fogo: Lei Orgânica dos Magistratura Nacional – LOMN (Lei Complementar nº 35/1979); Lei Orgânica do Ministério Público – LOMP (Lei nº 8.625/1993); e Lei Orgânica do Ministério Público da União – LOMPU (Lei Complementar nº 75/1993).

Basicamente, é autorizado para:

Agentes Públicos (em serviço ou fora dele)

Forças Armadas (art. 6º, caput, I)

Art. 142º, caput, CF/88:
Marinha;
Aeronáutica;
Exército.

Órgãos de Segurança Pública e Força Nacional de Segurança Pública (art. 6º, caput, II)

Art. 144º, caput, CF/88:
- Polícia Federal;
- Polícia Rodoviária Federal;
- Polícia Ferroviária Federal;
- Polícias Civis;
- Polícias Militares e Corpo de Bombeiros Militares.
- Força Nacional de Segurança Pública7 – FNSP.

Guardas Municipais* (art. 6º, caput, III)

Capitais de Estado e Municípios com mais de 500 mil habitantes.

GSI-PR e ABIN (art. 6º, caput, V)

Agentes Operacionais da ABIN;
Agentes de Segurança Presidencial do GSI-PR.

Polícia Legislativa Federal (art. 6º, caput, VI)

Polícia da Câmara dos Deputados (art. 51, IV, CF);
Polícia do Senado (art. 52, XIII, CF).

Agentes Públicos (apenas em serviço)

Guardas Municipais* (art. 6º, caput, IV, e §7º)

Municípios com **mais de 50** mil habitantes e **menos de 500** mil habitantes (art. 6º, *caput*, IV);
Municípios que integrem **regiões metropolitanas** (art. 6º, §7º).

Guardas Prisionais e Portuárias (art. 6º, caput, VII)

Agentes e Guardas Prisionais (poderão obter o porte para uso fora de serviço, desde que preencham os requisitos do §1º-B do art. 6º);
Integrantes de Escolta de Presos;
Guardas Portuários.[8]

Auditoria Fiscal Federal Tributária e Trabalhista (art. 6º, *caput*, X)

Auditor-Fiscal da Receita Federal;
Analista Tributário da Receita Federal;
Auditor-Fiscal do Trabalho Federal.

Agentes de Segurança do Poder Judiciário e Ministério Público (art. 6º, caput, XI)

Porte em nome da instituição e uso em serviço: competência da **Polícia Federal** (art. 7º-A).

Particulares

Empresas de Segurança Privada e de Transporte de Valores (art. 6º, caput, VIII)

Porte em nome da empresa e uso apenas em serviço: competência da **Polícia Federal** (art. 7º).[9]

Caçador para subsistência (art. 6º, §§ 5º e 6º)

Porte "caçador para subsistência" (residente em área rural): competência da **Polícia Federal**.

Atiradores, caçadores e colecionadores10 (art. 9º)

Integrantes (art. 6º, *caput*, IX) e entidades desportivas (art. 8º).
Registro e porte de trânsito (guia de tráfego): competência do **Comando do Exército** (art. 9º).[11]

Estrangeiros no Brasil

Responsáveis pela segurança de cidadãos estrangeiros em visita ou sediados no Brasil

Autorização do porte de arma de fogo: competência do **Ministério da Justiça** (art. 9º).

Representantes estrangeiros em competição internacional oficial de tiro no Brasil

Registro e porte de trânsito: competência do **Comando do Exército** (art. 9º).[12]

7 Art. 4º, §2º, Decreto nº 5.289/2004: "O contingente mobilizável da Força Nacional de Segurança Pública será composto por servidores que tenham recebido, do Ministério da Justiça, treinamento especial para atuação conjunta, integrantes das polícias federais e dos órgãos de segurança pública dos Estados que tenham aderido ao programa de cooperação federativa.".

8 Art. 29, Parágrafo único, Decreto nº 9.847/2019: "Caberá à Polícia Federal expedir o porte de arma de fogo para os guardas portuários.".

9 Art. 32, Decreto nº 9.847/2019: "As empresas de segurança privada e de transporte de valores solicitarão à Polícia Federal autorização para aquisição de armas de fogo. §1º. A autorização de que trata o 'caput': I – será concedida se houver comprovação de que a empresa possui autorização de funcionamento válida e justificativa da necessidade de aquisição com base na atividade autorizada; e II – será válida apenas para a utilização da arma de fogo em serviço. [...]".

10 Art. 1º, §§ 1º e 2º, Decreto nº 9.846/2019: "[...] §1º. As armas de fogo de colecionadores, atiradores e caçadores serão cadastradas no Sistema de Gerenciamento Militar de Armas – SIGMA. §2º. O Certificado de Registro de Colecionador, Atirador e Caçador expedido pelo Comando do Exército, terá validade de dez anos.".

11 Art. 5º, Decreto nº 9.846/2019: "Os clubes e as escolas de tiro e os colecionadores, os atiradores e os caçadores serão registrados no Comando do Exército. [...] §2º. Fica garantido o direito de transporte desmuniciado das armas dos clubes e das escolas de tiro e de seus integrantes e dos colecionadores, dos atiradores e dos caçadores, por meio da apresentação do Certificado de Registro de Colecionador, Atirador e Caçador ou do Certificado de Registro de Arma de Fogo válidos. §3º. Os colecionadores, os atiradores e os caçadores poderão portar uma arma de fogo curta municiada, alimentada e carregada, pertencente a seu acervo cadastrado no SINARM ou no SIGMA, conforme o caso, sempre que estiverem em deslocamento para treinamento ou participação em competições, por meio da apresentação do Certificado de Registro de Colecionador, Atirador e Caçador, do Certificado de Registro de Arma de Fogo e da Guia de Tráfego válidos. §4º. A Guia de Tráfego é o documento que confere a autorização para o tráfego de armas, acessórios e munições no território nacional e corresponde ao porte de trânsito previsto no art. 24 da Lei nº 10.826, de 22 de dezembro de 2003. §5º. A Guia de Tráfego a que refere o §4º poderá ser emitida no sítio eletrônico do Comando do Exército.".

12 Art. 31, Decreto nº 9.847/2019: "A entrada de arma de fogo e munição no país, como bagagem de atletas, destinadas ao uso em competições internacionais será autorizada pelo Comando do Exército. §1º. O porte de trânsito das armas a serem utilizadas por delegações estrangeiras em competição oficial de tiro no país será expedido pelo Comando do Exército. §2º. Os responsáveis pelas delegações estrangeiras e brasileiras em competição oficial de tiro no país e os seus integrantes transportarão as suas armas desmuniciadas.".

Art. 9º. Compete ao Ministério da Justiça a autorização do porte de arma para os responsáveis pela segurança de cidadãos estrangeiros em visita ou sediados no Brasil e, ao Comando do Exército, nos termos do regulamento desta Lei, o registro e a concessão de porte de trânsito de arma de fogo para colecionadores, atiradores e caçadores e de representantes estrangeiros em competição internacional oficial de tiro realizada no território nacional.

Autorização conforme os órgãos	
Ministério da Justiça	Autorização do porte de arma para: • Seguranças de cidadãos estrangeiros em visita ou sediados no Brasil.
Comando do Exército[13]	Registro e concessão de porte de trânsito de arma de fogo para: • Colecionadores; • Atiradores; • Caçadores; e • Representantes estrangeiros em competição internacional oficial de tiro realizada no território nacional.

Perda automática: aquele que for abordado ou detido em estado de embriaguez ou sob o efeito drogas perderá automaticamente a eficácia do porte de arma de fogo (art. 10, §2º).

Art. 10. *A autorização para o porte de arma de fogo de uso permitido, em todo o território nacional, é de competência da Polícia Federal e somente será concedida após autorização do SINARM.*

§1º. *A autorização prevista neste artigo poderá ser concedida com eficácia temporária e territorial limitada, nos termos de atos regulamentares, e dependerá de o requerente:*

I. *demonstrar a sua efetiva necessidade por exercício de atividade profissional de risco ou de ameaça à sua integridade física;*

II. *atender às exigências previstas no art. 4º desta Lei;*

III. *apresentar documentação de propriedade de arma de fogo, bem como o seu devido registro no órgão competente.*

§2º. *A autorização de porte de arma de fogo, prevista neste artigo, perderá automaticamente sua eficácia caso o portador dela seja detido ou abordado em estado de embriaguez ou sob efeito de substâncias químicas ou alucinógenas.*

O uso ostensivo de arma de fogo para aqueles que possuem o porte é proibido, isto é, o sujeito que leva a arma consigo, mas a deixa aparecer. O resultado é o mesmo para quem seja detido embriagado portando a arma de fogo: cassação do porte e apreensão da arma (art. 20, Decreto nº 9.847/2019)[14].

Art. 11. *Fica instituída a cobrança de taxas, nos valores constantes do Anexo desta Lei, pela prestação de serviços relativos:*

I. *ao registro de arma de fogo;*

II. *à renovação de registro de arma de fogo;*

III. *à expedição de segunda via de registro de arma de fogo;*

IV. *à expedição de porte federal de arma de fogo;*

V. *à renovação de porte de arma de fogo;*

VI. *à expedição de segunda via de porte federal de arma de fogo.*

§1º. *Os valores arrecadados destinam-se ao custeio e à manutenção das atividades do SINARM, da Polícia Federal e do Comando do Exército, no âmbito de suas respectivas responsabilidades.*

§2º. *São isentas do pagamento das taxas previstas neste artigo as pessoas e as instituições a que se referem os incisos I a VII e X e o §5º do art. 6º desta Lei. (Parágrafo com redação dada pela Lei nº 11.706, de 19/6/2008)*

Art. 11-A. *O Ministério da Justiça disciplinará a forma e as condições do credenciamento de profissionais pela Polícia Federal para comprovação da aptidão psicológica e da capacidade técnica para o manuseio de arma de fogo.*

§1º. *Na comprovação da aptidão psicológica, o valor cobrado pelo psicólogo não poderá exceder ao valor médio dos honorários profissionais para realização de avaliação psicológica constante do item 1.16 da tabela do Conselho Federal de Psicologia.*

§2º. *Na comprovação da capacidade técnica, o valor cobrado pelo instrutor de armamento e tiro não poderá exceder R$ 80,00 (oitenta reais), acrescido do custo da munição.*

§3º. *A cobrança de valores superiores aos previstos nos §§ 1º e 2º deste artigo implicará o descredenciamento do profissional pela Polícia Federal. (Artigo acrescido pela Lei nº 11.706, de 19/6/2008)*

Do comércio

A **comercialização, produção, importação, exportação ou manutenção** de armas de fogo em território nacional são permitidas[15] desde que o estabelecimento comercial tenha sido previamente *autorizado pelo Comando do Exército (art. 24) e cadastrado no SINARM* (art. 2º, IX).

Art. 24. *Excetuadas as atribuições a que se refere o art. 2º desta Lei, compete ao Comando do Exército autorizar e fiscalizar a produção, exportação, importação, desembaraço alfandegário e o comércio de armas de fogo e demais produtos controlados, inclusive o registro e o porte de trânsito de arma de fogo de colecionadores, atiradores e caçadores.*

Comércio entre pessoas físicas: o comércio entre pessoas físicas só é possível mediante *autorização prévia do SINARM* (art. 4º, §5º), bem como a atividade de *armeiro*[16] (art. 2º, VIII).

A proibição não se restringe apenas às armas de fogo, mas também às armas de brinquedos (art. 26).

Art. 26. *São vedadas a fabricação, a venda, a comercialização e a importação de brinquedos, réplicas e simulacros de armas de fogo, que com estas se possam confundir.*

Parágrafo único. *Excetuam-se da proibição as réplicas e os simulacros destinados à instrução, ao adestramento, ou à coleção de usuário autorizado, nas condições fixadas pelo Comando do Exército.*

Das armas de fogo apreendidas

Destinatário das armas de fogo apreendidas (art. 25): deverão ser encaminhadas ao Comando do Exército pela autoridade judiciária competente, em até 48 horas, desde que já tenha sido

13 Ao Comando do Exército também se inclui a competência para o registro e cadastro das armas de fogo das representações diplomáticas (Art. 4º, §2º, IV, Decreto nº 9.847/2019).

14 Art. 20, Decreto nº 9.847/2019: "O titular de porte de arma de fogo para defesa pessoal concedido nos termos do disposto no art. 10 da Lei nº 10.826, de 2003, não poderá conduzi-la ostensivamente ou com ela adentrar ou permanecer em locais públicos, tais como igrejas, escolas, estádios desportivos, clubes, agências bancárias ou outros locais onde haja aglomeração de pessoas em decorrência de eventos de qualquer natureza. §1º. A inobservância ao disposto neste artigo implicará na cassação do porte de arma de fogo e na apreensão da arma, pela autoridade competente, que adotará as medidas legais pertinentes. §2º. Aplica-se o disposto no §1º na hipótese de o titular do porte de arma de fogo portar o armamento em estado de embriaguez ou sob o efeito de drogas ou medicamentos que provoquem alteração do desempenho intelectual ou motor.".

15 Art. 9º, Decreto nº 9.847/2019: "Fica permitida a venda de armas de fogo de porte e portáteis, munições e acessórios por estabelecimento comercial credenciado pelo Comando do Exército.".

16 Armeiro: "mecânico de armas" (Art. 3º, XXIV, Anexo, Decreto nº 3.665/2000).

feito o laudo pericial, a juntada aos autos e não mais interessem à persecução penal, a fim de serem destruídas ou doadas aos órgãos de segurança pública (art. 144, CF) ou às Forças Armadas (art. 142, CF).

> ***Art. 25.*** *As armas de fogo apreendidas, após a elaboração do laudo pericial e sua juntada aos autos, quando não mais interessarem à persecução penal serão encaminhadas pelo juiz competente ao Comando do Exército, no prazo de até 48 (quarenta e oito) horas, para destruição ou doação aos órgãos de segurança pública ou às Forças Armadas, na forma do regulamento desta Lei. (Redação dada pela Lei nº 13.886, de 17/10/2019)*
>
> ***§1º.*** *As armas de fogo encaminhadas ao Comando do Exército que receberem parecer favorável à doação, obedecidos o padrão e a dotação de cada Força Armada ou órgão de segurança pública, atendidos os critérios de prioridade estabelecidos pelo Ministério da Justiça e ouvido o Comando do Exército, serão arroladas em relatório reservado trimestral a ser encaminhado àquelas instituições, abrindo-se-lhes prazo para manifestação de interesse. (Redação dada pela Lei nº 11.706, de 19/06/2008)*
>
> ***§1º-A.*** *As armas de fogo e munições apreendidas em decorrência do tráfico de drogas de abuso, ou de qualquer forma utilizadas em atividades ilícitas de produção ou comercialização de drogas abusivas, ou, ainda, que tenham sido adquiridas com recursos provenientes do tráfico de drogas de abuso, perdidas em favor da União e encaminhadas para o Comando do Exército, devem ser, após perícia ou vistoria que atestem seu bom estado, destinadas com prioridade para os órgãos de segurança pública e do sistema penitenciário da unidade da federação responsável pela apreensão. (Incluído pela Lei nº 13.886, de 17/10/2019)*
>
> ***§2º.*** *O Comando do Exército encaminhará a relação das armas a serem doadas ao juiz competente, que determinará o seu perdimento em favor da instituição beneficiada. (Incluído pela Lei nº 11.706, de 19/06/2008)*
>
> ***§3º.*** *O transporte das armas de fogo doadas será de responsabilidade da instituição beneficiada, que procederá ao seu cadastramento no SINARM ou no SIGMA. (Incluído pela Lei nº 11.706, de 19/06/2008)*
>
> ***§4º.*** *(VETADO na Lei nº 11.706, de 19/06/2008)*
>
> ***§5º.*** *O Poder Judiciário instituirá instrumentos para o encaminhamento ao SINARM ou ao SIGMA, conforme se trate de arma de uso permitido ou de uso restrito, semestralmente, da relação de armas acauteladas em juízo, mencionando suas características e o local onde se encontram. (Incluído pela Lei nº 11.706, de 19/06/2008)*

Do Banco Nacional de Perfis Balísticos

Criação do Banco Nacional de Perfis Balísticos: a Lei nº 13.964/19 (pacote anticrime) incluiu o art. 34-A no Estatuto do Desarmamento a fim de auxiliar o trabalho pericial com sistema automatizado e integrado.

> ***Art. 34-A.*** *Os dados relacionados à coleta de registros balísticos serão armazenados no Banco Nacional de Perfis Balísticos. (Artigo acrescido pela Lei nº 13.964, de 24/12/2019)*
>
> ***§1º.*** *O Banco Nacional de Perfis Balísticos tem como objetivo cadastrar armas de fogo e armazenar características de classe e individualizadoras de projéteis e de estojos de munição deflagrados por arma de fogo.*
>
> ***§2º.*** *O Banco Nacional de Perfis Balísticos será constituído pelos registros de elementos de munição deflagrados por armas de fogo relacionados a crimes, para subsidiar ações destinadas às apurações criminais federais, estaduais e distritais.*
>
> ***§3º.*** *O Banco Nacional de Perfis Balísticos será gerido pela unidade oficial de perícia criminal.*
>
> ***§4º.*** *Os dados constantes do Banco Nacional de Perfis Balísticos terão caráter sigiloso, e aquele que permitir ou promover sua utilização para fins diversos dos previstos nesta Lei ou em decisão judicial responderá civil, penal e administrativamente.*
>
> ***§5º.*** *É vedada a comercialização, total ou parcial, da base de dados do Banco Nacional de Perfis Balísticos.*
>
> ***§6º.*** *A formação, a gestão e o acesso ao Banco Nacional de Perfis Balísticos serão regulamentados em ato do Poder Executivo federal.*

Justificado no Projeto de Lei nº 882/2019, de autoria do Ministro Sérgio Moro, segundo o qual:

"Registre-se, ainda, a introdução do art. 34-A., que disciplina a coleta de dados e armazenamento de perfis balísticos, através de um Banco Nacional gerenciados por Unidade Oficial de Perícia Criminal. Trata-se de modalidade de prova técnica essencial para a apuração de crimes praticados com arma de fogo, entre eles o homicídio, cujos índices de apuração não têm sido positivos. A Secretaria Nacional de Segurança Pública – SENASP, em nota técnica manifestou-se afirmando: 'A Criação do Banco Nacional de Perfis Balísticos, com sistemas automatizados em rede integrada, possibilitará a elucidação dos crimes envolvendo armas de fogo como Homicídios, Feminicídios, Latrocínios, Roubos, crimes realizados por Organizações Criminosas, dentre outros.'.".

5.2 Dos crimes e das penas

Bem jurídico tutelado: é a *segurança pública e a paz social* (incolumidade pública). Preserva-se a coletividade e não apenas uma única pessoa, ou seja, *não é a incolumidade física*. A segurança pública, de acordo com a Constituição Federal (art. 144, *caput*, CF)[17], é dever do Estado, porém de responsabilidade de todos, assim, aqueles que atentem contra a preservação da ordem social e da incolumidade pública serão punidos de acordo com a lei.

Ação penal: é *pública incondicionada*, uma vez que o bem jurídico tutelado pela norma é a incolumidade pública.

Sujeito passivo: o sujeito passivo imediato é a *coletividade*, ou seja, tratam-se de *crimes vago* e, em regra, *de perigo abstrato* e *de mera conduta*. Quase todos os delitos são dolosos e comissivos; contudo, haverá um ou outro que será culposo ou omissivo, como é o caso da omissão de cautela (art. 13, *caput*).

Fiança e liberdade provisória: *via de regra*, os crimes previstos na Lei nº 10.826/2003 são *suscetíveis de liberdade provisória* (todos) e *afiançáveis* (salvo os arts. 16, 17 e 18).

Delitos hediondos: os arts. 16, 17 e 18 são considerados crimes hediondos (art. 1º, par. único, Lei nº 8.072/90) e, por conseguinte, *insuscetíveis de anistia, graça, indulto e fiança*.

Inconstitucionalidade do art. 21º e dos parágrafos únicos dos arts. 14º e 15º: tais dispositivos foram considerados *inconstitucionais* segundo o Supremo Tribunal Federal (STF/ADI 3.112), uma vez que não estão incluídos no rol constitucional dos delitos inafiançáveis, conforme os incisos XLII, XLIII, XLIV, do art. 5º, da Carta Magna, quais sejam: *racismo, tortura, tráfico ilícito de drogas, terrorismo, crimes hediondos e ação de grupos armados contra a ordem constitucional e o Estado Democrático.*

---

17 Art. 144, caput, CF/88: "A segurança pública, dever do Estado, direito e responsabilidade de todos, é exercida para a preservação da ordem pública e da incolumidade das pessoas e do patrimônio, através dos seguintes órgãos: [...]".

"A **proibição de estabelecimento de fiança** para os delitos de 'porte ilegal de arma de fogo de uso permitido' e de 'disparo de arma de fogo', **mostra-se desarrazoada,** porquanto são crimes de mera conduta, que não se equiparam aos crimes que acarretam lesão ou ameaça de lesão à vida ou à propriedade.

Insusceptibilidade de liberdade provisória quanto aos delitos elencados nos arts. 16, 17 e 18. **Inconstitucionalidade reconhecida**, visto que o texto magno não autoriza a prisão 'ex lege', em face dos princípios da presunção de inocência e da obrigatoriedade de fundamentação dos mandados de prisão pela autoridade judiciária competente. [...]

Ação julgada procedente, em parte, para declarar a **inconstitucionalidade dos parágrafos únicos dos artigos 14 e 15 e do artigo 21** da Lei nº 10.826, de 22 de dezembro de 2003.".[18]

Norma penal em branco: por se tratar de norma penal em branco, a definição de *arma de fogo, munição e acessórios de uso permitido, restrito ou proibido e artefatos explosivos* constam em outras normas infralegais. Lembre-se de que o Estatuto do Desarmamento cuida *apenas de arma de fogo*, acessórios e munições, mas *não de arma branca* (o porte dela poderá configurar contravenção penal).

Apenas um delito qualificado: somente o crime de "posse ou porte ilegal de arma de fogo de uso proibido" é *qualificado* (art. 16, §2º), já os arts. 19 e 20 se referem a *majorantes* (causas de aumento de pena).

***Abolitio criminis* temporária ou *vacatio legis* indireta:**

> ***Art. 30.*** *Os possuidores e proprietários de arma de fogo de uso permitido ainda não registrada deverão solicitar seu registro até o dia 31 de dezembro de 2008, mediante apresentação de documento de identificação pessoal e comprovante de residência fixa, acompanhados de nota fiscal de compra ou comprovação da origem lícita da posse, pelos meios de prova admitidos em direito, ou declaração firmada na qual constem as características da arma e a sua condição de proprietário, ficando este dispensado do pagamento de taxas e do cumprimento das demais exigências constantes dos incisos I a III do 'caput' do art. 4º desta Lei. (Redação dada pela Lei nº 11.706, de 19/06/2008) (Prazo prorrogado até 31/12/2009, de acordo com o art. 20 da Lei nº 11.922, de 13/04/2009)*
>
> ***Parágrafo único.*** *Para fins do cumprimento do disposto no 'caput' deste artigo, o proprietário de arma de fogo poderá obter, no Departamento de Polícia Federal, certificado de registro provisório, expedido na forma do §4º do art. 5º desta Lei. (Parágrafo único acrescido pela Lei nº 11.706, de 19/06/2008)*
>
> ***Art. 31.*** *Os possuidores e proprietários de armas de fogo adquiridas regularmente poderão, a qualquer tempo, entregá-las à Polícia Federal, mediante recibo e indenização, nos termos do regulamento desta Lei.*
>
> ***Art. 32.*** *Os possuidores e proprietários de arma de fogo poderão entregá-la, espontaneamente, mediante recibo, e, presumindo-se de boa-fé, serão indenizados, na forma do regulamento, ficando extinta a punibilidade de eventual posse irregular da referida arma. (Redação dada pela Lei nº 11.706, de 19/06/2008)*

A abolitio criminis temporária a que se referem os arts. 30º e 32º é aplicável somente à **posse de arma de fogo de uso permitido (art. 12),** contudo há duas datas que distinguem a aplicação:

→ Até 23/10/2005: além do art. 12º, também era cabível à "posse de arma de fogo de uso permitido com numeração raspada ou suprimida" (art. 16, §1º, IV).

> ***Súmula nº 513 do STJ:*** *"A 'abolitio criminis' temporária prevista na Lei nº 10.826/2003 aplica-se ao crime de posse de arma de fogo de uso permitido com numeração, marca ou qualquer outro sinal de identificação raspado, suprimido ou adulterado, praticado somente até 23/10/2005.".*

→ Após 23/10/2005 e até 31/12/2009:[19] somente aplicável ao art. 12º, a posse de arma de fogo de uso permitido.

"É típica a conduta de possuir arma de fogo de uso permitido com numeração, marca ou qualquer outro sinal de identificação raspado, suprimido ou adulterado, praticada após 23/10/2005, pois, em relação a esse delito, a 'abolitio criminis' temporária cessou nessa data, termo final da prorrogação dos prazos previstos na redação original dos arts. 30 e 32 da Lei nº 10.826/2003.

A nova redação do art. 32 da Lei nº 10.826/2003, trazida pela Lei nº 11.706/2008, não mais suspendeu, temporariamente, a vigência da norma incriminadora ou instaurou uma 'abolitio criminis' temporária — conforme operado pelo art. 30 da mesma lei —, mas instituiu uma causa permanente de exclusão da punibilidade, consistente na entrega espontânea da arma.

A causa extintiva da punibilidade, na hipótese legal, consiste em ato jurídico (entrega espontânea da arma), e tão somente se tiver havido a sua efetiva prática é que a excludente produzirá seus efeitos. Se isso não ocorreu, não é caso de aplicação da excludente.".[20]

Posse irregular de arma de fogo de uso permitido (art. 12º)

> ***Art. 12.*** *Possuir ou manter sob sua guarda arma de fogo, acessório ou munição, de uso permitido, em desacordo com determinação legal ou regulamentar, no interior de sua residência ou dependência desta, ou, ainda no seu local de trabalho, desde que seja o titular ou o responsável legal do estabelecimento ou empresa:*
>
> ***Pena*** *- detenção, de 1 (um) a 3 (três) anos, e multa.*

Cuida-se, aqui, exclusivamente da **posse** de *arma de fogo, acessório ou munição*, **de uso permitido**. Portanto, tenha muito cuidado se houver a expressão "porte", "de uso restrito" ou "de uso proibido", pois incorrerá em outro tipo penal: ou art. 14, ou art. 16.

Veja que o tipo penal versa apenas sobre arma de fogo, bem como toda a Lei nº 10.826/2003, portanto, é **fato atípico** para o Estatuto do Desarmamento a posse ou o porte de **arma branca**, mas será contravenção penal (art. 19, LCP).

Descrição do crime

Sujeito ativo: é comum na primeira parte (não necessita de qualidade especial); enquanto que, na segunda, é próprio, uma vez que somente "o titular ou o responsável legal do estabelecimento ou empresa" pode cometê-lo.

---

18 STF, ADI 3.112/DF, Rel. Min. Ricardo Lewandowski, julgado em 02/05/2007, Tribunal Pleno, DJe 26/10/2007.

19 Art. 20, Lei nº 11.922/2009: "Ficam prorrogados para 31 de dezembro de 2009 os prazos de que tratam o §3º do art. 5º e o art. 30, ambos da Lei nº 10.826, de 22 de dezembro de 2003.".

20 STJ, REsp 1.311.408/RN, Rel. Min. Sebastião Reis Júnior, julgado em 13/03/2013, Terceira Seção, DJe 20/05/2013.

Condutas: como o tipo penal possui mais de um verbo, "possuir" e "manter", é considerado de ação múltipla (de conteúdo variado, tipo misto alternativo ou multinuclear).

Delimitação espacial: em sua residência, dependências dela ou em seu local de trabalho desde que seja o titular ou responsável pela empresa.

Caminhão não é residência (STJ): "Se o delito é de posse de arma de fogo e ocorreu dentro do prazo da 'vacatio legis' indireta, a pena deve ser extinta, mas tal causa de extinção não se estende ao porte de arma de fogo encontrada dentro do caminhão que o paciente dirigia. O conceito de residência não se confunde com o de veículo-caminhão, pois este é mero instrumento de trabalho.".[21]

> *Caminhão não é local de trabalho (STJ): "Configura delito de porte ilegal de arma de fogo se a arma é apreendida no interior de caminhão. O caminhão não é um ambiente estático, não podendo ser reconhecido como local de trabalho.".22*

Objeto material: arma de fogo, acessório ou munição, de uso permitido (norma penal em branco).

Elemento normativo jurídico: em desacordo com determinação legal ou regulamentar, isto é, sem o certificado de registro de arma de fogo (norma penal em branco).

Elemento subjetivo: delito exclusivamente doloso (não há tipificação da modalidade culposa) e sem necessidade de fim específico (dolo genérico).

Consumação e tentativa: trata-se de crime de perigo abstrato e de mera conduta, não necessitando de resultado naturalístico, além de ser delito permanente em que a sua consumação se protrai no tempo, portanto, a prisão em flagrante é possível em qualquer momento23 enquanto perdurar a sua guarda ou posse. Ainda que seja de difícil ocorrência, a tentativa é possível (plurissubsistente).

Sursis processual: trata-se de crime de médio potencial ofensivo (a pena mínima é de até 1 ano e a máxima é superior a 2 anos), no qual será julgado pelo Juizado Comum, contudo é cabível a suspensão condicional do processo (art. 89, Lei nº 9.099/95)[24].

Ação penal pública incondicionada: por se tratar de crime de perigo abstrato, no qual o bem jurídico tutelado é a incolumidade pública.

Fiança policial: uma vez que a pena máxima não é superior a 4 anos nem está no rol constitucional dos crimes inafiançáveis (art. 5º, incisos XLII, XLIII e XLIV, CF/88), é possível a liberdade provisória mediante fiança policial (art. 322º, CPP)25.

21 STJ, HC 116.052/MG, Rel. Min. Jane Silva (Des. Conv. do TJ/MG), julgado em 20/11/2008, 6ª Turma, DJe 09/12/2008

22 STJ, REsp 1.219.901/MG, Rel. Min. Sebastião Reis Júnior, julgado em 24/04/2012, 6ª Turma, DJe 10/05/2012 (Vide Inf. 496).

23 Art. 303, CPP: "Nas infrações permanentes, entende-se o agente em flagrante delito enquanto não cessar a permanência.".

24 Art. 89, caput, Lei nº 9.099/1995: "Nos crimes em que a pena mínima cominada for igual ou inferior a um ano, abrangidas ou não por esta Lei, o Ministério Público, ao oferecer a denúncia, poderá propor a suspensão do processo, por dois a quatro anos, desde que o acusado não esteja sendo processado ou não tenha sido condenado por outro crime, presentes os demais requisitos que autorizariam a suspensão condicional da pena (art. 77 do Código Penal).".

25 Art. 322, caput, CPP: "A autoridade policial somente poderá conceder fiança nos casos de infração cuja pena privativa de liberdade máxima não seja superior a 4 (quatro) anos. [...]".

Omissão de cautela (art. 13º)

> ***Art. 13.*** *Deixar de observar as cautelas necessárias para impedir que menor de 18 (dezoito) anos ou pessoa portadora de deficiência mental se apodere de arma de fogo que esteja sob sua posse ou que seja de sua propriedade:*
>
> ***Pena*** *– detenção, de 1 (um) a 2 (dois) anos, e multa.*
>
> ***Parágrafo único.*** *Nas mesmas penas incorrem o proprietário ou diretor responsável de empresa de segurança e transporte de valores que deixarem de registrar ocorrência policial e de comunicar à Polícia Federal perda, furto, roubo ou outras formas de extravio de arma de fogo, acessório ou munição que estejam sob sua guarda, nas primeiras 24 (vinte e quatro) horas depois de ocorrido o fato.*

Devemos ter cuidado quanto a esse artigo, pois **no *caput*** é um **delito culposo**; enquanto que, **no parágrafo único, doloso** (crime autônomo). Dessa forma, analisaremos as condutas em separado, inicialmente pela omissão de cautela prevista no *caput*.

As penas são as mesmas para as duas condutas, tanto no *caput* quanto no parágrafo único, sendo que, em ambos os casos, estamos tratando de **infração de menor potencial ofensivo**: pena máxima de 2 anos (art. 61, Lei nº 9.099/95)[26]. Portanto, será julgado pelo Juizado Especial Criminal (JECRIM) e é admissível as suas benesses (art. 2º, Lei nº 9.099/95)[27], por exemplo: a transação penal e o *sursis* processual (art. 89, Lei nº 9.099/95).

Ação penal: pública e incondicionada, de igual modo toda a Lei nº 10.826/2003, por se tratar de crimes de perigo em que o bem jurídico tutelado é a incolumidade pública.

Fiança em sede policial: também é possível nas duas situações, uma vez que a pena máxima é inferior a 4 anos.

Descrição do crime (caput)

Sujeitos do crime: com relação ao sujeito ativo é próprio, na medida em que o agente é o possuidor ou proprietário da arma de fogo; já o sujeito passivo imediato é a coletividade (crime vago) e, mediatamente, qualquer menor de 18 anos ou deficiente mental que venha efetivamente a se apoderar da arma de fogo: comum.

Objeto material: somente arma de fogo, porém de qualquer porte, seja de uso permitido, restrito ou proibido. Assim, será fato atípico quando se tratar de munições ou acessórios.

Elemento subjetivo e conduta: é a culpa na modalidade negligência, com a conduta de "deixar de observar as cautelas necessárias" (omissão do dever objetivo de cuidado).

Consumação e tentativa: consuma-se no exato momento em que há o apossamento pelo menor de 18 ou deficiente mental da arma de fogo independentemente da ocorrência de deflagração de munição ou crime mais grave (crime instantâneo e de perigo). Dessa forma, caso o agente viva sozinho e esqueça a arma de fogo sobre a mesa, será fato atípico, bem como se ele tiver o zelo necessário, por exemplo, imagine que o agente tenha guardado a arma em um cofre, mas de qualquer forma a criança venha a se apoderar furtando a chave do cofre: não haverá crime. Outrossim,

26 Art. 61, Lei nº 9.099/1995: "Consideram-se infrações penais de menor potencial ofensivo, para os efeitos desta Lei, as contravenções penais e os crimes a que a lei comine pena máxima não superior a 2 (dois) anos, cumulada ou não com multa.".

27 Art. 2º, Lei nº 9.099/1995: "O processo orientar-se-á pelos critérios da oralidade, simplicidade, informalidade, economia processual e celeridade, buscando, sempre que possível, a conciliação ou a transação.".

por ser delito culposo e omissivo puro, não se admite a tentativa: ou se consuma, ou não há crime.

Concurso material: caso o menor de 18 anos ou o deficiente mental que tenha se apoderado da arma de fogo venha a cometer um crime, por exemplo, um homicídio, então o agente possuidor ou proprietário da arma de fogo responderá pela infração do art. 13 (omissão de cautela) e também pelo outro delito cometido.

É muito comum as bancas de concursos cobrarem acerca desse crime o deficiente físico, mas é incorreto. Portanto, tenha muito cuidado e lembre-se que são apenas dois sujeitos os quais descrevem o tipo penal sobre se apoderar da arma de fogo:

- Menor de 18 anos de idade;
- Pessoa com deficiência mental.

~~Deficiente físico~~
(Fato atípico)

Descrição do crime (parágrafo único)

Sujeitos do crime: em relação ao sujeito ativo é próprio, pois somente "o proprietário ou diretor responsável" da empresa de segurança e transporte de valores poderá cometê-lo; já o sujeito passivo imediato é a coletividade (crime vago), contudo há dois obstáculos nos estudos: o registro policial (qualquer delegacia) e a comunicação à Polícia Federal (especificamente).

Objeto material: arma de fogo, acessório ou munição que estejam sob sua guarda.

Elemento subjetivo e conduta: é exclusivamente doloso (não se admite a modalidade culposa) com condutas omissivas próprias de "deixar de registrar" ocorrência policial do sumiço e "deixar de comunicar" à Polícia Federal.

Consumação e tentativa: consuma-se após 24 horas do efetivo conhecimento do furto ou extravio (crime a prazo). Por conta disso, não se inicia a contagem do tempo enquanto não houver o conhecimento "do sumiço". A tentativa não é possível, por ser um crime omissivo próprio (ou omissivo puro).

Porte ilegal de arma de fogo de uso permitido (art. 14º)

> ***Art. 14.*** *Portar, deter, adquirir, fornecer, receber, ter em depósito, transportar, ceder, ainda que gratuitamente, emprestar, remeter, empregar, manter sob guarda ou ocultar arma de fogo, acessório ou munição, de uso permitido, sem autorização e em desacordo com determinação legal ou regulamentar:*
>
> ***Pena*** *– reclusão, de 2 (dois) a 4 (quatro) anos, e multa.*
>
> ***Parágrafo único.*** *O crime previsto neste artigo é inafiançável, salvo quando a arma de fogo estiver registrada em nome do agente. (Vide Adin 3.112-1)*

Semelhantemente ao art. 12º, este delito prevê incriminação pelo porte de arma de fogo, acessório ou munição, de uso permitido. Cuidado, pois, caso o agente possua autorização para posse de arma de fogo de uso permitido em sua residência e a leve consigo para o seu local de trabalho, sem ser proprietário ou responsável legal, configurará crime previsto no art. 14º: porte ilegal de arma de fogo de uso permitido.

Além disso, se a arma de fogo, acessório ou munição forem "de uso restrito" ou "de uso proibido", então o crime será o do art. 16º (posse ou porte ilegal de arma de fogo de uso restrito ou proibido).

Cuida-se apenas de arma de fogo (toda a Lei nº 10.826/2003), portanto, é fato atípico para o Estatuto do Desarmamento o porte de arma branca: será contravenção penal (art. 19º, LCP).

Descrição do crime

Sujeito ativo: comum, uma vez que qualquer pessoa pode cometê-lo, até mesmo um integrante dos órgãos de segurança pública cujo porte seja deferido, basta que esteja com arma de fogo diversa da qual lhe foi autorizada, por exemplo: um policial militar que transporte no seu carro uma Winchester .44, do século XIX, totalmente funcional, a qual tenha ganhado de seu avô, porém sem certificado de registro (CR).

Condutas: como possui 13 verbos, é considerado tipo misto alternativo (de ação múltipla, de conteúdo variado ou multinuclear); assim, no mesmo contexto fático, a prática de mais de uma conduta pelo mesmo agente será crime único, por força do princípio da alternatividade.

Objeto material: arma de fogo, acessório ou munição, de uso permitido (norma penal em branco).

Arma desmuniciada, com defeito parcial e totalmente inapta: com relação a capacidade lesiva da arma, devemos entender como é a jurisprudência dos Tribunais Superiores e como é cobrado em prova, havendo algumas situações.

→ **Arma desmontada ou desmuniciada:** é crime, do mesmo modo que carregar apenas uma única munição.

"O Supremo Tribunal Federal firmou o entendimento de que é de perigo abstrato o crime de porte ilegal de arma de fogo, sendo, portanto, **irrelevante** para sua configuração encontrar-se a **arma desmontada ou desmuniciada**.".[28]

"Este Superior Tribunal de Justiça tem jurisprudência pacificada no sentido de que o **porte ilegal de arma de fogo desmuniciada ou desmontada configura hipótese de perigo abstrato,** bastando apenas a prática do ato de levar consigo para a consumação do delito. Dessa forma, eventual nulidade do laudo pericial, ou até mesmo a sua ausência, **não impede o enquadramento da conduta.".**[29]

→ **Arma com defeito parcial:** trata-se de objeto material com impropriedade relativa e, portanto, é típica.

"O mero fato de o **funcionamento de arma de fogo não ser perfeito** não afasta a tipicidade material do **crime definido** no art. 14 da Lei nº 10.826/2003.".[30]

28 STF, HC 95.861/RJ, Rel. p/ ac. Min. Dias Toffoli, julgado em 02/06/2015, 2ª Turma, DJe 01/07/2015.

29 STJ, AgRg no REsp 1.390.999/SP, Rel. Min. Laurita Vaz, julgado em 27/03/2014, 5ª Turma, DJe 03/04/2014. Precedente: STJ, AgRg no AREsp 179.022/DF, Rel. Min. Assusete Magalhães, julgado em 07/02/2013, 6ª Turma, DJe 05/04/2013.

30 STF, HC 93.816/RS, Rel. Min. Joaquim Barbosa, julgado em 06/05/2008, 2ª Turma, DJe 01/08/2008 (Vide Inf. 505).

→ **Arma totalmente inidônea:** crime impossível, pela impropriedade absoluta do objeto material ou ineficácia absoluta do meio.

"Não está caracterizado o crime de porte ilegal de **arma de fogo** quando o instrumento apreendido sequer pode ser enquadrado no conceito técnico de arma de fogo, por estar quebrado e, de acordo com laudo pericial, **totalmente inapto** para realizar disparos.".[31]

Para configurar o crime impossível, não só a arma de fogo deve ser totalmente inapta, mas também a arma estar desmuniciada ou as munições serem totalmente inaptas (deflagradas e percutidas ou estragadas).

"A Terceira Seção desta Corte pacificou entendimento no sentido de que o tipo penal de posse ou porte ilegal de arma de fogo cuida-se de delito de mera conduta ou de perigo abstrato, sendo irrelevante a demonstração de seu efetivo caráter ofensivo.

Na hipótese, contudo, em que demonstrada por laudo pericial a **total ineficácia da arma de fogo** (inapta a disparar) **e das munições apreendidas** (deflagradas e percutidas), deve ser reconhecida a atipicidade da conduta perpetrada, diante da ausência de afetação do bem jurídico incolumidade pública, tratando-se de **crime impossível pela ineficácia absoluta do meio**."[32]

É CRIME		
Arma desmontada ou desmuniciada	Arma com defeito parcial	Arma inapta e municiada

Elemento subjetivo: delito exclusivamente doloso (não há tipificação da modalidade culposa) e sem necessidade de fim específico (dolo genérico).

Elemento normativo jurídico: sem autorização e em desacordo com determinação legal ou regulamentar (norma penal em branco).

Consumação e tentativa: é instantâneo nas condutas: adquirir, fornecer, receber, ceder, emprestar, remeter e empregar; permanente nas demais. A tentativa é possível.

Ação penal: pública incondicionada, por se tratar de crime de perigo abstrato e de mera conduta, no qual o bem jurídico tutelado é a incolumidade pública (segurança pública e paz social).

Fiança policial: o parágrafo único foi considerado inconstitucional pelo STF (ADI 3.112), portanto, é possível a fiança em sede policial (art. 322º, CPP), já que sua pena máxima é de 4 anos e não está no rol constitucional dos crimes inafiançáveis (art. 5º, incs. XLII, XLIII e XLIV, CF/88).

Concurso de crimes: normalmente, o porte ilegal de arma de fogo - tanto de uso permitido quanto de uso restrito - é crime-meio (menor e menos grave) para se atingir um crime-fim (maior e mais grave). Dessa forma, poderá ou não ocorrer a absorção do porte pelo crime mais grave (princípio da consunção), desde que seja no mesmo contexto fático, por exemplo, o agente porta arma de fogo para o cometimento de um único homicídio ou roubo, então será possível a aplicação da consunção, havendo crime único, portanto, tenha cuidado.

→ **Roubo e porte, no mesmo contexto (logo após):** é crime único (princípio da consunção).

"O crime de porte de arma é **absorvido** pelo de roubo quando restar evidenciado o nexo de dependência ou de subordinação entre as duas condutas e que os delitos foram praticados em um mesmo contexto fático — o que caracteriza o princípio da consunção.".[33]

"PRINCÍPIO DA CONSUNÇÃO. ABSORÇÃO DO PORTE ILEGAL DE ARMA PELO CRIME PATRIMONIAL. A posse de arma de fogo, **logo após** a execução de roubo com o seu emprego, **não constitui crime autônomo** previsto no art. 16, §1º, IV, da Lei nº 10.826/03, por se encontrar na linha de desdobramento do crime patrimonial.".[34]

→ **Roubo e porte, em contexto diverso (dias após):** configura concurso material de crimes (delitos autônomos).

"PRINCÍPIO DA CONSUNÇÃO. INAPLICABILIDADE. CIRCUNSTÂNCIAS FÁTICAS DISTINTAS. DELITOS AUTÔNOMOS. [...] o acusado foi flagrado na **posse ilegal da arma de fogo em momento distinto** ao da prática do crime de roubo, caracterizando, assim, uma nova conduta autônoma e independente, o que **impede a aplicação do princípio da consunção**.".[35]

→ **Homicídio e porte de arma de fogo:** Há duas situações possíveis:

Caso ocorra **no mesmo contexto fático**, será **crime único**, por exemplo, imagine que, logo após a prisão do estuprador de sua filha, o pai - sob o domínio de violenta emoção - saque a arma do coldre do policial que estava levando o meliante e, então, dispare contra o bandido.

"A jurisprudência desta Corte Superior de Justiça orienta no sentido de que **o crime de homicídio absorve o de porte ilegal de arma de fogo** quando as duas condutas delituosas guardem, entre si, uma **relação de meio e fim** estreitamente vinculadas.".[36]

Se o agente não possuir autorização de posse nem porte, mas tiver a arma de fogo previamente **(contexto diverso)**, haverá **concurso de crimes.**

"A conduta de portar armas ilegalmente **não pode ser absorvida** pelo crime de homicídio qualificado, quando resta evidenciada a existência de crimes autônomos, sem nexo de dependência ou subordinação.".[37]

"Embora seja admissível, não se revela possível, 'in casu', a aplicação do princípio da consunção, porquanto a conduta de portar a arma de um lado, e a tentativa de homicídio de outro, ao que se tem, decorrem de desígnios autônomos **não se verificando a relação de meio e fim** que autoriza a absorção de uma figura típica pela outra.".[38]

31 STJ, AgRg no AREsp 397.473/DF, Rel. Min. Marco Aurélio Bellizze, julgado 19/08/2014, 5ª Turma, DJe 25/08/2014 (Vide Inf. 544).

32 STJ, REsp 1.451.397/MG, Rel. Min. Maria Thereza de Assis Moura, julgado em 15/09/2015, 6ª Turma, DJe 01/10/2015 (Vide Inf. 570).

33 STJ, Jurisprudência em Teses nº 51. Precedentes: HC 315.059/SP; AgRg no AREsp 484.845/DF; HC 249.718/RJ; HC 228.062/SC; HC 206.274/SP; HC 71.696/PR; HC 156.621/SP; HC 138.530/SP.

34 STF, RHC 123.399/RJ, Rel. Min. Dias Toffoli, julgado em 30/09/2014, 1ª Turma, DJe 17/11/2014.

35 STJ, AgRg no AREsp 988.625/ES, Rel. Min. Ribeiro Dantas, julgado em 07/03/2017, 5ª Turma, DJe 15/03/2017. No mesmo sentido: HC 241.666/SP, HC 317.337/RJ.

36 STJ, HC 126.944/MS, Rel. Min. Jorge Mussi, julgado em 04/03/2010, 5ª Turma, DJe 05/04/2010.

37 STJ, HC 226.373/SP, Rel. Min. Laurita Vaz, julgado em 26/02/2013, 5ª Turma, DJe 06/03/2013.

38 STJ, HC 101.127/SP, Rel. Min. Felix Fischer, julgado em 02/10/2008, 5ª Turma, DJe 10/11/2008.

→ **Legítima defesa absorve o homicídio, mas não o porte ilegal de arma de fogo:** trata-se de delito autônomo.

"**Não se comunica** a excludente de ilicitude que é a legítima defesa, relativa ao homicídio, **ao crime autônomo de porte ilegal de arma**.".[39]

Multiplicidade de armas do mesmo tipo penal: o porte de mais de uma arma de fogo, munição ou acessório, no mesmo contexto, e do mesmo tipo penal (e.g.: ou apenas do art. 14, ou apenas do art. 16), não configura concurso de crimes, mas sim crime único (princípio da consunção).

"A apreensão de **mais de uma** arma de fogo, acessório ou munição, em um **mesmo contexto** fático, não caracteriza concurso formal ou material de crimes, mas **delito único**.".[40]

Multiplicidade de armas de tipos penais diferentes: o porte de mais de uma arma de fogo, munição ou acessório, no mesmo contexto, de uso permitido (art. 14) e de uso restrito ou proibido (art. 16), haverá concurso de crimes, porque estão em tipos penais diferentes. Quanto ser concurso material ou formal de crimes, há divergência doutrinária e, por conseguinte, a banca irá mencionar que ocorrerá apenas o concurso de crimes (sem adentrar às suas espécies, material ou formal).

"**Não há crime único,** podendo haver concurso formal, quando, no mesmo contexto fático, o agente incide nas condutas dos arts. 14 (porte ilegal de arma de fogo de uso permitido) e 16 (posse ou porte ilegal de arma de fogo de uso restrito) da Lei nº 10.826/2003.".[41]

"**Não há crime único**, podendo haver concurso material, quando, no mesmo contexto fático, o agente incide nas condutas dos arts. 14 (porte ilegal de arma de fogo de uso permitido) e 16 (posse ou porte ilegal de arma de fogo de uso restrito) da Lei nº 10.826/2003.".[42]

O Estatuto do Desarmamento prevê a incriminação não só de armas de fogo, mas também de munições e acessórios. Sendo assim, a conduta de levar consigo munições sem a referida arma de fogo, incorrerá em crime previsto no Estatuto (Lei nº 10.826/2003), até mesmo se estiver com partes da arma de fogo ou com ela desmuniciada. Do mesmo modo, quando se tratar de acessórios, por exemplo, uma mira telescópica.

Disparo de arma de fogo (art. 15º)

> ***Art. 15.*** *Disparar arma de fogo ou acionar munição em lugar habitado ou em suas adjacências, em via pública ou em direção a ela, desde que essa conduta não tenha como finalidade a prática de outro crime:*
>
> ***Pena*** *– reclusão, de 2 (dois) a 4 (quatro) anos, e multa.*
>
> ***Parágrafo único.*** *O crime previsto neste artigo é inafiançável. (Vide Adin 3.112-1)*

Cuida-se de crime subsidiário (soldado reserva)[43], isto é, se o agente tiver intenção de crime mais grave, então será absorvido pelo delito maior. Além disso, só existirá o crime se for praticado em local habitado ou em sua direção.

Descrição do crime

Sujeito ativo: é comum, uma vez que pode ser praticado por qualquer pessoa.

Elemento subjetivo e conduta: é o dolo (não há modalidade culposa) de "disparar" arma de fogo ou "acionar" munição (tipo misto alternativo).

Delimitação espacial: são duas situações que devem ser somadas para o crime existir: em lugar habitado ou em suas adjacências e em via pública ou em direção a ela. Se o agente efetuar o disparo em local ermo e desabitado, por exemplo: em uma área rural sem pessoas aos arredores, então será fato atípico.

Objeto material: arma de fogo ou munição, de uso permitido, restrito ou proibido (norma penal em branco). O tipo penal não mencionou sobre "acessório" (fato atípico).

Consumação e tentativa: consuma-se no momento em que ser der o disparo da arma ou o acionamento da munição (delito instantâneo) e de mera conduta (não é obrigatória ocorrência de resultado naturalístico a bem jurídico individual), sendo possível a tentativa (plurissubsistente)[44].

→ **Absorção do porte pelo disparo:** há duas situações a depender do contexto.

> **No mesmo contexto:** será crime único, havendo absorção do porte de arma de fogo de uso permitido (art. 14) pelo disparo de arma de fogo (princípio da consunção).

"A jurisprudência desta Corte possui entendimento firmado no sentido de que não é automática a aplicação do princípio da consunção para **absorção do** delito de **porte** de arma de fogo **pelo** de **disparo**, dependendo das circunstâncias em que ocorreram as condutas.

"Na hipótese dos autos, as instâncias ordinárias reconheceram que os crimes foram praticados no **mesmo contexto** fático, devendo ser aplicado o referido postulado para que a **conduta menos grave** (porte ilegal de arma de fogo) seja **absorvida pela conduta mais grave** (disparo de arma de fogo).".[45]

> **Em momentos distintos (contexto diverso):** haverá concurso de crimes (delitos autônomos).

"Segundo iterativa jurisprudência desta Corte, **não há falar em aplicação do princípio da consunção** quando dos delitos de porte ilegal de arma e disparo de arma de fogo são praticados em **momentos diversos**, em **contextos distintos**".[46]

39 STF, HC 120.678/PR, Rel. p/ ac. Min. Marco Aurélio, julgado em 24/02/2015, 1ª Turma, DJe 06/04/2015.

40 STJ, Jurisprudência em Teses nº 23. Precedentes: HC 228.231/SP; HC 163.783/RJ; HC 194.697/SP; HC 104.669/RJ; HC 110.800/SP; AREsp 303.312/SP (Vide Inf. 488).

41 STJ, Jurisprudência em Teses nº 23. Precedentes: HC 130.797/SP; HC 162.018/SP.

42 STJ, Jurisprudência em Teses nº 23. Precedentes: HC 211.834/SP; REsp 1.418.900/AL.

43 HUNGRIA, N. Comentários ao Código Penal. 5ª ed. Rio de Janeiro: Forense, v.1, 1977. Tomo I (arts. 1º ao 10), p. 147.

44 Para Guilherme de Souza Nucci, o delito pode ser unissubsistente ou plurissubsistente, dependendo do mecanismo eleito pelo agente. (NUCCI, G. S. Leis Penais e Processuais Penais Comentadas. 8ª ed. Rio de Janeiro: Forense, v.2, 2014)

45 STJ, AgRg no REsp 1.331.199/PR, Rel. Min. Ericson Maranho (Des. Conv. do TJ/SP), julgado em 23/10/2014, 6ª Turma, DJe 10/11/2014.

46 STJ, CC 134.342/GO, Rel. Min. Newton Trisotto (Des. Conv. do TJ/SC), julgado em 22/04/2015, 3ª Seção, DJe 05/05/2015. Precedentes: HC 128.533/MG; AgRg no REsp 1.347.003/SC; HC 214.606/RJ.

Concurso de crimes: normalmente, quando a finalidade for crime mais grave, então este absorverá o disparo, por se tratar de crime subsidiário, descrito no trecho: "desde que essa conduta não tenha como finalidade a prática de outro crime" (subsidiariedade explícita). Por exemplo: o agente dispara arma de fogo com a finalidade de se cometer um homicídio. Entretanto, o problema surge se o delito não for mais grave, há divergência doutrinária, como é o exemplo do disparo de arma de fogo e lesão corporal de natureza leve.

Nesse sentido, discorre Fernando Capez (apud Gonçalves & Júnior, 2016):

"Em resumo, o delito previsto no art. 15, 'caput', da Lei nº 10.826/2003 não é absorvido pelo crime de lesões corporais de natureza leve, em face de sua maior gravidade. Entendemos que **o agente responde por ambos os crimes em concurso**".[47]

Posse ou porte ilegal de arma de fogo de uso restrito (art. 16º)

> ***Art. 16.*** *Possuir, deter, portar, adquirir, fornecer, receber, ter em depósito, transportar, ceder, ainda que gratuitamente, emprestar, remeter, empregar, manter sob sua guarda ou ocultar arma de fogo, acessório ou munição de uso restrito, sem autorização e em desacordo com determinação legal ou regulamentar: (Redação dada pela Lei nº 13.964, de 24/12/2019)*
>
> ***Pena*** *– reclusão, de 3 (três) a 6 (seis) anos, e multa.*
>
> ***§1º.*** *Nas mesmas penas incorre quem: (Redação dada pela Lei nº 13.964, de 24/12/2019)*
>
> ***I.*** *suprimir ou alterar marca, numeração ou qualquer sinal de identificação de arma de fogo ou artefato;*
>
> ***II.*** *modificar as características de arma de fogo, de forma a torná-la equivalente a arma de fogo de uso proibido ou restrito ou para fins de dificultar ou de qualquer modo induzir a erro autoridade policial, perito ou juiz;*
>
> ***III.*** *possuir, detiver, fabricar ou empregar artefato explosivo ou incendiário, sem autorização ou em desacordo com determinação legal ou regulamentar;*
>
> ***IV.*** *portar, possuir, adquirir, transportar ou fornecer arma de fogo com numeração, marca ou qualquer outro sinal de identificação raspado, suprimido ou adulterado;*
>
> ***V.*** *vender, entregar ou fornecer, ainda que gratuitamente, arma de fogo, acessório, munição ou explosivo a criança ou adolescente; e*
>
> ***VI.*** *produzir, recarregar ou reciclar, sem autorização legal, ou adulterar, de qualquer forma, munição ou explosivo.*
>
> ***§2º.*** *Se as condutas descritas no 'caput' e no §1º deste artigo envolverem arma de fogo de uso proibido, a pena é de reclusão, de 4 (quatro) a 12 (doze) anos. (Incluído pela Lei nº 13.964, de 24/12/2019)*

Cuida-se, não só da *posse*, mas também do *porte* (além de outras 12 condutas previstas no *caput* e mais outras 19 figuras equiparadas no §1º) de arma de fogo, acessório ou munição **de uso restrito** (*caput*) ou **de uso proibido** (§2º), bem como as formas equiparadas (§1º).

Delito hediondo: o art. 16 foi incluído no rol dos crimes hediondos pela Lei nº 13.497, de 26/10/2017. Todavia, com o advindo da Lei nº 13.964, de 24/12/2019, promoveu-se uma alteração nesse dispositivo prevendo ser hediondo "o crime de posse ou porte ilegal de arma de fogo de uso proibido" (art. 1º, par. único, II, Lei nº 8.072/90).

47 GONÇALVES, V. E. R.; JUNIOR, J. P. B. Legislação Penal Especial. 2. ed. São Paulo: Saraiva, 2016, p. 229.

Desde a Lei nº 13.497/17 se discutia acerca do alcance da hediondez do art. 16º do Estatuto do Desarmamento: somente o caput ou todo o artigo (caput e figuras equiparadas). De acordo com o Superior Tribunal de Justiça – STJ, todo o art. 16 possui natureza hedionda.

INFORMATIVO Nº 657 – STJ:

"A qualificação de hediondez aos crimes do art. 16 da Lei nº 10.826/2003, inserida pela Lei nº 13.497/2017, abrange os tipos do 'caput' e as condutas equiparadas previstas no seu parágrafo único.

O art. 16 da Lei nº 10.826/2003 (Estatuto do Desarmamento) prevê gravosas condutas de contato com 'arma de fogo, acessório ou munição de uso proibido ou restrito', vindo seu parágrafo único a acrescer figuras equiparadas — em gravidade e resposta criminal. Dessa forma, ainda que algumas das condutas equiparadas possam ser praticadas com armas de uso permitido, o legislador as considerou graves ao ponto de torná-las com reprovação criminal equivalente às condutas do 'caput'. No art. 1º, parágrafo único, da Lei nº 8.072/1990, com redação dada pela Lei nº 13.497/2017, o legislador limitou-se a prever que o delito descrito no art. 16 da Lei nº 10.826/2003 é considerado hediondo. Assim, como a equiparação é tratamento igual para todos os fins, considerando equivalente o dano social e equivalente também a necessária resposta penal, salvo ressalva expressa, ao ser qualificado como hediondo o art. 16 da Lei nº 10.826/2003, as condutas equiparadas devem receber igual tratamento.".[48]

Reviveu-se a discussão pela doutrina a partir da Lei nº 13.964/19, na medida em que o nomen juris foi alterado para "posse ou porte ilegal de arma de fogo de uso proibido", ou seja, o art. 16º do Estatuto do Desarmamento só é hediondo quando envolver arma de fogo de uso proibido.

Inafiançável e insuscetível de graça, anistia e indulto: por se tratar de delito hediondo, não há possibilidade de fiança nem perdão pelos dispositivos da graça, da anistia e do indulto (art. 2º, caput, Lei nº 8.072/90)49, mas ainda é suscetível de liberdade provisória (art. 2º, §3º, Lei nº 8.072/90)50.

Descrição do crime (caput)

Sujeito ativo: é comum, uma vez que pode ser praticado por qualquer pessoa.

Elemento subjetivo e conduta: exclusivamente doloso (não há modalidade culposa) e, como possui 14 verbos, é considerado de ação múltipla (de conteúdo variado, tipo misto alternativo ou multinuclear).

Objeto material: no caput, trata-se apenas de arma de fogo, acessório ou munição de uso restrito.

Consumação e tentativa: em regra, é delito instantâneo, nas condutas: adquirir, fornecer, ceder, emprestar, remeter e empregar. Será permanente, nas condutas: possuir, deter, portar, ter em depósito, transportar, manter sob sua guarda e ocultar arma

48 STJ, Informativo nº 657, HC 526.916/SP, Rel. Min. Nefi Cordeiro, julgado em 01/10/2019, 6ª Turma, DJe 08/10/2019.

49 Art. 2º, caput, Lei nº 8.072/1990: "Os crimes hediondos, a prática da tortura, o tráfico ilícito de entorpecentes e drogas afins e o terrorismo são insuscetíveis de: I – anistia, graça e indulto; II – fiança. [...]".

50 Art. 2º, §3º, Lei nº 8.072/1990: "Em caso de sentença condenatória, o juiz decidirá fundamentadamente se o réu poderá apelar em liberdade.".

de fogo. Não há a necessidade de resultado naturalístico a integridade física individual, haja vista ser crime de mera conduta e de perigo abstrato. A tentativa é possível (plurissubsistente).

Formas equiparadas (§1º): as condutas previstas no §1º sujeitam o agente às mesmas penas previstas no caput. Estende-se o alcance de incriminação da norma, abarcando as armas de fogo, acessórios e munições de uso restrito, de uso permitido (conspurcadas) e artefatos explosivos ou incendiários.

Forma qualificada (§2º): a pena será de reclusão de 4 (quatro) a 12 (doze) anos se a arma de fogo for de uso proibido.

Conflito aparente de normas: por força do princípio da especialidade, quando houver conflito entre normas penais e o objeto material for arma de fogo, acessório ou munição, então prevalecerá o Estatuto do Desarmamento.

Conduta	Conflito	Prevalece
Numeração, marca ou qualquer outro sinal de identificação raspado, suprimido ou adulterado	Arts. 12 e 14 (Est. do Desarmamento)	Art. 16, §1º, I e IV (Est. do Desarmamento)
Fraude processual em arma de fogo	Art. 347 do CP	Art. 16, §1º, II (Est. do Desarmamento)
Ceder arma de fogo, acessório, munição ou explosivo à criança ou ao adolescente	Art. 242 do ECA	Art. 16, §1º, V (caso a arma não seja de fogo, então se aplicará o ECA)
Possuir, deter, fabricar ou empregar artefato explosivo ou incendiário, sem autorização ou em desacordo com determinação legal ou regulamentar	Art. 253 do CP	Art. 16, §1º, III (Est. do Desarmamento)

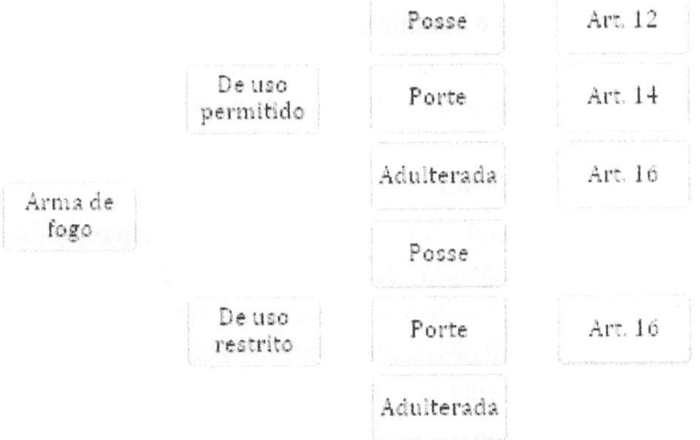

Comércio ilegal de arma de fogo (art. 17º)

> ***Art. 17.*** *Adquirir, alugar, receber, transportar, conduzir, ocultar, ter em depósito, desmontar, montar, remontar, adulterar, vender, expor à venda, ou de qualquer forma utilizar, em proveito próprio ou alheio, no exercício de atividade comercial ou industrial, arma de fogo, acessório ou munição, sem autorização ou em desacordo com determinação legal ou regulamentar:*
>
> ***Pena*** *– reclusão, de 6 (seis) a 12 (doze) anos, e multa. (Redação dada pela Lei nº 13.964, de 24/12/2019)*
>
> ***§1º.*** *Equipara-se à atividade comercial ou industrial, para efeito deste artigo, qualquer forma de prestação de serviços, fabricação ou comércio irregular ou clandestino, inclusive o exercido em residência. (Redação dada pela Lei nº 13.964, de 24/12/2019)*
>
> ***§2º.*** *Incorre na mesma pena quem vende ou entrega arma de fogo, acessório ou munição, sem autorização ou em desacordo com a determinação legal ou regulamentar, a agente policial disfarçado, quando presentes elementos probatórios razoáveis de conduta criminal preexistente. (Incluído pela Lei nº 13.964, de 24/12/2019)*

Por mais que o nome do crime dê a impressão de ser "compra e venda" (comércio) apenas de "armas de fogo" (comércio ilegal de arma de fogo), o tipo penal abarca não só a atividade comercial, mas também a industrial e a prestadora de serviços, bem como os acessórios e as munições.

Descrição do crime

Sujeito ativo: é próprio, uma vez que somente o agente que estiver "no exercício de atividade comercial ou industrial" (habitualidade preexistente), sem autorização ou em desacordo com determinação legal ou regulamentar. Se cometido por qualquer um dos agentes listados nos arts. 6º, 7º ou 8º, haverá aumento de metade da pena (art. 20).

Atividade irregular ou residencial (§1º): o exercício habitual exercido de forma irregular, clandestino ou residencial será equiparado à atividade comercial ou industrial.

Armeiro: "o exercício da atividade de armeiro, sem a devida licença, pode sujeitar o infrator às penas do art. 17, §1º, da Lei nº 10.826/03.".[51]

> ***Art. 4º***, *Portaria nº 2.259/2011 (DG-DPF): "O armeiro não poderá prestar qualquer serviço aos possuidores de armas de fogo não registradas ou sem os documentos de que trata o artigo anterior, devendo, nesse caso, informar imediatamente à Polícia Federal.".*
>
> ***Art. 5º***, *Portaria nº 2.259/2011 (DG-DPF): "É vedado ao armeiro a realização de recarga de munição, assim como adquirir, deter ou manter em depósito equipamento ou material destinado a esse fim.".*
>
> ***Art. 6º***, *§2º, Portaria nº 2.259/2011 (DG-DPF): "É vedada a modificação das características da arma de fogo, de forma a torná-la equivalente a arma de fogo de uso proibido ou restrito ou para fins de dificultar ou de qualquer modo induzir a erro autoridade policial, perito ou juiz.".*
>
> ***Art. 7º***, *Portaria nº 2.259/2011 (DG-DPF): "A licença concedida ao armeiro não implica autorização para a fabricação artesanal de armas, armações, canos, ferrolhos, e nem para a comercialização do material que tiver posse em razão de seu ofício.".*

Elemento subjetivo e conduta: delito exclusivamente doloso (não se admite a forma culposa) e de tipo misto alternativo (de ação múltipla, de conteúdo variado ou multinuclear), por haver 14 verbos.

Objeto material: arma de fogo, acessório ou munição, sem autorização ou em desacordo com determinação legal ou regulamentar.

51 ORIENTAÇÕES para o Licenciamento de Armeiros. Polícia Federal, 26 abr. 2012. Disponível em: <http://www.pf.gov.br/servicos-pf/armas/armeiros/licenciamento-armeiros>. Acesso em: 5 mar. 2020.

Forma simples (caput): a punição na modalidade simples só é cabível ao objeto material de uso permitido (reclusão, de 6 a 12 anos, e multa).

Forma majorada: se a arma de fogo, acessório ou munição forem de uso proibido ou restrito, então haverá aumento de metade da pena (art. 19).

Consumação e tentativa: instantâneo nas modalidades: adquirir, receber, desmontar, montar, remontar, adulterar, vender ou utilizar; e permanente nas demais: alugar, transportar, conduzir, ocultar, ter em depósito, expor à venda. A tentativa é admissível (plurissubsistente).

Delito hediondo: a Lei nº 13.964, de 24/12/2019, incluiu o art. 17 do referido Estatuto no rol dos crimes hediondos (art. 1º, par. único, III, Lei nº 8.072/90).

Inafiançável e insuscetível de graça, anistia e indulto: por se tratar de delito hediondo, não há possibilidade de fiança nem perdão pelos dispositivos da graça, da anistia e do indulto (art. 2º, caput, Lei nº 8.072/90), mas ainda é suscetível de liberdade provisória (art. 2º, §3º, Lei nº 8.072/90).

Prisão por agente encoberto (§2º): a Lei nº 13.964/19 (pacote anticrime) acrescentou a possibilidade de prisão em flagrante, por agente policial disfarçado, de quem vender ou entregar arma de fogo, acessório ou munição – desde que a conduta criminal seja preexistente. Não haverá crime impossível por obra do agente provocador, o chamado flagrante preparado (Súm. nº 145 do STF).

Justificado no Projeto de Lei nº 882/2019, de autoria do Ministro Sérgio Moro, segundo o qual:

"Vale aqui lembrar que as operações policiais disfarçadas, 'undercover operations' nos Estados Unidos, são extremamente eficazes naquele país. A exigência de indícios de conduta criminal pré-existente visa evitar aquilo que os norte-americanos chamam de 'entrapment', quando um agente policial provoca a prática de um crime por parte de um inocente e não de um criminoso. A Súmula nº 145 do STF (Não há crime, quando a preparação do flagrante pela polícia torna impossível a sua consumação) não é óbice para a sua aplicação, pois, além de antiga e ter analisado matéria legal, o Supremo vem temperando sua rigidez. No HC 67.908/SP, julgado pela 2ª Turma do STF em 08/03/1990, decidiu-se, cf. ementa, que 'denunciado o paciente pela guarda de haxixe, para comercialização, ato preexistente à venda ficta da substância entorpecente aos policiais — não há falar em crime impossível em face da provocação do flagrante'. O mesmo entendimento foi manifestado no HC 69.476/SP, julgado também pela 2ª Turma do STF em 04/08/1992 ('Posse de entorpecente pelo réu, que preexistia à atuação do agente provocador, ao manifestar interesse pela aquisição da droga, para fixar a prova pelo crime já consumado. Não é invocável, na espécie, a Súmula 145'). De teor semelhante, encontram-se ainda o HC 72.674/SP, julgado em 26/03/1996, pela 2ª Turma do STF; o HC 73.898/SP, julgado pela 2ª Turma do STF em 21/05/1996; o HC 74.510/SP, julgado pela 1ª Turma do STF em 08/10/1996; e o HC 81.970/SP, julgado pela 1ª Turma do STF em 28/06/2002.".

Tráfico internacional de arma de fogo (art. 18º)

Art. 18. *Importar, exportar, favorecer a entrada ou saída do território nacional, a qualquer título, de arma de fogo, acessório ou munição, sem autorização da autoridade competente:*

Pena *– reclusão de 8 (oito) a 16 (dezesseis) anos, e multa. (Redação dada pela Lei nº 13.964, de 24/12/2019)*

Parágrafo único. *Incorre na mesma pena quem vende ou entrega arma de fogo, acessório ou munição, em operação de importação, sem autorização da autoridade competente, a agente policial disfarçado, quando presentes elementos probatórios razoáveis de conduta criminal preexistente. (Incluído pela Lei nº 13.964, de 24/12/2019)*

Descrição do crime

Sujeito ativo: pode ser praticado por qualquer pessoa, por isso se trata de crime comum. Por força da conduta "favorecer a qualquer título", agentes públicos, em serviço, também incorrerão no delito que, de qualquer forma, favorecerem (não evitarem ou buscar evitar, dolosamente). Se cometido por qualquer um dos agentes listados nos arts. 6º, 7º ou 8º, haverá aumento de metade da pena (art. 20).

Elemento subjetivo e conduta: é o dolo (não há conduta culposa) da internacionalidade de forma ilegal, atinge os interesses não só da coletividade (segurança pública), mas também da União pela ausência de pagamento dos tributos de importação ou exportação. Como possui 3 verbos, é considerado de conteúdo variado (multinuclear, tipo misto alternativo ou de ação múltipla).

Objeto material: arma de fogo, acessório ou munição, sem autorização da autoridade competente.

Forma simples (caput): a punição na modalidade simples só é cabível ao objeto material de uso permitido (reclusão, de 8 a 16 anos, e multa).

Forma majorada: se a arma de fogo, acessório ou munição forem de uso proibido ou restrito, então haverá aumento de metade da pena (art. 19).

Consumação e tentativa: consuma-se no exato momento da entrada no território nacional ou da saída dele (delito instantâneo), não necessitando de efetiva entrega a seu destinatário, venda ou utilização dos objetos (crime formal). É admissível a tentativa (plurissubsistente).

Justiça Federal: os crimes previstos no Estatuto do Desarmamento, em regra, são de competência da Justiça Estadual, porém o tráfico internacional de armas compete à Justiça Federal, pois ofende os interesses da União (art. 21º, XXII, e art. 109, IV e V, da CF) que exerce o controle alfandegário.

Delito hediondo: a Lei nº 13.964, de 24/12/2019, incluiu o tráfico internacional de armas de fogo no rol dos crimes hediondos (art. 1º, par. único, IV, Lei nº 8.072/90).

Inafiançável e insuscetível de graça, anistia e indulto: por se tratar de delito hediondo, não há possibilidade de fiança nem perdão pelos dispositivos da graça, da anistia e do indulto (art. 2º, caput, Lei nº 8.072/90), mas ainda é suscetível de liberdade provisória (art. 2º, §3º, Lei nº 8.072/90).

Prisão por agente encoberto (par. único): a Lei nº 13.964/19 (pacote anticrime) acrescentou a possibilidade de prisão em flagrante, por agente policial disfarçado, de quem vender ou entregar arma de fogo, acessório ou munição – desde que a conduta criminal seja preexistente. Não haverá crime impossível por obra do agente provocador, o chamado flagrante preparado (Súm. nº 145 do STF).

Conflito aparente de normas

Por força do princípio da especialidade, quando os crimes de contrabando (art. 334-A, CP) e a facilitação de contrabando ou descaminho (art. 318, CP) tiverem por objeto armas de fogo, acessórios e munições, então incorrerá no art. 18 do Estatuto do Desarmamento.

Crime	Conflito	Prevalece
Contrabando	Art. 334-A do CP	Art. 18 (Est. do Desarmamento)
Facilitação de contrabando ou descaminho	Art. 318 do CP	Art. 18 (Est. do Desarmamento)

Aumento de pena (arts. 19º e 20º)

> ***Art. 19.*** *Nos crimes previstos nos arts. 17 e 18, a pena é aumentada da metade se a arma de fogo, acessório ou munição forem de uso proibido ou restrito.*
>
> ***Art. 20.*** *Nos crimes previstos nos arts. 14, 15, 16, 17 e 18, a pena é aumentada da metade se:*
>
> ***I.*** *forem praticados por integrante dos órgãos e empresas referidas nos arts. 6º, 7º e 8º desta Lei; ou*
>
> ***II.*** *o agente for reincidente específico em crimes dessa natureza. (Incluído pela Lei nº 13.964, de 24/12/2019)*

→ Basicamente, haverá aumento de metade da pena em duas situações:

Quanto ao objeto material: de uso restrito ou proibido (nos arts. 17 e 18).

Quanto ao sujeito ativo: agente listado nos arts. 6º, 7º e 8º; ou reincidente específico (nos arts. 14 a 18).

Liberdade provisória (art. 21º)

> ***Art. 21.*** *Os crimes previstos nos arts. 16, 17 e 18 são insuscetíveis de liberdade provisória.*

Tal artigo foi considerado inconstitucional pelo STF (ADI 3.112), bem como os parágrafos únicos dos arts. 14º e 15º. Portanto, **todos** os crimes do Estatuto do Desarmamento **admitem a liberdade provisória** e, ressalvando os arts. 16º, 17º e 18º (delitos hediondos), também admitem a fiança.

"A **proibição de estabelecimento de fiança** para os delitos de 'porte ilegal de arma de fogo de uso permitido' e de 'disparo de arma de fogo', mostra-se **desarrazoada**, porquanto são crimes de mera conduta, que não se equiparam aos crimes que acarretam lesão ou ameaça de lesão à vida ou à propriedade.

"**Insusceptibilidade de liberdade provisória** quanto aos delitos elencados nos arts. 16, 17 e 18. **Inconstitucionalidade reconhecida**, visto que o texto magno não autoriza a prisão 'ex lege', em face dos princípios da presunção de inocência e da obrigatoriedade de fundamentação dos mandados de prisão pela autoridade judiciária competente. [...]

"Ação julgada procedente, em parte, para declarar a **inconstitucionalidade** dos **parágrafos únicos dos artigos 14 e 15 e do artigo 21** da Lei nº 10.826, de 22 de dezembro de 2003.".[52]

Questões

Analise as afirmativas abaixo com base na Lei nº 10.826, de 22 de dezembro de 2003, que "dispõe sobre registro, posse e comercialização de armas de fogo e munição, sobre o Sistema Nacional de Armas – SINARM, define crimes e dá outras providências".

01. É permitido o porte de arma de fogo em todo o território nacional para os integrantes das Forças Armadas.

Certo ( ) Errado ( )

02. Para adquirir arma de fogo de uso permitido o interessado deverá comprovar capacidade técnica e aptidão psicológica para o manuseio de arma de fogo, sendo dispensada a apresentação de documento comprobatório de ocupação lícita e de residência certa.

Certo ( ) Errado ( )

03. Os integrantes do quadro efetivo de agentes e guardas prisionais poderão portar arma de fogo de propriedade particular ou fornecida pela respectiva corporação ou instituição, mesmo fora de serviço, desde que estejam submetidos a regime de dedicação exclusiva.

Certo ( ) Errado ( )

04. A autorização para o porte de arma de fogo de uso permitido, em todo o território nacional, é de competência da Polícia Civil e da Polícia Federal e somente será concedida após autorização do Sinarm.

Certo ( ) Errado ( )

De acordo com o Estatuto do Desarmamento (Lei nº 10.826, de 2003), compete ao Sistema Nacional de Armas – SINARM:

05. Cadastrar os armeiros em atividade no País, bem como conceder licença para exercer a atividade.

Certo ( ) Errado ( )

06. Identificar as características e a propriedade de armas de fogo, mediante cadastro.

Certo ( ) Errado ( )

07. Cadastrar as apreensões de armas de fogo, inclusive as vinculadas a procedimentos policiais e judiciais.

Certo ( ) Errado ( )

08. Cadastrar as armas de fogo produzidas, importadas e vendidas no País e no exterior.

Certo ( ) Errado ( )

52 STF, ADI 3.112/DF, Rel. Min. Ricardo Lewandowski, julgado em 02/05/2007, Tribunal Pleno, DJe 26/10/2007.

Gabaritos

01	CERTO	05	CERTO
02	ERRADO	06	CERTO
03	CERTO	07	CERTO
04	ERRADO	08	ERRADO

6. SISTEMA NACIONAL DE POLÍTICAS PÚBLICAS SOBRE DROGAS (SISNAD) - LEI Nº 11.343/2006

6.1 Disposições Preliminares

A Lei nº 11.343/06 instituiu o Sistema Nacional de Políticas Públicas sobre Drogas - Sisnad. Ela prescreve medidas para prevenção do uso indevido, atenção e reinserção social de usuários e dependentes de drogas, além de estabelecer normas para repressão à produção não autorizada e ao tráfico ilícito de drogas e define crimes relacionados a esse assunto.

Ficam proibidas, em todo o território nacional, as drogas, bem como o plantio, a cultura, a colheita e a exploração de vegetais e substratos dos quais possam ser extraídas ou produzidas drogas, ressalvada a hipótese de autorização legal ou regulamentar, assim como estabelece a Convenção de Viena, de 1971, das Nações Unidas, sobre Substâncias Psicotrópicas a respeito de plantas de uso estritamente ritualístico-religioso.

Pode a União autorizar o plantio, a cultura e a colheita dos vegetais acima referidos, exclusivamente para fins medicinais ou científicos, em local e prazo predeterminados, mediante fiscalização, respeitadas as ressalvas supramencionadas.

6.2 Do Sistema Nacional de Políticas Públicas sobre Drogas

O Sisnad tem a finalidade de articular, integrar, organizar e coordenar as atividades relacionadas com:

> A prevenção do uso indevido, a atenção e a reinserção social de usuários e dependentes de drogas.

> A repressão da produção não autorizada e do tráfico ilícito de drogas.

Dos princípios e dos objetivos do sistema nacional de políticas públicas sobre drogas

Princípios do Sisnad

> O respeito aos direitos fundamentais da pessoa humana, especialmente quanto à sua autonomia e à sua liberdade.

> O respeito à diversidade e às especificidades populacionais existentes.

> A promoção dos valores éticos, culturais e de cidadania do povo brasileiro, reconhecendo-os como fatores de proteção para o uso indevido de drogas e outros comportamentos correlacionados.

> A promoção de consensos nacionais, de ampla participação social, para o estabelecimento dos fundamentos e estratégias do Sisnad.

> A promoção da responsabilidade compartilhada entre Estado e Sociedade, reconhecendo a importância da participação social nas atividades do Sisnad.

> O reconhecimento da intersetorialidade dos fatores correlacionados com o uso indevido de drogas, com a sua produção não autorizada e o seu tráfico ilícito.

> A integração das estratégias nacionais e internacionais de prevenção do uso indevido, atenção e reinserção social de usuários e dependentes de drogas e de repressão à sua produção não autorizada e ao seu tráfico ilícito.

> A articulação com os órgãos do Ministério Público e dos Poderes Legislativo e Judiciário visando à cooperação mútua nas atividades do Sisnad.

> A adoção de abordagem multidisciplinar que reconheça a interdependência e a natureza complementar das atividades de prevenção do uso indevido, atenção e reinserção social de usuários e dependentes de drogas, repressão da produção não autorizada e do tráfico ilícito de drogas.

> A observância do equilíbrio entre as atividades de prevenção do uso indevido, atenção e reinserção social de usuários e dependentes de drogas e de repressão à sua produção não autorizada e ao seu tráfico ilícito, visando a garantir a estabilidade e o bem-estar social.

> A observância às orientações e normas emanadas do Conselho Nacional Antidrogas - Conad.

Objetivos do Sisnad

> Contribuir para a inclusão social do cidadão, visando a torná-lo menos vulnerável a assumir comportamentos de risco para o uso indevido de drogas, seu tráfico ilícito e outros comportamentos correlacionados.

> Promover a construção e a socialização do conhecimento sobre drogas no país.

> Promover a integração entre as políticas de prevenção do uso indevido, atenção e reinserção social de usuários e dependentes de drogas e de repressão à sua produção não autorizada e ao tráfico ilícito e as políticas públicas setoriais dos órgãos do Poder Executivo da União, Distrito Federal, Estados e Municípios.

> Assegurar as condições para a coordenação, a integração e a articulação das atividades de prevenção e repreensão.

Da composição e da organização do sistema nacional de políticas públicas sobre drogas

A organização do Sisnad assegura a orientação central e a execução descentralizada das atividades realizadas em seu âmbito, nas esferas federal, distrital, estadual e municipal e se constitui matéria definida no regulamento desta Lei.

Da coleta, análise e disseminação de informações sobre drogas

As instituições com atuação nas áreas da atenção à saúde e da assistência social, que atendam usuários ou dependentes de drogas, devem comunicar ao órgão competente do respectivo sistema municipal de saúde os casos atendidos e os óbitos ocorridos, preservando a identidade das pessoas, conforme orientações emanadas da União.

Os dados estatísticos nacionais de repressão ao tráfico ilícito de drogas integrarão sistema de informações do Poder Executivo.

6.3 Das Atividades de Prevenção do Uso Indevido, Atenção e Reinserção Social de Usuários e Dependentes de Drogas

Da prevenção

Constituem atividades de prevenção do uso indevido de drogas, para efeito desta Lei, aquelas direcionadas para a redução dos fatores de vulnerabilidade e risco e para a promoção e o fortalecimento dos fatores de proteção.

As atividades de prevenção do uso indevido de drogas devem observar os seguintes princípios e diretrizes:

> O reconhecimento do uso indevido de drogas como fator de interferência na qualidade de vida do indivíduo e na sua relação com a comunidade à qual pertence.

> A adoção de conceitos objetivos e de fundamentação científica como forma de orientar as ações dos serviços públicos comunitários e privados e de evitar preconceitos e estigmatização das pessoas e dos serviços que as atendam.

> O fortalecimento da autonomia e da responsabilidade individual em relação ao uso indevido de drogas.

> O compartilhamento de responsabilidades e a colaboração mútua com as instituições do setor privado e com os diversos segmentos sociais, incluindo usuários e dependentes de drogas e respectivos familiares, por meio do estabelecimento de parcerias.

> A adoção de estratégias preventivas diferenciadas e adequadas às especificidades socioculturais das diversas populações, bem como das diferentes drogas utilizadas; o reconhecimento do "não uso", do "retardamento do uso" e da redução de riscos como resultados desejáveis das atividades de natureza preventiva, quando da definição dos objetivos a serem alcançados.

> O tratamento especial dirigido às parcelas mais vulneráveis da população, levando em consideração as suas necessidades específicas.

> A articulação entre os serviços e organizações que atuam em atividades de prevenção do uso indevido de drogas e a rede de atenção a usuários e dependentes de drogas e respectivos familiares.

> O investimento em alternativas esportivas, culturais, artísticas, profissionais, entre outras, como forma de inclusão social e de melhoria da qualidade de vida.

> O estabelecimento de políticas de formação continuada na área da prevenção do uso indevido de drogas para profissionais de educação nos três níveis de ensino.

> A implantação de projetos pedagógicos de prevenção do uso indevido de drogas, nas instituições de ensino público e privado, alinhados às Diretrizes Curriculares Nacionais e aos conhecimentos relacionados a drogas.

> A observância das orientações e normas emanadas do Conad.

> O alinhamento às diretrizes dos órgãos de controle social de políticas setoriais específicas.

As atividades de prevenção do uso indevido de drogas dirigidas à criança e ao adolescente deverão estar em consonância com as diretrizes emanadas pelo Conselho Nacional dos Direitos da Criança e do Adolescente - Conanda.

Das atividades de atenção e de reinserção social de usuários ou dependentes de drogas

Constituem atividades de atenção ao usuário e dependente de drogas e respectivos familiares, para efeito desta Lei, aquelas que visem à melhoria da qualidade de vida e à redução dos riscos e dos danos associados ao uso de drogas.

Constituem atividades de reinserção social do usuário ou do dependente de drogas e respectivos familiares, para efeito desta Lei, aquelas direcionadas para sua integração ou reintegração em redes sociais.

As atividades de atenção e as de reinserção social do usuário e do dependente de drogas e respectivos familiares devem observar os seguintes princípios e diretrizes:

> Respeito ao usuário e ao dependente de drogas, independentemente de quaisquer condições, observados os direitos fundamentais da pessoa humana, os princípios e diretrizes do Sistema Único de Saúde e da Política Nacional de Assistência Social.

> A adoção de estratégias diferenciadas de atenção e reinserção social do usuário e do dependente de drogas e respectivos familiares que considerem as suas peculiaridades socioculturais.

> Definição de projeto terapêutico individualizado, orientado para a inclusão social e para a redução de riscos e de danos sociais e à saúde.

> Atenção ao usuário ou dependente de drogas e aos respectivos familiares, sempre que possível, de forma multidisciplinar e por equipes multiprofissionais.

> Observância das orientações e normas emanadas do Conad.

> O alinhamento às diretrizes dos órgãos de controle social de políticas setoriais específicas.

As redes dos serviços de saúde da União, dos Estados, do Distrito Federal, dos Municípios desenvolverão programas de atenção ao usuário e ao dependente de drogas, respeitadas as diretrizes do Ministério da Saúde e os princípios acima explicitados, obrigatória a previsão orçamentária adequada.

A União, os Estados, o Distrito Federal e os Municípios poderão conceder benefícios às instituições privadas que desenvolverem programas de reinserção no mercado de trabalho, do usuário e do dependente de drogas encaminhados por órgão oficial.

As instituições da sociedade civil, sem fins lucrativos, com atuação nas áreas da atenção à saúde e da assistência social, que atendam usuários ou dependentes de drogas poderão receber recursos do Funad, condicionados à sua disponibilidade orçamentária e financeira.

O usuário e o dependente de drogas que, em razão da prática de infração penal, estiverem cumprindo pena privativa de liberdade ou submetidos à medida de segurança, têm garantidos os serviços de atenção à sua saúde, definidos pelo respectivo sistema penitenciário.

Dos crimes e das penas

Essas penas poderão ser aplicadas isolada ou cumulativamente, bem como substituídas a qualquer tempo, ouvidos o Ministério Público e o defensor.

Posse para uso pessoal (Art. 28)

Quem adquirir, guardar, tiver em depósito, transportar ou trouxer consigo, para consumo pessoal, drogas sem autorização ou em desacordo com determinação legal ou regulamentar será submetido às seguintes penas:

> Advertência sobre os efeitos das drogas.

> Prestação de serviços à comunidade (prazo máximo de 5 meses; em caso de reincidência → até 10 meses).

> Medida educativa de comparecimento a programa ou curso educativo (prazo máximo de 5 meses; em caso de reincidência → até 10 meses).

Às mesmas medidas submete-se quem, para seu consumo pessoal, semeia, cultiva ou colhe plantas destinadas à preparação de pequena quantidade de substância ou produto capaz de causar dependência física ou psíquica.

Para determinar se a droga destinava-se a consumo pessoal, o Juiz atenderá à natureza e à quantidade da substância apreendida, ao local e às condições em que se desenvolveu a ação, às circunstâncias sociais e pessoais, bem como à conduta e aos antecedentes do agente.

A prestação de serviços à comunidade será cumprida em programas comunitários, entidades educacionais ou assistenciais, hospitais, estabelecimentos congêneres, públicos ou privados sem fins lucrativos, que se ocupem, preferencialmente, da prevenção do consumo ou da recuperação de usuários e dependentes de drogas.

Para garantia do cumprimento das medidas educativas a que se refere essa lei (penas aplicadas aos usuários), a que injustificadamente se recuse o agente, poderá o juiz submetê-lo, sucessivamente a:

> Admoestação verbal.

> Multa.

O juiz determinará ao Poder Público que coloque à disposição do infrator, gratuitamente, estabelecimento de saúde, preferencialmente ambulatorial, para tratamento especializado.

Na imposição da pena de medida educativa de multa (em caso de recusa injustificada) o juiz, atendendo à reprovabilidade da conduta, fixará o número de dias-multa, em quantidade nunca inferior a 40 nem superior a 100, atribuindo depois a cada um, segundo a capacidade econômica do agente, o valor de um trinta avos (1/30) até três vezes o valor do maior salário-mínimo.

Os valores decorrentes da imposição dessa multa serão creditados à conta do Fundo Nacional Antidrogas.

Prescrevem em dois anos a imposição e a execução das penas, observado, no tocante à interrupção do prazo, o disposto nos Arts. 107 e seguintes do Código Penal.

6.4 Da Repressão à Produção não Autorizada e ao Tráfico Ilícito de Drogas

Disposições gerais

É indispensável a licença prévia da autoridade competente para produzir, extrair, fabricar, transformar, preparar, possuir, manter em depósito, importar, exportar, reexportar, remeter, transportar, expor, oferecer, vender, comprar, trocar, ceder ou adquirir, para qualquer fim, drogas ou matéria-prima destinada à sua preparação, observadas as demais exigências legais.

As plantações ilícitas serão imediatamente destruídas pelo delegado de polícia (incineração, em no máximo 30 dias da apreensão) que recolherá quantidade suficiente para exame pericial, de tudo lavrando auto de levantamento das condições encontradas, com a delimitação do local, asseguradas as medidas necessárias para a preservação da prova.

Em caso de ser utilizada a queimada para destruir a plantação, observar-se-á, além das cautelas necessárias à proteção ao meio ambiente, o disposto no Decreto nº 2.661, de 8 de julho de 1998, no que couber, dispensada a autorização prévia do órgão próprio do Sistema Nacional do Meio Ambiente - Sisnama.

As glebas cultivadas com plantações ilícitas serão expropriadas, conforme o disposto no Art. 243 da Constituição Federal, de acordo com a legislação em vigor.

Dos crimes

Tráfico de Drogas

Importar, exportar, remeter, preparar, produzir, fabricar, adquirir, vender, expor à venda, oferecer, ter em depósito, transportar, trazer consigo, guardar, prescrever, ministrar, entregar a consumo ou fornecer drogas, ainda que gratuitamente, sem autorização ou em desacordo com determinação legal ou regulamentar.

Pena: reclusão de 5 a 15 anos e pagamento de 500 a 1.500 dias-multa.

É possível caracterizar o crime de tráfico de drogas com as seguintes peculiaridades:

> vale lembrar que **não é preciso** obter lucro para o cometimento desse crime;
> trata-se de um **crime vago e misto alternativo**;
> é um **crime congruente**, visto que não há um fim específico.

De acordo com os tribunais superiores, como a saúde pública é o bem jurídico tutelado por essa lei, NÃO se admite o princípio da insignificância!

Classificação: crime comum ou próprio (prescrever, ministrar), formal ou material (deve haver apreensão da droga), permanente, de perigo abstrato.

Bem Jurídico Tutelado: Saúde Pública.

Consumação e Tentativa: o momento consumativo ocorre com a conduta antecipada, dispensando-se o resultado naturalístico. A tentativa é admitida.

O STJ tem entendimento de que haverá tráfico de drogas consumado quando ocorrer a negociação telefônica e a posterior apreensão das drogas antes mesmo de chegar a seu destinatário.

Crimes Equiparados ao Tráfico de Drogas

Nas mesmas penas incorre quem:

> Importa, exporta, remete, produz, fabrica, adquire, vende, expõe à venda, oferece, fornece, tem em depósito, transporta, traz consigo ou guarda, ainda que gratuitamente, sem autorização ou em desacordo com determinação legal ou regulamentar, matéria-prima, insumo ou produto químico destinado à preparação de drogas.
> Semeia, cultiva ou faz a colheita, sem autorização ou em desacordo com determinação legal ou regulamentar, de plantas que se constituam em matéria-prima para a preparação de drogas.
> Utiliza local ou bem de qualquer natureza de que tem a propriedade, posse, administração, guarda ou vigilância, ou consente que outrem dele se utilize, ainda que gratuitamente, sem autorização ou em desacordo com determinação legal ou regulamentar, para o tráfico ilícito de drogas.

Tráfico Privilegiado: essas penas (itens 1 e 2) poderão ser reduzidas de 1/6 a 2/3, desde que o agente seja primário, de bons antecedentes, não se dedique às atividades criminosas nem integre organização criminosa[1].

Maquinário, Aparelho, Instrumento ou Objetos Destinados a Preparação

Fabricar, adquirir, utilizar, transportar, oferecer, vender, distribuir, entregar a qualquer título, possuir, guardar ou fornecer, ainda que gratuitamente, maquinário, aparelho, instrumento ou qualquer objeto destinado à fabricação, preparação, produção ou transformação de drogas, sem autorização ou em desacordo com determinação legal ou regulamentar.

Pena: reclusão, de 3 a 10 anos, e pagamento de 1.200 a 2.000 dias-multa.

1 De acordo com a resolução 5 do Senado Federal, a parte desse dispositivo que dizia ser vedada a conversão em penas restritivas de direitos foi suspensa. Dessa forma, a pena privativa de liberdade pode ser convertida em restritiva de direitos.

Associação para o Tráfico

__Art. 35.__ Associarem-se __DUAS OU MAIS PESSOAS__ para o fim de praticar, __REITERADAMENTE OU NÃO__, qualquer dos crimes previstos nos arts. 33, caput e § 1º, e 34 desta Lei.

__Pena__ - reclusão, de 3 (três) a 10 (dez) anos, e pagamento de 700 (setecentos) a 1.200 (mil e duzentos) dias-multa.

Diferente do artigo 288 do CP, o qual caracteriza associação criminosa a junção de 3 ou mais pessoas com a finalidade de cometer crimes, aqui o mínimo de pessoas não é 3, mas 2 pessoas. Por isso, vale lembrar que se trata de um crime plurissubjetivo.

Nesse artigo somente cabem as hipóteses previstas de tráfico + condutas equiparadas + tráfico de maquinário, lembrando que o cometimento de crimes pode ser **REITERADO OU NÃO**. Por se tratar de crime autônomo, ocorrendo qualquer outro crime, estar-se-á diante de concurso material de infrações penais. Exige-se também a estabilidade e a permanência para a configuração desse crime (STJ).

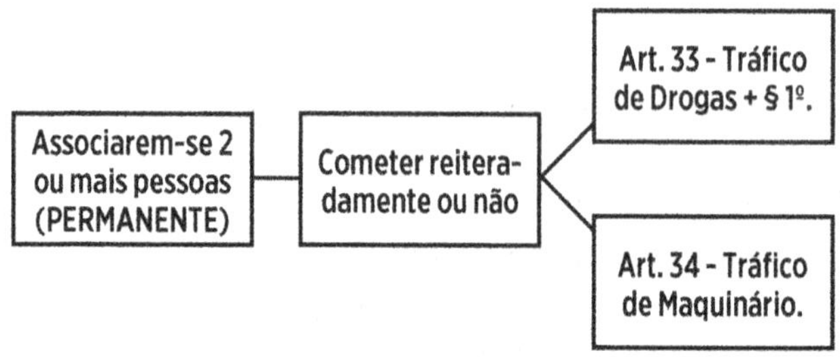

É alvo de provas também a possibilidade de acumular esse crime com o tráfico. A doutrina afirma que **HÁ POSSIBILIDADE** plena do concurso entre associação para o tráfico e o tráfico de drogas, caracterizando concurso material de crimes.

NOTA: para o cometimento desse crime, é preciso combinar a ação criminosa, sendo o fato ocasional descaracterizado em tal tipo penal.

Forma equiparada

Parágrafo único. Nas mesmas penas do caput deste artigo incorre quem se associa para a **PRÁTICA REITERADA** do crime definido no art. 36 desta Lei.

O parágrafo único penaliza a conduta de quem **se associa para a prática reiterada** do custeio ou financiamento do tráfico de drogas ou de maquinário. É a chamada figura equiparada do caput, mas divergindo apenas na finalidade reiterada de financiamento.

Colaborador do Tráfico

Colaborar, como informante, com grupo, organização ou associação destinados à prática de qualquer dos crimes previstos nos itens 1, 2 e 3, e também do crime previsto no item 6 (financiar ou custear).

Pena: reclusão, de 2 a 6 anos, e pagamento de 300 a 700 dias-multa.

Financiamento ou Custeio do Tráfico

Financiar ou custear a prática de qualquer dos crimes previstos nos arts. 33, caput e § 1o, e 34 desta Lei.

Pena - reclusão, de 8 (oito) a 20 (vinte) anos, e pagamento de 1.500 (mil e quinhentos) a 4.000 (quatro mil) dias-multa.

Nesse artigo, o custeio ou financiamento tem que ser relevante, e o financiamento ou custeio deve ser reiterado (habitual), por isso NÃO admite tentativa. Se o financiamento for ocasional, o agente se enquadra no Art. 33 com aumento de pena (Art. 40).

As condutas consideradas (equiparadas) tráfico e, por conseguinte, consideradas como crime hediondo são apenas o caput do artigo 33 + §1º + Art. 36 (Doutrina)!

Assunto bastante interessante julgado pelo STJ foi a questão do autofinanciamento. O STJ entendeu que, na hipótese de autofinanciamento do tráfico, não há concurso material entre os crimes de tráfico e o Art. 36, sobressaindo, neste caso, o Art. 33 com aumento de pena previsto no Art. 40, VII (1/6 a 2/3).

Causa de Aumento de Pena (Art. 40)

As penas dos itens 1 ao 6 são aumentadas de um sexto a dois terços (1/6 a 2/3), se:

> A natureza, a procedência da substância ou do produto apreendido e as circunstâncias do fato evidenciarem a transnacionalidade do delito.

> O agente praticar o crime prevalecendo-se de função pública ou no desempenho de missão de educação, poder familiar, guarda ou vigilância.

> A infração tiver sido cometida nas dependências ou imediações de estabelecimentos prisionais, de ensino ou hospitalares, de sedes de entidades estudantis, sociais, culturais, recreativas, esportivas, ou beneficentes, de locais de trabalho coletivo, de recintos onde se realizem espetáculos ou diversões de qualquer natureza, de serviços de tratamento de dependentes de drogas ou de reinserção social, de unidades militares ou policiais ou em transportes públicos.

> O crime tiver sido praticado com violência, grave ameaça, emprego de arma de fogo, ou qualquer processo de intimidação difusa ou coletiva.

> Caracterizado o tráfico entre Estados da Federação ou entre estes e o Distrito Federal.

> Sua prática envolver ou visar a atingir criança ou adolescente ou a quem tenha, por qualquer motivo, diminuída ou suprimida a capacidade de entendimento e determinação.

> O agente financiar ou custear a prática do crime.

Esses crimes (itens 1 ao 6) são inafiançáveis e insuscetíveis de sursis, graça, indulto, anistia e liberdade provisória, vedada a conversão de suas penas em restritivas de direitos.

Nesses crimes, dar-se-á o livramento condicional após o cumprimento de dois terços da pena, vedada sua concessão ao reincidente específico.

Induzimento ou Auxílio ao Consumo Indevido de Droga

Induzir, instigar ou auxiliar alguém ao uso indevido de droga[2]:

Pena: detenção, de 1 a 3 anos, e multa de 100 a 300 dias-multa.

Oferecimento de Droga para Consumo em Conjunto

Oferecer droga, eventualmente e sem objetivo de lucro, à pessoa de seu relacionamento para juntos a consumirem:

Pena: detenção, de 6 meses a 1 ano, e pagamento de 700 a 1.500 dias-multa, sem prejuízo das penas previstas para usuários.

Prescrição ou Ministração Culposa de Drogas

Prescrever ou ministrar, culposamente, drogas, sem que delas necessite o paciente, ou fazê-lo em doses excessivas ou em desacordo com determinação legal ou regulamentar:

Pena: detenção, de 6 meses a 2 anos, e pagamento de 50 a 200 dias-multa.

O juiz comunicará a condenação ao Conselho Federal da categoria profissional a que pertença o agente.

Condução de Embarcação ou Aeronave Pós-Consumo de Drogas

Conduzir embarcação ou aeronave após o consumo de drogas, expondo a dano potencial a incolumidade de outrem:

Pena: detenção, de 6 meses a 3 anos, além da apreensão do veículo, cassação da habilitação respectiva ou proibição de obtê-la, pelo mesmo prazo da pena privativa de liberdade aplicada, e pagamento de 200 a 400 dias-multa.

As penas de prisão e multa, aplicadas cumulativamente com as demais, serão de 4 a 6 anos e de 400 a 600 dias-multa, se o veículo for de transporte coletivo de passageiros.

O indiciado ou acusado que colaborar voluntariamente com a investigação policial e o processo criminal na identificação dos demais coautores ou partícipes do crime e na recuperação total ou parcial do produto do crime, no caso de condenação, terá pena reduzida de um terço a dois terços.

O juiz, na fixação das penas, considerará, com preponderância sobre o previsto no Art. 59 do Código Penal, a natureza e a quantidade da substância ou do produto, a personalidade e a conduta social do agente.

Na fixação da multa, o juiz, atendendo ao acima disposto para fixação das penas, determinará o número de dias-multa, atribuindo a cada um, segundo as condições econômicas dos acusados, valor não inferior a um trinta avos nem superior a cinco vezes o maior salário-mínimo.

As multas, que em caso de concurso de crimes serão impostas sempre cumulativamente, podem ser aumentadas até o

2 ADI nº 4.274 (STF) O Tribunal, por unanimidade e nos termos do voto do Relator, julgou procedente a ação direta para dar ao § 2º do Art. 33 da Lei nº 11.343/2006 interpretação conforme à Constituição, para dele excluir qualquer significado que enseje a proibição de manifestações e debates públicos acerca da descriminalização ou legalização do uso de drogas ou de qualquer substância que leve o ser humano ao entorpecimento episódico, ou então viciado, das suas faculdades psicofísicas.

décuplo se, em virtude da situação econômica do acusado, considerá-las o juiz ineficazes, ainda que aplicadas no máximo.

É isento de pena o agente que, em razão da dependência ou sob o efeito, proveniente de caso fortuito ou força maior, de droga, era, ao tempo da ação ou da omissão, qualquer que tenha sido a infração penal praticada, inteiramente incapaz de entender o caráter ilícito do fato ou de determinar-se de acordo com esse entendimento.

Quando absolver o agente, reconhecendo, por força pericial, que este apresentava, à época do fato, as condições acima referidas, poderá determinar o juiz, na sentença, o seu encaminhamento para tratamento médico adequado.

As penas podem ser reduzidas de um terço a dois terços se, por força das circunstâncias previstas para isenção de pena (acima estudadas), o agente não possuía, ao tempo da ação ou da omissão, a plena capacidade de entender o caráter ilícito do fato ou de determinar-se de acordo com esse entendimento.

Na sentença condenatória, o juiz, com base em avaliação que ateste a necessidade de encaminhamento do agente para tratamento, realizada por profissional de saúde com competência específica na forma da lei, determinará que a tal se proceda, observado o disposto no Art. 26 desta Lei. (*O usuário e o dependente de drogas que, em razão da prática de infração penal, estiverem cumprindo pena privativa de liberdade ou submetidos a medida de segurança, têm garantidos os serviços de atenção à sua saúde, definidos pelo respectivo sistema penitenciário.*)

Do procedimento penal

O procedimento relativo aos processos por crimes definidos neste Título rege-se pelo a seguir, aplicando-se, subsidiariamente, as disposições do Código de Processo Penal e da Lei de Execução Penal.

O agente de qualquer das condutas previstas no Art. 28 desta Lei (adquirir, guardar, tiver em depósito, transportar ou trouxer consigo, para consumo pessoal, drogas sem autorização ou em desacordo com determinação legal ou regulamentar), salvo se houver concurso com os crimes previstos nos itens 1 a 8 do tópico anterior, será processado e julgado na forma dos Arts. 60 e seguintes da Lei nº 9.099, de 26 de setembro de 1995, que dispõe sobre os Juizados Especiais Criminais.

Tratando-se da conduta prevista no Art. 28 (acima citado) desta Lei, não se imporá prisão em flagrante, devendo o autor do fato ser imediatamente encaminhado ao juízo competente ou, na falta deste, assumir o compromisso de a ele comparecer, lavrando-se termo circunstanciado e providenciando-se as requisições dos exames e perícias necessários.

Se ausente a autoridade judicial, as providências acima previstas serão tomadas de imediato pela autoridade policial, no local em que se encontrar, vedada a detenção do agente.

Concluídos esses procedimentos (encaminhamento ao juízo), o agente será submetido a exame de corpo de delito, se o requerer ou se a autoridade de polícia judiciária entender conveniente, e em seguida liberado.

Para os fins do disposto no Art. 76 da Lei nº 9.099, de 1995, que dispõe sobre os Juizados Especiais Criminais, o Ministério Público poderá propor a aplicação imediata de pena prevista no Art. 28 (acima citado) desta Lei, a ser especificada na proposta.

Tratando-se de condutas tipificadas nos itens 1 ao 6 do tópico anterior, o juiz, sempre que as circunstâncias o recomendem, empregará os instrumentos protetivos de colaboradores e testemunhas previstos na Lei nº 9.807, de 13 de julho de 1999.

Da Investigação

Ocorrendo prisão em flagrante, a autoridade de polícia judiciária fará, imediatamente, comunicação ao juiz competente, remetendo-lhe cópia do auto lavrado, do qual será dada vista ao órgão do Ministério Público, em 24 horas.

Para efeito da lavratura do auto de prisão em flagrante e estabelecimento da materialidade do delito, é suficiente o laudo de constatação da natureza e quantidade da droga, firmado por perito oficial ou, na falta deste, por pessoa idônea.

O perito que subscrever esse laudo não ficará impedido de participar da elaboração do laudo definitivo.

Recebida cópia do auto de prisão em flagrante, o juiz, no prazo de 10 dias, certificará a regularidade formal do laudo de constatação e determinará a destruição das drogas apreendidas, guardando-se amostra necessária à realização do laudo definitivo.

A destruição das drogas será executada pelo delegado de polícia competente no prazo de 15 dias na presença do Ministério Público e da autoridade sanitária.

O local será vistoriado antes e depois de efetivada a destruição das drogas, sendo lavrado auto circunstanciado pelo delegado de polícia, certificando-se neste a destruição total delas.

A destruição de drogas apreendidas sem a ocorrência de prisão em flagrante será feita por incineração, no prazo máximo de 30 dias contado da data da apreensão, guardando-se amostra necessária à realização do laudo definitivo, aplicando-se, no que couber, o procedimento de destruição acima citado.

O inquérito policial será concluído no prazo de 30 dias, se o indiciado estiver preso, e de 90 dias, quando solto. Esses prazos podem ser duplicados pelo juiz, ouvido o Ministério Público, mediante pedido justificado da autoridade de polícia judiciária.

Findos esses prazos, a autoridade de polícia judiciária, remetendo os autos do inquérito ao juízo:

- relatará sumariamente as circunstâncias do fato, justificando as razões que a levaram à classificação do delito, indicando a quantidade e natureza da substância ou do produto apreendido, o local e as condições em que se desenvolveu a ação criminosa, as circunstâncias da prisão, a conduta, a qualificação e os antecedentes do agente; ou
- requererá sua devolução para a realização de diligências necessárias.

A remessa dos autos far-se-á sem prejuízo de diligências complementares:

- Necessárias ou úteis à plena elucidação do fato, cujo resultado deverá ser encaminhado ao juízo competente até três dias antes da audiência de instrução e julgamento.

- Necessárias ou úteis à indicação dos bens, direitos e valores de que seja titular o agente, ou que figurem em seu nome, cujo resultado deverá ser encaminhado ao juízo competente até três dias antes da audiência de instrução e julgamento.

Em qualquer fase da persecução criminal relativa aos crimes previstos nesta Lei, são permitidos, além dos previstos em lei, mediante autorização judicial e ouvido o Ministério Público, os seguintes procedimentos investigatórios:

- A infiltração por agentes de polícia, em tarefas de investigação, constituída pelos órgãos especializados pertinentes.
- A não atuação policial sobre os portadores de drogas, seus precursores químicos ou outros produtos utilizados em sua produção, que se encontrem no território brasileiro, com a finalidade de identificar e responsabilizar maior número de integrantes de operações de tráfico e distribuição, sem prejuízo da ação penal cabível.
  - Nessa hipótese, a autorização será concedida desde que sejam conhecidos o itinerário provável e a identificação dos agentes do delito ou de colaboradores.

Da Instrução Criminal

Recebidos em juízo os autos do inquérito policial, de Comissão Parlamentar de Inquérito ou peças de informação, dar-se-á vista ao Ministério Público para, no prazo de dez dias, adotar uma das seguintes providências:

- Requerer o arquivamento.
- Requisitar as diligências que entender necessárias.
- Oferecer denúncia, arrolar até cinco testemunhas e requerer as demais provas que entender pertinentes.

Oferecida a denúncia, o juiz ordenará a notificação do acusado para oferecer defesa prévia, por escrito, no prazo de dez dias.

Na resposta, consistente em defesa preliminar e exceções, o acusado poderá arguir preliminares e invocar todas as razões de defesa, oferecer documentos e justificações, especificar as provas que pretende produzir e arrolar até cinco testemunhas.

As exceções serão processadas em apartado, nos termos dos Arts. 95 a 113 do Decreto-Lei nº 3.689, de 3 de outubro de 1941 - Código de Processo Penal.

Se a resposta não for apresentada no prazo, o juiz nomeará defensor para oferecê-la em dez dias, concedendo-lhe vista dos autos no ato de nomeação.

Apresentada a defesa, o juiz decidirá em cinco dias.

Se entender imprescindível, o juiz, no prazo máximo de dez dias, determinará a apresentação do preso, realização de diligências, exames e perícias.

Recebida a denúncia, o juiz designará dia e hora para a audiência de instrução e julgamento, ordenará a citação pessoal do acusado, a intimação do Ministério Público, do assistente, se for o caso, e requisitará os laudos periciais.

Tratando-se de condutas tipificadas como infração do disposto nos itens 1 a 6 do tópico anterior, o juiz, ao receber a denúncia, poderá decretar o afastamento cautelar do denunciado de suas atividades, se for funcionário público, comunicando ao órgão respectivo.

Essa audiência será realizada dentro dos 30 dias seguintes ao recebimento da denúncia, salvo se determinada a realização de avaliação para atestar dependência de drogas, quando se realizará em 90 dias.

Na audiência de instrução e julgamento, após o interrogatório do acusado e a inquirição das testemunhas, será dada a palavra, sucessivamente, ao representante do Ministério Público e ao defensor do acusado, para sustentação oral, pelo prazo de 20 minutos para cada um, prorrogável por mais dez minutos, a critério do juiz.

Após proceder ao interrogatório, o juiz indagará das partes se restou algum fato para ser esclarecido, formulando as perguntas correspondentes se o entender pertinente e relevante.

Encerrados os debates, proferirá o juiz sentença de imediato, ou o fará em dez dias, ordenando que os autos para isso lhe sejam conclusos.

Nos crimes dos itens 1 ao 6 do capítulo anterior o réu não poderá apelar sem recolher-se à prisão, salvo se for primário e de bons antecedentes, assim reconhecido na sentença condenatória.

Da apreensão, arrecadação e destinação de bens do acusado

O juiz, de ofício, a requerimento do Ministério Público ou mediante representação da autoridade de polícia judiciária, ouvido o Ministério Público, havendo indícios suficientes, poderá decretar, no curso do inquérito ou da ação penal, a apreensão e outras medidas assecuratórias relacionadas aos bens móveis e imóveis ou valores consistentes em produtos dos crimes previstos nesta Lei, ou que constituam proveito auferido com sua prática, procedendo-se na forma dos Arts. 125 a 144 do Decreto-Lei nº 3.689, de 3 de outubro de 1941 - Código de Processo Penal.

Decretadas quaisquer dessas medidas, o juiz facultará ao acusado que, no prazo de cinco dias, apresente ou requeira a produção de provas acerca da origem lícita do produto, bem ou valor objeto da decisão.

Provada a origem lícita do produto, bem ou valor, o juiz decidirá pela sua liberação.

Nenhum pedido de restituição será conhecido sem o comparecimento pessoal do acusado, podendo o juiz determinar a prática de atos necessários à conservação de bens, direitos ou valores.

A ordem de apreensão ou sequestro de bens, direitos ou valores poderá ser suspensa pelo juiz, ouvido o Ministério Público, quando a sua execução imediata possa comprometer as investigações.

Não havendo prejuízo para a produção da prova dos fatos e comprovado o interesse público ou social, mediante autorização do juízo competente, ouvido o Ministério Público e cientificada a Senad, os bens apreendidos poderão ser utilizados pelos órgãos ou pelas entidades que atuam na prevenção do uso indevido, na atenção e reinserção social de usuários e dependentes de drogas e na repressão à produção não autorizada e ao tráfico ilícito de drogas, exclusivamente no interesse dessas atividades.

Recaindo a autorização sobre veículos, embarcações ou aeronaves, o juiz ordenará à autoridade de trânsito, ou ao equivalente órgão de registro e controle, a expedição de certificado provisório de registro e licenciamento, em favor da instituição à qual tenha deferido o uso, ficando esta livre do pagamento de multas, encargos e tributos anteriores, até o trânsito em julgado da decisão que decretar o seu perdimento em favor da União.

Os veículos, embarcações, aeronaves e quaisquer outros meios de transporte, os maquinários, utensílios, instrumentos e objetos de qualquer natureza, utilizados para a prática dos crimes definidos nesta Lei, após a sua regular apreensão, ficarão sob custódia da autoridade de polícia judiciária, excetuadas as armas, que serão recolhidas na forma de legislação específica.

Comprovado o interesse público na utilização de qualquer dos bens acima mencionados, a autoridade de polícia judiciária poderá deles fazer uso, sob sua responsabilidade e com o objetivo de sua conservação, mediante autorização judicial, ouvido o Ministério Público.

Feita essa apreensão acima referida, e tendo recaído sobre dinheiro ou cheques emitidos como ordem de pagamento, a autoridade de polícia judiciária que presidir o inquérito deverá, de imediato, requerer ao juízo competente a intimação do Ministério Público.

Intimado, o Ministério Público deverá requerer ao juízo, em caráter cautelar, a conversão do numerário apreendido em moeda nacional, se for o caso, a compensação dos cheques emitidos após a instrução do inquérito, com cópias autênticas dos respectivos títulos, e o depósito das correspondentes quantias em conta judicial, juntando-se aos autos o recibo.

Após a instauração da competente ação penal, o Ministério Público, mediante petição autônoma, requererá ao juízo competente que, em caráter cautelar, proceda à alienação dos bens apreendidos, excetuados aqueles que a União, por intermédio da Senad, indicar para serem colocados sob uso e custódia da autoridade de polícia judiciária, de órgãos de inteligência ou militares, envolvidos nas ações de prevenção ao uso indevido de drogas e operações de repressão à produção não autorizada e ao tráfico ilícito de drogas, exclusivamente no interesse dessas atividades.

Excluídos esses casos acima, o requerimento de alienação deverá conter a relação de todos os demais bens apreendidos, com a descrição e a especificação de cada um deles, e informações sobre quem os tem sob custódia e o local onde se encontram.

Requerida a alienação dos bens, a respectiva petição será autuada em apartado, cujos autos terão tramitação autônoma em relação aos da ação penal principal.

Autuado o requerimento de alienação, os autos serão conclusos ao juiz, que, verificada a presença de nexo de instrumentalidade entre o delito e os objetos utilizados para a sua prática e risco de perda de valor econômico pelo decurso do tempo, determinará a avaliação dos bens relacionados, cientificará a Senad e intimará a União, o Ministério Público e o interessado, este, se for o caso, por edital com prazo de cinco dias.

Feita a avaliação e dirimidas eventuais divergências sobre o respectivo laudo, o juiz, por sentença, homologará o valor atribuído aos bens e determinará sejam alienados em leilão.

Realizado o leilão, permanecerá depositada em conta judicial a quantia apurada, até o final da ação penal respectiva, quando será transferida ao Funad, juntamente com os demais valores.

Terão apenas efeito devolutivo os recursos interpostos contra as decisões proferidas no curso do procedimento previsto neste artigo.

Quanto aos bens, recaindo a autorização sobre veículos, embarcações ou aeronaves, o juiz ordenará à autoridade de trânsito ou ao equivalente órgão de registro e controle a expedição de certificado provisório de registro e licenciamento, em favor da autoridade de polícia judiciária ou órgão aos quais tenha deferido o uso, ficando estes livres do pagamento de multas, encargos e tributos anteriores, até o trânsito em julgado da decisão que decretar o seu perdimento em favor da União.

Ao proferir a sentença de mérito, o juiz decidirá sobre o perdimento do produto, bem ou valor apreendido, sequestrado ou declarado indisponível.

Os valores apreendidos em decorrência dos crimes tipificados nesta Lei e que não forem objeto de tutela cautelar, após decretado o seu perdimento em favor da União, serão revertidos diretamente ao Funad.

Compete à Senad a alienação dos bens apreendidos e não leiloados em caráter cautelar, cujo perdimento já tenha sido decretado em favor da União.

A Senad poderá firmar convênios de cooperação, a fim de dar imediato cumprimento a essa alienação.

Transitada em julgado a sentença condenatória, o juiz do processo, de ofício ou a requerimento do Ministério Público, remeterá à Senad relação dos bens, direitos e valores declarados perdidos em favor da União, indicando, quanto aos bens, o local em que se encontram e a entidade ou o órgão em cujo poder estejam, para os fins de sua destinação nos termos da legislação vigente.

A União, por intermédio da Senad, poderá firmar convênio com os Estados, com o Distrito Federal e com organismos orientados para a prevenção do uso indevido de drogas, a atenção e a reinserção social de usuários ou dependentes e a atuação na repressão à produção não autorizada e ao tráfico ilícito de drogas, com vistas na liberação de equipamentos e de recursos por ela arrecadados, para a implantação e execução de programas relacionados à questão das drogas.

6.5 Da Cooperação Internacional

De conformidade com os princípios da não intervenção em assuntos internos, da igualdade jurídica e do respeito à integridade territorial dos Estados e às leis e aos regulamentos nacionais em vigor, e observado o espírito das Convenções das Nações Unidas e outros instrumentos jurídicos internacionais relacionados à questão das drogas, de que o Brasil é parte, o governo brasileiro prestará, quando solicitado, cooperação a outros países e organismos internacionais e, quando necessário, deles solicitará a colaboração, nas áreas de:

- Intercâmbio de informações sobre legislações, experiências, projetos e programas voltados para atividades de prevenção do uso indevido, de atenção e de reinserção social de usuários e dependentes de drogas.
- Intercâmbio de inteligência policial sobre produção e tráfico de drogas e delitos conexos, em especial o tráfico de armas, a lavagem de dinheiro e o desvio de precursores químicos.
- Intercâmbio de informações policiais e judiciais sobre produtores e traficantes de drogas e seus precursores químicos.

6.6 Disposições Finais e Transitórias

Para fins do conceito de drogas instituído nessa lei, até que seja atualizada a terminologia da lista mencionada no preceito, denominam-se drogas substâncias entorpecentes, psicotrópicas, precursoras e outras sob controle especial, da Portaria SVS/MS nº 344, de 12 de maio de 1998.

A liberação dos recursos previstos na Lei nº 7.560, de 19 de dezembro de 1986, em favor de Estados e do Distrito Federal, dependerá de sua adesão e respeito às diretrizes básicas contidas nos convênios firmados e do fornecimento de dados necessários à atualização do sistema previsto no Art. 17 desta Lei, pelas respectivas polícias judiciárias.

A União, os Estados, o Distrito Federal e os Municípios poderão criar estímulos fiscais e outros, destinados às pessoas físicas e jurídicas que colaborem na prevenção do uso indevido de drogas, atenção e reinserção social de usuários e dependentes e na repressão da produção não autorizada e do tráfico ilícito de drogas.

No caso de falência ou liquidação extrajudicial de empresas ou estabelecimentos hospitalares, de pesquisa, de ensino, ou congêneres, assim como nos serviços de saúde que produzirem, venderem, adquirirem, consumirem, prescreverem ou fornecerem drogas ou de qualquer outro em que existam essas substâncias ou produtos, incumbe ao juízo perante o qual tramite o feito:

- Determinar, imediatamente, à ciência da falência ou liquidação, que sejam lacradas suas instalações.
- Ordenar à autoridade sanitária competente a urgente adoção das medidas necessárias ao recebimento e guarda, em depósito, das drogas arrecadadas.
- Dar ciência ao órgão do Ministério Público, para acompanhar o feito.

Da licitação para alienação de substâncias ou produtos não proscritos referidos no inciso II do caput deste artigo, só podem participar pessoas jurídicas regularmente habilitadas na área de saúde ou de pesquisa científica que comprovem a destinação lícita a ser dada ao produto a ser arrematado.

Ressalvada a hipótese a seguir citada, o produto não arrematado será, ato contínuo à hasta pública, destruído pela autoridade sanitária, na presença dos Conselhos Estaduais sobre Drogas e do Ministério Público.

Figurando entre o praceado e não arrematadas especialidades farmacêuticas em condições de emprego terapêutico, ficarão elas depositadas sob a guarda do Ministério da Saúde, que as destinará à rede pública de saúde.

O processo e o julgamento dos crimes previstos nos itens de 1 a 6 do tópico acima estudado, se caracterizado ilícito transnacional, são da competência da Justiça Federal.

Os crimes praticados nos Municípios que não sejam sede de vara federal serão processados e julgados na vara federal da circunscrição respectiva.

Encerrado o processo penal ou arquivado o inquérito policial, o juiz, de ofício, mediante representação do delegado de polícia ou a requerimento do Ministério Público, determinará a destruição das amostras guardadas para contraprova, certificando isso nos autos.

A União poderá estabelecer convênios com os Estados e o com o Distrito Federal, visando à prevenção e à repressão do tráfico ilícito e do uso indevido de drogas, e com os Municípios, com o objetivo de prevenir o uso indevido delas e de possibilitar a atenção e reinserção social de usuários e dependentes de drogas.

Esta Lei entra em vigor 45 dias após a sua publicação (23 de agosto de 2006) e revogam-se a Lei nº 6.368, de 21 de outubro de 1976, e a Lei nº 10.409, de 11 de janeiro de 2002.

Questões

01. (Cespe) Equipara-se à figura delitiva do tráfico ilícito de substância entorpecente a conduta daquele que oferece droga, sem objetivo de lucro, a pessoa de seu relacionamento para juntos a consumirem.

Certo ( ) Errado ( )

02. (Cespe) As ações do SISNAD limitam-se ao plano interno, ou seja, aos limites do território nacional, razão pela qual esse sistema não comporta a integração de estratégias internacionais de prevenção do uso indevido de drogas.

Certo ( ) Errado ( )

03. (Cespe) As instituições que atuam nas áreas de atenção à saúde e assistência social e que atendam usuários ou dependentes de drogas devem comunicar ao órgão competente do respectivo sistema municipal de saúde os casos atendidos e os óbitos ocorridos, preservando a identidade das pessoas.

Certo ( ) Errado ( )

04. (Cespe) As plantações ilícitas deverão ser imediatamente destruídas pelas autoridades de polícia judiciária, que recolherão quantidade suficiente para exame pericial, de tudo lavrando auto de levantamento das condições encontradas, com a delimitação do local, asseguradas as medidas necessárias para a preservação da prova.

Certo ( ) Errado ( )

05. (Cespe) As penas cominadas ao delito de tráfico de drogas serão aumentadas de um sexto a dois terços se o agente tiver utilizado transporte público com grande aglomeração de pessoas para passar despercebido, sendo irrelevante se ofereceu ou tentou disponibilizar a substância entorpecente para os outros passageiros.

Certo ( ) Errado ( )

06. (Cespe) Em relação ao crime de tráfico de drogas, considera-se tráfico privilegiado o praticado por agente primário, com bons antecedentes criminais, que não se dedica a atividades criminosas nem integra organização criminosa, sendo-lhe aplicada a redução de pena de um sexto a dois terços, independentemente de o tráfico ser nacional ou internacional e da quantidade ou espécie de droga apreendida, ainda que a pena mínima fique aquém do mínimo legal.

Certo ( ) Errado ( )

07. (Cespe) Nos crimes de tráfico de substâncias entorpecentes, é isento de pena o agente que, em razão da dependência ou sob o efeito, proveniente de caso fortuito ou força maior, de droga, era, ao tempo da ação ou da omissão, qualquer que tenha sido a infração penal praticada, inteiramente incapaz de entender o caráter ilícito do fato ou de determinar-se de acordo com esse entendimento.

Certo ( ) Errado ( )

08. (Cespe) Quem tiver em depósito, para consumo pessoal, drogas sem autorização ou em desacordo com determinação legal ou regulamentar poderá ser submetido a prestação de serviços à comunidade, a qual, em prol da dignidade da pessoa humana, a fim de não causar situação vexatória ao autor do fato, não poderá ser cumprida em entidades que se destinem à recuperação de usuários e dependentes de drogas.

Certo ( ) Errado ( )

09. (FCC) O agente que adquire e guarda, para consumo pessoal, drogas sem autorização ou em desacordo com determinação legal

a) poderá ser preso em flagrante, desde que apresentado imediatamente após o fato à autoridade judicial.

b) deverá ser imediatamente encaminhado à autoridade policial, que o submeterá a exame de corpo de delito e o dispensará.

c) será processado e julgado na forma da Lei nº 9.099/1995, que dispõe sobre os Juizados Especiais Criminais.

d) será processado e julgado segundo as disposições do Código de Processo Penal e da Lei de Execuções Penais.

e) não poderá se beneficiar da proposta de aplicação imediata de pena prevista no artigo 28 da Lei nº 11.343/2006 pelo Ministério Público.

10. (FCC - adaptada) É certo que a pena de prestação de serviços à comunidade, à qual poderá ser submetido aquele que guarda drogas para consumo pessoal,

a) será cumprida em entidades educacionais que se ocupem, exclusivamente, da recuperação de dependentes de drogas.

b) prescreve em um ano.

c) será aplicada pelo prazo de até cinco meses, ou, no caso de reincidência, até 10 meses.

d) será aplicada pelo prazo máximo de um ano, em caso de reincidência.

e) não poderá ser aplicada cumulativamente com a pena de advertência.

Gabaritos

01	ERRADO	**06**	CERTO
02	ERRADO	**07**	CERTO
03	CERTO	**08**	ERRADO
04	CERTO	**09**	C
05	CERTO	**10**	C

1. LEI Nº 7.210, DE 11 DE JULHO DE 1984 680
2. PORTARIA Nº 18, DE 20 DE MARÇO DE 2020 724
3. LEI Nº 13.675, DE 11 DE JUNHO DE 2018 724
4. PORTARIA Nº 65, DE 25 DE JANEIRO DE 2019 731
5. PORTARIA Nº 66, DE 25 DE JANEIRO DE 2019 732
6. PORTARIA Nº 67, DE 25 DE JANEIRO DE 2019 732
7. PORTARIA Nº 157, DE 12 DE FEVEREIRO DE 2019 732
8. CONSELHO NACIONAL DE POLÍTICA CRIMINAL E PENITENCIÁRIA 733
8.1 Diretrizes, Estratégias e Ações Anteriores ao Crime: Prevenção 739
8.2 Diretrizes e Medidas Logo Após o Crime: Repressão 746
8.3 Diretrizes e Medidas para Investigação Eficiente nos Inquéritos 750
8.4 Diretrizes e Medidas em Relação ao Processamento e Julgamento 758
8.5 Diretrizes e Medidas de Cumprimento da Pena: Medidas e Prisão 762
8.6 Diretrizes e Medidas em Relação ao Egresso 768

1. LEI Nº 7.210, DE 11 DE JULHO DE 1984

A Lei de Execução Penal, lei n.º 7.210/84 estabelece o procedimento destinado à efetiva aplicação da pena ou da medida de segurança que foi definido anteriormente por sentença judicial.

A execução da pena é um procedimento autônomo, regulamento por lei específica no qual serão juntadas cópias do processo penal com o intuito de se acompanhar o cumprimento da pena e a concessão de benefícios do apenado.

Com base no princípio da pessoalidade e da individualização da pena cada acusado terá direito a um processo de execução individual, ainda que haja mais envolvidos no mesmo crime por ele cometido.

A execução penal se apresenta como um novo processo, possuindo caráter jurisdicional e administrativo, e tem por finalidade efetivar as normas acerca da sentença penal e oferecer ao condenado ou internado condições de reintegração social.

A doutrina diverge sobre a natureza jurídica da execução penal, visto que há quem defenda que esta tenha natureza jurisdicional e outros defendam que esta tenha natureza administrativa.

Contudo é certo que o juiz da execução penal pratica atos administrativos, mas também pratica atos jurisdicionais, assim podemos dizer que a execução penal tem uma natureza híbrida, contudo esse entendimento não é pacífico.

A Lei de Execuções Penais contém 204 artigos, sendo que esta está dividida em 9 títulos e diversos capítulos.

TÍTULO I

DO OBJETO E DA APLICAÇÃO DA LEI DE EXECUÇÃO PENAL

Art. 1º *A execução penal tem por objetivo efetivar as disposições de sentença ou decisão criminal e proporcionar condições para a harmônica integração social do condenado e do internado.*

A LEP tem como seu objetivo garantir o cumprimento das sanções impostas na sentença ou na decisão criminal, visando proporcionar ao condenado ou internado medidas de reintegração social.

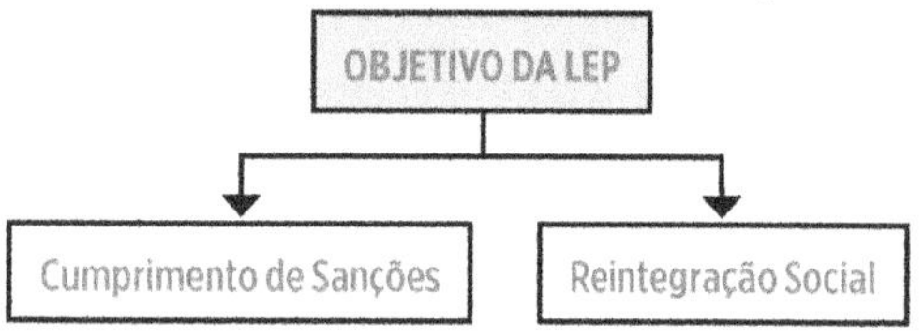

Art. 2º *A jurisdição penal dos juízes ou tribunais da justiça ordinária, em todo o território nacional, será exercida, no processo de execução, na conformidade desta Lei e do Código de Processo Penal.*

Parágrafo único. *Esta lei aplicar-se-á igualmente ao preso provisório e ao condenado pela Justiça Eleitoral ou Militar, quando recolhido a estabelecimento sujeito à jurisdição ordinária.*

As decisões ou sentenças proferidas por outras justiças, como a Federal, Militar ou Eleitoral, nos casos em que as penas sejam cumpridas em estabelecimento prisional estadual, a execução da pena será de competência da justiça estadual.

Súmula 192 do STJ *- Compete ao Juízo das Execuções Penais do Estado a execução das penas impostas a sentenciados pela Justiça Federal, Militar ou Eleitoral, quando recolhidos a estabelecimentos sujeitos a Administração Estadual. (Súmula 192, TERCEIRA SEÇÃO, julgado em 25/06/1997, DJ 01/08/1997)*

Ainda seguindo a mesma linha de pensamento desta súmula, o condenado pela justiça estadual, que se encontrar em cumprimento pena em estabelecimento prisional federal, terá como competente para o processo de execução da pena a justiça federal.

Além do mais, o preso provisório conforme expressa disposição está sujeito à execução penal, ou seja, ainda que não haja sentença penal condenatória transitada em julgada, ao preso provisório se aplica as mesmas regras do condenado ou do internado, por este estar em regime fechado, garantindo assim que a pessoa já presa provisoriamente seja beneficiada pela LEP.

Art. 3º *Ao condenado e ao internado serão assegurados todos os direitos não atingidos pela sentença ou pela lei.*

Parágrafo único. *Não haverá qualquer distinção de natureza racial, social, religiosa ou política.*

A LEP dentro deste artigo quis reforçar que o condenado ou internado tem os seus direitos preservados, ainda que o agente seja condenado ele não perde o seu estado de ser humano. Existem alguns direitos que são atingidos no momento da condenação como, por exemplo, a liberdade e os direitos políticos, contudo todos os demais direitos que a sentença não atinge devem ser aplicados ao preso, garantindo que este seja tratado de forma humanizada, com respeito de modo a não sofrer qualquer tipo de discriminação.

Dentre outros, todos os direitos elencados como fundamentais pelo art. 5º da CF que não tenham sido afetados pela sentença deverão ser aplicados ao condenado, tal como o direito à vida, segurança, igualdade, legalidade, proteção à integridade física e moral etc.

Art. 4º *O Estado deverá recorrer à cooperação da comunidade nas atividades de execução da pena e da medida de segurança.*

Esta cooperação da comunidade está relacionada ao item 25 da Exposição de Motivos da LEP que, "*muito além da passividade ou da ausência de reação quanto as vítimas mortas ou traumatizadas, a comunidade participa ativamente do procedimento da execução, quer através de um conselho, quer através das pessoas jurídicas ou naturais que assistem ou fiscalizam não somente as reações penais em meios fechados (penas privativas da liberdade e medida de segurança detentiva) como também em meio livre (pena de multa e penas restritivas de direitos)*".

Fica evidente que cabe à comunidade o auxílio na reabilitação do condenado, ou seja, o Estado em conjunto com a comunidade deve trabalhar para ajudar o condenado a voltar à sociedade, e como meio de garantir esse auxilio, dentro da LEP foram introduzidas figuras como o Patronato, o Conselho da Comunidade, como meios de garantir que haja efetivamente essa cooperação e não seja apenas algo utópico.

TÍTULO II

DO CONDENADO E DO INTERNADO

CAPÍTULO I

DA CLASSIFICAÇÃO

Art. 5º *Os condenados serão classificados, segundo os seus antecedentes e personalidade, para orientar a individualização da execução penal.*

O processo de individualização da pena acontece por meio de 3 fases:

1ª Fase – âmbito legislativo: ocorre com a criação do tipo penal incriminador, no qual se estabelece de forma abstrata o mínimo e o máximo da pena cominada.

2ª Fase – âmbito judicial: ocorre no momento em que o juiz do processo de conhecimento, ao se deparar com o caso concreto, seguindo as diretrizes processuais fixa a pena cabível ao agende.

3ª Fase – âmbito executório: ocorre quando o juiz da execução penal adapta a pena aplicada pelo juiz da sentença à pessoa do condenado, ou seja, lhe concede ou nega benefícios com base no seu histórico pessoal.

Com o intuito de orientar essa terceira fase de individualização, o art. 5 da LEP trouxe de forma expressa a necessidade de classificação dos condenados à pena privativa de liberdade, tendo por critérios obrigatórios o exame de seus antecedentes e de sua personalidade, os quais podem, ainda, ser agregados a outros fatores como o âmbito familiar e social do agente e até mesmo sua capacidade laboral.

A classificação é um direito do preso, garantindo que este receba de forma individualizada tratamento que auxilie na sua ressocialização, proporcionando um cumprimento de pena dentro de suas condições e necessidades.

Art. 6º *A classificação será feita por Comissão Técnica de Classificação que elaborará o programa individualizado da pena privativa de liberdade adequada ao condenado ou preso provisório.*

Incumbe a Comissão Técnica de Classificação a elaboração do programa individualizado da pena privativa de liberdade, adequando esta à realidade do condenado ou do preso provisório, avaliando suas condições subjetivas somando-as com as particularidades acerca do crime praticado, tais como a natureza do crime praticado, o seu grau de periculosidade, o seu grau de instrução, dentre outros.

Será, então, função da Comissão especificar que tipo de trabalho será o mais adequado ao preso, se este pode estudar, se deve fazer terapia ocupacional, se precisa de acompanhamento psicológico, se existe necessidade de acompanhamento assistencial e relação ao preso e sua família, as atividades de lazer indicadas, a forma como as necessidades do preso serão supridas bem como o local indicado para o cumprimento da pena, tentando possibilitar da melhor forma possível a ressocialização do indivíduo.

O exame de antecedentes irá fazer uma análise dos dados pertinentes à vida pregressa do condenado, ou seja, sua vida antes da condenação, verificando se existe outros processos que o condenado esteja respondendo, bem como uma eventual reincidência.

Contudo o exame de personalidade tem por objetivo verificar as características genéticas do condenado, principalmente no que diz respeito ao seu caráter e às suas tendências. Nesse exame é verificado se existem traços no condenado que são permanentes ou se existem traços dinâmicos que podem ser modificações no decorrer da execução da pena, por isso que se leva em conta não apenas o histórico conhecido, mas também a realidade em que ele está inserido.

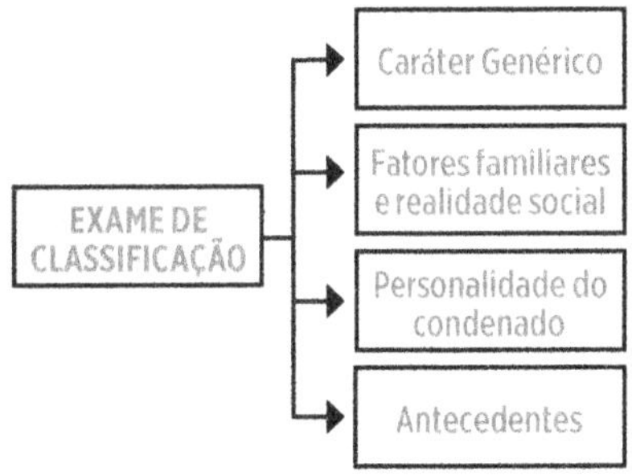

Art. 7º *A Comissão Técnica de Classificação, existente em cada estabelecimento, será presidida pelo Diretor e composta, no mínimo por dois chefes de serviço, um psiquiatra, um psicólogo e um assistente social, quando se tratar de condenado à pena privativa da liberdade.*

Parágrafo único. *Nos demais casos a Comissão atuará junto ao Juízo da Execução e será integrada por fiscais do Serviço Social.*

A composição da comissão técnica dependerá da natureza da pena, ou seja, se será pena restritiva de direitos ou de liberdade.

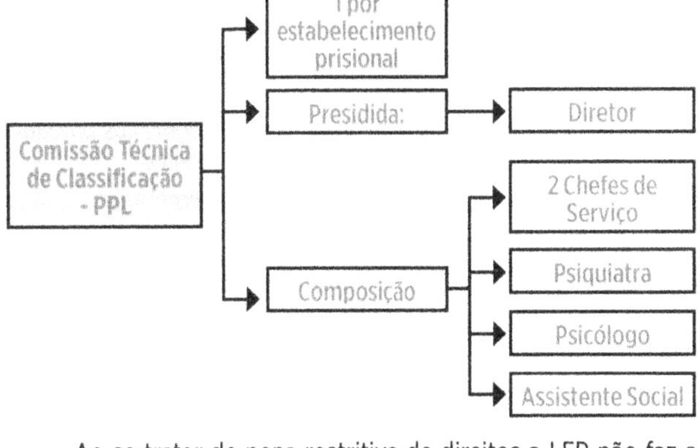

Ao se tratar de pena restritiva de direitos a LEP não faz a mesma exigência das penas privativas de liberdade, ficando deste modo dispensada a avaliação do condenado.

Art. 8º *O condenado ao cumprimento de pena privativa de liberdade, em regime fechado será submetido a exame criminológico para a obtenção dos elementos necessários a uma adequada classificação e com vistas à individualização da execução.*

Parágrafo único. *Ao exame de que trata este artigo poderá ser submetido o condenado ao cumprimento da pena privativa de liberdade em regime semiaberto.*

Primeiramente, não devemos confundir o exame criminológico com o exame de classificação. Como vimos, o exame de classificação é apresentado de forma genérica, já o exame criminológico é mais limitado, de modo a se restringir a questões de ordem psicológica e psiquiátrica do condenado.

O exame criminológico tem como função relevar elementos como maturidade, frustrações, vínculos efetivos, grau de agressividade, periculosidade, e a partir desses pontos verificar se existe a possibilidade de novas práticas delituosas.

O artigo em análise estabelece que o exame criminológico será obrigatório, isso acontece porque os crimes que a imposição é o regime fechado são mais gravosos, se fazendo necessário, então, a análise do condenado. Contudo no cumprimento de pena inicial em regime semiaberto esse exame será facultativo, podendo ser feito por iniciativa da Comissão visando uma melhor individualização da pena.

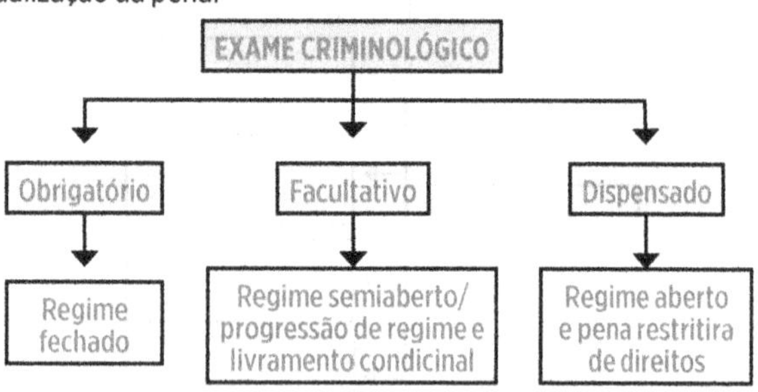

No que diz respeito ao exame criminológico na progressão de regime, a jurisprudência entende que o juiz pode solicitar desde eu faça fundamentadamente, uma vez que o benefício da progressão é direito adquirido após cumprimento de 1/6 da pena imposta, tendo o condenado bons antecedentes fornecidos pela direção do estabelecimento prisional, e como a regra da progressão de regime é aplicada também ao livramento condicional, se aplica a ele a faculdade do exame criminológico, isto é: o entendimento que os tribunais superiores vêm tendo acerca do caso.

Art. 9º *A Comissão, no exame para a obtenção de dados reveladores da personalidade, observando a ética profissional e tendo sempre presentes peças ou informações do processo, poderá:*

I. *entrevistar pessoas:*

II. *requisitar, de repartições ou estabelecimentos privados, dados e informações a respeito do condenado;*

III. *realizar outras diligências e exames necessários.*

A partir do que estabelece esse artigo podemos verificar que a Comissão Técnica de Classificação deve buscar sempre o maior número de subsídios a respeito do condenado do examinado, ou seja, não se deve medir esforços para que todos os dados e as informações possíveis sobre o condenado sejam apreciadas. Além das providências elencadas neste artigo pode, ainda, a Comissão fazer uma análise dos autos da ação e do processo de execução, bem como verificar o comportamento do acusado durante a fase de execução.

Embora a comissão tenha um papel fundamental na formação do convencimento do juiz da execução, este não está vinculado às conclusões encontradas pela comissão, ou seja, pode o juiz decidir de modo contrário ao que estabelece a comissão, desde que fundamente sua decisão.

Art. 9º-A *Os condenados por crime praticado, dolosamente, com violência de natureza grave contra pessoa, ou por qualquer dos crimes previstos no art. 1º da Lei nº 8.072, de 25 de julho de 1990, serão submetidos, obrigatoriamente, à identificação do perfil genético, mediante extração de DNA - ácido desoxirribonucleico, por técnica adequada e indolor.*

§ 1º *A identificação do perfil genético será armazenada em banco de dados sigiloso, conforme regulamento a ser expedido pelo Poder Executivo.*

§ 1º-A. *A regulamentação deverá fazer constar garantias mínimas de proteção de dados genéticos, observando as melhores práticas da genética forense.*

§ 2º *A autoridade policial, federal ou estadual, poderá requerer ao juiz competente, no caso de inquérito instaurado, o acesso ao banco de dados de identificação de perfil genético.*

§ 3º *Deve ser viabilizado ao titular de dados genéticos o acesso aos seus dados constantes nos bancos de perfis genéticos, bem como a todos os documentos da cadeia de custódia que gerou esse dado, de maneira que possa ser contraditado pela defesa.*

§ 4º *O condenado pelos crimes previstos no caput deste artigo que não tiver sido submetido à identificação do perfil genético por ocasião do ingresso no estabelecimento prisional deverá ser submetido ao procedimento durante o cumprimento da pena.*

§ 8º *Constitui falta grave a recusa do condenado em submeter-se ao procedimento de identificação do perfil genético.*

Estamos diante da identificação obrigatória do perfil genético, nos casos dos crimes dolosos praticados com violência de natureza grave contra a pessoa bem como nos casos de prática de crime hediondo.

Tendo por objetivo equipar o banco de dados para que sejam facilitados os esclarecimentos acerca do crime em investigações futuras.

A exigência desse tipo de exame é limitada a apenas condenações que decorram de determinados crimes:

→ Crimes Dolosos Praticados Com Violência De Natureza Grave Contra A Pessoa;

→ Crimes Hediondos.

O material genético a ser extraído deve ser realizado por meio de técnica adequada e indolor, ou seja, não pode ser invasiva e nem causar lesões físicas ao condenado, e ainda a extração de DNA deverá ser determinada na sentença condenatória após o trânsito em julgado, a fim de que não se viole o princípio da presunção de inocência.

Identificado o perfil genético este deverá ser armazenado no banco de dados sigilosos regulamentado por meio do Poder Executivo, tendo as autoridades acesso a esses dados apenas mediante ordem judicial.

A ordem judicial pode vir de qualquer vara criminal, a competência dependerá de para qual juiz a representação do delegado foi distribuída ordinariamente.

Note que o exame é uma garantia do preso, uma vez que o indivíduo não tenha sido submetido a ele no início do cumprimento da pena, durante a sua execução ele deverá ser.

Havendo recusa do preso ao realizar o exame de identificação genético, esta conduta será considerada como falta grave.

Fique atento aos parágrafos 1º-A, 3º, 4º e 8º, pois todos foram introduzidos recentemente pela lei 13.964/19.

CAPÍTULO II

DA ASSISTÊNCIA

Seção I

Disposições gerais

> ***Art. 10.*** *A assistência ao preso e ao internado é dever do Estado, objetivando prevenir o crime e orientar o retorno à convivência em sociedade.*
>
> ***Parágrafo único.*** *A assistência estende-se ao egresso.*

A reabilitação do condenado é a finalidade primordial da pena ou da medida de segurança, possibilitando ao indivíduo o retorno ao convívio em sociedade. Contudo, para que isto venha acontecer, é necessário que o Estado adote medidas de assistência ao preso e ao internado, de forma a orientá-los no retorno da sua vida social, reduzindo as chances de reincidência em prática delituosa.

Essa assistência se estende também ao "egresso", sendo este o liberado definitivo pelo prazo de um ano contados da saída do estabelecimento prisional ou o liberado condicionalmente pelo período de prova, isso ocorre porque de nada adiantaria o agente ter a assistência durante o período de cárcere e no momento de sua reintegração este ficasse desamparado.

É um meio de garantir que o tempo passado longe da sociedade e as dificuldades encontradas façam com que ele volte ao caminho criminoso.

> ***Art. 11.*** *A assistência será:*
>
> ***I.*** *material;*
>
> ***II.*** *à saúde;*
>
> ***III.*** *jurídica;*
>
> ***IV.*** *educacional;*
>
> ***V.*** *social;*
>
> ***VI.*** *religiosa.*

Evitando a reincidência criminosa, bem como o auxílio ao retorno dos condenados ao convívio social, a LEP trouxe as espécies de assistência disponibilizadas, tendo cada uma delas uma função individual.

Seção II

Da assistência material

> ***Art. 12.*** *A assistência material ao preso e ao internado consistirá no fornecimento de alimentação, vestuário e instalações higiênicas.*
>
> ***Art. 13.*** *O estabelecimento disporá de instalações e serviços que atendam aos presos nas suas necessidades pessoais, além de locais destinados à venda de produtos e objetos permitidos e não fornecidos pela Administração.*

Visa garantir o fornecimento de roupas, alimentação, produtos e instalações de higiene, asseio da sela ou alojamento entre outros, na exposição dos motivos da LEP, o item 41 menciona que a assistência ao condenado se espelhou nos princípios e nas regras internacionais sobre os direitos da pessoa presa, em especial às Regras Mínimas da ONU.

Sobre a **alimentação** tais regras determinam que *"a administração fornecerá a cada preso, em horas determinadas, uma alimentação de boa qualidade, bem preparada e servida, cujo valor nutritivo seja suficiente para a manutenção da sua saúde e das suas forças" (item 20.1)*; e *"todo preso deverá ter a possibilidade de dispor de água potável quando dela necessitar"*.

A questão sobre vestuário também teve amparo das regras mencionadas: estabelecendo que *"todo preso a quem não seja permitido vestir suas próprias roupas deverá receber as apropriadas ao clima e em quantidade suficiente para manter-se em boa saúde. Ditas roupas não poderão ser, de forma alguma, degradantes ou humilhantes" (item 17.1); "todas as roupas deverão estar limpas e mantidas em bom estado. A roupa de baixo será trocada e lavada com a frequência necessária à manutenção da higiene" (item 17.2); "em circunstâncias excepcionais, quando o preso necessitar afastar-se do estabelecimento penitenciário para fins autorizados, ele poderá usar suas próprias roupas, que não chamem atenção sobre si" (item 17.3); "quando um preso for autorizado a vestir suas próprias roupas, deverão ser tomadas medidas para se assegurar que, quando do seu ingresso no estabelecimento penitenciário, as mesmas estão limpas e são utilizáveis" (item 18)*; e *"cada preso disporá, de acordo com os costumes locais ou nacionais, de uma cama individual e de roupa de cama suficiente e própria, mantida em bom estado de conservação e trocada com uma frequência capaz de garantir sua limpeza" (item 19)*.

No que diz respeito à higiene pessoal e asseio da sela ou alojamento, será um dever do preso cuidar, contudo cabendo à administração carcerária fornecer meios para que esse dever possa ser cumprido.

O artigo 13 deve ser entendido junto com o artigo 88 da LEP, em se tratando de estabelecimento destinado a presos em regime fechado o condenado será alojado em cela individual que conterá dormitório, aparelho sanitário e lavatório. Sendo requisitos básicos da unidade celular: a) salubridade do ambiente pela concorrência dos fatores de aeração, insolação e condicionamento térmico adequado à existência humana; b) área mínima de seis metros quadrados.

E, ainda, havendo a impossibilidade de acesso dos presos e internados a certos objetos de consumo e de uso pessoal, desde que não fornecidos pela administração penitenciária e que se trate de objetos de uso permitido, haverá um local destinado à venda destes materiais.

Seção III

Da assistência à saúde

> ***Art. 14.*** *A assistência à saúde do preso e do internado, de caráter preventivo e curativo, compreenderá atendimento médico, farmacêutico e odontológico.*
>
> ***§ 1º*** *(VETADO).*
>
> ***§ 2º*** *Quando o estabelecimento penal não estiver aparelhado para prover a assistência médica necessária, esta será prestada em outro local, mediante autorização da direção do estabelecimento.*
>
> ***§ 3º*** *Será assegurado acompanhamento médico à mulher, principalmente no pré-natal e no pós-parto, extensivo ao recém-nascido. (Parágrafo acrescido pela Lei nº 11.942, de 28/5/2009)*

Como dissemos anteriormente, o condenado tem a garantia de aplicação de todos os direitos que não são atingidos pela sentença, dentre esses direitos encontra-se o da vida, e entre os meios de se garantir esse direito está a assistência à saúde na qual visa conceder aos presos o devido tratamento de saúde, médico ou ambulatorial, bem como o fornecimento de medicação quando se fizer necessária.

O artigo 14 está em concordância com o artigo 41, VII da LEP que determina como direito do preso a assistência à saúde. Ainda o artigo 43 garante a contratação de médico de confiança pessoal do internado, ou da sua família, com o intuito de orientar e acompanhar o tratamento recebido em casos de medida de segurança.

Caso não haja dentro do estabelecimento prisional local adequado ao tratamento do condenado, mediante autorização do diretor ou do juiz da execução poderá esta assistência ser prestada em local diverso.

E, ainda, a mulher no pré-natal e no pós parto e ao recém-nascido, são assegurados a assistência à saúde, e em se tratamento de gestante de alto risco, quando o tratamento não possa ser atendido dentro do estabelecimento prisional, a jurisprudência tem entendido que excepcionalmente a prisão domiciliar se estende a gestantes em regimes diversos do aberto.

Seção IV

Da assistência jurídica

Art. 15. *A assistência jurídica é destinada aos presos e aos internados sem recursos financeiros para constituir advogado.*

Art. 16. *As Unidades da Federação deverão ter serviços de assistência jurídica, integral e gratuita, pela Defensoria Pública, dentro e fora dos estabelecimentos penais.*

§ 1º *As Unidades da Federação deverão prestar auxílio estrutural, pessoal e material à Defensoria Pública, no exercício de suas funções, dentro e fora dos estabelecimentos penais.*

§ 2º *Em todos os estabelecimentos penais, haverá local apropriado destinado ao atendimento pelo Defensor Público.*

§ 3º *Fora dos estabelecimentos penais, serão implementados Núcleos Especializados da Defensoria Pública para a prestação de assistência jurídica integral e gratuita aos réus, sentenciados em liberdade, egressos e seus familiares, sem recursos financeiros para constituir advogado.*

Como se sabe, em todo o processo criminal inclusive na execução da pena é fundamental a presença do defensor, visando tornar efetiva as garantias ao longo de toda execução.

A assistência deverá ser proporcionada aos presos ou internados pobres, ou seja, àqueles que não tenham recursos financeiros para constituir um advogado particular para acompanhar a execução da pena, bem como requerer benefícios, buscar reparação por erros judiciários, dentre outros.

O Estado, por meio da defensoria pública, tem a responsabilidade de proporcionar essa assistência, dentro e fora dos estabelecimentos prisionais e, para isso, deve o estado auxiliar com estrutura, recursos humanos e materiais a Defensoria pública possibilitando, assim, o exercício de suas funções. A LEP ainda introduz a necessidade de criação de Núcleos Especializados da Defensoria Pública, ainda que se trate de sentenciados em liberdade ou de egressos e seus familiares.

Seção V

Da assistência educacional

Art. 17. *A assistência educacional compreenderá a instrução escolar e a formação profissional do preso e do internado.*

Dentro do campo da assistência educacional se insere a instrução escolar e formação profissional do preso ou do internado, efetivando a regra constitucional de educação para todos.

Art. 18. *O ensino de primeiro grau será obrigatório, integrando-se no sistema escolar da unidade federativa.*

Art. 18-A. *O ensino médio, regular ou supletivo, com formação geral ou educação profissional de nível médio, será implantado nos presídios, em obediência ao preceito constitucional de sua universalização.*

§ 1º *O ensino ministrado aos presos e presas integrar-se-á ao sistema estadual e municipal de ensino e será mantido, administrativa e financeiramente, com o apoio da União, não só com os recursos destinados à educação, mas pelo sistema estadual de justiça ou administração penitenciária.*

§ 2º *Os sistemas de ensino oferecerão aos presos e às presas cursos supletivos de educação de jovens e adultos.*

§ 3º *A União, os Estados, os Municípios e o Distrito Federal incluirão em seus programas de educação à distância e de utilização de novas tecnologias de ensino, o atendimento aos presos e às presas.*

Este artigo traz a obrigatoriedade do ensino fundamental, antes chamado de 1º grau, a todos os presos, de modo que todos que não tenham a instrução fundamental passem a ter como um direito a ser efetivado pelo Estado. Contudo para que isto aconteça será necessário a implementação de escolas ou cursos dentro dos estabelecimentos prisionais, devendo atender todos os requisitos e as capacidades técnicas exigidas para a formação. Ou seja, o preso deverá ter o mesmo ensino disponibilizado em ensinos públicos ou particulares, habilitando este para seguir com os estudos quando posto em liberdade.

Art. 19. *O ensino profissional será ministrado em nível de iniciação ou de aperfeiçoamento técnico.*

Parágrafo único. *A mulher condenada terá ensino profissional adequado à sua condição.*

Como o ensino é um forte aliado na ressocialização do condenado, dispõe este artigo que ele pode ser feito em nível de iniciação para aqueles que não possuem a habilitação educacional, bem como pode ser feito em forma de aperfeiçoamento profissional.

E, ainda, teve o legislador o cuidado de garantir que deverá existir atividades que sejam habitualmente adequadas ao público feminino, visando facilitar sua reinserção social.

Art. 20. *As atividades educacionais podem ser objeto de convênio com entidades públicas ou particulares, que instalem escolas ou ofereçam cursos especializados.*

E por estar o legislador ciente da realidade e das dificuldades que o Poder Público possa encontrar para efetivar essa assistência, possibilitou-se o convênio entre Estado e escolas públicas ou particulares.

Art. 21. *Em atendimento às condições locais, dotar-se-á cada estabelecimento de uma biblioteca, para uso de todas as categorias de reclusos, provida de livros instrutivos, recreativos e didáticos.*

E para que essa assistência seja ainda mais ampla, determina a lei que os estabelecimentos prisionais sejam dotados de biblioteca, garantindo aos presos acesso à leitura, visto que este pode ser um forte instrumento de enriquecimento cultural e fonte de estudo, sendo um grande fator na reabilitação do preso, auxiliando também na disciplina prisional.

Art. 21-A. *O censo penitenciário deverá apurar:*

I. *o nível de escolaridade dos presos e das presas;*

II. *a existência de cursos nos níveis fundamental e médio e o número de presos e presas atendidos;*

III. *a implementação de cursos profissionais em nível de iniciação ou aperfeiçoamento técnico e o número de presos e presas atendidos;*

> *IV. a existência de bibliotecas e as condições de seu acervo;*
>
> *V. outros dados relevantes para o aprimoramento educacional de presos e presas.*

O censo penitenciário, para que se garanta a efetiva e completa assistência educacional ao preso deverá apurar algumas informações relevantes que irão auxiliar no momento da aplicação desses direitos.

Seção VI

Da assistência social

> ***Art. 22.*** *A assistência social tem por finalidade amparar o preso e o internado e prepará-los para o retorno à liberdade.*

Como sabemos, a pena ter como finalidade a ressocialização do indivíduo, de modo que possibilite sua volta ao convívio social, assim o serviço social passa a auxiliar o indivíduo dando a ele suporte para enfrentar as dificuldades encontradas após sua liberação e até mesmo acompanhando o preso ou internado durante o processo de execução, auxiliando dessa forma o processo de reabilitação.

A assistência social passa a ser o elo de ligação entre a realidade carcerária e a realidade social, auxiliando o preso a reconhecer as causas que o levaram a transgredir e os meios para evitar que isso ocorra novamente.

> ***Art. 23.*** *Incumbe ao serviço de assistência social:*
>
> *I. conhecer os resultados dos diagnósticos e exames;*
>
> *II. relatar, por escrito, ao diretor do estabelecimento, os problemas e as dificuldades enfrentados pelo assistido;*
>
> *III. acompanhar o resultado das permissões de saídas e das saídas temporárias;*
>
> *IV. promover, no estabelecimento, pelos meios disponíveis, a recreação;*
>
> *V. promover a orientação do assistido, na fase final do cumprimento da pena, e do liberando, de modo a facilitar o seu retorno à liberdade;*
>
> *VI. providenciar a obtenção de documentos, dos benefícios da previdência social e do seguro por acidente no trabalho;*
>
> *VII. orientar e amparar, quando necessário, a família do preso, do internado e da vítima*

Para auxiliar nesse processo de reabilitação, o serviço de assistência social terá algumas incumbências, são elas:

> *I. conhecer os resultados dos diagnósticos e exames;*

Os exames em que o preso está sujeito na fase executória serão analisados pela assistência social com a finalidade de dar ao órgão um maior conhecimento sobre o indivíduo e, assim, poder traçar métodos de adaptação do preso ao convívio social bem como sua adaptação dentro do cárcere.

> *II. relatar, por escrito, ao diretor do estabelecimento, os problemas e as dificuldades enfrentados pelo assistido;*

A assistência social tem um contato direto com o preso, de modo que ela irá conhecer a realidade do cotidiano dentro do estabelecimento prisional, realidade essa que irá refletir no processo de reabilitação e, por isso, havendo problemas ou dificuldades deverão ser informadas, garantindo que o diretor tenha conhecimento do que o indivíduo esteja passando.

> *III. acompanhar o resultado das permissões de saídas e das saídas temporárias;*

As autorizações de saída facultadas ao preso podem sem classificadas em permissões de saídas e saídas temporárias.

Permissões de saída: É destinada ao preso que cumpre regime fechado ou semiaberto. Neste caso o preso terá permissão de sair do estabelecimento prisional, contudo com a necessidade de ser escoltado, nos casos de falecimento ou doença grave do cônjuge, companheira, ascendente, descendente ou irmão, bem como no caso de necessitar o apenado de tratamento médico.

Saídas temporárias: Podem ser destinadas aos presos em regime semiaberto, sendo dispensada a escolta, contudo se pode exigir o monitoramento eletrônico, para os fins de visita à família, frequência em curso educacional.

Como em ambos os casos o preso passa a ter contato com o convívio em sociedade a LEP estabelece o acompanhamento da assistência social durante essas saídas, conseguindo verificar a forma que o preso reage fora do cárcere.

> *IV. promover, no estabelecimento, pelos meios disponíveis, a recreação;*

Um dos pontos negativos do cárcere é a falta de ocupação, isso pode interferir diretamente no processo de reabilitação do preso e, por isso, incumbe à assistência social possibilitar atividades de integração no cárcere, de forma a manter a disciplina e o bom convívio entre os encarcerados.

> *V. promover a orientação do assistido, na fase final do cumprimento da pena, e do liberando, de modo a facilitar o seu retorno à liberdade;*

Após um tempo dentro do cárcere é normal que, ao se aproximar o período de liberdade, o preso passe a ter sentimentos de dúvida, medo, ansiedade e insegurança, pois ele não sabe o que acontecerá após a sua libertação. Visando impedir que esses sentimentos o levem à frustração e a uma possível volta à vida criminosa se faz necessário a assistência social como mecanismo de orientação e alicerce diante desse fato marcante na vida do condenado.

> *VI. providenciar a obtenção de documentos, dos benefícios da previdência social e do seguro por acidente no trabalho;*

É comum que ao ser colocado em liberdade o ex-preso não tenha documentação que o habilite a práticas de atos da vida civil ou mesmo obtenção de emprego. Desse modo, o serviço social vem como orientador sob como ele pode obter esses documentos e ainda promover seu encaminhamento a eventuais benefícios previdenciários que ele ou alguém de sua família possam a ter direito.

> *VII. orientar e amparar, quando necessário, a família do preso, do internado e da vítima.*

Ao contrário do que se pensa, não é apenas o preso que precisa de auxílio da fase de execução, a família que sofreu um abalo também precisa de suporte. Assim, o serviço social servirá como suporte, passando a orientar a família para que os laços entre eles e o preso não sejam desfeitos, bem como ajudar na busca de recursos econômicos para que haja manutenção das necessidades básicas.

Logo essa assistência não se limita ao preso, pois a família da vítima também necessita desse cuidado, principalmente em crimes em que os resultados são mais graves, como na ocorrência de morte, estupro, dentre outros.

Seção VII

Da assistência religiosa

Art. 24. *A assistência religiosa, com liberdade de culto, será prestada aos presos e aos internados, permitindo-se-lhes a participação nos serviços organizados no estabelecimento penal, bem como a posse de livros de instrução religiosa.*

§ 1º *No estabelecimento haverá local apropriado para os cultos religiosos.*

§ 2º *Nenhum preso ou internado poderá ser obrigado a participar de atividade religiosa.*

Tendo em vista o conteúdo pedagógico e positivamente influente no auxílio à repressão contra tendências criminosas, o Estado tem como dever prestar a assistência religiosa, seja garantindo um local adequado, seja possibilitando o acesso de pessoas do meio religioso a ter contato com os presos, contudo não há obrigação na participação, o preso tem sua liberdade de culto, participa dos atos se quiser, nada lhe será imposto.

Seção VIII

Da assistência ao egresso

Art. 25. *A assistência ao egresso consiste;*

I. *na orientação e apoio para reintegrá-lo à vida em liberdade;*

II. *na concessão, se necessário, de alojamento e alimentação, em estabelecimento adequado, pelo prazo de dois meses.*

Parágrafo único. *O prazo estabelecido no inciso II poderá ser prorrogado uma única vez, comprovado, por declaração do assistente social, o empenho na obtenção de emprego.*

A preocupação com o egresso surge da prática comum dentro da sociedade no sentido de discriminar e marginalizar o ex--condenado, entre esses pontos temos a dificuldade de aceitação dentro do mercado de trabalho.

Consiste, então, a assistência do egresso nos primeiros passos após a sua liberdade, evitando que o abandono social ou a dificuldade o coloque de volta ao caminho criminoso.

A assistência pode consistir tanto na orientação quanto no apoio, muitas vezes por meio de núcleos especializados ao retorno do egresso, bem como ao seu retorno dentro da família, incluindo-o em atividades produtivas, direcionamento ao mercado de trabalho, de forma a apoiar o respeito e o exercício dos direitos inerentes a todas as pessoas. Pode também consistir a assistência no fornecimento de moradia e alimentação, em ambientes adequados, nos casos em que o egresso não tenha onde ficar. Contudo essa assistência é limitada em dois meses, prorrogável por uma única vez, desde que comprovado por declaração o empenho do egresso na busca por emprego, porém se transcorrido o prazo sem que o egresso tenha onde ficar, ele será encaminhado aos serviços de alojamento e alimentação destinados à população carente em geral, mas não perdendo o auxílio da assistência social já em progresso.

Art. 26. *Considera-se egresso para os efeitos desta Lei:*

I. *o liberado definitivo, pelo prazo de um ano a contar da saída do estabelecimento;*

II. *o liberado condicional, durante o período de prova.*

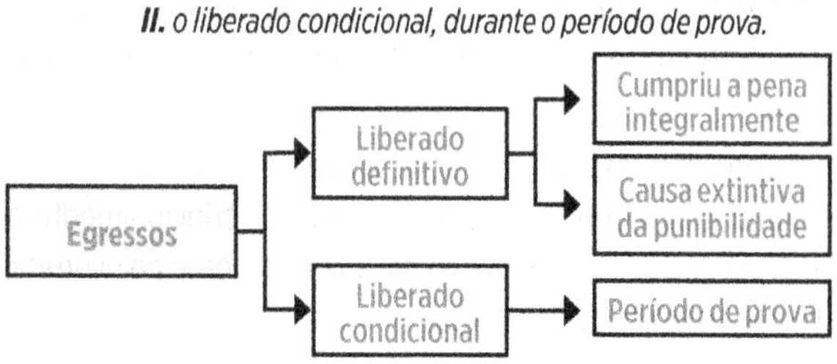

Art. 27. *O serviço de assistência social colaborará com o egresso para a obtenção de trabalho.*

Isso significa dizer que a assistência social irá ajudá-lo a voltar ao convívio social e auxílio na ressocialização através de meios que possibilitem o egresso a voltar a trabalhar e prover seu próprio sustento. Isso não implica, contudo, em preferências ou prioridades com relação a outros candidatos, seja no setor privado ou mesmo em concurso público.

CAPÍTULO III

DO TRABALHO

Seção I

Disposições gerais

Art. 28. *O trabalho do condenado, como dever social e condição de dignidade humana, terá finalidade educativa e produtiva.*

§ 1º *Aplicam-se à organização e aos métodos de trabalho as precauções relativas à segurança e à higiene.*

§ 2º *O trabalho do preso não está sujeito ao regime da Consolidação das Leis do Trabalho.*

Será considerado como trabalho a atividade desempenhada pelo preso, dentro ou fora dos estabelecimentos prisionais, sujeito à devida remuneração.

O trabalho tem função ressocializadora e, com isso, apresenta-se como mecanismo de recuperação, disciplina e aprendizado para a vida que o condenado vai levar após o cumprimento da sua pena.

O trabalho se apresenta como um direito do preso, mas também como um dever no curso da execução penal, ou seja, o trabalho remunerado é obrigatório ao preso dentro das suas capacidades e aptidão. Vale ressaltar que a obrigatoriedade não se confunde com o trabalho forcado, uma vez que se o preso se negar a fazer incorrerá em cometimento de fata grave, e esse ficará sujeito às infrações disciplinares, mas não sofrerá qualquer tipo de constrangimento pela recusa.

O trabalho terá uma dupla finalidade: educativa, ou seja, possibilitará ao preso o aprendizado de um ofício no qual pode dar continuidade quando posto em liberdade, bem como a finalidade produtiva, a qual consiste na realização de algo útil, podendo o preso sentir o resultado do seu trabalho e o recebimento de remuneração por ele.

Outro aspecto importante é que o preso faz jus aos direitos previstos nas normas legais de higiene e segurança no trabalho, de modo que se este ficar enfermo por conta do trabalho ou sofrer acidente trabalhista, ele fará jus ao recebimento de indenização similares ao que o trabalhador em liberdade tenha direito.

Sobre a inaplicabilidade da CLT, temos que nos atentar ao caso concreto, em se tratando de trabalho dentro do estabelecimento prisional, este será um dever do preso e, por isso, não está regido pela CLT. Mas nos casos em que o trabalho é feito no âmbito externo, ou seja, fora do estabelecimento prisional, a jurisprudência pacificou entendimento de que "*o trabalho externo prestado por condenado em regime aberto não configura o trabalho prisional, previsto na Lei das Execuções Penais*", razão pela qual se reconhece "*relação de trabalho que se sujeita à tutela da CLT*".

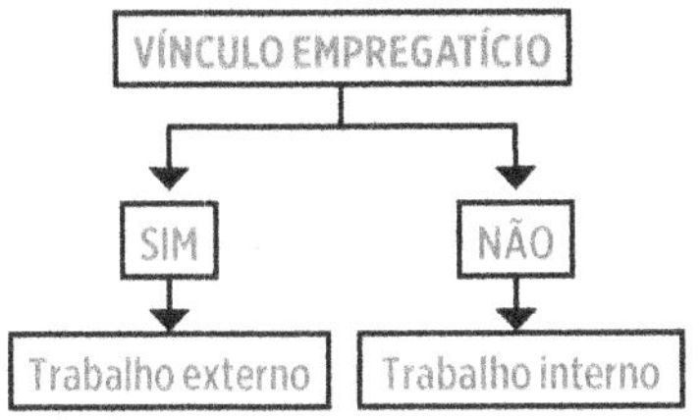

Art. 29. O trabalho do preso será remunerado, mediante prévia tabela, não podendo ser inferior a três quartos do salário mínimo.

§ 1º O produto da remuneração pelo trabalho deverá atender:

a) à indenização dos danos causados pelo crime, desde que determinados judicialmente e não reparados por outros meios;

b) à assistência à família;

c) a pequenas despesas pessoais;

d) ao ressarcimento ao Estado das despesas realizadas com a manutenção do condenado, em proporção a ser fixada e sem prejuízo da destinação prevista nas letras anteriores.

§ 2º Ressalvadas outras aplicações legais, será depositada a parte restante para constituição do pecúlio, em cadernetas de poupança, que será entregue ao condenado quando posto em liberdade.

O preso possui direito à remuneração adequada, que será estabelecida em tabela para evitar que haja injustiças ou exploração, de forma a abolir a mão de obra carcerária gratuita.

Além do mais, poderá ser descontado da remuneração a indenização do dano ex-delicto, bem como os valores necessários para subsistência da família do preso, as suas despesas pessoais e, ainda, o ressarcimento do Estado pelas despesas realizadas com a manutenção do condenado dentro do cárcere. Contudo o desconto do ressarcimento só poderá ser feito após todos os demais descontos terem sido atendidos.

A LEP não dispõe o percentual de desconto em cada caso, sendo tarefa da legislação estadual ou federal pertinente sobre o assunto estabelecer.

O que restar da remuneração deverá ser depositado em caderneta de poupança que será disponibilizado quando o preso for posto em liberdade.

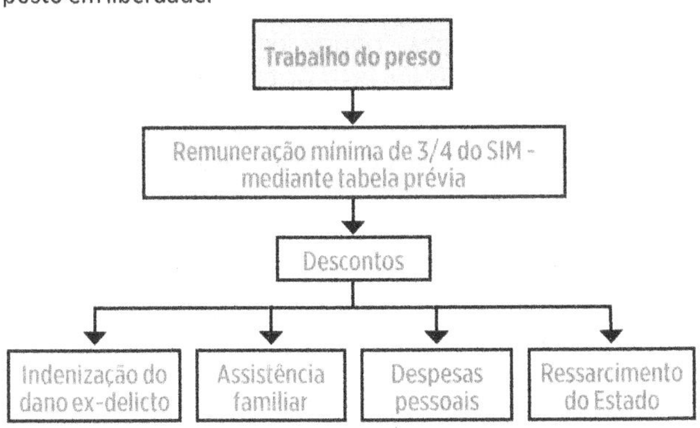

Art. 30. As tarefas executadas como prestação de serviço à comunidade não serão remuneradas.

No que diz respeito a pena de prestação de serviço à comunidade, sendo esta uma possiblidade de pena restritiva de direitos, esta será feita de forma gratuita, ou seja, o condenado não recebe remuneração pelos serviços prestados.

Seção II

Do trabalho interno

Art. 31. O condenado à pena privativa de liberdade está obrigado ao trabalho na medida de suas aptidões e capacidade.

Parágrafo único. Para o preso provisório o trabalho não é obrigatório e só poderá ser executado no interior do estabelecimento.

Entende-se como trabalho interno aquele prestado dentro das dependências do estabelecimento prisional, podendo consistir em construção, reforma, conservação, melhoramentos, serviços auxiliares nas cozinhas, lavanderias e enfermarias. Como já dissemos anteriormente, a LEP comporta o trabalho como um direito, mas também como uma obrigação do preso, e a recusa acarreta em infração disciplinar, exceto no caso de preso político e o preso provisório – estes não são obrigados –, contudo se o preso por vontade própria quiser trabalhar, poderá, desde que o faça internamente.

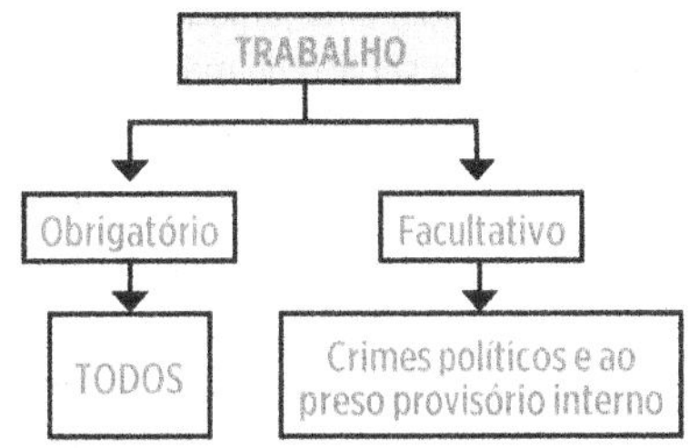

Art. 32. Na atribuição do trabalho deverão ser levadas em conta a habilitação, a condição pessoal e as necessidades futuras do preso, bem como as oportunidades oferecidas pelo mercado.

§ 1º Deverá ser limitado, tanto quanto possível, o artesanato sem expressão econômica, salvo nas regiões de turismo.

§ 2º Os maiores de sessenta anos poderão solicitar ocupação adequada à sua idade.

§ 3º Os doentes ou deficientes físicos somente exercerão atividades apropriadas ao seu estado.

Como podemos ver, para que o preso tenha um trabalho atribuído deverá ser verificado antes sua habilitação e condição pessoal, por exemplo: se estiver grávida, se for portador de necessidades especiais, as suas necessidades futuras e as oportunidades oferecidas no mercado de trabalho.

Sendo o trabalho um meio de profissionalização e reinserção do preso na sociedade, o melhor é que este seja aproveitado tanto na execução quanto na sua liberação, visando o que o mercado de trabalho tem buscado. Por essa razão que a prática do artesanato é limitada, por não ser uma atividade rentável a ponto de possibilitar ao indivíduo sustento futuro de sua família, salvo em regiões de turismo, onde recebe um grande número de visitantes e, com isso, o trabalho local passa a ser valorizado ou quando o preso não tiver aptidão para desempenhar outra atividade.

Aos idosos são assegurados o direito de ter uma ocupação adequada para sua idade, de modo a respeitar suas condições físicas, mentais e psíquicas. E, ainda, ao preso doente ou portador de necessidades especiais serão disponibilizadas atividades adequadas à sua condição, de modo a não excluir estes da atividade laborativa.

Art. 33. A jornada normal de trabalho não será inferior a seis, nem superior a oito horas, com descanso nos domingos e feriados.

Parágrafo único. *Poderá ser atribuído horário especial de trabalho aos presos designados para os serviços de conservação e manutenção do estabelecimento penal.*

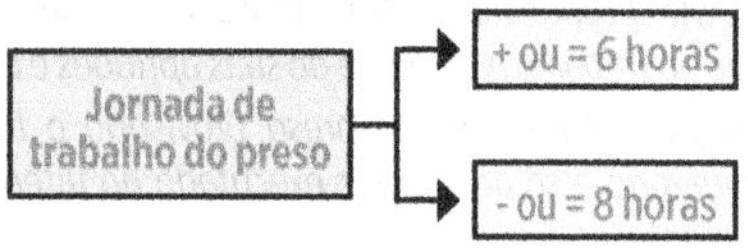

A princípio apenas a jornada diária já permite ao preso a obtenção dos benefícios e por isso decidiu o STJ que *"para fins de remição, será considerado no cálculo apenas o dia de trabalho realizado, isto é, o dia em que for desempenhada a jornada completa de trabalho e não o número de horas trabalhadas"*.

Ou seja, o dia de trabalho realizado é que conta para o cálculo da remissão e não as horas, se o agente trabalhou uma jornada inteira de 6 horas, não se computa 6 horas de remissão mais sim um dia inteiro.

A LEP possibilita, ainda, uma jornada especial de trabalho aos presos designados para serviço de manutenção e conversão do estabelecimento prisional, serviços estes que não podem ser interrompidos e por isso exigem sua prestação em horários distintos dos estabelecidos na regra normal, inclusive nos dias que seria de descanso.

HABEAS CORPUS SUBSTITUTIVO. FALTA DE CABIMENTO. EXECUÇÃO PENAL. REMIÇÃO DA PENA PELA LEITURA. ART. 126 DA LEP. PORTARIA CONJUNTA N. 276/2012, DO DEPEN/MJ E DO CJF. RECOMENDAÇÃO N. 44/2013 DO CNJ. 1. Conquanto seja inadmissível o ajuizamento de habeas corpus em substituição ao meio próprio cabível, estando evidente o constrangimento ilegal, cumpre ao tribunal, de ofício, saná-lo. 2. A norma do art. 126 da LEP, ao possibilitar a abreviação da pena, tem por objetivo a ressocialização do condenado, sendo possível o uso da analogia in bonam partem, que admita o benefício em comento, em razão de atividades que não estejam expressas no texto legal (REsp n. 744.032/SP, Ministro Felix Fischer, Quinta Turma, DJe 5/6/2006). 3. O estudo está estreitamente ligado à leitura e à produção de textos, atividades que exigem dos indivíduos a participação efetiva enquanto sujeitos ativos desse processo, levando-os à construção do conhecimento. A leitura em si tem função de propiciar a cultura e possui caráter ressocializador, até mesmo por contribuir na restauração da autoestima. Além disso, a leitura diminui consideravelmente a ociosidade dos presos e reduz a reincidência criminal. 4. Sendo um dos objetivos da Lei de Execução Penal, ao instituir a remição, incentivar o bom comportamento do sentenciado e sua readaptação ao convívio social, a interpretação extensiva do mencionado dispositivo impõe-se no presente caso, o que revela, inclusive, a crença do Poder Judiciário na leitura como método factível para o alcance da harmônica reintegração à vida em sociedade. 5. Com olhos postos nesse entendimento, foram editadas a Portaria conjunta n. 276/2012, do Departamento Penitenciário Nacional/MJ e do Conselho da Justiça Federal, bem como a Recomendação n. 44/2013 do Conselho Nacional de Justiça. 6. Writ não conhecido. Ordem expedida de ofício, para restabelecer a decisão do Juízo da execução que remiu 4 dias de pena do paciente, conforme os termos da Recomendação n. 44/2013 do Conselho Nacional de Justiça.

Decisão

Vistos, relatados e discutidos os autos em que são partes as acima indicadas, acordam os Ministros da SEXTA Turma do Superior Tribunal de Justiça, por unanimidade, não conhecer do habeas corpus, concedendo, contudo, ordem de ofício, nos termos do voto do Sr. Ministro Relator. Os Srs. Ministros Rogerio Schietti Cruz, Nefi Cordeiro, Ericson Maranho (Desembargador convocado do TJ/SP) e Maria Thereza de Assis Moura votaram com o Sr. Ministro Relator -(HC 312.486-SP).

HABEAS CORPUS SUBSTITUTIVO DE RECURSO ESPECIAL. NÃO CONHECIMENTO. EXECUÇÃO PENAL. REMIÇÃO DA PENA PELO TRABALHO. ARTS. 33 E 126 DA LEP. ATESTADO DO DIRETOR DO ESTABELECIMENTO PRISIONAL NO SENTIDO DE QUE O PACIENTE TRABALHOU AOS DOMINGOS E FERIADOS. DIREITO AO BENEFÍCIO. CONSTRANGIMENTO ILEGAL EVIDENCIADO. ORDEM DE OFÍCIO CONCEDIDA. 1. O Superior Tribunal de Justiça, seguindo o entendimento firmado pela Primeira Turma do Supremo Tribunal Federal, não tem admitido a impetração de habeas corpus em substituição ao recurso próprio, prestigiando o sistema recursal ao tempo que preserva a importância e a utilidade do writ, visto permitir a concessão da ordem, de ofício, nos casos de flagrante ilegalidade. 2. A remição da pena pelo trabalho, nos termos do art. 33, c/c 126, § 1º, da LEP, é realizada à razão de um dia de pena a cada três dias de trabalho, cuja jornada diária não seja inferior a 6 nem superior a 8 horas, o que impõe, para fins de cálculo, a consideração dos dias efetivamente trabalhados, incluídos os domingos e feriados. 3. Na espécie, de acordo com o Relatório emitido pela Diretora do estabelecimento prisional, o paciente trabalhou, ininterruptamente, por 97 (noventa e sete) dias, incluídos os domingos e feriados, fazendo, portanto, jus ao direito à remição da pena pelo trabalho em todo o período assinalado. 4. Habeas corpus não conhecido. Ordem concedida de ofício para restabelecer a decisão do Juízo das Execuções Penais. (HC 346.948/RS, Rel. Ministro REYNALDO SOARES DA FONSECA, QUINTA TURMA, julgado em 21/06/2016, DJe 29/06/2016)

EMENTA: HABEAS CORPUS. EXECUÇÃO PENAL. REMIÇÃO DE PENA. JORNADA DE TRABALHO. PRETENSÃO DO CÔMPUTO DA REMIÇÃO EM HORAS, E NÃO EM DIAS TRABALHADOS: IMPROCEDÊNCIA. ORDEM DENEGADA. 1. Para fins de remição de pena, a legislação penal vigente estabelece que a contagem de tempo de execução é realizada à razão de um dia de pena a cada três dias de trabalho, sendo a jornada normal de trabalho não inferior a seis nem superior a oito horas, o que impõe ao cálculo a consideração dos dias efetivamente trabalhados pelo condenado e não as horas. 2. Ordem denegada. (HC 114393, Relator(a): Min. CÁRMEN LÚCIA, Segunda Turma, julgado em 03/12/2013, PROCESSO ELETRÔNICO DJe-242 DIVULG 09-12-2013 PUBLIC 10-12-2013)

Art. 34. *O trabalho poderá ser gerenciado por fundação, ou empresa pública, com autonomia administrativa, e terá por objetivo a formação profissional do condenado.*

§ 1º *Nessa hipótese, incumbirá à entidade gerenciadora promover e supervisionar a produção, com critérios e métodos empresariais, encarregar-se de sua comercialização, bem como suportar despesas, inclusive pagamento de remuneração adequada.*

§ 2º Os governos federal, estadual e municipal poderão celebrar convênio com a iniciativa privada, para implantação de oficinas de trabalho referentes a setores de apoio dos presídios.

O gerenciamento do trabalho pode ser feito por fundação ou empresa pública, com autonomia administrativa que terá como finalidade a formação profissional do preso. De modo que incumbirá a ela a supervisão e o financiamento das atividades laborativas.

Pode, ainda, por meio de convênios celebrados com o Poder Público ocorrer participação da iniciativa privada na implantação de oficinas de trabalhos referentes aos setores de apoio dos estabelecimentos prisionais.

***Art. 35.** Os órgãos da administração direta ou indireta da União, Estados, Territórios, Distrito Federal e dos Municípios adquirirão, com dispensa de concorrência pública, os bens ou produtos do trabalho prisional, sempre que não for possível ou recomendável realizar-se a venda a particulares.*

***Parágrafo único.** Todas as importâncias arrecadadas com as vendas reverterão em favor da fundação ou empresa pública a que alude o artigo anterior ou, na sua falta, do estabelecimento penal.*

Os produtos do trabalho dos presos serão comercializados a particulares, caso não seja possível, estes serão adquiridos pela Administração Pública, sem necessidade de haver concorrência pública, uma vez que a intenção por trás da aquisição seja a preparação profissional do preso, sendo que os valores arrecadados serão revertidos em favor da fundação ou empresa gerenciadora ou então em favor do estabelecimento prisional.

Seção III

Do trabalho externo

***Art. 36.** O trabalho externo será admissível para os presos em regime fechado somente em serviço ou obras públicas realizadas por órgãos da administração direta ou indireta, ou entidades privadas, desde que tomadas as cautelas contra a fuga e em favor da disciplina.*

***§ 1º** O limite máximo do número de presos será de dez por cento do total de empregados na obra.*

***§ 2º** Caberá ao órgão da administração, à entidade ou à empresa empreiteira a remuneração desse trabalho.*

***§ 3º** A prestação de trabalho à entidade privada depende do consentimento expresso do preso.*

O trabalho externo é aquele realizado fora da prisão, com o intuito de gerar oportunidade para o reingresso do preso na sociedade. O preso em regime fechado poderá trabalhar externamente quando os serviços forem realizados em obras públicas por órgão da Administração Pública, desde que os meios de prevenção contra fuga e disciplina sejam devidamente tomados.

Decidiu, ainda, o STJ que: "*Não obstante esta Corte já ter decidido pela possibilidade de concessão de trabalho externo a condenado em regime fechado, tem-se como indispensável, à concessão da benesse, a obediência a requisitos legais de ordem objetiva e subjetiva, além da vigilância direta, mediante escolta. Sobressai a impossibilidade prática de concessão da medida, evidenciando-se que não há como se designar um policial, diariamente, para acompanhar e vigiar o preso durante a realização dos serviços extramuros*".

Contudo, como já dissemos antes, por se tratar de regime fechado, o preso não tem vínculo empregatício, aplicando-se a ele as regras da LEP, pois o trabalho é obrigatório. Já ao preso no regime semiaberto, será permitido o trabalho externo em qualquer local, ou seja, aqui não existe as limitações de ser trabalho em obras públicas mediante escolta, e mais uma vez reforço, conforme entendimento jurisprudencial, ao preso no semiaberto se aplica o vínculo empregatício, se sujeitando então as regras da CLT.

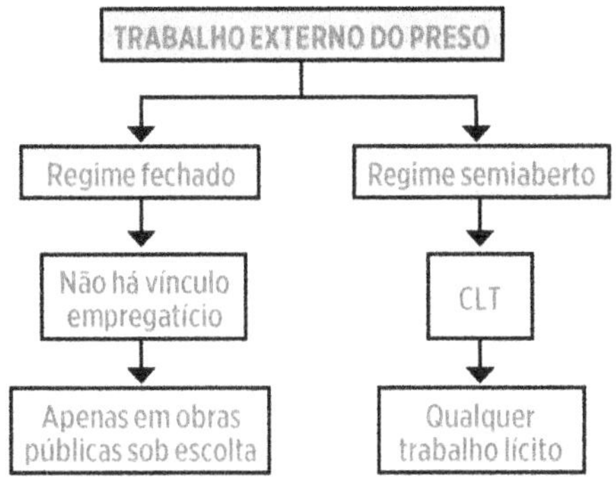

***Art. 37.** A prestação de trabalho externo, a ser autorizada pela direção do estabelecimento, dependerá de aptidão, disciplina e responsabilidade, além do cumprimento mínimo de um sexto de pena.*

***Parágrafo único.** Revogar-se-á a autorização de trabalho externo ao preso que vier a praticar fato definido como crime, for punido por falta grave, ou tiver comportamento contrário aos requisitos estabelecidos neste artigo.*

Caberá a direção do estabelecimento prisional deliberar acerca do trabalho externo, se preenchido os requisitos exigidos.

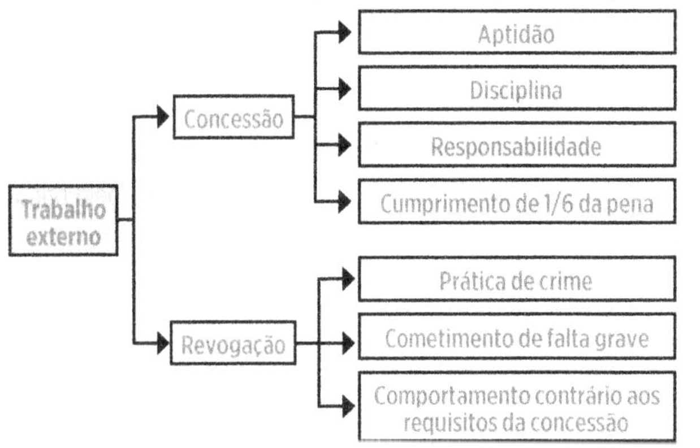

EXECUÇÃO PENAL. HABEAS CORPUS. SUBSTITUTIVO DE RECURSO ESPECIAL. NÃO CABIMENTO. NOVA ORIENTAÇÃO JURISPRUDENCIAL. TRABALHO EXTERNO EM EMPRESA FAMILIAR. POSSIBILIDADE. FISCALIZAÇÃO. RISCO DE INEFICÁCIA DA MEDIDA NÃO PODE SER ÓBICE AO BENEFÍCIO DO TRABALHO EXTERNO. HABEAS CORPUS NÃO CONHECIDO. ORDEM CONCEDIDA DE OFÍCIO.

***I.** A Primeira Turma do col. Pretório Excelso firmou orientação no sentido de não admitir a impetração de habeas corpus substitutivo ante a previsão legal de cabimento de recurso ordinário (v.g.: HC n. 109.956/PR, Rel. Min. Marco Aurélio, DJe de 11/9/2012; RHC n. 121.399/SP, Rel. Min. Dias Toffoli, DJe de 1º/8/2014 e RHC n. 117.268/SP, Rel. Min. Rosa Weber, DJe de 13/5/2014). As Turmas que integram a Terceira Seção desta Corte alinharam-se a esta dicção, e, desse modo, também passaram a repudiar a utilização desmedida do writ substitutivo em detrimento do recurso adequado (v.g.: HC n. 284.176/RJ, Quinta Turma, Rel. Min. Laurita Vaz, DJe de 2/9/2014; HC n. 297.931/MG, Quinta Turma, Rel. Min. Marco Aurélio Bellizze, DJe de 28/8/2014; HC n. 293.528/SP, Sexta Turma, Rel. Min. Nefi Cordeiro, DJe de 4/9/2014 e HC n. 253.802/MG, Sexta Turma, Rel. Min. Maria Thereza de Assis Moura, DJe de 4/6/2014).*

II. Portanto, não se admite mais, perfilhando esse entendimento, a utilização de habeas corpus substitutivo quando cabível o recurso próprio, situação que implica o não conhecimento da impetração. Contudo, no caso de se verificar configurada flagrante ilegalidade apta a gerar constrangimento ilegal, recomenda a jurisprudência a concessão da ordem de ofício.

III. A execução criminal visa o retorno do condenado ao convício social, com o escopo de reeducá-lo e ressocializá-lo, sendo o trabalho essencial para esse processo.

IV. In casu, o fato do irmão do apenado ser um dos sócios da empresa empregadora não constitui óbice à concessão do trabalho externo, sob o argumento de fragilidade na fiscalização, até porque inexiste vedação na Lei de Execução Penal. (Precedente do STF). Habeas Corpus não conhecido. Ordem concedida, de ofício, para restabelecer a decisão do Juízo da Execução que deferiu o trabalho externo ao paciente. (HC 310.515/RS, Rel. Ministro FELIX FISCHER, QUINTA TURMA, julgado em 17/09/2015, DJe 25/09/2015)

CAPÍTULO IV

DOS DEVERES, DOS DIREITOS E DA DISCIPLINA

Seção I

Dos Deveres

Art. 38. *Cumpre ao condenado, além das obrigações legais inerentes ao seu estado, submeter-se às normas de execução da pena.*

O condenado está vinculado ao cumprimento das obrigações impostas na sentença:

Pena de Prisão: privação de liberdade;

Pena Restritiva de Direitos: se sujeitar às limitações impostas;

Pena de multa: responder com seu patrimônio pelo pagamento.

Art. 39. *Constituem deveres do condenado:*

I. comportamento disciplinado e cumprimento fiel da sentença;

II. obediência ao servidor e respeito a qualquer pessoa com quem deva relacionar-se;

III. urbanidade e respeito no trato com os demais condenados;

IV. conduta oposta aos movimentos individuais ou coletivos de fuga ou de subversão à ordem ou à disciplina;

V. execução do trabalho, das tarefas e das ordens recebidas;

VI. submissão à sanção disciplinar imposta;

VII. indenização à vítima ou aos seus sucessores;

VIII. indenização ao Estado, quando possível, das despesas realizadas com a sua manutenção, mediante desconto proporcional da remuneração do trabalho;

IX. higiene pessoal e asseio da cela ou alojamento;

X. conservação dos objetos de uso pessoal.

Parágrafo único. *Aplica-se ao preso provisório, no que couber, o disposto neste artigo.*

Além das obrigações acima mencionadas, que decorrem da própria natureza da pena, existe o rol de deveres do condenado, cuja violação acarretam em aplicação de medidas disciplinares que irão interferir no momento da deliberação sobre a concessão ou não de benefícios ao preso.

I. comportamento disciplinado e cumprimento fiel da sentença;

O comportamento disciplinar estar ligado à obediência, seria dizer que o preso deve agir com passividade, seguindo aquilo que lhe é determinado, visando a boa convivência com os demais presos, o impedimento de tumulto, brigas ou dissentimentos. O comportamento disciplinado influencia diretamente no momento de apreciação de pedidos de benefícios em favor do condenado, como no caso da progressão de regime, que além de outros requisitos se exige bom comportamento carcerário. Outro ponto é o fiel cumprimento da sentença, seria dizer que não basta o cumprimento da obrigação principal que seria a pena privativa de liberdade, mas também o cumprimento das demais obrigações advindas da sentença como, por exemplo, o ressarcimento do dano ex-delicto.

II. obediência ao servidor e respeito a qualquer pessoa com quem deva relacionar-se;

O dever de obediência implica tanto nas ordens dadas pelos servidores do estabelecimento prisional quanto no respeito a estes, implicando em falta grave a violação esse tipo de violação.

III. urbanidade e respeito no trato com os demais condenados;

O dever de urbanidade está ligado à boa convivência entre os condenados, evitando deste modo prática de condutas que possam gerar qualquer tipo de desentendimento dentro do ambiente carcerário.

IV. conduta oposta aos movimentos individuais ou coletivos de fuga ou de subversão à ordem ou à disciplina;

O termo "conduta oposta" tem como finalidade não estimular a atuação do condenado no sentido de participar, seja de que forma for, em movimentos voltados à fuga, motins, tumultos, rebeliões etc. Sendo considerada essa prática como uma falta grave.

Perceba que a lei só pede ao condenado que não haja de forma oposta, não sendo ele obrigado a denunciar ou intervir sem tomar conhecimento dessa situação.

V. execução do trabalho, das tarefas e das ordens recebidas;

Como já vimos, para o condenado em pena privativa de liberdade o trabalho é obrigatório pelo seu caráter ressocializador, e sendo este obrigatório, sua recusa caracteriza falta grave, interferindo no momento de concessão de benefícios como, por exemplo, no caso de progressão de regime.

VI. submissão à sanção disciplinar imposta;

O art. 53 da LEP traz o rol de sanções disciplinares que serão impostas ao preso em consequência das faltas praticadas. O que este inciso estabelece é que o preso, ao incorrer em alguma falta, deve cumprir a sanção a ele imposta, como forma de aprendizado e disciplina.

VII. indenização à vítima ou aos seus sucessores;

O art. 91 do Código Penal insere como um efeito automático e obrigatório da sentença condenatória transitada em julgado a obrigação certa de indenizar a vítima pelo dano causado pelo crime. Contudo o não cumprimento dessa obrigação não constitui falta disciplinar, mas poderá influenciar de forma negativa para concessão de benefícios como, por exemplo, o livramento condicional.

VIII. indenização ao Estado, quando possível, das despesas realizadas com a sua manutenção, mediante desconto proporcional da remuneração do trabalho;

Lembre-se de que já falamos sobre isso, sendo possível o desconto da remuneração do trabalho do preso em favor do Estado com o intuito de o ressarcir por todas as despesas tida com o condenado.

***IX.** higiene pessoal e asseio da cela ou alojamento;*

O preso tem o dever de cuidar da limpeza tanto do compartimento individual quanto coletivo utilizado por ele.

***X.** conservação dos objetos de uso pessoal.*

Essa conservação diz respeito aos objetos disponibilizados pela administração carcerária ao preso, tais como o colchão, as roupas, os objetos de higiene etc.

Perceba, ainda, que o parágrafo único diz que as mesmas regras aplicadas ao condenado definitivo se aplicam ao preso provisório, com exceção aos deveres decorrentes exclusivamente da condenação, como o fiel cumprimento da sentença, as indenizações à vítima e a execução do trabalho.

Seção II

Dos Direitos

***Art. 40.** Impõe-se a todas as autoridades o respeito à integridade física e moral dos condenados e dos presos provisórios.*

Além de previsto na LEP, o art. 5º, XLIX da CF e o art. 38 do CP também asseguram aos presos, sejam eles definitivos ou provisórios, o respeito à sua integridade física e moral, tratando-se de um direito fundamental da pessoa humana. Essa proteção foi reforçada pelo STJ: *"o Estado Democrático de Direito repudia o tratamento cruel dispensado pelos seus agentes a qualquer pessoa, inclusive os presos. Impende assinalar, neste ponto, o que estabelece a Lex Fundamentalis, no art. 5o, inciso XLIX, segundo o qual os presos conservam, mesmo em tal condição, o direito à intangibilidade de sua integridade física e moral. Desse modo, é inaceitável a imposição de castigos corporais aos detentos, em qualquer circunstância, sob pena de censurável violação aos direitos fundamentais da pessoa humana".*

E seguindo esta mesma direção de proteção a integridade física e moral do preso é que o STF editou a Sumula Vinculante 11: *"só é lícito o uso de algemas em casos de resistência e de fundado receio de fuga ou de perigo à integridade física própria ou alheia, por parte do preso ou de terceiros, justificada a excepcionalidade por escrito, sob pena de responsabilidade disciplinar, civil e penal do agente ou da autoridade e de nulidade da prisão ou do ato processual a que se refere, sem prejuízo da responsabilidade civil do Estado".*

***Art. 41.** Constituem direitos do preso:*

***I.** alimentação suficiente e vestuário;*

***II.** atribuição de trabalho e sua remuneração;*

***III.** previdência social;*

***IV.** constituição de pecúlio;*

***V.** proporcionalidade na distribuição do tempo para o trabalho, o descanso e a recreação;*

***VI.** exercício das atividades profissionais, intelectuais, artísticas e desportivas anteriores, desde que compatíveis com a execução da pena;*

***VII.** assistência material, à saúde, jurídica, educacional, social e religiosa;*

***VIII.** proteção contra qualquer forma de sensacionalismo;*

***IX.** entrevista pessoal e reservada com o advogado;*

***X.** visita do cônjuge, da companheira, de parentes e amigos em dias determinados;*

***XI.** chamamento nominal;*

***XII.** igualdade de tratamento salvo quanto às exigências da individualização da pena;*

***XIII.** audiência especial com o diretor do estabelecimento;*

***XIV.** representação e petição a qualquer autoridade, em defesa de direito;*

***XV.** contato com o mundo exterior por meio de correspondência escrita, da leitura e de outros meios de informação que não comprometam a moral e dos bons costumes.*

***XVI.** atestado de pena a cumprir, emitido anualmente, sob pena da responsabilidade da autoridade judiciária competente.*

***Parágrafo único.** Os direitos previstos nos incisos V, X e XV poderão ser suspensos ou restringidos mediante ato motivado do diretor do diretor do estabelecimento.*

O rol de direitos apresentados por esse artigo é meramente EXEMPLIFICATIVO, ou seja, os direitos do preso não estão limitados ao que está previsto aqui, mas como já vimos ao preso se assegura todos os direitos não atingidos pela sentença ou pela lei, podemos dizer, então, que o preso tem direito a tudo que não lhe é proibido.

***I.** alimentação suficiente e vestuário;*

Estando o Estado responsável pelo condenado será cabível a ele prover a alimentação necessária, bem como o fornecimento de uniforme para identificá-lo das demais pessoas que circulam pelo estabelecimento prisional, desde que este vestuário não afronte a dignidade da pessoa humana expondo o preso ao ridículo.

***II.** atribuição de trabalho e sua remuneração;*

Como já vimos o trabalho além de ser uma obrigação é ainda um direito do preso e isso acontece por seu caráter ressocializador e por beneficiar o preso com redução de pena. A remuneração pelo trabalho é, ainda, um direito do preso, sendo vedado o trabalho gratuito.

***III.** previdência social;*

Conforme dispõe também o art. 39 do CP, o preso tem direito à previdência social, embora o trabalho dele não esteja sujeito às regras da CLT, ele fará jus aos benefícios previdenciários. Vale a ressalva de que a lei não prevê a possibilidade de desconto automático da remuneração para contribuição previdenciária, sendo essa uma faculdade.

Outro aspecto importante sobre o direito do preso e a previdência está no auxílio-reclusão, que é um benefício concedido pelo INSS aos dependentes de pessoas presas, quando essas pessoas já contribuem para a previdência social no momento de sua prisão.

***IV.** constituição de pecúlio;*

Nada mais é do que a verba depositada em caderneta de poupança em decorrência da remuneração pelo trabalho, o qual será entregue ao preso quando for posto em liberdade. Lembre-se de que esse valor só será depositado após serem feitos todos os descontos necessários.

***V.** proporcionalidade na distribuição do tempo para o trabalho, o descanso e a recreação;*

Como já vimos, o trabalho terá uma jornada fixada e para que durante o período sem trabalho não seja ocioso, é um direito do preso que lhe sejam promovidas atividades recreativas, que além de contribuir para a manutenção da disciplina ainda auxiliem no processo de ressocialização.

> ***VI.*** *exercício das atividades profissionais, intelectuais, artísticas e desportivas anteriores, desde que compatíveis com a execução da pena;*

Esse inciso vem para reforçar a ideia de que o preso precisa de atividades que auxiliem no seu retorno à vida em sociedade, de modo que o Estado deve promover meios, espaços e condições que possibilitem a realização de atividades profissionais, intelectuais, artísticas e desportivas quando compatíveis com a execução da pena.

> ***VII.*** *assistência material, à saúde, jurídica, educacional, social e religiosa;*

Essa assistência vem prevista ao longo da LEP. Como já vimos, na forma de assistência material temos o fornecimento de roupas, instalações higiênicas e alimentação; na assistência à saúde temos o direito ao tratamento médico; na assistência jurídica temos a defensoria pública; como assistência educacional temos a instrução escolar e a formação profissional; como assistência social temos o amparo realizado em função do preso ou internado, bem como de sua família para prepará-lo para seu reingresso na sociedade e, por fim, como assistência religiosa temos a permissão de que os presos e internados participem de atividades religiosas organizadas dentro do estabelecimento prisional e também tendo acesso a livros contendo conteúdo religioso.

> ***VIII.*** *proteção contra qualquer forma de sensacionalismo;*

A imagem do indivíduo já é naturalmente atingida quando condenado por um crime e é recolhido ao cárcere, de modo que não há motivos para haver sensacionalismo infundados envolvendo seu nome, o que só faz contribuir com a sua marginalização. Este dispositivo não veda reportagens ou notícias envolvendo os estabelecimentos prisionais, nem eventuais entrevistas concedidas de forma espontânea pelo preso, contudo o conteúdo desses trabalhos não pode atentar contra a dignidade da pessoa humana.

> ***IX.*** *entrevista pessoal e reservada com o advogado;*

Esta prerrogativa decorre do direito de ampla defesa, sendo uma garantia prevista constitucionalmente pelo art. 5º, LV da CF. Este direito de entrevista decorre do direito de sigilo entre cliente e advogado, de modo que nenhuma interceptação será permitida.

Durante um tempo chegou a existir a discussão sobre restringir esse direito aos presos que se encontram em Regime Disciplinar Diferenciado como, por exemplo *"a Secretaria da Administração Penitenciária editou a Resolução SAP 49, de 17 de julho de 2002, com o objetivo de disciplinar o direito de visita e entrevista dos advogados com os presos do Regime Disciplinar Diferenciado, dispondo que "as entrevistas com advogado deverão ser previamente agendadas, mediante requerimento, escrito ou oral, à direção do estabelecimento, que designará imediatamente data e horário para o atendimento reservado, dentro dos 10 dias subsequentes"*. Contudo o STJ entendeu que esta regra era ilegal: *"o prévio agendamento das visitas, mediante requerimento à direção do estabelecimento prisional, é exigência que fere o direito do advogado de comunicar-se com cliente recolhido a estabelecimento civil, ainda que incomunicável, conforme preceitua o citado art. 7o da L. 8.906/1994, norma hierarquicamente superior ao ato impugnado"*, essa decisão se deu pelo fato de que ainda que em Regime Disciplinar Diferenciado, o preso faz parte do mesmo sistema que os demais de modo que ao aplicar a resolução ele seria tratado de forma desigual aos demais, ferindo diretamente a garantia constitucional da igualdade.

> ***X.*** *visita do cônjuge, da companheira, de parentes e amigos em dias determinados;*

Como auxílio na reabilitação do preso, a proximidade da família e de pessoas próximas nesse momento é essencial. Contudo essa visitação será feita em dia e horário determinado pela Administração Penitenciária, contudo esse direito não é ilimitado, ele pode sofrer restrições conforme o caso.

Existem dois pontos relevantes sobre o tema, o primeiro é sobre a visita do filho menor de idade, foi entendida pelo STF que deve ser permitida e que cabe à administração prisional proporcionar meios para que isso ocorra, uma vez que o preso precisa do contato com a família no processo de ressocialização.

O segundo ponto é sobre a chamada "visita íntima", sendo as visitas que têm como objetivo satisfazer as necessidades sexuais do preso, como um meio de tentar reduzir a tensão interna entre os presos e manter a disciplina entre eles, em especial a violência de caráter sexual entre eles e ainda manter o vínculo afetivo com o seu cônjuge ou companheiro.

> ***XI.*** *chamamento nominal;*

O preso tem o direito de ser chamado pelo nome, de modo a ser vedado sua designação por número, apelidos ou qualquer outra denominação que não seu próprio nome.

> ***XII.*** *igualdade de tratamento salvo quanto às exigências da individualização da pena;*

Como já sabemos, o preso tem direito à igualdade, de modo a não ser tratado de forma distinta aos demais, contudo essa igualdade deve ser limitada às exigências da individualização da pena, ou seja, o preso deve ser tratado de forma igual naquilo em que houver igualdade de situação.

> ***XIII.*** *audiência especial com o diretor do estabelecimento;*

É o direito do preso de ter contato direto com o diretor para apresentar reclamações, sugestões, fazer pedidos, dentre outros. Esse direito constitui um importante instrumento de manutenção da ordem e da disciplina dentro do estabelecimento prisional.

Segundo Guilherme de Souza Nucci, "o direito não deve ser absoluto, mas regrado. O diretor-geral não pode negar-se sistematicamente a receber os presos em audiência, mas pode impor limites e condições em nome da disciplina e da segurança".

> ***XIV.*** *representação e petição a qualquer autoridade, em defesa de direito;*

Esse direito encontra respaldo no art. 5º, XXXIV da CF, o qual dispõe que "são a todos assegurados, independentemente do pagamento de taxas: a) o direito de petição aos Poderes Públicos em defesa dos direitos ou contra ilegalidade ou abuso de poder".

Sendo assim, é reforçado o direito do preso de representar ou peticionar diretamente ao Poder Judiciário ou a outros órgãos públicos, visando apresentar reclamações ou realizar pedidos em defesa de seu direito.

Vale a ressalva de que o direito de representação e petição não confere ao preso permissão para ajuizar medidas que exijam capacidade postulatória para tanto.

XV. contato com o mundo exterior por meio de correspondência escrita, da leitura e de outros meios de informação que não comprometam a moral e os bons costumes.

Ao preso é garantido o direito de ter contato com o mundo exterior por meio de correspondência, leitura de jornais, televisão, rádio ou qualquer outro meio de comunicação, inclusive, conforme os avanços tecnológicos, o acesso à internet.

A limitação dos meios que comprometam a moral e os bons costumes possibilita à administração carcerária, em prol da segurança, da disciplina e do objetivo ressocializador da pena, proibir aos detentos o acesso a determinados conteúdos como, por exemplo, notícias de rebeliões ou motins, filmes com atos de violência entre detentos ou relativos ao cometimento de crimes, sites pornográficos, livros alusivos a armas, bombas, dentre outros.

***XVI.** atestado de pena a cumprir, emitido anualmente, sob pena da responsabilidade da autoridade judiciária competente.*

Esse direito surgiu em 2003, com a necessidade de fornecer ao preso, ao menos anualmente, o quanto de pena ainda resta a ele cumprir, uma vez que o cálculo da pena não se limita à simples subtração entre o total imposto e o tempo já cumprido, uma vez que existem diversas situações que podem reduzir o tempo de pena do preso.

***Parágrafo único.** Os direitos previstos nos incisos V, X e XV poderão ser suspensos ou restringidos mediante ato motivado do diretor do diretor do estabelecimento.*

Trata-se aqui de uma suspensão ou redução da jornada de trabalho, da recreação, das visitas e dos contatos com o mundo exterior. Vale a ressalva que a doutrina entende que como o parágrafo único foi explícito ao mencionar quais os direitos podem ser suspensos e restringidos, significa dizer que os demais direitos não estão sujeitos à suspensão ou restrição.

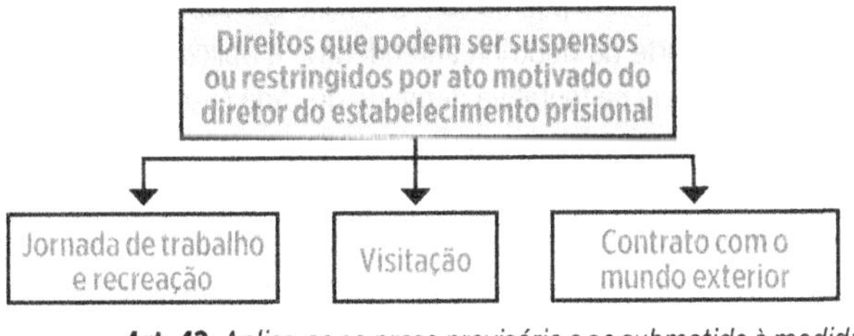

***Art. 42.** Aplica-se ao preso provisório e ao submetido à medida de segurança, no que couber, o disposto nesta Seção.*

Os direitos assegurados ao preso definitivo são aplicados no que couber aos réus presos provisoriamente e aos submetidos a medidas de segurança.

No que diz respeito ao preso provisório, o art. 41, XVI não teria aplicabilidade uma vez que como não existe condenação não há pena definitiva estabelecida. E, ainda, ele não fica obrigado ao trabalho, será facultado a ele.

Contudo, com relação ao internado, existe a possibilidade de que o seu próprio estado mental não permita o exercício de determinados direitos, que poderão ser suspensos ou restringidos pelo período que for necessário.

***Art. 43.** É garantida a liberdade de contratar médico de confiança pessoal do internado ou do submetido a tratamento ambulatorial, por seus familiares ou dependentes, a fim de orientar e acompanhar o tratamento.*

***Parágrafo único.** As divergências entre o médico oficial e o particular serão resolvidos pelo juiz de execução.*

O direito à contratação a médico de confiança pessoal do internado ou ao preso submetido a tratamento ambulatorial tem como finalidade alcançar maiores chances de cura, uma vez que se trata de médico em quem o internado tenha confiança que facilitaria a relação médico/paciente. Fora que, como sabemos, um médico particular não tem as limitações, em termos de recursos materiais e humanos, que os estabelecimentos psiquiátricos têm.

Contudo, se houverem divergências entre o diagnóstico do médico do estabelecimento psiquiátrico e do médico particular, esta será resolvida pelo juiz da execução.

Seção III

Da disciplina

Subseção I

Disposições gerais

***Art. 44.** A disciplina consiste na colaboração com a ordem na obediência às determinações das autoridades e seus agentes e no desempenho do trabalho.*

***Parágrafo único.** Estão sujeitos à disciplina o condenado à pena privativa de liberdade ou restrita de direitos e o preso provisório.*

A disciplina consiste num conjunto de regras que impõem ao condenado atenção às normas disciplinares contidas no estabelecimento prisional, bem como o fiel cumprimento aos deveres contidos no art. 39.

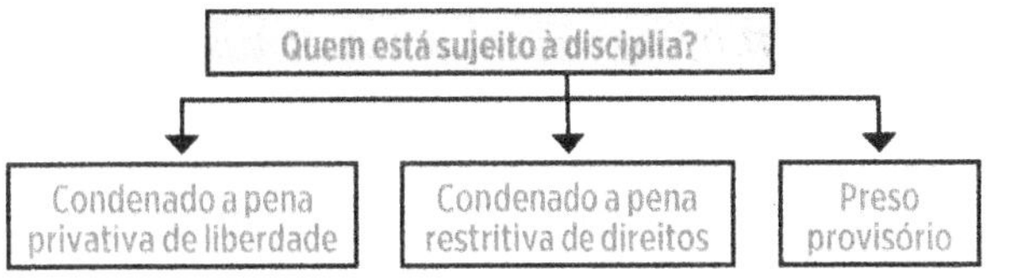

***Art. 45.** Não haverá falta nem sanção disciplinar sem expressa e anterior previsão legal ou regulamentar.*

Este artigo consagra o princípio da legalidade, sendo uma regra semelhante à contida no art. 1º do Código Penal e do art. 5º, XXXIX da CF, ou seja, toda e qualquer sanção disciplinar deve ser estabelecida anteriormente pela lei ou por regulamentos emitidos pela administração carcerária.

***§ 1º** As sanções não poderão colocar em perigo a integridade física e moral do condenado.*

São expressamente vedadas as sanções que possam colocar em perigo a integridade física e moral do condenado. Essa regra vai de encontro com a previsão do art. 5o, XLIX, da CF, segundo a qual "é assegurado aos presos o respeito à integridade física e moral". No mesmo sentido, o art. 38 do Código Penal dispõe que "o preso conserva todos os direitos não atingidos pela perda da liberdade, impondo-se a todas as autoridades o respeito à sua integridade física e moral", e o art. 40 da LEP estabelece que "impõe-se a todas as autoridades o respeito à integridade física e moral dos condenados e dos presos provisórios". Como se vê, não há como permitir qualquer ato de constrangimento ou prática vexatória contra segregados.

***§ 2º** É vedado o emprego de cela escura.*

No passado conhecíamos a cela escura por solitária, conhecida como um local precário, insalubre que não apresentava condições de ser habitado. Ressalta-se que esta proibição não impede que o preso seja recolhido a uma cela individual, conforme os termos previstos para o preso em regime disciplinar diferenciado.

A proibição é de que o preso seja colocado ou mantido em uma cela sob condições indignas, desumana ou degradante.

***§ 3º** São vedadas as sanções coletivas.*

Esse artigo tem como finalidade garantir que não se consagre a responsabilidade penal objetiva, a qual é proibida no direito penal, uma vez que não se pode punir indiscriminadamente todos os indivíduos sem que se comprove a participação de cada um deles.

Tratando do tema, decidiu o Tribunal de Justiça de São Paulo que o simples fato de alguns apenados habitarem a cela, sem a demonstração de sua participação efetiva na escavação do túnel com intenção de fuga, não conduz a aplicação da pena correspondente à falta grave, devendo-se ponderar "que nos termos do § 3o do art. 45 da LEP é vedada a sanção coletiva, prevalecendo assim o princípio da individualização da culpa".

***Art. 46.** O condenado ou denunciado, no início da execução da pena ou da prisão, será cientificado das normas disciplinares.*

Logo no ingresso do preso ao estabelecimento prisional é necessário que ele seja comunicado das regras disciplinares existentes, a fim de que futuramente não seja alegado por ele ignorância de tais regras.

***Art. 47.** O poder disciplinar, na execução da pena privativa da liberdade, será exercido pela autoridade administrativa conforme as disposições regulamentares.*

Quando se tratar de execução de pena privativa de liberdade, o poder disciplinar será exercido pela autoridade administrativa carcerária, conforme as regras contidas no regulamento do estabelecimento prisional. Ao conferir à direção do estabelecimento prisional a imposição e a execução das sanções disciplinares, estabelece a lei uma exceção ao princípio da jurisdicionalidade. E, portanto, podemos afirmar que a atuação do juiz da execução nesses casos apenas ocorrerá nas hipóteses em que a administração carcerária infringir as regras estabelecidas pela lei ou pelo regulamento, devendo-se instaurar, nesse caso, o incidente de desvio de execução contido no art. 185 da LEP, o qual pode ser suscitado pelo Ministério Público, pelo Conselho Penitenciário, pelo próprio sentenciado ou por qualquer dos demais órgãos da execução penal.

***Art. 48.** Na execução das penas restritas de direitos, o poder disciplinar será exercido pela autoridade administrativa a que estiver sujeito o condenado.*

***Parágrafo único.** Nas faltas graves, a autoridade representará ao juiz da execução para os fins dos arts. 118, inciso I, 125, 127, 181, §§ 1º, letra d, e 2º desta Lei.*

Diferente do artigo acima, em se tratando de penas restritivas de direito o poder disciplinar será conferido à autoridade administrativa em que o condenado esteja sujeito, isso ocorre porque muitas vezes esse tipo de penalidade será executada por estabelecimento administrados por agentes do Estado.

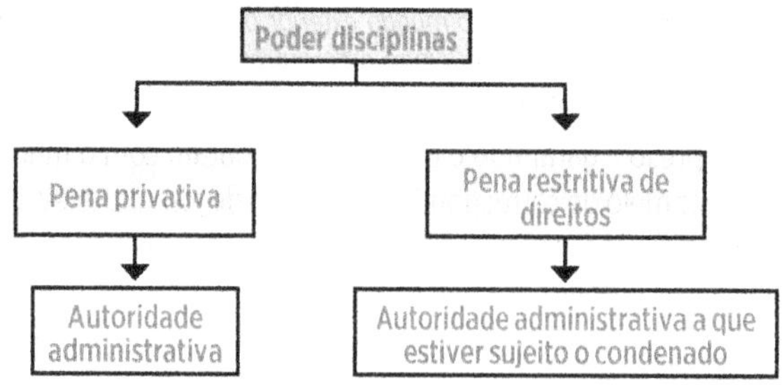

Subseção II
Das faltas disciplinares

***Art. 49.** As faltas disciplinares classificam-se em leves, médias e graves. A legislação local especificará as leves e médias, bem assim as respectivas sanções.*

***Parágrafo único.** Pune-se a tentativa com a sanção correspondente à falta consumada.*

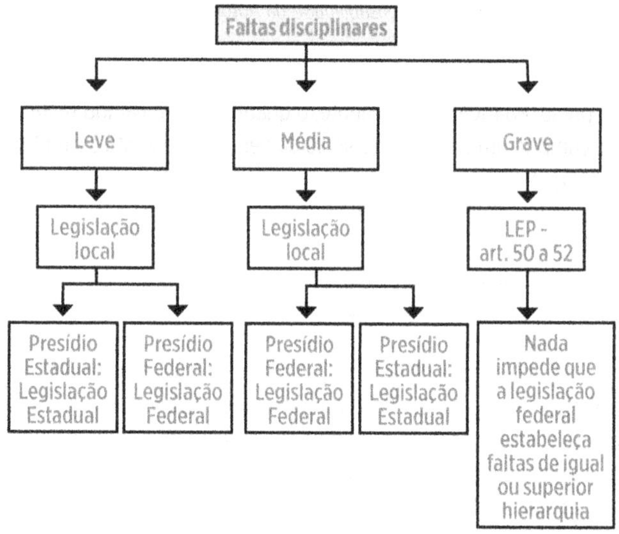

A tentativa será punida com a sanção correspondente à falta consumada, parte da doutrina entende que a aplicação da sanção disciplinar cabível na tentativa depende de cada caso, uma vez que deve ser levado em conta que as consequências da tentativa não são tão graves como se tivesse sido consumado. Em sentido contrário, outra parte da doutrina entende que seja a falta tentada ou consumada a sanção a ser aplicada deve ser a mesma, sem qualquer redução.

***Art. 50.** Comete falta grave o condenado a pena privativa de liberdade que:*

***I.** incitar ou participar de movimento para subverter a ordem ou a disciplina;*

***II.** fugir;*

***III.** possuir, indevidamente, instrumento capaz de ofender a integridade física de outrem;*

***IV.** provocar acidente de trabalho;*

***V.** descumprir, no regime aberto, as condições impostas;*

***VI.** inobservar os deveres previstos nos incisos II e V no art. 39 desta Lei.*

***VII.** tiver em sua posse, utilizar ou fornecer aparelho telefônico, de rádio ou similar, que permita a comunicação com outros presos ou com o ambiente externo.*

***VIII.** recusar submeter-se ao procedimento de identificação do perfil genético.*

***Parágrafo único.** O disposto neste artigo aplica-se no que couber, ao preso provisório.*

Este artigo estabelece o rol de condutas que se classificam como faltas de natureza grave praticadas por condenados que cumprem pena privativa de liberdade, e que se estendem, no que couber, também ao preso provisório.

De acordo com a jurisprudência, esse rol estabelecido pela Lei de Execução Penal é taxativo, não podendo ser ampliado por outros atos normativos.

Sendo assim, se pronunciou o Superior Tribunal de Justiça, salientando que "resolução da Secretaria de Administração Penitenciária do Estado de São Paulo tipificando a conduta como falta grave não é suficiente para legitimar a decisão (de punição), pois nos termos do art. 49 da L. 7.210/1984 a legislação local somente está autorizada a especificar as condutas que caracterizem faltas leves ou médias e suas respectivas sanções".

Na apuração da falta grave, é indispensável assegurar ao apenado o direito à ampla defesa e ao contraditório, sob pena de nulidade da punição eventualmente aplicada.

Fique atento ao inciso VIII pois ele foi introduzido recentemente pela Lei 13.964/19 (Pacote Anticrime).

HABEAS CORPUS SUBSTITUTIVO DE RECURSO ESPECIAL. EXECUÇÃO PENAL. RECUSA INJUSTIFICADA AO TRABALHO. FALTA GRAVE. O DEVER DE TRABALHO IMPOSTO AO APENADO NÃO SE CONFUNDE COM A PENA DE TRABALHO FORÇADO. HABEAS CORPUS NÃO CONHECIDO.

> *O Superior Tribunal de Justiça, seguindo a posição sedimentada pelo Supremo Tribunal Federal, uniformizou o entendimento no sentido de ser inadmissível o conhecimento de habeas corpus substitutivo de recurso previsto para a espécie. Contudo, se constatada a existência de manifesta ilegalidade, é possível a concessão da ordem de ofício.*

> *O art. 50, inciso VI, da Lei de Execução Penal - LEP prevê a classificação de falta grave quando o apenado incorrer na inobservância do dever previsto no inciso V do art. 39 da mesma lei. Dessa forma, constitui falta disciplinar de natureza grave a recusa injustificada à execução do trabalho, tarefas e ordens recebidas no estabelecimento prisional. Ainda, determina o art. 31 da LEP a obrigatoriedade do trabalho ao apenado condenado à pena privativa de liberdade, na medida de suas aptidões e capacidades.*

> *A pena de trabalho forçado, vedada constitucionalmente no art. 5º, inciso XLVIII, alínea 'c', da Constituição Federal, não se confunde com o dever de trabalho imposto ao apenado, consubstanciado no art. 39, inciso V, da LEP, ante o disposto no art. 6º, 3, da Convenção Americana de Direitos Humanos.*

> *Habeas Corpus não conhecido. (HC 264.989/SP, Rel. Ministro ERICSON MARANHO (DESEMBARGADOR CONVOCADO DO TJ/SP), SEXTA TURMA, julgado em 04/08/2015, DJe 19/08/2015)*

Art. 51. *Comete falta grave o condenado à pena restritiva de direitos que:*

I. *descumprir, injustificadamente, a restrição imposta;*

II. *retardar, injustificadamente, o cumprimento da obrigação imposta;*

III. *inobservar os deveres previstos nos incisos II e V do art. 39 desta Lei.*

Este artigo determina quais condutas se enquadram como faltas graves cometidas por condenados a pena restritivas de direitos.

I. *descumprir, injustificadamente, a restrição imposta;*

Ocorre quando o condenado descumpre sem qualquer motivação a obrigação imposta na pena.

II. *retardar, injustificadamente, o cumprimento da obrigação imposta;*

Ocorre quando o condenado atrasa o início do cumprimento da obrigação imposta na pena sem nenhum motivo relevante.

III. *inobservar os deveres previstos nos incisos II e V do art. 39 desta Lei.*

Trata-se da desobediência ao servidor, do desrespeito a qualquer pessoa com quem deva o condenado se relacionar e da não execução do trabalho, das tarefas ou das ordens recebidas.

Art. 52. *A prática de fato previsto como crime doloso constitui falta grave e, quando ocasionar subversão da ordem ou disciplina internas, sujeitará o preso provisório, ou condenado, nacional ou estrangeiro, sem prejuízo da sanção penal, ao regime disciplinar diferenciado, com as seguintes características:*

I. *duração máxima de até 2 (dois) anos, sem prejuízo de repetição da sanção por nova falta grave de mesma espécie;*

II. *recolhimento em cela individual;*

III. *visitas quinzenais, de 2 (duas) pessoas por vez, a serem realizadas em instalações equipadas para impedir o contato físico e a passagem de objetos, por pessoa da família ou, no caso de terceiro, autorizado judicialmente, com duração de 2 (duas) horas;*

IV. *direito do preso à saída da cela por 2 (duas) horas diárias para banho de sol, em grupos de até 4 (quatro) presos, desde que não haja contato com presos do mesmo grupo criminoso;*

V. *entrevistas sempre monitoradas, exceto aquelas com seu defensor, em instalações equipadas para impedir o contato físico e a passagem de objetos, salvo expressa autorização judicial em contrário;*

VI. *fiscalização do conteúdo da correspondência;*

VII. *participação em audiências judiciais preferencialmente por videoconferência, garantindo-se a participação do defensor no mesmo ambiente do preso.*

A primeira parte do caput do art. 52 diz que a prática de fato previsto como crime doloso constitui falta grave, contudo a lei não faz qualquer distinção entre o condenado por pena privativa de liberdade e restritiva de direitos, então podemos entender que ela se aplica a ambos.

No que diz respeito aos crimes preterdolosos, considerando que neles existe dolo quanto ao crime antecedente, então em regra incidem na regra contida acima.

Note que o artigo não exige condenação, basta apenas a prática do ato considerado crime doloso.

Por fim, se o ato praticado ocasionar subversão da ordem ou da disciplina internas do estabelecimento prisional, o juiz da execução está autorizado a determinar a inclusão do preso ao regime disciplinar diferenciado.

§ 1º O regime disciplinar diferenciado também será aplicado aos presos provisórios ou condenados, nacionais ou estrangeiros:

I. que apresentem alto risco para a ordem e a segurança do estabelecimento penal ou da sociedade;

II. sob os quais recaiam fundadas suspeitas de envolvimento ou participação, a qualquer título, em organização criminosa, associação criminosa ou milícia privada, independentemente da prática de falta grave.

§ 2º (Revogado)

§ 3º Existindo indícios de que o preso exerce liderança em organização criminosa, associação criminosa ou milícia privada, ou que tenha atuação criminosa em 2 (dois) ou mais Estados da Federação, o regime disciplinar diferenciado será obrigatoriamente cumprido em estabelecimento prisional federal.

§ 4º Na hipótese dos parágrafos anteriores, o regime disciplinar diferenciado poderá ser prorrogado sucessivamente, por períodos de 1 (um) ano, existindo indícios de que o preso:

I. continua apresentando alto risco para a ordem e a segurança do estabelecimento penal de origem ou da sociedade;

II. mantém os vínculos com organização criminosa, associação criminosa ou milícia privada, considerados também o perfil criminal e a função desempenhada por ele no grupo criminoso, a operação duradoura do grupo, a superveniência de novos processos criminais e os resultados do tratamento penitenciário.

§ 5º Na hipótese prevista no § 3º deste artigo, o regime disciplinar diferenciado deverá contar com alta segurança interna e externa, principalmente no que diz respeito à necessidade de se evitar contato do preso com membros de sua organização criminosa, associação criminosa ou milícia privada, ou de grupos rivais.

§ 6º A visita de que trata o inciso III do caput deste artigo será gravada em sistema de áudio ou de áudio e vídeo e, com autorização judicial, fiscalizada por agente penitenciário.

§ 7º Após os primeiros 6 (seis) meses de regime disciplinar diferenciado, o preso que não receber a visita de que trata o inciso III do caput deste artigo poderá, após prévio agendamento, ter contato telefônico, que será gravado, com uma pessoa da família, 2 (duas) vezes por mês e por 10 (dez) minutos."

O regime disciplinar diferenciado é uma forma especial de cumprimento de pena dentro do regime fechado, caracterizada pela permanência do preso em cela individual, com limitação ao direito de visita e redução no direito de saída da cela.

O RDD é considerado tanto uma sanção disciplinar como uma medida cautelar, sendo sanção disciplinar quando imposta nos termos do art. 52, caput da LEP, e quanto medida cautelar nos termos do art. 52 e parágrafos da LEP.

O crime de organização criminosa vem definido no art. 1, §1º da Lei 12.850/13, já o crime de quadrilha ou banco, atualmente nomeado por associação criminosa nos termos do art. 24 da Lei 12.850/13.

O artigo 52 foi inteiramente alterado pela Lei 13.694/19, ou seja, tem grandes chances de o examinador cobrar esse artigo!

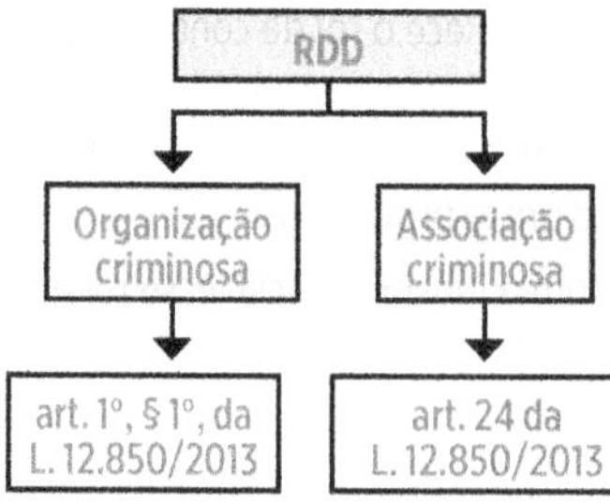

Subseção III

Das sanções e das recompensas

Art. 53. *Constituem sanções disciplinares:*

I. advertência verbal;

II. repreensão;

III. suspensão ou restrição de direitos (art. 41, parágrafo único);

IV. isolamento na própria cela, ou em local adequado, nos estabelecimentos que possuam alojamento coletivo, observado o disposto no art. 8º desta Lei.

V. inclusão no regime disciplinar diferenciado.

Esse rol de sanções é taxativo, de modo que não será admitida sua ampliação. A aplicação das sanções disciplinares é alternativa e não cumulativa.

Considerando a necessidade de que a sanção seja individual e proporcional à conduta praticada pelo preso, determina o art. 57, caput, da LEP que, na sua imposição, devem ser levados em conta a natureza, os motivos, as circunstâncias e as consequências do fato, bem como a pessoa do faltoso e seu tempo de prisão.

Art. 54. *As sanções dos incisos I a IV do art. 53 serão aplicadas por ato motivado do diretor do estabelecimento e a do inciso V, por prévio e fundamentado despacho do juiz competente.*

§ 1º A autorização para a inclusão do preso em regime disciplinar dependerá de requerimento circunstanciado elaborado pelo diretor do estabelecimento ou outra autoridade administrativa.

§ 2º A decisão judicial sobre inclusão de preso em regime disciplinar será precedida de manifestação do Ministério Público e da defesa e prolatada no prazo máximo de quinze dias.

A inclusão do preso ao RDD está condicionado ao prévio e fundamentado despacho do juiz competente. Existe divergências sobre quem seria o juiz competente, uma corrente defende que seja o juiz das execuções penais, outra defende que pode ser o próprio juiz do processo.

A legitimidade para postular a inclusão do RDD é o diretor do estabelecimento prisional em que encontre o preso provisório ou condenado, ou de outra autoridade administrativa, tais como Secretário de Segurança Pública e o Secretário da Administração Penitenciária, sendo vedado ao juiz determiná-lo ex-officio, tampouco o Ministério Público requerer essa inserção.

Assim, apresentado o pedido de inclusão do preso ao RDD, sobre ele deverá se manifestar o MP e a Defesa, sendo que cada um terá o prazo de três dias, após transcorrido o prazo, caberá ao juiz da execução proferir a decisão dentro de 15 dias, sendo que dessa decisão caberá o recurso de agravo da execução.

Art. 55. *As recompensas têm em vista o bom comportamento reconhecido em favor do condenado, de sua colaboração com a disciplina e de sua dedicação ao trabalho.*

Art. 56. São recompensas:

I. o elogio;

II. a concessão de regalias.

Parágrafo único. A legislação local e os regulamentos estabelecerão a natureza e a forma de concessão de regalias.

As recompensas têm como finalidade estimular o preso a manter bom comportamento, a ter responsabilidade no exercício do seu trabalho e de cumprir de forma adequada os deveres que lhe são impostos pela LEP.

Subseção IV

Da aplicação das sanções

Art. 57. Na aplicação das sanções disciplinares, levar-se-ão em conta a natureza, os motivos, as circunstâncias e as consequências do fato, bem como a pessoa do faltoso e seu tempo de prisão.

Parágrafo único. Nas faltas graves, aplicam-se as sanções previstas nos incisos III a V do art. 53 desta Lei.

Assim como toda sanção não basta apenas que se verifique o ato de forma isolada, mas sim todas as circunstâncias para que a falta fosse cometida.

Art. 58. O isolamento, a suspensão e a restrição de direitos não poderão exceder a trinta dias, ressalvada a hipótese do regime disciplinar diferenciado.

Parágrafo único. O isolamento será sempre comunicado ao juiz da execução.

O artigo em análise trouxe um limite de 30 para a duração das penas de isolamento, suspensão e restrição de direito, uma vez que por se tratar de sanções mais severas deve-se garantir que não haverá abuso na aplicação da sanção. Perceba ainda que por se tratar da sanção mais severa, o isolamento deve ser informado ao juiz de execução.

Subseção V

Do procedimento disciplinar

Art. 59. Praticada a falta disciplinar, deverá ser instaurado o procedimento para sua apuração, conforme regulamento, assegurado o direito de defesa.

Parágrafo único. A decisão será motivada.

Art. 60. A autoridade administrativa poderá decretar o isolamento preventivo do faltoso pelo prazo de até dez dias. A inclusão do preso no regime disciplinar diferenciado, no interesse da disciplina e da averiguação do fato, dependerá de despacho do juiz competente.

Parágrafo único. O tempo de isolamento ou inclusão preventiva no regime disciplinar diferenciado será computado no período de cumprimento da sanção disciplinar.

As aplicações das sanções disciplinares contidas no art. 53, inciso I a V compete ao diretor do estabelecimento prisional, exigindo motivação para tanto. Já a penalidade contida no art. 53, inciso V está condicionada a decisão fundamentada do juiz competente.

A aplicação dessas sanções, seja qual for, será precedida de prévio procedimento administrativo disciplinar, que será instaurado no âmbito do estabelecimento prisional, no qual será assegurado ao preso o direito de defesa.

Considera-se necessária a presença do advogado durante o procedimento administrativo disciplinar, sob pena de nulidade por afrontamento às garantias constitucionais da ampla defesa e do contraditório, assim não se pode aplicar a sanção sem respeitada essa formalidade. Se o fizer, a imposição da sanção poderá ser revista judicialmente, uma vez que a regra contida na Súmula Vinculante 5 não se aplica em sede de execução penal diante da repercussão na liberdade de ir e vir do condenado.

Instaurado o procedimento administrativo podem ocorrer três situações:

Não ser reconhecida a prática da falta disciplinar ou não apurar a sua autoria.

Ser reconhecida a prática da falta disciplinar de natureza leve ou média.

Ser reconhecida a prática da natureza disciplinar de natureza grave.

TÍTULO III

DOS ÓRGÃOS DA EXECUÇÃO PENAL

CAPÍTULO I

DISPOSIÇÕES GERAIS

Art. 61. São órgãos da execução penal:

I. o Conselho Nacional de Política Criminal e Penitenciária;

II. o Juízo da Execução;

III. o Ministério Público;

IV. o Conselho Penitenciário;

V. os Departamentos Penitenciários;

VI. o Patronato;

VII. o Conselho da Comunidade;

VIII. a Defensoria Pública.

Cada um desses órgãos possui diferentes atribuições, sendo que uma não conflita com a outra, todos são relevantes para o controle e a fiscalização da execução penal e para o fortalecimento do propósito da LEP de ressocialização do condenado e de apoio ao egresso.

CAPÍTULO II

DO CONSELHO NACIONAL DE POLÍTICA CRIMINAL E PENITENCIÁRIA

Art. 62. O Conselho Nacional de Política Criminal e Penitenciária, com sede na Capital da República, é subordinado ao Ministério da Justiça.

Art. 63. O Conselho Nacional de Política Criminal e Penitenciária será integrado por treze membros designados através de ato do Ministério da Justiça, dentre professores e profissionais da área do Direito Penal, Processual Penal, Penitenciário e ciências correlatas, bem como por representantes da comunidade e dos Ministérios da área social.

Parágrafo único. O mandato dos membros do Conselho terá duração de dois anos, renovado um terço em cada ano.

Art. 64. Ao Conselho Nacional de Política Criminal e Penitenciária, no exercício de suas atividades, em âmbito federal ou estadual, incumbe:

I. propor diretrizes da política criminal quanto a prevenção do delito, Administração da Justiça Criminal e execução das penas e das medidas de segurança;

II. contribuir na elaboração de planos nacionais de desenvolvimento, sugerindo as metas e prioridades da política criminal e penitenciária;

III. promover a avaliação periódica do sistema criminal para a sua adequação às necessidades do País;

IV. estimular e promover a pesquisa criminológica;

V. elaborar programa nacional penitenciário de formação e aperfeiçoamento do servidor;

VI. estabelecer regras sobre a arquitetura e construção de estabelecimentos penais e casas de albergados;

VII. estabelecer os critérios para a elaboração da estatística criminal;

VIII. inspecionar e fiscalizar os estabelecimentos penais, bem assim informar-se, mediante relatórios do Conselho Penitenciário, requisições, visitas ou outros meios, acerca do desenvolvimento da execução penal nos Estados, Territórios e Distrito Federal, propondo às autoridades dela incumbida as medidas necessárias ao seu aprimoramento;

IX. representar ao juiz da execução ou à autoridade administrativa para instauração de sindicância ou procedimento administrativo, em caso de violação das normas referentes à execução penal;

X. representar à autoridade competente para a interdição, no todo ou em parte, de estabelecimento penal.

O Conselho Nacional de Política Criminal e Penitenciária é um órgão colegiado, com sede em Brasília, subordinado ao Ministério da Justiça. O conselho é composto por 13 membros, designados por ato do Ministério da Justiça, entre professores e profissionais da área do Direito Penal, Processo Penal, Penitenciário e Ciências Correlatadas, bem como por representantes da comunidade dos Ministérios da área social.

O mandato dos membros do conselho tem duração de dois anos, renovando-se um terço em cada ano.

As funções do CNPCP vêm definidas no art. 64.

CAPÍTULO III

DO JUÍZO DA EXECUÇÃO

Art. 65. *A execução penal competirá ao juiz indicado na lei local de organização judiciária e, na sua ausência, ao da sentença.*

O juiz competente para atuar no âmbito da execução penal será o juiz indicado pela lei local, ou na sua falta o juiz da sentença, menciona-se o juiz da sentença porque em comarcas menores é comum a inexistência de vara específica para execução criminal, neste caso a função de execução da pena será exercida pelo próprio juiz que proferiu a sentença no processo conhecimento.

Existe um ponto de discussão na doutrina, pois como sabemos a LEP se aplica no que couber ao preso provisório, assim sendo, parte da doutrina entende que competiria ao juiz de execução do local de cumprimento da reprimenda decidir sobre os incidentes que surgirem durante a execução. Contudo outra parte da doutrina entende que por se tratar de execução provisória da pena esta deveria se submeter ao juiz da condenação.

No caso de o preso ter sido condenado pela justiça federal, mas se encontrar recolhido em estabelecimento prisional estadual, caberá, nesse caso, ao juiz das execuções penais do estado presidir sobre a execução da pena imposta, não sendo relevante o âmbito da condenação.

Outro caso é quando o preso é transferido de um estabelecimento prisional estadual para estabelecimento de segurança máxima federal, neste caso o acompanhamento da execução da pena caberá ao juiz federal competente da localidade em que se situar o referido estabelecimento. Entretanto, em se tratando de transferência de preso provisório, será de responsabilidade do juízo que solicitou a transferência do preso dirigir o controle da prisão, por meio de carta precatória.

No caso de o apenado estar sob suspensão condicional do processo, a competência será fixada pelo juízo da residência do executado, essa regra será aplicada igualmente ao indivíduo que cumpre pena restritiva de direitos.

No que diz respeito à pena de multa a competência é da vara de execuções fiscais, por ser considerada uma dívida de valor.

Por fim, no que diz respeito à medida de segurança, a competência será do juízo da execução da comarca em que estiver sendo cumprida, não sendo relevante, para tanto, se a hipótese é de internação ou de tratamento ambulatorial.

Por incompetência do Juízo, a Turma deferiu habeas corpus para cassar decisão proferida pelo juízo de Cascavel/PR, que, com base na Resolução 13/95 do Tribunal de Justiça do Estado do Paraná - que determinava ser, provisoriamente, da competência do juízo da sentença, a execução das penas privativas de liberdade a serem cumpridas em regime fechado, enquanto não implantado o Sistema Penitenciário do Estado -, decidira sobre o pedido de substituição da pena privativa de liberdade a que fora condenado o paciente. Considerou-se que a Lei Paranaense 11.374/95 - que alterou a lei de organização judiciária, prevendo a criação da Vara de Execução Criminal na Comarca de Cascavel -, ainda encontra-se pendente de regulamentação, não podendo o Tribunal de Justiça, por meio de Resolução, regular matéria que está sob reserva legal. HC deferido para cassar a decisão do juízo da comarca de Cascavel/PR, a fim de que outra seja proferida, agora pelo Juízo da Comarca de Curitiba. HC 81.393-PR, rel. Ministra Ellen Gracie, 18.2.2003. (HC-81393)

Art. 66. *Compete ao juiz da execução:*

I. aplicar aos casos julgados lei posterior que de qualquer modo favorecer o condenado;

II. declarar extinta a punibilidade;

III. decidir sobre:

a) soma ou unificação de penas;

b) progressão ou regressão nos regimes;

c) detração e remição da pena;

d) suspensão condicional da pena;

e) livramento condicional;

f) incidentes da execução;

IV. autorizar saídas temporárias;

V. determinar:

a) a forma de cumprimento da pena restritiva de direitos e fiscalizar sua execução;

b) a conversão da pena restritiva de direitos e de multa em privativa de liberdade;

c) a conversão da pena privativa de liberdade em restritiva de direitos;

d) a aplicação da medida de segurança, bem como a substituição da pena por medida de segurança;

e) a revogação da medida de segurança;

f) a desinternação e o restabelecimento da situação anterior;

g) o cumprimento de pena ou medida de segurança em outra Comarca;

h) a remoção do condenado na hipótese prevista no § 1º do art. 86 desta Lei;

VI. zelar pelo correto cumprimento da pena e da medida de segurança;

VII. inspecionar, mensalmente, os estabelecimentos penais, tomando providências para o adequado funcionamento e promovendo, quando for o caso, a apuração de responsabilidade;

VIII. interditar, no todo ou em parte, estabelecimento penal que estiver funcionando em condições inadequadas ou com infringência aos dispositivos desta Lei;

IX. compor e instalar o Conselho da Comunidade;

X. emitir anualmente atestado de pena a cumprir.

A execução penal é jurisdicionalizada, o que significa dizer que incumbe ao magistrado impulsioná-la e fiscalizar o adequado cumprimento da pena imposta. Sendo assim, o artigo acima arrola quais as competências do juiz da execução.

Trata-se de um rol meramente exemplificativo, ou seja, as competências do juiz da execução não se exaurem aqui.

CAPÍTULO IV

DO MINISTÉRIO PÚBLICO

Art. 67. *O Ministério Público fiscalizará a execução da pena e da medida de segurança, oficiando no processo executivo e nos incidentes da execução.*

Art. 68. *Incumbe, ainda, ao Ministério Público;*

I. fiscalizar a regularidade formal das guias de recolhimento e de internamento;

II. requerer;

a) todas as providências necessárias ao desenvolvimento do processo executivo;

b) a instauração dos incidentes de excesso ou desvio de execução;

c) a aplicação de medida de segurança, bem com a substituição da pena por medida de segurança;

d) a revogação da medida de segurança;

e) a conversão de penas, a progressão ou regressão nos regimes e a revogação da suspensão condicional da pena e do livramento condicional;

f) a internação, a desinternação e o restabelecimento da situação anterior;

III. interpor recursos de decisões proferidas pela autoridade judiciária, durante a execução.

Parágrafo único. *O órgão do Ministério Público visitará mensalmente os estabelecimentos penais, registrando a sua presença em livro próprio.*

Ao Ministério Público incumbe atuar em todo processo de execução, desde o início até a extinção da punibilidade do condenado.

No decorrer da sua atuação, existem duas intervenções que são facultadas ao membro do MP: uma, no que diz respeito a requerer deliberações judicias relacionadas à concessão ou revogações de benefícios, instauração de instauração de incidentes, conversões e demais providências concernentes ao desenvolvimento do processo executivo; e a segunda no sentido de intervir mediante a formulação de pareceres com relação a situações materializadas no processo de execução criminal decorrentes de postulações do apenado ou do seu defensor, de manifestações do conselho da comunidade, de pronunciamentos do Conselho Penitenciário, de constatações ex-officio do juiz da execução etc.

Contudo entende que é pacífico o entendimento jurisprudencial de que a ausência de manifestação do MP em todas as fases pertinentes à execução da pena é causa de nulidade absoluta.

O rol contido no art. 68 é meramente exemplificado, uma vez que no próprio decorrer da LEP vemos demais situações onde se faz necessária a atuação do parquet.

CAPÍTULO V

DO CONSELHO PENITENCIÁRIO

Art. 69. *O Conselho Penitenciário é órgão consultivo e fiscalizador da execução da pena.*

§ 1º *O Conselho será integrado por membros nomeados pelo Governador do Estado, do Distrito Federal e dos Territórios, dentre professores e profissionais da área do Direito Penal, Processual Penal, Penitenciário e ciências correlatas, bem como por representantes da comunidade. A legislação federal e estadual regulará o seu funcionamento.*

§ 2º *O mandato dos membros do Conselho Penitenciário terá a duração de quatro anos.*

O Conselho Penitenciário é um órgão consultivo e fiscalizador da execução da pena, de modo que constitui um elo entre o poder executivo e o judiciário sobre esse tema.

O CP é um órgão consultivo pois a ele compete opinar, mediante pareceres, nas situações que lhe são apresentadas. E é órgão fiscalizador no sentido que lhe cabe zelar pela observância dos direitos e interesses dos sentenciados.

O CP será integrado por membros nomeados pelo governador do estado, do Distrito Federal e dos Territórios, entre professores e profissionais da área do direito penal, processo penal, penitenciário e ciências correlatadas, bem como por representantes da comunidade, com mandato de quatro anos.

Nos termos do art. 69 fica a cargo da legislação federal e estadual a regulamentação do funcionamento do CP.

O CP é composto por 20 membros efetivos, escolhidos e indicados entre profissionais que apresentem experiência de, no mínimo, 10 anos na área de direito penal, processual penal, penitenciário e ciências correlatadas, distribuídos da seguinte forma:

seis médicos psiquiatras, indicados pelo Conselho Regional de Medicina do Estado de São Paulo;

quatro Procuradores de Justiça, indicados pelo Procurador-Geral de Justiça do Estado;

dois Procuradores da República, indicados pelo Procurador-Geral da República;

quatro advogados, indicados pela Ordem dos Advogados do Brasil – Seção São Paulo, sendo dois deles na qualidade de representantes da comunidade; dois Procuradores do Estado, da Procuradoria de Assistência Judiciária, indicados pelo Procurador-Geral do Estado;

dois psicólogos, indicados pelo Conselho Regional de Psicologia do Estado de São Paulo;

além de dirigentes de órgãos com atuação no sistema prisional, estes últimos na qualidade de membros informantes, sem direito ao voto.

Não havendo vedação legislativa, nada impede que o Conselho Penitenciário, vencido o respectivo mandato, sejam reconduzidos. Também não se afasta a possibilidade da sua exoneração ocorrer antes do final do período de 4 anos, podendo esta ser motivada pela prática de infrações penais ou administrativas, tudo em conformidade com o que dispõe a lei.

Art. 70. *Incumbe ao Conselho Penitenciário:*

I. *emitir parecer sobre indulto e comutação de pena, excetuada a hipótese de pedido de indulto com base no estado de saúde do preso;*

II. *inspecionar os estabelecimentos e serviços penais;*

III. *apresentar, no primeiro trimestre de cada ano, ao Conselho Nacional de Política Criminal e Penitenciária, relatório dos trabalhos efetuados no exercício anterior;*

IV. *supervisionar os patronatos, bem como assistência dos egressos.*

O rol de atribuições do CP não é taxativo, visto que a própria LEP traz outras funções no decorrer dos demais artigos.

CAPÍTULO VI

DOS DEPARTAMENTOS PENITENCIÁRIOS

Seção I

Do Departamento Penitenciário Nacional

Art. 71. *O Departamento Penitenciário Nacional, subordinado ao Ministério da Justiça, é órgão executivo da Política Penitenciária Nacional e de apoio administrativo e financeiro do Conselho Nacional de Política Criminal e Penitenciária.*

Art. 72. *São atribuições do Departamento Penitenciário Nacional:*

I. *acompanhar a fiel aplicação das normas de execução penal em todo o território nacional;*

II. *inspecionar e fiscalizar periodicamente os estabelecimentos e serviços penais;*

III. *assistir tecnicamente as unidades federativas na implementação dos princípios e regras estabelecidos nesta Lei;*

IV. *colaborar com as unidades federativas, mediante convênios, na implantação de estabelecimentos e serviços penais;*

V. *colaborar com as unidades federativas para a realização de cursos de formação de pessoal penitenciário e de ensino profissionalizante do condenado e do internado;*

VI. *estabelecer, mediante convênios com as unidades federativas, o cadastro nacional das vagas existentes em estabelecimentos locais destinadas ao cumprimento de penas privativas de liberdade aplicadas pela justiça de outra unidade federativa, em especial para presos sujeitos a regime disciplinar;*

VII. *acompanhar a execução da pena das mulheres beneficiadas pela progressão especial de que trata o § 3º do art. 112 desta Lei, monitorando sua integração social e a ocorrência de reincidência, específica ou não, mediante a realização de avaliações periódicas e de estatísticas criminais.*

§ 1º *Incumbe também ao Departamento a coordenação e supervisão dos estabelecimentos penais e de internamento federais.*

§ 2º *Os resultados obtidos por meio do monitoramento e das avaliações periódicas previstas no inciso VII do caput deste artigo serão utilizados para, em função da efetividade da progressão especial para a ressocialização das mulheres de que trata o § 3º do art. 112 desta Lei, avaliar eventual desnecessidade do regime fechado de cumprimento de pena para essas mulheres nos casos de crimes cometidos sem violência ou grave ameaça.*

O DEPEN está subordinado ao Ministério da Justiça, sendo um órgão executivo da Política Penitenciaria Nacional e de apoio administrativo e financeiro do Conselho Nacional de Política Criminal e Penitenciária.

Se trata de um órgão responsável por executar a política penitenciária estabelecida pelo Ministério da Justiça, cabendo-lhe garantir que as normas de execução penal sejam aplicadas de forma adequada em todo o país.

Seção II

Do Departamento Penitenciário local

Art. 73. *A legislação local poderá criar Departamento Penitenciário ou órgão similar, com as atribuições que estabelecer.*

Art. 74. *O Departamento Penitenciário local, ou órgão similar, tem por finalidade supervisionar e coordenar os estabelecimentos penais da unidade da Federação a que pertencer.*

Parágrafo único. *Os órgãos referidos no caput deste artigo realizarão o acompanhamento de que trata o inciso VII do caput do art. 72 desta Lei e encaminharão ao Departamento Penitenciário Nacional os resultados obtidos.*

A LEP trouxe a possibilidade de os estados-membros criarem, dentro do seu âmbito de atuação, departamento penitenciário ou órgão similar, sendo que a lei local irá definir suas atribuições, com o fim de supervisionar e coordenar os estabelecimentos prisionais da sua respectiva unidade federativa.

Além de objetivar acompanhar a execução da pena mais de perto, a esses órgãos incumbe ainda a função de promoção da melhoria do sistema carcerário, adotando estrutura adequada para atender as demandas de humanização da pena, bem como fortalecer o processo ressociativo e integrativo do preso para com a sociedade.

Seção III

Da direção e do pessoal dos estabelecimentos penais

Art. 75. *O ocupante do cargo de diretor de estabelecimento deverá satisfazer os seguintes requisitos:*

I. *ser portador de diploma de nível superior de Direito, ou Psicologia, ou Ciências Sociais, ou Pedagogia, ou Serviços Sociais;*

II. *possuir experiência administrativa na área;*

III. *ter idoneidade moral e reconhecida aptidão para o desempenho da função.*

Parágrafo único. *O diretor deverá residir no estabelecimento, ou nas proximidades, e dedicará tempo integral à sua função.*

Para que o agente possa se tornar direito de estabelecimento prisional ele deve preencher alguns requisitos cumulativos:

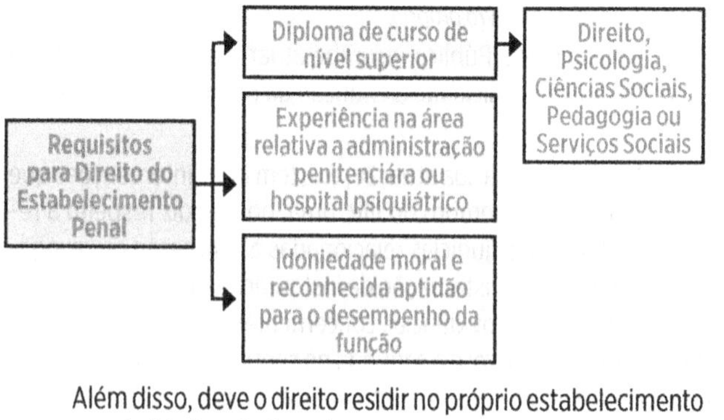

Além disso, deve o direito residir no próprio estabelecimento ou nas proximidades, dedicando tempo integral à função exercida.

Art. 76. *O Quadro do Pessoal Penitenciário será organizado em diferentes categorias funcionais, segundo as necessidades do serviço, com especificação de atribuições relativas às funções de direção, chefia e Assessoramento do estabelecimento e às demais funções.*

A LEP se preocupou em constar a organização do quadro pessoal penitenciário em suas diferentes categorias funcionais, estabelecidas de acordo com a necessidade do serviço prestado, bem como especificando as atribuições inerentes a cada função, sendo elas de direção, chefia e assessoramento do estabelecimento penal.

Essa organização surge em decorrência da complexidade do processo de execução da pena, no qual demanda do estabelecimento prisional diversas funções que devem ser exercidas por uma pessoa especializada no tema.

> ***Art. 77.*** *A escolha do pessoal administrativo, especializado, de instrução técnica e de vigilância atenderá a vocação, preparação profissional e antecedentes pessoais do candidato.*
>
> ***§ 1º*** *O ingresso do pessoal penitenciário, bem como a progressão ou a ascensão funcional dependerão de cursos específicos de formação, procedendo-se à reciclagem periódica dos servidores em exercício.*
>
> ***§ 2º*** *No estabelecimento para mulheres somente se permitirá o trabalho de pessoal do sexo feminino, salvo quando se tratar de pessoal técnico especializado.*

São distribuídos em 4 categorias distintas o pessoal penitenciário:

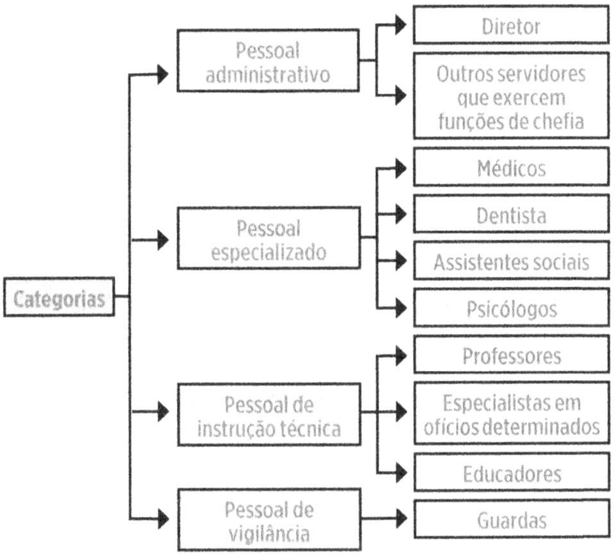

Independentemente dessa classificação, a lei estabelece que o ingresso dos servidores, bem como a progressão e ascensão funcional dependeram de participação de cursos específicos, devendo ser realizada a reciclagem periódica daqueles que estiverem em exercício.

E, ainda, nos estabelecimentos penais destinados às mulheres a lei assegura que o trabalho será exercido por mulheres, com exceção de se tratar de pessoal técnico especializado.

CAPÍTULO VII
DO PATRONATO

> ***Art. 78.*** *O Patronato público ou particular destina-se a prestar assistência ao albergados e aos egressos (art. 26).*
>
> ***Art. 79.*** *Incumbe também ao Patronato:*
>
> ***I.*** *orientar os condenados à pena restritiva de direitos;*
>
> ***II.*** *fiscalizar o cumprimento das penas de prestação de serviço à comunidade e de limitação de fim de semana;*
>
> ***III.*** *colaborar na fiscalização do cumprimento das condições da suspensão e do livramento condicional.*

O Patronato é aquele que trabalha com o condenado solto, que está na condição de liberdade ou por estar em regime aberto, ou por estar cumprindo penas restritivas de direitos ou por outro benefício a ele concedido, uma vez que o caput do art. 78 menciona que o patronato está destinado à assistência aos albergados e aos egressos.

Incumbe, ainda, ao patronato orientar os condenados às penas restritivas de direitos, fiscalizar o cumprimento das penas e dos benefícios, verificando se estão sendo respeitadas as restrições impostas.

Os patronatos podem ser públicos ou particulares, sendo público aqueles oficiais, vinculados ao Poder Público, e particular aqueles que são exercidos por instituições privadas que auxiliam o poder judiciário na execução e fiscalização das penas alternativas e contribuem para a valorização do apenado na comunidade e no seio familiar.

CAPÍTULO VIII
DO CONSELHO DA COMUNIDADE

> ***Art. 80.*** *Haverá, em cada comarca, um Conselho da Comunidade composto, no mínimo, por 1 (um) representante de associação comercial ou industrial, 1 (um) advogado indicado pela Seção da Ordem dos Advogados do Brasil, 1 (um) Defensor Público indicado pelo Defensor Público Geral e 1 (um) assistente social escolhido pela Delegacia Seccional do Conselho Nacional de Assistentes Sociais.*
>
> ***Parágrafo único.*** *Na falta da representação prevista neste artigo, ficará a critério do juiz da execução a escolha dos integrantes do Conselho.*
>
> ***Art. 81.*** *Incumbe ao Conselho da Comunidade:*
>
> ***I.*** *visitar, pelo menos mensalmente, os estabelecimentos penais existentes na Comarca;*
>
> ***II.*** *entrevistar presos;*
>
> ***III.*** *apresentar relatórios mensais ao juiz da execução e ao Conselho Penitenciário;*
>
> ***IV.*** *diligenciar a obtenção de recursos materiais e humanos para melhor assistência ao preso ou internado, em harmonia com a direção do estabelecimento.*

A LEP instituiu o Conselho da Comunidade com o intuito de demostrar a importância da participação da sociedade no processo de ressocialização do condenado, uma vez que o descaso e a falta de aceitação da sociedade é um dos fatores que podem determinar a reincidência criminosa.

O Conselho da Comunidade será composto por:

Considerando as atribuições contidas no art. 81 da LEP, podemos notar que elas estão, em sua maioria, se referindo sobre a atuação diante de sentenciados presos ou internados, deste modo podemos concluir que o conselho de comunidade deve ser instalado nas comarcas onde haja presídio ou hospital de custódia e tratamento psiquiátrico.

Será de competência do juiz da execução, nos termos do art. 66, IX da LEP a compor e instalar o conselho da comunidade.

O rol de atribuições do conselho não é exaustivo, uma vez que a própria LEP em outros artigos estabelece outras funções.

CAPÍTULO IX

DA DEFENSORIA PÚBLICA

Art. 81-A. *A Defensoria Pública velará pela regular execução da pena e da medida de segurança, oficiando, no processo executivo e nos incidentes da execução, para a defesa dos necessitados em todos os graus e instâncias, de forma individual e coletiva.*

Art. 81-B. *Incumbe, ainda, à Defensoria Pública:*

I. *requerer:*

a) *todas as providências necessárias ao desenvolvimento do processo executivo;*

b) *a aplicação aos casos julgados de lei posterior que de qualquer modo favorecer o condenado;*

c) *a declaração de extinção da punibilidade;*

d) *a unificação de penas;*

e) *a detração e remição da pena;*

f) *a instauração dos incidentes de excesso ou desvio de execução;*

g) *a aplicação de medida de segurança e sua revogação, bem como a substituição da pena por medida de segurança;*

h) *a conversão de penas, a progressão nos regimes, a suspensão condicional da pena, o livramento condicional, a comutação de pena e o indulto;*

i) *a autorização de saídas temporárias;*

j) *a internação, a desinternação e o restabelecimento da situação anterior;*

k) *o cumprimento de pena ou medida de segurança em outra comarca;*

l) *a remoção do condenado na hipótese prevista no § 1º do art. 86 desta Lei;*

II. *requerer a emissão anual do atestado de pena a cumprir;*

III. *interpor recursos de decisões proferidas pela autoridade judiciária ou administrativa durante a execução;*

IV. *representar ao Juiz da execução ou à autoridade administrativa para instauração de sindicância ou procedimento administrativo em caso de violação das normas referentes à execução penal;*

V. *visitar os estabelecimentos penais, tomando providências para o adequado funcionamento, e requerer, quando for o caso, a apuração de responsabilidade;*

VI. *requerer à autoridade competente a interdição, no todo ou em parte, de estabelecimento penal.*

Parágrafo único. *O órgão da Defensoria Pública visitará periodicamente os estabelecimentos penais, registrando a sua presença em livro próprio.*

Em prol da ampla defesa a LEP introduziu a Defensoria Pública como uma espécie de fiscal da execução da pena e da medida de segurança, garantindo que todos aqueles que não tiverem condições financeiras de pagar um defensor particular não fiquem desamparados de defesa técnica.

O rol em que consta as atribuições da Defensoria é meramente exemplificativo, podendo a defensoria atuar em outras hipóteses fora das contidas no art. 81-B.

TÍTULO IV

DOS ESTABELECIMENTOS PENAIS

CAPÍTULO I

DISPOSIÇÕES GERAIS

Art. 82. *Os estabelecimentos penais destinam-se ao condenado, ao submetido à medida de segurança, ao preso provisório e ao egresso.*

§ 1º *A mulher e o maior de sessenta anos, separadamente, serão recolhidos a estabelecimento próprio e adequado à sua condição pessoal.*

§ 2º *O mesmo conjunto arquitetônico poderá abrigar estabelecimentos de destinação diversa desde que devidamente isolados.*

Art. 83. *O estabelecimento penal, conforme a sua natureza, deverá contar em suas dependências com áreas e serviços destinados a dar assistência, educação, trabalho, recreação e prática esportiva.*

§ 1º *Haverá instalação destinada a estágio de estudantes universitários.*

§ 2º *Os estabelecimentos penais destinados a mulheres serão dotados de berçário, onde as condenadas possam cuidar de seus filhos, inclusive amamentá-los, no mínimo, até 6 (seis) meses de idade.*

§ 3º *Os estabelecimentos de que trata o § 2º deste artigo deverão possuir, exclusivamente, agentes do sexo feminino na segurança de suas dependências internas.*

§ 4º *Serão instaladas salas de aulas destinadas a cursos do ensino básico e profissionalizante.*

§ 5º *Haverá instalação destinada à Defensoria Pública.*

Os estabelecimentos penais são destinados ao condenado, ao indivíduo submetido à medida de segurança, ao preso provisório e ao egresso, considerando o egresso como sendo o liberado definitivo, pelo prazo de um ano a contar da saída do estabelecimento, bem como o preso sob liberdade condicional durante o período de prova.

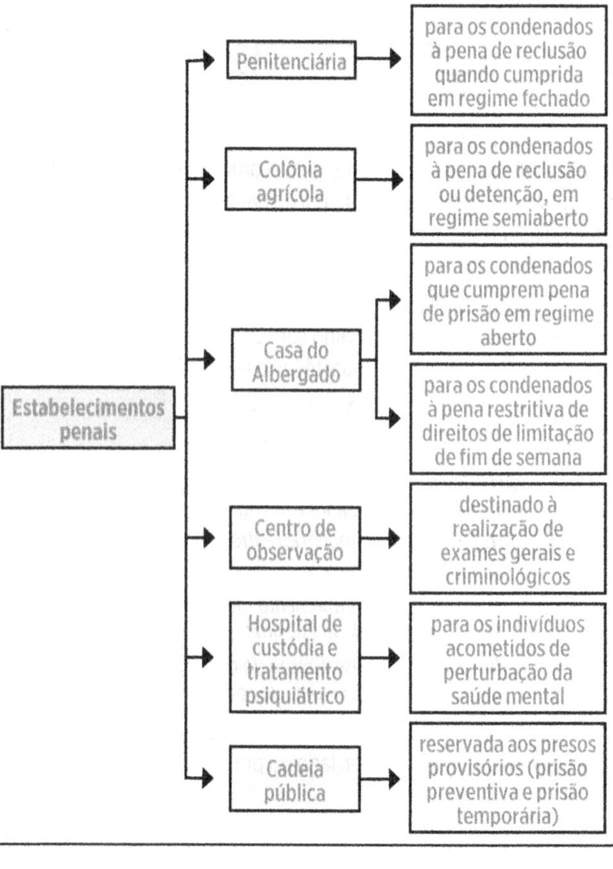

São estabelecimentos penais previstos na LEP:

No que diz respeito à classificação legal dos estabelecimentos penais e das diferenças entre elas, a lei não impõe que o Poder Público construa prédios separados para abrigar cada um deles, nesse sentido o art. 82, §2º da LEP diz que um mesmo conjunto arquitetônico poderá abrigar estabelecimento com destinações diversas, desde que, cada um fique isolado do outro.

O isolamento deve ocorrer, por exemplo, com divisão do estabelecimento prisional em pavilhões ou alas específicas, uma para cada diferente categoria dos presos.

Os estabelecimentos, a depender de sua natureza, deverão contar dentro de suas dependências com áreas e serviços destinados a dar assistência, educação, trabalho, recreação e prática esportiva. Essa norma está agregada a outras normas contidas na LEP, especialmente aquelas que garantem ao preso a assistência material, a assistência à saúde, a assistência jurídica, a assistência educacional e assistência social e o direito ao trabalho.

A lei ainda obriga que dentro dos estabelecimentos existam salas de aula destinadas a cursos de ensino básico e profissionalizante. A previsão legal tem como condão auxiliar na capacitação do indivíduo de modo que ela possa retornar ao mercado de trabalho quando colocado em liberdade.

Outro ponto em que o legislador se preocupou em trazer para o texto legislativo foi garantir a instalação destinada à Defensoria Pública nos estabelecimentos prisionais, impondo ao poder público que forneça aos defensores a estrutura pessoal e material necessária para o atendimento da população carcerária.

Ainda, como meio de prevenir a superlotação dos estabelecimentos prisionais, a LEP determina que a lotação deve ser compatível com a estrutura e a finalidade impostas pelo Conselho Nacional de Política Criminal e Penitenciária, a qual incube delimitar o limite máximo de capacidade do estabelecimento, atendendo à sua natureza e especificidades.

No caso de haver a superlotação carcerária esta poderá implicar na interdição do estabelecimento penal, determinada pelo juiz da execução com fundamento no art. 66, VIII, da LEP, sem prejuízo da incidência do art. 203, § 4º da LEP.

O art. 82,§1º da LEP veio para confirmar a regra constante no art. 5º, XLVII da CF, estabelecendo que a mulher deve ser recolhida em estabelecimento próprio e adequado para suas condições pessoais, o objetivo dessa norma é separar os homens das mulheres, tentando afastar as violências de ordem sexual e da própria promiscuidade entre eles.

Os estabelecimentos que são direcionados às mulheres deverão possuir, de forma exclusiva, agentes do sexo feminino de segurança nas suas dependências internas.

Os estabelecimentos femininos deverão, ainda, ter berçários, onde as condenadas possam cuidar dos seus filhos, tendo direito de amamentá-los no mínimo até os 6 meses de idade, regra essa que harmoniza com o disposto no art. 5º, L da CF.

Aos maiores de 60 anos é garantido o direito de serem recolhidos em estabelecimentos penais adequados à sua condição penal, independentemente do seu regime de cumprimento de pena. Esta norma se fundamenta na maior fragilidade por conta da sua idade, como meio de preservar sua saúde física e mental. Ressalta-se que, em se tratando de maior de 70 anos, o regime de cumprimento de pena será o aberto.

Art. 83-A. *Poderão ser objeto de execução indireta as atividades materiais acessórias, instrumentais ou complementares desenvolvidas em estabelecimentos penais, e notadamente:*

I. *serviços de conservação, limpeza, informática, copeiragem, portaria, recepção, reprografia, telecomunicações, lavanderia e manutenção de prédios, instalações e equipamentos internos e externos;*

II. *serviços relacionados à execução de trabalho pelo preso.*

§ 1º *A execução indireta será realizada sob supervisão e fiscalização do poder público.*

§ 2º *Os serviços relacionados neste artigo poderão compreender o fornecimento de materiais, equipamentos, máquinas e profissionais.*

O artigo anterior estabelece que o preso poderia cumprir sua pena de forma indireta ao exercer algumas atividades realizadas dentro do estabelecimento prisional, sendo que essas atividades seriam supervisionadas e fiscalizadas.

Art. 83-B. *São indelegáveis as funções de direção, chefia e coordenação no âmbito do sistema penal, bem como todas as atividades que exijam o exercício do poder de polícia, e notadamente:*

I. *classificação de condenados;*

II. *aplicação de sanções disciplinares;*

III. *controle de rebeliões;*

IV. *transporte de presos para órgãos do Poder Judiciário, hospitais e outros locais externos aos estabelecimentos penais.*

Os cargos relacionados ao comando não podem ser delegados a outras pessoas dentro do quadro pessoal do sistema prisional, isso porque são cargos com poder de decisão e as pessoas que irão exercê-los devem ser previamente escolhidas e devem, ainda, preencher os requisitos estabelecidos pela LEP.

Art. 84. *O preso provisório ficará separado do condenado por sentença transitada em julgado.*

§ 1º *Os presos provisórios ficarão separados de acordo com os seguintes critérios:*

I. *acusados pela prática de crimes hediondos ou equiparados;*

II. *acusados pela prática de crimes cometidos com violência ou grave ameaça à pessoa;*

III. *acusados pela prática de outros crimes ou contravenções diversos dos apontados nos incisos I e II.*

§ 2º *O preso que, ao tempo do fato, era funcionário da Administração da Justiça Criminal ficará em dependência separada.*

§ 3º *Os presos condenados ficarão separados de acordo com os seguintes critérios:*

I. *condenados pela prática de crimes hediondos ou equiparados;*

II. *reincidentes condenados pela prática de crimes cometidos com violência ou grave ameaça à pessoa;*

III. *primários condenados pela prática de crimes cometidos com violência ou grave ameaça à pessoa;*

IV. *demais condenados pela prática de outros crimes ou contravenções em situação diversa das previstas nos incisos I, II e III.*

§ 4º *O preso que tiver sua integridade física, moral ou psicológica ameaçada pela convivência com os demais presos ficará segregado em local próprio.*

Art. 85. *O estabelecimento penal deverá ter lotação compatível com a sua estrutura e finalidade.*

Parágrafo único. *O Conselho Nacional de Política Criminal e Penitenciária determinará o limite máximo de capacidade do estabelecimento, atendendo a sua natureza e peculiaridades.*

Primeiramente vale diferenciar quem é o preso provisório e quem é o definitivo, o primeiro é referente àqueles que se encontram presos de forma preventiva ou temporária; já os definitivos são aqueles condenados por decisão judicial transitada em julgado.

Seguindo a linha do CPP, a LEP também determina que os presos definitivos devem ficar separados dos provisórios, uma vez que o preso definitivo está em cárcere por ter ficado comprovada a sua responsabilidade criminal, já o preso preventivo está lá por necessidade cautelar, não há certeza sobre sua culpa nem sobre sua inocência.

Nos casos em que a estrutura do estabelecimento não consegue fazer a divisão dos presos, a prisão domiciliar se apresentar como um meio de resolver a questão, embora as hipóteses em que a prisão preventiva possa ser convertida em domiciliar sejam taxativas, o preso não pode ter seu direito violado, sendo assim o STF já entendeu que, zelando pelo bem estar do acusado, deve-se ir pelo que mais o beneficia, no caso a prisão domiciliar.

"Em subsistindo, assim, a falta de vaga para o cumprimento em regime semiaberto e na impossibilidade da Casa de Albergado, mostra-se juridicamente plausível a concessão de prisão domiciliar, impondo-se, como se impõe, sem qualquer exoneração do Poder Público do dever de promover a efetividade da resposta penal, na dupla perspectiva da prevenção geral e especial, decidir em favor do direito de liberdade, como é do Estado Social e Democrático de Direito." STJ, Habeas Corpus 48.629/MG, DJ 04.09.2006

Sendo o preso primário, este cumprirá sua pena em seção distinta daquela reservada aos presos reincidentes, isto porque se deve evitar que o indivíduo que acabou de iniciar sua vida no cárcere permaneça na mesma cela que criminosos habituais, podendo sofrer influências negativas que possam vir a prejudicar seu processo de ressocialização.

O preso que no momento do crime era funcionário da administração da justiça criminal ficará em local separado dos demais, isolado dos presos comuns, com o objetivo de resguardar sua integridade física e moral, que por hostilidade dos demais presos poderá ser comprometida.

Embora o artigo se relacione apenas aos funcionários da administração da justiça, a jurisprudência tem entendido que esta regra deve ser aplicada por analogia aos agentes penitenciários e aos policiais civis ou militares.

Art. 86. *As penas privativas de liberdade aplicadas pela Justiça de uma unidade federativa podem ser executadas em outra unidade, em estabelecimento local ou da União.*

§ 1º *A União Federal poderá construir estabelecimento penal em local distante da condenação para recolher os condenados, quando a medida se justifique no interesse da segurança pública ou do próprio condenado.*

§ 2º *Conforme a natureza do estabelecimento, nele poderão trabalhar os liberados ou egressos que se dediquem a obras públicas ou ao aproveitamento de terras ociosas.*

§ 3º *Caberá ao juiz competente, a requerimento da autoridade administrativa definir o estabelecimento prisional adequado para abrigar o preso provisório ou condenado, em atenção ao regime e aos requisitos estabelecidos.*

As penas privativas de liberdade que estão sendo aplicadas pela justiça de uma unidade federativa poderão ser executadas em outro estado, seja em estabelecimento local ou da União.

No que diz respeito aos presos que apresentem um perigo maior à sociedade podem ser colocados em presídios de segurança máxima, sendo esses os estabelecimentos mencionados no art. 86,§1º da LEP.

Os egressos e os liberados da medida de segurança poderão realizar atividades laborais nos estabelecimentos penais desde que estes se dediquem a obras públicas ou ao aproveitamento de terras ociosas. O trabalho poderá ser desenvolvido em estabelecimentos destinados aos presos dos regimes semiaberto e aberto, e em caráter excepcional poderá ser realizado em locais reservados aos presos do regime fechado.

CAPÍTULO II
DA PENITENCIÁRIA

Art. 87. *A Penitenciária destina-se ao condenado à pena de reclusão, em regime fechado.*

Parágrafo único. *A União Federal, os Estados, o Distrito Federal e os Territórios poderão construir Penitenciárias destinadas, exclusivamente, aos presos provisórios e condenados que estejam em regime fechado, sujeitos ao regime disciplinar diferenciado, nos termos do art. 52 desta Lei.*

A penitenciaria é destinada aos condenados à pena de reclusão em regime de cumprimento fechado. É um estabelecimento que contará com o máximo de segurança, muros altos e com vigilância ostensiva exercida por meio de policiais ou agentes penitenciários. Note que a lei foi omissa sobre os condenados à pena de detenção que se encontrem em regime fechado, nesse caso os detentos cumpriram sua pena em penitenciárias, contudo permanecendo em alas separadas dos condenados com pena de reclusão.

O parágrafo único assegura a construção de estabelecimentos separados ao presos provisórios e os que se encontrem em cumprimento em RDD, os quais por razão de ordem pública precisam contar com máxima condição de segurança e, ainda, necessitam de recolhimento em celas individuais.

Art. 88. *O condenado será alojado em cela individual que conterá dormitório, aparelho sanitário e lavatório.*

Parágrafo único. *São requisitos básicos da unidade celular:*

a) *salubridade do ambiente pela concorrência dos fatores de aeração, insolação e condicionamento térmico adequado à existência humana;*

b) *área mínima de seis metros quadrados.*

Com o objetivo de garantir os direitos e as garantias fundamentais do preso, a LEP determina que o condenado deva ser alojado em cela individual, que conterá equipamentos mínimos para uma vida digna dentro do cárcere, sem contar nas condições mínimas de salubridade do ambiente, bem como deverá ter a área mínima de seis metros quadrados, tudo isso para garantir que os presos sejam tratados de forma humanizada.

Art. 89. *Além dos requisitos referidos no art. 88, a penitenciária de mulheres será dotada de seção para gestante e parturiente e de creche para abrigar crianças maiores de 6 (seis) meses e menores de 7 (sete) anos, com a finalidade de assistir a criança desamparada cuja responsável estiver presa.*

Parágrafo único. *São requisitos básicos da seção e da creche referidas neste artigo:*

I. atendimento por pessoal qualificado, de acordo com as diretrizes adotadas pela legislação educacional e em unidades autônomas; e

II. horário de funcionamento que garanta a melhor assistência à criança e à sua responsável.

Além dos requisitos mínimos de humanização contidos no artigo acima, a penitenciária que se destina ao recolhimento de mulheres deverá ser dotada de uma seção voltada para gestante e parturiente e de creche para abrigar crianças maiores de seis meses e menores de sete anos, com a finalidade de assistir a criança desamparada cuja a responsável esteja presa.

A previsão de que o processo além de ser ressocializador, deve ainda garantir que a execução da pena seja feita de forma justa, estando em consonância com o que a Constituição Federal consagra como sendo direito e garantia de toda pessoa humana.

Art. 90. *A penitenciária de homens será construída em local afastado do centro urbano a distância que não restrinja a visitação.*

O cuidado do legislador nesse dispositivo decorre das questões de segurança para a comunidade, junto a qual esteja situado o estabelecimento, considerando-se principalmente a possiblidade de motins e de fugas.

Contudo essa precaução não pode impedir o contato do preso com seus familiares e amigos durante o período em cárcere, uma vez que o isolamento pode tornar o processo ressocializador ineficaz.

CAPÍTULO III

DA COLÔNIA AGRÍCOLA, INDUSTRIAL OU SIMILAR

Art. 91. *A Colônia Agrícola, Industrial ou similar destina-se ao cumprimento da pena em regime semiaberto.*

Não importa a forma como sentenciado passou para o regime do semiaberto, seja ele o inicial ou seja ele alcançado por meio de progressão de regime, uma vez estando em cumprimento de pena no semiaberto ele deverá ser colocado em colônia agrícola, industrial ou similar.

Trata-se de um estabelecimento de segurança média, sem muros ou grades, com uma segurança discreta e não armada. Os presos dentro desta condição tem liberdade de movimento, uma vez que a vigilância nesse estabelecimento se baseia na disciplina e responsabilidade do preso.

Art. 92. *O condenado poderá ser alojado em compartimento coletivo, observados os requisitos da letra a do parágrafo único do art. 88 desta Lei.*

Parágrafo único. *São também requisitos básicos das dependências coletivas:*

a) *a seleção adequada dos presos;*

b) *o limite de capacidade máxima que atenda os objetivos de individualização da pena.*

O preso em regime do semiaberto colocado em colônia agrícola, industrial ou similar, poderá ser alojado em compartimento coletivo, desde que observadas as condições de salubridade do ambiente, em especial ao que diz respeito à aeração, isolação e condicionamento térmico.

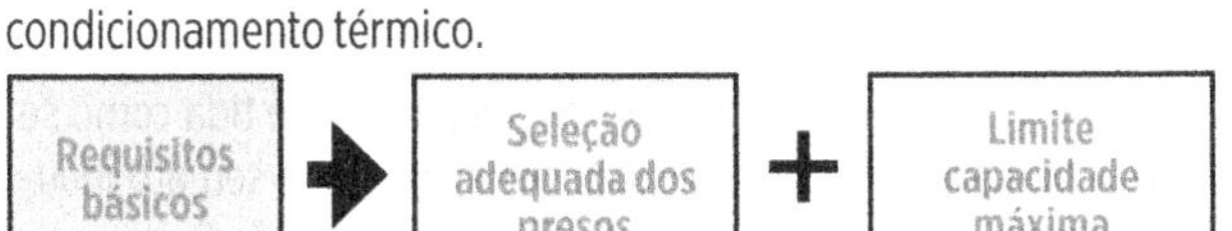

No caso de não haver vaga na unidade prisional, o preso deverá ser posto no regime aberto ou em prisão domiciliar, uma vez que seria ilegal que ele cumprisse sua pena em local mais gravoso por falta de estruturas do Estado.

CAPÍTULO IV

DA CASA DO ALBERGADO

Art. 93. *A Casa do Albergado destina-se ao cumprimento de pena privativa de liberdade, em regime aberto, e da pena de limitação de fim de semana.*

Art. 94. *O prédio deverá situar-se em centro urbano, separado dos demais estabelecimentos, e caracterizar-se pela ausência de obstáculos físicos contra a fuga.*

Art. 95. *Em cada região haverá pelo menos uma Casa do Albergado, a qual deverá conter, além dos aposentos para acomodar os preços, local adequado para cursos e palestras.*

Parágrafo único. *O estabelecimento terá instalações para os serviços de fiscalização e orientação dos condenados.*

A casa do albergado se destina ao cumprimento de pena privativa de liberdade dentro do regime aberto, bem como da pena restritiva de direitos de limitação de fim de semana.

O regime aberto está baseado na autodisciplina e no senso de responsabilidade e sem vigilância, trabalhar, frequentar curso ou exercer outra atividade autorizada, permanecendo recolhido na casa do albergado durante o período noturno e nos dias de folga.

A limitação do fim de semana consiste na obrigação de permanecer, aos sábados e aos domingos, pelo período de 5 horas diárias, em casa do albergado ou em outro estabelecimento igualmente adequado. Nesse local poderão ser realizados cursos e palestras ou, ainda, serem atribuídas atividades educativas.

O prédio da casa do albergado deverá situar-se em centro urbano, separado dos demais estabelecimentos, caracterizando-se pela ausência de guarda armada e de obstáculos físicos contra a fuga, tais como grades e muros. Contudo nada impede de existir na referida casa o controle de entrada e saída dos condenados, até mesmo para que seja informado adequadamente ao juiz da execução sobre o correto cumprimento da pena. Em termos de estrutura física, dispõe a lei que a edificação, além dos aposentos para acomodar os presos, deverá conter local adequado para cursos e palestras.

CAPÍTULO V

DO CENTRO DE OBSERVAÇÃO

Art. 96. *No Centro de Observação realizar-se-ão os exames gerais e o criminológico, cujos resultados serão encaminhados à Comissão Técnica de Classificação.*

Parágrafo único. *No Centro poderão ser realizadas pesquisas criminológicas.*

Art. 97. *O Centro de Observação será instalado em unidade autônoma ou em anexo a estabelecimento penal.*

Art. 98. *Os exames poderão ser realizados pela Comissão Técnica de Classificação, na falta do Centro de Observação.*

Tendo como finalidade a orientação sobre a individualização da pena e com isso dar início à execução da pena, o centro de observação surge para dar aplicabilidade às garantias contidas no art. 5º e 8º da LEP. O condenado a pena privativa de liberdade será submetido a exames gerais e também ao criminológico, como forma de garantir que cada indivíduo seja tratado dentro do processo de execução da pena conforme as suas peculiaridades.

Os exames mencionados terão seus resultados encaminhados à Comissão Técnica de Classificação, a fim de que seja elaborado o programa individualizado da pena privativa de liberdade adequada ao condenado.

O centro de observação, que deve existir em cada estado, será instalado em unidade autônoma ou em prédio anexo a estabelecimento penal. Se ausente, a lei vai permitir que os exames gerais e criminológicos sejam realizados pela comissão técnica – classificação instalada no estabelecimento que se encontra o condenado.

CAPÍTULO VI

DO HOSPITAL DE CUSTÓDIA E TRATAMENTO PSIQUIÁTRICO

Art. 99. *O Hospital de Custódia e Tratamento Psiquiátrico destina-se aos inimputáveis e semi-imputáveis referidos no art. 26 e seu parágrafo único do Código Penal.*

Parágrafo único. *Aplica-se ao Hospital, no que couber, o disposto no parágrafo único do art. 88 desta Lei.*

Art. 100. *O exame psiquiátrico e os demais exames necessários ao tratamento são obrigatórios para todos os internados.*

Art. 101. *O tratamento ambulatorial, previsto no art. 97, segunda parte, do Código Penal, será realizado no Hospital de Custódia e Tratamento Psiquiátrico ou em outro local com dependência médica adequada.*

O hospital de custódia e tratamento psiquiátrico é destinado aos inimputáveis e semi-imputáveis mencionados no art. 26 e em seu parágrafo único. Em outras palavras, esse tipo de estabelecimento está reservado ao recolhimento dos indivíduos sujeitos à medida de segurança de internação, a lei permite, ainda, que na falta desses estabelecimentos ou de vagas, o indivíduo possa ser internado em outra instituição igualmente adequada. Esse estabelecimento será, ainda, o local adequado para o recebimento de indivíduos que sejam acometidos de doença mental no curso da execução da pena, até que ele se recupere e que possa retornar à casa prisional.

O hospital, além dos equipamentos médicos necessários, deve ainda cumprir os requisitos contidos no art. 88 da LEP, ou seja, garantia de que o indivíduo terá as condições mínimas de salubridade e de área mínima de 6 metros quadrados.

Todos os internados nesses estabelecimentos deverão ser submetidos a um exame psiquiátrico, a fim de que a eles lhe seja atestada a sua verdadeira condição mental. A lei não menciona de quanto em quanto tempo esse exame deve ser realizado, ficando a critério dos médicos responsáveis pelo indivíduo submetido a tratamento.

Os indivíduos sujeitos à medida de segurança, ainda, deverão ser submetidos aos exames de cessação de periculosidade.

CAPÍTULO VII

Da Cadeia Pública

Art. 102. *A cadeia pública destina-se ao recolhimento de presos provisórios.*

Art. 103. *Cada comarca terá, pelo menos uma cadeia pública a fim de resguardar o interesse da Administração da Justiça Criminal e a permanência do preso em local próximo ao seu meio social e familiar.*

Art. 104. *O estabelecimento de que trata este Capítulo será instalado próximo de centro urbano, observando-se na construção as exigências mínimas referidas no artigo 88 e seu parágrafo único desta Lei.*

De acordo com **Guilherme de Souza Nucci**, cadeia pública "é o estabelecimento destinado a abrigar presos provisórios, em sistema fechado, porém sem as características do regime fechado. Em outras palavras, a cadeia, normalmente encontrada na maioria das cidades brasileiras, é um prédio (muitas vezes anexo à delegacia de polícia) que abriga celas – o ideal é que fossem individuais ou, pelo menos, sem superlotação –, contendo um pátio para banho de sol. Não há trabalho disponível, nem outras dependências de lazer, cursos etc., justamente por ser lugar de passagem, onde não se deve cumprir pena." (Leis Penais e Processuais Penais Comentadas - Vol. 2, 11ª edição. [VitalSource Bookshelf]).

TÍTULO V

Da Execução das Penas em Espécie

CAPÍTULO I

Das Penas Privativas de Liberdade

SEÇÃO I

Disposições Gerais

Art. 105. *Transitando em julgado a sentença que aplicar pena privativa de liberdade, se o réu estiver ou vier a ser preso, o Juiz ordenará a expedição de guia de recolhimento para a execução.*

O trânsito em julgado da sentença penal condenatória é decorrente da irrecorribilidade da decisão que reconheceu a procedência da acusação e a imposição de sanção penal. Esse é o marco essencial do cumprimento das penas privativas de liberdade, por observância ao princípio constitucional da presunção de inocência.

Formalmente, uma vez ocorrendo o trânsito, será expedida guia de recolhimento para a execução. Essa guia nada mais é do que a formalização de que houve a condenação e o estabelecimento dos seus limites. Essa guia deverá ser expedida independentemente de o condenado estar solto ou preso.

Art. 106. *A guia de recolhimento, extraída pelo escrivão, que a rubricará em todas as folhas e a assinará com o Juiz, será remetida à autoridade administrativa incumbida da execução e conterá:*

I. *o nome do condenado;*

II. *a sua qualificação civil e o número do registro geral no órgão oficial de identificação;*

III. *o inteiro teor da denúncia e da sentença condenatória, bem como certidão do trânsito em julgado;*

IV. *a informação sobre os antecedentes e o grau de instrução;*

V. *a data da terminação da pena;*

VI. *outras peças do processo reputadas indispensáveis ao adequado tratamento penitenciário.*

§ 1º *Ao Ministério Público se dará ciência da guia de recolhimento.*

§ 2º *A guia de recolhimento será retificada sempre que sobrevier modificação quanto ao início da execução ou ao tempo de duração da pena.*

§ 3º *Se o condenado, ao tempo do fato, era funcionário da Administração da Justiça Criminal, far-se-á, na guia, menção dessa circunstância, para fins do disposto no § 2º, do artigo 84, desta Lei.*

A guia de recolhimento é a formalização da execução penal. Emitida, em regra, com o trânsito em julgado, ela é tida como se fosse a petição inicial da execução penal, isto é, o seu ato inaugural. Ela decorre da comunicação formal a autoridade executiva, responsável pelo cumprimento da pena, da decisão do Poder

Judiciário. A remessa da guia deverá ser comunicada ao Ministério Público, devendo ser retificada (corrigida) sempre que houve modificação em relação ao cumprimento da pena.

Note que o funcionário da Administração da Justiça Criminal, em razão de sua peculiar situação, ficará em dependência separada quando do cumprimento da sanção penal.

> **Art. 107.** *Ninguém será recolhido, para cumprimento de pena privativa de liberdade, sem a guia expedida pela autoridade judiciária.*
>
> **§ 1º** *A autoridade administrativa incumbida da execução passará recibo da guia de recolhimento para juntá-la aos autos do processo, e dará ciência dos seus termos ao condenado.*
>
> **§ 2º** *As guias de recolhimento serão registradas em livro especial, segundo a ordem cronológica do recebimento, e anexadas ao prontuário do condenado, aditando-se, no curso da execução, o cálculo das remições e de outras retificações posteriores.*

A existência da guia de recolhimento é condição sem a qual não poderá dar-se início à execução da penal. No caso, contudo, de determinação da prisão processual, em que não há trânsito em julgado da sentença penal condenatória, mas sim de uma necessidade cautelar do processo (para, por exemplo, evitar a fuga do suspeito), a guia é dispensada, bastando para o recolhimento o mandado de prisão emitido pela autoridade judiciária.

> **Art. 108.** *O condenado a quem sobrevier doença mental será internado em Hospital de Custódia e Tratamento Psiquiátrico.*

Não se trata, na hipótese, propriamente da conversão da pena privativa de liberdade em medida de segurança (como previsto no art. 183 da LEP), mas de uma situação provisória em que se manifesta uma doença mental. Caso ela se torne definitiva, de longa duração, será necessário dar início ao processo de conversão.

> **Art. 109.** *Cumprida ou extinta a pena, o condenado será posto em liberdade, mediante alvará do Juiz, se por outro motivo não estiver preso.*

Esse dispositivo tem a função de exigir a expedição de ato do Poder Judiciário para a soltura do condenado, não bastando mera determinação administrativa. Pense que se para ser inserido no sistema é necessário um ato judicial, para ser solto, a mesma via é necessária. Até por ser possível a existência de outros processos que exigem a manutenção do condenado preso.

SEÇÃO II

Dos Regimes

> **Art. 110.** *O Juiz, na sentença, estabelecerá o regime no qual o condenado iniciará o cumprimento da pena privativa de liberdade, observado o disposto no artigo 33 e seus parágrafos do Código Penal.*

O estabelecimento do regime inicial de cumprimento de pena (se fechado, semiaberto ou aberto) deve ser o produto do chamado sistema trifásico de individualização da pena, previsto nos Arts. 59 a 68 do Código Penal. Os artigos referidos pelo dispositivo dizem respeito somente a previsão em abstrato dos três regimes.

> **Art. 111.** *Quando houver condenação por mais de um crime, no mesmo processo ou em processos distintos, a determinação do regime de cumprimento será feita pelo resultado da soma ou unificação das penas, observada, quando for o caso, a detração ou remição.*
>
> **Parágrafo único.** *Sobrevindo condenação no curso da execução, somar-se-á a pena ao restante da que está sendo cumprida, para determinação do regime.*

O juízo da execução penal é um "juízo universal", isto é, todas as penas aplicadas a uma mesma pessoa serão cumpridas numa mesma Vara de Execução Criminal, que estará vinculada ao local em que o condenado estiver preso ou que tiver domicílio, se estiver em liberdade. Como registra **Guilherme de Souza Nucci**, "cabe ao juiz que controla todas as suas condenações promover o necessário somatório das penas e verificar a adequação do regime imposto, bem como dos benefícios auferidos. Em caso de concurso material, quando as penas serão somadas, é possível que o réu tenha, exemplificando, três penas de dois anos em regime aberto, cada uma delas, pois todas provenientes de juízos criminais diferentes. É natural que, concentrando-se todas elas na Vara de Execução Penal, o montante atingirá seis anos e o regime aberto torna-se incompatível (art. 33, § 2.º, b, CP). Deve o magistrado adaptá-lo ao semiaberto, no mínimo. Por outro lado, é viável haver a unificação de penas (consultar a nota 175 ao art. 66, III, a, desta Lei), ocasião em que nova adaptação de regime pode ser necessária. Ilustrando: o réu possui dez condenações por furto simples, atingindo dez anos de reclusão, motivo pelo qual foi inserido no regime inicial fechado (art. 33, § 2.º, a, CP). Porém, em seu processo de execução da pena, constata-se ter havido crime continuado (art. 71, CP), razão pela qual o juiz unifica todas elas em um ano e seis meses de reclusão. Deve, logicamente, afastar o regime fechado, concedendo o aberto." (Leis Penais e Processuais Penais Comentadas - Vol. 2, 11ª edição. [VitalSource Bookshelf]).

Assim, a ideia do legislador é sempre que sobrevier nova condenação, no âmbito da execução, o juiz precisará unificar as penas e verificar qual o regime que deve ser imposto no caso concreto.

> **Art. 112.** *A pena privativa de liberdade será executada em forma progressiva com a transferência para regime menos rigoroso, a ser determinada pelo juiz, quando o preso tiver cumprido ao menos:*
>
> **I.** *16% da pena, se o apenado for primário e o crime tiver sido cometido sem violência à pessoa ou grave ameaça;*
>
> **II.** *20% da pena, se o apenado for reincidente em crime cometido sem violência à pessoa ou grave ameaça;*
>
> **III.** *25% da pena, se o apenado for primário e o crime tiver sido cometido com violência à pessoa ou grave ameaça;*
>
> **IV.** *30% da pena, se o apenado for reincidente em crime cometido com violência à pessoa ou grave ameaça;*
>
> **V.** *40% da pena, se o apenado for condenado pela prática de crime hediondo ou equiparado, se for primário;*
>
> **VI.** *50% da pena, se o apenado for:*
>
> **a)** *condenado pela prática de crime hediondo ou equiparado, com resultado morte, se for primário, vedado o livramento condicional;*
>
> **b)** *condenado por exercer o comando, individual ou coletivo, de organização criminosa estruturada para a prática de crime hediondo ou equiparado; ou*
>
> **c)** *condenado pela prática do crime de constituição de milícia privada;*
>
> **VII.** *60% da pena, se o apenado for reincidente na prática de crime hediondo ou equiparado;*
>
> **VIII.** *70% da pena, se o apenado for reincidente em crime hediondo ou equiparado com resultado morte, vedado o livramento condicional.*
>
> **§ 1º** *Em todos os casos, o apenado só terá direito à progressão de regime se ostentar boa conduta carcerária, comprovada pelo diretor do estabelecimento, respeitadas as normas que vedam a progressão.*

***§ 2º** A decisão do juiz que determinar a progressão de regime será sempre motivada e precedida de manifestação do Ministério Público e do defensor, procedimento que também será adotado na concessão de livramento condicional, indulto e comutação de penas, respeitados os prazos previstos nas normas vigentes.*

O sistema progressivo de cumprimento de pena determinado na Lei de Execução Penal é fundamentado, essencialmente, em dois requisitos: um objetivo, consistente na necessidade de um determinado tempo de cumprimento, e um subjetivo, aferido através de atestado emitido pelo direto do estabelecimento.

O sistema brasileiro tem influência direta do sistema irlandês, que melhor adaptou o regime progressivo. A sua utilização visa manter a esperança do condenado na redução do rigor do cumprimento da pena com o passar do tempo e a demonstração do seu mérito, do seu merecimento.

Originalmente, para a demonstração do mérito, era necessária a realização de um novo exame criminológico. Contudo, em razão da ausência de profissionais suficientes para realização dos exames, foi substituído somente pelo atestado de boa conduta carcerária. Vale mencionar que embora não haja mais previsão legal de submissão ao sentenciado à exame criminológico para a progressão, a jurisprudência entende que é possível a realização da perícia caso o fato concreto assim justifique. Nesse sentido a Súmula 439 do Superior Tribunal de Justiça: "Admite-se o exame criminológico pelas peculiaridades do caso, desde que em decisão motivada".

Como toda decisão judicial, aquela que determina a progressão será motivada, sendo ouvido o Ministério Público e o defensor do sentenciado.

Em relação aos requisitos objetivos, a modificação realizada pelo Pacote Anticrime foi substancial, criando diversos percentuais diferentes para progressão, dependendo do crime praticado (sem violência, com violência ou hediondo) e da condição de primário ou reincidente do condenado. Esquematicamente, entende-se essa como a melhor visualização:

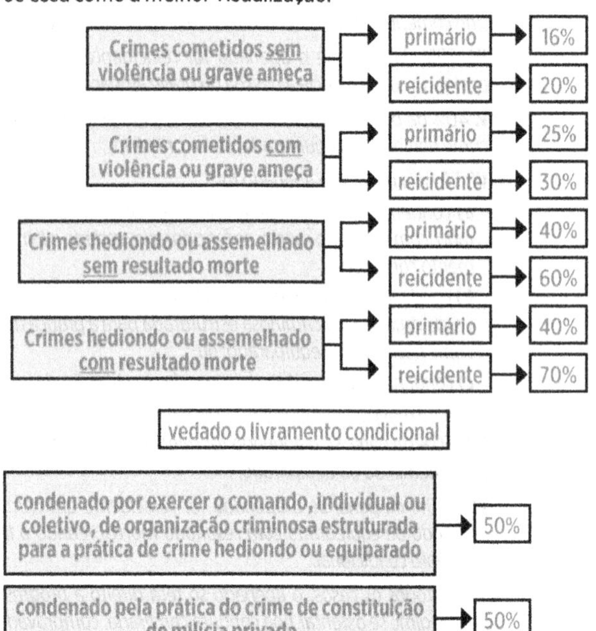

Importante registar, por fim, que não se admite a chamada progressão *per saltum*, isto é, a transferência direta do regime fechada para o regime aberto. Somente será possível essa transferência, de maneira provisória quando faltar vagas no regime intermediário. Nesse sentido a **Súmula Vinculante 56 do Supremo Tribunal Federal:** "A falta de estabelecimento penal adequado não autoriza a manutenção do condenado em regime prisional mais gravoso, devendo-se observar, nessa hipótese, os parâmetros fixados no RE 641.320/RS"

***§ 3º** No caso de mulher gestante ou que for mãe ou responsável por crianças ou pessoas com deficiência, os requisitos para progressão de regime são, cumulativamente:*

***I.** não ter cometido crime com violência ou grave ameaça a pessoa;*

***II.** não ter cometido o crime contra seu filho ou dependente;*

***III.** ter cumprido ao menos 1/8 da pena no regime anterior;*

***IV.** ser primária e ter bom comportamento carcerário, comprovado pelo diretor do estabelecimento;*

***V.** não ter integrado organização criminosa.*

***§ 4º** O cometimento de novo crime doloso ou falta grave implicará a revogação do benefício previsto no § 3º deste artigo.*

Em se tratando de mulheres gestantes ou mães que sejam responsáveis por pessoas em situação de vulnerabilidade (pela idade ou por deficiência) terão um requisito temporal diferenciado (1/8), desde que cumpridos os demais requisitos previsto em lei.

***§ 5º** Não se considera hediondo ou equiparado, para os fins deste artigo, o crime de tráfico de drogas previsto no § 4º do art. 33 da Lei nº 11.343, de 23 de agosto de 2006.*

Essa modificação, também realizada pelo pacote anticrime, foi decorrente da mudança na jurisprudência do Supremo Tribunal Federal. Por uma questão de política criminal, a jurisprudência acabou excluindo dos crimes hediondos o chamado "pequeno traficante", consistente no indivíduo primário, com bons antecedentes, que não se dedique a atividades criminosas e nem faça parte de organização criminosa. Nessas hipóteses, o critério para progressão seguirá aqueles determinados para os crimes comuns.

***§ 6º** O cometimento de falta grave durante a execução da pena privativa de liberdade interrompe o prazo para a obtenção da progressão no regime de cumprimento da pena, caso em que o reinício da contagem do requisito objetivo terá como base a pena remanescente.*

Se, de um lado, há um grande incentivo ao "bom" comportamento durante o cumprimento de pena, através da possibilidade da progressão de regime, a Lei de Execução Penal também prevê o inverso, a chamada regressão de regime. Contudo, quando o condenado já está no regime mais gravoso, por exemplo, a prática de falta grave -obviamente- não levará a progressão. Para que essa falta não passe impune, além da perda dos dias remidos, o apenado terá o reinício dos prazos para obtenção da progressão. Pense, por exemplo, que apenado tenha recebido uma pena de 10 anos; após o cumprimento de 5 anos, pratique falta grave. Seu prazo para obtenção da progressão será zerado, porém o novo cálculo somente incidirá sobre os cinco anos restantes, pois pena cumprida é pena extinta, não mais sendo utilizada para fins de benefícios.

***Art. 113.** O ingresso do condenado em regime aberto supõe a aceitação de seu programa e das condições impostas pelo Juiz.*

De acordo com o art. 36 do Código Penal, o regime aberto é baseado na autodisciplina e no senso de responsabilidade do condenado. Assim, para o seu ingresso no regime aberto se realiza uma audiência para que essas condições sejam aceitas pelo apenado.

> ***Art. 114.*** *Somente poderá ingressar no regime aberto o condenado que:*
>
> ***I.*** *estiver trabalhando ou comprovar a possibilidade de fazê-lo imediatamente;*
>
> ***II.*** *apresentar, pelos seus antecedentes ou pelo resultado dos exames a que foi submetido, fundados indícios de que irá ajustar-se, com autodisciplina e senso de responsabilidade, ao novo regime.*
>
> ***Parágrafo único.*** *Poderão ser dispensadas do trabalho as pessoas referidas no artigo 117 desta Lei.*

Tendo em vista que um dos objetivos da própria sanção é a reintegração social do condenado, e o trabalho é uma das principais formas de fazê-lo, a Lei de Execução Penal condicionou a ingresso no regime aberto para os condenados que demonstrarem sua aptidão para a autodisciplina e responsabilidade e também que estiverem trabalho ou comprarem a possibilidade de trabalhar imediatamente.

Contudo, em razão da situação brasileira, esse requisito não é pode ser tomado como absoluto. Esse o entendimento do Superior Tribunal de Justiça: "As turmas que integram a Terceira Seção desta Corte consagraram o entendimento de que a regra do art. 114, I, da LEP, a qual exige do condenado, para ingressar no regime aberto, a comprovação de trabalho ou a possibilidade imediata de fazê-lo (apresentação de proposta de emprego), deve sofrer temperamentos, ante a realidade brasileira (HC 292.764/RJ, rel. Min. Maria Thereza de Assis Moura, Sexta Turma, DJe 27/06/2014) (HC 285.115/SP, Rel. Ministro Gurgel de Faria, Quinta Turma, DJe 08/04/2015)" (**STJ**, 6ª T., AgRg no HC 334247, rel. **Min. Nefi Cordeiro**, j. 14.03.2017)

> ***Art. 115.*** *O Juiz poderá estabelecer condições especiais para a concessão de regime aberto, sem prejuízo das seguintes condições gerais e obrigatórias:*
>
> ***I.*** *permanecer no local que for designado, durante o repouso e nos dias de folga;*
>
> ***II.*** *sair para o trabalho e retornar, nos horários fixados;*
>
> ***III.*** *não se ausentar da cidade onde reside, sem autorização judicial;*
>
> ***IV.*** *comparecer a Juízo, para informar e justificar as suas atividades, quando for determinado.*

O art. 115 da LEP traz as chamadas condições mínimas (gerais e obrigatórias) para a inserção no regime aberto. O dispositivo, ademais, prevê a possibilidade de o juiz estabelecer condições especiais, que tenham relação com o crime praticado pelo apenado, como, por exemplo, a proibição de contato com a vítima do delito pelo qual fora condenado. Como já decidiu o Superior Tribunal de Justiça do Paraná: "É lícito ao Juiz estabelecer condições especiais para a concessão do regime aberto, em complementação daquelas previstas na LEP (art. 115 da LEP), mas não poderá adotar a esse título nenhum efeito já classificado como pena substitutiva (art. 44 do CPB)." (3ª S., REsp 1.107.314, rel. Min. Laurita Vaz, j. 13.12.2010, Dje 05.10.2011.). Aliás, sobre a utilização de uma pena substitutiva como condição do regime aberto, o mesmo Tribunal estabeleceu a Súmula 493: "É inadmissível a fixação de pena substitutiva (art. 44 do CP) como condição especial ao regime aberto.".

> ***Art. 116.*** *O Juiz poderá modificar as condições estabelecidas, de ofício, a requerimento do Ministério Público, da autoridade administrativa ou do condenado, desde que as circunstâncias assim o recomendem.*

O artigo prevê a possibilidade justa do Juiz da Execução adaptar as condições da pena às circunstâncias fáticas que se apresentarem.

> ***Art. 117.*** *Somente se admitirá o recolhimento do beneficiário de regime aberto em residência particular quando se tratar de:*
>
> ***I.*** *condenado maior de 70 anos;*
>
> ***II.*** *condenado acometido de doença grave;*
>
> ***III.*** *condenada com filho menor ou deficiente físico ou mental;*
>
> ***IV.*** *condenada gestante.*

A chamada prisão albergue domiciliar (PAD) é destinada, a princípio, aos condenados que estejam elencados no rol do art. 117 da LEP. A realidade brasileira, contudo, impôs que essa espécie seja praticamente a regra quando se fala em regime aberto, tendo em vista a ausência de casas do albergado no Brasil. Ademais, como já se manifestou o Superior Tribunal de Justiça: "A superlotação e a precariedade do estabelecimento penal, é dizer, a ausência de condições necessárias ao cumprimento da pena em regime aberto, permite ao condenado a possibilidade de ser colocado em prisão domiciliar, até que solvida a pendência, em homenagem aos princípios da dignidade da pessoa humana, da humanidade da pena e da individualização da pena" (6ª T., HC 216.828, rel. Min. Maria Thereza de Assis Moura, j. 02.02.2012, DJe 15.02.2012).

> ***Art. 118.*** *A execução da pena privativa de liberdade ficará sujeita à forma regressiva, com a transferência para qualquer dos regimes mais rigorosos, quando o condenado:*
>
> ***I.*** *praticar fato definido como crime doloso ou falta grave;*
>
> ***II.*** *sofrer condenação, por crime anterior, cuja pena, somada ao restante da pena em execução, torne incabível o regime (artigo 111).*
>
> ***§ 1º*** *O condenado será transferido do regime aberto se, além das hipóteses referidas nos incisos anteriores, frustrar os fins da execução ou não pagar, podendo, a multa cumulativamente imposta.*
>
> ***§ 2º*** *Nas hipóteses do inciso I e do parágrafo anterior, deverá ser ouvido previamente o condenado.*

Se a progressão é um direito daquele que tem mérito, nada mais natural que a regressão seja uma sanção aquele que descumpriu os objetivos do sistema prisional. Com efeito, caso o apenado pratique fato definido como crime doloso ou qualquer das faltas graves taxativamente previstas na LEP deverá ser transferido para regime mais gravoso de cumprimento de pena. Isso ocorrerá tanto se estiver em regime semiaberto quanto no regime aberto. Sobre o regime aberto, ademais, prevê o dispositivo que poderá haver a regressão se frustrar os fins da execução da pena (descumprindo as medidas impostas) ou se deixar de pagar a multa, quando podia fazê-lo. Nas duas hipóteses, o apenado deverá ser ouvido antes da regressão para que, podendo, justifique sua conduta e impeça a sanção.

De outro lado, caso haja uma unificação da pena do apenado, com o novo patamar punitivo deverá o Juiz da Execução realizar nova análise sobre o regime correto para cumprimento da sanção. Nesse caso, como a nova condenação já foi resultado de um processo judicial, desnecessária a oitiva do apenado.

Note que não há determinação expressa para que a progressão seja para o regime imediatamente mais grave. A doutrina, assim, entende cabível a progressão do regime aberto direto para o fechado. Para tanto, é claro, deve ser realizada fundamentação idônea.

Por fim, vale mencionar que é possível a chamada suspensão cautelar do regime em razão da prática de crime doloso ou de falta grave. Veja-se: "A fuga do condenado justifica **a regressão cautelar para o regime fechado**, sendo certo que, por óbvio, se houve fuga não há como acenar com a oitiva prévia disposta no art. 118, § 2.º da Lei de Execução Penal" (STF, 2ª T., HC 84.112, rel. min. Ellen Gracie, j. 04.05.2004, DJ 21.05.2004)

Art. 119. *A legislação local poderá estabelecer normas complementares para o cumprimento da pena privativa de liberdade em regime aberto (artigo 36, § 1º, do Código Penal).*

SEÇÃO III

Das Autorizações de Saída

SUBSEÇÃO I

Da Permissão de Saída

Art. 120. *Os condenados que cumprem pena em regime fechado ou semiaberto e os presos provisórios poderão obter permissão para sair do estabelecimento, mediante escolta, quando ocorrer um dos seguintes fatos:*

I. *falecimento ou doença grave do cônjuge, companheira, ascendente, descendente ou irmão;*

II. *necessidade de tratamento médico.*

Parágrafo único. *A permissão de saída será concedida pelo diretor do estabelecimento onde se encontra o preso.*

Como observa **Guilherme de Souza Nucci**: "os presos, condenados ou provisórios, podem deixar o estabelecimento penal, sob escolta de policiais ou agentes penitenciárias, que assegurem não haver fuga, para situações de necessidade: a) participar de cerimônia funerária em decorrência de falecimento do cônjuge, companheiro(a), ascendente, descendente ou irmão; b) visitar as mesmas pessoas retro mencionadas quando padecerem de doença grave; c) necessidade de submissão a tratamento médico não disponível no presídio ou em hospital penitenciário anexo." (Leis Penais e Processuais Penais Comentadas - Vol. 2, 11ª edição. [VitalSource Bookshelf]).

Vale mencionar que a permissão para tratamento médico somente se aplica caso não haja o serviço no próprio estabelecimento.

Art. 121. *A permanência do preso fora do estabelecimento terá a duração necessária à finalidade da saída.*

A permissão não se confunde com a saída temporária. A permissão está condicionada ao motivo de sua determinação, enquanto a segunda já possui um tempo previamente determinado.

SUBSEÇÃO II

Da Saída Temporária

Art. 122. *Os condenados que cumprem pena em regime semiaberto poderão obter autorização para saída temporária do estabelecimento, sem vigilância direta, nos seguintes casos:*

I. *visita à família;*

II. *frequência a curso supletivo profissionalizante, bem como de instrução do 2º grau ou superior, na Comarca do Juízo da Execução;*

III. *participação em atividades que concorram para o retorno ao convívio social.*

§ 1º *A ausência de vigilância direta não impede a utilização de equipamento de monitoração eletrônica pelo condenado, quando assim determinar o juiz da execução.*

§ 2º *Não terá direito à saída temporária a que se refere o caput deste artigo o condenado que cumpre pena por praticar crime hediondo com resultado morte.*

A saída temporária é um direito "destinado aos presos que cumprem pena em regime semiaberto, como forma de viabilizar, cada vez mais, a reeducação, desenvolvendo-lhes o senso de responsabilidade, para, no futuro, ingressar no regime aberto, bem como para dar início ao processo de ressocialização. " (NUCCI, Guilherme Souza. Leis Penais e Processuais Penais Comentadas - Vol. 2, 11ª edição. [VitalSource Bookshelf].).

A concessão desse direito, segundo determinação do Superior Tribunal de Justiça é exclusivo da autoridade judiciária. Nesse sentido a Súmula 520 dispõe: "O benefício de saída temporária no âmbito da execução penal é ato jurisdicional insuscetível de delegação à autoridade administrativa do estabelecimento prisional".

Note que o pacote anticrime inseriu dois parágrafos no artigo, autorizando a imposição da vigilância indireta (através de equipamento de monitoração eletrônica), quando determinado pelo juiz. Ademais, proibiu-se a concessão de saídas temporárias aos condenados por crime hediondo com resultado morte.

Art. 123. *A autorização será concedida por ato motivado do Juiz da execução, ouvidos o Ministério Público e a administração penitenciária e dependerá da satisfação dos seguintes requisitos:*

I. *comportamento adequado;*

II. *cumprimento mínimo de 1/6 da pena, se o condenado for primário, e 1/4, se reincidente;*

III. *compatibilidade do benefício com os objetivos da pena.*

Como toda decisão judicial, a concessão da saída temporária deve ser motivada pela autoridade judiciária e precedida da oitiva tanto do Ministério Público quando da administração penitenciária. Note que os requisitos legais são cumulativos, devendo o apenado cumprir os três para pleitear o direito.

Art. 124. *A autorização será concedida por prazo não superior a 7 dias, podendo ser renovada por mais 4 vezes durante o ano.*

§ 1º. *Ao conceder a saída temporária, o juiz imporá ao beneficiário as seguintes condições, entre outras que entender compatíveis com as circunstâncias do caso e a situação pessoal do condenado:*

I. *fornecimento do endereço onde reside a família a ser visitada ou onde poderá ser encontrado durante o gozo do benefício;*

II. *recolhimento à residência visitada, no período noturno;*

III. *proibição de frequentar bares, casas noturnas e estabelecimentos congêneres.*

§ 2º. *Quando se tratar de frequência a curso profissionalizante, de instrução de ensino médio ou superior, o tempo de saída será o necessário para o cumprimento das atividades discentes.*

§ 3º. *Nos demais casos, as autorizações de saída somente poderão ser concedidas com prazo mínimo de 45 dias de intervalo entre uma e outra.*

O dispositivo limita a concessão de 4 saídas por anos por prazo não superior a 7 dias. Normalmente, na prática, são concedidas em períodos festivos, como as comemorações de final de ano, dia das mães ou dos pais.

Art. 125. O benefício será automaticamente revogado quando o condenado praticar fato definido como crime doloso, for punido por falta grave, desatender as condições impostas na autorização ou revelar baixo grau de aproveitamento do curso.

Parágrafo único. *A recuperação do direito à saída temporária dependerá da absolvição no processo penal, do cancelamento da punição disciplinar ou da demonstração do merecimento do condenado.*

Assim como todos os direitos concedidos no campo das execuções, a saída temporária visa na medida do possível, facilitar a reintegração social do apenado. Assim, qualquer demonstração no sentido contrário deverá ser sancionada, no caso com a revogação, além do processo para apuração da falta grave eventualmente praticada.

SEÇÃO IV

Da Remição

Art. 126. O condenado que cumpre a pena em regime fechado ou semiaberto poderá remir, por trabalho ou por estudo, parte do tempo de execução da pena.

§ 1º. A contagem de tempo referida no caput será feita à razão de:

I. 1 dia de pena a cada 12 horas de frequência escolar - atividade de ensino fundamental, médio, inclusive profissionalizante, ou superior, ou ainda de requalificação profissional - divididas, no mínimo, em 3 dias;

II. 1 dia de pena a cada 3 dias de trabalho.

§ 2º. As atividades de estudo a que se refere o § 1º deste artigo poderão ser desenvolvidas de forma presencial ou por metodologia de ensino a distância e deverão ser certificadas pelas autoridades educacionais competentes dos cursos frequentados.

§ 3º. Para fins de cumulação dos casos de remição, as horas diárias de trabalho e de estudo serão definidas de forma a se compatibilizarem.

§ 4º. O preso impossibilitado, por acidente, de prosseguir no trabalho ou nos estudos continuará a beneficiar-se com a remição.

§ 5º. O tempo a remir em função das horas de estudo será acrescido de 1/3 no caso de conclusão do ensino fundamental, médio ou superior durante o cumprimento da pena, desde que certificada pelo órgão competente do sistema de educação.

§ 6º. O condenado que cumpre pena em regime aberto ou semiaberto e o que usufrui liberdade condicional poderão remir, pela frequência a curso de ensino regular ou de educação profissional, parte do tempo de execução da pena ou do período de prova, observado o disposto no inciso I do § 1º. deste artigo.

§ 7º. O disposto neste artigo aplica-se às hipóteses de prisão cautelar.

§ 8º. A remição será declarada pelo juiz da execução, ouvidos o Ministério Público e a defesa.

A remição consiste no resgate de parcela da pena pelo trabalho ou pelo estudo do condenado. É uma das principais formas de reintegração social possíveis, por permitir uma adaptação do apenado ao mercado de trabalho que encontrará no meio aberto, além de, é claro, trazer melhores instrumentos para a vida em sociedade.

Originalmente, a remição se dava unicamente em relação ao trabalho. Com a evolução da jurisprudência, adotada agora pela lei, o estudo foi inserido como forma de remição. Posteriormente, o Conselho Nacional de Justiça, por meio da Resolução 44, estabeleceu até a possibilidade de remição pela leitura.

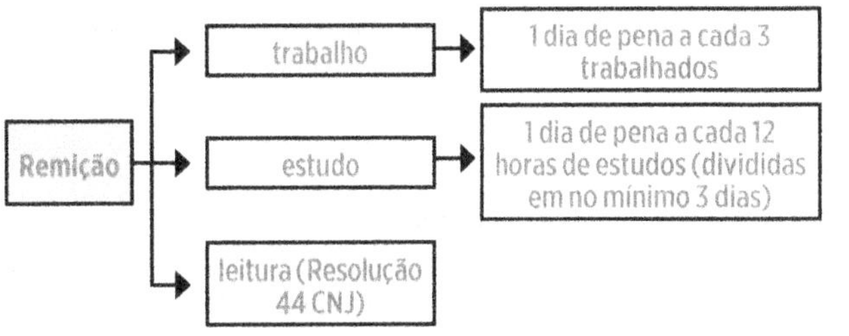

Art. 127. Em caso de falta grave, o juiz poderá revogar até 1/3 do tempo remido, observado o disposto no art. 57, recomeçando a contagem a partir da data da infração disciplinar.

Como não poderia ser diferente, o apenado não deve se esquecer dos objetivos centrais da execução penal para manutenção de seus direitos. Entre as consequências danosas decorrentes da prática da falta grave está, expressamente, a perda de até 1/3 dos dias remidos. Essa sanção é uma forma de contra motivação ao descumprimento dos objetivos da execução penal.

Esse dispositivo foi uma evolução em relação a previsão originária da LEP que determinava a perda de todo o tempo remido. Interessante notar que a lei só prevê um máximo de perda, mas não um mínimo. Discute-se o mínimo de tempo a ser determinado, se seria o mínimo de um dia ou de 1/6. Os defensores da perda de um dia se ancoram na falta de qualquer previsão, devendo utilizar-se a perda mínima como critério. De outro lado, parte dos autores entende que 1/6 é o modelo ideal, por ser o menos patamar previsto na legislação.

Art. 128. O tempo remido será computado como pena cumprida, para todos os efeitos.

A própria palavra remição já deixa claro que todo o tempo remido deve ser considerado como pena cumprida e não como tempo eventualmente a ser descontado do total da pena (que seria o correto se o termo usado fosse remissão). Prevê a LEP, então, que haverá remição (resgate) e não remissão (perdão). O que é mais benéfico para o apenado, uma vez que pena cumprida é pena extinta, acelerando não só o término do cumprimento das penas, mas também a obtenção de todos os benefícios prisionais. Nesse sentido, manifesta-se o Superior Tribunal de Justiça: "Esta Corte já tinha firmado o entendimento segundo o qual o tempo remido deve ser considerado como pena efetivamente cumprida para fins de obtenção dos benefícios da execução e não simplesmente como tempo a ser descontado do total da pena" (6ª T., HC 205.895, 6.ª T., rel.Min. Og Fernandes, j. 23.08.2011).

Art. 129. A autoridade administrativa encaminhará mensalmente ao juízo da execução cópia do registro de todos os condenados que estejam trabalhando ou estudando, com informação dos dias de trabalho ou das horas de frequência escolar ou de atividades de ensino de cada um deles.

§ 1º. O condenado autorizado a estudar fora do estabelecimento penal deverá comprovar mensalmente, por meio de declaração da respectiva unidade de ensino, a frequência e o aproveitamento escolar.

§ 2º. Ao condenado dar-se-á a relação de seus dias remidos.

Todos os envolvidos no processo de remição devem possuir os dados atualizados mensalmente. Tanto o juízo da execução quando o próprio condenado. É uma forma de controle e incentivo ao mesmo tempo.

Art. 130. Constitui o crime do artigo 299 do Código Penal declarar ou atestar falsamente prestação de serviço para fim de instruir pedido de remição.

Prevê o art. 299 do Código Penal o crime de falsidade ideológica. A previsão é desnecessária, mas serve como um *aviso* buscando evitar declarações falsas para a remição.

SEÇÃO V

Do Livramento Condicional

Art. 131. *O livramento condicional poderá ser concedido pelo Juiz da execução, presentes os requisitos do artigo 83, incisos e parágrafo único, do Código Penal, ouvidos o Ministério Público e Conselho Penitenciário.*

O livramento condicional é um benefício prisional que, embora siga normalmente o mesmo processo da progressão, tem requisitos próprios. Como observa a doutrina, o livramento condicional é "um instituto de política criminal, destinado a permitir a redução do tempo de prisão com a concessão antecipada e provisória da liberdade do condenado, quando é cumprida pena privativa de liberdade, mediante o preenchimento de determinados requisitos e a aceitação de certas condições." (NUCCI, Guilherme Souza. Leis Penais e Processuais Penais Comentadas - Vol. 2, 11ª edição. [VitalSource Bookshelf]).

De acordo com o art. 83 do Código Penal, o juiz concederá o livramento condicional ao condenado a pena privativa de liberdade igual ou superior a dois anos, desde que: I - cumprida mais de um terço da pena se o condenado não for reincidente em crime doloso e tiver bons antecedentes; II - cumprida mais da metade se o condenado for reincidente em crime doloso; III – comprovado: a) bom comportamento durante a execução da pena; b) não cometimento de falta grave nos últimos 12meses; c) bom desempenho no trabalho que lhe foi atribuído; e d) aptidão para prover a própria subsistência mediante trabalho honesto; IV - tenha reparado, salvo efetiva impossibilidade de fazê-lo, o dano causado pela infração; V - cumpridos mais de dois terços da pena, nos casos de condenação por crime hediondo, prática de tortura, tráfico ilícito de entorpecentes e drogas afins, tráfico de pessoas e terrorismo, se o apenado não for reincidente específico em crimes dessa natureza. Ademais, para o condenado por crime doloso, cometido com violência ou grave ameaça à pessoa, a concessão do livramento ficará também subordinada à constatação de condições pessoais que façam presumir que o liberado não voltará a delinquir.

Em que pese a legislação mencione o *poder* do Juiz da execução conceder o livramento, há, em verdade, um direito subjetivo do condenado que preencher os requisitos.

Por fim, vale mencionar que de acordo com a Súmula 441 do Superior Tribunal de Justiça: "A falta grave não interrompe o prazo para obtenção de livramento condicional".

Art. 132. *Deferido o pedido, o Juiz especificará as condições a que fica subordinado o livramento.*

§ 1º *Serão sempre impostas ao liberado condicional as obrigações seguintes:*

a) *obter ocupação lícita, dentro de prazo razoável se for apto para o trabalho;*

b) *comunicar periodicamente ao Juiz sua ocupação;*

c) *não mudar do território da comarca do Juízo da execução, sem prévia autorização deste.*

§ 2º *Poderão ainda ser impostas ao liberado condicional, entre outras obrigações, as seguintes:*

a) *não mudar de residência sem comunicação ao Juiz e à autoridade incumbida da observação cautelar e de proteção;*

b) *recolher-se à habitação em hora fixada;*

c) *não frequentar determinados lugares.*

Art. 133. *Se for permitido ao liberado residir fora da comarca do Juízo da execução, remeter-se-á cópia da sentença do livramento ao Juízo do lugar para onde ele se houver transferido e à autoridade incumbida da observação cautelar e de proteção.*

Art. 134. *O liberado será advertido da obrigação de apresentar-se imediatamente às autoridades referidas no artigo anterior.*

Art. 135. *Reformada a sentença denegatória do livramento, os autos baixarão ao Juízo da execução, para as providências cabíveis.*

Note que o Art. 132 da LEP divide as condições em obrigatórias (§ 1º) e facultativas (§ 2º). Todas devem ser levadas a conhecimento do condenado, que deverá cumpri-las integralmente para não perder o benefício e, consequentemente, voltar ao estágio anterior de cumprimento de pena. É essencial a observância dos requisitos, pois uma vez revogado o benefício, em regra, o tempo que permaneceu em livramento será desconsiderado.

Art. 136. *Concedido o benefício, será expedida a carta de livramento com a cópia integral da sentença em 2 vias, remetendo-se uma à autoridade administrativa incumbida da execução e outra ao Conselho Penitenciário.*

Art. 137. *A cerimônia do livramento condicional será realizada solenemente no dia marcado pelo Presidente do Conselho Penitenciário, no estabelecimento onde está sendo cumprida a pena, observando-se o seguinte:*

I. *a sentença será lida ao liberando, na presença dos demais condenados, pelo Presidente do Conselho Penitenciário ou membro por ele designado, ou, na falta, pelo Juiz;*

II. *a autoridade administrativa chamará a atenção do liberando para as condições impostas na sentença de livramento;*

III. *o liberando declarará se aceita as condições.*

§ 1º *De tudo em livro próprio, será lavrado termo subscrito por quem presidir a cerimônia e pelo liberando, ou alguém a seu rogo, se não souber ou não puder escrever.*

§ 2º *Cópia desse termo deverá ser remetida ao Juiz da execução.*

A carta de livramento é o documento oficial que contém a concessão do benefício e todas as obrigações do apenado. Para que não haja qualquer ruído na comunicação, além de receber propriamente a carta, é realizada uma cerimonia oficial, tanto para incentivar o cumprimento das condições como para esclarecê-las.

Art. 138. *Ao sair o liberado do estabelecimento penal, ser-lhe-á entregue, além do saldo de seu pecúlio e do que lhe pertencer, uma caderneta, que exibirá à autoridade judiciária ou administrativa, sempre que lhe for exigida.*

§ 1º *A caderneta conterá:*

a) *a identificação do liberado;*

b) *o texto impresso do presente Capítulo;*

c) *as condições impostas.*

§ 2º *Na falta de caderneta, será entregue ao liberado um salvo-conduto, em que constem as condições do livramento, podendo substituir-se a ficha de identificação ou o seu retrato pela descrição dos sinais que possam identificá-lo.*

§ 3º *Na caderneta e no salvo-conduto deverá haver espaço para consignar-se o cumprimento das condições referidas no artigo 132 desta Lei.*

Como o sentenciado permanece em cumprimento de pena, ainda vinculado ao sistema prisional, mantém uma identificação própria, até como forma de ser controlado pelo sistema policial.

Art. 139. *A observação cautelar e a proteção realizadas por serviço social penitenciário, Patronato ou Conselho da Comunidade terão a finalidade de:*

I. fazer observar o cumprimento das condições especificadas na sentença concessiva do benefício;

II. proteger o beneficiário, orientando-o na execução de suas obrigações e auxiliando-o na obtenção de atividade laborativa.

Parágrafo único. *A entidade encarregada da observação cautelar e da proteção do liberado apresentará relatório ao Conselho Penitenciário, para efeito da representação prevista nos artigos 143 e 144 desta Lei.*

Como observa Guilherme de Souza Nucci: "cumprimento da pena precisa ser efetivo e real, em particular quando se trata de benefício concedido para avaliar o grau de ressocialização do sentenciado. Nesse cenário, as condições fixadas pelo juiz para o gozo do livramento condicional devem ser fielmente respeitadas" (Leis Penais e Processuais Penais Comentadas - Vol. 2, 11ª edição. [VitalSource Bookshelf]).

Art. 140. *A revogação do livramento condicional dar-se-á nas hipóteses previstas nos artigos 86 e 87 do Código Penal.*

Parágrafo único. *Mantido o livramento condicional, na hipótese da revogação facultativa, o Juiz deverá advertir o liberado ou agravar as condições.*

São hipóteses de revogação obrigatória caso o condenado venha a ser condenado a pena privativa de liberdade, em sentença irrecorrível: I - por crime cometido durante a vigência do benefício; II - por crime anterior, observada a nova unificação das penas. De outro lado, será facultativa a revogação quando o liberado deixar de cumprir qualquer das obrigações constantes da sentença, ou for irrecorrivelmente condenado, por crime ou contravenção, a pena que não seja privativa de liberdade

Art. 141. *Se a revogação for motivada por infração penal anterior à vigência do livramento, computar-se-á como tempo de cumprimento da pena o período de prova, sendo permitida, para a concessão de novo livramento, a soma do tempo das duas penas.*

Art. 142. *No caso de revogação por outro motivo, não se computará na pena o tempo em que esteve solto o liberado, e tampouco se concederá, em relação à mesma pena, novo livramento.*

Art. 143. *A revogação será decretada a requerimento do Ministério Público, mediante representação do Conselho Penitenciário, ou, de ofício, pelo Juiz, ouvido o liberado.*

Unicamente na hipótese em que a revogação se der por crime praticado anteriormente pelo apenado, o tempo que esteve em livramento não será desconsiderado. Entendeu o legislador que o cometimento de crime posterior ou o descumprimento das demais condições devem levar a perda de todos o tempo de livramento, como forma de evitar o descumprimento das condições.

Pelos mesmos motivos, o apenado que tem o benefício revogado, em regra, não poderá novamente receber o livramento: "O apenado que motiva a revogação do livramento condicional não pode obter novamente o mesmo benefício, exceto quando a perda da benesse decorrer de infração penal cometida em data anterior à vigência do livramento, nos exatos termos dos artigos 88 do Código Penal e 142 da Lei de Execuções Penais que, consoante precedentes do Superior Tribunal de Justiça, foram recepcionados pela Constituição Federal" (STJ, 5ª T., HC 135.437, rel. Min. Laurita Vaz, 29.04.2010).

Art. 144. *O Juiz, de ofício, a requerimento do Ministério Público, da Defensoria Pública ou mediante representação do Conselho Penitenciário, e ouvido o liberado, poderá modificar as condições especificadas na sentença, devendo o respectivo ato decisório ser lido ao liberado por uma das autoridades ou funcionários indicados no inciso I do caput do art. 137 desta Lei, observado o disposto nos incisos II e III e §§ 1º e 2º do mesmo artigo.*

O livramento condicional, tal qual o regime aberto, pode a qualquer tempo sofrer modificações em seus requisitos, para melhor adaptá-lo à realidade.

Art. 145. *Praticada pelo liberado outra infração penal, o Juiz poderá ordenar a sua prisão, ouvidos o Conselho Penitenciário e o Ministério Público, suspendendo o curso do livramento condicional, cuja revogação, entretanto, ficará dependendo da decisão final.*

O dispositivo refere-se a possibilidade de suspensão condicional do livramento. Tal procedimento vista evitar a revogação açodada, permitindo a realização do devido processo legal para verificação das causas e motivos que levaram ao descumprimento das condições. Como já decidiu o Supremo Tribunal Federal: "Para maior respeito à finalidade reeducativa da pena, o livramento condicional constitui a última etapa da execução penal, timbrada, esta, pela ideia central da liberdade responsável do condenado, de modo a permitir-lhe melhores condições de reinserção social. 2. A Lei de Execução Penal é de ser interpretada com os olhos postos em seu art. 1.º. Artigo que institui a lógica da prevalência de mecanismos de reinclusão social (e não de exclusão do sujeito apenado) no exame dos direitos e deveres dos sentenciados. Isso para favorecer, sempre que possível, a redução de distância entre a população intramuros penitenciários e a comunidade extramuros. 3. Essa particular forma de parametrar a interpretação da lei (no caso, a LEP) é a que mais se aproxima da Constituição Federal, que faz da cidadania e da dignidade da pessoa humana dois de seus fundamentos (incisos II e III do art. 1.º). A reintegração social dos apenados é, justamente, pontual densificação de ambos os fundamentos constitucionais. 4. No caso, o livramento condicional do paciente foi suspenso, sob o fundamento da acusação de prática de crime doloso no curso do período de prova. Increpação da qual o paciente foi absolvido por sentença transitada em julgado. 5. Ordem concedida para restabelecer o livramento condicional" (1ª T., HC 99.652, rel. Min. Carlos Britto, j. 03.11.2009).

Há, assim, com a prática de uma nova infração penal, durante o período de livramento, uma prorrogação automática.

Art. 146. *O Juiz, de ofício, a requerimento do interessado, do Ministério Público ou mediante representação do Conselho Penitenciário, julgará extinta a pena privativa de liberdade, se expirar o prazo do livramento sem revogação.*

Com o fim do prazo determinado para o livramento sem sua prorrogação ou revogação, haverá a extinção da punibilidade do apenado. Importante observar que: "Consoante o disposto nos artigos 90 do Código Penal e 146 da Lei de Execuções Penais, **não é possível prorrogar, suspender ou revogar o livramento condicional após o escoamento do período de prova, mesmo que em razão da prática de novo delito durante o referido período**." (STJ, 5ª T., HC 346.663, rel. Min. Reynaldo Soares da Fonseca, j. 06.12.2016).

Seção VI

Da Monitoração Eletrônica

(Incluído pela Lei nº 12.258, de 2010)

Art. 146-B. *O juiz poderá definir a fiscalização por meio da monitoração eletrônica quando:*

II. *autorizar a saída temporária no regime semiaberto;*

IV. *determinar a prisão domiciliar;*

Art. 146-C. *O condenado será instruído acerca dos cuidados que deverá adotar com o equipamento eletrônico e dos seguintes deveres:*

I. *receber visitas do servidor responsável pela monitoração eletrônica, responder aos seus contatos e cumprir suas orientações;*

II. *abster-se de remover, de violar, de modificar, de danificar de qualquer forma o dispositivo de monitoração eletrônica ou de permitir que outrem o faça;*

Parágrafo único. *A violação comprovada dos deveres previstos neste artigo poderá acarretar, a critério do juiz da execução, ouvidos o Ministério Público e a defesa:*

I. *a regressão do regime;*

II. *a revogação da autorização de saída temporária;*

VI. *a revogação da prisão domiciliar;*

VII. *advertência, por escrito, para todos os casos em que o juiz da execução decida não aplicar alguma das medidas previstas nos incisos de I a VI deste parágrafo.*

Art. 146-D. *A monitoração eletrônica poderá ser revogada:*

I. *quando se tornar desnecessária ou inadequada;*

II. *se o acusado ou condenado violar os deveres a que estiver sujeito durante a sua vigência ou cometer falta grave.*

A monitoração eletrônica foi inserida pela Lei 12.258/2010 à Lei de Execução Penal, buscando aumentar o controle sobre aqueles sujeitos a cumprimento de pena fora do sistema prisional. Houve, como se percebe, diversos vetos à lei, devido a polêmica no entorno do regramento. As questões envolvendo o tema costumam ser literais, indicando-se a leitura cuidadosa dos dispositivos.

CAPÍTULO II

Das Penas Restritivas de Direitos

SEÇÃO I

Disposições Gerais

Art. 147. *Transitada em julgado a sentença que aplicou a pena restritiva de direitos, o Juiz da execução, de ofício ou a requerimento do Ministério Público, promoverá a execução, podendo, para tanto, requisitar, quando necessário, a colaboração de entidades públicas ou solicitá-la a particulares.*

Art. 148. *Em qualquer fase da execução, poderá o Juiz, motivadamente, alterar, a forma de cumprimento das penas de prestação de serviços à comunidade e de limitação de fim de semana, ajustando-as às condições pessoais do condenado e às características do estabelecimento, da entidade ou do programa comunitário ou estatal.*

As penas restritivas de direitos estão previstas no art. 43 do Código Penal, cabendo a Lei de Execução Penal o estabelecimento de alguns critérios para seu cumprimento. É bom lembrar que essas penas podem ser, a critério do Juízo da execução, modificadas entre elas, para melhor atender os fins da sanção que fora aplicada no caso concreto.

SEÇÃO II

Da Prestação de Serviços à Comunidade

Art. 149. *Caberá ao Juiz da execução:*

I. *designar a entidade ou programa comunitário ou estatal, devidamente credenciado ou convencionado, junto ao qual o condenado deverá trabalhar gratuitamente, de acordo com as suas aptidões;*

II. *determinar a intimação do condenado, cientificando-o da entidade, dias e horário em que deverá cumprir a pena;*

III. *alterar a forma de execução, a fim de ajustá-la às modificações ocorridas na jornada de trabalho.*

§ 1º *O trabalho terá a duração de 8 (oito) horas semanais e será realizado aos sábados, domingos e feriados, ou em dias úteis, de modo a não prejudicar a jornada normal de trabalho, nos horários estabelecidos pelo Juiz.*

§ 2º *A execução terá início a partir da data do primeiro comparecimento.*

Art. 150. *A entidade beneficiada com a prestação de serviços encaminhará mensalmente, ao Juiz da execução, relatório circunstanciado das atividades do condenado, bem como, a qualquer tempo, comunicação sobre ausência ou falta disciplinar.*

Umas das penas mais efetivas de todo o sistema, a prestação de serviços à comunidade é determinada pela sentença condenatória, mas cabe ao Juiz da execução a determinação do local de prestação pelo apenado. Importante ressaltar que a previsão do § 1º do Art. 149 da LEP está em conflito com o Código Penal, que prevê que a duração do trabalho será de 7 horas semanais. Na prática, aplica-se o Código Penal, que é norma mais nova (foi modificado em 1998). De outro lado, a atribuição de controlar mais de perto a prestação de serviços será da entidade beneficiada, que deverá enviar relatórios ao Juiz da execução.

SEÇÃO III

Da Limitação de Fim de Semana

Art. 151. *Caberá ao Juiz da execução determinar a intimação do condenado, cientificando-o do local, dias e horário em que deverá cumprir a pena.*

Parágrafo único. *A execução terá início a partir da data do primeiro comparecimento.*

Art. 152. *Poderão ser ministrados ao condenado, durante o tempo de permanência, cursos e palestras, ou atribuídas atividades educativas.*

Parágrafo único. *Nos casos de violência doméstica contra a mulher, o juiz poderá determinar o comparecimento obrigatório do agressor a programas de recuperação e reeducação.*

Art. 153. *O estabelecimento designado encaminhará, mensalmente, ao Juiz da execução, relatório, bem assim comunicará, a qualquer tempo, a ausência ou falta disciplinar do condenado.*

A limitação de final de semana é uma das penas menos aplicadas em nosso sistema, seja pela falta de rigor punitivo, seja pela falta de local para a sua efetiva prestação. Consiste no comparecimento do condenado aos sábados e domingos, por 5 horas diárias, em casa do albergado ou estabelecimento adequado, onde serão ministrados cursos e palestras ou atribuídas atividades educativas.

SEÇÃO IV

Da Interdição Temporária de Direitos

Art. 154. *Caberá ao Juiz da execução comunicar à autoridade competente a pena aplicada, determinada a intimação do condenado.*

§ 1º *Na hipótese de pena de interdição do artigo 47, inciso I, do Código Penal, a autoridade deverá, em 24 horas, contadas do* *recebimento do ofício, baixar ato, a partir do qual a execução terá seu início.*

§ 2º Nas hipóteses do artigo 47, incisos II e III, do Código Penal, o Juízo da execução determinará a apreensão dos documentos, que autorizam o exercício do direito interditado.

***Art. 155.** A autoridade deverá comunicar imediatamente ao Juiz da execução o descumprimento da pena.*

***Parágrafo único.** A comunicação prevista neste artigo poderá ser feita por qualquer prejudicado.*

De acordo com o Art. 47 do Código Penal, as penas de interdição temporária de direitos são: I - proibição do exercício de cargo, função ou atividade pública, bem como de mandato eletivo; II - proibição do exercício de profissão, atividade ou ofício que dependam de habilitação especial, de licença ou autorização do poder público; III - suspensão de autorização ou de habilitação para dirigir veículo; IV – proibição de frequentar determinados lugares. E V - proibição de inscrever-se em concurso, avaliação ou exame públicos.

CAPÍTULO III

Da Suspensão Condicional

***Art. 156.** O Juiz poderá suspender, pelo período de 2 a 4 anos, a execução da pena privativa de liberdade, não superior a 2 anos, na forma prevista nos artigos 77 a 82 do Código Penal.*

A suspensão condicional da pena (ou *sursis* penal) consiste em medida determinada na sentença condenatória, na qual o juiz determinará a suspensão do cumprimento efetivo da pena caso o condenado cumpra determinados requisitos. De acordo com o art. 77 do Código Penal, a execução da pena privativa de liberdade, não superior a 2 anos, poderá ser suspensa, por 2 a 4 anos, desde que: I - o condenado não seja reincidente em crime doloso; II - a culpabilidade, os antecedentes, a conduta social e personalidade do agente, bem como os motivos e as circunstâncias autorizem a concessão do benefício; III - não seja indicada ou cabível a substituição por pena restritiva de direitos. Importante registar que a condenação anterior a pena de multa não impede a concessão do benefício. De outro lado, a execução da pena privativa de liberdade, não superior a quatro anos, poderá ser suspensa, por quatro a seis anos, desde que o condenado seja maior de setenta anos de idade, ou razões de saúde justifiquem a suspensão.

***Art. 157.** O Juiz ou Tribunal, na sentença que aplicar pena privativa de liberdade, na situação determinada no artigo anterior, deverá pronunciar-se, motivadamente, sobre a suspensão condicional, quer a conceda, quer a denegue.*

Como toda decisão judicial, a concessão ou denegação da suspensão condicional da pena depende de motivação idônea pelo Juiz.

***Art. 158.** Concedida a suspensão, o Juiz especificará as condições a que fica sujeito o condenado, pelo prazo fixado, começando este a correr da audiência prevista no artigo 160 desta Lei.*

§ 1º As condições serão adequadas ao fato e à situação pessoal do condenado, devendo ser incluída entre as mesmas a de prestar serviços à comunidade, ou limitação de fim de semana, salvo hipótese do artigo 78, § 2º, do Código Penal.

§ 2º O Juiz poderá, a qualquer tempo, de ofício, a requerimento do Ministério Público ou mediante proposta do Conselho Penitenciário, modificar as condições e regras estabelecidas na sentença, ouvido o condenado.

§ 3º A fiscalização do cumprimento das condições, reguladas nos Estados, Territórios e Distrito Federal por normas supletivas, será atribuída a serviço social penitenciário, Patronato, Conselho da Comunidade ou instituição beneficiada com a prestação de serviços, inspecionados pelo Conselho Penitenciário, pelo Ministério Público, ou ambos, devendo o Juiz da execução suprir, por ato, a falta das normas supletivas.

§ 4º O beneficiário, ao comparecer periodicamente à entidade fiscalizadora, para comprovar a observância das condições a que está sujeito, comunicará, também, a sua ocupação e os salários ou proventos de que vive.

§ 5º A entidade fiscalizadora deverá comunicar imediatamente ao órgão de inspeção, para os fins legais, qualquer fato capaz de acarretar a revogação do benefício, a prorrogação do prazo ou a modificação das condições.

§ 6º Se for permitido ao beneficiário mudar-se, será feita comunicação ao Juiz e à entidade fiscalizadora do local da nova residência, aos quais o primeiro deverá apresentar-se imediatamente.

***Art. 159.** Quando a suspensão condicional da pena for concedida por Tribunal, a este caberá estabelecer as condições do benefício.*

§ 1º De igual modo proceder-se-á quando o Tribunal modificar as condições estabelecidas na sentença recorrida.

§ 2º O Tribunal, ao conceder a suspensão condicional da pena, poderá, todavia, conferir ao Juízo da execução a incumbência de estabelecer as condições do benefício, e, em qualquer caso, a de realizar a audiência admonitória.

***Art. 160.** Transitada em julgado a sentença condenatória, o Juiz a lerá ao condenado, em audiência, advertindo-o das consequências de nova infração penal e do descumprimento das condições impostas.*

***Art. 161.** Se, intimado pessoalmente ou por edital com prazo de 20 dias, o réu não comparecer injustificadamente à audiência admonitória, a suspensão ficará sem efeito e será executada imediatamente a pena.*

Como toda a execução da pena é judicializada, caberá o controle da efetividade da suspensão a autoridade judiciária, assim como a imposição e acompanhamento das condições. Interessante notar que a suspensão, eventualmente, pode até ser concedida diretamente pelo Tribunal. Isso se dá, normalmente, nos casos de desclassificação ou absolvição por delitos conexos ou, mesmo, em caso de competência originária.

***Art. 162.** A revogação da suspensão condicional da pena e a prorrogação do período de prova dar-se-ão na forma do artigo 81 e respectivos parágrafos do Código Penal.*

De acordo com o art. 81 do Código Penal, a suspensão será revogada obrigatoriamente se, no curso do prazo, o beneficiário: I - for condenado, em sentença irrecorrível, por crime doloso; II – deixar de pagar a multa ou não efetuar, sem motivo justificado, a reparação do dano; ou III – descumprir a prestação de serviços ou limitação de final de ano no primeiro ano de suspensão. Contudo, poderá haver a revogação se o condenado descumpre qualquer outra condição imposta ou é irrecorrivelmente condenado, por crime culposo ou por contravenção, a pena privativa de liberdade ou restritiva de direitos.

***Art. 163.** A sentença condenatória será registrada, com a nota de suspensão em livro especial do Juízo a que couber a execução da pena.*

§ 1º Revogada a suspensão ou extinta a pena, será o fato averbado à margem do registro.

§ 2º O registro e a averbação serão sigilosos, salvo para efeito de informações requisitadas por órgão judiciário ou pelo Ministério Público, para instruir processo penal.

Todos os eventos relativos à suspensão condicional da pena deverão ser registrados formalmente, não só para acompanhamento, mas também para a verificação posterior do cumprimento de requisitos e consequências da sentença penal condenatória, como a reincidência.

CAPÍTULO IV

Da Pena de Multa

Art. 164. *Extraída certidão da sentença condenatória com trânsito em julgado, que valerá como título executivo judicial, o Ministério Público requererá, em autos apartados, a citação do condenado para, no prazo de 10 (dez) dias, pagar o valor da multa ou nomear bens à penhora.*

§ 1º *Decorrido o prazo sem o pagamento da multa, ou o depósito da respectiva importância, proceder-se-á à penhora de tantos bens quantos bastem para garantir a execução.*

§ 2º *A nomeação de bens à penhora e a posterior execução seguirão o que dispuser a lei processual civil.*

Art. 165. *Se a penhora recair em bem imóvel, os autos apartados serão remetidos ao Juízo Cível para prosseguimento.*

Art. 166. *Recaindo a penhora em outros bens, dar-se-á prosseguimento nos termos do § 2º do artigo 164, desta Lei.*

A pena de multa foi convertida exclusivamente em dívida de valor em 1996, no âmbito do Código Penal. Atualmente, portanto, ela não mais pode ser convertida em pena privativa de liberdade. Por isso, deve ser executada como dívida que é.

Art. 167. *A execução da pena de multa será suspensa quando sobrevier ao condenado doença mental (artigo 52 do Código Penal).*

O mesmo que se dá com a pena privativa de liberdade se dá com a multa. O condenado que esteja em *situação* de doença mental deve ser, mesmo que provisoriamente, excluído tanto do cumprimento da pena privativa de liberdade quanto da pena de multa.

Art. 168. *O Juiz poderá determinar que a cobrança da multa se efetue mediante desconto no vencimento ou salário do condenado, nas hipóteses do artigo 50, § 1º, do Código Penal, observando-se o seguinte:*

I. *o limite máximo do desconto mensal será o da quarta parte da remuneração e o mínimo o de um décimo;*

II. *o desconto será feito mediante ordem do Juiz a quem de direito;*

III. *o responsável pelo desconto será intimado a recolher mensalmente, até o dia fixado pelo Juiz, a importância determinada.*

Art. 169. *Até o término do prazo a que se refere o artigo 164 desta Lei, poderá o condenado requerer ao Juiz o pagamento da multa em prestações mensais, iguais e sucessivas.*

§ 1º *O Juiz, antes de decidir, poderá determinar diligências para verificar a real situação econômica do condenado e, ouvido o Ministério Público, fixará o número de prestações.*

§ 2º *Se o condenado for impontual ou se melhorar de situação econômica, o Juiz, de ofício ou a requerimento do Ministério Público, revogará o benefício executando-se a multa, na forma prevista neste Capítulo, ou prosseguindo-se na execução já iniciada.*

De modo a facilitar a cobrança da multa, é possível o seu parcelamento através do desconto mensal nas hipóteses previstas no art. 168 da LEP.

Art. 170. *Quando a pena de multa for aplicada cumulativamente com pena privativa da liberdade, enquanto esta estiver sendo executada, poderá aquela ser cobrada mediante desconto na remuneração do condenado (artigo 168).*

§ 1º *Se o condenado cumprir a pena privativa de liberdade ou obtiver livramento condicional, sem haver resgatado a multa, far-se-á a cobrança nos termos deste Capítulo.*

§ 2º *Aplicar-se-á o disposto no parágrafo anterior aos casos em que for concedida a suspensão condicional da pena.*

Sempre que possível haverá a execução conjunta de ambas as sanções. Na maior parte das vezes, contudo, o apenado somente realizará o pagamento após o cumprimento da pena mais grave.

TÍTULO VI

Da Execução das Medidas de Segurança

CAPÍTULO I

Disposições Gerais

Art. 171. *Transitada em julgado a sentença que aplicar medida de segurança, será ordenada a expedição de guia para a execução.*

Art. 172. *Ninguém será internado em Hospital de Custódia e Tratamento Psiquiátrico, ou submetido a tratamento ambulatorial, para cumprimento de medida de segurança, sem a guia expedida pela autoridade judiciária.*

Assim como ocorre no âmbito da pena privativa de liberdade, as medidas de segurança somente podem ser cumpridas após emissão da guia de execução. As medidas de segurança são destinadas aos agentes que tiverem praticado fatos típicos e ilícitos, mas sejam reconhecidos como inimputáveis. Nesse caso, ao invés de condenados, são submetidos a uma sentença chamada de absolutória imprópria, pois absolve o agente mas impõe uma medida de segurança baseada na sua periculosidade, não na culpabilidade.

Art. 173. *A guia de internamento ou de tratamento ambulatorial, extraída pelo escrivão, que a rubricará em todas as folhas e a subscreverá com o Juiz, será remetida à autoridade administrativa incumbida da execução e conterá:*

I. *a qualificação do agente e o número do registro geral do órgão oficial de identificação;*

II. *o inteiro teor da denúncia e da sentença que tiver aplicado a medida de segurança, bem como a certidão do trânsito em julgado;*

III. *a data em que terminará o prazo mínimo de internação, ou do tratamento ambulatorial;*

IV. *outras peças do processo reputadas indispensáveis ao adequado tratamento ou internamento.*

§ 1° *Ao Ministério Público será dada ciência da guia de recolhimento e de sujeição a tratamento.*

§ 2° *A guia será retificada sempre que sobrevier modificações quanto ao prazo de execução.*

Art. 174. *Aplicar-se-á, na execução da medida de segurança, naquilo que couber, o disposto nos artigos 8° e 9° desta Lei.*

A guia de execução, seja ela uma guia de internamento ou de tratamento ambulatorial, cumprirá as formalidades legais, tal qual a guia de recolhimento.

CAPÍTULO II

Da Cessação da Periculosidade

Art. 175. *A cessação da periculosidade será averiguada no fim do prazo mínimo de duração da medida de segurança, pelo exame das condições pessoais do agente, observando-se o seguinte:*

I. a autoridade administrativa, até 1 mês antes de expirar o prazo de duração mínima da medida, remeterá ao Juiz minucioso relatório que o habilite a resolver sobre a revogação ou permanência da medida;

II. o relatório será instruído com o laudo psiquiátrico;

III. juntado aos autos o relatório ou realizadas as diligências, serão ouvidos, sucessivamente, o Ministério Público e o curador ou defensor, no prazo de 3 dias para cada um;

IV. o Juiz nomeará curador ou defensor para o agente que não o tiver;

V. o Juiz, de ofício ou a requerimento de qualquer das partes, poderá determinar novas diligências, ainda que expirado o prazo de duração mínima da medida de segurança;

VI. ouvidas as partes ou realizadas as diligências a que se refere o inciso anterior, o Juiz proferirá a sua decisão, no prazo de 5 dias.

***Art. 176.** Em qualquer tempo, ainda no decorrer do prazo mínimo de duração da medida de segurança, poderá o Juiz da execução, diante de requerimento fundamentado do Ministério Público ou do interessado, seu procurador ou defensor, ordenar o exame para que se verifique a cessação da periculosidade, procedendo-se nos termos do artigo anterior.*

***Art. 177.** Nos exames sucessivos para verificar-se a cessação da periculosidade, observar-se-á, no que lhes for aplicável, o disposto no artigo anterior.*

Como visto, no caso de inimputabilidade, é a periculosidade e não a culpabilidade o motivo de ser da execução. Assim, diferentemente dos presos submetido a pena privativa de liberdade, em que há modelos previamente impostos com tempos mínimos de cumprimento, as medidas de segurança estão em constante avaliação e, a princípio, a qualquer momento poderá ser verificada a cessação da periculosidade do sujeito.

***Art. 178.** Nas hipóteses de desinternação ou de liberação (artigo 97, § 3º, do Código Penal), aplicar-se-á o disposto nos artigos 132 e 133 desta Lei.*

***Art. 179.** Transitada em julgado a sentença, o Juiz expedirá ordem para a desinternação ou a liberação.*

Como observa **Guilherme de Souza Nucci**: "revê a lei penal que o tratamento ambulatorial pode ser convertido em internação, caso essa providência seja necessária para fins curativos. Nada fala, no entanto, quanto à conversão da internação em tratamento ambulatorial, o que se nos afigura perfeitamente possível. Muitas vezes, o agente pode não revelar periculosidade suficiente para ser mantido internado, mas ainda necessitar de um tratamento acompanhado. Assim, valendo-se, por analogia, da hipótese prevista no art. 97, § 4.º, do Código Penal, pode o magistrado determinar a desinternação do agente para o fim de se submeter a tratamento ambulatorial, que seria a conversão da internação em tratamento ambulatorial. Leia-se, uma autêntica desintegração progressiva". (Leis Penais e Processuais Penais Comentadas - Vol. 2, 11ª edição. [VitalSource Bookshelf])

Assim como as penas privativas de liberdade, as medidas de segurança também têm fim. Foi-se o tempo em que eram vistas como perpétuas. A jurisprudência já determinou sua limitação no máximo pelo prazo determinado no art. 75 do Código Penal, havendo, contudo, entendimento ainda mais moderno de que a limitação da duração da medida de segurança seria o mesmo da pena máxima do crime imputado ao inimputável. Nesse sentido, a Súmula 517 do Superior Tribunal de Justiça: "O tempo de duração da medida de segurança não deve ultrapassar o limite máximo da pena abstratamente cominada ao delito praticado".

TÍTULO VII

Dos Incidentes de Execução

CAPÍTULO I

Das Conversões

***Art. 180.** A pena privativa de liberdade, não superior a 2 anos, poderá ser convertida em restritiva de direitos, desde que:*

I. o condenado a esteja cumprindo em regime aberto;

II. tenha sido cumprido pelo menos 1/4 da pena;

III. os antecedentes e a personalidade do condenado indiquem ser a conversão recomendável.

A hipótese complementa o disposto no Código Penal, permitindo a conversão de pena privativa de liberdade que já esteja em cumprimento em pena restritiva de direitos, no âmbito da execução.

***Art. 181.** A pena restritiva de direitos será convertida em privativa de liberdade nas hipóteses e na forma do artigo 45 e seus incisos do Código Penal.*

***§ 1º** A pena de prestação de serviços à comunidade será convertida quando o condenado:*

a) não for encontrado por estar em lugar incerto e não sabido, ou desatender a intimação por edital;

b) não comparecer, injustificadamente, à entidade ou programa em que deva prestar serviço;

c) recusar-se, injustificadamente, a prestar o serviço que lhe foi imposto;

d) praticar falta grave;

e) sofrer condenação por outro crime à pena privativa de liberdade, cuja execução não tenha sido suspensa.

***§ 2º** A pena de limitação de fim de semana será convertida quando o condenado não comparecer ao estabelecimento designado para o cumprimento da pena, recusar-se a exercer a atividade determinada pelo Juiz ou se ocorrer qualquer das hipóteses das letras «a», «d» e «e» do parágrafo anterior.*

***§ 3º** A pena de interdição temporária de direitos será convertida quando o condenado exercer, injustificadamente, o direito interditado ou se ocorrer qualquer das hipóteses das letras «a» e «e», do § 1º, deste artigo.*

De outro lado, no caso de descumprimento de condições estabelecidas para as penas restritivas de direitos, a Lei de Execução Penal também possibilita a reconversão da pena alternativa em pena privativa de liberdade.

***Art. 183.** Quando, no curso da execução da pena privativa de liberdade, sobrevier doença mental ou perturbação da saúde mental, o Juiz, de ofício, a requerimento do Ministério Público, da Defensoria Pública ou da autoridade administrativa, poderá determinar a substituição da pena por medida de segurança.*

Esse artigo prevê a efetiva substituição da pena por medida de segurança. Aqui não se trata das hipóteses anteriores, em que há uma suspensão da pena, mas há efetiva substituição com definitividade.

Vale registar, nesse ponto, que "Em se tratando de medida de segurança aplicada em substituição à pena corporal, prevista no art. 183 da Lei de Execução Penal, sua duração está adstrita ao tempo que resta para o cumprimento da pena privativa de liberdade estabelecida na sentença condenatória. Precedentes desta Corte" (STJ, 6ª T., HC 373.405, rel. Min. Maria Thereza de Assis Moura, j. 06.10.2016).

Art. 184. *O tratamento ambulatorial poderá ser convertido em internação se o agente revelar incompatibilidade com a medida.*

Parágrafo único. *Nesta hipótese, o prazo mínimo de internação será de 1 ano.*

O tratamento ambulatorial é direcionado aos agentes que tenham praticado crime apenado com pena de detenção, considerados menos graves. Há, contudo, a hipótese desse tratamento tornar-se uma internação, caso se mostre incompatível com a realidade.

CAPÍTULO II

Do Excesso ou Desvio

Art. 185. *Haverá excesso ou desvio de execução sempre que algum ato for praticado além dos limites fixados na sentença, em normas legais ou regulamentares.*

Conforme observa a doutrina: "instaura-se um incidente próprio, que correrá em apenso ao processo de execução, quando houver desvio (destinação diversa da finalidade da pena) ou excesso (aplicação abusiva do previsto em lei) em relação ao cumprimento da pena, seja ela de que espécie for. Exemplos: a) o condenado é privado do trabalho, embora deseje participar das atividades, porque se encontra em cela isolada, apenas para garantir a sua incolumidade física, vez que se encontra ameaçado por outros presos. O Estado deve buscar formas alternativas de proteção à integridade dos presos, mas não pode privá-los do trabalho, que, além de um dever, é um direito do condenado. Trata-se de um desvio da execução penal; b) o condenado, por ter cometido alguma falta disciplinar, passa mais de trinta dias em isolamento, infringindo o disposto no art. 58 desta Lei. Há nítido excesso de execução; c) pode-se aventar uma hipótese mista, em que se vislumbra desvio e excesso. Imagine-se o preso inserido no regime disciplinar diferenciado por ter desrespeitado o diretor do presídio (falta grave), porém fato que não se coaduna com o previsto nas hipóteses do art. 52 desta Lei." (NUCCI, Guilherme Souza. Leis Penais e Processuais Penais Comentadas - Vol. 2, 11ª edição. [VitalSource Bookshelf])

Art. 186. *Podem suscitar o incidente de excesso ou desvio de execução:*

I. *o Ministério Público;*

II. *o Conselho Penitenciário;*

III. *o sentenciado;*

IV. *qualquer dos demais órgãos da execução penal.*

OS demais órgãos da execução designam, especialmente, o Conselho Nacional de Política Criminal e Penitenciária - CNPCP, os Departamentos Penitenciários, o Patronato, o Conselho da Comunidade e, eventualmente, o próprio juiz, agindo de ofício.

CAPÍTULO III

Da Anistia e do Indulto

Art. 187. *Concedida a anistia, o Juiz, de ofício, a requerimento do interessado ou do Ministério Público, por proposta da autoridade administrativa ou do Conselho Penitenciário, declarará extinta a punibilidade.*

Anistia é uma forma de perdão concedida por meio de lei. Nas palavras de Guilherme de Souza Nucci, anistia "é a declaração feita pelo Poder Público, através de lei, editada pelo Congresso Nacional, de que determinado fato, anteriormente considerado criminoso, se tornou impunível por motivo de utilidade social. Volta-se, primordialmente, a crimes políticos, mas nada impede a sua aplicação a outras infrações penais" (Leis Penais e Processuais Penais Comentadas - Vol. 2, 11ª edição. [VitalSource Bookshelf]). Seu efeito é a extinção da punibilidade do fato penal.

Art. 188. *O indulto individual poderá ser provocado por petição do condenado, por iniciativa do Ministério Público, do Conselho Penitenciário, ou da autoridade administrativa.*

O indulto individual também chamado de graça é modalidade de perdão concedida pelo Presidente da República (CF, art. 84, XII) por meio de decreto autônomo. Os critérios para sua concessão são discricionários do Chefe do Executivo.

Art. 189. *A petição do indulto, acompanhada dos documentos que a instruírem, será entregue ao Conselho Penitenciário, para a elaboração de parecer e posterior encaminhamento ao Ministério da Justiça.*

Art. 190. *O Conselho Penitenciário, à vista dos autos do processo e do prontuário, promoverá as diligências que entender necessárias e fará, em relatório, a narração do ilícito penal e dos fundamentos da sentença condenatória, a exposição dos antecedentes do condenado e do procedimento deste depois da prisão, emitindo seu parecer sobre o mérito do pedido e esclarecendo qualquer formalidade ou circunstâncias omitidas na petição.*

Art. 191. *Processada no Ministério da Justiça com documentos e o relatório do Conselho Penitenciário, a petição será submetida a despacho do Presidente da República, a quem serão presentes os autos do processo ou a certidão de qualquer de suas peças, se ele o determinar.*

Art. 192. *Concedido o indulto e anexada aos autos cópia do decreto, o Juiz declarará extinta a pena ou ajustará a execução aos termos do decreto, no caso de comutação.*

Os artigos 189 a 192 trazem, textualmente, o procedimento para a realização de anistia e indulto.

Art. 193. *Se o sentenciado for beneficiado por indulto coletivo, o Juiz, de ofício, a requerimento do interessado, do Ministério Público, ou por iniciativa do Conselho Penitenciário ou da autoridade administrativa, providenciará de acordo com o disposto no artigo anterior.*

De acordo com a doutrina, indulto coletivo é "a clemência concedida pelo Presidente da República, por decreto, a condenados em geral, desde que preencham determinadas condições objetivas e/ou subjetivas. Cuida-se, também, de ato discricionário do Chefe do Poder Executivo, sem qualquer vinculação a parecer de órgão da execução penal. Anualmente, no mínimo um decreto é editado (como regra, o denominado indulto de natal), podendo perdoar integralmente a pena, gerando a extinção da punibilidade, mas mantendo-se o registro da condenação na folha de antecedentes do beneficiário, para fins de reincidência e análise de antecedentes criminais, como pode perdoar parcialmente a pena, operando-se um desconto (comutação), sem provocar a extinção da punibilidade." (NUCCI, Guilherme Souza. Leis Penais e Processuais Penais Comentadas - Vol. 2, 11ª edição. [VitalSource Bookshelf]).

TÍTULO VIII

Do Procedimento Judicial

Art. 194. *O procedimento correspondente às situações previstas nesta Lei será judicial, desenvolvendo-se perante o Juízo da execução.*

Todo o procedimento de execução é jurisdicional. O controle dos direitos é todos feito por meio do Poder Judiciário. Cabe ao poder executivo, unicamente, o cumprimento de suas determinações ou a realização de procedimento essencialmente internos aos estabelecimentos prisionais.

Art. 195. O procedimento judicial iniciar-se-á de ofício, a requerimento do Ministério Público, do interessado, de quem o represente, de seu cônjuge, parente ou descendente, mediante proposta do Conselho Penitenciário, ou, ainda, da autoridade administrativa.

Art. 196. A portaria ou petição será autuada ouvindo-se, em 3 dias, o condenado e o Ministério Público, quando não figurem como requerentes da medida.

§ 1º Sendo desnecessária a produção de prova, o Juiz decidirá de plano, em igual prazo.

§ 2º Entendendo indispensável a realização de prova pericial ou oral, o Juiz a ordenará, decidindo após a produção daquela ou na audiência designada.

O procedimento de execução é oficial, isto é, não há necessidade de requerimento pelo Ministério Público ou parte interessada.

Art. 197. Das decisões proferidas pelo Juiz caberá recurso de agravo, sem efeito suspensivo.

O agravo é o único recurso previsto na Lei de Execução Penal. É denominado agravo em execução. Como não há previsão de seu procedimento, utiliza-se o rito dos recursos em sentido estrito, previsto nos Arts. 582 a 592 do Código de Processo Penal.

TÍTULO IX

Das Disposições Finais e Transitórias

As disposições finais e transitórias têm incidência muito baixa em provas e concursos, portanto, serão apenas transcritas abaixo. Elas se referem a temas que não são afetos diretamente aos demais temas da norma, ou simplesmente servem como orientação para a realização de outras normas, esgotando na edição delas a sua eficácia.

Art. 198. É defesa ao integrante dos órgãos da execução penal, e ao servidor, a divulgação de ocorrência que perturbe a segurança e a disciplina dos estabelecimentos, bem como exponha o preso à inconveniente notoriedade, durante o cumprimento da pena.

Art. 199. O emprego de algemas será disciplinado por decreto federal.

Art. 200. O condenado por crime político não está obrigado ao trabalho.

Art. 201. Na falta de estabelecimento adequado, o cumprimento da prisão civil e da prisão administrativa se efetivará em seção especial da Cadeia Pública.

Art. 202. Cumprida ou extinta a pena, não constarão da folha corrida, atestados ou certidões fornecidas por autoridade policial ou por auxiliares da Justiça, qualquer notícia ou referência à condenação, salvo para instruir processo pela prática de nova infração penal ou outros casos expressos em lei.

Art. 203. No prazo de 6 (seis) meses, a contar da publicação desta Lei, serão editadas as normas complementares ou regulamentares, necessárias à eficácia dos dispositivos não autoaplicáveis.

§ 1º Dentro do mesmo prazo deverão as Unidades Federativas, em convênio com o Ministério da Justiça, projetar a adaptação, construção e equipamento de estabelecimentos e serviços penais previstos nesta Lei.

§ 2º Também, no mesmo prazo, deverá ser providenciada a aquisição ou desapropriação de prédios para instalação de casas de albergados.

§ 3º O prazo a que se refere o caput deste artigo poderá ser ampliado, por ato do Conselho Nacional de Política Criminal e Penitenciária, mediante justificada solicitação, instruída com os projetos de reforma ou de construção de estabelecimentos.

§ 4º O descumprimento injustificado dos deveres estabelecidos para as Unidades Federativas implicará na suspensão de qualquer ajuda financeira a elas destinada pela União, para atender às despesas de execução das penas e medidas de segurança.

Art. 204. Esta Lei entra em vigor concomitantemente com a lei de reforma da Parte Geral do Código Penal, revogadas as disposições em contrário, especialmente a Lei nº 3.274, de 2 de outubro de 1957.

Brasília, 11 de julho de 1984; 163º da Independência e 96º da República.

Questões

01. **(CESPE - 2019)** Considerando o entendimento jurisprudencial do STJ, julgue o item a seguir em relação às faltas disciplinares praticadas no curso da execução penal. A prática de falta grave não interrompe os prazos para fins de comutação de pena nem para a concessão de indulto, tampouco para obtenção de livramento condicional.

Certo ( ) Errado ( )

02. **(CESPE - 2019)** Considerando o entendimento jurisprudencial do STJ, julgue o item a seguir em relação às faltas disciplinares praticadas no curso da execução penal. O reconhecimento de falta grave decorrente da prática de fato definido como crime doloso independe do trânsito em julgado de sentença penal condenatória.

Certo ( ) Errado ( )

03. **(CESPE - 2018)** Julgue o item que se segue, relativo a execução penal, desarmamento, abuso de autoridade e evasão de dívidas. Preso provisório não pode ser submetido ao regime disciplinar diferenciado.

Certo ( ) Errado ( )

04. **(CESPE - 2015)** Enquanto cumpria pena no regime fechado, João foi acusado da prática de falta disciplinar de natureza grave, cometida em 2/1/2012, consistente na posse de um chippara aparelho celular. Em 14/7/2014, o promotor de justiça requereu o reconhecimento da prática da falta grave e a revogação de todo o tempo remido de João. A respeito dessa situação hipotética, julgue o próximo item, com base na jurisprudência dominante dos tribunais superiores pertinente a esse tema. A posse exclusivamente de chip para aparelho celular não caracteriza falta disciplinar de natureza grave.

Certo ( ) Errado ( )

05. **(CESPE - 2015)** Julgue o item subsequente, com relação às disposições da Lei de Execução Penal (LEP) Caso um preso pratique uma falta disciplinar, poderá a autoridade administrativa decretar o isolamento preventivo desse preso, bem como determinar sua inclusão no regime disciplinar diferenciado, no interesse da disciplina e da averiguação do fato.

Certo ( ) Errado ( )

06. **(CESPE - 2015)** No próximo item apresenta uma situação hipotética, seguida de uma assertiva a ser julgada à luz das medidas de assistência previstas na Lei de Execução Penal. Manoel, sentenciado a vinte e cinco anos de reclusão, não reúne condições para custear a contratação de advogado que acompanhe a execução de sua pena. Nessa situação, a assistência jurídica deverá ser garantida pelo Estado, de forma integral e gratuita, sob a responsabilidade da defensoria pública, dentro e fora do estabelecimento penal.

Certo ( ) Errado ( )

07. **(CESPE - 2015)** No próximo item apresenta uma situação hipotética, seguida de uma assertiva a ser julgada à luz das medidas de assistência previstas na Lei de Execução Penal. Pedro, analfabeto, sentenciado a oito anos de reclusão, ingressou no sistema penitenciário, consignando-se em seus registros a falta de instrução fundamental. Nessa situação, é obrigatório que o estabelecimento prisional garanta que Pedro frequente o ensino fundamental nos mesmos moldes e requisitos do sistema escolar da unidade federativa a que pertença esse estabelecimento.

Certo ( ) Errado ( )

08. **(CESPE - 2015)** No próximo item apresenta uma situação hipotética, seguida de uma assertiva a ser julgada à luz das medidas de assistência previstas na Lei de Execução Penal. José foi condenado a dezoito anos de reclusão e recolhido a estabelecimento prisional. No curso da execução da pena, ele contraiu doença grave, e foi constatada a impossibilidade de o estabelecimento prisional prover-lhe a assistência médica necessária. Nessa situação, a assistência médica ao preso deverá ser custeada pela família do sentenciado em outro local, desde que haja a autorização expressa do juiz competente.

Certo ( ) Errado ( )

09. **(CESPE - 2015)** Com relação a assistência educacional e a assistência do trabalho do preso, fatores fundamentais para o reingresso do apenado na sociedade, julgue o item seguinte. **SITUAÇÃO HIPOTÉTICA:** Um preso, durante o cumprimento de pena privativa de liberdade, exercia atividade laboral no interior do estabelecimento penal e, também, tarefas de prestação de serviços à comunidade, em cumprimento a pena restritiva de direitos. **ASSERTIVA:** Nessa situação, a remuneração do preso será referente apenas ao trabalho interno, não havendo direito a remuneração pela prestação do serviço comunitário.

Certo ( ) Errado ( )

10. **(CESPE - 2015)** Acerca das políticas de assistência à saúde de pessoas privadas de liberdade no Brasil, julgue o item a seguir. Conforme previsto na LEP, a assistência à saúde devida à pessoa privada de liberdade no sistema prisional compreende atendimento médico, farmacêutico, odontológico e psicológico.

Certo ( ) Errado ( )

11. **(CESPE - 2015)** No que se refere às políticas de educação nos estabelecimentos penais, julgue o item. A legislação brasileira referente à educação no sistema prisional não prevê o emprego da modalidade de educação a distância.

Certo ( ) Errado ( )

12. **(CESPE - 2015)** Com relação ao trabalho e à assistência social realizados no âmbito do sistema prisional, julgue o item subsequente. De acordo com a LEP, são considerados egressos tanto o liberado definitivo, pelo prazo de um ano a contar da data de saída do estabelecimento prisional, quanto o liberado condicional, durante o período de prova.

Certo ( ) Errado ( )

13. **(CESPE - 2015)** Com relação ao trabalho e à assistência social realizados no âmbito do sistema prisional, julgue o item subsequente. Entre as ações de assistência ao egresso do sistema prisional incluem-se a orientação e o apoio para reintegrá-lo à vida em liberdade e a concessão, quando necessária, de alojamento e de alimentação em estabelecimento adequado, nos prazos determinados em lei.

Certo ( ) Errado ( )

14. **(CESPE - 2015)** De acordo com a Lei de Execução Penal (LEP), julgue o item a seguir, relativo aos diversos tipos de assistência ao preso, ao internado e ao egresso. No âmbito da assistência educacional, é garantido o acesso à instrução escolar e à formação profissional ao preso, a quem é facultado cursar o ensino fundamental ou realizar curso de aperfeiçoamento profissionalizante.

Certo ( ) Errado ( )

15. **(CESPE - 2015)** De acordo com a Lei de Execução Penal (LEP), julgue o item a seguir, relativo aos diversos tipos de assistência ao preso, ao internado e ao egresso. A assistência médica pode ser prestada ao preso no próprio estabelecimento prisional ou, quando esse estabelecimento não contar com equipamento ou outro recurso necessário, em outro local, mediante autorização do juiz da execução penal para deslocamento do preso.

Certo ( ) Errado ( )

16. **(CESPE - 2015)** De acordo com a Lei de Execução Penal (LEP), julgue o item a seguir, relativo aos diversos tipos de assistência ao preso, ao internado e ao egresso. Ao serviço de assistência social cabe promover a recreação no estabelecimento prisional e providenciar a obtenção de documentos dos presos assim como os benefícios da previdência social a que essas pessoas tiverem direito.

Certo ( ) Errado ( )

17. **(CESPE - 2015)** Francisco e Júlio foram condenados pela prática de crime. Durante o cumprimento de sua pena, Francisco obteve livramento condicional e está atualmente em período de prova. Júlio foi liberado definitivamente e saiu do estabelecimento prisional há dezoito meses. Acerca dessa situação hipotética, julgue o item subsequente com base no que dispõe a LEP. Júlio é considerado egresso e pode contar com o serviço de assistência social, que lhe deve prestar ajuda na obtenção de trabalho.

Certo ( ) Errado ( )

18. **(CESPE - 2015)** Francisco e Júlio foram condenados pela prática de crime. Durante o cumprimento de sua pena, Francisco obteve livramento condicional e está atualmente em período de prova. Júlio foi liberado definitivamente e saiu do estabelecimento prisional há dezoito meses. Acerca dessa situação hipotética, julgue o item subsequente com base no que dispõe a LEP. Francisco é considerado egresso e, se houver necessidade, poderá ser beneficiado com alojamento e alimentação em estabelecimento adequado por até, no máximo, quatro meses.

Certo ( ) Errado ( )

19. **(CESPE - 2015)** À luz da LEP, julgue o item, referente ao trabalho do preso. A legislação limita o trabalho feito pelo preso provisório àquele que pode ser realizado no estabelecimento prisional em que o indivíduo se encontre e na medida de suas aptidões e capacidade.

Certo ( ) Errado ( )

20. **(CESPE - 2015)** À luz da LEP, julgue o item, referente ao trabalho do preso. **SITUAÇÃO HIPOTÉTICA**: Joaquim foi condenado por crime grave à pena de reclusão, em regime fechado, da qual já cumpriu um sexto. No município em que está localizado o estabelecimento prisional que abriga Joaquim, será iniciada obra pública de revitalização da região central da cidade. **ASSERTIVA**: Nessa situação, desde que preenchidos os requisitos legais e adotadas as cautelas contra a fuga e em favor da disciplina, Joaquim poderá ser autorizado pela direção do estabelecimento prisional a trabalhar na obra.

Certo ( ) Errado ( )

21. **(CESPE - 2015)** À luz da LEP, julgue o item, referente ao trabalho do preso. As tarefas executadas pelo condenado como cumprimento de pena de prestação de serviço à comunidade não são remuneradas.

Certo ( ) Errado ( )

22. **(CESPE - 2015)** À luz da LEP, julgue o item, referente ao trabalho do preso. O preso provisório ou condenado a pena privativa de liberdade é obrigado a trabalhar e, pelo trabalho realizado, deve ser remunerado com valor que não pode ser inferior a um salário mínimo.

Certo ( ) Errado ( )

23. **(CESPE - 2019)** José, de sessenta e nove anos de idade, fiscal de vigilância sanitária municipal, viúvo e único responsável pelos cuidados de seu filho, de onze anos de idade, foi denunciado à polícia por comerciantes que alegavam que o referido fiscal lhes solicitava dinheiro para que não fossem por ele autuados por infração à legislação sanitária. Durante investigação conduzida por autoridade policial em razão dessa denúncia, foi deferida judicialmente interceptação da comunicação telefônica de José. Nesse ato, evidenciou-se, em uma degravação, que José havia solicitado certa quantia em dinheiro a um comerciante, Pedro, para não interditar seu estabelecimento comercial, e que José havia combinado encontrar-se com Pedro para realizarem essa transação financeira. Na interceptação, foram captadas, ainda, conversas em que José e outros quatro fiscais não identificados discutiam a forma de solicitar dinheiro a comerciantes, em troca de não autuá-los, e a repartição do dinheiro que seria obtido com isso. No dia combinado, Pedro encontrou-se com José, e, pouco antes de entregar-lhe o dinheiro que carregava consigo, policiais que haviam instalado escuta ambiental na sala do fiscal mediante autorização judicial prévia deram voz de prisão em flagrante a José, conduzindo-o, em seguida, à presença da autoridade policial. Em revista pessoal, foi constatado que José portava três cigarros de maconha. Questionado, o fiscal afirmou ter comprado os cigarros de um estrangeiro que trazia os entorpecentes de seu país para o Brasil e os revendia perto da residência de José. A autoridade policial deu andamento aos procedimentos, redigiu o relatório final do inquérito policial e o encaminhou à autoridade competente. Considerando essa situação hipotética, julgue o item subsequente. O Ministério Público tem legitimidade ativa para, uma vez transitada em julgado eventual condenação criminal de José, executar possível pena de multa no juízo da execução, mesmo que essa pena seja considerada dívida de valor convertida em renda em favor da fazenda pública.

Certo ( ) Errado ( )

24. **(CESPE - 2015)** A Constituição Federal de 1988 (CF) simboliza, sob o ponto de vista jurídico-político, a consumação do processo de reconstrução democrática do Brasil. Direitos humanos e direitos fundamentais nela foram inscritos com tal vigor que lhe renderam a denominação de Constituição Cidadã. É nessa perspectiva de fortalecimento do espírito de cidadania que se devem situar programas, instituições e organismos como o terceiro Programa Nacional de Direitos Humanos (PNDH-3), a PNPS, o SNPS, o Conselho Nacional de Política Criminal e Penitenciária e o Conselho Penitenciário. De acordo com os dispositivos constitucionais que abordam os direitos humanos e os direitos fundamentais, e considerando os objetivos e as diretrizes dos programas e órgãos acima mencionados, julgue o item. Estabelecer regras sobre arquitetura e construção de estabelecimentos penais e casas de albergados deixou de ser atribuição do Conselho Nacional de Política Criminal e Penitenciária e passou à esfera dos estados e municípios.

Certo ( ) Errado ( )

25. **(CESPE - 2015)** A Constituição Federal de 1988 (CF) simboliza, sob o ponto de vista jurídico-político, a consumação do processo de reconstrução democrática do Brasil. Direitos humanos e direitos fundamentais nela foram inscritos com tal vigor que lhe renderam a denominação de Constituição Cidadã. É nessa perspectiva de fortalecimento do espírito de cidadania que se devem situar programas, instituições e organismos como o terceiro Programa Nacional de Direitos Humanos (PNDH-3), a PNPS, o SNPS, o Conselho Nacional de Política Criminal e Penitenciária e o Conselho Penitenciário. De acordo com os dispositivos constitucionais que abordam os direitos humanos e os direitos fundamentais, e considerando os objetivos e as diretrizes dos programas e órgãos acima mencionados, julgue o item. Os conselhos penitenciários são responsáveis pelo recolhimento, ao estabelecimento prisional, do réu condenado, bem como pelas providências de ordem administrativa relacionadas a esse recolhimento.

Certo ( ) Errado ( )

26. **(CESPE - 2015)** Considerando aspectos diversos tratados na Lei de Execução Penal (LEP), a exemplo do Conselho Nacional de Política Criminal e Penitenciária (CNPCP), dos conselhos penitenciários e dos conselhos da comunidade, entre outros, julgue o item seguinte. Ao CNPCP incumbe estabelecer os critérios para elaboração da estatística criminal, ao passo que ao Congresso Nacional compete elaborar programa nacional penitenciário de formação e aperfeiçoamento do servidor.

Certo ( ) Errado ( )

27. **(CESPE - 2015)** Considerando aspectos diversos tratados na Lei de Execução Penal (LEP), a exemplo do Conselho Nacional de Política Criminal e Penitenciária (CNPCP), dos conselhos penitenciários e dos conselhos da comunidade, entre outros, julgue o item seguinte. Ao conselho penitenciário compete emitir parecer a respeito de indulto e comutação de pena na hipótese de pedido de indulto com base no estado de saúde do preso.

Certo ( ) Errado ( )

28. **(CESPE - 2015)** Considerando aspectos diversos tratados na Lei de Execução Penal (LEP), a exemplo do Conselho Nacional de Política Criminal e Penitenciária (CNPCP), dos conselhos penitenciários e dos conselhos da comunidade, entre outros, julgue o item seguinte. A avaliação periódica do sistema criminal deve ser feita pelas secretarias estaduais de segurança pública, mediante delegação de competência do Ministério da Justiça.

Certo ( ) Errado ( )

29. **(CESPE - 2015)** Considerando aspectos diversos tratados na Lei de Execução Penal (LEP), a exemplo do Conselho Nacional de Política Criminal e Penitenciária (CNPCP), dos conselhos penitenciários e dos conselhos da comunidade, entre outros, julgue o item seguinte. Ainda que deva visitar, pelo menos mensalmente, os estabelecimentos penais existentes na comarca, o conselho da comunidade está impedido de entrevistar presos.

Certo ( ) Errado ( )

30. **(CESPE - 2015)** Julgue o item subsequente, com relação às disposições da Lei de Execução Penal (LEP) Conforme disposição expressa da LEP, o preso condenado a cumprir pena privativa de liberdade em regime semiaberto não poderá cumprir a reprimenda em casa de albergado.

Certo ( ) Errado ( )

31. **(CESPE - 2017)** Com relação a nulidades no processo penal, a recursos em geral e a execução penal, julgue o item a seguir. A prática de falta grave pelo apenado, no curso da execução penal, acarreta a perda da totalidade dos dias remidos com trabalho, recomeçando-se a contagem a partir da data da infração disciplinar.

Certo ( ) Errado ( )

32. **(CESPE - 2015)** Gerson, com vinte e um anos de idade, e Gilson, com dezesseis anos de idade, foram presos em flagrante pela prática de crime. Após regular tramitação de processo nos juízos competentes, Gerson foi condenado pela prática de extorsão mediante sequestro e Gilson, por cometimento de infração análoga a esse crime. Com relação a essa situação hipotética, julgue o próximo item. No cumprimento da pena em regime fechado, Gerson poderá, para fins de remição, cumular atividades laborativas com atividades típicas do ensino fundamental. Nessa hipótese, para cada três dias de trabalho e estudo concomitante, serão abatidos dois dias de sua pena.

Certo ( ) Errado ( )

33. **(CESPE - 2015)** Julgue o item subsequente, com relação às disposições da Lei de Execução Penal (LEP) O condenado que for acometido por doença mental durante o cumprimento da pena deverá ser internado em hospital de custódia e tratamento psiquiátrico.

Certo ( ) Errado ( )

34. **(CESPE - 2015)** Julgue o item subsequente, com relação às disposições da Lei de Execução Penal (LEP) A determinação do regime de cumprimento de condenado por mais de um crime em processos distintos deve ser feita pelo resultado da soma ou unificação das penas, observadas, quando for o caso, a detração ou a remição.

Certo ( ) Errado ( )

35. **(CESPE - 2015)** Julgue o item subsequente, com relação às disposições da Lei de Execução Penal (LEP) Preso que praticar fato definido como crime, doloso ou culposo, ou falta grave deverá ser transferido para regime mais rigoroso.

Certo ( ) Errado ( )

36. **(CESPE - 2015)** No próximo item apresenta uma situação hipotética, seguida de uma assertiva a ser julgada à luz das medidas de assistência previstas na Lei de Execução Penal. Um preso, em cumprimento de pena de reclusão em regime fechado, recebeu a notícia do falecimento de seu filho e requereu permissão para comparecer ao enterro. Nessa situação, caso seja autorizada a saída do preso, caberá ao assistente social em atividade no estabelecimento prisional acompanhar pessoalmente o preso e apresentar, ao final, ao diretor do estabelecimento, relatório em que circunstancie o comportamento do preso no período em que este estiver fora.

Certo ( ) Errado ( )

37. **(CESPE - 2015)** Nos termos da Lei de Execução Penal, julgue o item que se segue, acerca do instituto da remição. Um preso em regime semiaberto que trabalhe, durante o dia, em jornada de seis horas diárias e estude, em horário noturno, pelo período de quatro horas terá direito, a cada três dias de exercício conjunto dessas atividades, ao abatimento de dois dias de pena.

Certo ( ) Errado ( )

38. **(CESPE - 2015)** Nos termos da Lei de Execução Penal, julgue o item que se segue, acerca do instituto da remição. A remição, pelo trabalho, na proporção de um dia de pena a cada três dias trabalhados, diz respeito a todos os regimes de execução da pena: o aberto, o fechado e o semiaberto.

Certo ( ) Errado ( )

39. **(CESPE - 2015)** Nos termos da Lei de Execução Penal, julgue o item que se segue, acerca do instituto da remição. O tempo remido deverá ser computado como pena cumprida, independentemente da natureza do crime cometido, o que beneficia também os apenados pela prática de crimes hediondos e crimes cometidos com violência ou grave ameaça à pessoa.

Certo ( ) Errado ( )

40. **(CESPE - 2015)** Nos termos da Lei de Execução Penal, julgue o item que se segue, acerca do instituto da remição. **SITUAÇÃO HIPOTÉTICA:** Um sentenciado, no decorrer da execução de sua pena privativa de liberdade em regime semiaberto, foi punido por falta grave devidamente apurada em procedimento próprio. **ASSERTIVA:** Nessa situação, o preso perderá o direito ao tempo remido já computado, de modo que o novo período de cômputo começará a partir da data da infração disciplinar.

Certo ( ) Errado ( )

41. **(CESPE - 2015)** No que se refere às políticas de educação nos estabelecimentos penais, julgue o item. Entre outros dispositivos legais pertinentes, o direito da pessoa privada de liberdade à educação é assegurado pela LEP, que contém previsão específica para aulas do ensino profissionalizante e para a realização de estágios de nível superior.

Certo ( ) Errado ( )

42. **(CESPE - 2015)** Lúcia cumpre pena no regime aberto e Ana, no regime fechado, após condenação por prática de crime. Ambas trabalham e cursam o ensino médio. Considerando essa situação hipotética e o que dispõe a LEP acerca do instituto da remição, julgue o item seguinte. Na hipótese de Ana sofrer um acidente e ficar temporariamente impossibilitada de continuar suas atividades, a contagem do tempo para fins de remição ficará suspensa até que ela possa retornar ao trabalho e estudo, sem prejuízo dos dias já remidos.

Certo ( ) Errado ( )

43. **(CESPE - 2015)** Lúcia cumpre pena no regime aberto e Ana, no regime fechado, após condenação por prática de crime. Ambas trabalham e cursam o ensino médio. Considerando essa situação hipotética e o que dispõe a LEP acerca do instituto da remição, julgue o item seguinte. Lúcia poderá remir sua pena com suas atividades, mas, para isso, será necessário que opte pela remição com base nos dias de trabalho ou nos dias de estudo, já que a LEP proíbe a cumulação das possibilidades de remição.

Certo ( ) Errado ( )

44. **(CESPE - 2015)** Lúcia cumpre pena no regime aberto e Ana, no regime fechado, após condenação por prática de crime. Ambas trabalham e cursam o ensino médio. Considerando essa situação hipotética e o que dispõe a LEP acerca do instituto da remição, julgue o item seguinte. Ana tem direito à remição de um dia de sua pena para cada doze horas de frequência escolar e, se concluir o ensino médio com certificação por órgão competente do sistema de educação enquanto estiver cumprindo pena, será beneficiada com a adição de um terço ao tempo remido em função das horas de estudo.

Certo ( ) Errado ( )

45. **(CESPE - 2018)** Acerca de execução penal, de crimes de abuso de autoridade, de crimes contra a criança e o adolescente e de crimes contra o Sistema Financeiro Nacional, julgue o item que se segue. Caberá recurso de apelação contra decisão do juízo da execução penal que indeferir pedido de livramento condicional ao apenado.

Certo ( ) Errado ( )

Gabaritos

01	CERTO	24	ERRADO
02	CERTO	25	ERRADO
03	ERRADO	26	ERRADO
04	ERRADO	27	ERRADO
05	ERRADO	28	ERRADO
06	CERTO	29	ERRADO
07	CERTO	30	CERTO
08	ERRADO	31	ERRADO
09	CERTO	32	CERTO
10	ERRADO	33	CERTO
11	ERRADO	34	CERTO
12	CERTO	35	CERTO
13	CERTO	36	ERRADO
14	ERRADO	37	CERTO
15	ERRADO	38	ERRADO
16	CERTO	39	CERTO
17	ERRADO	40	ERRADO
18	CERTO	41	CERTO
19	CERTO	42	ERRADO
20	CERTO	43	ERRADO
21	CERTO	44	CERTO
22	ERRADO	45	ERRADO
23	CERTO		

2. PORTARIA Nº 18, DE 20 DE MARÇO DE 2020

Suspende a exigência de licenciamento de importação para os produtos referidos na Resolução CAMEX nº 26, de 29 de abril de 2015, publicada no D.O.U. de 30 de abril de 2015, e na Resolução CAMEX nº 58, de 19 de junho de 2015, publicada no D.O.U. de 22 de junho de 2015.

O SECRETÁRIO DE COMÉRCIO EXTERIOR, DA SECRETARIA ESPECIAL DE COMÉRCIO EXTERIOR E ASSUNTOS INTERNACIONAIS DO MINISTÉRIO DA ECONOMIA, no uso das atribuições que lhe foram conferidas pelo art. 91, I, do Decreto nº 9.745, de 8 de abril de 2019,

Considerando o estado de emergência internacional pelo coronavírus responsável pelo surto de 2019, resolve:

Art. 1º *A exigência de licenciamento de importação de que trata a alínea "i" do inciso II do art. 15 da Portaria SECEX nº 23, de 14 de julho de 2011, fica suspensa para os produtos referidos na Resolução CAMEX nº 26, de 29 de abril de 2015, publicada no D.O.U. de 30 de abril de 2015, e na Resolução CAMEX nº 58, de 19 de junho de 2015, publicada no D.O.U. de 22 de junho de 2015.*

Art. 2º *Esta Portaria vigorará enquanto perdurar o estado de emergência internacional pelo coronavírus responsável pelo surto de 2019.*

Art. 3º *Esta Portaria entre em vigor na data de sua publicação.*

3. LEI Nº 13.675, DE 11 DE JUNHO DE 2018

Disciplina a organização e o funcionamento dos órgãos responsáveis pela segurança pública, nos termos do § 7º do art. 144 da Constituição Federal; cria a Política Nacional de Segurança Pública e Defesa Social (PNSPDS); institui o Sistema Único de Segurança Pública (Susp); altera a Lei Complementar nº 79, de 7 de janeiro de 1994, a Lei nº 10.201, de 14 de fevereiro de 2001, e a Lei nº 11.530, de 24 de outubro de 2007; e revoga dispositivos da Lei nº 12.681, de 4 de julho de 2012.

O PRESIDENTE DA REPÚBLICA Faço saber que o Congresso Nacional decreta e eu sanciono a seguinte Lei:

CAPÍTULO I - DISPOSIÇÕES PRELIMINARES

Art. 1º *Esta Lei institui o Sistema Único de Segurança Pública (Susp) e cria a Política Nacional de Segurança Pública e Defesa Social (PNSPDS), com a finalidade de preservação da ordem pública e da incolumidade das pessoas e do patrimônio, por meio de atuação conjunta, coordenada, sistêmica e integrada dos órgãos de segurança pública e defesa social da União, dos Estados, do Distrito Federal e dos Municípios, em articulação com a sociedade.*

Art. 2º *A segurança pública é dever do Estado e responsabilidade de todos, compreendendo a União, os Estados, o Distrito Federal e os Municípios, no âmbito das competências e atribuições legais de cada um.*

CAPÍTULO II - DA POLÍTICA NACIONAL DE SEGURANÇA PÚBLICA E DEFESA SOCIAL (PNSPDS)

Seção I - Da Competência para Estabelecimento das Políticas de Segurança Pública e Defesa Social

Art. 3º *Compete à União estabelecer a Política Nacional de Segurança Pública e Defesa Social (PNSPDS) e aos Estados, ao Distrito Federal e aos Municípios estabelecer suas respectivas políticas, observadas as diretrizes da política nacional, especialmente para análise e enfrentamento dos riscos à harmonia da convivência social, com destaque às situações de emergência e aos crimes interestaduais e transnacionais.*

Seção II - Dos Princípios

Art. 4º *São princípios da PNSPDS:*

I. *respeito ao ordenamento jurídico e aos direitos e garantias individuais e coletivos;*

II. *proteção, valorização e reconhecimento dos profissionais de segurança pública;*

III. *proteção dos direitos humanos, respeito aos direitos fundamentais e promoção da cidadania e da dignidade da pessoa humana;*

IV. *eficiência na prevenção e no controle das infrações penais;*

V. *eficiência na repressão e na apuração das infrações penais;*

VI. *eficiência na prevenção e na redução de riscos em situações de emergência e desastres que afetam a vida, o patrimônio e o meio ambiente;*

VII. *participação e controle social;*

VIII. *resolução pacífica de conflitos;*

IX. *uso comedido e proporcional da força;*

X. *proteção da vida, do patrimônio e do meio ambiente;*

XI. *publicidade das informações não sigilosas;*

XII. *promoção da produção de conhecimento sobre segurança pública;*

XIII. *otimização dos recursos materiais, humanos e financeiros das instituições;*

XIV. *simplicidade, informalidade, economia procedimental e celeridade no serviço prestado à sociedade;*

XV. *relação harmônica e colaborativa entre os Poderes;*

XVI. *transparência, responsabilização e prestação de contas.*

Seção III - Das Diretrizes

Art. 5º *São diretrizes da PNSPDS:*

I. *atendimento imediato ao cidadão;*

II. *planejamento estratégico e sistêmico;*

III. *fortalecimento das ações de prevenção e resolução pacífica de conflitos, priorizando políticas de redução da letalidade violenta, com ênfase para os grupos vulneráveis;*

IV. *atuação integrada entre a União, os Estados, o Distrito Federal e os Municípios em ações de segurança pública e políticas transversais para a preservação da vida, do meio ambiente e da dignidade da pessoa humana;*

V. *coordenação, cooperação e colaboração dos órgãos e instituições de segurança pública nas fases de planejamento, execução, monitoramento e avaliação das ações, respeitando-se as respectivas atribuições legais e promovendo-se a racionalização de meios com base nas melhores práticas;*

VI. *formação e capacitação continuada e qualificada dos profissionais de segurança pública, em consonância com a matriz curricular nacional;*

VII. *fortalecimento das instituições de segurança pública por meio de investimentos e do desenvolvimento de projetos estruturantes e de inovação tecnológica;*

VIII. *sistematização e compartilhamento das informações de segurança pública, prisionais e sobre drogas, em âmbito nacional;*

IX. *atuação com base em pesquisas, estudos e diagnósticos em áreas de interesse da segurança pública;*

X. *atendimento prioritário, qualificado e humanizado às pessoas em situação de vulnerabilidade;*

XI. *padronização de estruturas, de capacitação, de tecnologia e de equipamentos de interesse da segurança pública;*

XII. *ênfase nas ações de policiamento de proximidade, com foco na resolução de problemas;*

XIII. *modernização do sistema e da legislação de acordo com a evolução social;*

XIV. *participação social nas questões de segurança pública;*

XV. *integração entre os Poderes Legislativo, Executivo e Judiciário no aprimoramento e na aplicação da legislação penal;*

XVI. *colaboração do Poder Judiciário, do Ministério Público e da Defensoria Pública na elaboração de estratégias e metas para alcançar os objetivos desta Política;*

XVII. *fomento de políticas públicas voltadas à reinserção social dos egressos do sistema prisional;*

XVIII. *(VETADO);*

XIX. *incentivo ao desenvolvimento de programas e projetos com foco na promoção da cultura de paz, na segurança comunitária e na integração das políticas de segurança com as políticas sociais existentes em outros órgãos e entidades não pertencentes ao sistema de segurança pública;*

XX. *distribuição do efetivo de acordo com critérios técnicos;*

XXI. *deontologia policial e de bombeiro militar comuns, respeitados os regimes jurídicos e as peculiaridades de cada instituição;*

XXII. *unidade de registro de ocorrência policial;*

XXIII. *uso de sistema integrado de informações e dados eletrônicos;*

XXIV. *(VETADO);*

XXV. *incentivo à designação de servidores da carreira para os cargos de chefia, levando em consideração a graduação, a capacitação, o mérito e a experiência do servidor na atividade policial específica;*

XXVI. *celebração de termo de parceria e protocolos com agências de vigilância privada, respeitada a lei de licitações.*

Seção IV - Dos Objetivos

Art. 6º *São objetivos da PNSPDS:*

I. *fomentar a integração em ações estratégicas e operacionais, em atividades de inteligência de segurança pública e em gerenciamento de crises e incidentes;*

II. *apoiar as ações de manutenção da ordem pública e da incolumidade das pessoas, do patrimônio, do meio ambiente e de bens e direitos;*

III. *incentivar medidas para a modernização de equipamentos, da investigação e da perícia e para a padronização de tecnologia dos órgãos e das instituições de segurança pública;*

IV. *estimular e apoiar a realização de ações de prevenção à violência e à criminalidade, com prioridade para aquelas relacionadas à letalidade da população jovem negra, das mulheres e de outros grupos vulneráveis;*

V. *promover a participação social nos Conselhos de segurança pública;*

VI. *estimular a produção e a publicação de estudos e diagnósticos para a formulação e a avaliação de políticas públicas;*

VII. *promover a interoperabilidade dos sistemas de segurança pública;*

VIII. *incentivar e ampliar as ações de prevenção, controle e fiscalização para a repressão aos crimes transfronteiriços;*

IX. *estimular o intercâmbio de informações de inteligência de segurança pública com instituições estrangeiras congêneres;*

X. *integrar e compartilhar as informações de segurança pública, prisionais e sobre drogas;*

XI. *estimular a padronização da formação, da capacitação e da qualificação dos profissionais de segurança pública, respeitadas as especificidades e as diversidades regionais, em consonância com esta Política, nos âmbitos federal, estadual, distrital e municipal;*

XII. *fomentar o aperfeiçoamento da aplicação e do cumprimento de medidas restritivas de direito e de penas alternativas à prisão;*

XIII. *fomentar o aperfeiçoamento dos regimes de cumprimento de pena restritiva de liberdade em relação à gravidade dos crimes cometidos;*

XIV. *(VETADO);*

XV. *racionalizar e humanizar o sistema penitenciário e outros ambientes de encarceramento;*

XVI. *fomentar estudos, pesquisas e publicações sobre a política de enfrentamento às drogas e de redução de danos relacionados aos seus usuários e aos grupos sociais com os quais convivem;*

XVII. *fomentar ações permanentes para o combate ao crime organizado e à corrupção;*

XVIII. *estabelecer mecanismos de monitoramento e de avaliação das ações implementadas;*

XIX. *promover uma relação colaborativa entre os órgãos de segurança pública e os integrantes do sistema judiciário para a construção das estratégias e o desenvolvimento das ações necessárias ao alcance das metas estabelecidas;*

XX. *estimular a concessão de medidas protetivas em favor de pessoas em situação de vulnerabilidade;*

XXI. *estimular a criação de mecanismos de proteção dos agentes públicos que compõem o sistema nacional de segurança pública e de seus familiares;*

XXII. *estimular e incentivar a elaboração, a execução e o monitoramento de ações nas áreas de valorização profissional, de saúde, de qualidade de vida e de segurança dos servidores que compõem o sistema nacional de segurança pública;*

XXIII. *priorizar políticas de redução da letalidade violenta;*

XXIV. *fortalecer os mecanismos de investigação de crimes hediondos e de homicídios;*

XXV. *fortalecer as ações de fiscalização de armas de fogo e munições, com vistas à redução da violência armada;*

XXVI. *fortalecer as ações de prevenção e repressão aos crimes cibernéticos.*

Parágrafo único. *Os objetivos estabelecidos direcionarão a formulação do Plano Nacional de Segurança Pública e Defesa Social, documento que estabelecerá as estratégias, as metas, os indicadores e as ações para o alcance desses objetivos.*

Seção V - Das Estratégias

Art. 7º *A PNSPDS será implementada por estratégias que garantam integração, coordenação e cooperação federativa, interoperabilidade, liderança situacional, modernização da gestão das instituições de segurança pública, valorização e proteção* *dos profissionais, complementaridade, dotação de recursos humanos, diagnóstico dos problemas a serem enfrentados, excelência técnica, avaliação continuada dos resultados e garantia da regularidade orçamentária para execução de planos e programas de segurança pública.*

Seção VI - Dos Meios e Instrumentos

Art. 8º *São meios e instrumentos para a implementação da PNSPDS:*

I. *os planos de segurança pública e defesa social;*

II. *o Sistema Nacional de Informações e de Gestão de Segurança Pública e Defesa Social, que inclui:*

a) *o ~~Sistema~~ Nacional de Acompanhamento e Avaliação das Políticas de Segurança Pública e Defesa Social (Sinaped);*

~~***b)*** *o Sistema Nacional de Informações de Segurança Pública, Prisionais e de Rastreabilidade de Armas e Munições, e sobre Material Genético, Digitais e Drogas (Sinesp);*~~

b) *o Sistema Nacional de Informações de Segurança Pública, Prisionais, de Rastreabilidade de Armas e Munições, de Material Genético, de Digitais e de Drogas (Sinesp); (Redação dada pela Lei nº 13.756, de 2018)*

c) *o Sistema Integrado de Educação e Valorização Profissional (Sievap);*

d) *a Rede Nacional de Altos Estudos em Segurança Pública (Renaesp);*

e) *o Programa Nacional de Qualidade de Vida para Profissionais de Segurança Pública (Pró-Vida);*

III. *(VETADO);*

IV. *o Plano Nacional de Enfrentamento de Homicídios de Jovens;*

V. *os mecanismos formados por órgãos de prevenção e controle de atos ilícitos contra a Administração Pública e referentes a ocultação ou dissimulação de bens, direitos e valores.*

CAPÍTULO III - DO SISTEMA ÚNICO DE SEGURANÇA PÚBLICA

Seção I - Da Comp osição do Sistema

Art. 9º *É instituído o Sistema Único de Segurança Pública (Susp), que tem como órgão central o Ministério Extraordinário da Segurança Pública e é integrado pelos órgãos de que trata o art. 144 da Constituição Federal , pelos agentes penitenciários, pelas guardas municipais e pelos demais integrantes estratégicos e operacionais, que atuarão nos limites de suas competências, de forma cooperativa, sistêmica e harmônica.*

§ 1º *São integrantes estratégicos do Susp:*

I. *a União, os Estados, o Distrito Federal e os Municípios, por intermédio dos respectivos Poderes Executivos;*

II. *os Conselhos de Segurança Pública e Defesa Social dos três entes federados.*

§ 2º *São integrantes operacionais do Susp:*

I. *polícia federal;*

II. *polícia rodoviária federal;*

III. *(VETADO);*

IV. *polícias civis;*

V. *polícias militares;*

VI. *corpos de bombeiros militares;*

VII. *guardas municipais;*

VIII. *órgãos do sistema penitenciário;*

IX. *(VETADO);*

X. *institutos oficiais de criminalística, medicina legal e identificação;*

XI. *Secretaria Nacional de Segurança Pública (Senasp);*

XII. *secretarias estaduais de segurança pública ou congêneres;*

XIII. *Secretaria Nacional de Proteção e Defesa Civil (Sedec);*

XIV. *Secretaria Nacional de Política Sobre Drogas (Senad);*

XV. *agentes de trânsito;*

XVI. *guarda portuária.*

§ 3º *(VETADO).*

§ 4º *Os sistemas estaduais, distrital e municipais serão responsáveis pela implementação dos respectivos programas, ações e projetos de segurança pública, com liberdade de organização e funcionamento, respeitado o disposto nesta Lei.*

Seção II - Do Funcionamento

Art. 10. *A integração e a coordenação dos órgãos integrantes do Susp dar-se-ão nos limites das respectivas competências, por meio de:*

I. *operações com planejamento e execução integrados;*

II. *estratégias comuns para atuação na prevenção e no controle qualificado de infrações penais;*

III. *aceitação mútua de registro de ocorrência policial;*

IV. *compartilhamento de informações, inclusive com o Sistema Brasileiro de Inteligência (Sisbin);*

V. *intercâmbio de conhecimentos técnicos e científicos;*

VI. *integração das informações e dos dados de segurança pública por meio do Sinesp.*

§ 1º *O Susp será coordenado pelo Ministério Extraordinário da Segurança Pública.*

§ 2º *As operações combinadas, planejadas e desencadeadas em equipe poderão ser ostensivas, investigativas, de inteligência ou mistas, e contar com a participação de órgãos integrantes do Susp e, nos limites de suas competências, com o Sisbin e outros órgãos dos sistemas federal, estadual, distrital ou municipal, não necessariamente vinculados diretamente aos órgãos de segurança pública e defesa social, especialmente quando se tratar de enfrentamento a organizações criminosas.*

§ 3º *O planejamento e a coordenação das operações referidas no § 2º deste artigo serão exercidos conjuntamente pelos participantes.*

§ 4º *O compartilhamento de informações será feito preferencialmente por meio eletrônico, com acesso recíproco aos bancos de dados, nos termos estabelecidos pelo Ministério Extraordinário da Segurança Pública.*

§ 5º *O intercâmbio de conhecimentos técnicos e científicos para qualificação dos profissionais de segurança pública e defesa social dar-se-á, entre outras formas, pela reciprocidade na abertura de vagas nos cursos de especialização, aperfeiçoamento e estudos estratégicos, respeitadas as peculiaridades e o regime jurídico de cada instituição, e observada, sempre que possível, a matriz curricular nacional.*

Art. 11. *O Ministério Extraordinário da Segurança Pública fixará, anualmente, metas de excelência no âmbito das respectivas competências, visando à prevenção e à repressão das infrações penais e administrativas e à prevenção dos desastres, e utilizará indicadores públicos que demonstrem de forma objetiva os resultados pretendidos.*

Art. 12 *. A aferição anual de metas deverá observar os seguintes parâmetros:*

I. *as atividades de polícia judiciária e de apuração das infrações penais serão aferidas, entre outros fatores, pelos índices de elucidação dos delitos, a partir dos registros de ocorrências policiais, especialmente os de crimes dolosos com resultado em morte e de roubo, pela identificação, prisão dos autores e cumprimento de mandados de prisão de condenados a crimes com penas de reclusão, e pela recuperação do produto de crime em determinada circunscrição;*

II. *as atividades periciais serão aferidas mediante critérios técnicos emitidos pelo órgão responsável pela coordenação das perícias oficiais, considerando os laudos periciais e o resultado na produção qualificada das provas relevantes à instrução criminal;*

III. *as atividades de polícia ostensiva e de preservação da ordem pública serão aferidas, entre outros fatores, pela maior ou menor incidência de infrações penais e administrativas em determinada área, seguindo os parâmetros do Sinesp;*

IV. *as atividades dos corpos de bombeiros militares serão aferidas, entre outros fatores, pelas ações de prevenção, preparação para emergências e desastres, índices de tempo de resposta aos desastres e de recuperação de locais atingidos, considerando-se áreas determinadas;*

V. *a eficiência do sistema prisional será aferida com base nos seguintes fatores, entre outros:*

a) *o número de vagas ofertadas no sistema;*

b) *a relação existente entre o número de presos e a quantidade de vagas ofertadas;*

c) *o índice de reiteração criminal dos egressos;*

d) *a quantidade de presos condenados atendidos de acordo com os parâmetros estabelecidos pelos incisos do caput deste artigo, com observância de critérios objetivos e transparentes.*

§ 1º *A aferição considerará aspectos relativos à estrutura de trabalho físico e de equipamentos, bem como de efetivo.*

§ 2º *A aferição de que trata o inciso I do caput deste artigo deverá distinguir as autorias definidas em razão de prisão em flagrante das autorias resultantes de diligências investigatórias.*

Art. 13. *O Ministério Extraordinário da Segurança Pública, responsável pela gestão do Susp, deverá orientar e acompanhar as atividades dos órgãos integrados ao Sistema, além de promover as seguintes ações:*

I. *apoiar os programas de aparelhamento e modernização dos órgãos de segurança pública e defesa social do País;*

II. *implementar, manter e expandir, observadas as restrições previstas em lei quanto a sigilo, o Sistema Nacional de Informações e de Gestão de Segurança Pública e Defesa Social;*

III. *efetivar o intercâmbio de experiências técnicas e operacionais entre os órgãos policiais federais, estaduais, distrital e as guardas municipais;*

IV. *valorizar a autonomia técnica, científica e funcional dos institutos oficiais de criminalística, medicina legal e identificação, garantindo-lhes condições plenas para o exercício de suas funções;*

V. *promover a qualificação profissional dos integrantes da segurança pública e defesa social, especialmente nas dimensões operacional, ética e técnico-científica;*

VI. *realizar estudos e pesquisas nacionais e consolidar dados e informações estatísticas sobre criminalidade e vitimização;*

VII. *coordenar as atividades de inteligência da segurança pública e defesa social integradas ao Sisbin;*

VIII. *desenvolver a doutrina de inteligência policial.*

Art. 14. *É de responsabilidade do Ministério Extraordinário da Segurança Pública:*

I. *disponibilizar sistema padronizado, informatizado e seguro que permita o intercâmbio de informações entre os integrantes do Susp;*

II. *apoiar e avaliar periodicamente a infraestrutura tecnológica e a segurança dos processos, das redes e dos sistemas;*

III. *estabelecer cronograma para adequação dos integrantes do Susp às normas e aos procedimentos de funcionamento do Sistema.*

Art. 15. *A União poderá apoiar os Estados, o Distrito Federal e os Municípios, quando não dispuserem de condições técnicas e operacionais necessárias à implementação do Susp.*

Art. 16. *Os órgãos integrantes do Susp poderão atuar em vias urbanas, rodovias, terminais rodoviários, ferrovias e hidrovias federais, estaduais, distrital ou municipais, portos e aeroportos, no âmbito das respectivas competências, em efetiva integração com o órgão cujo local de atuação esteja sob sua circunscrição, ressalvado o sigilo das investigações policiais.*

Art. 17. *Regulamento disciplinará os critérios de aplicação de recursos do Fundo Nacional de Segurança Pública (FNSP) e do Fundo Penitenciário Nacional (Funpen), respeitando-se a atribuição constitucional dos órgãos que integram o Susp, os aspectos geográficos, populacionais e socioeconômicos dos entes federados, bem como o estabelecimento de metas e resultados a serem alcançados.*

Art. 18. *As aquisições de bens e serviços para os órgãos integrantes do Susp terão por objetivo a eficácia de suas atividades e obedecerão a critérios técnicos de qualidade, modernidade, eficiência e resistência, observadas as normas de licitação e contratos.*

Parágrafo único. *(VETADO).*

CAPÍTULO IV - DOS CONSELHOS DE SEGURANÇA PÚBLICA E DEFESA SOCIAL

Seção I - Da Composição

Art. 19. *A estrutura formal do Susp dar-se-á pela formação de Conselhos permanentes a serem criados na forma do art. 21 desta Lei.*

Art. 20. *Serão criados Conselhos de Segurança Pública e Defesa Social, no âmbito da União, dos Estados, do Distrito Federal e dos Municípios, mediante proposta dos chefes dos Poderes Executivos, encaminhadas aos respectivos Poderes Legislativos.*

§ 1º *O Conselho Nacional de Segurança Pública e Defesa Social, com atribuições, funcionamento e composição estabelecidos em regulamento, terá a participação de representantes da União, dos Estados, do Distrito Federal e dos Municípios.*

§ 2º *Os Conselhos de Segurança Pública e Defesa Social congregarão representantes com poder de decisão dentro de suas estruturas governamentais e terão natureza de colegiado, com competência consultiva, sugestiva e de acompanhamento social das atividades de segurança pública e defesa social, respeitadas as instâncias decisórias e as normas de organização da Administração Pública.*

§ 3º *Os Conselhos de Segurança Pública e Defesa Social exercerão o acompanhamento das instituições referidas no § 2º do art. 9º desta Lei e poderão recomendar providências legais às autoridades competentes.*

§ 4º *O acompanhamento de que trata o § 3º deste artigo considerará, entre outros, os seguintes aspectos:*

I. *as condições de trabalho, a valorização e o respeito pela integridade física e moral dos seus integrantes;*

II. *o atingimento das metas previstas nesta Lei;*

III. *o resultado célere na apuração das denúncias em tramitação nas respectivas corregedorias;*

IV. o grau de confiabilidade e aceitabilidade do órgão pela população por ele atendida.

§ 5º Caberá aos Conselhos propor diretrizes para as políticas públicas de segurança pública e defesa social, com vistas à prevenção e à repressão da violência e da criminalidade.

§ 6º A organização, o funcionamento e as demais competências dos Conselhos serão regulamentados por ato do Poder Executivo, nos limites estabelecidos por esta Lei.

§ 7º Os Conselhos Estaduais, Distrital e Municipais de Segurança Pública e Defesa Social, que contarão também com representantes da sociedade civil organizada e de representantes dos trabalhadores, poderão ser descentralizados ou congregados por região para melhor atuação e intercâmbio comunitário.

Seção II - Dos Conselheiros

Art. 21. Os Conselhos serão compostos por:

I. representantes de cada órgão ou entidade integrante do Susp;

II. representante do Poder Judiciário;

III. representante do Ministério Público;

IV. representante da Ordem dos Advogados do Brasil (OAB);

V. representante da Defensoria Pública;

VI. representantes de entidades e organizações da sociedade cuja finalidade esteja relacionada com políticas de segurança pública e defesa social;

VII. representantes de entidades de profissionais de segurança pública.

§ 1º Os representantes das entidades e organizações referidas nos incisos VI e VII do caput deste artigo serão eleitos por meio de processo aberto a todas as entidades e organizações cuja finalidade seja relacionada com as políticas de segurança pública, conforme convocação pública e critérios objetivos previamente definidos pelos Conselhos.

§ 2º Cada conselheiro terá 1 (um) suplente, que substituirá o titular em sua ausência.

§ 3º Os mandatos eletivos dos membros referidos nos incisos VI e VII do caput deste artigo e a designação dos demais membros terão a duração de 2 (dois) anos, permitida apenas uma recondução ou reeleição.

§ 4º Na ausência de representantes dos órgãos ou entidades referidos no caput deste artigo, aplica-se o disposto no § 7º do art. 20 desta Lei.

CAPÍTULO V - DA FORMULAÇÃO DOS PLANOS DE SEGURANÇA PÚBLICA E DEFESA SOCIAL

Seção I - Dos Planos

Art. 22. A União instituirá Plano Nacional de Segurança Pública e Defesa Social, destinado a articular as ações do poder público, com a finalidade de:

I. promover a melhora da qualidade da gestão das políticas sobre segurança pública e defesa social;

II. contribuir para a organização dos Conselhos de Segurança Pública e Defesa Social;

III. assegurar a produção de conhecimento no tema, a definição de metas e a avaliação dos resultados das políticas de segurança pública e defesa social;

IV. priorizar ações preventivas e fiscalizatórias de segurança interna nas divisas, fronteiras, portos e aeroportos.

§ 1º As políticas públicas de segurança não se restringem aos integrantes do Susp, pois devem considerar um contexto social amplo, com abrangência de outras áreas do serviço público, como educação, saúde, lazer e cultura, respeitadas as atribuições e as finalidades de cada área do serviço público.

§ 2º O Plano de que trata o caput deste artigo terá duração de 10 (dez) anos a contar de sua publicação.

§ 3º As ações de prevenção à criminalidade devem ser consideradas prioritárias na elaboração do Plano de que trata o caput deste artigo.

§ 4º A União, por intermédio do Ministério Extraordinário da Segurança Pública, deverá elaborar os objetivos, as ações estratégicas, as metas, as prioridades, os indicadores e as formas de financiamento e gestão das Políticas de Segurança Pública e Defesa Social.

§ 5º Os Estados, o Distrito Federal e os Municípios deverão, com base no Plano Nacional de Segurança Pública e Defesa Social, elaborar e implantar seus planos correspondentes em até 2 (dois) anos a partir da publicação do documento nacional, sob pena de não poderem receber recursos da União para a execução de programas ou ações de segurança pública e defesa social.

§ 6º O poder público deverá dar ampla divulgação ao conteúdo das Políticas e dos Planos de segurança pública e defesa social.

Art. 23. A União, em articulação com os Estados, o Distrito Federal e os Municípios, realizará avaliações anuais sobre a implementação do Plano Nacional de Segurança Pública e Defesa Social, com o objetivo de verificar o cumprimento das metas estabelecidas e elaborar recomendações aos gestores e operadores das políticas públicas.

Parágrafo único. A primeira avaliação do Plano Nacional de Segurança Pública e Defesa Social realizar-se-á no segundo ano de vigência desta Lei, cabendo ao Poder Legislativo Federal acompanhá-la.

Seção II - Das Diretrizes Gerais

Art. 24. Os agentes públicos deverão observar as seguintes diretrizes na elaboração e na execução dos planos:

I. adotar estratégias de articulação entre órgãos públicos, entidades privadas, corporações policiais e organismos internacionais, a fim de implantar parcerias para a execução de políticas de segurança pública e defesa social;

II. realizar a integração de programas, ações, atividades e projetos dos órgãos e entidades públicas e privadas nas áreas de saúde, planejamento familiar, educação, trabalho, assistência social, previdência social, cultura, desporto e lazer, visando à prevenção da criminalidade e à prevenção de desastres;

III. viabilizar ampla participação social na formulação, na implementação e na avaliação das políticas de segurança pública e defesa social;

IV. desenvolver programas, ações, atividades e projetos articulados com os estabelecimentos de ensino, com a sociedade e com a família para a prevenção da criminalidade e a prevenção de desastres;

V. incentivar a inclusão das disciplinas de prevenção da violência e de prevenção de desastres nos conteúdos curriculares dos diversos níveis de ensino;

VI. ampliar as alternativas de inserção econômica e social dos egressos do sistema prisional, promovendo programas que priorizem a melhoria de sua escolarização e a qualificação profissional;

VII. garantir a efetividade dos programas, ações, atividades e projetos das políticas de segurança pública e defesa social;

VIII. promover o monitoramento e a avaliação das políticas de segurança pública e defesa social;

IX. fomentar a criação de grupos de estudos formados por agentes públicos dos órgãos integrantes do Susp, professores e pesquisadores, para produção de conhecimento e reflexão sobre o fenômeno da criminalidade, com o apoio e a coordenação dos órgãos públicos de cada unidade da Federação;

X. fomentar a harmonização e o trabalho conjunto dos integrantes do Susp;

XI. garantir o planejamento e a execução de políticas de segurança pública e defesa social;

XII. fomentar estudos de planejamento urbano para que medidas de prevenção da criminalidade façam parte do plano diretor das cidades, de forma a estimular, entre outras ações, o reforço na iluminação pública e a verificação de pessoas e de famílias em situação de risco social e criminal.

Seção III - Das Metas para Acompanhamento e Avaliação das Políticas de Segurança Pública e Defesa Social

Art. 25. *Os integrantes do Susp fixarão, anualmente, metas de excelência no âmbito das respectivas competências, visando à prevenção e à repressão de infrações penais e administrativas e à prevenção de desastres, que tenham como finalidade:*

I. planejar, pactuar, implementar, coordenar e supervisionar as atividades de educação gerencial, técnica e operacional, em cooperação com as unidades da Federação;

II. apoiar e promover educação qualificada, continuada e integrada;

III. identificar e propor novas metodologias e técnicas de educação voltadas ao aprimoramento de suas atividades;

IV. identificar e propor mecanismos de valorização profissional;

V. apoiar e promover o sistema de saúde para os profissionais de segurança pública e defesa social;

VI. apoiar e promover o sistema habitacional para os profissionais de segurança pública e defesa social.

Seção IV - Da Cooperação, da Integração e do Funcionamento Harmônico dos Membros do Susp

Art. 26. *É instituído, no âmbito do Susp, o Sistema Nacional de Acompanhamento e Avaliação das Políticas de Segurança Pública e Defesa Social (Sinaped), com os seguintes objetivos:*

I. contribuir para organização e integração dos membros do Susp, dos projetos das políticas de segurança pública e defesa social e dos respectivos diagnósticos, planos de ação, resultados e avaliações;

II. assegurar o conhecimento sobre os programas, ações e atividades e promover a melhora da qualidade da gestão dos programas, ações, atividades e projetos de segurança pública e defesa social;

III. garantir que as políticas de segurança pública e defesa social abranjam, no mínimo, o adequado diagnóstico, a gestão e os resultados das políticas e dos programas de prevenção e de controle da violência, com o objetivo de verificar:

a) a compatibilidade da forma de processamento do planejamento orçamentário e de sua execução com as necessidades do respectivo sistema de segurança pública e defesa social;

b) a eficácia da utilização dos recursos públicos;

c) a manutenção do fluxo financeiro, consideradas as necessidades operacionais dos programas, as normas de referência e as condições previstas nos instrumentos jurídicos celebrados entre os entes federados, os órgãos gestores e os integrantes do Susp;

d) a implementação dos demais compromissos assumidos por ocasião da celebração dos instrumentos jurídicos relativos à efetivação das políticas de segurança pública e defesa social;

e) a articulação interinstitucional e intersetorial das políticas.

Art. 27. *Ao final da avaliação do Plano Nacional de Segurança Pública e Defesa Social, será elaborado relatório com o histórico e a caracterização do trabalho, as recomendações e os prazos para que elas sejam cumpridas, além de outros elementos a serem definidos em regulamento.*

§ 1º *Os resultados da avaliação das políticas serão utilizados para:*

I. planejar as metas e eleger as prioridades para execução e financiamento;

II. reestruturar ou ampliar os programas de prevenção e controle;

III. adequar os objetivos e a natureza dos programas, ações e projetos;

IV. celebrar instrumentos de cooperação com vistas à correção de problemas constatados na avaliação;

V. aumentar o financiamento para fortalecer o sistema de segurança pública e defesa social;

VI. melhorar e ampliar a capacitação dos operadores do Susp.

§ 2º *O relatório da avaliação deverá ser encaminhado aos respectivos Conselhos de Segurança Pública e Defesa Social.*

Art. 28. *As autoridades, os gestores, as entidades e os órgãos envolvidos com a segurança pública e defesa social têm o dever de colaborar com o processo de avaliação, facilitando o acesso às suas instalações, à documentação e a todos os elementos necessários ao seu efetivo cumprimento.*

Art. 29. *O processo de avaliação das políticas de segurança pública e defesa social deverá contar com a participação de representantes dos Poderes Legislativo, Executivo e Judiciário, do Ministério Público, da Defensoria Pública e dos Conselhos de Segurança Pública e Defesa Social, observados os parâmetros estabelecidos nesta Lei.*

Art. 30. *Cabe ao Poder Legislativo acompanhar as avaliações do respectivo ente federado.*

Art. 31. *O Sinaped assegurará, na metodologia a ser empregada:*

I. a realização da autoavaliação dos gestores e das corporações;

II. a avaliação institucional externa, contemplando a análise global e integrada das instalações físicas, relações institucionais, compromisso social, atividades e finalidades das corporações;

III. a análise global e integrada dos diagnósticos, estruturas, compromissos, finalidades e resultados das políticas de segurança pública e defesa social;

IV. o caráter público de todos os procedimentos, dados e resultados dos processos de avaliação.

Art. 32. *A avaliação dos objetivos e das metas do Plano Nacional de Segurança Pública e Defesa Social será coordenada por comissão permanente e realizada por comissões temporárias, essas compostas, no mínimo, por 3 (três) membros, na forma do regulamento próprio.*

Parágrafo único. *É vedado à comissão permanente designar avaliadores que sejam titulares ou servidores dos órgãos gestores avaliados, caso:*

I. tenham relação de parentesco até terceiro grau com titulares ou servidores dos órgãos gestores avaliados;

II. estejam respondendo a processo criminal ou administrativo.

CAPÍTULO VI - DO CONTROLE E DA TRANSPARÊNCIA

Seção I - Do Controle Interno

Art. 33. *Aos órgãos de correição, dotados de autonomia no exercício de suas competências, caberá o gerenciamento e a realização dos processos e procedimentos de apuração de responsabilidade funcional, por meio de sindicância e processo administrativo disciplinar, e a proposição de subsídios para o aperfeiçoamento das atividades dos órgãos de segurança pública e defesa social.*

Seção II - Do Acompanhamento Público da Atividade Policial

Art. 34. *A União, os Estados, o Distrito Federal e os Municípios deverão instituir órgãos de ouvidoria dotados de autonomia e independência no exercício de suas atribuições.*

Parágrafo único. *À ouvidoria competirá o recebimento e tratamento de representações, elogios e sugestões de qualquer pessoa sobre as ações e atividades dos profissionais e membros integrantes do Susp, devendo encaminhá-los ao órgão com atribuição para as providências legais e a resposta ao requerente.*

Seção III - Da Transparência e da Integração de Dados e Informações

Art. 35. *É instituído o Sistema Nacional de Informações de Segurança Pública, Prisionais, de Rastreabilidade de Armas e Munições, de Material Genético, de Digitais e de Drogas (Sinesp), com a finalidade de armazenar, tratar e integrar dados e informações para auxiliar na formulação, implementação, execução, acompanhamento e avaliação das políticas relacionadas com:*

I. *segurança pública e defesa social;*

II. *sistema prisional e execução penal;*

III. *rastreabilidade de armas e munições;*

IV. *banco de dados de perfil genético e digitais;*

V. *enfrentamento do tráfico de drogas ilícitas.*

Art. 36. *O Sinesp tem por objetivos:*

I. *proceder à coleta, análise, atualização, sistematização, integração e interpretação de dados e informações relativos às políticas de segurança pública e defesa social;*

II. *disponibilizar estudos, estatísticas, indicadores e outras informações para auxiliar na formulação, implementação, execução, monitoramento e avaliação de políticas públicas;*

III. *promover a integração das redes e sistemas de dados e informações de segurança pública e defesa social, criminais, do sistema prisional e sobre drogas;*

IV. *garantir a interoperabilidade dos sistemas de dados e informações, conforme os padrões definidos pelo conselho gestor.*

Parágrafo único. *O Sinesp adotará os padrões de integridade, disponibilidade, confidencialidade, confiabilidade e tempestividade dos sistemas informatizados do governo federal.*

Art. 37. *Integram o Sinesp todos os entes federados, por intermédio de órgãos criados ou designados para esse fim.*

§ 1º *Os dados e as informações de que trata esta Lei deverão ser padronizados e categorizados e serão fornecidos e atualizados pelos integrantes do Sinesp.*

§ 2º *O integrante que deixar de fornecer ou atualizar seus dados e informações no Sinesp poderá não receber recursos nem celebrar parcerias com a União para financiamento de programas, projetos ou ações de segurança pública e defesa social e do sistema prisional, na forma do regulamento.*

§ 3º *O Ministério Extraordinário da Segurança Pública é autorizado a celebrar convênios com órgãos do Poder Executivo que não integrem o Susp, com o Poder Judiciário e com o Ministério Público, para compatibilização de sistemas de informação e integração de dados, ressalvadas as vedações constitucionais de sigilo e desde que o objeto fundamental dos acordos seja a prevenção e a repressão da violência.*

§ 4º *A omissão no fornecimento das informações legais implica responsabilidade administrativa do agente público.*

CAPÍTULO VII - DA CAPACITAÇÃO E DA VALORIZAÇÃO DO PROFISSIONAL EM SEGURANÇA PÚBLICA E DEFESA SOCIAL

Seção I - Do Sistema Integrado de Educação e Valorização Profissional (Sievap)

Art. 38. *É instituído o Sistema Integrado de Educação e Valorização Profissional (Sievap), com a finalidade de:*

I. *planejar, pactuar, implementar, coordenar e supervisionar as atividades de educação gerencial, técnica e operacional, em cooperação com as unidades da Federação;*

II. *identificar e propor novas metodologias e técnicas de educação voltadas ao aprimoramento de suas atividades;*

III. *apoiar e promover educação qualificada, continuada e integrada;*

IV. *identificar e propor mecanismos de valorização profissional.*

§ 1º *O Sievap é constituído, entre outros, pelos seguintes programas:*

I. *matriz curricular nacional;*

II. *Rede Nacional de Altos Estudos em Segurança Pública (Renaesp);*

III. *Rede Nacional de Educação a Distância em Segurança Pública (Rede EaD-Senasp);*

IV. *programa nacional de qualidade de vida para segurança pública e defesa social.*

§ 2º *Os órgãos integrantes do Susp terão acesso às ações de educação do Sievap, conforme política definida pelo Ministério Extraordinário da Segurança Pública.*

Art. 39. *A matriz curricular nacional constitui-se em referencial teórico, metodológico e avaliativo para as ações de educação aos profissionais de segurança pública e defesa social e deverá ser observada nas atividades formativas de ingresso, aperfeiçoamento, atualização, capacitação e especialização na área de segurança pública e defesa social, nas modalidades presencial e a distância, respeitados o regime jurídico e as peculiaridades de cada instituição.*

§ 1º *A matriz curricular é pautada nos direitos humanos, nos princípios da andragogia e nas teorias que enfocam o processo de construção do conhecimento.*

§ 2º *Os programas de educação deverão estar em consonância com os princípios da matriz curricular nacional.*

Art. 40. *A Renaesp, integrada por instituições de ensino superior, observadas as normas de licitação e contratos, tem como objetivo:*

I. *promover cursos de graduação, extensão e pós-graduação em segurança pública e defesa social;*

II. *fomentar a integração entre as ações dos profissionais, em conformidade com as políticas nacionais de segurança pública e defesa social;*

III. *promover a compreensão do fenômeno da violência;*

IV. *difundir a cidadania, os direitos humanos e a educação para a paz;*

V. *articular o conhecimento prático dos profissionais de segurança pública e defesa social com os conhecimentos acadêmicos;*

VI. *difundir e reforçar a construção de cultura de segurança pública e defesa social fundada nos paradigmas da contemporaneidade, da inteligência, da informação e do exercício de atribuições estratégicas, técnicas e científicas;*

VII. *incentivar produção técnico-científica que contribua para as atividades desenvolvidas pelo Susp.*

Art. 41. *A Rede EaD-Senasp é escola virtual destinada aos profissionais de segurança pública e defesa social e tem como objetivo viabilizar o acesso aos processos de aprendizagem, independentemente das limitações geográficas e sociais existentes, com o propósito de democratizar a educação em segurança pública e defesa social.*

Seção II - Do Programa Nacional de Qualidade de Vida para Profissionais de Segurança Pública (Pró-Vida)

Art. 42. *O Programa Nacional de Qualidade de Vida para Profissionais de Segurança Pública (Pró-Vida) tem por objetivo elaborar, implementar, apoiar, monitorar e avaliar, entre outros, os projetos de programas de atenção psicossocial e de saúde no trabalho dos profissionais de segurança pública e defesa social, bem como a integração sistêmica das unidades de saúde dos órgãos que compõem o Susp.*

CAPÍTULO VIII - DISPOSIÇÕES FINAIS

Art. 43. *Os documentos de identificação funcional dos profissionais da área de segurança pública e defesa social serão padronizados mediante ato do Ministro de Estado Extraordinário da Segurança Pública e terão fé pública e validade em todo o território nacional.*

Art. 44. *(VETADO).*

Art. 45. *Deverão ser realizadas conferências a cada 5 (cinco) anos para debater as diretrizes dos planos nacional, estaduais e municipais de segurança pública e defesa social.*

Art. 46. *O art. 3º da Lei Complementar nº 79, de 7 de janeiro de 1994, passa a vigorar com as seguintes alterações:*

"Art. 3º ....

..

§ 1º *(VETADO).*

..

§ 4º *Os entes federados integrantes do Sistema Nacional de Informações de Segurança Pública, Prisionais, de Rastreabilidade de Armas e Munições, de Material Genético, de Digitais e de Drogas (Sinesp) que deixarem de fornecer ou atualizar seus dados no Sistema não poderão receber recursos do Funpen.*

.." (NR)

Art. 47. *O inciso II do § 3º e o § 5º do art. 4º da Lei nº 10.201, de 14 de fevereiro de 2001, passam a vigorar com a seguinte redação:*

"Art. 4º ....

..

§ 3º *..*

..

II. os integrantes do Sistema Nacional de Informações de Segurança Pública, Prisionais, de Rastreabilidade de Armas e Munições, de Material Genético, de Digitais e de Drogas (Sinesp) que cumprirem os prazos estabelecidos pelo órgão competente para o fornecimento de dados e informações ao Sistema;

..

§ 5º *(VETADO)*

.." (NR)

Art. 48. *O § 2º do art. 9º da Lei nº 11.530, de 24 de outubro de 2007, passa a vigorar com a seguinte redação:*

"Art. 9º ....

..

§ 2º *Os entes federados integrantes do Sistema Nacional de Informações de Segurança Pública, Prisionais, de Rastreabilidade de Armas e Munições, de Material Genético, de Digitais e de Drogas (Sinesp) que deixarem de fornecer ou de atualizar seus dados e informações no Sistema não poderão receber recursos do Pronasci." (NR)*

Art. 49. *Revogam-se os arts. 1º a 8º da Lei nº 12.681, de 4 de julho de 2012.*

Art. 50. *Esta Lei entra em vigor após decorridos 30 (trinta) dias de sua publicação oficial.*

4. PORTARIA Nº 65, DE 25 DE JANEIRO DE 2019

Dispõe sobre a formação da Força-Tarefa de Intervenção Penitenciária no âmbito do Departamento Penitenciário Nacional.

O MINISTRO DE ESTADO DA JUSTIÇA E SEGURANÇA PÚBLICA, no uso de suas atribuições legais e considerando o disposto na Medida Provisória nº 870, de 1º de janeiro de 2019; na Lei nº 11.473, de 10 de maio de 2007; no Decreto nº 5.289, de 29 de novembro de 2004; e no Decreto nº 9.662, de 1º de janeiro de 2019, resolve:

Art. 1º *Autorizar a formação de Força-Tarefa de Intervenção Penitenciária (FTIP), no âmbito do Departamento Penitenciário Nacional, em apoio aos Governos de Estado, em caráter episódico e planejado, tendo em vista a situação carcerária dos Estados Federados, para situações extraordinárias de grave crise no sistema penitenciário e para treinamento e sobreaviso.*

Art. 2º *A FTIP será composta por agentes federais de execução penal, agentes penitenciários estaduais e do Distrito Federal, na forma dos Acordos ou Convênios de Cooperação Federativa do Ministério da Justiça e Segurança Pública celebrados com os Estados e com o Distrito Federal.*

Art. 3º *Compete à FTIP:*

I. *as atividades e serviços de guarda, vigilância e custódia de presos; e*

II. *as atividades de inteligência de segurança pública que tenham relação com o sistema prisional.*

Art. 4º *O contingente de profissionais será cedido mediante convocação às unidades federativas conveniadas com a União, obedecendo ao planejamento definido pelos entes envolvidos na operação.*

Art. 5º *A FTIP contará com uma Coordenação Institucional que ficará responsável pelo planejamento, articulação, gestão e ação.*

Parágrafo único. *Outras Coordenações poderão ser criadas por meio de Portaria do Diretor-Geral do Departamento Penitenciário Nacional, conforme a necessidade do caso concreto.*

Art 6º As Secretarias Estaduais responsáveis pela gestão prisional poderão subdelegar à Coordenação Institucional a gestão da unidade prisional objeto da intervenção, pelo período em que perdurar a ação.

Art. 7º *Fica subdelegada ao Diretor-Geral do Departamento Penitenciário Nacional a competência de designar e dispensar os servidores responsáveis pelas Coordenações previstas no art. 5º desta Portaria.*

Art. 8º *Fica revogada a Portaria nº 186, de 30 de outubro de 2018.*

Art. 9º *Esta Portaria entra em vigor na data de sua publicação.*

5. PORTARIA Nº 66, DE 25 DE JANEIRO DE 2019

Dispõe sobre o emprego da Força-Tarefa de Intervenção Penitenciária no Estado do Ceará.

O MINISTRO DE ESTADO DA JUSTIÇA E SEGURANÇA PÚBLICA, no uso de suas atribuições legais e considerando o disposto na Medida Provisória nº 870, de 1º de janeiro de 2019; na Lei nº 11.473, de 10 de maio de 2007; no Decreto nº 5.289, de 29 de novembro de 2004; no Decreto nº 9.662, de 1º de janeiro de 2019; na Portaria nº 65, de 25 de janeiro de 2019; e no Convênio de Cooperação Federativa do Ministério da Justiça e Segurança Pública nº 25/2017, celebrado entre a União e o Estado do Ceará, publicado no Diário Oficial da União de 29 de novembro de 2017, resolve:

Art. 1º *Autorizar o emprego da Força-Tarefa de Intervenção Penitenciária (FTIP), em caráter episódico e planejado, em apoio ao Governo do Estado do Ceará, pelo período de 45 (quarenta e cinco) dias, a contar de 14 de janeiro de 2019, para exercer atividades e serviços de guarda, vigilância e custódia de presos, previstas no art. 3º, inciso IV, da Lei nº 11.473, de 2007.*

Art. 2º *A operação terá o apoio logístico e a supervisão dos órgãos de administração penitenciária e segurança pública do ente federado solicitante, nos termos do convênio de cooperação firmado entre as partes, durante a vigência da portaria autorizativa.*

Art. 3º *O número de profissionais a ser disponibilizado pelo Ministério da Justiça e Segurança Pública obedecerá ao planejamento definido pelos entes envolvidos na operação.*

Art. 4º *Esta Portaria entra em vigor na data de sua publicação.*

6. PORTARIA Nº 67, DE 25 DE JANEIRO DE 2019

Dispõe sobre a mobilização da Força-Tarefa de Intervenção Penitenciária para treinamento e sobreaviso.

O MINISTRO DE ESTADO DA JUSTIÇA E SEGURANÇA PÚBLICA, no uso de suas atribuições legais e considerando o disposto na Medida Provisória nº 870, de 1º de janeiro de 2019; na Lei nº 11.473, de 10 de maio de 2007; no Decreto nº 5.289, de 29 de novembro de 2004; no Decreto nº 9.662, de 1º de janeiro de 2019; na Portaria nº 65, de 25 de janeiro de 2019; e nos Convênios de Cooperação Federativa do Ministério da Justiça e Segurança Pública assinado pelos Estados no ano de 2017, resolve:

Art. 1º *Autorizar, excepcionalmente, a mobilização da Força-Tarefa de Intervenção Penitenciária (FTIP), em caráter episódico e planejado, para treinamento e sobreaviso, tendo em vista a situação carcerária dos Estados Federados, pelo período de 180 (cento e oitenta) dias, a contar da data da publicação desta Portaria.*

Art. 2º *Os mobilizados poderão exercer, quando solicitado pelos Estados e pelo Diretor-Geral do Departamento Penitenciário Nacional, as atividades e serviços de guarda, vigilância e custódia de presos, previstas no art. 3º, inciso IV, da Lei nº 11.473, de 2007.*

Art. 3º *A operação terá o apoio logístico e a supervisão do Departamento Penitenciário Nacional.*

Art. 4º *O número de profissionais a ser disponibilizado obedecerá ao planejamento definido pelos entes envolvidos na operação.*

Art. 5º *Esta Portaria entra em vigor na data de sua publicação.*

7. PORTARIA Nº 157, DE 12 DE FEVEREIRO DE 2019

Disciplina o procedimento de visita social aos presos nos estabelecimentos penais federais de segurança máxima e dá outras providências.

O MINISTRO DE ESTADO DA JUSTIÇA E SEGURANÇA PÚBLICA, no uso da atribuição que lhe confere o art. 37, inciso XVII da Medida Provisória nº 870, de 1º de janeiro de 2019; tendo em vista o disposto no parágrafo único do art. 41, da Lei nº 7.210, de 11 de julho de 1984 - Lei de Execução Penal, no Decreto nº 6.049, de 27 de fevereiro de 2007, e no Decreto nº 6.877, de 18 de junho de 2009; e considerando a recomendação do Conselho Nacional de Justiça de observância das Regras Mínimas das Nações Unidas para o Tratamento de Reclusos - Regras de Nelson Mandela, que dispõem na Regra 58 que aos reclusos devem ser autorizados, sob a necessária supervisão, a comunicação periódica com as suas famílias e com amigos; resolve

Art. 1º *Esta Portaria disciplina o procedimento de visita social aos presos nos estabelecimentos penais federais de segurança máxima.*

Parágrafo único. *A visita social no Sistema Penitenciário Federal pode ser:*

I. *em pátio de visitação;*

II. *em parlatório; e*

III. *por videoconferência.*

Art. 2º *As visitas sociais nos estabelecimentos penais federais de segurança máxima serão restritas ao parlatório e por videoconferência, sendo destinadas exclusivamente à manutenção dos laços familiares e sociais, e sob a necessária supervisão, em conformidade à Regra 58 das Regras Mínimas das Nações Unidas para o Tratamento de Reclusos e ao Decreto nº 6.049, de 2007.*

§ 1º *O disposto no caput não se aplica aos presos com perfil de réu colaborador ou delator premiado e outros cuja inclusão ou transferência não estejam fundamentadas nos incisos, I a IV e VI do art. 3º do Decreto nº 6.877, de 2009, sendo permitida a visita social em pátio de visitação.*

§ 2º *A visita social em parlatório de que trata o caput será assegurada ao cônjuge, companheira, parentes e amigos, separados por vidro, garantindo-se a comunicação por meio de interfone.*

Art. 3º *O preso que no período de 360 (trezentos e sessenta) dias ininterruptos apresentar ótimo comportamento carcerário, nos termos do Anexo do Decreto nº 6.049, de 2007, fará jus, uma vez ao mês, à visita social em pátio de visitação, sob autorização do diretor do estabelecimento penal federal, devidamente fundamentada no relatório da autoridade disciplinar.*

Parágrafo único. *O prazo de que trata o caput terá início a contar:*

I. *da data de publicação desta Portaria, no caso de presos já incluídos ou transferidos para estabelecimentos penais federais de segurança máxima; e*

II. *da data da efetiva inclusão no estabelecimento penal federal de segurança máxima.*

Art. 4º *As visitas sociais em parlatório deverão ter agendamento prévio e duração máxima de até três horas, nos termos do § 2º do art. 92 do Anexo do Decreto nº 6.049, de 2007, e serão realizadas semanalmente, em dias úteis, no período vespertino, das 13h às 19h30, permitindo-se para cada preso o acesso de até 2 (dois) visitantes, sem contar as crianças.*

§ 1º *No caso de visita de criança, será necessário a permanência*

de um adulto visitante responsável dentro do parlatório e outro fora do parlatório, podendo ser realizado revezamento quando houver mais de duas crianças, a critério do diretor do estabelecimento penal federal, por razões de limitação de espaço ou de segurança.

§ 2º *No caso de visita de interdito será necessário o acompanhamento do curador durante toda a permanência no estabelecimento penal federal, inclusive no parlatório, exceto na hipótese de autorização judicial e designação de outro responsável.*

§ 3º *O diretor do estabelecimento penal federal poderá, em ato motivado, estabelecer dias e horários diversos dos previstos no caput para as visitas sociais em parlatório.*

Art. 5º *O acesso ao estabelecimento penal federal pelos visitantes será franqueado às pessoas devidamente cadastradas e previamente agendadas e deverá ocorrer com 30 (trinta) minutos de antecedência do horário agendado, sendo admitida tolerância máxima de 10 (dez) minutos, sob pena de cancelamento da visita.*

§ 1º *As pessoas idosas, gestantes, lactantes e com deficiência terão prioridade em todos os procedimentos adotados para ingresso no estabelecimento penal federal, e dentre os idosos, é assegurada prioridade especial aos maiores de oitenta anos, nos termos do art. 3º, § 2º, da Lei nº 10.741, de 1º de outubro de 2003, e do art. 9º da Lei nº 13.146, de 6 de julho de 2015.*

§ 2º *O acesso à área de segurança está condicionado à apresentação de identificação e aos procedimentos de revista pessoal, nos termos do art. 97 do Anexo do Decreto nº 6.049, de 2007, e do manual de procedimentos e rotinas carcerárias.*

Art. 6º *Os visitantes deverão adotar comportamento adequado ao estabelecimento penal federal, podendo ser interrompida ou suspensa a visita, por tempo determinado, nas seguintes hipóteses:*

I. *fundada suspeita de utilização de linguagem cifrada ou ocultação de itens vedados durante a visitação;*

II. *não observância das regras de segurança, dentre as quais, a proibição de insinuações e conversas privadas com servidores e prestadores de serviço;*

III. *utilização de papéis e documentos falsificados para identificação do visitante;*

IV. *manifestação espontânea do próprio preso solicitando a interrupção ou a suspensão da visita;*

V. *assistência e apoio inadequados do responsável pela criança ou interdito visitante;*

VI. *posse de item vedado por Portaria do Diretor do Departamento Penitenciário Nacional;*

VII. *utilização de vestuário vedado por Portaria do Diretor do Departamento Penitenciário Nacional;*

VIII. *prática de ato obsceno; e*

IX. *comunicação com o preso ou com o visitante das demais cabines do parlatório.*

§ 1º *Os visitantes conservarão seus documentos pessoais e os pertences vedados nos armários.*

§ 2º *Na hipótese de visita de crianças, será permitida a posse de alimentos e itens de higiene previstos no manual de procedimentos e rotinas carcerárias, e desde que previamente autorizados pela divisão de segurança e disciplina da unidade.*

Art. 7º *À Divisão de Segurança e Disciplina compete definir a organização da rotina carcerária de forma a permitir que os demais agendamentos não coincidam com os atendimentos em parlatórios.*

Art. 8º *Ao diretor do estabelecimento penal federal incumbe:*

I. *ratificar a interrupção ou suspensão da visita social efetivada por servidor, nos termos do art. 6º, observado o disposto no art. 94 do Anexo do Decreto nº 6.049, de 2007; e*

II. *suspender, em ato motivado, as visitas de todos os presos por até quinze dias, prorrogável uma única vez por até igual período, na hipótese de rebelião, nos termos do art. 53 do Anexo do Decreto nº 6.049, de 2007.*

§ 1º *No caso do inciso I, havendo indício da interrupção ou suspensão da visita ter sido motivada por falta do próprio preso, será instaurado procedimento de apuração de faltas disciplinares, na forma do Título X do Capítulo I do Anexo do Decreto nº 6.049, de 2007.*

§ 2º *No caso do inciso II, a suspensão das visitas deverá ser comunicada imediatamente à Diretoria do Sistema Penitenciário Federal e ao Juiz responsável pelo estabelecimento penal federal.*

Art. 9º. *Os casos omissos serão resolvidos pelo Diretor-Geral do Departamento Penitenciário Nacional.*

Art. 10. *As visitas íntimas continuam reguladas pela Portaria nº 718, de 28 de agosto de 2017, do Ministério da Justiça e Segurança Pública.*

Art. 11. *Ficam revogadas:*

I. *a Portaria nº 10, de 4 de agosto de 2017, da Diretoria do Sistema Penitenciário Federal; e*

II. *a Portaria nº 54, de 4 de fevereiro de 2016, do Departamento Penitenciário Nacional.*

Art. 12. *Esta Portaria entra em vigor na data de sua publicação.*

8. CONSELHO NACIONAL DE POLÍTICA CRIMINAL E PENITENCIÁRIA

AO EXMO. SR. MINISTRO DE ESTADO DA JUSTIÇA E SEGURANÇA PÚBLICA

Senhor Ministro,

Como sabe V. Exa., o Conselho Nacional de Política Criminal e Penitenciária (CNPCP), com sede em Brasília e subordinado ao Ministério da Justiça e Segurança Pública (MJSP), constitui o primeiro dos órgãos da execução penal, conforme previsto na própria Lei de Execução Penal – LEP (Lei 7.210, de 11 de julho de 1984), especificamente em seu art. 61, I (BRASIL, 1984).

Composto por membros designados por ato do titular do Ministério, dentre profissionais do Direito Penal e ciências correlatas, a existência do colegiado precede a ordem constitucional vigente e até mesmo a entrada em vigor da Lei de Execução Penal, porquanto instalado ainda no ano de 1980.

Ao longo de sua história, o Conselho tem oferecido relevantes subsídios à implementação de políticas de Estado no âmbito criminal e penitenciário, mediante informações, análises e deliberações para aperfeiçoamento das políticas públicas.

Como exemplo das contribuições, merecem destaque o Plano Nacional de Política Criminal e Penitenciária – de que ora se trata – e a proposta de decreto presidencial de indulto, atribuições que se extraem do rol de competências outorgados pelo legislador (art. 64 da LEP). No ponto, convém ressaltar que as iniciativas desenvolvidas por este Conselho encontram respaldo e reconhecimento, também, na mais alta Corte de Justiça, o Supremo Tribunal Federal (STF).

Com efeito, o Conselho e seus atos normativos têm sido prestigiados pelo STF em seus precedentes, como em recente julgamento de seu Plenário (STF, 2019).

É verdade que outros normativos do Conselho se mostram incompatíveis, para além das demandas da sociedade, sobretudo com as recentes revelações do perfil da criminalidade de que o País se viu hospedeiro, a reclamar foco na tríade criminalidade violenta, corrupção e crime organizado.[1]

Considerações gerais sobre o Plano Nacional de Política Criminal e Penitenciária

O Conselho elabora o referido plano a cada quatro anos, oportunidade em que fixa diretrizes para a área respectiva, conforme atribuições que lhe foram conferidas pelo já citado art. 64 da LEP, entre as quais "propor diretrizes da política criminal quanto à prevenção do delito, administração da Justiça Criminal e execução das penas e das medidas de segurança" (inciso I) e "contribuir na elaboração de planos nacionais de desenvolvimento, sugerindo as metas e prioridades da política criminal e penitenciária" (inciso II) (BRASIL, 1984).

Nesse contexto, o Plano Nacional constitui valioso instrumento de planejamento e sistematização das futuras atividades e orientações do Conselho para o quadriênio. Convém destacar o que se entende por um Plano, é o que sintetiza a Figura 1 a seguir – isto é, não adianta ter objetivos sem ações, nem ações sem objetivos. Um Plano deve conciliar objetivos (importante: priorizar os escopos) com ações (importante: exequibilidade das ações).

Figura 1. Ideia de um Plano

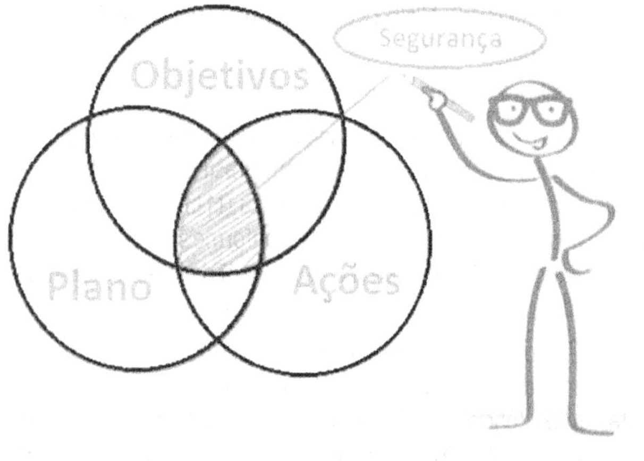

Fonte: Adaptado pelo Plano Nacional de Política Criminal e Penitenciária (2019).

O último Plano foi elaborado em 2015 e leitura atenta de seu inteiro teor permite identificar diretrizes de relevo, como as que constam logo da introdução do trabalho, ao revelar a necessidade de "fortalecimento da política de reintegração social, para garantir apoio ao egresso do sistema prisional em seu retorno à sociedade" ou a que sublinha a importância "de adequação da política criminal e penitenciária aos modernos instrumentos de governança em política pública" (CONSELHO NACIONAL DE POLÍTICA CRIMINAL E PENITENCIÁRIA, 2015, p. 6).

Por outro lado, há diretrizes calcadas em elementos que não encontram respaldo na íntegra do Plano ou em outras não reveladas bases de dados. Políticas que merecem estudo sério e empírico, como a justiça restaurativa e a mediação penal, não podem servir de desculpa para justificar simplificações ou "combate à cultura do encarceramento".

Sendo todos esses temas importantes, não é possível, por outro lado, deixar de constatar que os números sobre encarceramento no Brasil têm sido tratados de modo reiteradamente desconexo em relação aos demais dados estatísticos. Repete-se exaustivamente, por exemplo, que o País possui a terceira maior população carcerária do planeta, embora tenha a quinta ou sexta maior população – praticamente empatado com o Paquistão, com taxa de crescimento populacional mais elevada.[2]

Números de 2016 do United Nations Office on Drugs and Crime (UNODC, 2019) registram que o Brasil é líder mundial em número absoluto de homicídios e um dos líderes em números relativos. Assim, a liderança mundial em homicídios não acha correspondência com a população carcerária, de acordo com os conhecidos dados do World Prison Brief (2019a).

Do mesmo modo, especialmente em função da diversidade regional, não procedem alegações genéricas de haver no Brasil percentual excessivo de presos provisórios e de que isso comprovaria que punições criminais seriam ultrapassadas. Segundo dados do Conselho Nacional de Justiça (CNJ, 2018a), o número de presos provisórios no País atualmente é de 245.715. Logo, chega-se ao percentual de 34,1 por 100.000 habitantes, o que coloca o Brasil na 88ª posição mundial, mesmo padecendo de índices alarmantes de criminalidade.

Em comparação, o Brasil possui menos presos provisórios do que Mônaco (34º lugar, com 56,3%), Suíça (61º lugar, com 42,2%), Canadá (73º lugar, com 38,7%), Bélgica (79º lugar, com 35,6%) e Dinamarca (81º lugar, com 35,5%), fora países latino-americanos, conforme dados do World Prison Brief (2019b), o que demonstra a higidez do encarceramento cautelar, sobretudo em hipóteses de reiteração criminosa, criminalidade violenta e crimes envolvendo organizações criminosas.

Ademais, o Plano a ser revisto careceu de medidas objetivas, referentes a "diretrizes da política criminal quanto à prevenção do delito", as quais, reitere-se, constituem um dos encargos cometidos ao Conselho – art. 64, I, da LEP (BRASIL, 1984).

A esta mesma conclusão se chegou no artigo "Constituição, STF e a política penitenciária no Brasil: uma abordagem agnóstica da execução das penas" (MACHADO; SANTOS, 2018), publicada pelo Centro Universitário de Brasília (Uniceub) na versão on-line de sua Revista Brasileira de Políticas Públicas.

Na análise do Plano Nacional para o quadriênio 2015-2018, os autores identificaram três grandes linhas de ações, entre as quais não se encontram as diretrizes da política criminal para prevenção do delito:

> *(I) ajustar a arquitetura prisional, no pertinente à estrutura física e quanto à alocação e distribuição de vagas; (II) estruturar mecanismos de combate sistemático, visando à erradicação, da "violência institucional" praticada pelo Estado contra os apenados; e (III) aperfeiçoar o processo de investigação e punição por mortes dentro dos estabelecimentos, com o monitoramento das ações (MACHADO; SANTOS, 2018, p. 93-94).*

1 Sobre corrupção, lavagem de dinheiro e crime organizado ver, dentre outras referências de literatura, Hayashi (2017) e Rodrigues e Rodrigues (2016). Sobre criminalidade violenta, o MJSP lançou o Projeto-Piloto "Em Frente Brasil: políticas públicas integradas para um País seguro" para combater os crimes violentos no Brasil (MINISTÉRIO DA JUSTIÇA E SEGURANÇA PÚBLICA, 2019).

2 Sobre a polêmica questão do encarceramento em massa no Brasil ver, dentre outros, Carpes (2017; 2019).

O impacto do crime sobre a população de baixa renda, igualdade de direitos e fronteiras

A bem da verdade, a presente proposta visa a, de certo modo, redimir uma gritante lacuna nas políticas criminais brasileiras até hoje: a ausência de preocupação, no formular diretrizes da política criminal para prevenção do delito, com as populações mais vitimadas pelo crime.

Quanto ao tema, sintomaticamente se percebe que não há abundância de estudos. Entretanto, por exemplo, em "Segurança pública e análise econômica do crime: o desenho de uma estratégia para a redução da criminalidade no Brasil" (ODON, 2018), registra-se que teorias sociológicas evidenciam a influência do grupo em que vivem os jovens e, nesse quadro, jovens residentes em periferias das metrópoles são mais facilmente levados a repetir trajetórias que prejudicam sua capacidade futura de produção de renda lícita, como a evasão escolar:

> *Tais decisões, que geram impactos indiretos na renda futura e efeitos diretos em seu bem- estar, são influenciadas pelas redes de interação das quais o indivíduo faz parte, e geram feedback negativo para essas redes, retroalimentando o processo de formação de guetos e de manchas de pobreza (ODON, 2018, p. 37).*

De acordo com dados constantes do Atlas da Violência 2017 (INSTITUTO DE PESQUISA ECONÔMICA APLICADA – IPEA; FÓRUM BRASILEIRO DE SEGURANÇA

PÚBLICA, 2017), há profundas diferenças de nível de desenvolvimento humano entre os municípios que lideram o ranking pelo aspecto negativo (maior taxa de criminalidade) e positivo (menor índice de crimes).

Nesse sentido, o Atlas apresenta comparativo entre Jaraguá do Sul/SC (IDH = 0,803 e taxa de homicídio = 3,1 por 100 mil habitantes) e Altamira/PA (IDH = 0,665 e taxa de homicídio = 105 por 100 mil habitantes), ocupantes dos extremos entre as cidades menos e mais violentas do País:

> *Enquanto os indicadores de escolaridade e de renda são francamente favoráveis ao município catarinense, consideramos outros canais que potencialmente explicam a relação entre crescimento econômico e criminalidade violenta, que podem ajudar a entender as diferenças de letalidade violenta nos territórios (IPEA; FÓRUM BRASILEIRO DE SEGURANÇA PÚBLICA, 2017, p. 57).*

A abordagem do tema passa, de modo inevitável, pela consideração do sempre atual modelo proposto em 1968 por Gary S. Becker, para quem, entre outros fatores que podem determinar a quantidade de atos criminosos praticados por um indivíduo, ganham relevo a probabilidade de sua detenção e a severidade da punição, caso detido. O objetivo da sociedade, para diminuir os custos financeiros da criminalidade, passa a ser a otimização dos recursos finitos, o que se alcança por meio da dissuasão (aumento da probabilidade de detenção e a severidade da punição).

Entre outras medidas apontadas por Odon (2018, p. 49), como eficazes do ponto de vista de dissuasão, identifica-se o aumento do policiamento, com a advertência, entretanto, de que seu uso não é garantia automática de bons resultados, pois "depende da forma como a polícia é usada e as circunstâncias em que é usada. Seu uso tem-se mostrado mais eficiente quando dirigido a áreas de alto risco e a indivíduos de alto risco".

É por isso que a propositura de medidas tendentes à prevenção e repressão de delitos, com aperfeiçoamento das medidas de processo e julgamento de crimes, favorece em primeiro lugar as comunidades de mais baixa renda.

Ademais, não só a população de baixa renda merece realce, mas a igualdade de direitos, envolvendo questões correlatas à orientação sexual, portadores de necessidades especiais, cor, raça e etnia, sendo estas questões transversais em quaisquer diretrizes que visem o aperfeiçoamento da gestão criminal e penitenciária no Brasil. A garantia à dignidade humana não permite exceções.

De igual modo, a espacialidade do crime faz emergir questões prementes, como é o caso das regiões fronteiriças deste País, porquanto com o alto fluxo de pessoas e de mercadorias nesses espaços amplia-se "[...] a necessidade de atenção especial a essas áreas. Não unicamente por questões de segurança, mas porque é o desenvolvimento dessas regiões que vai modificar seu perfil de ilícitos" (INSTITUTO DE DESENVOLVIMENTO ECONÔMICO E SOCIAL

DE FRONTEIRAS – IDESF, 2019). Atualmente, os estados do Paraná, Mato Grosso do Sul, Roraima e Acre são os mais afetados pela criminalidade peculiar ao território de fronteira, fortemente marcada pela entrada ilegal do contrabando e descaminho, bem como pelo tráfico de drogas, acarretando o aumento da criminalidade e violência (SALAMACHA; BARROS, 2018; AMARAL, 2019; NICKEL, 2019).

O Plano Nacional de Política Criminal e Penitenciária – 2020-2023: tramitação na Comissão

Para consecução do objetivo, a Presidência do Conselho constituiu Comissão própria, por meio da Portaria 2, de 28 de março de 2019, composta por seis de seus integrantes, depois ampliada.

Antes de reunida, o Presidente da Comissão criou uma rede de comunicação para orientação dos Conselheiros membros, a partir de 2 de abril. Por meio desse canal de comunicação, foi elaborado, pelo relator, o primeiro esboço da estrutura do Plano, enviado para discussão entre toda a Comissão em 21 de abril.

Em reunião realizada nas dependências do MJSP no dia 5 de junho, a Comissão delimitou o objeto de atuação de cada membro e deliberou como foco do Plano a tríade criminalidade violenta, corrupção e crime organizado, a partir de seis diretrizes principais imbricadas entre si. A necessidade de discorrer sobre o contexto atual, estado da arte e proposições de cada capítulo foi elencada como norte metodológico, dentre vários possíveis.

Na sequência aos trabalhos, em 9 de julho houve outra reunião técnica da Comissão para debates e discussões do Plano, no próprio MJSP. Em 12 de julho foi feita a primeira compilação da versão preliminar do Plano para leitura de todos os membros da Comissão. Posteriormente, concluídos os capítulos, cada sub-relator (ou autor de capítulo) enviou seu texto ao relator, que fez sua revisão para apresentação em reunião ordinária do CNPCP. Cabe destacar que a aderência do sub-relator com a temática do capítulo em questão fundamentou-se na sua expertise profissional, de modo a maximizar não somente sua capacitação de décadas, como bases conceituais e realidades empíricas sobre o assunto discorrido.

Em 1º de agosto, uma versão preliminar do Plano foi apresentada no CNPCP para conhecimento, debate e discussão por parte de todos os Conselheiros. Durante o mês de agosto foram recebidos aportes, críticas e sugestões dos demais Conselheiros, assim como diálogos com profissionais[3] da área.

Com a definição da Audiência Pública para o dia 12 de setembro, no Complexo Judiciário "Ministro Mário Guimarães" (São Paulo), todos os sub-relatores colocaram-se à disposição para ouvir a sociedade. A seguir são expostas algumas fotos da Audiência Pública.

Figura 2. Fotos da Audiência Pública do Plano Nacional de Política Criminal e Penitenciária 2020-2023, realizada no Complexo Judiciário "Ministro Mário Guimarães" (São Paulo)

Fonte: Tribunal de Justiça do Estado de São Paulo (2019).

A opção por São Paulo, sem descurar do simbolismo da maior cidade do País, revestiu- se também de razões práticas, pois enseja menores custos de deslocamento. A Audiência Pública tem como escopo colher sugestões para a elaboração final do Plano, democratizando o debate.

Após Audiência Pública, trabalhos da relatoria e autores de capítulos, uma estrutura basilar do Plano Nacional de Política Criminal e Penitenciária 2020-2023 foi disponibilizada (em ..../09/2019 até ..../10/2019) para consulta pública junto aos interessados para manifestações técnicas sobre seu teor – mediante publicização no site do Depen. Feitas as sugestões, as incorporações pertinentes, discutidas pela Comissão, ocorreram entre os dias ...../..../.... a ...../..../....

3 lém daqueles profissionais que colaboraram com os sub-relatores (autores de capítulos), citados ao longo deste Plano, menção de agradecimento pela leitura e/ou críticas e sugestões construtivas devem ser feitas para: Alexandre Luiz Schlemper (Professor Doutor da IFPR); Amauri Silveira Filho (Promotor de Justiça Secretário- Executivo do GAECO); Arthur Pinto de Lemos Júnior (Coordenador do Centro de Apoio Operacional das Promotorias de Justiça Criminais); Bruno Carpes (Promotor de Justiça/RS); Celso Perioli e Ivan Dieb Miziara (ex- Superintendentes da Polícia Técnico-Científica paulista); Cristiano Oliveira (Professor Doutor da FURG); Diego Mantovaneli do Monte (Depen/MJ); Fábio Costa Pereira (Procurador de Justiça do Estado do Rio Grande do Sul); Fabíola Sucasas Negrão Covas (Promotora de Justiça, Assessora do Centro de Apoio Operacional das Promotorias de Justiça de Direitos Humanos do MPSP); Fernanda Herbella Maia (Delegada de Polícia); Fernanda Regina Vilares (Coordenadora-geral da Assessoria Especial de Assuntos Legislativos no Ministério da Justiça e Professora da FGV Law); Gianpaolo Poggio Smanio (Procurador-Geral de Justiça); Gustavo Marchiori (Juiz de Direito/SC); Júlio Guebert Vieira (Delegado de Polícia Diretor da ACADEPOL); Luiz Henrique Cardoso Dal Poz (Promotor de Justiça de Repressão à Sonegação Fiscal); Luiz Henrique Cardoso Dal Poz (Promotor de Justiça Secretário- Executivo do GAECO); Mário Luiz Sarrubbo (Subprocurador-Geral de Justiça de Políticas Criminais e Institucionais); Matheus Gaspar (Juiz Federal da 4ª Vara/ Foz do Iguaçu-PR); Renato Topan (Delegado de Polícia/SP); Silvia Chakian de Toledo Santos (Promotora de Justiça de Enfrentamento da Violência Doméstica); Tulio Kahn (Conselheiro da Fundação Estado Democrático); Valéria Diez Scarance Fernandes (Promotora de Justiça Coordenadora do Núcleo de Gênero do MPSP); Youssef Abou Chain (Secretário-Executivo da Polícia Civil).

Desde o início dos trabalhos, a Comissão estabeleceu como meta a entrega do documento final ao Ministro de Estado da Justiça e Segurança Pública em de 2019. Em

...../..../ foi feita esta entrega.

O Plano Nacional de Política Criminal e Penitenciária – 2020-2023: origens

A Comissão pautou-se não só pela necessidade de revisão do Plano Nacional anterior, por expiração de seu prazo de vigência ou em razão de seu conteúdo, mas também pela superveniência de diplomas legislativos e de projetos tendentes a conversão em novos marcos legais sobre a matéria.

Lei 13.675, de 11 de junho de 2018

Em vigor desde meados de 2018, o diploma promoveu relevantes mudanças a repercutirem na conformação dos órgãos de segurança e, por consequência, na elaboração de políticas criminais e penitenciárias. Exemplo do que se vem afirmar consta logo do primeiro artigo da norma:

> *Esta Lei institui o Sistema Único de Segurança Pública (Susp) e cria a Política Nacional de Segurança Pública e Defesa Social (PNSPDS), com a finalidade de preservação da ordem pública e da incolumidade das pessoas e do patrimônio, por meio de atuação conjunta, coordenada, sistêmica e integrada dos órgãos de segurança pública e defesa social da União, dos estados, do Distrito Federal e dos municípios, em articulação com a sociedade (BRASIL, 2018c).*

Quanto à referida Política Nacional de Segurança Pública e Defesa Social, estabeleceu- se no diploma, como um dos objetivos, "racionalizar e humanizar o sistema penitenciário e outros ambientes de encarceramento" – art. 6º, XV (BRASIL, 2018c).

Ao instituir o Sistema Único de Segurança Pública, fez-se constar dentre seus integrantes operacionais os órgãos do sistema penitenciário (art. 9º, § 2º, VIII), além das instituições policiais (BRASIL, 2018c).

Projeto de Lei 882, de 19 de fevereiro de 2019

Na sequência, cumpre ressaltar o papel de relevo atribuído pela Comissão ao Projeto de Lei 882/2019 (BRASIL, 2019a), atualmente em trâmite legislativo no Congresso Nacional.

Este PL visa a alterar treze diplomas legais, com o estabelecimento de "medidas contra a corrupção, o crime organizado e os crimes praticados com grave violência a pessoa". Trecho da exposição de motivos evidencia a inspiração do projeto:

> *É evidente que o Código de Processo Penal de 1941 e a legislação que a ele se seguiu não estão atendendo às necessidades atuais. Assim, as reformas que ora se propõem visam dar maior agilidade às ações penais e efetividade no cumprimento das penas, quando impostas. Contudo, isto será feito dentro do balizamento constitucional. Com razão observam Eugênio Pacelli e Douglas Fischer que "os procedimentos deverão sempre estar adequados aos princípios constitucionais, notadamente o do devido processo legal" (Comentários ao Código de Processo Penal e sua Jurisprudência. 8ª ed., p. 889). Oportuno lembrar a observação de Fernanda Regina Vilares, ao afirmar que "ser eficiente implica realizar a persecução penal da melhor forma possível, com a adequada aplicação das normas de garantia" (Ação controlada, D´Plácido, p. 152) (BRASIL, 2019a).*

Como demonstração de que o projeto auxilia a construção do novo Plano Nacional, sobretudo quanto às "diretrizes da política criminal quanto à prevenção do delito", cite-se a proposta de inserção do art. 133-A no Código de Processo Penal, segundo o qual o juiz poderá autorizar o uso, pelos órgãos de segurança pública, de bem sequestrado, apreendido ou sujeito a medidas assecuratórias "para uso exclusivo em atividades de prevenção e repressão a infrações penais" (BRASIL, 2019a).

Atento ao panorama carcerário, o projeto propõe inclusão do art. 395-A ao Código de Processo Penal, permitindo ao Ministério Público, querelante e acusado propor acordo penal, desde o recebimento da denúncia ou queixa e até o início da instrução, hipótese em que "poderá ser alterado o regime de cumprimento das penas ou promovida a substituição da pena privativa por restritiva de direitos" (BRASIL, 2019a).

Quanto ao ponto, ressalte-se que a proposta vai além da prevenção ao incremento da população carcerária, para também constituir efetiva política de "administração da Justiça Criminal" (art. 64, I, da LEP), porquanto o Poder Judiciário pode destinar às inúmeras outras demandas o tempo e os recursos financeiros que seriam gastos com a instrução de processos de quem se reconhece culpado (BRASIL, 2019a).

Por fim, entre as diversas outras propostas constantes do PL 882/2019 que inspiraram o presente Plano Nacional destacam-se as medidas de incremento orçamentário ao Fundo Penitenciário Nacional. Como exemplo, a proposta de alteração do art. 133 do Código de Processo Penal, que prevê o recolhimento de valores obtidos com a venda de bens de condenados, sobre os quais recaia o perdimento, "ao Fundo Penitenciário Nacional, exceto se houver previsão diversa em lei especial" ou se pertencerem a terceiro de boa-fé ou à vítima (BRASIL, 2019a).

Ao mesmo tempo em que incrementa o orçamento do Fundo Penitenciário Nacional, propiciando que o gestor público possa oferecer condições mais dignas aos encarcerados, a medida não impõe a criação ou aumento de tributos.

Projeto de Lei 10.372, de 6 de junho de 2018

Também em trâmite no Poder Legislativo, o PL 10.372/2018 é fruto de trabalho realizado por comissão própria, presidida pelo hoje Ministro do Supremo Alexandre de Moraes, e da qual fez parte o Presidente do Conselho Nacional de Política Criminal e Penitenciária, Desembargador Cesar Mecchi Morales.

A exposição de motivos do projeto revela a conveniência do aproveitamento de seus ideários na construção do Plano Nacional, dada a evidente relação de interdependência entre os trabalhos:

> *A presente proposta pretende racionalizar de maneira diversa, porém proporcional, de um lado o combate ao crime organizado e a criminalidade violenta que mantém forte ligação com as penitenciárias e, de outro lado, a criminalidade individual, praticada sem violência ou grave ameaça; inclusive no tocante ao sistema penitenciário.*
>
> *Hoje, há uma divisão em 3 partes muito próximas nos aproximadamente 720 mil presos no Brasil: 1/3 crimes praticados com violência ou grave ameaça, 1/3 crimes sem violência ou grave ameaça e 1/3 relacionados ao tráfico de drogas.*
>
> *Em que pese quase 40% serem presos provisórios, há necessidade de reservar as sanções privativas de liberdade para a criminalidade grave, violenta e organizada; aplicando-se, quando possível, as sanções restritivas de direitos e de serviços à comunidade para as infrações penais não violentas (BRASIL, 2018b).*

Em coerência com o exposto, referido projeto contém proposta de alteração do Código de Processo Penal em que o Ministério Público, na hipótese de pessoa presa em flagrante pela prática de determinados tipos penais mais brandos, pode apresentar acordo de não persecução penal, que, aceito pelas partes, será "submetido a homologação judicial na audiência de custódia" (importante dado empírico, adicional ao debate, será evidenciado sobre isto neste Plano, ressaltando que expressiva parcela dos delinquentes pesquisados – em um determinado estudo – são favoráveis ao acordo).

Assim como no PL 882/2019 (BRASIL, 2019a), a medida evidencia pelo menos duas preocupações: tratamento adequado a crimes menos graves e prevenção ao aumento da população carcerária.

Ao mesmo tempo, inova ao propor o aproveitamento da estrutura montada pelo Poder Judiciário para as audiências de custódia como oportunidade para imprimir rapidez a eventual homologação da avença. Segundo consta da exposição de motivos,

> A Justiça consensual para os delitos leves será prestada em 24 horas, permitindo o deslocamento de centenas de magistrados, membros do Ministério Público e defensores públicos para os casos envolvendo a criminalidade organizada e as infrações praticadas com violência e grave ameaça a pessoa.
>
> Trata-se de inovação que objetiva alcançar a punição célere e eficaz em grande número de práticas delituosas, oferecendo alternativas ao encarceramento e buscando desafogar a Justiça Criminal, de modo a permitir a concentração de forças no efetivo combate ao crime organizado e às infrações penais mais graves (BRASIL, 2018b).

O Plano Nacional de Política Criminal e Penitenciária – 2020-2023: conteúdo

Além do presente preâmbulo, o documento apresenta mais seis linhas mestras:

1) diretrizes e medidas anteriores ao crime - palavra-chave: "prevenção";
2) diretrizes e medidas logo após o crime - palavra-chave: "repressão";
3) diretrizes e medidas para a investigação eficiente nos inquéritos - palavra-chave: "investigação";
4) diretrizes e medidas em relação ao processamento e julgamento - palavra-chave: "processos";
5) diretrizes e medidas de cumprimento da pena: medidas e prisão - palavra-chave: "execução";
6) diretrizes e medidas em relação ao egresso - palavra-chave: "reintegração".

A Figura 3 mostra em quais colunas estão fundamentadas as diretrizes deste Plano, lembrando que não são compartimentos estanques, havendo, sim, conexões entre si. Desse modo, a leitura de uma parte, em alguns casos, é reforçada em outra, haja vista o caráter complexo e multifacetado do binômio criminal-penitenciário.

Figura 3. Diretrizes do Plano Nacional de Política Criminal e Penitenciária 2020-2023

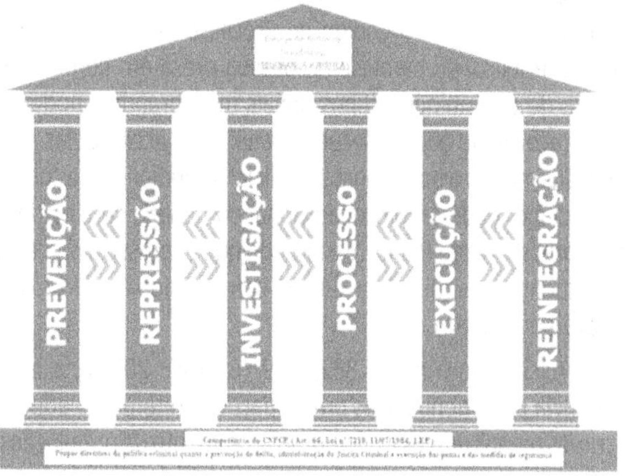

Fonte: Dados da Comissão do Plano Nacional de Política Criminal e Penitenciária (2019).

Prevenção: diretrizes e medidas anteriores ao crime

Norteado por estudos do Conselheiro Walter Nunes da Silva Jr., o presente capítulo aponta para a multifuncionalidade dos direitos fundamentais inscritos na Constituição da República, que não se reduzem à perspectiva subjetiva (garantias que limitam o Estado na persecução criminal), mas alcançam também a dimensão objetiva (dever do Estado de proteção dos cidadãos).

Nesse contexto, ressalta-se a prioridade no direcionamento de ações para o cumprimento do referido dever de proteção com mais eficiência, pois o que mais tem angustiado o cidadão brasileiro é a sensação de insegurança.

Como justificativa para as medidas que são propostas no âmbito da prevenção, encontram-se o compromisso com a diminuição do sentimento e da percepção de impunidade perante a sociedade, além da atenção para o sofisticado nível alcançado pelos agentes criminosos quanto à ocultação do produto financeiro de seus crimes.

Repressão: diretrizes e medidas logo após o crime

Com base em proposições do Conselheiro Wilson Salles Damázio, demonstra-se que, enquanto a prevenção não alcança os níveis desejados, não se pode prescindir da repressão, que ainda possui papel de relevo nas políticas de segurança pública e de justiça criminal no País.

Conclui-se que grande parte do insucesso da repressão aos crimes no Brasil decorre da baixa interação entre os órgãos que integram o tripé do sistema repressivo: a Polícia Judiciária, o Ministério Público e o Poder Judiciário.

Assim, sugere-se, entre outras medidas, maximizar a interação e integração dos órgãos e atores do Sistema de Segurança e Justiça, a capacitação dos atores responsáveis pela repressão, a qualificação e aparelhamento dos órgãos do Sistema de Segurança e Justiça, a melhoria dos sistemas de informações criminais e o aperfeiçoamento na gestão de bloqueio e de confisco de bens e valores apreendidos. Pari passu, medidas eficientes para venda ou destinação, visando dar maior eficiência e racionalidade na gestão desses bens apreendidos ou confiscados, são necessárias. O próprio Judiciário pode fazer a destinação dos bens, já que é capilarizado por todo o Brasil, basta criar os incentivos corretos e facilitar a forma de destinação dos bens na fase judicial.

Investigação: diretrizes e medidas para a investigação eficiente nos inquéritos

Na linha do Conselheiro Fernando Pastoreio Kfouri consigna-se, como premissa para se alcançar um modelo penal e penitenciário justo, o funcionamento célere e eficiente do sistema de investigação.

Com base em números obtidos em diversas pesquisas realizadas no País, demonstra-se não só a recente escalada da criminalidade, como a baixa taxa de resolutividade, que em 2017 ficou abaixo de 5% algumas unidades da federação.

As medidas propostas pelo Conselheiro, com aprovação da Comissão, acompanharam as diretrizes constantes dos Projetos de Lei 10.372/2018 (BRASIL, 2018b) e 882/2019 (BRASIL, 2019a), entre as quais se destacam a adoção do Banco Nacional de Perfil Genético e do Banco Nacional Multibiométrico, a aprovação pelo Congresso Nacional das figuras do agente infiltrado e do informante do bem (whistleblower) – novamente, importante dado empírico sobre a relação da ação do informante com o malogro da atividade delituosa, adicional ao debate, será exposto neste Plano – e o aprimoramento das polícias técnico-científicas, com adoção da denominada cadeia de custódia como medida a aumentar a credibilidade e segurança da prova pericial produzida. A Polícia Federal já tem o protocolo sobre a cadeia de custódia, padronizar para as demais polícias se faz premente.

Processos: diretrizes e medidas em relação ao processamento e julgamento

Ofertado pelo Conselheiro Paulo Eduardo de Almeida Sorci, no capítulo consigna-se que o Código de Processo Penal, nada obstante as inúmeras alterações que sofreu em seus quase oitenta anos de existência, não mais atende às necessidades atuais, promovendo a percepção generalizada de que a ação penal nunca termina.

Como exemplo, a constatação de que nenhum ato praticado no sistema criminal brasileiro é efetivo, terminativo ou conclusivo, desde o âmbito policial até chegar ao Ministério Público e ao Judiciário. Todos os atos e os respectivos autores ficam sujeitos à imediata revisão por parte de outro órgão, o que configura ambiente de desconfiança contra e entre os atores do sistema.

Para adequação do arcabouço processual penal à dinâmica dos tempos atuais, propõe- se: adoção de soluções negociadas (acordo de não persecução penal e o acordo penal), execução provisória da condenação criminal após julgamento em segunda instância, efetividade do Tribunal do Júri (cumprimento imediato da pena imposta pelo júri popular) e expansão do processo eletrônico e de videoconferência, podendo esta ser adotada, a princípio, como regra quando necessária a manifestação de pessoa presa.

Execução: diretrizes e medidas de cumprimento da pena – medidas e prisão

A partir da análise elaborada pelo Conselheiro Danilo Pereira Júnior, a Comissão propõe completa revisão do sistema de execução de penas no Brasil, partindo-se do que consta dos Projetos de Lei 10.372/2018 (BRASIL, 2018b) e 882/2019 (BRASIL, 2019a).

Além da mobilização estatal para realização de um censo penitenciário, para adequado conhecimento da realidade, propõe-se a criação de um Sistema Nacional Eletrônico de Informações, que permitiria a gestão dos dados alimentados pelas diversas instituições, com previsão de sanções para aquela que não o alimentar.

Também faz parte do trabalho proposta de revisão dos parâmetros para progressão de regime, ante a incompreensão social de que as penas não são efetivamente cumpridas, quadro agravado ainda mais pela mescla de regras de minimização dos efeitos punitivos, por exemplo: saídas, remição, livramento e indulto.

Partindo da premissa da falência dos critérios atuais para progressão de regime, propõe- se sua reconfiguração, com ênfase na individualização da pena. O mero critério objetivo do decurso de tempo deve ser substituído pela consideração individualizada da autodisciplina, senso de responsabilidade e vontade de cada preso.

Nesse contexto, considera-se o fim do regime semiaberto como etapa do sistema progressivo. Em princípio, os regimes seriam apenas dois: aberto e fechado, com suas nuances e microssistemas próprios, sendo o regime aberto a ser executado sob monitoramento eletrônico, com condições obrigatórias e facultativas a serem definidas pelo juízo da execução, em razão da natureza do delito e das demais condições do art. 59 do Código Penal (BRASIL, 1940).

Reintegração: diretrizes e medidas em relação ao egresso

No trabalho desenvolvido pelos Conselheiros Pery Francisco Assis Shikida e Vilobaldo Adelídio de Carvalho, consigna-se que o sucesso na empreitada de reintegrar o preso à sociedade depende da construção de um tripé: é necessário que a pessoa saia da prisão predisposta a não cometer novos crimes, ou seja, tenha convicção de que o crime não compensa; o Estado precisa construir um sistema eficiente, preparando o encarcerado para novas possibilidades de convivência social pacífica; e a sociedade não pode retroalimentar a propensão para o crime, devendo contribuir com o processo de reinserção social por meio de instituições empresariais ou organizações da sociedade civil.

Após invocarem conclusões de estudos sobre os custos de oportunidade para a prática de crimes e a fragilização na sociedade brasileira das travas morais (formação familiar, escolar e religiosa), conclui-se que o sistema criminal deve colaborar para que o preso e o egresso recuperem o rumo ligado às referidas travas morais, variáveis dissuasórias da criminalidade.

Nesse contexto, sugere-se, entre outras medidas: incluir no Sistema Nacional de Informações Penitenciárias (SISDEPEN) dados e informações sobre egressos do sistema prisional; criar o observatório do egresso, com o objetivo de monitoramento de ações voltadas para a reintegração em cada órgão de execução penal; criar mecanismos de incentivo aos municípios para estruturação de programas e projetos voltados para o egresso.

Mesmo sendo o foco desta parte a reintegração, importantes aspectos foram salientados para que se possa pensar também nas vítimas afetadas, direta ou indiretamente, pelo agente criminoso. Neste sentido, concomitante com a questão do egresso, é preciso pensar e executar uma política institucional que atenda aos direitos e interesses das vítimas de crimes e atos infracionais.

Um breve sumário das considerações iniciais

São essas as considerações iniciais que a Comissão do Plano Nacional de Política Criminal e Penitenciária oferece à melhor compreensão do tema em foco e da proposta que ora submete a V. Exa., com detalhamento pormenorizado a seguir. Uma vez aprovado o Plano, a sociedade e a comunidade jurídica interessada no aperfeiçoamento do sistema criminal poderão, enfim, contar com diretrizes seguras, calcadas em rigor científico e livres de ingerências ideológicas.

Conselheiro Cesar Mecchi Morales Presidente

Conselho Nacional de Política Criminal e Penitenciária

Comissão do Plano Nacional de Política Criminal e Penitenciária 2020-2023

Conselheiros

Márcio Schiefler Fontes (Presidente) Pery Francisco Assis Shikida (Relator) Danilo Pereira Jr.

Fernando Pastorelo Kfouri Juliana Zappalá Porcaro Bisol Paulo Eduardo de Almeida Sorci Vilobaldo Adelídio de Carvalho Walter Nunes da Silva Jr.

Wilson Salles Damázio

8.1 Diretrizes, Estratégias e Ações Anteriores ao Crime: Prevenção

Walter Nunes da Silva Júnior (Conselheiro do CNPCP)

Em consonância com a Constituição (BRASIL, 1988, art. 5º, caput), "todos são iguais perante a lei, sem distinção de qualquer natureza, garantindo-se aos brasileiros e aos estrangeiros residentes no País a inviolabilidade do direito à vida, à liberdade, à segurança e à propriedade [...]". No mesmo passo, o art. 144 preceitua que a segurança pública é "[...] dever do Estado, direito e responsabilidade de todos [...]", devendo ser "[...] exercida para a preservação da ordem pública e da incolumidade das pessoas e do patrimônio [...]" (BRASIL, 1988, art. 144, caput).

Percebe-se, assim, a multifuncionalidade dos direitos fundamentais, que não podem ser compreendidos a partir de uma visão reducionista, ou seja, apenas sob a sua perspectiva subjetiva, da qual dimanam garantias que limitam o Estado na persecução criminal tendente a punir quem tenha delinquido. Isso porque os direitos fundamentais possuem, igualmente, uma dimensão objetiva, da qual decorre o que a doutrina denomina dever de proteção.

Menção deve ser feita à decisão do Supremo Tribunal Federal (STF), que apoiou-se na jurisprudência da Corte Constitucional alemã, asseverando que os direitos fundamentais, na dimensão objetiva, podem ser assim classificados: (a) dever de proibição (Verbotspflicht), consistente no dever de proibir determinadas condutas; (b) dever de segurança (Sicherheitspflicht), que impõe ao Estado o dever de proteger o indivíduo contra ataques de terceiros mediante a adoção de medidas diversas; e (c) dever de evitar riscos (Risikopflicht), que autoriza o Estado a atuar com o objetivo de evitar riscos para o cidadão em geral mediante a adoção de medidas de proteção ou de prevenção especial (STF, 2007).

Na mesma linha de entendimento, Ramos (2001, p. 72) salienta que a Convenção Interamericana de Direitos Humanos, no art. 1.1, ao preceituar que cabe ao Estado zelar pelo respeito dos direitos humanos, faz exsurgir uma obrigação de não fazer e, de outra banda, uma obrigação de fazer, "[...] que consiste na organização pelo Estado, de estruturas capazes de prevenir, investigar e mesmo punir toda violação, pública ou privada, dos direitos fundamentais da pessoa humana"

Feldens (2012, p. 47) explicita que, conquanto o garantismo seja o único modelo de sistema criminal compatível com o Estado democrático de direito, ele não se basta na sua perspectiva subjetiva, na medida em que dos direitos fundamentais dimanam princípios objetivos inerentes à sociedade, os quais "[...] orientam o funcionamento de todo o ordenamento jurídico (público e privado), reclamando prestações positivas (legais e judiciais) do Estado destinadas a sua proteção frente a ataques de terceiros."

Assim, conquanto tenha de respeitar os direitos da pessoa investigada ou acusada, o Estado possui o dever de proteção, o que há de ser perquirido por meio de planos políticos institucionais com diretrizes, estratégias e ações adequadas para esse fim, o que compreende o desenvolvimento de políticas eficientes voltadas para a prevenção de crimes, no sentido de reduzir, ao máximo, a criminalidade, notadamente a chamada criminalidade violenta[4].

E mais. A abordagem dos direitos fundamentais sob a perspectiva objetiva revela que não se trata apenas de um dever de proteção, senão de um dever de proteção eficiente, o que impõe a existência de instrumentos de ordem legislativa, executiva e judicial hábeis e eficazes no amparo ao desempenho dessa função estatal.

Cabe agregar que esse dever de proteção não é confiado unicamente ao Estado, mas, sim, a todos, sejam órgãos estatais, pessoas jurídicas e até mesmo aos indivíduos, porquanto essa obrigação está implícita no caput do art. 5º da Constituição e expressa, de forma cogente, no caput do art. 144, na parte em que assevera ser a segurança pública "[...] dever do Estado, direito e responsabilidade de todos [...]" (BRASIL, 1988, artigos 5º e 144, caput).

Portanto, não se trata de dever exclusivo do Estado estrito senso, na medida em que a expressão utilizada no caput do art. 144, interpretado em consonância com o caput do art. 5º, ambos da Constituição, impõe o entendimento de que essa tarefa deve ser desempenhada, de forma harmônica, pela União, como órgão central e formulador da política nacional, pelos Estados-membros e municípios, com o alinhamento dos poderes Legislativo, Executivo e Judiciário. Nesse particular, os municípios têm muito a contribuir, especialmente no que diz respeito a diversas medidas de ordem preventiva, com utilização da Guarda Municipal, por exemplo, para monitorar grupos de risco, como é o caso das mulheres sujeitas à violência de gênero. Quanto à participação mais efetiva dos municípios na redução da violência, uma boa iniciativa a ser disseminada é o projeto Prevenção da Violência Doméstica com a Estratégia de Saúde da Família (PVDESF, 2018), colocado em prática desde 2014 pelo Ministério Público do Estado de São Paulo e a Prefeitura de São Paulo, ganhador do Prêmio Innovare em 2017, expandido para os municípios de Guarulhos, Ubatuba, Bragança Paulista e Leme e está em fase de implantação em outros mais.

No ponto, a Lei nº 13.675, de 11 de junho de 2018, a par de organizar o funcionamento dos órgãos responsáveis pela segurança pública, em boa hora, criou a Política Nacional de Segurança Pública e Defesa Social (PNSPDS) e instituiu o Sistema Único de Segurança Pública (Susp), preceituando, dentre as diretrizes do plano, a "atuação integrada entre a União, os estados, o Distrito Federal e os municípios em ações de segurança pública e políticas transversais para a preservação da vida, do meio ambiente e da dignidade da pessoa humana" (BRASIL, 2018c, art. 5º, IV).

Nesse desiderato, em 17 de setembro de 2018, pela primeira vez foi aprovado um Plano Nacional de Segurança Pública, o qual detalhou as competências, princípios, objetivos, estratégias, meios e instrumentos que norteiam a atuação do Estado na área de segurança pública (MINISTÉRIO DA SEGURANÇA PÚBLICA, 2018).

Este Plano Nacional de Política Criminal e Penitenciária (PNPCP), ao tempo em que não se sobrepõe ou resta superado pela Política Nacional de Segurança Pública, forçosamente, deve ser escrito em harmonia com esta.

O foco das políticas de segurança pública e criminal, resta claro, deve ser no sentido de direcionar as ações para o cumprimento com algum grau de eficiência do dever de proteção, pautando-se naquilo que mais aflige todo e qualquer cidadão brasileiro, que tem sido privado do direito de sentir-se em segurança, sujeitando-se a levar uma vida sem paz, com receio de sair à rua para o trabalho ou o lazer e não voltar ao seu lar ou a rever os seus familiares e amigos.

Essa sensação de insegurança da sociedade emerge da criminalidade violenta, representada fundamentalmente pelos crimes de homicídio e roubo. De acordo com o Atlas da Violência publicado em 2019, no ano de 2017 houve nada mais nada menos do que 65.602 homicídios[5] no Brasil, o que representa a taxa de 31,6 mortes para cada cem mil habitantes, a maior taxa histórica de letalidade violenta no País (INSTITUTO DE PESQUISA ECONÔMICA APLICADA – IPEA; FÓRUM BRASILEIRO DE SEGURANÇA PÚBLICA, 2019).

Não raro, esses crimes são subprodutos dos delitos de tráfico de entorpecentes, negócio que, segundo dados da United Nations Office on Drugs and Crime (UNODC, 2018)[6], promove uma arrecadação ao redor do mundo em torno de U$ 600 a U$ 800 bilhões de dólares ao ano.

O alicerce financeiro propiciado com o tráfico de entorpecentes fomenta o surgimento de organizações sofisticadas, com poderio econômico-financeiro a ponto de desafiar o próprio Estado, estabelecendo um poder paralelo, não apenas com a prática de ações subvertendo a ordem pública, mas, até mesmo, por meio da realização de atividades assistencialistas às famílias dos integrantes das facções, especialmente dos que estão presos.

4 Sobre criminalidade violenta, o Ministério da Justiça e Segurança Pública lançou o Projeto-Piloto "Em Frente Brasil: políticas públicas integradas para um País seguro" para combater os crimes violentos no Brasil, prevendo "atuação conjunta das polícias na repressão à criminalidade, além de ações sociais personalizadas para cada cidade participante" (MINISTÉRIO DA JUSTIÇA E SEGURANÇA PÚBLICA, 2019).

5 O conceito de homicídio adotado foi o estabelecido pelo Protocolo de Bogotá, o que exclui as mortes acidentais, as tentativas e os homicídios culposos, mas considera as mortes praticadas por agentes públicos no exercício do dever legal e todo e qualquer crime que tem como evento a morte, independentemente da tipificação, a exemplo do latrocínio.

6 No México, após o lançamento, em 2006, de campanha ostensiva quanto ao combate às drogas, os índices que medem a violência cresceram de forma preocupante, a ponto de, em 2010, ser feito o registro de 17 mil homicídios relacionados ao narcotráfico (WERB et al., 2011).

O crime organizado, que tem como base o tráfico ilícito de drogas e, de permeio, o contrabando de armas e a corrupção, movimenta no planeta cifras que representam três vezes o PIB do Brasil, a ponto de transformar-se em um dos maiores empreendimentos financeiros do mundo. Os sistemas bancários e de capitais, em escala global, se encarregam de fazer circular e promover a lavagem desse dinheiro contaminado com substâncias entorpecentes, que traz graves consequências sociais e alimenta a violência.

Esse fenômeno está bem presente no Brasil. As facções criminosas (que comandam a criminalidade e possuem como suporte financeiro os recursos oriundos do tráfico de drogas e atividades afins) foram criadas dentro dos presídios e fazem destes o seu home office, de onde fortalecem os seus laços de poder. Recentemente, a sociedade brasileira ficou estarrecida e amedrontada com a revelação pelos meios de comunicação de uma operação de resgate liderada por conhecida organização criminosa, ao custo da impressionante cifra de mais de R$ 100 milhões de reais. Essa mesma organização criminosa, segundo dados informais, possuiria arrecadação anual que a coloca entre as 10 (dez) maiores empresas no País, em termos de faturamento.[7]

Estas considerações revelam que a preocupação em eliminar os ganhos financeiros com a comercialização de drogas ilícitas é tão ou mais importante quanto cuidar dos tipos penais pertinentes a essa modalidade de criminalidade. Até porque a finalidade do tráfico de entorpecentes é a obtenção de lucro. Ir para a prisão, mas conservar os ganhos financeiros da atividade ilícita, em certo sentido, compensa e serve para que a pessoa ou a organização que ela integra permaneça na criminalidade e tenha poder de liderança.

Tem-se, portanto, que a diretriz geral da política criminal deve ter como foco: i) a criminalidade violenta; ii) o tráfico ilícito de entorpecentes; iii) o crime organizado; iv) a corrupção – não necessariamente nessa ordem –, mediante a adoção de estratégias e ações com suporte em dados e evidências, tendo como escopo:

(a) Reduzir os índices de violência;

(b) Ampliar a sensação de segurança;

(c) Diminuir a impunidade;

(d) Difundir a cultura da paz.

Independentemente da discussão se no Brasil se prende muito ou pouco, uma verdade é inconteste: a população carcerária no Brasil, nos últimos anos, cresceu exponencialmente, como pode ser observado pelo gráfico a seguir.

7 Sobre isto, ver: Vilardaga e Lavieri (2018).

Gráfico 1. Evolução das pessoas privadas de liberdade (em mil) entre 1990 e 2016

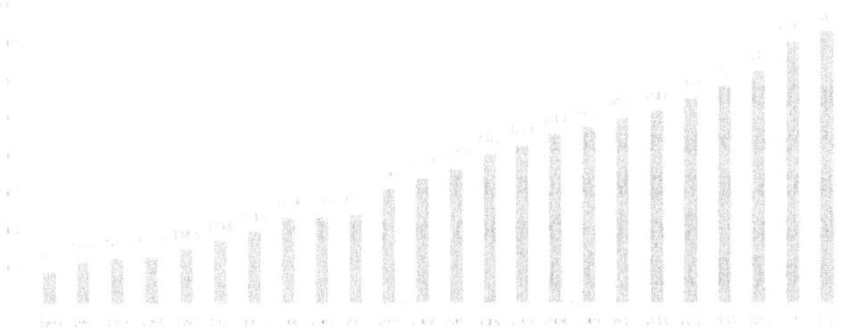

Fonte: Extraído de Infopen (2017).

Um detalhe a ser considerado: a população carcerária brasileira é formada prioritariamente por jovens. Se for utilizada para a definição de jovem a pessoa situada na faixa etária entre 18 e 24 anos, tem-se 55% dos encarcerados, ao passo que se for adotado como critério quem conta entre 18 e 34 anos, o percentual é de 74%. Se o lapso temporal for mais largo, para considerar como jovem quem está situado na faixa entre 18 e 45 anos, o percentual sobe assustadoramente para 93%. Esse dado é preocupante, pois, conforme estudo (GONÇALVES JÚNIOR; SHIKIDA, 2013), quanto mais jovem alguém pratica um crime, maior é a possibilidade de ele voltar a reincidir. Veja-se o gráfico a seguir sobre a faixa etária dos presos:

Gráfico 2. Faixa etária das pessoas privadas de liberdade no Brasil

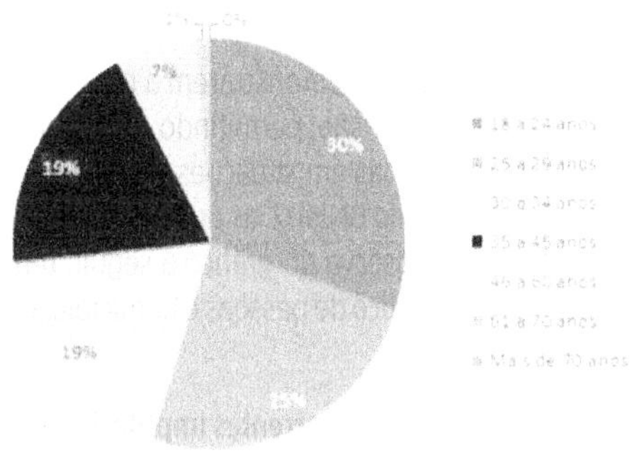

Fonte: Extraído de Infopen (2017).

Isso quer dizer que boa parte dos jovens está sendo colocada no cárcere, a revelar a necessidade de se implementar políticas adequadas para a ressocialização, a fim de evitar que essas pessoas, quando saírem da prisão, voltem a praticar crimes e mesmo retornem para o sistema prisional.[8] A política de ressocialização, por conseguinte, também é de prevenção. É preciso abrir a porta de saída do sistema prisional, porém, com responsabilidade e estratégias no sentido de prevenir a reincidência ou a prática de novos crimes por quem anteriormente estava preso.

Sem embargo dessa constatação, o fato é que os governos estaduais, historicamente, não tiveram capacidade de construir unidades prisionais para acompanhar o aumento dessa demanda,

8 A impressão que se tem é de que a reincidência é muito alta, até porque, infelizmente, devido aos vários problemas de gestão, o sistema prisional não tem sido eficiente na ressocialização, ao tempo em que, não raro, serve de alicerce para integrar o agente ao mundo do crime. Estudo do DEPEN apontou, em janeiro de 1998, que a taxa de reincidência no Brasil era de 70%. Em junho de 2008, o DEPEN divulgou outra pesquisa, estimando a taxa de reincidência em 43,12%. Sobre a reincidência, conferir o Relatório de Pesquisa intitulado Reincidência Criminal no Brasil (IPEA, 2015) e Silva et al. (2019).

de modo que em 2016 o déficit de vagas no sistema prisional alcançou algo em torno de mais de 358.663 vagas e uma taxa de ocupação média de 197,4% em todo o País (INFOPEN, 2017).

Essa situação gera o maior problema do sistema penitenciário nacional, que é a superpopulação carcerária. Certamente que os estados precisam investir na construção de mais unidades prisionais, na medida em que se observa que em todas elas há déficit de vagas – Roraima é o estado com o menor déficit de vagas, 1.141 vagas (INFOPEN, 2017).

Todavia, é patente a necessidade de se investir em uma política de diminuição do encarceramento, por meio da organização de estrutura para o cumprimento de medidas e penas alternativas, de incentivos e cursos nas escolas da magistratura e do Ministério Público específicos para a maior aplicação dos institutos da transação, da suspensão condicional do processo e do acordo de não persecução criminal. Sem embargo do apoio ao Projeto de Lei Anticrime quanto ao disciplinamento do acordo de não persecução criminal e à introdução no sistema jurídico do plea bargain, permitindo a negociação da pena com a assunção de culpa em qualquer tipo de delito.

Essa evidência se apresenta quando se observa, a partir de dados fornecidos pelo Banco Nacional de Monitoramento de Prisão – BNMP2, que o número de mandados de prisão a cumprir é superior ao número do déficit de vagas no sistema penitenciário (360.336 mandados de prisão, sendo que pendentes de cumprimento são 19.655 foragidos e 340.681 procurados (CONSELHO NACIONAL DE JUSTIÇA – CNJ, 2018a).

Apesar de esses dados demonstrarem a necessidade de se fechar a porta da frente da prisão, permitindo a sua abertura para o ingresso de pessoas apenas em situações de real necessidade, conforme dados extraídos do BNMP2, as prisões estariam, em certa medida, conforme se observa do gráfico a seguir, tendo como foco os crimes de roubo, tráfico de pessoas e homicídio, o que seria o adequado.

Gráfico 3. Tipos penais mais recorrentes imputados às pessoas privadas de liberdade no Brasil

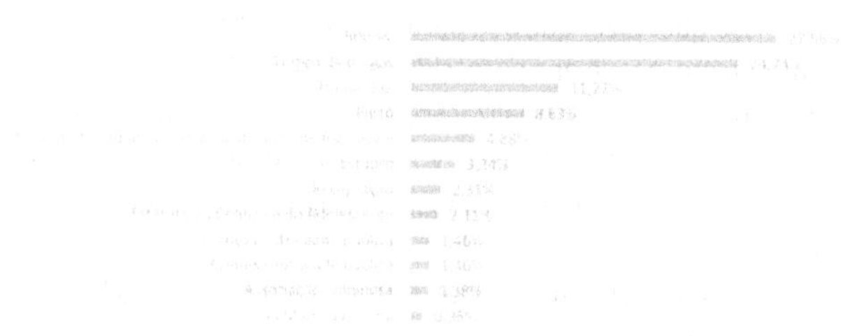

Fonte: Conselho Nacional de Justiça (2018a).

De fato, em consonância com os dados que se vê, 63,59% dos presos no sistema prisional dizem respeito aos crimes que mais impactam a sociedade brasileira (roubo, tráfico de drogas, homicídio) e que fazem o cidadão experimentar angustiante sentimento de medo e de sensação de impunidade.

Porém, um exame mais atento dos números denota uma situação diferente, levando à conclusão de que é preciso prender melhor. Com efeito, em consonância com dados coletados em pesquisa de campo na elaboração de tese de doutorado de Semer (2019), as pessoas presas pelo crime de tráfico de entorpecentes não são os grandes traficantes, mas, sim, quando não meras mulas, simples operários do tráfico, representados por jovens presos em flagrante, primários, integrantes da classe baixa, desempregados, negros ou pardos e com a defesa sendo realizada pela defensoria pública. Essa tese compreendeu a análise de 800 sentenças de 8 estados (São Paulo, Minas Gerais, Rio Grande do Sul, Paraná, Goiás, Pará, Bahia e Maranhão.

Além de os que comandam o tráfico invariavelmente não serem presos, na medida em que as investigações não chegam neles – pois 88,75% das prisões decorrem de situação de flagrante delito, em que a pessoa portava pequena quantidade de droga (SEMER, 2019) –, aquele que ontem estava na rua, mas agora está preso, dá lugar no mercado do tráfico a outro jovem, que, mais cedo ou mais tarde, vai ser preso ou ser vítima da própria criminalidade da qual ele tem participação como coadjuvante.

Quanto à questão das drogas, sem ingressar no debate sobre a criminalização ou não do uso para fins recreativos, é necessário uma política mais voltada para a redução de danos, o que abrange a adoção de estratégia pertinente para diminuir a violência. A Lei nº 11.343, de 2006 (BRASIL, 2006), sem embargo das alterações promovidas pela recente Lei nº 13.840, de 2019 (BRASIL, 2019d), não se ocupou de estabelecer critérios objetivos para a distinção entre o mero uso e o tráfico de entorpecentes, a fim de arrefecer o subjetivismo dos operadores jurídicos quando da tipificação das condutas, deixando, assim, de seguir as diretrizes implantadas por alguns países, como é o caso de Portugal, que utiliza como referencial a quantidade de droga. Essa medida é necessária para evitar o encarceramento como traficantes pessoas que, pela quantidade de substância entorpecente encontrada em seu poder, não é razoável que sejam consideradas como tal ou, então, ainda que caracterizada essa condição, não deve ser punida, necessariamente, com a pena de prisão.

Em outra nota, passou da hora de a Agência Nacional de Vigilância Sanitária (Anvisa), em cumprimento ao que prescreve o parágrafo único do art. 2º da Lei nº 11.343 (BRASIL, 2006), regulamentar, para fins terapêuticos, o plantio, a cultura, a colheita e a exploração de vegetais dos quais possam ser extraídas substâncias definidas como drogas. Infelizmente, a Anvisa, ao disciplinar a matéria, permitiu apenas a importação do produto industrializado, o que é caro e extremanente burocrático, levando pessoas que precisam do tratamento ou que trabalham em entidades que se prestam a atender essas necessidades a praticar o crime de uso ou de tráfico de substâncias entorpecentes. Como não fosse o bastante evitar que essas pessoas que necessitam do tratamento a base de canabidiol ou outra substância entorpecente, com devida prescrição médica, sejam enquadradas no crime de uso ou de tráfico de drogas, a regulamentação dessa prática urge igualmente porque a sua ausência afasta a população mais carente do pleno acesso à saúde – art. 196 da Constituição (BRASIL, 1988). Ademais de inibir o Brasil de desenvolver pesquisas nessa área, privando a comunidade científica de participar ativamente nesse campo, sem falar que prejudica igualmente a economia do País, na medida em que fecha as portas de interessante mercado de trabalho, impede a abertura de outro nicho para a atuação da indústria farmacêutica e, enfim, deixa de fomentar a economia e a consequente geração de renda.

Outro dado extremamente preocupante, que segue sendo um incentivo à criminalidade, é a impunidade. Segundo estimativas do Instituto Sou da Paz (2017), que apresentou dados para os estados do Pará, Rio de Janeiro, Espírito Santo, Rondônia, São Paulo e Mato Grosso do Sul, a taxa de resolutividade de inquéritos policiais (que têm como objeto a apuração de crimes de homicídio) foi, em média, de 20,7%. Cumpre esclarecer que se entende por resolutividade o indiciamento de alguém como o possível autor do crime. Isso quer dizer que, a despeito da alta letalidade, pelos mais diversos fatores, não há eficiência na apuração de crimes em que há morte.

Países como os Estados Unidos têm conseguido alto índice de eficiência na apuração de crimes de homicídio em razão da utilização do exame de DNA (sigla de substâncias químicas envolvidas na transmissão de caracteres hereditários). O que impressiona é que crimes insolúveis no passado – ocorridos nos anos 1970 até o início dos anos 2000 – estão sendo solucionados com o uso de exame de DNA (BBC NEWS, 2013). Este assunto é também tratado na parte 3.2 (Banco Nacional de Perfil Genético e Banco Nacional Multibiométrico).

Como isso é possível? Porque os americanos sabiam que um dia a tecnologia do exame de DNA seria desenvolvida e revolucionaria a investigação criminal, pelo que adotaram a estratégia de coletar e armazenar as evidências para utilizar no futuro. Infelizmente, no nosso meio, mesmo estando à disposição essa nova tecnologia, ainda não existe um banco de dados significativo nem há a difusão de protocolo para preservar as evidências e permitir a realização com eficiência do exame quanto aos crimes que estão sendo praticados e investigados agora. O resultado disso é que o método revolucionário de investigação de crimes de homicídio com base no exame de DNA não tem surtido o efeito esperado no Brasil.

Para complicar ainda mais o quadro, recente pesquisa levada a efeito pelo CNJ (2019a), compreendendo 2015 a 2018, demonstra que os julgamentos pelo tribunal do júri precisam ser aprimorados. Como se nota pelos dados a seguir, em alguns estados, sem embargo da cifra negra – ou seja, daqueles crimes que não chegam a ser levados a julgamento simplesmente porque nos inquéritos policiais não se consegue, sequer, apontar alguém como o possível responsável pelo delito –, a taxa de extinção de punibilidade é inaceitável, principalmente quando se observa a situação do Rio Grande do Norte, em que dos 76% dos casos de extinção de punibilidade, 46% são devido à morte dos agentes apontados como autores dos delitos.

Gráfico 4. Desfecho das ações penais de competência do tribunal do júri julgadas entre 2015 e 2018, por tribunal

Fonte: Conselho Nacional de Justiça (2019a).

A constatação é de que aqueles que praticam crimes de homicídio, pelo menos em sua maioria, possuem mais medo de morrer do que eventualmente de serem investigados, julgados ou presos. A pergunta que não quer calar é a seguinte: o que é que justifica no Estado do Acre a taxa de extinção de punibilidade ser igual a 5%, e no de Pernambuco alcançar a incrível cifra de 97%? Certamente isso tem uma explicação e, ao mesmo tempo em que esses dados impactam e preocupam, eles mostram que se um estado consegue ter um índice tão baixo de casos em que ocorre a extinção de punibilidade, outros também podem alcançar o mesmo índice.

Mas quem são as maiores vítimas dos crimes com resultado morte? Em compasso com o Atlas da Violência, a taxa de homicídio de jovens – adotado como critério a faixa etária entre 15 a 29 anos – por grupo de 100 mil, é bastante alta. Nos estados do Nordeste, que estão experimentando uma guerra entre facções criminosas na disputa pelo monopólio do mercado das drogas, a taxa de homicídio de jovens é altíssima, vide gráfico 5 (IPEA; FÓRUM BRASILEIRO DE SEGURANÇA PÚBLICA, 2019).

Gráfico 5. Brasil: taxa de homicídios de jovens, por grupo de 100 mil, por UF (2017)

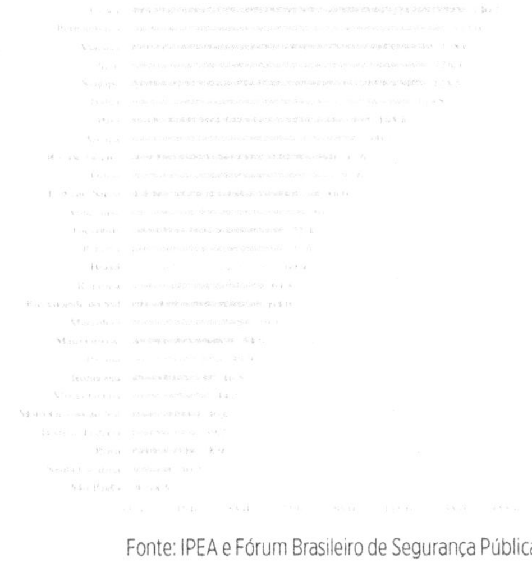

Fonte: IPEA e Fórum Brasileiro de Segurança Pública (2019).

Como se verifica, enquanto Rio Grande do Norte, Ceará, Pernambuco, Alagoas, Acre, Sergipe, Bahia, Pará e Amapá ficam acima de 100 mil – o Rio de Janeiro apresenta taxa de homicídios de jovens igual a 92,6 –, a taxa de São Paulo é de apenas 18,5. O que é que São Paulo tem ou faz de diferente para ter índice bem inferior? Certamente a implementação de projetos como a Prevenção da Violência Doméstica e Familiar contra as mulheres com a Estratégia de Saúde da Família (PVDESF, 2018), articulado inicialmente pelo município de São Paulo.

O mesmo cenário quase que se repete quando se analisa a violência praticada contra a mulher, fenômeno que cresceu de forma preocupante nos últimos tempos (gráfico 6).

Gráfico 6. Taxa de homicídios por 100 mil mulheres nas UFs (2017)

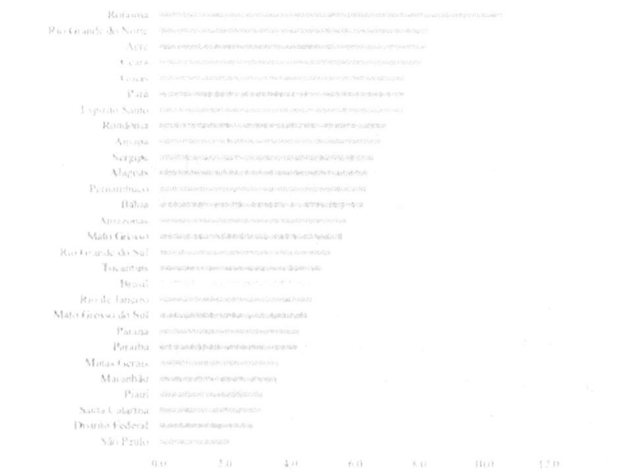

Fonte: IPEA e Fórum Brasileiro de Segurança Pública (2019).

Não surpreende o fato de São Paulo apresentar a menor taxa de homicídio entre as mulheres vítimas. Os dados dos gráficos 5 e 6 evidenciam os jovens, homens e mulheres como as maiores vítimas dos crimes de homicídio no Brasil, trágico fenômeno que vem crescendo ano a ano. Conforme o Atlas da Violência, em 2017, no Brasil foram assassinados 35.783 jovens. Essa situação é dramática, quando a morte prematura de jovens é sopesada com o índice de encarceramento que se concentra também nos jovens e o envelhecimento da população brasileira (IPEA e FÓRUM BRASILEIRO DE SEGURANÇA PÚBLICA, 2019).

Todavia, os mesmos dados analisados demonstram que políticas certas, efetivamente, trazem resultados concretos no sentido de reduzir a criminalidade, mediante ações preventivas. São Paulo, no Brasil, pelo menos quando se observa os dados, merece ser citado como exemplo, assim como Nova York, nos Estados Unidos, e Bogotá, na Colômbia. Em uma década, Nova York, com a adoção das políticas corretas, saiu da posição de uma das cidades mais violentas do mundo, para um dos lugares mais seguros.

Além dos dados do Ipea e Fórum Brasileiro de Segurança Pública (2019), conforme pesquisa do Instituto Igarapé realizada a partir de dados coletados junto às secretárias de segurança dos estados, a taxa de homicídios no Brasil, que apresentou um pico de crescimento em 2017, diminuiu em 2018. Fazendo uma análise tendo como linha de tempo de 2015 ao ano de 2018, o estudo assinala que a maioria dos estados tem apresentado uma tendência na diminuição dos homicídios, durante todo esse período de quatro anos.

Gráfico 7. Taxa de homicídios no Brasil por 100 mil habitantes, por estado, nos últimos 4 anos

Estado	2015	2016	2017	2018
[illegible]	[illegible]	[illegible]	[illegible]	[illegible]
Rio Grande do Norte	46,2	58,0	64,6	51,6
[illegible]	[illegible]	[illegible]	[illegible]	[illegible]
Acre	36,5	45,1	63,9	37,7
[illegible]	[illegible]	[illegible]	[illegible]	[illegible]
Pernambuco	41,8	47,6	57,3	43,9
[illegible]	[illegible]	[illegible]	[illegible]	[illegible]
Amapá	33,1	35,5	37,0	41,8
[illegible]	[illegible]	[illegible]	52,6	41,4
Bahia	38,6	43,5	40,8	37,4
[illegible]	[illegible]	[illegible]	[illegible]	[illegible]
Amazonas	35,9	28,8	30,3	[illegible]
[illegible]	[illegible]	[illegible]	[illegible]	[illegible]
Paraná	27,4	32,5	31,2	29,5
[illegible]	[illegible]	[illegible]	[illegible]	[illegible]
Mato Grosso	[illegible]	35,5	31,5	28,4
[illegible]	[illegible]	[illegible]	[illegible]	[illegible]
Rondônia	30,6	32,8	28,1	25,4
[illegible]	[illegible]	[illegible]	[illegible]	[illegible]
Rio Grande do Sul	25,2	27,2	27,6	21,6
[illegible]	[illegible]	[illegible]	[illegible]	[illegible]
Piauí	20,9	21,9	20,2	18,8
[illegible]	[illegible]	[illegible]	[illegible]	[illegible]
Distrito Federal	23,0	21,3	17,7	15,4
[illegible]	[illegible]	[illegible]	[illegible]	[illegible]
Santa Catarina	13,4	14,5	15,4	11,9
[illegible]	[illegible]	[illegible]	[illegible]	[illegible]

Fonte: Instituto Igarapé (2019).

Ademais, Roraima e Tocantins seriam os únicos estados em que o número de homicídios no período de 2017 e 2018 teria aumentado. Em todos os outros estados da federação a taxa diminuiu. Em números absolutos, a quantidade de homicídios no Brasil apresentou um declínio de 13% – baixando de 59 mil, em 2017, para 51 mil, 2018. Em nota técnica elaborada sobre esses dados, o Instituto Igarapé explicitou ainda, que há uma tendência de queda mais acentuada ainda da taxa de homicídios para o ano de 2019, mais precisamente em torno de 22%.

No novo cenário observado há perspectiva alvissareira, haja vista que a Política Nacional de Segurança Pública e Defesa Social vem promovendo a cooperação e o compartilhamento de inteligência entre as polícias federal e estaduais, com a implementação do Sistema Único de Segurança Pública – Susp.

Isso sem falar que, em linhas gerais, com a implementação dos recursos do Fundo Penitenciário Nacional tem-se verificado sensível melhora no sistema penitenciário estadual, embora muito ainda precise ser feito, a fim de que se tenha melhor governança quanto à presença e atuação das organizações criminosas no interior dos presídios e ao processo de ressocialização, especialmente mediante a oferta de mais trabalho, implementação de programas educacionais mais consistentes e melhor assistência social às famílias dos internos. Em arremate, são sugeridas as seguintes diretrizes, estratégias e ações na área de prevenção – o que compreende iniciativas para diminuir a impunidade – a serem desenvolvidas em harmonia pela União, estados, Distrito Federal e municípios, nas três esferas de poder, com a participação e cooperação das pessoas no exercício da cidadania, de modo coletivo ou individual:

- Criar fórum permanente e plural para sentar-se à mesa periodicamente e discutir as estratégias, as ações desenvolvidas e os resultados obtidos referentes às políticas públicas adotadas para a redução da violência. Sem prejuízo de reuniões mais amplas com a participação dos diversos atores mais diretamente ligados às ações relacionadas à criminalidade, devem ser promovidos debates entre órgãos públicos e entes privados conforme o tema a ser debatido, colhendo suas contribuições e fomentando suas participações na diminuição da violência.
- Monitorar e avaliar as ações e os resultados, a partir da produção qualificada de relatórios e dados.
- Difundir a cultura da vida em paz e da responsabilidade de todos em propagar e defender a segurança pública como bem jurídico inerente à dignidade da pessoa humana, por meio de propaganda massiva nos meios de comunicação, seminários em escolas, empresas, órgãos públicos, conselhos comunitários, associações de bairros etc.
- Atuar com base na identificação dos fatores da violência, concentrando estratégias em locais, grupos e comportamentos de risco, notadamente em relação aos jovens e mulheres passíveis de violência doméstica.
- Pautar a atuação com suporte em dados e evidências, produzidos em pesquisas qualificadas e confiáveis, com atenção especial para as boas práticas existentes.
- Estimular e cooperar com pesquisas acadêmicas desenvolvidas no estudo do fenômeno da criminalidade, aproveitando os dados para a atuação nessa área (este item será tratado na parte 3 deste Plano).
- Incentivar e participar da criação de cursos nas escolas da magistratura e do Ministério Público específicos para o estudo de políticas criminais e de segurança pública.
- Especializar e qualificar equipes policiais em inteligência financeira, com criação de grupos multidisciplinares, a fim de investigar crimes praticados por organizações criminosas e de lavagem de dinheiro e corrupção.
- Identificar as organizações criminosas e estudar a regra de negócio do mercado da criminalidade em que elas atuam.
- Instaurar procedimento investigatório específico para investigar cada uma das organizações criminosas, priorizando a desconstrução financeira de suas estruturas como estratégia mais eficiente do que a aplicação da pena de prisão.
- Alterar a Lei 11.343 (BRASIL, 2006), a fim de estabelecer critério objetivo para a distinção entre o usuário e o traficante de drogas, afastando o subjetivismo dos operadores jurídicos quando da tipificação das condutas.
- Cumprir o que determina o art. 2º, parágrafo único, da Lei nº 11.343 (BRASIL, 2006), a fim de que seja regulamentado, exclusivamente para fins terapêuticos, o plantio, a cultura, a colheita e a exploração de vegetais dos quais possam ser extraídas substâncias com este escopo.
- Estabelecer estratégia para coletar perfil genético da população carcerária, para fins de formação de banco de dados para a identificação da autoria em crimes praticados com violência (este item será tratado na parte 3 deste Plano).
- Definir protocolo rígido para a preservação do local do crime, capacitando os policiais quanto à preservação de vestígios para fins de exame de DNA.
- Mapear as manchas criminais, a fim de realizar patrulhamento estratégico, conforme os locais e horários de maior risco para a ocorrência de crimes com violência e desenvolver ações públicas como incrementar a iluminação, colocar câmeras de vigilância etc.
- Estruturar a adoção da política da despenalização, com incentivo e qualificação por meio de cursos das escolas da magistratura e do Ministério Público quanto à implementação da transação, da suspensão condicional do processo e do acordo de não persecução criminal, além da defesa da inclusão no sistema nacional do plea bargain previsto no chamado Projeto Anticrime.
- Aprimorar a efetividade do funcionamento do tribunal do júri, tendo como uma das orientações o exemplo dos Estados Unidos, em que mais de 90% dos crimes são resolvidos por meio de acordos. Isso não quer dizer ser leniente com crimes graves, na medida em que, em consonância com dados divulgados no documentário a 13ª. Emenda[9], mais de 97% da população carcerária estadunidense decorre dos acordos criminais.
- Promover o cadastramento de organizações da sociedade civil e capacitá-las para a participação no programa de cumprimento de medidas e penas alternativas (Lei nº 13.019/2014).
- Desenvolver sistema eletrônico de monitoramento do cumprimento de medidas e penas alternativas.
- Disseminar e fomentar política no sentido de os órgãos públicos da administração direta (do Legislativo, Executivo, Judiciário e Ministério Público) e indireta efetuarem a contratação de presos nos termos do art. 28, § 2º, da Lei de Execução Penal, com a retenção entre 25% a 30% da remuneração paga para fins de recolhimento ao fundo penitenciário do respectivo estado, aplicando a mesma estratégia em relação à iniciativa privada.
- Reduzir a reincidência, por meio de melhor governança do sistema penitenciário, especialmente, mediante a implementação de ações no sentido de promover o ensino, a integração dos presos com a família e a oferta de trabalho.
- Aprimorar a legislação criminal tendo como norte as diretrizes deste Plano Nacional de Política Criminal e Penitenciária – PNPCP e do Plano Nacional de Segurança Pública e Defesa Social – PNSPDS.
- Criar mecanismos para promover estratégias e ações anteriores ao crime, mormente no tocante à prevenção, visando aprimorar a segurança das regiões fronteiriças brasileiras – afetadas pela criminalidade peculiar ao território de fronteira, marcada pela entrada ilegal do contrabando e descaminho, bem como pelo tráfico de drogas, acarretando o aumento da criminalidade e violência.

9 A 13ª Emenda é uma produção norte-americana dirigida por Ava DuVernay e produzida por Spencer Averick, Howard Barish e Ava DuVernay. Seu lançamento mundial se deu em 7 (sete) de outubro de 2016, pela rede de streaming Netflix.

8.2 Diretrizes e Medidas Logo Após o Crime: Repressão

Wilson Salles Damázio (Conselheiro do CNPCP)

A repressão (no sentido da apuração ou persecução) ao crime nos dias atuais é medida que se impõe, disputando pari passu, em grau de importância, com a prevenção. Na verdade, se bem funcionassem as medidas preventivas ao crime, pouco restaria para os órgãos que integram o Sistema de Segurança e Justiça fazerem no tocante à apuração dos ilícitos. Não obstante, como o ideal está bem distante do real, o fato é que, no modelo brasileiro atual, a repressão tem sido a protagonista na Política de Segurança Pública e de Justiça Criminal do País.

Ao se deparar com a prática do fato criminoso, quer seja ele violento ou não, as autoridades policiais e seus agentes, o representante do Ministério Público e o juiz, haverão de ser acionados, cada qual ao seu tempo, para que, de forma interdependente, exercitem os seus misteres, quer seja investigando, denunciando ou julgando o infrator.

Levando-se em consideração o nível da violência e da criminalidade vivenciadas no Brasil, no que pese o leve declínio experimentado no número de homicídios recentemente – conforme Instituto Igarapé (2019) –, está ocorrendo apenas uma pequena regressão da curva da criminalidade e da violência nacional, creditando-se a isto, com certeza, um maior engajamento do Ministério da Justiça e Segurança Pública (MJSP) junto aos estados membros e ao Distrito Federal, por meio das suas políticas públicas, com ênfase àquelas que dialogam diretamente com o enfrentamento do crime e das suas causas.

Desta forma, dentro do tema repressão, para que se possa avançar com maior velocidade nessa tão sonhada redução da criminalidade e, principalmente, da violência que hoje alcança não somente os grandes conglomerados urbanos, mas também as mais pequenas e remotas regiões do País, necessária se faz a adoção de medidas efetivas e coordenadas, no sentido de qualificar os operadores do Sistema de Segurança e Justiça, assim como, os órgãos onde atuam, de sorte a melhorar a performance da repressão e pelo menos inverter a escala de elucidação dos crimes praticados, com a efetiva responsabilização penal dos seus autores. Levando-se em conta dados do Instituto de Pesquisa Econômica Aplicada (IPEA) e Fórum Brasileiro de Segurança Pública (2019, p. 95), "enquanto a taxa de elucidação de homicídios no País é desconhecida (porque sequer se computa), em alguns estados que se conhece, esse índice é baixíssimo, algo em torno de 10% a 20%". Quando se faz um recorte com o Reino Unido, por exemplo, cuja taxa de elucidação é de 90% (UNITED NATIONS OFFICE ON DRUGS AND CRIME – UNODC, 2013), a conclusão é que se tem que avançar e muito no âmbito nacional.

Salvo raros cases de sucesso, e no contexto federal com a Polícia Federal, a Polícia Judiciária no Brasil tem um baixíssimo índice de elucidação dos crimes. "Enquanto a taxa de elucidação de homicídios no País é desconhecida (porque sequer se computa), em alguns estados que se conhece, esse índice é baixíssimo, algo em torno de 10% a 20%" (INSTITUTO DE PESQUISA ECONÔMICA APLICADA – IPEA; FÓRUM BRASILEIRO DE SEGURANÇA PÚBLICA, 2019, p. 95).

Na mesma linha, frente à quantidade de ocorrências apuradas pela polícia, verifica-se um baixo índice de denúncias oferecidas pelo Ministério Público e de julgamentos pelo Poder Judiciário, independentemente de haver a condenação ou não do réu.

A experiência de campo salienta ainda que é pífio o nível de inter-relacionamento dos três pilares da repressão – Polícia Judiciária/Ministério Público/Poder Judiciário, ressalvadas, logicamente, as proibições legais alcançadas pela ética inerente a cada função, hoje tão em voga, em face dos criminosos vazamentos de diálogos entre autoridades no âmbito da Operação Lava Jato (MINISTÉRIO PÚBLICO FEDERAL, 2019).

A bem da verdade, o combate eficiente ao crime só ocorre de forma mais eficaz quando esses três atores trabalham de forma integrada, numa espécie de task force (força tarefa), tão bem aplicada há décadas pelo sistema de investigação americano.

No afã de contribuir para o avanço qualitativo da repressão no País, mormente no que pertine ao enfrentamento aos crimes violentos, organizações criminosas e corrupção, como pretende o novo governo sob o protagonismo do MJSP, será necessário buscar experiências dentro e fora do Brasil. É fato que nos últimos 20 anos a legislação penal e processual penal brasileira, calcada principalmente em Convenções e Acordos Internacionais, evoluiu sobremaneira, tendo como principal protagonista a Colaboração Premiada, mais conhecida no meio policial e jurídico como Delação Premiada, prevista com maior amplitude na Lei 12.850 de 2013, que define organização criminosa e dispõe sobre a investigação criminal, os meios de obtenção de prova, infrações penais correlatas e o procedimento criminal (BRASIL, 2013a).

Posto isto, visando construir esse suporte para o avanço qualitativo da repressão, propõe-se a intensificação dos itens a seguir descritos.

8.2.1 Interação e integração dos órgãos e atores do Sistema de Segurança e Justiça

Como primeira e essencial proposta para o aprimoramento da repressão ao crime, propõe-se que haja uma conjunção de esforços tanto no aprimoramento da legislação como na vontade política por parte dos governos nos três níveis (federal, estadual e municipal), para que realmente haja uma maior integração entre os atores e órgãos que compõem o Sistema de Segurança e Justiça, especialmente no que diz respeito à Polícia Judiciária, Ministério Público e Poder Judiciário. Com este desiderato, será qualificada a repressão, direcionando os esforços para os três ramos da macrodelinquência e que vem sendo pauta do MJSP, quais sejam: crimes violentos, organizações criminosas e corrupção.

Para se conseguir essa tão sonhada integração, necessário se faz haver um consertamento entre os dirigentes principais dos órgãos supramencionados, envolvendo necessariamente, dentre outros, o presidente da República, os governadores, o ministro da justiça, os secretários de segurança, o procurador geral da República, os procuradores gerais de justiça, o presidente do Supremo Tribunal Federal (STF), os presidentes dos tribunais de justiça, Conselho Nacional de Justiça (CNJ), Conselho Nacional do Ministério Público (CNMP) e respectivas escolas, com o concurso também do parlamento. Essas autoridades devem constituir normativos internos e, se necessário, leis, decretos e portarias, que regulamentem a forma de ação integrada dos três órgãos, sem ferir questões éticas e suscetibilidades profissionais, respeitando-se o devido processo legal e a independência dos atores.

Diversas experiências vivenciadas mundo afora demonstram que, agindo de forma integrada, o trabalho desses profissionais flui com maior rapidez e eficiência, alcançando-se o cerne da criminalidade organizada, representada pelas suas nefastas lideranças.

8.2.2 Capacitação dos atores responsáveis pela repressão

No tocante à capacitação dos atores responsáveis pela repressão, como exemplo pode ser citado o que tem sido historicamente feito no âmbito da Polícia Judiciária da União – a Polícia Federal brasileira, e mais recentemente na Secretaria Nacional de Segurança Pública (SENASP) do MJSP, com o advento do exitoso Programa Fortalecimento das Polícias Judiciárias (PFPJ). Este Programa, levado a efeito pela Diretoria de Ensino e Pesquisa da SENASP, visa fortalecer as polícias judiciárias por intermédio da transmissão de experiências e conhecimentos, tendo como objetivo primário fortalecer técnica e gerencialmente as polícias judiciárias, auxiliando na promoção do seu amadurecimento institucional e na consolidação da sua autonomia funcional, e como objetivo secundário apurar a capacidade investigativa e de resolução de crimes, com impacto positivo na segurança pública. O programa estabeleceu 5 eixos principais, a saber: a) Macrocriminalidade Endógena; b) Crime Organizado e Narcotráfico; c) Criminalidade Violenta; d) Corrupção Policial; e, e) Desenvolvimento Institucional. Como se pode notar, este novo Programa que vem sendo difundido junto às polícias judiciárias estaduais está perfeitamente sintonizado com os desideratos do MJSP no sentido de enfrentar a criminalidade organizada.

Na Polícia Federal, há pelo menos quatro décadas, a maior parte dos seus policiais que trabalham na parte investigativa, portanto na instrução dos inquéritos policiais, além da formação profissional básica durante 180 dias que recebem na Academia Nacional de Polícia (ANP), recebem também treinamento especial na própria ANP, como também em agências estrangeiras, fruto de acordos de cooperação celebrados pelo Brasil com outros países, a exemplo dos Estados Unidos, Israel, Canadá, Alemanha, dentre outros.

Os treinamentos e capacitações que ora sugeridos buscam incutir no profissional de investigação, quer seja ele policial, procurador, promotor ou juiz, que o grande norte para uma repressão eficaz é investir na investigação focada na inteligência, lançando-se mão dos institutos recém trazidos ao ordenamento jurídico, utilizados desde outrora pelos países desenvolvidos e que acompanham as normas internacionais, especialmente convenções da Organização das Nações Unidas (ONU), a exemplo da Convenção contra o Tráfico Ilícito de Estupefacientes e Substâncias Psicotrópicas de 1988 e a Convenção contra o Crime Organizado de 2000, conhecida internacionalmente como a Convenção de Palermo. Dentre os institutos concebidos pela legislação brasileira são destacados:

a) Interceptação Telefônica, regulamentada pela Lei 9.296/1996 (BRASIL, 1996);
b) Agente infiltrado, trazido ao ordenamento pela Lei 11.343/2006 (BRASIL, 2006) e 12.850/2013 (BRASIL, 2013a);
c) Ação Controlada, preconizada na Lei 9.034/1995 (BRASIL, 1995a) e 12.850/2013 (BRASIL, 2013a);
d) Colaboração Premiada ou como vulgarmente é conhecida de delação premiada, constante em vários diplomas legais, a exemplo das Leis 7.492/1986 (BRASIL, 1986), 8.072/1990 (BRASIL, 1990a), 8.137/1990 (BRASIL, 1990b), 9.807/1999 (BRASIL, 1999), 9.613/1998 (BRASIL, 1998), 11.343/2006 (BRASIL, 2006), 12.529/2011 (BRASIL, 2011) e 12.850/2013 (BRASIL, 2013a); e,
e) Investigação financeira e fiscal.

Ainda como importante para uma investigação pautada em técnicas investigativas de vanguarda e que também devem ser estudadas pelos operadores do sistema, citam-se:

a) Quebra do Sigilo Bancário;
b) Quebra do Sigilo Fiscal;
c) Quebra do Sigilo das Comunicações em Sistemas de Informática e Telemática; e,
d) Quebra de Sigilo Ambiental.

Voltando ao tema Inteligência Policial, louve-se a iniciativa do governo federal que, durante a nova reforma administrativa, aprovada pela Lei 13.844, de 18.06.2019 (BRASIL, 2019c), ao fundir os Ministérios da Justiça e da Segurança Pública (MJSP), ratificou a criação da Secretaria de Operações Integradas (SEOPI), modernizando essa importante área operacional ao transferir a Diretoria de Inteligência (DINT) da SENASP para essa nova Secretaria. Com relação à DINT, mormente nessa nova fase, vai dialogar com todas as unidades de inteligência policial federais e estaduais, transformando-se na Agência Central do Sistema de Inteligência de Segurança Pública (SISP). Espera-se com essa nova metodologia de trabalho que as informações policiais estratégicas, tão necessárias para o suporte do trabalho de Polícia Judiciária, fluam com maior segurança, confiabilidade e rapidez, proporcionando maior eficiência à instrução criminal.

Como medida objetiva com vistas à integração dos policiais que manejam a parte de inteligência da polícias judiciárias, o Ministro da Justiça e da Segurança Pública fez a abertura solene (no dia 10.07.2019) da I Reunião de Trabalho do Subsistema de Inteligência de Segurança Pública. O evento ocorreu na sede do MJSP no período de 10 a 12.07.2019 e teve como objetivo principal apresentar às autoridades federais e estaduais a nova metodologia do trabalho de inteligência de segurança pública que doravante o governo federal, em cooperação com os estados, pretende implementar.

Uma outra providência do novo governo, diz respeito à instalação da Rede de Centros Integrados de Inteligência de Segurança Pública, um em cada região do País. Pelo menos 2 deles já estão em funcionamento, sendo um em Fortaleza e o outro em Curitiba. Esses centros serão coordenados pela DINT e visam efetuar um trabalho integrado de inteligência policial contra o crime organizado.

No âmbito internacional, pode-se citar como precursor do trabalho cooperativo entre as nações, aquele desenvolvido pelo Escritório das Nações Unidas sobre Drogas e Crime (UNODC, 2019), que baseia as suas ações nas convenções internacionais ligadas ao controle de drogas, crime organizado e terrorismo. Dos pilares que norteiam o trabalho do UNODC, que mais tem sido utilizado pela segurança pública no Brasil, diz respeito a Assistência Técnica, ou seja, esse escritório tem capacitado os estados membros da Organização das Nações Unidas (ONU), dentre eles o Brasil, para que sejam capazes de oferecer respostas eficazes em questões que digam respeito à criminalidade transnacional.

8.2.3 Qualificação e aparelhamento dos órgãos do Sistema de Segurança e Justiça

Para que o operador treinado e qualificado na arte de investigar crimes tenha sucesso, necessário se faz que o órgão ao qual esteja vinculado, invista em: a) ambiente de trabalho saudável à luz da legislação trabalhista; b) equipamentos de ponta sintonizados com a evolução tecnológica; c) meios materiais eficazes como, por exemplo, viaturas modernas e seguras, armamento com calibres compatíveis com o grau de enfrentamento; e, d) recursos financeiros de rápida alocação.

Outro fator preponderante diz respeito às comunicações tanto para reforçar a capacidade de acompanhamento das investigações, como também visando aplacar o poder de coalização dos agentes criminosos e dos recursos materiais por eles utilizados. Nesse ponto, apresentam- se como grandes aliados do investigador: a) vídeo de monitoramento comum e com reconhecimento facial; b) laboratório multibiométrico e de impressões digitais; c) Laboratório de perfis balísticos; d) banco de dados de perfis genéticos. Esses equipamentos são utilizados pelo Federal Bureau of Investigation (FBI) há décadas, proporcionando rapidez, segurança e eficácia às investigações, mormente nos casos em que a infração deixa vestígios (este assunto será considerado também na parte de investigação – 3). Neste particular, o Pacote Anticrime apresentado ao Congresso Nacional recentemente traz em seu bojo avanços significativos, adequando a legislação processual penal e extravagante a esses tipos de modernidades (BRASIL, 2019a).

8.2.4 Sistemas de informações criminais

Um grande empecilho enfrentado pelos operadores da investigação policial diz respeito à dificuldade em pesquisar e confirmar dados dos investigados em tempo hábil, bem como o compartilhamento dessas informações entre os órgãos, não somente os congêneres da área de segurança e justiça, mas também com aqueles que dão o suporte necessário nos grandes casos, a exemplo da Receita Federal, Conselho de Controle de Atividades Financeiras (COAF), Controladoria-Geral da União (CGU) etc. A rápida interação desses órgãos depende de sistemas informatizados que sejam interoperáveis. É certo que se avança razoavelmente bem neste campo, com o advento e ajustes feitos em bancos de dados federais e estaduais como é o caso do Sistema Nacional de Informações Penitenciárias (SISDEPEN), Sistema Eletrônico de Execução Unificada (SEEU), Sistema Nacional de Informações Criminais (SINIC), Sistema Nacional de Informações de Segurança Pública (SINESP), Banco Nacional de Monitoramento de Prisões (BNMP), dentre outros. A grande solução que se apresenta será promover a interoperabilidade desses bancos, providenciando-se níveis de acessos por meio de senhas e garantindo-se a comunicação entre eles, enquanto não se evolui para um banco único a ser compartilhado por todos órgãos que trabalham na repressão ao crime – sobre isto, ver: Brasil (2019a).

8.2.5 Bens e valores apreendidos, bloqueados ou confiscados

A perseguição aos bens e valores tidos como proventos da infração ou utilizados para a sua prática, em determinados momentos é mais importante ou até proporciona maiores resultados práticos que a própria condenação e prisão do infrator. Desta forma, tem o investigador que deve ser o Delegado de Polícia e, por vezes, o próprio representante do Ministério Público, seguir bens e valores utilizados na prática do crime ou obtidos como proventos dele, a exemplo da corrupção, roubo, lavagem de dinheiro, homicídios mediante "paga" etc.

Com as benesses da legislação penal brasileira, e principalmente a processual penal, notadamente no quantum e pouco rigor das penas aplicadas, que servem muitas vezes de estímulo à prática criminosa e de impunidade, o grande impacto que o Estado causa ao agente criminoso é confiscar o dinheiro e os bens. Esse trabalho é difícil em face da simulação e ocultação que fazem os infratores, necessitando, em muitos casos, de cooperação internacional, haja vista contas bancárias que são abertas em paraísos fiscais com o apoio de empresas de fachadas e doleiros.

Neste particular, além do trabalho integrado dos operadores da investigação, dos seus respectivos órgãos e parceiros, necessária se faz a criação de unidades estaduais e, pelo menos uma em âmbito nacional, destinadas a administrar e zelar pelos bens e valores apreendidos. Tem-se visto na prática e a mídia tem tornado pública a deterioração desses bens, alguns de grande valor econômico como aeronaves, veículos automotores, embarcações etc. Nessa linha, bem-vinda foi a Medida Provisória 885 de 17.06.19, remetida ao Congresso Nacional para debate e aprovação (BRASIL, 2019b). Tal normativo visa facilitar e acelerar os leilões dos bens apreendidos em ações penais, assim como utilizá-los in natura, pelos órgãos de segurança pública. Quanto mais célere for o processo de alienação, menos desvalorizados irão os bens à hasta pública.

Com relação aos valores bloqueados durante a instrução do processo criminal e posteriormente perdidos por ordem judicial, com ênfase aos repatriados, propõe-se que se inclua no rol dos beneficiários da destinação desses valores os órgãos integrantes do Sistema de Segurança e Justiça, especialmente as polícias e o sistema prisional, por figurarem como mais carentes, com restrições orçamentárias e precisarem com urgência serem reestruturados em prol do combate ao crime. A visão capitalista da repressão é medida que se impõe no direcionamento do modus operandi dos investigadores. É necessário concentrar esforços na elucidação dos crimes, mas, também, na busca dos proventos da infração, ou seja, usando os lucros auferidos com o crime contra os próprios agentes criminosos.

8.2.6 Condenação à prisão e penas

Todo o trabalho do aparelho repressivo visa provar a existência do crime e a sua autoria para que haja a efetiva condenação dos envolvidos na prática dos ilícitos. Desta forma, ineficiente, portanto, todo o trabalho da polícia e do Ministério Público, se o processo parar no Judiciário sem julgamento ou alcançado pela prescrição em face do lapso temporal decorrido desde a ocorrência do delito.

Assim, quando se fala em trabalho integrado, veja-se o exemplo da Operação Lava Jato (MINISTÉRIO PÚBLICO FEDERAL, 2019), na qual poderosos agentes criminosos integrantes dos mais altos escalões do poder público e de conglomerados empresarias estão sendo condenados em tempo recorde[10], quando se leva em conta a média de tempo de tramitação de um processo crime normal, desde a instauração do inquérito policial, inclusive daqueles iniciados por auto de prisão em flagrante, que dificilmente são concluídos com o autor do crime preso.

Como medida que visa diminuir o lapso temporal entre a prática do crime e a condenação do réu com trânsito em julgado, mesmo que provisoriamente, afigura-se a execução da pena após o julgamento em segunda instância. Esse entendimento foi referendado por maioria dos ministros do STF, porém, vem sendo atacado por significativa parte dos integrantes da Ordem dos Advogados do Brasil (OAB) e por alguns ministros do STF que foram voto vencido no último julgamento ocorrido em fevereiro de 2016, quando a Corte decidiu por 7 votos pró e 4 contra que a execução da pena após a condenação em segunda instância deve ser feita. Esse tema, em face da prisão de um dos principais condenados da Operação Lava Jato, ocorrida no dia 07/04/2018, por ter sua condenação referendada e até majorada pelo Tribunal Regional Federal da 4ª Região, tem sido assunto em pauta no mundo jurídico e midiático, inclusive pode ser julgado até o final deste ano naquele tribunal um novo habeas corpus do ex- presidente questionando a validade do julgamento de 2016. Com propósito de tornar passivo o entendimento, foi apresentado o Pacote Anticrime com a proposta de alteração do art. 105 da Lei 7.210/1984 (BRASIL, 1984), que sacramenta a possibilidade da execução da pena quando referendada em segunda instância (BRASIL, 2019a).

Portanto, a célere conclusão do processo crime com a efetiva condenação do réu, mesmo que a pena não seja privativa de liberdade, é medida que vai encontro do fim da impunidade, que, infelizmente ainda graça no Brasil.

Esta proposta, de forma alguma contraria os adeptos do não encarceramento, pois, como dito aqui em várias oportunidades, a tônica é a repressão aos crimes de maior potencial ofensivo.

8.2.7 Cumprimento dos mandados de prisão

Não são poucos os casos que, quando tudo corre dentro dos padrões processuais, com indiciamento, denúncia, julgamento e condenação do réu a pena restritiva de liberdade, o respectivo mandado de prisão expedido fica literalmente engavetado nas Delegacias de Captura dos estados e até mesmo na Polícia Federal quando se trata de crimes federais ou por ela apurados. Nestes casos, o normal é aguardar o condenado voltar a delinquir e ser preso em flagrante, para se cumprir o mandado de prisão por condenação já expedido.

A proposta é aparelhar o Sistema de Segurança e Justiça com unidades operacionais e policiais treinados, de sorte que o réu condenado ou que contra ele exista um mandado de prisão que pode ser também, temporária, preventiva ou por pronúncia, seja efetivamente preso e recolhido ao cárcere. Para isto, as chamadas Delegacias de Capturas devem ser vistas como de suma importância para o enfrentamento à impunidade e transformadas em Unidades Especiais, com efetivo policial devidamente treinado para que, mediante investigação séria e focada, cumpram os 150 mil mandados de prisão em aberto, segundo dados do Conselho Nacional de Justiça, baseado no Banco Nacional de Mandados de Prisão (CNJ, 2018a). Contudo, há controvérsia se todos os mandados expedidos figuram nesse banco, levando a concluir que o número de mandados em aberto pode ser ainda maior.

Não há algo mais frustrante para os operadores da investigação que ver, após cumprir todas as etapas do processo, buscando provas para instruir bem o inquérito, indiciar formalmente o autor do crime, debruçar-se sobre uma denúncia de forma a fazê-la não ser considerada inepta, cumprir todo o rito de um processo crime, culminando por condenar o réu, enfrentar toda sorte de recursos processuais, para ao final ver que uma condenação, transitada em julgado, com mandado de prisão expedido, não ter o seu último ciclo concluído que é o cumprimento do mandado e o efetivo recolhimento do réu ao cárcere, por conta do desaparelhamento estatal no tocante à inexistência de um sistema eficiente de capturas. Ademais, em um ambiente de escassez, qual é a prioridade da polícia para cumprir um ou outro.

8.2.8 Efetivo cumprimento da pena – ambiente carcerário

Efetuada a prisão do condenado, deve este cumprir a pena que lhe foi imposta pelo fato de ter transgredido preceitos legais do convívio social. A princípio em regime fechado se assim for a determinação judicial, em local que respeite todos os ditames da Lei 7.210/1984, conhecida no meio jurídico como Lei de Execução Penal (BRASIL, 1984). Deve o ambiente carcerário respeitar, principalmente, a dignidade do preso, logicamente sem descuidar de o rigor disciplinar a exemplo do que ocorre nas prisões federais.

Tudo que foi citado sobre o treinamento e capacitação dos policiais, aplica-se também com relação aos operadores dos Sistema Penitenciário. Deve também as penitenciárias se adequar para que o cumprimento da pena aplicada ao interno, se dê, como já foi mencionado, em conformidade com a Lei de Execução Penal. Para tanto, apresenta-se como paradigma o Sistema Penitenciário Federal (SPF). Essa novel ferramenta de enfrentamento ao crime organizado foi criada em 2003 e implementada em 2006, por exigência do art. 72 da Lei 7.210/1984, o art. 3º da Lei dos Crimes Hediondos (BRASIL, 1984). Destina-se a custodiar presos condenados ou provisórios, de alta periculosidade, cuja inclusão está disposta na Lei 11.671/2008 (BRASIL, 2008). Registre-se que em 13 anos de existência, o SPF, hoje composto por 5 penitenciárias federais, cada uma composta de 208 celas individuais e 12 celas individuais para presos do Regime Disciplinar Diferenciado (RDD), não registra ocorrências de fuga, rebelião ou introdução de armas, drogas ou celulares.

10 "Sob Moro, de 2014 a novembro de 2018, 45 ações penais da operação foram julgadas no Paraná. Em média, elas levaram um pouco mais de 11 meses e meio desde que a denúncia do MPF (Ministério Público Federal) fosse aceita pela Justiça até que uma condenação ou absolvição fosse definida na 1ª instância" (KONCHINSKI, 2019, p.1).

Haja vista que o sucesso da ausência de rebeliões em penitenciárias federais passa especialmente pelo número adequado de servidores públicos proporcionalmente ao número de presos e que esta regra passa longe da verificada na esfera estadual, necessário voltar os olhos à necessidade de contratação de agentes penitenciários para cumprir a própria resolução nº 09, de 13/11/2009, do Conselho Nacional de Política Criminal e Penitenciária (CNPCP, 2009), assim como fortalecer a atividade meio com a realização de concursos públicos com contratação de técnicos para atuar na execução penal e gerir os necessários Fundos Rotativos e atividades administrativas. Como sugestão: formação de comissões regionais de licitações para facilitar a gestão local dos recursos e verbas do próprio Fundo.

Neste ponto, o Pacote Anticrime busca ampliar o tempo de permanência do preso nas penitenciárias federais, aumentando de 1 ano para 3 anos, prorrogáveis (BRASIL, 2019a).

Voltando ao tema unidades prisionais adequadas ao cumprimento da pena, tem-se que o déficit de vagas no sistema carcerário brasileiro concorre para a deficiente qualidade das nossas prisões. O papel do Departamento Penitenciário Nacional (DEPEN) e do Fundo Penitenciário Nacional (FUNPEN) é de extrema importância neste contexto. Os recursos do fundo, bem administrados, podem alavancar o aumento de vagas com a conclusão e construção de novas penitenciárias, as quais, precisam superar suas dificuldades e adequar inclusive as contratações de profissionais, bem como capacitá-los para o exercício de atividades profissionais regulamentadas.

A título de sugestão, visando o efetivo cumprimento da pena e acabar com sensação de impunidade, que se aprovem no Congresso Nacional as propostas contidas no Projeto de Lei Anticrime, no sentido de alterar os artigos 617, 637 e 638 do Código de Processo Penal. Pugna- se, também, pela aprovação das propostas desse importante Projeto, as alterações dos artigos 33 e 59 do Código Penal Brasileiro (BRASIL, 2019a).

Ainda com relação ao efetivo cumprimento da pena, pugna-se pela aprovação do Projeto Anticrime no tocante às mudanças na Lei 12.850/2013, art. 2º, §§ 8º e 9º, bem como art. 1º. itens, I, II e III (BRASIL, 2013a).

8.3 Diretrizes e Medidas para Investigação Eficiente nos Inquéritos

Fernando Pastoreio Kfouri (Conselheiro do CNPCP)

Não há como pensar em um sistema penal e penitenciário justo sem que a fase de investigação penal, primeiro passo da persecução penal, funcione de forma célere e eficiente.

Como breve introdução, é necessário apontar os alarmantes números da violência no Brasil, em suas diversas vertentes, bem como a baixa produtividade no que diz respeito à elucidação de delitos [conforme metodologia proposta pelo Instituto Sou da Paz (2017), ainda que se reconheça que os dados usados para sua confecção sejam incompletos].

O Atlas da Violência de 2019 apontou que o Brasil registrou 65.602 homicídios em 2017, com taxa de 31,6 mortes para cada 100 mil habitantes; em 2007, o número era inferior a 50.000, o que demonstra a escalada havida em uma década (INSTITUTO DE PESQUISA ECONÔMICA APLICADA – IPEA; FÓRUM BRASILEIRO DE SEGURANÇA PÚBLICA, 2019).

Apenas em relação à população feminina, houve 4.936 mulheres mortas em 2017, média de cerca de 13 assassinatos por dia, o maior número desde 2007 (IPEA; FÓRUM BRASILEIRO DE SEGURANÇA PÚBLICA, 2019).

No que diz respeito a outras formas de violência, o Anuário Brasileiro de Segurança Pública indicou o registro de 61.032 estupros, 221.238 ocorrências de violência doméstica contra a mulher, 2.460 latrocínios e 1.703.872 roubos, em suas diversas modalidades (FÓRUM BRASILEIRO DE SEGURANÇA PÚBLICA, 2018).

Quanto à taxa de resolutividade, o Indicador Nacional de Esclarecimento de Homicídios no Brasil em 2017 (INSTITUTO SOU DA PAZ, 2017), que compilou dados dos estados do Pará, Rio de Janeiro, Espírito Santo, Rondônia, São Paulo e Mato Grosso do Sul, apontou a média de 20,7% de casos esclarecidos, com o ponto baixo no Pará (4,3% de esclarecimentos) e o ponto alto no Mato Grosso do Sul (55,2% de êxito).

Conforme destacado no Atlas da Violência de 2019, "a criminalidade violenta constitui um grande problema econômico" (IPEA; FÓRUM BRASILEIRO DE SEGURANÇA PÚBLICA, 2019, p. 12). A estimativa apresentada é de que os gastos tangíveis e intangíveis com a violência no Brasil apontam, no limite inferior, "algo equivalente a 5,9% do PIB, desperdiçado a cada ano, em face da violência no País", o que equivale a cerca de 373 bilhões de reais.

Descendo a números específicos do Estado de São Paulo, facilmente obteníveis na rede mundial de computadores (GOVERNO DO ESTADO DE SÃO PAULO, 2019a), pode-se ver que em 2018 foram instaurados 370.266 inquéritos policiais e lavrados 106.535 autos de prisão em flagrante. Trata-se de números excessivos, a demonstrar a necessidade de que se repense a investigação policial. Insistir no mesmo modelo divisado em 1941 quando da edição do Código de Processo Penal, ainda que com as mudanças sofridas ao longo de quase cinco décadas de existência, é caminhar para o fracasso.

Crimes econômicos, tributários e de lavagem de dinheiro merecem atenção específica, uma vez que seu resultado atinge severamente o Estado, dado seu impacto nas finanças públicas.

Organizações criminosas cada vez mais complexas e sofisticadas devem ser combatidas com o uso de inteligência e de recursos tecnológicos de ponta, sob pena de a atuação do Estado ser inócua. Grande atenção é dedicada a esse ponto, preocupação que perpassa todo o Plano Nacional de Segurança Pública – PNSP (MINISTÉRIO DA SEGURANÇA PÚBLICA, 2018) e as propostas legislativas apresentadas nos PL 10.372/2018 (BRASIL, 2018b) e PL 882/2019 (2019a), atualmente em debate.

Necessário ressaltar, por sinal, que boa parte das propostas aqui apresentadas foi retirada de tais documentos – PNSP e projetos de lei anticrime já em análise no Parlamento – que, se aprovadas e efetivamente implantadas, já trarão enorme benefício ao País.

Neste contexto, busca-se trazer soluções que, por meio de investimentos em pessoal e tecnologia, bem como em modificações legislativas, possam levar a investigações céleres e eficientes, que aparelhem melhor o Ministério Público para o exercício da ação penal, com o objetivo de que o processo e o julgamento dos crimes também sejam mais efetivos e rápidos e que a punição dos culpados ocorra de forma justa, com observância de todos os princípios constitucionais que regem o devido processo legal.

Abrangem-se, também, iniciativas e ações que já são adotadas com sucesso por alguns órgãos públicos e que, se replicadas em âmbito nacional, certamente darão ainda maior resultado.

8.3.1 Investigação criminal

Para fortalecer a investigação criminal, de forma geral, é necessário investir em inteligência, sistemas de informação, integração e em capacitação das forças policiais. Não só, também é necessário que se possa estabelecer prioridades quanto aos delitos a serem investigados, evitando a dispersão de recursos do Estado, que são finitos, em detrimento da eficiência e da produtividade na apuração de delitos graves.

É necessário, por exemplo, investir em sistemas informatizados, bancos de dados, integração de informações de inteligência, aumento de capacidade de rastreamento de armas de fogo, entre outras medidas.

A formação dos policiais e sua contínua capacitação, por meio de formulação de matriz nacional única, o desenvolvimento de protocolos nacionais de investigação, a ampliação da utilização das ferramentas tecnológicas de análise e inteligência, o compartilhamento de informações e o estabelecimento de sistemas de monitoramento quanto à eficácia dos trabalhos de investigação são medidas essenciais.

De outro lado, fortalecer corregedorias e órgãos de controle, tanto para evitar desvios quanto para que, uma vez constatados, favorecer sua investigação, também é medida que favorece o aumento da eficiência na elucidação de crimes. No Plano Nacional de Segurança Pública (MINISTÉRIO DA SEGURANÇA PÚBLICA, 2018) já há detalhamento de diversas ações que podem melhorar os resultados dos trabalhos de Polícia Judiciária de maneira geral, devendo ser incorporadas a outras ideias constantes do Plano Nacional de Política Criminal e Penitenciária, como:

- Fortalecer a capacidade investigativa das Polícias Civis, investindo em capacitação e investigação criminal.
- Fixar de protocolos comuns de ação entre as instituições de segurança pública e justiça criminal.
- Estabelecer sistemas de metas e monitoramento da eficiência da atividade investigativa.
- Desonerar a Justiça em relação aos delitos de menor potencial ofensivo.
- Fomentar a adoção de novos procedimentos investigativos, análise sistêmica da dinâmica criminal e intercâmbio de informações entre instituições de segurança pública na União, nos estados e no Distrito Federal, priorizando o enfrentamento às organizações criminosas e evitando a instauração de procedimentos de baixa efetividade.
- Fomentar o trabalho investigativo, de inteligência e de cooperação, com foco nos crimes patrimoniais de grande porte, como os praticados contra instituições financeiras e empresas de transporte de valores.
- Elaborar diploma de uniformização de procedimentos de Polícia Judiciária.
- Padronizar em âmbito nacional os principais tópicos de registros de ocorrências e informatização de todos os dados, com atualização constante dos locais com maior incidência criminal.
- Compartilhamento entre as forças de segurança, via Centros Integrados de Comando e Controle (CICC), de informações obtidas pelo Disque-denúncia.
- Fomentar a utilização de ferramentas tecnológicas de investigação e a análise de dados, com a criação de banco nacional de informações.
- Implantar Núcleos de Inteligência Policial (NIPO) nos 26 estados e no Distrito Federal, com participação conjunta dos setores de inteligência das polícias federal, rodoviária federal, civil e militar, Ministério Público e do sistema penitenciário.
- Criar o Departamento Nacional de Polícia Judiciária e Perícias na Secretaria Nacional de Segurança Pública (SENASP) para colaboração sistêmica no âmbito de inteligência policial, integração de dados e informações, capacitação profissional e cooperação com os estados nas investigações criminais de homicídios e feminicídios dolosos.
- Fomentar produção periódica e padronizada de informações e dados sobre segurança e justiça.
- Apoiar técnica e financeiramente as unidades federadas na implantação de sistemas informatizados.
- Capacitar profissionais de segurança e do sistema penitenciário em metodologias de gestão e utilização de sistemas de informação.
- Modernizar e integrar os sistemas federais de armas de fogo, assegurando a atualização periódica de seu conteúdo.
- Desenvolver parcerias com agências internacionais de controle de armas de fogo.
- Capacitar profissionais de segurança pública para identificação e rastreamento de armas de fogo e munição.
- Desenvolver materiais de referência para ações de investigação e inteligência que envolvam armas de fogo e munições.
- Aprimorar os mecanismos de controle e prestação de contas da atividade policial, fortalecendo as corregedorias de polícia, das guardas municipais e do sistema penitenciário, dotando-as dos equipamentos necessários ao seu funcionamento e capacitando seu corpo de profissionais, bem como assegurando que elas tenham e exerçam a atribuição de apuração de ilícitos em todo o território da unidade federativa.
- Quanto ao combate ao tráfico de drogas, organizar os dados e informações das ocorrências para eleger prioridades e pessoas envolvidas na investigação e, a partir de então, para além de demonstrar o envolvimento de chefes na organização do tráfico de drogas, desenvolver investigação para identificar poderio financeiro e patrimonial de tais pessoas, promovendo o sequestro dos bens e, posteriormente, o confisco.
- Na prevenção e investigação dos casos de lavagem de dinheiro, cobrar dos órgãos reguladores o envio de informações regulares das pessoas físicas jurídicas obrigadas a informar ao

Conselho de Controle de Atividades Financeiras (COAF) sobre operações financeiras atípicas, nos termos dos artigos 9º e 10º da Lei nº 9.613/1998 (BRASIL, 1998).

- Quanto aos crimes contra a administração pública, supervisionar o funcionamento e fortalecer os órgãos de controle internos das administrações públicas, conferindo-lhe a independência orgânica, inclusive para a aplicação da Lei nº 12.846/2013 (BRASIL, 2013c).
- Também para a investigação dos crimes contra a administração pública, promover a integração entre as instituições que detêm atribuições de fiscalização, controle e apuração de ilícitos na administração pública, notadamente para compartilhamento de seus bancos de dados e sistemas de análises.
- Desenvolver indicadores de risco de irregularidades nas contratações públicas e monitoramento dos setores mais sensíveis em certames, juntamente com o setor de inteligência dos tribunais de contas, com a finalidade preventiva e repressiva, inclusive no eixo da improbidade administrativa.
- Combater os crimes de roubo de cargas em rodovias, por meio do monitoramento das ocorrências e identificação das principais localidades visadas para a prática criminosa; identificação dos tipos de produtos visados nas subtrações; e planejamento com a Secretaria da Fazenda Estadual para identificar uso de notas fiscais frias para responsabilidade criminal e fiscal do receptador.
- Na prevenção e combate ao crime, priorizar estratégia que alcance não só as áreas urbanas como a área rural (SCORZAFAVE et al., 2015).

8.3.2 Banco Nacional de Perfil Genético e Banco Nacional Multibiométrico

As propostas, em parte, já constam do Projeto de Lei nº 882/2019, denominado Pacote Anticrime, atualmente em tramitação no Congresso Nacional, mas não se limitam ao que se encontra consubstanciado em tal projeto (BRASIL, 2019a). São elas:

- Alteração da Lei nº 7.210/1984 – Lei de Execução Penal (BRASIL, 1984), para permitir a identificação do perfil genético, mediante extração de DNA dos condenados por crimes dolosos.
- Alteração da Lei nº 12.037/2009 (BRASIL, 2009), para prever as regras de exclusão dos perfis genéticos dos bancos de dados, bem como a criação do Banco Nacional de Perfil Multibiométrico e de Impressões Digitais.
- Alteração do artigo 5º da Lei nº 12.037/2009 (BRASIL, 2009), para prever que a identificação criminal poderá incluir não apenas o processo datiloscópico e o fotográfico, mas também a coleta de material genético e a identificação multibiométrica.
- Incentivar a expansão e a alimentação do Banco Nacional de Perfil Genético (BNPG);
- Fomentar a conclusão da interligação do BNPG com a ferramenta de geoespacialização Inteligeo.
- Apoiar o Projeto de Processamento de Backlog de Vestígios de Crimes Sexuais.

O avanço proposto em relação ao Projeto de Lei nº 882/2019 (BRASIL, 2019a) busca aperfeiçoar a identificação criminal, para tornar mais seguro o processo de determinação da identidade do suspeito em relação a quem haja dúvida quanto à identificação civil.

Os meios modernos, pouco invasivos e que apresentam muito maior segurança no que diz respeito à individualização das pessoas são amplamente adotados na iniciativa privada. Sua adoção na seara da investigação criminal poderá auxiliar a reduzir os casos de identificação errada de indivíduos, que pode levar ao processo, condenação e prisão de inocentes.

Além disso, a manutenção do banco de dados em questão, sob controle judicial e compartilhável em caso de necessidade, tem o condão de aumentar a eficiência de investigações policiais por meio do cotejo do material genético ou multibiométrico de suspeitos, com o que se dará muito maior segurança ao titular da ação penal para agir.

Quanto ao BNPG, é necessário reconhecer o avanço havido desde a criação da Rede Integrada de Bancos de Perfis Genéticos (RIBPG), instituída pelo Decreto nº 7.950/2013 (BRASIL, 2013b). A coleta dos perfis genéticos dá-se por meio de vestígios de locais de crimes e do cadastro de indivíduos criminalmente identificados (condenados por crimes hediondos ou por crime doloso e violento contra a pessoa, ou ainda por meio de autorização judicial em outros casos).

Os perfis armazenados são regularmente comparados em busca de coincidências que permitam relacionar suspeitos a locais de crime ou diferentes locais de crime entre si.

Os dados também têm grande valor na identificação de pessoas desaparecidas.

O relatório semestral do RIBPG publicado em maio de 2019 indica a existência de cerca de 137.600 condenados presos que, nos termos da Lei nº 12.654/2012 (BRASIL, 2012), necessariamente, deveriam ser identificados pelo perfil genético (COMITÊ GESTOR DA REDE INTEGRADA DE BANCOS DE PERFIS GENÉTICOS, 2019).

A expansão do BNPG, com sua interligação à ferramenta de geoespacialização Inteligeo, da Polícia Federal, encontra-se em andamento, para a formação do SInDNA (COMITÊ GESTOR DA REDE INTEGRADA DE BANCOS DE PERFIS GENÉTICOS, 2019), prevista para o ano de 2020.

O avanço poderá resultar em maior eficácia nas investigações criminais e deve ser parte da política criminal a ser desenvolvida nos próximos anos na busca de um sistema moderno e eficiente que permita o bom desempenho dos trabalhos de Polícia Judiciária (COMITÊ GESTOR DA REDE INTEGRADA DE BANCOS DE PERFIS GENÉTICOS, 2019).

A importância em se investir nesse tipo de ação pode ser demonstrada com dados. Segundo o perito criminal do Federal Bureau of Investigation (FBI), Douglas Hares, responsável pela guarda dos perfis genéticos inseridos no sistema dos Estados Unidos, o país conta com cerca de 16.000.000 de perfis no banco de dados e, desde 1998, quando ele foi criado, mais de 385.000 investigações criminais já foram auxiliadas com o uso da ferramenta. Ainda de acordo com as informações prestadas por ele, nos EUA um aumento de 10% do banco de dados leva a uma redução de 5,2% dos homicídios e 5,5% dos estupros. Economicamente falando, nos EUA, o custo para evitar um crime violento por meio do aumento do policiamento é de cerca de US$ 27.600.00;

aumentando as penas, o custo cai para US$ 7.600,00; alimentando o banco de dados de DNA, ele é de apenas US$ 364,00.[11]

No Brasil, segundo os dados do X Relatório do RIBPG, já houve 545 coincidências confirmadas na esfera criminal, e 559 investigações avançaram a partir do uso do banco de perfis genéticos (COMITÊ GESTOR DA REDE INTEGRADA DE BANCOS DE PERFIS GENÉTICOS, 2019).

Vale ressaltar que, apesar dos esforços recentes, há no Brasil cerca de 18.000 perfis cadastrados, contra mais de 16.000.000 nos Estados Unidos.

Em resumo, além de mais eficiente, o meio proposto é muito mais barato do que os demais.

Também é necessário incentivar o Projeto de Processamento de Backlog de Vestígios de Crimes Sexuais, que já está em andamento desde 2018 (Portaria RIBPG nº 09/18), com a finalidade de realizar o processamento de vestígios pendentes, dentre eles amostras de crimes sexuais.

De outro lado, a criação do Banco Nacional Multibiométrico e de Impressões Digitais e, quando possível, de íris, face e voz, mostra-se pertinente porque, em primeiro lugar, aumenta a segurança da identificação da pessoa investigada, evitando acusações que recaiam sobre pessoa errada e aumentando as chances de sucesso na elucidação da autoria de crimes. Além disso, por se tratar de banco de caráter nacional, tem o condão de evitar fato que atualmente é bastante comum, qual seja, a existência de registros de identificação em diversos estados, favorecendo a impunidade.

8.3.3 Interceptação telefônica

A proposta é de aprovação do PL nº 882/2019, no que diz respeito ao alargamento da possibilidade de interceptação telefônica, tal qual proposto (BRASIL, 2019a).

A alteração proposta em referido Projeto de Lei alarga as possibilidades de incidência de interceptação de comunicações em sistemas de informática e telemática, por qualquer meio tecnológico disponível, com a faculdade de apreensão do conteúdo de mensagens e arquivos armazenados em caixas postais eletrônicas.

É mister modernizar a investigação por meio da interceptação de comunicações, uma vez que grande parte das informações necessárias ao sucesso da persecução penal se traduz em arquivos eletrônicos. O avanço tecnológico continuamente observado leva à necessidade de que a legislação a respeito das interceptações telefônicas e telemáticas seja atualizada, tal como foi proposto no PL nº 882/2019 (BRASIL, 2019a).

8.3.4 Agente infiltrado

No caso de infiltração de agentes, as propostas são:

- Aprovação do PL nº 882/2019, que propõe a alteração pontual das leis de drogas, lavagem ou ocultação de bens e armas (BRASIL, 2019a).
- Aprovação do Projeto de Lei nº 10.372/2018, que modifica a lei de organização criminosa (BRASIL, 2018b).

No primeiro projeto, a previsão é para que não se possa alegar o crime impossível nas condutas de quem praticar quaisquer dos crimes ali previstos em face de agentes infiltrados.

No segundo projeto, há o detalhamento dos casos passíveis de infiltração de agente nas investigações que versem sobre organizações criminosas.

A infiltração de agentes é admitida internacionalmente com sucesso e, no Brasil, apesar de ter surgido no sistema legal ainda na década de 1990, não faz parte da cultura investigativa, pelos riscos que envolve e pelas dificuldades práticas reveladas ao longo do tempo, notadamente a tendência ao reconhecimento do crime impossível em tal hipótese.

A exigência de indícios da existência do crime, para o deferimento do pedido de infiltração, pode evitar o reconhecimento do crime impossível.

Além disso, o Projeto de Lei nº 10.372/2018 avança para prever meios de acesso à troca de mensagens de membros de organizações criminosas pela internet, redes sociais ou aplicativos de mensagens, inclusive com a possibilidade de infiltração de agentes policiais, dando ainda mais eficácia à previsão (BRASIL, 2018b).

As propostas são complementares e virão a dar maior força ao instituto, que é essencial para a investigação em tempos modernos. Sua aprovação, portanto, é medida benéfica e que trará amplos benefícios ao combate à criminalidade organizada.

8.3.5 Informante do bem ou Whistleblower

É necessário apoiar a aprovação do PL 882/2019 (BRASIL, 2019a), que traz a alteração da Lei nº 13.608/2018 (BRASIL, 2018d) para prever, minuciosamente, o procedimento a ser adotado no caso da utilização dos chamados "informantes do bem".[12]

Tal medida decorre do reconhecimento de que, no panorama moderno que envolve organizações criminosas cada vez mais perigosas, tornou-se mais difícil obter a prova por meio de relatos de testemunhas, porque, amedrontadas, elas se recusam a depor ou, em o fazendo, procuram expor-se o mínimo possível.

Já houve sensível avanço nos últimos anos com a adoção da colaboração premiada, mas ainda é necessário aprimorar o sistema para prever essa outra forma de colaboração.

Pessoas que não estejam envolvidas em crimes também precisam ser estimuladas a colaborar para o bom andamento dos trabalhos de investigação. Isso se faz possível com a abertura de canais de comunicação que possam preservar a segurança de quem quer noticiar algum fato ilícito de que tenha conhecimento. Assim, a ampliação da instalação de serviços de ouvidoria, a proteção da identidade, a isenção de responsabilidade (exceto para os casos de má- fé, evidentemente) e a previsão de recompensas

11 Os dados foram obtidos no Curso Específico de Aperfeiçoamento - Cadeia de Custódia, ministrado por Celso Perioli em 2019 na Academia da Polícia Civil (ACADEPOL) em São Paulo. Nele, o eminente perito cita os dados fornecidos por Hares (2018); cita também os estudos de Doleac (2011).

12 A importância do informante, para o malogro de um crime, tem sido captada por alguns estudos que buscam dados primários com os próprios delinquentes por meio de pesquisas em estabelecimentos penais. É caso de Schlemper (2018), ressaltando que 32% de seus pesquisados (entre 18 a 23 anos) e 27% (acima de 24 anos) declararam que a ação do informante foi fundamental para o fracasso de suas operações delituosas. Convém citar que "a maioria dos detentos (52% e 47%, em ambas as faixas etárias) declarou que a ação da polícia foi o principal motivo para o insucesso da operação delituosa", isto implica que o informante é a segunda maior causa desse malogro, só perdendo para o efetivo papel da polícia (SCHLEMPER, 2018, p. 112).

no caso de êxito podem estimular a maior participação de informantes, com consequente aumento nas taxas de solução de investigações.

De outro lado, o Plano Nacional de Segurança também traz previsões importantes em relação à questão do fortalecimento do sistema de ouvidorias, que deve ser apoiado e ampliado, uma vez que se limitou às questões dos órgãos policiais, do sistema penitenciário e das guardas municipais, quando se trata de medida essencial para todo o serviço público.

Assim, propõe-se:

- Aprovar o PL nº 882/2019 (BRASIL, 2019a).
- Fomentar a criação e o funcionamento de ouvidorias de polícia, penitenciárias, das guardas municipais e dos demais serviços públicos, autônomas e conduzidas por ouvidores com mandato.

8.3.6 Organização criminosa

No combate às organizações criminosas, é essencial a aprovação do Projeto de Lei nº 882/2019.

Uma das alterações propostas permitirá o estabelecimento de equipes conjuntas de investigação com forças estrangeiras, para os casos de criminalidade organizada transnacional ou para crimes cometidos por organizações internacionais, de forma mais ágil e desburocratizada.

A previsão diminuirá os trâmites e entraves para a formalização dessas equipes conjuntas e pode resultar em maior sucesso no combate às organizações que atuam no Brasil. No atual panorama de globalização, inclusive das organizações criminosas, a rapidez na atuação das forças do Estado é essencial para o sucesso de investigações, razão pela qual se vê com bons olhos a proposta.

Salutar que a previsão legislativa também permita a formação de forças conjuntas em âmbito estadual, e não somente federal. Apesar de, na maioria das vezes, tratar-se de delitos de caráter transnacional, nada impede a cooperação com entes estaduais para desbaratamento de redes de corrupção e organizações criminosas que também interessem à Justiça estadual e que possam dar relevantes resultados.

Exemplo disso é a Operação Luz na Infância (2019), relativa à prática de pedofilia infantil na rede mundial de computadores, tendo sido realizada pelas polícias estaduais, com apoio logístico do Ministério da Justiça. Nesses casos, quem dá treinamento aos agentes e fornece licença para o programa para captação de evidências (Child Protect System) são órgãos dos Estados Unidos.

Facilitar a cooperação direta dos estados-membros com os congêneres internacionais mostra-se, portanto, benéfico.

O PL nº 882/2019 (BRASIL, 2019a) também prevê a possibilidade de escuta ambiental nas investigações, o que é meio essencial para captação de comunicações entre os membros de organizações criminosas.

De outra banda, importante ressaltar a política criminal institucional adotada pelo Ministério Público paulista nos últimos três anos, no âmbito do Grupo de Atuação Especial de Combate ao Crime Organizado (GAECO): o combate às organizações criminosas deve necessariamente focar, além da atividade delitiva principal, os correlatos esquemas de corrupção e lavagem de dinheiro que lhe dão sustentáculo.

A quase totalidade das organizações criminosas tem como objetivo último a obtenção de vantagens financeiras ilícitas. Consequentemente, imprescindível a existência de esquemas para ocultar ou dissimular a origem ilícita de bens e valores, bem como para reinseri-los no sistema econômico financeiro com aparência de licitude, configurando-se alguma das figuras típicas inerentes ao crime de lavagem de dinheiro[13].

Da mesma forma, toda organização criminosa depende, para seu nascimento, desenvolvimento, manutenção ou perpetuação, de esquemas de corrupção de agentes públicos. Dentro de tal contexto, a atuação do GAECO do Ministério Público do Estado de São

Paulo (MPSP), nos últimos três anos, tem sido pautada pela prioridade no enfrentamento dos dois pilares básicos de qualquer atividade criminosa organizada, quais sejam, a corrupção e a lavagem de dinheiro.

Assim, atacar a tríplice vertente da atividade criminosa organizada (atividade criminosa, corrupção de agentes públicos e lavagem de dinheiro) mostra-se essencial e deve ser incentivado em âmbito nacional.

Ainda no combate às organizações criminosas, os objetivos traçados no Plano Nacional de Segurança Pública devem ser cumpridos com prioridade.

As propostas são:

- Aprovação do Projeto de Lei nº 882/2019.
- Facilitar a cooperação e a formação de forças conjuntas entre organismos estatais internacionais e os congêneres estaduais.
- Reformular e fortalecer o Subsistema Nacional de Inteligência de Segurança Pública (SISP).
- Aperfeiçoar a estrutura federal de coordenação de inteligência de segurança pública.
- Fomentar o aperfeiçoamento das estruturas estaduais de inteligência.
- Aperfeiçoar a estrutura de rastreamento e recuperação de ativos financeiros ilegais.
- Identificar as principais rotas de escoamento de produtos do mercado ilegais.
- Identificar, mapear e bloquear fluxos reais e virtuais de mercadorias ilícitas, de pessoas e de recursos financeiros e operacionais à disposição das organizações criminosas.
- Incentivar a troca de informações de inteligência sobre estrutura, lideranças e integrantes de organizações criminosas entre as diferentes organizações policiais da União e dos estados e do Distrito Federal.
- Capacitar profissionais de segurança pública dos estados e do Distrito Federal sobre investigação das diversas modalidades de crime organizado.
- Desenvolver estratégias de integração entre a inteligência policial e a inteligência do sistema penitenciário.

13 Sobre lavagem de dinheiro ver, dentre outros, Salvo (2015).

- Fomentar a aquisição e utilização de sistemas informatizados de análise criminal e inteligência.
- Incentivar a política de enfrentamento às organizações criminosas por meio do ataque simultâneo à tríplice vertente identificada por: atividade criminosa da organização, corrupção de agentes públicos, e lavagem de dinheiro.
- Fortalecer o enfrentamento da corrupção dos agentes públicos por meio do aprimoramento de mecanismos de controle e transparência de crescimento patrimonial, passando pelo aprimoramento dos procedimentos para investigação de aumento patrimonial suspeito.
- Fomentar a cooperação tecnológica, técnica e de inteligência entre as polícias para enfrentamento de organizações criminosas que atuam nos tráficos de drogas, armas e contrabando.
- Utilizar a rede Laboratório de Tecnologia contra Lavagem de dinheiro (LAB-LD) da Polícia Federal e Secretaria Nacional de Justiça/Departamento de Recuperação de Ativos e Cooperação Jurídica Internacional para o rastreamento do financiamento de atividades ilícitas e lavagem de dinheiro da criminalidade organizada.
- Intercâmbio de policiais e uso compartilhado de informações e equipamentos de inteligência.
- Criar banco de dados na Polícia Federal para armazenamento de todas as informações referentes às apreensões de armas provenientes do exterior com acesso para as forças de segurança.

8.3.7 Homicídios

Imprescindível o aumento na eficiência das investigações relacionadas a homicídios, diante do diagnóstico de ocorrência de mais de 65.000 crimes desse tipo no País somente em 2017.

Para tanto, recomenda-se o aproveitamento das metas estipuladas no Plano Nacional de Segurança Pública, a saber:

- Promover, com apoio do Ministérios da Justiça e Segurança Pública, ações de repressão e prevenção nos municípios com maiores índices de criminalidade violenta.
- Criar base de indicadores de investigação de homicídios, composta por classificação dos homicídios, por indicadores de desempenho, de esforço e de acompanhamento para monitoramento dos índices de elucidação da letalidade violenta no País.
- Induzir a criação de delegacias especializadas em homicídios, com capacitação dos profissionais em técnicas de investigação, técnicas de entrevista e interrogatório, preservação do local de crime e produção de provas periciais.
- Estimular a implantação de câmeras de monitoramento de homicídios em conjunto com o sistema de justiça criminal, fomentando a fixação de protocolos comuns de ação entre as instituições.

8.3.8 Violência doméstica e familiar contra a mulher

Conforme ressaltado na introdução deste Plano, a garantia à dignidade humana não permite exceções, logo, a igualdade de direitos, envolvendo aspectos da orientação sexual, dos portadores de necessidades especiais, de cor, raça e etnia, deve ser transversal em qualquer diretriz que vise a melhoria da gestão criminal e penitenciária no Brasil. Esta parte compreende especificamente a questão da violência doméstica e familiar contra a mulher, sobre diretrizes quanto à diversidade ver, dentre outros: Conselho Nacional de Política Criminal e Penitenciária – CNPCP (2015).

De acordo com o Conselho Nacional de Justiça (CNJ), no ano de 2017 "ingressaram nos tribunais de justiça estaduais do País 452.988 casos novos de conhecimento cri minais em violência doméstica contra a mulher, número 12% maior que o verificado em 2016" (CNJ, 2018b, p. 13-14). A esse volume, ainda deve-se acrescentar a quantidade de casos pendentes, que, em 2017, totalizavam 908.560. Isto é, apenas em 2017, os tribunais de justiça estaduais contabilizavam 1.361.548 casos de violência doméstica e familiar contra as mulheres.

Um acervo com tamanha extensão, além de demonstrar a magnitude do fenômeno da violência doméstica e familiar contra as mulheres, requer investigações e julgamentos qualificados e céleres, que conjuguem, simultaneamente, a proteção às mulheres e a responsabilização aos autores da violência.

O feminicídio é um grave problema a ser enfrentado no Brasil e, ainda, um indicador da situação de violação dos direitos humanos das mulheres no País. De acordo com o Mapa da Violência de 2015, o Brasil ocupa o 5ª lugar no ranking dos países que mais assassinam mulheres no mundo (WAISELFISZ, 2015). O CNJ informou que, em 2017, foram registrados 2.643 casos novos de feminicídio na Justiça Estadual do País (CONSELHO NACIONAL DE JUSTIÇA, 2018b).

O panorama de violência doméstica e familiar contra a mulher, já exposto na introdução desta parte, demonstra que é necessário reservar ações especialmente voltadas ao enfrentamento do problema, não só de cunho preventivo, mas também para aumentar a eficácia da persecução penal dos autores de crimes de tal natureza.

A investigação dos delitos de violência doméstica e familiar contra as mulheres possui particularidades em relação à investigação de outros crimes: o conjunto probatório não costuma ser robusto, contando, quase sempre, com a versão da vítima contra a versão do provável agressor, motivo pelo qual deve-se atribuir especial consideração ao relato das mulheres. Por sua própria natureza, o crime geralmente é cometido "entre quatro paredes", fora, portanto, do alcance de testemunhas.

A componente emocional é outro elemento que incide sobre a qualidade da investigação e o resultado da ação penal, uma vez que romper e reatar os relacionamentos compõem o ciclo da violência doméstica e familiar contra as mulheres.

Por essas e outras razões, a investigação não pode desprezar as características peculiares desse delito, o que instaura a necessidade de uma capacitação específica para os profissionais envolvidos em sua investigação e julgamento.

Quanto às medidas de urgência em casos de violência doméstica, a pesquisa do CNJ (2018b, p. 11) "traz a quantidade de medidas protetivas expedidas em 2016 e 2017, de acordo com os tribunais, totalizando nacionalmente 194.812 medidas em 2016, e

236.641 medidas em 2017 – um aumento de 21% no período". Não obstante, o Estado brasileiro ainda não tem sido capaz de ampliar os mecanismos de fiscalização no mesmo ritmo em que crescem as denúncias de violência doméstica e familiar contra as mulheres e a concessão de medidas protetivas.

Estudo sobre feminicídio publicado pelo Núcleo de Gênero do Ministério Público de São Paulo (SMANIO, 2018, p. 22) contribui para evidenciar a importância do deferimento das medidas protetivas: apenas 3% das vítimas de feminicídio no estado tinham medidas protetivas concedidas em seu favor, ou seja, "[...] os feminicídios acontecem quando a vítima não está protegida".

O Plano Nacional de Segurança Pública já previu algumas estratégias bastante eficientes para o enfrentamento do tema, aqui acolhidas e aperfeiçoadas:

- Promover a formação continuada dos profissionais de segurança pública com disciplinas obrigatórias sobre o atendimento de mulheres em situação de violência, sensibilizando-os para o reconhecimento da violência de gênero.
- Fomentar a adoção, pelas Polícias Civis, das diretrizes para investigação de feminicídios produzidas pela Organização das Nações Unidos (ONU) Mulheres no Brasil.
- Incentivar a estruturação e capacitação das Delegacias ou equipes especializadas.
- Fomentar a adoção de Protocolos Padronizados de Atendimento às Mulheres em situação de violência nas unidades policiais, tomando como referência o modelo empregado no Estado de São Paulo, Resolução SSP nº 02, de 12 de janeiro de 2017 (GOVERNO DO ESTADO DE SÃO PAULO, 2017).
- Alocar recursos humanos e infraestrutura material nos órgãos oficiais de perícia, de modo que funcionem tendo como referência diferentes especialidades médicas (psiquiatria, oftalmologia, neurologia etc.) e profissionais (odontologia, psicologia) para periciar as distintas manifestações e consequências da violência.
- Incentivar a implantação de questionário de avaliação de risco pelas Delegacias de Polícia, a ser respondido pelas vítimas, visando subsidiar o juiz quando da apreciação do pedido de medidas protetivas.
- Propor alterações legislativas que garantam às mulheres a concessão das medidas protetivas de urgência, independentemente de instauração de procedimento criminal correspondente.
- Aprimorar os mecanismos estatais de fiscalização do cumprimento das medidas protetivas, estimulando o envolvimento de policiais militares e/ou guardas civis municipais/metropolitanos, a exemplo do "Projeto Guardiã Maria da Penha" desenvolvido no Estado de São Paulo.
- Incentivar a estruturação das Defensorias Públicas, fomentando a constituição de Núcleos Especializados de Violência Doméstica e Familiar Contra o Gênero Feminino consoante.

8.3.9 Sonegação fiscal[14]

Ao contrário da reflexão comum acerca do combate à sonegação fiscal, restrita à preocupação com a supressão ou redução de tributos, o crime praticado pelos contribuintes, diretamente ou de forma solidária, alcança muito mais que o erário, na medida em que também estabelece, como efeito imediato, a concorrência desleal em benefício dos sonegadores, prejudicando a livre concorrência e a saudável disputa de mercado.

Antigamente, as supressões ou reduções se materializavam de forma explícita, de fácil detecção pelas Fazendas e compreensão pelos operadores do Direito, tanto no campo das execuções fiscais, como no penal – nesse sentido, os conhecidos "espelhamentos" de notas, inconsistências de escritas contábeis, dentre outras.

Contudo, atualmente, as sonegações fiscais são caracterizadas pela sofisticação e sutileza, inclusive com o aparelhamento pelas empresas com setores de fraudes estruturadas.

Assim, imprescindível, o aperfeiçoamento e integração das instituições que combatem o crime tributário. Isoladamente, cada instituição deve se especializar no tema, criando setores específicos e treinando seus membros e servidores. Exemplo disso, os setores de combate a fraudes estruturadas de algumas Procuradorias do Estado e a criação, ainda que incipiente, de unidades de Promotorias de Justiças especializadas.

Especificamente no campo penal, os integrantes do Ministério Público, não raras vezes, sentem razoável dificuldade na compreensão do mecanismo da fraude e o alcance do tributo suprimido ou reduzido como objeto material de crime, sem contar a sensação do ineditismo, ou seja, um percentual pequeno de feitos relacionados à sonegação, em contrapartida a constante ação em relação aos crimes mais comuns do cotidiano forense.

Já no campo da integração, a aproximação das instituições, em especial Secretária de Fazenda (SEFAZ), Ministério Público (MP) e Procuradoria Geral do Estado (PGE), apresenta como resultado sensível melhora, tanto na prevenção como na repressão aos crimes tributários. Neste aspecto, o Estado de Minas Gerais foi um dos precursores ao instituir o Comitê Interdisciplinar de Recuperação de Ativos (CIRA) (GOVERNO DO ESTADO DE MINAS GERAIS, 2007), composto por integrantes MP, PGE, SEFAZ, Poder Executivo (vice- governador) e Tribunal de Justiça/MG. Em linhas gerias, são destacadas fraudes complexas e de vulto, possibilitando a rápida compreensão do mecanismo utilizado pelo contribuinte para a fraude e seu respectivo combate.

Da mesma forma, no que se refere à repressão, diante da possibilidade de cautelares e ações em conjunto entre MP, SEFAZ e PGE, inclusive com habilitações como assistentes de acusação nas ações penais ajuizadas pelo MP, o que tem o efeito de demonstrar ao contribuinte sonegador, com muita clareza, a força e capacidade de reação do Estado.

Por fim, de extrema importância a reforma tributária, padronizando determinadas ações e fatos geradores de tributos, atualmente, causadores de intencionais confusões para o fim criminoso da sonegação. Melhor esclarecendo, sob a falsa escusa da

14 Para esta seção, contou-se com a colaboração do Promotor de Justiça Luiz Henrique Cardoso Dal Poz, da Promotoria de Justiça de Repressão à Sonegação Fiscal, do MPSP.

guerra fiscal, os delinquentes articulam engenhosas operações, com a finalidade específica de sonegarem tributos, sendo a diversidade de leis, regulamentos e convênios fator que contribui decisivamente para, no mínimo, gerar o quadro de "dúvida" em benefício do contribuinte voltado para a prática de ilícitos.

Assim, são propostas:

- Adoção de estratégias de atuação integrada entre os órgãos estatais, especialmente Ministério Público, tribunal de justiça e poder executivo (Secretaria da Fazenda e Procuradoria- Geral do Estado), a exemplo do exitoso CIRA de Minas Gerais, com o fim de ampliar as possibilidades de prevenção e repressão à sonegação fiscal e de recomposição dos tributos suprimidos.
- Incentivo à reforma tributária, para padronização e simplificação da regulamentação tributária, com o fim de evitar a existência de inúmeras lacunas e obscuridades que favorecem à sonegação fiscal e dificultam a investigação e punição de delitos dessa natureza.

8.3.10 Aprimoramento das polícias técnico-científicas[15]

Não é possível ignorar o papel central que a Polícia Técnico-Científica adquire atualmente. O grande avanço tecnológico vivenciado deve, necessariamente, refletir também no aprimoramento da capacidade de realização de perícias cada vez mais complexas, variadas e determinantes para o sucesso na elucidação de crimes.

Temas como cadeia de custódia, modernização das unidades de perícia, aquisição de equipamentos e investimento em novas tecnologias são essenciais para um Plano nacional que possa levar ao incremento da investigação criminal.

A cadeia de custódia é fundamental para garantir a idoneidade e a possibilidade de rastreio dos vestígios do crime o que, por sua vez, assegura a transparência da produção da prova pericial.

Estabelecer normas que regem a cadeia de custódia é uma forma de demonstrar a origem e o trajeto percorrido pelos vestígios até a produção da perícia, o que aumenta a credibilidade e a segurança da prova pericial produzida.

Para obter tal fim, a sequência deve ter registro documental pormenorizado, validando e permitindo a rastreabilidade do vestígio. Isso se obtém com a padronização de procedimentos operacionais e a existência de um sistema de aferição da qualidade dos equipamentos utilizados.

A padronização de procedimentos é o que determina a forma correta de realização de um exame, possibilitando que eles sejam repetidos por diferentes profissionais, com o mesmo resultado.

A criação de centrais de custódia é parte essencial do tratamento dos vestígios, com vista ao estabelecimento da cadeia de custódia, por garantir que os materiais relacionados a crimes estarão sempre à disposição da polícia e da Justiça quando for necessária a realização de novas perícias que se mostrem eventualmente necessárias durante a persecução penal.

O cuidado é necessário para impedir a manipulação indevida da prova com o propósito de incriminar (ou isentar) alguém de responsabilidade, além de auxiliar a obter melhor qualidade da decisão judicial e impedir uma decisão injusta.

A legislação brasileira não é precisa quanto a uma regulamentação da cadeia de custódia apenas faz menção de forma dispersa no Código de Processo Penal. Os principais países da América do Sul mostram uma preocupação mais aprofundada com a cadeia de custódia. Colômbia, Equador, Peru e Chile possuem seus manuais de cadeia de custódia.

Há no Brasil, para o sistema federal, a Portaria SENASP nº 82, de 16 de julho de 2014, regulamentando a questão da cadeia de custódia (MINISTÉRIO DA JUSTIÇA, 2014). Sua extensão para os estados e o Distrito Federal parece essencial.

Muitos dos pontos aqui adotados, mais uma vez, são retirados do Plano Nacional de Segurança Pública e complementados a partir de trabalhos cedidos pelo Dr. Celso Perioli, perito criminal aposentado, ex-Superintendente da Polícia Técnico-Científica de São Paulo, ex- Secretário Nacional de Segurança Pública:

- Modernizar a perícia criminal nos estados e no Distrito Federal mediante a formação continuada e a aquisição de equipamentos e novas tecnologias – neste sentido, formar e capacitar, também, peritos especializados em computação para desvendar crimes cibernéticos.
- Fomentar núcleos de análise criminal nas unidades da federação fortalecendo o uso de recursos tecnológicos integrados às atividades operacionais e promovendo o policiamento em zonas de maior incidência criminal.
- Incentivar o compartilhamento nacional do banco de dados de impressão digital com as Polícias Técnico-Científicas de todo o País.
- Promover a instalação de Laboratório Central de Perícia Criminal para apoio aos estados.
- Incentivar a ampliação de laboratórios estaduais para que possam passar a exercer o papel regional de perícias.
- Incentivar a implantação das centrais de custódia e a normatização dos procedimentos para estabelecimento da cadeia de custódia dos vestígios de crimes.
- Priorizar a conclusão do projeto para estabelecimento do Sistema Nacional de Balística (SINAB), em andamento na SENASP, em razão da constatação de que poucos estados têm comparador balístico automatizado, como consequência o banco de dados praticamente inexistente.

Nota Final:

Para a realização das propostas, além das fontes já citadas, houve colaboração das seguintes pessoas, consultadas para oferecimento de sugestões: 1) no Ministério Público do Estado de São Paulo, Gianpaolo Poggio Smanio, Procurador-Geral de Justiça; Mário Luiz Sarrubbo, Subprocurador-Geral de Justiça de Políticas Criminais e Institucionais; Arthur Pinto de Lemos Júnior, Coordenador do Centro de Apoio Operacional das Promotorias de Justiça Criminais, e sua equipe; Amauri Silveira Filho, Promotor de Justiça Secretário-Executivo do GAECO; Luiz Henrique Cardoso Dal Poz, Promotor de Justiça de Repressão à Sonegação Fiscal; Valéria

15 Para esta seção, colaboraram os ex-Superintendentes da Polícia Técnico-Científica de São Paulo, Celso Perioli e Ivan Dieb Miziara.

Diez Scarance Fernandes, Promotora de Justiça Coordenadora do Núcleo de Gênero do MPSP; Silvia Chakian de Toledo Santos, Promotora de Justiça de Enfrentamento da Violência Doméstica; e Fabíola Sucasas Negrão Covas, Promotora de Justiça assessora do Centro de Apoio Operacional das Promotorias de Justiça de Direitos Humanos do MPSP; 2) na Secretaria da Segurança Pública do Estado de São Paulo, Youssef Abou Chain, Secretário- Executivo da Polícia Civil. Na Polícia Civil do Estado de São Paulo, Júlio Guebert Vieira, Delegado de Polícia Diretor da ACADEPOL, Renato Topan, Delegado de Polícia, e Fernanda Herbella Maia, Delegada de Polícia; e 3) no que diz respeito à questão das perícias, os ex-Superintendentes da Polícia Técnico-Científica paulista, Celso Perioli e Ivan Dieb Miziara.

8.4 Diretrizes e Medidas em Relação ao Processamento e Julgamento

Paulo Eduardo de Almeida Sorci (Conselheiro do CNPCP)

O Código de Processo Penal brasileiro (BRASIL, 1940) e as alterações que dele se seguiram ao longo de quase oitenta anos não atendem às necessidades atuais. Lentidão e indefinição tornaram-se características marcantes do processo penal brasileiro, o que notabiliza a percepção geral de que a ação penal nunca alcançará um fim, seja para condenar o culpado, seja para absolver o inocente.

O Relatório "Justiça em números" do Conselho Nacional de Justiça (CNJ, 2018c) mostra o aumento de 0,7% dos casos pendentes criminais em relação ao ano de 2017.

Gráfico 1. Série histórica dos casos novos e pendentes criminais no 1º grau, no 2º grau e nos tribunais superiores, excluídas as execuções penais

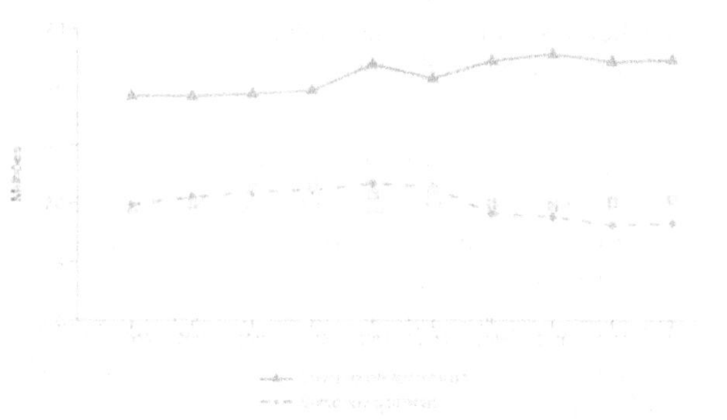

Fonte: CNJ (2018c).

A sociedade brasileira clama por um processo penal célere, moderno e efetivo para satisfazer a justa expectativa de que o Sistema de Justiça Criminal possa fazer frente ao estado de coisas inconstitucionais que também se verifica extramuros.

Como reiteradamente rememorado no corpo deste Plano, o Brasil é apontado em todos os índices medidores de violência como um dos países mais violentos do planeta. Portanto, é forçoso reconhecer que existe violação generalizada de direitos fundamentais no tocante à dignidade, higidez física e integridade psíquica de todos os seus cidadãos, e não apenas em relação àqueles que se encontram intramuros.

A Justiça Criminal carece de mecanismos que permitam viabilizar o processamento da ação penal com maior eficácia, mais efetividade e menor custo para os tribunais, tendo como premissas o respeito aos direitos constitucionais da pessoa investigada ou acusada, mas também a efetividade da sentença penal.

Os quantitativos de casos novos e pendentes por tribunal ao final de 2018 (CNJ, 2018c) demonstram a necessidade de aprimoramento do processo penal brasileiro.

Gráfico 2. Casos novos e pendentes criminais, excluídas as execuções penais, por

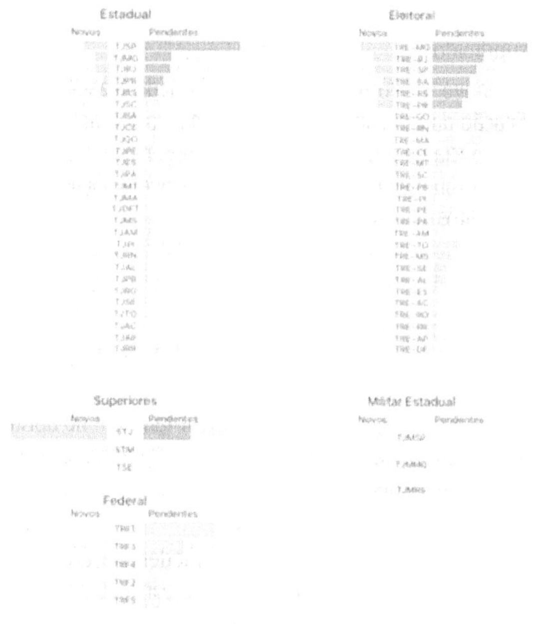

Fonte: CNJ (2018c).

Nesse desiderato, a desburocratização do processo penal brasileiro desponta como ação estratégica essencial para o aperfeiçoamento dos objetivos aqui propostos, quais sejam: a) redução dos índices de violência; b) ampliação da sensação de segurança; c) diminuição da impunidade; e, d) difusão da cultura da paz.

Para tanto, este Plano Nacional de Política Criminal e Penitenciária (PNPCP) reforça a necessidade de alterações legislativas e propõe a reflexão das diretrizes da administração da Justiça Criminal, com foco na tríade criminalidade violenta, corrupção e crime organizado.

8.4.1 Soluções negociadas

O Projeto de Lei nº 882, de 19 de fevereiro de 2019 (BRASIL, 2019a), inspirado no modelo americano de justiça negociada, propõe a introdução no processo penal de duas soluções negociadas.

O intitulado "acordo de não persecução penal" (inclusão do artigo 28-A ao Código de Processo Penal) poderá ser oferecido pelo Ministério Público em crimes com pena máxima inferior a quatro anos que não tenham sido praticados com violência ou grave ameaça quando o investigado tiver confessado a prática do crime, desde que não seja cabível a transação penal e desde que o investigado não seja reincidente, agente criminoso habitual ou já beneficiado, no prazo de 5 anos, com esse mesmo acordo, com transação penal ou suspensão condicional do processo (BRASIL, 2019a).

Esse acordo pode ser compreendido como um mecanismo evoluído do instituto da transação penal prevista no artigo 76 da Lei 9.099/1995 (BRASIL, 1995b), com a diferença de que exigirá circunstanciada confissão da prática de infração penal, podendo ser aplicado, desde que necessário e suficiente para a reprovação e prevenção do crime, para infrações penais sem violência ou grave ameaça, e com pena máxima inferior a quatro anos.

O acordo penal (inclusão do artigo 395-A ao Código de Processo Penal), por sua vez, permitirá que, após o recebimento da denúncia ou da queixa e até o início da fase de produção de provas, a acusação e a defesa requeiram, mediante ajuste, a aplicação imediata das penas, hipótese em que "poderá ser alterado o regime de cumprimento das penas ou promovida a substituição da pena privativa por restritiva de direitos" (BRASIL, 2019a).

As duas propostas são alvissareiras, porque vão além da prevenção ao incremento da população carcerária, para também constituírem efetiva política de "administração da Justiça Criminal" – art. 64, I, da Lei 7.210/1984 (BRASIL, 1984), o que permitirá ao Poder Judiciário destinar tempo e recursos financeiros às inúmeras outras demandas.

Segundo levantamento do Conselho Nacional de Justiça (CNJ, 2018c, p. 152):

> *Em 2017, ingressaram no Poder Judiciário 2,7 milhões de casos novos criminais, sendo 1,7 milhão (61,6%) na fase de conhecimento de 1º grau, 357,5 mil (13,1%) na fase de execução de 1º grau, 19,6 mil (0,7%) nas turmas recursais, 576 mil (21,1%) no 2º grau e 95,6 mil (3,5%) nos tribunais superiores.*

Isto totalizou mais de 6 milhões de processos pendentes no mesmo ano.

A necessidade de redução desses números oferece justificativa para a implementação das soluções negociadas, com efetiva ampliação da justiça consensual no sistema processual brasileiro.

O Ministério Público poderá oferecer acordos de não persecução em crimes de menor gravidade, decretando-se a extinção da punibilidade do investigado se cumprido integralmente o acordo, ao passo que o acusado poderá optar desde logo pela não submissão ao processo para cumprir imediatamente a pena acordada com o órgão acusatório, além de renunciar ao direito de interpor recursos.

A desnecessária instrução do processo daquele que se reconhece culpado, o que gera gasto inútil, dará lugar à imediata execução da pena.

Além disso, a menor permanência no cárcere será produzida não só pelo previsto encurtamento da pena acordada, como também pela aceleração da Justiça Criminal.

A negociação para não persecução sempre estará subordinada ao exame final dos requisitos e sujeita à opção da pessoa do acusado e seu defensor.

Igualmente, o acordo penal contemplará vantagens ao acusado, que poderá ter a pena reduzida em até metade, regime prisional abrandado ou mesmo substituição da pena corporal por restritiva de direitos, observando-se, por outro lado, no caso de acusado reincidente ou agente criminoso habitual, o cumprimento de parcela da pena no regime fechado, salvo se insignificantes os delitos pretéritos.

Diferentemente do plea bargain estadunidense, o acordo penal não versa sobre o conteúdo da acusação, mas apenas sobre a fixação da pena, cuidando-se, portanto, de instituto que mais se aproxima do plea agreements ou plea guilty europeus.[16]

Portanto, o acordo penal só poderá ser celebrado depois do recebimento da denúncia pelo magistrado, o que afasta o risco de excesso de acusação.

Por essa particularidade, a aplicação do acordo penal pode e deve abranger todos os crimes, inclusive os dolosos contra a vida, da competência do tribunal do júri.

Em conclusão, as vantagens na adoção de ambos institutos são inúmeras: celeridade processual, descongestionamento da Justiça Criminal, tratamento mais adequado para os casos relativos a uma criminalidade que não é alcançada pela transação penal ou pela suspensão do processo, redução da prescrição, melhor equacionamento do caso para o próprio acusado, que poderá participar da construção da decisão quanto a seu destino, podendo optar desde logo pela não sujeição a um processo longo. Finalmente, a conclusão de todo e qualquer processo abrangido pelo acordo penal, a permitir a execução imediata da pena.

Em relação ao tema, merece destaque e integral apoio o Projeto de Lei 10.372, de 6 de junho de 2018, em tramitação na Câmara dos Deputados, especialmente no ponto em que propõe o aproveitamento da estrutura montada pelo Poder Judiciário para as audiências de custódia como oportunidade para imprimir rapidez a eventual homologação do acordo penal, também contemplado no corpo do referido projeto (BRASIL, 2018b).

Essa promissora proposta tem duplo efeito extraordinário: a) revolucionar a forma de trabalho da Justiça Criminal brasileira; e, b) alcançar praticamente todos os acordos de não persecução penal contemplados pelo artigo 28-A do Código de Processo Penal no momento da realização da audiência de apresentação do prazo, ou seja, por ocasião da denominada audiência de custódia, a traduzir a possibilidade de solução imediata para a maioria dos casos envolvendo infrações penais sem violência ou grave ameaça, e com pena máxima não superior a quatro anos.

O alcance da proposta, embora imensurável, é desde logo elogiável, especialmente em razão da assertiva lançada na exposição de motivos do Projeto de Lei 10.372/2018 que aqui merece ser transcrita (BRASIL, 2018b):

16 Em recente estudo, Nickel (2019, p. 106) buscou analisar, por meio de pesquisa de campo, os aspectos do crime sob as circunstâncias socioeconômicas da prática ilegal de apenados da 4ª Vara da Justiça Federal de Foz do Iguaçu (PR), cujas penas foram de prestação de serviços e/ou pecuniária. Em uma de suas dezenas de questões, fez a seguinte pergunta para 222 apenados de sua amostra (o universo pesquisado foi de 300 apenados): "Considerando o tempo decorrido entre a prática do crime e o prazo de cumprimento da pena, qual sua opinião sobre a possibilidade da realização de um acordo com o Ministério Público, para que a pena seja cumprida logo após o fato criminoso?" Como corolário, sobre "uma possibilidade de acordo no início do processo com o Ministério Público, 73% concordaram caso isto fosse possível, 21,2% aceitaria ou não o acordo, 4,5% discorda totalmente e 1,4% não quis responder" (NICKEL, 2019, p. 82). Isto é uma forte evidência empírica, inédita até então, que corrobora a necessidade de se fazer o acordo penal.

Hoje, há uma divisão em 3 partes muito próximas nos aproximadamente 720 mil presos no Brasil: 1/3 crimes praticados com violência ou grave ameaça, 1/3 crimes sem violência ou grave ameaça e 1/3 relacionados ao tráfico de drogas.

A prevalecer a proporção desse raciocínio, é possível antever a radical transformação da Justiça Criminal a partir da possibilidade de equacionamento imediato de praticamente 2/3 (dois terços) dos casos conhecidos no momento da apresentação do preso em juízo, isto é, 1/3 dos crimes sem violência ou grave ameaça e 1/3 daqueles relacionados ao tráfico de drogas, com preservação da imediata apresentação do preso ao magistrado.

8.4.2 Execução provisória da condenação criminal após julgamento em segunda instância

Na vigência da atual Constituição Federal, o trânsito em julgado da condenação operou como condição para a execução provisória durante o período compreendido entre 2009 e 2016. Em 2016, o Supremo Tribunal Federal retomou o entendimento anterior, fixando as seguintes premissas: a) a presunção de inocência é mantida até a sentença condenatória, quando, a partir desta, é substituída por um "juízo de culpa"; b) o acórdão penal condenatório estabelece a preclusão (coisa julgada) da matéria de fato, quando for encerrada a jurisdição de parte; c) a limitação do princípio da presunção de inocência não ofende o seu núcleo essencial (HC 126.292, STF); d) o princípio da presunção de inocência ou da não culpabilidade expressa regra de tratamento; e) o princípio que regula a prisão está no art. 5º, LXI ("ninguém será preso senão em flagrante delito ou por ordem escrita e fundamentada de autoridade judiciária competente") (STF, 2016a).

O cumprimento do acórdão penal condenatório, mais do que um mero efeito legal e constitucional, é justa aspiração de qualquer civilização.

Não se olvida a existência de decisões favoráveis nas instâncias extraordinárias, o que demonstra a ocorrência de equívocos das instâncias inferiores. Mas, para tais equívocos, cumpre relembrar a disponibilidade de vários instrumentos contemplados pelo próprio ordenamento jurídico capacitados a excepcionar a regra geral da execução provisória da pena (por exemplo, do habeas corpus).

Agregue-se a isso o reduzido percentual de reformas das decisões de segundo grau no Superior Tribunal de Justiça (STJ, 2019), apurado em pesquisa realizada pela Coordenadoria de Gestão da Informação do STJ durante o período de setembro de 2015 a agosto de 2017. Em 68.944 recursos interpostos pela defesa (em sede de Recurso Especial e Agravo em Recurso Especial) foram apuradas as seguintes reformas:

a) Absolvição: 0,62%
b) Substituição da pena privativa de liberdade por restritiva de direitos: 1,02%
c) Prescrição: 0,76%
d) Diminuição da pena: 6,44%
e) Diminuição da pena de multa: 2,33%
f) Alteração do regime prisional: 4,57%

Com tais percentuais, a proposta de alteração de inclusão do artigo 617-A do Código de Processo Penal (PL 882/2019) merece integral apoio, notadamente pela previsão do § 1º, que contempla a possibilidade de o tribunal, excepcionalmente, suspender o início do cumprimento da pena, quando existente questão constitucional ou legal relevante que possa importar na revisão do julgado (BRASIL, 2019a).

8.4.3 Efetividade do tribunal do júri

Com fundamento no princípio da soberania dos veredictos e pelo fato de se cuidar de condenação por órgão colegiado (tribunal do júri), é primordial que a legislação seja alterada para estabelecer como regra o imediato cumprimento da pena imposta pelo júri popular.

Assim admitiu o Supremo Tribunal Federal nos HC 118.770 (STF, 2017) e HC 140.449 (STF, 2018).

O julgamento pelo Tribunal Popular esgota o exame de fatos e provas, à exceção do entendimento manifestamente contrário à prova dos autos, caso em que o Tribunal, conhecendo de apelação interposta, poderá reapreciar a prova, e uma vez reconhecido o vício, determinar a realização de novo julgamento.

A proposta do PL 882/2019, no sentido de promover alterações para os artigos 421 e 584 do Código de Processo Penal, trará celeridade e ansiada efetividade para as decisões do tribunal de júri, efeitos mais do que justificados para a mínima resposta estatal para milhares de vítimas indiretas (familiares) de crimes contra a vida (BRASIL, 2019a).

No ponto, cabe relembrar o mais recente relatório mundial sobre homicídios do escritório da Organização das Nações Unidas para Crimes e Drogas (UNODC, 2019), que coloca o Brasil como um dos países mais violentos do mundo. O documento (que analisou a taxa de violência letal em 121 países no ano de 2013) registra que o Brasil, com 2,8% da população mundial, concentra 11% dos homicídios do planeta. Os dados do Ministério da Saúde indicam que o Brasil passou de 11,7 homicídios por 110 mil habitantes em 1980 para 30,3 em 2016, o que resultou na morte de 1,4 milhão de pessoas em território nacional no período (MINISTÉRIO DA SEGURANÇA PÚBLICA, 2018).

8.4.4 Videoconferência e processo eletrônico

É possível afirmar a existência de uma cultura burocratizada que está incutida em praticamente todos os atos do processo, desde o primeiro ato investigativo (prisão em flagrante ou início da investigação), perpassando pela conclusão do ultrapassado inquérito policial (relatório da autoridade policial), para somente então evoluir para os atos de efetiva formação da culpa e prolação da sentença, quando então é iniciada a infindável fase recursal, que pode ser alçada a até três graus superiores de instância.

É difícil imaginar a existência de multiplicidade recursal tão intensa em qualquer outra parte deste planeta. Mas, além dessa intensidade revisional, é preciso sentir e reconhecer a instabilidade e insegurança imbricada na Justiça Criminal brasileira.

Nenhum ato praticado é efetivo, terminativo ou conclusivo. Vige o princípio da absoluta desconfiança contra e entre os profissionais da lei. Todos, absolutamente todos os atos e seus respectivos autores, estão sujeitos à imediata revisão por parte de outro órgão ou ente imediatamente superior, estabelecendo-se um regime de infindável conferência para "re" ou ratificação.

Nesse campo, os exemplos são fartos: o policial autor de uma prisão sempre deve ter o ato reexaminado pelo Delegado de Polícia. Ato contínuo, essa mesma autoridade policial, única detentora, por delegação, do poder de lavrar o auto de prisão é quem deverá promover a condução do preso até a presença do juiz, que então deverá re ou ratificar tudo novamente por ocasião da audiência de custódia, cujo regulamento impõe nova desconfiança de tudo e de todos, desta vez por parte do juiz, ao qual incumbido o dever de questionar a respeito de tortura ou maus tratos contra o preso, em maléfica desconfiança imposta contra os profissionais credenciados pelo próprio Estado (policial autor da prisão e Delegado de Polícia). E mais, o juiz deve ainda garantir a submissão do preso, em qualquer hipótese, a exame de corpo de delito, lhe sendo vedado formular questões sobre o crime, muito menos a respeito da vítima.

Como é perceptível, a lógica invertida tornou-se a regra do Sistema de Justiça Criminal. Todos os operadores devem desconfiar de tudo e de todos. E a prioridade, quase que única, é direcionada aos direitos e garantis constitucionais dos presos, relegando-se as vítimas num segundo plano (uma abordagem sobre as vítimas será feita na parte 6).

Essa concepção de Justiça Criminal precisa evoluir. Crime e vítima são entes que não podem ser desprezados, notadamente a pretexto da violência policial.

Ora, se a polícia é torturadora, é preciso corrigi-la eficazmente, por exemplo, com a criação de mecanismos para o fortalecimento das Corregedorias já existentes.

Se são várias as polícias (militar, civil, federal, guarda municipal), por que não trabalham conectadas em um só tom?

A análise dos requisitos da prisão preventiva deve sim ser imediata, mas não necessariamente com a apresentação física da pessoa presa ao juiz, a pretexto do aumento da capacidade sensorial do julgador.

Essa apresentação pode e deve ser decidida em cada caso, e se assim determinar o juiz, que a faça por moderno e disponível sistema de videoconferência, dispensando-se o risco e o alto custo do transporte de detentos pelo País, em inútil mobilização das forças policiais, com inegável prejuízo à repressão permanente dos crimes.

Por tudo isso, parece primordial realçar a necessidade de aprovação do regime de interrogatório por videoconferência proposto pelo PL 882/2019, que altera o artigo 185 do Código de Processo Penal, além de estabelecer a possibilidade de realização de outros atos processuais, pelo referido meio, que dependam da participação de pessoa que esteja presa (BRASIL, 2019a).

Faz todo o sentido a solução alvitrada, que bem poderia ser alçada à condição de regra geral, e não apenas passível de decisão fundamentada, notadamente em tempos digitais.

Lado outro, impõe-se a efetiva e adequada implementação do processo judicial eletrônico, mas esse processo precisa atender eficazmente o contingente de usuários, que é gigantesco, e não se restringe ao Poder Judiciário.

De acordo com o Relatório de Auditoria do Tribunal de Contas da União (TCU), reproduzido no Processo nº 008.903/2018 (TCU, 2018):

Considerando todos os ramos do Poder Judiciário, com seus 92 tribunais, temos 18.168 magistrados, 272.093 servidores dentro do Poder Judiciário, 13.087 membros do Ministério Público, 6.059 defensores públicos e 1.107.481 advogados. Além desses, há servidores nas carreiras do MP, autoridades policiais, estagiários, juristas, cidadãos com interesse em determinados processos.

Dentre importantes achados, a auditoria do TCU (2018) ressalta: "A informatização do processo judicial deve ser examinada sob a ótica de uma política pública, e não como apenas um procedimento de modernização tecnológica". E conclui:

> *[...] além do potencial de aumento da eficiência interna do Poder Judiciário, a informatização do processo judicial pode, de forma direta, reduzir custos e acelerar os procedimentos em todos os outros órgãos que participam do sistema de justiça. Assim, a participação de todos esses órgãos pode ser mais rápida, favorecendo o atendimento ao cidadão (TCU, 2018).*

O processo judicial eletrônico ideal é aquele que atende e satisfaz a todos os seus usuários. Soluções práticas como a adoção obrigatória do sistema de videoconferência em todas as audiências criminais, revertendo-se a lógica conceitual hoje existente para se exigir a presença do preso mediante decisão fundamentada do juiz, e se com isso anuir a vítima do crime.

8.4.5 Juízo Especializado em Saúde Mental e Drogas para o Brasil

O sistema prisional absorve inapropriadamente imenso contingente de pessoas portadoras de sofrimento mental grave, sejam elas dependentes químicos ou não.

Atualmente, a prevalência de transtornos mentais graves, como depressão, transtorno bipolar, psicoses agudas, esquizofrenia, retardo mental na população prisional comum é significativamente alta, observando-se, ainda, altíssima prevalência de consumo, uso nocivo e dependência de substâncias psicoativas nesta população.

O custo de custódia destes indivíduos, somado ao custo social, justifica a elaboração de estudos visando à implantação de um modelo de Justiça Especializada para casos selecionados por critério combinado (saúde e jurídico).

A adoção desse modelo como política pública permitirá a diminuição do encarceramento e a diminuição da reincidência, além de ser economicamente vantajoso.

O modelo de Cortes/Tribunais de Saúde Mental e de Drogas é utilizado em diversos países do mundo, como nos Estados Unidos, Canadá e Reino Unido, com sucesso, e conta com apoio da Organização dos Estados Americanos (OEA), por meio da Inter-American Drug Abuse Control Commission (2019) que tem apoiado os Estados-membro na sua implantação.

O "Juízo Especializado em Saúde Mental e Drogas" deve ser contemplado em consonância com as diretrizes das Leis nº 10.216/2001 (BRASIL, 2001) e 13.840/2019 (BRASIL, 2019d). Vale dizer, esta última Lei estabeleceu em seu art. 8º como objetivos do Plano Nacional de Políticas sobre Drogas, dentre outros: "I - promover a interdisciplinaridade e integração dos programas, ações, atividades e projetos dos órgãos e entidades públicas e privadas nas áreas de saúde, educação, trabalho, assistência social, previdência social, habitação, cultura, desporto e lazer, visando à prevenção do uso de drogas, atenção e reinserção social dos usuários ou dependentes de drogas", incluídos, evidentemente, aqueles em conflito com a lei penal.

O tratamento do portador de transtorno mental e do usuário ou dependente de drogas deve ser ordenado em uma rede de atenção à saúde, com prioridade para as modalidades de tratamento ambulatorial, incluindo excepcionalmente formas de internação em unidades de saúde e hospitais gerais nos termos de normas dispostas pela União e articuladas com os serviços de assistência social e em etapas que permitam isto. No caso de pessoas nas condições de conflito com a lei penal, há a necessidade de evitar-lhes o cárcere, porque são merecedoras de atenção à saúde, devendo o Estado evitar desde logo a prisionalização.

A assessoria multiprofissional a estes Juízos Especializados, para atuação presente e direta desde a prisão, será um serviço que priorizará investimentos na reinserção psicossocial aos indivíduos com transtornos psiquiátricos e forte dependência química.

Sugere-se, portanto, a Criação de Comissão, no âmbito deste Conselho Nacional de Política Criminal e Penitenciária, com o objetivo de elaborar um modelo de "Juízo Especializado em Saúde Mental e Drogas" para o Brasil, para avaliação de edição de resolução propositiva ou Projeto de Lei.

8.5 Diretrizes e Medidas de Cumprimento da Pena: Medidas e Prisão

Danilo Pereira Júnior (Conselheiro do CNPCP)

Os anseios prementes da sociedade, bem como os elementos de informação e constatação de órgãos públicos como, por exemplo, o Tribunal de Contas da União, o Supremo Tribunal Federal, o Conselho Nacional de Justiça (CNJ), o Conselho Nacional do Ministério Público, o Parlamento – Comissão Parlamentar de Inquérito (CPI) do Sistema Carcerário –, o Departamento Penitenciário Nacional (DEPEN), o Conselho Nacional de Segurança Pública entre outros, reclamam a apresentação de um conjunto de medidas para a revisão e reestruturação da política de execução penal.

Não são poucas as propostas legislativas que tramitam no Congresso Nacional com esse intuito, a exemplo dos recentes Projetos de Lei nºs 882/2019 (BRASIL, 2019a) e 10.372/2018 (BRASIL, 2018b).

Agrega-se a esse consistente conjunto de elementos de observação e diagnóstico, a necessidade de cumprimento dos preceitos constitucionais e tratados internacionais que preconizam, à luz da dignidade da pessoa humana, regras mínimas de tratamento penal.

Entrementes, impõe-se, em face da insegurança e sensação coletiva de impunidade, não se descurar da necessidade de proteção suficiente dos valores e bens sociais. Como já assentado pelo Supremo Tribunal Federal:

> *[...] os direitos fundamentais não podem ser considerados apenas proibições de intervenções (Eingriffsverbote), expressando também um postulado de proteção (Schutzgebote). Pode-se dizer que os direitos fundamentais expressam não apenas uma proibição de excesso (Übermassverbote), como também podem ser traduzidos como proibição de proteção insuficiente ou imperativos de tutela (Untermassverbote) (STF, 2012).*

Com efeito, o balanceamento das políticas de descriminalização e de despenalização com a efetiva proteção social é impositivo e revela o desafio do Estado Democrático de Direito.

Ademais, a dinâmica da vida exige o constante aperfeiçoamento e atualização das instituições. De acordo com Dotti (2010, p. 81):

> *A necessidade do Brasil, por suas dimensões e diferentes hábitos nas várias regiões, contar com leis que reflitam o conjunto de valores e convicções, as circunstâncias e os aspectos culturais de seu momento histórico. As transformações sociais e econômicas que alteram costumes, necessidades e meios de vida dos brasileiros.*

A reorganização do sistema prisional é imperativa e urgente, perpassando por medidas básicas, como a readequação das unidades prisionais, com a inexorável observância de suas capacidades físicas instaladas, a separação dos presos – previsão expressa na Lei de Execução Penal (BRASIL, 1984), com o implemento de outras e atuais distinções pela natureza dos delitos, pertencimento à organização criminosa, gêneros sexuais (por exemplo, Lésbicas, Gays, Bissexuais, Travestis, Transexuais ou Transgêneros-LGBT) etc. – e culminando com o controle e o exercício do poder estatal. Nesse mister e em paralelo, impõe-se também o desafio da efetiva implementação de políticas públicas voltadas para assegurar o direito dos presos à saúde, à assistência jurídica e à assistência social, almejando reverter esse caótico quadro retratado do sistema penitenciário brasileiro.

Como anotado em relatório público do DEPEN:

> *[...] diante da complexidade dos problemas que marcam o sistema penitenciário brasileiro, não é possível pautar a ação do Estado em soluções simples, as inúmeras mazelas que identificamos em nossas prisões não decorrem, unicamente da ausência de políticas públicas para a construção de estabelecimentos penais, é preciso ampliar os instrumentos que permitam a implementação de projetos e ações que possam representar alternativas à gestão prisional tradicional, onde seja possível conciliar com equilíbrio direitos e deveres fundamentais à nossa sociedade, como segurança, prevenção, dignidade da pessoa humana, punição e ressocialização (SEI/MJ,8674099, 2019).*

Conquanto sejam conhecidos os desafios e não raras também as medidas que devem ser adotadas, em plena era da modernização e da informação, é certo e inacreditável que ainda não conseguimos reunir dados estatísticos e informações suficientes para planejar e desenvolver uma política penitenciária equilibrada. Os desencontros de informações básicas constituem um dos obstáculos para a gestão do sistema.

Nessa perspectiva, urge a elaboração de um "censo prisional". A medida poderia ser implementada mediante cooperação técnica institucional englobando órgãos públicos e a sociedade civil organizada, com a fixação de metas e prazos. A interação poderia englobar, por exemplo, o Instituto Brasileiro de Geografia e Estatística (IBGE), o CNJ, o Conselho Nacional do Ministério Público (CNMP), o Tribunal Superior Eleitoral, a Defensoria Pública (DPU), a Ordem dos Advogados do Brasil (OAB), o DEPEN, o Ministério da

Saúde, o Ministério da Educação, os tribunais de contas da União e dos estados, os departamentos penitenciários estaduais, as secretarias de segurança pública, os tribunais de justiça, o Instituto Nacional do Seguro Social, as universidades públicas, conselhos da comunidade etc. A ação importaria não só no cadastramento e identificação biométrica dos presos, como no efetivo levantamento de dados e a radiografia do sistema, com a concomitante implantação de medidas na área de saúde, educacional, jurídica, de engenharia e segurança.

Conforme Bentham (2002), um "censo" para obter informações especialmente sobre os agentes criminosos vai de encontro com uma ideia comum na área da administração, qual seja, "o que não é medido não pode ser administrado".[17]

Oportuna, também, além de necessária, a adoção de providências para colheita e efetiva identificação do perfil genético dos presos, por meio da extração do DNA – providência que se busca ampliar no PL 882/2019 (BRASIL, 2019a). A medida, que já encontra previsão legal, deveria ser adotada quando do ingresso do preso na unidade prisional, permitindo a formação do Banco Nacional de Perfil Genético. Todavia, sabe-se que por razões diversas a lei ainda não foi cumprida.

O baixo nível de cooperação, a inadequação da infraestrutura tecnológica e a inexistência de instância de governança foram apontados pelo Tribunal de Contas da União como geradores de atrasos e entraves para a gestão do sistema penitenciário. Logo, imprescindível, também, a criação de um Sistema Nacional Eletrônico de Informações, com a previsão legal de compartilhamento e interoperabilidade, como instrumento essencial ao planejamento e gestão das políticas públicas. O Sistema, por óbvio, deve garantir a qualidade, atualização e padronização de registro de dados e informações.

O desenvolvimento do sistema e sua implantação podem e devem ser atribuídos ao DEPEN, não só em razão de ser o gestor dos recursos do Fundo Penitenciário Nacional (FUNPEN), mas porque, ao fim e ao cabo, suporta os ônus da desorganização do sistema, por exemplo, quando presta auxílio por meio do Sistema Penitenciário Federal.

A previsão do Sistema Nacional e a obrigatoriedade de alimentação dos dados pode e deve consubstanciar a proposta legislativa para sua inserção na LEP, inclusive com a previsão de sanções administrativas, civis e penais, para o profissional ou estado que não prestar informações ou prestá-las falsamente, conforme art. 313-A do Código Penal (BRASIL, 1940).

A gestão eficiente do sistema penitenciário é uma questão de segurança pública.

Em paralelo às medidas estruturais e essenciais à gestão do sistema penitenciário, impõe-se, também, a revisão e readequação da LEP.

Não obstante a sua inovação e sua preocupação com o adequado arranjo do sistema punitivo, constituindo-se, na época, em importante instrumento de avanços e modernidade, os tempos revelam, malgrado a sua incompleta implementação, a necessidade de redesenho dos institutos e das regras para afeiçoar-se ao novo contexto social, político e jurídico.

17 Sobre isto ver Kaplan e Norton (1997).

Conquanto não encontre um consenso, em razão de uma minoria que ainda proclame o agravamento do caos, é certo que o critério objetivo de 1/6 (um sexto) para a progressão de regime não se sustenta sob a ótica da adequada proteção social e dos fins retributivos e preventivos da pena.

Não por acaso são vários os projetos e propostas de modificação dos requisitos objetivos para a progressão de regime e obtenção de benefícios no curso da execução penal.

A incompreensão social de um sistema normativo em que as penas previstas não são as efetivamente cumpridas, construído, ainda, sob a mescla de regras de minimização dos efeitos punitivos (por exemplo: saídas, remição, livramento, indulto etc.), evidencia uma opção política equivocada, mormente quando a realidade – base empírica da construção normativa – aponta para o aumento da criminalidade, a insuficiência da norma como fator inibitório de condutas indesejadas e, por fim, a impunidade.

Constituindo-se o não cumprimento integral da pena no regime fixado no título condenatório em uma opção política, mostra-se inexorável, à luz da proporcionalidade – em seu viés positivo e negativo –, se não a eliminação a elevação do critério objetivo de 1/6 (um sexto) para, no mínimo, 1/2 (um meio) ou 3/5 (três quintos), sem descurar, ainda, de situações especiais, como os crimes hediondos, os reincidentes, os integrantes de organizações criminosas etc. (conforme propostas legislativas já apresentadas).

Atento a esses reclamos, o Projeto de Lei nº 882/2019 (BRASIL, 2019a) propõe, também, a alteração do art. 59 do Código Penal, conferindo ao juiz, quando da prolação da sentença – portanto consentâneo com o princípio da individualização da pena, "modular" o requisito objetivo de cumprimento de pena.

Nessa linha, ainda, outra premissa do sistema reclama revisão, qual seja a regra que prevê o limite máximo de cumprimento de pena. Colhe-se na exposição de motivos do Projeto de Lei 10.372/2018 (BRASIL, 2018b), que tal modificação se impõe em face da atual expectativa de vida dos brasileiros, muito superior àquela existente quando promulgado o Código Penal – segundo dados oficiais do IBGE (2018), de 1940 a 2016 a expectativa de vida cresceu exponencialmente, passando de 45,5 anos para 76 anos.

De outro norte, sobreleva contextualizar que a Constituição Federal não estabelece para qualquer infração penal a exigência ou a proibição da adoção de um determinado regime, apenas prescrevendo que a lei regulará a individualização da pena, conforme art. 5º, XLVI (BRASIL, 1988).

Importante reflexão e modificação, ainda, se faz necessária no desenho estrutural do nosso sistema progressivo e, por conseguinte, também, dos estabelecimentos prisionais.

A realidade encontra-se dissociada da pretensão legislativa, seja porque não se logrou construir e implantar as unidades prisionais descritas na lei, conforme se infere dos levantamentos da Comissão Parlamentar de Inquérito, do CNJ e do DEPEN (colônias agrícolas e industriais, casa de albergado etc.), seja porque o sistema de justiça (juiz, Ministério Público e defensor) não consegue, em tempo razoável, processar, apreciar e decidir os inúmeros incidentes na execução.

Não se pode ignorar que as grandes rebeliões e motins em presídios do País, abstraído o fator de superpopulação carcerária, imbrica-se com a "demora", "atrasos" e omissões na concessão de progressões e benefícios da execução, o que ensejou a prática, paliativa, de "mutirões carcerários".

Sugere-se, então, que para solução da questão processual envolvendo a execução penal no Brasil sejam adotados critérios objetivos, alguns com case de sucesso já implantados, como por exemplo: i) Obrigatoriedade de digitalização de todo o acervo dos processos de execução penal do País, com utilização da ferramenta do peticionamento eletrônico por meio de Portal criado pelos respectivos Tribunais de Justiça, a fim de possibilitar o acesso real e instantâneo dos processos pelas unidades prisionais, de modo a possibilitar controle efetivo da execução da pena – tais ferramentas não implicam custo; ii) Reestruturação obrigatória com criação (onde não houver ainda) das Gerências de Execuções Penais em cada complexo prisional, pois são os responsáveis pela custódia dos presos e controle, ou seja, grandes interessados na soltura dentro do prazo fixado – tal criação não demanda investimento e pode ser apenas relocação de servidores e capacitação com apoio do Poder Judiciário; iii) convênios, com cessão de equipamentos, pelos Tribunais de Justiça ou CNJ, para gravação dos PAD's, agilização da tramitação de apuração das faltas graves e facilidade de acesso a gravação, dispensando-se as audiências de justificação judiciais, deixando-se ao Juiz da Execução tempo suficiente para análise dos benefícios – custo apenas aos Tribunais com cessão de equipamentos, que pode ser suprido pelo CNJ, como já feito em outras oportunidades; iv) Proposta de alteração legislativa para desjudicialização dos incidentes de remição, seja passando-se a atribuição exclusiva da Gerência de Execuções Penais com fiscalização pelo Juiz Corregedor e Ministério Público Corregedor das Unidades, seja por instrumento que permita a real análise instantânea das remições existentes por ferramentas gratuita como google drive, por exemplo – ferramentas de custo zero.

As progressões de regime, da mesma forma, não acontecem por falta de vagas. Ilustrativa desse quadro é a decisão do Supremo Tribunal Federal no Recurso Extraordinário 641.320 (STF, 2016b).

Ao reconhecer o "estado inconstitucional das coisas" o Supremo Tribunal Federal destacou:

> *[...] o plano legislativo está tão distante da realidade que sua concretização é absolutamente inviável. Apelo ao legislador para que avalie a possibilidade de reformular a execução penal e a legislação correlata, para: (i) reformular a legislação de execução penal, adequando-a à realidade, sem abrir mão de parâmetros rígidos de respeito aos direitos fundamentais; (ii) compatibilizar os estabelecimentos penais à atual realidade (STF, 2016b).*

Colhe-se na doutrina tradicional (LYRA, 1958; DOTTI, 2010) e na nova (BITENCOURT, 2012; PRADO, 2014); que os sistemas penitenciários conhecidos (filadélfico, pensilvânico ou celular, auburniano, progressivo inglês ou mark system, progressivo irlandês, Montesinos) são frutos dos momentos históricos vividos pelo homem.

O primeiro deles (solitary system), sob forte influência religiosa, tinha no isolamento celular o seu eixo, acreditando que isso favorecia a meditação propícia ao arrependimento. O preso não recebia visitas e só poderia falar com o capelão. O sistema auburniano tinha como característica fundamental o isolamento noturno em celas individuais e o trabalho em comum durante o dia. O sistema progressivo inglês e o irlandês depositam no trabalho a melhora no tratamento penal e a possibilidade de reduzir o tempo de pena, premiando o mérito do condenado que se incorpora num projeto de recuperação gradual da sua liberdade. A questão é que o trabalho, principalmente em colônias, advém das necessidades históricas da época.

O sistema adotado pelo legislador assemelhou-se ao sistema irlandês.

> *No período inicial de cumprimento, se o permitissem as suas condições físicas, ficava o recluso também sujeito ao isolamento durante o dia, por tempo não superior a três meses. Em seguida, o condenado passava a trabalhar em comum, dentro ou fora do estabelecimento, em obras e serviços públicos. A terceira etapa, reservada ao condenado de bom comportamento, seria executada em colônia penal ou estabelecimento similar. E finalmente, viria a etapa do livramento condicional (arts. 30, §§1º e 2º, e 60, I) (DOTTI; 2010, p. 652-653).*

A doutrina nacional e estrangeira e os constantes congressos realizados em torno da questão penitenciária não deixaram de observar o esgarçamento desse modelo. Há tempos aponta-se para a crise do modelo progressivo, em parte, decorrente das suas próprias limitações como método de individualização da pena. Bitencourt (2012, p. 171), por exemplo, adverte: "no fundo, o sistema progressivo alimenta a ilusão de favorecer mudanças que sejam progressivamente automáticas. O afrouxamento do regime não pode ser admitido como um método social que permita a aquisição de um maior conhecimento da personalidade e da responsabilidade do interno".

E, de fato, imaginar que a mera transferência de um estabelecimento ao outro seria suficiente para dar efetividade aos fins da pena é desconhecer a alma humana e seus contornos. Não se colhem nos poucos dados estatísticos e na prática elementos que evidenciem a eficácia desse modelo. Ao revés, a constatação empírica é desfavorável, expõe um sistema falido e inoperante.

O equívoco, "na realidade, afeta primordialmente a unificação do tratamento para todos os apenados. Destes, há aqueles que não são suscetíveis de reeducação por suas próprias características: perversidade moral, anomalias mentais etc. Outros, tampouco precisam ser educados porque já estão (delinquentes por ocasião, culposos)" (ARÚS, 1972, p. 224).

A compreensão que se tem do sistema progressivo brasileiro pode ser resumida no voto direcionado ao Habeas Corpus 82.959, oportunidade em que o STF analisou a previsão da Lei 8.072/1990, que impunha o cumprimento de pena integralmente em regime fechado, in verbis:

> *[...] o afastamento da humanização da pena que o regime de progressão viabiliza, e a sociedade, o retorno abrupto daquele que segregara, já então com as cicatrizes inerentes ao abandono de suas características pessoais e à vida continuada em ambiente criado para atender a situação das mais anormais e que, por isso mesmo, não oferece quadro harmônico com a almejada ressocialização.*
>
> *A progressividade do regime está umbilicalmente ligada à própria pena, no que, acenando ao condenado com dias melhores, incentiva-o à correção de rumo e, portanto, a empreender um comportamento penitenciário voltado à ordem, ao mérito e a uma futura inserção no meio social. O que se pode esperar de alguém que, antecipadamente, sabe da irrelevância dos*

próprios ato se reações durante o período no qual ficará longe do meio social e familiar e da vida normal que tem direito um ser humano; que ingressa em uma penitenciária com a tarja da despersonalização?

Sob este enfoque, digo que a principal razão de ser da progressividade no cumprimento da pena não é em si a minimização desta, ou o benefício indevido, porque contrário ao que inicialmente sentenciado, daquele que acabou perdendo o bem maior que é a liberdade. Está, isto sim, no interesse da preservação do ambiente social, da sociedade, que, dia-menos-dia receberá de volta aquele que inobservou a norma penal e, com isso, deu margem à movimentação do aparelho punitivo do Estado. A ela não interessa o retorno de um cidadão, que enclausurou, embrutecido, muito embora o tenha mandado para de trás das grades com o fito, dentre outros, de recuperá-lo, objetivando uma vida comum em seu próprio meio, o que o tempo vem demonstrando, a mais não poder, ser uma quase utopia (STF, 2006).

Colhe-se do excerto o reconhecimento de que a efetiva ressocialização pelo sistema progressivo atual é uma utopia e, principalmente, que não se pode subtrair do juiz a possibilidade de individualizar da sanção.

Nessa perspectiva, propõe-se não a extinção do sistema progressivo, que representou verdadeira conquista evolutiva, mas o seu redesenho, com ênfase na individualização da pena. A progressão, ao contrário do que se supõe, da análise do contexto histórico, não reclama a simples transposição ou transferência de estabelecimentos, mas a adoção de um sistema prospectivo permeado de políticas públicas voltadas à reinserção do preso na sociedade, na família e no trabalho. Não é o afrouxamento da vigilância que prepara o sujeito para a vida normal em sociedade, mas efetivas medidas de auxílio e inclusão.

O eixo, a exemplo dos resultados obtidos nas APAC's (Associação de Proteção e Assistência aos Condenados), não se circunscreve apenas no mérito do apenado – e pior, aferido apenas a partir de requisitos objetivos como o decurso do tempo –, mas, essencialmente, na sua própria autodisciplina, senso de responsabilidade e vontade.

Entre as condições que se deve exigir do preso é sua efetiva participação nos projetos ofertados pela unidade prisional de estudo e trabalho, impondo-se como uma das condições para a obtenção de benefícios (assunto a ser pormenorizado na parte 6).

Da mesma forma, deve-se buscar o envolvimento da sociedade civil – o preso não é do Estado ou da Justiça – mediante projetos de conscientização e termos de cooperação e na família, como propulsores desse novo modelo.

O redesenho do sistema passa, igualmente, pela própria revisão dos estabelecimentos prisionais contemplados na atual legislação: penitenciárias, colônias agrícolas/industriais e casas de albergado. Os dados do CNJ (2018a) e do Infopen (2017) indicam, por exemplo, passados mais de 35 (trinta e cinco) anos da LEP, a existência de 95 estabelecimentos para o cumprimento de pena em regime semiaberto e 23 para o cumprimento de penas em regime aberto.

São os números, e não as preferências doutrinárias, ideológicas ou políticas, que sustentam a imperiosa necessidade de revisão do modelo.

De início, propõe-se o fim do regime semiaberto como etapa do sistema progressivo. Em princípio, os regimes seriam apenas dois: aberto e fechado, com suas nuances e microssistemas próprios.

Os impactos no atual quadro devem ser avaliados e objeto de eventual regra de transição, embora, na prática, já estejam presentes.

O regime aberto a ser executado, preferencialmente, sob monitoramento eletrônico, com condições obrigatórias e facultativas a serem definidas pelo juízo da execução, em razão da natureza do delito e das demais condições do art. 59 do Código Penal (BRASIL, 1940).

As poucas casas de albergados existentes no País poderiam ser utilizadas para eventuais sanções decorrentes do descumprimento do regime aberto – ao invés da simples regressão – ou, inclusive, para projetos destinados ao egresso – sujeito, em regra, descuidado.

Embora tecnicamente o regime aberto constitua uma modalidade do regime prisional, a falta de casas de albergado tem tornado inócua e ineficiente esta medida, porquanto, não raro, em face da proibição de regimes mais gravosos, a pena é convertida em obrigação de comparecimentos periódicos. A prática, a propósito, tem constituído estímulo e incentivo ao descumprimento das penas restritivas de direito, por serem estas "mais gravosas".

A implantação do sistema de monitoramento, para a fiscalização do regime aberto, traduz-se em medida coercitiva, efetiva e com a redução de custos operacionais, ou seja, eficiência e economicidade.[18]

Malgrado, a despeito da evolução do homem e seus costumes, a sociedade não logrou encontrar alguma medida que substitua a pena de prisão, mostrando-se ela ainda necessária e útil. Sendo técnica e socialmente recomendável a separação dos presos, inclusive pela gravidade dos crimes cometidos, o regime fechado contemplaria os seguintes estabelecimentos para o cumprimento da pena de prisão: segurança máxima, média e mínima, com a possibilidade de transferência entre eles.

Os estabelecimentos de segurança máxima acompanhariam o modelo proposto pelo Projeto de Lei nº 882/2019 (BRASIL, 2019a), com as seguintes características: i) recolhimento em cela individual; ii) visita do cônjuge, da companheira, de parentes e amigos somente em dias determinados, que será assegurada por meio virtual ou no parlatório, com o máximo de duas pessoas por vez, além de eventuais crianças, separados por vidro e comunicação por meio de interfone, com filmagem e gravações; iii) banho de sol de até duas horas diárias; iv) monitoramento de todos os meios de comunicação, inclusive correspondência escrita; v) monitoramento de áudio e vídeo no parlatório e nas áreas comuns, para fins de preservação da ordem interna e da segurança pública, facultada a utilização até mesmo nas celas, a critério do Juiz da Execução, por requerimento justificado da Chefia de Segurança da Unidade Custodiante mediante elementos concretos; vi) atendimentos de advogados deverão ser previamente agendados,

18 No Paraná está em vigor a Lei nº 19.240, de 11 de junho de 2017, que obriga, para quem tem condições, o pagamento pela aquisição e manutenção das tornozeleiras eletrônicas (GOVERNO DO ESTADO DO PARANÁ, 2017).

mediante requerimento, escrito ou oral, à direção do estabelecimento penal; vii) os diretores dos estabelecimentos penais de segurança máxima ou o Diretor do Sistema Penitenciário poderão suspender e restringir o direito de visitas por meio de ato fundamentado, bem como instituir regime especial individualizado, em nome da segurança pública e do estabelecimento prisional, se presentes circunstâncias excepcionais, por prazo determinado e especificado na legislação, sujeito à fiscalização e homologação pelo juiz da execução.

Essas regras deverão ser obrigatoriamente observadas no Sistema Penitenciário Federal e poderão ser adotadas por unidades de segurança máxima nos Estados.

Os estabelecimentos de segurança média seriam compostos pelos atuais estabelecimentos prisionais e destinados, por exemplo, aos condenados em regime fechado por crimes graves e violentos, cujo perfil não seja recomendado a inclusão em presídio de segurança máxima.

Os estabelecimentos penais de segurança mínima seriam compostos pelos atuais estabelecimentos destinados ao regime semiaberto e destinados, por exemplo, aos condenados em regime fechado por crimes não violentos e/ou cujo perfil não recomendem maior vigilância.

A distribuição dos estabelecimentos segundo critérios de vigilância e rigidez permite a alocação de recursos e construção de unidades segundo as reais necessidades da sociedade.

Nessa perspectiva, inclusive, far-se-ia a separação entre os presos de acordo com a natureza dos crimes e sua periculosidade, minimizando, assim, um dos graves e atuais problemas de "recrutamento" de presos pelo crime organizado ou submissão de presos primários ao jugo de presos "profissionais".

A reengenharia funcional permitiria a adoção e implantação de políticas (trabalho, educação, lazer etc.) específicas e próprias para cada uma das unidades, uma vez mais focando a individualização da pena.

A estruturação de Centros de Observação Criminológica e equipes técnicas de classificação ganham especial relevo. Integrados por profissionais de diversos segmentos das áreas humanas e social, e a partir de protocolos lineares e objetivamente definidos pelo DEPEN, atuariam na classificação e no acompanhamento do apenado.

A capacitação e os cuidados com a saúde mental dos agentes penitenciários também devem merecer atenção e o desenvolvimento de projetos por parte do Estado. A adequada formação, preparação, instrução e condições de trabalho são fundamentais também para o agente estatal. O DEPEN com o auxílio dos Estados deve estruturar "escolas ou academias" de formação multidisciplinar com currículo uniforme e periodicamente revisto.

Deve-se, a partir da formação permanente, estimular e incentivar o servidor, inclusive, mediante "gratificações" de desempenho, premiando-se as melhores unidades prisionais. Com isso, poder-se-ia criar um ranking das melhores unidades prisionais - cujos critérios de avaliação deveriam constituir-se das condições estruturais, implementação das políticas de trabalho, educação e saúde, qualificação dos quadros etc.

Outras modificações consentâneas ao modelo proposto importariam ainda na previsão de novas regras, como por exemplo: a) na hipótese de reincidência ou se houver elementos probatórios que indiquem conduta criminal habitual, reiterada ou profissional, o regime inicial da pena será o fechado, exceto se insignificantes as infrações penais pretéritas ou de reduzido potencial ofensivo; b) no caso de condenados pelos crimes previstos nos arts. 312, caput e § 1º, art. 317, caput e § 1º, e art. 333, caput e parágrafo único, o regime inicial da pena será o fechado, salvo se de pequeno valor a coisa apropriada ou a vantagem indevida ou se as circunstâncias previstas no art. 59 lhe forem todas favoráveis; c) na hipótese de condenação pelo crime previsto no art. 157, na forma do § 2º-A e do inciso I do § 3º, o regime inicial da pena será o fechado, exceto se as circunstâncias previstas no art. 59 (CÓDIGO PENAL, 1940).

A inescapável realidade do crime organizado, também, exige, por exemplo, que: a) as lideranças de organizações criminosas armadas ou que tenham armas à disposição deverão iniciar o cumprimento da pena em estabelecimentos penais de segurança máxima; b) o condenado por integrar organização criminosa ou por crime praticado através de organização ou associação criminosa não poderá progredir de regime de cumprimento de pena ou obter livramento condicional ou outros benefícios prisionais se houver elementos probatórios que indiquem a manutenção do vínculo associativo.

A reestruturação do sistema impõe também a revisão de benefícios como o livramento condicional e saídas temporárias e principalmente de suas condições. Importante ressaltar que o livramento condicional, assim como medidas passíveis de serem implementadas na unidade prisional, compõe essencial elemento de progressão para este novo modelo proposto.

Em face das experiências atuais e desse novo peso que o instituto ganha, reclama também sua precisa delimitação e descrição de requisitos, a exemplo: (i) da reparação do dano;

(ii) uso do monitoramento eletrônico; e, (iii) bom comportamento durante a execução da pena, não cometimento de falta grave nos últimos doze meses, bom desempenho no trabalho que lhe foi atribuído e aptidão para prover à própria subsistência mediante trabalho honesto; (iv) vedação aos condenados, definitiva ou provisoriamente, por crimes hediondos, de tortura ou de terrorismo, de organização criminosa, saídas temporárias por qualquer motivo do estabelecimento prisional, salvo, excepcionalmente, nos casos do art. 120 da Lei nº 7.210, ou para comparecer em audiências, sempre mediante escolta (BRASIL, 1984).

Institutos como os de saídas temporárias, igualmente, devem ser redefinidos, observando-se, por exemplo, sua: i) vedação em caso de quebra da anterior e/ou em razão da prática de falta durante o gozo; ii) vedação quando a data revelar-se incompatível com o crime praticado (por exemplo: Suzane von Richthofen - saída do dia dos pais/mães).

A propósito, impõe-se estabelecer, como regra, deixando que as exceções sejam decididas pelo juiz da causa, que as audiências de presos recolhidos em estabelecimentos prisionais sejam preferencialmente por meio de videoconferência. A medida, que importa em diminuição de riscos de fuga, risco à sociedade e de economia, deve ser incentivada e custeada pelos departamentos penitenciários nacional e estaduais.

A evolução tecnológica e seus produtos – monitoramento eletrônico – devem ser efetivamente utilizados como meios alternativo à prisão, cumprindo ao DEPEN o fomento e a criação de centrais de monitoramento.

Para acompanhamento e fiscalização de medidas e penas poder-se-ia também prever quadro de agentes de custódia ("condicional"), aos quais seriam atribuídas eventuais diligências para fiscalização e acompanhamento do regime aberto, do livramento condicional, das saídas temporárias, das autorizações para trabalho externo etc. A distribuição racional de um número determinado de "fiscalizados" poderia auxiliar inclusive na minimização de incidentes na execução e no efetivo processo de "ressocialização".

Enquanto não criados os quadros de servidores mencionados, obrigatoriedade de utilização de ferramentas, sem custos, como o Google Drive para atualização de endereços dos apenados em regime aberto e em gozo de saída temporária, com cessão de acesso para as Guardas Municipais, Polícia Civil e Militar entre outros órgãos.

O quadro atual também aponta para a imprescindível revisão das regras de visitação, social e íntima, principalmente porque as visitas tornaram-se meio de comunicação com o mundo exterior e, por conseguinte, de transmissão de ordens pelo crime organizado.

A tecnologia, igualmente, deve ser utilizada como a "visita virtual", assegurando, assim, o direito daqueles presos cujas famílias não têm condições.

Revisão das regras de apuração de faltas e sua tipificação, adequando-as à realidade, mormente no que tange à fixação de prazos de prescrição, decadência e extinção, inclusive no que diz respeito ao Regime Disciplinar Diferenciado.

O Regime Disciplinar Diferenciado, por sua vez, deve observar, na linha das propostas legislativas, as seguintes características: i) duração inicial de até dois anos, sem prejuízo de repetição da sanção por nova falta grave de mesma espécie; ii) recolhimento em cela individual;

iii) visitas, em número de uma por mês, a serem realizadas em intervalos regulares de tempo e em instalações equipadas para impedir o contato físico e a passagem de objetos, por uma pessoa da família ou, no caso de terceiro, autorizado judicialmente, com duração de duas horas; iv) o preso terá direito à saída da cela por duas horas diárias para banho de sol; v) todas as entrevistas monitoradas, em instalações equipadas para impedir o contato físico e a passagem de objetos, salvo expressa autorização judicial em contrário; vi) fiscalização do conteúdo da correspondência; vii) participação em audiências judiciais exclusivamente por videoconferência, garantindo-se, quando necessário, a presença do defensor; viii) poderá ser prorrogado sucessivamente, por períodos de um ano, existindo indícios de que o preso – continue apresentando alto risco para a ordem e a segurança do estabelecimento penal de origem ou da sociedade – mantém os vínculos com organização criminosa, associação criminosa ou milícia privada, considerado também o perfil criminal e a função desempenhada por ele no grupo criminoso, a operação duradoura do grupo, a superveniência de novos processos criminais e os resultados do tratamento penitenciário; ix) visitas, entrevistas e atendimentos serão gravados em sistema de áudio ou de áudio e vídeo e, com autorização judicial, fiscalizada por agente penitenciário; x) o preso que não receber visita poderá ter contato telefônico com uma pessoa da família, uma vez por mês e por dez minutos, sendo que a ligação será submetida à gravação e será realizada após prévio agendamento.

Nessa quadra, ainda, propõe-se inclusive a criação de sistema de "micropunições". Não se pode olvidar que o sistema é progressivo/regressivo e que a regressão impacta igualmente o sistema prisional. Com efeito, propõe-se a criação de regras de "micropunições", que pode inclusive prever prisão "simples" e "temporária", ao invés da regressão direta e mais gravosa.

A revisão, igualmente, deve se ocupar da reestruturação dos órgãos de execução penal. Por exemplo, entre os órgãos da execução penal há previsão de patronatos (art. 61, VI, LEP), destinados a prestar assistência aos albergados e aos egressos (art. 78, LEP). Trata-se, em regra, de outra letra morta. O importante papel, quiçá, deve ser atribuído aos conselhos da comunidade – uma vez mais, gize-se, o preso é da sociedade e não do Estado – e aos departamentos penitenciários estaduais, com a supervisão do Departamento Penitenciário Nacional.

Imprescindível a efetivação e concretização de políticas públicas voltadas ao egresso, com o acompanhamento de equipes multidisciplinares, as quais podem e devem ser subsidiadas com os recursos do FUNPEN, do Programa Nacional de Segurança Pública com Cidadania (PRONASCI) e de penas substitutivas, bem como o fomento de acordo de cooperação interinstitucional (por exemplo, outros ministérios – do Trabalho, Assistência Social, Educação e Saúde –, universidades públicas e privadas, confederações de empresas etc.).

Entre as políticas que ainda devem ser impulsionadas e perseguidas, com prioridade, tem-se o fomento da aplicação das penas substitutivas à prisão, revendo-se, inclusive, o seu rol, pois, por exemplo, são raros os locais apropriados para a aplicação da limitação de final de semana – pena, inclusive, que poderia e deveria ser melhor utilizada para delitos específicos.

Necessário, portanto, a exemplo do que já apontou a CPI (2009): estimular a aplicação e a fiscalização das penas e medidas alternativas em todas as unidades da federação; difundir as vantagens das penas e medidas alternativas como instrumentos eficazes de punição e responsabilização; e desenvolver um modelo nacional de gerenciamento para a aplicação das penas e medidas alternativas.

E, também com a revisão dos patronatos, incumbido que foi em alguns lugares para fiscalizar e implantar as penas substitutivas, em particular, a de prestação de serviços à comunidade, deve-se fomentar a criação e a instalação de Centrais de Penas Alternativas, vinculadas diretamente ao juiz da execução, com a cooperação e integração dos demais órgãos e poderes do Estado e da sociedade. As centrais devem conter equipe multidisciplinar, sistema informatizado de controle de prestadores de serviços e de instituições conveniadas, as quais, inclusive, podem e devem ser beneficiadas com a destinação de recursos das penas pecuniárias.

O DEPEN deve estabelecer metas e índices de verificação e fiscalização, vinculando a transferência de recursos do FUNPEN a obtenção de resultados efetivos.

Como medida prospectiva, o DEPEN deve promover estudos para, com o amparo do Congresso Nacional, desenvolver uma política nacional de "engenharia" de sistema prisional, considerando que, em regra, suporta os ônus financeiros por meio de repasses de recursos para a construção de unidades destinadas ao cumprimento de penas. Essa "engenharia" deve prever norma cogente, por exemplo, aos municípios com mais de 100.000 (cem mil) habitantes que construam e mantenham unidades para custodiar os presos locais ou, ainda, que a obrigatoriedade recaia sobre microrregiões ou regiões metropolitanas com densidade demográfica a ser definida. Deve a lei prever restrições ao repasse de recursos financeiros, bem como para a transferências de presos, aos entes federados que se recusarem ou embaraçarem a concessão de licenças e autorizações para a construção de unidades prisionais.

Insta observar que a criminalidade e a existência de presos não é produto de um ou alguns municípios, mas uma realidade do convívio social e que a simples transferência do problema não elimina o quadro de insegurança.

Há que se revisar e aprimorar os estudos sobre a formatação de parcerias público privadas na construção, manutenção e operação de unidades prisionais, principalmente considerando as dificuldades orçamentárias e a degradação do atual sistema. Os estudos poderiam englobar, inclusive, a viabilidade de adoção de modelos empregados no exterior de custeio pelo próprio apenado.

Nessa quadra, a par do aprimoramento construtivo – com previsão de monitoramento de áudio e vídeo, automação, uso de recursos tecnológicos como videoconferências, body scan, etc. – previsão e estruturação de Departamentos de Inteligência nas unidades prisionais, com interação e atuação conjunta com os órgãos de segurança pública, principalmente com foco nas organizações criminosas e na prática de ilícitos intra e extra muros.

Imperiosa, ainda, a implantação obrigatória em todas as unidades prisionais de ambulatórios e área destinada à saúde dos presos, com quadro de servidores próprios compatível e em não sendo factível mediante terceirização – inclusive convênio com universidades, empresas públicas e privadas. Deve o DEPEN, com o acompanhamento do Conselho Nacional de Política Criminal e Penitenciária (CNPCP), proceder ao levantamento da situação atual e estruturar junto aos estados cronograma de implantação de unidades hospitalares nos complexos penitenciários, evitando-se o deslocamento e a escolta dos presos a postos de saúde e hospitais públicos, com riscos e custos. As ações devem ser coordenadas e conveniadas com o Ministério da Saúde, que deverá auxiliar e destinar recursos financeiros e pessoal.

Revisão das estruturas destinadas ao cumprimento das medidas de segurança com a efetiva implantação de atendimento médico psiquiátrico e multidisciplinar, focado na saúde mental e reinserção dos presos. Estas unidades devem receber atenção especial e particular dos Departamentos Penitenciários, do Poder Judiciário, do Ministério Público e das Defensorias, também com a adoção de processos eletrônicos, prontuários acessíveis, obrigatoriedade de inspeção e revisão periódica de procedimentos e instalações.

A política destinada aos presos estrangeiros, igualmente, merece reflexão, não só em razão das dificuldades operacionais que o tratamento destes internos demanda, com os custos que se impõe, perpassando, assim, na necessária revisão dos procedimentos para expulsão, inclusive no que tange a sua simplificação e sumarização.

As penas pecuniárias, também, merecem atenção, não só por consubstanciarem uma opção política de sanção – não raro desprezada –, mas por integrarem uma das fontes do Fundo Penitenciário. Imprescindível o aparelhamento e a adoção de mecanismos de cobrança efetivos, a exemplo dos já previstos na legislação (por exemplo, desconto da remuneração), mas também positivar o entendimento do Supremo Tribunal Federal no sentido de que o inadimplemento deliberado da pena de multa cumulativamente aplicada ao sentenciado impede a progressão no regime prisional (STF, 2015). Adequar, ainda, a legislação à compreensão de possibilidade de execução da sentença condenatória, uma vez que não faz sentido permitir a execução da pena privativa e restringir a possibilidade da execução da pena de multa, mormente em face da possível reversão jurídica e fática.

Ao Fundo Penitenciário Nacional, ainda, poderiam ser vertidas as multas aplicadas a terceiros pela jurisdição criminal a título de astreint ou contemp of court.

Cumpre ao DEPEN a criação e divulgação de "banco de boas práticas" do sistema prisional, devendo disseminar, estimular e auxiliar a implantação de políticas e projetos considerados apropriados e bem-sucedidos.

Por fim, embora evidentemente não menos importante, necessário o fortalecimento e aperfeiçoamento do Programa de Proteção à Vítimas e Testemunhas (PROVITA), com a alocação e previsão de recursos do FUNPEN, também voltado aos internos do sistema, não raro subjugados pelas organizações criminosas.

8.6 Diretrizes e Medidas em Relação ao Egresso

Pery Francisco Assis Shikida (Conselheiro do CNPCP)
Vilobaldo Adelídio de Carvalho (Conselheiro do CNPCP)

Não restam dúvidas de que inerente à estruturação de qualquer política pública existe um arranjo institucional. Neste contexto, no Brasil deve-se levar em consideração o pacto federativo insculpido constitucionalmente e as atribuições dos poderes constituídos. No caso de ações que tenham como foco o egresso do sistema prisional, no âmbito de um Plano Nacional de Política Criminal e Penitenciária, mesmo sendo este de competência elaborativa do Conselho Nacional de Política Criminal e Penitenciária (CNPCP), órgão do Poder Executivo, as medidas práticas a serem adotadas devem envolver além do Poder Executivo o Poder Judiciário, respeitados os ditames legais.

A questão da reinserção social do egresso da prisão, de modo a não voltar a praticar novos crimes, pode estar alicerçada em um tripé que precisa ser bem montado. Primeiro, torna- se necessário que a pessoa saia da prisão predisposta a não cometer novos crimes, ou seja, ter a convicção de que o crime não compensa. Em segundo lugar, o Estado tem que ter feito a sua parte, com uma justiça eficiente e preparando-o quando ainda preso para apontar novas possibilidades de convivência social pacífica. Por fim, torna-se imprescindível que a própria sociedade não retroalimente a propensão para o crime, podendo, inclusive por meio de instituições empresariais ou organizações da sociedade civil, contribuir com o processo de reinserção social, já que após a soltura o egresso se encontra no meio social.

Com efeito, o sentido léxico da palavra "egresso" comumente remonta a alguém que deixou de pertencer a um determinado lugar. A aplicação e consequente institucionalização do termo egresso do sistema prisional remonta à Lei nº 7.210, de 11 de julho de 1984 – Lei de Execução Penal (LEP), que designa o detento ou recluso de acordo com estas condições: "I - o liberado definitivo, pelo prazo de 1 (um) ano a contar da saída do estabelecimento; II - o liberado condicional, durante o período de prova" (BRASIL, 1984).

Na LEP a palavra "egresso" aparece dez vezes, fundamentalmente para instituir normativas desta categoria, por exemplo, o art. 10 rege que "a assistência ao preso e ao internado é dever do Estado, objetivando prevenir o crime e orientar o retorno à convivência em sociedade"; ainda neste mesmo art., o parágrafo único cita que a assistência será: "I - material; II - à saúde; III - jurídica; IV - educacional; V - social; VI - religiosa (BRASIL, 1984). Ademais, em seu art. 15, parágrafo 3o, a LEP ressalta que deverão ser implementados Núcleos

Especializados da Defensoria Pública, fora dos estabelecimentos penais, visando prestar assistência jurídica integral e gratuita aos egressos sem recursos financeiros para constituir advogado. Esta assistência ao egresso fica também explícita no art. 25, consistindo: "I - na orientação e apoio para reintegrá-lo à vida em liberdade; II - na concessão, se necessário, de alojamento e alimentação, em estabelecimento adequado, pelo prazo de 2 (dois) meses" (BRASIL, 1984). O parágrafo único do art. 25 e o art. 27 complementam que este prazo estabelecido poderá ser prorrogado uma única vez, desde que comprovado, via declaração de assistente social, sobre o empenho na obtenção de emprego por parte da pessoa afeta. Pari passu, o serviço de assistência social deverá colaborar com o egresso para a obtenção de trabalho.

Já o Ministério da Segurança Pública (2018) cita a palavra egresso seis vezes no trabalho "Sistema Único de Segurança Pública/Política Nacional de Segurança Pública/Plano Nacional de Segurança Pública e Defesa Social 2018-2028", ressaltando a necessidade de investir em programas de inclusão social e prevenção direcionados para egressos e futuros egressos do sistema penitenciário, bem como fortalecendo esta política mediante instalação de patronatos nos municípios. Neste contexto, procura-se criar e/ou fomentar condições mínimas para ressocialização dos egressos com oportunidades educacionais e de qualificação profissional com vista à reinserção social.

O CNPCP, em seu mais recente Plano Nacional de Política Criminal e Penitenciária (2015), cita a palavra egresso catorze vezes. Nessas citações o que se intenciona é apoiar o egresso do sistema prisional em seu retorno à sociedade, fortalecendo a política de reintegração social. Foram citados, por exemplo: o incentivo fiscal às empresas que contratarem presos e egressos; o desenvolvimento de uma Política Nacional de reintegração que envolva Ministérios correlatos e a Sociedade Civil; o estímulo para a criação de patronatos ou órgãos similares nos estados que não possuem equipamentos necessários para a profícua política de reintegração social; e a criação de canais que facilitem ao egresso obter certidões e documentos aptos ao exercício da plena cidadania, com o fito de auxiliá-lo na obtenção de emprego.

Contudo, faz-se necessário dizer que, embora as referências citadas anteriormente tenham intenções que não possuem ou demonstrem características extraordinárias em suas políticas, nenhuma delas expôs, com fundamentação empírica, qual(quais) razão(ões) motivou(ram) as pessoas a migrarem para o ato ilícito.

Mesmo ciente do fato de não existir consenso sobre o que faz com que uma determinada pessoa cometa crime(s), existem "variáveis dissuasórias que levariam o indivíduo a se abster de cometer crimes", como: a "percepção e sentimento de concordância do indivíduo para com o conjunto vigente de normas e valores sociais, que faz estreitar os elos desse para com a sociedade", e o controle externo "que se inicia pela polícia, passando pela justiça e terminando nos sistemas punitivos, que indicariam as probabilidades de aprisionamento e a magnitude das punições" (CERQUEIRA; LOBÃO, 2004, p. 259-260). Sobre este aspecto, vale citar o conceito de dissuasão exposto por Oliveira (2011), cuja essência deve ser de que o custo de oportunidade do crime esteja atrelado com fatores que desencorajam a prática criminosa, seja mediante utilização de incentivos positivos (condições de trabalho, por exemplo), seja mediante utilização de incentivos negativos (probabilidade e severidade da punição, por exemplo).

Destarte, considerando que, se somente se, as motivações para a prática ilegal não forem absolutamente estancadas e/ou o custo de oportunidade do crime seja um elemento de fato desencorajador, o preso e/ou egresso continuará tendo uma alta probabilidade de cometer novos delitos, ou seja, vindo a reincidir criminalmente. Shikida et al. (2019), especificamente no tocante aos crimes lucrativos [denominação de Becker (1968) para delitos como furto, assalto, tráfico de drogas etc., que visam – em última instância – pecúnia], reiteraram que este tipo de delito está sendo maiormente cometido no Brasil porque os benefícios financeiros estão sendo bem superiores aos seus custos, sendo motivados, principalmente, pela ideia de ganho fácil, cobiça, ambição e ganância.[19] Ainda neste tocante, esta migração para a atividade ilegal está fortemente relacionada com travas morais fragilizadas dos delinquentes, quais sejam, formações familiar, religiosa e escolar debilitadas. Isto faz com que a perda moral proveniente da execução do crime seja pouco expressiva para estas pessoas que, frisa-se, não respeitam as instituições ligadas, direta e indiretamente, com a segurança pública (polícia, judiciário e outras). Já os crimes não lucrativos (homicídio, estupro etc.) estão atrelados também às fragilidades das travas morais, bem como com variáveis dissuasórias que levariam as pessoas ao não cometimento de crimes.

Logo, o que o preso e o egresso precisam ter, primeiramente no ambiente complexo e multifacetado do sistema prisional, são medidas que favoreçam a recuperação de sua bússola moral, ligadas às travas morais mencionadas por Schlemper (2018), isto é, noções estruturadas de família, escola, trabalho e religião que funcionem

19 Mariano (2010) confirma o fato de as variáveis socioeconômicas explicarem parte da variação nos níveis de crimes lucrativos. Santos e Kassouf (2008) também realizam importante estudo econômico das causas da criminalidade no Brasil.

como variáveis dissuasórias da criminalidade. De acordo com as pesquisas de campo de Schlemper (2018), os próprios delinquentes pesquisados citaram fatores como mais trabalho, mais escola/educação, prática religiosa e mais oportunidade como estratégia que o Estado poderia implementar, em termos de políticas públicas, para reduzir tanto os crimes como a sua reincidência.

Historicamente, a implementação de ações voltadas ao trabalho, estudo e religião aos apenados surge com a transição da maneira de punir, da pena castigo à ideia de punir educando. Porto (2008) demonstra que essa ideologia já era difundida séculos atrás, ressaltando a Colônia de Mettray, que foi inaugurada em Paris em 1839 pelo Juiz Fréderic-Auguste Demetz. Esta Colônia tinha como fito a ideia de punir educando, no qual os internos eram submetidos a trabalho forçado, instrução primária e religiosa.

Sobre a questão da escola dentro dos estabelecimentos prisionais, Zonatto (2018) ressalta que o acesso à educação deve ser garantido ao preso, pois uma privação disso significa impor uma pena adicional ao apenado. Sobre outra importante trava moral, dados do Projeto Religioso[20] desenvolvido na Penitenciária Estadual de Foz do Iguaçu (PEF), que busca a reintegração social a partir do resgate da base religiosa, proporcionando que o preso, voluntariamente, receba conhecimentos e ensinamentos religiosos, vem apresentando resultados positivos. Com efeito, em pouco mais de 3 anos de existência, este Projeto contribuiu para uma redução próxima a 50% das faltas disciplinares, transformando o ambiente interno para melhor e resgatando laços familiares antes perdidos pela prática do crime, além de ser um meio direto de combate ao crime organizado.

Quanto ao trabalho dentro do ambiente prisional, Zonatto (2018) destaca que o mesmo não deve ser forçado, porém, uma vez trabalhando o apenado tem o direito de ser remunerado em conformidade com a regulamentação vigente.

Neste contexto, ao preso, primeiramente este porquanto se nada for feito ao preso, inócua será a política direcionada ao egresso do sistema prisional, torna-se premente a promoção do acesso ao trabalho, educação e, conforme escolhas pessoais, da intensificação da prática religiosa dentro dos estabelecimentos penais (nos casos de apenados de regime fechado), bem como para aqueles que tiveram condenações para outros regimes e penas alternativas – como de prestação de serviços à comunidade ou entidades públicas e/ou prestação pecuniária.[21]

Assim, esta diretriz se torna duplamente benéfica, servindo como uma forma de punição e reeducação do sentenciado, visando principalmente o resgate de suas bússolas morais.

Vale dizer que esta política é complementar, e não excludente, às ideias citadas na LEP, pois está em conformidade com o escopo de prevenir o crime e orientar o retorno à convivência em sociedade do egresso. Porém, neste caso se busca, mormente, o fortalecimento das travas morais enquanto fator dissuasório que leva uma pessoa a se abster de cometer crimes. Ademais, como externalidade positiva dessa estratégia de intensificação do trabalho se destaca, conforme cita Shikida e Brogliatto (2008, p. 150), a melhora do ambiente prisional via redução dos níveis de estresse da população carcerária –"os benefícios relativos ao trabalho desenvolvido pelos detentos convergem para a remição da pena, ocupação do tempo e da mente (foi citado por muitos o dito popular: 'cabeça vazia é oficina do diabo') e melhor chance de profissionalização/regeneração".

As medidas a serem tomadas para os egressos devem estar em consonância com a regra número 4 das Regras Mínimas das Nações Unidas para o Tratamento de Presos (Regras de Mandela), em que o Brasil é signatário.

> *Regra 4*
>
> *1. Os objetivos de uma pena de prisão ou de qualquer outra medida restritiva da liberdade são, prioritariamente, proteger a sociedade contra a criminalidade e reduzir a reincidência. Estes objetivos só podem ser alcançados se o período de detenção for utilizado para assegurar, sempre que possível, a reintegração destas pessoas na sociedade após a sua libertação, para que possam levar uma vida autossuficiente e de respeito para com as leis.*
>
> *2. Para esse fim, as administrações prisionais e demais autoridades competentes devem proporcionar educação, formação profissional e trabalho, bem como outras formas de assistência apropriadas e disponíveis, incluindo aquelas de natureza reparadora, moral, espiritual, social, desportiva e de saúde. Estes programas, atividades e serviços devem ser facultados de acordo com as necessidades individuais de tratamento dos reclusos (CONSELHO NACIONAL DE JUSTIÇA; 2016, p. 19).*

Com base nesses pressupostos, uma proposta de política pública voltada para proporcionar ao egresso do sistema prisional condições adequadas de reabilitação social, passa, irremediavelmente, pela adoção de medidas habilitatórias como, por exemplo, oportunidades de trabalho e estudo, além de assistência religiosa e de cunho social quando a pessoa ainda se encontra reclusa, no processo de execução da pena ou da prisão "provisória", para que o egresso possa sair da prisão com o mínimo de capacidade laborativa e formativa para enfrentar o mercado de trabalho, por exemplo. Neste caso, o desafio se torna ainda maior, já que a assistência ao preso, preceituada na LEP, ainda é deficiente. Imagine então como assegurá-la aos egressos!

Evidentemente, o desafio posto é diminuir os índices de reincidência em novos crimes por parte de egressos do sistema prisional. Para isso, seria importante maiores conhecimentos sobre o tema. Entretanto, mesmo existindo diversos estudos sobre a questão da pena privativa de liberdade e do ambiente prisional, de acordo com Madeira (2004), citado por Mueller (2014,

p. 2), "[...] poucos são os que tendem a analisar a trajetória e o processo pós-prisional, a reintegração social e a ressocialização, ou não, dos egressos do sistema prisional". Isso, sem nenhuma dúvida, dificulta a existência de diagnósticos da realidade.

20 Projeto Evangelístico "Caminho de Vida" finalista do PRÊMIO SESI ODS 2018, escolhido pelos especialistas como um dos cinco melhores projetos apresentados na categoria Poder Público, reconhecido com o SELO SESI ODS 2018 por atender o 16º objetivo: Paz, Justiça e Instituições Eficazes (PENITENCIÁRIA ESTADUAL DE FOZ DO IGUAÇU – PEF/PR, 2015).

21 Nickel (2019, p. 91), no trabalho empírico "Análise da execução penal envolvendo crimes econômicos no Paraná cuja pena privativa de liberdade foi substituída por prestação de serviços e/ou pecuniária", apontou que o risco da punição por outra prestação de serviço foi o fator mais favorável ao objetivo da efetiva ressocialização; "nesta sequência de importância, quando o serviço prestado for adequado com a qualificação profissional [...], o percentual de ressocialização é mais elevado". Isto denota que o Estado exercendo função crível certamente contribui para que o apenado seja de fato um cidadão, sobretudo com o atributo do trabalho.

Estudando a questão da reincidência criminal no Brasil, Sapori, Santos e Der Maas (2017), em pesquisa realizada em Minas Gerais sobre o tema, apontam elevados índices de reincidência criminal, apesar de não indicarem possíveis causas relacionadas à reincidência.

Recentemente o Instituto de Pesquisa e Economia Aplicada realizou pesquisa sobre "Reincidência Criminal no Brasil" (IPEA, 2015). Em meio a discussões sobre o tema da "ressocialização" são destacadas as posições realista e idealista. Sendo assim, "[...] os adeptos da posição realista, partindo da premissa de que a prisão não é capaz de se constituir em espaço de ressocialização, defendem que o máximo que ela pode fazer é neutralizar o delinquente" "[...] (IPEA, 2015, p. 14). Por outro lado, "[...] no extremo oposto estão os que se inserem na posição idealista, que permanecem na defesa da prisão como espaço de prevenção especial positiva (ressocialização) [...]". No âmago desse debate prevalece "a opinião quase consensual, no entanto, de que a prisão não é capaz de ressocializar não se estende aos rumos que deveriam ser dados à prisão" (IPEA, 2015, p. 14). Na verdade, trata-se de um tema bastante polêmico e longe de consenso. A pesquisa do IPEA (2015) ainda apresenta a posição de Barata (1990):

> *[...] a prisão, do modo como se apresenta, é de fato incapaz de promover a ressocialização; ao contrário, o que ela tem produzido realmente são obstáculos ao alcance deste objetivo. No entanto, apesar desse reconhecimento, sustenta que o intuito não deve ser abandonado, mas reconstruído e, nesta reconstrução, propõe a substituição dos termos ressocialização e tratamento pelo de reintegração social. Para Baratta (1990, p. 3), ressocialização e tratamento denotam "uma postura passiva do detento e ativa das instituições: são heranças anacrônicas da velha criminologia positivista que tinha o condenado como um indivíduo anormal e inferior que precisava ser (re)adaptado à sociedade, considerando acriticamente esta como 'boa' e aquele como 'mau'". Em oposição, o termo reintegração social pressupõe a igualdade entre as partes envolvidas no processo, pois requer a "abertura de um processo de comunicação e interação entre a prisão e a sociedade, no qual os cidadãos reclusos se reconheçam na sociedade e esta, por sua vez, se reconheça na prisão" (IPEA, 2015, p. 14).*

Essa questão conceitual e de concepção quanto ao papel da prisão não pode ser óbice à busca de redução da reincidência. A pena privativa de liberdade trata-se de uma realidade posta como mecanismo de enfrentamento à violência criminal e, assim, deve ser enfrentada até que se construa outro instituto que possa substituí-la em plenitude. Por enquanto, como não se vislumbram alternativas que possam concretamente superá-la, o problema da reintegração social de egressos do sistema prisional deve ser enfrentado por meio de medidas no sentido de proporcionar uma melhor integração deste à sociedade, apesar dos males existentes na prisão.

Entretanto, não restam dúvidas de que "a reintegração social dos egressos do sistema prisional deve ser entendida como o suporte provido a eles antes, durante e após o cumprimento da pena. A deprivação da liberdade por si não faz nada para prepará-los para a mudança esperada pela sociedade" [...] (MUELLER, 2014, p. 5). Evidentemente, para ter mais eficiência, as medidas direcionadas à redução da reincidência criminal devem se iniciar no curso do processo de execução da pena (ainda quando a pessoa estiver presa) e segui-la após a soltura. Portanto, trata-se de uma questão bastante complexa.

Além disso, pensar em ações voltadas para atender egressos do sistema prisional no escopo de um Plano Nacional de Política Criminal e Penitenciária exige que o tema seja tratado enquanto política de Estado. Neste caso, deve-se considerar a política pública na sua complexitude conceitual e pragmática. Em meio ao dissenso frente ao tema, no aspecto conceitual, não restam dúvidas de que:

> *Toda política pública é uma forma de regulação ou intervenção na sociedade. Articula diferentes sujeitos, que apresentam interesses e expectativas diversas. Constitui um conjunto de ações ou omissões do Estado decorrente de decisões e não decisões, constituída por jogos de interesses, tendo como limites e condicionamentos os processos econômicos, políticos e sociais. Isso significa que uma política pública se estrutura, se organiza e se concretiza a partir de interesses sociais organizados em torno de recursos que também são produzidos socialmente. Seu desenvolvimento se expressa por momentos articulados e, muitas vezes, concomitantes e interdependentes, que comportam sequências de ações em forma de respostas, mais ou menos institucionalizadas, a situações consideradas problemáticas, materializadas mediante programas, projetos e serviços [...] (SILVA, 2001, p. 37-38).*

Como se pode notar, a política pública é caracteristicamente um processo de intervenção do Estado na sociedade. Normalmente se inicia com planejamento e segue com a gestão. Isso significa que deve ser delineada em programas e projetos com objetivos, metas, ações, recursos e monitoramento. Com efeito, necessita de estruturas e depende de conjunturas. Além disso, a avaliação de possíveis resultados se impõe para se medir a eficiência, eficácia e efetividade da política.

Evidentemente, a estruturação de uma política de Estado voltada para a assistência ao egresso do sistema prisional passa pela reestruturação de órgãos, adequação de estruturas físicas, formação de pessoal, aquisição de equipamentos e, sobretudo, definição de objetivos e metas, delineamento de ações, previsão de recursos, estratégias de gestão e mecanismos de monitoramento e avaliação. Neste caso, este Plano deve servir de ponto de partida para a construção dessa política, tendo no DEPEN o órgão fomentador e articulador, de forma interinstitucional.

Em regra, os entes federativos não possuem estruturas institucionais para assistência e acompanhamento de egressos do sistema prisional. Na verdade, até existem programas e projetos dessa natureza. Porém, estes não integram uma política de Estado duradoura e consistente que possa apresentar resultados substanciais impactantes na diminuição efetiva da reincidência criminal. Pelo menos não existem estudos que apontem tais resultados.

O desenvolvimento de qualquer política pública exige a necessidade de estruturas físicas, de pessoal e de equipamentos. Dependendo do caso concreto proposto no programa pode ser necessário um rearranjo institucional. Entretanto, existem poucas informações quanto a eventuais estruturas destinadas para acompanhamento de egresso do sistema prisional. A Lei Complementar nº 79/1994, que criou o Fundo Penitenciário Nacional (FUNPEN) preceitua no art. 3º, VII, que os recursos do FUNPEN serão aplicados na elaboração e execução de projetos destinados à reinserção social de presos, internados e egressos, inclusive por meio da realização de cursos técnicos e profissionalizantes (BRASIL, 1994).

Ainda de acordo com o art. 3-A, § 2º, do mencionado diploma legal, introduzido pela Lei nº 13.500/2017, os recursos do FUPEN poderão também ser utilizados "no financiamento de programas destinados à reinserção social de presos, internados e egressos, ou de programas de alternativas penais". A Lei 13.500 também alterou o art. 40, § 5º, da Lei nº 8.666/1993 (Lei Geral de Licitações), dispondo que "A Administração Pública poderá, nos editais de licitação para a contratação de serviços, exigir da contratada que um percentual mínimo de sua mão de obra seja oriundo ou egresso do sistema prisional, com a finalidade de ressocialização do reeducando, na forma estabelecida em regulamento" (BRASIL, 2017).

Evidentemente, as fontes de arrecadação dos recursos do FUNPEN, preceituadas no art. 2º da Lei Complementar 79/1994, necessitam de ser ampliadas para fazer frente às demandas existentes, uma vez que de acordo com dados do Levantamento Nacional de Informações Penitenciárias (INFOPEN, 2017), tendo por referência junho/2016, a população presa no País era um total de 726.712 pessoas. Deve-se ainda considerar que nesse contexto tem-se a possibilidade de um constante e elevado número de egressos. Sendo assim, ampliar a arrecadação de recursos do FUNPEN seria de fundamental importância para ampliar os programas e projetos voltados para atender o egresso com o objetivo de evitar a reincidência criminal.

No caso específico do egresso do sistema prisional, apesar de a LEP ser clara e cristalina de que a "assistência estende-se ao egresso" é um "dever do Estado" e tem por objetivo "prevenir o crime e orientar o retorno à convivência em sociedade" [LEP, art. 10, parágrafo único (BRASIL, 1984)], são poucos ou quase inexistentes núcleos institucionais que sejam voltados para essa assistência, já que, como dito antes, a assistência mesmo ao preso ainda é deficiente.

Entretanto, reitera-se que as medidas voltadas para a reintegração devem acompanhar todo o curso do processo de execução penal desde a prisão, mesmo que provisória, e seguir com a soltura. Repisa-se no sentido de que as ações voltadas para egressos de unidades prisionais devem ser pensadas como possibilidades de redução da reincidência criminal, portanto, imbricadas inicialmente no processo de execução da pena.

Cabe destacar que se deve pensar em várias situações de egresso, pois existe a pessoa que esteve presa apenas provisoriamente (sem ter sido sentenciada) e se encontra em liberdade condicional. Já no caso de sentenciados deve-se considerar o modelo progressivo de execução penal atualmente no Brasil, em que existe o egresso em decorrência de livramento condicional, ainda com vínculo com a justiça e outra situação na qual a pena já tenha sido completamente cumprida.

Outro aspecto diferenciado para a questão do egresso é que, dada a situação de desvinculação com a prisão, torna o acompanhamento por parte do Estado mais dificultoso, porém, abrindo maiores possibilidades de efetiva participação da sociedade civil e de empresas por meio de parcerias com o poder público para a oferta de oportunidades. "[...] é imprescindível que a comunidade participe efetivamente desse processo de reintegração social, uma vez que o sistema prisional, mesmo que esteja à margem da sociedade, é produto dela e a ela pertencente" (MULLER, 2014, p. 6). No entanto, a questão central é convencer a sociedade quanto à essa preciosa participação, já que a mesma, além de ser vítima da criminalidade violenta (MINISTÉRIO DA JUSTIÇA E SEGURANÇA PÚBLICA; SECRETARIA NACIONAL DE SEGURANÇA PÚBLICA; DIRETORIA DE POLÍTICAS DE SEGURANÇA PÚBLICA, 2019), carrega a cultura enraizada de que a prisão seja solução definitiva para o agente criminoso e certamente não acredita em ressocialização.

Não se pode esquecer que no Brasil não se tem conhecimento quanto à existência de banco de dados específicos relacionados aos egressos do sistema prisional, com um perfil, por exemplo, de quem seja verdadeiramente a pessoa egressa, para que com esse diagnóstico se possa pensar em medidas concretas voltadas para a adoção de política pública que contribua para diminuir a reincidência criminal. O Levantamento Nacional de Informações Penitenciárias, realizado anualmente pelo Departamento Penitenciário Nacional, não inclui informações sobre pessoas egressas do sistema prisional. Isto deve ser incluído.

É importante destacar que o ambiente prisional tem sido o principal local para recrutamento de novos membros para facções criminosas e a experiência de egresso do sistema não deixa de ser um aspecto que certamente deve ser considerado relevante. Conforme Rodrigues (2017, p. 1), o crime organizado cada vez mais se sofistica, "[...] passando a atuar e cobrar os débitos dos seus membros quando regressam à liberdade. Isto é: mata-se e rouba-se para pagar a proteção e alimentação recebidas na cadeia [...]". Com isso, o Estado deve fomentar programas e projetos voltados para o egresso do sistema prisional que desfavoreçam o avanço das facções criminosas.

Evidentemente, a falta de maiores informações sobre egressos do sistema prisional impõe um desafio ainda maior para a construção de programas e projetos, de cunho nacional, voltados para esse tipo de público. Sendo assim, o passo inicial seria um maior sistema de controle, com informações e dados acerca das pessoas egressas do sistema prisional. Talvez a partir daí ampliar-se-iam as possibilidades de se construir alternativas de projetos e programas que possam atender a essa população, inclusive formando-se parcerias com empresas e organizações da sociedade civil, com ações voltadas exclusivamente para os egressos. Uma alternativa seria inicialmente tentar identificar eventuais boas práticas de projetos voltados para egressos do sistema prisional com vistas à diminuição da reincidência criminal e, em seguida, tentar reproduzi-las em outros locais.

Os incisos VI e VII do art. 61 da Lei de Execução Penal dispõem, respectivamente, sobre o patronato e o conselho da comunidade como órgãos da execução penal. Em seu art. 78 a LEP preceitua a existência do patronato público ou particular para "prestar assistência aos albergados e aos egressos". Conforme preceitua o art. 79, III da LEP incumbe ao patronato "colaborar na fiscalização do cumprimento das condições da suspensão e do livramento condicional". Já o art. 139, tratando da observação cautelar decorrente do livramento condicional, dispõe que o patronato ou o conselho da comunidade terão como finalidade: "I – fazer observar o cumprimento das condições especificadas na sentença concessiva do benefício; II – proteger o beneficiário, orientando-o na execução de suas obrigações e auxiliando-se na obtenção de atividade laborativa" (BRASIL, 1984).

Com efeito, o patronato representa uma alternativa já preceituada em lei. Entretanto, não existem dados precisos quanto à sua existência no País e qual tem sido o trabalho desenvolvido por este órgão de execução penal. Neste contexto, o conselho da comunidade poderia contribuir no trabalho de reintegração social atingindo, inclusive, o egresso do sistema prisional. Entretanto, da mesma forma, é preciso um diagnóstico mais preciso que possa demonstrar o papel do patronato no processo de execução da pena, que não se encerra com a soltura, por exemplo, quando do livramento condicional.

Corrobora-se, aqui, diretriz lançada pelo Conselheiro Danilo Pereira Júnior, na qual "deve-se fomentar a criação e a instalação de Centrais de Penas Alternativas, vinculadas diretamente ao juiz da execução, com a cooperação e integração dos demais órgãos e poderes do Estado e da sociedade".

No ano de 2009, por meio da Resolução nº 96, de 27 de outubro de 2009, o Conselho Nacional de Justiça (CNJ, 2009) instituiu, no âmbito do Poder Judiciário, o "Projeto Começar de Novo", com o objetivo de "promover ações de reinserção social de presos, egressos do sistema carcerário e de cumpridores de medidas e penas alternativas" (art. 1º). De acordo com o art. 2º desta Resolução, o Projeto comporia "um conjunto de ações educativas, de capacitação profissional e de reinserção no mercado de trabalho", devendo ser "implementado com a participação da Rede de Reinserção Social, constituída por todos os órgãos do Poder Judiciário e pelas entidades públicas e privadas, inclusive conselho da comunidade, universidade e instituições de ensino fundamental, médio e técnico-profissionalizantes" (art. 2º, § 1º). Com efeito, não restam dúvidas quanto ao viés propositivo do Projeto no sentido de contribuir para diminuir a reincidência criminal.

Dados obtidos diretamente no site do CNJ (2019b), informavam em 14/07/2019 que durante o Programa foram propostas 18.565 vagas de emprego, sendo que 13.725 vagas foram efetivamente preenchidas. Naquela data existiam 592 vagas de emprego disponíveis em diversas profissões: técnico eletrônico em geral, marceneiro, auxiliar de administração, auxiliar de serviços gerais, auxiliar de pedreiro, servente (construção civil), marceneiro, auxiliar de administração, atendente de balcão etc. As vagas são ofertadas por instituições parceiras integrantes da Rede de Reinserção Social. Quanto aos cursos de capacitação o site indicava 8.54 vagas propostas. Porém, logo em seguida aparecia a informação "nenhum curso encontrado", indicando não existir nenhum curso disponível no momento.

Em São Paulo, por exemplo, na estrutura institucional da Secretaria de Administração Penitenciária do Estado existe a Coordenadoria de Reintegração Social e Cidadania, criada pelo Decreto nº 54.025, de 16/02/2009 (GOVERNO DO ESTADO DE SÃO PAULO, 2009a), e o Programa Estadual de Apoio ao Egresso do Sistema Penitenciário – Pró-Egresso, instituído pelo Decreto nº 55.126, de 07/12/2009 (GOVERNO DO ESTADO DE SÃO PAULO, 2009b).

De acordo com informações do site da Secretaria de Administração Penitenciária do Estado de São Paulo (GOVERNO DO ESTADO DE SÃO PAULO, 2019b): o Programa atua em duas frentes bem específicas: no encaminhamento de egressos do sistema penitenciário paulista ao mercado de trabalho e na qualificação profissional dos sentenciados que cumprem pena em unidades prisionais de regime semiaberto, de egressos e de pessoas em cumprimento de penas ou medidas alternativas. Entretanto, as ações estão voltadas mais precisamente para o acompanhamento de pessoas em cumprimento de penas e medidas alternativas à pena privativa de liberdade.

O Estado de Santa Catarina vem se destacando quanto à oferta de trabalho ao preso. Recentemente, com a Lei complementar nº 741, de 12/06/2019, regulamentou Fundos Rotativos da Secretaria de Estado da Administração Prisional e Socioeducativa (GOVERNO DO ESTADO DE SANTA CATARINA, 2019a).[22] Em verdade, existem diversas modalidades de trabalho nos ambientes prisionais. Os dados do Infopen (2016) apontam um percentual de 15% das pessoas presas trabalhando no País, no que se refere aos presos em atividades educacionais, os mesmos dados indicam um percentual de 12%. Esses índices são considerados bastante baixos. Provam a ociosidade na prisão e podem colaborar para os altos níveis de reincidência. Porém, essas informações são importantes pontos de partida para a adoção de ações voltadas para atender aos egressos do sistema prisional.

Apesar de se constatar a existência de programas e projetos voltados para uma reinserção social mais adequada da pessoa egressa do sistema prisional, objetivando claramente a diminuição da reincidência criminal, não existem mecanismos de avaliação de possíveis impactos de tais programas e projetos. Ademais, os estudos sobre o tema são raros. Além disso, não existem dados referentes aos egressos de unidades prisionais compilados organizadamente e condensados para se ter um melhor diagnóstico da situação. O Ministério da Justiça e Segurança Pública/Departamento Penitenciário Nacional, por exemplo, não inclui dados robustos relacionados aos egressos do sistema prisional.

Feitas essas considerações acerca do tema, no intuito de colaborar na construção no Plano Nacional de Política Criminal e Penitenciária, são apresentadas as propostas relacionadas às diretrizes e medidas voltadas para o egresso do sistema prisional:

- Incluir no Sistema Nacional de Informações Penitenciárias (SISDEPEN) dados e informações sobre egressos do sistema prisional.
- Construir um pacto interinstitucional entre os Poderes Executivo e Judiciário e definir programas e projetos de âmbito nacional com metas e recursos definidos, objetivando a reinserção social do egresso.
- Propor alterações na Lei Complementar nº 79/1994 (BRASIL, 1994) no sentido de ampliar as fontes de arrecadação do FUNPEN.
- Fomentar, por meio do DEPEN, a criação de estruturas institucionais voltadas para o atendimento/orientação e assistência ao egresso do sistema prisional nos órgãos de gestão dos Sistemas Prisionais locais.

22 "Mecanismo que destina 25% do salário do preso, pago pela empresa que o contrata, para a unidade onde ele está cumprindo a pena. Uma espécie de indenização que o reeducando pago ao estado por conta das despesas no período de sua custódia" (GOVERNO DO ESTADO DE SANTA CATARINA, 2019b).

- Realizar levantamento nacional sobre existência de patronatos e conselhos da comunidade e incentivá-los a desenvolver ações voltadas para o atendimento do egresso.
- Criar o observatório do egresso, com o objetivo de monitoramento de ações voltadas para a reintegração social em cada órgão de execução penal.
- Formar parcerias com instituições públicas e privadas e organizações da sociedade civil para a oferta de trabalho e educação para egressos do sistema prisional.
- Criar e divulgar junto com as varas federais e estaduais de execução penal um manual de gestão e boas práticas com o fito de organizar e maximizar as penas de prestação de serviços à comunidade ou entidades públicas, para que a ressocialização desses apenados seja potencializada.
- Fazer cumprir o preceituado na 8.666/1993 (Lei Geral de Licitações) em relação à contratação de egressos em obras públicas (BRASIL, 1993).
- Incentivar os municípios na estruturação programas e projetos voltados para o egresso com foco na diminuição da reincidência criminal – a formação de parcerias com instituições públicas e privadas e organizações da sociedade civil para a oferta de trabalho e educação para egressos do sistema prisional pode ser estimulada mediante cadastramento no programa de cumprimento de medidas e penas alternativas (Lei nº 13.019/2014 – BRASIL, 1984).
- No tocante às APAC´s (Associação de Proteção e Assistência aos Condenados), estimular políticas públicas visando auxiliar este tipo de humanização das prisões sem, contudo, deixar de lado a função punitiva da pena.[23]
- Instituir mecanismos de monitoramento e avaliação de programas e projetos voltados para o egresso com foco na diminuição da reincidência criminal.
- Criar um banco de dados referentes a egressos em cada órgão dos Sistemas Prisionais locais, devendo mantê-lo acessível aos órgãos policiais.

Muito embora o foco desta parte diga respeito aos egressos do sistema penitenciário, não há como se dissociar, do que está sendo estudado, para que se possa pensar na "harmônica integração social do apenado e do internado"[24], como almejado pela Lei de Execução Penal, o necessário cuidado, por parte do Estado e de quem cometeu o ilícito, aos direitos da vítima ou das vítimas afetadas, direta ou indiretamente, pelo crime praticado pelo apenado e pelo qual foi condenado.

A ideia e o ideal de atenção às vítimas como obrigação do Estado e daquele que cometeu o ilícito não é nova. Na Declaração dos Princípios Básicos de Justiça Relativos às Vítimas da Criminalidade e de Abuso de Poder, adotada pela Assembleia-Geral das Nações Unidas, por meio da Resolução 40/34, de 29 de novembro de 1985, da qual o Brasil é signatário, está disciplinado, em seu item 8º, que "os autores de crimes ou os terceiros responsáveis pelo seu comportamento devem, se necessário, reparar de forma equitativa o prejuízo causado às vítimas, às suas famílias ou às pessoas a seu cargo[...]" (COMISSÃO DE DIREITOS HUMANOS E MINORIAS, 2019).

Além disso, na mesma Declaração, está disposto que os seus signatários devem reforçar os "mecanismos judiciais e administrativos destinados a permitir que as vítimas obtenham reparação através de procedimentos formais ou informais que sejam rápidos" (COMISSÃO DE DIREITOS HUMANOS E MINORIAS, 2019).

No Brasil, a Constituição Federal, no que diz respeito ao atendimento às vítimas, na parte relativa às disposições gerais constitucionais, mais especificamente em seu art. 245, mesmo que delegando a sua regulamentação para legislação infraconstitucional, dispôs:

> ***Art. 245.*** *A Lei disporá sobre as hipóteses e condições em que o poder público dará assistência aos herdeiros e dependentes carentes de pessoas vitimadas por crime doloso, sem prejuízo da responsabilidade civil do autor do ilícito (BRASIL, 1988).*

O Conselho Nacional de Justiça (CNJ, 2018d), ao seu turno, no curso da 277ª Sessão Ordinária, realizada em 04 de setembro de 2018, ao considerar os termos da Declaração dos Princípios Básicos de Justiça Relativos às Vítimas da Criminalidade e de Abuso de Poder, os termos do art. 245 da Constituição Federal e a "insuficiência da proteção assegurada pela Lei nº 9.807/1999, de 13 de julho de 1999"[25], editou a Resolução nº 253. Dita resolução, em suma, determinou que o Poder Judiciário, ao exercer as suas competências, deve, dentre outras coisas:

• Garantir que as vítimas de crimes e de atos infracionais sejam tratadas com equidade, dignidade e respeito pelos órgãos judiciários e de seus serviços auxiliares (art. 1º).

- Instituir plantão especializado para atendimento às vítimas, destinando parcela da jornada dos servidores integrantes das equipes multidisciplinares e os espaços físicos adequados para tal (art. 2º).
- Acolher as vítimas com zelo e profissionalismo (art. 3º, I).
- Orientar as vítimas (art. 3º, II).
- Informar as vítimas sobre os seus direitos (art. 3º, III) e sobre programas destinados a vítimas ameaçadas (art. 3º, V).
- Encaminhar à rede de serviços públicos (jurídico, psicológico, assistencial, médico etc.
  - art. 3º IV) e a programas de Justiça Restaurativa (art. 3º, VI).
- Adotar as providências possíveis para destinar ambientes de espera separadas para a vítima e seus familiares nos locais de realização de diligências processuais e audiências.
- Prestar a necessária capacitação para os servidores que atuarão nos plantões referidos no art. 2º (art. 4º).
- Regulamentar a instituição dos plantões referidos no art. 2º e a concessão gratuita de cópias dos autos às vítimas, se não houver norma específica sobre a matéria (art. 6º).

23 Tal diretiva segue o "Estudo preliminar a metodologia APAC e a criação de vagas no sistema prisional a partir da implantação de centros de reintegração social" (MINISTÉRIO DA JUSTIÇA E SEGURANÇA PÚBLICA; OUVIDORIA NACIONAL DE SERVIÇOS PENAIS, 2019).

24 Art. 1º A execução penal tem por objetivo efetivar as disposições de sentença ou decisão criminal e proporcionar condições para a harmônica integração social do condenado e do internado (BRASIL, 1984).

25 A Lei nº 9.807/1999 estabelece normas para a organização e a manutenção de programas especiais de proteção a vítimas e a testemunhas ameaçadas, institui o Programa Federal de Assistência a Vítimas e a Testemunhas Ameaçadas e dispõe sobre a proteção de acusados ou condenados que tenham voluntariamente prestado efetiva colaboração à investigação policial e ao processo criminal (BRASIL, 1999).

Ressalta-se que, nos termos da resolução, vítimas são as "pessoas que tenham sofrido dano físico, moral, patrimonial ou psicológico em razão de crime ou ato infracional cometido por terceiro, ainda que não identificado, julgado ou condenado" (CNJ, 2018d). Como paradigma de atendimento eficaz às vítimas, cuja proposta pode ser ampliada e massificada em termos nacionais, há que se considerar o Projeto Acolhimento de Vítimas, Análise e Resolução de Conflitos (AVARC), idealizado pelas Promotoras de Justiça Celeste Leite dos Santos e Fabiola Moran Faloppa, e Procurador de Justiça Pedro Henrique Demercian.

O Projeto AVARC visa fortalecer medidas de proteção às vítimas de crimes, atuando de forma integrada com as redes interna e externa no tocante aos efeitos secundários do delito, procurando ser um canal de diálogo permanente e ativo com a vítima. Este Projeto conta com cadastro no sistema INOVA do Ministério Público do Estado de São Paulo (AVARC, 2019). Por esses motivos, uma vez que diferentes faces da moeda, ao mesmo tempo em que se deve pensar e executar medidas e diretrizes que digam respeito a reinserção social dos egressos do sistema prisional, há que se pensar e executar política institucional que atenda aos direitos e interesses das vítimas de crimes e atos infracionais.

Referências bibliográficas do Conselho Nacional de Política Criminal e Penitenciária

AMARAL, J. A. da S. **Determinantes da entrada das mulheres no tráfico de drogas**: um estudo para o Acre (Brasil). 2019. 147 f. Tese (Doutorado em Desenvolvimento Regional e Agronegócio) – Universidade Estadual do Oeste do Paraná, Toledo/PR. 2019.

ARÚS, F. B. Panorama comparativo dos modernos sistemas penitenciários. **Revista dos Tribunais**, São Paulo, ano 61, v. 441, p. 215-239, julho 1972.

BBC NEWS. **DNA pode esclarecer crime atribuído a serial killer após quase 50 anos**. 2013. Disponível em: <https://www.bbc.com/portuguese/noticias/2013/07/130712_estrangulador_boston_dna_fn>. Acesso em: 13 jul. 2019.

BECKER, G. S. Crime and punishment: an economic approach. **Journal of Political Economy**. v. 76, n. 1. 1968. p. 169-217.

BENTHAM, J. **Teoria das penas legais e Tratado dos sofismas políticos**. São Paulo: Edijur, 2002.

BITENCOURT, C. R. **Tratado de Direito Penal. Vol. 4 - Parte Especial.** 6. ed. São Paulo: Editora Saraiva, 2012.

BRASIL. **Código Penal** (Lei 2.848/1940, de 07 de dezembro de 1940). Publicada no Diário Oficial da União. Disponível em: <https://www2.camara.leg.br/legin/fed/declei/1940- 1949/decreto-lei-2848-7-dezembro-1940-412868-publicacaooriginal-1-pe.html>. Acesso em: 06 jul. 2019.

BRASIL. **Constituição da República Federativa do Brasil**. Brasília, DF: Senado Federal: Centro Gráfico, 1988, 292 p. Disponível em: <http://www.planalto.gov.br/ccivil_03/constituicao/constituicao.htm#adct>. Acesso em: 14 jun. 2019.

BRASIL. Decreto do Executivo 7.950/2013, de 12 de março de 2013. 2013b. Publicada no Diário Oficial da União em 13 de março de 2013. Disponível em: <http://www.planalto.gov.br/ccivil_03/_Ato2011-2014/2013/Decreto/D7950.htm>. Acesso em: 06 jul. 2019.

BRASIL. Lei Complementar nº 79/1994, de 07 de janeiro de 1994. Cria o Fundo Penitenciário Nacional - FUNPEN, e dá outras providências. Disponível em: <http://www.planalto.gov.br/ccivil_03/LEIS/LCP/Lcp79.htm>. Acesso em: 14 jul. 2019.

BRASIL. Lei nº 10.216/2001, de 06 de abril de 2001. Publicada no Diário Oficial da União em 09 de abril de 2001. Disponível em: <http://www.planalto.gov.br/ccivil_03/LEIS/LEIS_2001/L10216.htm>. Acesso em: 22 set. 2019.

BRASIL. Lei nº 11.343/2006, de 23 de agosto de 2006. Publicada no Diário Oficial da União em 24 de agosto de 2006. Disponível em: <http://www.planalto.gov.br/ccivil_03/_ato2004- 2006/2006/lei/l11343.htm>. Acesso em: 06 jul. 2019.

BRASIL. Lei nº 11.671/2008, de 08 de maio de 2008. Publicada no Diário Oficial da União em 09 de maio de 2008. Disponível em: <http://www.planalto.gov.br/ccivil_03/_Ato2007- 2010/2008/Lei/L11671.htm>. Acesso em: 06 jul. 2019.

BRASIL. Lei nº 12.037/2009, de 01 de outubro de 2009. Publicada no Diário Oficial da União em 02 de outubro de 2009. Disponível em: <http://www.planalto.gov.br/ccivil_03/_Ato2007-2010/2009/Lei/L12037.htm>. Acesso em: 06 jul. 2019.

BRASIL. Lei nº 12.529/2011, de 30 de novembro de 2011. Publicada no Diário Oficial da União em 01 de dezembro de 2011. Disponível em: <http://www.planalto.gov.br/ccivil_03/_ato2011-2014/2011/lei/l12529.htm>. Acesso em: 06 jul. 2019.

BRASIL. Lei nº 12.654/2012, de 28 de maio de 2012. Publicada no Diário Oficial da União em 29 de maio de 2012. Disponível em: <http://www.planalto.gov.br/ccivil_03/_Ato2011- 2014/2012/Lei/L12654.htm>. Acesso em: 06 jul. 2019.

BRASIL. Lei nº 12.846/2013 de 01 de agosto de 2013. 2013c. Publicada no Diário Oficial da União em 02 de agosto de 2013. Disponível em: <http://www.planalto.gov.br/ccivil_03/_ato2011-2014/2013/lei/l12846.htm>. Acesso em: 06 jul. 2019.

BRASIL. Lei nº 12.850/2013, de 02 de agosto de 2013. 2013a. Publicada no Diário Oficial da União em 05 de agosto de 2013. Disponível em: <http://www.planalto.gov.br/ccivil_03/_ato2011-2014/2013/lei/l12850.htm>. Acesso em: 06 jul. 2019.

BRASIL. Lei nº 13.019/2014, de 31 de julho de 2014. Publicada no Diário Oficial da União em 01 de agosto de 2014. Disponível em: <http://www.planalto.gov.br/ccivil_03/_ato2011- 2014/2014/lei/l13019.htm>. Acesso em: 25 ago. 2019.

BRASIL. Lei nº 13.500/2017, de 26 de outubro de 2017. Publicada no Diário Oficial da União em 27 de outubro de 2017. Disponível em: <http://www.planalto.gov.br/ccivil_03/_Ato2015-2018/2017/Lei/L13500.htm>. Acesso em: 14 jul. 2019.

BRASIL. Lei nº 13.608/2018, de 10 de janeiro de 2018. 2018d. Publicada no Diário Oficial da União em 11 de janeiro de 2018. Disponível em: <http://www.planalto.gov.br/ccivil_03/_Ato2015-2018/2018/Lei/L13608.htm>. Acesso em: 06 jul. 2019.

BRASIL. Lei nº 13.675/2018, de 11 de junho de 2018. 2018c. Publicada no Diário Oficial da União em 12 de junho de 2018. Disponível em: <http://www.planalto.gov.br/ccivil_03/_Ato2015-2018/2018/Lei/L13675.htm>. Acesso em: 07 jul. 2019.

BRASIL. Lei nº 13.840/2019, de 05 de junho de 2019. 2019d. Publicada no Diário Oficial da União em 06 de junho de 2019. Disponível em: <http://www.planalto.gov.br/ccivil_03/_ato2019-2022/2019/lei/L13840.htm>. Acesso em: 05 set. 2019.

BRASIL. Lei nº 13.844/2019, de 18 de junho de 2019. 2019c. Publicada no Diário Oficial da União em 18 de junho de 2019. Disponível em: <http://www.planalto.gov.br/ccivil_03/_Ato2019-2022/2019/Lei/L13844.htm>. Acesso em: 06 jul. 2019.

BRASIL. Lei nº 7.210/1984, de 11 de julho de 1984. Publicada no Diário Oficial da União em 13 de julho de 1984. Disponível em: <http://www.planalto.gov.br/ccivil_03/leis/L9807.htm>. Acesso em: 06 jul. 2019.

BRASIL. Lei nº 7.492/1986, de 16 de junho de 1986. Publicada no Diário Oficial da União em 18 de junho de 1986. Disponível em:

<http://www.planalto.gov.br/ccivil_03/leis/l7492.htm>. Acesso em: 06 jul. 2019.

BRASIL. Lei nº 8.072/1990, de 25 de julho de 1990. 1990a. Publicada no Diário Oficial da União em 26 de julho de 1986. Disponível em:

<http://www.planalto.gov.br/ccivil_03/Leis/L8072.htm>. Acesso em: 06 jul. 2019.

BRASIL. Lei nº 8.137/1990, de 27 de dezembro de 1990. 1990b. Publicada no Diário Oficial da União em 28 de dezembro de 1990. Disponível em:

<http://www.planalto.gov.br/ccivil_03/leis/l8137.htm>. Acesso em: 06 jul. 2019.

BRASIL. Lei nº 8.666/1993, de 21 de junho de 1993. Publicada no Diário Oficial da União em 22 de junho de 1993. Disponível em:

<http://www.planalto.gov.br/ccivil_03/leis/l8666cons.htm>. Acesso em: 02 ago. 2019.

BRASIL. Lei nº 9.034/1995, de 03 de maio de 1995. 1995a. Publicada no Diário Oficial da União em 04 de maio de 1995. Disponível em:

<http://www.planalto.gov.br/ccivil_03/LEIS/L9034.htm>. Acesso em: 06 jul. 2019.

BRASIL. Lei nº 9.099/1995, de 26 de setembro de 1995. 1995b. Publicada no Diário Oficial da União em 27 de setembro de 1995. Disponível em:

<http://www.planalto.gov.br/ccivil_03/leis/l9099.htm>. Acesso em: 06 jul. 2019.

BRASIL. Lei nº 9.296/1996, de 24 de julho de 1996. Publicada no Diário Oficial da União em 25 de julho de 1996. Disponível em: <http://www.planalto.gov.br/ccivil_03/leis/l9296.htm>. Acesso em: 06 jul. 2019.

BRASIL. Lei nº 9.613/1998, de 03 de março de 1998. Publicada no Diário Oficial da União em 04 de março de 1998. Disponível em:

<http://www.planalto.gov.br/ccivil_03/leis/L9613.htm>. Acesso em: 06 jul. 2019.

BRASIL. Lei nº 9.807/1999, de 13 de julho de 1999. Publicada no Diário Oficial da União em 14 de julho de 1999. Disponível em: <http://www.planalto.gov.br/ccivil_03/leis/L9807.htm>. Acesso em: 06 jul. 2019.

BRASIL. Medida Provisória 885/2019, de 17 de junho de 2019. 2019b. Publicada no Diário Oficial da União em 18 de junho de 2019. Disponível em: <http://www.planalto.gov.br/ccivil_03/_Ato2019-2022/2019/Mpv/mpv885.htm>. Acesso em: 06 jul. 2019.

BRASIL. Projeto de Lei 10.372/2018. 2018b. Disponível em:

<https://www.camara.leg.br/proposicoesWeb/fichadetramitacao?idProposicao=2178170>. Acesso em: 07 jul. 2019.

BRASIL. Projeto de Lei 882/2019. 2019a. Disponível em:

<https://www.camara.leg.br/proposicoesWeb/prop_mostrarintegra;jsessionid=93FB91DE481 1F8961F76E29662026CBA.proposicoesWebExterno2?codteor=1719464&filename=Avulso+

-PL+882/2019>. Acesso em: 07 jul. 2019.

CARPES, B. A. **O mito do encarceramento em massa**. 2017. Disponível em:

<https://politica.estadao.com.br/blogs/fausto-macedo/o-mito-do-encarceramento-em-massa/>. Acesso em: 16 set. 2019.

CARPES, B. A. **Os números do sistema prisional e a persistência dos fatos**. Disponível em: <https://www.gazetadopovo.com.br/opiniao/artigos/os-numeros-do-sistema-prisional-e-a- persistencia-dos-fatos-encarceramento/>. Acesso em: 16 set. 2019.

CERQUEIRA, D.; LOBÃO, W. Determinantes da criminalidade: arcabouços teóricos e resultados empíricos. **DADOS – Revista de Ciências Sociais**, Rio de Janeiro, v.47, n.2, p. 233-269, 2004.

COMISSÃO DE DIREITOS HUMANOS E MINORIAS. **Declaração dos Princípios Básicos de Justiça Relativos às Vítimas da Criminalidade e de Abuso de Poder.** 1985. Disponível em: <https://www2.camara.leg.br/atividade-legislativa/comissoes/comissoes- permanentes/cdhm/comite-brasileiro-de-direitos-humanos-e-politica- externa/DeclPrincBasJusVitCrimAbuPod.html>. Acesso em: 18 ago. 2019.

COMISSÃO PARLAMENTAR DE INQUÉRITO (CPI). **CPI sistema carcerário.** 2009.

Disponível em: <http://bd.camara.leg.br/bd/handle/bdcamara/2701#>. Acesso em: 16 jul. 2019.

COMITÊ GESTOR DA REDE INTEGRADA DE BANCOS DE PERFIS GENÉTICOS. **X Relatório da Rede Integrada de Bancos de Perfis Genéticos (RIBPG).** Brasília: CG- RIBPG, 2019. 32 p. Disponível em: <https://www.justica.gov.br/sua-seguranca/seguranca- publica/ribpg/relatorio/copy_of_relatorio_ribpg_nov_2014.pdf/view>. Acesso em: 06 jul. 2019.

CONSELHO NACIONAL DE JUSTIÇA (CNJ). **Banco Nacional de Monitoramento de Prisões – BNMP 2.0**: Cadastro Nacional de Presos. Brasília: CNJ, agosto de 2018a. 97 p.

CONSELHO NACIONAL DE JUSTIÇA (CNJ). **Diagnóstico das Ações Penais de Competência do Tribunal do Júri/Conselho Nacional de Justiça**. Brasília: CNJ, 2019a. 41 p.

CONSELHO NACIONAL DE JUSTIÇA (CNJ). **Justiça em números 2018**: ano-base 2017. Brasília: CNJ, 2018c. 214 p. CONSELHO NACIONAL DE JUSTIÇA (CNJ). **O Poder Judiciário na aplicação da Lei Maria da Penha – 2018**. Brasília: CNJ, 2018b. 23 p.

CONSELHO NACIONAL DE JUSTIÇA (CNJ). **Projeto Começar de Novo.** 2019b. Disponível em: <http://www.cnj.jus.br/projetocomecardenovo/index.wsp>. Acesso em: 14 jul. 2019.

CONSELHO NACIONAL DE JUSTIÇA (CNJ). **Regras de Mandela:** Regras Mínimas das Nações Unidas para o Tratamento de Presos/Conselho Nacional de Justiça, Departamento de Monitoramento e Fiscalização do Sistema Carcerário e do Sistema de Execução de Medidas Socioeducativas. 1. Ed. Brasília: CNJ, 2016. Disponível em:

<https://www.cnj.jus.br/files/conteudo/arquivo/2016/05/39ae8bd2085fdbc4a1b02fa6e3944ba 2.pdf>. Acesso em: 01 jul. 2019.

CONSELHO NACIONAL DE JUSTIÇA (CNJ). **Resolução nº 253 de 04/09/2018**. Brasília: CNJ, 2018d. Disponível em: <http://www.cnj.jus.br/busca-atos-adm?documento=3547>.

Acesso em: 18 ago. 2019.

CONSELHO NACIONAL DE JUSTIÇA (CNJ). **Resolução nº 96, de 27 de outubro de 2009. Dispõe sobre o Projeto Começar de Novo no âmbito do Poder Judiciário, instituiu o Portal de Oportunidades e dá outras providências**. 2009. Disponível em:

<http://www.cnj.jus.br/images/atos_normativos/resolucao/resolucao_96_27102009_1010201 2194748.pdf>. Acesso em: 14 jul. 2019.

CONSELHO NACIONAL DE JUSTIÇA (CNJ). **Sistema Geopresídios.** 2019c. Disponível em: <http://www.cnj.jus.br/inspecao_penal/mapa.php>. Acesso em: 16 jul. 2019.

CONSELHO NACIONAL DE POLÍTICA CRIMINAL E PENITENCIÁRIA (CNPCP).

Plano Nacional de Política Criminal e Penitenciária, Brasília, Distrito Federal, 2015. Disponível em: <https://www.conjur.com.br/dl/plano-nacional-politica-criminal.pdf>. Acesso em: 28 jun. 2019.

CONSELHO NACIONAL DE POLÍTICA CRIMINAL E PENITENCIÁRIA (CNPCP).

Resolução CNPCP nº 9 de 13/11/2009. Disponível em:

<https://www.normasbrasil.com.br/norma/resolucao-9-2009_111343.html>. Acesso em: 04 set. 2019.

DOLEAC, J. L. **The effects of DNA databases on crime**. 2011. Disponível em: <http://siepr.stanford.edu/sites/default/files/publications/Doleac_DNA-Databases_0_5.pdf>. Acesso em: 09 jul. 2019.

DOTTI, R. A. **Curso de Direito Penal. Parte Geral**. 3. ed. São Paulo: Editora Revista dos Tribunais, 2010.

FELDENS, L. **Direitos fundamentais e direito penal**: a constituição penal. 2. ed. Porto Alegre: Livraria do Advogado Editora, 2012.

FÓRUM BRASILEIRO DE SEGURANÇA PÚBLICA. **Anuário Brasileiro de Segurança Pública**. LIMA, R. S. de; BUENO, S. (Coords.). São Paulo: FBSP, 2018. 89 p. Disponível em: <http://www.forumseguranca.org.br/wp-content/uploads/2019/03/Anuario-Brasileiro-de- Seguran%C3%A7a-P%-C3%BAblica-2018.pdf>. Acesso em: 09 jul. 2019.

GONÇALVES JÚNIOR, C. A.; SHIKIDA, P. F. A. Determinantes da reincidência penal no Estado do Paraná: uma análise empírica da economia do crime. **Revista de Análise Econômica do Direito/Economic Analysis of Law Review**, v. 4, n. 2, p. 315-336, jul./dez., 2013.

GOVERNO DO ESTADO DE MINAS GERAIS. Decreto nº 44.525, de 21 de maio de 2007.

2007. Cria o Comitê Institucional de Recuperação de Ativos – CIRA – e dá outras providências. Disponível em:

<https://www.almg.gov.br/consulte/legislacao/completa/completa.html?num=44525&ano=20 07&tipo=DEC>. Acesso em: 26 jul. 2019.

GOVERNO DO ESTADO DE SANTA CATARINA. Lei complementar nº 741, de 12/06/2019. Disponível em:

<http://www.sap.sc.gov.br/?option=com_content&view=article&id=1206&Itemid=5>. Acesso em: 14 jul. 2019.

GOVERNO DO ESTADO DE SANTA CATARINA. **Representantes do Governo de Goiás visitam SAP para conhecer sistema prisional de SC.** 2019b. Disponível em:

<http://www.sap.sc.gov.br/index.php/noticias/todas-as-noticias>. Acesso em: 15 set. 2019.

GOVERNO DO ESTADO DE SÃO PAULO. **Dados Estatísticos do Estado de São Paulo**. 2019a. Disponível em: <https://www.ssp.sp.gov.br/estatistica/pesquisa.aspx>. Acesso em: 09 jul. 2019.

GOVERNO DO ESTADO DE SÃO PAULO. Decreto nº 54.025, de 16 de fevereiro de 2009. 2009a. Cria e organiza, na Secretaria da Administração Penitenciária, a Coordenadoria de Reintegração Social e Cidadania. Disponível em:

<http://www.reintegracaosocial.sp.gov.br/db/crsc- kyu/archives/4de84f58014ac3bd249166293417d9f4.pdf>. Acesso em: 14 jul. 2019.

GOVERNO DO ESTADO DE SÃO PAULO. Decreto nº 55.126, de 07 de dezembro de 2009. 2009b. Institui o Programa de Inserção de Egressos do Sistema Penitenciário no Mercado de Trabalho - PRÓ-EGRESSO e dá providências correlatas. Disponível em:

<https://www.al.sp.gov.br/norma/158550>. Acesso em: 14 jul. 2019.

GOVERNO DO ESTADO DE SÃO PAULO. Resolução SSP nº 02, de 12 de janeiro de 2017. Institui o "Protocolo Único de Atendimento", a ser observado nas ocorrências de violência doméstica e familiar contra a mulher. Diário Oficial do Estado de São Paulo. 13 jan. 2017.

Disponível em:

<https://www.imprensaoficial.com.br/DO/BuscaDO2001Documento_11_4.aspx?link=/2017/e xecutivo%2520secao%2520i/janeiro/13/pag_0013_D88S1CJ8DS8H9eAV9KTJAE67R8Q.pd f&pagina=13&data=13/01/2017&caderno=Executivo+I&paginaordenacao=100013>. Acesso em: 09 jul. 2019.

GOVERNO DO ESTADO DE SÃO PAULO. **Secretaria de Administração Penitenciária do Estado. Coordenadoria de Reintegração Social e Cidadania. Programas Pró-Egresso.** 2019b. Disponível em: <http://www.reintegracaosocial.sp.gov.br/pro_egresso.php>. Acesso em: 14 jul. 2019.

GOVERNO DO ESTADO DO PARANÁ. Lei nº 19.240, de 28 de novembro de 2017. Disponível em: <https://www.jusbrasil.com.br/diarios/236157217/doepr-caderno-normal- executivo-04-04-2019-pg-192>. Acesso em: 05 set. 2019.

HARES, D. **CODIS and NDIS Update**. 2018. Disponível em:

<https://vb6ykw2twb15uf9341ls5n11-wpengine.netdna-ssl.com/wp- content/uploads/2018/07/3.-Doug-Hares-ISHI-29-Presentation.pdf>. Acesso em: 09 jul. 2019.

HAYASHI, F. E. H. **Corrupção**: combate transnacional, *compliance* e investigação criminal.

ed. Rio de Janeiro: Lumen Juris. 2017. 313 p.

INSTITUTO DE DESENVOLVIMENTO ECONÔMICO E SOCIAL DE FRONTEIRAS

(IDESF). **Quem somos**. Disponível em: <http://www.idesf.org.br/quem-somos/>. Acesso em: 15 set. 2019.

INFOPEN. **Levantamento Nacional de Informações Penitenciárias Atualização - Junho de 2016**. Brasília: Ministério da Justiça e Segurança Pública/Departamento Penitenciário Nacional, 2017. 65 p.

INFOPEN. **Levantamento Nacional de Informações Penitenciárias.** 2017. Disponível em:

<http://depen.gov.br/DEPEN/noticias-1/noticias/infopen-levantamento--nacional-de- informacoes-penitenciarias-2016>. Acesso em: 16 jul. 2019.

INSTITUTO BRASILEIRO DE GEOGRAFIA E ESTATÍSTICA (IBGE). **Em 2017,**

expectativa de vida era de 76 anos. 2018. Disponível em:

<https://agenciadenoticias.ibge.gov.br/agencia-sala-de-imprensa/2013-agencia-de- noticias/releases/23200-em-2017-expectativa-de-vida-era-de-76-anos>. Acesso em: 10 jul. 2019.

INSTITUTO DE PESQUISA ECONÔMICA APLICADA (IPEA). **Reincidência Criminal**

no Brasil. Relatório de Pesquisa. Rio de Janeiro: IPEA, 2015. 160 p.

INSTITUTO DE PESQUISA ECONÔMICA APLICADA (IPEA); FÓRUM BRASILEIRO

DE SEGURANÇA PÚBLICA (Orgs.). **Atlas da Violência 2017**. Rio de Janeiro: IPEA; Fórum Brasileiro de Segurança Pública, 2017. 68 p.

INSTITUTO DE PESQUISA ECONÔMICA APLICADA (IPEA); FÓRUM BRASILEIRO

DE SEGURANÇA PÚBLICA (Orgs.). **Atlas da Violência 2019**. Brasília: Rio de Janeiro: São Paulo: IPEA; Fórum Brasileiro de Segurança Pública, 2019. 115 p.

INSTITUTO IGARAPÉ. **Nota Técnica Abril 2019. O que explica a grande queda no índice de homicídios no Brasil?** Disponível em: <https://igarape.org.br/nota-tecnica-o-que- explica-a-grande-queda-no-indice-de-homicidios-no-brasil/>. Acesso em: 04 jul. 2019.

INSTITUTO SOU DA PAZ. **Onde mora a impunidade? Porque o Brasil precisa de um Indicador Nacional de Esclarecimento de Homicídios**. São Paulo: Instituto Sou da Paz, 2017. 18 p. Disponível em: <http://soudapaz.org/upload/pdf/index_isdp_web.pdf>. Acesso em: 09 jul. 2019.

INTER-AMERICAN DRUG ABUSE CONTROL COMMISSION. Disponível em:

<http://www.cicad.oas.org/main/default_eng.asp>. Acesso em: 22 set. 2019.

KAPLAN, R. S.; NORTON, D. P. **A estratégia em ação**: balanced scorecard. 4. ed. Rio de Janeiro: Campus, 1997.

KONCHINSKI, V. **Substituto de Moro reduz velocidade de julgamentos da Lava Jato no Paraná.** Disponível em: <https://noticias.uol.com.br/politica/ultimas- noticias/2019/09/14/saida-de-moro-reduz-velocidade-de-julgamentos-da-lava-jato-no- pr.htm>. Acesso em: 15 set. 2019.

LYRA, R. **Comentários ao Código Penal**, Rio de Janeiro: Forense, 1958.

MACHADO, B. A.; SANTOS, R. S. Constituição, STF e a política penitenciária no Brasil: uma abordagem agnóstica da execução das penas. **Revista Brasileira de Políticas Públicas**, Brasília (DF), v. 8, n. 1, p. 89-112, 2018.

MARIANO, R. S. **Fatores socioeconômicos da criminalidade no Estado de São Paulo**: um enfoque da economia do crime. 2010. 116 f. Dissertação (Mestrado em Economia) – Pontifícia Universidade Católica de São Paulo, São Paulo/SP, 2010.

MINISTÉRIO DA JUSTIÇA E SEGURANÇA PÚBLICA. **Governo Federal lança "Em Frente Brasil" para combater os crimes violentos no País**. 2019. Disponível em:

<https://justica.gov.br/news/collective-nitf-content-1567102301.36>. Acesso em: 01 set. 2019.

MINISTÉRIO DA JUSTIÇA E SEGURANÇA PÚBLICA; SECRETARIA NACIONAL DE SEGURANÇA PÚBLICA; DIRETORIA DE POLÍTICAS DE SEGURANÇA PÚBLICA.

Programa Nacional de Enfrentamento à Criminalidade Violenta. Modelo Lógico – Projeto Piloto. Brasília: MJSP. 2019. 34 p.

MINISTÉRIO DA JUSTIÇA E SEGURANÇA PÚBLICA; OUVIDORIA NACIONAL DE SERVIÇOS PENAIS. **Estudo preliminar a metodologia APAC e a criação de vagas no sistema prisional a partir da implantação de centros de reintegração social**. Brasília: MJSP, 2019. 37 p.

MINISTÉRIO DA JUSTIÇA. Portaria nº 82, de 16 de julho de 2014. Estabelece as Diretrizes sobre os procedimentos a serem observados no tocante à cadeia de custódia de vestígios.

Publicada no Diário Oficial da União em 18 de julho de 2014. Disponível em:

<http://www.lex.com.br/legis_25740023_portaria_n_82_de_16_de_julho_de_2014>. Acesso em: 09 jul. 2019.

MINISTÉRIO DA SEGURANÇA PÚBLICA. **Sistema Único de Segurança Pública. Política Nacional de Segurança Pública. Plano Nacional de Segurança Pública e Defesa Social 2018-2028.** 2018. Disponível em: <http://www.seguranca.gov.br/Acesso/consulta- publica/anexos/anexos-plano--nacional-de-seguranca-publica/plano-nacional-de-seguranca- publica-e-defesa-social.pdf>. Acesso em: 06 jul. 2019. MINISTÉRIO PÚBLICO FEDERAL. **Operação Lava Jato**. 2019. Disponível em:

<http://www.mpf.mp.br/grandes-casos/caso-lava-jato/entenda-o-caso>. Acesso em: 06 jul. 2019.

MUELLER, B. **A reintegração social do egresso do sistema prisional e o papel da psicologia**: Estudo de caso. 2014. Disponível em:

<http://www.isprevista.rj.gov.br/download/Rev20140603.pdf>. Acesso em: 14 jul. 2019.

NICKEL, H. **Análise da execução penal envolvendo crimes econômicos no Paraná cuja pena privativa de liberdade foi substituída por prestação de serviços e/ou pecuniária**. 2019. 114 p. Dissertação (Mestrado em Desenvolvimento Regional e Agronegócio) – Universidade Estadual do Oeste do Paraná – Toledo/PR, 2019.

ODON, T. I. Segurança pública e análise econômica do crime: o desenho de uma estratégia para a redução da criminalidade no Brasil. **Revista de Informação Legislativa**, v. 55, n. 218,

p. 33-61, abr./jun. 2018. Disponível em:

<http://www12.senado.leg.br/ril/edicoes/55/218/ril_v55_n218_p33>. Acesso em: 28 ago. 2019.

OLIVEIRA, C. A. de. **Ensaios em economia do crime**: dissuasão, armas e carreira criminosa. Tese de Doutorado em Economia. 2011. 86 f. Tese (Doutorado em Economia) – Universidade Federal do Rio Grande do Sul, Porto Alegre/RS. 2011.

OPERAÇÃO LUZ NA INFÂNCIA. Disponível em:

<http://agenciabrasil.ebc.com.br/tags/operacao-luz-na-infancia>. Acesso: 10 de jul. 2019.

PENITENCIÁRIA ESTADUAL DE FOZ DO IGUAÇU – PEF/PR. **Projeto Evangelístico "Caminho de Vida"**. Foz do Iguaçu: PEF, 2015, 5 p.

PORTO, R. **Crime organizado e sistema prisional**. São Paulo: Atlas, 2008.

PRADO, L. R. **Curso de Direito Penal Brasileiro.** 13. ed. São Paulo; Editora Revista dos Tribunais, 2014.

PREVENÇÃO DA VIOLÊNCIA DOMÉSTICA E FAMILIAR CONTRA AS MULHERES COM A ESTRATÉGIA DE SAÚDE DA FAMÍLIA (PVDESF). 2018. Disponível em:

<http://www.mpsp.mp.br/portal/page/portal/Cartilhas/prev_viol_domest/CMVP- Portugues.pdf>. Acesso em: 04 set. 2019.

PROJETO ACOLHIMENTO DE VÍTIMAS, ANÁLISE E RESOLUÇÃO DE CONFLITOS (AVARC). Disponível em: <http://avarc.com.br/>. Acesso em: 18 ago. 2019.

RAMOS, A. de C. **Direitos humanos em juízo**: comentários em casos contenciosos e consultivos da corte interamericana de direitos humanos. São Paulo: Max Limonad, 2001.

RODRIGUES, F. A. **7 coisas que aprendi trabalhando no sistema prisional brasileiro**. 2017. Disponível em: <https://emporiododireito.com.br/leitura/7-coisas-que-aprendi- trabalhando-no-sistema-prisional-brasileiro>. Acesso em: 10 set. 2019.

RODRIGUES, F. A.; RODRIGUES, L. B. S. de A. **Lavagem de dinheiro e crime organizado**. Belo Horizonte: Del Rey, 2016. 96 p.

SALAMACHA, M.; BARROS, L. S. O pensamento estratégico e as fronteiras do Brasil: O desafio da gestão integrada entre sociedade civil e órgãos públicos. In: LUDWIG, J.; BARROS, L. S. (Org.). **(Re)Definições das fronteiras**: velhos e novos paradigmas. Foz do Iguaçu: Idesf, 2018. p. 27-37.

SALVO, M. A lavagem de dinheiro como ameaça à estabilidade financeira: uma abordagem baseada em risco. **Revista da Procuradoria Geral do Banco Central**, v.9, p. 173-195, 2015.

SANTOS, M. J.; KASSOUF, A. L. Estudos econômicos das causas da criminalidade no Brasil: evidências e controvérsias. **Revista Economia**, v. 9, n. 2, p. 343-372, 2008.

SAPORI, L. F.; SANTOS, R. F.; DER MAAS, L. W. **Fatores sociais determinantes da reincidência criminal no Brasil:** caso de Minas Gerais. 2017. Disponível em:

<http://www.scielo.br/pdf/rbcsoc/v32n94/0102-6909-rbcsoc-3294092017.pdf>. Acesso em: 14 jul. 2019.

SCHLEMPER, A. L. **Economia do crime:** uma análise para jovens criminosos no Paraná e Rio Grande do Sul. 2018. 164 f. Tese (Doutorado em Desenvolvimento Regional e Agronegócio) – Universidade Estadual do Oeste do Paraná, Toledo/PR. 2018.

SCORZAFAVE, L. G.; SANTOS, M. J. dos; SHIKIDA, P. F. A. Safety in the global south: criminal victimization in Brazilian rural areas. **Journal of Rural Studies**, v. 39, p. 247-261, 2015.

SEI/MJ,8674099. Disponível em: <http://www.sei. mj.gov.br/sei/mj/documento8674099>. Acesso em: 16 jul. 2019.

SEMER, M. **Sentenciando tráfico**: pânico moral e estados de negação na formatação do papel do juiz no grande encarceramento. 2019. Tese (Doutorado em Direito). Universidade de São Paulo, São Paulo. 2019.

SHIKIDA, P. F. A.; BROGLIATTO, S. R. M. O trabalho atrás das grades: um estudo de caso na Penitenciária Estadual de Foz do Iguaçu (PR). **Revista Brasileira de Gestão e Desenvolvimento Regional**, Taubaté, v.4, n.1(4). p. 128-154, jan./abr. 2008.

SHIKIDA, P. F. A.; CARDOSO, B. F.; BALBINOTTO NETO, G.; BERGER, L. M.;

GODOY, M. R. Crime econômico de tráfico de drogas: perfil, custo e retorno. **Revista Brasileira de Gestão e Desenvolvimento Regional**, Taubaté, v.15, n.2, p. 47-55, mar., 2019.

SILVA, M. O. DA SILVA E. **Avaliação de políticas e programas sociais:** teoria e prática. São Paulo: Editora Veras, 2001, 173 p.

SILVA, R. G. da; BRANDT, M. de P. R.; ALVES NETO, F. R. **Crime e castigo**: determinantes da reincidência penitenciária em Rio Branco (Acre). Rio Branco-Acre, 2019. 11 p. SMANIO, G. P. (Coord.). **Raio X do Feminicídio em São Paulo:** é possível evitar a morte. São Paulo: Ministério Público do Estado de São Paulo. Núcleo de Gênero, 2018. Disponível em: <http://www.mpsp.mp.br/portal/page/portal/Nucleo_de_Genero/Feminicidio/2018%20-%20RAIOX%20do%20FEMINICIDIO%20pdf.pdf>. Acesso em: 09 jul. 2019.

SUPERIOR TRIBUNAL DE JUSTIÇA (STJ). **Coordenadoria de Gestão da Informação do STJ.** Disponível em: <http://www.stj.jus.br/static_files/STJ/Midias/arquivos/Noticias/pesquisa_recursos.pdf>. Acesso em: 17 jul. 2019.

SUPREMO TRIBUNAL FEDERAL (SFT). HABEAS CORPUS 82.959-7 São Paulo.

Relator: Ministro Marco Aurélio. DJe: 23/02/2006. JusBrasil, 2006. Disponível em: <http://redir.stf.jus.br/paginadorpub/paginador.jsp?docTP=AC&docID=79206>. Acesso em: 10 jul. 2019.

SUPREMO TRIBUNAL FEDERAL (STF). EP 12-AgR. Relator: Ministro Luís Roberto Barroso. DJe: 15/04/2015. JusBrasil, 2015. Disponível em: <http://redir.stf.jus.br/paginadorpub/paginador.jsp?docTP=TP&docID=8510867>. Acesso em: 10 jul. 2019.

SUPREMO TRIBUNAL FEDERAL (STF). HABEAS CORPUS 102.087 MINAS GERAIS.

Relator: Ministro Gilmar Mendes. DJe: 13/08/2012. JusBrasil, 2012. Disponível em: <http://redir.stf.jus.br/paginadorpub/paginador.jsp?docTP=AC&docID=629960>. Acesso em: 10 jul. 2019.

SUPREMO TRIBUNAL FEDERAL (STF). HABEAS CORPUS 118.770 SÃO PAULO.

Relator: Marco Aurélio. DJe: 07/03/2017. JusBrasil, 2017. Disponível em: <http://redir.stf.jus.br/paginadorpub/paginador.jsp?docTP=TP&docID=12769406>. Acesso em: 17 jul. 2019.

SUPREMO TRIBUNAL FEDERAL (STF). HABEAS CORPUS 126.292 SÃO PAULO.

Relator: Teori Zavascki. DJe: 17/02/2016. JusBrasil, 2016a. Disponível em: <http://redir.stf.jus.br/paginadorpub/paginador.jsp?docTP=TP&docID=10964246>. Acesso em: 17 jul. 2019.

SUPREMO TRIBUNAL FEDERAL (STF). HABEAS CORPUS 140.449 RIO DE JANEIRO.

Relator: Marco Aurélio. DJe: 06/11/2018. JusBrasil, 2018. Disponível em: <http://redir.stf.jus.br/paginadorpub/paginador.jsp?docTP=TP&docID=748979180>. Acesso em: 17 jul. 2019.

SUPREMO TRIBUNAL FEDERAL (STF). RECURSO EXTRAORDINÁRIO 641.320.

Relator: Ministro Gilmar Mendes. DJe: 11/05/2016. JusBrasil, 2016b. Disponível em: <http://redir.stf.jus.br/paginadorpub/paginador.jsp?docTP=TP&docID=11436372>. Acesso em: 10 jul. 2019.

SUPREMO TRIBUNAL FEDERAL (STF). SL 1153 AgR/SC - SANTA CATARINA.

Relator: Ministro Dias Toffoli. 29/04/2019. Processo Eletrônico DJe-102, 2019. Divulg. 15- 05-2019 public. 16-05-2019.

SUPREMO TRIBUNAL FEDERAL (STF). VOTO ADI 3.112/DF. 2007. Ministro Gilmar Mendes. Disponível em: <https://www.portaldeperiodicos.idp.edu.br/observatorio/article/viewFile/112/84>. Acesso em: 10 jul. 2019.

TRIBUNAL DE CONTAS DA UNIÃO (TCU). **Relatório de Auditoria do Tribunal de Contas da União no Processo nº 008.903/2018.** 2018. Disponível em: <https://www.conjur.com.br/dl/tcu-cnj-pje.pdf>. Acesso em: 16 jul. 2019.

TRIBUNAL DE JUSTIÇA DO ESTADO DE SÃO PAULO. 13.09.2019 - Conselho Nacional de Política Criminal e Penitenciária. Disponível em: <https://www.flickr.com/photos/tjsp_oficial/albums/72157710830946226>. Acesso em: 14 set. 2019.

UNITED NATIONS OFFICE ON DRUGS AND CRIME (UNODC). **Global study on homicide.** 2013. Disponível em: <https://www.unodc.org/documents/gsh/pdfs/2014_GLOBAL_HOMICIDE_BOOK_web.pd>. Acesso em: 07 jul. 2019.

UNITED NATIONS OFFICE ON DRUGS AND CRIME (UNODC). **Intentional Homicide Victims.** Disponível em: <https://dataunodc.un.org/crime/intentional-homicide-victims>. Acesso em: 27 jun. 2019.

UNITED NATIONS OFFICE ON DRUGS AND CRIME (UNODC). **World Drug Report 2018**. Disponível em: <https://www.unodc.org/wdr2018/>. Acesso em: 04 jul. 2019.

VILARDAGA, V.; LAVIERI, F. **A facção que mais cresce no mundo.** 2018. Disponível em: <https://istoe.com.br/a-faccao-que-mais-cresce-no-mundo/>. Acesso em: 05 set. 2019.

WAISELFISZ, J. J. **Mapa da Violência 2015:** homicídio de mulheres no Brasil. Brasília/DF: FLACSO, 2015. 79 p.

WERB, D.; ROWELL, G.; GUYATT, G.; KERR, T.; MONTANER, J.; WOODA, E. Effect of drug law enforcement on drug market violence: A systematic review. **International Journal of Drug Policy**. 2011. Disponível em: <https://www.hri.global/files/2011/03/25/ICSDP_Violence_and_Enforcement_Report_March _2011.pdf>. Acesso em: 05 set. 2019.

WORLD PRISION BRIEF. **Highest to Lowest – Pre-trial detainees/remand prisioners.** 2019b. Disponível em: < https://prisonstudies.org/highest-to--lowest/pre-trial- detainees?field_region_taxonomy_tid=All>. Acesso em: 03 set. 2019.

WORLD PRISON BRIEF. **World Prison Brief Data**. 2019a. Disponível em: <http://www.prisonstudies.org/world-prison-brief-data>. Acesso em: 27 jun. 2019.

ZONATTO, W. V. C. Sistema prisional e a remição de pena pelo comportamento. **Revista Jurídica UNIFOZ/Faculdades Unificadas de Foz do Iguaçu**. Foz do Iguaçu, v.6, n.1, p. 123-136, jan./jun. 2018.